# CLASSIFICATION DECISIONS OF GENERAL ADMINISTRATION OF CUSTOMS

## –CLASSIFICATION DECISIONS OF CHINA CUSTOMS 1999–2014

# 海关总署商品归类决定

## ——中国海关 1999 年—2014 年归类决定

海关总署关税征管司◎编

（上 册）

中国海关出版社

**图书在版编目（CIP）数据**

海关总署商品归类决定：中国海关 1999 年—2014 年归类决定：全 2 册/海关总署关税征管司编．—北京：中国海关出版社，2014.7

ISBN 978-7-5175-0031-5

Ⅰ.①海… Ⅱ.①海… Ⅲ.①海关—商品—分类—汇编—中国—1999—2014 Ⅳ.①F752.52

中国版本图书馆 CIP 数据核字（2014）第 155386 号

**海关总署商品归类决定**

——中国海关 1999 年—2014 年归类决定（上、下册）

HAIGUAN ZONGSHU SHANGPIN GUILEI JUEDING

——ZHONGGUO HAIGUAN 1999 NIAN—2014 NIAN GUILEI JUEDING（SHANG、XIA CE）

编　　者：海关总署关税征管司
责任编辑：黄华莉　冯　伟
出版发行：中国海关出版社
社　　址：北京市朝阳区东四环南路甲 1 号　　邮政编码：100023
网　　址：www.hgcbs.com.cn；www.hgbookvip.com
编 辑 部：01065194242-7531（电话）　　01065194231（传真）
发 行 部：01065194221/4238/4246（电话）　　01065194233（传真）
社办书店：01065195616（电话）　　01065195127（传真）
　　　　　http://store.hgbookvip.com（网址）
印　　刷：北京京都六环印刷厂　　经　　销：新华书店
开　　本：889mm×1194mm　1/16
印　　张：114.5　　字　　数：2930 千字
版　　次：2014 年 7 月第 1 版
印　　次：2014 年 7 月第 1 次印刷
书　　号：ISBN 978-7-5175-0031-5
定　　价：400.00 元（上、下册）

# 总 目 录

**编制说明** …… 1

**归类决定目录** …… 1

**归类决定　第一部分** …… 1

**归类决定　第二部分** …… 135

**附录** …… 1611

附录一　归类决定相关公告列表 …… 1613

附录二　商品名称索引 …… 1614

附录三　归类决定编号索引 …… 1685

# 编制说明

为便于进出口货物的收发货人及其代理人正确确定进出口货物的商品归类，减少商品归类争议，保障海关商品归类执法的统一性，海关总署根据《中华人民共和国海关进出口货物商品归类管理规定》(海关总署令第158号)的有关规定，对外公布商品归类决定。现决定出版《海关总署商品归类决定——中国海关1999年—2014年归类决定》(以下简称《归类决定》)。

《归类决定》以海关总署2006年至2014年6月发布的商品归类决定公告为基础，并根据海关总署关于更正和废止归类决定的有关公告进行了调整。涉及的有关公告在本书附录中详细列出。

本书共汇集2306项商品归类决定，为保证实用性，依据2014年《中华人民共和国进出口税则》对涉及税号转版的归类决定列出了2014年版税则号列，以供参考。按照归类决定来源不同，本书分为两部分：第一部分是根据中国海关协调制度商品归类技术委员会会议决议作出的商品归类决定，共173项；第二部分是由海关总署及其授权机构作出的商品归类决定，共2133项。每项商品归类决定由序号、归类决定编号、公告编号、发布日期、中英文商品名称、商品税则号列、商品描述及归类决定等内容组成，根据归类技术委员会会议决议作出的归类决定还包含技术委员会议题编号。上述两部分商品归类决定分别按照商品税则号列的先后顺序排列。为方便读者查阅，正文后附有"商品名称索引"和"归类决定编号索引"。

《归类决定》中各项商品归类决定的商品名称为申报进出口货物的名称，同种商品可有多个名称，归类决定是根据商品描述的内容及归类依据作出的。

《归类决定》所述《税则》是指《中华人民共和国进出口税则》，《税则注释》是指

《进出口税则商品及品目注释》,《本国子目注释》是指《中华人民共和国进出口税则本国子目注释》。

《归类决定》所列商品归类决定同时适用于海关统计目录的商品归类等其他用途,是海关商品归类统一执法的重要依据。商品归类决定所依据的法律、行政法规及其他相关规定发生变化的,商品归类决定同时失效。

海关总署关税征管司

北京海关商品归类办公室

2014 年 6 月

# 归类决定目录

## 第 一 部 分


| 序号 | 商品名称 | 商品税则号列 | 页码 |
| --- | --- | --- | --- |
| 1 | 猛犸象牙 | 05.07 | 3 |
| 2 | 欧当归香料 | 09.10 | 4 |
| 3 | 菜椒种子 | 1209.9100 | 4 |
| 4 | 罗汉果 | 1211.9039 | 5 |
| 5 | 发酵虫草菌粉 | 1212.9999 | 5 |
| 6 | 鱼油 | 15.04 | 6 |
| 7 | 干海参 | 16.05 | 6 |
| 8 | 特殊形状巧克力 | 1806.90 | 7 |
| 9 | 味精 | 第 21 章或第 29 章 | 7 |
| 10 | 酒花产品 | 21.06 | 8 |
| 11 | 豆腐乳 | 2106.9090 | 9 |
| 12 | 酒味冰淇淋 | 22.08 | 9 |
| 13 | 橡籽仁 | 23.08 | 10 |
| 14 | 锆刚玉碎料 | 25.30 | 10 |
| 15 | 棕刚玉渣 | 2620.9990 | 11 |
| 16 | 混合烃类气 | 2711.1400 | 11 |
| 17 | 饲料添加剂“球净” | 第 30 章 | 12 |
| 18 | 车用尿素溶液 | 3102.1000 | 12 |
| 19 | 纤维装饰墙衣 | 3214.9000 | 13 |
| 20 | 紫外光固型阻焊油墨 | 32.15 | 13 |
| 21 | 眼线液原料 | 第 33 章 | 14 |
| 22 | 3－庚烯－2－酮(申报品名) | 3302.9000 | 14 |
| 23 | 人造石墨为基本成分的产品 | 3801.9000[3801.9090(2014 年版)] | 15 |

| 序号 | 商品名称 | 商品税则号列 | 页码 |
| --- | --- | --- | --- |
| 24 | 三元催化剂 | 38.15 | 15 |
| 25 | 有机催化剂(固定化细胞催化剂) | 38.15 | 16 |
| 26 | 正丙醇 | 3823.7000 | 16 |
| 27 | 电阻浆料、有机导电材料 | 38.24 | 17 |
| 28 | 膏状导热胶 | 38.24 | 18 |
| 29 | 铁氧体材料 | 3824.9090[3824.9099(2014 年版)] | 19 |
| 30 | 导热胶片 | 3824.9099 | 20 |
| 31 | 蓝宝石衬底晶片(镀膜) | 3825.6900 | 21 |
| 32 | 石塑纸 | 第 39 章 | 22 |
| 33 | 黄原胶 | 第 39 章 | 23 |
| 34 | 磁带布 | 39.20 | 24 |
| 35 | 聚甲基丙烯酸甲酯板(PMMA) | 39.20 | 25 |
| 36 | 热敏打印纸套装 | 39.20 | 26 |
| 37 | 热敏性胶片 | 39.20 | 26 |
| 38 | 聚乙烯醇缩丁醛制胶片 | 3920.9100 | 27 |
| 39 | 塑料杯 | 3923.9000 | 28 |
| 40 | 一次性使用喂食袋 | 39.26 | 29 |
| 41 | 苹果 IPAD 用护套(塑料制) | 3926.9090 | 30 |
| 42 | 自动闭门器外壳 | 3926.9090 | 31 |
| 43 | 合成橡胶 | 40.02 | 31 |
| 44 | 三元乙丙橡胶 | 4005.1000 | 32 |
| 45 | 蓄能器用带接头皮囊 | 40.16 | 33 |
| 46 | 链轨用硫化橡胶制密封圈 | 4016.9390 | 33 |
| 47 | 中光或哑光牛二层皮 | 41.07 | 34 |
| 48 | 塑木粒 | 44.05 | 35 |
| 49 | 塑木粒 | 44.05 | 35 |
| 50 | 重组装饰材 | 44.08 | 36 |
| 51 | 装饰角线 | 44.09 | 37 |
| 52 | 竹展平地板 | 4412.1019 | 38 |
| 53 | 樟松指接拼板 | 44.21 | 39 |
| 54 | 木神牌 | 4421.9090 | 40 |
| 55 | 纤维素化学浆 | 第 48 章 | 40 |
| 56 | 已感光相纸 | 48.11 | 41 |

| 序号 | 商品名称 | 商品税则号列 | 页码 |
| --- | --- | --- | --- |
| 57 | 空白海运提单 | 4820.4000 | 41 |
| 58 | 神州行储值卡(未印密码) | 49.11 | 42 |
| 59 | 动感装饰画 | 49.11 | 42 |
| 60 | 说明书 | 4911.1010 | 43 |
| 61 | 针织手指套 | 6307.9000 | 43 |
| 62 | 带呼吸装置和热像仪的消防员头盔 | 65.06 | 44 |
| 63 | 防火板 | 68.08 | 45 |
| 64 | 仿重石 | 68.10 | 45 |
| 65 | 膨润土止水带 | 68.15 | 46 |
| 66 | 膨润土填充防水材料 | 68.15 | 46 |
| 67 | 柜式组合盥洗面盆 | 6910.1000 | 47 |
| 68 | 陶粒支撑剂(石油填充砂、压裂支撑剂) | 6914.9000 | 48 |
| 69 | 木制镜框(含镜) | 70.09 | 49 |
| 70 | 空心镀银玻璃导电粉 | 70.18 | 50 |
| 71 | 玻璃纤维纱 | 7019.1900 | 51 |
| 72 | 珍珠粉 | 71.01 | 52 |
| 73 | 切断型钢纤维 | 第72或73章 | 52 |
| 74 | 未裁切复合材料密封垫 | 第72章 | 53 |
| 75 | 包裹纸的成卷捆扎铁丝 | 72.17 | 53 |
| 76 | 游泳池甲板 | 73.08 | 54 |
| 77 | 链轨 | 7315.1200 | 55 |
| 78 | 电焊护面罩 | 73.26 | 56 |
| 79 | 钢铁制棺材 | 73.26 | 56 |
| 80 | 包裹纸的成捆定长捆扎铁丝 | 73.26 | 57 |
| 81 | 铁铬铝纤维(纱线) | 7326.9011 | 58 |
| 82 | 易熔塞 | 7419.9991 | 59 |
| 83 | 抛光铜盘 | 7419.9991 | 60 |
| 84 | 镍圆饼 | 75.02 | 60 |
| 85 | 镍圆片(Chips™) | 75.08 | 61 |
| 86 | 铝塑复合板 | 76.07 | 62 |
| 87 | 浇铸铝管 | 7608.1000 | 63 |
| 88 | 遮阳棚 | 7610.9000 | 64 |
| 89 | 硬质合金棒料 | 82.09 | 65 |

| 序号 | 商品名称 | 商品税则号列 | 页码 |
| --- | --- | --- | --- |
| 90 | 飞龙挂饰 | 83.06 | 66 |
| 91 | 锌铝蝎子 | 83.06 | 67 |
| 92 | 微型计算机主板 | 第84章 | 68 |
| 93 | 破碎锤主体 | 8412.2100 | 69 |
| 94 | 断路器用电动弹簧操作器 | 8412.8000 | 70 |
| 95 | 带风扇的铝合金窗 | 84.14 | 71 |
| 96 | 机动车辆上供人使用的空调器 | 84.15 | 72 |
| 97 | 地暖用太阳能热水器 | 84.19 | 72 |
| 98 | 热风枪 | 84.19 | 73 |
| 99 | 玻璃钢制过滤灌 | 8421.9910 | 73 |
| 100 | 芯片测试编带机 | 8422.4000 | 74 |
| 101 | 除氧器喷嘴 | 8424.8999 | 75 |
| 102 | 抽油机 | 84.30/84.31 | 76 |
| 103 | 油热转印机(TJ－502) | 84.43 | 76 |
| 104 | 行式针式打印机 | 8443.3211 | 77 |
| 105 | 带专用接口卡的微机 | 84.71 | 77 |
| 106 | 袖珍硬盘 | 84.71 | 78 |
| 107 | 笔记本电脑机壳组件 | 8471.8000 | 78 |
| 108 | 个人坠落制动器 | 84.79 | 79 |
| 109 | 加硬机 | 84.79 | 79 |
| 110 | 除铁机 | 8479.8999 | 80 |
| 111 | 电动操作机构 | 85.01 | 81 |
| 112 | 半导体模块 | 85.04 | 81 |
| 113 | 电动睫毛刷 | 8509.8090 | 82 |
| 114 | 小型高低温温度冲击试验箱 | 8514.1090 | 83 |
| 115 | 手机射频模块 | 8517.7030 | 84 |
| 116 | 手机用显示屏盖 | 8517.7030 | 85 |
| 117 | Sony A800 MP4 | 85.21 | 86 |
| 118 | 闪存卡 | 8523.51 | 87 |
| 119 | 电子标签 | 8523.52 | 87 |
| 120 | 车载 GPS 导航仪 | 85.26 | 88 |
| 121 | DLP 背投影显示器 | 85.28 | 89 |
| 122 | 机顶盒 | 85.28 | 90 |

| 序号 | 商品名称 | 商品税则号列 | 页码 |
| --- | --- | --- | --- |
| 123 | 带有内置音箱(喇叭)的液晶显示器(LCD) | 8528.5110 | 90 |
| 124 | 巴可显示系统 OV-815 | 8528.5910 | 91 |
| 125 | CPU 插座、数据线用接口等 | 85.36 | 91 |
| 126 | 开关熔断器组 | 8536.5000 | 92 |
| 127 | 接近开关 | 8536.5000 | 93 |
| 128 | 上端子、下端子、定弧触头、动触头 | 8536.9000[8536.90(2014 年版)] | 94 |
| 129 | LED 单芯片发光器件 | 85.41 | 95 |
| 130 | LED 多芯片发光器件 | 85.41 | 96 |
| 131 | 太阳能模块铝合金框条 | 85.41 | 97 |
| 132 | 图形化蓝宝石衬底外延片 | 8541.4010 | 98 |
| 133 | 红外外延片 | 8541.4010 | 99 |
| 134 | 半导体塑封引线框架 | 8542.9000 | 100 |
| 135 | 翰林牌电子阅读器 | 8543.7099 | 101 |
| 136 | 电子烟雾化器 | 8543.9090 | 102 |
| 137 | 电磁干扰滤波器 | 85.48 | 103 |
| 138 | 磁珠 | 8548.9000 | 104 |
| 139 | 特种集装箱 | 86.09 | 105 |
| 140 | 消防车车身 | 8707.9090 | 106 |
| 141 | 大客车用轮边 | 8708.9929 | 107 |
| 142 | 脚轮 | 87.16 | 108 |
| 143 | 液晶显示屏灯管组 | 9013.9090[9013.9020(2014 年版)] | 109 |
| 144 | 背光模块 | 9013.9090[9013.9020(2014 年版)] | 109 |
| 145 | 弹簧栓塞 | 90.18 | 110 |
| 146 | 带振动器的健慰器 | 9019.1010 | 110 |
| 147 | 药物缓释支架 | 9021.9000[9021.90(2014 年版)] | 111 |
| 148 | 教习头 | 9023.0000 | 112 |
| 149 | 压力感应器 | 9026.2010 | 113 |
| 150 | 显微切割仪 | 9027.8099 | 114 |
| 151 | 流变仪 | 9027.8099 | 115 |
| 152 | 安全气囊传感器 | 9031.8090 | 116 |
| 153 | 乐器合成器 | 92.07 | 117 |
| 154 | 镀锡钢琴丝 | 92.09 | 117 |
| 155 | 工艺日本刀 | 93.07[9307.0090(2014 年版)] | 118 |

| 序号 | 商品名称 | 商品税则号列 | 页码 |
|---|---|---|---|
| 156 | 弓形刀 | 93.07[9307.0090(2014年版)] | 119 |
| 157 | 汽车座椅骨架 | 9401.20 | 120 |
| 158 | 绗缝被 | 94.04 | 121 |
| 159 | 展架 | 94.05 | 122 |
| 160 | 管道式日光照明系统 | 94.05 | 123 |
| 161 | 电子蜡烛灯 | 94.05 | 124 |
| 162 | LED灯 | 94.05 | 125 |
| 163 | 挖掘机模型 | 95.03 | 126 |
| 164 | 腰袋礼品套装 | 95.03 | 127 |
| 165 | 腰袋礼品套装 | 95.03 | 127 |
| 166 | 小园丁——无土栽培系列 | 9503.0081 | 128 |
| 167 | 自动旋转门 | 按材质归类 | 128 |
| 168 | 手机、电脑用平板玻璃 | 按手机、平板电脑的零件归类 | 129 |
| 169 | 三维动画运动捕捉系统(不带计算机的分析测量仪器) | 分别归类 | 130 |
| 170 | 网真1000型视频会议系统 | 分别归类 | 131 |
| 171 | 网真3000型视频会议系统 | 分别归类 | 132 |
| 172 | 隔热保温复合材料 | 分别归入第39章、第70章及73.08 | 133 |
| 173 | 废旧汽车 | 视进口状态归类 | 134 |

## 第二部分


| 序号 | 商品名称 | 商品税则号列 | 页码 |
| --- | --- | --- | --- |
| 1 | 冻鸡翅块 | 0207.1421 | 137 |
| 2 | 鲽鱼头 | 0303.3200 | 137 |
| 3 | 冻鲨鱼鳍 | 0303.7500[0303.8100(2014年版)] | 138 |
| 4 | 鲨鱼软骨粉 | 0305.1000 | 138 |
| 5 | 冻熟带头虾 | 03.06 | 139 |
| 6 | 盐渍海蜇 | 0307.9990[0308.3090(2014年版)] | 139 |
| 7 | 浓缩乳清蛋白 | 0404.1000 | 140 |
| 8 | 乳清蛋白 | 0404.1000 | 140 |
| 9 | 乳清粉 | 0404.1000 | 141 |
| 10 | 乳钙 | 0404.1000 | 141 |
| 11 | 牛奶矿物粉 | 0404.1000 | 142 |
| 12 | 甲鱼受精卵 | 0410.0090 | 142 |
| 13 | 冻鳗鱼骨 | 0506.9090 | 143 |
| 14 | 干制蛤蚧 | 0510.0090 | 143 |
| 15 | 丰年虫卵 | 0511.9190 | 144 |
| 16 | 杨桐、铃木编结品 | 0604.9100[0604.2090(2014年版)] | 144 |
| 17 | 植物工艺花 | 0604.9900[0604.9090(2014年版)] | 145 |
| 18 | 精制香菇 | 0712.3910 | 145 |
| 19 | 松子 | 0802.9090 | 146 |
| 20 | 冻熟黄桃 | 0811.9090 | 146 |
| 21 | 罐装盐水红毛丹 | 0812.9000 | 147 |
| 22 | 咖啡 | 0901.2;2101.1200 | 147 |
| 23 | 姜黄种苗 | 0910.3000 | 148 |
| 24 | 硬粒小麦 | 1001.1000[1001.10(2014年版)] | 149 |
| 25 | 燕麦粒 | 10.04 | 150 |
| 26 | 泰国原料糯米 | 1006.3090 | 150 |
| 27 | 裸燕麦粒 | 1104.2200 | 151 |
| 28 | 宠物食用的玉米棒 | 1104.2300 | 151 |
| 29 | 谷朊粉 | 1109.0000 | 152 |
| 30 | “罗盖特”牌谷元粉(食用级) | 1109.0000 | 152 |
| 31 | 魔芋精粉 | 1212.9999 | 153 |

| 序号 | 商品名称 | 商品税则号列 | 页码 |
| --- | --- | --- | --- |
| 32 | 甜菊叶 | 1212.9999[1212.9996(2014年版)] | 153 |
| 33 | 印楝素原粉 | 1302.1920 | 154 |
| 34 | 三棵针初提物 | 1302.1990 | 154 |
| 35 | 单味植物浓缩茶 | 1302.1990 | 155 |
| 36 | 增稠剂 | 1302.3900[1302.3911(2014年版)] | 155 |
| 37 | 造纸用竹渣 | 1404.9000[1404.9090(2014年版)] | 156 |
| 38 | 棕纤维 | 1404.9000[1404.9090(2014年版)] | 156 |
| 39 | 塔拉粉 | 1404.9010 | 157 |
| 40 | 坦皮克纤维 | 1404.9090 | 158 |
| 41 | 精制牛油脂 | 1502.0090[1502.1000(2014年版) | 159 |
| 42 | 深海鱼油胶囊 | 15.04 | 160 |
| 43 | 棕榈硬脂 | 1511.9020 | 160 |
| 44 | 葵花籽油 | 1512.1100 | 161 |
| 45 | 月见草油胶囊 | 1515.9090 | 161 |
| 46 | 牛油脂 | 1517.9000[1517.9010(2014年版)] | 162 |
| 47 | 无水黄牛油 | 1517.9000[1517.9090(2014年版)] | 162 |
| 48 | 饲料级混合油渣 | 1518.0000 | 163 |
| 49 | 金脂肪100(饲料添加剂) | 1518.0000 | 163 |
| 50 | 植物脂肪粉 | 1518.0000 | 164 |
| 51 | 油渣 | 1518.0000 | 164 |
| 52 | 回收混合油 | 1518.0000 | 165 |
| 53 | 巴巴苏棕榈果仁沉渣油 | 1522.0000 | 165 |
| 54 | 冻鱼及冻软体动物 | 第16章 | 166 |
| 55 | 制作保藏罗非鱼片 | 1604.1920 | 166 |
| 56 | 制作保藏凤尾虾、虾仁、去头虾 | 16.05 | 167 |
| 57 | 制作保藏虾仁 | 16.05 | 167 |
| 58 | 蟹排 | 1605.1000 | 168 |
| 59 | 水苏糖 | 1702.9000 | 168 |
| 60 | 劲浪香口珠—超凉薄荷味 | 1704.1000 | 169 |
| 61 | 渔夫之宝特强味薄荷糖 | 1704.9000 | 169 |
| 62 | 瑞典葛丽素无腥味鱼肝油糖粒、瑞典葛丽素紫玫果提取物糖粒(富含维生素C) | 1704.9000 | 170 |
| 63 | 果冻 | 1704.9000 | 171 |
| 64 | 德芙珍藏榛仁夹心巧克力 | 1806.3100 | 171 |

| 序号 | 商品名称 | 商品税则号列 | 页码 |
|---|---|---|---|
| 65 | "培芝"初乳片 | 1901.9000 | 172 |
| 66 | 植脂淡奶 | 1901.9000 | 172 |
| 67 | 一级品挂面 | 1902.1900 | 173 |
| 68 | 品客薯片 | 1905.9000 | 173 |
| 69 | 调味滑子菇罐头 | 2001.9090 | 174 |
| 70 | 冷冻薯条 | 2004.1000 | 174 |
| 71 | 速冻土豆块 | 2004.1000 | 175 |
| 72 | 红豆泥 | 2005.5120[2005.5191(2014年版)] | 175 |
| 73 | 甘薯条 | 2005.9999 | 176 |
| 74 | 煮大豆干 | 2008.1999 | 177 |
| 75 | 综合蔬果干 | 2008.9200[2008.9700(2014年版)] | 178 |
| 76 | 甜玉米微波爆米花 | 2008.9990 | 179 |
| 77 | 干芋 | 2008.9990 | 180 |
| 78 | 香蕉泥 | 2008.9990 | 180 |
| 79 | 蔓越莓 | 2008.9990[2008.9300(2014年版)] | 181 |
| 80 | 三合一速溶咖啡 | 2101.1200 | 181 |
| 81 | 红茶香料B-4327-01 | 2101.2000 | 182 |
| 82 | 玄米绿茶 | 2101.2000 | 183 |
| 83 | 旺味 | 2103.9090 | 183 |
| 84 | 味优 | 2103.9090 | 184 |
| 85 | 四氢酒花浸膏 | 21.06 | 184 |
| 86 | 啤酒花提取液 | 3301.2990或21.06 | 185 |
| 87 | 大豆浓缩蛋白(饲料添加剂) | 2106.1000 | 186 |
| 88 | 浓缩蛋白质(从小麦中提取) | 2106.1000 | 186 |
| 89 | 复合糖 | 2106.9090 | 187 |
| 90 | 欣乐即溶饮品 | 2106.9090 | 187 |
| 91 | 燕窝 | 2106.9090 | 188 |
| 92 | 营养米粒 | 2106.9090 | 188 |
| 93 | 胶基 | 2106.9090 | 189 |
| 94 | 微晶纤维素 | 2106.9090 | 189 |
| 95 | 安婴儿A+无糖婴儿配方奶粉 | 2106.9090 | 190 |
| 96 | MODUCARE保健食品原料 | 2106.9099[2106.9090(2014年版)] | 190 |
| 97 | PH值调整剂 | 2106.9099[2106.9090(2014年版)] | 191 |

| 序号 | 商品名称 | 商品税则号列 | 页码 |
| --- | --- | --- | --- |
| 98 | 冰糖燕窝 | 2106.9099[2106.9090(2014年版)] | 192 |
| 99 | 粗调味粉 | 2106.9099[2106.9090(2014年版)] | 192 |
| 100 | 丹枫琼浆 | 2106.9099[2106.9090(2014年版)] | 193 |
| 101 | 柑桔纤维 | 2106.9099[2106.9090(2014年版)] | 193 |
| 102 | 红曲米提取物 | 2106.9099[2106.9090(2014年版)] | 194 |
| 103 | 胶原蛋白肽 | 2106.9099[2106.9090(2014年版)] | 194 |
| 104 | 口服液稳定剂 | 2106.9099[2106.9090(2014年版)] | 195 |
| 105 | 魔芋制品 | 2106.9099[2106.9090(2014年版)] | 195 |
| 106 | 奶油粉末 | 2106.9099[2106.9090(2014年版)] | 196 |
| 107 | 碳酸钙(营养食品原料) | 2106.9099[2106.9090(2014年版)] | 197 |
| 108 | 微藻DHA粉剂 | 2106.9099[2106.9090(2014年版)] | 197 |
| 109 | 维生素预混剂 | 2106.9099[2106.9090(2014年版)] | 198 |
| 110 | 维生素预混料 | 2106.9099[2106.9090(2014年版)] | 199 |
| 111 | 渔夫之宝柠檬薄荷糖(不含糖分) | 2106.9099[2106.9090(2014年版)] | 200 |
| 112 | 玉米油粉 | 2106.9099[2106.9090(2014年版)] | 200 |
| 113 | 植脂粉 | 2106.9099[2106.9090(2014年版)] | 201 |
| 114 | 依云天然矿泉水 | 2201.1010 | 201 |
| 115 | 莱菲得番茄饮品 | 2202.9000 | 202 |
| 116 | 米汁 | 2202.9000 | 202 |
| 117 | 木瓜汁、芒果汁 | 2202.9000 | 203 |
| 118 | 亿澳发酵乳饮料 | 2202.9000 | 204 |
| 119 | 无酒精有汽葡萄汁饮料(美森红钻、美森世爵) | 2202.9000 | 205 |
| 120 | 保力达蛮牛饮料 | 2202.9000 | 205 |
| 121 | 果味饮料 | 2202.9000 | 206 |
| 122 | 人参花蕾花饮 | 2202.9000 | 207 |
| 123 | 肥料用鱼骨粉 | 2301.2090 | 208 |
| 124 | 脱脂豆渣粉 | 2304.0090 | 209 |
| 125 | 稻草 | 2308.0000 | 210 |
| 126 | 柠檬酸糟 | 2308.0000 | 211 |
| 127 | 棉籽壳 | 2308.0000 | 212 |
| 128 | 狗食(咀嚼物) | 2309.1090 | 213 |
| 129 | 饲料原料 | 2309.9010 | 214 |
| 130 | 饲料添加剂效美素-100 | 2309.9010 | 214 |

| 序号 | 商品名称 | 商品税则号列 | 页码 |
|---|---|---|---|
| 131 | 泰农－40饲料添加剂 | 2309.9010 | 215 |
| 132 | 饲料添加剂(硫酸抗敌素) | 2309.9010 | 215 |
| 133 | L-赖氨酸硫酸盐及发酵副产品 | 2309.9010 | 216 |
| 134 | 饲料添加剂用金霉素 | 2309.9010;2941.3020 | 217 |
| 135 | 玉米高蛋白饲料 | 2309.9010 | 218 |
| 136 | 饲料用活性小麦谷朊粉 | 2309.9090 | 218 |
| 137 | 饲料添加剂(普利康) | 2309.9090 | 219 |
| 138 | 新奇康乳(康壮)舔块 | 2309.9090 | 219 |
| 139 | 普利康(饲料添加剂) | 2309.9090 | 220 |
| 140 | 壮健极品 | 2309.9090 | 221 |
| 141 | 百安明饲料添加剂 | 2309.9090 | 222 |
| 142 | 白肋烟 | 2401.2090 | 222 |
| 143 | 避水通 | 第25章 | 223 |
| 144 | 球化石墨 | 2504.1090[2504.1091(2014年版)] | 223 |
| 145 | 机制砂 | 25.05 | 224 |
| 146 | 河砂 | 2505.9000 | 224 |
| 147 | 花园石头(木化石) | 2506.2000/6815.9990 | 225 |
| 148 | 凹凸棒 | 2508.4000 | 225 |
| 149 | 脱色白土 | 2508.4000 | 226 |
| 150 | 有机磷肥 | 2510.2010 | 227 |
| 151 | 大理石荒料 | 2515.1200 | 228 |
| 152 | 菱镁矿和滑石混合矿物 | 2519.1000 | 228 |
| 153 | 锆英砂(D019号样品) | 2530.9099 | 229 |
| 154 | 叶蜡石 | 2530.9099 | 229 |
| 155 | 球团铁矿 | 2601.1200 | 230 |
| 156 | 铁矿砂(未烧结) | 2601.2000 | 230 |
| 157 | 钴富集物 | 2605.0000 | 231 |
| 158 | 铝矾土粉 | 2606.0000 | 231 |
| 159 | 低品位银矿粉 | 2616.1000 | 232 |
| 160 | 铁屑 | 2619.0000 | 233 |
| 161 | 还原铁筛落物 | 2619.0000 | 234 |
| 162 | 锌矿砂(粉) | 26.20 | 235 |
| 163 | 铜的氧化物及氢氧化物 | 2620.3000 | 236 |

| 序号 | 商品名称 | 商品税则号列 | 页码 |
| --- | --- | --- | --- |
| 164 | 氧化铜 | 2620.3000 | 237 |
| 165 | 矿渣 | 2620.4000 | 238 |
| 166 | 镍废碎料 | 2620.9990 | 239 |
| 167 | 粗制碳酸镍 | 2620.9990 | 240 |
| 168 | 钼矿砂 | 2620.9990 | 241 |
| 169 | 钼精矿 | 2620.9990 | 241 |
| 170 | 磁体下脚料 | 2620.9990 | 242 |
| 171 | 骨炭 | 2621.9000 | 243 |
| 172 | 漂珠 | 2621.9000 | 243 |
| 173 | 二氧化硅 | 2621.9000 | 244 |
| 174 | 微硅粉 | 2621.9000 | 244 |
| 175 | 冶金焦、人造石墨、石油焦 | 2704.0010;3801.1000;2713.12 | 245 |
| 176 | 杂酚油 | 2706.0000 | 246 |
| 177 | 制程油 | 2707.9900[2707.9990(2014 年版)] | 246 |
| 178 | 混甲酚 | 2707.9910 | 247 |
| 179 | 制程油 | 2707.9990 | 248 |
| 180 | 苄基甲苯和苯基苯乙烷混合物 | 2707.9990 | 249 |
| 181 | 凝析油 | 2709.0000 | 249 |
| 182 | 二异丁烯 | 2710.1199[2710.1299(2014 年版)] | 250 |
| 183 | 异戊烯 | 2710.1199[2710.1299(2014 年版)] | 251 |
| 184 | 重质类矿物油 | 2710.1919 | 252 |
| 185 | 迪拉克燃油添加剂 | 2710.1919 | 253 |
| 186 | 5~7 号燃料油 | 2710.1922 | 254 |
| 187 | BP 润滑油(工业用液压油、导热油、导轨油) | 2710.1991/2710.1999 | 255 |
| 188 | 烷烃溶剂 | 2710.1999 | 256 |
| 189 | 橡胶软化油 | 2710.1999 | 257 |
| 190 | 固体燃料粉 | 2713.9000 | 258 |
| 191 | 糠醛残渣油 | 2713.9000 | 259 |
| 192 | 初级硫酸铜 | 2833.2500 | 260 |
| 193 | 湿石粉 | 2833.2990 | 261 |
| 194 | 正磷酸氢钙(饲料级) | 2835.2510 | 261 |
| 195 | 天然硼砂 | 2840.1900 | 262 |
| 196 | 纳米银液体 | 2843.1000 | 263 |

| 序号 | 商品名称 | 商品税则号列 | 页码 |
|---|---|---|---|
| 197 | 纳米银粉末 | 2843.1000 | 264 |
| 198 | 荧光体 | 2846.9019 | 265 |
| 199 | 碳酸稀土 | 2846.9048 | 265 |
| 200 | 钒酸钇 | 2846.9090[2846.9096(2014 年版)] | 266 |
| 201 | 稀土化合物 | 2846.9090[2846.9099(2014 年版)] | 266 |
| 202 | 掺钕钒酸钇 | 2846.9090[2846.9096(2014 年版)] | 267 |
| 203 | 硅烷 | 2850.0000[2850.0090(2014 年版)] | 267 |
| 204 | 立方氮化硼 | 2850.0000[2850.0019(2014 年版)] | 268 |
| 205 | 莰烯 | 2902.1900[2902.1990(2014 年版)] | 268 |
| 206 | 柠檬萜(苎烯) | 2902.1900[2902.1990(2014 年版)] | 269 |
| 207 | 抗氧剂 BHT | 2907.1990 | 270 |
| 208 | 回用双酚 A | 2907.2300 | 270 |
| 209 | 辅酶 Q10 | 2914.6900[2914.6910(2014 年版)] | 271 |
| 210 | 2,4－二氯－5－氟苯乙酮 | 2914.7000 | 272 |
| 211 | 2-乙基己酸 | 2915.9000 | 272 |
| 212 | 原甲酸三乙酯 | 2915.9000 | 273 |
| 213 | 3,5,7－三氟金刚烷甲酸($C_{11}H_{13}O_2F_3$) | 2916.2090 | 273 |
| 214 | 环氧树脂 | 3907.3000 和 2917.2090 | 274 |
| 215 | 洛索洛芬钠 | 2918.3000 | 275 |
| 216 | L-孟基乙醛酸酯 | 2918.3000 | 276 |
| 217 | 乙基氯化物 | 2920.9090 | 276 |
| 218 | 异丙基苯基对苯二胺 | 2921.5190 | 277 |
| 219 | 仲丁威 | 2922.4999 | 277 |
| 220 | 依那普利氢化物 | 2922.4999 | 278 |
| 221 | 橡胶促进剂 | 2922.5000[2922.5090(2014 年版)] | 278 |
| 222 | α－(N－甲基－N－苄基)－氨基－3－羟基苯乙酮盐酸盐 | 2922.5090 | 279 |
| 223 | L－苏氨酸 | 2922.5090 | 279 |
| 224 | 雷米普利中间体 | 2924.1990 | 280 |
| 225 | 艾丽美 | 2930.9090 | 280 |
| 226 | 防灰雾剂(4－甲基－硫代苯磺酸钾盐) | 2930.9090 | 281 |
| 227 | 三丁基铝 | 2931.0000[2931.9090(2014 年版)] | 281 |
| 228 | 三(三甲基硅烷)硼酸酯 | 2931.9090 | 282 |
| 229 | L－丙交酯 | 2932.2090 | 282 |

| 序号 | 商品名称 | 商品税则号列 | 页码 |
|---|---|---|---|
| 230 | 青蒿素 | 2932.2090 | 283 |
| 231 | 呋喃酚 | 2932.9910 | 283 |
| 232 | 氨基葡萄糖硫酸盐 | 2932.9990 | 284 |
| 233 | 无水多西他赛 | 2932.9990 | 284 |
| 234 | 碳酸丙烯酯 | 2932.9990 | 285 |
| 235 | 米格列醇 | 2933.3990 | 286 |
| 236 | 三乙烯二胺 | 2933.5990 | 287 |
| 237 | N.N-二亚硝基五亚甲基四胺 | 2933.6990 | 287 |
| 238 | 己内酰胺封闭的双—异氰酸酯 | 2933.7900 | 288 |
| 239 | 美罗培南双环母核 | 2933.7900 | 289 |
| 240 | 丙夫劳门 | 2933.9900 | 290 |
| 241 | 还原型辅酶试剂 | 2934.9990 | 290 |
| 242 | 维生素磷酸酯 | 2936.2700 | 291 |
| 243 | 维生素预混剂 VP10984 | 2936.9000 | 291 |
| 244 | 双烯醇酮醋酸酯 | 2937.2900 | 292 |
| 245 | 三七总皂甙 | 2938.9000[2938.9090(2014 年版)] | 293 |
| 246 | 三尖杉宁碱 | 2939.9990 | 293 |
| 247 | 麦芽糖醇 | 2940.0000 | 294 |
| 248 | 抗坏血酸 2－葡糖苷 | 2940.0000 | 294 |
| 249 | 吗替麦考酚酯 | 2941.9090 | 295 |
| 250 | 欲可胖 | 第 30 章 | 295 |
| 251 | 海豹鞭 | 3001.9090 | 296 |
| 252 | 蛇毒 | 3001.9090 | 296 |
| 253 | 癌胚抗原 | 3002.1000 | 297 |
| 254 | 猪血色素粉 | 3002.1000 | 298 |
| 255 | 球蛋白 | 3002.1000 | 299 |
| 256 | 定量检测试剂盒 | 3002.1000 | 299 |
| 257 | 喷雾干燥猪血浆蛋白粉 | 3002.1000 | 300 |
| 258 | 农菌 | 3002.9090 | 301 |
| 259 | 污水处理剂 | 3002.9090 | 302 |
| 260 | 小球藻(活) | 3002.9090 | 303 |
| 261 | 泽它 | 30.03 或 30.04 | 304 |
| 262 | 日达仙 | 3004.3900 | 305 |

| 序号 | 商品名称 | 商品税则号列 | 页码 |
| --- | --- | --- | --- |
| 263 | 达必佳 | 3004.3900 | 306 |
| 264 | 优乐沛凝胶 | 3004.5000 | 306 |
| 265 | 能全素 | 3004.5000 | 307 |
| 266 | 瑞高 | 3004.5000 | 308 |
| 267 | 益菲佳 | 3004.5000 | 309 |
| 268 | 安素 | 3004.5000 | 309 |
| 269 | 角鲨烯软胶囊 | 3004.5000 | 310 |
| 270 | 派立明滴眼液 | 3004.9010 | 310 |
| 271 | 强力痔根断 | 3004.9059 | 311 |
| 272 | 珍珠末 | 3004.9059 | 311 |
| 273 | 维库溴铵肌松药 | 3004.9090 | 312 |
| 274 | 硫酸钙骨颗粒 | 3004.9090 | 313 |
| 275 | 立芷雪针剂 | 3004.9090 | 314 |
| 276 | 脑蛋白水解物注射液（针剂） | 3004.9090 | 315 |
| 277 | 奥沙利铂注射剂 | 3004.9090 | 315 |
| 278 | 辉力 | 3004.9090 | 316 |
| 279 | 刻免 | 3004.9090 | 316 |
| 280 | 达英—35 | 3006.6010 | 317 |
| 281 | 肥料（经化学处理的鸡粪） | 3101.0090 | 318 |
| 282 | 饲料级重过磷酸钙 | 3103.1010 | 318 |
| 283 | 二元氮磷肥、二元氮钾肥 | 3105.5900/3105.9000 | 319 |
| 284 | 复合肥 | 3105.5900 | 319 |
| 285 | 有机肥原料 | 3105.9000 | 320 |
| 286 | 鸟粪（圆粒肥） | 3105.9000 | 320 |
| 287 | 植物营养液 | 3105.9000 | 321 |
| 288 | 皮革用植物鞣料 | 3201.9090 | 321 |
| 289 | 鞣剂 SC－120 | 3202.1000 | 322 |
| 290 | 铬的硫酸盐（铬盐） | 3202.9000 | 322 |
| 291 | 辣椒红浸膏 | 3203.0019 | 323 |
| 292 | 姜黄素 | 3203.0019 | 323 |
| 293 | DVD－R 染料 | 3204.1990 | 324 |
| 294 | β－胡萝卜素（液体） | 3204.1990 | 325 |
| 295 | β－胡萝卜素干粉 | 3204.1990 | 325 |

| 序号 | 商品名称 | 商品税则号列 | 页码 |
| --- | --- | --- | --- |
| 296 | EVA 塑胶粒 | 3206.4900[3206.4990(2014 年版)] | 326 |
| 297 | 环保型铜金粉 | 3206.4900[3206.4990(2014 年版)] | 327 |
| 298 | 聚乙烯碳黑母 | 3206.4900[3206.4990(2014 年版)] | 328 |
| 299 | 低熔焊料玻璃粉(低玻粉) | 3207.4000 | 329 |
| 300 | 绝缘介质(用于微电路板的化合物) | 32.08 | 330 |
| 301 | 油皮处理剂、橡胶处理剂、硬化剂 | 3208.9010/3208.2010 | 331 |
| 302 | 鞋材黏合前处理剂 | 3208.2010 | 332 |
| 303 | 硅油 | 3208.9090 | 332 |
| 304 | 离型剂 (FREKOTE 牌) | 3208.9090 | 333 |
| 305 | 油性不粘涂料 | 3208.9090 | 333 |
| 306 | 纺织印花整理剂 | 32.09 | 334 |
| 307 | 水性不粘涂料 | 3209.9020 | 335 |
| 308 | 防水涂料 | 3210.0000 | 335 |
| 309 | 防火涂料 | 3210.0000 | 336 |
| 310 | 黑胶 | 3214.1010 | 337 |
| 311 | 黑(彩)墨盒(内装墨水) | 32.15 | 338 |
| 312 | 黑色油墨 | 3215.1100 | 338 |
| 313 | 黄樟油 | 3301.2990[3301.2999(2014 年版)] | 339 |
| 314 | 二氧化碳酒花浸膏 | 3301.2999 | 339 |
| 315 | 薄荷毛素油 | 33.02 | 340 |
| 316 | 乙酸酒花油 | 3302.1010 | 340 |
| 317 | 卸妆凝露、柔和深层洗颜液 | 3304.9900 | 341 |
| 318 | 爱贝芙 | 3304.9900 | 342 |
| 319 | 氟保护剂、牙本质保护剂 | 3306.9000 | 343 |
| 320 | 金不换熏香油 | 3307.4900 | 344 |
| 321 | 檀香熏香油 | 3307.4900 | 344 |
| 322 | “爱尔康”酵素洗净发泡锭 | 3307.9000 | 345 |
| 323 | 外出小包装湿纸巾 | 3307.9000 | 345 |
| 324 | 婴儿用湿纸巾 | 3401.1990 | 346 |
| 325 | 硝基腐殖酸 | 3824.9090[3824.9099(2014 年版)] | 346 |
| 326 | 硬脂酸钠 | 3401.2000 | 347 |
| 327 | 脂肪酸钠(混合)皇冠 8000 | 3401.2000 | 347 |
| 328 | 混合脂肪钠 | 3401.2000 | 348 |

| 序号 | 商品名称 | 商品税则号列 | 页码 |
|---|---|---|---|
| 329 | 脂肪酸钠(混合)皇冠 8000 | 3401.2000 | 348 |
| 330 | 乳化剂 | 3402.1100 | 349 |
| 331 | 棕榈仁油二乙醇酰胺 | 3402.1300 | 350 |
| 332 | 浸水助剂 | 3402.9000 | 351 |
| 333 | 水性清洁剂 | 3402.9000 | 352 |
| 334 | 二硬脂基二甲基氯化铵 | 3402.9000 | 352 |
| 335 | 甘油脂肪酸酯 | 3402.9000 | 353 |
| 336 | 涂饰剂 EG | 3402.9000 | 353 |
| 337 | 柔水通 | 3402.9000 | 354 |
| 338 | 阳离子型有机表面活性剂 | 3402.9000 | 354 |
| 339 | 季胺化三乙醇胺二酯 | 3402.9000 | 355 |
| 340 | 纺织助剂(抗皱剂) | 3402.9000 | 355 |
| 341 | 水泥添加剂 | 3402.9000 | 356 |
| 342 | 合成脂 | 3403.9100 | 356 |
| 343 | 纺织助剂(DAKOLUB 牌) | 3403.9100 | 357 |
| 344 | 润滑剂 | 3403.9900 | 357 |
| 345 | 汽油发动机润滑油 | 3403.9900 | 358 |
| 346 | 雾化硅油 | 3403.9900 | 358 |
| 347 | 混合脂肪酸酯 | 3404.9000 | 359 |
| 348 | 酪蛋白磷酸肽 | 3501.9000 | 359 |
| 349 | 大米蛋白粉 | 3504.0090 | 360 |
| 350 | 糊精 | 3912.3100/3505.1000 | 361 |
| 351 | 有衬基双面粘胶带 | 35.06 | 362 |
| 352 | 无衬基双面粘胶带 | 35.06 | 362 |
| 353 | 木工用热熔胶粒 | 3506.9190 | 363 |
| 354 | 酵素三号 | 3507.9090 | 363 |
| 355 | 芬拿斯 | 3507.9090 | 364 |
| 356 | 艾克拿斯 | 3507.9090 | 364 |
| 357 | 醒力一号全天然植物酶 | 3507.9090 | 365 |
| 358 | 谷氨酰胺转氨酶 | 3507.9090 | 365 |
| 359 | 胆固醇酯酶试剂 | 3507.9090 | 366 |
| 360 | 肌氨酸氧化酶试剂 | 3507.9090 | 366 |
| 361 | 医用塑料胶片 | 第 37 章 | 367 |

| 序号 | 商品名称 | 商品税则号列 | 页码 |
|---|---|---|---|
| 362 | 感光显像材料 | 第37章 | 368 |
| 363 | 一次成像胶片 | 37.02 | 369 |
| 364 | 红外激光胶片、氦氖激光胶片 | 3702.4291[3702.4292(2014年版)] | 369 |
| 365 | 柯尼卡美能达医用干式激光胶片大轴 | 3702.4291[3702.4292(2014年版)] | 370 |
| 366 | APR版 | 37.05 | 371 |
| 367 | 感光性油墨 | 3707.1000 | 372 |
| 368 | 医用X光片冲洗显影液、定影液 | 3707.9010 | 372 |
| 369 | 印刷铝板显影水 | 3707.9090 | 373 |
| 370 | 百草枯原液(40%) | 第38章 | 373 |
| 371 | 阳极碎 | 3801.1000 | 374 |
| 372 | 人造石墨块 | 3801.1000 | 374 |
| 373 | 标索吸油剂 | 3802.1000[3802.1090(2014年版)] | 375 |
| 374 | 滑石粉 | 3802.9000 | 375 |
| 375 | 农药果品套袋 | 38.08 | 376 |
| 376 | 仙亮402F水果涂层剂 | 3808.92 | 376 |
| 377 | 苹果套袋 | 3808.9210 | 377 |
| 378 | 乳糖基纳他霉素 | 3808.9290 | 377 |
| 379 | 露宝康(饲料级) | 3808.9400 | 378 |
| 380 | 涂料用抗菌剂 | 3808.9400 | 379 |
| 381 | 制革助剂 | 3808.9400 | 380 |
| 382 | 纺织印花糊料 | 3809.9100 | 381 |
| 383 | 纺织工业用上浆剂 | 3809.9100 | 381 |
| 384 | 皮革填充剂RR | 3809.9300 | 382 |
| 385 | 皮革柔软助剂 | 3809.9300 | 382 |
| 386 | 皮革助剂 | 3809.9300 | 383 |
| 387 | 皮革用涂饰剂 | 3809.9300 | 383 |
| 388 | 硼酸三甲酯和甲醇的混合物 | 3810.9000 | 384 |
| 389 | 灭火器的装配药 | 3813.0010 | 384 |
| 390 | 氧化锌脱硫剂 | 3815.9000 | 385 |
| 391 | 耐火球 | 3816.0000 | 385 |
| 392 | 硅质热补泥 | 3816.0000 | 386 |
| 393 | 覆膜砂 | 3816.0000 | 386 |
| 394 | 聚烷基苯 | 3817.0000 | 387 |

| 序号 | 商品名称 | 商品税则号列 | 页码 |
|---|---|---|---|
| 395 | 脱臭培养基 | 3821.0000 | 387 |
| 396 | 中草药芯片 | 3822.0010 | 388 |
| 397 | 空白塑料芯片 | 3822.0010 | 388 |
| 398 | 组织芯片 | 3822.0010 | 389 |
| 399 | 薄层板 | 3822.0010 | 390 |
| 400 | 水质测定袋 | 3822.0090 | 391 |
| 401 | 黏土类金标准样 | 3822.0090 | 392 |
| 402 | 100%纯天然生物辅料 | 3824.9090[3824.9099(2014年版)] | 393 |
| 403 | 冰盒 | 3824.9090[3824.9099(2014年版)] | 393 |
| 404 | 不溶性硫磺 | 3824.9090[3824.9099(2014年版)] | 394 |
| 405 | 催化剂(钢铁脱硫用) | 3824.9090[3824.9099(2014年版)] | 394 |
| 406 | 导电胶膜 | 3824.9090[3824.9099(2014年版)] | 395 |
| 407 | 导电介质(用于微电路的化合物) | 3824.9090[3824.9099(2014年版)] | 395 |
| 408 | 电极浆料 | 3824.9090[3824.9099(2014年版)] | 396 |
| 409 | 多磷酸钠(磷酸盐) | 3824.9090[3824.9099(2014年版)] | 396 |
| 410 | 多乙烯多胺E-100 | 3824.9090[3824.9099(2014年版)] | 397 |
| 411 | 腐殖酸钾 | 3824.9090[3824.9099(2014年版)] | 397 |
| 412 | 钙颗粒 | 3824.9090[3824.9099(2014年版)] | 398 |
| 413 | 高斯薄片 | 3824.9090[3824.9099(2014年版)] | 398 |
| 414 | 铬添加剂 | 3824.9090[3824.9099(2014年版)] | 399 |
| 415 | 硅靶材 | 3824.9090[3824.9099(2014年版)] | 399 |
| 416 | 核酸盐 | 3824.9090[3824.9099(2014年版)] | 400 |
| 417 | 环保工程土 | 3824.9090[3824.9099(2014年版)] | 401 |
| 418 | 黄腐酸 | 3824.9090[3824.9099(2014年版)] | 402 |
| 419 | 混合金刚石粉末 | 3824.9090[3824.9099(2014年版)] | 403 |
| 420 | 健美纤体贴 | 3824.9090[3824.9099(2014年版)] | 404 |
| 421 | 金蝠退热宝 | 3824.9090[3824.9099(2014年版)] | 404 |
| 422 | 聚合氯化铝 | 3824.9090[3824.9099(2014年版)] | 405 |
| 423 | 扩散纸 | 3824.9090[3824.9099(2014年版)] | 405 |
| 424 | 蜡 | 3824.9090[3824.9099(2014年版)] | 406 |
| 425 | 冷却粉 | 3824.9090[3824.9099(2014年版)] | 406 |
| 426 | 离子水活化剂 | 3824.9090[3824.9099(2014年版)] | 407 |
| 427 | 路用纤维 | 3824.9090[3824.9099(2014年版)] | 407 |

| 序号 | 商品名称 | 商品税则号列 | 页码 |
|---|---|---|---|
| 428 | 锰锌粉末 | 3824.9090[3824.9099(2014 年版)] | 408 |
| 429 | 农神 HB-101 | 3824.9090[3824.9099(2014 年版)] | 409 |
| 430 | 皮革柔软助剂 | 3824.9090[3824.9099(2014 年版)] | 410 |
| 431 | 亲肤表层 | 3824.9090[3824.9099(2014 年版)] | 410 |
| 432 | 轻质碳酸钙 | 3824.9090[3824.9099(2014 年版)] | 411 |
| 433 | 人造石头 | 3824.9090[3824.9099(2014 年版)] | 412 |
| 434 | 石英岩粉 | 3824.9090[3824.9099(2014 年版)] | 412 |
| 435 | 双环戊二烯 | 3824.9090[3824.9099(2014 年版)] | 413 |
| 436 | 帖衣型怀炉 | 3824.9090[3824.9099(2014 年版)] | 414 |
| 437 | 脱氧剂 | 3824.9090[3824.9099(2014 年版)] | 415 |
| 438 | 消光粉 | 3824.9090[3824.9099(2014 年版)] | 415 |
| 439 | 液体麦芽糖醇 | 3824.9090[3824.9099(2014 年版)] | 416 |
| 440 | 异氰酸酯 3032 | 3824.9090[3824.9099(2014 年版)] | 416 |
| 441 | 银浆 | 3824.9090[3824.9099(2014 年版)] | 417 |
| 442 | 渣球 | 3824.9090[3824.9099(2014 年版)] | 417 |
| 443 | 粘接磁性粉粒 | 3824.9090[3824.9099(2014 年版)] | 418 |
| 444 | 植物生长营养液 | 3824.9090[3824.9099(2014 年版)] | 419 |
| 445 | 阻燃型改性树脂粒 | 3824.9090[3824.9099(2014 年版)] | 420 |
| 446 | 铝工业用锰添加剂 | 3824.9099 | 421 |
| 447 | 膨胀石墨 | 3824.9099 | 422 |
| 448 | 氰铜盐 | 3824.9099 | 422 |
| 449 | 新癸酸钴盐 | 3824.9099 | 423 |
| 450 | 标准混凝土粒料 | 3824.9099 | 423 |
| 451 | γ-氧化铝小球 | 3824.9099 | 424 |
| 452 | 塑磁材料 | 3824.9099 | 424 |
| 453 | 保护渣 | 3824.9099 | 425 |
| 454 | 锂蒙脱石黏土 | 3824.9099 | 425 |
| 455 | 有机肥 | 3824.9099 | 426 |
| 456 | 天然黏土 | 3824.9099 | 426 |
| 457 | 工业二-(2-氯乙基)缩甲醛 | 3824.9099 | 427 |
| 458 | 片状镍粉(非合金) | 3824.9099 | 428 |
| 459 | 丙烯酸共聚树脂 | 3824.9099 | 429 |
| 460 | 粗氧化锌 | 3824.9099 | 429 |

| 序号 | 商品名称 | 商品税则号列 | 页码 |
|---|---|---|---|
| 461 | L-缬氨酸 | 3824.9099 | 430 |
| 462 | 氧化镁 | 3824.9099[3824.9092(2014 年版)] | 430 |
| 463 | 茶多酚 | 3824.9099 | 431 |
| 464 | 再生异丙醇、再生二氯甲烷 | 3825.4900/3825.4100 | 431 |
| 465 | 对苯二甲酸等外品水池料 | 3825.6100 | 432 |
| 466 | 碎硅片 | 3825.6900 | 433 |
| 467 | 己内酰胺及其低聚物的混合体 | 3825.9000 | 434 |
| 468 | 氟硅酸 | 3825.9000 | 435 |
| 469 | 己内酰胺回收晶体 | 3825.9000 | 436 |
| 470 | 杂环化合物(紫杉醇含量约 0.46%) | 3825.9000 | 437 |
| 471 | 粗硅油 | 3825.9000 | 438 |
| 472 | 回用双酚 A | 3825.9000 | 439 |
| 473 | 邻甲苯二胺 | 3825.9000 | 439 |
| 474 | 对苯二甲酸次级品 | 3825.9000 | 440 |
| 475 | 氧化铈(副牌) | 3825.9000 | 440 |
| 476 | 纸机传送带用布 | 第 39 章或 5910.0000 | 441 |
| 477 | 水溶性乙烯醋酸乙烯酯共聚物 | 39.01 或 39.05 | 441 |
| 478 | 线性低密度聚乙烯 | 3901.9020;3901.1000 | 442 |
| 479 | 乙烯—辛烯共聚物 | 3901.9020 | 442 |
| 480 | 改性聚丙烯 | 3902.1000 | 443 |
| 481 | 聚溴化苯乙烯 | 3903.9000 | 443 |
| 482 | 聚氯乙烯粉状混料 | 3904.2100 | 444 |
| 483 | 聚丙烯酰胺 | 3906.9010 | 445 |
| 484 | 聚丙烯酰胺 | 3906.9010 | 445 |
| 485 | 皮革助剂 | 3906.9090 | 446 |
| 486 | 银石色粉体漆 | 3907.3000 | 446 |
| 487 | 尼龙 6,6 | 3908.1011 | 447 |
| 488 | 聚氨酯预聚物 | 3909.5000 | 448 |
| 489 | 氰酸盐 | 3909.5000 | 449 |
| 490 | 改性粗 MDI | 3909.5000 | 450 |
| 491 | 异氰酸酯 | 3909.5000 | 451 |
| 492 | TMP 与 TDI 加成物 | 3909.5000 | 451 |
| 493 | PU 水性处理剂 | 3909.5000 | 452 |

| 序号 | 商品名称 | 商品税则号列 | 页码 |
| --- | --- | --- | --- |
| 494 | 皮革涂饰助剂 | 3909.5000 | 452 |
| 495 | 粉末状有机硅母粒 | 3910.0000 | 453 |
| 496 | 甲醛萘磺酸钠 | 3911.9000 | 454 |
| 497 | 聚葡萄糖 | 3911.9000 | 455 |
| 498 | HDI 三聚体 | 3911.9000 | 456 |
| 499 | 木质粉 | 3912.9000 | 456 |
| 500 | SW10 纤维素 | 3912.9000 | 457 |
| 501 | 结兰胶 | 3913.9000 | 457 |
| 502 | 透明质酸钠 | 3913.9000 | 458 |
| 503 | 普鲁兰多糖 | 3913.9000 | 459 |
| 504 | 纤维增强树脂复合棒 | 3916.9090 | 460 |
| 505 | 测井仪器用外壳 | 3917.2900 | 461 |
| 506 | 微喷带 | 3917.3200 | 462 |
| 507 | PVC 地板(CENIT) | 3918.1090 | 462 |
| 508 | 运动垫 | 3918.9090 | 463 |
| 509 | 双面胶带 | 3919.9090 | 463 |
| 510 | 3D 卡片 | 3919.9090 | 464 |
| 511 | 金属化聚酯薄膜 | 39.20 | 464 |
| 512 | 亚克力构件(维生系统配套用) | 3920.5100 | 465 |
| 513 | 人造板材 | 3920.5100 | 465 |
| 514 | 聚碳酸酯板 | 3920.6100 | 466 |
| 515 | 手机天线贴片半制成品 | 3920.6100 | 466 |
| 516 | 电机用槽绝缘 | 3920.6200 | 467 |
| 517 | 滤光膜 | 3920.6200 | 468 |
| 518 | 增光膜 | 3920.6200 | 469 |
| 519 | 双面涂层聚酯织物 | 3921.1210 | 469 |
| 520 | 复合 PVC 面料 | 3921.1290 | 470 |
| 521 | 泡沫聚氨酯板 | 3921.1390 | 471 |
| 522 | 铝塑复合材料 | 3921.9090 | 471 |
| 523 | 载带 | 3923.9000 | 472 |
| 524 | 塑料储运桶 | 3923.9000 | 472 |
| 525 | 大楼伸缩缝填充系统 | 3925.9000 | 473 |
| 526 | PVC 涤纶雨衣 | 3926.2000［3926.2090(2014 年版)］ | 474 |

| 序号 | 商品名称 | 商品税则号列 | 页码 |
|---|---|---|---|
| 527 | 研磨垫 | 3926.9010 | 475 |
| 528 | 打印机喷墨壳 | 3926.9090 | 476 |
| 529 | 缓冲垫 | 3926.9090 | 476 |
| 530 | 泡沫聚乙烯塑料板 | 3926.9090 | 477 |
| 531 | 塑料冲水件 | 3926.9090 | 478 |
| 532 | 防尘罩、球垫 | 3926.9090、4016.9990 | 478 |
| 533 | 聚碳酸酯透明圆片 | 3926.9090 | 479 |
| 534 | 前挡侧压条(半成品) | 3926.9090 | 480 |
| 535 | 泡泡粒 | 3926.9090 | 481 |
| 536 | 聚氨酯制管(硬质管) | 3926.9090 | 481 |
| 537 | 自粘性塑料挂钩 | 3926.9090 | 482 |
| 538 | 聚酯圆片滤膜(非泡沫,聚乙烯) | 3926.9090 | 482 |
| 539 | 聚甲基丙烯酸甲酯晶坯 | 3926.9090 | 483 |
| 540 | 橡胶下脚料 | 40.01 | 483 |
| 541 | 加氢热塑丁苯橡胶 | 4002.1919 | 484 |
| 542 | 热塑丁苯橡胶 SEPTON 8004 | 4002.1919 | 484 |
| 543 | 异丁烯—异戊二烯橡胶 | 4002.3190 | 485 |
| 544 | 混炼胶 | 4002.8000 | 485 |
| 545 | 热塑丁苯橡胶 SEPTON 4033 | 4002.9911 | 486 |
| 546 | 旧橡胶板 | 4004.0000 | 486 |
| 547 | 未硫化复合橡胶 | 4004.0000 | 487 |
| 548 | 未硫化绿轮胎 | 4004.0000 | 487 |
| 549 | 橡胶地板保护垫 | 4004.0000 | 488 |
| 550 | 复合橡胶 | 4005.1000 | 488 |
| 551 | 威而福牌硫化橡筋带 | 4007.0000 | 489 |
| 552 | 纺纱皮圈 | 4008.2100 | 489 |
| 553 | 摊铺机零件 | 40.09/8479.9090 | 490 |
| 554 | 供重型自卸车使用 E4 子午线轮胎 | 4011.2000 | 491 |
| 555 | 人字形胎面的充气橡胶轮胎 | 4011.2000 | 491 |
| 556 | 汽车轮胎 | 4011.9400;4011.9300 | 492 |
| 557 | 装载机用轮胎 | 4011.9400 | 493 |
| 558 | 医用有粉检查乳胶手套 | 4015.1900 | 494 |
| 559 | 橡胶塞(铝电解电容器配件) | 4016.9310 | 494 |

| 序号 | 商品名称 | 商品税则号列 | 页码 |
| --- | --- | --- | --- |
| 560 | 减震气囊 | 4016.9500 | 495 |
| 561 | 乙丙非共轭二烯橡胶 | 4016.9990 | 495 |
| 562 | X 线 | 4016.9990/5606.0000 | 496 |
| 563 | 硫化橡胶药用胶塞 | 4016.9990 | 496 |
| 564 | 牛正面手套革 | 41.07 | 497 |
| 565 | 牛二层手套革 | 41.07 | 497 |
| 566 | 拉杆箱 | 4202.1290 | 498 |
| 567 | 塑料制隐形眼镜盒 | 4202.3200 | 498 |
| 568 | 笔记本电脑包 | 4202.9 | 499 |
| 569 | 棉面料制行李袋 | 4202.9200 | 500 |
| 570 | 羔羊皮残次 | 4302.1990 | 501 |
| 571 | 橡木片 | 4401.2200 | 502 |
| 572 | 木材边角料 | 4401.3000[4401.3900(2014 年版)] | 503 |
| 573 | 烤肉架 | 4402.9000 | 503 |
| 574 | 桐木板方 | 4403.1000 | 504 |
| 575 | 柚木锯材 | 4403.4910 | 504 |
| 576 | 桦木、榆木、椴木 | 4403.9980 | 505 |
| 577 | 杉木栏杆 | 44.07 | 505 |
| 578 | 木制盖屋板 | 44.07 | 506 |
| 579 | 木板板材 | 4407.1090 | 506 |
| 580 | 杉木地板 | 4407.1090 | 507 |
| 581 | 红埋嘎地板条、水红花地板条 | 4409.2910 | 507 |
| 582 | 浸渍纸饰面复合木地板 | 4411.1900[4411.1319(2014 年版)] | 508 |
| 583 | 强化木地板 | 4411.1900[4411.1319(2014 年版)] | 509 |
| 584 | 床用板条 | 44.12 | 510 |
| 585 | 实木隔音采暖地板 | 4412.3210 | 511 |
| 586 | 木门框板 | 44.18 | 511 |
| 587 | 标准门框(杉木) | 4418.2000 | 512 |
| 588 | 木制脚踏板 | 4418.7900[4418.7990(2014 年版)] | 512 |
| 589 | 木地板 | 4418.7990 | 513 |
| 590 | 大型马尾松雕刻柱 | 4418.9000[4418.9090(2014 年版)] | 513 |
| 591 | 杉木梁 | 4418.9000[4418.9090(2014 年版)] | 514 |
| 592 | 铁杉板材 | 4418.9000[4418.9090(2014 年版)] | 514 |

| 序号 | 商品名称 | 商品税则号列 | 页码 |
|---|---|---|---|
| 593 | 重竹地板 | 4418.9000[4418.9010(2014年版)] | 515 |
| 594 | 圆形楸木木墩 | 4421.9090 | 515 |
| 595 | 宠物玩具(猫架) | 4421.9090 | 516 |
| 596 | 桐木长鼓半成品 | 4421.9090 | 516 |
| 597 | 法式尖头围栏板 | 4421.9090 | 517 |
| 598 | 中式尖头围栏柱 | 4421.9090 | 517 |
| 599 | 中式弧面尖头围栏板 | 4421.9090 | 518 |
| 600 | 化纤地垫 | 4601.2021[4601.2911(2014年版)] | 518 |
| 601 | 棉短绒纸浆 | 4706.1000 | 519 |
| 602 | 纤维状纤维素机械浆 | 4706.2000 | 519 |
| 603 | 木浆 | 4707.1000 | 520 |
| 604 | 废纸3号 | 4707.1000 | 520 |
| 605 | 白色号簿纸 | 4801.0000 | 521 |
| 606 | 水松原纸 | 4802.5400 | 521 |
| 607 | 无尘纸 | 4803.0000或48.18 | 522 |
| 608 | 牛皮纸 | 48.04 | 523 |
| 609 | 未漂白牛皮卡纸 | 4804.1100 | 524 |
| 610 | 牛皮纸 | 4804.1900 | 525 |
| 611 | 牛皮纸 | 4804.5100 | 526 |
| 612 | 绝缘纸 | 48.05 | 526 |
| 613 | 瓦楞原纸 | 4805.1900 | 527 |
| 614 | 牛皮挂面纸 | 4805.2500 | 527 |
| 615 | 木浆纸 | 4805.9190 | 528 |
| 616 | 涂布牛皮纸 | 48.10 | 528 |
| 617 | 单面涂布灰底白板纸及白底白板纸 | 4810.9200 | 529 |
| 618 | 白板纸 | 4810.9200 | 530 |
| 619 | 涂塑卡纸 | 4811.5190 | 531 |
| 620 | 双面涂塑纸(已感光相纸) | 4811.5190 | 532 |
| 621 | 版纸(JP系列) | 4811.5990[4811.5999(2014年版)] | 533 |
| 622 | 版纸(VT系列)860毫米×9.117千米 | 4811.5990[4811.5999(2014年版)] | 534 |
| 623 | 版纸(VT系列)A3,B4 | 4811.5990[4811.5999(2014年版)] | 535 |
| 624 | 离型纸 | 4811.5990[4811.5999(2014年版)] | 536 |
| 625 | 镀铝纸 | 4811.5990[4811.5991(2014年版)] | 537 |

| 序号 | 商品名称 | 商品税则号列 | 页码 |
|---|---|---|---|
| 626 | 植绒转印纸 | 4811.9000 | 538 |
| 627 | 未涂布装饰原纸 | 4811.9000 | 538 |
| 628 | 未涂布装饰原纸 | 4811.9000 | 539 |
| 629 | 瓦楞纸 | 4813.2000 | 539 |
| 630 | 水松原纸 | 4813.9000 | 540 |
| 631 | 纸纤不织布 | 4818.9000 | 541 |
| 632 | 彩印烫金烟标 | 4819.2000 | 542 |
| 633 | 废纸 10 号 | 4901.9900 | 542 |
| 634 | 民用航空飞机维修资料 | 4901.9900 | 543 |
| 635 | 镭射印箔标签(芙蓉王) | 4908.9000 | 543 |
| 636 | 转印薄膜 | 4908.9000 | 544 |
| 637 | 现代油画(非完全手工制) | 49.11 | 544 |
| 638 | 打印样张 | 4911.1010 | 545 |
| 639 | 说明书 | 4911.1010 | 545 |
| 640 | 设计图纸 | 4911.9100 | 546 |
| 641 | 彩通纺织业标准选色手册 | 4911.9900[4911.99(2014 年版)] | 546 |
| 642 | 神州行充值卡 | 4911.9900[4911.9990(2014 年版)] | 547 |
| 643 | 塑胶印刷皮 | 4911.9900[4911.9990(2014 年版)] | 548 |
| 644 | 不孕籽 | 5201.0000 | 549 |
| 645 | 破籽棉 | 5201.0000 | 550 |
| 646 | 落棉 | 5202.9900 | 550 |
| 647 | 马尼拉麻 | 5305.0020 | 551 |
| 648 | 椰壳纤维 | 5305.0092 | 551 |
| 649 | 涤纶长丝(定向聚酯纱线) | 5402.3310 | 552 |
| 650 | 聚酯变形纱线 | 5402.3310 | 553 |
| 651 | PVC 纤维长丝 | 5402.4900[5402.49(2014 年版)] | 554 |
| 652 | 护堤用水泥浆垫 | 54.07 | 555 |
| 653 | 二醋酸纤维丝束 | 5502.0010 | 555 |
| 654 | 聚乳酸纤维 | 5503.9000[5503.9090(2014 年版)] | 556 |
| 655 | 工业用地毯废丝 | 5505.1000 | 556 |
| 656 | 废丝 | 5505.1000 | 557 |
| 657 | 废丝 | 5505.1000 | 557 |
| 658 | 棉花棒 | 5601.2100 | 558 |

| 序号 | 商品名称 | 商品税则号列 | 页码 |
|---|---|---|---|
| 659 | 双组分纤维 | 5601.3000 | 558 |
| 660 | 针刺毯过滤料坯料 | 5602.1000 | 559 |
| 661 | 土工复合物 | 5602.1000 | 560 |
| 662 | 聚酯防静电桶状滤料坯料 | 56.03 | 561 |
| 663 | 椰棕垫 | 56.03 | 562 |
| 664 | PU 人造革 | 56.03 | 563 |
| 665 | 聚酯短纤无纺布 | 5603.9390 | 563 |
| 666 | 人造草坪 | 5703.3000 | 564 |
| 667 | PVC 棕榄地毯 | 5705.0090 | 564 |
| 668 | 桌球台用台布 | 58.01 或 60.01 | 565 |
| 669 | 尼龙布(含硅树脂涂层) | 5903.9090 | 566 |
| 670 | 合成纤维制滤网布 | 5911.4000 | 567 |
| 671 | 煤气储气密封装置 | 5911.9000 | 567 |
| 672 | 滤袋(除尘装置用) | 5911.9000 | 568 |
| 673 | 泥状填料 | 5911.9000 | 568 |
| 674 | 纯棉针织男式夹克 | 6101.2000 | 569 |
| 675 | 棉制针织女童上衣 | 6104.3200;6110.2000 | 570 |
| 676 | 女式棉制针织粉红套装 | 6104.6200;6109.1000 | 571 |
| 677 | 女式棉制针织紫色套装 | 6104.6200;6109.1000 | 571 |
| 678 | 男式内衣、女式内衣 | 6107.9100;6108.9100 | 572 |
| 679 | 棉制女式长袍 | 6108.9100;6208.9100 | 572 |
| 680 | 女式棉制针织背心、T 恤 | 6108.9100 | 573 |
| 681 | 针织女式浴袍 | 6108.9200 | 573 |
| 682 | 男针织无领 T 恤 | 6109.1000 | 574 |
| 683 | 带帽套头衫 | 61.10 | 574 |
| 684 | 棉制针织女式上衣 | 6110.2000 | 575 |
| 685 | 麻棉衫 | 6110.9090 | 575 |
| 686 | 棉制男童牛仔茄克 | 6203.3200 | 576 |
| 687 | 涤纶布婚纱 | 6204.4300 | 576 |
| 688 | 女式棉制印花套装 | 6208.2100 | 577 |
| 689 | 男式尼龙/PVC 雨衣套装 | 6211.2090 | 577 |
| 690 | 沙发套 | 63.04 | 578 |
| 691 | 全棉墙饰 | 6304.9290 | 578 |

| 序号 | 商品名称 | 商品税则号列 | 页码 |
|---|---|---|---|
| 692 | 化纤刺绣台布 | 6304.9310 | 579 |
| 693 | 牵引车捆绑器 | 6307.9000 | 579 |
| 694 | 魔术贴 | 6307.9000 | 580 |
| 695 | 破损塑料编织袋 | 6310.1000 | 581 |
| 696 | 无纺布圆帽 | 6505.9090[6505.0099(2014 年版)] | 581 |
| 697 | 木质手杖 | 6602.0000 | 582 |
| 698 | 铺路用现代花岗岩石制品 | 6801.0000 | 582 |
| 699 | 大理石与瓷砖复合板 | 6802.9190 | 583 |
| 700 | 马赛克 | 6802.9190 | 583 |
| 701 | 现代花岗岩石刻品 | 6802.9310[6802.931(2014 年版)] | 584 |
| 702 | 现代花岗岩石制品 | 6802.9390 | 585 |
| 703 | 现代花岗岩石制品 | 6802.9390 | 586 |
| 704 | 研磨料 | 6805.3000 | 586 |
| 705 | 耐火纤维棉 | 6806.1000[6806.1010(2014 年版)] | 587 |
| 706 | 耐火纤维毯 | 6806.1000[6806.1010(2014 年版)] | 588 |
| 707 | 耐火纤维板 | 6806.1000[6806.1010(2014 年版)] | 589 |
| 708 | 耐火纤维纸 | 6806.1000[6806.1010(2014 年版)] | 590 |
| 709 | 隔热材料 | 6806.1000[6806.1090(2014 年版)] | 590 |
| 710 | 消音器 | 6806.9000 | 591 |
| 711 | 防火板 | 6808.0000 | 592 |
| 712 | 硫酸钙地板 | 6809.9000 | 593 |
| 713 | 复合橱柜台面 | 6810.1910 | 594 |
| 714 | 棕榈石 | 6810.9990 | 595 |
| 715 | 衬垫 | 68.12 | 596 |
| 716 | 洗衣机刹车带 | 6813.8900 | 596 |
| 717 | 石墨制隔热材料、线、固定钉 | 6815.1000 | 597 |
| 718 | 非石棉气缸材料 | 6815.9900[6815.9990(2014 年版)] | 597 |
| 719 | 流道流槽唇砖 | 6815.9900[6815.9990(2014 年版)] | 598 |
| 720 | 盐芯 | 6815.9900[6815.9990(2014 年版)] | 598 |
| 721 | 碳纤维丝 | 6815.9939 | 599 |
| 722 | 建筑用防水膨润土纺织毯 | 6815.9990 | 599 |
| 723 | 黏土砖 | 6902.2000 | 600 |
| 724 | 氧化铝素坯(瓷制) | 6903.2000 | 600 |

| 序号 | 商品名称 | 商品税则号列 | 页码 |
|---|---|---|---|
| 725 | 建筑物外墙用釉面瓷砖 | 6908.9000 | 601 |
| 726 | 手模 | 6909.1 | 601 |
| 727 | 陶瓷载体 | 6909.1900 | 602 |
| 728 | 智能马桶 | 6910.1000 | 602 |
| 729 | 瓷制陶瓷刀 | 6911.1020 | 603 |
| 730 | 陶瓷基片 | 6914.1000 | 603 |
| 731 | 烧结矾土 | 6914.9000 | 604 |
| 732 | 煅烧铝矾土 | 6914.9000 | 605 |
| 733 | 光学元件玻璃毛坯 | 7001.0000 | 606 |
| 734 | 原板玻璃 | 70.03 | 607 |
| 735 | 镀膜玻璃 | 7005.1000 | 608 |
| 736 | 耐温陶瓷板 | 7006.0000 | 608 |
| 737 | 显示管用玻壳 | 7011.2090 | 609 |
| 738 | 石英管内管、外管 | 7011.9090 | 609 |
| 739 | 金色火球 | 7013.9900 | 610 |
| 740 | 溶液抽取注射器 | 7017.9000 | 610 |
| 741 | 玻璃沙(200 目) | 7018.2000 | 611 |
| 742 | 玻璃纤维散装丝及玻璃纤维零段布 | 7019.1200 或 7019.5900 | 612 |
| 743 | 玻璃纤维连续原丝毡 | 7019.3200 | 612 |
| 744 | 玻璃纤维席 | 7019.3900[7019.39(2014 年版)] | 613 |
| 745 | 玻璃纤维席 | 7019.3900[7019.39(2014 年版)] | 613 |
| 746 | 玻璃纤维毡 | 7019.3900[7019.39(2014 年版)] | 614 |
| 747 | 玻璃纤维布 | 7019.5200 | 614 |
| 748 | 半固化片 | 7019.9000[7019.902(2014 年版)] | 615 |
| 749 | 导电玻璃 | 7020.0011 | 616 |
| 750 | 导电玻璃 | 7020.0011 | 617 |
| 751 | 彩膜 | 7020.0011 | 618 |
| 752 | 塑料轴承用玻璃滚珠 | 7020.0019 | 619 |
| 753 | 熔融陶瓷石英辊 | 7020.0019[7020.0013(2014 年版)] | 620 |
| 754 | 光学元件 | 7020.0019 | 621 |
| 755 | 石英(D377 号样品) | 71.03 | 622 |
| 756 | 玛瑙矿 | 7103.1000 | 622 |
| 757 | 热稳定聚晶金刚石 | 7104.9011 | 623 |

| 序号 | 商品名称 | 商品税则号列 | 页码 |
|---|---|---|---|
| 758 | 喷金粉 | 7108.1100 | 624 |
| 759 | 局部镀金微异型触点 | 7108.1300 | 624 |
| 760 | 金线 | 7108.1300 | 625 |
| 761 | 紫水晶原石 | 7116.2000 | 626 |
| 762 | 压纹用铁垫板 | 第72章 | 627 |
| 763 | 不锈钢板 | 第72章 | 628 |
| 764 | 载体 | 第72章 | 629 |
| 765 | 抛光机内衬板 | 第72章 | 629 |
| 766 | 硅镁铁 | 7202.2900 | 630 |
| 767 | 不锈钢碾磨粉 | 7202.4900 | 630 |
| 768 | 镝铁合金 | 7202.9900［7202.9991（2014年版）］ | 631 |
| 769 | 钕铁硼磁体 | 7202.9900［7202.9919（2014年版）］ | 631 |
| 770 | 稀土永磁体 | 7202.9900［7202.991（2014年版）］ | 632 |
| 771 | 人工合成稀土硅化合物合金 | 7202.9900［7202.9991（2014年版）］ | 632 |
| 772 | 包芯线 | 7202.9900［7302.9999（2014年版）］ | 633 |
| 773 | 废钢材边料（切头或切尾料） | 72.04 | 634 |
| 774 | 废前支架总成 | 7204.4900 | 635 |
| 775 | 钢砂 | 7205.1000 | 635 |
| 776 | 铁基粉末EMS253-N | 7205.2100 | 636 |
| 777 | MQ快淬钕铁硼磁粉 | 7205.2100［7202.9912（2014年版）］ | 636 |
| 778 | 海绵铁粉 | 7205.2900 | 637 |
| 779 | 铜镀铁复合粉 | 7205.2900 | 638 |
| 780 | 锻造毛坯 | 72.07 | 639 |
| 781 | 齿轮毛坯、曲轴锻坯 | 72.07/8483.1090 | 639 |
| 782 | 钢铁锭 | 7207.1100 | 640 |
| 783 | 热轧平板 | 72.08 | 641 |
| 784 | 电镀锌板 | 7210.3000 | 642 |
| 785 | 渗铝钢板 | 7210.6900 | 642 |
| 786 | 贴塑钢板 | 7210.9000 | 643 |
| 787 | 矽钢片 | 7210.9000 | 643 |
| 788 | 钢面塑料合金板 | 7210.9000 | 644 |
| 789 | 热轧钢板 | 7211.1900 | 645 |
| 790 | 镀锡板 | 7212.1000 | 646 |

| 序号 | 商品名称 | 商品税则号列 | 页码 |
| --- | --- | --- | --- |
| 791 | 非合金镀铬铁板 | 7212.5000 | 646 |
| 792 | 非合金锻造圆钢 | 7214.1000 | 647 |
| 793 | 热轧方钢 | 7214.9900 | 648 |
| 794 | 扫街车线 | 7215.9000 | 649 |
| 795 | 槽钢 | 7216.3100 | 649 |
| 796 | 异型钢材 | 7216.3290 | 650 |
| 797 | 热轧球扁钢 | 7216.5090[7216.5020(2014 年版)] | 651 |
| 798 | 钢铁结构体 | 7216.9100 | 652 |
| 799 | 镀锌楼承钢板 | 7216.9100 | 652 |
| 800 | 钢结构件 | 7216.9100 | 653 |
| 801 | 铁立柱 | 7216.9100 | 653 |
| 802 | 铁构件 | 7216.9900 | 654 |
| 803 | 冷拉弹簧钢丝 | 7217.1000 | 654 |
| 804 | 合金钢丝 | 7217.9000 | 655 |
| 805 | 不锈钢圆棒 | 7218.9900 | 655 |
| 806 | 不锈钢半制成品 | 72.19 | 656 |
| 807 | 一级热轧不锈钢卷板 | 7219.1329 | 657 |
| 808 | 冷轧不锈钢带 | 7220.2010[7220.2020(2014 年版)] | 658 |
| 809 | 冷轧不锈钢方块板 | 7220.9000 | 659 |
| 810 | 三金属片 | 7220.9000 | 660 |
| 811 | 不锈钢滑轨 | 7222.4000 | 661 |
| 812 | 不锈钢丝 | 7223.0000 | 661 |
| 813 | R73 车轮圆钢 | 7224.9090 | 662 |
| 814 | 废变压器芯 | 72.26 | 662 |
| 815 | 冷轧镍合金卷板 | 7226.9200 | 663 |
| 816 | 带锯片用双金属钢带 | 7226.9900[7226.99(2014 年版)] | 663 |
| 817 | 冷轧合金钢带 | 7226.9990 | 664 |
| 818 | 模具钢坯 | 72.28;73.26 | 665 |
| 819 | 热轧合金弹簧钢棒 | 7228.3000[7228.3090(2014 年版)] | 666 |
| 820 | 锻造车削圆钢 | 7228.4000 | 666 |
| 821 | 芯棒 | 7228.4000 | 667 |
| 822 | 热锻模具钢 | 7228.4000 | 668 |
| 823 | 圆棒弹簧钢 | 7228.5000 | 669 |

| 序号 | 商品名称 | 商品税则号列 | 页码 |
| --- | --- | --- | --- |
| 824 | 热轧合金钢钢条 | 7228.6000 | 670 |
| 825 | 气保焊丝 | 72.29 | 670 |
| 826 | CO2 气体保护焊丝(XH－506) | 7229.2000 | 671 |
| 827 | 废钢轨 | 7302.1000 | 671 |
| 828 | 预制直埋保温管 | 73.04 | 672 |
| 829 | 脚手架支柱 | 7306.3000[7306.3090(2014 年版)] | 672 |
| 830 | 冷凝管(制冷设备用零件) | 7306.301 | 673 |
| 831 | 镀锌钢结构管件 | 7306.3090 | 674 |
| 832 | 直型及U型不锈钢管 | 7306.4000 | 675 |
| 833 | 冷拔无缝钢管 | 7306.9000 | 676 |
| 834 | 钢铁制管接头 | 7307.9900 | 677 |
| 835 | 接头毛坯 | 7307.9900 | 677 |
| 836 | 镀锌管 | 7307.9900 | 678 |
| 837 | 液压装置接头 | 7307.9900 | 678 |
| 838 | 机车油管用锻钢连接环首 | 7307.9900 | 679 |
| 839 | 桥梁伸缩装置 | 7308.1000 | 679 |
| 840 | 锚杆及托盘 | 7308.4000 | 680 |
| 841 | 钢金属雕花聚氨酯泡沫复合板(B 级) | 7308.9000 | 680 |
| 842 | U 型夹 | 7308.9000 | 681 |
| 843 | 冰槽 | 7310.2900[7310.2990(2014 年版)] | 681 |
| 844 | 膨胀罐 | 7310.2900[7310.2990(2014 年版)] | 682 |
| 845 | 密封吊索 | 7312.1000 | 683 |
| 846 | 传动链 | 7315.1190 | 684 |
| 847 | 螺纹制品 | 7318.1500[7318.15(2014 年版)] | 685 |
| 848 | 家禽饲养设备用输送螺旋 | 7320.2090 | 686 |
| 849 | 商用燃气炉 RSB-4PRD | 7321.1100 | 686 |
| 850 | 商用燃气炉 RSB-7PRD | 7321.1100 | 687 |
| 851 | 太阳墙板 | 7322.9000 | 688 |
| 852 | 燃气红外线辐射采暖设备成套散件 | 7322.9000 | 689 |
| 853 | 坩埚 | 73.25 | 689 |
| 854 | 电梯配重块 | 7325.1010 | 690 |
| 855 | 释放钩 | 73.26 | 690 |
| 856 | 锻制小球 | 7326.1910 | 691 |

| 序号 | 商品名称 | 商品税则号列 | 页码 |
| --- | --- | --- | --- |
| 857 | 钢丝保护层 | 7326.2010 | 691 |
| 858 | 刻痕钢丝 | 7326.2010 | 692 |
| 859 | 螺旋肋预应力钢丝 | 7326.2010 | 692 |
| 860 | U 型铁丝 | 7326.2090 | 693 |
| 861 | 不锈钢环形钢带 | 7326.9010[7326.9019(2014 年版)] | 693 |
| 862 | 深冲压冷轧焊接非合金钢板 | 7326.9010[7326.9019(2014 年版)] | 694 |
| 863 | 托盘底板、网格连接杆 | 7326.9010[7326.9019(2014 年版)] | 695 |
| 864 | 紧固扣 | 7326.9010[7326.9019(2014 年版)] | 696 |
| 865 | 钢管瓦片 | 7326.9010[7326.9019(2014 年版)] | 696 |
| 866 | 不锈钢纤维 | 7326.9090 | 697 |
| 867 | 摩托车头盔架 | 7326.9090/9403.8099 [9403.8990(2014 年版)] | 698 |
| 868 | 集装箱挂衣杆 | 7326.9090 | 699 |
| 869 | 钢铁制托盘 | 7326.9090 | 699 |
| 870 | 冰铜 | 7401.0000 | 700 |
| 871 | 泡铜 | 7402.0000 | 700 |
| 872 | 废覆铜板边角料 | 7404.0000 | 701 |
| 873 | M-5246 银色铜 | 7406.2010 | 701 |
| 874 | 铜电车线 | 7407.1000[7407.1090(2014 年版)] | 702 |
| 875 | 铜杆 | 7408.1100 | 702 |
| 876 | 滚筒 | 7409.2100 | 703 |
| 877 | 旧铜管 | 7411.21 | 704 |
| 878 | 接头箱 | 7412.2090 | 705 |
| 879 | 水表接头 | 7412.2090 | 705 |
| 880 | 铜制蹲式便器 | 7418.2000 | 706 |
| 881 | 铜米 | 7419.9910[7419.999(2014 年版)] | 706 |
| 882 | 电池负极片 | 7506.2000;7326.9010 | 707 |
| 883 | 铁镍软磁合金卷板 | 7506.2000 | 708 |
| 884 | 铝制带孔圆柱状体 | 7601.1090 | 708 |
| 885 | 铝制品 | 7601.2000 | 709 |
| 886 | 含铝灰色粉末 | 7602.0000 | 709 |
| 887 | 铝合金散热管 | 7604.2100 | 710 |
| 888 | 铝合金型材 | 7604.2990 | 710 |
| 889 | 铝合金门拉手 | 7604.2990 | 711 |

| 序号 | 商品名称 | 商品税则号列 | 页码 |
| --- | --- | --- | --- |
| 890 | 农业温室用遮阳材料 | 7607.1900 | 711 |
| 891 | 汽车遮阳板 | 7607.1900 | 712 |
| 892 | 空心铝管 | 7608.1000 | 712 |
| 893 | 铝合金制空心异型材 | 7608.2000[7608.2091(2014 年版)] | 713 |
| 894 | 钢铝复合接触轨道及连接附件 | 7610.9000 | 714 |
| 895 | 液氮罐 | 7611.0000 | 715 |
| 896 | 零件组合测量支架(柔性夹具) | 7616.9910 | 716 |
| 897 | 卡扣 | 7616.9990 | 716 |
| 898 | 机动车配件(防滑板) | 7616.9990 | 717 |
| 899 | 锡管 | 8001.1000 | 718 |
| 900 | 钛钨靶材 | 8101.9400 | 718 |
| 901 | 钨高比重合金块(平衡块) | 8101.9900[8101.9990(2014 年版)] | 719 |
| 902 | 钨切头 | 8101.9990 | 719 |
| 903 | 触变注射成型用镁合金粒 | 8104.3000 | 720 |
| 904 | 钛板坯 | 8108.2090[8108.2029(2014 年版)] | 720 |
| 905 | 钨废碎料 | 8113.0000[8113.0090(2014 年版)] | 721 |
| 906 | 金刚石绳锯 | 8202.9910 | 722 |
| 907 | 轴承听诊器 | 8205.5900 | 722 |
| 908 | 微孔板复制器 | 8205.5900 | 723 |
| 909 | 电缆穿线器 | 8205.5900 | 723 |
| 910 | 工业复合片 | 8207.1910 | 724 |
| 911 | 铸铁制模具毛坯 | 8207.3000 | 724 |
| 912 | 金属钻子 | 8207.3000 | 725 |
| 913 | 硬质合金刀具 | 8207.7000[8207.7090(2014 年版)] | 726 |
| 914 | 无线指纹锁 | 8301.4000 | 726 |
| 915 | 奥迪车发送单元用钥匙座 | 8301.7000 | 727 |
| 916 | 支架(输送机零件) | 8302.2000 | 727 |
| 917 | 牵引车支撑器 | 8302.3000 | 728 |
| 918 | 奔驰消防指挥车 | 第 84 章或第 87 章相应税号 | 728 |
| 919 | 液化天然气生产线 | 第 84 章 | 729 |
| 920 | 废热锅炉 | 8402.1900 | 730 |
| 921 | 碱炉压力件 | 8402.9000 | 731 |
| 922 | 沼气锅炉 | 8403.10 | 732 |

| 序号 | 商品名称 | 商品税则号列 | 页码 |
|---|---|---|---|
| 923 | 家庭用煤气温水炉 | 8403.1000[8403.1010(2014年版)] | 732 |
| 924 | 家用电热水炉 | 8403.1000[8403.1010(2014年版)] | 733 |
| 925 | 自热水式柴气炉 | 8405.1000 | 733 |
| 926 | 粗合成气煤气化生产线 | 8405.1000 | 734 |
| 927 | 发动机零件 | 8407.3410 | 735 |
| 928 | 发电机组用发动机 | 8408.2010 | 735 |
| 929 | 柴油机气缸注油器 | 8409.9910 | 736 |
| 930 | 飞机主起落架位置作动筒 | 8412.2 | 737 |
| 931 | 液压操作机构 | 8412.2100 | 738 |
| 932 | 离合器分泵 | 8412.2100 | 738 |
| 933 | 驱动机构 | 8412.2100 | 739 |
| 934 | 液压马达驱动系统 | 8412.2990 | 740 |
| 935 | 输送屏蔽电泵 | 84.13 | 741 |
| 936 | 动力站 | 84.13 | 742 |
| 937 | 移液器 | 8413.1900 | 743 |
| 938 | 冰箱式水质采样仪 | 8413.1900 | 744 |
| 939 | 一体化污泥抽取机 | 8413.1900 | 745 |
| 940 | 电动齿轮多重密封(计量)泵 | 8413.1900 | 746 |
| 941 | 塑料瓶泵 | 8413.2000 | 747 |
| 942 | 液压泵 | 8413.3030 | 748 |
| 943 | 液压往复式排液泵 | 8413.50 | 749 |
| 944 | 隔膜网气动泵 | 8413.5010 | 750 |
| 945 | 铁路站场真空卸污系统 | 8413.6090[8413.60(2014年版)] | 751 |
| 946 | 液压油泵 | 8413.6090[8413.6060(2014年版)] | 752 |
| 947 | 紧急给水安全保护装置 | 8413.7090[8413.7099(2014年版)] | 753 |
| 948 | 泵芯 | 8413.9100 | 754 |
| 949 | 真空泵 | 8414.1000 | 755 |
| 950 | 风扇 | 8414.5191 | 756 |
| 951 | 中央处理器降温部件 | 8414.5199 | 756 |
| 952 | 散热风扇 | 8414.5990 | 757 |
| 953 | 生物安全柜 | 8414.6090 | 758 |
| 954 | 车载空气压缩机 | 8414.8090 | 759 |
| 955 | 空气压缩机 | 8414.8090 | 760 |

| 序号 | 商品名称 | 商品税则号列 | 页码 |
|---|---|---|---|
| 956 | 联合压缩机组(含蒸汽透平机一台) | 8414.8090 | 761 |
| 957 | 重汽12吨以上拖车底盘用空压机 | 8414.8090 | 762 |
| 958 | 超净工作台 | 8414.8090 | 762 |
| 959 | 螺杆总成 | 8414.9090 | 763 |
| 960 | 日立水冷柜机机身 | 8415.82 | 763 |
| 961 | 空调室外机 | 8415.9010 | 764 |
| 962 | 吹面风道总成、小进风风门、风门拔杆、风门连杆、循环风门总成、中央风门总成、除霜风门总成 | 8415.9090 | 764 |
| 963 | 空调蒸发器及鼓风机总成 | 8415.9090 | 765 |
| 964 | 汽车空调脱水进风装置及冷凝器 | 8415.9090 | 766 |
| 965 | 空气调节器 | 8415.9090 | 767 |
| 966 | 多联体冷暖变频式空调室外机 | 8415.9090 | 768 |
| 967 | 烧嘴 | 8416.2011 | 769 |
| 968 | 高强力烧氨火嘴及配件 | 8416.2019/90.27 | 769 |
| 969 | 钼精矿焙烧炉 | 8417.1000 | 770 |
| 970 | 封闭式填埋气燃烧站 | 8417.8090 | 771 |
| 971 | 耐火砖及耐火材料 | 8417.8090 | 772 |
| 972 | 直冷式奶缸 | 84.18 | 773 |
| 973 | 通用牌电冰箱 | 8418.1020 | 773 |
| 974 | 冷藏专用柜及其设备 | 8418.5000 | 774 |
| 975 | 控制程序降温系统 | 8418.5000 | 774 |
| 976 | 程序控温仪 | 8418.5000 | 775 |
| 977 | 冷水机组 | 8418.6110[8418.6920(2014年版)] | 776 |
| 978 | 螺杆式冷水机组散件 | 8418.6110[8418.6920(2014年版)] | 777 |
| 979 | 速冷机 | 8418.6190 | 778 |
| 980 | 啤酒冰晶机 | 8418.6190 | 779 |
| 981 | 冷冻机、加湿机、风机、湿度调节计 | 8418.6190 | 780 |
| 982 | 透平膨胀机 | 8418.69 | 781 |
| 983 | 智能化血浆速冻系统 | 8418.6990 | 781 |
| 984 | 薯条储柜、汉堡储柜、隧道式保温柜 | 8418.9100 | 782 |
| 985 | 冷风机 | 8418.9910 | 783 |
| 986 | 冰柜专用网篮 | 8418.9999 | 784 |
| 987 | 容积式水加热器 | 8419.1900[8419.1990(2014年版)] | 784 |

| 序号 | 商品名称 | 商品税则号列 | 页码 |
|---|---|---|---|
| 988 | 全自动清洗消毒柜 | 8419.2000 | 785 |
| 989 | 干燥器系统 | 8419.3990 | 785 |
| 990 | 干燥器 | 8419.3990 | 786 |
| 991 | 干燥机系统 | 8419.3990 | 787 |
| 992 | 喷雾干燥机 | 8419.3990 | 788 |
| 993 | 烘干炉(不包括外壳) | 8419.3990 | 788 |
| 994 | 基尔特克 1002 蒸馏仪 | 8419.4090 | 789 |
| 995 | 燃油热交换器 | 8419.5000 | 790 |
| 996 | 空气分离装置 | 8419.6090 | 791 |
| 997 | C2 低温分离装置 | 8419.6090 | 792 |
| 998 | 咖啡机 | 8419.8100 | 793 |
| 999 | 自动给茶机 | 8419.8100 | 794 |
| 1000 | 冰板式现调机 | 8419.8990 | 795 |
| 1001 | 蓄冰设备 | 8419.8990 | 796 |
| 1002 | 复合式纺丝用工艺系统 | 8419.8990 | 797 |
| 1003 | 烤漆机 | 8419.8990 | 798 |
| 1004 | 合成塔内件 | 8419.8990 | 799 |
| 1005 | 燃油干燥器(申报品名) | 8419.8990 | 800 |
| 1006 | PCR 仪 | 8419.8990 | 801 |
| 1007 | 干熄焦设备 | 8419.8990 | 802 |
| 1008 | 恒温试管架 | 8419.8990 | 803 |
| 1009 | 六功能校验炉 | 8419.8990 | 803 |
| 1010 | 恒温热台 | 8419.8990 | 804 |
| 1011 | 一体化冷却装置 | 8419.8990 | 804 |
| 1012 | IC 厌氧反应器 | 8419.8990 | 805 |
| 1013 | 热流道 | 8419.8990 | 806 |
| 1014 | 低温培养箱 | 8419.8990 | 806 |
| 1015 | 半导体制冷器 | 8419.8990 | 807 |
| 1016 | 氯化镁脱水系统 | 8419.8990 | 808 |
| 1017 | 液相色谱柱后衍生系统 | 8419.8990 | 809 |
| 1018 | 汽车烤漆房 | 8419.8990 | 810 |
| 1019 | 塔盘(氮洗塔零件) | 8419.9090 | 811 |
| 1020 | 热交换器用连接支撑管板 | 8419.9090 | 812 |

| 序号 | 商品名称 | 商品税则号列 | 页码 |
|---|---|---|---|
| 1021 | 气液分配盘 | 8419.9090 | 812 |
| 1022 | 赛鲁迪复合机 | 8420.1000 | 813 |
| 1023 | 滚涂机 | 8420.1000 | 814 |
| 1024 | 内面胶押出机 | 8420.1000 | 815 |
| 1025 | 涂布辊、超级压光辊 | 8420.9900 | 816 |
| 1026 | 离心干燥机 | 84.21 | 817 |
| 1027 | 远红外复合陶瓷活水器 | 84.21 | 818 |
| 1028 | 石膏旋流站 | 8421.1990 | 819 |
| 1029 | 电解水机 | 8421.2110 | 820 |
| 1030 | 反渗水处理系统 | 8421.2190[8421.2199(2014年版)] | 821 |
| 1031 | 工业锅炉水过滤用电离子膜块组 | 8421.2190[8421.2199(2014年版)] | 821 |
| 1032 | 污水浮选系统 | 8421.2190[8421.2199(2014年版)] | 822 |
| 1033 | 肾脏透析器 | 8421.2990 | 823 |
| 1034 | 输液器滤板 | 8421.2990 | 823 |
| 1035 | 核酸蛋白制备型纯化系统 | 8421.2990 | 824 |
| 1036 | 真空手套箱 | 8421.3990 | 825 |
| 1037 | 生物脱硫回收装置 | 8421.3990[8421.3940(2014年版)] | 826 |
| 1038 | 玻璃钢制过滤灌 | 8421.9910 | 827 |
| 1039 | 氧气发生器 | 8421.9910 | 828 |
| 1040 | 中空纤维膜组件 | 8421.9990 | 829 |
| 1041 | 全自动锭剂摆药机 | 8422.3030 | 829 |
| 1042 | 全自动条形码制作粘贴采血管分配准备系统 | 8422.3090 | 830 |
| 1043 | 高速包装机组 | 8422.4000 | 830 |
| 1044 | 编带机 | 8422.4000 | 831 |
| 1045 | 燃烧法沥青含量测试仪 | 84.23或90.16 | 831 |
| 1046 | 动物鉴定标识系统 | 8423.8290 | 832 |
| 1047 | DCS控冷控轧机关键件 | 84.24 | 833 |
| 1048 | 高压清洗机(冷、热水) | 8424.3000 | 834 |
| 1049 | 滴灌设备 | 8424.8100 | 834 |
| 1050 | 加湿器 | 8424.8100 | 835 |
| 1051 | 自走式变量喷药机 | 8424.8100 | 835 |
| 1052 | 压力罐喷头 | 8424.8910或8424.8999 | 836 |
| 1053 | 镁基脱硫设备 | 8424.8999 | 836 |

| 序号 | 商品名称 | 商品税则号列 | 页码 |
| --- | --- | --- | --- |
| 1054 | 静电喷粉机 | 8424.8999 | 837 |
| 1055 | 选择性涂敷设备 | 8424.8999 | 837 |
| 1056 | 机舱水雾喷淋系统 | 8424.8999 | 838 |
| 1057 | 热熔胶喷涂主机 | 8424.8999 | 839 |
| 1058 | 旧自动清洗机 | 8424.8999 | 840 |
| 1059 | 炮体 | 8424.8999 | 841 |
| 1060 | 油雾发生器 | 8424.8999 | 842 |
| 1061 | 洗地龙头 | 8424.8999 | 843 |
| 1062 | 原料喷嘴 | 8424.8999 | 843 |
| 1063 | 面漆线底漆喷涂机器人 | 8424.8999[8424.8920(2014 年版)] | 844 |
| 1064 | 滴灌管线 | 8424.9090 | 845 |
| 1065 | 滴头(滴灌设备用) | 8424.9090 | 845 |
| 1066 | 喷淋管 | 8424.9090 | 846 |
| 1067 | 铝制轮轴放线架 | 8425.4210 | 847 |
| 1068 | 电磁半龙门起重机 | 8426.1930 | 848 |
| 1069 | 旧轮胎式起重机 | 8426.4110 | 849 |
| 1070 | 集装箱正面吊 | 8426.4190 | 850 |
| 1071 | 堆码起重机 | 8427.1010 | 851 |
| 1072 | 激光自动引导无人搬运 AGV 小车 | 8427.1090 | 852 |
| 1073 | 高压升降平台 | 8427.1090 | 853 |
| 1074 | 轮胎式运梁车 | 8427.2090 | 854 |
| 1075 | 机场跑道路面维护车、升降平台车 | 8427.2090 | 854 |
| 1076 | 伸缩臂式加料机 | 8427.2090 | 855 |
| 1077 | 移动式升降平台车 | 8427.2090 | 856 |
| 1078 | 370t 自行式液压平板车 | 8427.2090 | 857 |
| 1079 | 铝电解专用出铝车 | 8427.2090 | 858 |
| 1080 | 移动式高空作业平台(吉尼牌) | 8427.9000 | 859 |
| 1081 | 电梯关键件 | 8428.1010 | 859 |
| 1082 | 载货液压电梯 | 8428.1090 | 860 |
| 1083 | 单轨系统 | 8428.3 | 861 |
| 1084 | 机场行李输送系统 | 8428.3300 | 862 |
| 1085 | 冷却站 | 8428.39 | 863 |
| 1086 | 深盘输送机 | 8428.3920 | 863 |

| 序号 | 商品名称 | 商品税则号列 | 页码 |
| --- | --- | --- | --- |
| 1087 | 沥青搅拌料转运机 | 8428.3990 | 864 |
| 1088 | 振料盘 | 8428.3990 | 864 |
| 1089 | 机械立体停车库设备 | 8428.9000[8428.9020(2014 年版)] | 865 |
| 1090 | 机械手 | 8428.9000[8428.9040(2014 年版)] | 866 |
| 1091 | 气垫 | 8428.9000[8428.9090(2014 年版)] | 866 |
| 1092 | 气动升降桅杆 | 8428.9090 | 867 |
| 1093 | 直立电气焊行走部件 | 8428.9090 | 868 |
| 1094 | IAI 滑台(动力装置) | 8428.9090 | 869 |
| 1095 | 装车系统 | 8428.9090[8428.9039(2014 年版)] | 870 |
| 1096 | 柴油地下铲运机 | 8429.3090 | 871 |
| 1097 | 轮胎压路机 | 8429.4019 | 871 |
| 1098 | 多功能矿用运输机 | 8429.5100 | 872 |
| 1099 | 液压抓斗 | 8429.5212 | 873 |
| 1100 | 隧道掘进机 | 8429.5900 | 874 |
| 1101 | 扫雪车用铲 | 8430.2000 | 875 |
| 1102 | 连续采煤机 | 8430.3100[8430.3110(2014 年版)] | 876 |
| 1103 | 移动式破碎机 | 8430.3100[8430.3120(2014 年版)] | 877 |
| 1104 | 掘锚一体机 | 8430.3100[8430.3110(2014 年版)] | 878 |
| 1105 | 双滚筒采煤机 | 8430.3900 | 879 |
| 1106 | 自走式车载钻机 | 8430.4119 | 880 |
| 1107 | 凿地机 | 8430.5090 | 881 |
| 1108 | 旋挖钻机 R416 | 8430.5090 | 881 |
| 1109 | 手扶振动平板夯散件 | 8430.6100 | 882 |
| 1110 | 拖式激光铲运机 | 8430.6920 | 882 |
| 1111 | 石油钻机顶部驱动设备 | 8431.4310 | 883 |
| 1112 | 压路机等工程机械用自锁式牙嵌差速器 | 8431.4990[8431.4920(2014 年版)] | 884 |
| 1113 | 挖掘机行走装置 | 8431.4990[8431.4999(2014 年版)] | 885 |
| 1114 | 挖掘机履带 | 8431.4990[8431.4999(2014 年版)] | 886 |
| 1115 | 回转减速机 | 8431.4990[8431.4999(2014 年版)] | 887 |
| 1116 | 挖掘机用回转机构 | 8431.4990[8431.4999(2014 年版)] | 888 |
| 1117 | 玉米联合收割机 | 8433.5100 | 889 |
| 1118 | 全自动饲料配置机 | 8436.1000 | 889 |
| 1119 | 绞龙送料系统 | 8436.2900 | 890 |

| 序号 | 商品名称 | 商品税则号列 | 页码 |
|---|---|---|---|
| 1120 | 履带式堆肥翻拌机 | 8436.8000 | 890 |
| 1121 | 金枪鱼延绳钓装置 | 8436.8000 | 891 |
| 1122 | 猪屠宰生产线 | 8438.5000 | 892 |
| 1123 | 番茄酱生产加工设备(生产线)及零件 | 8438.6000 | 893 |
| 1124 | 酿酒机器 | 8438.8000 | 894 |
| 1125 | 饲料生产设备 | 8438.8000 | 895 |
| 1126 | 多层定宽热压机 | 8439.2000 | 896 |
| 1127 | 涂布台 | 8439.3000 | 897 |
| 1128 | 平板切割绘图仪等五款商品 | 8441.1000/8479.8990[8479.8999(2014 年版)]/9017.1000 | 898 |
| 1129 | 分条机机器零件 | 8441.8090 | 899 |
| 1130 | 冲压模型 | 8441.9090 | 899 |
| 1131 | 热敏直接制版系统 | 8442.3020[8442.3021(2014 年版)]/9010.5029 | 900 |
| 1132 | 凹印机印刷色组 | 8443.1700 | 901 |
| 1133 | 喷码机 | 8443.3221 | 901 |
| 1134 | 生产型黑白高速数字打印设备 | 8443.3229 | 902 |
| 1135 | 带芯片的墨盒 | 8443.9990 | 903 |
| 1136 | 磁性滚轴 | 8443.9990 | 904 |
| 1137 | 空气接头平台 | 8445.9090 | 905 |
| 1138 | 剑杆织机(含多臂装置) | 8446.3020 | 906 |
| 1139 | 隧道式洗衣机 | 8450.2000[8450.2019(2014 年版)] | 907 |
| 1140 | 洗衣机用加热管 | 8450.90 | 908 |
| 1141 | 熨烫机 | 8451.3000/8477.8000 | 909 |
| 1142 | 单层布料电脑裁床 | 8451.5000 | 910 |
| 1143 | 绣花机针 | 8452.3000 | 910 |
| 1144 | 顶枪 | 8454.9010 | 911 |
| 1145 | FFX 成型机 | 84.55 | 912 |
| 1146 | 机床机身 | 84.57/84.59 | 913 |
| 1147 | 加工中心用主机通用床体 | 8457.1020 | 913 |
| 1148 | 单轴纵切数控自动车床 | 8458.1100 | 914 |
| 1149 | 旧数控车挤压车床 | 8458.1100 | 915 |
| 1150 | 全自动五轴连动数控加工生产线 | 8458.9100[8458.9110(2014 年版)] | 916 |
| 1151 | 数控镗床零件 | 84.59 | 916 |

| 序号 | 商品名称 | 商品税则号列 | 页码 |
|---|---|---|---|
| 1152 | 高柔性曲轴深孔钻床 | 8459.2100 | 917 |
| 1153 | 深孔加工机 | 8459.2900 | 918 |
| 1154 | 刮削滚光设备 | 8459.4010 | 919 |
| 1155 | 电路板刻制机 | 8459.6990 | 920 |
| 1156 | 涡杆和螺纹磨床 | 84.60 | 921 |
| 1157 | 多工位高精度网纹加工设备 | 8460.2120 | 921 |
| 1158 | 气缸体活塞孔精整加工机床 | 8460.4010 | 922 |
| 1159 | 数控乙炔焰切割机 | 8461.9000[8461.9090(2014年版)] | 922 |
| 1160 | 铭牌机 | 8462.1090 | 923 |
| 1161 | 波形裁剪机 | 8462.3190 | 924 |
| 1162 | 高速冲床线 FIX-100 | 8462.4119 | 925 |
| 1163 | SISMA 快速单双扣织链机 | 8463.3000 | 925 |
| 1164 | 双面研磨抛光系统 | 8464.2090 | 926 |
| 1165 | 高速数控优选机 | 8465.9100 | 927 |
| 1166 | CNC PBC 成型机 | 8465.9200 | 928 |
| 1167 | 液压短周期压帖生产线 | 8465.9400 | 928 |
| 1168 | “Matrix 2360”可编程自动切割机 | 8465.9600 | 929 |
| 1169 | 滚动滑轨 | 84.66 | 930 |
| 1170 | 磨床动平衡仪 | 8466.3000 | 931 |
| 1171 | 等离子割据支架 | 8466.9300[8466.9390(2014年版)] | 932 |
| 1172 | 多工位托盘系统 FH6800 | 8466.9300[8466.9390(2014年版)] | 932 |
| 1173 | 回转工作台 | 8466.9300[8466.9390(2014年版)] | 933 |
| 1174 | 立式车床用弧形齿盘 | 8466.9300[8466.9390(2014年版)] | 933 |
| 1175 | 数控机床用接头 | 8466.9300[8466.9390(2014年版)] | 934 |
| 1176 | 冲击夯 LT600 | 8467.8900 | 934 |
| 1177 | 铸焊机 | 8468.8000 | 935 |
| 1178 | 椅背焊接工装 | 8468.9000 或 8515.9000 | 935 |
| 1179 | ELITE 510 型 IC 卡/磁卡双功能终端机 | 8470.5090 | 936 |
| 1180 | 必能宝牌邮资机底座 | 8470.9000 | 936 |
| 1181 | 苹果 Ipod Touch 手持设备 | 8471.3000[8471.3010(2014年版)] | 937 |
| 1182 | 分散控制系统(DCS) | 8471.4991 | 937 |
| 1183 | 集散控制系统用数据采集接口设备 | 8471.50 | 938 |
| 1184 | 远程数据单元 | 8471.5040 | 938 |

| 序号 | 商品名称 | 商品税则号列 | 页码 |
|---|---|---|---|
| 1185 | WEB 缓存器 CISCO CE560 | 8471.5040 | 939 |
| 1186 | 三维坐标控制仪 | 8471.6072 | 939 |
| 1187 | 罗技鼠标 | 8471.6072 | 940 |
| 1188 | 指纹采集仪 | 8471.6090 | 940 |
| 1189 | 触摸屏 | 8471.6090 | 941 |
| 1190 | EMC 磁盘存储器 | 8471.7010 | 942 |
| 1191 | SSD 固态硬盘 | 8471.7010 | 942 |
| 1192 | DVD-ROM 驱动器 | 8471.7030 | 943 |
| 1193 | 磁盘阵列 | 8471.7090 | 943 |
| 1194 | 监视器资料通讯测试机 | 8471.8000 | 944 |
| 1195 | 端口复制器 | 8471.8090[8471.8000(2014 年版)] | 944 |
| 1196 | 图形加速卡 | 8471.8090[8471.8000(2014 年版)] | 945 |
| 1197 | 微机串口卡 | 8471.8090[8471.8000(2014 年版)] | 945 |
| 1198 | 专业音频处理板 | 8471.8090[8471.8000(2014 年版)] | 946 |
| 1199 | CD-188 复制机 | 8471.9000 | 947 |
| 1200 | 个人化设备 | 8471.9000 | 948 |
| 1201 | 条形码扫描仪 | 8471.9000 | 949 |
| 1202 | MCU 开发测试工具 | 8471.9000 | 949 |
| 1203 | 带条形码阅读器的微型机 | 8471.9000 | 950 |
| 1204 | 散热片(铜制) | 84.73 | 950 |
| 1205 | 计算机用内存卡(条) | 8473.30 | 951 |
| 1206 | 模块化数据中心 | 8473.3010 | 952 |
| 1207 | 计算机机箱 | 8473.3090 | 953 |
| 1208 | 电脑主机板 CKD 件 | 8473.3090 | 953 |
| 1209 | 主机板(无 CPU) | 8473.3090 | 954 |
| 1210 | 散热器(微机用) | 8473.3090 | 954 |
| 1211 | 硬盘支架、软驱支架 | 8473.3090 | 955 |
| 1212 | 掌上电脑用触笔 | 8473.3090 | 955 |
| 1213 | 铝土矿浓密机 | 8474.1000 | 956 |
| 1214 | 气流分级机 | 8474.1000 | 957 |
| 1215 | MMD500 型强力分级机 | 8474.2010 | 958 |
| 1216 | 水泥混凝土搅拌站 | 8474.3100 | 959 |
| 1217 | 混凝土搅拌器零件 | 8474.3100 | 960 |

| 序号 | 商品名称 | 商品税则号列 | 页码 |
|---|---|---|---|
| 1218 | R250AF 混凝土空心砌块生产线 | 8474.8090 | 961 |
| 1219 | 旋转压实仪 | 8474.8090 | 962 |
| 1220 | ELEMATIC 阿克太克墙板生产设备 | 8474.8090 | 962 |
| 1221 | 场致发射显示管的封装机 | 8475.1000 | 963 |
| 1222 | MDS 水平拉制仪 | 8475.2919 | 964 |
| 1223 | 铂铑合金漏板 | 8475.9000 | 965 |
| 1224 | 双螺杆 | 84.77 | 966 |
| 1225 | 精密绝缘成型包层机 | 8477.2090 | 967 |
| 1226 | 15~45 度钢丝帘布裁断生产线 | 8477.8000 | 968 |
| 1227 | 道路铣刨机 | 8479.1090 | 969 |
| 1228 | 混凝土布料杆 | 8479.1090 | 969 |
| 1229 | 隧道自推进封水注浆设备 | 8479.1090 | 970 |
| 1230 | 路面铣刨机 | 8479.1090 | 971 |
| 1231 | 喷射机 | 8479.1090 | 971 |
| 1232 | 捻线机 | 8479.4000 | 972 |
| 1233 | 包边机器人系统设备 | 8479.5010 | 973 |
| 1234 | 水下机器人系统 | 8479.5090 | 974 |
| 1235 | 空气增湿器 | 8479.6000 | 974 |
| 1236 | 端子插入机 | 8479.8190 | 975 |
| 1237 | 全自动打端子机 | 8479.8190 | 975 |
| 1238 | 液压推瘤机 | 8479.8190 | 976 |
| 1239 | 干膜前处理机 | 8479.8190 | 976 |
| 1240 | 层绕机 | 8479.8190 | 977 |
| 1241 | 自动气瓶打标机 | 8479.8190 | 977 |
| 1242 | 组织细胞分离器 | 8479.8200 | 978 |
| 1243 | 氯化钾压实造粒设备 | 8479.8200 | 978 |
| 1244 | 干法均质机 | 8479.8200 | 979 |
| 1245 | BIOMEK 3000 实验室全自动工作站 | 8479.8990[8479.8999(2014 年版)] | 979 |
| 1246 | 玻璃钢制装活鱼用水箱 | 8479.8990[8479.8999(2014 年版)] | 980 |
| 1247 | 采油机械封隔器 | 8479.8990[8479.8999(2014 年版)] | 981 |
| 1248 | 残极压脱机 | 8479.8990[8479.8999(2014 年版)] | 982 |
| 1249 | 抽湿柜 | 8479.8990[8479.8999(2014 年版)] | 983 |
| 1250 | 大位移量转轴式桥量伸缩装置 | 8479.8990[8479.8999(2014 年版)] | 984 |

| 序号 | 商品名称 | 商品税则号列 | 页码 |
|---|---|---|---|
| 1251 | 电动栅栏门用自锁装置(申报品名) | 8479.8990[8479.8999(2014年版)] | 985 |
| 1252 | 多道全自动固相多肽合成仪 | 8479.8990[8479.8999(2014年版)] | 986 |
| 1253 | 多功能液压机器人 | 8479.8990[8479.8999(2014年版)] | 986 |
| 1254 | 二氧化碳培养箱 | 8479.8990[8479.8999(2014年版)] | 987 |
| 1255 | 非在线残钞销毁压块系统 | 8479.8990[8479.8999(2014年版)] | 987 |
| 1256 | 钢铁制铁路客车用座便器 | 8479.8990[8479.8999(2014年版)] | 988 |
| 1257 | 管道污水调节装置 | 8479.8990[8479.8999(2014年版)] | 988 |
| 1258 | 焊装夹具 | 8479.8990[8479.8999(2014年版)] | 989 |
| 1259 | 恒温制冷摇床 | 8479.8990[8479.8999(2014年版)] | 990 |
| 1260 | 环境测试箱 | 8479.8990[8479.8999(2014年版)] | 991 |
| 1261 | 精密位移控制系统 | 8479.8990[8479.8999(2014年版)] | 991 |
| 1262 | 卷绕式真空蒸镀机 | 8479.8990[8479.8999(2014年版)] | 992 |
| 1263 | 可控震源及附件 | 8479.8990[8479.8999(2014年版)] | 992 |
| 1264 | 快速成型机 | 8479.8990[8479.8999(2014年版)] | 993 |
| 1265 | 联体垃圾压缩箱 | 8479.8990[8479.8999(2014年版)] | 994 |
| 1266 | 旅客登机桥 | 8479.8990[8479.7100(2014年版)] | 995 |
| 1267 | 模块化微反应系统 | 8479.8990[8479.8999(2014年版)] | 996 |
| 1268 | 气动内对口器 | 8479.8990[8479.8999(2014年版)] | 996 |
| 1269 | 器件钝化系统气柜 | 8479.8990[8479.8999(2014年版)] | 997 |
| 1270 | 清扫车 | 8479.8990[8479.8999(2014年版)] | 998 |
| 1271 | 清扫机(充电型) | 8479.8990[8479.8999(2014年版)] | 998 |
| 1272 | 全自动脱水机 | 8479.8990[8479.8999(2014年版)] | 999 |
| 1273 | 全自动细菌培养监测系统 | 8479.8990[8479.8999(2014年版)] | 1000 |
| 1274 | 全自动血液成分分离机 | 8479.8990[8479.8999(2014年版)] | 1001 |
| 1275 | 日晒牢度及气候试验机 | 8479.8990[8479.8999(2014年版)] | 1002 |
| 1276 | 扫雪机 | 8479.8990[8479.8999(2014年版)] | 1002 |
| 1277 | 实验用陶瓷高效泡沫节水清洁器 | 8479.8990[8479.8999(2014年版)] | 1003 |
| 1278 | 烫金机 | 8479.8990[8479.8999(2014年版)] | 1004 |
| 1279 | 透析器复用处理系统 | 8479.8990[8479.8999(2014年版)] | 1005 |
| 1280 | 网板印刷机 | 8479.8990[8479.8999(2014年版)] | 1006 |
| 1281 | 细胞培养反应器 | 8479.8990[8479.8999(2014年版)] | 1007 |
| 1282 | 压力水柜 | 8479.8990[8479.8999(2014年版)] | 1008 |
| 1283 | 厌氧培养装置 | 8479.8990[8479.8999(2014年版)] | 1009 |

| 序号 | 商品名称 | 商品税则号列 | 页码 |
|---|---|---|---|
| 1284 | 液压支架 | 8479.8990[8479.8999(2014年版)] | 1010 |
| 1285 | 医用洗板机 | 8479.8990[8479.8999(2014年版)] | 1011 |
| 1286 | 椅背连续组装台 | 8479.8990[8479.8999(2014年版)] | 1011 |
| 1287 | 远红外线汽车环保省油加速器 | 8479.8990[8479.8999(2014年版)] | 1012 |
| 1288 | 振子 | 8479.8990[8479.8999(2014年版)] | 1012 |
| 1289 | 整冰车 | 8479.8990[8479.8999(2014年版)] | 1013 |
| 1290 | 自主式室内外移动平台 | 8479.8990[8479.8999(2014年版)] | 1014 |
| 1291 | 座垫蒙料台 | 8479.8990[8479.8999(2014年版)] | 1014 |
| 1292 | 天然气加气站 | 8479.8990[8479.8999(2014年版)] | 1015 |
| 1293 | 万向轴装配机床 | 8479.8999 | 1016 |
| 1294 | 气压棒 | 8479.8999 | 1017 |
| 1295 | 抛绳器 | 8479.8999 | 1018 |
| 1296 | 电线剥皮机 | 8479.8999 | 1018 |
| 1297 | 旧数控雕刻机 | 8479.8999 | 1019 |
| 1298 | 动态斜面式船用收油机 | 8479.8999 | 1020 |
| 1299 | 干式套管电容芯子整卷机 | 8479.8999 | 1021 |
| 1300 | 覆铜板模压成型机 | 8479.8999 | 1022 |
| 1301 | 振子 | 8479.8999 | 1023 |
| 1302 | 模具 | 8479.9090 | 1023 |
| 1303 | 钢压板(刨花板压机用) | 84.80 | 1024 |
| 1304 | 铁氧体永磁模具 | 8480.6000 | 1024 |
| 1305 | CD-R母盘 | 8480.7100[8480.7190(2014年版)] | 1025 |
| 1306 | 不锈钢制型模底板 | 8480.7100[8480.7190(2014年版)] | 1026 |
| 1307 | 镜面 | 8480.7100[8480.7190(2014年版)] | 1026 |
| 1308 | 液化石油气置换机组 | 84.81 | 1027 |
| 1309 | 加油机用油枪 | 84.81 | 1027 |
| 1310 | 气门芯 | 84.81 | 1028 |
| 1311 | 油压阀 | 8481.2010 | 1028 |
| 1312 | VIOTH电液转换器 | 8481.2010 | 1029 |
| 1313 | 气门嘴 | 8481.3000 | 1030 |
| 1314 | 安全阀 | 8481.8010[8481.8040(2014年版)] | 1031 |
| 1315 | 高压电磁阀 | 8481.8010[8481.80(2014年版)] | 1032 |
| 1316 | 调节阀 | 8481.8010[8481.8040(2014年版)] | 1032 |

| 序号 | 商品名称 | 商品税则号列 | 页码 |
|---|---|---|---|
| 1317 | 主燃料控制阀 | 8481.8010[8481.80(2014 年版)] | 1033 |
| 1318 | 旋转阀 | 8481.8040 | 1033 |
| 1319 | 水龙头出水口 | 8481.9090 | 1034 |
| 1320 | 摩托车的曲轴传动机构 | 84.83 | 1035 |
| 1321 | 最终轴等摩托车配件 | 84.83 | 1035 |
| 1322 | 曲轴箱盖 | 84.83 | 1036 |
| 1323 | 速度计导线 | 8483.1090 | 1036 |
| 1324 | 平衡轴轴套 | 8483.3000 | 1037 |
| 1325 | 回转支撑 | 8483.3000 | 1038 |
| 1326 | 减速器(旧) | 8483.4090 | 1039 |
| 1327 | 变速箱 | 8483.4090 | 1040 |
| 1328 | 连杆瓦、曲轴瓦 | 8483.9000 | 1041 |
| 1329 | 皮带轮 | 8483.9000 | 1042 |
| 1330 | 原油罐二次密封 | 8484.2000 | 1043 |
| 1331 | 模板 | 8485.9000[8487.9000(2014 年版)] | 1043 |
| 1332 | 发电机零件(转子、定子等) | 第 85 章 | 1044 |
| 1333 | 机场货运站用的监控系统 | 第 85 章/8537.1011 | 1045 |
| 1334 | 电线束 | 第 85 章相关税号/8544.2000 | 1046 |
| 1335 | 吊扇机头 | 85.01 | 1046 |
| 1336 | 电动执行器 | 85.01 | 1047 |
| 1337 | 永磁励磁装置 | 85.01 | 1047 |
| 1338 | 阀门执行机构 | 85.01 | 1048 |
| 1339 | 机械执行器 | 85.01 | 1048 |
| 1340 | 水平安定面配平作动筒 | 85.01 | 1049 |
| 1341 | 沼气发电机组 | 8502.2000 | 1050 |
| 1342 | 燃气蒸汽联合循环发电机组 | 8502.3900 | 1051 |
| 1343 | 槽楔 | 8503.0020 | 1052 |
| 1344 | 电力变压器 | 8504.2312 | 1053 |
| 1345 | 行输出变压器,行推动变压器 | 8504.3190 | 1054 |
| 1346 | 返驰变压器 | 8504.3190 | 1055 |
| 1347 | DC/DC 电源模块 | 8504.401 | 1056 |
| 1348 | 回路电源 | 8504.4014 | 1056 |
| 1349 | 打印机电源板 | 8504.4014 | 1057 |

| 序号 | 商品名称 | 商品税则号列 | 页码 |
|---|---|---|---|
| 1350 | 交直流稳压电源 | 8504.4015 | 1058 |
| 1351 | 化成电源 | 8504.4019 | 1059 |
| 1352 | 可控硅 | 8504.4091 | 1060 |
| 1353 | 交流斩波器 | 8504.4099 | 1061 |
| 1354 | 充电器 | 8504.4099 | 1062 |
| 1355 | 变频器模块 | 8504.4099 | 1063 |
| 1356 | 组合开关电流互感器线圈 | 8504.5000 | 1063 |
| 1357 | 胶芯 | 8504.90 | 1064 |
| 1358 | 电导磁体铁金属 | 8504.9090 | 1064 |
| 1359 | 废磁铁 | 8505.1190 | 1065 |
| 1360 | 复合磁铁 | 8505.1900 | 1066 |
| 1361 | 多功能车用应急电源 | 8507.1000 | 1067 |
| 1362 | 电极单元 | 8507.2000 | 1068 |
| 1363 | 锂离子充电电池芯 | 8507.8020[8507.6000(2014年版)] | 1068 |
| 1364 | 三星手机电池下盖 | 8507.9090 | 1069 |
| 1365 | 转轮除湿机 | 8509.8090 | 1070 |
| 1366 | 发光二极体 | 8512.2090 | 1070 |
| 1367 | 倒车辅助系统 | 8512.2090 | 1071 |
| 1368 | 紫外光验钞笔 | 8513.1090 | 1071 |
| 1369 | 电炉 | 8514.1090 | 1072 |
| 1370 | 回流焊炉 | 8514.1090 | 1073 |
| 1371 | 中温黑体炉 | 8514.1090 | 1074 |
| 1372 | 微波消减系统 | 8514.2000 | 1074 |
| 1373 | 固态高频焊接机组 | 8514.4000 | 1075 |
| 1374 | 可控气氛热处理炉用氢气保护管 | 8514.9090 | 1076 |
| 1375 | 可移动式焊接设备 | 85.15 | 1076 |
| 1376 | 双波浪带滚带机 | 8515.1900 | 1077 |
| 1377 | 高频直缝焊管机 | 8515.2110[8515.2191(2014年版)] | 1078 |
| 1378 | 多功能机器人 | 8515.3190[8515.3120(2014年版)] | 1079 |
| 1379 | 家用炉灶带烤箱 | 8516.6090 | 1080 |
| 1380 | 电脑马桶座 | 8516.7990 | 1080 |
| 1381 | 蒸汽清洁机 | 8516.7990 | 1081 |
| 1382 | 远红外线保健装置 | 8516.7990 | 1081 |

| 序号 | 商品名称 | 商品税则号列 | 页码 |
|---|---|---|---|
| 1383 | 加热电阻器 | 8516.8000 | 1082 |
| 1384 | 电热膜 | 8516.8000 | 1082 |
| 1385 | 加热电缆 | 8516.8000 | 1083 |
| 1386 | 高温陶瓷板 | 8516.9090 | 1083 |
| 1387 | 专业手持式无线终端 | 8517.1290 | 1084 |
| 1388 | 160/168 信息服务交换机 | 8517.6219 | 1085 |
| 1389 | HFC 网络光节点设备 | 8517.6221 | 1086 |
| 1390 | 光纤交换机 | 8517.6229 | 1086 |
| 1391 | ADSL 调制解调器 | 8517.6234 | 1087 |
| 1392 | 主干异步传输(ATM)交换机 | 8517.6239 | 1088 |
| 1393 | 数字语音信息综合处理机和WINSET 适配器 | 8517.6239 | 1089 |
| 1394 | 3600/3645 带宽管理系统 | 8517.6239 | 1090 |
| 1395 | HYPERCOM 牌网络控制器 | 8517.6239 | 1091 |
| 1396 | 数字电视复用器 | 8517.6239 | 1092 |
| 1397 | 负载均衡交换机 | 8517.6239 | 1092 |
| 1398 | 自动数据处理设备部件 | 8517.6239 | 1093 |
| 1399 | 机顶盒 | 8517.6239 | 1094 |
| 1400 | 卫星路由接收机 | 8517.6239 | 1095 |
| 1401 | 甚高频共用系统 | 8517.6299 | 1096 |
| 1402 | 来电显示器 | 8517.6990 | 1096 |
| 1403 | 可视门铃系统 | 8517.6990 | 1097 |
| 1404 | 中央管理电话机、门铃、黑白视频监视器(申报品名) | 8517.6990 | 1098 |
| 1405 | 程控交换机部件 | 8517.7010 | 1099 |
| 1406 | VK660 手机用前壳总组件;显示模块 | 8517.7030 | 1100 |
| 1407 | 射频模块 | 8517.7030 | 1101 |
| 1408 | 手机按键半成品(面板) | 8517.7030 | 1101 |
| 1409 | 手机液晶显示屏 | 8517.7030 | 1102 |
| 1410 | 手机用液晶显示屏 | 8517.7030 | 1103 |
| 1411 | 光接收组件 | 8517.7090 | 1104 |
| 1412 | 高智能麦克风(带视频输出) | 8518.1000 | 1105 |
| 1413 | 无线麦克风系统 | 8518.1000 | 1106 |
| 1414 | 手机耳机半成品(音频控制器) | 8518.1000 | 1107 |

| 序号 | 商品名称 | 商品税则号列 | 页码 |
|---|---|---|---|
| 1415 | 扬声器 | 8518.2100 | 1108 |
| 1416 | 扬声器 | 8518.2900 | 1109 |
| 1417 | 胎教装置 | 8518.3000 | 1109 |
| 1418 | 微机网络语音器 | 8518.3000 | 1110 |
| 1419 | 数字音频处理器 | 8518.4000 | 1110 |
| 1420 | CD 播放机 | 8519.8121 | 1111 |
| 1421 | 便携式 VCD 播放机 | 8521.9011 | 1111 |
| 1422 | 3D 音乐系统 | 8521.9019 | 1112 |
| 1423 | 数字监控机 | 8521.9090 | 1113 |
| 1424 | VCD 机用托盘机架连读码器 | 8522.9031 | 1114 |
| 1425 | VCD 读码器 | 8522.9031 | 1114 |
| 1426 | 车载多功能播放机机芯 | 8522.9031 | 1115 |
| 1427 | DVD 换碟机,和汽车用 CD 播放机兼有收音功能连用 | 8522.9039 | 1115 |
| 1428 | 磁芯碟 | 8523.2910[8523.2911(2014 年版)] | 1116 |
| 1429 | 光盘 | 8523.4010[8523.4910(2014 年版)] | 1116 |
| 1430 | 存储功能卡 | 8523.5110 | 1117 |
| 1431 | 摄像头 | 85.25 | 1117 |
| 1432 | 高清演播室摄像机和高清便携摄像机 | 85.25 | 1118 |
| 1433 | 监控摄像头组件 | 8525.8011 | 1119 |
| 1434 | 医用摄像系统 | 8525.8011 | 1120 |
| 1435 | 工业视频内窥镜 | 8525.8011 | 1121 |
| 1436 | 抗强磁场摄像机系统 | 8525.8011 | 1122 |
| 1437 | 显微镜取景器 | 8525.8013 | 1122 |
| 1438 | 视频展示台 | 8525.8013 | 1123 |
| 1439 | 数字相机 | 8525.8021 | 1123 |
| 1440 | 高速摄像系统 | 8525.8021 | 1124 |
| 1441 | 自拍证件照亭 | 8525.8029 | 1125 |
| 1442 | 工业视频内窥镜 | 8525.8031 | 1126 |
| 1443 | 场面监视雷达系统 | 8526.1090 | 1127 |
| 1444 | 空管控制系统 | 8526.1090 | 1128 |
| 1445 | 汽车门锁遥控器 | 8526.9200 | 1129 |
| 1446 | 厨房视听系统 | 85.27 或 85.28 | 1129 |
| 1447 | YEPP 数码音频播放器 | 8527.1300 | 1130 |

| 序号 | 商品名称 | 商品税则号列 | 页码 |
|---|---|---|---|
| 1448 | 收放机 | 8527.9100 | 1130 |
| 1449 | 数字广播接收机 | 8527.9900 | 1131 |
| 1450 | DELL 液晶显示器 | 8528.5110 | 1131 |
| 1451 | 神奇眼镜 | 8528.5910 | 1132 |
| 1452 | 液晶显示器 | 8528.5910 | 1133 |
| 1453 | 22" 液晶显示器 | 8528.5910 | 1133 |
| 1454 | 液晶显示器(含 DP 接口) | 8528.5910 | 1134 |
| 1455 | 投影仪 | 8528.6910 | 1135 |
| 1456 | DVB－T 模块 | 8528.7180 | 1135 |
| 1457 | 背投影彩电 | 8528.7291 | 1136 |
| 1458 | 雷达天线罩 | 8529.1010 | 1136 |
| 1459 | 手机摄像头 | 8529.9042 | 1137 |
| 1460 | 混合集成电路(COMS 图像传感器) | 8529.9049 | 1137 |
| 1461 | CCD 模块 | 8529.9049 | 1138 |
| 1462 | CD 换片机 | 8529.9060 | 1138 |
| 1463 | 汽车音响零件(面板、旋钮) | 8529.9060 | 1139 |
| 1464 | 电路板 | 8529.908 | 1139 |
| 1465 | 彩轮 | 8529.9081 | 1140 |
| 1466 | 铜网膜(周边有印刷) | 8529.9082 | 1141 |
| 1467 | 液晶片组件(含镜头) | 8529.9090 | 1142 |
| 1468 | 汽车遥控接收器用电路板 | 8529.9090 | 1143 |
| 1469 | 信号机成套散件 | 8530.8000 | 1143 |
| 1470 | 水上交通安全管理系统 | 8530.8000 | 1144 |
| 1471 | 可燃气体泄漏检测仪 | 8531.1000 | 1144 |
| 1472 | 贴片电容,圆柱电容 | 8532.2410 或 8532.2110 | 1145 |
| 1473 | 热敏陶瓷电阻 | 8533.4000 | 1145 |
| 1474 | 瓷片(电阻片) | 8533.4000 | 1146 |
| 1475 | 斑马纸 | 8534.0090 | 1146 |
| 1476 | 密封接线柱 | 85.35、85.36 | 1147 |
| 1477 | 六氟化硫气体绝缘组合电器 | 8535.2900[8535.2910(2014 年版)] | 1148 |
| 1478 | 顶部单元、A 型双弹簧操作机构、K 型单弹簧操作机构 | 8535.3000[8535.30(2014 年版)] | 1149 |
| 1479 | 110 千伏开关柜继电保护装置 | 85.36 | 1150 |
| 1480 | 线路板组件 | 8536.3000 | 1151 |

| 序号 | 商品名称 | 商品税则号列 | 页码 |
|---|---|---|---|
| 1481 | 放电管 | 8536.3000 | 1152 |
| 1482 | 隔离式安全栅 | 8536.3000 | 1153 |
| 1483 | 热保护器 | 8536.4900 | 1154 |
| 1484 | 接触器(申报品名) | 8536.4900 | 1155 |
| 1485 | 自动转换开关 | 8536.5000 | 1156 |
| 1486 | 感应开关 | 8536.5000 | 1157 |
| 1487 | 压力开关 | 8536.5000 | 1157 |
| 1488 | 雨刷开关 | 8536.5000 | 1158 |
| 1489 | IC 测试座 | 8536.9090 | 1159 |
| 1490 | 可编程称量控制系统 | 8537.1019 | 1159 |
| 1491 | 空调监控盘 | 8537.1090 | 1160 |
| 1492 | 电梯门保护装置 | 8537.1090 | 1160 |
| 1493 | 人机界面 | 8537.1090 | 1161 |
| 1494 | 控制模块 | 8537.1090 | 1161 |
| 1495 | 驾驶室音响、空调开关 | 8537.1090 | 1162 |
| 1496 | 组合开关 | 8537.1090 | 1163 |
| 1497 | 电梯轿厢操纵盘 | 8537.1090 | 1165 |
| 1498 | 电源控制卡 | 8537.1090 | 1166 |
| 1499 | 同步控制操纵装置 | 8537.1090 | 1167 |
| 1500 | 台下机械控制系统(整套进口) | 8537.1090 | 1168 |
| 1501 | 数字式电机保护单元 | 8537.1090 | 1169 |
| 1502 | 低压控制器 | 8537.2090 | 1170 |
| 1503 | 电压序列控制系统 | 8537.2090 | 1171 |
| 1504 | 真空泡(灭弧室) | 8538.9000 | 1172 |
| 1505 | 印刷平行电路板 | 8538.9000 | 1172 |
| 1506 | 薄膜开关(申报商品名) | 8538.9000 | 1173 |
| 1507 | 阴极射线显像管 | 8540.1200 | 1174 |
| 1508 | 单色投影管 | 8540.1200 | 1174 |
| 1509 | 背投影彩电用单色投影管 | 8540.1200 | 1175 |
| 1510 | 示波管 | 8540.6090 | 1175 |
| 1511 | 彩色防爆钢带 | 8540.9110 | 1176 |
| 1512 | 多晶硅片(申报品名) | 8541.4000[8541.4020(2014 年版)] | 1176 |
| 1513 | 发光二极管 | 8541.4010 | 1177 |

| 序号 | 商品名称 | 商品税则号列 | 页码 |
|---|---|---|---|
| 1514 | 声表面滤波器 | 8541.6000 | 1178 |
| 1515 | 表面波滤波器 | 8541.6000 | 1179 |
| 1516 | 基座簧片 | 8541.9000 | 1180 |
| 1517 | 集成电路芯片 | 8542.3900 | 1180 |
| 1518 | 回旋加速器 | 8543.1000 | 1181 |
| 1519 | 雷达测速仪检定装置 | 8543.2090 | 1181 |
| 1520 | 血氧模拟仪 | 8543.2090 | 1182 |
| 1521 | 射频/微波信号发生器 | 8543.2090 | 1182 |
| 1522 | 电解水机 | 8543.3000 | 1183 |
| 1523 | 电脑电视视频转换器 | 8543.7099 | 1184 |
| 1524 | 光子美容仪 | 8543.7099 | 1184 |
| 1525 | Vista KVL - SUA/OV 切换器 | 8543.7099 | 1185 |
| 1526 | 数字视频处理器机芯 | 8543.7099 | 1186 |
| 1527 | 电穿孔仪 | 8543.7099 | 1187 |
| 1528 | 红外线车辆分离扫描系统 | 8543.7099 | 1188 |
| 1529 | 电子白板 | 8543.7099 | 1189 |
| 1530 | 车载免提通话装置散件 | 8543.7099 | 1190 |
| 1531 | 数模转换器 | 8543.7099 | 1191 |
| 1532 | 光敏半导体器件及半导体放大器 | 8543.7099 | 1192 |
| 1533 | 紫外线干燥机 | 8543.7099 | 1193 |
| 1534 | 电子纸(电泳显示器) | 8543.7099 | 1194 |
| 1535 | 数码相框 | 8543.7099 | 1195 |
| 1536 | 搭载调试器(附 PCI 接口卡) | 8543.7099 | 1195 |
| 1537 | 离子发生器 | 8543.7099 | 1196 |
| 1538 | 无线 PC - TV 伴侣 | 8543.7099 | 1197 |
| 1539 | 避雷针核心部件(非放射原理) | 8543.7099 | 1198 |
| 1540 | 增量轴套型编码器 | 8543.7099 | 1199 |
| 1541 | 电子眼膜 | 8543.7099 | 1200 |
| 1542 | 学乐先 | 8543.7099 | 1200 |
| 1543 | 液晶快门眼镜 | 8543.7099 | 1201 |
| 1544 | 铝合金制阳极导杆 | 8543.9090 | 1202 |
| 1545 | 带电线的塑料插头 | 85.44 | 1202 |
| 1546 | 带接头电线(12 伏) | 8544.3020 | 1203 |

| 序号 | 商品名称 | 商品税则号列 | 页码 |
| --- | --- | --- | --- |
| 1547 | 微波导管 | 8544.4919 | 1203 |
| 1548 | 无接头电线 | 8544.4919 | 1204 |
| 1549 | 打印头连接线 | 8544.4919 | 1205 |
| 1550 | 气体绝缘金属封闭母线 | 8544.6090 | 1206 |
| 1551 | 光纤复合架空地线光缆 | 8544.7000 | 1207 |
| 1552 | 电热膜 | 8545.9000 | 1207 |
| 1553 | 碳棒 | 8545.9000 | 1208 |
| 1554 | 输变电线路绝缘瓷套管 | 8546.2010 | 1209 |
| 1555 | 输变电线路用长竿状绝缘瓷件 | 8546.2090 | 1210 |
| 1556 | 绝缘陶瓷管 | 8547.1000 | 1210 |
| 1557 | 衰减器 | 8548.9000 | 1211 |
| 1558 | 贴片滤波器 | 8548.9000 | 1211 |
| 1559 | 汽车音响用连接装置 | 8548.9000 | 1212 |
| 1560 | 台车 | 8606.9900 | 1213 |
| 1561 | 栏杆、机箱自动栏杆机散件，自动栏杆机控制单元 | 8608.0090 | 1213 |
| 1562 | MT(S60)绝缘接头(套装) | 8608.0090 | 1214 |
| 1563 | 装货运输用的托盘箱 | 8609.0090 | 1215 |
| 1564 | 机动环境监测车 | 第87章 | 1216 |
| 1565 | 装甲防爆车 | 第87章 | 1216 |
| 1566 | 治安用防暴特种车 | 第87章 | 1217 |
| 1567 | 雪佛兰5967毫升机动医疗车 | 第87章 | 1217 |
| 1568 | 雪佛兰5967毫升机动医疗车 | 第87章 | 1218 |
| 1569 | 奔驰2295毫升医疗救护车 | 第87章 | 1218 |
| 1570 | 沃尔沃12100CC电视转播车 | 第87章 | 1219 |
| 1571 | 集装箱牵引车 | 8701.2000 | 1219 |
| 1572 | 卡玛斯车 | 8701.2000 | 1220 |
| 1573 | 压雪机PB100 | 8701.3000 | 1221 |
| 1574 | 游乐场用小火车 | 8701.9090、8716.4000 | 1222 |
| 1575 | 港内牵引车 | 8701.9090 | 1223 |
| 1576 | 大宇ISTANA面包车 | 87.02 | 1224 |
| 1577 | 奔驰现场勘查车 | 87.02 | 1224 |
| 1578 | 吉姆西赛威小型客车 | 87.02 | 1225 |
| 1579 | 五菱V1观光车 | 87.02/87.03 | 1225 |

| 序号 | 商品名称 | 商品税则号列 | 页码 |
|---|---|---|---|
| 1580 | 丰田考斯特面包车 | 8702.9010 | 1226 |
| 1581 | 汽车零部件 | 8702.9030 | 1226 |
| 1582 | 伏特牌封闭货车(E－350) | 87.03 | 1227 |
| 1583 | 奔驰机动医疗车 | 87.03 | 1227 |
| 1584 | 水陆两用车 | 87.03 | 1228 |
| 1585 | 旧割顶小轿车 | 87.03 | 1228 |
| 1586 | 日产风度1998毫升小轿车(成套散件) | 87.03 | 1229 |
| 1587 | 福特E350消防无线电通讯指挥车 | 87.03 | 1229 |
| 1588 | 非道路低速娱乐车辆 | 8703.1000[8703.1019(2014年版)] | 1230 |
| 1589 | 电动高尔夫球车 | 8703.1000[8703.1019(2014年版)] | 1231 |
| 1590 | 沙滩车 | 8703.1011 | 1231 |
| 1591 | 先锋1497毫升混合动力轿车 | 8703.2230 | 1232 |
| 1592 | 紧急抢险维修车 | 8703.2314[8703.2349(2014年版)]/ 87.16 | 1233 |
| 1593 | 美佳1795毫升小客车 | 8703.2316[8703.2343(2014年版)] | 1234 |
| 1594 | 帕拉丁多功能乘用车(汽油四驱欧四型2400cc) | 8703.2352 | 1234 |
| 1595 | 抢险指挥车 | 8703.3230[8703.3211(2014年版)] | 1235 |
| 1596 | 东风SUV车(柴油四驱型3200cc) | 8703.3322 | 1236 |
| 1597 | 斯太尔卡车 | 87.04 | 1237 |
| 1598 | 现代消防车底盘(带驾驶室) | 87.04 | 1237 |
| 1599 | 石油测井车 | 87.04 | 1238 |
| 1600 | 地震排列车 | 87.04 | 1238 |
| 1601 | 农友牌变型拖拉机 | 87.04 | 1239 |
| 1602 | 农友牌变型拖拉机 | 87.04 | 1239 |
| 1603 | 输砂车 | 8704.1090 | 1240 |
| 1604 | 乌尼莫克沙漠专用车 | 8704.2 | 1240 |
| 1605 | 起重机(旧) | 8704.2 | 1241 |
| 1606 | “奔驰”牌7.49吨厢式货车 | 8704.2230 | 1241 |
| 1607 | 地震勘探车 | 8704.2230 | 1242 |
| 1608 | 大容量油井服务液运输罐车 | 8704.2240 | 1243 |
| 1609 | 压裂车 | 8704.2300 | 1244 |
| 1610 | 水罐车 | 8704.2300 | 1245 |
| 1611 | 乘龙LZ3260M型自卸车 | 8704.2300 | 1245 |

| 序号 | 商品名称 | 商品税则号列 | 页码 |
|---|---|---|---|
| 1612 | 福特运钞车 | 8704.3100 | 1246 |
| 1613 | 全路面起重车 TG-500E | 8705.1022 | 1246 |
| 1614 | 全路面汽车起重机 | 8705.1023 | 1247 |
| 1615 | 奔驰起重车 | 8705.1091 | 1248 |
| 1616 | 汽车起重机 | 8705.1092 | 1249 |
| 1617 | 移动钻井机 | 8705.2000 | 1250 |
| 1618 | 高空曲臂云梯车 | 8705.3010 | 1251 |
| 1619 | “西格那”消防车 LF8/6 | 8705.3010 | 1252 |
| 1620 | 消防车底盘 | 8705.3090 | 1252 |
| 1621 | 消防车底盘 | 8705.3090 | 1253 |
| 1622 | 山林超高压多功能消防车 | 8705.3090 | 1253 |
| 1623 | 混凝土搅拌车 | 8705.4000 | 1254 |
| 1624 | 三菱 11945 毫升混凝土搅拌车 | 8705.4000 | 1254 |
| 1625 | 特种通信车 | 8705.9010 | 1255 |
| 1626 | 特种通信车 | 8705.9010 | 1255 |
| 1627 | 应急车载移动交换通信车 | 8705.9010 | 1256 |
| 1628 | 应急移动通信车 | 8705.9010 | 1256 |
| 1629 | 特种通信车 | 8705.9010 | 1257 |
| 1630 | 医疗用 X 光检查车(旧) | 8705.9020 | 1257 |
| 1631 | 威力牌机动放射线 8100 毫升检查车 | 8705.9020 | 1258 |
| 1632 | 机动环境监测车 | 8705.9030 | 1258 |
| 1633 | 环境检测车 | 8705.9030 | 1259 |
| 1634 | 环境检测车 | 8705.9030 | 1259 |
| 1635 | 雪佛兰医疗车 | 8705.9040 | 1260 |
| 1636 | 医疗车 | 8705.9040 | 1261 |
| 1637 | 奔驰机动医疗车 | 8705.9040 | 1262 |
| 1638 | 雪佛兰 5700 毫升医疗车 | 8705.9040 | 1263 |
| 1639 | 危重监护医疗车 | 8705.9040 | 1264 |
| 1640 | 多功能救护车 | 8705.9040 | 1264 |
| 1641 | 奔驰 2295 毫升医疗救护车 | 8705.9040 | 1265 |
| 1642 | 改装手术车 | 8705.9040 | 1266 |
| 1643 | 雪佛兰机动医疗车 | 8705.9040 | 1267 |
| 1644 | 飞机空调车 | 8705.9060 | 1267 |

| 序号 | 商品名称 | 商品税则号列 | 页码 |
|---|---|---|---|
| 1645 | 测井绞车 | 8705.9080 | 1268 |
| 1646 | 压裂车 | 8705.9080 | 1269 |
| 1647 | 石油压裂车 | 8705.9080 | 1270 |
| 1648 | 石油测井车 | 8705.9080 | 1270 |
| 1649 | 石油压裂车 | 8705.9080 | 1271 |
| 1650 | 石油测井车 | 8705.9080 | 1271 |
| 1651 | 测井车 | 8705.9080 | 1272 |
| 1652 | 石油测井车 | 8705.9080 | 1272 |
| 1653 | 7000 米单滚筒液压测井车 | 8705.9080 | 1273 |
| 1654 | 石油测井车 | 8705.9080 | 1273 |
| 1655 | 马基路斯智能云梯车 | 8705.9090[8705.9099(2014 年版)] | 1274 |
| 1656 | 移动通信车 | 8705.9090[8705.9010(2014 年版)] | 1274 |
| 1657 | 无线通讯车 | 8705.9090[8705.9010(2014 年版)] | 1275 |
| 1658 | 胚胎移植移动专用车 | 8705.9090[8705.9099(2014 年版)] | 1275 |
| 1659 | 流动银行运钞车 | 8705.9090[8705.9099(2014 年版)] | 1276 |
| 1660 | 公路救援标志车 | 8705.9090[8705.9099(2014 年版)] | 1277 |
| 1661 | GSM 移动通信车 | 8705.9090[8705.9010(2014 年版)] | 1278 |
| 1662 | 公路路面检测车 | 8705.9090[8705.9099(2014 年版)] | 1278 |
| 1663 | 划线车 | 8705.9090[8705.9099(2014 年版)] | 1279 |
| 1664 | 奔驰移动通信车 | 8705.9090[8705.9010(2014 年版)] | 1279 |
| 1665 | 森田大型消防照明车 | 8705.9090[8705.9099(2014 年版)] | 1280 |
| 1666 | MEORT－1 型微生物车载处理系统 | 8705.9090[8705.9099(2014 年版)] | 1280 |
| 1667 | 道面修补车 | 8705.9090[8705.9099(2014 年版)] | 1281 |
| 1668 | 摩擦系数测试车 | 8705.9090[8705.9099(2014 年版)] | 1281 |
| 1669 | 下水道清污车 | 8705.9090[8705.9099(2014 年版)] | 1282 |
| 1670 | 修井机 | 8705.9090[8705.9099(2014 年版)] | 1282 |
| 1671 | 数据采集控制车 | 8705.9090[8705.9099(2014 年版)] | 1283 |
| 1672 | 电缆故障测试车 | 8705.9090[8705.9099(2014 年版)] | 1283 |
| 1673 | 消防照明车 | 8705.9090[8705.9099(2014 年版)] | 1284 |
| 1674 | 沙漠地震仪器车及泵车 | 8705.9090[8705.9099(2014 年版)] | 1285 |
| 1675 | 改装沙漠续油车 | 8705.9090[8705.9099(2014 年版)] | 1286 |
| 1676 | 电视转播车 | 8705.9090[8705.9099(2014 年版)] | 1286 |
| 1677 | 施维英混凝土泵车 | 8705.9090[8705.9091(2014 年版)] | 1287 |

| 序号 | 商品名称 | 商品税则号列 | 页码 |
|---|---|---|---|
| 1678 | 道路施工监理工程巡逻标志车 | 8705.9090[8705.9099(2014年版)] | 1287 |
| 1679 | 洗井车 | 8705.9090[8705.9099(2014年版)] | 1288 |
| 1680 | 飞机气源车 | 8705.9090[8705.9099(2014年版)] | 1288 |
| 1681 | 警用应急通信车 | 8705.9090[8705.9010(2014年版)] | 1289 |
| 1682 | 仪表车 | 8705.9090[8705.9099(2014年版)] | 1289 |
| 1683 | 压裂管汇车 | 8705.9090[8705.9099(2014年版)] | 1290 |
| 1684 | 压裂仪表车 | 8705.9090[8705.9099(2014年版)] | 1290 |
| 1685 | 清扫车 | 8705.9090[8705.9099(2014年版)] | 1291 |
| 1686 | 交通管理车 | 8705.9090[8705.9099(2014年版)] | 1291 |
| 1687 | DIGTEC 2000型燃气巡检车 | 8705.9090[8705.9099(2014年版)] | 1292 |
| 1688 | 文件销密特种车 | 8705.9090[8705.9099(2014年版)] | 1292 |
| 1689 | 沥青路面养护车 | 8705.9090[8705.9099(2014年版)] | 1293 |
| 1690 | 真空吸尘车 | 8705.9090[8705.9099(2014年版)] | 1293 |
| 1691 | 洗井清蜡车 | 8705.9090[8705.9099(2014年版)] | 1294 |
| 1692 | 三星混凝土泵车 | 8705.9090[8705.9091(2014年版)] | 1294 |
| 1693 | 高速路面检测车 | 8705.9090[8705.9099(2014年版)] | 1295 |
| 1694 | 路面断面纹理测试车 | 8705.9090[8705.9099(2014年版)] | 1295 |
| 1695 | 公路抢险标志车 | 8705.9090[8705.9099(2014年版)] | 1296 |
| 1696 | 砼泵车 | 8705.9090[8705.9091(2014年版)] | 1296 |
| 1697 | 普兹迈斯特混凝土泵车 | 8705.9090[8705.9091(2014年版)] | 1297 |
| 1698 | 主支管线巡检车 | 8705.9090[8705.9099(2014年版)] | 1298 |
| 1699 | 庭院巷道管线巡检车 | 8705.9090[8705.9099(2014年版)] | 1299 |
| 1700 | 混凝土喷射机 | 8705.9090[8705.9099(2014年版)] | 1300 |
| 1701 | 燃气泄漏巡检车 | 8705.9090[8705.9099(2014年版)] | 1301 |
| 1702 | 大宇11051cc水泥混凝土泵车 | 8705.9090[8705.9091(2014年版)] | 1302 |
| 1703 | 不压井作业机车 | 8705.9090[8705.9099(2014年版)] | 1302 |
| 1704 | 洗井清蜡车 | 8705.9090[8705.9099(2014年版)] | 1303 |
| 1705 | 立放井架车 | 8705.9090[8705.9099(2014年版)] | 1303 |
| 1706 | 全进水泥混凝土泵车 | 8705.9090[8705.9091(2014年版)] | 1304 |
| 1707 | 沥青路面修补车 | 8705.9090[8705.9099(2014年版)] | 1304 |
| 1708 | 犯罪现场物证快速检测车 | 8705.9090[8705.9099(2014年版)] | 1305 |
| 1709 | 沥青路面修补车 | 8705.9090[8705.9099(2014年版)] | 1306 |
| 1710 | 乳化沥青喷涂车 | 8705.9090[8705.9099(2014年版)] | 1306 |

| 序号 | 商品名称 | 商品税则号列 | 页码 |
| --- | --- | --- | --- |
| 1711 | SRF/特种抢险救援车 | 8705.9090[8705.9099(2014年版)] | 1307 |
| 1712 | 升降车 | 8705.9090[8705.9099(2014年版)] | 1307 |
| 1713 | 草坪专用车(捡球车) | 8705.9090[8705.9099(2014年版)] | 1308 |
| 1714 | 照明排烟车 | 8705.9090[8705.9099(2014年版)] | 1308 |
| 1715 | 隧道工程作业台车、砼喷射车 | 8705.9090[8705.9099(2014年版)] | 1309 |
| 1716 | 气源车 | 8705.9090[8705.9099(2014年版)] | 1309 |
| 1717 | 环境监测车 | 8705.9090[8705.9030(2014年版)] | 1310 |
| 1718 | 桁架自行式桥梁检查平台 | 8705.9090[8705.9099(2014年版)] | 1310 |
| 1719 | 高空作业车 | 8705.9090[8705.9099(2014年版)] | 1311 |
| 1720 | 燃气泄露巡检车 | 8705.9090[8705.9099(2014年版)] | 1311 |
| 1721 | 管道测漏仪工作车 | 8705.9090[8705.9099(2014年版)] | 1312 |
| 1722 | MORO管道清通车 | 8705.9090[8705.9099(2014年版)] | 1313 |
| 1723 | 阿迪戈2148cc高空作业车 | 8705.9090[8705.9099(2014年版)] | 1314 |
| 1724 | 凌特4250毫升高空作业车 | 8705.9090[8705.9099(2014年版)] | 1315 |
| 1725 | 现场测光车 | 8705.9090[8705.9099(2014年版)] | 1316 |
| 1726 | 隧道及护拦清洗车 | 8705.9090[8705.9099(2014年版)] | 1316 |
| 1727 | 管汇车 | 8705.9090[8705.9099(2014年版)] | 1317 |
| 1728 | 水泥车 | 8705.9090[8705.9080(2014年版)] | 1317 |
| 1729 | 通井车 | 8705.9090[8705.9099(2014年版)] | 1318 |
| 1730 | 刑事现场勘查指挥车 | 8705.9090[8705.9099(2014年版)] | 1318 |
| 1731 | 井下加油机 | 8705.9090[8705.9099(2014年版)] | 1319 |
| 1732 | 管道清通车 | 8705.9090[8705.9099(2014年版)] | 1319 |
| 1733 | 电视转播车 | 8705.9090[8705.9099(2014年版)] | 1320 |
| 1734 | 福特野外流动录音车 | 8705.9090[8705.9099(2014年版)] | 1320 |
| 1735 | 划线车 | 8705.9090[8705.9099(2014年版)] | 1321 |
| 1736 | 电视转播车 | 8705.9090[8705.9099(2014年版)] | 1321 |
| 1737 | 气源车 | 8705.9090[8705.9099(2014年版)] | 1322 |
| 1738 | 自动式划线车 | 8705.9090[8705.9099(2014年版)] | 1322 |
| 1739 | 立放运井架车 | 8705.9090[8705.9099(2014年版)] | 1323 |
| 1740 | 通井机 | 8705.9090[8705.9099(2014年版)] | 1323 |
| 1741 | 电视管道检查车 | 8705.9090[8705.9099(2014年版)] | 1324 |
| 1742 | 抽油杆作业车 | 8705.9090[8705.9099(2014年版)] | 1324 |
| 1743 | 修井机 | 8705.9090[8705.9099(2014年版)] | 1325 |

| 序号 | 商品名称 | 商品税则号列 | 页码 |
|---|---|---|---|
| 1744 | 通井机 | 8705.9090[8705.9099(2014 年版)] | 1325 |
| 1745 | 混凝土泵车 | 8705.9090[8705.9091(2014 年版)] | 1326 |
| 1746 | RW3 型地震灾害紧急救援车 | 8705.9090[8705.9099(2014 年版)] | 1326 |
| 1747 | 双机双泵固井水泥车 | 8705.9090[8705.9080(2014 年版)] | 1327 |
| 1748 | 三星混凝土泵车 | 8705.9090[8705.9091(2014 年版)] | 1327 |
| 1749 | 电视转播车 | 8705.9090[8705.9099(2014 年版)] | 1328 |
| 1750 | 混凝土泵车 | 8705.9090[8705.9091(2014 年版)] | 1328 |
| 1751 | 混凝土泵车 | 8705.9090[8705.9091(2014 年版)] | 1329 |
| 1752 | 下水道清污车(含随车配件) | 8705.9090[8705.9099(2014 年版)] | 1329 |
| 1753 | 数字卫星转播车 | 8705.9090[8705.9099(2014 年版)] | 1330 |
| 1754 | 混凝土泵车 | 8705.9090[8705.9091(2014 年版)] | 1330 |
| 1755 | 电视转播车 | 8705.9090[8705.9099(2014 年版)] | 1331 |
| 1756 | 大宇 11051cc 水泥混凝土泵车 | 8705.9090[8705.9091(2014 年版)] | 1331 |
| 1757 | 天然气流量检定测试车 | 8705.9090[8705.9099(2014 年版)] | 1332 |
| 1758 | 地震勘探仪器车 | 8705.9090[8705.9099(2014 年版)] | 1332 |
| 1759 | 物探测井车 | 8705.9090[8705.9080(2014 年版)] | 1333 |
| 1760 | 下水道清污车 | 8705.9090[8705.9099(2014 年版)] | 1333 |
| 1761 | 照明排烟车 | 8705.9090[8705.9099(2014 年版)] | 1334 |
| 1762 | 下水道疏通车 | 8705.9090[8705.9099(2014 年版)] | 1334 |
| 1763 | 地震仪器车 | 8705.9090[8705.9099(2014 年版)] | 1335 |
| 1764 | 地震排列车 | 8705.9090[8705.9099(2014 年版)] | 1335 |
| 1765 | 地震仪器车 | 8705.9090[8705.9099(2014 年版)] | 1336 |
| 1766 | 注水洗井车 | 8705.9090[8705.9099(2014 年版)] | 1336 |
| 1767 | 电视转播车 | 8705.9090[8705.9099(2014 年版)] | 1337 |
| 1768 | 仪表车 | 8705.9090[8705.9099(2014 年版)] | 1337 |
| 1769 | 沙漠地震排列车 | 8705.9090[8705.9099(2014 年版)] | 1338 |
| 1770 | 路面激光断面测试系统 | 8705.9090[8705.9099(2014 年版)] | 1338 |
| 1771 | 高速路面雷达测试车系统 | 8705.9090[8705.9099(2014 年版)] | 1339 |
| 1772 | 落锤式弯沉仪测试车系统 | 8705.9090[8705.9099(2014 年版)] | 1339 |
| 1773 | 底盘平台模型 | 8706.0090 | 1340 |
| 1774 | 汽车用石油液化气供气装置 | 87.08 | 1341 |
| 1775 | 后桥左前弹性连接件 | 87.08 | 1342 |
| 1776 | 小轿车车厢装饰板(塑料制) | 8708.2990 | 1342 |

| 序号 | 商品名称 | 商品税则号列 | 页码 |
|---|---|---|---|
| 1777 | 塑料内饰顶及附件 | 8708.2990 | 1343 |
| 1778 | 仪表板 | 8708.2990 | 1343 |
| 1779 | 暖风机 | 8708.2990 | 1344 |
| 1780 | 前框 | 8708.2990 | 1344 |
| 1781 | 汽车天窗用装饰胶条 | 8708.2990 | 1345 |
| 1782 | 汽车内装用贴布 | 8708.2990 | 1345 |
| 1783 | 汽车后视镜零件(左、右罩,固定板基等) | 8708.2990 | 1346 |
| 1784 | 刮条 | 8708.2990 | 1346 |
| 1785 | 安全带预紧装置 | 8708.2990 | 1347 |
| 1786 | 制动刹车片 | 8708.3010 | 1347 |
| 1787 | 变速箱(ZF 8S180) | 8708.4020 | 1348 |
| 1788 | 变速箱 | 8708.4040 | 1348 |
| 1789 | 压裂车底盘驱动桥用差速器和盆角齿 | 8708.5075 | 1349 |
| 1790 | 轮毂 | 8708.7090[8708.709(2014 年版)] | 1349 |
| 1791 | 汽车自动离合器 | 8708.9390 | 1350 |
| 1792 | S45C 锻件毛坯——转向节毛坯 | 8708.94 | 1351 |
| 1793 | 驾驶员气囊模块、乘员气囊模块 | 8708.9500 | 1351 |
| 1794 | 汽车安全气囊气袋 | 8708.9500 | 1352 |
| 1795 | 汽车空调压缩机支架 | 8708.99 | 1353 |
| 1796 | 电子加速踏板模组 | 8708.99 | 1353 |
| 1797 | 压缩机托架 | 8708.99 | 1354 |
| 1798 | 汽车加强板(钣金件) | 8708.99 | 1354 |
| 1799 | 波纹管 | 8708.99 | 1355 |
| 1800 | 前纵梁总成(左、右) | 8708.9991 | 1355 |
| 1801 | 排气管托架 | 8708.9999 | 1356 |
| 1802 | TERBERG YT200 牵引车 | 8709.1910 | 1356 |
| 1803 | 农牧动力搬运车(W-16G 型) | 8709.1990 | 1357 |
| 1804 | YF150ZK 双燃料摩托车 | 8711.2000[8711.2030(2014 年版)] | 1357 |
| 1805 | 电动滑板车 | 8711.9000[8711.9010(2014 年版)] | 1358 |
| 1806 | 瘦身车 | 8712.0090 | 1358 |
| 1807 | 残疾人爬楼车 | 87.13 | 1359 |
| 1808 | C100 摩托车离合器 | 8714.1900[8714.1000(2014 年版)] | 1360 |
| 1809 | 单向离合器 | 8714.1900[8714.1000(2014 年版)] | 1361 |

| 序号 | 商品名称 | 商品税则号列 | 页码 |
|---|---|---|---|
| 1810 | 摩托车发动机零件 | 8714.1900[8714.1000(2014年版)] | 1362 |
| 1811 | 饲料搅拌车 | 8716.3990 | 1363 |
| 1812 | 舞台车 | 8716.4000 | 1364 |
| 1813 | 修理车 | 8716.8000 | 1365 |
| 1814 | 35吨半挂车用液压升降鹅颈 | 8716.9000 | 1366 |
| 1815 | 芯体(专用于波音飞机旁通活门的零件) | 8803.3000 | 1367 |
| 1816 | 升降舵控制装置用线圈组件 | 8803.3000 | 1367 |
| 1817 | 游乐艇 | 8903.9200 | 1368 |
| 1818 | 废钢船 | 8905.9090 | 1369 |
| 1819 | 55英尺房船 | 8905.9090 | 1369 |
| 1820 | 生化分析仪所带电脑 | 第90章 | 1370 |
| 1821 | 滤波片 | 90.01 | 1370 |
| 1822 | DWDM微光组件零件 | 9001.9000[9001.9090(2014年版)] | 1371 |
| 1823 | 波分复用器膜片 | 9001.9000[9001.9090(2014年版)] | 1371 |
| 1824 | 菲涅尔板、屏幕前板 | 9001.9000[9001.9090(2014年版)] | 1372 |
| 1825 | 光学镜片(ASAHI牌) | 9001.9000[9001.9090(2014年版)] | 1372 |
| 1826 | 光学水晶片 | 9001.9000[9001.9090(2014年版)] | 1373 |
| 1827 | 屏幕透镜 | 9001.9000[9001.9090(2014年版)] | 1374 |
| 1828 | 三硼酸锂晶体 | 9001.9000[9001.9090(2014年版)] | 1375 |
| 1829 | 超薄玻璃 | 9001.9000[9001.9090(2014年版)] | 1376 |
| 1830 | 彩色液晶投影机投射镜头 | 9002.1190 | 1376 |
| 1831 | 透镜组件 | 9002.1990 | 1377 |
| 1832 | F-θ扫描镜 | 9002.9090 | 1377 |
| 1833 | 振镜 | 9002.9090 | 1378 |
| 1834 | 一次性照相机机身 | 9006.5300 | 1378 |
| 1835 | 环摄全景扫描照相机 | 9006.5990 | 1379 |
| 1836 | 手机闪光灯(组件) | 9006.6100 | 1380 |
| 1837 | 数字电影放映机 | 9007.2010 | 1380 |
| 1838 | ETC Source four系列舞台用成像灯 | 9008.3010[9008.5031(2014年版)] | 1381 |
| 1839 | 柔性板材制版系统 | 9010.5022 | 1381 |
| 1840 | 冲版机 | 9010.5022 | 1382 |
| 1841 | 晒版机 | 9010.5022 | 1382 |
| 1842 | 全自动曝光机 | 9010.5022 | 1383 |

| 序号 | 商品名称 | 商品税则号列 | 页码 |
|---|---|---|---|
| 1843 | 曝光反转机 | 9010.5029 | 1384 |
| 1844 | 全自动晶形检测仪 | 9011.2000 | 1385 |
| 1845 | 生物显微镜系统 | 9011.2000 | 1386 |
| 1846 | 莱卡智能型生物显微镜(型号 DM 3000B) | 9011.2000 | 1386 |
| 1847 | 数字显微镜 | 9011.8000 | 1387 |
| 1848 | CCD 检测系统 | 9011.8000 | 1387 |
| 1849 | 日立牌绳索断层分析用扫描电镜 | 9012.1000 | 1388 |
| 1850 | 单筒望远镜 | 9013.1000 | 1388 |
| 1851 | 激光二极管(货主申报名称) | 9013.2000 | 1389 |
| 1852 | 液晶显示板 | 9013.8030 | 1390 |
| 1853 | 液晶显示屏 | 9013.8030 | 1390 |
| 1854 | 光纤倒像器 | 9013.8090 | 1391 |
| 1855 | 液芯光导管 | 9013.8090 | 1391 |
| 1856 | 铷泡 | 9013.9010 | 1392 |
| 1857 | 背光模组 | 9013.9090[9013.9020(2014 年版)] | 1392 |
| 1858 | 灯管组 | 9013.9090[9013.9020(2014 年版)] | 1393 |
| 1859 | 激光距离测试仪 | 9015.1000 | 1394 |
| 1860 | 勘探用折射仪 | 9015.8000 | 1395 |
| 1861 | 全站仪 | 9015.8000 | 1395 |
| 1862 | 声学多普勒流速剖面仪 | 9015.8000 | 1396 |
| 1863 | 声学多普勒流速剖面仪 | 9015.8000 | 1396 |
| 1864 | 井下矿藏探测器 | 9015.8000 | 1397 |
| 1865 | B/M 型超声波扫描仪 | 9018.12 | 1398 |
| 1866 | 电路板 | 9018.1291 | 1398 |
| 1867 | 电子超声内窥镜 | 9018.1291 | 1399 |
| 1868 | 数据处理谱仪 | 9018.1300[9018.1390(2014 年版)] | 1400 |
| 1869 | 运动心电测试系统 | 9018.1990 | 1401 |
| 1870 | 导事件相关电位系统 | 9018.1990 | 1402 |
| 1871 | 脑电系统 | 9018.1990 | 1403 |
| 1872 | BD 真空采血系统 | 9018.3 | 1404 |
| 1873 | 输液泵 | 9018.3900 | 1405 |
| 1874 | 毛血管采血管 | 9018.3900 | 1406 |
| 1875 | 肝素帽 | 9018.3900 | 1406 |

| 序号 | 商品名称 | 商品税则号列 | 页码 |
| --- | --- | --- | --- |
| 1876 | 活检针 | 9018.3900 | 1407 |
| 1877 | 立体显微镜 | 9018.5000 | 1408 |
| 1878 | 医用胶囊内镜图像诊断系统 | 9018.9030 | 1409 |
| 1879 | 腹腔镜系统 | 9018.9030 | 1410 |
| 1880 | 含铜宫内节育器 | 9018.9080 | 1411 |
| 1881 | 美肤激光器 | 9018.9090 | 1412 |
| 1882 | 便携式冷冻手术系统 | 9018.9090 | 1412 |
| 1883 | 主动脉内球囊反搏仪 | 9018.9090 | 1413 |
| 1884 | 麻醉用温毯机 | 9018.9090 | 1414 |
| 1885 | 血细胞分离机 | 9018.9090 | 1415 |
| 1886 | 按摩浴缸 | 9019.1010 | 1416 |
| 1887 | 眼动仪 | 9019.1090 | 1417 |
| 1888 | 药用喷雾治疗器零件 | 9019.2000 | 1418 |
| 1889 | 直线加速器 | 90.22 | 1419 |
| 1890 | X射线应用设备配件 | 9022.1400 | 1420 |
| 1891 | 神经外科手术床 | 9022.1400 | 1420 |
| 1892 | 心血管介入治疗诊断仪 | 9022.1400 | 1421 |
| 1893 | 直接数字成像系统 | 9022.1400 | 1422 |
| 1894 | 核通模拟定位机 | 9022.1400 | 1422 |
| 1895 | 血液辅照仪 | 9022.2100 | 1423 |
| 1896 | X光机配件 | 9022.9090 | 1424 |
| 1897 | 探头 | 9022.9090 | 1424 |
| 1898 | X射线管用石墨基靶盘 | 9022.9090 | 1425 |
| 1899 | 模拟射击设备 | 9023.0000 | 1426 |
| 1900 | 旧恐龙模型 | 9023.0000 | 1427 |
| 1901 | 交互式急救模拟系统 | 9023.0000 | 1427 |
| 1902 | 摆锤冲击仪 | 9024.8000 | 1428 |
| 1903 | 无转子流变仪 | 9024.8000 | 1428 |
| 1904 | 圆盘振荡流变仪 | 9024.8000 | 1429 |
| 1905 | 沥青混合料多功能试验系统 | 9024.8000 | 1430 |
| 1906 | 红外线测温仪 | 9025.1910 | 1431 |
| 1907 | F值测定仪 | 9025.8000 | 1432 |
| 1908 | 流量计 | 9026.1000 | 1432 |

| 序号 | 商品名称 | 商品税则号列 | 页码 |
|---|---|---|---|
| 1909 | 液位计 | 9026.1000 | 1433 |
| 1910 | 天然气超声波流量计 | 9026.8000[9026.8010(2014年版)] | 1433 |
| 1911 | 热能表 | 9026.8000[9026.8090(2014年版)] | 1434 |
| 1912 | 数据处理仪 | 9026.8000[9026.8010(2014年版)] | 1435 |
| 1913 | 液晶显示板组件 | 9026.9000 | 1436 |
| 1914 | 孔板流量计零件 | 9026.9000 | 1436 |
| 1915 | 摩托车排放测试系统 | 9027.1000 | 1437 |
| 1916 | RM200A 全自动吸烟机 | 9027.1000 | 1438 |
| 1917 | 变压器油中气体在线色谱分析仪 | 9027.2000[9027.2011(2014年版)] | 1439 |
| 1918 | 烟草在线红外水分仪 | 9027.5000 | 1440 |
| 1919 | 气体检漏仪 | 9027.5000/9027.8019 | 1441 |
| 1920 | 全自动细菌鉴定及药敏分析仪 | 9027.5000 | 1442 |
| 1921 | Alpha 凝胶成像分析系统 | 9027.5000 | 1443 |
| 1922 | 全自动生化分析仪 | 9027.5000 | 1444 |
| 1923 | 天然气硫分析仪 | 9027.5000 | 1445 |
| 1924 | CRT 彩色分析仪 | 9027.8090[9027.8099(2014年版)] | 1446 |
| 1925 | 高精度土壤水分测量仪 | 9027.8090[9027.8099(2014年版)] | 1446 |
| 1926 | 橇装分析系统 | 9027.8090[9027.8099(2014年版)] | 1447 |
| 1927 | 全自动酶免分析系统 | 9027.8090[9027.8099(2014年版)] | 1448 |
| 1928 | 血球计数器 | 9027.8090[9027.8099(2014年版)] | 1448 |
| 1929 | 血糖测试仪 | 9027.8090[9027.8099(2014年版)] | 1449 |
| 1930 | 卡式水分仪 | 9027.8099 | 1449 |
| 1931 | 嗅觉检测器 | 9027.8099 | 1450 |
| 1932 | 工厂密度计 | 9027.8099 | 1451 |
| 1933 | TC600ZC 氧氮分析仪 | 9027.8099 | 1452 |
| 1934 | 门尼黏度仪 | 9027.8099 | 1453 |
| 1935 | 煤粉流量监测仪 | 9027.8099 | 1453 |
| 1936 | 氧氮氢测试仪 | 9027.8099 | 1454 |
| 1937 | 测氢仪 | 9027.8099 | 1454 |
| 1938 | 液体密度计 | 9027.8099 | 1455 |
| 1939 | 血糖测试电极片 | 9027.9000 | 1456 |
| 1940 | 橇装计量系统 | 9028.2090 | 1457 |
| 1941 | 数纸机 | 9029.1090 | 1458 |

| 序号 | 商品名称 | 商品税则号列 | 页码 |
|---|---|---|---|
| 1942 | 对话式自动数据处理器 | 9029.1090 | 1458 |
| 1943 | 数粒仪 | 9029.1090 | 1459 |
| 1944 | 飞针检测机 | 9030.3390 | 1460 |
| 1945 | 耐压测试仪 | 9030.3390 | 1461 |
| 1946 | 冷阴极灯管量测系统 | 9030.3390 | 1462 |
| 1947 | 微波功率计和微波功率探头 | 9030.3900 | 1463 |
| 1948 | Dewe-3010 频谱分析系统 | 9030.3990[9030.3900(2014 年版)] | 1464 |
| 1949 | 网络建设与维护分析仪 | 9030.4090 | 1465 |
| 1950 | SDH 分析仪 | 9030.4090 | 1466 |
| 1951 | 网络分析仪 | 9030.4090 | 1467 |
| 1952 | UMTS 频段的三阶互调测试系统 | 9030.4090 | 1467 |
| 1953 | W-350D 石英晶体谐振器测试和分选系统 | 9030.8200 | 1468 |
| 1954 | WT3000 高精度功率分析仪 | 9030.8490 | 1469 |
| 1955 | 阻抗分析仪 | 9030.8990 | 1469 |
| 1956 | 测试针床 | 9030.9000 | 1470 |
| 1957 | 导通检查台 | 9030.9000 | 1471 |
| 1958 | 混合集成电路(录波器用) | 9030.9000 | 1472 |
| 1959 | 装有集成电路的智能卡(用于录波器) | 9030.9000 | 1473 |
| 1960 | 轮胎动平衡实验机 | 9031.1000 | 1473 |
| 1961 | 飞机发动机测试台 | 9031.2000 | 1474 |
| 1962 | 刀具检测器 | 9031.4900[9031.4990(2014 年版)] | 1475 |
| 1963 | 光栅尺 | 9031.4900[9031.4920(2014 年版)] | 1475 |
| 1964 | 空瓶验瓶机 | 9031.4900[9031.4990(2014 年版)] | 1476 |
| 1965 | 在线光盘检测系统 | 9031.4900[9031.4990(2014 年版)] | 1476 |
| 1966 | 自动光轴机 | 9031.4900[9031.4990(2014 年版)] | 1477 |
| 1967 | 活套扫描仪 | 9031.4990 | 1478 |
| 1968 | 镜筒解像力检测仪 | 9031.4990 | 1479 |
| 1969 | 带钢测宽仪 | 9031.4990 | 1480 |
| 1970 | 纸币识别器 | 9031.4990 | 1481 |
| 1971 | LVS9500 条码质量检测系统 | 9031.4990 | 1482 |
| 1972 | TSI 立体粒子图像测速仪 | 9031.4990 | 1483 |
| 1973 | 针位检出器 | 9031.4990 | 1484 |
| 1974 | 淋复质量监控装置 | 9031.4990 | 1485 |

| 序号 | 商品名称 | 商品税则号列 | 页码 |
|---|---|---|---|
| 1975 | 粒子像分析仪 | 9031.4990 | 1486 |
| 1976 | 地表植被光谱仪 | 9031.4990 | 1487 |
| 1977 | 扫描测量水泥窑体温度用红外线扫描仪 | 9031.4990 | 1487 |
| 1978 | 全自动异物侦检机 | 9031.4990 | 1488 |
| 1979 | 对刀仪 | 9031.4990 | 1488 |
| 1980 | Agilent 8614xb 通信光谱仪 | 9031.8010 | 1489 |
| 1981 | 坐标测量仪 | 9031.8020 | 1489 |
| 1982 | CT 机、核磁机体模 | 9031.8090 | 1490 |
| 1983 | 电脑记忆鞋楦模扫描机 | 9031.8090 | 1490 |
| 1984 | 微波流量计 | 9031.8090 | 1491 |
| 1985 | 网络流量监测器 | 9031.8090 | 1492 |
| 1986 | 声发射系统 | 9031.8090 | 1493 |
| 1987 | 完整性测试仪 | 9031.8090 | 1494 |
| 1988 | 地下管线视频探测仪 | 9031.8090 | 1495 |
| 1989 | 发动机下线检测设备 | 9031.8090 | 1496 |
| 1990 | 电围栏系统 | 9031.8090 | 1497 |
| 1991 | 身体成分分析仪 | 9031.8090 | 1498 |
| 1992 | 接触式测厚仪 | 9031.8090 | 1499 |
| 1993 | 铝轮毂专用全自动氦气气密试验机 | 9031.8090 | 1500 |
| 1994 | 少子寿命测试仪 | 9031.8090 | 1501 |
| 1995 | 运动肺功能测试仪 | 9031.8090 | 1502 |
| 1996 | 肌肉嫩度分析仪 | 9031.8090 | 1502 |
| 1997 | 人体脂肪测量仪 | 9031.8090 | 1503 |
| 1998 | 热敏铜螺丝 | 9032.1000 | 1503 |
| 1999 | 阀门控制器 | 9032.2000 | 1504 |
| 2000 | 压力校准仪 | 9032.8100 | 1505 |
| 2001 | 变频调速器 | 9032.8900[9032.8990(2014 年版)] | 1506 |
| 2002 | 变速箱控制器 | 9032.8900[9032.8990(2014 年版)] | 1507 |
| 2003 | 测量机用控制器 | 9032.8900[9032.8990(2014 年版)] | 1508 |
| 2004 | 电控单元 | 9032.8900[9032.8990(2014 年版)] | 1509 |
| 2005 | 电压调节器 | 9032.8900[9032.8990(2014 年版)] | 1510 |
| 2006 | 风力发电同步装置 | 9032.8900[9032.8990(2014 年版)] | 1511 |
| 2007 | 风轮控制器 | 9032.8900[9032.8990(2014 年版)] | 1512 |

| 序号 | 商品名称 | 商品税则号列 | 页码 |
|---|---|---|---|
| 2008 | 交流发电机调节器 | 9032.8900[9032.8990(2014年版)] | 1513 |
| 2009 | 控制柜 | 9032.8900[9032.8990(2014年版)] | 1513 |
| 2010 | 控制器(渗透机用) | 9032.8900[9032.8990(2014年版)] | 1514 |
| 2011 | 励磁设备 | 9032.8900[9032.8990(2014年版)] | 1515 |
| 2012 | 扭应力保护装置 | 9032.8900[9032.8990(2014年版)] | 1516 |
| 2013 | 汽车上的电子控制单元 | 9032.8900[9032.8990(2014年版)] | 1517 |
| 2014 | 汽车用动力总成控制模块(PCM) | 9032.8900[9032.8990(2014年版)] | 1517 |
| 2015 | 伺服驱动器 | 9032.8900[9032.8990(2014年版)] | 1518 |
| 2016 | 伺服驱动器 | 9032.8900[9032.8990(2014年版)] | 1519 |
| 2017 | 提升机电控系统 | 9032.8900[9032.8990(2014年版)] | 1520 |
| 2018 | 涂液供料系统 | 9032.8900[9032.8990(2014年版)] | 1521 |
| 2019 | 智能化温室高压雾化装置、温度控制装置、空气循环控制装置 | 9032.8900[9032.8990(2014年版)] | 1522 |
| 2020 | 自动化控制设备 | 9032.8900[9032.8990(2014年版)] | 1523 |
| 2021 | 原始频率标准仪器 | 9105.9 | 1524 |
| 2022 | 仿真枪 | 9304.0000 | 1524 |
| 2023 | 塑料BB弹 | 9306.3090 | 1525 |
| 2024 | 座椅移动执行器 | 9401.9019 | 1525 |
| 2025 | 牙科椅驱动总成 | 9402.1090 | 1526 |
| 2026 | 手术室机械吊臂 | 9402.9000 | 1526 |
| 2027 | 婴儿保暖台 | 9402.9000 | 1527 |
| 2028 | 节日灯 | 94.05 | 1527 |
| 2029 | 紫外线探伤灯 | 9405.4090 | 1528 |
| 2030 | 移动式照明灯塔 | 9405.4090 | 1528 |
| 2031 | 手术无影灯 | 9405.4090 | 1529 |
| 2032 | 太阳能灯 | 9405.4090 | 1529 |
| 2033 | 捕虫灯 | 9405.4090 | 1530 |
| 2034 | 评级灯箱 | 9405.4090 | 1531 |
| 2035 | 电气彩灯串 | 9405.4090 | 1532 |
| 2036 | LED灯 | 9405.4090 | 1532 |
| 2037 | 阿波罗电脑蒸汽房 | 9406.0000 | 1533 |
| 2038 | 超净间工程系统及配套设备 | 9406.0000 | 1533 |
| 2039 | 建木屋用梁柱、墙体等 | 9406.0000 | 1534 |

| 序号 | 商品名称 | 商品税则号列 | 页码 |
|---|---|---|---|
| 2040 | 全钢丝子午线轮胎X光检查机设备 | 9406.0000及9022.1990 [9022.1920(2014年版)] | 1535 |
| 2041 | 模型飞机 | 95.03 | 1536 |
| 2042 | 绒毛装饰物 | 9503.0021 | 1536 |
| 2043 | 塑料装饰品——摩托车 | 9503.0089 | 1537 |
| 2044 | 保龄球道计分系统悬挂荧幕 | 9504.9090 | 1538 |
| 2045 | 玻璃钢滑水盆、钢结构架 | 9506.2900 | 1539 |
| 2046 | 钛合金高尔夫球头精铸毛坯 | 9506.3900 | 1540 |
| 2047 | 乒乓发球机 | 9506.4090 | 1540 |
| 2048 | 运动步枪/手枪报靶系统 | 9506.9900 | 1541 |
| 2049 | 游乐场游戏组件 | 9506.9900 | 1541 |
| 2050 | 带手柄的可撕式胶黏滚筒 | 9603.9090 | 1542 |
| 2051 | 印壳 | 9611.0000 | 1543 |
| 2052 | 热转移色带 | 9612.1000 | 1543 |
| 2053 | 点烟器 | 9613.8000 | 1544 |
| 2054 | 喷头 | 9616.1000 | 1544 |
| 2055 | 明代石猴水仙盆 | 9703.0000 | 1545 |
| 2056 | 石玩 | 9705.0000 | 1545 |
| 2057 | 丁腈橡胶手套生产线用手模座、链条及手模 | 分别归类(73.15/8477.9000/69.09) | 1546 |
| 2058 | 包装检测机 | 分别归类(8422.3030/8479.8999) | 1547 |
| 2059 | 发电机断路器及附件 | 分别归类 | 1548 |
| 2060 | 三轮电动游戏车 | 分别归类(8711.9010/8716.4000) | 1549 |
| 2061 | 14、15寸彩色显示管零部件 | 分别归类 | 1549 |
| 2062 | 工厂化育苗系统 | 分别归类 | 1550 |
| 2063 | 地板铣形及包装生产线 | 分别归类 | 1550 |
| 2064 | 铁矿石取制样设备 | 分别归类 | 1551 |
| 2065 | 工程维修车、水质监测车 | 分别归类 | 1552 |
| 2066 | 温室设备 | 分别归类 | 1552 |
| 2067 | 总组装台及挂架 | 分别归类 | 1553 |
| 2068 | 加气机设备 | 分别归类 | 1554 |
| 2069 | 机动环境监测车 | 分别归类 | 1555 |
| 2070 | 静脉输液配制过滤净化装置 | 分别归类 | 1555 |
| 2071 | 多功能管理机 | 分别归类 | 1556 |
| 2072 | 计算机网络设备 | 分别归类 | 1556 |

| 序号 | 商品名称 | 商品税则号列 | 页码 |
|---|---|---|---|
| 2073 | 大型转播集联制作系统 | 分别归类 | 1557 |
| 2074 | 车辆及测试设备 | 分别归类 | 1558 |
| 2075 | 梅赛德斯－奔驰 2686 毫升小货车 | 分别归类 | 1558 |
| 2076 | 全自动金属板材柔性加工生产线 | 分别归类 | 1559 |
| 2077 | 乳品加工设备 | 分别归类 | 1560 |
| 2078 | 双工位六角型胎圈缠绕系统 | 分别归类 | 1561 |
| 2079 | 圆筒钢板仓 | 分别归类 | 1561 |
| 2080 | 整车排放试验低温仓系统 | 分别归类 | 1562 |
| 2081 | 抢险救援车 | 分别归类 | 1563 |
| 2082 | 耳鼻喉检查台 | 分别归类 | 1563 |
| 2083 | 菌场自动化生产设备 | 分别归类 | 1564 |
| 2084 | 2200 型面筋数量和质量测定系统 | 分别归类 | 1565 |
| 2085 | 电镀废水处理系统改良设备 | 分别归类 | 1566 |
| 2086 | 油田多功能采油站 | 分别归类 | 1567 |
| 2087 | 接触网 | 分别归类 | 1568 |
| 2088 | 天然气加气站系统 | 分别归类 | 1569 |
| 2089 | 基因枪 | 分别归类 | 1571 |
| 2090 | 焊剂、坩锅、砂模组件 | 分别归类 | 1572 |
| 2091 | 按摩气囊、气泵、气阀 | 分别归类 | 1573 |
| 2092 | 堆肥存储设施 | 分别归类 | 1574 |
| 2093 | 饮水乳头、侧翼鞍座 | 分别归类(39.17/8481.8090) | 1575 |
| 2094 | 奥迪特 462 型中央对讲系统 | 分别归类 | 1576 |
| 2095 | 照排机(申报品名) | 分别归类 | 1577 |
| 2096 | 絮凝剂制备添加系统 | 分别归类 | 1578 |
| 2097 | 舞鞋 | 分别归类 | 1578 |
| 2098 | 伺服卡,I/O 卡 | 分别归类 | 1579 |
| 2099 | 大排量空气压缩机(旧) | 分别归类 | 1580 |
| 2100 | 牙科技师专用台 | 分别归类 | 1580 |
| 2101 | 汽车锁 | 分别归类 | 1581 |
| 2102 | 快速红外成像系统 | 分别归类 | 1582 |
| 2103 | 胶印制版生产线 | 分别归类 | 1583 |
| 2104 | 2.4GHz 无线 AV 发送 & 接收模块 | 分别归类 | 1584 |
| 2105 | 气动铆接机等三项商品 | 分别归类 | 1585 |

| 序号 | 商品名称 | 商品税则号列 | 页码 |
|---|---|---|---|
| 2106 | 粗纤维检测系统 | 分别归类 | 1586 |
| 2107 | 液化气发动机燃料供给与电控系统 | 分别归类 | 1587 |
| 2108 | 天然气电控燃气系统 | 分别归类 | 1588 |
| 2109 | 管线数据采集及监控系统 | 分别归类 | 1589 |
| 2110 | 液晶显示器组件 | 分别归类 | 1590 |
| 2111 | 服务器升级设备 | 分别归类 | 1591 |
| 2112 | 500 千伏交直流两用交联聚乙烯绝缘电缆立式生产线 | 分别归类 | 1592 |
| 2113 | 凉亭 | 分别归类 | 1593 |
| 2114 | 单点系泊系统用系泊链 | 分别归类 | 1593 |
| 2115 | 龙骨 | 分别归类 | 1594 |
| 2116 | 钢结构件 | 分别归类 | 1595 |
| 2117 | 空心钢结构横梁 | 分别归类 | 1596 |
| 2118 | 汤玛斯牌马铃薯全粉生产线及备件 | 分别归类 | 1597 |
| 2119 | 低温甲醇洗及精馏装置内件 | 分别归类 | 1598 |
| 2120 | 卸板机 | 分别归类 | 1599 |
| 2121 | 全废铜 FRHC 火法精炼高导电合金铜杆生产线 | 分别归类 | 1600 |
| 2122 | 非端部接合的白橡木厚板材 | 分别归类 | 1601 |
| 2123 | 铝制门窗框 | 分别归类 | 1602 |
| 2124 | CGL 清洗设备 | 分别归类 | 1603 |
| 2125 | 思科网真网络电话系统 | 分别归类 | 1604 |
| 2126 | 自动称料混料系统 | 分别归类 | 1605 |
| 2127 | 稀土大磁致伸缩材料 | 视不同情况归类 | 1606 |
| 2128 | 商用冷冻柜 | 视不同情况归类 | 1607 |
| 2129 | DC 300 数码摄像测量仪 | 视情况归类 | 1608 |
| 2130 | 汽车支架 | 相关子目 | 1608 |
| 2131 | 自动采样系统 | 相关子目 | 1609 |
| 2132 | 汽轮机零部件(300MW) | 相关子目 | 1609 |
| 2133 | 凌特 2295cc 机动医疗车 | 相关子目 | 1610 |

GUILEI JUEDING

DI–YI BUFEN

# 归类决定

# 第一部分

<table>
<tr><td>序号</td><td>1</td><td>归类决定编号</td><td>J2006－0001</td><td>公告编号</td><td>2007 年第 70 号</td></tr>
<tr><td colspan="2">技术委员会议题编号</td><td colspan="2">10－01－2006</td><td>发布日期</td><td>2007 年 12 月 5 日</td></tr>
<tr><td>商品税则号列</td><td colspan="5">05. 07</td></tr>
<tr><td>商品名称</td><td colspan="5">猛犸象牙</td></tr>
<tr><td>英文名称</td><td colspan="5"></td></tr>
<tr><td>其他名称</td><td colspan="5"></td></tr>
<tr><td>商品描述</td><td colspan="5">进口状态为长牙状，未经过加工，表层呈现褐色，横切断面为牙黄色且为多层，外层受石化作用明显，呈现粗糙龟裂感，内层质地细腻润滑，微呈蜡状光泽，有瓷感。进口后用于雕刻，进口后加工工艺为：将猛犸象牙剖去表层，利用内层材料作为雕刻材料。</td></tr>
<tr><td>归类决定</td><td colspan="5">猛犸象牙是一种兽牙，进口时并未完全石化，还具备象牙特质，且进口后主要用于象牙雕刻，符合《税则注释》关于品目 05. 07 对兽牙的解释，“本品目包括未经加工或虽经简单整理但未切割成形（即除锉磨、刮削、洗净、除去多余部分、整蚀、劈开、非成形切割、粗刨、拉直及平整工序外，未经进一步加工）的下列产品：<br>一、兽牙：<br>本协调制度所称“兽牙”，是指下列骨质物体：<br>（一）象、河马、海象、一角鲸或野猪的长牙；<br>（二）犀角；<br>（三）任何陆上或海上动物的牙齿。”<br>会议决定该商品应归入《税则》税目 05. 07。</td></tr>
</table>

| 序号 | 2 | 归类决定编号 | J2008 - 0002 | 公告编号 | 2008 年第 36 号 |
|---|---|---|---|---|---|
| 技术委员会议题编号 | | 11 - 02 - 2008 | 发布日期 | | 2008 年 5 月 20 日 |
| 商品税则号列 | 09.10 | | | | |
| 商品名称 | 欧当归香料 | | | | |
| 英文名称 | Lovage | | | | |
| 其他名称 | 独活草 | | | | |
| 商品描述 | 欧当归属伞形科草本植物，原产于南欧。其茎和叶可制茶、用作蔬菜及食品（尤其是肉类）调味料，根茎可用作驱风药，种子常被用作糖果和利口酒的调味品。有类似芹菜的香甜味，从其开花顶枝提取的香精油可用作香料和调味料。 | | | | |
| 归类决定 | 会议决定，欧当归为添加到食品中增加食品口感和香味的调味料，根据归类总规则一，应归入《税则》税目 09.10 项下。 | | | | |

| 序号 | 3 | 归类决定编号 | J2006 - 0002 | 公告编号 | 2007 年第 70 号 |
|---|---|---|---|---|---|
| 技术委员会议题编号 | | 3 - 02 - 2000 | 发布日期 | | 2007 年 12 月 5 日 |
| 商品税则号列 | 1209.9100 | | | | |
| 商品名称 | 菜椒种子 | | | | |
| 英文名称 | | | | | |
| 其他名称 | | | | | |
| 商品描述 | 菜椒是辣椒的一种，属于香辛类蔬菜，又名柿椒、灯笼椒、元椒，果实近球形、圆柱形或扁球形，多纵沟，顶端和基部常截形或向内凹入，略带甜或微辣；菜椒种子是经过拌药处理的菜椒籽，不能食用，只能用于种植。 | | | | |
| 归类决定 | 会议决定将无论是否拌药的菜椒种子归入税则号列 1209.9100。 | | | | |

<table>
<tr><td>序号</td><td>4</td><td>归类决定编号</td><td>J2010－0001</td><td>公告编号</td><td>2010 年第 87 号</td></tr>
<tr><td colspan="2">技术委员会议题编号</td><td colspan="2">13－16－2010</td><td>发布日期</td><td>2010 年 12 月 28 日</td></tr>
<tr><td>商品税则号列</td><td colspan="5">1211. 9039</td></tr>
<tr><td>商品名称</td><td colspan="5">罗汉果</td></tr>
<tr><td>英文名称</td><td colspan="5"></td></tr>
<tr><td>其他名称</td><td colspan="5"></td></tr>
<tr><td>商品描述</td><td colspan="5">该商品为干燥、完整没有破裂的罗汉果，主要供人冲泡或煮水饮用。加工工艺流程：原料→筛选分级→剔除破果响果→二次烘干→检测→定型包装→成品入库。<br></td></tr>
<tr><td>归类决定</td><td colspan="5">经干燥的罗汉果的主要特征体现在其药用价值上，符合税目 12. 11 的条文规定，应作为“主要用作药料的植物”归类。根据归类总规则一，该商品应归入税则号列 1211. 9039。</td></tr>
</table>

<table>
<tr><td>序号</td><td>5</td><td>归类决定编号</td><td>J2013－0004</td><td>公告编号</td><td>2014 年第 2 号</td></tr>
<tr><td colspan="2">技术委员会议题编号</td><td colspan="2">17－01－2013</td><td>发布日期</td><td>2014 年 1 月 2 日</td></tr>
<tr><td>商品税则号列</td><td colspan="5">1212. 9999</td></tr>
<tr><td>商品名称</td><td colspan="5">发酵虫草菌粉</td></tr>
<tr><td>英文名称</td><td colspan="5"></td></tr>
<tr><td>其他名称</td><td colspan="5"></td></tr>
<tr><td>商品描述</td><td colspan="5">该商品是以马铃薯、蔗糖、豆粕等为培养基，以蝙蝠蛾拟青霉（从新鲜的冬虫夏草中分离得到）为菌种进行发酵培养后，分离出的菌丝体经干燥粉碎制得。“发酵虫草菌粉”具有增强机体免疫功能的作用，为一般营养保健品原料及食品添加剂原料。</td></tr>
<tr><td>归类决定</td><td colspan="5">根据归类总规则一及六，该商品应归入税则号列 1212. 9999。</td></tr>
</table>

| 序号 | 6 | 归类决定编号 | J2006－0003 | 公告编号 | 2007年第70号 |
|---|---|---|---|---|---|
| 技术委员会议题编号 | | 2－01－1999 | | 发布日期 | 2007年12月5日 |
| 商品税则号列 | 15.04 | | | | |
| 商品名称 | 鱼油 | | | | |
| 英文名称 | | | | | |
| 其他名称 | | | | | |
| 商品描述 | 鱼油以海洋鱼类为主要原料,含有丰富的OMEGA－3不饱和脂肪酸,其中主要成分为DHA和EPA。主要原料:鱼油、维生素E(抗氧剂)。每粒含:150毫克EPA、100毫克DHA、1毫克维生素E、甘油、明胶等(胶囊)。 | | | | |
| 归类决定 | 胶囊仅起包装作用,不影响商品归类。作为抗氧剂的维生素E不影响商品的归类。<br>会议决定该商品应归入《税则》税目15.04。 | | | | |

| 序号 | 7 | 归类决定编号 | J2008－0003 | 公告编号 | 2008年第36号 |
|---|---|---|---|---|---|
| 技术委员会议题编号 | | 11－03－2008 | | 发布日期 | 2008年5月20日 |
| 商品税则号列 | 16.05 | | | | |
| 商品名称 | 干海参 | | | | |
| 英文名称 | | | | | |
| 其他名称 | | | | | |
| 商品描述 | 海参从捕捞到最后加工成成品干海参,其制作工艺有两种:<br>1. 捕捞→剖肚→过水→饱和盐水浸渍→滚盐→盐湿海参→烘干→盐干海参;<br>2. 捕捞→剖肚→过水→草木灰揉→烘干→淡干海参。<br>其中,“过水”工艺是将海参在开水中煮10～15分钟不等,否则海参接触空气会化掉,不易保存。 | | | | |
| 归类决定 | 根据《税则注释》关于品目03.07的排除条款“本品目不包括用非本品目所列方法制作或保藏的软体动物及其他水生无脊椎动物(例如,用水煮过或用醋腌制的软体动物)(品目16.05)”,该商品应归入《税则》税目16.05项下。 | | | | |

<table>
<tr><td>序号</td><td>8</td><td>归类决定编号</td><td>J2010－0002</td><td>公告编号</td><td>2010年第87号</td></tr>
<tr><td colspan="2">技术委员会议题编号</td><td colspan="2">13－17－2010</td><td>发布日期</td><td>2010年12月28日</td></tr>
<tr><td colspan="2">商品税则号列</td><td colspan="4">1806.90</td></tr>
<tr><td colspan="2">商品名称</td><td colspan="4">特殊形状巧克力</td></tr>
<tr><td colspan="2">英文名称</td><td colspan="4"></td></tr>
<tr><td colspan="2">其他名称</td><td colspan="4"></td></tr>
<tr><td colspan="2">商品描述</td><td colspan="4">该类商品为特殊形状的巧克力，通常为零售盒装，主要有以下几种：一是动植物造型，如海螺、扇贝、海马、鱼、虾蟹、花、叶子等形状；二是水滴、钻石、马蹄、贝壳、心形、五角星、浮雕造型等形状；三是立体几何造型，如球体、元宝型、圆锥型等形状。<br></td></tr>
<tr><td colspan="2">归类决定</td><td colspan="4">“特殊形状巧克力”为一口就可含食的巧克力，不属于“块状或条状”巧克力，根据归类总规则一，该类商品应归入税则子目1806.90。</td></tr>
</table>

<table>
<tr><td>序号</td><td>9</td><td>归类决定编号</td><td>J2006－0004</td><td>公告编号</td><td>2007年第70号</td></tr>
<tr><td colspan="2">技术委员会议题编号</td><td colspan="2">1－12－1999</td><td>发布日期</td><td>2007年12月5日</td></tr>
<tr><td colspan="2">商品税则号列</td><td colspan="4">第21章或第29章</td></tr>
<tr><td colspan="2">商品名称</td><td colspan="4">味精</td></tr>
<tr><td colspan="2">英文名称</td><td colspan="4"></td></tr>
<tr><td colspan="2">其他名称</td><td colspan="4"></td></tr>
<tr><td colspan="2">商品描述</td><td colspan="4">味精的种类主要有：<br>1. 根据消费习惯制成的谷氨酸钠与食盐的混合物，这在我国某些地区生产较多；<br>2. 生产高纯度、高透明度、大粒度的结晶味精，其纯度、透明度、重金属含量等理化指标和卫生指标已达到我国关于谷氨酸钠的国标（GB8967－88）的要求，这在国外和国内许多生产厂家已大量采用；<br>3. 由谷氨酸单钠再配以一定量的增效剂（如：5’-肌苷酸钠、5’-鸟苷酸钠等）制成强力味精或特鲜味精。</td></tr>
<tr><td colspan="2">归类决定</td><td colspan="4">会议决定，对于完全符合国标的“谷氨酸钠”，如果没有人为地加入“杂质”，应归入《税则》第二十九章；如果是混合的产品，则归入《税则》第二十一章。</td></tr>
</table>

<table>
<tr><td>序号</td><td>10</td><td>归类决定编号</td><td>J2006－0005</td><td>公告编号</td><td>2007 年第 70 号</td></tr>
<tr><td colspan="2">技术委员会议题编号</td><td colspan="2">8－09－2003</td><td>发布日期</td><td>2007 年 12 月 5 日</td></tr>
<tr><td colspan="2">商品税则号列</td><td colspan="4">21. 06</td></tr>
<tr><td colspan="2">商品名称</td><td colspan="4">酒花产品</td></tr>
<tr><td colspan="2">英文名称</td><td colspan="4"></td></tr>
<tr><td colspan="2">其他名称</td><td colspan="4"></td></tr>
<tr><td colspan="2">商品描述</td><td colspan="4">啤酒花（简称酒花）用于啤酒工业，利用其苦味、香味、防腐力和澄清麦汁的能力使啤酒别具风味。随着酒花加工业的不断发展，其加工方法及产品日新月异。酒花产品有以下几种：<br>1. 稳定型颗粒酒花<br>普通颗粒酒花的 α-酸的 2 价盐（特别是镁盐）比游离 α-酸的化学稳定性强，如果将颗粒酒花中的 α-酸转化为其镁盐，则品种的不稳定性可大大减少。制造工艺：整酒花→粉碎→粉碎酒花→磁性分离，筛分→干燥器→6% 水分的酒花粉→添加 1% 食品级的 $Mg(OH)_2$ 匀质→压粒机压制成颗粒。其与普通颗粒酒花的制造的不同之处仅仅在于匀质时添加了 $Mg(OH)_2$。<br>2. 预异构化颗粒酒花<br>预异构化颗粒酒花是将 α-酸预先异构化，再制成颗粒，即将上述添加 $Mg(OH)_2$ 的稳定型颗粒酒花，在不超过 80℃ 的条件下，绝氧加热，可将 α-酸镁盐转化为异 α-酸镁盐。加工工艺：整酒花→粉碎→筛分→混合，添加 1% 食品级的 $Mg(OH)_2$→压粒→绝氧加热→冷却→包装。<br>3. 皂土颗粒酒花<br>皂土颗粒酒花是将普通颗粒酒花与 20% 的皂土混合，匀质后压成颗粒，使酒花树脂具有较大的表面积，可加速酒花苦味物质溶于麦汁中，并使 α-酸的异构化进程加速。</td></tr>
<tr><td colspan="2">归类决定</td><td colspan="4">会议决定将稳定型颗粒酒花、预异构化颗粒酒花和皂土颗粒酒花归入《税则》税目 21. 06 项下。</td></tr>
</table>

| 序号 | 11 | 归类决定编号 | J2009－0001 | 公告编号 | 2009年第83号 |
|---|---|---|---|---|---|
| 技术委员会议题编号 | 12－01－2009 | | 发布日期 | | 2009年12月23日 |
| 商品税则号列 | 2106.9090 | | | | |
| 商品名称 | 豆腐乳 | | | | |
| 英文名称 | | | | | |
| 其他名称 | 南乳、猫乳 | | | | |
| 商品描述 | 该商品的制作工艺可分为两个步骤：<br>1. 从大豆加工制成豆腐：大豆→磨浆→滤渣→煮沸→点卤→挤干→豆腐；<br>2. 从豆腐加工成腐乳：豆腐→接种毛霉→加盐腌制→加卤汤→密封腌制→腐乳。 | | | | |
| 归类决定 | 在制作腐乳的过程中，先将大豆的粗纤维过滤，制成凝聚的豆类蛋白质，而后又通过毛霉的作用将大豆蛋白的肽键水解，使得大豆的基本特征发生根本变化。根据归类总规则一，会议决定将该商品归入税则号列2106.9090。 | | | | |

| 序号 | 12 | 归类决定编号 | J2006－0006 | 公告编号 | 2007年第70号 |
|---|---|---|---|---|---|
| 技术委员会议题编号 | 5－20－2001 | | 发布日期 | | 2007年12月5日 |
| 商品税则号列 | 22.08 | | | | |
| 商品名称 | 酒味冰淇淋 | | | | |
| 英文名称 | Freaky ice RUM&COLA | | | | |
| 其他名称 | | | | | |
| 商品描述 | 酒味冰淇淋（Freaky Ice RUM&COLA）由水、朗姆酒、调味料、食用色素（焦糖色）、防腐剂、咖啡因等组成，其中酒精浓度为4.8%。<br>包装为塑料软包装（25厘米×5厘米），50毫升/支，常温下为液态（此状态下保存期为一年），在－18℃为固态，运输时可选择液态或固态。最佳食用状态为：－18℃下冷冻7小时后食用，限成年人使用。 | | | | |
| 归类决定 | 会议决定将固态和液态的此类商品均归入《税则》税目22.08。 | | | | |

| 序号 | 13 | 归类决定编号 | J2006－0007 | 公告编号 | 2007年第70号 |
|---|---|---|---|---|---|
| 技术委员会议题编号 | 7－11－2002 | | | 发布日期 | 2007年12月5日 |
| 商品税则号列 | 23.08 | | | | |
| 商品名称 | 橡籽仁 | | | | |
| 英文名称 | | | | | |
| 其他名称 | | | | | |
| 商品描述 | 橡籽仁，含有70%的淀粉，加工工序为：橡籽果→晾晒→机械筛选分类→机械脱壳→烘干→整理筛选→包装；出口后生产淀粉工序为：原料浸泡→清洗去石→磨浆→浆渣分离→高速脱水→淀粉成品。提取的淀粉用于生产粉丝、饼干、凉面、凉粉等，属无公害、无污染的绿色保健食品。 | | | | |
| 归类决定 | 根据《税则注释》，植物产品如果可作为动物饲料，而且在其他品目中又没有具体列名，则应归入品目23.08。会议决定该商品应归入《税则》税目23.08项下。 | | | | |

| 序号 | 14 | 归类决定编号 | J2006－0008 | 公告编号 | 2007年第70号 |
|---|---|---|---|---|---|
| 技术委员会议题编号 | 9－01－2004 | | | 发布日期 | 2007年12月5日 |
| 商品税则号列 | 25.30 | | | | |
| 商品名称 | 锆刚玉碎料 | | | | |
| 英文名称 | | | | | |
| 其他名称 | | | | | |
| 商品描述 | 该商品为玻璃窑烧制过程中内衬生成的块碎料，进口后经粉碎添加氧化锆后重新熔炉烧制耐火砖。根据海关化验鉴定结果，该商品为锆刚玉和氧化硅的混合物。 | | | | |
| 归类决定 | 该商品属碎砖块状，是玻璃窑烧制过程中由内衬生成的碎料。根据归类总规则一，该商品应归入《税则》税目25.30。 | | | | |

<table>
<tr><td>序号</td><td>15</td><td>归类决定编号</td><td>J2009－0002</td><td>公告编号</td><td>2009 年第 83 号</td></tr>
<tr><td colspan="2">技术委员会议题编号</td><td colspan="2">12－02－2009</td><td>发布日期</td><td>2009 年 12 月 23 日</td></tr>
<tr><td>商品税则号列</td><td colspan="5">2620.9990</td></tr>
<tr><td>商品名称</td><td colspan="5">棕刚玉渣</td></tr>
<tr><td>英文名称</td><td colspan="5"></td></tr>
<tr><td>其他名称</td><td colspan="5"></td></tr>
<tr><td>商品描述</td><td colspan="5">该商品为不规则块状固体，成分为“铁 75%、硅 10%、钛 3%、铝小于 1%”，是“含有铁、硅和少量铝、钛等元素”的混合物。在冶炼棕刚玉的过程中，为提高 $Al_2O_3$ 的主含量，同时降低其他杂质（$TiO_2$、CaO、$SiO_2$ 等）的含量，在其冶炼所用原料（铝矾土，无烟煤）中加入少量铁屑作为还原剂，经过电弧炉内高温冶炼将杂质还原沉淀到冶炼炉的最底部而生成的残渣，并很容易与棕刚玉产品分离开来。该商品主要用于高速公路铺路及初级磨削等低级使用。</td></tr>
<tr><td>归类决定</td><td colspan="5">会议决定，该商品并非专门生产的产品，而是生产过程中产生的废渣，虽然成分符合《税则》中铁合金的含量标准，但其成分不稳定的特点使其不能实现铁合金作为定剂量的催化剂的用途，并且主要用于高速公路铺路及初级磨削等。根据归类总规则一，将该商品归入税则号列 2620.9990。</td></tr>
</table>

<table>
<tr><td>序号</td><td>16</td><td>归类决定编号</td><td>J2006－0009</td><td>公告编号</td><td>2007 年第 70 号</td></tr>
<tr><td colspan="2">技术委员会议题编号</td><td colspan="2">7－06－2002</td><td>发布日期</td><td>2007 年 12 月 5 日</td></tr>
<tr><td>商品税则号列</td><td colspan="5">2711.1400</td></tr>
<tr><td>商品名称</td><td colspan="5">混合烃类气</td></tr>
<tr><td>英文名称</td><td colspan="5"></td></tr>
<tr><td>其他名称</td><td colspan="5"></td></tr>
<tr><td>商品描述</td><td colspan="5">混合液化烃类气的主要成分为丁烷 8.4%、丁烯 43.43%、丁二烯 43.05%、戊烷 1.52%、乙炔 1.76%。该商品一般被称为混合碳四，是轻柴油裂解后产生的副产品。<br>混合烃类气的主要用途为运用二甲基甲酰胺通过精馏方式分离出其中的 1,3－丁二烯以进一步加工，其余组分则成为以丁烷、丁烯为主的石油液化气，即日常所用的工业、民用石油液化气。</td></tr>
<tr><td>归类决定</td><td colspan="5">该商品属于混合物，根据归类总规则三（二），按构成混合物基本特征的组分商品进行归类。该混合烃类气因其中的丁烯、丁二烯同属于税则号列 2711.1400 的列名商品，其含量合计共占混合物的 80% 以上，可视其为构成该混合烃类气基本特征的组分商品，因此，该商品应归入税则号列 2711.1400。</td></tr>
</table>

| 序号 | 17 | 归类决定编号 | J2006-0010 | 公告编号 | 2007年第70号 |
|---|---|---|---|---|---|
| 技术委员会议题编号 | 2-02-1999 | | | 发布日期 | 2007年12月5日 |
| 商品税则号列 | 第30章 | | | | |
| 商品名称 | 饲料添加剂“球净” | | | | |
| 英文名称 | | | | | |
| 其他名称 | | | | | |
| 商品描述 | “球净(NECOXINE)”由两种成分NICARBAZINE(尼卡巴嗪)和ETHOPABATE配制而成,是防治鸡球虫病的产品。NICARBAZINE是一种广谱抗球虫剂,可以保护盲肠及小肠免遭球虫侵害,以避免由此引起的死亡。ETHOPABATE是一种PABA拮抗剂,与NICABAZINE配合使用,可以加强抗球虫的活性作用。<br>使用方法:每吨饲料添加“球净”(NECOXINE-25%)0.5千克(125PPM)。肉鸡:从第一天开始喂食至出售;蛋鸡:从第一天开始喂食到产蛋前两周。 | | | | |
| 归类决定 | 会议决定该商品应归入《税则》第三十章。 | | | | |

| 序号 | 18 | 归类决定编号 | J2013-0010 | 公告编号 | 2014年第2号 |
|---|---|---|---|---|---|
| 技术委员会议题编号 | 17-13-2013 | | | 发布日期 | 2014年1月2日 |
| 商品税则号列 | 3102.1000 | | | | |
| 商品名称 | 车用尿素溶液 | | | | |
| 英文名称 | | | | | |
| 其他名称 | | | | | |
| 商品描述 | 该商品由去离子水和尿素混合搅拌制得,用作处理汽车尾气的催化还原剂。成分:30%~40%尿素和60%~70%去离子水。工作原理:将该商品注入SCR(选择性催化转换器)系统,尿素与灼热的尾气接触转化为氨,氨与尾气中的氮氧化物反应成氮气及水,从而降低氮氧化物及黑烟颗粒的排放。 | | | | |
| 归类决定 | 根据归类总规则一及六,该商品应归入税则号列3102.1000。 | | | | |

| 序号 | 19 | 归类决定编号 | J2006－0011 | 公告编号 | 2007 年第 70 号 |
|---|---|---|---|---|---|
| 技术委员会议题编号 | | 7－17－2002 | | 发布日期 | 2007 年 12 月 5 日 |
| 商品税则号列 | 3214.9000 | | | | |
| 商品名称 | 纤维装饰墙衣 | | | | |
| 英文名称 | | | | | |
| 其他名称 | | | | | |
| 商品描述 | 该商品的主要成分为：回收纸浆 40%、棉纤维 40%、聚酯纤维 15%、其他(人造纤维及粉末状水溶性胶)5%。海关化验鉴定结果：成分为木纤维、纸浆、纤维素衍生物等，以纤维类物质为主，无机物占 3.54%。纤维装饰墙衣用于室内墙面装饰，原始为干絮状，使用时加清水搅拌成纸浆状后用辊刷涂于室内墙面即可。 | | | | |
| 归类决定 | 根据《税则注释》对品目 32.14 的相关解释，会议决定将纤维装饰墙衣按墙面涂料制剂归入税则号列 3214.9000。 | | | | |

| 序号 | 20 | 归类决定编号 | J2008－0004 | 公告编号 | 2008 年第 36 号 |
|---|---|---|---|---|---|
| 技术委员会议题编号 | | 11－04－2008 | | 发布日期 | 2008 年 5 月 20 日 |
| 商品税则号列 | 32.15 | | | | |
| 商品名称 | 紫外光固型阻焊油墨 | | | | |
| 英文名称 | | | | | |
| 其他名称 | | | | | |
| 商品描述 | 该油墨涂布在已形成铜导线的印刷电路板上，以免在电路板上焊接各种器件时使导线损坏。其作用为：(1)防焊，防止波焊时造成的短路，并节省焊锡的用量；(2)护板，防止线路被湿气、各种电解质及外来的机械力所伤害；(3)绝缘。紫外光固型阻焊油墨的主要成分：光敏树脂、光引发剂、活性稀释剂着色剂等。在一定波长范围的紫外光照射下，其光敏树脂能迅速发生交联反应而固化形成保护层。其应用特点为：只印刷在将需要保护线路的部分，需要露出铜导线的部分不印，基材在曝光后无需清洗。其工艺流程为：将需要保护线路的部分直接通过丝网印刷印在基材上→UV 照射→固化得到绝缘层。 | | | | |
| 归类决定 | 会议决定将紫外光固型阻焊油墨归入《税则》税目 32.15 项下。 | | | | |

| 序号 | 21 | 归类决定编号 | J2006－0012 | 公告编号 | 2007 年第 70 号 |
|---|---|---|---|---|---|
| 技术委员会议题编号 | 2－04－1999 | | | 发布日期 | 2007 年 12 月 5 日 |
| 商品税则号列 | 第 33 章 | | | | |
| 商品名称 | 眼线液原料 | | | | |
| 英文名称 | | | | | |
| 其他名称 | | | | | |
| 商品描述 | 该眼线液原料为 25 千克/桶，主要是由丁烯甘醇、油酸、色料等基本成分配制而成的。该原料进厂后，工厂按一定比例加水搅拌，分装成零售包装的眼线液出售。 | | | | |
| 归类决定 | 会议决定该商品应归入《税则》第三十三章。 | | | | |

| 序号 | 22 | 归类决定编号 | J2006－0013 | 公告编号 | 2007 年第 70 号 |
|---|---|---|---|---|---|
| 技术委员会议题编号 | 增补－2001 | | | 发布日期 | 2007 年 12 月 5 日 |
| 商品税则号列 | 3302. 9000 | | | | |
| 商品名称 | 3－庚烯－2－酮(申报品名) | | | | |
| 英文名称 | | | | | |
| 其他名称 | | | | | |
| 商品描述 | 该商品是含有芳樟醇、乙酸乙酯、香茅醇等紫罗兰香型的香料，以 3－庚烯－2－酮作为溶剂的混合物，是由亚马逊一带的水果为原料，经碱性缩合反应后蒸馏制得，其中 3－庚烯－2－酮的含量为 88%。该商品用于生产洗发香波和沐浴露用香精。 | | | | |
| 归类决定 | 该商品中芳香物质构成了商品的基本成分，会议决定将此商品归入税则号列 3302. 9000。 | | | | |

| 序号 | 23 | 归类决定编号 | J2008－0005 | 公告编号 | 2008 年第 36 号 |
|---|---|---|---|---|---|
| 技术委员会议题编号 | 11－05－2008 | | 发布日期 | 2008 年 5 月 20 日 | |
| 商品税则号列 | 3801. 9000[3801. 9090(2014 年版)] | | | | |
| 商品名称 | 人造石墨为基本成分的产品 | | | | |
| 英文名称 | | | | | |
| 其他名称 | | | | | |
| 商品描述 | 该产品为灰黑色粉末,主要成分为:人造石墨 75% ~77%、环氧树脂 9% ~11%、聚酯 9% ~11%、二硫化钨 2% ~4%。该产品是用于生产碳刷的原料,进口后通过模制的方式利用其中塑料的黏合性制得成品碳刷。 | | | | |
| 归类决定 | 根据《税则注释》关于品目 38. 01 的描述,人造石墨不包括该类人造石墨粉,该人造石墨粉应归入税则号列 3801. 9000[3801. 9090(2014 年版)]。 | | | | |

| 序号 | 24 | 归类决定编号 | J2006－0014 | 公告编号 | 2007 年第 70 号 |
|---|---|---|---|---|---|
| 技术委员会议题编号 | 6－26－2002 | | 发布日期 | 2007 年 12 月 5 日 | |
| 商品税则号列 | 38. 15 | | | | |
| 商品名称 | 三元催化剂 | | | | |
| 英文名称 | | | | | |
| 其他名称 | | | | | |
| 商品描述 | 该商品为陶瓷制蜂窝状多孔的圆柱体,涂有铂铑钯催化剂成分,外观直径和长度尺寸可有多种,因使用的场合而定。该商品用以处理废气,防止对空气污染,如用于汽车尾气处理装置(用不锈钢将其包裹,并加入防震橡胶垫、石棉网等即成为三元催化器)、喷漆生产线等工业领域。 | | | | |
| 归类决定 | 会议决定该商品应归入《税则》税目 38. 15。 | | | | |

| 序号 | 25 | 归类决定编号 | J2006－0015 | 公告编号 | 2007年第70号 |
|---|---|---|---|---|---|
| 技术委员会议题编号 | | 8－01－2003 | | 发布日期 | 2007年12月5日 |
| 商品税则号列 | 38.15 | | | | |
| 商品名称 | 有机催化剂(固定化细胞催化剂) | | | | |
| 英文名称 | | | | | |
| 其他名称 | | | | | |
| 商品描述 | 微生物有机催化剂(固定化细胞催化剂)NB－99,其主要成分为3.5%的聚丙烯酰胺、4.5%的微生物(固定化细胞)和92%的水。该催化剂依靠4.5%微生物(固定化细胞)进行催化,催化机理主要是依靠微生物(固定化细胞)分泌的酶进行催化,用于生产丙烯酰胺絮凝剂。目前生产丙烯酰胺的方法有两种:一种是以铜作催化剂的传统生产方法,生产温度较高(110℃～130℃),生产压力也较大(6千克/平方厘米),且铜催化剂对环境也造成污染;一种是以微生物(固定化细胞)为催化剂的先进生产方法,其生产温度与压力为常温常压,排出物无毒,废的微生物有机催化剂(固定化细胞)通过焚烧处理,对环境不会产生污染,且聚合生产产品质量极高,投资低,对设备维修量少。 | | | | |
| 归类决定 | 会议决定将有机催化剂(固定化细胞催化剂)归入《税则》税目38.15项下。 | | | | |

| 序号 | 26 | 归类决定编号 | J2006－0016 | 公告编号 | 2007年第70号 |
|---|---|---|---|---|---|
| 技术委员会议题编号 | | 3－18－2000 | | 发布日期 | 2007年12月5日 |
| 商品税则号列 | 3823.7000 | | | | |
| 商品名称 | 正丙醇 | | | | |
| 英文名称 | | | | | |
| 其他名称 | | | | | |
| 商品描述 | 正丙醇(工业级67%～70%),含有正丙醇(68.3%)、3-已醇和2-甲基-1-丙醇,属混合醇。 | | | | |
| 归类决定 | 会议决定将此商品归入税则号列3823.7000。 | | | | |

<table>
<tr><td>序号</td><td>27</td><td>归类决定编号</td><td>J2006－0017</td><td>公告编号</td><td>2007 年第 70 号</td></tr>
<tr><td colspan="2">技术委员会议题编号</td><td colspan="2">5－18－2001</td><td>发布日期</td><td>2007 年 12 月 5 日</td></tr>
<tr><td colspan="2">商品税则号列</td><td colspan="4">38. 24</td></tr>
<tr><td colspan="2">商品名称</td><td colspan="4">电阻浆料、有机导电材料</td></tr>
<tr><td colspan="2">英文名称</td><td colspan="4"></td></tr>
<tr><td colspan="2">其他名称</td><td colspan="4"></td></tr>
<tr><td colspan="2">商品描述</td><td colspan="4">有机导电材料是一种应用广泛的电子材料。这种材料的一种主要制法是在环氧树脂、硅树脂、酚醛树脂、合成橡胶等聚合物中添加银、钯、镍、炭黑等导电性填充料。这种材料的导电性,除了取决于导电性填充料的特性、形状、浓度函数之外,还随填充料之间的接触电阻而大幅度变化。有机导电材料常见的类型有导电涂料和导电黏合剂(也称导电胶)。现有以下四种商品:<br>1. 膜导体浆料(6179A PALLADIUM SILVER CONDUCTOR)配方:有机成分占 15%,主要为邻苯二甲酸二丁酯和乙基纤维素,固体成分占 85%,其中银粉、钯粉和玻璃分别占 85%、10% 和 5%。<br>2. 铜导电涂料( CONDUCTIVE COATING B3740)配方:银粉 15% ~20%、乙醇 40% ~50%、铜粉 10% ~15%、异丙醇小于 5%。<br>3. 电阻浆料(RESISTOR PASTE)配方:钌粉 6%、银粉 10%、铅 42%、氧化铝 42%、其他有机成分(稀释剂等)小于 5%。<br>4. 导电膜(CONDUCTIVE FILM)配方:环氧树脂 55%、丙烯酸树脂 20%、咪唑 20%、镍粉 2%、金粉 1%、其他 2%。</td></tr>
<tr><td colspan="2">归类决定</td><td colspan="4">会议决定该类商品应归入《税则》税目 38. 24。</td></tr>
</table>

| 序号 | 28 | 归类决定编号 | J2010－0003 | 公告编号 | 2010年第87号 |
|---|---|---|---|---|---|
| 技术委员会议题编号 | 13－02－2010 | | 发布日期 | 2010年12月28日 | |
| 商品税则号列 | 38.24 | | | | |
| 商品名称 | 膏状导热胶 | | | | |
| 英文名称 | | | | | |
| 其他名称 | | | | | |
| 商品描述 | 该商品为膏状(瓶装),是由硅树脂和氮化硼(或氧化铝)混合制成。使用方法及作用:将其填充在个人电脑、电子组件或电子元器件等电子产品的缝隙,利用该商品良好的导热性能,可以有效地散发电子产品工作时产生的热量,防止电子产品因发热受到损害。 | | | | |
| 归类决定 | 根据归类总规则一,将该商品归入《税则》税目38.24项下。 | | | | |

<table>
<tr><td>序号</td><td>29</td><td>归类决定编号</td><td>J2006 - 0018</td><td>公告编号</td><td>2007 年第 70 号</td></tr>
<tr><td colspan="2">技术委员会议题编号</td><td colspan="2">3 - 20 - 2000</td><td>发布日期</td><td>2007 年 12 月 5 日</td></tr>
<tr><td>商品税则号列</td><td colspan="5">3824. 9090[3824. 9099(2014 年版)]</td></tr>
<tr><td>商品名称</td><td colspan="5">铁氧体材料</td></tr>
<tr><td>英文名称</td><td colspan="5"></td></tr>
<tr><td>其他名称</td><td colspan="5"></td></tr>
<tr><td>商品描述</td><td colspan="5">铁氧体材料以铁红(三氧化二铁)为基本成分,含量在 60% ~75% 左右,按照一定的配比加入氧化镁、氧化锌、氧化锰等材料,混合均匀后,先经焙烧,然后粉碎,再加入黏合剂后,用喷雾干燥工艺制得。其主要有两种:一种是镁锌铁氧体,另一种是锰锌铁氧体。它们的构成组分类似,主要区别是:镁锌铁氧体中的氧化镁含量较氧化锰高,锰锌铁氧体中的氧化锰含量较氧化镁高。例如某进口铁氧体材料(有时称为冲压粉末、软磁粉末等),外观是规则球状细粉末,大小约 20 ~300 微米;其组分含量为:三氧化二铁($Fe_2O_3$)61%,氧化镁(MgO)19%,氧化锌(ZnO)12%,氧化锰(MnO)7%,属于镁锌铁氧体。<br>铁氧体材料用于制造电视机或显示器的偏转磁芯等,加工方法为:铁氧体粉末加入千分之八的硬脂酸锌(作为压制过程中的润滑剂,在 400℃ 时挥发),经混合、压制成型、烧结(温度在 1280℃)等工序,成为成品。</td></tr>
<tr><td>归类决定</td><td colspan="5">会议认为,该商品属于原料性质的商品,不能归入《税则》税目 85. 05。该商品的成分是按特定比例组成的,且有明确的用途,不符合第二十八章章注一的规定,也不能归入第二十八章。会议决定按其他税目未列名的化工品归入税则号列 3824. 9090[3824. 9099(2014 年版)]。</td></tr>
</table>

| 序号 | 30 | 归类决定编号 | J2011 - 0001 | 公告编号 | 2011 年第 13 号 |
|---|---|---|---|---|---|
| 技术委员会议题编号 | 13 - 02 - 2010 | | 发布日期 | | 2011 年 3 月 4 日 |
| 商品税则号列 | 3824. 9099 | | | | |
| 商品名称 | 导热胶片 | | | | |
| 英文名称 | | | | | |
| 其他名称 | | | | | |
| 商品描述 | 导热胶片为硅树脂、氮化硼（或氧化铝）、玻璃纤维三种物质的混合物。硅树脂含量为 20% ~30%，氮化硼或氧化铝的含量为 65% ~75%，玻璃纤维（起增强作用）含量约为 5%。使用方法为：将其裁切成小块，粘贴在电子产品或电子元器件表面。利用该商品良好的导热性能，可以将电子产品工作时产生的热量有效地散发出来，从而防止电子产品因发热而受到损害。<br> | | | | |
| 归类决定 | 该商品经施加外力可拉伸产生形变，且外力撤销之后不易恢复原状态，其特征不符合《税则》第三十九章章注的有关规定，不应按照塑料制品归类。该商品是具有导热、散热功能的化工品。根据归类总规则一，该商品应该按照《税则》未列名化工品归入税则号列 3824. 9099。 | | | | |

<table>
<tr><td>序号</td><td>31</td><td>归类决定编号</td><td>J2012－0002</td><td>公告编号</td><td>2012 年第 60 号</td></tr>
<tr><td colspan="2">技术委员会议题编号</td><td colspan="2">16－02－2012</td><td>发布日期</td><td>2012 年 12 月 10 日</td></tr>
<tr><td>商品税则号列</td><td colspan="5">3825.6900</td></tr>
<tr><td>商品名称</td><td colspan="5">蓝宝石衬底晶片(镀膜)</td></tr>
<tr><td>英文名称</td><td colspan="5"></td></tr>
<tr><td>其他名称</td><td colspan="5"></td></tr>
<tr><td>商品描述</td><td colspan="5">该商品为对蓝宝石衬底表面外延氮化镓的生产中的不良品经初步剥离氮化镓膜后的产品。其经过紫外激光剥离法对镀膜晶片(不良品)的氮化镓膜进行初步剥离。由于剥离不彻底需返回蓝宝石晶片厂重新加工。该商品进口后进行以下加工:强酸加热腐蚀残余氮化镓→抛光→清洗→检验→包装,经加工后该商品可再做衬底使用。<br>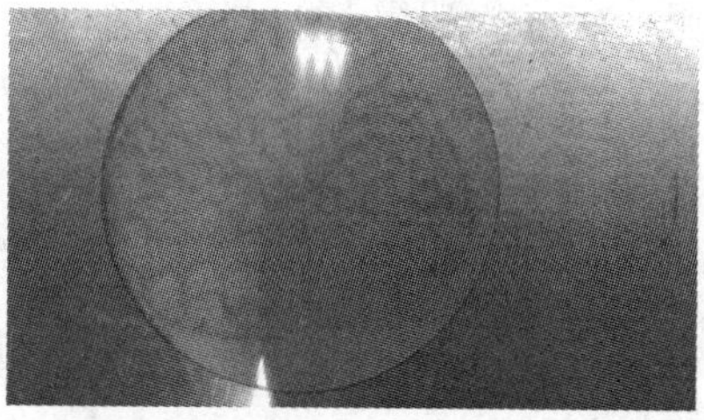</td></tr>
<tr><td>归类决定</td><td colspan="5">根据归类总规则一及六,该商品作为工业废品归入税则号列 3825.6900。</td></tr>
</table>

| 序号 | 32 | 归类决定编号 | J2006－0019 | 公告编号 | 2007 年第 70 号 |
|---|---|---|---|---|---|
| 技术委员会议题编号 | 6－05－2002 | | 发布日期 | 2007 年 12 月 5 日 | |
| 商品税则号列 | 第 39 章 | | | | |
| 商品名称 | 石塑纸 | | | | |
| 英文名称 | | | | | |
| 其他名称 | | | | | |
| 商品描述 | 该商品的主要成分为聚乙烯树脂和改性碳酸钙，其中改性碳酸钙含量为 67.7%。该商品成片或卷状，可用于代替木浆纸类的各种用途，不怕水浸，不霉变，不怕虫蛀，可以像普通纸一样纵、横向撕裂。作彩色喷墨纸时，图像清晰、鲜明，吸墨性好，几乎无墨迹渗痕。该商品可用于代替木浆纸类的各种用途，用于制造彩色喷墨相纸、名片纸、复印纸等。因其不含木浆，因此也没有木浆纸制造过程中所产生的废水，是木浆纸类的环保型替代品。 | | | | |
| 归类决定 | 会议认为，聚乙烯树脂部分构成了该商品的主要特性，该商品应归入《税则》第三十九章。 | | | | |

<table>
<tr><td>序号</td><td>33</td><td>归类决定编号</td><td>J2006 - 0020</td><td>公告编号</td><td>2007 年第 70 号</td></tr>
<tr><td colspan="2">技术委员会议题编号</td><td colspan="2">6 - 27 - 2002</td><td>发布日期</td><td>2007 年 12 月 5 日</td></tr>
<tr><td colspan="2">商品税则号列</td><td colspan="4">第 39 章</td></tr>
<tr><td colspan="2">商品名称</td><td colspan="4">黄原胶</td></tr>
<tr><td colspan="2">英文名称</td><td colspan="4">Xanthan gum</td></tr>
<tr><td colspan="2">其他名称</td><td colspan="4"></td></tr>
<tr><td colspan="2">商品描述</td><td colspan="4">黄原胶(Xanthan gum)又名汉生胶、黄杆菌胶。它是一种生物合成化学改性的大分子有机物。黄原胶依用途不同分为高、中、低黏度产品,按纯度分为工业级、食品级等,广泛应用于石油、化工、造纸、陶瓷、印染、食品等行业,作为乳化剂、悬浮剂和增稠剂等,特别是石油开采中,能有效地提高石油的出油率。<br>1. 黄原胶的生产工艺<br>黄原胶是以甘兰黑腐病黄单孢菌(Xanthomonas campestris)为产生菌,以碳水化合物如淀粉、蔗糖为主要原料,经特定的生物发酵并经乙醇提纯、干燥、粉碎而成。工艺流程如下:原料混合→发酵合成→化学改性→沉淀分离→干燥→粉碎→筛分→包装→成品。<br>2. 黄原胶的性状<br>从外观看,黄原胶是一种浅黄色或类白色的自由流动的粉末,无异样味,可溶于水,不溶于大多数有机溶剂。水溶液对温度、pH 值、电解质浓度的变化不敏感,故对冷、热、氧化剂、酸、碱及各种酶都很稳定。在低剪切速度下,即使浓度很低也具有高黏度,如 1% 黄原胶水溶液的黏度相当于同样浓度明胶的 100 倍。本品水溶液具有高假塑性,即静置时呈现高黏度,随剪切速率增加黏度降低;剪切停止,立即恢复原有黏度。<br>3. 化学结构<br>从内在的分子结构看,该商品是由 D - 葡萄糖、D - 甘露糖、D - 葡萄糖醛酸、丙酮酸和乙酸组成的“五糖重复单位”,以 β-1、4 糖苷键聚合而成的高分子多糖聚合物,分子侧链上的羟基使其易形成钠、钾和钙等金属盐。分子间可形成双螺旋结构。</td></tr>
<tr><td colspan="2">归类决定</td><td colspan="4">会议决定该商品应归入《税则》第三十九章。</td></tr>
</table>

| | | | | | |
|---|---|---|---|---|---|
| 序号 | 34 | 归类决定编号 | J2009 - 0003 | 公告编号 | 2009 年第 83 号 |
| 技术委员会议题编号 | 12 - 32 - 2009 | 发布日期 | 2009 年 12 月 23 日 | | |
| 商品税则号列 | 39. 20 | | | | |
| 商品名称 | 磁带布 | | | | |
| 英文名称 | | | | | |
| 其他名称 | | | | | |
| 商品描述 | 该商品是成品磁带在分切之前的状态。其生产工艺为：先用磁性三氧化二铁粉(即磁粉)、黏合剂、助剂、溶剂等制成磁浆，然后涂布于聚酯薄膜(PET)上，经干燥、压光后，固体物质附着在薄膜上即成磁带布。磁带布经分切后，再装入固定形状的磁带盘体，即成为成品磁带。用于生产 60 分钟录音带的聚酯薄膜卷材的规格一般为长 5200 米、宽 33 厘米、厚 11 微米或 11. 5 微米，用于生产 90 分钟录音磁带的聚酯薄膜为一般长 7500 米、宽 33 厘米、厚 7 微米。 | | | | |
| 归类决定 | 会议认为，根据《税则注释》对品目 85. 23 项下商品的解释“本品目不包括准备制成但尚未制成声音或其他信息记录媒体的物品；这些物品应归入其各自的品目内(例如，归入第三十九章……)”，磁带布作为生产磁带过程中的中间产品，不应归入《税则》税目 85. 23 项下，会议决定将该商品归入税目 39. 20 项下。 | | | | |

<table>
<tr><td>序号</td><td>35</td><td>归类决定编号</td><td>J2011 - 0016</td><td>公告编号</td><td>2012 年第 3 号</td></tr>
<tr><td colspan="2">技术委员会议题编号</td><td colspan="2">15 - 01 - 2011</td><td>发布日期</td><td>2012 年 1 月 16 日</td></tr>
<tr><td>商品税则号列</td><td colspan="5">39. 20</td></tr>
<tr><td>商品名称</td><td colspan="5">聚甲基丙烯酸甲酯板(PMMA)</td></tr>
<tr><td>英文名称</td><td colspan="5"></td></tr>
<tr><td>其他名称</td><td colspan="5">导光板</td></tr>
<tr><td>商品描述</td><td colspan="5">该商品形状为长方形,尺寸为 1340 毫米(长)×990 毫米(宽)×4 毫米(厚)。其加工工艺为:将甲基丙烯酸甲酯(MMA)原料聚合成颗粒状的聚甲基丙烯酸甲酯(PMMA)粒子(分子链长),再将聚甲基丙烯酸甲酯(PMMA)粒子融化,挤出成型,加工成聚甲基丙烯酸甲酯(PMMA)板。该聚甲基丙烯酸甲酯板(PMMA)进口后在国内经过切割、边沿毛边抛光(使侧装 LED 光线更容易进入)、丝网制作和印刷光点后,作为液晶电视背光模组的零件,起到将模组侧面的 LED 灯光通过全反射,引导为平面发光,并均匀分散的作用。<br><br>实际进口状态(图中所示为多层叠放在一起)</td></tr>
<tr><td>归类决定</td><td colspan="5">该商品进口状态为未裁切的板状聚甲基丙烯酸甲酯(PMMA)材料,虽然已具有对各种光线吸收比较平均、光透过性高等特点,但还需经过切割等加工才可使用,应按照原材料归类。根据归类总规则一,将该商品归入税目 39. 20 项下。</td></tr>
</table>

| 序号 | 36 | 归类决定编号 | J2006－0021 | 公告编号 | 2007 年第 70 号 |
|---|---|---|---|---|---|
| 技术委员会议题编号 | 5－08－2001 | | 发布日期 | 2007 年 12 月 5 日 | |
| 商品税则号列 | 39.20 | | | | |
| 商品名称 | 热敏打印纸套装 | | | | |
| 英文名称 | Color printing pack | | | | |
| 其他名称 | | | | | |
| 商品描述 | 该热敏打印纸套装由色带 1 个、3R 打印纸 200 张组成，共装一盒，为零售成套商品，用于热升华打印机。打印纸为聚丙烯、碳酸钙组成的复合塑胶纸。色带（Print cartridge）由塑料支架和三原色塑料薄膜组成，为一次性使用，即 200 张打印纸用完之后色带不能再用。 | | | | |
| 归类决定 | 该商品中纸和色带是配套使用的，应按成套商品一同归类。根据归类总规则三（二），纸构成了该套商品的主要特征；会议决定该商品按照其基材归入《税则》税目 39.20。 | | | | |

| 序号 | 37 | 归类决定编号 | J2006－0022 | 公告编号 | 2007 年第 70 号 |
|---|---|---|---|---|---|
| 技术委员会议题编号 | 5－14－2001 | | 发布日期 | 2007 年 12 月 5 日 | |
| 商品税则号列 | 39.20 | | | | |
| 商品名称 | 热敏性胶片 | | | | |
| 英文名称 | | | | | |
| 其他名称 | | | | | |
| 商品描述 | 该热敏性胶片以 PET（聚对苯二甲酸乙二酯）作为片基，在其上覆盖一层银盐及一层保护膜，其与感光材料不同，此种银盐对光线不敏感，只对高温敏感，受热后变黑，将胶片置于与电脑连接的热敏打印机中，经打印输出后的图像，可达到与感光胶片冲洗后的底片同样的视觉效果。 | | | | |
| 归类决定 | 会议决定该商品按照其基材归入《税则》税目 39.20 项下。 | | | | |

| 序号 | 38 | 归类决定编号 | J2009－0004 | 公告编号 | 2009年第83号 |
|---|---|---|---|---|---|
| 技术委员会议题编号 | 12－06－2009 | | 发布日期 | 2009年12月23日 | |
| 商品税则号列 | 3920.9100 | | | | |
| 商品名称 | 聚乙烯醇缩丁醛制胶片 | | | | |
| 英文名称 | | | | | |
| 其他名称 | | | | | |
| 商品描述 | 该商品为蓝色带聚乙烯醇缩丁醛制胶片，是由聚乙烯缩丁醛树脂经增塑剂塑化挤压成型的一种高分子材料，外观为半透明薄膜，厚度分别是0.66毫米、0.81毫米、0.91毫米、0.97毫米、1.27毫米，无杂质，表面平整，有一定的粗糙度和良好的柔软性，对无机玻璃有很好的黏合力，具有透明、耐热、耐寒耐湿、机械强度高等特性，是当前制造夹层、安全玻璃用的最佳黏合材料。 | | | | |
| 归类决定 | 会议决定，该商品外观为半透明薄膜，质地柔软，用作黏合材料，根据归类总规则一，应作为塑料薄膜归入税则号列3920.9100。 | | | | |

| 序号 | 39 | 归类决定编号 | J2010－0004 | 公告编号 | 2010年第87号 |
|---|---|---|---|---|---|
| 技术委员会议题编号 | 13－19－2010 | | 发布日期 | 2010年12月28日 | |
| 商品税则号列 | 3923.9000 | | | | |
| 商品名称 | 塑料杯 | | | | |
| 英文名称 | | | | | |
| 其他名称 | | | | | |
| 商品描述 | 该商品为塑料制杯状容器，主要成分：聚丙烯(87%)，乙烯－乙烯醇共聚物(7%)，黏合剂(6%)。其有大、中、小三种规格，容量分别为14盎司、8盎司和4盎司，主要用于果冻或水果杯产品的包装。<br> | | | | |
| 归类决定 | 该塑料杯类商品不具有税则子目3923.30“坛、瓶及类似品”所述的应具有小口、细颈的特征。根据归类总规则一，该商品应归入税则号列3923.9000。 | | | | |

<table>
<tr><td>序号</td><td>40</td><td>归类决定编号</td><td>J2009－0005</td><td>公告编号</td><td>2009年第83号</td></tr>
<tr><td colspan="2">技术委员会议题编号</td><td colspan="2">12－05－2009</td><td>发布日期</td><td>2009年12月23日</td></tr>
<tr><td>商品税则号列</td><td colspan="5">39.26</td></tr>
<tr><td>商品名称</td><td colspan="5">一次性使用喂食袋</td></tr>
<tr><td>英文名称</td><td colspan="5"></td></tr>
<tr><td>其他名称</td><td colspan="5"></td></tr>
<tr><td>商品描述</td><td colspan="5">该商品专供不能通过口腔饮食的患者输送营养液用，由带攀袋口、袋体、液流导管、调节阀、滴斗、硅胶管、磁铁、二通、内塞接头、接头护帽组成。其中，喂食袋的袋体及液流导管采用无毒软聚氯乙烯塑料制造。调节阀能有效地调节液体流速。滴斗为观察窗，可根据滴斗内滴管液滴速度控制给患者的进食量。内塞接头为多台阶形式接头，可与多种形式的连接件配合连接。使用时无法直接插入人体内，需与已插入人体内的喂食管连接，方能使用。<br>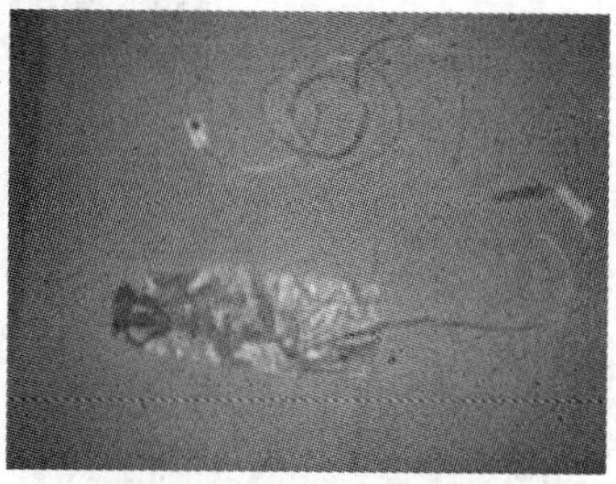</td></tr>
<tr><td>归类决定</td><td colspan="5">会议决定，该商品并不具有《税则注释》关于品目90.18所描述的“专门用于疾病的预防、诊断、医治或手术治疗等”的功能，根据归类总规则一，应按塑料制品归入税目39.26项下。</td></tr>
</table>

<table>
<tr><td>序号</td><td>41</td><td>归类决定编号</td><td>J2011－0017</td><td>公告编号</td><td>2012 年第 3 号</td></tr>
<tr><td colspan="2">技术委员会议题编号</td><td colspan="2">15－03－2011</td><td>发布日期</td><td>2012 年 1 月 16 日</td></tr>
<tr><td>商品税则号列</td><td colspan="5">3926. 9090</td></tr>
<tr><td>商品名称</td><td colspan="5">苹果 IPAD 用护套(塑料制)</td></tr>
<tr><td>英文名称</td><td colspan="5"></td></tr>
<tr><td>其他名称</td><td colspan="5"></td></tr>
<tr><td>商品描述</td><td colspan="5">该商品为苹果 IPAD 用护套。该护套整体为塑料制成,可折叠。该商品用于保护 IPAD 和支撑 IPAD,使其方便观看视频或在屏幕键盘上打字,护套上为耳机插孔、基座接口、开/关按钮和音量按钮留有开口。<br></td></tr>
<tr><td>归类决定</td><td colspan="5">该商品的主要用途是为内置物使用时提供保护,其不同于税目 42. 02 所列的类似容器主要用于盛装使用完的物品,应按“护套、书籍封皮”类商品归类,根据制成(或包覆)的全部或主要材质归入相应税目。根据归类总规则一,该商品应按照塑料制品归入税则号列 3926. 9090。</td></tr>
</table>

<table>
<tr><td>序号</td><td>42</td><td>归类决定编号</td><td>J2008－0006</td><td>公告编号</td><td>2008 年第 36 号</td></tr>
<tr><td colspan="2">技术委员会议题编号</td><td colspan="2">11－06－2008</td><td>发布日期</td><td>2008 年 5 月 20 日</td></tr>
<tr><td>商品税则号列</td><td colspan="5">3926. 9090</td></tr>
<tr><td>商品名称</td><td colspan="5">自动闭门器外壳</td></tr>
<tr><td>英文名称</td><td colspan="5"></td></tr>
<tr><td>其他名称</td><td colspan="5"></td></tr>
<tr><td>商品描述</td><td colspan="5">该商品为弹簧式自动闭门器的外壳部分，材质为塑料。弹簧式自动闭门器的其他部分材质为贱金属。</td></tr>
<tr><td>归类决定</td><td colspan="5">根据《税则》第八十三章章注一，与第八十三章贱金属制品一同归类的零件必须是贱金属制，第八十三章贱金属制品的塑料制零配件应按照本身材质确定归类。由于该商品属专用于自动闭门器的零件，其材质为塑料，故应按塑料制品归入税则号列 3926. 9090。</td></tr>
</table>

<table>
<tr><td>序号</td><td>43</td><td>归类决定编号</td><td>J2006－0023</td><td>公告编号</td><td>2007 年第 70 号</td></tr>
<tr><td colspan="2">技术委员会议题编号</td><td colspan="2">3－15－2000</td><td>发布日期</td><td>2007 年 12 月 5 日</td></tr>
<tr><td>商品税则号列</td><td colspan="5">40. 02</td></tr>
<tr><td>商品名称</td><td colspan="5">合成橡胶</td></tr>
<tr><td>英文名称</td><td colspan="5"></td></tr>
<tr><td>其他名称</td><td colspan="5"></td></tr>
<tr><td>商品描述</td><td colspan="5">该商品的外观形状为未经切割的规则的正几何形块，还有一些是经过切割的规则的正几何形块。有的是无色、均匀、半透明体，有的是发黄、不透明、团粒状结在一起的规则的正几何形块。合成橡胶的主要种类有异丁烯－异戊二烯橡胶和三元乙丙橡胶及卤代丁基胶、丁苯橡胶等。</td></tr>
<tr><td>归类决定</td><td colspan="5">根据实际进出口状态进行归类，规则的几何形块合成橡胶按板、片、带归类。</td></tr>
</table>

<table>
<tr><td>序号</td><td>44</td><td>归类决定编号</td><td>J2006－0024</td><td>公告编号</td><td>2007 年第 70 号</td></tr>
<tr><td colspan="2">技术委员会议题编号</td><td colspan="2">5－15－2001</td><td>发布日期</td><td>2007 年 12 月 5 日</td></tr>
<tr><td>商品税则号列</td><td colspan="5">4005. 1000</td></tr>
<tr><td>商品名称</td><td colspan="5">三元乙丙橡胶</td></tr>
<tr><td>英文名称</td><td colspan="5"></td></tr>
<tr><td>其他名称</td><td colspan="5">ElastoFloTM</td></tr>
<tr><td>商品描述</td><td colspan="5">三元乙丙橡胶(EPDM)具有三个特点:气相法聚合,颗粒状,可自由流动。<br>1. 采用气相聚合技术。在气相流化床反应器中,乙烯、丙烯和亚乙基降冰片烯三种单体聚合生成三元乙丙橡胶,生成的颗粒粒径为 0. 6 ~0. 8 毫米。而传统的生产方法为溶液聚合法和悬浮聚合法,通常为块状。<br>2. 颗粒橡胶对包装运输、生产过程中物料储罐贮、管道输送等先进工艺来说是一个必要的条件。橡胶加工业中先进的螺杆挤出连续喂料混炼技术尤其需要能自由流动的颗粒状商品。颗粒状橡胶还有利于混炼分散均匀,能缩短混炼时间。为了防止聚合体成品粒子互相粘连,采用炭黑作防粘助剂,因为炭黑是橡胶工业应用最为普遍的补强剂,适用范围广。<br>3. 炭黑作为防粘剂紧附于纯胶粒子的表面,使产品颗粒互不粘连,呈自由流动状态,完全适用于管道输送、自动称量。炭黑作为防粘剂,在使商品不黏结并能自由流动的前提下把用量控制在最低限度。门尼黏度较高和门尼黏度中等的规格炭黑用量约 14% ~16% ,少量门尼黏度较低的规格炭黑用量约 20% ~23% 。</td></tr>
<tr><td>归类决定</td><td colspan="5">会议决定根据归类总规则一和六,将该商品归入税则号列 4005. 1000。</td></tr>
</table>

| 序号 | 45 | 归类决定编号 | J2011－0002 | 公告编号 | 2011年第13号 |
| --- | --- | --- | --- | --- | --- |
| 技术委员会议题编号 | 13－15－2010 | | 发布日期 | | 2011年3月4日 |
| 商品税则号列 | 40.16 | | | | |
| 商品名称 | 蓄能器用带接头皮囊 | | | | |
| 英文名称 | | | | | |
| 其他名称 | | | | | |
| 商品描述 | 该商品用于皮囊式蓄能器。皮囊材质为耐油橡胶，包括丁腈橡胶、氟橡胶、丁基橡胶等，接头材质为钢制。皮囊与接头之间通过专门的加工工艺使之连接。 | | | | |
| 归类决定 | 该商品属于硫化橡胶制品，根据归类总规则一将其归入税目40.16项下。 | | | | |

| 序号 | 46 | 归类决定编号 | J2010－0005 | 公告编号 | 2010年第87号 |
| --- | --- | --- | --- | --- | --- |
| 技术委员会议题编号 | 13－22－2010 | | 发布日期 | | 2010年12月28日 |
| 商品税则号列 | 4016.9390 | | | | |
| 商品名称 | 链轨用硫化橡胶制密封圈 | | | | |
| 英文名称 | | | | | |
| 其他名称 | | | | | |
| 商品描述 | 该密封圈为硫化橡胶制，连接在挖掘机履带链轨部件销轴、销套之间，起到密封轴套间润滑脂的作用，且密封圈还可防止异物进入轴套间缝隙增加摩擦损耗，延长履带使用寿命。 | | | | |
| 归类决定 | 当密封垫应用于第八十四章、第八十五章和第九十章的商品时，才可被认定为“机器及仪器用零件”。该硫化橡胶制密封圈用于挖掘机履带链轨部件销轴、销套之间，直接应用的对象为链轨，而链轨是第七十三章的商品，因此链轨用硫化橡胶制密封圈不应作为“机器及仪器用零件”。根据归类总规则一，该商品应归入税则号列4016.9390。 | | | | |

| 序号 | 47 | 归类决定编号 | J2013－0001 | 公告编号 | 2014 年第 2 号 |
|---|---|---|---|---|---|
| 技术委员会议题编号 | 15－17－2011 | | | 发布日期 | 2014 年 1 月 2 日 |
| 商品税则号列 | 41.07 | | | | |
| 商品名称 | 中光或哑光牛二层皮 | | | | |
| 英文名称 | Semi－shine or mat finishing splits of bovine animals | | | | |
| 其他名称 | | | | | |
| 商品描述 | 该商品是在牛二层皮表面涂漆或覆盖上一层厚度不超过 0.15 毫米的塑料薄膜加工而成的。该商品根据用途需要，可再经压花、哑光等表面处理。商品最终表现出来的光泽度为中光或哑光，没有镜面效果。 | | | | |
| 归类决定 | 税目 41.14 项下的产品并非以涂漆或覆盖塑料膜为决定因素，而是由其是否具有“漆皮”的表面光亮宛如镜面的特征决定的。根据该商品的特征及归类总规则一，该商品应归入税目 41.07 项下。 | | | | |

| 序号 | 48 | 归类决定编号 | J2006－0025 | 公告编号 | 2007年第70号 |
|---|---|---|---|---|---|
| 技术委员会议题编号 | | 7－09－2002 | | 发布日期 | 2007年12月5日 |
| 商品税则号列 | 44.05 | | | | |
| 商品名称 | 塑木粒 | | | | |
| 英文名称 | | | | | |
| 其他名称 | | | | | |
| 商品描述 | 该塑木粒为“绿可”牌，是一种由40%的塑料和60%的木屑粉混合黏聚而成的木粒，呈棕黄色圆木豆颗粒状。进口后需将其调色→干燥→挤出机挤出→模具成型→冷却原型→切割→包装，用于加工成种门框、窗框、踢脚线及装饰线条等塑木制品。 | | | | |
| 归类决定 | 塑木技术是将塑料、林木两类差别较大的不同材料混合在一起，加工成塑木制品。塑木配方一般为塑料、木粉和各种助剂所组成，其比例视加工设备不同而变化，同时也因产品的用途、要求不同而异。塑木原料中的塑料大多采用回收再生的废旧塑料，其种类一般以聚烯烃（聚乙烯、聚丙烯）和聚氯乙烯为主；木质纤维大多利用废旧木粉、碎木、渣木和其他木质纤维。<br>会议决定该商品归入《税则》税目44.05。 | | | | |

| 序号 | 49 | 归类决定编号 | J2008－0007 | 公告编号 | 2008年第36号 |
|---|---|---|---|---|---|
| 技术委员会议题编号 | | 11－07－2008 | | 发布日期 | 2008年5月20日 |
| 商品税则号列 | 44.05 | | | | |
| 商品名称 | 塑木粒 | | | | |
| 英文名称 | | | | | |
| 其他名称 | | | | | |
| 商品描述 | 塑木粒是由69%的木粉、23%的聚氯乙烯（PVC）、5%的碳酸钙、3%的其他成分组成。它是将木粉、PVC粉、碳酸钙粉和其他粉末状的材料放入挤出机中，通过180℃左右的高温和高压后挤出而成的棕黄色圆木豆颗粒。进口后需将其调色→干燥→挤出机挤出→模具成型→冷却原型→切割→包装，用于加工成种门框、窗框、踢脚线及各装饰线条等塑木制品。 | | | | |
| 归类决定 | 根据归类总规则三（二），塑木粒应归入税则号列4405.0000。 | | | | |

<table>
<tr><td>序号</td><td>50</td><td>归类决定编号</td><td>J2009 - 0006</td><td>公告编号</td><td>2009 年第 83 号</td></tr>
<tr><td colspan="2">技术委员会议题编号</td><td colspan="2">12 - 08 - 2009</td><td>发布日期</td><td>2009 年 12 月 23 日</td></tr>
<tr><td>商品税则号列</td><td colspan="5">44. 08</td></tr>
<tr><td>商品名称</td><td colspan="5">重组装饰材</td></tr>
<tr><td>英文名称</td><td colspan="5"></td></tr>
<tr><td>其他名称</td><td colspan="5"></td></tr>
<tr><td>商品描述</td><td colspan="5">该商品是以普通树种木材,特别是杨木等人工培育速生木材为主要原料,根据仿真原理,采用单板调色、层积、模压胶合成型等技术制造而成的一种新型木质装饰材料,其具有天然珍贵树种木材的质感、花纹、颜色等特性或其他艺术图案的效果。该商品是一种高技术和高附加值产品,可用于家具、地板、结构材和装饰贴面人造板、室内装饰装修、体育器材和工艺品生产等。生产流程:旋切→染色→烘干、修补→三维立体模拟排列组合→涂胶、叠放,冷压成型→冲锯、去毛边,封端皮→制成重组装饰木方→刨切成重组装饰单板。<br>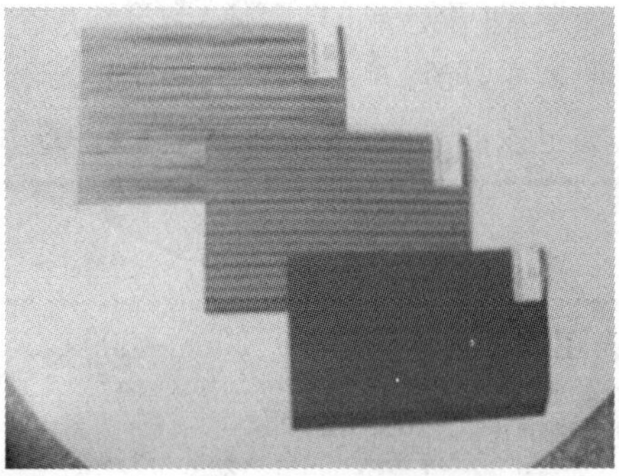</td></tr>
<tr><td>归类决定</td><td colspan="5">会议决定,由于该商品是多层木板经电脑三维立体模拟染色后排列组合、层叠,再纵向切片,符合《税则》税目 44. 08 的加工要求,根据归类总规则一,归入税目 44. 08 项下。</td></tr>
</table>

<table>
<tr><td>序号</td><td>51</td><td>归类决定编号</td><td>J2006－0026</td><td>公告编号</td><td>2007 年第 70 号</td></tr>
<tr><td colspan="2">技术委员会议题编号</td><td colspan="2">1－02－1999</td><td>发布日期</td><td>2007 年 12 月 5 日</td></tr>
<tr><td>商品税则号列</td><td colspan="5">44.09</td></tr>
<tr><td>商品名称</td><td colspan="5">装饰角线</td></tr>
<tr><td>英文名称</td><td colspan="5"></td></tr>
<tr><td>其他名称</td><td colspan="5"></td></tr>
<tr><td>商品描述</td><td colspan="5">该商品为木材制，长条形，横截面为三角形、半圆形等，厚 1～2 厘米，宽 5～10 厘米不等，表面刻或压有各种各样的花纹、图案，用于室内天花板或其四周装饰。该商品作为家庭、酒店、办公室室内装修用材料。<br></td></tr>
<tr><td>归类决定</td><td colspan="5">《税则》税目 44.09 允许商品的表面有“重复的雕像”，所以该木制装饰角线的加工程度未超出税目 44.09 的商品范围，该商品应归入《税则》税目 44.09。</td></tr>
</table>

<table>
<tr><td>序号</td><td>52</td><td>归类决定编号</td><td>J2013 - 0009</td><td>公告编号</td><td>2014 年第 2 号</td></tr>
<tr><td colspan="2">技术委员会议题编号</td><td colspan="2">17 - 12 - 2013</td><td>发布日期</td><td>2014 年 1 月 2 日</td></tr>
<tr><td>商品税则号列</td><td colspan="5">4412. 1019</td></tr>
<tr><td>商品名称</td><td colspan="5">竹展平地板</td></tr>
<tr><td>英文名称</td><td colspan="5"></td></tr>
<tr><td>其他名称</td><td colspan="5"></td></tr>
<tr><td>商品描述</td><td colspan="5">该商品规格为 970(1210)毫米 ×58(83、97、125)毫米 ×15(18)毫米,由圆竹经剖分、软化、展平等工序直接加工而成整块竹板,将三块整块竹板经面与面黏接压制后在端与边开榫槽制成长条启口地板,用于铺设地板用。<br></td></tr>
<tr><td>归类决定</td><td colspan="5">根据归类总规则一及六,该商品应按照胶合板归入税则号列 4412. 1019。</td></tr>
</table>

| 序号 | 53 | 归类决定编号 | J2010－0006 | 公告编号 | 2010年第87号 |
| --- | --- | --- | --- | --- | --- |
| 技术委员会议题编号 | | 13－23－2010 | | 发布日期 | 2010年12月28日 |
| 商品税则号列 | 44.21 | | | | |
| 商品名称 | 樟松指接拼板 | | | | |
| 英文名称 | | | | | |
| 其他名称 | 樟松指接拼板、樟松指接板、樟松指接集成材 | | | | |
| 商品描述 | 此类商品的加工工艺为樟子松板经刨光后截成等宽的板条，板条两端铣成齿形涂胶后指接，纵向加压成指接条，再刨光后侧面涂胶冷压横拼成板，砂光后制成樟松指接拼板。规格尺寸：长、宽不等，厚度超过6毫米，常见的规格尺寸例如950毫米×24毫米×18毫米。用途：用于建材、家具饰板。 | | | | |
| 归类决定 | 长边黏合的木板不属于"端部的黏合"，而属于"边的黏合"，经长边拼接的木材超出了"端部接合"的范围，根据归类总规则一，该类商品应归入《税则》税目44.21项下。 | | | | |

| 序号 | 54 | 归类决定编号 | J2006－0027 | 公告编号 | 2007年第70号 |
|---|---|---|---|---|---|
| 技术委员会议题编号 | 1－03－1999 | | | 发布日期 | 2007年12月5日 |
| 商品税则号列 | 4421.9090 | | | | |
| 商品名称 | 木神牌 | | | | |
| 英文名称 | | | | | |
| 其他名称 | | | | | |
| 商品描述 | 该木神牌，无框，规格大约为1厘米×10厘米×20厘米，涂有红色漆，由液压机将金字压印在红色木板上。其主要用于挂在墙上或放在神台上。 | | | | |
| 归类决定 | 根据归类总规则一，该商品应归入税则号列4421.9090。 | | | | |

| 序号 | 55 | 归类决定编号 | J2006－0028 | 公告编号 | 2007年第70号 |
|---|---|---|---|---|---|
| 技术委员会议题编号 | 6－02－2002 | | | 发布日期 | 2007年12月5日 |
| 商品税则号列 | 第48章 | | | | |
| 商品名称 | 纤维素化学浆 | | | | |
| 英文名称 | | | | | |
| 其他名称 | | | | | |
| 商品描述 | 该批货物，包括40%的成包片状材料，40%的窄条，宽度为7～8厘米，均背附纤维素絮纸层，20%的宽幅材料，尺寸规格不一，宽幅为83～133厘米不等，系采用气流成网工艺生产而得的材料。其中另包括2卷化纤无纺布，宽约120厘米。上述均系仓底余料或质量未达标的残次废料，进口后用于粉碎成绒毛浆，制成各种保鲜或防潮材料的中间填充层。 | | | | |
| 归类决定 | 会议决定，由纸浆经“气流成网”工艺形成的产品应为纸，而不是纸浆或纸浆制品。 | | | | |

| 序号 | 56 | 归类决定编号 | J2006－0029 | 公告编号 | 2007年第70号 |
|---|---|---|---|---|---|
| 技术委员会议题编号 | 10－02－2006 | | 发布日期 | 2007年12月5日 | |
| 商品税则号列 | 48.11 | | | | |
| 商品名称 | 已感光相纸 | | | | |
| 英文名称 | | | | | |
| 其他名称 | | | | | |
| 商品描述 | 已感光相纸为正品照相纸在生产、储存过程中因工作失误自然曝光，已不能做原用途使用的纸张。样品外观：纸张正面为浅蓝色，颜色均匀，无冲洗过的迹象，每平方米重150～250克，宽度为60.25英寸；纸张背面为白色，印有“FUJIFILM、Fuji Color Cryrtal Archive Paper”字样。经出入境检验检疫局化验鉴定，化验结果为已感光相纸，正反面均涂覆塑料薄膜，单面涂布感光材料。进口后主要用于工业上淋膜成型纸或收集用于工业包装用纸。 | | | | |
| 归类决定 | 会议决定该商品归入《税则》税目48.11项下。 | | | | |

| 序号 | 57 | 归类决定编号 | J2009－0007 | 公告编号 | 2009年第83号 |
|---|---|---|---|---|---|
| 技术委员会议题编号 | 12－30－2009 | | 发布日期 | 2009年12月23日 | |
| 商品税则号列 | 4820.4000 | | | | |
| 商品名称 | 空白海运提单 | | | | |
| 英文名称 | | | | | |
| 其他名称 | | | | | |
| 商品描述 | 该商品为多联式纸质空白海运提单，印有表格及标注等多项内容，包括无碳复写纸制和非复写纸制两种。 | | | | |
| 归类决定 | 该商品符合《税则注释》对子目4820.40涉及商品的解释，即“多联商业表格纸，为多栏项的成套表格，表格印于自印复写纸上，或表格页间夹有复写纸。这些表格用于填制多张副本，可以是连续的或不连续的。这类表格印有内容并需要按其要求填写有关情况”，会议决定将该商品归入税则号列4820.4000。 | | | | |

| 序号 | 58 | 归类决定编号 | J2006－0030 | 公告编号 | 2007 年第 70 号 |
|---|---|---|---|---|---|
| 技术委员会议题编号 | | 3－10－2000 | | 发布日期 | 2007 年 12 月 5 日 |
| 商品税则号列 | 49.11 | | | | |
| 商品名称 | 神州行储值卡(未印密码) | | | | |
| 英文名称 | Printing plastic slice | | | | |
| 其他名称 | | | | | |
| 商品描述 | 该卡为“印刷塑胶片”(Printing plastic slice),规格为 86 毫米×54 毫米×1 毫米,材料为 PVC,模制成型;两面印有“神州行”、“中国移动通信”以及神州行储值卡使用注意事项等文字和图案。该卡进口之后,印上用户密码等号码,由通信公司电脑开通,用户方可使用。 | | | | |
| 归类决定 | 会议认为,第四十九章的商品可以是印有文字等信息的非纸介质。该卡虽然没有印刷密码,但根据背面印制的使用说明已能确认其用途和使用方法。所以,根据第三十九章和第四十九章的《税则注释》总注释的有关规定,可以认为其所印文字和图画是该卡的主要用途。会议决定将该商品归入《税则》税目 49.11。 | | | | |

| 序号 | 59 | 归类决定编号 | J2006－0031 | 公告编号 | 2007 年第 70 号 |
|---|---|---|---|---|---|
| 技术委员会议题编号 | | 9－09－2004 | | 发布日期 | 2007 年 12 月 5 日 |
| 商品税则号列 | 49.11 | | | | |
| 商品名称 | 动感装饰画 | | | | |
| 英文名称 | | | | | |
| 其他名称 | | | | | |
| 商品描述 | 该动感装饰画的结构及工作原理为:在该装置的画框玻璃上附有一幅普通印刷薄膜画,在画框内放置电动机、荧光灯等电器元件,电动机与一个轴承相连接,在轴承上贴有一张带孔的塑料纸。当电机转动时,光线从孔中照射在画纸上或被塑料纸无孔处阻隔,以此造成光线变化并达到使人在视觉上产生某些动画的效果。部分动感装饰画还可以配有音响。 | | | | |
| 归类决定 | 会议决定该商品归入《税则》税目 49.11 项下。 | | | | |

| 序号 | 60 | 归类决定编号 | J2006－0032 | 公告编号 | 2007年第70号 |
|---|---|---|---|---|---|
| 技术委员会议题编号 | 3－12－2000 | | 发布日期 | | 2007年12月5日 |
| 商品税则号列 | 4911.1010 | | | | |
| 商品名称 | 说明书 | | | | |
| 英文名称 | | | | | |
| 其他名称 | | | | | |
| 商品描述 | 说明书用于介绍商品的性能、用途、功能等，有的单独进口，有的随机进口。说明书有以下几种情况：<br>1. 只有图片及简单文字说明的单页印刷品；<br>2. 只有图画，没有文字说明的单页印刷品；<br>3. 装订成册，既有图画又有文字说明，而且每页都有编号的说明书。 | | | | |
| 归类决定 | 会议认为，该类说明书用于介绍商品的性能或随机说明商品的用途、功能等，不同于《税则》税目49.01的印刷品。并且，此类说明书只能起宣传广告和商品介绍之用，不是用于出售，所以，根据税目49.01和49.11的条文及注释，不应归入税目49.01。会议决定将说明书归入税目49.11，并将其按无商业价值的印刷品归入税则号列4911.1010。 | | | | |

| 序号 | 61 | 归类决定编号 | J2009－0008 | 公告编号 | 2009年第83号 |
|---|---|---|---|---|---|
| 技术委员会议题编号 | 12－10－2009 | | 发布日期 | | 2009年12月23日 |
| 商品税则号列 | 6307.9000 | | | | |
| 商品名称 | 针织手指套 | | | | |
| 英文名称 | | | | | |
| 其他名称 | | | | | |
| 商品描述 | 该商品是由尼龙纺织纱线针织制成，仅包裹手指，手掌、手背外露，起防护作用。<br>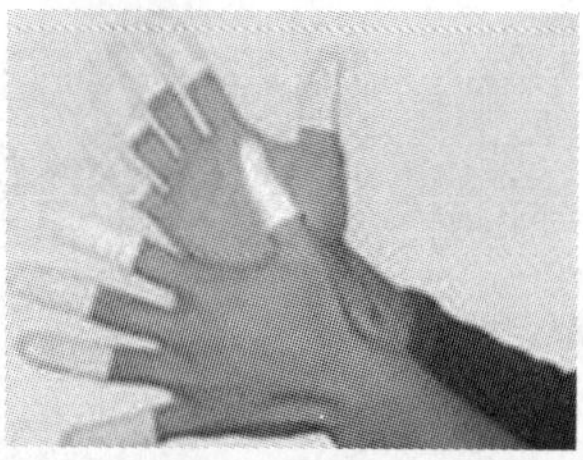 | | | | |
| 归类决定 | 会议决定，由于该商品只保护了手指，未对手的其他部位进行保护，不属于《税则》税目61.16的分指手套、连指手套及露指手套的范围，也不属于税目61.17所列衣着附件的范围。根据归类总规则一，将其作为其他纺织制品归入税则号列6307.9000。 | | | | |

| 序号 | 62 | 归类决定编号 | J2010－0007 | 公告编号 | 2010 年第 87 号 |
|---|---|---|---|---|---|
| 技术委员会议题编号 | 13－06－2010 | | | 发布日期 | 2010 年 12 月 28 日 |
| 商品税则号列 | 65.06 | | | | |
| 商品名称 | 带呼吸装置和热像仪的消防员头盔 | | | | |
| 英文名称 | | | | | |
| 其他名称 | | | | | |
| 商品描述 | 该商品是一个完整的头盔系统，具有呼吸保护、头部保护、热成像等功能，并且可提供无线电通讯。它只能与经过核准的自给式呼吸装置（按需供气阀）配合使用，内置热成像摄像机、带麦克风的耳机、无线电天线。头盔系统的主要组成及各部分的主要特性：(1)盔壳：整体模制外壳，玻璃纤维/凯夫拉尔薄板制成，表层为 1 级阻燃胶衣树脂，内部粘有层状不锈钢材料；(2)面罩：①面罩采用柔软的氯丁橡胶制成；②大角度面盔常采用聚碳酸酯制成；③口鼻呼吸面罩带有吸气阀；④语音传输装置；⑤正压呼气阀；⑥歧管装置；⑦组合式按需供气阀连接器系统；(3)头箍：采用舒适的填充料用于保护颈部；(4)通讯装置：配有带麦克风的耳机、装在头盔上的对讲机开关和扬声器、无线电天线；(5)护颈：360 度防火护颈；(6)热成像摄像机（成像系统和 LCD 屏幕观察系统）：①成像系统：摄像带微辐射热传感器、160＊120 焦平面阵列 f/1.0 锗摄像头、稳定的 30Hz 图像刷新率、模拟 NTSC 视频输出；②观察系统：双 LCD（180000 像素）和光学棱镜；③电池组；④充电器；(7)帽灯。 | | | | |
| 归类决定 | 该头盔上附属的物品或装置未改变“头盔”的基本特征。根据归类总规则一，将该商品归入《税则》税目 65.06 项下，具体税则号列需根据头盔的材质确定。 | | | | |

| 序号 | 63 | 归类决定编号 | J2006－0033 | 公告编号 | 2007 年第 70 号 |
|---|---|---|---|---|---|
| 技术委员会议题编号 | | 7－14－2002 | | 发布日期 | 2007 年 12 月 5 日 |
| 商品税则号列 | 68.08 | | | | |
| 商品名称 | 防火板 | | | | |
| 英文名称 | | | | | |
| 其他名称 | | | | | |
| 商品描述 | 该防火板是以氧化镁、氯化镁和水三元体系，经配制和改性剂改性而成的、性能稳定的镁质胶凝材料，以玻纤布为增强材料，以轻质材料（锯末）为填料复合而成的复合阻燃平板，规格：2440 毫米×1220 毫米×6 毫米，密度：0.94 克/立方厘米。它主要用于房屋内层板（装饰材料）。生产工艺流程是：氧化镁、氯化镁、轻质材料、胶水经反应和玻纤布（防火型）、无纺布（防火型）经流水线压成定型、加温、脱模、保养、水处理制成成品防火板。其中材料的黏合未使用有机胶和矿物胶，是靠层压而成。 | | | | |
| 归类决定 | 会议决定该防火板应归入《税则》税目 68.08 项下。 | | | | |

| 序号 | 64 | 归类决定编号 | J2010－0008 | 公告编号 | 2010 年第 87 号 |
|---|---|---|---|---|---|
| 技术委员会议题编号 | | 13－24－2010 | | 发布日期 | 2010 年 12 月 28 日 |
| 商品税则号列 | 68.10 | | | | |
| 商品名称 | 仿重石 | | | | |
| 英文名称 | | | | | |
| 其他名称 | | | | | |
| 商品描述 | 仿重石是在空容器中填充水泥和沙制成的。空容器是用高密度聚乙烯与色母料搅拌后投入吹塑机中，根据模具吹塑成型。仿重石的规格根据重量划分为 1#，2.5#，3.5#，4.5#，6#，9#，12#，15#，20#等，号码代表千克数。<br>用途：用来压大棚，缸等，作用类似于石头，但比较美观、干净。 | | | | |
| 归类决定 | “仿重石”的规格、功能和用途均由“仿重石”内部的混凝土体现，即混凝土构成了该商品的基本特征，应根据归类总规则三（二）将该商品归入《税则》税目 68.10 项下。 | | | | |

| 序号 | 65 | 归类决定编号 | J2006－0034 | 公告编号 | 2007 年第 70 号 |
|---|---|---|---|---|---|
| 技术委员会议题编号 | 7－10－2002 | | 发布日期 | | 2007 年 12 月 5 日 |
| 商品税则号列 | 68.15 | | | | |
| 商品名称 | 膨润土止水带 | | | | |
| 英文名称 | | | | | |
| 其他名称 | | | | | |
| 商品描述 | 该商品呈条卷状，中间层为膨润土，含丙烯酸树脂经黏合成型，两边包覆网状织物起固定作用，一边外层贴有塑料粘贴层，使用时贴于钢筋钢板接缝处，利用膨润土遇水膨胀的特点，防止施工接缝处混凝土内的钢筋腐蚀及渗水。 | | | | |
| 归类决定 | 会议决定该商品应按矿产品的制品归入《税则》税目 68.15。 | | | | |

| 序号 | 66 | 归类决定编号 | J2006－0035 | 公告编号 | 2007 年第 70 号 |
|---|---|---|---|---|---|
| 技术委员会议题编号 | 7－10－2002 | | 发布日期 | | 2007 年 12 月 5 日 |
| 商品税则号列 | 68.15 | | | | |
| 商品名称 | 膨润土填充防水材料 | | | | |
| 英文名称 | | | | | |
| 其他名称 | | | | | |
| 商品描述 | 该商品呈条卷状，中间层为膨润土。根据海关化验鉴定结果，该商品含丙烯酸树脂经黏合成型，两边包覆网状织物起固定作用，一边外层贴有塑料粘贴层，使用时贴于钢筋钢板接缝处，利用膨润土遇水膨胀的特点，防止施工接缝处混凝土内的钢筋腐蚀及渗水。 | | | | |
| 归类决定 | 该商品属于矿产品的制品，会议决定将该商品归入《税则》税目 68.15。 | | | | |

<table>
<tr><td>序号</td><td>67</td><td>归类决定编号</td><td>J2009－0009</td><td>公告编号</td><td>2009 年第 83 号</td></tr>
<tr><td colspan="2">技术委员会议题编号</td><td colspan="2">12－11－2009</td><td>发布日期</td><td>2009 年 12 月 23 日</td></tr>
<tr><td>商品税则号列</td><td colspan="5">6910.1000</td></tr>
<tr><td>商品名称</td><td colspan="5">柜式组合盥洗面盆</td></tr>
<tr><td>英文名称</td><td colspan="5"></td></tr>
<tr><td>其他名称</td><td colspan="5"></td></tr>
<tr><td>商品描述</td><td colspan="5">该商品是由瓷制面盆与防水密度板制柜体组合在一起构成的，可以直接放在卫生间内，连接上下水管道后即可使用。<br> 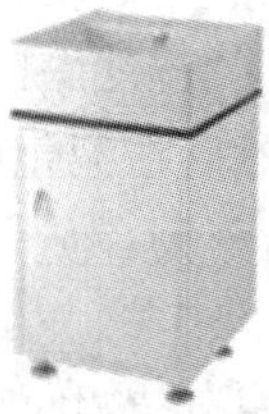 </td></tr>
<tr><td>归类决定</td><td colspan="5">会议决定，该商品的主要功能是用于盥洗，其柜门起到包裹管道的美观作用，不是主要功能。根据归类总规则一，将其归入税则号列 6910.1000。</td></tr>
</table>

| 序号 | 68 | 归类决定编号 | J2006－0036 | 公告编号 | 2007年第70号 |
| --- | --- | --- | --- | --- | --- |
| 技术委员会议题编号 | 7－19－2002 | | 发布日期 | 2007年12月5日 | |
| 商品税则号列 | 6914.9000 | | | | |
| 商品名称 | 陶粒支撑剂（石油填充砂、压裂支撑剂） | | | | |
| 英文名称 | | | | | |
| 其他名称 | | | | | |
| 商品描述 | 该商品型号为：CARBOLITE和CARBOPROP，根据其强度不同，应用于不同的条件下。两种型号的主要成分为硅铝酸盐，但其中氧化铝的含量不同。<br>CARBOLITE的成分为（按重量百分比）：氧化铝48%～53%，二氧化硅44%～48%，二氧化钛1.5%～2.5%，三氧化二铁0.7%～1.1%，其他0.6%～1.2%。此型号的商品是以高岭土为原料，采用“湿法”工艺生产，先将未经煅烧的矿石放入一种水砂浆中，加入化学制剂使其分散，然后在流化床中进行喷雾生产小团粒。<br>CARBOPROP的成分为（按重量百分比）：氧化铝70%～76%，二氧化硅11%～15%，二氧化钛3.2%～4.5%，三氧化二铁8.9%～10.5%，其他1%～2%。产品是以铝土矿为原料，采用“干法”工艺生产的，先将煅烧矿石研磨成干粉，然后将干粉与水和黏合剂混合，经高速剪切后生成小团粒。<br>上述两种商品的最后一道工艺都是在温度接近1650℃的旋转炉中烧结成小团粒，生成尺寸严格受控制的自粘式微晶颗粒，使陶粒支撑剂拥有令人满意的强度和抗化学腐蚀性，用于油田公司压裂作业。在压裂过程中，将陶粒支撑剂泵到井下并挤进油气层中已形成的裂缝内，形成高渗透率填充通道，油气可以通过这些高渗透率通道轻松地流入井内。 | | | | |
| 归类决定 | 会议决定将该商品归入税则号列6914.9000。 | | | | |

<table>
<tr><td>序号</td><td>69</td><td>归类决定编号</td><td>J2010 - 0009</td><td>公告编号</td><td>2010 年第 87 号</td></tr>
<tr><td colspan="2">技术委员会议题编号</td><td colspan="2">13 - 26 - 2010</td><td>发布日期</td><td>2010 年 12 月 28 日</td></tr>
<tr><td>商品税则号列</td><td colspan="5">70. 09</td></tr>
<tr><td>商品名称</td><td colspan="5">木制镜框(含镜)</td></tr>
<tr><td>英文名称</td><td colspan="5"></td></tr>
<tr><td>其他名称</td><td colspan="5"></td></tr>
<tr><td>商品描述</td><td colspan="5">该商品由木制框架与镜子构成,框架涂漆,主要与其他木制家具(梳妆台)配套使用。<br></td></tr>
<tr><td>归类决定</td><td colspan="5">该商品符合《税则》税目 70. 09 的条文“玻璃镜,不论是否镶框”的描述,根据归类总规则一,应归入税目 70. 09 项下。</td></tr>
</table>

| 序号 | 70 | 归类决定编号 | J2010－0010 | 公告编号 | 2010年第87号 |
|---|---|---|---|---|---|
| 技术委员会议题编号 | | 13－05－2010 | | 发布日期 | 2010年12月28日 |
| 商品税则号列 | 70.18 | | | | |
| 商品名称 | 空心镀银玻璃导电粉 | | | | |
| 英文名称 | | | | | |
| 其他名称 | | | | | |
| 商品描述 | 该商品为灰色或灰白色的粉末，是用化学电镀的方法将银附于直径小于50微米的空心玻璃球表面制成的导电粉。制造该商品的玻璃球的成分为钠钙硼硅酸盐玻璃。该商品的成分为：银含量≥20%，玻璃含量≤80%。该产品用于生产“导电涂料”，“导电涂料”用于喷涂或电镀在其他产品表面起导电作用。<br> | | | | |
| 归类决定 | 该商品是具有导电功能的玻璃制品，根据归类总规则一，将其归入《税则》税目70.18项下。 | | | | |

<table>
<tr><td>序号</td><td>71</td><td>归类决定编号</td><td>J2011 - 0018</td><td>公告编号</td><td>2012 年第 3 号</td></tr>
<tr><td colspan="2">技术委员会议题编号</td><td colspan="2">15 - 02 - 2011</td><td>发布日期</td><td>2012 年 1 月 16 日</td></tr>
<tr><td>商品税则号列</td><td colspan="5">7019. 1900</td></tr>
<tr><td>商品名称</td><td colspan="5">玻璃纤维纱</td></tr>
<tr><td>英文名称</td><td colspan="5"></td></tr>
<tr><td>其他名称</td><td colspan="5"></td></tr>
<tr><td>商品描述</td><td colspan="5">该商品为成卷的玻璃纤维纱线，纱线的直径为 0. 28 毫米。其由连续的玻璃纤维(无固定长度)制作而成，捻度为每米 40 转，支数为 33 支。加工工艺：将玻璃球清洗之后烘干，放入坩埚，经过 1300 度的高温熔化拉丝，再通过捻丝机加捻成纱线，最后经过涂层设备包覆一层聚氯乙烯(PVC)(其中添加了起增强耐热性、韧性和延展性的其他化学成分)。该商品含 35% 的玻璃纤维纱和 65% 的聚氯乙烯(PVC)。<br></td></tr>
<tr><td>归类决定</td><td colspan="5">该商品的玻璃纤维构成其主要特征，应根据归类总规则三和六，将其归入税则号列 7019. 1900。</td></tr>
</table>

| 序号 | 72 | 归类决定编号 | J2008－0008 | 公告编号 | 2008年第36号 |
|---|---|---|---|---|---|
| 技术委员会议题编号 | 11－08－2008 | 发布日期 | 2008年5月20日 | | |
| 商品税则号列 | 71.01 | | | | |
| 商品名称 | 珍珠粉 | | | | |
| 英文名称 | | | | | |
| 其他名称 | | | | | |
| 商品描述 | 天然珍珠磨制成粉，散装，无任何添加剂，可内服，也可以添加在化妆品中，起到美容、保健的作用。 | | | | |
| 归类决定 | 会议决定，参照《税则》第七十一章钻石的列目及《税则注释》品目71.02的排他条款中将钻石粉尘排除，而在品目71.05专门列出粉末，说明“加工”的含义如不作特殊说明，应包括粉末。根据归类总规则一，将散装珍珠粉归入税目71.01项下。<br>同时，技术委员会决定，其他用途的珍珠粉如已制成特定商品应按具体列名归类，如已经配定剂量，具有药用特征的，应归入《税则》第三十章。 | | | | |

| 序号 | 73 | 归类决定编号 | J2011－0019 | 公告编号 | 2012年第3号 |
|---|---|---|---|---|---|
| 技术委员会议题编号 | 15－04－2011 | 发布日期 | 2012年1月16日 | | |
| 商品税则号列 | 第72或73章 | | | | |
| 商品名称 | 切断型钢纤维 | | | | |
| 英文名称 | | | | | |
| 其他名称 | | | | | |
| 商品描述 | 该商品外观为粉碎型纤维状，用于制造刹车片。生产工艺流程为：原料→机械剥壳除氧化皮→机械拉丝→机械刀具切削→机械切断→深加工→钢纤维，该产品呈不规则形状，长度约为1毫米～8毫米之间，其截面呈三角形，边长约为0.1毫米～0.8毫米之间。<br>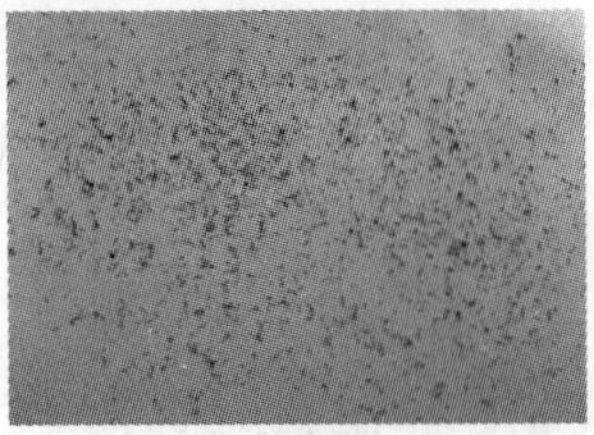 | | | | |
| 归类决定 | 该类产品应根据《税则》第十五类、第七十二章章注关于粉末、颗粒的规定按照过筛率进行归类。 | | | | |

| 序号 | 74 | 归类决定编号 | J2008－0009 | 公告编号 | 2008年第36号 |
|---|---|---|---|---|---|
| 技术委员会议题编号 | 11－09－2008 | | | 发布日期 | 2008年5月20日 |
| 商品税则号列 | 第72章 | | | | |
| 商品名称 | 未裁切复合材料密封垫 | | | | |
| 英文名称 | | | | | |
| 其他名称 | | | | | |
| 商品描述 | “未裁切复合材料密封垫”为“三明治”结构，外层是厚度为0.2毫米的带冲孔的镀锌钢板，中间夹层由芳纶纤维、玻璃纤维、陶瓷纤维、碳纤维等无机填充物和耐高温的人造橡胶混合滚压而成。其中，芳纶纤维含量5%～6%、玻璃纤维含量17%、陶瓷纤维含量19%、碳纤维含量21%、无机填充物含量8%、硫化橡胶含量30%。其制造过程为：镀锌钢板先冲孔，然后在两层钢板中间放入耐高温的非金属混合层滚压而成。该产品进口时成卷状，进口后根据具体应用的需要再裁切成相应的形状。 | | | | |
| 归类决定 | 根据“未裁切复合材料密封垫”的构成及状态，该商品应按材料进行归类，根据归类总规则三（二），归入第七十二章相应税目。<br>又见W2005－315号归类决定对类似复合材料的归类意见。 | | | | |

| 序号 | 75 | 归类决定编号 | J2010－0011 | 公告编号 | 2010年第87号 |
|---|---|---|---|---|---|
| 技术委员会议题编号 | 13－04－2010 | | | 发布日期 | 2010年12月28日 |
| 商品税则号列 | 72.17 | | | | |
| 商品名称 | 包裹纸的成卷捆扎铁丝 | | | | |
| 英文名称 | | | | | |
| 其他名称 | | | | | |
| 商品描述 | 该商品是用于农业捆扎的扎带，由纸张内侧涂塑后与铁丝嵌合而成。成卷，长度10米，使用时可按需剪断；宽度：4毫米，5毫米，6毫米。具体指标如下：表面纸张规格为60克/平方米，约占50%；中间铁丝为褪火低铅铁丝，丝径为0.40毫米，约占37%；涂塑层规格为12克/平方米，约占10%；胶合剂，约占3%。 | | | | |
| 归类决定 | 该产品为成卷的铁丝，使用时可按需剪断，根据《税则注释》品目72.17项下的“用纺织品之类的物料包覆的钢铁丝，如果其中钢铁丝是起主要作用，而其他物料仅仅起包覆作用的，也应归入本品目”的规定，该产品应作为“铁丝”归类。根据归类总规则一，将其归入《税则》税目72.17项下。 | | | | |

| | | | | | |
|---|---|---|---|---|---|
| 序号 | 76 | 归类决定编号 | J2010－0013 | 公告编号 | 2010 年第 87 号 |
| 技术委员会议题编号 | | 13－27－2010 | | 发布日期 | 2010 年 12 月 28 日 |
| 商品税则号列 | 73.08 | | | | |
| 商品名称 | 游泳池甲板 | | | | |
| 英文名称 | | | | | |
| 其他名称 | | | | | |
| 商品描述 | 该商品上有护栏隔栅，下有基架。材质为钢铁，环形，通过焊接而成。将游泳池放置上面，固定后即可使用。 | | | | |
| 归类决定 | 该商品出口时的申报状态为钢结构体。根据归类总规则一，该商品应归入《税则》税目 73.08 项下。 | | | | |

<table>
<tr><td>序号</td><td>77</td><td>归类决定编号</td><td>J2009－0010</td><td>公告编号</td><td>2009 年第 83 号</td></tr>
<tr><td colspan="2">技术委员会议题编号</td><td colspan="2">12－12－2009</td><td>发布日期</td><td>2009 年 12 月 23 日</td></tr>
<tr><td>商品税则号列</td><td colspan="5">7315. 1200</td></tr>
<tr><td>商品名称</td><td colspan="5">链轨</td></tr>
<tr><td>英文名称</td><td colspan="5"></td></tr>
<tr><td>其他名称</td><td colspan="5">挖掘机履带节组装品</td></tr>
<tr><td>商品描述</td><td colspan="5">该商品是由一个左链片、一个右链片、一个衬套、一个销子组装而成的，为具有一定长度的、呈卷状报验的钢铁制销合铰接链条，未安装履带板，相邻的两个链轨节可以以中间的销轴、销套为轴旋转一定角度。该商品进口后需使用螺栓与另外的履带板进行组装，方可成为挖掘机用履带。链轨节通过传动来移动履带板，从而使挖掘机移动。<br></td></tr>
<tr><td>归类决定</td><td colspan="5">会议决定，该商品属成卷的销合铰接链条，其“履带节”和“销轴、销套”分别为铰接链的“侧距环”和“滚子、转向轴”。《税则注释》规定品目 73. 15“包括铸铁链、锻钢或锻铁链，不论其规格、制造方法及实际用途如何”，而品目 84. 31 注释第六项中指出“单独报验的链条应归入第十五类”。根据归类总规则一和六，将该商品按铰接链条归入税则号列 7315. 1200。</td></tr>
</table>

<table>
<tr><td>序号</td><td>78</td><td>归类决定编号</td><td>J2009－0011</td><td>公告编号</td><td>2009年第83号</td></tr>
<tr><td colspan="2">技术委员会议题编号</td><td colspan="2">12－13－2009</td><td>发布日期</td><td>2009年12月23日</td></tr>
<tr><td>商品税则号列</td><td colspan="5">73.26</td></tr>
<tr><td>商品名称</td><td colspan="5">电焊护面罩</td></tr>
<tr><td>英文名称</td><td colspan="5"></td></tr>
<tr><td>其他名称</td><td colspan="5"></td></tr>
<tr><td>商品描述</td><td colspan="5">该商品由涂漆薄钢板经弯曲、铆接制成，中间镶有可透视的玻璃或其他材料。手持，用于电焊操作时保护眼睛、面部。<br></td></tr>
<tr><td>归类决定</td><td colspan="5">会议决定，由于该防护面罩的基本特征是由遮护脸部的材料决定，根据归类总规则一，该商品应归入税目73.26项下。</td></tr>
</table>

<table>
<tr><td>序号</td><td>79</td><td>归类决定编号</td><td>J2009－0012</td><td>公告编号</td><td>2009年第83号</td></tr>
<tr><td colspan="2">技术委员会议题编号</td><td colspan="2">12－14－2009</td><td>发布日期</td><td>2009年12月23日</td></tr>
<tr><td>商品税则号列</td><td colspan="5">73.26</td></tr>
<tr><td>商品名称</td><td colspan="5">钢铁制棺材</td></tr>
<tr><td>英文名称</td><td colspan="5"></td></tr>
<tr><td>其他名称</td><td colspan="5"></td></tr>
<tr><td>商品描述</td><td colspan="5">该商品主要由四部分组成：(1)壳体，由钢板、不锈钢板等材料冲压成型经过焊接组装成形；(2)外部漆，采用汽车用高级金属漆经过底漆、找平、中涂、面漆、清漆、红外烘烤等加工工序完成；(3)内部装饰，由顶盖装饰、侧面装饰及床等部分组成，根据客户的不同要求使用天鹅绒、绉纱、春亚纺等面料加工制作，由总装工进行安装完成；(4)外部装饰，包括把手、合金扣件、塑料装饰件等部分组成。塑料件是由ABS工程塑料经过加工、镀膜之后，根据型号不同由总装工人进行安装。</td></tr>
<tr><td>归类决定</td><td colspan="5">会议决定，该商品是在钢铁壳体的基础上经外部涂漆及内外装饰制成，钢铁壳体为该商品的基本特征，根据归类总规则一，应按《税则》未列名的钢铁制品归入税目73.26项下。</td></tr>
</table>

| 序号 | 80 | 归类决定编号 | J2010－0012 | 公告编号 | 2010年第87号 |
|---|---|---|---|---|---|
| 技术委员会议题编号 | 13－04－2010 | | 发布日期 | | 2010年12月28日 |
| 商品税则号列 | 73.26 | | | | |
| 商品名称 | 包裹纸的成捆定长捆扎铁丝 | | | | |
| 英文名称 | | | | | |
| 其他名称 | | | | | |
| 商品描述 | 该商品是用于农业捆扎的扎带，由纸张内侧涂塑后与铁丝嵌合而成。成捆定长，直接使用。长度：10厘米，12厘米～30厘米；宽度：4毫米，5毫米，6毫米。具体指标如下：表面纸张规格为60克/平方米，约占50%；中间铁丝为褪火低铅铁丝，丝径为0.40毫米，约占37%；涂塑层规格为12克/平方米，约占10%；胶合剂，约占3%。 | | | | |
| 归类决定 | 该产品为固定长度的铁丝，符合《税则注释》中品目73.26“铁丝制品”的特征，应按照铁丝制品归类。根据归类总规则一，将其归入税目73.26项下。 | | | | |

<table>
<tr><td>序号</td><td>81</td><td>归类决定编号</td><td>J2013 - 0007</td><td>公告编号</td><td>2014 年第 2 号</td></tr>
<tr><td colspan="2">技术委员会议题编号</td><td colspan="2">17 - 10 - 2013</td><td>发布日期</td><td>2014 年 1 月 2 日</td></tr>
<tr><td>商品税则号列</td><td colspan="5">7326. 9011</td></tr>
<tr><td>商品名称</td><td colspan="5">铁铬铝纤维(纱线)</td></tr>
<tr><td>英文名称</td><td colspan="5"></td></tr>
<tr><td>其他名称</td><td colspan="5"></td></tr>
<tr><td>商品描述</td><td colspan="5">该商品为合金钢纱线,出口状态为绕于卷轴的规格为 3.5 公支的双股纱线,成分为:铁 73.315%、铬 20.6%、铝 5.61%、碳 0.03%、、硅 0.2%、锰 0.17%、铜 0.05%、氮 0.02%、硫 0.005%。其加工工艺为铁铬铝线材经集束拉拔,经多次拉拔后成为超细纤维,呈毛条状,单根纤维直径可达 17 微米,芯数 4000 至 10000 芯。生产厂家再经纺纱工艺将纤维条制成粗纱,进一步精纺成细纱,然后加捻并股制成规格为 3.5 公支的双股纱线,即为出口状态的合金钢纱线。该纱线可进行机织或针织制成成匹的织物,织物可用于制耐高温传送带、高温气体过滤袋、屏蔽帐篷等。<br> 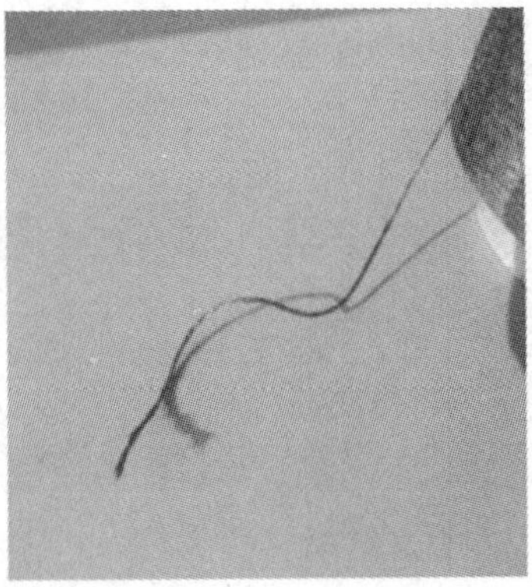</td></tr>
<tr><td>归类决定</td><td colspan="5">该纱线所用的纤维材质为纯金属,应按材质属性和用途进行归类,根据归类总规则一及六,归入税则号列 7326. 9011。</td></tr>
</table>

<table>
<tr><td>序号</td><td>82</td><td>归类决定编号</td><td>J2012－0004</td><td>公告编号</td><td>2012 年第 60 号</td></tr>
<tr><td colspan="2">技术委员会议题编号</td><td colspan="2">16－06－2012</td><td>发布日期</td><td>2012 年 12 月 10 日</td></tr>
<tr><td>商品税则号列</td><td colspan="5">7419. 9991</td></tr>
<tr><td>商品名称</td><td colspan="5">易熔塞</td></tr>
<tr><td>英文名称</td><td colspan="5"></td></tr>
<tr><td>其他名称</td><td colspan="5"></td></tr>
<tr><td>商品描述</td><td colspan="5">该商品为塞状，外部为铜合金，中间有一条锥柱形的可熔合金（锡合金），使用时安装在压缩机组的储液罐上。当储液罐内部的液态制冷剂压力升高，导致内部温度升高达到一定温度时，易熔塞中的可熔合金自然熔化，其内部贯通，将储液罐内部的高压液态制冷剂通过易熔塞进行释放，起到安全保护的作用。<br>主要成分：铜合金 91%，可熔合金（锡合金）9%。<br>制造工艺：原材料检查→黄铜加工→部件清洗→可熔合金充填→清洗助焊剂→端面处理→气密检查→标识涂装→尺寸、外观检查→出厂检查。<br><br>图 1　易熔塞外观<br><br>图 2　易熔塞剖分图<br><br>图 3　易熔塞熔通图<br>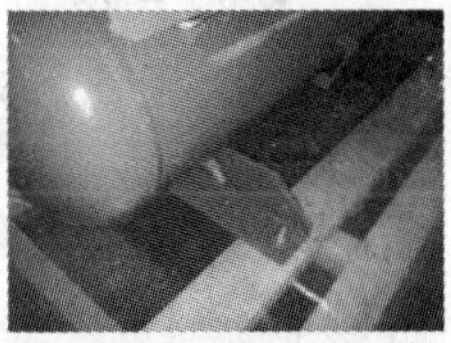<br>图 4　装配示意</td></tr>
<tr><td>归类决定</td><td colspan="5">该商品应按照其构成材质归类，根据归类总规则一（第十五类类注七）及六，将该商品按照铜制品归入税则号列 7419. 9991。</td></tr>
</table>

| 序号 | 83 | 归类决定编号 | J2013－0012 | 公告编号 | 2014 年第 2 号 |
|---|---|---|---|---|---|
| 技术委员会议题编号 | | 17－18－2013 | | 发布日期 | 2014 年 1 月 2 日 |
| 商品税则号列 | 7419.9991 | | | | |
| 商品名称 | 抛光铜盘 | | | | |
| 英文名称 | | | | | |
| 其他名称 | 树脂铜盘 | | | | |
| 商品描述 | 该商品也称树脂铜盘,其主要材质是铜(约 70%～80%)、树脂(约 20%～30%)和不锈钢(低于 1%)。该产品用于蓝宝石外延片背面抛光加工。在加工外延片时,把未加工的芯片放置在铜盘表面,铜盘放置在抛光机上不断旋转,适时滴入金刚石抛光液进行抛光加工直至生产出合格的芯片。金刚石抛光液和抛光铜盘均对蓝宝石外延片起研磨作用。 | | | | |
| 归类决定 | 该商品按照材质归入税则号列 7419.9991。 | | | | |

| 序号 | 84 | 归类决定编号 | J2011－0020 | 公告编号 | 2012 年第 3 号 |
|---|---|---|---|---|---|
| 技术委员会议题编号 | | 15－05－2011 | | 发布日期 | 2012 年 1 月 16 日 |
| 商品税则号列 | 75.02 | | | | |
| 商品名称 | 镍圆饼 | | | | |
| 英文名称 | | | | | |
| 其他名称 | | | | | |
| 商品描述 | 该商品底部平滑,表面外围凸起,内部凹下(外形如纽扣),直径约 25 毫米,厚约 6.5 毫米。有含硫镍圆饼和不含硫镍圆饼两种商品。镍圆饼以粗镍为阳极,通过电解工艺生产制得。在电沉积制备镍圆饼时,在不锈钢阴极表面用一种专用保护膜涂覆,留出一些圆形区域不涂,这些圆形部位暴露在电解液中,就在这些暴露部位的不锈钢上电沉积获得小纽扣状的镍沉积材料。沉积的时间、圆形区域的直径和圆形区域之间的距离大小决定产品的最终形状。电沉积结束后,将阴极从溶液中取出,用机械方法敲击不锈钢就分离得到镍饼。再将其洗净抛光,便可包装销售。 | | | | |
| 归类决定 | 该商品未经过锻轧,根据归类总规则一,应归入《税则》税目 75.02。 | | | | |

<table>
<tr><td>序号</td><td>85</td><td>归类决定编号</td><td>J2011－0021</td><td>公告编号</td><td>2012 年第 3 号</td></tr>
<tr><td colspan="2">技术委员会议题编号</td><td colspan="2">15－06－2011</td><td>发布日期</td><td>2012 年 1 月 16 日</td></tr>
<tr><td>商品税则号列</td><td colspan="5">75.08</td></tr>
<tr><td>商品名称</td><td colspan="5">镍圆片(Chips™)</td></tr>
<tr><td>英文名称</td><td colspan="5"></td></tr>
<tr><td>其他名称</td><td colspan="5"></td></tr>
<tr><td>商品描述</td><td colspan="5">镍圆片(Chips™)采用羰基气体精炼法生产。羰基法精炼的工艺流程分为两个步骤:(1)在大型的羰基化炉或反应器中用含有杂质的金属镍生产出大量羰基镍;(2)羰基镍在一个半连续的工艺中分解,在该工艺中镍团粒经由一个充满了羰基镍的分解器中加热并反复循环。每一个镍团粒最初均为一小粒镍,羰基镍每在分解器中循环一次,就有一层纯的金属镍沉积在镍团粒表面。羰基法生产得到的高纯镍团粒(镍珠)经过尺寸筛选后通过轧辊轧平成镍圆片,产品呈上下表面光滑的不规则圆饼状。<br></td></tr>
<tr><td>归类决定</td><td colspan="5">该镍圆片经过轧辊轧制应属于已锻轧镍。根据归类总规则一,该商品应归入税目 75.08 项下。</td></tr>
</table>

| 序号 | 86 | 归类决定编号 | J2006－0037 | 公告编号 | 2007 年第 70 号 |
|---|---|---|---|---|---|
| 技术委员会议题编号 | 2－17－1999 | | 发布日期 | 2007 年 12 月 5 日 | |
| 商品税则号列 | 76.07 | | | | |
| 商品名称 | 铝塑复合板 | | | | |
| 英文名称 | | | | | |
| 其他名称 | | | | | |
| 商品描述 | 该商品由两层平轧铝箔与中间夹层塑料板黏合而成，表层铝箔厚分别为 0.2 毫米和 0.1 毫米，中间塑料层厚 2.7 毫米。施工时粘贴墙上，用于墙面装饰。 | | | | |
| 归类决定 | 会议认为，该商品主要用于装修，故表层的铝箔能体现商品的使用价值，应视其为商品的主要特征，塑料部分仅起支撑作用，而在确定表层材料的主要特征时，不应以双层材料厚度之和决定其具体归类的子目，应按单面表层铝箔的厚度归入《税则》税目 76.07。 | | | | |

<table>
<tr><td>序号</td><td>87</td><td>归类决定编号</td><td>J2009 - 0013</td><td>公告编号</td><td>2009 年第 83 号</td></tr>
<tr><td colspan="2">技术委员会议题编号</td><td colspan="2">12 - 31 - 2009</td><td>发布日期</td><td>2009 年 12 月 23 日</td></tr>
<tr><td>商品税则号列</td><td colspan="5">7608. 1000</td></tr>
<tr><td>商品名称</td><td colspan="5">浇铸铝管</td></tr>
<tr><td>英文名称</td><td colspan="5"></td></tr>
<tr><td>其他名称</td><td colspan="5"></td></tr>
<tr><td>商品描述</td><td colspan="5">该商品外观为铝制带孔圆柱体,外径×内径×长度的规格分别为:254 毫米×80 毫米×1000 毫米、203 毫米×50 毫米×1500 毫米、280 毫米×90 毫米×1200 毫米等,铝含量约为 99. 8%。产品具有空心较小、管壁非常厚的特征。生产工艺为:由液体纯铝水浇筑到铝管制造机铝水前包,通过冷凝水凝固后,在牵引机的连续带动下加工成铝管。<br></td></tr>
<tr><td>归类决定</td><td colspan="5">会议决定,如果该商品符合《税则》第七十六章章注五对“管子”的定义及行业中各种一般铝制管材的标准,可以按铝管归入税则号列 7608. 1000。</td></tr>
</table>

| 序号 | 88 | 归类决定编号 | J2013－0005 | 公告编号 | 2014 年第 2 号 |
|---|---|---|---|---|---|
| 技术委员会议题编号 | 17－03－2013 | | 发布日期 | 2014 年 1 月 2 日 | |
| 商品税则号列 | 7610. 9000 | | | | |
| 商品名称 | 遮阳棚 | | | | |
| 英文名称 | | | | | |
| 其他名称 | | | | | |
| 商品描述 | 该产品主要由铝框架、聚碳酸酯(PC)顶板和围布三部分组成。铝框架包括铝三角柱、铝围梁、铝顶骨,起支撑固定作用;顶上覆 6 毫米的厚聚碳酸酯(PC)板,起遮阳作用;四周装黑色防火纱帘和围布,纱帘材质为尼龙,围布材质为涤纶,亦起到遮阳作用。用途:供人户外休闲用。 | | | | |
| 归类决定 | 根据归类总规则三(二)及六,该商品应归入税则号列 7610. 9000。 | | | | |

| 序号 | 89 | 归类决定编号 | J2012－0003 | 公告编号 | 2012 年第 60 号 |
|---|---|---|---|---|---|
| 技术委员会议题编号 | 16－03－2012 | | | 发布日期 | 2012 年 12 月 10 日 |
| 商品税则号列 | 82.09 | | | | |
| 商品名称 | 硬质合金棒料 | | | | |
| 英文名称 | | | | | |
| 其他名称 | | | | | |
| 商品描述 | 该商品为棒状材料，主要用于制造硬质合金刀片、刀杆、钻头等工具。成分组成为：碳化钨、钴及添加剂，主要成分碳化钨的含量一般在 90% 以上。如某种型号的产品成分含量为：碳化钨 93%、钴 6%、添加剂 1%。其生产工艺流程：硬质合金粉（碳化钨、钴、其他添加剂）→成型→烧结→性能检查→无芯磨加工→外观、尺寸检查→包装入库。<br>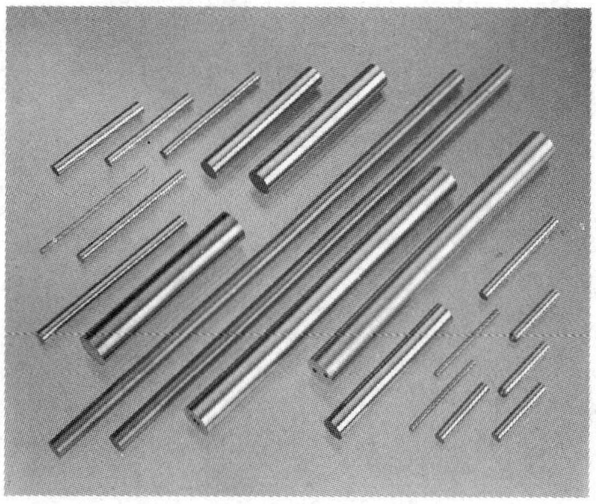 | | | | |
| 归类决定 | 该类商品应属于未装配的工具用金属陶瓷板、杆、刀头及类似品，根据归类总规则一，该商品应归入税目 82.09。 | | | | |

| 序号 | 90 | 归类决定编号 | J2011 - 0022 | 公告编号 | 2012 年第 3 号 |
|---|---|---|---|---|---|
| 技术委员会议题编号 | | 15 - 08 - 2011 | | 发布日期 | 2012 年 1 月 16 日 |
| 商品税则号列 | 83.06 | | | | |
| 商品名称 | 飞龙挂饰 | | | | |
| 英文名称 | | | | | |
| 其他名称 | 工艺刀剑 | | | | |
| 商品描述 | 该商品为飞龙形状的挂饰，全长 7.6 厘米，刀片部分长 2.5 厘米，带金属挂链，整体产品为锌铝材质，锌铝刀片位于龙的尾部，飞龙的前中部位为刀鞘，可插入拔出，刀片未开刃，刀背无齿，无血槽。 | | | | |
| 归类决定 | 综合该商品特征，将其认定为装饰品，并根据归类总规则一，将其归入税目 83.06。 | | | | |

<table>
<tr><td>序号</td><td>91</td><td>归类决定编号</td><td>J2011 - 0023</td><td>公告编号</td><td>2012 年第 3 号</td></tr>
<tr><td colspan="2">技术委员会议题编号</td><td colspan="2">15 - 08 - 2011</td><td>发布日期</td><td>2012 年 1 月 16 日</td></tr>
<tr><td>商品税则号列</td><td colspan="5">83.06</td></tr>
<tr><td>商品名称</td><td colspan="5">锌铝蝎子</td></tr>
<tr><td>英文名称</td><td colspan="5"></td></tr>
<tr><td>其他名称</td><td colspan="5">工艺刀剑</td></tr>
<tr><td>商品描述</td><td colspan="5">该商品为蝎子形状,配有展示托板,蝎子和托板之间有挂钩相连固定。托板的材质为锌铝合金。蝎子的整体材质为锌铝合金,蝎子八只腿的末端部分为钢材制。蝎子的刀刃为蝎子八只腿的末端部分,蝎子全长 12.7 厘米,刀刃的长度为 1.2 厘米,未开刃,刀背为波浪形状,无锯齿,无血槽。其用作摆饰品。<br>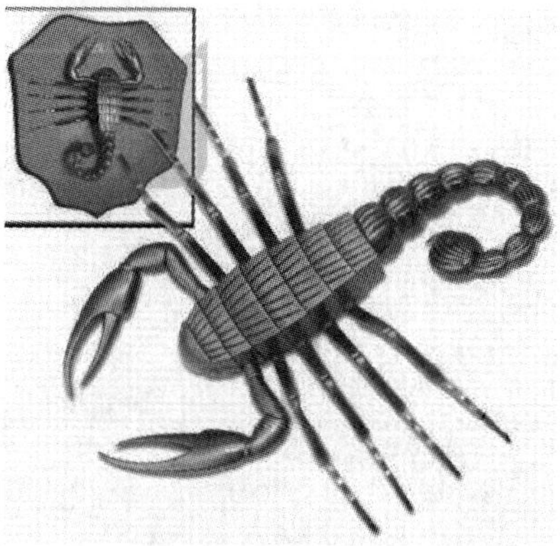</td></tr>
<tr><td>归类决定</td><td colspan="5">根据该商品的特征将其认定为装饰品,并根据归类总规则一,将其归入税目 83.06。</td></tr>
</table>

| 序号 | 92 | 归类决定编号 | J2006－0038 | 公告编号 | 2007年第70号 |
|---|---|---|---|---|---|
| 技术委员会议题编号 | 1－04－1999 | | 发布日期 | 2007年12月5日 | |
| 商品税则号列 | 第84章 | | | | |
| 商品名称 | 微型计算机主板 | | | | |
| 英文名称 | | | | | |
| 其他名称 | | | | | |
| 商品描述 | 该主板主要由集成电路、各种插槽插座和一块多层电路板组成。在主板的众多集成电路中,最重要的是由PCMC芯片、LBX芯片、SIO芯片组成的芯片组,芯片组负责管理计算机的系统总线、CPU与周边设备的数据传输、内存和缓存、控制中断等。 | | | | |
| 归类决定 | 不带CPU主板的功能仅为连接功能,不具有ADP功能,所以应归入《税则》税目84.73;对于带CPU的主板,如果带有内存,即使没有外壳,也符合《税则》第八十四章章注五的描述,应归入税目8471.50。 | | | | |

<table>
<tr><td>序号</td><td>93</td><td>归类决定编号</td><td>J2009－0014</td><td>公告编号</td><td>2009 年第 83 号</td></tr>
<tr><td colspan="2">技术委员会议题编号</td><td colspan="2">12－38－2009</td><td>发布日期</td><td>2009 年 12 月 23 日</td></tr>
<tr><td>商品税则号列</td><td colspan="5">8412.2100</td></tr>
<tr><td>商品名称</td><td colspan="5">破碎锤主体</td></tr>
<tr><td>英文名称</td><td colspan="5"></td></tr>
<tr><td>其他名称</td><td colspan="5"></td></tr>
<tr><td>商品描述</td><td colspan="5">该商品是一种将液压能转变为机械冲击能的破碎机具，它主要以挖掘机、装载机等液压机械为承载设备，被广泛应用于城建、采矿、冶炼、交通、水电等工程施工。破碎锤的结构，主要包括阀门、氮气室、油缸、活塞下部主体、钎杆等部分。其工作时通过阀门系统接受挖掘机液压动力，推动活塞向破碎器尾部运动，同时压缩氮气室中的氮气，积蓄能量。当活塞运动到尾部规定位置时，阀门调整液压方向，推动活塞反向运动，同时氮气膨胀一同推动活塞向下运动，撞击钎杆，实现破碎功能。<br> 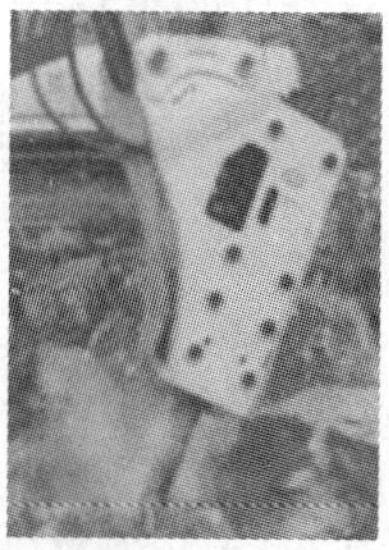<br>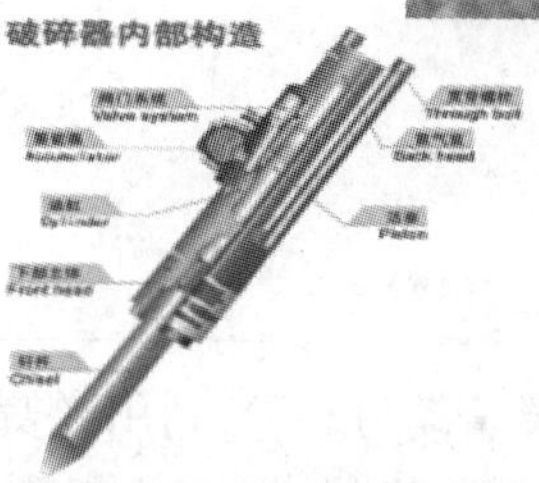<br></td></tr>
<tr><td>归类决定</td><td colspan="5">会议决定，该商品采用液压缸原理，根据归类总规则一，应归入税则号列 8412.2100。</td></tr>
</table>

| 序号 | 94 | 归类决定编号 | J2011－0003 | 公告编号 | 2011年第13号 |
|---|---|---|---|---|---|
| 技术委员会议题编号 | | 13－31－2010 | | 发布日期 | 2011年3月4日 |
| 商品税则号列 | 8412.8000 | | | | |
| 商品名称 | 断路器用电动弹簧操作器 | | | | |
| 英文名称 | | | | | |
| 其他名称 | | | | | |
| 商品描述 | 断路器用电动弹簧操作器是用于为断路器分合闸提供动力的机构，由合闸弹簧、开断弹簧、电机(700瓦，直流)、电磁阀等构成。工作原理是：电机带动蜗杆转动，通过弹簧杆压缩弹簧，给弹簧储存能量。当断路器需要合闸时，合闸指令发出，电磁阀带电，将压缩弹簧的卡钩打开，弹簧能量释放，断路器实现合闸。合闸弹簧的力量较大，能量释放的同时，可以给开断弹簧储存能量；断路器需要分闸时，分闸指令发出，电磁阀带电，将压缩弹簧的卡钩顶开，弹簧能量释放，断路器实现分闸操作。弹簧能量释放后通过电机给弹簧储存能量，以准备以后的操作。 | | | | |
| 归类决定 | 该商品为弹簧动力装置，利用弹簧的弹性向外输出动力，符合《税则》税目84.12及其子目条文的描述，根据归类总规则一及六，应将其按其他动力装置归入税则号列8412.8000。 | | | | |

<table>
<tr><td>序号</td><td>95</td><td>归类决定编号</td><td>J2011 - 0004</td><td>公告编号</td><td>2011 年第 13 号</td></tr>
<tr><td colspan="2">技术委员会议题编号</td><td colspan="2">13 - 07 - 2010</td><td>发布日期</td><td>2011 年 3 月 4 日</td></tr>
<tr><td>商品税则号列</td><td colspan="5">84. 14</td></tr>
<tr><td>商品名称</td><td colspan="5">带风扇的铝合金窗</td></tr>
<tr><td>英文名称</td><td colspan="5"></td></tr>
<tr><td>其他名称</td><td colspan="5"></td></tr>
<tr><td>商品描述</td><td colspan="5">该商品主体是铝合金窗，尺寸为 105 厘米 ×65. 7 厘米 ×7. 5 厘米，共四层，中间有空隙，朝外的一层有 1/3 的面积为太阳能电池板，其余 2/3 的面积为涂黑玻璃，其余三层为铝材。向内的一层可以接通风管。中间安装一台小型轴流式风扇（功率 9 瓦），电力来自于太阳能电池板，室外空气通过中间空隙四周的通风孔进行流通，进入空隙的空气由于黑色玻璃的吸热作用而加热，风扇将新鲜的热风吹入室内。该商品主要用于度假屋，起到长时间通风作用和有限的保温作用。<br>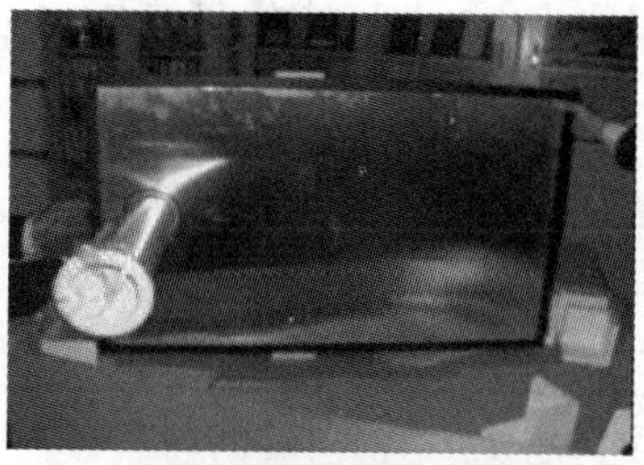<br>图 1<br>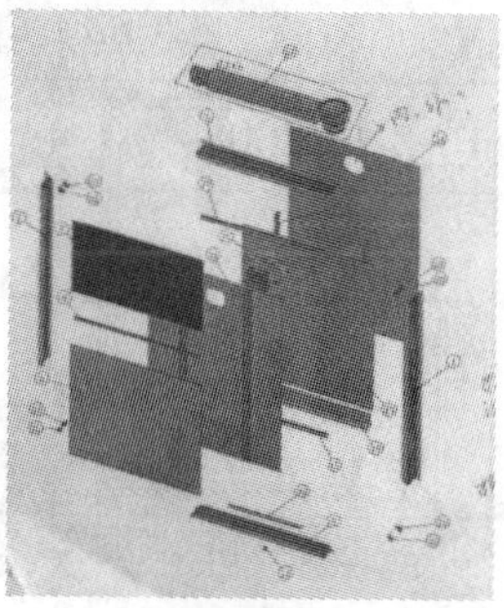<br>图 2</td></tr>
<tr><td>归类决定</td><td colspan="5">该商品安装好后不能起到透光作用，只能依靠风扇通风，应以风扇作为主要特征归类。根据归类总规则三（二）将其归入《税则》税目 84. 14 项下。</td></tr>
</table>

| 序号 | 96 | 归类决定编号 | J2006 - 0039 | 公告编号 | 2007 年第 70 号 |
|---|---|---|---|---|---|
| 技术委员会议题编号 | | 7 - 12 - 2002 | | 发布日期 | 2007 年 12 月 5 日 |
| 商品税则号列 | 84.15 | | | | |
| 商品名称 | 机动车辆上供人使用的空调器 | | | | |
| 英文名称 | | | | | |
| 其他名称 | Coleman 8373 顶置式一体化空调 | | | | |
| 商品描述 | 该顶置式一体化空调器由美国 AIRXCEL 公司生产，功率 2 匹，电源 115 伏/60 赫兹、240 伏/50 赫兹，感应温度 16℃ ~ 29℃，尺寸 115 厘米（长）×70 厘米（宽）×35 厘米（高），用于野外作业、生活的各种房车，活动房屋、工程及指挥车等。 | | | | |
| 归类决定 | 该空调是房车上的空调，到一地即接驳当地市电驱动，不具备机动车用空调的特征，应视其具体结构归入《税则》税目 84.15 中 8415.2000 以外的税则号列。 | | | | |

| 序号 | 97 | 归类决定编号 | J2008 - 0010 | 公告编号 | 2008 年第 36 号 |
|---|---|---|---|---|---|
| 技术委员会议题编号 | | 11 - 10 - 2008 | | 发布日期 | 2008 年 5 月 20 日 |
| 商品税则号列 | 84.19 | | | | |
| 商品名称 | 地暖用太阳能热水器 | | | | |
| 英文名称 | | | | | |
| 其他名称 | | | | | |
| 商品描述 | 太阳能热水器由热交换器、集热器、介质交换管、热导介质闭合循环系统管体、阀门、连接件、热导介质（油）及自动辅助控制装置等组成。用于地暖设备中水的加热，工作时介质在集热器中受太阳光照升温，后通过热交换器将热能交换给待加热的水，利用水的温度升高实现地暖。 | | | | |
| 归类决定 | 该商品虽然直接被太阳加热的媒介是油，但其最终是通过热交换器加热水，且符合《税则注释》关于“贮备式热水器”的定义，故应按热水器归类。会议决定将该商品按非电热贮备式热水器归入《税则》税目 84.19 项下。 | | | | |

| 序号 | 98 | 归类决定编号 | J2008－0011 | 公告编号 | 2008年第36号 |
|---|---|---|---|---|---|
| 技术委员会议题编号 | 11－11－2008 | | 发布日期 | 2008年5月20日 | |
| 商品税则号列 | 84.19 | | | | |
| 商品名称 | 热风枪 | | | | |
| 英文名称 | | | | | |
| 其他名称 | | | | | |
| 商品描述 | 热风枪用于对塑料产品（如塑料板、塑料管等）进行热熔、热焊、热缩等操作。产品主要由发热芯、电机、温控开关、开关、电缆线、外壳、前护套等部分组成，通过将送入的冷风加热至450℃或600℃的高温风送出使用，从而达到工作用途。产品参数：230伏，50赫兹，2000瓦。两档风温设置：微风档450℃、强风档600℃。 | | | | |
| 归类决定 | 该商品是利用温度变化处理材料的机器，根据归类总规则一，将其按具体列名归入税目84.19项下。 | | | | |

| 序号 | 99 | 归类决定编号 | J2006－0040 | 公告编号 | 2007年第70号 |
|---|---|---|---|---|---|
| 技术委员会议题编号 | 6－25－2002 | | 发布日期 | 2007年12月5日 | |
| 商品税则号列 | 8421.9910 | | | | |
| 商品名称 | 玻璃钢制过滤灌 | | | | |
| 英文名称 | | | | | |
| 其他名称 | | | | | |
| 商品描述 | 该商品为一种家用水处理产品（舒尔家用中央水处理自动控制调节系统，简称“舒尔家用中央水调”）上所用的容器部分，单独进口。外观特征为上端带内罗纹口的瓶状容器，尺寸：8英寸×18英寸，用于盛放离子交换树脂。 | | | | |
| 归类决定 | 该商品为达到水过滤交换的目的而对其在大小、形状、耐压、交换时间等方面的原始设计，使该商品具有专用性，应按照水处理装置的零件归入税则号列8421.9910。 | | | | |

| 序号 | 100 | 归类决定编号 | J2011－0005 | 公告编号 | 2011年第13号 |
|---|---|---|---|---|---|
| 技术委员会议题编号 | 13－44－2010 | | | 发布日期 | 2011年3月4日 |
| 商品税则号列 | 8422.4000 | | | | |
| 商品名称 | 芯片测试编带机 | | | | |
| 英文名称 | | | | | |
| 其他名称 | | | | | |
| 商品描述 | 芯片测试编带机通过对芯片外观、电气特性等参数进行测试，将合格产品和不合格产品进行分检，将不合格元器件排出，将合格产品编入编带，并对其进行塑封。 | | | | |
| 归类决定 | 该商品通过检测、分拣和编带包装三道工序对半导体芯片进行包装，其主要功能是包装，符合《税则》税目84.22的子目条文的描述，根据归类总规则一及六，应将其按包装设备归入税则号列8422.4000。 | | | | |

<table>
<tr><td>序号</td><td>101</td><td>归类决定编号</td><td>J2011 - 0024</td><td>公告编号</td><td>2012 年第 3 号</td></tr>
<tr><td colspan="2">技术委员会议题编号</td><td colspan="2">15 - 18 - 2011</td><td>发布日期</td><td>2012 年 1 月 16 日</td></tr>
<tr><td>商品税则号列</td><td colspan="5">8424. 8999</td></tr>
<tr><td>商品名称</td><td colspan="5">除氧器喷嘴</td></tr>
<tr><td>英文名称</td><td colspan="5"></td></tr>
<tr><td>其他名称</td><td colspan="5">盘式恒速喷嘴</td></tr>
<tr><td>商品描述</td><td colspan="5">除氧器喷嘴也称为盘式恒速喷嘴，可与各类型除氧器（包括化学除氧器、真空除氧器及热力除氧器等）配合使用。其作用：一是将进入除氧器的含氧量较高的待除氧水进行雾化恒速喷出，以避免对除氧器产生直接冲击；二是将待除氧水的表面积迅速、大幅增大，有利于促进化学反应、气压变化或温度变化，更好地达到除氧效果。工作原理：除氧器喷嘴的进水通道为 6 层或 9 层弹性的盘状区域，每层弹性区域出口处呈齿状的分离雾化结构。水进入喷嘴后进入类似于机械喷嘴分离槽或狭缝的多层弹性盘状区域，再经这些弹性盘状区域末端的齿状分离雾化结构（喷嘴出水口）分离成雾状水滴进入除氧器，避免对除氧器产生冲击。<br></td></tr>
<tr><td>归类决定</td><td colspan="5">该商品应作为液体喷射装置归类，并根据归类总规则一，将其归入税则号列 8424. 8999。</td></tr>
</table>

| 序号 | 102 | 归类决定编号 | J2009 - 0015 | 公告编号 | 2009 年第 83 号 |
|---|---|---|---|---|---|
| 技术委员会议题编号 | | 12 - 37 - 2009 | | 发布日期 | 2009 年 12 月 23 日 |
| 商品税则号列 | 84. 30/84. 31 | | | | |
| 商品名称 | 抽油机 | | | | |
| 英文名称 | Oil extractor/oil sucking/oil pumping unit | | | | |
| 其他名称 | 磕头机 | | | | |
| 商品描述 | 该商品是一种开采石油的机械设备,通过加压的办法使石油输出。基本工作原理为:电动机(额外配置)通过皮带将动力传递给减速器输入轴;减速器通过齿轮辐的机械运动将动力传递到减速器的输出轴上;减速器带动曲柄转动;曲柄带动四连杆机构(驴头、游梁、横梁、连杆)作上下摆动;四连杆机构带动悬绳器作上下往复的直线运动,从而实现采油目的。 | | | | |
| 归类决定 | 会议根据抽油机构成的不同情况分别讨论研究确定归类,决定将抽油机整机归入《税则》税目 84. 30 项下,将不带动力源的抽油机归入《税则》税目 84. 31 项下。 | | | | |

| 序号 | 103 | 归类决定编号 | J2006 - 0041 | 公告编号 | 2007 年第 70 号 |
|---|---|---|---|---|---|
| 技术委员会议题编号 | | 6 - 10 - 2002 | | 发布日期 | 2007 年 12 月 5 日 |
| 商品税则号列 | 84. 43 | | | | |
| 商品名称 | 油热转印机(TJ - 502) | | | | |
| 英文名称 | | | | | |
| 其他名称 | | | | | |
| 商品描述 | 该商品主要是由电热滚筒、耐高温毛毯、毛毯小滚筒、紧布天相、匹布平衡杆构成。该商品是纸印花转印布机,采用油热滚筒方式,工作时通过马达的无段变速将转盘调整至所需速度,空气压缩机补充气压,内发热管加热油液,油液又使滚筒加热,当温度达到要求时,将印花纸上的花纹通过热转印方式压印到布匹上,机器通过控制温度来调节所印花纹颜色的深浅,耐高温毛毯的作用是使电热滚筒能很好地与印花纸及布匹相结合,最后摇布架摆动印好的布匹,加速退热晾干。 | | | | |
| 归类决定 | 根据《税则注释》对品目 84. 43 所包含机器的列举,该品目主要是按照商品的功能用途列举的。考虑到油热转印机是主要用于印刷行业的机器,因此应将其归入《税则》税目 84. 43 项下。 | | | | |

<table>
<tr><td>序号</td><td>104</td><td>归类决定编号</td><td>J2010－0014</td><td>公告编号</td><td>2010 年第 87 号</td></tr>
<tr><td colspan="2">技术委员会议题编号</td><td colspan="2">12－40－2009</td><td>发布日期</td><td>2010 年 12 月 28 日</td></tr>
<tr><td>商品税则号列</td><td colspan="5">8443.3211</td></tr>
<tr><td>商品名称</td><td colspan="5">行式针式打印机</td></tr>
<tr><td>英文名称</td><td colspan="5"></td></tr>
<tr><td>其他名称</td><td colspan="5"></td></tr>
<tr><td>商品描述</td><td colspan="5">该商品由打印锤机构、走纸机构、色带进给机构和控制器单元组成。采用逐行、逐页的顺序打印，打印基本单元为行，打印锤有 6 组针头，每组 10 根针，每根针之间的距离很短，60 根针排成一排后，通过梭头带着它们敲击。行式打印机的打印控制由电子线路完成，每行打印前，计算机将该行信息全部输送到接收数据缓冲区，打印时，传输数据以一个点行一个点行传输到打印头控制器。该打印机最大打印幅宽为 345 毫米，分辨率 180DPI，打印速度 345 行/分钟。</td></tr>
<tr><td>归类决定</td><td colspan="5">根据归类总规则一，该商品应归入税则号列 8443.3211。</td></tr>
</table>

<table>
<tr><td>序号</td><td>105</td><td>归类决定编号</td><td>J2006－0042</td><td>公告编号</td><td>2007 年第 70 号</td></tr>
<tr><td colspan="2">技术委员会议题编号</td><td colspan="2">3－19－2000</td><td>发布日期</td><td>2007 年 12 月 5 日</td></tr>
<tr><td>商品税则号列</td><td colspan="5">84.71</td></tr>
<tr><td>商品名称</td><td colspan="5">带专用接口卡的微机</td></tr>
<tr><td>英文名称</td><td colspan="5"></td></tr>
<tr><td>其他名称</td><td colspan="5"></td></tr>
<tr><td>商品描述</td><td colspan="5">数据采集和过程控制等某一部分功能都是用计算机完成的，它们用光纤、专用电缆、甚至用 Internet 与整个系统相连接。这些专门功能的设备的硬件采用微机平台加上专用功能接口卡，而专用接口卡也采用微机常用的 ISA、PCI、AGP 等接口，也有的将微机主板的芯片输出数据接口改为接口卡专用的接口；软件则多采用 Windows NT 基础上的专用软件。</td></tr>
<tr><td>归类决定</td><td colspan="5">接口卡只是微机的配件，用于扩充而不是改变微机的功能，所以带专用接口卡的微机仍应按微机归入《税则》税目 84.71 项下。</td></tr>
</table>

| 序号 | 106 | 归类决定编号 | J2008－0012 | 公告编号 | 2008 年第 36 号 |
|---|---|---|---|---|---|
| 技术委员会议题编号 | 11－12－2008 | | 发布日期 | 2008 年 5 月 20 日 | |
| 商品税则号列 | 84.71 | | | | |
| 商品名称 | 袖珍硬盘 | | | | |
| 英文名称 | | | | | |
| 其他名称 | | | | | |
| 商品描述 | 该商品用于 MP3、MP4 等产品中，由盘片、磁头堆、磁阻浮动块、弹性臂、磁盘旋转电动机、线路模板等组成。该产品的优点是制造成本低，存储量大；缺点是存储反应速度慢，防磁化、防静电、防撞击性差。该类商品的成品状态有两种：一种外观为硬盘状，以软性线路为接口；另一种外观为存储卡状，与 CF 卡的接口和外观相同。 | | | | |
| 归类决定 | 该商品带有驱动电路，是驱动器的一种，会议决定将该商品按硬盘驱动器归入《税则》税目 84.71 项下。 | | | | |

| 序号 | 107 | 归类决定编号 | J2009－0016 | 公告编号 | 2009 年第 83 号 |
|---|---|---|---|---|---|
| 技术委员会议题编号 | 12－33－2009 | | 发布日期 | 2009 年 12 月 23 日 | |
| 商品税则号列 | 8471.8000 | | | | |
| 商品名称 | 笔记本电脑机壳组件 | | | | |
| 英文名称 | | | | | |
| 其他名称 | | | | | |
| 商品描述 | 该商品为笔记本电脑的半成品，由下列零件组成：(1)一套笔记本用液晶显示屏(含液晶屏、驱动电路等)；(2)一个主板(集成散热器、散热风扇、显卡、网卡、调制解调器、接口等)；(3)一套笔记本电脑外壳(含上、下外壳，面板，触摸式鼠标等)；(4)一个锂充电电池；(5)其他零件为数据线缆、螺钉等紧固件。产品占整机的比例约 60%，经组装处理器、硬盘、内存、光驱、键盘等，即成为一台完整的笔记本电脑。 | | | | |
| 归类决定 | 根据《税则》第八十四章章注五(三)，该商品符合“专用于或主要用于自动数据处理系统；可以直接或通过一个或几个其他部件同中央处理器相联接；以及能够以本系统所使用的方式(代码或信号)接受或传递数据”的描述，可视为自动数据处理系统的其他部件归入税则号列 8471.8000。 | | | | |

| 序号 | 108 | 归类决定编号 | J2008－0013 | 公告编号 | 2008年第36号 |
|---|---|---|---|---|---|
| 技术委员会议题编号 | | 11－13－2008 | | 发布日期 | 2008年5月20日 |
| 商品税则号列 | 84.79 | | | | |
| 商品名称 | 个人坠落制动器 | | | | |
| 英文名称 | | | | | |
| 其他名称 | | | | | |
| 商品描述 | 该商品由尼龙制带子、滑轮、制动器等组成，装于直径9厘米的带钩环的钢铁制圆形铁盒中，无动力装置。工作原理：该个人坠落限制器内装有一定长度的尼龙制带子，作业时可随意拉尼龙制带子使用，当坠落时，该个人坠落限制器可根据速度的变化停止坠落。该商品主要应用在工人进行高空作业时，防止造成严重的人身伤害。 | | | | |
| 归类决定 | 该商品的结构超出了《税则》税目63.07的商品范围，起作用的是机械装置（制动器），因此会议决定将该商品按其他税目未列名的具有独立功能的设备归入《税则》税目84.79项下。 | | | | |

| 序号 | 109 | 归类决定编号 | J2009－0017 | 公告编号 | 2009年第83号 |
|---|---|---|---|---|---|
| 技术委员会议题编号 | | 12－34－2009 | | 发布日期 | 2009年12月23日 |
| 商品税则号列 | 84.79 | | | | |
| 商品名称 | 加硬机 | | | | |
| 英文名称 | | | | | |
| 其他名称 | | | | | |
| 商品描述 | 该商品设计用于在镀膜生产的清洁工艺中，自动将传送带清洁架中的树脂镜片进行清洗、渗透、脱水、干燥、加硬镀膜（浸泡于药水中）、冷却、固化后供操作人员检查。树脂镜片再次清洗工艺中，有旋转和超声波两种清洗方式。设备尺寸为长22.8米×宽2.1米×高2.6米，设备安装于同一个框架内。整个操作流程如下：5%～7%氢氧化钾溶液→反渗透水喷淋清洁→洗涤剂清洗→反渗透水溢流清洁→去离子水溢流清洁→热去离子水慢拉脱水→烘干→干燥→药水镀膜→烘干→冷却→加硬镀膜→预固化→冷却和卸架。 | | | | |
| 归类决定 | 会议认为，该商品对树脂镜片增加硬度主要由镀膜工序实现，其他工序均为前期准备和后期处理，由于镀膜工艺未对树脂镜片进行机械加工，该商品不属于对塑料材料的加工机器，应按未列名机器归入《税则》税目84.79项下。 | | | | |

<table>
<tr><td>序号</td><td>110</td><td>归类决定编号</td><td>J2012－0005</td><td>公告编号</td><td>2012 年第 60 号</td></tr>
<tr><td colspan="2">技术委员会议题编号</td><td colspan="2">16－07－2012</td><td>发布日期</td><td>2012 年 12 月 10 日</td></tr>
<tr><td colspan="2">商品税则号列</td><td colspan="4">8479. 8999</td></tr>
<tr><td colspan="2">商品名称</td><td colspan="4">除铁机</td></tr>
<tr><td colspan="2">英文名称</td><td colspan="4"></td></tr>
<tr><td colspan="2">其他名称</td><td colspan="4"></td></tr>
<tr><td colspan="2">商品描述</td><td colspan="4">该设备结构：由两台喂料装置、一台除铁装置和一台控制柜组成。<br>工作原理：物料通过带磁力的筛网时，在物料中所含金属异物被吸附在筛网表面，物料纯度提升。<br>工作流程：预处理设备处理后的原料由加料口倒入，经带磁性的筛网后，成品料经成品下料口出料，部分含铁杂质的废料从另一个下料口出料，通过分离铁杂质，提高成品料纯度。<br>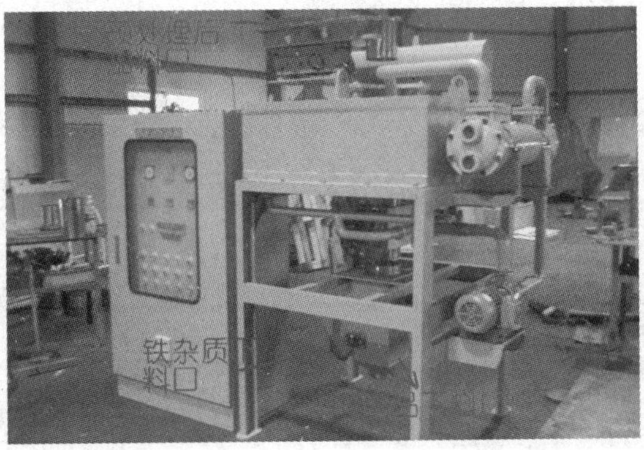<br></td></tr>
<tr><td colspan="2">归类决定</td><td colspan="4">该商品通过带磁力的筛网分离铁杂质，根据归类总规则一及六，该商品应归入税则号列 8479. 8999。</td></tr>
</table>

| 序号 | 111 | 归类决定编号 | J2011－0006 | 公告编号 | 2011年第13号 |
|---|---|---|---|---|---|
| 技术委员会议题编号 | 13－35－2010 | | 发布日期 | 2011年3月4日 | |
| 商品税则号列 | 85.01 | | | | |
| 商品名称 | 电动操作机构 | | | | |
| 英文名称 | | | | | |
| 其他名称 | | | | | |
| 商品描述 | 该电动操作机构是高压开关的专用组成部分，除外壳外主要由传动机构（电机、蜗杆、输出轴、驱动杆、手动摇柄等组成）、控制机构（继电器、凸轮开关、接插件等）和其他一些辅助机构组成。工作原理是：电动操作机构的控制回路接到外部传送的分合信号后接通电机，由电机带动传动机构进行分合闸操作。在失电情况下，可以手动操作。 | | | | |
| 归类决定 | 该商品符合《税则注释》品目85.01注释条文的描述，根据归类总规则一，将其归入税目85.01项下。 | | | | |

| 序号 | 112 | 归类决定编号 | J2006－0043 | 公告编号 | 2007年第70号 |
|---|---|---|---|---|---|
| 技术委员会议题编号 | 7－22－2002 | | 发布日期 | 2007年12月5日 | |
| 商品税则号列 | 85.04 | | | | |
| 商品名称 | 半导体模块 | | | | |
| 英文名称 | | | | | |
| 其他名称 | | | | | |
| 商品描述 | A、B两种半导体整流模块，A模块的内部结构由两个二极管构成；B模块的内部结构由七个二极管加上一个绝缘栅双极型晶体管（IGBT）构成。 | | | | |
| 归类决定 | 《税则》税目85.41的商品应仅限于无其他税目列名功能的半导体器件；半导体器件组合后若已构成《税则》列名功能的商品，应按所列功能归类。上述A、B两种半导体整流模块应按其所具有的整流功能归入《税则》税目85.04。 | | | | |

<table>
<tr><td>序号</td><td>113</td><td>归类决定编号</td><td>J2011－0007</td><td>公告编号</td><td>2011年第13号</td></tr>
<tr><td colspan="2">技术委员会议题编号</td><td colspan="2">13－39－2010</td><td>发布日期</td><td>2011年3月4日</td></tr>
<tr><td>商品税则号列</td><td colspan="5">8509.8090</td></tr>
<tr><td>商品名称</td><td colspan="5">电动睫毛刷</td></tr>
<tr><td>英文名称</td><td colspan="5"></td></tr>
<tr><td>其他名称</td><td colspan="5"></td></tr>
<tr><td>商品描述</td><td colspan="5">该商品为电动睫毛刷，已装有电池，但尚未安装马达，在塑料盖顶部装有准备连接马达的接触点，进口后装上马达可使睫毛刷自动转动。<br>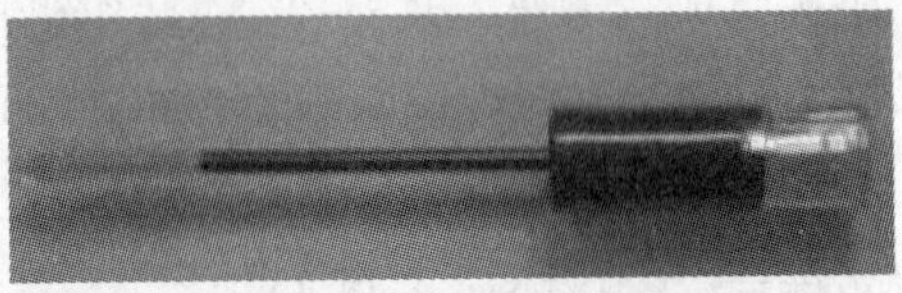<br>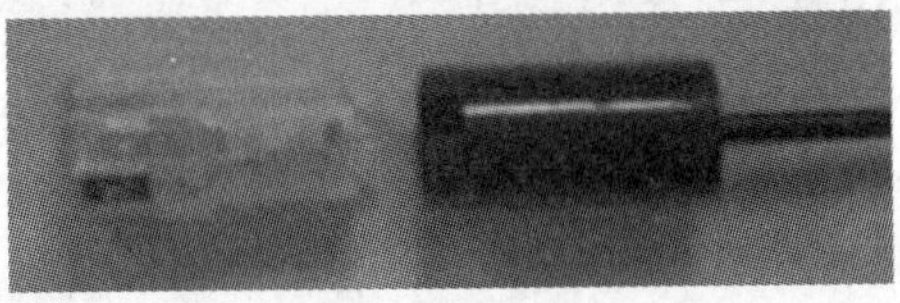</td></tr>
<tr><td>归类决定</td><td colspan="5">该商品缺少马达，是电动睫毛刷的不完整品，其已具备电动睫毛刷完整品的基本特征，根据归类总规则二，应按其他家用电动器具归入税则号列8509.8090。</td></tr>
</table>

<table>
<tr><td>序号</td><td>114</td><td>归类决定编号</td><td>J2011－0025</td><td>公告编号</td><td>2012 年第 3 号</td></tr>
<tr><td colspan="2">技术委员会议题编号</td><td colspan="2">15－13－2011</td><td>发布日期</td><td>2012 年 1 月 16 日</td></tr>
<tr><td>商品税则号列</td><td colspan="5">8514.1090</td></tr>
<tr><td>商品名称</td><td colspan="5">小型高低温温度冲击试验箱</td></tr>
<tr><td>英文名称</td><td colspan="5"></td></tr>
<tr><td>其他名称</td><td colspan="5"></td></tr>
<tr><td>商品描述</td><td colspan="5">该商品将内部空间分为高温箱和低温箱两部分，外观类似双门冰箱。试验箱分别利用电热丝加热和压缩机制冷，温度由程序进行控制，高温变化范围＋60℃～200℃，低温变化范围－65℃～0℃。不具备检测功能，也不能通过配置相应的选购件使其具备检测功能。选购件主要有温度的记录装置、通讯装置、辅助冷却装置等。主要用途：为产品提供温度变化环境，以便测试产品在瞬间经高温、低温的连续温度变化环境下所能承受的程度，及其在急速变化的温差条件下热涨冷缩引起的化学变化和物理伤害。<br></td></tr>
<tr><td>归类决定</td><td colspan="5">该商品应按多功能机器归类，在确定其主要功能时，因其加热和制冷功能同样具体，根据归类总规则三（三）和（六），将其归入税则号列 8514.1090。</td></tr>
</table>

| 序号 | 115 | 归类决定编号 | J2006-0044 | 公告编号 | 2007年第70号 |
|---|---|---|---|---|---|
| 技术委员会议题编号 | | 3-05-2000 | | 发布日期 | 2007年12月5日 |
| 商品税则号列 | 8517.7030 | | | | |
| 商品名称 | 手机射频模块 | | | | |
| 英文名称 | | | | | |
| 其他名称 | | | | | |
| 商品描述 | 该射频模块是TCL999D型手机的主要部件,用于发射和接收GSM信号。 | | | | |
| 归类决定 | 会议决定,手机射频模块应按手机零件归入税则号列8517.7030。 | | | | |

| 序号 | 116 | 归类决定编号 | J2009－0018 | 公告编号 | 2009 年第 83 号 |
|---|---|---|---|---|---|
| 技术委员会议题编号 | 12－22－2009 | | | 发布日期 | 2009 年 12 月 23 日 |
| 商品税则号列 | 8517.7030 | | | | |
| 商品名称 | 手机用显示屏盖 | | | | |
| 英文名称 | | | | | |
| 其他名称 | | | | | |
| 商品描述 | 该商品专用于手机上的显示屏盖(主透镜)Window Cover(Main Lens),四周有黑框,中间为无色透明的矩形塑料板,是手机屏幕的最外层,表面光线均匀、柔和,有防静电、降低表面光线反射的作用。其生产工艺如下:<br>1. 蒸镀(也称真空镀膜)。在真空环境下通过加热 $TiO_2$ 和 $SiO_2$ 等氧化物材料在塑料板材上进行镀膜。根据蒸镀膜厚度的不同,光的反射性能存在差异,不同的反射性能可以产生不同的颜色(阳光下手机用显示屏盖的各种颜色),增加成品的美观程度。<br>2. 印刷。使用丝网印刷的方式在蒸镀以后的塑料板材上面印制各种手机用显示屏盖的形状。用一定比例调制的印刷油墨和固化剂的混合物进行印刷,然后用紫外线对印刷物进行照射,在很短的时间内固化成三维的网状高分子聚合物,形成硬化膜,通过形成化学键实现化学干燥。<br>3. 成型切割。由数控成型机械按事先编制好的程序,对印刷好的板材自动切割,产生不同规格的手机用显示屏盖(主透镜)。<br>4. 检验。对切割完成的手机显示屏盖(主透镜)进行检验,合格品将包装入库。<br>5. 钢化玻璃。经印刷检验的手机用显示屏盖有些需要经黏合机将钢化玻璃与其黏合在一起,使用的黏合剂主要成分为聚氨酯丙烯酸酯低聚物、丙烯酸酯单体、光敏引发剂。加工时机器自动将胶体喷射到手机用显示屏盖上,然后机械手自动将钢化玻璃移动到手机用显示屏盖上,经过一个上下传动带将二者挤压在一起,随后被挤压成型的手机用显示屏盖经人工调整形状,经过光固化装置照射固化成型,经检验无残次品后包装入库。<br>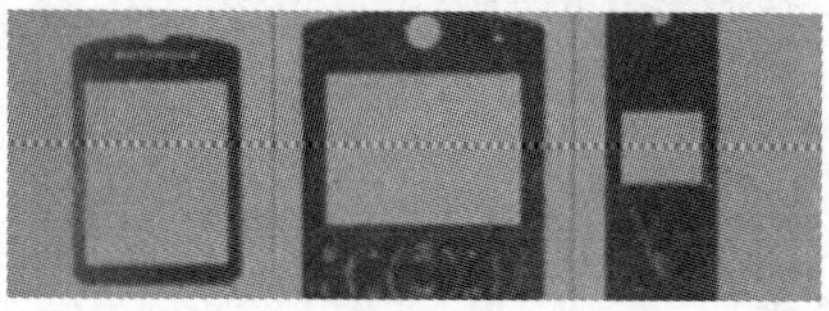 | | | | |
| 归类决定 | 会议决定,由于该商品未经过明显光学加工,其手机零件特征明显,故应按手机的专用零件归入税则号列 8517.7030。 | | | | |

| 序号 | 117 | 归类决定编号 | J2008－0014 | 公告编号 | 2008 年第 36 号 |
|---|---|---|---|---|---|
| 技术委员会议题编号 | 11－14－2008 | | | 发布日期 | 2008 年 5 月 20 日 |
| 商品税则号列 | 85.21 | | | | |
| 商品名称 | Sony A800 MP4 | | | | |
| 英文名称 | | | | | |
| 其他名称 | | | | | |
| 商品描述 | 该商品体积纤巧,重 53 克,带 2 英寸彩色液晶屏,该产品在使用前先将附带的 Sonic Stage 软件安装到电脑中,通过软件的信号转换,将音乐、照片、视频从计算机导入至本播放器,并随时随地进行欣赏。其中,音频处理是通过电脑安装的 Sonic Stage 软件把音频文件转化为可接受的 AAC 的信号经过 USB 线存储在机内,由耳机输出。视频播放及显示是通过电脑安装的 Image Converter 软件把视频文件转化为可接受的 MPEG－4 和 AVC 的信号经过 USB 线在机内存储和播放,并通过显示屏输出。存取管理是通过内置的 2G 或 4G 闪速存储器存储音频/视频文件,经过内置的同一处理器释放音频/视频功能。电源管理是通过 USB 线对机内锂电池充电。该商品可以录制/重放 MP3 音频文件和录制/重放 MP4 视频文件,同时由于带屏幕,也可以视频显示 MP4 格式的视频图像。 | | | | |
| 归类决定 | 会议决定将该 MP4 归入《税则》税目 85.21 项下。 | | | | |

<table>
<tr><td>序号</td><td>118</td><td>归类决定编号</td><td>J2006 - 0045</td><td>公告编号</td><td>2007 年第 70 号</td></tr>
<tr><td colspan="2">技术委员会议题编号</td><td colspan="2">6 - 08 - 2002</td><td>发布日期</td><td>2007 年 12 月 5 日</td></tr>
<tr><td>商品税则号列</td><td colspan="5">8523. 51</td></tr>
<tr><td>商品名称</td><td colspan="5">闪存卡</td></tr>
<tr><td>英文名称</td><td colspan="5"></td></tr>
<tr><td>其他名称</td><td colspan="5"></td></tr>
<tr><td>商品描述</td><td colspan="5">闪存卡,又称快闪存储卡,是使用快可擦编程只读存储器芯片存储数据的存储产品,广泛应用于数码相机、掌上电脑、MP3、数字家电中,实现数据存储与交换功能。</td></tr>
<tr><td>归类决定</td><td colspan="5">会议决定,该商品应归入《税则》税目 8523. 51 项下。</td></tr>
</table>

<table>
<tr><td>序号</td><td>119</td><td>归类决定编号</td><td>J2011 - 0008</td><td>公告编号</td><td>2011 年第 13 号</td></tr>
<tr><td colspan="2">技术委员会议题编号</td><td colspan="2">13 - 32 - 2010</td><td>发布日期</td><td>2011 年 3 月 4 日</td></tr>
<tr><td>商品税则号列</td><td colspan="5">8523. 52</td></tr>
<tr><td>商品名称</td><td colspan="5">电子标签</td></tr>
<tr><td>英文名称</td><td colspan="5"></td></tr>
<tr><td>其他名称</td><td colspan="5"></td></tr>
<tr><td>商品描述</td><td colspan="5">电子标签(RFID)又称为射频识别标签。利用射频信号通过空间耦合(交变磁场或电磁场)实现无接触信息传递并通过所传递的信息达到识别目的。电子标签系统主要由三部分组成:(1)标签:由耦合元件及芯片组成,每个标签具有唯一的电子编码,附着在物体上标识目标对象;(2)读写器:读取或写入标签信息的设备,可设计为手持式或固定式;(3)天线:在标签和读写器间传递射频信号。基本工作原理:电子标签进入磁场后,接收解读器发出的射频信号,凭借感应电流所获得的能量发送出存储在芯片中的相关信息,或者主动发送某一频率的信号,解读器读取信息并解码后,送至中央信息系统进行有关数据处理。</td></tr>
<tr><td>归类决定</td><td colspan="5">该商品符合《税则》第八十五章章注四(二)关于“智能卡”的定义,根据归类总规则一及六,应将其按智能卡归入税则子目 8523. 52。</td></tr>
</table>

<table>
<tr><td>序号</td><td>120</td><td>归类决定编号</td><td colspan="2">J2009 - 0019</td><td>公告编号</td><td>2009 年第 83 号</td></tr>
<tr><td colspan="2">技术委员会议题编号</td><td colspan="2">12 - 39 - 2009</td><td colspan="2">发布日期</td><td>2009 年 12 月 23 日</td></tr>
<tr><td>商品税则号列</td><td colspan="6">85. 26</td></tr>
<tr><td>商品名称</td><td colspan="6">车载 GPS 导航仪</td></tr>
<tr><td>英文名称</td><td colspan="6"></td></tr>
<tr><td>其他名称</td><td colspan="6"></td></tr>
<tr><td>商品描述</td><td colspan="6">该商品至少具备 GPS 导航、DVD 视频播放和地图/视频显示这三种基本功能，一体式进口，基本结构包括导航仪主机、天线、DVD 播放器和液晶显示器（6. 5 英寸）。代表型号为 SSANGYONG、Continental RNS510RNS - 510，通常进口后供安装于丰田、现代、双龙等中档品牌车系的高端车型上。此类设备通常装在车辆前面板上，除了可以通过内存卡携带的地图信息独立实现 GPS 导航功能外，还可以实现 DVD 视频显示、CD 声频播放及收音机功能。<br></td></tr>
<tr><td>归类决定</td><td colspan="6">会议决定将该商品归入《税则》税目 85. 26 项下。</td></tr>
</table>

| 序号 | 121 | 归类决定编号 | J2006 - 0046 | 公告编号 | 2007 年第 70 号 |
|---|---|---|---|---|---|
| 技术委员会议题编号 | 9 - 13 - 2004 | | 发布日期 | | 2007 年 12 月 5 日 |
| 商品税则号列 | 85. 28 | | | | |
| 商品名称 | DLP 背投影显示器 | | | | |
| 英文名称 | | | | | |
| 其他名称 | | | | | |
| 商品描述 | DLP 背投影显示器是利用 DLP( Digital Light Processing 的缩写,中文含义为数字光处理技术)技术工作的彩色背投影显示设备。其信号输入格式为 RGBHV(红、绿、蓝、行、场分量信号)信号、DVI(数字视频接口)数字信号。在其内部可留有一个插槽,通过插接信号处理板卡来达到与其他模拟信号等信号源连接的目的。单台 DLP 背投影显示器的结构主要由投影箱体和投影机芯组成。投影机芯又由电路盒与光学装置组成。其中电路盒完成将外部输入信号转换成光学装置可以识别的电信号;光学装置通过接收到的电信号控制光学部件(如 DMD 芯片)的运动来实现图像投影功能。数个此种 DLP 背投影显示器可拼接组成一个较大型的显示屏幕。 | | | | |
| 归类决定 | 会议决定,该商品应按监视器归入《税则》税目 85. 28 项下。 | | | | |

| 序号 | 122 | 归类决定编号 | J2006－0047 | 公告编号 | 2007年第70号 |
|---|---|---|---|---|---|
| 技术委员会议题编号 | | 10－06－2005 | | 发布日期 | 2007年12月5日 |
| 商品税则号列 | 85.28 | | | | |
| 商品名称 | 机顶盒 | | | | |
| 英文名称 | | | | | |
| 其他名称 | | | | | |
| 商品描述 | 数字电视机顶盒的主要功能就是将接收下来的数字电视信号转换为模拟电视信号,使用户不用更换电视机就能收看数字电视节目,但无上网功能。根据传输媒体的不同,数字电视机顶盒又分为数字卫星机顶盒(DVB－S)、地面数字电视机顶盒(DVB－T)和有线电视数字机顶盒(DVB－C)三种。 | | | | |
| 归类决定 | 该商品的主要功能为接收电视信号,应将其归入《税则》税目85.28项下。 | | | | |

| 序号 | 123 | 归类决定编号 | J2009－0020 | 公告编号 | 2009年第83号 |
|---|---|---|---|---|---|
| 技术委员会议题编号 | | 12－20－2009 | | 发布日期 | 2009年12月23日 |
| 商品税则号列 | 8528.5110 | | | | |
| 商品名称 | 带有内置音箱(喇叭)的液晶显示器(LCD) | | | | |
| 英文名称 | | | | | |
| 其他名称 | | | | | |
| 商品描述 | 该商品不带有HDMI接口,只配有D－Sub和DVI－D接口,具有音频电路,含音频输入接口,并内置两个音箱。 | | | | |
| 归类决定 | 《税则注释》中明确指出"专用或主要用于品目84.71的数据处理系统的监视器不具有声频电路",其中"声频电路"不是指音箱(或喇叭),而是指声卡等。根据归类总规则一,会议决定将该商品按专用或主要用于自动数据处理设备的液晶监视器归入税则号列8528.5110。 | | | | |

| 序号 | 124 | 归类决定编号 | J2009－0021 | 公告编号 | 2009年第83号 |
|---|---|---|---|---|---|
| 技术委员会议题编号 | | 12－19－2009 | | 发布日期 | 2009年12月23日 |
| 商品税则号列 | 8528.5910 | | | | |
| 商品名称 | 巴可显示系统OV－815 | | | | |
| 英文名称 | | | | | |
| 其他名称 | | | | | |
| 商品描述 | 该商品由屏幕模块、照射模块、DLP投影模块组成。显示墙屏幕尺寸为80英寸，可无缝拼接，带机座、机架、外壳、DVI连接线、灯泡等，主要用于石油工业领域的监控、图像采集、现场作业等服务。该商品与一台Transform A数字显示控制器及配套软件一同报验进口，数字显示控制器类似于普通工业控制器，用于多屏幕数字图像拼接及集成各种数据信号源，将多路计算机信号通过控制器进行组合及缩放处理后送到大屏幕显示器。 | | | | |
| 归类决定 | 该商品虽与自动数据处理设备连接使用，但却从事数据处理以外的专门功能，根据归类总规则一及第八十四章章注五（五）的规定，会议决定将其按所从事具体功能的装置归入税则号列8528.5910。 | | | | |

| 序号 | 125 | 归类决定编号 | J2006－0048 | 公告编号 | 2007年第70号 |
|---|---|---|---|---|---|
| 技术委员会议题编号 | | 6－18－2002 | | 发布日期 | 2007年12月5日 |
| 商品税则号列 | 85.36 | | | | |
| 商品名称 | CPU插座、数据线用接口等 | | | | |
| 英文名称 | | | | | |
| 其他名称 | | | | | |
| 商品描述 | 该商品分两大类：（1）用于传输数字信号，如CPU插座、电脑数据线用插头插座；（2）用于低压设备内部的电路连接件，其形状、使用场合比较特殊。 | | | | |
| 归类决定 | CPU插座、数据线用接口等商品仍属于“电气连接件”，应归入《税则》税目85.36项下。 | | | | |

<table>
<tr><td>序号</td><td>126</td><td>归类决定编号</td><td>J2008－0015</td><td>公告编号</td><td>2008年第36号</td></tr>
<tr><td colspan="2">技术委员会议题编号</td><td colspan="2">11－15－2008</td><td>发布日期</td><td>2008年5月20日</td></tr>
<tr><td>商品税则号列</td><td colspan="5">8536. 5000</td></tr>
<tr><td>商品名称</td><td colspan="5">开关熔断器组</td></tr>
<tr><td>英文名称</td><td colspan="5"></td></tr>
<tr><td>其他名称</td><td colspan="5"></td></tr>
<tr><td>商品描述</td><td colspan="5">该商品的品牌为ABB,型号分OESA(可提供额定电流为250～800安)系列、OS系列(可供额定电流为32～400安)。开关熔断器组一般作为工厂低压开关柜(不超过1000伏)中的主开关,具有接通、分断正常负载与过载电流和短路电流的保护功能。开关熔断器组进口时未装有熔断体,配用相应的熔断体获得选择保护的要求。<br>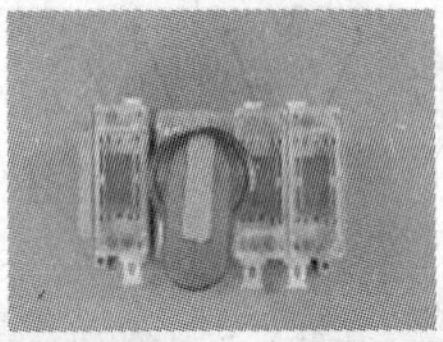<br> </td></tr>
<tr><td>归类决定</td><td colspan="5">会议决定将该商品归入税则号列8536. 5000。</td></tr>
</table>

| 序号 | 127 | 归类决定编号 | J2009－0022 | 公告编号 | 2009 年第 83 号 |
|---|---|---|---|---|---|
| 技术委员会议题编号 | 12－26－2009 | | 发布日期 | | 2009 年 12 月 23 日 |
| 商品税则号列 | 8536.5000 | | | | |
| 商品名称 | 接近开关 | | | | |
| 英文名称 | | | | | |
| 其他名称 | | | | | |
| 商品描述 | 该商品由位移感测器构成，利用位移感测器对接近物体“感知”的敏感特性达到控制开关通断的目的。主要类型有涡流式接近开关（电感式接近开关）、电容式接近开关、霍儿接近开关、光电式接近开关（光电开关）、热释电式接近开关及其他形式。该商品主要应用于航空、航天技术、工业生产、测量、控制技术中及安全防盗方面。 | | | | |
| 归类决定 | 会议决定，根据归类总规则一，将该商品归入税则号列 8536.5000。 | | | | |

| 序号 | 128 | 归类决定编号 | J2009－0023 | 公告编号 | 2009年第83号 |
|---|---|---|---|---|---|
| 技术委员会议题编号 | 12－21－2009 | | | 发布日期 | 2009年12月23日 |
| 商品税则号列 | 8536.9000[8536.90(2014年版)] | | | | |
| 商品名称 | 上端子、下端子、定弧触头、动触头 | | | | |
| 英文名称 | | | | | |
| 其他名称 | | | | | |
| 商品描述 | 上端子以铜为材料,经镀银处理,上有焊接上的银点作为触点;定弧触头由铜和高导电率触点为材料;下端子以铜为材料镀银制成。上述产品都用于断路器内。上端子的一端和进线电缆搭接,另一端通过紧固件并经焊接连接上定弧触头;上端子的作用在于将进线电缆的电流传递给定弧触头,定弧触头再通过触点将电流传递给动触头。动触头由两个部件组成,部件之间通过固定件并经焊接连接,进口后在其一端通过触点搭接定弧触头,另一端通过紧固件连接上软联结的一端,软联结的另一端再通过紧固件连接上下端子,然后装上支架和连杆,组成动触头组件。动触头组件通过触点接收定弧触头的电流并传递给软联结。下端子进口后在其一端通过紧固件连接上软联结的一端(软联结的另一端通过紧固件连接上动触头的一端),另一端搭接出线电缆,下端子的作用在于接收软联结的电流并传递给出线电缆。工作原理:当断路器合闸后,电流通过上端子→定弧触头→动触头→软联结→下端子形成通路。上述零部件在断路器内长期处于合闸通电状态,只在线路出现故障时根据保护单元的设定在最佳的时刻断开,直到排除故障后再度合闸通电。 | | | | |
| 归类决定 | 由于该商品装配后具备电路连接的功能,在《税则》税目85.36项下已有具体列目,会议决定将其归入税则号列8536.9000[8536.90(2014年版)]。 | | | | |

| | | | | | |
|---|---|---|---|---|---|
| 序号 | 129 | 归类决定编号 | J2010－0015 | 公告编号 | 2010 年第 87 号 |
| 技术委员会议题编号 | 13－11－2010 | | | 发布日期 | 2010 年 12 月 28 日 |
| 商品税则号列 | 85.41 | | | | |
| 商品名称 | LED 单芯片发光器件 | | | | |
| 英文名称 | | | | | |
| 其他名称 | | | | | |
| 商品描述 | 该商品是单颗发光二极管的芯片，直接以荧光材料和胶体或玻璃的一次光学成型于其上。进口后需搭配使用特制驱动电路板才能发光，作为光源使用。<br> | | | | |
| 归类决定 | 根据归类总规则一，该商品应归入《税则》税目 85.41 项下。 | | | | |

<table>
<tr><td>序号</td><td>130</td><td>归类决定编号</td><td>J2010 - 0016</td><td>公告编号</td><td>2010 年第 87 号</td></tr>
<tr><td colspan="2">技术委员会议题编号</td><td colspan="2">13 - 11 - 2010</td><td>发布日期</td><td>2010 年 12 月 28 日</td></tr>
<tr><td>商品税则号列</td><td colspan="5">85. 41</td></tr>
<tr><td>商品名称</td><td colspan="5">LED 多芯片发光器件</td></tr>
<tr><td>英文名称</td><td colspan="5"></td></tr>
<tr><td>其他名称</td><td colspan="5"></td></tr>
<tr><td>商品描述</td><td colspan="5">该商品是将 6 颗发光二极管的芯片或 3 颗不同颜色（红、绿、蓝）的发光二极管的芯片在具有电路设计的硅片上以半导体工艺进行布线集成封装。该硅片上进行布线设计完成集成后再予以荧光材料和胶体或玻璃的一次光学成型于其上，具有高效节能和最低热阻的特点。进口后需搭配使用特制驱动电路板才能发光，作为光源使用。<br>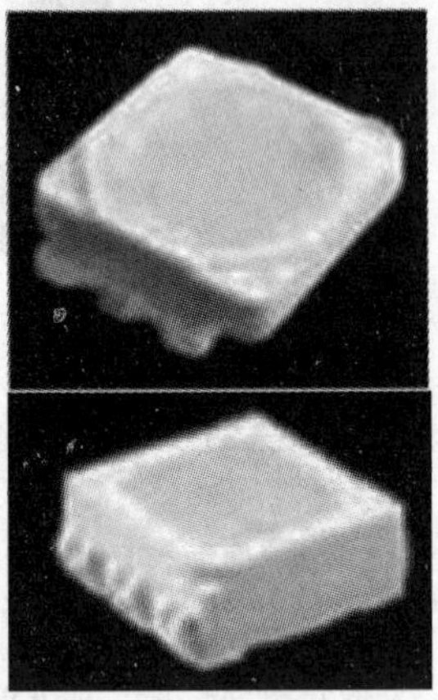</td></tr>
<tr><td>归类决定</td><td colspan="5">该商品完全使用半导体工艺制作和封装，除 LED 芯片外不含其他半导体器件，根据归类总规则一，该商品应归入《税则》税目 85. 41 项下。</td></tr>
</table>

<table>
<tr><td>序号</td><td>131</td><td>归类决定编号</td><td>J2011－0009</td><td>公告编号</td><td>2011 年第 13 号</td></tr>
<tr><td colspan="2">技术委员会议题编号</td><td colspan="2">13－08－2010</td><td>发布日期</td><td>2011 年 3 月 4 日</td></tr>
<tr><td>商品税则号列</td><td colspan="5">85.41</td></tr>
<tr><td>商品名称</td><td colspan="5">太阳能模块铝合金框条</td></tr>
<tr><td>英文名称</td><td colspan="5"></td></tr>
<tr><td>其他名称</td><td colspan="5"></td></tr>
<tr><td>商品描述</td><td colspan="5">该商品材质为铝合金制。尺寸分别为：1650 毫米×35 毫米×50 毫米；990 毫米×35 毫米×50 毫米。加工工艺：挤出成型→机械锯切（锯切成一定长度及端部裁切成坡度）→侧面冲孔加工→表面经阳极处理（可抗腐蚀）。端部裁切成一定角度是为了便于长短框对接；侧面中孔为接地孔，两边孔为排水孔。经过加工的铝合金框条（见图 1），在进口后可不经任何加工即可进行组装太阳能模组用铝框（见图 2）。<br>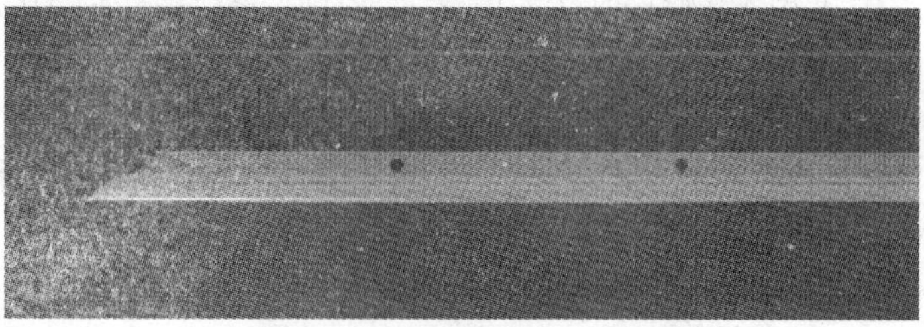<br>图 1<br><br>图 2</td></tr>
<tr><td>归类决定</td><td colspan="5">将该商品按太阳能模块零件归入《税则》税目 85.41 项下。</td></tr>
</table>

<table>
<tr><td>序号</td><td>132</td><td>归类决定编号</td><td>J2013－0002</td><td>公告编号</td><td>2014 年第 2 号</td></tr>
<tr><td colspan="2">技术委员会议题编号</td><td colspan="2">16－02－2012</td><td>发布日期</td><td>2014 年 1 月 2 日</td></tr>
<tr><td colspan="2">商品税则号列</td><td colspan="4">8541.4010</td></tr>
<tr><td colspan="2">商品名称</td><td colspan="4">图形化蓝宝石衬底外延片</td></tr>
<tr><td colspan="2">英文名称</td><td colspan="4"></td></tr>
<tr><td colspan="2">其他名称</td><td colspan="4"></td></tr>
<tr><td colspan="2">商品描述</td><td colspan="4">该商品主要用于制备氮化镓基发光二极管。其主要由图形化 PSS 处理蓝宝石衬底(即以蚀刻的方式,在蓝宝石基板上制作出微米级或纳米级的凹凸图案)、缓冲层、N 型氮化镓层、量子阱发光层、P 型氮化镓层构成。缓冲层为高纯氮化镓,量子阱发光层一般为多个周期重复的氮化镓铟/氮化镓层。各层均由化学气相沉积法生长而成,其内部及表面均无电路。用于制作纯蓝、纯绿色发光二极管芯片。该商品在外延 N 型氮化镓层、P 型氮化镓层时已含 N 型、P 型物质,形成独立导电区。<br>生产工艺:衬底→缓冲层生长→N 型氮化镓层生长→多量子阱发光层生长→P 型氮化镓层生长→退火→检测→外延片。<br>商品进口后加工成发光二极管芯片的主要加工工艺:刻蚀→蒸发→光刻→磨抛→划片裂片→翻转→目检分选→包装。</td></tr>
<tr><td colspan="2">归类决定</td><td colspan="4">该商品已经通过化学气相沉积法生长了各个层,并形成了独立的导电区,用于制发光二极管,属于发光二极管的未制成品,根据归类总规则二(一),归入税则号列 8541.4010。</td></tr>
</table>

<table>
<tr><td>序号</td><td>133</td><td>归类决定编号</td><td>J2013－0003</td><td>公告编号</td><td>2014 年第 2 号</td></tr>
<tr><td colspan="2">技术委员会议题编号</td><td colspan="2">16－02－2012</td><td>发布日期</td><td>2014 年 1 月 2 日</td></tr>
<tr><td>商品税则号列</td><td colspan="5">8541.4010</td></tr>
<tr><td>商品名称</td><td colspan="5">红外外延片</td></tr>
<tr><td>英文名称</td><td colspan="5"></td></tr>
<tr><td>其他名称</td><td colspan="5"></td></tr>
<tr><td>商品描述</td><td colspan="5">该商品用于红外 LED 芯片制造，用在监控设备及遥控器。红外外延片有三层，分别为砷化镓衬底层、砷化镓 P 层和砷化镓 N 层（后两层为外延层），各层分别为衬底层、发光层和发光层。该商品在外延砷化镓 P 层和砷化镓 N 层时已含 N 型、P 型物质，形成独立导电区。<br>商品进口前的加工工艺：砷化镓单晶棒成长→切割→检验→边缘磨碎→刻蚀清洗→液相外延生长→检验→边缘处理→反面检验→总厚度测试→外观测试→包装出货。<br>商品进口后加工成发光二极管芯片的加工工艺：抛光→蒸发→光刻→合金→划片→腐蚀→翻转→选片→测试→打印→包装。</td></tr>
<tr><td>归类决定</td><td colspan="5">该商品已经通过化学气相沉积法生长了各个层，并形成了独立的导电区，用于制发光二极管，属于发光二极管的未制成品，根据归类总规则二（一），归入税则号列 8541.4010。</td></tr>
</table>

| 序号 | 134 | 归类决定编号 | J2006－0049 | 公告编号 | 2007 年第 70 号 |
|---|---|---|---|---|---|
| 技术委员会议题编号 | 7－20－2002 | | 发布日期 | 2007 年 12 月 5 日 | |
| 商品税则号列 | 8542. 9000 | | | | |
| 商品名称 | 半导体塑封引线框架 | | | | |
| 英文名称 | | | | | |
| 其他名称 | 引线框架、导线架、铜垫片 | | | | |
| 商品描述 | 该半导体塑封引线框架由薄铜片冲制而成，具有一定形状，专用于生产集成电路。其中间部分用来承载芯片，封装后露出的插脚与外界线路连接。该半导体塑封引线框架起到连接外界电路与集成块内芯片的作用。 | | | | |
| 归类决定 | 会议决定，半导体塑封引线框架按集成电路零件归入税则号列 8542. 9000。 | | | | |

| 序号 | 135 | 归类决定编号 | J2011－0010 | 公告编号 | 2011年第13号 |
|---|---|---|---|---|---|
| 技术委员会议题编号 | | 13－33－2010 | | 发布日期 | 2011年3月4日 |
| 商品税则号列 | 8543.7099 | | | | |
| 商品名称 | 翰林牌电子阅读器 | | | | |
| 英文名称 | | | | | |
| 其他名称 | 电子书 | | | | |
| 商品描述 | 该电子阅读器由电子纸显示屏、CPU处理器、SDRAM内存储器、内置FLASH存储器、按键、外壳等部件构成，并且带有耳机插孔（用于插入耳机听音乐或播放书籍内容），USB接口，SD卡插槽。该电子阅读器由可充电的锂电池供电。翰林牌电子阅读器包括V2、V3、V5、V6、V8等型号的产品。V3和V5型电子阅读器只能通过按键输入内容，通过一块电子纸显示屏显示内容；V2、V6和V8型电子阅读器除带有电子纸显示屏外，还带有一块小的触摸屏，触摸屏既可显示内容，又可供用户利用触屏笔输入信息。该电子阅读器内部安装有嵌入式操作系统（如Linux系统等）。该电子阅读器的体积小，重量轻，便于携带和使用。电子阅读器的功能包括以下几种：(1)电子书籍的存储、管理、查找、搜索功能；(2)电子书籍阅读及图片浏览功能；(3)音乐播放、书籍文字内容播放、阅读有声读物功能；(4)编辑功能；(5)英汉词典、计算器、日历、万年历等功能。 | | | | |
| 归类决定 | 该商品兼具显示、音频播放等功能，其中利用电子纸显示屏进行电子书籍和图片的显示为其主要功能，将其按照《税则》未列名的具有独立功能的机器归入税则号列8543.7099。 | | | | |

<table>
<tr><td>序号</td><td>136</td><td>归类决定编号</td><td colspan="2">J2013－0011</td><td>公告编号</td><td>2014 年第 2 号</td></tr>
<tr><td colspan="2">技术委员会议题编号</td><td colspan="2">17－14－2013</td><td colspan="2">发布日期</td><td>2014 年 1 月 2 日</td></tr>
<tr><td>商品税则号列</td><td colspan="6">8543.9090</td></tr>
<tr><td>商品名称</td><td colspan="6">电子烟雾化器</td></tr>
<tr><td>英文名称</td><td colspan="6"></td></tr>
<tr><td>其他名称</td><td colspan="6"></td></tr>
<tr><td>商品描述</td><td colspan="6">该商品由吸嘴盖、电热丝、PE 棉(吸附有烟液,其中烟液的主要成分:蒸馏水、尼古丁、香料、柠檬酸、甘油等)、硅胶柱、电极金属件、雾化器钢管和外螺纹铜件等组成,使用时需与锂电池组件(未同时进出口)组成完整的电子烟。锂电池组主要由锂电池、单向咪头(是电子烟电池组单元的一个元件,是一种气动感应电路开关,起到导通控制电路板工作的作用)、电极金属件、控制板、LED 灯组成。当使用者抽吸时,通过单向咪头输出启动信号,与之相连接的控制电路板工作,空气由螺纹连接装置的间隙进入雾化工作室,带动烟液通过发热丝在雾化工作室里面加热雾化,雾化后的小微滴悬浮在气流中形成烟雾,经过滤嘴吸出,同时 LED 发光,最终达到模拟抽烟的效果。零售包装,5 支/盒。<br><br></td></tr>
<tr><td>归类决定</td><td colspan="6">根据归类总规则一及六,将该商品按照电子烟的专用零件归入税则号列 8543.9090。</td></tr>
</table>

<table>
<tr><td>序号</td><td>137</td><td>归类决定编号</td><td>J2008－0016</td><td>公告编号</td><td>2008 年第 36 号</td></tr>
<tr><td colspan="2">技术委员会议题编号</td><td colspan="2">11－16－2008</td><td>发布日期</td><td>2008 年 5 月 20 日</td></tr>
<tr><td>商品税则号列</td><td colspan="5">85.48</td></tr>
<tr><td>商品名称</td><td colspan="5">电磁干扰滤波器</td></tr>
<tr><td>英文名称</td><td colspan="5"></td></tr>
<tr><td>其他名称</td><td colspan="5">EMI(Electric Magnetic Interference)滤波器</td></tr>
<tr><td>商品描述</td><td colspan="5">电磁干扰滤波器常用于电源与电网之间,以消除电网带来的干扰信号对设备的干扰,同时也消除设备中产生的各种信号进入电网去干扰其他设备。</td></tr>
<tr><td>归类决定</td><td colspan="5">该商品是一种零件,可用于《税则》第八十四章、第八十五章多个税目项下的商品,具有通用性,故会议决定将其按未列名的电气零件归入《税则》税目 85.48 项下。</td></tr>
</table>

<table>
<tr><td>序号</td><td>138</td><td>归类决定编号</td><td>J2010－0017</td><td>公告编号</td><td>2010 年第 87 号</td></tr>
<tr><td colspan="2">技术委员会议题编号</td><td colspan="2">12－18－2009</td><td>发布日期</td><td>2010 年 12 月 28 日</td></tr>
<tr><td>商品税则号列</td><td colspan="5">8548.9000</td></tr>
<tr><td>商品名称</td><td colspan="5">磁珠</td></tr>
<tr><td>英文名称</td><td colspan="5"></td></tr>
<tr><td>其他名称</td><td colspan="5"></td></tr>
<tr><td>商品描述</td><td colspan="5">磁珠是一种抗干扰组件，采用在高频段具有良好阻抗特性的铁氧体材料（一种立方晶格结构的亚铁磁性材料）烧结而成，制造工艺和机械性能与陶瓷相似，颜色为灰黑色。磁珠专用于抑制信号线、电源线上的高频噪声和尖峰干扰，还具有吸收静电脉冲的能力。磁珠是用来吸收超高频信号，像一些 RF 电路、PLL、振荡电路、含超高频存储器电路（DDR SDRAM，RAMBUS 等）都需要在电源输入部分加磁珠。磁珠还可广泛应用于其他电路，其体积可以做得很小。磁珠有很高的电阻率和磁导率，它等效于电阻和电感串联，但电阻值和电感值都随频率变化。常见的磁珠有：（1）片式磁珠：由软磁铁氧体材料制成片式结构的磁珠，构成高体积电阻率的独石结构；（2）大电流贴片积层磁珠：采用封闭磁路结构，可高密度安装、并避免干扰，良好的焊锡性及耐热性，大电流达 6 安。该商品被广泛使用于笔记本电脑、磁片驱动装置、喷墨印表机、硬碟磁碟机、影印机、显示监视器、游戏机、彩色电视、录放影机、光碟机、摄影机、数位相机、汽车电子产品上。<br><br>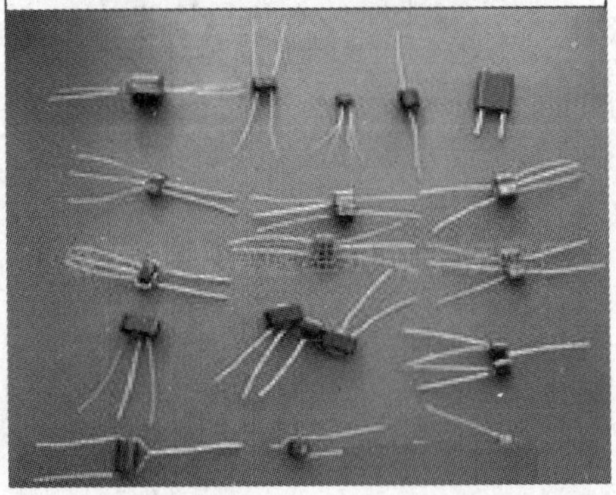</td></tr>
<tr><td>归类决定</td><td colspan="5">根据归类总规则一，将该商品归入税则号列 8548.9000。</td></tr>
</table>

<table>
<tr><td>序号</td><td>139</td><td>归类决定编号</td><td>J2008－0017</td><td>公告编号</td><td>2008 年第 36 号</td></tr>
<tr><td colspan="2">技术委员会议题编号</td><td colspan="2">11－17－2008</td><td>发布日期</td><td>2008 年 5 月 20 日</td></tr>
<tr><td>商品税则号列</td><td colspan="5">86.09</td></tr>
<tr><td>商品名称</td><td colspan="5">特种集装箱</td></tr>
<tr><td>英文名称</td><td colspan="5"></td></tr>
<tr><td>其他名称</td><td colspan="5"></td></tr>
<tr><td>商品描述</td><td colspan="5">该商品是由耐高压大口径钢管及汇流排组成，再由框架将其固定到一起，使其成为一个整体，无法拆除，用来储存、运输大量的高压气体，每根束管可以独立控制，也可通过汇流排串联使用。使用时直接与工厂的供气管道相连。产品制成标准集装箱尺寸，其框架结构与普通集装箱相同，每个集装箱上都有箱号，用作国际运输装载工具。<br></td></tr>
<tr><td>归类决定</td><td colspan="5">该商品带有适合集装箱卡车、轮船运输的特殊结构，还标有标准箱号，应视为集装箱，会议决定将其归入《税则》税目 86.09 项下。</td></tr>
</table>

| 序号 | 140 | 归类决定编号 | J2013－0008 | 公告编号 | 2014 年第 2 号 |
|---|---|---|---|---|---|
| 技术委员会议题编号 | | 17－11－2013 | | 发布日期 | 2014 年 1 月 2 日 |
| 商品税则号列 | 8707.9090 | | | | |
| 商品名称 | 消防车车身 | | | | |
| 英文名称 | | | | | |
| 其他名称 | | | | | |
| 商品描述 | 该商品的外形尺寸为 5588 毫米 ×2438 毫米 ×2900 毫米，带有泡沫罐、水罐、水泡沫两用炮、工具箱、水管、消防梯、水泵及滤水器、水枪、泡沫枪等装置，作为消防车的上装使用。与完整的消防车相比，缺少驾驶室、底盘等车辆部分。<br> | | | | |
| 归类决定 | 根据归类总规则一及六，该商品应作为特种车辆车身归入税则号列 8707.9090。 | | | | |

<table>
<tr><td>序号</td><td>141</td><td>归类决定编号</td><td>J2011－0026</td><td>公告编号</td><td>2012 年第 3 号</td></tr>
<tr><td colspan="2">技术委员会议题编号</td><td colspan="2">15－14－2011</td><td>发布日期</td><td>2012 年 1 月 16 日</td></tr>
<tr><td colspan="2">商品税则号列</td><td colspan="4">8708. 9929</td></tr>
<tr><td colspan="2">商品名称</td><td colspan="4">大客车用轮边</td></tr>
<tr><td colspan="2">英文名称</td><td colspan="4"></td></tr>
<tr><td colspan="2">其他名称</td><td colspan="4"></td></tr>
<tr><td colspan="2">商品描述</td><td colspan="4">大客车用轮边由刹车盘、制动蹄片组、垫片、轮毂组成。用途:安装在 30 座以上客车底部前桥大梁两端,起到行驶制动、安装轮胎等功能。<br>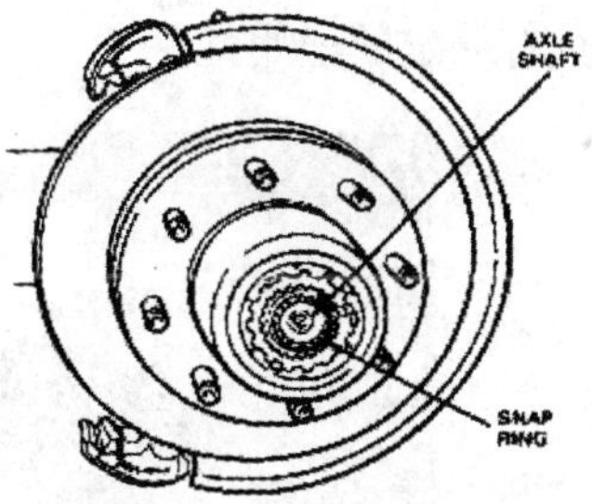<br></td></tr>
<tr><td colspan="2">归类决定</td><td colspan="4">根据归类总规则一,将其归入税则号列 8708. 9929。</td></tr>
</table>

<table>
<tr><td>序号</td><td>142</td><td>归类决定编号</td><td>J2011 - 0011</td><td>公告编号</td><td>2011 年第 13 号</td></tr>
<tr><td colspan="2">技术委员会议题编号</td><td colspan="2">13 - 09 - 2010</td><td>发布日期</td><td>2011 年 3 月 4 日</td></tr>
<tr><td>商品税则号列</td><td colspan="5">87. 16</td></tr>
<tr><td>商品名称</td><td colspan="5">脚轮</td></tr>
<tr><td>英文名称</td><td colspan="5"></td></tr>
<tr><td>其他名称</td><td colspan="5"></td></tr>
<tr><td>商品描述</td><td colspan="5">脚轮,直径为 125 毫米,轮宽为 30 毫米。<br>该脚轮可旋转,为双列轴承的旋转头。轮架材质为聚酰胺,轮心材质为聚丙烯,胎面材质为热塑橡胶,所有金属零部件都由不锈钢制成。其主要用于手推车上,也可用于医疗器械等,具有一定的通用性。<br></td></tr>
<tr><td>归类决定</td><td colspan="5">该商品明显具有通用性,其结构主要用于移动其他物品,可归入《税则》税目 87. 16 项下。</td></tr>
</table>

<table>
<tr><td>序号</td><td>143</td><td>归类决定编号</td><td>J2010 - 0018</td><td>公告编号</td><td>2010 年第 87 号</td></tr>
<tr><td colspan="2">技术委员会议题编号</td><td colspan="2">13 - 10 - 2010</td><td>发布日期</td><td>2010 年 12 月 28 日</td></tr>
<tr><td>商品税则号列</td><td colspan="5">9013. 9090[9013. 9020(2014 年版)]</td></tr>
<tr><td>商品名称</td><td colspan="5">液晶显示屏灯管组</td></tr>
<tr><td>英文名称</td><td colspan="5"></td></tr>
<tr><td>其他名称</td><td colspan="5"></td></tr>
<tr><td>商品描述</td><td colspan="5">由裸灯管、灯罩、电线、端子、塑胶壳、橡胶承座、O 形环、双面胶带、热缩套管等材料组成灯管组。灯管组之灯管高低压两端各连一个灯座，灯座再分别与线材组(电线、端子、塑胶壳)的高、低压端相连，橡胶承座保护、固定灯管电极头与电线之焊接接头处，线材组的另一端插件部分接通外部电源，通电后灯管发光，光线由灯罩集中向一个方向反射出去，O 形环固定灯管，双面胶带将线材固定在反光罩。此灯管组是为液晶显示屏提供光源的组件。</td></tr>
<tr><td>归类决定</td><td colspan="5">该商品是液晶显示屏的专用零件。根据归类总规则一，将其归入税则号列 9013. 9090[9013. 9020(2014 年版)]。</td></tr>
</table>

<table>
<tr><td>序号</td><td>144</td><td>归类决定编号</td><td>J2010 - 0019</td><td>公告编号</td><td>2010 年第 87 号</td></tr>
<tr><td colspan="2">技术委员会议题编号</td><td colspan="2">13 - 10 - 2010</td><td>发布日期</td><td>2010 年 12 月 28 日</td></tr>
<tr><td>商品税则号列</td><td colspan="5">9013. 9090[9013. 9020(2014 年版)]</td></tr>
<tr><td>商品名称</td><td colspan="5">背光模块</td></tr>
<tr><td>英文名称</td><td colspan="5"></td></tr>
<tr><td>其他名称</td><td colspan="5"></td></tr>
<tr><td>商品描述</td><td colspan="5">LED 背光模块是一种轨道叠加的照明装置，安装在完整的背光模组上为电视机或显示器提供背光源。LED 背光模块由一系列 LED、一个印刷电路板和一个连接器组成。其中，LED 焊接搭载到印刷电路板上。当连接器和电源接通时，LED 背光模块上的 LED 会同时点亮发光。该印刷电路板对 LED 只起到电路连接作用，不具有其他功能。<br></td></tr>
<tr><td>归类决定</td><td colspan="5">该商品是液晶显示屏的专用零件。根据归类总规则一，将其归入税则号列 9013. 9090[9013. 9020(2014 年版)]。</td></tr>
</table>

| 序号 | 145 | 归类决定编号 | J2010－0020 | 公告编号 | 2010 年第 87 号 |
|---|---|---|---|---|---|
| 技术委员会议题编号 | | 13－03－2010 | | 发布日期 | 2010 年 12 月 28 日 |
| 商品税则号列 | 90. 18 | | | | |
| 商品名称 | 弹簧栓塞 | | | | |
| 英文名称 | | | | | |
| 其他名称 | | | | | |
| 商品描述 | 该商品由不锈钢丝和人造纤维(尼龙 66)组成,产品不需电源,无菌包装,属于放射介入类一次性使用耗材。用途:用于血管内的栓塞治疗。使用方法:通过内径范围为 0. 018 英寸至 0. 035 英寸的导管将该商品输送到病变位置,对血管进行机械性堵塞,阻止血液养分、水及其他营养对血管肿瘤的供给,被堵塞的血管肿瘤逐渐萎缩直至消失,患者的疾病也因此被治愈。 | | | | |
| 归类决定 | 该商品用于治疗,可以在一定程度上消除病变。根据归类总规则一,将该商品归入《税则》税目 90. 18 项下。 | | | | |

| 序号 | 146 | 归类决定编号 | J2011－0012 | 公告编号 | 2011 年第 13 号 |
|---|---|---|---|---|---|
| 技术委员会议题编号 | | 13－41－2010 | | 发布日期 | 2011 年 3 月 4 日 |
| 商品税则号列 | 9019. 1010 | | | | |
| 商品名称 | 带振动器的健慰器 | | | | |
| 英文名称 | | | | | |
| 其他名称 | | | | | |
| 商品描述 | 健慰器分为“女用健慰器”和“男用健慰器”两大类产品。其中,女用健慰器包括:外套、刺激头、振动器、动作齿轮箱、电池盒、振动频率调节器等部件。男用健慰器包括:外套、振动器、振动频率调节器、电池盒等部件。上述产品的外套均采用医用级 PVC、热可塑性弹性体(SBS)高分子材料制成,达到对人体无刺激、无毒害标准。 | | | | |
| 归类决定 | 该带振动器的健慰器归入税则号列 9019. 1010。 | | | | |

| 序号 | 147 | 归类决定编号 | J2009－0024 | 公告编号 | 2009年第83号 |
| --- | --- | --- | --- | --- | --- |
| 技术委员会议题编号 | | 12－27－2009 | | 发布日期 | 2009年12月23日 |
| 商品税则号列 | 9021.9000［9021.90(2014年版)］ | | | | |
| 商品名称 | 药物缓释支架 | | | | |
| 英文名称 | | | | | |
| 其他名称 | 雷帕霉素药物洗脱支架 | | | | |
| 商品描述 | 该商品主要用于治疗冠心病、糖尿病等。商品由球囊输送系统、依附在球囊上的316L医用不锈钢的金属支架组成，支架表面均匀涂有雷帕霉素药物和聚合物的混合涂层，一个支架上的载药量约为140ug/cm$^2$。其中，球囊输送系统可将金属支架顺利送往体内血管病变的部分；金属支架覆盖病变血管的面积，提供充分的血管壁支持作用，保证血液在血管中流动顺畅；金属支架上涂有的雷帕霉素药物，具有抗炎、抗内膜增生的作用。 | | | | |
| 归类决定 | 由于该商品起主要作用的为支架本身，药物只起辅助作用，故会议决定将其归入税则号列9021.9000［9021.90(2014年版)］。 | | | | |

<table>
<tr><td>序号</td><td>148</td><td>归类决定编号</td><td>J2013－0013</td><td>公告编号</td><td>2014 年第 2 号</td></tr>
<tr><td colspan="2">技术委员会议题编号</td><td colspan="2">17－19－2013</td><td>发布日期</td><td>2014 年 1 月 2 日</td></tr>
<tr><td>商品税则号列</td><td colspan="5">9023.0000</td></tr>
<tr><td>商品名称</td><td colspan="5">教习头</td></tr>
<tr><td>英文名称</td><td colspan="5"></td></tr>
<tr><td>其他名称</td><td colspan="5">教习假发</td></tr>
<tr><td>商品描述</td><td colspan="5">该商品“教习头”（申报品名），又名“教习假发”，其用途为美发从业者初学修剪头发、烫染、造型用。<br>加工工艺为：真人人发处理→烫制头皮模型→人工把人发钩入头皮模型→发泡聚氨酯填充成型→化妆→水洗整理→成品。价值构成上，人发占 70% 左右。<br></td></tr>
<tr><td>归类决定</td><td colspan="5">该商品按照教学、展示用途模型归入税则号列 9023.0000。</td></tr>
</table>

<table>
<tr><td>序号</td><td>149</td><td>归类决定编号</td><td>J2011－0027</td><td>公告编号</td><td>2012 年第 3 号</td></tr>
<tr><td colspan="2">技术委员会议题编号</td><td colspan="2">15－12－2011</td><td>发布日期</td><td>2012 年 1 月 16 日</td></tr>
<tr><td>商品税则号列</td><td colspan="5">9026. 2010</td></tr>
<tr><td>商品名称</td><td colspan="5">压力感应器</td></tr>
<tr><td>英文名称</td><td colspan="5"></td></tr>
<tr><td>其他名称</td><td colspan="5">压力传感器</td></tr>
<tr><td>商品描述</td><td colspan="5">该商品用于塑料熔体压力测量。其工作原理为:在对塑料进行机械加工的过程中,塑料熔体的压力直接作用于传感器头部的不锈钢膜片上,使膜片产生与塑料熔体压力成正比的微位移,使其内部金属电阻应变片的阻值发生相应变化,其外围处理电路将感应到的相关信号转换为标准信号并输出到控制系统,从而控制塑料熔体的压力。<br>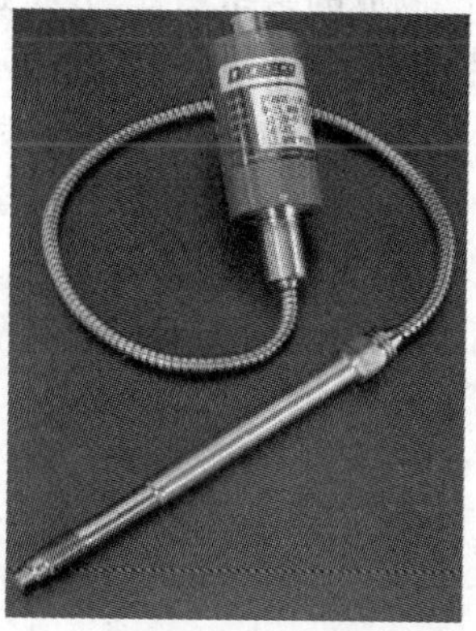</td></tr>
<tr><td>归类决定</td><td colspan="5">根据归类总规则一,将该商品归入税则号列 9026. 2010。</td></tr>
</table>

| 序号 | 150 | 归类决定编号 | J2010－0021 | 公告编号 | 2010年第87号 |
| --- | --- | --- | --- | --- | --- |
| 技术委员会议题编号 | 12－23－2009 | | | 发布日期 | 2010年12月28日 |
| 商品税则号列 | 9027.8099 | | | | |
| 商品名称 | 显微切割仪 | | | | |
| 英文名称 | | | | | |
| 其他名称 | | | | | |
| 商品描述 | 显微切割仪是附加了激光(紫外光)器的全自动高档荧光显微镜。由全自动显微镜、控制专用软件、长工作距离聚光镜、显微切割专用长工作距离物镜、切割专用150X物镜(干镜)、三芯片高速CCD、外置荧光光源、长寿命固体半导体激光(紫外光)器、计算机(另购,没有进口)等构成。<br>用途:观察已制成的组织切片,并将选定细胞分离出来,用于分析,可用于分离活细胞、蛋白组、染色体等。<br>工作原理:计算机应用专用软件控制高分辨率物镜在显微镜下面寻找到需要分离的各种样品(小至单个细胞或单条染色条),并控制固体激光器发出一束聚焦的紫外激光自动扫描切割所需的样品边缘。这样,被选定的样品就从组织切片上被分离出来,并在重力的作用下掉入载物台下方的收集管内。 | | | | |
| 归类决定 | 显微切割仪应属第九十章的其他仪器及装置,根据归类总规则一,归入税则号列9027.8099。 | | | | |

| 序号 | 151 | 归类决定编号 | J2012－0001 | 公告编号 | 2012 年第 60 号 |
|---|---|---|---|---|---|
| 技术委员会议题编号 | | 15－16－2011 | | 发布日期 | 2012 年 12 月 10 日 |
| 商品税则号列 | 9027.8099 | | | | |
| 商品名称 | 流变仪 | | | | |
| 英文名称 | | | | | |
| 其他名称 | | | | | |
| 商品描述 | 该商品的品牌为 GRACE，型号为 M7500，是针对钻井高温高压环境下泥浆的流变性能进行测试的装置。其可以模拟钻井下的高温高压环境，对泥浆的流变性能进行分析，以判断泥浆性能是否满足井下的实际需要。可测量各种流动速度下泥浆黏度和剪切应力的变化数值，从而调整泥浆的流变性能。<br>该流变仪有触摸式液晶显示屏，可显示温度、压力、剪切应力、剪切速率、转速和黏度数值。其一般可采取以下测量方法：<br>1. 在设定温度下，将流变仪转速固定在某一低转速连续运行，直到泥浆黏度开始剧烈变化或变化率突变为止，通过这种方法可以确定泥浆及其处理剂在该温度下流变性维持稳定的时间。<br>2. 在设定转速下，连续慢速升温，观察泥浆黏度的变化情况，直到泥浆黏度开始剧烈变化为止，通过这种方法可以大致确定泥浆的抗温能力。<br>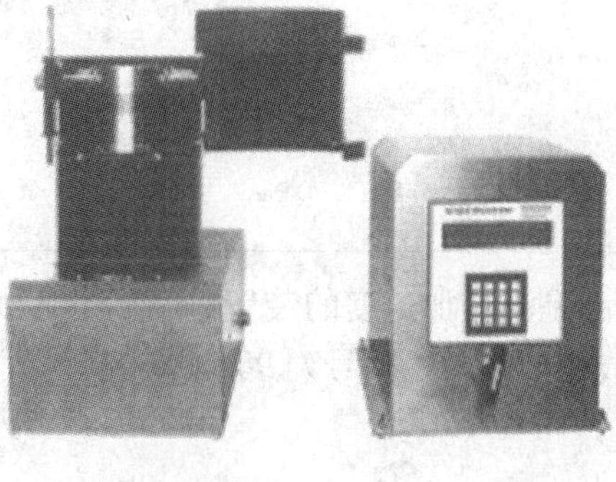 | | | | |
| 归类决定 | 根据归类总规则一及六，该商品应作为理化分析仪器归入税则号列 9027.8099。 | | | | |

| 序号 | 152 | 归类决定编号 | J2011 - 0028 | 公告编号 | 2012 年第 3 号 |
|---|---|---|---|---|---|
| 技术委员会议题编号 | 15 - 10 - 2011 | | 发布日期 | 2012 年 1 月 16 日 | |
| 商品税则号列 | 9031. 8090 | | | | |
| 商品名称 | 安全气囊传感器 | | | | |
| 英文名称 | | | | | |
| 其他名称 | | | | | |
| 商品描述 | 该商品主要由外壳、基板、加速度传感器及电路组成。传感器的工作原理为:传感器内装有半导体压力式加速度传感器,当汽车正常行驶时,加速度传感器持续测量汽车的正向加速度并经安全气囊传感器内的电路处理后传送给控制单元,当汽车发生碰撞时,加速度传感器的半导体受压发生弯曲应变,加速度传感器产生较大变化值的信号并经安全气囊传感器内的电路处理后传送给控制单元。该安全气囊传感器为汽车安全气囊系统的组成部分,用于感应汽车碰撞中测得的加速度信号变换成数字信号,传送给气囊控制单元(ECU)。<br>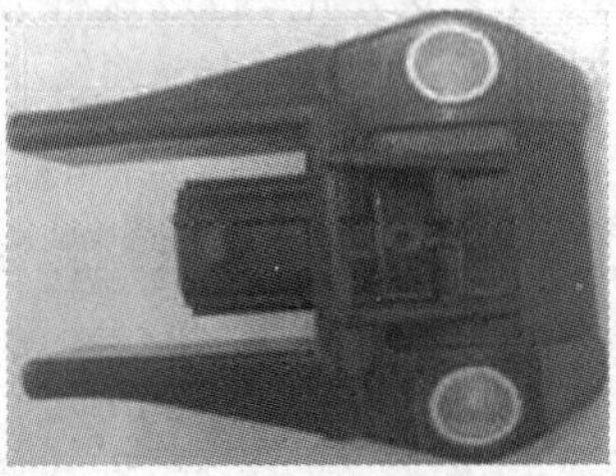 | | | | |
| 归类决定 | 该商品是测量加速度的装置,应按照《税则》未列名测量装置归类。根据归类总规则一及六,将其归入税则号列 9031. 8090。 | | | | |

| 序号 | 153 | 归类决定编号 | J2008－0018 | 公告编号 | 2008年第36号 |
|---|---|---|---|---|---|
| 技术委员会议题编号 | 11－18－2008 | | | 发布日期 | 2008年5月20日 |
| 商品税则号列 | 92.07 | | | | |
| 商品名称 | 乐器合成器 | | | | |
| 英文名称 | | | | | |
| 其他名称 | 乐器合成器,外形似电子琴,带有数据接口,可以连接电脑配合相应软件进行创作、编辑、记录音乐,也可以单独连接功放进行演奏。 | | | | |
| 商品描述 | 电子乐器合成器是带拓展功能的乐器,应归入《税则》税目92.07项下。 | | | | |
| 归类决定 | | | | | |

| 序号 | 154 | 归类决定编号 | J2006－0051 | 公告编号 | 2007年第70号 |
|---|---|---|---|---|---|
| 技术委员会议题编号 | 10－03－2006 | | | 发布日期 | 2007年12月5日 |
| 商品税则号列 | 92.09 | | | | |
| 商品名称 | 镀锡钢琴丝 | | | | |
| 英文名称 | Tinned piano wire | | | | |
| 其他名称 | | | | | |
| 商品描述 | 该镀锡钢琴丝的外观为成卷的银白色钢丝,用途为制作乐器用弦,是制作钢琴琴弦的芯线。 | | | | |
| 归类决定 | 会议决定该商品应归入《税则》税目92.09。 | | | | |

| 序号 | 155 | 归类决定编号 | J2011－0029 | 公告编号 | 2012 年第 3 号 |
|---|---|---|---|---|---|
| 技术委员会议题编号 | 15－07－2011 | | 发布日期 | 2012 年 1 月 16 日 | |
| 商品税则号列 | 93.07［9307.0090（2014 年版）］ | | | | |
| 商品名称 | 工艺日本刀 | | | | |
| 英文名称 | | | | | |
| 其他名称 | | | | | |
| 商品描述 | 该商品由锌合金压铸而成，由于装配各种不同装具，其品种、规格、种类众多，大体分为以下三类：（1）日本刀大刀，全长 103 厘米，其中刀柄长 26 厘米，刀鞘长 77 厘米，刀身长 74 厘米；（2）日本刀小刀，全长 70 厘米，其中刀柄长 18 厘米，刀鞘长 52 厘米，刀身长 46.5 厘米；（3）日本刀短刀，全长 32 厘米，其中刀柄长 10 厘米，刀鞘长 22 厘米，刀身长 19.5 厘米。刀身的生产工艺为：（1）开模；（2）将锌合金融化后使用压铸机注入模具成型；（3）电镀抛光；（4）磨制假刀纹；（5）与其他零部件一起装配为成品。该商品配上刀架可用于装饰，可供喜爱者收藏，也可用于舞蹈和体育活动。<br>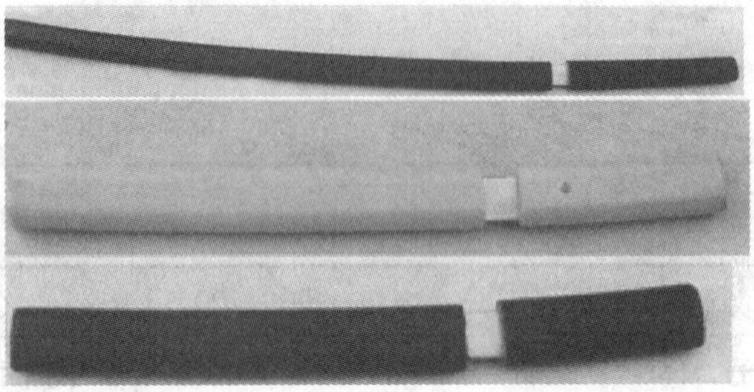 | | | | |
| 归类决定 | 综合该商品特征，将其认定为武器，并根据归类总规则一，将其归入税目 93.07 项下［9307.0090（2014 年版）］。 | | | | |

| 序号 | 156 | 归类决定编号 | J2011－0030 | 公告编号 | 2012 年第 3 号 |
|---|---|---|---|---|---|
| 技术委员会议题编号 | 15－08－2011 | | | 发布日期 | 2012 年 1 月 16 日 |
| 商品税则号列 | 93.07[9307.0090(2014 年版)] | | | | |
| 商品名称 | 弓形刀 | | | | |
| 英文名称 | | | | | |
| 其他名称 | 工艺刀剑 | | | | |
| 商品描述 | 该商品由刀体和展示托架组成。展示托架为塑料材质，可拆卸。刀体全长 25.4 厘米，刀片部分长为 13 厘米，手柄为锌铝材质，刀片为铝材质，仿电影道具产品刀片形状，未开刃，无血槽，用作摆饰品。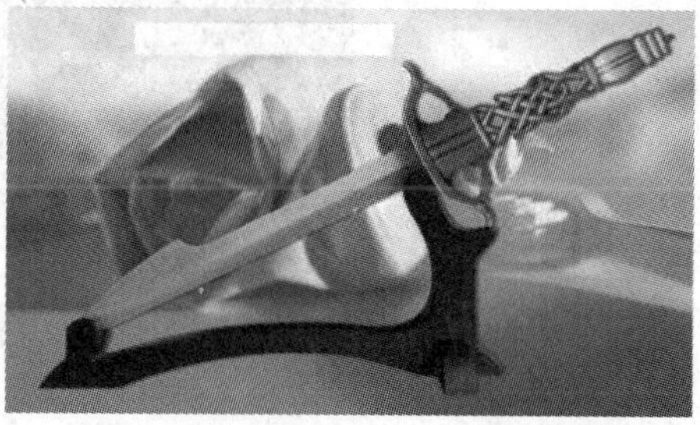 | | | | |
| 归类决定 | 综合该商品特征，将其认定为武器，并根据归类总规则一，将其归入税目 93.07 项下[9307.0090(2014 年版)]。 | | | | |

<table>
<tr><td>序号</td><td>157</td><td>归类决定编号</td><td>J2010－0022</td><td>公告编号</td><td>2010年第87号</td></tr>
<tr><td colspan="2">技术委员会议题编号</td><td colspan="2">13－13－2010</td><td>发布日期</td><td>2010年12月28日</td></tr>
<tr><td>商品税则号列</td><td colspan="5">9401.20</td></tr>
<tr><td>商品名称</td><td colspan="5">汽车座椅骨架</td></tr>
<tr><td>英文名称</td><td colspan="5"></td></tr>
<tr><td>其他名称</td><td colspan="5"></td></tr>
<tr><td>商品描述</td><td colspan="5">汽车座椅骨架为钢铁制，由底部骨架（又称座盆）和靠背骨架及部分滑轨组成，不带头枕和海绵软垫。<br></td></tr>
<tr><td>归类决定</td><td colspan="5">该商品具有汽车座椅的基本形状且已安装了轨道，只能作为汽车的座椅使用，根据归类总规则一，该商品应归入税则子目9401.20。</td></tr>
</table>

| 序号 | 158 | 归类决定编号 | J2006－0052 | 公告编号 | 2007年第70号 |
| --- | --- | --- | --- | --- | --- |
| 技术委员会议题编号 | 2－07－1999 | | | 发布日期 | 2007年12月5日 |
| 商品税则号列 | 94.04 | | | | |
| 商品名称 | 绗缝被 | | | | |
| 英文名称 | | | | | |
| 其他名称 | | | | | |
| 商品描述 | 该绗缝被由胎料和外表的纺织物两部分组成，胎料由散纤构成，为了使被褥外层纺织物与胎料之间固定，使被褥厚薄均匀，将外层纺织物与胎料以并排直线或装饰图案式地缝合起来。 | | | | |
| 归类决定 | 根据归类总规则一，该商品应归入《税则》税目94.04。 | | | | |

| 序号 | 159 | 归类决定编号 | J2009－0025 | 公告编号 | 2009 年第 83 号 |
|---|---|---|---|---|---|
| 技术委员会议题编号 | 12－36－2009 | | | 发布日期 | 2009 年 12 月 23 日 |
| 商品税则号列 | 94.05 | | | | |
| 商品名称 | 展架 | | | | |
| 英文名称 | | | | | |
| 其他名称 | | | | | |
| 商品描述 | 该商品一般放置在商店内展示手机、照相机、化妆品等小商品，安装有灯箱，可同时展示品牌等。该商品同时具有货架展示和广告灯箱的作用。 | | | | |
| 归类决定 | 会议决定，该商品的灯箱起主要作用，应归入《税则》税目 94.05 项下。 | | | | |

<table>
<tr><td>序号</td><td>160</td><td>归类决定编号</td><td>J2011 - 0013</td><td>公告编号</td><td>2011 年第 13 号</td></tr>
<tr><td colspan="2">技术委员会议题编号</td><td colspan="2">13 - 36 - 2010</td><td>发布日期</td><td>2011 年 3 月 4 日</td></tr>
<tr><td>商品税则号列</td><td colspan="5">94.05</td></tr>
<tr><td>商品名称</td><td colspan="5">管道式日光照明系统</td></tr>
<tr><td>英文名称</td><td colspan="5">290 Day lighting system</td></tr>
<tr><td>其他名称</td><td colspan="5"></td></tr>
<tr><td>商品描述</td><td colspan="5">该商品由采光罩、反射片、导光通管、漫射器、防水帽紧固密封件等部件组成。管道式日光照明系统主要是利用光线的物理透射及折射原理，采用高透光率及高反射率材料组合而成的综合系统，主要由三部分组成：(1)采光部分——采用透明亚克力材料注塑成型的采光罩，能够传导空气中的直射光及散射光进入导光管内；(2)传输部分——利用光线物理折射的特性，通过内附高反射材料的铝制导光管，将光线传导至需要照明的位置；(3)漫射部分——采用高透光率的聚碳酸酯(PC)或亚克力材料制成的漫射器，可以把光线均匀地漫射到需要照明的房间。采光罩(安装于屋外)采光通过导光通管(安装于屋内)将阳光传输到漫射器，通过漫射器漫射到室内实现照明。<br><br></td></tr>
<tr><td>归类决定</td><td colspan="5">该商品属于利用自然光的照明装置，根据归类总规则一，将其按其他照明装置归入《税则》税目 94.05 项下。</td></tr>
</table>

| 序号 | 161 | 归类决定编号 | J2011－0014 | 公告编号 | 2011 年第 13 号 |
|---|---|---|---|---|---|
| 技术委员会议题编号 | | 13－38－2010 | | 发布日期 | 2011 年 3 月 4 日 |
| 商品税则号列 | 94.05 | | | | |
| 商品名称 | 电子蜡烛灯 | | | | |
| 英文名称 | | | | | |
| 其他名称 | | | | | |
| 商品描述 | 该商品采用干电池作为电源，其结构为：顶部为蜡烛火焰形状的 LED 灯泡，其下方为白色蜡烛形状的主体结构，采用聚丙烯（PP）塑料壳体，控制开关和干电池装在壳体内，壳体底部使用蜡封闭。开关方式为：向下按压 LED 灯泡则控制开关导通，LED 灯泡发出模拟蜡烛火焰的闪烁式灯光，再次按压 LED 灯泡则控制开关关断，灯光熄灭。用途为：手持或安放在烛台上代替蜡烛使用。<br>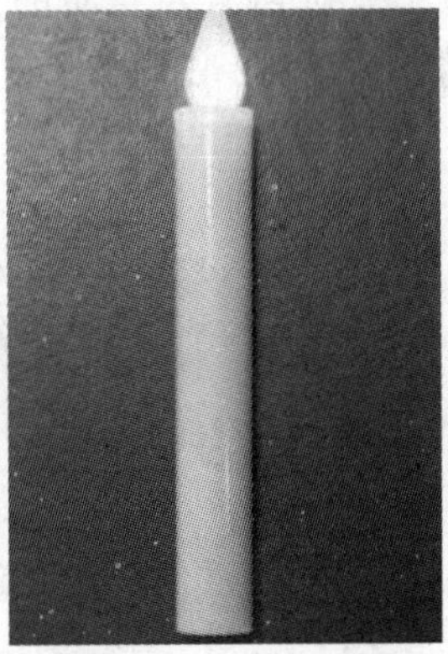 | | | | |
| 归类决定 | 该商品符合《税则》税目 94.05 条文的描述，根据归类总规则一，将其按其他照明装置归入税目 94.05 项下。 | | | | |

<table>
<tr><td>序号</td><td>162</td><td>归类决定编号</td><td>J2011－0031</td><td>公告编号</td><td>2012年第3号</td></tr>
<tr><td colspan="2">技术委员会议题编号</td><td colspan="2">15－20－2011</td><td>发布日期</td><td>2012年1月16日</td></tr>
<tr><td>商品税则号列</td><td colspan="5">94.05</td></tr>
<tr><td>商品名称</td><td colspan="5">LED灯</td></tr>
<tr><td>英文名称</td><td colspan="5"></td></tr>
<tr><td>其他名称</td><td colspan="5"></td></tr>
<tr><td>商品描述</td><td colspan="5">该商品由外壳(金属和玻璃)、LED发光模块、散射片(块)、镇流器(变流装置)、电气连接装置(罗纹口、接插口)、散热片构成。外观同白炽灯泡或日光灯管相同。可以在尺寸相同、接口一致的条件下直接安装在现有的灯具或照明装置上。利用LED的发光原理产生光亮,通过散射片(块)将光洒向四周或某一特定方向。<br>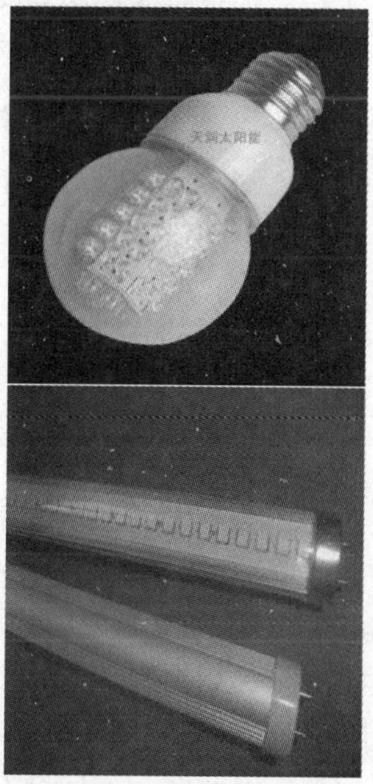</td></tr>
<tr><td>归类决定</td><td colspan="5">该商品应作为照明装置归类,根据归类总规则一,将其归入税目94.05项下。</td></tr>
</table>

<table>
<tr><td>序号</td><td>163</td><td>归类决定编号</td><td>J2011 -0015</td><td>公告编号</td><td>2011 年第 13 号</td></tr>
<tr><td colspan="2">技术委员会议题编号</td><td colspan="2">13 -42 -2010</td><td>发布日期</td><td>2011 年 3 月 4 日</td></tr>
<tr><td>商品税则号列</td><td colspan="5">95.03</td></tr>
<tr><td>商品名称</td><td colspan="5">挖掘机模型</td></tr>
<tr><td>英文名称</td><td colspan="5"></td></tr>
<tr><td>其他名称</td><td colspan="5"></td></tr>
<tr><td>商品描述</td><td colspan="5">该挖掘机模型,金属材质,体积很小,重约 0.5 千克,是按照一定的比例,对照大型挖掘机的外观形态缩制而成的一种高仿真挖掘机模型,用于对外宣传和展示。<br></td></tr>
<tr><td>归类决定</td><td colspan="5">该商品按玩具归类,根据归类总规则一,将其归入《税则》税目 95.03 项下。</td></tr>
</table>

| 序号 | 164 | 归类决定编号 | J2006－0053 | 公告编号 | 2007年第70号 |
|---|---|---|---|---|---|
| 技术委员会议题编号 | | 6－24－2002 | | 发布日期 | 2007年12月5日 |
| 商品税则号列 | 95.03 | | | | |
| 商品名称 | 腰袋礼品套装 | | | | |
| 英文名称 | | | | | |
| 其他名称 | | | | | |
| 商品描述 | 该腰袋礼品套装是尺寸为23.0厘米(长)×6.3厘米(宽)×13.0厘米(高)的化纤腰袋,内装填色小册子、彩色自粘贴纸、铅笔、铅笔削、扑克牌、塑料小玩具各一件,腰袋及所装物品均印有航空公司广告宣传字样。 | | | | |
| 归类决定 | 会议决定该商品应归入《税则》税目95.03。 | | | | |

| 序号 | 165 | 归类决定编号 | J2006－0054 | 公告编号 | 2007年第70号 |
|---|---|---|---|---|---|
| 技术委员会议题编号 | | 6－24－2002 | | 发布日期 | 2007年12月5日 |
| 商品税则号列 | 95.03 | | | | |
| 商品名称 | 腰袋礼品套装 | | | | |
| 英文名称 | | | | | |
| 其他名称 | | | | | |
| 商品描述 | 该腰袋礼品套装是尺寸为20.0厘米(长)×5.0厘米(宽)×13.0厘米(高)的化纤腰袋,内装填色小册子、彩色自粘贴纸、填字游戏纸、蜡笔、铅笔削、扑克牌、塑料小玩具各一件,腰袋及所装物品均印有航空公司广告宣传字样。 | | | | |
| 归类决定 | 会议决定该商品应归入《税则》税目95.03。 | | | | |

| 序号 | 166 | 归类决定编号 | J2006－0055 | 公告编号 | 2007年第70号 |
|---|---|---|---|---|---|
| 技术委员会议题编号 | 3－13－2000 | | | 发布日期 | 2007年12月5日 |
| 商品税则号列 | 9503.0081 | | | | |
| 商品名称 | 小园丁——无土栽培系列 | | | | |
| 英文名称 | | | | | |
| 其他名称 | | | | | |
| 商品描述 | “小园丁——无土栽培系列”是由花种子、营养液、种植钵、种植盆、岩棉、盆盖和实践活动指导手册等组成的成套包装物品。其使用方法是：根据实践活动指导手册的指引，将种子种植在种植钵内，定时定量供应营养液，使花种子正常生长发育。 | | | | |
| 归类决定 | 根据归类总规则一，该商品应归入税则号列9503.0081。 | | | | |

| 序号 | 167 | 归类决定编号 | J2010－0023 | 公告编号 | 2010年第87号 |
|---|---|---|---|---|---|
| 技术委员会议题编号 | 12－28－2009 | | | 发布日期 | 2010年12月28日 |
| 商品税则号列 | 按材质归类 | | | | |
| 商品名称 | 自动旋转门 | | | | |
| 英文名称 | | | | | |
| 其他名称 | | | | | |
| 商品描述 | 该商品被广泛应用于机场、医院、银行、酒店等公共场所，是具有宽大门区的旋转门，可保证一般大件物品，如购物车、行李车、担架、轮椅等的通行。它提供单双向和直线通行，具有很高的通行能力。外观：直径3600毫米，门翼高度2600毫米，华盖高度400毫米，弧形壁使用夹胶安全玻璃，门翼由铝型材、马鬃挡风条和钢化玻璃构成，表面材质为钛黑镜面不锈钢。内置组装有：控制面板、SRB（弧壁安全防夹胶条，安全橡胶缓冲器可以有效预防旋转门翼和固定的弧壁之间夹住用户）、HBS（水平防夹感应器）、EBS（非接触防夹感应器）及SRT（门翼安全防撞胶条）安全装置、消防系统；配有天花灯。 | | | | |
| 归类决定 | 自动旋转门的各部分可组成一个整体，应一并按“门”的材质归入相应税目项下。 | | | | |

<table>
<tr><td>序号</td><td>168</td><td>归类决定编号</td><td>J2013－0006</td><td>公告编号</td><td>2014 年第 2 号</td></tr>
<tr><td colspan="2">技术委员会议题编号</td><td colspan="2">17－07－2013</td><td>发布日期</td><td>2014 年 1 月 2 日</td></tr>
<tr><td>商品税则号列</td><td colspan="5">按手机、平板电脑的零件归类</td></tr>
<tr><td>商品名称</td><td colspan="5">手机、电脑用平板玻璃</td></tr>
<tr><td>英文名称</td><td colspan="5"></td></tr>
<tr><td>其他名称</td><td colspan="5"></td></tr>
<tr><td>商品描述</td><td colspan="5">
该类商品为矩形的面板，其厚、薄度均匀，面板四周棱边光滑无毛刺，未经过光学加工，也未装配其他光学元器件；面板有留置的“按键孔”，供安装按键或留置出摄像头孔位置；面板经过丝网印刷、镀膜，在面板四周边框内油印化学油墨，形成边框。该产品可供直接装配使用，是手机、平板电脑用的玻璃保护面板（屏幕），起保护手机、平板电脑液晶屏的作用。<br>
主要生产工艺流程：切割→清洗→边框棱边抛光去毛刺并研磨光滑→清洗→化学强化（起加强玻璃面板硬度作用）→清洗→丝网油墨印刷→清洗→真空镀膜→检验→成品包装出货。<br>
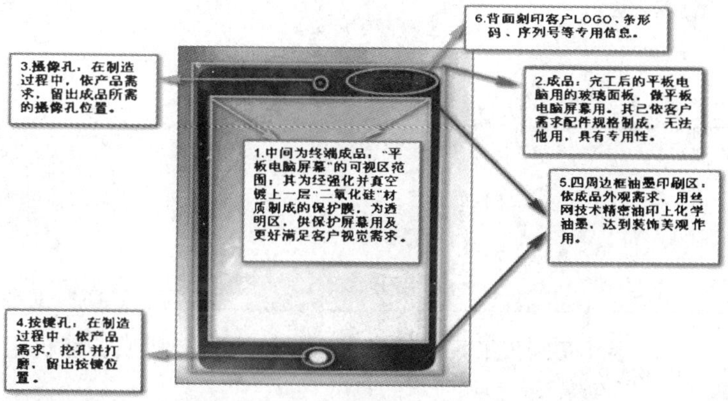

</td></tr>
<tr><td>归类决定</td><td colspan="5">按照一事一议原则，根据归类总规则一，该类商品应分别按照手机或平板电脑的零件归类。</td></tr>
</table>

| 序号 | 169 | 归类决定编号 | J2009 - 0026 | 公告编号 | 2009 年第 83 号 |
|---|---|---|---|---|---|
| 技术委员会议题编号 | | 12 - 25 - 2009 | | 发布日期 | 2009 年 12 月 23 日 |
| 商品税则号列 | 分别归类 | | | | |
| 商品名称 | 三维动画运动捕捉系统(不带计算机的分析测量仪器) | | | | |
| 英文名称 | | | | | |
| 其他名称 | | | | | |
| 商品描述 | 该商品的进口形式为“前端采集设备 + 专用软件”,由 8 ~ 10 个 EAGLE 数字摄像机、100Mbps 网线连接、1 ~ 2 个 EAGLE Hub 交换机、一套动态跟踪球、摄像机三脚支撑架、动态校准附件、运动分析软件包(Eva 数据采集分析管理、MoCap Solver 数据模型集成、Director Sequencer 数据采集分析编辑、RT - Anim - Plug - ins 3D 三维软件插件)、软件保护锁、软件教材及手册组成,进口时不带有计算机。该商品可以精确地捕捉到复杂的运动轨迹,其实时功能可让客户在对象运动的同时,立即看到运动捕捉的结果或效果。 | | | | |
| 归类决定 | 会议决定,采集系统和专用软件尚不能构成功能机组,应当分别归类。 | | | | |

<table>
<tr><td>序号</td><td>170</td><td>归类决定编号</td><td>J2008 - 0019</td><td>公告编号</td><td>2008 年第 36 号</td></tr>
<tr><td colspan="2">技术委员会议题编号</td><td>11 - 19 - 2008</td><td colspan="2">发布日期</td><td>2008 年 5 月 20 日</td></tr>
<tr><td>商品税则号列</td><td colspan="5">分别归类</td></tr>
<tr><td>商品名称</td><td colspan="5">网真 1000 型视频会议系统</td></tr>
<tr><td>英文名称</td><td colspan="5"></td></tr>
<tr><td>其他名称</td><td colspan="5"></td></tr>
<tr><td>商品描述</td><td colspan="5">网真 1000 型视频会议系统(思科牌)是一套完整的视频会议设备,由一台等离子显示屏、一台编解码器、一台摄像头、一台扬声器、控制器、一台独立外置的麦克风等多个设备与相关的安装框架组合而成,所有设备均通过缆线连接在一起。该商品利用 IP 技术,实现了实时网络电视会议,通过一块 65 英寸的等离子显示屏虚拟出真实的会议环境。<br>
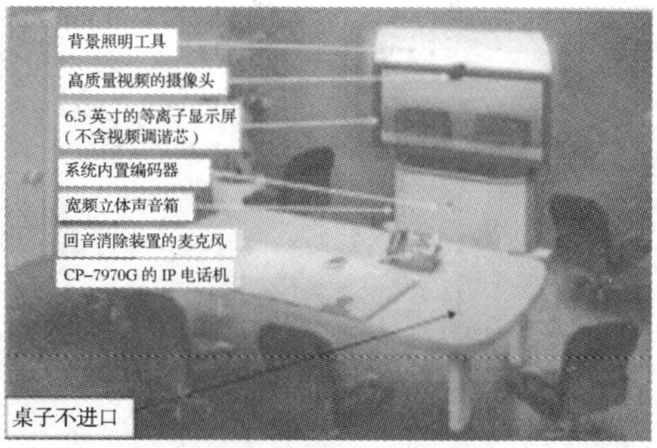
</td></tr>
<tr><td>归类决定</td><td colspan="5">该商品并不完全组装在同一机壳内,不符合《税则》第十六类类注三关于组合机器的定义,且通过缆线连接后并无第八十四章或第八十五章某一章节列名的功能,也不符合第十六类类注四关于功能机组的定义,故应分别归类。其中,60 英寸等离子显示屏,带 HDMI 接口,应按彩色视频监视器归入税则号列 8528.5910;其他部件构成有线数字式 IP 电话信号转换设备的功能,一并归入税则号列 8517.6233。</td></tr>
</table>

| 序号 | 171 | 归类决定编号 | J2008－0020 | 公告编号 | 2008 年第 36 号 |
|---|---|---|---|---|---|
| 技术委员会议题编号 | 11－20－2008 | | 发布日期 | | 2008 年 5 月 20 日 |
| 商品税则号列 | 分别归类 | | | | |
| 商品名称 | 网真 3000 型视频会议系统 | | | | |
| 英文名称 | | | | | |
| 其他名称 | | | | | |
| 商品描述 | 网真 3000 型视频会议系统(思科牌)是一套完整的视频会议设备,由三台等离子显示屏、三台编解码器、三台摄像头、三台扬声器、控制器、三台独立外置的麦克风、专门设计的木制会议桌等多个设备与相关的安装框架组合而成,所有设备均通过缆线连接在一起。该商品利用 IP 技术,实现了实时网络电视会议,通过三块 65 英寸的等离子显示屏与会议桌相配合,虚拟出真实的会议环境。<br>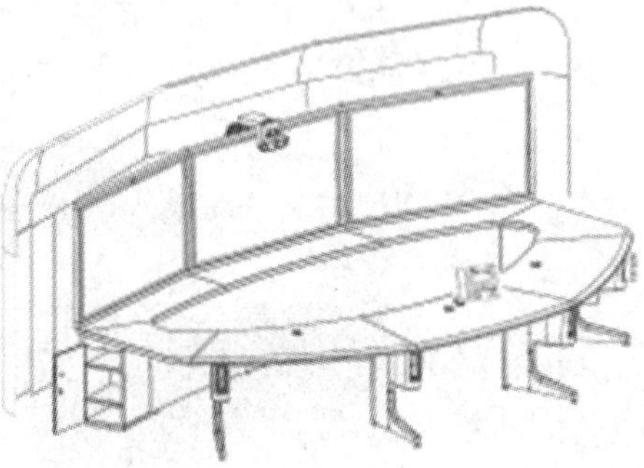 | | | | |
| 归类决定 | 该商品并不完全组装在同一机壳内,不符合《税则》第十六类类注三关于组合机器的定义,且通过缆线连接后并无第八十四章或第八十五章某一章节列名的功能,也不符合第十六类类注四关于功能机组的定义,故应分别归类。其中,60 英寸等离子显示屏,带 HDMI 接口,应按彩色视频监视器归入税则号列 8528.5910;木制会议桌应按办公室用木家具归入税则号列 9403.3000;其他部件构成有线数字式 IP 电话信号转换设备的功能,一并归入税则号列 8517.6233。 | | | | |

<table>
<tr><td>序号</td><td>172</td><td>归类决定编号</td><td>J2006－0056</td><td>公告编号</td><td>2007 年第 70 号</td></tr>
<tr><td colspan="2">技术委员会议题编号</td><td colspan="2">7－13－2002</td><td>发布日期</td><td>2007 年 12 月 5 日</td></tr>
<tr><td colspan="2">商品税则号列</td><td colspan="4">分别归入第 39 章、第 70 章及 73.08</td></tr>
<tr><td colspan="2">商品名称</td><td colspan="4">隔热保温复合材料</td></tr>
<tr><td colspan="2">英文名称</td><td colspan="4"></td></tr>
<tr><td colspan="2">其他名称</td><td colspan="4"></td></tr>
<tr><td colspan="2">商品描述</td><td colspan="4">1. 菱风板<br>菱风板由三层构成，中间层为厚约 21 毫米的聚异氰脲酸酯泡沫塑料，具有隔热的作用；两面均为厚约 80 微米的铝箔，表层的铝箔具有美观、洁净、密封的作用。<br>2. 玻璃纤维棉（有铝箔衬背的）<br>玻璃纤维棉板是用于中央空调末端产品出风口静压箱的表面，起保温和防结露的作用。它由三层材料复合而成，中间层为玻璃棉，厚 4 毫米；表面层为经铝箔涂覆的玻璃纤维布，其中铝箔涂覆层厚 10 微米，主要起防止玻璃纤维受潮的作用；背面为黑色无纺织物，厚 0.05 毫米，起固定支撑作用。<br>3. 金属复合岩棉防火壁板<br>该产品用于制造室内隔断或内墙贴面，起耐火隔热作用。它系金属板材与岩棉的复合材料，表层为 PVC 镀锌板，中间层为 M 型材岩棉，底层为镀锌板，采用胶水黏合。</td></tr>
<tr><td colspan="2">归类决定</td><td colspan="4">会议决定将菱风板按起隔热、保温作用的泡沫塑料归类；将玻璃纤维棉按中间材料玻璃纤维棉归类；将金属复合岩棉防火壁板按钢铁结构体归入《税则》税目 73.08 项下。</td></tr>
</table>

| 序号 | 173 | 归类决定编号 | J2006－0057 | 公告编号 | 2007 年第 70 号 |
| --- | --- | --- | --- | --- | --- |
| 技术委员会议题编号 | | 6－15－2002 | | 发布日期 | 2007 年 12 月 5 日 |
| 商品税则号列 | 视进口状态归类 | | | | |
| 商品名称 | 废旧汽车 | | | | |
| 英文名称 | | | | | |
| 其他名称 | | | | | |
| 商品描述 | 海关经常在海上查获非法运输的废旧汽车，这类车大多是国外的事故车，然后割顶或拦腰切割，装入集装箱走私到国内。外形较好的用于拼装整车，其他主要用于拆解能用的零部件供给汽车修理厂。 | | | | |
| 归类决定 | 会议一致认为，应按照以下原则确定归类：如果构成整机（车）特征，应按照整车进行归类；否则应按照零部件进行归类。如果进口时状态已符合“废钢铁”的有关规定，呈压缩件状，则按照废钢铁进行归类。 | | | | |

GUILEI JUEDING

DI–ER BUFEN

# 归类决定

# 第二部分

| 序号 | 1 | 归类决定编号 | Z2006－0001 | 公告编号 | 2006 年第 69 号 |
|---|---|---|---|---|---|
| 商品税则号列 | | 0207.1421 | | 发布日期 | 2006 年 11 月 22 日 |
| 商品名称 | 冻鸡翅块 | | | | |
| 英文名称 | Jumbo chicken miscut wing portions | | | | |
| 其他名称 | | | | | |
| 商品描述 | “冻鸡翅块”是在对整翅进行切割加工成翅根、翅中、翅尖的过程中，由于切割的部位和角度的差异，产生的一些不合切割规格产品。 | | | | |
| 归类决定 | 该商品不是统一规格的切割后的鸡翅，当中混有一些翅尖等，但不论切割了的产品是否整齐、是否符合设定的商品要求，均不影响商品的基本特征，其仍属于以切割过的鸡翅为主要特征的商品。<br>根据归类总规则一，冻鸡翅块应归入税则号列 0207.1421。 | | | | |

| 序号 | 2 | 归类决定编号 | Z2006－0002 | 公告编号 | 2006 年第 69 号 |
|---|---|---|---|---|---|
| 商品税则号列 | | 0303.3200 | | 发布日期 | 2006 年 11 月 22 日 |
| 商品名称 | 鲽鱼头 | | | | |
| 英文名称 | | | | | |
| 其他名称 | 肥鱼头 | | | | |
| 商品描述 | 冻鲽鱼头无鱼身，作为食用产品进口。 | | | | |
| 归类决定 | 根据《税则》第五章章注一（一）的规定，可食用的动物产品排除在本章之外。该冻鲽鱼头应归入税则号列 0303.3200。 | | | | |

| 序号 | 3 | 归类决定编号 | Z2006－0003 | 公告编号 | 2006 年第 69 号 |
|---|---|---|---|---|---|
| 商品税则号列 | 0303.7500[0303.8100(2014 年版)] | | | 发布日期 | 2006 年 11 月 22 日 |
| 商品名称 | 冻鲨鱼鳍 | | | | |
| 英文名称 | Frozen sharks fins | | | | |
| 其他名称 | | | | | |
| 商品描述 | 长 50 厘米以上的鱼鳍总重约 3788 千克;长 50 厘米以下的鱼鳍总重约 15611 千克。 | | | | |
| 归类决定 | 鱼鳍,是鱼类和其他水生脊椎动物的运动器官,由薄膜、柔软分节的鳍条和坚硬不分节的鳍棘组成。鲨鱼鳍一般用于加工鱼翅及鲨鱼骨。<br>《税则注释》品目 03.03:本品目不仅包括鱼,也包括鱼的部分产品。由于“冻鲨鱼鳍”是鲨鱼的一部分,因此,根据归类总规则一,冻鲨鱼鳍应归入税则号列 0303.7500[0303.8100(2014 年版)]。 | | | | |

| 序号 | 4 | 归类决定编号 | Z2007－0001 | 公告编号 | 2007 年第 71 号 |
|---|---|---|---|---|---|
| 商品税则号列 | 0305.1000 | | | 发布日期 | 2007 年 12 月 5 日 |
| 商品名称 | 鲨鱼软骨粉 | | | | |
| 英文名称 | | | | | |
| 其他名称 | | | | | |
| 商品描述 | 鲨鱼软骨粉为白色粉末,主要成分为鲨鱼软骨粉,是选用普通鲨鱼骨,经冷冻、干燥、灭菌及粉碎等工艺简单加工而成。该商品进口后与维生素 D、碳酸钙、微晶纤维素等混合、制粒、压制成片,制成“复合钙片”销售,其中鲨鱼软骨粉占钙片成分的 16.7%。 | | | | |
| 归类决定 | 根据归类总规则一及《税则注释》对品目 03.05 的解释,鲨鱼软骨粉应归入税则号列 0305.1000。 | | | | |

| 序号 | 5 | 归类决定编号 | Z2008－0001 | 公告编号 | 2008 年第 76 号 |
|---|---|---|---|---|---|
| 商品税则号列 | 03.06 | | | 发布日期 | 2008 年 10 月 28 日 |
| 商品名称 | 冻熟带头虾 | | | | |
| 英文名称 | | | | | |
| 其他名称 | | | | | |
| 商品描述 | 冻熟带头虾的加工工艺为：冲洗、次氯酸钠溶液浸泡消毒（第一次）→粗分→冲洗、次氯酸钠溶液浸泡消毒（第二次）→蒸煮→冷却→分级→冲洗、次氯酸钠溶液浸泡消毒（第三次）→排盘→急冻→脱盘、称重、包装。该商品需经过次氯酸钠浸泡，以起到抑制微生物活动、防止食品腐败变质的作用，加工工艺中包含"蒸煮"工艺。 | | | | |
| 归类决定 | 根据《税则注释》品目 16.05 的条文注释"品目 03.06 所列蒸过或用水煮过（不论是否加有少量临时性化学防腐剂）的带壳甲壳动物除外"，该产品不属于品目 16.05 项下的商品。根据归类总规则一，冻熟带头虾应归入《税则》税目 03.06 项下。 | | | | |

| 序号 | 6 | 归类决定编号 | Z2006－0004 | 公告编号 | 2006 年第 69 号 |
|---|---|---|---|---|---|
| 商品税则号列 | 0307.9990[0308.3090（2014 年版）] | | | 发布日期 | 2006 年 11 月 22 日 |
| 商品名称 | 盐渍海蜇 | | | | |
| 英文名称 | | | | | |
| 其他名称 | | | | | |
| 商品描述 | 该商品品名为盐渍海蜇，制作程序是：渔民从捕捞船上收新鲜海蜇（棉状），把新鲜海蜇放在海蜇池里一层一层摆好，按比例放盐、矾进行盐渍，两个月时间新鲜棉状海蜇即炮制成海蜇皮，其中加矾的作用是为了脱水，加盐和矾是所有捕捞上来的海蜇必须经过的加工工艺。 | | | | |
| 归类决定 | 新鲜海蜇体内一般水分含量达 95% 以上，由于夏季温度高，单用食盐腌制不足以迅速脱水阻止腐败变质，因而一般均在食盐中拌入一定比例的明矾，使鲜蜇体组织的蛋白质凝固，加速组织收缩脱水腌制。<br>从该商品的保藏制作工艺看，食盐在海蜇中主要起保藏作用，明矾仅是起辅助脱水作用。因此，该商品仍属于《税则》第三章的食品加工范畴。根据归类总规则一，"盐渍海蜇"应归入税则号列 0307.9990[0308.3090（2014 年版）]。 | | | | |

| 序号 | 7 | 归类决定编号 | Z2006－0005 | 公告编号 | 2006年第69号 |
|---|---|---|---|---|---|
| 商品税则号列 | | 0404.1000 | | 发布日期 | 2006年11月22日 |
| 商品名称 | 浓缩乳清蛋白 | | | | |
| 英文名称 | | | | | |
| 其他名称 | | | | | |
| 商品描述 | 浓缩乳清蛋白为淡黄色粉末，成分含量为：乳清蛋白34%、乳糖50%、脂肪3%、灰分6.5%、水分4.0%。该商品是乳清经高温短时杀菌后超滤分离，将未透过的保留物脱水、干燥而得。 | | | | |
| 归类决定 | 该商品是去除乳清中部分乳糖等物质的制品，符合《税则》第四章子目注释一对“改性乳清”的定义。<br>根据归类总规则一，浓缩乳清蛋白应归入税则号列0404.1000。 | | | | |

| 序号 | 8 | 归类决定编号 | Z2006－0006 | 公告编号 | 2006年第69号 |
|---|---|---|---|---|---|
| 商品税则号列 | | 0404.1000 | | 发布日期 | 2006年11月22日 |
| 商品名称 | 乳清蛋白 | | | | |
| 英文名称 | | | | | |
| 其他名称 | | | | | |
| 商品描述 | 该商品含蛋白质71.8%，脂肪10%，水分4%，灰分4.5%，乳糖7%。 | | | | |
| 归类决定 | 乳清蛋白为淡黄色粉末。根据海关化验鉴定结果，蛋白质含量为71.8%。该商品是乳清经过超滤除去乳糖和矿物盐后，喷雾干燥而得。<br>乳清经过澄清、超滤、干燥等过程后就得到了浓缩乳清蛋白（WPC）。过滤程度的不同可以得到蛋白浓度从34%～80%不等的产品。该商品是去除乳清中部分乳糖等物质的制品，符合《税则》第四章子目注释一对“改性乳清”的定义。<br>根据归类总规则一，乳清蛋白应归入税则号列0404.1000。 | | | | |

| 序号 | 9 | 归类决定编号 | Z2006－0007 | 公告编号 | 2006年第69号 |
|---|---|---|---|---|---|
| 商品税则号列 | 0404.1000 | | | 发布日期 | 2006年11月22日 |
| 商品名称 | 乳清粉 | | | | |
| 英文名称 | | | | | |
| 其他名称 | | | | | |
| 商品描述 | 根据海关化验鉴定结果，该商品灰分8.35%、粗蛋白含量12.7%、脂肪含量5.5%、蔗糖含量1.4%、乳糖含量71%，不符合乳清粉溶解特性。它是用鲜奶提炼奶酪后余下的副料经浓缩干燥制成的，为淡黄色粉末，有奶香味。 | | | | |
| 归类决定 | 根据《税则注释》对品目04.04的解释，该品目包括乳清(例如，去除乳脂及酪朊后留下的天然乳成分)及改性乳清，还可含有添加的糖或其他甜物质。根据产品来源及加工工艺，该商品符合品目04.04的商品范围。<br>根据归类总规则一，乳清粉应归入税则号列0404.1000。 | | | | |

| 序号 | 10 | 归类决定编号 | Z2006－0008 | 公告编号 | 2006年第69号 |
|---|---|---|---|---|---|
| 商品税则号列 | 0404.1000 | | | 发布日期 | 2006年11月22日 |
| 商品名称 | 乳钙 | | | | |
| 英文名称 | Milk minerals milled | | | | |
| 其他名称 | | | | | |
| 商品描述 | 该乳钙型号：Capolac MM－0525，是将乳清分离出蛋白和乳糖后，经浓缩、喷雾干燥而得。该商品中含磷酸盐74%，其中磷酸钙的含量超过60%，钠、镁、氯、钾、锌等化学元素的磷酸盐含量约为14%；其他成分为乳糖10%、水分6%、蛋白6%、脂肪1%。该商品可用于饲料及食品中作为微量元素补充剂。 | | | | |
| 归类决定 | 根据《税则》第四章子目注释一，“改性乳清”是指由乳清成分构成的制品，即全部或部分去除乳糖、蛋白或矿物质的乳清，加入天然乳清成分的乳清及由混入天然乳清成分制成的商品。该商品是去除乳清中的蛋白质、乳糖后而得，符合“改性乳清”的定义，属于税目04.04的商品范围。<br>根据归类总规则一，乳钙应归入税则号列0404.1000。 | | | | |

| 序号 | 11 | 归类决定编号 | Z2006－0009 | 公告编号 | 2006年第69号 |
|---|---|---|---|---|---|
| 商品税则号列 | | 0404.1000 | | 发布日期 | 2006年11月22日 |
| 商品名称 | 牛奶矿物粉 | | | | |
| 英文名称 | Milk minerals milled | | | | |
| 其他名称 | | | | | |
| 商品描述 | 牛奶矿物粉的成分为：蛋白质1.7%、乳糖9.8%、水分5.4%、灰分69.5%、其他杂质13.6%。该产品是将鲜牛奶经过超滤、脱脂、沉淀分离等工艺去除乳糖、酪蛋白、乳清蛋白，经浓缩、喷雾干燥后制得。 | | | | |
| 归类决定 | 根据《税则》第四章子目注释一，“改性乳清”是指由乳清成分构成的制品，即全部或部分去除乳糖、蛋白或矿物质的乳清，加入天然乳清成分的乳清及由混入天然乳清成分制成的产品。该商品是在脱脂奶的基础上去除乳糖、酪蛋白、乳清蛋白后而得，符合“改性乳清”的定义，属于税目04.04的商品范围。<br>根据归类总规则一，牛奶矿物粉应归入税则号列0404.1000。 | | | | |

| 序号 | 12 | 归类决定编号 | Z2006－1161 | 公告编号 | 2007年第70号 |
|---|---|---|---|---|---|
| 商品税则号列 | | 0410.0090 | | 发布日期 | 2007年12月5日 |
| 商品名称 | 甲鱼受精卵 | | | | |
| 英文名称 | | | | | |
| 其他名称 | | | | | |
| 商品描述 | 该商品又名甲鱼蛋，外观形状为圆球形，直径约1厘米，外壳呈白色，重量为3～4克/粒，用于养殖甲鱼。 | | | | |
| 归类决定 | 根据归类总规则一，甲鱼受精卵应归入税则号列0410.0090。 | | | | |

| 序号 | 13 | 归类决定编号 | Z2006－0010 | 公告编号 | 2006年第69号 |
| --- | --- | --- | --- | --- | --- |
| 商品税则号列 | 0506.9090 | | | 发布日期 | 2006年11月22日 |
| 商品名称 | 冻鳗鱼骨 | | | | |
| 英文名称 | Frozen eel bone | | | | |
| 其他名称 | | | | | |
| 商品描述 | 该商品系鳗鱼去头、去内脏、去自然附着肉，经冲洗、冷冻等初步加工而成，出口用作鱼饲料。 | | | | |
| 归类决定 | 该商品非废料，故应按鱼骨(fish bone)归入税则号列0506.9090。 | | | | |

| 序号 | 14 | 归类决定编号 | Z2006－0011 | 公告编号 | 2006年第69号 |
| --- | --- | --- | --- | --- | --- |
| 商品税则号列 | 0510.0090 | | | 发布日期 | 2006年11月22日 |
| 商品名称 | 干制蛤蚧 | | | | |
| 英文名称 | Dried gecko | | | | |
| 其他名称 | | | | | |
| 商品描述 | 干制蛤蚧是壁虎科动物蛤蚧(属于爬行动物)的干燥体。该商品呈扁片状，有小号(10厘米以下)、中号(11厘米～12厘米)、大号(13厘米以上)三种规格。其加工方法是：扑捉得到蛤蚧→破腹除去内脏→用竹片撑开使之四肢顺直→低温炭火烤干→捆扎成对的干制蛤蚧。该商品主要用于泡酒或煲汤，能补肺益肾，是冬日的滋补良品。 | | | | |
| 归类决定 | 根据《税则注释》第二章的总注释，该章包括适合供人食用的肉及杂碎等。该商品属药品，已收录在《中华人民共和国药典》中，具有补肺益肺、纳气定喘、助阳易精的功能，多入丸散和酒剂，不应作为适合供人食用的肉归入第二章。<br>该商品可作药用，根据归类总规则一，干制蛤蚧应归入税则号列0510.0090。 | | | | |

| 序号 | 15 | 归类决定编号 | Z2007－0002 | 公告编号 | 2007 年第 71 号 |
|---|---|---|---|---|---|
| 商品税则号列 | 0511.9190 | | | 发布日期 | 2007 年 12 月 5 日 |
| 商品名称 | 丰年虫卵 | | | | |
| 英文名称 | | | | | |
| 其他名称 | | | | | |
| 商品描述 | 丰年虫卵是丰年虫产的休眠卵。丰年虫也称盐水丰年虫，属于节肢动物门，甲壳动物亚门，鳃足纲，无甲目，丰年虫科，丰年虫属。丰年虫是一种广温耐高盐生物，广泛分布于海岸盐田和内陆盐湖中。丰年虫含 60% 以上（干重）的蛋白质，还含有丰富的胡萝卜素、核黄素、血球蛋白、长链不饱和脂肪酸，以及一些激素类物质，是鱼、虾、蟹等仔体良好的开口活饲料。 | | | | |
| 归类决定 | 丰年虫属甲壳动物。根据归类总规则一，丰年虫卵应归入税则号列 0511.9190。 | | | | |

| 序号 | 16 | 归类决定编号 | Z2006－1162 | 公告编号 | 2007 年第 70 号 |
|---|---|---|---|---|---|
| 商品税则号列 | 0604.9100[0604.2090（2014 年版）] | | | 发布日期 | 2007 年 12 月 5 日 |
| 商品名称 | 杨桐、铃木编结品 | | | | |
| 英文名称 | | | | | |
| 其他名称 | | | | | |
| 商品描述 | 杨桐、铃木编结品是将杨桐、柃木、松枝等新鲜树枝、树叶，经清理、挑选、分类、造型，编织成宝塔形，捆绕、清洁、包装而得的产品，采用冷藏箱运输，用于供奉等用途。 | | | | |
| 归类决定 | 根据归类总规则一，杨桐、铃木编结品应归入税则号列 0604.9100[0604.2090（2014 年版）]。 | | | | |

| 序号 | 17 | 归类决定编号 | Z2006－0012 | 公告编号 | 2006年第69号 |
|---|---|---|---|---|---|
| 商品税则号列 | | 0604.9900［0604.9090（2014年版）］ | | 发布日期 | 2006年11月22日 |
| 商品名称 | | 植物工艺花 | | | |
| 英文名称 | | | | | |
| 其他名称 | | | | | |
| 商品描述 | | 该商品原料为棉桃壳、芝麻壳、玉米皮等，以及铁丝、纸、化工产品（如亚氯酸钠、双氧水、海波等）。 | | | |
| 归类决定 | | 根据《税则》第六章章注二的规定，该商品是用棉桃的外壳等植物材料制成的，应归入税则号列0604.9900［0604.9090（2014年版）］。 | | | |

| 序号 | 18 | 归类决定编号 | Z2010－0001 | 公告编号 | 2010年第15号 |
|---|---|---|---|---|---|
| 商品税则号列 | | 0712.3910 | | 发布日期 | 2010年2月28日 |
| 商品名称 | | 精制香菇 | | | |
| 英文名称 | | | | | |
| 其他名称 | | | | | |
| 商品描述 | | 精制香菇的加工工艺为：鲜香菇初加工→热风脱水→筛选→蒸汽抹面除尘→微波杀菌烘干→分装称重→无菌真空包装→金属探测→外包装。该产品为真空包装，保质期一般为3年。 | | | |
| 归类决定 | | 参照国家罐头食品分类标准GB10784－89，蔬菜类罐头按加工方法和要求不同，分成清渍类、醋渍类、调味类和盐渍（酱渍）类。该商品不属于蔬菜类罐头食品，且其杀菌工艺未超出《税则》第七章的加工范围。因此，根据归类总规则一及六，精制香菇应按干蔬菜归入税则号列0712.3910。 | | | |

| 序号 | 19 | 归类决定编号 | Z2006－0013 | 公告编号 | 2006 年第 69 号 |
|---|---|---|---|---|---|
| 商品税则号列 | 0802.9090 | | 发布日期 | 2006 年 11 月 22 日 | |
| 商品名称 | 松子 | | | | |
| 英文名称 | | | | | |
| 其他名称 | | | | | |
| 商品描述 | 松子,带壳。 | | | | |
| 归类决定 | 松子是指松树的种子,着生于球果种鳞腹面下部的凹槽中,无翅或顶端及上部两侧微具棱脊,黄褐色或淡褐色,倒卵状三角形,微扁,种皮较薄。肉眼看,松子分为"核"和"仁"两部分,其中"核"是保护种子的硬壳,"仁"是果核内的种子部分。"松子仁"是指已去壳的松树种子。<br>根据归类总规则一,松子应归入税则号列 0802.9090。 | | | | |

| 序号 | 20 | 归类决定编号 | Z2006－0014 | 公告编号 | 2006 年第 69 号 |
|---|---|---|---|---|---|
| 商品税则号列 | 0811.9090 | | 发布日期 | 2006 年 11 月 22 日 | |
| 商品名称 | 冻熟黄桃 | | | | |
| 英文名称 | | | | | |
| 其他名称 | | | | | |
| 商品描述 | 该冻熟黄桃经过原料挑选、切半、除核、脱皮、水洗、煮熟(0.3%柠檬酸溶液)、冷却水洗、挑选修整、清洗、单体速冻、包装等生产工序;内包装为普通塑料袋,每袋 3.75 千克;外包装为纸箱,每箱 4 袋。 | | | | |
| 归类决定 | 根据《税则注释》的解释,第八章的水果可以是切片、去核和去皮的,冻的水果则不论是否事先蒸煮过。<br>根据归类总规则一,该商品应归入税则号列 0811.9090。 | | | | |

| 序号 | 21 | 归类决定编号 | Z2006－0015 | 公告编号 | 2006 年第 69 号 |
|---|---|---|---|---|---|
| 商品税则号列 | 0812. 9000 | | | 发布日期 | 2006 年 11 月 22 日 |
| 商品名称 | 罐装盐水红毛丹 | | | | |
| 英文名称 | | | | | |
| 其他名称 | | | | | |
| 商品描述 | 罐装盐水红毛丹是红毛丹水果经过削皮、挖核、漂洗、装罐、加盐水（含盐 15%、柠檬酸 13% 以及保鲜剂）、杀菌、封口而成，铁罐装，每罐重 3 千克。该商品进口后需经长时间浸泡等工序彻底清除果肉中的盐和保鲜剂，再经装罐→加糖水→排气→封口→杀菌→冷却等工序后成为成品。 | | | | |
| 归类决定 | 该商品不适合直接食用，属于用盐水暂时保藏的水果，符合《税则注释》对品目 08. 12 的描述。<br>根据归类总规则一，罐装盐水红毛丹应归入税则号列 0812. 9000。 | | | | |

| 序号 | 22 | 归类决定编号 | Z2006－0016 | 公告编号 | 2006 年第 69 号 |
|---|---|---|---|---|---|
| 商品税则号列 | 0901. 2；2101. 1200 | | | 发布日期 | 2006 年 11 月 22 日 |
| 商品名称 | 咖啡 | | | | |
| 英文名称 | Coffee | | | | |
| 其他名称 | | | | | |
| 商品描述 | 咖啡有两类：一类为“纯咖啡”，是一种以纯咖啡豆为原料的咖啡；另一类为“调味咖啡”，是一种以纯咖啡豆为原料，另加入 3% 食用香料的咖啡。以上两类咖啡均是经过粉碎碾磨后烘焙而成。饮用时，需加热煮沸过滤掉咖啡渣方可饮用。 | | | | |
| 归类决定 | 根据《税则注释》对品目 09. 01 的解释，本品目包括已焙炒的咖啡，不论是否磨碎。“纯咖啡”符合品目 09. 01 的商品范畴，因此，应归入税则号列 0901. 2 项下。“调味咖啡”由于加入了食用香料，其加工程度已超出了品目 09. 01 的商品范畴。因此，根据归类总规则一，应按以咖啡为基本成分的制品归入税则号列 2101. 1200。 | | | | |

| 序号 | 23 | 归类决定编号 | Z2007－0003 | 公告编号 | 2007年第71号 |
|---|---|---|---|---|---|
| 商品税则号列 | 0910.3000 | | | 发布日期 | 2007年12月5日 |
| 商品名称 | 姜黄种苗 | | | | |
| 英文名称 | Curcuma domestice | | | | |
| 其他名称 | | | | | |
| 商品描述 | 姜黄种苗为肉质根茎。该商品进口后用于种植，种植时间是每年5月，到第二年的1月收获，收获后烘干切片出口。种植时，把进口的姜黄种苗切成块茎状，每个小块茎留下一个芽眼作为种块。 | | | | |
| 归类决定 | 根据归类总规则一，姜黄种苗应归入税则号列0910.3000。 | | | | |

| 序号 | 24 | 归类决定编号 | Z2006－0017 | 公告编号 | 2006 年第 69 号 |
| --- | --- | --- | --- | --- | --- |
| 商品税则号列 | 1001.1000［1001.10(2014 年版)］ | | 发布日期 | 2006 年 11 月 22 日 | |
| 商品名称 | 硬粒小麦 | | | | |
| 英文名称 | | | | | |
| 其他名称 | | | | | |
| 商品描述 | 由成穗的小麦经脱粒而成的无壳浅黄褐色颗粒麦。 | | | | |
| 归类决定 | 小麦属于禾本科小麦，是一年生或越年生草本植物。小麦的籽粒为颖果，大多数小麦的籽粒是自由的，在正常的脱粒、扬簸加工过程中籽粒即和内外颖分离。还有一类小麦，其籽粒与内外颖结合得紧密，经过通常的脱粒、扬簸不能使籽粒与内外颖分开，此类小麦还需其他加工(如碾磨)去除内外颖(即俗称的谷壳)，例如莫迦小麦、斯佩耳特小麦等。<br>根据《税则注释》对第十、第十一章商品范围的解释，第十章与第十一章所包括的麦类产品应依据加工工艺的不同归入不同章；第十章章注一(二)中的"已去壳"谷物是指经过脱粒或扬簸以外的专门加工，去掉与籽粒紧密结合的谷壳而成无壳状态的谷物。因此，未经过脱粒或扬簸以外加工的小麦(无论是否有壳)应归入品目 10.01，经其他加工的小麦应归入品目 11.04。<br>综上所述，该硬粒小麦应归入税则号列 1001.1000［1001.10(2014 年版)］。 | | | | |

| 序号 | 25 | 归类决定编号 | Z2006－0018 | 公告编号 | 2006年第69号 |
|---|---|---|---|---|---|
| 商品税则号列 | 10.04 | | | 发布日期 | 2006年11月22日 |
| 商品名称 | 燕麦粒 | | | | |
| 英文名称 | | | | | |
| 其他名称 | | | | | |
| 商品描述 | 根据海关化验鉴定结果，该燕麦粒为浅黄色麦粒，无壳，成分为燕麦。 | | | | |
| 归类决定 | 该商品采用“Bandicoot Naked Oats”谷物为原料，未经剥壳工艺而得。<br>“Bandicoot Naked Oats”属于裸燕麦，即内、外颖与护颖同为薄膜状，脱离时同时脱落使籽粒成裸粒。属于未经脱粒或扬簸以外其他加工的无壳的燕麦，符合《税则注释》对品目10.04的描述。<br>根据归类总规则一，燕麦粒应根据其用途归入税目10.04项下。 | | | | |

| 序号 | 26 | 归类决定编号 | Z2013－0001 | 公告编号 | 2013年第26号 |
|---|---|---|---|---|---|
| 商品税则号列 | 1006.3090 | | | 发布日期 | 2013年5月17日 |
| 商品名称 | 泰国原料糯米 | | | | |
| 英文名称 | | | | | |
| 其他名称 | | | | | |
| 商品描述 | 该商品最大水分含量14%，50千克/包，破碎率10%。外形呈细长形，白色不透明。生产工艺为：去杂、烘干、投放磁选、分离分级、碾、抛光、分级、电脑色选机、磁选、金属检测，包装打包。 | | | | |
| 归类决定 | 根据国标GB1354—2009，大米分为籼米（用籼型非糯性稻谷制成）、粳米（用粳型非糯性稻谷制成）和糯米三种。糯米又分为籼糯米和粳糯米。根据归类总规则一及六，该商品应归入税则号列1006.3090。 | | | | |

| 序号 | 27 | 归类决定编号 | Z2006 - 1163 | 公告编号 | 2007 年第 70 号 |
|---|---|---|---|---|---|
| 商品税则号列 | 1104. 2200 | | 发布日期 | 2007 年 12 月 5 日 | |
| 商品名称 | 裸燕麦粒 | | | | |
| 英文名称 | | | | | |
| 其他名称 | | | | | |
| 商品描述 | 裸燕麦粒为不带壳的黄色粒状燕麦，含水量≤8%，未经加工。澳大利亚原产国检疫证书上该商品名称为“Groat Oats”，植物学拉丁文名为“Avena Sativa”。 | | | | |
| 归类决定 | 从该商品的植物名称看，实为去壳的普通燕麦（A. Sativa L.）。根据归类总规则一，裸燕麦粒应归入税则号列 1104. 2200。 | | | | |

| 序号 | 28 | 归类决定编号 | Z2009 - 0088 | 公告编号 | 2009 年第 32 号 |
|---|---|---|---|---|---|
| 商品税则号列 | 1104. 2300 | | 发布日期 | 2009 年 6 月 12 日 | |
| 商品名称 | 宠物食用的玉米棒 | | | | |
| 英文名称 | Comcobs for pets | | | | |
| 其他名称 | | | | | |
| 商品描述 | 宠物食用的玉米棒是一种将玉米干燥高温灭菌后，在玉米芯内钻孔插入带有塑料挂钩圆木棒的玉米棒，悬挂于兔笼内，供兔子啃食。外用丝网包装，每袋两支。 | | | | |
| 归类决定 | 该商品经高温灭菌，且在玉米芯内插入圆木棒，其加工程度已超出第十章的商品范畴，因此，不能归入税则号列 1005. 9000。根据《税则》第二十三章章注规定“税目 23. 09 的配制动物饲料是由动、植物原料加工而成的，并且已改变了原料的基本特性”，由于该商品未改变玉米原料的基本特征，因此不属于配制动物饲料的商品范畴，也不能归入税目 23. 09 项下。该商品属于第十章的谷物经进一步加工的产品，根据归类总规则一及税目 11. 04 条文注释，应按经其他加工的谷物归入税则号列 1104. 2300。 | | | | |

| 序号 | 29 | 归类决定编号 | Z2006－0019 | 公告编号 | 2006年第69号 |
|---|---|---|---|---|---|
| 商品税则号列 | | 1109.0000 | | 发布日期 | 2006年11月22日 |
| 商品名称 | | 谷朊粉 | | | |
| 英文名称 | | Wheat gluten | | | |
| 其他名称 | | | | | |
| 商品描述 | | 该商品为浅黄色粉末。进口后，用于添加到面包、方便面等食品中，也可作为饲料添加剂。根据海关化验鉴定结果，蛋白质含量为80.5%，拌水成富粘弹性胶团状，符合谷朊粉特征，属面筋类物质，非蛋白胨类物质。 | | | |
| 归类决定 | | 该商品的成分与生产工艺符合《税则注释》对品目11.09的解释说明。因此，该商品应归入税则号列1109.0000。<br>又见Z2006－0020号归类决定。 | | | |

| 序号 | 30 | 归类决定编号 | Z2006－0020 | 公告编号 | 2006年第69号 |
|---|---|---|---|---|---|
| 商品税则号列 | | 1109.0000 | | 发布日期 | 2006年11月22日 |
| 商品名称 | | “罗盖特”牌谷元粉（食用级） | | | |
| 英文名称 | | Wheat gluten | | | |
| 其他名称 | | | | | |
| 商品描述 | | “罗盖特”牌谷元粉（食用级）为黄色粉末，英文名“WHEAT GLUTEN”，含蛋白质83%。规格：纸袋装、25千克/袋。 | | | |
| 归类决定 | | “WHEAT GLUTEN”为小麦面筋，是小麦粉水洗提取淀粉后的副产品，充分洗去水溶性蛋白后真空干燥而成。<br>根据归类总规则一，“罗盖特”牌谷元粉（食用级）应归入税则号列1109.0000。<br>又见Z2006－0019号归类决定。 | | | |

| 序号 | 31 | 归类决定编号 | Z2006 - 1164 | 公告编号 | 2007 年第 70 号 |
|---|---|---|---|---|---|
| 商品税则号列 | 1212.9999 | | | 发布日期 | 2007 年 12 月 5 日 |
| 商品名称 | 魔芋精粉 | | | | |
| 英文名称 | Konjac powder | | | | |
| 其他名称 | 葡甘露聚糖 | | | | |
| 商品描述 | 魔芋精粉的规格为 3ASF - 180，成分含量为：葡甘露聚糖 90%，灰分 1.1%，水分 8.8%。其生产工艺：由天南星科植物魔芋地下块茎部分经洗净→去皮→切片→烘干→粉碎、旋风分离后，进行初次提取→研磨分离去杂，第二次提取→食用酒精洗涤、离心脱液、烘干，第三次提取→研磨至客户所需粒度→杀菌→包装而成。该产品具有良好的高膨胀性和增稠性，能构成热可逆和黏合凝胶，可用作医药保健品和食品添加剂。 | | | | |
| 归类决定 | 该产品经简单加工而成，胶黏性质是可逆的，根据归类总规则一，魔芋精粉应归入税则号列 1212.9999。 | | | | |

| 序号 | 32 | 归类决定编号 | Z2013 - 0002 | 公告编号 | 2013 年第 26 号 |
|---|---|---|---|---|---|
| 商品税则号列 | 1212.9999[1212.9996(2014 年版)] | | | 发布日期 | 2013 年 5 月 17 日 |
| 商品名称 | 甜菊叶 | | | | |
| 英文名称 | | | | | |
| 其他名称 | | | | | |
| 商品描述 | 该商品是甜菊的晒干叶片。生产工艺：甜菊整株收割后，经脱叶、去梗、去杂和日晒成干叶即可包装存储。该商品外观颜色鲜绿、气味芬芳，披针形或宽柳叶形，叶长 4 ~ 11 厘米，宽 0.7 ~ 3.5 厘米，水分、杂质含量均在 10% 以下。 | | | | |
| 归类决定 | 根据归类总规则一及六，该商品应归入税则号列 1212.9999[1212.9996(2014 年版)]。 | | | | |

| 序号 | 33 | 归类决定编号 | Z2006－0021 | 公告编号 | 2006年第69号 |
|---|---|---|---|---|---|
| 商品税则号列 | | 1302.1920 | | 发布日期 | 2006年11月22日 |
| 商品名称 | 印楝素原粉 | | | | |
| 英文名称 | Azadirachtin powder | | | | |
| 其他名称 | | | | | |
| 商品描述 | 印楝素原粉是一种从楝科乔木印楝树的种仁榨油后的油饼中提取分离得到的天然产物。其生产工艺流程为:以不需脱壳和干燥的印楝种子为原料,经破碎→压榨→分离→油饼加溶剂粗萃→粗萃液经分离器分离→印楝粉(浅黄色粉状)。进口后需将该商品用溶剂溶解,与乳化剂(主要成分为聚氧乙烯醚类)混合→过滤→包装而制成具无公害杀虫及杀菌作用的0.3%印楝素乳油。 | | | | |
| 归类决定 | 从该商品的萃取工艺流程来看,“印楝素原粉”是用溶剂提取的植物产品(印楝素含量40%～45%),符合《税则注释》对品目13.02的条文注释,因此应归入品目13.02。根据《税则注释》对品目13.02的描述,商品不符合从植物产品中制得的胶液及增稠剂的特性,因此不能归入税则号列1302.3900。<br>根据归类总规则一,该商品应归入税则号列1302.1920。 | | | | |

| 序号 | 34 | 归类决定编号 | Z2006－1165 | 公告编号 | 2007年第70号 |
|---|---|---|---|---|---|
| 商品税则号列 | | 1302.1990 | | 发布日期 | 2007年12月5日 |
| 商品名称 | 三棵针初提物 | | | | |
| 英文名称 | | | | | |
| 其他名称 | 黄连素初粉 | | | | |
| 商品描述 | 三棵针初提物是将植物药材三棵针切片,用稀硫酸溶液进行浸泡,过滤,再加入氯化钠搅拌、过滤,再加石灰乳调PH值后趁热过滤,将滤液调PH值后结晶,抽干结晶得到的初提物——盐酸小檗碱(含量为35%～55%)。 | | | | |
| 归类决定 | 该产品是通过溶剂提取的植物产品,符合《税则注释》对品目13.02的条文注释。根据归类总规则一,三棵针初提物应归入税则号列1302.1990。 | | | | |

| 序号 | 35 | 归类决定编号 | Z2006－1166 | 公告编号 | 2007 年第 70 号 |
|---|---|---|---|---|---|
| 商品税则号列 | 1302.1990 | | 发布日期 | | 2007 年 12 月 5 日 |
| 商品名称 | 单味植物浓缩茶 | | | | |
| 英文名称 | | | | | |
| 其他名称 | | | | | |
| 商品描述 | 单味植物浓缩茶是将植物草药经煎煮、低温浓缩、喷雾干燥制成，有多个品种，如芡实、生苡仁、桃仁、益智仁等，每一个品种仅由一种中药材加工而成。该产品为粉末状，小塑料袋包装，每袋 0.5 克或 1 克，品名分别为“芡实”、“生苡仁”等，注明“中药配方颗粒”字样，使用方法由中医开具药方，病人根据药方将一定数量比例的上述产品混合后直接用水冲服，可避免熬制中药的麻烦。但该产品未申领相关药检证明，也未附任何使用说明（注明适应症、用法、用量等）。 | | | | |
| 归类决定 | 上述产品加工工艺已经超出第十二章及税目 20.08 所允许的范围，由于单味的“芡实”等未经配伍并无治病防病作用，因此不能归入第三十章。该产品由植物加水浓缩提取，根据归类总规则一，单味植物浓缩茶应归入税则号列 1302.1990。 | | | | |

| 序号 | 36 | 归类决定编号 | Z2006－0022 | 公告编号 | 2006 年第 69 号 |
|---|---|---|---|---|---|
| 商品税则号列 | 1302.3900[1302.3911(2014 年版)] | | 发布日期 | | 2006 年 11 月 22 日 |
| 商品名称 | 增稠剂 | | | | |
| 英文名称 | Food additive | | | | |
| 其他名称 | | | | | |
| 商品描述 | 增稠剂有两种，第一种含卡拉胶 70%、糊精 20%、钾盐及柠檬酸 10%，第二种含卡拉胶 70%、糊精 20%、钾盐 10%，均为白色或浅黄，无臭或微臭，溶于约 80℃水能形成黏性、透明或轻微乳白色易流动液体。可用于牙膏、空气清新剂和食品制造等。其中“卡拉胶”是从红藻类所属角叉菜科植物经碱处理提取的胶质物质，主要成分为多聚半乳糖的硫酸酯，具有凝胶及增稠性，产品中加入的钾盐有助于形成凝胶，而糊精则可降低成本并改善凝胶结构。 | | | | |
| 归类决定 | 由于该商品所加入的糊精、钾盐及柠檬酸，并没有改变其作为增稠剂的用途及基本特征，因此该商品仍属于从植物产品制得的增稠剂，不能归入税目 39.13。<br>根据归类总规则一，增稠剂应归入税则号列 1302.3900[1302.3911(2014 年版)]。 | | | | |

| 序号 | 37 | 归类决定编号 | Z2006－0024 | 公告编号 | 2006 年第 69 号 |
|---|---|---|---|---|---|
| 商品税则号列 | 1404. 9000［1404. 9090（2014 年版）］ | | | 发布日期 | 2006 年 11 月 22 日 |
| 商品名称 | 造纸用竹渣 | | | | |
| 英文名称 | Raw paper powder | | | | |
| 其他名称 | | | | | |
| 商品描述 | 该商品由杂竹、竹枝经切片、机械榨碎，再用石灰水泡制而得，无蒸煮过程，为粗线条、块状、絮状不等，含水量 40% 以上，属纸浆的中间产品，仍需经进一步机械或化学加工才能抄造纸张。 | | | | |
| 归类决定 | 造纸用竹渣是由杂竹、竹片经机械榨碎、用石灰水浸泡制得，还需经过进一步的机械加工和化学加工才能制成纸浆，应归入税则号列 1404. 9000［1404. 9090（2014 年版）］。 | | | | |

| 序号 | 38 | 归类决定编号 | Z2006－0025 | 公告编号 | 2006 年第 69 号 |
|---|---|---|---|---|---|
| 商品税则号列 | 1404. 9000［1404. 9090（2014 年版）］ | | | 发布日期 | 2006 年 11 月 22 日 |
| 商品名称 | 棕纤维 | | | | |
| 英文名称 | Palm fiber | | | | |
| 其他名称 | | | | | |
| 商品描述 | 来源于棕榈树果球，是果球经棕榈油提炼后再进行高温蒸煮、粉碎后的产物。未经任何纺前加工，用于制作榻榻米等棕垫。 | | | | |
| 归类决定 | 棕榈树属于棕榈科植物，其棕榈树果壳纤维在工业上具有过滤材料、坐垫等多种用途，并非主要用于纺织的植物纤维，该商品在第五十三章并未具体列名。“棕纤维”有别于椰壳纤维，根据《税则》第十四章章注一和第十一类类注一（三）的规定，“棕纤维”不能归入第五十三章。<br>根据归类总规则一，棕纤维应按其材质归入税则号列 1404. 9000［1404. 9090（2014 年版）］。 | | | | |

| 序号 | 39 | 归类决定编号 | Z2010－0002 | 公告编号 | 2010 年第 15 号 |
|---|---|---|---|---|---|
| 商品税则号列 | 1404.9010 | | | 发布日期 | 2010 年 2 月 28 日 |
| 商品名称 | 塔拉粉 | | | | |
| 英文名称 | Tara powder | | | | |
| 其他名称 | | | | | |
| 商品描述 | 塔拉粉是云石科云石属植物塔拉的豆壳经晾干、碾碎后制得的粉。该产品经加工提取塔拉丹宁酸(植物鞣质),可广泛应用于医药、皮革、食品等工业。例如,用于各种高档皮革(汽车革、服装革等)的复鞣,用作染色固着剂,可以与铬及其他植物单宁混合使用等。 | | | | |
| 归类决定 | 塔拉粉通常作为供染料、鞣料用的植物原料,根据归类总规则一及六,应归入税则号列 1404.9010。 | | | | |

| 序号 | 40 | 归类决定编号 | Z2006－0023 | 公告编号 | 2006 年第 69 号 |
|---|---|---|---|---|---|
| 商品税则号列 | 1404. 9090 | | | 发布日期 | 2006 年 11 月 22 日 |
| 商品名称 | 坦皮克纤维 | | | | |
| 英文名称 | Tampico fiber | | | | |
| 其他名称 | | | | | |
| 商品描述 | 该商品外观为黄色纤维,经化验为植物纤维,在国外的加工工序为:收割→沤制→去皮→梳理→毛切→成卷→切断→包装,进口后对其所进行的加工工序为:整理→分把→编织→缝纫成布→8 片布片叠加→制成抛光轮;该商品在国外经过下列加工工序:原料预处理→成卷→分把→加捻→粗纱,处理后可制成下列商品:<br>1. 编制成不同工艺品(例如,Tampico bag);<br>2. 织造成布,做成门垫或底布(例如,Tampico fibric)。 | | | | |
| 归类决定 | 进口状态为纤维丝状,纸箱包装,进口后用于制作抛光轮。<br>该商品为经过梳理清洁的生麻,其梳理过程不符合《税则注释》中品目 53. 04 纺前梳理的范畴。纺前梳理是指成纱前的梳理工艺,经过该工序后,一般为条干均匀、光洁的由单根纤维状态制成的纤维条,可以直接用于纺纱,具有明显用于纺织用途的特征。且该商品非做纺织用途,而是用于抛光轮。根据《税则注释》对品目 14. 04 和品目 53. 04 的解释,该商品不应归入品目 53. 04。<br>根据归类总规则一,坦皮克纤维应归入税则号列 1404. 9090。 | | | | |

| 序号 | 41 | 归类决定编号 | Z2006－0026 | 公告编号 | 2006 年第 69 号 |
| --- | --- | --- | --- | --- | --- |
| 商品税则号列 | 1502.0090［1502.1000（2014 年版）］ | | | 发布日期 | 2006 年 11 月 22 日 |
| 商品名称 | 精制牛油脂 | | | | |
| 英文名称 | Tallow | | | | |
| 其他名称 | | | | | |
| 商品描述 | 精制牛油脂为乳白色糊状物。成分：牛脂肪 99.95%、丙二醇（保湿剂、溶剂）0.035%、五倍子酸丙脂（抗氧化剂）0.010%、柠檬酸（抗氧化增效剂）0.005%。根据海关化验鉴定，脂肪酸分布为：$C_{14:0}$ 3.7%，$C_{14:1}$ 1.0%，$C_{15:0}$ 0.6%，$C_{16:0}$ 27.1%，$C_{16:1}$ 3.9%，$C_{17:0}$ 1.7%，$C_{17:1}$ 1.0%，$C_{18:0}$ 14.8%，$C_{18:1}$ 43.8%，$C_{18:2}$ 1.7%。其加工工艺为：牛腰部板油→机器研磨分解→澄清器和离心器分离得到粗制牛油→碱法净化和离心分离→脱色、湿润和过滤→精制牛油脂。该商品主要用于餐厅炸薯条。 | | | | |
| 归类决定 | 从该商品的工艺流程来看，该商品只经过了碱法净化、脱色、过滤等处理，但未经分提工艺，不属于税目 15.03 的范围。税目 15.03 主要包括油脂经分提（一种完全可逆的改性方法）后所得的低熔点油（油精部分）或固脂（硬脂精部分）。<br>根据归类总规则一，精制牛油脂应归入税则号列 1502.0090［1502.1000（2014 年版）］。 | | | | |

| 序号 | 42 | 归类决定编号 | Z2010－0003 | 公告编号 | 2010年第15号 |
|---|---|---|---|---|---|
| 商品税则号列 | 15.04 | | | 发布日期 | 2010年2月28日 |
| 商品名称 | 深海鱼油胶囊 | | | | |
| 英文名称 | | | | | |
| 其他名称 | | | | | |
| 商品描述 | 深海鱼油胶囊规格:95.97克(70粒)/瓶。主要成分:深海鱼油(EPA、二十五碳五烯酸、DHA、二十二碳六烯酸),由明胶胶囊包裹。食用方法:每天1～3粒,适宜成年人服用。 | | | | |
| 归类决定 | 明胶是用来制作胶囊的,仅为方便服用和便于保存,鱼油是单一成分的鱼油。根据归类总规则一,深海鱼油胶囊应归入《税则》税目15.04项下。 | | | | |

| 序号 | 43 | 归类决定编号 | Z2006－0027 | 公告编号 | 2006年第69号 |
|---|---|---|---|---|---|
| 商品税则号列 | 1511.9020 | | | 发布日期 | 2006年11月22日 |
| 商品名称 | 棕榈硬脂 | | | | |
| 英文名称 | | | | | |
| 其他名称 | | | | | |
| 商品描述 | 棕榈硬脂为淡黄色糊状物,是将天然的棕榈油经预处理、脱酸除臭、分馏等工艺制得。根据海关化验鉴定结果,成分为棕榈硬脂,熔点:43.0℃(开口)、44.0℃(闭口)。 | | | | |
| 归类决定 | 国标"植物油脂检验熔点测定法"(标准号GB5536—85),国标中所规定植物油脂的熔点测定采用闭口测定法。该商品闭口熔点为44.0℃。根据《本国子目注释》对"棕榈硬脂"的解释,该商品属于"棕榈硬脂"的范围。<br>根据归类总规则一,棕榈硬脂应归入税则号列1511.9020。 | | | | |

| 序号 | 44 | 归类决定编号 | Z2007－0004 | 公告编号 | 2007年第71号 |
|---|---|---|---|---|---|
| 商品税则号列 | 1512.1100 | | | 发布日期 | 2007年12月5日 |
| 商品名称 | 葵花籽油 | | | | |
| 英文名称 | Crude sunflower seed oil in bulk | | | | |
| 其他名称 | | | | | |
| 商品描述 | 葵花籽油为黄色液体，经海关化验鉴定，脂肪酸分布符合国家标准中葵花籽油的脂肪酸分布特征；酸度为1.8%（以油酸计），酸价为3.5mgKOH/g；水分及挥发物含量为0.07%。该商品是葵花籽经过浸水、破碎（压片）、升温、压榨而得的油与溶剂浸出油饼中的油分混合而得。进口后再经脱酸、脱色、脱臭等工艺精炼。 | | | | |
| 归类决定 | 葵花籽油为进口后需通过脱酸、脱色、脱臭等工艺精炼加工的初榨油脂，根据归类总规则一，应归入税则号列1512.1100。 | | | | |

| 序号 | 45 | 归类决定编号 | Z2010－0004 | 公告编号 | 2010年第15号 |
|---|---|---|---|---|---|
| 商品税则号列 | 1515.9090 | | | 发布日期 | 2010年2月28日 |
| 商品名称 | 月见草油胶囊 | | | | |
| 英文名称 | | | | | |
| 其他名称 | | | | | |
| 商品描述 | 月见草油胶囊规格：95.97克（70粒）/瓶。主要成分：月见草油，由明胶胶囊包裹。食用方法：每次1～2粒，每天3次，适宜成年女性服用。 | | | | |
| 归类决定 | 明胶是用来制作胶囊的，仅起方便服用和便于保存作用，月见草油是单一成分植物油。根据归类总规则一及六，月见草油胶囊应归入税则号列1515.9090。 | | | | |

| 序号 | 46 | 归类决定编号 | Z2006－0029 | 公告编号 | 2006 年第 69 号 |
|---|---|---|---|---|---|
| 商品税则号列 | 1517.9000[1517.9010(2014 年版)] | | 发布日期 | | 2006 年 11 月 22 日 |
| 商品名称 | 牛油脂 | | | | |
| 英文名称 | Beef tallow | | | | |
| 其他名称 | | | | | |
| 商品描述 | 该商品为纸箱包装，所注净含量：50 磅(22.68 千克)；产地：美国加州 Cargill Oilseeds；白色膏状油脂，有轻微的香味。根据海关化验鉴定结果，其成分为牛油脂，经过了进一步的加工，晶体结构已发生改变，确定为起酥油。用途为煎炸用油。 | | | | |
| 归类决定 | 根据《税则注释》对品目 15.17 的解释，该品目包括不论是否氢化，但经乳化、搅拌、改变结构等的单一油、脂(或其分离品)制成的食品。该商品的晶体结构发生改变，为起酥油，符合品目 15.17 的解释。<br>根据归类总规则一，牛油脂应归入税则号列 1517.9000[1517.9010(2014 年版)]。 | | | | |

| 序号 | 47 | 归类决定编号 | Z2006－0028 | 公告编号 | 2006 年第 69 号 |
|---|---|---|---|---|---|
| 商品税则号列 | 1517.9000[1517.9090(2014 年版)] | | 发布日期 | | 2006 年 11 月 22 日 |
| 商品名称 | 无水黄牛油 | | | | |
| 英文名称 | | | | | |
| 其他名称 | | | | | |
| 商品描述 | 根据海关化验鉴定结果，该商品为黄色有浓郁香味的油脂加入调味剂、抗氧剂、色素的精制动物油脂。 | | | | |
| 归类决定 | 根据归类总规则一，该商品应归入税则号列 1517.9000[1517.9090(2014 年版)]。 | | | | |

| 序号 | 48 | 归类决定编号 | Z2006－0030 | 公告编号 | 2006年第69号 |
|---|---|---|---|---|---|
| 商品税则号列 | 1518.0000 | | | 发布日期 | 2006年11月22日 |
| 商品名称 | 饲料级混合油渣 | | | | |
| 英文名称 | Feed grade mixed grease | | | | |
| 其他名称 | | | | | |
| 商品描述 | 外部特征为黄色液体，底层有沉积。主要是餐厅回收油脂和少量的二氧化硅、维生素和乙氧基喹林构成，主要用作动物饲料。 | | | | |
| 归类决定 | 上述商品虽然含有少量的其他物质，但其主要成分是餐厅回收油脂，符合《税则注释》对品目15.18的解释，因此根据归类总规则三（二），归入税则号列1518.0000。 | | | | |

| 序号 | 49 | 归类决定编号 | Z2006－0031 | 公告编号 | 2006年第69号 |
|---|---|---|---|---|---|
| 商品税则号列 | 1518.0000 | | | 发布日期 | 2006年11月22日 |
| 商品名称 | 金脂肪100（饲料添加剂） | | | | |
| 英文名称 | | | | | |
| 其他名称 | | | | | |
| 商品描述 | “金脂肪100（饲料添加剂）”为米黄色粉末。根据海关化验鉴定结果，商品成分为棕榈酸、混合植物油脂、乳化剂等。是由半精炼的棕榈硬脂（含较多食品级不允许的脂肪酸和未皂化物）加乳化剂、色素，经冷喷加工成粉状。该商品可直接与其他饲料成分混合，可用于饲养乳猪、肉鸭、肉种鸡等。 | | | | |
| 归类决定 | 该商品符合《税则》税目15.18的规定，且添加少量的卵磷脂并不影响其归类。根据归类总规则一，该商品应归入税则号列1518.0000。 | | | | |

| 序号 | 50 | 归类决定编号 | Z2006 - 0032 | 公告编号 | 2006 年第 69 号 |
|---|---|---|---|---|---|
| 商品税则号列 | 1518.0000 | | | 发布日期 | 2006 年 11 月 22 日 |
| 商品名称 | 植物脂肪粉 | | | | |
| 英文名称 | Bergafat HTL - 306 | | | | |
| 其他名称 | | | | | |
| 商品描述 | 植物脂肪粉是采用物理方法从棕榈油渣中提取生产出的混合油脂,包装规格为 25 千克/袋,主要脂肪酸分布为:棕榈酸约 75%、油酸 12%、硬脂酸 5%,其中还添加少量磷脂,商品可作为饲料直接饲喂,也可以与其他饲料原料混合使用,主要用以补充饲料的饱和脂肪含量,以改善动物体脂的品质。 | | | | |
| 归类决定 | 该商品是以棕榈油渣为原料提取的油脂产品,应归入第十五章。而其中添加的磷脂属于抗氧化剂和乳化剂,添加磷脂并未超出第十五章加工的范围或改变了商品的基本特性。<br>根据归类总规则一,应将该商品归入税则号列 1518.0000。 | | | | |

| 序号 | 51 | 归类决定编号 | Z2006 - 1167 | 公告编号 | 2007 年第 70 号 |
|---|---|---|---|---|---|
| 商品税则号列 | 1518.0000 | | | 发布日期 | 2007 年 12 月 5 日 |
| 商品名称 | 油渣 | | | | |
| 英文名称 | | | | | |
| 其他名称 | | | | | |
| 商品描述 | 该油渣的品质指标如下:脂肪酸凝固点(TITRE):38.5℃;游离脂肪酸含量(FFA):12.6%,水分、杂质及不皂化物(MIU):1.09%;色泽(FAC):39。用途:油渣经蒸汽加热化油、过滤,由管道接入饲料配比混合罐,通过喷嘴喷洒到饲料原料中。各种饲料原料的配比、混合、加工及灌装等全部都由计算机控制,油渣的添加比例大约在 4% 以下,主要是增加饲料中的脂肪含量。油渣是专门收集快餐店和食品店使用过的煎炸油并经过简单处理而制得。 | | | | |
| 归类决定 | 根据归类总规则一,该产品属于使用过的煎炸油,应归入税则号列 1518.0000。 | | | | |

| 序号 | 52 | 归类决定编号 | Z2006－1168 | 公告编号 | 2007年第70号 |
|---|---|---|---|---|---|
| 商品税则号列 | 1518.0000 | | 发布日期 | 2007年12月5日 | |
| 商品名称 | 回收混合油 | | | | |
| 英文名称 | | | | | |
| 其他名称 | 工业用混合油(申报名称) | | | | |
| 商品描述 | 商品“回收混合油”为棕黄色油状液体,主要包括煎炸废油(快餐店煎炸食品后的废弃油脂)、餐饮废油(饭店、餐馆等餐饮废油)、地沟油、食用油精炼厂的油脚油、植物油精炼过程中的脂肪酸馏出物、从植物油精炼油脚中提取的酸化油、废动物油、废植物油等。该产品经海关化验鉴定,鉴定结果为非食用油脂。该混合油脂主要来源于回收油,进口后经过前期的除杂、脱胶、脱色和干燥工艺,进入生物柴油生产的甲酯化工段,在催化剂的催化作用下,完成甲酯化反应,得到生物柴油的粗品。生物柴油粗品经过过滤、脱色、干燥和精馏工序得到生物柴油的成品。 | | | | |
| 归类决定 | 根据归类总规则一及《税则注释》品目15.18的条文注释,该商品应归入税则号列1518.0000。 | | | | |

| 序号 | 53 | 归类决定编号 | Z2009－0089 | 公告编号 | 2009年第32号 |
|---|---|---|---|---|---|
| 商品税则号列 | 1522.0000 | | 发布日期 | 2009年6月12日 | |
| 商品名称 | 巴巴苏棕榈果仁沉渣油 | | | | |
| 英文名称 | | | | | |
| 其他名称 | | | | | |
| 商品描述 | 巴巴苏棕榈果仁沉渣油为褐色黏稠糊状物,主要成分为脂肪酸和脂肪酸酯混合物,酸价为78.7mgKOH/g,用于提炼生物柴油。生产工艺为:巴巴苏棕榈果在150℃高温中蒸煮2小时,果实剥落后得到的果仁经压榨分离得到毛棕榈仁油。毛棕榈仁油存在储藏池中,浮于上部的棕榈仁油经由上部出口流出,是可食用的;沉于底部的、不能食用的,即为巴巴苏棕榈果仁沉渣油。 | | | | |
| 归类决定 | 该商品为初榨棕榈果仁后得到的残渣,符合《税则注释》对品目15.22的解释,根据归类总规则一,应归入税则号列1522.0000。 | | | | |

| 序号 | 54 | 归类决定编号 | Z2007－0005 | 公告编号 | 2007 年第 71 号 |
|---|---|---|---|---|---|
| 商品税则号列 | | 第 16 章 | | 发布日期 | 2007 年 12 月 5 日 |
| 商品名称 | | 冻鱼及冻软体动物 | | | |
| 英文名称 | | | | | |
| 其他名称 | | | | | |
| 商品描述 | | 冻鱼及冻软体动物采用鱼及软体动物为原料，生产流程为：原料验收→清洁→软化、杀菌（在添加食用添加剂的水溶液中浸泡 2～3 小时）→分级→沥水→称重→排盘→速冻→脱盘→镀冰衣→包装→保藏。其中，食用添加剂主要为两种：(1) CAFODOS C（增白保鲜剂），含柠檬酸钠、柠檬酸、活性氧等，主要用于增白、防腐保鲜、防止肉质变红、保持水产品原有品质；(2) DMP（水产品保鲜剂），含有柠檬酸钠、碳酸钾等，主要用于保鲜、去腥、除污、护色、消毒、杀菌、持水、增白。 | | | |
| 归类决定 | | 该商品经过活性氧等的消毒和杀菌处理，超出《税则》第三章所列的加工范围，根据归类总规则一，应归入第十六章相应税则号列。 | | | |

| 序号 | 55 | 归类决定编号 | Z2006－1169 | 公告编号 | 2007 年第 70 号 |
|---|---|---|---|---|---|
| 商品税则号列 | | 1604.1920 | | 发布日期 | 2007 年 12 月 5 日 |
| 商品名称 | | 制作保藏罗非鱼片 | | | |
| 英文名称 | | Frozen tilapia fillets | | | |
| 其他名称 | | | | | |
| 商品描述 | | 该制作保藏罗非鱼片采用鲜活罗非鱼为原料，其制作工艺：暂养→放血→取片→去皮→磨皮→修整→复查→清洗→排盘→发色→分级→清洗杀菌（0.3ppm 臭氧水消毒杀菌约 3 分钟）→装袋冻结→金属探测仪检查→称重→装箱→入库冷藏，然后装柜发送。 | | | |
| 归类决定 | | 根据归类总规则一，制作保藏罗非鱼片应归入税则号列 1604.1920。 | | | |

| 序号 | 56 | 归类决定编号 | Z2006－0033 | 公告编号 | 2006 年第 69 号 |
|---|---|---|---|---|---|
| 商品税则号列 | 16.05 | | | 发布日期 | 2006 年 11 月 22 日 |
| 商品名称 | 制作保藏风尾虾、虾仁、去头虾 | | | | |
| 英文名称 | | | | | |
| 其他名称 | | | | | |
| 商品描述 | 该类商品属半生不熟一类的产品，其制作方法为：去头、挑级、去壳、去肠、加盐、泡添加剂、摆盘、经以 70℃高温水烫 16 秒至四成熟（或熟度按客户不同要求加工），摆盘、经单冻机生产线、称重量、包装、入库（该商品加沙律即可食用或搭配料芥末食用）。 | | | | |
| 归类决定 | 该商品为经水煮过的去壳甲壳动物，不符合《税则注释》对品目 03.06 的解释。<br>根据归类总规则一，“制作保藏风尾虾、虾仁、去头虾”应根据其种类归入税目 16.05 项下。 | | | | |

| 序号 | 57 | 归类决定编号 | Z2006－1170 | 公告编号 | 2007 年第 70 号 |
|---|---|---|---|---|---|
| 商品税则号列 | 16.05 | | | 发布日期 | 2007 年 12 月 5 日 |
| 商品名称 | 制作保藏虾仁 | | | | |
| 英文名称 | | | | | |
| 其他名称 | | | | | |
| 商品描述 | 该制作保藏虾仁是一种以虾为原料，经去壳加工而制得的产品。制作过程：原料进厂验收→去头去壳→开背去肠→分级→泡浸次氯酸钠（浸泡 1～2 小时，控制微生物细菌数量符合食品要求）→浸泡三聚磷酸钠（食品添加剂，浸泡 1 小时，保持虾的水分及新鲜度）→泡盐水→称重摆盘→经速冻机急冻（温度为－35℃）→过金属探测仪检测→包装→成品入库（冷库温度保持在－18℃）。该产品直接供超市出售，不需再加工。 | | | | |
| 归类决定 | 根据归类总规则一，该制作保藏虾仁应根据具体虾的种类归入《税则》税目 16.05 项下。 | | | | |

| 序号 | 58 | 归类决定编号 | Z2006－1171 | 公告编号 | 2007年第70号 |
|---|---|---|---|---|---|
| 商品税则号列 | 1605.1000 | | | 发布日期 | 2007年12月5日 |
| 商品名称 | 蟹排 | | | | |
| 英文名称 | | | | | |
| 其他名称 | | | | | |
| 商品描述 | 该蟹排是一种经去背壳、去鳃的生的冷冻蟹,包装:1000克/袋。其制作工艺为:原料挑选→经去背壳、去鳃→刷膏(刷去多余的红膏)→按要求切片或不切片→修剪多余的蟹壳→简单流水、次氯酸钠溶液消毒清洗→盐水浸45分钟→称重排盘→急冻(－35℃以下急速冻结)→过金属探测仪检测→包装→成品入库(－18℃以下保存)。 | | | | |
| 归类决定 | 根据归类总规则一,该蟹排应归入税则号列1605.1000。 | | | | |

| 序号 | 59 | 归类决定编号 | Z2009－0146 | 公告编号 | 2009年第57号 |
|---|---|---|---|---|---|
| 商品税则号列 | 1702.9000 | | | 发布日期 | 2009年8月31日 |
| 商品名称 | 水苏糖 | | | | |
| 英文名称 | | | | | |
| 其他名称 | | | | | |
| 商品描述 | 水苏糖是天然存在的一种四糖,是一种能促进双歧杆菌增值的低聚糖,白色粉末,味稍甜,甜度为蔗糖的28%,结构为:果糖→葡萄糖→半乳糖→半乳糖。水苏糖存在于唇形科植物、豆科植物、玄参科植物中,常采取水提法生产,提取工艺为:原料→用水浸泡→压榨→煮沸→纯化→脱色→膜过滤→浓缩→喷粉→筛粉→晾干→检验包装。产品主要成分为:水苏糖68.9%,棉子糖7.24%,蔗糖8.05%,葡萄糖6.63%,果糖5.68%,水分小于等于3%,灰分小于等于0.5%。 | | | | |
| 归类决定 | 从加工工艺分析,该商品应属于其他固体糖,根据归类总规则一及六,应归入税则号列1702.9000。 | | | | |

| 序号 | 60 | 归类决定编号 | Z2006－0034 | 公告编号 | 2006 年第 69 号 |
|---|---|---|---|---|---|
| 商品税则号列 | | 1704.1000 | | 发布日期 | 2006 年 11 月 22 日 |
| 商品名称 | 劲浪香口珠—超凉薄荷味 | | | | |
| 英文名称 | | | | | |
| 其他名称 | | | | | |
| 商品描述 | “劲浪香口珠—超凉薄荷味”为浅绿色长方形固体,成分主要为:白砂糖 64%～70%、胶姆基 12%～18%、葡萄糖 7%～10.5%、香料 1%～2.3%、甘油 0.1%～0.5%、氧化淀粉 1.0%～1.8%、甜味素 0.1%～0.5%、安赛蜜 0.05%～0.2%、巴西棕榈蜡 0.02%～0.05%、二氧化钛 0.02%～0.06%。其中甜味素及安赛蜜起调节口感的作用。 | | | | |
| 归类决定 | 该商品中含有非营养型合成甜味剂(甜味素和安赛蜜)约 0.15%～0.7%,远远少于所含有的营养型天然甜味剂(白砂糖和葡萄糖约 71%～80.5%)。根据归类总规则一,“劲浪香口珠—超凉薄荷味”应归入税则号列 1704.1000。 | | | | |

| 序号 | 61 | 归类决定编号 | Z2006－0035 | 公告编号 | 2006 年第 69 号 |
|---|---|---|---|---|---|
| 商品税则号列 | | 1704.9000 | | 发布日期 | 2006 年 11 月 22 日 |
| 商品名称 | 渔夫之宝特强味薄荷糖 | | | | |
| 英文名称 | Fisherman's friend super mint | | | | |
| 其他名称 | | | | | |
| 商品描述 | “渔夫之宝特强味薄荷糖”为润喉食品。<br>该商品的主要配料为:87.04%的白砂糖;6.89%的葡萄糖;4.1%的食用胶;0.98%的薄荷脑;0.58%的黄蓍胶;0.01%的叶绿素;0.4%的水。零售包装规格为纸皮和铁盒。 | | | | |
| 归类决定 | 该商品不具备特定的药效,没有明确的治病防病功能,故不能归入《税则》第三十章。根据《税则注释》对品目 17.04 的解释,该品目包括“喉片或止咳糖,主要含糖(不论是否加有明胶、淀粉或细粉等其他食物)及香料(包括具有药性的物质。例如,薄荷、苯甲基醇、桉树脑及吐鲁香脂)”,因此该商品应归入税则号列 1704.9000。 | | | | |

| 序号 | 62 | 归类决定编号 | Z2006－0036 | 公告编号 | 2006年第69号 |
|---|---|---|---|---|---|
| 商品税则号列 | 1704.9000 | | | 发布日期 | 2006年11月22日 |
| 商品名称 | 瑞典葛丽素无腥味鱼肝油糖粒、瑞典葛丽素紫玫果提取物糖粒(富含维生素C) | | | | |
| 英文名称 | | | | | |
| 其他名称 | | | | | |
| 商品描述 | 1. 瑞典葛丽素无腥味鱼肝油糖粒为紫色扁圆粒，每粒重1.5g，配方为：糖59.46%、糖淀粉25.95%、果冻7.75%、水4.92%、鱼肝油1.08%、柠檬酸0.54%、维生素A0.22%、维生素D30.09%。零售标志的建议食量为13岁以下儿童每日1粒，13岁以上儿童及成人每日2粒；<br>2. 瑞典葛丽素紫玫果提取物糖粒(富含维生素C)为黄色扁圆粒，每粒重1.5g，配方为：糖60.11%、糖淀粉26.23%、果冻7.83%、水4.74%、柠檬酸0.55%、维生素C0.55%。零售标志的建议食量为13岁以下儿童每日2粒，13岁以上儿童及成人每日4粒。<br>上述两种糖粒进口时每2.5千克装于白色塑料密封盒，进口后在国内封装为180克的零售包装。 | | | | |
| 归类决定 | 根据归类总规则一和《税则注释》对品目17.04的解释，上述两种商品应作为可供直接食用的糖食归入税则号列1704.9000。 | | | | |

| 序号 | 63 | 归类决定编号 | Z2006 - 1172 | 公告编号 | 2007 年第 70 号 |
|---|---|---|---|---|---|
| 商品税则号列 | 1704.9000 | | | 发布日期 | 2007 年 12 月 5 日 |
| 商品名称 | 果冻 | | | | |
| 英文名称 | | | | | |
| 其他名称 | | | | | |
| 商品描述 | 果冻的主要原料:水、砂糖、果糖、椰果、蒟蒻粉、海藻抽出物、柠檬酸、香料等。其生产工艺为按比例将上述原料搅拌、加热、溶化后充填于塑料容器中并封膜密封,而后经高温杀菌、冷却凝固、包装。该产品采用小杯状塑料容器盛装,口部为塑料封膜,数个或数十个果冻装于一个塑料袋中作为一个包装。该产品为糖食类食品,供直接食用。 | | | | |
| 归类决定 | 根据《税则注释》品目 20.07 的条文注释,该品目所包括的果冻是指用糖和水果汁(压榨生果或烹煮水果而得)煮沸后冷凝而成,呈冻装,透明,无果肉碎块。从该产品的生产原料和生产工艺来看,不符合该条文注释,不属于品目 20.07 的范围。<br>该产品作为糖食供直接食用,不同于餐用果冻(例如用于早餐时涂面包)。根据归类总规则一,果冻应归入税则号列 1704.9000。 | | | | |

| 序号 | 64 | 归类决定编号 | Z2006 - 1173 | 公告编号 | 2007 年第 70 号 |
|---|---|---|---|---|---|
| 商品税则号列 | 1806.3100 | | | 发布日期 | 2007 年 12 月 5 日 |
| 商品名称 | 德芙珍藏榛仁夹心巧克力 | | | | |
| 英文名称 | | | | | |
| 其他名称 | | | | | |
| 商品描述 | 该德芙珍藏榛仁夹心巧克力为条状,分为三层,最外层为巧克力,中间层为香酥威化中空卷,内层包裹榛仁巧克力酱,配料:牛奶巧克力(白砂糖、可可脂、可可液块、脱脂乳粉、乳脂肪、乳清粉、乳糖、大豆磷脂、食用香料)、食用氢化植物油、小麦粉、榛子仁、可可粉、食用盐等。可可脂含量不低于 8%。 | | | | |
| 归类决定 | 根据归类总规则一,该德芙珍藏榛仁夹心巧克力应归入税则号列 1806.3100。 | | | | |

| 序号 | 65 | 归类决定编号 | Z2006－0037 | 公告编号 | 2006年第69号 |
|---|---|---|---|---|---|
| 商品税则号列 | 1901.9000 | | | 发布日期 | 2006年11月22日 |
| 商品名称 | "培芝"初乳片 | | | | |
| 英文名称 | Healtheries colostrum milk powder | | | | |
| 其他名称 | | | | | |
| 商品描述 | 由母牛产后最初5次所挤的奶制成牛初乳粉后,加入了其他填充剂、黏合剂、调味剂制成的片状制品。其成分含量为:乳糖40.74%、喷雾干燥初乳奶粉27.78%、脱脂牛奶粉16.72%、葡萄糖12.50%、硬脂酸镁1.00%、二氧化硅0.50%、食用香料0.76%。 | | | | |
| 归类决定 | 根据以上成分,该商品属于以乳品为基本成分制得的食品,其中添加的食用香料超出了《税则注释》第四章总注释所规定允许添加的物质的范围,因此不能归入品目04.02。根据归类总规则一,该商品应归入税则号列1901.9000。 | | | | |

| 序号 | 66 | 归类决定编号 | Z2006－0038 | 公告编号 | 2006年第69号 |
|---|---|---|---|---|---|
| 商品税则号列 | 1901.9000 | | | 发布日期 | 2006年11月22日 |
| 商品名称 | 植脂淡奶 | | | | |
| 英文名称 | | | | | |
| 其他名称 | | | | | |
| 商品描述 | 植脂淡奶是一种以奶粉20%、水74.08%、植物油脂5.8%、增稠剂0.02%、磷酸氢二钠0.1%为原料,经混合→溶解→加热→过滤→真空脱气→均质→灌装等工艺加工制成的食品。零售铁罐包装,包装净重400克/罐。主要用以混调咖啡、奶茶及其他饮料。 | | | | |
| 归类决定 | 从该商品的成分中奶粉和水的含量看,该商品属于含有乳成分的乳制品。根据《税则注释》第四章总注释的规定,植脂淡奶应以乳成分为主要组分的制品归入税则号列1901.9000。 | | | | |

| 序号 | 67 | 归类决定编号 | Z2009－0001 | 公告编号 | 2009年第5号 |
| --- | --- | --- | --- | --- | --- |
| 商品税则号列 | 1902.1900 | | | 发布日期 | 2009年1月20日 |
| 商品名称 | 一级品挂面 | | | | |
| 英文名称 | | | | | |
| 其他名称 | | | | | |
| 商品描述 | 一级品挂面的成分:小麦粉、水、碘盐、食用碱。加工流程:调粉(和面机和面)→熟化(醒面过程)→压延(压成厚度不小于4毫米的面片)→切条→干燥(分四区干燥,最高温度85℃)→截断→称量→包装→入库。食用方法:在开水中煮3～5分钟后即可食用。 | | | | |
| 归类决定 | 根据加工工艺,该商品为生的面食,根据归类总规则一及六,应归入税则号列1902.1900。 | | | | |

| 序号 | 68 | 归类决定编号 | Z2006－0039 | 公告编号 | 2006年第69号 |
| --- | --- | --- | --- | --- | --- |
| 商品税则号列 | 1905.9000 | | | 发布日期 | 2006年11月22日 |
| 商品名称 | 品客薯片 | | | | |
| 英文名称 | Pringles | | | | |
| 其他名称 | | | | | |
| 商品描述 | 商品“品客薯片”,是一种由马铃薯粉(42%±8%)、植物油(33%±12%)、玉米粉(6%±2%)、小麦淀粉(4%±1%)、糊精(3%±1%)、乳化剂(2%±1.5%)、食用盐(1%±1%)、葡萄糖(1%±1%)、香辣味调味粉(5.5%±2%)等配制而成的经油炸后可即食的薄片,其加工流程为:生马铃薯→用清水洗净→加热煮熟→将马铃薯加工成粉末→加入淀粉、玉米粉、糊精、调料、葡萄糖→制成团状→将面团压制成片状→切割成薯片→将薯片在食用植物油中烹炸→将薯片撒上盐和调味料→将薯片装入罐中→装箱。 | | | | |
| 归类决定 | “品客薯片”符合《税则注释》关于品目19.05产品成分及制作工艺的规定,因此,根据归类总规则一,品客薯片应归入税则号列1905.9000。 | | | | |

| 序号 | 69 | 归类决定编号 | Z2008－0116 | 公告编号 | 2008年第83号 |
|---|---|---|---|---|---|
| 商品税则号列 | 2001.9090 | | | 发布日期 | 2008年11月24日 |
| 商品名称 | 调味滑子菇罐头 | | | | |
| 英文名称 | | | | | |
| 其他名称 | | | | | |
| 商品描述 | 调味滑子菇罐头为玻璃瓶装的即食罐头，含有蘑菇、醋、水、盐、糖、辣椒、大蒜及其他辅料。其加工工艺为：原料（滑子菇）→预煮冷却→剔除杂质→漂水→装罐→注入配汤→封口→杀菌→冷却。 | | | | |
| 归类决定 | 该商品属于《税则》税目20.01“用醋或醋酸制作或保藏的蔬菜罐头”的商品范围，根据归类总规则一及六，应归入税则号列2001.9090。 | | | | |

| 序号 | 70 | 归类决定编号 | Z2006－0040 | 公告编号 | 2006年第69号 |
|---|---|---|---|---|---|
| 商品税则号列 | 2004.1000 | | | 发布日期 | 2006年11月22日 |
| 商品名称 | 冷冻薯条 | | | | |
| 英文名称 | | | | | |
| 其他名称 | | | | | |
| 商品描述 | 该薯条为横截面1厘米×1厘米；长为5～11厘米长条形，每袋5千克，纸质包装，进口时为冷冻状态。本商品专供快餐店用，食用前用起酥油油炸即可，冷冻前经过预炸或喷油处理。 | | | | |
| 归类决定 | 根据《税则注释》第七章总注释的规定，第七章仅包括鲜、冷、冻（未烹煮、蒸过或水煮）、干（包括脱水、蒸干或冻干）或经临时保藏处理的蔬菜，而该冷冻薯条的加工程度已经超过第七章所允许的范围，应归入税则号列2004.1000。 | | | | |

<table>
<tr><td>序号</td><td>71</td><td>归类决定编号</td><td colspan="2">Z2006－0041</td><td>公告编号</td><td>2006年第69号</td></tr>
<tr><td colspan="2">商品税则号列</td><td colspan="2">2004.1000</td><td colspan="2">发布日期</td><td>2006年11月22日</td></tr>
<tr><td colspan="2">商品名称</td><td colspan="6">速冻土豆块</td></tr>
<tr><td colspan="2">英文名称</td><td colspan="6"></td></tr>
<tr><td colspan="2">其他名称</td><td colspan="6"></td></tr>
<tr><td colspan="2">商品描述</td><td colspan="6">速冻土豆块是土豆经过清洗、蒸煮、冷却、速冻等工艺加工而成的。蒸煮过程中加入一定浓度的焦磷酸钠和食盐溶液，解冻后可直接食用。焦磷酸钠可以增加产品的松软程度、增强口感和淀粉活性，也可以防止土豆蒸煮过程中的变色。</td></tr>
<tr><td colspan="2">归类决定</td><td colspan="6">根据《税则注释》对品目07.10的解释，该品目包括冻前加有盐或糖的蔬菜和冻前蒸过或用水煮过的蔬菜，但不包括以其他方法烹煮过的蔬菜。该商品在水煮的过程中添加了焦磷酸钠，对商品的品质有所改良，已超出品目07.10的范围。<br>根据归类总规则一，速冻土豆块应归入税则号列2004.1000。</td></tr>
</table>

<table>
<tr><td>序号</td><td>72</td><td>归类决定编号</td><td colspan="2">Z2006－1174</td><td>公告编号</td><td>2007年第70号</td></tr>
<tr><td colspan="2">商品税则号列</td><td colspan="2">2005.5120[2005.5191(2014年版)]</td><td colspan="2">发布日期</td><td>2007年12月5日</td></tr>
<tr><td colspan="2">商品名称</td><td colspan="6">红豆泥</td></tr>
<tr><td colspan="2">英文名称</td><td colspan="6">Boiled red bean added sugar</td></tr>
<tr><td colspan="2">其他名称</td><td colspan="6">糖渍红小豆(申报名称)</td></tr>
<tr><td colspan="2">商品描述</td><td colspan="6">红豆泥是以红小豆、芸豆为原料，经选豆→洗豆→蒸煮→去皮→去水分→加糖→搅拌→蒸煮→装袋→装箱→入库制成，其中豆子成分占31.6%，白砂糖占40%，水分20.4%，色素和软化剂等添加剂占8%，常温下即可保存。</td></tr>
<tr><td colspan="2">归类决定</td><td colspan="6">该产品实为含糖的红豆泥，且进口时未经过排气、密封和杀菌、冷却等罐头所必需的加工工艺。根据归类总规则一及第二十章章注三，该红豆泥应归入税则号列2005.5120[2005.5191(2014年版)]。</td></tr>
</table>

| 序号 | 73 | 归类决定编号 | Z2008－0002 | 公告编号 | 2008 年第 76 号 |
|---|---|---|---|---|---|
| 商品税则号列 | 2005.9999 | | | 发布日期 | 2008 年 10 月 28 日 |
| 商品名称 | 甘薯条 | | | | |
| 英文名称 | | | | | |
| 其他名称 | | | | | |
| 商品描述 | 甘薯条以甘薯为原料，生产工艺：原料→分类→急冻（－35℃）10 小时→在真空环境下入低温油（70℃～80℃）→脱油烘干→分类包装。规格：每包净含量 250 克。 | | | | |
| 归类决定 | 该商品是利用真空油炸技术制作的，其加工程度已超出《税则》第七章的范围，根据归类总规则一及六，应归入税则号列 2005.9999。 | | | | |

| 序号 | 74 | 归类决定编号 | Z2006－0042 | 公告编号 | 2006 年第 69 号 |
|---|---|---|---|---|---|
| 商品税则号列 | 2008.1999 | | | 发布日期 | 2006 年 11 月 22 日 |
| 商品名称 | 煮大豆干 | | | | |
| 英文名称 | | | | | |
| 其他名称 | | | | | |
| 商品描述 | 外观:土黄色干粒状。加工过程:大豆→精选、洗涤、浸泡→蒸煮→冷却→晒干、烘干→煮大豆干。<br>方法:用柴禾将其在大锅里煮。这是一种民间土方法,这样就能保持固有的色彩和香味,不存在别的异味。<br>用途:这样加工出来的煮大豆干就可以拌咸菜吃(多种),是韩国人、鲜族人常吃的食品。<br>内包装:聚乙烯;外包装:编制袋。<br>重量:50 千克。<br>保存方法及流通期限:存放在干燥通风处,从制造日期起 6 个月以内。 | | | | |
| 归类决定 | “煮大豆干”是由精选的大豆经过浸泡、蒸煮、晒干、烘干等加工程序制成,加工过程中未添加任何其他物质,加工后可直接食用。<br>上述加工过程是从原料到成品的加工,超出了《税则注释》中第十二章规定的仅仅是为了便于储存、去苦味及使用而进行简单热处理的加工范围,因此,根据归类总规则一,该商品应归入品目 20.08。<br>大豆是一种含油子仁,所以“煮大豆干”应归入税则号列 2008.1999。 | | | | |

| | | | | | |
|---|---|---|---|---|---|
| 序号 | 75 | 归类决定编号 | Z2008－0003 | 公告编号 | 2008 年第 76 号 |
| 商品税则号列 | 2008. 9200［2008. 9700（2014 年版）］ | | | 发布日期 | 2008 年 10 月 28 日 |
| 商品名称 | 综合蔬果干 | | | | |
| 英文名称 | | | | | |
| 其他名称 | | | | | |
| 商品描述 | 综合蔬果干，配料：芭蕉 30%、甘薯 30%、凤梨 20%、芋头 10%、菠萝蜜 10%。生产工艺：原料→分类→急冻（－35℃）10 小时→在真空环境下入低温油（70℃～80℃）→脱油烘干→分类包装。规格：每包净含量 250 克。 | | | | |
| 归类决定 | 该商品是利用真空油炸技术制作的蔬菜、水果产品，其加工程度已超出《税则》第七章及第八章的范围。该商品以水果为主要成分，根据归类总规则三（二），应归入税则号列 2008. 9200［2008. 9700（2014 年版）］。 | | | | |

| 序号 | 76 | 归类决定编号 | Z2006－0043 | 公告编号 | 2006年第69号 |
| --- | --- | --- | --- | --- | --- |
| 商品税则号列 | 2008.9990 | | 发布日期 | 2006年11月22日 | |
| 商品名称 | 甜玉米微波爆米花 | | | | |
| 英文名称 | Microwave popcorn | | | | |
| 其他名称 | 美国艾可堤微波玉米花 | | | | |
| 商品描述 | 该商品配料为玉米粒、蔬菜油、砂糖、调味料和蔗糖精，99克纸袋密封包装，外封玻璃纸。欲食用时先从玻璃纸中取出纸袋，再将纸袋置于微波炉中烹制1～5分钟，取出撕开纸袋即可享用爆米花。 | | | | |
| 归类决定 | 玉米按照籽粒形状、胚乳性质和有无稃壳可分为八种类型，“甜玉米微波爆米花”是由其中的爆裂型玉米粒（是一种专用于制作爆玉米花食用的特种玉米，其籽粒小，坚硬光亮，胚乳全部由角质淀粉组成，遇热即爆裂膨胀）加蔬菜油、砂糖、调味料和蔗糖精后的混合制品，其内包装为多层复合包装袋，外包装为塑料袋，在微波炉中加热1～5分钟即成爆米花；而甜玉米，是其中的甜质型玉米，其籽粒含糖分较多，含淀粉较少，成熟后外形呈褶皱或凹陷状，一般在乳熟期采摘，作为嫩玉米食用，它的用途和食用方法类似于蔬菜，故又被称为“蔬菜玉米”，因此，“甜玉米微波爆米花”不能作为甜玉米归类。<br>由于该商品中的玉米粒没有经过膨化或烘炒处理，也不符合《税则》19.04税目条文对其商品范围的限定，所以该商品不能归入税目19.04。根据归类总规则一，“甜玉米微波爆米花”应归入税则号列2008.9990。 | | | | |

| 序号 | 77 | 归类决定编号 | Z2006－0045 | 公告编号 | 2006年第69号 |
|---|---|---|---|---|---|
| 商品税则号列 | 2008.9990 | | | 发布日期 | 2006年11月22日 |
| 商品名称 | 干芋 | | | | |
| 英文名称 | | | | | |
| 其他名称 | | | | | |
| 商品描述 | 干芋又名甘薯脯，是以甘薯为原料，经过糖化、去皮、糖液中浸泡、清洗、蒸熟、切片（条）、烘干、回潮、速冻杀菌、计量、装袋（零售包装）等工艺制成。由于该商品在低温下不仅表面白霜上的较慢，而且保持非常好的味道，故成品在低温的环境下保存和运输。 | | | | |
| 归类决定 | 根据《税则注释》第七章总注释及品目07.14条文，甘薯属于食用的块茎及块根，不属于该章所称的蔬菜范围。从该商品的加工工艺来看，该商品在速冻前经过糖液浸泡、蒸熟后烘干、回潮等工艺，已超出《税则》税目07.14允许的加工范围，不应归入税目07.14。<br>根据《税则》第二十章章注三，甘薯不属于蔬菜范围，不应归入税目20.04及20.05项下。根据归类总规则一，干芋应归入税则号列2008.9990。 | | | | |

| 序号 | 78 | 归类决定编号 | Z2006－1175 | 公告编号 | 2007年第70号 |
|---|---|---|---|---|---|
| 商品税则号列 | 2008.9990 | | | 发布日期 | 2007年12月5日 |
| 商品名称 | 香蕉泥 | | | | |
| 英文名称 | | | | | |
| 其他名称 | | | | | |
| 商品描述 | 该香蕉泥是以新鲜香蕉为原料，生产工艺为：原料接收→清洗拣选→装箱→运至熟化间→运至去皮工段→清洗及拣选→去皮→碾碎→过滤→成品→均质→脱气→缓冲罐→磁阀→过滤→泵输送→热处理→过滤→金属探测→灌装→储存→发运。其中，均质指不添加任何物质通过机械压力确保半成品处理成小颗粒，不产生明显分离。热处理指将香蕉泥经过管状系统设定香蕉泥的流速和温度，达到巴氏杀菌（低于100℃的热力杀灭微生物）的目的。该商品主要用作食品添加剂，可用于糖果、面包、冰激凌和饮料等。 | | | | |
| 归类决定 | 根据归类总规则一，该香蕉泥应归入税则号列2008.9990。 | | | | |

| 序号 | 79 | 归类决定编号 | Z2006－0044 | 公告编号 | 2006 年第 69 号 |
|---|---|---|---|---|---|
| 商品税则号列 | 2008.9990[2008.9300(2014 年版)] | | 发布日期 | 2006 年 11 月 22 日 | |
| 商品名称 | 蔓越莓 | | | | |
| 英文名称 | Bulk cranberry | | | | |
| 其他名称 | | | | | |
| 商品描述 | 蔓越莓是将蔓越莓切片,浸在含糖及浓缩越橘汁的溶液(果糖糖浆)中 60～240 分钟,然后用水把多余的糖分洗去,再烘干至只剩 9%～18% 的水分,所得商品含有 35.5%～45% 的越橘、55%～63.5% 的蔗糖及少于 1% 的浓缩越橘汁,然后进行包装。 | | | | |
| 归类决定 | 根据《税则注释》第八章总注释中对“渗透脱水”的解释,该商品是经“渗透脱水”加工后得到的干果,已经超出了第八章所述商品的加工工艺,不属于第八章的商品范围。<br>根据归类总规则一,蔓越莓应归入税则号列 2008.9990[2008.9300(2014 年版)]。 | | | | |

| 序号 | 80 | 归类决定编号 | Z2008－0004 | 公告编号 | 2008 年第 76 号 |
|---|---|---|---|---|---|
| 商品税则号列 | 2101.1200 | | 发布日期 | 2008 年 10 月 28 日 | |
| 商品名称 | 三合一速溶咖啡 | | | | |
| 英文名称 | | | | | |
| 其他名称 | | | | | |
| 商品描述 | 三合一速溶咖啡为咖啡色粉状固体,主要成分为白砂糖 41.3%、葡萄糖浆 30.7%、植物油 19.2%、速溶咖啡 7%,还添加少量的稳定剂、乳化剂、抗结剂、色素等。零售包装,18 克/包,主要用于咖啡厅或家庭冲饮。 | | | | |
| 归类决定 | 该商品是以咖啡浓缩物为基本成分的制品,添加的白砂糖、葡萄糖浆及植物油等主要用来调节咖啡口感,根据归类总规则一,应归入税则号列 2101.1200。 | | | | |

| 序号 | 81 | 归类决定编号 | Z2006－0046 | 公告编号 | 2006 年第 69 号 |
|---|---|---|---|---|---|
| 商品税则号列 | 2101. 2000 | | 发布日期 | 2006 年 11 月 22 日 | |
| 商品名称 | 红茶香料 B－4327－01 | | | | |
| 英文名称 | Black tea flavor | | | | |
| 其他名称 | | | | | |
| 商品描述 | 该商品成分为:天竺葵油(Geranium Oil) 0. 05%,香叶醇(Geraniol)0. 20%,芳樟醇(Linalool) 0. 60%,香茅醇(Citronellol)0. 10%,氧化芳樟醇(Linalool Oxide) 0. 30%,异戊醇(Isoamyl Alcohol) 0. 05%,乙酸橙花酯(Neryl Acetate) 0. 10%,香草精(Vanillin) 0. 80%,红茶提取物(Black Tea Extract) 14. 00%,水(Water) 42. 00%,丙二醇(PG) 41. 80%,桶装,液状。<br>用途:用于生产冰红茶。将该红茶香料与柠檬香料红茶粉、白砂糖、纯净水、柠檬酸、焦糖色素、柠檬酸钠、精盐和维生素 C 进行配料经数道工序制成冰红茶饮料。 | | | | |
| 归类决定 | 根据该商品的成分及含量,所含有的微量芳香成分不构成产品的基本成分,不符合《税则注释》对品目 33. 02“本品目还包括生产饮料用的以香料为基本成分的其他制品。这些制品可以是……。它们必须是以一种或多种本章章注二所述的香料做为基本成分”的规定,不能归入税则号列 3302. 1010。<br>该商品应属于以红茶抽取物为基本成分的制品。根据归类总规则一,该商品应归入税则号列 2101. 2000。 | | | | |

| 序号 | 82 | 归类决定编号 | Z2006－1176 | 公告编号 | 2007年第70号 |
|---|---|---|---|---|---|
| 商品税则号列 | | 2101.2000 | | 发布日期 | 2007年12月5日 |
| 商品名称 | 玄米绿茶 | | | | |
| 英文名称 | | | | | |
| 其他名称 | | | | | |
| 商品描述 | 玄米绿茶的成分为：玄米48%，绿茶52%，为普通绿茶与玄米简单混合制成，玄米经180℃～200℃下烘烤。用法：把一小袋产品投入到杯子里，加温水80毫升，过1～2分钟后饮用，可以重复多次以上程序饮用。 | | | | |
| 归类决定 | 该商品属于以茶为基本成分的制品。根据归类总规则一，该商品应归入税则号列2101.2000。 | | | | |

| 序号 | 83 | 归类决定编号 | Z2006－1177 | 公告编号 | 2007年第70号 |
|---|---|---|---|---|---|
| 商品税则号列 | | 2103.9090 | | 发布日期 | 2007年12月5日 |
| 商品名称 | 旺味 | | | | |
| 英文名称 | | | | | |
| 其他名称 | | | | | |
| 商品描述 | 旺味是由谷氨酸钠50%、甘氨酸30%、丙氨酸10%、肌甙酸钠2.5%、次黄甙酸钠2.5%、柠檬酸钠3%、丁二酸钠2%等组成的白色粉末，外包装为纸箱，内包装为塑料袋，25千克/袋，用作食品制造或加工的调味料。 | | | | |
| 归类决定 | 该商品属于混合调味料。根据归类总规则一，“旺味”应归入税则号列2103.9090。 | | | | |

| 序号 | 84 | 归类决定编号 | Z2006-1178 | 公告编号 | 2007年第70号 |
|---|---|---|---|---|---|
| 商品税则号列 | 2103.9090 | | | 发布日期 | 2007年12月5日 |
| 商品名称 | 味优 | | | | |
| 英文名称 | | | | | |
| 其他名称 | | | | | |
| 商品描述 | 味优是由L-谷氨酸钠55%、甙酸钠44%、肌甙酸钠0.5%及次黄甙酸钠0.5%等组成的白色粉末,外包装为纸箱,内包装为塑料袋,25千克/袋,用作食品制造或加工的调味料。 | | | | |
| 归类决定 | 该商品属于混合调味料。根据归类总规则一,"味优"应归入税则号列2103.9090。 | | | | |

| 序号 | 85 | 归类决定编号 | Z2006-0047 | 公告编号 | 2006年第69号 |
|---|---|---|---|---|---|
| 商品税则号列 | 21.06 | | | 发布日期 | 2006年11月22日 |
| 商品名称 | 四氢酒花浸膏 | | | | |
| 英文名称 | Tetra iso-extract 10% | | | | |
| 其他名称 | | | | | |
| 商品描述 | 四氢酒花浸膏是一种从酒花中以二氧化碳提取的酒花浸膏为原料,再经提取而得的钾盐水溶液。为红色液体状,有刺激性气味,主要用于啤酒工业。根据海关化验鉴定结果,其成分为:四氢异构α酸钾盐和水。 | | | | |
| 归类决定 | 根据《税则注释》,品目13.02的植物浸膏一般是指直接从植物中通过溶剂提取的植物产品。从四氢酒花浸膏的提取原料来看,该商品是以二氧化碳提取的酒花浸膏为原料,进一步提取制作,并且在制备四氢酒花浸膏时,在接触剂的作用下,加入了氢,避免了在日光侵袭下断裂而产生日光嗅的物质。因此,该商品的加工工艺已超出品目13.02的规定,不能归入税则号列1302.1300。<br>根据归类总规则一,"四氢酒花浸膏"应归入税目21.06项下。 | | | | |

| 序号 | 86 | 归类决定编号 | Z2006－0171 | 公告编号 | 2006 年第 69 号 |
|---|---|---|---|---|---|
| 商品税则号列 | 3301.2990 或 21.06 | | 发布日期 | 2006 年 11 月 22 日 | |
| 商品名称 | 啤酒花提取液 | | | | |
| 英文名称 | | | | | |
| 其他名称 | | | | | |
| 商品描述 | 啤酒花提取液包含三种产品:(1)型号:46～11,为棕色浆状物,有特殊气味。其主要成分为:香叶烯、蒎烯、石竹烯、草烯、桉叶烯、西柏烯、蛇麻酮(β-酸)等。(2)型号:46～09,为棕色水溶液,有刺激性气味。其主要成分为:水、还原异构 α-酸钾盐等。(3)型号:46～12,为棕色水溶液,有刺激性气味。其主要成分为:水、四氢异构 α-酸钾盐等。 | | | | |
| 归类决定 | 根据海关化验报告,第一种产品是以酒花为原料用液态二氧化碳萃取而得的酒花提取物,主要含香叶烯、蒎烯、蛇麻酮(β-酸)等组分,所含其他植物物质很少,符合《税则注释》中品目 33.01 的条文注释。因此,该商品应归入税则号列 3301.2990。<br>第二、三种产品是在液态二氧化碳提取物的基础上进行加工制成的产品,由于这两种商品已经过脱香、成盐以及异构化等处理,超出了第三十三章的定义范围。两种商品的用途为加入啤酒中增加啤酒的苦味,属于专用于啤酒工业的制品,符合《税则》税目 21.06 注释的有关规定,故应归入税目 21.06 项下。 | | | | |

| 序号 | 87 | 归类决定编号 | Z2006－0048 | 公告编号 | 2006年第69号 |
|---|---|---|---|---|---|
| 商品税则号列 | | 2106.1000 | | 发布日期 | 2006年11月22日 |
| 商品名称 | | 大豆浓缩蛋白（饲料添加剂） | | | |
| 英文名称 | | | | | |
| 其他名称 | | | | | |
| 商品描述 | | “大豆浓缩蛋白（饲料添加剂）”为淡黄色粉末，经海关化验鉴定结果，蛋白质含量为65.2%。加工工艺为：大豆进行清洗、去皮、粉碎、脱脂后得到脱脂大豆蛋白片，再对脱脂大豆蛋白片去除糖分和抗营养因子后，经加热干燥、研磨等工艺得到。可用作动物饲料中的蛋白原料。 | | | |
| 归类决定 | | 根据《税则》第二十三章章注，税目23.09包括其他品目未列名的配制动物饲料。该章注明确了如果可作为动物饲料或饲料添加剂的产品在其他品目已列名，则不归入税目23.09。根据《税则注释》对品目21.06的注释，该品目包括通过去除脱脂豆粉的某些成分而制得的浓缩蛋白质，该商品符合品目21.06的注释。<br>根据归类总规则一，“大豆浓缩蛋白（饲料添加剂）”应归入税则号列2106.1000。 | | | |

| 序号 | 88 | 归类决定编号 | Z2006－0049 | 公告编号 | 2006年第69号 |
|---|---|---|---|---|---|
| 商品税则号列 | | 2106.1000 | | 发布日期 | 2006年11月22日 |
| 商品名称 | | 浓缩蛋白质（从小麦中提取） | | | |
| 英文名称 | | | | | |
| 其他名称 | | | | | |
| 商品描述 | | “浓缩蛋白质（从小麦中提取）”外观为固体片状，成分为小麦浓缩蛋白65%～75%、淀粉15%～25%、水分7%～10%、脂肪<5%。主要在食品、素食制品中用作添加剂。其生产原料为小麦浓缩蛋白、小麦原面粉、磷酸盐和抗氧化剂，由小麦蛋白加面粉加水经挤压膨化使小麦蛋白组织化而得。 | | | |
| 归类决定 | | 该商品属于由浓缩蛋白质制成的组织化蛋白物质。根据归类总规则一，“浓缩蛋白质（从小麦中提取）”应归入税则号列2106.1000。 | | | |

| 序号 | 89 | 归类决定编号 | Z2008 - 0005 | 公告编号 | 2008 年第 76 号 |
|---|---|---|---|---|---|
| 商品税则号列 | | 2106.9090 | | 发布日期 | 2008 年 10 月 28 日 |
| 商品名称 | 复合糖 | | | | |
| 英文名称 | | | | | |
| 其他名称 | | | | | |
| 商品描述 | 复合糖为白色颗粒状,主要成分:蔗糖 85%、淀粉 13%、盐 2%。包装规格:25 千克/袋。该产品是将蔗糖、淀粉及盐经混合、搅拌、干燥后筛选而成的。进口后主要用于淀粉的生产,起到增加淀粉糖度的作用。 | | | | |
| 归类决定 | 该商品中添加了淀粉及盐,已超出《税则》税目 17.02 的商品范围,根据归类总规则一,应归入税则号列 2106.9090。 | | | | |

| 序号 | 90 | 归类决定编号 | Z2008 - 0006 | 公告编号 | 2008 年第 76 号 |
|---|---|---|---|---|---|
| 商品税则号列 | | 2106.9090 | | 发布日期 | 2008 年 10 月 28 日 |
| 商品名称 | 欣乐即溶饮品 | | | | |
| 英文名称 | | | | | |
| 其他名称 | | | | | |
| 商品描述 | 欣乐即溶饮品包括两种商品:(1)褐色粉末,主要成分为菊花(33.3%)、柠檬(25%)、茶叶提取物(25%)、白茅根等;(2)褐色粉末,主要成分为菊花(33.3%)、美国蜜桃(25%)、山茶精(25%)、白茅根等。食用时将产品溶于水中即可,适宜血脂偏高的人群饮用。 | | | | |
| 归类决定 | 这两种商品均是以菊花、茶叶提取物、柠檬等多种天然草本植物为原料制成的保健食品,根据归类总规则一,应归入税则号列 2106.9090。 | | | | |

| 序号 | 91 | 归类决定编号 | Z2008－0007 | 公告编号 | 2008年第76号 |
|---|---|---|---|---|---|
| 商品税则号列 | 2106.9090 | | | 发布日期 | 2008年10月28日 |
| 商品名称 | 燕窝 | | | | |
| 英文名称 | | | | | |
| 其他名称 | | | | | |
| 商品描述 | 该商品为荣和堂牌金丝红燕,250克/瓶,无糖,可冷饮或加热后食用。加工过程是将燕窝去杂、清洗、炖煮40～90分钟后罐装。产品为金黄色丝条状,与无色透明液体融合。经海关化验鉴定,主要成分:蛋白质、水分等,水分含量93.4%。 | | | | |
| 归类决定 | 该商品是以燕窝为原料,经炖煮等加工制得的即食食品,其加工程度已超出《税则》第四章的范围,根据归类总规则一,应归入税则号列2106.9090。 | | | | |

| 序号 | 92 | 归类决定编号 | Z2009－0090 | 公告编号 | 2009年第32号 |
|---|---|---|---|---|---|
| 商品税则号列 | 2106.9090 | | | 发布日期 | 2009年6月12日 |
| 商品名称 | 营养米粒 | | | | |
| 英文名称 | Vitamin enriched rice | | | | |
| 其他名称 | | | | | |
| 商品描述 | 营养米粒的成分为:大米93%,营养强化剂预混料7%;营养素源为硝酸硫胺素、烟酸、焦磷酸铁;营养素含量为:VB1不少于0.14%,烟酸不少于1.4%,铁不少于0.7%。加工工艺:将大米或碎米粉碎,加入营养预混料后充分混合,挤压干燥成米粒状。食用方法:与普通大米按比例混合食用。 | | | | |
| 归类决定 | 该商品与普通大米按比例混合食用是为增加普通大米的营养成分,根据归类总规则一及六,应归入税则号列2106.9090。 | | | | |

| 序号 | 93 | 归类决定编号 | Z2009－0147 | 公告编号 | 2009 年第 57 号 |
|---|---|---|---|---|---|
| 商品税则号列 | | 2106.9090 | | 发布日期 | 2009 年 8 月 31 日 |
| 商品名称 | | 胶基 | | | |
| 英文名称 | | | | | |
| 其他名称 | | | | | |
| 商品描述 | | 胶基用于生产口香糖，成分含量为：食品级丁苯橡胶（SBR）10%，食品级聚醋酸乙烯酯 10%，食品级松香甘油酯 40%，食品级乳化剂、卵磷脂 10%，食品级填充剂 30%。生产工艺流程为：搅拌机→预热→一次搅拌→加入丁苯橡胶、松香甘油酯、填充剂→二次搅拌→加入松香甘油酯、聚醋酸乙烯酯→三次搅拌→加入乳化剂、卵磷脂→过滤→注盘→冷却成型→检验→包装。 | | | |
| 归类决定 | | 根据《税则》第三十八章章注一（二）“化学品与食品或其他营养物质的混合物，配制食品用的（一般归入品目 21.06）”，以及《税则注释》第三十八章总注释中对本章章注一（二）所称的“食品或其他营养物质”的规定，该商品属于配制食品用的化学品与食品或其他营养物质的混合物，不属于税目 38.24 的商品范围，根据归类总规则一，应归入税则号列 2106.9090。 | | | |

| 序号 | 94 | 归类决定编号 | Z2010－0005 | 公告编号 | 2010 年第 15 号 |
|---|---|---|---|---|---|
| 商品税则号列 | | 2106.9090 | | 发布日期 | 2010 年 2 月 28 日 |
| 商品名称 | | 微晶纤维素 | | | |
| 英文名称 | | | | | |
| 其他名称 | | | | | |
| 商品描述 | | 微晶纤维素的具体成分：微晶纤维素 60% ~80%，羧甲基纤维素钠 5% ~20%，卡拉胶 2% ~10%，葡萄糖 2% ~10%。该商品主要添加在花生牛奶和谷物类饮料中，起抗结剂作用，其添加量为 0.12%。 | | | |
| 归类决定 | | 该商品是一种调配好的添加剂，并且添加的葡萄糖属于《税则》第三十八章章注一（二）的“食物或其他营养物质”，根据归类总规则一、六及第三十八章一（二）的规定，应归入税则号列 2106.9090。 | | | |

| 序号 | 95 | 归类决定编号 | Z2013－0003 | 公告编号 | 2013 年第 26 号 |
|---|---|---|---|---|---|
| 商品税则号列 | 2106.9090 | | | 发布日期 | 2013 年 5 月 17 日 |
| 商品名称 | 安婴儿 A＋无糖婴儿配方奶粉 | | | | |
| 英文名称 | | | | | |
| 其他名称 | | | | | |
| 商品描述 | 该商品的主要成分为：玉米糖浆固体 53.62%、精炼植物油 27.81%、牛奶分离蛋白 13.16%、矿物质 3.88%，以及维生素等。其中，牛奶分离蛋白是经物理过滤去除脱脂鲜奶中的乳糖后，经高温灭菌、高压固化及喷雾干燥而获得，主要成分为天然牛奶蛋白(含酪蛋白和乳清蛋白)等。 | | | | |
| 归类决定 | 该商品中的牛奶分离蛋白不属于税目 04.01 至 04.04 所列的商品，因此该商品不能归入税目 19.01 项下。根据归类总规则一及六，该商品应归入税则号列 2106.9090。 | | | | |

| 序号 | 96 | 归类决定编号 | Z2006－0052 | 公告编号 | 2006 年第 69 号 |
|---|---|---|---|---|---|
| 商品税则号列 | 2106.9099[2106.9090(2014 年版)] | | | 发布日期 | 2006 年 11 月 22 日 |
| 商品名称 | MODUCARE 保健食品原料 | | | | |
| 英文名称 | | | | | |
| 其他名称 | | | | | |
| 商品描述 | 该原料为油状液体，有效成分是从大豆中萃取的 β-谷甾醇(占 5%)和从松树油中萃取的 β-谷甾醇糖苷(占 0.05%)。其他成分为约 92% 的橄榄油，2.95% 的辅料。原料进口后分装成软胶囊作为保健食品在国内市场上销售。 | | | | |
| 归类决定 | MODUCARE 保健食品的原料由 β-谷甾醇、β-谷甾醇糖苷和其他辅料与橄榄油混合而成，由于其不符合《税则》第二十九章章注一(一)的规定，不能归入税目 29.06；β-谷甾醇不是维生素 D 原，也不能归入税目 29.36。该原料进口后直接分装成胶囊作为保健食品销售，应归入税则号列 2106.9099[2106.9090(2014 年版)]。 | | | | |

<table>
<tr><td>序号</td><td>97</td><td>归类决定编号</td><td colspan="2">Z2006－0056</td><td>公告编号</td><td>2006 年第 69 号</td></tr>
<tr><td colspan="2">商品税则号列</td><td colspan="2">2106.9099[2106.9090(2014 年版)]</td><td colspan="2">发布日期</td><td>2006 年 11 月 22 日</td></tr>
<tr><td colspan="2">商品名称</td><td colspan="5">PH 值调整剂</td></tr>
<tr><td colspan="2">英文名称</td><td colspan="5">New-su-tan sip</td></tr>
<tr><td colspan="2">其他名称</td><td colspan="5"></td></tr>
<tr><td colspan="2">商品描述</td><td colspan="5">此商品为白色或淡黄色粉末。<br>PH 值调整剂是一种食品添加剂，主要用来调整肉制品的酸碱度，抑制细菌的生长，提高产品的品质。<br>产品成分 含量(%)<br>醋酸钠 SODIUM ACETATE(ANHYDROUS) 32.00<br>偏磷酸钠 SODIUM METAPHOSPHATE 32.00<br>柠檬酸三钠 TRISODIUM CITRATE 10.00<br>富马酸一钠 MONOSODIUM FUMARATE 4.50<br>高级脂肪酸 HIGHER FATTY ACID 2.90<br>脂肪酸甘油脂 GLYCEROL ESTER OF FATTY ACID 1.10<br>酸性焦磷酸钠 DISODIUM DIHYDROGEN PYROPHOSPHATE 0.10<br>香料 FIAVORS 0.20<br>其他(糊精、淀粉) FOOD INGREDIENTS(DEXTRIN,STARCH) 17.20<br>商品形态：白色或蛋黄色粉末。<br>保存方式：在 15℃～25℃条件下密封，干燥，避光保存。<br>保质期：12 个月。</td></tr>
<tr><td colspan="2">归类决定</td><td colspan="5">该商品为用于配制食品的混合物质。根据《税则注释》第三十八章总注释及章注一(二)“……不能归入第三十八章的是那些用于配制食品的混合物”，该商品不属于第三十八章商品范畴。<br>根据归类总规则一，商品“PH 值调整剂”应归入税则号列 2106.9099[2106.9090(2014 年版)]。</td></tr>
</table>

| 序号 | 98 | 归类决定编号 | Z2006－1182 | 公告编号 | 2007年第70号 |
|---|---|---|---|---|---|
| 商品税则号列 | 2106.9099[2106.9090(2014年版)] | | | 发布日期 | 2007年12月5日 |
| 商品名称 | 冰糖燕窝 | | | | |
| 英文名称 | | | | | |
| 其他名称 | | | | | |
| 商品描述 | 该冰糖燕窝共有三个品种：第一种为水59.65%、燕窝25.35%、冰糖15%，固形物含量不低于20%的燕窝，经化验其主要成分为蛋白质类物质、水分、蔗糖等；第二种为水49.35%、燕窝35.65%、冰糖15%，固形物含量不低于35%的燕窝；第三种为高级燕窝、水、冰糖，固形物含量不低于75%。 | | | | |
| 归类决定 | 根据归类总规则三(二)，该冰糖燕窝应归入税则号列2106.9099[2106.9090(2014年版)]。 | | | | |

| 序号 | 99 | 归类决定编号 | Z2006－1184 | 公告编号 | 2007年第70号 |
|---|---|---|---|---|---|
| 商品税则号列 | 2106.9099[2106.9090(2014年版)] | | | 发布日期 | 2007年12月5日 |
| 商品名称 | 粗调味粉 | | | | |
| 英文名称 | | | | | |
| 其他名称 | | | | | |
| 商品描述 | 粗调味粉是以食用糖、盐、谷氨酸钠、小麦粉及改良淀粉为原料，经轧碎→过筛→除杂质→混合→品质检验而制得。进口后经过与其他配料混合→蒸煮→过筛→包装等一系列工序以生产蚝油产品。 | | | | |
| 归类决定 | 根据归类总规则一，粗调味粉应归入税则号列2106.9099[2106.9090(2014年版)]。 | | | | |

| 序号 | 100 | 归类决定编号 | Z2006－0054 | 公告编号 | 2006 年第 69 号 |
|---|---|---|---|---|---|
| 商品税则号列 | 2106.9099[2106.9090(2014 年版)] | | | 发布日期 | 2006 年 11 月 22 日 |
| 商品名称 | 丹枫琼浆 | | | | |
| 英文名称 | Natural tree syrup | | | | |
| 其他名称 | | | | | |
| 商品描述 | 该商品为褐色液体,1500 毫升听装。含有 65% 槭树汁及 35% 棕榈树汁,是纯天然饮品,加水稀释后即可饮用。 | | | | |
| 归类决定 | 根据《税则注释》对品目 21.06 的解释,该商品属于配制饮料用的浓缩液,应归入税则号列 2106.9099[2106.9090(2014 年版)]。 | | | | |

| 序号 | 101 | 归类决定编号 | Z2006－0060 | 公告编号 | 2006 年第 69 号 |
|---|---|---|---|---|---|
| 商品税则号列 | 2106.9099[2106.9090(2014 年版)] | | | 发布日期 | 2006 年 11 月 22 日 |
| 商品名称 | 柑桔纤维 | | | | |
| 英文名称 | Herbacel aq plus sitrus fibre-f | | | | |
| 其他名称 | | | | | |
| 商品描述 | 柑桔纤维为淡黄色粉末,是柑桔皮经粉碎,再用水提取法提取的纤维素和半纤维素物质,再经过干燥、磨粉、过滤、包装而成,其中总的纤维含量为 88% ~93%。用作食品添加剂,能提供丰富的膳食纤维,提供保水性和保留脂肪的能力,提高黏度,控制湿度,降低产品的脂肪含量,降低产品的能量。 | | | | |
| 归类决定 | 该商品由柑桔皮提取加工而成,不属于植物原料、废料、残渣及副产品,且不是动物饲料用,不能归入税目 23.08。该商品未专门对纤维素进行提纯,不应归入第三十九章。根据归类总规则一,“柑桔纤维”应按其他税号未列名的食品归入税则号列 2106.9099[2106.9090(2014 年版)]。 | | | | |

| 序号 | 102 | 归类决定编号 | Z2007－0007 | 公告编号 | 2007 年第 71 号 |
|---|---|---|---|---|---|
| 商品税则号列 | 2106. 9099[2106. 9090(2014 年版)] | | | 发布日期 | 2007 年 12 月 5 日 |
| 商品名称 | 红曲米提取物 | | | | |
| 英文名称 | Red yeast rice | | | | |
| 其他名称 | | | | | |
| 商品描述 | 红曲米提取物为红色粉末,是通过提取功能红曲中有效成分制得,其中有效成分主要为洛伐他汀、角固醇、氨基丁酸及天然植物激素。由大米经加水浸泡,洗净蒸熟后接种发酵,再经提取、过滤、浓缩、喷雾干燥等工艺制得。可作为药品及保健品的原料。 | | | | |
| 归类决定 | 该商品是大米经发酵后制得的产品,根据归类总规则一,应归入税则号列 2106. 9099[2106. 9090(2014 年版)]。 | | | | |

| 序号 | 103 | 归类决定编号 | Z2007－0006 | 公告编号 | 2007 年第 71 号① |
|---|---|---|---|---|---|
| 商品税则号列 | 2106. 9099[2106. 9090(2014 年版)] | | | 发布日期 | 2007 年 12 月 5 日 |
| 商品名称 | 胶原蛋白肽 | | | | |
| 英文名称 | Nippi collagen peptide | | | | |
| 其他名称 | 水解胶原蛋白 | | | | |
| 商品描述 | 商品"胶原蛋白肽"为水溶性白色至淡黄褐色粉末,成分为 100% 纯胶原蛋白肽,包括两个型号:PS－1－G(原料为食品级猪皮),FCP－G(原料为食品级鱼鳞)。以从猪皮或鱼鳞提炼出的胶原蛋白为原料,加酶水解为胶原蛋白肽后,经过滤、离子交换、浓缩、干燥等工艺制得。用作食品,可单独冲饮,或与饮料、料理等调和食用。 | | | | |
| 归类决定 | 该商品为由胶原蛋白经酶水解后制得的胶原蛋白肽,根据归类总规则一,应归入税则号列 2106. 9099[2106. 9090(2014 年版)]。 | | | | |

① 海关总署公告 2014 年第 46 号(2014 年 6 月 25 日发布)对此商品归类决定作了修订。

| 序号 | 104 | 归类决定编号 | Z2006－1181 | 公告编号 | 2007 年第 70 号 |
|---|---|---|---|---|---|
| 商品税则号列 | 2106. 9099[2106. 9090(2014 年版)] | | 发布日期 | | 2007 年 12 月 5 日 |
| 商品名称 | 口服液稳定剂 | | | | |
| 英文名称 | Additive for life retaining liquid | | | | |
| 其他名称 | | | | | |
| 商品描述 | 口服液稳定剂为无色透明液体,含有蛋白质和氨基酸成分,水分及挥发物含量大于90%。该产品的用途是作为保健品的添加剂,可以提高这种保健产品的品质和功效。该产品固形物的含量为 0. 54%,其余 99% 为电解纯净水,其中的苯丙氨酸含量约为自来水中苯丙氨酸含量的 6 倍。 | | | | |
| 归类决定 | 该产品的主要成分为蛋白质和氨基酸,不属于第二十九章的单独有化学定义的产品,根据归类总规则一,口服液稳定剂应归入税则号列 2106. 9099[2106. 9090(2014 年版)]。 | | | | |

| 序号 | 105 | 归类决定编号 | Z2006－0051 | 公告编号 | 2006 年第 69 号 |
|---|---|---|---|---|---|
| 商品税则号列 | 2106. 9099[2106. 9090(2014 年版)] | | 发布日期 | | 2006 年 11 月 22 日 |
| 商品名称 | 魔芋制品 | | | | |
| 英文名称 | | | | | |
| 其他名称 | | | | | |
| 商品描述 | 魔芋制品是由魔芋精粉通过配比制糊、拌和、加热(同时可制成所需的各种形状)、熟化及浸泡处理,得到最终成品。 | | | | |
| 归类决定 | 魔芋制品是由从魔芋粗粉中分离出的精粉组分制成,其主要成分为多糖,基本不含淀粉,应归入税则号列 2106. 9099[2106. 9090(2014 年版)]。 | | | | |

| 序号 | 106 | 归类决定编号 | Z2006 - 0059 | 公告编号 | 2006 年第 69 号 |
|---|---|---|---|---|---|
| 商品税则号列 | 2106. 9099[2106. 9090(2014 年版)] | | | 发布日期 | 2006 年 11 月 22 日 |
| 商品名称 | 奶油粉末 | | | | |
| 英文名称 | Cream powder CF8920 | | | | |
| 其他名称 | | | | | |
| 商品描述 | 奶油粉末是用新鲜奶油经酶解处理后，生产出浓缩膏状的奶油香味物质，加入天然风味物质及麦芽糊精，再进行喷雾干燥加工而成。主要含有麦芽糖糊精约 82%、奶油约 18%。该商品可用于饮料和食品中，用量为 0.1% ~0.5%。 | | | | |
| 归类决定 | 根据以上成分，该商品属于以麦芽糖糊精为主要成分的食品，其中添加的天然风味物质及麦芽糖糊精超出《税则注释》第四章总注释所规定允许添加的物质的范围，因此不能归入第四章；根据《税则注释》第十九章总注释排他条款(四)，该章不包括“非以细粉、粗粉、淀粉、麦精或品目 04. 01 至 04. 04 所列产品为基料的奶制蛋糕、餐末甜点、冰淇淋或类似食品的食用粉(通常归入品目 21. 06)”。从该商品的成分来看，麦芽糖糊精占主要成分，不属于《税则》税目 19. 01 的范围。<br>根据归类总规则一，奶油粉末应归入税则号列 2106. 9099[2106. 9090(2014 年版)]。 | | | | |

<table>
<tr><td>序号</td><td>107</td><td>归类决定编号</td><td>Z2006－0057</td><td>公告编号</td><td>2006 年第 69 号</td></tr>
<tr><td colspan="2">商品税则号列</td><td colspan="2">2106.9099[2106.9090(2014 年版)]</td><td>发布日期</td><td>2006 年 11 月 22 日</td></tr>
<tr><td colspan="2">商品名称</td><td colspan="4">碳酸钙(营养食品原料)</td></tr>
<tr><td colspan="2">英文名称</td><td colspan="4"></td></tr>
<tr><td colspan="2">其他名称</td><td colspan="4"></td></tr>
<tr><td colspan="2">商品描述</td><td colspan="4">碳酸钙为白色小颗粒状,天然碳酸钙约 95%、食用胶约 2.5%、麦芽糊精约 2.5%,食用胶与麦芽糊精的作用是便于造粒,使粉末状的天然碳酸钙凝结成小颗粒,以便与其他原料混合、压片。该商品作为钙源,用于生产保健营养食品钙镁片。</td></tr>
<tr><td colspan="2">归类决定</td><td colspan="4">碳酸钙作为钙源,用于配制营养食品。根据《税则注释》中品目 38.24 的排他性解释"本品目不包括化学品与食品或其他营养物质的混合物,这些混合物在制造某些供人食用的食品时作为拼料或改良食品特性用……"及第三十八章章注一(二),该商品不应归入税则号列 3824.9090。<br>根据归类总规则一,商品"碳酸钙"应归入税则号列 2106.9099[2106.9090(2014 年版)]。</td></tr>
</table>

<table>
<tr><td>序号</td><td>108</td><td>归类决定编号</td><td>Z2006－1183</td><td>公告编号</td><td>2007 年第 70 号</td></tr>
<tr><td colspan="2">商品税则号列</td><td colspan="2">2106.9099[2106.9090(2014 年版)]</td><td>发布日期</td><td>2007 年 12 月 5 日</td></tr>
<tr><td colspan="2">商品名称</td><td colspan="4">微藻 DHA 粉剂</td></tr>
<tr><td colspan="2">英文名称</td><td colspan="4"></td></tr>
<tr><td colspan="2">其他名称</td><td colspan="4"></td></tr>
<tr><td colspan="2">商品描述</td><td colspan="4">微藻 DHA 粉剂为白色或米黄色粉末状,具有微藻产品特有的滋味和气味。该商品是采用变性淀粉、麦芽糊精及其他稳定材料对 DHA 微藻油脂(二十二碳六烯酸油脂)进行包埋后得到的粉剂,主要成分为:DHA 油脂 25%、糊精 28%、淀粉 32%、酪蛋白酸钠 5%、乳清粉 10%。生产工艺:DHA 油脂乳化→涂层预混→均质→喷雾干燥→流化床干燥→真空包装。该商品作为添加剂,应用于婴儿配方奶粉和保健品方面。</td></tr>
<tr><td colspan="2">归类决定</td><td colspan="4">根据归类总规则一,微藻 DHA 粉剂应归入税则号列 2106.9099[2106.9090(2014 年版)]。</td></tr>
</table>

| 序号 | 109 | 归类决定编号 | Z2006－1179 | 公告编号 | 2007 年第 70 号 |
|---|---|---|---|---|---|
| 商品税则号列 | 2106. 9099[2106. 9090(2014 年版)] | | | 发布日期 | 2007 年 12 月 5 日 |
| 商品名称 | 维生素预混剂 | | | | |
| 英文名称 | | | | | |
| 其他名称 | | | | | |
| 商品描述 | 维生素预混剂为粉末状，其成分含量分别为：<br>1. 商品 VP9000：VA(2. 293%)、VB1(0. 168%)、VB2(0. 0864%)、VB6(0. 180%)、VB12(0. 00033%)、VD(6. 73%)、VE(2. 88%)、VC(40. 5225%)、叶酸(0. 0252%)、泛酸钙(1. 18%)、烟酸(2. 4%)、生物酸(0. 00530%)、牛磺酸(17. 8%)、碘化钾(0. 0392%)，为保藏运输需要添加麦芽糖糊精，含量为 25. 69%。<br>2. 商品 VP8001：与 VP9000 相比，成分中不含牛磺酸，其余成分相同，碘化钾含量为 0. 0260%，其余含量相应增加。 | | | | |
| 归类决定 | 该产品总维生素含量均在 50% 以上，其为保藏运输需要添加的麦芽糖糊精，属税目 29. 36 允许添加的范畴。但上述产品所含的牛磺酸是一种非维生素类营养强化剂，对婴幼儿大脑、身高等生长发育起重要作用；碘化钾是一种碘强化剂，用于预防缺碘性甲状腺肿。上述两种添加成分均超出《税则注释》品目 29. 36 的条文注释所允许添加的物质的范围。该产品属于食品添加剂，根据归类总规则一，应归入税则号列 2106. 9099[2106. 9090(2014 年版)]。 | | | | |

| 序号 | 110 | 归类决定编号 | Z2006－0058 | 公告编号 | 2006 年第 69 号 |
|---|---|---|---|---|---|
| 商品税则号列 | 2106.9099[2106.9090(2014 年版)] | | 发布日期 | | 2006 年 11 月 22 日 |
| 商品名称 | 维生素预混料 | | | | |
| 英文名称 | | | | | |
| 其他名称 | | | | | |
| 商品描述 | 维生素预混料的成分为:多种维生素(包括维生素 A、D、C 及多种 B 族维生素等)、磷酸铁及麦芽糊精。其中维生素成分占总量的 54%,磷酸铁的主要作用是防止维生素结块,麦芽糊精作为维生素的载体和分散剂。该商品用于生产营养冲饮品的配料。 | | | | |
| 归类决定 | 根据《税则注释》中品目 29.36 的注释,为保存或运输需要该品目的产品可加入抗氧剂、抗结块剂(如碳水化合物)、用适当物质加以包覆(如明胶、蜡或脂肪)、用适当物质(如硅酸)加以吸附,但不得超出保存或运输所需,且不得改变产品的基本特性而专门适合于某些特殊用途。磷酸铁在食品工业中用作营养增补剂(铁质强化剂),超出了《税则》税目 29.36 所允许添加的物质范围,不属于税目 29.36 的商品。<br>根据归类总规则一,维生素预混料应归入税则号列 2106.9099[2106.9090(2014 年版)]。 | | | | |

| 序号 | 111 | 归类决定编号 | Z2006－0053 | 公告编号 | 2006年第69号 |
| --- | --- | --- | --- | --- | --- |
| 商品税则号列 | 2106.9099[2106.9090(2014年版)] | | | 发布日期 | 2006年11月22日 |
| 商品名称 | 渔夫之宝柠檬薄荷糖(不含糖分) | | | | |
| 英文名称 | Fisherman′s friend lemen mint (Sugar free) | | | | |
| 其他名称 | | | | | |
| 商品描述 | 主要配料:94.32%的山梨糖醇、2%的天然柠檬香味剂、1.33%的镁硬脂酸盐、1%的柠檬酸、0.5%的维生素C、0.4%的薄荷脑、0.2%的香草素、0.1%的姜黄素、0.1%的甜味素、0.05%的安赛蜜等。<br>主要功能:润喉薄荷糖(一般食用)。<br>包装规格:纸皮,铁盒,零售包装。 | | | | |
| 归类决定 | 该商品不具备特定的药效,没有明确的治病防病功能,故不能归入《税则》第三十章。<br>根据归类总规则一,该商品应归入税则号列2106.9099[2106.9090(2014年版)]。 | | | | |

| 序号 | 112 | 归类决定编号 | Z2006－1180 | 公告编号 | 2007年第70号 |
| --- | --- | --- | --- | --- | --- |
| 商品税则号列 | 2106.9099[2106.9090(2014年版)] | | | 发布日期 | 2007年12月5日 |
| 商品名称 | 玉米油粉 | | | | |
| 英文名称 | | | | | |
| 其他名称 | | | | | |
| 商品描述 | 玉米油粉是由植物脂肪和蛋白质混合并添加香精,经喷雾干燥而制成。玉米油粉为淡黄色粉末状,有乳香味,易溶于水中。经海关化验鉴定,其成分为:改性淀粉、蛋白质、植物油脂、香料、水分等。其可添加于饮料、烘焙食品、糖果、酸奶、巧克力糖心及香味酱中。 | | | | |
| 归类决定 | 根据归类总规则一,玉米油粉应归入税则号列2106.9099[2106.9090(2014年版)]。 | | | | |

<table>
<tr><td>序号</td><td>113</td><td>归类决定编号</td><td>Z2006－0055</td><td>公告编号</td><td>2006年第69号</td></tr>
<tr><td colspan="2">商品税则号列</td><td colspan="2">2106.9099[2106.9090(2014年版)]</td><td>发布日期</td><td>2006年11月22日</td></tr>
<tr><td colspan="2">商品名称</td><td colspan="4">植脂粉</td></tr>
<tr><td colspan="2">英文名称</td><td colspan="4">Vegetable oil powder</td></tr>
<tr><td colspan="2">其他名称</td><td colspan="4"></td></tr>
<tr><td colspan="2">商品描述</td><td colspan="4">植脂粉为白色粉末，主要成分为：乳清粉45%、精炼植物油50%、乳化剂和抗氧化剂5%。该商品是将乳清粉、精炼植物油等原料加水混合后，经高温杀菌、喷雾干燥制得。主要用于奶粉等食品。</td></tr>
<tr><td colspan="2">归类决定</td><td colspan="4">根据《税则注释》第十九章总注释排他条款(四)，该章不包括“非以细粉、粗粉、淀粉、麦精或品目04.01至04.04所列产品为基料的奶制蛋糕、餐末甜点、冰淇淋或类似食品的食用粉(通常归入品目21.06)”。从该商品的成分来看，精炼植物油占主要成分，不属于品目19.01的范围。根据归类总规则一，植脂粉应归入税则号列2106.9099[2106.9090(2014年版)]。</td></tr>
</table>

<table>
<tr><td>序号</td><td>114</td><td>归类决定编号</td><td>Z2013－0004</td><td>公告编号</td><td>2013年第26号</td></tr>
<tr><td colspan="2">商品税则号列</td><td colspan="2">2201.1010</td><td>发布日期</td><td>2013年5月17日</td></tr>
<tr><td colspan="2">商品名称</td><td colspan="4">依云天然矿泉水</td></tr>
<tr><td colspan="2">英文名称</td><td colspan="4">Evian natural mineral water</td></tr>
<tr><td colspan="2">其他名称</td><td colspan="4"></td></tr>
<tr><td colspan="2">商品描述</td><td colspan="4">该商品的检测结果为：溶解性总固体378毫克/升，游离二氧化碳4.32毫克/升，锌未检出(<0.001毫克/升)，硒未检出(<0.001毫克/升)，锶0.41毫克/升，锂0.018毫克/升，碘化物未检出(<0.05毫克/升)，偏硅酸19.3毫克/升。</td></tr>
<tr><td colspan="2">归类决定</td><td colspan="4">该商品来自天然，所测指标符合国标GB8537—2008的规定，符合《税则注释》中品目22.01注释对天然矿泉水的解释。根据归类总规则一及六，该商品应归入税则号列2201.1010。</td></tr>
</table>

| 序号 | 115 | 归类决定编号 | Z2013－0005 | 公告编号 | 2013 年第 26 号 |
|---|---|---|---|---|---|
| 商品税则号列 | | 2202. 9000 | | 发布日期 | 2013 年 5 月 17 日 |
| 商品名称 | 莱菲得番茄饮品 | | | | |
| 英文名称 | LIFEADEA | | | | |
| 其他名称 | | | | | |
| 商品描述 | 该商品的配料为：水 73. 9%、西红柿萃取物 10%、梨浓缩液（6 倍浓缩）6%、龙舌兰糖浆 5%、苹果浓缩液（6 倍浓缩）3%、野樱梅浓缩液（10 倍浓缩）2%、维生素 C 0. 1%。其中，西红柿提取物是将西红柿的细胞壁打碎后萃取其中的多糖体类物质。加工方法：将各原料投入水中后充分混合，检查、杀菌、包装成袋。该产品规格为：120 毫升/袋，直接饮用。 | | | | |
| 归类决定 | 该商品中除含有各种浓缩果汁外，还添加有西红柿萃取物，并且添加的水量已超出果汁浓缩倍数，不属于税目 20. 09 项下的商品。根据归类总规则一，该商品应归入税则号列 2202. 9000。 | | | | |

| 序号 | 116 | 归类决定编号 | Z2006－0061 | 公告编号 | 2006 年第 69 号 |
|---|---|---|---|---|---|
| 商品税则号列 | | 2202. 9000 | | 发布日期 | 2006 年 11 月 22 日 |
| 商品名称 | 米汁 | | | | |
| 英文名称 | | | | | |
| 其他名称 | | | | | |
| 商品描述 | 米汁是由米制糖稀（43%）、糙米制糖稀（30%）、液状果糖、植物性油、维他命 C、枸橼酸、精制水（17. 9%）等混合而成，外观为液体状态，供直接饮用。其中“米制糖稀”、“糙米制糖稀”是由白米、麦芽与水以 2:5 的比例混合后经充分搅拌、加温、降温分离、过滤所得的滤液。该米汁的制造工艺：原料混合（米制糖稀和糙米制糖稀）→搅拌→精制→杀菌（在 130℃高温下加热 10 分钟）→充填→冷却→制成品。 | | | | |
| 归类决定 | 所谓“饮料”是一种以水、粮食、果蔬或奶等为基本原料加工而成的流体或半流体食品。从该商品成分含量、饮用方法及外观特征来看，该商品是一种以米制糖稀为基料的即供饮用的饮料，符合《税则注释》对品目 22. 02（无酒精饮料）中注释二（二）的规定范围。<br>《税则注释》中品目 21. 06 既包括直接供人食用的制品，也包括制饮料用制品（即需用水稀释或作进一步处理便可饮用的制品），但不包括即供饮用的饮料（饮品）。<br>根据归类总规则一，米汁应归入税则号列 2202. 9000。 | | | | |

| 序号 | 117 | 归类决定编号 | Z2006－0062 | 公告编号 | 2006年第69号 |
|---|---|---|---|---|---|
| 商品税则号列 | | 2202.9000 | | 发布日期 | 2006年11月22日 |
| 商品名称 | | 木瓜汁、芒果汁 | | | |
| 英文名称 | | Papaya juice；Mango juice | | | |
| 其他名称 | | | | | |
| 商品描述 | | 木瓜汁、芒果汁是将木瓜或芒果的果肉打成果浆，加入配料后经过滤、高温杀菌等工艺制得。木瓜汁的成分为：鲜木瓜汁47%、水47.43%、糖5.50%、柠檬酸0.07%。芒果汁的成分为：鲜芒果汁35%、水60.81%、糖5.50%、柠檬酸0.07%。 | | | |
| 归类决定 | | 根据《税则注释》品目20.09的注释，该品目不包括在正常水果汁或蔬菜汁中加入水的稀释品，其已具有饮料的特征。上述商品不属于品目20.09的范围。<br>“正常的水果汁或蔬菜汁”可以是通过压榨等工艺制得的“原天然汁”，也可由其他方法制得，例如，浓缩汁中加入适量的水，复制成具有“原天然汁”特征的产品。在正常的水果汁或蔬菜汁中加入水或在浓缩汁中加入的水超出复制原天然汁所需的量，其已不具有“原天然汁”的原有特征，属于“原天然汁”的稀释品。<br>根据归类总规则一，“木瓜汁、芒果汁”应归入税则号列2202.9000。 | | | |

| 序号 | 118 | 归类决定编号 | Z2006－0063 | 公告编号 | 2006年第69号 |
|---|---|---|---|---|---|
| 商品税则号列 | 2202.9000 | | 发布日期 | 2006年11月22日 | |
| 商品名称 | 亿澳发酵乳饮料 | | | | |
| 英文名称 | | | | | |
| 其他名称 | | | | | |
| 商品描述 | 主要配料为水、脱脂奶粉、液态果糖、洋橄糖、葡萄糖、维生素C，二十二碳六烯酸(DHA)、缬氨酸、组氨酸、乌龙茶提炼物、乳酸菌，其中水的含量是80%，脱脂奶粉的含量是3%。每100毫升的营养成分为碳水化合物15克，蛋白质1克，脂肪0.3克，钙42毫克，维生素C35毫克，钠15毫克，乌龙茶提炼物5毫克，核苷酸3毫克，缩氨酸磷酪蛋白(CPP)1.25毫克，二十二碳六烯酸(DHA)1毫克，烟碱酸0.65毫克，铁0.06毫克，锌0.06毫克，维生素E0.5毫克，维生素B6 0.0015毫克，维生素B1 0.001毫克，维生素B2 0.001毫克，叶酸12.5微克，维生素A0.7微克，维生素D3 0.25微克。规格：80毫升/瓶。 | | | | |
| 归类决定 | 商品为含乳的饮料，不符合《税则注释》品目04.03的商品范畴。根据归类总规则一，亿澳发酵乳饮料应归入税则号列2202.9000。 | | | | |

| 序号 | 119 | 归类决定编号 | Z2006－1185 | 公告编号 | 2007 年第 70 号 |
|---|---|---|---|---|---|
| 商品税则号列 | 2202.9000 | | | 发布日期 | 2007 年 12 月 5 日 |
| 商品名称 | 无酒精有汽葡萄汁饮料(美森红钻、美森世爵) | | | | |
| 英文名称 | Maison non-alcoholic sparkling grape drink | | | | |
| 其他名称 | | | | | |
| 商品描述 | “无酒精有汽葡萄汁饮料(美森红钻、美森世爵)”有两种:一种是由奥兰多红葡萄果汁 24%、碳酸水 70%、甘蔗糖等 6% 组成的美森红钻饮料;另一种是由奥兰多红葡萄果汁 40%,碳酸水 55%,甘蔗糖等 5% 组成的美森世爵饮料。规格均为 750 毫升/瓶。其生产工艺为:葡萄→压榨、沉淀、过滤→果汁→混合→装罐、包装。 | | | | |
| 归类决定 | 根据归类总规则一,“无酒精有汽葡萄汁饮料(美森红钻、美森世爵)”应归入税则号列 2202.9000。 | | | | |

| 序号 | 120 | 归类决定编号 | Z2006－1186 | 公告编号 | 2007 年第 70 号 |
|---|---|---|---|---|---|
| 商品税则号列 | 2202.9000 | | | 发布日期 | 2007 年 12 月 5 日 |
| 商品名称 | 保力达蛮牛饮料 | | | | |
| 英文名称 | | | | | |
| 其他名称 | | | | | |
| 商品描述 | 保力达蛮牛饮料是一种由水 87%、果糖 12.22%、柠檬酸 0.5%、苹果香料 0.19%、牛磺酸、茶提取物(咖啡因含量 150ppm 以下)、维生素 C、烟酸、维生素 B1、维生素 B6 等配制而成的饮料。零售包装:160 毫升/瓶。 | | | | |
| 归类决定 | 根据归类总规则一,该保力达蛮牛饮料应归入税则号列 2202.9000。 | | | | |

<table>
<tr><td>序号</td><td>121</td><td>归类决定编号</td><td>Z2006-1187</td><td>公告编号</td><td>2007 年第 70 号</td></tr>
<tr><td>商品税则号列</td><td colspan="3">2202.9000</td><td>发布日期</td><td>2007 年 12 月 5 日</td></tr>
<tr><td>商品名称</td><td colspan="5">果味饮料</td></tr>
<tr><td>英文名称</td><td colspan="5"></td></tr>
<tr><td>其他名称</td><td colspan="5"></td></tr>
<tr><td>商品描述</td><td colspan="5">五种果味饮料商品分别为:<br>1. 千禧泉仙人掌浓缩饮料(Millennium),500 毫升/袋<br>主要成分:水 70%、仙人掌浓缩液 20%、蜂皇浆 2%、蜂蜜 8%。该产品是根据营养免疫学研发的仙人掌浓缩饮料,富含植物营养素。<br>2. 千禧泉 2 号仙人掌浓缩饮料(Millennium red),500 毫升/袋<br>主要成分:水 70%、仙人掌浓缩液 20%、山梨醇 10%。该产品含有仙人掌的营养成分。<br>3. 时芬菁华露植物饮料(The essence of time)<br>主要成分:水 75%、仙人掌果浓缩液 12%、果糖 8%、玫瑰浓缩液 3%、柠檬汁 2%。该产品含有仙人掌和玫瑰的营养成分。<br>4. 巧智菁华露植物饮料(The essence of knowledge)<br>主要成分:水 75%、人参果浓缩液 10%、葡萄汁 2%、果糖 12%、蜂皇浆 2%、蜂蜜 3%。该产品以人参果实为主要成分,是提神醒脑、增加活力的营养佳品。<br>5. 涵沛菁华露植物饮料(The essence of play)<br>主要成分:水 75%、油菜花花粉浓缩液 10%、人参果浓缩液 4%、桑叶浓缩液 3%、葡萄汁 3%、果糖 3%、桃子 0.5%、甜瓜 0.5%、柠檬 0.5%、茉莉 0.5%。该产品含有花粉、桑叶、人参果和多种水果的营养成分,能增加活力。<br>上述各种饮料可直接饮用,也可依个人喜好加入温、冷开水或其他饮料调匀食用。</td></tr>
<tr><td>归类决定</td><td colspan="5">根据归类总规则一,上述五种果味饮料均应归入税则号列 2202.9000。</td></tr>
</table>

<table>
<tr><td>序号</td><td>122</td><td>归类决定编号</td><td>Z2014－0001</td><td>公告编号</td><td>2014 年第 46 号</td></tr>
<tr><td>商品税则号列</td><td colspan="3">2202. 9000</td><td>发布日期</td><td>2014 年 6 月 25 日</td></tr>
<tr><td>商品名称</td><td colspan="5">人参花蕾花饮</td></tr>
<tr><td>英文名称</td><td colspan="5"></td></tr>
<tr><td>其他名称</td><td colspan="5"></td></tr>
<tr><td>商品描述</td><td colspan="5">该商品是一种由人参花蕾 0. 96%、果葡糖浆 8. 57%、纯化水 90. 42%、苹果酸、苯甲酸钠为原料制成的饮品。玻璃瓶零售包装，246 毫升，直接饮用，每日 2 次，每次 1 瓶。具有增强免疫力、缓解体力疲劳的保健功能。已获得国家食品药品监督管理局签发的“国产保健食品批准证书”，商标上标明不适宜人群：少年儿童。</td></tr>
<tr><td>归类决定</td><td colspan="5">该商品属于无酒精饮料，即可饮用，有特定适用人群，具有机体调节功能。根据归类总规则一及六，“人参花蕾花饮”应归入税则号列 2202. 9000。</td></tr>
</table>

| 序号 | 123 | 归类决定编号 | Z2006－1188 | 公告编号 | 2007年第70号 |
|---|---|---|---|---|---|
| 商品税则号列 | 2301.2090 | | 发布日期 | 2007年12月5日 | |
| 商品名称 | 肥料用鱼骨粉 | | | | |
| 英文名称 | | | | | |
| 其他名称 | | | | | |
| 商品描述 | 肥料用鱼骨粉是由杂鱼(包括死鱼、小鱼、鱼头、鱼肉、鱼骨等)经过硫化罐高温高压蒸煮,然后经过烘干机烘干或晒干,最后用粉碎机粉碎包装而成的成品,用作肥料。 | | | | |
| 归类决定 | 根据归类总规则一及《税则注释》对品目23.01的解释,该商品应归入税则号列2301.2090。 | | | | |

<table>
<tr><td>序号</td><td>124</td><td>归类决定编号</td><td>Z2006 - 0064</td><td>公告编号</td><td>2006 年第 69 号</td></tr>
<tr><td colspan="2">商品税则号列</td><td colspan="2">2304.0090</td><td>发布日期</td><td>2006 年 11 月 22 日</td></tr>
<tr><td colspan="2">商品名称</td><td colspan="4">脱脂豆渣粉</td></tr>
<tr><td colspan="2">英文名称</td><td colspan="4"></td></tr>
<tr><td colspan="2">其他名称</td><td colspan="4"></td></tr>
<tr><td colspan="2">商品描述</td><td colspan="4">脱脂豆渣粉为黄色粉末，有天然豆腥味，手感较蛋白略粗糙。成分为：蛋白质 51.54%、水分≤6.0%、脂肪≤6.0%。其生产工艺为：大豆→过滤清洗→干燥→碾碎→去壳→调湿（中和）→制饼（豆粕）→萃取去脂→干燥烘烤→脱脂豆渣饼→粉碎→脱脂豆渣粉。主要用于生产普通火腿肠中，作为一种填充料，起吸水、吸油及稳定剂的作用。</td></tr>
<tr><td colspan="2">归类决定</td><td colspan="4">从该商品的生产工艺流程来看，该商品已超出税目 12.08 经碾磨后所制得的产品的限定范围，因此不能归入税目 12.08。<br>所谓大豆蛋白的组织化是指将大豆蛋白经过挤压法、纺丝法等处理而得到稳定有序的组织结构，形成能满足一定口感要求的工艺方法。通过组织化处理使蛋白分子排列整齐，成为具有同方向性的组织结构形式，同时凝固起来，成为丁度纤维蛋白质，咀嚼感与肉类相似。从工艺及说明看，该商品没有通过组织化的工艺方法处理，为非组织化产品。因此不符合税目 21.06 改善了组织结构的大豆粉的限定范围，不能归入税目 21.06。<br>根据归类总规则一，脱脂豆渣粉应归入税则号列 2304.0090。</td></tr>
</table>

| 序号 | 125 | 归类决定编号 | Z2006－0065 | 公告编号 | 2006年第69号 |
|---|---|---|---|---|---|
| 商品税则号列 | 2308.0000 | | | 发布日期 | 2006年11月22日 |
| 商品名称 | 稻草 | | | | |
| 英文名称 | | | | | |
| 其他名称 | | | | | |
| 商品描述 | 稻草为植物性饲料，是将稻草的茎、秆，经切割、挤压、捆绑等复杂的机械加工成包状，并在真空负压状态下进行高温饱和蒸汽处理、消毒灭菌软化其纤维、改变其物理性状增加食口性的一种特殊产品。 | | | | |
| 归类决定 | 根据《税则注释》品目12.14的排他条款，该品目不包括谷类植物的草、秆及壳。根据《税则注释》品目12.13的规定，该商品的加工工艺已超出品目12.13的范围，该商品属于动物饲料用的其他品目为列名的植物原料，符合品目23.08的范围。<br>根据归类总规则一，稻草应归入税则号列2308.0000。 | | | | |

| 序号 | 126 | 归类决定编号 | Z2009 - 0091 | 公告编号 | 2009 年第 32 号 |
|---|---|---|---|---|---|
| 商品税则号列 | 2308.0000 | | | 发布日期 | 2009 年 6 月 12 日 |
| 商品名称 | 柠檬酸糟 | | | | |
| 英文名称 | Corn starch meal | | | | |
| 其他名称 | | | | | |
| 商品描述 | 柠檬酸糟呈淡黄色粉状,主要指标如下:水分≤13.0%;粗脂肪≥10.0%;粗蛋白质≥24.0%;粗纤维≤13.0%;粗灰分≤6.5%;粗淀粉≥25.0%。是生产柠檬酸过程中两个工段分别产出的两种残渣的混合物。具体工艺过程如下:第一工段,原料玉米经过粉碎机粉碎,加入热水调浆后,再加入淀粉酶,经玉米液化器125℃蒸汽高温喷射液化后,成为流动性较强的淀粉液化液(固液混合物),取80%的该淀粉液化液经过板框过滤机过滤,将滤出的残渣烘干;第二工段,第一工段过滤后的滤液与先前未经板框过滤的20%的淀粉液化液一同输入发酵罐,经发酵后,产生发酵醪(固液混合物),发酵醪经板框过滤机过滤后,滤出柠檬酸清液,输入下一步柠檬酸的提取流程。第二工段过滤后的残渣与第一工段过滤后的残渣按约1:4的比例进行混合烘干得到柠檬酸糟。出口后添加鱼粉、骨粉等就成为动物饲料。 | | | | |
| 归类决定 | 根据《税则注释》,生产柠檬酸过程不能视为酿造过程,且产品由不同工序的残渣混合。根据归类总规则一及六,柠檬酸糟应归入税则号列2308.0000。 | | | | |

| 序号 | 127 | 归类决定编号 | Z2013－0006 | 公告编号 | 2013 年第 26 号 |
|---|---|---|---|---|---|
| 商品税则号列 | 2308.0000 | | | 发布日期 | 2013 年 5 月 17 日 |
| 商品名称 | 棉籽壳 | | | | |
| 英文名称 | | | | | |
| 其他名称 | 棉皮 | | | | |
| 商品描述 | 该商品是棉花籽（又称“棉籽”）的外壳。生产流程：棉花采摘后将棉籽与棉花剥离，再使用剥离机将棉籽的棉仁和棉籽壳剥离。该商品没有经过任何化学处理，是纯天然的，可用于制作动物饲料、种植食用菌等。 | | | | |
| 归类决定 | 《税则注释》品目 23.08 注释条文规定，植物产品如果可作为动物饲料，而且在其他品目中又没有具体列名；则应归入该品目。根据归类总规则一，该商品应归入税则号列 2308.0000。 | | | | |

<table>
<tr><td>序号</td><td>128</td><td>归类决定编号</td><td>Z2008－0118</td><td>公告编号</td><td>2008 年第 83 号</td></tr>
<tr><td>商品税则号列</td><td colspan="3">2309.1090</td><td>发布日期</td><td>2008 年 11 月 24 日</td></tr>
<tr><td>商品名称</td><td colspan="5">狗食(咀嚼物)</td></tr>
<tr><td>英文名称</td><td colspan="5">Dog chew</td></tr>
<tr><td>其他名称</td><td colspan="5">狗咬胶</td></tr>
<tr><td>商品描述</td><td colspan="5">狗食(咀嚼物)又称为狗咬胶,包括皮结骨、夹鸡肉结骨、粒压骨等品种,已制成零售包装。主要功能:既可供犬类磨牙健齿,清洁口腔,又可供犬类食用。原料:生皮(生牛皮或生猪皮)或生牛皮下脚料;辅料:米粉、香精、色素、鸡肉等。(视不同产品添加)。加工工艺:(1)手工削除皮毛和脂肪,用开皮机对皮张进行分层。(2)进行工艺处理。先用氢氧化钠(烧碱)进行脱脂,接着用碳酸氢铵或氯化铵软化,净化中和,用过氧化氢(双氧水)校色和消毒,再用水清洗干净,使原料的 pH 值达到要求,使之保持高蛋白营养成分,成为食用皮,最后对处理完毕的湿胶皮进行晒干或烘干,制成干胶皮。(3) 在完成上述 2 的工艺处理后,制成不同品种的狗咬胶:①皮结骨。把干胶皮用机械设备裁切成胶片状后,用清水浸泡 5～8 分钟,使其水分达到 20%～30%之间,然后通过人工与机械的操作,制成不同形状,加味加色。②夹鸡肉结骨。在制作中夹入鸡肉等辅料,或加味,或加色成型。③粒压骨。对加工成的食用皮用粉碎机进行粉碎,成为粉碎料,用 10% 的糯米粉黏合,通过压制或挤出成粒料产品。(4)将制成的半成品进烘房,在 45 ℃～65 ℃ 温度中烘干,然后升温至 70 ℃～80℃ 进行 10 小时以上的灭菌处理,出烘房,冷却,检测,包装。</td></tr>
<tr><td>归类决定</td><td colspan="5">根据归类总规则一及六,狗食(咀嚼物)已经进一步加工,属于用动物原料加工成的动物饲料,应归入税则号列 2309.1090。</td></tr>
</table>

| 序号 | 129 | 归类决定编号 | Z2006－0066 | 公告编号 | 2006年第69号 |
|---|---|---|---|---|---|
| 商品税则号列 | 2309.9010 | | | 发布日期 | 2006年11月22日 |
| 商品名称 | 饲料原料 | | | | |
| 英文名称 | Material of feed dairylac | | | | |
| 其他名称 | | | | | |
| 商品描述 | 外观为浅黄色粉末。 | | | | |
| 归类决定 | 根据海关化验结果，“饲料原料”所含的糖除乳糖外未检出其他的糖，该货物由糖渣（乳糖含量为67%）和生产白巧克力的残渣调配而成，其主要用途是添加到乳猪的饲料中（添加量为10%～20%）补充其所需的营养，应归入税则号列2309.9010。 | | | | |

| 序号 | 130 | 归类决定编号 | Z2006－0067 | 公告编号 | 2006年第69号 |
|---|---|---|---|---|---|
| 商品税则号列 | 2309.9010 | | | 发布日期 | 2006年11月22日 |
| 商品名称 | 饲料添加剂效美素－100 | | | | |
| 英文名称 | Maxus | | | | |
| 其他名称 | 阿维拉霉素 | | | | |
| 商品描述 | 外观：土黄色粉末。<br>成分：Avilamaycin activity 102克/千克。<br>包装：25千克/袋。<br>用途：调节肠道细菌对营养物质的代谢作用，提高增重率，改进饲料利用率。 | | | | |
| 归类决定 | “饲料添加剂效美素－100”是由10%阿美拉霉素（Avilamycin）、88%的大豆粉和2%防尘油混合而成。该商品主要用于添加在猪、鸡的饲料中以提高饲料的利用率，没有明确的疾病控制作用，一般不作为药物使用，应按制成的饲料添加剂归入税则号列2309.9010。 | | | | |

| 序号 | 131 | 归类决定编号 | Z2006－0068 | 公告编号 | 2006 年第 69 号 |
|---|---|---|---|---|---|
| 商品税则号列 | 2309.9010 | | | 发布日期 | 2006 年 11 月 22 日 |
| 商品名称 | 泰农－40 饲料添加剂 | | | | |
| 英文名称 | Tylan 40 premlx | | | | |
| 其他名称 | | | | | |
| 商品描述 | 饲料添加剂“泰农－40”，褐色粉末，50 磅/包，每千克含泰农 8.8%、米糖 88.2%和植物油 3%。根据海关化验鉴定结果为以纤维素物质作为载体、含有泰乐菌素的产品，用于促进生长，改善饲料效率，减少疾病。 | | | | |
| 归类决定 | 根据《税则注释》对品目 23.09 的解释，该类制品可以含有“保障其身体健康的物质，例如抗菌素”。贸易上一般称作“预配料（Premix）”。<br>因此该商品应归入税则号列 2309.9010。 | | | | |

| 序号 | 132 | 归类决定编号 | Z2006－0069 | 公告编号 | 2006 年第 69 号 |
|---|---|---|---|---|---|
| 商品税则号列 | 2309.9010 | | | 发布日期 | 2006 年 11 月 22 日 |
| 商品名称 | 饲料添加剂（硫酸抗敌素） | | | | |
| 英文名称 | Colistin－100 | | | | |
| 其他名称 | | | | | |
| 商品描述 | 饲料添加剂（硫酸抗敌素）是一种由硫酸粘杆菌素与小麦粉、脱脂米糠、玉米淀粉、乳糖等配置而成，呈淡黄褐色或黄褐色的小片粉末，特臭，含粘杆菌素为标示量的 85.0～125.0%，硫酸粘杆菌素含量为 10%，主要用于添加到畜禽饲料中，促进畜禽生长，防治动物疾病发生。添加量分别为：2～20ppm，包装：25 千克/袋。 | | | | |
| 归类决定 | 硫酸粘杆菌素与小麦粉、脱脂米糠、玉米淀粉、乳糖分别属于动物饲料中的“功能”型与“能量”型营养物质。由于饲料生产所需硫酸粘杆菌素用量很少，将硫酸粘杆菌素直接与饲料的其他成分均匀混合难度大，故必须将硫酸粘杆菌素按一定的比例与其他载体进行预混合先制成预混剂，方可直接使用。该商品具有抗菌、促生产、改善饲料效率的作用，没有明确的疾病控制作用，符合《税则注释》对品目 23.09 的解释，“饲料添加剂（硫酸抗敌素）”应归入税则号列 2309.9010。<br>又见 Z2006－0067 和 Z2006－0068 号归类决定。 | | | | |

| 序号 | 133 | 归类决定编号 | Z2006－0070 | 公告编号 | 2006年第69号 |
|---|---|---|---|---|---|
| 商品税则号列 | 2309.9010 | | | 发布日期 | 2006年11月22日 |
| 商品名称 | L-赖氨酸硫酸盐及发酵副产品 | | | | |
| 英文名称 | Biolys60 | | | | |
| 其他名称 | 赖氨酸硫酸盐60 | | | | |
| 商品描述 | “L-赖氨酸硫酸盐及发酵副产品”为浅棕色颗粒，是一种发酵产品。成分含量为：赖氨酸47.3%、硫酸盐15.0%、其他氨基酸11.0%、果酸9.0%、碳水化合物8.0%、其他粗蛋白7.0%、水分2.7%。 | | | | |
| 归类决定 | 该商品的主要成分为赖氨酸硫酸盐及其他发酵产物，不符合第二十九章总注释对“已有化学定义的化合物”的解释，不可归入二十九章。该商品由活性物质赖氨酸盐和载体物质构成，根据《本国子目注释》中2309.9010“制成饲料添加剂”的规定，该商品符合饲料添加剂的规定范围。<br>根据归类总规则一，“L-赖氨酸硫酸盐及发酵副产品”应归入税则号列2309.9010。 | | | | |

| 序号 | 134 | 归类决定编号 | Z2006－0131 | 公告编号 | 2006年第69号 |
| --- | --- | --- | --- | --- | --- |
| 商品税则号列 | 2309.9010;2941.3020 | | 发布日期 | | 2006年11月22日 |
| 商品名称 | 饲料添加剂用金霉素 | | | | |
| 英文名称 | Chlortetracyliue | | | | |
| 其他名称 | | | | | |
| 商品描述 | 两种饲料添加剂用金霉素:盐酸金霉素和饲用金霉素。根据货主报告,盐酸金霉素的主要成分为:氯四环素盐酸盐、差向金霉素、四环素(详细含量见资料)。其用途在于:对革兰氏阳性、阴性细菌和衣原体、支原体、立克次体均有较强的抑制作用,适用于鸡白痢、伤害、猪细菌性肠炎以及禽类副伤害、霍乱等疾病。长期适量用不仅可起防疫治病的作用,对提高禽畜的成活率、产蛋率、促进生长发育均有很好的效果,而且可提高饲料效能。其包装为桶装,外部有标明用法与用量。饲料级金霉素的主要成分有:氯四环素盐酸盐、差向金霉素、四环素、粗蛋白,其中以粗蛋白的含量最大。其对革兰氏阳性菌和阴性菌均有较强的抑制作用,用于促进猪、鸡生长。 | | | | |
| 归类决定 | “饲料添加剂用金霉素”主要有两种商品:盐酸金霉素和饲用金霉素。两者对革兰氏阳性、阴性细菌和衣原体等均有较强的抑制作用,适用于预防、治疗禽畜各种疾病,使用时必须混合于饲料中饲喂。<br>盐酸金霉素是一种由金色链霉菌在培养基(黄豆粉、花生饼粉、酵母粉、玉米浆等)的基础上经发酵、酸化、过滤、成盐、结晶、干燥、破碎而成的抗菌素。其主要成分为:氯四环素盐酸盐≥89.5%、水分≤2.0%、差向金霉素≤4.0%/CTC、四环素≤8.0%/CTC。从该商品的生产工艺流程及成分含量来看,其所含的差向金霉素和四环素均为生产盐酸金霉素过程中的副产品且同为四环素类物质,因此该商品为非人工加以混合的相关物质所组成的四环类广谱抗生素,根据归类总规则一及《税则注释》关于品目29.41的条文注释,“盐酸金霉素”应归入税则号列2941.3020。<br>饲料级金霉素是一种由金色链霉菌在培养基(黄豆粉、花生饼粉、酵母粉、玉米浆等)的基础上经发酵、钙化、过滤、干燥、破碎而得的抗菌素。从生产工艺来看,该商品是先将发酵液中的金霉素钙化,将有效成分沉淀后,过滤得到湿渣(含金霉素钙盐、菌丝和培养基),再将湿渣干燥所得。其主要成分有:氯四环素盐酸盐10%～25%、差向金霉素≤6.0%/CTC、四环素≤8.0%/CTC、粗蛋白≥45.0%。该商品的加工工艺符合品目23.09的条文注释,因此“饲料级金霉素”应归入税则号列2309.9010。 | | | | |

<table>
<tr><td>序号</td><td>135</td><td>归类决定编号</td><td>Z2008－0009</td><td>公告编号</td><td>2008年第76号</td></tr>
<tr><td colspan="2">商品税则号列</td><td colspan="2">2309.9010</td><td>发布日期</td><td>2008年10月28日</td></tr>
<tr><td colspan="2">商品名称</td><td colspan="4">玉米高蛋白饲料</td></tr>
<tr><td colspan="2">英文名称</td><td colspan="4">Corn gluten meal</td></tr>
<tr><td colspan="2">其他名称</td><td colspan="4"></td></tr>
<tr><td colspan="2">商品描述</td><td colspan="4">玉米高蛋白饲料为黄褐色颗粒，是生产淀粉的副产品。加工工艺：在以玉米为原料生产淀粉过程中产生的麸质中添加2%碳酸钙（增加消化吸收、骨质钙合成）、1%胡萝卜素（具有营养和着色作用，能增强动物机体免疫力）、1.5%赖氨酸（用于增进食欲促进生长和发育）后，经过滤、浓缩、脱水、干燥、筛分等工艺制成。玉米高蛋白饲料可用于鱼、鸡、猪、牛等饲料中，添加量一般在5%～8%。</td></tr>
<tr><td colspan="2">归类决定</td><td colspan="4">该产品符合《本国子目注释》对税则号列2309.9010“制成的饲料添加剂”的解释，根据归类总规则一，应归入税则号列2309.9010。</td></tr>
</table>

<table>
<tr><td>序号</td><td>136</td><td>归类决定编号</td><td>Z2006－0071</td><td>公告编号</td><td>2006年第69号</td></tr>
<tr><td colspan="2">商品税则号列</td><td colspan="2">2309.9090</td><td>发布日期</td><td>2006年11月22日</td></tr>
<tr><td colspan="2">商品名称</td><td colspan="4">饲料用活性小麦谷朊粉</td></tr>
<tr><td colspan="2">英文名称</td><td colspan="4">Vital wheat protein</td></tr>
<tr><td colspan="2">其他名称</td><td colspan="4"></td></tr>
<tr><td colspan="2">商品描述</td><td colspan="4">淡黄色粉末，根据海关化验鉴定结果为蛋白质含量82.2%，饲料用。</td></tr>
<tr><td colspan="2">归类决定</td><td colspan="4">“饲料用活性小麦谷朊粉”实为从生产小麦淀粉的残渣中提取的富含蛋白质的组分与酵母及多种矿物质混合而成，应归入税则号列2309.9090。</td></tr>
</table>

<table>
<tr><td>序号</td><td>137</td><td>归类决定编号</td><td colspan="2">Z2006 - 0072</td><td>公告编号</td><td>2006 年第 69 号</td></tr>
<tr><td colspan="2">商品税则号列</td><td colspan="2">2309. 9090</td><td colspan="2">发布日期</td><td>2006 年 11 月 22 日</td></tr>
<tr><td colspan="2">商品名称</td><td colspan="5">饲料添加剂(普利康)</td></tr>
<tr><td colspan="2">英文名称</td><td colspan="5"></td></tr>
<tr><td colspan="2">其他名称</td><td colspan="5"></td></tr>
<tr><td colspan="2">商品描述</td><td colspan="5">饲料添加剂(普利康)为黄色粉末状,根据海关化验鉴定结果:主要成分为多糖类物质,含蛋白质 35. 94%、水分 8%、灰分 6%。该商品由大豆蛋白、奶酪渣粉配制而成,为幼畜(禽)在生长早期提供高质量的蛋白质,使用时添加于配合饲料中。用于仔猪的配合饲料时,添加比例为 5% ~30%;用于雏鸡、雏鸭饲料,添加比例为 5% 左右。</td></tr>
<tr><td colspan="2">归类决定</td><td colspan="5">根据《本国子目注释》对 2309. 9010“制成饲料添加剂”的解释,该商品不符合饲料添加剂的规定范围,不能归入税则号列 2309. 9010。根据归类总规则一,该商品应归入税则号列 2309. 9090。<br>又见 Z2006 - 0074 号归类决定。</td></tr>
</table>

<table>
<tr><td>序号</td><td>138</td><td>归类决定编号</td><td colspan="2">Z2006 - 0073</td><td>公告编号</td><td>2006 年第 69 号</td></tr>
<tr><td colspan="2">商品税则号列</td><td colspan="2">2309. 9090</td><td colspan="2">发布日期</td><td>2006 年 11 月 22 日</td></tr>
<tr><td colspan="2">商品名称</td><td colspan="5">新奇康乳(康壮)舔块</td></tr>
<tr><td colspan="2">英文名称</td><td colspan="5"></td></tr>
<tr><td colspan="2">其他名称</td><td colspan="5"></td></tr>
<tr><td colspan="2">商品描述</td><td colspan="5">新奇康乳(康壮)舔块为砖红色块状固体。以 NaCl 为主要成分,并含有部分 Ca、P 及少量 Mg 元素。主要供人工饲养的牛、羊舔食,从而加速其生长发育,并能有效地提高母畜的产奶量、繁殖力和免疫力。</td></tr>
<tr><td colspan="2">归类决定</td><td colspan="5">根据《本国子目注释》,“制成的饲料添加剂”是指专用于生产动物配制饲料的混合制品。该商品不符合此范围。在饲料行业,该商品属于精料补充料,用于补充基础饲料中所缺少的矿物元素。<br>根据归类总规则一,新奇康乳(康壮)舔块应归入税则号列 2309. 9090。</td></tr>
</table>

| 序号 | 139 | 归类决定编号 | Z2006－0074 | 公告编号 | 2006 年第 69 号 |
|---|---|---|---|---|---|
| 商品税则号列 | 2309.9090 | | | 发布日期 | 2006 年 11 月 22 日 |
| 商品名称 | 普利康(饲料添加剂) | | | | |
| 英文名称 | Prelac feed | | | | |
| 其他名称 | | | | | |
| 商品描述 | 普利康(饲料添加剂)的主要成分为:蛋白质 36% 以上、碳水化合物 42% 以上、粗纤维 4% 以下、水分 8% 以下。根据所提供的资料,该商品所富含的高质量蛋白质,来源于乳清蛋白质与大豆浓缩蛋白质,易于消化,更能满足仔猪的需求。一般添加在仔猪饲料中,也可撒在普通饲料表层,直接饲喂。对于出生后 28 天断奶的仔猪的建议添加量:开口料或教槽料(7～28 天),添加量为 15～30%;断奶料(28～42 天),添加量为 10%～20%;小猪料,添加量为 5%～10%。 | | | | |
| 归类决定 | 根据《本国子目注释》对 2309.9010“制成的饲料添加剂”的解释,因该商品可直接食用,故不符合饲料添加剂的规定,不能归入税则号列 2309.9010。根据归类总规则一,该商品应归入税则号列 2309.9090。<br>又见 Z2006－0072 号归类决定。 | | | | |

| 序号 | 140 | 归类决定编号 | Z2006－1189 | 公告编号 | 2007 年第 70 号 |
|---|---|---|---|---|---|
| 商品税则号列 | 2309.9090 | | | 发布日期 | 2007 年 12 月 5 日 |
| 商品名称 | 壮健极品 | | | | |
| 英文名称 | Niowonderfuo | | | | |
| 其他名称 | | | | | |
| 商品描述 | 该壮健极品是将经过物理压榨提取液后的松、杉、桧、车前草等残渣混合，经过粉碎、过筛 40 目，杀菌消毒，将混合原料置入发酵容器加热处理发酵，将发酵完成后的原料采用巴氏灭菌法、常压干燥后制得。其用作家畜、家禽的饲料添加物，能够抑制饲料脂肪的酸化、微菌等的发生，还具有保持饲料鲜度的效果。在营养方面，家畜、家禽等通过摄取本饲料都能增强体力，提高抗病力、抗应激反应力。而且，它还能够使粪便脱臭、抑制害虫的发生等等，是有助于净化环境具有特殊功效的“天然饲料添加物”产品。 | | | | |
| 归类决定 | 该商品已经过粉碎、发酵等工艺，属于配制的动物饲料。根据归类总规则一，该商品应归入税则号列 2309.9090。 | | | | |

| 序号 | 141 | 归类决定编号 | Z2008－0119 | 公告编号 | 2008年第83号 |
|---|---|---|---|---|---|
| 商品税则号列 | 2309.9090 | | | 发布日期 | 2008年11月24日 |
| 商品名称 | 百安明饲料添加剂 | | | | |
| 英文名称 | MYCOFIX Adsorbs Mycotoxins | | | | |
| 其他名称 | | | | | |
| 商品描述 | 该商品含硅藻土80%、沸石粉18.8%、乳化剂1.2%。其中，硅藻土仅经过热处理形成特殊孔径，无添加化学成分；沸石粉来自天然沸石，只经过粉碎。添加到动物饲料中，促进动物肠胃消化功能。每吨饲料添加量为1千克。外包装为25千克/纸桶。 | | | | |
| 归类决定 | 该商品不属于“制成的饲料添加剂”，且其中的硅藻土及沸石粉均不属于品目38.02的活性天然矿产品，根据归类总规则一及六，应归入税则号列2309.9090。 | | | | |

| 序号 | 142 | 归类决定编号 | Z2006－1190 | 公告编号 | 2007年第70号 |
|---|---|---|---|---|---|
| 商品税则号列 | 2401.2090 | | | 发布日期 | 2007年12月5日 |
| 商品名称 | 白肋烟 | | | | |
| 英文名称 | | | | | |
| 其他名称 | | | | | |
| 商品描述 | 白肋烟经过收购前晾制，而后进行打叶、去梗、复烤等加工工艺，报验时均为纸箱包装片烟。 | | | | |
| 归类决定 | 白肋烟为晾烟的一种，属于非烤烟，根据归类总规则一，白肋烟应归入税则号列2401.2090。 | | | | |

| 序号 | 143 | 归类决定编号 | Z2006－0075 | 公告编号 | 2006 年第 69 号 |
|---|---|---|---|---|---|
| 商品税则号列 | 第 25 章 | | | 发布日期 | 2006 年 11 月 22 日 |
| 商品名称 | 避水通 | | | | |
| 英文名称 | Bestone | | | | |
| 其他名称 | | | | | |
| 商品描述 | 避水通是由天然矿石选材加工后粉碎制成，主要成分为氧化硅约 75%、氧化铝约 10%、氧化钾约 5%、氧化钙 1%。它在和水泥、水的化学反应中吸收氢氧化钙反应生成硅酸钙胶体，填塞了水与空气占有的空隙部分，增加了混凝土的密实度效果，达到防水的目的。 | | | | |
| 归类决定 | 该商品所经选矿、粉碎、干燥等加工过程符合《税则》第二十五章章注一“原产状态的矿产品，或只经过洗涤、破碎、磨碎、研粉、淘洗、筛分以及用浮选、磁选和其他机械物理方法精选过的货品，但不得经过焙烧、煅烧、混合或超过税目所列的加工范围”的规定。因此，应将该商品归入第二十五章。 | | | | |

| 序号 | 144 | 归类决定编号 | Z2008－0010 | 公告编号 | 2008 年第 76 号 |
|---|---|---|---|---|---|
| 商品税则号列 | 2504.1090[2504.1091(2014 年版)] | | | 发布日期 | 2008 年 10 月 28 日 |
| 商品名称 | 球化石墨 | | | | |
| 英文名称 | Spherical graphite | | | | |
| 其他名称 | | | | | |
| 商品描述 | 球化石墨为黑色粉末状。其加工工艺主要为：天然鳞片石墨→筛分→高速粗碎→低速粗碎→一次分级→高速精碎→低速精碎→低速球化→二次分级（上述工艺主要是把天然鳞片石墨从原来的鳞片状变为球形或类球形，并分级）→提纯（将球形石墨与化学物质及高纯水混合，其中的杂质化合物与氧化剂反应，生成较易溶于水的物质，然后用纯水洗涤掉杂质）→烘干。该商品主要用作大功率锂离子充电电池的负极材料。 | | | | |
| 归类决定 | 该商品的加工工艺符合《税则》第二十五章章注一的规定，根据归类总规则一，应归入税目 25.04 项下，并因该商品已经没有鱼鳞状的形态，不符合《木国子目注释》关于税则号列 2504.1010 的规定，所以应归入税则号列 2504.1090[2504.1091(2014 年版)]。 | | | | |

<table>
<tr><td>序号</td><td>145</td><td>归类决定编号</td><td>Z2008 - 0011</td><td>公告编号</td><td>2008 年第 76 号</td></tr>
<tr><td colspan="2">商品税则号列</td><td colspan="2">25. 05</td><td>发布日期</td><td>2008 年 10 月 28 日</td></tr>
<tr><td colspan="2">商品名称</td><td colspan="4">机制砂</td></tr>
<tr><td colspan="2">英文名称</td><td colspan="4"></td></tr>
<tr><td colspan="2">其他名称</td><td colspan="4"></td></tr>
<tr><td colspan="2">商品描述</td><td colspan="4">机制砂是以闽江河砂为主要原料,通过对不同粒度的河砂进行检测、调配、混合、筛分,再经破碎而得。</td></tr>
<tr><td colspan="2">归类决定</td><td colspan="4">根据《税则》第二十五章章注一“除条文及注释四另有规定的以外,本章各税目只包括原产状态的矿产品,或只经过洗涤破碎、磨碎、研粉、淘洗、筛分以及用浮选、磁选和其他机械物理方法精选过的货品”的规定,该商品的加工程度没有超出税目 25. 05 允许的范围,根据归类总规则一,应归入税目 25. 05 项下,具体子目根据实际成分确定。</td></tr>
</table>

<table>
<tr><td>序号</td><td>146</td><td>归类决定编号</td><td>Z2006 - 0076</td><td>公告编号</td><td>2006 年第 69 号</td></tr>
<tr><td colspan="2">商品税则号列</td><td colspan="2">2505. 9000</td><td>发布日期</td><td>2006 年 11 月 22 日</td></tr>
<tr><td colspan="2">商品名称</td><td colspan="4">河砂</td></tr>
<tr><td colspan="2">英文名称</td><td colspan="4"></td></tr>
<tr><td colspan="2">其他名称</td><td colspan="4"></td></tr>
<tr><td colspan="2">商品描述</td><td colspan="4">该商品具体名称为“闽江石英砂”,根据海关化验鉴定结果,所含成分为二氧化硅 83. 2%、氧化钾 6. 6%、氧化铝 4. 9%,为天然砂子。</td></tr>
<tr><td colspan="2">归类决定</td><td colspan="4">根据《税则注释》对品目 25. 05 的解释,该品目包括硅砂及石英砂、土质砂(包括高岭土砂)、长石砂。石英砂是由 95% 以上的石英颗粒组成的砂,含少量杂质,二氧化硅含量在 90% 及以上(定义引自《硅酸盐辞典》)。<br>该河砂中的二氧化硅含量偏低,应归入税则号列 2505. 9000。</td></tr>
</table>

| 序号 | 147 | 归类决定编号 | Z2006－1579 | 公告编号 | 2007年第70号 |
| --- | --- | --- | --- | --- | --- |
| 商品税则号列 | 2506.2000/6815.9990 | | | 发布日期 | 2007年12月5日 |
| 商品名称 | 花园石头（木化石） | | | | |
| 英文名称 | | | | | |
| 其他名称 | | | | | |
| 商品描述 | 该花园石头（木化石）分两种：第一种为未经加工的粗制木化石，主要用于公园内装饰，作观赏用途；第二种为由大的木化石经切割、磨石打磨而制成的小木化石，其中部分带底座，部分不带底座，主要作为工艺品供观赏用，也可供教学参照用。木化石是由于亿年前地壳运动将树木埋藏地下，经过特殊的地球运动而形成的木化石。 | | | | |
| 归类决定 | 上述第一种商品的加工工艺未超出《税则》第二十五章章注一规定的加工范围，因其主要成分为二氧化硅，根据归类总规则一，应归入税则号列2506.2000；第二种商品的加工工艺已超出《税则》第二十五章章注一规定的加工范围，根据归类总规则一，应归入税则号列6815.9990。 | | | | |

| 序号 | 148 | 归类决定编号 | Z2006－0077 | 公告编号 | 2006年第69号 |
| --- | --- | --- | --- | --- | --- |
| 商品税则号列 | 2508.4000 | | | 发布日期 | 2006年11月22日 |
| 商品名称 | 凹凸棒 | | | | |
| 英文名称 | Attapulgite | | | | |
| 其他名称 | | | | | |
| 商品描述 | 该商品外观为灰白色片状物。<br>根据海关化验鉴定结果，该商品含 $SiO_2$：61.8%、$Al_2O_3$：13.3%、MgO：6.4%、$Fe_2O_3$：8.4%，以及其他无机氧化物，成分与凹凸棒石黏土基本一致，且经X衍射测定含石英和凹凸棒土晶型，鉴定结论为属于凹凸棒石黏土。该商品出口后用作矿物质饲料添加剂（载体）。 | | | | |
| 归类决定 | 该商品在成分上与凹凸棒石黏土（镁、铝的硅酸盐）相符，但未检测出钠、钙元素，因而不符合膨润土的成分，据此应归入税则号列2508.4000。 | | | | |

| 序号 | 149 | 归类决定编号 | Z2007－0008 | 公告编号 | 2007 年第 71 号 |
|---|---|---|---|---|---|
| 商品税则号列 | 2508. 4000 | | 发布日期 | | 2007 年 12 月 5 日 |
| 商品名称 | 脱色白土 | | | | |
| 英文名称 | Fuller earth | | | | |
| 其他名称 | | | | | |
| 商品描述 | 脱色白土为白色结块固体。经海关化验鉴定，按氧化物归一计，该商品含氧化硅 56%、氧化铝 13%、氧化镁 5%、氧化铁 17%、氧化钾 2%、氧化钛 2%。该商品的生产工艺为：矿山采矿→晾晒→破碎→热处理（加热温度为 200℃左右）→包装。该商品用于水质净化处理及污水处理。 | | | | |
| 归类决定 | 根据《税则注释》对品目 25. 08 的解释，其包括各种由硅酸铝为基本成分的沉积土或沉积岩组成的天然黏土物质，这些黏土物质即使经加热以去除所含的某些或大部分水分或完全煅烧，仍归入品目 25. 08。脱色白土的成分和生产工艺符合上述规定，根据归类总规则一，应归入税则号列 2508. 4000。 | | | | |

| 序号 | 150 | 归类决定编号 | Z2006－0078 | 公告编号 | 2006 年第 69 号 |
|---|---|---|---|---|---|
| 商品税则号列 | 2510. 2010 | | 发布日期 | | 2006 年 11 月 22 日 |
| 商品名称 | 有机磷肥 | | | | |
| 英文名称 | Madura guano | | | | |
| 其他名称 | Organic phosphatic fertilizer | | | | |
| 商品描述 | 该商品是由经过几千年堆积于 Madura 岛上的珊瑚礁、海鸟排泄物及海鸟尸体、原先沉积的鱼类海草等形成的富含磷、钙的岩层，经去除土壤杂质、精炼萃取其中磷/钙岩层而成。 | | | | |
| 归类决定 | 根据海关化验结果，该商品的主要成分为磷灰石，还含有少量碳酸钙和二氧化硅，是一种高质优效磷肥。由于该商品已经是鸟粪、鸟尸等与珊瑚礁经过长期转化，发生化学作用而产生的矿石质产品，已非动植物肥的原状态，因此不能归入《税则》税目 31. 01 项下。根据《税则注释》对品目 31. 03 的解释，“未列出的含磷产品，即使作为肥料使用，也不归入本税号”，该商品虽然经过 150℃干燥，但并没有超过第二十五章允许的加工范围。<br>因此，按照税目 25. 10 的条文，考虑到该商品的主要成分为磷灰石，已经经过研磨，故应归入税则号列 2510. 2010。 | | | | |

| 序号 | 151 | 归类决定编号 | Z2007－0009 | 公告编号 | 2007年第71号 |
|---|---|---|---|---|---|
| 商品税则号列 | | 2515.1200 | | 发布日期 | 2007年12月5日 |
| 商品名称 | 大理石荒料 | | | | |
| 英文名称 | | | | | |
| 其他名称 | | | | | |
| 商品描述 | 大理石荒料，晚寿红，C级，其修整面伴有少数凹凸不平的情况，有的还残留有开采时的钻痕。该商品通过电钻打孔并用机械撬开的方式开采，开采后表面太过突出的部分被修整掉，并锯成矩形。 | | | | |
| 归类决定 | 该商品符合《税则注释》对子目2515.12的解释，根据归类总规则一，应归入税则号列2515.1200。 | | | | |

| 序号 | 152 | 归类决定编号 | Z2006－1191 | 公告编号 | 2007年第70号 |
|---|---|---|---|---|---|
| 商品税则号列 | | 2519.1000 | | 发布日期 | 2007年12月5日 |
| 商品名称 | 菱镁矿和滑石混合矿物 | | | | |
| 英文名称 | | | | | |
| 其他名称 | 绿泥石粉（申报品名） | | | | |
| 商品描述 | 该菱镁矿和滑石混合矿物的主要生产工艺：天然矿开采→筛选→研磨→包装等。经海关化验，其样品为菱镁矿、滑石的混合粉末。其中菱镁矿的含量大于50%。 | | | | |
| 归类决定 | 该商品是由天然矿经简单物理加工而得的，其加工工艺并未超出《税则》第二十五章章注一的规定，因此应归入第二十五章。又因该商品是菱镁矿、滑石的混合粉末，其中菱镁矿含量大于50%，根据归类总规则三（二），该商品应归入税则号列2519.1000。 | | | | |

| 序号 | 153 | 归类决定编号 | Z2006－0079 | 公告编号 | 2006 年第 69 号 |
|---|---|---|---|---|---|
| 商品税则号列 | 2530.9099 | | 发布日期 | | 2006 年 11 月 22 日 |
| 商品名称 | 锆英砂(D019 号样品) | | | | |
| 英文名称 | Zircobit | | | | |
| 其他名称 | | | | | |
| 商品描述 | 锆英砂以原锆砂为原料,经超细研磨制得,颗粒范围小于 0.008 毫米,专用于生产陶瓷釉面料。 | | | | |
| 归类决定 | 因其不属于《税则》第二十六章章注二所述“以冶金工业正常加工方法处理的各种矿物”,且税目 28.39 不包括锆石,据此,将该商品归入税则号列 2530.9099。 | | | | |

| 序号 | 154 | 归类决定编号 | Z2006－0080 | 公告编号 | 2006 年第 69 号 |
|---|---|---|---|---|---|
| 商品税则号列 | 2530.9099 | | 发布日期 | | 2006 年 11 月 22 日 |
| 商品名称 | 叶蜡石 | | | | |
| 英文名称 | | | | | |
| 其他名称 | | | | | |
| 商品描述 | 商品“叶蜡石”,外观为灰白色小颗粒,以氧化物计含二氧化硅 75.21%、氧化铝 22.44%,主要用于生产耐火材料。 | | | | |
| 归类决定 | 叶蜡石是以硅酸铝为基本成分的火山岩矿物,和水后不具有可塑性,因此不符合《税则注释》对品目 25.08 的注释,即“本税号包括各种由硅酸铝为基本成分的沉积土或沉积岩组成的天然黏土物质,这些物质具有可塑……等特性”。另据《实用耐火原料手册》,叶蜡石属硅质耐火原料,而耐火黏土属黏土质耐火原料,二者在行业中也并非一类。<br>据此,该商品应归入税则号列 2530.9099。 | | | | |

| 序号 | 155 | 归类决定编号 | Z2006－0081 | 公告编号 | 2006年第69号 |
| --- | --- | --- | --- | --- | --- |
| 商品税则号列 | 2601.1200 | | 发布日期 | 2006年11月22日 | |
| 商品名称 | 球团铁矿 | | | | |
| 英文名称 | | | | | |
| 其他名称 | | | | | |
| 商品描述 | 该商品为棕褐色小圆球。该商品含有铁、锰、硅等元素，其中铁含量为64.96%。产品工艺为：采矿→碎石→精选→研磨→均化过滤→添加膨润土（1%左右）→成球焙烧制成。 | | | | |
| 归类决定 | 根据《税则注释》第二十六章总注释，通过烧结或挤压等制成粒、球、砖、块状，不论是否加入少量黏合剂的加工工艺是第二十六章所允许的加工范围。<br>根据归类总规则一，该商品应归入税则号列2601.1200。 | | | | |

| 序号 | 156 | 归类决定编号 | Z2006－0082 | 公告编号 | 2006年第69号 |
| --- | --- | --- | --- | --- | --- |
| 商品税则号列 | 2601.2000 | | 发布日期 | 2006年11月22日 | |
| 商品名称 | 铁矿砂（未烧结） | | | | |
| 英文名称 | Low grade iron ore fine | | | | |
| 其他名称 | | | | | |
| 商品描述 | 该商品外观为灰黑色粉末，是以黄铁矿为原料加工而得。加工工艺有开采、粉碎、研磨、高温焙烧。 | | | | |
| 归类决定 | 按此工艺，该商品应为焙烧黄铁矿。根据归类总规则一，该商品应归入税则号列2601.2000。 | | | | |

| 序号 | 157 | 归类决定编号 | Z2006－0083 | 公告编号 | 2006年第69号 |
|---|---|---|---|---|---|
| 商品税则号列 | 2605.0000 | | | 发布日期 | 2006年11月22日 |
| 商品名称 | 钴富集物 | | | | |
| 英文名称 | | | | | |
| 其他名称 | | | | | |
| 商品描述 | 根据海关化验鉴定结果，该商品成分如下：氧化钴、三氧化硫、少量的氧化铁、氧化磷等，钴含量16.3%，水分含量60.2%。该商品的加工工艺为：含有钴、铁、镍、铜等元素的伴生矿经粉碎、磁选、浮选等方法除去铁和氧化硅、氧化钙等杂质，同时富集出钴精矿。 | | | | |
| 归类决定 | 根据《税则注释》第二十六章总注释的解释，矿砂及精矿可经过物理或物理—化学加工，包括破碎、磁选、浮选等，因此该商品应归入税则号列2605.0000。 | | | | |

| 序号 | 158 | 归类决定编号 | Z2006－0084 | 公告编号 | 2006年第69号① |
|---|---|---|---|---|---|
| 商品税则号列 | 2606.0000 | | | 发布日期 | 2006年11月22日 |
| 商品名称 | 铝矾土粉 | | | | |
| 英文名称 | Bauxite (powder) | | | | |
| 其他名称 | | | | | |
| 商品描述 | 该商品为乳白色粉末状。根据海关化验鉴定结果，成分和含量为 $TiO_2$ 4.1%、$Al_2O_3$ 76.5%、$SiO_2$ 5.0%、$Fe_2O_3$ 1.2%，未检测到氧化钒。该商品以铝矾土原矿（主要成分 $Al_2O_3$）为原料，经研磨加工制得。 | | | | |
| 归类决定 | 根据《税则注释》对品目25.08的注释中"本税号包括各种由硅酸铝为基本成分的沉积土或沉积岩组成的天然黏土物质"的规定，该商品不能归入税目25.08。根据《税则》税目26.06的条文和《税则注释》对品目26.06的注释，应将此商品归入税则号列2606.0000。 | | | | |

① 海关总署公告2014年第46号（2014年6月25日发布）对此商品归类决定作了修订。

| 序号 | 159 | 归类决定编号 | Z2008－0012 | 公告编号 | 2008年第76号 |
|---|---|---|---|---|---|
| 商品税则号列 | 2616.1000 | | 发布日期 | 2008年10月28日 | |
| 商品名称 | 低品位银矿粉 | | | | |
| 英文名称 | | | | | |
| 其他名称 | | | | | |
| 商品描述 | 低品位银矿粉外观呈灰褐色黏稠状,其中含锌量11.4%,含银量234克/吨。该商品经海关化验鉴定,成分(干基以元素氧化物计,锌、银元素除外)为:氧化镁1.83%,氧化铝3.80%,二氧化硅17.01%,三氧化硫19.97%,氧化钙14.06%,氧化铁21.25%,氧化铅5.16%。该商品是开采出的原矿经筛选后剩余的含量比较低的产品。筛选过程只经过水洗,未经冶炼、酸洗等化学处理。该商品的用途为:与铜矿混合冶炼冰铜后再提炼银。 | | | | |
| 归类决定 | 硫化锌矿石的工业品位为Zn1.0%~2.0%,银矿石的工业品位为Ag100~200克/吨。根据归类总规则三(三),低品位银矿粉应归入税则号列2616.1000。 | | | | |

| 序号 | 160 | 归类决定编号 | Z2006－0085 | 公告编号 | 2006年第69号 |
|---|---|---|---|---|---|
| 商品税则号列 | 2619.0000 | | | 发布日期 | 2006年11月22日 |
| 商品名称 | 铁屑 | | | | |
| 英文名称 | Rolling mill scale | | | | |
| 其他名称 | | | | | |
| 商品描述 | 铁屑为黑色粉末，其化学成分为：铁72.54%、三氧化二铝0.91%、氧化钙0.4%、二氧化硅0.62%、氧化镁0.04%、水分5.22%，其中铁主要以三氧化二铁和氧化亚铁的形式存在。商品来源为：对连铸后得到的方坯进行表面处理（利用高压水枪冲洗和刮刀刮除）去除其表面的氧化皮，得到的去除物质（氧化皮、少量铁粉、残留钢渣）由于不规则无法直接用于生产，所以对其进行焙烧碾磨筛粉，使产品成为粉末状，便于进口后作为原料与铁矿砂混合，用于炼铁生产。 | | | | |
| 归类决定 | 该商品为去除方坯表面氧化皮后经焙烧碾磨筛粉所得产品，其后续筛粉工艺主要是为了规则其形状以便用于生产，没有改变其主要为冶炼钢铁所得氧化皮产品的性质。根据归类总规则一及《税则注释》对品目26.19和品目72.04的注释，商品“铁屑”应归入税则号列2619.0000。 | | | | |

| 序号 | 161 | 归类决定编号 | Z2006－0086 | 公告编号 | 2006年第69号 |
|---|---|---|---|---|---|
| 商品税则号列 | 2619.0000 | | | 发布日期 | 2006年11月22日 |
| 商品名称 | 还原铁筛落物 | | | | |
| 英文名称 | Iron oxide fines | | | | |
| 其他名称 | | | | | |
| 商品描述 | 商品“还原铁筛落物”是将球团矿或高品位铁矿还原提高品位后过筛所得的筛落物。筛上物直接用于炼钢，而筛落物（刚筛落时品位、成分与筛上物相同，经长期堆放，日晒雨淋，品位逐渐降低）由于粒度太细不能满足炼钢工艺的要求。 | | | | |
| 归类决定 | 根据生产工艺，该商品为一种冶炼钢铁的副产品。根据归类总规则一及《税则注释》对品目26.19的注释，该商品应归入税则号列2619.0000。 | | | | |

| 序号 | 162 | 归类决定编号 | Z2007 - 0010 | 公告编号 | 2007 年第 71 号 |
|---|---|---|---|---|---|
| 商品税则号列 | 26.20 | | | 发布日期 | 2007 年 12 月 5 日 |
| 商品名称 | 锌矿砂(粉) | | | | |
| 英文名称 | Zinc ore in sand form | | | | |
| 其他名称 | | | | | |
| 商品描述 | 该锌矿砂为两种商品:一种为灰褐色粉末,ZnO 含量为 28.52%,$Fe_2O_3$ 含量为 38.28%,CaO 含量为 7.70%,$SiO_2$ 含量为 5.32%,MnO 含量为 3.34%;另一种为灰褐色颗粒,ZnO 含量为 38.42%,$Fe_2O_3$ 含量为 28.35%,CaO 含量为 5.88%,$SiO_2$ 含量为 4.47%,MnO 含量为 3.38%。该商品来源于锌矿砂冶炼过程,主要为:原矿锌矿砂与添加剂(煤炭)混合后,送进回转窑中冶炼,冶炼燃烧需要鼓风给氧,由于窑自身较长,需要大功率鼓风机,鼓风过程会将小目数的细锌矿粉吹走,于是在窑尾安装回收装置进行回收。为了减少回收过程中粉尘飞扬,故喷水雾,接触到水的便成为颗粒,没有接触到水的部分仍然是粉状。该商品经过回转窑内的高温过程,发生了部分反应,其中的锌含量比原始锌矿砂有所降低。进口后用于提取氧化锌。 | | | | |
| 归类决定 | 《税则注释》对品目 26.20 的规定如下:品目 26.20 包括含有金属或其化合物,以及用于提取或生产金属及其化合物的矿渣、矿灰及残渣。这些矿渣、矿灰及残渣是处理矿砂或冶金中间产品时所得或从不属于机械加工金属的电解、化学或其他工序所得,在工业上,它们用于提取金属或作为生产金属化合物的基本原料。该商品的来源及用途符合《税则注释》对品目 26.20 的规定,根据归类总规则一,应归入税目 26.20 项下。 | | | | |

| 序号 | 163 | 归类决定编号 | Z2006-0087 | 公告编号 | 2006年第69号 |
|---|---|---|---|---|---|
| 商品税则号列 | 2620.3000 | | 发布日期 | | 2006年11月22日 |
| 商品名称 | 铜的氧化物及氢氧化物 | | | | |
| 英文名称 | | | | | |
| 其他名称 | | | | | |
| 商品描述 | 铜的氧化物及氢氧化物为绿色泥状，根据海关化验鉴定结果，成分为 CuO 64.7%，Cl 33.9%。其基本成分为：$Cu(OH)_2$、CuO、Cu(OH)Cl、$NH_4Cl$ 和水分。该商品来源于在蚀刻印刷线路板过程中的回收物，进口后用于生产硫酸铜等产品。<br>氯化铜溶液和铜氨络合物溶液分别在酸和碱性工艺下蚀刻印刷电路板形成氧化亚铜和一价铜氨络离子，再经双氧水或空气中氧的作用还原成氯化铜溶液和铜氨络合物溶液，部分溶液用于循环蚀刻过程，富余部分相互中和处理后形成该商品。 | | | | |
| 归类决定 | 由于该商品属蚀刻印刷线路板过程中的回收物，因此不能归入《税则》税目38.24。<br>该商品进口后用于生产氯化亚铜、硫酸铜、醋酸铜、碳酸铜等产品，根据归类总规则一、六及《税则注释》对品目38.25和品目26.20的注释，铜的氧化物及氢氧化物应归入税则号列2620.3000。 | | | | |

| 序号 | 164 | 归类决定编号 | Z2006－0088 | 公告编号 | 2006 年第 69 号 |
|---|---|---|---|---|---|
| 商品税则号列 | | 2620.3000 | | 发布日期 | 2006 年 11 月 22 日 |
| 商品名称 | | 氧化铜 | | | |
| 英文名称 | | Copper oxides | | | |
| 其他名称 | | | | | |
| 商品描述 | | 该商品外观为红褐色粉末，根据海关化验鉴定结果，成分中含氧化铜 28%，氧化铁 28.8%，氧化硫 16%，氧化锡 3.7%，氧化硅 7.1%，氧化铝 2.2%，氧化钠 3.1%，氧化钙 3%，氧化锌 2.2%，为多组分化工品。<br>来源：用柔性砂轮打磨电路基板表面产生铜碎末，再用硫化亚铁溶液清洗汇集成含水铜碎末，经特制炉高温分阶段控制温度，将低于铜熔化温度的杂物去掉，形成半干状氧化铜。该商品用于提炼粗铜。 | | | |
| 归类决定 | | 该商品在来源、用途上均符合《税则注释》对品目 26.20 的注释，因此应归入税则号列 2620.3000。 | | | |

| 序号 | 165 | 归类决定编号 | Z2006－0089 | 公告编号 | 2006 年第 69 号 |
|---|---|---|---|---|---|
| 商品税则号列 | 2620.4000 | | | 发布日期 | 2006 年 11 月 22 日 |
| 商品名称 | 矿渣 | | | | |
| 英文名称 | | | | | |
| 其他名称 | | | | | |
| 商品描述 | 该商品外观为棕褐色粉状，根据海关化验鉴定结果，主要成分为含氧化铝 76.36%、二氧化硅 11.33%、二氧化钛 5.08%、氧化铁 3.62%、氧化钙 1.41% 等，为以氧化铝为基本成分的混合物。该商品是在用电炉生产棕刚玉时，由于炉膛边（离电极较远）附近不能达到要求温度，原料没有形成熔融状态而产生的残渣经简单筛选后细破而成。上述棕刚玉的加工工艺为：先将铝土矿在 1100℃左右焙烧，加入一定量煤炭（焦粉）和铁屑后放入电炉中，电极产生 2150℃高温，使其熔化为液态，杂质沉降后冷却结晶产生棕刚玉，加入煤炭（焦粉）和铁屑的作用是去除杂质。 | | | | |
| 归类决定 | 该商品符合《税则注释》对品目 26.20 的解释。根据归类总规则一，该商品应归入税则号列 2620.4000。 | | | | |

| 序号 | 166 | 归类决定编号 | Z2006－0090 | 公告编号 | 2006 年第 69 号 |
|---|---|---|---|---|---|
| 商品税则号列 | 2620.9990 | | 发布日期 | | 2006 年 11 月 22 日 |
| 商品名称 | 镍废碎料 | | | | |
| 英文名称 | | | | | |
| 其他名称 | | | | | |
| 商品描述 | 该商品为灰黑色碎粉渣粒、棒状及块状物体，根据海关化验鉴定结果为 Ni:30%、Co:20%、Cr:18.7%、Al:11.5%、Fe:4.4%等，为含有铬铁铝钴镍等合金废料。<br>该镍废碎料为两类含镍产品，一类是镍钴产品高温加工过程中产生的镍废粉渣粒，是镍残渣；另一类是棒状及块状物体，是镍合金的边角料。 | | | | |
| 归类决定 | 根据《税则注释》对品目 75.03 的解释，镍残渣应归入税则号列 2620.9990；棒状及块状物体应归入税则号列 7503.0000。因该批商品为镍残渣与镍合金边角料的混合物，其中以镍残渣为主。所以，根据归类总规则三(二)的规定，所报商品应一并归入税则号列 2620.9990。 | | | | |

| 序号 | 167 | 归类决定编号 | Z2006－0091 | 公告编号 | 2006 年第 69 号 |
|---|---|---|---|---|---|
| 商品税则号列 | 2620.9990 | | | 发布日期 | 2006 年 11 月 22 日 |
| 商品名称 | 粗制碳酸镍 | | | | |
| 英文名称 | Crude nickel carbonate | | | | |
| 其他名称 | | | | | |
| 商品描述 | 该商品外观为黑色湿泥。镍主要以碳酸镍的形式存在。商品中镍含量约 6%～9%，干质成分（以氧化物计）氧化钠 47.34%，三氧化硫 1.55%，氧化镍 24.86%，氧化铜 24.28%。<br>工艺为：镍铜混合矿经浮选成为镍铜精矿，将精矿冶炼成为镍铜阳极板，阳极板在电解过程中成为硫酸镍、硫酸铜电解液。在电解过程中，阳极板所含的铅、锌等杂质元素在电解液中逐渐积累，当杂质含量达到一定浓度时，即需更换新的电解液。该商品即为在更换下的电解液中加入碳酸钠，碳酸钠与电解液中的硫酸镍、硫酸铜反应，生成碳酸镍（含碳酸铜）沉淀，而铅、锌等杂质元素不易与碳酸根结合，仍以硫酸铅、硫酸锌的状态存在于溶液中（此部分溶液将被丢弃）。碳酸镍（含碳酸铜）的沉淀物经清洗，沉淀过滤、挤压等过程而成为粗制碳酸镍（含碳酸铜）。 | | | | |
| 归类决定 | 该商品属于制取金属后电解液中沉淀出来的泥渣，根据归类总规则一及《税则注释》对品目 26.20 的注释，粗制碳酸镍应归入税则号列 2620.9990。 | | | | |

| 序号 | 168 | 归类决定编号 | Z2006－0092 | 公告编号 | 2006 年第 69 号 |
|---|---|---|---|---|---|
| 商品税则号列 | 2620.9990 | | | 发布日期 | 2006 年 11 月 22 日 |
| 商品名称 | 钼矿砂 | | | | |
| 英文名称 | Molybdenum concetrate | | | | |
| 其他名称 | | | | | |
| 商品描述 | 根据海关化验鉴定结果，产品成分为：$MoO_3$ 48.3%、CoO 16.4%、$WO_2$ 12.5%、$Fe_2O_3$ 8%、$SiO_2$ 4.5%、$Bi_2O_3$ 7.6%。外观呈黑色小圆柱颗粒和小圆粒。为回收金属用的废催化剂。 | | | | |
| 归类决定 | 根据《税则注释》品目 26.20 的注释中的规定，"本品目包括仅适合于提取金属或生产化工品的废催化剂"，该商品符合此规定，因此应归入税则号列 2620.9990。 | | | | |

| 序号 | 169 | 归类决定编号 | Z2006－0093 | 公告编号 | 2006 年第 69 号 |
|---|---|---|---|---|---|
| 商品税则号列 | 2620.9990 | | | 发布日期 | 2006 年 11 月 22 日 |
| 商品名称 | 钼精矿 | | | | |
| 英文名称 | | | | | |
| 其他名称 | | | | | |
| 商品描述 | 该商品外观为黑色粉沙状。商品为铜矿冶炼公司和镍矿冶炼公司提炼铜和镍产品后的剩余尾渣以及钼制品生产厂家剩余的含钼较高的矿渣经过粉碎、浮选、烘干、焙烧而得。该商品用于生产钼酸铵和钼酸钠。根据海关化验鉴定结果，成分为三氧化二铝 50.24%、三氧化钼 18.39%、二氧化硅 6.01%、氧化镍 4.29%、三氧化二铁 2.01%、五氧化二钒 0.56% 等。 | | | | |
| 归类决定 | 根据《税则注释》，品目 26.20 包括用于提取或生产金属及其化合物的矿灰及残渣，这些矿灰、残渣是处理矿砂或冶金中间产品时所得或从不属机械加工金属的电解、化学或其他工序所得，在工业上，它们用于提取金属或作为生产金属化合物的基本原料。据此，该商品应归入税则号列 2620.9990。 | | | | |

| 序号 | 170 | 归类决定编号 | Z2006－1193 | 公告编号 | 2007年第70号 |
|---|---|---|---|---|---|
| 商品税则号列 | 2620.9990 | | | 发布日期 | 2007年12月5日 |
| 商品名称 | 磁体下脚料 | | | | |
| 英文名称 | | | | | |
| 其他名称 | 稀土铁合金粉(申报品名) | | | | |
| 商品描述 | 该磁体下脚料用于生产钴化合物和稀土化合物,是由加工生产稀土永磁体过程中各种下脚料经部分脱水后,于鄂式破碎机破碎而得到。其外观为褐色潮湿粉末状固体,经海关化验中心化验,其成分为:硫酸盐、多种金属的氧化物、氯化物等,以氧化物计含三氧化硫19.7%、氧化铁19.3%、氧化镍17.2%、二氧化硅14.1%、氧化钠10.9%、氧化铝5.77%、三氧化二铋3.32%、氧化钴1.74%、五氧化二磷1.71%、氧化铜1.21%、三氧化二钕0.56%、氧化镁0.46%、氯2.56%等。<br>注:完整的稀土永磁体的生产工艺为稀土金属(钕、镝、铽、钐)+纯铁、硼铁、钴等真空中频炉熔炼→制粉→磁场取向压制→真空烧结→机加工(为防氧化起火,需不断加水喷淋)→表面处理→成品稀土永磁体。 | | | | |
| 归类决定 | 该商品的成分为硫酸盐、多种金属的氧化物、氯化物等,不应归入《税则》第七十二章。根据《税则注释》品目26.20的注释"该品目包括含有砷、金属或其化合物,以及用于提取或生产砷或金属及其化合物的矿灰及残渣。这些矿灰、残渣是处理矿砂或冶金中间产品时所得或从不属于机械加工金属的电解、化学或其他工序所得",该商品的来源与用途符合品目26.20的规定,根据归类总规则一,该商品应归入税则号列2620.9990。 | | | | |

| 序号 | 171 | 归类决定编号 | Z2006－0094 | 公告编号 | 2006年第69号 |
|---|---|---|---|---|---|
| 商品税则号列 | | 2621.9000 | | 发布日期 | 2006年11月22日 |
| 商品名称 | 骨炭 | | | | |
| 英文名称 | | | | | |
| 其他名称 | | | | | |
| 商品描述 | 该骨炭是4～8毫米和10～40毫米的颗粒状动物骨炭，大多呈白色，是生产骨胶过程中牛骨经破碎、热水脱脂、漂白脱色、蒸汽提胶、干燥高温煅烧分选产生的副产品。主要成分是磷酸钙，磷含量13%以上，钙含量25%以上，还含有少量的蛋白质（5%～10%），其主要用途是用于饲料和生产骨瓷。 | | | | |
| 归类决定 | 该商品经高温煅烧加工，已经超过了税则第五章的加工范围。根据《税则注释》品目38.02中的“动物炭黑”是在密闭容器中煅烧制得，燃烧不充分，所得为黑色产品，用作脱色剂，也用于制糖工业和作黑色颜料，废骨炭黑用作肥料，该商品达不到上述要求。由于煅烧炉结构简单，不能构成严格的密闭容器，效果类似于露天煅烧。根据归类总规则一，该商品应归入税则号列2621.9000。 | | | | |

| 序号 | 172 | 归类决定编号 | Z2006－1194 | 公告编号 | 2007年第70号 |
|---|---|---|---|---|---|
| 商品税则号列 | | 2621.9000 | | 发布日期 | 2007年12月5日 |
| 商品名称 | 漂珠 | | | | |
| 英文名称 | | | | | |
| 其他名称 | 粉煤灰空心玻璃微珠、浮珠 | | | | |
| 商品描述 | 该漂珠经海关化验鉴定，其成分为：二氧化硅55%～60%，三氧化二铝32%～36%，三氧化二铁2%～3%，其他为氧化镁、氧化钙、氧化钾等。其来源及加工工艺为：从漂浮于燃煤电厂冲灰场水面的粉煤灰当中，把单个球形的漂灰分选出来之后即为粉煤灰漂珠。其形成原理为：煤粉燃烧时产生的气体进入烟道，迅速冷却硬化后形成高真空的玻璃态空心微珠。其用途为：用于制造轻质水泥、浮力材料、隔音材料、耐火材料等。 | | | | |
| 归类决定 | 该商品实际上是从煤粉燃烧而得的粉煤灰中筛选出来的、具有某种特殊形态的物质。其加工工艺（漂洗、筛选等）并未使其脱离粉煤灰的本质特征。根据归类总规则一，该商品应归入税则号列2621.9000。 | | | | |

| 序号 | 173 | 归类决定编号 | Z2009－0002 | 公告编号 | 2009 年第 5 号 |
|---|---|---|---|---|---|
| 商品税则号列 | | 2621. 9000 | | 发布日期 | 2009 年 1 月 20 日 |
| 商品名称 | 二氧化硅 | | | | |
| 英文名称 | Biogenous silica | | | | |
| 其他名称 | 稻壳灰 | | | | |
| 商品描述 | 该商品外观为黑色粉末，二氧化硅含量为 95%。由稻壳炭化（主要工艺为分段控制煅烧）制成。 | | | | |
| 归类决定 | 根据《税则注释》规定，品目 26. 21 包括几乎完全由二氧化硅组成的稻壳灰。根据归类总规则一及六，该商品应归入税则号列 2621. 9000。 | | | | |

| 序号 | 174 | 归类决定编号 | Z2009－0148 | 公告编号 | 2009 年第 57 号 |
|---|---|---|---|---|---|
| 商品税则号列 | | 2621. 9000 | | 发布日期 | 2009 年 8 月 31 日 |
| 商品名称 | 微硅粉 | | | | |
| 英文名称 | Elkem microsilica grade 971u | | | | |
| 其他名称 | | | | | |
| 商品描述 | 该商品含二氧化硅 97. 5% 以上。生产工艺为：硅石、焦炭等原料经熔炉冶炼得到金属硅，并继续生产，对生产中产生的烟气进行布袋除尘、质量控制得到微硅粉。生产产出率为 70% 硅铁，30% 微硅粉。微硅粉用于制作耐火材料。 | | | | |
| 归类决定 | 该商品不具有第二十八章商品所具有的一般用途的特性，为一种有特定用途的商品，因此不能归入第二十八章。该商品的加工工艺符合《税则注释》品目 26. 21 的条文及注释的规定，根据归类总规则一，应归入税则号列 2621. 9000。 | | | | |

<table>
<tr><td>序号</td><td>175</td><td>归类决定编号</td><td>Z2006－0095</td><td>公告编号</td><td>2006 年第 69 号</td></tr>
<tr><td>商品税则号列</td><td colspan="3">2704.0010;3801.1000;2713.12</td><td>发布日期</td><td>2006 年 11 月 22 日</td></tr>
<tr><td>商品名称</td><td colspan="5">冶金焦、人造石墨、石油焦</td></tr>
<tr><td>英文名称</td><td colspan="5"></td></tr>
<tr><td>其他名称</td><td colspan="5"></td></tr>
<tr><td>商品描述</td><td colspan="5">1. 冶金焦<br>形状:200 目粉末成分:85% 以上为碳,其余为杂质,如氧化硅等。<br>2. 人造石墨<br>形状:40～300 目粉末成分:85% 以上为碳。<br>3. 石油焦<br>形状:200 目粉末成分:85% 以上为碳。<br>用途:以上三种产品的用途均是用于制造干电池的碳棒。其加工过程为:原料进厂→破碎→烘干→球磨机磨粉→分级机分级粒度→收集→包装。</td></tr>
<tr><td>归类决定</td><td colspan="5">冶金焦是由煤在温度达 1400K 时炭化生成的高强度大孔炭材料经烘干、粉碎、分级后得到。商品含碳量大于 85%,为 200 目黑色粉末。根据干馏温度、煤种和用途的不同,焦炭可分为几种,冶金焦是其中的一种。该商品符合《税则注释》对品目 27.04 的解释,根据归类总规则一,该冶金焦应归入税则号列 2704.0010。<br>人造石墨是用石油焦、沥青焦和煤沥青等原料混合成型后,经 1200℃焙烧后,再经 2000℃以上石墨化过程形成,然后经分筛或粉碎、分级后而得。产品含碳量大于 85%,为 40～200 目黑色粉末。该商品符合《税则注释》对品目 38.01 中“人造石墨”的定义,根据归类总规则一,该人造石墨应归入税则号列 3801.1000 项下。<br>石油焦是由石油提炼后的重质油渣经加热分解聚合而得的固体碳质材料经烘干、粉碎、分级后得到。商品含碳量大于 85%,为 200 目黑色粉末,用于制造干电池碳棒。该商品符合《税则注释》对品目 27.13 的解释。根据归类总规则一,该石油焦应归入税则子目 2713.12 项下。</td></tr>
</table>

<table>
<tr><td>序号</td><td>176</td><td>归类决定编号</td><td>Z2009 - 0003</td><td>公告编号</td><td>2009 年第 5 号</td></tr>
<tr><td colspan="2">商品税则号列</td><td colspan="2">2706.0000</td><td>发布日期</td><td>2009 年 1 月 20 日</td></tr>
<tr><td colspan="2">商品名称</td><td colspan="4">杂酚油</td></tr>
<tr><td colspan="2">英文名称</td><td colspan="4">Creosote oil</td></tr>
<tr><td colspan="2">其他名称</td><td colspan="4">炭黑油</td></tr>
<tr><td colspan="2">商品描述</td><td colspan="4">杂酚油为黑色黏稠液体,由煤焦油深加工而得,主要成分为蒽油、煤焦沥青等。由蒽油、煤焦沥青等按比例混配后搅拌而成。主要用于生产炭黑。主要技术指标:比重(20℃)不小于 1.06、甲苯不溶物不高于 9%、硫含量不高于 0.8%、水分不高于 0.5%、闪点不低于 70℃、黏度(E100℃)不高于 2.5。</td></tr>
<tr><td colspan="2">归类决定</td><td colspan="4">该商品为沥青与蒽油等(焦油馏分)混合调配所得的再造焦油,不属于《税则》税目 27.07 所列的杂酚油,根据归类总规则一及六,应归入税则号列 2706.0000。</td></tr>
</table>

<table>
<tr><td>序号</td><td>177</td><td>归类决定编号</td><td>Z2006 - 0096</td><td>公告编号</td><td>2006 年第 69 号</td></tr>
<tr><td colspan="2">商品税则号列</td><td colspan="2">2707.9900[2707.9990(2014 年版)]</td><td>发布日期</td><td>2006 年 11 月 22 日</td></tr>
<tr><td colspan="2">商品名称</td><td colspan="4">制程油</td></tr>
<tr><td colspan="2">英文名称</td><td colspan="4">Process oil</td></tr>
<tr><td colspan="2">其他名称</td><td colspan="4"></td></tr>
<tr><td colspan="2">商品描述</td><td colspan="4">该商品是高芳烃油 $NO_2$ 油。赛氏黏度:38℃时为 160 ~ 1900S,100℃时为 38 ~ 160S,相对密度 0.95 ~ 1.034,闪点 160℃ ~ 237.8℃,苯胺点 8.3℃ ~ 54.40℃,芳烃碳原子数含量一般为 60% ~ 85%,最低 40%。<br>该制成油主要是为了改善橡胶原料加工性能而在混炼时加到橡胶中的石油系油,能增加橡胶原料的黏合性,使硫化胶保持较高的强力。</td></tr>
<tr><td colspan="2">归类决定</td><td colspan="4">该制程油是由 75.07% 芳香烃、10.55% 极性化合物、14.38% 饱和烃等组成的棕色黏稠液体,闪点为 254℃、倾点为 15℃、苯胺点为 42.6℃。该商品由石油炼制所得重质油馏分加工而得,主要用作橡胶软化剂,在混炼时加到橡胶中能增加橡胶原料的黏合性、软化溶解胶料。因该商品中的芳族成分重量超过非芳族成分,因此,属于芳族成分重量超过非芳族成分的类似于蒸馏高温煤焦油所得的油类。<br>根据归类总规则一及税目 27.07 的条文规定,该制程油应归入税则号列 2707.9900[2707.9990(2014 年版)]。</td></tr>
</table>

| 序号 | 178 | 归类决定编号 | Z2006 - 1195 | 公告编号 | 2007 年第 70 号 |
|---|---|---|---|---|---|
| 商品税则号列 | 2707.9910 | | 发布日期 | 2007 年 12 月 5 日 | |
| 商品名称 | 混甲酚 | | | | |
| 英文名称 | Cresol(mixed) | | | | |
| 其他名称 | | | | | |
| 商品描述 | 混甲酚是从煤焦油中提炼制成，主要成分为：间甲酚 46%、对甲酚 42.7%、邻甲酚 <0.1%、乙基苯酚和二甲酚 10.5%、苯酚 <1.0%；密度：1.035 ±0.01 克/厘米 3；初馏点 200℃，干（终馏）点 204℃。 | | | | |
| 归类决定 | 混甲酚是邻、间、对甲酚三种异构体的混合物。中国工业甲酚的国家标准（GB2599 - 1997），其相对密度应在 1.03 ~ 1.05 克/厘米 3（20℃），间甲酚含量（二级品）≥34%、（一级品）≥41%，中性油含量≤1.0%，190℃馏出量（V/V）≤5%，210℃馏出量（V/V）≥95%。该商品的成分、含量、密度及馏程指标，符合工业甲酚的国家标准。<br>根据归类总规则一，混甲酚应归入税则号列 2707.9910。 | | | | |

| 序号 | 179 | 归类决定编号 | Z2009-0004 | 公告编号 | 2009 年第 5 号 |
|---|---|---|---|---|---|
| 商品税则号列 | 2707.9990 | | | 发布日期 | 2009 年 1 月 20 日 |
| 商品名称 | 制程油 | | | | |
| 英文名称 | | | | | |
| 其他名称 | | | | | |
| 商品描述 | 制程油初馏点大于 250℃,以重量计芳烃含量为 50% ~70%,其他烃类含量为 30% ~50%,其中多环芳烃含量按重量计小于 3%。品牌型号为 H&R VIVATEC 400。生产工艺:经减压蒸馏脱沥青后的油品经溶剂精制后得到三部分产品,即溶剂油渣、较轻馏分油品(可制低黏度润滑油)、较重馏分油品(可制高黏度润滑油),其中较重馏分油品再经溶剂(如 N-甲基吡咯烷酮)处理除去多环芳烃后所得馏分,经调和黏度得到该“制程油”。该商品为无毒环保芳烃油,多环芳烃含量低,能改善橡胶原料的加工性能,增加黏合性。 | | | | |
| 归类决定 | 该商品属于芳族成分重量超过非芳族成分的油品,根据归类总规则一及六,应归入税则号列 2707.9990。 | | | | |

| 序号 | 180 | 归类决定编号 | Z2010 - 0006 | 公告编号 | 2010 年第 15 号 |
|---|---|---|---|---|---|
| 商品税则号列 | | 2707.9990 | | 发布日期 | 2010 年 2 月 28 日 |
| 商品名称 | 苄基甲苯和苯基苯乙烷混合物 | | | | |
| 英文名称 | | | | | |
| 其他名称 | 电容器用绝缘介质 | | | | |
| 商品描述 | 苄基甲苯和苯基苯乙烷混合物是一种无色透明液体,有芳香气味,型号 FARADOL 810,主要成分为1,1 苯基苯乙烷60~80%,苄基甲苯15~40%,1,2 苯基苯乙烷<5%,二苯基甲烷<5%,环氧化物<5%。 | | | | |
| 归类决定 | 根据海关化验鉴定结果,该商品成分为多芳烃混合物,是一种电容器用绝缘油。根据归类总规则一、六及《税则注释》对品目 27.07 的解释,苄基甲苯和苯基苯乙烷混合物应归入税则号列 2707.9990。 | | | | |

| 序号 | 181 | 归类决定编号 | Z2006 - 0097 | 公告编号 | 2006 年第 69 号 |
|---|---|---|---|---|---|
| 商品税则号列 | | 2709.0000 | | 发布日期 | 2006 年 11 月 22 日 |
| 商品名称 | 凝析油 | | | | |
| 英文名称 | Condensed oid | | | | |
| 其他名称 | 天然气沉降物 | | | | |
| 商品描述 | 凝析油是开采天然气时随天然气出来的经气油分离后得到的一种沉降液体,是一种由多烃组成的化合物,属易燃液体。该商品组份为非芳烃成分 90.03%、芳烃成分 9.4%,初馏点 39℃,终馏点 285℃。进口后通过精细化工装置进行加热和物理分离生产出环保性溶剂油。 | | | | |
| 归类决定 | 《税则注释》对品目 27.09 的解释:该品目还包括凝析油,即天然气提取稳定过程中所得的原油。这一操作包括主要通过冷却和降压从含大量石油气的天然气中制得可凝析烃(C4 至大约 C20)。<br>根据归类总规则一及《税则注释》对品目 27.09 的注释,凝析油应归入税则号列 2709.0000。 | | | | |

| 序号 | 182 | 归类决定编号 | Z2006－0100 | 公告编号 | 2006年第69号 |
|---|---|---|---|---|---|
| 商品税则号列 | 2710.1199[2710.1299(2014年版)] | | 发布日期 | 2006年11月22日 | |
| 商品名称 | 二异丁烯 | | | | |
| 英文名称 | Diisobutylene | | | | |
| 其他名称 | 2,4,4-三甲基戊烯 | | | | |
| 商品描述 | 二异丁烯产品是丁烯聚合得到的辛烯，其中二异丁烯含量不低于90%，可以达到94%，辛烯含量可达到98%。二异丁烯可以通过加成、氧化等反应生产许多有用的衍生物，是烷基苯酚、异壬酚、橡胶化学品的基础原料。<br>加工方法：碳四馏分经脱水和干燥后，经加热聚合，再脱去其中的C4组分后，进入二异丁烯塔进行精密分馏。<br>主要用途：可用作制取成橡胶防老剂、增粘剂、各种表面活性剂、环氧树脂改性剂等等，也可作为有机合成中间体，用于对辛基苯酚和异辛醇的生产。<br>CAS NO：25167－70－8。 | | | | |
| 归类决定 | 根据介绍，二异丁烯即2,4,4-三甲基戊烯（俗称异辛烯），进口状态为2,4,4-三甲基-1-戊烯和2,4,4-三甲基-2-戊烯这两种同分异构体的混合物，含量为90%～94%，是烷基苯酚、异壬酚、橡胶化学品的基础原料。<br>生产方法：碳四馏分经脱水和干燥后，经加热聚合，脱去其中的C4组分后，再进行精密分馏。其初馏点为98℃，终馏点为104℃，可制成橡胶防老剂、增粘剂、各种表面活性剂、环氧树脂改性剂等等，也可作为有机合成中间体。<br>该商品属于无环烃异构体的混合物，根据《税则》第二十九章章注一(二)不能归入第二十九章。根据归类总规则一，二异丁烯应按其他轻油归入税则号列2710.1199[2710.1299(2014年版)]。 | | | | |

| 序号 | 183 | 归类决定编号 | Z2006-0099 | 公告编号 | 2006年第69号 |
|---|---|---|---|---|---|
| 商品税则号列 | 2710.1199[2710.1299(2014年版)] | | 发布日期 | | 2006年11月22日 |
| 商品名称 | 异戊烯 | | | | |
| 英文名称 | Isoamylene | | | | |
| 其他名称 | | | | | |
| 商品描述 | 根据随附资料,商品的主要成分为两种异戊烯异构体的混合物,其中2-甲基-2-丁烯约占84%~86%,2-甲基-1-丁烯约占14%~16%,无色透明液体,商品进口后用于生产三唑类农药,主要为三唑酮和多效唑,该商品常压下沸点为38℃,密度(20℃)为0.66千克/升。 | | | | |
| 归类决定 | 异戊烯是五个碳原子的液态单烯烃混合物,属于无环烃异构体混合物,不宜参考《税则》税目27.11中关于气态烃的纯度标准。根据第二十九章章注一(二),该商品应归入第二十七章。根据归类总规则一及税目27.10的注释,异戊烯应归入税则号列2710.1199[2710.1299(2014年版)]。 | | | | |

| 序号 | 184 | 归类决定编号 | Z2006－0101 | 公告编号 | 2006年第69号 |
|---|---|---|---|---|---|
| 商品税则号列 | 2710.1919 | | | 发布日期 | 2006年11月22日 |
| 商品名称 | 重质类矿物油 | | | | |
| 英文名称 | | | | | |
| 其他名称 | | | | | |
| 商品描述 | 成分构成:石蜡烃65.5%;环烷烃29%;芳香烃5.5%。<br>该商品以煤油馏分为原料,经氢化和精密分馏后,适当地加入芳香烃以降低苯胺点,使其具有较强的溶解力,适用于作油墨溶剂。 | | | | |
| 归类决定 | 根据介绍,重质类矿物油的商品成分为:石蜡烃(烷烃)65.5%、环烷烃29%、芳香烃5.5%。生产工艺为:用煤油馏分原料经过高压加氢和精密分馏后加入重芳烃类原料进行调和得到产品,调和的目的是降低苯胺点,增强其溶解力,产品用作油墨溶剂。商品的馏程为280℃～310℃。<br>商品加入芳香烃仅是为了提高溶解力,以适合作油墨溶剂的专门用途,且其加入的芳香烃也是由煤油中经催化、抽提后得到,该商品仍属从石油及沥青矿物提取的油类。根据《税则注释》对品目27.10的解释,其加工过程及成分没有超出品目27.10的注释范围,不应归入品目38.14项下。<br>根据归类总规则一,重质类矿物油应归入税则号列2710.1919。 | | | | |

<table>
<tr><td>序号</td><td>185</td><td>归类决定编号</td><td>Z2006－0102</td><td>公告编号</td><td>2006年第69号</td></tr>
<tr><td colspan="2">商品税则号列</td><td colspan="2">2710.1919</td><td>发布日期</td><td>2006年11月22日</td></tr>
<tr><td colspan="2">商品名称</td><td colspan="4">迪拉克燃油添加剂</td></tr>
<tr><td colspan="2">英文名称</td><td colspan="4"></td></tr>
<tr><td colspan="2">其他名称</td><td colspan="4"></td></tr>
<tr><td colspan="2">商品描述</td><td colspan="4">规格:22升/塑料桶,成分:煤油馏分99.96%。<br>用途:本品为油品质量提高剂,可提高所有石油产品的质量,如流动性能、燃烧性能、清洁性能等。适用于作发动机、锅炉及取暖设备的燃料添加剂,适当添加该商品可使燃料更加充分完全燃烧,从而实现节约能源、降低污染和增加动力的功效。<br>作用机理:纯煤油经特殊物理技术处理后,本身获得了反重力能(负能),添加至燃油中扩散时,能与燃油分子共振,使分子间凝聚力降低,结果燃油黏度和表面张力下降,易于蒸发和气化,使燃油与空气混合质量提高,从而提高完全燃烧系数。</td></tr>
<tr><td colspan="2">归类决定</td><td colspan="4">《税则注释》关于品目27.10的条文注释:本品目包括加有不同物质以适合某些专门用途的油,只要其含有按重量计在70%及以上,且协调制度的其他品目也未明确将其包括在内。迪拉克燃油添加剂符合品目27.10的商品范畴。因此,根据归类总规则一,迪拉克燃油添加剂应归入税则号列2710.1919。</td></tr>
</table>

| 序号 | 186 | 归类决定编号 | Z2008－0120 | 公告编号 | 2008 年第 83 号 |
| --- | --- | --- | --- | --- | --- |
| 商品税则号列 | 2710.1922 | | 发布日期 | | 2008 年 11 月 24 日 |
| 商品名称 | 5～7 号燃料油 | | | | |
| 英文名称 | | | | | |
| 其他名称 | | | | | |
| 商品描述 | 5～7 号燃料油质量指标，采用 ASTM 试验方法，检测结果为：100℃运动黏度为 46.28CST、闭口闪点 56℃、水分 0.48%、沉淀物 0.01%、灰分 0.06%；采用 GB/T 试验方法，检测结果为：100℃运动黏度为 45.56CST、闭口闪点 61℃、水分 0.50%、沉淀物 0.01%、灰分 0.06%。 | | | | |
| 归类决定 | 根据《税则》及《本国子目注释》的规定，税则号列 2710.1922 的商品应符合燃料油行业标准 SH/T0356－1996 中 5 至 7 号燃料油所列指标（各指标的检测按行业标准 SH/T0356－1996 规定的方法进行）。根据归类总规则一及六，5～7 号燃料油应归入税则号列 2710.1922。 | | | | |

| 序号 | 187 | 归类决定编号 | Z2006－0103 | 公告编号 | 2006 年第 69 号 |
|---|---|---|---|---|---|
| 商品税则号列 | | 2710.1991/2710.1999 | | 发布日期 | 2006 年 11 月 22 日 |
| 商品名称 | | BP 润滑油（工业用液压油、导热油、导轨油） | | | |
| 英文名称 | | Industrial hyd oil32；Transcal N；Maccurat D68 | | | |
| 其他名称 | | | | | |
| 商品描述 | | 货主申报进口“BP 润滑油”，据资料及商标，实为：<br>1. 工业用液压油，英文名称：INDUSTRIAL　HYD　OIL32，规格：185 千克/桶，成分：精炼的矿物基础油和含锌添加剂；用途：主要应用于加工机器的液压系统上动力传递，有润滑作用，可抗磨、抗氧化、抗腐蚀、抗泡。<br>2. 导热油，英文名称：TRANSCAL N，成分：99% 的矿物基础油和 1% 添加剂组成；用途：具有良好的耐热性能，用于平均液体温度在－10℃～320℃的导热系统。<br>3. 导轨油，英文名称：MACCURAT D68，成分：99% 的矿物基础油和 1% 添加剂组成；用途：用于机床的导轨润滑，可抗磨、抗氧化、抗腐蚀、抗爬行。 | | | |
| 归类决定 | | 三种商品工业用液压油、导热油、导轨油，其成分都含大于 70% 的矿物油和少量添加剂。其中导轨油属于润滑油类，应归入税则号列 2710.1991，液压油和导热油因其适用于某些特定用途，故应按照重油制品归入税则号列 2710.1999。 | | | |

| 序号 | 188 | 归类决定编号 | Z2006－0104 | 公告编号 | 2006年第69号 |
|---|---|---|---|---|---|
| 商品税则号列 | 2710.1999 | | | 发布日期 | 2006年11月22日 |
| 商品名称 | 烷烃溶剂 | | | | |
| 英文名称 | | | | | |
| 其他名称 | | | | | |
| 商品描述 | 烷烃溶剂型号为EXXSOL D130，主要成分为碳16至18饱和碳氢化合物，馏程为275℃～318℃。是石油催化重整所得的中油再经过加氢饱和化，然后蒸馏切割而得。 | | | | |
| 归类决定 | 4号以上燃料油属重质馏分燃料油，可见税则子目2710.192并不排除重油馏分的存在，馏程与税则子目2710.199有部分重叠，具体归类应根据馏程和用途等综合考虑。该商品为一种特定溶剂产品，作为工业原料，可用于金属加工、日化用品、农化产品和精细化工等领域，并非作燃料油使用。因此，根据归类总规则一，烷烃溶剂应按其他重油归入税则号列2710.1999。 | | | | |

| 序号 | 189 | 归类决定编号 | Z2009－0005 | 公告编号 | 2009 年第 5 号 |
|---|---|---|---|---|---|
| 商品税则号列 | 2710. 1999 | | 发布日期 | | 2009 年 1 月 20 日 |
| 商品名称 | 橡胶软化油 | | | | |
| 英文名称 | | | | | |
| 其他名称 | | | | | |
| 商品描述 | 橡胶软化油为无色黏稠状液体，主要成分为混合矿物油，其中大部分为烷烃（石蜡族），含少量芳烃和多环芳烃。密度为 0. 86，40℃运动黏度为 24CST，闪点为 214℃。该商品的包装方式为铁桶平均装，上印有"P200"字样。该商品能改善高聚物加工性能，提高其柔软性或拉伸性能、降低硬度，增加高聚物粘性，防止焦烧、粘模，同时也能减少分子间的作用力，并产生润滑作用，使分子链之间易滑动，从而增加胶料的塑性，特别适用于橡胶加工。制造工艺为：原油经提炼汽油、煤油等油品后的塔底油，进真空塔进一步蒸馏加工精炼，再经正己烷萃取脱蜡而得。 | | | | |
| 归类决定 | 该商品属于重质油品，根据归类总规则一及六，应归入税则号列 2710. 1999。 | | | | |

| 序号 | 190 | 归类决定编号 | Z2006－0105 | 公告编号 | 2006年第69号 |
|---|---|---|---|---|---|
| 商品税则号列 | 2713.9000 | | 发布日期 | 2006年11月22日 | |
| 商品名称 | 固体燃料粉 | | | | |
| 英文名称 | Fuel solid body powder | | | | |
| 其他名称 | | | | | |
| 商品描述 | 固体燃料粉是将70%的石油类残渣添加20%的活性炭和10%的活性白土，经过技术处理去掉各种有害物质，经专用设备混合均匀后再经高压设备处理，最后加工成为一种不含有任何放射性物质的燃料粉。根据海关化验鉴定结果，该样品含有石油类组分，含无机固体至少17%，无机物组分以硫酸钙、氧化镁等为主。鉴定结论为：样品为石油成分，并以硫酸钙等无机物为载体的固体粉末。 | | | | |
| 归类决定 | 根据归类总规则一及《税则注释》对品目27.13的解释，固体燃料粉应归入税则号列2713.9000。 | | | | |

| 序号 | 191 | 归类决定编号 | Z2006－0106 | 公告编号 | 2006 年第 69 号 |
|---|---|---|---|---|---|
| 商品税则号列 | 2713. 9000 | | | 发布日期 | 2006 年 11 月 22 日 |
| 商品名称 | 糠醛残渣油 | | | | |
| 英文名称 | Residue furfural extract oil | | | | |
| 其他名称 | | | | | |
| 商品描述 | 该商品系经过丙烷脱沥青的工序后，生产润滑油基础油的过程中，由糠醛精制环节产生的副产油品，主要用于生产橡胶填充油和道路沥青。 | | | | |
| 归类决定 | 糠醛残渣油是在生产润滑油基础油的过程中，由经过丙烷脱沥青的油品再经过溶剂（糠醛）精制后得到的糠醛抽出油。主要用于生产橡胶填充油和道路沥青。<br>润滑油基础油的生产必须经过溶剂精制，利用某些溶剂（如糠醛等）的选择性溶解能力，脱除油料中有害的及非理想物质如胶质、短侧链的中芳烃及重芳烃、环烷酸类等等。<br>根据《税则注释》对品目 27. 13 的解释，该油品为用糠醛溶剂处理润滑油基础油所得的提出物，属于其他从石油提取的油类的残渣。根据归类总规则一，糠醛残渣油应归入税则号列 2713. 9000。 | | | | |

| 序号 | 192 | 归类决定编号 | Z2006－0107 | 公告编号 | 2006 年第 69 号 |
|---|---|---|---|---|---|
| 商品税则号列 | 2833.2500 | | | 发布日期 | 2006 年 11 月 22 日 |
| 商品名称 | 初级硫酸铜 | | | | |
| 英文名称 | | | | | |
| 其他名称 | | | | | |
| 商品描述 | 商品采用从廉价铜原料(铜矿或杂铜)先生成氧化铜作为原料，加入浓硫酸，由于浓硫酸与水混合而自然产生热量，达到 90℃～100℃，所有氧化铜转变为硫酸铜，其外观为蓝色结晶状。其申报的硫酸铜含量为 92%。<br>该商品经海关化验鉴定为主要含硫酸铜，并可检测出氨基硫酸铜和氨基氯化铜的晶体，为化肥级硫酸铜。 | | | | |
| 归类决定 | 初级硫酸铜是一种以廉价铜(铜矿或杂铜)为原料→生成氧化铜→加入浓硫酸(溶解反应温度 90℃～100℃)→冷却结晶→离心机脱水而制得五水硫酸铜。产品外观为蓝色结晶状，硫酸铜含量约 93%、水约 2～4%。经海关化验鉴定为主要含硫酸铜，并可检测出氨基硫酸铜和氨基氯化铜的晶体，为化肥级硫酸铜。<br>该商品的生产工艺为生产硫酸铜的工艺，产品的主要成分为硫酸铜，其所含有的氨盐仅是其制造过程中直接产生的物质，而非为使产品改变一般用途而专门加入的某些物质，因此不视为混合物，不能归入税则号列 3824.9090。由于所含杂质符合《税则注释》第二十八章总注释中关于“已有化学定义的元素及化合物”中杂质的解释，因此，“初级硫酸铜”应归入税则号列 2833.2500。<br>所谓“符合单独已有化学定义的化合物”是指化学上所定义的纯净的化合物。即：<br>1. 符合“化学计量比”的化合物。每一种该类化合物都有固定不变的组成，对于无机化合物可用相应的分子式来表示，对于有机化合物可用相应的结构式来表示。<br>2. 晶格间有间隙或插入物的固体化合物(称为“似化学计量化合物”)。根据其理论公式几乎(但不完全)符合化学计量比。 | | | | |

| 序号 | 193 | 归类决定编号 | Z2006－0108 | 公告编号 | 2006 年第 69 号 |
|---|---|---|---|---|---|
| 商品税则号列 | 2833.2990 | | | 发布日期 | 2006 年 11 月 22 日 |
| 商品名称 | 湿石粉 | | | | |
| 英文名称 | | | | | |
| 其他名称 | | | | | |
| 商品描述 | 湿石粉是发电厂为解决发电机组燃烧煤碳排放的烟气中 $SO_2$ 对环境的污染，采用 325 目石灰石粉（$CaCO_3$）为吸收剂，通过烟气脱硫装置，吸收发电机组燃烧煤碳后产生的二氧化硫，经吸硫后的石灰石粉转化而成。其主要成分为 $CaSO_4 \cdot 2H_2O$，用于制作水泥。经海关化验，样品为生石膏。 | | | | |
| 归类决定 | 所报“湿石粉”经化验海关鉴定为生石膏，其来源为石灰石粉（$CaCO_3$）吸收发电机组产生的二氧化硫而得。主要成分为 $CaSO_4 \cdot 2H_2O$，用于制作水泥。此种来源的石膏实为通过工业方法得到，而不是通过天然矿物得到。品目 28.33 在《税则注释》中的排他条款中规定，“本品目不包括天然硫酸钙（25.20）”。根据此条款，该商品应归入税则号列 2833.2990。 | | | | |

| 序号 | 194 | 归类决定编号 | Z2009－0092 | 公告编号 | 2009 年第 32 号 |
|---|---|---|---|---|---|
| 商品税则号列 | 2835.2510 | | | 发布日期 | 2009 年 6 月 12 日 |
| 商品名称 | 正磷酸氢钙（饲料级） | | | | |
| 英文名称 | | | | | |
| 其他名称 | | | | | |
| 商品描述 | 正磷酸氢钙（饲料级）为白色粉末，用作饲料添加剂，主要成分为磷酸氢钙 98%、镁的磷酸盐 1%、氟 0.16%。生产过程为：用硫酸和磷矿反应制得湿法磷酸，之后通过净化处理去除湿法磷酸中的氟化物、磷酸盐等杂质，净化后的磷酸与由石灰经化灰、过筛除渣、蒸煮、过筛除渣、配浆后得到的石灰乳反应生成磷酸氢钙，经结晶沉淀、过滤、干燥后得到该商品。 | | | | |
| 归类决定 | 正磷酸氢钙（饲料级）为含氟少于 0.2% 的正磷酸氢钙，属于《税则注释》中品目 28.35 的产品范围，根据归类总规则一及六，应归入税则号列 2835.2510。 | | | | |

| 序号 | 195 | 归类决定编号 | Z2006－0109 | 公告编号 | 2006年第69号 |
|---|---|---|---|---|---|
| 商品税则号列 | 2840.1900 | | | 发布日期 | 2006年11月22日 |
| 商品名称 | 天然硼砂 | | | | |
| 英文名称 | Borax(refined) | | | | |
| 其他名称 | | | | | |
| 商品描述 | 该商品为白色沙粒状，用25千克纸袋包装，品名型号：NEOBOR BX 5 MOL TECH GRN (REFINED)。海关化验鉴定结果为：货物为五水四硼酸钠，属精制硼砂。货主称其所进口的含五个结晶水的硼砂系由天然十水硼砂经选矿、洗矿、煅烧后得到的是天然硼砂。 | | | | |
| 归类决定 | 该天然硼砂为白色沙粒状，型号为NEOBOR BX 5 MOL TECH GRN (REFINED)，海关化验鉴定结果为：五水四硼酸钠，属精制硼砂。根据介绍，其生产加工流程为：天然硼砂原矿经破碎→用水与溶剂的混合蒸汽进行洗涤（溶剂萃取杂质，冷凝水供随后选矿用）→将溶剂分离→用液力选矿并按不同的粒径段排出悬浮料液→晶体分离器（冷却后负压渗析去水以分离出天然硼砂晶体）→喷雾洗涤器（用水与溶剂进行洗涤）→脱水器→低温加热→制取十水硼砂→催化中温加热→制取五水硼砂。<br>从该商品的整个加工过程来看，其中蒸汽洗涤和在晶体分离器中冷却渗析去水分离出硼砂结晶，就有一个溶解再结晶过程，属于溶液结晶法的过程，这种加工方法已超出《税则》第二十五章章注一所允许的加工范围。<br>根据归类总规则一及第二十五章章注一的规定，该天然硼砂应归入税则号列2840.1900。 | | | | |

| 序号 | 196 | 归类决定编号 | Z2006－0110 | 公告编号 | 2006年第69号 |
|---|---|---|---|---|---|
| 商品税则号列 | 2843.1000 | | | 发布日期 | 2006年11月22日 |
| 商品名称 | 纳米银液体 | | | | |
| 英文名称 | | | | | |
| 其他名称 | | | | | |
| 商品描述 | 纳米银液体的外观为无色透明液体，有醇的气味，经海关化验，样品成分：水、银、乙二醇等，银含量2%。送检样品鉴定为多种成分的混合物。该纳米银液体具有抗菌、杀菌、防霉、防臭、消毒等功能，可添加于涂料中。<br>1. 纳米银技术是一种利用银的纳米技术。若把银裁断为10亿分之一米的大小，则会出现银原来所不具有的抗菌、杀菌、除去细菌性气味、防止静电、屏蔽电子波等新特性。<br>2. 纳米银液体主要成分是纳米银离子，当微量的银离子到达微生物细胞膜时，因后者带负电荷，依靠库伦引力，使两者牢固吸附，银离子穿透细胞壁进入细胞内，并与巯基(－SH)反应，使蛋白质凝固，破坏细胞合成酶的活性，细胞丧失分裂增殖能力而死亡。银离子还能破坏微生物电子传输系统、呼吸系统和物质传输系统。当菌体失去活性后，银离子又会从菌体中游离出来，重复进行杀菌活动，因此该行为是无机抗菌，完全不同于有机杀菌。<br>3. 纳米银以离子状态存在时，是不能单独存在的。当它从 $Ag_2O$ 被还原为 $Ag^+$ 离子时，需要载体将它包裹住。而纳米银液体中的EG(乙二醇)就是包裹的载体。当纳米银应用到产品时，通过搅拌和溶解，载体就失去了意义。<br>4. 该纳米银液体具有抗菌、除臭作用，还具有抗静电、释放远红外线的特性，可应用于涂料、塑料、纺织、服装、建材和保健品等行业。 | | | | | |
| 归类决定 | 根据上述资料及海关化验中心化验鉴定结果，“纳米银液体”外观为无色透明液体，成分为水、银、乙二醇等，银含量2%，其中的EG(乙二醇)是包裹的载体。该纳米银胶质通过化学还原法制成，粒径约4～7纳米，具有抗菌、杀菌、防霉、防臭、消毒等功能，可添加于涂料中。<br>经查找相关资料，胶态金属包括金属溶胶，其特点是粒径小、比表面积大，金属溶胶可以通过在溶液中将金属盐还原制得。从其生产方法看，该商品属于胶态银。根据归类总规则一，纳米银液体应归入税则号列2843.1000。 | | | | |

<table>
<tr><td>序号</td><td>197</td><td>归类决定编号</td><td>Z2006－0111</td><td>公告编号</td><td>2006年第69号</td></tr>
<tr><td>商品税则号列</td><td colspan="3">2843.1000</td><td>发布日期</td><td>2006年11月22日</td></tr>
<tr><td>商品名称</td><td colspan="5">纳米银粉末</td></tr>
<tr><td>英文名称</td><td colspan="5"></td></tr>
<tr><td>其他名称</td><td colspan="5"></td></tr>
<tr><td>商品描述</td><td colspan="5">纳米银粉末的外观为白色粉末，经海关化验样品成分：二氧化硅、氧化锌、银、氧化银、含钠及磷的化合物等，银含量大于5%，小于10%。送检样品鉴定为多种成分的混合物，可添加于涂料中。<br>1. 纳米银技术是一种利用银的纳米技术。若把银裁断为10亿分之一米的大小，则会出现银原来所不具有的抗菌、杀菌、除去细菌性气味、防止静电、屏蔽电子波等新特性。<br>2. 纳米银粉末的主要成分是纳米银离子，当微量的银离子到达微生物细胞膜时，因后者带负电荷，依靠库伦引力，使两者牢固吸附，银离子穿透细胞壁进入细胞内，并与巯基（－SH）反应，使蛋白质凝固，破坏细胞合成酶的活性，细胞丧失分裂增殖能力而死亡。银离子还能破坏微生物电子传输系统、呼吸系统和物质传输系统。当菌体失去活性后，银离子又会从菌体中游离出来，重复进行杀菌活动，因此该行为是无机抗菌，完全不同于有机杀菌。<br>3. 纳米银以离子状态存在时，是不能单独存在的。当它从 $Ag_2O$ 被还原为 $Ag^+$ 离子时，需要载体将它包裹住。而纳米银粉末中的 $ZnO$、$SiO_2$ 等是包裹的载体。当纳米银应用到产品时，通过搅拌和溶解，载体就失去了意义。<br>进口的纳米银粉末具有抗菌的特性，可添加于涂料中。</td></tr>
<tr><td>归类决定</td><td colspan="5">根据上述资料及海关化验鉴定结果，纳米银粉末的外观为白色粉末，成分为二氧化硅、氧化锌、银、氧化银、含钠及磷的化合物等，银含量大于5%、小于10%，其中二氧化硅、氧化锌等是包裹载体。该纳米银胶质通过化学还原法制成，粒径约4～7纳米，具有抗菌、除臭作用，还具有抗静电、释放远红外线的特性，可应用于涂料、塑料、纺织、服装、建材和保健品等行业。<br>经查找相关资料，纳米抗菌材料通常与载体（沸石、活性炭、不溶性磷酸盐类、硅胶及树脂类等等）配合，目的是使抗菌金属离子均匀分布、稳定保留在产品上，并且缓慢释放以延长抗菌效果。从其生产方法看，该商品形成了胶态贵金属粉末。根据归类总规则一，纳米银粉末应归入税则号列2843.1000。</td></tr>
</table>

| 序号 | 198 | 归类决定编号 | Z2010 - 0007 | 公告编号 | 2010 年第 15 号 |
|---|---|---|---|---|---|
| 商品税则号列 | 2846.9019 | | | 发布日期 | 2010 年 2 月 28 日 |
| 商品名称 | 荧光体 | | | | |
| 英文名称 | Lamp phosphor | | | | |
| 其他名称 | | | | | |
| 商品描述 | 荧光体为白色粉末，由氧化钇与氧化铕经过混合、烧成等工艺后制得的具有发光性能的产品，用作灯的发光材料。 | | | | |
| 归类决定 | 该商品由氧化钇与氧化铕组成，属于稀土金属氧化物的混合物，根据归类总规则一、六及《税则注释》第六类类注、品目 32.06 的排他条款，应归入税则号列 2846.9019。 | | | | |

| 序号 | 199 | 归类决定编号 | Z2006 - 0112 | 公告编号 | 2006 年第 69 号 |
|---|---|---|---|---|---|
| 商品税则号列 | 2846.9048 | | | 发布日期 | 2006 年 11 月 22 日 |
| 商品名称 | 碳酸稀土 | | | | |
| 英文名称 | Re Carbonate | | | | |
| 其他名称 | | | | | |
| 商品描述 | 碳酸稀土是一种由稀土永磁体（毛坯）经机械加工所得的金属屑经磨粉、焙烧、酸浸、碳铵沉淀等工艺制得，为潮湿的白色固体粉末。成分含量：碳酸稀土 64.47%、铁 $<$ 0.01%、钴 0.03%、钠 0.67%、氯 0.53%，其余为结晶水。主要用于生产制造永磁材料用的稀土金属。 | | | | |
| 归类决定 | 该商品属于稀土金属的无机化合物，符合《税则注释》品目 28.46 中规定的商品范畴。根据归类总规则一，碳酸稀土应归入税则号列 2846.9048。 | | | | |

| 序号 | 200 | 归类决定编号 | Z2006－0113 | 公告编号 | 2006 年第 69 号 |
|---|---|---|---|---|---|
| 商品税则号列 | 2846.9090[2846.9096(2014 年版)] | | | 发布日期 | 2006 年 11 月 22 日 |
| 商品名称 | 钒酸钇 | | | | |
| 英文名称 | | | | | |
| 其他名称 | | | | | |
| 商品描述 | 钒酸钇($YVO_4$)是一种正单轴双折射晶体。其单晶棒一般直径为 22～35 毫米,长度为 35～55 毫米。YVO4 具有较大的双折射值,透明区宽,接近玻璃的硬度,不潮解,加工镀膜容易。$YVO_4$ 是一种理想的光学偏振器材料。它可以用于光通讯技术中,如:光隔离器、波分变用器、格蓝偏振器等。<br>加工方法:用传统的提拉法,在单晶炉中生成。 | | | | |
| 归类决定 | 根据上述介绍,该钒酸钇双折射晶体符合《税则注释》第二十八章章注一(一)的规定,应按《税则》税目 28.46 的条文将此商品归入税则号列 2846.9090[2846.9096(2014 年版)]。 | | | | |

| 序号 | 201 | 归类决定编号 | Z2008－0121 | 公告编号 | 2008 年第 83 号 |
|---|---|---|---|---|---|
| 商品税则号列 | 2846.9090[2846.9099(2014 年版)] | | | 发布日期 | 2008 年 11 月 24 日 |
| 商品名称 | 稀土化合物 | | | | |
| 英文名称 | | | | | |
| 其他名称 | 混合粉(磷酸镁铈)(申报品名) | | | | |
| 商品描述 | 该商品是将原料 $3MgCO_3 \cdot Mg(OH)_2 \cdot 3H_2O$、$Al_2O_3$、$Tb_4O_7$、$CeO_2$ 按比例在高温条件下煅烧得到的一种含有铈和铽的铝酸盐复合氧化物,主要用于制造荧光粉。 | | | | |
| 归类决定 | 该商品属于稀土化合物,根据《税则注释》品目 32.06 的排他条款"本品目不包括品目 28.43 至 28.46 及 28.52 所述的货品",该商品不属于品目 32.06 的商品范畴。根据归类总规则一及六,该商品应归入税则号列 2846.9090[2846.9099(2014 年版)]。 | | | | |

| 序号 | 202 | 归类决定编号 | Z2013－0007 | 公告编号 | 2013 年第 26 号 |
|---|---|---|---|---|---|
| 商品税则号列 | 2846.9090[2846.9096(2014 年版)] | | 发布日期 | | 2013 年 5 月 17 日 |
| 商品名称 | 掺钕钒酸钇 | | | | |
| 英文名称 | | | | | |
| 其他名称 | | | | | |
| 商品描述 | 该商品为掺钕钒酸钇(0.15% Nd:$YVO_4$)的晶体毛坯,每个重 45.9 克、规格为 23.10×30.40×19.60 立方毫米。生产分两个步骤:(1)原料合成:将偏钒酸铵、硝酸、氧化钕、氧化钇溶于纯净水中,通过液相合成法形成掺钕钒酸钇固体沉淀,离心沉淀后,高温烧结形成固体原料;(2)提拉法生长晶体:用中频感应电流,加热单晶炉中的坩埚熔化原料,利用 $YVO_4$ 晶体籽晶,控制合适的温场,逐步降温使晶体在籽晶处生长,并最终生长成完整晶体。该商品经简单切割、抛光等工艺后,可直接应用到激光系统中。 | | | | |
| 归类决定 | 根据《税则注释》对品目 28.46 的解释,该品目包括稀土金属相同阴离子的盐的混合物,该商品属于品目 28.46 的商品范围。根据归类总规则一,该商品应归入税则号列 2846.9090[2846.9096(2014 年版)]。 | | | | |

| 序号 | 203 | 归类决定编号 | Z2006－0114 | 公告编号 | 2006 年第 69 号 |
|---|---|---|---|---|---|
| 商品税则号列 | 2850.0000[2850.0090(2014 年版)] | | 发布日期 | | 2006 年 11 月 22 日 |
| 商品名称 | 硅烷 | | | | |
| 英文名称 | Silane | | | | |
| 其他名称 | | | | | |
| 商品描述 | 商品状态为液化气,用钢瓶装。分子式为 $SiH_4 \cdot N_2$,成分为 $SiH_4$ 为 10%,$N_2$ 为 90%,其中 $N_2$ 为溶剂,起稀释、稳定作用。<br>用途:主要用于生产镀膜玻璃,增强玻璃的反射功能。硅烷是一种特制气体,最早用于镀线路板,现借用到玻璃行业,喷在玻璃表面产生反射,似镀上一层薄膜。 | | | | |
| 归类决定 | 根据上述说明,氮气仅起稀释和稳定作用,故按硅烷归入税则号列 2850.0000[2850.0090(2014 年版)]。 | | | | |

<table>
<tr><td>序号</td><td>204</td><td>归类决定编号</td><td>Z2009－0093</td><td>公告编号</td><td>2009 年第 32 号</td></tr>
<tr><td colspan="2">商品税则号列</td><td colspan="2">2850.0000[2850.0019(2014 年版)]</td><td>发布日期</td><td>2009 年 6 月 12 日</td></tr>
<tr><td colspan="2">商品名称</td><td colspan="4">立方氮化硼</td></tr>
<tr><td colspan="2">英文名称</td><td colspan="4">Cubic boron nitride</td></tr>
<tr><td colspan="2">其他名称</td><td colspan="4"></td></tr>
<tr><td colspan="2">商品描述</td><td colspan="4">立方氮化硼是一种细度在几十微米至几毫米的粉末，是以六方氮化硼为原料，在静态高温高压条件下合成的，分子式为 BN。密度：3.48g/m³；硬度：46Gpa；耐热度：1300℃。该商品主要用于制作磨削用的砂轮、切割用的聚合立方氮化硼(PCBN)以及研磨材料等。</td></tr>
<tr><td colspan="2">归类决定</td><td colspan="4">立方氮化硼进口时呈粉末状，根据归类总规则一及六，应归入税则号列 2850.0000[2850.0019(2014 年版)]。</td></tr>
</table>

<table>
<tr><td>序号</td><td>205</td><td>归类决定编号</td><td>Z2006－0116</td><td>公告编号</td><td>2006 年第 69 号</td></tr>
<tr><td colspan="2">商品税则号列</td><td colspan="2">2902.1900[2902.1990(2014 年版)]</td><td>发布日期</td><td>2006 年 11 月 22 日</td></tr>
<tr><td colspan="2">商品名称</td><td colspan="4">莰烯</td></tr>
<tr><td colspan="2">英文名称</td><td colspan="4"></td></tr>
<tr><td colspan="2">其他名称</td><td colspan="4"></td></tr>
<tr><td colspan="2">商品描述</td><td colspan="4">该商品为无色固体，有强烈气味。由松节油经分馏得到蒎烯再经异构化反应得到，经海关化验，其中莰烯约含 83%，三环烯约含 14% 等。</td></tr>
<tr><td colspan="2">归类决定</td><td colspan="4">根据介绍及化验鉴定结果，莰烯约含莰烯 83% 及其异构体三环烯 14% 等。外观为无色固体，有强烈气味。由松节油经分馏得到蒎烯然后催化异构再经提纯得到，主要用于合成樟脑或直接用作檀香类香料调香原料。<br>从该商品的生产过程来看，其已经改变了松节油(主要含蒎烯)的基本特征，符合人工合成莰烯的生产工艺。根据归类总规则一，莰烯应归入税则号列 2902.1900[2902.1990(2014 年版)]。</td></tr>
</table>

<table>
<tr><td>序号</td><td>206</td><td>归类决定编号</td><td>Z2006 - 0115</td><td>公告编号</td><td>2006 年第 69 号</td></tr>
<tr><td>商品税则号列</td><td colspan="3">2902. 1900[2902. 1990(2014 年版)]</td><td>发布日期</td><td>2006 年 11 月 22 日</td></tr>
<tr><td>商品名称</td><td colspan="5">柠檬萜(苎烯)</td></tr>
<tr><td>英文名称</td><td colspan="5">D-Linmonene</td></tr>
<tr><td>其他名称</td><td colspan="5"></td></tr>
<tr><td>商品描述</td><td colspan="5">该商品为无色透明液体,有浓郁香味。经海关化验其主要成分为柠檬烯、α-蒎烯、β-月桂烯、芳樟醇、小茴香醇等。根据进出口商所提供的资料,该柠檬萜是从冷冻浓缩的甜橙汁液生产加工提取而得到的。其中的苎烯含量为 96. 83%,月桂烯 1. 76%,蒎烯 0. 42%,水芹烯 0. 25%,平均含醛量为 0. 32%。</td></tr>
<tr><td>归类决定</td><td colspan="5">根据介绍,柠檬萜(苎烯)为无色透明液体,有浓郁香味。经海关化验鉴定其主要成分为柠檬烯、α-蒎烯、β-月桂烯、芳樟醇、小茴香醇等。该商品中苎烯含量 >93%,平均含醛量为 0. 32%。该商品是从果皮的冷榨油中回收而得的,其生产过程为:将柑橘类水果的果皮加石灰水后通过压榨机得到糖浆混合液,经沸热蒸发器超真空蒸馏后得到两部分产物:糖浆、水及萜烯混合物,糖浆回收利用,水及萜烯混合物被收集到油水分离器中,进行离心搅拌、静止分离得到柑橘萜烯。<br>我国的食品用香料分类(GB/T 14156 - 93)中,甜橙油及甜橙油萜烯均属于允许使用的食品用天然香料,但并没有对橙油及苎烯制定相关国家标准或行业标准。<br>从该商品的生产工艺来看,其属于从精油中分离出来的有化学定义的萜烯化合物。根据归类总规则一,柠檬萜(苎烯)应归入税则号列 2902. 1900[2902. 1990(2014 年版)]。</td></tr>
</table>

<table>
<tr><td>序号</td><td>207</td><td>归类决定编号</td><td>Z2006 - 0117</td><td>公告编号</td><td>2006 年第 69 号</td></tr>
<tr><td colspan="2">商品税则号列</td><td colspan="2">2907. 1990</td><td>发布日期</td><td>2006 年 11 月 22 日</td></tr>
<tr><td colspan="2">商品名称</td><td colspan="4">抗氧剂 BHT</td></tr>
<tr><td colspan="2">英文名称</td><td colspan="4"></td></tr>
<tr><td colspan="2">其他名称</td><td colspan="4">防老剂</td></tr>
<tr><td colspan="2">商品描述</td><td colspan="4">抗氧化剂 BHT,化学名称为 2,6-二叔丁基对甲苯酚,外观为白色晶体,熔点为 69℃ ~70℃,经一系列处理而得。</td></tr>
<tr><td colspan="2">归类决定</td><td colspan="4">根据《税则》第二十九章章注一(一)及第三十八章章注一(一),将此商品归入税则号列 2907. 1990。</td></tr>
</table>

<table>
<tr><td>序号</td><td>208</td><td>归类决定编号</td><td>Z2006 - 1196</td><td>公告编号</td><td>2007 年第 70 号</td></tr>
<tr><td colspan="2">商品税则号列</td><td colspan="2">2907. 2300</td><td>发布日期</td><td>2007 年 12 月 5 日</td></tr>
<tr><td colspan="2">商品名称</td><td colspan="4">回用双酚 A</td></tr>
<tr><td colspan="2">英文名称</td><td colspan="4"></td></tr>
<tr><td colspan="2">其他名称</td><td colspan="4"></td></tr>
<tr><td colspan="2">商品描述</td><td colspan="4">回用双酚 A 是在生产聚碳酸酯(塑料粒子)的过程中未反应的双酚 A 粉末,被进行了充分的冲洗、筛分及沉淀分离,所得产品中聚碳酸酯的含量小于 1%,去除水分后的双酚 A 含量可达 99% 以上,经海关化验鉴定,其结果为双酚 A,可在生产低级建筑用胶时掺合使用。</td></tr>
<tr><td colspan="2">归类决定</td><td colspan="4">根据归类总规则一,该商品应归入税则号列 2907. 2300。</td></tr>
</table>

<table>
<tr><td>序号</td><td>209</td><td>归类决定编号</td><td>Z2013 －0008</td><td>公告编号</td><td>2013 年第 26 号</td></tr>
<tr><td colspan="2">商品税则号列</td><td colspan="2">2914. 6900[2914. 6910(2014 年版)]</td><td>发布日期</td><td>2013 年 5 月 17 日</td></tr>
<tr><td colspan="2">商品名称</td><td colspan="4">辅酶 Q10</td></tr>
<tr><td colspan="2">英文名称</td><td colspan="4"></td></tr>
<tr><td colspan="2">其他名称</td><td colspan="4">泛醌 10</td></tr>
<tr><td colspan="2">商品描述</td><td colspan="4">该商品为黄色至橙色粉末,是一种广泛分布于生物体中的脂溶性有机醌类化合物。分子式为:$C_{59}H_{904}$。<br>结构式:<br>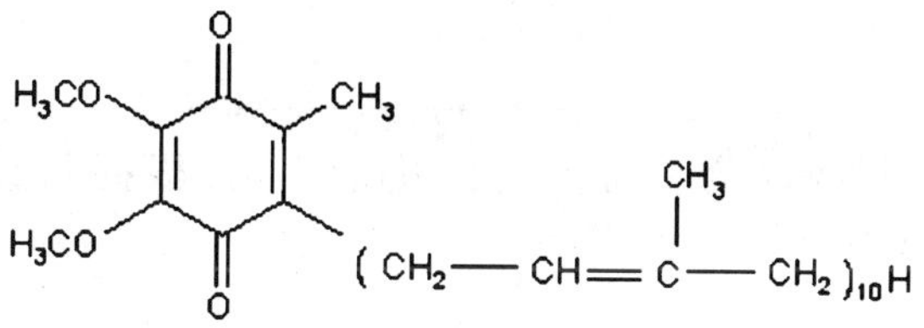</td></tr>
<tr><td colspan="2">归类决定</td><td colspan="4">该商品属于类维生素,应按分子结构进行归类。根据归类总规则一及六,该商品应归入税则号列 2914. 6900[2914. 6910(2014 年版)]。</td></tr>
</table>

| 序号 | 210 | 归类决定编号 | Z2013－0009 | 公告编号 | 2013 年第 26 号 |
|---|---|---|---|---|---|
| 商品税则号列 | 2914.7000 | | | 发布日期 | 2013 年 5 月 17 日 |
| 商品名称 | 2,4－二氯－5－氟苯乙酮 | | | | |
| 英文名称 | 2,4－dichloro－5－fluoro acetophenone | | | | |
| 其他名称 | | | | | |
| 商品描述 | 该商品为白色结晶体,分子式:$C_8H_5Cl_2FO$,分子量:207.03 ,CAS 号:704－10－9 。以 2,4－二氯氟苯和乙酰氯等为原料合成而得。可用于合成环丙沙星。 | | | | |
| 归类决定 | 该商品为芳香酮的卤化衍生物,根据归类总规则一及六,应归入税则号列 2914.7000。 | | | | |

| 序号 | 211 | 归类决定编号 | Z2006－0118 | 公告编号 | 2006 年第 69 号 |
|---|---|---|---|---|---|
| 商品税则号列 | 2915.9000 | | | 发布日期 | 2006 年 11 月 22 日 |
| 商品名称 | 2-乙基己酸 | | | | |
| 英文名称 | 2-Ethylhexanoic acid | | | | |
| 其他名称 | 异辛酸 | | | | |
| 商品描述 | 性状:无色液体,微有气味,能溶于醚和热水,微溶于醇。用途:有机合成熔剂。 | | | | |
| 归类决定 | 根据归类总规则一,2-乙基己酸属于饱和一元羧酸,应归入税则号列 2915.9000。 | | | | |

| 序号 | 212 | 归类决定编号 | Z2010－0008 | 公告编号 | 2010 年第 15 号 |
|---|---|---|---|---|---|
| 商品税则号列 | 2915.9000 | | | 发布日期 | 2010 年 2 月 28 日 |
| 商品名称 | 原甲酸三乙酯 | | | | |
| 英文名称 | Triethoxymethane | | | | |
| 其他名称 | 三乙氧基甲烷 | | | | |
| 商品描述 | 原甲酸三乙酯(又名三乙氧基甲烷),为无色透明液体,有刺激气味,CAS 号为 122－51－0;与乙醇、乙醚混溶,微溶于水,遇水会分解;主要用作医药中间体。其结构式为:$CH(OCH_2CH_3)_3$。 | | | | |
| 归类决定 | 根据《税则》第二十九章章注五(一)的规定及参照第二十九章第七分章总注释,原甲酸三乙酯应归入税则号列 2915.9000。 | | | | |

| 序号 | 213 | 归类决定编号 | Z2013－0010 | 公告编号 | 2013 年第 26 号 |
|---|---|---|---|---|---|
| 商品税则号列 | 2916.2090 | | | 发布日期 | 2013 年 5 月 17 日 |
| 商品名称 | 3,5,7－三氟金刚烷甲酸($C_{11}H_{13}O_2F_3$) | | | | |
| 英文名称 | 3,5,7－trifluoroadamantane－1－carboxylic acid | | | | |
| 其他名称 | | | | | |
| 商品描述 | 该商品外观为白色粉末,CAS 号:214557－89－8。分子式:$C_{11}H_{13}O_2F_3$;分子量:234。化学成分:3,5,7－三氟金刚烷甲酸含量 98% 以上。用途:抗肿瘤新药中间体。 | | | | |
| 归类决定 | 该商品属于含有氟取代基的金刚烷甲酸,结构式上有甲酸基团,根据归类总规则一及六,应归入税则号列 2916.2090。 | | | | |

| 序号 | 214 | 归类决定编号 | Z2006－1580 | 公告编号 | 2007年第70号 |
|---|---|---|---|---|---|
| 商品税则号列 | 3907.3000和2917.2090 | | 发布日期 | 2007年12月5日 | |
| 商品名称 | 环氧树脂 | | | | |
| 英文名称 | Epoxy mold compound for opto device | | | | |
| 其他名称 | | | | | |
| 商品描述 | 环氧树脂分为PART－A组分和PART－B组分。PART－A组分成分为双酚A环氧树脂，溴含量低于18%；PART－B组分成分为甲基六氢化邻苯二甲酸酐。包装规格均为5千克/桶。该商品进口后用于半导体芯片的封装，起到绝缘、隔热、防撞击、可穿透性等作用，使用时将PART－A和PART－B组分以100:80的比例相配比，涂在芯片上，并烘干。 | | | | |
| 归类决定 | 从该产品两种组分的包装规格及使用比例来看，不符合《税则》第六类类注三（三）的规定，不应按混合后的产品归类，两种组分应分别归类。<br>根据归类总规则一，该环氧树脂中的PART－A组分应归入税则号列3907.3000；PART－B组分应归入税则号列2917.2090。 | | | | |

| 序号 | 215 | 归类决定编号 | Z2006－0119 | 公告编号 | 2006 年第 69 号 |
| --- | --- | --- | --- | --- | --- |
| 商品税则号列 | 2918.3000 | | 发布日期 | | 2006 年 11 月 22 日 |
| 商品名称 | 洛索洛芬钠 | | | | |
| 英文名称 | Loxoprofen sodium | | | | |
| 其他名称 | | | | | |
| 商品描述 | 洛索洛芬钠又称环氧洛芬钠，化学名为二水合 2-[4-(2-羰基环戊烷亚甲基)苯丙酸]钠，是一种芳基丙酸类抗炎药，属于非甾类抗炎药，其抗炎作用机制是通过抑制环氧化酶来阻止前列腺素的合成。<br>根据《药物化学》所述，前列腺素是公认为产生炎症的介质，而前列腺素可经环氧化酶作用生成花生四烯酸，多数解热镇痛药(如阿司匹林)及非甾类抗炎药的作用机制均是通过抑制环氧化酶来阻断前列腺素的生成。 | | | | |
| 归类决定 | 参考《化工百科全书》，前列腺素(简称 PG)通常是花生四烯酸(简称 AA)为生物合成前体、经酶或非酶转化生成的、以前列腺烷酸为骨架的内源性生理活性物质。由 AA 转化为 PG 的必要步骤是在不饱和脂链上加氧，其加氧途径可分为脂加氧酶和环加氧酶两大类。PG 从多方面参与机体的炎症反应，抑制 PG 合成能达到抗炎、镇痛的效果。PG 环加氧酶抑制剂有酚类化合物(如麝香草酚)、非甾类抗炎药(如阿司匹林)以及 PG 类似物等。<br>税目 29.37 包括释放激素或刺激激素的因子、激素抑制剂及激素抗体等激素类物质。例如，下丘脑前部某些神经元能产生调节激素以促进或抑制垂体相应激素的释放，它们的结构如已确定者称释放激素或抑放激素，化学结构尚待确定者称释放因子或抑放因子，如生长激素释放激素、催乳激素抑放因子等等。<br>该“洛索洛芬钠”与多数解热镇痛药(如阿司匹林)及非甾类抗炎药的作用机制均是通过抑制环氧化酶来阻断前列腺素的生成。非甾类抗炎药并不属于《税则》税目 29.37 中所指的范围[例如，阿司匹林(邻乙酰水杨酸)归入税则号列 2918.2200]，且从现有的资料中并无证据显示产品属于激素类物质。根据归类总规则一，洛索洛芬钠应归入税则号列 2918.3000。 | | | | |

| 序号 | 216 | 归类决定编号 | Z2009-0006 | 公告编号 | 2009年第5号 |
| --- | --- | --- | --- | --- | --- |
| 商品税则号列 | 2918.3000 | | 发布日期 | 2009年1月20日 | |
| 商品名称 | L-孟基乙醛酸酯 | | | | |
| 英文名称 | L-menthyl glyoxylate hydrate,95pct min | | | | |
| 其他名称 | | | | | |
| 商品描述 | L-孟基乙醛酸酯是薄荷脑与乙醛酸发生酯化反应的产物,为白色或类白色粉末,纯度≥95%,分子式为$C_{12}H_{22}O_4$,分子量230,是一种新一代核苷类抗病毒药品拉米呋定的化学中间体。 | | | | |
| 归类决定 | 根据归类总规则一、六及《税则》第二十九章章注五(一),L-孟基乙醛酸酯应归入税则号列2918.3000。 | | | | |

| 序号 | 217 | 归类决定编号 | Z2007-0011 | 公告编号 | 2007年第71号 |
| --- | --- | --- | --- | --- | --- |
| 商品税则号列 | 2920.9090 | | 发布日期 | 2007年12月5日 | |
| 商品名称 | 乙基氯化物 | | | | |
| 英文名称 | Diethylthiophosphorylchloride | | | | |
| 其他名称 | 二乙基硫代磷酰氯 | | | | |
| 商品描述 | 乙基氯化物的化学名称为O,O-二乙基硫代磷酰氯,分子式为$C_4H_{10}ClO_2PS$。纯品为无色透明液体,有特殊的酯气味,比重1.191(25/4℃),沸点71.5℃~72℃(7毫米汞柱),折射率1.4684(25℃),熔点低于-75℃,工业品微带黄色。不溶于水,易溶于苯、乙醚、脂肪等多数有机溶剂。该商品用作有机磷农药和医药中间体,在三甲胺催化下与对硝基酚钠可以合成对硫磷。 | | | | |
| 归类决定 | 根据归类总规则一,乙基氯化物应归入税则号列2920.9090。 | | | | |

<table>
<tr><td>序号</td><td>218</td><td>归类决定编号</td><td>Z2013 - 0011</td><td>公告编号</td><td>2013 年第 26 号</td></tr>
<tr><td colspan="2">商品税则号列</td><td colspan="2">2921. 5190</td><td>发布日期</td><td>2013 年 5 月 17 日</td></tr>
<tr><td colspan="2">商品名称</td><td colspan="4">异丙基苯基对苯二胺</td></tr>
<tr><td colspan="2">英文名称</td><td colspan="4"></td></tr>
<tr><td colspan="2">其他名称</td><td colspan="4"></td></tr>
<tr><td colspan="2">商品描述</td><td colspan="4">该商品分子式:$C_{15}H_{18}N_2$,分子量:226. 3 ,CAS 号:101 - 72 - 4 。N - 异丙基 - N′ - 苯基对苯二胺含量≥95%,杂质成分为 5%。生产工艺:4 - 氨基 - 二苯胺与丙酮缩合、加氢后精制而得。主要作为橡胶添加剂,能改善橡胶的性能,对橡胶有优良的防护作用,延长橡胶的使用年限。</td></tr>
<tr><td colspan="2">归类决定</td><td colspan="4">该商品为对苯二胺的氨基的氢原子被烃基取代的衍生物,根据归类总规则一及六,应归入税则号列 2921. 5190。</td></tr>
</table>

<table>
<tr><td>序号</td><td>219</td><td>归类决定编号</td><td>Z2006 - 0120</td><td>公告编号</td><td>2006 年第 69 号</td></tr>
<tr><td colspan="2">商品税则号列</td><td colspan="2">2922. 4999</td><td>发布日期</td><td>2006 年 11 月 22 日</td></tr>
<tr><td colspan="2">商品名称</td><td colspan="4">仲丁威</td></tr>
<tr><td colspan="2">英文名称</td><td colspan="4"></td></tr>
<tr><td colspan="2">其他名称</td><td colspan="4"></td></tr>
<tr><td colspan="2">商品描述</td><td colspan="4">该商品通用名称为仲丁威,化学名称 2-仲丁基苯基-N-甲基氨基甲酸酯。仲丁威具有强烈的触杀作用,还有一定的胃毒、熏蒸和杀卵作用。可防治水稻、茶叶、甘蔗、小麦、南瓜、紫茄的叶蝉、飞虱、蚜虫及象鼻虫等害虫,还可防治棉花的棉铃虫和棉蚜虫以及蚊蝇等卫生害虫。可制成乳剂、微颗粒剂等。该商品以 100 千克铁桶装状态出口,仲丁威含量大于(或等于)97%,其余为水分、游离酚、甲基异氰酸酯、二乙胺和溶剂苯等,可加水作喷雾使用或拌沙土做杀虫剂使用。</td></tr>
<tr><td colspan="2">归类决定</td><td colspan="4">商品为 2-仲丁基苯基-N-甲基氨基甲酸酯,所含少量杂质为生产时未转化的原料,并非使商品适于某特殊用途而故意添加或残留,为单独的已有化学定义的产品,该商品以 100 千克铁桶装状态出口,为非零售包装,根据《税则注释》第三十八章章注一(一)2 的规定,该产品不应归入《税则》税目 38. 08 项下。<br>根据归类总规则一,商品“仲丁威”应归入税则号列 2922. 4999。</td></tr>
</table>

| 序号 | 220 | 归类决定编号 | Z2013－0012 | 公告编号 | 2013年第26号 |
|---|---|---|---|---|---|
| 商品税则号列 | 2922.4999 | | | 发布日期 | 2013年5月17日 |
| 商品名称 | 依那普利氢化物 | | | | |
| 英文名称 | | | | | |
| 其他名称 | N－[1－(S)－乙氧羰基－3－苯丙基]－L－丙氨酸 | | | | |
| 商品描述 | 该商品化学名称为:N－[1－(S)－乙氧羰基－3－苯丙基]－L－丙氨酸;分子式:$C_{15}H_{21}NO_4$;理化性质:为白色粉末,稍有气味;成分含量:大于98%。主要用于合成抗高血压药马来酸依那普利。包装为25千克纸板桶,常温阴凉处保存。 | | | | |
| 归类决定 | 该商品为氨基酸的酯,根据归类总规则一及六,应归入税则号列2922.4999。 | | | | |

| 序号 | 221 | 归类决定编号 | Z2008－0122 | 公告编号 | 2008年第83号 |
|---|---|---|---|---|---|
| 商品税则号列 | 2922.5000[2922.5090(2014年版)] | | | 发布日期 | 2008年11月24日 |
| 商品名称 | 橡胶促进剂 | | | | |
| 英文名称 | | | | | |
| 其他名称 | | | | | |
| 商品描述 | 橡胶促进剂为浅黄色透明黏稠液体,经海关化验鉴定,其成分为四缩水甘油基二氨基二苯基甲烷。产品用于加速固化剂和环氧树脂化学反应的速度。 | | | | |
| 归类决定 | 从化学结构式来看,该商品是含氧基氨基化合物,根据归类总规则一,应归入税则号列2922.5000[2922.5090(2014年版)]。 | | | | |

| | | | | | |
|---|---|---|---|---|---|
| 序号 | 222 | 归类决定编号 | Z2013－0013 | 公告编号 | 2013 年第 26 号 |
| 商品税则号列 | 2922.5090 | | 发布日期 | | 2013 年 5 月 17 日 |
| 商品名称 | α－（N－甲基－N－苄基）－氨基－3－羟基苯乙酮盐酸盐 | | | | |
| 英文名称 | BAH | | | | |
| 其他名称 | | | | | |
| 商品描述 | 该商品为白色或类白色粉末，含量 99% 以上。用作医药中间体。结构式：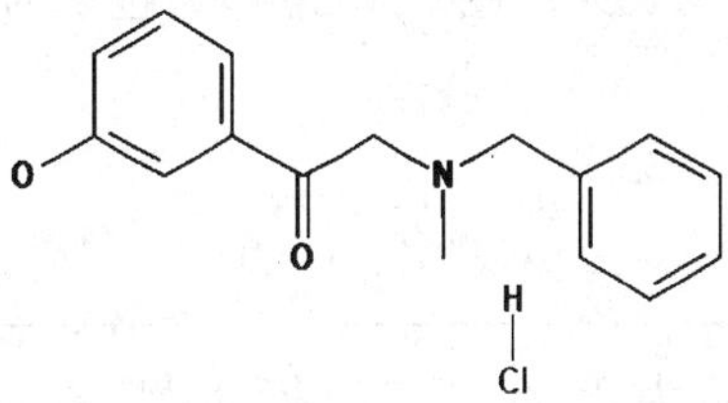 | | | | |
| 归类决定 | 根据归类总规则一及六，该商品应归入税则号列 2922.5090。 | | | | |

| | | | | | |
|---|---|---|---|---|---|
| 序号 | 223 | 归类决定编号 | Z2013－0014 | 公告编号 | 2013 年第 26 号 |
| 商品税则号列 | 2922.5090 | | 发布日期 | | 2013 年 5 月 17 日 |
| 商品名称 | L－苏氨酸 | | | | |
| 英文名称 | | | | | |
| 其他名称 | | | | | |
| 商品描述 | 该商品为白色结晶或结晶性粉末，无臭，味稍甜，含量为 99% 以上，分子式 $C_4H_9NO_3$。苏氨酸是维持机体生长发育的必需氨基酸，在机体内能促进磷脂合成和脂肪酸氧化，具有抗脂肪肝的作用，主要用于医药、化学试剂、食品强化剂、饲料添加剂等方面。 | | | | |
| 归类决定 | 从该商品的结构式分析，其含有羟基和羧基两个含氧基及一个氨基，根据归类总规则一及六，应归入税则号列 2922.5090。 | | | | |

| 序号 | 224 | 归类决定编号 | Z2013－0015 | 公告编号 | 2013 年第 26 号 |
|---|---|---|---|---|---|
| 商品税则号列 | 2924. 1990 | | | 发布日期 | 2013 年 5 月 17 日 |
| 商品名称 | 雷米普利中间体 | | | | |
| 英文名称 | | | | | |
| 其他名称 | N－乙酰基－3－氯丙氨酸甲酯 | | | | |
| 商品描述 | 该商品化学名称为:N－乙酰基－3－氯丙氨酸甲酯,分子式:$C_6H_{10}ClNO_3$,成分含量>98%。外观为白色结晶性粉末,包装为 25 千克纸板桶。主要用于合成抗高血压药雷米普利 。 | | | | |
| 归类决定 | 该商品为无环酰胺的衍生物,根据归类总规则一及六,应归入税则号列 2924. 1990。 | | | | |

| 序号 | 225 | 归类决定编号 | Z2006－0121 | 公告编号 | 2006 年第 69 号 |
|---|---|---|---|---|---|
| 商品税则号列 | 2930. 9090 | | | 发布日期 | 2006 年 11 月 22 日 |
| 商品名称 | 艾丽美 | | | | |
| 英文名称 | | | | | |
| 其他名称 | | | | | |
| 商品描述 | 该商品为酱色液体,250 千克/桶,作饲料添加剂用。<br>该商品经海关化验鉴定为羟基蛋氨酸的水溶液,成分为羟基蛋氨酸、水分(含量 14%)。经查询有关资料,羟基蛋氨酸是深褐色粘液,含水量 12%。羟基蛋氨酸是以单体、二聚体和三聚体组成的平衡混合物,其含量分别为 65%、20% 和 3%,主要是以羟基和羧基间的酯化作用而聚合。 | | | | |
| 归类决定 | 根据介绍,“艾丽美”为羟基蛋氨酸的水溶液。<br>该商品为羟基蛋氨酸的平衡混合物,根据《税则注释》第二十九章章注一(四),含水分不影响其归类,应按单一成分归入税则号列 2930. 9090。 | | | | |

<table>
<tr><td>序号</td><td>226</td><td>归类决定编号</td><td>Z2013 - 0016</td><td>公告编号</td><td>2013 年第 26 号</td></tr>
<tr><td colspan="2">商品税则号列</td><td colspan="2">2930. 9090</td><td>发布日期</td><td>2013 年 5 月 17 日</td></tr>
<tr><td colspan="2">商品名称</td><td colspan="4">防灰雾剂(4 - 甲基 - 硫代苯磺酸钾盐)</td></tr>
<tr><td colspan="2">英文名称</td><td colspan="4">Tss antifoggantstabilizer</td></tr>
<tr><td colspan="2">其他名称</td><td colspan="4"></td></tr>
<tr><td colspan="2">商品描述</td><td colspan="4">该商品为白色固体,成分为 100% 的 4 - 甲基 - 硫代苯磺酸钾盐,用作彩色数码相纸生产的照相补加剂。</td></tr>
<tr><td colspan="2">归类决定</td><td colspan="4">从该商品的结构式分析,其苯环上磺酸基的一个氧被硫取代,不属于《税则》税目 29. 04 的磺化或复合衍生物。根据归类总规则一及六,该商品应按有机硫化合物归入税则号列 2930. 9090。</td></tr>
</table>

<table>
<tr><td>序号</td><td>227</td><td>归类决定编号</td><td>Z2006 - 0122</td><td>公告编号</td><td>2006 年第 69 号</td></tr>
<tr><td colspan="2">商品税则号列</td><td colspan="2">2931. 0000[2931. 9090(2014 年版)]</td><td>发布日期</td><td>2006 年 11 月 22 日</td></tr>
<tr><td colspan="2">商品名称</td><td colspan="4">三丁基铝</td></tr>
<tr><td colspan="2">英文名称</td><td colspan="4"></td></tr>
<tr><td colspan="2">其他名称</td><td colspan="4"></td></tr>
<tr><td colspan="2">商品描述</td><td colspan="4">三丁基铝的性状:一般为无色液体,与空气接触则迅速氧化至自燃。与水发生强烈反应,生成 $Al(OH)_3$ 和 RH。</td></tr>
<tr><td colspan="2">归类决定</td><td colspan="4">根据介绍,三丁基铝为无色液体,与空气接触则迅速氧化至自燃。与水发生强烈反应,生成 $Al(OH)_3$ 和 RH。<br>根据归类总规则一,三丁基铝属于有机铝化合物,应归入税则号列 2931. 0000 [2931. 9090(2014 年版)]。</td></tr>
</table>

| 序号 | 228 | 归类决定编号 | Z2013－0017 | 公告编号 | 2013年第26号 |
|---|---|---|---|---|---|
| 商品税则号列 | 2931.9090 | | | 发布日期 | 2013年5月17日 |
| 商品名称 | 三(三甲基硅烷)硼酸酯 | | | | |
| 英文名称 | | | | | |
| 其他名称 | | | | | |
| 商品描述 | 该商品中各成分含量为:三(三甲基硅烷)硼酸酯99.9%,杂质硼酸0.09%,杂质硼酸酯0.01%。分子式为:$[(CH_3)_3SiO]_3B$。该商品为六甲基二硅氮烷和硼酸通过加热反应脱除氨气制成,用作锂电池电解液添加剂。 | | | | |
| 归类决定 | 该商品含有硅原子与有机基碳原子直接相连的碳硅键,根据归类总规则一及六、第二十九章章注六的规定,应按其他有机—无机化合物归入税则号列2931.9090。 | | | | |

| 序号 | 229 | 归类决定编号 | Z2013－0018 | 公告编号 | 2013年第26号 |
|---|---|---|---|---|---|
| 商品税则号列 | 2932.2090 | | | 发布日期 | 2013年5月17日 |
| 商品名称 | L－丙交酯 | | | | |
| 英文名称 | L－lactide | | | | |
| 其他名称 | | | | | |
| 商品描述 | 该商品为白色晶体,分子式:$C_6H_8O_4$,L－丙交酯含量99.9%以上,其他为水等杂质。其由L－乳酸脱水制得。 | | | | |
| 归类决定 | 该商品为由两分子羟基酸脱水而成的双内酯,根据归类总规则一及六,应归入税则号列2932.2090。 | | | | |

| 序号 | 230 | 归类决定编号 | Z2013－0019 | 公告编号 | 2013年第26号 |
| --- | --- | --- | --- | --- | --- |
| 商品税则号列 | 2932.2090 | | | 发布日期 | 2013年5月17日 |
| 商品名称 | 青蒿素 | | | | |
| 英文名称 | Artemisinin | | | | |
| 其他名称 | | | | | |
| 商品描述 | 该商品为白色粉末,味苦,青蒿素含量99%以上,25千克/桶。其从中药黄花蒿提取有效成分并精制而得,为抗疟药,可直接使用,也可转化成青蒿琥酯等。 | | | | |
| 归类决定 | 该商品为抗疟原料药,根据归类总规则一及六,应按仅含氧杂原子的杂环化合物(内酯)归入税则号列2932.2090。 | | | | |

| 序号 | 231 | 归类决定编号 | Z2006－0123 | 公告编号 | 2006年第69号 |
| --- | --- | --- | --- | --- | --- |
| 商品税则号列 | 2932.9910 | | | 发布日期 | 2006年11月22日 |
| 商品名称 | 呋喃酚 | | | | |
| 英文名称 | 7-Hydroxy | | | | |
| 其他名称 | 2,3-dihydro-2,2-dimeethyl-7-hydroxybenzofuran | | | | |
| 商品描述 | 外观:浅黄色液体。<br>重量:245千克/桶。<br>含量:7－HYDROXY　98.7%。<br>成分:经海关化验鉴定为2,3-二氢-2,2-二甲基-7羟基-苯并呋喃。 | | | | |
| 归类决定 | 呋喃酚即2,3-二氢-2,2-二甲基-7羟基-苯并呋喃,7羟基-苯并呋喃是其不规范的简化名称。根据《税则》税目2932.9910的条文,将其归入税则号列2932.9910。 | | | | |

| 序号 | 232 | 归类决定编号 | Z2006－0124 | 公告编号 | 2006年第69号 |
|---|---|---|---|---|---|
| 商品税则号列 | 2932.9990 | | | 发布日期 | 2006年11月22日 |
| 商品名称 | 氨基葡萄糖硫酸盐 | | | | |
| 英文名称 | Glucosamine sulphaet · 2KCL | | | | |
| 其他名称 | | | | | |
| 商品描述 | 经海关化验鉴定，该商品的主要成分为氨基葡萄糖盐类物质，存在硫酸根和氯化物。 | | | | |
| 归类决定 | 氨基葡萄糖硫酸盐为白色粉末，海关化验鉴定该商品为氨基葡萄糖的盐类，随附文字资料说明该商品为氨基葡萄糖的硫酸复盐，与海关化验鉴定吻合。因此，可确定该商品为“D-氨基葡萄糖硫酸盐（钾型）（D-Glucosamine Sulphate · 2KCl）”。<br>根据《税则注释》第二十九章章注五（三）1 的规定，“有机化合物的无机盐……应归入相应的有机化合物的税号”，因此该氨基葡萄糖的硫酸盐应按氨基葡萄糖归入税则号列 2932.9990。 | | | | |

| 序号 | 233 | 归类决定编号 | Z2008－0013 | 公告编号 | 2008年第76号 |
|---|---|---|---|---|---|
| 商品税则号列 | 2932.9990 | | | 发布日期 | 2008年10月28日 |
| 商品名称 | 无水多西他赛 | | | | |
| 英文名称 | Docetaxel Anhydrous | | | | |
| 其他名称 | | | | | |
| 商品描述 | 无水多西他赛为抗肿瘤原料药，分子式为 $C_{43}H_{53}NO_{14}$，纯度 >98%。 | | | | |
| 归类决定 | 从结构式看，该商品属于仅含氧杂原子的杂环化合物，但不是紫杉醇。根据归类总规则一，该商品应归入税则号列 2932.9990。 | | | | |

| 序号 | 234 | 归类决定编号 | Z2010－0009 | 公告编号 | 2010 年第 15 号 |
|---|---|---|---|---|---|
| 商品税则号列 | 2932.9990 | | | 发布日期 | 2010 年 2 月 28 日 |
| 商品名称 | 碳酸丙烯酯 | | | | |
| 英文名称 | | | | | |
| 其他名称 | | | | | |
| 商品描述 | 碳酸丙烯酯又名碳酸丙二醇酯，化学名称为 4-甲基-1，3-二氧戊环-2-酮，4-甲基-2-氧代-1，3-二氧戊杂环戊烷。常温下为略带芳香的液体，纯净时是无色透明状，其密度为 1.198 克/立方厘米，凝固点为－49.2℃。该商品一定条件下可以水解，能与苯酚等含活泼氢的物质起反应，加热到 200℃以上可以分解。其生产工艺为：环氧丙烷、二氧化碳（高温高压、催化剂）→碳酸丙烯酯粗品→精制成品。该商品用途广泛，主要用于合成氨、炼油、生产合成碳酸二甲酯（DMC）中间体、生产锂电池的电解液，以及用作增塑剂、纺丝溶剂、水溶性染料及颜料的分散剂等。 | | | | |
| 归类决定 | 该商品为仅含氧杂原子的杂环化合物，根据归类总规则一、六及《税则》第二十九章章注三，应归入税则号列 2932.9990。 | | | | |

<table>
<tr><td>序号</td><td>235</td><td>归类决定编号</td><td colspan="2">Z2013－0020</td><td>公告编号</td><td>2013 年第 26 号</td></tr>
<tr><td colspan="2">商品税则号列</td><td colspan="2">2933. 3990</td><td colspan="2">发布日期</td><td>2013 年 5 月 17 日</td></tr>
<tr><td colspan="2">商品名称</td><td colspan="5">米格列醇</td></tr>
<tr><td colspan="2">英文名称</td><td colspan="5">Miglitol</td></tr>
<tr><td colspan="2">其他名称</td><td colspan="5"></td></tr>
<tr><td colspan="2">商品描述</td><td colspan="5">该商品为白色粉末，化学名称：2R－(2α, 3β, 4α, 5β)－1－(2－羟乙基)－2－羟甲基－3,4,5－哌啶三醇，含量 99% 以上。结构式：<br>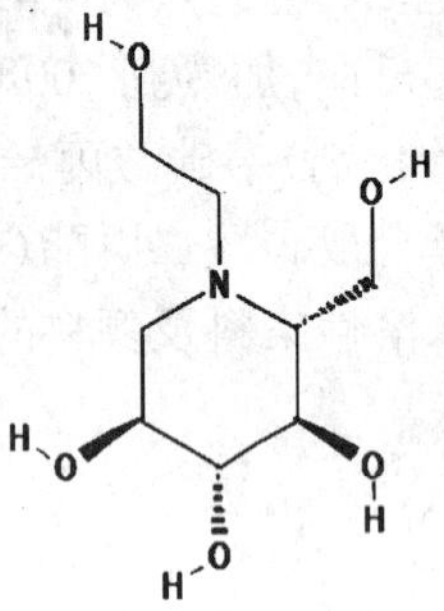</td></tr>
<tr><td colspan="2">归类决定</td><td colspan="5">该商品结构中含有哌啶三醇（氢化吡啶环），根据归类总规则一及六，应归入税则号列 2933. 3990。</td></tr>
</table>

| 序号 | 236 | 归类决定编号 | Z2009－0149 | 公告编号 | 2009 年第 57 号 |
|---|---|---|---|---|---|
| 商品税则号列 | 2933. 5990 | | | 发布日期 | 2009 年 8 月 31 日 |
| 商品名称 | 三乙烯二胺 | | | | |
| 英文名称 | Triethylene diamine | | | | |
| 其他名称 | | | | | |
| 商品描述 | 三乙烯二胺是一种白色粉末状结晶，熔点 158℃，主要用作聚氨酯泡沫硬化剂、环氧树脂固化剂、丙烯腈聚合催化剂、乙烯聚合催化剂、环氧化物催化剂等。 | | | | |
| 归类决定 | 从化学结构式分析，该商品属于仅含哌嗪环的杂环化合物，根据归类总规则一及六，应归入税则号列 2933. 5990。 | | | | |

| 序号 | 237 | 归类决定编号 | Z2006－0125 | 公告编号 | 2006 年第 69 号 |
|---|---|---|---|---|---|
| 商品税则号列 | 2933. 6990 | | | 发布日期 | 2006 年 11 月 22 日 |
| 商品名称 | N. N-二亚硝基五亚甲基四胺 | | | | |
| 英文名称 | 3,7dinitroso-1,3,5,7-tetraazobicyio-nonane | | | | |
| 其他名称 | | | | | |
| 商品描述 | 主要成分：纯品。<br>外观与性状：浅黄色粉末，无臭味。<br>主要用途：用于橡胶、聚氯乙烯等塑料发生微孔，制造微孔塑料。 | | | | |
| 归类决定 | 根据介绍，“N. N-二亚硝基五亚甲基四胺”为纯品，外观为浅黄色粉末，别称“发泡剂 H”，分子式为 $C_5H_{10}N_6O_2$，无臭味。主要用作发泡剂，用于橡胶、聚氯乙烯等塑料。<br>从该商品的结构式来看，其中的两个氮原子之间是以单键键合，不符合《税则注释》关于品目 29. 27“两个氮原子之间以双键键合”的规定。根据归类总规则一，“N. N-二亚硝基五亚甲基四胺”应归入税则号列 2933. 6990。 | | | | |

| 序号 | 238 | 归类决定编号 | Z2006－1197 | 公告编号 | 2007 年第 70 号 |
|---|---|---|---|---|---|
| 商品税则号列 | 2933.7900 | | | 发布日期 | 2007 年 12 月 5 日 |
| 商品名称 | 己内酰胺封闭的双—异氰酸酯 | | | | |
| 英文名称 | | | | | |
| 其他名称 | 黏合剂(申报品名) | | | | |
| 商品描述 | 品牌:EMS;型号:IL-6;含己内酰胺封闭的双—异氰酸酯 50%、水 50%。该商品进口后加热到约 150℃,可进一步和水、烃基化合物反应成聚氨酯树脂,以作为黏合剂使用。 | | | | |
| 归类决定 | 根据归类总规则一,该商品应归入税则号列 2933.7900。 | | | | |

| 序号 | 239 | 归类决定编号 | Z2013－0021 | 公告编号 | 2013 年第 26 号 |
|---|---|---|---|---|---|
| 商品税则号列 | 2933.7900 | | | 发布日期 | 2013 年 5 月 17 日 |
| 商品名称 | 美罗培南双环母核 | | | | |
| 英文名称 | | | | | |
| 其他名称 | | | | | |
| 商品描述 | 该商品为白色或类白色粉末，化学性质稳定，无毒无害。美罗培南双环母核是一种不具备抗生素活性的抗生素医药中间体，商品的主要成分美罗培南双环母核：≥98%，水分：≤2%。分子式：$C_{29}H_{27}N_2O_{10}P$。分子结构式：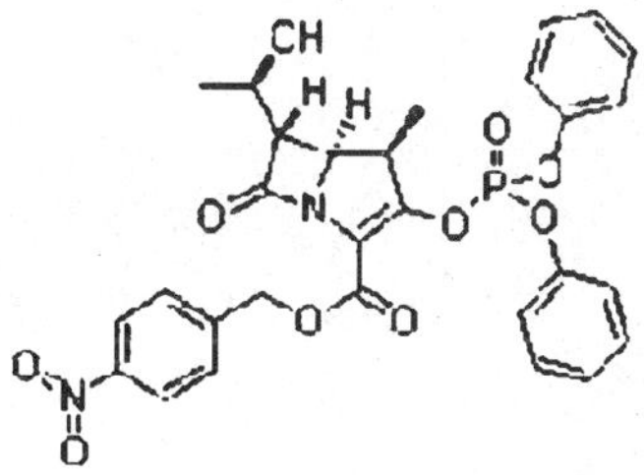 | | | | |
| 归类决定 | 该商品属于没有抗生素活性的中间体，依据《税则注释》品目 29.41 的排他条款，该商品不属于品目 29.41 的商品范畴。根据归类总规则一及六，该商品应按内酰胺类杂环化合物归入税则号列 2933.7900。 | | | | |

| 序号 | 240 | 归类决定编号 | Z2006－0126 | 公告编号 | 2006年第69号 |
|---|---|---|---|---|---|
| 商品税则号列 | | 2933.9900 | | 发布日期 | 2006年11月22日 |
| 商品名称 | 丙夫劳门 | | | | |
| 英文名称 | Buflomedil | | | | |
| 其他名称 | 化学名称:2,4,6-三甲氧基-1-丁酮盐酸盐 | | | | |
| 商品描述 | 该商品为用于生产心脑血管药物的中间体(粗品)。分子式:$C_{17}H_{25}NO_4 \cdot HCL$。 | | | | |
| 归类决定 | 根据提供的资料,丙夫劳门的分子式为:$C_{17}H_{25}NO_4 \cdot HCl$,化学名称为:4-(1-吡咯基)-1-(2,4,6-三甲氧基苯基)-1-丁酮,该商品是用于生产心脑血管药物的中间体。<br>根据归类总规则一,丙夫劳门应归入税则号列2933.9900。 | | | | |

| 序号 | 241 | 归类决定编号 | Z2013－0022 | 公告编号 | 2013年第26号 |
|---|---|---|---|---|---|
| 商品税则号列 | | 2934.9990 | | 发布日期 | 2013年5月17日 |
| 商品名称 | 还原型辅酶试剂 | | | | |
| 英文名称 | | | | | |
| 其他名称 | | | | | |
| 商品描述 | 该商品规格为:100克/瓶,成分:β－烟酰胺腺嘌呤二核苷酸,含量99%,水分1%,白色粉末。生产流程:酵母经沸水提取,醋酸铅酸化沉淀制得粗品,经甲酸型阳离子交换树脂处理精制而得。用途:兑成水剂后作为天门冬氨酸氨基转移酶试剂盒、丙氨酸氨基转移酶试剂盒、尿素检测试剂盒和乳酸脱氢酶试剂盒的组成试剂,分别用于人体血清中天门冬氨酸氨基转移酶、丙氨酸氨基转移酶、尿素和乳酸脱氢酶的检测。 | | | | |
| 归类决定 | 该商品为β－烟酰胺腺嘌呤二核苷酸,用于配制检测试剂,根据归类总规则一及六,应归入税则号列2934.9990。 | | | | |

| 序号 | 242 | 归类决定编号 | Z2006 - 0127 | 公告编号 | 2006 年第 69 号 |
|---|---|---|---|---|---|
| 商品税则号列 | 2936.2700 | | | 发布日期 | 2006 年 11 月 22 日 |
| 商品名称 | 维生素磷酸酯 | | | | |
| 英文名称 | L-ascorbate-2-monophosphate | | | | |
| 其他名称 | | | | | |
| 商品描述 | 该维生素磷酸酯属于水产饲料添加剂,是由维生素 C 单磷酸酯、维生素 C 二聚磷酸酯、维生素 C 三聚磷酸酯及部分钠盐和钙盐组成的混合物,其结构式中分别包含维生素 C 官能团及磷酸官能团。 | | | | |
| 归类决定 | 该维生素磷酸酯由 VC 单聚磷酸酯(包括单聚磷酸酯钠及钙)占 30% ~40%、多聚磷酸酯(包括多聚磷酸酯钠及钙)占 60% ~70% 等组成,外观为白色或淡黄色粉末,纸箱包装:25 千克/箱。主要用于水产及家禽的预混料的生产,为动物补充日常所需的维生素 C。<br>该维生素 C 磷酸酯主要用作维生素的衍生物的混合物,而归入税目 29.19 的磷酸酯类产品应为单独的已有化学定义的有机化合物。因此,该商品不能归入税目 29.19 相应子目项下。<br>根据归类总规则一,该维生素 C 磷酸酯应归入税则号列 2936.2700。 | | | | |

| 序号 | 243 | 归类决定编号 | Z2006 - 1198 | 公告编号 | 2007 年第 70 号 |
|---|---|---|---|---|---|
| 商品税则号列 | 2936.9000 | | | 发布日期 | 2007 年 12 月 5 日 |
| 商品名称 | 维生素预混剂 VP10984 | | | | |
| 英文名称 | | | | | |
| 其他名称 | | | | | |
| 商品描述 | 维生素预混剂 VP10984 为粉末状,成分为:VA、$VB_1$、$VB_2$、$VB_6$、$VB_{12}$、VD、VE、VC、烟酸,总维生素含量在 50% 以上,为保藏运输需要添加麦芽糖糊精,用作奶粉生产中所添加的营养成分。 | | | | |
| 归类决定 | 该商品属于维生素的混合物,根据归类总规则一,应归入税则号列 2936.9000。 | | | | |

| 序号 | 244 | 归类决定编号 | Z2006－0128 | 公告编号 | 2006 年第 69 号 |
|---|---|---|---|---|---|
| 商品税则号列 | 2937.2900 | | | 发布日期 | 2006 年 11 月 22 日 |
| 商品名称 | 双烯醇酮醋酸酯 | | | | |
| 英文名称 | 16-Dehydropregnenolone acetate | | | | |
| 其他名称 | 5,16-双烯-3-β-乙酰氧基-20-酮-醋酸酯 | | | | |
| 商品描述 | 熔点:165℃(按照中国药典 95 版附录熔点测定法)。<br>用途:制造众多雌性、雄性、孕激素等甾类激素的中间体,可制成可的松、黄体酮、睾丸素等。<br>原料:皂素。<br>成分:$C_{23}H_{32}O_3$。<br>加工方法:植物黄浆经过水解、提取、结晶制成皂素,再经离解开环、氧化水解、结晶、提取、晶制、烘干制成双烯醇酮醋酸酯。<br>出口货物状态:白色(或类似白色)的结晶粉末,内包装为塑料袋,25 千克/袋,外包装为纤维桶。 | | | | |
| 归类决定 | 根据介绍及结构式分析,双烯醇酮醋酸酯是一种由植物黄浆经过水解、提取、结晶制成皂素,再经离解开环、氧化水解、结晶、提取、精制、烘干而得的外观为白色(或类似白色)的结晶粉末。主要用在制造雌性、雄性、孕激素等甾类激素时可作为中间体,制成可的松、黄体酮、睾丸素等,纤维桶装,25 千克/桶。从结构看,该商品具有甾体结构,此商品主要用作激素中间体的甾族化合物。<br>根据归类总规则一及第二十九章章注八的规定,双烯醇酮醋酸酯应归入税则号列 2937.2900。 | | | | |

| 序号 | 245 | 归类决定编号 | Z2007－0012 | 公告编号 | 2007年第71号 |
|---|---|---|---|---|---|
| 商品税则号列 | 2938.9000[2938.9090(2014年版)] | | | 发布日期 | 2007年12月5日 |
| 商品名称 | 三七总皂甙 | | | | |
| 英文名称 | | | | | |
| 其他名称 | | | | | |
| 商品描述 | 三七总皂甙为淡黄色无定形粉末，味苦，微甘。成分含量：人参皂甙Rb1 45%、人参皂甙Rg1 40%、三七皂甙R1 15%。规格：10千克/箱。是三七原料粗粉经多次乙醇回流提取，层析，再经多次水溶液提取后，经过滤、浓缩等工艺制得。该商品为原料药，主治功能为活血祛瘀、通脉活络，具有抑制血小板聚集和增加心脑血流量的作用，用于心脑血管疾病。 | | | | |
| 归类决定 | 该商品属于各种苷的天然混合物，根据归类总规则一，应归入税则号列2938.9000[2938.9090(2014年版)]。 | | | | |

| 序号 | 246 | 归类决定编号 | Z2006－0129 | 公告编号 | 2006年第69号 |
|---|---|---|---|---|---|
| 商品税则号列 | 2939.9990 | | | 发布日期 | 2006年11月22日 |
| 商品名称 | 三尖杉宁碱 | | | | |
| 英文名称 | Cephalomannine | | | | |
| 其他名称 | | | | | |
| 商品描述 | 三尖杉宁碱为白色粉末，分子式：$C_{45}H_{53}NO_{14}$。其是在短叶紫杉树和其他紫杉物种的枝叶和树皮中发现的与其他紫杉烷类化合物共生的天然产物，可用于抗肿瘤。 | | | | |
| 归类决定 | 三尖杉宁碱属于萜类生物碱。<br>根据归类总规则一，三尖杉宁碱应归入税则号列2939.9990。 | | | | |

| 序号 | 247 | 归类决定编号 | Z2006－0130 | 公告编号 | 2006 年第 69 号 |
|---|---|---|---|---|---|
| 商品税则号列 | 2940.0000 | | | 发布日期 | 2006 年 11 月 22 日 |
| 商品名称 | 麦芽糖醇 | | | | |
| 英文名称 | Maltitol | | | | |
| 其他名称 | | | | | |
| 商品描述 | MALTITOL MALTISORB P200，成分：麦芽糖醇 99.5%，水分 0.2%，还原糖 0.1%，灰分 0.1%，重金属≤10PPM（PPM：百万分率），铅≤0.5PPM，氯离子≤1PPM，硫酸根离子≤100PPM。该商品是用于生产无糖食品中的甜味添加剂。<br>麦芽糖醇是麦芽糖经氢化反应制成。 | | | | |
| 归类决定 | 《税则注释》对品目 29.40 的解释中有乳糖醇的具体列名，而麦芽糖醇与乳糖醇属于立体异构体，根据《税则》第二十九章章注三，麦芽糖醇应归入税则号列 2940.0000。 | | | | |

| 序号 | 248 | 归类决定编号 | Z2008－0014 | 公告编号 | 2008 年第 76 号 |
|---|---|---|---|---|---|
| 商品税则号列 | 2940.0000 | | | 发布日期 | 2008 年 10 月 28 日 |
| 商品名称 | 抗坏血酸 2－葡糖苷 | | | | |
| 英文名称 | Ascorbic acid 2-glucoside | | | | |
| 其他名称 | | | | | |
| 商品描述 | 抗坏血酸 2-葡糖苷为无味的白色或米色结晶粉末。由液态淀粉浆液与维生素 C 混合后经酶反应精制结晶而得，分子量为 338.27。抗坏血酸 2-葡糖苷在氧、热和金属离子存在时具有更优异的稳定性，抗氧化性好，不易变色，通常用作护肤品的原料。 | | | | |
| 归类决定 | 从分子结构看，该商品属于糖醚，符合《税则注释》第二十九章总注释三的规定，根据归类总规则一，应归入税则号列 2940.0000。 | | | | |

| 序号 | 249 | 归类决定编号 | Z2007－0013 | 公告编号 | 2007 年第 71 号 |
|---|---|---|---|---|---|
| 商品税则号列 | 2941.9090 | | | 发布日期 | 2007 年 12 月 5 日 |
| 商品名称 | 吗替麦考酚酯 | | | | |
| 英文名称 | Mycophenolate Mofetil, MMF | | | | |
| 其他名称 | 骁悉 | | | | |
| 商品描述 | 吗替麦考酚酯是霉酚酸(Mycophenolic Acid, MPA)的 2-乙基酯类衍生物，是由几种青霉素发酵而得的产品。作为一种免疫抑制剂，该商品用于预防同种肾移植患者排斥反应及治疗难治性排斥反应，其药理作用是在体内经脱酯形成 MPA。MPA 是次黄嘌呤单核苷酸脱氢酶(IMPDH)抑制剂，可抑制鸟嘌呤核苷酸的起始合成途径，使鸟嘌呤核苷酸耗竭，进而阻断 DNA 的合成。 | | | | |
| 归类决定 | 霉酚酸及吗替麦考酚酯具有抗菌性能，根据归类总规则一，应作为抗菌素归入税则号列 2941.9090。 | | | | |

| 序号 | 250 | 归类决定编号 | Z2006－0133 | 公告编号 | 2006 年第 69 号 |
|---|---|---|---|---|---|
| 商品税则号列 | 第 30 章 | | | 发布日期 | 2006 年 11 月 22 日 |
| 商品名称 | 欲可胖 | | | | |
| 英文名称 | Elancoban　200 | | | | |
| 其他名称 | | | | | |
| 商品描述 | 规格:25 千克/包。<br>成分:每千克“欲可胖”含 200 克莫能菌素。<br>用途:用于预防小鸡和火鸡球虫病、艾美虫病等疾病。 | | | | |
| 归类决定 | “欲可胖”用于预防小鸡和火鸡的虫病，应归入《税则》第三十章相应税号下。 | | | | |

| 序号 | 251 | 归类决定编号 | Z2006－1199 | 公告编号 | 2007 年第 70 号 |
|---|---|---|---|---|---|
| 商品税则号列 | 3001.9090 | | | 发布日期 | 2007 年 12 月 5 日 |
| 商品名称 | 海豹鞭 | | | | |
| 英文名称 | | | | | |
| 其他名称 | | | | | |
| 商品描述 | 海豹鞭是海豹肉的一部分，经风干处理，未加任何添加剂，可供食用或药用。 | | | | |
| 归类决定 | 根据归类总规则一，海豹鞭应归入税则号列 3001.9090。 | | | | |

| 序号 | 252 | 归类决定编号 | Z2008－0123 | 公告编号 | 2008 年第 83 号 |
|---|---|---|---|---|---|
| 商品税则号列 | 3001.9090 | | | 发布日期 | 2008 年 11 月 24 日 |
| 商品名称 | 蛇毒 | | | | |
| 英文名称 | Bothrop Atrox | | | | |
| 其他名称 | | | | | |
| 商品描述 | 蛇毒呈黄色干粉状，塑料瓶密封包装。加工方法：毒液经采集后，将新鲜蛇毒液离心，去掉其中的细胞碎片，得到清澈的淡黄色液体后进行干燥。 | | | | |
| 归类决定 | 该商品经真空干燥处理，其加工程度已超出品目 05.10 的加工范围，根据归类总规则一及六，应归入税则号列 3001.9090。 | | | | |

| 序号 | 253 | 归类决定编号 | Z2006－0134 | 公告编号 | 2006年第69号 |
|---|---|---|---|---|---|
| 商品税则号列 | 3002.1000 | | | 发布日期 | 2006年11月22日 |
| 商品名称 | 癌胚抗原 | | | | |
| 英文名称 | CEA | | | | |
| 其他名称 | | | | | |
| 商品描述 | 纸盒冷藏包装，规格：6支×15毫升/支，有主要试剂包（含标记试剂和固相试剂）和辅助试剂包（CEA稀释液）组成。标记试剂成分：包含蛋白质稳定剂、叠氮化钠（0.12%）和防腐剂的磷酸盐缓冲液中用吖啶酯标记的多克隆兔抗CEA抗体（400纳克/毫升）。固相试剂成分：单克隆鼠抗CEA抗体（120微克/毫升）[在包含蛋白质稳定剂、叠氮化钠（0.11%）和防腐剂的磷酸盐缓冲液中与顺磁性离子共价耦合]。CEA稀释液成分：包含防腐剂和叠氮化钠（0.1%）的N-二甘氨酸缓冲液、凝胶和牛血清白蛋白。<br>用途：活体外诊断应用，利用ADVIA CENTAUR系统定量测定血清中的癌胚抗原（CEA），辅助治疗CEA观测浓度正在发生变化的癌症病人。 | | | | |
| 归类决定 | 根据《税则注释》中品目38.22的排他条款，本品目不包括30.02所列产品基本特征的诊断试剂盒（例如，单克隆抗体或多克隆抗体的试剂盒）。产品属于单克隆抗体和多克隆抗体的试剂盒，用于测定血清中的癌胚抗原（CEA），符合品目30.02诊断试剂的商品范畴。根据归类总规则一，癌胚抗原应归入税则号列3002.1000。 | | | | |

| 序号 | 254 | 归类决定编号 | Z2006－0135 | 公告编号 | 2006年第69号 |
|---|---|---|---|---|---|
| 商品税则号列 | 3002.1000 | | 发布日期 | | 2006年11月22日 |
| 商品名称 | 猪血色素粉 | | | | |
| 英文名称 | Hemoglobin powder | | | | |
| 其他名称 | | | | | |
| 商品描述 | 该商品为用于改善肉类色泽的血液产品。以猪血为原料，通过双重筛网筛选，并经加工生产线分离为血细胞和血浆蛋白，血细胞通过喷雾干燥及高温灭菌形成血色素粉。血色素粉系100%血红蛋白，其蛋白质含量大于90%。使用时，将其以注射等方式加入到肉或脂肪中。 | | | | |
| 归类决定 | 根据介绍，猪血色素粉为黑红色结晶性粉末，该商品是以猪血为原料，通过双重筛网筛选，并经分离为血细胞和血浆蛋白，其中将血细胞通过喷雾干燥、高温灭菌等工艺形成猪血色素粉。从提供的资料，猪血色素粉的主要成分为血红蛋白（含量>90%）。该商品可用于提高各种肉类食品的色泽，例如：熟火腿、汉堡包肉馅、意大利腊肠等。<br>该商品的主要成分是血红蛋白，不同于品目35.02的白蛋白，不属于品目35.02的商品范围。根据《税则注释》，品目35.04不包括血纤维蛋白原、血纤维蛋白、血球蛋白及血清球蛋白、人体正常免疫球蛋白、抗血清及其他血份，该商品是以猪血为原料经分离干燥等工艺制得，不属于品目35.04的商品范围。<br>根据归类总规则一及《税则注释》关于品目30.02的注释，“该品目主要包括从血液制得的下列产品：‘正常’血清……血清球蛋白及血红蛋白”，因此，猪血色素粉应归入税则号列3002.1000。 | | | | |

| 序号 | 255 | 归类决定编号 | Z2006－1200 | 公告编号 | 2007年第70号 |
|---|---|---|---|---|---|
| 商品税则号列 | 3002.1000 | | 发布日期 | 2007年12月5日 | |
| 商品名称 | 球蛋白 | | | | |
| 英文名称 | | | | | |
| 其他名称 | 抗D IgM＋IgG单克隆混合试剂 | | | | |
| 商品描述 | 球蛋白也称抗D IgM＋IgG单克隆混合试剂，为培养基里培养的微生物所分泌的一种蛋白质，属于蛋白质中的免疫球蛋白类物质。其主要用于体外检验各类蛋白及其他稀有蛋白存在与否，以供医学研究和临床诊断。 | | | | |
| 归类决定 | 该产品是免疫球蛋白G(IgG)和免疫球蛋白M(IgM)的混合体，属于一种蛋白质免疫制品。根据归类总规则一，球蛋白应按免疫制品归入税则号列3002.1000。 | | | | |

| 序号 | 256 | 归类决定编号 | Z2008－0015 | 公告编号 | 2008年第76号 |
|---|---|---|---|---|---|
| 商品税则号列 | 3002.1000 | | 发布日期 | 2008年10月28日 | |
| 商品名称 | 定量检测试剂盒 | | | | |
| 英文名称 | | | | | |
| 其他名称 | | | | | |
| 商品描述 | 定量检测试剂盒包括三种商品：(1)胃蛋白酶原I定量检测试剂盒，含有HRP标记的抗人胃蛋白酶原I单克隆抗体复合物，用于检测人血浆或血清中的胃蛋白酶原I；(2)胃蛋白酶原II定量检测试剂盒，含有HRP标记的抗人胃蛋白酶原II单克隆抗体复合物，用于检测人血浆或血清中的胃蛋白酶原II；(3)胃泌素－17定量检测试剂盒，含有抗人胃泌素－17的多克隆抗体，用于检测人血浆或血清中的胃泌素－17。上述三种商品均用酶联免疫法进行测定，用于人体外诊断。 | | | | |
| 归类决定 | 根据《税则注释》品目38.22的注释条文"本品目不包括具有30.02所列产品基本特征的诊断试剂盒(例如，单克隆抗体或多克隆抗体的试剂盒)"，该商品属于单克隆抗体或多克隆抗体的试剂盒，利用酶联免疫法测定，符合品目30.02的商品范畴。根据归类总规则一，定量检测试剂盒包括的三种商品均应归入税则号列3002.1000。 | | | | |

| 序号 | 257 | 归类决定编号 | Z2009－0007 | 公告编号 | 2009年第5号 |
|---|---|---|---|---|---|
| 商品税则号列 | 3002.1000 | | 发布日期 | 2009年1月20日 | |
| 商品名称 | 喷雾干燥猪血浆蛋白粉 | | | | |
| 英文名称 | | | | | |
| 其他名称 | | | | | |
| 商品描述 | 喷雾干燥猪血浆蛋白粉为浅黄色粉末，是干燥的动物血粉，主要成分为蛋白质等。能有效刺激断奶乳猪采食、加快生长速度、改进饲料转换率、减少疾病及降低死亡率。 | | | | |
| 归类决定 | 该商品属于动物血制品，根据归类总规则一及六，应归入税则号列3002.1000。 | | | | |

| 序号 | 258 | 归类决定编号 | Z2006－0136 | 公告编号 | 2006年第69号 |
| --- | --- | --- | --- | --- | --- |
| 商品税则号列 | 3002.9090 | | | 发布日期 | 2006年11月22日 |
| 商品名称 | 农菌 | | | | |
| 英文名称 | AgroBac | | | | |
| 其他名称 | | | | | |
| 商品描述 | 农菌呈粉状颗粒，分为根瘤菌、固氮菌、磷细菌、硅酸盐细菌及复合微生物等种类，溶于水后直接浸种或喷到作物上或施入土壤中，其主要功能是促进植物生长、保护植物健康、改善土壤微生物生态、有利于植物获得更多养分。其中，该商品的85%以上为农菌等培养微生物，剩余成分主要是为维持农菌等培养微生物的活力。其加工方法为：发酵、分离、纯化、低温冷冻干燥。 | | | | |
| 归类决定 | 根据介绍，农菌呈粉状颗粒，含85%以上的培养微生物，其余是为维持培养微生物活力的成分。其加工方法为：发酵、分离、纯化、低温冷冻干燥，分为根瘤菌、固氮菌、磷细菌、硅酸盐细菌及复合微生物等种类。主要用途：促进植物生长、保护植物健康、改善土壤微生物生态、有利于植物获得更多养分。使用方法为：溶于水后直接浸种、喷到作物上或施入土壤中。<br>该商品的主要成分为根瘤菌、固氮菌等活微生物，属于一种“土壤改良剂”，并不能起到增加肥力的作用，因此不能作为肥料归类。该商品属于培养微生物，符合《税则注释》品目30.02第四部分第（三）款的规定，根据归类总规则一，农菌应归入税则号列3002.9090。 | | | | |

| 序号 | 259 | 归类决定编号 | Z2006－0138 | 公告编号 | 2006年第69号 |
| --- | --- | --- | --- | --- | --- |
| 商品税则号列 | 3002.9090 | | | 发布日期 | 2006年11月22日 |
| 商品名称 | 污水处理剂 | | | | |
| 英文名称 | | | | | |
| 其他名称 | | | | | |
| 商品描述 | 该商品是通过微生物发酵法制得的生物发酵制品。据货主提供资料,原药为灰白色疏松粉末,主要成分为枯带芽孢杆菌,主要用于污水处理,使用时直接投入污水中,不再勾兑或添加其他物质。 | | | | |
| 归类决定 | 生物水处理剂是通过微生物发酵法制得的生物发酵制品。为灰白色疏松粉末,主要成分为枯带芽孢杆菌,主要用于污水处理,使用时直接投入污水中,不再勾兑或添加其他物质。<br>该商品实为一种可降解养殖水中过量污染成分(如饵料、代谢排泄物等)的微生物,通过微生物菌群的新陈代谢作用来分解污水中的有机污染物,达到清洁水的目的,具生物活性。根据归类总规则一,生物水处理剂应按培养微生物归入税则号列3002.9090。 | | | | |

| 序号 | 260 | 归类决定编号 | Z2006－0137 | 公告编号 | 2006年第69号 |
|---|---|---|---|---|---|
| 商品税则号列 | 3002. 9090 | | 发布日期 | 2006年11月22日 | |
| 商品名称 | 小球藻(活) | | | | |
| 英文名称 | Chlorella | | | | |
| 其他名称 | 浓缩液体淡水小球藻 | | | | |
| 商品描述 | 进口产品为鲜小球藻(浓缩液体小球藻),属单细胞绿藻,2～10微米,用作培养轮虫的饵料。进口状态为塑料罐装,纯水做溶剂,每毫升含250亿个以上细胞藻体,处于鲜、活状态。主要生产工艺为:发酵罐消毒处理→加入超纯水→接种纯种小球藻→加入葡萄糖等营养素→供氧、保持和调整温度达到最佳的培养环境→培养好的小球藻离心浓缩→罐装。 | | | | |
| 归类决定 | “小球藻(活)”属单细胞绿藻,2～10微米,用作培养轮虫的饵料。进口状态为塑料罐装,纯水做溶剂,每毫升含250亿个以上细胞藻体,处于鲜、活状态。主要生产工艺为:发酵罐消毒处理→加入超纯水→接种纯种小球藻→加入葡萄糖等营养素→保持和调整达到最佳培养环境→培养好的小球藻离心浓缩→罐装。查阅《辞海》及其他相关资料:藻体分单细胞、群体或多细胞。而微生物包括单细胞藻类。由于小球藻属于微生物,且其通过加入葡萄糖等营养素的培养基上培养。<br>根据归类总规则一,“小球藻(活)”应归入税则号列3002. 9090。 | | | | |

| 序号 | 261 | 归类决定编号 | Z2006－0139 | 公告编号 | 2006年第69号 |
|---|---|---|---|---|---|
| 商品税则号列 | 30.03或30.04 | | | 发布日期 | 2006年11月22日 |
| 商品名称 | 泽它 | | | | |
| 英文名称 | Zetar lotion | | | | |
| 其他名称 | 煤焦油洗剂 | | | | |
| 商品描述 | 该商品药品名称为煤焦油洗剂，已作为药品在卫生部药政管理局注册。主要活性成分为具有杀菌作用的1%纯煤焦油，非活性成分包括表面活性剂，透皮吸收剂，纯水，香料等。商品为棕色液体，药物气味，具有杀菌、止痒、消炎作用，治疗头部银屑病、溢脂性皮炎、头皮屑，还可修复受伤头发，改善发质，使头发光泽易梳理。 | | | | |
| 归类决定 | 商品“泽它”为一种煤焦油制剂。其配比具有特定用途，即杀菌、止痒、治疗皮肤病等。具有该配比的商品“泽它”在药品监督管理局进行过注册，其临床实验效果经过认定，药理毒理反应通过鉴定。因此，商品“泽它”应归入《税则》税目30.03或30.04项下相应税则号列。 | | | | |

| 序号 | 262 | 归类决定编号 | Z2006－0140 | 公告编号 | 2006 年第 69 号 |
|---|---|---|---|---|---|
| 商品税则号列 | 3004. 3900 | | 发布日期 | 2006 年 11 月 22 日 | |
| 商品名称 | 日达仙 | | | | |
| 英文名称 | Zadaxin | | | | |
| 其他名称 | 胸腺肽 α1 针剂 | | | | |
| 商品描述 | “日达仙”针剂的有效成分为胸腺肽 α1，胸腺肽是胸腺分泌的一种多肽类激素，而胸腺肽 α1 是氨基端乙酰化的 28 个氨基酸组成的多肽，其结构已完全阐明，可人工合成。据文献记载，胸腺肽类有效成分一般可用于免疫调节剂（如用于肝炎治疗等）、恶性肿瘤在放/化疗后所致的内分泌紊乱、术后抗感染等。 | | | | |
| 归类决定 | 根据介绍，“日达仙”为有效成分是胸腺肽 α1 的针剂。胸腺肽是动物胸腺分泌的一种多肽类物质，胸腺肽 α1 是氨基端乙酰化的 28 个氨基酸组成的多肽，其结构已完全阐明，可人工合成。据文献记载，胸腺肽类有效成分一般可用于免疫调节剂（如用于肝炎治疗等）、恶性肿瘤在放/化疗后所致的内分泌紊乱、术后抗感染等。其药理为：促使外周血 T 淋巴细胞成熟，使 T 淋巴细胞在被各种抗原或致有丝分裂原激活后产生的各种淋巴因子（如 α、γ 干扰素，白介素-2 和白介素-3 增多），提高 T 淋巴细胞上的淋巴因子受体的水平。<br>从该商品的有效成分胸腺肽的来源及机理来看，它由胸腺分泌，是一种结构类似多肽激素的生物活性物质，其调节免疫系统的作用机理与激素相似，符合《税则》税目 29. 37“包括激素的衍生物及结构类似物，具有与激素相似的作用机理”的规定。<br>根据归类总规则一及税目 30. 04 的条文规定，“日达仙”应归入税则号列 3004. 3900。 | | | | |

| 序号 | 263 | 归类决定编号 | Z2010－0010 | 公告编号 | 2010年第15号 |
|---|---|---|---|---|---|
| 商品税则号列 | 3004.3900 | | | 发布日期 | 2010年2月28日 |
| 商品名称 | 达必佳 | | | | |
| 英文名称 | | | | | |
| 其他名称 | 醋酸曲普瑞林注射液 | | | | |
| 商品描述 | 达必佳也称醋酸曲普瑞林注射液，主要成分为醋酸曲普瑞林，辅料为氯化钠、注射用水、冰醋酸，注射剂型，零售包装(7支/盒)，适用于不育症治疗所需的垂体降调节、配子输卵管内移植和无辅助治疗方法的促卵泡成熟等。 | | | | |
| 归类决定 | 该商品属于激素及影响内分泌的药物，根据归类总规则一及六的规定，应按含激素类药品归入税则号列3004.3900。 | | | | |

| 序号 | 264 | 归类决定编号 | Z2006－0141 | 公告编号 | 2006年第69号 |
|---|---|---|---|---|---|
| 商品税则号列 | 3004.5000 | | | 发布日期 | 2006年11月22日 |
| 商品名称 | 优乐沛凝胶 | | | | |
| 英文名称 | Hypo tears gel | | | | |
| 其他名称 | 无菌眼用凝胶 | | | | |
| 商品描述 | 活性成分：维生素A棕榈酸酯10毫克/克(1000IU)。<br>聚丙烯酸(Carbomer 980)3.5毫克/克。<br>保存剂：盐溴棕三甲铵0.1毫克/克。<br>用途：用于治疗包括角膜炎干燥症及泪膜不稳定或角膜缺乏润湿所产生的干眼症。 | | | | |
| 归类决定 | 该商品由人工配制而成，其组成不符合《税则》第二十九章章注一(一)的规定，不能归入第二十九章；因其已配定剂量，具有明确的适用症，所以，应按药品归入第三十章。其主要活性成分“维生素A棕榈酸酯”属于税目29.36的商品范围，所以此种商品应归入税则号列3004.5000。 | | | | |

| 序号 | 265 | 归类决定编号 | Z2006－0142 | 公告编号 | 2006年第69号 |
| --- | --- | --- | --- | --- | --- |
| 商品税则号列 | 3004.5000 | | | 发布日期 | 2006年11月22日 |
| 商品名称 | 能全素 | | | | |
| 英文名称 | | | | | |
| 其他名称 | | | | | |
| 商品描述 | 能全素中各种成分的含量(每21.5克中)如下:蛋白质4.0克、脂肪3.9克、碳水化合物12.3克、矿物质0.5克、维生素0.03克。该商品供临床使用,用于有肠道功能但不能以常规食物补充营养的病人。在水中溶解后用于管道喂养,直接导入病人的胃或肠中。 | | | | |
| 归类决定 | 能全素由多种人体所需营养成分组成,其成分含量为(每21.5克中):蛋白质4.0克、脂肪3.9克、碳水化合物12.3克、矿物质0.5克、维生素0.03克。使用时,将该商品在水中溶解后用于管道喂养,直接导入病人的胃或肠中。该商品供临床使用,适用于有部分胃肠功能而不能或不愿进食足够数量的常规食物以满足机体对营养需求的患者,应属于药品范畴。<br>《税则》税目30.04是根据商品所含的成分拆分子目的,且并未规定该成分是否为其主要有效成分或者含量多少。该商品含有维生素,属于含有维生素的药品。<br>根据归类总规则一,能全素应归入税则号列3004.5000。 | | | | |

| 序号 | 266 | 归类决定编号 | Z2006－0143 | 公告编号 | 2006 年第 69 号 |
|---|---|---|---|---|---|
| 商品税则号列 | 3004. 5000 | | | 发布日期 | 2006 年 11 月 22 日 |
| 商品名称 | 瑞高 | | | | |
| 英文名称 | Fresubin | | | | |
| 其他名称 | | | | | |
| 商品描述 | 瑞高,肠内营养乳剂,主要成分为:碳水化合物、脂肪、维生素、蛋白质、矿物质等。该商品用于分解代谢和液体入量受限病人的均衡营养治疗,主要是针对烧伤病人及心功能不全的病人,能满足病人的能量需求和增加的蛋白质需要,减少氮丢失、促进蛋白质合成。病人可以该商品为唯一营养来源或以该商品作为营养补充,商品主要通过管饲使用,也可以加入调味料后口服使用,不能静脉输注。进口时为零售包装,并且申领了进口药品注册证。 | | | | |
| 归类决定 | “瑞高”为肠内营养乳剂,主要成分为:碳水化合物、脂肪、维生素、蛋白质、矿物质等。该商品用于分解代谢和液体入量受限病人的均衡营养治疗,适用于代谢应激病人,烧伤病人及心功能不全的病人等,能满足病人的能量需求和增加的蛋白质需要,减少氮丢失、促进蛋白质合成。病人可以该商品为唯一营养来源或以该商品作为营养补充,产品主要通过管饲使用,也可以加入调味料后口服使用,不能静脉输注。进口时为零售包装,具有药品注册证明。<br>该商品是专门设计供特定病人使用,向适应人群提供营养补充的。<br>根据归类总规则一,“瑞高”应归入税则号列 3004. 5000。 | | | | |

| 序号 | 267 | 归类决定编号 | Z2006－0144 | 公告编号 | 2006 年第 69 号 |
|---|---|---|---|---|---|
| 商品税则号列 | | 3004.5000 | | 发布日期 | 2006 年 11 月 22 日 |
| 商品名称 | 益菲佳 | | | | |
| 英文名称 | Pulmocare | | | | |
| 其他名称 | | | | | |
| 商品描述 | 益菲佳的有效成分为:蛋白质 16.7%、脂肪 55.1%、碳水化合物 28。2% 以及各种维生素及矿物质,是一种高热量,高脂肪,低碳水化合物的特殊营养配方,适合肺部疾病患者补充营养,用于营养补充和完全代替饮食。商品可口服或管饲使用。进口时均零售包装,并且申领了"进口药品注册证"。 | | | | |
| 归类决定 | 该商品是专门设计供肺部病人使用,是向适应人群提供营养补充且该商品已申领了"进口药品注册证"。<br>根据海关总署关于对药品进行商品归类的公告(海关总署公告 2004 年第 18 号),益菲佳应归入税则号列 3004.5000。 | | | | |

| 序号 | 268 | 归类决定编号 | Z2006－0145 | 公告编号 | 2006 年第 69 号 |
|---|---|---|---|---|---|
| 商品税则号列 | | 3004.5000 | | 发布日期 | 2006 年 11 月 22 日 |
| 商品名称 | 安素 | | | | |
| 英文名称 | Ensure | | | | |
| 其他名称 | | | | | |
| 商品描述 | 安素,肠内营养粉剂,主要成分为:蛋白质、脂肪、碳水化合物、维生素、矿物质,用水稀释后口服或管饲使用,商品可作为日常营养补充或完全饮食替代。商品进口时为零售包装,并且申领了"进口药品注册证"。 | | | | |
| 归类决定 | 根据海关总署关于对药品进行商品归类的公告(海关总署公告 2004 年第 18 号),安素应归入税则号列 3004.5000。 | | | | |

| 序号 | 269 | 归类决定编号 | Z2013－0023 | 公告编号 | 2013 年第 26 号 |
|---|---|---|---|---|---|
| 商品税则号列 | | 3004.5000 | | 发布日期 | 2013 年 5 月 17 日 |
| 商品名称 | 角鲨烯软胶囊 | | | | |
| 英文名称 | Squalene softcapsule | | | | |
| 其他名称 | | | | | |
| 商品描述 | 该商品以每粒角鲨烯 499.5 毫克、维生素 E 0.5 毫克、明胶 118.9 毫克、甘油 47.6 毫克、纯化水 13.5 毫克为原料，经溶胶、配料、压丸、干燥、包装等工艺制成软胶囊。本品脂肪含量为 76.4 克/100 克，用法：0.5 克/次，2 次/天，早晚空腹服用。包装规格：500 粒/瓶、48 瓶/箱，用于高胆固醇血症和放、化疗引起的白细胞减少症，也用于改善心脑血管病的缺氧状态等（国药准字号 H20046462）。 | | | | |
| 归类决定 | 该商品已注明用法、用量及适应症，并具有治病防病的功能，应属于药品。参照《税则注释》中品目 30.04 的注释，根据归类总规则一及六，该商品应归入税则号列 3004.5000。 | | | | |

| 序号 | 270 | 归类决定编号 | Z2008－0124 | 公告编号 | 2008 年第 83 号 |
|---|---|---|---|---|---|
| 商品税则号列 | | 3004.9010 | | 发布日期 | 2008 年 11 月 24 日 |
| 商品名称 | 派立明滴眼液 | | | | |
| 英文名称 | | | | | |
| 其他名称 | | | | | |
| 商品描述 | 该商品为白色或类白色的均匀混悬液，每支 5 毫升，主要成分为布林佐胺，化学名为 R)－(＋)-4-乙胺基-2-(3-甲氧丙基)-3,4-二氢-2H-噻吩并[3,2-e]-1,2-噻嗪-6-氢磺酰基-1,1-二氧化物，分子式 $C_{12}H_{21}N_3O_5S_3$，分子量 383.5，其他成分有苯扎氯胺、甘露醇糖、卡波美 974P、四丁酚醛、依地二钠、氯化钠、盐酸/氢氧化钠（调节 pH 值）和纯水。该商品适用于降低因高眼压症、开角型青光眼而导致的高眼压，也可以作为对 β 阻滞剂无效或者有使用禁忌症的患者单独的治疗药物，或者作为 β 阻滞剂的协同治疗药物。 | | | | |
| 归类决定 | 该商品所含的布林佐胺是一种磺胺类碳酸酐酶抑制剂，根据归类总规则一及六，应归入税则号列 3004.9010。 | | | | |

| 序号 | 271 | 归类决定编号 | Z2006－1201 | 公告编号 | 2007 年第 70 号 |
|---|---|---|---|---|---|
| 商品税则号列 | 3004.9059 | | | 发布日期 | 2007 年 12 月 5 日 |
| 商品名称 | 强力痔根断 | | | | |
| 英文名称 | Circanetten new | | | | |
| 其他名称 | | | | | |
| 商品描述 | 强力痔根断是新型口服痔漏特效药，主要成分：胶原蛋白 200 毫克、芦丁 30 毫克、狭叶番泻果实干浸膏 7.5 毫克；包装规格：40 片/盒，430 毫克/片。其主要用于治疗瘙痒、灼痛，对血管循环疾病及静脉曲张（如内痔、外痔）有疗效。 | | | | |
| 归类决定 | 中式成药是一种以中药材为原料，依靠相应的加工方法，根据病情的需要制备成随时可以应用的剂型。对于中式成药的认定，目前国内主要由国家食品药品监督管理局负责。<br>从该产品的组分来看，该产品是一种由属于中药材范畴的“芦丁”、“番泻叶”及非中药材范畴的“胶原蛋白”配制而成的中西结合的成药，参照国家食品药品监督管理局对该药的认定，属于中式成药范畴。根据归类总规则一，强力痔根断应归入税则号列 3004.9059。 | | | | |

| 序号 | 272 | 归类决定编号 | Z2006－1202 | 公告编号 | 2007 年第 70 号 |
|---|---|---|---|---|---|
| 商品税则号列 | 3004.9059 | | | 发布日期 | 2007 年 12 月 5 日 |
| 商品名称 | 珍珠末 | | | | |
| 英文名称 | | | | | |
| 其他名称 | | | | | |
| 商品描述 | 珍珠末是由珍珠经水洗净，加水磨成粉末后干燥而得。功能与主要作用：安神定惊，明目消翳，解毒生肌，用于惊悸失眠，惊风癫痫，目生云翳，疮疡不敛。可口服（一次 1～2 瓶，一日 1～2 次），也可外用。规格：0.3 克/瓶。其符合国家部颁中药标准，有药字号批准文号。 | | | | |
| 归类决定 | 根据归类总规则一，珍珠末应归入税则号列 3004.9059。 | | | | |

| 序号 | 273 | 归类决定编号 | Z2006 - 0146 | 公告编号 | 2006 年第 69 号 |
|---|---|---|---|---|---|
| 商品税则号列 | 3004. 9090 | | 发布日期 | | 2006 年 11 月 22 日 |
| 商品名称 | 维库溴铵肌松药 | | | | |
| 英文名称 | Vecuronium broinide | | | | |
| 其他名称 | 万可松 | | | | |
| 商品描述 | 维库溴铵(又名万可松),是一种肌松药,它是由维库溴铵、枸橼酸、磷酸二甲甘露醇复方配置的一种粉针,作为全身麻醉的辅助药,以帮助支气管内插管及提供手术时的骨骼肌松弛状态。该商品为混合物且为粉针制剂。 | | | | |
| 归类决定 | 经核,维库溴铵肌松药的主成分不属于生物碱的范围,也不符合《税则注释》中有关生物碱衍生物的规定,故将此商品归入税则号列 3004. 9090。 | | | | |

| 序号 | 274 | 归类决定编号 | Z2006－0147 | 公告编号 | 2006年第69号 |
|---|---|---|---|---|---|
| 商品税则号列 | 3004.9090 | | 发布日期 | 2006年11月22日 | |
| 商品名称 | 硫酸钙骨颗粒 | | | | |
| 英文名称 | Stimulan | | | | |
| 其他名称 | | | | | |
| 商品描述 | 商品为灰色圆柱状灰色颗粒，零售无菌包装，由医用二水合硫酸钙和硬脂酸构成。该商品适用于与骨骼结构稳定性无关的骨空腔或骨缺损、裂缝，填充在骨骼系统中的骨空腔或缺损部位之内，在痊愈过程中会被溶解吸收，并被新生骨替代。其主要适用症为外科手术、囊肿、肿瘤等造成的骨空腔或缺损。 | | | | |
| 归类决定 | 根据介绍，"硫酸钙骨颗粒"为圆柱状灰色颗粒，零售无菌包装，由医用二水合硫酸钙和硬脂酸构成，适用于与骨骼结构稳定性无关的骨空腔或骨缺损、裂缝，填充在骨骼系统中的骨空腔或缺损部位之内。该商品为植骨提供了代用品，它在痊愈过程中会被溶解与吸收，同时被新生骨所取代。其主要适用症为外科手术、囊肿、肿瘤、骨髓炎或其他的外伤等造成的骨空腔或缺损。<br>该商品有明确的适应症，且制成零售包装，明显专供治疗疾病使用，属于《税则》第三十章的商品范围。<br>根据归类总规则一，硫酸钙骨颗粒应归入税则号列3004.9090。 | | | | |

| 序号 | 275 | 归类决定编号 | Z2006-0148 | 公告编号 | 2006年第69号 |
|---|---|---|---|---|---|
| 商品税则号列 | 3004.9090 | | | 发布日期 | 2006年11月22日 |
| 商品名称 | 立芷雪针剂 | | | | |
| 英文名称 | | | | | |
| 其他名称 | 注射用血凝酶、巴曲酶 | | | | |
| 商品描述 | 该商品为白色疏松的冻干粉末，无嗅，易溶于水。规格：粉针剂1KU×5瓶/盒、每盒配2毫升/支×5支注射用水。主要由巴西矛头蝮蛇(brothrops atrox)的蛇毒中分离提纯的血凝酶制成；每瓶含一个克氏单位(KU)的血凝酶(一个克氏单位是指在体外37℃下，使1毫升标准人血浆在60±20秒内凝固的血凝酶活性量)，用于需减少流血或止血的各种医疗情况下，如外科、内科、妇产科、眼科、耳鼻喉科、口腔科等临床科室的出血及出血性疾病。该商品主要为手术前用药，可减少出血倾向，避免或减少手术后出血。 | | | | |
| 归类决定 | 据介绍，立芷雪针剂也称注射用血凝酶、巴曲酶，是一种由巴西矛头蝮蛇(brothrops atrox)的蛇毒中分离提纯的酶类药品。<br>根据《税则注释》关于品目30.01的条文注释：制成干粉的蛇毒液或者由这类毒液形成的非微生物隐毒素，已配定剂量或制成零售形式或包装作药用的这些商品，应归入品目30.04。商品属于从蛇毒中分离提纯的酶类止血药，已制成零售包装，并制成一定的剂量。因此，根据归类总规则一，立芷雪针剂应归入税则号列3004.9090。 | | | | |

| 序号 | 276 | 归类决定编号 | Z2008－0125 | 公告编号 | 2008 年第 83 号 |
|---|---|---|---|---|---|
| 商品税则号列 | | 3004.9090 | | 发布日期 | 2008 年 11 月 24 日 |
| 商品名称 | 脑蛋白水解物注射液(针剂) | | | | |
| 英文名称 | Cerebrotein Hydrolysate Injection | | | | |
| 其他名称 | 脑多肽、脑活素、施普善 | | | | |
| 商品描述 | 脑蛋白水解物注射液(针剂)是用猪脑蛋白经酶水解所制造的多肽制剂,不含蛋白、脂肪及其他抗原性物质,每毫升本品中含有 215.2 毫克猪脑蛋白水解物。根据药品检验报告,本品含有 L-门冬氨酸、L-谷氨酸、L-丝氨酸、L-组氨酸、甘氨酸、L-苏氨酸、L-丙氨酸、L-精氨酸、L-缬氨酸、L-蛋氨酸、L-色氨酸、L-异亮氨酸、L-苯丙氨酸、L-亮氨酸、L-赖氨酸、L-脯氨酸共 16 种氨基酸,总氮为 6.27%,肽为 26%。适应症:原发性痴呆、血管性痴呆、混合性痴呆及颅脑损伤后脑功能障碍的改善。 | | | | |
| 归类决定 | 脑蛋白水解物注射液(针剂)是氨基酸混合物的水溶液,根据归类总规则一及六,应归入税则号列 3004.9090。 | | | | |

| 序号 | 277 | 归类决定编号 | Z2009－0094 | 公告编号 | 2009 年第 32 号 |
|---|---|---|---|---|---|
| 商品税则号列 | | 3004.9090 | | 发布日期 | 2009 年 6 月 12 日 |
| 商品名称 | 奥沙利铂注射剂 | | | | |
| 英文名称 | Oxaliplatine(DCI) | | | | |
| 其他名称 | 乐沙定 | | | | |
| 商品描述 | 奥沙利铂注射剂为白色或类白色冻干疏松块状或粉末,规格 50 毫克/瓶,由奥沙利铂和赋形剂水合乳糖组成,奥沙利铂和赋形剂水合乳糖按质量比为 1∶9。其中,水合乳糖的作用是确保奥沙利铂晶体在人体内快速溶解。生产工艺:在无菌环境下将药液冷冻成固态,抽真空将水分升华干燥而成。报验状态:密封,已配定剂量,零售瓶装,在国内仅贴中文标签,装入小盒和说明书。 | | | | |
| 归类决定 | 该商品为药用成分奥沙利铂和赋形剂水合乳糖组成的混合产品,用于治疗转移性结肠癌,已制成零售包装,根据归类总规则一及六,应归入税则号列 3004.9090。 | | | | |

<table>
<tr><td>序号</td><td>278</td><td>归类决定编号</td><td>Z2009－0095</td><td>公告编号</td><td>2009 年第 32 号</td></tr>
<tr><td colspan="2">商品税则号列</td><td colspan="2">3004. 9090</td><td>发布日期</td><td>2009 年 6 月 12 日</td></tr>
<tr><td colspan="2">商品名称</td><td colspan="4">辉力</td></tr>
<tr><td colspan="2">英文名称</td><td colspan="4">Sodium phosphates rectal solution</td></tr>
<tr><td colspan="2">其他名称</td><td colspan="4">磷酸钠盐灌肠液</td></tr>
<tr><td colspan="2">商品描述</td><td colspan="4">辉力，通用名为“磷酸钠盐灌肠液”，其组分为磷酸二氢钠和磷酸氢二钠，无色无味的澄清液体，规格 133 毫升/瓶，用于解除偶然性便秘，直肠检查前灌肠清洁肠道，12 岁以下儿童禁用。该商品已获进口药品注册证。</td></tr>
<tr><td colspan="2">归类决定</td><td colspan="4">辉力为复方制剂类药品，已获进口药品注册证，根据归类总规则一及六，应归入税则号列 3004. 9090。</td></tr>
</table>

<table>
<tr><td>序号</td><td>279</td><td>归类决定编号</td><td>Z2010－0011</td><td>公告编号</td><td>2010 年第 15 号</td></tr>
<tr><td colspan="2">商品税则号列</td><td colspan="2">3004. 9090</td><td>发布日期</td><td>2010 年 2 月 28 日</td></tr>
<tr><td colspan="2">商品名称</td><td colspan="4">刻免</td></tr>
<tr><td colspan="2">英文名称</td><td colspan="4">Triprolidine hydrochloride capsules</td></tr>
<tr><td colspan="2">其他名称</td><td colspan="4">盐酸曲普利啶胶囊</td></tr>
<tr><td colspan="2">商品描述</td><td colspan="4">刻免，通用名称为“盐酸曲普利啶胶囊”，规格 2. 5 毫克×20 粒/盒，抗过敏药，每粒的主要成分为盐酸曲普利啶(2. 5 毫克)，辅料为微粉硅胶、淀粉、羧甲基淀粉钠、乳糖及硬脂酸镁。药理作用：通过阻断组胺的受体来阻断组胺作用，从而对抗组织胺引起的毛细血管扩张及通透性增强，使过敏症状减轻，达到治疗各种过敏性疾患的作用。主要用于过敏性鼻炎、皮肤瘙痒等的治疗。</td></tr>
<tr><td colspan="2">归类决定</td><td colspan="4">曲谱利啶属于烷基胺类抗组胺药物，不属于皮质甾类激素和生物碱，不应归入税则号列 3004. 3200。根据归类总规则一和六，该商品应归入税则号列 3004. 9090。</td></tr>
</table>

| 序号 | 280 | 归类决定编号 | Z2006－0149 | 公告编号 | 2006年第69号 |
|---|---|---|---|---|---|
| 商品税则号列 | 3006.6010 | | 发布日期 | | 2006年11月22日 |
| 商品名称 | 达英—35 | | | | |
| 英文名称 | Diane 35 | | | | |
| 其他名称 | | | | | |
| 商品描述 | “达英—35”即复方醋酸环丙孕酮片，是一种用于治疗女性雄激素过多症状的药剂。产品规格为：每盒100板，每板21粒。有效组分为：醋酸环丙孕酮（雄性激素拮抗剂）2毫克/片、炔雌醇（雌激素）0.035毫克/片。其药理为：由于醋酸环丙孕酮具有抑制男性激素产生的作用，故该商品可用于治疗女性的男性激素依赖性疾病如痤疮，或伴有脂溢、炎症或结节形成（丘脓疮型痤疮，结节囊肿型痤疮），以及脱发和轻型多毛症。单独使用醋酸环丙孕酮可导致月经周期紊乱，所以该商品中还含有炔雌醇，服用该商品期间不会排卵，因此也具有避孕效果。 | | | | |
| 归类决定 | 该商品具有避孕药的疗效和特征，符合《税则》第三十章章注四（八）及税目条文中对税目30.06的排他性规定，应按照章注规定的优先性，“这些物品只能归入税目30.06而不得归入‘本目录’其他税目”，如归入税目30.04项下的相应子目。因此，“达英—35”（复方醋酸环丙孕酮片）应归入税则号列3006.6010。 | | | | |

| 序号 | 281 | 归类决定编号 | Z2006－0150 | 公告编号 | 2006年第69号 |
|---|---|---|---|---|---|
| 商品税则号列 | 3101.0090 | | 发布日期 | | 2006年11月22日 |
| 商品名称 | 肥料(经化学处理的鸡粪) | | | | |
| 英文名称 | Manure(chicken droppings) | | | | |
| 其他名称 | | | | | |
| 商品描述 | 该肥料以肉鸡粪为原料,在70℃以上温度经过微生物发酵约15天,然后再经过400℃以上高温干燥制得。 | | | | |
| 归类决定 | 根据海关化验鉴定结果,"肥料(经化学处理的鸡粪)"外观为棕色颗粒,属于有机肥。该商品是以肉鸡粪为原料,在70℃以上温度经过微生物发酵约15天,然后再经过400℃以上高温干燥制得。<br>从其生产工艺看,"肥料(经化学处理的鸡粪)"经过微生物发酵处理(生化处理),应归入税则号列3101.0090。 | | | | |

| 序号 | 282 | 归类决定编号 | Z2009－0008 | 公告编号 | 2009年第5号 |
|---|---|---|---|---|---|
| 商品税则号列 | 3103.1010 | | 发布日期 | | 2009年1月20日 |
| 商品名称 | 饲料级重过磷酸钙 | | | | |
| 英文名称 | | | | | |
| 其他名称 | | | | | |
| 商品描述 | 饲料级重过磷酸钙为白色粉粒,用硫酸从磷矿石中制取而得,含磷酸二氢钙、其他钙盐等,是以磷酸二氢钙为主要成分的混合物。以氧化物计算,含五氧化二磷46.52%、氧化钙22.29%、三氧化二铁0.99%、三氧化硫3.8%、三氧化二铝1.68%。该商品用作水产和禽畜饲料添加剂,以补充磷、钙元素,添加量为1%～2%。外包装为25千克/袋或40千克/袋。 | | | | |
| 归类决定 | 根据归类总规则一及六,该商品应归入税则号列3103.1010。 | | | | |

| 序号 | 283 | 归类决定编号 | Z2006 - 0151 | 公告编号 | 2006 年第 69 号 |
|---|---|---|---|---|---|
| 商品税则号列 | 3105. 5900/3105. 9000 | | | 发布日期 | 2006 年 11 月 22 日 |
| 商品名称 | 二元氮磷肥、二元氮钾肥 | | | | |
| 英文名称 | | | | | |
| 其他名称 | | | | | |
| 商品描述 | 二元氮磷肥：颗粒状，50 千克/袋，由尿素和磷酸铵物理掺混，$N + P_2O_5 \geq 45\%$，成分：N，$P_2O_5$。二元氮钾肥：颗粒状，50 千克/袋，由尿素和氯化钾物理掺混，$N + K_2O \geq 50\%$，成分：N，$K_2O$。 | | | | |
| 归类决定 | 子目 3105. 20 是指同时含氮、磷、钾三种肥效元素的矿物肥料或化学肥料，两种商品均不符合。根据归类总规则一，"二元氮磷肥"应归入税则号列 3105. 5900，"二元氮钾肥" 应归入税则号列 3105. 9000。 | | | | |

| 序号 | 284 | 归类决定编号 | Z2013 - 0024 | 公告编号 | 2013 年第 26 号 |
|---|---|---|---|---|---|
| 商品税则号列 | 3105. 5900 | | | 发布日期 | 2013 年 5 月 17 日 |
| 商品名称 | 复合肥 | | | | |
| 英文名称 | | | | | |
| 其他名称 | | | | | |
| 商品描述 | 该商品是由 38% 的氯化铵、10% 的硫酸铵、42% 的磷酸一铵、7% 的碳酸氢铵、3% 的石粉加进粉碎机粉碎后，再进入蒸汽加温搅拌，滚筒造粒，冷却灌包而成的。用途：直接施于田地。经海关化验鉴定含量为：全氮（N）16. 49%，有效磷（$P_2O_5$）20. 26%，全钾（$K_2O$）0. 94%，硫（S）1. 04%，有机质 2. 39%。 | | | | |
| 归类决定 | 在该商品的生产过程中没有专门添加含钾元素的原料，其中所含的微量钾仅作为杂质存在。该商品属于二元复合肥，根据归类总规则一及六，应归入税则号列 3105. 5900。 | | | | |

| 序号 | 285 | 归类决定编号 | Z2006－1203 | 公告编号 | 2007年第70号 |
|---|---|---|---|---|---|
| 商品税则号列 | 3105.9000 | | | 发布日期 | 2007年12月5日 |
| 商品名称 | 有机肥原料 | | | | |
| 英文名称 | Bio-organic fertilizer | | | | |
| 其他名称 | | | | | |
| 商品描述 | 有机肥原料是一种含棕榈粉30%、可可粉15%、咖啡仁粉15%、尿素10%、沸石粉5%、氧化钙5%、米糠5%、水分13%、微量元素2%的有机肥原料。该产品呈黑褐色粉末状，其包装规格为50千克/袋。生产工艺为：将有机物料粉碎（棕榈粉等）→混合→高温→加入水分→加入化学品（尿素等）→增氧→加入微量元素→持续翻动→有机肥原料。该产品进口后需加工成颗粒状并酌情加入部分微量元素方可使用。 | | | | |
| 归类决定 | 该产品是一种由植物肥与化学肥混合的产品。根据归类总规则一，有机肥原料应归入税则号列3105.9000。 | | | | |

| 序号 | 286 | 归类决定编号 | Z2009－0096 | 公告编号 | 2009年第32号 |
|---|---|---|---|---|---|
| 商品税则号列 | 3105.9000 | | | 发布日期 | 2009年6月12日 |
| 商品名称 | 鸟粪（圆粒肥） | | | | |
| 英文名称 | Granular fertilizer | | | | |
| 其他名称 | | | | | |
| 商品描述 | 鸟粪（圆粒肥）是一种以海鸟、蝙蝠等的粪便、尸体及残骸经长时间堆积在土壤及岩层上形成的风化物质为原料，经粉碎、干燥、再粉碎（为达到100目左右而加入3%淀粉黏合）、造粒等步骤加工而成。为圆形褐色颗粒，20千克/包，经海关化验为含有羟磷灰石、石英和碳酸钙的成分。用于有机作物的栽培。 | | | | |
| 归类决定 | 从加工工艺看，该商品是采用天然矿物肥料与淀粉混合造粒而成的，其加工程度已超出了《税则》第二十五章的商品范围，且其已具有肥料的特定用途，因此，不属于第二十五章和税目68.15的商品范围。从成分含量看，根据第三十一章章注三，该商品不属于《税则注释》品目31.03的商品范围，不能归入税则号列3103.9000。根据归类总规则一及《税则注释》品目31.05的条文注释，鸟粪（圆粒肥）应按其他肥料归入税则号列3105.9000。 | | | | |

<table>
<tr><td>序号</td><td>287</td><td>归类决定编号</td><td>Z2014－0002</td><td>公告编号</td><td>2014 年第　号</td></tr>
<tr><td colspan="2">商品税则号列</td><td colspan="2">3105. 9000</td><td>发布日期</td><td>年　月　日</td></tr>
<tr><td colspan="2">商品名称</td><td colspan="4">植物营养液</td></tr>
<tr><td colspan="2">英文名称</td><td colspan="4"></td></tr>
<tr><td colspan="2">其他名称</td><td colspan="4"></td></tr>
<tr><td colspan="2">商品描述</td><td colspan="4">植物营养液为深绿色液体，来自植物提取物，主要成分为：氨基酸 20%，腐殖酸 5%，柠檬酸 5%，磷酸 1%，有效钾 2%，氮 1%，硫磺 0. 1%，镁、铜、铁、硼、锰、钼、锌、钙合计为 12%，余下部分全部为水。稀释后喷洒于植物叶面（稀释比例为 50 毫升兑 18 千克水），促进植物叶面细胞活力化，非零售包装。</td></tr>
<tr><td colspan="2">归类决定</td><td colspan="4">该商品属于肥料，稀释后喷洒于植物叶面，可促进植物叶面细胞活力化。根据归类总规则一及六，植物营养液应归入税则号列 3105. 9000。</td></tr>
</table>

<table>
<tr><td>序号</td><td>288</td><td>归类决定编号</td><td>Z2006－0152</td><td>公告编号</td><td>2006 年第 69 号</td></tr>
<tr><td colspan="2">商品税则号列</td><td colspan="2">3201. 9090</td><td>发布日期</td><td>2006 年 11 月 22 日</td></tr>
<tr><td colspan="2">商品名称</td><td colspan="4">皮革用植物鞣料</td></tr>
<tr><td colspan="2">英文名称</td><td colspan="4"></td></tr>
<tr><td colspan="2">其他名称</td><td colspan="4"></td></tr>
<tr><td colspan="2">商品描述</td><td colspan="4">经海关化验，皮革用植物鞣料的主要成分为木质素磺酸盐类，并含其他组分。该商品是一种植物性改性鞣料，用于皮革工业植物再鞣革阶段。该商品可以渗透入皮革与皮革纤维结合，具有良好的分散、渗透性。</td></tr>
<tr><td colspan="2">归类决定</td><td colspan="4">根据海关化验鉴定结论，皮革用植物鞣料的主要成分为木质素磺酸盐类，含有其他组分，外观为浅棕色粉末，用于皮革工业中的再鞣革阶段。<br>商品为由荆树皮萃取经过磺化工艺获得的水溶性植物鞣料，在其生产中未添加其他化合物和原料，符合《税则注释》品目 32. 01 中植物鞣料的范畴。<br>根据归类总规则一，皮革用植物鞣料应归入税则号列 3201. 9090。</td></tr>
</table>

| 序号 | 289 | 归类决定编号 | Z2006－0153 | 公告编号 | 2006年第69号 |
|---|---|---|---|---|---|
| 商品税则号列 | 3202.1000 | | | 发布日期 | 2006年11月22日 |
| 商品名称 | 鞣剂SC－120 | | | | |
| 英文名称 | | | | | |
| 其他名称 | | | | | |
| 商品描述 | 鞣剂SC－120为丙烯酰胺与丙烯酸铵盐共聚体的水溶液，外观为淡黄色黏稠液体，有效成分含量为35±2%，PH值为6.2±0.1，主要用于皮革胶黏剂。在皮革的复鞣阶段中，起填充皮革、减少皮革松面、增加柔软性的效果。 | | | | |
| 归类决定 | 参照《税则注释》中品目35.06的条文解释，归入该品目的制品所起的主要作用是胶黏性，因此该商品不能归入35.06项下。该商品属于丙烯酸类合成鞣剂。根据归类总规则一，鞣剂SC－120应归入税则号列3202.1000。 | | | | |

| 序号 | 290 | 归类决定编号 | Z2006－0154 | 公告编号 | 2006年第69号 |
|---|---|---|---|---|---|
| 商品税则号列 | 3202.9000 | | | 发布日期 | 2006年11月22日 |
| 商品名称 | 铬的硫酸盐（铬盐） | | | | |
| 英文名称 | | | | | |
| 其他名称 | | | | | |
| 商品描述 | 根据海关化验鉴定结果，铬的硫酸盐（铬盐）为碱式硫酸铬和硫酸钠的混合物。外观为绿色粉末，纸袋包装，每袋25千克。该商品用作皮革鞣剂，由重铬酸钠和硫酸、葡萄糖反应制取而得。产品中的葡萄糖的部分氧化产物（少量有机酸）可起到蒙囿作用，硫酸钠可使革的充实性得到提高。不同牌号的该类商品的盐基度从33%～42%不等。 | | | | |
| 归类决定 | 税目28.33所包括的碱性硫酸铬仅为有化学定义的相当不稳定的碱性硫酸铬溶液。经查找相关资料，商品碱性硫酸铬中均含有不同量的硫酸钠，且可以根据需要制成碱度不同的产品。<br>该商品属于非单一有化学定义的无机合成鞣剂。根据归类总规则一，铬的硫酸盐（铬盐）应归入税则号列3202.9000。 | | | | |

| 序号 | 291 | 归类决定编号 | Z2006 - 0155 | 公告编号 | 2006 年第 69 号 |
|---|---|---|---|---|---|
| 商品税则号列 | 3203.0019 | | 发布日期 | 2006 年 11 月 22 日 | |
| 商品名称 | 辣椒红浸膏 | | | | |
| 英文名称 | Oleoresin paprika(pure) | | | | |
| 其他名称 | 辣椒红色素 | | | | |
| 商品描述 | 该商品为深红色黏稠液体,生产工艺为:干辣椒→辣椒粉→正己烷萃取→过滤→沉淀→浓缩→脱残(正己烷)→脱辣→灭菌→成品,用途为药品或食品用天然着色剂。<br>根据海关鉴定结果,“辣椒油树脂”英文名为“OLEORESIN　PAPRIKA(PURE)”,为深红色黏稠液体,主要成分为辣椒红素和辣椒玉红素,辣椒素含量仅为 0.07%。 | | | | |
| 归类决定 | 该商品主要为着色成分,并已用乙醇去掉辣椒素,不具备《税则》税目 33.01 的商品特征。根据《税则注释》中品目 33.01 的排他条款及品目 32.03 的规定,辣椒油树脂应归入税则号列 3203.0019。 | | | | |

| 序号 | 292 | 归类决定编号 | Z2013 - 0025 | 公告编号 | 2013 年第 26 号 |
|---|---|---|---|---|---|
| 商品税则号列 | 3203.0019 | | 发布日期 | 2013 年 5 月 17 日 | |
| 商品名称 | 姜黄素 | | | | |
| 英文名称 | | | | | |
| 其他名称 | 姜黄提取物 | | | | |
| 商品描述 | 该商品为黄色粉末,姜黄素含量 85% ~95%,加工工艺:以姜黄为原料经磨粉,乙醇二次提取、浓缩、萃取结晶、真空干燥、粉碎、过筛、包装制得。用作食品着色剂和保健品原料。 | | | | |
| 归类决定 | 根据归类总规则一及六,该商品应归入税则号列 3203.0019。 | | | | |

<table>
<tr><td>序号</td><td>293</td><td>归类决定编号</td><td>Z2006 - 0156</td><td>公告编号</td><td>2006 年第 69 号</td></tr>
<tr><td colspan="2">商品税则号列</td><td colspan="2">3204. 1990</td><td>发布日期</td><td>2006 年 11 月 22 日</td></tr>
<tr><td colspan="2">商品名称</td><td colspan="4">DVD - R 染料</td></tr>
<tr><td colspan="2">英文名称</td><td colspan="4">Dye</td></tr>
<tr><td colspan="2">其他名称</td><td colspan="4"></td></tr>
<tr><td colspan="2">商品描述</td><td colspan="4">DVD - R 光盘生产用染料为褐色粉末状。生产时将该染料按一定配比溶解于有机溶剂中,在旋转涂布机中均匀涂布于光盘上,形成 DVD-R 光盘的数据记录层(染料层),每张 DVD - R 光盘耗用染料 0. 00464 克。<br>DVD - R 光盘在刻录过程中,记录层因吸收了激光并进行热转化后色素分解而膨胀、变形,因此激光在该点上的折射率将会发生变化,反射回来的光线会产生相位差而成为凹陷点,即光盘存储的信息。因此,DVD-R 染料肩负着记录数据的重要职责。</td></tr>
<tr><td colspan="2">归类决定</td><td colspan="4">根据介绍,DVD - R 染料呈褐色粉末状,用于光盘生产。生产时将该染料按一定配比溶解于有机溶剂中,在旋转涂布机中均匀涂布在聚碳酸酯盘基上,经紫外光烘干后形成 DVD - R 光盘的数据记录层(染料层)。DVD - R 可录光盘中的染料是用作盘片存储层的材料,在记录过程中通过光热效应达到记录的目的,即记录光束的光能转化为热能对记录介质起作用,形成记录信息符。<br>根据应用领域,染料可分为纺织用品染料、非纺织品用染料及功能染料(色素)三大类。该商品属于功能染料(色素)中的信息记录用染料(色素),属于《税则注释》品目 32. 04 的商品范围。<br>根据归类总规则一,DVD - R 染料应归入税则号列 3204. 1990。</td></tr>
</table>

<table>
<tr><td>序号</td><td>294</td><td>归类决定编号</td><td>Z2013 - 0026</td><td>公告编号</td><td>2013 年第 26 号</td></tr>
<tr><td colspan="2">商品税则号列</td><td colspan="2">3204. 1990</td><td>发布日期</td><td>2013 年 5 月 17 日</td></tr>
<tr><td colspan="2">商品名称</td><td colspan="4">β - 胡萝卜素(液体)</td></tr>
<tr><td colspan="2">英文名称</td><td colspan="4"></td></tr>
<tr><td colspan="2">其他名称</td><td colspan="4"></td></tr>
<tr><td colspan="2">商品描述</td><td colspan="4">该商品为红色浓稠液体,无气味。成分:β - 胡萝卜素约 30%,葵花籽油(载体)约 70%,以及少量的生育酚(抗氧化剂)。加工工艺:由维生素 A 醋酸酯加碳酸钾经皂化和氧化反应,经结晶得到 β - 胡萝卜素纯品,再按比例加入葵花籽油、生育酚制成。可作为添加剂用于食品、保健品和药品等领域。</td></tr>
<tr><td colspan="2">归类决定</td><td colspan="4">根据《税则注释》对品目 32. 04 的解释,该品目包括合成而得的类胡萝卜素及其制品。根据归类总规则一及六,该商品应归入税则号列 3204. 1990。</td></tr>
</table>

<table>
<tr><td>序号</td><td>295</td><td>归类决定编号</td><td>Z2013 - 0027</td><td>公告编号</td><td>2013 年第 26 号</td></tr>
<tr><td colspan="2">商品税则号列</td><td colspan="2">3204. 1990</td><td>发布日期</td><td>2013 年 5 月 17 日</td></tr>
<tr><td colspan="2">商品名称</td><td colspan="4">β - 胡萝卜素干粉</td></tr>
<tr><td colspan="2">英文名称</td><td colspan="4"></td></tr>
<tr><td colspan="2">其他名称</td><td colspan="4"></td></tr>
<tr><td colspan="2">商品描述</td><td colspan="4">该商品为红色至红褐色颗粒。成分:β - 胡萝卜素(主要活性成分)10%、维生素 C 棕榈酸酯(抗氧剂)1% ~5%、维生素 E(抗氧剂)1% ~4%、蔗糖(甜味剂,赋形剂)15% ~30%、明胶(包埋剂)20% ~30%、玉米淀粉(赋形剂)15% ~30% 等。生产工艺:合成的 β - 胡萝卜素与维生素、蔗糖、淀粉、明胶等经溶解,乳化,喷雾制粒(微胶囊化工艺),干燥得到最终产品。可作为添加剂用于食品、保健品和药品等领域。</td></tr>
<tr><td colspan="2">归类决定</td><td colspan="4">根据《税则注释》对品目 32. 04 的解释,该品目包括合成而得的类胡萝卜素及其制品。根据归类总规则一及六,该商品应归入税则号列 3204. 1990。</td></tr>
</table>

| 序号 | 296 | 归类决定编号 | Z2006－0157 | 公告编号 | 2006年第69号 |
|---|---|---|---|---|---|
| 商品税则号列 | 3206.4900[3206.4990(2014年版)] | | 发布日期 | 2006年11月22日 | |
| 商品名称 | EVA塑胶粒 | | | | |
| 英文名称 | | | | | |
| 其他名称 | | | | | |
| 商品描述 | 该EVA塑胶粒为黑色颗粒，根据海关化验鉴定，主要成分为聚乙烯，含碳黑34%，并建议按实际用途归类。 | | | | |
| 归类决定 | 根据所提供的资料，该EVA塑胶粒为聚乙烯(PE)及碳黑组成的黑色颗粒，其中碳黑含量为34%。<br>此黑色颗粒是含无机着色料(碳黑)浓缩分散体的塑料。根据归类总规则一、第三十二章章注三和《税则注释》中品目32.06的注释，该商品应归入税则号列3206.4900[3206.4990(2014年版)]。 | | | | |

<table>
<tr><td>序号</td><td>297</td><td>归类决定编号</td><td>Z2006－0158</td><td>公告编号</td><td>2006 年第 69 号</td></tr>
<tr><td colspan="2">商品税则号列</td><td colspan="2">3206.4900[3206.4990(2014 年版)]</td><td>发布日期</td><td>2006 年 11 月 22 日</td></tr>
<tr><td colspan="2">商品名称</td><td colspan="4">环保型铜金粉</td></tr>
<tr><td colspan="2">英文名称</td><td colspan="4"></td></tr>
<tr><td colspan="2">其他名称</td><td colspan="4"></td></tr>
<tr><td colspan="2">商品描述</td><td colspan="4">环保型铜金粉为金黄色条状金属，有异味。根据海关化验鉴定结果，该产品成分为铜锌合金粉、聚醛树脂等，为以片状铜锌合金为基本成分的色料。铜金粉是以铜、锌为主要合金元素的鳞片状金黄色合金粉末。采用熔炼、球磨、分级、上光等多道工序制成，商品含 5% 的连接料（企业提供资料为脲醛树脂）。该商品广泛用于印刷行业，免除使用粉状铜金粉的不便，使油墨生产环境更加洁净。商品进口后的使用方法为溶解于酯或甲苯溶剂中，再加入调金油，搅拌均匀成油墨。</td></tr>
<tr><td colspan="2">归类决定</td><td colspan="4">根据《税则注释》中品目 74.06 的排他条款，该品目不包括制成的色料、油漆或类似品的粉末或粉片。该产品为金属粉末与黏合剂混合制成，且作为色料使用，不属于税目 74.06 的商品范围。根据《税则注释》中品目 32.06 的解释，该品目包括金属粉片或粉末与有机黏合剂混合的混合物，该商品符合《税则》税目 32.06 的商品范围。<br>根据归类总规则一，环保型铜金粉应归入税则号列 3206.4900[3206.4990(2014 年版)]。</td></tr>
</table>

| 序号 | 298 | 归类决定编号 | Z2009 - 0097 | 公告编号 | 2009 年第 32 号 |
| --- | --- | --- | --- | --- | --- |
| 商品税则号列 | 3206.4900[3206.4990(2014 年版)] | | | 发布日期 | 2009 年 6 月 12 日 |
| 商品名称 | 聚乙烯碳黑母 | | | | |
| 英文名称 | Polyethylene carbon black masterbatch | | | | |
| 其他名称 | | | | | |
| 商品描述 | 聚乙烯碳黑母,为黑色颗粒状,主要成分为碳黑和聚乙烯,有 BKE - 2501、BKE - 2501 - C5、LL6156 等三种型号。型号 BKE - 2501 的成分:碳黑 50%、低密度聚乙烯(LDPE)10%、PE 蜡(PE - 520)11.7%、滑剂蜡(H - 50S)4.7%、老防剂(1076)0.4%、线性低密度聚乙烯(LLDPE)23.2%;型号 BKE - 2501 - C5 的成分:碳黑 50%、低密度聚乙烯(LDPE)14%、PE 蜡(PE - 520)11.6%、滑剂蜡(H - 50S)4.7%、老防剂(1076)0.5%、线性低密度聚乙烯(LLDPE)19.2%;型号 LL6156 的成分:碳黑 40%、线性低密度聚乙烯(LLDPE)55.7%、老防剂(1010)3.5%、老防剂(168)0.8%。该产品主要用于塑料的注塑及挤出成型,起提高黑度、亮度及遮蔽紫外线的作用。 | | | | |
| 归类决定 | 聚乙烯碳黑母的三种型号均为聚乙烯及碳黑组成的黑色颗粒,其中碳黑含量 40% ~50%。此类商品为无机着色料(碳黑)分散在塑料中的浓缩分散体,属于《税则》税目 32.06 的商品范围,根据归类总规则一,应归入税则号列 3206.4900[3206.4990(2014 年版)]。 | | | | |

| 序号 | 299 | 归类决定编号 | Z2006－0159 | 公告编号 | 2006年第69号 |
|---|---|---|---|---|---|
| 商品税则号列 | 3207.4000 | | | 发布日期 | 2006年11月22日 |
| 商品名称 | 低熔焊料玻璃粉（低玻粉） | | | | |
| 英文名称 | Frit glass | | | | |
| 其他名称 | | | | | |
| 商品描述 | 此商品主要为一种含有多量铅成分的细微粉末，在彩色显像管的玻壳封接中使用。这种低熔点焊料玻璃粉末在400℃～500℃的温度范围内可以封结。此时的低熔点焊料玻璃变成强的半结晶状态的不透明玻璃。这种粉末不允许有异物混入，颜色呈赤橙色。此商品通常主要成分为：PbO 75%、ZnO 12%、$B_2O_3$ 8.5%、$SiO_2$ 2.0%、BaO 2.0%、$ZrSiO_4$ 0.5%。 | | | | |
| 归类决定 | 根据《税则》税目32.07的列名，粉状、粒状及粉片状的玻璃粉应归入该税目项下，“玻璃”不仅包括硅酸盐玻璃，还应包括铅晶质玻璃等。<br>因此，该商品应归入税则号列3207.4000。 | | | | |

| 序号 | 300 | 归类决定编号 | Z2006－0160 | 公告编号 | 2006年第69号 |
|---|---|---|---|---|---|
| 商品税则号列 | 32.08 | | | 发布日期 | 2006年11月22日 |
| 商品名称 | 绝缘介质(用于微电路板的化合物) | | | | |
| 英文名称 | | | | | |
| 其他名称 | | | | | |
| 商品描述 | 该商品主要涂布于白色陶瓷基板上,经高温烘烤后在微电路之间起绝缘作用,经化验,主要成分有聚合物、无机颜(填)料、有机溶剂等,其中聚合物占47%,无机颜(填)料占35%,有机溶剂占18%,不含贵金属。 | | | | |
| 归类决定 | 绝缘介质(用于微电路板的化合物)外观为蓝色黏稠浆状物,经化验主要成分为聚合物(聚甲基硅氧烷、聚邻苯二甲酸酯等)、无机颜(填)料(铜盐、碳酸钙、钛白粉等)、有机溶剂(醋酸2-丁氧基乙酯等),其中聚合物占47%,无机颜(填)料占35%,有机溶剂占18%,不含贵金属。主要涂布于白色陶瓷基板上,经高温烘烤后在微电路之间起绝缘作用。<br>从其组分及使用方法(涂布后烘烤)来看,该商品属于由树脂、颜料及溶剂组成的绝缘漆。根据归类总规则一,绝缘介质(用于微电路板的化合物)应根据其所含的主要聚合物归入税目32.08项下。 | | | | |

| 序号 | 301 | 归类决定编号 | Z2006 - 0161 | 公告编号 | 2006 年第 69 号 |
|---|---|---|---|---|---|
| 商品税则号列 | 3208. 9010/3208. 2010 | | 发布日期 | 2006 年 11 月 22 日 | |
| 商品名称 | 油皮处理剂、橡胶处理剂、硬化剂 | | | | |
| 英文名称 | | | | | |
| 其他名称 | | | | | |
| 商品描述 | 油皮处理剂:化学主成分为聚酯型聚氨酯树脂和溶剂丁酮、丙酮及乙酸乙酯,其中聚酯型聚氨酯树脂约占 25%,丁酮含量约 52%,丙酮约 16%,乙酸乙酯约 7%。用于处理布及皮料表面,破坏布及皮料表面,使胶水与材料粘力更强。<br>橡胶处理剂:化学主成分为聚甲基丙烯酸甲酯和溶剂甲苯、丁酮,其中聚甲基丙烯酸甲酯约占 8%,甲苯含量约 70%,丁酮含量约 22%。用于处理橡胶表面,使胶水与材料粘力更强。<br>硬化剂:化学主成分为含 13% 聚氨酯树脂和 87% 二氯甲烷溶剂。用于加快胶水的固化时间,使胶水内部形成网状结构,增加粘力。 | | | | |
| 归类决定 | 根据《税则》第三十二章章注四的规定,这三种商品的挥发性有机溶剂含量均超过溶液重量的 50%,因此应按照《税则》具体列名税目归入税目 32. 08 项下。根据化学成分不同,油皮处理剂及硬化剂应归入税则号列 3208. 9010,橡胶处理剂应归入税则号列 3208. 2010。 | | | | |

| 序号 | 302 | 归类决定编号 | Z2006－1205 | 公告编号 | 2007年第70号 |
|---|---|---|---|---|---|
| 商品税则号列 | 3208.2010 | | | 发布日期 | 2007年12月5日 |
| 商品名称 | 鞋材黏合前处理剂 | | | | |
| 英文名称 | | | | | |
| 其他名称 | 处理剂/甲乙酮、乙酸乙酯等混合物(申报名称) | | | | |
| 商品描述 | 该商品为淡蓝色液体,有刺激性气味,主要成分为环已烷、丁酮、少量丙烯酸聚合物等,挥发性有机溶剂含量为99.3%,其中的溶剂起润湿及渗透的作用。该产品用作EVA(乙烯—醋酸乙烯共聚物)鞋材黏合前的处理剂,经UV(紫外光)能量机的照射,产生光聚合作用及架桥作用并改变EVA材质的极性,使其获得良好的接触效果。经该产品处理后的鞋材需再加黏合剂黏合。 | | | | |
| 归类决定 | 该产品起主要作用的是其中的少量丙烯酸聚合物,且溶剂含量大于50%,根据归类总规则一及第三十二章章注四的规定,该商品应归入税则号列3208.2010。 | | | | |

| 序号 | 303 | 归类决定编号 | Z2006－0162 | 公告编号 | 2006年第69号 |
|---|---|---|---|---|---|
| 商品税则号列 | 3208.9090 | | | 发布日期 | 2006年11月22日 |
| 商品名称 | 硅油 | | | | |
| 英文名称 | | | | | |
| 其他名称 | | | | | |
| 商品描述 | 该商品有KS－847T和KS－3755两种型号,均为无色液体,不溶于水,可溶于甲苯,涂于纸或膜的表面,用作离型剂。<br>根据海关化验鉴定结果,“硅油”为含有聚硅氧烷及70%左右的挥发性有机溶剂的混合物。 | | | | |
| 归类决定 | 该商品含挥发性有机溶剂大于50%,符合《税则》第三十二章章注四的规定,根据《税则注释》关于品目32.08的规定,硅油应归入税则号列3208.9090。 | | | | |

| 序号 | 304 | 归类决定编号 | Z2006－0163 | 公告编号 | 2006 年第 69 号 |
|---|---|---|---|---|---|
| 商品税则号列 | 3208. 9090 | | | 发布日期 | 2006 年 11 月 22 日 |
| 商品名称 | 离型剂（FREKOTE 牌） | | | | |
| 英文名称 | Mold release agent | | | | |
| 其他名称 | | | | | |
| 商品描述 | 根据介绍及海关化验鉴定结果，离型剂（FREKOTE 牌）为无色液体、不溶于水，型号为 HSC－4。成分包括聚硅氧烷和有机溶剂。其挥发份为 98. 5%。使用方法为：将稀释过的离型剂刷到模具表面，在热压机台上加热，打开模具将环氧树脂和碳纤维的混合物放入模具，然后合上模具在热压机台加热固化，溶剂和保护剂挥发，在热和空气湿气的作用下，离型剂树脂本身之间发生交连形成保护膜，由于有离型剂隔绝在模具表面，所以复合材料不会粘在模具上取不下来。 | | | | |
| 归类决定 | 该商品不同于《税则注释》中品目 27. 10 所述的“脱模油”，它的主要作用是树脂交连形成保护膜，而溶剂和保护剂挥发。<br>该商品中有机溶剂含量大于 50%，根据《税则》第三十二章章注四，离型剂（FREKOTE 牌）应归入税则号列 3208. 9090。 | | | | |

| 序号 | 305 | 归类决定编号 | Z2006－1206 | 公告编号 | 2007 年第 70 号 |
|---|---|---|---|---|---|
| 商品税则号列 | 3208. 9090 | | | 发布日期 | 2007 年 12 月 5 日 |
| 商品名称 | 油性不粘涂料 | | | | |
| 英文名称 | | | | | |
| 其他名称 | | | | | |
| 商品描述 | 该油性不粘涂料的主要成分为聚硅氧烷树脂 55%、颜料 7%、酯类溶剂 30%、芳香族溶剂 5%、环氧树脂 1%、树脂促进剂 2%。该涂料直接供厨房烹调器皿及电器产品等铝材上使用。 | | | | |
| 归类决定 | 根据归类总规则一，该油性不粘涂料应归入税则号列 3208. 9090。 | | | | |

<table>
<tr><td>序号</td><td>306</td><td>归类决定编号</td><td>Z2006－0164</td><td>公告编号</td><td>2006 年第 69 号</td></tr>
<tr><td colspan="2">商品税则号列</td><td colspan="2">32.09</td><td>发布日期</td><td>2006 年 11 月 22 日</td></tr>
<tr><td colspan="2">商品名称</td><td colspan="4">纺织印花整理剂</td></tr>
<tr><td colspan="2">英文名称</td><td colspan="4"></td></tr>
<tr><td colspan="2">其他名称</td><td colspan="4"></td></tr>
<tr><td colspan="2">商品描述</td><td colspan="4">申报为纺织印花整理剂共有 10 种型号，台湾地区生产。该批纺织印花整理剂加入不同色料可在不同布料的衣服上印制不同的图案、文字。<br>该批纺织印花整理剂的型号、成分如下：<br>1. 型号 P－210，成分为聚丙烯酸树酯（乳液型）43.6%、水 54.35%、消泡剂 0.38%、增稠剂 1.92%、氨水 0.29%。<br>2. 型号 R－111，成分为乳液型聚丙烯酸树酯 38.23%、水 46.65%、消泡剂 0.34%、钛白粉 11.89%、防粘剂 0.68%、增稠剂 1.87%、氨水 0.34%。<br>3. 型号 T－102，成分为聚乙烯－醋酸乙烯乳液树酯 34.73%、界面活性剂 6.36%、水 42.45%、增稠剂 1.8%、防粘剂 2.5%、聚丙烯酸树酯 12.16%。<br>4. 型号 P－023，成分为聚乙烯－醋酸乙烯树酯 9%、水 43.7%、界面活性剂 1.5%、增粘剂 0.8%、钛白粉 16%、聚丙烯酸树酯 29%。<br>5. 型号 E－026，成分为聚乙烯－醋酸乙烯乳液树酯 37%、水 42.4%、聚丙烯酸树酯（乳液型）12%、防粘剂 6.3%、增稠剂 2.3%。<br>6. 型号 R－101，成分为聚乙烯－醋酸乙烯乳液树酯 28%、水 32.4%、聚丙烯酸树酯（乳液型）10.5%、钛白粉 22.5%、防粘剂 3.5%、增稠剂 2.4%、分散剂 0.7%。<br>7. 型号 E－032，成分为聚乙烯－醋酸乙烯乳液树酯 30%、水 39.9%、三氧化二锑 6.5%、防火剂 6.5%、增稠剂 1.1%、防粘剂 5.5%、聚丙烯酸树酯 10.50%。<br>8. 型号 E－001，成分为聚乙烯－醋酸乙烯乳液树酯 48%、水 38.7%、界面活性剂 1.5%、溶剂 8.7%、增稠剂 3.1%。<br>9. 型号 E－225，成分为聚胺酯乳液树酯 9.70%、水 56.5%、热熔胶粉 32.5%、增稠剂 1.3%。<br>10. 型号 P－084，成分为聚乙烯－醋酸乙烯乳液树酯 22.50%、水 49%、聚丙烯酸树酯（乳液型）13.50%、界面活性剂 2.60%、防粘剂 1.55%、增稠剂 3.5%、氨水 0.85%、发泡剂 6.50%。</td></tr>
<tr><td colspan="2">归类决定</td><td colspan="4">“纺织印花整理剂”共 10 个型号，其中 P－210、T－102、E－026、E－032 属于透明胶浆，使用时需加入色料再印到衣服上；R－111、P－023、R－101 属于白胶浆，可直接印白色图案、印深色布时用于遮盖底色。E－001 使用时先印到成衣上，再用金、银箔覆盖形成烫金效果。E－225 使用时先印到成衣上，再用植绒毛纸覆盖形成植绒效果。P－084使用时先加入色料印到成衣上，再加热形成发泡效果。<br>从用途及成分看，该类商品属于纺织印花涂料，不属于《税则》税目 38.09 的“用于纱线、织物……处理或整理的本协调制度其他品目未列名的一系列产品”。该类产品以聚合物为黏合剂，添加有部分增粘剂、表面活性剂、钛白粉等，用以装饰物体表面，符合税目 32.09 的商品范围。根据归类总规则一，纺织印花整理剂应归入税目 32.09 项下。</td></tr>
</table>

| 序号 | 307 | 归类决定编号 | Z2006 - 1207 | 公告编号 | 2007 年第 70 号 |
|---|---|---|---|---|---|
| 商品税则号列 | | 3209.9020 | | 发布日期 | 2007 年 12 月 5 日 |
| 商品名称 | 水性不粘涂料 | | | | |
| 英文名称 | | | | | |
| 其他名称 | | | | | |
| 商品描述 | 该水性不粘涂料的主要成分为氟树脂 52%、颜料 5%、添加剂 4%、溶剂 39%（其中水 29.5%、呋喃甲基醇 1%、乙二醇 4.5%、甲苯 4%），属水性涂料，直接用于厨房烹调器皿及电器产品上。 | | | | |
| 归类决定 | 根据归类总规则一，该水性不粘涂料应归入税则号列 3209.9020。 | | | | |

| 序号 | 308 | 归类决定编号 | Z2006 - 0165 | 公告编号 | 2006 年第 69 号 |
|---|---|---|---|---|---|
| 商品税则号列 | | 3210.0000 | | 发布日期 | 2006 年 11 月 22 日 |
| 商品名称 | 防水涂料 | | | | |
| 英文名称 | Heavy duty roof coating | | | | |
| 其他名称 | | | | | |
| 商品描述 | 货主提供说明，该商品用于屋面防水，主要组成成分为“德州之心”沥青、高强纤维、矿粉、抗老化剂 ZHD - 7、海藻化石 Die-seal。施工工艺：清扫基面→用国产浮化沥青涂刷地油→用括板涂括→再用括板涂括本产品。 | | | | |
| 归类决定 | 据随附产品说明书的内容，此产品的成分和使用方法与税目 32.10 的清漆相符，并参考《税则注释》中品目 27.15 的排他条款（五），将此商品归入税则号列 3210.0000。 | | | | |

<table>
<tr><td>序号</td><td>309</td><td>归类决定编号</td><td>Z2006－0166</td><td>公告编号</td><td>2006年第69号</td></tr>
<tr><td>商品税则号列</td><td colspan="3">3210.0000</td><td>发布日期</td><td>2006年11月22日</td></tr>
<tr><td>商品名称</td><td colspan="5">防火涂料</td></tr>
<tr><td>英文名称</td><td colspan="5"></td></tr>
<tr><td>其他名称</td><td colspan="5"></td></tr>
<tr><td>商品描述</td><td colspan="5">该商品型号为TN－LB－2，是钢结构膨胀防火涂料，为水溶性有机与无机相结合的乳胶膨胀防火涂料。主要成分为聚磷酸铵25%、三聚氢铵12%、季戊四醇15%、钛白粉15%、二丁脂3%、水30%。<br>主要用途：适合于建筑物中裸露的钢结构的防火保护。<br>原理：涂在钢结构的表面，涂层遇火迅速膨胀，形成防火隔热层。</td></tr>
<tr><td>归类决定</td><td colspan="5">该防火涂料型号为TN－LB－2，为水溶性有机与无机相结合的乳胶膨胀防火涂料。用作钢结构膨胀防火涂料，适合于建筑物中裸露的钢结构的防火保护。将该商品涂在钢结构的表面，涂层遇火迅速膨胀，形成防火隔热层。<br>《税则注释》中品目38.16包括的产品是以陶渣及第纳斯土、金刚砂等耐火材料为基本成分的耐火制剂，而该商品并非以耐火材料为基本成分，因此不能归入品目38.16项下。根据归类总规则一，防火涂料应归入税则号列3210.0000。</td></tr>
</table>

| 序号 | 310 | 归类决定编号 | Z2010－0012 | 公告编号 | 2010 年第 15 号 |
|---|---|---|---|---|---|
| 商品税则号列 | 3214.1010 | | | 发布日期 | 2010 年 2 月 28 日 |
| 商品名称 | 黑胶 | | | | |
| 英文名称 | Molding compound | | | | |
| 其他名称 | | | | | |
| 商品描述 | 该商品为黑色颗粒。经海关化验鉴定，其含有酚醛树脂。热重分析样品中含高分子有机物 25.79%、无机物 74.21%，其中无机物主要为二氧化硅和约 1.49% 的氧化锑。申报产品成分为二氧化硅 60% ~80%、环氧树脂 10% ~20%、酚醛树脂 5% ~10%、碳黑 0.1% ~5%、其他 0.1% ~5%。该商品是半导体器件外包装填充封装用料，起赋形和保护作用。产品通常先经熔化，再将电子器件包裹其中，然后模制成形。其生产过程为：将树脂、填充料、硬化剂、添加剂等混合加热混炼，然后冷却、粉碎后混合而成。 | | | | |
| 归类决定 | 该商品的主要作用是包覆、填充，其用途和成分符合《税则注释》中品目 32.14 第一款（三）和（九）的解释，所加的硬化剂使之更为具体地归入品目 32.14，因此该商品不应归入《税则》第三十九章。根据归类总规则一及六，黑胶应归入税则号列 3214.1010。 | | | | |

| 序号 | 311 | 归类决定编号 | Z2006－0168 | 公告编号 | 2006年第69号 |
|---|---|---|---|---|---|
| 商品税则号列 | 32.15 | | | 发布日期 | 2006年11月22日 |
| 商品名称 | 黑(彩)墨盒(内装墨水) | | | | |
| 英文名称 | | | | | |
| 其他名称 | | | | | |
| 商品描述 | 该墨盒供EPSON喷墨打印机使用,装在打印机内,是一次性使用可更换商品。 | | | | |
| 归类决定 | 对商品的归类是根据商品进口时的状态而不是进口后的最终状态进行归类。因此分批进口的整机成套散件,若根据归类总规则二(一)未构成整机的基本特征,则应按零部件归类。<br>所报黑(彩)墨盒是一次性使用可更换商品,属于打印机专用的消耗品,无论是否与整机或(成套散件)一起进口,均应按印刷油墨归入税目32.15项下。 | | | | |

| 序号 | 312 | 归类决定编号 | Z2006－0169 | 公告编号 | 2006年第69号 |
|---|---|---|---|---|---|
| 商品税则号列 | 3215.1100 | | | 发布日期 | 2006年11月22日 |
| 商品名称 | 黑色油墨 | | | | |
| 英文名称 | | | | | |
| 其他名称 | | | | | |
| 商品描述 | 黑色油墨由颗粒精细的黑色颜料、聚合物、少量的添加剂(主要是导电质)和有机溶剂丁酮构成,具体含量为:黑色颜料6%、聚合物7%、添加剂1.4%、有机溶剂85.6%。该商品用于小字喷墨印刷机。 | | | | |
| 归类决定 | 黑色油墨的成分符合《税则注释》品目32.15对印刷油墨成分的解释。因此,根据归类总规则一,该商品应归入税则号列3215.1100。 | | | | |

| 序号 | 313 | 归类决定编号 | Z2006－0170 | 公告编号 | 2006 年第 69 号 |
|---|---|---|---|---|---|
| 商品税则号列 | 3301.2990[3301.2999(2014 年版)] | | 发布日期 | 2006 年 11 月 22 日 | |
| 商品名称 | 黄樟油 | | | | |
| 英文名称 | Sassafars oil | | | | |
| 其他名称 | | | | | |
| 商品描述 | 此商品外观为黄色油状液体，根据化验鉴定证书，此货品含黄樟脑 90% 及其他复杂组分。此商品加工工艺如下：由树根经洗净切片晒干打包后储存，再经粉碎浸泡中和稀释煮沸蒸馏保温冷却后分取上层液体，再经保温减压脱水得黄樟原油，再经重蒸馏制得纯度为 90% 的黄樟油。 | | | | |
| 归类决定 | 根据《税则注释》对品目 33.01 的解释，从天然植物材料中以通常方法（如：蒸馏、萃取等）提取制得的精油等属于该品目项下的产品。该商品属于黄樟油（精油），可以用于分离制得纯黄樟素及合成香料等，而不是《税则》第二十九章章注规定的“单独的已有化学定义的有机化合物”。<br>因此，该商品应归入税则号列 3301.2990[3301.2999(2014 年版)]。 | | | | |

| 序号 | 314 | 归类决定编号 | Z2006－1208 | 公告编号 | 2007 年第 70 号 |
|---|---|---|---|---|---|
| 商品税则号列 | 3301.2999 | | 发布日期 | 2007 年 12 月 5 日 | |
| 商品名称 | 二氧化碳酒花浸膏 | | | | |
| 英文名称 | $CO_2$ hop extract | | | | |
| 其他名称 | | | | | |
| 商品描述 | 二氧化碳酒花浸膏为金黄色或琥珀色，呈半流动糖浆或厚重黏稠状，用于生产啤酒。经海关化验鉴定，该产品为啤酒花的二氧化碳萃取物，成分为蛇麻酮、葎草酮、萜烯化合物等。 | | | | |
| 归类决定 | 该产品的加工工艺已超出《税则注释》品目 13.02 的规定，根据归类总规则一，二氧化碳酒花浸膏应归入税则号列 3301.2999。 | | | | |

| | | | | | |
|---|---|---|---|---|---|
| 序号 | 315 | 归类决定编号 | Z2006－0172 | 公告编号 | 2006年第69号 |
| 商品税则号列 | 33.02 | | | 发布日期 | 2006年11月22日 |
| 商品名称 | 薄荷毛素油 | | | | |
| 英文名称 | Peppermint oil without terpene | | | | |
| 其他名称 | | | | | |
| 商品描述 | 根据海关化验鉴定结果,薄荷毛素油为含薄荷酮的多组分产品。主要成分为薄荷酮24%、异薄荷酮6.5%～10.5%、胡薄荷酮2%、薄荷醇35%、新脑7%、乙酸薄荷酯2%～3.5%。外观为淡黄色透明液体,该商品是由薄荷油经冷冻分离出薄荷醇后,再经分馏除去萜烯而得到。 | | | | |
| 归类决定 | 天然薄荷精油中通常含薄荷醇65%～85%、薄荷酮6%～15%,薄荷醇(俗称薄荷脑)的含量比薄荷酮的含量高很多,由原油经脱去部分薄荷醇后(也称脱脑)得到的油即薄荷素油。该商品已经过分离薄荷醇,主要组分薄荷醇含量较通常含量下降了约50%,与原精油产品明显不同,且得到的产品符合国标《亚洲薄荷素油》的标准(GB/T12652－2002)。参照《税则注释》关于品目33.02的解释,根据归类总规则一,薄荷毛素油应按其用途归入税目33.02项下。 | | | | |

| | | | | | |
|---|---|---|---|---|---|
| 序号 | 316 | 归类决定编号 | Z2006－0173 | 公告编号 | 2006年第69号 |
| 商品税则号列 | 3302.1010 | | | 发布日期 | 2006年11月22日 |
| 商品名称 | 乙酸酒花油 | | | | |
| 英文名称 | Beta hop oil | | | | |
| 其他名称 | | | | | |
| 商品描述 | 乙酸酒花油为棕色浆状物,有特殊气味,包装规格为3千克/桶,用于生产啤酒。该商品是用二氧化碳酒花浸膏制备异构酒花浸膏后分流出来,再经萃取制得。海关化验鉴定结果,主要成分为蛇麻酮(即:β-酸)、香叶烯、石竹烯、草烯、榄香烯、杜松烯等,鉴定结论为β-酸酒花油。其作用是调节啤酒中的酒花味道。 | | | | |
| 归类决定 | 根据《税则注释》关于品目33.01的条文解释,进行分馏或其他改性以致所得产品的组分与初始产品明显不同的精油、香膏及提取的油树脂,不归入本品目(通常归入品目33.02)。该商品组分与初始产品二氧化碳酒花浸膏不同,已分离制备出异α-酸浸膏,该商品不属于《税则》税目33.01的商品范围。<br>根据归类总规则一,乙酸酒花油应归入税则号列3302.1010。 | | | | |

| 序号 | 317 | 归类决定编号 | Z2006－0174 | 公告编号 | 2006 年第 69 号 |
|---|---|---|---|---|---|
| 商品税则号列 | 3304.9900 | | 发布日期 | | 2006 年 11 月 22 日 |
| 商品名称 | 卸妆凝露、柔和深层洗颜液 | | | | |
| 英文名称 | Without gel cleaning/ Without mild wash | | | | |
| 其他名称 | 卸妆凝胶、深层洁面洗颜液 | | | | |
| 商品描述 | 卸装凝露是对皮肤毫无负担，吸附并清除化妆残留物和皮脂污垢的水洗型洁面凝胶。其为深层洁面洗颜液，柔和的泡沫给人以温柔的感觉，对皮肤显弱酸性，深层清洁毛孔中的污垢，洗后无紧绷感。<br>根据介绍，卸装凝露是对皮肤毫无负担，吸附并清除化妆残留物和皮脂污垢的水洗型洁面凝胶。主要成分为水、聚乙二醇椰油酸甘油酯、丁二醇等。柔和深层洗颜液的主要成分为水、椰油酰谷氨酸甲、山梨醇等。其柔和的泡沫给人以温柔的感觉，对皮肤显弱酸性，深层清洁毛孔中的污垢，洗后无紧绷感。 | | | | |
| 归类决定 | 护肤品用于清洁皮肤，保持皮肤油脂分泌和水分挥发的平衡，促进皮肤的新陈代谢以及保护皮肤免受有害紫外线的影响；美容化妆品涂敷于脸面及指甲等部位，以赋予色彩、改变肤色，形成层次，增强立体感觉，使局部色彩突出，隐蔽皮肤的缺陷，从而达到容貌光彩焕发的目的。商品均属于护肤品中的洗脸用品（卸妆、清洁皮肤）。<br>根据归类总规则一，卸装凝露、柔和深层洗颜液均应归入税则号列 3304.9900。 | | | | |

| 序号 | 318 | 归类决定编号 | Z2013－0028 | 公告编号 | 2013 年第 26 号 |
|---|---|---|---|---|---|
| 商品税则号列 | 3304.9900 | | | 发布日期 | 2013 年 5 月 17 日 |
| 商品名称 | 爱贝芙 | | | | |
| 英文名称 | Atrtcecoll | | | | |
| 其他名称 | | | | | |
| 商品描述 | 该商品为一种可注射的植入整形材料，进口规格为 0.5 毫升/支。该产品成分为：20% 聚甲基丙烯酸甲酯（PMMA，直径在 32～40 微米之间的小微球），80% 胶原蛋白（包裹着小微球）。在使用时，通过注射技术被注入真皮底层之后，注入的胶原蛋白会慢慢被人体吸收并被人体纤维组织替代，而 PMMA 小微球则不会被吸收，可永久性地存在于人体内，不断地刺激皮下胶原蛋白及其他皮下组织的生长，PMMA 微球被结缔组织分别单独包裹，结缔组织的数量通常和注射的胶原蛋白数量相呼应。微球光滑稳定的表面，使得结缔组织在几周内形成完毕，通过这种方法，皮下缺损被自体的结缔组织所填充。主要用于脸部的皱纹、皮下的缺损、嘴唇增厚、乳头充盈、痤疮结疤等。 | | | | |
| 归类决定 | 该商品通过注射对皱纹和其他软组织缺陷起到长久的修正作用，符合《税则注释》对品目 33.04 的解释。根据归类总规则一，应归入税则号列 3304.9900。 | | | | |

| 序号 | 319 | 归类决定编号 | Z2006－0175 | 公告编号 | 2006年第69号 |
|---|---|---|---|---|---|
| 商品税则号列 | 3306.9000 | | | 发布日期 | 2006年11月22日 |
| 商品名称 | 氟保护剂、牙本质保护剂 | | | | |
| 英文名称 | Fluor protector/Detin-Profector instructions for use | | | | |
| 其他名称 | | | | | |
| 商品描述 | 氟保护剂是一种含氟只有0.1%的牙釉质保护剂,适合任意年龄组的人群,同时可做脱敏剂。<br>作用:治疗牙颈过敏;增强牙釉质的抵抗力;长期防龋。<br>包装:零售瓶装。<br>使用方法:彻底清洁牙面后吹干,将氟保护剂均匀涂在牙面上,吹干。牙本质保护剂与氟保护剂属同类产品。主要用作对龋洞的覆盖保护和牙本质封闭剂。还可作为脱敏剂。可用一次性小毛刷涂布在垫底材料上,吹成薄层。<br>通常每六个月应用一次,每支瓶可用于2~3副牙齿。 | | | | |
| 归类决定 | 该商品符合《税则》税目33.06的条文规定,应按口腔和牙齿卫生用制剂归入该税目;又因该商品不符合《税则注释》中有关子目3306.10"洁齿品"的规定,因此,应将该商品归入税则号列3306.9000。 | | | | |

| 序号 | 320 | 归类决定编号 | Z2006－1209 | 公告编号 | 2007年第70号 |
|---|---|---|---|---|---|
| 商品税则号列 | 3307.4900 | | | 发布日期 | 2007年12月5日 |
| 商品名称 | 金不换熏香油 | | | | |
| 英文名称 | | | | | |
| 其他名称 | 室内熏香剂 | | | | |
| 商品描述 | 金不换熏香油为散发香味液体，经海关化验鉴定，其主要成分为异丙醇，含有多种芳香物质。该产品主要用作室内熏香，适合客厅、书房、办公室等场所。使用方法：将熏香油装入熏香瓶，装好燃芯头后点燃气化蕊头，十多秒后温度达200℃左右，灭掉明火。气化蕊头将保持在60℃～200℃，熏香油由棉心蕊吸上，经气化蕊头在无火状态下气化散香。 | | | | |
| 归类决定 | 该产品属于室内用散发香气用制品，根据归类总规则一及《税则注释》对品目33.07的解释，金不换熏香油应归入税则号列3307.4900。 | | | | |

| 序号 | 321 | 归类决定编号 | Z2006－1210 | 公告编号 | 2007年第70号 |
|---|---|---|---|---|---|
| 商品税则号列 | 3307.4900 | | | 发布日期 | 2007年12月5日 |
| 商品名称 | 檀香熏香油 | | | | |
| 英文名称 | | | | | |
| 其他名称 | 室内熏香剂 | | | | |
| 商品描述 | 檀香熏香油为散发香味液体，经海关化验鉴定，其主要成分为异丙醇，含有多种芳香物质。该产品主要用作室内熏香，适合佛堂、办公室、店面等场所。使用方法：将熏香油装入熏香瓶，装好燃芯头后点燃气化蕊头，十多秒后温度达200℃左右，灭掉明火。气化蕊头将保持在60℃～200℃，熏香油由棉心蕊吸上，经气化蕊头在无火状态下气化散香。 | | | | |
| 归类决定 | 该产品属于室内用散发香气用制品，根据归类总规则一及《税则注释》对品目33.07的解释，檀香熏香油应归入税则号列3307.4900。 | | | | |

| 序号 | 322 | 归类决定编号 | Z2006－0176 | 公告编号 | 2006 年第 69 号 |
|---|---|---|---|---|---|
| 商品税则号列 | | 3307.9000 | | 发布日期 | 2006 年 11 月 22 日 |
| 商品名称 | “爱尔康”酵素洗净发泡锭 | | | | |
| 英文名称 | | | | | |
| 其他名称 | | | | | |
| 商品描述 | 使用隐形眼镜一段时间后常会因眼泪中的蛋白质或其他物质沉积在镜片表面而污染镜片，“爱尔康”酵素洗净发泡锭的主要成分围酵素，可分解蛋白质或其他沉积物而清洁镜片。<br>根据海关化验鉴定结果，该商品是以蔗糖为载体的含有蛋白酶、脂肪酶等的清洁片（隐形眼镜用）。 | | | | |
| 归类决定 | 该商品专用于隐形眼镜的清洗，已经具备了清洗药液的所有成分，使用时只需加入生理盐水溶解即可。根据《税则》第三十三章章注四和《税则注释》对品目 33.07 的注释，并根据归类总规则二（一），将此商品归入税则号列 3307.9000。 | | | | |

| 序号 | 323 | 归类决定编号 | Z2013－0029 | 公告编号 | 2013 年第 26 号 |
|---|---|---|---|---|---|
| 商品税则号列 | | 3307.9000 | | 发布日期 | 2013 年 5 月 17 日 |
| 商品名称 | 外出小包装湿纸巾 | | | | |
| 英文名称 | | | | | |
| 其他名称 | | | | | |
| 商品描述 | 该商品为零售包装，主要组成为：无纺布（占商品重量约 26.3%），原液（占商品重量约 73.7%）。原液的成分为：纯水 95.45%、食用酒精 3%、新洁尔灭 0.15%、卡松 0.1%、丙二醇 1%、芦荟提取液 0.3%。使用方法：撕开包装袋上的标签，从中抽取无纺布湿巾直接擦拭使用，抽出无纺布湿巾后再把标签重新粘贴闭合。用途：清洁手或其他人体皮肤。 | | | | |
| 归类决定 | 该商品为多组分混合物浸渍的无纺布，用于清洁皮肤。根据归类总规则一及六，应归入税则号列 3307.9000。 | | | | |

| 序号 | 324 | 归类决定编号 | Z2006 - 1251 | 公告编号 | 2007 年第 70 号 |
|---|---|---|---|---|---|
| 商品税则号列 | 3401. 1990 | | | 发布日期 | 2007 年 12 月 5 日 |
| 商品名称 | 婴儿用湿纸巾 | | | | |
| 英文名称 | | | | | |
| 其他名称 | | | | | |
| 商品描述 | 婴儿用湿纸巾是一种含有丙二醇、苯氧乙醇、乳酸钠、对羟基苯甲酸甲酯、聚氧乙烯氢化蓖麻油、羟基亚乙基二膦酸、羟基亚乙基二膦酸四钠、天然霍霍巴醇、十六烷基聚氧丙烯聚氧乙烯聚醚等的片状无纺布。其加工生产工艺流程如下:首先将原料无纺布折叠成型,然后切割成小块,再注入各种配料,然后进行灭菌处理,最后进行包装。其主要用途是清洁婴儿的肌肤,也可擦拭婴儿的手和脸,可以让宝宝幼嫩的肌肤保持水分的平衡。 | | | | |
| 归类决定 | 该产品属于用洗涤剂浸渍的无纺织物,根据归类总规则一,婴儿用湿纸巾应归入税则号列 3401. 1990。 | | | | |

| 序号 | 325 | 归类决定编号 | Z2006 - 1251 | 公告编号 | 2007 年第 70 号 |
|---|---|---|---|---|---|
| 商品税则号列 | 3824. 9090[3824. 9099(2014 年版)] | | | 发布日期 | 2007 年 12 月 5 日 |
| 商品名称 | 硝基腐殖酸 | | | | |
| 英文名称 | | | | | |
| 其他名称 | | | | | |
| 商品描述 | 硝基腐殖酸是腐殖酸经过提纯后用硝酸在 40℃ ~60℃条件下反应所得。主要成分为:水溶性腐殖酸 71. 06%、水不溶物 9. 12%、水分 13. 04%、总氮量 2. 07%。在工业上可用作钻井液处理剂;在农业上,可以当作肥料,改善土壤结构。 | | | | |
| 归类决定 | 根据归类总规则一,硝基腐殖酸应归入税则号列 3824. 9090[3824. 9099(2014 年版)]。 | | | | |

| 序号 | 326 | 归类决定编号 | Z2006－0177 | 公告编号 | 2006年第69号 |
|---|---|---|---|---|---|
| 商品税则号列 | 3401.2000 | | | 发布日期 | 2006年11月22日 |
| 商品名称 | 硬脂酸钠 | | | | |
| 英文名称 | | | | | |
| 其他名称 | | | | | |
| 商品描述 | 1. 成分：十二碳饱和酸钠7.9%、十四碳饱和酸钠5.2%、棕榈酸钠37.9%、硬脂酸钠45.1%、其他3.9%。<br>2. 外观特征：白色颗粒。 | | | | |
| 归类决定 | 根据《税则注释》对品目34.01中“肥皂”的解释，该商品符合条文描述，其外观为“颗粒状”，应归入税则号列3401.2000。 | | | | |

| 序号 | 327 | 归类决定编号 | Z2006－0178 | 公告编号 | 2006年第69号 |
|---|---|---|---|---|---|
| 商品税则号列 | 3401.2000 | | | 发布日期 | 2006年11月22日 |
| 商品名称 | 脂肪酸钠（混合）皇冠8000 | | | | |
| 英文名称 | | | | | |
| 其他名称 | | | | | |
| 商品描述 | 该商品为白色粒状固体。根据海关化验鉴定结果，主要成分为十六酸钠、十八烯酸钠、十二酸钠等的皂粒，其结构式为R－COONa（R代表烃链），用于进一步加工制皂。 | | | | |
| 归类决定 | 该商品符合《税则注释》中品目34.01对“肥皂”的解释，根据归类总规则一，脂肪酸钠（混合）皇冠8000应归入税则号列3401.2000。 | | | | |

| 序号 | 328 | 归类决定编号 | Z2006－1212 | 公告编号 | 2007年第70号 |
|---|---|---|---|---|---|
| 商品税则号列 | 3401.2000 | | 发布日期 | 2007年12月5日 | |
| 商品名称 | 混合脂肪钠 | | | | |
| 英文名称 | | | | | |
| 其他名称 | | | | | |
| 商品描述 | 该商品经海关化验鉴定为混合脂肪钠(十六酸与十八酸钠盐的混合物),纯度在80%左右,主要作制皂原料。 | | | | |
| 归类决定 | 根据归类总规则一,该商品应归入税则号列3401.2000。 | | | | |

| 序号 | 329 | 归类决定编号 | Z2006－1213 | 公告编号 | 2007年第70号 |
|---|---|---|---|---|---|
| 商品税则号列 | 3401.2000 | | 发布日期 | 2007年12月5日 | |
| 商品名称 | 脂肪酸钠(混合)皇冠8000 | | | | |
| 英文名称 | | | | | |
| 其他名称 | | | | | |
| 商品描述 | 脂肪酸钠(混合)皇冠8000外观为白色粒状固体,经化验鉴定其主要成分为十六酸钠、十八烯酸钠、十二酸钠等的皂粒,其结构式为R－COONa(R代表烃链),用于进一步加工制皂。 | | | | |
| 归类决定 | 该产品符合《税则注释》品目34.01对"肥皂"的解释。根据归类总规则一,脂肪酸钠(混合)皇冠8000应归入税则号列3401.2000。 | | | | |

| 序号 | 330 | 归类决定编号 | Z2006－0179 | 公告编号 | 2006年第69号 |
|---|---|---|---|---|---|
| 商品税则号列 | 3402.1100 | | 发布日期 | | 2006年11月22日 |
| 商品名称 | 乳化剂 | | | | |
| 英文名称 | | | | | |
| 其他名称 | | | | | |
| 商品描述 | 乳化剂为黄色透明液体，是丙烯酸酯、甲基丙烯酸酯、甲基丙烯酸钠的共聚物。为阴离子表面活性剂，作松香的乳化剂。根据海关化验鉴定结果，样品主要成分为水、丙烯酸共聚物盐等。样品水分含量为75.87%。<br>1. 直接以样品重量为计算单位配制出0.5%的水溶液，按《税则》第三十四章章注三的方法测得表面张力大于45达因/厘米。<br>2. 以样品中非水分重量为计算单位配制出0.5%的水溶液，按《税则》第三十四章章注三的方法测得表面张力小于45达因/厘米，鉴定结论："送检样品为丙烯酸共聚物盐的水溶液"。 | | | | |
| 归类决定 | 根据《税则注释》对品目34.02的注释，该品目的有机表面活性剂是没有化学定义的化合物，含有一个或数个亲水及疏水基团，在温度20℃时与水混合配成0.5%浓度水溶液……。该注释提到的"浓度"是指化合物的浓度即应以样品中溶质浓度(非水分重量)为计算单位。该商品符合品目34.02的范围。<br>根据归类总规则一，乳化剂应归入税则号列3402.1100。 | | | | |

| 序号 | 331 | 归类决定编号 | Z2008－0016 | 公告编号 | 2008年第76号 |
|---|---|---|---|---|---|
| 商品税则号列 | 3402.1300 | | | 发布日期 | 2008年10月28日 |
| 商品名称 | 棕榈仁油二乙醇酰胺 | | | | |
| 英文名称 | | | | | |
| 其他名称 | | | | | |
| 商品描述 | 棕榈仁油二乙醇酰胺是用精炼棕榈仁油与二乙醇胺一步法反应制得的非离子表面活性剂，主要用于香波及液体洗涤剂的制造。经海关化验鉴定，其主要成分为脂肪酸二乙醇酰胺、甘油等，测得样品表面张力小于45达因/厘米。 | | | | |
| 归类决定 | 该商品的主要成分为脂肪酸二乙醇酰胺，所含甘油是棕榈仁油与二乙醇胺采用一步法反应时高温下产生的副产物，在成品中残留5%～10%，并非作为表面活性剂的有效成分，根据归类总规则一，应归入税则号列3402.1300。 | | | | |

<table>
<tr><td>序号</td><td>332</td><td>归类决定编号</td><td>Z2006－0180</td><td>公告编号</td><td>2006年第69号</td></tr>
<tr><td>商品税则号列</td><td colspan="3">3402.9000</td><td>发布日期</td><td>2006年11月22日</td></tr>
<tr><td>商品名称</td><td colspan="5">浸水助剂</td></tr>
<tr><td>英文名称</td><td colspan="5"></td></tr>
<tr><td>其他名称</td><td colspan="5">ACTOL K2</td></tr>
<tr><td>商品描述</td><td colspan="5">外观:浅黄色液体。<br>电荷:阴离子。<br>溶解性:易溶于水。<br>稳定性:在酸碱盐中使用非常稳定。<br>性质:1. ACTOL K2有良好的回湿能力,可加速浸水效果,使生皮迅速回鲜;2. 处理盐皮及干皮时加强皮面清洁,表皮下的毛根更容易出去;3. ACTOL K2在使用上不受PH值的限制;4. ACTOL K2在预浸水和主浸水中都可使用。<br>用途:该商品主要由阴离子表面活性剂构成,通过其良好的回湿、分解及乳化作用加速生皮浸水工序,并带有少量的可生物降解的杀菌剂产品,有抑制细菌生长的辅助作用。</td></tr>
<tr><td>归类决定</td><td colspan="5">浸水助剂ACTOL K2为多组分化工品,主要成分为苯磺酸盐和水,含有少量的杀菌剂,属于以有机阴离子表面活性剂为主要成分的制品。<br>根据《税则注释》对品目34.02中关于皮革浸渍剂的解释,并考虑到该商品以非零售包装形式进口,因此应归入税则号列3402.9000。</td></tr>
</table>

| 序号 | 333 | 归类决定编号 | Z2006－0181 | 公告编号 | 2006 年第 69 号 |
|---|---|---|---|---|---|
| 商品税则号列 | 3402. 9000 | | | 发布日期 | 2006 年 11 月 22 日 |
| 商品名称 | 水性清洁剂 | | | | |
| 英文名称 | | | | | |
| 其他名称 | | | | | |
| 商品描述 | 水性清洁剂为铁桶装无色透明具刺激性气味的液体，主要成分为硫酸铵和盐酸的水溶液，含少量铝盐、钾盐，固含量约为 24%。可用作清洗显示器玻璃壳的清洁剂。 | | | | |
| 归类决定 | 根据《税则注释》，品目 38. 10 的金属表面酸洗剂通常指以稀酸（盐酸、硫酸等）作为基料，用于除去金属表面氧化物等的制剂。从该商品的用途看，其不符合品目 38. 10 的解释。因此不能作为金属表面酸洗剂归类。<br>根据《税则注释》对品目 34. 02 的注释，该商品属于“不以肥皂或其他有机表面活性剂为基料的清洁剂”，水性清洁剂应归入税则号列 3402. 9000。 | | | | |

| 序号 | 334 | 归类决定编号 | Z2006－0182 | 公告编号 | 2006 年第 69 号 |
|---|---|---|---|---|---|
| 商品税则号列 | 3402. 9000 | | | 发布日期 | 2006 年 11 月 22 日 |
| 商品名称 | 二硬脂基二甲基氯化铵 | | | | |
| 英文名称 | | | | | |
| 其他名称 | | | | | |
| 商品描述 | 样品外观：白色块状，有强烈的醇的气味。成分：二硬脂基二甲基氯化铵、异丙醇、水。 | | | | |
| 归类决定 | 二硬脂基二甲基氯化铵易溶于极性溶剂，异丙醇在产品中起助溶作用，该商品属于以表面活性剂为基本成分的混合物。根据《税则注释》对品目 34. 02 的解释及归类总规则一，二硬脂基二甲基氯化铵应按有机表面活性剂制品归入税则号列 3402. 9000。 | | | | |

| 序号 | 335 | 归类决定编号 | Z2006－0183 | 公告编号 | 2006年第69号 |
|---|---|---|---|---|---|
| 商品税则号列 | | 3402.9000 | | 发布日期 | 2006年11月22日 |
| 商品名称 | | 甘油脂肪酸酯 | | | |
| 英文名称 | | Snnsopt NO362 | | | |
| 其他名称 | | | | | |
| 商品描述 | | 根据海关化验鉴定结果，甘油脂肪酸酯表面张力属性符合《税则》第三十四章章注三的规定。其成分为聚甘油硬脂酸酯74%、硬脂酸甘油酯13%、琥珀酸硬脂酸甘油酯13%。生产工艺：将甘油经部分聚合后再与硬脂酸和琥珀酸一同反应、精制、去杂质制成。主要用在食品中作乳化剂。 | | | |
| 归类决定 | | 该商品中聚甘油脂肪酸酯和硬脂酸甘油酯为非离子表面活性剂，而琥珀酸硬脂酸甘油酯为阴离子表面活性剂，属于非离子表面活性剂与阴离子表面活性剂的混合物。<br>该商品在生产过程中特意一起加入硬脂酸和琥珀酸，生成不同组分的产物，并在最终产品中有意留存，构成非离子表面活性剂与阴离子表面活性剂的混合物。根据《税则注释》对品目34.02的规定，甘油脂肪酸酯属于以不同表面活性剂为基本成分的混合物，应归入税则号列3402.9000。 | | | |

| 序号 | 336 | 归类决定编号 | Z2006－0184 | 公告编号 | 2006年第69号 |
|---|---|---|---|---|---|
| 商品税则号列 | | 3402.9000 | | 发布日期 | 2006年11月22日 |
| 商品名称 | | 涂饰剂EG | | | |
| 英文名称 | | | | | |
| 其他名称 | | | | | |
| 商品描述 | | 涂饰剂EG为黄色透明液体，有刺激性气味。根据海关化验鉴定结果，主要成分为聚硅氧烷、有机溶剂。按《税则》第三十四章章注三的规定，测得样品表面张力小于45达因/厘米。鉴定结论为溶于有机溶剂的聚硅氧烷，属表面活性剂制品。该商品主要用于成品革顶层的涂盖，能使皮革表面产生平滑、光泽似丝及柔软的手感，也可增加耐摩擦牢度。该商品可用醇、酯、酮等溶剂稀释后使用，也可与其他手感剂混合使用。 | | | |
| 归类决定 | | 根据《税则注释》对品目34.02项下表面活性剂制品的解释及归类总规则一，涂饰剂EG应归入税则号列3402.9000。 | | | |

| 序号 | 337 | 归类决定编号 | Z2006－0185 | 公告编号 | 2006 年第 69 号 |
|---|---|---|---|---|---|
| 商品税则号列 | | 3402.9000 | | 发布日期 | 2006 年 11 月 22 日 |
| 商品名称 | 柔水通 | | | | |
| 英文名称 | Biosoft | | | | |
| 其他名称 | | | | | |
| 商品描述 | 柔水通为紫红色黏稠液体，成分为磷酸 24%、表面活性剂 12%、水。经海关化验，表面张力为 32.3 达因/厘米。该商品用作农药添加剂，增加农药效力。其通过磷酸调节水的 PH 值，利于农药活性成分的稳定，节约农药用量，通过表面活性剂降低表面张力，增加农药在水质中的亲和性和扩张性能，使农药更好地附着于农作物、植物的叶面上，提高农药的效力。 | | | | |
| 归类决定 | 该商品具有两种功能，其最终目的是为使农药更好地附着于农作物、植物的叶面上，表面活性剂起主要功能之一并非仅起辅助作用。因此该商品属于表面活性剂制品。根据归类总规则一，柔水通应归入税则号列 3402.9000。 | | | | |

| 序号 | 338 | 归类决定编号 | Z2006－0186 | 公告编号 | 2006 年第 69 号 |
|---|---|---|---|---|---|
| 商品税则号列 | | 3402.9000 | | 发布日期 | 2006 年 11 月 22 日 |
| 商品名称 | 阳离子型有机表面活性剂 | | | | |
| 英文名称 | Adogen 442 | | | | |
| 其他名称 | | | | | |
| 商品描述 | 阳离子型有机表面活性剂（Adogen 442）为白色膏体，成分为水、异丙醇、表面活性剂和脂肪胺等。按《税则》第三十四章章注三的方法测得表面张力小于 45 达因/厘米。表面活性剂为双（C16～18 烷基）二甲基氯化铵。 | | | | |
| 归类决定 | 双（C16～18 烷基）二甲基氯化铵易溶于极性溶剂，异丙醇作为一种溶剂，使商品具有流动性，该商品属于以表面活性剂为基本成分的混合物。根据《税则注释》对品目 34.02 的解释及归类总规则一，阳离子型有机表面活性剂应按有机表面活性剂制品归入税则号列 3402.9000。 | | | | |

| 序号 | 339 | 归类决定编号 | Z2006－1214 | 公告编号 | 2007年第70号 |
|---|---|---|---|---|---|
| 商品税则号列 | 3402.9000 | | 发布日期 | | 2007年12月5日 |
| 商品名称 | 季胺化三乙醇胺二酯 | | | | |
| 英文名称 | Quaternized triethanolamine diester | | | | |
| 其他名称 | | | | | |
| 商品描述 | 季胺化三乙醇胺二酯是由阳离子季胺盐90%、异丙醇10%组成的一种乳黄色、有轻微异丙醇气味的膏状物，其水溶性为0.5%，表面张力为40MN/M。异丙醇加入其中起促溶作用，使该阳离子季胺盐更易溶解。加入异丙醇后的季胺化三乙醇胺二酯仍起表面活性剂的作用，用于配制衣物柔顺剂。 | | | | |
| 归类决定 | 此种混合物属于有机表面活性剂制品。根据归类总规则一，季胺化三乙醇胺二酯应归入税则号列3402.9000。 | | | | |

| 序号 | 340 | 归类决定编号 | Z2006－1215 | 公告编号 | 2007年第70号 |
|---|---|---|---|---|---|
| 商品税则号列 | 3402.9000 | | 发布日期 | | 2007年12月5日 |
| 商品名称 | 纺织助剂（抗皱剂） | | | | |
| 英文名称 | Depsolube ACA | | | | |
| 其他名称 | 多保灵ACA | | | | |
| 商品描述 | 纺织助剂（抗皱剂）（Depsolube ACA）为UNIQEMA牌，成分为水、聚氧乙烯醚脂肪酸酯、有机磷酸酯、多元醇等，为多种成分组成的混合物。该抗皱剂是一种兼抗折皱、润滑、乳化、分散等多功能的助剂，用于溢流染色机及喷射染色机湿处理过程中，以避免织物产生绳索痕、折皱及擦伤痕以及乳化分散杂质等。 | | | | |
| 归类决定 | 该产品属表面活性剂制品，根据归类总规则一及《税则注释》关于品目38.09排他条款（四）的规定，纺织助剂（抗皱剂）应归入税则号列3402.9000。 | | | | |

| 序号 | 341 | 归类决定编号 | Z2008－0126 | 公告编号 | 2008年第83号 |
|---|---|---|---|---|---|
| 商品税则号列 | 3402.9000 | | | 发布日期 | 2008年11月24日 |
| 商品名称 | 水泥添加剂 | | | | |
| 英文名称 | | | | | |
| 其他名称 | | | | | |
| 商品描述 | 水泥添加剂是混凝土用减水剂，型号TGC－QS60，为微黄色透明液体。经海关化验鉴定，其主要成分为水、聚醚、羧酸类聚合物，按《税则》第三十四章章注三规定，测得样品表面张力小于45达因/厘米。用于混凝土中，起减少用水、提高混凝土强度等作用。 | | | | |
| 归类决定 | 混凝土减水剂主要是通过表面活性剂在水泥—水体系中发挥润湿、分散、吸附、起泡等作用，实现增加预筑构建结构物硬度和耐久度等目的。根据归类总规则一及六，水泥添加剂应归入税则号列3402.9000。 | | | | |

| 序号 | 342 | 归类决定编号 | Z2006－0187 | 公告编号 | 2006年第69号 |
|---|---|---|---|---|---|
| 商品税则号列 | 3403.9100 | | | 发布日期 | 2006年11月22日 |
| 商品名称 | 合成脂 | | | | |
| 英文名称 | Neopristol EWK | | | | |
| 其他名称 | | | | | |
| 商品描述 | 该商品的成分为2-甲基戊烯-2，4二醇，9-十八（碳）烯酸，羟基-1，2乙二醇硫醇聚合物，磷酸，C12-15烷基酯，1，2乙二醇硫醇聚合物-羟基，羟基单（烷基化不饱和C8－18，C18）磷酸醚等。该商品由合成脂肪酸加脂剂、表面活性剂等成分组成，用在皮革加工过程中的中和加脂阶段，可单独使用或同其他阴离子型或非离子型加脂剂配合使用。该商品能够分散皮内天然油脂的分布，使其分布更均匀，与其他类型加脂剂搭配使用，能加强加脂效果，使皮革手感更丰满。 | | | | |
| 归类决定 | 该商品配方中虽然不含矿物油或其他脂肪物质，但从其成分看，属于一种阴离子型合成加脂剂。根据归类总规则一，合成脂应归入税则号列3403.9100。 | | | | |

<table>
<tr><td>序号</td><td>343</td><td>归类决定编号</td><td>Z2006－0188</td><td>公告编号</td><td>2006年第69号</td></tr>
<tr><td colspan="2">商品税则号列</td><td colspan="2">3403.9100</td><td>发布日期</td><td>2006年11月22日</td></tr>
<tr><td colspan="2">商品名称</td><td colspan="4">纺织助剂(DAKOLUB牌)</td></tr>
<tr><td colspan="2">英文名称</td><td colspan="4"></td></tr>
<tr><td colspan="2">其他名称</td><td colspan="4"></td></tr>
<tr><td colspan="2">商品描述</td><td colspan="4">纺织助剂为DAKOLUB牌,型号为L1838DD。该纺织助剂是以阴离子抗静电剂和乳化剂为基础的酯油,用途为改善浸润性能、抗静电保护、降低F/M动摩擦系数等,经上油后的丝不容易断、不起毛。根据海关化验鉴定结果,为脂肪酸酯、聚氧乙烯脂肪醇脂肪酸酯等多种成分组成的混合物,可用于纺织工业。</td></tr>
<tr><td colspan="2">归类决定</td><td colspan="4">该商品属于以油脂为主的纺织用润滑剂。根据归类总规则一,纺织助剂(DAKOLUB牌)应归入税则号列3403.9100。</td></tr>
</table>

<table>
<tr><td>序号</td><td>344</td><td>归类决定编号</td><td>Z2006－1216</td><td>公告编号</td><td>2007年第70号</td></tr>
<tr><td colspan="2">商品税则号列</td><td colspan="2">3403.9900</td><td>发布日期</td><td>2007年12月5日</td></tr>
<tr><td colspan="2">商品名称</td><td colspan="4">润滑剂</td></tr>
<tr><td colspan="2">英文名称</td><td colspan="4">Lubricant</td></tr>
<tr><td colspan="2">其他名称</td><td colspan="4"></td></tr>
<tr><td colspan="2">商品描述</td><td colspan="4">润滑剂为一种硬脂酸钙乳化液,主要成分:硬脂酸钙50%、石灰2%、水48%。该产品用作造纸工业的润滑剂,适用于各种类型的涂料系统,具有润滑湿涂料的功能,减低涂料内各成分在操作时相互间因移动而产生的摩擦力,促进涂料的流动性,以改善涂布操作,提高涂布纸的品质,消除涂布纸在超压光机处理时所引起的脱粉现象,以及减少涂布纸在折叠时所引起的剥皮等缺点。</td></tr>
<tr><td colspan="2">归类决定</td><td colspan="4">根据归类总规则一,润滑剂应归入税则号列3403.9900。</td></tr>
</table>

| 序号 | 345 | 归类决定编号 | Z2008－0017 | 公告编号 | 2008年第76号 |
|---|---|---|---|---|---|
| 商品税则号列 | | 3403.9900 | | 发布日期 | 2008年10月28日 |
| 商品名称 | 汽油发动机润滑油 | | | | |
| 英文名称 | | | | | |
| 其他名称 | | | | | |
| 商品描述 | 汽油发动机润滑油含烃类基础油(PAO)77.3%,增粘剂、降凝剂等添加剂22.7%。适用于各类型客车。 | | | | |
| 归类决定 | 该商品所用的PAO基础油初馏点均在330℃以上。PAO基础油是一种合成烃类基础油,其化学名称为“聚α烯烃”。该商品属于合成润滑油制品,其所含PAO基础油属于《税则》第三十九章章注三规定的液体合成聚烯烃。根据归类总规则一,汽油发动机润滑油应归入税则号列3403.9900。 | | | | |

| 序号 | 346 | 归类决定编号 | Z2009－0098 | 公告编号 | 2009年第32号 |
|---|---|---|---|---|---|
| 商品税则号列 | | 3403.9900 | | 发布日期 | 2009年6月12日 |
| 商品名称 | 雾化硅油 | | | | |
| 英文名称 | Silicone spray | | | | |
| 其他名称 | | | | | |
| 商品描述 | 雾化硅油,成分为70%～80%的聚硅氧烷,其余为钝化丁烷,申报重量240克/罐。雾化硅油俗称“脱模(膜)剂(离型剂)”,主要用于金属表面脱模隔离和润滑,可在化纤生产、塑料制品生产中使用,主要是用其脱模的特点,保证金属表面光洁。钝化丁烷作为雾化推进剂,喷出后直接气化,不改变主要成分的原有特性。该产品进口状态为小型金属罐装,带喷嘴及塑料盖,可直接使用,罐外部已有品牌等具体标识。 | | | | |
| 归类决定 | 该商品为可直接使用的有明确用途的零售包装制品,根据归类总规则一和六,应归入税则号列3403.9900。 | | | | |

| 序号 | 347 | 归类决定编号 | Z2006－0189 | 公告编号 | 2006年第69号 |
|---|---|---|---|---|---|
| 商品税则号列 | 3404.9000 | | | 发布日期 | 2006年11月22日 |
| 商品名称 | 混合脂肪酸酯 | | | | |
| 英文名称 | | | | | |
| 其他名称 | | | | | |
| 商品描述 | 该商品为微黄色蜡状固体，用途为生产生物柴油（作为添加剂）。该商品为长链混合脂肪酸酯，该样碳数分布如下：C18:0 36.11%，C20:0 21.57%，C14:0 11.89%，C16:0 7.41%，C18:1 4.02%。该商品的主要成分为硬脂酸甘油酯、硬脂酸山梨醇酯、棕榈酸甘油酯合计含量超过总物质的90%，上述三种物质各占总量的25%～35%。该商品滴点为56℃。 | | | | |
| 归类决定 | 商品为脂肪酸与丙三醇和山梨醇制得的混合脂肪酸酯，其产品特征及相关指标符合《税则注释》对品目34.04中“蜡”的描述，根据归类总规则一，商品应归入税则号列3404.9000。 | | | | |

| 序号 | 348 | 归类决定编号 | Z2006－0190 | 公告编号 | 2006年第69号 |
|---|---|---|---|---|---|
| 商品税则号列 | 3501.9000 | | | 发布日期 | 2006年11月22日 |
| 商品名称 | 酪蛋白磷酸肽 | | | | |
| 英文名称 | Caseinphosphopeptides | | | | |
| 其他名称 | | | | | |
| 商品描述 | 酪蛋白磷酸肽是由牛乳酪蛋白通过酶解反应再经干燥制的，是一种具有生物活性的多磷酸基肽，它含有三个磷酸基，可以和金属离子特别是钙离子结合形成可溶性复合物，这种复合物的形成可以有效避免钙在小肠中形成沉淀，该商品主要用于添加在食品当中，可以起到促进钙制吸收、防止矿物质丢失等作用。 | | | | |
| 归类决定 | 该商品是牛乳蛋白质经蛋白酶水解而得到的多肽食品，为功能性食品的促进钙吸收肽，属于酪蛋白酸盐及其衍生物。根据归类总规则一及《税则注释》对品目35.01的注释，酪蛋白磷酸肽应归入税则号列3501.9000。 | | | | |

| 序号 | 349 | 归类决定编号 | Z2009－0009 | 公告编号 | 2009 年第 5 号 |
|---|---|---|---|---|---|
| 商品税则号列 | 3504.0090 | | 发布日期 | 2009 年 1 月 20 日 | |
| 商品名称 | 大米蛋白粉 | | | | |
| 英文名称 | | | | | |
| 其他名称 | | | | | |
| 商品描述 | 大米蛋白粉是一种由碎米经过浸泡、磨浆，加入淀粉酶，从蛋白质分解出低聚糖，再经过滤脱渣而制得的产品。淡黄色细粉状，含蛋白质 60% ~80%，水分小于 10%，灰分小于 4.5%，赖基酸大于 2.78%，蛋氨酸大于 1.89%，并含有多种微量元素和维生素。主要用于促进乳猪、幼禽的生长，并能增强乳猪、幼禽的抗病害能力。 | | | | |
| 归类决定 | 该商品为谷类蛋白质，属于《税则注释》品目 35.04 的商品范围，根据归类总规则一及六，应归入税则号列 3504.0090。 | | | | |

| 序号 | 350 | 归类决定编号 | Z2006－1581 | 公告编号 | 2007年第70号 |
|---|---|---|---|---|---|
| 商品税则号列 | 3912.3100/3505.1000 | | 发布日期 | | 2007年12月5日 |
| 商品名称 | 糊精 | | | | |
| 英文名称 | | | | | |
| 其他名称 | | | | | |
| 商品描述 | 该糊精由两部分组成：一部分为型号5A，成分为羧甲基纤维素钠的白色固体粉末；另一部分为型号APA，成分为糊精的土黄色固体粉末。该商品与其他原料一起用于生产具有一定粒度分布的炼钢保护渣，APA的投入比例为1.6%（相对保护渣所用原料），5A的投入比例为0.16%（相对保护渣所用原料，但不含稀释所用水量）。具体方法为：APA与保护渣所用其他原料（水泥、硅灰石、硅藻土、锂灰岩、碳酸钠等）按一定比例加入搅拌机中→搅拌→段时间→5A按1∶50（水）配比后加入搅拌机中→充分搅拌形成颗粒→干燥机干燥。 | | | | |
| 归类决定 | 根据归类总规则一及第六类类注三的规定，该糊精不能按混合后产品归入税则号列3505.2000，而应按照原料分别归类：型号5A（羧甲基纤维素钠）应归入税则号列3912.3100，型号APA（糊精）应归入税则号列3505.1000。 | | | | |

| 序号 | 351 | 归类决定编号 | Z2006－1217 | 公告编号 | 2007 年第 70 号 |
|---|---|---|---|---|---|
| 商品税则号列 | 35.06 | | | 发布日期 | 2007 年 12 月 5 日 |
| 商品名称 | 有衬基双面粘胶带 | | | | |
| 英文名称 | | | | | |
| 其他名称 | | | | | |
| 商品描述 | 该双面粘胶带衬基材料为无纺布，衬基两面均涂有丙烯酸类黏合剂，由离型纸隔离，呈卷状。 | | | | |
| 归类决定 | 由于其衬基材料仅起增强作用，主要起作用的是黏合剂，根据归类总规则三，该双面粘胶带应归入税目 35.06 项下。 | | | | |

| 序号 | 352 | 归类决定编号 | Z2006－1218 | 公告编号 | 2007 年第 70 号 |
|---|---|---|---|---|---|
| 商品税则号列 | 35.06 | | | 发布日期 | 2007 年 12 月 5 日 |
| 商品名称 | 无衬基双面粘胶带 | | | | |
| 英文名称 | | | | | |
| 其他名称 | | | | | |
| 商品描述 | 无衬基双面粘胶带由离型纸隔离成卷，两层离型纸间加一层薄膜状丙烯酸类黏合剂（不会固化）。 | | | | |
| 归类决定 | 根据归类总规则一，该商品应归入税目 35.06 项下。 | | | | |

| 序号 | 353 | 归类决定编号 | Z2007－0014 | 公告编号 | 2007年第71号 |
|---|---|---|---|---|---|
| 商品税则号列 | | 3506.9190 | | 发布日期 | 2007年12月5日 |
| 商品名称 | 木工用热熔胶粒 | | | | |
| 英文名称 | Jowatherm282.30 | | | | |
| 其他名称 | 乙烯乙酸乙烯酯塑料粒282.30 | | | | |
| 商品描述 | 木工用热熔胶粒为黄色颗粒，型号为Jowatherm282.30，纸袋包装，每包25千克，加热易熔。该商品基础材料为乙烯—乙酸乙烯酯共聚物，并添加萜烯树脂（增强胶合力、增大初粘性）、松香（调节黏度）、石蜡（改善流平性、提高黏合速度、改善胶条刚韧性）、色精（调节胶线颜色）及白碳黑（增加填充性）。用途为木工用热熔胶。 | | | | |
| 归类决定 | 根据归类总规则一，该商品应归入税则号列3506.9190。 | | | | |

| 序号 | 354 | 归类决定编号 | Z2006－0191 | 公告编号 | 2006年第69号 |
|---|---|---|---|---|---|
| 商品税则号列 | | 3507.9090 | | 发布日期 | 2006年11月22日 |
| 商品名称 | 酵素三号 | | | | |
| 英文名称 | Korea enzyme type three | | | | |
| 其他名称 | | | | | |
| 商品描述 | 酵素三号是一种含有米糠、麦麸子、淀粉酶、蛋白酶、脂肪酶等的棕黄色粉末，其有效单位为3000unit。主要用于分解畜粪、农副产品等有机物，是制造优质堆肥的环保产品。 | | | | |
| 归类决定 | 该商品是以枯草菌和曲菌等主菌所生产的淀粉酶、蛋白酶、脂肪酶为主要有效成分，属于以酶为主要成分的酶制品。根据《税则注释》中品目30.02的排他规定“不包括酶，即使是微生物酶”及品目35.07中关于酶制品的解释，酵素三号应归入税则号列3507.9090。 | | | | |

| 序号 | 355 | 归类决定编号 | Z2006 - 0192 | 公告编号 | 2006 年第 69 号 |
|---|---|---|---|---|---|
| 商品税则号列 | 3507.9090 | | | 发布日期 | 2006 年 11 月 22 日 |
| 商品名称 | 芬拿斯 | | | | |
| 英文名称 | Finase Pc | | | | |
| 其他名称 | | | | | |
| 商品描述 | 芬拿斯为淡褐色粉末,主要成分为植酸酶、酸性磷酸酶、木聚糖酶、β-葡萄糖酶、纤维素酶,载体为麦制面粉。该商品为饲料级酶制剂,可用于动物饲料,有助于植物性饲料的消化。 | | | | |
| 归类决定 | 该商品是以多种酶为主要有效成分,属于以酶为主要成分的酶制品。根据归类总规则三(一),芬拿斯应归入税则号列 3507.9090。 | | | | |

| 序号 | 356 | 归类决定编号 | Z2006 - 0193 | 公告编号 | 2006 年第 69 号 |
|---|---|---|---|---|---|
| 商品税则号列 | 3507.9090 | | | 发布日期 | 2006 年 11 月 22 日 |
| 商品名称 | 艾克拿斯 | | | | |
| 英文名称 | Econase HCP 4000 | | | | |
| 其他名称 | | | | | |
| 商品描述 | 艾克拿斯为黄褐色粉末,主要成分为木聚糖酶、β-葡萄糖酶、纤维素酶、麦制面粉(载体)。规格:15 千克/袋。该商品为饲料级酶制剂,可用于动物饲料。 | | | | |
| 归类决定 | 该商品是以多种酶为主要有效成分,属于以酶为主要成分的酶制品。根据归类总规则三(一),艾克拿斯应归入税则号列 3507.9090。 | | | | |

| 序号 | 357 | 归类决定编号 | Z2006－0194 | 公告编号 | 2006 年第 69 号 |
|---|---|---|---|---|---|
| 商品税则号列 | 3507.9090 | | | 发布日期 | 2006 年 11 月 22 日 |
| 商品名称 | 醒力一号全天然植物酶 | | | | |
| 英文名称 | XINGLI NO.1 100% natural plant enzym | | | | |
| 其他名称 | | | | | |
| 商品描述 | 根据海关化验鉴定结果，醒力一号全天然植物酶的成分为碳水化合物、蛋白质、氨基酸、维生素等组分。呈黄褐色，粉状。该商品是由糙米、黄豆、米糠为基材，添加菠萝酵素，经发酵而得的酶制品。该商品用作醒力一号胶囊的原料。醒力一号胶囊为解酒产品，主要具有醒酒和保肝的作用。 | | | | |
| 归类决定 | 该商品为通过添加菠萝酵素，经发酵获得的含有淀粉酶、蛋白酶、水解酶等物质的酶制剂。该商品通过菠萝酵素起到分解酒精的主要功效。根据《税则》第二十一章章注一（七），该商品不应归入税则号列 2106.9099。<br>根据归类总规则一，醒力一号全天然植物酶应归入税则号列 3507.9090。 | | | | |

| 序号 | 358 | 归类决定编号 | Z2006－1219 | 公告编号 | 2007 年第 70 号 |
|---|---|---|---|---|---|
| 商品税则号列 | 3507.9090 | | | 发布日期 | 2007 年 12 月 5 日 |
| 商品名称 | 谷氨酰胺转氨酶 | | | | |
| 英文名称 | TG-S(food additives) | | | | |
| 其他名称 | | | | | |
| 商品描述 | 该谷氨酰胺转氨酶的主要成分为谷氨酰胺转氨酶 1.0%、聚磷酸钠 5.0%、焦磷酸钠 5.0%、抗坏血酸钠 0.5%、乳糖 80.0%、糊精 8.5%。粉状，包装规格为 1000 克/袋，主要用于提高火腿或香肠的弹性，避免产品的干裂，保持产品的真实口味和风味。其中的谷氨酰胺转氨酶能够促进蛋白质分子之间或之内的交联反应，使蛋白质分子形成一种更加牢靠的网状结构，改善食品的质地、口感等；乳糖、糊精等起载体和填充作用。 | | | | |
| 归类决定 | 根据归类总规则及《税则注释》品目 35.07 的规定，该谷氨酰胺转氨酶应归入税则号列 3507.9090。 | | | | |

| 序号 | 359 | 归类决定编号 | Z2013－0030 | 公告编号 | 2013年第26号 |
|---|---|---|---|---|---|
| 商品税则号列 | 3507.9090 | | | 发布日期 | 2013年5月17日 |
| 商品名称 | 胆固醇酯酶试剂 | | | | |
| 英文名称 | | | | | |
| 其他名称 | | | | | |
| 商品描述 | 该商品规格:38.4克/瓶,品牌:AMANO。成分:胆固醇氧化酶蛋白98%,水分2%。白色粉末。生产流程:培养假单胞菌,从其分泌物中提取胆固醇酯酶,经过滤、浓缩、蒸馏提纯而成。用途:兑成水剂后作为高密度脂蛋白胆固醇试剂盒、低密度脂蛋白胆固醇试剂盒的组成试剂,用于人体血清中高密度脂蛋白胆固醇与低密度脂蛋白胆固醇检测。 | | | | |
| 归类决定 | 该商品为胆固醇酯酶,用于配制检测试剂。根据归类总规则一及六,应归入税则号列3507.9090。 | | | | |

| 序号 | 360 | 归类决定编号 | Z2013－0031 | 公告编号 | 2013年第26号 |
|---|---|---|---|---|---|
| 商品税则号列 | 3507.9090 | | | 发布日期 | 2013年5月17日 |
| 商品名称 | 肌氨酸氧化酶试剂 | | | | |
| 英文名称 | | | | | |
| 其他名称 | | | | | |
| 商品描述 | 该商品规格为:3.16克/瓶或15.8克/瓶,成分:肌氨酸氧化酶蛋白99%,水分1%,白色粉末。生产流程:培养棒状杆菌,从其分泌物中提取肌氨酸氧化酶,经过滤、浓缩、蒸馏提纯而成。用途:兑成水剂后作为肌酐检测试剂盒(酶法)的组成试剂,用于人体血清中肌酐的检测。 | | | | |
| 归类决定 | 该商品为肌氨酸氧化酶,用于配制检测试剂,根据归类总规则一及六,应归入税则号列3507.9090。 | | | | |

| 序号 | 361 | 归类决定编号 | Z2006－0195 | 公告编号 | 2006 年第 69 号 |
|---|---|---|---|---|---|
| 商品税则号列 | 第 37 章 | | 发布日期 | 2006 年 11 月 22 日 | |
| 商品名称 | 医用塑料胶片 | | | | |
| 英文名称 | Kodak film of DVB | | | | |
| 其他名称 | | | | | |
| 商品描述 | 该商品为一种干式激光胶片，是通过干式激光影机直接打印成像，其成像全过程免除了传统的化学套药冲洗。主要用于 CT 机和核磁共振仪器上。胶片尺寸:35 厘米 × 43 厘米。 | | | | |
| 归类决定 | 直接成像胶片用于柯达 Dry Veiw 干式成像系统，采用光学系统，非接触式地通过红外激光使含有卤化银的直接成像胶片感光而形成潜影，然后再通过加热系统使之在胶片上直接成像。直接成像胶片是含卤化银涂层的感光胶片，它的成像原理完全不同于热敏像，取代了传统胶片曝光后的定影、显影和冲洗等过程。无需暗房操作，无需化学药液及湿性洗片机。产品是用于诊断的医疗影像胶片。<br>该商品需经红外激光照射，符合《税则》第三十七章章注二“摄影”的定义。该商品形成潜影后需加热成像，不符合第三十七章中关于“一次成像感光胶片”的规定，因此不能作为一次成像胶片归类。<br>根据归类总规则一，直接成像胶片应根据其规格尺寸归入第三十七章相应税号。 | | | | |

| 序号 | 362 | 归类决定编号 | Z2006－1220 | 公告编号 | 2007年第70号 |
|---|---|---|---|---|---|
| 商品税则号列 | 第37章 | | | 发布日期 | 2007年12月5日 |
| 商品名称 | 感光显像材料 | | | | |
| 英文名称 | Riston photosensitive emulsion | | | | |
| 其他名称 | 感光乳剂(申报名称) | | | | |
| 商品描述 | 该商品由三层构成,上下两层分别为聚乙烯和聚酯薄膜,中间层为感光乳剂。中间层的主要成分为聚合连接体50%～70%、丙烯酸单体20%～40%、光引发剂1%～10%、染料0%～5%。产品通过两端封口将上下包装压在一起,以防感光乳剂流出。产品在使用时,先将聚乙烯薄膜撕去,热压在生产基材上,然后进行感光过程,图像形成后再将聚酯盖膜撕去。该产品可用于玻璃、金属、晶圆等各种表面,起到图形转移的作用。此类产品目前主要用于印刷电路板的制造过程当中。 | | | | |
| 归类决定 | 该商品属光致抗蚀干膜,根据归类总规则一,应按其规格归入第三十七章。 | | | | |

| 序号 | 363 | 归类决定编号 | Z2006－0196 | 公告编号 | 2006 年第 69 号 |
|---|---|---|---|---|---|
| 商品税则号列 | 37.02 | | | 发布日期 | 2006 年 11 月 22 日 |
| 商品名称 | 一次成像胶片 | | | | |
| 英文名称 | Film | | | | |
| 其他名称 | | | | | |
| 商品描述 | 一次成像胶片为蓝色卷状未感光无齿孔胶片，其成像过程为：将未感光胶片切割成与需复制图像的菲林片的尺寸相同，然后与已有图像的菲林片相叠，放在感光机上，在一定压力和时间下用紫外线灯光进行感光，所需复制的图像便模糊印在此胶片上，再取出胶片并用热水清洗，图像便在此胶片上明显显现出来。 | | | | |
| 归类决定 | 根据《税则注释》对一次成像卷片的定义及根据该胶片的上述成像原理，该胶片不属于一次成像卷片的定义。因此，不能归入税则号列 3702.2000，应按照该胶片的规格尺寸等条件归入《税则》税目 37.02 项下的相应子目。 | | | | |

| 序号 | 364 | 归类决定编号 | Z2006－0197 | 公告编号 | 2006 年第 69 号 |
|---|---|---|---|---|---|
| 商品税则号列 | 3702.4291[3702.4292(2014 年版)] | | | 发布日期 | 2006 年 11 月 22 日 |
| 商品名称 | 红外激光胶片、氦氖激光胶片 | | | | |
| 英文名称 | Infrared laser film/He-Ne laser film | | | | |
| 其他名称 | | | | | |
| 商品描述 | 红外激光胶片、氦氖激光胶片为一种在聚酯片基上涂布卤化银乳剂层的银盐类感光胶片。规格：宽 1346 毫米，长约 2100 米，成卷，无齿孔。成像原理：胶片受到红外激光或氦氖激光照射时，在乳剂层中的感光物质便会发生反应而产生潜影，经显影、定影和冲洗后，潜影显示为影像或图文。进口后根据产品需求经过裁切整理加工后供打印医疗影像使用。 | | | | |
| 归类决定 | 从成像原理及用途来看，该商品是一种医用激光影像胶片，其所直接接受的是红外激光和氦氖激光，用于纪录 CT(计算机断层摄影)、MRI(磁共振影像技术)等的影像或经转换的 X 光放射诊断信息，而非用于照相制版。因此不能归入税则号列 3702.4229。<br>根据归类总规则一及六的规定，红外激光胶片、氦氖激光胶片应归入税则号列 3702.4291[3702.4292(2014 年版)]。 | | | | |

| 序号 | 365 | 归类决定编号 | Z2006 - 1221 | 公告编号 | 2007 年第 70 号 |
|---|---|---|---|---|---|
| 商品税则号列 | 3702.4291[3702.4292(2014 年版)] | | | 发布日期 | 2007 年 12 月 5 日 |
| 商品名称 | 柯尼卡美能达医用干式激光胶片大轴 | | | | |
| 英文名称 | KONICA MINOLTA Medical dry imaging film | | | | |
| 其他名称 | | | | | |
| 商品描述 | 医用干式激光胶片大轴宽 1260 毫米或 1110 毫米，长 1484 毫米。胶片由片基和感光乳剂层组成，片基成分为 PET 聚酯，感光乳剂层成分为溴化银、有机银盐、显影剂(还原剂)、疏水性组合体、胶质体等。此激光胶片大轴用以裁切 SP - D 规格的医用干式激光胶片，该胶片用在以红外激光为光源的干式激光打印机上，打印 CT、核磁共振等医院放射影像诊断设备所产生的医疗图像。其成像原理：SP - D 胶片在干式激光打印机中接受红外激光照射后，胶片乳剂中的溴化银经照射形成目视不可见的潜像银。潜像银经干式激光打印机中的热鼓加热后，然后形成影像。 | | | | |
| 归类决定 | 根据归类总规则一，医用干式激光胶片大轴应归入税则号列 3702.4291[3702.4292(2014 年版)]。 | | | | |

| 序号 | 366 | 归类决定编号 | Z2006－0198 | 公告编号 | 2006 年第 69 号 |
|---|---|---|---|---|---|
| 商品税则号列 | 37.05 | | 发布日期 | 2006 年 11 月 22 日 | |
| 商品名称 | APR 版 | | | | |
| 英文名称 | | | | | |
| 其他名称 | 凸版、软版 | | | | |
| 商品描述 | APR 版又称凸版、软版，共有三层，中间为感光树脂，上下两层为支撑用聚脂薄膜，经曝光后，可用溶剂选择性的洗去未曝光的部分，以造成 APR 版表面凸起的图形。该商品为已曝光冲洗过的、表面有图形的 APR 版。该版用于液晶行业配向液的滚筒涂胶设备上，其使用方法：将 APR 版安装在滚筒上，当玻璃基板通过时，APR 版上的 PI 定向剂会涂到玻璃基板上，由于玻璃基板上的图形与 APR 版的图形相对应，因此只在玻璃基板需要的部分涂上 PI 定向剂。 | | | | |
| 归类决定 | 该版虽是用感光材料经曝光冲洗后制得，但是用于生产液晶装置，而不是《税则》税目 84.42 所述的印刷用版，因此不属于《税则注释》关于品目 37.05 的排他条款中所述及的商品，故应归入税目 37.05。 | | | | |

<table>
<tr><td>序号</td><td>367</td><td>归类决定编号</td><td colspan="2">Z2006－1222</td><td>公告编号</td><td>2007 年第 70 号</td></tr>
<tr><td colspan="2">商品税则号列</td><td colspan="2">3707.1000</td><td colspan="2">发布日期</td><td>2007 年 12 月 5 日</td></tr>
<tr><td colspan="2">商品名称</td><td colspan="6">感光性油墨</td></tr>
<tr><td colspan="2">英文名称</td><td colspan="6">Photo sensivive solder resist</td></tr>
<tr><td colspan="2">其他名称</td><td colspan="6"></td></tr>
<tr><td colspan="2">商品描述</td><td colspan="6">感光性油墨的主要成分为聚乙烯、丙烯酸聚合物、铜钛菁、乙醚、醋酸盐、异丁烯酸甲脂等。其主要用途是印刷在柔性印刷线路板上，保护线路。具体的工艺步骤：首先将该商品印刷在柔性印刷电路板上，然后将油墨加热干燥，再用特制的面罩覆盖在柔性印刷线路板的油墨印刷面上，通过照射 UV 紫外光，使需要线路保护的油墨固化形成线路板的绿色部分，再将未被固化的油墨溶解掉，最后再经干燥等工序形成稳定的油墨覆盖层。</td></tr>
<tr><td colspan="2">归类决定</td><td colspan="6">该商品属于印刷电路制造用的感光型阻焊油墨，其工艺过程符合《税则》第三十七章的“摄影”定义。因此，根据归类总规则一，感光性油墨应归入税则号列 3707.1000。</td></tr>
</table>

<table>
<tr><td>序号</td><td>368</td><td>归类决定编号</td><td colspan="2">Z2006－0199</td><td>公告编号</td><td>2006 年第 69 号</td></tr>
<tr><td colspan="2">商品税则号列</td><td colspan="2">3707.9010</td><td colspan="2">发布日期</td><td>2006 年 11 月 22 日</td></tr>
<tr><td colspan="2">商品名称</td><td colspan="6">医用 X 光片冲洗显影液、定影液</td></tr>
<tr><td colspan="2">英文名称</td><td colspan="6"></td></tr>
<tr><td colspan="2">其他名称</td><td colspan="6"></td></tr>
<tr><td colspan="2">商品描述</td><td colspan="6">医用 X 光片的冲洗用系列制剂。</td></tr>
<tr><td colspan="2">归类决定</td><td colspan="6">根据税则号列 3707.9010 的税目条文“冲洗照相胶卷及照片用”，只要符合《税则注释》第三十七章总注释中“冲洗（即用化学方法使像显现出来）”的规定，不论其用途（医用或其他用）如何，均应归入税则号列 3707.9010。<br>显影液是使曝光后的潜影成为可见影像的试剂；定影液的作用是溶解未曝光感光药剂，使图像稳定。两者都是冲洗过程中的重要试剂。据此，医用 X 光显影液、定影液应归入税则号列 3707.9010。</td></tr>
</table>

| 序号 | 369 | 归类决定编号 | Z2006－0200 | 公告编号 | 2006年第69号 |
|---|---|---|---|---|---|
| 商品税则号列 | 3707.9090 | | | 发布日期 | 2006年11月22日 |
| 商品名称 | 印刷铝板显影水 | | | | |
| 英文名称 | | | | | |
| 其他名称 | | | | | |
| 商品描述 | 该印刷铝板显影水为专用于印刷PS板的显影剂。<br>1. 型号:富士牌LP－D3;<br>2. 包装:15千克/箱;<br>3. 主要构成成分:硅酸钠、羟氧化钾、水等;<br>4. 使用方法:将PS铝板在稀释后的显影水拖过,此铝板即可在印刷机上使用,主要用于印刷报纸。 | | | | |
| 归类决定 | 印刷PS铝板并不属于照相胶卷及相片。根据归类总规则一,印刷铝板显影水应归入税则号列3707.9090。 | | | | |

| 序号 | 370 | 归类决定编号 | Z2006－0201 | 公告编号 | 2006年第69号 |
|---|---|---|---|---|---|
| 商品税则号列 | 第38章 | | | 发布日期 | 2006年11月22日 |
| 商品名称 | 百草枯原液(40%) | | | | |
| 英文名称 | Paraquat solution | | | | |
| 其他名称 | | | | | |
| 商品描述 | 百草枯化学名称为1,1′二甲基-4,4′联吡啶阳离子。百草枯原液(40%)为墨绿色液体,含百草枯、催吐剂、腐蚀抑制剂和水,不易燃烧、不爆炸。用于配制“克无踪”20%水剂。 | | | | |
| 归类决定 | 该商品除含有原药成分外,还含有催吐剂、腐蚀抑制剂等配制成药所需的物质,不符合《税则》第二十九章章注一(一)、(四)~(七)的规定,不能归入第二十九章;又因其已经具备了成药的特征,故按成药将其归入《税则》第三十八章。 | | | | |

| 序号 | 371 | 归类决定编号 | Z2006－1223 | 公告编号 | 2007 年第 70 号 |
|---|---|---|---|---|---|
| 商品税则号列 | 3801.1000 | | 发布日期 | 2007 年 12 月 5 日 | |
| 商品名称 | 阳极碎 | | | | |
| 英文名称 | Anode butts | | | | |
| 其他名称 | 阳极残极 | | | | |
| 商品描述 | 该阳极碎又称阳极残极，为铝电解槽阳极炭块使用之后的残留部分，厚度约 13～18 厘米，主要成分为人造石墨 99%～99.5%，其他为硫、铝、钠、钾、镁、氟等元素。其用途：经过破碎、筛分，分成不同的粒度，在阳极炭块或阳极糊生产配料时，作为一种骨料加入。 | | | | |
| 归类决定 | 该产品是使用过的电解槽阳极，不能再作原用途使用，但经破碎等加工后可作为生产碳阳极的一种骨料。根据《税则注释》对品目 38.01 的条文注释，该品目也包括仅适用于作回收人造石墨用的废碎品及磨损物品，故该产品属于品目 38.01 的商品范围。根据归类总规则一，阳极碎应归入税则号列 3801.1000。 | | | | |

| 序号 | 372 | 归类决定编号 | Z2010－0013 | 公告编号 | 2010 年第 15 号 |
|---|---|---|---|---|---|
| 商品税则号列 | 3801.1000 | | 发布日期 | 2010 年 2 月 28 日 | |
| 商品名称 | 人造石墨块 | | | | |
| 英文名称 | | | | | |
| 其他名称 | | | | | |
| 商品描述 | 人造石墨块的成分为 40% 人造石墨、40% 天然石墨，其余为炭黑、煤沥青。外观为方块状、圆柱状及圆环状。加工工艺：人造石墨、天然石墨、炭黑混合粉碎→加入煤沥青（黏合剂）→再粉碎→混捏→粉筛→静压成型（磨具压铸）→烘烧→3000℃石墨化（根据不同品质要求决定是否浸渍）→材料检验→包装出厂。进口后需进行切割、车削抛光等加工，制成石墨电极制品。 | | | | |
| 归类决定 | 从生产原料及工艺看，该商品属于人造石墨，符合税目 38.01 关于人造石墨的商品范畴，根据归类总规则一及六，应归入税则号列 3801.1000。 | | | | |

| 序号 | 373 | 归类决定编号 | Z2006－0202 | 公告编号 | 2006 年第 69 号 |
|---|---|---|---|---|---|
| 商品税则号列 | 3802. 1000［3802. 1090（2014 年版）］ | | | 发布日期 | 2006 年 11 月 22 日 |
| 商品名称 | 标索吸油剂 | | | | |
| 英文名称 | Spill-sorb | | | | |
| 其他名称 | | | | | |
| 商品描述 | 标索吸油剂（Spill-sorb）是由精选原材料（炭化苔藓）经过堆填及通风处理，再经特别热处理（锅炉温度约 800℃）及科学加工等多项步骤制得。该商品防水，无毒，未磨碎，其天然的细胞结构对碳烃化合物等油剂物质具吸引和封藏作用，能较强地发挥对陆地、水污染等的清洁功能。 | | | | |
| 归类决定 | 该商品内含毛细管提供虹吸作用，以起到吸收清洁的作用，其原材料在加工过程中，内部细胞架发生变化，因而具有了抗水性和吸收碳氢化合物的能力。因此，该商品已经超出了《税则》税目 27. 03 允许的加工程度，不能归入《税则》第二十七章；根据《税则》税目 38. 02 的条文及《税则注释》中“碳及矿物质为使其适应某些用途而经适当处理，使其表面结构改变后，即称为活性产品”的说明，将该商品归入税则号列 3802. 1000［3802. 1090（2014 年版）］。 | | | | |

| 序号 | 374 | 归类决定编号 | Z2006－1224 | 公告编号 | 2007 年第 70 号 |
|---|---|---|---|---|---|
| 商品税则号列 | 3802. 9000 | | | 发布日期 | 2007 年 12 月 5 日 |
| 商品名称 | 滑石粉 | | | | |
| 英文名称 | PS TALC | | | | |
| 其他名称 | | | | | |
| 商品描述 | 该滑石粉为白色粉末，用于覆铜板生产的填料，在冲孔中起到缓冲作用。经海关化验鉴定，此为有机硅油包覆的滑石粉。 | | | | |
| 归类决定 | 根据《税则注释》品目 38. 02 的规定，碳及矿物质为使其适应于某些用途（例如，脱色、吸气或吸湿、催化、离子交换或过滤）而经适当处理（用热、化学品等进行处理），使其表面结构改变后，即称为活性产品。该产品用有机硅油进行表面处理，符合活性产品的定义。<br>根据归类总规则一，滑石粉应按活性天然矿产品归入税则号列 3802. 9000。 | | | | |

| 序号 | 375 | 归类决定编号 | Z2006－0203 | 公告编号 | 2006年第69号 |
| --- | --- | --- | --- | --- | --- |
| 商品税则号列 | 38.08 | | | 发布日期 | 2006年11月22日 |
| 商品名称 | 农药果品套袋 | | | | |
| 英文名称 | Pesticide apple-bags with double-deck paper | | | | |
| 其他名称 | | | | | |
| 商品描述 | 农药果品袋为由经着色、浸蜡和用杀菌剂处理的内袋与外袋组合而成。内袋的主要作用是杀菌、防水、在外袋拨开后对果品进行着色；外袋的主要作用是遮光、支撑（保护）内袋。 | | | | |
| 归类决定 | 该商品是由外袋和内袋组合而成的组合物品，从其价值及在使用过程中的作用来看，内袋起主要作用。根据归类总规则三（二）的规定，按经过用杀菌剂处理的纸制品归入《税则》税目38.08项下相应子目。 | | | | |

| 序号 | 376 | 归类决定编号 | Z2006－1226 | 公告编号 | 2007年第70号 |
| --- | --- | --- | --- | --- | --- |
| 商品税则号列 | 3808.92 | | | 发布日期 | 2007年12月5日 |
| 商品名称 | 仙亮402F水果涂层剂 | | | | |
| 英文名称 | CITRUS LUSTR 402F | | | | |
| 其他名称 | | | | | |
| 商品描述 | 该商品为新鲜水果的采后可食性涂层剂，是一种含杀菌剂戴挫霉的可溶性碱性树脂和其他食品添加剂的溶液，用于水果蔬菜采后处理，能减少水果干耗，改善外观，抑制呼吸，延长水果货架寿命；同时，能起到防腐保鲜的功效。 | | | | |
| 归类决定 | 该商品已经在我国登记为农药，有明确的防治对象和作用。根据归类总规则一，该商品应归入税目3808.92项下。 | | | | |

| 序号 | 377 | 归类决定编号 | Z2006－1227 | 公告编号 | 2007 年第 70 号 |
|---|---|---|---|---|---|
| 商品税则号列 | 3808.9210 | | | 发布日期 | 2007 年 12 月 5 日 |
| 商品名称 | 苹果套袋 | | | | |
| 英文名称 | Paper bags brand “stone”(for apple) | | | | |
| 其他名称 | | | | | |
| 商品描述 | 该产品为内外两层纸袋,外袋为土黄色,内袋为黑色。其中内袋的制作方法:将农药(百菌清)加入防水剂中,将纸在防水剂中渗泡烘干,然后机械加工成袋。其成分为农药纸 93%、油墨 2%、胶水 1%、铁丝 1%、防水剂 2%、包装 1%。用途:调节苹果颜色,防止病虫及农药污染。 | | | | |
| 归类决定 | 该商品为杀菌剂成品,根据归类总规则一,应归入税则号列 3808.9210。 | | | | |

| 序号 | 378 | 归类决定编号 | Z2013－0032 | 公告编号 | 2013 年第 26 号 |
|---|---|---|---|---|---|
| 商品税则号列 | 3808.9290 | | | 发布日期 | 2013 年 5 月 17 日 |
| 商品名称 | 乳糖基纳他霉素 | | | | |
| 英文名称 | | | | | |
| 其他名称 | | | | | |
| 商品描述 | 该商品为白色至奶油黄色结晶性粉末,由 50% 左右的纳他霉素和 50% 左右的乳糖配制而成。包装规格:10 千克/袋。包装上没有消费使用说明。该商品具有阻止霉菌生长的功效,主要用于食品中作为防腐剂使用。 | | | | |
| 归类决定 | 该商品是由纳他霉素和乳糖制成的抗菌配制品,根据归类总规则一及六,应归入税则号列 3808.9290。 | | | | |

| 序号 | 379 | 归类决定编号 | Z2006－1228 | 公告编号 | 2007年第70号 |
|---|---|---|---|---|---|
| 商品税则号列 | 3808.9400 | | 发布日期 | 2007年12月5日 | |
| 商品名称 | 露宝康(饲料级) | | | | |
| 英文名称 | | | | | |
| 其他名称 | | | | | |
| 商品描述 | 露宝康(饲料级)是一种含丙酸92±2%、丙酸铵4±1%、丙二醇4±1%,外观为浅黄色的透明液体,主要用于各种水分不超过30%的谷物饲料的防霉保鲜,其挥发性比纯丙酸低60%。使用方法:用喷雾器将5千克露宝康均匀地喷洒在每吨湿玉米颗粒表面,随后立即入仓储存。 | | | | |
| 归类决定 | 该产品含有丙酸、丙酸铵和丙二醇,不符合化学定义,因此不能归入《税则》第二十九章。该产品适用于水分在30%以下的饲料用玉米粒的贮存保鲜,在动物饲料生产上用于抑制不良微生物(霉菌等)的生长。根据归类总规则一,露宝康(饲料级)应归入税则号列3808.9400。 | | | | |

<table>
<tr><td>序号</td><td>380</td><td>归类决定编号</td><td colspan="2">Z2006－1229</td><td>公告编号</td><td>2007 年第 70 号</td></tr>
<tr><td colspan="2">商品税则号列</td><td colspan="2">3808. 9400</td><td colspan="2">发布日期</td><td>2007 年 12 月 5 日</td></tr>
<tr><td colspan="2">商品名称</td><td colspan="5">涂料用抗菌剂</td></tr>
<tr><td colspan="2">英文名称</td><td colspan="5"></td></tr>
<tr><td colspan="2">其他名称</td><td colspan="5"></td></tr>
<tr><td colspan="2">商品描述</td><td colspan="5">涂料用抗菌剂共有六个型号,经海关化验鉴定成分如下:<br>1. 型号 AA146:白色黏稠液体,主要成分为水、二氯苯二甲基脲、二甲氧基喹啉二甲氧基苯胺等;<br>2. 型号 AA091ULF:无色透明液体,主要成分为水、氯甲基异噻唑酮、甲基戊烷等;<br>3. 型号 AA168:白色黏稠液体,主要成分为水、联苯二酮、丙二醇、含锌化合物、含铝化合物等;<br>4. 型号 BIOX ABZ:白色黏稠液体,主要成分为水、羟基嘧啶硫酮、氧化锌等;<br>5. 型号 M715:白色黏稠液体,主要成分为水、苯甲酸酯、多种烷烃等;<br>6. 型号 AA248:白色黏稠液体,主要成分为水、苯甲酸酯、含硅化合物等。<br>鉴定结论均为防腐防霉抗菌剂。该类产品用于涂料生产中,主要起防腐防霉抗菌作用。</td></tr>
<tr><td colspan="2">归类决定</td><td colspan="5">《税则注释》规定,杀菌剂是指防止真菌生长的产品或用以消灭已有真菌的物质,而消毒剂是破坏或不可逆地灭活无生命体上的不良细菌、病毒或其他微生物的制剂。该类产品用于涂料生产中,起到防腐防霉抗菌的作用,属于消毒剂的商品范围。<br>根据归类总规则一,以上各型号的涂料用抗菌剂均应归入税则号列 3808. 9400。</td></tr>
</table>

| 序号 | 381 | 归类决定编号 | Z2006 - 1225 | 公告编号 | 2007 年第 70 号 |
|---|---|---|---|---|---|
| 商品税则号列 | 3808. 9400 | | | 发布日期 | 2007 年 12 月 5 日 |
| 商品名称 | 制革助剂 | | | | |
| 英文名称 | MIRECIDE SR/50、MIRECIDE TC/61 | | | | |
| 其他名称 | | | | | |
| 商品描述 | 该批制革助剂有两种型号。经海关化验鉴定,型号 MIRECIDE SR/50 为淡黄色透明液体,主要成分:二甲基二硫代氨基甲酸钠、二硫化碳、2-甲基-1-丙醇、苯等;用于皮革工业,有抑制微生物滋生、预防生皮腐烂、减少臭味等作用,用量为原料皮总重量的 0. 01% ~0. 10% 。型号 MIRECIDE TC/61 为黄啡色液体,主要成分:巯基苯并噻唑、多种烷基苯、聚氧乙烯醚类混合物等;属于皮革防霉剂,能在毛皮硝制和原料生皮鞣制过程中有效控制细菌和霉菌的滋生,具有极强的防霉性和杀菌性,用量为原料皮总重量的 0. 02% ~0. 30% 。 | | | | |
| 归类决定 | 根据《税则注释》,上述两种制革助剂属于消毒剂的商品范围,应归入税则号列 3808. 9400。 | | | | |

| 序号 | 382 | 归类决定编号 | Z2006－0204 | 公告编号 | 2006 年第 69 号 |
|---|---|---|---|---|---|
| 商品税则号列 | | 3809.9100 | | 发布日期 | 2006 年 11 月 22 日 |
| 商品名称 | 纺织印花糊料 | | | | |
| 英文名称 | | | | | |
| 其他名称 | | | | | |
| 商品描述 | 该商品为用于纺织印染的印花糊料。其成分为 Hitex Cmt-8，由 69% 降解种子胶、12% 磷酸三钠及 19% 其他成分组成；Hitex Ps-8，由 68.5% 降解种子胶、15% 氯化钠及 16.5% 其他成分组成。 | | | | |
| 归类决定 | 该商品的各组成成分都在印花工艺中起到不同的辅助作用，属于纺织工业助剂。因此该商品应归入税则号列 3809.9100。 | | | | |

| 序号 | 383 | 归类决定编号 | Z2006－0205 | 公告编号 | 2006 年第 69 号 |
|---|---|---|---|---|---|
| 商品税则号列 | | 3809.9100 | | 发布日期 | 2006 年 11 月 22 日 |
| 商品名称 | 纺织工业用上浆剂 | | | | |
| 英文名称 | | | | | |
| 其他名称 | | | | | |
| 商品描述 | 该商品为白色透明颗粒状。<br>主要成分：聚乙烯醇类物质。<br>主要用途：纺织工业的上浆整理（丝条通过上浆成为丝束，增加在织机上的可纺性）。 | | | | |
| 归类决定 | 该商品为改性的聚乙烯醇基并含有铁螯合剂和塑化剂的复合化合物，用作纺织工业用的上浆剂，符合《税则注释》对品目 38.09 的解释。<br>根据归类总规则一，纺织工业用上浆剂应归入税则号列 3809.9100。 | | | | |

| 序号 | 384 | 归类决定编号 | Z2006－0206 | 公告编号 | 2006年第69号 |
|---|---|---|---|---|---|
| 商品税则号列 | 3809.9300 | | | 发布日期 | 2006年11月22日 |
| 商品名称 | 皮革填充剂RR | | | | |
| 英文名称 | Resilen RR | | | | |
| 其他名称 | | | | | |
| 商品描述 | 皮革填充剂RR主要由水、聚丙烯酸盐、硫酸钠及碳酸盐等多种成分组成的混合物，外观为半清澈稠状液体，固含量为32%～34%。在皮革加工过程中，使用皮革填充剂RR，能提高皮革的丰满度，增加柔软度和粒面紧实度，并可获得细致平滑的粒面。该皮革填充剂RR是一种皮革加工过程中使用的助剂。 | | | | |
| 归类决定 | 根据归类总规则一，该皮革填充剂RR应归入税则号列3809.9300。 | | | | |

| 序号 | 385 | 归类决定编号 | Z2006－1230 | 公告编号 | 2007年第70号 |
|---|---|---|---|---|---|
| 商品税则号列 | 3809.9300 | | | 发布日期 | 2007年12月5日 |
| 商品名称 | 皮革柔软助剂 | | | | |
| 英文名称 | Leather auxiliary | | | | |
| 其他名称 | | | | | |
| 商品描述 | 皮革柔软助剂（美丽欧蜡178）是主要由矿物蜡、水、酪蛋白、水分等物质组成的白色液体，固含量为20%，PH值约为8.5，是一种高效防粘剂，并具有填充性，用于皮革工业中作防粘剂，可改善熨平、压花及皮革堆放时的防粘性能。 | | | | |
| 归类决定 | 根据归类总规则一，皮革柔软助剂应归入税则号列3809.9300。 | | | | |

| 序号 | 386 | 归类决定编号 | Z2006－1231 | 公告编号 | 2007 年第 70 号 |
|---|---|---|---|---|---|
| 商品税则号列 | 3809.9300 | | | 发布日期 | 2007 年 12 月 5 日 |
| 商品名称 | 皮革助剂 | | | | |
| 英文名称 | Catalix GS | | | | |
| 其他名称 | | | | | |
| 商品描述 | 皮革助剂（Catalix GS）经海关化验鉴定，主要成分为水、聚醚类物质、脂肪酸酰胺类物质（有蜡质特性）等。鉴定结论为多种成分组成的混合物，可用于纺织品和皮革的整理和染色。该产品用于皮革工业，可使鞣制更快速，可以改进手感及光亮度等。 | | | | |
| 归类决定 | 根据归类总规则一，皮革助剂应归入税则号列 3809.9300。 | | | | |

| 序号 | 387 | 归类决定编号 | Z2010－0014 | 公告编号 | 2010 年第 15 号 |
|---|---|---|---|---|---|
| 商品税则号列 | 3809.9300 | | | 发布日期 | 2010 年 2 月 28 日 |
| 商品名称 | 皮革用涂饰剂 | | | | |
| 英文名称 | | | | | |
| 其他名称 | | | | | |
| 商品描述 | 皮革用涂饰剂为水溶性液状化合物，型号 ECOFILM 2689。成分为丙烯酸聚合体 22%、油脂 1%、合成蜡 1%、二氧化硅 1%、水 75%。用于皮革表面涂饰中的底涂，具有很好的遮盖性和填充性，可使皮革具有很好的柔软性和弹性，可提高皮革柔软度，增加光泽度，改善手感，使涂膜外观自然、美观。可直接使用，也可与其他树脂调配使用。 | | | | |
| 归类决定 | 根据归类总规则一及六，该商品应归入税则号列 3809.9300。 | | | | |

| 序号 | 388 | 归类决定编号 | Z2013－0033 | 公告编号 | 2013年第26号 |
|---|---|---|---|---|---|
| 商品税则号列 | 3810.9000 | | | 发布日期 | 2013年5月17日 |
| 商品名称 | 硼酸三甲酯和甲醇的混合物 | | | | |
| 英文名称 | | | | | |
| 其他名称 | | | | | |
| 商品描述 | 该商品主要成分为硼酸三甲酯和甲醇。硼酸三甲酯含量为65% ±1%、72% ±1%、74% ±1%等多种。该商品以硼酸和甲醇为原料进行酯化反应，经过分馏，得到硼酸三甲酯与甲醇的混合物，通过控制蒸馏塔塔顶温度制得不同含量的产品。该商品用作助焊剂，硼酸三甲酯含量低的产品用于母材为紫铜、黄铜的焊接，硼酸三甲酯含量高的产品用于碳钢的焊接。 | | | | |
| 归类决定 | 该商品为硼酸三甲酯和甲醇的混合物，用作助焊剂，不同硼酸三甲酯含量的产品适用于不同母材的焊接。根据归类总规则一及六，该商品应归入税则号列3810.9000。 | | | | |

| 序号 | 389 | 归类决定编号 | Z2006－1232 | 公告编号 | 2007年第70号 |
|---|---|---|---|---|---|
| 商品税则号列 | 3813.0010 | | | 发布日期 | 2007年12月5日 |
| 商品名称 | 灭火器的装配药 | | | | |
| 英文名称 | Amphoteric fluorinated surfactant | | | | |
| 其他名称 | 两性含氟表面活性剂(FORAFAC 1202)(申报名称) | | | | |
| 商品描述 | 该商品是由丁基二甘醇30%、全氟烷基甜菜碱27%及水等组成的棕褐色液体，53千克/桶。该产品按一定比例(例如以6:94)与水混合可直接用于灭火，也可与烃类辅助表面活性配在一起增加灭火效果。其灭火性能好、无毒、腐蚀性低，属于水成膜泡沫灭火剂，用作灭火器的装配药。 | | | | |
| 归类决定 | 根据归类总规则一，该商品应归入税则号列3813.0010。 | | | | |

| 序号 | 390 | 归类决定编号 | Z2006－1233 | 公告编号 | 2007年第70号 |
|---|---|---|---|---|---|
| 商品税则号列 | 3815.9000 | | | 发布日期 | 2007年12月5日 |
| 商品名称 | 氧化锌脱硫剂 | | | | |
| 英文名称 | | | | | |
| 其他名称 | 催化剂 | | | | |
| 商品描述 | 氧化锌脱硫剂是直径约为4毫米，长度约为6～20毫米的白色条状固体，是一种化学吸收型催化剂。产品的主要成分为ZnO，另含少量的$SiO_2$、Na、Mg、S等。该商品采用高纯度的活性氧化锌，加入造孔剂和微量元素，挤压成型后，经高温煅烧制成氧化锌脱硫剂，可吸收从天然气到石脑油等各种烃类中的硫化氢、硫氧化碳及部分易反应的有机硫化合物，可用于烃类蒸汽转化装置的原料脱硫，也可作为低温变换催化剂的保护剂。该产品中的钠组分系碱性组分，能促进脱硫反应的加速进行，镁组分系抗耐热组分，能从微观上改善催化剂的晶格结构。 | | | | |
| 归类决定 | 该商品是以活性物质为基料的混合物构成，根据归类总规则一，应归入税则号列3815.9000。 | | | | |

| 序号 | 391 | 归类决定编号 | Z2006－0207 | 公告编号 | 2006年第69号 |
|---|---|---|---|---|---|
| 商品税则号列 | 3816.0000 | | | 发布日期 | 2006年11月22日 |
| 商品名称 | 耐火球 | | | | |
| 英文名称 | Refractory ball | | | | |
| 其他名称 | | | | | |
| 商品描述 | 耐火球为黑色圆形固体，其成分为碳化硅(36.6%)、二氧化硅、硅酸钠等，是将焙烧石墨电极过程中所用过的焙烧料(含石英砂及在焙烧石墨电极过程中产生的碳化硅)经破碎、筛选后，添加硅酸钠作为结合剂，同时加入少量碳黑搅拌均匀后经机械高压压制成型，并经高温(800℃～1000℃)烘干后制得。主要用于在炼制特种钢材时，垫于炉底防止沾炉及便于清渣。 | | | | |
| 归类决定 | 根据《税则注释》对品目38.16的注释，该品目所指的耐火混合制品包括以耐火材料为基本成分并含有添加黏合剂(例如硅酸钠)的制剂(例如炉衬制剂)。从该商品的原料、生产流程及用途来看，该商品是一种耐火混合制品，符合品目38.16的规定范围。<br>因此根据归类总规则一及《税则注释》对品目38.16的解释，耐火球应归入税则号列3816.0000。 | | | | |

| 序号 | 392 | 归类决定编号 | Z2006－0208 | 公告编号 | 2006年第69号 |
|---|---|---|---|---|---|
| 商品税则号列 | 3816.0000 | | | 发布日期 | 2006年11月22日 |
| 商品名称 | 硅质热补泥 | | | | |
| 英文名称 | | | | | |
| 其他名称 | | | | | |
| 商品描述 | 该商品包装为袋装，外观为灰色粉状物体。根据海关化验结果，粉末含二氧化硅99.0%、氧化铝1.0%等；颗粒含二氧化硅88.0%、氧化钠4.8%、氧化硫2.1%、氧化钙1.1%、氧化铁0.5%等。该商品为以二氧化硅为基本成分的混合物。<br>硅质热补泥主要是由含硅的粒状原材料混合而成，但也含有非常少量的非硅原材料，其目的是改善流动性，促进凝固。主要用途是与胶质硅黏合剂按照一定比例混合使用，用于玻璃熔炉顶部的维修。 | | | | |
| 归类决定 | 该商品属于以硅石为基料的耐火混合产品。根据归类总规则一，该商品应归入税则号列3816.0000。 | | | | |

| 序号 | 393 | 归类决定编号 | Z2006－1234 | 公告编号 | 2007年第70号 |
|---|---|---|---|---|---|
| 商品税则号列 | 3816.0000 | | | 发布日期 | 2007年12月5日 |
| 商品名称 | 覆膜砂 | | | | |
| 英文名称 | Coated sand | | | | |
| 其他名称 | | | | | |
| 商品描述 | 覆膜砂的成分为硅砂85%、硬脂酸钙1.6%、酚醛树脂3.8%、氧化铁8%、乌洛托品1.6%。覆膜砂主要起塑型的作用，即将覆膜砂做成一定的形状，用于制造挖掘机斗齿的模具。在制作铸钢产品的过程中，覆膜砂模具主要起耐火保温的作用。 | | | | |
| 归类决定 | 该产品是以耐火材料硅砂为基本成分，并含有黏合剂的制剂，符合《税则注释》品目38.16的商品范围。根据归类总规则一，覆膜砂应归入税则号列3816.0000。 | | | | |

| 序号 | 394 | 归类决定编号 | Z2006 - 0209 | 公告编号 | 2006 年第 69 号 |
|---|---|---|---|---|---|
| 商品税则号列 | | 3817.0000 | | 发布日期 | 2006 年 11 月 22 日 |
| 商品名称 | | 聚烷基苯 | | | |
| 英文名称 | | Poly alkl benzene | | | |
| 其他名称 | | | | | |
| 商品描述 | | 聚烷基苯的分子式为 $RC_6H_4R$（R 为 $C_{12}-C_{14}$），平均分子量为 420，是由 $C_{12}-C_{14}$ 线性 α 烯烃对苯进行烷基化反应制得。该商品外观为浅黄到棕色黏稠油状液体，用作工业企业工艺系统的填充物，作为热能传导介质用。 | | | |
| 归类决定 | | 归入《税则》第二十九章的单一有化学定义的产品有确定的分子量和分子式，该商品属于混合烷基苯，根据《税则注释》对品目 29.02 及品目 38.17 的规定，聚烷基苯应归入税则号列 3817.0000。 | | | |

| 序号 | 395 | 归类决定编号 | Z2006 - 1235 | 公告编号 | 2007 年第 70 号 |
|---|---|---|---|---|---|
| 商品税则号列 | | 3821.0000 | | 发布日期 | 2007 年 12 月 5 日 |
| 商品名称 | | 脱臭培养基 | | | |
| 英文名称 | | New biology controller | | | |
| 其他名称 | | | | | |
| 商品描述 | | 脱臭培养基为红色液体，有浓香，其主要成分为天然表面活性剂、缩氨酸、酵素群（促进发酵的酶类）、天然植物精油、纯水。其中缩氨酸为主要的微生物营养物质，能快速被微生物吸收，促进好氧性细菌的生长繁殖，起到初步培养除臭微生物的作用。该商品主要用于各类垃圾场的脱臭处理，使用时根据具体情况用纯水稀释 15 ~ 10000 倍，不再添加其他物质，喷洒于物体表面。 | | | |
| 归类决定 | | 该商品起主要作用的成分是缩氨酸和酵素群，为广谱的好氧性微生物培养基，主要为促进有效好氧性细菌的生长，协助微生物在恶臭源上建立一个高效的催化氧化系统。根据归类总规则一，脱臭培养基应归入税则号列 3821.0000。 | | | |

| 序号 | 396 | 归类决定编号 | Z2006－0210 | 公告编号 | 2006 年第 69 号 |
|---|---|---|---|---|---|
| 商品税则号列 | 3822.0010 | | | 发布日期 | 2006 年 11 月 22 日 |
| 商品名称 | 中草药芯片 | | | | |
| 英文名称 | Herbal chip | | | | |
| 其他名称 | | | | | |
| 商品描述 | 中草药芯片是用中草药经过捣碎、提取、分离、微列阵等多道生产工序，使中草药中的有效化学成分附着在空白塑料芯片（AGTchip）表面，从而制成的产品。该技术可广泛应用于药物筛选、中药物种鉴定、农作物的优育优选、质控等许多领域。 | | | | |
| 归类决定 | 从该商品的工艺流程及用途来看，已超出《税则》第十二章的范围，不应归入税则号列 1211.9039。<br>该商品属于附于衬背上的实验用的试剂，根据归类总规则一，中草药芯片应归入税则号列 3822.0010。 | | | | |

| 序号 | 397 | 归类决定编号 | Z2006－0211 | 公告编号 | 2006 年第 69 号 |
|---|---|---|---|---|---|
| 商品税则号列 | 3822.0010 | | | 发布日期 | 2006 年 11 月 22 日 |
| 商品名称 | 空白塑料芯片 | | | | |
| 英文名称 | AGTChip-H | | | | |
| 其他名称 | | | | | |
| 商品描述 | 空白塑料芯片（AGTChip-H）材质为聚苯乙烯塑料，进口状态为塑料矩形薄片状（与载玻片相似），以盒装形式进口。规格：芯片尺寸 75 毫米×25 毫米×1 毫米，60 片/盒。此芯片表面经处理有特殊连接化合物，可与含有－SH，－CH，－$NH_2$ 等官能团的化学分子结合，将天然物质建置于固体表面以用于筛选分析，用于中草药芯片的制作。 | | | | |
| 归类决定 | 该商品是由可以与特殊官能团接合的连接化合物体现其基本特征的，塑料片仅起到一个承载的作用。所以不应归入税目 39.20 项下。其具有对特殊官能团选择结合的作用，是作为实验用的中草药芯片制作必须的产品。该商品具有的特征符合《税则注释》品目 38.22 项下的商品范畴。<br>根据归类总规则一，商品“空白塑料芯片（AGTChip-H）”应归入税则号列 3822.0010。 | | | | |

| 序号 | 398 | 归类决定编号 | Z2006－0212 | 公告编号 | 2006 年第 69 号 |
|---|---|---|---|---|---|
| 商品税则号列 | 3822.0010 | | | 发布日期 | 2006 年 11 月 22 日 |
| 商品名称 | 组织芯片 | | | | |
| 英文名称 | | | | | |
| 其他名称 | | | | | |
| 商品描述 | 组织芯片是将实验动物及临床组织经过固定、脱水、浸蜡、包埋、点阵、切片等工序，使组织附着在载玻片上，从而制成的产品。用途：利用免疫组织化学和生物资讯技术，将含有未知抗体的试剂滴在芯片上，观察该抗体和各种组织、各种疾病的阴阳性反应情况，借此了解该抗体与各种疾病的相互关系，为疾病的诊断、预防、治疗及药物筛选提供依据，并可用于医学院校的教学。 | | | | |
| 归类决定 | 从其用途来看，是通过观察各种组织和各种疾病对含有未知抗体试剂的反应情况，了解抗体与各种疾病的相互关系，为疾病的诊断、预防、治疗及药物筛选提供依据，不同于动植物标本，不属于税目 97.05 的范围。<br>该商品属于附于衬背上的实验用的试剂，根据归类总规则一，组织芯片应归入税则号列 3822.0010。 | | | | |

<table>
<tr><td>序号</td><td>399</td><td>归类决定编号</td><td>Z2006 - 0213</td><td>公告编号</td><td>2006 年第 69 号</td></tr>
<tr><td>商品税则号列</td><td colspan="3">3822. 0010</td><td>发布日期</td><td>2006 年 11 月 22 日</td></tr>
<tr><td>商品名称</td><td colspan="5">薄层板</td></tr>
<tr><td>英文名称</td><td colspan="5"></td></tr>
<tr><td>其他名称</td><td colspan="5"></td></tr>
<tr><td>商品描述</td><td colspan="5">薄层板有两种:1. 由铝片及一层硅胶涂敷材料构成,涂层厚约 0. 20 至 0. 25 毫米,铝片厚度为 0. 35 毫米。2. 由玻璃片及一层硅胶涂敷材料构成,涂层厚约 0. 20 至 0. 25 毫米,玻璃片厚度为 1. 55 毫米。产品为薄层色谱扫描仪专用的消耗品,规格为 10 厘米 ×20 厘米和 20 厘米 ×20 厘米,以铝基片或玻璃片作为载体,在检测过程不起作用,硅胶涂层具有吸附性、稳定性等功能,将供试品点于薄层板上,经展开后,利用一定波长的光对薄层板上有吸收的斑点,或经激发后发射出的荧光斑点进行扫描,可直接用于多种类型有机物质的快速分离定性或定量分析。</td></tr>
<tr><td>归类决定</td><td colspan="5">该商品为制成品,专用于薄层色谱扫描仪,已改变了硅胶的一般用途而适合于特殊用途,因此不能归入《税则》第二十八章。根据归类总规则一,薄层板属于附于衬背上的实验室用试剂,应归入税则号列 3822. 0010。</td></tr>
</table>

| 序号 | 400 | 归类决定编号 | Z2006－0214 | 公告编号 | 2006 年第 69 号 |
|---|---|---|---|---|---|
| 商品税则号列 | 3822.0090 | | 发布日期 | | 2006 年 11 月 22 日 |
| 商品名称 | 水质测定袋 | | | | |
| 英文名称 | | | | | |
| 其他名称 | | | | | |
| 商品描述 | 水质测定袋为内装一次性测试试剂的条状小袋，每袋约重 1 克。主要用于测定工程、排水、环境、科研等场所中水体的水质。使用方法为：用针刺开测定袋的前端，将开口向上，用手指挤压排出空气后，再将开口向下浸入被测液体中，轻轻挤压后部，吸入被测液体至测定袋容量的一半为止，来回振动袋子 5～6 次，在规定时间内对比标准色目表，找出最近似的一栏。其特点：(1)无需调整 PH 值(PH5～9 之间)；(2)无需使用仪器；(3)测定结果快速(约 5 分钟内完成)；(4)携带轻巧方便。 | | | | |
| 归类决定 | 该商品以试剂为其主要特征，根据归类总规则三(二)，水质测定袋应归入税则号列 3822.0090。 | | | | |

| 序号 | 401 | 归类决定编号 | Z2006－1236 | 公告编号 | 2007年第70号 |
|---|---|---|---|---|---|
| 商品税则号列 | 3822.0090 | | 发布日期 | 2007年12月5日 | |
| 商品名称 | 黏土类金标准样 | | | | |
| 英文名称 | | | | | |
| 其他名称 | | | | | |
| 商品描述 | 黏土类金标准样的成分组成：<br>1. 样品SL20的成分含量：二氧化硅63.02%、三氧化二铝18.5%、氧化钠10.03%、氧化钾0.29%、氧化钙0.43%、氧化镁0.16%、二氧化钛0.06%、氧化锰0.01%、五氧化二磷0.13%、铁3.7%、硫3.3%、金浓缩值5.911克/吨（误差±0.073克/吨）；<br>2. 样品SE19：金浓缩值0.583克/吨（误差±0.011克/吨），其余成分含量同SL20相比稍有变化；<br>3. 样品SJ22：金浓缩值2.604克/吨（误差±0.019克/吨），其余成分含量同SL20相比稍有变化。<br>该产品来源于新西兰ROCKLAB国际认证标准试验室，产品作为标准样用于对实验室的检测结果的准确性进行质量控制。 | | | | |
| 归类决定 | 黏土类金标准样为控制实验室检测水平的比对标准样，其附有相关的分析证书，根据归类总规则一，黏土类金标准样应归入税则号列3822.0090。 | | | | |

<table>
<tr><td>序号</td><td>402</td><td>归类决定编号</td><td>Z2006 - 0230</td><td>公告编号</td><td>2006 年第 69 号</td></tr>
<tr><td colspan="2">商品税则号列</td><td colspan="2">3824. 9090［3824. 9099（2014 年版）］</td><td>发布日期</td><td>2006 年 11 月 22 日</td></tr>
<tr><td colspan="2">商品名称</td><td colspan="4">100% 纯天然生物辅料</td></tr>
<tr><td colspan="2">英文名称</td><td colspan="4"></td></tr>
<tr><td colspan="2">其他名称</td><td colspan="4"></td></tr>
<tr><td colspan="2">商品描述</td><td colspan="4">100% 纯天然生物辅料是含氮 7. 5%、氧化磷 5. 4%、氧化钾 5. 6%、氧化硫 12. 7%、氧化钙 16. 2%、少量硫酸钙钾和硫酸钙的黄色颗粒，来源于植物、动物和海洋生物的提取物，可用于废水处理等环保产业。该商品配合离子水活化剂对生活废水进行处理，可促进废水中的蛋白质、乳化油降解。</td></tr>
<tr><td colspan="2">归类决定</td><td colspan="4">该商品虽含氮磷钾，但并非起到直接或间接供给作物生长发育所需养分或改善土壤性质等作用，因此不能作为肥料归类。该商品是一种用于废水处理的混合物，根据归类总规则一，100% 纯天然生物辅料应归入税则号列 3824. 9090［3824. 9099（2014 年版）］。</td></tr>
</table>

<table>
<tr><td>序号</td><td>403</td><td>归类决定编号</td><td>Z2006 - 1238</td><td>公告编号</td><td>2007 年第 70 号</td></tr>
<tr><td colspan="2">商品税则号列</td><td colspan="2">3824. 9090［3824. 9099（2014 年版）］</td><td>发布日期</td><td>2007 年 12 月 5 日</td></tr>
<tr><td colspan="2">商品名称</td><td colspan="4">冰盒</td></tr>
<tr><td colspan="2">英文名称</td><td colspan="4">Ice packs</td></tr>
<tr><td colspan="2">其他名称</td><td colspan="4"></td></tr>
<tr><td colspan="2">商品描述</td><td colspan="4">冰盒是由密封塑料盒内装约 400 克纯水制成，将此水盒放入冰箱内冷却后取出即为冰盒。产品可用于药品运输过程中降温和保温，并可重复使用。</td></tr>
<tr><td colspan="2">归类决定</td><td colspan="4">该产品中的水（冰）起冷存储作用，由塑料盒密封包装，该产品属于特殊形式包装的有特定用途的制品。<br>根据归类总规则一，该产品应归入税则号列 3824. 9090［3824. 9099（2014 年版）］。</td></tr>
</table>

| 序号 | 404 | 归类决定编号 | Z2006－0234 | 公告编号 | 2006 年第 69 号 |
|---|---|---|---|---|---|
| 商品税则号列 | 3824.9090[3824.9099(2014 年版)] | | | 发布日期 | 2006 年 11 月 22 日 |
| 商品名称 | 不溶性硫磺 | | | | |
| 英文名称 | Crystex HD OT 20 | | | | |
| 其他名称 | | | | | |
| 商品描述 | 不溶性硫磺为黄色粉末，是硫磺和处理油（20%芳烃油）的混合物，用于不饱和弹性体的不喷霜硫化剂。其中充有的芳烃油不溶于弹性体，可以延迟胶料的停放焦烧时间，防止硫磺迁徙以及保证胶料表面自粘性，降低粉尘飞扬。该商品是将硫磺粉碎、萃取，最后充油、包装为成品。根据海关化验鉴定结果，其是含硫磺和处理油的混合物，用作橡胶硫化剂。 | | | | |
| 归类决定 | 根据《税则》第二十五章章注一，该章的产品可含有添加的抗尘剂，但所加剂料并不使原产品改变其一般用途而适合于某些特殊用途。该商品所添加的芳烃油不仅具有抗尘作用，还具有可以延迟胶料的停放焦烧时间等作用，且芳烃油的添加已改变硫磺的一般用途，使该商品已具有特定的用途，不属于第二十五章的范围。<br>根据归类总规则一，不溶性硫磺应归入税则号列 3824.9090[3824.9099(2014 年版)]。 | | | | |

| 序号 | 405 | 归类决定编号 | Z2007－0017 | 公告编号 | 2007 年第 71 号 |
|---|---|---|---|---|---|
| 商品税则号列 | 3824.9090[3824.9099(2014 年版)] | | | 发布日期 | 2007 年 12 月 5 日 |
| 商品名称 | 催化剂（钢铁脱硫用） | | | | |
| 英文名称 | Accel | | | | |
| 其他名称 | 铝粉剂 | | | | |
| 商品描述 | 催化剂（钢铁脱硫用）是灰黑色粉末，包括两种商品。第一种（ACCEL－200）中含有 Al18%～23%、$Al_2O_3$50%～70%、$SiO_2$5%；第二种（ACCEL－100）中含有 Al8%～13%、$Al_2O_3$55%～80%、$SiO_2$5%。原料的主要来源是废杂铝，生产流程是将废杂铝加入反射炉熔炼，生成含铝物料，再经过粉碎分选，最后制成作为生产钢铁冶金用的含铝粉剂。该商品主要用于钢铁冶金中精炼脱硫。 | | | | |
| 归类决定 | 根据归类总规则一，催化剂（钢铁脱硫用）应归入税则号列 3824.9090[3824.9099(2014 年版)]。 | | | | |

| 序号 | 406 | 归类决定编号 | Z2006 - 1244 | 公告编号 | 2007 年第 70 号 |
|---|---|---|---|---|---|
| 商品税则号列 | 3824.9090[3824.9099(2014 年版)] | | | 发布日期 | 2007 年 12 月 5 日 |
| 商品名称 | 导电胶膜 | | | | |
| 英文名称 | | | | | |
| 其他名称 | | | | | |
| 商品描述 | 导电胶膜包括两种产品：<br>1. 型号 3MTM9703，是一种加填料的丙烯酸胶，在胶黏剂中分布着导电粒子（镀银的镍颗粒），具有导电能力，可用于 EMI/RFI 屏蔽层或银浆导线/聚酯柔性线路的连接。<br>2. 型号 3MTM7303，是一种能够导电且热固性胶黏薄膜，用来将柔性线路连接到印制线路板或其他柔性线路上。其成分为丙烯酸酯和环氧树脂混合物，在胶黏剂中分布着镀银玻璃珠。 | | | | |
| 归类决定 | 根据归类总规则一，导电胶膜应归入税则号列 3824.9090[3824.9099(2014 年版)]。 | | | | |

| 序号 | 407 | 归类决定编号 | Z2006 - 1240 | 公告编号 | 2007 年第 70 号 |
|---|---|---|---|---|---|
| 商品税则号列 | 3824.9090[3824.9099(2014 年版)] | | | 发布日期 | 2007 年 12 月 5 日 |
| 商品名称 | 导电介质（用于微电路的化合物） | | | | |
| 英文名称 | | | | | |
| 其他名称 | | | | | |
| 商品描述 | 导电介质（用于微电路的化合物）外观为灰色黏稠膏状物，主要成分为含银、钯、铜的金属粉（82%），另含少量有机溶剂和酯类粘接料（18%），银、钯、铜以合金状态存在，其中银: 钯为 21: 1，银: 铜为 100: 1。该产品主要涂在陶瓷基板上以高温烘烤后形成导电线路。 | | | | |
| 归类决定 | 根据归类总规则一，导电介质（用于微电路的化合物）应归入税则号列 3824.9090[3824.9099(2014 年版)]。 | | | | |

| 序号 | 408 | 归类决定编号 | Z2006－0226 | 公告编号 | 2006年第69号 |
|---|---|---|---|---|---|
| 商品税则号列 | 3824.9090[3824.9099(2014年版)] | | | 发布日期 | 2006年11月22日 |
| 商品名称 | 电极浆料 | | | | |
| 英文名称 | 30PB/70AG　innet paste | | | | |
| 其他名称 | | | | | |
| 商品描述 | 电极浆料主要成分是贵金属银粉、钯粉，含大量有机溶剂，为厚重液体状。该商品用于片式陶瓷电容器的生产，生产过程中，在电极浆料中有机溶剂及黏合剂的作用下，将银、钯等贵金属均匀地涂于片式陶瓷电容器的各层陶瓷粉之间。然后在1000℃以上高温的条件下烧结，将有机溶剂、黏合剂等全部蒸发，只剩下贵金属银粉、钯粉，使之充当电极，起到导电作用。 | | | | |
| 归类决定 | 该商品的成分为混合物，有明确的用途，不能按照胶态贵金属归入税目28.43，应按《税则》未列名化工品归入税则号列3824.9090[3824.9099(2014年版)]。 | | | | |

| 序号 | 409 | 归类决定编号 | Z2006－0224 | 公告编号 | 2006年第69号 |
|---|---|---|---|---|---|
| 商品税则号列 | 3824.9090[3824.9099(2014年版)] | | | 发布日期 | 2006年11月22日 |
| 商品名称 | 多磷酸钠(磷酸盐) | | | | |
| 英文名称 | | | | | |
| 其他名称 | | | | | |
| 商品描述 | 主要成分：多磷酸钠、多磷酸钾，多磷酸钠的含量大于多磷酸钾的含量。<br>外观：白色粉末。<br>主要用途：肉制品添加剂(属于食品级)。 | | | | |
| 归类决定 | 该商品为多磷酸钠盐和多磷酸钾盐的混合物。<br>《税则注释》第二十八章章注一(一)规定："本章各税目只适用于：……单独的已有化学定义的化合物。"该商品为无机盐的混合物，不符合上述规定。<br>因此该商品应按《税则》未列名化学产品及配制品归入税则号列3824.9090[3824.9099(2014年版)]。 | | | | |

| 序号 | 410 | 归类决定编号 | Z2006－0215 | 公告编号 | 2006年第69号 |
|---|---|---|---|---|---|
| 商品税则号列 | 3824.9090[3824.9099(2014年版)] | | | 发布日期 | 2006年11月22日 |
| 商品名称 | 多乙烯多胺E-100 | | | | |
| 英文名称 | | | | | |
| 其他名称 | | | | | |
| 商品描述 | 由四乙烯五胺、五乙烯六胺,六乙烯七胺等多胺混合物组成。用途为环氧树脂的固化剂或破乳剂。 | | | | |
| 归类决定 | 固化剂不属于税目38.12所列商品范围,应按其他税号未列名化工品归入税则号列3824.9090[3824.9099(2014年版)]。 | | | | |

| 序号 | 411 | 归类决定编号 | Z2006－1252 | 公告编号 | 2007年第70号 |
|---|---|---|---|---|---|
| 商品税则号列 | 3824.9090[3824.9099(2014年版)] | | | 发布日期 | 2007年12月5日 |
| 商品名称 | 腐殖酸钾 | | | | |
| 英文名称 | | | | | |
| 其他名称 | | | | | |
| 商品描述 | 腐殖酸钾是腐殖酸经过提纯后用氢氧化钾抽提所得。主要成分为水溶性腐殖酸(干基计)41.6%、水不溶物13.07%、总钾量4%。在工业上,可用作钻井作页岩抑制剂;在农业上,可以当作肥料,改善土壤结构。 | | | | |
| 归类决定 | 根据归类总规则一,腐殖酸钾应归入税则号列3824.9090[3824.9099(2014年版)]。 | | | | |

<table>
<tr><td>序号</td><td>412</td><td>归类决定编号</td><td>Z2006 - 0223</td><td>公告编号</td><td>2006 年第 69 号</td></tr>
<tr><td colspan="2">商品税则号列</td><td colspan="2">3824. 9090[3824. 9099(2014 年版)]</td><td>发布日期</td><td>2006 年 11 月 22 日</td></tr>
<tr><td colspan="2">商品名称</td><td colspan="4">钙颗粒</td></tr>
<tr><td colspan="2">英文名称</td><td colspan="4">Unicai calaium granule</td></tr>
<tr><td colspan="2">其他名称</td><td colspan="4">钙矿物质颗粒</td></tr>
<tr><td colspan="2">商品描述</td><td colspan="4">成分:柠檬酸钙 80. 7%;柠檬酸镁 14. 3%;水分 5%。<br>生物指标:一般细菌数(菌落总数)<300 个/克。<br>重金属指标:砷<4ppm;铅<20ppm。<br>用途:是生产“生命蛋白”(一种特殊营养品)的原料之一。</td></tr>
<tr><td colspan="2">归类决定</td><td colspan="4">因该商品为柠檬酸钙与柠檬酸镁的混合物,不符合税目 21. 06 条文和《税则注释》的有关规定,也不属于《税则》第三十八章章注一(二)排除条款所述“配置食品用的与食物或其他营养物质混合的化学品”,因此,根据《税则》税目 38. 24 的条文将其归入税则号列 3824. 9090[3824. 9099(2014 年版)]。</td></tr>
</table>

<table>
<tr><td>序号</td><td>413</td><td>归类决定编号</td><td>Z2006 - 1248</td><td>公告编号</td><td>2007 年第 70 号</td></tr>
<tr><td colspan="2">商品税则号列</td><td colspan="2">3824. 9090[3824. 9099(2014 年版)]</td><td>发布日期</td><td>2007 年 12 月 5 日</td></tr>
<tr><td colspan="2">商品名称</td><td colspan="4">高斯薄片</td></tr>
<tr><td colspan="2">英文名称</td><td colspan="4">COS edible film</td></tr>
<tr><td colspan="2">其他名称</td><td colspan="4"></td></tr>
<tr><td colspan="2">商品描述</td><td colspan="4">高斯薄片为白色薄片,含水 5%、甲基纤维素 44. 91%、薄荷脑 15. 11%、玉米淀粉 13. 82%、芥子油 9. 07%、二氧化钛 3. 45%、聚山梨醇酯 1. 73%、丙二醇 6. 91%;通过将材料制浆、烘干、切片而制成。用于添加到牙膏中,增加牙膏的口感。</td></tr>
<tr><td colspan="2">归类决定</td><td colspan="4">根据归类总规则一,高斯薄片应归入税则号列 3824. 9090[3824. 9099(2014 年版)]。</td></tr>
</table>

| 序号 | 414 | 归类决定编号 | Z2007－0015 | 公告编号 | 2007 年第 71 号 |
|---|---|---|---|---|---|
| 商品税则号列 | 3824.9090［3824.9099(2014 年版)］ | | | 发布日期 | 2007 年 12 月 5 日 |
| 商品名称 | 铬添加剂 | | | | |
| 英文名称 | Cr80 tablets | | | | |
| 其他名称 | | | | | |
| 商品描述 | 铬添加剂由 80% 的铬粉(铬元素 99%)与 20% 的助熔剂(成分:氟铝酸钾、氟硅酸钾、氟钛酸钾、铝粉)混合搅拌而成,每 1 千克为一单位,通过压力机压制成直径 68 毫米、高 120 毫米的圆柱体。用于铝合金冶炼过程中调整铝合金中金属铬的含量,减少铝液的损耗和能源消耗。 | | | | |
| 归类决定 | 铬添加剂为金属铬粉和多种化合物经定量混合配制而得的一种产品,根据归类总规则一,应归入税则号列 3824.9090［3824.9099(2014 年版)］。 | | | | |

| 序号 | 415 | 归类决定编号 | Z2006－1245 | 公告编号 | 2007 年第 70 号 |
|---|---|---|---|---|---|
| 商品税则号列 | 3824.9090［3824.9099(2014 年版)］ | | | 发布日期 | 2007 年 12 月 5 日 |
| 商品名称 | 硅靶材 | | | | |
| 英文名称 | | | | | |
| 其他名称 | | | | | |
| 商品描述 | 硅靶材有两种型号:T1239 和 T1240,由不锈钢衬管和热喷涂在衬管表面的硅粉末组成。主要成分:硅 >90.5%、铝 9.0% ~9.5%、铁 <0.05%、铜 <0.01%,其中铝、铁等成分系添加剂,起稳定材料属性的作用。该商品是生产节能镀膜玻璃的磁控溅射设备耗材,使用时,将玻璃作为阳极,硅靶材作为阴极。在真空状态下的电磁场中,使加入的纯气体电离并撞击该硅靶材,分离出硅粉末等离子体,沉积到玻璃表面,形成薄膜。 | | | | |
| 归类决定 | 硅靶材已固定了规格尺寸,无需再加工,其中的钢管仅起载体作用,根据归类总规则三(二),该硅靶材应归入税则号列 3824.9090［3824.9099(2014 年版)］。 | | | | |

| 序号 | 416 | 归类决定编号 | Z2006－0221 | 公告编号 | 2006 年第 69 号 |
|---|---|---|---|---|---|
| 商品税则号列 | 3824. 9090［3824. 9099（2014 年版）］ | | | 发布日期 | 2006 年 11 月 22 日 |
| 商品名称 | 核酸盐 | | | | |
| 英文名称 | Ribotide | | | | |
| 其他名称 | | | | | |
| 商品描述 | 成分为 5′-肌苷酸的二钠盐和 5′-鸟苷酸的二钠盐的混合物。 | | | | |
| 归类决定 | 根据《税则》第二十九章章注一（一）的规定，该商品不能归入第二十九章；该商品在食品工业用作添加剂，因此不属于税目 21. 03 的商品范围，也不符合税目 21. 06 条文的规定。因此应将该商品按其他未列名化工品归入税则号列 3824. 9090［3824. 9099（2014 年版）］。 | | | | |

| 序号 | 417 | 归类决定编号 | Z2006－0238 | 公告编号 | 2006年第69号 |
| --- | --- | --- | --- | --- | --- |
| 商品税则号列 | 3824.9090[3824.9099(2014年版)] | | | 发布日期 | 2006年11月22日 |
| 商品名称 | 环保工程土 | | | | |
| 英文名称 | Tel opowder-1 | | | | |
| 其他名称 | | | | | |
| 商品描述 | 环保工程土为球型微细粒子和颗粒状的混合物,该商品是在粉煤灰为原料的再生物质中加入石灰石混合搅拌制成。其中“粉煤灰为原料的再生物质”是由将80%粉煤灰混合20%人造沸石,经过特殊处理后而得。产品特性:(1)保持了粉煤灰的通气性、透水性及保水性等诸多有益特性。且具有强力吸着有害物质及分离重金属成分的功能,使产品保留了粉煤灰原有的物理、化学有益成分,并排除了其中的有害成分;(2)对施工材料中的碱性物质反应有强力的抑制作用。该商品用于人工港岛的填埋和堤防内层的填充。 | | | | |
| 归类决定 | 该商品是将粉煤灰和人造沸石混合处理后得到的再生物质,与石灰石粉混合搅拌制得,已超出税目26.21的商品范围。<br>根据归类总规则一,环保工程土应归入税则号列3824.9090[3824.9099(2014年版)]。 | | | | |

| 序号 | 418 | 归类决定编号 | Z2006－1250 | 公告编号 | 2007年第70号 |
| --- | --- | --- | --- | --- | --- |
| 商品税则号列 | 3824.9090[3824.9099(2014年版)] | | | 发布日期 | 2007年12月5日 |
| 商品名称 | 黄腐酸 | | | | |
| 英文名称 | | | | | |
| 其他名称 | | | | | |
| 商品描述 | 黄腐酸是选用天然植物原料和特殊菌剂，经生化处理和发酵精制而成。外观为淡黄色或黄色粉末。主要成分为水溶性腐殖酸（干基计）76.13%、水不溶物（灰分）0.29%、水分4.02%、氮3.26%、总钾量2.3%。工业上，多运用于钻井业，可抑制井壁膨胀缩径，有良好的吸附填充稳固井壁的功能；农业上，可以当作肥料，改善土壤结构。 | | | | |
| 归类决定 | 根据归类总规则一，黄腐酸应归入税则号列3824.9090[3824.9099(2014年版)]。 | | | | |

| 序号 | 419 | 归类决定编号 | Z2007－0016 | 公告编号 | 2007 年第 71 号 |
|---|---|---|---|---|---|
| 商品税则号列 | 3824.9090[3824.9099(2014 年版)] | | 发布日期 | | 2007 年 12 月 5 日 |
| 商品名称 | 混合金刚石粉末 | | | | |
| 英文名称 | | | | | |
| 其他名称 | | | | | |
| 商品描述 | 混合金刚石粉末为颗粒状，平均直径为 0.8 毫米，未经烧结。主要成分为钴97%～98%、金刚石 2%左右，其表面附有极少量的石蜡。该商品生产采用滚动造粒工艺，将钴粉末和金刚石细颗粒加入黏结剂石蜡与一定量溶剂，放入造粒剂里，混合后形成微核；团聚的微核经过多次滚动，最后成为一定大小的球形颗粒；然后将整批的颗粒放入干燥机进行烘干，再经过筛选，形成最终进口商品。<br>该商品进口后与辛诺醇按一定比例充分混合、调配、烘干后进行预压成型，其中附着的石蜡会随着温度升高而融化，使粉末更易于黏结；之后放入氢气炉预烧结，再使用金属模具组模后，置于烧结机中在大约 900℃的高温下进行烧结，烧制过程中，因钴的特性与金刚石更易于均匀结合，可以很好地支撑金刚石；经过 5～6 小时的烧结后，最终形成坚硬的可供焊接使用的金属刀头。 | | | | |
| 归类决定 | 根据归类总规则一，混合金刚石粉末应归入税则号列 3824.9090[3824.9099(2014 年版)]。 | | | | |

| 序号 | 420 | 归类决定编号 | Z2006－0233 | 公告编号 | 2006年第69号 |
|---|---|---|---|---|---|
| 商品税则号列 | 3824.9090[3824.9099(2014年版)] | | | 发布日期 | 2006年11月22日 |
| 商品名称 | 健美纤体贴 | | | | |
| 英文名称 | | | | | |
| 其他名称 | | | | | |
| 商品描述 | 健美纤体贴是一种新型的外用减肥保健品，由纯中药精制而成，不含任何有害成分，使用安全、方便，只需隔日贴于肚脐上（神关穴），利用人体体温，通过对穴位刺激，可健脾祛湿，活血排毒，促进新陈代谢，分解脂肪等作用。成分：决明子、当归、山楂、陈皮。用法与用量：早上起床使用，每贴可使用15小时，隔日用一贴。用少量防敏护肤膏轻抹脐内部位，撕去防敏贴布护纸、精华产品护盖，将精华产品贴封于肚脐内，其尖端需触及肚脐深处。 | | | | |
| 归类决定 | 该商品为减肥保健品，无明确的治疗或预防疾病的作用，不能按药品归类。<br>根据归类总规则一，健美纤体贴应归入税则号列3824.9090[3824.9099(2014年版)]。 | | | | |

| 序号 | 421 | 归类决定编号 | Z2006－0218 | 公告编号 | 2006年第69号 |
|---|---|---|---|---|---|
| 商品税则号列 | 3824.9090[3824.9099(2014年版)] | | | 发布日期 | 2006年11月22日 |
| 商品名称 | 金蝠退热宝 | | | | |
| 英文名称 | | | | | |
| 其他名称 | | | | | |
| 商品描述 | 金蝠退热宝的主要成分有：水、甘油溶液、右旋山梨糖醇、聚丙烯酸钠等。进口状态是制成零售包装的胶贴，盒装，每盒4片。主要功能：适用于成人及小孩在发热时作紧急退热用，对运动后产生的肌肉劳损、拉伤起冻疗作用。使用方法：撕开透明胶膜，将冷却的胶面紧贴在要冷却的部位。商品特点：可立即使用，不必冷冻。 | | | | |
| 归类决定 | 该商品利用吸收热量的原理，对发热等症状起辅助缓解作用，可用于多种类似情况，并没有治疗和预防疾病的作用，不能按药品进行归类。根据《税则》税目38.24的条文和该商品的组成，将此商品归入税则号列3824.9090[3824.9099(2014年版)]。 | | | | |

| 序号 | 422 | 归类决定编号 | Z2006 - 1246 | 公告编号 | 2007 年第 70 号 |
|---|---|---|---|---|---|
| 商品税则号列 | 3824.9090[3824.9099(2014 年版)] | | | 发布日期 | 2007 年 12 月 5 日 |
| 商品名称 | 聚合氯化铝 | | | | |
| 英文名称 | Poly-Aluminium Chloride(PAC) | | | | |
| 其他名称 | | | | | |
| 商品描述 | 聚合氯化铝是一种以活性铝矾土与盐酸为原料,用少量的铝酸钙在一定温度下进行聚合而制成的产品。其属于通过羟基架桥聚合而成的无机高分子化合物,化学通式为$[Al_2(OH)nCl_6-n\cdot xH_2O]m$(式中:$n=1\sim5$,$m\leq10$),主要用途为各类水质净化。 | | | | |
| 归类决定 | 该聚合氯化铝的化学通式$[Al_2(OH)nCl_6-n\cdot xH_2O]m$(式中:$n=1\sim5$,$m\leq10$)中m、n 均不确定,根据归类总规则一以及《税则注释》对品目 38.24 的规定,聚合氯化铝应归入税则号列 3824.9090[3824.9099(2014 年版)]。 | | | | |

| 序号 | 423 | 归类决定编号 | Z2006 - 1249 | 公告编号 | 2007 年第 70 号 |
|---|---|---|---|---|---|
| 商品税则号列 | 3824.9090[3824.9099(2014 年版)] | | | 发布日期 | 2007 年 12 月 5 日 |
| 商品名称 | 扩散纸 | | | | |
| 英文名称 | Diffusion film | | | | |
| 其他名称 | | | | | |
| 商品描述 | 扩散纸的外观为圆形纸片,型号 UNBN10,扩散纸颜色为白色,为微量的五氧化二磷和更微量的三氧化二硼附着于纸源上。该商品在半导体器件生产中用作扩散源。实际生产中将其与硅片叠放在一起推入扩散炉中经高温燃烧后,纸源挥发,在硅片表面只存留微量的五氧化二磷,使硅片形成 PN 结。该商品以纸基为载体、以化学物质为基本特征,纸源载体在加工过程中完全燃烧,不对后续加工产品产生影响。 | | | | |
| 归类决定 | 根据归类总规则三(二),扩散纸应归入税则号列 3824.9090[3824.9099(2014 年版)]。 | | | | |

| 序号 | 424 | 归类决定编号 | Z2006－0237 | 公告编号 | 2006 年第 69 号 |
|---|---|---|---|---|---|
| 商品税则号列 | 3824.9090[3824.9099(2014 年版)] | | 发布日期 | 2006 年 11 月 22 日 | |
| 商品名称 | 蜡 | | | | |
| 英文名称 | PS Cup compound | | | | |
| 其他名称 | | | | | |
| 商品描述 | 牌子 TOYO,型号 PS CUP COMPOUND,蜡的一种,其主要成分为聚乙烯蜡、甲苯、乙酸乙酯等,为加入有机溶剂的聚乙烯蜡。该商品用作生产油墨的助剂,主要起到抗刮伤、耐磨作用,无润滑作用。 | | | | |
| 归类决定 | 根据归类总规则一,该蜡应归入税则号列 3824.9090[3824.9099(2014 年版)]。 | | | | |

| 序号 | 425 | 归类决定编号 | Z2006－0236 | 公告编号 | 2006 年第 69 号 |
|---|---|---|---|---|---|
| 商品税则号列 | 3824.9090[3824.9099(2014 年版)] | | 发布日期 | 2006 年 11 月 22 日 | |
| 商品名称 | 冷却粉 | | | | |
| 英文名称 | | | | | |
| 其他名称 | | | | | |
| 商品描述 | 该冷却粉的成分为羧基苯甲酸酯、多糖、氯化钠、硫酸铝。用途为雪糕机用。具体制作过程:取适量冷却粉加一定比例的盐和水,通过搅拌成糊状,再装入雪糕机冰桶夹层。在使用前将冰桶放入冰柜冷藏 20 小时以上,使冰桶夹层内的糊状液体充分得到冷却,使用时冰桶便具有制冷功能。 | | | | |
| 归类决定 | 《税则》税目 38.20 包括的是防冻剂及解冻剂,而该商品并不具备防冻、解冻功能,根据归类总规则一,冷却粉应归入税则号列 3824.9090[3824.9099(2014 年版)]。 | | | | |

| 序号 | 426 | 归类决定编号 | Z2006－1239 | 公告编号 | 2007 年第 70 号 |
|---|---|---|---|---|---|
| 商品税则号列 | 3824. 9090[3824. 9099(2014 年版)] | | | 发布日期 | 2007 年 12 月 5 日 |
| 商品名称 | 离子水活化剂 | | | | |
| 英文名称 | | | | | |
| 其他名称 | | | | | |
| 商品描述 | 离子水活化剂是一种含硫 3. 5%、铜 0. 0079%、铁 1. 424%、锰 0. 0164%、五氧化二磷 0. 0046%、氧化钾 0. 00042%、锌 0. 035% 的无色透明液体。生产流程:硫铁矿→焙烧→氧化硫→三氧化硫＋水→加入各种微量无机元素→离子水活化剂。该产品用于废水处理等环保产业,可促使废水中的有机物分解。 | | | | |
| 归类决定 | 该产品是一种用于废水处理的混合物。根据归类总规则一,离子水活化剂应归入税则号列 3824. 9090[3824. 9099(2014 年版)]。 | | | | |

| 序号 | 427 | 归类决定编号 | Z2006－0222 | 公告编号 | 2006 年第 69 号 |
|---|---|---|---|---|---|
| 商品税则号列 | 3824. 9090[3824. 9099(2014 年版)] | | | 发布日期 | 2006 年 11 月 22 日 |
| 商品名称 | 路用纤维 | | | | |
| 英文名称 | Viatop | | | | |
| 其他名称 | | | | | |
| 商品描述 | 该路用纤维的主要成分:沥青含量约 22%,回收纸浆(木浆纤维)含量约 78%。状态为颗粒状,其生产工艺是每一根木质纤维外裹附一层乳化沥青,沥青起到一个支撑和协助颗粒成型的作用。该路用纤维的用途是在制造铺路沥青时添加到沥青混料中,从而可保持沥青混料的稳定性,并增加铺路沥青的一些特性。 | | | | |
| 归类决定 | 由于纸浆已经进一步加工(与沥青混合),且加工后商品具有特定用途,因此该商品的加工程度超出了《税则》税目 47. 06 条文所述商品的范围,不能归入税目 47. 06 项下;该商品不是用来直接铺设路面的,沥青成分的作用是分散纸浆纤维,所以,沥青并不构成商品的基本特征,因此,该商品也不符合《税则》税目 27. 15 条文和《税则注释》的有关规定,不能归入税目 27. 15 项下。根据该商品的属性和《税则》税目 38. 24 的条文,应将其按照“其他税号未列名化工工业及其相关工业的化学品及配制品”归入税则号列 3824. 9090[3824. 9099(2014 年版)]。 | | | | |

<table>
<tr><td>序号</td><td>428</td><td>归类决定编号</td><td>Z2006 - 1247</td><td>公告编号</td><td>2007 年第 70 号</td></tr>
<tr><td>商品税则号列</td><td colspan="3">3824.9090［3824.9099（2014 年版）］</td><td>发布日期</td><td>2007 年 12 月 5 日</td></tr>
<tr><td>商品名称</td><td colspan="5">锰锌粉末</td></tr>
<tr><td>英文名称</td><td colspan="5">Mn-Zn powder</td></tr>
<tr><td>其他名称</td><td colspan="5"></td></tr>
<tr><td>商品描述</td><td colspan="5">该锰锌粉末呈黑色粉末状，主要成分：$Fe_2O_3$ 占 52.1% ~55.2%、$Mn_3O_4$ 占 24.8% ~38.2%、ZnO 占 7.8% ~22.9%。该产品是通过将原料按比例混合后经球磨、喷雾干燥、预烧、粗粉碎、细粉碎、喷雾造粒等工艺制得，用于制造成铁芯。该铁芯用于制造变压器、各式消磁线圈、传感器、家电产品、电脑、通信器材以及各种高科技产品。</td></tr>
<tr><td>归类决定</td><td colspan="5">根据归类总规则一，该锰锌粉末应归入税则号列 3824.9090［3824.9099（2014 年版）］。</td></tr>
</table>

| 序号 | 429 | 归类决定编号 | Z2006－0229 | 公告编号 | 2006 年第 69 号 |
|---|---|---|---|---|---|
| 商品税则号列 | 3824.9090[3824.9099(2014 年版)] | | 发布日期 | | 2006 年 11 月 22 日 |
| 商品名称 | 农神 HB－101 | | | | |
| 英文名称 | | | | | |
| 其他名称 | | | | | |
| 商品描述 | 农神 HB－101 是一种以树木(杉、桧、松)、车前草等植物为原料,经过各种植物配料粉碎、加入深层海水、加热、过滤、品种油脂分离等加以精制而成的植物营养液[其中深层海水占 70%,在商品中起溶液及有效成分(多种稀有元素)的作用]。其成分有:粗蛋白质 0.1%、粗脂肪 0.4%、钠 41 毫克/升、钙 33 毫克/升、铁 1.8 毫克/升、镁 3.3 毫克/升、硅 7.4 毫克/升、氮 97 毫克/升。使用时需加水稀释,通过对植物(叶、茎、根)和土壤喷洒,使植物细胞和土壤微生物被活力化,从而达到促进植物生长和提高植物自身免疫、驱虫能力及土壤各种微生物(有益菌、有害菌)的平衡。 | | | | |
| 归类决定 | 由于该商品中的深层海水在产品中起有效成分作用,已不是单纯的植物液汁,因此不符合《税则注释》品目 13.02 的规定范围。<br>根据归类总规则一,该商品应按照“其他税号未列名的化学工业及其他相关工业的化学产品及配制品”归入税则号列 3824.9090[3824.9099(2014 年版)]。 | | | | |

| 序号 | 430 | 归类决定编号 | Z2006－0227 | 公告编号 | 2006年第69号 |
|---|---|---|---|---|---|
| 商品税则号列 | 3824.9090[3824.9099(2014年版)] | | | 发布日期 | 2006年11月22日 |
| 商品名称 | 皮革柔软助剂 | | | | |
| 英文名称 | Leather auxiliary | | | | |
| 其他名称 | | | | | |
| 商品描述 | Clariant公司生产的型号为MELIO GROUND K的皮革柔软助剂,为主要由油脂、水、聚合物等多种成分组成的白色乳化液,固含量为45%,PH值为6。该助剂对皮革的加工主要作用:良好的填充效果、同其他材料组合使用封闭皮革表面、保持粒面的粒纹、降低皮革表面的不均匀吸收性、使皮革获得光滑舒适的手感、减低树脂涂饰剂的粘性、抛光涂饰、在树脂性涂饰及预封底中作为皮革的填充剂及防粘剂等。 | | | | |
| 归类决定 | 从使用方法来看,该助剂是与其他化合物(如美丽欧蜡178等)按一定的配方配制使用,并不是单独用作皮革抛光涂饰剂或整理剂,应属于皮革加工过程中使用的其他税号未列名的化学制品。因此,该助剂不能归入税目34.03或税目38.09项下。<br>根据归类总规则一,该助剂应归入税则号列3824.9090[3824.9099(2014年版)]。 | | | | |

| 序号 | 431 | 归类决定编号 | Z2006－0235 | 公告编号 | 2006年第69号 |
|---|---|---|---|---|---|
| 商品税则号列 | 3824.9090[3824.9099(2014年版)] | | | 发布日期 | 2006年11月22日 |
| 商品名称 | 亲肤表层 | | | | |
| 英文名称 | Lotion | | | | |
| 其他名称 | | | | | |
| 商品描述 | 亲肤表层为白色固体,用白胶桶装。根据华南理工大学化工与能源学院提供的分析报告,其主要成分为凡士林(73%)、长链醇(26%)及芦荟油(1%)。该商品加热后变为液体,用于喷在纸尿片表层上面,使婴儿的皮肤得到滋润,防止过敏。 | | | | |
| 归类决定 | 从该商品的成分来看,该商品不含有护肤品通常含有的表面活性剂、防腐剂、香料和色料等。从该商品的使用方法来看,该商品加热后变为液体,喷在纸尿片表层上面,不同于护肤品通常以涂擦、喷洒等方法散布于人体表面。根据归类总规则一,亲肤表层属于“其他品目未列名化学产品”,应归入税则号列3824.9090[3824.9099(2014年版)]。 | | | | |

<table>
<tr><td>序号</td><td>432</td><td>归类决定编号</td><td>Z2006 - 0225</td><td>公告编号</td><td>2006 年第 69 号</td></tr>
<tr><td colspan="2">商品税则号列</td><td colspan="2">3824. 9090[3824. 9099(2014 年版)]</td><td>发布日期</td><td>2006 年 11 月 22 日</td></tr>
<tr><td colspan="2">商品名称</td><td colspan="4">轻质碳酸钙</td></tr>
<tr><td colspan="2">英文名称</td><td colspan="4">Light $CaCO_3$</td></tr>
<tr><td colspan="2">其他名称</td><td colspan="4"></td></tr>
<tr><td colspan="2">商品描述</td><td colspan="4">化学成分:碳酸钙、脂肪酸。碳酸钙所占该商品的比例为 99. 8%。<br>规格型号:HAKMENKA - CC。<br>用途:用于制作密封胶的填充剂。<br>样品特征:白色粉末。<br>根据海关化验鉴定结果,该商品为有机物包裹的碳酸钙粉末。</td></tr>
<tr><td colspan="2">归类决定</td><td colspan="4">该商品为有机物包裹的碳酸钙粉末。<br>尽管该商品中碳酸钙含量很高,但《税则注释》第二十八章章注一(一)规定:“本章各品目只适用于:……单独的已有化学定义的化合物。”根据海关化验的结果,该商品为用有机物进行了表面处理的碳酸钙粉末,即无机盐粉末表面包了一层有机物膜,故不符合上述章注的规定。且《税则注释》对品目 28. 36 中碳酸钙的解释有一条排他条款:“本品目不包括其微粒裹上一层防水脂肪酸(例如硬脂酸)膜的粉状碳酸钙。”<br>因此该商品应按《税则》未列名化学产品及配制品归入税则号列 3824. 9090[3824. 9099(2014 年版)]。</td></tr>
</table>

| 序号 | 433 | 归类决定编号 | Z2006 - 0219 | 公告编号 | 2006 年第 69 号 |
|---|---|---|---|---|---|
| 商品税则号列 | 3824.9090[3824.9099(2014 年版)] | | | 发布日期 | 2006 年 11 月 22 日 |
| 商品名称 | 人造石头 | | | | |
| 英文名称 | | | | | |
| 其他名称 | | | | | |
| 商品描述 | 该商品由两种石头混合而成,一种为天然火山砾石经筛选而成,色白,是火山喷发物之一,经自然冷却胶结后成为由棱角状碎屑组成的石粒状产品,另一种是用黏土制成丸状,1150℃高温烘焙而成,色红。<br>该商品用于培植兰花。<br>混合比为火山砾石: 人造黏土丸 =2: 1。 | | | | |
| 归类决定 | 该商品为砾石和烘培黏土的混合物,超出了《税则》第二十五章的范围,并符合《税则注释》对品目 38.24 的描述,属于“用作植物生长介质的混合物”,应归入税则号列 3824.9090[3824.9099(2014 年版)]。 | | | | |

| 序号 | 434 | 归类决定编号 | Z2006 - 0217 | 公告编号 | 2006 年第 69 号 |
|---|---|---|---|---|---|
| 商品税则号列 | 3824.9090[3824.9099(2014 年版)] | | | 发布日期 | 2006 年 11 月 22 日 |
| 商品名称 | 石英岩粉 | | | | |
| 英文名称 | Quartzite powder | | | | |
| 其他名称 | | | | | |
| 商品描述 | 1. 成分:石英类矿物($SIO_2$、CAO)50%、硫酸钙(石膏),并添加了其他化学制剂。<br>2. 外观特征:白色粉末。 | | | | |
| 归类决定 | 该商品由两种矿石粉末按比例掺合,并添加了其他化学制剂,其加工方法不符合《税则》第二十五章章注一“原产状态”的规定,不能归入第二十五章。根据税目 38.24 的条文,并参考相应注释,应将此商品归入税则号列 3824.9090[3824.9099(2014 年版)]。 | | | | |

| 序号 | 435 | 归类决定编号 | Z2007 - 0018 | 公告编号 | 2007 年第 71 号 |
|---|---|---|---|---|---|
| 商品税则号列 | 3824.9090[3824.9099(2014 年版)] | | | 发布日期 | 2007 年 12 月 5 日 |
| 商品名称 | 双环戊二烯 | | | | |
| 英文名称 | | | | | |
| 其他名称 | | | | | |
| 商品描述 | 双环戊二烯为淡黄色透明液体。成分为双环戊二烯(78% ~86%),C9、C10 烃基降冰片烯(12% ~15%),苯、甲苯和环戊二烯等。该商品以乙烯裂解后的 C5 为生产原料,蒸馏出环戊二烯后经聚合反应生成双环戊二烯粗制品,然后再经减压蒸馏分离生成双环戊二烯成品。该批商品为聚酯级双环戊二烯,其中双环戊二烯及烃基降冰片烯均为参与下一步化学反应的有效成分,用于合成聚酯。 | | | | |
| 归类决定 | 一般的工业粗双环戊二烯中双环戊二烯含量为 85% ~95%,高纯度双环戊二烯中双环戊二烯含量达 99%。该商品中的烃基降冰片烯是作为参与下一步化学反应的有效成分,不符合《税则注释》第二十九章总注释一关于“允许含有的杂质”的规定。该商品属于混合物,并非单独已有化学定义的化合物。根据归类总规则一,双环戊二烯应归入税则号列 3824.9090[3824.9099(2014 年版)]。 | | | | |

| 序号 | 436 | 归类决定编号 | Z2006－0216 | 公告编号 | 2006年第69号 |
|---|---|---|---|---|---|
| 商品税则号列 | 3824.9090[3824.9099(2014年版)] | | | 发布日期 | 2006年11月22日 |
| 商品名称 | 帖衣型怀炉 | | | | |
| 英文名称 | | | | | |
| 其他名称 | | | | | |
| 商品描述 | 该商品为13厘米×9.5厘米帖膏,用塑料密封包装,主要成分为铁粉、水、活性炭、硅藻土、盐类、丙烯酸系高分子。使用该商品时,打开外包装,帖在内衣上,因其成分与空气成分发生化学反应,放出热量,最高温度可达63℃,可持续保持40℃以上12小时。 | | | | |
| 归类决定 | 该商品符合《税则》第六类注释三的规定:"由两种或两种以上单独成分配套的货品,其部分或全部成分属于本类范围以内,混合后则构成第六类或第七类的货品,应按混合后产品归入相应的税号,但其组成成分必须符合下列条件:<br>(一)其包装形式足以表明这些成分不需经过改装就可一起使用的;<br>(二)一起报验的;<br>(三)这些成分的属性及相互比例足以表明是相互配用的。"<br>根据此注释和税目38.24的条文,将此产品归入税则号列3824.9090[3824.9099(2014年版)]。 | | | | |

| 序号 | 437 | 归类决定编号 | Z2006－1237 | 公告编号 | 2007年第70号 |
| --- | --- | --- | --- | --- | --- |
| 商品税则号列 | 3824.9090[3824.9099(2014年版)] | | | 发布日期 | 2007年12月5日 |
| 商品名称 | 脱氧剂 | | | | |
| 英文名称 | Aluminiferous calces | | | | |
| 其他名称 | | | | | |
| 商品描述 | “脱氧剂”为灰色粉末，经海关化验鉴定，含 $Al_2O_3$67.6%、$SiO_2$9.3%、CaO3.5%、$K_2O$2.2%、$Fe_2O_3$4%。该产品以生产硅铝合金时所得残渣为原料，于综合反应炉中加入氯盐等活性元素及一定量的金属铝，然后以燃油进行加热，通氩气经化学反应后冷却、破碎、分级、筛分而得。它可作为炼钢、炼铁工业的脱氧、脱硫剂。 | | | | |
| 归类决定 | 该产品属工业用的化学制成品。根据归类总规则一，脱氧剂应归入税则号列3824.9090[3824.9099(2014年版)]。 | | | | |

| 序号 | 438 | 归类决定编号 | Z2006－1242 | 公告编号 | 2007年第70号 |
| --- | --- | --- | --- | --- | --- |
| 商品税则号列 | 3824.9090[3824.9099(2014年版)] | | | 发布日期 | 2007年12月5日 |
| 商品名称 | 消光粉 | | | | |
| 英文名称 | | | | | |
| 其他名称 | | | | | |
| 商品描述 | 消光粉为白色轻质粉末，成分为二氧化硅和烷烃类化合物，属于经表面处理的二氧化硅。其中含二氧化硅85%、蜡15%、水5%，用于涂料中作消光剂，其中用蜡进行表面处理可以避免产生沉淀或结块。 | | | | |
| 归类决定 | 二氧化硅的用途广泛，例如用作合成橡胶补强剂、食品用抗结剂和载体等。该产品中所添加的蜡已使其改变了一般用途而专用作涂料消光剂，根据归类总规则一，消光粉应归入税则号列3824.9090[3824.9099(2014年版)]。 | | | | |

| 序号 | 439 | 归类决定编号 | Z2006-1243 | 公告编号 | 2007年第70号 |
| --- | --- | --- | --- | --- | --- |
| 商品税则号列 | 3824.9090[3824.9099(2014年版)] | | | 发布日期 | 2007年12月5日 |
| 商品名称 | 液体麦芽糖醇 | | | | |
| 英文名称 | Polysorb | | | | |
| 其他名称 | | | | | |
| 商品描述 | 该商品为无色透明液体,型号为75/08/55,经海关化验鉴定,其成分为山梨醇、麦芽糖醇等。该商品干物质含量为75%,水分25%,干物质中山梨醇含量为8%,还原糖含量不超过0.2%,麦芽糖醇(用作甜味剂)50%以上。该商品由含高麦芽糖的葡萄糖浆氢化而成,为山梨醇、麦芽糖醇等多种成分组成的混合物。 | | | | |
| 归类决定 | 根据归类总规则一,该商品应归入税则号列3824.9090[3824.9099(2014年版)]。 | | | | |

| 序号 | 440 | 归类决定编号 | Z2006-0232 | 公告编号 | 2006年第69号 |
| --- | --- | --- | --- | --- | --- |
| 商品税则号列 | 3824.9090[3824.9099(2014年版)] | | | 发布日期 | 2006年11月22日 |
| 商品名称 | 异氰酸酯3032 | | | | |
| 英文名称 | SUPRASEC 3032 | | | | |
| 其他名称 | | | | | |
| 商品描述 | 异氰酸酯3032的成分:MDI等异氰酸酯化合物单体共75.6%、三异氰酸酯5.9%、多异氰酸酯7.8%、聚醚多元醇和异氰酸酯的反应物10.7%。其生产工艺:由纯MDI、粗MDI(包括二苯基甲烷二异氰酸酯、三异氰酸酯、多异氰酸酯)和聚醚多元醇反应得到聚合物,再将该聚合物与粗MDI、纯MDI及TDI按比例物理混合得到,属掺合型MDI。用于制造高弹性的聚氨酯模塑泡沫,用于家具和汽车坐垫行业。 | | | | |
| 归类决定 | 异氰酸酯3032属于多种组分组成的混合物,根据归类总规则一,应归入税则号列3824.9090[3824.9099(2014年版)]。 | | | | |

| 序号 | 441 | 归类决定编号 | Z2006 - 1241 | 公告编号 | 2007 年第 70 号 |
|---|---|---|---|---|---|
| 商品税则号列 | 3824. 9090[3824. 9099(2014 年版)] | | 发布日期 | 2007 年 12 月 5 日 | |
| 商品名称 | 银浆 | | | | |
| 英文名称 | | | | | |
| 其他名称 | | | | | |
| 商品描述 | 银浆的化学成分:银粉状浆料 40%、桉树油 20%、玫瑰油 20%、环已酮 10%、乙二醇 10%。该商品用作金银电铸生产辅助材料,涂布于非金属表面,起导电载体作用,用于专业生产纯银、纯金电镀工艺产品。使用方法:将银浆均匀涂布在异型模具工件表面,待干燥后,模具表面形成银导电薄层,利用银浆薄层的导电性在非金属工件表面进行化学电铸,从而形成纯金或纯银的金属电铸外壳。 | | | | |
| 归类决定 | 根据归类总规则一,银浆应归入税则号列 3824. 9090[3824. 9099(2014 年版)]。 | | | | |

| 序号 | 442 | 归类决定编号 | Z2006 - 0220 | 公告编号 | 2006 年第 69 号 |
|---|---|---|---|---|---|
| 商品税则号列 | 3824. 9090[3824. 9099(2014 年版)] | | 发布日期 | 2006 年 11 月 22 日 | |
| 商品名称 | 渣球 | | | | |
| 英文名称 | Cinder ball | | | | |
| 其他名称 | | | | | |
| 商品描述 | 该商品为土黄色块状固体,根据海关化验鉴定结果,该商品组成如下:菱镁矿 54. 2%、氧化镁 41. 5%、二氧化硅 1. 41%、氧化钙 0. 75%、氧化铁 0. 63%。生产工艺:菱镁矿→轻烧→粉碎→混练→压密→养生→入库,用作炼钢炉的除渣料。 | | | | |
| 归类决定 | 该商品生产过程复杂,有明确的用途,超出了《税则》第二十五章章注一和《税则注释》对品目 25. 19 的规定,应将此商品按《税则》未列名化工品归入税则号列 3824. 9090[3824. 9099(2014 年版)]。 | | | | |

| 序号 | 443 | 归类决定编号 | Z2006 - 0239 | 公告编号 | 2006 年第 69 号 |
|---|---|---|---|---|---|
| 商品税则号列 | 3824.9090[3824.9099(2014 年版)] | | | 发布日期 | 2006 年 11 月 22 日 |
| 商品名称 | 粘接磁性粉粒 | | | | |
| 英文名称 | | | | | |
| 其他名称 | | | | | |
| 商品描述 | 粘接磁性粉粒的成分、工艺及用途如下:<br>1. 成分:含镨钕 18% ~32%、钴 0~16%、硼 0.7% ~1.3%、铌 0~2.5%、尼龙树脂 6%(或环氧树脂 2% ~4%),添加 2% 的抗氧化剂和 0.5% 的润滑剂,其余为铁 39.7% ~72.8%。<br>2. 生产工艺:将钕、铁、硼等原料按上述比例熔炼成合金并在高温炉内熔化成液态,经甩带轮高速旋转并冷却成片状,再经破碎、退火等工艺生产成快淬磁粉。快淬磁粉再破碎后与溶解了环氧树脂的丙酮液体搅拌混合,混合均匀后经干燥使丙酮挥发,磁粉表面就均匀涂覆上一层极薄的环氧树脂黏结剂,形成黏结磁性粉粒。该商品未充磁。<br>3. 用途:主要用于计算机、通讯产品、办公自动化设备、家用电器、电子设备等高科技领域。 | | | | |
| 归类决定 | 根据该商品的成分及加工工艺,其未经涂覆环氧树脂黏结剂的粉末状产品符合《税则》第十五类类注五和第七十二章章注一(四)、(六)的规定,应按合金钢的粉和颗粒归入税则号列 7205.2100;商品为上述粉末状产品经过涂覆环氧树脂黏结剂而制成,其中涂覆环氧树脂黏结剂的工艺使最终产品不同于税目 72.05 的商品,构成了合金粉末与环氧树脂混合物。根据归类总规则一,该商品应归入税则号列 3824.9090[3824.9099(2014 年版)]。 | | | | |

<table>
<tr><td>序号</td><td>444</td><td>归类决定编号</td><td>Z2006 - 0228</td><td>公告编号</td><td>2006 年第 69 号</td></tr>
<tr><td>商品税则号列</td><td colspan="2">3824. 9090[3824. 9099(2014 年版)]</td><td colspan="2">发布日期</td><td>2006 年 11 月 22 日</td></tr>
<tr><td>商品名称</td><td colspan="5">植物生长营养液</td></tr>
<tr><td>英文名称</td><td colspan="5"></td></tr>
<tr><td>其他名称</td><td colspan="5"></td></tr>
<tr><td>商品描述</td><td colspan="5">该商品是由氮、磷、钾及其他钙盐、钠盐、铁盐、硅盐及水等组成的深褐色液体，其中腐殖质含量大于 2. 0 克/升、水分含量在 97% 以上。其生产工艺为：将天然腐殖土、牲畜粪便、植物残渣、食品工业废料等经蚯蚓咀嚼和排泄后所得的腐殖土经热化学处理后制成液态营养液。使用方法：加水以 1:100 稀释后用于棕榈树等植物的根部施用。</td></tr>
<tr><td>归类决定</td><td colspan="5">上述原料在经化学处理后，还需要根据不同花卉的生长机理制成不同配方的营养液，因此其加工超出了品目 31. 01 允许的范围，不能归入税目 31. 01 项下；另外，该商税组成中氮($NH_4+NO_3$)、磷($P_2O_5$)、钾($K_2O$)的含量少于 3%，远低于国家标准“复混肥料”(GB15063 ~ 94)中的指标，不符合《税则》第三十一章章注六的规定，因此，也不能归入税目 31. 05 项下。<br>该商品应按照“其他税号未列名的化学工业及其相关工业的化学产品及配制品”归入税则号列 3824. 9090[3824. 9099(2014 年版)]。</td></tr>
</table>

| 序号 | 445 | 归类决定编号 | Z2006－0231 | 公告编号 | 2006年第69号 |
| --- | --- | --- | --- | --- | --- |
| 商品税则号列 | 3824.9090［3824.9099（2014年版）］ | | 发布日期 | 2006年11月22日 | |
| 商品名称 | 阻燃型改性树脂粒 | | | | |
| 英文名称 | | | | | |
| 其他名称 | | | | | |
| 商品描述 | 阻燃型改性树脂粒成分为树脂（如PE、PP、EVA、PVC等）15%～20%、三氧化二锑70%～80%、阻燃助剂（如八溴联苯）2%、流变分散剂2%、铝酸质偶联剂1%、其他助剂1%，外观为白色或米黄色粒状。该商品生产工艺是：按相应的配方将一定数量的三氧化二锑、树脂基料和各种助剂加入到高速混料机中混合均匀，然后将混好的物料均匀送到双螺杆造粒机中进行造粒，物料在140多度的高温下在造粒机中进行交联偶合，形成完全均相的熔体，经模具挤出进行风冷切粒，成品经检验合格后包装入库。该商品主要在塑料、橡胶、电缆等高分子合成材料中起阻燃作用，能直接与其他塑料原料混合熔融，注塑成型（如家电外壳、汽车饰件等）。 | | | | |
| 归类决定 | 该商品为由三氧化二锑与树脂、助剂等成分经上述加工后制得的混合产品，因此不能作为单一有化学定义的无机化合物归入税目28.25。根据《税则注释》，品目38.09项下的商品是专用于纺织、造纸、制革及类似工业的产品，而该商品广泛用作塑料及聚合物的阻燃成分，因此也不能归入税目38.09。<br>根据归类总规则一，阻燃型改性树脂粒应作为其他税目未列名的化工产品归入税则号列3824.9090［3824.9099（2014年版）］。 | | | | |

<table>
<tr><td>序号</td><td>446</td><td>归类决定编号</td><td>Z2008 - 0018</td><td>公告编号</td><td>2008 年第 76 号</td></tr>
<tr><td>商品税则号列</td><td colspan="3">3824. 9099</td><td>发布日期</td><td>2008 年 10 月 28 日</td></tr>
<tr><td>商品名称</td><td colspan="5">铝工业用锰添加剂</td></tr>
<tr><td>英文名称</td><td colspan="5"></td></tr>
<tr><td>其他名称</td><td colspan="5"></td></tr>
<tr><td>商品描述</td><td colspan="5">该商品为灰色圆饼状，构成成分为纯金属锰粉、助熔剂（铝无机盐与纯铝粉的混合物或纯铝粉）、表面活性剂（油脂类碳氢化合物）。各种成分含量：锰 85（ ±2）%，表面活性剂 0. 5% ~2%，余量为助熔剂、铁、硅等杂质（含量 <1%）。该商品的生产工艺：将纯锰粉、助熔剂和表面活性剂按一定的粒度和配比，加入高速搅拌机中混匀后出料，用高压液压机压成圆饼状。该添加剂主要用于铝合金熔铸生产中调节锰的含量，其中锰粉的作用是增加铝合金中锰元素的含量，助熔剂的作用是降低熔点，表面活性剂的作用是促进锰的高效熔化，并稳定其熔化性能。</td></tr>
<tr><td>归类决定</td><td colspan="5">该添加剂中各组分需要配合使用，均属于商品的重要组成部分。根据该商品的属性和《税则》税目 38. 24 条文的规定，应将其按“其他税号未列名化学工业及其相关工业的化学产品及配制品”归入税则号列 3824. 9099。</td></tr>
</table>

| 序号 | 447 | 归类决定编号 | Z2008－0019 | 公告编号 | 2008年第76号 |
| --- | --- | --- | --- | --- | --- |
| 商品税则号列 | 3824.9099 | | 发布日期 | 2008年10月28日 | |
| 商品名称 | 膨胀石墨 | | | | |
| 英文名称 | Expandable graphite | | | | |
| 其他名称 | | | | | |
| 商品描述 | 膨胀石墨为黑色粉末，生产工艺：将鳞片石墨投入到反应釜中，加入65%硫酸搅拌，再加入膨化剂高锰酸钾搅拌，进行充分化学反应，经多次水洗烘干等工艺得到膨胀石墨。 | | | | |
| 归类决定 | 该产品是以鳞片石墨为原料经化学处理得到的石墨层间化合物，不符合《税则》税目38.01的商品范围，根据归类总规则一，应归入税则号列3824.9099。 | | | | |

| 序号 | 448 | 归类决定编号 | Z2008－0021 | 公告编号 | 2008年第76号 |
| --- | --- | --- | --- | --- | --- |
| 商品税则号列 | 3824.9099 | | 发布日期 | 2008年10月28日 | |
| 商品名称 | 氰铜盐 | | | | |
| 英文名称 | Brass salt | | | | |
| 其他名称 | | | | | |
| 商品描述 | 氰铜盐含氰化铜钠65%、氰化锌钠18%、碳酸钠17%。主要用于电镀工业上的镀铜和镀金中的调色工艺。生产工艺：将氰化铜钠、氰化锌钠和碳酸钠通过混合机混合，然后包装。 | | | | |
| 归类决定 | 该商品不符合《税则》第二十八章章注一的规定，根据归类总规则一，应归入税则号列3824.9099。 | | | | |

| 序号 | 449 | 归类决定编号 | Z2008－0127 | 公告编号 | 2008 年第 83 号 |
|---|---|---|---|---|---|
| 商品税则号列 | 3824.9099 | | 发布日期 | | 2008 年 11 月 24 日 |
| 商品名称 | 新癸酸钴盐 | | | | |
| 英文名称 | | | | | |
| 其他名称 | | | | | |
| 商品描述 | 新癸酸钴盐的成分为新癸酸钴约 88%、丙酸钴约 12%。该产品应用在轮胎配方中，以改善橡胶与镀黄铜钢丝帘线之间的黏合度，用于提高钢丝帘线、纤维帘线等骨架材料与橡胶的接合力，从而提高橡胶制品的机械强度。 | | | | |
| 归类决定 | 该商品是新癸酸钴与丙酸钴组成的混合物，根据归类总规则一及六，应归入税则号列 3824.9099。 | | | | |

| 序号 | 450 | 归类决定编号 | Z2008－0129 | 公告编号 | 2008 年第 83 号 |
|---|---|---|---|---|---|
| 商品税则号列 | 3824.9099 | | 发布日期 | | 2008 年 11 月 24 日 |
| 商品名称 | 标准混凝土粒料 | | | | |
| 英文名称 | | | | | |
| 其他名称 | | | | | |
| 商品描述 | 该商品由 80%～90% 的天然河砂（粒径 4.75 毫米以下的岩石颗粒）和 10%～20% 的凝灰熔岩碎石（卵石或碎石，粒径 4.75 毫米以上）混合破碎加工而制成，并在破碎过程中添加了抗氧化剂溶液（浓度为 3% 的亚硝酸钙溶液）。 | | | | |
| 归类决定 | 标准混凝土粒料的加工工艺超出了《税则》第二十五章的规定，根据归类总规则一，应归入税则号列 3824.9099。 | | | | |

| 序号 | 451 | 归类决定编号 | Z2008 - 0130 | 公告编号 | 2008 年第 83 号 |
|---|---|---|---|---|---|
| 商品税则号列 | 3824.9099 | | | 发布日期 | 2008 年 11 月 24 日 |
| 商品名称 | γ - 氧化铝小球 | | | | |
| 英文名称 | Alumina Spheres | | | | |
| 其他名称 | γ - 氧化铝载体 、γ - Alumina Support | | | | |
| 商品描述 | 该商品外观是直径为 1.61 毫米的小球。主要成分:氧化铝 97%、锡 0.3%、氯 0.3%、水 2.4%。其中氯是杂质,锡的用途是分散催化剂中的铂原子,改变铂的电子状态,提高催化剂的活性、选择性。用途:用作催化剂的载体。其加工工艺:采用油氨柱成型技术将氧化铝粉末、锡化合物等制成高纯氧化铝小球。 | | | | |
| 归类决定 | 该商品所含的锡不符合《税则》第二十八章总注释关于“杂质”的定义,根据归类总规则一及六,应归入税则号列 3824.9099。 | | | | |

| 序号 | 452 | 归类决定编号 | Z2008 - 0132 | 公告编号 | 2008 年第 83 号 |
|---|---|---|---|---|---|
| 商品税则号列 | 3824.9099 | | | 发布日期 | 2008 年 11 月 24 日 |
| 商品名称 | 塑磁材料 | | | | |
| 英文名称 | | | | | |
| 其他名称 | 塑磁粒子 | | | | |
| 商品描述 | 该商品为黑色颗粒,无磁性。成分:铁红粉(氧化铁)≥80%、聚酰胺 - 12 约 8%、安定剂 1%、聚酰胺 1% 等。进口后经注塑成型、着磁后,制成马达转子。 | | | | |
| 归类决定 | 该商品还需进一步成型、着磁等加工,根据归类总规则一及六,应归入税则号列 3824.9099。 | | | | |

<table>
<tr><td>序号</td><td>453</td><td>归类决定编号</td><td>Z2009-0011</td><td>公告编号</td><td>2009年第5号</td></tr>
<tr><td colspan="2">商品税则号列</td><td colspan="2">3824.9099</td><td>发布日期</td><td>2009年1月20日</td></tr>
<tr><td colspan="2">商品名称</td><td colspan="4">保护渣</td></tr>
<tr><td colspan="2">英文名称</td><td colspan="4">Casting powder</td></tr>
<tr><td colspan="2">其他名称</td><td colspan="4">Mould powder</td></tr>
<tr><td colspan="2">商品描述</td><td colspan="4">保护渣的外观呈圆颗粒状。主要成分:二氧化硅33.5%、氧化钙32.5%、氧化镁0.52%、氧化铝2.86%、氧化钠11.8%、氧化钾0.44%、氧化钛0.04%、氧化亚锰0.05%、三氧化二铁0.69%、总碳量6.18%、氟7.6%、水0.80%。熔点为1120℃。该商品主要是在钢水浇注形成钢坯时与钢水一起加入到生产设备结晶器铜板中,起润滑作用(防止钢坯壳与结晶器铜板发生黏结),同时防止钢水氧化,确保钢水连续浇注成坯。</td></tr>
<tr><td colspan="2">归类决定</td><td colspan="4">该商品不属于耐火混合制品,根据归类总规则一及六,应归入税则号列3824.9099。</td></tr>
</table>

<table>
<tr><td>序号</td><td>454</td><td>归类决定编号</td><td>Z2009-0012</td><td>公告编号</td><td>2009年第5号</td></tr>
<tr><td colspan="2">商品税则号列</td><td colspan="2">3824.9099</td><td>发布日期</td><td>2009年1月20日</td></tr>
<tr><td colspan="2">商品名称</td><td colspan="4">锂蒙脱石黏土</td></tr>
<tr><td colspan="2">英文名称</td><td colspan="4"></td></tr>
<tr><td colspan="2">其他名称</td><td colspan="4"></td></tr>
<tr><td colspan="2">商品描述</td><td colspan="4">锂蒙脱石黏土为乳白色的精细粉末。成分:天然矿产锂蒙脱石黏土60%、纤维素醚40%。加工工艺:将锂蒙脱石黏土和水性纤维素醚经雷蒙分散机加工后包装而得,其中添加的纤维素醚用于改善流动性。该商品用作水性环保型涂料、黏结剂、陶瓷等的增稠剂。</td></tr>
<tr><td colspan="2">归类决定</td><td colspan="4">该商品是天然黏土与纤维素醚的物理混合物,未改变表面结构,根据归类总规则一及六,应归入税则号列3824.9099。</td></tr>
</table>

| 序号 | 455 | 归类决定编号 | Z2009－0013 | 公告编号 | 2009年第5号 |
|---|---|---|---|---|---|
| 商品税则号列 | 3824.9099 | | 发布日期 | | 2009年1月20日 |
| 商品名称 | 有机肥 | | | | |
| 英文名称 | | | | | |
| 其他名称 | | | | | |
| 商品描述 | 有机肥的成分为肥料用泥煤70%、菜籽饼(油菜籽经榨取油后的饼)30%。每包净重15千克。加工工艺:原料粉碎→配合→颗粒机制成颗粒→过筛→烘干→过筛→冷却→称重→包装等,用作蔬菜、庄稼、果树肥料。使用方法:地面撒施。 | | | | |
| 归类决定 | 该商品是由泥煤及菜籽饼混配而成。根据《税则注释》第三十一章总注释及品目31.01的排他条款,该商品不属于第三十一章的商品。根据归类总规则一及六,该商品应归入税则号列3824.9099。 | | | | |

| 序号 | 456 | 归类决定编号 | Z2009－0014 | 公告编号 | 2009年第5号 |
|---|---|---|---|---|---|
| 商品税则号列 | 3824.9099 | | 发布日期 | | 2009年1月20日 |
| 商品名称 | 天然黏土 | | | | |
| 英文名称 | | | | | |
| 其他名称 | | | | | |
| 商品描述 | 天然黏土的加工工艺:以山上开采的矿石(麦饭石)为原料,经粉碎机碎成粉末→放入搅拌机内加入0.2%的水和0.1%的聚乙烯醇进行搅拌→用喷射器将粉末喷进烘干桶内使其干燥→将已成干粉状的成品包装起来。主要用于生产结构陶瓷、电器及电子用耐高温的特种陶瓷制品。 | | | | |
| 归类决定 | 该商品由天然麦饭石经粉碎后加入起增粘作用的聚乙烯醇混合而成,方便进一步的冲压成型加工,其加工工艺已超出《税则》第二十五章商品的加工范围,根据第二十五章章注一的规定,应归入税则号列3824.9099。 | | | | |

| 序号 | 457 | 归类决定编号 | Z2009 - 0015 | 公告编号 | 2009 年第 5 号 |
|---|---|---|---|---|---|
| 商品税则号列 | 3824.9099 | | | 发布日期 | 2009 年 1 月 20 日 |
| 商品名称 | 工业二-(2-氯乙基)缩甲醛 | | | | |
| 英文名称 | Bis-(2-chloro ethyl)-formal | | | | |
| 其他名称 | | | | | |
| 商品描述 | 工业二-(2-氯乙基)缩甲醛的规格型号为 Novamal,外观为浅黄色液体。主要成分:二-(2-氯乙基)缩甲醛 79.05%、1-氯-2-[2-(2-氯乙氧基)-乙氧甲氧基]-乙烷 14.44%。生产工艺:氯乙醇与甲醛反应生成二-(2-氯乙基)缩甲醛和水,由于原料氯乙醇未经精馏[含有氯乙醇(89.3%)、氯乙氧基乙醇(7.8%)、氯代三甘醇(2.1%)、氯代四甘醇(0.6%)等多种成分],原料中的其他成分等也参与反应生成 1-氯-2-[2-(2-氯乙氧基)-乙氧甲氧基]-乙烷等产物,以上产物与二-(2-氯乙基)缩甲醛均能参与后续使用。用途:生产聚硫橡胶的原料。 | | | | |
| 归类决定 | 该商品为主要含二-(2-氯乙基)缩甲醛的混合物,不属于《税则注释》中“已有化学定义的有机化合物”的商品范围,根据归类总规则一及六,应归入税则号列 3824.9099。 | | | | |

| 序号 | 458 | 归类决定编号 | Z2009－0016 | 公告编号 | 2009 年第 5 号 |
|---|---|---|---|---|---|
| 商品税则号列 | 3824.9099 | | | 发布日期 | 2009 年 1 月 20 日 |
| 商品名称 | 片状镍粉(非合金) | | | | |
| 英文名称 | Novamet 60% nickel coated graphite | | | | |
| 其他名称 | | | | | |
| 商品描述 | 片状镍粉(非合金)为灰色粉末,用作电子设备中导电橡胶的导电填充材料,以防止电磁干扰。其生产工艺:将石墨粉体加入到流化床分解反应器中,从反应器的底部通入一氧化碳气体,石墨粉体在一氧化碳气体逆向流动下,在流化床反应器中悬浮起来同时被加热,当石墨被加热到一定温度时,通入羰基镍气体 $Ni(CO)_4$,羰基镍与热的石墨发生反应,被还原成金属镍,同时生成一氧化碳($Ni+4CO$),金属镍在反应过程中包覆在石墨粉体表面,形成均匀的镀层,是一种化学镀层工艺。石墨作为包覆的载体,没有应用功能,仅为降低密度。其中,镍含量 60%,石墨含量 40%,石墨的包覆率达到 95%～98%。 | | | | |
| 归类决定 | 从该商品的生产工艺看,石墨仅作为包覆载体,而非以石墨为基本成分的产品,因此,不能归入税则号列 3801.9000。根据归类总规则一及六,该商品应归入税则号列 3824.9099。 | | | | |

| 序号 | 459 | 归类决定编号 | Z2009-0099 | 公告编号 | 2009年第32号 |
|---|---|---|---|---|---|
| 商品税则号列 | 3824.9099 | | | 发布日期 | 2009年6月12日 |
| 商品名称 | 丙烯酸共聚树脂 | | | | |
| 英文名称 | | | | | |
| 其他名称 | | | | | |
| 商品描述 | 丙烯酸共聚树脂是一种反应稀释剂，作为光固化光油（清漆）的一个反应组分，用于生产聚合物。主要成分：三羟甲基丙烷缩甲醛丙烯酸酯（≥78%）、三羟甲基丙烷三丙烯酸酯（TMPTA，<7.5%）、三羟甲基丙烷等。 | | | | |
| 归类决定 | 该商品的主要成分为三羟甲基丙烷缩甲醛丙烯酸酯，不具有结构单元的重复特征，不能视为预聚物，并由于其与TMPTA可一同参与下一步反应，因此TMPTA等不能视为反应过程中允许存在的杂质。该商品属于化工产品的混合物，根据归类总规则一及六，应归入税则号列3824.9099。 | | | | |

| 序号 | 460 | 归类决定编号 | Z2009-0100 | 公告编号 | 2009年第32号 |
|---|---|---|---|---|---|
| 商品税则号列 | 3824.9099 | | | 发布日期 | 2009年6月12日 |
| 商品名称 | 粗氧化锌 | | | | |
| 英文名称 | | | | | |
| 其他名称 | | | | | |
| 商品描述 | 粗氧化锌的主要成分为氧化锌、氯化钠，并含有少量铁、铅。具体含量：氧化锌72%、氯化钠18%、氧化铁4%、铅5%、水1%。工艺流程：以电弧炉炼钢灰为原料，以焦炭粉为还原剂，在1200℃反应温度下，使钢灰中大量的锌、铅等金属被还原成金属单质挥发出来，经重力沉淀分离后，金属蒸气被氧化成氧化物，即粗氧化锌成品。 | | | | |
| 归类决定 | 粗氧化锌是电弧炉炼钢灰经加工而得的产品，供进一步加工提纯使用，根据归类总规则一及六，应归入税则号列3824.9099。 | | | | |

| 序号 | 461 | 归类决定编号 | Z2009－0150 | 公告编号 | 2009 年第 57 号 |
|---|---|---|---|---|---|
| 商品税则号列 | 3824.9099 | | | 发布日期 | 2009 年 8 月 31 日 |
| 商品名称 | L-缬氨酸 | | | | |
| 英文名称 | | | | | |
| 其他名称 | | | | | |
| 商品描述 | L-缬氨酸为高纯度 L-缬氨酸的粗品，原料含量约 60%，去除水分后的干物质中缬氨酸含量约为 90%，其他氨基酸及蛋白质等其他杂质约占 10%。产品呈浅黄色、粉状及块状固体，有刺激性气味。生产工艺：微生物、葡萄糖和淀粉等经一级种培养，二级种培养、发酵、过滤、离交、脱色、过滤、超滤、结晶、离心、干燥等加工而成。进口后，用于提纯含量大于 99% 的 L-缬氨酸。 | | | | |
| 归类决定 | 从加工工艺及进口后的用途分析，该商品所含杂质并不符合第二十九章所称“杂质”的要求，应属于《税则》未列名的化学工业产品，根据归类总规则一及六，应归入税则号列 3824.9099。 | | | | |

| 序号 | 462 | 归类决定编号 | Z2008－0128 | 公告编号 | 2008 年第 83 号 |
|---|---|---|---|---|---|
| 商品税则号列 | 3824.9099[3824.9092(2014 年版)] | | | 发布日期 | 2008 年 11 月 24 日 |
| 商品名称 | 氧化镁 | | | | |
| 英文名称 | Megnesium oxide | | | | |
| 其他名称 | | | | | |
| 商品描述 | 该商品为白色间杂黄色粉末，主要成分为氧化镁 85.7%、氧化硅 11.9%、氧化铝 0.7%、氧化钙 1.0%、氧化铁 0.4%。该商品是由熔融镁氧矿经破碎、磁选后，添加多种助剂（包括某些有机硅材料）制成，其中添加的助剂用以改变产品的电绝缘、流动、防潮等性能。该商品用作电加热元件的填充材料，经海关化验中心鉴定，具有明显的疏水性能。 | | | | |
| 归类决定 | 该商品的加工工艺超出了《税则》第二十五章允许的范围，根据归类总规则一，应归入税则号列 3824.9099[3824.9092(2014 年版)]。 | | | | |

| 序号 | 463 | 归类决定编号 | Z2013－0034 | 公告编号 | 2013年第26号 |
|---|---|---|---|---|---|
| 商品税则号列 | 3824.9099 | | | 发布日期 | 2013年5月17日 |
| 商品名称 | 茶多酚 | | | | |
| 英文名称 | | | | | |
| 其他名称 | 绿茶提取物、儿茶素、绿茶浸膏粉 | | | | |
| 商品描述 | 该商品为浅棕褐色粉末，含95.8%的茶多酚（茶叶中30多种酚类物质的总称）。该商品以茶叶为原料制得，加工工艺：绿茶原料→破碎→纯水提取→离心→浓缩→乙酸乙酯萃取精制→喷雾干燥→粉末过筛→包装。可作为添加剂广泛应用于保健品、食品、饮料、化妆品等领域。 | | | | |
| 归类决定 | 该商品特定提取出茶多酚，茶多酚含量达95.8%，提取过程中已基本去除茶叶中的其他成分，不具备茶的浓缩品特征，因此不归入税目21.01项下。根据归类总规则一及六，该商品应归入税则号列3824.9099。 | | | | |

| 序号 | 464 | 归类决定编号 | Z2006－0240 | 公告编号 | 2006年第69号 |
|---|---|---|---|---|---|
| 商品税则号列 | 3825.4900/3825.4100 | | | 发布日期 | 2006年11月22日 |
| 商品名称 | 再生异丙醇、再生二氯甲烷 | | | | |
| 英文名称 | | | | | |
| 其他名称 | | | | | |
| 商品描述 | 根据海关化验鉴定结果，商品一"再生异丙醇"的主要成分为异丙醇、水。商品二"再生二氯甲烷"的主要成分为二氯甲烷、乙酸乙酯、甲苯等，为多种有机溶剂的混合物。两种商品为境外制药厂在萃取西药过程中用于吸收水分后所得产品，未经任何加工直接回收所得，进口后需要再加工后方可使用。 | | | | |
| 归类决定 | 两种商品，均为药品制作过程中，在萃取西药工艺后所得的吸收了水分等杂质的处理液。根据归类总规则一，再生异丙醇应归入税则号列3825.4900，再生二氯甲烷应归入税则号列3825.4100。 | | | | |

| 序号 | 465 | 归类决定编号 | Z2007－0019 | 公告编号 | 2007年第71号 |
| --- | --- | --- | --- | --- | --- |
| 商品税则号列 | 3825.6100 | | 发布日期 | 2007年12月5日 | |
| 商品名称 | 对苯二甲酸等外品水池料 | | | | |
| 英文名称 | | | | | |
| 其他名称 | | | | | |
| 商品描述 | 对苯二甲酸等外品水池料为灰白色、浅黄色粉末或黑色泥状物质,气味浓烈刺鼻。中国环境科学研究所固体废物污染控制技术研究所出具的《进口废物特性鉴别报告》结论为:该商品是对苯二甲酸生产过程中产生的固体废物。 | | | | |
| 归类决定 | 根据归类总规则一,对苯二甲酸等外品水池料应归入税则号列3825.6100。 | | | | |

| 序号 | 466 | 归类决定编号 | Z2009－0017 | 公告编号 | 2009 年第 5 号 |
|---|---|---|---|---|---|
| 商品税则号列 | 3825.6900 | | | 发布日期 | 2009 年 1 月 20 日 |
| 商品名称 | 碎硅片 | | | | |
| 英文名称 | Silicon wafer | | | | |
| 其他名称 | | | | | |
| 商品描述 | 碎硅片为 6 英寸、8 英寸光刻片（有激光蚀刻带线路）、抛光片（包括涂层片、扩散片）、金属片（包括表面含有铝涂层片、铜涂层片、金涂层片）碾碎而成。规格分两种：一种为铁桶装，呈不规则的碎片（粒）状，厚度约 1 毫米，大小 2～8 毫米，色杂，光线照射下有彩色反光；另一种为纸箱装，呈片状及碎片状，厚度小于 1 毫米，一面有涂层，呈水灰色，另一面呈亮兰色镜面状，嵌有多条平行排列的银色金属丝，另有两条平行排列的银色金属丝与其垂直相交。使用时需经酸洗、超声清洗后回炉。 | | | | |
| 归类决定 | 该商品是经过涂层、扩散等表面处理的碎硅片，不属于税目 28.04 的商品范围，根据归类总规则一及六，应归入税则号列 3825.6900。 | | | | |

| 序号 | 467 | 归类决定编号 | Z2006－0241 | 公告编号 | 2006年第69号 |
|---|---|---|---|---|---|
| 商品税则号列 | 3825.9000 | | | 发布日期 | 2006年11月22日 |
| 商品名称 | 己内酰胺及其低聚物的混合体 | | | | |
| 英文名称 | | | | | |
| 其他名称 | | | | | |
| 商品描述 | 己内酰胺及其低聚物的混合体是一种含己内酰胺45%～50%、低聚物21%～60%、水分1%，外观为橙色碎片状的混合体。主要从己内酰胺生产人造纤维过程中所得的未完全转化物，经二次蒸馏、结晶制得。进口后用于生产工业耐磨塑料。其外包装为纸袋或聚丙烯袋，附聚乙烯内衬。 | | | | |
| 归类决定 | 聚酰胺6的生产过程中，未转化完全的己内酰胺及其低聚物经回收、解聚后用于聚酰胺6的生产。工业上，聚合工艺及其下游产品纤维和塑料的质量要求己内酰胺的纯度较高，一般为99.9%～99.94%。而该商品己内酰胺含量低（45%～50%），低聚物含量较高（21%～60%），仅经二次蒸馏、结晶，尚未进行低聚物的解聚，属于粗制品，因此不能归入税目29.33。<br>根据归类总规则一及《税则注释》对品目38.25的解释，己内酰胺及其低聚物的混合体属于《税则》未列名的化学工业副产品，应归入税则号列3825.9000。 | | | | |

| 序号 | 468 | 归类决定编号 | Z2006－0242 | 公告编号 | 2006年第69号 |
|---|---|---|---|---|---|
| 商品税则号列 | 3825.9000 | | 发布日期 | | 2006年11月22日 |
| 商品名称 | 氟硅酸 | | | | |
| 英文名称 | Silico fluoride acid | | | | |
| 其他名称 | | | | | |
| 商品描述 | 氟硅酸的成分含量：氟硅酸25%～40%、氟化氢1%～10%。该商品的生产过程：用氢氟酸刻蚀石英玻璃或磷肥生产中用硅胶液吸收氟石产生的氟化氢气体而得到。 | | | | |
| 归类决定 | 参考氟硅酸产品的相关资料，氟硅酸含量约在28%～40%，氟化氢含量不超过1%。而该商品杂质含量高，商品来源说明也显示其属于刻蚀玻璃和化肥生产的副产物，因此不能作为化学工业及相关工业的化学产品及配制品归类。<br>根据归类总规则一，氟硅酸应按其他品目未列名的化学工业及相关工业的副产品归入税则号列3825.9000。 | | | | |

| 序号 | 469 | 归类决定编号 | Z2006－0243 | 公告编号 | 2006年第69号 |
|---|---|---|---|---|---|
| 商品税则号列 | 3825.9000 | | | 发布日期 | 2006年11月22日 |
| 商品名称 | 己内酰胺回收晶体 | | | | |
| 英文名称 | | | | | |
| 其他名称 | | | | | |
| 商品描述 | 己内酰胺回收晶体为不规则白色或黄色固体碎片，结晶温度为60℃，己内酰胺单体含量为65%～90%，属化学工业副产品。该商品是以成品己内酰胺经聚合釜聚合、喷丝、铸带、生产聚酰胺切片过程中，其铸带槽冷却循环水（含有3%～4%的己内酰胺）为原料。工艺流程：首先将铸带槽冷却循环水经过蒸发除去90%以上的水分，再用蒸馏釜蒸馏、在负压和高温下蒸发、结晶、烘干后得到的产物，变成含量为74.5%己内酰胺单晶回收体。用途：用于生产聚酰胺切片。 | | | | |
| 归类决定 | 聚酰胺6的生产过程中，未转化完全的己内酰胺及其低聚物经回收、解聚后用于聚酰胺6的生产。工业上，聚合工艺及其下游产品纤维和塑料的质量要求己内酰胺的纯度较高，一般为99.9%～99.94%。而该商品已内酰胺含量低，仅经二次蒸馏、结晶，尚未进行低聚物的解聚，属于粗制品，因此不能归入税目29.33。<br>根据归类总规则一及《税则注释》对品目38.25的解释，己内酰胺回收晶体属于《税则》未列名的化学工业副产品，应归入税则号列3825.9000。 | | | | |

<table>
<tr><td>序号</td><td>470</td><td>归类决定编号</td><td colspan="2">Z2006－0244</td><td>公告编号</td><td>2006 年第 69 号</td></tr>
<tr><td colspan="2">商品税则号列</td><td colspan="3">3825. 9000</td><td>发布日期</td><td>2006 年 11 月 22 日</td></tr>
<tr><td colspan="2">商品名称</td><td colspan="5">杂环化合物（紫杉醇含量约 0. 46%）</td></tr>
<tr><td colspan="2">英文名称</td><td colspan="5"></td></tr>
<tr><td colspan="2">其他名称</td><td colspan="5"></td></tr>
<tr><td colspan="2">商品描述</td><td colspan="5">杂环化合物是以曼地亚红豆杉浸膏为原料，经乳化离心脱脂、硅胶层析、析晶、溶解、过滤、浓缩干燥等物理方法提取曼地亚红豆杉浸膏中的二萜生物碱（含量 0. 9%）后所得的剩余物，外观为深褐色颗粒，主要有效成分为紫杉醇，含量约 0. 46%，另含巴卡亭 III、1-羟基巴卡亭、9-贰氢 13-乙酰巴卡亭 III，七木糖基紫杉醇、10 去乙酰紫杉醇，用于提取紫衫醇。</td></tr>
<tr><td colspan="2">归类决定</td><td colspan="5">该商品为曼地亚红豆杉浸膏经加工提取二萜生物碱的副产品，属于其他品目未列名的化学工业及相关工业的副产品。根据归类总规则一及《税则注释》对品目 38. 25 的注释，杂环化合物应归入税则号列 3825. 9000。</td></tr>
</table>

| 序号 | 471 | 归类决定编号 | Z2006－0245 | 公告编号 | 2006年第69号 |
|---|---|---|---|---|---|
| 商品税则号列 | 3825. 9000 | | 发布日期 | | 2006年11月22日 |
| 商品名称 | 粗硅油 | | | | |
| 英文名称 | | | | | |
| 其他名称 | | | | | |
| 商品描述 | 粗硅油的成分为二甲基硅氧烷(DMC)50%、水及二氧化硅50%。其工艺流程：硅矿石(主要成分为二氧化硅)与碳加热进行还原反应，生成硅和副产物(一氧化碳、二氧化碳)；再将一氯甲烷加入硅中，以铜做催化剂进行催化反应，生成二氯二甲基硅；然后加入水进行水解，生成二羟基二甲基硅和副产物盐酸；二羟基二甲基硅进行脱水，生成不同黏度的二甲基硅氧烷，黏度较高的二甲基硅氧烷(DMC)直接经过硫酸和盐酸的混合酸催化后形成高聚二甲基硅氧烷(如硅油和硅橡胶等产品)，黏度较低的二甲基硅氧烷(DMC)与反应中残余水分和二氧化硅的混合物即为粗硅油，进口后用于提取硅油。 | | | | |
| 归类决定 | 由于该粗硅油是生产过程中产生的副产品，不符合《税则注释》对品目38.24的规定，不能归入税则号列3824.9090。根据归类总规则一并参考品目38.25的注释，粗硅油应按化学工业的副产品，归入税则号列3825.9000。 | | | | |

| 序号 | 472 | 归类决定编号 | Z2006 - 0246 | 公告编号 | 2006 年第 69 号 |
|---|---|---|---|---|---|
| 商品税则号列 | 3825.9000 | | | 发布日期 | 2006 年 11 月 22 日 |
| 商品名称 | 回用双酚 A | | | | |
| 英文名称 | Bisphenol-A | | | | |
| 其他名称 | | | | | |
| 商品描述 | 回用双酚 A 为聚碳酸酯成品筛出后留剩的粉状物，主要成分为生产聚碳酸酯过程中未反应的双酚 A、水分和造成外观颜色的杂质，其中双酚 A 的含量在 60% 以上，聚碳酸酯微粒 10% 左右，水分 30% 以上。其色泽因含有的聚碳酸酯微粒的颜色不同而不同。进口后使用时需进行烘干等多道处理。可用于生产低级建筑用胶时掺合使用。 | | | | |
| 归类决定 | 该商品是生产聚碳酸酯时回收的副产品，含有 10% 左右的聚碳酸酯微粒，且未经过提纯等工艺，不属于《税则》第二十九章的商品范围。<br>根据归类总规则一，回用双酚 A 属于《税则》未列名的化学工业副产品，应归入税则号列 3825.9000。 | | | | |

| 序号 | 473 | 归类决定编号 | Z2007 - 0020 | 公告编号 | 2007 年第 71 号 |
|---|---|---|---|---|---|
| 商品税则号列 | 3825.9000 | | | 发布日期 | 2007 年 12 月 5 日 |
| 商品名称 | 邻甲苯二胺 | | | | |
| 英文名称 | Ortho toluenediamine | | | | |
| 其他名称 | | | | | |
| 商品描述 | 邻甲苯二胺的外观为红色固体，是在制备甲苯二异氰酸酯(TDI)工艺过程中分离出来的。该商品需再经加工将其中的邻甲苯二胺提纯到 99% 以上才能使用。用途：制造甲基苯并三氮唑(汽车机油、不动液、工业水处理添加剂)和橡胶促进剂的原料。 | | | | |
| 归类决定 | 该商品属于化学工业副产品，需再经提纯后使用，根据归类总规则一，应归入税则号列 3825.9000。 | | | | |

| 序号 | 474 | 归类决定编号 | Z2008－0133 | 公告编号 | 2008 年第 83 号 |
|---|---|---|---|---|---|
| 商品税则号列 | 3825.9000 | | 发布日期 | | 2008 年 11 月 24 日 |
| 商品名称 | 对苯二甲酸次级品 | | | | |
| 英文名称 | | | | | |
| 其他名称 | | | | | |
| 商品描述 | 对苯二甲酸次级品中的对羧基苯甲醛（4CBA）为 200PPM、对甲基苯甲酸（PT 酸）为 200PPM、水分小于等于 3%，是在精对苯二甲酸（PTA）生产过程中产生的。PTA 生产分三步：第一步氧化反应，第二步氢化精制，第三步 PTA 经研磨、脱水、烘干、包装成为成品。该商品主要是在第二步氢化反应时未精制完全的副料，以及第三步生产过程中产生的水分及灰分超标料，经回收后而得。进口后可作为生产聚酯树脂的原料。 | | | | |
| 归类决定 | 根据归类总规则一及六，对苯二甲酸次级品属于化学工业副产品，应归入税则号列 3825.9000。 | | | | |

| 序号 | 475 | 归类决定编号 | Z2009－0101 | 公告编号 | 2009 年第 32 号 |
|---|---|---|---|---|---|
| 商品税则号列 | 3825.9000 | | 发布日期 | | 2009 年 6 月 12 日 |
| 商品名称 | 氧化铈（副牌） | | | | |
| 英文名称 | | | | | |
| 其他名称 | | | | | |
| 商品描述 | 氧化铈（副牌）是一种以铈矿土为原料，通过加入氨水和碳酸氢铵合成反应，再水洗分级，从正品分离环节中剔除出来的杂质和不合格料。申报成分：氧化铈 72.58%、氧化镧 16.11%、水 10%。查验取样为红褐色膏状物。主要用于玻璃的磨边倒角和抛光。 | | | | |
| 归类决定 | 该产品属于氧化铈生产过程中产生的相关副产品，符合《税则注释》品目 38.25 的商品范围，根据归类总规则一及六，应归入税则号列 3825.9000。 | | | | |

| 序号 | 476 | 归类决定编号 | Z2006－0247 | 公告编号 | 2006 年第 69 号 |
|---|---|---|---|---|---|
| 商品税则号列 | 第 39 章或 5910.0000 | | | 发布日期 | 2006 年 11 月 22 日 |
| 商品名称 | 纸机传送带用布 | | | | |
| 英文名称 | Trans belt | | | | |
| 其他名称 | | | | | |
| 商品描述 | 纸机传送带用布的中间层为基网，两面分别为黑色塑料层和被面针刺层，规格为 21.2 米×6.90 米，厚度 3～4 毫米。基网成分为 100% 聚酰亚胺，塑料层成分为 100% 聚亚胺脂，针刺层为聚酰胺。该商品两侧安装有金属制的吊环，用作纸机传送带，无需加工可直接安装到机器的压榨部位，该传送带的功能是增强纸机的脱水效率。 | | | | |
| 归类决定 | 从外观来看，该商品属于塑料与纺织材料的复合制品，其中黑色塑料层部分厚达 1 毫米。根据《税则注释》第三十九章总注释，若纺织材料占总重量的 50% 及以下，纸机传送带用布应归入第三十九章，否则应按纺织材料传送带归入税则号列 5910.0000。 | | | | |

| 序号 | 477 | 归类决定编号 | Z2006－0248 | 公告编号 | 2006 年第 69 号 |
|---|---|---|---|---|---|
| 商品税则号列 | 39.01 或 39.05 | | | 发布日期 | 2006 年 11 月 22 日 |
| 商品名称 | 水溶性乙烯醋酸乙烯酯共聚物 | | | | |
| 英文名称 | | | | | |
| 其他名称 | | | | | |
| 商品描述 | 水溶性乙烯醋酸乙烯酯共聚物为白色乳液，有粘性。有两种型号，其中 ADCOTE 37R345 含：水 55±1%、乙烯—乙酸乙烯酸共聚物 39.9±1%、钾盐 5.1%；ADCOTE 37R987 含：水 55±1%、乙烯—乙酸乙烯酸共聚物 42.3±1%、钾盐 2.7%，钾盐是乳化剂起稳定作用。该商品用于涂布纸张，形成透气良好的热封层。 | | | | |
| 归类决定 | 该商品中钾盐为乳化剂起稳定作用，该商品为聚合物在水中的分散体。根据《税则注释》第三十九章中“初级形状”及“共聚物”的规定，商品“水溶性乙烯醋酸乙烯酯共聚物”应根据其中乙烯和醋酸乙烯单体的含量高低分别归入税目 39.01 或 39.05 项下。 | | | | |

| 序号 | 478 | 归类决定编号 | Z2006－0249 | 公告编号 | 2006年第69号 |
|---|---|---|---|---|---|
| 商品税则号列 | 3901.9020;3901.1000 | | | 发布日期 | 2006年11月22日 |
| 商品名称 | 线性低密度聚乙烯 | | | | |
| 英文名称 | LLDPE | | | | |
| 其他名称 | | | | | |
| 商品描述 | 线性低密度聚乙烯有两种,一种型号为ELITE5220G,为线性低密度聚乙烯;另一种型号为DOWLEX2036P,为低密度聚乙烯,α-烯烃在红外光谱图中特征不明显。两者外观均为白色胶粒,比重均小于0.94。 | | | | |
| 归类决定 | 第一种商品中乙烯单体含量少于95%,属于乙烯与α-烯烃的共聚物,根据《税则》第三十九章章注四及子目注释一,应归入税则号列3901.9020。第二种商品中乙烯单体含量大于95%,已构成均聚物。根据归类总规则一及第三十九章子目注释一,应归入税则号列3901.1000。 | | | | |

| 序号 | 479 | 归类决定编号 | Z2006－0250 | 公告编号 | 2006年第69号 |
|---|---|---|---|---|---|
| 商品税则号列 | 3901.9020 | | | 发布日期 | 2006年11月22日 |
| 商品名称 | 乙烯—辛烯共聚物 | | | | |
| 英文名称 | | | | | |
| 其他名称 | | | | | |
| 商品描述 | 乙烯—辛烯共聚物为无色透明胶粒,牌号为美国陶氏Affinity和Elite,比重小于0.94。这两种牌号是陶氏公司使用INSITE专利技术生产的乙烯-α-烯烃聚合物,其商品具有独特特性,即在结构中含有线性主链的同时还含有少量的长支链。 | | | | |
| 归类决定 | 该商品是乙烯与α-烯烃聚合物,且主链为线性主链,符合《本国子目注释》中对线性低密度聚乙烯的商品描述。根据归类总规则一,乙烯—辛烯共聚物应归入税则号列3901.9020。 | | | | |

| 序号 | 480 | 归类决定编号 | Z2013－0035 | 公告编号 | 2013年第26号 |
|---|---|---|---|---|---|
| 商品税则号列 | 3902.1000 | | | 发布日期 | 2013年5月17日 |
| 商品名称 | 改性聚丙烯 | | | | |
| 英文名称 | | | | | |
| 其他名称 | | | | | |
| 商品描述 | 该商品为黑色颗粒，具体成分：聚丙烯80%（丙烯单体100%），滑石粉19.5%，炭黑0.5%。商品通过物理方法提高刚性，改善其耐热性和提高光泽度，并添加了炭黑调色。 | | | | |
| 归类决定 | 该商品的滑石粉和聚丙烯仅是物理混合，不属于化学改性聚合物的商品范畴，根据归类总规则一、六及第三十九章的子目注释一，该商品应归入税则号列3902.1000。 | | | | |

| 序号 | 481 | 归类决定编号 | Z2006－0251 | 公告编号 | 2006年第69号 |
|---|---|---|---|---|---|
| 商品税则号列 | 3903.9000 | | | 发布日期 | 2006年11月22日 |
| 商品名称 | 聚溴化苯乙烯 | | | | |
| 英文名称 | | | | | |
| 其他名称 | | | | | |
| 商品描述 | 聚溴化苯乙烯型号为PBS－64HW，为琥珀色片剂，纯度>99%，是先聚合苯乙烯再溴化制得，溴取代基在苯环上，用作聚酰胺树脂和热塑性聚酯树脂的阻燃剂。 | | | | |
| 归类决定 | 根据归类总规则一，聚溴化苯乙烯应归入税则号列3903.9000。 | | | | |

| 序号 | 482 | 归类决定编号 | Z2006－0252 | 公告编号 | 2006年第69号 |
|---|---|---|---|---|---|
| 商品税则号列 | 3904.2100 | | | 发布日期 | 2006年11月22日 |
| 商品名称 | 聚氯乙烯粉状混料 | | | | |
| 英文名称 | | | | | |
| 其他名称 | | | | | |
| 商品描述 | 聚氯乙烯粉状混料的成分含量(按重量配比):第一种配比为PVC树脂100、热稳定剂2.5、硬脂酸钙(热稳定剂)0.5、硬脂酸(内部润滑剂)0.1、轻质碳酸钙(填充剂)24、氯化聚乙烯(抗冲击改性剂)4、聚乙烯蜡(外部润滑剂)0.4、钛白粉(着色剂)2。第二种配比为PVC树脂100、热稳定剂2.6、二辛脂(增塑剂)4、硬脂酸(内部润滑剂)0.3、重质碳酸钙(填充剂)45、轻质碳酸钙(填充剂)45、氯化聚乙烯(抗冲击改性剂)6、聚乙烯蜡(外部润滑剂)0.5、钛白粉(着色剂)2、精制石蜡(外部润滑剂)0.6。该商品直接用于生产排水管。 | | | | |
| 归类决定 | 该商品已在聚氯乙烯中添加了增塑剂、热稳定剂、填料及着色剂等添加剂,使商品具有某种所需特性,超出聚氯乙烯纯粉的范围。<br>根据归类总规则一,聚氯乙烯粉状混料应归入税则号列3904.2100。 | | | | |

| 序号 | 483 | 归类决定编号 | Z2006－0253 | 公告编号 | 2006年第69号 |
|---|---|---|---|---|---|
| 商品税则号列 | 3906.9010 | | | 发布日期 | 2006年11月22日 |
| 商品名称 | 聚丙烯酰胺 | | | | |
| 英文名称 | Talfloc－1150 | | | | |
| 其他名称 | | | | | |
| 商品描述 | 货物形态为白色粉末，货主申报为表面活性剂，经送验为聚丙烯酰胺。 | | | | |
| 归类决定 | 据化验结果，该商品为聚丙烯酰胺。根据税目39.06注释中关于“丙烯酸聚合物”的定义，该商品应归入税则号列3906.9000。 | | | | |

| 序号 | 484 | 归类决定编号 | Z2006－0254 | 公告编号 | 2006年第69号 |
|---|---|---|---|---|---|
| 商品税则号列 | 3906.9010 | | | 发布日期 | 2006年11月22日 |
| 商品名称 | 聚丙烯酰胺 | | | | |
| 英文名称 | Flosoft 200 | | | | |
| 其他名称 | | | | | |
| 商品描述 | 聚丙烯酰胺为乳白色黏稠液体，含聚甲基丙烯酰胺60%、矿物油（溶剂）30%、乙氧基脂肪醇（表面活性剂）5%、水5%。表面活性剂的作用是使聚丙烯酰胺在溶剂中形成稳定的分散体系。用于柔顺剂生产，起增稠作用。 | | | | |
| 归类决定 | 根据《税则注释》第三十九章总注释，如果加入了某种物质，所得产品更为具体地列入协调制度其他品目的，这些产品则不归入第三十九章。该商品属于聚合物在溶剂中的分散体，并无其他成分表明其具有专用用途。根据归类总规则一，聚丙烯酰胺应归入税则号列3906.9010。 | | | | |

| 序号 | 485 | 归类决定编号 | Z2007－0021 | 公告编号 | 2007年第71号 |
|---|---|---|---|---|---|
| 商品税则号列 | 3906.9090 | | 发布日期 | 2007年12月5日 | |
| 商品名称 | 皮革助剂 | | | | |
| 英文名称 | Curious ip | | | | |
| 其他名称 | | | | | |
| 商品描述 | 皮革助剂型号为curious ip，经海关化验鉴定，主要成分为水、丙烯酸聚合物和表面活性剂，可用作皮革涂饰剂。该商品需与其他制剂调制成底涂浆料后，才能用于皮革的底涂工序。 | | | | |
| 归类决定 | 根据归类总规则一，皮革助剂应归入税则号列3906.9090。 | | | | |

| 序号 | 486 | 归类决定编号 | Z2013－0036 | 公告编号 | 2013年第26号 |
|---|---|---|---|---|---|
| 商品税则号列 | 3907.3000 | | 发布日期 | 2013年5月17日 | |
| 商品名称 | 银石色粉体漆 | | | | |
| 英文名称 | | | | | |
| 其他名称 | | | | | |
| 商品描述 | 该商品成分为：树脂（缩水甘油封端双酚A环氧氯丙烷共聚物）50%～60%、颜料（铝粉1%～5%和色素1%～5%）2%～10%、碳酸钙15%～25%及添加剂3%～6%。规格型号：81972B30K。加工工艺：将树脂、颜料、添加剂和填充剂混合后充分研磨至颗粒达到10～15微米细度，按客户要求包装出厂。该漆用于喷涂投影仪支架。 | | | | |
| 归类决定 | 该商品属于粉状油漆，参照《税则注释》品目32.10注释条文排他条款（三），根据归类总规则一及六，应归入税则号列3907.3000。 | | | | |

| 序号 | 487 | 归类决定编号 | Z2006 - 0255 | 公告编号 | 2006 年第 69 号 |
|---|---|---|---|---|---|
| 商品税则号列 | 3908.1011 | | | 发布日期 | 2006 年 11 月 22 日 |
| 商品名称 | 尼龙 6,6 | | | | |
| 英文名称 | | | | | |
| 其他名称 | | | | | |
| 商品描述 | 尼龙 6,6 的外观为颗粒状,两端呈切面。 | | | | |
| 归类决定 | 尼龙 6,6 的外观为白色颗粒状,两端呈切面。<br>切片是行业上对切粒产品的习惯称谓,即为塑料粒子,是因从切粒机切割下后,形状呈扁状而得名。聚酰胺聚合物与各种添加剂混合后,送入挤出机中熔化,并进一步混合均匀。通过多孔口模,形成多根条料,再用切粒机切断成粒料。切断有热切粒和冷切粒之分。前者条料离口模后,一边用空气或水冷却,一边立即用旋转刀切断,此时的粒料的周边无明显的切刀的痕迹,大多呈圆粒状;后者是将条料全部冷却后,再送入切粒机切粒,此时粒料的两边可见有切刀的痕迹,大多呈扁平或扁椭圆状。无论何种加工方法,只要经过了切片工序的产品均属于“切片”。<br>从该商品的外观上看,颗粒的两端都有切刀的痕迹,属于“切片”。根据归类总规则一,尼龙 6,6 应归入税则号列 3908.1011。 | | | | |

| 序号 | 488 | 归类决定编号 | Z2006-0256 | 公告编号 | 2006年第69号 |
|---|---|---|---|---|---|
| 商品税则号列 | 3909.5000 | | 发布日期 | 2006年11月22日 | |
| 商品名称 | 聚氨酯预聚物 | | | | |
| 英文名称 | | | | | |
| 其他名称 | 异氰酸酯架桥剂、固化剂 | | | | |
| 商品描述 | 该商品为无色或淡黄色透明液体，由异氰酸酯与多元醇加成反应而得，添加乙酸乙酯作为溶剂。用于配制双组成的PU涂料，涂布木器、金属、合成皮革表面。经送化验检测认定其主要成分为聚氨酯预聚物。因该商品易与空气中的水分反应而进一步聚合，样品的聚合度较难准确测定，根据厂商提供的资料，其聚合度为1~3。 | | | | |
| 归类决定 | 聚氨酯预聚物为无色或淡黄色透明液体、有特殊气味，由甲苯二异氰酸酯（TDI）与三羟甲基丙烷（TMP）以3:1加成反应而得，聚合度在1~3之间，添加乙酸乙酯作为溶剂，固含量为75±1%。该商品主要用作涂料或胶黏剂的架桥剂（固化剂），涂布木器、金属、合成皮革表面。<br>聚氨酯，全名聚氨基甲酸酯，是由有机二异氰酸酯或多异氰酸酯与二羟基或多羟基化合物加聚而得。该商品为聚氨酯预聚物，符合《税则注释》中品目39.09关于聚亚氨酯的解释。根据归类总规则一及第三十九章章注三（五），聚氨酯预聚物应归入税则号列3909.5000。<br>第三十九章章注三下的五项为并列关系，有关预聚物的归类，应视其单体单元分别归入税目39.01至39.11。 | | | | |

| 序号 | 489 | 归类决定编号 | Z2006－0257 | 公告编号 | 2006年第69号 |
|---|---|---|---|---|---|
| 商品税则号列 | 3909.5000 | | | 发布日期 | 2006年11月22日 |
| 商品名称 | 氰酸盐 | | | | |
| 英文名称 | | | | | |
| 其他名称 | | | | | |
| 商品描述 | 该商品与申报为多元醇的商品按一定比例配合使用，搅拌后加温成为聚氨酯后注入鞋模形成鞋底。其中，多元醇化验后为聚酯多元醇，氰酸盐化验结果如下：成分为异氰酸酯和多元醇的加成预聚物与过量异氰酸酯的混合物，结论为含过量异氰酸酯的聚氨酯的预聚物。 | | | | |
| 归类决定 | 氰酸盐经化验鉴定为异氰酸酯和多元醇的加成预聚物与过量异氰酸酯的混合物，结论为含过量异氰酸酯的聚氨酯的预聚物。该商品与聚酯多元醇按一定比例配合使用，搅拌后加温成为聚氨酯后注入鞋模形成鞋底。<br>该商品与聚酯多元醇一同进口，但均为大桶包装，无任何包装说明这两种商品已按比例配好，因此应分别归类，其中氰酸盐属于聚氨酯预聚物，根据《税则》第三十九章章注三（五），归入税则号列3909.5000。 | | | | |

| 序号 | 490 | 归类决定编号 | Z2006－0258 | 公告编号 | 2006 年第 69 号 |
|---|---|---|---|---|---|
| 商品税则号列 | 3909.5000 | | | 发布日期 | 2006 年 11 月 22 日 |
| 商品名称 | 改性粗 MDI | | | | |
| 英文名称 | Diphenylmethane diisocyanate | | | | |
| 其他名称 | | | | | |
| 商品描述 | 该商品所含成分:4,4-二苯基甲烷二异氰酸酯 52%、2,4-二苯基甲烷二异氰酸酯 1%、改性异氰酸酯 47%,其中改性异氰酸酯是由一个分子的丁二醇和两个分子的 MDI 反应而成。 | | | | |
| 归类决定 | 根据介绍,改性粗 MDI 所含成分:4,4-二苯基甲烷二异氰酸酯 52%、2,4-二苯基甲烷二异氰酸酯 1%、改性异氰酸酯 47%,其中改性异氰酸酯是由一个分子的丁二醇和两个分子的 MDI 反应而成。使用时与聚酯多元醇或聚醚多元醇经低压浇注机混合后注入模具成型,制成聚氨酯软质泡沫和弹性体。<br>参考《聚氨酯手册》等资料,异氰酸酯预聚体是由二或多羟基化合物与摩尔比过量的二或多异氰酸酯反应而得的均匀混合物,其中仍有相当百分含量的单体异氰酸酯。<br>该商品中已有部分 MDI 与丁二醇反应,且其中的活泼异氰酸酯基仍要继续与羟基反应,符合注释关于“预聚物”的定义,根据归类总规则一,改性粗 MDI 应归入税则号列 3909.5000。 | | | | |

<table>
<tr><td>序号</td><td>491</td><td>归类决定编号</td><td>Z2006－0259</td><td>公告编号</td><td>2006 年第 69 号</td></tr>
<tr><td colspan="2">商品税则号列</td><td colspan="2">3909. 5000</td><td>发布日期</td><td>2006 年 11 月 22 日</td></tr>
<tr><td colspan="2">商品名称</td><td colspan="4">异氰酸酯</td></tr>
<tr><td colspan="2">英文名称</td><td colspan="4">VORALAST GL619ISOYANATE</td></tr>
<tr><td colspan="2">其他名称</td><td colspan="4"></td></tr>
<tr><td colspan="2">商品描述</td><td colspan="4">该异氰酸酯为浅黄色透明黏稠液体,混有白色沉淀。经海关化验,液体的成分为经氨酯化改性的二苯甲烷二异氰酸酯,白色沉淀成分为二苯甲烷二异氰酸酯。该商品进口后再进一步与多元醇进一步反应生产聚氨酯,以生产塑料制品。</td></tr>
<tr><td colspan="2">归类决定</td><td colspan="4">根据海关化验鉴定的结果,异氰酸酯为浅黄色透明黏稠液体,混有白色沉淀物。其中液体成分为二苯甲烷二异氰酸酯与多元醇反应的异氰酸酯预聚物,白色沉淀物成分为二苯甲烷二异氰酸酯。该商品进口后再进一步与多元醇反应生成聚氨酯,以生产塑料制品。<br>该商品属预聚物,需进一步与多元醇反应生成聚氨酯。根据归类总规则一,异氰酸酯应归入税则号列 3909. 5000。</td></tr>
</table>

<table>
<tr><td>序号</td><td>492</td><td>归类决定编号</td><td>Z2006－1253</td><td>公告编号</td><td>2007 年第 70 号</td></tr>
<tr><td colspan="2">商品税则号列</td><td colspan="2">3909. 5000</td><td>发布日期</td><td>2007 年 12 月 5 日</td></tr>
<tr><td colspan="2">商品名称</td><td colspan="4">TMP 与 TDI 加成物</td></tr>
<tr><td colspan="2">英文名称</td><td colspan="4">Coronate</td></tr>
<tr><td colspan="2">其他名称</td><td colspan="4">异氰酸酯(申报名称)</td></tr>
<tr><td colspan="2">商品描述</td><td colspan="4">型号为 C－LS,产品成分中 75% 为三羟甲基丙烷(TMP)与甲苯二异氰酸酯(TDI)以 1∶3 比例得到的加成产物,其余 25% 为醋酸乙酯,用作涂料中的固化剂。</td></tr>
<tr><td colspan="2">归类决定</td><td colspan="4">TMP 与 TDI 加成物的聚合度在 1～3 之间,并非单一有化学定义的化合物,其存在活泼的异氰酸酯基,可以再与羟基继续反应,一旦储存温度升高就会黏度增高而自行固化。从其结构来看,其存在单体单元(TDI)的重复,符合《税则注释》关于“预聚物”的定义。根据归类总规则一,该商品应归入税则号列 3909. 5000。</td></tr>
</table>

<table>
<tr><td>序号</td><td>493</td><td>归类决定编号</td><td>Z2008－0134</td><td>公告编号</td><td>2008年第83号</td></tr>
<tr><td colspan="2">商品税则号列</td><td colspan="2">3909.5000</td><td>发布日期</td><td>2008年11月24日</td></tr>
<tr><td colspan="2">商品名称</td><td colspan="4">PU水性处理剂</td></tr>
<tr><td colspan="2">英文名称</td><td colspan="4"></td></tr>
<tr><td colspan="2">其他名称</td><td colspan="4"></td></tr>
<tr><td colspan="2">商品描述</td><td colspan="4">PU水性处理剂为白色乳液,主要成分为聚氨基甲酸酯30%、二氧化硅10.7%、硅烷基聚合物7.7%,其余为水。三种成分均以微粒状悬浮在水溶液中。使用方法:将生产成型后的手套蘸入该处理剂,使其在手套表面成膜,起到干爽、润滑作用。</td></tr>
<tr><td colspan="2">归类决定</td><td colspan="4">根据归类总规则一及六,PU水性处理剂属于聚合物水性溶液,应归入税则号列3909.5000。</td></tr>
</table>

<table>
<tr><td>序号</td><td>494</td><td>归类决定编号</td><td>Z2009－0018</td><td>公告编号</td><td>2009年第5号</td></tr>
<tr><td colspan="2">商品税则号列</td><td colspan="2">3909.5000</td><td>发布日期</td><td>2009年1月20日</td></tr>
<tr><td colspan="2">商品名称</td><td colspan="4">皮革涂饰助剂</td></tr>
<tr><td colspan="2">英文名称</td><td colspan="4">Astacin ground UH TF</td></tr>
<tr><td colspan="2">其他名称</td><td colspan="4">阿斯塔新底涂剂</td></tr>
<tr><td colspan="2">商品描述</td><td colspan="4">皮革涂饰助剂的外观为白色透明液体,成分为芳香族聚氨酯的水性分散体,固体含量为20%。该商品用于提高皮革与涂层之间的接着性,可作为接着剂或底涂单独使用,或与其他底涂材料一起用于喷涂。</td></tr>
<tr><td colspan="2">归类决定</td><td colspan="4">该商品为聚合物的水分散体,根据归类总规则一及六,应归入税则号列3909.5000。</td></tr>
</table>

<table>
<tr><td>序号</td><td>495</td><td>归类决定编号</td><td>Z2006－0260</td><td>公告编号</td><td>2006 年第 69 号</td></tr>
<tr><td>商品税则号列</td><td colspan="3">3910.0000</td><td>发布日期</td><td>2006 年 11 月 22 日</td></tr>
<tr><td>商品名称</td><td colspan="5">粉末状有机硅母粒</td></tr>
<tr><td>英文名称</td><td colspan="5">MB50－313 MASTERBATCH</td></tr>
<tr><td>其他名称</td><td colspan="5"></td></tr>
<tr><td>商品描述</td><td colspan="5">MB50－313 是道康宁公司的产品，成分为 50% 的聚硅氧烷与 50% 的聚乙烯，是用于添加至聚乙烯中的助剂，以改善聚乙烯的加工性能和表面性能，在该商品当中，聚硅氧烷为有效成分，聚乙烯作为分散剂及载体。<br>此外，道康宁公司还有其他类似的系列产品，例如，MB50－011 是 50% 聚硅氧烷分散在 50% 聚酰胺中，专门添加至聚酰胺塑料中的助剂；MB25－381 是 25% 聚硅氧烷分散在 75% 聚丙烯中，专门添加至聚丙烯塑料中的助剂。</td></tr>
<tr><td>归类决定</td><td colspan="5">粉末状有机硅母粒 MB50－313 是一种由 50% 超高分子量的聚硅氧烷与 50% 的聚乙烯组成的聚合物的混合物。主用于添加至聚乙烯中，以改善聚乙烯的加工性和表面性能。<br>该商品中，聚硅氧烷为有效成分，聚乙烯为分散剂及载体，产品表现出的特性优于标准聚二甲基硅氧烷，在聚烯烃加工中表现出了良好的润滑性，用作聚乙烯的助剂。从成分及结构看，该商品为二种聚合物所组成的混合体。根据第三十九章章注四的规定，聚合物的混合体应归入第三十九章。<br>由于该商品没有任何一种聚合物单体重量最大，因此根据归类总规则一及第三十九章章注四的规定，粉末状有机硅母粒应归入税则号列 3910.0000。</td></tr>
</table>

| 序号 | 496 | 归类决定编号 | Z2006－0261 | 公告编号 | 2006年第69号 |
|---|---|---|---|---|---|
| 商品税则号列 | 3911.9000 | | | 发布日期 | 2006年11月22日 |
| 商品名称 | 甲醛萘磺酸钠 | | | | |
| 英文名称 | Sodium salt of naphthalenesulfonate | | | | |
| 其他名称 | | | | | |
| 商品描述 | 该商品为黄色粉末，用于添加到混凝土中，经海关化验，为甲醛萘磺酸钠缩聚物，按《税则》第三十四章章注三的方法，测得样品表面张力大于45.0达因/厘米。分子量为10000～12000。 | | | | |
| 归类决定 | 根据介绍，甲醛萘磺酸钠的分子量为10000～12000（聚合度大于5），表观形状为黄色粉末，用于混凝土添加，经海关化验中心化验，鉴定为初级形状的甲醛萘磺酸钠缩聚物。<br>该商品是聚合度大于5的缩聚物，因此，不能归入税则号列3824.4000。根据归类总规则一的规定，该甲醛萘磺酸钠应归入税则号列3911.9000。 | | | | |

| 序号 | 497 | 归类决定编号 | Z2006－0262 | 公告编号 | 2006 年第 69 号 |
|---|---|---|---|---|---|
| 商品税则号列 | 3911.9000 | | 发布日期 | | 2006 年 11 月 22 日 |
| 商品名称 | 聚葡萄糖 | | | | |
| 英文名称 | Polydextrose | | | | |
| 其他名称 | | | | | |
| 商品描述 | 化学结构:聚葡萄糖由 D-葡萄糖在山梨醇和磷酸的环境中无规则聚合而成,以 1,6-糖苷键结合为主。平均分子量 1500,平均聚合度 9～10。<br>性状:为白色粉末,易溶于水,溶解度大于 80%,无特殊味道。<br>项目指标:聚糖含量≥90.0%、水分≤4.0%、葡萄糖和山梨醇≤6%。<br>用途:用于豆皮等食品的生产,可增加甜味,是新兴的一种低卡路里的健康产品,可以用作食品中的替代糖。 | | | | |
| 归类决定 | 根据介绍,聚葡萄糖由 D-葡萄糖在山梨醇和磷酸的环境中无规则聚合而成,分子式为($C_6H_{10}O_5$)n,以 1,6-糖苷键结合为主,平均分子量 1500,平均聚合度 9～10。外观为白色粉末,易溶于水,聚糖含量≥90.0%、水分≤4.0%、葡萄糖和山梨醇≤6%。用于豆皮等食品的生产,可增加甜味,是新兴的一种低卡路里的健康产品,可以用作食品中的替代糖。<br>从其结构式看,该商品符合第三十九章章注三(三)“平均至少有五个单体单元的合成聚合物”的规定,根据归类总规则一,聚葡萄糖应归入税则号列 3911.9000。 | | | | |

| 序号 | 498 | 归类决定编号 | Z2006－1254 | 公告编号 | 2007年第70号 |
|---|---|---|---|---|---|
| 商品税则号列 | 3911.9000 | | | 发布日期 | 2007年12月5日 |
| 商品名称 | HDI三聚体 | | | | |
| 英文名称 | Coronate | | | | |
| 其他名称 | 异氰酸酯(申报名称) | | | | |
| 商品描述 | 型号为C－HXR90B,产品的成分为90%的HDI(六亚甲基二异氰酸酯)三聚体、10%的醋酸丁酯(作溶剂)。用作涂料中的固化剂。 | | | | |
| 归类决定 | HDI三聚体是HDI在催化剂作用下自聚而成的多异氰酸酯固化剂,理论官能度为3,但由于催化剂的选择性及反应条件的局限,通常得到的三聚产物是多个组分的混合物,实际聚合度大于3。HDI三聚体可以和活性中间体进一步反应。HDI三聚体符合《税则注释》关于"预聚物"的定义。根据归类总规则一,该商品应归入税则号列3911.9000。 | | | | |

| 序号 | 499 | 归类决定编号 | Z2006－0263 | 公告编号 | 2006年第69号 |
|---|---|---|---|---|---|
| 商品税则号列 | 3912.9000 | | | 发布日期 | 2006年11月22日 |
| 商品名称 | 木质粉 | | | | |
| 英文名称 | wood cellulose | | | | |
| 其他名称 | | | | | |
| 商品描述 | 原料:回收的废纸、废报纸、废木纤维与植物纤维等木纤维浆料。<br>工艺:木浆→打浆→浸渍→压滤→粉碎→老化→连续溶解→过滤→熟成→干燥→成品。<br>性状:白色粉末状,经化验室鉴定为纤维素。<br>用途:用于食品、医药等行业,可作为填充料,用于皮革行业可用作浸渍与刮涂,形成纤维网状骨架结构,提高浆料的分散均匀性。 | | | | |
| 归类决定 | 根据介绍,该商品为从废纸等材料中提取的纤维素。<br>该商品不符合税目47.06条文中"纤维状纤维"的描述。根据《税则注释》的解释,品目39.12包括初级形状的纤维素。因此,该商品应归入税则号列3912.9000。 | | | | |

| 序号 | 500 | 归类决定编号 | Z2006 - 0264 | 公告编号 | 2006 年第 69 号 |
|---|---|---|---|---|---|
| 商品税则号列 | 3912. 9000 | | | 发布日期 | 2006 年 11 月 22 日 |
| 商品名称 | SW10 纤维素 | | | | |
| 英文名称 | | | | | |
| 其他名称 | | | | | |
| 商品描述 | 该商品俗称纸浆粉，平均纤维长度为 300um，由于其纤维较长，在过滤过程中可以起到搭桥作用。该商品使用的木浆原料由各占 1/3 的纤维素、半纤维素和木质素组成，通过化学精加工除去木质素、糖分、半木质素和其他可溶物，生产出纯净 α-纤维素，再通过粉碎的方法将其制作成不同滤速的产品。SW10 纤维素中，α-纤维素含量最低为 89%，半纤维素含量最高为 10%，木质素含量最高为 1%。 | | | | |
| 归类决定 | 根据介绍，SW10 纤维素为 α-纤维素，俗称纸浆粉，平均纤维长度为 300um，是木浆原料通过化学精加工除去木质素、糖分、半木质素和其他可溶物而得。<br>根据海关化验鉴定结果，该商品外观为白色粉末状固体，成分为初级形状的纤维素。且其生产工艺不同于一般的纸浆，根据归类总规则一，SW10 纤维素应归入税则号列 3912. 9000。 | | | | |

| 序号 | 501 | 归类决定编号 | Z2006 - 0265 | 公告编号 | 2006 年第 69 号 |
|---|---|---|---|---|---|
| 商品税则号列 | 3913. 9000 | | | 发布日期 | 2006 年 11 月 22 日 |
| 商品名称 | 结兰胶 | | | | |
| 英文名称 | Gellan gum | | | | |
| 其他名称 | | | | | |
| 商品描述 | 实货为白色粉末，是一种聚合物多糖物质，用于增稠剂、胶凝剂、稳定剂。 | | | | |
| 归类决定 | 结兰胶是一种聚合多糖物质。在碳水化合物中接种伊乐藻假单胞菌，进行纯种培养发酵后，用异丙醇净化提纯后干燥、粉碎而得。外观为白色非结晶性易流动粉末，可用作增稠剂、稳定剂、胶凝剂、黏结剂等。主要用于各种凝胶食品。<br>该商品并非由植物产品制得，不应归入税目 13. 02 项下。该商品是由碳水化合物经生化作用（非化学合成）而得的，由一个鼠李糖、一个葡萄糖酸和二个葡萄糖结合成四糖的重复聚合体，属于天然高分子化合物。<br>根据归类总规则一，该结兰胶应归入税则号列 3913. 9000。 | | | | |

| 序号 | 502 | 归类决定编号 | Z2008－0022 | 公告编号 | 2008 年第 76 号 |
|---|---|---|---|---|---|
| 商品税则号列 | 3913.9000 | | | 发布日期 | 2008 年 10 月 28 日 |
| 商品名称 | 透明质酸钠 | | | | |
| 英文名称 | Sodium hyaluronate | | | | |
| 其他名称 | 玻璃酸钠 | | | | |
| 商品描述 | 透明质酸钠是由葡糖醛酸和 N-乙酰氨基葡糖为重复单位组成的直链高分子多糖。该产品通过发酵法制取，生产工艺如下：取斜面菌种，接种于装有灭菌培养液的锥形瓶中，在 37℃下培养 12～16 小时，接种于种子罐中。培养液中氮源为蛋白胨、酵母粉，碳源为葡萄糖。在 37℃下搅拌培养 12～16 小时，接种于发酵罐中，维持搅拌转速 120 转/分，再在 37℃下发酵 40～46 小时，并将 pH 值调至 6.5～7.0，葡萄糖浓度降至 0.5% 以下，pH 值下降很慢或不再下降时，完成发酵过程。发酵结束，用三氯乙酸调 pH 值至 4.0～4.5，板框过滤除菌体，滤液调 pH 值至 6.0～6.5，加 3 倍体积 95% 乙醇，沉淀出透明质酸。沉淀用氯化钠水溶液溶解，过滤，滤液加乙醇沉淀、脱水、真空干燥后，制得透明质酸钠。包装规格有两种，分别是 1000 克/袋和 100 克/瓶。 | | | | |
| 归类决定 | 该商品所用的原料及生产工艺不符合《税则注释》对品目 30.01 的规定，不能归入税则号列 3001.2000。根据归类总规则一，该商品是由葡糖醛酸和 N-乙酰氨基葡糖为重复单位组成的直链高分子多糖，应归入税则号列 3913.9000。 | | | | |

| 序号 | 503 | 归类决定编号 | Z2008－0023 | 公告编号 | 2008 年第 76 号 |
|---|---|---|---|---|---|
| 商品税则号列 | 3913.9000 | | | 发布日期 | 2008 年 10 月 28 日 |
| 商品名称 | 普鲁兰多糖 | | | | |
| 英文名称 | Pullualn | | | | |
| 其他名称 | | | | | |
| 商品描述 | 普鲁兰多糖的外观为白色粉末，是一种以淀粉或糖类为原料，经微生物发酵产生的细胞外纯天然高分子多糖。由出芽短梗酶发酵生产，类似葡聚糖、黄原胶的水溶性微生物多糖。该多糖为 α-1，4-糖苷键连接的麦芽三糖重复单元经 α-1，6-糖苷键聚合而成的直链状多糖，分子量一般在 $4.8\times10^4 \sim 2.2\times10^6$ 之间（普鲁兰糖平均分子量 $2\times10^5$，大约由 480 个麦芽三糖组成）。易溶于水，安全无毒、无味，可塑性、成膜性好，可食用，低热值。具有良好的成膜、成纤维等特性，已广泛应用于医药、食品、轻工、化工和石油等领域。 | | | | |
| 归类决定 | 根据归类总规则一，普鲁兰多糖属于天然高分子聚合物，应归入税则号列 3913.9000。 | | | | |

| 序号 | 504 | 归类决定编号 | Z2010－0015 | 公告编号 | 2010年第15号 |
|---|---|---|---|---|---|
| 商品税则号列 | 3916.9090 | | | 发布日期 | 2010年2月28日 |
| 商品名称 | 纤维增强树脂复合棒 | | | | |
| 英文名称 | GROSBEAK Accc core material | | | | |
| 其他名称 | 树脂基纤维增强塑料型材 | | | | |
| 商品描述 | 纤维增强树脂复合棒，成分重量比：环氧树脂15%，玻璃纤维57%，碳纤维或玄武岩28%。10000米/捆，用作生产新型JRLX/T复合芯软铝导线。加工工艺：对预拉伸的玻璃纤维和碳纤维在浸胶槽中由高性能的热固树脂予以浸渍，然后通过加热模迅速固化成形，环氧树脂完全包覆内层的玻璃纤维和碳纤维。碳纤维和玻璃纤维在复合棒中主要起增强抗拉强度、降低热膨胀系数的作用，外层环氧树脂主要起绝缘作用。 | | | | |
| 归类决定 | 该商品的玻璃纤维已经固化成形，具有硬挺的特征，根据归类总规则一、六及《税则注释》品目70.19注释的排他条款，应归入税则号列3916.9090。 | | | | |

| 序号 | 505 | 归类决定编号 | Z2008 - 0135 | 公告编号 | 2008 年第 83 号 |
|---|---|---|---|---|---|
| 商品税则号列 | 3917.2900 | | | 发布日期 | 2008 年 11 月 24 日 |
| 商品名称 | 测井仪器用外壳 | | | | |
| 英文名称 | Oil well logging equipment | | | | |
| 其他名称 | | | | | |
| 商品描述 | 该商品成分：玻璃纤维布含量占 65% ~70%、环氧树脂含量占 25% ~30%。具有防腐，耐高温、高压，保证绝缘，硬度高等特点。使用时将测井用仪器芯棒装入此外壳管中，用专用钢丝电缆从油井套管中下到深井，测试井下的油气情况。其制作工艺：(1)将玻璃纤维布分层缠绕在铁制的特定尺寸的芯棒上；(2)将上述芯棒放入充满环氧树脂的容器中加压，使环氧树脂渗透到玻璃纤维布的每一层中；(3)在环氧树脂溶液中保持几天；(4)将环氧树脂浸泡的毛坯放入工业用加温炉中加温，并取出中间的芯棒；(5)对毛坯管子外层进行机械加工，使之达到客户要求的尺寸；(6)对管子进行检验，包括渗透试验、内外径和长度测量。 | | | | |
| 归类决定 | 该商品是由多层玻璃纤维缠绕后用塑料浸渍而成的制品，具有结实坚硬的特征，根据归类总规则一及六，应归入税则号列 3917.2900。 | | | | |

| 序号 | 506 | 归类决定编号 | Z2006－0266 | 公告编号 | 2006年第69号 |
|---|---|---|---|---|---|
| 商品税则号列 | 3917.3200 | | | 发布日期 | 2006年11月22日 |
| 商品名称 | 微喷带 | | | | |
| 英文名称 | | | | | |
| 其他名称 | | | | | |
| 商品描述 | 该商品外观为黑色呈盘卷状的带有间隔小孔的塑料扁管，由特殊聚乙烯材料制成，每卷为100米，为灌溉系统滴水喷雾用，使用时插入专用接口，用螺栓固定即可。 | | | | |
| 归类决定 | 该商品呈黑色盘卷状的带有间隔小孔的聚乙烯材料制塑料扁管，用于节水灌溉系统上。根据《税则》第三十九章章注八对“管子”的定义，即“39.17所称管子，是指通常用于输送或供给气体或液体的空心制品或半制品（例如：多孔管），还包括香肠用肠衣及其他扁平管”，该商品应归入税则号列3917.3200。 | | | | |

| 序号 | 507 | 归类决定编号 | Z2006－1255 | 公告编号 | 2007年第70号 |
|---|---|---|---|---|---|
| 商品税则号列 | 3918.1090 | | | 发布日期 | 2007年12月5日 |
| 商品名称 | PVC地板（CENIT） | | | | |
| 英文名称 | Armstrong cenit | | | | |
| 其他名称 | | | | | |
| 商品描述 | PVC地板（CENIT）的成分：聚氯乙烯34%、增塑剂15%、热稳定剂0.5%～1%、填充物（石灰石和大理石粉）49%、色料<1%。成卷，宽1.8～2米，厚2毫米。质地柔韧，用作地板材料。 | | | | |
| 归类决定 | 该商品外观呈现柔软状态可任意弯曲，不具备石料特征。该商品中的石灰石和大理石粉起填充物的作用，主要特征仍为塑料制品，根据归类总规则一，PVC地板（CENIT）应归入税则号列3918.1090。 | | | | |

| 序号 | 508 | 归类决定编号 | Z2010－0016 | 公告编号 | 2010 年第 15 号 |
|---|---|---|---|---|---|
| 商品税则号列 | 3918.9090 | | | 发布日期 | 2010 年 2 月 28 日 |
| 商品名称 | 运动垫 | | | | |
| 英文名称 | | | | | |
| 其他名称 | | | | | |
| 商品描述 | 运动垫是由 EVA 粒经过高温发泡制成，规格：60 厘米×60 厘米×1.2 厘米。商品外观为正方形带齿形状塑料制品，表面经过压纹处理，有弹性，无毒无味。四片一套，加塑料膜包装，八套一箱，由纸箱包装。用于体育场馆供运动、健身等垫地用。 | | | | |
| 归类决定 | 该商品虽然用于体育场馆供运动、健身等垫地用，但并不属于品目 95.06 的"体育用品及设备"，而属于塑料铺地制品，根据归类总规则一、六，应归入税则号列 3918.9090。 | | | | |

| 序号 | 509 | 归类决定编号 | Z2008－0136 | 公告编号 | 2008 年第 83 号 |
|---|---|---|---|---|---|
| 商品税则号列 | 3919.9090 | | | 发布日期 | 2008 年 11 月 24 日 |
| 商品名称 | 双面胶带 | | | | |
| 英文名称 | | | | | |
| 其他名称 | | | | | |
| 商品描述 | 该商品由四层物质组成，由上而下分别是离型纸层、胶黏剂层、聚丙烯酸酯泡绵基材层、胶黏剂层。其中，中间的泡绵基材具有吸收耗散能量，缓冲、分散纵向剪切力，降低黏结接头的长期应力等作用。其主要用作胶黏电子元件、汽车密封部件等。 | | | | |
| 归类决定 | 根据归类总规则一及六，双面胶带应归入税则号列 3919.9090。 | | | | |

| 序号 | 510 | 归类决定编号 | Z2009－0102 | 公告编号 | 2009 年第 32 号 |
|---|---|---|---|---|---|
| 商品税则号列 | 3919.9090 | | | 发布日期 | 2009 年 6 月 12 日 |
| 商品名称 | 3D 卡片 | | | | |
| 英文名称 | | | | | |
| 其他名称 | | | | | |
| 商品描述 | 3D 卡片的规格:12 厘米×12 厘米,分三层,面层为塑料制的光栅膜,中间层为塑料薄膜,底层为防粘纸,使用时撕下防粘纸直接黏合即可。制作工艺:采用电脑高精度错位和移位制版及数码成像技术对图案进行编辑处理,制版完成后,将已编辑处理、制版的图案印在塑料薄膜上,再用聚胺酯胶将已印制图案的塑料薄膜与光栅膜用覆膜机粘贴而得,该卡片利用光栅膜上的聚光及塑料薄膜上的图案网点交叉和移位结合功能,体现出三维图案的立体效果。 | | | | |
| 归类决定 | 该商品属于印有图案的自粘塑料卡片,根据归类总规则一及六,应归入税则号列 3919.9090。 | | | | |

| 序号 | 511 | 归类决定编号 | Z2006－0267 | 公告编号 | 2006 年第 69 号 |
|---|---|---|---|---|---|
| 商品税则号列 | 39.20 | | | 发布日期 | 2006 年 11 月 22 日 |
| 商品名称 | 金属化聚酯薄膜 | | | | |
| 英文名称 | | | | | |
| 其他名称 | | | | | |
| 商品描述 | 所进口的聚酯薄膜用于生产聚酯薄膜电容器。型号为 AL,MPET,4.3 微米,它是在真空状态下 4.3 微米厚的聚酯薄膜上蒸镀一层仅为 0.002 微米厚的铝膜。 | | | | |
| 归类决定 | 此种商品中聚酯薄膜和铝膜是电容器不可缺少的两种材料,从其厚度可以看出,聚酯膜构成其主要成分,根据归类总规则三(二),将其归入税目 39.20,其子目号由其材料确定。 | | | | |

| 序号 | 512 | 归类决定编号 | Z2006 - 0268 | 公告编号 | 2006 年第 69 号 |
|---|---|---|---|---|---|
| 商品税则号列 | | 3920.5100 | | 发布日期 | 2006 年 11 月 22 日 |
| 商品名称 | 亚克力构件(维生系统配套用) | | | | |
| 英文名称 | Acrylic aquarium walls | | | | |
| 其他名称 | | | | | |
| 商品描述 | 成分:聚甲基丙烯酸甲酯(有机玻璃)。<br>规格:6.84 米×7.80 米×0.425 米。<br>用途:用作海洋动物馆内的水体幕墙。 | | | | |
| 归类决定 | 亚克力构件是聚甲基丙烯酸甲酯(有机玻璃)板,规格:6.84 米×7.80 米×0.425 米。该商品用作海洋动物馆内的水体幕墙,进口后经拼装、胶黏形成许多个密闭的容器,内部注满海水供驯养动物用,游客可在外面观赏。<br>尽管该商品体积巨大,能与外部设备共同组成“维生系统”,但并不影响其材料的属性,故仍应按聚甲基丙烯酸甲酯(有机玻璃)板归入税则号列 3920.5100。 | | | | |

| 序号 | 513 | 归类决定编号 | Z2006 - 1256 | 公告编号 | 2007 年第 70 号 |
|---|---|---|---|---|---|
| 商品税则号列 | | 3920.5100 | | 发布日期 | 2007 年 12 月 5 日 |
| 商品名称 | 人造板材 | | | | |
| 英文名称 | Corian | | | | |
| 其他名称 | 杜邦可丽耐固体表面材料 | | | | |
| 商品描述 | 人造板材的组成成分:聚甲基丙烯酸甲酯(PMMA)>30%、三水合氧化铝<70%、5%染料。尺寸为 13 毫米×760 毫米×3680 毫米,色彩多样,可广泛应用于厨柜台面、浴室台面、窗台、墙身等。该产品由原料按比例混合后经高温、压制、冷却、切割而成。 | | | | |
| 归类决定 | 该产品中的三水合氧化铝起到填充、阻燃的作用,根据归类总规则一,人造板材应归入税则号列 3920.5100。 | | | | |

| 序号 | 514 | 归类决定编号 | Z2006－0269 | 公告编号 | 2006年第69号 |
|---|---|---|---|---|---|
| 商品税则号列 | 3920.6100 | | | 发布日期 | 2006年11月22日 |
| 商品名称 | 聚碳酸酯板 | | | | |
| 英文名称 | | | | | |
| 其他名称 | | | | | |
| 商品描述 | 该商品为矩形聚碳酸酯塑料制平板，中空（内有加强筋），透明，规格为10毫米×2100毫米×3575毫米（最小）、10毫米×2100毫米×7685毫米（最大）等，用作温室天花板。 | | | | |
| 归类决定 | 《税则注释》第三十九章章注十规定，39.20及39.21包括"未切割或仅切割成矩形，但未经进一步加工的的板、片、膜、箔、扁条"。该商品为从模具中一次挤出成型，仅经简单切割，符合该章注的要求，应视为板材。<br>因此该聚碳酸酯塑料制双层板应归入税则号列3920.6100。 | | | | |

| 序号 | 515 | 归类决定编号 | Z2007－0022 | 公告编号 | 2007年第71号 |
|---|---|---|---|---|---|
| 商品税则号列 | 3920.6100 | | | 发布日期 | 2007年12月5日 |
| 商品名称 | 手机天线贴片半制成品 | | | | |
| 英文名称 | | | | | |
| 其他名称 | 聚碳酸酯薄膜 | | | | |
| 商品描述 | 手机天线贴片半制成品为卷状聚碳酸酯塑料薄膜，印有拟裁剪的图案或手机型号标识，进口后需经涂背胶、冲切后，制成手机天线贴片。粘贴在手机主板支架的天线位置上，起保护手机片状天线的作用。 | | | | |
| 归类决定 | 该商品为成卷塑料膜，尚需进一步加工制成成品，不构成零件特征，根据归类总规则一，应归入税则号列3920.6100。 | | | | |

| 序号 | 516 | 归类决定编号 | Z2006 - 0270 | 公告编号 | 2006 年第 69 号 |
|---|---|---|---|---|---|
| 商品税则号列 | 3920. 6200 | | 发布日期 | 2006 年 11 月 22 日 | |
| 商品名称 | 电机用槽绝缘 | | | | |
| 英文名称 | | | | | |
| 其他名称 | | | | | |
| 商品描述 | 该商品是用从韩国进口的原料聚对苯二甲酸乙二醇酯树脂加工的成品绝缘膜，用于电机上抗一定的击穿强度，有绝缘作用。成品宽 90 厘米，长几百米不等。<br>根据样品，电机用槽绝缘为用聚对苯二甲酸乙二醇酯制成的塑料膜。样品规格：(1)型号 6021 规格为 0. 25 毫米，(2)型号 6022 规格为 0. 1 毫米，(3)型号 6020 规格为 0. 18 × 885 毫米，成品为宽 90 厘米，长几百米不等，用于制造电机绝缘膜。 | | | | |
| 归类决定 | 该商品为聚对苯二甲酸乙二醇酯制成的塑料膜，膜面不具有自粘性，符合《税则注释》品目 39. 20 中的商品范围。<br>根据归类总规则一，商品电机用槽绝缘应归入税则号列 3920. 6200。 | | | | |

| 序号 | 517 | 归类决定编号 | Z2009－0019 | 公告编号 | 2009 年第 5 号 |
|---|---|---|---|---|---|
| 商品税则号列 | 3920. 6200 | | | 发布日期 | 2009 年 1 月 20 日 |
| 商品名称 | 滤光膜 | | | | |
| 英文名称 | Clearas | | | | |
| 其他名称 | | | | | |
| 商品描述 | 滤光膜灰色透明，宽度 600 毫米，长度 96～199 米不等，纸箱包装，内以塑料薄膜裹成卷状。该商品的制造工艺：(1)在 PET(聚对苯二甲酸乙二酯)薄膜表面用化学方式精密涂布上丙烯系树脂，通过精密控制涂膜表面形状，实现防反射功能；(2)在 PET 薄膜背面精密涂布含有丙烯树脂的近红外线吸收色素，防止近红外线对遥控器的干扰；(3)利用精密化学液体涂布技术，把丙烯系粘着剂均匀涂布在薄膜上，使其有效阻止橘黄光的透过。该商品用于贴在等离子电视玻璃基材上，其功能为过滤近红外线、消除橘黄光、减少反射光。 | | | | |
| 归类决定 | 根据归类总规则一及六，滤光膜应归入税则号列 3920. 6200。 | | | | |

| 序号 | 518 | 归类决定编号 | Z2009-0103 | 公告编号 | 2009年第32号 |
|---|---|---|---|---|---|
| 商品税则号列 | 3920.6200 | | 发布日期 | 2009年6月12日 | |
| 商品名称 | 增光膜 | | | | |
| 英文名称 | Prism sheet | | | | |
| 其他名称 | | | | | |
| 商品描述 | 增光膜,形态为卷状,宽度235毫米,厚度约180微米,型号M168,是在聚对苯二甲酸乙二酯上涂覆丙烯酸树脂形成的。聚对苯二甲酸乙酯层单面涂层后表面经模具滚压并由紫外线光照射固定,形成单面为锯齿形的棱镜面,锯齿间距约50微米,涂层厚度约50微米。该产品经切割、冲压工程、检查后制成增光片,增光片是用于液晶显示屏背光组的光学元件,为防划伤及防尘,在材料的正反两面均覆有一层保护膜,用户组装背光模组时撕去保护膜。 | | | | |
| 归类决定 | 该商品为聚对在苯二甲酸乙二酯上运用涂覆丙烯酸树脂工艺制得,且其保护膜在组装使用时需撕去,根据归类总规则一及六,应归入税则号列3920.6200。 | | | | |

| 序号 | 519 | 归类决定编号 | Z2006-0271 | 公告编号 | 2006年第69号 |
|---|---|---|---|---|---|
| 商品税则号列 | 3921.1210 | | 发布日期 | 2006年11月22日 | |
| 商品名称 | 双面涂层聚酯织物 | | | | |
| 英文名称 | Lsolating textile with PVC coating | | | | |
| 其他名称 | | | | | |
| 商品描述 | 该商品的中间层是纤维织布,双面由聚氯乙烯(PVC)及阻燃剂的混合物加热压层而成,用来制作火车车厢之间连接风挡篷,其中纤维织布起到连接、拉伸、折弯作用,PVC涂层起到防雨淋、阻燃、增强其气密性的作用。 | | | | |
| 归类决定 | 根据《税则》第十一类类注一(八),并参照《税则注释》第三十九章总注释中有关"塑料与纺织品的复合制品"的有关规定,该商品属于"完全嵌入塑料的或两面均完全涂以塑料的纺织物",因此,该商品应作为人造革归入税则号列3921.1210。 | | | | |

| 序号 | 520 | 归类决定编号 | Z2006 - 0272 | 公告编号 | 2006 年第 69 号 |
|---|---|---|---|---|---|
| 商品税则号列 | 3921.1290 | | 发布日期 | 2006 年 11 月 22 日 | |
| 商品名称 | 复合 PVC 面料 | | | | |
| 英文名称 | | | | | |
| 其他名称 | | | | | |
| 商品描述 | 复合 PVC 面料从外观无法判定其是否为人造革,经海关化验,鉴定结论为:送检样品外层主要成分为 PVC;内层(海绵层)主要成分为聚氨酯;PVC 含量大于 60%。归类参考意见:39211210.90。 | | | | |
| 归类决定 | 复合 PVC 面料外观为灰色面料,是由一层厚约 0.5 毫米的泡沫聚氯乙烯片与一层厚约 2 毫米海绵泡沫(主要成分为聚氨酯)复合而成的,其中 PVC 含量大于 60%。<br>该商品由泡沫塑料制成,因此不能按非泡沫塑料制品归入税目 39.20 项下。参考《化工百科全书》、《中国大百科全书(轻工卷)》等资料以及有关人造革国家标准(GB/T 8948 - 94、GB/T 6688 - 94 等),“人造革”系以纤维织物作底基,以合成树脂为主要原料作面层,采用涂复工艺所制成外观类似皮革的复合材料。而该商品本身仅含一层聚氯乙烯片与一层海绵泡沫,不符合“人造革及合成革”的定义,因此也不能按“人造革及合成革”归类。根据归类总规则一,复合 PVC 面料应归入税则号列 3921.1290。 | | | | |

| 序号 | 521 | 归类决定编号 | Z2013－0037 | 公告编号 | 2013年第26号 |
|---|---|---|---|---|---|
| 商品税则号列 | 3921.1390 | | 发布日期 | 2013年5月17日 | |
| 商品名称 | 泡沫聚氨酯板 | | | | |
| 英文名称 | | | | | |
| 其他名称 | | | | | |
| 商品描述 | 该商品为塑料板状物，有460毫米×250毫米×25毫米、200毫米×185毫米×12毫米两种规格，共三层：第一层是固化聚氨酯，第二层是泡沫聚氨酯（最厚），第三层黑色突起状的是尼龙丝。该商品为高温浇筑粘连并挤压成型，用于铺设在铁轨下减震。 | | | | |
| 归类决定 | 根据归类总规则三（二），该商品应归入税则号列3921.1390。 | | | | |

| 序号 | 522 | 归类决定编号 | Z2006－0273 | 公告编号 | 2006年第69号 |
|---|---|---|---|---|---|
| 商品税则号列 | 3921.9090 | | 发布日期 | 2006年11月22日 | |
| 商品名称 | 铝塑复合材料 | | | | |
| 英文名称 | | | | | |
| 其他名称 | | | | | |
| 商品描述 | 该商品是由于制造牙膏管身，由两层聚乙烯薄膜夹一层铝箔构成，铝箔层的重量占总重量的26%。 | | | | |
| 归类决定 | 根据化验结果，该种复合材料的主要成分是聚乙烯，根据税目39.21的条文，上述复合材料可归入税则号列3921.9090。 | | | | |

| 序号 | 523 | 归类决定编号 | Z2006－0274 | 公告编号 | 2006 年第 69 号 |
|---|---|---|---|---|---|
| 商品税则号列 | 3923.9000 | | 发布日期 | 2006 年 11 月 22 日 | |
| 商品名称 | 载带 | | | | |
| 英文名称 | Carrier | | | | |
| 其他名称 | | | | | |
| 商品描述 | 该商品为聚碳酸脂所制，成卷带状，带有凹槽，用于小件电子元件的包装，防止静电和其他因素的损害，包装方式一般是将电子元件置于凹槽中，然后贴一层塑料薄膜。 | | | | |
| 归类决定 | 该商品已制成特定形状，专供装载电子元件用，以防止静电和其他因素对元件造成损坏，符合《税则注释》品目 39.23 中"本品目包括所有通常用于包装或运输各种货物的塑料制品……"，根据归类总规则一，商品载带应归入税则号列 3923.9000。 | | | | |

| 序号 | 524 | 归类决定编号 | Z2006－1257 | 公告编号 | 2007 年第 70 号 |
|---|---|---|---|---|---|
| 商品税则号列 | 3923.9000 | | 发布日期 | 2007 年 12 月 5 日 | |
| 商品名称 | 塑料储运桶 | | | | |
| 英文名称 | Plastic empty drum | | | | |
| 其他名称 | | | | | |
| 商品描述 | 该商品是用于化学液体产品的储存和运输的塑料包装桶，配有阀门、钢制框架及托盘。型号：MX1250，MX820，MX1000，根据型号不同，产品容积在 820～1250 升之间。 | | | | |
| 归类决定 | 该商品不属于"坛、瓶及类似品"的商品范畴，根据归类总规则一，应归入税则号列 3923.9000。 | | | | |

| 序号 | 525 | 归类决定编号 | Z2006－0275 | 公告编号 | 2006年第69号 |
|---|---|---|---|---|---|
| 商品税则号列 | 3925.9000 | | 发布日期 | 2006年11月22日 | |
| 商品名称 | 大楼伸缩缝填充系统 | | | | |
| 英文名称 | Expanson joint cover systems | | | | |
| 其他名称 | | | | | |
| 商品描述 | 1. 型号:85LM SF－800和6LM SRF－800。<br>2. 主要组成材料:塑料占80%、不锈钢弹簧夹占9%、铝合金占11%。<br>3. 用途:该商品主要由四大部分组成,前部为塑胶产品,起装饰作用,且塑胶产品伸展性好,可以减震;后部为PVC材料,设计形状为V型,能较好地抗击振动;贴墙部分的两边为铝合金材料,并留有螺旋孔,以便固定在抗震缝中;产品的中部装有不锈钢弹簧夹,以增加弹性,起到加强抗震的作用。 | | | | |
| 归类决定 | 该商品主要由塑料(PVC)构成,且用于建筑工程,按税目39.25的条文,将其归入税则号列3925.9000。 | | | | |

| | | | | | |
|---|---|---|---|---|---|
| 序号 | 526 | 归类决定编号 | Z2006－0276 | 公告编号 | 2006 年第 69 号 |
| 商品税则号列 | 3926.2000[3926.2090(2014 年版)] | | 发布日期 | | 2006 年 11 月 22 日 |
| 商品名称 | PVC 涤纶雨衣 | | | | |
| 英文名称 | | | | | |
| 其他名称 | | | | | |
| 商品描述 | 该雨衣实为 PVC 双面革雨衣，有三层，里外两面均为塑料包覆，中间为涤纶网布，用肉眼可以辨别出来。 | | | | |
| 归类决定 | 所报“雨衣”为聚氯乙烯双面革雨衣，有三层，里外两面均为聚氯乙烯塑料包覆，中间为涤纶网布。<br>根据《税则》第五十九章章注二(一)3 的规定，“纺织物完全嵌入塑料内或在其两面均用塑料完全包覆或涂布，而这种包覆或涂布用肉眼是能够辨别出的产品(但由于包覆或涂布所引起的颜色变化可不予考虑)”，该商品应归入第三十九章。<br>因此该雨衣应作为塑料制品按照税则列名归入税则号列 3926.2000[3926.2090(2014 年版)]。 | | | | |

| 序号 | 527 | 归类决定编号 | Z2006－0277 | 公告编号 | 2006 年第 69 号 |
|---|---|---|---|---|---|
| 商品税则号列 | 3926. 9010 | | 发布日期 | 2006 年 11 月 22 日 | |
| 商品名称 | 研磨垫 | | | | |
| 英文名称 | | | | | |
| 其他名称 | | | | | |
| 商品描述 | 该商品由高分子聚合物发泡固化制成,具有类似海绵的多孔性结构。<br>生产工艺:将主要成分为聚氨酯的化学原料搅拌混合均匀,倒入反应容器内,并送入烤箱内予以烘烤固化。经过设定时间和加温后则形成多孔结构。再以切削方式一片片的切削出客户需求之规格厚度,然后对垫子表面作沟槽处理,最后用面胶贴合成一张张研磨垫,形状为圆形,背面自粘可固定于机器上进行研磨。该研磨垫用于晶片生产的抛光研磨制程,其功效为去除前段制程所残存之缺陷(比如隙缝)及对晶片表面进行平坦化处理。 | | | | |
| 归类决定 | 该商品为聚氨酯制成的作抛光研磨用的研磨垫,装于研磨机上使用,根据《税则》第十六类类注五,该商品应归入税则号列 3926. 9010。 | | | | |

| 序号 | 528 | 归类决定编号 | Z2006－0278 | 公告编号 | 2006年第69号 |
|---|---|---|---|---|---|
| 商品税则号列 | 3926.9090 | | | 发布日期 | 2006年11月22日 |
| 商品名称 | 打印机喷墨壳 | | | | |
| 英文名称 | | | | | |
| 其他名称 | | | | | |
| 商品描述 | 打印机喷墨壳是由塑料制成的外壳构成，内部装有海棉，未装有墨水，未做进一步加工。进口后配备其他部件，组装成打印机喷墨盒。 | | | | |
| 归类决定 | 该打印机喷墨壳由塑料制成的外壳、内装海棉和出口处的毡组成，进口后配备其他部件，组装成打印机喷墨盒。根据其进口状态，该商品还不具备喷墨盒的成品特征，因此应按构成材料进行归类。<br>该商品的用途为盛装打印油墨，不符合税目39.23条文中“供运输或包装货物用”的规定，因此不能归入税目39.23项下；应按其他塑料制品归入税则号列3926.9090。 | | | | |

| 序号 | 529 | 归类决定编号 | Z2006－0279 | 公告编号 | 2006年第69号 |
|---|---|---|---|---|---|
| 商品税则号列 | 3926.9090 | | | 发布日期 | 2006年11月22日 |
| 商品名称 | 缓冲垫 | | | | |
| 英文名称 | | | | | |
| 其他名称 | | | | | |
| 商品描述 | 缓冲垫由聚氨酯塑料制成，用于汽车减震系统，产品表面有商标，进口后需飞边、扩中间孔、检验及包装等工序后才可使用。 | | | | |
| 归类决定 | 缓冲垫由聚氨酯塑料制成，用于汽车减震系统，产品表面有商标，进口后需飞边、扩中间孔、检验及包装等工序后才可使用。<br>根据《税则》第十七类类注二(一)的排除条款的规定，该商品应按其构成材料归类。<br>因此该商品应按塑料制品归入税则号列3926.9090。 | | | | |

| 序号 | 530 | 归类决定编号 | Z2006－0280 | 公告编号 | 2006年第69号 |
|---|---|---|---|---|---|
| 商品税则号列 | 3926.9090 | | | 发布日期 | 2006年11月22日 |
| 商品名称 | 泡沫聚乙烯塑料板 | | | | |
| 英文名称 | Fomed polyethylene plate | | | | |
| 其他名称 | 床材制品 | | | | |
| 商品描述 | 该商品由50%聚苯乙烯与50%聚乙烯混合，经发泡20倍后，注入特制的模后得到的白色板块。商品上表面有规则的凸起，板中还间或有圆形的孔，下表面为凸起大方块与小方块交替的规则形状。规格为950毫米×1500毫米、950毫米×1350毫米、950毫米×950毫米。进口后，在其上平铺羊毛纤维、光电子棉、布、磁体等，做成功能性床垫。 | | | | |
| 归类决定 | 根据介绍，泡沫聚乙烯塑料板是由50%聚苯乙烯与50%聚乙烯混合，经发泡20倍后注入特制的模后得到的白色板块。该板的上表面为有规则圆柱形凸起，板中间分布有圆形小孔，下表面为凸起的大方块与小方块交替的规则形状。规格为950毫米×1500毫米、950毫米×1350毫米、950毫米×950毫米。进口后，将羊毛毡、光电子棉、负离子棉裁剪黏合打孔后平铺其上，经包覆后构成床垫芯材，然后将床垫芯材套入侧套内经包装成为床垫。<br>该商品并非品目39.16注释所指的“经一次加工成整条并具有相同横截面”的型材或异型材，因此不能归入品目39.16。由于其上表面有圆柱形凸起，下表面为凸起的大小方块，并分布有小孔，该形态已不符合品目39.21的板、片概念，因此也不能归入品目39.21。<br>该商品已按一定的尺寸规格形状制成型，进口后可直接作为床垫芯用于进一步加工成功能性床垫使用，属塑料制品范畴。根据归类总规则一及《税则注释》中品目39.26的规定，泡沫聚乙烯塑料板应归入税则号列3926.9090。 | | | | |

| 序号 | 531 | 归类决定编号 | Z2006－0281 | 公告编号 | 2006 年第 69 号 |
|---|---|---|---|---|---|
| 商品税则号列 | 3926.9090 | | 发布日期 | | 2006 年 11 月 22 日 |
| 商品名称 | 塑料冲水件 | | | | |
| 英文名称 | | | | | |
| 其他名称 | | | | | |
| 商品描述 | 塑料冲水件为洁具水箱内配件的冲水阀组件，主要由塑料制成，由拍盖、冲水管组成，用于控制水箱出水，当按下水箱把手时同时拉动了拍盖，水由冲水管进入座便器，水箱内水位下降至一定高度时，拍盖关闭，停止出水。 | | | | |
| 归类决定 | 该商品由管件、塑料盖子构成，工作原理：将塑料盖子翻起则导通；将塑料盖子放下则封闭管道。根据《税则注释》品目 84.81 的注释十二款，手工堵塞的简单排废孔应按其构成材料归类，故该商品应归入税则号列 3926.9090。 | | | | |

| 序号 | 532 | 归类决定编号 | Z2006－0282 | 公告编号 | 2006 年第 69 号 |
|---|---|---|---|---|---|
| 商品税则号列 | 3926.9090、4016.9990 | | 发布日期 | | 2006 年 11 月 22 日 |
| 商品名称 | 防尘罩、球垫 | | | | |
| 英文名称 | | | | | |
| 其他名称 | | | | | |
| 商品描述 | 上述商品为汽车前轮转方向拉杆上的初级零件，防尘罩为硫化橡胶制(黑色)，主要功能是防尘；白色球垫与球形金属拉杆球面接触，起到支撑，衬垫、摩擦的副作用，附有深色外套，两者均为塑料制品。 | | | | |
| 归类决定 | 上述商品为汽车前轮转方向拉杆上的初级零件，其中防尘罩为硫化橡胶制(黑色)，在球关节总成中起密封和防尘的作用，塑料球座垫为聚甲醛和聚酯合制，在球关节总成中球销和壳体间起到缓冲和补偿间隙的作用。<br>上述密封垫和衬垫并非由金属与其他材料合制或多层金属制成，同时也未成套装于包装内，根据《税则注释》对品目 84.84 排他条款的规定，均应按构成的材料归类，其中橡胶防尘罩归入税则号列 4016.9990，塑料球座垫归入税则号列 3926.9090。 | | | | |

| 序号 | 533 | 归类决定编号 | Z2006－0283 | 公告编号 | 2006年第69号 |
| --- | --- | --- | --- | --- | --- |
| 商品税则号列 | 3926.9090 | | 发布日期 | 2006年11月22日 | |
| 商品名称 | 聚碳酸酯透明圆片 | | | | |
| 英文名称 | | | | | |
| 其他名称 | | | | | |
| 商品描述 | 该聚碳酸酯透明圆片是通过模具模制而成的，直径为120毫米，厚度为0.6毫米，呈无色透明圆片状，是DVD盘片生产的半成品。半成品的0.6毫米透明盘片一般用于离线黏合，即生产线上只注塑生成0.6毫米具有信息面的盘片，另外的0.6毫米盘片由外部提供，这样能提高生产速度，成品DVD盘片厚度为1.2毫米。经海关化验鉴定（鉴定证书号：04062338），该商品成分为聚碳酸酯。鉴定结论为聚碳酸酯制的塑料制品。 | | | | |
| 归类决定 | 聚碳酸酯透明圆片是通过模具模制而成的，直径为120毫米、厚度为0.6毫米的无色透明圆片，为DVD盘的半成品。进口后用于生产成品DVD盘。经海关化验鉴定，该商品为聚碳酸酯制的塑料制品。<br>该商品是一次模制而成，但由于其已具有塑料制品的基本特征（盘中有洞孔，塑料圆片表面有凹凸线纹）。因此，根据归类总规则一，聚碳酸酯透明圆片应归入税则号列3926.9090。 | | | | |

| 序号 | 534 | 归类决定编号 | Z2006－0284 | 公告编号 | 2006 年第 69 号 |
|---|---|---|---|---|---|
| 商品税则号列 | 3926.9090 | | 发布日期 | | 2006 年 11 月 22 日 |
| 商品名称 | 前挡侧压条(半成品) | | | | |
| 英文名称 | | | | | |
| 其他名称 | | | | | |
| 商品描述 | 该商品是由聚氯乙烯包覆 SUS 冷轧不锈钢带组成,长度为 1.1 米,直条状,冷轧不锈钢带起支撑作用。在国内需通过弯曲、冲切缺口、注塑等后续加工后成为前挡侧压条。其中弯曲是通过弯曲机和弯曲模加工为有弧度的弯曲素材,然后经过冲切安装缺口和凸台后,前端注塑将冲切后素材上注塑另一部分功能件,构成前挡侧压条,起密封作用。该商品的主要作用为满足钣金与前挡玻璃之间的装配密封链接,其中 PVC 的作用为增加产品与玻璃的密封性能,SUS430 不锈钢的作用防止因气温变化引起产品收缩,起到支撑加强作用。 | | | | |
| 归类决定 | 该商品为聚氯乙烯包覆 SUS 冷轧不锈钢带组成,具有固定的长度,需通过弯曲、冲切缺口和凸台、注塑等后续加工后成为前挡侧压条。因该商品的后续加工包括弯曲、冲切缺口和凸台两道工序,此加工工序已改变了商品形状,故商品在加工之前尚不具备机动车辆专用零件的特征,不符合归入税目 87.08 的两个条件,不可按机动车辆专用零件进行归类。<br>该商品是聚氯乙烯与 SUS 冷轧不锈钢带两种材料构成的组合物,主要作用是满足车身钣金与前挡玻璃之间的装配密封链接,其中 PVC 的作用为增加产品与玻璃的密封性能,SUS 不锈钢起到支撑与加强的作用,上述商品的聚氯乙烯部分起密封作用,构成了商品的基本特征,且符合《税则》税目 39.26 及其子目条文的描述,根据归类总规则三(二),应将其按其他塑料制品归入税则号列 3926.9090。 | | | | |

<table>
<tr><td>序号</td><td>535</td><td>归类决定编号</td><td>Z2006－0285</td><td>公告编号</td><td>2006 年第 69 号</td></tr>
<tr><td colspan="2">商品税则号列</td><td colspan="2">3926.9090</td><td>发布日期</td><td>2006 年 11 月 22 日</td></tr>
<tr><td colspan="2">商品名称</td><td colspan="4">泡泡粒</td></tr>
<tr><td colspan="2">英文名称</td><td colspan="4"></td></tr>
<tr><td colspan="2">其他名称</td><td colspan="4"></td></tr>
<tr><td colspan="2">商品描述</td><td colspan="4">该商品的主要成分为聚苯乙烯。该商品为用泡泡粒原粒（白色 M 型颗粒）经热蒸汽加热，原粒遇热膨胀，直至成为发泡的 M 型白色泡泡粒成品，利用其 M 型特殊型状用于填充货物四周空隙，在运输中起保护作用。</td></tr>
<tr><td colspan="2">归类决定</td><td colspan="4">该商品为聚苯乙烯原粒经加工而成的发泡聚苯乙烯，其商品形状经特殊设计用于特定的抗震用途，属于发泡塑料制品。根据归类总规则一，泡泡粒应归入税则号列 3926.9090。</td></tr>
</table>

<table>
<tr><td>序号</td><td>536</td><td>归类决定编号</td><td>Z2008－0024</td><td>公告编号</td><td>2008 年第 76 号</td></tr>
<tr><td colspan="2">商品税则号列</td><td colspan="2">3926.9090</td><td>发布日期</td><td>2008 年 10 月 28 日</td></tr>
<tr><td colspan="2">商品名称</td><td colspan="4">聚氨酯制管（硬质管）</td></tr>
<tr><td colspan="2">英文名称</td><td colspan="4"></td></tr>
<tr><td colspan="2">其他名称</td><td colspan="4"></td></tr>
<tr><td colspan="2">商品描述</td><td colspan="4">聚氨酯制管（硬质管）的主要材质为聚氨酯，部分含有填充剂，其截面直径 30～500 毫米，高度分为 100 毫米和 150 毫米两种。该商品进口后根据实际需要切割成圆形的液压设备用密封件。</td></tr>
<tr><td colspan="2">归类决定</td><td colspan="4">“管”通常是指具有空心截面而长度远大于外径（或边长）的材料。从外观来看，该商品不属于管，且不能作为管子使用，根据归类总规则一，应归入税则号列 3926.9090。</td></tr>
</table>

| 序号 | 537 | 归类决定编号 | Z2008－0025 | 公告编号 | 2008 年第 76 号 |
|---|---|---|---|---|---|
| 商品税则号列 | | 3926. 9090 | | 发布日期 | 2008 年 10 月 28 日 |
| 商品名称 | | 自粘性塑料挂钩 | | | |
| 英文名称 | | Pet self adhesive hang table | | | |
| 其他名称 | | | | | |
| 商品描述 | | 自粘性塑料挂钩是由 PET 塑料自粘薄膜切割成各种挂钩形状的制成品。该产品是由自粘部分和非自粘的挂钩部分构成，两部分的厚度不同。挂钩部分用于悬挂轻质商品，自粘部分是为方便挂钩使用而设，可粘于相关物体(如货架)表面。 | | | |
| 归类决定 | | 该商品为挂钩制品，不符合《税则》税目 39. 19 的商品范围，根据归类总规则一及六，应归入税则号列 3926. 9090。 | | | |

| 序号 | 538 | 归类决定编号 | Z2009－0020 | 公告编号 | 2009 年第 5 号 |
|---|---|---|---|---|---|
| 商品税则号列 | | 3926. 9090 | | 发布日期 | 2009 年 1 月 20 日 |
| 商品名称 | | 聚酯圆片滤膜(非泡沫，聚乙烯) | | | |
| 英文名称 | | Track-etched polyester lab DISC membranes | | | |
| 其他名称 | | | | | |
| 商品描述 | | 聚酯圆片滤膜(非泡沫，聚乙烯)是一种通过中子打孔技术制作而成的聚乙烯非泡沫圆片滤膜。规格 PET80/025，孔径 8 微米，直径 25 毫米。25 毫米直径范围内的膜上有 7 万个 8 微米的小孔，其厚度为 20 微米。可用于早期宫颈癌的检查。使用前还需对膜片表面做去蛋白吸附预处理、焊接、成型，以及对微孔滤膜的气体和液流进行完整性监测等加工处理，方可用于细胞学的监测。 | | | |
| 归类决定 | | 该商品是通过中子打孔技术制作而成，其加工程度已超出《税则注释》品目 39. 20 的商品范围，根据归类总规则一及六，应归入税则号列 3926. 9090。 | | | |

| 序号 | 539 | 归类决定编号 | Z2010－0017 | 公告编号 | 2010年第15号 |
|---|---|---|---|---|---|
| 商品税则号列 | 3926.9090 | | 发布日期 | 2010年2月28日 | |
| 商品名称 | 聚甲基丙烯酸甲酯晶坯 | | | | |
| 英文名称 | | | | | |
| 其他名称 | | | | | |
| 商品描述 | 聚甲基丙烯酸甲酯晶坯是一种以聚甲基丙烯酸甲酯为原料，采用高温聚合的方法，将聚合至约10%转化率的黏稠浆液→浇模→分段升温聚合→在低温下进一步聚合→制得棒材→再通过激光切割工艺切割成片形的PMMA晶坯。主要用于制造人工晶状体，治疗白内障。规格：直径15.88毫米，厚度3毫米。外观：无色、透明、圆片型。 | | | | |
| 归类决定 | 根据《税则注释》第三十九章章注十的规定，品目39.20所称“板、片、膜、箔、扁条”，只适用于未切割或仅切割成矩形（包括正方形），但未作进一步加工的板、片、膜、箔、扁条及正几何形块，不论是否经过印制或其他表面加工。该商品切割成圆片型，不属于税目39.20的商品范围，不能归入税则号列3920.5900，根据归类总规则一及六，应归入税则号列3926.9090。 | | | | |

| 序号 | 540 | 归类决定编号 | Z2006－1258 | 公告编号 | 2007年第70号 |
|---|---|---|---|---|---|
| 商品税则号列 | 40.01 | | 发布日期 | 2007年12月5日 | |
| 商品名称 | 橡胶下脚料 | | | | |
| 英文名称 | | | | | |
| 其他名称 | | | | | |
| 商品描述 | 该商品为不规则的块、团状，黄褐色，有腐臭味，杂质含量较多，有些明显可看出含有泥土、石块、木碎等，外包装为尼龙编织袋。其采集过程：割胶工人在割胶时，不用胶杯盛装，而是事先在胶树下挖好洞，让胶乳自然流入洞中，储存数天后才收集。这些橡胶干含胶量一般为31.78%～39.14%不等，属质量较差的一类乳胶，它们经浸泡、洗涤破碎、双辊除杂、造粒、绉片、造粒、干燥等工序即可生成20号熟胶，用于生产轮胎等产品。 | | | | |
| 归类决定 | 该商品具有橡胶原料的基本特征，根据归类总规则一，应归入税目40.01项下。 | | | | |

| 序号 | 541 | 归类决定编号 | Z2006－1259 | 公告编号 | 2007 年第 70 号 |
|---|---|---|---|---|---|
| 商品税则号列 | 4002.1919 | | | 发布日期 | 2007 年 12 月 5 日 |
| 商品名称 | 加氢热塑丁苯橡胶 | | | | |
| 英文名称 | Styrene ethylene butane styrene copolymer | | | | |
| 其他名称 | | | | | |
| 商品描述 | 加氢热塑丁苯橡胶的型号为 KRATON SEBS 1818ES，外观为白色碎屑状，是苯乙烯→乙烯→丁烯→苯乙烯的嵌段共聚物。其属于部分饱和的苯乙烯丁二烯嵌段共聚物，在常温下可拉长至原长度的五倍不断裂，可经硫磺硫化为非热塑性物质。加工工艺是先合成 SBS（热塑丁苯橡胶）再加氢，即属于改性丁苯橡胶。 | | | | |
| 归类决定 | 根据归类总规则一，加氢热塑丁苯橡胶应归入税则号列 4002.1919。 | | | | |

| 序号 | 542 | 归类决定编号 | Z2008－0026 | 公告编号 | 2008 年第 76 号 |
|---|---|---|---|---|---|
| 商品税则号列 | 4002.1919 | | | 发布日期 | 2008 年 10 月 28 日 |
| 商品名称 | 热塑丁苯橡胶 SEPTON 8004 | | | | |
| 英文名称 | | | | | |
| 其他名称 | | | | | |
| 商品描述 | 热塑丁苯橡胶 SEPTON 8004，呈粉状，由苯乙烯与丁二烯共聚而得，氢化度大于 97%，主要用于生产工艺品、玩具、涂料等。该产品经硫磺硫化后，在常温下可拉长至原长度的 3 倍而不致断裂，拉长到原长度的 2 倍时，在五分钟内能回复到不超过原长度的 1.5 倍。 | | | | |
| 归类决定 | 该商品符合《税则》第四十章章注四（一）的规定，但由于经过氢化改性，不属于《本国子目注释》中的“热塑丁苯橡胶”，根据归类总规则一，应归入税则号列 4002.1919。 | | | | |

<table>
<tr><td>序号</td><td>543</td><td>归类决定编号</td><td>Z2006－0286</td><td>公告编号</td><td>2006 年第 69 号</td></tr>
<tr><td colspan="2">商品税则号列</td><td colspan="2">4002. 3190</td><td>发布日期</td><td>2006 年 11 月 22 日</td></tr>
<tr><td colspan="2">商品名称</td><td colspan="4">异丁烯—异戊二烯橡胶</td></tr>
<tr><td colspan="2">英文名称</td><td colspan="4">Exxon bromobutyl</td></tr>
<tr><td colspan="2">其他名称</td><td colspan="4"></td></tr>
<tr><td colspan="2">商品描述</td><td colspan="4">规格为 700 毫米 × 160 毫米 × 350 毫米的条块状乳白色“异丁烯—异戊二烯橡胶”，拉伸性小，外观粗糙，是生产米其林轮胎用原料。</td></tr>
<tr><td colspan="2">归类决定</td><td colspan="4">该商品进口状态为规则的长方块状，根据《税则》第四十章章注三(二)的描述，“初级形状”应为不规则形状；另据章注九“税目 40. 01、40. 02、40. 03、40. 05 及 40. 08 所称‘板’、‘片’、‘带’，仅指未切割或只简单切割成矩形(包括正方形)的板、片、带及正几何形块，不论是否具有成品的特征，也不论是否经过印制或其他表面加工，但未切割成其他形状或进一步加工”的规定，认为此进口商品不属于“初级形状”，应归入税则号列 4002. 3190。</td></tr>
</table>

<table>
<tr><td>序号</td><td>544</td><td>归类决定编号</td><td>Z2006－0287</td><td>公告编号</td><td>2006 年第 69 号</td></tr>
<tr><td colspan="2">商品税则号列</td><td colspan="2">4002. 8000</td><td>发布日期</td><td>2006 年 11 月 22 日</td></tr>
<tr><td colspan="2">商品名称</td><td colspan="4">混炼胶</td></tr>
<tr><td colspan="2">英文名称</td><td colspan="4">Compound rubber(RSS3#95%、BR5%)</td></tr>
<tr><td colspan="2">其他名称</td><td colspan="4"></td></tr>
<tr><td colspan="2">商品描述</td><td colspan="4">该商品由天然橡胶及顺丁胶混炼而成。其中 RSS3#天然橡胶的含量为 95%，顺丁胶为 5%。用于制造轮胎外胎及其他橡胶制品。</td></tr>
<tr><td colspan="2">归类决定</td><td colspan="4">该混炼胶由 95% 的天然橡胶和 5% 的顺丁橡胶混炼而成，根据《税则》40. 02 的税目条文规定，这种混炼胶应按橡胶混合物归入税则号列 4002. 8000。</td></tr>
</table>

| 序号 | 545 | 归类决定编号 | Z2008－0027 | 公告编号 | 2008 年第 76 号 |
|---|---|---|---|---|---|
| 商品税则号列 | 4002.9911 | | | 发布日期 | 2008 年 10 月 28 日 |
| 商品名称 | 热塑丁苯橡胶 SEPTON 4033 | | | | |
| 英文名称 | | | | | |
| 其他名称 | | | | | |
| 商品描述 | 热塑丁苯橡胶 SEPTON 4033，呈粉状，由苯乙烯、异戊二烯和丁二烯共聚而得，氢化度大于 97%，主要用于生产工艺品、玩具、涂料等。该产品经硫磺硫化后，在常温下可拉长至原长度的 3 倍而不致断裂，拉长到原长度的 2 倍时，在五分钟内能回复到不超过原长度的 1.5 倍。 | | | | |
| 归类决定 | 该商品符合《税则》第四十章章注四（一）的规定，根据归类总规则一，应归入税则号列 4002.9911。 | | | | |

| 序号 | 546 | 归类决定编号 | Z2006－0288 | 公告编号 | 2006 年第 69 号 |
|---|---|---|---|---|---|
| 商品税则号列 | 4004.0000 | | | 发布日期 | 2006 年 11 月 22 日 |
| 商品名称 | 旧橡胶板 | | | | |
| 英文名称 | | | | | |
| 其他名称 | | | | | |
| 商品描述 | 旧橡胶板的主要成分是天然橡胶（80%～90%），规格为 40～70 毫米×800 毫米×800 毫米，是由潜水艇的保护层拆下，边缘可见破损，进口后制作轮胎、传送带、自行车脚踏板等。 | | | | |
| 归类决定 | 根据《税则注释》品目 40.04 的条文注释，该品目包括因划切、磨损或其他原因明显不可再作为原用途使用的橡胶货品。该商品原为潜水艇保护层设计，进口状态为使用过并经拆解，符合税目 40.04 的商品范围。<br>根据归类总规则一，旧橡胶板应归入税则号列 4004.0000。 | | | | |

| 序号 | 547 | 归类决定编号 | Z2007－0023 | 公告编号 | 2007年第71号 |
|---|---|---|---|---|---|
| 商品税则号列 | 4004.0000 | | | 发布日期 | 2007年12月5日 |
| 商品名称 | 未硫化复合橡胶 | | | | |
| 英文名称 | | | | | |
| 其他名称 | | | | | |
| 商品描述 | 未硫化复合橡胶为橡胶的片、条、带，已混有碳黑，内部有加强的纤维线，主要成分为天然橡胶、碳黑、纤维线等。条带的宽幅不一，而且部分橡胶带的加强纤维层已经外露。进口后主要用于生产自行车外胎、人力车外胎、实心胎和小型输送带。进口后的生产加工流程：把原料用70℃～80℃热水加热30～40分钟后展开，用压平机压平后待用；然后根据原料的长短、宽窄程度不同进行合理使用，按照产品对长短要求的不同，逐一进行增长或剪短的相应处理，并配以其他材料，经过一些工艺流程，生产出用户所需的合格产品。 | | | | |
| 归类决定 | 根据归类总规则一，未硫化复合橡胶应归入税则号列4004.0000。 | | | | |

| 序号 | 548 | 归类决定编号 | Z2007－0024 | 公告编号 | 2007年第71号 |
|---|---|---|---|---|---|
| 商品税则号列 | 4004.0000 | | | 发布日期 | 2007年12月5日 |
| 商品名称 | 未硫化绿轮胎 | | | | |
| 英文名称 | Unvulcanized green tires | | | | |
| 其他名称 | | | | | |
| 商品描述 | 未硫化绿轮胎是在轮胎生产过程中，帘布经过叠压成型后（硫化工序前）因存在瑕疵而未继续加工的半成品，其外形、规格、型号同市场销售的新轮胎一样，由天然胶、碳黑、钢丝（或尼龙）、配料等物质组成。该商品进口后，瑕疵能修补的，则通过修补进入下一步的轮胎生产；不能修补的，则将橡胶和钢丝（或尼龙线）分离，其中的橡胶部分用于生产传送带等橡胶制品。 | | | | |
| 归类决定 | 根据归类总规则一，未硫化绿轮胎应归入税则号列4004.0000。 | | | | |

<table>
<tr><td>序号</td><td>549</td><td>归类决定编号</td><td>Z2009－0104</td><td>公告编号</td><td>2009 年第 32 号</td></tr>
<tr><td colspan="2">商品税则号列</td><td colspan="2">4004.0000</td><td>发布日期</td><td>2009 年 6 月 12 日</td></tr>
<tr><td colspan="2">商品名称</td><td colspan="4">橡胶地板保护垫</td></tr>
<tr><td colspan="2">英文名称</td><td colspan="4"></td></tr>
<tr><td colspan="2">其他名称</td><td colspan="4"></td></tr>
<tr><td colspan="2">商品描述</td><td colspan="4">橡胶地板保护垫的规格：长约 3 米，宽约 1 米，厚约 20 毫米。其加工工艺：旧轮胎剔除无韧性部分切成宽约 20 毫米的条状，打孔后用铁丝连接成网格状。用于放置大型重物，以保护地面。</td></tr>
<tr><td colspan="2">归类决定</td><td colspan="4">该商品源于旧轮胎，为加工程度不高的旧橡胶切条产品，根据归类总规则一及六，应归入税则号列 4004.0000。</td></tr>
</table>

<table>
<tr><td>序号</td><td>550</td><td>归类决定编号</td><td>Z2006－0289</td><td>公告编号</td><td>2006 年第 69 号</td></tr>
<tr><td colspan="2">商品税则号列</td><td colspan="2">4005.1000</td><td>发布日期</td><td>2006 年 11 月 22 日</td></tr>
<tr><td colspan="2">商品名称</td><td colspan="4">复合橡胶</td></tr>
<tr><td colspan="2">英文名称</td><td colspan="4">Lee carbon blended rubber</td></tr>
<tr><td colspan="2">其他名称</td><td colspan="4"></td></tr>
<tr><td colspan="2">商品描述</td><td colspan="4">该商品是在天然橡胶的基础上加入一定比例的碳黑（96 份胶比 4 份碳黑），混合加工后压成块状作为半成品。</td></tr>
<tr><td colspan="2">归类决定</td><td colspan="4">根据《税则注释》第四十章章注五（一）的规定，品目 40.01 不包括与增强剂相混合的橡胶，参考有关资料，增强剂包括了碳黑、陶土等物质；其次，根据《税则注释》品目 40.01 及 40.05 的解释，品目 40.01 项下的橡胶通常情况下不能含有添加的碳黑。因此，该商品不能归入品目 40.01 项下。<br>根据《税则注释》品目 40.05 的解释，该复合橡胶属于与碳黑混合的未硫化复合橡胶半制成品。因此，复合橡胶应归入税则号列 4005.1000。</td></tr>
</table>

| 序号 | 551 | 归类决定编号 | Z2006－0290 | 公告编号 | 2006年第69号 |
|---|---|---|---|---|---|
| 商品税则号列 | 4007.0000 | | | 发布日期 | 2006年11月22日 |
| 商品名称 | 威而福牌硫化橡筋带 | | | | |
| 英文名称 | | | | | |
| 其他名称 | | | | | |
| 商品描述 | 威而福牌硫化橡筋带的型号为37，其为宽度约2.2厘米的扁平带状物，由直径约为0.06厘米的橡胶丝并排黏合而成，之间连接松散，极易撕裂，可用于内裤松紧带。 | | | | |
| 归类决定 | 该硫化橡筋带 由直径约为0.06厘米的橡胶丝并排黏合而成，并排后为宽度约2.2厘米的扁平带状物，可用于内裤松紧带。<br>该商品是原料经过硫化后挤压成型，从该商品的进口状态看，该商品已作条状加工，具有橡胶丝完整品的特征。其所并排的带状只是为了运输方便，且橡筋带极易撕裂成橡胶丝并不构成带状特征。<br>根据归类总规则一，该硫化橡筋带应归入税则号列4007.0000。 | | | | |

| 序号 | 552 | 归类决定编号 | Z2009－0021 | 公告编号 | 2009年第5号 |
|---|---|---|---|---|---|
| 商品税则号列 | 4008.2100 | | | 发布日期 | 2009年1月20日 |
| 商品名称 | 纺纱皮圈 | | | | |
| 英文名称 | Apron | | | | |
| 其他名称 | | | | | |
| 商品描述 | 纺纱皮圈是硫化丁腈橡胶制品，开口、皮圈接口处使用自带胶（使用时需涂抹一些香蕉水方能黏合），未经过发泡处理，不属于硬质橡胶，也不属于海绵橡胶。规格：74.3毫米×30毫米×1.1毫米，呈板片状。具体生产工艺：配料→混炼→半成品挤出→半成品成形→硫化工序→磨砺→斜面人工切割等。该商品用于细纱机，皮圈粘成胶圈后装在机上的下罗拉上，与上罗拉配合，将牵伸后的棉纤维握持并输出，便于加捻、卷绕、成形。 | | | | |
| 归类决定 | 根据归类总规则一及六，纺纱皮圈应归入税则号列4008.2100。 | | | | |

<table>
<tr><td>序号</td><td>553</td><td>归类决定编号</td><td>Z2006－0699</td><td>公告编号</td><td>2006 年第 69 号</td></tr>
<tr><td>商品税则号列</td><td colspan="3">40.09/8479.9090</td><td>发布日期</td><td>2006 年 11 月 22 日</td></tr>
<tr><td>商品名称</td><td colspan="5">摊铺机零件</td></tr>
<tr><td>英文名称</td><td colspan="5"></td></tr>
<tr><td>其他名称</td><td colspan="5"></td></tr>
<tr><td>商品描述</td><td colspan="5">该商品主要是一些不同材质和形状的管件，包括：<br>1. 合金钢制熨平板液压管件，已制成特定形状并装有接头，安装在摊铺机熨平板内，是通过管体内部高压液体的传导而达到动力传输的作用，从而保障熨平板在工作中顺利发挥其夯实、振捣和防止沥青离析的作用；<br>2. 熨平板加热管件，是完成高压气体传输和燃烧的部件，以保障熨平板在工作中不发生沥青沾粘，使得螺旋输料装置顺利展开，外表呈不规则状；<br>3. 橡胶软管，内衬合金丝网夹层，装有特制接头，耐高压，安装在摊铺机熨平板内，作用同熨平板液压管件。</td></tr>
<tr><td>归类决定</td><td colspan="5">该批管件为专用于摊铺机的零件，具备特定形状与专用性，根据《税则》第十六类类注一、第十六类类注二，商品 1、2 应按摊铺机专用零件归入税则号列 8479.9090；商品 3 应归入税目 40.09 项下。</td></tr>
</table>

| 序号 | 554 | 归类决定编号 | Z2006－0291 | 公告编号 | 2006 年第 69 号 |
|---|---|---|---|---|---|
| 商品税则号列 | 4011.2000 | | 发布日期 | 2006 年 11 月 22 日 | |
| 商品名称 | 供重型自卸车使用 E4 子午线轮胎 | | | | |
| 英文名称 | The E4 radial tyre for dump trucks | | | | |
| 其他名称 | | | | | |
| 商品描述 | 该商品为无内胎(非公路用)巨型工程轮胎,结构为子午线型,型号为 30.00RS1,胎面花纹为 XKD1 型,胎面宽度为 30 英寸,直径为 3.033 米。该进口轮胎用于露天煤矿生产。 | | | | |
| 归类决定 | 根据《税则注释》商品分类,非公路自卸车属于货运机动车辆,故该重型自卸车用 E4 子午线轮胎应归入税则号列 4011.2000。 | | | | |

| 序号 | 555 | 归类决定编号 | Z2006－0292 | 公告编号 | 2006 年第 69 号 |
|---|---|---|---|---|---|
| 商品税则号列 | 4011.2000 | | 发布日期 | 2006 年 11 月 22 日 | |
| 商品名称 | 人字形胎面的充气橡胶轮胎 | | | | |
| 英文名称 | | | | | |
| 其他名称 | | | | | |
| 商品描述 | 该商品是矿山开采中搬运矿物用车的轮胎。人字型胎面,子午线轮胎,辋圈直径 51 英寸。 | | | | |
| 归类决定 | 人字形胎面的充气橡胶轮胎是人字型胎面、辋圈直径为 51 英寸、无内胎的矿山开采中搬运矿物的非公路自卸车用的子午线轮胎。<br>《税则》中税目 40.11 项下的子目是根据轮胎的用途划分的,参照《税则注释》40.11 的子目注释,子目 4011.62、4011.63、4011.93 及 4011.94 所称“建筑业或工业搬运机器”包括采矿用的车辆及机器,但不包括子目 4011.20 规定的货运机动车辆。<br>根据《税则注释》商品分类,非公路自卸车属于货运机动车辆。根据归类总规则一,该非公路用自卸车所用轮胎应归入税则号列 4011.2000。 | | | | |

| 序号 | 556 | 归类决定编号 | Z2006 - 0293 | 公告编号 | 2006 年第 69 号 |
|---|---|---|---|---|---|
| 商品税则号列 | 4011.9400;4011.9300 | | 发布日期 | | 2006 年 11 月 22 日 |
| 商品名称 | 汽车轮胎 | | | | |
| 英文名称 | Tyre | | | | |
| 其他名称 | | | | | |
| 商品描述 | 汽车轮胎为工程机械车用轮胎,其中 4 条辋圈尺寸为 83 厘米,断面宽度为 87 厘米,其余 16 条辋圈尺寸为 46 厘米,断面宽度为 47 厘米。胎面花纹排列成横向平行花纹(凹面面积小于凸面面积)。轮胎规格型号:35/65 - 3330PR DLL - 5T/L、1600 - 25 28PR RL T/L、26.5 - 25 20PR VL2 L3 T/L 、1800 - 25 40PR RL T/L 四种。 | | | | |
| 归类决定 | 参考《轮胎使用和保养》,轮胎按胎面花纹可分为普通花纹、混合花纹和越野花纹三个大类。其中“人字形”花纹轮胎属于越野花纹轮胎,具有花纹沟宽而多,抓地性好,抛土性好等特点,沟槽面积约占总面积的 50%,主要适用于山路等较为恶劣的路面。横向花纹轮胎属于普通花纹轮胎,具有抓着力好但散热较差的特点,花纹沟槽占总面积的 25% 左右,主要用作载重汽车轮胎。<br>汽车轮胎为普通横向花纹轮胎,不属于税目 40.11 的“人字形”花纹轮胎。根据产品的规格型号,该轮胎为非子午线型轮胎。<br>根据归类总规则一,汽车轮胎中 4 条辋圈尺寸为 83 厘米,断面宽度为 87 厘米(34.2 英寸)的轮胎应归入税则号列 4011.9400,其余 16 条辋圈尺寸为 46 厘米,断面宽度为 47 厘米(18.5 英寸)的轮胎应归入税则号列 4011.9300。 | | | | |

| 序号 | 557 | 归类决定编号 | Z2006 - 1260 | 公告编号 | 2007 年第 70 号 |
|---|---|---|---|---|---|
| 商品税则号列 | 4011.9400 | | | 发布日期 | 2007 年 12 月 5 日 |
| 商品名称 | 装载机用轮胎 | | | | |
| 英文名称 | | | | | |
| 其他名称 | | | | | |
| 商品描述 | 装载机用轮胎断面宽 26.5 英寸，轮辋直径 25 英寸（63.5 厘米），超过 61 厘米，表面无花纹，其规格型号为 26.5—25 32PR S25 T/L。适用于装载机。 | | | | |
| 归类决定 | 装载机是用于车辆或其他设备装载散状物料的自行式装卸机械。具有装取和短程转运功能，适用于料场堆存散料的取料和再装载，也可用于料场短程转运或倒堆作业，属于运输机械（按照规定路线连续或间歇地运送、装卸散装物料和成件物品的搬运机械）中的装卸机械。<br>装载机属于一种工业搬运机器，其装载机用轮胎符合税则号列 4011.9400“建筑业或工业搬运车辆及机器用”的范围。根据归类总规则一，装载机用轮胎应归入税则号列 4011.9400。 | | | | |

| 序号 | 558 | 归类决定编号 | Z2008－0137 | 公告编号 | 2008 年第 83 号 |
|---|---|---|---|---|---|
| 商品税则号列 | 4015.1900 | | 发布日期 | | 2008 年 11 月 24 日 |
| 商品名称 | 医用有粉检查乳胶手套 | | | | |
| 英文名称 | | | | | |
| 其他名称 | | | | | |
| 商品描述 | 该商品是一种由乳胶、微粉材料制成的非灭菌医用乳胶手套，主要用于临床检查。进口后需通过分装、整理和灭菌等处理后才能销售。 | | | | |
| 归类决定 | 根据归类总规则一及六，医用有粉检查乳胶手套应归入税则号列 4015.1900。 | | | | |

| 序号 | 559 | 归类决定编号 | Z2009－0022 | 公告编号 | 2009 年第 5 号 |
|---|---|---|---|---|---|
| 商品税则号列 | 4016.9310 | | 发布日期 | | 2009 年 1 月 20 日 |
| 商品名称 | 橡胶塞（铝电解电容器配件） | | | | |
| 英文名称 | Rubber seal | | | | |
| 其他名称 | 橡胶封口 | | | | |
| 商品描述 | 橡胶塞是“橡胶封口”的专用橡胶产品，由三元乙丙胶与辅料（滑石粉、氢钙、碳黑等）以 1:1 的比例一次性均匀配料，经炼胶、硫化、清洗等工序制成，呈黑色圆形固体状，直径 4～25 毫米。用在电解电容器中起封口和对封口部位进行绝缘的作用（防止正负极间或其中一极与铝壳接触形成短路）。 | | | | |
| 归类决定 | 该商品为硫化橡胶的制品，根据《税则注释》第十六类类注一（一）“除硬质橡胶以外的硫化橡胶制的机器、机械器具、电气器具或其他专门技术用途的物品”的排他条款，应归入税则号列 4016.9310。 | | | | |

| 序号 | 560 | 归类决定编号 | Z2014－0003 | 公告编号 | 2014年第46号 |
|---|---|---|---|---|---|
| 商品税则号列 | 4016.9500 | | | 发布日期 | 2014年6月25日 |
| 商品名称 | 减震气囊 | | | | |
| 英文名称 | | | | | |
| 其他名称 | | | | | |
| 商品描述 | 该减震气囊材料为硫化橡胶，其工作原理是在车辆行驶时，阀门通过控制安装在前后桥上的气囊的进气和出气使车身保持水平，减少车辆的震动，提高乘坐的舒适性。 | | | | |
| 归类决定 | 商品为用于车辆后桥的硫化橡胶制减震气囊，其工作原理是在车辆行驶时，阀门通过控制安装在前后桥上的气囊的进气和出气使车身保持水平，减少车辆的震动，提高乘坐的舒适性。根据《税则》第十七类类注二（一）的规定，“各种材料制的接头、垫圈或类似品（按其构成材料归类或归入税目84.84）或硫化橡胶（硬质橡胶除外）的其他制品（税目40.16）”，由硫化橡胶制成的减震气囊应按其橡胶属性归入税目40.16项下。根据归类总规则一及六，该商品应归入税则号列4016.9500。 | | | | |

| 序号 | 561 | 归类决定编号 | Z2006－0295 | 公告编号 | 2006年第69号 |
|---|---|---|---|---|---|
| 商品税则号列 | 4016.9990 | | | 发布日期 | 2006年11月22日 |
| 商品名称 | 乙丙非共轭二烯橡胶 | | | | |
| 英文名称 | Santoprene | | | | |
| 其他名称 | | | | | |
| 商品描述 | 乙丙非共轭二烯橡胶是一种采用动态硫化工艺，将三元乙丙橡胶硫化后分散在热塑性材料（如聚丙烯）构成的基质中，其微观结构为热塑性材料的连续相中分散着平均大小为1微米左右的橡胶颗粒，以橡胶部分为主体，含有2%～3%的碳黑着色剂。该商品利用橡胶部分和热塑性材料（如聚丙烯）部分的共同作用构成热塑弹性体。外观呈粒子状态，因具有热塑性，可采用注塑等方式进行加工。 | | | | |
| 归类决定 | 该商品加有碳黑着色剂，不符合《税则》第四十章章注五（一）2的规定，因此，不能按初级形状的合成橡胶归入税目40.02。<br>该商品主要由硫化橡胶构成，为颗粒状。根据归类总规则一，乙丙非共轭二烯橡胶应归入税则号列4016.9990。 | | | | |

| 序号 | 562 | 归类决定编号 | Z2006－0366 | 公告编号 | 2006年第69号 |
|---|---|---|---|---|---|
| 商品税则号列 | 4016.9990/5606.0000 | | | 发布日期 | 2006年11月22日 |
| 商品名称 | X线 | | | | |
| 英文名称 | X Ray thread | | | | |
| 其他名称 | 硫酸钡线 | | | | |
| 商品描述 | 该线的成分：<br>1. 60%硫酸钡，40%硫化天然橡胶；<br>2. 60%硫酸钡，40%化纤。<br>用途：该商品织成线状，织入或夹入纱布中。该商品对X光线具有不可穿透性，通过射线摄影，可及时发现在手术中遗失体内的纱布，避免事故的发生。 | | | | |
| 归类决定 | X线有两种规格，60%硫酸钡/40%化纤和60%硫酸钡/40%硫化天然橡胶。其中：<br>60%硫酸钡/40%化纤是由60%硫酸钡填充的化学纤维长丝丝束（未拉伸）作芯，被另一长丝丝束（已拉伸）螺旋间隔绕裹，应按螺旋花线归入税则号列5606.0000。<br>60%硫酸钡/40%天然橡胶线不是成品，还需要织入纱布中，因此不属于税目30.06的商品范围；根据《税则注释》品目40.16的解释，应将此商品归入税则号列4016.9990。 | | | | |

| 序号 | 563 | 归类决定编号 | Z2006－1261 | 公告编号 | 2007年第70号 |
|---|---|---|---|---|---|
| 商品税则号列 | 4016.9990 | | | 发布日期 | 2007年12月5日 |
| 商品名称 | 硫化橡胶药用胶塞 | | | | |
| 英文名称 | | | | | |
| 其他名称 | | | | | |
| 商品描述 | 硫化橡胶药用胶塞是以少量卤素取代的丁基橡胶为原料制得的胶塞。具有良好的气密性和规则性，以及无滤出物、无微粒物质、可直接消毒等特点，进口后可用作药剂瓶瓶塞。 | | | | |
| 归类决定 | 根据归类总规则一，硫化橡胶药用胶塞应归入税则号列4016.9990。 | | | | |

<table>
<tr><td>序号</td><td>564</td><td>归类决定编号</td><td>Z2006－0296</td><td>公告编号</td><td>2006年第69号</td></tr>
<tr><td colspan="2">商品税则号列</td><td colspan="2">41.07</td><td>发布日期</td><td>2006年11月22日</td></tr>
<tr><td colspan="2">商品名称</td><td colspan="4">牛正面手套革</td></tr>
<tr><td colspan="2">英文名称</td><td colspan="4"></td></tr>
<tr><td colspan="2">其他名称</td><td colspan="4">制成牛皮/头层</td></tr>
<tr><td colspan="2">商品描述</td><td colspan="4">牛正面手套革是由蓝湿牛皮经过削薄、搅打、软化、拉伸及去除不合格部分等工序制得，该商品经裁剪后即可生产手套。</td></tr>
<tr><td colspan="2">归类决定</td><td colspan="4">根据《税则注释》第四十一章总注释，商品的加工工艺符合鞣制或鞣后干制后经进一步加工的皮革的范畴，所以不能按鞣制或鞣后干制但未经进一步加工的皮张归入品目41.04项下。<br>根据归类总规则一，牛正面手套革应视其规格（整张皮、非整张皮）、加工程度（剖层皮、未剖层皮）等归入税目41.07项下。</td></tr>
</table>

<table>
<tr><td>序号</td><td>565</td><td>归类决定编号</td><td>Z2006－0297</td><td>公告编号</td><td>2006年第69号</td></tr>
<tr><td colspan="2">商品税则号列</td><td colspan="2">41.07</td><td>发布日期</td><td>2006年11月22日</td></tr>
<tr><td colspan="2">商品名称</td><td colspan="4">牛二层手套革</td></tr>
<tr><td colspan="2">英文名称</td><td colspan="4"></td></tr>
<tr><td colspan="2">其他名称</td><td colspan="4">制成牛皮/二层</td></tr>
<tr><td colspan="2">商品描述</td><td colspan="4">牛二层手套革是由蓝湿牛皮经过削薄、搅打、软化、拉伸及去除不合格部分等工序制得，该商品经裁剪后即可生产手套。</td></tr>
<tr><td colspan="2">归类决定</td><td colspan="4">根据《税则注释》第四十一章总注释，商品的加工工艺符合鞣制或鞣后干制后经进一步加工的皮革的范畴，所以不能按鞣制或鞣后干制但未经进一步加工的皮张归入品目41.04项下。<br>根据归类总规则一，牛二层手套革应视其规格（整张皮、非整张皮）、加工程度（剖层皮、未剖层皮）等归入税目41.07项下。</td></tr>
</table>

| 序号 | 566 | 归类决定编号 | Z2013－0038 | 公告编号 | 2013 年第 26 号 |
|---|---|---|---|---|---|
| 商品税则号列 | 4202. 1290 | | | 发布日期 | 2013 年 5 月 17 日 |
| 商品名称 | 拉杆箱 | | | | |
| 英文名称 | | | | | |
| 其他名称 | | | | | |
| 商品描述 | 该商品品牌为 FERRAGAMO，型号为 F248717034＊＊DB00C9。外观尺寸为：50 厘米（长）×30 厘米（宽）×75 厘米（高），箱体面料为棉料。该拉杆箱底部带有滚轮。 | | | | |
| 归类决定 | 根据归类总规则一及六，该商品应归入税则号列 4202. 1290。 | | | | |

| 序号 | 567 | 归类决定编号 | Z2006－1262 | 公告编号 | 2007 年第 70 号 |
|---|---|---|---|---|---|
| 商品税则号列 | 4202. 3200 | | | 发布日期 | 2007 年 12 月 5 日 |
| 商品名称 | 塑料制隐形眼镜盒 | | | | |
| 英文名称 | Assy-lens case neutral | | | | |
| 其他名称 | | | | | |
| 商品描述 | 该商品为塑料制隐形眼睛盒，形状为八字形，两端的圆盒分别存放左眼和右眼的隐形眼睛片。使用方法是将隐形眼睛片分别放置于圆盒中，注入专门的隐形眼睛药水，然后将圆盖拧紧即可，这样浸在药水中的隐形眼睛片可以被消毒后继续使用。该商品通常放置在家中使用，也可于包中随身携带。 | | | | |
| 归类决定 | 隐形眼镜盒属于眼镜盒的一种，根据归类总规则一，塑料制隐形眼镜盒应归入税则号列 4202. 3200。 | | | | |

| 序号 | 568 | 归类决定编号 | Z2008－0138 | 公告编号 | 2008 年第 83 号 |
|---|---|---|---|---|---|
| 商品税则号列 | 4202.9 | | | 发布日期 | 2008 年 11 月 24 日 |
| 商品名称 | 笔记本电脑包 | | | | |
| 英文名称 | | | | | |
| 其他名称 | | | | | |
| 商品描述 | 该商品为单独报验的笔记本电脑包，由纺织物或皮革等材质制成。包括拎包/斜背包和双肩背包两种。拎包/斜背包：大小与所装笔记本电脑相匹配，一般内部带防震隔层及固定带；包的内层或外层常带插袋，以放置电脑配件（如光驱、电源线等）或其他随身携带的物件文具；带把手和肩带，可手提也可单肩背。双肩背包：外观类似双肩背旅行背包，内部带防震隔层及固定带；在包的内层或外层常带插袋，以放置电脑配件（如光驱、电源线等）或其他随身携带的物件文具。 | | | | |
| 归类决定 | 从电脑包的设计功能看，该商品用于放置电脑，属于制成特定形状用于放置特定物品的容器，根据归类总规则一及六，应归入税则子目 4202.9 项下。 | | | | |

| 序号 | 569 | 归类决定编号 | Z2013－0039 | 公告编号 | 2013 年第 26 号 |
|---|---|---|---|---|---|
| 商品税则号列 | 4202.9200 | | | 发布日期 | 2013 年 5 月 17 日 |
| 商品名称 | 棉面料制行李袋 | | | | |
| 英文名称 | Travel bag | | | | |
| 其他名称 | | | | | |
| 商品描述 | 该商品品牌为 FERRAGAMO，外观尺寸为 50 厘米（长）×30 厘米（宽）×75 厘米（高）。采用棉面料制，无轮子、无肩带、有手柄，用于旅行时携带大量衣物等。<br> | | | | |
| 归类决定 | 该商品的外观特征已超出手提包的范畴。因此，根据归类总规则一及六，该商品应归入税则号列 4202.9200。 | | | | |

| 序号 | 570 | 归类决定编号 | Z2006－0298 | 公告编号 | 2006 年第 69 号 |
|---|---|---|---|---|---|
| 商品税则号列 | 4302.1990 | | 发布日期 | | 2006 年 11 月 22 日 |
| 商品名称 | 羔羊皮残次 | | | | |
| 英文名称 | | | | | |
| 其他名称 | | | | | |
| 商品描述 | 羔羊皮残次实为已鞣制的乌拉圭羔羊毛皮，外观看略有部分残损。规格：3～7SQFT。毛长：10～12 毫米。进口后需进行染色，再进一步加工为其他羊剪绒制品。 | | | | |
| 归类决定 | 羔羊皮是指从流产或出生后 1～3 天羔羊皮身上剥取的毛皮。根据《税则》4302.1930 子目条文的规定，该子目包括下列羔羊皮："阿斯特拉罕、喀拉科尔、波斯羔羊或类似羔羊、印度、中国或蒙古羔羊"。阿斯特拉罕羔羊毛皮是原产于俄罗斯阿斯特拉地区的黑色卷毛小羊皮，喀拉科尔和波斯羔羊毛皮是原产于中亚地区的小羊皮，上述羔羊毛皮均有色泽光亮、油滑、毛路卷曲、花纹美丽的特征。而该产品原产于乌拉圭（属于乌拉圭羔羊毛皮），从所附样品看，毛皮色泽不光亮、不油滑，不具有上述羔羊毛皮的特征。<br>根据归类总规则一及六，羔羊皮残次应归入税则号列 4302.1990。 | | | | |

| 序号 | 571 | 归类决定编号 | Z2010－0018 | 公告编号 | 2010 年第 15 号 |
|---|---|---|---|---|---|
| 商品税则号列 | 4401.2200 | | 发布日期 | | 2010 年 2 月 28 日 |
| 商品名称 | 橡木片 | | | | |
| 英文名称 | French oak chips | | | | |
| 其他名称 | | | | | |
| 商品描述 | 该商品是橡木制成的小木片，扁平、粗制成方形，尺寸为 1 厘米×2 厘米左右。具体加工过程：橡木取其心材，加工成板，自然风干 2～3 年后，劈开成木片，先经过清洗和消毒处理，再经 200℃～250℃高温烘烤，待冷却到 30℃～40℃时趁热装袋密封，保证木片无菌，并使其富含单宁、树脂和糖类等物质。其具体作用：在葡萄酒或白兰地的陈酿过程中，往橡木桶中加入橡木片来增加酒体和橡木的接触。来自橡木片的单宁能够稳定葡萄酒颜色，增加葡萄酒的结构感，使酒体更丰满；橡木片所含的树脂和糖类物质，能让酒的色泽更柔和、味道更加醇厚。 | | | | |
| 归类决定 | 该商品不符合《税则注释》对品目 12.11 的描述，根据归类总规则一及六，应归入税则号列 4401.2200。 | | | | |

| 序号 | 572 | 归类决定编号 | Z2007－0025 | 公告编号 | 2007年第71号 |
|---|---|---|---|---|---|
| 商品税则号列 | 4401.3000[4401.3900(2014年版)] | | | 发布日期 | 2007年12月5日 |
| 商品名称 | 木材边角料 | | | | |
| 英文名称 | | | | | |
| 其他名称 | 板皮、板头 | | | | |
| 商品描述 | 该商品主要来源于原木加工中的边角料,外观为不规则的板条木块中夹杂着原木段,其中木块均为粗锯,两端大小不一、上下两面为不规则平面,侧面有些为圆面;原木段直径细小,类似薪材。 | | | | |
| 归类决定 | 根据归类总规则一,该商品应归入税则号列4401.3000[4401.3900(2014年版)]。 | | | | |

| 序号 | 573 | 归类决定编号 | Z2008－0139 | 公告编号 | 2008年第83号 |
|---|---|---|---|---|---|
| 商品税则号列 | 4402.9000 | | | 发布日期 | 2008年11月24日 |
| 商品名称 | 烤肉架 | | | | |
| 英文名称 | | | | | |
| 其他名称 | | | | | |
| 商品描述 | 该商品为零售包装户外旅游用烤肉架。内壁为铝箔构成的炉体,内装一个铁丝网和一包机制炭。使用时将食物置于铁丝网上,下面用炭燃烧进行加热。 | | | | |
| 归类决定 | 该商品为零售包装,在户外旅游时使用,内壁为铝箔构成的炉体,内装一个铁丝网和一包机制炭。其中机制炭是采用锯末稻壳等原料炭化,使用玉米黏合剂黏合而成。合成炭含量90%,黏合剂10%。使用时将食物置于铁丝网上,下面用炭燃烧进行加热。根据归类总规则三(二),该商品应归入税则号列4402.9000。 | | | | |

| 序号 | 574 | 归类决定编号 | Z2006-0299 | 公告编号 | 2006年第69号 |
|---|---|---|---|---|---|
| 商品税则号列 | 4403.1000 | | | 发布日期 | 2006年11月22日 |
| 商品名称 | 桐木板方 | | | | |
| 英文名称 | Tung lumber | | | | |
| 其他名称 | | | | | |
| 商品描述 | 桐木板方的规格尺寸为30厘米×30厘米×2600厘米,该木材全部去皮,四面着锯,且经防腐处理。 | | | | |
| 归类决定 | 根据归类总规则一,该商品符合《税则注释》对品目44.03的描述,应归入税则号列4403.1000。 | | | | |

| 序号 | 575 | 归类决定编号 | Z2008-0028 | 公告编号 | 2008年第76号 |
|---|---|---|---|---|---|
| 商品税则号列 | 4403.4910 | | | 发布日期 | 2008年10月28日 |
| 商品名称 | 柚木锯材 | | | | |
| 英文名称 | | | | | |
| 其他名称 | | | | | |
| 商品描述 | 柚木锯材的规格为(100~500)毫米×(100~500)毫米×(2000~4500)毫米,其加工工艺为锯切,去皮,粗锯成方。边不整齐,加工面粗糙。 | | | | |
| 归类决定 | 根据归类总规则一,该商品应归入税则号列4403.4910。 | | | | |

| 序号 | 576 | 归类决定编号 | Z2006－0300 | 公告编号 | 2006 年第 69 号 |
|---|---|---|---|---|---|
| 商品税则号列 | 4403.9980 | | | 发布日期 | 2006 年 11 月 22 日 |
| 商品名称 | 桦木、榆木、椴木 | | | | |
| 英文名称 | | | | | |
| 其他名称 | | | | | |
| 商品描述 | 桦木、榆木、椴木均为原木状态。 | | | | |
| 归类决定 | 这三种树木的主要分布地带均为温带。根据归类总规则一，上述商品应归入税则号列 4403.9980。 | | | | |

| 序号 | 577 | 归类决定编号 | Z2006－0301 | 公告编号 | 2006 年第 69 号 |
|---|---|---|---|---|---|
| 商品税则号列 | 44.07 | | | 发布日期 | 2006 年 11 月 22 日 |
| 商品名称 | 杉木栏杆 | | | | |
| 英文名称 | | | | | |
| 其他名称 | | | | | |
| 商品描述 | 杉木栏杆，其生产过程如下：材料取自南平生产的人工杉木林，杉原木→带锯锯成板材→经烘干房烘干→平刨刨直→四面刨、四面精刨→根据形状两端切断→砂去毛刺→结疤漏节补洞→分选 A、B 级→打包。规格为三种，板厚、宽、长分别为 1.75 厘米×8.9 厘米×122 厘米，1.75 厘米×8.9 厘米×244 厘米，1.75 厘米×14 厘米×244 厘米。用途：用作别墅、花园栏杆等，只需钉子钉上，无需任何加工。 | | | | |
| 归类决定 | 该商品符合《税则注释》对品目 44.07 的描述，根据归类总规则一，应归入税目 44.07 项下。 | | | | |

| 序号 | 578 | 归类决定编号 | Z2006－0302 | 公告编号 | 2006 年第 69 号 |
|---|---|---|---|---|---|
| 商品税则号列 | 44.07 | | | 发布日期 | 2006 年 11 月 22 日 |
| 商品名称 | 木制盖屋板 | | | | |
| 英文名称 | | | | | |
| 其他名称 | | | | | |
| 商品描述 | 木制盖屋板为 9 毫米×56 毫米×1340 毫米的木板条。经纵锯后烘干，再用电锯进行直度和带皮边的修整，经刨平，用高精度四面刨一次性四面刨至精光，直接用于建造木制结构房屋墙体。 | | | | |
| 归类决定 | 根据归类总规则一，该商品符合《税则注释》对品目 44.07 的描述，应归入税目 44.07 项下。 | | | | |

| 序号 | 579 | 归类决定编号 | Z2006－0304 | 公告编号 | 2006 年第 69 号 |
|---|---|---|---|---|---|
| 商品税则号列 | 4407.1090 | | | 发布日期 | 2006 年 11 月 22 日 |
| 商品名称 | 木板板材 | | | | |
| 英文名称 | | | | | |
| 其他名称 | 水泥构件模板的板材 | | | | |
| 商品描述 | 木板板材，木种是杉科柳杉属柳杉，规格为(46～91)厘米×(6～10)厘米×1.6 厘米，该木种可用作包装、家具、室内装修、次等机模、木模、纤维用材等。货物的出口包装是将小包装(每件 9 层高，材积计算为 9 层×板长度×30 厘米宽)的板材进行的托盘包装后装柜。 | | | | |
| 归类决定 | 根据归类总规则一，该商品符合《税则注释》对品目 44.07 的描述，应归入税则号列 4407.1090。 | | | | |

| 序号 | 580 | 归类决定编号 | Z2006 - 1263 | 公告编号 | 2007 年第 70 号 |
|---|---|---|---|---|---|
| 商品税则号列 | 4407.1090 | | | 发布日期 | 2007 年 12 月 5 日 |
| 商品名称 | 杉木地板 | | | | |
| 英文名称 | | | | | |
| 其他名称 | | | | | |
| 商品描述 | 该杉木地板的长度为 2.44 ~ 4.88 米，宽度为 0.14 米，厚度为 0.025 ~ 0.026 米，两边刨圆，圆角度数为 R6 ~ 10 毫米之间，该地板由毛板加工而成，经过烘房烘烤 5 ~ 7 天（装柜后还要熏蒸处理），通过机械加工四面刨光、两边机械刨圆、雷达锯标准齐头、端头封腊等几道工序而成。该地板根据户型结构进行裁接后直接用作楼梯板、户外阳台及开放型客厅的地板。 | | | | |
| 归类决定 | 根据归类总规则一，该商品符合《税则注释》对品目 44.07 的描述，应归入税则号列 4407.1090。 | | | | |

| 序号 | 581 | 归类决定编号 | Z2007 - 0026 | 公告编号 | 2007 年第 71 号 |
|---|---|---|---|---|---|
| 商品税则号列 | 4409.2910 | | | 发布日期 | 2007 年 12 月 5 日 |
| 商品名称 | 红埋嘎地板条、水红花地板条 | | | | |
| 英文名称 | | | | | |
| 其他名称 | | | | | |
| 商品描述 | 该商品由红埋嘎（拉丁名：绒毛番龙眼）、水红花（拉丁名：多果榄仁）地板条毛板加工而成，其规格为长 45 ~ 93 厘米、宽 10 ~ 13.5 厘米、厚 2 厘米。其加工流程：锯解→烤干→断料→刨光→加工舌榫、槽榫→打包。该商品主要用于建筑物的地板装修、装饰。 | | | | |
| 归类决定 | 根据归类总规则一，该商品应归入税则号列 4409.2910。 | | | | |

| 序号 | 582 | 归类决定编号 | Z2006－0309 | 公告编号 | 2006年第69号 |
|---|---|---|---|---|---|
| 商品税则号列 | 4411.1900[4411.1319(2014年版)] | | 发布日期 | 2006年11月22日 | |
| 商品名称 | 浸渍纸饰面复合木地板 | | | | |
| 英文名称 | Laminated floor | | | | |
| 其他名称 | | | | | |
| 商品描述 | 浸渍纸饰面复合木地板为表面带有木纹图案的复合地板，规格为855毫米×90毫米×9毫米，1292毫米×192毫米×9毫米，1380毫米×156毫米×8毫米，结构分为四层，即耐磨层、装饰层(浸渍纸)、基材板和平衡层，四面均有槽榫，可以任意拼装，密度为每立方厘米0.94克。其加工过程如下：将各种木材粉碎成木纤维重新高温高压压制成基材板，然后用三氧化二铝均匀地覆盖在装饰纸上，同时与平衡层一起压合到基材板上，经过14天时效处理后，按照一定的尺寸切割成小块，然后再用专用开槽机按照设计开启槽榫，以便拼装。四层中，耐磨层为三氧化二铝，装饰层是仿制木材花纹或石材花纹的浸渍纸，基材板为木纤维板，平衡层系经三聚氰胺浸渍的厚纸。 | | | | |
| 归类决定 | 该商品符合《税则注释》对品目44.11的描述，应归入税则号列4411.1900[4411.1319(2014年版)]。 | | | | |

| 序号 | 583 | 归类决定编号 | Z2006－0308 | 公告编号 | 2006 年第 69 号 |
|---|---|---|---|---|---|
| 商品税则号列 | 4411. 1900［4411. 1319（2014 年版）］ | | 发布日期 | | 2006 年 11 月 22 日 |
| 商品名称 | 强化木地板 | | | | |
| 英文名称 | Laminated flooring HDF | | | | |
| 其他名称 | | | | | |
| 商品描述 | 强化木地板由原木经去皮、粉碎、蒸煮、复合压制而成。表面以密胺树脂涂覆，并加盖保护膜，底层为树脂板定型防潮平衡膜。四边均有凹凸企口，规格为 1380 毫米 ×195 毫米 ×（8 ~6）毫米，密度大于 0. 8 克/立方厘米，且小于 1 克/立方厘米。 | | | | |
| 归类决定 | 根据《税则注释》，该商品应归入税则号列 4411. 1900［4411. 1319（2014 年版）］。 | | | | |

| 序号 | 584 | 归类决定编号 | Z2008－0029 | 公告编号 | 2008年第76号 |
|---|---|---|---|---|---|
| 商品税则号列 | 44.12 | | | 发布日期 | 2008年10月28日 |
| 商品名称 | 床用板条 | | | | |
| 英文名称 | Bed slat | | | | |
| 其他名称 | | | | | |
| 商品描述 | 床用板条的原材料为桦木,加工工艺:原木(桦木)经过旋切设备旋切成单板(面板和芯板),每层厚度不超过6毫米。将单板自然晾晒,然后对芯板进行热压精补。将验收合格的单板进行高温、高压消毒处理,并且通过高温和高压将单板压合成具有一定弯曲度的胶合板(温度为120℃,压力为30兆,压合时间为30分钟,胶合板层数为6～8层不等)。将胶合板经过多边锯进行开料,再经过磨边机对半成品进行磨边处理,然后用砂光机对产品两头进行抛光处理。产品经检验合格的,包装出库。该商品主要用作沙发及床上的部件。 | | | | |
| 归类决定 | 该商品符合《税则注释》对品目44.12的解释,"本品目的产品不论是否已加工成品目44.09所列货品的形状,或经弯曲、穿孔、切割、制成瓦楞或正方形或矩形以外的其他形状,也不论其是否对表面、边缘或端头进行加工、涂层或包覆,或者进行其他加工,只要这些产品不具有其他品目所列货品的基本特征,仍应归入本品目",根据归类总规则一,应归入税目44.12项下。 | | | | |

| 序号 | 585 | 归类决定编号 | Z2010－0019 | 公告编号 | 2010 年第 15 号 |
|---|---|---|---|---|---|
| 商品税则号列 | 4412.3210 | | | 发布日期 | 2010 年 2 月 28 日 |
| 商品名称 | 实木隔音采暖地板 | | | | |
| 英文名称 | | | | | |
| 其他名称 | | | | | |
| 商品描述 | 实木隔音采暖地板，型号 VKGT45CD，为多层胶合板，第一层为橡木贴面，第二至六层为柳安混合胶合板，第七层为隔音泡沫垫。规格：142 毫米×895 毫米×13 毫米。 | | | | |
| 归类决定 | 根据《税则注释》关于 4412.10、4412.31、4412.32 及 4412.39 的子目注释，“胶合板可经过品目 44.12 注释倒数第二段所述的盖面或进一步加工仍归入这些子目”，以及商品进口状态（表面为橡木），该商品应归入税则号列 4412.3210。 | | | | |

| 序号 | 586 | 归类决定编号 | Z2006－1264 | 公告编号 | 2007 年第 70 号 |
|---|---|---|---|---|---|
| 商品税则号列 | 44.18 | | | 发布日期 | 2007 年 12 月 5 日 |
| 商品名称 | 木门框板 | | | | |
| 英文名称 | Painted millwork and boards | | | | |
| 其他名称 | | | | | |
| 商品描述 | 该商品有两种规格：第一种为皇冠状线条，尺寸为 1.43 厘米×13.33 厘米×487.68 厘米，经过指接、拼板、成型、砂磨、封闭、再砂磨、涂装、喷漆后完成，形状是三面曲面，一面平面的长板，主要用于车库门、仓库等大型建筑；第二种是粗切砖状线条，尺寸为 1.71 厘米×4.11 厘米×213.36 厘米，经过指接、拼板、成型、砂磨、封闭、再砂磨、涂装、喷漆后完成，在成型过程时，在开槽机上同时完成开槽工序，所开凹槽用来套入橡胶减少开关门的冲击力。它是正面带凹槽的长方形上漆的木条，主要用在门框上起缓冲作用。 | | | | |
| 归类决定 | 根据归类总规则一，该商品应归入税目 44.18 项下。 | | | | |

| 序号 | 587 | 归类决定编号 | Z2006－1265 | 公告编号 | 2007年第70号 |
|---|---|---|---|---|---|
| 商品税则号列 | 4418.2000 | | | 发布日期 | 2007年12月5日 |
| 商品名称 | 标准门框(杉木) | | | | |
| 英文名称 | | | | | |
| 其他名称 | | | | | |
| 商品描述 | 该门框包括三种式样:内门框板、拼合门框凸状部分、拼合门框凹状部分。可直接用于建造木门边框。其由湖南产杉木经切割、指接成长条,经刨光、上白漆等加工工艺而成,长约2.2米,宽约20厘米,厚约2厘米。 | | | | |
| 归类决定 | 根据归类总规则一,该商品应归入税则号列4418.2000。 | | | | |

| 序号 | 588 | 归类决定编号 | Z2007－0027 | 公告编号 | 2007年第71号 |
|---|---|---|---|---|---|
| 商品税则号列 | 4418.7900[4418.7990(2014年版)] | | | 发布日期 | 2007年12月5日 |
| 商品名称 | 木制脚踏板 | | | | |
| 英文名称 | | | | | |
| 其他名称 | | | | | |
| 商品描述 | 该脚踏板型号为3A063767和3A063765,尺寸为30厘米×30厘米,可裁制成长方形的木板条,组合镶嵌在可以相互连接的塑料面架上。该木板条是巨桉木,塑料面架是高低密度聚乙烯。主要用于户外花园草地或游泳池边路面通道上作步级踏板,其表面可以防滑,底面能排水,便于移动组合或分散使用。 | | | | |
| 归类决定 | 根据归类总规则一,该商品应归入税则号列4418.7900[4418.7990(2014年版)]。 | | | | |

| 序号 | 589 | 归类决定编号 | Z2009－0024 | 公告编号 | 2009年第5号 |
|---|---|---|---|---|---|
| 商品税则号列 | 4418.7990 | | | 发布日期 | 2009年1月20日 |
| 商品名称 | 木地板 | | | | |
| 英文名称 | | | | | |
| 其他名称 | | | | | |
| 商品描述 | 该商品的加工工艺:将板材锯成面板和底条板→将面板刨条纹、底条板打洞眼→砂光→将面板和底条板进行装拼(打胶水/上螺丝)→将产品油漆→包装。该商品用作花园通道地板、浴室防滑地板等。 | | | | |
| 归类决定 | 根据归类总规则一及六,该商品应归入税则号列4418.7990。 | | | | |

| 序号 | 590 | 归类决定编号 | Z2006－0310 | 公告编号 | 2006年第69号 |
|---|---|---|---|---|---|
| 商品税则号列 | 4418.9000[4418.9090(2014年版)] | | | 发布日期 | 2006年11月22日 |
| 商品名称 | 大型马尾松雕刻柱 | | | | |
| 英文名称 | | | | | |
| 其他名称 | | | | | |
| 商品描述 | 大型马尾松雕刻柱的规格为长4米以上,柱径70厘米以上,是一种由马尾松经自然干燥后用化学药物进行防腐、防蛀处理,再经人工雕刻成类似中国大型龙形花纹的圆柱,其雕刻入木3厘米以上。出口后,细磨上漆,作为神社(寺庙)的门、亭等柱子用,是供建筑、观赏用的大型艺术品。 | | | | |
| 归类决定 | 根据归类总规则一,该商品应归入税则号列4418.9000[4418.9090(2014年版)]。 | | | | |

| 序号 | 591 | 归类决定编号 | Z2008 - 0030 | 公告编号 | 2008 年第 76 号 |
|---|---|---|---|---|---|
| 商品税则号列 | 4418.9000[4418.9090(2014 年版)] | | | 发布日期 | 2008 年 10 月 28 日 |
| 商品名称 | 杉木梁 | | | | |
| 英文名称 | | | | | |
| 其他名称 | | | | | |
| 商品描述 | 杉木梁的规格为 45 毫米×105 毫米×2800 毫米。加工工艺:杉木毛板→检验→排架→烘干窑烘干→养生→毛板截锯→粗刨→筛选→毛板长度两端铣齿→上胶→长度方向指接→养生→指接条四面刨→指接条宽度方向上胶→指接条宽度方向拼接→养生→宽度方向开片→四面刨成型→一道检验→两端锯头→二道检验→成品打包入库。该商品不能直接使用,需加工后用作房屋梁。 | | | | |
| 归类决定 | 根据归类总规则一,该商品应归入税则号列 4418.9000[4418.9090(2014 年版)]。 | | | | |

| 序号 | 592 | 归类决定编号 | Z2009 - 0105 | 公告编号 | 2009 年第 32 号 |
|---|---|---|---|---|---|
| 商品税则号列 | 4418.9000[4418.9090(2014 年版)] | | | 发布日期 | 2009 年 6 月 12 日 |
| 商品名称 | 铁杉板材 | | | | |
| 英文名称 | | | | | |
| 其他名称 | | | | | |
| 商品描述 | 该商品的加工工艺:将铁杉原木经纵切、烘干并刨光后截断成长度 200~700 毫米、厚度 24 毫米、宽度 72~140 毫米的小木条,将裁切好的木条经过端部开密齿,然后用黏合剂以端部接榫的方式将小木条结成长度 5 米、宽度 72~140 毫米的条状木,最后将上述三块木条黏合成厚度 720 毫米、宽度 72~140 毫米、长度 5 米的整块板材,用于生产木窗。 | | | | |
| 归类决定 | 该商品的加工程度已超出《税则注释》对品目 44.07、44.12 的描述,根据归类总规则一,应归入税则号列 4418.9000[4418.9090(2014 年版)]。 | | | | |

| 序号 | 593 | 归类决定编号 | Z2008－0140 | 公告编号 | 2008 年第 83 号 |
|---|---|---|---|---|---|
| 商品税则号列 | 4418.9000[4418.9010(2014 年版)] | | 发布日期 | 2008 年 11 月 24 日 | |
| 商品名称 | 重竹地板 | | | | |
| 英文名称 | | | | | |
| 其他名称 | | | | | |
| 商品描述 | 该商品规格为 1830 毫米×96 毫米×14 毫米。经选片、干湿平衡、UV 涂装等将近 20 余道工序精心加工而成。加工工艺:选竹→原料定长锯料→竹筒剖条→竹条分片→竹片分丝→蒸煮漂白或碳化→干燥→浸胶/淋胶→预干→组坯、成型→固化,冷却,养生→齐头,定长→双面修直→锯片、养生。其厚度一般为 14~20 毫米,密度为 1.15 克/立方厘米,是采用专利技术生产的新型绿色环保产品,外观更具独特的纹路风格,古朴典雅、温馨精美,是家居、酒店和写字楼等首选优质地板。 | | | | |
| 归类决定 | 该商品的加工工艺超出了《税则注释》对品目 44.09 的解释,根据归类总规则一,应归入税则号列 4418.9000[4418.9010(2014 年版)]。 | | | | |

| 序号 | 594 | 归类决定编号 | Z2006－0311 | 公告编号 | 2006 年第 69 号 |
|---|---|---|---|---|---|
| 商品税则号列 | 4421.9090 | | 发布日期 | 2006 年 11 月 22 日 | |
| 商品名称 | 圆形楸木木墩 | | | | |
| 英文名称 | | | | | |
| 其他名称 | | | | | |
| 商品描述 | 高 7 厘米、直径 15 厘米的圆柱形楸木木墩,去皮后,在木墩的一个圆形截面中心位置抠出一个长 6 厘米、宽 1.5 厘米、深 1 厘米的槽。该商品用作玩具车的车轮。 | | | | |
| 归类决定 | 根据该商品的状态和税目 44.21 的条文,将其归入 4421.9090。 | | | | |

| 序号 | 595 | 归类决定编号 | Z2006－0312 | 公告编号 | 2006年第69号 |
|---|---|---|---|---|---|
| 商品税则号列 | 4421.9090 | | 发布日期 | 2006年11月22日 | |
| 商品名称 | 宠物玩具(猫架) | | | | |
| 英文名称 | | | | | |
| 其他名称 | | | | | |
| 商品描述 | 宠物玩具(猫架),是将绳子绕在纸管上,将地毯包在经高温处理压制的刨花板上,然后用金属件连接,高约40～50厘米的架子,用作宠物玩具。 | | | | |
| 归类决定 | 根据《税则》第九十五章章注四的规定,专供动物使用的物品,不作为玩具归入税目95.03。上述宠物玩具应根据材料属性确定归类。该商品以刨花板构成商品的主要部件,根据归类总规则三(二),应将其作为木制品归入税则号列4421.9090。 | | | | |

| 序号 | 596 | 归类决定编号 | Z2006－0313 | 公告编号 | 2006年第69号 |
|---|---|---|---|---|---|
| 商品税则号列 | 4421.9090 | | 发布日期 | 2006年11月22日 | |
| 商品名称 | 桐木长鼓半成品 | | | | |
| 英文名称 | | | | | |
| 其他名称 | | | | | |
| 商品描述 | 桐木长鼓半成品将桐木原木按一定规格切断后经车床刨切,旋切,中间凹进8厘米,基本形成长鼓的形状。<br>该商品出口后,经进一步加工(掏空,喷漆,缚鼓皮)后制成韩国民族的一种乐器——长鼓。 | | | | |
| 归类决定 | 根据归类总规则二(一)和税目44.21条文的规定,应将该商品按其他木制品的未制成品归入税则号列4421.9090。 | | | | |

| 序号 | 597 | 归类决定编号 | Z2009－0025 | 公告编号 | 2009年第5号 |
|---|---|---|---|---|---|
| 商品税则号列 | 4421.9090 | | | 发布日期 | 2009年1月20日 |
| 商品名称 | 法式尖头围栏板 | | | | |
| 英文名称 | Wood fencing | | | | |
| 其他名称 | | | | | |
| 商品描述 | 该商品采用速生杉木为原料，其加工工艺流程是：(1)将杉木原木锯成规格板材；(2)对板材进行高温烘干、脱脂，并进行养生处理；(3)对养生处理后的板材进行四边刨切成型；(4)把成型的木板头部刨切成尖型，颈部揉铣成两个半圆型。其成品规格是14毫米×88.9毫米×1067毫米，形状为长方形，每片顶部切成尖头形状，并在颈部加工两个半圆弧，形状类似红缨枪。该商品主要用作公园及家庭花园的装饰栏、围栏。 | | | | |
| 归类决定 | 根据归类总规则一及六，该商品应归入税则号列4421.9090。 | | | | |

| 序号 | 598 | 归类决定编号 | Z2009－0026 | 公告编号 | 2009年第5号 |
|---|---|---|---|---|---|
| 商品税则号列 | 4421.9090 | | | 发布日期 | 2009年1月20日 |
| 商品名称 | 中式尖头围栏柱 | | | | |
| 英文名称 | DE wood fencing | | | | |
| 其他名称 | | | | | |
| 商品描述 | 该商品采用速生杉木为原料，其加工工艺流程是：(1)将杉木原木锯成规格板材；(2)将板材高温烘干、脱脂，并进行养生处理；(3)对养生处理后的板材进行四面刨切，砂光成型；(4)把已成型的小方柱的顶部抛光成金字塔形状。其成品规格是38毫米×38毫米×1830毫米，形状为小方柱，每根方柱顶部切成类似金字塔的尖头形状。该商品主要用作围栏及公园或家庭花园的装饰栏。 | | | | |
| 归类决定 | 根据归类总规则一及六，该商品应归入税则号列4421.9090。 | | | | |

| 序号 | 599 | 归类决定编号 | Z2009 - 0027 | 公告编号 | 2009 年第 5 号 |
|---|---|---|---|---|---|
| 商品税则号列 | 4421.9090 | | | 发布日期 | 2009 年 1 月 20 日 |
| 商品名称 | 中式弧面尖头围栏板 | | | | |
| 英文名称 | DE wood fencing | | | | |
| 其他名称 | | | | | |
| 商品描述 | 该商品采用速生杉木为原料。其加工工艺流程是:(1)将杉木原木锯成规格板材;(2)将板材高温烘干、脱脂,并进行 3 ~ 5 天的养生处理;(3)对养生处理后的板材进行四边刨切并成型,然后将其中的一面抛成弧面状,进行砂光,并将顶部的两边揉铣成弧线形状。其成品规格是 14 毫米 ×73 毫米 ×1830 毫米,形状为长方形,每片有一面加工成弧面形状,顶部的两边加工成等边弧线形状。该商品主要用作围栏以及公园或家庭花园的装饰栏。 | | | | |
| 归类决定 | 根据归类总规则一及六,该商品应归入税则号列 4421.9090。 | | | | |

| 序号 | 600 | 归类决定编号 | Z2006 - 0314 | 公告编号 | 2006 年第 69 号 |
|---|---|---|---|---|---|
| 商品税则号列 | 4601.2021[4601.2911(2014 年版)] | | | 发布日期 | 2006 年 11 月 22 日 |
| 商品名称 | 化纤地垫 | | | | |
| 英文名称 | Poly mettress | | | | |
| 其他名称 | | | | | |
| 商品描述 | 化纤地垫呈青绿色草席状,经化验分析其材质与野灯芯草(龙须草)较为相似。生产工艺:原草采割、烘干、切割、整理成捆、(染色)、喷水、编织。 | | | | |
| 归类决定 | 根据海关化验鉴定结果,该商品为野灯芯草编织的草席。该商品应归入税则号列 4601.2021[4601.2911(2014 年版)]。 | | | | |

<table>
<tr><td>序号</td><td>601</td><td>归类决定编号</td><td>Z2009－0106</td><td>公告编号</td><td>2009年第32号</td></tr>
<tr><td colspan="2">商品税则号列</td><td colspan="2">4706.1000</td><td>发布日期</td><td>2009年6月12日</td></tr>
<tr><td colspan="2">商品名称</td><td colspan="4">棉短绒纸浆</td></tr>
<tr><td colspan="2">英文名称</td><td colspan="4"></td></tr>
<tr><td colspan="2">其他名称</td><td colspan="4">精制棉</td></tr>
<tr><td colspan="2">商品描述</td><td colspan="4">该商品为棉短绒纸浆，生产原材料为棉短绒。生产工艺：为棉短绒经开棉破碎、水洗、蒸煮（加入松香、氢氧化钠）、降聚反应（初级纸浆形成）、酸化（加入盐酸）、第一步酸性漂白（加入次氯酸钠、硫酸）、第二步碱性漂白（加入次氯酸钠、氢氧化钠）、第三步酸性漂白（加入次氯酸钠、硫酸）、纸浆酸化（加入硫酸）形成棉短绒纸浆半成品，再经水洗、脱水、纸浆破碎、烘干打包形成棉短绒纸浆。用途：（1）制造硝化纤维，用于喷漆、赛璐璐等；（2）制造化学纤维，用于人造棉、人造丝及玻璃纸等；（3）用作石油、食品、药品及化妆品的添加剂等；（4）制造醋酸纤维，用作香烟滤嘴及电线与纸的表面涂膜等。</td></tr>
<tr><td colspan="2">归类决定</td><td colspan="4">该商品属于税则列名商品，依据归类总规则一，应归入税则号列4706.1000。</td></tr>
</table>

<table>
<tr><td>序号</td><td>602</td><td>归类决定编号</td><td>Z2006－0316</td><td>公告编号</td><td>2006年第69号</td></tr>
<tr><td colspan="2">商品税则号列</td><td colspan="2">4706.2000</td><td>发布日期</td><td>2006年11月22日</td></tr>
<tr><td colspan="2">商品名称</td><td colspan="4">纤维状纤维素机械浆</td></tr>
<tr><td colspan="2">英文名称</td><td colspan="4">Topcel-1</td></tr>
<tr><td colspan="2">其他名称</td><td colspan="4"></td></tr>
<tr><td colspan="2">商品描述</td><td colspan="4">该商品呈灰褐色颗粒状，经海关化验鉴定，以纤维素类物质为主要成分。其生产工艺为：原料蒸煮、清洗、漂白、烘干、压成板状、研磨、二道研磨、精磨、筛分并制得最终产品。该商品用于道路铺设，与料件混合，起支撑稳定作用。</td></tr>
<tr><td colspan="2">归类决定</td><td colspan="4">该商品由5%的天然木浆和95%的回收纸提取的纤维浆组成，按照《税则注释》对品目47.06的解释，该品目项下的产品，除了从回收（废碎）纸或纸板提取的以外，可以含有经机械法、化学法或机械化学法制得的浆。根据所用的原料和加工程度，它们会含有少量的油墨、黏土、淀粉、聚合物涂料或明胶等残余物质。<br>因此，该商品符合税目47.06条文的规定，应按照归类总规则一归入税则号列4706.2000。</td></tr>
</table>

| 序号 | 603 | 归类决定编号 | Z2006－0317 | 公告编号 | 2006年第69号 |
|---|---|---|---|---|---|
| 商品税则号列 | 4707.1000 | | | 发布日期 | 2006年11月22日 |
| 商品名称 | 木浆 | | | | |
| 英文名称 | | | | | |
| 其他名称 | | | | | |
| 商品描述 | 申报进口木浆(针叶木/未漂白/硫酸盐)一批,该商品样品为棕黄色卷筒纸状,宽约165厘米,未施胶,已经过抄造并网成形,表面有少量不规则孔眼。经过海关化验鉴定,结果为:定量,289克/平方米;紧度,0.65克/立方厘米;打浆度,12度SR;纤维湿重,22.3克;吸水性,494克/平方米;耐破度,948千帕斯卡;耐破指数,3.28千帕斯卡·平方米/克;纤维组成,本色硫酸盐针叶木浆80%,本色化学机械针叶木浆20%。 | | | | |
| 归类决定 | 该商品的成分为混合浆,一般情况下,只有造纸时才根据纸张的需要把几种木浆调配在一起;该商品的形态、生产工艺都已属于纸,其强度也已达到了纸的指标。该商品的纤维状态目前并无行业机构能确定为浆、纸的区别。综上所述,该商品应视为纸进行归类。<br>如果对该商品所进行的破坏性打孔处理已使其无法按正品纸使用,则可按废纸归入税则号列4707.1000,否则应归入税则号列4804.1100。 | | | | |

| 序号 | 604 | 归类决定编号 | Z2007－0028 | 公告编号 | 2007年第71号 |
|---|---|---|---|---|---|
| 商品税则号列 | 4707.1000 | | | 发布日期 | 2007年12月5日 |
| 商品名称 | 废纸3号 | | | | |
| 英文名称 | Waste paper | | | | |
| 其他名称 | | | | | |
| 商品描述 | 该商品为塑料覆膜的牛皮纸,纸和塑料膜的比重各占50%,塑料膜可手工剥离,塑料膜厚度占总厚度的6%～16%不等。该废牛皮纸未经漂白,进口后采取分解工艺将塑料膜去除,用于回收纸浆。进口状态:废碎料,压打成包。 | | | | |
| 归类决定 | 该商品为压打成包的塑料覆膜的牛皮纸废碎料,纸和塑料膜的比重各占50%,塑料膜可手工剥离,经化验中心对样品进行分析,塑料膜厚度占总厚度的6%～16%不等。根据《税则》第四十八章章注二(七)的规定,其原纸张应归入《税则》第四十八章,而该废纸归入《税则》第四十七章。该废牛皮纸未经漂白,故根据归类总规则一,应归入税则号列4707.1000。 | | | | |

| 序号 | 605 | 归类决定编号 | Z2007－0029 | 公告编号 | 2007年第71号 |
|---|---|---|---|---|---|
| 商品税则号列 | 4801.0000 | | | 发布日期 | 2007年12月5日 |
| 商品名称 | 白色号簿纸 | | | | |
| 英文名称 | | | | | |
| 其他名称 | | | | | |
| 商品描述 | 该商品为CATALYST牌白色号簿纸，成卷，卷宽876毫米。经海关化验鉴定，由100%的漂白磨木机械针叶木浆构成，每平方米重量为40.3克，灰分为3.85%。印刷表面粗糙度：正面为3.96微米，反面为4.49微米。用于印刷电话号簿，如电话黄页等。 | | | | |
| 归类决定 | 该商品的状态符合《税则》第四十八章章注四关于"新闻纸"的定义，根据归类总规则一，应归入税则号列4801.0000。 | | | | |

| 序号 | 606 | 归类决定编号 | Z2006－0318 | 公告编号 | 2006年第69号 |
|---|---|---|---|---|---|
| 商品税则号列 | 4802.5400 | | | 发布日期 | 2006年11月22日 |
| 商品名称 | 水松原纸 | | | | |
| 英文名称 | M. G Paper(Yew base paper) | | | | |
| 其他名称 | | | | | |
| 商品描述 | 该水松原纸产地芬兰，规格32克/平方米，宽度945毫米，圆筒包装，每筒370千克。对于该商品的用途，货主解释为印刷后用于鲜花及礼品的出口包装。 | | | | |
| 归类决定 | 该商品经中国制浆造纸研究院、华南理工大学制浆造纸工程国家重点实验室、国家纸张质量监督检验中心和海关化验鉴定，符合水松原纸的行业标准QB1019－1991，申报商品属性与相关检测指标相符合。<br>根据中国制浆造纸研究院的鉴定结果，确认该商品未经涂布，并依据海关化验关于克重、灰分的化验结果，将该商品按照其规格归入税则号列4802.5400。 | | | | |

| 序号 | 607 | 归类决定编号 | Z2006－0319 | 公告编号 | 2006 年第 69 号 |
|---|---|---|---|---|---|
| 商品税则号列 | 4803.0000 或 48.18 | | | 发布日期 | 2006 年 11 月 22 日 |
| 商品名称 | 无尘纸 | | | | |
| 英文名称 | Airlaid | | | | |
| 其他名称 | | | | | |
| 商品描述 | 该商品为白色片状物，为生产卫生用品的原料，经海关化验该商品由 70% 化学木浆和 30% 化学纤维组成，含有黏合剂，90 克/平方米，鉴定结论为无尘纸。 | | | | |
| 归类决定 | 无尘纸采用气流成网法，经加固而成网，其中合成纤维起热黏合作用。无尘纸的归类问题牵涉是以生产工艺流程还是成分含量作为区分纸与无纺织物的主要指标。<br>从生产工艺流程来看，现行的造纸行业除湿法造纸外，也有干法造纸，该方法也用作制不织布（造纸行业称为用造纸技术生产的布），因此从生产工艺流程是难以区分纸与无纺布的标准。从纤维成分来看，在造纸行业中，对于纸与无纺布的区别主要视成分含量而定：以纺织纤维为主要特征的视为不织布；以木浆纤维为主要特征的视为纸。<br>该无尘纸中化学木浆含量约为 70%，化学纤维含量为 30%。因此根据归类总规则三（二）及根据《税则注释》第四十八章总注释，并根据该纸张的尺寸，将该无尘纸归入税则号列 4803.0000 或税目 48.18 项下。 | | | | |

| 序号 | 608 | 归类决定编号 | Z2006－0320 | 公告编号 | 2006 年第 69 号 |
|---|---|---|---|---|---|
| 商品税则号列 | 48.04 | | | 发布日期 | 2006 年 11 月 22 日 |
| 商品名称 | 牛皮纸 | | | | |
| 英文名称 | Unbleached kraft linerboard | | | | |
| 其他名称 | | | | | |
| 商品描述 | 某公司以 4804.3100、4804.4100 和 4804.5100 税号进口了多批次牛皮纸，该公司进口的牛皮纸木纤维均在全部纤维重量的 80% 以上，规格型号及技术参数如下所示：<br>耐破度:550 千帕斯卡,175 克/平方米<br>耐破度:635 千帕斯卡,200 克/平方米<br>耐破度:663 千帕斯卡,225 克/平方米<br>耐破度:710 千帕斯卡,250 克/平方米<br>耐破度:775 千帕斯卡,280 克/平方米<br>耐破度:800 千帕斯卡,300 克/平方米<br>耐破度:845 千帕斯卡,337 克/平方米 | | | | |
| 归类决定 | 根据所提问题，现答复如下：在《税则注释》中已明确了重量（克/平方米）与最低缪伦耐破度（克/平方厘米）之间的换算关系。而“千帕斯卡”和“克/平方厘米”之间的换算公式应参照国际单位换算关系，即“1 千克力/平方米 ＝9.80665 帕”，经过转换以后约为 1 克/平方厘米 ＝0.098 千帕斯卡。<br>举例：第一项商品的耐破度为 550 千帕斯卡，175 克/平方米。<br>应用公式：175 ×30 ＋500 ＝5750 克/平方厘米。<br>最低缪伦耐破度为 0.098 ×5750 ＝563.5 千帕斯卡。<br>该商品的缪伦耐破度为 550 千帕斯卡，小于 563.5 千帕斯卡，不符合第四十八章子目注释中对于子目 4804.11 和 4804.19 的解释，依据其克重并根据归类总规则一，该商品应归入税则号列 4804.4100。<br>如此类推，请根据该公式推算出最低缪伦耐破度，并依据归类总规则一确定商品的归类税号。 | | | | |

| 序号 | 609 | 归类决定编号 | Z2006－0321 | 公告编号 | 2006年第69号 |
|---|---|---|---|---|---|
| 商品税则号列 | 4804.1100 | | | 发布日期 | 2006年11月22日 |
| 商品名称 | 未漂白牛皮卡纸 | | | | |
| 英文名称 | | | | | |
| 其他名称 | | | | | |
| 商品描述 | 申报为150克，缪伦耐破度指数4.8～5.3千帕斯卡·平方米/克，而化验鉴定结果为化学法制得的木纤维超过80%，克重156克/平方米，耐破度617千帕斯卡。 | | | | |
| 归类决定 | 根据化验鉴定结论，该纸张中化学法制得的木纤维超过80%，为克重156克/平方米，耐破度617千帕斯卡的未漂白牛皮衬纸。在行业中，牛皮衬纸即为牛皮挂面纸，该纸张的各项指标符合第四十八章子目注释一关于“牛皮挂面纸”的规定，故应归入税则号列4804.1100。 | | | | |

<table>
<tr><td>序号</td><td>610</td><td>归类决定编号</td><td>Z2006－0322</td><td>公告编号</td><td>2006 年第 69 号</td></tr>
<tr><td>商品税则号列</td><td colspan="3">4804. 1900</td><td>发布日期</td><td>2006 年 11 月 22 日</td></tr>
<tr><td>商品名称</td><td colspan="5">牛皮纸</td></tr>
<tr><td>英文名称</td><td colspan="5"></td></tr>
<tr><td>其他名称</td><td colspan="5"></td></tr>
<tr><td>商品描述</td><td colspan="5">双面纸张，一面为白色，一面为棕色，无涂层。采用 100% 化学浆，成卷，克重为 196～202 克/平方米，耐破度为 887 千帕斯卡。</td></tr>
<tr><td>归类决定</td><td colspan="5">1. 子目 4804. 11 和子目 4804. 19 所称“牛皮挂面纸（Kraftliner）”与第四十八章子目注释一所称“牛皮衬纸（Kraftliner）”应为同一概念。就归类而言，不论申报牛皮纸的商品名称如何，归入税则号列 4804. 1100 和 4804. 1900 的商品应必须满足子目注释一的规定。<br>2. 牛皮衬纸或牛皮挂面纸在包装行业上属于箱纸板的一种，通常用作裱面纸板，即专门供与瓦楞芯纸裱合制成瓦楞纸箱，承装作长途运输产品之用的纸板，传统上是用 100% 未漂白硫酸盐长纤维木浆制成，又叫做牛皮箱纸板（Kraftliner board），比一般箱纸板的强度更高，此类纸板的概念应是指其用途上的定义。国标 GB4687－87 术语“牛皮浆挂面纸板”是对产品本身结构构成的定义，此类产品国外也有生产，用途上也基本与 100% 硫酸盐木浆的牛皮衬纸相同，用作低档纸箱外层、高档纸箱内衬，也通常称作牛皮箱纸板（Kraftliner）或牛皮衬纸（liner board）。<br>3. 国标 GB13024－91 是我国对箱纸板（Liner　board）的分类标准，按质量分为 A、B、C、D、E 五等。箱纸板的生产原料有多种，通常是：（1）采用 100% 未漂牛皮浆可生产牛皮箱纸板或牛皮挂面箱纸板（A 等）；（2）采用约 50% 牛皮浆，再掺以废麻浆、竹浆，以化学草浆和废纸浆作芯层（或底层），可生产高强箱纸板（B 等、C 等）；（3）全部使用化学草浆或废纸浆，或二者相配，可生产轻载箱纸板（D 等、E 等）。<br>4. 所报商品如果符合第四十八章子目注释一的规定，且在通常用途上也是做箱纸板（即裱面纸板），则应归入税则号列 4804. 1900。</td></tr>
</table>

| 序号 | 611 | 归类决定编号 | Z2006－0323 | 公告编号 | 2006年第69号 |
|---|---|---|---|---|---|
| 商品税则号列 | 4804.5100 | | | 发布日期 | 2006年11月22日 |
| 商品名称 | 牛皮纸 | | | | |
| 英文名称 | | | | | |
| 其他名称 | | | | | |
| 商品描述 | 该商品为土黄色纸张，表面粗糙，吸水力强。具体用途：利用其抗压、隔热及吸湿功能，减缓压机高速下压时冲力对线路板的直接损害，以免突然升温令板面变形，同时吸去线路板残留的化学药水。 | | | | |
| 归类决定 | 该商品为100%硫酸盐木浆纤维组成的土黄色纸张，定量216克/平方米，未经漂白、涂布，耐破指数为1.25千帕斯卡·平方米/克，表面粗糙，吸水力强。根据《税则》第四十八章章注六、《税则注释》关于品目48.04的解释规定及税目48.04的条文规定，该商品应归入税则号列4804.5100项下。至于第四十八章章注六是否为牛皮纸归类的充分必要条件，可参照《税则注释》关于品目48.04的解释规定理解。 | | | | |

| 序号 | 612 | 归类决定编号 | Z2006－0324 | 公告编号 | 2006年第69号 |
|---|---|---|---|---|---|
| 商品税则号列 | 48.05 | | | 发布日期 | 2006年11月22日 |
| 商品名称 | 绝缘纸 | | | | |
| 英文名称 | Diamond dotted paper | | | | |
| 其他名称 | | | | | |
| 商品描述 | 所进口纸张用于变压器线圈的层间绝缘，表面经点状涂覆环氧树脂胶，在变压器线圈通电产生热效应后受热产生粘性，以保证线圈层间的紧密结合。该商品全部用硫酸盐木浆抄造。 | | | | |
| 归类决定 | 根据样品，商品全部用硫酸盐木浆抄造，表面涂覆有菱形块状的环氧树脂胶，用于变压器线圈的层间绝缘。因该商品绝缘性不是经过浸渍树脂加工得到的，而表面的环氧树脂胶经了解不属于涂布加工，因此该商品应归入税目48.05项下；若为双层复合的，则归入税则号列4807.0000。 | | | | |

<table>
<tr><td>序号</td><td>613</td><td>归类决定编号</td><td>Z2007 - 0030</td><td>公告编号</td><td>2007 年第 71 号</td></tr>
<tr><td colspan="2">商品税则号列</td><td colspan="2">4805.1900</td><td>发布日期</td><td>2007 年 12 月 5 日</td></tr>
<tr><td colspan="2">商品名称</td><td colspan="4">瓦楞原纸</td></tr>
<tr><td colspan="2">英文名称</td><td colspan="4">Corrugating medium</td></tr>
<tr><td colspan="2">其他名称</td><td colspan="4"></td></tr>
<tr><td colspan="2">商品描述</td><td colspan="4">瓦楞原纸使用回收的废纸或纸板制成。其工艺流程:将回收的废纸及纸板投入水力碎浆机,通过机械的方法将其打碎,进入除渣系统进行净化除渣成浆,再通过流浆系统,利用带有齿轮的磨盘进行纤维帚化,将其打成纸浆,用喷浆上成型网进行脱水,利用压榨辊、干燥器进行压榨、干燥,最后卷取成筒状的瓦楞原纸(芯纸)。该商品主要用作包装纸箱衬里。</td></tr>
<tr><td colspan="2">归类决定</td><td colspan="4">根据《税则注释》关于品目 47.05 的解释,通过机械和化学联合制浆法生产出来的木浆又称为半化学木浆,而上述瓦楞原纸的制浆工艺属《税则注释》关于品目 47.06 的解释中所述的机械法生产废纸纸浆工艺,因此,该商品不符合《税则》第四十八章子目注释三的规定,根据归类总规则一及六,应归入税则号列 4805.1900。</td></tr>
</table>

<table>
<tr><td>序号</td><td>614</td><td>归类决定编号</td><td>Z2006 - 0325</td><td>公告编号</td><td>2006 年第 69 号</td></tr>
<tr><td colspan="2">商品税则号列</td><td colspan="2">4805.2500</td><td>发布日期</td><td>2006 年 11 月 22 日</td></tr>
<tr><td colspan="2">商品名称</td><td colspan="4">牛皮挂面纸</td></tr>
<tr><td colspan="2">英文名称</td><td colspan="4"></td></tr>
<tr><td colspan="2">其他名称</td><td colspan="4"></td></tr>
<tr><td colspan="2">商品描述</td><td colspan="4">多层纸板,经中国制浆造纸研究院检测,克重为 179.2 克/平方米,缪伦耐破度为 635.7 千帕斯卡。其中,原生浆含量为 22%,再生浆含量为 78%。整体含量中,含 90% 硫酸盐法针叶木浆,10% 阔叶木化学机械浆。经机器压光,未漂白。</td></tr>
<tr><td colspan="2">归类决定</td><td colspan="4">根据《税则》第四十八章章注六的规定,税则定义牛皮纸并未明确所含用硫酸盐或烧碱法制得的纤维必须是原生纸浆纤维,故在理解该定义时可不考虑纤维是否为原生纸浆纤维。根据第四十八章子目注释一的规定,子目 4804.1 项下牛皮挂面纸所称“木纤维”同样未明确该纤维必须是原生木纤维,但商品的实际进口状态为多层纸板,原生浆含量为 22%,再生浆含量为 78%,克重为 179.2 克/平方米,其进口状态符合第四十八章子目注释五的规定,因此,在考虑该商品归类时,根据税目条文及子目注释优先的原则应将其归入税则号列 4805.2500。</td></tr>
</table>

| 序号 | 615 | 归类决定编号 | Z2006－0326 | 公告编号 | 2006年第69号 |
|---|---|---|---|---|---|
| 商品税则号列 | 4805.9190 | | | 发布日期 | 2006年11月22日 |
| 商品名称 | 木浆纸 | | | | |
| 英文名称 | Blue hydro paper | | | | |
| 其他名称 | | | | | |
| 商品描述 | 木浆纸呈纸片状，是用于生产水刺复合无纺布的，其进口申报规格为："定量38克/平方米，卷宽3.35米，直径1.1米"。经海关化验结果为"样品定量：40.4克/平方米；纤维组成：漂白硫酸盐针叶木浆约100%"，鉴定结论为"未涂布的文化用纸，可作为印刷、广告、装饰、包装等用纸使用"。检验项目中，灰分0.46%，着色后亮度50.5%，耐破指数3.19千帕斯卡·平方米/克。 | | | | |
| 归类决定 | 根据海关化验鉴定结果，该商品为未涂布的纸，指标如下：<br>样品定量：40.4克/平方米；纤维组成：漂白硫酸盐针叶木浆约100%，灰分0.46%，着色后亮度50.5%，耐破指数3.19千帕斯卡·平方米/克。根据《税则》第四十八章章注五的规定，该商品不属于品目48.02项下的商品，而应归入税则号列4805.9190。 | | | | |

| 序号 | 616 | 归类决定编号 | Z2006－0327 | 公告编号 | 2006年第69号 |
|---|---|---|---|---|---|
| 商品税则号列 | 48.10 | | | 发布日期 | 2006年11月22日 |
| 商品名称 | 涂布牛皮纸 | | | | |
| 英文名称 | Kraftliner board stocklot | | | | |
| 其他名称 | | | | | |
| 商品描述 | 规格：成卷，幅宽1600毫米，牌号280GMS。<br>生产工艺：稀释成一定浓度的未漂白浆和漂白浆，同时经上网，到达真空吸附辊复合后到达压榨部，再到达烘干部和压光部制成。表面涂布高岭土。<br>用途：用于彩印出口纸箱。 | | | | |
| 归类决定 | 该商品符合税目48.10条文的规定，应归入税目48.10项下。但所附资料中没有机械方法制得纤维的数据，故无法进行进一步归类。<br>从商品的克重和加工方法可以确定其属于白板纸，可根据该商品的用途和机械方法制得纤维的数据，先对比一杠子目条文，然后再对比两杠子目的条文进行归类。 | | | | |

| 序号 | 617 | 归类决定编号 | Z2006－0328 | 公告编号 | 2006年第69号 |
|---|---|---|---|---|---|
| 商品税则号列 | 4810.9200 | | | 发布日期 | 2006年11月22日 |
| 商品名称 | 单面涂布灰底白板纸及白底白板纸 | | | | |
| 英文名称 | | | | | |
| 其他名称 | | | | | |
| 商品描述 | 1. 单面涂布灰底白板纸为单面涂布瓷土，底面灰色，由废报纸、废办公用纸制成，底面平滑度高，浸湿后伸缩变形小，表面强度高。<br>2. 单面涂布白底白板纸为单面涂布瓷土，两面挂漂白木浆，中间灰色部分由废报纸、废办公用纸制成。纸质厚实，挺度高，两面平滑，耐破度高。<br>以上商品主要用于不同档次的彩色包装盒、商标及成条的香烟外包装。 | | | | |
| 归类决定 | 对于“多层纸及纸板”的定义，可参照《税则注释》中品目48.05的解释：多层纸及纸板，是以两层或多层湿纸浆压制而成，其中至少有一层纸浆在特征上与其他层有差别。这些差别可以是因所用纸浆的性质（例如，用回收废料制的浆）或生产方法（例如，机械法或化学法）不同所造成的，如果纸浆的性质及生产方法相同，也可因加工程度（例如，未漂白、漂白或着色）的不同而造成。<br>灰底白板纸是由几种质量不同的纸浆叠合而成，正面（或两表面）挂的浆多为上等的漂白硫酸盐木浆，底面（或中间层）主要采用低等的废纸浆、草浆，属于多层纸产品。灰底白板纸从加工程度上又分为未涂布灰底白板纸（应归入税目48.05）和涂布灰底白板纸（应归入税目48.10）。此类产品通常用于产品内包装（零售包装用）方面。<br>两商品（单面涂布灰底白板纸及单面涂布白底白板纸）均应作为已用无机物（瓷土）涂布的多层纸板归入税则号列4810.9200。 | | | | |

<table>
<tr><td>序号</td><td>618</td><td>归类决定编号</td><td>Z2006－0329</td><td>公告编号</td><td>2006年第69号</td></tr>
<tr><td colspan="2">商品税则号列</td><td colspan="2">4810.9200</td><td>发布日期</td><td>2006年11月22日</td></tr>
<tr><td colspan="2">商品名称</td><td colspan="4">白板纸</td></tr>
<tr><td colspan="2">英文名称</td><td colspan="4">Oji white duplex board with gray back</td></tr>
<tr><td colspan="2">其他名称</td><td colspan="4"></td></tr>
<tr><td colspan="2">商品描述</td><td colspan="4">该商品表面经涂布，用化学制浆法制成，底浆为木浆和回收浆。规格：270克/平方米，640毫米×955毫米；1180毫米×955毫米。使用前需在货物上印刷上图案、商品批号等内容，再将其粘贴在一层瓦楞纸上，最后用以制作外包装箱。本品表面涂布的是无机物。</td></tr>
<tr><td colspan="2">归类决定</td><td colspan="4">该商品属涂布无机物的多层纸板，俗称涂布灰底白板纸，根据归类总规则一，应归入税则号列4810.9200。</td></tr>
</table>

| 序号 | 619 | 归类决定编号 | Z2006－0330 | 公告编号 | 2006年第69号 |
|---|---|---|---|---|---|
| 商品税则号列 | 4811.5190 | | | 发布日期 | 2006年11月22日 |
| 商品名称 | 涂塑卡纸 | | | | |
| 英文名称 | Solid bleached sulphate | | | | |
| 其他名称 | | | | | |
| 商品描述 | 单面涂塑的白卡纸,采用漂白化学机械浆制成,在造纸过程中未加入荧光增白剂。进口后用于制造食品级用纸杯。成卷,每平方米克重大于150克。 | | | | |
| 归类决定 | 1.《税则》第四十八章所述“漂白”应指纸浆漂白,根据《税则注释》第四十七章总注释,木浆可呈棕色或白色。它可用化学品半漂白或漂白,也可不经漂白。木浆加工后,如果进行了旨在提高其洁白度(亮度)的任何处理,均视为半漂白或漂白。所谓“增白”,在造纸行业即指选择性漂白,未漂浆因生产工艺不同即有很宽的白度值范围,所以《税则》所称“漂白”应理解为在纸浆制造过程中经过“漂白”流程,不能以其变白到何种程度(或白度值大小)判断是否为“漂白的”。<br>2. 应根据具体纸张种类及《税则》第四十八章有关税目条文及章注规定确定具体归类税号。<br>3. 涂塑卡纸为单面涂塑的白卡纸,采用漂白化学机械浆制成,在造纸过程中未加入荧光增白剂。进口后用于制造食品级用纸杯。成卷,每平方米克重大于150克。根据《税则》子目4811.5的具体条文规定,应归入税则号列4811.5190。 | | | | |

| 序号 | 620 | 归类决定编号 | Z2006－0331 | 公告编号 | 2006 年第 69 号 |
|---|---|---|---|---|---|
| 商品税则号列 | 4811.5190 | | | 发布日期 | 2006 年 11 月 22 日 |
| 商品名称 | 双面涂塑纸(已感光相纸) | | | | |
| 英文名称 | | | | | |
| 其他名称 | | | | | |
| 商品描述 | 外观:纸张正面为浅蓝色,颜色均匀,无冲洗过的迹象,每平方米重 150～250 克,宽度为 60.25 英寸;纸张背面为白色,印有“FUJIFILM、FujicolorCryrtalArchivePaper”字样。<br>用途:在工业上用于淋膜成型纸或收集用于工业包装用纸。该商品经中华人民共和国深圳出入境检验检疫局化验鉴定,化验结果为已感光相纸,正反面均涂覆塑料薄膜,单面涂布感光材料。 | | | | |
| 归类决定 | 照相纸从应用上分为彩色相纸和黑白相纸,但无论哪种相纸都是在照相原纸的基础上涂覆感光材料而得。照相纸属于感光类纸,其加工后必须用不透光的黑纸包装出售。<br>但纸张因在生产过程中工作失误自然曝光,已不能作原用途使用,因其感光层已失效,故不应再作为感光相纸归入《税则》第三十七章。根据其质地及克重,并结合其实际用途,该纸张可按涂塑纸的范围考虑,其克重大于 150 克/平方米,可归入税则号列 4811.5190。 | | | | |

| 序号 | 621 | 归类决定编号 | Z2006 - 0334 | 公告编号 | 2006 年第 69 号 |
|---|---|---|---|---|---|
| 商品税则号列 | 4811.5990[4811.5999(2014 年版)] | | 发布日期 | | 2006 年 11 月 22 日 |
| 商品名称 | 版纸(JP 系列) | | | | |
| 英文名称 | | | | | |
| 其他名称 | | | | | |
| 商品描述 | 版纸白色透明,用塑料涂布过,卷状,型号为 JP 系列,规格 320 毫米 × 110 米,用于复印机复印时制版。 | | | | |
| 归类决定 | JP 系列版纸是以占 82.5% 的和纸(材料为天然马尼拉麻 85%、PET 纤维 15%)和 2.7% 薄膜黏合剂、14.6% PET 薄膜及 0.2% 的涂布层复合而成的版纸产品,用于数码印刷机的誊写。其中和纸的加工工艺:麻原料→蒸煮→打浆→纤维精制→除尘→浆料漂白→浆料洗净→纤维精制→储存→弹碎→除尘→纤维浆料过滤。和纸制成后再在和纸表面黏合一层 PET 薄膜,即制成版纸。根据《税则注释》第四十八章总注释有关条款规定,并依据该版纸的成分、加工工艺,该商品应归入税目 48.11 项下,且该商品已经漂白,每平方米克重小于 150 克,故应归入税则号列 4811.5990[4811.5999(2014 年版)]。 | | | | |

| 序号 | 622 | 归类决定编号 | Z2006－0336 | 公告编号 | 2006 年第 69 号 |
|---|---|---|---|---|---|
| 商品税则号列 | 4811. 5990[4811. 5999(2014 年版)] | | | 发布日期 | 2006 年 11 月 22 日 |
| 商品名称 | 版纸(VT 系列)860 毫米×9. 117 千米 | | | | |
| 英文名称 | | | | | |
| 其他名称 | | | | | |
| 商品描述 | 版纸白色透明,用塑料涂布过,卷状,型号为 VT 系列,规格 860 毫米×9. 117 千米,用于复印机复印时制版。 | | | | |
| 归类决定 | VT 系列(860 毫米×9. 117 千米)版纸是以占 82. 5%的和纸(材料用天然马尼拉麻 85%、PET 纤维 15%)和 2. 7%薄膜黏合剂、14. 6% PET 薄膜及 0. 2%的涂布层复合而成的版纸产品,用于数码印刷机的誊写。其中和纸的加工工艺:麻原料→蒸煮→打浆→纤维精制→除尘→浆料漂白→浆料洗净→纤维精制→储存→弹碎→除尘→纤维浆料过滤。和纸制成后再在和纸表面黏合一层 PET 薄膜,即制成版纸。根据《税则注释》第四十八章总注释有关条款规定,并依据该版纸的成分、加工工艺,该商品应归入税目 48. 11 项下,且该商品已经漂白,每平方米克重小于 150 克,故应归入税则号列 4811. 5990[4811. 5999(2014 年版)]。 | | | | |

<table>
<tr><td>序号</td><td>623</td><td>归类决定编号</td><td>Z2006－0335</td><td>公告编号</td><td>2006 年第 69 号</td></tr>
<tr><td colspan="2">商品税则号列</td><td colspan="2">4811.5990[4811.5999(2014 年版)]</td><td>发布日期</td><td>2006 年 11 月 22 日</td></tr>
<tr><td colspan="2">商品名称</td><td colspan="4">版纸(VT 系列)A3,B4</td></tr>
<tr><td colspan="2">英文名称</td><td colspan="4"></td></tr>
<tr><td colspan="2">其他名称</td><td colspan="4"></td></tr>
<tr><td colspan="2">商品描述</td><td colspan="4">版纸白色透明,用塑料涂布过,卷状,型号为 VT 系列,规格为 A3(320 毫米×125 米),B4(280 毫米×125 米),用于复印机复印时制版。</td></tr>
<tr><td colspan="2">归类决定</td><td colspan="4">VT 系列(A3,B4)版纸是以占 82.5% 的和纸(材料用天然马尼拉麻 85%、PET 纤维 15%)和 2.7% 薄膜黏合剂、14.6% PET 薄膜及 0.2% 的涂布层复合而成的版纸产品,用于数码印刷机的誊写。其中和纸的加工工艺:麻原料→蒸煮→打浆→纤维精制→除尘→浆料漂白→浆料洗净→纤维精制→储存→弹碎→除尘→纤维浆料过滤。和纸制成后再在和纸表面黏合一层 PET 薄膜,即制成版纸。根据《税则注释》第四十八章总注释有关条款规定,并依据该版纸的成分、加工工艺,该商品应归入税目 48.11 项下,且该商品已经漂白,每平方米克重小于 150 克,故归入税则号列 4811.5990[4811.5999(2014 年版)]。</td></tr>
</table>

| 序号 | 624 | 归类决定编号 | Z2006－0333 | 公告编号 | 2006年第69号 |
|---|---|---|---|---|---|
| 商品税则号列 | 4811.5990[4811.5999(2014年版)] | | | 发布日期 | 2006年11月22日 |
| 商品名称 | 离型纸 | | | | |
| 英文名称 | Casting papers | | | | |
| 其他名称 | | | | | |
| 商品描述 | 该离型纸又称压纹纸，是专业用于聚氨脂和聚氯乙烯类涂布型人造革的生产原料。它的结构有两层，即表面层是经塑料涂布压纹的很薄的塑料膜，材料是一般塑料PE(即聚丙烯)，基层是纸浆。表面层不同的纹路形成了不同的人造革表面纹路。规格：1524毫米×2000米，1070毫米×2000米，1650毫米×2000米，1710毫米×2000米等。 | | | | |
| 归类决定 | 离型纸又称压纹纸，英文名称为Casting papers，结构分为两层：表面层是经塑料涂布压纹的很薄的塑料膜，材料一般是PE；基层是纸浆。该商品专业用于聚氨脂和聚氯乙烯类涂布型人造革生产转移成纹模塑，表面层不同的纹路形成了不同的人造革表面纹路。该纸张的规格：1524毫米×2000米，1070毫米×2000米，1650毫米×2000米，1710毫米×2000米等。该纸张已经塑料涂布，且已染色，故应按涂布纸归入税则号列4811.5990[4811.5999(2014年版)]。 | | | | |

| 序号 | 625 | 归类决定编号 | Z2006－1267 | 公告编号 | 2007 年第 70 号 |
|---|---|---|---|---|---|
| 商品税则号列 | 4811.5990[4811.5991(2014 年版)] | | 发布日期 | | 2007 年 12 月 5 日 |
| 商品名称 | 镀铝纸 | | | | |
| 英文名称 | Chinese metallized label paper | | | | |
| 其他名称 | | | | | |
| 商品描述 | 该镀铝纸(又名真空镀铝纸)每平方米的重量为 71～73 克,厚度为 0.062 毫米,状态为成张矩形包装。其生产工艺:原纸→底涂→真空镀铝→面涂→回潮→分切→包装。原纸是一种高湿强的标签纸;底涂、面涂用的材料均为水性丙烯酸树脂,对铝有较高的附着力;真空镀铝是在 $1\times10^{-4}$毫巴的真空度下,将铝丝送到用电加热到 1700℃的蒸发舟上熔化变成气态铝,再蒸发到基材(原纸)上,形成一层很薄的纯铝层。为了防止铝层氧化和提高印刷适应性,纸张经真空镀铝后还要涂布一层水性丙烯酸树脂,经过两次涂布的烘干和一次真空干燥,纸张的水分只剩下 2%～3%,需要进行回潮使镀铝纸恢复到原来的水分,以确保纸张平整不卷曲。成品后的镀铝纸具有抗水性和不易卷曲性,还可回收再用,具有环保性。主要用于啤酒标签,食品包装、化妆品包装和香烟包装等。 | | | | |
| 归类决定 | 该商品的功能、用途不符合《税则注释》品目 32.12 关于压印箔的解释,其生产工艺又与《税则注释》品目 74.10 关于铜箔的解释不符,同时该商品系在标签纸上既经过真空镀铝又经涂布丙烯酸树脂,属涂布纸张范畴,根据《税则》第四十八章章注七的规定,应将其归入税则号列 4811.5990[4811.5991(2014 年版)]。 | | | | |

| 序号 | 626 | 归类决定编号 | Z2006－0337 | 公告编号 | 2006年第69号 |
|---|---|---|---|---|---|
| 商品税则号列 | 4811.9000 | | 发布日期 | 2006年11月22日 | |
| 商品名称 | 植绒转印纸 | | | | |
| 英文名称 | Flocky sheet | | | | |
| 其他名称 | 植绒纸 | | | | |
| 商品描述 | 1. 人造棉(长度0.5毫米)，通过静电方法种植在普通的底板纸上(纸张大小35厘米×55厘米)，形成植绒转印纸。<br>2. 使用方法和用途：先在布上涂上胶水，然后将植绒纸盖在胶水上高温压烫，撕开植绒纸，有胶水的地方，绒被转移到布上，其余部分被撕掉。植绒纸上并无图案，转移到布上形成图案。 | | | | |
| 归类决定 | 根据样品，商品为静电植绒纸，即通过静电方法将人造棉(长度0.5毫米)种植在普通的白板纸上制得，规格为35厘米×55厘米，用于在服装面料上印制植绒图案。静电植绒纸不属于《税则》第五十九章的纺织材料制品，而是《税则》第四十八章的纸制品。根据其规格及用途，该商品应归入税则号列4811.9000。 | | | | |

| 序号 | 627 | 归类决定编号 | Z2006－0338 | 公告编号 | 2006年第69号 |
|---|---|---|---|---|---|
| 商品税则号列 | 4811.9000 | | 发布日期 | 2006年11月22日 | |
| 商品名称 | 未涂布装饰原纸 | | | | |
| 英文名称 | | | | | |
| 其他名称 | | | | | |
| 商品描述 | 根据化验鉴定书，所申报的商品为单面已饰面，未涂层，纸内填充无机物的装饰原纸。 | | | | |
| 归类决定 | 根据样品，所报商品为表面印有木纹等图案的装饰原纸，经进一步印刷保护层和浸渍等深加工后高温高压到纤维板表面，制成饰面板。根据税目48.11的条文及《税则注释》相关解释，该商品应按表面印有图案的纸归入税则号列4811.9000。 | | | | |

<table>
<tr><td>序号</td><td>628</td><td>归类决定编号</td><td>Z2006－0339</td><td>公告编号</td><td>2006 年第 69 号</td></tr>
<tr><td colspan="2">商品税则号列</td><td colspan="2">4811.9000</td><td>发布日期</td><td>2006 年 11 月 22 日</td></tr>
<tr><td colspan="2">商品名称</td><td colspan="4">未涂布装饰原纸</td></tr>
<tr><td colspan="2">英文名称</td><td colspan="4"></td></tr>
<tr><td colspan="2">其他名称</td><td colspan="4"></td></tr>
<tr><td colspan="2">商品描述</td><td colspan="4">根据海关化验鉴定结果,所申报的商品为单面已染色,未涂层,纸内填充无机物的装饰原纸。</td></tr>
<tr><td colspan="2">归类决定</td><td colspan="4">根据样品,所报商品为表面染色的装饰原纸,经进一步印刷保护层和浸渍等深加工后高温高压到纤维板表面,制成饰面板。根据税目 48.11 的条文及《税则注释》,该商品应按表面染色的纸归入税则号列 4811.9000。</td></tr>
</table>

<table>
<tr><td>序号</td><td>629</td><td>归类决定编号</td><td>Z2006－0340</td><td>公告编号</td><td>2006 年第 69 号</td></tr>
<tr><td colspan="2">商品税则号列</td><td colspan="2">4813.2000</td><td>发布日期</td><td>2006 年 11 月 22 日</td></tr>
<tr><td colspan="2">商品名称</td><td colspan="4">瓦楞纸</td></tr>
<tr><td colspan="2">英文名称</td><td colspan="4"></td></tr>
<tr><td colspan="2">其他名称</td><td colspan="4"></td></tr>
<tr><td colspan="2">商品描述</td><td colspan="4">用于制作 CPF 嘴棒,其纸质本身在生产 CPF 嘴棒的过程中主要起到降低焦油含量的作用,该商品在嘴棒加工过程中直接包卷丝束,在丝束外,在成型纸内。纸宽 23 毫米,厚度 185 微米,克重 80 克/平方米,成卷。</td></tr>
<tr><td colspan="2">归类决定</td><td colspan="4">根据样品,该商品外观为白色皱纹纸,根据《税则注释》中品目 48.13 的注释,该品目包括所有的卷烟纸(含滤嘴纸),不论其规格及形式如何,因此,该商品应归入税则号列 4813.2000。若是未经剪切的同种纸,应归入税则号列 4813.9000。</td></tr>
</table>

| 序号 | 630 | 归类决定编号 | Z2006－0341 | 公告编号 | 2006 年第 69 号 |
|---|---|---|---|---|---|
| 商品税则号列 | 4813.9000 | | 发布日期 | 2006 年 11 月 22 日 | |
| 商品名称 | 水松原纸 | | | | |
| 英文名称 | M. G. Paper(Yew base paper) | | | | |
| 其他名称 | | | | | |
| 商品描述 | 申报进口水松原纸，产地为芬兰，规格为 32 克/平方米，宽度为 945 毫米，圆筒包装，每筒 370 千克。对于该商品的用途，货主解释为经印刷后用于鲜花及礼品的出口包装。经海关化验，得出的检验结果为“定量:32.2 克/平方米；灰分:17.3%；纤维组成:漂白亚硫酸盐针叶木浆约 90%，漂白硫酸盐阔叶木浆约 10%；样品单面涂布无机物”。 | | | | |
| 归类决定 | 因该商品已经过无机物涂布加工，其定量也与水松原纸的质量指标不符，而符合水松纸的质量指标，故应属于涂布型水松纸。水松纸属特种工业用纸，专供卷烟厂用作过滤烟滤嘴外包装。根据《税则注释》中品目 48.13 的解释，该品目包括所有的卷烟纸，其中含滤嘴纸，不论其规格及形式如何。综上所述，该商品应归入税则号列 4813.9000。 | | | | |

<table>
<tr><td>序号</td><td>631</td><td>归类决定编号</td><td>Z2006－0344</td><td>公告编号</td><td>2006 年第 69 号</td></tr>
<tr><td colspan="2">商品税则号列</td><td colspan="2">4818.9000</td><td>发布日期</td><td>2006 年 11 月 22 日</td></tr>
<tr><td colspan="2">商品名称</td><td colspan="4">纸纤不织布</td></tr>
<tr><td colspan="2">英文名称</td><td colspan="4">Airlaid nonwoven</td></tr>
<tr><td colspan="2">其他名称</td><td colspan="4"></td></tr>
<tr><td colspan="2">商品描述</td><td colspan="4">成分:30%的聚丙烯、聚乙烯复合纤维(长度为 5 毫米),70%的针叶木浆纤维。<br>工艺:采用气流成网法(Airlaid),经成网加固而成,其中合成纤维起热黏合作用。<br>用途:用作卫生用品的中间吸收层。<br>规格:成卷,平方米克重为 90 克,幅宽为 154 毫米和 170 毫米。</td></tr>
<tr><td colspan="2">归类决定</td><td colspan="4">从生产工艺流程来看,现行的造纸行业除湿法造纸外,也有干法造纸,该方法也用作制不织布(造纸行业称为用造纸技术生产的布),因此,从生产工艺流程是难以区分纸与无纺布的标准。<br>从纤维成分来看,在造纸行业中,对于纸与无纺布的区别主要视成分含量而定:以纺织纤维为主要特征的视为不织布,以木浆纤维为主要特征的视为纸。行业的区分标准与《税则注释》所规定的相吻合。<br>由于纸纤不织布的针叶木浆纤维为 70%,针叶木浆纤维是该商品的主要特征。<br>因此,根据归类总规则三(二)及《税则注释》第四十八章总注释,纸纤不织布应归入税则号列 4818.9000。</td></tr>
</table>

| 序号 | 632 | 归类决定编号 | Z2010－0020 | 公告编号 | 2010年第15号 |
|---|---|---|---|---|---|
| 商品税则号列 | 4819. 2000 | | | 发布日期 | 2010年2月28日 |
| 商品名称 | 彩印烫金烟标 | | | | |
| 英文名称 | | | | | |
| 其他名称 | | | | | |
| 商品描述 | 该商品为经印刷的香烟盒包装和条包装，材质为250克白卡纸，经过下面三道加工工艺：(1)印刷：五色印刷、光变防伪、水性上光；(2)激光镭射烫金；(3)凹凸模切。 | | | | |
| 归类决定 | 根据归类总规则一，该商品应按非瓦楞纸制的可折叠盒归入税则号列4819. 2000。 | | | | |

| 序号 | 633 | 归类决定编号 | Z2008－0032 | 公告编号 | 2008年第76号 |
|---|---|---|---|---|---|
| 商品税则号列 | 4901. 9900 | | | 发布日期 | 2008年10月28日 |
| 商品名称 | 废纸10号 | | | | |
| 英文名称 | | | | | |
| 其他名称 | | | | | |
| 商品描述 | 该商品为未使用过的书籍。商检报告认为，货物为发行量过剩且未销售使用过的刊物。客户称该批货物不用于国内销售，仅作原料回收。该书名为“THE BEATLES ANTHOLOGY”，可以翻译为BEATLES文选，书的内容是以文字和图片方式介绍BEATLES的事迹。 | | | | |
| 归类决定 | 根据《税则注释》品目49. 02对杂志及期刊的描述，“本品目的出版物具有一显著特点，即它以连续不断的系列形式定期用同一刊名予以出版，每期均印有日期，还通常印有编号”，该“文选”不属于期刊的范畴，应按未使用过的书籍归入税则号列4901. 9900。另根据《税则注释》的解释，“品目47. 07项下所列纸及纸板的废品包括削、切、剪、撕的废纸及纸板、旧报纸和旧杂志、校样、报废印刷品及类似废料”，如“书籍”经明显破坏（如削、切、剪、撕），不能按书籍使用，可按“废纸”进行归类。 | | | | |

| 序号 | 634 | 归类决定编号 | Z2008-0141 | 公告编号 | 2008年第83号 |
|---|---|---|---|---|---|
| 商品税则号列 | | 4901.9900 | | 发布日期 | 2008年11月24日 |
| 商品名称 | 民用航空飞机维修资料 | | | | |
| 英文名称 | | | | | |
| 其他名称 | | | | | |
| 商品描述 | 该商品为有图画和说明的英文散页印刷品，每页纸左侧有多个供装订用的规则的圆孔，纸的右下端有连续的页码，其内容为707、727、787系列飞机标准绑页实用手册，主要是介绍702、727、787系列飞机终端连接系统、照明按钮开关等。 | | | | |
| 归类决定 | 该商品状态符合《税则》第四十九章章注四(三)的规定，属供装订书籍或小册子用的散页，根据归类总规则一，应归入税则号列4901.9900。 | | | | |

| 序号 | 635 | 归类决定编号 | Z2006-0345 | 公告编号 | 2006年第69号 |
|---|---|---|---|---|---|
| 商品税则号列 | | 4908.9000 | | 发布日期 | 2006年11月22日 |
| 商品名称 | 镭射印箔标签(芙蓉王) | | | | |
| 英文名称 | | | | | |
| 其他名称 | 激光全息防伪标签 | | | | |
| 商品描述 | 镭射印箔标签为激光全息烫印箔，上有"芙蓉王"商标的全息图案，是一种镀铝PET薄膜。激光全息烫印箔由聚酯薄膜片基和转印层构成，转印层又包括隔离层(又叫离型层)、全息图层，金属层(常见的为镀铝)、胶黏层。全息技术以激光摄影技术为基础，由激光束在载体面发生作用，形成记录物体全部信息的微小坑纹(又称光栅)，以不同角度衍射反光，形成多维全息图。 | | | | |
| 归类决定 | 该商品的制造工艺不符合《税则》第三十二章压印箔的解释，并且其所印的"芙蓉王"全息图案起到主要用途，依据第七类类注释二，该商品应归入第四十九章。依据《税则注释》对品目49.08"转印贴花纸"的解释，"图案或字母可以应用印刷或其他方法印在透明塑料薄片上，并将图案转移到一个永久性表面上"，并且依据归类总规则一，该商品应归入税则号列4908.9000。 | | | | |

| 序号 | 636 | 归类决定编号 | Z2009-0107 | 公告编号 | 2009 年第 32 号 |
|---|---|---|---|---|---|
| 商品税则号列 | 4908.9000 | | 发布日期 | | 2009 年 6 月 12 日 |
| 商品名称 | 转印薄膜 | | | | |
| 英文名称 | | | | | |
| 其他名称 | | | | | |
| 商品描述 | 该商品为成卷聚酯薄膜,通过凹版或丝网印刷,将电脑商标的图案、文字、颜色等附着其上。使用方法如下:在电脑塑胶外壳注塑过程中,通过薄膜输送机将薄膜输送给刚热塑成型的电脑外壳,通过机械加压,使转印薄膜与外壳附着在一起,形成带有图标、文字的电脑外壳。 | | | | |
| 归类决定 | 该商品符合《税则注释》第四十九章品目 49.08 项下对于“转印贴花纸”的描述,依据归类总规则一,应归入税则号列 4908.9000。 | | | | |

| 序号 | 637 | 归类决定编号 | Z2013-0040 | 公告编号 | 2013 年第 26 号 |
|---|---|---|---|---|---|
| 商品税则号列 | 49.11 | | 发布日期 | | 2013 年 5 月 17 日 |
| 商品名称 | 现代油画(非完全手工制) | | | | |
| 英文名称 | | | | | |
| 其他名称 | | | | | |
| 商品描述 | 该商品的主要制作流程为:电脑制作油画的丝网版→人工通过丝网在油画布上刷蓝色颜料(即打底稿)→根据产品要求手工上色→画师第二次绘画→晾干,上保护油,封装。 | | | | |
| 归类决定 | 该商品为通过电脑制作丝网版而后在此印制的轮廓上进行手工描绘制成的油画,不符合品目 97.01“必须完全用手工绘制”的规定,不应归入税目 97.01。该商品为非完全手工绘制的油画,属于其他印刷品,根据归类总规则一,应归入税目 49.11 项下。 | | | | |

<table>
<tr><td>序号</td><td>638</td><td>归类决定编号</td><td>Z2006 - 0346</td><td>公告编号</td><td>2006 年第 69 号</td></tr>
<tr><td colspan="2">商品税则号列</td><td colspan="2">4911. 1010</td><td>发布日期</td><td>2006 年 11 月 22 日</td></tr>
<tr><td colspan="2">商品名称</td><td colspan="4">打印样张</td></tr>
<tr><td colspan="2">英文名称</td><td colspan="4"></td></tr>
<tr><td colspan="2">其他名称</td><td colspan="4"></td></tr>
<tr><td colspan="2">商品描述</td><td colspan="4">在 EPSON 照片纸上打印的彩色照片(100 毫米 ×150 毫米)。<br>照片上方有“EPSON STYLUS PHOTO 790 字样”。<br>下方有以“1440dpi 分辨率在 EPSON 照片纸上进行四周无边距打印”等字样。</td></tr>
<tr><td colspan="2">归类决定</td><td colspan="4">打印样张是在 EPSON 照片纸上打印的彩色照片图样,在其上方注明了“EPSON STYLUS PHOTO 790”的字样,下方有“以 1440dpi 分辨率在 EPSON 照片纸上进行四周无边距打印”等字样,用于向打印机经销商提供标准打印效果的样张,根据其自身特征和用途判定,该商品属无商业价值的广告宣传品,应归入税则号列 4911. 1010。无商业价值的印刷品,是指进口商不以盈利为目的,进口后主要用作介绍、宣传、推广(销)商品并免费发送,不在市场销售的印刷品。</td></tr>
</table>

<table>
<tr><td>序号</td><td>639</td><td>归类决定编号</td><td>Z2007 - 0031</td><td>公告编号</td><td>2007 年第 71 号</td></tr>
<tr><td colspan="2">商品税则号列</td><td colspan="2">4911. 1010</td><td>发布日期</td><td>2007 年 12 月 5 日</td></tr>
<tr><td colspan="2">商品名称</td><td colspan="4">说明书</td></tr>
<tr><td colspan="2">英文名称</td><td colspan="4"></td></tr>
<tr><td colspan="2">其他名称</td><td colspan="4"></td></tr>
<tr><td colspan="2">商品描述</td><td colspan="4">该商品为单独进口的纸质成册印刷品,内容为叉车技术参数及使用保养说明。叉车生产企业进口后,用于叉车生产、安装和使用。</td></tr>
<tr><td colspan="2">归类决定</td><td colspan="4">该商品为单独进口的纸质成册印刷品,内容为叉车技术参数及使用保养说明,叉车生产企业进口后,用于叉车生产、安装和使用,属商业广告、商品目录的类似印刷品,仅起商品介绍之用,不用于出售。根据《本国子目注释》关于子目 4911. 1010 的解释规定,该商品应归入税则号列 4911. 1010。</td></tr>
</table>

| 序号 | 640 | 归类决定编号 | Z2006－0347 | 公告编号 | 2006年第69号 |
|---|---|---|---|---|---|
| 商品税则号列 | 4911.9100 | | | 发布日期 | 2006年11月22日 |
| 商品名称 | 设计图纸 | | | | |
| 英文名称 | Enginering drawings | | | | |
| 其他名称 | | | | | |
| 商品描述 | 该图纸为电脑设计图纸，非手工绘制。 | | | | |
| 归类决定 | 根据《税则》第四十九章章注二的定义及《税则注释》品目49.06的排他条款（二），将此商品归入税则号列4911.9100。 | | | | |

| 序号 | 641 | 归类决定编号 | Z2007－0032 | 公告编号 | 2007年第71号 |
|---|---|---|---|---|---|
| 商品税则号列 | 4911.9900［4911.99（2014年版）］ | | | 发布日期 | 2007年12月5日 |
| 商品名称 | 彩通纺织业标准选色手册 | | | | |
| 英文名称 | Color specifier paper | | | | |
| 其他名称 | 彩通色卡 | | | | |
| 商品描述 | 彩通纺织业标准选色手册为美国PANTONE公司生产的彩通色卡，每张色卡上印刷有各种色块的色彩图案，并标注该色块图案的通用编号，是在服饰、家具及室内设计行业中普遍应用于选择和确定色彩的国际化标准工具。在纺织服装行业中，设计师、生产者和贸易商之间相互确定和沟通颜色时，为保证色彩沟通的准确性，多使用这种具有明确数字编号的产品，故彩通色卡的色号在国际上的趋势发布、色彩探讨、确立生产标准和贸易标准时被广泛应用。 | | | | |
| 归类决定 | 该商品为已装订成册，但非主要印有文字内容的印刷品，根据归类总规则一，应按其他印刷品归入税则号列4911.9900［4911.99（2014年版）］。 | | | | |

| 序号 | 642 | 归类决定编号 | Z2006－0348 | 公告编号 | 2006年第69号 |
|---|---|---|---|---|---|
| 商品税则号列 | 4911.9900[4911.9990(2014年版)] | | | 发布日期 | 2006年11月22日 |
| 商品名称 | 神州行充值卡 | | | | |
| 英文名称 | Pre-paid card | | | | |
| 其他名称 | | | | | |
| 商品描述 | 该卡长8.6厘米，宽5.4厘米，材料为PVC。卡正面印有“中国移动通信神州行充值卡”及“￥100”字样，卡背面印有使用步骤、注意事项、系列号及使用期限，但“系列号”及“使用期限”所对应的数字还未印刷。据称，该卡进口后，打上系列号及相应的密码，即可在装有预付费卡的手机上作100元话费使用。 | | | | |
| 归类决定 | 该商品正反两面都经印刷，其内容已经明确了商品的用途和方法，具备了印刷品的主要特征，根据第七类类注二和《税则注释》第四十九章总注释，将此商品归入第四十九章税则号列4911.9900[4911.9990(2014年版)]。 | | | | |

| 序号 | 643 | 归类决定编号 | Z2006－0349 | 公告编号 | 2006年第69号 |
|---|---|---|---|---|---|
| 商品税则号列 | 4911.9900[4911.9990(2014年版)] | | | 发布日期 | 2006年11月22日 |
| 商品名称 | 塑胶印刷皮 | | | | |
| 英文名称 | PVC Printing film | | | | |
| 其他名称 | | | | | |
| 商品描述 | 该商品采用塑料材质，表面印有各种花色，进口时呈卷状，用于制作塑料地砖，具体加工过程：根据地砖规格不同将塑胶皮裁减成相应尺寸，铺在地砖底料上，经高温、高压制成各种花色的塑料地砖。产品本身不具备防滑功能。<br>该商品为PVC塑料材质，取其花色作地砖表面，进口状态为成卷状，分三种尺寸：0.07毫米×51厘米、0.07毫米×66厘米、0.07毫米×99厘米。 | | | | |
| 归类决定 | 该商品厚度极薄仅0.07毫米，其主要用来为地砖增添外观花色，仅起到装饰性作用，没有防滑等其他特性，并非铺地制品。所以该商品不应归入税目39.18项下。<br>由于该商品是以花色、图案体现其主要用途及特征，根据《税则》第七类类注二及《税则注释》第四十九章总注释，塑胶印刷皮应归入税则号列4911.9900[4911.9990(2014年版)]。 | | | | |

| 序号 | 644 | 归类决定编号 | Z2006－0350 | 公告编号 | 2006 年第 69 号 |
|---|---|---|---|---|---|
| 商品税则号列 | 5201.0000 | | | 发布日期 | 2006 年 11 月 22 日 |
| 商品名称 | 不孕籽 | | | | |
| 英文名称 | | | | | |
| 其他名称 | | | | | |
| 商品描述 | 不孕籽：没有发育成熟的籽棉，其表面附有部分棉纤维，但因是没有发育成熟的籽棉，其纤维的内在质量较差。<br>进口目的：经加工后获得棉纤维。<br>加工方法：不孕籽经过清杂、除尘，清除杂质和灰尘，然后送入清弹机。<br>用途：最好的不孕籽棉可以作为纺织 7 支以下的棉纱的原料，绝大部分用于棉絮。 | | | | |
| 归类决定 | 不孕籽是没有发育成熟的籽棉，其表面附有部分棉纤维。该商品进口后需经过清除杂质和灰尘，送入清弹机进行加工获取棉纤维（不孕籽棉），绝大部分用于棉絮，最好的不孕籽棉可作为纺织 7 支以下棉纱的原料。<br>根据《税则注释》品目 52.02 的解释，本品目的废棉是棉花在纺前加工（指开清、梳理、并条等工序）、纺纱、机织、针织等生产过程中以及从拉松的棉货品中所得。“不孕籽”是刚采摘下来、未经任何加工的籽棉，因此不符合税目 52.02 废棉的定义范围，不能归入税则号列 5202.9900。<br>根据归类总规则一和《税则注释》品目 52.01 的解释，不孕籽应归入税则号列 5201.0000。 | | | | |

| 序号 | 645 | 归类决定编号 | Z2006－1268 | 公告编号 | 2007年第70号 |
|---|---|---|---|---|---|
| 商品税则号列 | 5201.0000 | | | 发布日期 | 2007年12月5日 |
| 商品名称 | 破籽棉 | | | | |
| 英文名称 | | | | | |
| 其他名称 | 废棉（申报名称） | | | | |
| 商品描述 | 该商品主要有两种：<br>1. 不育棉，指从没有完全成熟爆开或发育不良的棉铃中采摘下的未梳棉纤维，棉纤维长度通常在1～2厘米之间，没有韧性，多数含有黑点。<br>2. 破壳棉，指对籽棉进行轧棉工序时，由于机器作用力调整不当而将籽棉中所含棉籽壳压碎后形成的棉花，棉纤维长度通常在1～5厘米之间，含有较大量的棉籽壳。 | | | | |
| 归类决定 | 该商品属未梳的棉纤维，根据归类总规则一及《税则注释》对品目52.01的条文注释，应归入税则号列5201.0000。 | | | | |

| 序号 | 646 | 归类决定编号 | Z2006－1269 | 公告编号 | 2007年第70号 |
|---|---|---|---|---|---|
| 商品税则号列 | 5202.9900 | | | 发布日期 | 2007年12月5日 |
| 商品名称 | 落棉 | | | | |
| 英文名称 | | | | | |
| 其他名称 | | | | | |
| 商品描述 | 该落棉是棉花加工成棉纱的过程中所产生的各种废棉（除回花）、回丝、地脚等。落棉主要包括再用棉和下脚两部分。其中，再用棉是经处理后仍可作原料混合使用的落棉，包括抄斩花、统破籽、车肚、风机花、落地花、精梳落棉等。下脚是不能再处理继续使用的落棉，包括破籽、回丝、滤尘等，也包括加工再用棉过程中产生的下脚。 | | | | |
| 归类决定 | 根据归类总规则一，该商品应按“其他废棉”（非回收纤维）归入税则号列5202.9900。 | | | | |

| 序号 | 647 | 归类决定编号 | Z2006－1270 | 公告编号 | 2007年第70号 |
|---|---|---|---|---|---|
| 商品税则号列 | 5305.0020 | | | 发布日期 | 2007年12月5日 |
| 商品名称 | 马尼拉麻 | | | | |
| 英文名称 | Abaca fiber grade JK/Y | | | | |
| 其他名称 | | | | | |
| 商品描述 | 马尼拉麻也称麻蕉、芭蕉麻或芭蕉丝，是经采集、机扎、水洗、干燥、梳理、归类（按等级）、打包等工序加工的麻纤维，进口状态成绞、束状。进口后专用于生产电解电容器纸。 | | | | |
| 归类决定 | 马尼拉麻用途较广，是纺织工业叶纤维生产资源的一种来源，用于制绳索、编织、造纸等。根据《税则》第十四章章注一的规定，本章不包括主要供纺织用的植物材料或植物纤维，不论其加工程度如何，该商品虽专用于生产电解电容器纸，但由于其属于主要供纺织用的植物材料，且税目53.05项下对马尼拉麻有具体列名。根据归类总规则一，应将其归入税则号列5305.0020。 | | | | |

| 序号 | 648 | 归类决定编号 | Z2006－1271 | 公告编号 | 2007年第70号 |
|---|---|---|---|---|---|
| 商品税则号列 | 5305.0092 | | | 发布日期 | 2007年12月5日 |
| 商品名称 | 椰壳纤维 | | | | |
| 英文名称 | | | | | |
| 其他名称 | 天然椰丝 | | | | |
| 商品描述 | 椰壳纤维进口状态为疏松绳状，进口后用作生产弹性椰棕垫。其加工工艺：用机器将国外进口的天然椰壳纤维梳理拧紧，弯曲盘成绳状（此为进口时状态）。进口后生产棕垫前，将绳状的椰壳纤维进行高温定型，使弯曲的椰壳纤维具有弹性，再经机器解散绳状椰丝，把弹性椰壳纤维均匀地铺在网状传送带上，在弹性椰壳纤维的上下表面进行喷胶，令弹性椰壳纤维黏结成单片状，经烘箱烘干定型并压平整，最后压合成型并裁切输出成品。 | | | | |
| 归类决定 | 该商品的进口状态为未经纺纱加工，纤维仍呈粗糙性脆的原料特征，产品结构疏松、强力较低，不具备线、绳、索、缆的紧密结构特征，且该商品进口后用于制造棕垫，该商品为椰壳纤维原料产品。根据归类总规则一，该商品应归入税则号列5305.0092。 | | | | |

| 序号 | 649 | 归类决定编号 | Z2006－0351 | 公告编号 | 2006年第69号 |
|---|---|---|---|---|---|
| 商品税则号列 | 5402.3310 | | 发布日期 | 2006年11月22日 | |
| 商品名称 | 涤纶长丝（定向聚酯纱线） | | | | |
| 英文名称 | DTY | | | | |
| 其他名称 | | | | | |
| 商品描述 | 型号为300D/72F、200D/72F、150D/36F的DTY丝，加工方法是假捻法。 | | | | |
| 归类决定 | DTY（Drawn textured yarn）即拉伸变形丝，是变形纱的一种。变形纱线是指通过机械和物理方法对化学纤维进行后处理，以获得弹性或膨体性。<br>弹性可以通过假捻和热定型等方法获得。假捻法是多数弹力丝的加工方法，它是通过给纤维加捻的同时热定型，在热力情况下消除内应力将加捻变形固定下来，后退捻（所以称为假捻），捻度退除而原卷曲状态保存下来，使纱具有很强的弹性。<br>膨体性可以通过合成纤维二次加工时以玻璃化温度进行热拉伸，在紧张状态下迅速冷却使其成为高收缩纤维，而后将高收缩性纤维和没二次热抽伸的纤维混纺后进行热松弛处理，高收缩性纤维将为进行二次加工的低收缩性纤维挤到表面形成圈型，使纱膨松。<br>以获取弹性进行二次加工的变形纱归入税则号列5402.3310，以获取膨体性进行加工的变形纱归入税则号列5402.3390。<br>涤纶长丝型号为300D/72F、200D/72F、150D/36F，加工方法为假捻法，属于弹力丝。<br>根据归类总规则一，涤纶长丝应归入税则号列5402.3310。 | | | | |

| 序号 | 650 | 归类决定编号 | Z2006－0352 | 公告编号 | 2006年第69号 |
| --- | --- | --- | --- | --- | --- |
| 商品税则号列 | 5402.3310 | | | 发布日期 | 2006年11月22日 |
| 商品名称 | 聚酯变形纱线 | | | | |
| 英文名称 | DTY | | | | |
| 其他名称 | | | | | |
| 商品描述 | 聚酯变形纱线是规格为75D/72F/2、150D/48F、100D/48F、100D/36的DTY丝，以假捻法加工制成。 | | | | |
| 归类决定 | DTY丝是drawn textured yarn的英文缩写，即拉伸变形丝，属变形纱线的一种。变形丝（纱）是指利用合成纤维热塑性，通过热的、机械的或物理方法将伸直状态长丝加工成波浪状、螺旋状或环圈状卷曲形态的长丝或纱。<br>变形纱线主要分弹力丝和膨体纱两大类。弹力丝的加工方法主要是假捻变形法；膨体纱的加工方法主要是组合纱法、喷气变形法或填塞箱法。弹力丝和膨体纱的特点是前者经变形加工后长丝纱沿长丝轴向有伸缩性，后者变形后仅有体积蓬松而无轴向弹性伸缩性。<br>弹力丝按其伸缩性大小分为高弹丝和低弹丝两种，高弹丝具有明显伸长回缩性能，其卷缩稳定性大于95%，而低弹丝无明显伸长与回缩，卷缩稳定性为80%左右。纺织行业习惯上一般将聚酯预取向丝经双加热器拉伸假捻变形机制成的低弹丝称为拉伸变形丝（DTY）。因此，根据归类总规则一将该商品归入税则号列5402.3310。<br>《税则》第十一类子目注释一（一）“弹性纱线”的解释已明确规定所指弹性纱线不包括变形丝（纱线）。“弹性纱线”与变形纱线类的弹力丝的区别，除子目注释规定的拉伸弹性标准外还在于：前者未经变形工序加工，且长丝纱线一般呈平直状态，其弹性往往是由自身内在结构决定的，如氨纶纱线；后者则是在经变形工序加工使平直长丝被赋予卷缩后所具有的弹性，其原平直状态下的丝（纱）远达不到注释对“弹性纱线”规定的拉伸弹性标准。 | | | | |

| | | | | | |
|---|---|---|---|---|---|
| 序号 | 651 | 归类决定编号 | Z2006－0353 | 公告编号 | 2006年第69号 |
| 商品税则号列 | 5402.4900［5402.49(2014年版)］ | | 发布日期 | | 2006年11月22日 |
| 商品名称 | PVC纤维长丝 | | | | |
| 英文名称 | | | | | |
| 其他名称 | | | | | |
| 商品描述 | PVC纤维长丝是一种以PVC(聚氯乙烯)为原料,经加入所需色料,在热熔机中熔融后,用挤压装置挤出,通过喷丝板挤压成丝,拉出时完成拉伸工序,再经过处理装置后成卷包装。外观为丝状纤维,多种颜色。规格:20千克/箱,每箱装的纤维长丝均为长丝丝束状,每束纤维长丝约由22400根、细度为55旦(61.11分特)、未捻、长度约为135米的单丝组成。该商品不但可作假发用,还可用于玩具、工艺品、家具铺垫等。 | | | | |
| 归类决定 | 根据《税则注释》对品目67.03的注释,成团、成丝束状或经纺前加工的羊毛、其他动物毛或其他纺织纤维应归入第十一类。由于该商品为长丝丝束状纤维,不符合品目67.03的商品范畴,因此,不能归入税则号列6703.0000。<br>该商品为束状单丝,非用于生产合成纤维短纤,不需再对其进行后续处理便可直接用于加工成品。不同于《税则》第五十五章的丝束,丝束是用来切断短纤维或经牵切法而制成化纤条的大量根数的连续长丝集合而成的基本无捻的长条化学纤维束。根据归类总规则一,PVC纤维长丝应归入税则号列5402.4900［5402.49(2014年版)］。 | | | | |

| 序号 | 652 | 归类决定编号 | Z2006－0354 | 公告编号 | 2006 年第 69 号 |
|---|---|---|---|---|---|
| 商品税则号列 | 54.07 | | | 发布日期 | 2006 年 11 月 22 日 |
| 商品名称 | 护堤用水泥浆垫 | | | | |
| 英文名称 | Mattress | | | | |
| 其他名称 | | | | | |
| 商品描述 | 护堤用水泥浆垫，主要成分为聚酯纤维，长 97 米，宽 3.2 米，主要是供构筑堤坝等使用。使用时，先将其缝合成为包装袋，放置于堤坝上，再往内灌入砂浆。砂浆凝固前，其可塑性高，能使浆垫与河床、堤面、海底淤泥有机的结合。待砂浆凝固后，浆垫即可稳固地黏合于堤坝上，对防渗、防冲刷、防止水土流失有重要作用。 | | | | |
| 归类决定 | 该商品为聚酯纤维长丝机织品，在构筑堤坝时使用。不符合税目 59.11 所称“专门技术用途”，根据《税则注释》对品目 59.11 的解释，“明显具有用于各种类型的机器、设备、装置及器具或作为工具或工具零件的特征”才能归入其项下。<br>该护堤用水泥浆垫应归入税目 54.07 项下相应子目。 | | | | |

| 序号 | 653 | 归类决定编号 | Z2006－0355 | 公告编号 | 2006 年第 69 号 |
|---|---|---|---|---|---|
| 商品税则号列 | 5502.0010 | | | 发布日期 | 2006 年 11 月 22 日 |
| 商品名称 | 二醋酸纤维丝束 | | | | |
| 英文名称 | | | | | |
| 其他名称 | | | | | |
| 商品描述 | 该二醋酸纤维丝束用于烟草工业。 | | | | |
| 归类决定 | 二醋酸纤维丝束是由 10000 根细度为 3.33 分特的已拉伸的二醋酸长丝构成的丝束，各项指标符合《税则注释》第五十五章的规定，应归入税则号列 5502.0010。 | | | | |

| 序号 | 654 | 归类决定编号 | Z2006－0356 | 公告编号 | 2006年第69号 |
|---|---|---|---|---|---|
| 商品税则号列 | 5503.9000[5503.9090(2014年版)] | | | 发布日期 | 2006年11月22日 |
| 商品名称 | 聚乳酸纤维 | | | | |
| 英文名称 | | | | | |
| 其他名称 | 玉米纤维 | | | | |
| 商品描述 | 玉米纤维为以玉米发酵制得的乳酸为原料，经过聚合形成有机聚合物(聚乳酸)后纺丝制得的未梳短纤维。 | | | | |
| 归类决定 | 从制备过程可知，该商品制备的原料为玉米发酵而得的乳酸，又称2-羟基丙酸，并非天然有机聚合物，不符合《税则注释》中第五十四章关于“人造纤维”的解释；该商品实为以乳酸为有机单体经聚合后纺丝制得的纤维产品，符合《税则注释》第五十四章章注一对“合成纤维”解释，因此该商品属于合成纤维，根据归类总规则一，商品玉米纤维应归入税则号列5503.9000[5503.9090(2014年版)]。 | | | | |

| 序号 | 655 | 归类决定编号 | Z2006－0357 | 公告编号 | 2006年第69号 |
|---|---|---|---|---|---|
| 商品税则号列 | 5505.1000 | | | 发布日期 | 2006年11月22日 |
| 商品名称 | 工业用地毯废丝 | | | | |
| 英文名称 | | | | | |
| 其他名称 | | | | | |
| 商品描述 | 实货为大小卷不一，颜色不同的丝线，该商品为废工业地毯纱，原料为涤纶、丙纶，混装，主要瑕疵有塌边、毛边、断纱、过度颜色、含油量不够、纤度不均等，进口用于拉断后生产针刺毡。 | | | | |
| 归类决定 | 两种产品是在绕丝和加弹过程中形成的不能正常使用的废品，根据《税则注释》品目55.05的注释一“在长丝成型和加工过程中所得的相当长的废纤维”的说明，将此产品归入税则号列5505.1000。 | | | | |

| 序号 | 656 | 归类决定编号 | Z2006－0358 | 公告编号 | 2006年第69号 |
|---|---|---|---|---|---|
| 商品税则号列 | 5505.1000 | | | 发布日期 | 2006年11月22日 |
| 商品名称 | 废丝 | | | | |
| 英文名称 | | | | | |
| 其他名称 | | | | | |
| 商品描述 | 已将呈饼状的长丝割断,用于回炉生产PP棉填充料。 | | | | |
| 归类决定 | 废丝为已切断的涤纶预取向长丝,且不符合税目55.03的规定,应归入税则号列5505.1000。 | | | | |

| 序号 | 657 | 归类决定编号 | Z2006－0359 | 公告编号 | 2006年第69号 |
|---|---|---|---|---|---|
| 商品税则号列 | 5505.1000 | | | 发布日期 | 2006年11月22日 |
| 商品名称 | 废丝 | | | | |
| 英文名称 | Waste pet fiber | | | | |
| 其他名称 | | | | | |
| 商品描述 | 筒装涤纶丝,各筒颜色不一,粗细不均,截面直径约为0.5毫米～1毫米,外观整齐,系生产加工过程中产生的筒脚纱,进口后经切割粉碎后,回炉再造丝。 | | | | |
| 归类决定 | 废丝是生产加工过程中不能再作原用途使用的筒装涤纶单丝,应归入税则号列5505.1000。 | | | | |

| 序号 | 658 | 归类决定编号 | Z2009－0028 | 公告编号 | 2009 年第 5 号 |
|---|---|---|---|---|---|
| 商品税则号列 | 5601. 2100 | | 发布日期 | | 2009 年 1 月 20 日 |
| 商品名称 | 棉花棒 | | | | |
| 英文名称 | | | | | |
| 其他名称 | | | | | |
| 商品描述 | 棉花棒有两种类型:(1)单头棉棒,棒头一端为棉絮,棒身为木杆。(2)双头棉棒,棒头两端为棉絮,棒身为纸制。主要用于产品擦拭洁净,属消耗品。 | | | | |
| 归类决定 | 该商品为絮胎制的洁净用品,非医疗用,属于《税则注释》品目 56. 01 的商品范围,根据归类总规则一,应归入税则号列 5601. 2100。 | | | | |

| 序号 | 659 | 归类决定编号 | Z2006－0360 | 公告编号 | 2006 年第 69 号 |
|---|---|---|---|---|---|
| 商品税则号列 | 5601. 3000 | | 发布日期 | | 2006 年 11 月 22 日 |
| 商品名称 | 双组分纤维 | | | | |
| 英文名称 | AL. ADhesion | | | | |
| 其他名称 | | | | | |
| 商品描述 | 该商品(双组分纤维)为白色聚乙烯与聚丙烯的共混聚合物,纤维为皮芯结构,聚乙烯构成纤维的皮层,含量为 65%,聚丙烯构成纤维的芯层,含量为 35%,纤维长度约 3 毫米。该纤维用于与绒毛纤维素浆混合供制造妇女卫生用品及纸尿布用的吸湿材料。 | | | | |
| 归类决定 | 根据《税则注释》第五十五章总注释的排他条款(一)及品目 56. 01 的解释,该品目包括从纺织丝束或纤维切割工序中获得的长度不超过 5 毫米的纺织纤维。<br>因此,根据归类总规则一及六和 56. 01 税目条文的规定,该双组分纤维应归入税则号列 5601. 3000。 | | | | |

| 序号 | 660 | 归类决定编号 | Z2006－0361 | 公告编号 | 2006 年第 69 号 |
|---|---|---|---|---|---|
| 商品税则号列 | 5602.1000 | | 发布日期 | | 2006 年 11 月 22 日 |
| 商品名称 | 针刺毯过滤料坯料 | | | | |
| 英文名称 | PPS Felt、Nomex felt | | | | |
| 其他名称 | | | | | |
| 商品描述 | 针刺毯过滤料坯料是一种化纤针刺毡呢。进口后需经进一步的复合加工(即表面贴合聚四氟乙稀薄膜),才能应用于垃圾焚化炉、金属冶炼、煤矿、化学、制药、沥青、土壤改良等。该坯料主要有四种类型:一是聚苯硫醚针刺毯,又称莱顿针刺毯,由聚苯硫醚纤维构成;二是 Nomex(“诺梅科斯”,芳纶中的一种)针刺毯,由经 10% 以上的特夫龙 B 处理的聚酰胺短纤构成;三是聚酰亚胺针刺毯,由聚酰亚胺纤维构成;四是抗静电聚酯针刺毯,由聚酯纤维和 5% 抗静电碳化纤维构成。 | | | | |
| 归类决定 | 上述坯料原材料虽均为耐高温、耐酸碱等特殊纤维,有别于各种民用纤维,但由于归入税目 59.11 的纺织品必须是具有用于各种类型的机器、设备、装置及器具或作为工具或工具零件的特征,而针刺毯过滤料坯料并非专用于机器,不符合《税则》第五十九章章注七(一)3 的滤布规定,因此不能按专门技术用途的纺织品进行归类。<br>考虑到上述坯料采用毡呢工艺制得,因此,根据归类总规则一,应归入税则号列 5602.1000。 | | | | |

| 序号 | 661 | 归类决定编号 | Z2006－0362 | 公告编号 | 2006年第69号 |
|---|---|---|---|---|---|
| 商品税则号列 | 5602.1000 | | | 发布日期 | 2006年11月22日 |
| 商品名称 | 土工复合物 | | | | |
| 英文名称 | GSE Fabri net geocomposite | | | | |
| 其他名称 | | | | | |
| 商品描述 | 该土工复合物规格为70.1米×4.42米，分为三层，上、下二层为厚度2毫米的聚丙烯针刺无纺布(200克/平方米)，中间一层为厚度5毫米的高密度聚乙烯网格(1000克/平方米)，三层通过热粘固定。<br>该商品用于垃圾填埋场防漏层的铺设，利用中间层的聚乙烯网格的独特网状层迭结构达到导流和排放垃圾填埋场场底垃圾渗透液的目的。 | | | | |
| 归类决定 | 产品两面均用无纺织物盖面，根据《税则注释》中第三十九章总注释关于塑料与纺织品的复合制品的规定，该商品不属于第三十九章的产品范畴，不应归入税则号列3926.9090。<br>根据《税则注释》对品目59.11的解释，该商品为用于垃圾填埋场防漏层铺设的土工布，不属于《税则注释》中作专门技术用途的纺织品范畴，因此不应归入税则号列5911.1090。<br>从该商品的外观特征来看为针刺毡呢，根据归类总规则一，商品土工复合物应归入税则号列5602.1000。 | | | | |

| 序号 | 662 | 归类决定编号 | Z2006－0363 | 公告编号 | 2006 年第 69 号 |
|---|---|---|---|---|---|
| 商品税则号列 | 56.03 | | | 发布日期 | 2006 年 11 月 22 日 |
| 商品名称 | 聚酯防静电桶状滤料坯料 | | | | |
| 英文名称 | Filtration media for cartridges | | | | |
| 其他名称 | | | | | |
| 商品描述 | 聚酯防静电桶状滤料坯料是一种由 95% 聚酯纤维和 5% 碳纤维经过电热熔合的无纺织物。进口后需经进一步的复合加工(即表面贴合聚四氟乙烯薄膜),再加工成桶状滤料,应用于空气过滤器。 | | | | |
| 归类决定 | 无纺布是一种不经过纺,也不经过织,与传统纺织原理和工艺截然不同的新型布品。其纤维原料种类很多,包括传统纺织工艺难以使用的原料,如碳纤维、玻璃纤维、金属纤维等。其用途广泛,既可用于工业也可用于农业、生活与家用、土木工程等。由于归入税目 59.11 的纺织品必须是具有用于各种类型的机器、设备、装置及器具或作为工具或工具零件的特征,而聚酯防静电桶状滤料坯料并未明确说明专用于机器,因此不符合《税则》第五十九章章注七(一)3 所列举的滤布的基本特征,不能按专门技术用途的纺织品进行归类。<br>根据归类总规则一,聚酯防静电桶状滤料坯料应归入税目 56.03。 | | | | |

| 序号 | 663 | 归类决定编号 | Z2006 - 0364 | 公告编号 | 2006 年第 69 号 |
|---|---|---|---|---|---|
| 商品税则号列 | 56.03 | | | 发布日期 | 2006 年 11 月 22 日 |
| 商品名称 | 椰棕垫 | | | | |
| 英文名称 | Rubberized coir mattress | | | | |
| 其他名称 | | | | | |
| 商品描述 | 椰棕垫是一种以椰壳纤维为原料，通过机器将椰壳纤维均匀铺设、喷胶（使其固化）、硫化（使其具有一定的弹性）、切割而制成的床垫。规格：长 188 ~ 198 厘米；宽 118 ~ 178厘米；厚 1 ~ 5 厘米或 20 厘米；密度 90 千克/平方米。 | | | | |
| 归类决定 | 该商品是用椰壳纤维加工而成的椰壳纤维产品，其加工程度已超出品目 53.05 的加工范围，根据《税则注释》品目 53.05 的条文注释，该商品不能归入税则号列 5305.1900。<br>根据《税则注释》对品目 53.05 的条文注释，从植物材料获得的未经任何加工或加工成某种形状的纤维应归入第十四章。然而由于品目 14.02 条文注释的排他条款已明确规定椰壳纤维除外，因此椰壳纤维及其加工的产品，都不能归入第十四章。<br>根据《税则注释》品目 94.04 的注释，本品目寝具及类似品包括装有弹簧或内部填充、衬垫任何材料，或以海棉橡胶或泡沫塑料制成的产品。由于其不符合品目 94.04 条文注释，因此该商品也不能作为床垫的半成品归入品目 94.04。<br>从加工方法来看，该商品都是直接以纤维网为基础，再通过固结而成。与无纺织物相类似，且符合品目 56.03 的条文规定。根据归类总规则一，“椰棕垫”应归入品目 56.03。另每平方米重量可用公式计算：织物重 = 重量（克）÷［长（米）×宽（米）］。 | | | | |

| 序号 | 664 | 归类决定编号 | Z2009－0151 | 公告编号 | 2009 年第 57 号 |
|---|---|---|---|---|---|
| 商品税则号列 | 56.03 | | | 发布日期 | 2009 年 8 月 31 日 |
| 商品名称 | PU 人造革 | | | | |
| 英文名称 | | | | | |
| 其他名称 | | | | | |
| 商品描述 | PU 人造革是一种底布为针刺无纺布，表面经树脂（聚氨基甲酸酯）和色浆等材料混合，经湿法生产线在无纺布表面涂层压制后磨皮处理而成。手感较软，具有绒感，可用于制鞋、制箱包等。据企业资料显示，该产品涂层材料不是泡沫塑料，涂层没有经过发泡处理。 | | | | |
| 归类决定 | 根据《税则》第五十六章章注三的规定，税目 56.03 包括“用塑料或橡胶浸渍、涂布、包覆或层压的无纺织物”。该商品为经树脂涂层处理的复合无纺织物，因此，根据归类总规则一，应按涂布的针刺无纺织物归入税目 56.03 项下。 | | | | |

| 序号 | 665 | 归类决定编号 | Z2006－0365 | 公告编号 | 2006 年第 69 号 |
|---|---|---|---|---|---|
| 商品税则号列 | 5603.9390 | | | 发布日期 | 2006 年 11 月 22 日 |
| 商品名称 | 聚酯短纤无纺布 | | | | |
| 英文名称 | Nonwoven fabric for carpet use | | | | |
| 其他名称 | | | | | |
| 商品描述 | 根据海关化验鉴定结果，商品聚酯短纤无纺布为灰色无纺布，两面均未经涂层处理，主要成分为聚酯，每平方米克重为 96 克，进口状态：成卷，样品可清晰地撕开，分为两层。具体工艺为将聚酯纤维经叠铺后加温使部分纤维熔融，一次性热压成形。未添加黏合剂。 | | | | |
| 归类决定 | 层压是一种材料复合的制作工艺，一般采用两层或更多层已制成材料，可选择运用胶黏剂黏结法或层叠加热、加压法等多种方式使多层材料复合成成品。商品采用纺粘法一次成形，其成品虽可清晰通过手撕分为两层，但其加工工艺中没有经过将两层或多层成形材料复合的工艺过程，属于未经过层压的无纺布产品。根据其进口状态，符合《税则注释》品目 56.03 的商品范畴。<br>根据归类总规则一，商品聚酯短纤无纺布应归入税则号列 5603.9390。 | | | | |

<table>
<tr><td>序号</td><td>666</td><td>归类决定编号</td><td>Z2006－0367</td><td>公告编号</td><td>2006 年第 69 号</td></tr>
<tr><td colspan="2">商品税则号列</td><td colspan="2">5703.3000</td><td>发布日期</td><td>2006 年 11 月 22 日</td></tr>
<tr><td colspan="2">商品名称</td><td colspan="4">人造草坪</td></tr>
<tr><td colspan="2">英文名称</td><td colspan="4"></td></tr>
<tr><td colspan="2">其他名称</td><td colspan="4"></td></tr>
<tr><td colspan="2">商品描述</td><td colspan="4">人造草坪是一种以聚丙烯为基底，以聚丙烯人造草作面料的铺地制品。其中，基底涂有透气性好的橡胶与苯乙烯和丁二烯的混合物，人造草是用宽 10 毫米的扁条经交错切成 1 毫米左右宽呈连续网状、再经折叠为表观宽度 5 毫米以下的叶片。人造草坪根据叶片宽度分两种类型：(1)表观宽度小于 5 毫米的叶片与基底制成；(2)表观宽度小于 5 毫米的叶片及宽度不超过 1 毫米的扁条与基底制成。该商品主要用于铺设足球场。</td></tr>
<tr><td colspan="2">归类决定</td><td colspan="4">根据《税则》第五十七章章注一规定，本章所称“地毯及纺织材料的其他铺地制品”，是指使用时以纺织材料作面的铺地制品。从该商品的作面材料来看，尽管其扁条实际宽度为 10 毫米，但经过错切、折叠后其表观宽度在 5 毫米以下，因此仍符合纺织材料中对扁条的定义范围。<br>根据该商品的织法工艺及第五十七章章注一，人造草坪应归入税则号列 5703.3000。</td></tr>
</table>

<table>
<tr><td>序号</td><td>667</td><td>归类决定编号</td><td>Z2006－0368</td><td>公告编号</td><td>2006 年第 69 号</td></tr>
<tr><td colspan="2">商品税则号列</td><td colspan="2">5705.0090</td><td>发布日期</td><td>2006 年 11 月 22 日</td></tr>
<tr><td colspan="2">商品名称</td><td colspan="4">PVC 棕榄地毯</td></tr>
<tr><td colspan="2">英文名称</td><td colspan="4"></td></tr>
<tr><td colspan="2">其他名称</td><td colspan="4"></td></tr>
<tr><td colspan="2">商品描述</td><td colspan="4">PVC 棕榄地毯是一种由 PVC 和棕树果实外壳组成的地毯。规格：16.25“X30”和 23.5“X25”两种。其生产工艺：将棕树果实外壳用机剪成大约 1.5 厘米长，然后将其插在 PVC 塑料上。用途：放于门口或亭园前，主要起擦掉鞋底泥土的作用。</td></tr>
<tr><td colspan="2">归类决定</td><td colspan="4">该商品是以 PVC 为底基，并把棕壳纤维黏合固定于 PVC 底基而制成的地毯。不属于第四十六章编结品的商品范畴，因此，不能按编结品归入税目 46.01 项下。<br>根据归类总规则一及《税则注释》品目 57.05 的条文注释，PVC 棕榄地毯应归入税则号列 5705.0090。</td></tr>
</table>

| 序号 | 668 | 归类决定编号 | Z2006－0369 | 公告编号 | 2006 年第 69 号 |
|---|---|---|---|---|---|
| 商品税则号列 | 58.01 或 60.01 | | | 发布日期 | 2006 年 11 月 22 日 |
| 商品名称 | 桌球台用台布 | | | | |
| 英文名称 | Billiard cloth | | | | |
| 其他名称 | | | | | |
| 商品描述 | 桌球台用台布实为一种用于桌球台台面的绒布。其成分为 100% 羊毛，规格为成匹状。进口后需作进一步剪裁后用于桌球台台面。 | | | | |
| 归类决定 | 从该商品的进口状态来看，该商品只是桌球台用台布的原料，进口后需作进一步的加工才能用于桌球台台面，因此不具有台球用品及附件的特征，不能归入税则号列 9504.2000。<br>桌球台用台布属于一种起绒织物。根据归类总规则一，该商品应视其布料属性和织造工艺而归入税目 58.01 或税目 60.01 项下。 | | | | |

| 序号 | 669 | 归类决定编号 | Z2006－0370 | 公告编号 | 2006年第69号 |
| --- | --- | --- | --- | --- | --- |
| 商品税则号列 | 5903.9090 | | | 发布日期 | 2006年11月22日 |
| 商品名称 | 尼龙布（含硅树脂涂层） | | | | |
| 英文名称 | | | | | |
| 其他名称 | | | | | |
| 商品描述 | 该商品为尼龙长丝经纬交织机织物，单面涂布绿色硅树脂，幅宽1.6米，卷状，用于制作汽车安全气囊的囊袋。 | | | | |
| 归类决定 | 该商品用于制作汽车安全气囊的囊袋，具有较高的技术含量，能够承受瞬间喷出的爆炸性气体的高强度压力，虽与一般纺织物有别，但不符合《税则》第五十九章章注七（一）对税目59.11所规定的专门技术用途的产品范围。根据《税则注释》品目59.11的规定，归入该品目的产品及制品必须明显具有用于各类型的机器、设备、装置及器具或作为工具或工具零件的特征。<br>该商品进口状态为成匹纺织产品，并不直接用于机器、设备，而需经裁剪、缝制等工序制成纺织制品，进而再制成汽车安全气囊，故不能将其作为专门技术用途的纺织产品归入税目59.11。<br>该商品涂层前为白色织物，经过单面涂布硅树脂，其物理机械性能和服用性能都得到了改变，特别是其撕裂强度增幅较大且透气性达到零。根据归类总规则一，将该商品作为用塑料涂布的纺织物归入税则号列5903.9090。 | | | | |

| 序号 | 670 | 归类决定编号 | Z2006－1272 | 公告编号 | 2007年第70号 |
|---|---|---|---|---|---|
| 商品税则号列 | 5911.4000 | | | 发布日期 | 2007年12月5日 |
| 商品名称 | 合成纤维制滤网布 | | | | |
| 英文名称 | | | | | |
| 其他名称 | | | | | |
| 商品描述 | 该合成纤维过滤网为成卷的白色织物，幅宽218厘米，每卷长100～130米不等，材质为聚丙烯，经特殊研光处理，织物孔径25微米。进口后将滤布裁剪成片并缝制为成品，套在立式液滤机上进行过滤，用于铝行业中氧化铝的生产过滤。 | | | | |
| 归类决定 | 该合成纤维过滤网为液滤机用滤布，其商品指标符合过滤工艺的要求，属于工业滤布。根据归类总规则一，应将其归入税则号列5911.4000。 | | | | |

| 序号 | 671 | 归类决定编号 | Z2006－0371 | 公告编号 | 2006年第69号 |
|---|---|---|---|---|---|
| 商品税则号列 | 5911.9000 | | | 发布日期 | 2006年11月22日 |
| 商品名称 | 煤气储气密封装置 | | | | |
| 英文名称 | | | | | |
| 其他名称 | | | | | |
| 商品描述 | 煤气储气密封装置实为该装置内部的煤气储存容器。该容器主要由尼龙编织物、合成黏结胶（胶A、胶B）、加强材料（连接支撑板30毫米×100毫米×2毫米A3板材）、特殊防腐涂料构成。尼龙编织物每层成45度角进行多层叠加，每层中间涂上合成黏结胶，经特定温度和特定压力，将容器压制成型，而后在其表面进行多层防腐涂附；加强材料主要起增强容器刚性的作用。 | | | | |
| 归类决定 | 该储存容器是由多层织物叠加，经粘接等加工制成，是一种专门用来储存煤气的特殊纺织材料制品，符合《税则注释》品目59.11项下的解释，应按主要构成材料归入税则号列5911.9000。 | | | | |

| 序号 | 672 | 归类决定编号 | Z2006－1273 | 公告编号 | 2007 年第 70 号 |
|---|---|---|---|---|---|
| 商品税则号列 | 5911.9000 | | 发布日期 | 2007 年 12 月 5 日 | |
| 商品名称 | 滤袋(除尘装置用) | | | | |
| 英文名称 | Bag filter | | | | |
| 其他名称 | 滤袋(申报名称) | | | | |
| 商品描述 | 滤袋实为一种以聚苯硫醚(PPS)为滤料,表面采用聚四氟乙烯(PTFE)浸渍处理的纺织滤袋。规格:580 克/平方米,Φ130 毫米×8000 毫米。进口后需安装于布袋除尘器上。用途:能使含有灰尘的气体通过袋状的滤布而得到净化。 | | | | |
| 归类决定 | 该产品虽属布袋除尘器的关键部分,但从进口状态来看,其仅是已制成特定形状,明显具有用于除尘器特征的纺织制品,属于过滤装置用的滤袋,而非过滤装置。根据归类总规则一,该商品应按专门技术用途的纺织制品归入税则号列 5911.9000。 | | | | |

| 序号 | 673 | 归类决定编号 | Z2008－0142 | 公告编号 | 2008 年第 83 号 |
|---|---|---|---|---|---|
| 商品税则号列 | 5911.9000 | | 发布日期 | 2008 年 11 月 24 日 | |
| 商品名称 | 泥状填料 | | | | |
| 英文名称 | | | | | |
| 其他名称 | | | | | |
| 商品描述 | 泥状填料是一种由高性能合成纤维(规格有 UPAK400、UPAK600、UPAK40699 等),经聚四氟乙烯(PTFE)悬浮液浸渍后,配以无污染润滑剂精制而成的,外观为固态松散的短纤混合物。工作于轴和填料箱之间,起密封作用。其工作原理:在轴的旋转过程中,泥状填料一部分“缠绕”在轴上,并随着轴同步旋转,形成一个旋转层,没有与轴“缠绕”在一起的部分填料,与填料室内部之间保持相对静止,从而形成一个“不动层”,因而起到密封效果,其作用是使轴的磨损降到最低,从而延长设备的寿命。 | | | | |
| 归类决定 | 从成分及用途看,该商品仅起填充作用,而非黏合作用,因此,不属于品目 32.14 的商品范畴,不能归入税则号列 3214.1000。依据《税则》第五十九章章注七(二)的规定和归类总规则一及六,泥状填料应归入税则号列 5911.9000。 | | | | |

| 序号 | 674 | 归类决定编号 | Z2006－0372 | 公告编号 | 2006年第69号 |
|---|---|---|---|---|---|
| 商品税则号列 | 6101.2000 | | 发布日期 | | 2006年11月22日 |
| 商品名称 | 纯棉针织男式夹克 | | | | |
| 英文名称 | | | | | |
| 其他名称 | | | | | |
| 商品描述 | 该服装为男式夹克，面料为纯棉针织的，带有衬里，并且是全开襟的，以拉链闭合的。此类衣服的款式有两类：A类是袖口和下摆都是以罗纹或扣子等形式收紧，拉链由下摆一直拉到领子的最顶端，领子也是收紧的；B类的袖口和下摆也都是以罗纹或扣子等形式收紧，拉链由下摆一直拉到胸前，领子是翻领，不闭合，不收紧。 | | | | |
| 归类决定 | 根据《税则注释》品目61.03的解释，"上衣"应具有与本章章注三(一)及西服外套及短上衣相同的特征，但其面料除袖子、贴边或领子外，可由三片或三片以上布料(其中两片为前襟)纵向缝合而成。所谓"本章章注三(一)及西服外套及短上衣"，是指人体上半身穿着的，其前部全开襟，无扣或有扣(拉链除外)，长度不超过大腿中部，不适于套在其他外套、上衣之上的服装。从上述服装款式看，该类服装采用拉链式全开襟款式，因此，不符合税目61.03对"上衣"的定义范畴，不能按男式上衣归入税则号列6103.3200。<br>该类服装有衬里，袖口和下摆收紧，已具有挡风御寒的基本特征。根据归类总规则一，纯棉针织男式夹克应归入税则号列6101.2000。 | | | | |

| 序号 | 675 | 归类决定编号 | Z2006－0380 | 公告编号 | 2006 年第 69 号 |
|---|---|---|---|---|---|
| 商品税则号列 | 6104.3200;6110.2000 | | | 发布日期 | 2006 年 11 月 22 日 |
| 商品名称 | 棉制针织女童上衣 | | | | |
| 英文名称 | | | | | |
| 其他名称 | | | | | |
| 商品描述 | 棉制针织女童上衣为有领、长袖、袖口和下摆收紧、全开襟，由前襟二片和后襟一片面料组成的针织全棉女式上衣。共有两款：款式 A 上衣开襟处以拉链闭合，款式 B 上衣开襟处以扣子闭合。 | | | | |
| 归类决定 | 根据税目 61.04 的注释，“上衣”应具有与本章章注三(一)的西服外套及短上衣相同的特征，但其面料除袖子、贴边或领子外，可由三片或三片以上布料(其中两片为前襟)纵向缝合而成。所谓“本章章注三(一)的西服外套或短上衣”，是指人体上半身穿着的，其前部全开襟，无扣或有扣(拉链除外)，长度不超过大腿中部，不适于套在其他外套、上衣之上的服装。<br>从上述服装款式看：<br>款式 A 女童上衣采用拉链式全开襟款式，因此，不符合税目 61.04 对“上衣”的定义范畴，不能按上衣归入税则号列 6104.3200。根据归类总规则一，该款式 A 女童上衣应归入税则号列 6110.2000。<br>款式 B 女童上衣开襟处以扣子闭合，因此，符合税目 61.04 对“上衣”的定义范畴，根据归类总规则一，该款式 B 女童上衣应归入税则号列 6104.3200。 | | | | |

| 序号 | 676 | 归类决定编号 | Z2006－0377 | 公告编号 | 2006 年第 69 号 |
|---|---|---|---|---|---|
| 商品税则号列 | 6104.6200;6109.1000 | | 发布日期 | 2006 年 11 月 22 日 | |
| 商品名称 | 女式棉制针织粉红套装 | | | | |
| 英文名称 | | | | | |
| 其他名称 | 女式针织便服套装 | | | | |
| 商品描述 | 女式棉制针织粉红套装实为以 35% 涤纶和 65% 棉的针织物作面料(220 克/平方米针织棉毛),由一件无领、长袖的 T 恤衫和一条长裤组成的服装。其中上衣为圆领、前胸印花、衣长约 56 厘米;长裤裤腰有橡筋和原色布腰带。该服装上下装颜色一致,面料一致,尺寸一致,主要用于沙滩度假休闲穿着。 | | | | |
| 归类决定 | 根据《税则》第六十一章章注三(二)的规定,“便服套装”是指面料相同并作零售包装的成套服装;包括一件人体上半身穿着的服装,但套衫及背心除外,以及一件或两件不同的人体下半身穿着的服装。从服装的款式看,该款的上装为套衫,因此,不符合“便服套装”的定义范畴,不能按便服套装归入税则号列 6104.2200。<br>根据第十一类类注十三的规定,该款套装应分别归类,套头 T 恤衫应归入税则号列 6109.1000,长裤应归入税则号列 6104.6200。 | | | | |

| 序号 | 677 | 归类决定编号 | Z2006－0378 | 公告编号 | 2006 年第 69 号 |
|---|---|---|---|---|---|
| 商品税则号列 | 6104.6200;6109.1000 | | 发布日期 | 2006 年 11 月 22 日 | |
| 商品名称 | 女式棉制针织紫色套装 | | | | |
| 英文名称 | | | | | |
| 其他名称 | 女式针织便服套装 | | | | |
| 商品描述 | 女式棉制针织紫色套装是一款由一件紫色棉针织长袖上衣和一条紫色(印花)棉针织长裤组成。其中:上衣为 V 字领套头衫,领边绣花,衣长 65 厘米左右;裤子为印花面料,底色同上衣,裤腰嵌装橡筋。主要用于休闲穿着。 | | | | |
| 归类决定 | 根据《税则》第六十一章章注三(二)的规定,“便服套装”是指面料相同并作零售包装的成套服装:包括一件人体上半身穿着的服装,但套衫及背心除外;以及一件或两件不同的人体下半身穿着的服装。从服装的款式看,该款的上装为套衫,因此,不符合“便服套装”的定义范畴,不能按便服套装归入税则号列 6104.2200。<br>根据《税则》第十一类类注十三的规定,该款套装应分别归类,套头 T 恤衫应归入税则号列 6109.1000,长裤应归入税则号列 6104.6200。 | | | | |

| 序号 | 678 | 归类决定编号 | Z2006－0373 | 公告编号 | 2006年第69号 |
|---|---|---|---|---|---|
| 商品税则号列 | 6107.9100;6108.9100 | | 发布日期 | | 2006年11月22日 |
| 商品名称 | 男式内衣、女式内衣 | | | | |
| 英文名称 | | | | | |
| 其他名称 | | | | | |
| 商品描述 | 男式内衣、女式内衣有两种款式:第一款是一种以100%棉为面料的双面针织男式上衣,无领、长袖;第二款是一种以棉75%、涤25%为面料的双面针织女式上衣和裤子(其中:上衣为无领、长袖;裤子为长裤、裤腰嵌装橡筋)。主要用于秋冬季节穿着。 | | | | |
| 归类决定 | 该服装主要用于秋冬季节穿着,较紧身,实为一种紧身的保暖内衣裤,属于品目61.07、61.08所指的室内穿着的类似品。根据归类总规则一,第一款男式内衣应归入税则号列6107.9100,第二款女式内衣裤应归入税则号列6108.9100。 | | | | |

| 序号 | 679 | 归类决定编号 | Z2006－0374 | 公告编号 | 2006年第69号 |
|---|---|---|---|---|---|
| 商品税则号列 | 6108.9100;6208.9100 | | 发布日期 | | 2006年11月22日 |
| 商品名称 | 棉制女式长袍 | | | | |
| 英文名称 | | | | | |
| 其他名称 | 女式晨袍 | | | | |
| 商品描述 | 该商品为单件宽松女式长袍,有三种款式:第一款是以棉55%和涤45%的梭织印花织物作面料,无领、无袖、前部采用6颗扣式全开襟,左右两个大口袋的服装。第二款是以全棉针织物作面料,无领、短袖、左胸绣花、前部采用2颗扣式半开襟的服装。第三款是以棉80%和涤20%的针织法兰绒印花织物作面料,有领、短袖、前部采用拉链式全开襟的服装。上述服装均主要用于做家务时穿着使用。 | | | | |
| 归类决定 | 从上述服装的款式及用途看,由于上述服装主要用于做家务时穿着使用,没有明显用于睡觉时穿着的特征(例如,第三款服装采用拉链式全开襟)。因此,根据归类总规则一,第一款服装应归入税则号列6208.9100,第二款和第三款服装应归入税则号列6108.9100。 | | | | |

| 序号 | 680 | 归类决定编号 | Z2008－0033 | 公告编号 | 2008年第76号 |
|---|---|---|---|---|---|
| 商品税则号列 | | 6108.9100 | | 发布日期 | 2008年10月28日 |
| 商品名称 | 女式棉制针织背心、T恤 | | | | |
| 英文名称 | | | | | |
| 其他名称 | | | | | |
| 商品描述 | 女式棉制针织背心、T恤为以下两款服装:(1)女式无袖背心,是一件以针织全棉织物为面料,胸口印花,镶有珠片饰物的上衣;(2)女式短袖T恤,是一件以针织全棉织物为面料,无领、无扣、领口无门襟的上衣,主要当睡衣使用。 | | | | |
| 归类决定 | 睡衣类服装是睡眠和家居休息时穿用的服装,一般具有结构简单、衣身宽松、穿着舒适的特征,即面料质地柔软舒适、剪裁宽松、不影响舒适性。从款式和用途看,上述服装质地轻薄,衣身宽松,主要是睡觉时或在家时穿着,且洗标上注明"SLEEPWEAR"的字样,具有睡衣类服装的特征。根据归类总规则一及六,女式棉制针织背心、T恤应按睡衣类服装归入税则号列6108.9100。 | | | | |

| 序号 | 681 | 归类决定编号 | Z2006－0375 | 公告编号 | 2006年第69号 |
|---|---|---|---|---|---|
| 商品税则号列 | | 6108.9200 | | 发布日期 | 2006年11月22日 |
| 商品名称 | 针织女式浴袍 | | | | |
| 英文名称 | Robe | | | | |
| 其他名称 | | | | | |
| 商品描述 | 针织女式浴袍是一件以100%化纤针织起绒织物作面料和以100%棉针织物作衬里的女式长袍,有领,前部全开襟,无纽扣,有束腰带,宽松长袖,左右各有一口袋。为沐浴后穿着使用。 | | | | |
| 归类决定 | 浴衣是浴后直接穿在身上,以吸收人体表面大量水分的服装,一般选用柔软而富有弹性并能吸湿的毛圈机织物和针织物制成。该商品符合浴衣的特征,根据归类总规则一,针织女式浴袍应归入税则号列6108.9200。 | | | | |

| 序号 | 682 | 归类决定编号 | Z2006－0376 | 公告编号 | 2006年第69号 |
|---|---|---|---|---|---|
| 商品税则号列 | 6109.1000 | | | 发布日期 | 2006年11月22日 |
| 商品名称 | 男针织无领T恤 | | | | |
| 英文名称 | | | | | |
| 其他名称 | | | | | |
| 商品描述 | 男针织无领T恤，外穿式，品牌为BURBERRY，成分为100%棉。 | | | | |
| 归类决定 | 根据《税则注释》品目61.09的规定，T恤衫是指针织或钩编的内衣类轻质服装。从该商品的式样、材质看，符合品目61.09的商品范围。<br>根据归类总规则一，男针织无领T恤应归入税则号列6109.1000。 | | | | |

| 序号 | 683 | 归类决定编号 | Z2006－0379 | 公告编号 | 2006年第69号 |
|---|---|---|---|---|---|
| 商品税则号列 | 61.10 | | | 发布日期 | 2006年11月22日 |
| 商品名称 | 带帽套头衫 | | | | |
| 英文名称 | | | | | |
| 其他名称 | | | | | |
| 商品描述 | 带帽套头衫是一种以针织双面起绒织物作面料，无门襟，无衬里，袖口和下摆收紧的带帽子的套头衫。除袖子及帽子外为前后为两整片面料缝合而成，胸前正中缝有一块相同面料的口袋。在口袋上缝有装饰字样。从衣着面料厚度看，适合春秋季节穿着。 | | | | |
| 归类决定 | 根据《税则注释》品目61.01的规定，本品目包括穿着在其他衣服外面用以挡风御寒等的针织或钩编男式服装。由于该服装为套头款式，不具有明显穿着于其他衣服外面的特征，因此，不能按带风帽的防寒短上衣归入品目61.01项下。<br>套头衫是一种用于人体上半身穿着的针织或钩编服装，无论是否有衣袖、翻领或口袋。通常下摆、袖口或袖孔以贴边、罗纹或其他方式收紧。《税则注释》对套头衫是否能带风帽并没有严格的限制。因此，根据归类总规则一，带帽套头衫应按套头衫归入税目61.10。 | | | | |

| 序号 | 684 | 归类决定编号 | Z2006－1274 | 公告编号 | 2007年第70号 |
| --- | --- | --- | --- | --- | --- |
| 商品税则号列 | | 6110.2000 | | 发布日期 | 2007年12月5日 |
| 商品名称 | 棉制针织女式上衣 | | | | |
| 英文名称 | | | | | |
| 其他名称 | | | | | |
| 商品描述 | 该棉制针织女式上衣，前部全开襟，拉链闭合，袖口、下摆以罗纹收紧，无衬里，带风帽。面料为棉制双面针织布，质地较为稀疏，可见透孔。 | | | | |
| 归类决定 | 根据归类总规则一，棉制针织上衣应归入税则号列6110.2000。 | | | | |

| 序号 | 685 | 归类决定编号 | Z2006－0381 | 公告编号 | 2006年第69号 |
| --- | --- | --- | --- | --- | --- |
| 商品税则号列 | | 6110.9090 | | 发布日期 | 2006年11月22日 |
| 商品名称 | 麻棉衫 | | | | |
| 英文名称 | | | | | |
| 其他名称 | | | | | |
| 商品描述 | 麻棉衫是一种以55%麻及45%棉毛线，用针织工艺织造的毛线上衣。共有三种款式。第一款：松身、无领、领口半开襟并带有系绳、长袖、袖口及下摆不收紧，灰蓝色；第二款：松身、无领、领口半开襟并带拉链、长袖、袖口及下摆不收紧，粉红色；第三款：较紧身、无领、V形领口、无扣、短袖、袖口及下摆收紧，灰白色。 | | | | |
| 归类决定 | 上述三种服装的款式均属于套头类服装。由于第一款及第二款为宽松形套头衫、开襟，因此不属于毛衫的范畴，应归入税则号列6110.9090；第三款为紧身形套头衫、不开襟，属于毛衫的范畴，应按毛衫归入税则号列6110.9090。 | | | | |

| 序号 | 686 | 归类决定编号 | Z2006－1275 | 公告编号 | 2007年第70号 |
|---|---|---|---|---|---|
| 商品税则号列 | 6203.3200 | | | 发布日期 | 2007年12月5日 |
| 商品名称 | 棉制男童牛仔茄克 | | | | |
| 英文名称 | Boy's denim jacket | | | | |
| 其他名称 | | | | | |
| 商品描述 | 棉制男童牛仔茄克是一款以棉70%和涤纶30%的混纺机织物为面料的上衣，有领、不带风帽、开襟、下摆收紧、无衬里。 | | | | |
| 归类决定 | 从该上衣的款式来看，该商品采用单层面料，不带衬里，不具有“防寒短上衣”的带有风帽或带防寒衬里的特征，也不属于防风上衣的商品范畴。根据归类总规则一，棉制男童牛仔茄克应作为其他上衣归入税则号列6203.3200。 | | | | |

| 序号 | 687 | 归类决定编号 | Z2006－0382 | 公告编号 | 2006年第69号 |
|---|---|---|---|---|---|
| 商品税则号列 | 6204.4300 | | | 发布日期 | 2006年11月22日 |
| 商品名称 | 涤纶布婚纱 | | | | |
| 英文名称 | Ladide' 100% polyester woven weeding dress | | | | |
| 其他名称 | | | | | |
| 商品描述 | 涤纶布婚纱是国际上女性结婚时专用的一种正式礼服。其颜色以米、白色为主，在造型上采用连衣裙形式，加大裙长，使脚不能暴露，而且后身有长长的裙摆，也有短的裙摆，衣料主要是涤纶布，上面饰以喱士花或机绣或订珠。 | | | | |
| 归类决定 | 涤纶布婚纱是结婚时专用的连衣裙形式的正式礼服，其布料为涤纶布，应作为合成纤维制连衣裙归入税则号列6204.4300。 | | | | |

| 序号 | 688 | 归类决定编号 | Z2006－0383 | 公告编号 | 2006年第69号 |
|---|---|---|---|---|---|
| 商品税则号列 | 6208.2100 | | | 发布日期 | 2006年11月22日 |
| 商品名称 | 女式棉制印花套装 | | | | |
| 英文名称 | | | | | |
| 其他名称 | 女式便服套装 | | | | |
| 商品描述 | 女式棉制印花套装实为以100%棉梭织印花布作面料，由一件长袖上衣和一条长裤组成。其中：长袖上衣为有领、全开襟（4颗扣）、左上幅有一口袋的服装；长裤裤腰嵌装橡筋。该服装上下装的颜色、面料、尺寸相匹配，衣领、胸前、袖口及裤脚均有红色包边，主要用于休闲穿着。 | | | | |
| 归类决定 | 睡衣裤是一种睡眠和家居休息时穿用的服装，一般尺寸大小、剪裁、面料、颜色、饰品及整理程度完全相匹配，具有宽松的剪裁、穿着舒适以及成套穿着设计等特征。从服装的款式看，该服装符合睡衣裤的特征。因此，根据归类总规则一，女式棉制印花套装应按睡衣裤套装归入税则号列6208.2100。 | | | | |

| 序号 | 689 | 归类决定编号 | Z2006－1276 | 公告编号 | 2007年第70号 |
|---|---|---|---|---|---|
| 商品税则号列 | 6211.2090 | | | 发布日期 | 2007年12月5日 |
| 商品名称 | 男式尼龙/PVC雨衣套装 | | | | |
| 英文名称 | Snowmobile jacket/Snowmobile pant | | | | |
| 其他名称 | | | | | |
| 商品描述 | 男式尼龙/PVC雨衣套装，英文名为“Snowmobile jacket/snowmobile pant”（机动雪橇衣服和裤）。其面料为75%聚酯、25%聚氯乙烯的混纺纺织物（表面涂布PVC），里布内衬为尼龙，中间夹喷胶棉。其款式为用拉链扣合的带风帽的防风衣及一条过腰的厚长裤组成的套装。 | | | | |
| 归类决定 | 从该产品的面料材质来看，虽然其为涂层织物，但由于肉眼难以辨别其涂层特征，因此根据《税则》第五十九章章注二（一）1及第六十二章章注六的规定，男式尼龙/PVC雨衣套装应作为化纤制滑雪服归入税则号列6211.2090。 | | | | |

| 序号 | 690 | 归类决定编号 | Z2006－0384 | 公告编号 | 2006年第69号 |
|---|---|---|---|---|---|
| 商品税则号列 | 63.04 | | | 发布日期 | 2006年11月22日 |
| 商品名称 | 沙发套 | | | | |
| 英文名称 | | | | | |
| 其他名称 | | | | | |
| 商品描述 | 沙发面罩，特定成形，与沙发木框架及海绵衬垫等装配为成品沙发，是沙发的构成部件。 | | | | |
| 归类决定 | 沙发套是一种以织物为原料，经过裁剪、车缝，并添加一些小配件，如拉链等而制成，为特定成形的沙发面罩，需与沙发木框架及海绵衬垫等装配为成品沙发。<br>根据《税则注释》第九十四章总注释规定，品目94.01包括不论是否坯件，但根据其形状或其他特征可确定为专用于或主要用于上述税号所列家具的零件。该商品虽已制成专用于沙发的特定形状，需与沙发框架及垫衬等组合成一体，但由于其可随意拆卸，因此，不能视为沙发不可分割的一部分，不能按坐具零件归入税则号列9401.9090。<br>该商品属于织物制的家具套，根据归类总规则一，沙发套应归入税目63.04项下。 | | | | |

| 序号 | 691 | 归类决定编号 | Z2006－0385 | 公告编号 | 2006年第69号 |
|---|---|---|---|---|---|
| 商品税则号列 | 6304.9290 | | | 发布日期 | 2006年11月22日 |
| 商品名称 | 全棉墙饰 | | | | |
| 英文名称 | 100% Patchwork wall hangings | | | | |
| 其他名称 | | | | | |
| 商品描述 | 所报商品为两层面料与一层胎料组合制成的被褥状产品，尺寸规格为86英寸×86英寸。其外层面料为小块全棉印花机织物拼接而成，内层面料为单色全棉机织物，中间胎料层（即填充层）为100%聚酯纤维。三层材料经绗缝制成，并沿一边缝有三个固定产品用的织物制吊圈，可供挂于墙上装饰用。 | | | | |
| 归类决定 | 从外观上看，该商品可作为床罩或床上装饰品或寝具使用，也可用于墙上装饰，但其一边缝有的三个供固定产品的织物制吊圈，表明其是供挂于墙上装饰用，故根据税目63.04条文应将其作为装饰用织物制品归入税则号列6304.9290。 | | | | |

<table>
<tr><td>序号</td><td>692</td><td>归类决定编号</td><td>Z2006 - 1277</td><td>公告编号</td><td>2007 年第 70 号</td></tr>
<tr><td>商品税则号列</td><td colspan="3">6304. 9310</td><td>发布日期</td><td>2007 年 12 月 5 日</td></tr>
<tr><td>商品名称</td><td colspan="5">化纤刺绣台布</td></tr>
<tr><td>英文名称</td><td colspan="5"></td></tr>
<tr><td>其他名称</td><td colspan="5"></td></tr>
<tr><td>商品描述</td><td colspan="5">该化纤刺绣台布有正方形、长方形等多种规格，有绣花及剪裁和抽纱镂空后形成的花纹，为手工制刺绣装饰品，面料为 100% 涤纶平纹布，米黄色。布四角经绣花，布幅中央经手工抽纱镂空形成矩形花纹，主要用于家庭装饰，具有观赏的功能。</td></tr>
<tr><td>归类决定</td><td colspan="5">根据归类总规则一，化纤刺绣台布应归入税则号列 6304. 9310。</td></tr>
</table>

<table>
<tr><td>序号</td><td>693</td><td>归类决定编号</td><td>Z2006 - 0386</td><td>公告编号</td><td>2006 年第 69 号</td></tr>
<tr><td>商品税则号列</td><td colspan="3">6307. 9000</td><td>发布日期</td><td>2006 年 11 月 22 日</td></tr>
<tr><td>商品名称</td><td colspan="5">牵引车捆绑器</td></tr>
<tr><td>英文名称</td><td colspan="5">Ratchet tie down</td></tr>
<tr><td>其他名称</td><td colspan="5">牵引车牵引器</td></tr>
<tr><td>商品描述</td><td colspan="5">此商品主要由两只铁板冲制的钩子和一只绞紧器（钩和绞紧器是进口高强度铁板 S45 冲制而成，经热处理将产品强度提高到 10. 5 级）及 8 米的聚丙纶带组成的，此产品是用于货车及牵引车上捆绑货物用的。</td></tr>
<tr><td>归类决定</td><td colspan="5">根据介绍，所报牵引车捆绑器是主要由两只铁板冲制的钩子和一只绞紧器（钩和绞紧器是进口高强度铁板 S45 冲制而成，经热处理将产品强度提高到 10. 5 级）及 8 米的丙纶编织带三部分组合而成，用于货车及牵引车上捆绑货物。因该商品捆绑货物是其主要功能，丙纶带在捆绑中起主要作用，绞紧器和钩子只起辅助作用，故根据归类总规则三（二）的规定，应归入税则号列 6307. 9000。</td></tr>
</table>

<table>
<tr><td>序号</td><td>694</td><td>归类决定编号</td><td colspan="2">Z2013－0041</td><td>公告编号</td><td>2013 年第 26 号</td></tr>
<tr><td colspan="2">商品税则号列</td><td colspan="2">6307.9000</td><td colspan="2">发布日期</td><td>2013 年 5 月 17 日</td></tr>
<tr><td colspan="2">商品名称</td><td colspan="5">魔术贴</td></tr>
<tr><td colspan="2">英文名称</td><td colspan="5"></td></tr>
<tr><td colspan="2">其他名称</td><td colspan="5"></td></tr>
<tr><td colspan="2">商品描述</td><td colspan="5">该商品是一种由预复合的柔软魔术搭扣及由固定胶带(FT)与离型胶带(RT)形成的Y型结构组合而成的侧腰贴。柔软的无纺布的固定胶带使整个侧腰贴更加舒适。新型的超级魔术搭扣可与各种类型的Loop配合，提供更佳的剥离性能。Y型结构为和纸尿裤基材的黏结提供了较强的黏结力,并且使在线折边更加容易固定。胶带黏结剂提供安全理想的黏接效果,适用于聚乙烯薄膜和无纺布等基材。离型胶带黏结剂则能与聚乙烯(PE)、聚丙烯(PP)无纺材料很好地黏接在一起。本产品为一次性使用产品,固定在纸尿裤上使用,固定后不再拆下,但可以多次粘贴,裁切后不需要再加工。结构示意图:<br>1. 白色的无纺布(永久端)<br>2. 弹性体<br>3. 白色聚丙烯离型胶带（包括 Y 型结构）<br>4. 超级魔术搭扣<br>5. 带胶部分<br>6. 白色剥离条(包括波浪边)<br>7. 覆盖条<br>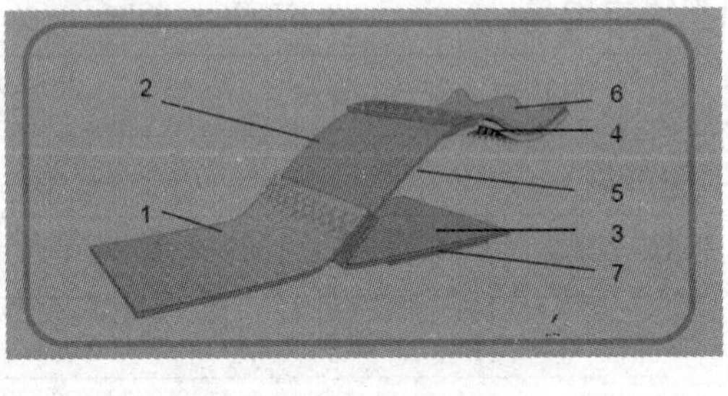<br></td></tr>
<tr><td colspan="2">归类决定</td><td colspan="5">该商品由几种材料制成,其中纺织物部分起主要作用,根据归类总规则三(二)，应作为其他纺织制品归入税则号列6307.9000。</td></tr>
</table>

| 序号 | 695 | 归类决定编号 | Z2006 - 0387 | 公告编号 | 2006 年第 69 号 |
|---|---|---|---|---|---|
| 商品税则号列 | 6310.1000 | | | 发布日期 | 2006 年 11 月 22 日 |
| 商品名称 | 破损塑料编织袋 | | | | |
| 英文名称 | Used pp woven bags | | | | |
| 其他名称 | | | | | |
| 商品描述 | 该商品为用过的破损塑料编织袋，塑料扁条最大宽度不超过 5 毫米。编织袋两侧用蓝色塑料线缝合，上下两端无封口，袋内有内衬塑料袋。进口后不能再作包装货物用，只能用于再造粒回收使用。 | | | | |
| 归类决定 | 该塑料编织袋的塑料扁条最大宽度不超过 5 毫米。编织袋两侧用蓝色塑料线缝合，上下两端无封口，袋内有内衬塑料袋。<br>该商品是已使用过、部分破损、进口后不能再作包装货物用的废包装袋，符合《税则注释》中对品目 63.10 的解释，归入该品目的"这些产品必须是旧损、脏污、破碎或小片状的，它们一般只适用于回收其纤维，以及制造纸张或塑料、抛光材料或者作为工业生产用的揩布"。<br>因此该商品应按破旧织物归入税则号列 6310.1000。 | | | | |

| 序号 | 696 | 归类决定编号 | Z2006 - 1278 | 公告编号 | 2007 年第 70 号 |
|---|---|---|---|---|---|
| 商品税则号列 | 6505.9090[6505.0099(2014 年版)] | | | 发布日期 | 2007 年 12 月 5 日 |
| 商品名称 | 无纺布圆帽 | | | | |
| 英文名称 | | | | | |
| 其他名称 | | | | | |
| 商品描述 | 无纺布圆帽是以聚丙烯切片为原料，通过熔融、喷丝、牵伸、丝束分丝、成网、热轧加固而制成无纺布后，再通过裁剪、缝制、在边沿穿上橡筋而制成。外观为圆周形，不带花边或装饰物、不带衬里，为医院一次性用品。 | | | | |
| 归类决定 | 根据归类总规则一，无纺布圆帽应归入税则号列 6505.9090[6505.0099(2014 年版)]。 | | | | |

| 序号 | 697 | 归类决定编号 | Z2009－0108 | 公告编号 | 2009 年第 32 号 |
|---|---|---|---|---|---|
| 商品税则号列 | | 6602.0000 | | 发布日期 | 2009 年 6 月 12 日 |
| 商品名称 | 木质手杖 | | | | |
| 英文名称 | Walking stick(wood) | | | | |
| 其他名称 | | | | | |
| 商品描述 | 木质手杖是一种以木质材料为杖杆，一端为手柄，另一端为嵌有金属材料的尖锐状利器，型号为 B6700，用于在户外行走登山时起辅助用途。 | | | | |
| 归类决定 | 该商品不具备《税则》税目 93.07 的特征，根据归类总规则一，应归入税则号列 6602.0000。 | | | | |

| 序号 | 698 | 归类决定编号 | Z2013－0042 | 公告编号 | 2013 年第 26 号 |
|---|---|---|---|---|---|
| 商品税则号列 | | 6801.0000 | | 发布日期 | 2013 年 5 月 17 日 |
| 商品名称 | 铺路用现代花岗岩石制品 | | | | |
| 英文名称 | | | | | |
| 其他名称 | | | | | |
| 商品描述 | 该商品是花园庭院专业路面用石，用花岗岩加工而成。加工工艺：底部机切、表面火烧或者表面机切经手工切削自然面，造型加工，石胶黏网等程序。包含多种形状，如正方形、长方形、扇形等。 | | | | |
| 归类决定 | 该商品的加工程度已超出简单切削的加工范围，并且专用作铺路，根据归类总规则一，应归入税则号列 6801.0000。 | | | | |

| 序号 | 699 | 归类决定编号 | Z2006－1279 | 公告编号 | 2007年第70号 |
|---|---|---|---|---|---|
| 商品税则号列 | | 6802.9190 | | 发布日期 | 2007年12月5日 |
| 商品名称 | 大理石与瓷砖复合板 | | | | |
| 英文名称 | | | | | |
| 其他名称 | | | | | |
| 商品描述 | 该大理石与瓷砖复合板的尺寸为60厘米×40厘米×1.2厘米，上面一层为西班牙米黄大理石（磨光），下面一层为瓷砖，经胶合。加工工艺流程：(1)根据客户要求的规格，将荒料用大切机切成厚度相符的板料；(2)将板料分级、烘干，上胶；(3)瓷砖经修边、定厚；(4)将大理石板料与瓷砖复合；再经过定厚、面胶固化、抛光、修边倒角等工序，最后制得商品，用于建筑地面和墙面。 | | | | |
| 归类决定 | 根据归类总规则三（二），大理石与瓷砖复合板应归入税则号列6802.9190。 | | | | |

| 序号 | 700 | 归类决定编号 | Z2009－0029 | 公告编号 | 2009年第5号 |
|---|---|---|---|---|---|
| 商品税则号列 | | 6802.9190 | | 发布日期 | 2009年1月20日 |
| 商品名称 | 马赛克 | | | | |
| 英文名称 | | | | | |
| 其他名称 | | | | | |
| 商品描述 | 马赛克为大理石经过切割和表面处理加工而成，主要用于室内外地面及墙面的装饰。每件由若干颗小石块拼成整联，背面以网状织物衬垫，整联呈正方形或长方形，整联厚度在0.4～1厘米之间，边长在24.6～32.8厘米之间。而单颗小石块为正方形或长方形，厚度在0.4～0.8厘米之间，边长在1～6.4厘米之间。使用方法：先在地板上刷水泥，后将产品直接铺在地板上，一联一联连接好，最后在产品上面刷水泥以填补产品之间的缝隙。 | | | | |
| 归类决定 | 根据《税则注释》品目68.02的条文注释，该商品边长在24.6～32.8厘米之间，属于品目68.02的商品范围，应归入税则号列6802.9190。 | | | | |

| 序号 | 701 | 归类决定编号 | Z2009－0030 | 公告编号 | 2009年第5号 |
|---|---|---|---|---|---|
| 商品税则号列 | 6802.9310[6802.931(2014年版)] | | | 发布日期 | 2009年1月20日 |
| 商品名称 | 现代花岗岩石刻品 | | | | |
| 英文名称 | | | | | |
| 其他名称 | | | | | |
| 商品描述 | 现代花岗岩石刻品是一种由荒料经切割、描图、雕刻、打孔、洗净、包装而制成的石制品。主要用于公墓园、烈士园等的碑石底台。其具体加工工序:(1)用大锯把荒料按所需规格进行切割;(2)用龙门锯锯成比成品规格大几毫米的半成品;(3)在纸上设计出所需图形图案(如无穷花,四君子,竹子等);(4)根据图纸在半成品上按比例描图、打模;(5)根据打模完后的形状开始用锤子、手工锯等工具切割;(6)切割后开始手工雕刻成所需图形图案;(7)雕刻完成后,用水喷在产品上,找出粗糙或不合格处,重新雕刻;(8)手工雕出周边线条;(9)把产品周围多余的部分用锤子打掉,用手工锯切平;(10)用砂轮多次打磨,使线条及图案更为流畅美观;(11)拼装后用水喷在产品上,进行质量检查,若有不合格之处,拆下来重新加工;(12)产品经拼装合格后,分别打孔,以便日后安装;(13)把成品洗净、包装。 | | | | |
| 归类决定 | 从加工工艺看,该商品经过雕刻工艺,为石刻花岗岩制品,根据归类总规则一及六,应归入税则号列6802.9310[6802.931(2014年版)]。 | | | | |

| 序号 | 702 | 归类决定编号 | Z2006－1280 | 公告编号 | 2007 年第 70 号 |
|---|---|---|---|---|---|
| 商品税则号列 | 6802.9390 | | | 发布日期 | 2007 年 12 月 5 日 |
| 商品名称 | 现代花岗岩石制品 | | | | |
| 英文名称 | | | | | |
| 其他名称 | | | | | |
| 商品描述 | 该现代花岗岩石制品有多种规格，如 60 厘米×60 厘米×1.5 厘米、120 厘米×60 厘米×1.5 厘米、10 厘米×10 厘米×1.5 厘米、50 厘米×50 厘米×1.5 厘米等，一面经火烧处理，一面为切开的平面，其余四边磨光，主要用于花园石桌面板。生产该商品的工艺流程：(1)根据客户要求的规格，将荒料用大切机切成厚度相符的板料；(2)将板料的一面用煤气进行火烧；(3)火烧后用手摇切边机切割成长、宽相符的半成品板；(4)半成品板放置 12～24 小时后使之降温；(5)将半成品板用氧气再次火烧，使之火烧面均匀；(6)将半成品板四边用手磨机磨光。 | | | | |
| 归类决定 | 根据归类总规则一，该现代花岗岩石制品应归入税则号列 6802.9390。 | | | | |

| 序号 | 703 | 归类决定编号 | Z2013－0043 | 公告编号 | 2013年第26号 |
|---|---|---|---|---|---|
| 商品税则号列 | 6802.9390 | | | 发布日期 | 2013年5月17日 |
| 商品名称 | 现代花岗岩石制品 | | | | |
| 英文名称 | | | | | |
| 其他名称 | | | | | |
| 商品描述 | 该商品以花岗岩荒料为原料，切割成石板材尺寸后，送磨光机研磨至表面光滑，再进行两端修边切平，另两端没有修边切平，主要应客户的需求而定。规格有三种：60厘米×180厘米×1.7厘米，60厘米×210厘米×1.7厘米，60厘米×240厘米×1.7厘米。其为建筑用板材。 | | | | |
| 归类决定 | 该商品已经磨光机研磨，其加工程度已超出简单切削的加工范围，根据归类总规则一，应归入税则号列6802.9390。 | | | | |

| 序号 | 704 | 归类决定编号 | Z2006－1281 | 公告编号 | 2007年第70号 |
|---|---|---|---|---|---|
| 商品税则号列 | 6805.3000 | | | 发布日期 | 2007年12月5日 |
| 商品名称 | 研磨料 | | | | |
| 英文名称 | Abrasive filament | | | | |
| 其他名称 | | | | | |
| 商品描述 | 研磨料呈丝条状，采用碳化硅经黏结剂在高温高压下黏聚挤压成形，三股并合，外层经尼龙丝包束而成。其进口后经切断、固定成形，制成圆盘状刷轮，用于金属表面的研磨、清洗和抛光。规格型号为6－240－3的商品的直径为0.6毫米，研磨料颗粒目数240；型号为3－1000－7的商品的直径为0.9毫米，研磨料颗粒目数1000。 | | | | |
| 归类决定 | 该商品为黏合剂黏结碳化硅与合成纤维的磨料，碳化硅为其主要特征。根据《税则注释》品目68.05的注释规定，研磨料应归入税则号列6805.3000。 | | | | |

| 序号 | 705 | 归类决定编号 | Z2006 - 1282 | 公告编号 | 2007 年第 70 号 |
|---|---|---|---|---|---|
| 商品税则号列 | 6806. 1000[6806. 1010(2014 年版)] | | 发布日期 | | 2007 年 12 月 5 日 |
| 商品名称 | 耐火纤维棉 | | | | |
| 英文名称 | | | | | |
| 其他名称 | 硅酸铝耐火纤维甩丝棉 | | | | |
| 商品描述 | 该耐火纤维棉由优质天然焦宝石或合成料通过电阻炉熔融,再通过甩丝机高速旋转的甩丝辊甩丝成纤,然后通过收集器收集,包装后为甩丝棉成品。纤维长度:2 ~ 150 毫米。成分:RT 型 $42\% \leqslant Al_2O_3 \leqslant 45\%$,$95\% \leqslant Al_2O_3 + SiO_2$;HP 型 $44\% \leqslant Al_2O_3 \leqslant 47\%$,$98\% \leqslant Al_2O_3 + SiO_2$;CZ 型 $33\% \leqslant Al_2O_3 \leqslant 37\%$,$13\% \leqslant ZrO_2 \leqslant 17\%$,$99\% \leqslant Al_2O_3 + SiO_2 + ZrO_2$。该产品主要用于钢铁、陶瓷、玻璃、窑炉、石化等行业的隔热保温,可作填充、纺织等用。 | | | | |
| 归类决定 | 该耐火纤维棉属于含硅铝酸盐矿物经混合熔融甩丝而成的纤维棉,根据归类总规则一,其应归入税则号列 6806. 1000[6806. 1010(2014 年版)]。 | | | | |

| 序号 | 706 | 归类决定编号 | Z2006－1283 | 公告编号 | 2007年第70号 |
|---|---|---|---|---|---|
| 商品税则号列 | 6806.1000[6806.1010(2014年版)] | | | 发布日期 | 2007年12月5日 |
| 商品名称 | 耐火纤维毯 | | | | |
| 英文名称 | | | | | |
| 其他名称 | 硅酸铝耐火纤维甩丝毯 | | | | |
| 商品描述 | 该耐火纤维毯由优质天然焦宝石或合成料通过电阻炉熔融，再通过甩丝机高速旋转的甩丝辊甩丝成纤，然后通过收集器收集，使纤维均匀分布沉降在收集器网带上，通过网带输送至针刺机进行针刺，成为毯，再经烘炉高温定型，纵切，横切，打卷包装，最终成为成品毯。规格：厚度6～50毫米，长度1000～14640毫米，宽度50～1220毫米。成分：RT型$42\% \leqslant Al_2O_3 \leqslant 45\%$，$95\% \leqslant Al_2O_3 + SiO_2$；HP型$44\% \leqslant Al_2O_3 \leqslant 47\%$，$98\% \leqslant Al_2O_3 + SiO_2$；CZ型$33\% \leqslant Al_2O_3 \leqslant 37\%$、$13\% \leqslant ZrO_2 \leqslant 17\%$，$99\% \leqslant Al_2O_3 + SiO_2 + ZrO_2$。该商品主要用于钢铁、陶瓷、玻璃、窑炉、石化等行业的隔热保温，可作填充、纺织等用。 | | | | |
| 归类决定 | 该耐火纤维毯属于含硅铝酸盐矿物经混合熔融甩丝而成的纤维棉经针刺制得的成卷制品，根据归类总规则一，其应归入税则号列6806.1000[6806.1010(2014年版)]。 | | | | |

| 序号 | 707 | 归类决定编号 | Z2006－1284 | 公告编号 | 2007年第70号 |
|---|---|---|---|---|---|
| 商品税则号列 | 6806.1000[6806.1010(2014年版)] | | | 发布日期 | 2007年12月5日 |
| 商品名称 | 耐火纤维板 | | | | |
| 英文名称 | | | | | |
| 其他名称 | 硅酸铝纤维真空成型板 | | | | |
| 商品描述 | 该耐火纤维板是由硅酸铝耐火纤维经过短切后，纤维在水中分散，先加入一定量的硅溶胶和填充料，然后再加一定量的阳离子淀粉，经混合配制成所需浓度的浆料，经真空成型制成湿坯，入窑烘干，经加工后包装成为成品。规格：厚度6～75毫米，长度900～1250毫米，宽度450～1100毫米。成分：RT型$42\% \leqslant Al_2O_3 \leqslant 45\%$，$95\% \leqslant Al_2O_3 + SiO_2$；HP型$44\% \leqslant Al_2O_3 \leqslant 47\%$，$98\% \leqslant Al_2O_3 + SiO_2$；CZ型$33\% \leqslant Al_2O_3 \leqslant 37\%$，$13\% \leqslant ZrO_2 \leqslant 17\%$，$99\% \leqslant Al_2O_3 + SiO_2 + ZrO_2$。该商品主要用于各种高温工业炉背衬隔热，窑车、炉门挡板、窑炉炉温分隔板、膨胀缝等的隔热材料，家用热设备的隔热材料。 | | | | |
| 归类决定 | 该耐火纤维板由矿物纤维制得，根据归类总规则一，其应归入税则号列6806.1000[6806.1010(2014年版)]。 | | | | |

| 序号 | 708 | 归类决定编号 | Z2006－1285 | 公告编号 | 2007 年第 70 号 |
|---|---|---|---|---|---|
| 商品税则号列 | 6806.1000[6806.1010(2014 年版)] | | 发布日期 | | 2007 年 12 月 5 日 |
| 商品名称 | 耐火纤维纸 | | | | |
| 英文名称 | | | | | |
| 其他名称 | 硅铝酸耐火纤维纸 | | | | |
| 商品描述 | 该耐火纤维纸是以耐火纤维为主要原料，将纤维棉利用打浆机分散、除渣后，再按比例、按顺序加入结合剂配制成浆料，经过滤网真空成型、辊压、烘干、打卷而成。规格：厚度 0.5～6 毫米，长度 1000～250000 毫米，宽度 100～1220 毫米。成分：RT 型 $42\% \leqslant Al_2O_3 \leqslant 45\%$，$95\% \leqslant Al_2O_3 + SiO_2$；HP 型 $44\% \leqslant Al_2O_3 \leqslant 47\%$，$98\% \leqslant Al_2O_3 + SiO_2$；CZ 型 $33\% \leqslant Al_2O_3 \leqslant 37\%$，$13\% \leqslant ZrO_2 \leqslant 17\%$，$99\% \leqslant Al_2O_3 + SiO_2 + ZrO_2$。该商品主要用于工业窑炉和其他热工设备的高温隔热、填充、密封、高温气体过滤、车辆排气管保温隔热等。 | | | | |
| 归类决定 | 该耐火纤维纸由矿物纤维制得，根据归类总规则一，其应归入税则号列 6806.1000[6806.1010(2014 年版)]。 | | | | |

| 序号 | 709 | 归类决定编号 | Z2009－0152 | 公告编号 | 2009 年第 57 号 |
|---|---|---|---|---|---|
| 商品税则号列 | 6806.1000[6806.1090(2014 年版)] | | 发布日期 | | 2009 年 8 月 31 日 |
| 商品名称 | 隔热材料 | | | | |
| 英文名称 | | | | | |
| 其他名称 | | | | | |
| 商品描述 | 该隔热材料(无石棉)由石英砂(二氧化硅≥96%)加生石灰(氧化钙≥72%)，按约为 1:1.1 的比例混合，在水流加气流作用下生成微观的纤维状物质，再加不超过 5% 的矿物纤维，压制成板状。规格型号分别有 1000 毫米×500 毫米×25 毫米、1000 毫米×500 毫米×50 毫米、1000 毫米×500 毫米×40 毫米。该商品用于泥厂、铝厂等工业炉窑的保温和隔热。 | | | | |
| 归类决定 | 从工艺流程及用途分析，该商品应属于矿质棉制的的板材，根据归类总规则一及六，应归入税则号列 6806.1000[6806.1090(2014 年版)]。 | | | | |

| 序号 | 710 | 归类决定编号 | Z2006－0388 | 公告编号 | 2006 年第 69 号 |
|---|---|---|---|---|---|
| 商品税则号列 | 6806.9000 | | | 发布日期 | 2006 年 11 月 22 日 |
| 商品名称 | 消音器 | | | | |
| 英文名称 | | | | | |
| 其他名称 | | | | | |
| 商品描述 | 该消音器为标准设备，外部为镀锌钢板所制外罩，内含一定数量隔音板。隔音板主要材料为岩棉，四周用铁皮固定，两端有孔，使用过程中可通过管道或直接与生产设备连接，降低噪音。 | | | | |
| 归类决定 | 消音器外部为镀锌钢板所制外罩，内含一定数量的隔音板。隔音板主要材料为岩棉，四周用铁皮固定，两端有孔，使用过程中可通过管道或直接与生产设备连接，以降低噪音。<br>该商品主要利用岩石棉的特性起到消音作用，其外罩和隔音板间的铁皮仅起到加固、连接作用。<br>根据《税则注释》品目 68.06 的解释和第八十四章章注一（一）的规定，该商品应归入税则号列 6806.9000。 | | | | |

| 序号 | 711 | 归类决定编号 | Z2006－0389 | 公告编号 | 2006年第69号 |
|---|---|---|---|---|---|
| 商品税则号列 | 6808.0000 | | 发布日期 | | 2006年11月22日 |
| 商品名称 | 防火板 | | | | |
| 英文名称 | | | | | |
| 其他名称 | | | | | |
| 商品描述 | 规格:2440毫米×1220毫米×6毫米。<br>密度:0.94克/立方厘米。<br>组成:该材料是以氧化镁、氯化镁和水三元体系,经配制和改性剂改性而制成的、性能稳定的镁质胶囊材料,以玻纤布为增强材料,以轻质材料(锯末)为填料复合而制成的复合阻燃平板。<br>用途:主要用于房屋内层板(装饰材料)。<br>生产工艺流程:氧化镁、氯化镁、轻质材料、胶水经反应和玻纤布(防火型)、无纺布(防火型)经流水线压成定型、加温、脱模、保养、水处理制成成品防火板。<br>材料的黏合未使用有机胶和矿物胶,是靠层压而成。 | | | | |
| 归类决定 | 该商品的材料是以氧化镁、氯化镁和水三元体系,经配制和改性剂改性而制成的、性能稳定的镁质胶囊材料,以玻纤布为增强材料,以轻质材料(锯末)为填料复合而制成的复合阻燃平板,规格为2440毫米×1220毫米×6毫米,密度为0.94克/立方厘米,由于该商品是复合材料制品,应按构成该板主要特征的矿物性材料归类,根据归类总规则一,归入税则号列6808.0000。 | | | | |

| 序号 | 712 | 归类决定编号 | Z2009－0031 | 公告编号 | 2009年第5号 |
|---|---|---|---|---|---|
| 商品税则号列 | 6809.9000 | | | 发布日期 | 2009年1月20日 |
| 商品名称 | 硫酸钙地板 | | | | |
| 英文名称 | | | | | |
| 其他名称 | | | | | |
| 商品描述 | 硫酸钙地板为灰色块状，LINDNER牌，型号为NORTEC G 30 ST，规格600毫米×600毫米×33.9毫米，由三层结构构成：表层由氨基树脂贴面，起装饰面层的作用，可根据用户要求或应用的具体需要选择其他塑料；中层为硫酸钙板芯，是在石膏中添加纤维（增强基材强度）混合制成；底层为金属底板，起保护板芯、增加承重的作用。该商品可直接铺地使用。 | | | | |
| 归类决定 | 硫酸钙地板的表层仅起装饰和导静电作用，底层起保护板芯和增加承重的作用，而板芯决定了商品的属性，根据归类总规则三（二），应归入税则号列6809.9000。 | | | | |

| 序号 | 713 | 归类决定编号 | Z2013－0044 | 公告编号 | 2013 年第 26 号 |
|---|---|---|---|---|---|
| 商品税则号列 | 6810. 1910 | | | 发布日期 | 2013 年 5 月 17 日 |
| 商品名称 | 复合橱柜台面 | | | | |
| 英文名称 | | | | | |
| 其他名称 | | | | | |
| 商品描述 | 该商品为厨房、卫生间橱柜台面装饰面板及色板，外观为板状，规格型号有 3000 毫米×600 毫米×40 毫米、2400 毫米×600 毫米×40 毫米、1200 毫米×600 毫米×40 毫米等。其由人造石英石、聚丙烯(pp)蜂窝板材、聚氯乙烯(PVC)结皮板三层材料构成。人造石英石厚度 8 毫米，聚丙烯(pp)蜂窝板材厚度 27 毫米，聚氯乙烯(PVC)结皮板厚度 5 毫米。人造石英石层为表面层，起平面台板的作用。成分:85% 左右的石英砂(粉)，13% 左右的不饱和树脂等。蜂窝板材为中间层，代替部分人造石英石板材，降低成本，减少重量，增加厚度，提高耐高温抗变形的性能，主要成分为聚丙烯(PP)。聚氯乙烯(PVC)结皮板为底层，起平面板的作用，增加美观性，主要成分为聚氯乙烯(PVC)、碳酸钙等。 | | | | |
| 归类决定 | 该商品的人造石层为表面层，起平面台板的作用，为构成该商品基本特征的材料。根据归类总规则三(二)，该商品应归入税则号列 6810. 1910。 | | | | |

| 序号 | 714 | 归类决定编号 | Z2006－0390 | 公告编号 | 2006年第69号 |
|---|---|---|---|---|---|
| 商品税则号列 | 6810.9990 | | 发布日期 | 2006年11月22日 | |
| 商品名称 | 棕榈石 | | | | |
| 英文名称 | Palm rock | | | | |
| 其他名称 | | | | | |
| 商品描述 | 该棕榈石是由多孔混凝土和外面包裹的经过压制的约10毫米厚的椰丝垫组成的。加工工艺：<br>1. 从提取完椰油的椰壳里分离出椰丝，除去短的纤维和杂质，进行编织，然后进行高温加压成形。<br>2. 在预制好的钢模里放好已经做好的椰丝垫和钢筋，放入冲压机，投入混凝土振动加压成形。<br>用途：主要用于河堤的护岸。混凝土提供足够的强度来保持河岸的稳定，椰丝上植草实现生态防护和生态恢复，不仅保障了河堤的稳定，还最大限度地实现了植被恢复，达到了工程与自然的和谐统一。 | | | | |
| 归类决定 | 根据所提供的资料，商品棕榈石是由多孔混凝土和外面包裹的经过压制的约10毫米厚的椰丝垫组成的。商品进口状态为梯形体。<br>该商品为混凝土预制块和椰丝垫组成的复合产品，产品基本作用为河堤护岸的修筑材料。根据归类总规则三（二），商品棕榈石应归入税则号列6810.9990。 | | | | |

| 序号 | 715 | 归类决定编号 | Z2006－1286 | 公告编号 | 2007 年第 70 号 |
|---|---|---|---|---|---|
| 商品税则号列 | 68.12 | | | 发布日期 | 2007 年 12 月 5 日 |
| 商品名称 | 衬垫 | | | | |
| 英文名称 | Gasket material | | | | |
| 其他名称 | 闸垫(申报名称) | | | | |
| 商品描述 | 衬垫进口时呈卷状,每卷规格为 0.45 毫米(厚)×876 毫米(宽)×600 米(长),进口后经过冲压制成防液体渗漏密封垫。该商品是在冷轧的非合金钢板上黏结石棉、石墨的混合物制成的复合材料制品,总厚度为 0.45 毫米,其中,石棉石墨混合层的厚度为 0.2 毫米,金属片的厚度为 0.25 毫米。 | | | | |
| 归类决定 | 该商品是钢铁片与石棉石墨混合层的复合材料制品,其中,金属层只是为加强密封垫的强度,石棉和石墨混合层起防渗漏的作用,构成密封垫的基本特征。根据归类总规则三(二),应按石棉石墨制品归类;由于石棉在混合层中的比例超过 50%,石墨只是为了表面涂层,因此,根据《税则注释》对品目 68.12 的商品范围的解释,该商品应按石棉制品归入税目 68.12 项下。 | | | | |

| 序号 | 716 | 归类决定编号 | Z2008－0034 | 公告编号 | 2008 年第 76 号 |
|---|---|---|---|---|---|
| 商品税则号列 | 6813.8900 | | | 发布日期 | 2008 年 10 月 28 日 |
| 商品名称 | 洗衣机刹车带 | | | | |
| 英文名称 | | | | | |
| 其他名称 | | | | | |
| 商品描述 | 洗衣机刹车带为洗衣机制动摩擦层,主要构成成分:橡胶 15%、氢氧化钙 10%、焦炭 15%、石墨 15%、树脂 10%、尼龙纤维 15%、陶瓷纤维 5%、碳酸钙 10% 等。经高温高压等工艺压制成型,规格为约 20 厘米见方的矩形,毛边未经切片修理。进口后根据客户要求进行裁剪,制成洗衣机刹车带。 | | | | |
| 归类决定 | 该商品的成分、加工工艺及用途符合《税则》税目 68.13 的商品范围,根据归类总规则一及六,应归入税则号列 6813.8900。 | | | | |

| 序号 | 717 | 归类决定编号 | Z2006 - 1287 | 公告编号 | 2007 年第 70 号 |
|---|---|---|---|---|---|
| 商品税则号列 | 6815. 1000 | | | 发布日期 | 2007 年 12 月 5 日 |
| 商品名称 | 石墨制隔热材料、线、固定钉 | | | | |
| 英文名称 | | | | | |
| 其他名称 | | | | | |
| 商品描述 | 该石墨制隔热材料分别是石墨布、石墨线及石墨固定钉等。石墨布是放在电加热的真空烧结炉炉体的耐高温隔热材料的的损坏部分处,起隔热作用,石墨线及石墨钉的主要作用是将石墨布固定在炉体上。安装方法是:将石墨布放置在炉内隔热材料的损坏部分处,用石墨线固定在炉体上,线头用石墨固定钉固定。该产品本身无任何电器性能。 | | | | |
| 归类决定 | 根据归类总规则一,该石墨制隔热材料应归入税则号列 6815. 1000。 | | | | |

| 序号 | 718 | 归类决定编号 | Z2006 - 1288 | 公告编号 | 2007 年第 70 号 |
|---|---|---|---|---|---|
| 商品税则号列 | 6815. 9900[6815. 9990(2014 年版)] | | | 发布日期 | 2007 年 12 月 5 日 |
| 商品名称 | 非石棉气缸材料 | | | | |
| 英文名称 | Non-asbestos gasket material | | | | |
| 其他名称 | | | | | |
| 商品描述 | 非石棉气缸材料为棕红色片状产品,型号为 MP - 15,规格为 1. 2 毫米 ×1. 016 米 ×200 米,是由 20% 合成橡胶、15% 纤维(软木纤维、玻璃纤维、纤维素、合成纤维)和 65% 填充物(惰性黏土)制成的。其加工方法:由软木、纤维素、玻璃、合成纤维和黏土经合成橡胶高温高压黏合压制成纸张状。该产品主要用于生产汽车用密封垫。不具有高摩擦系数及耐磨、耐热的特性,不能产生足够大的摩擦力来阻碍运动或传递动力,不符合“摩擦材料”的条件。 | | | | |
| 归类决定 | 该产品属于以惰性黏土为主的矿物制品,根据归类总规则一,应归入税则号列 6815. 9900[6815. 9990(2014 年版)]。 | | | | |

<table>
<tr><td>序号</td><td>719</td><td>归类决定编号</td><td>Z2006－0391</td><td>公告编号</td><td>2006 年第 69 号</td></tr>
<tr><td>商品税则号列</td><td colspan="3">6815. 9900[6815. 9990(2014 年版)]</td><td>发布日期</td><td>2006 年 11 月 22 日</td></tr>
<tr><td>商品名称</td><td colspan="5">流道流槽唇砖</td></tr>
<tr><td>英文名称</td><td colspan="5">One set of canal, two sets of spout lip tiles</td></tr>
<tr><td>其他名称</td><td colspan="5"></td></tr>
<tr><td>商品描述</td><td colspan="5">流道流槽唇砖的生产流程是:将高纯度的原料(包括氧化铝、二氧化硅和氧化钠)按配比混合→以 2000 度以上高温熔化→熔融液注入模型中浇铸成型后保温退火→表面研磨抛光成品。该商品用于玻璃工业,作为玻璃液的流动通道。</td></tr>
<tr><td>归类决定</td><td colspan="5">根据《税则》第六十九章章注一,“本章仅适用于成形后经过烧制的陶瓷产品”,从生产流程来看,该商品不属于第六十九章的陶瓷产品,因此不能归入税则号列 6902. 2000。<br>根据《税则注释》第六十八章总注释,该商品由第二十八章材料氧化铝等制成,属于第六十八章中其他品目未列名的其他矿物制品,因此应归入税则号列 6815. 9900[6815. 9990(2014 年版)]。</td></tr>
</table>

<table>
<tr><td>序号</td><td>720</td><td>归类决定编号</td><td>Z2006－0392</td><td>公告编号</td><td>2006 年第 69 号</td></tr>
<tr><td>商品税则号列</td><td colspan="3">6815. 9900[6815. 9990(2014 年版)]</td><td>发布日期</td><td>2006 年 11 月 22 日</td></tr>
<tr><td>商品名称</td><td colspan="5">盐芯</td></tr>
<tr><td>英文名称</td><td colspan="5"></td></tr>
<tr><td>其他名称</td><td colspan="5"></td></tr>
<tr><td>商品描述</td><td colspan="5">该盐芯是由纯 NaCl 经高温,压制成环形毛坯,再经过机器打磨、钻孔成型,在活塞铸造中起内模成型作用。活塞成型后,由高压水从预留孔将盐芯融化,形成活塞内机油冷却环形通道。</td></tr>
<tr><td>归类决定</td><td colspan="5">该盐芯由纯 NaCl 经压制、打磨、钻孔而成,具有特定形状(环形),用作活塞铸造的内模,因而已具备制成品的特征。另据《税则》第二十五章及六十八章的相关注释,该商品的加工程度已超出第二十五章的范围,应归入税则号列 6815. 9900[6815. 9990(2014 年版)]。</td></tr>
</table>

| 序号 | 721 | 归类决定编号 | Z2010 - 0021 | 公告编号 | 2010 年第 15 号 |
|---|---|---|---|---|---|
| 商品税则号列 | | 6815. 9939 | | 发布日期 | 2010 年 2 月 28 日 |
| 商品名称 | 碳纤维丝 | | | | |
| 英文名称 | | | | | |
| 其他名称 | | | | | |
| 商品描述 | 碳纤维丝是一种以聚丙烯腈为原料，采用干湿法纺丝，经氧化、炭化、石墨化、表面处理、上浆、并条、拉伸、定型等工艺生产制得的含碳量 90% 以上的长丝。主要用于织造单向织物。 | | | | |
| 归类决定 | 该商品实为碳纤维长丝纱线，属于碳纤维制品，根据归类总规则一及六，应归入税则号列 6815. 9939。 | | | | |

| 序号 | 722 | 归类决定编号 | Z2013 - 0045 | 公告编号 | 2013 年第 26 号 |
|---|---|---|---|---|---|
| 商品税则号列 | | 6815. 9990 | | 发布日期 | 2013 年 5 月 17 日 |
| 商品名称 | 建筑用防水膨润土纺织毯 | | | | |
| 英文名称 | | | | | |
| 其他名称 | | | | | |
| 商品描述 | 该商品呈卷状，由土工编织布、人工钠化膨润土和无纺织物三层复合加工而成，主要用作建筑用土工合成防水毯。土工编织布、无纺织物为人工钠化膨润土的载体，起主要作用的是膨润土。无纺织物可以保护产品避免被硬物刺破，增强复合结构稳定性；土工编织布对土体和水面有防护和防冲作用，能有效阻止土壤颗粒通过，从而防止土粒的流失造成土体的破坏；人工钠化膨润土能遇水膨胀，起修补裂缝和漏洞的作用。 | | | | |
| 归类决定 | 该商品为经织物固化的钠化膨润土制品，已超出第二十五章的商品加工范围。该商品中人工钠化膨润土为其基本特征，根据归类总规则三（二），应归入税则号列 6815. 9990。 | | | | |

| 序号 | 723 | 归类决定编号 | Z2006－0393 | 公告编号 | 2006 年第 69 号 |
|---|---|---|---|---|---|
| 商品税则号列 | 6902.2000 | | 发布日期 | 2006 年 11 月 22 日 | |
| 商品名称 | 黏土砖 | | | | |
| 英文名称 | | | | | |
| 其他名称 | | | | | |
| 商品描述 | 该黏土砖规格为 230 毫米×50 毫米×76 毫米，经海关化验，成分为二氧化硅和硅酸铝，含三氧化二铝 32.67%、二氧化硅 60.67%，样品耐火度为 1670℃，为耐火砖。用于建筑墙体。 | | | | |
| 归类决定 | 根据海关化验鉴定结果，“黏土砖”成分含三氧化二铝 32.67%、二氧化硅 60.67%，耐火度为 1670℃。规格为 230 毫米×50 毫米×76 毫米，用作建筑墙体的耐火砖。该耐火砖也可用于其他需耐高温的工业建筑，如陶瓷厂的烘干车间等。<br>该商品属于耐火材料制品，根据归类总规则一，黏土砖应归入税则号列 6902.2000。 | | | | |

| 序号 | 724 | 归类决定编号 | Z2006－0394 | 公告编号 | 2006 年第 69 号 |
|---|---|---|---|---|---|
| 商品税则号列 | 6903.2000 | | 发布日期 | 2006 年 11 月 22 日 | |
| 商品名称 | 氧化铝素坯（瓷制） | | | | |
| 英文名称 | Translucent alumina tubes for high pressure sodium lamps | | | | |
| 其他名称 | | | | | |
| 商品描述 | 该商品为白色不透明的套管（经过 1300℃左右的高温煅烧）。<br>主要成分：99.98%的三氧化二铝。<br>主要用途：经过二次煅烧后（1800℃以上高温），成为白色半透明的陶瓷管，用于做高压钠灯的发光管。 | | | | |
| 归类决定 | 根据《税则注释》第六十九章（第一分章）总注释，归入品目 69.02 或 69.03 的耐火制品不但要能耐高温，而且还能在高温下工作。该商品（在钠灯中可承受 1400℃以上高温，且具有在高温下工作特征）符合此规定。<br>根据归类总规则一，“氧化铝素坯（瓷制）”应按耐火陶瓷制品归入税则号列 6903.2000。 | | | | |

| 序号 | 725 | 归类决定编号 | Z2006－0395 | 公告编号 | 2006 年第 69 号 |
|---|---|---|---|---|---|
| 商品税则号列 | 6908.9000 | | | 发布日期 | 2006 年 11 月 22 日 |
| 商品名称 | 建筑物外墙用釉面瓷砖 | | | | |
| 英文名称 | GT Century beige | | | | |
| 其他名称 | | | | | |
| 商品描述 | 该瓷砖规格为 30 厘米×60 厘米，厚 0.9 厘米，带有釉面，用于建筑外墙。 | | | | |
| 归类决定 | 根据《税则注释》品目 69.08 的解释，该品目包括贴面砖、铺面砖，从其表面规格来看比建筑用砖薄。建筑用砖在建筑工程中起构成建筑物框架的作用。该商品用于贴建筑外墙，起装饰和保护作用，并非构成建筑物的框架，属于品目 69.08 的范围。<br>根据归类总规则一，建筑物外墙用釉面瓷砖应归入税则号列 6908.9000。 | | | | |

| 序号 | 726 | 归类决定编号 | Z2006－0396 | 公告编号 | 2006 年第 69 号 |
|---|---|---|---|---|---|
| 商品税则号列 | 6909.1 | | | 发布日期 | 2006 年 11 月 22 日 |
| 商品名称 | 手模 | | | | |
| 英文名称 | | | | | |
| 其他名称 | | | | | |
| 商品描述 | 手模是由硅、铝、铁、钛、钙、镁、钾、钠等氧化物按一定比例配制加水融合后，经搅拌、制成手模并进行高温烘烤，再上釉烘烤。该商品用于生产乳胶手套、丁腈手套等，使用时将手模安装在生产线上，在配置好的手套混合原料料槽中浸渍后取出经烘烤、脱模等环节制成手套成品。 | | | | |
| 归类决定 | 该商品是成形后经烧制的陶瓷产品，用于手套的工业生产，符合税目 69.09 的商品范围。由于该商品用于工业生产，属于专门技术用途的陶瓷器，因此根据归类总规则一，手模应归入《税则》子目 6909.1 项下。 | | | | |

| 序号 | 727 | 归类决定编号 | Z2006－0397 | 公告编号 | 2006年第69号 |
|---|---|---|---|---|---|
| 商品税则号列 | 6909.1900 | | | 发布日期 | 2006年11月22日 |
| 商品名称 | 陶瓷载体 | | | | |
| 英文名称 | Substrate | | | | |
| 其他名称 | | | | | |
| 商品描述 | 陶瓷载体是由陶土原料经过混合、积压、烘干成型。为陶制蜂窝状多孔的圆柱体，进口后需涂覆贵金属并经封装后形成制品，置于汽车发动机和排气管之间，用于过滤汽车尾气，其过滤作用是通过进口后喷涂的贵金属与废气发生化学作用，陶瓷载体仅起承载作用。 | | | | |
| 归类决定 | 陶瓷载体实为陶瓷产品，已制成特定形状和结构，专用于过滤汽车尾气。从该商品的形状结构和用途特征看，该商品符合品目69.09的定义范畴。根据归类总规则一，陶瓷载体应归入税则号列6909.1900。 | | | | |

| 序号 | 728 | 归类决定编号 | Z2009－0032 | 公告编号 | 2009年第5号 |
|---|---|---|---|---|---|
| 商品税则号列 | 6910.1000 | | | 发布日期 | 2009年1月20日 |
| 商品名称 | 智能马桶 | | | | |
| 英文名称 | | | | | |
| 其他名称 | | | | | |
| 商品描述 | 智能马桶是一种带洗净和舒适等功能的瓷制抽水马桶。其主要功能：(1)洗净功能，其中包括臀部洗净、女用洗净、洗净位置调节、洗净水压调节、移动洗净、按摩洗净；(2)舒适功能，其中包括温暖便座、温度调节、暖风烘干、自动除臭、自动感应、自动冲洗。使用方法：接通电源后，按开关键，再按功能键执行相关功能。 | | | | |
| 归类决定 | 智能马桶的主要特征为瓷制抽水马桶，并附带清洗功能，根据归类总规则一及六，应归入税则号列6910.1000。 | | | | |

| 序号 | 729 | 归类决定编号 | Z2013 - 0046 | 公告编号 | 2013 年第 26 号 |
|---|---|---|---|---|---|
| 商品税则号列 | 6911.1020 | | 发布日期 | 2013 年 5 月 17 日 | |
| 商品名称 | 瓷制陶瓷刀 | | | | |
| 英文名称 | | | | | |
| 其他名称 | | | | | |
| 商品描述 | 该商品用于厨房加工食品，刀身主要成分为二氧化锆，刀柄主要为塑料，按刀片长度分为 3 ~ 8 寸刀。陶瓷刀的优点为：卫生抗菌、锋利、耐磨、耐酸碱抗腐蚀，不含对人体有害的金属成分，特别适合处理生鱼片、肉片，制作生菜色拉，切削水果等生鲜食物及面包熟肉等食品。 | | | | |
| 归类决定 | 该商品用于厨房加工食品，根据归类总规则一及六，应归入税则号列 6911.1020。 | | | | |

| 序号 | 730 | 归类决定编号 | Z2006 - 0398 | 公告编号 | 2006 年第 69 号 |
|---|---|---|---|---|---|
| 商品税则号列 | 6914.1000 | | 发布日期 | 2006 年 11 月 22 日 | |
| 商品名称 | 陶瓷基片 | | | | |
| 英文名称 | | | | | |
| 其他名称 | | | | | |
| 商品描述 | 该商品有两种型号：RUBALIT，基本成分为氧化铝；ALUNIT，基本成分为氮化铝。进口后，再经表面涂层、切割等，用于印刷电极等。<br>规格：1 毫米 × 115 毫米 × 115 毫米。 | | | | |
| 归类决定 | 陶瓷基片有 RUBALIT 和 ALUNIT 两种型号，规格都为 1 毫米 × 115 毫米 × 115 毫米。RUBALIT 的基本成分为氧化铝，有高强度和高热导率；ALUNIT 的基本成分为氮化铝，除具有接近 RUBALIT 的特性外，还具有优良的电绝缘性。该陶瓷基片未经特定的后续加工，没有特定的用途，应按材料归入税则号列 6914.1000。 | | | | |

| 序号 | 731 | 归类决定编号 | Z2006－0399 | 公告编号 | 2006年第69号 |
| --- | --- | --- | --- | --- | --- |
| 商品税则号列 | 6914.9000 | | 发布日期 | 2006年11月22日 | |
| 商品名称 | 烧结矾土 | | | | |
| 英文名称 | | | | | |
| 其他名称 | | | | | |
| 商品描述 | 该商品为黑色小圆柱颗粒，根据海关化验鉴定结果，样品中含氧化铝79.4%，氧化硅1.8%，氧化钛5.1%，氧化铁12.2%。样品经X衍射测定和刚玉谱图一致。企业提供的情况说明，该种烧结矾土是采用天然铝矾土作为原料（不需要添加其他化学成分），经过加工粉碎最终形成1.4微米左右大小的微粒，再经过挤压和切断成型工艺，将其加工为圆柱形状，然后经过高温（800℃～1200℃）煅烧处理而成。它是生产重负荷钢坯修磨的主要原料，经与树脂混合，装入模具内，在2000吨液压机内加热压制成型，经烘干、回转工序，生产出砂轮成品。由于烧结矾土的多晶结构和独特的柱体形状，使得该砂轮产品具有极高的修磨效率和极佳的表面效果。 | | | | | |
| 归类决定 | 该商品为天然铝矾土经加工粉碎、挤压和切断成型后在800℃～1200℃下煅烧而得。所得产品成分组成及其生产原料与工艺不符合《税则注释》中子目2818.10项下“人造刚玉”的商品解释，不归入税则号列2818.1000。<br>该商品仅经过粉碎、挤压和切断成型后煅烧的加工工艺，进口后还需要经过后续加热压制成型等工艺方可加工成直接用于砂轮研磨的成品，不符合《税则注释》品目69.09项下“研磨机上的研磨器和研磨球”的解释，不应归入品目69.09项下。<br>该商品为天然铝矾土经过粉碎、挤压等工艺成型后，再在800℃～1200℃下煅烧所得的小圆柱颗粒状产品，属于成型后加以烧制所得产品。根据归类总规则一，该商品应归入税则号列6914.9000。 | | | | | |

| 序号 | 732 | 归类决定编号 | Z2008－0035 | 公告编号 | 2008 年第 76 号 |
| --- | --- | --- | --- | --- | --- |
| 商品税则号列 | 6914.9000 | | 发布日期 | 2008 年 10 月 28 日 | |
| 商品名称 | 煅烧铝矾土 | | | | |
| 英文名称 | | | | | |
| 其他名称 | | | | | |
| 商品描述 | 煅烧铝矾土 SO200 为黑色小圆柱颗粒。成分:氧化铝 85.1%、二氧化钛 5.48%、氧化铁 6.03%、氧化钙 1.36%。该商品采用天然铝矾土作为原料(不需要添加其他化学成分),经过 1000℃～1200℃高温焙烧,然后将焙烧后的材料破碎、球磨,磨细至 3 微米以下,加水制成料浆,再经酸洗除杂,干燥,加入一定的黏结剂混料,挤压成型。成型后再经过干燥、破碎制成小磨粒,小磨粒经过筛分后成为生粒,生粒经过两次烧结,第一次先置于 700℃～1000℃下预烧,除去黏结剂,然后再置于 1470℃～1570℃的高温下烧结。二次烧结后的磨粒再经过分筛成不同的粒度号。该商品用于生产抛磨不锈钢钢锭所用的砂轮,其小圆柱形结构能使制成的砂轮磨削效果更好。 | | | | |
| 归类决定 | 该商品为天然铝矾土经过粉碎、挤压成型等工艺后,经二次烧结而成的小圆柱颗粒状产品,属于成型后加以烧制所得产品,根据归类总规则一,应归入税则号列 6914.9000。 | | | | |

| 序号 | 733 | 归类决定编号 | Z2009－0109 | 公告编号 | 2009年第32号 |
| --- | --- | --- | --- | --- | --- |
| 商品税则号列 | 7001.0000 | | | 发布日期 | 2009年6月12日 |
| 商品名称 | 光学元件玻璃毛坯 | | | | |
| 英文名称 | Glass | | | | |
| 其他名称 | | | | | |
| 商品描述 | 光学元件玻璃毛坯为经过高温连熔、退火冷却而成型的长方体连熔玻璃块，规格为220毫米×210毫米×170毫米，每块净重约40千克。该商品的制造工序：先将特殊配方及筛选的原料放入熔解炉中准备熔融；然后加热，熔解，并将原料搅拌均匀；最后将熔解炉中的液态玻璃浇筑在模具内，待冷却后取出。该商品还需要经过切割、粗磨、精磨、研磨、抛光、镀膜等光学加工程序后，才能成为光学元件，如长方形镜片、正方形镜片、圆形镜片、透镜等。 | | | | |
| 归类决定 | 光学元件玻璃毛坯进口时呈大块状，进口后需要经过切割和粗磨才能成为光学元件的毛坯，可加工成多种光学元件，根据归类总规则一，应归入税则号列7001.0000。 | | | | |

| 序号 | 734 | 归类决定编号 | Z2008－0036 | 公告编号 | 2008 年第 76 号 |
|---|---|---|---|---|---|
| 商品税则号列 | 70.03 | | 发布日期 | | 2008 年 10 月 28 日 |
| 商品名称 | 原板玻璃 | | | | |
| 英文名称 | Flat glass(low specification) for training | | | | |
| 其他名称 | | | | | |
| 商品描述 | 原板玻璃是将以 $SiO_2$ 为主要成分的几种玻璃原料投入到熔解炉中,以大约 1500℃ 的高温进行熔解而生成熔解玻璃(液体)。熔解玻璃再通过溢流熔融法,经通道断续地流到筒状的成形体,然后从成形体的双侧溢出来,沿着成形体的双侧流下的熔融玻璃与下面的熔桌粘在一起,成为一张平板玻璃。经上述工艺而形成的板状玻璃由于重力从上向下流下去,在流下过程中利用工艺夹具等对其宽度、厚度和光滑度进行调整,同时调整温度和流下速度等,最后做成一定尺寸和质量的玻璃原板。专用于制造 LCD 玻璃基板。 | | | | |
| 归类决定 | 从生产工艺看,该商品的加工方式与铸制、轧制玻璃板最相类似,根据归类总规则四,应归入税目 70.03 项下。 | | | | |

| 序号 | 735 | 归类决定编号 | Z2007－0033 | 公告编号 | 2007 年第 71 号 |
|---|---|---|---|---|---|
| 商品税则号列 | 7005.1000 | | 发布日期 | | 2007 年 12 月 5 日 |
| 商品名称 | 镀膜玻璃 | | | | |
| 英文名称 | | | | | |
| 其他名称 | | | | | |
| 商品描述 | 镀膜玻璃是以透明浮法玻璃为原片，通过真空磁控溅射镀膜生产线离线生产而成的。其镀膜层是多层的金属或金属氧化物，主要用于生产阳光控制玻璃、低辐射玻璃等离线镀膜节能产品。 | | | | |
| 归类决定 | 根据归类总规则一，镀膜玻璃应归入税则号列 7005.1000。 | | | | |

| 序号 | 736 | 归类决定编号 | Z2006－0400 | 公告编号 | 2006 年第 69 号 |
|---|---|---|---|---|---|
| 商品税则号列 | 7006.0000 | | 发布日期 | | 2006 年 11 月 22 日 |
| 商品名称 | 耐温陶瓷板 | | | | |
| 英文名称 | Neoceram n-11 | | | | |
| 其他名称 | | | | | |
| 商品描述 | 该商品耐温陶瓷板（英文名：NEOCERAM N-11）的成分为二氧化硅 67%，三氧化二铝 23%，氧化锂 4%，氧化锆 3%，其他 3%。该产品获得的生产工艺：混合原料（Mixing raw materials）→在熔炉中熔制混合（Melting furnace）→添加填料（feeder）→成型（forming）→热处理等→退火→结晶而后获得产品。货物进口后进行以下加工：切割面板、印刷图案、烘烤、粘在塑料件上、安装等。主要用作电磁炉的面板。 | | | | |
| 归类决定 | 该商品为将原料混合、熔融后成型，经后续工艺制得的具有结晶化的玻璃产品，其符合《税则注释》第七十章总注释中关于“微晶玻璃材料”的解释，不应作为陶瓷制品归入税则号列 6903.1000。<br>该商品进口状态为圆盘状，有凸起的边缘，表面光亮，可根据所需的规格进行切割及后续加工。根据归类总规则一，耐温陶瓷板应归入税则号列 7006.0000。 | | | | |

| 序号 | 737 | 归类决定编号 | Z2006－0401 | 公告编号 | 2006 年第 69 号 |
|---|---|---|---|---|---|
| 商品税则号列 | 7011. 2090 | | | 发布日期 | 2006 年 11 月 22 日 |
| 商品名称 | 显示管用玻壳 | | | | |
| 英文名称 | | | | | |
| 其他名称 | | | | | |
| 商品描述 | 通常玻壳包括两部分:面盘、椎管,二者均为玻璃制品。面盘作用是:在面盘上涂布荧光粉,电子束击在面盘荧光粉上产生图像;椎管作用是:椎管安装电子枪等零部件后,产生电子束轰击面盘产生图像。 | | | | |
| 归类决定 | 根据《税则》归类总规则一,显示管用玻壳及其零件(面盘、椎管)均应归入税则号列 7011. 2090。 | | | | |

| 序号 | 738 | 归类决定编号 | Z2006－0402 | 公告编号 | 2006 年第 69 号 |
|---|---|---|---|---|---|
| 商品税则号列 | 7011. 9090 | | | 发布日期 | 2006 年 11 月 22 日 |
| 商品名称 | 石英管内管、外管 | | | | |
| 英文名称 | | | | | |
| 其他名称 | | | | | |
| 商品描述 | 石英管内管、外管为以 99. 9% 的石英作材质,制成特定尺寸规格,可直接装配于曝光装置中的,具有耐高温、可透光性的内管、外管。一般情况下,曝光装置的高压水银灯产生的温度高达 800℃以上,其高温对曝光机将造成损害,为了消除这种损害,在高压水银灯外部依次套上石英管内管、滤光管及石英管外管,且在石英管与滤光管、滤光管与石英管外管之间通过冷却水,对高压水银灯产生的高温起冷却降温作用。 | | | | |
| 归类决定 | 根据《税则注释》品目 70. 02 的条文解释,本品目包括未加工的玻璃管。由于该商品已制成特定尺寸规格,不需对玻璃管再作进一步的加工便可直接装配于曝光装置中,因此,不能作为仍需作进一步加工的玻璃管而归入税则号列 7002. 3190。又由于该商品主要是对曝光装置中的水银灯所产生的高温起冷却降温作用,因此,也不属于电灯用玻璃零件,不能归入税则号列 7011. 1000。<br>该商品属于曝光装置中的零件,根据归类总规则一,石英管内管、外管应归入税则号列 7011. 9090。 | | | | |

| 序号 | 739 | 归类决定编号 | Z2006－0403 | 公告编号 | 2006年第69号 |
|---|---|---|---|---|---|
| 商品税则号列 | | 7013.9900 | | 发布日期 | 2006年11月22日 |
| 商品名称 | 金色火球 | | | | |
| 英文名称 | Golden sun | | | | |
| 其他名称 | | | | | |
| 商品描述 | 该商品由人工吹制成型，再进行抛光、上釉、切割、磨光而成，配有少量金属作支撑。每件作品按艺术家构思制作成型，用于装饰摆设。每项构思仅限一件。 | | | | |
| 归类决定 | 金色火球由人工吹制成型后，进行抛光、上釉、切割、磨光而成，配有少量金属作支撑。该商品按艺术家构思制作成型，用于装饰摆设。<br>从加工工艺和用途来看，金色火球主要是配以金属作支撑，由玻璃吹制成型，固定在墙壁上作室内装饰。该商品不符合《税则注释》品目97.03的注释中关于雕塑品的定义，应是玻璃装饰制品，因此不能归入税目97.03项下。<br>根据归类总规则一及《税则注释》品目70.13的规定，金色火球应归入税则号列7013.9900。 | | | | |

| 序号 | 740 | 归类决定编号 | Z2006－0404 | 公告编号 | 2006年第69号 |
|---|---|---|---|---|---|
| 商品税则号列 | | 7017.9000 | | 发布日期 | 2006年11月22日 |
| 商品名称 | 溶液抽取注射器 | | | | |
| 英文名称 | | | | | |
| 其他名称 | | | | | |
| 商品描述 | 注射器有三种规格：10×1/5毫升；1×1/100毫升；5×1/5毫升。溶液抽取注射器由不锈钢空心圆柱形针嘴、带不锈钢针嘴连接头的钢化玻璃针筒及不锈钢限位器组成，用于抽取试验用的溶液。使用时先把限位器定好位置，就能很准确地抽取到所需要的一定量的溶液，抽取方法与医用注射器完全相同。 | | | | |
| 归类决定 | 溶液抽取注射器是由不锈钢空心圆柱形针嘴、带不锈钢针嘴连接头的钢化玻璃针筒及不锈钢限位器组成，在测试乳液的黏度或密度时，抽取定量的溶液。该商品的主要部分为玻璃制品，故应作为实验室用的玻璃器归入税则号列7017.9000。 | | | | |

| 序号 | 741 | 归类决定编号 | Z2006－0405 | 公告编号 | 2006年第69号 |
|---|---|---|---|---|---|
| 商品税则号列 | 7018.2000 | | | 发布日期 | 2006年11月22日 |
| 商品名称 | 玻璃沙(200目) | | | | |
| 英文名称 | | | | | |
| 其他名称 | | | | | |
| 商品描述 | 该商品为白色细颗粒,玻璃沙经厦门大学分析测试中心检验,主要成分为二氧化硅,在80倍显微镜下观察大多数为无色半透明直径约0.07毫米(合70微米)的玻璃球形体,属性定为玻璃微珠。该商品用于粘附在陶土工艺品的表面,起到闪光装饰的作用。 | | | | |
| 归类决定 | 玻璃微珠是直径几到几十微米的实心或空心的玻璃珠,具有定向发射性、光洁度好和冲击强度高的特性。其加工工艺有:<br>1. 粉末法,将一定颗粒大小的玻璃粉末,送入高温炉,与上升的热气流相遇,使玻璃粉末迅速熔融,因表面张力而形成圆形的细珠。<br>2. 熔融法,将玻璃配合料熔化成玻璃液,用高速气流喷吹,玻璃液滴由于表面张力而形成圆珠。<br>3. 煅烧法,一定颗粒的玻璃粉与石墨碳粉等混合加热到玻璃粉熔融而成圆形细珠。参考上述加工工艺及化验鉴定书,该商品的微观结构已加工成细小规则圆球形玻璃粒(微球体),根据《税则注释》品目32.07的注释,该商品不应归入税则号列3207.4000。<br>玻璃沙符合玻璃微珠的定义范围,根据归类总规则一及《税则注释》品目70.18的规定,应归入税则号列7018.2000。 | | | | |

| 序号 | 742 | 归类决定编号 | Z2006－0406 | 公告编号 | 2006年第69号 |
|---|---|---|---|---|---|
| 商品税则号列 | 7019.1200或7019.5900 | | | 发布日期 | 2006年11月22日 |
| 商品名称 | 玻璃纤维散装丝及玻璃纤维零段布 | | | | |
| 英文名称 | | | | | |
| 其他名称 | | | | | |
| 商品描述 | 海关化验鉴定结果，玻璃纤维散装丝为亮白色长丝，长度超过380毫米，成分为玻璃纤维，进口后需加工成2～3厘米长度，用于制作水泥瓦、石膏板等建材产品。玻璃纤维零段布为白色带光泽的平纹织物，宽度大于30厘米，每平方米重量超过250克，成分为玻璃纤维，进口后需通过整理、清除不成形的，加工成25厘米长，供应给保温行业用于管道包扎。 | | | | |
| 归类决定 | 玻璃纤维散装丝，外观上基本未加捻且为长丝，其长度超过380毫米，以上特征不符合《税则注释》中子目7019.19的子目注释，根据归类总规则一，并且根据子目7019.12的子目注释，应归入税则号列7019.1200。<br>玻璃纤维零段布为白色短纤维无捻纱制平纹机织物，织物宽度超过30厘米，每平方米重量超过250克。根据归类总规则一，该商品应归入税则号列7019.5900。 | | | | |

| 序号 | 743 | 归类决定编号 | Z2008－0037 | 公告编号 | 2008年第76号 |
|---|---|---|---|---|---|
| 商品税则号列 | 7019.3200 | | | 发布日期 | 2008年10月28日 |
| 商品名称 | 玻璃纤维连续原丝毡 | | | | |
| 英文名称 | Continuous filament mat | | | | |
| 其他名称 | 玻璃纤维席 | | | | |
| 商品描述 | 玻璃纤维连续原丝毡是一种玻璃纤维增强材料，由连续玻璃纤维不规则抛丝，再用不饱和聚酯或环氧树脂的黏合剂黏结加工成型。其中的玻璃纤维长丝不能单独抽出，且厚度不超过5毫米。主要成分为94%～98%的玻璃纤维，2%～6%的黏结剂。型号有M8643、M8635及M8610三种。用于模压、拉挤等多种玻璃钢生产中起提高终端制品随机方向强度的作用。 | | | | |
| 归类决定 | 该商品采用黏结剂黏合后加压而成，玻璃纤维长丝不能单独抽出，且厚度不超过5毫米，符合《税则注释》对子目7019.32的“玻璃纤维薄片”的描述，根据归类总规则一及六，应归入税则号列7019.3200。 | | | | |

<table>
<tr><td>序号</td><td>744</td><td>归类决定编号</td><td>Z2006－0407</td><td>公告编号</td><td>2006年第69号</td></tr>
<tr><td colspan="2">商品税则号列</td><td colspan="2">7019.3900[7019.39(2014年版)]</td><td>发布日期</td><td>2006年11月22日</td></tr>
<tr><td colspan="2">商品名称</td><td colspan="4">玻璃纤维席</td></tr>
<tr><td colspan="2">英文名称</td><td colspan="4"></td></tr>
<tr><td colspan="2">其他名称</td><td colspan="4"></td></tr>
<tr><td colspan="2">商品描述</td><td colspan="4">该玻璃纤维席外观状态为玻璃纤维丝不定向排列制成的片，表层的玻璃纤维丝可以拉出。产品厚度大约1～2毫米。该玻璃纤维席所用的玻璃丝未经短切，为用胶黏剂胶合但未经加压制成的玻璃纤维席。</td></tr>
<tr><td colspan="2">归类决定</td><td colspan="4">该商品的纤维丝外观非平行不定向排列，以上特征不符合《税则注释》中子目7019.31关于“席”的子目注释，不应归入该子目项下。<br>该商品用胶黏剂胶合未经加压制得，其加工工艺不符合《税则注释》中子目7019.32关于“薄片”的子目注释，不应归入该子目项下。<br>该商品具有无纺织物外观，为玻璃长丝非平行不规则排列，未经加压由胶黏剂胶合制成的产品，根据归类总规则一，商品玻璃纤维席应归入税则号列7019.3900[7019.39(2014年版)]。</td></tr>
</table>

<table>
<tr><td>序号</td><td>745</td><td>归类决定编号</td><td>Z2006－0408</td><td>公告编号</td><td>2006年第69号</td></tr>
<tr><td colspan="2">商品税则号列</td><td colspan="2">7019.3900[7019.39(2014年版)]</td><td>发布日期</td><td>2006年11月22日</td></tr>
<tr><td colspan="2">商品名称</td><td colspan="4">玻璃纤维席</td></tr>
<tr><td colspan="2">英文名称</td><td colspan="4"></td></tr>
<tr><td colspan="2">其他名称</td><td colspan="4"></td></tr>
<tr><td colspan="2">商品描述</td><td colspan="4">该玻璃纤维席由玻璃纤维短纤构成，呈多层絮胎状，纤维杂乱排列，背衬聚酯无纺织物(聚酯网)，用纱线穿插固定。其生产工艺：玻璃纤维成形、混合黏合剂粘到聚酯网上(通过喷射，控制均匀度，纤维方向随机)、压实、成卷、包装。其中，玻璃纤维为短纤状，占82%～92%，黏合剂8%～18%，聚酯含量小于1%。该商品用于过滤。</td></tr>
<tr><td colspan="2">归类决定</td><td colspan="4">该商品纤维杂乱排列呈多层絮胎状，不符合《税则注释》中子目7019.31关于“席”子目注释，不应归入该子目项下。<br>该商品为玻璃纤维短纤制成，厚度约为6.4毫米，不符合《税则注释》中子目7019.32关于“薄片”的子目注释，不应归入该子目项下。<br>该商品为玻璃短纤构成，呈絮胎状。根据归类总规则一，商品玻璃纤维席应归入税则号列7019.3900[7019.39(2014年版)]。</td></tr>
</table>

| 序号 | 746 | 归类决定编号 | Z2008－0143 | 公告编号 | 2008 年第 83 号 |
|---|---|---|---|---|---|
| 商品税则号列 | 7019.3900[7019.39(2014 年版)] | | | 发布日期 | 2008 年 11 月 24 日 |
| 商品名称 | 玻璃纤维毡 | | | | |
| 英文名称 | Glass wool mat | | | | |
| 其他名称 | | | | | |
| 商品描述 | 该商品是将 60% 普通玻璃纤维与 40% 高硅氧玻璃纤维原料混合，通过针刺机使“绵状”物按工艺要求制成达到“毡状” 的“针织毡”(压制成型，非针织)，每平方米重 600 克，尺寸为 806 毫米 ×398 毫米 ×6 毫米。该针织毡的纤维为无规则排序，且纤维丝可随意抽取出来。主要用于消声器内，起降噪、隔热作用。 | | | | |
| 归类决定 | 玻璃纤维毡采用针刺工艺制成，属于玻璃纤维制的无纺产品，根据归类总规则一及六，应归入税则号列 7019.3900[7019.39(2014 年版)]。 | | | | |

| 序号 | 747 | 归类决定编号 | Z2006－0409 | 公告编号 | 2006 年第 69 号 |
|---|---|---|---|---|---|
| 商品税则号列 | 7019.5200 | | | 发布日期 | 2006 年 11 月 22 日 |
| 商品名称 | 玻璃纤维布 | | | | |
| 英文名称 | | | | | |
| 其他名称 | | | | | |
| 商品描述 | 玻璃纤维布为白色带光泽的柔软平纹织物，宽度大于 30 厘米，经海关化验为玻璃纤维布，每平方米重量为 25.4 克，单根纱线细度为 4.89 特。玻璃纤维布为加工生产覆铜箔板用。 | | | | |
| 归类决定 | 该商品符合 7019.5200 的子目条文规定，根据归类总规则一，玻璃纤维布应归入税则号列 7019.5200。 | | | | |

<table>
<tr><td>序号</td><td>748</td><td>归类决定编号</td><td>Z2006－0410</td><td>公告编号</td><td>2006年第69号</td></tr>
<tr><td>商品税则号列</td><td colspan="3">7019.9000[7019.902(2014年版)]</td><td>发布日期</td><td>2006年11月22日</td></tr>
<tr><td>商品名称</td><td colspan="5">半固化片</td></tr>
<tr><td>英文名称</td><td colspan="5"></td></tr>
<tr><td>其他名称</td><td colspan="5"></td></tr>
<tr><td>商品描述</td><td colspan="5">半固化片又称黏结片、玻璃纤维布，是一种以玻璃纤维机织物为芯料，在高温下经一系列化学物理反应固化到一定阶段的环氧树脂浸渍而成。材料表面物理状态呈脆硬状，主要用作覆铜板的基材，起多层印制板间黏结和绝缘作用。<br>半固化片是“多层印制电路板用黏结片”的别称。以玻璃纤维平纹机织物为基材，预浸渍了环氧树脂，未经固化，烘干制成。生产工艺流程如下：<br>玻璃纤维纱→玻璃纤维布→浸胶布→半固化片→收卷或切片<br>↑（纺织） ↑（浸胶） ↑（烘干） ↑（检验）<br>↑（制胶）<br>环氧树脂＋固化剂＋阻燃剂＋溶剂等<br>该商品表观形态为半透明的硬挺平片，可以看到内部的玻璃纤维织物组织结构，当对其进行弯折时，环氧树脂会成粉状剥离。该商品用于多层印制电路板的层间黏结和绝缘，符合多层印制板用黏结片预浸材料的国家标准(GB10243－88)对有关产品的各项规定。</td></tr>
<tr><td>归类决定</td><td colspan="5">《税则注释》中品目39.21包括以其他材料强化、层压、支撑或用类似方法合制的塑料板、片、膜、箔，应符合第三十九章总注释对有关复合制品仍保持塑料制品基本特征的要求。<br>该半固化片中的环氧树脂处于“半固化”状态，即国标中所称“B阶段”，尚未形成交联固化结构的塑料板片。因此不适用总注释“嵌有其他材料制成的增强物或支撑网的塑料板、片等”。而且由于处于“B阶段”的环氧树脂比较松脆，也不是总注释所指“由浸渍了塑料的玻璃纤维压制而成的产品，要具有结实坚硬的特征”。<br>《税则注释》中品目70.19包括玻璃纤维及各种玻璃纤维制品，该品目注释在列举有关产品用途时述及不论是否用天然树脂、塑料、沥青等浸渍的供绝缘用玻璃纤维织物等。该半固化片属于玻璃纤维织物与环氧树脂复合制品，因不具有结实坚硬的特征，故不适用《税则注释》对品目70.19的排除条款“将玻璃纤维压制后，或将多层玻璃纤维层叠后用塑料浸渍制成的半成品或制成品，由于它们具有结实坚硬的特征，因而失去了玻璃纤维制品的特性(第三十九章)。”<br>因此可以认为玻璃纤维布构成了该商品的主要特征，根据归类总规则三(二)，将其按照玻璃纤维的制品归入税则号列7019.9000[7019.902(2014年版)]。</td></tr>
</table>

| 序号 | 749 | 归类决定编号 | Z2006－0411 | 公告编号 | 2006 年第 69 号 |
|---|---|---|---|---|---|
| 商品税则号列 | 7020.0011 | | | 发布日期 | 2006 年 11 月 22 日 |
| 商品名称 | 导电玻璃 | | | | |
| 英文名称 | Glass base for front panel | | | | |
| 其他名称 | | | | | |
| 商品描述 | 导电玻璃是表面涂布导电膜，经磨边处理后用于生产等离子显示器的基板玻璃。该“导电玻璃”高应变点达到 650℃（普通玻璃是 500℃）；工艺上，在 90℃高温下进行五六次反复，表面需涂上一层导电膜并对四周进行磨边、打洞等加工。 | | | | |
| 归类决定 | 根据归类总规则一及六的规定，该商品应归入税则号列 7020.0011。<br>玻璃具有良好的光学性能和较好的化学稳定性，其显著特点之一是：可以通过化学组成的调整并结合各种工艺方法（例如表面处理和热处理等）来大幅度调整玻璃的物理和化学性能，以适应范围很广的实用要求。导电玻璃的电阻率较低，具有导电能力，可分为体积导电玻璃和表面导电层玻璃两种。表面导电层的形成方法有在透明玻璃表面蒸镀一层金属薄膜（如金、铂等，厚度小于 10 微米）使其能导电并有较好的透光性，或在加热玻璃表面上喷涂金属氧化物导电薄膜（如锡、铟的氧化物等，厚度几微米时仍有较好的透光率）。导电玻璃是电子工业的基础材料，可应用生产液晶显示器（LCD）、等离子显示屏（PDP）、场致发光屏和真空荧光显示器件等平板显示器。 | | | | |

| 序号 | 750 | 归类决定编号 | Z2006－0412 | 公告编号 | 2006 年第 69 号 |
|---|---|---|---|---|---|
| 商品税则号列 | 7020.0011 | | 发布日期 | 2006 年 11 月 22 日 | |
| 商品名称 | 导电玻璃 | | | | |
| 英文名称 | Electric conducting glass | | | | |
| 其他名称 | ITO 透明导电玻璃 | | | | |
| 商品描述 | 平板玻璃,经连续镀膜处理,其镀膜过程为:抽真空加热→镀氧化硅膜→在电场和变磁场的作用下,被加速的高能粒子轰击氧化铟锡(镀 ITO 膜)→冷却出片。<br>规格:厚度 4 毫米、3.2 毫米的,3300 毫米×2440 毫米;厚度 2.3 毫米的,1830 毫米×2130 毫米。<br>其中厚度为 4 毫米的,电阻值为 14 欧姆/平方,太阳光透射率为 67%,热透射率 0.15,具有隔热节能的效果。进口后经弯曲成型后,用于汽车驾驶室的挡风玻璃,具有防止结霜的效果。导电玻璃也可用于制造电热干燥设备。 | | | | |
| 归类决定 | 导电玻璃也可用作飞机等风挡玻璃,通电加热时可防冰霜。产品镀上了金属氧化物导电薄膜,属于导电玻璃,根据归类总规则一,该商品应归入税则号列 7020.0011。 | | | | |

| 序号 | 751 | 归类决定编号 | Z2006－0413 | 公告编号 | 2006年第69号 |
|---|---|---|---|---|---|
| 商品税则号列 | 7020.0011 | | | 发布日期 | 2006年11月22日 |
| 商品名称 | 彩膜 | | | | |
| 英文名称 | Color filter | | | | |
| 其他名称 | 彩色滤光片 | | | | |
| 商品描述 | 彩膜(彩色滤光片 Color filter)是 TFT LCD 显示屏中使液晶屏产生色彩变化的部件。<br>LCD 面板的显示原理:LCD 透过驱动 IC 的电压改变,使液晶分子排排站立或呈扭转状,形成闸门来选择背光源光线穿透与否,因而产生画面。但此时的画面为黑白两色,因此还需透过彩色滤光片的红绿蓝三种彩色层提供色相,形成彩色画面。<br>彩色滤光片基板结构:无碱硼玻璃基板、黑色矩阵、彩色层、保护层和 ITO 导电膜层。制造方法为颜料分散法,红(R)绿(G)蓝(B)画素排列方式为直条式。<br>颜料分散法制造工艺流程包括黑色矩阵工程、RGB 工程、后工程。黑色矩阵工程是先在无碱硼玻璃基板上以溅镀形成氧化铬/铬低反射二层膜,制成基板(Metal black),然后将基板(Metal black)侧之正型光阻施以旋转涂布(Spin coating),再对黑色矩阵的光罩图案照射紫外线并加以曝光、光阻显影后,将基板(Metal black)蚀刻,形成黑色矩阵(BM)图案。黑色矩阵图案形成之后,转至 RGB 工程,即将着色为 R 的彩色光阻(Color resist)以旋转涂装,经由 R 用图案光罩,照射紫外线并曝光,再使用碱性系显影剂将未曝光部分去除,形成 R 图案,再施以 200℃以上高温后烤,使图案具有耐药性,重复上述工序形成 G、B 图案,各图案之间均有黑色矩阵加以隔开,用以增加显示时的对比度及避免杂色光产生。后工程是形成与 TFT Array 基板相对电极的 ITO 透明电极层,最终制成彩色滤光片。<br>进口状态为:大规格滤光板,每张滤光板上有 12 片 15 或 17 寸滤光片,进口后按既定尺寸进行裁制后即可用于加工液晶显示板。 | | | | |
| 归类决定 | 彩色滤光片基板结构为无碱硼玻璃基板、黑色矩阵、彩色层、保护层和 ITO(氧化铟锡)导电膜层。其进口状态为整张进口,不构成零件特征,应按其材质确定归类。由于该商品已按特定尺寸规格划分基板数量,进口后经裁制即可成形,故应视作玻璃制品归类。根据归类总规则一及六,应将其归入税则号列 7020.0011。<br>又见 Z2006－0411 号归类决定。 | | | | |

| | | | | | |
|---|---|---|---|---|---|
| 序号 | 752 | 归类决定编号 | Z2006－0414 | 公告编号 | 2006年第69号 |
| 商品税则号列 | 7020.0019 | | 发布日期 | | 2006年11月22日 |
| 商品名称 | 塑料轴承用玻璃滚珠 | | | | |
| 英文名称 | | | | | |
| 其他名称 | | | | | |
| 商品描述 | 该商品用于作塑料滚珠轴承的滚珠,外观为直径不一的玻璃珠,其表面加工程度较高,相同规格之玻璃珠的直径误差必须小于0.3毫米。 | | | | |
| 归类决定 | 塑料轴承用的玻璃滚珠为实心玻璃球,直径从11.1毫米至18毫米多种规格,表面光滑,加工程度较高。虽然该玻璃滚珠可以作为轴承的零件,但根据《税则》第八十四章章注一(三)及《税则注释》第八十四章总注释的规定,该玻璃滚珠应按玻璃制机器零件归入税则号列7020.0019。 | | | | |

| 序号 | 753 | 归类决定编号 | Z2006－0415 | 公告编号 | 2006年第69号 |
|---|---|---|---|---|---|
| 商品税则号列 | 7020.0019[7020.0013(2014年版)] | | 发布日期 | | 2006年11月22日 |
| 商品名称 | 熔融陶瓷石英辊 | | | | |
| 英文名称 | Fused silica rolls | | | | |
| 其他名称 | | | | | |
| 商品描述 | 熔融石英陶瓷辊外观呈白色,其具体化学成分为二氧化硅99.6%、三氧化二铝0.3%、二氧化钛0.01%、三氧化二铁0.02%、氧化钙0.02%、氧化锰0.02%。<br>该商品的生产工艺:将精选的高纯度石英砂在超过1650℃的温度下进行熔融,熔融石英块经过粉碎、研磨、筛选后达到特定的粒度大小后成为粉浆,这些粉浆在室温下浇铸成型并送入高温炉内进行烧结。整个过程中实施严格控制以确保烧结后的陶瓷辊道材质均匀,并具有热稳定性。<br>用途:主要用于钢化炉生产线上的玻璃传送。 | | | | |
| 归类决定 | 熔融石英制品是指以熔融石英为原料制成的再结合制品。用二氧化硅大于99.5%的天然石英岩在1900℃~2000℃的高温下进行熔融,形成不同矿相的石英变体,然后制成细粉、加入结合剂、充分搅拌成浆状,采用石膏模或塑料模进行泥浆浇注成型(也可用半干法机械成型或捣固成型),经过干燥后在1050℃~1100℃温度下烧成。具有良好的化学稳定性、抗酸性强、抗冲刷、高温机械强度大、热膨胀系数低、气孔率低、导电系数低等优点。<br>该商品加工工艺与熔融石英制品类似,属于熔融石英制品,根据归类总规则一、第七十章章注五关于“玻璃”及《税则》税目70.20的规定,熔融石英陶瓷辊应归入税则号列7020.0019[7020.0013(2014年版)]。 | | | | |

| 序号 | 754 | 归类决定编号 | Z2006－0416 | 公告编号 | 2006年第69号 |
|---|---|---|---|---|---|
| 商品税则号列 | 7020.0019 | | | 发布日期 | 2006年11月22日 |
| 商品名称 | 光学元件 | | | | |
| 英文名称 | | | | | |
| 其他名称 | | | | | |
| 商品描述 | 该光学元件是一种经过光学加工未做固定装配的玻璃制品，用于制造树脂镜片，其主要原理及工作过程是：<br>1. 每一件光学元件都有本身的度数和光学性能，以保证生产出的树脂镜片具有与之相符的度数和光学性能；<br>2. 将配制好的树脂镜片原料（低温）由电脑控制装入光学元件的凹面内，再人工将另一种光学元件放在原料上一起放入固化炉内固化一定的时间；<br>3. 最后固化成所需的具有不同度数和光学性能的树脂镜片。 | | | | |
| 归类决定 | 光学元件经过光学加工的玻璃制圆形器件，用于制造树脂镜片。使用时，将配制好的树脂镜片原料装入其凹面内，将两片元件复合并放入固化炉内固化，以形成与元件相同度数和光学性能的树脂镜片。<br>根据《英汉辞海》的解释，光学元件指“光线入射到光学仪器时，与光作用的某些部件”，上述商品虽已经光学加工，但在使用中仅起型模定形的作用而并非利用其光学性能，故不属于第九十章光学元件的范畴。同时根据《税则注释》品目84.80的排他条款（四），玻璃制型模应归入品目70.20项下，上述商品应归入税则号列7020.0019。 | | | | |

| 序号 | 755 | 归类决定编号 | Z2006－0417 | 公告编号 | 2006 年第 69 号 |
|---|---|---|---|---|---|
| 商品税则号列 | 71.03 | | | 发布日期 | 2006 年 11 月 22 日 |
| 商品名称 | 石英（D377 号样品） | | | | |
| 英文名称 | Quartz | | | | |
| 其他名称 | | | | | |
| 商品描述 | 根据地质矿产部福建省中心实验室鉴定，该石英外观为无色透名块状物体，呈贝壳状断口，具较小裂隙，为单晶体碎片，系天然水晶，其透明、纯净、可做为半宝石原料或光学材料原料。 | | | | |
| 归类决定 | 该石英品质可以作为半宝石原料，符合 71.03 税目条文的规定，故将此商品归入税目 71.03 项下。 | | | | |

| 序号 | 756 | 归类决定编号 | Z2009－0153 | 公告编号 | 2009 年第 57 号 |
|---|---|---|---|---|---|
| 商品税则号列 | 7103.1000 | | | 发布日期 | 2009 年 8 月 31 日 |
| 商品名称 | 玛瑙矿 | | | | |
| 英文名称 | | | | | |
| 其他名称 | | | | | |
| 商品描述 | 玛瑙矿为天然开采的矿石，外观暗灰色，不通透。经海关化验鉴定，该商品为工业级玛瑙。化学名称：二氧化硅。用途：用于化工及日用化工，添加在洗浴用品、按摩膏、去角质膏等中做磨料。规格：1～40 千克/块。 | | | | |
| 归类决定 | 根据《税则注释》对品目 71.03 的条文注释，“包括由于其硬度或其他特性，还可用于制钟、表、刀具或作其他工业用途的红宝石、蓝宝石、玛瑙、压电石英”，该商品为工业级玛瑙，属于品目 71.03 的商品范畴，根据归类总规则一，应归入税则号列 7103.1000。 | | | | |

| 序号 | 757 | 归类决定编号 | Z2006－0418 | 公告编号 | 2006 年第 69 号 |
|---|---|---|---|---|---|
| 商品税则号列 | 7104.9011 | | 发布日期 | | 2006 年 11 月 22 日 |
| 商品名称 | 热稳定聚晶金刚石 | | | | |
| 英文名称 | TSP | | | | |
| 其他名称 | | | | | |
| 商品描述 | 热稳定聚晶金刚石为三棱柱体，外形尺寸：4 毫米×4 毫米×2.6 毫米。由 1～100 微米的人造金刚石单晶微粉，按一定的配比，用黏结金属钴在高温下聚合而成为大颗粒的多晶金刚石（单粒重量：0.2 克拉）。人造金刚石单晶研磨微粉和钴的配比为 1∶1.2。由于它具有良好的耐磨性和自锐性，通常用作刀具上的切削元件。进口后用于制作油田钻井作业用金刚石钻头，每只钻头需用 1000 粒左右。 | | | | |
| 归类决定 | 《税则》第七十一章章注三（十）的规定："本章不包括税目 68.04 或 68.05 及第八十二章含有宝石或半宝石（天然或合成）粉末的研磨材料制品；第八十二章装有宝石或半宝石（天然、合成或再造）工作部件的器具。然而，完全以宝石或半宝石（天然、合成或再造）制成的物品及其零件，除未安装的唱针用已加工蓝宝石或钻石外（税目 85.22），其余仍应归入本章。"热稳定聚晶金刚石未安装于钻头，不属于已装有宝石或半宝石（天然、合成或再造）工作部件的器具，因此，不能归入税则号列 8209.0000。该商品已制成较大的颗粒形状，不作为磨料使用，因此，也不能按黏聚的磨料归入税则号列 6804.2100。<br>根据归类总规则一，热稳定聚晶金刚石应按合成的钻石归入税则号列 7104.9011。 | | | | |

| 序号 | 758 | 归类决定编号 | Z2006－0419 | 公告编号 | 2006年第69号 |
| --- | --- | --- | --- | --- | --- |
| 商品税则号列 | 7108.1100 | | | 发布日期 | 2006年11月22日 |
| 商品名称 | 喷金粉 | | | | |
| 英文名称 | Gold spray | | | | |
| 其他名称 | | | | | |
| 商品描述 | 喷金粉是瓶装物品，用作食品添加剂。使用时将喷头下压，压缩气体带着金粉喷在食品上，压缩气体挥发，金粉留在食品表面，给食品添加华丽外观。其包装重：175克/瓶；成分含量：压缩气体（液化石油气体）180毫升，金粉0.15克（其中，纯金94.438%、纯银4.901%、纯铜0.661%）。 | | | | |
| 归类决定 | 从该商品的成分来看，液化气体只是金粉的载体，无论从其用途还是价值来看，金粉是该商品的主要特征。因此，根据归类总规则三（二）及第七十一章章注五的规定，该喷金粉应归入税则号列7108.1100。 | | | | |

| 序号 | 759 | 归类决定编号 | Z2006－0420 | 公告编号 | 2006年第69号 |
| --- | --- | --- | --- | --- | --- |
| 商品税则号列 | 7108.1300 | | | 发布日期 | 2006年11月22日 |
| 商品名称 | 局部镀金微异型触点 | | | | |
| 英文名称 | | | | | |
| 其他名称 | | | | | |
| 商品描述 | 异型触点为一种贵金属合金与另一种合金的复合产物（并在贵金属合金上镀有另一种贵金属合金），为一种合金丝状态，含金量为2.5%。该商品进口后用于生产微型继电器。 | | | | |
| 归类决定 | 该商品为合金制异型截面丝状产品，需经进一步切割才能成为继电器的专用触点，虽然对其材料成分、界面形状等均有特定要求，但进口时仍是材料状态，而不是制成的零部件，故应按材料归类。该商品含金量为2.5%，根据《税则》第七十一章章注五（二），此合金属于金合金，应归入税则号列7108.1300。 | | | | |

| 序号 | 760 | 归类决定编号 | Z2006－0421 | 公告编号 | 2006年第69号 |
|---|---|---|---|---|---|
| 商品税则号列 | 7108.1300 | | | 发布日期 | 2006年11月22日 |
| 商品名称 | 金线 | | | | |
| 英文名称 | | | | | |
| 其他名称 | | | | | |
| 商品描述 | 金线为一种半导体集成电路的连接材料。该商品由高纯度(黄金含量99.99%)的黄金通过拉线设备制成,具有高熔点、良好的导电性、高耐腐蚀性、低硬度等特性,常用线径为15~50微米,广泛运用于电脑、手机等电子产品中。 | | | | |
| 归类决定 | 金线为高纯度(黄金含量99.99%)黄金线,进口状态为细线状,常用线径15~50微米,卷绕成轴状。加工工业为将较粗的黄金丝通过拉线设备拉细制得,利用金所具有的高熔点、良好导电性、高耐腐蚀性等特性广泛运用于电子产品中。<br>商品为金制线状产品,为用于半导体集成电路的连接材料,产品仅为将较粗金线经拉线设备拉细制得,进口状态仍是线状材料状态,不具有制成的零部件或制品特征,不归入税则号列7115.9010。<br>根据归类总规则一,商品金线应归入税则号列7108.1300。 | | | | |

| 序号 | 761 | 归类决定编号 | Z2006－0422 | 公告编号 | 2006年第69号 |
|---|---|---|---|---|---|
| 商品税则号列 | 7116.2000 | | | 发布日期 | 2006年11月22日 |
| 商品名称 | 紫水晶原石 | | | | |
| 英文名称 | Amethyst | | | | |
| 其他名称 | | | | | |
| 商品描述 | 紫水晶原石呈大小、形状、重量不一的勺状，每个从几百克至过百千克不等。经中国进出口商品检验技术研究所广东分所鉴定，商品的主要构成部分为已经破开为勺状的紫水晶洞，水晶洞破开面平整，晶面光洁度高。洞壁外部覆盖有水泥状人工填充物，并涂有墨绿色涂料。整个水泥填充物在与正面垂直的方向上有一平面，形成"基底"，可令水晶洞平稳竖立。该水晶洞曾接受切割、抛光、外壳修补填充、制作水泥"基底"、背壳涂色等加工工艺。通常可作观赏工艺品或摆件用途。 | | | | |
| 归类决定 | 根据《税则注释》品目71.03的规定，该品目的宝石"主要用于装嵌在首饰、金器、或银器上……"，"本品目不包括已成为制成品的宝石，例如，……装饰品，……"。该商品已制成物品，且通常可作观赏工艺品或摆件用途，不属于品目71.03的范围。<br>根据归类总规则一，紫水晶原石应归入税则号列7116.2000。 | | | | |

<table>
<tr><td>序号</td><td>762</td><td>归类决定编号</td><td>Z2006－0423</td><td>公告编号</td><td>2006 年第 69 号</td></tr>
<tr><td colspan="2">商品税则号列</td><td colspan="2">第 72 章</td><td>发布日期</td><td>2006 年 11 月 22 日</td></tr>
<tr><td colspan="2">商品名称</td><td colspan="4">压纹用铁垫板</td></tr>
<tr><td colspan="2">英文名称</td><td colspan="4"></td></tr>
<tr><td colspan="2">其他名称</td><td colspan="4"></td></tr>
<tr><td colspan="2">商品描述</td><td colspan="4">规格:137 厘米×73 厘米×1.5 厘米。根据商检部门鉴定,该商品为表面经过机加工的热轧钢板,可作压纹用垫板等。该商品为液压烫压机用垫板。</td></tr>
<tr><td colspan="2">归类决定</td><td colspan="4">该压纹用铁垫板表面虽经过加工,但其加工程度未超过《税则》第七十二章商品所允许的加工程度,并且不具有其他税号所列制品或产品的特征,所以单独进口时应归入第七十二章的相应税号。</td></tr>
</table>

| 序号 | 763 | 归类决定编号 | Z2006－0424 | 公告编号 | 2006年第69号 |
|---|---|---|---|---|---|
| 商品税则号列 | 第72章 | | 发布日期 | 2006年11月22日 | |
| 商品名称 | 不锈钢板 | | | | |
| 英文名称 | Cold rolled stainless steel sheet | | | | |
| 其他名称 | | | | | |
| 商品描述 | 型号:JIS G4305 SUS430/No. 4 WITH SPH COATING;<br>规格:<br>0.5毫米×821毫米×1538毫米;<br>0.5毫米×805毫米×304毫米;<br>0.5毫米×428毫米×1105毫米。<br>用途:生产冷藏冷冻柜表面用。<br>不锈钢板冷轧后,进行了研磨处理,并经贴膜(塑料膜,可以揭下来,制作成品时,贴膜不去掉)处理。 | | | | |
| 归类决定 | 根据《税则注释》中品目72.09的子目注释,贴膜处理仅是为保护不锈钢板表面而进行的一种包装,不应视为一种"加工或表面处理",而研磨处理属于已经"进一步加工"。故该不锈钢板应作为已经进一步加工的冷轧板材归类,具体税号依其规格确定。 | | | | |

| 序号 | 764 | 归类决定编号 | Z2006－0425 | 公告编号 | 2006年第69号 |
|---|---|---|---|---|---|
| 商品税则号列 | 第72章 | | | 发布日期 | 2006年11月22日 |
| 商品名称 | 载体 | | | | |
| 英文名称 | | | | | |
| 其他名称 | 俗称“铁粉” | | | | |
| 商品描述 | 柯尼卡1015，每袋600克，成分为铁粉，用于复印机显影。 | | | | |
| 归类决定 | 该载体（俗称“铁粉”）用于复印机显影。由于该商品在复印过程中，仅起输送碳粉的作用，与复印图像没有直接的关系，因此，不符合《税则》税目37.07条文中“摄影用化学制剂”和其注释中“直接用以显现摄影图像的产品”的规定，不能归入税目37.07，应按照贱金属归入第七十二章。<br>由于所报资料中没有该商品的细度、纯度、成分的具体数据，故不能确定其具体税目，可根据第十五类类注释八（二）、第七十二章章注一（一）、（二）、（三）、（四）、（八）及税目72.03、72.05的条文和《税则注释》有关该品目的注释确定归类。 | | | | |

| 序号 | 765 | 归类决定编号 | Z2006－0426 | 公告编号 | 2006年第69号 |
|---|---|---|---|---|---|
| 商品税则号列 | 第72章 | | | 发布日期 | 2006年11月22日 |
| 商品名称 | 抛光机内衬板 | | | | |
| 英文名称 | Plate | | | | |
| 其他名称 | | | | | |
| 商品描述 | 该内衬板的表面经过抛光和涂层处理，并采用金属液进行发黑处理，回来后须在板上钻孔用螺丝固定到抛光机内。<br>其共有三种规格：5毫米×1500毫米×3000毫米，8毫米×1500毫米×3000毫米，20毫米×1500毫米×3000毫米。 | | | | |
| 归类决定 | 所报抛光机内衬板是切割成一定规格的钢板，表面经过了抛光、涂层和发黑（也叫发蓝）工艺处理。<br>虽然该商品进口后仅需钻孔即可安装使用，但其进口状态并不具有机器零件特征，且其加工工艺未超过第七十二章的范围，因此应按其工艺、规格等归入《税则》第七十二章相应税目。 | | | | |

| 序号 | 766 | 归类决定编号 | Z2009－0033 | 公告编号 | 2009 年第 5 号 |
|---|---|---|---|---|---|
| 商品税则号列 | 7202.2900 | | 发布日期 | 2009 年 1 月 20 日 | |
| 商品名称 | 硅镁铁 | | | | |
| 英文名称 | | | | | |
| 其他名称 | 硅镁铁合金 | | | | |
| 商品描述 | 该商品为 5～25 毫米的不规则银灰色金属块。成分：硅 46.8%、铝 0.39%、钙 2.10%、镁 5.08%、铼 2.0%，其余主要为铁。 | | | | |
| 归类决定 | 根据《税则》第七十二章章注一（三）中“铁合金”的定义及子目注释二的规定，该商品中只有一种元素超出注释一（三）规定的最低百分比，所以应作为二元铁合金归入税则号列 7202.2900。 | | | | |

| 序号 | 767 | 归类决定编号 | Z2006－0428 | 公告编号 | 2006 年第 69 号 |
|---|---|---|---|---|---|
| 商品税则号列 | 7202.4900 | | 发布日期 | 2006 年 11 月 22 日 | |
| 商品名称 | 不锈钢碾磨粉 | | | | |
| 英文名称 | Stainless cold gringding powder | | | | |
| 其他名称 | | | | | |
| 商品描述 | 该商品外观为灰色潮湿固体颗粒粉末，由铁矿粉、铬矿粉、锰矿粉、镍矿粉、按一定比例加入电炉中进行冶炼，再对冶炼得到的固体小块状物体进行去渣、碾磨成粉末，最后装袋，用于不锈钢生产添加剂，增加强度。<br>经海关化验鉴定，样品中含铁 68.04%、铬 17.5%、锰 5.7%、镍 4.7%（按元素归一计），样品主要成分为不锈钢的化工品。 | | | | |
| 归类决定 | 该商品的元素构成、形状特征和最终用途符合《税则》第七十二章章注一（三）关于“铁合金”的定义，依据《税则》第七十二章子目注释二，该商品应按铬铁合金归入税则号列 7202.4900。 | | | | |

| 序号 | 768 | 归类决定编号 | Z2007－0034 | 公告编号 | 2007 年第 71 号 |
|---|---|---|---|---|---|
| 商品税则号列 | 7202.9900[7202.9991(2014 年版)] | | 发布日期 | 2007 年 12 月 5 日 | |
| 商品名称 | 镝铁合金 | | | | |
| 英文名称 | | | | | |
| 其他名称 | | | | | |
| 商品描述 | 该镝铁合金为银灰色块状金属，在空气中可逐渐氧化，易于粉碎。成分：镝 75%～85%、铁 15%～25%。生产工艺：在熔融的三元氟盐体系中用自耗铁电极电解氧化镝进行生产。该商品主要用作钕铁硼永磁体的添加剂。 | | | | |
| 归类决定 | 该商品的状态符合《税则》第七十二章章注一(三)对“铁合金”的定义，根据归类总规则一，应归入税则号列 7202.9900[7202.9991(2014 年版)]。 | | | | |

| 序号 | 769 | 归类决定编号 | Z2008－0144 | 公告编号 | 2008 年第 83 号 |
|---|---|---|---|---|---|
| 商品税则号列 | 7202.9900[7202.9919(2014 年版)] | | 发布日期 | 2008 年 11 月 24 日 | |
| 商品名称 | 钕铁硼磁体 | | | | |
| 英文名称 | | | | | |
| 其他名称 | | | | | |
| 商品描述 | 该商品为形状各异、大小不一的矿石状物体，铁桶装。成分：稀土金属钕 32%、金属铁 64% 和非金属元素硼 1%，外加少量其他元素。经熔炼、制粉、成型取向、烧结、简单机械加工(破碎)制成。出口后重新压制成符合使用要求的形状，充磁后完成装配。 | | | | |
| 归类决定 | 该商品不具有可锻性，其成分符合《税则》第七十二章章注一(三)对“铁合金”的定义，根据归类总规则一，应归入税则号列 7202.9900[7202.9919(2014 年版)]。 | | | | |

| 序号 | 770 | 归类决定编号 | Z2008 - 0038 | 公告编号 | 2008 年第 76 号 |
|---|---|---|---|---|---|
| 商品税则号列 | 7202. 9900[7202. 991(2014 年版)] | | | 发布日期 | 2008 年 10 月 28 日 |
| 商品名称 | 稀土永磁体 | | | | |
| 英文名称 | | | | | |
| 其他名称 | | | | | |
| 商品描述 | 该商品为高性能钕铁硼永磁材料,充磁后可用来制造永磁体,外观为不规则片状金属。经化验鉴定,该商品为未充磁,主要成分:钕 26. 22%、镨 5. 01%、硼 1. 00%,其他微量元素合计不超过 1%,其余为铁。因规格型号不同,各组分含量略有差异。加工工艺:将原料(稀土合金、铁、微量钴、铝等)在惰性气体中熔融,再将从炉体出来的钕铁硼溶液(1400℃)置于以一定速度旋转的铜制冷却辊上,甩片制得片状合金,充磁以后即可制得永磁体。 | | | | |
| 归类决定 | 该商品为高性能钕铁硼永磁材料,外观为不规则片状合金,不具有可锻性,其成分符合《税则》第七十二章章注一(三)对"铁合金"的定义,根据归类总规则一,应归入税则号列 7202. 9900[7202. 991(2014 年版)]。 | | | | |

| 序号 | 771 | 归类决定编号 | Z2006 - 0429 | 公告编号 | 2006 年第 69 号 |
|---|---|---|---|---|---|
| 商品税则号列 | 7202. 9900[7202. 9991(2014 年版)] | | | 发布日期 | 2006 年 11 月 22 日 |
| 商品名称 | 人工合成稀土硅化合物合金 | | | | |
| 英文名称 | Rare earth silicon alloy | | | | |
| 其他名称 | | | | | |
| 商品描述 | 该商品为灰黑色块状固体。经化验,其主要成分:La 6. 64%、Ce 12. 91%、Nd 3. 14%、Si 62. 92%、Fe 4. 55%。鉴定结论为稀土硅铁。 | | | | |
| 归类决定 | 根据化验结果,所报人工合成稀土硅化合物合金按重量计铁含量为 4. 55%,硅含量为 62. 92%,其余成分为稀土金属,其中铈含量为 12. 91%,根据《税则》第七十二章章注一(三)关于"铁合金"的定义,该商品属于铁合金,应归入税目 72. 02 项下。由于该铁合金中除铁元素外,有两种元素含量超过本章子目注释二中关于"二元或多元铁合金"的规定,所以应按《税则》未列名的三元合金归入税则号列 7202. 9900[7202. 9991(2014 年版)]。 | | | | |

| 序号 | 772 | 归类决定编号 | Z2006－0432 | 公告编号 | 2006 年第 69 号 |
|---|---|---|---|---|---|
| 商品税则号列 | 7202.9900［7302.9999（2014 年版）］ | | 发布日期 | 2006 年 11 月 22 日 | |
| 商品名称 | 包芯线 | | | | |
| 英文名称 | | | | | |
| 其他名称 | | | | | |
| 商品描述 | 该商品直径为 13 毫米左右，每米重量在 350～400 克之间，合金重量占线重量的 60% 以上。常用性的主要化学成分如下：Mg 28.38%、Si 43.32%、Ca 8.47%、Fe Balance。该商品的主要用途：采用喂丝技术生产球铁，即将包有合金元素的包芯线直接插入铁水包内处理铸铁铁水，可以生产球铁、蠕铁以及铸铁。 | | | | |
| 归类决定 | 所报包芯线由外部钢铁皮内包铁合金粉构成，直径 13 毫米左右，用于喂丝技术生产球铁等。其中起主要作用的物品应为镁硅钙铁合金粉（Mg28.38%、Si43.32%、Ca8.47%、FeBalance），根据《税则注释》第七十二章章注一（三）关于铁合金的规定及税目 72.02 子目注释所列铁合金的归类规则，该商品应按三元铁合金归入税则号列 7202.9900［7302.9999（2014 年版）］。 | | | | |

| 序号 | 773 | 归类决定编号 | Z2006－0434 | 公告编号 | 2006 年第 69 号 |
|---|---|---|---|---|---|
| 商品税则号列 | 72.04 | | | 发布日期 | 2006 年 11 月 22 日 |
| 商品名称 | 废钢材边料(切头或切尾料) | | | | |
| 英文名称 | | | | | |
| 其他名称 | | | | | |
| 商品描述 | 废钢材边料(切头或切尾料)进口时实际状况有卷状和平状,每卷的厚薄不一,每件厚边处明显有钢铁轧制(冷轧或热轧)过程留下的夹固压痕,每件中宽度均不等并有烂边,属于钢铁轧制过程中废弃的切头(或切尾)料。 | | | | |
| 归类决定 | 该商品如符合《税则》第十五类类注八(一)的规定和《税则注释》关于品目 72.04 的解释,则应归入税目 72.04 项下。<br>海关总署 2001 年第 3 号公告所列举的不属于废钢铁的钢铁制品及使其成为废钢铁的处理方法是应用的典型举例法,并不能概括所有不属于废钢铁的钢铁制品及处理方法。<br>是否属于废钢铁的判定标准是该公告所引用的《税则》第十五类类注八(一)的规定和《税则注释》关于品目 72.04 的有关解释,即废钢铁"仅指那些用于熔融回收金属或制化学品的钢铁"。 | | | | |

| 序号 | 774 | 归类决定编号 | Z2009 - 0034 | 公告编号 | 2009 年第 5 号 |
|---|---|---|---|---|---|
| 商品税则号列 | 7204. 4900 | | 发布日期 | 2009 年 1 月 20 日 | |
| 商品名称 | 废前支架总成 | | | | |
| 英文名称 | | | | | |
| 其他名称 | | | | | |
| 商品描述 | 该商品为汽车生产安装过程中产生变形、表面破损、安装孔损坏、功能失效等的车架，经机械外力破坏、完全砸烂至弯曲变形(使用挖掘机和人工分拆)，成为歪曲变形的不规则钢板焊接金属构件，以作熔炼用。 | | | | |
| 归类决定 | 该商品是汽车生产安装过程中产生的废钢铁，并非报废汽车的废钢铁产品，因此，不应按废汽车压件归类，根据归类总规则一，应按其他钢铁废碎料归入税则号列 7204. 4900。 | | | | |

| 序号 | 775 | 归类决定编号 | Z2006 - 0435 | 公告编号 | 2006 年第 69 号 |
|---|---|---|---|---|---|
| 商品税则号列 | 7205. 1000 | | 发布日期 | 2006 年 11 月 22 日 | |
| 商品名称 | 钢砂 | | | | |
| 英文名称 | | | | | |
| 其他名称 | | | | | |
| 商品描述 | 灰色不规则棱角粒。经海关化验，成分为铁 97. 44%、铬 1. 75%、锰 0. 52% 等。鉴定结论：送检样品为合金钢颗粒。<br>该合金钢砂系采用轴承钢下脚料，经分选、淬火、破碎、筛分、低温回火、称量包装，作花岗岩砂锯切割、表面处理等方面的钢砂和钢丸。 | | | | |
| 归类决定 | 根据《税则注释》品目 72. 05 的注释规定，该品目钢铁颗粒包括小球粒和棱角粒。棱角粒可以是通过压碎小球粒或通过低温压碎硬化金属片等制得，该类小球粒及棱角粒用于金属清洁、喷丸处理、表面剖光、加工石料等。<br>该商品的生产工艺和用途与以上解释类似，因此，该钢砂符合《税则》第七十二章章注一(八)的规定，应归入税则号列 7205. 1000。 | | | | |

| 序号 | 776 | 归类决定编号 | Z2006－0437 | 公告编号 | 2006年第69号 |
|---|---|---|---|---|---|
| 商品税则号列 | 7205.2100 | | | 发布日期 | 2006年11月22日 |
| 商品名称 | 铁基粉末 EMS253-N | | | | |
| 英文名称 | | | | | |
| 其他名称 | | | | | |
| 商品描述 | 型号：EMS253-N，灰黑色粉末。海关化验鉴定成分为硅1.44%、铁46.48%、铬30.43%、镍15.19%、锰1.36%、钼5.10%、碳1.75%等。鉴定结论为含铬镍铁的金属粉末。用于机械零件的工作面，加强工作面的耐磨、耐腐蚀和耐高温性能，提高机械零件寿命，并可对损坏的零件进行修补和修复。 | | | | |
| 归类决定 | 从元素构成看，该商品既符合第七十二章章注一(三)“铁合金”及章注一(六)“其他合金钢”的定义，从提供的商品用途的情况看，该商品不符合铁合金的性能，更具有合金钢的特性，根据归类总规则三(三)，该商品应按“其他合金钢”归类，因该商品状态为粉末状，应将其归入税则号列7205.2100。 | | | | |

| 序号 | 777 | 归类决定编号 | Z2006－0436 | 公告编号 | 2006年第69号 |
|---|---|---|---|---|---|
| 商品税则号列 | 7205.2100[7202.9912(2014年版)] | | | 发布日期 | 2006年11月22日 |
| 商品名称 | MQ快淬钕铁硼磁粉 | | | | |
| 英文名称 | | | | | |
| 其他名称 | | | | | |
| 商品描述 | 该磁粉组成：钕26%～31.4%、钴0～16%、硼0.8%～1.1%、铌0～2.5%，其余为铁。生产工艺为原材料熔炼成合金后高温下二次重熔，快淬成磁体片，再经破碎、退火处理而得，主要应用于计算机、通讯等高科技领域。该商品采用纳米技术制备，属于高新技术产品。 | | | | |
| 归类决定 | 因该磁粉是用于黏聚制成磁体的原料，所以不属于《税则》税目85.05的商品。<br>根据《税则》第七十二章章注一(四)、(六)的规定，制磁粉的磁体片符合《税则》关于合金钢的定义，因此由其破碎而成的磁粉应按合金钢的粉或颗粒归入税则号列7205.2100[7202.9912(2014年版)]。 | | | | |

| 序号 | 778 | 归类决定编号 | Z2006 - 1289 | 公告编号 | 2007 年第 70 号 |
|---|---|---|---|---|---|
| 商品税则号列 | 7205. 2900 | | 发布日期 | | 2007 年 12 月 5 日 |
| 商品名称 | 海绵铁粉 | | | | |
| 英文名称 | Sponge iron powders | | | | |
| 其他名称 | | | | | |
| 商品描述 | 该海绵铁粉原产于瑞典 Hoganas 及德国 BASF,其生产工艺流程:采掘的铁矿石经一次还原为海绵铁,然后经破碎、筛分并对一次粉进行二次还原,再经粉饼破碎、筛分、合批等流程最终形成还原铁粉即海绵铁粉。粒度为 100 目。此后,该产品再通过调粉、试成型、成型、低温烘烤、滚磨、排版、喷漆、低温烘烤、分选等工艺流程,方可为电脑主机板、笔记本电脑、电源供应器、手机充电器、不间断电源等产品提供不同型号的、不同材质的环形、E 型、棒形磁环及 SMS CORE。铁粉牌号为 SC100. 26。 | | | | |
| 归类决定 | 《税则》税目 72. 03 项下的海绵铁产品通常为块、团、团粒及类似形状,且一般用于炼钢。该海绵铁粉从加工工艺、外观状态和用途方面均已超出税目 72. 03 项下产品的范围。根据《税则注释》中品目 72. 05 关于钢铁粉末的解释规定,包括"生铁、镜铁及钢铁的粉末是适于压坯或黏聚用的原料,可通过……粉碎生铁、海绵铁或钢丝……等方法制得","这些粉末(包括海绵铁粉末)可以烧结成各种物品,包括电话、磁电机等用的电磁线圈铁心",该商品的生产工艺、用途完全符合上述规定,又因该铁粉粒度为 100 目,故符合《税则》第十五类类注八(二)关于"粉末"的定义,因此该海绵铁粉应归入税则号列 7205. 2900。 | | | | |

| 序号 | 779 | 归类决定编号 | Z2009－0035 | 公告编号 | 2009年第5号 |
|---|---|---|---|---|---|
| 商品税则号列 | 7205.2900 | | | 发布日期 | 2009年1月20日 |
| 商品名称 | 铜镀铁复合粉 | | | | |
| 英文名称 | | | | | |
| 其他名称 | | | | | |
| 商品描述 | 该商品是一种在铁粉表面均匀镀上一层纯铜的复合粉，有80目、100目、120目、200目四种，含铜量20(±2)%，含铁量80(±2)%。可用来代替铜粉、青铜粉、黄铜粉，主要用于含油轴承、金刚石工具及摩擦材料等的生产，具有包覆完整、色泽亮丽、抗氧化性能优良等特点。主要用途：(1)含油轴承专用铜镀铁复合粉。适合用于生产含油轴承，用铜镀铁复合粉生产出的含油轴承，其机械性能及耐磨性能明显优于同级含油轴承。(2)金刚石工具专用铜镀铁复合粉。能够改善金刚石工具在烧结过程中各金属粉末的合金化程度，从而提高其机械性能和耐磨性能，使金刚石工具综合生产成本得以降低。(3)摩擦材料专用铜镀铁复合粉。由于铁粉外层镀上致密的纯铜层，可以改善摩擦材料的传热通道，提高摩擦材料的热传导率，从而提高摩擦材料的导热性和温度传导性，同时在烧结过程中由于金属粉之间的合金化程度增加，使摩擦材料的机械性能提高。生产工艺：(1)将硫酸铜溶解，并将溶解的硫酸铜溶液的PH值调至0.5～4.8；(2)加入硫酸铜总重量的0.0283%的2-巯基苯骈噻唑，在搅拌状态下，迅速加入还原铁粉，继续搅拌2～10分钟，使铜完全包覆在铁粉颗粒的表面，即形成铜包铁复合粉，硫酸铜与还原铁粉的重量比是4:5；(3)让铜镀铁复合粉(铜合金粉)沉降3～20分钟，去掉上清液，加清水洗涤至其无酸性为止；(4)在经洗涤后的铜镀铁复合粉(铜合金粉)中加入5%的硬脂酸锌或5%的苯骈三氮唑，然后进行混粉，检验包装入库。该铜包铁复合粉的制造方法，不仅可以使铜均匀、紧密、牢固地包覆于铁粉颗粒上，而且还能提高其抗氧化能力。主要采用的是化学置换法，根据电化学原理，在常温条件下将还原铁粉放入pH值为0.5～4.8的硫酸铜溶液并加入稳定剂，使铁粉颗粒表面与硫酸铜溶液发生化学反应，从而使铁粉颗粒表面均匀紧密地包覆一层铜膜，再通过洗涤、干燥、还原得到浅玫瑰红色的不规则形状的包覆粉末。由于在反应过程中均进行了充分地搅拌，可以保证所有还原铁粉颗粒的表面反应充分，实现铜膜完全包覆于铁粉颗粒表面的目标。 | | | | | |
| 归类决定 | 铜镀铁复合粉是一种在铁粉表面均匀镀上一层纯铜的复合粉，有80目、100目、120目、200目四种，含铜量20(±2)%，含铁占80(±2)%。可用来代替铜粉、青铜粉、黄铜粉，主要用于含油轴承、金刚石工具、摩擦材料等的生产。根据《税则》第十五类类注七对“复合材料制品”的归类规则及类注八(一)关于“粉末”的定义，该商品应归入税则号列7205.2900。 | | | | |

| 序号 | 780 | 归类决定编号 | Z2006－0438 | 公告编号 | 2006 年第 69 号 |
|---|---|---|---|---|---|
| 商品税则号列 | 72.07 | | 发布日期 | | 2006 年 11 月 22 日 |
| 商品名称 | 锻造毛坯 | | | | |
| 英文名称 | | | | | |
| 其他名称 | | | | | |
| 商品描述 | 该商品为 45#钢的锻造钢坯，用于加工齿轮。进口后需经钻孔、铣齿等加工，使之成为齿轮。 | | | | |
| 归类决定 | 锻造毛坯是由 45#钢锻造成的齿轮毛坯，进口后需经铣齿、剃齿等进一步深加工才能成为齿轮，属于齿轮的粗锻件，符合《税则注释》关于品目 72.07 粗锻件的解释。根据《税则注释》关于品目 73.26 商品范围的解释，具有制成品基本特征但还需进一步加工的未制成锻件不归入该税目，因此该齿轮毛坯应按半制成品归入税则号列 72.07 的相应子目。 | | | | |

| 序号 | 781 | 归类决定编号 | Z2006－0439 | 公告编号 | 2006 年第 69 号 |
|---|---|---|---|---|---|
| 商品税则号列 | 72.07/8483.1090 | | 发布日期 | | 2006 年 11 月 22 日 |
| 商品名称 | 齿轮毛坯、曲轴锻坯 | | | | |
| 英文名称 | | | | | |
| 其他名称 | | | | | |
| 商品描述 | 齿轮毛坯、曲轴锻坯均为 45#钢在模具中锻造而成，进口后分别用于加工齿轮及曲轴。 | | | | |
| 归类决定 | 所报齿轮毛坯和曲轴锻坯均为 45#钢在模具中锻造而成，进口后经进一步加工制成成品。其中，齿轮毛坯为不带齿的圆盘，中间有圆孔，不具有齿轮的基本特征，需经铣齿、剃齿等进一步深加工后才能制成齿轮；曲轴锻坯虽然也需经进一步加工才能成为成品，但其外形结构已具备了曲轴的基本特征。因此，根据《税则注释》关于品目 72.07 “粗锻件”的解释，所报齿轮毛坯属于齿轮粗锻件，应归入税目 72.07 的相应子目；曲轴锻坯属于曲轴的未制成品，根据归类总规则二(一)应归入税则号列 8483.1090。 | | | | |

| 序号 | 782 | 归类决定编号 | Z2006－0440 | 公告编号 | 2006年第69号 |
| --- | --- | --- | --- | --- | --- |
| 商品税则号列 | 7207.1100 | | 发布日期 | 2006年11月22日 | |
| 商品名称 | 钢铁锭 | | | | |
| 英文名称 | | | | | |
| 其他名称 | | | | | |
| 商品描述 | 规格:115毫米×115毫米×6000毫米。<br>成分:以元素计铁97.31%、锰0.810%、硅0.545%。<br>生产工艺:将废铁熔化后经锻轧而成。 | | | | |
| 归类决定 | 根据天津市冶金工业总公司产品质量监督检查站的化验报告及《税则》第七十二章章注一(六)款对于其他合金钢的定义,所报三宗样品的成分均不满足一(六)款所列成分中的任一条,应属于非合金钢,且含碳量均小于0.25%。《税则》第七十二章章注一(九)关于半制成品的解释如下:连续铸造的实心产品,不论是否初步热轧;其他实心产品,除经初步热轧或锻造粗制成形以外未经进一步加工,包括角材、型材及异型材的坯件。该商品为115毫米×115毫米×6000毫米的连续铸造的实心产品,截面为正方形,故应归入税则号列7207.1100。 | | | | |

| 序号 | 783 | 归类决定编号 | Z2006－0441 | 公告编号 | 2006 年第 69 号 |
|---|---|---|---|---|---|
| 商品税则号列 | 72.08 | | | 发布日期 | 2006 年 11 月 22 日 |
| 商品名称 | 热轧平板 | | | | |
| 英文名称 | | | | | |
| 其他名称 | | | | | |
| 商品描述 | 规格:20～100 毫米×800～1524 毫米×85000～100000 毫米。<br>加工程度:此商品是在将钢坯进行进一步加工轧制成热轧钢材的过程中,由于机械故障等原因而产生的一种副产品,它已经不是严格意义上的钢坯,已经经过了热轧制的加工,但也没有达到热轧钢板的要求,只是加工过程中产生的副产品。<br>外形:产品厚度不一,绝大多数是横轧、斜轧的,货物边缘可见轧制等处理痕迹,无表面缺陷,不具备钢坯纵向粗轧,边缘圆形或多于四边型等特性。 | | | | |
| 归类决定 | 该商品规格为 20～100 毫米×800～1524 毫米×85000～100000 毫米,系在将钢坯轧制成热轧钢材时,由于机械故障等原因而产生的一种副产品,已经不是严格意义上的钢坯,经过了热轧制的加工,但没有达到热轧钢板的要求,产品厚度不一,绝大多数是横轧、斜轧的,货物边缘可见轧制等处理痕迹,无表面缺陷,不具备钢坯纵向粗轧,边缘圆形或多于四边型等特性。<br>此类钢材轧制过程一般分为除鳞、粗轧、精轧。除鳞是除去钢坯表面氧化铁皮,粗轧是将扁锭展宽到所需要的宽度和进行大压缩延伸,精轧是控制板型、厚度、性能和表面质量,另外,还需矫直。所报商品表面无缺陷,板型平直,说明其加工程度较高,厚度不一因钢材有各种规格,不影响其归类,故符合《税则》第七十二章章注一(十)关于平板轧材的定义,应根据其不同规格分别归入税则号列 7208.5110、7208.5120 及 7208.5190。 | | | | |

<table>
<tr><td>序号</td><td>784</td><td>归类决定编号</td><td>Z2006－0442</td><td>公告编号</td><td>2006 年第 69 号</td></tr>
<tr><td colspan="2">商品税则号列</td><td colspan="2">7210.3000</td><td>发布日期</td><td>2006 年 11 月 22 日</td></tr>
<tr><td colspan="2">商品名称</td><td colspan="4">电镀锌板</td></tr>
<tr><td colspan="2">英文名称</td><td colspan="4"></td></tr>
<tr><td colspan="2">其他名称</td><td colspan="4"></td></tr>
<tr><td colspan="2">商品描述</td><td colspan="4">进口的这种电镀锌板材(申报宽度在 600 毫米以上的卷材)是经耐指纹处理电镀锌的铁或非合金钢板轧材。钢铁电镀锌板材的生产过程在经过电镀槽电镀锌后,为提高锌层的耐腐蚀性及表面涂装加工性还必须进行表面处理(后处理),表面处理的方法有:涂油处理、磷化处理、钝化处理、耐指纹处理等,这些处理方法均不改变电镀锌板材外观,行业上还是称电镀锌板材。其中耐指纹处理是在电镀锌层上留下极少铬金属层及耐指纹树脂层,这两层物质还是透明的。</td></tr>
<tr><td colspan="2">归类决定</td><td colspan="4">所报电镀锌板是经耐指纹处理的电镀锌的铁或非合金钢平板轧材。该种处理仅在电镀锌板表面涂敷了很薄的一层耐指纹溶液,未改变电镀锌板的基本特征,故不属于《税则》子目 7210.70 所述的涂漆或涂塑的商品,应归入税则号列 7210.3000。</td></tr>
</table>

<table>
<tr><td>序号</td><td>785</td><td>归类决定编号</td><td>Z2006－1290</td><td>公告编号</td><td>2007 年第 70 号</td></tr>
<tr><td colspan="2">商品税则号列</td><td colspan="2">7210.6900</td><td>发布日期</td><td>2007 年 12 月 5 日</td></tr>
<tr><td colspan="2">商品名称</td><td colspan="4">渗铝钢板</td></tr>
<tr><td colspan="2">英文名称</td><td colspan="4">Hot-dip aluminized coils</td></tr>
<tr><td colspan="2">其他名称</td><td colspan="4"></td></tr>
<tr><td colspan="2">商品描述</td><td colspan="4">该渗铝钢板有两种规格,卷板宽约 1.26 米,非卷板的尺寸约 1.25 米×2.5 米,均经过镀或涂等加工,用于车身烘干通道。<br>其采用高温热浸镀加工工艺:加入熔融的铝,使钢(冷轧钢板)和铝特定组合,形成一种铁铝合金,经退火处理,同时熔融的铝立即与空气中的氧反应形成一层铝保护层,使钢板表面立即钝化,从而形成渗铝板。渗铝板含量 120 克/平方米,表面铝层厚度为 20 微米。</td></tr>
<tr><td colspan="2">归类决定</td><td colspan="4">该商品为宽约 1.26 米的卷板和尺寸约 1.25 米×2.5 米的非卷板,系车身烘干通道用渗铝板,加工工艺为高温热浸镀,熔融的铝与空气中的氧反应形成一层铝保护层,使钢板表面钝化,从而形成渗铝板,表面铝层厚度为 20 微米,符合《税则注释》第七十二章总注释四(三)2(4)d 的规定。根据归类总规则一,应将其归入税则号列 7210.6900。</td></tr>
</table>

| 序号 | 786 | 归类决定编号 | Z2006－0443 | 公告编号 | 2006年第69号 |
|---|---|---|---|---|---|
| 商品税则号列 | 7210.9000 | | | 发布日期 | 2006年11月22日 |
| 商品名称 | 贴塑钢板 | | | | |
| 英文名称 | | | | | |
| 其他名称 | | | | | |
| 商品描述 | 商品规格型号:27－F12R;1250毫米×0.6毫米,卷材。<br>该商品是镀锌钢板与PVC膜之间靠胶水粘接,粘接时辅之以辊挤压,由此PVC膜便复合在钢板表面。 | | | | |
| 归类决定 | 该商品与《税则注释》子目7210.70描述的商品生产工艺不相符合,可视为品目72.10所述的“包覆”工艺。根据品目72.10的子目注释,如果产品经过一种以上方式涂层、镀层或包覆的,应按最后加工的方式归类。因此,该商品应归入税则号列7210.9000。 | | | | |

| 序号 | 787 | 归类决定编号 | Z2006－0444 | 公告编号 | 2006年第69号 |
|---|---|---|---|---|---|
| 商品税则号列 | 7210.9000 | | | 发布日期 | 2006年11月22日 |
| 商品名称 | 矽钢片 | | | | |
| 英文名称 | Magnetic coil | | | | |
| 其他名称 | 硅电钢 | | | | |
| 商品描述 | 型号:CSC 50CS1300(50A1300),冷轧,无取向成分,其中C 0.001%～0.003%、Mn 0.33%～0.41%、P 0.085%～0.097%、S 0.004%～0.008%、Si 0.44%～0.50%。规格:0.5毫米×1200毫米,成卷,磁通密度约1.76T,铁损约W15/50 6W/kg。用作变压器、电机等其中的磁性材料。据介绍,硅钢片进口时已经涂有绝缘涂层。 | | | | |
| 归类决定 | 该硅钢片进口时已经涂有有机与无机物质混合绝缘涂层。根据《税则》第七十二章子目注释的规定,矽钢片不符合硅电钢的定义,同时,根据章注一(六)的规定,该矽钢片也不属于其他合金钢。因此,应依其规格按经涂层的铁或非合金钢平板轧材归入税则号列7210.9000。 | | | | |

| 序号 | 788 | 归类决定编号 | Z2006－0445 | 公告编号 | 2006年第69号 |
|---|---|---|---|---|---|
| 商品税则号列 | 7210.9000 | | | 发布日期 | 2006年11月22日 |
| 商品名称 | 钢面塑料合金板 | | | | |
| 英文名称 | | | | | |
| 其他名称 | | | | | |
| 商品描述 | 规格:8毫米×(1000～1500)毫米×(2000～2900)毫米(板的四边根据需要开好螺丝位),主要用于制造箱式半挂车的侧板。该板材是一种三明治结构的塑料合金板材,从结构上看,总厚度为8毫米,中间层塑料板厚度为7毫米多,上下两层为彩涂钢板,每层彩涂钢板厚度为0.476毫米。按体积比例塑料芯板占88.03%,彩涂钢板占11.97%。按重量比例钢板占64.25%,塑料芯板占35.75%。该商品与相应的内外连接立柱与上下固定槽钢进行铆接后成为箱式半挂车的侧板。 | | | | |
| 归类决定 | 该商品为一种三明治结构的塑料与金属合制的板材,从结构上看,该商品两长边已压槽、冲孔,压槽规格为宽22毫米、深1.8毫米,冲孔数量为50个/边,用于经安装作为箱式半挂车的侧板。其短边(上下两端)需在安装时压边与打孔定位。根据《税则注释》关于第七十二章总注释四(三)1、2(7)及品目72.10的子目注释的规定,该商品应归入税则号列7210.9000。 | | | | |

| 序号 | 789 | 归类决定编号 | Z2006－0446 | 公告编号 | 2006 年第 69 号 |
|---|---|---|---|---|---|
| 商品税则号列 | 7211.1900 | | | 发布日期 | 2006 年 11 月 22 日 |
| 商品名称 | 热轧钢板 | | | | |
| 英文名称 | | | | | |
| 其他名称 | | | | | |
| 商品描述 | 该商品规格:4.4 毫米×387 毫米×387 毫米/4.4 毫米×373 毫米×373 毫米。<br>用途:进口后再经多道加工程序后制成车轮。<br>热轧钢板是已裁成一定形状的用于制车轮钢圈的平板轧材,经化验鉴定为热轧非合金钢板。根据随附资料,该商品的加工流程:使用分条机将厚度为 4.4 毫米的热轧钢卷分成 387 毫米(或 373 毫米)宽的钢条,再用裁剪机,将钢条裁剪成长度 387 毫米(或 373 毫米)的四方形钢板,最后使用装有下料模的冲床,将四方形钢板冲剪成略带弧形的钢板(进口状态)。进口后仍需经抽裂、冲孔等进一步深加工。 | | | | |
| 归类决定 | 根据归类总规则一和第七十二章章注一(十)对平板轧材的解释,该商品应归入税则号列 7211.1900。 | | | | |

| 序号 | 790 | 归类决定编号 | Z2006－0447 | 公告编号 | 2006年第69号 |
|---|---|---|---|---|---|
| 商品税则号列 | 7212.1000 | | | 发布日期 | 2006年11月22日 |
| 商品名称 | 镀锡板 | | | | |
| 英文名称 | | | | | |
| 其他名称 | | | | | |
| 商品描述 | 规格:0.22毫米×712毫米×512毫米。 | | | | |
| 归类决定 | 按照数学概念,长方形较长的一边为长,较短的一边为宽,故认为该镀锡板的长为712毫米,宽为512毫米。由于宽度小于600毫米,故该镀锡板应归入税则号列7212.1000。 | | | | |

| 序号 | 791 | 归类决定编号 | Z2006－0448 | 公告编号 | 2006年第69号 |
|---|---|---|---|---|---|
| 商品税则号列 | 7212.5000 | | | 发布日期 | 2006年11月22日 |
| 商品名称 | 非合金镀铬铁板 | | | | |
| 英文名称 | Tin free sheet | | | | |
| 其他名称 | | | | | |
| 商品描述 | 非合金镀铬铁板的规格:0.25毫米×712毫米×508毫米。 | | | | |
| 归类决定 | 非合金镀铬铁板(712毫米×508毫米)是由宽度为712毫米的镀铬铁卷材切割而成。根据《税则注释》对品目72.10的明确说明,该品目所列的产品可经过一些加工或表面处理,其中包括切割。因此该镀铬铁板应以被切割后的最终形状确定归类,而不考虑未加工前的状态。故该商品应作为宽度在600毫米以下的镀铬板材归入税则号列7212.5000。 | | | | |

| 序号 | 792 | 归类决定编号 | Z2008-0145 | 公告编号 | 2008 年第 83 号 |
|---|---|---|---|---|---|
| 商品税则号列 | 7214.1000 | | | 发布日期 | 2008 年 11 月 24 日 |
| 商品名称 | 非合金锻造圆钢 | | | | |
| 英文名称 | Steel round bar | | | | |
| 其他名称 | | | | | |
| 商品描述 | 商品为经过精密锻造的圆柱形钢材，型号为 S45C，含碳量 0.42%，非合金钢，直径为 31～40 厘米，长度为 2.5～3 米。其外观光滑规整，边角准确，两端锯切，截面平整，长度方向平直。加工工艺为：将废钢和生铁浇筑成钢锭，加热锻打成圆钢，再经二头锯切成 3 米左右，经公差尺寸检验、表面检验后退火，再经两端上色、喷标后即可出厂。用途：经切削打磨后可制成轴承等。 | | | | |
| 归类决定 | 该商品符合《税则注释》对品目 72.07 和 72.14 的相关规定，属于锻造的非合金钢条杆，根据归类总规则一，应归入税则号列 7214.1000。 | | | | |

| 序号 | 793 | 归类决定编号 | Z2007－0035 | 公告编号 | 2007年第71号 |
|---|---|---|---|---|---|
| 商品税则号列 | 7214.9900 | | 发布日期 | | 2007年12月5日 |
| 商品名称 | 热轧方钢 | | | | |
| 英文名称 | Hot rolled steel billet | | | | |
| 其他名称 | | | | | |
| 商品描述 | 外形为长条状，截面为正方形，规格为120毫米×120毫米×12000毫米。按所含化学成分分为两种产品。产品一：碳0.18%～0.23%、硅0.15%～0.35%、锰0.6%～0.9%、磷小于0.03%、硫小于0.03%，其余为铁。产品二：碳0.42%～0.48%、硅0.15%～0.35%、锰0.6%～0.9%、磷小于0.03%、硫小于0.03%，其余为铁。两种产品均属非合金钢。生产工艺流程为：钢坯→加热→轧制→锯切→边角修磨→成品入库（锯切是由于棒材的长度很长，需要分段在辊道用热锯锯断，便于运输；修磨是用砂轮对检验出的一些表面缺陷按棒材的标准修磨）。该产品主要用于机械部件制造、切削加工。 | | | | |
| 归类决定 | 根据《税则》第七十二章章注一（十二）关于“其他条、杆”的定义，以及《税则注释》第七十二章章总注释和品目72.14的规定，上述两项产品应归入税则号列7214.9900。 | | | | |

| 序号 | 794 | 归类决定编号 | Z2009－0154 | 公告编号 | 2009年第57号 |
|---|---|---|---|---|---|
| 商品税则号列 | 7215.9000 | | | 发布日期 | 2009年8月31日 |
| 商品名称 | 扫街车线 | | | | |
| 英文名称 | | | | | |
| 其他名称 | | | | | |
| 商品描述 | 该商品为为非合金钢制，条杆状，长660毫米，横截面为0.8毫米×3毫米的矩形。生产工艺：盘元经过酸洗除锈、炖炉高温改变材质，由抽线机将粗线冷抽到细圆线，细圆线经过压延机压扁成扁线，用电器炉加热处理，使其改变材质坚硬的特点，由裁剪机按照客户的需求裁剪成一定长度，打包包装之后装运。用途：用作马路扫街车的扫盘所用的钢线。 | | | | |
| 归类决定 | 该商品符合《税则》第七十二章章注一（十二）对“其他条、杆”的定义，根据归类总规则一，应归入税则号列7215.9000。 | | | | |

| 序号 | 795 | 归类决定编号 | Z2009－0155 | 公告编号 | 2009年第57号 |
|---|---|---|---|---|---|
| 商品税则号列 | 7216.3100 | | | 发布日期 | 2009年8月31日 |
| 商品名称 | 槽钢 | | | | |
| 英文名称 | | | | | |
| 其他名称 | 集装箱内角柱 | | | | |
| 商品描述 | 该槽钢材质为热轧非合金钢，规格为12毫米×40毫米×113毫米×2657毫米。加工工艺：原材料（集装箱专用槽钢）→尺寸初检→矫直→定尺锯切→两端面倒角打磨→精矫→成品检验→包装→标识→出厂。用作集装箱内角柱，该内角柱是构成集装箱端门框的一个构件。 | | | | |
| 归类决定 | 该商品状态符合《税则》第七十二章章注一（十三）关于“型材”的定义，根据归类总规则一及六，应归入税则号列7216.3100。 | | | | |

| 序号 | 796 | 归类决定编号 | Z2009－0156 | 公告编号 | 2009年第57号 |
|---|---|---|---|---|---|
| 商品税则号列 | 7216.3290 | | | 发布日期 | 2009年8月31日 |
| 商品名称 | 异型钢材 | | | | |
| 英文名称 | Special steel profiles | | | | |
| 其他名称 | | | | | |
| 商品描述 | 该商品为工字形，有两种规格：一种长为223厘米，截面为工字型，平行两面的外表面之间距离为11.5厘米，内表面之间距离为8厘米，两平行面的宽度均为6.5厘米；一种长为468厘米，截面为工字型，平行两面的外表面之间距离为11.6厘米，内表面之间距离为7.8厘米，两平行面的宽度均为6.3厘米。两种规格产品均为非合金热轧钢，钢号为18MnNb6，除热轧外，未经进一步加工，用作叉车专用门架滑轨。 | | | | |
| 归类决定 | 上述两种商品的凸缘宽度均小于截面高度的66%，符合《税则注释》关于品目72.16的规定，应按工字钢归入税则号列7216.3290。 | | | | |

| 序号 | 797 | 归类决定编号 | Z2009－0110 | 公告编号 | 2009 年第 32 号 |
|---|---|---|---|---|---|
| 商品税则号列 | 7216.5090[7216.5020(2014 年版)] | | 发布日期 | 2009 年 6 月 12 日 | |
| 商品名称 | 热轧球扁钢 | | | | |
| 英文名称 | | | | | |
| 其他名称 | | | | | |
| 商品描述 | 该商品为一侧带有凸起球形边的钢板,有四种规格:(1)宽度 80 毫米,板厚 6 毫米,球体整体高度 20 毫米,球体除板厚高度 14 毫米;(2)宽度 100 毫米,板厚 7 毫米,球体整体高度 22.5 毫米,球体除板厚高度 15.5 毫米;(3)宽度 120 毫米,板厚 7 毫米,球体整体高度 24 毫米,球体除板厚高度 17 毫米;(4)宽度 160 毫米,板厚 8 毫米,球体整体高度 30 毫米,球体除板厚高度 22 毫米。各规格商品长度均为 10 米。生产工艺:坯料→加热→轧制→剪切→冷却→整理→包装→标识→入库→出厂。除铁以外,其他元素的含量为碳 0.13% ~0.14%、硅 0.23% ~0.24%、锰 0.99%、磷 0.025% ~0.027%、硫 0.032% ~0.033%。未进行包覆、镀层或涂层,主要用作造船原料。 | | | | |
| 归类决定 | 该商品状态不符合《税则》第七十二章章注一(十)关于“平板轧材”的定义,根据七十二章章注一(十三),应按异型材归入税则号列 7216.5090[7216.5020(2014 年版)]。 | | | | |

| 序号 | 798 | 归类决定编号 | Z2008－0146 | 公告编号 | 2008 年第 83 号 |
|---|---|---|---|---|---|
| 商品税则号列 | | 7216.9100 | | 发布日期 | 2008 年 11 月 24 日 |
| 商品名称 | 钢铁结构体 | | | | |
| 英文名称 | | | | | |
| 其他名称 | | | | | |
| 商品描述 | 该商品共有四种规格：第一种 H 孔型，长 3 米，宽 100 毫米，厚 0.45～0.55 毫米，截面形状为 U 型；第二种 H 孔型，长 3 米，宽 75 毫米，厚 0.45～0.55 毫米，截面形状为 U 型；第三种天地型，长 3 米，宽 75 毫米，厚 0.45～0.55 毫米，截面形状为 U 型；第四种扎花型，长 3 米，宽 60 毫米，厚 0.45～0.55 毫米，截面形状为 U 型。材质为镀锌钢板。加工工艺：以镀锌板为原料经冷弯成型、切断、冲压、折弯、包装制成，用于承载装修用石膏板、铝塑板等装修板材。 | | | | |
| 归类决定 | 该商品为经进一步加工的平板轧材冷成型产品，其状态符合《税则》第七十二章章注一（十三）关于“型材及异型材”的定义及《税则注释》的相关解释规定，根据归类总规则一，应归入税则号列 7216.9100。 | | | | |

| 序号 | 799 | 归类决定编号 | Z2009－0036 | 公告编号 | 2009 年第 5 号 |
|---|---|---|---|---|---|
| 商品税则号列 | | 7216.9100 | | 发布日期 | 2009 年 1 月 20 日 |
| 商品名称 | 镀锌楼承钢板 | | | | |
| 英文名称 | | | | | |
| 其他名称 | | | | | |
| 商品描述 | 该商品为镀锌异型材，长度为 11800 毫米，有三种规格：（1）1.0 毫米厚，两侧开有槽口；（2）1.2 毫米厚，两侧开有槽口；（3）1.2 毫米厚，为镀锌平板经压力机简单压制成型，未有进一步加工痕迹。 | | | | |
| 归类决定 | 该商品符合《税则》第七十二章章注一（十三）关于“型材、异型材”的定义，根据归类总规则一，应按异型材归入税则号列 7216.9100。 | | | | |

| 序号 | 800 | 归类决定编号 | Z2009－0037 | 公告编号 | 2009年第5号 |
|---|---|---|---|---|---|
| 商品税则号列 | 7216.9100 | | | 发布日期 | 2009年1月20日 |
| 商品名称 | 钢结构件 | | | | |
| 英文名称 | Steel structure products | | | | |
| 其他名称 | | | | | |
| 商品描述 | 该商品为镀锌冷轧钢卷制异型材，材质为非合金钢，主要厚度有0.7毫米、0.8毫米、1.2毫米、1.5毫米、1.8毫米五种。其制作流程是：将钢卷剪切、展开、折弯或压制成型。报验时的型态为截面C型、L型，长2～5米，属于未打孔、无弯曲的钢铁材料。使用时按需要尺寸切割、钻孔，以螺钉联结后用于建筑内外墙建设。 | | | | |
| 归类决定 | 根据《税则》第七十二章章注一（十三）的定义和《税则注释》对品目72.16的解释，该商品应归入税则号列7216.9100。 | | | | |

| 序号 | 801 | 归类决定编号 | Z2009－0111 | 公告编号 | 2009年第32号 |
|---|---|---|---|---|---|
| 商品税则号列 | 7216.9100 | | | 发布日期 | 2009年6月12日 |
| 商品名称 | 铁立柱 | | | | |
| 英文名称 | | | | | |
| 其他名称 | | | | | |
| 商品描述 | 该商品为金属异型材，经过钻孔、喷漆（部分没有喷漆）处理制得。生产工艺：SPCC冷板和SGCC镀锌钢板→切割→挤压成型→钻孔→后期整理→喷漆。产品用途：用作家具的层架支撑，消费者可根据自家的柜子高度剪裁组合使用。 | | | | |
| 归类决定 | 该商品符合《税则》第七十二章章注一（十三）关于“角材、型材及异型材”的定义，根据归类总规则一，应按进一步加工的异型材归入税则号列7216.9100。 | | | | |

<table>
<tr><td>序号</td><td>802</td><td>归类决定编号</td><td>Z2008－0147</td><td>公告编号</td><td>2008 年第 83 号</td></tr>
<tr><td colspan="2">商品税则号列</td><td colspan="2">7216.9900</td><td>发布日期</td><td>2008 年 11 月 24 日</td></tr>
<tr><td colspan="2">商品名称</td><td colspan="4">铁构件</td></tr>
<tr><td colspan="2">英文名称</td><td colspan="4"></td></tr>
<tr><td colspan="2">其他名称</td><td colspan="4"></td></tr>
<tr><td colspan="2">商品描述</td><td colspan="4">该商品长度从 2.6 米到 8.2 米不等，宽 0.23 米，高 0.15 米，材料为工字钢。经过热浸镀锌、两端钻孔、剪裁等加工工艺制成。用于搭建人行桥。</td></tr>
<tr><td colspan="2">归类决定</td><td colspan="4">该商品状态符合《税则注释》关于品目 72.16 的解释规定，其规格为长 2.6～8.2 米、宽 0.23 米、高 0.15 米，经过热浸镀锌、两端钻孔、剪裁等加工工艺制成。依据《税则注释》关于品目 72.16 的子目注释的解释，“宽 0.23 米”应为其截面高度，也可称总宽度，“高 0.15 米”应为凸缘宽度。该商品的凸缘宽度小于截面高度的 66%，不属于 H 型钢（《税则注释》关于品目 72.16 解释中称“宽边工字钢”），应按工字钢归类。由于经过热浸镀锌、两端钻孔等加工工艺，根据归类总规则一及六，该商品应归入税则号列 7216.9900。</td></tr>
</table>

<table>
<tr><td>序号</td><td>803</td><td>归类决定编号</td><td>Z2008－0039</td><td>公告编号</td><td>2008 年第 76 号</td></tr>
<tr><td colspan="2">商品税则号列</td><td colspan="2">7217.1000</td><td>发布日期</td><td>2008 年 10 月 28 日</td></tr>
<tr><td colspan="2">商品名称</td><td colspan="4">冷拉弹簧钢丝</td></tr>
<tr><td colspan="2">英文名称</td><td colspan="4">Cold draw spring steel</td></tr>
<tr><td colspan="2">其他名称</td><td colspan="4"></td></tr>
<tr><td colspan="2">商品描述</td><td colspan="4">该商品为卷装钢丝，非合金钢制，表面无涂层，用于缠膜制作成弹性通风管道。经表面磷化、冷拉、铅淬火、拉拔等多次加工，制成弹簧钢丝。报验状态：以工字轮规则缠绕。包括两种规格：直径 1.0414 毫米和直径 1.1684 毫米。</td></tr>
<tr><td colspan="2">归类决定</td><td colspan="4">该商品为非合金钢制卷装钢丝，符合《税则》第七十二章章注一（十四）关于“丝”的定义，根据归类总规则一及六，应归入税则号列 7217.1000。</td></tr>
</table>

<table>
<tr><td>序号</td><td>804</td><td>归类决定编号</td><td>Z2006－0449</td><td>公告编号</td><td>2006年第69号</td></tr>
<tr><td colspan="2">商品税则号列</td><td colspan="2">7217.9000</td><td>发布日期</td><td>2006年11月22日</td></tr>
<tr><td colspan="2">商品名称</td><td colspan="4">合金钢丝</td></tr>
<tr><td colspan="2">英文名称</td><td colspan="4"></td></tr>
<tr><td colspan="2">其他名称</td><td colspan="4"></td></tr>
<tr><td colspan="2">商品描述</td><td colspan="4">该商品经商检为高碳钢丝，成分如下（%）：C 0.69、S 0.018、Si 0.22、Mn 0.52、P 0.016、Cr 0.03、Ni <0.01、Cu <0.01，截面异型，全长截面相同。</td></tr>
<tr><td colspan="2">归类决定</td><td colspan="4">根据所提供的成分，该商品不符合《税则》第七十二章章注一（六）关于其他合金钢的定义，应按高碳钢丝归入税则号列7217.9000。</td></tr>
</table>

<table>
<tr><td>序号</td><td>805</td><td>归类决定编号</td><td>Z2009－0112</td><td>公告编号</td><td>2009年第32号</td></tr>
<tr><td colspan="2">商品税则号列</td><td colspan="2">7218.9900</td><td>发布日期</td><td>2009年6月12日</td></tr>
<tr><td colspan="2">商品名称</td><td colspan="4">不锈钢圆棒</td></tr>
<tr><td colspan="2">英文名称</td><td colspan="4"></td></tr>
<tr><td colspan="2">其他名称</td><td colspan="4"></td></tr>
<tr><td colspan="2">商品描述</td><td colspan="4">该商品为圆形杆状不锈钢产品，长度4米至6米，横截面直径大小不一，边角位置不十分明确，表面凹凸不平且留有生产过程中所碰损的痕迹（辊棒痕迹），两端截面处截痕粗糙，有一些截面是斜的，与圆棒中心线不是垂直的。化学成分：碳0.042%、锰0.65%、磷0.03%、硫0.001%、镍9.09%、铬17.28%、钛0.23%、铁72.25%。经进一步加工后，在工业上做轴承或穿孔后做钢管。</td></tr>
<tr><td colspan="2">归类决定</td><td colspan="4">该商品状态符合《税则注释》关于品目72.18的解释规定，应归入税则号列7218.9900。</td></tr>
</table>

| 序号 | 806 | 归类决定编号 | Z2006－0450 | 公告编号 | 2006 年第 69 号 |
|---|---|---|---|---|---|
| 商品税则号列 | 72.19 | | | 发布日期 | 2006 年 11 月 22 日 |
| 商品名称 | 不锈钢半制成品 | | | | |
| 英文名称 | | | | | |
| 其他名称 | | | | | |
| 商品描述 | 所申报的不锈钢半制成品有两种形态、五种规格，分别为：10 毫米×1500 毫米卷材、12 毫米×1500 毫米卷材、16 毫米×1500 毫米×6000 毫米板材、20 毫米×1500 毫米×6000 毫米板材、30 毫米×1500 毫米×6000 毫米板材，表面呈黑色。货物标签注明为“HOT ROLLED STAINLESS STEEL PLATE”、“HOT STAINLESS STEEL PLATE”。其中卷材边缘呈自然状态，板材由气割成规格板材。 | | | | |
| 归类决定 | 不锈钢半制成品有“卷材”（规格分别为 10 毫米×1500 毫米或 12 毫米×1500 毫米）和“板材”（规格分别为 16 毫米×1500 毫米×6000 毫米、20 毫米×1500 毫米×6000 毫米或 30 毫米×1500 毫米×6000 毫米）两个品种，表面呈黑色有铁锈。其中的卷材俗称“黑皮卷”，边缘呈自然状态；板材由气割成规格板材。<br>根据《税则》第七十二章章注一（九）的规定，半制成品包括连续铸造，不论是否初步热轧的实心产品，但不包括成卷的产品；另《税则注释》又规定，归入品目 72.07 和 72.08 的板材的区别是：归入品目 72.07 的厚板坯或薄板坯，其边缘应是圆的（如连续铸造而得），而不是切割成的（上述规定同样适用于品目 72.18 和 72.19）。因此，所报卷材和板材及所报“黑皮卷”均不属于“半制成品”范围，应作为平板轧材归入税目 72.19 项下的相应子目。 | | | | |

| | | | | | |
|---|---|---|---|---|---|
| 序号 | 807 | 归类决定编号 | Z2008-0040 | 公告编号 | 2008年第76号 |
| 商品税则号列 | 7219.1329 | | | 发布日期 | 2008年10月28日 |
| 商品名称 | 一级热轧不锈钢卷板 | | | | |
| 英文名称 | | | | | |
| 其他名称 | | | | | |
| 商品描述 | 该商品有三种型号：(1)NAS800L，经酸洗，规格3.5毫米×1219毫米×C；成分为C 0.01%、Si 0.28%、Mn 0.27%、P 0.015%、Ni 30.30%、Cr 20.07%、Cu 0.04%、Al 0.35%、Ti 0.4%，其余的为Fe。(2)ASTMA240UNSS31254，经酸洗，规格3.5毫米×1219毫米×C；成分为C 0.014%、Si 0.55%、Mn 0.26%、P 0.024%、Ni 17.80%、Cr 20.20%、Mo 6%、Cu 0.73%、N 0.21%，其余的为Fe。(3)NASH840，经酸洗，规格为3.5毫米×1000毫米×C；成分为C 0.02%、Si 0.56%、Mn 0.51%、P 0.016%、Ni 18.12%、Cr 19.86%、Al 0.38%、Ti 0.36%，其余的为Fe。用途：用于生产加工设备。 | | | | |
| 归类决定 | 该商品为银白色钢板，有三种型号。经化验鉴定，钢板除酸洗外，还进行了表面打磨，鉴定结论为经打磨的热轧不锈钢板。从商品的表面来看，该钢表面没有一般的凹凸不平形状，磨痕较幼细、清晰，表面较光滑、光亮。该商品的生产工艺：热轧→退火、酸洗→打磨→热轧板。根据《税则注释》第七十二章总注释四(三)对"加工及整理"的解释"2. 表面处理或以改善金属性能及外观，防止其锈蚀等的其他加工(包括镀层)。除某些品目条文另有规定的以外，上述加工不影响货品的归类。它们包括：(4)a. 抛光、磨光或类似处理"，该商品的加工工艺不影响商品的归类。根据商品的材质成分、规格尺寸、加工工艺，以及归类总规则一，以上三种型号的商品应归入税则号列7219.1329。 | | | | |

| 序号 | 808 | 归类决定编号 | Z2006－0451 | 公告编号 | 2006年第69号 |
|---|---|---|---|---|---|
| 商品税则号列 | 7220.2010[7220.2020(2014年版)] | | | 发布日期 | 2006年11月22日 |
| 商品名称 | 冷轧不锈钢带 | | | | |
| 英文名称 | Cold rolled stainless steel | | | | |
| 其他名称 | | | | | |
| 商品描述 | 规格:0.32毫米×110毫米、0.32毫米×120毫米、0.15毫米×10毫米、0.40毫米×110毫米不锈钢卷材。<br>化学成分:Ni 11%～13%、Cr 18%～19%、C＜0.03%、Si＜1.00%、Mn＜2.00%、P＜0.04%、S＜0.03%,余量为Fe。<br>用途:制造彩色显像管电子枪帽类零件。<br>制造工艺:<br>1. 将带坯冷轧到0.8毫米厚,再进行长达数小时光亮退火,使其进一步脱碳、晶粒细化后再冷轧到0.5～0.6毫米,使其导磁率达到1.005u/20℃以下。<br>2. 将第一工序的钢带再经过光亮退火及特殊处理再精轧到0.1～0.4毫米,使钢带厚度板形达到均匀一致。<br>3. 最后用羽布打毛的特殊工艺经多次打毛使钢带表面光洁度达到规定要求。 | | | | |
| 归类决定 | 冷轧不锈钢带为0.32毫米×110毫米、0.32毫米×120毫米等规格的卷材,虽经过多次冷加工和退火等工序制成,且用羽布打毛进行过表面处理,但根据《税则》税目72.20的规定,上述工艺过程及后处理仍在“除冷轧外,未经进一步加工”的范围内,所以应归入税则号列7220.2010[7220.2020(2014年版)]。 | | | | |

| 序号 | 809 | 归类决定编号 | Z2006－0452 | 公告编号 | 2006年第69号 |
|---|---|---|---|---|---|
| 商品税则号列 | 7220.9000 | | | 发布日期 | 2006年11月22日 |
| 商品名称 | 冷轧不锈钢方块板 | | | | |
| 英文名称 | | | | | |
| 其他名称 | | | | | |
| 商品描述 | 商品规格:340毫米×270毫米×0.47毫米,为机械加工产生的边角料加工而成,在方块板的四个角冲压有四个小洞,以便于加工小五金制品及生活用品,如杯、勺、刀具等。 | | | | |
| 归类决定 | 根据《税则注释》第七十二章总注释四(三),最终产品的生产后加工及整理工序的描述:最终产品可经一系列进一步加工处理,例如机械加工,包括车削、铣削、磨削、穿孔或冲孔、折叠、精压、剥皮等。故依据上述相关描述,商品未超出《税则》第七十二章的加工工艺,但该板材在冷轧后又经过打孔工艺,故应归入税则号列7220.9000。 | | | | |

| 序号 | 810 | 归类决定编号 | Z2006－1291 | 公告编号 | 2007年第70号 |
|---|---|---|---|---|---|
| 商品税则号列 | 7220.9000 | | 发布日期 | 2007年12月5日 | |
| 商品名称 | 三金属片 | | | | |
| 英文名称 | Tri-metal | | | | |
| 其他名称 | | | | | |
| 商品描述 | 该商品用于制造彩色显像管,通过将该材料压制成大小不同的弹簧片以安装于彩色显像管内部的荫罩四角边,进口时为成卷,所有材料均是冷轧方法制得。该商品分三种规格:1.0毫米×45毫米、1.2毫米×51毫米、0.8毫米×31毫米。其中,1.0毫米×45毫米及1.2毫米×51毫米规格的组成如下:由三片金属片组成,两边的为高膨胀材料(18－8不锈钢),中间为低膨胀材料(镍36%的其他合金钢)。0.8毫米×31毫米亦由三片金属片组成:两边的为高膨胀材料(不锈钢304),中间为不锈钢430。加工方法:先将材料进行除尘处理,再通过电子焊接机用电子束将三种材料焊接,最后将焊接而成的三金属片进行表面研磨。各规格的材料重量比,0.8毫米×31毫米为高膨胀材料45%、不锈钢430占55%;1.0毫米×45毫米为高膨胀材料53%、低膨胀材料47%;1.2毫米×51毫米为高膨胀材料78%、低膨胀材料22%。 | | | | |
| 归类决定 | 三金属片用于制造彩色显像管,通过将该材料压制成大小不同的弹簧片以安装于彩色显像管内部的荫罩四角边。该商品进口时为成卷,所有材料均是冷轧方法制得。分三种规格:1.0毫米×45毫米、1.2毫米×51毫米、0.8毫米×31毫米。其中,1.0毫米×45毫米及1.2毫米×51毫米规格的组成如下:由三片金属片组成,两边的为高膨胀材料(18－8不锈钢),中间为低膨胀材料(镍36%的其他合金钢)。0.8毫米×31毫米亦由三片金属片组成:两边的为高膨胀材料(不锈钢304),中间为不锈钢430。加工方法:先将材料进行除尘处理,再通过电子焊接机用电子束将三种材料焊接,最后将焊接而成的三金属片进行表面研磨。该商品的外观状态符合《税则》第七十二章章注一(十)关于平板轧材的定义,且宽度小于600毫米,根据《税则》第十五类类注七的规定,对三种型号的产品归类如下:<br>1.0.8毫米×31毫米:高膨胀材料(不锈钢304)45%、不锈钢430占55%,应归入税则号列7220.9000;<br>2.1.0毫米×45毫米:高膨胀材料(18－8不锈钢)53%、低膨胀材料(指低膨胀的铁—镍合金,含镍36%)47%,应归入税则号列7220.9000;<br>3.1.2毫米×51毫米:高膨胀材料(18－8不锈钢)78%、低膨胀材料(指低膨胀的铁—镍合金,含镍36%)22%,应归入税则号列7220.9000。 | | | | |

| 序号 | 811 | 归类决定编号 | Z2006－0453 | 公告编号 | 2006年第69号 |
|---|---|---|---|---|---|
| 商品税则号列 | 7222.4000 | | | 发布日期 | 2006年11月22日 |
| 商品名称 | 不锈钢滑轨 | | | | |
| 英文名称 | Steel track | | | | |
| 其他名称 | | | | | |
| 商品描述 | 商品为不锈钢制，长6米，表面经过处理，截面形状呈“n”形，进口后根据尺寸的需要进行剪切，然后直接安装在门框底部作为滑轨使用，无需其他打孔等工序和其他五金件的紧固，未经转孔、冲孔等加工。 | | | | |
| 归类决定 | 该滑轨的进口状态符合《税则》第七十二章章注一（十三）关于“角材、型材及异型材”的解释，同时其加工也并未超出《税则》第七十二章的注释规定，因此该商品应按不锈钢制异型材归入税则号列7222.4000。 | | | | |

| 序号 | 812 | 归类决定编号 | Z2009－0038 | 公告编号 | 2009年第5号 |
|---|---|---|---|---|---|
| 商品税则号列 | 7223.0000 | | | 发布日期 | 2009年1月20日 |
| 商品名称 | 不锈钢丝 | | | | |
| 英文名称 | | | | | |
| 其他名称 | | | | | |
| 商品描述 | 该不锈钢丝材质为不锈钢SUS434，直径100微米。主要成分：铁81.264%、碳0.2%、铬16.5%、锰0.75%、钼0.915%、硅0.31%、磷0.036%、硫0.025%。它是通过专用机器将不锈钢棒切削成所需的抽丝状，然后用卷取机进行卷取，成卷进口。主要用途：将一卷不锈钢丝（每卷长度大概165米）放在卷覆机上取其中一节缠覆在汽车排气管中有冲孔的钢管上，达到隔热、消音的作用。 | | | | |
| 归类决定 | 根据《税则》第七十二章章注一（五）的注释及税目72.23的条文，该商品应归入税则号列7223.0000。 | | | | |

| 序号 | 813 | 归类决定编号 | Z2009－0157 | 公告编号 | 2009年第57号 |
|---|---|---|---|---|---|
| 商品税则号列 | 7224.9090 | | | 发布日期 | 2009年8月31日 |
| 商品名称 | R73车轮圆钢 | | | | |
| 英文名称 | | | | | |
| 其他名称 | | | | | |
| 商品描述 | 该商品规格：直径390毫米、质量505～510千克，长度540（±10）毫米。化学成分：C 0.49%～0.52%、Si 0.27%～0.37%、Mn 0.68%～0.76%、P不超过0.020%、S不超过0.015%、Cr 0.30%～0.32%等。产品出口后直接用于生产高速铁路车轮。加工工艺：铁水三脱→复吹转炉→精炼炉→真空循环脱气→连铸→表面处理（飞边打磨和机器喷丸）。 | | | | |
| 归类决定 | 该商品的生产工艺及状态符合《税则》第七十二章章注一（九）关于“半制成品”的定义。根据《税则注释》关于第七十二章的总注释四（三）2的规定，其表面处理不属于改变归类的加工。其化学成分符合《税则》第七十二章章注一（六）关于“合金钢”的定义，根据归类总规则一，应归入税则号列7224.9090。 | | | | |

| 序号 | 814 | 归类决定编号 | Z2006－0454 | 公告编号 | 2006年第69号 |
|---|---|---|---|---|---|
| 商品税则号列 | 72.26 | | | 发布日期 | 2006年11月22日 |
| 商品名称 | 废变压器芯 | | | | |
| 英文名称 | | | | | |
| 其他名称 | 废钢、废矽钢片、废变压器零件 | | | | |
| 商品描述 | 该商品一般为集装箱运输，系从报废变压器中拆得的变压器芯，成分一般为废旧矽钢片，宽度15～30厘米不等，部分表面明显有锈迹、油迹、扭曲，捆装或卷装，堆放零乱。 | | | | |
| 归类决定 | 废变压器芯实为由变压器芯拆解出的旧矽钢片，宽度15～30厘米不等，部分表面明显有锈迹、油迹、扭曲，捆装、卷装或散装，分拣后，约40%～60%可用作加工成小型变压器、互感器等电器铁芯。<br>从以上情况看，该矽钢片虽经使用、拆解，但其品质、性能无很大改变，相当比例仍可作为矽钢片使用，根据《税则》第十五类注释八（一）的规定，应视其主要用途归类：当其可作为矽钢片使用的比例达到或超过50%时，可作为矽钢片归入税目72.26项下；否则，作为废钢铁归入税目72.04项下。 | | | | |

| 序号 | 815 | 归类决定编号 | Z2006－0455 | 公告编号 | 2006 年第 69 号 |
|---|---|---|---|---|---|
| 商品税则号列 | 7226.9200 | | | 发布日期 | 2006 年 11 月 22 日 |
| 商品名称 | 冷轧镍合金卷板 | | | | |
| 英文名称 | | | | | |
| 其他名称 | | | | | |
| 商品描述 | 规格:3 毫米×215 毫米,成卷,除冷轧外没有进一步加工。型号:NAS36。成分(%):C 0.005、Si 0.04、Mn 0.23、P 0.004、S 0.001、Ni 35.99、Cr 0.06、Fe Bal(余下)。该商品作为低热膨胀材料,用途非常广泛,特别是用于品质非常严格的彩色电视高精细显示器的阴罩方面。 | | | | |
| 归类决定 | 该商品所含重量最大的合金元素为铁(约 64%),因此,根据《税则》第十五类类注五(一)及第七十五章子目注释一(二),不属于《税则注释》所定义的镍合金,而属于第七十二章的合金钢铁。又根据《税则》第七十二章章注一(三)、(四)、(五)、(六)的规定,含有 35.99% 镍的该合金应按其加工工艺及规格归入税则号列 7226.9200。 | | | | |

| 序号 | 816 | 归类决定编号 | Z2006－0456 | 公告编号 | 2006 年第 69 号 |
|---|---|---|---|---|---|
| 商品税则号列 | 7226.9900[7226.99(2014 年版)] | | | 发布日期 | 2006 年 11 月 22 日 |
| 商品名称 | 带锯片用双金属钢带 | | | | |
| 英文名称 | | | | | |
| 其他名称 | | | | | |
| 商品描述 | 该商品采用高速钢和合金钢用电子束熔接在一起。 | | | | |
| 归类决定 | 带锯片用双金属钢带是由高速钢和合金钢用电子束熔接在一起,其加工程度不具备《税则》税目 82.02 中商品的主要特征,仍应作为一种复合材料板材,按复合材料重量百分比大的金属进行归类,如该金属认定为《税则》未列名的合金钢,则可归入税则号列 7226.9900[7226.99(2014 年版)]。 | | | | |

| 序号 | 817 | 归类决定编号 | Z2007－0036 | 公告编号 | 2007年第71号 |
|---|---|---|---|---|---|
| 商品税则号列 | 7226.9990 | | 发布日期 | 2007年12月5日 | |
| 商品名称 | 冷轧合金钢带 | | | | |
| 英文名称 | Cold rolled steel (feran) | | | | |
| 其他名称 | | | | | |
| 商品描述 | 该商品规格:1.52毫米×460毫米。成分:碳0.5%、硅0.61%、锰1.68%、磷0.12%、硫0.16%、铝0.33%、铬0.35%。加工工艺:通过冷轧工艺将铝箔延压到合金钢带表面。用途:用于制作空调机冷却管。 | | | | |
| 归类决定 | 根据《税则注释》第七十二章总注释四(三)2(5)关于"金属包层"的规定,该商品为经包层处理的合金钢带材,根据归类总规则一及六,应归入税则号列7226.9990。 | | | | |

<table>
<tr><td>序号</td><td>818</td><td>归类决定编号</td><td>Z2006 - 1582</td><td>公告编号</td><td>2007 年第 70 号</td></tr>
<tr><td>商品税则号列</td><td colspan="3">72.28;73.26</td><td>发布日期</td><td>2007 年 12 月 5 日</td></tr>
<tr><td>商品名称</td><td colspan="5">模具钢坯</td></tr>
<tr><td>英文名称</td><td colspan="5"></td></tr>
<tr><td>其他名称</td><td colspan="5"></td></tr>
<tr><td>商品描述</td><td colspan="5">该商品有三种型号:(1)型号 SKH51,成分为 C 0.85%、Si 0.3%、Mn 0.3%、Cr 4%、Mo 5%、W 6.3%、V 1.8%;(2)型号 SKD61,成分为 C 0.38%、Si 0.9%、Mn≤0.5%、Cr 5.2%、Mo 1.25%、V 0.9%;(3)型号 HDN1,成分与 SKD61 相同。规格:直径 20~100 毫米,长度 15~200 毫米。用途:生产模具。该模具钢坯元素含量取均值。模具钢坯的生产工序:电炉熔解铁矿石和合金→真空净化处理→铸锭铸造→在线冲压→铸锭轧制,制成钢坯→小型压轧(热轧)→热处理→钢棒,成为成品,即该模具钢坯是经过小型压轧(热轧)和热处理后的最终产品。</td></tr>
<tr><td>归类决定</td><td colspan="5">根据《税则注释》关于品目 72.28 的解释规定,上述型号为 SKD61 的钢坯应按钢铁工件归入税目 73.26 项下;型号为 SKH51 的钢坯符合《税则》关于高速钢条杆的定义,应归入税则号列 7228.1000;型号为 HDN1 的钢坯应根据其锰元素的具体含量并依据《税则》第七十二章子目注释(五)对于硅锰钢的定义,确定归入税则号列 7228.2000 或者 7228.3000。</td></tr>
</table>

| 序号 | 819 | 归类决定编号 | Z2008－0148 | 公告编号 | 2008 年第 83 号 |
|---|---|---|---|---|---|
| 商品税则号列 | 7228.3000[7228.3090(2014 年版)] | | | 发布日期 | 2008 年 11 月 24 日 |
| 商品名称 | 热轧合金弹簧钢棒 | | | | |
| 英文名称 | | | | | |
| 其他名称 | | | | | |
| 商品描述 | 该商品型号为 55SiCrV6，具体成分：碳 0.541%、硅 1.495%、铬 0.529%、锰 0.666%、铜 0.163%，少量磷、硫、钼、锡、镍、钒，其余为铁。主要用于制作汽车螺旋弹簧。 | | | | |
| 归类决定 | 该商品的硅、铬、锰元素含量均符合《税则》第七十二章章注一(六)的规定，根据归类总规则一及六，应归入税则号列 7228.3000[7228.3090(2014 年版)]。 | | | | |

| 序号 | 820 | 归类决定编号 | Z2008－0041 | 公告编号 | 2008 年第 76 号 |
|---|---|---|---|---|---|
| 商品税则号列 | 7228.4000 | | | 发布日期 | 2008 年 10 月 28 日 |
| 商品名称 | 锻造车削圆钢 | | | | |
| 英文名称 | | | | | |
| 其他名称 | | | | | |
| 商品描述 | 该商品为直径 250～480 毫米，长度为 5 米的圆钢。成分为其他合金钢，是锻造后经锯切去除废料，经车削、热处理及表面清理后制成。其车削的目的主要有两个：一是去除裂纹、表面夹砂、皮下气泡和折叠等表面缺陷，以免在热处理时裂纹向内延伸产生废材；二是达到探伤检测要求的表面光洁度。此外，产品在车削前锻造公差为 0/＋3 毫米，车削后达到 0/＋1 毫米。 | | | | |
| 归类决定 | 根据《税则注释》第七十二章总注释四(三)1 及品目 72.14 注释的规定，该商品的车削加工属于允许表面处理加工范围，应归入税则号列 7228.4000。 | | | | |

| 序号 | 821 | 归类决定编号 | Z2008－0042 | 公告编号 | 2008年第76号 |
|---|---|---|---|---|---|
| 商品税则号列 | 7228.4000 | | | 发布日期 | 2008年10月28日 |
| 商品名称 | 芯棒 | | | | |
| 英文名称 | | | | | |
| 其他名称 | | | | | |
| 商品描述 | 芯棒用于连轧管工艺，是连轧机的主要变形工具之一（另一变形工具是轧辊）。芯棒一般由三部分组成，即工作段、连接段及尾柄，三段由螺纹连接。此次进口的芯棒即为三段中的工作段，是半成品，两端均为圆切面，未经进一步加工，进口后对毛坯表面抛光后镀铬，然后对工作段进行车头和尾端丝扣加工，再接上国内生产的连接段及尾柄即可使用。芯棒的制造过程如下：精选废钢→电炉炼钢→炉外精炼→铸锭→锻造→热处理→机械加工→镀铬加工。生产中采用严格的检验方法验证物理和化学性能。化学成分：碳0.32%～0.37%、铬4.88%～5.3%、锰0.015%～0.49%、钼1.00%～1.50%、硅0.86%～1.08%、钒0.46%～0.82%、磷0.003%～0.01%、硫0%～0.01%。 | | | | |
| 归类决定 | 该芯棒两端均为圆切面，属于半制成品，进口后对毛坯表面抛光后镀铬，然后对工作段进行车头和尾端丝扣加工，再接上国内生产的连接段及尾柄即可用于连轧管工艺。根据归类总规则一，该商品的进口状态符合第七十二章章注一（十二）中关于“条、杆”的定义，同时该商品的化学组成成分符合第七十二章章注一（六）关于“其他合金钢”的定义，故该商品应归入税则号列7228.4000。 | | | | |

| 序号 | 822 | 归类决定编号 | Z2008－0149 | 公告编号 | 2008年第83号 |
|---|---|---|---|---|---|
| 商品税则号列 | 7228.4000 | | | 发布日期 | 2008年11月24日 |
| 商品名称 | 热锻模具钢 | | | | |
| 英文名称 | | | | | |
| 其他名称 | | | | | |
| 商品描述 | 该商品为热锻条状合金模具钢，主要含量：碳0.34%、锰0.35%、硅0.94%、磷0.013%、硫0.003%、铬4.98%、矾0.91%、钼1.17%、镍0.10%、铜0.12%。加工工艺为：炼钢（废钢经过炼钢，浇铸成直径410～710毫米的圆形钢锭）→锻打（钢锭经加热炉处理，用5吨锻锤多次加热多次锻打，形成圆钢）→退火→去除表面氧化铁皮（用砂轮打磨进行表面剥皮，去掉表面氧化层）。钢材成形后，外观为表面光滑、两端平整、长度为2～4米、直径182毫米的圆柱形钢材，其内部结构紧密，弯曲度最大3毫米/1米，直径或厚度公差为0/＋2毫米，经车削、热处理及机械加工后即可改变其形状制成各种模具。 | | | | |
| 归类决定 | 根据归类总规则一及《税则注释》关于品目72.24及72.28的相关规定，该商品应归入税则号列7228.4000。 | | | | |

| 序号 | 823 | 归类决定编号 | Z2006－0457 | 公告编号 | 2006年第69号 |
|---|---|---|---|---|---|
| 商品税则号列 | 7228.5000 | | | 发布日期 | 2006年11月22日 |
| 商品名称 | 圆棒弹簧钢 | | | | |
| 英文名称 | | | | | |
| 其他名称 | | | | | |
| 商品描述 | 型号：UHS 1900，规格：DIA 12.0×1800毫米。成分为C 0.39%、Si 1.73%、Mn 0.15%、P 0.011%、S 0.006%、Cu 0.21%、Cr 1.06%、Ni 0.50%等。<br>该商品的生产工序分为两部分：<br>1. 在神户制钢工厂的工序为高炉→预备精炼→转炉→LAF→脱气→BLOOM连续铸造→分块轧制→抽检，加工→轧制线材→调节冷却→出货检查→出货。<br>2. 二次加工厂商的工序为轧制材入货→去除铁屑→冷拉拔→切断→直线机→伤痕检查→包装→出货。 | | | | |
| 归类决定 | 从其加工工艺来看，该商品先经热轧成线材，再经冷拉拔制成棒状弹簧钢，符合《税则注释》关于第七十二章总注释四的有关解释规定，即半制成品及在某些情况下的锭块经加工制成成品。这些产品可以通过热塑变形直接从锭或半制成品制得（通过热轧、锻造或热拉），也可以通过冷塑变形间接从热加工产品制得（通过冷轧、挤压、拉丝、光拔）。因此，该商品属除冷加工外未经进一步加工的产品，应归入税则号列7228.5000。 | | | | |

| 序号 | 824 | 归类决定编号 | Z2010－0022 | 公告编号 | 2010 年第 15 号 |
|---|---|---|---|---|---|
| 商品税则号列 | | 7228.6000 | | 发布日期 | 2010 年 2 月 28 日 |
| 商品名称 | 热轧合金钢钢条 | | | | |
| 英文名称 | Steel tape | | | | |
| 其他名称 | 合金钢热轧盘条 | | | | |
| 商品描述 | 该商品为实心产品，表面光滑，截面积为长方形，为盘卷状（每卷大小、重量不一），宽度 3.40 毫米，厚度 0.86 毫米。成分：铁 95%、铬 3%、硅 0.35%、锰 0.4%、磷 0.024%。加工工艺：热轧后（未冷却）即通过模具进行热拉成条状，并经抛光机器进行表面处理，为加工活塞环的原材料。 | | | | |
| 归类决定 | 该商品状态符合《税则》第七十二章章注一（六）及（十二）的规定，根据归类总规则一，应归入税则号列 7228.6000。 | | | | |

| 序号 | 825 | 归类决定编号 | Z2009－0113 | 公告编号 | 2009 年第 32 号 |
|---|---|---|---|---|---|
| 商品税则号列 | | 72.29 | | 发布日期 | 2009 年 6 月 12 日 |
| 商品名称 | 气保焊丝 | | | | |
| 英文名称 | | | | | |
| 其他名称 | | | | | |
| 商品描述 | 该商品为表面金黄色的成卷金属线，基材成分：合金钢丝，样品表面镀铜。工艺流程：线材→去氧化皮→初拉拔→酸洗→涂剂镀铜→精拉拔→密排层绕→包装→成品。在拉拔前，将线材在热轧时形成的一层硬脆氧化皮去掉（采用机械去锈），经拉丝机拉拔后，为增加导电性，在表面镀铜。 | | | | |
| 归类决定 | 该商品状态不符合《税则注释》关于品目 83.11 的解释规定，应按镀铜合金钢丝归入税目 72.29 项下。 | | | | |

| 序号 | 826 | 归类决定编号 | Z2006－0458 | 公告编号 | 2006 年第 69 号 |
|---|---|---|---|---|---|
| 商品税则号列 | 7229.2000 | | 发布日期 | | 2006 年 11 月 22 日 |
| 商品名称 | $CO_2$ 气体保护焊丝(XH－506) | | | | |
| 英文名称 | $CO_2$ welding wire | | | | |
| 其他名称 | | | | | |
| 商品描述 | XH－506 焊丝为直径 1.0 毫米,表面镀铜的锰—硅型实芯丝,用于汽车、造船、冶金等行业钢结构中及船用焊接,焊接时以 $CO_2$ 作为保护气体,其功能类似于埋伏焊中的焊剂。 | | | | |
| 归类决定 | 所报 XH－506 型二氧化碳气体保护焊丝是钢铁结构体气体保护电弧焊用硅锰合金钢实心丝,在焊接中作填充金属用,以使焊缝达到良好的综合机械性能。该焊丝虽符合 GB/T8110－1995“气体保护电弧焊用碳钢、低合金钢焊丝”的指标,但因其未以焊剂涂面或以焊剂为芯,所以根据《税则注释》品目 83.11 的规定,不能归入该品目,故该商品应归入税则号列 7229.2000。 | | | | |

| 序号 | 827 | 归类决定编号 | Z2006－0459 | 公告编号 | 2006 年第 69 号 |
|---|---|---|---|---|---|
| 商品税则号列 | 7302.1000 | | 发布日期 | | 2006 年 11 月 22 日 |
| 商品名称 | 废钢轨 | | | | |
| 英文名称 | | | | | |
| 其他名称 | | | | | |
| 商品描述 | 使用过的钢轨,进口时已切割成 8～12 米长,进口后可以不经熔融直接改作其他用途。 | | | | |
| 归类决定 | 废钢轨为使用过的钢轨,进口前已切割成 8～12 米不等的钢轨段。<br>该商品并非是“明显不能作为原物使用的金属货品”,不符合《税则》第十五类类注八(一)的规定,故不能按废碎料进行归类。根据归类总规则一,将其按钢轨归入税则号列 7302.1000。 | | | | |

| 序号 | 828 | 归类决定编号 | Z2006－0460 | 公告编号 | 2006 年第 69 号 |
|---|---|---|---|---|---|
| 商品税则号列 | 73.04 | | | 发布日期 | 2006 年 11 月 22 日 |
| 商品名称 | 预制直埋保温管 | | | | |
| 英文名称 | | | | | |
| 其他名称 | | | | | |
| 商品描述 | 预制直埋保温管是用于集中供热工程输送热源的专用管，它主要由高密度聚乙烯保护层、聚胺脂保温层（两层厚度为 170 毫米）、工作钢管三部分组成，内装有报警线。整个保温管的直径为 630 毫米，工作钢管的外径为 457 毫米，内径为 450 毫米。 | | | | |
| 归类决定 | 该商品由不同材料构成，其中，钢铁管构成该商品的基本特征。根据归类总规则一和三（二），应按工作钢管的构成材料和加工工艺归入《税则》税目 73.04 或 73.05 项下的有关子目。 | | | | |

| 序号 | 829 | 归类决定编号 | Z2008－0150 | 公告编号 | 2008 年第 83 号 |
|---|---|---|---|---|---|
| 商品税则号列 | 7306.3000[7306.3090（2014 年版）] | | | 发布日期 | 2008 年 11 月 24 日 |
| 商品名称 | 脚手架支柱 | | | | |
| 英文名称 | | | | | |
| 其他名称 | | | | | |
| 商品描述 | 该商品为焊缝钢管，圆形截面，外径为 48.3 毫米，壁厚为 4 毫米，钢管外壁打有钢印“EN39”，每根长 6 米，用于搭建建筑脚手架。元素含量为碳 0.15%、硅 0.2%、锰 0.89%、磷 0.031%、硫 0.028%。 | | | | |
| 归类决定 | 该商品为《税则》列名产品，根据归类总规则一，应归入税则号列 7306.3000[7306.3090（2014 年版）]。 | | | | |

| 序号 | 830 | 归类决定编号 | Z2009－0039 | 公告编号 | 2009 年第 5 号 |
|---|---|---|---|---|---|
| 商品税则号列 | 7306.301 | | | 发布日期 | 2009 年 1 月 20 日 |
| 商品名称 | 冷凝管(制冷设备用零件) | | | | |
| 英文名称 | Round steel solder bundy tube | | | | |
| 其他名称 | | | | | |
| 商品描述 | 该商品为表面镀铜的圆形截面金属焊缝钢管,共五种规格,分别为(外径×壁厚,单位:毫米)4.76×0.65、4.76×0.71、6.0×0.65、6.0×0.71、6.35×0.71,盘卷状,卷重为50～250千克。材质:焊缝非合金钢管。成分:碳小于0.10%,锰小于0.50%,硫小于0.035%,磷小于0.04%。生产工艺:热轧深冲非合金钢带经表面清洁除油污和杂质后由高频焊接机组焊接成管,经拉拔机组拉拔后充入氮气进行检漏,再经表面处理除油污后镀铜作防锈处理,之后打卷,充氮气进行内壁清洗后,再次充入氮气作防氧化保护,最终以卷状包装入库。包装方式为内层防锈纸,外层无纺布。产品特点:强度高,塑性好,耐疲劳,防渗透性强,电阻小。产品用途:主要用于制冷行业中的冷凝器、蒸发器等。 | | | | |
| 归类决定 | 根据归类总规则一及《税则》税目73.06的条文及子目条文,该商品应根据壁厚归入子目7306.301项下。 | | | | |

| 序号 | 831 | 归类决定编号 | Z2009-0040 | 公告编号 | 2009年第5号 |
|---|---|---|---|---|---|
| 商品税则号列 | 7306.3090 | | 发布日期 | | 2009年1月20日 |
| 商品名称 | 镀锌钢结构管件 | | | | |
| 英文名称 | | | | | |
| 其他名称 | | | | | |
| 商品描述 | 该商品为圆形截面焊缝管,两端带有接头,接头由无缝钢管加工制成。规格:长度2900~5800毫米,直径2英寸的壁厚1.2毫米,直径4英寸的壁厚1.8毫米,直径6英寸的壁厚2.0毫米。材质牌号为Q195和Q235(GB/T700-1988标准)。加工工艺:(1)生产镀锌钢管;(2)钢管切管;(3)钢管修头;(4)加工接头:准备坯料→切割→用车床进行外形加工→镗孔→接头热镀锌→焊接口坡口加工(焊接部位磨锌);(5)焊接制成成品;(6)整理包装。用于在铜矿坑道中使用的支撑结构系统,防止坑道内松散石块的坠落及塌方,较大尺寸的作为支柱,用于坑道顶部和底部,较小尺寸的作为连接和辅助支撑。采用台肩式接头,通过环箍式连接件进行连接,可根据不同情况随意调节,产品可反复使用。 | | | | |
| 归类决定 | 该商品的加工工艺和状态符合《税则注释》第七十三章总注释中关于"管"的描述,根据归类总规则一,应按其基本特征(主体为圆形截面焊缝管)归入税则号列7306.3090。 | | | | |

| 序号 | 832 | 归类决定编号 | Z2009－0041 | 公告编号 | 2009 年第 5 号 |
|---|---|---|---|---|---|
| 商品税则号列 | 7306.4000 | | 发布日期 | 2009 年 1 月 20 日 | |
| 商品名称 | 直型及 U 型不锈钢管 | | | | |
| 英文名称 | | | | | |
| 其他名称 | | | | | |
| 商品描述 | 该商品材质为不锈钢,分为直型管和 U 型管。直管外径 6～7 毫米,壁厚 0.3～2.5 毫米,长度 500～16000 毫米;U 型管外径 15.88～25.44 毫米,壁厚 0.8～2.5 毫米,脚长 2000～16000 毫米。加工方法:不锈钢带材→分条→超声波清洗→成型→激光自溶式焊接或氩弧焊接(X 射线焊缝跟踪)→热影响区射线控制→在线固定溶热处理→超声波或涡流(X 射线)探伤→喷码→显微镜金相分析→残余应力去除→晶间应力去除→晶间腐蚀测试→100%耐压力测试→矫直→整圆定径→定尺→倒角→平头→超声波清洗→内外壁除湿→角铁架木箱包装。用于汽轮机热交换装置,不需进一步加工,可直接安装使用。 | | | | |
| 归类决定 | 该商品为《税则》列名产品,根据归类总规则一,应归入税则号列 7306.4000。 | | | | |

| 序号 | 833 | 归类决定编号 | Z2009－0114 | 公告编号 | 2009 年第 32 号 |
|---|---|---|---|---|---|
| 商品税则号列 | 7306.9000 | | | 发布日期 | 2009 年 6 月 12 日 |
| 商品名称 | 冷拔无缝钢管 | | | | |
| 英文名称 | | | | | |
| 其他名称 | | | | | |
| 商品描述 | 该商品全称为高精度冷轧冷拔钢管，主要用于制造高档轿车刹车油管，外径为 4.76 毫米，管表面涂有 PVF 涂层。生产工艺：0.35 毫米厚的带钢（材质为非合金钢，元素比例：碳 0.07%～014%、硅 0.17%～0.37%、锰 0.35%～0.65%、磷≤0.035%、硫≤0.035%、铬≤0.15%、镍≤0.25%、铜≤0.25%）经坡口辊在钢带纵向两边侧压成坡口，以机械盘形，沿径向旋转 720 度形成双层，成型后经定径辊控制管子尺寸，再经五组成形辊沿径向旋转成卷状，最后经定径辊与芯棒配合进行二次整形成完整的圆管状，两层金属压紧及坡口斜边与管壁紧密贴合，最后成形管经过小型退火炉加热成半熔态，经炉中上下两种硬质合金辊辊轧，更使其结合紧密。制成钢管后，再经过用芯棒在规定设备上进行穿孔，将两头毛坯切齐、退火、酸洗去氧化皮、镀铜，根据所需管径选择拉拔模进行冷拉拔、热处理、矫直等工艺加工。 | | | | |
| 归类决定 | 该商品不符合《税则注释》对品目 73.04 项下“无缝钢铁管”的描述，根据归类总规则一及六，应按其他钢铁管归入税则号列 7306.9000。 | | | | |

| 序号 | 834 | 归类决定编号 | Z2006－0461 | 公告编号 | 2006年第69号 |
|---|---|---|---|---|---|
| 商品税则号列 | 7307.9900 | | | 发布日期 | 2006年11月22日 |
| 商品名称 | 钢铁制管接头 | | | | |
| 英文名称 | | | | | |
| 其他名称 | | | | | |
| 商品描述 | 钢铁制，非不锈钢，非铸造件，用于汽车管路系统。 | | | | |
| 归类决定 | 根据第十七类类注二（二）的规定，第十七类不包括"第十五类注释二所规定的贱金属制通用零件（第十五类）或塑料制的类似品（第三十九章）"。由于上述接头是管子附件，属贱金属制通用零件，因此，根据归类总规则一和六，应将其按钢铁管子附件归入税则号列7307.9900。 | | | | |

| 序号 | 835 | 归类决定编号 | Z2008－0043 | 公告编号 | 2008年第76号 |
|---|---|---|---|---|---|
| 商品税则号列 | 7307.9900 | | | 发布日期 | 2008年10月28日 |
| 商品名称 | 接头毛坯 | | | | |
| 英文名称 | Adater-forging blank | | | | |
| 其他名称 | | | | | |
| 商品描述 | 该商品材质为普通碳钢钢材，外观为弯头管件接头，但未钻孔，不能起到连接两条管子的作用，同时在接口处未车丝。加工工艺：通过锻模锻造（加热→初锻→终锻→切边→抛丸→打字），再经防锈处理而制成。该产品还需通过下一道工序进行机械加工（车、钻等）而成为管件接头。 | | | | |
| 归类决定 | 根据归类总规则二，该商品应按钢铁管子附件归入税则号列7307.9900。 | | | | |

| 序号 | 836 | 归类决定编号 | Z2008－0151 | 公告编号 | 2008 年第 83 号 |
|---|---|---|---|---|---|
| 商品税则号列 | 7307.9900 | | | 发布日期 | 2008 年 11 月 24 日 |
| 商品名称 | 镀锌管 | | | | |
| 英文名称 | | | | | |
| 其他名称 | | | | | |
| 商品描述 | 该商品是将圆形截面焊缝管切割成长度为 123 毫米，外径为 21.2 毫米的短管，材质为镀锌合金钢，两头已打磨。实际用途是作为连接两根长度为 6 米、外径为 23～24 毫米钢管的“接头”。连接方法是直接通过外力（如用锤子敲打等）将两根 6 米长钢管紧密套在该“镀锌管”的两头，因为 6 米长钢管的内径与镀锌管的外径基本一致，因此管壁之间会有一定的摩擦力，从而保持相对固定，数根 6 米长的钢管通过该镀锌管连成更长的钢管，用作塑料大棚的棚顶支架。 | | | | |
| 归类决定 | 该商品的用途为管子接头，符合《税则注释》关于品目 73.07 的相关解释规定，根据归类总规则一，应归入税则号列 7307.9900。 | | | | |

| 序号 | 837 | 归类决定编号 | Z2009－0158 | 公告编号 | 2009 年第 57 号 |
|---|---|---|---|---|---|
| 商品税则号列 | 7307.9900 | | | 发布日期 | 2009 年 8 月 31 日 |
| 商品名称 | 液压装置接头 | | | | |
| 英文名称 | | | | | |
| 其他名称 | | | | | |
| 商品描述 | 钢铁制管件接头，用于大型工程机械、车辆及船舶等发动机及其液压动力装置。 | | | | |
| 归类决定 | 液压装置接头为优质碳钢材质，用于连接工程机械、车辆及船舶等发动机及其液压动力装置的管路，根据《税则》第十六类的类注释及《税则注释》关于品目 73.07 的解释，以及归类总规则一和六，应归入税则号列 7307.9900。 | | | | |

| 序号 | 838 | 归类决定编号 | Z2006－1292 | 公告编号 | 2007 年第 70 号 |
|---|---|---|---|---|---|
| 商品税则号列 | 7307.9900 | | 发布日期 | 2007 年 12 月 5 日 | |
| 商品名称 | 机车油管用锻钢连接环首 | | | | |
| 英文名称 | | | | | |
| 其他名称 | | | | | |
| 商品描述 | 该商品型号为 BH－115，经孔加工、铰刀加工、手组铜环、打磨、镀锌等工艺制得，用于轿车的转向盘及刹车的液压系统，与橡胶管组成组件，再与其他部件连接用于传递液压油。 | | | | |
| 归类决定 | 该商品的主要特征为用于将管子连接于其他设备的钢铁附件，根据归类总规则一，应将其归入税则号列 7307.9900。<br>又见 Z2006－0461 号归类决定。 | | | | |

| 序号 | 839 | 归类决定编号 | Z2006－0462 | 公告编号 | 2006 年第 69 号 |
|---|---|---|---|---|---|
| 商品税则号列 | 7308.1000 | | 发布日期 | 2006 年 11 月 22 日 | |
| 商品名称 | 桥梁伸缩装置 | | | | |
| 英文名称 | | | | | |
| 其他名称 | | | | | |
| 商品描述 | 桥梁伸缩装置，是由特种合金钢及密封、减震用工程橡胶制成，其功能是将钢结构桥梁体与桥塔横梁连接起来。该装置在受桥体钢梁结构外力挤压或拉拔时，能够自动顶推，以适应桥体钢梁的伸缩变化。 | | | | |
| 归类决定 | 由于此装置并不是起重或搬运设备，不符合《税则注释》对品目 84.25 的解释，整体来看是可伸缩的专门用于桥梁的钢铁结构体，故应归入税则号列 7308.1000。 | | | | |

| 序号 | 840 | 归类决定编号 | Z2006－0463 | 公告编号 | 2006年第69号 |
|---|---|---|---|---|---|
| 商品税则号列 | | 7308.4000 | | 发布日期 | 2006年11月22日 |
| 商品名称 | 锚杆及托盘 | | | | |
| 英文名称 | | | | | |
| 其他名称 | | | | | |
| 商品描述 | 锚杆为钢铁管状立柱，杆上有八字纹，一端为膨胀螺栓，另一端类似螺帽，长度为2.5米和3米；托盘为8″×8″×3/8″的钢铁质立方体，中有1～3/8″圆孔。上述物件是依靠锚杆机先在作业面钻孔，再将锚杆推入孔内一端紧固，另一端与托盘连接固定。 | | | | |
| 归类决定 | 锚杆与托盘一起用于坑道支撑，具有安装后一般不改变位置的特点，与税目73.18所列螺栓、螺母不同，根据税目73.08的条文规定，该商品应归入税则号列7308.4000。 | | | | |

| 序号 | 841 | 归类决定编号 | Z2006－1293 | 公告编号 | 2007年第70号 |
|---|---|---|---|---|---|
| 商品税则号列 | | 7308.9000 | | 发布日期 | 2007年12月5日 |
| 商品名称 | 钢金属雕花聚氨酯泡沫复合板（B级） | | | | |
| 英文名称 | Metal siding panel(grade B) | | | | |
| 其他名称 | 涂漆的金属装饰板 | | | | |
| 商品描述 | 该商品的申报中文品名为金属聚氨酯泡沫复合板，具体的规格品种：钢结构体及型材复合板，长3～5米，宽335～360毫米，厚约25毫米。该板材的结构：外层材料为钢板及涂漆，里面材质为硬质发泡聚氨酯及铝薄膜防水衬纸，由冷轧钢板经过压花、填充聚氨酯贴上防水层制得。该板材主要用于钢机构墙体，活动房墙面型材、售货亭、移动厕所等。板材具有防腐、抗冲击作用。 | | | | |
| 归类决定 | 该商品为钢结构体及型材复合板，长3～5米，宽335～360毫米，厚约25毫米，其结构：外层材料为钢板及涂漆，里面材质为硬质发泡聚氨酯及铝薄膜防水衬纸，由冷轧钢板经过压花、填充聚氨酯贴上防水层制得。该板材长向两侧制成可搭接的形状，主要用于钢机构墙体，活动房墙面型材、售货亭、移动厕所等。板材具有防腐、抗冲击作用。根据归类总规则一，该商品可按钢铁结构体归入税则号列7308.9000。 | | | | |

| 序号 | 842 | 归类决定编号 | Z2009 - 0042 | 公告编号 | 2009 年第 5 号 |
|---|---|---|---|---|---|
| 商品税则号列 | 7308. 9000 | | | 发布日期 | 2009 年 1 月 20 日 |
| 商品名称 | U 型夹 | | | | |
| 英文名称 | | | | | |
| 其他名称 | | | | | |
| 商品描述 | 该商品为镀锌钢板制 U 型齿条型连接件，长度 305 毫米，宽度 30 毫米，厚度 0. 45 ~0. 55 毫米，截面形状为直线型，两边为锯齿型，表面有等距离圆孔。加工工艺：以镀锌板为原料经切断、冲压制成，使用时两边弯折成直角，将钢铁结构体夹在其中即可使用，不需要再次加工。用于连接钢铁结构体与墙壁，起到连接、加固金属骨架后将其固定于屋顶或墙壁的作用，用于室内建筑装修。 | | | | |
| 归类决定 | 该商品为结构体专用连接件，根据《税则注释》对于品目 73. 08 的解释及归类总规则一，应归入税则号列 7308. 9000。 | | | | |

| 序号 | 843 | 归类决定编号 | Z2006 - 0464 | 公告编号 | 2006 年第 69 号 |
|---|---|---|---|---|---|
| 商品税则号列 | 7310. 2900[7310. 2990(2014 年版)] | | | 发布日期 | 2006 年 11 月 22 日 |
| 商品名称 | 冰槽 | | | | |
| 英文名称 | | | | | |
| 其他名称 | | | | | |
| 商品描述 | 冰槽为不锈钢冲压制得，容量 3. 5 千克，是盛装冰淇淋机打出的冰淇淋的容器，用于冰淇淋的储藏或运送到各分店，放在冰展柜中出售，并可重复使用。 | | | | |
| 归类决定 | 根据《税则注释》，品目 73. 10 包括盛装物料用的钢铁柜、桶、听、盒及类似容器（装压缩气体或液化气体的除外），容积不超过 300 升，其规格大小以易于移动或搬运为度，通常用于商业运输或包装货物。税目 73. 23 所列物品虽可供餐桌、厨房、旅馆、医院、食堂等使用，但主要是指家用钢铁制品。故冰槽依据其用途、容量应归入税则号列 7310. 2900[7310. 2990(2014 年版)]。 | | | | |

| 序号 | 844 | 归类决定编号 | Z2006－1294 | 公告编号 | 2007年第70号 |
| --- | --- | --- | --- | --- | --- |
| 商品税则号列 | 7310.2900[7310.2990(2014年版)] | | | 发布日期 | 2007年12月5日 |
| 商品名称 | 膨胀罐 | | | | |
| 英文名称 | | | | | |
| 其他名称 | 膨胀罐阀(企业申报名称) | | | | |
| 商品描述 | 该商品有多种型号,容量为8.8升/个～300升/个,罐体为钢铁制成,其结构主要是由膨胀罐外壳、充气室、充水囊(橡胶制)等部分组成,也称为膨胀定压罐,是一种闭式的膨胀水箱,其功能与开式膨胀水箱相同,二者均具有膨胀和定压作用,被广泛应用于热水供应、热水采暖及中央空调系统中,是自控补水装置和自动供水装置不可缺少的部分,一般须与阀门、泵连接使用。工作原理:初始状态膨胀罐充气室充有氮气,设定有一定的压力,当膨胀罐装入系统时,由于系统水的压力作用,水囊充水,使罐内气体体积压缩压力升高,罐内压力与系统压力平衡时,罐内不再进水,反之当系统缺水时,压力降低,气体压力就将囊内的水挤到系统里,罐内压力随之降低,因此可根据罐内气体的压力决定是否补水或排水。该产品能双向对整个水系统实现加压和减压,通常用于水系统小范围压力波动调节上,当压力超过充气室最大工作压力时,就要依靠外接的安全阀等其他阀门的泄水来实现调节。 | | | | |
| 归类决定 | 该罐参与水系统压力和水量调节的功能是被动实现的,其主要特征仍是钢铁制容器,因容积不超过300升,根据《税则》税目73.10的条文规定,应将其归入税则号列7310.2900[7310.2990(2014年版)]。 | | | | |

| 序号 | 845 | 归类决定编号 | Z2006－0465 | 公告编号 | 2006年第69号 |
|---|---|---|---|---|---|
| 商品税则号列 | 7312.1000 | | | 发布日期 | 2006年11月22日 |
| 商品名称 | 密封吊索 | | | | |
| 英文名称 | Full locked-coil rope | | | | |
| 其他名称 | | | | | |
| 商品描述 | 该商品的基本外观特征是吊索的外部钢丝包有一层或多层“Z”形钢丝，通过“Z”形钢丝间的紧密镶嵌达到相对的密封。主要用于桥梁、建筑、矿山竖井罐道、客货运索道等大型构造物。<br>规格：缆绳直径48毫米，每捆长度1000米，包装轮直径230厘米、宽度270厘米。<br>生产工艺：<br>1. 捻制绳芯：采用圆形钢丝捻制成单股作为绳芯。<br>2. 内层钢丝：采用圆形钢丝围绕绳芯进行捻制。<br>3. 采用特殊的“Z”形钢丝在外层围绕圆形钢丝进行捻制，捻制层数和方向根据需要确定。<br>4. 润滑油：在每层钢丝的捻制过程中，都要进行适当的润滑处理，保证密封吊索的成品内部有适当的润滑。 | | | | |
| 归类决定 | 根据用途和规格判断，该商品属标准钢丝绳产品的一种，此外，其英文名称为“Full locked-coil rope”，也说明该商品为钢丝绳。根据《税则》税目73.12的具体条文规定，该商品应归入税则号列7312.1000。 | | | | |

| 序号 | 846 | 归类决定编号 | Z2008－0044 | 公告编号 | 2008年第76号 |
|---|---|---|---|---|---|
| 商品税则号列 | 7315.1190 | | | 发布日期 | 2008年10月28日 |
| 商品名称 | 传动链 | | | | |
| 英文名称 | Stainless steel roller chain | | | | |
| 其他名称 | | | | | |
| 商品描述 | 该商品为钢铁制链条，可朝内弯曲，但不可朝外弯曲，可折叠，类似滚子链。 | | | | |
| 归类决定 | 该商品为钢铁制链条，只可向一面弯曲，可折叠，由内外链板、套筒、销轴和滚子等部分构成，属铰接链。滚子链在《税则》中无明确定义，国家相应标准也无明确的文字定义，因此，对该子目的含义应理解为在铰接链的结构中由滚子作为其构成部件之一的即可按滚子链归类。该链条主要用于大型建筑物的玻璃上起承重作用，根据归类总规则一，应归入税则号列7315.1190。 | | | | |

<table>
<tr><td>序号</td><td>847</td><td>归类决定编号</td><td>Z2006－0466</td><td>公告编号</td><td>2006 年第 69 号</td></tr>
<tr><td colspan="2">商品税则号列</td><td colspan="2">7318.1500[7318.15(2014 年版)]</td><td>发布日期</td><td>2006 年 11 月 22 日</td></tr>
<tr><td colspan="2">商品名称</td><td colspan="4">螺纹制品</td></tr>
<tr><td colspan="2">英文名称</td><td colspan="4"></td></tr>
<tr><td colspan="2">其他名称</td><td colspan="4"></td></tr>
<tr><td colspan="2">商品描述</td><td colspan="4">钢铁制紧固件,外形类似螺钉及螺拴,一长约 16.5 厘米,尖头,顶部开槽,另一长约 23 厘米,平头,顶部不开槽。</td></tr>
<tr><td colspan="2">归类决定</td><td colspan="4">根据《辞海》的相关解释,螺钉为紧固件的一种。一端有头(圆柱形、半圆形等形状),另一端(沿柱体)有螺纹。常直接旋入零件上有内螺纹的圆孔中,用来紧固零件或调节零件的位置。螺栓:紧固件的一种。常与螺母组合使用。常用的有:(1)螺栓,一端呈六角形、方形、圆形或其他形状,另一端则带有一段螺纹,常用于钢结构、木结构、机器、仪表中;(2)螺柱(又名“双头螺栓”),两端均带有一段螺纹,常用于动力、化工等机器设备中;(3)锚栓,(又称“地脚螺栓”或“底脚螺栓”),上端带有一段螺纹以便旋上螺母,下端则做成弯钩等形状或焊上钢板作为锚头埋入基础中,常用以连接柱脚和基础、屋架和柱头以及把机器固定在基础上等。<br>螺纹制品,样品一:长约 16.5 厘米,顶部呈六角形并开槽,另一端带有约 3 厘米长螺纹,尖头。该商品作为紧固件使用,符合有关螺钉的定义,应按其他螺钉归入税则号列 7318.1500[7318.15(2014 年版)]。样品二:长约 23 厘米,顶部呈六角形未开槽,另一端带有约 2 厘米长螺纹,平头。该商品也作为紧固件使用,符合有关“螺栓”的解释,可作为其他螺栓归入税则号列 7318.1500[7318.15(2014 年版)]。</td></tr>
</table>

| 序号 | 848 | 归类决定编号 | Z2006 - 1295 | 公告编号 | 2007 年第 70 号 |
|---|---|---|---|---|---|
| 商品税则号列 | 7320.2090 | | 发布日期 | 2007 年 12 月 5 日 | |
| 商品名称 | 家禽饲养设备用输送螺旋 | | | | |
| 英文名称 | Auger | | | | |
| 其他名称 | 绞龙 | | | | |
| 商品描述 | 该商品为家禽饲养设备用输送螺旋,又名绞龙,用于家禽饲养时输送饲料,材质为锰钢,由冷轧工艺成型。进口时未装配件,呈螺旋状,成卷进口。 | | | | |
| 归类决定 | 该家禽饲养设备为螺旋弹簧喂料机,其主要工作部件是一根空心螺旋弹簧,在电机驱动下高速旋转,将储料塔中的饲料送入鸡舍内,满足多台喂料机的需要,安装时对弹簧张紧力有具体的要求,因此该商品实际为螺旋弹簧,根据归类总规则一,应按《税则》列名归入税则号列 7320.2090。 | | | | |

| 序号 | 849 | 归类决定编号 | Z2008 - 0045 | 公告编号 | 2008 年第 76 号 |
|---|---|---|---|---|---|
| 商品税则号列 | 7321.1100 | | 发布日期 | 2008 年 10 月 28 日 | |
| 商品名称 | 商用燃气炉 RSB-4PRD | | | | |
| 英文名称 | | | | | |
| 其他名称 | | | | | |
| 商品描述 | 该商品为钢铁制,4 个炉头。规格:810 毫米 ×486.5 毫米 ×204 毫米。燃气消耗量:1.22 千克/小时。用途:酒店、茶楼厨房用。 | | | | |
| 归类决定 | 该商品的规格尺寸、外观与家庭用燃气炉差异不大,符合《税则注释》关于品目 73.21 的相关解释规定,应作为非电热钢铁制家用炉灶归入税则号列 7321.1100。 | | | | |

| 序号 | 850 | 归类决定编号 | Z2008 - 0046 | 公告编号 | 2008 年第 76 号 |
|---|---|---|---|---|---|
| 商品税则号列 | 7321.1100 | | 发布日期 | 2008 年 10 月 28 日 | |
| 商品名称 | 商用燃气炉 RSB-7PRD | | | | |
| 英文名称 | | | | | |
| 其他名称 | | | | | |
| 商品描述 | 该商品为钢铁制,7 个炉头。规格:900 毫米 × 555 毫米 × 18 毫米。燃气消耗量:1.62 千克/小时。用途:酒店、茶楼厨房用。 | | | | |
| 归类决定 | 该商品的规格尺寸、外观与家庭用燃气炉差异不大,符合《税则注释》关于品目 73.21 的相关解释规定,应作为非电热钢铁制家用炉灶归入税则号列 7321.1100。 | | | | |

| 序号 | 851 | 归类决定编号 | Z2006－0467 | 公告编号 | 2006 年第 69 号 |
|---|---|---|---|---|---|
| 商品税则号列 | 7322. 9000 | | 发布日期 | | 2006 年 11 月 22 日 |
| 商品名称 | 太阳墙板 | | | | |
| 英文名称 | Solarwall panets | | | | |
| 其他名称 | 太阳墙 | | | | |
| 商品描述 | 太阳墙板是由钢板轧制而成，可以轧成瓦楞板、型板等不同形式。外面涂以能吸收太阳光的选择性涂层，涂层颜色有黑色、棕红色、深兰色等不同颜色，本次进口的太阳墙板是黑色和棕色两种。板上布满小孔，小孔的孔径及密度是根据风量的大小而定的。太阳墙板是利用太阳能加热空气的一种装置，与之相配套的风机、风道、辅助加热干燥窑、控制系统等组合成太阳能干燥器。它可以烘干茶叶、咖啡、大枣、大蒜等农副产品。<br>本次进口的设备仅为太阳墙板，其规格如下：<br>75 米×1 米共 220 块，85 米×1 米共 49 块，2 米×1 米共 16 块。 | | | | |
| 归类决定 | 太阳墙板是利用太阳能加热空气的一种装置，该商品符合《税则注释》关于品目 73. 22 的解释，应归入税则号列 7322. 9000。 | | | | |

| 序号 | 852 | 归类决定编号 | Z2006 - 1296 | 公告编号 | 2007 年第 70 号 |
|---|---|---|---|---|---|
| 商品税则号列 | 7322.9000 | | | 发布日期 | 2007 年 12 月 5 日 |
| 商品名称 | 燃气红外线辐射采暖设备成套散件 | | | | |
| 英文名称 | | | | | |
| 其他名称 | | | | | |
| 商品描述 | 该商品主要由燃烧器、陶瓷网盖、火焰隔离网、燃烧室、燃烧管、负压风机组成，以可燃气体为燃料，将能量以红外线辐射形式实现对空间的供暖。 | | | | |
| 归类决定 | 根据《税则》税目 73.22 的条文规定及《税则注释》的相关规定，该商品属于一种空气加热器，应归入税则号列 7322.9000。 | | | | |

| 序号 | 853 | 归类决定编号 | Z2006 - 1297 | 公告编号 | 2007 年第 70 号 |
|---|---|---|---|---|---|
| 商品税则号列 | 73.25 | | | 发布日期 | 2007 年 12 月 5 日 |
| 商品名称 | 坩埚 | | | | |
| 英文名称 | Crucible | | | | |
| 其他名称 | | | | | |
| 商品描述 | 该商品为钢铁浇铸而成，容积大于 300 升。它是压铸机配件，与鹅颈、锤头、射嘴等配合使用，用于盛放熔化的镁溶液。 | | | | |
| 归类决定 | 该坩埚为钢铁浇铸而成，容积大于 300 升。进口后与鹅颈、锤头、射嘴等配合使用，用于盛放熔化的镁溶液，作为压铸机的配套件使用。根据《税则注释》关于品目 73.25 的规定，该铸铁坩埚应归入税目 73.25 项下相关子目。 | | | | |

| 序号 | 854 | 归类决定编号 | Z2009－0115 | 公告编号 | 2009年第32号 |
|---|---|---|---|---|---|
| 商品税则号列 | 7325.1010 | | | 发布日期 | 2009年6月12日 |
| 商品名称 | 电梯配重块 | | | | |
| 英文名称 | | | | | |
| 其他名称 | | | | | |
| 商品描述 | 该商品呈板块状，大小为500毫米×210毫米×41毫米，重25千克，主要成分为生铁。生产工艺：将铁矿石、生铁、煤、炭精等材料加温至800℃至1000℃，制成钢水，倒入制好的沙模中，待4至6小时后取出，清沙、打磨、油漆。该商品是根据电梯井道大小及电梯装载量的要求来确定电梯平衡配重块的样式、尺寸及材质，然后制成相应的电梯配重块，直接安装在电梯配重架上。 | | | | |
| 归类决定 | 该商品为《税则注释》关于品目73.25的解释规定中列明的商品，根据归类总规则一，应归入税则号列7325.1010。 | | | | |

| 序号 | 855 | 归类决定编号 | Z2006－0468 | 公告编号 | 2006年第69号 |
|---|---|---|---|---|---|
| 商品税则号列 | 73.26 | | | 发布日期 | 2006年11月22日 |
| 商品名称 | 释放钩 | | | | |
| 英文名称 | Release hook | | | | |
| 其他名称 | | | | | |
| 商品描述 | 该商品用于船上释放救生艇用，工作原理为内部一个弹簧顶在挂钩右侧位置一（处于临界静止状态），当拉动杠杆时，临界静止被破坏，弹簧滑向挂钩左侧位置二，导致挂钩翻转，从而达到释放效果。 | | | | |
| 归类决定 | 该释放钩的基本功能为钩挂物体，自动释放并不改变其本质功能，根据《税则注释》中品目73.26的排除条款（六），该商品应作为贱金属制吊钩归入税目73.26项下有关子目。 | | | | |

| 序号 | 856 | 归类决定编号 | Z2006－0469 | 公告编号 | 2006年第69号 |
| --- | --- | --- | --- | --- | --- |
| 商品税则号列 | 7326.1910 | | 发布日期 | 2006年11月22日 | |
| 商品名称 | 锻制小球 | | | | |
| 英文名称 | | | | | |
| 其他名称 | | | | | |
| 商品描述 | 该商品为铬合金钢制的半制成品小球，按照球体直径分为5/32″(3.969毫米)和3/16″(4.763毫米)，采用相应规格的铬合金钢盘圆用专用吨锻设备锻制成小球状。进口后，作为原料经过进一步加工成为制造轴承用的滚珠。 | | | | |
| 归类决定 | 对该商品的归类应根据归类总规则一的规定即具有法律效力的归类，应按税目条文和有关类注或章注确定。依照《税则注释》对品目72.05的解释，该品目所列商品从加工工艺、用途等方面均有明确的规定，从商品的相关特征判断，此锻制小球不属此范畴，而应属于钢铁制品范围，故应归入税则号列7326.1910。 | | | | |

| 序号 | 857 | 归类决定编号 | Z2006－0470 | 公告编号 | 2006年第69号 |
| --- | --- | --- | --- | --- | --- |
| 商品税则号列 | 7326.2010 | | 发布日期 | 2006年11月22日 | |
| 商品名称 | 钢丝保护层 | | | | |
| 英文名称 | | | | | |
| 其他名称 | | | | | |
| 商品描述 | 钢丝保护层外观为钢丝做成的螺旋状，类似于弹簧形状。根据说明其材质为碳素钢丝，其用途是套在橡胶软管外面，起到保护橡胶软管的作用，主要用于挖掘机等建设机械机器上。 | | | | |
| 归类决定 | 从该商品的结构和用途判定其不属于《税则》税目73.07项下的管子附件范围，而管子附件类产品通常是指通过螺纹、焊接或接插方式可与管子连接为一体组成管路的部件，而该商品仅是套在需要被保护的管子的外面起保护作用，应属于一种钢丝制品。根据《税则注释》中品目73.26项下包括钢铁丝制品的解释规定，应将其归入子目7326.20项下，又因其用途是用于挖掘机等建设机械机器上，起到保护管子的作用，故可按工业用产品归入税则号列7326.2010。 | | | | |

| 序号 | 858 | 归类决定编号 | Z2009－0044 | 公告编号 | 2009年第5号 |
|---|---|---|---|---|---|
| 商品税则号列 | 7326.2010 | | 发布日期 | 2009年1月20日 | |
| 商品名称 | 刻痕钢丝 | | | | |
| 英文名称 | | | | | |
| 其他名称 | | | | | |
| 商品描述 | 刻痕钢丝是以碳素钢丝(冷拔高强度钢丝)在专门的刻痕机中进行刻痕,再经过低松弛稳定化处理加工制得的钢丝产品。 | | | | |
| 归类决定 | 该商品由于经过"刻痕机"和"低松弛稳定化"加工,其加工程度已经超出了第七十二章所允许的加工程度,根据归类总规则一及三(一),应归入税则号列7326.2010。 | | | | |

| 序号 | 859 | 归类决定编号 | Z2009－0045 | 公告编号 | 2009年第5号 |
|---|---|---|---|---|---|
| 商品税则号列 | 7326.2010 | | 发布日期 | 2009年1月20日 | |
| 商品名称 | 螺旋肋预应力钢丝 | | | | |
| 英文名称 | | | | | |
| 其他名称 | | | | | |
| 商品描述 | 螺旋肋预应力钢丝是将高碳合金盘条经过若干次冷拉拔后,利用高精度设备对其进行高精度螺旋变形,再对产品进行动态加热、动态冷处理及动态施加张力等程序后制成。具有高抗拉强度和低松弛的特性,广泛用作铁路轨枕、钢管拱桥的吊杆及大跨度建筑的预应力索等。 | | | | |
| 归类决定 | 该商品的高精度螺旋变形、动态加热、动态冷处理及动态施加张力等工艺已经超出了《税则》第七十二章所允许的加工程度,根据归类总规则一及三(一),应归入税则号列7326.2010。 | | | | |

| 序号 | 860 | 归类决定编号 | Z2006－0471 | 公告编号 | 2006 年第 69 号 |
|---|---|---|---|---|---|
| 商品税则号列 | 7326.2090 | | | 发布日期 | 2006 年 11 月 22 日 |
| 商品名称 | U 型铁丝 | | | | |
| 英文名称 | | | | | |
| 其他名称 | | | | | |
| 商品描述 | 生产工艺:6.5 毫米盘圆→拉拔→热处理→拉拔→热处理→表面处理→矫直→切断→折 U 型→打包→装箱。<br>规格:直径 0.7 毫米、0.8 毫米、0.9 毫米、1.0 毫米、1.2 毫米,长度 20 厘米、30 厘米、40 厘米、50 厘米、60 厘米。<br>用途:用于包扎封装。 | | | | |
| 归类决定 | 该商品状态呈 U 形,非盘卷状,不符合《税则》第七十二章章注一(十四)的规定,故不能归入第七十二章铁丝或合金钢丝的相应税目(如 72.17、72.23 和 72.29)。因其已切断成特定长度并折成特定形状,可供直接使用,符合《税则》第七十三章章注二的规定和《税则注释》关于品目 73.26 钢铁丝制品的规定,故应归入税则号列 7326.2090。 | | | | |

| 序号 | 861 | 归类决定编号 | Z2006－0472 | 公告编号 | 2006 年第 69 号 |
|---|---|---|---|---|---|
| 商品税则号列 | 7326.9010[7326.9019(2014 年版)] | | | 发布日期 | 2006 年 11 月 22 日 |
| 商品名称 | 不锈钢环形钢带 | | | | |
| 英文名称 | Rotocure belt | | | | |
| 其他名称 | | | | | |
| 商品描述 | 该商品系环形闭合的金属带,幅宽为 1400 毫米,采用不锈钢材质,一体成形,未经编织,用在塑料生产设备上起传动作用,已加工成成品,直接安装使用。成卷形式进口。 | | | | |
| 归类决定 | 不锈钢环形钢带实货为闭合空间的不锈钢带,作为塑料加工机械中的传送带使用。由于该商品已加工成型,进口后可直接安装使用,故不应按卷材归入《税则》第七十二章。比照《税则注释》品目 84.31 项下的相关注释,塑料制、硫化橡胶制、皮革制、纺织材料制的传送带或输送带均按其材质归类,该商品为由钢铁条、片制成的环状物,不含构成机械零件的其他物品,应归入税则号列 7326.9010[7326.9019(2014 年版)]。 | | | | |

| 序号 | 862 | 归类决定编号 | Z2006－1298 | 公告编号 | 2007年第70号 |
|---|---|---|---|---|---|
| 商品税则号列 | 7326.9010[7326.9019(2014年版)] | | 发布日期 | 2007年12月5日 | |
| 商品名称 | 深冲压冷轧焊接非合金钢板 | | | | |
| 英文名称 | | | | | |
| 其他名称 | | | | | |
| 商品描述 | 规格:(0.75/0.95)毫米×(200～540)毫米×1365毫米。材质:非合金钢。加工工艺:深冲压冷轧焊接。用途:进口后将根据车型落料剪裁,经冲压成型等工序后与车体焊接,主要用于制造哈飞赛马车的前保险杠内板、中立柱内板、前纵梁内板冲压用板。该钢板是将两块或三块不同厚度不同规格的冷轧钢板进行端部焊接而成。 | | | | |
| 归类决定 | 该商品为将两块或三块不同厚度不同规格的冷轧非合金钢板进行端部焊接而成的钢板,规格为(0.75/0.95)毫米×(200～540)毫米×1365毫米,用途为进口后将根据车型落料剪裁,经冲压成型等工序后与车体焊接。该钢板经过焊接加工,且已制成特定的形状和尺寸,其加工程度已超过《税则》第七十二章关于平板轧材的定义,但尚不具备零部件的特征。根据《税则注释》关于品目73.26的解释规定,该品目包括通过焊接加工制得的钢铁制品,因此该商品应归入税则号列7326.9010[7326.9019(2014年版)]。 | | | | |

| 序号 | 863 | 归类决定编号 | Z2006 - 1299 | 公告编号 | 2007 年第 70 号 |
|---|---|---|---|---|---|
| 商品税则号列 | 7326.9010[7326.9019(2014 年版)] | | 发布日期 | 2007 年 12 月 5 日 | |
| 商品名称 | 托盘底板、网格连接杆 | | | | |
| 英文名称 | Bottompl_MX、Tie bar | | | | |
| 其他名称 | | | | | |
| 商品描述 | 托盘底板(Bottompl_MX)规格:1000 毫米×1200 毫米×1.0 毫米,钢铁制成品,安装在中型散装容器(IBC)的钢框的底部,组成钢框,用来承载 IBC 方桶内胆装载物重量及经受运输中外来的冲击。网格连接杆(Tie_bar_MX)规格:1000×1200 毫米,钢铁制成品,安装在中型散装容器(IBC)的钢框的顶部,用两根连杆放在内胆的顶部,和框架连接,从而使内胆固定在金属框架内。中型散装容器(IBC)主要由内胆、金属框架、托盘、盖子和阀门五个部分组成。 | | | | |
| 归类决定 | 该商品为规格 1000 毫米×1200 毫米×1.0 毫米的钢铁制托盘底板和规格 1000 毫米×1200 毫米的钢铁制网格连接杆,分别用于安装在中型散装容器(IBC)的钢框的底部和顶部,属中型散装容器(IBC)的配件,用于生产成品 IBC。该商品属于工业生产器具的一部分,根据归类总规则一,应归入税则号列 7326.9010[7326.9019(2014 年版)]。 | | | | |

| 序号 | 864 | 归类决定编号 | Z2008－0047 | 公告编号 | 2008 年第 76 号 |
|---|---|---|---|---|---|
| 商品税则号列 | 7326.9010[7326.9019(2014 年版)] | | | 发布日期 | 2008 年 10 月 28 日 |
| 商品名称 | 紧固扣 | | | | |
| 英文名称 | Clip | | | | |
| 其他名称 | | | | | |
| 商品描述 | 该商品用于汽车座椅部件腰托上，用途是对钢丝制成的网格起紧固作用，材质为铁制，品牌为 VERTEX。 | | | | |
| 归类决定 | 该商品材质为铁制，属于《税则注释》品目 73.26 项下“卡子”的范畴，应按《税则》未列名的钢铁制品归入品目 73.26 项下。由于该商品应用于汽车座椅部件上，起到紧固作用，属于汽车工业产品的一部分，故应按工业用钢铁制品归入税则号列 7326.9010[7326.9019(2014 年版)]。 | | | | |

| 序号 | 865 | 归类决定编号 | Z2009－0159 | 公告编号 | 2009 年第 57 号 |
|---|---|---|---|---|---|
| 商品税则号列 | 7326.9010[7326.9019(2014 年版)] | | | 发布日期 | 2009 年 8 月 31 日 |
| 商品名称 | 钢管瓦片 | | | | |
| 英文名称 | | | | | |
| 其他名称 | | | | | |
| 商品描述 | 该商品用于组合成管道的钢管瓦片，由 620 兆帕斯卡级高强钢制成，主内径为 5.2 米，长度一般为 3 米。每节压力钢管由 2 片钢管瓦片组成，出口状态为半圆形状，主要用作水电站引水管道。 | | | | |
| 归类决定 | 该商品不符合《税则注释》第七十三章总注释关于“管”的定义，属于《税则》未列名的钢铁制品，根据归类总规则一，应归入税则号列 7326.9010[7326.9019(2014 年版)]。 | | | | |

| 序号 | 866 | 归类决定编号 | Z2006－0473 | 公告编号 | 2006年第69号 |
|---|---|---|---|---|---|
| 商品税则号列 | 7326.9090 | | | 发布日期 | 2006年11月22日 |
| 商品名称 | 不锈钢纤维 | | | | |
| 英文名称 | | | | | |
| 其他名称 | | | | | |
| 商品描述 | 材质:不锈钢。<br>规格:0.2毫米×1毫米×25毫米。<br>外形:一面有凹槽的窄条。<br>加工工艺:熔融的钢水经1.5吨中频炉加热后,从特定齿形的熔抽轮喷出,冷却后即成为成品,经筛选长度后装箱。<br>作用:该商品加入水泥、混凝土等耐火基体后,可提高耐热构筑物的抗热循环冲击性能、耐热等级性能及抗磨耗性能。 | | | | |
| 归类决定 | 根据商品的使用说明及状态,该商品属于一种有特定用途的产品。将该不锈钢纤维掺入耐火基体应起一种增强作用,可提高耐热构筑物的抗热循环冲击性能、耐热等级及抗磨耗性能,延长耐火材料及工业炉窑的使用寿命。商品状态不符合《税则注释》关于“初级形态”的定义,故应根据其最终用途按钢铁制品归入税则号列7326.9090。 | | | | |

| 序号 | 867 | 归类决定编号 | Z2006－0474 | 公告编号 | 2006年第69号 |
|---|---|---|---|---|---|
| 商品税则号列 | 7326.9090/9403.8099<br>[9403.8990(2014年版)] | | 发布日期 | | 2006年11月22日 |
| 商品名称 | 摩托车头盔架 | | | | |
| 英文名称 | | | | | |
| 其他名称 | | | | | |
| 商品描述 | 摩托车头盔架主要用于国外商店销售摩托车头盔时摆放和展示宣传摩托车头盔。分为以下三种：<br>1. 头盔架上下座由密度板拼钉而成，密度板表面粘贴喷绘的头盔图片标识，中间搁放头盔的部分为玻璃。密度板边缘有插槽和孔，玻璃边缘有孔，用五金件相互连接。<br>2. 由顶部头盔标牌、玻璃及支撑用铁件组成，玻璃和铁件上有孔，用五金件相互连接。<br>3. X－N展架，是已制成特定形状的铁架，并配有头盔图画，铁架上有供挂画的五金件，图画四角有孔。<br>以上1、2项头盔架均成套同时报验出口（包括安装用五金件），但是尚未组装，第3项铁架已组装，图画同时出口但未安装。 | | | | |
| 归类决定 | 该铁架已组装，图画同时出口但未安装。上述第1、2项商品已具备家具的基本特征，根据归类总规则二（一），该商品应归入税则号列9403.8099[9403.8990(2014年版)]；第3项商品符合《税则注释》对品目73.26的描述，该商品应归入税则号列7326.9090。 | | | | |

| 序号 | 868 | 归类决定编号 | Z2009－0116 | 公告编号 | 2009 年第 32 号 |
|---|---|---|---|---|---|
| 商品税则号列 | 7326.9090 | | | 发布日期 | 2009 年 6 月 12 日 |
| 商品名称 | 集装箱挂衣杆 | | | | |
| 英文名称 | | | | | |
| 其他名称 | | | | | |
| 商品描述 | 该商品为矩形截面的焊缝钢铁管，规格为 2.5 毫米×40 毫米×80 毫米×2293 毫米。加工工艺：焊缝钢铁管，在两端用冲压模具冲出 50 毫米的槽，并配有螺丝、螺帽；通过螺丝固定，安装在集装箱内的角铁上，用于悬挂挂衣绳（衣服挂于挂衣绳）。 | | | | |
| 归类决定 | 该商品的加工工艺已经超出《税则注释》第七十三章总注释关于“管”的定义，据据归类总规则一，应按钢铁制品归入税则号列 7326.9090。 | | | | |

| 序号 | 869 | 归类决定编号 | Z2009－0160 | 公告编号 | 2009 年第 57 号 |
|---|---|---|---|---|---|
| 商品税则号列 | 7326.9090 | | | 发布日期 | 2009 年 8 月 31 日 |
| 商品名称 | 钢铁制托盘 | | | | |
| 英文名称 | Steel pallet | | | | |
| 其他名称 | | | | | |
| 商品描述 | 该商品规格为 1200 毫米×900 毫米，基本构造是一张矩形铁制托板，下面加焊若干个铁制脚墩，外喷涂漆，固定结构，不可拆卸，可移动。用于料件及成品运输，把产品包装好装入托盘中，既保护产品又方便运输。 | | | | |
| 归类决定 | 该商品属于钢铁制品，根据归类总规则一，应归入税则号列 7326.9090。 | | | | |

| 序号 | 870 | 归类决定编号 | Z2007-0037 | 公告编号 | 2007 年第 71 号 |
|---|---|---|---|---|---|
| 商品税则号列 | | 7401.0000 | | 发布日期 | 2007 年 12 月 5 日 |
| 商品名称 | | 冰铜 | | | |
| 英文名称 | | Copper mattes | | | |
| 其他名称 | | | | | |
| 商品描述 | | 该商品为炼铜的原料，其外观呈黑色或棕色小颗粒状或块状，规格为 30 毫米 ×45 毫米。主要成分：铜 11% ~15%、铁 0.1% ~4%、锌 6% ~8%、铅 2% ~4%、砷 0.002% ~0.01%、硫 1.5% ~5%。加工方法：将粉状或颗粒状铜原料（铜矿）与造渣剂、石灰石、石英石混合后，加入鼓风炉进行熔炼，在 1000℃ ~1100℃的高温下，造渣剂与铜矿中的铁、铝、镁、钙、硅等结合，形成炉渣，其余剩下的即为冰铜，以达到铜渣分离、铜含量提高之目的。 | | | |
| 归类决定 | | 该商品生产工艺及外观形态与《税则注释》关于品目 74.01 注释一的解释相同，根据归类总规则一，应按铜锍归入税则号列 7401.0000。 | | | |

| 序号 | 871 | 归类决定编号 | Z2007-0038 | 公告编号 | 2007 年第 71 号 |
|---|---|---|---|---|---|
| 商品税则号列 | | 7402.0000 | | 发布日期 | 2007 年 12 月 5 日 |
| 商品名称 | | 泡铜 | | | |
| 英文名称 | | Blister copper | | | |
| 其他名称 | | | | | |
| 商品描述 | | 该商品名为泡铜，铜含量在 99.2% 左右，其他成分含量最高为 0.05%。为电解铜成品中等级较差的产品或残次品，可以通过铜火法再次冶炼提纯后得到电解铜。 | | | |
| 归类决定 | | 该商品铜含量在 99.2% 左右，其他成分最高含量为 0.05%，为电解铜成品中等级较差的产品或残次品。该商品生产工艺及成分含量不符合《税则》第七十四章章注名词解释一及《税则注释》关于品目 74.03 对于“精炼铜”的定义，故应按未精炼铜归入税则号列 7402.0000。 | | | |

| 序号 | 872 | 归类决定编号 | Z2006 - 0475 | 公告编号 | 2006 年第 69 号 |
|---|---|---|---|---|---|
| 商品税则号列 | 7404.0000 | | 发布日期 | 2006 年 11 月 22 日 | |
| 商品名称 | 废覆铜板边角料 | | | | |
| 英文名称 | | | | | |
| 其他名称 | | | | | |
| 商品描述 | 该商品系覆铜板在打孔时产生的钻孔粉，其中铜粉含量为 12.7%，环氧树脂含量为 87.3%。该商品进口后，经粉碎机粉碎均匀，湿法搅拌后经摇床将铜粉和环氧树脂分离。回收的铜粉销售给工厂生产铜线锭，环氧树脂则用于生产彩色道路砖和瓦楞板。 | | | | |
| 归类决定 | 该商品中的铜粉是主要回收物，且其回收价值大于环氧树脂，因此，铜粉构成了商品的基本特征，根据归类总规则三(二)，该商品应按照废铜归入税则号列 7404.0000。 | | | | |

| 序号 | 873 | 归类决定编号 | Z2006 - 1301 | 公告编号 | 2007 年第 70 号 |
|---|---|---|---|---|---|
| 商品税则号列 | 7406.2010 | | 发布日期 | 2007 年 12 月 5 日 | |
| 商品名称 | M - 5246 银色铜 | | | | |
| 英文名称 | | | | | |
| 其他名称 | | | | | |
| 商品描述 | 该商品的外观呈银色粉末状，显微镜下观察呈片状，平均粒径大于 10 微米，成分为铜约 90%、银约 10%。该商品是将银粉用化学电镀的形式附于铜片上而成，其主要用于生产“导电涂料”，应用于手提电脑和手机等高科技产品。 | | | | |
| 归类决定 | 该商品系铜粉外电镀银所得，虽银含量在 2% 以上，但根据《税则注释》第七十一章总注释的相关规定，应按其基底材料铜粉归类。故根据归类总规则一，应将其归入税则号列 7406.2010。 | | | | |

| 序号 | 874 | 归类决定编号 | Z2006－1302 | 公告编号 | 2007年第70号 |
|---|---|---|---|---|---|
| 商品税则号列 | 7407.1000[7407.1090(2014年版)] | | | 发布日期 | 2007年12月5日 |
| 商品名称 | 铜电车线 | | | | |
| 英文名称 | | | | | |
| 其他名称 | | | | | |
| 商品描述 | 该商品为实芯裸体铜,最大截面尺寸为11.28毫米,铜线外形上下为两个半圆形,中间有两个凹槽,呈盘卷状,每卷2000米,用于有轨电车导电。该商品由标准阴极铜经上引连铸、连续冷轧、连续拉伸等工艺制得。 | | | | |
| 归类决定 | 该商品除上述加工未经其他加工,其实际状态符合《税则》第七十四章章注五和《税则注释》关于品目74.07的解释规定,根据归类总规则一,应将其归入税则号列7407.1000[7407.1090(2014年版)]。 | | | | |

| 序号 | 875 | 归类决定编号 | Z2006－0476 | 公告编号 | 2006年第69号 |
|---|---|---|---|---|---|
| 商品税则号列 | 7408.1100 | | | 发布日期 | 2006年11月22日 |
| 商品名称 | 铜杆 | | | | |
| 英文名称 | Copper rod | | | | |
| 其他名称 | | | | | |
| 商品描述 | 直径8.00毫米,成卷,精炼铜制。 | | | | |
| 归类决定 | 铜杆是精炼铜制,圆形截面直径8.00毫米,盘卷状包装进口。该商品符合《税则》第七十四章章注六关于税目74.14以外的"丝"的定义,故应归入税则号列7408.1100。 | | | | |

| 序号 | 876 | 归类决定编号 | Z2006－0477 | 公告编号 | 2006年第69号 |
|---|---|---|---|---|---|
| 商品税则号列 | 7409.2100 | | | 发布日期 | 2006年11月22日 |
| 商品名称 | 滚筒 | | | | |
| 英文名称 | | | | | |
| 其他名称 | | | | | |
| 商品描述 | 1. 成分:铜57%～59%、石墨2%～3%、锌38%～41%。<br>2. 规格:尺寸400毫米(高度)×840毫米(滚筒周长);厚度3毫米、6.7毫米,7毫米。<br>3. 价格:3毫米282.82EUR/个;6.7毫米471.13EUR/个;7毫米471.13EUR/个。<br>4. 主要特征和加工流程:进口滚筒用于刻制印刷用铜模。企业根据客户需求,在黄铜滚筒上裁下所需尺寸,并在其上刻制相应图案。需要特别说明的是,该滚筒并非一般意义上的印刷用滚筒,是黄铜制的,之所以作成圆筒形状,是为了适应大多印刷滚筒的弧度尺寸,以便安装使用。具体加工的时候,需要在上面裁下相应尺寸的铜板进行加工。综上所述,该进口的黄铜制滚筒为刻制印刷用铜版所需的底模原材料,只是根据最终使用的印刷机不同来选择不同形状和厚度的铜板。 | | | | |
| 归类决定 | 上述滚筒不同于《税则》税目84.42条文所列的滚筒,实为制成卷筒状的以铜为主要成分的金属卷材,进口后需经切割、刻模等加工后才能制成印刷机用底模,尚未构成零件特征,不应归入税目84.42项下,而应按其构成材料确定归类。其以铜为主要成分,并含有1%以上的锌,根据第七十四章章注二的规定,属铜锌合金卷材,同时其厚度超过0.15毫米,符合《税则》税目74.09及其子目条文的描述,根据归类总规则一及六,应将上述商品归入税则号列7409.2100。 | | | | |

| 序号 | 877 | 归类决定编号 | Z2006－0478 | 公告编号 | 2006 年第 69 号 |
|---|---|---|---|---|---|
| 商品税则号列 | 7411.21 | | 发布日期 | 2006 年 11 月 22 日 | |
| 商品名称 | 旧铜管 | | | | |
| 英文名称 | | | | | |
| 其他名称 | 铜废碎料 | | | | |
| 商品描述 | 规格:25.4 毫米×1.2 毫米,长度 3～6 米。<br>成分:Cu:77.82%;Zn:20.33%。<br>用途:灯饰配件、卫浴配件。<br>申报品名为铜废碎料。<br>旧铜管(申报品名:铜废碎料)是拆船企业对退役的轮船进行解体而拆切下来的不同口径、长短不一(3～6 米)的各种旧铜管。进口后需进行人工分选,再经滚头、退火、用不同口径的模具通过拉管机制成不同口径、形状的成品,主要用于加工灯饰配件及卫浴配件等。经海关化验,其成分含量中,Cu 占 77.82%、Zn 占 20.33%,为黄铜管。 | | | | |
| 归类决定 | 从该商品的进口状态及进口后的用途来看,商品不符合《税则》第十五类类注八(一)的规定及税目 74.04 的条文解释,不属于《税则注释》所规定的铜废碎料范围,不能归入税则号列 7404.0000。根据归类总规则一及化验结果,该商品应按铜管归入税则子目 7411.21。 | | | | |

| 序号 | 878 | 归类决定编号 | Z2006－0479 | 公告编号 | 2006 年第 69 号 |
|---|---|---|---|---|---|
| 商品税则号列 | 7412.2090 | | 发布日期 | 2006 年 11 月 22 日 | |
| 商品名称 | 接头箱 | | | | |
| 英文名称 | | | | | |
| 其他名称 | | | | | |
| 商品描述 | 该商品包括两个型号,PN00829 FSC 为一层接头抽盒,PN08830 FSC 为三层接头抽盒,均为通用接头箱,每箱内均包括一个连接管、一个压力表及多个不同类型的铜制接头。产品组装后连接管的一端连接装有清洗剂的压力罐,另一端可通过安装相应的接头连接在不同的管路上,利用压力罐中喷射的清洁剂来清洗汽车引擎燃油系统,防止其积碳和引擎爆震,适合市场上 85%～90% 的车型。 | | | | |
| 归类决定 | 该商品为组合货品,其用途的广泛性是由其中包含的多种类型的铜接头来实现的,即产品的基本特征是由接头所体现的,因此,根据归类总规则三(二),该商品应归入税目 74.12,该接头为铜锌合金制,应归入税则号列 7412.2090。 | | | | |

| 序号 | 879 | 归类决定编号 | Z2010－0023 | 公告编号 | 2010 年第 15 号 |
|---|---|---|---|---|---|
| 商品税则号列 | 7412.2090 | | 发布日期 | 2010 年 2 月 28 日 | |
| 商品名称 | 水表接头 | | | | |
| 英文名称 | | | | | |
| 其他名称 | 水表接管 | | | | |
| 商品描述 | 该商品公称口径为 15 毫米(公称口径即公称直径,是各种管子与管路附件的通用口径,不是外径也不是内径,符号是 DN),成分为铜合金。成分:铜 79%、锌 15.5%、铅 0.5%、铁 0.487%、其他 0.4513%。用途:利用螺纹连接自来水水管和水表。 | | | | |
| 归类决定 | 该商品为《税则》列名的管子附件,根据归类总规则一及六,应归入税则号列 7412.2090。 | | | | |

| 序号 | 880 | 归类决定编号 | Z2006－0480 | 公告编号 | 2006年第69号 |
|---|---|---|---|---|---|
| 商品税则号列 | 7418.2000 | | | 发布日期 | 2006年11月22日 |
| 商品名称 | 铜制蹲式便器 | | | | |
| 英文名称 | | | | | |
| 其他名称 | | | | | |
| 商品描述 | 该商品为铜制蹲式便器，带控制板及电源、电源线等。由基座、便斗、冲水喷嘴、进水阀、冲水增压箱、冲洗阀、两个气动阀、冲水控制装置及旋转排放阀弯头组成。 | | | | |
| 归类决定 | 主要功能、用途均为卫生器具且其主要特征为铜制品，根据《税则注释》品目74.18的规定，即对品目73.24在必要的地方稍加修改的规定：本品目包括在本协调制度其他品目未具体列名的卫生用铜制品，它们的范围较为广泛，它们可以通过各种制造方法制得，可以装有其他材料制的盖、柄、其他零件或附件，只要它们具有铜制品的特征。该品目包括不论是否带有机械装置的抽水马桶及贮水箱。故该铜制蹲式便器应归入税则号列7418.2000。 | | | | |

| 序号 | 881 | 归类决定编号 | Z2006－0481 | 公告编号 | 2006年第69号 |
|---|---|---|---|---|---|
| 商品税则号列 | 7419.9910[7419.999(2014年版)] | | | 发布日期 | 2006年11月22日 |
| 商品名称 | 铜米 | | | | |
| 英文名称 | Copper wire chops (clove) | | | | |
| 其他名称 | | | | | |
| 商品描述 | 该商品为细铜线的小碎段，直径0.5～3毫米，长度1～8毫米。 | | | | |
| 归类决定 | 铜米为直径在0.5～3毫米之间，长度在1～8毫米之间的小碎段，是由铜丝经过三道以上的切碎过程及筛选去除杂质加工而成的，可作为化学添加剂或轧制成铜箔，应作为其他铜制品归入税则号列7419.9910[7419.999(2014年版)]。 | | | | |

| 序号 | 882 | 归类决定编号 | Z2006－0482 | 公告编号 | 2006 年第 69 号 |
|---|---|---|---|---|---|
| 商品税则号列 | 7506.2000;7326.9010 | | | 发布日期 | 2006 年 11 月 22 日 |
| 商品名称 | 电池负极片 | | | | |
| 英文名称 | | | | | |
| 其他名称 | | | | | |
| 商品描述 | 该电池负极片卷状进口，进口后按不同型号电池的需要裁剪成各种规格的方块，用作镍氢蓄电池的负极。其主要成分是储氢合金（约占 90%，其中镍占 50%，La、Ce、Pr、Nd、Sm 等稀土金属占 50%）以及氧化钴（占 5%）和钴粉（占 5%）。<br>该电池负极片的生产过程如下：将化学原料完全混合后压在底材（铁制穿孔网带）上就制成了负极片。 | | | | |
| 归类决定 | 电池负极片是将约占 90% 的粉末状储氢合金（其中镍占 50%，La、Ce、Pr、Nd、Sm 等稀土金属占 50%）与氧化钴（占 5%）和钴粉（占 5%）的混合物压在铁制穿孔网带底材上制成的。用作镍氢蓄电池的负极，进口状态成卷状，进口后按不同型号电池的需要裁剪成各种规格。<br>上述储氢合金符合《税则》第七十五章子目注释一（二）对镍合金的定义，且其含量达 90%，因此镍合金构成上述混合物的基本特征，故该电池负极片属于钢铁与镍合金的复合材料。根据《税则》第十五类类注七关于复合材料归类原则的规定，如果其中镍合金的重量大于铁制穿孔网带底材的重量，则应按镍合金板、片、带归入税则号列 7506.2000；反之，应按钢铁制品归入税则号列入 7326.9010。 | | | | |

| 序号 | 883 | 归类决定编号 | Z2006－0483 | 公告编号 | 2006 年第 69 号 |
|---|---|---|---|---|---|
| 商品税则号列 | 7506.2000 | | | 发布日期 | 2006 年 11 月 22 日 |
| 商品名称 | 铁镍软磁合金卷板 | | | | |
| 英文名称 | Naspc | | | | |
| 其他名称 | | | | | |
| 商品描述 | 规格:2 毫米×215 毫米,成卷,2 毫米×800～1050 毫米,成卷。<br>成分(%):C 0.02、Si 0.03、Mn 0.40、P 0.002、S 0.002、Ni 77.50、Mo 3.90、Cu 4.8、Fe Bal(剩下的)。<br>该卷板经冷轧后没进一步加工,用于生产电子零配件。 | | | | |
| 归类决定 | 根据《税则注释》第七十五章子目注释一(二)对镍合金的定义,该商品满足其中条件 2 和条件 3,注释一(二)中对镍合金的定义是满足其中任一条件即可,因此该商品应按镍合金归入税则号列 7506.2000。 | | | | |

| 序号 | 884 | 归类决定编号 | Z2008－0152 | 公告编号 | 2008 年第 83 号 |
|---|---|---|---|---|---|
| 商品税则号列 | 7601.1090 | | | 发布日期 | 2008 年 11 月 24 日 |
| 商品名称 | 铝制带孔圆柱状体 | | | | |
| 英文名称 | | | | | |
| 其他名称 | 纯铝管 | | | | |
| 商品描述 | 该商品为铝制带孔圆柱状体,规格为 254 毫米(外径)×80 毫米(内径)×1000(长)毫米,铝含量约为 99.8%。从截面看,不同产品的孔的位置略有差异,部分在中心处,部分略偏。柱体表面较为粗糙,孔内部表面凹凸不平。该产品的加工工艺:由液体纯铝水浇筑到铝管制造机铝水前包,通过冷凝水凝固后,在牵引机的连续带动下产生此产品。 | | | | |
| 归类决定 | 所报“铝管”实际为铝制带孔圆柱状体,规格为 254 毫米×80 毫米×1000 毫米,铝含量约为 99.8%。从截面看,孔在各个管中的位置略有差异,部分在中心处,部分略偏,柱体表面较为粗糙,孔内部表面凹凸不平。该产品的加工工艺及状态应属于空心圆铸锭,根据商品中铝的含量及归类总规则一,应归入税则号列 7601.1090。 | | | | |

| 序号 | 885 | 归类决定编号 | Z2009－0117 | 公告编号 | 2009 年第 32 号 |
|---|---|---|---|---|---|
| 商品税则号列 | | 7601.2000 | | 发布日期 | 2009 年 6 月 12 日 |
| 商品名称 | 铝制品 | | | | |
| 英文名称 | | | | | |
| 其他名称 | 滚动轴 | | | | |
| 商品描述 | 该商品直径为 127 毫米，长度分别为 420 毫米、450 毫米、480 毫米的实心铝制条状物。成分：铝 98.2%、硅 1.0%、镁 0.4%、铁 0.3% 等。浇铸后裁切成段，表面粗糙，用于放置在输送机滑轮组上，由滑轮组带动转动，上方放置热轧压钢板，从而达到传输轧压钢板的作用。 | | | | |
| 归类决定 | 该商品符合《税则注释》关于品目 76.01 的解释规定，根据归类总规则一，应归入税则号列 7601.2000。 | | | | |

| 序号 | 886 | 归类决定编号 | Z2006－0484 | 公告编号 | 2006 年第 69 号 |
|---|---|---|---|---|---|
| 商品税则号列 | | 7602.0000 | | 发布日期 | 2006 年 11 月 22 日 |
| 商品名称 | 含铝灰色粉末 | | | | |
| 英文名称 | | | | | |
| 其他名称 | 废五金的夹带物 | | | | |
| 商品描述 | 该样品有金属光泽，有明显的机油气味，主要成分是铝屑、二氧化硅，还含有一些的有机组分（机油）。详细成分：铝 25%、二氧化硅 45%、易挥发组分（矿物油类和水分等）约 30%，XRF 分析物相主要为铝、二氧化硅。<br>样品外观为夹杂有细小铝屑的灰色粉末。 | | | | |
| 归类决定 | 该含铝灰色粉末为用砂轮打磨铝制品过程中产生的废屑的混合物，主要成分：铝 25%、二氧化硅 45%、易挥发组分（矿物油类和水分等）约 30%。其外观为夹杂有细小铝屑的灰色粉末，有金属光泽且有明显的机油气味；其用途为回收铝，剩余物可作地砖。<br>该商品为混合物，不属于“化学工业的产品及副产品”，根据《税则注释》关于品目 26.06 和 76.02 的相关解释，该混合物应归入税则号列 7602.0000。 | | | | |

| 序号 | 887 | 归类决定编号 | Z2009－0118 | 公告编号 | 2009年第32号 |
|---|---|---|---|---|---|
| 商品税则号列 | 7604.2100 | | | 发布日期 | 2009年6月12日 |
| 商品名称 | 铝合金散热管 | | | | |
| 英文名称 | | | | | |
| 其他名称 | | | | | |
| 商品描述 | 该铝合金散热管横截面尺寸有73毫米×8毫米和54.5毫米×4.5毫米两种，长度有4米和0.958米两种，管内中空有多个闭合空间，并带有扰流筋，全长截面相同。加工工艺：将专用的挤压模具安装到挤压机上进行热挤压。用作汽车中冷器、水箱散热器、冷凝器的铝合金散热复合管，需裁断使用。 | | | | |
| 归类决定 | 该商品全长截面相同且不符合《税则》第七十六章关于"条、杆、管材"的定义，符合第七十六章章注二关于"异型材"的定义，应归入税则号列7604.2100。 | | | | |

| 序号 | 888 | 归类决定编号 | Z2009－0119 | 公告编号 | 2009年第32号 |
|---|---|---|---|---|---|
| 商品税则号列 | 7604.2990 | | | 发布日期 | 2009年6月12日 |
| 商品名称 | 铝合金型材 | | | | |
| 英文名称 | Aluminium alloys profiles | | | | |
| 其他名称 | 铝合金角材 | | | | |
| 商品描述 | 该商品为铝、硅、镁合金型材，日本牌号AC4CH，国际牌号A356。成分：铝91%～94%、硅6.5%～7.5%、镁0.3%～0.45%。截面呈"L"形，长度6米，用于铸造铝合金轮圈。加工方法：铝合金锭→加热→挤压成型→断料及风冷淬火→拉伸矫直→定尺锯切→成品。 | | | | |
| 归类决定 | 该商品状态符合《税则》第七十六章章注二关于"铝的型材及异型材"的定义，应归入税则号列7604.2990。 | | | | |

| 序号 | 889 | 归类决定编号 | Z2009－0161 | 公告编号 | 2009年第57号 |
|---|---|---|---|---|---|
| 商品税则号列 | 7604.2990 | | | 发布日期 | 2009年8月31日 |
| 商品名称 | 铝合金门拉手 | | | | |
| 英文名称 | | | | | |
| 其他名称 | | | | | |
| 商品描述 | 该商品材质为铝合金，长度统一为2136毫米，断面形状是“L”形，“L”形的短边装8个孔。加工程序：铝棒→挤压成型→拉伸→锯切→时效（热处理）→氧化处理→二次锯切（长度按客户要求）→冲孔（每支冲8个孔）→钻沉孔（使沉头螺丝放下去会平）→贴复膜纸（每一支都贴上蓝色复膜纸以保护型材表面）→装箱。 | | | | |
| 归类决定 | 该商品状态符合《税则注释》关于品目76.04的规定，根据归类总规则一，应归入税则号列7604.2990。 | | | | |

| 序号 | 890 | 归类决定编号 | Z2006－0486 | 公告编号 | 2006年第69号 |
|---|---|---|---|---|---|
| 商品税则号列 | 7607.1900 | | | 发布日期 | 2006年11月22日 |
| 商品名称 | 农业温室用遮阳材料 | | | | |
| 英文名称 | | | | | |
| 其他名称 | | | | | |
| 商品描述 | 经化验，该商品为以宽度为0.5厘米的双面压铝箔的聚乙烯条和宽度为0.5厘米的聚乙烯条为经线，排列顺序为两条双面压铝箔的聚乙烯膜，一条聚乙烯膜，一条双面压铝箔的聚乙烯膜，一条聚乙烯膜的排列方式，纬线为化学纤维的机织物。 | | | | |
| 归类决定 | 农业温室用遮阳材料是由化学纤维线将0.5厘米宽的压铝箔聚乙烯膜和聚乙烯膜缝合而成，其中压铝箔聚乙烯膜占60%，构成该混合材料的基本特征。根据归类总规则三（二），应按铝制品归类，由于材料厚度小于0.2毫米，故应按有衬背的铝箔归入税则号列7607.1900。 | | | | |

| 序号 | 891 | 归类决定编号 | Z2006－0487 | 公告编号 | 2006 年第 69 号 |
|---|---|---|---|---|---|
| 商品税则号列 | 7607.1900 | | | 发布日期 | 2006 年 11 月 22 日 |
| 商品名称 | 汽车遮阳板 | | | | |
| 英文名称 | Car sun shade | | | | |
| 其他名称 | | | | | |
| 商品描述 | 该商品的构成材料有尼龙、化纤、塑料、铝箔等，主要材料为尼龙，用于汽车遮挡阳光。 | | | | |
| 归类决定 | 汽车遮阳板置于汽车前后窗上，用于遮挡阳光，其构成材料属于由尼龙、化纤、塑料、铝箔等层压而成的复合材料。因其中铝箔反射阳光的作用是该遮阳板的主要作用，铝箔构成其基本特征，故根据归类总规则三（二）的规定，汽车遮阳板应按铝箔归入税则号列 7607.1900。 | | | | |

| 序号 | 892 | 归类决定编号 | Z2009－0043 | 公告编号 | 2009 年第 5 号 |
|---|---|---|---|---|---|
| 商品税则号列 | 7608.1000 | | | 发布日期 | 2009 年 1 月 20 日 |
| 商品名称 | 空心铝管 | | | | |
| 英文名称 | Aluminium extrusion billet | | | | |
| 其他名称 | | | | | |
| 商品描述 | 该商品将国际 AOO 铝锭经过熔炉熔铸为铝棒后，挤压加工成型，再经过锯切加工为用户需要的长度，用户只需在 CNC 机床上进行最后一次加工就成为用于高级办公桌脚和展会间隔幕墙角等用途的承重脚类产品。参考标准：GB/5237.1－2004。规格：外径 85 毫米，内径 40 毫米，长度 1100 毫米/2600 毫米。成分：铝 99.56%、镁 0.02%、硅 0.1%、铁 0.2%、锌 0.03%。管内外表面光洁，根据国际 GB－T228，此产品的拉伸强度达到 180 兆帕。用途：经 CNC 机床加工成办公桌承重脚等。 | | | | |
| 归类决定 | 该商品通过铝棒挤压工艺成型，其外观特征符合《税则注释》第七十三章总注释关于"管"的定义，应根据材质归入税则号列 7608.1000。 | | | | |

| 序号 | 893 | 归类决定编号 | Z2006－1304 | 公告编号 | 2007年第70号 |
|---|---|---|---|---|---|
| 商品税则号列 | 7608.2000［7608.2091（2014年版）］ | | 发布日期 | 2007年12月5日 | |
| 商品名称 | 铝合金制空心异型材 | | | | |
| 英文名称 | Aluminium alloy welded hollow profiled tube for radiator | | | | |
| 其他名称 | | | | | |
| 商品描述 | 该铝合金制空心异型材是由铝复合带经过折弯和合缝加工而成，截面为矩形，厚度为2毫米，规格型号为16毫米×2毫米×5800毫米、26毫米×2毫米×5800毫米和32毫米×2毫米×5800毫米，需再经加工后才能制成发动机、工程机械和数控机床发动机散热器。该商品全长截面及管壁厚度相同，为只有一个闭合空间的空心产品，其内外截面为同一圆心并为同样形状及同一轴向。 | | | | |
| 归类决定 | 该商品符合《税则注释》第七十六章关于“管”的定义，即“全长截面及管壁厚度相同并只有一个闭合空间的空心产品”，因此该商品应归入税则号列7608.2000［7608.2091（2014年版）］。 | | | | |

| 序号 | 894 | 归类决定编号 | Z2006－0488 | 公告编号 | 2006 年第 69 号 |
|---|---|---|---|---|---|
| 商品税则号列 | 7610.9000 | | | 发布日期 | 2006 年 11 月 22 日 |
| 商品名称 | 钢铝复合接触轨道及连接附件 | | | | |
| 英文名称 | | | | | |
| 其他名称 | | | | | |
| 商品描述 | 钢铝复合接触轨道用于与轻轨车辆集电靴接触，给车辆提供电能，材料为钢铝复合材料（铝材占总重量的 71.57%，不锈钢占 28.43%），导体以高导电率的铝合金为主，接触面为不锈钢带，单根长度 10～15 米，相邻接触轨通过鱼尾板连接，多根连接共同构成一条供电局线路。<br>接触轨通过玻璃钢绝缘支架架装在离地 20 厘米左右的空中。同时在整个接触轨线路（包括所有的接触轨、弯头、膨胀接头、电缆连接处）上加装防护罩，以减少由于触及接触轨而造成的人员触电危险。 | | | | |
| 归类决定 | 根据《税则注释》关于品目 73.08 的有关钢铁结构体的解释：结构体具有一旦置于某一位置便一般不再改变的特点，它们通常是用条、杆、管、角材、型材、异型材、片、板、宽扁材、带材、锻件或铸件通过铆接、栓接、焊接等方法制得。钢铝复合接触轨及其连接附件（鱼尾板、膨胀接头、弯头等）组装后便已符合结构体的定义，故应按铝制结构体归入税则号列 7610.9000。 | | | | |

| 序号 | 895 | 归类决定编号 | Z2006－1305 | 公告编号 | 2007 年第 70 号 |
|---|---|---|---|---|---|
| 商品税则号列 | 7611.0000 | | | 发布日期 | 2007 年 12 月 5 日 |
| 商品名称 | 液氮罐 | | | | |
| 英文名称 | | | | | |
| 其他名称 | | | | | |
| 商品描述 | 液氮罐为铝制结构，有内外两层，中间为真空层（外壳有一口用于抽真空），罐体内有数个可取出的小容器（挂在罐口处），用于放置生物制品和药品，该商品提供一低温存储空间（液氮作为冷却剂冷却温度可达－100℃以下），用于冷冻细胞以及贮存、运输生物制品和药品。 | | | | |
| 归类决定 | 该商品为利用双层壁进行隔温、未装有冷却液体的循环装置铝制罐，其主要用途是作为低温贮存生物制品和药品的容器。根据《税则注释》对品目 76.12 的规定，该商品既不属于品目 84.19 所列冷却设备，也不属于装压缩气体或液化气体用的铝制容器。根据归类总规则一，应将其按盛装物料用的罐并依实际容积不同归入税则号列 7611.0000 或 7612.9090。 | | | | |

| 序号 | 896 | 归类决定编号 | Z2006－0490 | 公告编号 | 2006年第69号 |
|---|---|---|---|---|---|
| 商品税则号列 | 7616.9910 | | | 发布日期 | 2006年11月22日 |
| 商品名称 | 零件组合测量支架(柔性夹具) | | | | |
| 英文名称 | | | | | |
| 其他名称 | | | | | |
| 商品描述 | 该商品用于固定被检测的各种汽车总成(如汽车车身、前后车门、左右车身侧围、后底板、前底板、发动机仓、前后轮罩、水盒子等总成件),以便三坐标测量仪对上述总成进行检测。该套商品由航空铝材制成的底板和正方形截面空心支架和夹子、定位器组成。底板和支架上都制有定位孔,用户可根据被测总成的规格调整夹具的尺寸。 | | | | |
| 归类决定 | 该商品为对汽车总成进行检测时的固定支架,包括铝制结构支架、底板、夹子及定位销子等。其支架上开孔并制成空心截面状,使用时将销子插入不同的孔洞中以调节固定位置。<br>上述商品由铝制构件构成,用于汽车机械检验时的固定,不属于税目84.66所列商品范围,其不具备零件特征,实质为金属制固定支架,应按其材料属性确定归类。根据归类总规则一,应将其归入税则号列7616.9910。 | | | | |

| 序号 | 897 | 归类决定编号 | Z2006－0491 | 公告编号 | 2006年第69号 |
|---|---|---|---|---|---|
| 商品税则号列 | 7616.9990 | | | 发布日期 | 2006年11月22日 |
| 商品名称 | 卡扣 | | | | |
| 英文名称 | Clip | | | | |
| 其他名称 | | | | | |
| 商品描述 | 该卡扣金属元素含量为铝94.3%、硅5.4%,是将铝杆用模具挤压成凹凸连续形状,使用时用专用的打卡机将其切割并挤压在火腿肠等产品的两端,使其不漏气。 | | | | |
| 归类决定 | 根据《税则》第七十六章章注二,铝制异型材应为轧、挤、拔、锻制的产品或其他成型产品,其全长截面相同,上述“卡扣”的生产工艺及状态明显与此不同,故不应按铝制的异型材归类;因该商品为由铝杆加工而成的制品,属《税则》未列名铝制品范畴,应归入税则号列7616.9990。 | | | | |

| 序号 | 898 | 归类决定编号 | Z2008 - 0153 | 公告编号 | 2008 年第 83 号 |
|---|---|---|---|---|---|
| 商品税则号列 | 7616.9990 | | 发布日期 | | 2008 年 11 月 24 日 |
| 商品名称 | 机动车配件(防滑板) | | | | |
| 英文名称 | | | | | |
| 其他名称 | | | | | |
| 商品描述 | 该商品材质为铝合金,加工流程为对铝合金板进行主体标准料剪切、连接体标准料剪切、前后倾角剪切、冲压冲孔、起鼓拉伸强化、长边二次折弯呈工字状、转入焊接车间焊接加强筋、打磨、转入包装车间铆合去油后进行组装,组装配件有主体连接车体用的加强筋、铆钉、底部焊接加强筋、尾部焊接连接体、固定螺栓。有长方体直型和长方体弯型,又根据宽度、长度、高度及载重量分为多种规格。用途:用于运输特殊车辆的货车上,是特殊车辆爬货车时用的支撑防滑板。使用时,将防滑板由固定螺栓固定到货车尾部,使用完毕后,卸下固定螺栓和防滑板,并置于车上备用。 | | | | |
| 归类决定 | 该商品不属丁《税则》税日 83.02 所列车厢贱金属附件,也不属于第十七类所列零件或附件,根据归类总规则一,应按材质归入税则号列 7616.9990。 | | | | |

| 序号 | 899 | 归类决定编号 | Z2006 - 0492 | 公告编号 | 2006 年第 69 号 |
|---|---|---|---|---|---|
| 商品税则号列 | 8001.1000 | | 发布日期 | 2006 年 11 月 22 日 | |
| 商品名称 | 锡管 | | | | |
| 英文名称 | | | | | |
| 其他名称 | 方形管状锡 | | | | |
| 商品描述 | 该锡管是由 99.9% 以上的锡经简单浇铸且未经锻轧的“方形管状物”，长 510 毫米，截面为 120 毫米 ×120 毫米正方形，内截中空面为 60 毫米 ×60 毫米左右的正方形，壁厚为 26.3 ~30.8 毫米，同一轴向壁厚相差 2 ~3 毫米，且内截中空面积仅约占整个截面面积的 1/4。 | | | | |
| 归类决定 | 方形管状锡经简单浇铸而成，虽然是只有一个闭合空间、内外截面基本为同一形状及同一轴向的空心产品，但由于其壁厚及壁厚差、长度和截面尺寸的比例均不符合管子制成品的规格尺寸，故不能按锡管归类；按其形状特征，属于制造管子的坯料，应按未锻轧锡归入税则号列 8001.1000。 | | | | |

| 序号 | 900 | 归类决定编号 | Z2006 - 0493 | 公告编号 | 2006 年第 69 号 |
|---|---|---|---|---|---|
| 商品税则号列 | 8101.9400 | | 发布日期 | 2006 年 11 月 22 日 | |
| 商品名称 | 钛钨靶材 | | | | |
| 英文名称 | TI W Target | | | | |
| 其他名称 | | | | | |
| 商品描述 | 该商品为钛钨合金产品，由 40% 钛及 60% 钨熔化并放进模具里，高温熔化，冷却后固定而成，呈板片状。规格：443 毫米 ×125 毫米 ×9 毫米。用于半导体芯片的制造过程中，使用时通过溅射蒸发到芯片上，作为芯片的电极。 | | | | |
| 归类决定 | 首先，该商品中钨在产品中所占的比重较大，根据第十五类类注五（一）的规定，应作为钨合金制品归入税目 81.01 项下；其次，该商品虽具备无需加工即用于专业行业的特征，但仅由模具高温成形，未经锻轧，因此，根据归类总规则六，应将其归入税则号列 8101.9400。 | | | | |

<table>
<tr><td>序号</td><td>901</td><td>归类决定编号</td><td>Z2006-0494</td><td>公告编号</td><td>2006年第69号</td></tr>
<tr><td colspan="2">商品税则号列</td><td colspan="2">8101.9900[8101.9990(2014年版)]</td><td>发布日期</td><td>2006年11月22日</td></tr>
<tr><td colspan="2">商品名称</td><td colspan="4">钨高比重合金块(平衡块)</td></tr>
<tr><td colspan="2">英文名称</td><td colspan="4"></td></tr>
<tr><td colspan="2">其他名称</td><td colspan="4"></td></tr>
<tr><td colspan="2">商品描述</td><td colspan="4">钨高比重合金块(平衡块)形状如砖块,长17.3厘米、宽9.2厘米、高6.5厘米,每块净重18.1千克。成分为含钨91%、铁2.7%、镍6.3%。生产工艺是将钨粉、铁粉、镍粉按一定比例加入球磨机内进行混合形成混合料,将混合料放入模内用等静压制机重复充分压制,再将压制后产品放入真屏烧结炉内在高温高压下烧结成型。用作汽车使用配件,用于跑车配重,起平衡作用,可直接使用。</td></tr>
<tr><td colspan="2">归类决定</td><td colspan="4">该商品用于跑车的配重,起平衡作用,故应按钨合金制品归入税则号列8101.9900[8101.9990(2014年版)]。</td></tr>
</table>

<table>
<tr><td>序号</td><td>902</td><td>归类决定编号</td><td>Z2007-0039</td><td>公告编号</td><td>2007年第71号</td></tr>
<tr><td colspan="2">商品税则号列</td><td colspan="2">8101.9990</td><td>发布日期</td><td>2007年12月5日</td></tr>
<tr><td colspan="2">商品名称</td><td colspan="4">钨切头</td></tr>
<tr><td colspan="2">英文名称</td><td colspan="4"></td></tr>
<tr><td colspan="2">其他名称</td><td colspan="4"></td></tr>
<tr><td colspan="2">商品描述</td><td colspan="4">该商品直径1厘米左右,长度1~2厘米,含钨量99.95%,商检报告认定为不规则钨切头。生产工艺:仲钨酸铵→混料→还原→挤压→烧结→高温旋锻→拉伸(90厘米)→热处理→检测→切割。用途:可用作生产硬质合金、炼钢等的原料或添加剂。</td></tr>
<tr><td colspan="2">归类决定</td><td colspan="4">该钨切头规格为直径1厘米左右,长度1~2厘米,含钨量99.95%。生产工艺:仲钨酸铵→混料→还原→挤压→烧结→高温旋锻→拉伸(90厘米)→热处理→检测→切割。商检报告认定为不规则钨切头。用途为炼钢添加剂。该商品为锻制钨棒的切割制品,根据归类总规则一,应归入税则号列8101.9990。</td></tr>
</table>

| 序号 | 903 | 归类决定编号 | Z2006－1306 | 公告编号 | 2007 年第 70 号 |
|---|---|---|---|---|---|
| 商品税则号列 | 8104.3000 | | | 发布日期 | 2007 年 12 月 5 日 |
| 商品名称 | 触变注射成型用镁合金粒 | | | | |
| 英文名称 | Magnesium alloy chips for thixomolding | | | | |
| 其他名称 | 镁合金粒 | | | | |
| 商品描述 | 该触变注射成型用镁合金粒为专门供给触变注射成型用的镁合金材料。其形状为不规则的柱状体，长约 1.2～2 毫米，宽约 1.2～1.8 毫米，高约 3.5～4 毫米，有金属的光亮色泽。其生产工艺：镁锭经坩埚炉熔化→合金化→精炼→静置→铸造→车皮→制粒→筛分等。 | | | | |
| 归类决定 | 该商品属于已按规格大小分类的颗粒，符合《税则注释》关于品目 81.04 的相关规定，根据归类总规则一，该商品应归入税则号列 8104.3000。 | | | | |

| 序号 | 904 | 归类决定编号 | Z2006－0495 | 公告编号 | 2006 年第 69 号 |
|---|---|---|---|---|---|
| 商品税则号列 | 8108.2090［8108.2029（2014 年版）］ | | | 发布日期 | 2006 年 11 月 22 日 |
| 商品名称 | 钛板坯 | | | | |
| 英文名称 | | | | | |
| 其他名称 | | | | | |
| 商品描述 | 较厚的板状钛，用四根木方双面夹固，6 个平面经车削，12 个棱边也经车削，型号为 BT1－0。<br>钛板坯在国外的加工工艺：钛原料收集→铸造→经车床车去表皮。铸造后的钛板坯表面存在大量的气孔、杂质及其他缺陷，所以必须进行表面加工，去除表面气孔和大量的缺陷和杂质，如不去杂质直接进行压力加工，就会把杂质带入下一道工序，使全部产品报废。进口后钛板坯的生产工艺：进口钛板坯→加热→轧板→成品，一般用于轧制钛中、厚板和钛薄板。 | | | | |
| 归类决定 | 根据以上说明，钛板坯应归入税则号列 8108.2090［8108.2029（2014 年版）］。 | | | | |

| 序号 | 905 | 归类决定编号 | Z2006－0496 | 公告编号 | 2006 年第 69 号 |
|---|---|---|---|---|---|
| 商品税则号列 | 8113.0000[8113.0090(2014 年版)] | | | 发布日期 | 2006 年 11 月 22 日 |
| 商品名称 | 钨废碎料 | | | | |
| 英文名称 | | | | | |
| 其他名称 | | | | | |
| 商品描述 | 该商品外观为黑色粉末状物品,含有水分。<br>化验结果其主要成分为:二氧化硅、碳化钨及少量矿物油类物质,还含有少量 Co、Fe、Na、Al 等化学元素。其中钨含量为 14.9%。用于提炼纯钨产品。<br>该商品是从硬质合金的制造过程中得到的:少部分产品来源于生产过程中未完全混合的原料,大部分来源于原料(碳化钨和钴)经混合后烧结所得产品(硬质合金),在修磨及深加过程产生的磨削料及部分未完全烧结的自然脱落物。 | | | | |
| 归类决定 | 该商品以硬质合金的切削料为主,不符合《税则注释》品目 26.20 的商品范畴。<br>该商品作为硬质合金的废碎料,已经过烧结,不符合《税则注释》品目 38.24 中未烧结金属碳化物的范畴,不应归入品目 38.24 项下。<br>该商品主要为碳化钨和金属钴烧结得到的硬质合金的切削料,根据归类总规则三(二)、《税则注释》第十五类类注四及品目 81.13 的条文注释,该商品应归入税则号列 8113.0000[8113.0090(2014 年版)]。 | | | | |

| 序号 | 906 | 归类决定编号 | Z2006 - 1307 | 公告编号 | 2007 年第 70 号 |
|---|---|---|---|---|---|
| 商品税则号列 | | 8202.9910 | | 发布日期 | 2007 年 12 月 5 日 |
| 商品名称 | 金刚石绳锯 | | | | |
| 英文名称 | | | | | |
| 其他名称 | | | | | |
| 商品描述 | 该金刚石绳锯的结构为钢丝绳上套有一节一节的金刚石环，绳锯尾部接有一节链条，形成链状锯。其工作原理是在预先打好的水平或竖直方向的对穿孔中穿入金刚石串珠绳，接好后置于绳锯飞轮上，然后用电动机驱动飞轮带动金刚石串珠绳循环转动切削石材，同时向锯缝注以充足的水以冷却金刚石串珠及排除锯切岩粉，在锯切的同时绳锯向后行走，使串珠绳保持一定张力和进给速度，直至完成锯切，其用途为用于石料开采、整形、切割以及建筑施工。 | | | | |
| 归类决定 | 该商品的状态实际为一种锯片，主体为钢丝绳，锯齿由金刚石制成。根据《税则注释》关于品目 82.02 的解释规定，该品目包括手工锯或机械锯的各种锯片，其条款中未排除此状态的锯片。因此，根据归类总规则一，可将其归入税则号列 8202.9910。 | | | | |

| 序号 | 907 | 归类决定编号 | Z2007 - 0040 | 公告编号 | 2007 年第 71 号 |
|---|---|---|---|---|---|
| 商品税则号列 | | 8205.5900 | | 发布日期 | 2007 年 12 月 5 日 |
| 商品名称 | 轴承听诊器 | | | | |
| 英文名称 | | | | | |
| 其他名称 | | | | | |
| 商品描述 | 轴承听诊器外形类似医疗听诊器，带有金属制探针及听诊端，中间以塑胶管连通。用于机械探伤，根据机械响声和振动来判断机件内腔轴承等部件发生的故障。使用时，机械故障所产生的异响和振动经过塑胶管内腔空气传递到耳朵，通过反复移动，根据异响和振动的强弱变化来判断故障点。 | | | | |
| 归类决定 | 该商品属于非医疗用途，不能归入《税则》税目 90.18 项下，其功能也不符合税目 90.31 的检测或测量器具。根据《税则注释》第八十二章总注释规定，该商品应作为一种金属手工工具或器具归入税则号列 8205.5900。 | | | | |

| 序号 | 908 | 归类决定编号 | Z2008 - 0048 | 公告编号 | 2008 年第 76 号 |
|---|---|---|---|---|---|
| 商品税则号列 | 8205.5900 | | | 发布日期 | 2008 年 10 月 28 日 |
| 商品名称 | 微孔板复制器 | | | | |
| 英文名称 | | | | | |
| 其他名称 | | | | | |
| 商品描述 | 该商品由 384 根不锈钢针头、塑料面板部分组成。不锈钢针头可以防止腐蚀及进行蒸汽灭菌。使用方法：人工手持微板复制器塑料端，然后用不锈钢钢针沾上要取样的液体，转移到子板上，简单、便捷、节约时间，用于将少量的接种体从微型培养板（母板）中转移到另一个微型培养板（子板）或其他容器中。每根针大约可以转移 1UL 接种体。如此重复，以实现酵母杂交复制、人工染色体文库复制、抗体敏感性测试、原生质体测试等。该器具不包括计算机、打印机。 | | | | |
| 归类决定 | 该商品的结构、用途符合《税则》第八十二章贱金属制“手工工具”的定义，根据归类总规则一，应归入税则号列 8205.5900。 | | | | |

| 序号 | 909 | 归类决定编号 | Z2009 - 0046 | 公告编号 | 2009 年第 5 号 |
|---|---|---|---|---|---|
| 商品税则号列 | 8205.5900 | | | 发布日期 | 2009 年 1 月 20 日 |
| 商品名称 | 电缆穿线器 | | | | |
| 英文名称 | Glassfibre duct rod | | | | |
| 其他名称 | | | | | |
| 商品描述 | 该电缆穿线器用作黏结管道内手工操作牵引电缆，结构包括三层：内层是可承受一定拉力的铜质内芯，中间层是保护铜芯的防腐蚀玻璃纤维加强芯，最外层是光滑、牢固、耐用的高密度聚乙烯外壳。进口时穿线器缠绕在镀锌钢轮架的中心滚珠轴承上，一端固定在轮架上，轮架底部装有两个塑料脚轮，使操作更具灵活性。使用时，穿线器另一端与需牵引的电缆相连，手工牵引电缆穿过管道。该商品具有固定尺寸，一端与轮架固定，另一端通过环、卡及类似装置与需牵引的电缆相连，通过手工引电缆穿过管道。 | | | | |
| 归类决定 | 根据归类总规则一及《税则注释》对品目 82.05 的描述，该商品应归入税则号列 8205.5900。 | | | | |

<table>
<tr><td>序号</td><td>910</td><td>归类决定编号</td><td>Z2008-0049</td><td>公告编号</td><td>2008年第76号</td></tr>
<tr><td colspan="2">商品税则号列</td><td colspan="2">8207.1910</td><td>发布日期</td><td>2008年10月28日</td></tr>
<tr><td colspan="2">商品名称</td><td colspan="4">工业复合片</td></tr>
<tr><td colspan="2">英文名称</td><td colspan="4"></td></tr>
<tr><td colspan="2">其他名称</td><td colspan="4"></td></tr>
<tr><td colspan="2">商品描述</td><td colspan="4">该工业复合片为圆柱体，高度8毫米，直径13.4毫米，由两种物质组合而成：上层为较薄的黑色光亮的人造金刚石层，密度为3.47~3.5克/立方厘米；下层为银白色光亮的较厚的碳化钨层，密度为16克/立方厘米。每个复合片按重量计是由6.6%的人造金刚石和93.4%的碳化钨组成。该工业复合片进口后将焊接在钻头齿穴里（人造金刚石层朝外，碳化钨层与钻头本体焊接），之后用于石油或天然气钻探机械上钻探地层。</td></tr>
<tr><td colspan="2">归类决定</td><td colspan="4">该商品的结构、用途及安装方式表明其属于带有人造金刚石的装于金属陶瓷底座上的钻探工具的工作部件，根据归类总规则一，应归入税则号列8207.1910。</td></tr>
</table>

<table>
<tr><td>序号</td><td>911</td><td>归类决定编号</td><td>Z2006-1308</td><td>公告编号</td><td>2007年第70号</td></tr>
<tr><td colspan="2">商品税则号列</td><td colspan="2">8207.3000</td><td>发布日期</td><td>2007年12月5日</td></tr>
<tr><td colspan="2">商品名称</td><td colspan="4">铸铁制模具毛坯</td></tr>
<tr><td colspan="2">英文名称</td><td colspan="4">Casting parts（GGG70L）</td></tr>
<tr><td colspan="2">其他名称</td><td colspan="4"></td></tr>
<tr><td colspan="2">商品描述</td><td colspan="4">该项商品为某汽车模具所需铸铁材料。该铸铁材料是将熔化铁水经连续浇注成型、未经任何加工的原始铸铁材料。为减轻材料重量、减少加工量、避免材料浪费、降低采购成本，其具备一定的初级形状。其需经过表面粗铣加工→装配部件、结构件→半精加工→精加工→人工打磨→热处理→调整→试压等多道工序加工（包括钻、铣、刨、磨、热处理等），方能作为模具使用。</td></tr>
<tr><td colspan="2">归类决定</td><td colspan="4">该商品是将熔化铁水经连续浇注成型，从其加工工艺角度来看与税目72.07所列在炼钢过程中经连续铸造制成的半制成品不同，且该铸铁模具毛坯已具备冲压模具制成品的基本特征，根据归类总规则二（一），应将其归入税则号列8207.3000。</td></tr>
</table>

| 序号 | 912 | 归类决定编号 | Z2006－1309 | 公告编号 | 2007 年第 70 号 |
|---|---|---|---|---|---|
| 商品税则号列 | 8207.3000 | | | 发布日期 | 2007 年 12 月 5 日 |
| 商品名称 | 金属钻子 | | | | |
| 英文名称 | Drill blanks | | | | |
| 其他名称 | | | | | |
| 商品描述 | 该商品为银灰色圆柱状，有金属光泽，长约 90 毫米，圆切面直径约 4 毫米，一端磨平，一端弧形凸出。经分析鉴定，含 C 6.0%、V 2.1%、Cr 4.1%、Fe 76.1%、Mo 4.4%、W 7.3%。该批商品共有 SIZE4.0、SIZE4.3、SIZE4.7 三种型号，装于铆钉机上，用于冲压空心扣子。该商品的制造流程为：将经过筛选的长 500 毫米的直、圆金属料用剪针机器剪切成所需长度，如 95 毫米、100 毫米、150 毫米等，再进行真空热处理将硬度由 20 度提高到 63 度，然后用精确研磨机将一端研磨成弧形凸出，一端磨平。用打标机进行标记后，涂上防锈油，即成为此时商品状态。根据不同的需求再次研磨出不同的弧度，裁切、抛光后才能投入使用。 | | | | |
| 归类决定 | 该金属钻子也称模针半成品。其成品用于铆钉机，作为冲压扣子的冲头使用，是冲压工具的零件。虽然该商品还需进一步加工才能使用，但其已经具备了冲头的基本特征，根据《税则》第八十二章章注二的规定，应按冲压工具归入税则号列 8207.3000。 | | | | |

| 序号 | 913 | 归类决定编号 | Z2009 - 0162 | 公告编号 | 2009 年第 57 号 |
|---|---|---|---|---|---|
| 商品税则号列 | 8207.7000[8207.7090(2014 年版)] | | | 发布日期 | 2009 年 8 月 31 日 |
| 商品名称 | 硬质合金刀具 | | | | |
| 英文名称 | | | | | |
| 其他名称 | 刀及刀头 | | | | |
| 商品描述 | 该商品为硬质合金刀具,主要材质为钨、钴合金,为加工金属材料用的可互换工具,专用于数控机床加工。 | | | | |
| 归类决定 | 该商品为税目 82.07 列名的商品,根据归类总规则一,应归入税则号列 8207.7000[8207.7090(2014 年版)]。 | | | | |

| 序号 | 914 | 归类决定编号 | Z2006 - 0497 | 公告编号 | 2006 年第 69 号 |
|---|---|---|---|---|---|
| 商品税则号列 | 8301.4000 | | | 发布日期 | 2006 年 11 月 22 日 |
| 商品名称 | 无线指纹锁 | | | | |
| 英文名称 | Wireless fingerprint lock | | | | |
| 其他名称 | | | | | |
| 商品描述 | 它通过指纹的采集与对比,来控制锁的开启。除具有锁的功能外,它还具有报警功能,并可拨打手机、BP 机及固定电话报警。它可应用于住宅、档案室、监狱、办公室等场合。 | | | | |
| 归类决定 | 该商品虽具有多种功能,但仍以锁为主要功能。依照《税则注释》对锁具的解释,该无线指纹锁可按其他锁归入税则号列 8301.4000。 | | | | |

| 序号 | 915 | 归类决定编号 | Z2007 - 0041 | 公告编号 | 2007 年第 71 号 |
|---|---|---|---|---|---|
| 商品税则号列 | 8301.7000 | | | 发布日期 | 2007 年 12 月 5 日 |
| 商品名称 | 奥迪车发送单元用钥匙座 | | | | |
| 英文名称 | | | | | |
| 其他名称 | | | | | |
| 商品描述 | 该奥迪车发送单元用钥匙座型号为 1TO 837 246 ROH，为汽车无线钥匙发送单元的壳体部分，由一个可折叠贱金属钥匙的毛坯和塑料座组成。塑料壳体内置芯片，芯片用于写入并记录汽车的防盗数据，芯片经过写入后，会通过磁感应将信息传给车辆的防盗装置，其写入要在销售使用环节进行。贱金属钥匙的毛坯要通过一系列后续加工、电脑匹配才能用作黏结钥匙。钥匙与芯片同时使用才能打开车门，启动发动机。 | | | | |
| 归类决定 | 该商品实际为开启机动车锁用贱金属钥匙的毛坯，根据《税则注释》关于品目 83.01 的解释规定，该品目包括贱金属钥匙的锻坯件或压坯件。根据归类总规则一，该商品应归入税则号列 8301.7000。 | | | | |

| 序号 | 916 | 归类决定编号 | Z2009 - 0120 | 公告编号 | 2009 年第 32 号 |
|---|---|---|---|---|---|
| 商品税则号列 | 8302.2000 | | | 发布日期 | 2009 年 6 月 12 日 |
| 商品名称 | 支架（输送机零件） | | | | |
| 英文名称 | | | | | |
| 其他名称 | | | | | |
| 商品描述 | 该商品为装有两个轮子的铁支架，轮子的材质为尼龙或铁制，用于输送机，起导向作用，共有三种规格，分别为：A1848 - 1，白色塑料尼龙轮，承载 150 千克，外径 50.88 毫米，内孔尺寸 9.5 毫米；A1852 - 1，铁制轮，承载 200 千克，外径 57.5 毫米，内孔 18.8 毫米；A1828 - 1，黑色塑料轮，承载 150 千克，外径 50 毫米，内孔 18.8 毫米。 | | | | |
| 归类决定 | 该商品状态符合《税则》第八十三章章注二关于“脚轮”的定义及《税则注释》对品目 83.02 项下“小脚轮”的解释，应归入税则号列 8302.2000。 | | | | |

| 序号 | 917 | 归类决定编号 | Z2006 - 0498 | 公告编号 | 2006 年第 69 号 |
|---|---|---|---|---|---|
| 商品税则号列 | 8302.3000 | | | 发布日期 | 2006 年 11 月 22 日 |
| 商品名称 | 牵引车支撑器 | | | | |
| 英文名称 | Cargo bar | | | | |
| 其他名称 | | | | | |
| 商品描述 | 该商品主要是由两只橡胶或塑料包铁块的脚垫、两根直径大小不一的铝管或铁管(管的长短由集装箱参数设定)和一只机械爬高机组成(机械爬高机是由铝合金、球墨铸铁机加工而成)。此商品是用于集装箱或其他箱式车运货时支撑的货物,免于货物倒塌。 | | | | |
| 归类决定 | 牵引车支撑器实为货物的支撑架,用于集装箱或其他箱式车运货时支撑货物,免于货物倒塌。该商品主要由两只橡胶或塑料包铁块的脚垫、两根直径大小不一的铝管或铁管(管的长短由集装箱参数设定)和一只机械爬高机组成(机械爬高机是由铝合金、球墨铸铁机加工而成)。该商品符合《税则注释》关于品目 83.02 的解释,故应归入税则号列 8302.3000。 | | | | |

| 序号 | 918 | 归类决定编号 | Z2006 - 0815 | 公告编号 | 2006 年第 69 号 |
|---|---|---|---|---|---|
| 商品税则号列 | 第 84 章或第 87 章相应税号 | | | 发布日期 | 2006 年 11 月 22 日 |
| 商品名称 | 奔驰消防指挥车 | | | | |
| 英文名称 | | | | | |
| 其他名称 | | | | | |
| 商品描述 | 消防指挥车的型号为奔驰 MZF。该车装有警灯、可折叠会议桌及座椅,车上放置手提强光灯、水泵等物品。 | | | | |
| 归类决定 | 奔驰消防指挥车未经充分实质性改装,不符合《税则》税目 87.05 特种车的标准,故应按原车型与车内物品分别归类。 | | | | |

<table>
<tr><td>序号</td><td>919</td><td>归类决定编号</td><td>Z2007 - 0042</td><td>公告编号</td><td>2007 年第 71 号</td></tr>
<tr><td colspan="2">商品税则号列</td><td colspan="2">第 84 章</td><td>发布日期</td><td>2007 年 12 月 5 日</td></tr>
<tr><td colspan="2">商品名称</td><td colspan="4">液化天然气生产线</td></tr>
<tr><td colspan="2">英文名称</td><td colspan="4"></td></tr>
<tr><td colspan="2">其他名称</td><td colspan="4"></td></tr>
<tr><td colspan="2">商品描述</td><td colspan="4">液化天然气生产线由天然气净化单元、天然气液化单元两部分组成,其中天然气净化单元主要由原料气入口分过滤/分离器、胺洗涤塔和氨气提塔、摩尔分子过滤/分离器等设备构成。主要用途:脱固体颗粒、脱 $CO_2$、脱水、脱苯。天然气液化单元采用的工艺为阶式制冷循环工艺,主要设备是冷剂换热器、冷剂压缩机、冷剂压缩机电机、LNG 气/液分离储罐等。净化的天然气首先进入中压丙烷蒸发器预冷,再经低压丙烷蒸发器和中压乙烯蒸发器降温,之后进入苯吸收塔分离重烃和苯,经低压乙烯蒸发器冷却和冷箱深冷形成天然气液态和气态混合物,混合物进入 LNG 分液储罐,分离液、气形成液态天然气。</td></tr>
<tr><td colspan="2">归类决定</td><td colspan="4">从该液化天然气生产线的整体来看,其具备气体净化和气体液化两种功能,不符合《税则》第十六类类注四有关功能机组“组合后明显具有一种第八十四章或第八十五章某个品目所列功能”的描述,应当分别归类。该生产线中天然气净化单元设备组合后,明显具有税目 84.21“气体的过滤、净化装置”所列功能,根据归类总规则一及六,可将天然气净化单元一并归入税则号列 8421.3990;天然气液化单元设备组合后,明显具有税目 84.19“利用温度变化处理材料的装置”所列功能,根据归类总规则一及六,可将天然气液化单元一并归入税则号列 8419.6090。</td></tr>
</table>

| 序号 | 920 | 归类决定编号 | Z2006－1310 | 公告编号 | 2007 年第 70 号 |
|---|---|---|---|---|---|
| 商品税则号列 | 8402.1900 | | | 发布日期 | 2007 年 12 月 5 日 |
| 商品名称 | 废热锅炉 | | | | |
| 英文名称 | | | | | |
| 其他名称 | | | | | |
| 商品描述 | 废热锅炉（申报品名）型号为 E1905，内部装有换热管、隔热层。工作过程：利用制氢反应生成的高温气体（895℃）通过换热管，与管外的水进行热交换。水被加热蒸发进入汽包中，作为制氢反应的原料。同时管内气体被降温至 282℃，进入下一环节。 | | | | |
| 归类决定 | 该商品符合《税则注释》对锅炉的描述，“本组包括产生水蒸汽或其他蒸气（例如，汞气）的设备，用以驱动原动机（例如，汽轮机）或其他使用蒸汽动力的机器（例如，汽锤及汽泵），或给加热、烹煮、消毒等设备供应蒸汽”，属烟管式余热锅炉，且蒸发量小于 900 吨/小时，符合《税则》税目 84.02 及其子目条文的描述。根据归类总规则一及六，应将其归入税则号列 8402.1900。 | | | | |

| 序号 | 921 | 归类决定编号 | Z2006－0499 | 公告编号 | 2006 年第 69 号 |
|---|---|---|---|---|---|
| 商品税则号列 | 8402.9000 | | | 发布日期 | 2006 年 11 月 22 日 |
| 商品名称 | 碱炉压力件 | | | | |
| 英文名称 | Recovery boiler-pressure parts | | | | |
| 其他名称 | | | | | |
| 商品描述 | 碱回收炉主要由碱炉压力件组成，整个锅炉的主要功能是燃烧制木浆过程中产生的黑液，以达到回收烧碱，生产蒸气保护环境的目的。此次进口的碱炉压力件是由许多中空外缘有翼的管子并列相连经焊接组成的平面板，多个平面板相围即成为碱回收炉的方形炉膛（炉底也为压力件组成）。一套完整的碱回收炉除碱炉压力件外还包括钢结构件、炉体管线、节热器、灰处理器、液体泵、风扇和流量、压力表等部件，其功能是燃烧制木浆过程中产生的黑液，从而生产蒸气并回收烧碱。工艺过程：将制浆过程中产生的黑液喷入碱回收炉的炉膛内成颗粒状下落到低部燃烧，黑液中的有机物作为燃料燃烧产生热量，用于加热管道中的冷水，以产生蒸气；黑液中的无机物熔融从炉膛低部流出，溶解成为以碳酸钠为主要成分的溶液，可用以生产烧碱。 | | | | |
| 归类决定 | 该商品以产生蒸气为主要功能，因此属税目 84.02 所列蒸气锅炉，根据《税则》第十六类类注二（二）关于机器零件的归类规定，碱炉压力件应作为碱回收炉的零件归入税则号列 8402.9000。 | | | | |

| 序号 | 922 | 归类决定编号 | Z2006－1311 | 公告编号 | 2007 年第 70 号 |
|---|---|---|---|---|---|
| 商品税则号列 | 8403.10 | | | 发布日期 | 2007 年 12 月 5 日 |
| 商品名称 | 沼气锅炉 | | | | |
| 英文名称 | | | | | |
| 其他名称 | | | | | |
| 商品描述 | 该沼气锅炉共 4 台，均为以沼气为燃料的热水锅炉，用于集中供暖。 | | | | |
| 归类决定 | 该沼气锅炉是以沼气为燃料的热水锅炉，用于集中供暖，符合《税则注释》品目 84.03 的商品描述。根据归类总规则一及六，该设备可作为集中供暖用的热水锅炉归入税则子目 8403.10 项下。 | | | | |

| 序号 | 923 | 归类决定编号 | Z2006－0500 | 公告编号 | 2006 年第 69 号 |
|---|---|---|---|---|---|
| 商品税则号列 | 8403.1000[8403.1010(2014 年版)] | | | 发布日期 | 2006 年 11 月 22 日 |
| 商品名称 | 家庭用煤气温水炉 | | | | |
| 英文名称 | Magic gas boilers | | | | |
| 其他名称 | | | | | |
| 商品描述 | 主要用途：用在取暖或供温水上。<br>主要工作原理：煤气从 A 口进入，自来水从 C 口进入炉后，在炉内被加热，热水从 B 口出来，通向房间的暖气片取暖，然后从 E 口循环回炉内再加热，如此循环往复，则管内的水被不断加热以供取暖。D 为温水出口，可供温水（洗澡）使用。<br>型号：GBR—258AN；功率：25000 千卡/小时。<br>规格：800 毫米×510 毫米×340 毫米（高×宽×深）。 | | | | |
| 归类决定 | 家庭用煤气温水炉，其循环泵、多种安全装置、压力器、预约定时装置等多数部件主要是为了取暖功能而设计的，根据《税则注释》关于品目 84.03 的说明，应作为集中供暖用的热水锅炉归入税则号列 8403.1000[8403.1010(2014 年版)]。 | | | | |

| 序号 | 924 | 归类决定编号 | Z2006－0501 | 公告编号 | 2006年第69号 |
|---|---|---|---|---|---|
| 商品税则号列 | 8403.1000[8403.1010(2014年版)] | | | 发布日期 | 2006年11月22日 |
| 商品名称 | 家用电热水炉 | | | | |
| 英文名称 | | | | | |
| 其他名称 | | | | | |
| 商品描述 | 家用电热水炉利用电阻丝对水加热，热水可循环使用，供室内采暖并可提供生活热水。该电热水炉配有安全阀、水处理器、循环泵及排污装置，具有自动温度控制、超温超压保护及防漏电的功能，适合于各种散热器及地热盘管供暖系统。 | | | | |
| 归类决定 | 根据《税则注释》关于品目84.03的注释，该家用电热水炉属于集中供暖用电热水锅炉，应归入税则号列8403.1000[8403.1010(2014年版)]。 | | | | |

| 序号 | 925 | 归类决定编号 | Z2008－0050 | 公告编号 | 2008年第76号 |
|---|---|---|---|---|---|
| 商品税则号列 | 8405.1000 | | | 发布日期 | 2008年10月28日 |
| 商品名称 | 自热水式柴气炉 | | | | |
| 英文名称 | | | | | |
| 其他名称 | | | | | |
| 商品描述 | 燃料仓￠400×600. RQ－A型自热水式柴气炉原理：将柴草秸秆加入燃料仓后发生热化反应生成一氧化碳(CO)、氢气(H2)、甲烷(CH4)等可燃气体。功能：经气管输送至灶台锅架内的燃烧器同天然气一样进行燃烧。用途：煮饭、洗澡。主要构成：燃气炉、过滤器、燃烧器、开关、输气管、排气阀、出渣口、进水口、风机、存水湾。成分：镀锌板。燃料仓外部可储存水，在产生可燃气体的同时可加热水。该设备主要用于家庭供水、供气。 | | | | |
| 归类决定 | 该自热水式柴气炉通过热反应将柴草秸秆反应生成可燃气体，工作时还可以加热燃料仓外部储存的水，以便产生热水供生活使用，为多功能机器。其主要功能为通过热化反应生成一氧化碳(CO)、氢气($H_2$)、甲烷($CH_4$)等可燃气体，符合《税则》税目84.05的商品描述，根据归类总规则一及六，应归入税则号列8405.1000。 | | | | |

| 序号 | 926 | 归类决定编号 | Z2009－0047 | 公告编号 | 2009 年第 5 号 |
|---|---|---|---|---|---|
| 商品税则号列 | 8405.1000 | | | 发布日期 | 2009 年 1 月 20 日 |
| 商品名称 | 粗合成气煤气化生产线 | | | | |
| 英文名称 | Coal gasification plant of raw synthesis gas | | | | |
| 其他名称 | | | | | |
| 商品描述 | 该粗合成气煤气化生产线包括煤粉输送和气化的核心设备，主要由进料器过滤器滤芯，供气装置，密度、流量测量仪表，进料容器，煤仓松动装置，锁斗松动装置，气化炉，燃烧器组成。其工作原理为：煤粉在前面工序的煤粉仓，由松动元件通过高压气体对其进行松动（锁斗内件也起到了内部煤粉的松动作用），然后送入进料容器，此间为了保证进料容器压力稳定，需通过过滤器及时排出携带的气体。进料容器将煤粉充分搅动，并在高压气体的作用下，将煤粉吹入通向气化炉的管道，同时为了精确计量输送煤粉的量，输送管道上设有密度和流量测量仪表。煤粉是通过结构复杂的组合烧嘴进入气化炉中的，烧嘴有三层水冷和煤粉、水蒸汽、氧气、氮气、燃料气的通道结构，烧嘴头采用了耐高温的高镍合金。通过烧嘴进入气化炉的物料，在炉中发生复杂的化学反应，最后生成下游装置所需要的大量一氧化碳和氢气。 | | | | |
| 归类决定 | 该生产线是五套完整的煤气发生装置，由气化炉、燃烧器、送煤装置等部件组成，通过管、缆、线连接，其生产煤气的功能在《税则》税目 84.05 中列名，符合《税则》十六类类注四关于功能机组的归类规定，根据归类总规则一及六，应按煤气发生器归入税则号列 8405.1000。 | | | | |

| 序号 | 927 | 归类决定编号 | Z2006－0502 | 公告编号 | 2006年第69号 |
| --- | --- | --- | --- | --- | --- |
| 商品税则号列 | 8407.3410 | | | 发布日期 | 2006年11月22日 |
| 商品名称 | 发动机零件 | | | | |
| 英文名称 | | | | | |
| 其他名称 | | | | | |
| 商品描述 | 发动机部分的零件除发电机、起动马达、曲轴轴承1套5件、连杆轴承1套4件等未进口外，其余零件基本进口（其中发动机缸体、缸盖、轴承端盖等为毛坯件）。<br>该发动机排气量为2000毫升，NISSAN牌，型号为SR－2L。 | | | | |
| 归类决定 | 由于发电机和起动马达不是发动机的基本组成部分，而曲轴轴承、连杆轴承的缺少也不影响该套零件的基本特征。因此根据归类总规则二（一），该套发动机零件已具有整机特征，应作为点燃往复式发动机归入税则号列8407.3410。 | | | | |

| 序号 | 928 | 归类决定编号 | Z2006－0503 | 公告编号 | 2006年第69号 |
| --- | --- | --- | --- | --- | --- |
| 商品税则号列 | 8408.2010 | | | 发布日期 | 2006年11月22日 |
| 商品名称 | 发电机组用发动机 | | | | |
| 英文名称 | | | | | |
| 其他名称 | 柴油发动机 | | | | |
| 商品描述 | 柴油型发动机，ЯМЗ－238ДЭ－1型（重型汽车发动机），功率为330马力，可用于汽车、拖拉机和轻型坦克等，也可以改造成发电机组用发动机。改造成发电机组用发动机时，需要加装一个电子调速器，将转速恒定在每分钟1500转。 | | | | |
| 归类决定 | 该发动机主要用于车辆，如汽车、拖拉机等，也可将其用于小功率的坦克，如轻型坦克。同时，通过加装调速器后，还可以用于发电机组。该发动机主要用于车辆，如汽车、拖拉机等，根据八十四章章注七对多用途设备的归类原则，应根据其主要用途进行归类，根据归类总规则一及六，应将其归入税则号列8408.2010。 | | | | |

| 序号 | 929 | 归类决定编号 | Z2008－0154 | 公告编号 | 2008年第83号 |
| --- | --- | --- | --- | --- | --- |
| 商品税则号列 | 8409.9910 | | 发布日期 | 2008年11月24日 | |
| 商品名称 | 柴油机气缸注油器 | | | | |
| 英文名称 | | | | | |
| 其他名称 | | | | | |
| 商品描述 | 该商品品牌为MITSUI MAN B&W，型号为ALPHA。主要由注油器单元、负荷传送器、角度编码器、转速传感器、泵站及其起动器、控制单元、界面板等组成。其工作原理为：利用负荷传送器、角度编码器、转速传感器感应柴油机运行的实际转速、负荷等，由控制单元自动控制调整注油器喷射到气缸的润滑油，泵站用于将有一定压力的润滑油输送到注油器单元。 | | | | |
| 归类决定 | 上述商品由多个部件组成，各部件之间通过缆线或管道连接，具有向船舶用柴油机供润滑油的功能，符合税目84.09及其子目条文的描述，根据归类总规则一及六，应按其他船舶发动机用零件归入税则号列8409.9910。 | | | | |

| 序号 | 930 | 归类决定编号 | Z2006－0505 | 公告编号 | 2006年第69号 |
|---|---|---|---|---|---|
| 商品税则号列 | 8412.2 | | 发布日期 | | 2006年11月22日 |
| 商品名称 | 飞机主起落架位置作动筒 | | | | |
| 英文名称 | | | | | |
| 其他名称 | | | | | |
| 商品描述 | 主起落架位置作动筒，功能是：当飞机在地面时，使减震支柱与小车架相对位置保持垂直。当需要收起起落架时，通过驱动作动筒，使小车架发生一定角度倾斜，从而使起落架可收入起落架轮舱内。 | | | | |
| 归类决定 | 根据《中国大百科全书·机械工程卷》中对“飞机液压系统”的描述，飞机上通常装有两套（或多套）相互独立的液压系统，分别称为公用液压系统和助力（操纵）液压系统。其中公用液压系统用于起落架、襟翼和减速板的收放等。液压系统通常由供压部分、执行部分、控制部分和辅助部分组成。其中执行部分包括有作动筒、液压马达和助力器等，通过它们将油液的压力能转换为机械能。<br>由于该作动筒的功能是将油液的压力能转换为机械能，其符合《税则注释》对品目84.12项下液压动力装置的描述，因此，根据归类总规则一，该作动筒应归入《税则》子目8412.2项下。 | | | | |

| 序号 | 931 | 归类决定编号 | Z2006－0506 | 公告编号 | 2006年第69号 |
|---|---|---|---|---|---|
| 商品税则号列 | 8412.2100 | | 发布日期 | | 2006年11月22日 |
| 商品名称 | 液压操作机构 | | | | |
| 英文名称 | Hydraulic operating mechanism | | | | |
| 其他名称 | 高压断路器用操作机构 | | | | |
| 商品描述 | 商品为IMEC－20液压操作机构，是电网用高压断路器配套使用的一种专用操作机构，主要由油泵、电机、电磁线圈、活塞、阀门等组成。其主要动作原理是利用活塞两侧的压力差来驱动断路器的分合闸动作。它是断路器的组成元件之一，不能独立工作。由于断路器结构性能的特殊性，其动作的速度、触头运动的距离、各闭锁压力的设定都有特殊要求，故该商品仅使用于该公司生产的断路器，无其他用途。 | | | | |
| 归类决定 | 该商品主要由油泵、电机、电磁线圈、活塞、阀门等组成。其主要动作原理是利用活塞两侧的压力差来驱动断路器的分合闸动作。按照《税则注释》对液压动力装置的规定，符合品目84.12“其他动力装置”的描述，根据归类总规则一及六，应将其归入税则号列8412.2100。 | | | | |

| 序号 | 932 | 归类决定编号 | Z2008－0155 | 公告编号 | 2008年第83号 |
|---|---|---|---|---|---|
| 商品税则号列 | 8412.2100 | | 发布日期 | | 2008年11月24日 |
| 商品名称 | 离合器分泵 | | | | |
| 英文名称 | | | | | |
| 其他名称 | | | | | |
| 商品描述 | 该商品由液压油的进出管道和运动活塞及其缸体组成。工作原理：驾驶人员踩下离合器踏板，推动离合器总泵的活塞运动，产生的压力由液压油通过管路传递至离合器分泵，随即推动分泵内的活塞向离合器分离轴承运动，从而切断发动机传递至变速箱的动力。 | | | | |
| 归类决定 | 该商品将外接的液压油传向活塞的一侧，推进活塞运动，将液体的能量转化成直线运动的动能，符合《税则》税目84.12及其子目条文的描述，根据归类总规则一及六，应将其按直线作用的液压动力装置归入税则号列8412.2100。 | | | | |

| 序号 | 933 | 归类决定编号 | Z2010－0024 | 公告编号 | 2010 年第 15 号 |
|---|---|---|---|---|---|
| 商品税则号列 | 8412.2100 | | | 发布日期 | 2010 年 2 月 28 日 |
| 商品名称 | 驱动机构 | | | | |
| 英文名称 | | | | | |
| 其他名称 | | | | | |
| 商品描述 | 该驱动机构是专为高压开关断路器(主要由电气部分和机械操作部分组成)而设计制造的。驱动机构是机械操作部分的重要组成部分,是一个动力传递机构,本身无动力产生装置,外部连接着泵和提升杆。驱动机构主要由管、油箱、主阀、活塞、活塞缸、基座等组成(泵不是驱动机构的组成部分)。操作时,泵提供的动力将液压油打进驱动机构的管道内,同时开启主阀,利用油压推动活塞运动,从而推动提升杆上下运动,实现高压开关的开合闸。因高压开关安全性能要求很高,此驱动机构设计制造精度高,工艺复杂,且只用于高压开关断路器上。 | | | | |
| 归类决定 | 该驱动机构由管、油箱、主阀、活塞、活塞缸等部件安装在同一基座上构成。其功能是以液压油为传递介质,将外接泵的动力转化成活塞的直线式机械运动输出。《税则注释》品目 84.12 的"液压动力装置"既包括液压缸、液压马达等将液压动力转化成直线或旋转式机械运动输出的装置,又包括带有电动机、液压泵等能够自行产生液压动力,并转化成直线式机械运动输出的液压系统。该驱动机构符合《税则注释》品目 84.12 项下"液压动力装置"的描述,根据归类总规则一及六,应按直线作用的液压动力装置归入税则号列 8412.2100。 | | | | |

| 序号 | 934 | 归类决定编号 | Z2006 - 0508 | 公告编号 | 2006 年第 69 号 |
|---|---|---|---|---|---|
| 商品税则号列 | | 8412.2990 | | 发布日期 | 2006 年 11 月 22 日 |
| 商品名称 | 液压马达驱动系统 | | | | |
| 英文名称 | | | | | |
| 其他名称 | | | | | |
| 商品描述 | 所进口大扭矩液压马达驱动系统,型号为 MB800 - CN,包括液压马达、动力站、控制器、扭力臂、编码器、编码器安装架、循环阀、管路、滤芯备件、驱动密封装置、控制电缆、遥控控制台等共五套及有关安装工具,是糖厂蔗糖榨机的驱动系统。 | | | | |
| 归类决定 | 《中国大百科全书》中对液压马达定义为:液压传动中的一种执行元件,功能是把液体的压力能转换为机械能以驱动工作部件。<br>由于该商品已经超出了液压马达的范围,符合《税则注释》中有关液压系统的描述,故应归入税则号列 8412.2990。 | | | | |

| 序号 | 935 | 归类决定编号 | Z2006－0509 | 公告编号 | 2006 年第 69 号 |
|---|---|---|---|---|---|
| 商品税则号列 | 84.13 | | 发布日期 | | 2006 年 11 月 22 日 |
| 商品名称 | 输送屏蔽电泵 | | | | |
| 英文名称 | | | | | |
| 其他名称 | | | | | |
| 商品描述 | 结构：立式屏蔽电泵，其内部结构中上部为一立式电动机、下部为工作部件（通流元件），电动机的转子和泵的传动部件为一体，泵由以下几个部分组成：<br>1. 泵总成：包括电动转子、定子及一体的泵通流元件、导向装置、诱导轮、特殊的入口阀等部件，其作用是将电能通过电动机及泵的通流元件转化成被输送介质的机械能；<br>2. 电气总成：包括耐超低温绝缘的各种接线盒、各种环氧脂密封的耐低温特殊接头等，作用是将电流输入泵的接线端子；<br>3. 端部盖板总成：包括端盖板焊接件、各种紧固件、填料箱、各种密封元件等。该盖板为泵所在的泵柱的端部盖板，各种电气及仪表接线通过盖板及泵柱腔体接入泵体；<br>4. 动力电缆总成：包括动力电缆及固定件、提升绳索、电缆导向装置等，该部分为电源输入的导线，电流通过其输入泵体；<br>5. 速度测量系统：包括转速测量系统总成、信号电缆总成、加速度计、各种固定件、环形夹、3500 系列测速系统说明等。该部分为泵的监测系统，通过一次仪表元件将测量到的泵的转速、加速度等信号送往主控制室的自动数据处理系统。<br>特点：该泵为潜入式深冷立式屏蔽泵，泵的通流元件及驱动电机的定子、转子、配套电缆和仪表测量系统均长期浸泡在 LNG 液体中。<br>主要参数：工作介质温度：零下 162℃；流量：每小时 320 立方米；扬程：120 米；浸入式电动机的功率为 110 千瓦。 | | | | |
| 归类决定 | 上述商品为一体式商品应作为组合机器一并归类，其主要功能为液体泵，应一并归入税目 84.13。 | | | | |

| 序号 | 936 | 归类决定编号 | Z2006－0510 | 公告编号 | 2006 年第 69 号 |
|---|---|---|---|---|---|
| 商品税则号列 | 84.13 | | | 发布日期 | 2006 年 11 月 22 日 |
| 商品名称 | 动力站 | | | | |
| 英文名称 | Hydraulic power pack | | | | |
| 其他名称 | | | | | |
| 商品描述 | 商品动力站，英文名称为“Hydraulic power pack”，型号为 L－400，产地为香港。该商品主要由电马达、液压泵、油箱、方向控制阀、高压和低压压力阀、阀板、液控单向阀和回油过滤器等组装在一起。动力站通过管道与泡沫成型机上的液压缸连接，液压缸受液体压力作用作直线运动（液压缸未进口），动力站和液压缸组成了液压系统。动力站工作原理是：液压油在油箱内被液压泵吸入、加压后通过管道经阀板及方向控制阀输出一定压力和流量，作用于液压缸，液压缸将受压液体（液压油）的能量转换成机械能，从而作伸缩运动促使泡沫成型机模具开合。 | | | | |
| 归类决定 | 上述商品的结构与《税则注释》有关的液压系统中的“液压动力装置”的构成完全一致。“液压系统，由液压动力装置（主要由液压泵、电动机、控制阀及油箱组成）、液压缸及连接液压缸和液压动力装置所需的管道构成，整套设备构成第十六类注释四所述的功能机组（参见本类的总注释）。”但此次商品中液压缸没有一并进口，因此功能机组中的其他商品应根据其实际功能进行归类。查阅英文注释对《税则注释》黑体标题部分“液压动力装置”的原意为“Hydraulic power engines and motors”，即液压发动机、液压马达，其共同特点都是液压系统中的执行器；《税则注释》“液压系统”中“液压动力装置”的原意为“Hydraulic power unit”，即为液压动力源。因此，由液压泵、电动机、控制阀及油箱组成的动力站不应按品目 84.12 的液压动力装置进行归类。<br>该商品由电马达、液压泵、油箱、方向控制阀、高压和低压压力阀、阀板、液控单向阀和回油过滤器等组装在一起，其结构符合第十六类类注三关于组合机器的描述，由于对外输出压力油是其主要功能，因此应将该商品按液压泵进行归类。<br>该商品属于液体泵的一种，根据归类总规则一，应将其归入税目 84.13。 | | | | |

<table>
<tr><td>序号</td><td>937</td><td>归类决定编号</td><td>Z2006－0511</td><td>公告编号</td><td>2006 年第 69 号</td></tr>
<tr><td colspan="2">商品税则号列</td><td colspan="2">8413. 1900</td><td>发布日期</td><td>2006 年 11 月 22 日</td></tr>
<tr><td colspan="2">商品名称</td><td colspan="4">移液器</td></tr>
<tr><td colspan="2">英文名称</td><td colspan="4">Pipettes etc.</td></tr>
<tr><td colspan="2">其他名称</td><td colspan="4"></td></tr>
<tr><td colspan="2">商品描述</td><td colspan="4">移液器为定量液体的转移工具，主要用于医药卫生、大专院校、化工和科研单位实验室，当需要改变移动液体容量时，只需调节移液器上的旋转按钮即可完成设定。<br>由容量调节机构、吸液操作柄、排液部分、活塞杆和活塞套、连续式管嘴等组成，其基本原理是利用手动活塞产生的吸力或压力将液体吸入或排出。</td></tr>
<tr><td colspan="2">归类决定</td><td colspan="4">根据《税则注释》对品目 84. 13 的说明，该移液器与带有计量装置的手动液体提升泵最相类似，根据归类总规则四，该移液器应归入税则号列 8413. 1900。</td></tr>
</table>

| 序号 | 938 | 归类决定编号 | Z2006－1312 | 公告编号 | 2007年第70号 |
|---|---|---|---|---|---|
| 商品税则号列 | 8413.1900 | | | 发布日期 | 2007年12月5日 |
| 商品名称 | 冰箱式水质采样仪 | | | | |
| 英文名称 | | | | | |
| 其他名称 | | | | | |
| 商品描述 | 结构:冰箱柜体、控制器、管路系统(含蠕动泵、乙烯吸管、过滤器等)。<br>功能:可以按照累积流量和参数测量来进行智能采样,通过先进的控制器,通过选择不同的程序方式,进行水体的采样,满足水质分析使用样品的可靠性。具有SDI－12模块使采样仪成为即插即用式的仪器。<br>工作原理:用户通过控制器,使用多种编程模式,设定采样仪按照需要进行相应的工作,并启动管路系统抽水,用放在冰箱柜体内的样瓶保存通过管路系统采集的水体样本,多种采样瓶配置可以满足各种不同的采样需求,控制器可以快速,简便地实现所有采样需要,在有风、蒸汽、泡沫、湍流或气温波动的现场都能进行精确的测量。该采样仪适用于小型管道,即使在有淤泥和沙子覆盖时,也能精确地传感压力。 | | | | |
| 归类决定 | 该商品对管路中的水样进行取样,并可以冷却保存,本身不具备对样品的检测功能,因此不属于《税则》税目90.27的商品范围。该商品具有液体泵吸取水样、冷却以及数据储存功能,其中泵吸取样功能为其最主要的功能。根据《税则》第十六类类注三有关组合机器的归类规定,该商品应当按照液体泵归入税目84.13项下。其根据程序要求可以定量取样,根据归类总规则一及六,应当按照装有计量装置的泵归入税则号列8413.1900。 | | | | |

| 序号 | 939 | 归类决定编号 | Z2009－0121 | 公告编号 | 2009年第32号 |
|---|---|---|---|---|---|
| 商品税则号列 | 8413.1900 | | | 发布日期 | 2009年6月12日 |
| 商品名称 | 一体化污泥抽取机 | | | | |
| 英文名称 | | | | | |
| 其他名称 | | | | | |
| 商品描述 | 该设备由前后移动系统、离心式污泥抽取泵、控制系统三部分组成。该设备用于污水处理厂的澄清污泥池。整个系统由缆线与控制系统连接，通过自动控制系统的操作，可完成一体化污泥抽取机的自动化运行。其工作原理为：污泥的抽取是通过离心式污泥抽取泵为动力，污泥由池底的污泥管经离心式污泥泵抽除。该泵运行时，由控制系统通过控制线发出信号，按照工艺要求及实际运行情况，设定污泥浓度最大值为8克/升，最小值为3克/升，从污泥浓度最小值到最大值所需回流污泥量为1760立方米。控制系统对污泥泵进行时间控制，控制系统自动记录污泥泵运行状况，当抽取污泥量达到1760立方米时，污泥浓度达到最大值8克/升，污泥泵自动停止运行。随着水的稀释作用，污泥浓度逐渐减小，当达到最小值3克/升时，污泥泵自动恢复运行，继续工作。 | | | | |
| 归类决定 | 该商品由前后移动系统、离心式污泥抽取泵、控制系统三部分组成，组合后明显只为《税则》税目84.13所列功能工作，符合“功能机组”的定义，根据归类总规则一及第十六类类注四、六，应按装有计量装置的泵归入税则号列8413.1900。 | | | | |

| 序号 | 940 | 归类决定编号 | Z2010－0025 | 公告编号 | 2010年第15号 |
|---|---|---|---|---|---|
| 商品税则号列 | 8413.1900 | | | 发布日期 | 2010年2月28日 |
| 商品名称 | 电动齿轮多重密封（计量）泵 | | | | |
| 英文名称 | | | | | |
| 其他名称 | | | | | |
| 商品描述 | 电动齿轮多重密封（计量）泵型号：CHEM716－8、CHEM1100－8/1、POLY6100－11、POLY3200－10、BOOSTER3200－10、BOOSTER6100－11。多重密封（计量）泵工作原理为：利用齿轮啮合时对物料的挤压作用，使得高温（275℃～295℃）、高压（≤250Bara）、高黏度（I. V. ＝0.5～0.7）的纺丝熔体得以稳定、定量（设定、控制和显示装置产量）的输送并使管路物料得以增压（正压到高压即60Bara～250Bara）；并通过增压来弥补纺丝熔体在输送过程中的压力损失（压力降）；采用螺旋迷宫式阻隔，使高温、高压、高黏度的高分子熔体得以密封，防止泄漏。泵的流量均大于8200升/小时。电动齿轮多重密封（计量）泵在一定温度下的泵供量（不可压缩）是固定的，计量泵运行由电机驱动，泵的转速信号通过转速传感器测得，检测到的信号由配套连接的仪表电缆远传至中央控制系统并经过精确计算后在电脑画面上进行显示（包括显示流量瞬时值和累计量，泵的流量＝泵供量×转速）。生产工艺上通过读取泵的流量来设定、调节和控制整条纺丝生产线的生产产能，其信号传送距离最大为3000米。 | | | | |
| 归类决定 | 该商品有多个型号，是一种齿轮泵，带有安装转速传感器的接口，通过外接的传感器和控制装置可以精确计量泵内的流量（亦即单位时间内的液体容积），属可装计量装置的泵，符合《税则注释》中子目8413.19的注释的描述“这些子目仅包括各种类型装有或可装液体排出量容积测控装置的泵，不论其测控装置是否与泵同时报验”，根据归类总规则一及六，应按其他可装计量装置的泵归入税则号列8413.1900。 | | | | |

| 序号 | 941 | 归类决定编号 | Z2006－0512 | 公告编号 | 2006年第69号 |
|---|---|---|---|---|---|
| 商品税则号列 | 8413.2000 | | 发布日期 | | 2006年11月22日 |
| 商品名称 | 塑料瓶泵 | | | | |
| 英文名称 | | | | | |
| 其他名称 | | | | | |
| 商品描述 | 该塑料瓶泵用塑料制成，由泵体和瓶嘴两部分组成，用于玉兰油多效修护霜的包装（市面有售），也起到瓶盖的作用。用手指按压时，通过泵体下方的吸口位将霜体带出。 | | | | |
| 归类决定 | 由于该喷头无喷雾装置，只是将液体从瓶中泵出，根据其功能，应按手动液体泵归入税则号列8413.2000。 | | | | |

| 序号 | 942 | 归类决定编号 | Z2006－1313 | 公告编号 | 2007年第70号 |
|---|---|---|---|---|---|
| 商品税则号列 | 8413.3030 | | | 发布日期 | 2007年12月5日 |
| 商品名称 | 液压泵 | | | | |
| 英文名称 | | | | | |
| 其他名称 | | | | | |
| 商品描述 | 品牌：Rexroth，型号：A4VS0型斜盘结构轴向柱塞变量泵系列，专为开式回路液压驱动设计。泵的流量正比于泵的转速和排量，调节其斜盘倾角可进行排放的无级调节。<br>基本参数：<br>1. 位置控制斜盘结构；<br>2. 无级变量；<br>3. 额定工作压力350帕，峰值压力400帕；<br>4. 模块化设计；<br>5. 有斜盘角度指示器；<br>6. 可用HF液体工作，但运行参数有所降低。<br>工作原理：油泵在活塞式内燃发动机的带动下偏心轮旋转，使柱塞在缸体内上下移动。当柱塞向下移动时，缸体内的密封容积增大，使内压力降低，靠近油压系统的单向阀关闭，当压力减小到低于大气压时，形成真空，油箱内的油液在大气压的作用下顶开靠近油箱的单向阀，实现吸油。当柱塞向上移动时，工作腔内的容积逐渐减小，油液受到柱塞的挤压后压力升高，靠近油箱的单向阀关闭，当压力升高到一定数值时，靠近油压系统的单向阀被打开，油液进入油压系统。这样油压泵就将活塞式内燃发动机的机械能转化为液压的压力能。该油泵的用途为“活塞式内燃发动机用的润滑油泵”。 | | | | |
| 归类决定 | 该商品为柱塞泵，是往复式排液泵中的一种类型，同时，该泵是用于活塞式内燃发动机的润滑油泵，因此，符合《税则》税目84.13及其子目条文“活塞式内燃发动机用的燃油泵、润滑油泵或冷却剂泵”的描述，根据归类总规则一及六，应将其归入税则号列8413.3030。 | | | | |

<table>
<tr><td>序号</td><td>943</td><td>归类决定编号</td><td>Z2006－0513</td><td>公告编号</td><td>2006 年第 69 号</td></tr>
<tr><td colspan="2">商品税则号列</td><td colspan="2">8413.50</td><td>发布日期</td><td>2006 年 11 月 22 日</td></tr>
<tr><td colspan="2">商品名称</td><td colspan="4">液压往复式排液泵</td></tr>
<tr><td colspan="2">英文名称</td><td colspan="4">Reciprocating hydraulic pump</td></tr>
<tr><td colspan="2">其他名称</td><td colspan="4"></td></tr>
<tr><td colspan="2">商品描述</td><td colspan="4">液压往复式排液泵包括泵体和电机，其中电机仅为液压系统提供动力，而由液压系统推动泵运转。</td></tr>
<tr><td colspan="2">归类决定</td><td colspan="4">该排液泵应按直接驱动泵工作的动力方式确定其在《税则》子目 8413.50 项下的具体归类。</td></tr>
</table>

| 序号 | 944 | 归类决定编号 | Z2006－0514 | 公告编号 | 2006 年第 69 号 |
|---|---|---|---|---|---|
| 商品税则号列 | 8413.5010 | | 发布日期 | 2006 年 11 月 22 日 | |
| 商品名称 | 隔膜网气动泵 | | | | |
| 英文名称 | Air-operated diaphragm pumps | | | | |
| 其他名称 | 喷射泵 | | | | |
| 商品描述 | 隔膜网气动泵的主要部件:空气阀、连杆、两个隔膜网、球阀、外壳以及若干密封圈,压缩空气通过空气阀进入隔膜腔,使连杆左右移动。当隔膜片之间的连杆向左移动时左边的隔膜片同时向左产生变形,由于左边隔膜片的变形将左边腔体里的液体排出隔膜泵,同时右边隔膜片的变形增大了右边腔体的容积并产生一定的负压使外部的液体进入到右边的腔体里;同样的,当连杆向右边移动时,左边隔膜片的变形使外面的液体进入左边腔体里,右边隔膜片的变形将右边腔体里的液体排出泵体。这两次隔膜片的变形位移的完成,就形成了隔膜网气动泵完整的工作循环。隔膜片是由一种合成材料制成。 | | | | |
| 归类决定 | 该商品属于气动式隔膜泵,根据《税则注释》对往复式排液泵和隔膜泵的描述,隔膜泵属于往复式排液泵的一种,符合品目 84.13 及其子目条文的描述,根据归类总规则一及六,应将其按气动往复式排液泵归入税则号列 8413.5010。 | | | | |

| 序号 | 945 | 归类决定编号 | Z2008－0051 | 公告编号 | 2008年第76号 |
|---|---|---|---|---|---|
| 商品税则号列 | 8413.6090[8413.60(2014年版)] | | 发布日期 | | 2008年10月28日 |
| 商品名称 | 铁路站场真空卸污系统 | | | | |
| 英文名称 | | | | | |
| 其他名称 | | | | | |
| 商品描述 | 铁路站场真空卸污系统，由真空机组(抽真空用旋转凸轮泵，该泵既能抽液体也能抽气体)、真空管路、抽吸单元、控制系统、压力及液位传感器、自动加热等设备组成，其主要功能是通过抽真空的负压作用将列车集便器中的污物抽吸至真空管道排放到化粪池，该系统可在抽吸前对管路进行加热，以防止冬天由于管路内污物结冰影响抽吸效果。 | | | | |
| 归类决定 | 该商品由真空机组、真空管路、抽吸单元等组成，主要用于将列车集便器中的污物(包括液体和混杂在液体中的污物)抽吸排放到化粪池，属于一种液体泵，符合《税则》税目84.13的商品描述，根据归类总规则一及六，应归入税则号列8413.6090[8413.60(2014年版)]。 | | | | |

| 序号 | 946 | 归类决定编号 | Z2006－1315 | 公告编号 | 2007 年第 70 号 |
|---|---|---|---|---|---|
| 商品税则号列 | 8413. 6090［8413. 6060（2014 年版）］ | | 发布日期 | 2007 年 12 月 5 日 | |
| 商品名称 | 液压油泵 | | | | |
| 英文名称 | | | | | |
| 其他名称 | 斜盘式轴向柱塞泵 | | | | |
| 商品描述 | 液压油泵（又名：斜盘式轴向柱塞泵）由斜盘、柱塞、缸体、传动轴、配油盘、泵体等部分组成。工作原理为：传动轴旋转带动缸体旋转，斜盘和配油盘固定不动，柱塞在缸体内沿圆周轴向均匀排列，柱塞的头部在低压油作用下紧压在斜盘上，斜盘法线和缸体轴线有一定的夹角 γ。工作时柱塞随缸体转动，当转动到斜盘法线与缸体轴线最大角度时，柱塞相对缸体左移时工作容腔不断增大，油液经配油盘的吸口吸入，形成吸油状态；当缸体再转 180 度，斜盘法线与缸体轴线最小角度时，柱塞相对缸体左移时工作容腔不断减小，油液从配油盘的压油口压油，形成压油状态，完成对泵的吸入排出的控制。改变低压油的压力，可以改变斜盘的倾斜角度，从而改变柱塞在缸体内的行程距离，实现对泵的吸入和排出量的控制。 | | | | |
| 归类决定 | 该商品的标准技术称谓是“斜盘式轴向柱塞泵”，其工作原理为利用主轴带动的缸体旋转使得柱塞在缸体内做往复运动。斜盘式轴向柱塞泵属于容积式泵项下的回转泵。该商品属回转式排液泵，符合《税则》税目 84. 13 及其子目条文的描述，根据归类总规则一及六，应将其按其他回转式排液泵归入税则号列 8413. 6090［8413. 6060（2014 年版）］。 | | | | |

<table>
<tr><td>序号</td><td>947</td><td>归类决定编号</td><td>Z2006－0515</td><td>公告编号</td><td>2006年第69号</td></tr>
<tr><td>商品税则号列</td><td colspan="3">8413.7090[8413.7099(2014年版)]</td><td>发布日期</td><td>2006年11月22日</td></tr>
<tr><td>商品名称</td><td colspan="5">紧急给水安全保护装置</td></tr>
<tr><td>英文名称</td><td colspan="5">Emergency feedwater system</td></tr>
<tr><td>其他名称</td><td colspan="5"></td></tr>
<tr><td>商品描述</td><td colspan="5">该系统是保证大型循环流化床锅炉在事故状态下安全性的重要系统。该系统由单级多吸式紧急给水泵(离心泵、转速1800转/分)、快速启动柴油机、自动启动控制装置、减速箱、油箱、机座、蓄电池、阀门及管道等组成,所有设备进口时已经集成安装在一个箱体中(在同一底座上),在现场直接将箱体安装连接上即可投入使用。当电站发生厂用电中断时,锅炉电动给水泵、汽动给水泵及其他所有转动机械均因失去电源无法启动,无法向锅炉供水。由于锅炉内有大量高温物料,若无专门紧急补给水系统向锅炉补水,则锅炉受热面将被烧坏。该系统中紧急给水泵由快速启动柴油机带动,在5秒内紧急自动启动往锅炉供水,避免锅炉受热面因缺水烧坏,该设备仅用于确保锅炉在事故状态下安全停止运行,不能代替锅炉的正常给水系统。</td></tr>
<tr><td>归类决定</td><td colspan="5">该商品由给水泵、快速启动柴油机、自动启动控制装置、减速箱、油箱、机座、蓄电池、阀门等组成,并安装于同一个底座上,其安装形式符合第十六类类注三对于组合机器的结构描述,应按组合机器的归类原则进行归类。该商品主要用于在紧急情况下向锅炉内供水,因此,液体输送(泵)是其主要功能。<br>该组合机器的主要功能为液体离心泵,转速为1800转/分,符合《税则》税目84.13及其子目条文的描述,根据归类总规则一及六,应将其按离心式液体泵归入税则号列8413.7090[8413.7099(2014年版)]。</td></tr>
</table>

| 序号 | 948 | 归类决定编号 | Z2006－0516 | 公告编号 | 2006 年第 69 号 |
|---|---|---|---|---|---|
| 商品税则号列 | 8413.9100 | | | 发布日期 | 2006 年 11 月 22 日 |
| 商品名称 | 泵芯 | | | | |
| 英文名称 | Pump core | | | | |
| 其他名称 | | | | | |
| 商品描述 | 该泵芯是轿车燃油泵的组成部件,起疏通油路的作用。整个泵芯由一层铝制外壳包围,内部有一电机转子,接一塑料制涡轮叶片,上部安装了一个塑料出油口。 | | | | |
| 归类决定 | 虽然泵芯是整个燃油泵的关键件,但泵芯须装上塑料外壳和其他零件后才具有泵的功能,故泵芯未能构成燃油泵的基本特征,应按燃油泵的零件归入税则号列 8413.9100。 | | | | |

<table>
<tr><td>序号</td><td>949</td><td>归类决定编号</td><td>Z2008－0052</td><td>公告编号</td><td>2008 年第 76 号</td></tr>
<tr><td colspan="2">商品税则号列</td><td colspan="2">8414.1000</td><td>发布日期</td><td>2008 年 10 月 28 日</td></tr>
<tr><td colspan="2">商品名称</td><td colspan="4">真空泵</td></tr>
<tr><td colspan="2">英文名称</td><td colspan="4"></td></tr>
<tr><td colspan="2">其他名称</td><td colspan="4"></td></tr>
<tr><td colspan="2">商品描述</td><td colspan="4">真空泵由外壳、转子、盖板、叶片、吸入接头、进油口、出油口及其他辅助部件组成。真空泵的工作原理：通过齿轮与汽车发电机的轴连接在一起的真空泵转子和外壳的中心是偏心的，并且呈放射状的沟槽中装有叶片。当转子旋转的时候，由于离心力的作用，叶片飞出与外壳的内腔滑动摩擦，由叶片分成的四个空间随着旋转而体积发生变化。连接吸入接头的空间通过接头吸入的空气体积最大，吸入的空气在其他三个空间被逐渐的压缩，并通过吐出接头排出，经过循环往复，空气由吸入接头吸入，通过真空泵后，由吐出接头排出，这样与吸入接头连接在一起的空气罐的空气逐渐减少，最终形成真空。通常在吸入接头装有单向阀，这是为了保持已经形成真空的空气罐的真空，同时也为了防止外壳内的油向已形成真空的空气罐倒流。为了润滑外壳中的转子和叶片，同时也为了冷却和密封，必须通以发动机油，发动机油由汽车上的油泵压送给真空泵。真空泵的抽气动力由汽车发动机提供，发动机带动发电机的皮带轮与轴运转，然后传递给真空泵。真空泵的作用：作为柴油发动机车辆刹车系统中的辅助刹车装置的动作压力源，其辅助刹车作用是在车辆刹车时，减轻刹车踏板的踏力，从而减轻驾驶员的劳动强度，提供舒适的操作环境。</td></tr>
<tr><td colspan="2">归类决定</td><td colspan="4">真空泵由外壳、转子、盖板、叶片、吸入接头、进油口、出油口及其他辅助部件组成。与汽车发电机共用传动轴，动力由汽车发动机提供，真空泵将车辆刹车系统中的辅助刹车装置（真空罐）抽真空，在车辆刹车时，真空罐提供助力源，以减轻刹车踏板的踏力。上述商品本身不提供空气动力，作用是将真空罐抽真空，属于真空泵，符合《税则》税目 84.14 及其子目条文的描述，根据归类总规则一及六，应按真空泵归入税则号列 8414.1000。</td></tr>
</table>

| 序号 | 950 | 归类决定编号 | Z2006－1316 | 公告编号 | 2007 年第 70 号 |
|---|---|---|---|---|---|
| 商品税则号列 | 8414.5191 | | | 发布日期 | 2007 年 12 月 5 日 |
| 商品名称 | 风扇 | | | | |
| 英文名称 | | | | | |
| 其他名称 | | | | | |
| 商品描述 | 该商品为整体结构较为简单的台扇，有一个能在空气中自由旋转的被驱动的风扇，未装有倾斜、摆动装置。扇叶直径约 24cm，扇叶外部没有保护罩，底座宽约 20cm，座架高约 28cm，其中电机驱动电压为 6 伏，底座下有电池槽，可装 4 节干电池。 | | | | |
| 归类决定 | 该风扇是一台使用柔性扇叶的台式电风扇，功率小于 125 瓦，可外接电源，也可使用内置式的干电池。<br>该商品具有实用性，不具备《税则注释》品目 95.03 项下玩具的特性，故不应按玩具归类。<br>该商品属台式电风扇，符合《税则》税目 84.14 及其子目条文的描述，根据归类总规则一及六，应将其按自带功率小于 125 瓦电动机的台扇归入税则号列 8414.5191。 | | | | |

| 序号 | 951 | 归类决定编号 | Z2006－0517 | 公告编号 | 2006 年第 69 号 |
|---|---|---|---|---|---|
| 商品税则号列 | 8414.5199 | | | 发布日期 | 2006 年 11 月 22 日 |
| 商品名称 | 中央处理器降温部件 | | | | |
| 英文名称 | CPU Cooler | | | | |
| 其他名称 | | | | | |
| 商品描述 | 中央处理器降温部件（CPU Cooler），主要由导热、散热片和风扇组成，且为计算机专用。 | | | | |
| 归类决定 | 中央处理器降温部件主要由风扇和导热、散热片组成，并已装配在一起，根据《税则》第十六类类注二（一），应归入税则号列 8414.5199。 | | | | |

| 序号 | 952 | 归类决定编号 | Z2006 - 1317 | 公告编号 | 2007 年第 70 号 |
|---|---|---|---|---|---|
| 商品税则号列 | 8414.5990 | | | 发布日期 | 2007 年 12 月 5 日 |
| 商品名称 | 散热风扇 | | | | |
| 英文名称 | | | | | |
| 其他名称 | | | | | |
| 商品描述 | 散热风扇，品牌：JAMICON；技术参数：0.45 安培、12 伏、5.4 瓦；为横流式风扇，用在电磁炉上，其功能为散热，即吸入室内空气，排出电磁炉内的空气。 | | | | |
| 归类决定 | 该商品安装在电磁炉内，其不属于《税则》子目 8414.51 所列“台扇（table fans）、落地扇（floor fans）、壁扇（wall fans）、换气扇（window fans）或吊扇（ceiling or roof fans）”，故不能归入其中。根据归类总规则一和六，该散热风扇应按其他风扇归入税则号列 8414.5990。 | | | | |

| 序号 | 953 | 归类决定编号 | Z2006 - 1318 | 公告编号 | 2007 年第 70 号 |
|---|---|---|---|---|---|
| 商品税则号列 | 8414.6090 | | | 发布日期 | 2007 年 12 月 5 日 |
| 商品名称 | 生物安全柜 | | | | |
| 英文名称 | Bio-safety cabinet | | | | |
| 其他名称 | | | | | |
| 商品描述 | 该设备主要用于在烈性病菌培养或实验时(该设备本身不具备细菌培养所需的温度、湿度等调节功能),通过生物安全柜箱体内的空气泵 0.4 米/秒的负压气流,实现气体自始自终保持从外向里的流动方向,使生物安全柜箱体内的带病毒气体可以通过位于箱体顶部的空气过滤装置过滤后将清洁气体排出箱外,使外界环境不被污染,从而有效地保护操作者免受危险病毒的感染,为操作者提供一个安全的工作环境,实现生物安全的功能。另外该设备还配有紫外线杀菌灯,可以在柜门封闭状态时对箱体内工作区域进行辐射灭菌。罩的平面最大边长小于 1.2 米。 | | | | |
| 归类决定 | 该生物安全柜的主要功能为通风及气体循环,附带有气体过滤净化功能,根据归类总规则一及六,应作为通风罩归入税则号列 8414.6090。 | | | | |

| 序号 | 954 | 归类决定编号 | Z2006－0518 | 公告编号 | 2006 年第 69 号 |
|---|---|---|---|---|---|
| 商品税则号列 | 8414.8090 | | 发布日期 | 2006 年 11 月 22 日 | |
| 商品名称 | 车载空气压缩机 | | | | |
| 英文名称 | | | | | |
| 其他名称 | | | | | |
| 商品描述 | MK－120－120/350 型膜片式空气压缩机，是一级二缸空气压缩机，在膜片内产生压缩空气，膜片套完成空压机的缸体作用，区别于活塞式压缩机。作功时把工作液体同压缩气体完全隔离开来，以产生高质量的压缩气体，同时在膜片内破裂时实施自动保护，是移动充气站的枢纽部件，同气瓶（一般为 40 升容量的 12 个或 18 个气瓶）操作面板一起安装在金属斗箱内，依靠车辆发动机传动分动箱来带动空压机转动作业，一般用于航空飞行、医疗救护、地质采矿、焊接灭火、现代农业等多种领域空气、氧气、氮气的压缩。 | | | | |
| 归类决定 | 税则号列 8414.4000 所指“装在拖车底盘上的空气压缩机”，是底盘和压缩机经特制相互构成不可分割的一个整体的装置。该商品不具备上述特征，应作为其他压缩机归入税则号列 8414.8090。 | | | | |

| 序号 | 955 | 归类决定编号 | Z2006－1319 | 公告编号 | 2007 年第 70 号 |
|---|---|---|---|---|---|
| 商品税则号列 | 8414.8090 | | 发布日期 | 2007 年 12 月 5 日 | |
| 商品名称 | 空气压缩机 | | | | |
| 英文名称 | Air compressor | | | | |
| 其他名称 | | | | | |
| 商品描述 | 型号 GA90－160 系列空气压缩机通过压缩空气，产生高压空气，作为工厂气动设备的动力源。每台空气压缩机配有可内置或外置的 2 台过滤器（初级过滤器和精过滤器）及 1 台冷冻干燥机。过滤器用于过滤压缩空气中的油分、杂质，冷冻干燥机用于清除压缩空气中的水分。 | | | | |
| 归类决定 | 该商品由空气压缩机、过滤器、冷冻干燥机集成安装在一个紧凑的机箱内，其主要功能是压缩空气，产生干燥、清洁的高压气体作为气体设备的动力源。根据《税则》第十六类类注三，该设备已构成组合机器，应按其主要功能归入税则号列 8414.8090。 | | | | |

| 序号 | 956 | 归类决定编号 | Z2006－1320 | 公告编号 | 2007 年第 70 号 |
|---|---|---|---|---|---|
| 商品税则号列 | 8414.8090 | | 发布日期 | | 2007 年 12 月 5 日 |
| 商品名称 | 联合压缩机组（含蒸汽透平机一台） | | | | |
| 英文名称 | Syngas compressor | | | | |
| 其他名称 | | | | | |
| 商品描述 | 联合压缩机组[型号:STC－SV(10－7－A)]包含一台联合压缩机和一台蒸汽透平机,并安装在同一底座支架上。工作原理:首先,来自锅炉或热网的蒸汽,经进口阀和事故切断阀、调速阀进入蒸汽透平机,依次高速流经一系列环形配置的喷嘴(或静叶栅)和动叶栅而膨胀作功推动蒸汽透平机转子旋转,将蒸汽的动能转换成机械功。然后,蒸汽透平机带动联合压缩机转子旋转,叶轮流道中的气体受叶轮作用随叶轮一起旋转,在离心力的作用下,沿径向流动离开叶轮,速度得到提高,而这部分速度就在后接元件扩压器中转为压力,然后通过弯道导入下一级叶轮继续压缩,其增压方式属将气体所具有的动能转化为势能的速度式增压(属于低压压缩机,出口压力低于 100 千克)。 | | | | |
| 归类决定 | 联合压缩机组,型号:STC－SV(10－7－A),由一台联合压缩机和一台蒸汽透平机构成,其实质是透平机械的原动机和从动机,由蒸汽透平机为压缩机提供动力,非用于制冷。<br>上述部件安装在同一基座上,以压缩气体原料为主要功能,符合《税则》第十六类类注三和《税则注释》总注释六对组合机器的描述,应按其主要功能一并归入同一税号。<br>上述商品属非用于制冷设备的压缩机,符合《税则》税目 84.14 及其子目条文的描述,根据归类总规则一及六,应将其按其他压缩式设备归入税则号列 8414.8090。 | | | | |

| 序号 | 957 | 归类决定编号 | Z2007－0043 | 公告编号 | 2007年第71号 |
|---|---|---|---|---|---|
| 商品税则号列 | 8414.8090 | | | 发布日期 | 2007年12月5日 |
| 商品名称 | 重汽12吨以上拖车底盘用空压机 | | | | |
| 英文名称 | Twin cylinder compressor | | | | |
| 其他名称 | | | | | |
| 商品描述 | 该商品为供牵引卡车(拖车)制动系统使用的空气压缩机,尺寸在30厘米×20厘米×20厘米左右,与牵引卡车(拖车)发动机直接相连及匹配,且通用于使用相应发动机的各类大型客车、卡车和牵引卡车(拖车)。 | | | | |
| 归类决定 | 该商品安装在牵引卡车上,供车辆制动系统使用。因税则号列8414.4000“装在拖车底盘上的空气压缩机”,是指安装在供拖行的、带轮底盘的、非供本车使用的大型“移动式空气压缩机”,该商品不属于该税则号列商品范围。上述商品属空气压缩机,符合《税则》税目84.14及其子目条文的描述,根据归类总规则一及六,应按其他空气压缩机归入税则号列8414.8090。 | | | | |

| 序号 | 958 | 归类决定编号 | Z2007－0044 | 公告编号 | 2007年第71号 |
|---|---|---|---|---|---|
| 商品税则号列 | 8414.8090 | | | 发布日期 | 2007年12月5日 |
| 商品名称 | 超净工作台 | | | | |
| 英文名称 | Vertical laminar flow cabinet | | | | |
| 其他名称 | | | | | |
| 商品描述 | 该设备由预过滤器、可变风量送风机组、荧光灯、紫外灯、钢化玻璃移门、插座、不锈钢台面、电源开关、操作面板等组成。工作原理:通过高效过滤器、紫外灯让仪器内部产生一个无菌的环境,便于无菌操作。 | | | | |
| 归类决定 | 超净工作台主要工作部件为送风机组和过滤装置,利用将空气过滤后经风机吹出,在操作台面上形成正压力,保持试验环境的空气清洁。该商品符合《税则注释》有关品目84.14“装有风扇的通风罩或循环气罩,不论其是否装有过滤器”的描述,由于其内部尺寸为1878毫米×518毫米×610毫米,根据归类总规则一及六,应按照罩的平面最大边长超过120厘米的通风罩归入税则号列8414.8090。 | | | | |

<table>
<tr><td>序号</td><td>959</td><td>归类决定编号</td><td>Z2006－0519</td><td>公告编号</td><td>2006 年第 69 号</td></tr>
<tr><td colspan="2">商品税则号列</td><td colspan="2">8414.9090</td><td>发布日期</td><td>2006 年 11 月 22 日</td></tr>
<tr><td colspan="2">商品名称</td><td colspan="4">螺杆总成</td></tr>
<tr><td colspan="2">英文名称</td><td colspan="4">Air end</td></tr>
<tr><td colspan="2">其他名称</td><td colspan="4">空压机主机、空压机机头</td></tr>
<tr><td colspan="2">商品描述</td><td colspan="4">该商品是专用于美国寿力牌空压机的主机(俗称“机头”),主要由腔体、双螺杆、阀门以及进气、排气口组成,采用先进的双螺杆技术,利用机内阴阳转子两个运动部件,通过油膜接触,高效运转,产生高压空气输出。</td></tr>
<tr><td colspan="2">归类决定</td><td colspan="4">螺杆空气压缩机泵头,主要由壳体、阴阳转子、驱动轴、轴向和径向轴承、密封件和安装件组成,而完整的空气压缩机由外壳、控制面板、泵头、皮带轮、传动系统、油气分离系统,以及温度自动控制阀、进气控制阀、保压阀等构成,其中传动、温控系统及进气阀、保压阀也是空气压缩机不可缺少的部分。因此虽然该螺杆空气压缩机泵头属于空气压缩机的关键件,但并不具有空气压缩机整机的基本特征,因此应作为压缩机的零件归入税则号列 8414.9090。</td></tr>
</table>

<table>
<tr><td>序号</td><td>960</td><td>归类决定编号</td><td>Z2006－0520</td><td>公告编号</td><td>2006 年第 69 号</td></tr>
<tr><td colspan="2">商品税则号列</td><td colspan="2">8415.82</td><td>发布日期</td><td>2006 年 11 月 22 日</td></tr>
<tr><td colspan="2">商品名称</td><td colspan="4">日立水冷柜机机身</td></tr>
<tr><td colspan="2">英文名称</td><td colspan="4"></td></tr>
<tr><td colspan="2">其他名称</td><td colspan="4"></td></tr>
<tr><td colspan="2">商品描述</td><td colspan="4">该机身为拆去压缩机的水冷柜机,包括送风机外壳、蒸发器、操作盘和过电流继电器等部件。</td></tr>
<tr><td colspan="2">归类决定</td><td colspan="4">税则子目 8415.83 所列未装有制冷装置的空调是指在结构上没有设计安装制冷装置空间的空调(如一托多空调机中的室内机),并不是指上述不完整状态的空调。<br>日立水冷柜机机身虽缺少压缩机部件,但其已具备其完整品的基本特征,根据《税则》总规则二(一)应归入税则子目 8415.82 项下,具体税号由产品特定的制冷量确定。</td></tr>
</table>

| 序号 | 961 | 归类决定编号 | Z2006－0522 | 公告编号 | 2006年第69号 |
|---|---|---|---|---|---|
| 商品税则号列 | 8415.9010 | | | 发布日期 | 2006年11月22日 |
| 商品名称 | 空调室外机 | | | | |
| 英文名称 | | | | | |
| 其他名称 | | | | | |
| 商品描述 | 商品为意大利产“Uniflair”(优力)牌空调室外机,规格型号为CAL 1301P。该室外机不含压缩机,只配备盘管及风机,实际上是一台风冷式冷凝器。其工作原理是通过盘管及风机,对进入盘管的致冷剂进行常温冷却。据进口商称该室外机用于配套“Uniflair”牌机房用精密空调器(恒温、恒湿),其结构设计不同于普通民用空调器,致冷剂压缩机安装于室内单元部分。 | | | | |
| 归类决定 | 该室外机主要由风机及盘管组成,与室内机组成完整的空调,应作为空调专用零件归入税则号列8415.9010。 | | | | |

| 序号 | 962 | 归类决定编号 | Z2006－0523 | 公告编号 | 2006年第69号 |
|---|---|---|---|---|---|
| 商品税则号列 | 8415.9090 | | | 发布日期 | 2006年11月22日 |
| 商品名称 | 吹面风道总成、小进风风门、风门拔杆、风门连杆、循环风门总成、中央风门总成、除霜风门总成 | | | | |
| 英文名称 | | | | | |
| 其他名称 | | | | | |
| 商品描述 | 吹面风道总成、小进风风门、风门拔杆、风门连杆、循环风门总成、中央风门总成、除霜风门总成,是安装在机动车车身(包括驾驶室),用于控制冷暖风、自然风的进出、风速、风向、内外循环,为汽车空调用调风装置。 | | | | |
| 归类决定 | 汽车空调用调风装置为品目84.15“机动车辆上供人使用的空气调节器”与品目87.08“暖风装置”的共用装置,根据汽车行业分类及调风装置的主要功能,上述商品主要用于汽车空调系统,应作为汽车空调用零件归入税则号列8415.9090。 | | | | |

| 序号 | 963 | 归类决定编号 | Z2006－1321 | 公告编号 | 2007 年第 70 号 |
|---|---|---|---|---|---|
| 商品税则号列 | 8415.9090 | | | 发布日期 | 2007 年 12 月 5 日 |
| 商品名称 | 空调蒸发器及鼓风机总成 | | | | |
| 英文名称 | | | | | |
| 其他名称 | 汽车空调用脱水进风装置 | | | | |
| 商品描述 | 空调蒸发器及鼓风机总成主要由鼓风机、蒸发器芯体、加热器芯体构成。汽车空调主要由空调压缩机、冷凝器、冷凝风机、膨胀阀/节流管、蒸发器、鼓风机、加热器芯体、储液干燥过滤器和空调管路等组成。空调蒸发器及鼓风机总成为汽车空调的组成部分之一。其制冷原理:车用空调机组的压缩机将冷媒加压并输至冷凝器,经冷却变成较高温和压力的气液混合体,膨胀阀将冷媒以高速雾状喷射出去,冷媒通过后成为低温低压的液体。蒸发器和鼓风机共同作用,将雾状物利用液体到气体的蒸发吸热,带走车箱内热量以达到制冷的效果。 | | | | |
| 归类决定 | 汽车空调主要由空调压缩机、冷凝器、冷凝风机、膨胀阀/节流管、蒸发器、鼓风机、加热器芯体、储液干燥过滤器和空调管路等组成。蒸发器及鼓风机总成是汽车空调的组成部分,符合《税则》税目 84.15 的商品范围,根据归类总规则一及六,应将其归入税则号列 8415.9090。 | | | | |

| 序号 | 964 | 归类决定编号 | Z2006－1322 | 公告编号 | 2007年第70号 |
|---|---|---|---|---|---|
| 商品税则号列 | 8415.9090 | | | 发布日期 | 2007年12月5日 |
| 商品名称 | 汽车空调脱水进风装置及冷凝器 | | | | |
| 英文名称 | | | | | |
| 其他名称 | 空调蒸发器及鼓风机总成、冷凝器 | | | | |
| 商品描述 | 汽车空调主要由压缩机、冷凝器、膨胀机（阀）和蒸发器组成，其中压缩机、冷凝器、蒸发器为空调制冷系统的主要组成部分。进口商品为汽车空调蒸发器及鼓风机总成和冷凝器，占总价值的1/3。 | | | | |
| 归类决定 | 汽车空调主要由压缩机、冷凝器、膨胀机（阀）和蒸发器等组成。脱水进风装置及冷凝器是空调的组成部分，参考WCO协调制度委员会第36次会议报告相关决议，该商品符合《税则》税目84.15的商品范围，根据归类总规则一及六，应将其归入税则号列8415.9090。 | | | | |

| 序号 | 965 | 归类决定编号 | Z2007－0045 | 公告编号 | 2007 年第 71 号 |
|---|---|---|---|---|---|
| 商品税则号列 | 8415.9090 | | | 发布日期 | 2007 年 12 月 5 日 |
| 商品名称 | 空气调节器 | | | | |
| 英文名称 | | | | | |
| 其他名称 | | | | | |
| 商品描述 | 该商品为挖掘机用空气调节器驾驶室内部分,外表为制成特殊形状的塑胶外壳、空气过滤板,内部为冷媒管路、蒸发器和热水管路,工作时与驾驶室外的压缩机、风机等组成完整的挖掘机空调系统。工作原理如下:冷媒管路与压缩机相连接,热水管路与发动机冷却水管路相连接。当空调系统处于制冷状态时,压缩机压缩过的液态冷媒经冷媒管路进入到蒸发器中蒸发吸热,再由风机将冷却后的空气吹入驾驶室;当空调系统处于制热状态时,热水管路中的发动机冷却水散发的热量由风机送入驾驶室。 | | | | |
| 归类决定 | 该商品为挖掘机用空气调节器驾驶室内部分,包括塑胶外壳、空气过滤板、冷媒管路、蒸发器和热水管路等。工作时与驾驶室外的压缩机、风机等组成完整的挖掘机空调系统,可以达到改变温度和湿度的目的。整机制冷量大于 4000 大卡/时。从总体上看,空调的室内机和室外机组成了一个完整的空调系统,符合《税则》税目 84.15 的商品范围。同时该空气调节器室内机的热交换器只是空调循环的一部分,单独的空调室内机不具备空气调节的功能,根据归类总规则一及六,不能作为具有完整空调功能可以独立运行的未装有制冷装置的空气调节器归入 8415.8300,而应作为空调器的零件归入税则号列 8415.9090。 | | | | |

| 序号 | 966 | 归类决定编号 | Z2008－0156 | 公告编号 | 2008年第83号 |
|---|---|---|---|---|---|
| 商品税则号列 | 8415.9090 | | | 发布日期 | 2008年11月24日 |
| 商品名称 | 多联体冷暖变频式空调室外机 | | | | |
| 英文名称 | | | | | |
| 其他名称 | | | | | |
| 商品描述 | 多联体冷暖变频式空调室外机是多联中央空调系统的主要部件,本次进口有10匹、12匹、14匹、16匹四个规格,其组成和工作原理相同。多联体冷暖变频式空调室外机由直流变频压缩机、贮液缸、冷凝器、电子膨胀阀、电子变频线路、电机等组成。工作原理:通过压缩机作功将高压高温的气态工质送进冷凝器中,把热量传给高温热源,放出潜热,冷凝成液体,通过节流阀膨胀后又成为低压低温的液态工质,然后再进入蒸发器(安装在室内机),不断地进行循环往复。多联体冷暖变频式空调室外机需与室内机配套安装才能构成一个完整的热泵循环系统,从而实现调温和调湿功能,单独使用无法实现某项特定的功能。 | | | | |
| 归类决定 | 该商品为整体空调机的部件,需要与室内机连接后才能完成制冷(制热)循环,本身尚不构成完整的空调结构(无法完成空调冷媒循环),根据归类总规则一及六,应作为空气调节器零件并根据制冷量归入税则号列8415.9090。 | | | | |

| 序号 | 967 | 归类决定编号 | Z2009 - 0048 | 公告编号 | 2009 年第 5 号 |
|---|---|---|---|---|---|
| 商品税则号列 | | 8416. 2011 | | 发布日期 | 2009 年 1 月 20 日 |
| 商品名称 | | 烧嘴 | | | |
| 英文名称 | | Burner | | | |
| 其他名称 | | 燃烧器 | | | |
| 商品描述 | | 该商品型号有 SVG225A - HR - 001 和 SVG240 - HR - 002 两种。工作原理:空气和天然气经过相关控制部件按设定比例混合后,喷入烧嘴,于烧嘴处通过点火器点燃,最终喷出高温火焰。烧嘴内衬有高温耐火材料,可利用强烈的燃烧气体再循环来提高热效率,改善温度分布的均匀性并显著降低废气的排放量。 | | | |
| 归类决定 | | 该商品通过输入空气和天然气并经点火器点燃,可喷出高温火焰。该商品符合《税则注释》品目 84. 16 关于"炉用燃烧器"的描述,根据归类总规则一及六,应将其按天然气炉用燃烧器归入税则号列 8416. 2011。 | | | |

| 序号 | 968 | 归类决定编号 | Z2006 - 0524 | 公告编号 | 2006 年第 69 号 |
|---|---|---|---|---|---|
| 商品税则号列 | | 8416. 2019/90. 27 | | 发布日期 | 2006 年 11 月 22 日 |
| 商品名称 | | 高强力烧氨火嘴及配件 | | | |
| 英文名称 | | Furnace burner and parts | | | |
| 其他名称 | | 炉用燃烧器及零件 | | | |
| 商品描述 | | 该商品用于炼油厂的硫磺回收炉,由燃烧器、控制面板、火焰扫描仪三部分构成。其原理为将炼油厂在炼油过程中产生的氨气、硫化氢等有害气体进行燃烧,通过燃烧,把氨气转化为氮气后排放,把硫化氢气体燃烧后产生的二氧化硫或三氧化硫气体排放到另一炉内经化学反应生成单质硫。其中火焰扫描仪的作用为检测火焰发出的红外线和紫外线来探测焚烧的火焰是否正常。 | | | |
| 归类决定 | | 根据《税则注释》对品目 84. 16 中气体燃烧器的描述,上述商品中的燃烧器应归入税则号列 8416. 2019;控制器可作为燃烧器的一部分一并归入税则号列 8416. 2019;由于火焰扫描仪不属于燃烧器所必须的部件,应根据其功能归入《税则》税目 90. 27 项下。 | | | |

| 序号 | 969 | 归类决定编号 | Z2009－0122 | 公告编号 | 2009 年第 32 号 |
|---|---|---|---|---|---|
| 商品税则号列 | 8417.1000 | | | 发布日期 | 2009 年 6 月 12 |
| 商品名称 | 钼精矿焙烧炉 | | | | |
| 英文名称 | Molybdenum concentrate roaster | | | | |
| 其他名称 | | | | | |
| 商品描述 | 焙烧炉是用于将钼精矿焙烧成氧化钼的装置。工作原理：精矿原料在上部炉膛用燃烧器加热，烟气随同第一层炉膛的进料进入下一步炉膛，在引风机的作用下，将烟气从第三层及其下部低层炉膛排出，通过开口门引入氧化/冷却空气，满足多膛炉中部发生加热反应的需氧量，并维持适当的炉膛温度。烟气也从中部炉膛排出，对维持合适的反应温度起到辅助作用。反应后的产品从多膛炉下部第十二层排出，由冷却螺旋送去粉碎包装。构成：焙烧炉是一个十二层的多膛炉装置，主要由中轴系统、燃烧和空气进料系统、耐火材料、辅助设备和钢结构外壳等构成。 | | | | |
| 归类决定 | 该商品进口状态为焙烧炉不完整散件状态。完整的焙烧炉包括中轴系统、燃烧和空气进料系统、耐火材料、辅助设备和钢结构外壳等。此次进口部分包括价值最大的中轴系统、燃烧和空气进料系统，虽然缺少国内配套的辅助设备、耐火材料和钢结构外壳，但其已具备完整品的基本特征，根据归类总规则二(一)，应按照完整的焙烧炉归入《税则》税目 84.17 项下，并根据归类总规则六，归入税则号列 8417.1000。 | | | | |

<table>
<tr><td>序号</td><td>970</td><td>归类决定编号</td><td colspan="2">Z2006－0525</td><td>公告编号</td><td>2006 年第 69 号</td></tr>
<tr><td>商品税则号列</td><td colspan="3">8417.8090</td><td colspan="2">发布日期</td><td>2006 年 11 月 22 日</td></tr>
<tr><td>商品名称</td><td colspan="6">封闭式填埋气燃烧站</td></tr>
<tr><td>英文名称</td><td colspan="6"></td></tr>
<tr><td>其他名称</td><td colspan="6"></td></tr>
<tr><td>商品描述</td><td colspan="6">该燃烧站是垃圾填埋场用于燃烧垃圾填埋后所产生的沼气，以防止发生危险。燃烧站将易燃易爆的沼气分解成水和二氧化碳，并直接排放到自然界。该燃烧站无其他装置利用其燃烧所产生的热能。该燃烧站主要由液体分离器、鼓风机、燃气管、电磁阀、甲烷气体分析仪、流量变送器、火焰阻火器、燃烧器和烟囱组成。</td></tr>
<tr><td>归类决定</td><td colspan="6">根据《税则注释》关于品目 84.17 的描述，该燃烧站可作为工业用燃烧炉归入税则号列 8417.8090。</td></tr>
</table>

| 序号 | 971 | 归类决定编号 | Z2006－0526 | 公告编号 | 2006年第69号 |
|---|---|---|---|---|---|
| 商品税则号列 | 8417.8090 | | | 发布日期 | 2006年11月22日 |
| 商品名称 | 耐火砖及耐火材料 | | | | |
| 英文名称 | | | | | |
| 其他名称 | | | | | |
| 商品描述 | 耐火砖及耐火材料是“浮法玻璃生产线”中玻璃熔炉的构成部分之一。该“玻璃熔炉”除耐火砖及耐火材料外，主要由钢结构支架、控制柜系统等组成。“浮法玻璃生产线”除了玻璃熔炉外，还包括原料制备段、锡槽成型段、退火段、切割段、公用设备等六部分构成。“浮法玻璃生产线”六部分设备组合后完成制造成品浮法玻璃的工作。 | | | | |
| 归类决定 | 商品为“玻璃熔炉”的耐火砖及耐火材料，进口时与“玻璃熔炉”钢结构支架、控制柜系统等同时进口，并构成完整的“玻璃熔炉”，其加热方式为重油燃烧获得高温。<br>《税则注释》对品目84.75的范围描述为：“……包括玻璃或玻璃制品的制造或热加工机器（但品目84.17或品目85.14所列的熔炉除外）”；对品目84.17的描述为：“包括非电热的工业及实验室用炉及烘箱。这些炉及烘箱可通过燃料燃烧（直接在炉膛、烘室或另设的燃烧室内燃烧），从而在炉膛或烘室内产生高温高热。……本品目包括作为炉或烘箱的零件，与炉或烘箱同时报验的成品炉衬及其他耐火或陶瓷材料制的专用零件。”<br>耐火砖及耐火材料与钢结构支架、控制柜系统等同时进口，构成玻璃熔炉，且其加热方式为重油燃烧，属于非电热的工业用炉，符合税目84.17及其子目条文的描述，根据归类总规则一及六，应将耐火砖及耐火材料与钢结构支架、控制柜系统按非电热的工业用炉归入税则号列8417.8090。 | | | | |

| 序号 | 972 | 归类决定编号 | Z2006－0527 | 公告编号 | 2006 年第 69 号 |
|---|---|---|---|---|---|
| 商品税则号列 | 84. 18 | | | 发布日期 | 2006 年 11 月 22 日 |
| 商品名称 | 直冷式奶缸 | | | | |
| 英文名称 | Milk cooling tank | | | | |
| 其他名称 | 牛奶冷却缸 | | | | |
| 商品描述 | 直冷式奶缸主要包括制冷压缩机、冷凝器、搅拌系统、奶缸清洗消毒系统、电气控制柜等。鲜奶由管道输入冷却奶缸，通过搅拌器的搅拌，与奶缸壁夹层的冷却媒质均匀地进行热量交换，使鲜奶急速降到 2～4℃，再由奶泵抽出装入保温奶槽车，送往下道工序生产。 | | | | |
| 归类决定 | 根据《税则注释》"如果（各种冷却罐）装有制冷设备的蒸发器（直接冷却），则应归入品目 84. 18"的规定，该商品应归入《税则》税目 84. 18 项下。 | | | | |

| 序号 | 973 | 归类决定编号 | Z2007－0046 | 公告编号 | 2007 年第 71 号 |
|---|---|---|---|---|---|
| 商品税则号列 | 8418. 1020 | | | 发布日期 | 2007 年 12 月 5 日 |
| 商品名称 | 通用牌电冰箱 | | | | |
| 英文名称 | GE brand refrigerator | | | | |
| 其他名称 | | | | | |
| 商品描述 | 该商品为通用牌白色双开门冰箱，其门内空间总量（包括冷冻室调温照明装置和冷藏室调温照明装置）为 556 升（总容积）。冰箱的食物保鲜室净容积为 354 升、冷冻室容积为 109 升、冷冻食品储藏室容积为 24 升，即冷冻室和冷藏室可用空间的总量之和为 487 升（净容积）。 | | | | |
| 归类决定 | 《税则》税目 84. 18 项下家用冰箱的容积是指冰箱内部去除各种元件、部件、装置等，以及不能储存食品的空间容积后，实际能够用于储存食品的容积（参照国标 GB/T 8059. 2－1995，以有效容积作为检验标准）。该通用牌电冰箱包括冷冻室和冷藏室，可用空间总量之和为 487 升，根据归类总规则一及六，应按照容积超过 200 升但不超过 500 升的冷藏—冷冻组合机归入税则号列 8418. 1020。 | | | | |

| 序号 | 974 | 归类决定编号 | Z2006－0528 | 公告编号 | 2006年第69号 |
|---|---|---|---|---|---|
| 商品税则号列 | 8418.5000 | | | 发布日期 | 2006年11月22日 |
| 商品名称 | 冷藏专用柜及其设备 | | | | |
| 英文名称 | | | | | |
| 其他名称 | | | | | |
| 商品描述 | 该商品由冷藏专用特制家具组合柜、冷藏专用特制家具——岛柜及冷藏专用设备组成，岛柜、组合柜都不带压缩机，本身不具备独立制冷功能，冷藏专用设备为不带压缩机的制冷机组（用户在国内采购压缩机与之配套），压缩机与岛柜、组合柜之间通过管道与其他部件连接，主要用于大型仓储超市。 | | | | |
| 归类决定 | 冷藏专用柜及其设备由冷藏组合柜、冷藏岛柜及冷藏专用设备组成，用于大型仓储超市。其中岛柜和组合柜本身装有蒸发器，但未装有制冷装置；冷藏专用设备为不带压缩机的制冷机组，用作岛柜和组合柜的冷源。<br>根据《税则注释》对品目84.18的商品描述判断，上述设备可认为已构成冷藏设备的整机特征，故可作为冷藏或冷冻柜归入税则号列8418.5000。 | | | | |

| 序号 | 975 | 归类决定编号 | Z2006－0529 | 公告编号 | 2006年第69号 |
|---|---|---|---|---|---|
| 商品税则号列 | 8418.5000 | | | 发布日期 | 2006年11月22日 |
| 商品名称 | 控制程序降温系统 | | | | |
| 英文名称 | | | | | |
| 其他名称 | | | | | |
| 商品描述 | “控制程序降温系统”型号：FORMA 1061，用途：提供生物细胞等的低温存储。<br>由控制温度仪、冷冻箱、样品架、冷藏管、液氮存储罐、液氮补加罐及液氮泵等组成，利用液态气体蒸发制冷原理，在特定容器内形成可控低温，用于生物组织的速冻和保存。 | | | | |
| 归类决定 | 上述系统可作为冷冻箱类设备归入税则号列8418.5000。 | | | | |

| 序号 | 976 | 归类决定编号 | Z2006－0530 | 公告编号 | 2006 年第 69 号 |
|---|---|---|---|---|---|
| 商品税则号列 | 8418.5000 | | 发布日期 | | 2006 年 11 月 22 日 |
| 商品名称 | 程序控温仪 | | | | |
| 英文名称 | The planer kryo 320-1.7 entry level biological freezer | | | | |
| 其他名称 | | | | | |
| 商品描述 | 型号:Kryo 320－1.7。<br>用途:提供生物细胞等的低温处理,经过控制器控制氮气的流量使生物细胞在零下35℃下存活,经过 10～30 分钟的低温处理后,将细胞拿出放入液态罐中保存。<br>组成:该系统由控制温度仪、冷冻箱、冷藏管、液氮存储罐组成。<br>原理:将物理特性为零下 196℃的液态氮装入液态罐,形成气体,利用控制液态气体(液态氮)的蒸发量制冷。 | | | | |
| 归类决定 | 根据《税则》第十六类注释四,该商品组合后的功能与《税则注释》品目 84.18 项下"利用液态气体的蒸发制冷的设备"相同,故应按制冷设备归入税则号列 8418.5000。 | | | | |

| 序号 | 977 | 归类决定编号 | Z2006－0532 | 公告编号 | 2006 年第 69 号 |
|---|---|---|---|---|---|
| 商品税则号列 | 8418.6110[8418.6920(2014 年版)] | | 发布日期 | 2006 年 11 月 22 日 | |
| 商品名称 | 冷水机组 | | | | |
| 英文名称 | Water chiller | | | | |
| 其他名称 | | | | | |
| 商品描述 | 该冷水机组为中央空调用冷水机组，型号 CSC－320，制冷量为 320 冷吨(96 万大卡/小时)，带动的制冷面积为 1 万平方米，主要由蒸发器、冷凝器、压缩机、压缩机电机、控制柜等部件构成，为中央空调系统核心制冷部分。 | | | | |
| 归类决定 | 该商品为离心式冷水机组，主要由蒸发器、冷凝器、压缩机、压缩机电机、控制柜等部件构成，属于中央空调的一部分，不满足《税则注释》对归入品目 84.15 商品的要求“本品目仅包括同时符合下列三个条件的机器：<br>一、装有电动的风扇或鼓风机；<br>二、既可调节空气的温度(装有加热或冷却装置或两者兼有)，又可调节空气的湿度(装有增湿或干燥装置或两者兼有)；<br>三、上述一及二项所列装置一同报验。”<br>该商品属于制冷设备的一种，符合税目 84.18 及其子目条文的描述，根据归类总规则一及六，应将其按制冷机组归入税则号列 8418.6110[8418.6920(2014 年版)]。 | | | | |

| 序号 | 978 | 归类决定编号 | Z2006－0531 | 公告编号 | 2006年第69号 |
| --- | --- | --- | --- | --- | --- |
| 商品税则号列 | 8418.6110[8418.6920(2014年版)] | | | 发布日期 | 2006年11月22日 |
| 商品名称 | 螺杆式冷水机组散件 | | | | |
| 英文名称 | Screw liquid chiller parts | | | | |
| 其他名称 | | | | | |
| 商品描述 | “约克”牌螺杆式冷水机组(散件)主要由油分离器、压缩机、冷凝器、蒸发管、马达、启动器、流量控制开关、连杆件等组成。用于向中央空调提供冷却水。 | | | | |
| 归类决定 | 根据《税则注释》对品目84.18的说明,该冷水机组可作为利用冷凝器为热交换器的制冷机组归入税则号列8418.6110[8418.6920(2014年版)]。 | | | | |

| 序号 | 979 | 归类决定编号 | Z2006－0533 | 公告编号 | 2006 年第 69 号 |
|---|---|---|---|---|---|
| 商品税则号列 | 8418.6190 | | 发布日期 | 2006 年 11 月 22 日 | |
| 商品名称 | 速冷机 | | | | |
| 英文名称 | | | | | |
| 其他名称 | | | | | |
| 商品描述 | FU60 型速冷机为酿酒专业制冷设备，主要用途是将储存的常温葡萄酒进行冷却，将酒温降至零下 5℃以分离酒液中的果瓤、结晶酒液中的酒石酸和悬浮物，经此前期的处理，可使葡萄酒达到相对纯净，经过再次过滤、澄清，即为可灌装的葡萄酒。其工作原理是利用压缩机压缩的冷媒对葡萄酒进行冷却。该速冷机最初进口时附带一台板式热交换器，其主要作用是将已完成冷却作业的葡萄酒与待冷却的新酒进行热交换，改变入料和出料酒的温度，在此过程中热交换器具有冷热交换作用。 | | | | |
| 归类决定 | 速冷机为酿酒专业制冷设备，其工作原理为利用压缩机制冷剂，经蒸发器对葡萄酒进行冷却，制冷温度为零下 5℃，其冷凝过程可通过风冷或水冷。不论其是否带板式热交换器（该板用于将已完成冷却作业的葡萄酒与待冷却的新酒进行热交换，改变入料和出料酒的温度，起到节能作用），均应归入税则号列 8418.6190。 | | | | |

| 序号 | 980 | 归类决定编号 | Z2006－0534 | 公告编号 | 2006年第69号 |
| --- | --- | --- | --- | --- | --- |
| 商品税则号列 | 8418.6190 | | 发布日期 | | 2006年11月22日 |
| 商品名称 | 啤酒冰晶机 | | | | |
| 英文名称 | | | | | |
| 其他名称 | | | | | |
| 商品描述 | 啤酒冰晶机是利用低温结晶原理除去啤酒中影响口感苦涩的高分子蛋白物质的设备。该设备是由结晶设备、重结晶设备、冷冻设备和控制系统等组装在同一机壳内构成。其工艺流程为：发酵罐低贮啤酒→（预冷却→冰晶发生器→重结晶及杂质过滤）→下道工序（注：前面括号内为该设备的工艺流程）。其中，制冷设备是为结晶设备提供冷源；结晶设备由热交换器和混合水泵组成，可使啤酒产生一定量的细小冰晶；重结晶设备是由带有搅拌、过滤的混合容器组成，其原理为含冰晶的啤酒在搅拌下吸附啤酒中的杂质并通过内置过滤器予以清除。 | | | | |
| 归类决定 | 该商品符合《税则注释》对品目84.18的描述，是一种“装有完整制冷装置的设备”，又因为其是一种冷凝器，为热交换器的压缩式设备，故应归入税则号列8418.6190。 | | | | |

| 序号 | 981 | 归类决定编号 | Z2006－0535 | 公告编号 | 2006年第69号 |
|---|---|---|---|---|---|
| 商品税则号列 | 8418.6190 | | | 发布日期 | 2006年11月22日 |
| 商品名称 | 冷冻机、加湿机、风机、湿度调节计 | | | | |
| 英文名称 | | | | | |
| 其他名称 | | | | | |
| 商品描述 | 上述商品由冷冻机、加湿机、风机、湿度调节计构成。<br>冷冻机：包括压缩机、凝缩器、毛细管、电磁阀、储液器和气液分离器，其压缩机、凝缩器、毛细管安装在同一个冷冻机内，是一体式单制冷冷冻机。功能：为风机提供高压低温冷媒。特点：制冷温度最低可达零下15℃。制冷能力大于10950千卡/小时，小于27460千卡/小时。<br>风机：包括铝花板外箱、导风罩、加热电热管、风扇、风扇马达。功能：加热低温高压的液态冷媒，吹出冷风。<br>加湿机：包括铝管、PVC弯管、可烧性PVC管等喷嘴（振烫子）。采用振烫子和主机分离式专利设计。功能：将冷水直接加湿，提供最适湿的环境。冷冻能力大于7500千卡/小时。<br>湿度调节计：包括可视湿度计、端子台、进口湿度传感器等。功能：利用连接线通过端子台接点输出，进行湿度测量，综合控制，用自来水经过软化、过滤、净化后送给加湿机。<br>主要用于放冷室、培养室、接种室、栽培室等场所。 | | | | |
| 归类决定 | 上述商品由冷冻机、加湿机、风机、湿度调节计构成，完成对封闭空间的调温（制冷）调湿功能，其制冷能力可达零下15℃，根据《税则注释》对制冷能力在0℃以下的调温调湿设备的规定“应作为冷藏或冷冻设备归入品目84.18”，该商品属于税目84.18“电气或非电气的冷藏箱、冷冻箱及其他制冷设备”的范围，根据归类总规则一及六，应将其归入税则号列8418.6190。 | | | | |

| 序号 | 982 | 归类决定编号 | Z2006－0536 | 公告编号 | 2006年第69号 |
|---|---|---|---|---|---|
| 商品税则号列 | 8418.69 | | | 发布日期 | 2006年11月22日 |
| 商品名称 | 透平膨胀机 | | | | |
| 英文名称 | | | | | |
| 其他名称 | | | | | |
| 商品描述 | 透平膨胀机是通过旋转叶轮(工作轮),使气体膨胀对外(相对膨胀而言)作功而产生冷量的机械。其原理是将来自压缩机的具有一定的压力的气体经膨胀机绝热膨胀,将气体强烈冷却,获得低温。其功能是通过气体膨胀提供冷量,伴生的机械能由其耦合的压缩端消耗,不对机组以外输出功,更不对外提供动力,因此它不是一种动力装置。 | | | | |
| 归类决定 | 《中国大百科全书》对膨胀机的定义:利用压缩气体膨胀降压时向外输出机械功使气体温度降低的原理以获得冷量的机械。<br>透平膨胀机通过将来自压缩机的气体(相对高压)进行绝热膨胀,利用气体体积膨胀温度降低的原理来实现制冷的目的。虽然在气体膨胀过程中需要对外做功,但是设备的功能、用途是制冷设备,根据归类总规则一及六,将其归入税则子目8418.69项下。 | | | | |

| 序号 | 983 | 归类决定编号 | Z2008－0053 | 公告编号 | 2008年第76号 |
|---|---|---|---|---|---|
| 商品税则号列 | 8418.6990 | | | 发布日期 | 2008年10月28日 |
| 商品名称 | 智能化血浆速冻系统 | | | | |
| 英文名称 | | | | | |
| 其他名称 | | | | | |
| 商品描述 | 该商品为智能化血浆速冻系统的成套部件(核心部件),其压缩机功率为5.3千瓦,主要制冷部件包括压缩机、冷凝器、冷板等,采用冷板接触高效速冻方式,通过制冷板从两面接触血浆袋,可在10分钟内将上下板的温度降到零下50℃,在20分钟内将血浆袋内核心温度降到零下30℃。立式结构,最大有效容积为0.095立方米。其用途为对血浆进行速冻,确保血浆的质量和最大生物活性。 | | | | |
| 归类决定 | 该商品主要由制冷设备(包括压缩机、冷凝器等)和制冷板构成,用于对血浆产品进行快速冷冻。其符合《税则注释》品目84.18关于"装有完整制冷装置的设备"的描述,根据归类总规则一及六,应归入税则号列8418.6990。 | | | | |

| 序号 | 984 | 归类决定编号 | Z2006－0537 | 公告编号 | 2006年第69号 |
|---|---|---|---|---|---|
| 商品税则号列 | 8418.9100 | | | 发布日期 | 2006年11月22日 |
| 商品名称 | 薯条储柜、汉堡储柜、隧道式保温柜 | | | | |
| 英文名称 | | | | | |
| 其他名称 | | | | | |
| 商品描述 | 薯条储柜、汉堡储柜分别为缺制冷装置、控制装置的专用设备，前者容积494升，制冷温度在零下20℃以内，用于储藏冷冻薯条，形状类似销售雪糕用冰柜；后者容积500升左右，用于冷藏汉堡包，形状像单门冰箱，上面配一个盛沙拉用圆筒、三个盛蔬菜用钢盆。隧道式保温柜实为配有加热装置但缺制冷装置、控制装置的商业用冷热功能保温柜，设备内部配置钢架、钢轨，其构造可供食品从设备后端放入从前端取出（后端摆放面向食品加工区，前端朝向售货柜台），冷藏部分主要用于土豆泥等暂时储藏，热装置部分用于炸鸡块等暂时保温储藏。三种设备皆由厚重的不锈钢材制得。据了解，进口后所配置压缩机等装置的制冷量约为0.5匹。 | | | | |
| 归类决定 | “薯条储柜”、“汉堡储柜”属尚未安装制冷装置、控制装置的专用设备，分别用于储藏冷冻薯条和冷藏汉堡包，进口后再配置制冷装置。该商品符合《税则注释》关于品目84.18项下“冷藏或冷冻设备专用的特制家具”的解释，故应归入税则号列8418.9100。<br>“隧道式保温柜”是装有加热装置但尚未安装制冷装置、控制装置的商业用冷热功能保温柜，设备内部配置钢架、钢轨，其构造可供食品从设备后端放入从前端取出（后端摆放面向食品加工区，前端朝向售货柜台），冷藏部分主要用于土豆泥等暂时储藏，加热装置部分用于炸鸡块等暂时保温储藏。该商品具有冷藏、加热两种功能，但冷藏部分未构成整机特征。故根据该商品的进口状态，应按其主要特征归入税则号列8419.8100。 | | | | |

| 序号 | 985 | 归类决定编号 | Z2008－0157 | 公告编号 | 2008年第83号 |
| --- | --- | --- | --- | --- | --- |
| 商品税则号列 | 8418.9910 | | 发布日期 | 2008年11月24日 | |
| 商品名称 | 冷风机 | | | | |
| 英文名称 | Aircooler | | | | |
| 其他名称 | 制冷蒸发器或换热器 | | | | |
| 商品描述 | 该商品型号有VNS65507、VNS65457、VNS64457三种，装有风机、冷却排管（盘管），排管与铝制翅片呈垂直式嵌合。工作原理：空气在风机作用下流经排管，管内制冷剂蒸发而带走热量，完成热交换过程而使空气冷却。进口蒸发器（俗称冷风机）最低温度限制可达0℃以下，一般控制在3℃～8℃。用于水果库房内空气降热以保鲜水果。 | | | | |
| 归类决定 | 该冷风机由风机、冷却排管、翅片等组成，和其他部件（包括压缩机冷凝器、膨胀阀等）连接共同构成制冷机组（最低温度可达0℃以下），为制冷机组的零部件。该商品用于使制冷机组中的制冷剂与外界空气进行热交换，以达到空气制冷目的，虽然装有风机，但其整体是用于加快热交换速度和效率，不符合《税则注释》品目84.14“用以压缩空气或其他气体，或者造成真空的机器及设备；也包括空气或其他气体循环用的机器”的描述，不能归入《税则》税目84.14项下。该商品无法独立执行制冷功能，而需要和制冷机组其他部件组合后，才能完成制冷功能，是制冷机组不可缺少的部分。不符合《税则注释》品目84.79有关独立功能的描述“1. 可独立于其他机器设备之外执行其功能的机械装置（不论是否配有发动机或其他动力装置）。2. 必须安装在另一台机器活器具上，或安装在一套较复杂的设备中才能执行其功能的机械装置，但其功能必须是：（1）不用于所装机器设备的功能；以及（2）在上述机器设备操作中并不起必不可少的和不可分割的作用”，不能归入税目84.79项下。该冷风机为制冷机组专用零部件，根据第十六类类注二有关零件归类的规定，应归入税目84.18，并根据税则子目列名，归入税则号列8418.9910。 | | | | |

| 序号 | 986 | 归类决定编号 | Z2008－0054 | 公告编号 | 2008年第76号 |
|---|---|---|---|---|---|
| 商品税则号列 | 8418.9999 | | | 发布日期 | 2008年10月28日 |
| 商品名称 | 冰柜专用网篮 | | | | |
| 英文名称 | FO-RACK | | | | |
| 其他名称 | | | | | |
| 商品描述 | 冰柜专用网篮是采用铁制线材经过下料、折框、组焊而成，最终表面进行浸塑处理。该产品是专门用于冰柜，且行为公差均是按照冰柜的尺寸要求。例如，型号规格为#39CA100，尺寸为534毫米×436毫米。该产品放置于冰柜的底层，上面可以放置物品。用于产品表面浸塑的聚乙烯粉末是专用的、可直接接触食品的、且含有抗菌成分的特制P.E粉。 | | | | |
| 归类决定 | 该商品是《税则》税目84.18项下商品冰柜的零件，应按第十六类类注二的归类原则确定归类，该商品不属于第十五类类注二所涉及的“贱金属制通用零件”，在第八十四、第八十五章其他税目中无列名，也不具备通用性，故应按专用零件归类。上述商品属专用于税目84.18项下冰柜的零件，符合税目84.18及其子目条文的描述，根据归类总规则一及六，应按其他零件归入税则号列8418.9999。 | | | | |

| 序号 | 987 | 归类决定编号 | Z2006－1323 | 公告编号 | 2007年第70号 |
|---|---|---|---|---|---|
| 商品税则号列 | 8419.1900[8419.1990(2014年版)] | | | 发布日期 | 2007年12月5日 |
| 商品名称 | 容积式水加热器 | | | | |
| 英文名称 | Storage calorifiers/cylinders | | | | |
| 其他名称 | | | | | |
| 商品描述 | 容积式水加热器，形状呈密封罐形，有7500升和6000升两种型号，尺寸分别为4006毫米×1861毫米×1990毫米、1968毫米×1627毫米×1990毫米，用于宾馆供热水的系统，以从锅炉出来的水或蒸气为热源，通过罐内管道加热罐内的冷水而获得热水。 | | | | |
| 归类决定 | 该商品为圆柱形热交换器。工作原理：在内部安装有一个循环环路，其中一个环路与外界的锅炉相连接，将锅炉产生的蒸汽导入，被加热的蒸汽管路与圆柱形腔体内的冷水进行热交换，达到加热水的功能。<br>该商品是设计功能、实际用途为水的加热器，根据归类总规则一，应将其作为非电热的热水器归入税则号列8419.1900[8419.1990(2014年版)]。 | | | | |

| 序号 | 988 | 归类决定编号 | Z2010－0026 | 公告编号 | 2010年第15号 |
|---|---|---|---|---|---|
| 商品税则号列 | 8419.2000 | | | 发布日期 | 2010年2月28日 |
| 商品名称 | 全自动清洗消毒柜 | | | | |
| 英文名称 | | | | | |
| 其他名称 | | | | | |
| 商品描述 | STERIS超声波自动清洗消毒柜，是一种全自动的多腔清洗、消毒柜，主要用于大批量医疗器械的清洗和消毒，设备包括篮框装载台（电动传送机），预洗、清洗腔，超声清洗腔，淋洗腔，干燥腔和篮框卸载台。预洗、清洗腔由清洗泵自动注入清洗剂进行清洗，然后进入淋洗腔，水槽中的蒸汽或加热线圈可使使用水温达到95℃，利用高温纯水冲洗消毒，再进入干燥腔，由通风系统在66℃～116℃环境下进行干燥和再消毒。 | | | | |
| 归类决定 | 该商品型号为FH9－001，利用超声波清洗、热水喷淋和高温干燥等方式实现对医疗器械的消毒，是一台多功能机器，应根据《税则》第十六类类注三关于多功能机器的规定确定税号。该商品以利用温度变化实现消毒为主要功能，属医用消毒装置，符合《税则》税目84.19及其子目条文的描述，根据归类总规则一及六，应按医用消毒器具归入税则号列8419.2000。 | | | | |

| 序号 | 989 | 归类决定编号 | Z2006－0538 | 公告编号 | 2006年第69号 |
|---|---|---|---|---|---|
| 商品税则号列 | 8419.3990 | | | 发布日期 | 2006年11月22日 |
| 商品名称 | 干燥器系统 | | | | |
| 英文名称 | | | | | |
| 其他名称 | | | | | |
| 商品描述 | 干燥器系统由底板、管子、过滤器、干燥器、控制柜以及零部件组成。该系统为40万吨连续重整装置的干燥器，用于连续干燥连续重整装置催化剂再生循环气，它利用干燥器中分子筛吸附剂吸附其中的水分，使循环气中的水分达到催化剂烧焦所需要的要求。 | | | | |
| 归类决定 | 该商品由多个独立部件组成，各部件之间用管子连接，整个系统以干燥为主要功能。其符合《税则注释》对“功能机组”的定义。因此，可一并归入税则号列8419.3990。 | | | | |

| 序号 | 990 | 归类决定编号 | Z2006－0539 | 公告编号 | 2006 年第 69 号 |
| --- | --- | --- | --- | --- | --- |
| 商品税则号列 | 8419.3990 | | | 发布日期 | 2006 年 11 月 22 日 |
| 商品名称 | 干燥器 | | | | |
| 英文名称 | ID Dryer | | | | |
| 其他名称 | 工业冷冻干燥器 | | | | |
| 商品描述 | 该干燥器有 ID110、ID150、ID155、ID470、ID340W 等多种型号，为模块化设计，专用于空气压缩机上。该系列冷冻式干燥机主要由冷媒压缩机、散热器、风扇、热交换器(蒸发器)、冷凝水自动排水阀等组成。从水气分离器出来的压缩空气(相对湿度100%，温度 40℃)，在压缩空气/制冷剂热交换器/蒸发器进行热交换，使压缩空气冷却至 5℃左右，压缩空气中的水蒸气遇冷凝成水珠析出，完成干燥任务，此时压缩空气的相对湿度达到 60%。 | | | | |
| 归类决定 | 该商品为干燥器，主要由冷媒压缩机、散热器、风扇、热交换器(蒸发器)、冷凝水自动排水阀等组成，主要功能是完成对压缩气体的干燥，即将压缩空气(相对湿度 100%，温度 40℃)，通过制冷冷凝的方式完成干燥任务，使相对湿度达到 60%，温度达到 5℃左右。调节区域为热交换器中的 0.2～0.6 立方米。<br>根据《税则注释》关于品目 84.15 商品范围的描述："本品目包括在密闭的空间内保持所需的温度及湿度用的某些设备"，该商品的主要功能为干燥空气，对空气温度无特定要求，不符合该品目范围，应作为干燥器归入税则号列 8419.3990。 | | | | |

| 序号 | 991 | 归类决定编号 | Z2006 - 1324 | 公告编号 | 2007 年第 70 号 |
|---|---|---|---|---|---|
| 商品税则号列 | 8419.3990 | | | 发布日期 | 2007 年 12 月 5 日 |
| 商品名称 | 干燥机系统 | | | | |
| 英文名称 | The dryer system improvement project | | | | |
| 其他名称 | | | | | |
| 商品描述 | 该干燥机系统是对粗对苯二甲酸和精对苯二甲酸干燥的系统设备，由搅拌机、鼓风机、旋转式真空过滤机、螺旋输送机、CTA 干燥机、PTA 干燥机、干燥机排气、洗涤塔、水分离器、过滤器、鼓风机、下料缓冲罐、气量控制器、旋转下料机、管式粉末输送器、自动生产控制器、尾气干燥机、泵等组成。工作原理：浆料过滤脱水→干燥机烘干→出料，干燥机与料仓之间有旋转下料机和管式粉末输送机连接。用途：用于粗对苯二甲酸(CTA)和精对苯二甲酸(PTA)的过滤、干燥。 | | | | |
| 归类决定 | 该商品主要是通过烘干干燥的原理，对苯二甲酸进行处理，其主要功能符合《税则》税目 84.19 及其子目条文的描述，根据第十六类类注四对功能机组的定义，应按照功能机组一并按其他干燥器归入税则号列 8419.3990。 | | | | |

| 序号 | 992 | 归类决定编号 | Z2008 - 0158 | 公告编号 | 2008 年第 83 号 |
|---|---|---|---|---|---|
| 商品税则号列 | 8419.3990 | | | 发布日期 | 2008 年 11 月 24 日 |
| 商品名称 | 喷雾干燥机 | | | | |
| 英文名称 | | | | | |
| 其他名称 | | | | | |
| 商品描述 | 该喷雾干燥机规格型号为 EYELA SD - 100,供实验室干燥样品用。该仪器主要由加热器、排气扇、空气过滤罩、蠕液泵等组成,此外还配有一台空气压缩机为其提供气源。该空气压缩机属于容积型空压机,型号为 0.2OP - 5SA,通过压力管与喷雾干燥机连接,以增加气压使样品发生雾化,在高温下蒸发进行喷干。 | | | | |
| 归类决定 | 该商品由一个气泵(空气压缩机)和干燥机本体构成,用于将液体样本进行喷射呈雾状后加热去除水分。该商品符合《税则》税目 84.19 的商品描述。虽然其中一个气泵在干燥机本体外部,但其是喷雾干燥机正常工作不可或缺的部分,应与干燥机本体一并归类。根据归类总规则一及六,应将该商品归入税则号列 8419.3990。 | | | | |

| 序号 | 993 | 归类决定编号 | Z2009 - 0123 | 公告编号 | 2009 年第 32 号 |
|---|---|---|---|---|---|
| 商品税则号列 | 8419.3990 | | | 发布日期 | 2009 年 6 月 12 日 |
| 商品名称 | 烘干炉(不包括外壳) | | | | |
| 英文名称 | Dry oven(excluding main cabinet) | | | | |
| 其他名称 | | | | | |
| 商品描述 | 该商品是 Sekwang - DHS SEKWANG SHOT 公司生产的,不包括外壳,工业用。主要由罩体外壳、加热头、吹风机等部分构成。工作原理为:在两端开放的罩体内,空气通过燃气燃烧加热后,由吹风机把热量吹散流通,在保证恒温 30℃ ~50℃ 的条件下,起到烘干钢板/型钢表面漆膜的作用。 | | | | |
| 归类决定 | 该商品由罩体外壳、加热头、吹风机等部分组成,通过天然气燃烧加热空气的方式对物体加热,在保证恒温 30℃ ~50℃ 的条件下,实现烘干的功能。该商品不符合《税则》对税目 84.17“工业用炉或烘箱”的描述,不应归入税目 84.17。其符合《税则》对税目 84.19 商品的描述,根据归类总规则一及六,应归入税则号列 8419.3990。 | | | | |

| 序号 | 994 | 归类决定编号 | Z2006－0540 | 公告编号 | 2006年第69号 |
|---|---|---|---|---|---|
| 商品税则号列 | 8419.4090 | | | 发布日期 | 2006年11月22日 |
| 商品名称 | 基尔特克1002蒸馏仪 | | | | |
| 英文名称 | | | | | |
| 其他名称 | | | | | |
| 商品描述 | 基尔特克1002蒸馏仪，是采用国家标准方法——凯氏定蛋法测定蛋白质含量所需的分析仪器。其原理为在催化剂作用下，用硫酸破坏有机物使含氮物转化成硫酸铵，加入强碱进行蒸馏使氨逸出，用硼酸吸收后，再用酸滴定，测出氮含量将结果乘以系数，计算出粗蛋白含量。此蒸馏仪为操作中的加碱、蒸馏部分设置。蒸馏出的蒸馏液再由人工做滴定等试验，测试的含量等数据不是由设备自动显示，而是由人工测定数据，并进行计算的。 | | | | |
| 归类决定 | 该设备仅仅完成理化分析过程中的蒸馏环节，数据的测算都由人工完成，因此应按蒸馏装置进行归类。根据归类总规则一及六，应将其归入税则号列8419.4090。 | | | | |

| 序号 | 995 | 归类决定编号 | Z2006－0541 | 公告编号 | 2006年第69号 |
|---|---|---|---|---|---|
| 商品税则号列 | 8419.5000 | | | 发布日期 | 2006年11月22日 |
| 商品名称 | 燃油热交换器 | | | | |
| 英文名称 | | | | | |
| 其他名称 | | | | | |
| 商品描述 | 进口状态的发动机燃油热交换器，由壳体、内管道组、燃油进出口管道及滑油进出口管道组成。内管道是滑油管道，内管道外是燃油管道。该燃油热交换器用于飞机发动机的燃油系统，它利用燃油的逆向流动来给滑油系统降温。燃油给滑油系统降温的工作原理为：当系统（即飞机发动机）工作时，燃油系统和滑油系统同时把来自燃油箱的低温燃油和来自发动机系统的高温滑油送入燃油热交换器里，燃油进入热交换器后从内管道外流经热交换器，滑油进入热交换器后从内管道内沿相反方向流经热交换器，由于内管道内外的两种流体温度不同，流向相反，滑油的热量通过管壁传导给燃油，从而使燃油温度升高，滑油温度降低，达到冷却滑油系统的目的。 | | | | |
| 归类决定 | 上述商品属飞机发动机的零件，具有热交换功能。根据第十六类类注二（一）的规定，由于该零件符合税目84.19项下关于“热交换装置”的描述，因此，根据归类总规则一和六，该发动机燃油热交换器应按具体列名，归入税则号列8419.5000。 | | | | |

| 序号 | 996 | 归类决定编号 | Z2008 - 0159 | 公告编号 | 2008 年第 83 号 |
|---|---|---|---|---|---|
| 商品税则号列 | 8419.6090 | | | 发布日期 | 2008 年 11 月 24 日 |
| 商品名称 | 空气分离装置 | | | | |
| 英文名称 | | | | | |
| 其他名称 | | | | | |
| 商品描述 | 该空气分离装置用于煤基烯烃项目。最大制氧能力为每小时 95000 立方米，主要为下游的装置提供所需的高压氧气，高、低压氮气，仪表空气和生产用气。包括主空气压缩机、空气净化系统、空气纯化系统、预冷系统、空气增压机、空气分离系统、增压透平膨胀机、精馏塔、液氧/液氮储罐蒸发系统等几个主要组成部分，所有部分由仪表控制系统和电气控制系统自动控制，多个部分由管道和线缆连接。该空气分离装置的工作原理如下：原料空气经空气过滤器过滤除去灰尘及其他机械杂质后进入空压机，经压缩机压缩到工艺要求的压力，然后进入空气冷却塔（空气净化系统、空气纯化系统）冷却、清洗，除去空气中的二氧化碳、碳氢化合物和水分。原料空气净化后，分为两股：一股进入主换热器，出换热器底部后进入精馏塔；另一股去空气增压机经增压后进入膨胀机去膨胀，获取空分装置正常生产所需的冷量。被多次净化的空气经过反复的传质传热过程后，最终被液化的空气分离为纯液氧和纯液氮。然后分别经液氧泵和液氮泵加压后进入换热器复热后出精馏塔（冷箱），分别进入氧气管网和氮气管网。 | | | | |
| 归类决定 | 该商品由多个部分组成，组合后可对空气进行冷却液化、分馏，制备纯液氧和纯液氮，属于《税则》税目 84.19 的商品范围，符合第十六类类注四有关功能机组的描述，根据归类总规则一及六，应将其一并归入税则号列 8419.6090。但其中的空气净化装置作为气体液化分离的辅助装置，根据《税则注释》有关功能机组的描述，应当归入《税则》税目 84.21 项下。 | | | | |

| 序号 | 997 | 归类决定编号 | Z2009－0124 | 公告编号 | 2009 年第 32 号 |
|---|---|---|---|---|---|
| 商品税则号列 | 8419.6090 | | | 发布日期 | 2009 年 6 月 12 日 |
| 商品名称 | C2 低温分离装置 | | | | |
| 英文名称 | C2 refrigeration units | | | | |
| 其他名称 | | | | | |
| 商品描述 | C2 低温分离装置属于乙烯净化单元(6550 单元)的一个组成部分。此装置的主要作用为分离轻组分,从脱甲烷塔顶部出来的气相在脱甲烷塔冷凝器 E－65572 中用 C2 制冷剂进行部分冷凝,然后在脱甲烷塔分离罐 D－65572 中分离,液相作为回流,经脱甲烷塔回流泵 P－65572A/B 送入脱甲烷塔,气相在作为燃料气被送入界区前,离开 D－65572 后,在 C2 预冷器 E－60591 中升温。该装置包括:C2 冷凝器 EY－65592、C2 冷凝液罐 DY－65592、C2 过热器/再冷器 EY－65593、C2 压缩机吸气罐 DY－65591、C2 压缩机 CY－65591 和膨胀罐 DY－65593ABC。此装置主要用于冷却进入脱甲烷塔的气体,并使烃类物料气体升温。膨胀罐在检修时,可储存制冷剂。来自 C2 分离塔 T－65581 底部的产物,作为 C2 预冷器 E－65591 中的冷侧物料,在 E－65591 中 C2 制冷剂被预冷,同时烯类物料气体被升温之后,C2 制冷剂在 C2 冷凝器 EY－65592 中被冷凝并贮存在 C2 凝液罐 DY－65592 中。在 C2 制冷剂进入到脱甲烷塔冷凝器 E－65572 之前,在 C2 过热器/再冷器 EY－65593 内再冷凝,E－65572 是唯一一台 C2 冷剂设备,离开 E－65572 冷凝器的气相 C2 被用于在 C2 过热器/再冷器 EY－65593 内再冷液态的 C2 冷剂,从而经预热的给料气进入到压缩机 CY－65591,闭路压缩的 C2 制冷剂再次在 E－65591 内预冷,在 EY－60592 内冷凝。 | | | | |
| 归类决定 | 该装置包括冷凝装置和分离装置,通过不断的温度变化(冷却、升温),使气体在液相和气相间转化,通过不同气体的沸点不同进行分离,实现气体的净化。该装置符合《税则》税目 84.19 的商品描述,根据归类总规则一及六,应作为其他液化气体的机器归入税则号列 8419.6090。 | | | | |

| 序号 | 998 | 归类决定编号 | Z2006－0542 | 公告编号 | 2006年第69号 |
|---|---|---|---|---|---|
| 商品税则号列 | 8419.8100 | | | 发布日期 | 2006年11月22日 |
| 商品名称 | 咖啡机 | | | | |
| 英文名称 | | | | | |
| 其他名称 | | | | | |
| 商品描述 | 该商品为咖啡机(电的),型号:SCH230V。其功能为:将咖啡豆研磨,并用加温热水冲泡出咖啡饮品。其技术参数为:电压220伏,功率1250瓦,水箱容积2升,豆盒容积250克,尺寸27.5厘米×35厘米×42厘米,重量11千克。该商品主要用于国内各大酒店及部分专业咖啡厅。 | | | | |
| 归类决定 | 该商品为主要用于酒店和咖啡厅的咖啡机,具备咖啡豆研磨和冲泡的功能,由于咖啡豆研磨是为冲泡服务的,因此,咖啡冲泡是其主要功能。由于其主要适用场合为非家用,因此,应将其按加工热饮料的机器进行归类。<br>该商品属于非家用的热饮料加工设备,符合税目84.19及其子目条文的描述,根据归类总规则一及六,应将其按热饮料加工设备归入税则号列8419.8100。 | | | | |

<table>
<tr><td>序号</td><td>999</td><td>归类决定编号</td><td>Z2006 - 1325</td><td>公告编号</td><td>2007年第70号</td></tr>
<tr><td>商品税则号列</td><td colspan="3">8419.8100</td><td>发布日期</td><td>2007年12月5日</td></tr>
<tr><td>商品名称</td><td colspan="5">自动给茶机</td></tr>
<tr><td>英文名称</td><td colspan="5">Green tea auto server</td></tr>
<tr><td>其他名称</td><td colspan="5"></td></tr>
<tr><td>商品描述</td><td colspan="5">型号/规格:HTC - 822MT。<br>组成/成分(分为两大部分):<br>1.茶粉处理器:操作盘、原料容器、放置杯子的容器、热水贮槽、冰水贮槽、电磁阀、搅拌用马达、压缩机、冷凝器、蒸发器、电热棒、不锈钢管、排水皿;<br>2.给水/排水处理器:排水桶(10升)、给水桶(30升)、给水/排水软管、净水器、杀菌罐(内置杀菌灯)、泵、电磁阀。<br>工作原理:给水桶盛装的水先经过内置杀菌灯进行杀菌,然后用泵将水送入净水器过滤,通过热水用电磁阀和冷水用电磁阀的控制,分别进入热水贮槽和冷水贮槽。在热水贮槽中,水经过电热管通电进行加热制作热水,然后通过电磁阀的控制,与原料容器中盛装的茶粉经控制阀流出进行混合,冲泡出所需的热茶饮料;而在冷水贮槽中,通过压缩机将蒸发器中已吸热气化的蒸汽吸回,并随之压缩成高温、高压气体,送至冷凝器,经冷凝器向外界空气中散热冷凝成高压液体,再经毛细管节流降压流入蒸发器内,吸收热量而使水温下降,然后被压缩机吸回。如此循环冷却并通过搅拌器不断的搅拌来制作5℃左右的冰水,再通过电磁阀的控制,与原料容器中盛装的茶粉经控制阀流出进行混合,冲泡出所需的冰茶饮料。冲泡过程中多余的茶水排入排水皿,再通过管道排入到排水桶。其中,在紫外线消毒、电加热及制冷3个部分中,制冷部分价值最高。<br>功能/用途:该公司的产品主要是速溶茶,产品全部出口日本,且该产品在日本国内大部分用于公共场合的自动给茶机。为考核速溶茶产品在自动给茶机中的溶解性、风味及颜色、浓度及颗粒大小是否适中等产品技术方面的问题,因国内尚无此种设备,所以需进口一台自动给茶机,以便了解速溶茶的各项性能。</td></tr>
<tr><td>归类决定</td><td colspan="5">该商品是装有加热和制冷装置的茶饮料制作设备,用于速溶茶的冲泡和生产。其可按“冷饮供应器”归入《税则》税目84.18项下,或按加工热饮料的设备归入《税则》税目84.19项下,两者列名同样具体且无法区分主次,因此,根据归类总规则三(三),遵循从后归类的原则,应将其归入税则号列8419.8100。</td></tr>
</table>

| 序号 | 1000 | 归类决定编号 | Z2006-0543 | 公告编号 | 2006 年第 69 号 |
|---|---|---|---|---|---|
| 商品税则号列 | 8419.8990 | | | 发布日期 | 2006 年 11 月 22 日 |
| 商品名称 | 冰板式现调机 | | | | |
| 英文名称 | | | | | |
| 其他名称 | | | | | |
| 商品描述 | 冰板式现调机(品牌:CORNELIUS、型号:Duraflex150)是适用于各种小型商业场所的冷饮机(Ice drink)。该商品与二氧化碳钢瓶、糖浆桶、制冰机等配合使用构成一个碳酸饮料的调配冷冻系统。"现调"是指二氧化碳在碳化器内溶解于经过滤处理的水,形成的碳酸水与糖浆原浆分别通过各自的管道在该机分配阀口以不同口径、适当比例同时流出,合股落入杯中,即可现场完成碳酸饮料的调配功能。<br>"冰板式冷却"是指该机对饮料的冷却不是通过压缩机制冷冷却,而是通过工作人员向该机的储冰槽内添加冰块(冰块由另外的制冰机制出),饮料(原浆及碳酸水)流经环绕冰槽的管道时被冰块吸收热量而冷却的方式。该机内置温度测量设备可随时提示工作人员加冰。储冰槽内的冰块不仅可用于冷却流经管道的饮料,还可通过冰块阀口直接添加入饮料杯中,与饮料混合进行冷却和改变口味。 | | | | |
| 归类决定 | 根据其工作原理,该设备既有税目 84.19 所列的利用冰槽冷却饮料的功能,又有税目 84.38 的饮料加工的功能,根据《税则》第八十四章章注二的规定"既符合税目 84.01 至 84.24 的规定,又符合税目 84.25 至 84.80 规定的商品应归入税目 84.01 至 84.24",该设备应归入税则号列 8419.8990。 | | | | |

| 序号 | 1001 | 归类决定编号 | Z2006－0544 | 公告编号 | 2006年第69号 |
|---|---|---|---|---|---|
| 商品税则号列 | 8419.8990 | | 发布日期 | | 2006年11月22日 |
| 商品名称 | 蓄冰设备 | | | | |
| 英文名称 | Ice chiller | | | | |
| 其他名称 | | | | | |
| 商品描述 | 该货物为美国BAC蓄冰装置，用于蓄冰空调，其结构组成为：顶盖、盘管支撑结构、管道接口、镀锌钢盘管、防水内衬、压缩聚丙乙烯保温层、防水夹衬、冰槽外壁、视管、储冰量传感器、储冰量传感器外置壳。<br>其工作原理是采用25%～30%的乙二醇溶液作为冷媒，在夜间用电低谷段，来自空调的低温载冷剂（乙二醇）在蓄能盘管内循环，通过热交换将盘管外面的水逐渐冷却至结冰相变温度，使槽内清水吸收冷能产生相变成为冰，储存冷能。在高峰期时，通过热交换将盘管外面的冰逐渐融化，使载冷剂降温，被降低温度的载冷剂被送回空调，用以满足建筑物空调负荷和电力高峰负荷的要求。另外，随设备配套的储冰传感器为压力变换器，通过此设备可检测出蓄冰槽内的实际冰量，有利于控制机房的其他相关设备操作。<br>该蓄冰系统已广泛用于综合办公楼、商场、学校、体育馆、机场、居民小区等建筑体系中。 | | | | |
| 归类决定 | 该蓄冰装置实质上是一个冷却槽，内带媒质循环装置（乙二醇为冷媒），其符合《税则注释》品目84.19的范围，因此可归入税则号列8419.8990。 | | | | |

<table>
<tr><td>序号</td><td>1002</td><td>归类决定编号</td><td>Z2006－0545</td><td>公告编号</td><td>2006 年第 69 号</td></tr>
<tr><td colspan="2">商品税则号列</td><td colspan="2">8419.8990</td><td>发布日期</td><td>2006 年 11 月 22 日</td></tr>
<tr><td colspan="2">商品名称</td><td colspan="4">复合式纺丝用工艺系统</td></tr>
<tr><td colspan="2">英文名称</td><td colspan="4"></td></tr>
<tr><td colspan="2">其他名称</td><td colspan="4"></td></tr>
<tr><td colspan="2">商品描述</td><td colspan="4">复合式纺丝用工艺系统，由工艺回风用涡流风机、空气阻尼器、空气密封门、初效过滤器、工艺侧吹与卷绕换热装置（实为蒸发器，其连接的制冷装置在外部）、清洗喷淋装置、工艺侧吹用加热器、工艺侧吹用涡流风机、高效过滤器、卷绕用加热器、工艺卷绕用涡流风机等组成，上述装置组装在一个箱体内，由自动控制设备系统、变频器提供电源及控制信号。<br>其工作流程为：涡流风机将回用风抽到系统内，经阻尼、过滤、制冷或加热调温、清洗喷淋（增加湿度）、送风、高效过滤等，再通过两台涡流风机分别送风到用风点，以恒温、恒湿、恒压的冷风来冷却从喷丝头出来的涤纶长丝，在一定范围内将丝温度从 290℃降至 20℃。</td></tr>
<tr><td colspan="2">归类决定</td><td colspan="4">根据其工作原理及功能，该设备符合税目 84.19 利用温度变化处理材料的机器的描述，应归入税则号列 8419.8990。</td></tr>
</table>

| 序号 | 1003 | 归类决定编号 | Z2006－0546 | 公告编号 | 2006年第69号 |
|---|---|---|---|---|---|
| 商品税则号列 | 8419.8990 | | 发布日期 | 2006年11月22日 | |
| 商品名称 | 烤漆机 | | | | |
| 英文名称 | Short wave IR curing system | | | | |
| 其他名称 | | | | | |
| 商品描述 | 所申报烤漆机为SPECTRATEK牌，共有4000－2、4000S－2和1200SM－2三种型号。该“烤漆机”主要由短波红外线灯总成、热敏传感器集成控制系统、支架、塑料底座等组成，其利用短波红外线穿透物体表面实现热传递的原理，由红外线灯发送的电磁波转换成热能后，将涂上油漆的金属面由里而外进行烤干。 | | | | |
| 归类决定 | 该装置通过红外线灯的热辐射方式对物体进行加热，间接实现烘干的功能，属于一种未列名的加热装置，根据归类总规则一及六，应将其归入税则号列8419.8990。 | | | | |

| 序号 | 1004 | 归类决定编号 | Z2006 - 1326 | 公告编号 | 2007 年第 70 号 |
|---|---|---|---|---|---|
| 商品税则号列 | 8419. 8990 | | | 发布日期 | 2007 年 12 月 5 日 |
| 商品名称 | 合成塔内件 | | | | |
| 英文名称 | | | | | |
| 其他名称 | | | | | |
| 商品描述 | 1. 规格尺寸:长为 19. 5 米,直径为 2. 7 米,设备总重为 50. 6 吨。<br>2. 组成:底部换热器、催化剂筐等部件。<br>3. 原理:合成塔主要由内件和外壳组成,内件为合成塔主体,外壳(国内加工配置)的主要用途为固定连接合成塔内件(催化剂筐及底部换热器),具有压力容器的自密封性,内部压力高达 20 兆帕。<br>4. 主要流程:从气体净化工段来的混合气体(氢气与氮气)经过压缩及出口热交换器(国内配置)换热升温,进入合成塔底部换热器,经换热后混合气体温度上升到 450℃,然后与催化剂筐中的催化剂(氧化铁)发生反应放出热量,温度达到 500℃,生成合成氨,再经底部热交换器冷却降温后出合成塔(成品氨气),再经出口的热交换器再次冷却降温后经后续成品液氨工段生成液氨产品。 | | | | |
| 归类决定 | 完整的合成塔包括:合成塔内件、外壳、出口换热器等三部分。此次进口的为合成塔内件。合成塔内件是按照卡萨利专利技术进行有效组合后形成一个专利技术的整体,催化剂筐与底部换热器通过焊接的方式组装成一个整体,已具备合成塔完整品的基本特征,根据归类总规则二,应按利用温度变化处理材料的其他设备归入税则号列 8419. 8990。 | | | | |

| 序号 | 1005 | 归类决定编号 | Z2006 - 1327 | 公告编号 | 2007 年第 70 号 |
|---|---|---|---|---|---|
| 商品税则号列 | 8419.8990 | | | 发布日期 | 2007 年 12 月 5 日 |
| 商品名称 | 燃油干燥器(申报品名) | | | | |
| 英文名称 | Infrared oil heater | | | | |
| 其他名称 | 热风枪 | | | | |
| 商品描述 | 燃油干燥器(申报品名),又称热风枪,型号为 VAL6,属红外线型,主要由油箱、燃烧器、红外线放热盘等构成。工作原理:燃油经高压喷雾,与空气混合后,点火燃烧,燃烧室温度升高,通过红外线放热盘辐射释放热量。该热风枪主要用于工厂、建筑工地、运动场所、室内外聚会的取暖、航空引擎预热和涂饰及装贴、沥青及混凝土的干燥等。 | | | | |
| 归类决定 | 该商品利用燃油产生的热量释放红外线进行辐射加热,除能够干燥其他物品外,还能用于取暖,属红外线加热设备。由于其未装有电动风扇或鼓风机,不符合《税则注释》对品目 73.22 的规定,因此,不能归入其中。由于《税则注释》中品目 84.19 包含的商品为利用温度变化处理材料的机器,不论是否电热的,故该红外线加热器符合《税则注释》中品目 84.19 及其子目条文的描述,根据归类总规则一和六,该商品应归入税则号列 8419.8990。 | | | | |

<table>
<tr><td>序号</td><td>1006</td><td>归类决定编号</td><td>Z2006－1328</td><td>公告编号</td><td>2007年第70号</td></tr>
<tr><td>商品税则号列</td><td colspan="3">8419.8990</td><td>发布日期</td><td>2007年12月5日</td></tr>
<tr><td>商品名称</td><td colspan="5">PCR仪</td></tr>
<tr><td>英文名称</td><td colspan="5"></td></tr>
<tr><td>其他名称</td><td colspan="5">基因扩增仪</td></tr>
<tr><td>商品描述</td><td colspan="5">该商品为PCR仪(基因扩增仪)。其主要由温控装置(加热、制冷)、存储装置和执行控制装置三部分组成,型号有PTC－100、PTC－200和9700。工作原理:将装有样品的反应管放入反应孔板中,通过控制装置执行存储装置中的程序,利用仪器本身特别设计的底座温度形成梯度,通过控制样品槽温度的多次升降,完成温度的转换、保持和循环,来对样品槽中的生物材料样品进行处理,以实现基因的解离、互补和延长,从而使基因扩增。</td></tr>
<tr><td>归类决定</td><td colspan="5">该商品同时具有加热和制冷功能,温度范围从0℃～105℃不等。由于该商品既不是电炉和电烘箱,同时其工作原理也不符合《税则注释》对品目85.14的条文规定,因此,其不能归入品目85.14项下。该商品不具有检测功能,其利用温度的精确升高和降低,对实验材料进行处理,符合品目84.19的描述,根据归类总规则一和六,其应按利用温度变化处理材料的实验室用设备,归入税则号列8419.8990。<br>另外还有一种定量PCR仪,其在普通PCR仪的基础上增加了光学检测设备。使用时在样本中添加了荧光剂和刺激物,用于实时监测刺激物对基因扩增的影响,符合品目90.27的描述,由于其使用光线照射来检测,应当归入税则号列9027.5000。</td></tr>
</table>

| 序号 | 1007 | 归类决定编号 | Z2006－1329 | 公告编号 | 2007 年第 70 号 |
|---|---|---|---|---|---|
| 商品税则号列 | 8419. 8990 | | | 发布日期 | 2007 年 12 月 5 日 |
| 商品名称 | 干熄焦设备 | | | | |
| 英文名称 | | | | | |
| 其他名称 | | | | | |
| 商品描述 | 干熄焦设备是利用惰性气体对焦炉炭化室红热的焦炭进行冷却处理的装置。该设备由循环气体风机、装入装置电动缸、电磁振动给料器、焦罐、提升机检测器、锅炉循环泵、锅炉减温器、电容式料位计、提升机用挠性动力及控制电缆、提升机钢丝绳、旋转密封阀及驱动单元等部分组成。其工作原理为：从焦炉炭化室红热的焦炭（1000℃ ±50℃）通过一套装料设备装入干熄炉的预存室内再落入冷却室内，冷却室内红焦的热量被逆流循环的冷却惰性气体所吸收，被气体吸收了的热量随气体被送入干熄焦设备之外的蒸汽锅炉，用于产生水蒸气（450℃ ±10℃），该蒸汽可供热网使用或应用于发电。经蒸汽锅炉冷却的惰性气体再经二次除尘冷却后再由循环风机送入干熄炉循环使用。冷却后的焦炭（200℃左右）则由排焦装置均匀排出，由皮带机运走。 | | | | |
| 归类决定 | “干熄焦设备”实现的是将红焦降温为冷焦的功能。由于其（锅炉循环泵、锅炉减温器除外）降温方式是通过红焦和冷却惰性气体直接接触进行的，不符合《税则注释》对品目 84. 19 项下“热交换器”的描述，故不应归入税则号列 8419. 5000。<br>锅炉循环泵、锅炉减温器用于余热锅炉，但单独进口，应按其相应功能归入相关子目。<br>其余上述商品属利用温度变化处理材料的机器，符合《税则》税目 84. 19 及其子目条文的描述，根据归类总规则一及六，应将其按其他机器归入税则号列 8419. 8990。 | | | | |

| 序号 | 1008 | 归类决定编号 | Z2007－0047 | 公告编号 | 2007 年第 71 号 |
|---|---|---|---|---|---|
| 商品税则号列 | 8419. 8990 | | 发布日期 | | 2007 年 12 月 5 日 |
| 商品名称 | 恒温试管架 | | | | |
| 英文名称 | | | | | |
| 其他名称 | | | | | |
| 商品描述 | 该设备由主机和可加热的金属槽组成。功能是加热试管,并保持恒温。主机通电加热金属槽,需要加热的试管将放置在金属槽内,通过加热金属槽,使待加热的试管被加热,并保持一个恒定的温度。 | | | | |
| 归类决定 | 该设备由主机和可加热的金属槽组成,用于对试管进行加热,并保持恒温。该商品符合《税则》税目 84. 19 的商品描述,根据归类总规则一及六,应归入税则号列 8419. 8990。 | | | | |

| 序号 | 1009 | 归类决定编号 | Z2007－0048 | 公告编号 | 2007 年第 71 号 |
|---|---|---|---|---|---|
| 商品税则号列 | 8419. 8990 | | 发布日期 | | 2007 年 12 月 5 日 |
| 商品名称 | 六功能校验炉 | | | | |
| 英文名称 | | | | | |
| 其他名称 | | | | | |
| 商品描述 | 该商品可以校准接触和非接触式的温度计、光学高温计、表面温度传感器、水银玻璃温度计,同样可以校准热电隅、电阻温度计、热敏电阻和形状不规则的传感器。 | | | | |
| 归类决定 | 六功能校验炉由主机、温度探头、容器组件、表面温度传感器校验组件、WTP 水三相点瓶等组成,容器组件内可以盛放酒精、水或油等,通过主机进行加温或降温,并精确控制温度,符合《税则》税目 84. 19 的商品描述,根据归类总规则一及六,应归入税则号列 8419. 8990。 | | | | |

<table>
<tr><td>序号</td><td>1010</td><td>归类决定编号</td><td colspan="2">Z2007－0049</td><td>公告编号</td><td>2007 年第 71 号</td></tr>
<tr><td colspan="2">商品税则号列</td><td colspan="2">8419.8990</td><td colspan="2">发布日期</td><td>2007 年 12 月 5 日</td></tr>
<tr><td colspan="2">商品名称</td><td colspan="5">恒温热台</td></tr>
<tr><td colspan="2">英文名称</td><td colspan="5"></td></tr>
<tr><td colspan="2">其他名称</td><td colspan="5"></td></tr>
<tr><td colspan="2">商品描述</td><td colspan="5">该商品安装在显微镜上，用于加热。此为玻璃恒温热台，可安装在体式显微镜的透视底座上，通过电加热，给在体式显微镜下观察或操作的样品提供恒定的温度。</td></tr>
<tr><td colspan="2">归类决定</td><td colspan="5">该商品主要由透明玻璃发热体平板构成，可以精确加温并恒定温度，用于对显微镜观测的样品进行温度控制，符合《税则》税目 84.19 的商品描述，根据归类总规则一及六，应按其他利用温度变化处理材料的装置归入税则号列 8419.8990。</td></tr>
</table>

<table>
<tr><td>序号</td><td>1011</td><td>归类决定编号</td><td colspan="2">Z2008－0055</td><td>公告编号</td><td>2008 年第 76 号</td></tr>
<tr><td colspan="2">商品税则号列</td><td colspan="2">8419.8990</td><td colspan="2">发布日期</td><td>2008 年 10 月 28 日</td></tr>
<tr><td colspan="2">商品名称</td><td colspan="5">一体化冷却装置</td></tr>
<tr><td colspan="2">英文名称</td><td colspan="5"></td></tr>
<tr><td colspan="2">其他名称</td><td colspan="5"></td></tr>
<tr><td colspan="2">商品描述</td><td colspan="5">一体化冷却装置由冷却主体、叶轮、电机、泵等组成，用于大型变压器的降温处理。泵将变压器油从变压器内抽出，传输到冷却主体，通过冷却主体许多密集的散热片散发热量，叶轮在电机的带动下转动，加快空气流动产生风，以提高冷却效果。</td></tr>
<tr><td colspan="2">归类决定</td><td colspan="5">该商品由冷却主体、叶轮、电机、泵等组成，组合后用于对变压器油进行降温，符合《税则》税目 84.19 的商品描述，根据归类总规则一及六，应归入税则号列 8419.8990。</td></tr>
</table>

| 序号 | 1012 | 归类决定编号 | Z2008－0056 | 公告编号 | 2008 年第 76 号 |
|---|---|---|---|---|---|
| 商品税则号列 | 8419.8990 | | | 发布日期 | 2008 年 10 月 28 日 |
| 商品名称 | IC 厌氧反应器 | | | | |
| 英文名称 | Internal circulation | | | | |
| 其他名称 | | | | | |
| 商品描述 | 该商品的主要结构：(1)厌氧反应器内件直径 9.5 米，高 24 米（不包括 IC 罐体）；(2)沼气火炬，600 立方米/小时；(3)沼气稳压柜，30 立方米。内循环厌氧反应装置（IC 反应器），分为内件和外壳两部分，内件是由工程塑料加工而成，外壳是由碳钢、保温层（发泡聚氨酯）及防腐内衬（进口 PE）组成。IC 反应器是对生产废水进行厌氧处理的生物反应器，在壳体内完成沼气的生成、分离和收集。IC 反应器顶部的气液分离器将收集的沼气灌入沼气稳压柜，沼气稳压柜由一个具有防腐涂料的钢罐和一个浮顶组成，浮顶可以上下移动，以保持沼气系统有一个稳定的压力来燃烧，来自沼气稳压柜的沼气流向沼气火炬，沼气火炬是内含式，无明火，可以自动点火，火炬的操作由沼气稳压柜的气体自动操控。本次进口的是 IC 反应器内件与沼气稳压柜、沼气火炬，不进口 IC 反应器外壳，其外壳具有固定连接反应器内件，防止阳光反射，对工程塑料内件起保护设备、延长设备寿命的作用，同时还可储存需要处理的废水和反应过程中生成的污泥，为生物反应保持较为稳定的温度（最适宜温度是 35℃～38℃）等。 | | | | |
| 归类决定 | 该商品由厌氧反应器内件、沼气稳压柜和沼气火炬三部分组成，实现利用温度处理污水的功能，使污水中的有机物变成沼气而被消耗掉，沼气通过沼气稳压柜和沼气火炬直接燃烧，不作进一步利用。上述商品组合后实现《税则》税目 84.19 所列的功能，满足功能机组的定义，应根据十六类类注四的归类原则确定归类。根据归类总规则一及六，该商品应按利用温度变化处理材料的设备归入税则号列 8419.8990。 | | | | |

| 序号 | 1013 | 归类决定编号 | Z2008－0160 | 公告编号 | 2008年第83号 |
|---|---|---|---|---|---|
| 商品税则号列 | 8419.8990 | | | 发布日期 | 2008年11月24日 |
| 商品名称 | 热流道 | | | | |
| 英文名称 | | | | | |
| 其他名称 | | | | | |
| 商品描述 | 热流道系统由内膜板、热嘴、热流道板、密封阀针、分流板、夹板、气动系统、机嘴连接和中心定位环等组成。主要功能：模具在完成塑胶料制品时，经热流道与注塑机连接，并加热料件，使料件保持熔融，通过喷嘴注入模具。 | | | | |
| 归类决定 | 该商品通过导线式发热元件对塑料原料进行加热处理，使之保持为液体状，方便注入模腔，符合《税则》税目84.19的商品描述，根据归类总规则一及六，应按利用温度变化处理材料的设备归入税则号列8419.8990。 | | | | |

| 序号 | 1014 | 归类决定编号 | Z2008－0161 | 公告编号 | 2008年第83号 |
|---|---|---|---|---|---|
| 商品税则号列 | 8419.8990 | | | 发布日期 | 2008年11月24日 |
| 商品名称 | 低温培养箱 | | | | |
| 英文名称 | BINDER Microbiologicalincubator | | | | |
| 其他名称 | | | | | |
| 商品描述 | 该商品通过内腔和外壳之间的夹套中的加热管加热和压缩机制冷，来实现对箱内－10℃～100℃的温度控制，为细胞、细菌培养等提供恒定的温度环境。 | | | | |
| 归类决定 | 该商品通过内腔和外壳之间的夹套中的加热管加热和压缩机制冷，来实现对箱内－10℃～100℃的温度控制，为细胞、细菌培养等提供恒定的温度环境。该商品不具备除温度控制以外的其他如恒湿、酸碱度平衡等自动调节功能。上述商品仅具有温度自动调节的功能，属利用温度变化处理材料的设备，符合《税则》税目84.19及其子目条文的描述，根据归类总规则一及六，应按其他利用温度处理材料的设备归入税则号列8419.8990。 | | | | |

| 序号 | 1015 | 归类决定编号 | Z2008－0162 | 公告编号 | 2008 年第 83 号 |
|---|---|---|---|---|---|
| 商品税则号列 | 8419.8990 | | 发布日期 | | 2008 年 11 月 24 日 |
| 商品名称 | 半导体制冷器 | | | | |
| 英文名称 | | | | | |
| 其他名称 | | | | | |
| 商品描述 | 半导体制冷器又叫微型制冷器，主要用在 IT、通信等行业。一般作为设备的零部件来使用，用来给大型电脑服务器导热或制冷。主要部件：风扇、散热器、控制板、半导体制冷片。工作原理：微型制冷器主要利用帕尔帖原理。当直流电通过两种不同性质的导体时，在其交接面产生吸、放热的现象，这就是帕尔帖原理。半导体制冷片是微型制冷器的核心部件，具有导热、制冷的作用。控制板主要用来控制微型制冷器的开关、温度，并提供与主机之间的 I/O 接口。散热器主要为铝材或者铜材，用来加速散热。 | | | | |
| 归类决定 | 上述商品由风扇、散热器、控制板、半导体制冷片构成，其结构超出了《税则》税目 85.41 的商品范围。利用半导体的帕尔帖原理进行冷热空气的交换，属利用温度处理材料的设备，符合税目 84.19 及其子目条文的描述，根据归类总规则一及六，应按其他利用温度处理材料的设备归入税则号列 8419.8990。 | | | | |

| 序号 | 1016 | 归类决定编号 | Z2010－0027 | 公告编号 | 2010年第15号 |
|---|---|---|---|---|---|
| 商品税则号列 | 8419.8990 | | 发布日期 | 2010年2月28日 | |
| 商品名称 | 氯化镁脱水系统 | | | | |
| 英文名称 | | | | | |
| 其他名称 | | | | | |
| 商品描述 | 电解金属镁生产线主要利用青海盐湖氯化镁资源，采用无水氯化镁电解工艺生产金属镁，其生产流程为六水氯化镁经空气脱水系统后得到二水氯化镁，经氯化氢脱水系统后得到无水氯化镁，再经电解获得金属镁。金属镁经过铸造后得到镁锭或镁合金。此批进口为脱水系统所需设备，其工作原理分两步连续进行：1. 热空气脱水系统（一套）。主要设备为空气加热炉（高3米、长14米）、热空气脱水塔（高16米、直径7.5米）、输送机（Section #1）、洗涤器（Section #4）、泵（T30001 Tank）等。空气加热炉吸入空气并通过电加热至380℃左右（恒温）进入热空气脱水塔对氯化镁进行脱水。热空气从下往上经过两层流化床（每层流化床温度恒定）。原料六水氯镁石（$MgCl.6H_2O$）颗粒经输送带进入密闭空气脱水塔并通过两层流化床往下走，最后得到的产品主要为含两个结晶水的氯化镁（$MgCl.2H_2O$）颗粒，也包含碱式氯化镁、氧化镁及其他形式的物质，而空气温度由原来的进风380℃左右降为出口温度180℃左右，并从空气脱水塔顶部经过洗涤热交换器降温排入大气之中。2. 氯化氢脱水（一套）。主要设备为氯化氢加热炉（高3米、长15米）、氯化氢脱水塔（高35米、直径7.5米）、氯化氢干燥器（Section I35301－F1）、洗涤器（C34／35402）、泵（T30409 Tank）、输送机（Prills traveling between MB and DA）等。含有两个结晶水的氯化镁经管道输送至氯化氢脱水塔，电加热至380℃左右（恒温）的氯化氢气体从底部进入，与氯化镁颗粒在十层流化床（每层流化床温度恒定）中逆流流动进行脱水，通过一系列复杂的化学反应过程，得到无水氯化镁以及少量其他形式的物质。脱水后的气体从氯化氢洗涤塔的顶部排出，经过三级过滤后通过热交换器进行降温，降温后的氯化氢气体在经过氯化氢加热炉加热后输送至氯化氢脱水塔中进行循环利用。由于在脱水过程中氯化氢气体有损耗，不足的氯化氢气体由合成车间提供。无水氯化镁冷却保护后经输送带送至电解槽进行电解。 | | | | | |
| 归类决定 | 氯化镁脱水系统，包括热空气脱水系统和氯化氢脱水系统，两部分均属于利用温度变化处理材料的设备，符合《税则》第十六类类注四有关功能机组的规定和税目84.19条文的描述。根据归类总规则一及六，应将上述设备一并归入税则号列8419.8990。 | | | | |

| 序号 | 1017 | 归类决定编号 | Z2010－0028 | 公告编号 | 2010年第15号 |
|---|---|---|---|---|---|
| 商品税则号列 | 8419.8990 | | 发布日期 | 2010年2月28日 | |
| 商品名称 | 液相色谱柱后衍生系统 | | | | |
| 英文名称 | | | | | |
| 其他名称 | | | | | |
| 商品描述 | 液相色谱柱后衍生系统的工作原理：利用衍生反应使被测物与相应的试剂之间发生化学反应，以改变被测物的化学和物理性质，使其能够被检测。柱后衍生系统是将HPLC的柱后洗提液与衍生试剂混合，混合溶液在一定的时间内通过反应器完成反应，如果反应速度慢，用加热反应器以提高反应速度。一个完善的柱后衍生系统由计量泵、脉冲阻尼器、加热线圈、安全系统等构成，以确保提供安全、可靠的数据。 | | | | |
| 归类决定 | 该商品是色谱仪的配件，本身无任何检测功能，只是提供了一个可以进行加热服务的反应环境，使得反应物与试剂反应后，可以用来被检测。上述商品属纯加热反应器，符合《税则》税目84.19及其子目条文的描述，根据归类总规则一及六，应按其他利用温度处理材料的机器归入税则号列8419.8990。 | | | | |

| 序号 | 1018 | 归类决定编号 | Z2010－0029 | 公告编号 | 2010年第15号 |
|---|---|---|---|---|---|
| 商品税则号列 | 8419.8990 | | | 发布日期 | 2010年2月28日 |
| 商品名称 | 汽车烤漆房 | | | | |
| 英文名称 | | | | | |
| 其他名称 | | | | | |
| 商品描述 | 该商品为全封闭结构，镀锌钢板制，前面入口为三片式大门，中间一片配备工作人员进出门。具体配置：镀锌钢板、内衬为绝缘环保的6厘米延伸聚苯乙烯板制的天花板及地板、排气系统、柴油燃烧机、照明系统、控制器及电路箱等。用途：利用热量将汽车车身的油漆烘干。工作原理：通过柴油机燃烧产生热量，再通过管路将热量均匀分散到汽车四周。在整个过程中工作人员在设备外部进行操控。 | | | | |
| 归类决定 | 该商品进口状态为成套散件，组装后用于利用热量将汽车车身的油漆烘干。组装后的结构为：(1)镀锌钢板制全封闭结构，其内部固定装有天花板、地板、排气系统、管道，四周各一排太阳灯，该灯通过红外线短波产生热量。(2)全封闭结构外部紧密安装的壳体，包含柴油燃烧机、控制器、电路单，可控制柴油燃烧机产生热量，并通过管路均匀分散到封闭结构内，还可控制封闭结构内的太阳灯的开关等。该商品虽具有较大的封闭结构，但用于对汽车油漆进行烘干，其作用超出了“房屋”的范围，因此不应归入税目94.06项下。该结构体可被视为处理材料的容器，从而根据归类总规则一及六，将整套设备按照利用温度处理材料的设备归入税则号列8419.8990。 | | | | |

| 序号 | 1019 | 归类决定编号 | Z2006－0547 | 公告编号 | 2006年第69号 |
|---|---|---|---|---|---|
| 商品税则号列 | 8419.9090 | | 发布日期 | 2006年11月22日 | |
| 商品名称 | 塔盘（氮洗塔零件） | | | | |
| 英文名称 | P1G aluminium trays | | | | |
| 其他名称 | | | | | |
| 商品描述 | 塔盘材质为铝合金，外形为圆盘形，直径1460毫米，厚度3毫米，表面和侧面有很多直径4毫米的孔，表面有规律的呈波浪状起伏，塔盘用于氮洗塔，在塔内逐层安装。氮洗塔为圆筒立式，直径1500毫米，高8000毫米，由高压保温外壳和内部塔盘组成，用途是除去氢气中含有的甲烷和一氧化碳，工作原理是根据额定压力下气体的冷凝点不同，将需要除去的气体通过热交换后液化排出。<br>工作过程是在额定工作压力下，通过塔顶液氮入口将－170℃的液氮注入塔内，液氮进入塔内后逐层通过塔盘由上而下慢慢到达塔底，液氮通过塔盘时塔盘的温度迅速降低至－170℃，然后将原料气（氢气、甲烷和一氧化碳的混合气体）通过塔底进气口注入，原料气进入塔内后逐层通过塔盘由下而上运动，与塔盘和液氮进行热交换，温度急剧下降，甲烷和一氧化碳分别在达到各自冷凝点后液化，并随液氮从塔底排液口排出，氢气和一部分液氮气化形成的氮气从塔顶出气口排出，进入后续设备完成合成氨工艺。 | | | | |
| 归类决定 | 该商品已制成特定形状，且专用于氮洗塔，根据第十六类类注二关于零件的归类原则，应将其按氮洗塔的零件进行归类。由于氮洗塔是利用温度变化处理材料的设备，因此塔盘属于利用温度变化处理材料的设备的零件，符合税目84.19及其子目条文的描述，根据归类总规则一及六，应将其归入税则号列8419.9090。 | | | | |

| 序号 | 1020 | 归类决定编号 | Z2008－0163 | 公告编号 | 2008 年第 83 号 |
|---|---|---|---|---|---|
| 商品税则号列 | 8419.9090 | | | 发布日期 | 2008 年 11 月 24 日 |
| 商品名称 | 热交换器用连接支撑管板 | | | | |
| 英文名称 | | | | | |
| 其他名称 | | | | | |
| 商品描述 | 该商品的规格为长 958 毫米、宽 838 毫米、厚 25 毫米，管板钻有 440 个直径为 15.3 毫米的通孔（其中横向每排 22 个，纵向每排 20 个），用于装配外径为 14.5 毫米的铜换热管。加工过程：剪切黄铜板至要求的加工尺寸，然后铣四边以达到要求的形状和公差，钻孔，镗孔，倒角，攻丝。 | | | | |
| 归类决定 | 上述商品已具备了热交换器的零件特征，根据《税则》十六类类注二的归类原则，该商品不属于十六类类注一的排他商品范围，在第八十四章、第八十五章的相关税目中无具体列名，属热交换器专用零件，符合税目 84.19 及其子目条文的描述，根据归类总规则一及六，应按其他利用温度处理材料的设备的零件归入税则号列 8419.9090。 | | | | |

| 序号 | 1021 | 归类决定编号 | Z2009－0125 | 公告编号 | 2009 年第 32 号 |
|---|---|---|---|---|---|
| 商品税则号列 | 8419.9090 | | | 发布日期 | 2009 年 6 月 12 日 |
| 商品名称 | 气液分配盘 | | | | |
| 英文名称 | | | | | |
| 其他名称 | | | | | |
| 商品描述 | 气液分配盘，316 升不锈钢制，其主要功能是将输入反应器的原油和氢气混合物通过气液分配盘，未使用任何动力装置，使气体和汽化的液体混合物从气液分配盘上依靠自身的动力和压力向下运动，达到调节、分配目的，在一定平面上使原油与氢气混合均匀，并按一定的流量流入反应器进行化学反应，以达到所要求的技术指标。 | | | | |
| 归类决定 | 该商品为钢铁材质，内置通道，无动力装置，其结构和尺寸决定其专用于加氢裂化反应器，属于加氢裂化反应器的专用零件，应根据《税则》十六类类注二关于零件的归类原则确定归类。由于该商品不符合《税则注释》关于品目 84.79 项下“独立功能”的描述，在第八十四章其他税号中也未列名，故应按加氢裂化反应器专用零件与加氢裂化反应器整机归入同一税目项下。而加氢裂化反应器是一种利用温度变化处理材料的反应器，符合税目 84.19 及其子目条文的描述，根据归类总规则一及六，应按其他利用温度处理材料的设备的零件归入税则号列 8419.9090。 | | | | |

| 序号 | 1022 | 归类决定编号 | Z2008－0057 | 公告编号 | 2008 年第 76 号 |
|---|---|---|---|---|---|
| 商品税则号列 | 8420.1000 | | | 发布日期 | 2008 年 10 月 28 日 |
| 商品名称 | 赛鲁迪复合机 | | | | |
| 英文名称 | | | | | |
| 其他名称 | | | | | |
| 商品描述 | 赛鲁迪复合机是意大利赛鲁迪公司生产,主要用于纸/卡纸和薄膜材料的湿法复合,专用于包装材料生产。主要组成:一个纸张和卡纸放卷装置;一个湿法复合单元和部件,用于最多两层的连线复合;设备的加热烘干热源(电加热)。最大生产速度:涂布部分为 200 米/分,复合速度为 150 米/分。工作流程:纸/卡纸放卷机送放料卷,经过一系列材料的处理(平整、清灰、纠偏、张力控制等),再经过一个涂布单元(烘箱为 EO 型)进行背涂。与此同时,第二卷料(PET)放卷机送放料卷→纠偏、张力控制→在膜上涂胶→经过一系列安装在 R960 型单元内的复合组件(钢质加热鼓、气动控制的压力辊等)和带温度控制的六个干燥箱(总长 12 米)→复合后的料带在卧式烘箱出口处被冷却(有三个非驱动型冷却辊)→复合料受输出张力控制单元控制、纠偏→收卷单元卷绕复合材料。 | | | | |
| 归类决定 | 该赛鲁迪复合机由放卷装置、涂布单元、复合单元及加热烘干热源等组成,通过钢质加热鼓、压力辊等复合组件将纸和塑料进行复合,符合《税则注释》品目 84.20 的商品描述,构成《税则》第十六类类注四的功能机组,根据归类总规则一及六,应将该套设备一并归入税则号列 8420.1000。 | | | | |

| 序号 | 1023 | 归类决定编号 | Z2008 - 0164 | 公告编号 | 2008 年第 83 号 |
|---|---|---|---|---|---|
| 商品税则号列 | 8420.1000 | | | 发布日期 | 2008 年 11 月 24 日 |
| 商品名称 | 滚涂机 | | | | |
| 英文名称 | | | | | |
| 其他名称 | | | | | |
| 商品描述 | 该商品型号为 G05 - GL1300,主要由橡胶涂布滚筒、供漆系统、输送系统、供油系统、电气柜及控制面板等组成,用于将溶剂或水性漆涂布在玻璃上。工作原理:待涂布的玻璃由输送系统进料,油墨通过隔膜泵打入到涂布轮(橡胶制)与定量轮之间,涂布量由定量轮的转速、旋向和涂布轮与定量轮之间接触的轻重程度来决定,当玻璃通过机器时,涂布轮挤压工件,同时将轮上的油墨印到玻璃上。 | | | | |
| 归类决定 | 该商品利用滚筒在玻璃面板上涂布溶剂或水性漆。根据《税则注释》关于品目 84.75 项下“玻璃或玻璃制品的制造或热加工机器”的范围定义为“……是指对受热变软或变成液状的玻璃进行加工的设备”的描述,该商品明显不属于《税则》税目 84.75 项下的玻璃或玻璃制品的制造或热加工机器。根据《税则注释》关于品目 84.20 的排他条款的描述“本品目……,但不包括……品目 84.75 所列的玻璃加工机器”,该商品不在品目 84.20 的排他商品范围之内。上述商品属滚压涂布机器,符合《税则》税目 84.20 及其子目条文的描述,根据归类总规则一及六,应按其他滚压机器归入税则号列 8420.1000。 | | | | |

| 序号 | 1024 | 归类决定编号 | Z2013－0047 | 公告编号 | 2013 年第 26 号 |
|---|---|---|---|---|---|
| 商品税则号列 | 8420. 1000 | | | 发布日期 | 2013 年 5 月 17 日 |
| 商品名称 | 内面胶押出机 | | | | |
| 英文名称 | | | | | |
| 其他名称 | | | | | |
| 商品描述 | 该商品用于轮胎内面胶的押出与挤出，主要包括进料口、螺杆、机头、轮筒、电机等部件，品牌：MORITANI。工作原理：经密炼机、开炼机混炼后的橡胶胶料从进料口送入内面胶押出机，电机带螺杆转动，在连续运送物料的过程中，螺杆产生机械摩擦作用和热量，以及通过温控给螺杆加热（水经水泵沿着水管进入电加热器，通过给水加热来达到预先在温控装置上设定的温度值，然后热水再经过水管输送到螺杆外的螺套处，与之进行热传递，从而使得螺杆温度升高，产生热量）产生的热量将胶料预热均匀、分散、温度升高而更加柔软和富有黏性，并通过螺杆转动将胶料连续均匀地向两轮筒挤出输送，胶料通过两轮筒之间被压延出所需厚度的内面胶（押出内面胶胶片的厚度是通过马达带动涡轮转动，涡轮带动蜗杆上下移动，上轮筒固定不动，下轮筒与蜗杆相连，蜗杆上下移动调整两轮筒间的距离从而控制内面胶的厚度）。胶片的宽度由安装在轮筒上的两刀片控制，两刀片之间的距离为固定距离，当胶片从轮筒处押出来经过刀片时由刀片进行切割。内面胶的宽度及厚度决定着轮胎的安全性。押出的片胶经过冷却水槽降温后，由风机吹掉水分后卷曲于台车存放，便于成型工序的连接。 | | | | |
| 归类决定 | 该商品利用上下轮筒旋转并配合适当的加热将可塑状态的橡胶胶料滚压成胶片，满足《税则注释》关于品目 84. 20 项下“滚压机器”的描述，符合《税则》税目 84. 20 及其子目条文的描述，根据归类总规则一及六，应将其按其他滚压机器归入税则号列 8420. 1000。 | | | | |

| 序号 | 1025 | 归类决定编号 | Z2006－1331 | 公告编号 | 2007年第70号 |
| --- | --- | --- | --- | --- | --- |
| 商品税则号列 | 8420.9900 | | 发布日期 | 2007年12月5日 | |
| 商品名称 | 涂布辊、超级压光辊 | | | | |
| 英文名称 | | | | | |
| 其他名称 | | | | | |
| 商品描述 | 根据企业说明,货主此次申报的涂布辊(4只2套)、超级压光辊(6只1套)为纸机生产线的涂布设备和超级压光机设备。纸机生产线的生产流程为:流浆箱→网部成型→压榨设备→烘干设备→压光设备→涂布(施胶)机→热烘箱→二次烘干→超级压光机→卷纸机组成。<br>涂布辊每只各带有两套滑动轴承及轴承座,传动侧和操作侧各一套,属于工艺流程第六部分设备。该涂布设备属膜式施胶机,位于硬压光机和热烘箱之间,是专门为纸页表面施胶、染色、涂布而设计的,作为涂布设备对纸面进行涂层,增加纸张的光滑度。在膜式涂布中,涂布膜(化学品)按定量配比上施胶棒,然后在线压下把压区的膜传送到纸幅上。<br>超级压光辊每只辊体带有两套滑动轴承及轴承座,传动侧和操作侧各一套,一套内部冷却装置和传动装置,属于工艺流程第九部分设备。该设备通过辊子的交替挤压对纸页进行压光作用,对纸页作最后的整饰,提高纸张的平滑度和光泽度。 | | | | |
| 归类决定 | 该造纸生产线包括十个部分,不符合《税则》第十六类类注三、四的规定,应按各设备功能分别进行归类。其中涂布机和压光机的结构及工作原理相似,主要由上下两个轧辊组成,在滚筒的压力下将纸页表面压光及施胶,均应按“滚压机器”归入税目84.20项下。<br>涂布辊和压光辊已与轴承、轴承座、联轴器、同步轮等安装成一个整体,已超出了“滚筒”的范畴,根据归类总规则一(第十六类类注二)及六,应将其按“滚压机器的其他专用零件”归入税则号列8420.9900。 | | | | |

| 序号 | 1026 | 归类决定编号 | Z2006－0548 | 公告编号 | 2006 年第 69 号 |
|---|---|---|---|---|---|
| 商品税则号列 | 84.21 | | | 发布日期 | 2006 年 11 月 22 日 |
| 商品名称 | 离心干燥机 | | | | |
| 英文名称 | | | | | |
| 其他名称 | | | | | |
| 商品描述 | 该离心机由冷压缩机、制热器、风扇、马达、主电源构成，且组装在同一机壳内，主要用于制造数码管原材料（环氧树脂）的脱水。其工作原理为：利用马达高速旋转（1200 转/分钟）产生的离心力使水分子与胶体（环氧树脂）分离，并依附于环氧树脂的表面；通过制冷压缩机将马达高速旋转产生的热温下降至 30℃左右，使水分子变成液态状的水珠。为避免胶体再次与机壳内水珠结合变潮，由风扇将机壳内的水珠抽出至机壳外，机体外电热管制热使水快速蒸发，从而达到干燥、除湿的效果。 | | | | |
| 归类决定 | 该设备主要利用离心力将水分去除，达到干燥、除湿效果，符合《税则注释》关于品目 84.21 的描述，应作为离心机归入税目 84.21 项下。 | | | | |

| 序号 | 1027 | 归类决定编号 | Z2006－0549 | 公告编号 | 2006 年第 69 号 |
|---|---|---|---|---|---|
| 商品税则号列 | 84.21 | | | 发布日期 | 2006 年 11 月 22 日 |
| 商品名称 | 远红外复合陶瓷活水器 | | | | |
| 英文名称 | | | | | |
| 其他名称 | 净水器 | | | | |
| 商品描述 | 远红外复合陶瓷活水器(净水器),规格型号分别为 AG－1,AG－2,AG－3,AG－4,AG－5,AG－6,AG－7,AG－8。<br>其商品构成:不锈钢制外壳,矿物复合陶瓷球作为填充物。<br>原理:活水器里密集的特殊烧制的复合陶瓷球放射出波长为 4～14 微米的远红外线,当自来水与其接触后产生变化,可以使水分子的结构由大颗粒变成小颗粒;同时,复合陶瓷球内部能渗透出微量矿物质,补充人体需要;其与水碰撞后,产生负离子,使水具有抗菌性、除臭性;还使水表面活性化提高,即水流过该净水器时被这种远红外线活性化,从而使水的黏度降低,溶解能力、渗透能力、分散能力均得以提高,恢复了自然界水的能量。<br>适用范围:公寓、商用高楼、学校、医院、工厂等,为其提供食品制造用水,沐浴用水、洗涤用水等。 | | | | |
| 归类决定 | 该商品属水的净化装置,符合税目 84.21 及其子目条文的描述。由于型号 AG－1、AG－2 的活水器适用于个人住宅、商住楼等,根据归类总规则一和六,应按家用型的水净化装置归入税则号列 8421.2110。其他型号的活水器用于酿酒、制药、造纸等行业,根据归类总规则一和六,应归入税则号列 8421.2190[8421.2199(2014 年版)]。 | | | | |

| 序号 | 1028 | 归类决定编号 | Z2006－0551 | 公告编号 | 2006年第69号 |
|---|---|---|---|---|---|
| 商品税则号列 | 8421.1990 | | 发布日期 | 2006年11月22日 | |
| 商品名称 | 石膏旋流站 | | | | |
| 英文名称 | | | | | |
| 其他名称 | | | | | |
| 商品描述 | 该商品为石膏旋流站,用于电厂烟气脱硫系统,其工作过程如下:<br>1. 含有大量石膏的浆液在高压作用下进入石膏旋流站,利用旋流站的特殊设计结构(外观呈倒锥形,内置四个旋流子),使石膏浆液在旋流站中呈漩涡状自由流动;<br>2. 由于浆液受离心力及重力作用,会自然在旋流站底部汇集浓度较高的浆液,而上部汇集浓度较低的浆液(浓度约3%);<br>3. 底部浓度高的浆液进入低流箱,然后经过管道进入真空皮带过滤机进行过滤,将石膏脱水过滤出来(真空皮带过滤机此次未进口),上部浓度较低的浆液流入溢流箱回收后进入废水旋流站进行进一步浆液分级。 | | | | |
| 归类决定 | 该商品的结构和功能符合《税则注释》对品目84.21项下离心机的描述,即"在有些离心机中,用一组倒置的分选圆锥将具有不同比重的物质分离在不同层次上并加以收集"。因此,根据归类总规则一,该石膏旋流站应归入税则号列8421.1990。 | | | | |

| 序号 | 1029 | 归类决定编号 | Z2006－0552 | 公告编号 | 2006年第69号 |
|---|---|---|---|---|---|
| 商品税则号列 | 8421.2110 | | | 发布日期 | 2006年11月22日 |
| 商品名称 | 电解水机 | | | | |
| 英文名称 | Electrolysis water system | | | | |
| 其他名称 | 多功能制水机 | | | | |
| 商品描述 | 该制水机为日本产OSG牌，其工作原理是：自来水经过过滤后，通过矿物质添加层，再经过电解，产生"酸性水"和"碱性水"。其中过滤分为粗滤和精滤，粗滤是通过10寸双节滤芯（棉芯＋活性炭芯）实现，精滤则是通过10寸活性炭芯（载银活性炭芯）实现；自来水经过粗滤和精滤后，成为可直接饮用的洁净水。电解则是通过电解槽进行电解，电解槽的中间有隔离膜，使得正负离子移动受阻，破坏了电解平衡，使得阳极一边瞬间氢离子偏多，由阳极流出的水富氢离子，带正电，呈弱酸性（即酸性水），阴极一边瞬间氢氧根离子偏多，由阴极流出的水富含氢氧根离子，带负电，呈弱碱性（即碱性水）。该多功能制水机通常设有"电解水"和"洁净水"控制按钮。按下"电解水"按钮，则输出酸性水和碱性水，两种电解水分别从不同的管道流出；按下"洁净水"按钮，则直接输出经过过滤的洁净水。 | | | | |
| 归类决定 | 电解水机，又称多功能制水机，它既可以产生洁净水，也可以产生"酸性水"和"碱性水"。其具体工作原理如下：<br>1. 自来水经过粗滤和精滤后，再通过矿物质添加层，成为直接饮用的洁净水；<br>2. 洁净水再通过电解槽进行电解，使得阳极一边瞬间氢离子偏多，由阳极流出的水富含氢离子，带正电，呈弱酸性（即酸性水）；而阴极一边瞬间氢氧根离子偏多，由阴极流出的水富含氢氧根离子，带负电，呈弱碱性（即碱性水）。<br>该多功能制水机设有"电解水"和"洁净水"控制按钮，供使用者选择不同的饮用水。<br>该多功能制水机同时具有过滤和电解两种功能，但仍以过滤为其主要功能；由于该多功能制水机主要用于家庭、办公室、酒店套房、餐馆等非生产型场所，符合《本国子目注释》对"家用型"的解释，因此，该商品可归入税则号列8421.2110。 | | | | |

| 序号 | 1030 | 归类决定编号 | Z2006－0553 | 公告编号 | 2006年第69号 |
|---|---|---|---|---|---|
| 商品税则号列 | 8421.2190[8421.2199(2014年版)] | | | 发布日期 | 2006年11月22日 |
| 商品名称 | 反渗水处理系统 | | | | |
| 英文名称 | Mer-ro-ff30 | | | | |
| 其他名称 | | | | | |
| 商品描述 | 该商品是利用高压泵和反渗膜对原水中的杂质、细菌、病毒热源、毒素、离子和重金属进行高度去除，使之成为近似纯水。该系统特别为医院血液透析制作透析液所设计制造。 | | | | |
| 归类决定 | 反渗水处理系统是利用反渗透膜(滤膜)过滤自来水、井水中的杂质、细菌等有害物质，使之成为高纯度水，并利用活性炭除氯，通过软水器软化水的硬度，处理过的水供医疗透析设备使用。根据其原理和功能，应归入税则号列8421.2190[8421.2199(2014年版)]。 | | | | |

| 序号 | 1031 | 归类决定编号 | Z2006－0555 | 公告编号 | 2006年第69号 |
|---|---|---|---|---|---|
| 商品税则号列 | 8421.2190[8421.2199(2014年版)] | | | 发布日期 | 2006年11月22日 |
| 商品名称 | 工业锅炉水过滤用电离子膜块组 | | | | |
| 英文名称 | | | | | |
| 其他名称 | | | | | |
| 商品描述 | 工业锅炉水过滤用电离子膜块组为高压锅炉补给用水的水处理部件。为保证产生洁净的高压蒸汽，要求电阻率在5兆欧以上的高纯水，生产此高纯水需要多极过滤的复杂系统。该“工业锅炉水过滤用电离子膜块组”是用于补给用水的水处理系统最高阶段的高纯水系统。该“工业锅炉水过滤用电离子膜块组”的工作原理与混床离子交换树脂相似，将离子膜分别通正负电，正负离子分别透过离子膜成为浓缩水排出，中间产生需要的纯水。该货物不能单独使用，可采用多极并联、串联的方式，在配有配套的电源、管路、阀门、仪表、电气控制系统构成完整的高纯水系统。 | | | | |
| 归类决定 | 上述商品已经具备了过滤功能，应根据《税则》列名作为液体净化装置归入税则号列8421.2190[8421.2199(2014年版)]。 | | | | |

| 序号 | 1032 | 归类决定编号 | Z2006－0554 | 公告编号 | 2006年第69号 |
| --- | --- | --- | --- | --- | --- |
| 商品税则号列 | 8421.2190[8421.2199(2014年版)] | | | 发布日期 | 2006年11月22日 |
| 商品名称 | 污水浮选系统 | | | | |
| 英文名称 | | | | | |
| 其他名称 | | | | | |
| 商品描述 | 该污水浮选系统用于药业公司处理污水,包括装置有:干燥聚合物搅拌混合系统2套、1000升溢流箱2台、凝结剂/絮凝剂投放装置1台、微泡发生器2台、浮选器1台、悬浮物脱水装置1台。<br>其工作原理为:由投放装置向污水中加入一定量的药物(如聚合氯化铝)后,通过微泡发生器产生大量带电的微气泡,由于微气泡所带电荷正好与水中浮选物电荷电性相反,利用电性中和作用,微气泡能充分与悬浮物结合,由于微气泡比重比水小,可将悬浮物浮选至水面形成浮渣层,最后通过刮渣机刮除浮渣达到净化水目的。 | | | | |
| 归类决定 | 该商品设备组合后具备净化污水的功能,根据《税则》第十六类类注四,应一并归入税则号列8421.2190[8421.2199(2014年版)]。 | | | | |

| 序号 | 1033 | 归类决定编号 | Z2006 - 0556 | 公告编号 | 2006 年第 69 号 |
|---|---|---|---|---|---|
| 商品税则号列 | | 8421.2990 | | 发布日期 | 2006 年 11 月 22 日 |
| 商品名称 | 肾脏透析器 | | | | |
| 英文名称 | | | | | |
| 其他名称 | | | | | |
| 商品描述 | 型号分别有：AM - BIO - 650WET、AM - BIO - HX - 650、AM - BIO - HX - 750、AM - BIO - HX - 1000、APS - 900(AM 系列透析器为一次性使用)。该肾脏透析器用于急、慢性肾功能衰竭的血液透析治疗，根据所附材料和《现代血液净化疗法》一书的说明，透析器有透析和超滤功能。 | | | | |
| 归类决定 | 该肾脏透析器用于急、慢性肾功能衰竭的血液透析治疗，它是肾脏透析设备上一次性使用的一个部件，该装置内部装有空心纤维，仅具有过滤和透析功能，不具有诊断、治疗、手术的功能。根据《税则》第九十章章注二(一)为依据所作的归类决定，将该肾脏透析设备归入税则号列 8421.2990。 | | | | |

| 序号 | 1034 | 归类决定编号 | Z2006 - 0557 | 公告编号 | 2006 年第 69 号 |
|---|---|---|---|---|---|
| 商品税则号列 | | 8421.2990 | | 发布日期 | 2006 年 11 月 22 日 |
| 商品名称 | 输液器滤板 | | | | |
| 英文名称 | | | | | |
| 其他名称 | | | | | |
| 商品描述 | 滤板主要由树脂外壳和内部的一大一小两块滤膜组成，外壳上有上下液体进出接口和输液器的导管相连，专用于输液器。 | | | | |
| 归类决定 | 虽然该滤板是医疗器械的零件，但由于其已具备了液体过滤功能，根据《税则》第九十章章注二(一)的规定，应归入税则号列 8421.2990。 | | | | |

| 序号 | 1035 | 归类决定编号 | Z2006 - 1332 | 公告编号 | 2007 年第 70 号 |
|---|---|---|---|---|---|
| 商品税则号列 | 8421.2990 | | | 发布日期 | 2007 年 12 月 5 日 |
| 商品名称 | 核酸蛋白制备型纯化系统 | | | | |
| 英文名称 | Nucleic acid and protein preparation | | | | |
| 其他名称 | | | | | |
| 商品描述 | 该核酸蛋白制备纯化系统,采用连续洗脱电泳技术、层析技术以及真空干燥技术,对蛋白、核酸及其他生物分子进行样品制备纯化。该系统能快速有效地分离生物分子,用于天然 PAGE、SDS - APGE 或琼脂糖凝胶电泳,制备电泳槽只需 5 小时就能提供纯化的蛋白质、核酸及其他分子,所分离的生物分子以单独的液相组分方式提供,并且数量足够进行测序、抗体生产、晶体学及其他下游应用。分子从凝胶底端洗脱出来,进入洗脱缓冲液流中,收集液体组分。该系统主要由三部分组成:<br>1. 制备型 PAGE 电泳系统,该系统包括一台 PowerPac 通用型电泳仪、一台 491 型制备电泳槽及其他零配件;<br>2. 低压层析系统,该系统包括一台 Biologic LP 低压层析系统及其他零配件;<br>3. 凝胶干燥系统,该系统包括一台 GelAir 凝胶干燥系统。 | | | | |
| 归类决定 | 该核酸蛋白制备型纯化系统由制备型 PAGE 电泳系统、低压层析系统、凝胶干燥系统三部分组成。其组合后用于去除蛋白质样品中的水分,符合《税则》税目 84.21 的商品范围。根据《税则》第十六类类注四,应将该套设备一并归入税则号列 8421.2990。 | | | | |

| 序号 | 1036 | 归类决定编号 | Z2006 - 0558 | 公告编号 | 2006 年第 69 号 |
|---|---|---|---|---|---|
| 商品税则号列 | 8421.3990 | | 发布日期 | | 2006 年 11 月 22 日 |
| 商品名称 | 真空手套箱 | | | | |
| 英文名称 | | | | | |
| 其他名称 | | | | | |
| 商品描述 | 设备组成：<br>1. 主机部分：气体净化系统、真空泵、循环泵、控制系统、过渡舱、电源；<br>2. 集成的 PLC 控制水分分析仪；<br>3. 集成的 PLC 控制氧分分析仪，固态氧探头；<br>4. 带有活性炭的灰尘过滤器。<br>用途：用于锂离子电池的组装。<br>工作原理：该设备利用真空泵通过过渡舱抽吸出箱内空气（真空度小于 100 帕），然后通过过渡舱充入纯净的惰性气体（AR 或 HE 等），使箱内外保持 5 帕的正压差，在此过程中使用者可以通过过渡舱的阀门调节箱内气压。由此可创造一个无水、无氧、无尘的洁净工作环境，大学的老师可以在该环境下进行锂离子电池的研究、组装。 | | | | |
| 归类决定 | 该设备由气体净化系统、水分分析仪、氧分分析仪等构成，通过气体过滤净化方式，创造一个无水、无氧、无尘的洁净环境，各种设备通过固定安装成一体，其结构符合第十六类类注三关于组合机器的描述，由于组合后的主要功能为气体净化，根据归类总规则一及六，应将其归入税则号列 8421.3990。 | | | | |

| 序号 | 1037 | 归类决定编号 | Z2009－0049 | 公告编号 | 2009年第5号 |
|---|---|---|---|---|---|
| 商品税则号列 | 8421.3990[8421.3940(2014年版)] | | | 发布日期 | 2009年1月20日 |
| 商品名称 | 生物脱硫回收装置 | | | | |
| 英文名称 | Sulfur recovery unit | | | | |
| 其他名称 | | | | | |
| 商品描述 | 生物脱硫回收装置采用生物技术脱除气相物流中的H2S,同时以元素硫的形式进行硫磺回收。该装置由吸收塔、生物反应器、硫磺沉降槽三部分组成,各部件通过不锈钢管道连接,设计在同一基础上。其中,吸收塔是一座填料塔,利用碱液产生化学反应将H2S从酸性气体中脱除出来形成吸收液,并在塔底通过不锈钢管道进入生物反应器。在生物反应器底部均匀通入空气,在硫杆菌的作用下,发生生化反应,将H2S中的硫脱出,形成的硫磺浆料通过管道进入硫磺沉降槽;同时,碱液得到再生。硫磺沉降槽是通过重力作用,将单体的硫沉降脱离出来,生成最终产品硫磺。 | | | | |
| 归类决定 | 该商品通过碱液将气相流体中的硫化氢气体滤除,并通过生化反应处理吸收液产生硫磺,碱液可循环使用。该商品符合《税则》税目84.21的商品描述,根据归类总规则一及六,应归入税则号列8421.3990[8421.3940(2014年版)]。 | | | | |

| 序号 | 1038 | 归类决定编号 | Z2006 - 0559 | 公告编号 | 2006 年第 69 号 |
|---|---|---|---|---|---|
| 商品税则号列 | 8421.9910 | | | 发布日期 | 2006 年 11 月 22 日 |
| 商品名称 | 玻璃钢制过滤灌 | | | | |
| 英文名称 | Water treatment parts | | | | |
| 其他名称 | | | | | |
| 商品描述 | 该商品为一种家用水处理产品(舒尔家用中央水处理自动控制调节系统,简称“舒尔家用中央水调”)上所用的容器部分,单独进口。外观特征为上端带内罗纹口的瓶状容器,尺寸 8 英寸 ×18 英寸,用于盛放离子交换树脂。(注:玻璃钢是指由玻璃纤维增强的不饱和聚酯树脂制成的塑料产品。) | | | | |
| 归类决定 | 由于“家用水处理产品”是一种《税则》税目 84.21 项下的液体过滤设备,而该容器已制成特定形状及规格,专用于上述设备。因此,根据第十六类类注二的规定,应按过滤设备的零件归入税则号列 8421.9910。 | | | | |

| 序号 | 1039 | 归类决定编号 | Z2006－0560 | 公告编号 | 2006 年第 69 号 |
|---|---|---|---|---|---|
| 商品税则号列 | 8421.9910 | | | 发布日期 | 2006 年 11 月 22 日 |
| 商品名称 | 氧气发生器 | | | | |
| 英文名称 | Oxylife oxygen concentrator | | | | |
| 其他名称 | 氧气集中器、制氧机 | | | | |
| 商品描述 | 品牌：澳来福（OXYLIFE）。<br>规格：标准型、车载专用型、小型。<br>结构：主要由空气压缩机和 IRS 分子筛机芯组成，还包括电磁阀、出氧管、冷却风扇、吸气消音器、排气消音器和 PCB 板接线等零部件。该货物进口时没有压缩机设备，压缩机从国内采购。<br>原理及用途：采用空气压缩过滤技术、氧气浓缩技术及系统控制技术，利用变压吸附（PSA）原理，以空气为原料，采用物理的过滤方法，不需任何添加剂，在常温下接通电源，通过 IRS 分子筛吸附氮气及其他气体，即可得到高纯度的富氧空气。该商品主要用于提供洁净的富氧空气，补充室内或车内的氧气浓度。 | | | | |
| 归类决定 | 根据该商品的特征和《税则》第十六类类注二零件的归类原则的规定，由于该商品进口时不带压缩机，压缩机是“氧气发生器”的重要组成部分，故进口部分不构成“氧气发生器”整机特征，应按空气过滤器零部件归入税则号列 8421.9910。 | | | | |

| 序号 | 1040 | 归类决定编号 | Z2006－1333 | 公告编号 | 2007年第70号 |
|---|---|---|---|---|---|
| 商品税则号列 | 8421.9990 | | 发布日期 | | 2007年12月5日 |
| 商品名称 | 中空纤维膜组件 | | | | |
| 英文名称 | Hollow fiber membrane element | | | | |
| 其他名称 | | | | | |
| 商品描述 | 该商品为污水净化设备上的一个部件，型号为sur334la，为聚乙烯材质的中空丝束，加工过程为经中空喷头喷融、拉伸、凝胶、浇注而成。其直径为0.5毫米，长度为50厘米。该膜为管状膜，通过微米单位的微孔过滤排水。 | | | | |
| 归类决定 | 该商品由多股过滤丝束组成，两边安装有具有导流、固定作用的管子。聚乙烯材质的中空丝束，加工过程为经中空喷头喷融、拉伸、凝胶、浇注而成。根据《税则注释》对品目59.11的描述："本品目的纺织制品可以装有其他材料制的附件，但本身必须仍具有纺织制品的基本特征"，该商品的过滤丝束安装于具有导流、固定作用的管子中间，已不再具有纺织制品的特征，而具备了过滤器零件的特征。该商品用于工业水过滤处理装置，根据归类总规则一及六，应将其归入税则号列8421.9990。 | | | | |

| 序号 | 1041 | 归类决定编号 | Z2007－0050 | 公告编号 | 2007年第71号 |
|---|---|---|---|---|---|
| 商品税则号列 | 8422.3030 | | 发布日期 | | 2007年12月5日 |
| 商品名称 | 全自动锭剂摆药机 | | | | |
| 英文名称 | Full automatic tablet distributor | | | | |
| 其他名称 | 全自动锭剂分包机 | | | | |
| 商品描述 | 全自动锭剂摆药机又称"全自动锭剂分包机"，品牌TOSHO，型号XANA－4001，用于医院药房或门诊，功能为根据HIS系统传递的医嘱信息（如药品名称、服用时间、服用剂量及患者的相关信息）对锭剂药品（包括片剂和胶囊）自动进行分拣、组合和包装，避免人工分药产生的差错。 | | | | |
| 归类决定 | 全自动锭剂摆药机用于医院药房或门诊，可根据系统传送的医嘱信息对药品进行自动分拣和组合，最后进行包装。其药物的分拣和组合功能应认定为附属于其包装功能，根据《税则注释》对品目84.22的描述"除包装、捆扎等功能以外，还具有一些附属于包装等的其他附加功能的机器人归入本品目"，该商品应归入税则号列8422.3030。 | | | | |

| 序号 | 1042 | 归类决定编号 | Z2006－0561 | 公告编号 | 2006年第69号 |
|---|---|---|---|---|---|
| 商品税则号列 | 8422.3090 | | | 发布日期 | 2006年11月22日 |
| 商品名称 | 全自动条形码制作粘贴采血管分配准备系统 | | | | |
| 英文名称 | | | | | |
| 其他名称 | | | | | |
| 商品描述 | 全自动条形码制作粘贴采血管分配准备系统（BC. ROBO－585）用于医院采血室，能够依照检查项目需求通过接收计算机指令选择抽血试管，除了能自动将打印出的条形码标签贴置完成（依试管的长度粘贴于指定的位置），也能附加列印供人工粘贴的条形码标签、抽血指示书等，并将每一位病患用的试管集中收放在一个抽血试管盒内或密封塑料袋内。 | | | | |
| 归类决定 | 该设备用于对采血试管的分类管理，其过程包括选取试管、打印标签、粘贴标签以及传送至收集盒等。根据《税则注释》对品目84.22"贴标签机"的描述"贴标签机，包括装有印刷、裁切或粘贴标签装置的"，该设备的主体功能符合"贴标签机"的描述，根据归类总规则三（二），应将其归入税则号列8422.3090。 | | | | |

| 序号 | 1043 | 归类决定编号 | Z2006－0562 | 公告编号 | 2006年第69号 |
|---|---|---|---|---|---|
| 商品税则号列 | 8422.4000 | | | 发布日期 | 2006年11月22日 |
| 商品名称 | 高速包装机组 | | | | |
| 英文名称 | | | | | |
| 其他名称 | | | | | |
| 商品描述 | 型号：G. D X2－4350/PACK－OW。<br>主要用途：将每20支烟包装成1小包烟，外压一层透明纸，然后，再按每10小包烟包装成1条烟，又外压一层透明纸。 | | | | |
| 归类决定 | 高速卷烟包装机用于卷烟的包装，该机可将制成的单支卷烟每20支包装成1小包烟，包上透明纸，然后将每10小包烟包装成1条烟，再包上透明纸。由于该机虽用于烟草工业，但仅具有包装功能，而不具有烟草加工功能，故仍应作为其他包装机器归入税则号列8422.4000。 | | | | |

| 序号 | 1044 | 归类决定编号 | Z2006－0563 | 公告编号 | 2006年第69号 |
|---|---|---|---|---|---|
| 商品税则号列 | 8422.4000 | | | 发布日期 | 2006年11月22日 |
| 商品名称 | 编带机 | | | | |
| 英文名称 | | | | | |
| 其他名称 | | | | | |
| 商品描述 | 该商品为ISMECA公司生产的NX－16型号的编带机，用于对晶体管产品进行编带包装，该编带机将合格的二级管等电子元件放入编带中，再对编带进行塑封，该机器同时还为测试机、镭射印字机、外观检测系统提供连接接口，编带机与其连接的测试机、镭射印字机、外观检测系统同步工作，该编带机单独进口。 | | | | |
| 归类决定 | 该商品用于对晶体管产品进行封装，属于包装机器，符合税目84.22及其子目条文的描述，根据归类总规则一及六，应将其按其他包装机器归入税则号列8422.4000。 | | | | |

| 序号 | 1045 | 归类决定编号 | Z2006－0564 | 公告编号 | 2006年第69号 |
|---|---|---|---|---|---|
| 商品税则号列 | 84.23或90.16 | | | 发布日期 | 2006年11月22日 |
| 商品名称 | 燃烧法沥青含量测试仪 | | | | |
| 英文名称 | | | | | |
| 其他名称 | | | | | |
| 商品描述 | 燃烧法沥青含量测试仪由美国TROXLER电子公司制造，型号：NTO4731，该商品在箱内对设定重量的沥青混合料采用加温燃烧的方法，将沥青燃尽，并通过称重传感器测定剩余混合料的重量，以确定沥青含量。 | | | | |
| 归类决定 | 该商品首先通过红外线加温的方法将沥青燃尽，而后通过称重传感器测定剩余混合料的重量，为确定沥青含量提供原始数据，该设备本身只是完成了燃烧、称重两个步骤，不具有对数据作出判断分析的功能，不符合《税则注释》品目90.27“理化分析仪器及装置”的描述。在该商品所具有的红外线加热燃烧及称重两个功能中，称量燃烧后剩余混合料的重量是其主要功能，故该商品应做为衡器并依据其感量是否大于或小于50毫克归入《税则》税目84.23或90.16项下。 | | | | |

| 序号 | 1046 | 归类决定编号 | Z2006 - 1334 | 公告编号 | 2007 年第 70 号 |
|---|---|---|---|---|---|
| 商品税则号列 | 8423.8290 | | 发布日期 | 2007 年 12 月 5 日 | |
| 商品名称 | 动物鉴定标识系统 | | | | |
| 英文名称 | | | | | |
| 其他名称 | | | | | |
| 商品描述 | 该系统主要由耳号感应器、RFID 称重系统(900 和 100 个羊单位)、鉴定识别系统、浏览记录装置组成。给实验动物安装耳号感应器,通过感应器和 RFID 系统测试数据,自动将动物行为传输到鉴定识别系统,自动记录和输出试验数据,由此判定家畜的遗传谱系、个体变化、健康状况等。 | | | | |
| 归类决定 | 该动物鉴定标识系统,由四部分组成,具有识别、称重及记录和输出数据的功能。上述部件组合后,明显具有《税则注释》中品目 84.23“衡器”的功能,根据归类总规则一(第十六类类注四)及六,应按“最大称量超过 30 千克,但不超过 5000 千克的衡器”归入税则号列 8423.8290。 | | | | |

| 序号 | 1047 | 归类决定编号 | Z2006－0565 | 公告编号 | 2006 年第 69 号 |
|---|---|---|---|---|---|
| 商品税则号列 | 84.24 | | 发布日期 | | 2006 年 11 月 22 日 |
| 商品名称 | DCS 控冷控轧机关键件 | | | | |
| 英文名称 | Water cool line | | | | |
| 其他名称 | 水冷段 | | | | |
| 商品描述 | DCS 控冷控轧机关键件，为水冷线（或水冷段）的关键部件，支架及底座部分国内配套，该水冷线由水箱阀组（Cooling nozzlies）、阀架阀组（Nozzies on-off vavles）、冷却器（Comp air dryer）一套、剥离/干燥器（Co-unterflow strippers、counter flow stripers）、转辙器构成，主要功能是通过水冷、风冷的方式有效控制轧制后、精轧前线材的温度，其中水箱包括一系列管状组件，当线材通过时，通过环形喷嘴喷射高压水，线材在径向被高压水围住，整个断面达到均匀冷却，阀架阀组是水箱的控制阀，本次未进口电气控制设备（MMI 自动化系统、温度闭环控制系统），如可编程控制器（PLC）、传感器等；剥离/干燥器和冷却器一同以反向的水流和风流剥离冷却过程中形成杂质并对线材形成干燥作用，转辙器负责将线材分流到精轧线。 | | | | |
| 归类决定 | 因该套设备的组成已构成功能机组，可按其喷射的功能归入税目 84.24 项下。 | | | | |

| 序号 | 1048 | 归类决定编号 | Z2006－1335 | 公告编号 | 2007 年第 70 号 |
|---|---|---|---|---|---|
| 商品税则号列 | 8424. 3000 | | | 发布日期 | 2007 年 12 月 5 日 |
| 商品名称 | 高压清洗机（冷、热水） | | | | |
| 英文名称 | | | | | |
| 其他名称 | 喷射清洗机 | | | | |
| 商品描述 | 该商品主要用于清洗机器、车辆、建筑物等，包括多种型号，机器重量从几十千克到几百千克不等，高压枪喷射物质为冷热水。 | | | | |
| 归类决定 | 根据归类总规则一，该商品应归入税则号列 8424. 3000。 | | | | |

| 序号 | 1049 | 归类决定编号 | Z2006－0566 | 公告编号 | 2006 年第 69 号 |
|---|---|---|---|---|---|
| 商品税则号列 | 8424. 8100 | | | 发布日期 | 2006 年 11 月 22 日 |
| 商品名称 | 滴灌设备 | | | | |
| 英文名称 | | | | | |
| 其他名称 | | | | | |
| 商品描述 | 该滴灌系统由以下几部分构成：(1)中央控制系统、过滤系统及施肥系统；(2)主要部件连接件；(3)田间首部；(4)支管；(5)田间网络；(6)防风林带。 | | | | |
| 归类决定 | 该滴灌设备由控制系统、过滤系统、施肥系统、配套的输水管道、阀门、喷头等构成，按照《税则》第十六类类注四的规定，整套设备可作为功能机组归入税则号列 8424. 8100。 | | | | |

| 序号 | 1050 | 归类决定编号 | Z2006－0567 | 公告编号 | 2006年第69号 |
|---|---|---|---|---|---|
| 商品税则号列 | | 8424.8100 | | 发布日期 | 2006年11月22日 |
| 商品名称 | 加湿器 | | | | |
| 英文名称 | Air cool | | | | |
| 其他名称 | | | | | |
| 商品描述 | 该商品是一种环境控制系统，由风扇、旋转碟、电动机、喷雾器等部件组成，该系统是利用离心力通过旋转碟旋转，将水粉碎成微小液粒，再由风扇吹出进行雾化，在雾化过程中达到增加空气湿度的目的。如果在雾化过程中使用冷水，还可起降温作用。主要用于家禽饲养房、养猪场、温室等场所，也可用于办公室等工作场所、购物中心等。 | | | | |
| 归类决定 | 该商品为液体的喷雾设备，虽具有间接的增湿降温作用，但根据其工作原理及功能，仍应按草坪、果园等用的喷雾器，归入税则号列8424.8100。 | | | | |

| 序号 | 1051 | 归类决定编号 | Z2006－0568 | 公告编号 | 2006年第69号 |
|---|---|---|---|---|---|
| 商品税则号列 | | 8424.8100 | | 发布日期 | 2006年11月22日 |
| 商品名称 | 自走式变量喷药机 | | | | |
| 英文名称 | SPX3200 Sprayer | | | | |
| 其他名称 | | | | | |
| 商品描述 | 自走式变量喷药机，型号：SPX3200，该商品用于农田作物的农药喷洒。 | | | | |
| 归类决定 | 根据《税则注释》第八十七章的有关规定，汽车底盘必须装有驾驶系统或倒档及差速器。该喷药机不具有车辆底盘，且主要功能为喷射农药，应作为农业用喷射设备归入税则号列8424.8100。 | | | | |

| 序号 | 1052 | 归类决定编号 | Z2006－1336 | 公告编号 | 2007 年第 70 号 |
|---|---|---|---|---|---|
| 商品税则号列 | 8424.8910 或 8424.8999 | | | 发布日期 | 2007 年 12 月 5 日 |
| 商品名称 | 压力罐喷头 | | | | |
| 英文名称 | | | | | |
| 其他名称 | 雷达杀虫剂阀门(申报品名) | | | | |
| 商品描述 | 压力罐喷头用于杀虫剂，其金属盖装有一个按钮，可使阀针移位，用以开关喷孔。 | | | | |
| 归类决定 | 压力罐喷头主要由阀门及喷雾装置构成，其中喷雾功能是其主要功能，该功能的实现靠盖上的按钮，故装有按钮的压力罐喷头应作为喷雾散布装置归入税则号列 8424.8910(家用型)或 8424.8999(非家用型)。 | | | | |

| 序号 | 1053 | 归类决定编号 | Z2006－0569 | 公告编号 | 2006 年第 69 号 |
|---|---|---|---|---|---|
| 商品税则号列 | 8424.8999 | | | 发布日期 | 2006 年 11 月 22 日 |
| 商品名称 | 镁基脱硫设备 | | | | |
| 英文名称 | | | | | |
| 其他名称 | | | | | |
| 商品描述 | 该商品为铁水脱硫设备，主要包括喷吹罐、料仓电子称、集尘器、配套阀门、仪表及 PLC 控制系统等。 | | | | |
| 归类决定 | 镁基脱硫设备可对铁水罐中铁水进行控制性喷石灰粉和镁粉，以达到铁水脱硫的目的。该套设备符合《税则》第十六类类注四关于功能机组的定义，可按其整体功能，一并归入税则号列 8424.8999。 | | | | |

| 序号 | 1054 | 归类决定编号 | Z2006－0570 | 公告编号 | 2006年第69号 |
|---|---|---|---|---|---|
| 商品税则号列 | 8424.8999 | | | 发布日期 | 2006年11月22日 |
| 商品名称 | 静电喷粉机 | | | | |
| 英文名称 | Spraying system | | | | |
| 其他名称 | | | | | |
| 商品描述 | 该商品为静电喷粉机，共有两种型号：(1)Sames－SRV416型自动静电喷粉设备，六套，每套设备配置有：自动静电喷粉枪(带内置式高压发生器)、静电控制器、输粉泵以及配件；(2)STAJET406型手动静电喷粉设备，两套，每套设备配置有：手动静电喷粉枪(带内置式高压发生器)、静电控制器、粉桶、输粉泵、安装小车以及配件。该喷粉机采用静电原理，将环氧树脂、聚酯、聚氯乙烯等粉末喷涂于外形复杂的工件上。 | | | | |
| 归类决定 | 上述两种商品均为包括喷枪的设备，故超过了税则号列8424.2000的范围，应按《税则》未列名粉末喷射机器归入税则号列8424.8999。 | | | | |

| 序号 | 1055 | 归类决定编号 | Z2006－0571 | 公告编号 | 2006年第69号 |
|---|---|---|---|---|---|
| 商品税则号列 | 8424.8999 | | | 发布日期 | 2006年11月22日 |
| 商品名称 | 选择性涂敷设备 | | | | |
| 英文名称 | | | | | |
| 其他名称 | | | | | |
| 商品描述 | 该设备型号为CAMALOT－4398，是一种全自动选择性涂敷设备，广泛应用于对电路板组件或各类基板防潮、防腐保护的敷形涂敷。工作原理是通过计算机编程控制喷头的位移和喷射状态来进行涂敷。一般是喷涂液体涂料，喷射状态可以是雾状或针状，最大涂敷面积为500毫米×500毫米的板子，精度为±0.025毫米。 | | | | |
| 归类决定 | 根据其工作原理，因为该设备的主要功能是喷射液体涂料，应按喷射机器归入税则号列8424.8999。 | | | | |

| 序号 | 1056 | 归类决定编号 | Z2006 - 0572 | 公告编号 | 2006 年第 69 号 |
|---|---|---|---|---|---|
| 商品税则号列 | 8424.8999 | | 发布日期 | | 2006 年 11 月 22 日 |
| 商品名称 | 机舱水雾喷淋系统 | | | | |
| 英文名称 | High pressure water mist system | | | | |
| 其他名称 | | | | | |
| 商品描述 | 该系统是船用机舱灭火防御系统。其由带有控制板的泵单元、一组可控释放的区域电磁阀、每个区域带喷嘴的管、管附件、主管、监测探头和报警单元组成。工作原理：监测探头和报警单元探测到紧急情况后，启动水泵从淡水舱提取水源至供水单元（水柜），再由高压水泵加压至 80 千克以上，通过喷嘴形成幕状水雾，达到隔离氧气、降低温度，最终灭火的目的。 | | | | |
| 归类决定 | 该套系统通过感测现场环境、控制水泵与阀门的工作，通过液体喷洒的方式实现灭火的功能。上述商品属于液体喷射、散布装置，符合《税则》税目 84.24 及其子目条文的描述，根据归类总规则一及六，应将其按液体喷射装置归入税则号列 8424.8999。 | | | | |

| 序号 | 1057 | 归类决定编号 | Z2006－1337 | 公告编号 | 2007年第70号 |
|---|---|---|---|---|---|
| 商品税则号列 | 8424.8999 | | | 发布日期 | 2007年12月5日 |
| 商品名称 | 热熔胶喷涂主机 | | | | |
| 英文名称 | | | | | |
| 其他名称 | | | | | |
| 商品描述 | 该热熔胶喷涂主机(理想B型CONCEPT B5/B8/B12/B18,其中B5表示熔缸的容积为5升)作为热熔胶喷涂机的主要部件,包括熔缸、熔缸加热器、活塞泵、过滤装置和控制电路板、控制操作面板等部分。其工作原理为将粒状的热熔胶放入主机里的熔缸加热,当熔化为液体状态后,活塞泵把液体胶加压,并通过外接的喉管将胶送达喷枪;该主机通过主控板控制喷枪进行工作。该热熔胶喷涂机主要应用于纸箱封箱、产品组装、书本装订等行业。 | | | | |
| 归类决定 | 该热熔胶喷涂机主机已构成喷涂机的基本特征,同时,由于其不符合《税则注释》品目84.24中对“喷枪及类似器具”以及“喷汽机、喷砂机及类似喷射机器”的描述,故不能归入其中。根据归类总规则二(一)及六,该热熔胶喷涂机主机应按其他液体喷射器具归入税则号列8424.8999。另外,若喷枪与主机同时申报且数量成套,两者可一并归入税则号列8424.8999;若喷枪单独申报或数量不匹配,可按具体列名归入税则号列8424.2000。 | | | | |

| 序号 | 1058 | 归类决定编号 | Z2008－0165 | 公告编号 | 2008年第83号 |
|---|---|---|---|---|---|
| 商品税则号列 | 8424.8999 | | | 发布日期 | 2008年11月24日 |
| 商品名称 | 旧自动清洗机 | | | | |
| 英文名称 | | | | | |
| 其他名称 | | | | | |
| 商品描述 | 该商品的品牌为LIBHERR，型号为DHB－2－65－30，其主要用途是通过传送机构将曲轴进行传送及反转，通过喷嘴将经过加热的水进行加压，对曲轴表面及各油孔进行喷淋，再通过加温及吹风去除曲轴残留水分，达到清洗曲轴的目的。该自动清洗机不是生产线，实际进口状态为外方（卖方）对整台清洗机的实际解体拆卸、运输装车状态，包括：供气管路、清洗喷淋系统、漂洗喷淋系统、清洗水箱、漂洗水箱、自动排屑机、排雾装置、热风烘干系统、冷风吹干系统、机体、清洗系统、漂洗系统、油道清洗系统、油道压吹系统、滚轮支撑装置、抬起输送机构、罩壳及自动升降门、集中润滑系统、气动控制系统、电气控制系统等。该机床喷嘴、传送机构及其他部分（如加热、热吹风等）是整台清洗机的重要组成功能部（组）件，与“清洗机”的供气管路、清洗喷淋系统、漂洗喷淋系统、清洗水箱、漂洗水箱、自动排屑机、排雾装置、机体、清洗系统、漂洗系统、油道清洗系统、滚轮支撑装置、抬起输送机构、罩壳及自动升降门、集中润滑系统、气动控制系统、电气控制系统等共同组成一台完整的清洗机。 | | | | |
| 归类决定 | 该商品采用喷淋方式对曲轴表面及各油孔进行清洗，符合《税则》税目84.24的商品描述，根据归类总规则一及六，应归入税则号列8424.8999。 | | | | |

| 序号 | 1059 | 归类决定编号 | Z2008 - 0166 | 公告编号 | 2008 年第 83 号 |
| --- | --- | --- | --- | --- | --- |
| 商品税则号列 | 8424.8999 | | | 发布日期 | 2008 年 11 月 24 日 |
| 商品名称 | 炮体 | | | | |
| 英文名称 | | | | | |
| 其他名称 | | | | | |
| 商品描述 | 炮体为电动消防炮主体,包括电动炮体、遥控器、接收器。它是一种大流量多功能消防喷射器具,主要功能是改变喷射形状、距离和方向。 | | | | |
| 归类决定 | 该商品为液体喷射装置的不完整品,由电动炮体、遥控器、接收器等部件构成,虽然还缺少基座、进水接口、喷头等部件,但已经具备了完整的消防炮的基本特征。完整的消防炮用于消防喷水,其功能和结构与《税则注释》对子目 8424.30 的描述"……可高压喷出砂或金属研磨料等,用以对金属制品进行除锈或清洁,或者在玻璃、石料等表面进行蚀刻或褪光处理……本品目也包括喷汽机械,用以除去金属机件上的油漆等"有较大不同,故不应归入税则号列 8424.3000。上述商品已具备喷水器完整品的基本特征,根据归类总规则二(一),应按其他喷水装置归入税则号列 8424.8999。 | | | | |

| 序号 | 1060 | 归类决定编号 | Z2009－0050 | 公告编号 | 2009年第5号 |
|---|---|---|---|---|---|
| 商品税则号列 | 8424.8999 | | | 发布日期 | 2009年1月20日 |
| 商品名称 | 油雾发生器 | | | | |
| 英文名称 | Oil mist lubrication equipment | | | | |
| 其他名称 | 油雾润滑系统 | | | | |
| 商品描述 | 该设备由漩涡式油雾头和电脑控制仪表组成，型号为IVT&VO。设备工作原理是：压缩空气经过管路输送到IVT&VO主机，在主机内通过涡旋式油雾头时产生高速气流，该气流与从虹吸管输送上来的润滑油混合，产生出颗粒为3～5微米，浓度为百万分之五的润滑油雾，经油雾头散布到主机内部的油雾箱中，再经过主机内部的变流盘导流，由主机上的油雾出口向外输送到需要润滑的设备，进行油雾润滑。油雾可输送到距离主机百米以外的机泵，颗粒极小的油雾能够在金属表面形成润滑效果较好的一层油膜，减小摩擦及发热，使轴承温度明显下降。油雾的生成由装备微电脑的主机控制，涡流雾化工艺本身不需要任何活动或旋转部件，整个油雾润滑系统可长期可靠运行。 | | | | |
| 归类决定 | 该商品由产生润滑油雾的主机和对设备进行润滑的旋涡式油雾头组成，组合后用于喷射油雾，其结构不符合《税则注释》对喷枪及类似器具的描述，故不能归入子目8424.20，根据归类总规则一及六，应归入税则号列8424.8999。 | | | | |

| 序号 | 1061 | 归类决定编号 | Z2009－0051 | 公告编号 | 2009 年第 5 号 |
|---|---|---|---|---|---|
| 商品税则号列 | 8424.8999 | | 发布日期 | | 2009 年 1 月 20 日 |
| 商品名称 | 洗地龙头 | | | | |
| 英文名称 | | | | | |
| 其他名称 | | | | | |
| 商品描述 | 该商品由喷枪状配件、橡皮软管、盘盒、安装架等组成。工作原理：将该洗地龙头尾端与自来水管相连，不需要任何机械、油、电做动力，洗地龙头前端有一个开关，当开关关闭时，输入到龙头内的水就形成压力，并能任意调节水柱大小。 | | | | |
| 归类决定 | 该商品由喷枪状配件、橡皮软管、盘盒、安装架等组成，其喷枪可以使液体以射流状喷射，符合《税则注释》关于品目 84.24 项下商品的描述，属注释列名的“喷水器”，符合《税则》税目 84.24 及其子目条文的描述，根据归类总规则一及六，应按其他喷射器具归入税则号列 8424.8999。 | | | | |

| 序号 | 1062 | 归类决定编号 | Z2009－0163 | 公告编号 | 2009 年第 57 号 |
|---|---|---|---|---|---|
| 商品税则号列 | 8424.8999 | | 发布日期 | | 2009 年 8 月 31 日 |
| 商品名称 | 原料喷嘴 | | | | |
| 英文名称 | | | | | |
| 其他名称 | | | | | |
| 商品描述 | 原料喷嘴通过法兰与提升管连接。工作原理是：将原料油通过管道输送进入到原料喷嘴的入口，同时雾化蒸汽从另一入口进入，在原料喷嘴的腔体内原料油与雾化蒸汽进行混合后，由另一端的喷嘴喷出，喷出的混合物是烟雾状混合物，此混合物进入提升管中与催化剂充分接触进行反应。 | | | | |
| 归类决定 | 该商品通过将油和蒸汽混合后喷出雾化油滴，属于喷雾器，符合《税则》税目 84.24 及其子目条文的描述，根据归类总规则一及六，应按其他喷射装置归入税则号列 8424.8999。 | | | | |

| 序号 | 1063 | 归类决定编号 | Z2010－0030 | 公告编号 | 2010 年第 15 号 |
|---|---|---|---|---|---|
| 商品税则号列 | 8424.8999［8424.8920（2014 年版）］ | | 发布日期 | 2010 年 2 月 28 日 | |
| 商品名称 | 面漆线底漆喷涂机器人 | | | | |
| 英文名称 | | | | | |
| 其他名称 | | | | | |
| 商品描述 | 面漆线底漆喷涂机器人由机械臂、机械传动装置、气动装置柜、电控柜、机器人控制器、漆料管路系统及喷杯组成。该喷涂机器人用于喷涂车身外表面底漆和清漆，喷涂过程是利用高压静电喷涂技术使雾化好的油漆自动吸附到车身外表面，达到成膜的目的。喷涂工作由机器人与漆料管路系统配合完成。机器人可按照预先编制好的运动轨迹，通过伺服驱动器控制它的各轴伺服电动机，从而带动机器人机械臂进行喷涂。喷涂过程中漆料管路阀门打开，并将漆料输送到机器人机械臂内，通过集成在机械臂内的输料泵输出。经输料泵输送的漆料到达喷杯，机器人喷杯里有高转速的气动涡轮机和经防爆处理的高压栅，通过涡轮机将油漆雾化成微小颗粒，通过高压栅使雾化后的油漆颗粒带上负电荷，由于车身与地相连，为零电势，这样雾化好的油漆在电场的作用下自动吸附到车身外表面，达到喷涂成膜的目的。 | | | | |
| 归类决定 | 该商品是一种工业机器人，仅具有喷漆功能，根据《税则注释》关于品目 84.79 项下通用工业机器人描述的排他条款“但本品目不包括具有某种特定功能的工业机器人；这些工业机器人应按其功能归类（例如，归入品目 84.24……）”，上述商品应根据其功能归入《税则》税目 84.24 项下，但该商品并非手持式喷漆设备，故而并不满足税则子目 8424.20 项下的喷枪的定义，属于税则号列 8424.8999 的“其他液体喷射装置”，根据归类总规则一及六，应按其他喷射器具归入税则号列 8424.8999［8424.8920（2014 年版）］。 | | | | |

| 序号 | 1064 | 归类决定编号 | Z2006－0574 | 公告编号 | 2006年第69号 |
|---|---|---|---|---|---|
| 商品税则号列 | 8424.9090 | | | 发布日期 | 2006年11月22日 |
| 商品名称 | 滴灌管线 | | | | |
| 英文名称 | | | | | |
| 其他名称 | | | | | |
| 商品描述 | 滴灌管线外观为塑料管线，间距40厘米有一滴孔，每个滴孔装有一个滴头过滤器（可防滴孔堵塞）。该滴灌管线成卷进口，广泛用于高科技节水灌溉设施。 | | | | |
| 归类决定 | 《税则注释》对品目39.17“管子”的定义为：“一般用于输送，引流或分配气体或液体的中空管”，而此滴灌管线因装有滴头过滤器，不符合上述规定，因其已具有品目84.24灌溉设备零件的特征，可归入税则号列8424.9090。 | | | | |

| 序号 | 1065 | 归类决定编号 | Z2006－0575 | 公告编号 | 2006年第69号 |
|---|---|---|---|---|---|
| 商品税则号列 | 8424.9090 | | | 发布日期 | 2006年11月22日 |
| 商品名称 | 滴头（滴灌设备用） | | | | |
| 英文名称 | | | | | |
| 其他名称 | | | | | |
| 商品描述 | 该商品为滴灌线管用塑料滴头，其内镶在滴灌线管，在挤出机挤出管子的同时直接镶入滴灌管内部，同时在由滴头的管子外壁对准滴头的出水口打孔。其工作原理为：有压水进入滴头后，先经过一过滤器进行最后一级过滤，然后流入一个锯齿形流道（不同类型的滴头其流道的长度宽度不同），水流在流道撞击锯齿形成涡流，这样可以把水中的杂质冲出流道而不造成滴头堵塞。 | | | | |
| 归类决定 | 该塑料滴头用于滴灌线管，应作为喷射装置用零件归入税则号列8424.9090。 | | | | |

| 序号 | 1066 | 归类决定编号 | Z2006－1338 | 公告编号 | 2007年第70号 |
|---|---|---|---|---|---|
| 商品税则号列 | 8424.9090 | | 发布日期 | 2007年12月5日 | |
| 商品名称 | 喷淋管 | | | | |
| 英文名称 | | | | | |
| 其他名称 | | | | | |
| 商品描述 | 该喷淋管采用FRP材料(玻璃钢)制成,是一种高分子复合材料,具有防腐、耐磨等性能。其安装在电厂烟气脱硫系统中的脱硫塔中,组成一套喷淋层,用于电厂烟气脱硫(FGD)系统,是FGD的重要组成部分之一——喷雾系统。喷雾系统主要由特殊设计的喷淋管、浆液循环泵、喷嘴组成,喷淋管根据脱硫塔的大小、石灰石浆液的浓度、腐蚀强度、流体压力、温度等参数作为计算依据,最后计算、设计出的喷淋管必须达到均匀分压、耐温、耐腐、耐磨等要求。<br>喷雾系统运行时,浆液循环泵向喷雾系统中输送石灰石浆液,浆液通过喷淋层中时由喷淋管将浆液均压分配后到喷口,喷口处连接着喷嘴,喷嘴将石灰石浆液均匀、稳定的雾化喷出,从而使石灰石浆液和烟气中的$SO_2$充分的产生化学反应,以达到脱硫的作用。 | | | | |
| 归类决定 | 该喷淋管仅是管路,内部无任何活动机械部件,无任何调节、改变水流的功能,不构成完整的喷射装置。同时该管路已开有多个接头,具有明显的零件特征,根据《税则注释》对品目84.24项下商品零件的规定,喷射装置的管路组应按零件进行归类。根据归类总规则一及六,应将其按液体喷射装置的零件归入税则号列8424.9090。 | | | | |

CLASSIFICATION DECISIONS OF GENERAL ADMINISTRATION OF CUSTOMS

-CLASSIFICATION DECISIONS OF CHINA CUSTOMS 1999-2014

# 海关总署商品归类决定

## ——中国海关 1999 年—2014 年归类决定

海关总署关税征管司◎编

（下 册）

中国海关出版社

| 序号 | 1067 | 归类决定编号 | Z2008 －0167 | 公告编号 | 2008 年第 83 号 |
|---|---|---|---|---|---|
| 商品税则号列 | 8425.4210 | | 发布日期 | 2008 年 11 月 24 日 | |
| 商品名称 | 铝制轮轴放线架 | | | | |
| 英文名称 | | | | | |
| 其他名称 | | | | | |
| 商品描述 | 该商品由纯铝制成,用于支撑重型电缆,由两个单边的铝制架加上一条轴杆组成,高 1.1 米,在每个铝制架底部固定装有一个千斤顶。进口时不含轴杆。使用时,将电缆滚筒置于放线架中间,轴杆插入电缆滚筒空心安装好,两侧的千斤顶同时工作,使电缆滚筒升高,便于牵引机将电缆拉出。 | | | | |
| 归类决定 | 该商品由铝制支架和液压千斤顶组成,用于提升电缆滚筒使其放送盘绕在上面的电缆符合《税则》税目 84.25 的商品描述,根据归类总规则一及六,应作为专用于提升电缆滚筒的液压千斤顶归入税则号列 8425.4210。 | | | | |

| 序号 | 1068 | 归类决定编号 | Z2009－0126 | 公告编号 | 2009年第32号 |
|---|---|---|---|---|---|
| 商品税则号列 | 8426.1930 | | 发布日期 | | 2009年6月12日 |
| 商品名称 | 电磁半龙门起重机 | | | | |
| 英文名称 | | | | | |
| 其他名称 | | | | | |
| 商品描述 | 电磁半龙门起重机由支腿、主梁、起升机构、运行机构、传动机构、轨道、电磁控制系统等组成，用于车间内。该起重机桥架一端有支腿，支腿在地面轨道上作纵向移动；另一端直接固定于车间高台架的行车梁上纵向移动。主横梁架于支腿和行车梁上，起重机的起升机构安装于主梁上。 | | | | |
| 归类决定 | 从行业技术上分类，半龙门起重机是龙门式起重机的一种，而桥式起重机的桥架两端都必须在高架轨道上运行（《机械工程手册（十三卷）》）。《税则注释》关于品目84.26项下商品的描述中也明确了桥式起重机的范围“一、桥式起重机，由一个大功率起重装置挂在重型横梁或桥架上而组成”，说明桥式起重机是不带支腿的。该商品的结构和移动方式满足《税则注释》关于龙门式起重机的描述“是高架在四脚基座上的港口等用动臂起重机，起重机的基座在可横跨一条或多条正常铁路轨道的宽轨距轨道上运行”，属半龙门式起重机，符合《税则》税目84.26项下龙门式起重机的子目条文的描述，根据归类总规则一及六，应按龙门式起重机归入税则号列8426.1930。 | | | | |

| 序号 | 1069 | 归类决定编号 | Z2006 - 0576 | 公告编号 | 2006 年第 69 号 |
|---|---|---|---|---|---|
| 商品税则号列 | 8426.4110 | | 发布日期 | 2006 年 11 月 22 日 | |
| 商品名称 | 旧轮胎式起重机 | | | | |
| 英文名称 | | | | | |
| 其他名称 | | | | | |
| 商品描述 | 该旧轮胎式起重机品牌为加腾牌，型号 KR - 25H - IIIL，机号为 2431325，1988 年生产，六成新，可吊重 25 吨，功率 215 马力。其行进及起重的控制装置均在同一控制室内。 | | | | |
| 归类决定 | 根据《税则注释》关于品目 87.05 中起重机械的归类规定“如果一种或多种推进或中心部件装在作业机器的驾驶室内，则不论整台机器是否可以依靠自身动力在道路上行驶，仍应归入品目 84.26”，所述商品应按轮式起重机归入税则号列 8426.4110。 | | | | |

| 序号 | 1070 | 归类决定编号 | Z2006－0577 | 公告编号 | 2006年第69号 |
|---|---|---|---|---|---|
| 商品税则号列 | 8426.4190 | | | 发布日期 | 2006年11月22日 |
| 商品名称 | 集装箱正面吊 | | | | |
| 英文名称 | Container handling equipment | | | | |
| 其他名称 | | | | | |
| 商品描述 | 该集装箱正面吊型号为FERRARI278，功率320马力，第一节/第二节的吊重能力为45吨/32吨。主要用于码头及集装箱堆场对集装箱的搬移和堆放。<br>该机器将集装箱吊具固化在吊臂前端，利用吊具的伸缩来吊20英尺或40英尺的集装箱。集装箱吊起后，利用车辆的前进或后退实现集装箱的平移。 | | | | |
| 归类决定 | 税则号列8426.1200的跨运车必须具有高架式门型结构，作业时横跨在货物上方，对位于机身下方的货物进行操作。而集装箱正面吊不具备这种高架式门型结构，它通过吊臂对位于车辆前方的货物进行操作，不符合跨运车的定义，不能归入税则号列8426.1200中。<br>税则号列8426.4110的轮胎式起重机俗称“吊车”，通常由起升机构、运行机构、旋转机构以及改变外伸距离的变幅机构等组成，它利用本身的旋转性能实现货物的平移。而集装箱正面吊是通过车辆的前后移动实现货物的搬移和堆放。因此，集装箱正面吊也不能归入税则号列8426.4110。<br>集装箱正面吊本身带有胶轮，能够自推进。因此，根据它的功能和特点，并依照税目84.26和相关子目条文，可归入税则号列8426.4190。 | | | | |

| 序号 | 1071 | 归类决定编号 | Z2006－0578 | 公告编号 | 2006年第69号 |
| --- | --- | --- | --- | --- | --- |
| 商品税则号列 | 8427.1010 | | 发布日期 | | 2006年11月22日 |
| 商品名称 | 堆码起重机 | | | | |
| 英文名称 | | | | | |
| 其他名称 | | | | | |
| 商品描述 | 该SWISSLOG牌堆码起重机，型号：S22SDSF，用途：卷烟生产。根据计算机的指令可自动控制，在轨道上行走，可将货物提升搬运到工厂高架仓库指定的货位或从货位上把货物搬运到出仓站台。 | | | | |
| 归类决定 | 根据《中国大百科全书·机械工程卷》关于堆垛起重机的描述，商品为巷道式堆垛起重机，应根据具体列名归入税则号列8427.1010。 | | | | |

<table>
<tr><td>序号</td><td>1072</td><td>归类决定编号</td><td>Z2006－0579</td><td>公告编号</td><td>2006 年第 69 号</td></tr>
<tr><td colspan="2">商品税则号列</td><td colspan="2">8427.1090</td><td>发布日期</td><td>2006 年 11 月 22 日</td></tr>
<tr><td colspan="2">商品名称</td><td colspan="4">激光自动引导无人搬运 AGV 小车</td></tr>
<tr><td colspan="2">英文名称</td><td colspan="4">Laser guide vehicle</td></tr>
<tr><td colspan="2">其他名称</td><td colspan="4"></td></tr>
<tr><td colspan="2">商品描述</td><td colspan="4">该商品为激光自动引导无人搬运 AGV（Automated guided vehicles）小车，品牌：DAIFUKU，型号：MVRF－10Laser。<br>该 AGV 小车利用激光导引，使用 SS 无线通讯方式，配备 Direct Drive 马达和镍铬电池，通过计算机信息管理系统进行调度，无人驾驶，使用叉车式移载方式，是 AGV 自动化物流系统的组成部分。主要使用在烟草行业仓储部门，用于库料的搬运、输送。行走过程：AGV 配备的激光扫描器不间断发射激光束探测感知方位，通过计算自动判断位置，行走路径固化于电脑程式内。</td></tr>
<tr><td colspan="2">归类决定</td><td colspan="4">该商品符合《税则注释》对机动叉车的描述："这些工作车包括：（一）机动叉车，有些叉车较大型。它的载货板可沿着立柱上下滑动，用于承载货物……用以在叉车移动时托住货物，并将货物提起，以便堆放或卸到运输工具上。……上述工作车的起重装置一般由车辆本身的动力装置驱动。"根据归类总规则一及六，该商品应作为自动控制的电动机推进叉车归入税则号列 8427.1090。</td></tr>
</table>

| 序号 | 1073 | 归类决定编号 | Z2008－0168 | 公告编号 | 2008 年第 83 号 |
|---|---|---|---|---|---|
| 商品税则号列 | 8427.1090 | | 发布日期 | | 2008 年 11 月 24 日 |
| 商品名称 | 高压升降平台 | | | | |
| 英文名称 | The outdoor advantage | | | | |
| 其他名称 | | | | | |
| 商品描述 | 该作业平台试验车外带屏蔽层，具有高压电的绝缘防护性能，实现在高电压下带电进行测试试验参数及采集试验数据的功能，专用于高 36 米的高压试验大厅内，可以带电作业，试验作业平台的绝缘屏蔽防强磁场的功能可以保护测量试验人员的安全，防电晕干扰的功能可以防护外界干扰，从而使测量试验参数准确。该试验车在试验大厅作业时，工作人员通过操作试验车上的电力驱动发动机装置控制变速机构，可使试验车前进或倒退，也可以操作电动底盘的液压旋转装置，并配有合适的配重使试验车能够往复旋转，在升起后平稳旋转，可以达到其他升降装置不能达到的工作位置。工作时通过试验车升高后，连接试验屏蔽线缆在高空用自带测试仪器进行 1000 千伏特高压变压器等类产品的测量试验。主要技术参数：(1)臂高 32 米；作业高度 32 米；旋转 400 次非连续；平台容量 500 磅(237 千克)；平台旋转 180 级液压；(2)平台尺寸 0.76 米×1.83 米；全宽 2.44 米；尾部旋转 1.22 米；装载高度 2.54 米；装载长度(Jib) 9.37 米；车轮基面 2.74 米；总车重 6759 千克。组成部分：(1)操作盘，试验车在工作中的操作机构，在操作盘上变换挡位，实现前进或后退、升或降、旋转等功能；(2)低置平台，在升降臂的最上部，主要起到在做试验时站人的用途；(3)内在的自动关闭旋转机构，试验车的旋转变速机构的罩子，可以自动开启、关闭；(4)前进后退变速机构，通过操作机构，转换齿轮箱的变换，使试验车能够前进或者后退；(5)180 级液压平台旋转，通过操作机构，可以实现试验车底盘上部及升降臂左右旋转；(6)五级倾斜报警/指示灯，升降臂在倾斜到一定角度时，提前报警提示危险信号；(7)电池消耗情况指示仪表，指示试验车动力源的电源损耗状况，显示用量；(8)提升/绑紧软联结线，试验平车由底部与升降平台的电源、试验联线；(9)14×22.5 非标志气胎，与地面接触的支撑试验车行走的不充气轮子；(10)可移动的电池箱，在试验车的底盘位置，主要给试验车提供动力；(11)磁场、电晕干扰测试仪表，在低置平台处，主要是在做变压器的试验时能够显示测试试验数据的仪器。 | | | | | |
| 归类决定 | 该高压升降平台的电动底盘不属于“机动车辆底盘”，同时升降臂和电动底盘构成了不可分割的成套机械设备，不可按“特种车辆”归入《税则》税目 87.05 项下。该高压升降平台属于“电动机推进的其他机动车”，根据归类总规则一及六，应归入税则号列 8427.1090。 | | | | |

| 序号 | 1074 | 归类决定编号 | Z2006 - 0580 | 公告编号 | 2006 年第 69 号 |
|---|---|---|---|---|---|
| 商品税则号列 | | 8427. 2090 | | 发布日期 | 2006 年 11 月 22 日 |
| 商品名称 | 轮胎式运梁车 | | | | |
| 英文名称 | | | | | |
| 其他名称 | | | | | |
| 商品描述 | 该车具体尺寸为 20. 4 米(长)×6. 75 米(宽)×2. 55 米(高),自重 120 吨,不能在公路路面上行驶,根据资料,该车空载行驶速度为 5 千米/小时,有载 3. 5 千米/小时,当某座桥梁施工完毕时,该车须解体,其部件由其他车辆运至下一工地或储存地,或重新组装或存放。 | | | | |
| 归类决定 | 该轮胎式运梁车又称轮胎式运梁机,只能用于将预制桥梁移动至架桥机进口提吊处。该运梁车行驶速度缓慢(空载 5 千米/小时,满载 3. 5 千米/小时),自重大(120 吨),且驾驶室内没有方向盘,只有操纵杆和仪表盘,在桥梁施工完毕后必须解体,由其他车辆运至下一施工地点重新组装或运至储存地存放。所以,该轮胎式运梁车不属于第八十七章的机动车辆,应按装有搬运装置的工作车归入税则号列 8427. 2090。 | | | | |

| 序号 | 1075 | 归类决定编号 | Z2006 - 0581 | 公告编号 | 2006 年第 69 号 |
|---|---|---|---|---|---|
| 商品税则号列 | | 8427. 2090 | | 发布日期 | 2006 年 11 月 22 日 |
| 商品名称 | 机场跑道路面维护车、升降平台车 | | | | |
| 英文名称 | | | | | |
| 其他名称 | | | | | |
| 商品描述 | 机场跑道路面维护车用于机场跑道的维护,主机包括:装载斗、挖掘斗、破碎锤、夯实器、混凝土料斗,四轮驱动,动力换挡变速箱、最高行使速度 40. 7 千米/小时;升降平台车机场用将桥平台升起到机舱门槛高度,通过操作传送开关将货物从飞机上卸下,行使速度:2 ~11 千米/小时,主平台最大承载能力:13600 千克(装载和举升载荷)桥平台最大承载能力:13600 千克(传送载荷)。 | | | | |
| 归类决定 | 该机场跑道路面维护车,实为备有挖掘斗、破碎锤、夯实器及装载斗、混凝土料斗的多功能挖掘装载机,其中挖掘为主要功能,根据归类总规则三(二)归入税则号列 8429. 5900;升降平台车是集装箱/集装板装卸车,其剪式升降平台通过液压系统举升,平台上装有不锈钢球和侧移的动力钢辊,用以传送和调整、移动货物。因其升降平台的升降、货物的传送和旋转的控制均在驾驶室内,根据《税则注释》关于品目 87. 05 的有关注释,该升降平台车应按自推进式机器归入税则号列 8427. 2090。 | | | | |

<table>
<tr><td>序号</td><td>1076</td><td>归类决定编号</td><td>Z2006－0582</td><td>公告编号</td><td>2006 年第 69 号</td></tr>
<tr><td>商品税则号列</td><td colspan="3">8427.2090</td><td>发布日期</td><td>2006 年 11 月 22 日</td></tr>
<tr><td>商品名称</td><td colspan="5">伸缩臂式加料机</td></tr>
<tr><td>英文名称</td><td colspan="5"></td></tr>
<tr><td>其他名称</td><td colspan="5"></td></tr>
<tr><td>商品描述</td><td colspan="5">货物规格型号：山猫 TD40150，额定载荷 4000 千克。货物由液压驱动系统四轮驱动，上部车架（车身、驾驶室及伸缩臂）可连续 360 度自由转动，行驶速度由全液压控制，无级变速。工作装置是通过控制上部车身和伸缩臂，回转 90 度实现横、纵向取料，工作装置的工作头为特种插型工作头，只能加料放至熔炉内，不能做其他用途，该货物主要以驾驶室、伸缩臂、特种工作头组成。</td></tr>
<tr><td>归类决定</td><td colspan="5">所报"伸缩臂式加料机"实为一种具有升降、搬运功能的工作车。该商品主要由驾驶室、伸缩臂、特种工作头组成。该商品是液压驱动系统四轮驱动，上部车架（车身、驾驶室及伸缩臂）可连续 360 度自由转动，行驶速度由全液压控制（负载：0～7 千米/小时；空载：0～30 千米/小时），无级变速。工作装置是通过控制上部车身和伸缩臂，回转 90 度实现横、纵向取料，工作装置的工作头为特种插型工作头（可换铲斗、货叉），用于向熔炉内加料。<br>根据该商品的特征，以及《税则注释》关于品目 84.27 的解释，该商品应归入税则号列 8427.2090。</td></tr>
</table>

| 序号 | 1077 | 归类决定编号 | Z2006－0583 | 公告编号 | 2006年第69号 |
|---|---|---|---|---|---|
| 商品税则号列 | 8427.2090 | | | 发布日期 | 2006年11月22日 |
| 商品名称 | 移动式升降平台车 | | | | |
| 英文名称 | | | | | |
| 其他名称 | | | | | |
| 商品描述 | 移动式升降平台车，型号为HIMEC9910 B REX。该商品由自行式柴油驱动升举设备、重型多功能大臂、可伸缩工作平台、支腿、安全顶棚、底盘等组成。由于平台上未安装或附带作业装置，工作时由平台上的人员持其他独立的设备物件进行作业，主要用于隧道钻进过程中的装药、升举、安装、松石、喷浆钻孔等作业。 | | | | |
| 归类决定 | 该车的驾驶部分和设备的操纵部分装在同一个驾驶室内，故属于自推进机器设备，符合《税则注释》关于品目84.27的解释，故该车应归入税则号列8427.2090。 | | | | |

| 序号 | 1078 | 归类决定编号 | Z2008 - 0169 | 公告编号 | 2008 年第 83 号 |
|---|---|---|---|---|---|
| 商品税则号列 | 8427.2090 | | 发布日期 | 2008 年 11 月 24 日 | |
| 商品名称 | 370t 自行式液压平板车 | | | | |
| 英文名称 | Self - propelled hydraulic flat vehicle | | | | |
| 其他名称 | | | | | |
| 商品描述 | 该商品品牌为 KAMAG，型号为 U1406H HS5 E，是专用的特殊运输装置，装有提升和下降的液压系统，适用于运载重型货物。该设备组成包括：机架结构及平台盖板、转向轮架、转盘、电子多模式转向系统、制动系统、驾驶室、电液平衡提升系统、驱动系统等。空载时最大速度为 15.5 千米/小时，满载时最大速度为 6 千米/小时，满载时升降速度为 20 ~ 25 毫米/秒；发动机输出功率为 381 千瓦；有 2 个驾驶室，分别位于平台下方的前面和后面。 | | | | |
| 归类决定 | 该商品主要由机架结构及平台盖板、转向轮架、转盘、多模式转向系统、制动系统、液压提升系统、过载保护装置等组成，装有柴油发动机，是一种装有提升设备的短距离运输货物的机动车辆。根据《税则注释》品目 87.09 的排他条款"本品目不包括：……2. 装有提升或搬运设备的叉车及其他工作车（品目 84.27）"，上述商品应归入《税则》税目 84.27 项下。上述商品属非电动机驱动的装有升降装置的工作车，符合税目 84.27 及其子目条文的描述，根据归类总规则一及六，应按其他装有升降装置的机动车归入税则号列 8427.2090。 | | | | |

| 序号 | 1079 | 归类决定编号 | Z2010－0031 | 公告编号 | 2010 年第 15 号 |
|---|---|---|---|---|---|
| 商品税则号列 | 8427.2090 | | | 发布日期 | 2010 年 2 月 28 日 |
| 商品名称 | 铝电解专用出铝车 | | | | |
| 英文名称 | | | | | |
| 其他名称 | | | | | |
| 商品描述 | 该商品用于电解车间电解槽出铝及电解槽至铸造车间混合炉间短途运输及实时称重。构造及性能：出铝车由车身、转向和牵引系统、盖子单元、驾驶室和控制、称重系统、发动机单元、液压装置、气动装置和设备、电气装置、抬包、车载压载机、闭路监视系统构成。该车空载 33000 千克，满载 52500 千克，使用柴油发动机，超弹性橡胶车轮（16个），自带空压机，通过自带空压机进行出铝、倒铝工作，带有连续称重系统，由中文智能彩色触摸屏显示。出铝车可完全自动进行电解槽出铝和倒铝到铸造炉（加压的方式）的操作，所有动作都由液压油缸来驱动，出铝车只需通过自身所带的提升系统来装载和卸载抬包，可通过一个侧面的移动来接近出铝口。 | | | | |
| 归类决定 | 该商品用于短途运输液态铝，由横向一体式配置的三个部件构成：驾驶室及动力装置、出铝抬包和空气压缩机，利用空气压缩机形成负压或加压来吸入和排出液态铝。上述商品使用柴油发动机驱动，有转向机构，但无变速机构。综合《税则注释》对品目 84.30、第八十七章章注及品目 87.05 的描述，上述商品是一个特制的不可分割的成套机械设备，是一种装有搬运装置的机动工作车，符合税目 84.27 及其子目条文的描述，根据归类总规则一及六，应按其他带有搬运装置的机动工作车归入税则号列 8427.2090。 | | | | |

| 序号 | 1080 | 归类决定编号 | Z2006 - 0584 | 公告编号 | 2006 年第 69 号 |
|---|---|---|---|---|---|
| 商品税则号列 | 8427.9000 | | | 发布日期 | 2006 年 11 月 22 日 |
| 商品名称 | 移动式高空作业平台(吉尼牌) | | | | |
| 英文名称 | Aerial work platform | | | | |
| 其他名称 | | | | | |
| 商品描述 | 该设备属非自推进机械,需人力推动才能行走。主要依靠本身的液压系统使工作平台沿垂直方向上升或降低,用于酒店、礼堂等场所的高空维修作业。 | | | | |
| 归类决定 | 根据税目 84.27 条文的描述,以及英文品名“Truck”的定义(包括手推车),上述商品可归入税则号列 8427.9000。 | | | | |

| 序号 | 1081 | 归类决定编号 | Z2006 - 0585 | 公告编号 | 2006 年第 69 号 |
|---|---|---|---|---|---|
| 商品税则号列 | 8428.1010 | | | 发布日期 | 2006 年 11 月 22 日 |
| 商品名称 | 电梯关键件 | | | | |
| 英文名称 | | | | | |
| 其他名称 | | | | | |
| 商品描述 | 该套关键件包括曳引机、控制柜、安全钳、轿箱操纵盒、自动开门机、限速器、缓冲器、红外光幕、厅门零件。 | | | | |
| 归类决定 | 电梯关键件已包括曳引机、控制柜、安全钳、轿箱操纵盒、自动开门机、限速器、缓冲器、红外光幕、厅门零件等电梯的主要零部件,只有轿箱、导轨、钢索、门板、堆重、曳引机架等未进口,从整体上看,该套关键件已具备电梯的整机特征。根据归类总规则二(一),应按电梯整机归入税则号列 8428.1010。 | | | | |

| 序号 | 1082 | 归类决定编号 | Z2006 - 0586 | 公告编号 | 2006 年第 69 号 |
|---|---|---|---|---|---|
| 商品税则号列 | 8428.1090 | | 发布日期 | | 2006 年 11 月 22 日 |
| 商品名称 | 载货液压电梯 | | | | |
| 英文名称 | Hydraulic elevator | | | | |
| 其他名称 | | | | | |
| 商品描述 | 该电梯为两层两站，1 吨液压电梯，速度 0.52 米/秒，用于地下室。 | | | | |
| 归类决定 | 电梯按其用途分可分为客运电梯和货运电梯，通常客运电梯的运行速度在 1 米/秒以上，且自动化程度相对较高，装潢较好；货运电梯的运行速度一般不超过 1 米/秒。<br>载货液压电梯是载重为 1000 千克，速度为 0.52 米/秒的电梯，并有一个保持开门的专用开关，故可按非客运电梯归入税则号列 8428.1090。 | | | | |

| 序号 | 1083 | 归类决定编号 | Z2006－0587 | 公告编号 | 2006 年第 69 号 |
|---|---|---|---|---|---|
| 商品税则号列 | 8428.3 | | | 发布日期 | 2006 年 11 月 22 日 |
| 商品名称 | 单轨系统 | | | | |
| 英文名称 | | | | | |
| 其他名称 | | | | | |
| 商品描述 | 该商品主要用于煤矿井下，是煤矿井下的辅助运输设备，用于液压支架、电器设备、采煤设备、大溜等笨重设备的运输。该系统主要由七部分组成：悬挂梁（又名单轨，本次未进口）、柴油机单轨机车、双闸制动小车、液压起重梁、重载起重梁、液压支架运输横梁及连接部分组成，后六部分连接在一起，由柴油机车带动仅可在悬挂的单轨上运行，机车由柴油发动机直接驱动运行。其中液压起重梁、重载起重梁、液压支架运输横梁用于将要运输的设备吊起，系统在有坡度的巷道行驶时由制动小车提供足够的制动力，柴油机车为整套系统的运行提供动力，并带有两个供驾驶员乘坐的操纵室，连接部件包括液压管线、牵引杆、连接头等。该系统工作过程为先通过自身的液压部分把要运输的设备由起重梁（包括液压起重梁、重载起重梁、液压支架运输横梁）抬离地面，再由自身的动力部分牵引，沿着已悬挂的轨道把设备由甲地运往乙地。 | | | | |
| 归类决定 | 该商品用于矿井下笨重设备的运输，主要具备起重与运输功能，其中起重是为运输服务的，因此运输是其主要功能。运输方式为：单轨机车带动运输部分在单轨上行进，运输方式与《税则注释》有关缆索牵引或拖运机械的工作方式类似，属于连续运送机械的一种。<br>该套设备属于连续运送机械的一种，符合税目 84.28 及其子目条文的描述，根据归类总规则一及六，应将其按连续运送货物的输送机归入《税则》子目 8428.3 项下。 | | | | |

| 序号 | 1084 | 归类决定编号 | Z2006－0588 | 公告编号 | 2006年第69号 |
|---|---|---|---|---|---|
| 商品税则号列 | 8428.3300 | | | 发布日期 | 2006年11月22日 |
| 商品名称 | 机场行李输送系统 | | | | |
| 英文名称 | | | | | |
| 其他名称 | | | | | |
| 商品描述 | 该系统的主要功能是保证旅客行李的安全正常运送，通过这套设备的运送，达到行李分检、装机的目的。设备清单如下：<br>1. O型平面出发行李分检转盘1台；<br>2. O型平面到达行李分检转盘1台；<br>3. 称重输送机4台；<br>4. X光输送机4台；<br>5. 等待输送机2台；<br>6. 倾翻机2台；<br>7. 电控系统1套。<br>出发行李分检转盘由多个直式的和转角的皮带输送机组成。直式的通过皮带承载行李，皮带覆盖在钢板上，并通过安装在两端和钢板下的滚筒传动作循环运动。转角的区别于直式的特点在于其皮带被做成一定角度以改变行李输送方向。到达行李分检转盘的行李承载面不是连续的皮带，而是由长约1米、宽约30厘米的橡胶带被连续的横向安装在铁桥上构成，铁桥通过安装滚珠轴承与钢轨相接并在其上运动，钢轨可以转弯并形成一个回路作循环运动。 | | | | |
| 归类决定 | 上述设备组合后具有搬运、输送功能，因此，其符合功能机组的定义，可一并归类。根据《中国大百科全书》对"带式输送机"的解释："带式输送机主要有输送带、驱动装置、传动滚筒等组成，输送带绕过各个滚筒后连接成一个具有上、下分支的闭合回路。两个分支分别由上下托辊（或托板）支撑。一般上分支输送物料。……当输送成件物品时，上托辊用平形托辊或托板。"该机场行李输送系统的输送方式符合上述描述，因此，应按带式输送机归入税则号列8428.3300。 | | | | |

| 序号 | 1085 | 归类决定编号 | Z2006－0589 | 公告编号 | 2006 年第 69 号 |
|---|---|---|---|---|---|
| 商品税则号列 | 8428.39 | | 发布日期 | 2006 年 11 月 22 日 | |
| 商品名称 | 冷却站 | | | | |
| 英文名称 | | | | | |
| 其他名称 | | | | | |
| 商品描述 | 该商品为冷却站用冷却翻转机和自动控制装置。冷却站主要由冷却翻转机、自动控制装置、吹气装置和抽吸罩等几部分组成，其中吹气装置和抽吸罩结构简单、技术含量低，可从国内采购。工作原理是通过冷却翻转机将压贴后的地板翻转并通过传送带输送到另一头，传送过程中通过吹气装置吹出空气，迅速降低地板温度。 | | | | |
| 归类决定 | 该商品为“冷却翻转机”和“自动控制装置”，其主要功能为传送物料，应按传送装置归入税则子目 8428.39 项下。 | | | | |

| 序号 | 1086 | 归类决定编号 | Z2006－0590 | 公告编号 | 2006 年第 69 号 |
|---|---|---|---|---|---|
| 商品税则号列 | 8428.3920 | | 发布日期 | 2006 年 11 月 22 日 | |
| 商品名称 | 深盘输送机 | | | | |
| 英文名称 | | | | | |
| 其他名称 | 盘式轨道斗提机 | | | | |
| 商品描述 | 深盘输送机（又名盘式轨道斗提机），由料盘、固定料盘的底板、辊子、传动装置、拉紧装置、封闭循环轨道、电机等组成，特殊切面的底板通过支架固定在辊子的中心轴上，料盘固定在底板上。其工作时类似火车车厢的运动：辊子的作用类似于车轮，电动机通过链条驱动辊子在轨道上转动运行，底板及料盘连续输送物料到指定位置。 | | | | |
| 归类决定 | 该盘式输送机以连续输送的方式输送物料，符合《税则注释》品目 84.28 项下“连续运送的机械”项下（二）1“由连续运转的输送或推动部件操作的输送机，例如，斗式、槽式或盘式输送机……”的描述，应将其按连续输送物料的盘式输送机进行归类。<br>上述商品属于连续输送物料的盘式输送机，且运动方式为辊式，符合《税则》税目 84.28 及其子目条文的描述，根据归类总规则一及六，应将其按承载方式为盘式、运动方式为辊式的输送机归入税则号列 8428.3920。 | | | | |

| 序号 | 1087 | 归类决定编号 | Z2008－0170 | 公告编号 | 2008年第83号 |
|---|---|---|---|---|---|
| 商品税则号列 | | 8428.3990 | | 发布日期 | 2008年11月24日 |
| 商品名称 | 沥青搅拌料转运机 | | | | |
| 英文名称 | | | | | |
| 其他名称 | | | | | |
| 商品描述 | 沥青搅拌料转运机,规格型号为SB－2500D,专用于高速路的摊铺。在沥青路面摊铺施工中,为了铺出高质量的路面,运料车不再把从沥青拌和楼运来的沥青搅拌料直接倒入摊铺机,而是把沥青搅拌料倒入转运机的料斗,由转运机用刮板传送带把料斗接收的沥青搅拌料转运至摊铺机。由于其对料仓中的输送螺杆进行改进,使其在输送的过程中能将不同温度的料进行二次混合使之均匀,提高了道路摊铺质量。 | | | | |
| 归类决定 | 该商品具有转运和沥青料的二次搅拌功能,但其主要功能为转运功能。根据《税则》第十六类类注三,该商品应按其转运功能归类。其符合《税则》税目84.28的商品描述,由于其同时采用刮板传输带和螺杆两种传输方式,根据归类总规则一及六,应归入税则号列8428.3990。 | | | | |

| 序号 | 1088 | 归类决定编号 | Z2010－0032 | 公告编号 | 2010年第15号 |
|---|---|---|---|---|---|
| 商品税则号列 | | 8428.3990 | | 发布日期 | 2010年2月28日 |
| 商品名称 | 振料盘 | | | | |
| 英文名称 | | | | | |
| 其他名称 | | | | | |
| 商品描述 | 该商品为针管组装设备部件。工作原理:在振料盘的底部装有振动电机,在框架一侧安装有振动料盘的调速控制器,可通过调速器调节振动电机的振动频率,工作时将留置针配件——金属楔放在振料盘内,通过振动离心原理,使料件按照预设的装配方向和顺序自动持续地进入固定的轨道。 | | | | |
| 归类决定 | 该商品为针管组装设备部件,是一种可以调速的振动料盘,振动盘中有预设轨道,可使金属楔按顺序和方向进入固定轨道,该商品不符合《税则》税目90.32"自动控制设备"的描述,不应归入税目90.32项下,其用于连续输送货物,符合《税则注释》对品目84.28项下"振动输送机"的描述,根据归类总规则一及六,应归入税则号列8428.3990。 | | | | |

| 序号 | 1089 | 归类决定编号 | Z2006－0591 | 公告编号 | 2006 年第 69 号 |
| --- | --- | --- | --- | --- | --- |
| 商品税则号列 | 8428.9000[8428.9020(2014 年版)] | | 发布日期 | | 2006 年 11 月 22 日 |
| 商品名称 | 机械立体停车库设备 | | | | |
| 英文名称 | | | | | |
| 其他名称 | | | | | |
| 商品描述 | 机械立体停车库设备用于实现停车自动化,司机只需在车库进出口处操作就能完成存取车工作。该设备的组成和各部分的功能如下:<br>1. 搬运器系统——完成车/车板从升降机井道到存车位之间的运送;<br>2. 双车板交换装置——完成搬运器和车位之间、搬运器和升降机之间的车/车板和空车板的交换;<br>3. 升降机系统——将车/车板从进出口层下降到负一层,或者将车/车板从负一层上升到进出口层;<br>4. 车板存取装置——保证车板及车辆的存储;<br>5. 车辆进出口系统——完成车辆的存取工作;<br>6. 动力及控制数据传输装置——为升降机和搬运器电机提供动力及数据控制信息;<br>7. 定位系统——自动接触式技术控制搬运器上的双车板交换装置及车板存取定位、垂直方向定位;选址器及定位器控制搬运器直线方向定位;<br>8. 感应器——为系统提供相关检测信号;<br>9. 车指导装置及操作指南——在进出口停车时,车板前方有灯箱指示车是否停到位;<br>10. 控制管理系统——控制协调以上各分系统运行;<br>11. 结构件等。 | | | | |
| 归类决定 | 该套设备不符合《税则》第十六类类注四的规定,因此应分别归类。其中,结构件应按材料归类;其余升降系统、搬运器系统等已具备升降搬运功能,应归入税则号列 8428.9000[8428.9020(2014 年版)]。 | | | | |

| 序号 | 1090 | 归类决定编号 | Z2006－0592 | 公告编号 | 2006年第69号 |
| --- | --- | --- | --- | --- | --- |
| 商品税则号列 | 8428.9000[8428.9040(2014年版)] | | | 发布日期 | 2006年11月22日 |
| 商品名称 | 机械手 | | | | |
| 英文名称 | Shuttle robot | | | | |
| 其他名称 | | | | | |
| 商品描述 | 该商品申报为“机械手”，实际为一套不完整的生产线，包括送料部分、返送部分(机械手)、控制部。完整的生产线还应包括冲压机床(此次未进口)，其整体为冲压加工料件。此次进口的各部分功能如下：送料部分，完成卷料的输送；返送部分(机械手)，完成料件的精确运送；控制部，完成全套生产线的生产过程控制。 | | | | |
| 归类决定 | 机械手的精度要求虽然高，但其完成的功能仍然是料件的运送。<br>按照《税则注释》有关品目84.79中“工业机器人”的描述：“仅包括简单更换不同工具即可执行各种功能的工业机器人，不包括具有某种特定功能的机器人；这些机器人应按其功能归类”，该商品应归入税则号列8428.9000[8428.9040(2014年版)]。 | | | | |

| 序号 | 1091 | 归类决定编号 | Z2006－0593 | 公告编号 | 2006年第69号 |
| --- | --- | --- | --- | --- | --- |
| 商品税则号列 | 8428.9000[8428.9090(2014年版)] | | | 发布日期 | 2006年11月22日 |
| 商品名称 | 气垫 | | | | |
| 英文名称 | | | | | |
| 其他名称 | | | | | |
| 商品描述 | 该系统由气垫模块、控制台、管子组成，主要用于工厂中短途搬运沉重的机器。其工作原理：空压机将气体压入气垫盘，同时，在气垫盘底部有气体冲向地面，造成气垫盘和地面的间隙，由于气垫盘和地面不直接接触，因而摩擦力很小，需要搬运的设备放在气垫上被移动。移动过程中，空气通过空压机和软管输送到气垫盘，保持气垫和地面的悬空。设备本身无动力，需要人推着走。 | | | | |
| 归类决定 | 该气垫系统的主要功能为搬运机器设备，应作为搬运机械归入税则号列8428.9000[8428.9090(2014年版)]。 | | | | |

| 序号 | 1092 | 归类决定编号 | Z2006 - 1339 | 公告编号 | 2007 年第 70 号 |
|---|---|---|---|---|---|
| 商品税则号列 | 8428.9090 | | | 发布日期 | 2007 年 12 月 5 日 |
| 商品名称 | 气动升降桅杆 | | | | |
| 英文名称 | Pneumatic telescoping masts | | | | |
| 其他名称 | | | | | |
| 商品描述 | 气动升降桅杆采用高强度铝合金制造，不同粗细的杆体内嵌密封圈和滑动轴承，桅杆底部有与动力系统相连的专用接口，动力系统全部采用各种规格的高压气泵，桅杆升高后，可用紧固件锁定。该桅杆主要用于车辆上，也可直接安装于地面上使用，用于支撑警灯、照明灯、通讯天线、摄像机、雷达以及其他设备。 | | | | |
| 归类决定 | 该商品属升降装置，符合《税则》税目 84.28 及其子目条文的描述，根据归类总规则一和六，应将其按其他升降、搬运、装卸机械归入税则号列 8428.9090。 | | | | |

| 序号 | 1093 | 归类决定编号 | Z2006－1340 | 公告编号 | 2007 年第 70 号 |
|---|---|---|---|---|---|
| 商品税则号列 | 8428.9090 | | 发布日期 | | 2007 年 12 月 5 日 |
| 商品名称 | 直立电气焊行走部件 | | | | |
| 英文名称 | | | | | |
| 其他名称 | | | | | |
| 商品描述 | 直立电气焊行走部件是直立电气焊系统的一部分。该部件由轨道、行走小车、控制盘、摆动装置、滑块、冷却水管道、保护器喷嘴、焊枪卡具、焊丝送丝轮组成。主要通过卡具卡定焊枪，带动焊枪沿轨道直立行走，可让焊枪左右摆动焊接，冷却水管道与来自悬挂本体的冷却供水系统连接，喷出冷却水，通过保护焊气管与本体上的保护气罐连接，由喷气嘴喷出焊接保护气，送丝纶输送焊丝，滑块将融化焊丝展平，行走速度和摆动幅度可以由控制盘上的旋钮调整。<br>直立电气焊系统除直立电气焊系统行走部件外，还包括罐体壁悬挂本体、保护气供气系统、冷却供水系统和气体保护焊机。 | | | | |
| 归类决定 | 该商品与电气焊接设备配合使用，但可独立于焊接设备之外，执行行走功能，可升降焊枪，用于较大物体的焊接。其符合《税则》税目 84.28 及其子目条文的描述，根据归类总规则一和六，该直立电气焊行走部件应按其他升降装置归入税则号列 8428.9090。 | | | | |

| 序号 | 1094 | 归类决定编号 | Z2008 - 0171 | 公告编号 | 2008 年第 83 号 |
|---|---|---|---|---|---|
| 商品税则号列 | 8428.9090 | | 发布日期 | | 2008 年 11 月 24 日 |
| 商品名称 | IAI 滑台(动力装置) | | | | |
| 英文名称 | | | | | |
| 其他名称 | | | | | |
| 商品描述 | IAI 滑台是主要用在净化间的硬盘自动装配设备,是一个完整的部件。它有多种型号,长度为 250 ~ 2000 毫米之间,用于硬盘装配,主要由直线滑轨、滚珠丝杆、AC 伺服电机等部件构成。滑块上可安装工件夹具来安放待加工的硬盘,滑块由电机连接丝杆带动,沿滑轨往复运动,将硬盘送入加工设备进行精密部件的装配。 | | | | |
| 归类决定 | 该商品用以搬运工件,是一种搬运机械,符合《税则》税目 84.28 及其子目条文的描述,根据归类总规则一及六,应按其他搬运装置归入税则号列 8428.9090。 | | | | |

| 序号 | 1095 | 归类决定编号 | Z2009 - 0164 | 公告编号 | 2009 年第 57 号 |
|---|---|---|---|---|---|
| 商品税则号列 | 8428.9090[8428.9039(2014 年版)] | | 发布日期 | 2009 年 8 月 31 日 | |
| 商品名称 | 装车系统 | | | | |
| 英文名称 | Loadout system | | | | |
| 其他名称 | | | | | |
| 商品描述 | 该商品的型号为 TLS5000,由钢结构、机械设备、液压系统、称重系统、缓冲斗、定量斗、电控系统等组成。工作原理:该系统是一种高度自动化的火车装车系统,可以实现煤炭的快速自动装车。煤炭在缓冲斗内进行缓冲,定量斗根据称重系统的要求将一定量的煤炭放入定量斗,称量好的煤炭通过排料溜槽快速装入火车车箱。缓冲斗内的煤炭在定量斗卸料的时间内得以补充,从而实现快速自动装车。同时,根据煤炭生产工艺和产品煤种,可以针对煤炭用户对煤质的要求,结合产品煤的煤质情况,利用动态配煤优化软件实现装车过程的自动配煤。装车监控系统按煤矿储装运系统的整体配置,采用先进的串行数字通讯现场总线控制系统(FCS),选用高性能的 PLC 和工控计算机以及丰富多彩的动态图形画面,实现了对全部生产过程形象直观地在线控制。系统装车能力为 5000 吨/小时,装车精度 < ±0.1%,装车模式有自动和手动两种。 | | | | |
| 归类决定 | 该商品由多个独立部件组成,组合后明显具有《税则》税目 84.28 的装卸功能,符合“功能机组”定义,根据归类总规则一(第十六类类注四)及六,应按其他装卸机械归入税则号列 8428.9090[8428.9039(2014 年版)]。 | | | | |

<table>
<tr><td>序号</td><td>1096</td><td>归类决定编号</td><td>Z2008－0058</td><td>公告编号</td><td>2008年第76号</td></tr>
<tr><td colspan="2">商品税则号列</td><td colspan="2">8429.3090</td><td>发布日期</td><td>2008年10月28日</td></tr>
<tr><td colspan="2">商品名称</td><td colspan="4">柴油地下铲运机</td></tr>
<tr><td colspan="2">英文名称</td><td colspan="4">Atlascopco ST3.5 loder for underground mining</td></tr>
<tr><td colspan="2">其他名称</td><td colspan="4"></td></tr>
<tr><td colspan="2">商品描述</td><td colspan="4">该商品的品牌为ATLASCOPCO，型号为ST3.5，斗容量为3.5立方米，主要用于地下矿洞巷道内的矿石转运和除渣工作。该商品由铲斗、提升臂、发动机、变速箱、前后桥、刹车系统、转向系统、尾气排放净化系统、液压系统、驾驶室等构成。</td></tr>
<tr><td colspan="2">归类决定</td><td colspan="4">该柴油地下铲运机为自推进结构，驾驶和操作均在驾驶室中完成，不符合《税则》税目87.05的商品范围。该商品用于地下矿洞巷道内的矿石转运和除渣工作，斗容量3.5立方米，符合《税则》税目84.29的商品描述（同时《税则注释》中品目84.30明确："本品目……但不包括品目84.29所列的自推进式机器"），根据归类总规则一及六，应归入税则号列8429.3090。</td></tr>
</table>

<table>
<tr><td>序号</td><td>1097</td><td>归类决定编号</td><td>Z2006－0594</td><td>公告编号</td><td>2006年第69号</td></tr>
<tr><td colspan="2">商品税则号列</td><td colspan="2">8429.4019</td><td>发布日期</td><td>2006年11月22日</td></tr>
<tr><td colspan="2">商品名称</td><td colspan="4">轮胎压路机</td></tr>
<tr><td colspan="2">英文名称</td><td colspan="4"></td></tr>
<tr><td colspan="2">其他名称</td><td colspan="4"></td></tr>
<tr><td colspan="2">商品描述</td><td colspan="4">所报商品为宝马BW24R型的轮胎压路机，工作时利用振动轮压实各类土壤铺层及岩石填方，用于城市道路路面施工。最大工作重量为24吨。</td></tr>
<tr><td colspan="2">归类决定</td><td colspan="4">《税则》中税目84.29所指机重（Deadweight）是指压路机的自重。压路机不带配重时的工作重量为10吨（即自重为10吨），应按《税则》具体列名归入税则号列8429.4019。</td></tr>
</table>

| 序号 | 1098 | 归类决定编号 | Z2008－0059 | 公告编号 | 2008年第76号 |
|---|---|---|---|---|---|
| 商品税则号列 | 8429.5100 | | | 发布日期 | 2008年10月28日 |
| 商品名称 | 多功能矿用运输机 | | | | |
| 英文名称 | | | | | |
| 其他名称 | | | | | |
| 商品描述 | 多功能矿用运输机(型号为Jug－10)是一款具有煤矿井下装、运、推、拖、搬等多功能的设备,可满足煤矿井下日常生产中的各种工作需要。在安全系统均正常的情况下,通过压缩空气启动防爆柴油发动机,动力传递到变扭器、变速箱、前后驱动桥,操作前后方向、挡位手柄、方向盘,实现设备的前或后的移动和转向。通过快速更换不同功能的附件,操作不同的功能手柄,完成煤矿井下散装物料运输、设备搬运、巷道浮煤清理、整修路面、牵引拖运、顶板支护、平台升降、液压绞车、钻装地基孔、凿岩破碎、收放胶带、收放电缆、液压动力输出、空气动力输出等工作。在设备运行过程中,监控系统实时在线监控各个组件的运行状况,当发生任何不安全或运行参数不正常时,能够报警、关机。 | | | | |
| 归类决定 | 该商品的铲斗、卷带装置、叉车铲、工作平台和吊臂等五个附件随设备主机一同进口。该商品装有柴油发动机、变速箱、挡位手柄和方向盘,实现设备的前或后的移动和转向;同时在侧向放置的驾驶室内,还安装着所有附件的操纵装置。驱动上述附件的动力装置均和整台设备完整的组装在一起,相互不可分割。该商品的多种机械控制装置与行走操纵机构安装在同一驾驶室内,根据《税则注释》对品目87.05的描述,不应按"特种车辆"归入《税则》税目87.05项下,而应考虑归入第八十四章项下的工程机械。该商品具有《税则》中84.25(电缆收卷)、84.26(吊臂吊装)、84.27(叉车铲运)、84.28(平台升降)、84.29(机动前铲装运)等多个税目列名的功能,根据《税则注释》在品目84.30条文中对"多功能机器"归类原则的描述,应从后按前铲装载机归入税则号列8429.5100。 | | | | |

| 序号 | 1099 | 归类决定编号 | Z2006－0595 | 公告编号 | 2006 年第 69 号 |
|---|---|---|---|---|---|
| 商品税则号列 | 8429. 5212 | | | 发布日期 | 2006 年 11 月 22 日 |
| 商品名称 | 液压抓斗 | | | | |
| 英文名称 | | | | | |
| 其他名称 | | | | | |
| 商品描述 | 该商品为 SM870 专业底盘，装有 408 马力的国道依茨公司 BF6M－1015C 柴油发动机和液压动力系统，根据不同需要，SM870 可更换不同外部配置以组成不同用途的机型。如配置大口径旋挖钻头可组成大口径钻机，配置液压抓斗可组成专用于水利工程的连续墙成槽的专用抓斗。BH12 型抓斗是进行地下连续墙成槽的专业工具。 | | | | |
| 归类决定 | 液压抓斗主要是由 SM870 专业底盘及液压抓斗两部分构成。其中专业底盘为履带推进，上部结构可旋转 360 度，装有柴油发动机和液压系统，根据不同工作需要，可配接不同工作头，如大口径旋挖钻头、液压挖斗等。根据进口的实际构成情况，该液压抓斗的功能属上部结构可旋转 360 度的挖掘机，应归入税则号列 8429. 5212。 | | | | |

| 序号 | 1100 | 归类决定编号 | Z2006 - 0596 | 公告编号 | 2006 年第 69 号 |
|---|---|---|---|---|---|
| 商品税则号列 | 8429.5900 | | | 发布日期 | 2006 年 11 月 22 日 |
| 商品名称 | 隧道掘进机 | | | | |
| 英文名称 | Tunnel heading machine | | | | |
| 其他名称 | 隧道挖掘装载机 | | | | |
| 商品描述 | ITC312 - H3 隧道掘进机（又名隧道挖掘装载机）专门为隧道施工而设计生产，具有无废气气冷式电动机和柴油机双动力驱动，为保持隧道空间空气流通，隧道施工一般使用无废气电动机动力，空气流通条件好时使用柴油机动力驱动。掘进机最前端可以装三种掘进工具（挖斗、铣刨鼓、液压镐），此次进口为挖斗，其他部分主要由动力系统、行走机构、输料装置组成，工作时，由挖斗将爆破后的土石挖入输料槽，通过输送带输送到掘进机后部，由其他设备运出隧道。 | | | | |
| 归类决定 | 参照《中国大百科全书》对“掘进机械”的解释：“利用刀具的轴向压力和回转力对岩面的辗压作用，直接破碎矿岩的成巷或成井机械设备。”由于该设备的进口状态所具备的功能仅仅是将爆破后的土石挖入输料槽，此种功能既不符合《税则注释》对品目84.30项下“隧道掘进机”的描述，也不符合《中国大百科全书》对“掘进机械”的解释，因此，其不能按隧道掘进机归类。根据该商品的功能和归类总规则一，其应按挖掘机械归入税则号列8429.5900。 | | | | |

| 序号 | 1101 | 归类决定编号 | Z2010－0033 | 公告编号 | 2010 年第 15 号 |
|---|---|---|---|---|---|
| 商品税则号列 | 8430.2000 | | 发布日期 | 2010 年 2 月 28 日 | |
| 商品名称 | 扫雪车用铲 | | | | |
| 英文名称 | | | | | |
| 其他名称 | | | | | |
| 商品描述 | 扫雪车用铲(除雪铲)由铲面、滑轮、雪铲组件、针灯、线束、油泵、雪铲控制器等组成。电动油泵、电磁阀和油缸组成电液转换系统,通过设计的特定程序准确控制除雪铲的动作。除雪铲通过自身的快速连接系统安装在汽车上进行作业。 | | | | |
| 归类决定 | 该商品由铲面、雪铲组件、针灯、线束、油泵、雪铲控制器等组成,已构成了完整的"铲刮式扫雪机",根据归类总规则一及六,应归入税则号列 8430.2000。 | | | | |

| 序号 | 1102 | 归类决定编号 | Z2006－0597 | 公告编号 | 2006 年第 69 号 |
|---|---|---|---|---|---|
| 商品税则号列 | 8430.3100［8430.3110(2014 年版)］ | | 发布日期 | | 2006 年 11 月 22 日 |
| 商品名称 | 连续采煤机 | | | | |
| 英文名称 | | | | | |
| 其他名称 | | | | | |
| 商品描述 | 该商品为连续采煤机，品牌为 JOY，装有履带，通过外接电源供电，两牵引电机驱动连续采煤机向工作面方向前进，前进到一进刀距离后，牵引电机停止工作，操作止推油缸，待采煤机稳定后，两截割电机开始驱动截割滚筒进行割煤工作。在割煤的同时，两耙抓电机也开始工作，将煤装到运输机上，再转装到运煤车。割完一刀后截割电机和耙抓电机停止工作，两牵引电机再次驱动连续采煤机向工作面方向前进，进行割第二刀煤。连续采煤机采用了多电机模块式结构，包括电机、齿轮箱、电控箱等部件，采用无线电遥控。 | | | | |
| 归类决定 | 该连续采煤机装有履带和牵引电机，通过外接电源可以自行移动，属自推进的采煤装置。该机器的行走速度可分为高、中、低三档，分别为 19.8 米/分钟、9.1 米/分钟、4.6 米/分钟。因此，根据归类总规则一和六，该连续采煤机应按自推进机器归入税则号列 8430.3100［8430.3110(2014 年版)］。 | | | | |

<table>
<tr><td>序号</td><td>1103</td><td>归类决定编号</td><td colspan="2">Z2006－1342</td><td>公告编号</td><td>2007 年第 70 号</td></tr>
<tr><td colspan="2">商品税则号列</td><td colspan="2">8430.3100［8430.3120(2014 年版)］</td><td colspan="2">发布日期</td><td>2007 年 12 月 5 日</td></tr>
<tr><td colspan="2">商品名称</td><td colspan="5">移动式破碎机</td></tr>
<tr><td colspan="2">英文名称</td><td colspan="5"></td></tr>
<tr><td colspan="2">其他名称</td><td colspan="5"></td></tr>
<tr><td colspan="2">商品描述</td><td colspan="5">该商品的型号为 Scamec 1000，主要用于井下采矿作业中大块矿石破碎，以便于搬运并送入旋回式破碎机破碎，其工作原理为液压破碎(冲击)，可来回移动。该设备由底盘、破碎臂、液压锤等部分组成。其中底盘包括发动机、变速箱、车桥、轮胎、24 伏电气系统、制动系统。</td></tr>
<tr><td colspan="2">归类决定</td><td colspan="5">移动式破碎机，型号为“Scamec 1000”，由底盘、破碎臂和液压锤三部分组成，轮式自走式，其底盘装有柴油发动机、变速箱及换挡操作装置、转向及制动装置，其液压锤的操纵装置与行走驾驶装置装在同一驾驶室内。通过液压传送动力，利用破碎臂和液压锤上下反复震荡冲击，达到将大块铁矿石凿成小块铁矿的目的，便于由其他搬运设备运至后方破碎机作进一步破碎。<br>上述商品虽带有发动机、变速箱/换挡装置和转向/制动装置，但其机械操纵装置和行走装置均安装在同一驾驶室内，根据《税则注释》品目 87.05 条文中的描述：“装在轮式或履带式底盘上的自推进式机器，如果上述一种或多种推进或中心部件装在作业机器的驾驶室内，则不论整台机器是否可以依靠自身的动力在道路上行驶，仍应归入品目 84.26、84.29 或 84.30 等”，上述商品不应归入品目 87.05 项下。<br>上述商品属自推进式矿石开采机械，符合《税则》税目 84.30 及其子目条文的描述，根据归类总规则一及六，应将其按自推进式凿岩机归入税则号列 8430.3100［8430.3120(2014 年版)］。</td></tr>
</table>

| 序号 | 1104 | 归类决定编号 | Z2008－0060 | 公告编号 | 2008 年第 76 号 |
|---|---|---|---|---|---|
| 商品税则号列 | 8430. 3100[8430. 3110(2014 年版)] | | | 发布日期 | 2008 年 10 月 28 日 |
| 商品名称 | 掘锚一体机 | | | | |
| 英文名称 | | | | | |
| 其他名称 | | | | | |
| 商品描述 | 该商品的型号为 ABM20,由主机架、电气系统、液压系统、带喷雾的截割系统、装载系统、运输系统、行走系统、锚杆系统、除尘系统和临时支护系统等组成。ABM20 掘锚一体机是一种专门用于煤层内快速掘进和锚杆支护的设备,与连续采煤机相似,但是它具有掘进与打锚杆同时作业的特点。ABM20 掘锚一体机通过无线遥控器操作机器的各个动作(不包括锚杆机的操作),在机器作业时,机架固定不动,液压推动切割部向前,同时截割电机驱动截割滚筒旋转,完成掏槽和截割,装载和运输系统将截割下来的煤运走。在截割过程中,锚杆机司机可进行打锚杆作业。同时,在机器运行时,装有 PLC 自动监测控制系统,自动监控并显示整机的运行状态。 | | | | |
| 归类决定 | 掘锚一体机是用于煤矿开采挖掘的设备,符合《税则》税目 84. 30 的描述。该商品为自推进设备,同时具有掘进和打锚杆两种功能,但主要功能为掘进功能,根据归类总规则一及六,应按主要功能归入税则号列 8430. 3100[8430. 3110(2014 年版)]。 | | | | |

<table>
<tr><td>序号</td><td>1105</td><td>归类决定编号</td><td>Z2006 - 1343</td><td>公告编号</td><td>2007 年第 70 号</td></tr>
<tr><td>商品税则号列</td><td colspan="3">8430. 3900</td><td>发布日期</td><td>2007 年 12 月 5 日</td></tr>
<tr><td>商品名称</td><td colspan="5">双滚筒采煤机</td></tr>
<tr><td>英文名称</td><td colspan="5">Eickhoff SL 500 shearer loader</td></tr>
<tr><td>其他名称</td><td colspan="5"></td></tr>
<tr><td>商品描述</td><td colspan="5">该商品为德国艾柯夫公司(Eickhoff)生产的 SL500 型双滚筒采煤机,主要由左右截割部、左右牵引部、电气控制系统、底托架及其他辅助装置构成,设备总装机功率 1715 千瓦,最大牵引力 956 千牛,最大牵引速度 24. 35 米/分钟。该采煤机需与刮板运输机配合使用,具体为在矿井巷道中铺设刮板运输机后,在刮板运输机上安装承载采煤机的轨道,采煤机在轨道上受行走控制系统控制,在行走电机的牵引下实现在轨道上的正反方向移动,并达到设定的行走速度进行采煤。采煤时左右截割滚筒上的截齿撞击煤壁截落煤炭,通过滚筒的螺旋叶片将煤炭装入刮板运输机运出工作面,并通过矿井运输提升系统将煤炭运出地面完成采煤。</td></tr>
<tr><td>归类决定</td><td colspan="5">该采煤机必须和刮板输送机、轨道安装成一体后,才能在轨道上实现移动。单独的采煤机并未装有推进底座(参考《税则注释》品目 87. 01 所述),因此,该采煤机虽可实现移动,但不属于自推进。故根据归类总规则一和六,该采煤机应按非自推进机器归入税则号列 8430. 3900。</td></tr>
</table>

| 序号 | 1106 | 归类决定编号 | Z2008－0172 | 公告编号 | 2008 年第 83 号 |
|---|---|---|---|---|---|
| 商品税则号列 | 8430.4119 | | | 发布日期 | 2008 年 11 月 24 日 |
| 商品名称 | 自走式车载钻机 | | | | |
| 英文名称 | | | | | |
| 其他名称 | | | | | |
| 商品描述 | 该商品的型号为 SS－185K，用于瓦斯抽放和利用。它是一种用于石油、天然气和煤层气勘探与抢险救援的自行式钻机，采用卡特彼勒工业发动机（型号为 C－15），发动机功率为 515 马力。该动力装置主要为钻机提供动力。其钻探深度可达 3000 米以上，靠全液压顶驱动力头给进破碎岩石。给进能力为 13.6 吨，钻机提升能力为 84 吨，井架长度为 17.8 米，动力头有效行程为 14.3 米，动力头最大回转扭矩为 1613 千克·米，最大回转速度为 140 转/分，动力头具有自锁回转功能，可以满足水平分支井的施工，其核心是利用井下造斜马达按一定造斜角度沿预先设计的轨迹可进行水平钻进，并采用无限随钻测量仪器进行跟踪校正，以保证在储层最大钻孔接露面积。同时，该钻机在煤矿发生瓦斯灾害时可迅速用于煤矿灾害抢险救灾（打井救人），故该型号的钻机配备了可移动的工程载车底盘和改装驾驶舱，共用钻机工业发动机（型号为 C－15），利用分动装置给载车提供行驶动力。 | | | | |
| 归类决定 | 该自走式车载钻机行进动力和工作动力由同一台工业发动机提供，动力控制系统设在驾驶室内进行操作，符合《税则》税目 84.30 和《税则注释》品目 84.30 及其子目的描述，根据归类总规则一及六，应归入税则号列 8430.4119。 | | | | |

<table>
<tr><td>序号</td><td>1107</td><td>归类决定编号</td><td>Z2006－0598</td><td>公告编号</td><td>2006 年第 69 号</td></tr>
<tr><td colspan="2">商品税则号列</td><td colspan="2">8430.5090</td><td>发布日期</td><td>2006 年 11 月 22 日</td></tr>
<tr><td colspan="2">商品名称</td><td colspan="4">凿地机</td></tr>
<tr><td colspan="2">英文名称</td><td colspan="4"></td></tr>
<tr><td colspan="2">其他名称</td><td colspan="4"></td></tr>
<tr><td colspan="2">商品描述</td><td colspan="4">型号：CAT320、KATO、HITACHI EX200LC、KOBELCO YUTANI。从外观看，该机为挖掘机机身，工作头为液压锤（部分液压锤旧损）、工作臂与液压锤连接处有用铁丝固定的情况。机身牌铭上标有“液压挖掘机”字样。该机具有两种功能：一是挖掘，一是需要时可与供应商联系安装液压锤用于打击、破碎地面或岩石等。</td></tr>
<tr><td colspan="2">归类决定</td><td colspan="4">该凿地机进口时只有作为凿地机的液压锤，而作为挖掘机的挖掘铲头并未进口，因此不具备挖掘机的特征，而是一台完整的凿地机，故应按凿地机归入税则号列8430.5090。</td></tr>
</table>

<table>
<tr><td>序号</td><td>1108</td><td>归类决定编号</td><td>Z2006－0599</td><td>公告编号</td><td>2006 年第 69 号</td></tr>
<tr><td colspan="2">商品税则号列</td><td colspan="2">8430.5090</td><td>发布日期</td><td>2006 年 11 月 22 日</td></tr>
<tr><td colspan="2">商品名称</td><td colspan="4">旋挖钻机 R416</td></tr>
<tr><td colspan="2">英文名称</td><td colspan="4"></td></tr>
<tr><td colspan="2">其他名称</td><td colspan="4"></td></tr>
<tr><td colspan="2">商品描述</td><td colspan="4">该旋挖钻机主要由履带式底盘、控制室、动力机、桅杆、卷扬、钻斗等几部分组成。该设备施工孔径最大为 1.5 米、深度可达 55 米的圆形深孔，主要用于地基灌注桩施工。</td></tr>
<tr><td colspan="2">归类决定</td><td colspan="4">该设备用于建筑施工中的地基灌注桩施工，可最大钻直径为 1.5 米的孔，深度最大可达 55 米，由于该设备的功能用途不符合《中国大百科全书·地质卷》对钻探的定义：在地质勘探和建筑基础勘察工作中，根据地质设计的勘探线距离和网度，用专用的钻探机械，按一定设计角度、防伪和钻孔轨迹施工的钻孔，通过钻孔取得岩（矿）心、岩屑，下入测试仪器探测钻孔内地层、矿体、油气和地热等情况的工程，简称钻探。因此，应将其作为其他自推进机械归入税则号列 8430.5090。</td></tr>
</table>

| 序号 | 1109 | 归类决定编号 | Z2006－0600 | 公告编号 | 2006 年第 69 号 |
|---|---|---|---|---|---|
| 商品税则号列 | | 8430. 6100 | | 发布日期 | 2006 年 11 月 22 日 |
| 商品名称 | 手扶振动平板夯散件 | | | | |
| 英文名称 | Forward moving vibrating plate | | | | |
| 其他名称 | | | | | |
| 商品描述 | 该货物经现场查验被认定为全套未组装的平板震动夯散件,经简单组装即可使用。该货物品牌为“DYNAPAC”,型号为 LF90,工作原理为通过发动机的转动,带动一个偏心块,促使整个设备上下振动,导致最下面的平板对地面有冲击力。该设备主要用于小型沥青路面的修补,工作人员通过手扶控制其前进与方向,从而达到铺设路面的目的。以下是 LF90 手扶振动平板夯的主要参数:<br>净重:90 千克;振动频率:80 赫兹;振幅:1. 0 毫米;击振力:14 千牛顿;地板宽度:500 毫米;地板长度:625 毫米;发动机功率:2. 9/3. 9 千瓦/马力;发动机转速:3600 转/秒。 | | | | |
| 归类决定 | 该商品不符合《税则》税目 84. 67“手提式工具”的描述,应作为捣固和压实机械归入税则号列 8430. 6100。 | | | | |

| 序号 | 1110 | 归类决定编号 | Z2006－1344 | 公告编号 | 2007 年第 70 号 |
|---|---|---|---|---|---|
| 商品税则号列 | | 8430. 6920 | | 发布日期 | 2007 年 12 月 5 日 |
| 商品名称 | 拖式激光铲运机 | | | | |
| 英文名称 | | | | | |
| 其他名称 | | | | | |
| 商品描述 | 该商品由工作装置、牵引装置、行走装置和液压操纵系统四大部分组成。工作装置即铲运斗,包括斗体、斗门铲刀及机架;牵引装置包括拖杆和辕架;行走装置包括轮轴和轮胎;液压操纵系统包括工作油缸、分配阀、高压油管、油箱等。拖式激光铲运机必须在 210 马力拖拉机的牵引下进行铲运工作。功能:能够自装、自运、自卸,容量大,加装 GPS 激光导航平地仪可以精确平整土地。 | | | | |
| 归类决定 | 该商品本身不具备动力推进装置,不符合《税则注释》对品目 84. 29 项下商品范围的定义,属于非自推进的泥土铲运机器。其符合《税则》税目 84. 30 及其子目条文的描述。根据归类总规则一及六,应将其按非自推进式铲运机归入税则号列 8430. 6920。 | | | | |

| 序号 | 1111 | 归类决定编号 | Z2006－0601 | 公告编号 | 2006 年第 69 号 |
|---|---|---|---|---|---|
| 商品税则号列 | 8431.4310 | | 发布日期 | 2006 年 11 月 22 日 | |
| 商品名称 | 石油钻机顶部驱动设备 | | | | |
| 英文名称 | | | | | |
| 其他名称 | | | | | |
| 商品描述 | 该商品“顶部驱动设备”俗称动力水龙头，由电机部分和水龙头总成、电机冷却系统、滑动架和导轨、管子处理装置、液压控制系统、平衡系统、交流钻井电机和控制系统组成。代替了石油钻机系统中的钻井转盘和水龙头旋转动力系统，属于石油钻机系统中的专用设备。 | | | | |
| 归类决定 | 该商品由电机部分和水龙头总成、电机冷却系统、滑动架和导轨、管子处理装置、液压控制系统、平衡系统、交流钻井电机和控制系统组成，超出了税目 85.01 电动机的范畴，故不应归入税目 85.01 项下。该商品属于石油钻机系统中的专用设备，根据第十六类类注二关于零件的归类原则，应将其按石油钻机的零件进行归类。上述商品属于钻机的专用零件，符合税目 84.31 及其子目条文的描述，根据归类总规则一及六，应将其按钻机零件归入税则号列 8431.4310。 | | | | |

| | | | | | |
|---|---|---|---|---|---|
| 序号 | 1112 | 归类决定编号 | Z2006－0602 | 公告编号 | 2006年第69号 |
| 商品税则号列 | 8431.4990[8431.4920(2014年版)] | | 发布日期 | | 2006年11月22日 |
| 商品名称 | 压路机等工程机械用自锁式牙嵌差速器 | | | | |
| 英文名称 | NO-spin differential | | | | |
| 其他名称 | | | | | |
| 商品描述 | 自锁式牙嵌差速器原则上适用于在泥地、雪地、沙地或者碎石地上使用的车辆；常见于各种工程机械(压路机、平地机、铲运机轮式挖掘机，轮式越野吊车、矿用地下装载机，翻斗车等)，农用拖拉机，载重卡车，各种军车，消防车，抢险车，电力工程车及林业机械等。以在公路行驶为主的车辆若在非公路上的使用率超过1/3时也可考虑装配该商品。<br>该商品由于使用机械类型的不同，需要经过计算后，由生产厂家专门选择设计合适的“自锁式牙嵌差速器”型号与使用机械配备。<br>目前进口的250S－43、250S－187、306S－59、和306S－218型号的“自锁式牙嵌差速器”只能与重型工程机械配套，不适用于汽车，汽车的引擎和驱动系统无法有效驱动上述型号的差速器，除非汽车的变速箱和车桥箱做重大改变。 | | | | |
| 归类决定 | “压路机等工程机械用自锁式牙嵌差速器”型号为250S－43、250S－187、306S－59、和306S－218，是经过计算后，由生产厂家专门选择设计合适的“自锁式牙嵌差速器”型号与机械配备，只能与重型工程机械配套，不适用于载重卡车、各种军车，消防车、抢险车等第八十七章的车辆。根据《税则注释》关于品目84.31的解释，该商品应按工程机械专用零件归入税则号列8431.4990[8431.4920(2014年版)]。 | | | | |

| 序号 | 1113 | 归类决定编号 | Z2006 - 1346 | 公告编号 | 2007 年第 70 号 |
|---|---|---|---|---|---|
| 商品税则号列 | 8431.4990[8431.4999(2014 年版)] | | 发布日期 | | 2007 年 12 月 5 日 |
| 商品名称 | 挖掘机行走装置 | | | | |
| 英文名称 | | | | | |
| 其他名称 | | | | | |
| 商品描述 | 该挖掘机行走装置属于挖掘机液压系统的执行机构,其作用是在液压系统来油压力的作用下,实现挖掘机前后行走、左右转向和刹车。该行走装置主要由控制机构、液压马达、减速机构和刹车机构组成。控制机构根据驾驶员的指令,将液压泵输出的高压油分配给液压马达和刹车机构。液压马达接受控制机构分配的液压油之后,按照指定方向转动,并带动减速机构转动。减速机构用于将液压马达输出的高转速、低扭矩转换为低转速、大扭矩输出。当液压马达输出扭矩时,行星减速器随之动作,实现向驱动链轮(不属于行走装置)输出低转速、大扭矩。刹车机构的功能是在挖掘机行走、停车或转向时,起放松或制动作用。 | | | | |
| 归类决定 | 该商品除液压马达和减速机构外,还包括刹车机构和控制机构,实现挖掘机前后行走、左右转向和刹车,该功能已超出了《税则》税目 84.12 所列动力装置的范围,因此,不能归入其中。根据归类总规则一和六,其应按挖掘机专用零件归入税则号列 8431.4990[8431.4999(2014 年版)]。 | | | | |

| 序号 | 1114 | 归类决定编号 | Z2008－0061 | 公告编号 | 2008 年第 76 号 |
|---|---|---|---|---|---|
| 商品税则号列 | 8431.4990[8431.4999(2014 年版)] | | 发布日期 | | 2008 年 10 月 28 日 |
| 商品名称 | 挖掘机履带 | | | | |
| 英文名称 | Excavator track | | | | |
| 其他名称 | | | | | |
| 商品描述 | 挖掘机履带主要用在挖掘机上，是挖掘机的行走装置，同时还可应用于其他的工程机械。该商品的主要结构：(1)骨架部分，铁制履带/联系钢丝，重量约占产品总重 75%；(2)和道路接触部分，厚度为 2～10 毫米的橡胶薄片通过特殊的黏合材料和铁履带紧密结合，重量约占产品总重 25%。产品功能：当挖掘机工作时，起到保护路面的作用。 | | | | |
| 归类决定 | 该商品由履带板、联系钢丝、橡胶垫片等组成，用于挖掘机行走履带，其结构特征已超出《税则》税目 40.10 的传动带或税目 73.15 链条的商品范围。该商品为挖掘机的零件，符合税目 84.31 的商品描述，根据归类总规则一及六，应归入税则号列 8431.4990[8431.4999(2014 年版)]。 | | | | |

| 序号 | 1115 | 归类决定编号 | Z2010－0034 | 公告编号 | 2010 年第 15 号 |
|---|---|---|---|---|---|
| 商品税则号列 | 8431.4990[8431.4999(2014 年版)] | | | 发布日期 | 2010 年 2 月 28 日 |
| 商品名称 | 回转减速机 | | | | |
| 英文名称 | | | | | |
| 其他名称 | | | | | |
| 商品描述 | 回转减速机用于连接挖掘机下部车架和上部回转体,一端固定在上部回转体,另一端通过齿轮和下部车架的齿轮结合,通过回转减速机的转动,带动上部回转体绕车架作 360 度的回转。回转减速机主要由两部分组成:一部分是柱塞液压马达,另一部分是行星齿轮减速机。其中,行星齿轮减速机由内齿轮、太阳轮、行星轮、支架等组成。一般的行星齿轮减速机内有两级行星齿轮减速机构,这两级减速机构串联在一起。从液压马达传递过来的转动,经第一级减速后,输出到第二级,再由第二级再次减速后驱动上体回转。经两级行星齿轮减速后,液压马达传递过来的转动转速降低很多,扭矩增大很大,从而可以驱动沉重的上部回转。行星齿轮减速机采用的是齿圈固定,太阳轮主动、行星架被动的工作模式,工作模式已固定。 | | | | |
| 归类决定 | 回转减速机主要由柱塞液压马达和行星齿轮减速机两部分组成,型号为 SG025E－138。其中,柱塞液压马达主要由配流机构、柱塞、缸体、斜盘等组成;行星齿轮减速机由内齿轮、太阳轮、行星轮、支架等组成。该行星齿轮减速机具有固定的传动比,根据《税则注释》品目 84.83 项下的“五、齿轮箱和其他变速装置”的排他条款“本品目不包括与动力机装配在一起的齿轮箱或其他变速装置;这些装置应与动力机一同归类”的规定,该商品不归入品目 84.83 项下。商品已超出《税则》税目 84.83 和 84.12 所含商品的范围,根据归类总规则一及六,应按回转减速机按挖掘机的专用零件归入税则号列 8431.4990[8431.4999(2014 年版)]。 | | | | |

| 序号 | 1116 | 归类决定编号 | Z2010 - 0035 | 公告编号 | 2010 年第 15 号 |
|---|---|---|---|---|---|
| 商品税则号列 | 8431.4990[8431.4999(2014 年版)] | | | 发布日期 | 2010 年 2 月 28 日 |
| 商品名称 | 挖掘机用回转机构 | | | | |
| 英文名称 | | | | | |
| 其他名称 | | | | | |
| 商品描述 | 挖掘机用回转机构由液压马达、减速机、回转控制相关阀体(单向阀、梭阀、溢流阀等)、回转制动器(制动弹簧、制动活塞、制动器压盘、摩擦片、电磁阀油路)等构成。上述部件组合在同一壳体内。工作原理:在液压系统来油压力下,液压马达开始旋转,减速机将液压马达输出的高转速转换为低转速,通过驱动轴实现挖掘机上车体相对下部履带架的左右旋转和停止。回转制动器原理:通过回转锁紧电磁阀控制到制动活塞油路的通断,来控制回转马达制动或解除制动,并在紧急情况下(如控制阀失灵等)实现上车体的紧急制动。 | | | | |
| 归类决定 | 挖掘机用回转机构由液压马达、减速机、回转控制相关阀体(单向阀、梭阀、溢流阀等)、回转制动器(制动弹簧、制动活塞、制动器压盘、摩擦片、电磁阀油路)等构成,适用机型为 PC160/300/400 等。其中,液压马达为斜轴式柱塞马达,减速机为二级行星减速机构,回转制动器与液压马达构成一体,属于液压马达的一部分。该行星减速机具有固定的传动比,根据《税则注释》品目 84.83 项下“五、齿轮箱和其他变速装置”的排他条款“本品目不包括与动力机装配在一起的齿轮箱或其他变速装置;这些装置应与动力机一同归类”的规定,该商品不归入品目 84.83 项下。该商品已超出《税则》税目 84.83 和 84.12 所含商品的范围,根据归类总规则一及六,应按挖掘机的专用零件归入税则号列 8431.4990[8431.4999(2014 年版)]。 | | | | |

| 序号 | 1117 | 归类决定编号 | Z2006－0603 | 公告编号 | 2006年第69号 |
|---|---|---|---|---|---|
| 商品税则号列 | 8433.5100 | | 发布日期 | 2006年11月22日 | |
| 商品名称 | 玉米联合收割机 | | | | |
| 英文名称 | | | | | |
| 其他名称 | | | | | |
| 商品描述 | 该收割机为六行自走式KCKY－6A6C型玉米联合收割机，用于玉米的收割、玉米穗皮、粒的分离清选及脱粒。 | | | | |
| 归类决定 | 该收割机具有玉米的收割、摘穗、剥穗皮、脱粒、清选等功能，符合联合收割机的特征，应将其归入税则号列8433.5100。 | | | | |

| 序号 | 1118 | 归类决定编号 | Z2006－0604 | 公告编号 | 2006年第69号 |
|---|---|---|---|---|---|
| 商品税则号列 | 8436.1000 | | 发布日期 | 2006年11月22日 | |
| 商品名称 | 全自动饲料配置机 | | | | |
| 英文名称 | Self-propelled mixer feeder | | | | |
| 其他名称 | | | | | |
| 商品描述 | 全自动饲料配置机型号为RMH VS－18，主要功能是对牲畜饲料进行粉碎、搅拌和分发。其自动取料装置的前部设有切割机器，可从草料堆上切割饲料，由输送带送达混合仓内，多种饲料在混合仓内进行混合搅拌搅拌均匀后的饲料再由发料输送带发至动物饲料槽内。机内设有电子称量系统，自动分发不等的饲料分量。此机器只适合牧场内工作，有自发动机可不借助外力独立移动。移动速度有0~12千米/小时和0~25千米/小时两种。 | | | | |
| 归类决定 | 根据《税则注释》第八十七章的有关规定，汽车底盘必须装有驾驶系统或倒档及差速器。该机移动速度有0~12千米/小时和0~25千米/小时两种，因其并不具有汽车底盘，可按自行式动物饲料配制机归入税则号列8436.1000。 | | | | |

| 序号 | 1119 | 归类决定编号 | Z2006－1347 | 公告编号 | 2007年第70号 |
|---|---|---|---|---|---|
| 商品税则号列 | 8436.2900 | | | 发布日期 | 2007年12月5日 |
| 商品名称 | 绞龙送料系统 | | | | |
| 英文名称 | Augermatic feeding system | | | | |
| 其他名称 | | | | | |
| 商品描述 | 该绞龙送料系统由驱动系统(0.55千瓦、230/440伏、50赫兹)、四孔送料系统(绞龙)和BP330食盘组成,其作用是通过驱动系统在全封闭的绞龙内将全价饲料自动输送到分布合理的食盘上,供鸡舍内的肉鸡在各位置上采食。 | | | | |
| 归类决定 | 该商品各部件组合后具有分配饲料的功能,用于饲养家禽,在《税则》中已有具体列名,故该系统符合“功能机组”的定义。根据《税则》第十六类类注四,以及归类总规则一和六,该绞龙送料系统应按其他家禽饲养用机器,归入税则号列8436.2900。 | | | | |

| 序号 | 1120 | 归类决定编号 | Z2006－0605 | 公告编号 | 2006年第69号 |
|---|---|---|---|---|---|
| 商品税则号列 | 8436.8000 | | | 发布日期 | 2006年11月22日 |
| 商品名称 | 履带式堆肥翻拌机 | | | | |
| 英文名称 | | | | | |
| 其他名称 | | | | | |
| 商品描述 | 该机器的型号为BACKHUS5.40,用途为移动堆肥。工作原理为:该机器都是沿着纵向移动进行工作的,由操作员在驾驶室内完成对机器的操作和控制,借助在机架前头的两套履带清洁器,靠旋转滚筒(装有摔土耙和碎土刀片)将履带内侧的物料(肥料)打碎向后抛并混合,向机器的中央部位堆集。 | | | | |
| 归类决定 | 该商品应用于农林业,主要功能是轧碎和混合。根据《税则注释》对归入品目84.79商品的相关规定,即“本品目仅限于符合下列三个条件的具有独立功能的机器:(一)任何……(三)由于下列原因,不能归入本章其他品目:1.根据……2.根据其用途或所适用的行业,不能归入其他品目……”根据以上规定,由于该履带式堆肥翻拌机用于农林业,其所用行业已在《税则》中有具体列名,因此,该商品不能归入税目84.79项下,应按其用途归入税则号列8436.8000。 | | | | |

<table>
<tr><td>序号</td><td>1121</td><td>归类决定编号</td><td colspan="2">Z2010－0036</td><td>公告编号</td><td>2010 年第 15 号</td></tr>
<tr><td colspan="2">商品税则号列</td><td colspan="2">8436. 8000</td><td colspan="2">发布日期</td><td>2010 年 2 月 28 日</td></tr>
<tr><td colspan="2">商品名称</td><td colspan="5">金枪鱼延绳钓装置</td></tr>
<tr><td colspan="2">英文名称</td><td colspan="5"></td></tr>
<tr><td colspan="2">其他名称</td><td colspan="5"></td></tr>
<tr><td colspan="2">商品描述</td><td colspan="5">金枪鱼延绳钓装置由收线卷筒、放线机、支线收线机、控制系统、挂鱼提示器、无线电渔具接收器、记时器、液压控制系统、浮球、尼龙单线主线、支线钩、浮子、无线电浮标、闪光灯等组成，是一套从事金枪鱼延绳钓作业的海洋渔业渔具。工作原理：1. 开启电子设备电源、计时器、挂鱼提示器、无线电渔具接收机；2. 将主线通过导向滑轮组放线，由提示器提示人工把支线（带鱼钩、鱼饵）和浮球通过夹环挂到主线后放入海面；3. 通过无线电接收机及闪光灯找到浮标，用收线卷筒收起主线和支线，取鱼；4. 手工将夹环、鱼钩、浮标分类放置于指定箱内；5. 通过手工将浮球、鱼钩线、主线分别收回到收箱内。</td></tr>
<tr><td colspan="2">归类决定</td><td colspan="5">该商品为一套完整的渔（农）业用钓鱼装置，是一种农业生产装置，并非休闲、运动用钓鱼用具，故不应归入《税则》税目 95. 07 项下。该商品属农业用机器，符合税目 84. 36 及其子目条文的描述，根据归类总规则一及六，应按其他农业机器归入税则号列 8436. 8000。</td></tr>
</table>

| 序号 | 1122 | 归类决定编号 | Z2007－0051 | 公告编号 | 2007年第71号 |
|---|---|---|---|---|---|
| 商品税则号列 | 8438.5000 | | | 发布日期 | 2007年12月5日 |
| 商品名称 | 猪屠宰生产线 | | | | |
| 英文名称 | | | | | |
| 其他名称 | | | | | |
| 商品描述 | 猪屠宰生产线主要由加工设备、手工工具及提升输送设备等两类设备构成。其中，不锈钢预清洗机、立式冷凝式烫毛机、连续型U形槽打毛机等加工设备共用一条悬挂式输送设备（包括接收提升机、放血及烫毛输送机、放血轨道及空放血链返回系统、轨道吊架、不锈钢防护轨、气力引入器、用于放血链的下降机、滑动放血吊链、全自动放血吊链卸载系统、用于打毛机的不锈钢进入滑槽等）；立式拍打型干燥机、不锈钢燎毛炉、不锈钢4W型清洗机、不锈钢4S型清洗机与切割直肠末端装置（开肛器）、手持式电动劈半锯等手工工具共用一条悬挂式输送设备（包括提升机、屠宰输送机、用于红白内脏的检疫输送机、摘白内脏输送机、用于白脏托盘的气力倾翻装置、带PVC的管轨、水平入轨站、自动道岔、管轨道岔等）。猪屠宰生产线的设备还包括电动开关柜，用于全自动控制。 | | | | |
| 归类决定 | 猪屠宰生产线主要包括屠宰加工设备、手工工具及提升输送设备。根据第十六类类注四有关功能机组的描述“由不同独立部件（不论是否分开或由管道……）组成的机器（包括机组），如果组合后明显具有一种第八十四章或第八十五章某个品目所列功能，则全部机器应按其功能归入有关品目”，屠宰生产线的输送设备与加工设备没有连接并不影响其作为功能机组归类。整套生产线用于肉类加工，符合《税则》税目84.38的商品描述，根据归类总规则一及六，可作为功能机组一并归入税则号列8438.5000。 | | | | |

<table>
<tr><td>序号</td><td>1123</td><td>归类决定编号</td><td>Z2006－0606</td><td>公告编号</td><td>2006 年第 69 号</td></tr>
<tr><td>商品税则号列</td><td colspan="3">8438.6000</td><td>发布日期</td><td>2006 年 11 月 22 日</td></tr>
<tr><td>商品名称</td><td colspan="5">番茄酱生产加工设备(生产线)及零件</td></tr>
<tr><td>英文名称</td><td colspan="5"></td></tr>
<tr><td>其他名称</td><td colspan="5"></td></tr>
<tr><td>商品描述</td><td colspan="5">该番茄酱生产线日处理 1500 吨番茄,本番茄酱生产线主要包括:<br>1. 番茄清洗挑选台及零配件;<br>2. 番茄破碎装置及零配件;<br>3. 番茄精制装置及零配件;<br>4. 番茄汁浓缩装置及零配件;<br>5. 番茄汁杀菌装置及零配件;<br>6. 番茄酱自动化灌装机及零配件;<br>7. 电气控制柜及零配件。</td></tr>
<tr><td>归类决定</td><td colspan="5">根据《税则注释》关于功能机组的定义,上述设备中“番茄清洗挑选台及零配件”与“番茄酱自动化灌装机及零配件”(第 1、6 项)应作为番茄酱生产线的辅助设备分别归类。番茄破碎装置及零配件、番茄精制装置及零配件、番茄汁浓缩装置及零配件、番茄汁杀菌装置及零配件符合功能机组的定义,应作为蔬菜加工机器归入税则号列 8438.6000。<br>电气控制柜及零配件应与所用设备一并归类。</td></tr>
</table>

| 序号 | 1124 | 归类决定编号 | Z2006－1348 | 公告编号 | 2007 年第 70 号 |
|---|---|---|---|---|---|
| 商品税则号列 | 8438.8000 | | | 发布日期 | 2007 年 12 月 5 日 |
| 商品名称 | 酿酒机器 | | | | |
| 英文名称 | | | | | |
| 其他名称 | | | | | |
| 商品描述 | 进口商品:蒸米放冷机 1 台、切反机 1 台、清酒过滤泵 1 台、酒母用温度计 1 个、酒精计 2 个、温度计 1 个、搪瓷罐 137 个(容积 400～10000 升)、自动压榨机 1 台、精米机 2 台、蒸馏器 1 台。没进口商品:热杀菌机、净水装置、加压泵、包冷机冷却垫(用于给搪瓷罐降温,因价格太高没有进口)、连接软管。上述商品用于生产清酒及调味品(醋等)。 | | | | |
| 归类决定 | 该酿酒机器包括蒸米放冷机、切反机、清酒过滤泵、酒母用温度计、酒精计、温度计、搪瓷罐(容积 400 升～10000 升)、自动压榨机、精米机、蒸馏器等,用于组装食品酿造生产线。可用来酿酒、制醋、制酱油等。其进口的设备已经能构成食品发酵酿造的主体。<br>《税则注释》对品目 84.38 排他条款中对“未装有机械装置的发酵桶”的描述,针对的是单独进口状态的商品,如该商品与其他设备配套进口且满足功能机组的相关规定,应同其他设备一并归类。<br>上述商品属于食品、饮料工业用机器,符合《税则》税目 84.38 及其子目条文的描述,根据归类总规则一及六,应将其按其他食品加工机器归入税则号列 8438.8000。 | | | | |

| 序号 | 1125 | 归类决定编号 | Z2007－0052 | 公告编号 | 2007 年第 71 号 |
|---|---|---|---|---|---|
| 商品税则号列 | 8438.8000 | | | 发布日期 | 2007 年 12 月 5 日 |
| 商品名称 | 饲料生产设备 | | | | |
| 英文名称 | | | | | |
| 其他名称 | | | | | |
| 商品描述 | 饲料生产设备，由原料接收系统，粉碎机系统，配料及混合系统，制粒机、破碎机系统，包装秤系统，粉碎机、混合机系统，膨化系统，干燥、喷涂、冷却系统，包装系统，喷涂系统等组成。工作原理：原料接收系统接收所需要的原料输送到储存的料仓；原料通过提升机输送到锤片式粉碎机粉碎，再输送到配料及混合系统，将不同种类的原料按要求精确称量，并用混合机将其均匀混合；混合后的原料进入制粒机制粒，可选择破碎或不破碎，制粒后的产品输送到包装系统包装。水产饲料生产线在制粒机、破碎机系统后再进行二次粉碎及混合，以达到要求的均匀度和粒度，将二次粉碎后的饲料通过调制器与蒸汽加温，高温高压使物料膨胀通过模具挤压出符合要求的成品，成品通过高压风机送入烘干机，进行去湿、加液体、降到室温，并输送到包装系统打包。 | | | | |
| 归类决定 | 饲料生产设备用于工业化饲料生产，非直接用于农场、林业、商品菜园、家禽饲养场或类似场所，根据《税则注释》对品目 84.36 的描述，不应归入《税则》税目 84.36 项下。整套设备生产的饲料用于动物食用，其功能符合《税则注释》对品目 84.38 的描述“本品目包括未归入本章其他品目的生产或加工食品或饮料用的机器（不论其制品是用于直接消费还是贮藏，也不论是供人食用还是供动物食用）”，根据《税则》第十六类类注四有关功能机组的归类规定，直接用于制造饲料的粉碎机系统、配料及混合系统等应一并归入税则号列 8438.8000；其他执行辅助功能的设备，如原料接收系统、包装系统等，分别归入相应税则号列。 | | | | |

| 序号 | 1126 | 归类决定编号 | Z2009－0128 | 公告编号 | 2009 年第 32 号 |
|---|---|---|---|---|---|
| 商品税则号列 | 8439. 2000 | | 发布日期 | 2009 年 6 月 12 日 | |
| 商品名称 | 多层定宽热压机 | | | | |
| 英文名称 | Multi-daylight hot press | | | | |
| 其他名称 | | | | | |
| 商品描述 | 多层定宽热压机由液压热压机、液压站、备件等组成，用于变压器绝缘板的热压制作。其原料为未漂硫酸盐绝缘木浆，含水量 70%。液压热压机的操作温度为 160℃，液压操作压力大约为 310bar。原料通过热压去除水分后形成绝缘纸板。 | | | | |
| 归类决定 | 该商品是一种热压合成变压器绝缘板的机器，被加工的绝缘板成品由纸浆压制而成，虽其密度、硬度等技术指标远高于一般纸板，但仍属于纸板范畴。该商品属于纸板的抄造机器，符合《税则》税目 84. 39 及其子目条文的描述，根据归类总规则一及六，应按纸板的抄造机器归入税则号列 8439. 2000。 | | | | |

<table>
<tr><td>序号</td><td>1127</td><td>归类决定编号</td><td>Z2006－0607</td><td>公告编号</td><td>2006年第69号</td></tr>
<tr><td>商品税则号列</td><td colspan="3">8439.3000</td><td>发布日期</td><td>2006年11月22日</td></tr>
<tr><td>商品名称</td><td colspan="5">涂布台</td></tr>
<tr><td>英文名称</td><td colspan="5">Working station</td></tr>
<tr><td>其他名称</td><td colspan="5"></td></tr>
<tr><td>商品描述</td><td colspan="5">该设备用于相纸感光乳液的涂布，由机械部分、电气部分构成。机械部分包括（机架、负压腔、进退机构、间隙测量单元、支座、放空、间隙设定）电气部分包括（步进电机、磁尺、行程开关、负压变频器）。<br>将涂布嘴安装在本设备上即可进行相纸的涂布。乳液从涂布嘴流出，由于涂布嘴与负压腔相连，负压腔的空气负压使流出的乳液形状更适于均匀分布。<br>在涂布过程中被涂布的相纸片基与涂布嘴之间保持一定空隙，整个涂布台可自行测量并设定片基与涂布嘴之间的间隙，并依靠进退机构实现进退操作，以达到精确控制该间隙的目的。当所涂布的片基（卷状）两卷交接处，涂布台远离片基，待接头过去，新一卷片基需涂布时，涂布台靠近片基。所有涂布结束涂布台后退并放空负压。<br>该设备本身不带有涂布嘴，涂布嘴另有盛装乳液、将乳液挤出的装置。</td></tr>
<tr><td>归类决定</td><td colspan="5">该设备用于相纸感光乳液的涂布，由机械部分和电气部分构成。机械部分包括机架、负压腔、进退机构、间隙测量单元等；电气部分包括步进电机、磁尺、行程开关、负压变频器。其工作原理如下：乳液从涂布嘴流出，由于涂布嘴与负压腔相连，负压腔的空气负压使流出的乳液形状更适于均匀分布。在涂布过程中被涂布的相纸片基与涂布嘴之间保持一定空隙，整个涂布台可自行测量并设定片基与涂布嘴之间的间隙，并依靠进退机构实现进退操作，以达到精确控制该间隙的目的。该设备进口时未带有涂布嘴，进口后将涂布嘴安装在本设备上即可进行相纸的涂布。<br>上述商品属相纸的涂布机器，虽然其涂布嘴未进口，但其进口部分已经构成了涂布机的基本特征。参照《税则注释》对品目84.39商品的描述：“三、纸或纸板的整理机器：（二）各种表面涂料的涂布机……；复写纸或感光纸的涂布机器；……”，该机器符合上述规定。因此，根据归类总规则一、二（一）、六的规定，该商品应按纸或纸板的整理机器，归入税则号列8439.3000。</td></tr>
</table>

| 序号 | 1128 | 归类决定编号 | Z2006 -0608 | 公告编号 | 2006 年第 69 号 |
|---|---|---|---|---|---|
| 商品税则号列 | 8441.1000/8479.8990[8479.8999(2014 年版)]/9017.1000 | | | 发布日期 | 2006 年 11 月 22 日 |
| 商品名称 | 平板切割绘图仪等五款商品 | | | | |
| 英文名称 | | | | | |
| 其他名称 | | | | | |
| 商品描述 | 商品为平板切割机、制衣切割机和绘图仪等五款商品。其具体型号分别为:<br>1. 平板切割绘图仪 FC2232 -90ES;<br>2. 平板切割绘图仪 FC4200 -50;<br>3. 平板切割绘图仪 FC4200 -60;<br>4. 制衣切割机 CE2000 -120AP;<br>5. 平板绘图仪 MP5300 -51。<br>其中前 4 款型号商品兼具绘图和切割功能,机身带刀架和笔架,可实现绘图和切割的相互切换,第 5 款商品只具有绘图功能。 | | | | |
| 归类决定 | 第 1、2、3 项商品为 FC2230 和 FC4200 系列的平板切割机,以切割为主要功能,其切割介质有喷砂橡胶、路牌、PVC 板、模板、蜡纸、纸盒打样、标签胶纸、压缩泡沫、高强度反光胶片等,由于其具有多用途性,根据《税则》第八十四章章注七的规定,该系列商品应归入税则号列 8479.8990[8479.8999(2014 年版)];第 4 项商品为高速绘图/切割机,适用于各种不同的放样纸张,由于其主要功能是服装放样切割,因此可按具体列名,归入税则号列 8441.1000;第 5 项商品由于只具有绘图功能,其应按具体列名归入税则号列 9017.1000。 | | | | |

| 序号 | 1129 | 归类决定编号 | Z2007－0053 | 公告编号 | 2007年第71号 |
|---|---|---|---|---|---|
| 商品税则号列 | | 8441.8090 | | 发布日期 | 2007年12月5日 |
| 商品名称 | 分条机机器零件 | | | | |
| 英文名称 | | | | | |
| 其他名称 | | | | | |
| 商品描述 | 该商品申报名称为分条机机器零件。分条机由发送系统、拨离系统、分切系统等三个部分组成。发送系统、拨离系统的关键件和分切系统的数控、修边、卸料等装置均从国内采购。此次进口的是分切系统的主机、电控箱,以及少量的其他部件。 | | | | |
| 归类决定 | 该分条机机器零件实为分切系统的主机和电控箱等零件,已构成分切系统整机特征。分切系统整机功能为将成卷的不干胶纸纵向切割成所需的宽度,修边并重新收卷,符合《税则注释》品目84.41有关“纵切复绕机”的描述,根据归类总规则一及六,应归入税则号列8441.8090。由于该分切系统的主机和电控箱等零件已构成分切系统整机特征,根据归类总规则二(一),应作为分切系统整机归入税则号列8441.8090。 | | | | |

| 序号 | 1130 | 归类决定编号 | Z2007－0054 | 公告编号 | 2007年第71号 |
|---|---|---|---|---|---|
| 商品税则号列 | | 8441.9090 | | 发布日期 | 2007年12月5日 |
| 商品名称 | 冲压模型 | | | | |
| 英文名称 | | | | | |
| 其他名称 | | | | | |
| 商品描述 | 冲压模型是扬声器振动纸筒体成型模,规格为C－DJ2002A,形状为椭圆形,长轴200毫米,短轴120毫米,是压力机的模具。通过该成型模将湿振动纸热压成干振动纸。 | | | | |
| 归类决定 | 该冲压模型为扬声器振动纸筒体成型设备的模具。从其完整的机器来看,包括抄纸、热压成型等功能,符合《税则注释》品目84.41有关“纸浆、纸或纸板制品模制成型机器”的描述。冲压模型作为成型设备的零件,根据第十六类类注二的规定,应归入税则号列8441.9090。 | | | | |

| 序号 | 1131 | 归类决定编号 | Z2006－0609 | 公告编号 | 2006年第69号 |
|---|---|---|---|---|---|
| 商品税则号列 | 8442. 3020<br>[8442. 3021(2014年版)]/9010. 5029 | | | 发布日期 | 2006年11月22日 |
| 商品名称 | 热敏直接制版系统 | | | | |
| 英文名称 | | | | | |
| 其他名称 | | | | | |
| 商品描述 | 该系统是高精度图文广告印刷制作的制版部分,由直接制版机和直接制版冲版机两大部分组成,制版材料使用红外热敏铝基印版。其工作流程是将计算机通过PHOTOSHOP等程序设计完成广告宣传图文资料以文件形式传输至资料所示的打印控制终端,由该计算机完成图像格式的光电转换,并将图文信息传至热敏型计算机直接制版机,由制版机通过热敏激光将图像像素以每像素约400度的高温在红外热敏铝基印版上形成图像。然而此时生成的图像仅为图像潜影,尚不能用于制版,需经冲版机进行冲洗形成稳定的图像文字后,才完成制板全过程,才可将该红外热敏铝基印版用于印刷。<br>其中,直接制版机的功能主要是接受并处理前端广告设计好的电脑图文信息,根据处理结果由热敏激光在印版上加热曝版,生成图像文字等广告画面的潜影,此时的印版还不能用于印刷;直接制版冲版机的功能是处理由直接制版机输出的形成潜影的印版,通过对其进行加热、显影、水洗、上胶等过程,最终形成可用于印刷的印版。 | | | | |
| 归类决定 | 由于直接制版机和直接制版冲版机是两台相对独立的机器且各具独立功能,不符合《税则》第十六类类注四功能机组的定义,应将两台设备分别归类,直接制版机归入税则号列8442. 3020[8442. 3021(2014年版)],直接制版冲版机归入税则号列9010. 5029。 | | | | |

| 序号 | 1132 | 归类决定编号 | Z2008－0062 | 公告编号 | 2008年第76号 |
|---|---|---|---|---|---|
| 商品税则号列 | | 8443.1700 | | 发布日期 | 2008年10月28日 |
| 商品名称 | 凹印机印刷色组 | | | | |
| 英文名称 | | | | | |
| 其他名称 | | | | | |
| 商品描述 | 该商品的型号为Lemanic82－H，由进出纸导辊、冷却辊、凹印版辊、油墨槽、输墨系统、压印辊系统、烘箱、驱动齿轮箱、电子套印系统、排废系统等主要部分，以及静电吸墨、放火等辅助系统等构成。该设备是凹印机实现单色印刷的一个最基本的功能单元，在此单元中实现单一颜色的油墨通过凹印版辊向承印物（如纸张）的转移，并使承印物得以干燥。印刷色组的技术参数和主机一致，单个色组重量约为4吨左右，价格根据设备配置的不同而不同，约占主机价值的1/10～1/15。 | | | | |
| 归类决定 | 该凹印机印刷色组是凹印机实现单色印刷的一个最基本的功能单元，在此单元中实现单一颜色的油墨通过凹印版辊向承印物（如纸张）的转移，并使承印物得以干燥，符合《税则》税目84.43的商品描述，根据归类总规则一及六，应归入税则号列8443.1700。 | | | | |

| 序号 | 1133 | 归类决定编号 | Z2010－0037 | 公告编号 | 2010年第15号 |
|---|---|---|---|---|---|
| 商品税则号列 | | 8443.3221 | | 发布日期 | 2010年2月28日 |
| 商品名称 | 喷码机 | | | | |
| 英文名称 | | | | | |
| 其他名称 | | | | | |
| 商品描述 | 该商品由喷印站、喷头模组组成，需与电脑或Input－PRO输入装置连接才可工作，通过电脑或Input－PRO输入装置将数据输入到喷印站，由喷印站转换成喷印信号后传输到喷头，喷头依据感应装置提示后在被喷物体表面进行喷印。该商品适用于食品、饮料、化工、烟草等行业的任何吸水性或半吸水性材质表面的外箱喷印，可喷印中文、英文、数字、条形码、各种特殊图案等内容，喷印解析度达600dpi。 | | | | |
| 归类决定 | 该商品由输入装置、喷印站、喷头模组组成，用于外箱喷印中文、英文、数字、条形码、各种特殊图案等内容。可与自动数据处理设备相连，也可通过输入装置完成数据输入。上述商品属于“可与自动数据处理设备相连的数字式印刷设备”，符合《税则》税目84.43及其子目条文的描述，根据归类总规则一及六，应按可与自动数据处理设备相连的喷墨式印刷机归入税则号列8443.3221。 | | | | |

| 序号 | 1134 | 归类决定编号 | Z2007－0055 | 公告编号 | 2007 年第 71 号 |
|---|---|---|---|---|---|
| 商品税则号列 | 8443.3229 | | 发布日期 | | 2007 年 12 月 5 日 |
| 商品名称 | 生产型黑白高速数字打印设备 | | | | |
| 英文名称 | | | | | |
| 其他名称 | 单色生产型高速打印机 | | | | |
| 商品描述 | Nipson varypress 200 生产型黑白高速数字打印设备，其规格为长 3310 毫米、宽 1600 毫米、高 1720 毫米。技术指标如下：干燥墨粉，磁性成像，低温闪光固化，分辨率 600×600dpi（从 480dpi 到 600dpi 可调），打印介质可为纸张、合成材料、金属箔、塑料卡、孔材等，打印速度最高为 50 米/分、无级变速，打印幅面最大为 470 毫米。工作原理：输入的数据信号通过磁头在磁鼓的表面形成潜像，磁性电子油墨与潜像接触，显影后得到影像，再通过高电压转印方式把磁性电子油墨从磁鼓上转印到打印介质上。适用对象：防伪标签、物流、邮政、银行保险等的批量印制。 | | | | |
| 归类决定 | 该商品用于在纸张、合成材料、金属箔、塑料卡、孔材等介质上打印，符合《税则》税目 84.43 的商品描述。该设备需同自动数据处理设备连接使用，最大打印幅宽为 470 毫米，打印速度最高为 50 米/分（约合每分钟打印 168 页 A4 纸）。根据海关总署 2006 年第 75 号公告附件“税则税目调整表”对数字印刷设备与计算机用打印设备的归类规定，印刷幅面大于 A3（297 毫米×420 毫米）或印刷速度大于 60 页/分的喷墨、激光印刷、打印设备统一归为“与计算机或网络连接的数字印刷机”。由于工作方式为磁性打印，根据归类总则一及六，该商品应归入税则号列 8443.3229。 | | | | |

| 序号 | 1135 | 归类决定编号 | Z2006－1349 | 公告编号 | 2007年第70号 |
|---|---|---|---|---|---|
| 商品税则号列 | 8443.9990 | | | 发布日期 | 2007年12月5日 |
| 商品名称 | 带芯片的墨盒 | | | | |
| 英文名称 | | | | | |
| 其他名称 | | | | | |
| 商品描述 | 该商品主要用于爱普生公司生产的喷墨打印机，芯片起监控和指示墨水余量、防止墨盒再充填的作用。 | | | | |
| 归类决定 | 该墨盒用于喷墨打印机，本身带有芯片，起监控和指示墨水余量、防止墨盒再充填的作用，具备机电产品零部件的基本特征，应按打印机零部件归入税则号列8443.9990。 | | | | |

| 序号 | 1136 | 归类决定编号 | Z2007－0056 | 公告编号 | 2007 年第 71 号 |
|---|---|---|---|---|---|
| 商品税则号列 | 8443.9990 | | | 发布日期 | 2007 年 12 月 5 日 |
| 商品名称 | 磁性滚轴 | | | | |
| 英文名称 | | | | | |
| 其他名称 | | | | | |
| 商品描述 | 该商品主要由钢轴或铁轴、磁条(磁性材料:80%铁粉及20%尼龙配合混炼的颗粒,经注塑机加工而成)、铁合金管、铜轴圈及法兰等组成,具有磁性,安装于碳粉盒内用于复印机或打印机(单色或多色)的显像单元,在机器中起运载碳粉的作用,适用于采用光电显像方式的激光打印机及复印机。其工作原理如下:工作中,磁性滚筒内的磁芯不旋转,利用自身磁性将碳粉吸附至套管表面,法兰一端安装驱动齿轮,在伺服电机带动下转动时载有碳粉的套管同时转动,当带有静电潜像的感光鼓旋转到载有碳粉磁性滚轴的位置时,带电荷的碳粉即被吸附到感光鼓表面,形成碳粉图像,最后打印或复印出来。 | | | | |
| 归类决定 | 该商品除磁条以外,还包括铁合金管、铜轴圈等,为复印机或打印机的零件,不符合《税则注释》有关品目85.05的商品描述,根据归类总规则一及六,应作为复印机或打印机的零件归入税则号列8443.9990。 | | | | |

| 序号 | 1137 | 归类决定编号 | Z2009－0165 | 公告编号 | 2009 年第 57 号 |
|---|---|---|---|---|---|
| 商品税则号列 | 8445.9090 | | 发布日期 | 2009 年 8 月 31 日 | |
| 商品名称 | 空气接头平台 | | | | |
| 英文名称 | Air aplicer table | | | | |
| 其他名称 | | | | | |
| 商品描述 | 该商品用于玻璃纤维纱的接头操作，由安装底座、带滚珠平台、翻转电机、操作台等组成。工作原理：四个玻璃纤维纱团平放在该设备的输送平台上，操作人员依次将相邻纱筒的纱线首尾摆放在空气接头上，利用压缩空气的压力将四个纱筒的纱线首尾进行连接。连接后的纱团沿平台运动至一侧挡板处，操作人员操作平台转动 90 度后与地面垂直，四个纤维纱团竖直摞在一起。以上操作是为了使下一步进行络纱或纺织时不必频繁地更换纱线。 | | | | |
| 归类决定 | 该商品用于玻璃纤维纱的接头连接，由安装底座、带滚珠平台、翻转电机、操作台等组成，利用压缩空气连接玻璃纤维，无需加热处理。该商品是一种对玻璃纤维丝进行捻接的机器，且玻璃纤维丝属于《税则》税目 84.46 所列机器的加工对象，故该机器满足《税则注释》关于品目 84.45 项下“处理税目 84.46 或 84.47 机器所用纺织纱线的机器”的定义，符合《税则》税目 84.45 及其子目条文的描述，根据归类总规则一及六，应按其他处理税目 84.46 或 84.47 机器所用纺织纱线的机器归入税则号列 8445.9090。 | | | | |

| 序号 | 1138 | 归类决定编号 | Z2006－0610 | 公告编号 | 2006年第69号 |
|---|---|---|---|---|---|
| 商品税则号列 | 8446.3020 | | | 发布日期 | 2006年11月22日 |
| 商品名称 | 剑杆织机(含多臂装置) | | | | |
| 英文名称 | Picanol rapier weaving machine | | | | |
| 其他名称 | | | | | |
| 商品描述 | 机器型号:GamMax－8－R 230。8——纬纱颜色8色;R——开口形式:多臂机构;230——幅宽:230厘米。<br>剑杆织机的主要功能由开口、引纬、打纬、送经、卷取等五大部分组成。各自的工作原理如下:<br>开口:是指由多臂机来完成开口运动。织机要实现经、纬的交织必须把经纱按一定的规律分成上下两层,形成能通过纬纱的通道——梭口,待纬纱引入梭口后,两层经纱再上下交替,互易位置,形成新的梭口,如此反复循环,这就是经纱的开口运动,简称开口。它是由开口机构——多臂机来完成的。开口机构不仅要使经纱上下分开形成梭口,同时还应根据纹板图所决定的提棕顺序,控制棕框(经纱)升降的次序,使织物获得所需的组织结构。<br>引纬:是指将纬纱引入经纱所构成的梭口,以便和经纱交织,形成织物。引纬必须和经纱的开口相互配合,剑杆引纬方式以剑杆作为引纬器,每次引纬时,一定量的纬纱在剑杆的牵引下,以储纬器上通解下来,由剑头握持着穿越梭口,形成引纬。<br>打纬:是指把一根根引入梭口的纬纱,依靠打纬机构的前后往复摆动推向织口,与经纱交织构成织物。<br>送经:是指在织造过程中,织轴织经纱与纬纱交织成织物后,不断地被卷走,为保证织造过程的持续进行,由送经机构陆续送出适当长度的经纱来进行补充,使织机上经纱张力严格地控制在一定范围之内。<br>卷取:是指执行着以织口处引离初步形成织物和控制纬纱在织物内部排列密度两方面的任务。 | | | | |
| 归类决定 | 剑杆织机是织物品种适应性最强的一种无梭织机,能适应棉、毛、丝、麻、化纤等各种纺织原料,能适应长丝及短纤纱的织造生产。<br>根据《税则注释》对织机归类的规定:"较为复杂的织机可以织造出组织复杂的织物。例如,有些织机配有控制提升经线的特殊装置(例如,多臂织机、提花机等)……这些特殊装置大多数是作为织机的固定部分;也有作为一种活动式的配件装在普通织机上的;作为活动式配件的特殊装置如果与所用的织机同时报验,可归入本品目。"因此,当多臂装置和剑杆织机一并进口时,应按归类总规则一及六,将其归入税则号列8446.3020。 | | | | |

| 序号 | 1139 | 归类决定编号 | Z2006 - 1350 | 公告编号 | 2007 年第 70 号 |
| --- | --- | --- | --- | --- | --- |
| 商品税则号列 | 8450.2000[8450.2019(2014 年版)] | | 发布日期 | 2007 年 12 月 5 日 | |
| 商品名称 | 隧道式洗衣机 | | | | |
| 英文名称 | | | | | |
| 其他名称 | | | | | |
| 商品描述 | 该隧道式洗衣机是衣物水洗专用设备,用于为多家洗衣连锁店专门设计建设的洗衣配送中心。该设备共由 10 个洗涤工作舱串联组成,形成隧道一样的洗衣长笼,每舱洗衣量 50 千克,价值 13 万欧元。隧道式洗衣机洗涤时依靠内外胆桶晃动和逆水流旋转摩擦洗涤衣物,另外左右旋转 270°,同时逆水向下舱传输衣物,内外胆桶均无桶轴。该设备由全孔式不锈钢内胆桶、不锈钢防护外罩、不锈钢底盘、顶部中央传送装置、驱动马达和齿轮箱、机体球形轴承支撑架、自动供排水装置、自动蒸汽供给装置、自动压缩空气供给装置、自动洗涤剂供给装置和自动电气控制装置等部分组成。 | | | | |
| 归类决定 | 该商品为衣物洗涤设备,衣物从机器首部自动进入,经过预洗段、主洗段、漂洗段、后处理段等过程,由机器尾部自动输出,通常在酒店和医院洗衣房等场所使用。根据《税则注释》对品目 84.50 的解释,该品目的洗衣机通常在家庭、商业洗衣房、医院等场所使用,用于清洗衣物、制成品等。品目 84.51 的条文描述中的洗涤设备是指在织物及纺织品制造过程中使用的工业用洗涤机,主要用于成品织物的整理和去除浆料。因此,根据归类总规则一和六,该隧道式洗衣机应按洗衣房用洗衣机,归入税则号列 8450.2000[8450.2019(2014 年版)]。 | | | | |

| 序号 | 1140 | 归类决定编号 | Z2008－0063 | 公告编号 | 2008年第76号 |
|---|---|---|---|---|---|
| 商品税则号列 | 8450.90 | | | 发布日期 | 2008年10月28日 |
| 商品名称 | 洗衣机用加热管 | | | | |
| 英文名称 | | | | | |
| 其他名称 | | | | | |
| 商品描述 | 洗衣机用加热管安装于洗衣机的前桶上，用于加热洗衣用水。该商品主要包括两项功能：(1)加热，加热管外层为金属片经滚压成形的金属管，中间为加热电阻丝，二者之间填充氧化镁粉，两端有爱默生TOD热熔断器，通过电能转化为热能工作；(2)温度测量，由金属壳体、热敏电阻、密封材料组成的温度传感器用于测量水温。 | | | | |
| 归类决定 | 该商品为洗衣机专用零件，应根据《税则》十六类类注二的归类原则确定归类，该商品由电阻加热器和温度传感器组成，传感器是为了实现稳定加热而加装的零件，因为安装方便而与电阻加热器组装在一起，根据《税则注释》关于品目85.16项下电阻加热器的描述："如果除了装有绝缘线圈架和电气接头以外，还与机器或器具的零件组装在一起，则应作为有关机器或器具的零件归类"，该商品超出了电阻加热器的范围，且专用于洗衣机，故根据归类总规则一及六，应按洗衣机的专用零件归入税则号列8450.90项下。 | | | | |

<table>
<tr><td>序号</td><td>1141</td><td>归类决定编号</td><td>Z2006－0658</td><td>公告编号</td><td>2006 年第 69 号</td></tr>
<tr><td colspan="2">商品税则号列</td><td colspan="2">8451.3000/8477.8000</td><td>发布日期</td><td>2006 年 11 月 22 日</td></tr>
<tr><td colspan="2">商品名称</td><td colspan="4">熨烫机</td></tr>
<tr><td colspan="2">英文名称</td><td colspan="4">Hot air seam sealing machine</td></tr>
<tr><td colspan="2">其他名称</td><td colspan="4"></td></tr>
<tr><td colspan="2">商品描述</td><td colspan="4">一、型号:HTM－3555;品牌:NAMON;生产国别:韩国<br>该机器专用于加工 PVC 材料,如雨衣、遮阳雨套等。它通过控制电阻丝的温度,吹出热风,然后用上下胶轮相压滚动、前进,使原有针眼和线缝之间不会产生漏水。<br>二、型号:FB－750Z;品牌:NAOMOTO<br>该机器由一个熨烫本体(熨烫台),一只蒸汽发生器,一只熨斗组成,其归类原理为:由蒸汽发生器供给熨烫本体及熨斗蒸汽,然后利用蒸汽本体里的马达产生足够的吸力或吹力帮助固定面料或衣服,以方便熨斗熨烫,使熨烫处理达到最理想、最完美的效果。<br>进口状态:(1)整套机器(包括熨斗);(2)熨烫本体及蒸汽发生器(不包括熨斗)。</td></tr>
<tr><td colspan="2">归类决定</td><td colspan="4">商品一通过控制电阻丝温度控制热风,利用上下两胶轮的滚动带动无织物作底的 PVC 制品和 PVC 薄膜条,从而密封 PVC 制品上的针眼和线缝,属于塑料热合机器,应归入税则号列 8477.8000;<br>商品二为熨烫机,由熨烫本体、蒸汽发生器和熨斗组成,蒸汽发生器给熨斗和熨烫本体提供蒸汽,熨烫本体利用吸力或吹力固定面料(衣服)以方便熨斗熨烫,属织物或纺织制品的熨烫机器,应归入税则号列 8451.3000。</td></tr>
</table>

<table>
<tr><td>序号</td><td>1142</td><td>归类决定编号</td><td>Z2006 - 0611</td><td>公告编号</td><td>2006 年第 69 号</td></tr>
<tr><td colspan="2">商品税则号列</td><td colspan="2">8451.5000</td><td>发布日期</td><td>2006 年 11 月 22 日</td></tr>
<tr><td colspan="2">商品名称</td><td colspan="4">单层布料电脑裁床</td></tr>
<tr><td colspan="2">英文名称</td><td colspan="4">Automatic cutting machinc</td></tr>
<tr><td colspan="2">其他名称</td><td colspan="4"></td></tr>
<tr><td colspan="2">商品描述</td><td colspan="4">单层布料电脑裁床主要对花对格布的布料加工使用，由电脑数控裁剪刀具进行标准裁剪，一次可以裁割布料层数为一层，配设两个投影仪用于进料端的调整对花各出料端的拣料，裁床本身具有真空功能，以保证在裁割过程中布料不会移动。（一台台式电脑、两台投影仪和布料切割机构成）</td></tr>
<tr><td colspan="2">归类决定</td><td colspan="4">根据《税则》第十六类类注四的规定，上述设备构成功能机组，可按其裁剪功能归入税则号列 8451.5000。</td></tr>
</table>

<table>
<tr><td>序号</td><td>1143</td><td>归类决定编号</td><td>Z2006 - 0612</td><td>公告编号</td><td>2006 年第 69 号</td></tr>
<tr><td colspan="2">商品税则号列</td><td colspan="2">8452.3000</td><td>发布日期</td><td>2006 年 11 月 22 日</td></tr>
<tr><td colspan="2">商品名称</td><td colspan="4">绣花机针</td></tr>
<tr><td colspan="2">英文名称</td><td colspan="4"></td></tr>
<tr><td colspan="2">其他名称</td><td colspan="4"></td></tr>
<tr><td colspan="2">商品描述</td><td colspan="4">绣花机针为针尖上附有孔眼，外型比缝纫机针偏大，其余无差别。因绣花机有飞梭刺绣机及电脑绣花机二大类。为达到绣花目的和绣出立体感觉，同时多色、多头刺绣，一次同时使用 500 枚到 3000 枚，从外观、原理及工艺上来说绣花机跟缝纫机截然不同。</td></tr>
<tr><td colspan="2">归类决定</td><td colspan="4">根据《税则注释》关于品目 84.52 的解释，品目 84.52 条文中所指的“缝纫机针”包括部分品目 84.47 绣花机用的绣花针（针尖附有孔眼的），因此所报商品应作为一种缝纫机针归类；虽然《税则注释》关于品目 84.48 商品范围的解释，该品目也包括绣花机针，但根据排除条款，缝纫机专用针应归入品目 84.52，即品目 84.48 不包括针尖附有孔眼的、作为缝纫机针的绣花机针。因此，该绣花机针应归入税则号列 8452.3000。</td></tr>
</table>

| 序号 | 1144 | 归类决定编号 | Z2006－1351 | 公告编号 | 2007年第70号 |
|---|---|---|---|---|---|
| 商品税则号列 | 8454.9010 | | | 发布日期 | 2007年12月5日 |
| 商品名称 | 顶枪 | | | | |
| 英文名称 | MFB | | | | |
| 其他名称 | | | | | |
| 商品描述 | 该顶枪用于RH真空炉外精炼，对真空室吹入氧气、煤气及其他气体或粉末，加热耐火材料和钢水，防止钢水结瘤和温度降低，对钢水进行脱碳、脱硫、提高钢水纯净度，精确调整钢水成分。该顶枪主要由枪体、枪头、火焰观测器、真空密封装置等构成。 | | | | |
| 归类决定 | MFB顶枪系统，用于炉外精炼设备，属于炉外精炼设备的零件，根据归类总规则一(第十六类类注二)及六，应将其归入税则号列8454.9010。 | | | | |

| 序号 | 1145 | 归类决定编号 | Z2010－0038 | 公告编号 | 2010年第15号 |
|---|---|---|---|---|---|
| 商品税则号列 | 84.55 | | | 发布日期 | 2010年2月28日 |
| 商品名称 | FFX成型机 | | | | |
| 英文名称 | | | | | |
| 其他名称 | | | | | |
| 商品描述 | 该设备为自动连续焊接不锈钢管生产线的成型段主体,采用柔性弯曲技术,即通过轧辊的运动轧制钢管,对钢材的损伤可以减少到最小化。该设备主要由入位装置和柔性成型轧管装置组成,由可编程逻辑控制器(国内采购)控制,在控制器中设定所需目标的直径和厚度,即可实现自动调节成型轧辊,钢带通过十一组连续可调的成型压辊,由两边逐渐向内部变形,最后形成横截面为正圆的半成品进入下一道焊接工序。 | | | | |
| 归类决定 | 《税则》税目84.62项下的“加工金属的弯曲机床”的模具或轧辊的挤压方向与材料的输送方向通常呈横向垂直状态,从而使板材加工后成为模具的弯曲角度或轧辊弯曲的弧形;对于将板材弯曲成圆柱曲形的折弯机,则通过三到四组平行的轧辊,利用轧辊直径的不同或者相互距离的调节,从而完成不同直径的圆柱形加工。因此税目84.62项下的“加工金属的弯曲机床”所加工的管材成形具有圆柱轴与轧辊轴平行、宽度限制在轧辊宽度以内,加工过程在一个圆弧周长以内的单件加工等特征。该FFX成型机,轧辊的挤压方向与材料的输送方向非横向垂直,成形的圆管轴与轧辊轴也不平行,加工过程是连续的,管件长度不受限制,取决于原材料的长短。在加工工艺及加工对象上,FFX成型机与税目84.62项下的“加工金属的弯曲机床”存在明显不同,不可归入税目84.62项下,而应按金属轧机归入税目84.55项下。 | | | | |

| 序号 | 1146 | 归类决定编号 | Z2006－0614 | 公告编号 | 2006年第69号 |
|---|---|---|---|---|---|
| 商品税则号列 | 84.57/84.59 | | 发布日期 | 2006年11月22日 | |
| 商品名称 | 机床机身 | | | | |
| 英文名称 | | | | | |
| 其他名称 | | | | | |
| 商品描述 | 该商品共分三种机床机身：立式加工中心机身、升降台式数控铣床机身及升降台式非数控铣床机身。其中立式加工中心机身由工作台、床鞍、立柱、底座、钣金罩、主轴座、刀库（不含刀具及自动换刀装置）组成；升降台式数控铣床机身由工作台、床鞍、升降台、底座、主轴座组成；升降台式非数控铣床机身由底座、床鞍、工作台、滑枕、升降台。三种机床机身均需增加电控系统、润滑系统、冷却系统等部件方能构成整机。 | | | | |
| 归类决定 | 上述三种机床床身包括工作台、底座、主轴座等主要机械部件，只需增加电控系统、润滑系统、冷却系统等部件即可构成整机，已分别具备了立式加工中心、升降台式数控铣床及升降台式非数控铣床的基本特征，符合《税则》税目84.57、84.59及其子目条文的描述，根据归类总规则二（一），应将其分别归入税目84.57、84.59项下。 | | | | |

| 序号 | 1147 | 归类决定编号 | Z2006－1352 | 公告编号 | 2007年第70号 |
|---|---|---|---|---|---|
| 商品税则号列 | 8457.1020 | | 发布日期 | 2007年12月5日 | |
| 商品名称 | 加工中心用主机通用床体 | | | | |
| 英文名称 | Base units for the machining centers | | | | |
| 其他名称 | 加工中心用三座标柔性单元模块部分 | | | | |
| 商品描述 | 该加工中心用主机通用床体，型号：OP－50－C.D，主要由床身、十字滑台（非工作台）、机床X、Z向轴坐标移动部分、床身立柱构成的Y向轴坐标移动部分、防尘放屑的滑动罩、数控操作面板壳体、空刀架（无刀夹及无刀具）、走线槽/管路等构成，行业内简称“三坐标（X，Y，Z）柔性单元模块”。 | | | | |
| 归类决定 | 该商品的主要构件床身、滑台等已组装成一体，超出了机床零件的范围，已具备卧式加工中心完整品的基本特征，根据归类总规则二及六，应按卧式加工中心归入税则号列8457.1020。 | | | | |

| 序号 | 1148 | 归类决定编号 | Z2006 - 0615 | 公告编号 | 2006 年第 69 号 |
|---|---|---|---|---|---|
| 商品税则号列 | 8458.1100 | | 发布日期 | 2006 年 11 月 22 日 | |
| 商品名称 | 单轴纵切数控自动车床 | | | | |
| 英文名称 | | | | | |
| 其他名称 | | | | | |
| 商品描述 | 该机床以冷拉或磨光的棒料为坯料，棒料除旋转外，还随主轴箱作纵向进给，可获得较高的加工精度。该机床固定被加工工件的主轴平行于水平面。该机床与普通卧式机床的区别在于该机床的加工工件可作纵向进给，而普通机床的加工工件仅做旋转运动。<br>在《机械工程手册》中，车床按其用途和结构的不同分为以下几种类型：<br>1. 仪表车床、卧式车床、落地车床、数控卧式车床和卧式车削中心；<br>2. 单轴自动车床；<br>3. 卧式多轴自动车床、数控卧式多轴车床；<br>4. 立式多轴办自动车床；<br>5. 转塔车床和回轮车床；<br>6. 仿形车床；<br>7. 卡盘多刀车床；<br>8. 立式车床、数控立式车床和立式车削中心；<br>9. 其他车床（专业化车床和专用车床）。 | | | | | |
| 归类决定 | 《税则》税目 84.58 项下所列“卧式车床”的英文原文为“Horizontal lathes”，即是指固定被加工工件的机床主轴平行于水平面的车床，因此，所报商品属于《税则》中的卧式车床，因其又是数控车床，故应归入税则号列 8458.1100。 | | | | |

| 序号 | 1149 | 归类决定编号 | Z2008 - 0173 | 公告编号 | 2008 年第 83 号 |
|---|---|---|---|---|---|
| 商品税则号列 | 8458.1100 | | | 发布日期 | 2008 年 11 月 24 日 |
| 商品名称 | 旧数控车挤压车床 | | | | |
| 英文名称 | | | | | |
| 其他名称 | | | | | |
| 商品描述 | 该机床专门用于曲轴止推轴径的车削、挤压复合加工。主轴方向:水平,1993 年生产,HEGENSCHEIDT 牌。控制方式:采用西门子 810T 控制系统对机床动作进行控制及精确补差。该机床对曲轴工件的止推轴进行车削、挤压加工复合加工,加工至工序工艺尺寸(完成整个加工过程)。工件有上料装置自动带动到位,左右顶尖顶紧之后,通过电机驱动装置带动旋转。采用马波斯 E3 测量仪实现精确对中,通过西门子数控系统完成加工动作。该机床带有刀库,可自动换刀完成对曲轴工件的加工。“主轴偏心”的定义:曲轴的连杆颈回转中心与机床主轴回转中心有一个偏心,通过机床、夹具及控制系统使连杆颈曲轴线与主轴回转轴线重合,这样连杆颈轴颈的回转中心就调整到和机床主轴的回转中心重合,实现对曲轴工件的稳态、精确加工。 | | | | |
| 归类决定 | 该商品具有车削、挤压复合加工功能。参考《机械工程手册》,其挤压实际为车削表面的滚压加工,属于车削加工的辅助工艺。该商品的主要功能为车削功能,符合《税则》税目 84.58 的商品描述。该车床加工主轴为水平方向,采用西门子数控系统,根据归类总规则一及六,应作为数控卧式车床归入税则号列 8458.1100。 | | | | |

| 序号 | 1150 | 归类决定编号 | Z2008-0174 | 公告编号 | 2008年第83号 |
|---|---|---|---|---|---|
| 商品税则号列 | 8458.9100[8458.9110(2014年版)] | | | 发布日期 | 2008年11月24日 |
| 商品名称 | 全自动五轴连动数控加工生产线 | | | | |
| 英文名称 | | | | | |
| 其他名称 | | | | | |
| 商品描述 | 该生产线由两台车轮加工中心组成。车轮加工中心为五轴连动立式复合车削中心。工作原理为对预加工的车轮进行车削精加工,以及镗孔的粗或精加工。能够在一台加工中心上完成车轮所有部位的加工。加工完车轮内侧面后,翻转180度加工车轮外侧面;镗孔加工可以在相同的加工中心上进行。该设备为全自动操作,不需要人工干预和操作,只需检查车轮表面质量和更换刀库中的刀具。 | | | | |
| 归类决定 | 该商品实为两台NSH牌RQQ型五轴连动立式车削中心。根据预设程序自动加工,带刀库、可自动换刀,能实现对火车车轮的车削精加工和镗孔的粗或精加工。加工完车轮内侧面后,翻转180度即可加工车轮外侧面。该商品属五轴连动立式车削中心,符合《税则》税目84.58及其子目条文的描述,根据归类总规则一及六,应按立式数控车床归入税则号列8458.9100[8458.9110(2014年版)]。 | | | | |

| 序号 | 1151 | 归类决定编号 | Z2006-0616 | 公告编号 | 2006年第69号 |
|---|---|---|---|---|---|
| 商品税则号列 | 84.59 | | | 发布日期 | 2006年11月22日 |
| 商品名称 | 数控镗床零件 | | | | |
| 英文名称 | | | | | |
| 其他名称 | | | | | |
| 商品描述 | 进口数控卧式镗床的工作台、主轴箱、带立柱的床身等三个零件基本构成镗床的机械部分,进口后配备数控装置和其他小型零配件就构成整机。 | | | | |
| 归类决定 | 该商品由镗床的工作台、主轴箱、带立柱的床身等三个零件构成,进口后配备数控装置和其他小型零配件就构成整机,根据《税则注释》品目84.59的子目注释的规定:"如果数控机床不是与上述控制装置同时报验,只要这些机床具备以上所列的数控机床特征,仍应作为数控机床归类",由于上述商品在机械部分仅缺少一些小型配件,已具备了数控镗床机械部分的基本特征,应按数控镗床的整机进行归类。<br>上述商品属于数控镗床的不完整品,已具备了完整品的基本特征,根据归类总规则二,应按数控镗床归入税目84.59。 | | | | |

| 序号 | 1152 | 归类决定编号 | Z2010－0039 | 公告编号 | 2010 年第 15 号 |
| --- | --- | --- | --- | --- | --- |
| 商品税则号列 | 8459.2100 | | 发布日期 | | 2010 年 2 月 28 日 |
| 商品名称 | 高柔性曲轴深孔钻床 | | | | |
| 英文名称 | | | | | |
| 其他名称 | | | | | |
| 商品描述 | 高柔性曲轴深孔钻床，是专门为加工汽车或卡车曲轴而设计的，用于深孔钻削加工的专用机床，可以自动更换加工主轴颈的不同钻头和备用钻头。工作过程：在钻削过程中工件是固定的，加工刀具向工件作旋转钻削进给运动。深孔钻床分为机械加工部分、数控部分、自动换刀部分等。1. 机械加工部分：由 2～3 个数控加工主轴组成，可加工不同种类的曲轴油孔。进给系统采用交流伺服电机驱动滚珠丝杠，进给滑台导轨采用滚动直线导轨，钻杆箱传动采用无级调速变频主轴驱动。2. 数控部分：装备了先进的西门子数控系统，钻床按预设的程序指令执行钻孔的功能。3. 自动换刀部分：配置有刀位回转式刀库，可实现各种刀具的自动更换。 | | | | |
| 归类决定 | 该机床可自动更换各种规格的钻头，因机床本身只具有单一的钻削功能，不属于金属加工中心，根据归类总规则一及六，应按数控钻床归入税则号列 8459.2100。 | | | | |

| 序号 | 1153 | 归类决定编号 | Z2006－0617 | 公告编号 | 2006年第69号 |
|---|---|---|---|---|---|
| 商品税则号列 | 8459.2900 | | | 发布日期 | 2006年11月22日 |
| 商品名称 | 深孔加工机 | | | | |
| 英文名称 | | | | | |
| 其他名称 | | | | | |
| 商品描述 | 深孔加工机，型号：TMG－1000、TMG－350－2S、THG－1200，是切削金属的程控深孔钻床，该批机床的主要控制装置由可编程序控制器及变频调速器构成，其三个坐标方向驱动均为普通电机，未用步进电机或伺服电机，也无步进电机或伺服电机驱动器，孔的加工深度由PLC和行程开关控制；型号TMG－1000、THG－1200的机床上装有数显装置，是用来对所加工孔的位置进行显示定位。 | | | | |
| 归类决定 | 该批机床为PLC控制深孔加工机床，型号为TMG－1000、TMG－350－2S、THG－1200，其主要控制装置由PLC可编程控制器、行程开关等构成，无数控操作系统及步进电机或伺服电机。由机械工业机床产品质量检测中心（上海）进行检测认定，该批机床属于程序控制机床而非数控机床（同时广东省机械技术情报站也给出了相同结论）。<br>根据机械工业机床产品质量检测中心（上海）和广东省机械技术情报站给出的鉴定报告，该批机床属于程序控制钻床而非数控钻床，应归入税则号列8459.2900。 | | | | |

<table>
<tr><td>序号</td><td>1154</td><td>归类决定编号</td><td>Z2008－0065</td><td>公告编号</td><td>2008 年第 76 号</td></tr>
<tr><td>商品税则号列</td><td colspan="3">8459.4010</td><td>发布日期</td><td>2008 年 10 月 28 日</td></tr>
<tr><td>商品名称</td><td colspan="5">刮削滚光设备</td></tr>
<tr><td>英文名称</td><td colspan="5">Skiving roller burnishing machine</td></tr>
<tr><td>其他名称</td><td colspan="5"></td></tr>
<tr><td>商品描述</td><td colspan="5">刮削滚光设备为卧式数控机床,型号为 2007 Sierra USA,用于钢管内孔的加工,主要适用于液压油缸内表面加工,使钢筒内壁光滑。该商品由床身、尾架、夹紧装置、头架、滚柱丝杆、液压系统冷却装置、数控系统及专用刀具等主要部件构成。加工孔径范围:40～200 毫米,最大加工长度 2 米,最大加工重量 300 千克。工作时,设备将加工的钢管夹紧在工作台上,通过刀杆深入钢管内作水平行进,同时刀杆作高速旋转,带动刀头对钢管内壁先后做刮削和滚光加工,一次走刀完成加工。该设备使用的刀具为专利刀具,同时具有刮削和滚压功能,在刀具前端是刮削刀,后端是滚柱,两种刀头同时固定在刀杆上,加工时无须更换刀头即可进行两种加工。该商品备有多种直径不同的刀头,可视加工要求更换。在刀杆水平行进的同时,刀杆高速旋转带动刀头高速旋转,前端的刮削刀分粗刮削刀和精刮削刀两种,主要是处理零件内表面上前道工序加工后留下的铁屑和毛刺,后端的滚柱是对刮削刀加工后的零件内表面作滚压,用高速旋转的滚柱挤压工件表面,进一步提高工件表面的光滑度。刮削刀和滚柱都使用压力补偿式刀具,可调节、可收缩。它能通过调节液压来控制刀具工作时的状态,避免过度切削或滚压造成工件损伤,保证所加工的工件光洁度一致。</td></tr>
<tr><td>归类决定</td><td colspan="5">该商品不带刀库,不能根据加工需求自动更换刀具,是一种带有一定挤压(切削加工的一种)辅助功能的数控镗床,符合《税则》税目 84.59 及其子目条文的描述,根据归类总规则一及六,应按其他数控镗床归入税则号列 8459.4010。</td></tr>
</table>

| 序号 | 1155 | 归类决定编号 | Z2006－0618 | 公告编号 | 2006 年第 69 号 |
|---|---|---|---|---|---|
| 商品税则号列 | 8459.6990 | | | 发布日期 | 2006 年 11 月 22 日 |
| 商品名称 | 电路板刻制机 | | | | |
| 英文名称 | | | | | |
| 其他名称 | | | | | |
| 商品描述 | 电路板刻制机的型号为 LPKF Protomat M60，主要功能为：精密钻孔、铣型。该机可用于：(1)试验用双层或多层电路板的铣外型、钻孔、铣制电路；(2)阻焊膜的刻制；(3)刻制金属铭牌；(4)刻制有机玻璃、塑料；(5)射频及微波技术用基材的加工；(6)用薄膜雕刻掩膜底版；(7)用薄膜铣制膏漏印版、贴片；(8)刚柔结合电路板加工；(9)分切、返修裸板及载件板；(10)壳体、盒体加工。其主要组成包括：工作台、移动架和加工头等，其中加工头是由高速电机和刀具组成，使用的刀具有钻头或铣刀。加工头只能安装一个刀具，并固定在移动架上，可以在工作台的 Y 轴方向移动。主要工作原理：该机通常与计算机连接使用，在计算机的控制下，对固定在工作台上的表面敷铜的 FR4 电路板基材进行操作，安装上钻头则可以在电路板上精确定位、钻孔；安装上铣刀则能够沿着线路和焊盘铣掉电路板基材上不需要的铜箔；安装上外型铣刀则可以按照预定的外型尺寸将刻制好的电路板从基材上铣下来；安装上精细铣刀可以刻制阻焊膜，将阻焊膜上焊盘对应的位置铣掉。 | | | | |
| 归类决定 | 该电路板刻制机具有精密钻、雕、半铣、透铣功能，适合对多种材料进行精密加工，属于多功能和多用途机器，其涉及《税则》第十六类类注三（关于多功能机器）和第八十四章章注七（关于多用途机器）两款归类规定。由于第八十四章章注七规定："具有一种以上用途的机器在归类时，其主要用途可作为唯一的用途对待。除本章章注二、第十六类类注三另有规定的以外……均应归入税目 84.79……"由于在此款章注中已经明确排除了第十六类类注三，也就是规定第十六类类注三应优先考虑，因此，对于既是多功能又是多用途的机器，应该根据第十六类类注三确定其归类，而不是第八十四章章注七。由于该电路板刻制机具有钻、雕、铣等多种功能，但仍以对电路板上的铜箔进行铣制为其主要功能，根据归类总规则一和六，应归入税则号列 8459.6990。 | | | | |

| 序号 | 1156 | 归类决定编号 | Z2006－0619 | 公告编号 | 2006年第69号 |
|---|---|---|---|---|---|
| 商品税则号列 | | 84.60 | | 发布日期 | 2006年11月22日 |
| 商品名称 | 涡杆和螺纹磨床 | | | | |
| 英文名称 | CNC thread grinding machine | | | | |
| 其他名称 | | | | | |
| 商品描述 | 该数控机床牌名为莱斯豪尔REISHAUER,型号为RG500,为8轴多处理机数控磨床,分别由两套CNC数控系统控制,其中5个轴用于控制工件动作,3个轴用于控制蝶形金刚石修整轮的动作,分别可实现4轴联动和3轴联动。加工精度和柔性化程度高较,广泛用于工具和机械零件的加工制造。 | | | | |
| 归类决定 | 根据《中国大百科全书·机械工程卷》关于螺纹磨床的定义:“螺纹磨床用成型砂轮作为磨具加工精米螺纹的螺纹加工机床。主要用于机器制造业的生产车间和工具车间,以刀具厂和量具厂中生产螺纹加工工具和螺纹量具的车间中用得最多。”机床与上述定义相符,应参照《税则注释》品目84.60列举(三)的“各种类型的磨床”中的“螺纹磨床”归入品目84.60项下相应子目。即机床在任一座标的定位精度至少是0.01毫米时,应归入税则号列8460.2190;机床在任一座标的定位精度小于0.01毫米时,应归入税则号列8460.9090。 | | | | |

| 序号 | 1157 | 归类决定编号 | Z2008－0175 | 公告编号 | 2008年第83号 |
|---|---|---|---|---|---|
| 商品税则号列 | | 8460.2120 | | 发布日期 | 2008年11月24日 |
| 商品名称 | 多工位高精度网纹加工设备 | | | | |
| 英文名称 | High-precision multi-station reticle machine | | | | |
| 其他名称 | | | | | |
| 商品描述 | 该商品为轿车柴油机缸体(材料为铸铁)网纹加工定制的专用设备,工件在设备上可自动输送。设备分为两个工位:第一个工位采用立式加工方式加工缸孔的网纹;第二个工位采用卧式加工方式加工曲轴孔。网纹加工的刀具为砂条,设备采用Gehring公司开发的专用控制系统及软件控制砂条的涨缩、涨刀压力、旋转速度和往复行程速度及主轴上下折返点位置精度,确保缸孔和曲轴孔具有稳定的表面网纹效果。 | | | | |
| 归类决定 | 多工位高精度网纹加工设备是一种数控机床,利用砂条磨削加工发动机缸体的曲轴孔和缸孔。该商品虽然具有两个工位,但仅具有磨削一种加工操作,不符合《税则注释》品目84.57多工位组合机床“必须可进行多种机械加工操作”的描述,不能归入《税则》税目84.57项下。该商品为磨削加工,不符合税目84.61“切削机床”的描述,也不能归入税目84.61项下。该商品符合税目84.60的商品描述,用于内圆加工,精度高于0.01毫米,根据归类总规则一及六,应归入税则号列8460.2120。 | | | | |

| 序号 | 1158 | 归类决定编号 | Z2006－0620 | 公告编号 | 2006 年第 69 号 |
|---|---|---|---|---|---|
| 商品税则号列 | 8460.4010 | | | 发布日期 | 2006 年 11 月 22 日 |
| 商品名称 | 气缸体活塞孔精整加工机床 | | | | |
| 英文名称 | Honing machine | | | | |
| 其他名称 | | | | | |
| 商品描述 | 该机床用于对冰箱压缩机气缸体的活塞孔内表面进行精整加工。加工方式为工件不动，刀具自上而下配合旋转运动进行加工，加工的刀具结构为铜条外覆 1 毫米厚的金刚衣。 | | | | |
| 归类决定 | 该设备为珩磨机床，应归入税则号列 8460.4010。 | | | | |

| 序号 | 1159 | 归类决定编号 | Z2006－0621 | 公告编号 | 2006 年第 69 号 |
|---|---|---|---|---|---|
| 商品税则号列 | 8461.9000［8461.9090(2014 年版)］ | | | 发布日期 | 2006 年 11 月 22 日 |
| 商品名称 | 数控乙炔焰切割机 | | | | |
| 英文名称 | CNC cutting machine | | | | |
| 其他名称 | | | | | |
| 商品描述 | 由昆山梅塞尔·格里斯海姆公司生产，主要有 OMNIMAT，FHOENIX DP，COMCUT 等系列和型号的数控切割机，由数控装置驱动割炬切割材料。<br>是用高温的乙炔火焰对材料专门进行切割的设备，虽然可选配等离子切割头，但由于进口时该设备并未装配，不具有等离子切割的功能。该切割机是专用于切割金属的设备。 | | | | |
| 归类决定 | 根据《税则注释》对品目 84.68 的解释，切割专用的机器应归入其相应税号，故该切割机应作为其他金属切割机床归入税则号列 8461.9000［8461.9090(2014 年版)］。 | | | | |

| 序号 | 1160 | 归类决定编号 | Z2006－0622 | 公告编号 | 2006年第69号 |
| --- | --- | --- | --- | --- | --- |
| 商品税则号列 | 8462.1090 | | | 发布日期 | 2006年11月22日 |
| 商品名称 | 铭牌机 | | | | |
| 英文名称 | Metal 2000 | | | | |
| 其他名称 | | | | | |
| 商品描述 | 该铭牌机是工厂生产的最后一道工序，用于制作可固定于生产设备的铭牌，有固定的工作位和专门的操作人员。工作原理为先将未加工的工件（特定规格的不锈钢片）放入机器的入料盒中，机器通过一台电机带动冲击锤产生冲击力，将字模冲压在工件下表面，在工件上产生凸出的字体，并驱动字模盘连续转动，按设定的参数连续冲压，将所需的数字或字母（产品的规格、型号及各种使用参数）冲压在工件上。机器自动将冲压好的工件送至出料口处。 | | | | |
| 归类决定 | 根据《税则注释》关于品目84.72的解释，该品目所含商品应为办公室用机器，“所称‘办公室用机器’，其含义较广，包括在办公室、商店、工厂、车间、学校、火车站、旅馆等场所用于‘办公室工作’（即有关书信、文件、表格、记录、账目等的书写、记录、分类、归档等工作）的各种机器”。该商品并非用于“办公室工作”，不能归入税目84.72，应作为金属冲压机床归入税则号列8462.1090。 | | | | |

| 序号 | 1161 | 归类决定编号 | Z2008－0066 | 公告编号 | 2008 年第 76 号 |
|---|---|---|---|---|---|
| 商品税则号列 | 8462.3190 | | | 发布日期 | 2008 年 10 月 28 日 |
| 商品名称 | 波形裁剪机 | | | | |
| 英文名称 | | | | | |
| 其他名称 | | | | | |
| 商品描述 | 该商品由入口段解卷机、镜面检查台、压平轮、冲床式裁剪机、铁皮输送机、收料台、出料台、取样台、操作及控制台、铁皮表面侦测器、厚度检测仪架构、换模机、置模架、测量台、钨钢刀具、LOT 输送台车等组成。原理：裁剪机采用数控原理，铁皮卷连续运转，通过波形裁刀，转变成波形裁片。波形裁剪机的刀座是类似一种三维接触的构造，本身具有 X、Y、Z 三个接触面，刀具处理精度达到 0.015 毫米，以达到波形产品的形状与精度。波形裁剪机刀具的运行并非旋转方式的结构，而是变频马达利用飞轮的直径及旋转角度及线速度与设定的裁长后，再利用三角函数的原理，经由电控系统控制住输出速度后，带动上刀座的移动运行，使之裁剪出高精度的波形铁片。用途：使铁片裁剪成为波形铁皮，使得所产生的成品再经冲模加工时能精确的符合圆形罐模冲盖用，使冲盖后铁皮剩料达到最少。 | | | | |
| 归类决定 | 该波形裁剪机采用数控方式对钢材板带进行横向波形裁剪，以使钢材板带在用于圆形裁剪时能够最大限度的利用材料。该商品为剪切机床的一种，符合《税则》税目 84.62 的商品描述，由于其工作方式不同于单纯的纵剪和横剪，根据归类总规则一及六，应归入税则号列 8462.3190。 | | | | |

| 序号 | 1162 | 归类决定编号 | Z2008 - 0067 | 公告编号 | 2008 年第 76 号 |
|---|---|---|---|---|---|
| 商品税则号列 | 8462.4119 | | 发布日期 | 2008 年 10 月 28 日 | |
| 商品名称 | 高速冲床线 FIX - 100 | | | | |
| 英文名称 | High-speed fin press line equipment & fin die | | | | |
| 其他名称 | 日精高机 | | | | |
| 商品描述 | 该生产线主要由开卷机、翅片冲床、模具托架、叠片装置等组成,主要制成品为空调热交换器中的热交换片(翅片)。工艺流程:开卷机将成卷铝箔展开,通过翅片冲床,将其高速冲压成规格型号的翅片制成品。其中的模具托架放置在冲床内部,托架内安装有模具。冲床工作时冲孔、剪切同时完成。生产好的翅片由叠片装置进行整理收集。整套设备的控制装置都安装在翅片冲床的控制面板上。 | | | | |
| 归类决定 | 该设备是由高速冲床、连续冲压模具和开卷机等装置组成的成套冲压专用装备,符合《税则》税目 84.62 的商品描述。该设备配置了 VF 专用数控系统,对进给的速度和子模具的调用等进行程序控制,符合数控要求;其虽然有剪裁的功能,但主要是靠模具的设计来完成的,有别于通常的冲剪机床。根据归类总规则一及六,应作为数控冲床归入税则号列 8462.4119。 | | | | |

| 序号 | 1163 | 归类决定编号 | Z2006 - 0623 | 公告编号 | 2006 年第 69 号 |
|---|---|---|---|---|---|
| 商品税则号列 | 8463.3000 | | 发布日期 | 2006 年 11 月 22 日 | |
| 商品名称 | SISMA 快速单双扣织链机 | | | | |
| 英文名称 | | | | | |
| 其他名称 | | | | | |
| 商品描述 | 该商品的规格为:SGV/TD,它是贵金属首饰生产加工设备,可用于生产单套、双套和三套马鞭链,用该机生产的金属链做为母链,经变形加工后可形成各种形状产品。 | | | | |
| 归类决定 | 快速单双扣织链机可将金属丝加工成单套、双套等链条,根据《税则注释》对品目 84.63 的规定,该设备应按金属的非切削加工机床归入税则号列 8463.3000。 | | | | |

| 序号 | 1164 | 归类决定编号 | Z2008－0177 | 公告编号 | 2008年第83号 |
|---|---|---|---|---|---|
| 商品税则号列 | 8464.2090 | | | 发布日期 | 2008年11月24日 |
| 商品名称 | 双面研磨抛光系统 | | | | |
| 英文名称 | Speedfam double side lapping plolishing machine | | | | |
| 其他名称 | | | | | |
| 商品描述 | 该商品的工作原理：采用变频调速和电子数字控制技术，根据不同材料设定不同加工程序，实现自动化加工。通过上下盘的转动配以相关的化学原辅料，可对各种晶体材料、光学玻璃材料、半导体材料进行高效快速的化学机械研磨和抛光。 | | | | |
| 归类决定 | 该商品可以对晶体材料、光学玻璃材料、半导体材料等多种材料进行化学机械研磨和抛光。该企业网上资料显示其主要产品为激光晶体和非线性光学晶体，因此该系统并非《税则》税目84.86所称“专用于或主要用于制造半导体单晶柱或圆片、半导体器件……的机器或装置”，不能归入税目84.86。由于其主要用于含硅材料（包括玻璃）的研磨抛光，符合税目84.64的商品描述，根据归类总规则一及六，应归入税则号列8464.2090。 | | | | |

| 序号 | 1165 | 归类决定编号 | Z2006－0624 | 公告编号 | 2006年第69号 |
|---|---|---|---|---|---|
| 商品税则号列 | 8465.9100 | | 发布日期 | | 2006年11月22日 |
| 商品名称 | 高速数控优选机 | | | | |
| 英文名称 | Opticut 200 elite | | | | |
| 其他名称 | | | | | |
| 商品描述 | 结构：<br>1. 进料及缺陷标识工作台，驱动式，侧面支撑台面可安置两个操作工，5米长，最大进料长度6.3米；<br>2. 长度测量装置带3级荧光扫描头；<br>3. 到达横截锯7米长传送带；<br>4. 优选横截锯，内带排尘气吹装置，电脑数控中心（触摸屏）；<br>5. 出料传送带，20米长，驱动带宽度250毫米；<br>6. 标准配备有8个安装在出料传送带上的重型顶料器。<br>工作原理：通过装置对原材料进行选料，标识材料本身缺陷，通过驱动式工作台将材料送至长度测量装置区，通过识别测量再进入优选横截锯，经过横锯后，再通过传送带和八个分料推料器根据规格的不同从不同的位置出料。<br>工艺流程：人工木材缺陷标识→测量缺陷→优选锯切→按规格分类摆放。 | | | | |
| 归类决定 | 该商品为木材加工机床，其功能为：通过人工对木材进行缺陷标示，由机床的扫描装置对标示进行扫描，机床根据接收到的扫描信息计算出最佳锯切尺寸后进行切割，最后将木材按不通尺寸从不同的位置推出。<br>该商品为具备前期扫描、后期分类的木材锯切机床，木材锯切是其主要功能，根据归类总规则一及六，应将其归入税则号列8465.9100。 | | | | |

| 序号 | 1166 | 归类决定编号 | Z2007 - 0057 | 公告编号 | 2007 年第 71 号 |
|---|---|---|---|---|---|
| 商品税则号列 | | 8465.9200 | | 发布日期 | 2007 年 12 月 5 日 |
| 商品名称 | CNC PBC 成型机 | | | | |
| 英文名称 | | | | | |
| 其他名称 | | | | | |
| 商品描述 | 该成型机为印刷电路板的切割成型机器，型号为 TL - RU4BⅡ。其主要工作原理：根据事先设置的成型路径和坐标，通过三只配有自动换刀系统的高转速主轴带动刀具，对已加工装配部分电子器件的电路板基板进行铣边和形状切削，不对电路板的线路、铜箔及阻焊基膜进行雕、钻等加工。 | | | | |
| 归类决定 | CNC PBC 成型机用于对硬质塑料的电路板基板进行铣成型加工，符合《税则》税目 84.65 的商品描述，根据归类总规则一及六，应归入税则号列 8465.9200。 | | | | |

| 序号 | 1167 | 归类决定编号 | Z2006 - 0625 | 公告编号 | 2006 年第 69 号 |
|---|---|---|---|---|---|
| 商品税则号列 | | 8465.9400 | | 发布日期 | 2006 年 11 月 22 日 |
| 商品名称 | 液压短周期压帖生产线 | | | | |
| 英文名称 | | | | | |
| 其他名称 | | | | | |
| 商品描述 | 该生产线主要用于强化地板的三聚氰胺浸滞纸热压贴面。通过热压使三聚氰胺失水而形成高分子结合体，主要包括电离、热压和输送装置。<br>工艺流程如下：<br>纤维板上线→除尘→定位→平衡纸上线→底面电离→铺装饰纸→铺耐磨纸→电离→送入压机→热压→卸料→下线。 | | | | |
| 归类决定 | 液压短周期压贴生产线主要由电离、热压和输送等装置组成，组合后的功能是对人造板（中密度纤维板）进行三聚氰胺浸渍纸表面热压贴面，属于税则号列 8465.9400 所列“装配机器”的功能，根据《税则》第十六类注释四关于功能机组的定义，应按其功能归入税则号列 8465.9400。 | | | | |

| 序号 | 1168 | 归类决定编号 | Z2006－0626 | 公告编号 | 2006年第69号 |
|---|---|---|---|---|---|
| 商品税则号列 | 8465.9600 | | | 发布日期 | 2006年11月22日 |
| 商品名称 | “Matrix 2360”可编程自动切割机 | | | | |
| 英文名称 | “Matrix 2360”Programmable shear | | | | |
| 其他名称 | | | | | |
| 商品描述 | 货物型号：“Matrix 2360”可编程自动切割机。<br>规格：110/220伏，50/60赫兹，10安培。<br>尺寸：（体积）46厘米×43厘米×30厘米。<br>生产速度：360条/分钟。<br>净重：34千克。<br>用途：用于“乙型肝炎表面病毒胶体金测试条”的制备。（该测试条由硝酸纤维膜，玻璃膜，PVC底基等组成，用于快速检测乙肝、丙肝等传染性病原。30微升人血标本可在5分钟内判断结果）<br>性能：该设备机载有多功能编程键，可自动控制单克隆胶体金抗体的包备量和切割速度及尺寸，能将点样，切割成形，修边一次完成。所用刀具具有自消毒功能。 | | | | |
| 归类决定 | “Matrix 2360”可编程自动切割机用于生产“乙型肝炎表面病毒胶体金测试条”，该设备可自动控制单克隆胶体金抗体的包备量和切割速度及尺寸，一次完成点样，切割成形，修边。该设备的主要功能是切割，被切割原料的主要成分为硬质塑料，故根据《税则》第十六类类注三的规定应归入税则号列8465.9600。 | | | | |

| 序号 | 1169 | 归类决定编号 | Z2007－0058 | 公告编号 | 2007年第71号 |
|---|---|---|---|---|---|
| 商品税则号列 | 84.66 | | | 发布日期 | 2007年12月5日 |
| 商品名称 | 滚动滑轨 | | | | |
| 英文名称 | | | | | |
| 其他名称 | 直线导轨 | | | | |
| 商品描述 | 该商品的型号为SFC16－4000,外观为圆形截面长条状,直径为16～35毫米,长度在4.2～5.6米之间,材质为非合金钢,经冷轧处理。据企业介绍,该商品适用于直接安装在机床的加工平台上,加工平台在滑轨上能来回移动。 | | | | |
| 归类决定 | 滚动滑轨,型号为SFC16－4000,专用于机床,不需进一步加工可直接安装使用,具有明显的零件特征,应按《税则》第十六类类注二的归类原则确定税则号列。上述商品属机床零件,符合《税则》税目84.66及其子目条文的描述,根据归类总规则一及六,应根据其所用机床类型归入税目84.66项下相关税则号列。 | | | | |

| 序号 | 1170 | 归类决定编号 | Z2008－0178 | 公告编号 | 2008 年第 83 号 |
|---|---|---|---|---|---|
| 商品税则号列 | 8466. 3000 | | 发布日期 | | 2008 年 11 月 24 日 |
| 商品名称 | 磨床动平衡仪 | | | | |
| 英文名称 | | | | | |
| 其他名称 | | | | | |
| 商品描述 | SBS 磨床砂轮在线动平衡系统型号为 SBS－4500，主要由传感器、控制器和平衡头(安装在砂轮轴上)组成,用于保证卡盘式磨床砂轮在线动平衡。使用时平衡头安装在砂轮上,传感器将各种震动信号传到控制器,经控制器精确计算后,再将所需调整的数值传输到平衡头,驱动平衡头内的平衡装置时进行调整,保证砂轮在工作中始终保持平衡。 | | | | |
| 归类决定 | 该商品仅用于对砂轮的动平衡进行调整,并非对设备运行轨迹进行控制的数控装置,不符合《税则》税目 85. 37 的商品描述。该商品由传感器、控制器和执行机构(平衡头)组成,根据《税则注释》品目 90. 32 对“自动控制非电量的仪器设备”的描述“各种执行机构应归入其各自相应的品目中。如果自动调节器是与执行机构组装在一起的,整个装置应按照归类总规则的规则一或规则三(二)的规定进行归类”,该商品应根据其功能进行归类。该商品具有保持磨床砂轮动平衡提高工作精度的功能,符合《税则》税目 84. 66 及《税则注释》品目 84. 66 有关机床特种辅助装置“用以提高机床的精确度,但本身并不参与加工操作,包括定心或校平装置……”的描述,根据归类总规则一及六,应归入税则号列 8466. 3000。 | | | | |

| 序号 | 1171 | 归类决定编号 | Z2008－0068 | 公告编号 | 2008 年第 76 号 |
|---|---|---|---|---|---|
| 商品税则号列 | 8466. 9300［8466. 9390（2014 年版）］ | | | 发布日期 | 2008 年 10 月 28 日 |
| 商品名称 | 等离子割据支架 | | | | |
| 英文名称 | | | | | |
| 其他名称 | | | | | |
| 商品描述 | 该商品用于固定等离子割据和带动割据旋转。其中，等离子割据用于等离子切割机，是喷出气体的通道，割据下面有喷嘴，从喷嘴喷出等离子进行钢板切割。该支架为平行四边形，利用平行四边形的不平衡原理带动割据在不同的角度旋转，这样割据就变换了角度，从而进行不同角度切割。 | | | | |
| 归类决定 | 该商品专用于等离子切割机，用于安装切割头和固定切割工件，其功能和结构不符合《税则注释》关于品目 84. 66 项下“工具夹具”的定义，属于等离子切割机的专用附件，符合《税则》税目 84. 66 及其子目条文的描述，根据归类总规则一及六，应按税目 84. 56 所列机器的附件归入税则号列 8466. 9300［8466. 9390（2014 年版）］。 | | | | |

| 序号 | 1172 | 归类决定编号 | Z2006－1353 | 公告编号 | 2007 年第 70 号 |
|---|---|---|---|---|---|
| 商品税则号列 | 8466. 9300［8466. 9390（2014 年版）］ | | | 发布日期 | 2007 年 12 月 5 日 |
| 商品名称 | 多工位托盘系统 FH6800 | | | | |
| 英文名称 | | | | | |
| 其他名称 | | | | | |
| 商品描述 | 该多工位托盘系统 FH6800 是生产机床部件的工作台，由夹具、托盘、托盘架板金、导轨护板组成，整套托盘系统由 24 个小托盘构成工作台。其是工件和夹具的基准台面，被加工工件安放在托盘的夹具上。该托盘主要用于放置需要加工的工件，等待移动取物小车提取工件，工件加工结束后再被放回原托盘工作台面。 | | | | |
| 归类决定 | 该商品是加工中心和柔性制造单元中交换工作台的一种形式，进口时已完成组装，属于加工中心的附件，根据归类总规则一及六，应将其归入税则号列 8466. 9300［8466. 9390（2014 年版）］。 | | | | |

| 序号 | 1173 | 归类决定编号 | Z2008－0179 | 公告编号 | 2008 年第 83 号 |
|---|---|---|---|---|---|
| 商品税则号列 | 8466.9300[8466.9390(2014 年版)] | | 发布日期 | | 2008 年 11 月 24 日 |
| 商品名称 | 回转工作台 | | | | |
| 英文名称 | Rotary table | | | | |
| 其他名称 | | | | | |
| 商品描述 | 回转工作台是镗铣床的组成部分,安装在镗铣床主体前方,可以沿镗铣机床的“Z”轴方向前后移动。回转工作台由台面、转动部分、滑动部分和导轨四部分组成。台面是承载被加工物体的,上面有“T”型凹槽,提供一个精准的水平面给工件夹具中的支撑物,与多种夹具配合才能将被加工物体(工件)固定在台面上。转动部分是连接台面和滑动部分的,能使台面作回转运动。滑动部分能使台面沿导轨方向作直线运动。 | | | | |
| 归类决定 | 该商品属镗铣床专用零件,符合《税则》税目 84.66 及其子目条文的描述,根据归类总规则一及六,应按税目 84.59 项下商品的零件归入税则号列 8466.9300[8466.9390(2014 年版)]。 | | | | |

| 序号 | 1174 | 归类决定编号 | Z2008－0180 | 公告编号 | 2008 年第 83 号 |
|---|---|---|---|---|---|
| 商品税则号列 | 8466.9300[8466.9390(2014 年版)] | | 发布日期 | | 2008 年 11 月 24 日 |
| 商品名称 | 立式车床用弧形齿盘 | | | | |
| 英文名称 | Curvic coupling | | | | |
| 其他名称 | | | | | |
| 商品描述 | 数控立式车床用弧形齿盘是刀具在数控立式车床的刀架上起定位连接作用的机械部件,在加工过程中保证刀柄不会因扭力过大而偏转。弧形齿盘由上下两部分组成:上齿盘为 360 度圆弧形齿盘,安装在立式车床的刀架末端;下齿盘为 120 度的弧形齿盘组,每两个固定在刀库中的一把刀上。在车床更换刀具的过程中,由机械手(或人工)将刀柄从刀库中取出装在刀架上,使上下齿盘的齿相吻合,再由刀架上的液压油缸拉紧刀柄顶端的拉钉从而拉紧上下齿盘,使刀柄固定在刀架上,完成换刀程序。 | | | | |
| 归类决定 | 该商品为立式车床刀架的专用零件,根据《税则》十六类类注二关于零件的归类原则,应按车床零件归入税则号列 8466.9300[8466.9390(2014 年版)]。 | | | | |

| 序号 | 1175 | 归类决定编号 | Z2006－0627 | 公告编号 | 2006 年第 69 号 |
|---|---|---|---|---|---|
| 商品税则号列 | 8466.9300［8466.9390（2014 年版）］ | | | 发布日期 | 2006 年 11 月 22 日 |
| 商品名称 | 数控机床用接头 | | | | |
| 英文名称 | | | | | |
| 其他名称 | | | | | |
| 商品描述 | 该商品安装在数控机床的主轴上，用于主轴与机床的冷却系统连接。该商品一端连接冷却系统，另一端固定在旋转主轴上，冷却气体或液体通过该商品进入主轴使主轴冷却。 | | | | |
| 归类决定 | 根据《税则注释》对机械密封件的描述“机械密封件（例如，滑动密封环及弹簧密封环）是机械装配件，装于机器或装置上形成平面、旋转面的密封接合，以防止高压泄漏，抵御由于部件运动或振动等产生的压力及应力”，主要用于相对运动件之间的密封。该商品用于连接主轴与冷却系统，主要功能是提供冷却液流动的通道，与《税则注释》对机械密封件的描述不符。根据《税则》第十六类类注二关于零件的归类原则，应将其作为加工中心的零件进行归类，根据归类总规则一及六，应将其归入税则号列 8466.9300［8466.9390（2014 年版）］。 | | | | |

| 序号 | 1176 | 归类决定编号 | Z2006－1354 | 公告编号 | 2007 年第 70 号 |
|---|---|---|---|---|---|
| 商品税则号列 | 8467.8900 | | | 发布日期 | 2007 年 12 月 5 日 |
| 商品名称 | 冲击夯 LT600 | | | | |
| 英文名称 | | | | | |
| 其他名称 | | | | | |
| 商品描述 | 冲击夯，品牌为“DYNAPAC”，型号为 LT600，主要参数：净重 64 千克，振动频率 12 赫兹，振幅 65～75 毫米，击振力 14 千牛顿，地板宽度 260 毫米，地板长度 330 毫米，发动机功率 2.2 千瓦，发动机转速 3600 转/分钟。工作原理：通过发动机转动，带动一个偏心块，促使整个设备上下振动，从而达到压实回填土的目的。当该机器在 A 区域完成压实回填土工作后，可通过手提方式将机器搬动到 B 区域继续工作。 | | | | |
| 归类决定 | 该商品符合《税则注释》对品目 84.67 的描述“特别是在工作进行时，操作者可用手把这些工具提升搬动，并可用手进行控制及导向”，应作为手提式工具归入税则号列 8467.8900。 | | | | |

| 序号 | 1177 | 归类决定编号 | Z2013－0055 | 公告编号 | 2014年第2号 |
|---|---|---|---|---|---|
| 商品税则号列 | | 8468.8000 | | 发布日期 | 2014年1月2日 |
| 商品名称 | 铸焊机 | | | | |
| 英文名称 | | | | | |
| 其他名称 | | | | | |
| 商品描述 | MOOJIN牌型号COSⅡ，用于生产蓄电池。该铸焊机组成：极耳整理装置、风热干燥装置、铸焊装置（配置铅炉、铅泵1套）、极群入槽装置等。主要功能：用熔化的铅液把配好片数的极板组焊接在一起，形成极板群，并把极板群装入电池槽内，用于制造蓄电池。主要工作原理：将包封组对后的极群整理对齐，极耳对正；用助焊剂涂抹极耳，并用热风吹干助焊剂同时将极耳微微加热；将高温的铅液泵入铸焊模具的汇流排型腔，在铅液冷却前，将极群的极耳插入铅液中，在铅液凝固冷却到设定的低温后，顶出汇流排，形成带有汇流排的极群；将形成的极群组通过卸载机械手，装入电池壳体，再通过输送链条，将产品输出铸焊机。 | | | | |
| 归类决定 | 该商品是一种焊接机器，根据归类总规则一及六，该商品归入税则号列8468.8000。 | | | | |

| 序号 | 1178 | 归类决定编号 | Z2006－0628 | 公告编号 | 2006年第69号 |
|---|---|---|---|---|---|
| 商品税则号列 | | 8468.9000或8515.9000 | | 发布日期 | 2006年11月22日 |
| 商品名称 | 椅背焊接工装 | | | | |
| 英文名称 | | | | | |
| 其他名称 | | | | | |
| 商品描述 | 原理及用途：为金属制品，用于生产汽车座椅时将靠背钢管、背连接板、支撑板三个零件放在工装上，用快速夹夹紧固定位置，以保证焊接时产品各部件不发生错动，以达到所要求的技术规格及标准。 | | | | |
| 归类决定 | 根据《税则》第十六类类注二（二）和《税则注释》关于品目84.68的解释，该套工装应视为焊接设备的辅助装置，单独进口时，应根据焊接原理的不同，归入税则号列8468.9000或8515.9000。 | | | | |

| 序号 | 1179 | 归类决定编号 | Z2006 - 0629 | 公告编号 | 2006 年第 69 号 |
|---|---|---|---|---|---|
| 商品税则号列 | | 8470. 5090 | | 发布日期 | 2006 年 11 月 22 日 |
| 商品名称 | ELITE 510 型 IC 卡/磁卡双功能终端机 | | | | |
| 英文名称 | | | | | |
| 其他名称 | | | | | |
| 商品描述 | ELITE 510 型 IC 卡/磁卡双功能终端机是一种电子支付终端,由一台 M-Elite 主机和一个密码键盘 PX319 组成,可使用不同的应用程序处理不同类型的卡片(磁卡刷读及 IC 读写)。 | | | | |
| 归类决定 | 根据《税则注释》对品目 84. 70 的说明,该设备应归入税则号列 8470. 5090。 | | | | |

| 序号 | 1180 | 归类决定编号 | Z2006 - 0630 | 公告编号 | 2006 年第 69 号 |
|---|---|---|---|---|---|
| 商品税则号列 | | 8470. 9000 | | 发布日期 | 2006 年 11 月 22 日 |
| 商品名称 | 必能宝牌邮资机底座 | | | | |
| 英文名称 | | | | | |
| 其他名称 | | | | | |
| 商品描述 | 必能宝牌邮资机底座,型号:U571,邮资机一般要由表头和底座组成,该机实际到货为缺少表头的邮资机。工作原理:利用表头上的日期和资费戳对邮政信函进行邮资盖印,同时由表头对相关邮资状态进行记录,如:已用邮资、未用邮资、邮资总额、处理件数等资料。 | | | | |
| 归类决定 | 该邮资机的功能与《税则注释》品目 84. 70 项下“四(一)邮资盖戳机”相似。虽然其申报状态为不带表头,但其已具备了完整品特征,根据归类总规则二(一)的规定,该商品应归入税则号列 8470. 9000。 | | | | |

| 序号 | 1181 | 归类决定编号 | Z2010－0040 | 公告编号 | 2010年第15号 |
|---|---|---|---|---|---|
| 商品税则号列 | | 8471.3000［8471.3010(2014年版)］ | | 发布日期 | 2010年2月28日 |
| 商品名称 | | 苹果 Ipod Touch 手持设备 | | | |
| 英文名称 | | | | | |
| 其他名称 | | | | | |
| 商品描述 | | 该商品的品牌为苹果，型号为 IPod Touch，也被称为 ITouch。尺寸为110毫米×61.8毫米×8毫米，重0.12千克，使用闪速存储器作为存储部件。依靠 Windows XP／vista、Mac OS X 10.4.10或更高版本操作系统的支持，可以播放多种格式的音频文件或视频文件，3.5英寸的触摸液晶屏可以显示视频或图像信息，还可以实现无线上网功能和其他所有基于其所带操作系统所设计编程的应用软件的功能（如游戏、文字阅读、数学计算等）。 | | | |
| 归类决定 | | 该商品是以通用计算机操作系统为基础，虽突出了音频、视频的播放功能，但仍是可以随意编辑程序的自动数据处理设备，带有触摸式输入键盘且重量小于10千克，符合《税则》税目84.71及其子目条文（或子目注释）的描述，根据归类总规则一及六，应按重量不超过10千克的便携式自动数据处理设备归入税则号列8471.3000［8471.3010(2014年版)］。 | | | |

| 序号 | 1182 | 归类决定编号 | Z2006－0632 | 公告编号 | 2006年第69号 |
|---|---|---|---|---|---|
| 商品税则号列 | | 8471.4991 | | 发布日期 | 2006年11月22日 |
| 商品名称 | | 分散控制系统（DCS） | | | |
| 英文名称 | | DELTAV DCS | | | |
| 其他名称 | | | | | |
| 商品描述 | | 型号：DELTAV。<br>用途：该分散控制系统由1台工程师站、2台操作员站、3个过程控制站及系统总线网络设备（网络连接器、连接件、电缆等）组成，用于松节油深加工生产线的过程控制。 | | | |
| 归类决定 | | 分散控制系统由自动数据处理系统（分为操作员站、工程师站和控制站）、连接件和系统网络连接器等组成，运用四C技术（计算机技术、显示技术、通讯技术和自动化技术）实现对松节油深加工生产线的过程控制，是一种分散型工业过程控制设备，应归入税则号列8471.4991。 | | | |

| 序号 | 1183 | 归类决定编号 | Z2006－0633 | 公告编号 | 2006年第69号 |
|---|---|---|---|---|---|
| 商品税则号列 | 8471.50 | | 发布日期 | | 2006年11月22日 |
| 商品名称 | 集散控制系统用数据采集接口设备 | | | | |
| 英文名称 | | | | | |
| 其他名称 | | | | | |
| 商品描述 | 该设备的硬件是基于戴尔PII450MHz MMX电脑之上，加入LCNP4专用接口板，软件为基于WINDOWS NT之上的专用应用软件，用于该公司的集散控制系统与上层公司级的信息网络相连接，进行数据交换的关键性接口设备。 | | | | |
| 归类决定 | 集散控制系统用数据采集接口设备是由DELL PII450兆赫兹电脑主机（包括中央处理器、内存、三寸软驱、ZIP软驱、硬盘和网卡等）和LCNP4数据采集卡组成，可以采集集散控制系统的各项参数、状态数据，并通过网络将信号传出。该套设备以处理数据为主要功能，未构成以系统形式进口的分散型工业过程控制设备，故应作为数字式处理部件，按其配置归入税则子目8471.50中的有关子目。 | | | | |

| 序号 | 1184 | 归类决定编号 | Z2006－0634 | 公告编号 | 2006年第69号 |
|---|---|---|---|---|---|
| 商品税则号列 | 8471.5040 | | 发布日期 | | 2006年11月22日 |
| 商品名称 | 远程数据单元 | | | | |
| 英文名称 | RTU SeriesII | | | | |
| 其他名称 | | | | | |
| 商品描述 | 所报远程数据单元主要由底板、电源模块、CPU模块、模拟量输入输出模块、开关量输入输出模块等组成，用于模拟、数字信号的跟踪、捕捉、采集，并对采样信号进行不同的补偿处理，通过通信接口连接到公用电话网，将处理过的实时数据汇总到远端的中央数据库。 | | | | |
| 归类决定 | 该商品进口时并未装有线或无线通信模块，因此不具有通信功能，其基本功能是通过CPU模块对输入信号进行数字处理，并借助其他计算机对其程序修改。由于其CPU模块由386处理器、512k内存等组成，是数字式处理的核心部件，因此该远程数据单元应按数字式处理部件归入税则号列8471.5040。 | | | | |

| 序号 | 1185 | 归类决定编号 | Z2006－0635 | 公告编号 | 2006 年第 69 号 |
|---|---|---|---|---|---|
| 商品税则号列 | | 8471.5040 | | 发布日期 | 2006 年 11 月 22 日 |
| 商品名称 | WEB 缓存器 CISCO CE560 | | | | |
| 英文名称 | | | | | |
| 其他名称 | | | | | |
| 商品描述 | WEB 缓存器 CISCO CE560 是运用于内容传输网络(CDN)的设备,接入中心路由器。该机采用奔腾Ⅲ600MHz 的处理器,带有 512MB 内存、16MB 显存和 2 个快速以太网口,最大可容纳 144GB 的内置硬盘存储器。该机使用高速缓存技术,由内容分布管理器(CDM)集中管理,并与其一起对网络状态进行监控,以便与自身调整以适应网络状态变化;该机还可通过超文本传输协议和思科复制技术向桌面系统传输流媒体或各种文件格式。 | | | | |
| 归类决定 | 根据来文及随附资料,所报 WEB 缓存器 CISCO CE560,硬件配置包括 CPU PIII 600MHz,内存 512MB,网卡 10/100BaseT,2 个 36G 硬盘,采用 Cisco cacke soptwace 操作系统,其功能主要是向桌面系统传输流媒体及其他文件。根据《税则》第八十四章章注五(一),该设备符合自动数据处理设备的定义,应归入税则号列 8471.5040。 | | | | |

| 序号 | 1186 | 归类决定编号 | Z2006－0636 | 公告编号 | 2006 年第 69 号 |
|---|---|---|---|---|---|
| 商品税则号列 | | 8471.6072 | | 发布日期 | 2006 年 11 月 22 日 |
| 商品名称 | 三维坐标控制仪 | | | | |
| 英文名称 | Computer input device c3dm softmouse | | | | |
| 其他名称 | 三维鼠标 | | | | |
| 商品描述 | 三维坐标控制仪是数字摄影测量系统中自动数据处理机的三维鼠标,可进行三维矢量信息的采集和输入。该鼠标通过在桌面上移动,调节 X 轴、Y 轴坐标,并通过高层调节转盘功能调节 Z 轴坐标,配合其他功能键,可完成平移、测高、测距等操作。 | | | | |
| 归类决定 | 该设备与二维鼠标工作方式及功能基本相同,只是多了一些辅助功能键,仍应归入税则号列 8471.6072。 | | | | |

| 序号 | 1187 | 归类决定编号 | Z2006－0637 | 公告编号 | 2006年第69号 |
|---|---|---|---|---|---|
| 商品税则号列 | 8471.6072 | | | 发布日期 | 2006年11月22日 |
| 商品名称 | 罗技鼠标 | | | | |
| 英文名称 | Mouses | | | | |
| 其他名称 | | | | | |
| 商品描述 | 该商品具体名称为无线蓝牙演示装置，进口状态包括：一个滑鼠、一个迷你接收器、一根两端带UBS接口的延长线、一张与该装置配套使用的驱动程序光盘。将迷你接收器插入电脑上的USB接口中，并按动演示器上的连接按键，完成连接，就可以将信息发送到迷你接收器上，令电脑根据指令进行操作。该装置有激光指示功能，现场演示时有替代教鞭作用。 | | | | |
| 归类决定 | 此蓝牙技术的鼠标主要功能还是完成鼠标的作用，因此应按《税则》具体列名归入税则号列8471.6072。 | | | | |

| 序号 | 1188 | 归类决定编号 | Z2006－0639 | 公告编号 | 2006年第69号 |
|---|---|---|---|---|---|
| 商品税则号列 | 8471.6090 | | | 发布日期 | 2006年11月22日 |
| 商品名称 | 指纹采集仪 | | | | |
| 英文名称 | Fingerprint scanner | | | | |
| 其他名称 | | | | | |
| 商品描述 | 指纹采集仪是一种通用指纹采集设备，通过指纹采集仪上的指纹采集窗口对人体指纹进行集中采集录入，再通过指纹采集仪的USB接口与各种计算机相连接。 | | | | |
| 归类决定 | 据其作用，该设备可作为计算机的一种输入输出设备归入税则号列8471.6090。 | | | | |

| 序号 | 1189 | 归类决定编号 | Z2008－0069 | 公告编号 | 2008年第76号 |
| --- | --- | --- | --- | --- | --- |
| 商品税则号列 | 8471.6090 | | 发布日期 | | 2008年10月28日 |
| 商品名称 | 触摸屏 | | | | |
| 英文名称 | | | | | |
| 其他名称 | | | | | |
| 商品描述 | 该商品的品牌为G－TOUCH,有12.1英寸、15.0英寸、15.1英寸等多种规格,均为四线电阻式触摸屏。工作原理:用电压降的方式来找坐标轴,X轴和Y轴各有一对0～5伏的电压来驱动,当此电阻式触摸屏被按下的时候,由于回路被导通,会产生电压降,控制器则会算出电压降所占的比例并转换成数字信号,然后通过专用通讯端口传给CPU,CPU就会根据模拟鼠标的方式运作算出坐标,然后指示显卡通过显示器输出相应的位置。该类触摸屏可用于各类计算机自助查询系统、自动销售系统及金融提款、转账系统等。 | | | | |
| 归类决定 | 该商品将触摸位置转换成主机可以识别的X－Y坐标信息,并传输给主机(如:银行自动查询系统的触摸屏),符合《税则注释》关于品目84.71项下关于“X－Y坐标输入装置”的描述,同时根据《税则》第八十四章章注五(三)中的描述“…… 1.专用于或主要用于自动数据处理系统; 2.可以直接或通过一个或几个其他部件同中央处理器相联接;以及3.能够以本系统所使用的方式(代码或信号)接收或传送数据。自动数据处理设备的部件如果单独报验,应归入品目84.71。但是,键盘、X－Y坐标输入装置及盘(片)式存储部件,只要符合上述注释(三)2及(三)3所列的规定,应一律作为品目84.71的部件归类”,则该商品不论其用于何种商品,均应根据归类总规则一及六,将其按其他自动数据处理设备的输入部件归入税则号列8471.6090。 | | | | |

<table>
<tr><td>序号</td><td>1190</td><td>归类决定编号</td><td colspan="2">Z2006 - 1355</td><td>公告编号</td><td>2007 年第 70 号</td></tr>
<tr><td colspan="2">商品税则号列</td><td colspan="2">8471. 7010</td><td colspan="2">发布日期</td><td>2007 年 12 月 5 日</td></tr>
<tr><td colspan="2">商品名称</td><td colspan="5">EMC 磁盘存储器</td></tr>
<tr><td colspan="2">英文名称</td><td colspan="5">EMC Hard disk</td></tr>
<tr><td colspan="2">其他名称</td><td colspan="5"></td></tr>
<tr><td colspan="2">商品描述</td><td colspan="5">该磁盘的容量:146GB,接口:SCSI,最大数据传输率:78MB/s,最大可容忍振荡:68GS。</td></tr>
<tr><td colspan="2">归类决定</td><td colspan="5">EMC 磁盘存储器,容量 146GB,接口 SCSI,最大数据传输率 78MB/s,内部缓存 4M,转速达到 10000RPM,是一种高速硬盘驱动器。<br>该商品属高速硬盘驱动器,符合《税则》税目 84. 71 及其子目条文的描述,根据归类总规则一及六,应将其按硬盘驱动器归入税则号列 8471. 7010。</td></tr>
</table>

<table>
<tr><td>序号</td><td>1191</td><td>归类决定编号</td><td colspan="2">Z2013 - 0048</td><td>公告编号</td><td>2013 年第 26 号</td></tr>
<tr><td colspan="2">商品税则号列</td><td colspan="2">8471. 7010</td><td colspan="2">发布日期</td><td>2013 年 5 月 17 日</td></tr>
<tr><td colspan="2">商品名称</td><td colspan="5">SSD 固态硬盘</td></tr>
<tr><td colspan="2">英文名称</td><td colspan="5"></td></tr>
<tr><td colspan="2">其他名称</td><td colspan="5"></td></tr>
<tr><td colspan="2">商品描述</td><td colspan="5">该商品是用固态电子存储(FLASH)芯片阵列而制成的硬盘,由控制单元(控制芯片、缓存芯片等)和存储单元(FLASH 芯片)组成,上述部件通常焊接在一块电路板上。控制芯片的作用是负责读取、写入数据;缓存芯片则提供缓存空间,辅助控制芯片进行数据处理;FLASH 芯片用于存储数据。固态硬盘的接口规范和定义、功能及使用方法与普通硬盘的相同,产品外形和尺寸也与普通硬盘的相似。</td></tr>
<tr><td colspan="2">归类决定</td><td colspan="5">该商品为固态硬盘驱动器,作为计算机的硬盘驱动器使用,其符合《税则》税目 84. 71 及其子目条文的描述。根据归类总规则一及六,应将其按硬盘驱动器归入税则号列 8471. 7010。</td></tr>
</table>

| 序号 | 1192 | 归类决定编号 | Z2006 - 0640 | 公告编号 | 2006 年第 69 号 |
|---|---|---|---|---|---|
| 商品税则号列 | | 8471.7030 | | 发布日期 | 2006 年 11 月 22 日 |
| 商品名称 | DVD - ROM 驱动器 | | | | |
| 英文名称 | | | | | |
| 其他名称 | | | | | |
| 商品描述 | 市场上有许多低价位的 DVD 播放机多为采用 DVD - ROM 再加个解码板构成的整机方案。这样，就可以降低 DVD 整机的成本。由于生产厂家进口 DVD - ROM 驱动器的目的是为了生产 DVD 机，且装在 DVD 机内，因此，进口的 DVD - ROM 驱动器没有外壳，但 DVD - ROM 驱动器的数据口没有改变。 | | | | |
| 归类决定 | DVD - ROM 驱动器无论其进口后用于何种设备，均应根据其自身的功能特征确定归类。该 DVD - ROM 驱动器原设计是用作自动数据处理设备光盘驱动器的（从其接口种类及读取数据类型等方面可看出），故应归入税则号列 8471.7030。 | | | | |

| 序号 | 1193 | 归类决定编号 | Z2006 - 0641 | 公告编号 | 2006 年第 69 号 |
|---|---|---|---|---|---|
| 商品税则号列 | | 8471.7090 | | 发布日期 | 2006 年 11 月 22 日 |
| 商品名称 | 磁盘阵列 | | | | |
| 英文名称 | | | | | |
| 其他名称 | HP surestore 7100 | | | | |
| 商品描述 | HP surestore 7100 磁盘阵列是中档磁盘存储设备，主要用于在线存储，物理结构上主要由控制器和多块磁盘组成，控制器上包括微处理器、内存等装置。从功能及物理结构上看，磁盘阵列、光盘库和磁带库应属于同类商品。 | | | | |
| 归类决定 | 磁盘阵列主要由控制器和多块磁盘组成，控制器上包括微处理器和内存等装置，用来保证磁盘的冗余功能，提高存储系统的可靠性。其中的微处理器已安装了固化程序，不可再随意编程，因此该磁盘阵列仅具有存储功能，不具有自动数据处理的功能，应按磁盘存储设备归入税则号列 8471.7090。 | | | | |

| 序号 | 1194 | 归类决定编号 | Z2007－0061 | 公告编号 | 2007 年第 71 号 |
|---|---|---|---|---|---|
| 商品税则号列 | 8471.8000 | | | 发布日期 | 2007 年 12 月 5 日 |
| 商品名称 | 监视器资料通讯测试机 | | | | |
| 英文名称 | | | | | |
| 其他名称 | | | | | |
| 商品描述 | 该监视器资料通讯测试机(DDC)的主要功能是把 EDID 数据写进监视器的 DDC 集成电路里的 EEPROM(可擦除只读存储器),而且可从监视器读出,并验证写入的内容是否正确。 | | | | |
| 归类决定 | 监视器资料通讯测试机为一张 PCI 接口卡,安装于计算机主板 PCI 插槽上。使用时通过连接线与液晶电视机接口相连,将计算机中的程序转录到液晶电视芯片中,并可通过软件监测数据资料是否正确。该商品安装于计算机主板上,用于将计算机存储的特定信息按照规定格式传送出去,符合《税则》第八十四章章注五(三)有关"自动数据处理系统部件"的描述,应当归入税目 84.71 项下。根据归类总规则一及六,该商品应归入税则号列 8471.8000。 | | | | |

| 序号 | 1195 | 归类决定编号 | Z2006－0644 | 公告编号 | 2006 年第 69 号 |
|---|---|---|---|---|---|
| 商品税则号列 | 8471.8090[8471.8000(2014 年版)] | | | 发布日期 | 2006 年 11 月 22 日 |
| 商品名称 | 端口复制器 | | | | |
| 英文名称 | Dell latitude C/Port II APR | | | | |
| 其他名称 | | | | | |
| 商品描述 | 该端口复制器前面有对接连接器,用于连接笔记本电脑,方便迅速;其背面和侧面上有各种输入/输出(I/O)连接器,即有 USB 连接器、PS/2 鼠标连接器、并行连接器、键盘连接器、串行连接器、网络连接器、视频连接器、交流适配器连接器等,与笔记本电脑背面和侧面上的主要连接器相同,用于与交流适配器、打印机、鼠标等外部设备及网络相连接。通过该端口复制器,可起到方便笔记本电脑与交流适配器、打印机、鼠标等外部设备及网络相连接的作用。 | | | | |
| 归类决定 | 根据《税则注释》对品目 84.71 中关于"控制及适配部件"的解释,即"用以使中央处理器与显示器、远程终端机等所组成的输入或输出部件群相连接",该商品应作为自动数据处理设备的部件归入税则号列 8471.8090[8471.8000(2014 年版)]。 | | | | |

| 序号 | 1196 | 归类决定编号 | Z2006－0643 | 公告编号 | 2006 年第 69 号 |
|---|---|---|---|---|---|
| 商品税则号列 | | 8471.8090[8471.8000(2014 年版)] | | 发布日期 | 2006 年 11 月 22 日 |
| 商品名称 | 图形加速卡 | | | | |
| 英文名称 | MATROX Millennium G450 | | | | |
| 其他名称 | | | | | |
| 商品描述 | MATROX Millennium G450 图形加速卡(显卡)安装在计算机内部,确保高质量的图像输出。该图形加速卡可将显示的桌面扩展到两台显示器,也可以在主显示器正常工作的前提下,在电视上全屏输出 DVD 画面。 | | | | |
| 归类决定 | 根据《税则》第八十四章章注五(二)的规定,该图形加速卡应作为自动数据处理设备的部件归入税则号列 8471.8090[8471.8000(2014 年版)]。 | | | | |

| 序号 | 1197 | 归类决定编号 | Z2006－0642 | 公告编号 | 2006 年第 69 号 |
|---|---|---|---|---|---|
| 商品税则号列 | | 8471.8090[8471.8000(2014 年版)] | | 发布日期 | 2006 年 11 月 22 日 |
| 商品名称 | 微机串口卡 | | | | |
| 英文名称 | Serial board | | | | |
| 其他名称 | | | | | |
| 商品描述 | 微机串口卡包括以下三种型号:Intellio C320Turbo、Smartio C168H、Smartio C104H。<br>1. Intellio C320Turbo:由内部接口卡和多个通信界面连接盒两部分组成。内部接口卡装于计算机内部,通过电缆与外部的通讯界面连接盒连接。连接盒可以扩展到 32 个串口,包括一个 CPU 控制模块和多个 UART 模块。<br>2. Smartio C168H:由一块内部接口卡和通信界面连接盒两部分组成。<br>3. Smartio C104H:由一块内部接口卡和跳线接口两部分组成。 | | | | |
| 归类决定 | 根据随附资料,微机串口卡是扩充自动数据处理设备的 I/O 串行接口部件,根据《税则注释》品目 84.71 中关于"控制及适配部件"的解释,该串口卡应作为自动数据处理设备的部件归入税则号列 8471.8090[8471.8000(2014 年版)]。 | | | | |

| 序号 | 1198 | 归类决定编号 | Z2006 - 0645 | 公告编号 | 2006 年第 69 号 |
|---|---|---|---|---|---|
| 商品税则号列 | 8471. 8090[8471. 8000(2014 年版)] | | 发布日期 | 2006 年 11 月 22 日 | |
| 商品名称 | 专业音频处理板 | | | | |
| 英文名称 | | | | | |
| 其他名称 | | | | | |
| 商品描述 | 该处理板[型号:PCX924、22、222(P&R)]用于数字音频工作站系统的专用工业控制机上,提供录放音相互独立、同时双向进行的强大功能,能在录放音同时进行 MPEG - 1 和 MPEG - 2 标准的压缩和解压缩运算,具有专业的数字 AES/EBU 和模拟 XLR 输入输出接口,本身具有独立的 DSP,可以对声音进行均衡、压缩、延时、混响、淡出淡入等处理,完成节目的制作、管理和自动播出,是数字音频工作站系统必不可少的一个重要组成部分。 | | | | |
| 归类决定 | PCX 系列音频处理器是用于音频工作站的音频处理卡。PCX924 是 PCI 总线的全双工音频处理卡,能以 8、16 或 24 位 PCM 编解码方式进行放音解码和录音编码;PCX22 是一个重放音频处理卡,用于音频工作站,应用环境为 Windows95/98/2000/NT4. 0,应作为自动数据处理设备的其他部件归入税则号列 8471. 8090[8471. 8000(2014 年版)]。 | | | | |

<table>
<tr><td>序号</td><td>1199</td><td>归类决定编号</td><td>Z2006－0646</td><td>公告编号</td><td>2006年第69号</td></tr>
<tr><td colspan="2">商品税则号列</td><td colspan="2">8471.9000</td><td>发布日期</td><td>2006年11月22日</td></tr>
<tr><td colspan="2">商品名称</td><td colspan="4">CD－188复制机</td></tr>
<tr><td colspan="2">英文名称</td><td colspan="4"></td></tr>
<tr><td colspan="2">其他名称</td><td colspan="4"></td></tr>
<tr><td colspan="2">商品描述</td><td colspan="4">由CD－ROM、CD－WRITER、控制板、电源供应器(电源插座、开关、风扇)、20×2的LCD、机箱、排线等组成,具有复制、比对、模拟写入、检查、载入,内建音乐编辑功能。可独立操作,适用于多种格式,用以提高CD复制品的可靠度,提升服务品质。</td></tr>
<tr><td colspan="2">归类决定</td><td colspan="4">该CD－188复制机由CD－ROM、CD－WRITER、控制板、电源供应器(电源插座、开关、风扇)、20×2的LCD、机箱、排线等组成,具有对CD光盘完成复制、比对、模拟写入、检查、载入,音轨编辑等功能,该机本身包含CPU、内存和I/O接口,因此不需连接计算机。但该机仅能通过控制器执行COMPARE、FORMAT、VERIFY、EDIT等几个简单命令,不能按照用户要求随意编辑程序,根据《税则》第八十四章章注五(一)1款的规定,该机不是自动数据处理设备。又根据《税则注释》对“将代码信息从一媒体转到另一媒体的机器”的说明,该磁片复制机属于同类媒体的转录机器,因此应归入税则号列8471.9000。</td></tr>
</table>

| 序号 | 1200 | 归类决定编号 | Z2006－0647 | 公告编号 | 2006年第69号 |
|---|---|---|---|---|---|
| 商品税则号列 | 8471.9000 | | 发布日期 | 2006年11月22日 | |
| 商品名称 | 个人化设备 | | | | |
| 英文名称 | The Hybrid personalisation systems | | | | |
| 其他名称 | | | | | |
| 商品描述 | 该ORGA牌HPS 1080型个人化设备主要由电子个人化单元(Electrial Personalisation Unit)、绘图个人化单元(Graphical Personalisation Unit)、卡片输送装置等组成。主要用于手机SIM卡的信息存储与打印,其功能:(1)利用读写头将计算机中SIM卡的个人化信息(ICCID系列号、IMSI号、识别密码)写到SIM卡芯片中;(2)利用打印头将ICCID系列号打印在SIM卡的背面(20位,5位/排)。该设备只能与计算机连用,没有写磁功能。 | | | | |
| 归类决定 | 个人化设备主要用于SIM卡的信息储存与打印:利用读写头将ICCID系列号、IMSI号、识别密码写入SIM卡芯片中;利用打印头将ICCID系列号打印在SIM卡的后面。其主要功能为将数据以代码形式转录到数据记录媒体,故应作为该类设备归入税则号列8471.9000。 | | | | |

| 序号 | 1201 | 归类决定编号 | Z2006－1356 | 公告编号 | 2007 年第 70 号 |
|---|---|---|---|---|---|
| 商品税则号列 | 8471.9000 | | | 发布日期 | 2007 年 12 月 5 日 |
| 商品名称 | 条形码扫描仪 | | | | |
| 英文名称 | | | | | |
| 其他名称 | 条形码解码器、条形码光学阅读器 | | | | |
| 商品描述 | 条形码扫描仪(又称条形码解码器、条形码光学阅读器)是将黑白相间的条形码转换成电脑信号,输入到现金出纳机(超级市场用)、计算机文件分类及邮件分类等机器,以便实现各自的功能。 | | | | |
| 归类决定 | 条形码扫描仪(型号:MS9520－47)是激光型条形码阅读器的一种,根据《税则注释》对品目 84.71 关于"光学阅读器"的描述"……该组也包括条形码阅读器。这些设备通常采用感光半导体装置(如激光二极管),是一种与自动数据处理器或其他机器(如现金出纳机)连接使用的输入部件。此类阅读器一般设计为手提式、台式和固定在机器上等形式",该设备应归入税则号列 8471.9000。 | | | | |

| 序号 | 1202 | 归类决定编号 | Z2006－1357 | 公告编号 | 2007 年第 70 号 |
|---|---|---|---|---|---|
| 商品税则号列 | 8471.9000 | | | 发布日期 | 2007 年 12 月 5 日 |
| 商品名称 | MCU 开发测试工具 | | | | |
| 英文名称 | | | | | |
| 其他名称 | 嵌入式 CPU 仿真器 | | | | |
| 商品描述 | 该工具是一种集成化、通用性系统仿真器。它采用模块化系统结构,分为通用模块和特征模块。所有这些模块通过 TRACE32－ICE 内部系统总线连接起来。该系统可通过并口、以太网口或光纤口与各种主机相连接,实现基于 SIEMENS C167 单片机的目标系统进行板极和系统级静态、动态开发调试。经上网搜索,该工具又名"嵌入式 CPU 仿真器",具备升级功能,可支持总线频率高于 100 兆赫的高速 RISC 处理器,专用于 RISC、DSP、综合控制器等芯片的开发应用,保留了传统仿真器 TRACE32 的全部功能。 | | | | |
| 归类决定 | 该商品又称嵌入式 CPU 仿真器,具有读取存储器程序、模拟运行、修改程序(对存储器中的程序进行修改)等功能,符合《税则注释》品目 84.71 有关"将固定程序输入集成电路的机器"的描述。根据归类总规则一及六,应将其归入税则号列 8471.9000。 | | | | |

| 序号 | 1203 | 归类决定编号 | Z2009－0052 | 公告编号 | 2009 年第 5 号 |
|---|---|---|---|---|---|
| 商品税则号列 | 8471.9000 | | 发布日期 | 2009 年 1 月 20 日 | |
| 商品名称 | 带条形码阅读器的微型机 | | | | |
| 英文名称 | Special configused motorola wall mounted micro computer with customised symbol l3408 bar-code reader | | | | |
| 其他名称 | | | | | |
| 商品描述 | 此套设备包括 1 台墙式微型计算机，1 个抗震键盘及 1 个条形码阅读器，分装在工厂的每个检查点。条形码阅读器将数据读取到微型计算机内，计算机的软件应用程序与主机进行传递，数据传输到公司服务器内，以此记录有用的生产信息。其只具有简单的数据传送和处理功能，用于存储条形码阅读器读取的数据，并将数据传输到总部服务器内，不能随意编辑程序。 | | | | |
| 归类决定 | 该商品由条形码阅读器、微型计算机和键盘组成，用于扫描条形码数据并传输到服务器内。该商品虽带有微机，但其只具有简单的数据传送和处理功能，用于存储条形码阅读器读取的数据并将数据传输到总部服务器内，不能随意编辑程序，不符合《税则》税目 84.71 有关“自动数据处理设备”的描述。该商品专用于读取条形码信息，符合《税则注释》品目 84.71 有关“光学阅读机”的商品描述，根据归类总规则一及六，应归入税则号列 8471.9000。 | | | | |

| 序号 | 1204 | 归类决定编号 | Z2006－1358 | 公告编号 | 2007 年第 70 号 |
|---|---|---|---|---|---|
| 商品税则号列 | 84.73 | | 发布日期 | 2007 年 12 月 5 日 | |
| 商品名称 | 散热片（铜制） | | | | |
| 英文名称 | | | | | |
| 其他名称 | | | | | |
| 商品描述 | 该散热片为铜制品，用于加速工作元件热量的散发和传导。该散热片已制成特定形状，专用于电脑 CPU 散热。 | | | | |
| 归类决定 | 该商品专用于电脑 CPU 散热，根据《税则》第十六类类注二有关零件归类的规定，应归入《税则》税目 84.73 项下。 | | | | |

| 序号 | 1205 | 归类决定编号 | Z2006－0648 | 公告编号 | 2006年第69号 |
|---|---|---|---|---|---|
| 商品税则号列 | 8473.30 | | | 发布日期 | 2006年11月22日 |
| 商品名称 | 计算机用内存卡(条) | | | | |
| 英文名称 | | | | | |
| 其他名称 | | | | | |
| 商品描述 | 计算机用内存卡主要有两种:一般计算机用的内存和笔记本电脑用的内存,是现阶段计算机使用的主流产品。内存卡(俗称:内存条)是由存储单元阵列和外围电路组成。前者存储数据,后者对给定地址所选择的存储单元进行读写操作的控制。外围电路包括地址缓冲和地址译码驱动电路、读出放大电路和输出数据缓冲电路、写入数据缓冲和驱动电路以及片选和内部时序控制电路等。在结构上,两种内存卡都是在印刷电路上焊接集成电路、电容和电阻等元件制成。 | | | | |
| 归类决定 | 计算机内存卡(条)是由存储单元芯片和外围电路组成,其结构均是在作为外围电路的印刷电路板上焊接集成电路芯片及电容、电阻等分立元件,已超出税目85.42所包含的商品范围,故不能根据《税则》第八十五章章注五(二)的规定优先归类,而应作为计算机用零件归入税则子目8473.30项下。只有用于组装上述内存卡的集成电路芯片或已将外围电路及存储单元均作入芯片的内存元件才可归入税目85.42项下。 | | | | |

| 序号 | 1206 | 归类决定编号 | Z2009－0053 | 公告编号 | 2009年第5号 |
|---|---|---|---|---|---|
| 商品税则号列 | 8473.3010 | | 发布日期 | 2009年1月20日 | |
| 商品名称 | 模块化数据中心 | | | | |
| 英文名称 | | | | | |
| 其他名称 | | | | | |
| 商品描述 | 模块化数据中心的外形是一个标准的20尺集装箱,内部预制8个19英寸标准机柜,其中7个用于有效载荷、1个用于网络和数据中心控制。该商品根据客户需求,可以快速搭建高密度数据中心。 | | | | |
| 归类决定 | 该商品被集成在一个经改装的20尺标准集装箱内,包括温度、湿度控制系统(风扇、水冷装置)、电源系统(外部接口、内置电源)、设备基架、缆线排布管理系统、防震装置、集成管理服务器及以太网交换机等设备。其中,集成管理服务器和以太网交换机既可以控制所有已有的部件工作(如环境控制、电源分配),也可以实现对内装服务器主机或阵列(未进口)的监控、管理和互联网连接。进口后在机架内安装服务器和阵列,即构成SUN系列服务器(小型机架构)。该商品是用于封装一台一体化的集群式小型机的机箱框架和工作支持部件。根据《税则》第十六类类注二关于机器零件的归类规定,属于小型机的专用零件,符合《税则》税目84.73及其子目条文的描述,根据归类总规则一及六,应按小型机零件归入税则号列8473.3010。 | | | | |

| 序号 | 1207 | 归类决定编号 | Z2006－0649 | 公告编号 | 2006 年第 69 号 |
|---|---|---|---|---|---|
| 商品税则号列 | 8473. 3090 | | 发布日期 | 2006 年 11 月 22 日 | |
| 商品名称 | 计算机机箱 | | | | |
| 英文名称 | | | | | |
| 其他名称 | | | | | |
| 商品描述 | 该商品用于微型计算机，由机箱、电源、软驱三部分组成，固定安装在一起。 | | | | |
| 归类决定 | 计算机机箱由机箱、电源、软驱三部分固定安装在一起，是计算机主机的不完整品。因其未构成整机特征，故应按计算机零部件归入税则号列 8473. 3090。 | | | | |

| 序号 | 1208 | 归类决定编号 | Z2006－0650 | 公告编号 | 2006 年第 69 号 |
|---|---|---|---|---|---|
| 商品税则号列 | 8473. 3090 | | 发布日期 | 2006 年 11 月 22 日 | |
| 商品名称 | 电脑主机板 CKD 件 | | | | |
| 英文名称 | | | | | |
| 其他名称 | | | | | |
| 商品描述 | 电脑主机板 CKD 件主要包括：电感、电容、电解电容、连接器、二极管、三极管、集成电路、印刷电路板、保险丝、电阻、石英晶体谐振等 11 类零件，不含 CPU。 | | | | |
| 归类决定 | 电脑主机板 CKD 件是电脑主板的成套散件，根据归类总规则二（一），该进口散件应视为已构成电脑主板制成品的基本特征，应归入税则号列 8473. 3090。 | | | | |

<table>
<tr><td>序号</td><td>1209</td><td>归类决定编号</td><td colspan="2">Z2006－0651</td><td>公告编号</td><td>2006年第69号</td></tr>
<tr><td colspan="2">商品税则号列</td><td colspan="2">8473.3090</td><td colspan="2">发布日期</td><td>2006年11月22日</td></tr>
<tr><td colspan="2">商品名称</td><td colspan="6">主机板(无CPU)</td></tr>
<tr><td colspan="2">英文名称</td><td colspan="6"></td></tr>
<tr><td colspan="2">其他名称</td><td colspan="6"></td></tr>
<tr><td colspan="2">商品描述</td><td colspan="6">该主板为华硕CUSL2－C 815EP主板(无CPU),其适用主机的具体配置为:INTEL PentiumIII芯片一个;操作系统:windows98,windows NT,Linux,Unix;可支持两个高速硬盘。</td></tr>
<tr><td colspan="2">归类决定</td><td colspan="6">华硕主板,其结构与微机主板类似,只有一个CPU插槽,其他插槽和模块也都采用典型的微机主板结构,此外,使用该主机版微机虽可运行Linux、Unix操作系统,但上述操作系统并不是该系列计算机的专用操作系统,因此该主板应按微机零件归入税则号列8473.3090。</td></tr>
</table>

<table>
<tr><td>序号</td><td>1210</td><td>归类决定编号</td><td colspan="2">Z2006－1359</td><td>公告编号</td><td>2007年第70号</td></tr>
<tr><td colspan="2">商品税则号列</td><td colspan="2">8473.3090</td><td colspan="2">发布日期</td><td>2007年12月5日</td></tr>
<tr><td colspan="2">商品名称</td><td colspan="6">散热器(微机用)</td></tr>
<tr><td colspan="2">英文名称</td><td colspan="6"></td></tr>
<tr><td colspan="2">其他名称</td><td colspan="6"></td></tr>
<tr><td colspan="2">商品描述</td><td colspan="6">该商品主要用于微型机中的CPU散热,经组装而成。工作原理为利用热导管将热传递到铜、铝等金属材料制成的散热片上,结合风扇将热量散发出来。其中散热风扇的作用是加快热量的散发。</td></tr>
<tr><td colspan="2">归类决定</td><td colspan="6">该商品主要起CPU散热功能,其结构超出了《税则》税目84.14的商品范围,且专用于微机,具有明显的零件特征,根据《税则》第十六类类注二的相关归类原则,应归入税目84.73项下。<br>该商品属带风扇的散热器,通过散热片将CPU运行过程中产生的热量导出,再通过风扇将热量带走。该商品符合《税则》税目84.73及其子目条文的描述,根据归类总规则一及六,应将其按税目84.71所列机器的零件归入税则号列8473.3090。</td></tr>
</table>

| 序号 | 1211 | 归类决定编号 | Z2008－0070 | 公告编号 | 2008 年第 76 号 |
|---|---|---|---|---|---|
| 商品税则号列 | 8473.3090 | | 发布日期 | 2008 年 10 月 28 日 | |
| 商品名称 | 硬盘支架、软驱支架 | | | | |
| 英文名称 | | | | | |
| 其他名称 | | | | | |
| 商品描述 | 硬盘支架和软驱支架均为贱金属制,安装在计算机机箱中,起到固定硬盘驱动器和软盘驱动器的作用。 | | | | |
| 归类决定 | 该商品用于计算机机箱中固定硬盘驱动器和软盘驱动器,可用于微型机和服务器,已制成特定形状,具有零件特征,符合《税则注释》品目 84.73 的商品描述,根据归类总规则一及六,应归入税则号列 8473.3090。 | | | | |

| 序号 | 1212 | 归类决定编号 | Z2010－0041 | 公告编号 | 2010 年第 15 号 |
|---|---|---|---|---|---|
| 商品税则号列 | 8473.3090 | | 发布日期 | 2010 年 2 月 28 日 | |
| 商品名称 | 掌上电脑用触笔 | | | | |
| 英文名称 | | | | | |
| 其他名称 | | | | | |
| 商品描述 | 掌上电脑用触笔,用于掌上电脑荧屏上点选功能键及输入资料,解决手指在小荧幕上不能准确输入的困扰。该笔由塑料和铜组成,两头是塑料,中间是铜,主要材料是铜,该笔不含任何电子组件。 | | | | |
| 归类决定 | 该商品无任何电子元器件,其代替手指作为自动数据处理设备的输入部件的接触媒介,不具备信号输入输出功能,是掌上电脑专用零件,根据《税则》第十六类类注二关于零件的归类原则,其符合《税则》税目 84.73 及其子目条文的描述,根据归类总规则一及六,应按其他计算机零件归入税则号列 8473.3090。 | | | | |

| 序号 | 1213 | 归类决定编号 | Z2006－0652 | 公告编号 | 2006年第69号 |
|---|---|---|---|---|---|
| 商品税则号列 | 8474.1000 | | | 发布日期 | 2006年11月22日 |
| 商品名称 | 铝土矿浓密机 | | | | |
| 英文名称 | | | | | |
| 其他名称 | | | | | |
| 商品描述 | 直径45厘米，属于周边传动式耙式浓密机，其工作过程是将洗矿后剩余的浓度为7%的矿浆水通过絮凝剂的絮凝作用沉降并浓缩至固含量为33%的底流，从而与水分离，沉降后的矿泥从底部泵压滤机中挤压脱水处理成泥块后，用于采空区的复垦，上部分离出来的水被回收返回洗矿流程中。 | | | | |
| 归类决定 | 该设备用于矿石和水的分离，应按具体列名归入税则号列8474.1000。 | | | | |

| 序号 | 1214 | 归类决定编号 | Z2009－0054 | 公告编号 | 2009 年第 5 号 |
|---|---|---|---|---|---|
| 商品税则号列 | 8474.1000 | | 发布日期 | | 2009 年 1 月 20 日 |
| 商品名称 | 气流分级机 | | | | |
| 英文名称 | Air classifier | | | | |
| 其他名称 | 粒子分离器 | | | | |
| 商品描述 | 气流分级机(ALPHA600)主要用于生产粒径在 40 微米以下的重质碳酸钙粉体产品。该分级机由三部分组成:第一部分是分级室,由涡轮转子,主轴、轴承及轴承支座,电动机及电动机座,外筒体等组成;第二部分是细粉出口,包括细粉出口管道和外壳;第三部分是粗粉出口及物料进口装置。工作原理:该商品是根据空气动力学原理,一方面利用风机运转对颗粒产生的抽吸力,另一方面利用高速旋转的转子使颗粒产生离心力,共同对同一物质(比重相同)的颗粒按其粒径的大小不同进行分离,经过分级后得到重质碳酸钙粉体超细颗粒,分级后超细重质碳酸钙粉体产品广泛应用于塑料、造纸、橡胶、涂料和胶黏剂等行业。 | | | | |
| 归类决定 | 该商品用于矿物质的分离、筛选,利用旋转转动产生离心力和风机抽吸产生的吸力共同作用,分离出符合要求的碳酸钙粉体,其工作原理超出了《税则注释》品目 84.21 的商品范围。该商品符合《税则》税目 84.74 及其子目条文的描述,根据归类总规则一及六,应按粉状固体的分类、筛选机器归入税则号列 8474.1000。 | | | | |

| 序号 | 1215 | 归类决定编号 | Z2007－0062 | 公告编号 | 2007年第71号 |
| --- | --- | --- | --- | --- | --- |
| 商品税则号列 | 8474.2010 | | | 发布日期 | 2007年12月5日 |
| 商品名称 | MMD500型强力分级机 | | | | |
| 英文名称 | | | | | |
| 其他名称 | | | | | |
| 商品描述 | 该商品主要由电机、液力耦合器、减速器、齿轮联轴器、强力分级机主体等组成，核心部分是强力分级机主体。MMD型轮齿式强力分级机用于露天和井下采矿及采石作业的物料分级。 | | | | |
| 归类决定 | 该商品使用分级齿对矿石材料进行破碎，符合《税则》税目84.74的商品描述，根据归类总规则一及六，应归入税则号列8474.2010。 | | | | |

| 序号 | 1216 | 归类决定编号 | Z2006－0653 | 公告编号 | 2006年第69号 |
|---|---|---|---|---|---|
| 商品税则号列 | 8474.3100 | | 发布日期 | 2006年11月22日 | |
| 商品名称 | 水泥混凝土搅拌站 | | | | |
| 英文名称 | | | | | |
| 其他名称 | | | | | |
| 商品描述 | 该搅拌站(型号:KBHS－3000EF)由KYC搅拌机、皮带输送机、砂石待料斗、砼出料斗和电脑控制系统(包括闭路监视系统)等机器组成,用于水泥混凝土搅拌生产。工作原理:砂石、水泥、水、外加剂等原材料由电脑控制系统自动计量到配比设定值后,通过一定顺序放入搅拌机(砂石通过输送机运到待料斗后放入搅拌机)进行搅拌生产,再卸入出料斗。整个生产过程都由电脑控制系统进行控制和监视而作业。 | | | | |
| 归类决定 | 该水泥混凝土搅拌站主要由KYC搅拌机、皮带输送机、砂石待料斗、砼出料斗和电脑控制系统(包括闭路监视系统)组成,用于水泥混凝土的搅拌、生产。工作原理是:砂石骨材由电脑控制系统自动计量到配比设定值,再通过输送机送到待料斗;同时水泥、水、外加剂等原材料也由电脑自动控制系统计量到配比设定值后按一定顺序放入搅拌机进行搅拌生产,然后卸入砼出料斗,最后装入搅拌车出厂。该搅拌站的各组成机器之间是在电脑控制系统的控制和监视下共同完成整个生产过程的。<br>根据以上特征判定,该水泥混凝土搅拌站符合《税则》第十六类类注四关于功能机组的规定,应作为整体归入税则号列8474.3100。 | | | | |

| 序号 | 1217 | 归类决定编号 | Z2006－0654 | 公告编号 | 2006 年第 69 号 |
|---|---|---|---|---|---|
| 商品税则号列 | 8474.3100 | | 发布日期 | 2006 年 11 月 22 日 | |
| 商品名称 | 混凝土搅拌器零件 | | | | |
| 英文名称 | Mixer kit parts | | | | |
| 其他名称 | | | | | |
| 商品描述 | 该混凝土搅拌器零件包括完整的搅拌筒及内部搅拌叶片、搅拌筒托架、手摇槽泵、底盘尾部加强板、电线控制装置、控制器、副车架钢管、驱动封头及供水管道、球阀、接头、密封件、锁紧件、保护件等，只要配备液压驱动装置就构成车载混凝土搅拌器。 | | | | |
| 归类决定 | 该零件组装后已具备了税目 84.74 混凝土搅拌器基本特征，根据归类总规则二(一)，应按混凝土搅拌装置一并归入税则号列 8474.3100。 | | | | |

| 序号 | 1218 | 归类决定编号 | Z2006-0655 | 公告编号 | 2006年第69号 |
|---|---|---|---|---|---|
| 商品税则号列 | 8474.8090 | | | 发布日期 | 2006年11月22日 |
| 商品名称 | R250AF混凝土空心砌块生产线 | | | | |
| 英文名称 | | | | | |
| 其他名称 | | | | | |
| 商品描述 | R250AF混凝土空心砌块生产线（包括企业自备非进口部分）主要由以下部分组成:(1)水泥料仓（企业自备）;(2)水泥传送器;(3)水泥称重装置;(4)骨料仓、骨料配料机（企业自备）;(5)骨料传送机（企业自备）;(6)骨料上料车（企业自备）;(7)辅助排料器;(8)微波式计算机精密配水器;(9)行星式强制型搅拌器;(10)砌块成型机;(11)自动控制装置、电器开关柜;(12)湿产品提升机等产品传送、搬运设备;(13)模具。<br>该生产线的工作原理、工作流程:(1)进料工序。生产所需原料包括水泥、骨料、水。①水泥。水泥从水泥料仓输送至行星式强制型搅拌器,输送过程中经水泥称重装置自动称重以控制进料量。②骨料（砂、石、工业废渣等）。骨料经配料后被骨料传送机传送、骨料上料车提升进入行星式强制型搅拌器,输送过程中经自动称重以精确控制进料量。③水。进水量由微波式计算机精密配水器自动控制。(2)搅拌工序。水泥、骨料、水输入行星式强制型搅拌器内,由该搅拌器搅拌均匀。(3)成型工序。经过搅拌的混合料通过搅拌机底部的排料斗输入成型机料仓,倒入模具,由成型机经高频振动,脱模后得到一定形状、大小的湿砌块。(4)养护工序。经振动成型的湿砌块由托板承装,通过升板机搁置在分层的钢架,再由叉车送入室内放置1天,室外7天,砌块在此过程中自然凝固,充分凝固后即可使用。(5)该生产线的配料搅拌、进水、成型装置在分别安装在同一控制室内的自动控制系统的控制和监视下共同完成整个生产过程。在该生产线中,MASA行星式强制型搅拌机和全自动砌块成型机R250AF执行生产线的主要工序占生产线价值的大部分,是该生产线的主体设备。在安装使用方式上,前者被安装在钢制搅拌平台上并置于后者的上方,前者底部的排料斗与后者的料仓固定地连接,分别顺序执行原料搅拌和产品成形功能,最终产品为经模制成形的砌块。前者经特别设计,以适应搅拌后者所用的干性原料,前者与一般的混凝土搅拌机不同,其底部为平底,仅能水平搅拌,不能翻滚搅拌,如果用于搅拌湿料则不能使各料份均匀混合。 | | | | |
| 归类决定 | 上述设备一起确定归类,根据《税则》第十六类类注三关于组合式机器的描述,行星式强制型搅拌机和全自动砌块成型机两者固定连接在一起,符合“整体”的概念,应一并按其主要功能归入税则号列8474.8090。其他完成混凝土成型功能所必需的相关设备可根据第十六类注释四关于功能机组的定义,按其主要功能一并归类。非完成主要功能所必需的设备应分别归类,如模具应根据《税则注释》中品目84.74及84.80的规定归入税则号列8480.6000。 | | | | |

| 序号 | 1219 | 归类决定编号 | Z2009－0055 | 公告编号 | 2009年第5号 |
|---|---|---|---|---|---|
| 商品税则号列 | 8474.8090 | | | 发布日期 | 2009年1月20日 |
| 商品名称 | 旋转压实仪 | | | | |
| 英文名称 | | | | | |
| 其他名称 | | | | | |
| 商品描述 | 该旋转压实仪（PINE－AFG1）专用于SUPERPAVE路面结构沥青混合料成型试验。工作原理：模拟道路施工过程中沥青混合料的压实情况和行车时路面受力情况来制备沥青混合料试验试件，在一定的压力（压力可根据用户的科研需要设定）下，通过一个微小的旋转角度，旋转到一定的次数制成沥青混合料试件，来测定实际路面的密度、集料排列和结构特性。 | | | | |
| 归类决定 | 该商品利用角度旋转制造沥青混合料样品，本身不具备任何检测功能，不属于《税则》第九十章的检测装置，是一种将矿物与沥青的混合料压制成沥青路面材料（供实验用）的机器，符合《税则》税目84.74及其子目条文的描述，根据归类总规则一及六，应按其他矿物产品成形机器归入税则号列8474.8090。 | | | | |

| 序号 | 1220 | 归类决定编号 | Z2009－0166 | 公告编号 | 2009年第57号 |
|---|---|---|---|---|---|
| 商品税则号列 | 8474.8090 | | | 发布日期 | 2009年8月31日 |
| 商品名称 | ELEMATIC阿克太克墙板生产设备 | | | | |
| 英文名称 | | | | | |
| 其他名称 | | | | | |
| 商品描述 | ELEMATIC阿克太克墙板全自动设备是生产宽为600毫米、长为2500～3300毫米、厚为68～140毫米的非承重轻质圆孔板的高度集中式的墙板的专业设备。主要通过混凝土成型的方式生产各种隔墙板，其原料主要为工业灰渣（粉煤灰）、陶粒、水泥等。该生产设备主要包括：挤出机、厚度磨具、托板喂入和切割、定长切刀和废料返回、托架传送皮带机、基本模具、托架、安装工具等。 | | | | |
| 归类决定 | 该商品由多台机器设备构成，但各台机器均和一台金属辊道输送机连接在一起，相互使用螺丝紧固。根据《税则注释》第十六类类注三及总注释六对组合机器的定义“机器的组合体不应视为构成一个整体，除非其各台机器是永久性地连在一起”，该商品应视为组合机器一并归入一个税则号列。该商品用于混凝土成型，满足《税则注释》关于品目84.74项下“制造各种混凝土预制件的机器”的描述，符合《税则》税目84.74及其子目条文的描述，根据归类总规则一及六，应按其他成型机器归入税则号列8474.8090。 | | | | |

| 序号 | 1221 | 归类决定编号 | Z2006－0656 | 公告编号 | 2006年第69号 |
|---|---|---|---|---|---|
| 商品税则号列 | 8475.1000 | | 发布日期 | 2006年11月22日 | |
| 商品名称 | 场致发射显示管的封装机 | | | | |
| 英文名称 | Field emissuion display sealing system | | | | |
| 其他名称 | | | | | |
| 商品描述 | 该场致发射显示管的封装机由真空荧光显示管的封装机改装而成，改动部分包括增加电极法兰接口和充气系统接口，以备进口后加装电极法兰和充气系统。<br>该设备由开关电源柜和主机部分组成。主机由真空箱体及其各种接口、内部加热系统、外部冷却系统、上面的箱门移动机构、下面的真空泵、真空管道、真空阀门等构成；开关电源柜控制各种阀门及开关，以及加热冷却、充气、开关门等动作。<br>该设备加装电极法兰和充气系统后，用于抽真空后，充入一定气体，再加热到一定温度下，将场致发射显示管的阴极和阳极基板（两块镀膜玻璃板）封装在一起，冷却后形成一个场致发射显示管。 | | | | |
| 归类决定 | 根据归类总规则一及六，封装机应归入税则号列8475.1000。 | | | | |

<table>
<tr><td>序号</td><td>1222</td><td>归类决定编号</td><td>Z2010 - 0042</td><td>公告编号</td><td>2010 年第 15 号</td></tr>
<tr><td>商品税则号列</td><td colspan="3">8475. 2919</td><td>发布日期</td><td>2010 年 2 月 28 日</td></tr>
<tr><td>商品名称</td><td colspan="5">MDS 水平拉制仪</td></tr>
<tr><td>英文名称</td><td colspan="5"></td></tr>
<tr><td>其他名称</td><td colspan="5"></td></tr>
<tr><td>商品描述</td><td colspan="5">MDS 水平拉制仪,型号为 P - 97,用于生命科学(如细胞,电生理或分子生物学)试验。记录细胞或神经的电信号需要尖端极其细小的电极与细胞或神经有良好的接触,水平拉制仪就是把直径 1.5 毫米的微电极玻璃管拉制成尖端直径只有 0.5 微米左右的玻璃电极的仪器。工作原理:P - 97 型水平拉制仪把制玻璃电极用玻璃管基材穿过加热的电阻丝,电阻丝加热到熔点后,利用拉力拉断玻璃管,得到尖端极细的玻璃电极用玻璃管。水平拉制仪构成:环境腔、两根电极,以及内置一些用于细胞内和膜片钳实验的常用程序。仪器上设有显示屏,自带内存测试程序,仪器内置空气压力及湿度控制装置,铂丝和螺线管的电源供给为恒定电流。水平拉制仪工作流程:水平拉制仪可对空气压力进行编程,可存储多达 100 个程序并对存储的数据进行保护。当拉制仪进行拉制时,在程序中设置的温度测试程序会自动进行温度的检测,可对玻璃电极用玻璃管进行多次加热拉制,最多可拉制 8 次,可拉制的微电极用玻璃管尖部最小直径为 0. 1 微米。</td></tr>
<tr><td>归类决定</td><td colspan="5">该商品将玻璃管加热后利用拉力将其拉断,形成直径在 1 微米左右的尖端,经过拉断加工后的玻璃管加入金属电极才被称为“玻璃电极”,故该商品仅仅是玻璃制品的热加工机器,符合《税则》税目 84. 75 及其子目条文的描述,根据归类总规则一及六,应按其他玻璃的热加工机器归入税则号列 8475. 2919。</td></tr>
</table>

| 序号 | 1223 | 归类决定编号 | Z2006 - 1360 | 公告编号 | 2007 年第 70 号 |
|---|---|---|---|---|---|
| 商品税则号列 | 8475. 9000 | | | 发布日期 | 2007 年 12 月 5 日 |
| 商品名称 | 铂铑合金漏板 | | | | |
| 英文名称 | PT/RH Alloy bushing | | | | |
| 其他名称 | | | | | |
| 商品描述 | 该铂铑合金漏板,主要供玻璃纤维生产企业池窑拉丝作业用。外观为铂金板上带有多个玻璃液喷孔,常用的有 1600 孔和 2000 孔两种,两端各有一个耳状接口用于直接安装,该漏板可耐高温。 | | | | |
| 归类决定 | 该商品专用于玻璃的热加工,将熔化好的玻璃液拉制成符合要求的玻璃纤维单丝。根据《税则》第十四类类注三(十)排除条款的规定,第七十一章不包括“第十六类的机器、机械器具、电气设备机器零件”,因此,根据归类总规则一和六,该铂铑合金漏板应按玻璃纤维拉丝机的专用零件,归入税则号列 8475. 9000。 | | | | |

| 序号 | 1224 | 归类决定编号 | Z2006－0657 | 公告编号 | 2006 年第 69 号 |
|---|---|---|---|---|---|
| 商品税则号列 | 84.77 | | | 发布日期 | 2006 年 11 月 22 日 |
| 商品名称 | 双螺杆 | | | | |
| 英文名称 | | | | | |
| 其他名称 | | | | | |
| 商品描述 | 该商品为钢材制成，用于挤出机中，主要用来加工生产多种树脂，由中心杆，左、右旋，切断等部分组成，用于对原料的分散、混合、运输等。该公司的挤出机是专门从事自ABS，PC/ABS 合金的上游阶段(苯乙烯、丁二烯、丙烯晴、聚碳酸酯等粉料状态下)生产ABS、阻燃 ABS、耐热 ABS、PC/ABS 合金、阻燃 PC/ABS、PBT 合金等高级工程塑料。双螺杆与挤出机料筒间存在一定的缝隙，双螺杆间也存在着(口齿)合缝隙，而且缝隙越向前端越小，同时螺纹带有一定的角度，这样加入到挤出机内的塑料原料根据螺旋输送原理，在螺杆转动时向前输送。在塑料原料前进的过程中，有 3 段混炼单元将水平运动的塑料原料运动的方向改变，从而起到分散、混合的作用，同时，可将原料中的长纤维进行剪切。 | | | | |
| 归类决定 | 根据《税则注释》关于品目 84.83 的解释，该品目主要包括传送“动力”的传动装置，上述设备并无传送“动力”的功能，不能归入该品目，应按其主要功能及是否构成整机特征归入税目 84.77 相应子目。 | | | | |

<table>
<tr><td>序号</td><td>1225</td><td>归类决定编号</td><td>Z2009－0167</td><td>公告编号</td><td>2009 年第 57 号</td></tr>
<tr><td colspan="2">商品税则号列</td><td colspan="2">8477. 2090</td><td>发布日期</td><td>2009 年 8 月 31 日</td></tr>
<tr><td colspan="2">商品名称</td><td colspan="4">精密绝缘成型包层机</td></tr>
<tr><td colspan="2">英文名称</td><td colspan="4"></td></tr>
<tr><td colspan="2">其他名称</td><td colspan="4"></td></tr>
<tr><td colspan="2">商品描述</td><td colspan="4">该商品用途:将塑料粒子加热融化后挤出,裹于电导体周围,形成带绝缘层的电线,成品电线主要用于手机、电脑和天线等。工作原理:将导体(镀锡铜线)置于送线装置,拉出导体通过机头模具,将塑料粒子投入成型包层机的料斗内,将缸体和机头加热,使塑料粒子融化成绝缘材料,融化后的绝缘材料通过机头的模具挤出,均匀地覆盖在导体上形成电线绝缘层,包裹好绝缘层的电线经过水槽降温。最后通过收线装置把电线缠绕在收线盘上。</td></tr>
<tr><td colspan="2">归类决定</td><td colspan="4">该商品为塑料挤出机,通过挤出热塑性塑料均匀覆盖导线的方式生产电线的绝缘层,不属于《税则》税目 84. 79 项下“用纺织纱线、浸渍纸带、石棉带或其他绝缘或保护材料卷绕或包覆电缆的特种机器”,其符合税目 84. 77 及其子目条文的描述,根据归类总规则一及六,应按其他塑料挤出机归入税则号列 8477. 2090。</td></tr>
</table>

| 序号 | 1226 | 归类决定编号 | Z2006－0659 | 公告编号 | 2006年第69号 |
|---|---|---|---|---|---|
| 商品税则号列 | 8477.8000 | | 发布日期 | 2006年11月22日 | |
| 商品名称 | 15～45度钢丝帘布裁断生产线 | | | | |
| 英文名称 | | | | | |
| 其他名称 | | | | | |
| 商品描述 | 该设备为用于加工挂胶钢丝帘布（对排成一定密度和宽度的钢丝上下面覆胶）的生产线。该生产线由导开装置、递布装置、裁断装置、传送装置、自动接头装置、贴边包边装置、卷取装置以及电气控制系统组成。其工作原理为：将挂胶钢丝帘布先经过导开装置导开，由CCD摄像机进行定中，再由递布装置将导开的帘布按角度传递到裁断装置，裁断装置按照工艺要求的宽度和角度进行裁断；传送装置切好的帘布送往自动接头装置，自动接头装置对裁断后的钢丝帘布一个个对接起来并由贴边、包边装置给接好的帘布贴胶条、包胶边，最后由卷取装置将贴胶片的钢丝帘布进行卷曲，送入下一道工序。整个生产流程均由电气控制装置进行控制。 | | | | |
| 归类决定 | 挂胶钢丝帘布是一种橡胶制品，上述商品组合后产生一种新的功能，即对橡胶制品加工的功能，属于税目84.77列名，符合《税则》第十六类类注四功能机组的定义，应一并归入税则号列8477.8000。 | | | | |

<table>
<tr><td>序号</td><td>1227</td><td>归类决定编号</td><td>Z2006－0661</td><td>公告编号</td><td>2006年第69号</td></tr>
<tr><td>商品税则号列</td><td colspan="3">8479.1090</td><td>发布日期</td><td>2006年11月22日</td></tr>
<tr><td>商品名称</td><td colspan="5">道路铣刨机</td></tr>
<tr><td>英文名称</td><td colspan="5"></td></tr>
<tr><td>其他名称</td><td colspan="5"></td></tr>
<tr><td>商品描述</td><td colspan="5">德国维特根W1000L冷铣刨机是一种道路养护机械,用于铣刨沥青和道路中有局部拥刨、松散、龟裂等病害的路面,当沥青路面因年久老化需要重新造面时,也可用于路面铣刨机铣刨后重新造面。铣刨机同样可用在路面的养护中。在机械化养护中铣刨机与摊铺机综合养护车配套使用,大大提高了工作效率。</td></tr>
<tr><td>归类决定</td><td colspan="5">该道路铣刨机可对拥刨、松散及龟裂等病害的路面进行铣刨,重新造面,用于路面机械化养护。该机装有实心轮胎,运行速度最高为5.9－7.5千米/小时,属于《税则》第八十四章其他税号未列名的公共工程用机械,应归入税则号列8479.1090。</td></tr>
</table>

<table>
<tr><td>序号</td><td>1228</td><td>归类决定编号</td><td>Z2006－0662</td><td>公告编号</td><td>2006年第69号</td></tr>
<tr><td>商品税则号列</td><td colspan="3">8479.1090</td><td>发布日期</td><td>2006年11月22日</td></tr>
<tr><td>商品名称</td><td colspan="5">混凝土布料杆</td></tr>
<tr><td>英文名称</td><td colspan="5">Concrete placing boom</td></tr>
<tr><td>其他名称</td><td colspan="5">砼布料臂 、臂架、砼泵用臂架</td></tr>
<tr><td>商品描述</td><td colspan="5">规格:36米(37米,47米)。型号:A－37.4/125－4BL。<br>结构原理:四节臂组成,箱形结构,支乘砼输送管,通过液压油缸的伸缩使四节臂能像人的手臂一样,灵活自如地将砼浇注到需要的地方。<br>性能指标:布料高度为36米(37米,47米),布料半径32米。<br>功能与用途:该商品主要用来与砼泵配套使用,可以高效自如地将砼浇注到人们想要浇注的地方。</td></tr>
<tr><td>归类决定</td><td colspan="5">该混凝土布料杆属于混凝土泵车的上装部分,虽然其动力由机动车辆提供,但杆已构成了公共工程用机器的基本特征,故应归入税则号列8479.1090。</td></tr>
</table>

| 序号 | 1229 | 归类决定编号 | Z2006－0663 | 公告编号 | 2006年第69号 |
|---|---|---|---|---|---|
| 商品税则号列 | 8479.1090 | | 发布日期 | | 2006年11月22日 |
| 商品名称 | 隧道自推进封水注浆设备 | | | | |
| 英文名称 | Civil works drilling rig | | | | |
| 其他名称 | | | | | |
| 商品描述 | 隧道自推进封水注浆设备主要由钻机、超高压止水装置、参数自动记录仪、超高压注浆泵组成，其中钻机、超高压止水装置和参数自动记录仪固定安装在同一自推进机器上，超高压注浆泵未安装在自推进机器上，但与其配套使用。钻机用于在隧道开挖掌子面、开钻地质勘查孔；参数记录仪可以记录钻孔过程中的地质数据；高压止水装置安装在钻孔的孔口，自动封堵突发高压水；在存在高压地下水的情况下，注浆泵通过勘查孔向岩体注入水玻璃，将地下水排挤出隧道开挖的范围。整台设备用于在超过10兆帕地下水压力条件下完成隧道掌子面前端150米的地质钻孔、勘测和封堵注浆，达到通过注浆封堵岩体中的高压水的目的，实现安全开挖隧道。 | | | | |
| 归类决定 | 该设备的组成和功能符合《税则》第十六类类注四的规定，因此，可按功能机组一并归类。该设备主要用于在隧道开挖前对岩体中的高压水进行封堵注浆，确保隧道开挖安全，因此，根据归类总规则一及六，其可按其他工程用机械归入税则号列8479.1090。 | | | | |

| 序号 | 1230 | 归类决定编号 | Z2006－0664 | 公告编号 | 2006 年第 69 号 |
|---|---|---|---|---|---|
| 商品税则号列 | 8479.1090 | | | 发布日期 | 2006 年 11 月 22 日 |
| 商品名称 | 路面铣刨机 | | | | |
| 英文名称 | | | | | |
| 其他名称 | | | | | |
| 商品描述 | 型号：W1000L 型。组成：由机架、驾驶台、驱动系统、隔音防护、转子、更换刀具、悬浮系统、铣刨鼓、铣刨深度调节系统、行走驱动、转向、辅助功能液压系统、喷水系统、折叠式输送带、制动器、驾驶平台和控制装置、驾驶平台和控制装置、驾驶平台和控制装置、安全装置、照明系统组成。<br>行驶速度不高于 7.5 千米/小时，在公路上行驶最大距离不超过 1 千米，超过 1 千米需由其他运载工具牵引。 | | | | |
| 归类决定 | 用于铣刨旧的水泥及沥青路面以便重新摊铺，机器设计有驾驶及铣刨操作系统，但是没有离合器，没有单独操作的刹车，也没有差速装置。<br>该设备不具备普通汽车的特征，如不具备离合器、差速装置等，不应按车辆进行归类。该设备用于对路面铣刨，属于公共工程用机器，符合《税则》税目 84.79 及其子目条文的描述，根据归类总规则一及六，应将其归入税则号列 8479.1090。 | | | | |

| 序号 | 1231 | 归类决定编号 | Z2006－0665 | 公告编号 | 2006 年第 69 号 |
|---|---|---|---|---|---|
| 商品税则号列 | 8479.1090 | | | 发布日期 | 2006 年 11 月 22 日 |
| 商品名称 | 喷射机 | | | | |
| 英文名称 | Shotcrete manhine | | | | |
| 其他名称 | | | | | |
| 商品描述 | CP－5 型喷射机，是用于干喷、潮喷凝土的设备，它具有技术先进、结构合理、性能稳定、操作维护方便、使用寿命长等特点，广泛适用于矿山、隧道、涵洞、地铁、水电工程、地下工程及煤矿高沼矿井巷道喷射混凝土施工作业。主要由驱动装置、转子总成、风路系统、喷射系统、电气控制箱等部分组成。 | | | | |
| 归类决定 | 根据《税则注释》中品目 84.24 的排除条款："本品目不包括：(七)将砂浆、混凝土或砾石散布或喷射在路面或类似表面上的机器(品目 84.79)"，上述商品属混凝土的喷射装置。因此，根据归类总规则一和六，该混凝土喷射机应按其他公共工程用机器，归入税则号列 8479.1090。 | | | | |

| 序号 | 1232 | 归类决定编号 | Z2008－0071 | 公告编号 | 2008年第76号 |
|---|---|---|---|---|---|
| 商品税则号列 | 8479.4000 | | | 发布日期 | 2008年10月28日 |
| 商品名称 | 捻线机 | | | | |
| 英文名称 | Twisting machine | | | | |
| 其他名称 | | | | | |
| 商品描述 | 捻线机主要由计算机、捻线头、托线架、脚踏开关等构成，用于将两根或三根导线捻合在一起。 | | | | |
| 归类决定 | 该商品用于将多股电线捻合成一股，符合《税则注释》品目84.79有关“用纺织纱线、金属丝或两者并用制绳或制缆的机器（搓捻或绞扭等用的机器），包括绞制电导体用的机器”的描述，根据归类总规则一及六，应归入税则号列8479.4000。 | | | | |

| 序号 | 1233 | 归类决定编号 | Z2009－0130 | 公告编号 | 2009年第32号 |
|---|---|---|---|---|---|
| 商品税则号列 | 8479.5010 | | 发布日期 | | 2009年6月12日 |
| 商品名称 | 包边机器人系统设备 | | | | |
| 英文名称 | | | | | |
| 其他名称 | | | | | |
| 商品描述 | 包边机器人系统设备用于对车门钣件进行包边取送的加工作业，无具体规格型号。包边机器人系统设备主要由两个机械臂与治具转换机构、四型治具部分及相关电气控制装置等组成。它们通过若干机械构件组立于钣件加工生产线上，由控制电缆相连于电气控制柜进行操作控制。工作原理：需进行包边加工的车门钣件由传送台送至工作台，包边机械手臂对送至工作台的工件进行滚压包边的加工处理，经过包边处理后的工件由抓件机械臂将其取送至工作台，从而完成一套车门钣件的包边取送作业动作。 | | | | |
| 归类决定 | 该商品的主体为安装在同一基板（钢板基座）上的两台相同型号多功能机器手臂（可根据生产的调整而转换工具），其状态符合《税则注释》第十六类类注三及总注释六关于“组合机器”的描述，应一并归入相应品目。上述设备虽然进口时所带附件仅满足实现输送和折边功能，但仍具备简单更换不同工具即可执行各种功能的能力，符合《税则注释》关于品目84.79项下“通用工业机器人”的描述。根据归类总规则一及六，应按多功能工业机器人归入税则号列8479.5010。 | | | | |

| 序号 | 1234 | 归类决定编号 | Z2010－0043 | 公告编号 | 2010年第15号 |
|---|---|---|---|---|---|
| 商品税则号列 | | 8479.5090 | | 发布日期 | 2010年2月28日 |
| 商品名称 | 水下机器人系统 | | | | |
| 英文名称 | | | | | |
| 其他名称 | | | | | |
| 商品描述 | 水下机器人系统由机架、推进器、电子部件、低照度摄像机、照明灯光、屏幕显示单元、单功能机械手、声纳系统、导航装置、深度传感器、自动驾驶仪、脐带缆等组成。单功能机械手主要功能是用于拾取水底的小型物体，可执行水下作业，此外，机械手的两个手指间装有刀片，可以剪切小的绳索等缠绕物。该水下机器人系统主要用于水下观测和寻找目标物等。用户使用该产品采集航道底质，以便航道清淤。 | | | | |
| 归类决定 | 该商品是一台专用于水下样品采集的单用途工业机器人，功能独立，属功能未在《税则》第八十四章项下税目未列名的工业机器人，符合税目84.79条文的描述，根据归类总规则一及六，应按其他工业机器人归入税则号列8479.5090。 | | | | |

| 序号 | 1235 | 归类决定编号 | Z2006－0666 | 公告编号 | 2006年第69号 |
|---|---|---|---|---|---|
| 商品税则号列 | | 8479.6000 | | 发布日期 | 2006年11月22日 |
| 商品名称 | 空气增湿器 | | | | |
| 英文名称 | Air humidity increased fan | | | | |
| 其他名称 | | | | | |
| 商品描述 | 空气增湿器，型号TSE－002，由空气滤网布、水箱、调速风轮、控制电路等部件组成。其工作原理为：水箱中加入水或冰，水或冰水通过水箱底部的小孔滴到空气滤网布上，使其湿润，风轮产生流动空气通过滤网布的多孔结构，使滤网布上的水分快速蒸发到空气中，水分的蒸发吸收热量，从而达到增湿和降低室温的效果。 | | | | |
| 归类决定 | 空气增湿器型号为TSE－002型，依靠水分蒸发吸热原理，产生降低室温的效果，实为一种蒸发式空气冷却器，根据归类总规则三（一），应按较具体的列名归入税则号列8479.6000。 | | | | |

| 序号 | 1236 | 归类决定编号 | Z2007－0063 | 公告编号 | 2007年第71号 |
|---|---|---|---|---|---|
| 商品税则号列 | 8479.8190 | | | 发布日期 | 2007年12月5日 |
| 商品名称 | 端子插入机 | | | | |
| 英文名称 | | | | | |
| 其他名称 | | | | | |
| 商品描述 | 该商品通过PLC电路通过气压步进马达将端子料件传送至机器，通过凸轮将端子切割，并通过杠杆将端子推入壳体。 | | | | |
| 归类决定 | 端子插入机用于将金属端子插入到壳体上，完成壳体对金属端子的包覆装配。该功能在《税则》中没有明确列名，但符合税目84.79的商品描述。该商品用于金属端子的装配，符合“处理金属的机械”的描述，根据归类总规则一及六，应归入税则号列8479.8190。 | | | | |

| 序号 | 1237 | 归类决定编号 | Z2008－0072 | 公告编号 | 2008年第76号 |
|---|---|---|---|---|---|
| 商品税则号列 | 8479.8190 | | | 发布日期 | 2008年10月28日 |
| 商品名称 | 全自动打端子机 | | | | |
| 英文名称 | Automatic wire terminating machine | | | | |
| 其他名称 | | | | | |
| 商品描述 | 全自动打端子机（全新），2.5千瓦/台，SHINMAYWA牌，型号为TR201。本商品采用独特的控制系统，高质量的实现电线的切断、剥胶皮、端子压接。 | | | | |
| 归类决定 | 全自动打端子机具有电线的切断、剥胶皮和端子压接功能，其实质是用于电线中的金属导电体的加工，符合《税则》税目84.79的商品描述，根据归类总规则一及六，应归入税则号列8479.8190。 | | | | |

| 序号 | 1238 | 归类决定编号 | Z2008－0181 | 公告编号 | 2008 年第 83 号 |
|---|---|---|---|---|---|
| 商品税则号列 | 8479.8190 | | 发布日期 | 2008 年 11 月 24 日 | |
| 商品名称 | 液压推瘤机 | | | | |
| 英文名称 | | | | | |
| 其他名称 | | | | | |
| 商品描述 | 该装置主要用于切除铝热焊时残留在钢轨上的金属焊瘤，在拆除砂模后，两人把推瘤机抬上钢轨，以钢轨本身作为导向，移动并通过磨削加工切除焊瘤。推瘤机可在钢轨上来回移动。推瘤机靠液压动力工作，液压装置有两种：1. 手动液压泵，是推瘤机的标准配置；2. 电动液压装置，由一个轻型液压泵和电动马达（0.55 千瓦/220 伏）组成，是推瘤机的升级和可选配置。 | | | | |
| 归类决定 | 该商品用于将钢轨上的金属焊瘤切除，本身不具有床体结构，不符合《税则》税目 84.58 或 84.60 所称“机床”列名，在《税则》第八十四章其他税目中也无具体列名，但符合税目 84.79 的商品描述，根据归类总规则一及六，应归入税则号列 8479.8190。 | | | | |

| 序号 | 1239 | 归类决定编号 | Z2008－0182 | 公告编号 | 2008 年第 83 号 |
|---|---|---|---|---|---|
| 商品税则号列 | 8479.8190 | | 发布日期 | 2008 年 11 月 24 日 | |
| 商品名称 | 干膜前处理机 | | | | |
| 英文名称 | | | | | |
| 其他名称 | | | | | |
| 商品描述 | 该商品的品牌为海技，型号为 5E018－G5，由酸洗、水洗、磨刷、干燥等功能段及电控箱组成，作用是使电路板的表面能获得粗化的设备，为后续工艺作准备。工作原理：采用喷洒及毛刷轮的方式，清洁及粗化工件表面，使得干膜贴附紧密。工作流程：入料→酸洗→水洗→磨刷→水洗→吹干隔离→吹干→烘干→出料。各功能段接机位的边槽打上胶浆，及用螺丝连接。 | | | | |
| 归类决定 | 干膜前处理机由酸洗、水洗、磨刷、干燥等功能段及电控箱组成，进口后固定安装，并用密封胶作密合连接，符合《税则》第十六类类注三及《税则注释》有关组合机器的描述，应当按照主要功能一并归类。该商品通过酸洗、磨刷等方式对 PCB 板的铜箔进行清洁及粗化，在《税则》第八十四章中无具体税目列名，但符合税目 84.79 的商品描述。其用于对铜箔表面的处理，根据归类总规则一及六，应归入税则号列 8479.8190。 | | | | |

| 序号 | 1240 | 归类决定编号 | Z2010－0044 | 公告编号 | 2010年第15号 |
|---|---|---|---|---|---|
| 商品税则号列 | 8479.8190 | | | 发布日期 | 2010年2月28日 |
| 商品名称 | 层绕机 | | | | |
| 英文名称 | Layer winder | | | | |
| 其他名称 | | | | | |
| 商品描述 | 层绕机是钢绞线(钢丝绳)生产设备,其功能是将绞制好的钢绞线(钢丝绳)以适当的松紧度、规整的绕线方式盘卷起来并用钢带捆扎固定,以便于运输、销售和顾客使用。 | | | | |
| 归类决定 | 该商品用于钢绞线的卷绕,属于处理金属的机械,符合《税则》税目84.79及其子目条文的描述,根据归类总规则一及六,应按其他处理金属的机械归入税则号列8479.8190。 | | | | |

| 序号 | 1241 | 归类决定编号 | Z2010－0045 | 公告编号 | 2010年第15号 |
|---|---|---|---|---|---|
| 商品税则号列 | 8479.8190 | | | 发布日期 | 2010年2月28日 |
| 商品名称 | 自动气瓶打标机 | | | | |
| 英文名称 | | | | | |
| 其他名称 | | | | | |
| 商品描述 | 该商品由电脑数据输入平台(控制柜)、发动机、工作平台、前顶旋转装置、入口升降机、气瓶搬送装置及印模器等组成。将需要刻印的内容输入到设备的数据平台内,气瓶由入口升降器上升并平放到工作平台,设备的前顶旋转装置将气瓶由尾部前顶至工作槽内,气瓶随轴承上移到固定位置并进行顺时针转动。在转动的同时,印模器内的数字、字母及符号印模通过油压作用在气瓶表面压印出相关内容,所有工序的完成均由控制柜控制完成,用于在气瓶瓶口表面压印生产日期等内容。该设备专用于金属材料的气瓶表面压印,不能用于其他材料表面的压印。 | | | | |
| 归类决定 | 该商品通过压力,将印模压在金属表面上,使金属表面产生形变完成印制,属于处理金属的机械,根据归类总规则一及六,应归入税则号列8479.8190。 | | | | |

| 序号 | 1242 | 归类决定编号 | Z2006－0667 | 公告编号 | 2006 年第 69 号 |
|---|---|---|---|---|---|
| 商品税则号列 | 8479.8200 | | | 发布日期 | 2006 年 11 月 22 日 |
| 商品名称 | 组织细胞分离器 | | | | |
| 英文名称 | | | | | |
| 其他名称 | | | | | |
| 商品描述 | 该系统由主机、研磨器和过滤器组成，可以对实体瘤或其他组织样本自动机械研磨而得到均匀的单细胞（或核）悬液，以适用于流式细胞仪分析或细胞培养。 | | | | |
| 归类决定 | 该组织细胞分离器本身并无分析功能，它只是检测的前期处理仪器，因此，不能按分析仪器归类。根据其功能和《税则》具体列名，其应按研磨装置归入税则号列 8479.8200。 | | | | |

| 序号 | 1243 | 归类决定编号 | Z2009－0168 | 公告编号 | 2009 年第 57 号 |
|---|---|---|---|---|---|
| 商品税则号列 | 8479.8200 | | | 发布日期 | 2009 年 8 月 31 日 |
| 商品名称 | 氯化钾压实造粒设备 | | | | |
| 英文名称 | | | | | |
| 其他名称 | | | | | |
| 商品描述 | 氯化钾压实造粒设备是由辊压机、片料破碎机、粒料破碎机、筛上物料破碎机、片料筛分机、粒料筛分机等六部分组成，用于将氯化钾粉末加工成 2～4 毫米大小的颗粒。 | | | | |
| 归类决定 | 该商品用于化肥的工业生产。由于氯化钾不属于矿物肥料，而属于化学肥料，故该商品组合后具有《税则》第八十四章税目 84.79 所列名的轧碎、筛选机器所具有的功能，符合功能机组的定义。根据第十六类注释四的归类原则，该商品符合《税则》税目 84.79 及其子目条文的描述。根据归类总规则一及六，该商品应按轧碎、筛选机器归入税则号列 8479.8200。 | | | | |

| 序号 | 1244 | 归类决定编号 | Z2010－0046 | 公告编号 | 2010年第15号 |
|---|---|---|---|---|---|
| 商品税则号列 | 8479.8200 | | | 发布日期 | 2010年2月28日 |
| 商品名称 | 干法均质机 | | | | |
| 英文名称 | | | | | |
| 其他名称 | | | | | |
| 商品描述 | 该商品用于阿莫西林原料药生产，由螺杆送料系统、辊压系统、粉碎系统、提升机传输系统和电气控制系统组成。工作原理：物料从进料仓进入上料斗，由横向进料螺杆以相应的速度导入进料螺杆预压区，进入进料曙光杆预压区，物料通过压辊后形成滚压后的均匀薄片，再进入粉碎器，打碎后，通过筛网进入出料仓，进行包装，整个过程在真空环境中完成。 | | | | |
| 归类决定 | 该商品用于生产原药，通过辊压、粉碎、筛选等步骤后制成产品，实现的是《税则》子目8479.82列名的轧碎、筛选功能，符合《税则》税目84.79及其子目条文的描述，根据归类总规则一及六，应按破碎、筛选机器归入税则号列8479.8200。 | | | | |

| 序号 | 1245 | 归类决定编号 | Z2007－0067 | 公告编号 | 2007年第71号 |
|---|---|---|---|---|---|
| 商品税则号列 | 8479.8990［8479.8999(2014年版)］ | | | 发布日期 | 2007年12月5日 |
| 商品名称 | BIOMEK 3000实验室全自动工作站 | | | | |
| 英文名称 | | | | | |
| 其他名称 | 全自动实验室样品处理工作平台 | | | | |
| 商品描述 | 该商品为液体操作平台。工作站将各种液体操作方式集成为单一的自动化系统，每天能够完成数百例样本的基因组DNA抽提，适用于基因分析和连锁分析。BIOMEK 3000具有适应性、扩展性和良好的性能，可以与其他处理设备及检测器整合后从而具备各种检测功能。此次进口的设备为主机及试剂盘等配件。 | | | | |
| 归类决定 | BIOMEK 3000实验室全自动工作站集成了各种液体操作方式，用于完成液体样本的抽取。由于其进口状态只有主机，不具备分析功能，故不能归入《税则》税目90.27项下。该商品的移液功能在《税则》中未有列名，符合税目84.79有关“独立功能”的描述，根据归类总规则一及六，应归入税则号列8479.8990［8479.8999(2014年版)］。 | | | | |

| 序号 | 1246 | 归类决定编号 | Z2008－0183 | 公告编号 | 2008年第83号 |
|---|---|---|---|---|---|
| 商品税则号列 | 8479.8990[8479.8999(2014年版)] | | 发布日期 | 2008年11月24日 | |
| 商品名称 | 玻璃钢制装活鱼用水箱 | | | | |
| 英文名称 | Water Tank | | | | |
| 其他名称 | | | | | |
| 商品描述 | 该商品的规格为长9.47米、宽2.33米、高1.38米、重2500千克,容积20000升。该水箱整体用玻璃钢制,整个箱体内用玻璃钢分割成10个小箱体,箱体前部有2组排表,用于手工调节进入舱体的氧气量。排表下部有充氧机及空气泵。空气泵充入空气,氧气机充入氧气,两种气体混合后充入箱体。箱体后部安有排气阀,用于卸鱼时将舱体的水排出。该水箱的内部构造和操作原理类似活鱼箱。用途:该玻璃钢水箱外部无钩、环等配件,进口后,打开水箱的4个舱盖,舱中各放入一方木头卡住,用绳子栓住方木,用吊车吊着绳子从而吊起水箱,然后将水箱放在卡车上,再将卡车的车帮卡好,水箱可被固定再卡车上,用来装运活鱼。 | | | | |
| 归类决定 | 该商品的设计(无任何吊挂配件)使其无法适用多种运输方式,安装在车辆上后不会随意搬离,不属于“门对门”货物运输方式,不应归入《税则》税目86.09项下。该商品由箱体、仪表、充氧机及空气泵组装而成,为鱼在运输过程中存活提供了一个良好的环境,其功能在第八十四章其他税号中无具体列名,符合《税则》税目84.79及其子目条文的描述,根据归类总规则一及六,应按其他税号未具体列名的具有独立功能的机器归入税则号列8479.8990[8479.8999(2014年版)]。 | | | | |

| 序号 | 1247 | 归类决定编号 | Z2007－0068 | 公告编号 | 2007年第71号 |
|---|---|---|---|---|---|
| 商品税则号列 | 8479.8990[8479.8999(2014年版)] | | 发布日期 | | 2007年12月5日 |
| 商品名称 | 采油机械封隔器 | | | | |
| 英文名称 | | | | | |
| 其他名称 | | | | | |
| 商品描述 | 该商品由封隔器本体、卡瓦、胶筒组成。封隔器本体是一根钢制空心管,上下外围分别连接卡瓦,中间外围位置连接胶筒。用于油气井的井下生产、注水或油气层的封隔,也可作为油气井底的底部生产封隔和永久或临时的桥塞,是一种采油过程中使用的装置。工作原理:封隔器两端分别与油管连接形成一条生产管柱,沿套管(完成钻井后为防止塌方,固定在井壁的管道)由上向下滑动,到达井下设计位置。封隔器坐封后,卡瓦紧咬套管内壁使封隔器固定在指定位置不动,封隔器中间胶筒因压缩变形膨胀紧贴套管内壁隔离上面的水和下面的油,油因受地层压力向上自喷,从油管内向地面输出。 | | | | |
| 归类决定 | 该采油机械封隔器本体为一根钢制空心管,上下外围有两组卡瓦,中间外围是胶筒。使用时上下连接油管,下探到油井套管指定深度(水油界面)后,弹出卡瓦,压缩中间的胶筒使之膨胀,将油井套管内的水油层分隔。该商品为一种油井井下作业密封设备,固定后起到密封(起密封作用的为单一橡胶材质)和导通油管作用而不具备活动件,同时也不直接进行石油的开采,因此不同于《税则》税目84.30所列采油机械或税目84.84所列机械密封件。其功能在《税则》其他税目中未有列名,符合税目84.79的商品描述,根据归类总规则一及六,应归入税则号列8479.8990[8479.8999(2014年版)]。 | | | | |

| 序号 | 1248 | 归类决定编号 | Z2006 - 1364 | 公告编号 | 2007 年第 70 号 |
|---|---|---|---|---|---|
| 商品税则号列 | 8479.8990[8479.8999(2014 年版)] | | | 发布日期 | 2007 年 12 月 5 日 |
| 商品名称 | 残极压脱机 | | | | |
| 英文名称 | Butt remover | | | | |
| 其他名称 | | | | | |
| 商品描述 | 该商品主要包括:压脱机主体及液压缸组件、导杆夹具液压系统、电力及控制系统。其主要用途是剥离残极组的炭块,并对被剥离的炭块进行预破碎。工作原理:当处理残极时,机架上部两侧的固定刀具支撑起残极,破碎刀具位于下面位置由液压油缸提升,残极碳块在刀具件压脱,提出钢爪。该设备的最大残极厚度:300 毫米;破碎力:2 ×200 公吨;破碎刀具冲程:最大 380 毫米;破碎液压油缸工作压力:25 兆帕;液压站功率:5.5 千瓦。 | | | | |
| 归类决定 | 根据《税则》第八十四章有关税目条文和《税则注释》的有关规定,该残极压脱机的功能是剥离残极组的炭块,并对被剥离的炭块进行预破碎,其不符合《税则》对机床的定义,因此不能按机床归类。根据其功能及归类总规则一和六,该商品应按《税则》第八十四章其他税号未列名的具有独立功能的机器及机械器具,归入税则号列 8479.8990[8479.8999(2014 年版)]。 | | | | |

<table>
<tr><td>序号</td><td>1249</td><td>归类决定编号</td><td>Z2006－1369</td><td>公告编号</td><td>2007年第70号</td></tr>
<tr><td>商品税则号列</td><td colspan="3">8479.8990[8479.8999(2014年版)]</td><td>发布日期</td><td>2007年12月5日</td></tr>
<tr><td>商品名称</td><td colspan="5">抽湿柜</td></tr>
<tr><td>英文名称</td><td colspan="5"></td></tr>
<tr><td>其他名称</td><td colspan="5">PP保存箱</td></tr>
<tr><td>商品描述</td><td colspan="5">该抽湿柜的型号:NPP－150,外尺寸:2020毫米(宽)×1955毫米(高)×1140毫米(深),内尺寸:1500毫米(宽)×1700毫米(高)×1000毫米(深),内外采用SUS#不锈钢板制造。可控制柜内温度和湿度,温度范围:20℃～25℃,湿度50%～60%,制冷抽湿原理与普通空调器相同。该抽湿柜用于存放线路板原材料(半固化树脂片),确保其存放于恒温恒湿的环境内。</td></tr>
<tr><td>归类决定</td><td colspan="5">抽湿柜,型号为“NPP－150”,能实现恒温恒湿的功能,提供一个恒温恒湿的环境,用于存放半固化树脂片。该商品的恒湿功能是由一套“压缩机、冷却器、散热器、蒸发器”构成的设备完成的,同时带来降温的副作用;为了实现温度的恒定,通过另一个电加热器对水进行加热,产生的水蒸气进入盘管,与内部空间环境进行热交换,起到加热的功能,达到恒温的目的。<br>该商品不符合《税则注释》对品目84.15“空气调节器”的描述;同时该商品也不是对箱内的材料进行处理,而仅作为保存之用,不符合品目84.19“利用温度变化处理材料的机器”,其功能在目录中无具体列名。<br>上述商品属恒温恒湿柜,符合《税则》税目84.79及其子目条文的描述,根据归类总规则一及六,应将其按其他具有独立功能的未列名机器归入税则号列8479.8990[8479.8999(2014年版)]。</td></tr>
</table>

| 序号 | 1250 | 归类决定编号 | Z2006－1362 | 公告编号 | 2007 年第 70 号 |
|---|---|---|---|---|---|
| 商品税则号列 | 8479.8990[8479.8999(2014 年版)] | | | 发布日期 | 2007 年 12 月 5 日 |
| 商品名称 | 大位移量转轴式桥量伸缩装置 | | | | |
| 英文名称 | | | | | |
| 其他名称 | | | | | |
| 商品描述 | 该装置包括横梁、支撑连杆、滑动板、滑动支座、滑动支座连接轴、橡胶密封条、转轴。其工作原理是:支撑连杆可以转动,工作横梁被可转动及滑动地置于支撑连杆上。由于斜拉桥的桥梁体处于漂浮状态,所以每时每刻都在移动,梁体移动时将对支撑连杆产生作用力,支撑连杆在此力作用下发生转动,支撑连杆在转动时将推动所有横梁移动。由于支撑连杆的可移动及横梁的可移动从而使大型桥梁超大位移量得以调节,安装在桥体的重要部位,最大位移可达 1.4 米。转轴式伸缩装置不是桥梁或桥梁体段,而是两个桥梁体段间用来缓冲受力不均的装置。一个桥梁根据跨度可由多个桥梁体段构成,但一个桥梁所需伸缩装置的数量,则视其所起的缓冲作用而定,有的桥梁可安装两个,有的可安装三个。桥梁体段与伸缩装置不论从数量还是从作用来看并非一一配套,在外力的作用下依靠连杆机构的转动、滑动产生位移,该装置属于一种动态实时调节装置。 | | | | |
| 归类决定 | 该商品属于桥梁体段间的动态实时调节装置,其功能未在《税则》其他税目中列名,应作为《税则》未列名的具有独立功能的机器归入税则号列 8479.8990[8479.8999(2014 年版)]。 | | | | |

| 序号 | 1251 | 归类决定编号 | Z2006-1363 | 公告编号 | 2007年第70号 |
|---|---|---|---|---|---|
| 商品税则号列 | 8479.8990[8479.8999(2014年版)] | | 发布日期 | 2007年12月5日 | |
| 商品名称 | 电动栅栏门用自锁装置(申报品名) | | | | |
| 英文名称 | | | | | |
| 其他名称 | | | | | |
| 商品描述 | 该商品是一种防止保护对象突然坠落的装置,由金属制壳体和壳体内部的化纤聚酯带以及离心锁紧系统构成,金属壳体上有金属环,化纤带一端固定在壳体内,另一端连有金属钩,化纤带长10英尺,宽1英寸,该装置的外壳、钩子均为钢制。根据说明书,该装置可以用于高空作业时工人的保护,工作时将金属壳体上的金属环连接在固定物上,将化纤带上的金属钩连接于工人身上,一旦发生坠落,当化纤带快速从壳内抽出的时候,离心锁紧装置会将化纤带卡死,防止发生人身伤害。该装置也可用于电动栅栏门上,目的是防护栅栏门失去控制突然坠落。 | | | | |
| 归类决定 | 该商品具有自锁功能,可防止人或物体突然下坠造成的伤害。由于该功能在《税则》中无具体列名,根据归类总规则一和六,该商品应按《税则》第八十四章其他税号未列名的具有独立功能的机器及机械器具,归入税则号列8479.8990[8479.8999(2014年版)]。 | | | | |

<table>
<tr><td>序号</td><td>1252</td><td>归类决定编号</td><td>Z2006－0688</td><td>公告编号</td><td>2006年第69号</td></tr>
<tr><td colspan="2">商品税则号列</td><td colspan="2">8479.8990[8479.8999(2014年版)]</td><td>发布日期</td><td>2006年11月22日</td></tr>
<tr><td colspan="2">商品名称</td><td colspan="4">多道全自动固相多肽合成仪</td></tr>
<tr><td colspan="2">英文名称</td><td colspan="4"></td></tr>
<tr><td colspan="2">其他名称</td><td colspan="4"></td></tr>
<tr><td colspan="2">商品描述</td><td colspan="4">产品型号PSSM－8，高质量的缩氨酸用于常规的生化分析合成，是安全性好、便于操作、副作用少的高效率多肽合成装置。根据合成量从5微摩尔开始可同时常规经济地合成种高纯度多肽。</td></tr>
<tr><td colspan="2">归类决定</td><td colspan="4">商品为多道全自动固相多肽合成仪，产品型号为PSSM－8。它能将高质量的缩氨酸进行常规的生化合成，根据合成量，从5微摩尔开始可同时常规、经济地合成8种高纯度多肽，具体参数如下：合成规模：5～50微摩尔/反应容器；合成时间：1小时/循环(标准Protocol)；合成通路数：8通路；搅拌方式：氮气吹入。<br>由于该商品仅具有合成功能，不具有理化分析功能，因此不能归入税目90.27。根据其功能，可归入税则号列8479.8990[8479.8999(2014年版)]。</td></tr>
</table>

<table>
<tr><td>序号</td><td>1253</td><td>归类决定编号</td><td>Z2006－0694</td><td>公告编号</td><td>2006年第69号</td></tr>
<tr><td colspan="2">商品税则号列</td><td colspan="2">8479.8990[8479.8999(2014年版)]</td><td>发布日期</td><td>2006年11月22日</td></tr>
<tr><td colspan="2">商品名称</td><td colspan="4">多功能液压机器人</td></tr>
<tr><td colspan="2">英文名称</td><td colspan="4">BROKK330</td></tr>
<tr><td colspan="2">其他名称</td><td colspan="4"></td></tr>
<tr><td colspan="2">商品描述</td><td colspan="4">外观为工程机械，履带式，前端为可移动臂，臂前端安装有一个锤头，旁边有一独立铲斗，无驾驶室。包装上有“BROKK330”，可以安装多种工作头，用于水泥厂等回转窑的打壳拆砖，工业废料的搬运等。该商品模拟人手定位精确，履带行走，360度回转。根据不同的工作需要编程，人可在100米外遥控进行调节液压冲击力和冲击频率，并有故障自诊断功能。该商品适用于恶劣环境工作，降低人员劳动强度。</td></tr>
<tr><td colspan="2">归类决定</td><td colspan="4">该商品的主要功能是液压破碎打渣，因此该机器也称为液压打渣机。由于其破碎打渣的主要对象是回转窑、熔炉、钢水包、流槽等工业结构体，不是泥土、岩石等地面表层，因此，其不符合《税则》税目84.29、84.30商品的特征，故不能归入其中。其应按其他未列名的具有独立功能的机器归入税目84.79项下。同时它的主要功能是破碎打渣，也不符合多功能机器人的定义，不能归入其中。因此，该商品应归入税则号列8479.8990[8479.8999(2014年版)]。</td></tr>
</table>

<table>
<tr><td>序号</td><td>1254</td><td>归类决定编号</td><td>Z2006－0683</td><td>公告编号</td><td>2006 年第 69 号</td></tr>
<tr><td colspan="2">商品税则号列</td><td colspan="2">8479.8990[8479.8999(2014 年版)]</td><td>发布日期</td><td>2006 年 11 月 22 日</td></tr>
<tr><td colspan="2">商品名称</td><td colspan="4">二氧化碳培养箱</td></tr>
<tr><td colspan="2">英文名称</td><td colspan="4"></td></tr>
<tr><td colspan="2">其他名称</td><td colspan="4"></td></tr>
<tr><td colspan="2">商品描述</td><td colspan="4">二氧化碳培养箱通常由气体过滤装置、二氧化碳及氧气含量控制系统、温度及湿度控器系统等组成,型号为 FORMA3111,通过控制二氧化碳的浓度、相对湿度和温度等条件用于细胞的培养。工作时一般将动物细胞接种后置于无菌的、恒湿的、有恒定的氧气和二氧化碳浓度及一定温度的二氧化碳培养箱中繁殖,如血细胞、神经细胞的繁殖扩增。</td></tr>
<tr><td colspan="2">归类决定</td><td colspan="4">该商品由气体过滤器、自动二氧化碳控制系统、温控器等组成,通过控制二氧化碳的浓度、相对湿度和温度等条件来用于细胞的培养。该商品整机功能为细胞培养,应作为《税则》未列名设备归入税则号列 8479.8990[8479.8999(2014 年版)]。</td></tr>
</table>

<table>
<tr><td>序号</td><td>1255</td><td>归类决定编号</td><td>Z2006－0690</td><td>公告编号</td><td>2006 年第 69 号</td></tr>
<tr><td colspan="2">商品税则号列</td><td colspan="2">8479.8990[8479.8999(2014 年版)]</td><td>发布日期</td><td>2006 年 11 月 22 日</td></tr>
<tr><td colspan="2">商品名称</td><td colspan="4">非在线残钞销毁压块系统</td></tr>
<tr><td colspan="2">英文名称</td><td colspan="4"></td></tr>
<tr><td colspan="2">其他名称</td><td colspan="4"></td></tr>
<tr><td colspan="2">商品描述</td><td colspan="4">该商品为银行使用纸币销毁设备。其作用是将纸币粉碎为不可分辨的微粒,并压块以便处理。本系统包括存储和送料系统、破碎系统、压块系统、控制系统、安全系统。</td></tr>
<tr><td colspan="2">归类决定</td><td colspan="4">该设备主要是起存储和送料、粉碎、压块的作用,应按其他未列名设备归入税则号列 8479.8990[8479.8999(2014 年版)]。</td></tr>
</table>

| 序号 | 1256 | 归类决定编号 | Z2006－0693 | 公告编号 | 2006年第69号 |
|---|---|---|---|---|---|
| 商品税则号列 | 8479.8990[8479.8999(2014年版)] | | | 发布日期 | 2006年11月22日 |
| 商品名称 | 钢铁制铁路客车用座便器 | | | | |
| 英文名称 | | | | | |
| 其他名称 | | | | | |
| 商品描述 | 该商品由四部分组成:(1)污物收集系统,包括液位指示开关、冲水喷嘴、水分离器、真空发生器、控制系统和污物箱体;(2)钢铁制便斗,包括便斗、冲洗喷嘴、冲便阀等;(3)水增压冲洗系统,包括冲洗增压器装置、冲洗阀装置、空气阀等三部分;(4)冲洗控制单元。该商品用于高档铁路客车的卫生间,各系统间以管道相连,工作过程为:列车的高压风通过管路输送到真空发生器,将污物箱抽成负压,当乘客使用便器后按动开关,便器内的污物通过便器与污物箱内产生的压力差,从便器输送到污物箱内。 | | | | |
| 归类决定 | 该商品虽然由四部分构成,但各部分之间并不是彼此独立的部件,而是通过互补的作用来共同实现一个功能,因此应作为一个整体归类,根据归类总规则一及六,可按照其他税号未列名的具有独立功能的机器归入税则号列8479.8990[8479.8999(2014年版)]。 | | | | |

| 序号 | 1257 | 归类决定编号 | Z2006－0676 | 公告编号 | 2006年第69号 |
|---|---|---|---|---|---|
| 商品税则号列 | 8479.8990[8479.8999(2014年版)] | | | 发布日期 | 2006年11月22日 |
| 商品名称 | 管道污水调节装置 | | | | |
| 英文名称 | | | | | |
| 其他名称 | | | | | |
| 商品描述 | 管道污水调节装置实为一种中央空调冷凝管道污垢的清除装置。该套装置由阀门开关控制器(PLC)、回球控制器、球注入器、海绵小球、电子阀门和垫片等组装而成。应用时,上述部件与空调冷凝管构成一个小循环,利用原管道自身的水流和压力,带动海绵小球循环,海绵小球经过冷凝管道时通过摩擦将管道中的污垢擦除并带到指定的位置排放污水。 | | | | |
| 归类决定 | 根据《税则注释》对品目84.79"独立功能"的解释,该套装置已构成具有独立功能的装置,应归入税则号列8479.8990[8479.8999(2014年版)]。 | | | | |

| 序号 | 1258 | 归类决定编号 | Z2006－0695 | 公告编号 | 2006 年第 69 号 |
|---|---|---|---|---|---|
| 商品税则号列 | 8479.8990[8479.8999(2014 年版)] | | 发布日期 | 2006 年 11 月 22 日 | |
| 商品名称 | 焊装夹具 | | | | |
| 英文名称 | | | | | |
| 其他名称 | | | | | |
| 商品描述 | 焊装夹具包括:主车身焊装夹具 1 套;车地板焊装夹具 4 套;前车身焊装夹具;后门翻边焊装夹具。该焊装夹具主要由基座、固定支架、固定臂、夹座、手动拉把、三角杠杆对扣齿、扣齿橡胶垫等组成,制造夹具的材料为钢铁。该夹具工作原理:使用吊机将需要焊接的汽车各焊装件移动到各专用的焊装夹具上,人工手动调整夹具的各锁定臂,利用各锁定臂上的杠杆三角对扣齿将焊装件各板块紧锁固定,再由锁定臂上装置的传感器测量各锁定臂上的扣齿是否已扣紧锁定,最后由人工操纵点焊枪进行焊接工作。 | | | | |
| 归类决定 | 该商品属焊接设备的附属装置,具有固定焊装件的功能。由于该功能在《税则》中未列名,因此,根据归类总规则一及六,应将其按其他品目未列名的具有独立功能的机械器具,归入税则号列 8479.8990[8479.8999(2014 年版)]。 | | | | |

| 序号 | 1259 | 归类决定编号 | Z2006－0696 | 公告编号 | 2006年第69号 |
|---|---|---|---|---|---|
| 商品税则号列 | 8479.8990[8479.8999(2014年版)] | | 发布日期 | | 2006年11月22日 |
| 商品名称 | 恒温制冷摇床 | | | | |
| 英文名称 | Console incubator/refrigerator shakre | | | | |
| 其他名称 | | | | | |
| 商品描述 | 功能/用途:通过电机的转动带动平台的摇动,提高样品的表面积和通气量,提高氧气和营养的交换,使所培养的微生物及各种细胞生长繁殖。<br>微生物及细胞的种类很多,培养的温度也不同,有些需要在高于或低于室温的环境下培养,因此,481摇床在摇动的基础上,加入恒温/致冷功能。<br>恒温功能:电加热,鼓风机鼓风,温度探头,外层用无氟氨基甲酸乙酸原位成型泡沫隔热,加盖子,保证摇床内温度均匀一致。最高温度达60℃。<br>制冷功能:用压缩机制冷,最低温度控制为4℃。<br>主要技术参数:<br>转速:25~525转/分钟;<br>时间:连续运转或定时运转(1分钟~199小时59分);<br>温度:4~60℃;<br>平台尺寸:749毫米×457毫米;<br>电源要求:230伏,50/60赫兹。 | | | | |
| 归类决定 | 该商品虽然具有恒温和制冷功能,但其主要功能仍为摇动,提高样品的表面积和通气量,从而提高氧气和营养的交换,促使微生物及各种细胞的生长繁殖。由于该功能在《税则》中无具体列名,因此,根据归类总规则一及六,该恒温/制冷摇床应按其他税号未列名的具有独立功能的机器,归入税则号列8479.8990[8479.8999(2014年版)]。 | | | | |

| 序号 | 1260 | 归类决定编号 | Z2008－0073 | 公告编号 | 2008 年第 76 号 |
|---|---|---|---|---|---|
| 商品税则号列 | 8479. 8990［8479. 8999（2014 年版）］ | | 发布日期 | | 2008 年 10 月 28 日 |
| 商品名称 | 环境测试箱 | | | | |
| 英文名称 | | | | | |
| 其他名称 | | | | | |
| 商品描述 | 该环境测试箱由工作室、能量源及控制系统构成，其用途是利用电加热和机械制冷使试验箱内部模拟一定的温度、湿度环境，以对元件进行测试。 | | | | |
| 归类决定 | 该环境测试箱通过控制温度和湿度为电子元器件的测试创造特定环境，该功能在《税则》中无具体列名，符合税目 84. 79 的商品描述，根据归类总规则一及六，应归入税则号列 8479. 8990［8479. 8999（2014 年版）］。 | | | | |

| 序号 | 1261 | 归类决定编号 | Z2008－0074 | 公告编号 | 2008 年第 76 号 |
|---|---|---|---|---|---|
| 商品税则号列 | 8479. 8990［8479. 8999（2014 年版）］ | | 发布日期 | | 2008 年 10 月 28 日 |
| 商品名称 | 精密位移控制系统 | | | | |
| 英文名称 | | | | | |
| 其他名称 | | | | | |
| 商品描述 | 该商品型号为 ESP300－111111，主要用于精密控制光学元件的空间位置。其中包括三部分：（1）三维移动平台 M－462－XYZ－M，平台上有光学元件固定螺丝孔，光学元件固定于该平移台上并随着平移台的移动而移动；（2）推动器 CMA－25CCCL，用来安装在三维平移台上并分别推动各个轴的运动；（3）控制器 ESP300－1111，连接推动器等，用于控制推动器的运动。控制器可以连接于计算机，实现计算机编程控制。 | | | | |
| 归类决定 | 该商品通过控制装置和机械设备相互配合，实现了将安装在其上的光学元件精密位移的功能，该功能在《税则》第八十四章其他税目中未列名，且符合《税则注释》对品目 84. 79 中“独立功能”的描述。该商品属实现精密位移的执行机构，符合《税则》税目 84. 79 及其子目条文的描述，根据归类总规则一及六，应按其他税号未列名的具有独立功能的设备归入税则号列 8479. 8990［8479. 8999（2014 年版）］。 | | | | |

| 序号 | 1262 | 归类决定编号 | Z2007－0066 | 公告编号 | 2007年第71号 |
|---|---|---|---|---|---|
| 商品税则号列 | 8479.8990[8479.8999(2014年版)] | | | 发布日期 | 2007年12月5日 |
| 商品名称 | 卷绕式真空蒸镀机 | | | | |
| 英文名称 | | | | | |
| 其他名称 | | | | | |
| 商品描述 | 该套设备用于生产电容器的金属薄膜,由真空系统、卷绕系统、蒸发系统等组成。工作原理:在真空条件下,一边卷绕塑料薄膜,使薄膜紧贴冷却滚筒;一边把蒸发源加热到所需温度,使金属气体化,气体化金属(锌或铝)上升到冷却滚筒与薄膜黏合,实现金属化镀膜。 | | | | |
| 归类决定 | 卷绕式真空蒸镀机由真空槽箱、卷绕滚筒、蒸发源、蒸发源加热系统、油留边系统、静电密着机构等组成。通过电加热使金属气化,在冷薄膜表面静电密着黏合,进行物理气相沉积成膜,实现镀膜功能。根据《税则注释》对品目84.19的商品描述,该设备的加热冷却功能虽然是必不可少的,但用于辅助物理气相沉积成膜,因此不能归入品目84.19。该商品在《税则》中无具体列名,符合税目84.79的商品范围,根据归类总规则一及六,应归入税则号列8479.8990[8479.8999(2014年版)]。 | | | | |

| 序号 | 1263 | 归类决定编号 | Z2006－0668 | 公告编号 | 2006年第69号 |
|---|---|---|---|---|---|
| 商品税则号列 | 8479.8990[8479.8999(2014年版)] | | | 发布日期 | 2006年11月22日 |
| 商品名称 | 可控震源及附件 | | | | |
| 英文名称 | | | | | |
| 其他名称 | | | | | |
| 商品描述 | 可控震源外形为车式,由驾驶室和带车轮的震源设备铰接式连接而成,无机械传动轴,整车动力为液压传动。驾驶室内有电子控制系统,用以控制震源设备液压振动器的震动、提升和下压等。振动器的动力源来自驱动车体行驶的发动机,所以变速箱在车停驶时,可用于震源设备的动力传输。可控震源用于石油勘探,其原理是通过振动器的震动激发地震波,该地震波传输至专门测试仪器分析处理后,获得石油勘探的有关数据。 | | | | |
| 归类决定 | 根据《税则注释》关于品目87.05的说明,如果作业机器的操作部件装在驾驶室内,则应按自推进式机器归类。所以,该可控震源不应按特种车归类;由于该设备本身只是提供震动源,所以应按具有独立功能的未列名机器归入税则号列8479.8990[8479.8999(2014年版)]。 | | | | |

| 序号 | 1264 | 归类决定编号 | Z2006－0698 | 公告编号 | 2006 年第 69 号 |
|---|---|---|---|---|---|
| 商品税则号列 | 8479.8990[8479.8999(2014 年版)] | | | 发布日期 | 2006 年 11 月 22 日 |
| 商品名称 | 快速成型机 | | | | |
| 英文名称 | | | | | |
| 其他名称 | | | | | |
| 商品描述 | 快速成形机由一台电脑主机(工作站)与一台成型机组成。它能将三维软件设计出来的三维数据变成实物展现在设计人员眼前，打印精度高达 600×540dpi,分层厚度可以达到 0.089 毫米,只需几十分钟到几个小时就可以将研发者的思想转变成实物。<br>其工作原理为:(1)随机附带软件将 CAD 文件切片成数以千计的薄层;(2)成型机的滚筒将很薄一层的粉末(高分子复合材料)平铺在加工平台上,再使用喷墨头在粉上喷出粘接液固化松散的粉末,每次成型实物模型的一个切面;(3)通过每个切面的叠加,形成由粉末和胶水组成的实物模型。 | | | | |
| 归类决定 | 根据《税则》第八十四章章注五(五):“装有自动数据处理装置或与自动数据处理机连接使用,但却从事数据处理以外的某项专门功能的机器,应按其功能归入相应的税号,对于无法按功能归类的,应归入《税则》未列名税号”,上述商品不能作为计算机输出设备归入税则号列 8471.6090。<br>上述商品属模型制造机器,在第八十四章其他税目中未列名且具有独立功能,符合《税则》税目 84.79 及其子目条文的描述,根据归类总规则一及六,应将其按其他未列名的机器归入税则号列 8479.8990[8479.8999(2014 年版)]。 | | | | |

| 序号 | 1265 | 归类决定编号 | Z2006－1372 | 公告编号 | 2007年第70号 |
| --- | --- | --- | --- | --- | --- |
| 商品税则号列 | 8479.8990[8479.8999(2014年版)] | | 发布日期 | | 2007年12月5日 |
| 商品名称 | 联体垃圾压缩箱 | | | | |
| 英文名称 | | | | | |
| 其他名称 | 流动式垃圾压缩箱 | | | | |
| 商品描述 | 该联体垃圾压缩箱,品牌为ALLPRESS,型号为SP85。<br>该联体垃圾压缩箱的功能是用于压缩、收集垃圾,其采用压缩机头和箱体两部分合二为一的连体结构,在收集、压缩及转运垃圾的过程中不分离。工作原理:环卫工人将垃圾送往连体式压缩机箱停放点并将垃圾倒入压缩机箱压缩装置中,通过启动压缩机对垃圾进行压缩处理,然后压入箱体中。<br>该垃圾压缩箱采用微处理器控制,液晶显示屏显示工作状态,当箱体压满垃圾后,系统会出现报警提示,这时采用国际通用的钩臂车进行运输,钩臂车在液压拉臂钩的作用下,将满载的移动式垃圾压缩箱吊上车底盘固定,驶向垃圾处理场,以自卸的方式将压缩箱内的垃圾倒出。 | | | | |
| 归类决定 | 联体垃圾压缩箱,品牌为ALLPRESS,型号为SP85。该商品主要由箱体与液压压实装置组成,主要功能是由控制部件控制液压压实装置,将装入的垃圾进行压缩、收集,提高垃圾的收运效率。平时作为固定装置使用,通过加装在钩臂车上将垃圾转载到焚烧厂或填埋场,其本身不具备搬运功能。<br>上述商品的功能在《税则》中无具体列名,符合《税则注释》对“独立功能”机器的描述,应按《税则》未列名的机器归类。<br>上述商品属车用垃圾装卸箱,符合《税则》税目84.79及其子目条文的描述,根据归类总规则一及六,应将其按具有独立功能的未列名机器归入税则号列8479.8990[8479.8999(2014年版)]。 | | | | |

<table>
<tr><td>序号</td><td>1266</td><td>归类决定编号</td><td>Z2007 - 0065</td><td>公告编号</td><td>2007 年第 71 号</td></tr>
<tr><td>商品税则号列</td><td colspan="3">8479. 8990[8479. 7100(2014 年版)]</td><td>发布日期</td><td>2007 年 12 月 5 日</td></tr>
<tr><td>商品名称</td><td colspan="5">旅客登机桥</td></tr>
<tr><td>英文名称</td><td colspan="5">Passenger boarding bridge</td></tr>
<tr><td>其他名称</td><td colspan="5"></td></tr>
<tr><td>商品描述</td><td colspan="5">旅客登机桥是连接候机大厅与飞机舱门之间的机坪移动式活动通道。此设备能为旅客提供一个不受恶劣天气条件影响的上下飞机的安全环境，确保旅客在正常或紧急情况下都能登上或离开飞机。整个登机桥由固定端旋转大厅组件、伸缩活动通道、提升立柱、轮架系统、接机舱等五个部分组成，具体情况如下：(1)固定端旋转大厅组件与候机楼连接，由走廊、圆形大厅及支撑立柱构成，该组件的设计将保证不会有任何负载或振动从登机桥传到候机楼；(2)伸缩活动通道，分为 A 段(最小)、B 段(三节桥的中段，两节桥的最大端)、C 段(三节桥的最大端)，在横截面部分是长方形的，伸缩活动通道的侧壁可以是玻璃结构，也可以是钢结构，能根据停靠飞机的不同位置，伸缩至相应的长度；(3)垂直提升立柱，是为登机桥提供垂直方向运动的构件，由提升电机及提升构件等部件组成，使登机桥能以最佳的高度泊靠不同的飞机；(4)轮架系统，是为登机桥提供水平方向运动的构件，由行走电机、减速箱和实心橡胶轮胎等部件组成，使登机桥能以最快和最安全的速度泊靠飞机；(5)接机舱，在登机桥泊靠飞机时，控制登机桥行走、提升并直接与飞机接触的，由操控台、接机雨棚、可调节的接机地板等部件组成，保证登机桥与飞机之间只有软接触，并方便旅客上下飞机。同时，还留有维修人员和机务人员进出的通道和楼梯。</td></tr>
<tr><td>归类决定</td><td colspan="5">旅客登机桥一端与候机大厅相连，另一端通过立柱、轮架系统和接机舱可以多方位移动与飞机舱门相连。该商品具有独立功能，且在《税则》中没有具体列名，符合税目 84. 79 的商品描述，根据归类总规则一及六，应归入税则号列 8479. 8990[8479. 7100(2014 年版)]。</td></tr>
</table>

| 序号 | 1267 | 归类决定编号 | Z2006－1368 | 公告编号 | 2007 年第 70 号 |
|---|---|---|---|---|---|
| 商品税则号列 | 8479.8990[8479.8999(2014 年版)] | | | 发布日期 | 2007 年 12 月 5 日 |
| 商品名称 | 模块化微反应系统 | | | | |
| 英文名称 | | | | | |
| 其他名称 | | | | | |
| 商品描述 | 该模块化微反应系统为不锈钢材料制造，由独立的模块元件组成，主要元件有基座板、夹紧模块、LH2 微混合器、进出口模块、垫片、毛细管式反应器等板、容器、接口类无机械功能的模块。这些元件应用微技术制造并且可以按照要求进行不同的组合，从而可以为一些基本的、关键性的化学反应提供反应场所。该系统既可用于科学研究，也可用于工业化产品研发。 | | | | |
| 归类决定 | 该模块经过不同组合具有搅拌、热交换等功能，可为多种类型的化学反应提供反应场所，是多功能多用途设备。由于该功能在《税则》中无具体列名，因此，根据归类总规则一和六，该商品应按《税则》第八十四章其他税号未列名的具有独立功能的机械器具，归入税则号列 8479.8990[8479.8999(2014 年版)]。 | | | | |

| 序号 | 1268 | 归类决定编号 | Z2006－0686 | 公告编号 | 2006 年第 69 号 |
|---|---|---|---|---|---|
| 商品税则号列 | 8479.8990[8479.8999(2014 年版)] | | | 发布日期 | 2006 年 11 月 22 日 |
| 商品名称 | 气动内对口器 | | | | |
| 英文名称 | | | | | |
| 其他名称 | | | | | |
| 商品描述 | 德国菲茨 ZV38－40 气动内对口器采用卧式构架布局形式，主要由扩涨装置、行走装置、导向保护栏及操作装置、气动系统等部件组成。主要用于管道工程建设的管线施工中，对两根被焊接钢管的管口组对，以保证两对接钢管同心和间隙。 | | | | |
| 归类决定 | 气动对口器主要利用扩涨装置实现管道组的准确对接，符合《税则注释》对归入品目 84.79 商品的三个条件的要求，应归入税则号列 8479.8990[8479.8999(2014 年版)]。 | | | | |

| 序号 | 1269 | 归类决定编号 | Z2006－0685 | 公告编号 | 2006 年第 69 号 |
|---|---|---|---|---|---|
| 商品税则号列 | 8479.8990[8479.8999(2014 年版)] | | 发布日期 | 2006 年 11 月 22 日 | |
| 商品名称 | 器件钝化系统气柜 | | | | |
| 英文名称 | | | | | |
| 其他名称 | | | | | |
| 商品描述 | 器件钝化系统气柜是对气瓶的超纯特种气体进行调节和控制，通过气源降压、过滤、控制、吹洗等处理，输出反应气体和氮气($N_2$)到钝化设备和其他使用同类超纯气体的设备。<br>气柜的组成包括几路气体的超纯管道，过滤器，调压阀，压力显示，吹洗真空发生器，气体传感器，喷淋装置，供气、排气、吹洗等功能转换的阀等。<br>气柜在供气状态时，气体通过过滤器、调压阀、控制阀输出满足要求的低压超纯气，气体传感器和截止阀分别提供泄漏报警和漏气关闭保护。停止用气或更换气瓶后，气柜需工作在吹洗状态，在真空发生器和相关阀控制下，对气路进行反复的抽真空和吹超纯氮气操作，使气路保持到超纯状态。排气和排放系统保持所有工作状态下满足排气安全和环保要求。 | | | | |
| 归类决定 | 器件钝化系统气柜由超纯管道，过滤器，调压阀，压力显示，吹洗真空发生器，气体传感器，喷淋装置，阀门等部分组成(不带气体钢瓶)。该气柜主要用于对特种气体进行调节和控制，即对气源进行降压、过滤、控制、吹洗等处理，处理后的超纯气体直接输出到使用该气体的设备。<br>该商品主要用于特种气体进行调节和控制的设备，应作为《税则》未列名的具有独立功能的商品归入税则号列 8479.8990[8479.8999(2014 年版)]。 | | | | |

| 序号 | 1270 | 归类决定编号 | Z2006－0674 | 公告编号 | 2006 年第 69 号 |
|---|---|---|---|---|---|
| 商品税则号列 | 8479.8990[8479.8999(2014 年版)] | | 发布日期 | 2006 年 11 月 22 日 | |
| 商品名称 | 清扫车 | | | | |
| 英文名称 | Ride-on vacuum sweeper | | | | |
| 其他名称 | | | | | |
| 商品描述 | 该清扫车型号 Hako-Jonas950，可骑乘驾驶，使用电池供电的直流马达并带有液压驱动系统，配备完善的行车、停车制动系统，以及扫地刷和强力吸尘系统，主要用于工业厂房道路清洁，每小时清洁面积可达 6000 平方米。该商品重量：350～400 千克，尺寸：(长)1515 毫米×(宽)945 毫米×(高)1250 毫米，垃圾箱容量：60 千克特大容量。 | | | | |
| 归类决定 | 该清扫车具有驱动引擎、驱动系统和全自动刹车系统，但不具有变速箱及换挡操纵装置，不具备《税则注释》关于第八十七章机动车辆的基本结构，故应按《税则》未列名的具有独立功能的机器归入税则号列 8479.8990[8479.8999(2014 年版)]。 | | | | |

| 序号 | 1271 | 归类决定编号 | Z2006－0669 | 公告编号 | 2006 年第 69 号 |
|---|---|---|---|---|---|
| 商品税则号列 | 8479.8990[8479.8999(2014 年版)] | | 发布日期 | 2006 年 11 月 22 日 | |
| 商品名称 | 清扫机(充电型) | | | | |
| 英文名称 | Mopping machine & mopper | | | | |
| 其他名称 | | | | | |
| 商品描述 | 该商品为车形设备，重量 92 千克，总长度 1200 毫米，最高速度为 8 千米/小时，在充满电后最长清扫距离为 48 千米，转弯半径为 950 毫米，用于电子行业的车间清洁工作。 | | | | |
| 归类决定 | 该车的主要功能为清扫功能，而非运输功能，且不具备《税则注释》有关品目 87.05 所述机动车的基本构造，故应作为《税则》未列名具有独立功能的机器归入税则号列 8479.8990[8479.8999(2014 年版)]。 | | | | |

| 序号 | 1272 | 归类决定编号 | Z2007－0064 | 公告编号 | 2007年第71号 |
| --- | --- | --- | --- | --- | --- |
| 商品税则号列 | 8479.8990[8479.8999(2014年版)] | | | 发布日期 | 2007年12月5日 |
| 商品名称 | 全自动脱水机 | | | | |
| 英文名称 | | | | | |
| 其他名称 | | | | | |
| 商品描述 | 该全自动脱水机是智能型的组织处理设备，含有1个处理缸、3个石蜡缸、14个试剂瓶。工作流程：首先，科研人员或医生将需镜检的组织标上规范的编号，按顺序放入脱水机的金属组织篮框，并将其放入仪器的处理缸，脱水机编定合适的程序并运行，程序一般设定10步左右试剂和3步石蜡的品名和运行时间、浓度等要素，由仪器按程序将试剂抽入处理缸，使组织篮框中的标本完全浸在试剂中并发生反应，一种试剂到设定时间后自动排出，再抽入下一种试剂，通过浸泡不同的试剂和不同浓度梯度的试剂，将生物组织的细胞内和细胞间的水分萃取出来，达到脱水目的，最后将脱水后的组织浸入石蜡中一并取出。 | | | | |
| 归类决定 | 该全自动脱水机实为组织脱水机，型号为ASP－300。其内部包括1个处理缸、3个石蜡缸、14个试剂瓶，可根据设定程序在处理缸内输入不同的试剂和石蜡对组织样本进行浸泡脱水处理，非过滤式脱水机，不符合《税则注释》中品目84.21关于“离心机”和“液体或气体的过滤或净化机器及装置”的描述。其功能是为组织脱水提供化学反应的环境，在《税则》中未有具体列名，符合税目84.79的商品范围，根据归类总规则一及六，应归入税则号列8479.8990[8479.8999(2014年版)]。 | | | | |

| 序号 | 1273 | 归类决定编号 | Z2006－1366 | 公告编号 | 2007年第70号 |
|---|---|---|---|---|---|
| 商品税则号列 | 8479.8990[8479.8999(2014年版)] | | 发布日期 | | 2007年12月5日 |
| 商品名称 | 全自动细菌培养监测系统 | | | | |
| 英文名称 | | | | | |
| 其他名称 | | | | | |
| 商品描述 | 该设备型号为BAcT/ALERT 3D 60。硬件为培养分析组件、起动工具箱、条码扫描仪器组成的一体式机器。其作用能进行血液、体液的培养和分枝杆菌的快速培养及监测。 | | | | |
| 归类决定 | 全自动细菌培养监测系统,型号BAcT/ALERT 3D 60,每年可处理3600份血液或体液培养瓶,或500份分枝杆菌的快速培养,监测功能只是为了使培养更加完善,并不是主要功能,因此,该商品不能归入《税则》税目90.27项下。由于培养功能在《税则》中无具体列名,根据归类总规则一和六,该全自动细菌培养监测系统应按《税则》第八十四章其他税号未列名的具有独立功能的机器,归入税则号列8479.8990[8479.8999(2014年版)]。 | | | | |

| 序号 | 1274 | 归类决定编号 | Z2006 - 1367 | 公告编号 | 2007 年第 70 号 |
|---|---|---|---|---|---|
| 商品税则号列 | 8479.8990[8479.8999(2014 年版)] | | | 发布日期 | 2007 年 12 月 5 日 |
| 商品名称 | 全自动血液成分分离机 | | | | |
| 英文名称 | | | | | |
| 其他名称 | | | | | |
| 商品描述 | 该全自动血液成分分离机型号为 G4,由控制面板、探测器、血袋挂钩、上下挤压板、分隔板、压力金属门、红细胞秤、血小板/血浆秤及探测、控制等电路组成。工作原理:采集到的血袋,经离心机将血袋中的全血分离,分离成血浆层、白膜层、红细胞层,再将已分层的血袋放进 G4 系统挂钩上,关上压力金属门,通过外接压缩机的产生的压缩空气,推动汽缸驱动上挤压板、分隔板、下挤压板挤压已分层的血袋,血袋中的上层的血浆经管道流入单独的血浆袋中,随着不断的挤压,分层的血袋中的白膜层不断上移,当上移到分隔板的位置时(由探测器测定),分隔板自动推出,将血浆层、红细胞层完全分隔,并在上挤压板的作用下,将已分层血袋上层的血浆完全挤压流入到单独的血浆袋中。 | | | | |
| 归类决定 | 该全自动血液成分分离机利用挤压原理将已通过离心机实现分层的血液中的各种成分(如血浆、红细胞等)进行分离(商品本身不带有离心机)。<br>该商品实现了血液成分分离的功能,不属于专门用于疾病的预防、诊断、医治或手术治疗的仪器,且该功能在《税则》中无列名,符合税目 84.79 及其子目条文的描述,根据归类总规则一及六,应将其按其他功能未列名的机器归入税则号列 8479.8990[8479.8999(2014 年版)]。 | | | | |

| 序号 | 1275 | 归类决定编号 | Z2006－0682 | 公告编号 | 2006 年第 69 号 |
|---|---|---|---|---|---|
| 商品税则号列 | 8479.8990[8479.8999(2014 年版)] | | | 发布日期 | 2006 年 11 月 22 日 |
| 商品名称 | 日晒牢度及气候试验机 | | | | |
| 英文名称 | Xenon weather-ometers | | | | |
| 其他名称 | | | | | |
| 商品描述 | 该设备型号:CI3000＋,用于测试纺织品在一定温度、湿度、模拟日光照射条件下的褪色性能。其工作原理为:通过设备内的氙灯来模拟太阳光,并通过相应滤光片得到与太阳相近的光谱,同时 CI3000＋还可模拟雨淋,调节实验的温度、湿度等,以此来测试样品经过日晒、雨淋、温度变化后颜色或其他性能的改变。测试完成后,由人工通过肉眼对纺织品的褪色等情况做出判断。 | | | | |
| 归类决定 | 该设备的主要功能为模拟自然环境,根据其工作原理,应作为具有独立功能的未列名设备归入税则号列 8479.8990[8479.8999(2014 年版)]。 | | | | |

| 序号 | 1276 | 归类决定编号 | Z2006－0671 | 公告编号 | 2006 年第 69 号 |
|---|---|---|---|---|---|
| 商品税则号列 | 8479.8990[8479.8999(2014 年版)] | | | 发布日期 | 2006 年 11 月 22 日 |
| 商品名称 | 扫雪机 | | | | |
| 英文名称 | Ice resurfacer | | | | |
| 其他名称 | | | | | |
| 商品描述 | 扫雪装置实际为磨冰后冰屑收集装置。型号:ZAMBONI500,主要用于冰场冰面的刨刮、磨平。该商品使用发动机驱动,四轮自推进。 | | | | |
| 归类决定 | 商品为磨冰机,因为其不具备《税则注释》关于第八十七章机动车辆的基本结构,故应按《税则》未列名的具有独立功能的机器归入税则号列 8479.8990[8479.8999(2014 年版)]。 | | | | |

| 序号 | 1277 | 归类决定编号 | Z2006－0675 | 公告编号 | 2006 年第 69 号 |
|---|---|---|---|---|---|
| 商品税则号列 | 8479.8990［8479.8999(2014 年版)］ | | | 发布日期 | 2006 年 11 月 22 日 |
| 商品名称 | 实验用陶瓷高效泡沫节水清洁器 | | | | |
| 英文名称 | NEPON STJ－30 HIGH－EFF water saving tolifomer | | | | |
| 其他名称 | | | | | |
| 商品描述 | 该商品实为厕所用清洁器，其水箱、泡沫发生器均为塑料制，其下部底座为陶瓷制，用于部队战地配套，能够最大限度地节约阵地生活用水。<br>该商品由以下部件组成：<br>1. 高效泡沫发生器：主壳体材质为 ABS 塑料，内含微电脑程序控制器、微型高效泡沫定量泵、液晶显示面板及微型电磁阀；<br>2. 发泡剂储罐：材质为 ABS 塑料，内存发泡剂；<br>3. 补水箱：壳体和管件材质为 PP 树脂；<br>4. 底座：材质为陶瓷；<br>5. 泡沫收集管：材质为 PP 树脂。<br>其工作原理是在微电脑程序控制器的控制下，由补水箱和发泡剂储罐分别向泡沫发生器提供水和发泡剂，水和发泡剂相互混合后发生化学反应产生泡沫，然后，内置定量泵提供适当的压力将泡沫输送到底座，使该设备具有密封及清洁功能。 | | | | |
| 归类决定 | 该套装置已不属于某种材料的简单制品，其整体已构成《税则》第八十四章机器的基本特征，符合《税则注释》关于品目 84.79 的解释，应按《税则》未列名具有独立功能的机器归入税则号列 8479.8990［8479.8999(2014 年版)］。 | | | | |

| 序号 | 1278 | 归类决定编号 | Z2008 - 0075 | 公告编号 | 2008 年第 76 号 |
|---|---|---|---|---|---|
| 商品税则号列 | 8479.8990[8479.8999(2014 年版)] | | | 发布日期 | 2008 年 10 月 28 日 |
| 商品名称 | 烫金机 | | | | |
| 英文名称 | | | | | |
| 其他名称 | 烫印机 | | | | |
| 商品描述 | 该商品的型号为 AC - 3,构成如下:(1)控制面板,主要为控制烫金时的温度,压力时间等;(2)有凹凸的矽胶版上,凹处不会接触烫金箔,凸处则能产生预热效果,从而熔化烫金箔底胶,产生想烫印出的图案;(3)卷箔杆,用以控制烫金箔,使其平整地被烫印于底材上;(4)底座,用于放置、固定被烫物。工作原理:在机器达到适当温度时,将矽胶版下压,将烫金箔压至被烫物上,此时温度将使烫金箔底胶融化,产生粘性,而粘贴于被烫物上,矽胶版抬起后,烫金箔之色层、底胶附着于被烫物上,PET 膜则被分离。该烫金机可以烫印胶版、皮革、钢板、纸版等物品。 | | | | |
| 归类决定 | 该商品将矽胶版加热后与烫金箔接触,将烫金箔上的色料通过矽胶版凸处加热转印到待处理的材料上。由于其工作部件不属于《税则》税目 84.42 的印刷部件,也不符合《税则》税目 84.43 的商品描述。该商品功能在《税则》中未具体列名,符合税目 84.79 的商品描述,根据归类总规则一及六,应归入税则号列 8479.8990[8479.8999(2014 年版)]。 | | | | |

<table>
<tr><td>序号</td><td>1279</td><td>归类决定编号</td><td>Z2006 - 1365</td><td>公告编号</td><td>2007 年第 70 号</td></tr>
<tr><td>商品税则号列</td><td colspan="3">8479.8990[8479.8999(2014 年版)]</td><td>发布日期</td><td>2007 年 12 月 5 日</td></tr>
<tr><td>商品名称</td><td colspan="5">透析器复用处理系统</td></tr>
<tr><td>英文名称</td><td colspan="5">Renatron PA100</td></tr>
<tr><td>其他名称</td><td colspan="5"></td></tr>
<tr><td>商品描述</td><td colspan="5">该设备专用于医院血液透析室对中空纤维血液透析器进行复用处理。其工作原理是:利用电磁阀控制反渗水的流向和流量从而实现对透析器的清洁,并利用虹吸原理吸取消毒液对透析器进行消毒。其工作流程为:自动清洁、测试,并可以将按照一定比例配置好的消毒液传输给透析器。其消毒功能靠消毒剂完成,机器本身无消毒功能,在消毒完透析器之后,该系统将透析器血液仓的灌注容量和预定(灌注)容量进行比较,对血液仓和透析液仓进行压力泄漏测试。如果出现透析器的血液仓容量测试或者压力泄漏测试结果不能令人满意的情况,该系统将会自动停止工作,并且发出声光报警。</td></tr>
<tr><td>归类决定</td><td colspan="5">该商品可对中空纤维血液透析器进行清洁、消毒、检测等复用处理,由于中空纤维血液透析器并非容器,因此,该设备不能按容器的洗涤机器归入《税则》税目 84.22 项下。由于该设备的主要功能为清洗消毒,根据《税则》第十六类类注三,以及归类总规则一和六,该商品应按第八十四章其他税号未列名的具有独立功能的机器,归入税则号列 8479.8990[8479.8999(2014 年版)]。</td></tr>
</table>

| 序号 | 1280 | 归类决定编号 | Z2006－0689 | 公告编号 | 2006年第69号 |
|---|---|---|---|---|---|
| 商品税则号列 | 8479.8990[8479.8999(2014年版)] | | 发布日期 | 2006年11月22日 | |
| 商品名称 | 网板印刷机 | | | | |
| 英文名称 | | | | | |
| 其他名称 | | | | | |
| 商品描述 | 该批货物用于表面贴装行业，由框架、铸件、传感器、摄像头、气缸、导轨、凸轮、控制装置等组成，通过摄像头识别系统与电脑的反馈和指令行为，由传感器、马达和气缸协调作用，在15秒内完成各种指定元器件焊盘的焊膏分配刷覆工作。该批货物为用于在电路板上刷覆焊膏的设备成套散件。 | | | | |
| 归类决定 | 虽然该设备应用印刷原理工作，但其不同于《税则》税目84.43的印刷设备，应作为其他未列名机器归入税则号列8479.8990[8479.8999(2014年版)]。 | | | | |

<table>
<tr><td>序号</td><td>1281</td><td>归类决定编号</td><td>Z2006 - 1370</td><td>公告编号</td><td>2007 年第 70 号</td></tr>
<tr><td colspan="2">商品税则号列</td><td colspan="2">8479.8990[8479.8999(2014 年版)]</td><td>发布日期</td><td>2007 年 12 月 5 日</td></tr>
<tr><td colspan="2">商品名称</td><td colspan="4">细胞培养反应器</td></tr>
<tr><td colspan="2">英文名称</td><td colspan="4">Biostal B plus 2L cell culture</td></tr>
<tr><td colspan="2">其他名称</td><td colspan="4">动物细胞培养生物反应器</td></tr>
<tr><td colspan="2">商品描述</td><td colspan="4">该商品型号:BIOSTAR B plus。规格:2 升。该商品主要由两部分组成:发酵玻璃罐部分和微机控制系统、蠕动泵等组成的主机部分。其工作原理为:由主机内的控制系统对发酵玻璃罐的各种温度、氧分压、PH 值进行控制,配比氧气、氮气、二氧化碳和空气,调节溶氧和 PH 值,进行细胞培养时内套温度恒定在 37℃;蠕动泵为添加培养基和酸碱溶液提供动力。用途:该系统用于实验室生物研究,对细胞和培养基进行培养,并实现对细胞培养过程工艺参数的收集、储存和分析处理。</td></tr>
<tr><td colspan="2">归类决定</td><td colspan="4">该商品主要用于为细胞核培养基的培养提供适宜的环境。由于该功能在《税则》中无具体列名,根据归类总规则一和六,该商品应按第八十四章其他税号未列名的具有独立功能的机械器具,归入税则号列 8479.8990[8479.8999(2014 年版)]。</td></tr>
</table>

| 序号 | 1282 | 归类决定编号 | Z2008－0184 | 公告编号 | 2008 年第 83 号 |
|---|---|---|---|---|---|
| 商品税则号列 | 8479.8990[8479.8999(2014 年版)] | | 发布日期 | 2008 年 11 月 24 日 | |
| 商品名称 | 压力水柜 | | | | |
| 英文名称 | Combined Fresh Water Pressure Tank | | | | |
| 其他名称 | | | | | |
| 商品描述 | 该商品主要由一个储水的容器及泵、阀、压力表等焊接而成，用于在船舶及钻井平台上提供用水，储水量为 0.4 立方米，供水压力为 0.25～0.4 兆帕。工作原理：首先启动水柜上附设的供水泵向柜内注水，直至液位计玻璃管上见到水位后停止水泵注水，启动压缩机通过充气阀向柜内充气，待压力表指针至 0.25 兆帕时停止充气，重新启动水泵向柜内供水，压力表指针至 0.4 兆帕时，压力继电器工作使电机断电，水泵停止工作，柜内压力随着用水而使压力降至 0.25 兆帕时，压力控制器重新工作，启动电机，水泵恢复供水，实现水柜的自动控制。 | | | | |
| 归类决定 | 该压力水柜本身并非浮动结构，不符合《税则》税目 89.07 的描述；同时该商品已将泵焊接在柜体上，根据《税则注释》对品目 73.09 的描述“装有搅拌器、加热或冷却管、电器元件等机械或热力装置的容器应归入第八十四章或第八十五章”，不能作为储水柜归入税目 73.09。该商品通过泵向柜体填装水，同时通过其充气构造为出水提供压力，其功能在《税则》中无具体列名，符合税目 84.79 的商品描述，根据归类总规则一及六，应归入税则号列 8479.8990[8479.8999(2014 年版)]。 | | | | |

| 序号 | 1283 | 归类决定编号 | Z2006－1371 | 公告编号 | 2007 年第 70 号 |
|---|---|---|---|---|---|
| 商品税则号列 | 8479.8990[8479.8999(2014 年版)] | | 发布日期 | | 2007 年 12 月 5 日 |
| 商品名称 | 厌氧培养装置 | | | | |
| 英文名称 | | | | | |
| 其他名称 | 人工瘤胃 | | | | |
| 商品描述 | 该设备是模拟反刍动物(牛、羊、骆驼等)消化道中饲料的消化代谢规律及机理的连续厌氧培养装置,也叫人工瘤胃。主要包括保温槽、厌氧培养管、动力搅拌送液送气等部件。该设备具有评定草食动物饲料的营养价值、消化代谢规律、饲料添加剂的毒性检测等实验用途,是科研和生产实践中不可缺少的重要的实验设备。 | | | | |
| 归类决定 | 厌氧培养装置通过恒温培养、搅拌等方式,模拟反刍动物消化的环境,本身不具备检测分析功能,不符合《税则》税目 90.27 的商品范围。该商品具有独立功能,且未在《税则》中具体列名,符合税目 84.79 的商品范围,根据归类总规则一及六,应将其归入税则号列 8479.8990[8479.8999(2014 年版)]。 | | | | |

| 序号 | 1284 | 归类决定编号 | Z2006－0697 | 公告编号 | 2006 年第 69 号 |
|---|---|---|---|---|---|
| 商品税则号列 | 8479.8990［8479.8999(2014 年版)］ | | 发布日期 | 2006 年 11 月 22 日 | |
| 商品名称 | 液压支架 | | | | |
| 英文名称 | | | | | |
| 其他名称 | | | | | |
| 商品描述 | 液压支架是辅助自动采煤机工作的重要设备。液压支架在采煤过程中起到支撑煤层防止煤层塌落掩埋采煤机的作用，其组成结构为液压缸（两个）、分配阀、顶板、底座、液压管路等。该设备工作时由外界的液压马达提供高压液体，通过调节分配阀给液压缸提供动力，将顶板支撑在采煤机挖出的空洞下。 | | | | |
| 归类决定 | 该商品为“液压支架”，型号为“两柱支撑式－5.5/8638”，是综合机械化采煤工作面的重要设备。其组成结构为液压缸（两个）、分配阀、顶板、底座、液压管路等。液压支架在采煤过程中能可靠支撑和控制工作面顶板，隔离采空区，保持安全的地下作业空间。支架与刮板输送机、顺槽转载机和采煤机配合使用，随着工作面的推进，通过千斤顶推动支架也随之前进。<br>该商品起到支撑、保护的作用，不符合《税则注释》对千斤顶的定义和描述，且该商品主要用于地下煤层的开采，也不符合公共工程用机器的定义。<br>上述商品属《税则》未列名的具有独立功能的机器，符合《税则》税目 84.79 及其子目条文的描述，根据归类总规则一及六，应将其按其他未列名的具有独立功能的机器归入税则号列 8479.8990［8479.8999(2014 年版)］。 | | | | |

| 序号 | 1285 | 归类决定编号 | Z2006－0681 | 公告编号 | 2006 年第 69 号 |
|---|---|---|---|---|---|
| 商品税则号列 | 8479.8990[8479.8999(2014 年版)] | | | 发布日期 | 2006 年 11 月 22 日 |
| 商品名称 | 医用洗板机 | | | | |
| 英文名称 | Well wash AC | | | | |
| 其他名称 | | | | | |
| 商品描述 | 该洗板机的工作原理为:滴有血样的酶标板放入洗板机的载板后,可把两个试剂瓶中的不同试剂按需有选择地加入其中,当血样中的抗原或抗体与试剂中的抗体或抗原结合后,清洗头再将多余的试剂和血样吸入废瓶中。 | | | | |
| 归类决定 | 医用洗板机是检测血样的前期处理仪器,该商品的主要功能是用洗涤剂对酶标板进行清洗。因其本身不具有分析、测试功能,且不同于《税则》税目 84.22 的一般的清洗设备,故应按其他税目未列名的具有独立功能的机器及机械归入税则号列 8479.8990[8479.8999(2014 年版)]。 | | | | |

| 序号 | 1286 | 归类决定编号 | Z2006－0672 | 公告编号 | 2006 年第 69 号 |
|---|---|---|---|---|---|
| 商品税则号列 | 8479.8990[8479.8999(2014 年版)] | | | 发布日期 | 2006 年 11 月 22 日 |
| 商品名称 | 椅背连续组装台 | | | | |
| 英文名称 | | | | | |
| 其他名称 | | | | | |
| 商品描述 | 原理及用途:该商品相当于一条流水线,把座椅骨架放在移动转盘上,第一工位把海绵固定在骨架上,移动转盘移到第二工位,把靠背蒙料包在海绵上,到第三工位,喷胶,粘接背部面料,打压条,最后一道工序,安装靠背的各种附件及包装。 | | | | |
| 归类决定 | 根据《税则注释》品目 84.79 项下的解释,该连续组装台可视为是一种未列名的具有独立功能的机械,应归入税则号列 8479.8990[8479.8999(2014 年版)]。 | | | | |

| 序号 | 1287 | 归类决定编号 | Z2006－0678 | 公告编号 | 2006 年第 69 号 |
|---|---|---|---|---|---|
| 商品税则号列 | 8479.8990[8479.8999(2014 年版)] | | | 发布日期 | 2006 年 11 月 22 日 |
| 商品名称 | 远红外线汽车环保省油加速器 | | | | |
| 英文名称 | | | | | |
| 其他名称 | | | | | |
| 商品描述 | 该商品运用高科技远红外线波长的特性，改变汽油分子结构，大分子变小分子，组织重新排列，拉长汽油的分子键，让汽油表面张力增大，进而使油滴体积缩小，使汽油分子更细微化，导燃性变佳，更易于燃油在引擎燃烧室完全燃烧，增强引擎爆发力以达到省油省钱、增强马力、预防积碳、提倡环保的效应。 | | | | |
| 归类决定 | 该商品不是作为汽车的必备配件，可认为是具有环保省油加速等功能的独立功能的机器。根据《税则注释》对品目 84.79 的描述，该商品可归入税则号列 8479.8990[8479.8999(2014 年版)]。 | | | | |

| 序号 | 1288 | 归类决定编号 | Z2006－0687 | 公告编号 | 2006 年第 69 号 |
|---|---|---|---|---|---|
| 商品税则号列 | 8479.8990[8479.8999(2014 年版)] | | | 发布日期 | 2006 年 11 月 22 日 |
| 商品名称 | 振子 | | | | |
| 英文名称 | | | | | |
| 其他名称 | | | | | |
| 商品描述 | 该振子专用于手机的振动马达，主要由线圈、磁心、不锈钢罩和引线组成。当振子被外加 3VDC 电压时，电流经过线圈产生磁力，磁力引起马达转动，使手机产生振动。 | | | | |
| 归类决定 | 商品为振子，在马达的转轴伸出端配有偏心盘，能使之产生径向振动。该振子可用于手机、寻呼机等，使它们产生振动。<br>该振子的组成和功能与《税则注释》关于品目 84.79“通用机器”所描述的“电动震抖装置”相类似，因此，可归入税则号列 8479.8990[8479.8999(2014 年版)]。 | | | | |

| 序号 | 1289 | 归类决定编号 | Z2006－0691 | 公告编号 | 2006年第69号 |
|---|---|---|---|---|---|
| 商品税则号列 | 8479.8990[8479.8999(2014年版)] | | 发布日期 | | 2006年11月22日 |
| 商品名称 | 整冰车 | | | | |
| 英文名称 | | | | | |
| 其他名称 | | | | | |
| 商品描述 | ZAMBONI牌,552型,空车重4558千克。该整冰车是用于平整溜冰场冰面的环保型特种车辆,以蓄电池作为动力,不能在道路上行驶,主要部件包括:电动机、电子控制器、变速箱、液压泵、蓄电池、冰铲、冰铲调节器、碎冰收集器、扫冰刷、边角铲冰机等。其工作程序包括:<br>1. 修理冰面程序;<br>2. 收集碎冰程序;<br>3. 清洗程序:将收集的碎冰送至水箱清洗,再送到雪箱;<br>4. 更新程序:清洁的冰水,加热后输送至后端,均匀地涂在冰面,制造出平滑的冰面。 | | | | |
| 归类决定 | 该整冰车可完成修理冰面、收集碎冰、清洗碎冰、更新重建冰面等工序,实现平整溜冰场冰面的功能。由于该车从底盘、驾驶系统来看都不具备车辆的基本特征,因此,不能归入第八十七章。根据归类总规则一及六,其可按具有独立功能的机器归入税则号列8479.8990[8479.8999(2014年版)]。 | | | | |

| 序号 | 1290 | 归类决定编号 | Z2006－0679 | 公告编号 | 2006 年第 69 号 |
|---|---|---|---|---|---|
| 商品税则号列 | 8479.8990[8479.8999(2014 年版)] | | | 发布日期 | 2006 年 11 月 22 日 |
| 商品名称 | 自主式室内外移动平台 | | | | |
| 英文名称 | | | | | |
| 其他名称 | | | | | |
| 商品描述 | 该商品分 GAIA－2 和 LABO－3 两种型号，功能及应用基本相同。用于室内外自主移动机器人的研究，可以进行路径规划、智能控制、群体机器人、图像处理与识别、危险环境工作等方面的研究。GAIA－2 具有防水功能，四轮驱动、零转动半径，指标：PC104 处理器，7 个超声波传感器，3 串口，6 数字输入，7 数字输出，最大速度 80 厘米/秒。LABO－3 两轮驱动、零转动半径，指标：MOTOROLA68332 处理器，8 个红外线传感器，3 串口，14 数字输入，8 数字输出，最大速度 1.8 米/秒。 | | | | |
| 归类决定 | 上述两款装置，均能依靠传感器探测周围路况，并通过内置的处理器对数据运算后，控制装置实现路标导航。该装置已具备机器人的特征，但不符合《税则注释》中工业机器人的解释，应按具有独立功能的未列名机器归入税则号列 8479.8990[8479.8999(2014 年版)]。 | | | | |

| 序号 | 1291 | 归类决定编号 | Z2006－0673 | 公告编号 | 2006 年第 69 号 |
|---|---|---|---|---|---|
| 商品税则号列 | 8479.8990[8479.8999(2014 年版)] | | | 发布日期 | 2006 年 11 月 22 日 |
| 商品名称 | 座垫蒙料台 | | | | |
| 英文名称 | | | | | |
| 其他名称 | | | | | |
| 商品描述 | 座垫蒙料台主要由蒙料台及其上方的压力气缸组成。原理及用途：该商品把发泡海绵座垫放在蒙料台上，用面料套上海绵，利用蒙料台上的气缸，下压海绵，使面料与海绵间产生间隙，方便蒙料与海绵、海绵托盘之间的包合。 | | | | |
| 归类决定 | 根据《税则注释》品目 84.79 项下的解释规定，该设备属于一种未列名的具有独立功能的机器，应归入税则号列 8479.8990[8479.8999(2014 年版)]。 | | | | |

| 序号 | 1292 | 归类决定编号 | Z2006－0670 | 公告编号 | 2006年第69号 |
|---|---|---|---|---|---|
| 商品税则号列 | 8479.8990[8479.8999(2014年版)] | | | 发布日期 | 2006年11月22日 |
| 商品名称 | 天然气加气站 | | | | |
| 英文名称 | | | | | |
| 其他名称 | | | | | |
| 商品描述 | 该天然气加气站是利用压缩机将低压天然气压缩成高压气体并储存在高压储气器瓶组中，高压储气瓶组中的天然气通过售气机将压缩天然气充进天然气汽车的气瓶中。<br>撬装式结构，是指加气站主要设备，如净化、压缩、冷却、控制等设备都尽可能的集成在一个撬装的底座上，形成一个可闭环控制的整体设备，其结构紧凑，体积小。其工艺流程为从输气管道来的天然气，依次通过过滤器和流量计，进入低压脱水装置，经脱水后的天然气含水量少，净化后的气体进入压缩机组，经过压缩、冷却再净化后，压力升高到25兆帕。然后，压缩天然气按照高、中、低压的顺序时，储气瓶组按照低、中、高压的顺序，通过售气机给汽车加气。如果气瓶组压力低于设定值时，压缩机启动并直接向汽车加气。<br>加气站的核心是压缩机组，另配有干燥器、除油过滤器、冷却器、储气瓶组、售气机、电机启动器、变压器、防爆控制箱等设备，此外还专门配置了天然气加热器。 | | | | |
| 归类决定 | 天然气加气站，主要由压缩机组、干燥器、除油过滤器、冷却器、储气瓶组、售气机、电极起动器、变压器、防爆控制箱等设备组成，其工作原理是使来自输气管道的天然气依次通过过滤器和流量计进入低压脱水装置，脱水净化后的气体进入压缩机组，达到一定压力后按高中低压依次充入由三个气瓶组成的储气瓶组，然后通过售气机给汽车加气。上述设备除售气机外均集成在一个撬装的底座上，形成可闭环控制的整体，其主要功能是对天然气进行加压，同时还有干燥、过滤、临时储存等附加功能。根据《税则》第十六类注释三的规定，应按主要功能归入税则号列8414.8090；售气机主要由质量流量计、加气控制阀门及控制装置构成，可按加气程序开启、关闭阀门，在给汽车加气同时可显示气体流量和应付金额，该售气机具有独立功能，应按《税则》未列名的具有独立功能的机器归入税则号列8479.8990[8479.8999(2014年版)]。 | | | | |

| 序号 | 1293 | 归类决定编号 | Z2009－0056 | 公告编号 | 2009 年第 5 号 |
|---|---|---|---|---|---|
| 商品税则号列 | 8479.8999 | | | 发布日期 | 2009 年 1 月 20 日 |
| 商品名称 | 万向轴装配机床 | | | | |
| 英文名称 | Ina joint centering and staking machine | | | | |
| 其他名称 | | | | | |
| 商品描述 | 该设备由触摸屏式控制面板（1 个）、机器人送料装置（2 个）、万向轴装配单元（2 个）、物料承载装置、中间工件夹紧卡具、安全光栅、电控箱（含数控系统、PLC 控制系统、机器人控制系统）、动力单元（含伺服电机、液压单元、气压单元）、装配设备底座和外围防护装置等组成。该设备的主要功能是将万向轴、轴碗、突元叉和焊接叉装配在一起。具体操作工序：(1)人工将焊接叉与轴管的半成品零件放在物料承载装置上。(2)手工将万向轴放入焊接叉和突缘叉耳孔中。(3)启动脚踏开关，承载装置自动将工件送到中间的工件夹紧治具中。(4)启动开关。(5)定位机构将万向轴、焊接叉、突缘叉自动预定位。(6)机械人自动送料，将轴碗装入指定位置，将轴碗预定位。(7)装配单元伺服驱动，将轴碗装入焊接叉两个耳孔内，为防止装配后脱落，同时用小冲头将叉件两耳孔外端冲出六点固定点，将轴碗固定于确定位置。(8)工件旋转 90 度，突缘叉开始进入装配步骤。(9)机械人自动送料，将轴碗装入指定位置，将轴碗预定位。(10)装配单元伺服驱动，将轴碗装入突缘叉两个耳孔内，为防止装配后脱落，同时用小冲头将叉件两耳孔外端冲出六点固定点，将轴碗固定于确定位置。(11)装配结束，自动返回物料承载装置，退回到初始位置。(12)手工卸下装配完的半成品，转入检查工序。 | | | | |
| 归类决定 | 该设备由控制面板、送料机器人、装配单元等多个部分组成，其功能是装配万向轴。在机器结构及加工工艺上，均不符合“机床”的定义，不可按“机床”归类。该设备的各个部分，均安装在同一底座上，并位于同一外围防护装置内，各部分依次执行各自功能。符合《税则》第十六类注释三“组合机器”的定义，应按主要功能归类。因其功能是装配万向轴，在第八十四章其他税目中没有具体列名，根据归类总规则一及六，应按第八十四章《税则》未列名的具有独立功能的机器归入税则号列 8479.8999。 | | | | |

| 序号 | 1294 | 归类决定编号 | Z2009－0131 | 公告编号 | 2009年第32号 |
|---|---|---|---|---|---|
| 商品税则号列 | 8479.8999 | | 发布日期 | | 2009年6月12日 |
| 商品名称 | 气压棒 | | | | |
| 英文名称 | | | | | |
| 其他名称 | | | | | |
| 商品描述 | 气压棒，又名气弹簧，钢铁制，品牌为SUSPA，用于升降椅，可以调节坐椅的高低，共有SLV629—12012、01760319、01762171、01760296、01762269等五种型号。该商品是以气体为工作介质的一种弹性原件，由压力管、活塞、活塞杆及若干连接件组成，其内部充有高压气体，由于在活塞内部设有通孔，活塞两端气体压力相等，而活塞两侧的截面积不同，一端接有活塞杆而另一端没有，在气体压力作用下，产生向截面积小的一侧的压力(弹力)，弹力的大小可以通过设置不同的气体压力或者不同直径的活塞杆而设定。其主要作用是能在任何载荷作用下保持自振频率不变，能同时承受径向和轴向载荷，也能传递一定的扭矩，通过调整内部压力可获得不同的承载能力。与机械弹簧不同的是，其具有近乎线性的弹性曲线。该商品用于座椅调节，起到缓冲作用。 | | | | |
| 归类决定 | 由于该商品没有外接的气体源，不符合《税则注释》关于品目84.12项下“气压动力装置”的描述“使用外部压缩空气或其他压缩气体源”，故不应归入《税则》税目84.12项下。同时，该商品符合《税则注释》关于“独立功能”的定义，且其缓冲功能在第八十四章其他税目中无列名，符合《税则》税目84.79及其子目条文的描述，根据归类总规则一及六，应按其他税号未列名的具有独立功能的机械设备归入税则号列8479.8999。 | | | | |

| 序号 | 1295 | 归类决定编号 | Z2009－0169 | 公告编号 | 2009 年第 57 号 |
|---|---|---|---|---|---|
| 商品税则号列 | | 8479.8999 | | 发布日期 | 2009 年 8 月 31 日 |
| 商品名称 | 抛绳器 | | | | |
| 英文名称 | | | | | |
| 其他名称 | | | | | |
| 商品描述 | 抛绳器由发射枪、抛绳瓶、绳箱、工具包、充气管、二氧化碳气管等组成。该商品自带气瓶,通过瞬间释放压缩空气产生的反作用力来发射绳子。 | | | | |
| 归类决定 | 该商品是一种运用压缩空气做动力来发射绳子实施营救的一种用于救援领域的特殊设备。工作原理:首先,用高压气源通过专用导气管连接后向抛绳器核心瓶充气。将充好气的核心气瓶装入发射装置,通过发射装置将绳索或自动充气救生圈或锚钩快速、安全、准确的发射至目的地,能够实施有效救助。该商品的用途和工作原理不符合《税则》第九十三章税目条文的规定,根据《税则注释》关于品目 84.79 的解释,以及归类总规则一和六,应归入税则号列 8479.8999。 | | | | |

| 序号 | 1296 | 归类决定编号 | Z2009－0171 | 公告编号 | 2009 年第 57 号 |
|---|---|---|---|---|---|
| 商品税则号列 | | 8479.8999 | | 发布日期 | 2009 年 8 月 31 日 |
| 商品名称 | 电线剥皮机 | | | | |
| 英文名称 | | | | | |
| 其他名称 | | | | | |
| 商品描述 | 该商品的型号为 MC－252,主要用于剥除同轴电线的外皮、屏蔽层及内绝缘体。工作原理:先把同轴电线的强度、外径参数设定好,第一步是将同轴电线的塑料外皮剥掉,露出 3 毫米左右金属屏蔽线,第二步是将 2 毫米屏蔽层剥掉,露出 2 毫米塑料内绝缘体,第三步是剥离 1 毫米内绝缘体,露出 1 毫米导体,完成整个作业。 | | | | |
| 归类决定 | 该商品为剥皮机,用于剥除同轴电线的两层绝缘层和一层金属屏蔽层,既处理金属也处理绝缘材料,其结构不属于机床范围,用途也超出了处理金属的范畴,功能独立且未在《税则》第八十四章其他税目项下列名,但符合《税则》税目 84.79 及其子目条文的描述,根据归类总规则一及六,应按其他税号未列名的具有独立功能的机器归入税则号列 8479.8999。 | | | | |

| 序号 | 1297 | 归类决定编号 | Z2010－0047 | 公告编号 | 2010 年第 15 号 |
|---|---|---|---|---|---|
| 商品税则号列 | 8479.8999 | | | 发布日期 | 2010 年 2 月 28 日 |
| 商品名称 | 旧数控雕刻机 | | | | |
| 英文名称 | | | | | |
| 其他名称 | | | | | |
| 商品描述 | 该雕刻机是为 3D 模型加工及雕刻专门设计的机器，由伺服马达带动工作台 X、Y 方向和主轴 Z 方向的运动及主轴的高速旋转来完成 2D 及 3D 图形的加工，通过计算机辅助编程软件将设计出来的图纸进行处理，编译成机器能够识别的代码传输给雕刻机，在机器上装夹合适的刀具及原材料，运行代码，机器就会按照预先设定的路径进行切削运动，从而完成对零件的加工。该雕刻机适合对轻金属、ABS 硬质塑料、化学木、模型蜡等各种材料进行加工。 | | | | |
| 归类决定 | 该商品是一种利用铣刀对金属、塑料、木材、蜡等多种材料进行雕刻的多用途机器。根据《税则》第八十四章章注七关于“多用途机器”的归类规定，上述商品符合《税则》税目 84.79 及其子目条文的描述，根据归类总规则一及六，应按其他税目未列名且具有独立功能的机器归入税则号列 8479.8999。 | | | | |

| 序号 | 1298 | 归类决定编号 | Z2010－0048 | 公告编号 | 2010年第15号 |
|---|---|---|---|---|---|
| 商品税则号列 | 8479.8999 | | 发布日期 | | 2010年2月28日 |
| 商品名称 | 动态斜面式船用收油机 | | | | |
| 英文名称 | | | | | |
| 其他名称 | | | | | |
| 商品描述 | 该商品是一种用于收集海上浮油、溢油的设备，可以方便地悬挂在拖船、工作船、驳船或拖轮上工作。主要由溢油传送泵、液压动力站、可拆卸的动态斜面、DIP400传动带、VOSS支撑架、浮囊、V型导油臂等组成。工作原理是利用DIP动态斜面技术，通过高速移动的斜面的牵引作用，使水面的浮油向下移动并上浮积聚到回收井里，同时将水向后排出回收井，用泵将油抽出保存到储油装置中。 | | | | |
| 归类决定 | 该商品由溢油传送泵、液压动力站、可拆卸的动态斜面、DIP400传动带、VOSS支撑架、浮囊、V型导油臂等组成，可方便地悬挂在拖船、工作船、驳船或拖轮上工作。上述商品利用整套设备将海面的溢油消除，虽然泵是其中一项重要设备，但其本身已超出了《税则注释》关于品目84.13项下泵的范围，符合《税则》税目84.79其子目条文的描述，根据归类总规则一及六，应按其他税目未列名的具有独立功能的机器归入税则号列8479.8999。 | | | | |

| 序号 | 1299 | 归类决定编号 | Z2010－0049 | 公告编号 | 2010年第15号 |
| --- | --- | --- | --- | --- | --- |
| 商品税则号列 | 8479.8999 | | 发布日期 | | 2010年2月28日 |
| 商品名称 | 干式套管电容芯子整卷机 | | | | |
| 英文名称 | | | | | |
| 其他名称 | | | | | |
| 商品描述 | 该商品由瑞士TUBOLY－ASTRONIC公司生产，型号为SDWM4000。用于生产变压器的电容套管核心部件——电容芯子，该整卷机允许使用多个绝缘皱纹纸（或电缆纸）纸卷并列绕制，可以绕制1～4米长的电容芯子，最大可绕制3个绝缘皱纹纸（或电缆纸）纸卷拼接的电容套管产品。电容芯子由导电管、绝缘纸（绝缘皱纹纸和电缆纸）、铝箔和导电铜带等组成。整卷机在绕制时，先将导电管放置在设备的中心轴处并固定，绕上几张绝缘皱纹纸（电缆纸），由激光定位装置对铝箔的位置进行定位，然后再人工对裁制好的铝箔按激光显示位置进行铺放作为电容芯子的电极，再进行绝缘纸的绕制，在绕至最外层电极时按激光显示位置铺放导电铜带，绕至规定的外径尺寸时，刻孔露出导电铜带，产品装配时通过导电铜带引出并与变压器外壳连接，起到降压绝缘作用。 | | | | |
| 归类决定 | 该商品通过卷绕绝缘纸的方式将导电管、铝箔和导电铜带装配在一起，构成电容芯子，功能独立，且在《税则》第八十四章其他税目中未列名。上述商品属电容芯子整卷机，符合《税则》税目84.79条文的描述，根据归类总规则一及六，应按其他税目未列名的具有独立功能的机器归入税则号列8479.8999。 | | | | |

| 序号 | 1300 | 归类决定编号 | Z2013－0049 | 公告编号 | 2013 年第 26 号 |
|---|---|---|---|---|---|
| 商品税则号列 | 8479.8999 | | | 发布日期 | 2013 年 5 月 17 日 |
| 商品名称 | 覆铜板模压成型机 | | | | |
| 英文名称 | | | | | |
| 其他名称 | | | | | |
| 商品描述 | 该商品由模压成型机真空框体、热压模板、液压单元、真空单元、加热系统及 PLC 控制系统组成。工作原理是用上板架把组装好的半固化片送进模压成型机的模板中间(模压成型机有 20 个开口,每个开口可以压 16 张覆铜板),用液压油杠由下而上将每层模板顶合起来,并逐步施加压力至 50 千克/平方厘米左右,用油泵将 250 摄氏度的热煤油注入热压模板来熔融半固化片上的胶黏剂,使其更多地渗入增强材料纤维中去,与此同时用真空泵将密闭的框体抽真空,把纤维间残存气体、水分及胶黏剂上易挥发成分及树脂固化过程中缩合出来的水气排除出去,随着受电脑程序自动控制的加压,加热进行到一定时间,熔融的胶黏剂又会重新固化,与铜箔黏结成一个整体而成为覆铜板。 | | | | |
| 归类决定 | 该商品是将铜箔、树脂、胶黏剂压合在一起的设备,符合《税则》税目 84.79 及其子目条文的描述,根据归类总规则一及六,应按未列名的具有独立功能的机器归入税则号列 8479.8999。 | | | | |

| 序号 | 1301 | 归类决定编号 | Z2013－0050 | 公告编号 | 2013年第26号 |
|---|---|---|---|---|---|
| 商品税则号列 | 8479.8999 | | 发布日期 | | 2013年5月17日 |
| 商品名称 | 振子 | | | | |
| 英文名称 | | | | | |
| 其他名称 | | | | | |
| 商品描述 | 该商品利用振动反馈实现触觉反馈功能，其由弹簧、共振重量块、磁铁、磁碗、线圈、阻尼橡胶、柔性电路板、不锈钢外罩和引线构成。可安装于手机内，弹簧一端固定于不锈钢外罩内，另一端固定连接于由共振重量块、磁铁、磁碗组成的共振体。当该振子被外加特定频率电压（正弦波形）时，交变电流通过位于磁场中的线圈产生特定频率的交变电磁力，在电磁力和弹簧弹力的共同作用下，共振体产生纵向往复共振，使该振子获得振动效果。 | | | | |
| 归类决定 | 该商品由弹簧、共振重量块、磁铁、磁碗、线圈、阻尼橡胶、柔性电路板、不锈钢外罩和引线构成。利用电磁原理产生振动，用于手机。该商品符合《税则注释》品目84.79的条文中关于独立功能的定义和《税则》税目84.79及其子目条文的描述，根据归类总规则一及六，应将其按其他税目未列名的具有独立功能的装置归入税则号列8479.8999。 | | | | |

| 序号 | 1302 | 归类决定编号 | Z2006－0684 | 公告编号 | 2006年第69号 |
|---|---|---|---|---|---|
| 商品税则号列 | 8479.9090 | | 发布日期 | | 2006年11月22日 |
| 商品名称 | 模具 | | | | |
| 英文名称 | | | | | |
| 其他名称 | | | | | |
| 商品描述 | 该设备为金属压模切压机的关键件，其执行的功能是：成卷金属线进入机器后，先按一定规格切段，头尾剥皮，再在该模具内通过刀头上下挤压，将接头压到线头上制成成品——有接头的电线，供汽车内电气布线用。 | | | | |
| 归类决定 | 根据《税则注释》对冲模的定义“主要是靠强力冲击或压迫使材料成形”，由于该商品的功能是通过刀头上下挤压将接头压到线头上，其实际并不是模具而是金属压摸切压机的另件，应按《税则》列名归入税则号列8479.9090。 | | | | |

| 序号 | 1303 | 归类决定编号 | Z2006－0700 | 公告编号 | 2006 年第 69 号 |
|---|---|---|---|---|---|
| 商品税则号列 | 84.80 | | | 发布日期 | 2006 年 11 月 22 日 |
| 商品名称 | 钢压板(刨花板压机用) | | | | |
| 英文名称 | Stainless steel press | | | | |
| 其他名称 | | | | | |
| 商品描述 | 该钢压板(刨花板压机用)通常装配在热压机上,用于加工强化木地板、三聚氰胺浸渍纸贴面板。装有该钢压板的热压机,可在装饰板表面压出所需的花纹或者光泽,再配合不同的印刷木纹,能增强地板和家具表面的仿真效果。该批货物均为单面镀铬热轧不锈钢板,规格:1400 毫米×2685 毫米×5 毫米, 1400 毫米×2685 毫米×5 毫米,2260 毫米×3200 毫米×5 毫米,其中包括:2 块钢压板为光面,经过喷砂、电化学腐蚀、抛光等工艺加工而成;4 块钢压板表面有雕刻花纹,经过雕刻工艺加工而成。 | | | | |
| 归类决定 | 上述钢压板已构成税目 84.80 的模具,根据《税则》第十五类类注一(六)应归入税目 84.80 项下。 | | | | |

| 序号 | 1304 | 归类决定编号 | Z2007－0069 | 公告编号 | 2007 年第 71 号 |
|---|---|---|---|---|---|
| 商品税则号列 | 8480.6000 | | | 发布日期 | 2007 年 12 月 5 日 |
| 商品名称 | 铁氧体永磁模具 | | | | |
| 英文名称 | | | | | |
| 其他名称 | | | | | |
| 商品描述 | 该模具用于电机磁铁成型,分为上模、中模、下模。生产流程:把磁粉(三氧化二铁占 80% 以上)和黏结剂混合后填充到中模,成型机通过上、下模对磁粉施加一定的压力,黏结成瓦形、方刑、环形等形状的压坯(半成品)。成型机所施加的压力是 500～800kgf/$cm^2$。 | | | | |
| 归类决定 | 铁氧体永磁模具用于把不定形的磁粉和黏结剂的混合物施压,制成模具形状的压坯,符合《税则注释》对品目 84.80 的描述,根据归类总规则一及六,应归入税则号列 8480.6000。 | | | | |

| 序号 | 1305 | 归类决定编号 | Z2006－0702 | 公告编号 | 2006年第69号 |
| --- | --- | --- | --- | --- | --- |
| 商品税则号列 | 8480.7100［8480.7190（2014年版）］ | | | 发布日期 | 2006年11月22日 |
| 商品名称 | CD－R母盘 | | | | |
| 英文名称 | | | | | |
| 其他名称 | | | | | |
| 商品描述 | CD－R母盘为镍钛合金制，外直径138毫米，内孔直径34毫米，厚度295微米，层面结构为螺旋槽沟（沟宽710纳米，沟深170纳米），为压制CD－R（可刻录光盘）片基用模片。CD－R盘片的片基与传统的CD盘片基本一样，但表层的"刻痕"不同。在CD片上有螺旋状的轨道（Track），而这些轨道又是由很多不连续的凹槽所组成，这些凹槽又称之为"坑"（Pits），坑与坑之间的地方称为"岛"（Land），以此构成信息。在CD－R盘片上以连续的槽沟（Groove）取代"坑"，并组成螺旋状的轨道（Track），而"坑"就被记录在这些槽沟内。在空白的盘片上，槽沟有几个重要的用途，包括转速控制、寻道控制及时间指示等。在槽沟上面是感光层（有机染料）及反射层，最后再加上保护层及印刷层 | | | | |
| 归类决定 | CD－R母盘是用于制造记录媒体的一种消耗性材料，即是制造记录媒体CD－R、DVD－R等光盘生产线注塑机上的模具，其不属于税目84.80的排除条款六内的商品，应将其作为用于光盘生产的专用模具进行归类。<br>上述商品属塑料模具，符合《税则》税目84.80及其子目条文的描述，根据归类总规则一及六，应将其按塑料型模归入税则号列8480.7100［8480.7190（2014年版）］。 | | | | |

| 序号 | 1306 | 归类决定编号 | Z2006－0701 | 公告编号 | 2006 年第 69 号 |
|---|---|---|---|---|---|
| 商品税则号列 | 8480.7100［8480.7190(2014 年版)］ | | | 发布日期 | 2006 年 11 月 22 日 |
| 商品名称 | 不锈钢制型模底板 | | | | |
| 英文名称 | Stanless steel plate NTV630 | | | | |
| 其他名称 | | | | | |
| 商品描述 | 覆铜板用不锈钢制型模底板由不锈钢 630 制造，专用于模制覆铜板成型。该模板有三种规格:2.0 毫米×1118 毫米×1270 毫米，2.0 毫米×1067 毫米×1270 毫米，2.0 毫米×965 毫米×1270 毫米。<br>具体用途:该模板与覆铜板原料(玻璃纤维，环氧树脂，铜箔)经过液压机高温熔化液压，模制成覆铜板。 | | | | |
| 归类决定 | 该模型底板为经过精密加工的不锈钢平板，用于加工生产覆铜箔树脂板。通过置于覆铜板两侧的型模底版加压、加热、使树脂熔化并与铜箔黏合，从而将覆铜板固定成型。该型模底板应作为塑料压模归入税则号列 8480.7100［8480.7190(2014 年版)］。 | | | | |

| 序号 | 1307 | 归类决定编号 | Z2007－0070 | 公告编号 | 2007 年第 71 号 |
|---|---|---|---|---|---|
| 商品税则号列 | 8480.7100［8480.7190(2014 年版)］ | | | 发布日期 | 2007 年 12 月 5 日 |
| 商品名称 | 镜面 | | | | |
| 英文名称 | | | | | |
| 其他名称 | | | | | |
| 商品描述 | 该商品为光盘生产中模具的一个组成部件，其表面与镜面相似，故称为“镜面”，其背面有水道设计。其主要作用为:塑料粒子加热融化后，经注塑孔注塑到由镜面和 CD－R 母盘共同构成的模具中，其中镜面部分固定在注塑机上，为定模;CD－R 母盘部分则作为动模，进行运动。该镜面对成型的光盘进行降温冷却并保证产品在降温过程中不变形，即对产品起到绝对超级平整的效果(像镜面一样)。 | | | | |
| 归类决定 | 该镜面为注塑机配件，用于光盘生产中配合母盘一同对 PC 料进行挤压成型。该商品符合《税则注释》品目 84.80 有关型模“主要作用在于使材料在凝固过程中，保持预定的形状……”的描述，根据归类总规则一及六，应作为塑料用注压模归入税则号列 8480.7100［8480.7190(2014 年版)］。 | | | | |

| 序号 | 1308 | 归类决定编号 | Z2006－0703 | 公告编号 | 2006年第69号 |
| --- | --- | --- | --- | --- | --- |
| 商品税则号列 | 84.81 | | | 发布日期 | 2006年11月22日 |
| 商品名称 | 液化石油气置换机组 | | | | |
| 英文名称 | LPG conversion set | | | | |
| 其他名称 | | | | | |
| 商品描述 | 液化石油气置换机组的主要部件有单个阀门和密封件，再配上国产气瓶、支架和管线等方能使用，其功能是将液态的液化石油气转换为气态的石油气，然后注入发动机或内燃机，以代替油料，从而达到环保的目的。 | | | | |
| 归类决定 | 根据《税则》第十七类类注二和《税则注释》品目87.08中有关零件及附件的归类说明，并结合《税则注释》品目84.81的说明进行归类，阀门应归入税目84.81，密封件作为阀门的附属装置和阀门一并归类。 | | | | |

| 序号 | 1309 | 归类决定编号 | Z2006－0704 | 公告编号 | 2006年第69号 |
| --- | --- | --- | --- | --- | --- |
| 商品税则号列 | 84.81 | | | 发布日期 | 2006年11月22日 |
| 商品名称 | 加油机用油枪 | | | | |
| 英文名称 | | | | | |
| 其他名称 | | | | | |
| 商品描述 | 该油枪是一种自封油枪，即当油液注满容器时，油枪中的阀门可自动关闭，切断油路，避免油液外溢。该油枪主要由主阀部分、主阀自动关闭装置、副阀部分、进气装置、开关把组件等几部分组成。加油时人工操作，通过油枪内部机械装置，打开主阀和副阀使油液进入油箱，当油箱内液面淹没进气嘴时，通过油枪主阀自动关闭装置将主阀自动关闭，切断油路。 | | | | |
| 归类决定 | 该油枪整体仍属阀门功能，故将其归入税目84.81下相应子目。 | | | | |

| 序号 | 1310 | 归类决定编号 | Z2006－0705 | 公告编号 | 2006年第69号 |
| --- | --- | --- | --- | --- | --- |
| 商品税则号列 | 84.81 | | | 发布日期 | 2006年11月22日 |
| 商品名称 | 气门芯 | | | | |
| 英文名称 | Valve core | | | | |
| 其他名称 | | | | | |
| 商品描述 | 气门芯又称阀芯(截止阀用),其在截止阀中的作用是利用不同压力下的开闭过程控制截止阀的开闭,进而控制流经阀门的介质压力。 | | | | |
| 归类决定 | 气门芯为截止阀的阀芯,作用是利用不同压力下的开闭过程控制截止阀(除气门芯外还包括不具有阀门结构的阀体外壳、接头、O型圈、手柄及螺丝等零件)的开闭,该阀芯已具备阀的基本特征,根据税则归类总规则二(一)的规定,应按阀的完整品归入税目84.81项下相应子目。 | | | | |

| 序号 | 1311 | 归类决定编号 | Z2006－0706 | 公告编号 | 2006年第69号 |
| --- | --- | --- | --- | --- | --- |
| 商品税则号列 | 8481.2010 | | | 发布日期 | 2006年11月22日 |
| 商品名称 | 油压阀 | | | | |
| 英文名称 | Hydaulic control valve | | | | |
| 其他名称 | 分片式液压多路阀(换向阀) | | | | |
| 商品描述 | 该商品为分片式液压多路阀,主要用于液压传动系统中,起控制作用,如:控制挖掘机的抓斗运动。该阀门是液压控制阀中的一种。 | | | | |
| 归类决定 | 税则子目8481.20所称“油压或气压传动阀”应指用于气压、油压传动的阀,可以包括压力控制阀、流量控制阀和方向控制阀等。但上述范围不包括在《税则》中列名更为具体的阀,如《税则》中的减压阀(压力控制阀的一种)和止回阀(方向控制阀的一种)等,减压阀和止回阀应根据归类总规则三(一),归入税则号列8481.1000和8481.3000。<br>用于液压传动系统的油压阀,应归入税则号列8481.2010。 | | | | |

<table>
<tr><td>序号</td><td>1312</td><td>归类决定编号</td><td>Z2014－0004</td><td>公告编号</td><td>2014 年第 46 号</td></tr>
<tr><td colspan="2">商品税则号列</td><td colspan="2">8481.2010</td><td>发布日期</td><td>2014 年 6 月 25 日</td></tr>
<tr><td colspan="2">商品名称</td><td colspan="4">VIOTH 电液转换器</td></tr>
<tr><td colspan="2">英文名称</td><td colspan="4"></td></tr>
<tr><td colspan="2">其他名称</td><td colspan="4"></td></tr>
<tr><td colspan="2">商品描述</td><td colspan="4">该商品用于汽轮机控制系统，可与许多电控装置匹配使用，将控制信号线性成比例地转换为油压输出。其主要由电磁部件和液压部件两大部分构成，分别为电缆插座、流量检测器、衔铁、磁铁腔和线圈、弹簧、锁夹、手动旋钮（用于失电或者现场调试使用）、执行杆、控制活塞、液压缸。工作原理：由传感器采集的电信号传输到电液转换器，控制器和放大器调节电磁力到一个与输入信号成正比的压力；电磁力检测器的半导体装置检测到该压力，并成比例地输出电压信号；输出电压被反馈到电液转换器的控制器与设定值进行比较，如果测量到的输入信号与反馈信号之间有差值，则控制器和放大器调节电磁力直到差值为零；电磁力调节执行杆到相应位置形成相应的压力，电液转换器输出蒸汽和油阀门所需要的准确压力。</td></tr>
<tr><td colspan="2">归类决定</td><td colspan="4">该商品是一个阀门及带反馈功能的自动控制装置的组合机器，通过实时监测现场环境发回的电信号与内部设定值比较，从而进行自动控制。根据《税则注释》关于品目 90.32 项下自动控制装置的描述“如果自动控制设备与执行机构组装在一起，整个装置则应按照归类总规则的规则一和规则三（二）的规定进行归类”，该商品应按照执行机构归入相应税则号列。该商品属电液伺服阀，符合《税则》税目 84.81 及其子目条文的描述，又因该商品将控制信号转换成油压输出，根据归类总规则一及六，应归入税则号列 8481.2010。</td></tr>
</table>

| 序号 | 1313 | 归类决定编号 | Z2006 - 1373 | 公告编号 | 2007 年第 70 号 |
|---|---|---|---|---|---|
| 商品税则号列 | 8481.3000 | | | 发布日期 | 2007 年 12 月 5 日 |
| 商品名称 | 气门嘴 | | | | |
| 英文名称 | | | | | |
| 其他名称 | | | | | |
| 商品描述 | 该商品为出口货物，专供汽车使用。其中，一种为轮辋气门嘴，又称无内胎气门嘴，用于无内胎的汽车轮胎，直接装在汽车的金属轮辋上，起到保持轮胎气压的作用。另一种为 TPMS 气门嘴，是最新的智能化产品，包括气门嘴和气门嘴底部的智能化装置，内有传感器芯片、数据传送芯片及印刷线路板。TPMS 气门嘴也用于无内胎的汽车轮胎，直接装在汽车的金属轮辋上，除了具有气门嘴的基本功能外，还具有测量轮胎气压和温度的功能，并将信息传输到汽车电脑的接收芯片。 | | | | |
| 归类决定 | 该气门嘴专供汽车使用。其中，商品一为轮辋气门嘴，又称无内胎气门嘴，用于无内胎的汽车轮胎，直接装在汽车的金属轮辋上，起到保持轮胎气压的作用；商品二为 TPMS 气门嘴，是最新的智能化产品，包括气门嘴和气门嘴底部的智能化装置，内有传感器芯片、数据传送芯片及印刷线路板，其也用于无内胎的汽车轮胎，直接装在汽车的金属轮辋上，除了具有气门嘴的基本功能外，还具有测量轮胎气压和温度的功能，并将信息传输到汽车电脑的接收芯片。<br>轮辋气门嘴属止回阀，TPMS 气门嘴虽装有智能化装置，可测量轮胎气压和温度，但其主要功能还是止回阀，根据归类总规则一及六，上述商品应按具体列名，归入税则号列 8481.3000。 | | | | |

| 序号 | 1314 | 归类决定编号 | Z2006－0708 | 公告编号 | 2006 年第 69 号 |
|---|---|---|---|---|---|
| 商品税则号列 | 8481.8010[8481.8040(2014 年版)] | | 发布日期 | 2006 年 11 月 22 日 | |
| 商品名称 | 安全阀 | | | | |
| 英文名称 | Shear pin safe break | | | | |
| 其他名称 | | | | | |
| 商品描述 | 安全阀(A2119－002),是加油机与加油枪连接管道上的一个安全中断装置。该安全阀的构造:公端,母端,弹簧,2 个提升头,2 个 O 型圈,铝制外壳,安全梢、公端圆盘阀、母端圆盘阀等。工作原理:目前加油站多使用自封油枪,加油的时候加油员会将油枪卡在汽车的油箱口上,让其自动加油,在这种情况如果司机开动汽车便有可能会导致汽车牵扯油枪和油管,在外力的作用下,油管可能被拉断。A2119 安全阀的作用就是保证这种情况发生的状态下,在拉力达到 350 磅的情况时,阀内部的一个销子断开,此时原来一体的安全阀被一分为二,一段连同油枪被汽车带走或掉落,另一段依然连接在加油机上,由于各自内部的阀在弹簧力的作用下封闭闭出口,避免油品外泻和外喷,保护人身和设备的安全。 | | | | |
| 归类决定 | 查阅《中国大百科全书·机械工程》对安全阀的定义:用以防止锅炉、压力容器等设备或管道因超压而发生损坏的阀门。当被保护体内的流体压力达到略高于正常工作压力的某一规定值时,安全阀自动开启,排放部分流体,使压力下降。当压力下降到略低于正常工作压力的某一值时,安全阀自动关闭,停止排放流体并保持封闭。<br>阀门的功能是在管路被强力拉扯时断开并封闭管路,不符合安全阀的定义,因此应将其按其他阀门归类。<br>该商品属于阀门的一种,符合《税则》税目 84.81 及其子目条文的描述,根据归类总规则一及六,应将其按其他阀门归入税则号列 8481.8010[8481.8040(2014 年版)]。 | | | | |

| 序号 | 1315 | 归类决定编号 | Z2008－0077 | 公告编号 | 2008年第76号 |
|---|---|---|---|---|---|
| 商品税则号列 | 8481.8010[8481.80(2014年版)] | | | 发布日期 | 2008年10月28日 |
| 商品名称 | 高压电磁阀 | | | | |
| 英文名称 | | | | | |
| 其他名称 | | | | | |
| 商品描述 | 该高压电磁阀用于切断、供给发动机(点燃式)LPG燃料,内部由滤芯、线圈和阀芯组成。其工作原理:控制模块(ECM)输出驱动高压电磁阀线圈,通过电磁阀动作而使气阀开与关。 | | | | |
| 归类决定 | 该高压电磁阀用于发动机内,控制燃料的供给和切断。其内部结构由线圈和阀芯以及滤芯组成。入口端通过螺母、卡套及铜管和气瓶相连,出口端通过接头和调压器相连。该商品符合《税则》税目84.81阀门的商品描述,且未和其他发动机零部件安装在一起,不构成《税则注释》品目84.81有关"但装有完整的阀门的某些机器零件,或未构成完整的阀门"的排他描述,根据归类总规则一及六,应归入税则号列8481.8010[8481.80(2014年版)]。 | | | | |

| 序号 | 1316 | 归类决定编号 | Z2006－0707 | 公告编号 | 2006年第69号 |
|---|---|---|---|---|---|
| 商品税则号列 | 8481.8010[8481.8040(2014年版)] | | | 发布日期 | 2006年11月22日 |
| 商品名称 | 调节阀 | | | | |
| 英文名称 | Control valve | | | | |
| 其他名称 | | | | | |
| 商品描述 | 该调节阀可以精确调节流量、温度、压力,精度可达到0.5%。该商品可广泛应用于石油、化工行业。 | | | | |
| 归类决定 | 该调节阀是一种带法兰的球阀,由一刻有键槽的驱动轴和多种电力操作(或手动)的执行机构组合在一起,为流程工业提供可靠的、高性能的节流或二位式控制操作,具有调节功能,应归入税则号列8481.8010[8481.8040(2014年版)]。 | | | | |

| 序号 | 1317 | 归类决定编号 | Z2008－0076 | 公告编号 | 2008 年第 76 号 |
|---|---|---|---|---|---|
| 商品税则号列 | 8481.8010[8481.80(2014 年版)] | | | 发布日期 | 2008 年 10 月 28 日 |
| 商品名称 | 主燃料控制阀 | | | | |
| 英文名称 | | | | | |
| 其他名称 | | | | | |
| 商品描述 | 该商品为液化气发动机(点燃式)用零件。内部由电机驱动的阀门构成,作用是控制进入发动机混合器的 LPG 燃料量,从而控制混合气浓度。其燃料入口通过接头、胶管和调压器相连,燃料出口通过螺钉和混合器相连,有专门与 ECM 相连的线束接口,通过 ECM 控制主燃料控制阀的开关。 | | | | |
| 归类决定 | 该高压电磁阀用于发动机内,控制进入发动机的 LPG 燃料量。其内部结构由电动机驱动的阀门构成。入口端通过接头和胶管和调压器相连,出口端通过螺钉和混合器相连。该商品符合《税则》税目 84.81 阀门的商品描述,且未和其他发动机零部件安装在一起,不构成《税则注释》品目 84.81 有关"但装有完整的阀门的某些机器零件,或未构成完整的阀门"的排他描述,根据归类总规则一及六,应归入税则号列 8481.8010[8481.80(2014 年版)]。 | | | | |

| 序号 | 1318 | 归类决定编号 | Z2010－0051 | 公告编号 | 2010 年第 15 号 |
|---|---|---|---|---|---|
| 商品税则号列 | 8481.8040 | | | 发布日期 | 2010 年 2 月 28 日 |
| 商品名称 | 旋转阀 | | | | |
| 英文名称 | Rotary Valve | | | | |
| 其他名称 | | | | | |
| 商品描述 | 旋转阀是一个物料分导设备,它以一定的时间间隔对吸附塔不同进出料管线的物料进行切换,使进出料管线的物料以一定顺序进出吸附塔内不同部位,并能够同时从吸附塔不同部位中导出物料。旋转阀被液压缸通过棘轮结构和轴驱动动作。 | | | | |
| 归类决定 | 该商品可以实现不同种类、数量的物料的通断,本身不带有混合、搅拌功能,是一套阀的组合体,符合《税则》税目 84.81 及其子目条文的描述,根据归类总规则一及六,应按其他阀门归入税则号列 8481.8040。 | | | | |

| 序号 | 1319 | 归类决定编号 | Z2009－0132 | 公告编号 | 2009年第32号 |
|---|---|---|---|---|---|
| 商品税则号列 | 8481.9090 | | | 发布日期 | 2009年6月12日 |
| 商品名称 | 水龙头出水口 | | | | |
| 英文名称 | | | | | |
| 其他名称 | | | | | |
| 商品描述 | 该商品用于连接厨房水龙头，无水量调节作用，前端为出水嘴（出水嘴截面可以为椭圆、半圆等），末端为圆环状（安装龙头用），黄铜管制，表面镀铬。 | | | | |
| 归类决定 | 该商品是水龙头的重要组成部件，和阀芯组合后就构成一个水龙头，并非单纯的铜制管道，应视为龙头零件，根据《税则》第十六类类注二的规定，归入相关税则号列。上述商品属水龙头专用零件，符合《税则》税目84.81及其子目条文的描述，根据归类总规则一及六，应按水龙头零件归入税则号列8481.9090。 | | | | |

| 序号 | 1320 | 归类决定编号 | Z2006－0709 | 公告编号 | 2006年第69号 |
|---|---|---|---|---|---|
| 商品税则号列 | 84.83 | | | 发布日期 | 2006年11月22日 |
| 商品名称 | 摩托车的曲轴传动机构 | | | | |
| 英文名称 | | | | | |
| 其他名称 | | | | | |
| 商品描述 | 用于将摩托车发动机中的活塞的往复运动转换成旋转运动，主要由曲轴、连杆等组成。 | | | | |
| 归类决定 | 根据《税则》第十七类类注二第五款的规定，摩托车的曲轴传动机构作为摩托车发动机的组成部分应归入税目84.83。 | | | | |

| 序号 | 1321 | 归类决定编号 | Z2006－0710 | 公告编号 | 2006年第69号 |
|---|---|---|---|---|---|
| 商品税则号列 | 84.83 | | | 发布日期 | 2006年11月22日 |
| 商品名称 | 最终轴等摩托车配件 | | | | |
| 英文名称 | | | | | |
| 其他名称 | | | | | |
| 商品描述 | 摩托车用最终轴、机油泵轴、传动主轴、变档轴、主轴齿轮、驱动轴、起动轴、鼓轮轴等配件。 | | | | |
| 归类决定 | 最终轴等摩托车配件，是一些专用于摩托车发动机曲轴箱的零件，这类摩托车发动机的曲轴箱和发动机部分紧密结合在一起不可分割的，所以这些配件可视为发动机的内部零件，并根据《税则》第十七类类注二和《税则注释》关于品目84.83的说明归入税目84.83项下。 | | | | |

| 序号 | 1322 | 归类决定编号 | Z2006－0711 | 公告编号 | 2006 年第 69 号 |
|---|---|---|---|---|---|
| 商品税则号列 | 84.83 | | 发布日期 | 2006 年 11 月 22 日 | |
| 商品名称 | 曲轴箱盖 | | | | |
| 英文名称 | Cover comp crank case | | | | |
| 其他名称 | | | | | |
| 商品描述 | 125 毫升摩托车曲轴箱盖，牌名为 KYMCO，一套三件，包括左曲轴箱盖，右曲轴箱盖，右曲轴箱后盖。 | | | | |
| 归类决定 | 摩托车的曲轴箱，若是与发动机部分紧密结合在一起不可分割的，则可视为发动机的零件，根据《税则》第十七类类注二和《税则注释》关于品目 84.83 的说明，可归入品目 84.83 项下的相应子目；若曲轴箱和发动机部分是相对独立、没有结合在一起的，则不能视为发动机的零件，根据《税则》第十七类类注二和《税则注释》关于品目 87.14 的说明，应归入税目 87.14 项下的相应子目。 | | | | |

| 序号 | 1323 | 归类决定编号 | Z2006－0712 | 公告编号 | 2006 年第 69 号 |
|---|---|---|---|---|---|
| 商品税则号列 | 8483.1090 | | 发布日期 | 2006 年 11 月 22 日 | |
| 商品名称 | 速度计导线 | | | | |
| 英文名称 | | | | | |
| 其他名称 | | | | | |
| 商品描述 | 该商品由中心轴线及保护轴线用的硬软管构成，其轴线一端接在变速器上，经由变速器齿轮转动，将转动的速率经由中心轴线传动到速度计上，转动速度计的指针，则可显示出目前车辆的速度是多少。 | | | | |
| 归类决定 | 根据《税则注释》品目 84.83 关于绕性轴的描述，上述商品应归入税则号列 8483.1090。 | | | | |

| 序号 | 1324 | 归类决定编号 | Z2008－0185 | 公告编号 | 2008 年第 83 号 |
|---|---|---|---|---|---|
| 商品税则号列 | 8483. 3000 | | 发布日期 | 2008 年 11 月 24 日 | |
| 商品名称 | 平衡轴轴套 | | | | |
| 英文名称 | Bearing inhaust/Exhaust preturned | | | | |
| 其他名称 | | | | | |
| 商品描述 | 该轴套是一汽大众发动机生产的 1. 8T 发动机上平衡轴总成中的铝合金轴套的毛坯。其材料为铝合金,进气轴套长约 96 毫米,直径 44 毫米;排气轴套长约 111 毫米,直径 58 毫米。该毛坯件进口后还需继续进行车削两端面,内、外圆柱面钻孔,清洗等工序,并与偏心轴、齿轮等零件进行组装成平衡轴。该轴套安装在平衡轴的端部,起固定支撑和润滑作用,平衡轴在其中旋转。 | | | | |
| 归类决定 | 该商品为毛坯件,其成品专用于 1. 8T 发动机的平衡轴,用于固定支撑和润滑平衡轴,符合滑动轴承的定义和界定。平衡轴与转动轴反向运动,用于消除发动机的震颤,是 1. 8T 发动机的专用零件。上述商品属滑动轴承的毛坯件,已具备滑动轴承完整品的基本特征,符合《税则》税目 84. 83 及其子目条文的描述,根据归类总规则二,应按滑动轴承归入税则号列 8483. 3000。 | | | | |

| 序号 | 1325 | 归类决定编号 | Z2008－0186 | 公告编号 | 2008 年第 83 号 |
|---|---|---|---|---|---|
| 商品税则号列 | 8483.3000 | | | 发布日期 | 2008 年 11 月 24 日 |
| 商品名称 | 回转支撑 | | | | |
| 英文名称 | | | | | |
| 其他名称 | | | | | |
| 商品描述 | 回转支撑广泛应用于挖掘机、塔吊、高空作业车、风力发电机、饮料罐装机械等领域,用于实现两个相邻部件之间的相对旋转。该商品外观是分为内外两轮的钢铁制圆周体(外观类似轴承),内外轮周圈上都有螺栓孔。风力发电机用回转支撑的结构及应用:内外两轮间有滚珠或滚柱,多数情况下,内圈与叶片通过螺栓固定、外圈与轮毂通过螺栓固定(少数情况下也有相反的应用)。在应用上因驱动系统的不同而分为三种:1.液压桨距系统,回转支撑无齿,通常由液压桨距系统旋转(一个扭力盘固定在内圈上、一个液压缸固定在盘上),当液压缸运行来旋转内圈从而带动叶片;2. 电动桨距系统,回转支撑的内轮内侧有齿,由一个或几个电机和小齿轮驱动;3. 带式桨距系统,使用一种专用的带式驱动器,连接到外圈来旋转叶片。挖掘机用回转支撑的结构及应用:内外两轮紧密接触,中间涂满润滑油,内轮螺栓孔连接转台并且有齿、外轮螺栓孔连接履带架并且无齿。回转支撑被固定在挖掘机转台上的回转马达下端齿圈铰合,带有齿轮圈的回转支撑内轮面与转台固定连接,回转支撑的无齿圈外轮面与履带架固定连接。当回转马达接到系统传入的压力油产生动力时,回转马达下端齿旋转回转支撑固定连接部位,车体与车体以下可以作整体运动,车体随之能做 360 度的周向转动,回转支撑是使转台以上和履带架之间连接相对旋转的中介。 | | | | |
| 归类决定 | 风力发电机用回转支撑用于支撑风机桨叶并将液压动力传给桨叶,内有滚珠或圆柱形滚子,其内圈或外圈不是标准的圆环,为齿轮状。上述商品虽然是专用于风力发电机的零件,但均为《税则》税目 84.82 列名的滚动轴承,根据归类总规则一及六,应根据其具体参数归入税目 84.82 相关税则号列。掘机用回转支撑用于支撑挖掘机转台并将液压动力传给车体,内未装有滚珠或圆柱形滚子,其内圈或外圈不是标准的圆环,为齿轮状。上述商品虽然是专用于挖掘机的零件,但均为税目 84.83 列名的滑动轴承,根据归类总规则一及六,应归入税则号列 8483.3000。 | | | | |

| 序号 | 1326 | 归类决定编号 | Z2006－0713 | 公告编号 | 2006年第69号 |
|---|---|---|---|---|---|
| 商品税则号列 | 8483.4090 | | | 发布日期 | 2006年11月22日 |
| 商品名称 | 减速器(旧) | | | | |
| 英文名称 | | | | | |
| 其他名称 | | | | | |
| 商品描述 | 该减速器是利用旧的汽车变速箱,切割掉后边的喇叭口,封住加油孔和里程表线孔,换掉原来的传动轴,加上皮带轮。在原连接操纵杆的部位加一小把,可人工调节速度。<br>用途:用于带动叶轮增氧机。 | | | | |
| 归类决定 | 因其改装后已改变了变速箱的基本特征,只是利用其传动作用,可按《税则》列名归入税则号列8483.4090。 | | | | |

| 序号 | 1327 | 归类决定编号 | Z2006 - 0714 | 公告编号 | 2006 年第 69 号 |
|---|---|---|---|---|---|
| 商品税则号列 | 8483.4090 | | | 发布日期 | 2006 年 11 月 22 日 |
| 商品名称 | 变速箱 | | | | |
| 英文名称 | | | | | |
| 其他名称 | | | | | |
| 商品描述 | 美国产的艾里逊（ALLISON）牌变速箱，有 S5610HR、S6610HR、CLT754DB、HT750DR 等四种型号，根据其特定用途，其中：型号 S5610HR 有二种订货总成号：29537466（专用于 XJ450 修井机）、29537468（专用于 ZJ30 3000 米钻井）；型号 S6610HR 有三种订货总成号：29527472（专用于 XJ550 修井机）、29537474（专用于 XJ650 修井机）、29537476（专用于 ZJ20 2000 米钻井、XJ550、XJ650 修井机）；型号 CLT754DB 有一种订货总成号：29534331（专用于 XJ350 修井机）；型号 HT750DR 有五种订货总成号：30001214（专用于 XJ250 修井机）、29523457（专用于 XJ150 修井机）、30001028（专用于 GJC70 - 25、40 - 17 固井设备）、30001215（专用于 GJC100 - 30 固井设备）、30001314（专用于 XJ250 修井机）。<br>这四种型号的变速箱的基本原理是通过液力变速矩器和行星齿轮变速装置实现对传输动力随工况变化而自动变矩和变速的功能，其结构是液力扭矩变换器加行星齿轮变速装置，两者安装在同一外壳相连，内有液态传动油。它的结构性能区别于普通变速箱，更适于恶劣工况及高强度、重负荷大功率情况下的连续可靠运转，价格是普通变速箱的数倍，其订货前必须由厂商根据设备的工况进行严格的配置计算，取得总成后专门订货，而且在不同种类和型号设备上安装的艾里逊（ALLISON）变速箱不能通用。上述四种型号变速箱用于油田井机、油田修井机等石油机械专用设备上。 | | | | |
| 归类决定 | 该批变速箱包括 S5610HR、S6610HR、CLT754DB、HT750DR 等四种型号，其都具备特定用途——专用于修井机、钻井和固井设备，而且在不同种类和型号设备上安装的艾里逊（ALLISON）变速箱不能通用。该四种型号的变速箱的基本原理是通过液力变速矩器和行星齿轮变速装置实现对传输动力随工况变化而自动变矩和变速的功能，其结构是液力扭矩变换器加行星齿轮变速装置，两者安装在同一外壳相连，内有液态传动油。<br>根据《税则注释》对品目 84.83 中变速装置的描述，该批变速箱应作为其他变速装置归入税则号列 8483.4090。 | | | | |

| 序号 | 1328 | 归类决定编号 | Z2006 - 0715 | 公告编号 | 2006 年第 69 号 |
|---|---|---|---|---|---|
| 商品税则号列 | 8483.9000 | | | 发布日期 | 2006 年 11 月 22 日 |
| 商品名称 | 连杆瓦、曲轴瓦 | | | | |
| 英文名称 | | | | | |
| 其他名称 | | | | | |
| 商品描述 | 连杆瓦用于曲轴和连杆颈之间，避免曲轴连杆的连接部位磨损；曲轴瓦用于曲轴，防止曲轴在连杆上串动。 | | | | |
| 归类决定 | 该商品为发电机组用轴瓦，位于水轮机和发电机组之间动力传动轴上，起到缓解发电机轴运动中产生的压力和摩擦作用。<br>《辞海》对轴瓦的定义为：“滑动轴承零件之一，瓦状，与轴颈直接接触。”<br>轴瓦为滑动轴承的零件，根据归类总规则一及六，应将其归入税则号列 8483.9000。 | | | | |

| 序号 | 1329 | 归类决定编号 | Z2010－0052 | 公告编号 | 2010年第15号 |
|---|---|---|---|---|---|
| 商品税则号列 | 8483.9000 | | | 发布日期 | 2010年2月28日 |
| 商品名称 | 皮带轮 | | | | |
| 英文名称 | | | | | |
| 其他名称 | | | | | |
| 商品描述 | 该商品安装在轿车发电机上，通过传动带与发动机相连接，当车用发动机工作时，带动发电机工作，为车辆提供电能。该皮带轮的结构主要由内圈和外圈两个部分组成，内圈由多层螺旋弹簧、轴承等装置组成；外圈为合金钢制，表面有凹槽，与传动带相连接。在运转过程中若出现内圈转速（即转子转速）超过外圈转速的时候，皮带轮立即打滑，此时内圈和外圈之间脱离。其主要特点为在发动机停止工作前的瞬间，发动机曲轴有一个短暂的正反方向摆动，由于该皮带轮具有单向性的特点，可以使发电机的转子仍可保持原方向的转动，因而避免转子中的磁线圈因受正反向冲击而造成损伤，同时在发动机突然加速或减速的过程中，能在传动带与皮带轮之间形成一个短暂的缓冲过程，达到保护传动带的作用。 | | | | |
| 归类决定 | 该商品主要由内圈和外圈两个部分组成组成，内圈由多层螺旋弹簧、轴承等装置组成，外圈为合金钢制，表面有凹槽。上述商品属于《税则》税目85.11项下商品的零件，应根据《税则》第十六类类注二的归类原则确定税号。该皮带轮的功能，是将曲轴旋转的动能通过皮带传递给其他部件并起到缓冲的作用，属于“传动元件”，符合《税则》税目84.83及其子目条文的描述，根据归类总规则一及六，应归入税则号列8483.9000。 | | | | |

<table>
<tr><td>序号</td><td>1330</td><td>归类决定编号</td><td>Z2008－0187</td><td>公告编号</td><td>2008 年第 83 号</td></tr>
<tr><td colspan="2">商品税则号列</td><td colspan="2">8484. 2000</td><td>发布日期</td><td>2008 年 11 月 24 日</td></tr>
<tr><td colspan="2">商品名称</td><td colspan="4">原油罐二次密封</td></tr>
<tr><td colspan="2">英文名称</td><td colspan="4"></td></tr>
<tr><td colspan="2">其他名称</td><td colspan="4"></td></tr>
<tr><td colspan="2">商品描述</td><td colspan="4">该商品为设置在原油储罐顶部顶盖的机械装置配件，通过静止和移动两部分共同作用，起到防止原油蒸发气体膨胀压力而造成气体外泄的作用。二次密封起到顶盖升降运动中的运动状态密封作用。该密封为整套散件进口，进口后再进行安装。进口的散件包括：二次密封垂直安装制成板、滑块、二次密封压板、边缘板槽形压条（双孔）、六角螺栓、MIO 平垫片、二次密封舌形刮板、胶水、导静电条、密封胶带、防蒸发隔膜、MIO 螺母等。</td></tr>
<tr><td colspan="2">归类决定</td><td colspan="4">该商品由静止和移动两部分共同作用，安装在原油储罐中起到密封作用。虽然其应用于罐体上，但在活动部件上起密封作用，且结构与《税则注释》品目 84. 84 的“机械密封件”描述一致，虽然未完成组装，根据归类总规则二（一），应归入税则号列 8484. 2000。</td></tr>
</table>

<table>
<tr><td>序号</td><td>1331</td><td>归类决定编号</td><td>Z2006－0716</td><td>公告编号</td><td>2006 年第 69 号</td></tr>
<tr><td colspan="2">商品税则号列</td><td colspan="2">8485. 9000［8487. 9000（2014 年版）］</td><td>发布日期</td><td>2006 年 11 月 22 日</td></tr>
<tr><td colspan="2">商品名称</td><td colspan="4">模板</td></tr>
<tr><td colspan="2">英文名称</td><td colspan="4">P-plates，material</td></tr>
<tr><td colspan="2">其他名称</td><td colspan="4"></td></tr>
<tr><td colspan="2">商品描述</td><td colspan="4">外观：多种规格、尺寸的长方形钢板。<br>用途：模板的底座，是一种尺寸规格已定的钢板，该商品出口后不需进行其他加工，与其他模板用胶连接组装。其他模板出口后，需在板的四角进行打孔组装，用于模板的底座和外板。</td></tr>
<tr><td colspan="2">归类决定</td><td colspan="4">模板经铣、镗、粗磨、精磨等多步加工成形，其加工程度已超出《税则》第七十二章所允许的范围，已可确定其为用于模块化机床或模具的制造，但并不能确定为哪种机器零件，故应归入税则号列 8485. 9000［8487. 9000（2014 年版）］。</td></tr>
</table>

| 序号 | 1332 | 归类决定编号 | Z2006 - 0718 | 公告编号 | 2006 年第 69 号 |
|---|---|---|---|---|---|
| 商品税则号列 | 第 85 章 | | 发布日期 | 2006 年 11 月 22 日 | |
| 商品名称 | 发电机零件(转子、定子等) | | | | |
| 英文名称 | | | | | |
| 其他名称 | | | | | |
| 商品描述 | 同时进口的发电机零件有转子、定子、风扇、整流模块等,进口后用于组装发电机(卡特彼牌 SR4 型),进口的转子、定子还要经过嵌线,浸漆,转轴安装,动平衡测试等多道工序,最后还须安装控制箱、机座、环型整流器、永磁励磁单位后才能构成整机。 | | | | |
| 归类决定 | 根据《税则注释》中品目 85.01 的注释"发电机一般均主要由定子与转子组成",上述进口商品已具有整机的基本特征应按发电机整机的税号归类,对于与转子、定子不成套的剩余零件可作为发电机的零件按照零件归类原则进行归类。 | | | | |

<table>
<tr><td>序号</td><td>1333</td><td>归类决定编号</td><td>Z2006－0789</td><td>公告编号</td><td>2006年第69号</td></tr>
<tr><td colspan="2">商品税则号列</td><td colspan="2">第85章/8537.1011</td><td>发布日期</td><td>2006年11月22日</td></tr>
<tr><td colspan="2">商品名称</td><td colspan="4">机场货运站用的监控系统</td></tr>
<tr><td colspan="2">英文名称</td><td colspan="4"></td></tr>
<tr><td colspan="2">其他名称</td><td colspan="4"></td></tr>
<tr><td colspan="2">商品描述</td><td colspan="4">机场货运站控制系统中的监控系统工作原理如下：该监控系统由于在实际使用当中会连接众多其他系统，为了更好的将PLC系统中下发的指令与其他系统作数据传输，因此设有服务器进行协调转换数据；监控机则采用双机（组）热冗余组态，在正常情况下两台机子均保持运行，当其中之一发生故障时，另一组系统维持正常工作。对于该次进口的触摸屏和PLC系统工作原理如下：操作者通过触摸屏输入工作指令，或是监控机接收上位货运管理系统发出的工作计划，通过输入模块传输至PLC系统，PLC系统再利用通信模块将实时状态下货运站仓库内的货位占用情况、设备的繁忙程度及所在位置等数据信息进行收集，可编程控制器对数据进行综合处理，并依据已设置好的程序自动优化配置，自动选择最优化的路径和最合理的方式通过输出模块向设备控制系统（ECS）发出指令，设备控制系统根据指令进行物流运作，同时PLC系统也将下发的数据指令反馈给监控机进行实时监控，从而实现货位的有效利用及设备的高效有序运转。该PLC系统还可通过机架内的以太网通信模块与其他PLC系统或外接系统交换数据，使得数据共享。整个监控系统的运作过程可通过监控机实时查询，而触摸屏只能够查询对应PLC系统运行的状态。<br>监控系统的设备构成情况：机场货运站系统设备中的一套完整监控系统（EMC）是由服务器、2台监控机、28台配置不一的PLC系统和217台触摸屏构成，但在该次货物进口中不带有服务器和监控机，只进口了PLC系统和触摸屏。其中28台PLC系统又是由28个LOGIX5555 CPU模块（即PLC装置）、21个RS422/485通信模块、38个CONTROL NET通信模块、56个以太网通信模块、22个LOGIX5555存储卡（1.5M）、331个16点输入模块DC24V、227个12点输入模块DC24V、318个16点输出模块AC110V、337个从站通讯模块、19个以太网无线调制解调器和1套监控软件组成。各个PLC系统的配置是与下端连接的系统有关，根据实际的需求而进行配置，基本的PLC系统配置主要是建立在CPU模块的基础上，CPU模块实为带有机架外壳的PLC装置，是其他模块的主板，大多数模块可直接安插在CPU模块上，个别模块需通过电缆或网络与CPU模块相连。</td></tr>
<tr><td colspan="2">归类决定</td><td colspan="4">该批商品主要由PLC控制系统（不包括通讯设备）、触摸屏以及与之配套的通讯模块构成，整套系统的功能、结构超出了数控装置的范围，故不适用《税则》中功能机组的定义。其中PLC包括触摸屏（作为PLC的输入装置）可一并作为可编程控制器归入税则号列8537.1011；其他通讯模块、调制解调器以及监控软件应分别归入其相应子目。</td></tr>
</table>

| 序号 | 1334 | 归类决定编号 | Z2006－0807 | 公告编号 | 2006 年第 69 号 |
|---|---|---|---|---|---|
| 商品税则号列 | 第 85 章相关税号/8544.2000 | | | 发布日期 | 2006 年 11 月 22 日 |
| 商品名称 | 电线束 | | | | |
| 英文名称 | | | | | |
| 其他名称 | | | | | |
| 商品描述 | 电线束一：两端均连有接头，中间导线由四层构成，最里层是单根金属导线，第二层为塑料包覆层，第三层是金属网包覆层，最外层是黑色塑胶包覆层。导线上附有多个塑料或金属固定件。其装置在天窗开关与开启作动马达之间，是传输电流的电线，开关作动后方可打开天窗或关窗。<br>电线束二：两端均连有接头，中间导线为小段单股电线。装置在后挡风玻璃上，一端与玻璃上的天线连接，另一端与连接收音机的电线相接，起连接电流作用。 | | | | |
| 归类决定 | 电线束一由四层结构构成，且四层结构全部同轴，符合同轴电缆的定义，应将其归入税则号列 8544.2000；电线束二为两端装有接头的小段单股电线，应作为带有接头的电线进行归类。 | | | | |

| 序号 | 1335 | 归类决定编号 | Z2006－0719 | 公告编号 | 2006 年第 69 号 |
|---|---|---|---|---|---|
| 商品税则号列 | 85.01 | | | 发布日期 | 2006 年 11 月 22 日 |
| 商品名称 | 吊扇机头 | | | | |
| 英文名称 | | | | | |
| 其他名称 | | | | | |
| 商品描述 | 该吊扇“机头”是吊扇的动力装置。 | | | | |
| 归类决定 | 该装置实为“马达”，根据归类总规则一、第八十五章章注二，应按电动机归入税目 85.01 项下的相应子目。 | | | | |

| 序号 | 1336 | 归类决定编号 | Z2006－0720 | 公告编号 | 2006年第69号 |
| --- | --- | --- | --- | --- | --- |
| 商品税则号列 | 85.01 | | | 发布日期 | 2006年11月22日 |
| 商品名称 | 电动执行器 | | | | |
| 英文名称 | | | | | |
| 其他名称 | | | | | |
| 商品描述 | 电动执行器由电动机、控制单元和手动轮等组成，应用于开关型或调节型阀门上。 | | | | |
| 归类决定 | 其工作原理是将电能转换为机械能，并且没有连接外部功能部件，根据《税则注释》品目85.01所列的范围，故应按电动机归入品目85.01项下相应子目。 | | | | |

| 序号 | 1337 | 归类决定编号 | Z2006－0721 | 公告编号 | 2006年第69号 |
| --- | --- | --- | --- | --- | --- |
| 商品税则号列 | 85.01 | | | 发布日期 | 2006年11月22日 |
| 商品名称 | 永磁励磁装置 | | | | |
| 英文名称 | | | | | |
| 其他名称 | | | | | |
| 商品描述 | 该商品型号为LSA 491。其组成部分为：有绕组的励磁定子、带磁钢的励磁转子、外壳、改装轴、螺杆、螺母等。 | | | | |
| 归类决定 | 励磁装置用于为电机提供磁场。《税则》税目85.11中的设备均为附属于内燃发动机的装置，该商品超出了85.11税目条文的范围。该装置是作为向发电机的电枢绕组供电来产生旋转磁场的电源，同时该装置由定子、转子等构成，已构成完整的发电机，根据归类总规则一，应归入税目85.01。 | | | | |

<table>
<tr><td>序号</td><td>1338</td><td>归类决定编号</td><td>Z2006－0722</td><td>公告编号</td><td>2006 年第 69 号</td></tr>
<tr><td colspan="2">商品税则号列</td><td colspan="2">85.01</td><td>发布日期</td><td>2006 年 11 月 22 日</td></tr>
<tr><td colspan="2">商品名称</td><td colspan="4">阀门执行机构</td></tr>
<tr><td colspan="2">英文名称</td><td colspan="4">Actuator</td></tr>
<tr><td colspan="2">其他名称</td><td colspan="4"></td></tr>
<tr><td colspan="2">商品描述</td><td colspan="4">该商品为英国 ROTORK 公司生产的智能电动阀门执行机构，其主要结构有：电流阀位变送器、三相电动机、手轮、FOLOMATIC 控制单元、IQ 通讯器、故障诊断插卡、中断计时器、报警继电器等。该商品通过霍尔效应传感器可检测到阀位状态，通过有关控制单元的运算实现对电机扭矩、转数及阀位的控制。该商品还具有阀位数据现场显示装置及有关保护电路。</td></tr>
<tr><td colspan="2">归类决定</td><td colspan="4">该装置为阀门的控制执行机构，主要由提供动力的电动机和进行数据运算的控制器构成。根据《税则注释》对安装有自动调节器的执行机构的归类规定，应将其作为安装有控制装置的电动机归入品目 85.01 项下。<br>又见 Z2006－0720 号归类决定。</td></tr>
</table>

<table>
<tr><td>序号</td><td>1339</td><td>归类决定编号</td><td>Z2006－1375</td><td>公告编号</td><td>2007 年第 70 号</td></tr>
<tr><td colspan="2">商品税则号列</td><td colspan="2">85.01</td><td>发布日期</td><td>2007 年 12 月 5 日</td></tr>
<tr><td colspan="2">商品名称</td><td colspan="4">机械执行器</td></tr>
<tr><td colspan="2">英文名称</td><td colspan="4">Actuator</td></tr>
<tr><td colspan="2">其他名称</td><td colspan="4">机电执行器</td></tr>
<tr><td colspan="2">商品描述</td><td colspan="4">该商品由电动机和机械传动装置构成，行业内俗称电动推杆。其工作原理是电机带动齿轮，齿轮通过离合器驱动滚珠丝母旋转，使丝杠进行伸缩运动，从而带动相应的传动部件运动。该机械执行器最主要的功能是替代气动和液压系统，可产生举升和降低、推拉、旋转、定位、移位、节流控制等运动，被广泛应用于非公路机动车以及建筑、农场、铁路、娱乐等行业。</td></tr>
<tr><td colspan="2">归类决定</td><td colspan="4">机械执行器是电机带动齿轮，齿轮通过离合器驱动滚珠丝母旋转，使丝杠进行伸缩运动，从而带动相应的传动部件运动，将电能转换成机械能。在功能上等同于气压、液压动力装置，可通用于各种行业。<br>该商品是一个电动力装置，根据《税则注释》对电动机的描述，电动机可装有齿轮、齿轮箱、杠杆等部件，且该商品没有连接外部功能部件，故符合《税则注释》对电动机的定义，并且符合《税则》税目 85.01 的描述，根据归类总规则一，应将其按相关参数归入税目 85.01 项下。</td></tr>
</table>

| 序号 | 1340 | 归类决定编号 | Z2009－0057 | 公告编号 | 2009年第5号 |
|---|---|---|---|---|---|
| 商品税则号列 | 85.01 | | | 发布日期 | 2009年1月20日 |
| 商品名称 | 水平安定面配平作动筒 | | | | |
| 英文名称 | Horizontal stabilizer trim actuator | | | | |
| 其他名称 | | | | | |
| 商品描述 | 该商品的规格型号为P/N:8396－3 S/N:1623，由2个电动马达装置、1个螺旋作动筒和变速器模块、4个位置传感器、2个速度传感器构成，用于控制飞机尾翼升降舵轻微偏斜。(1)两个电动马达由HSTCU提供28伏直流电压给马达控制装置来控制，每一个电动马达装置由马达、位置传感器和一个电动机械刹车组成，两个线圈操纵每一个电动机械刹车装置。(2)螺旋作动筒装置由一螺旋作动筒、主螺帽、次螺帽组成。螺旋作动筒是低效设计，具有两个行程。由于螺纹的原因，即使在有载荷时，螺帽也不会移动。螺旋作动筒连接到变速箱模块，该模块有齿轮减速装置。变速器模块由扭矩限制器连接到每一个HSTA马达上。扭矩限制器是多片弹簧驱动设备，用以防止水平安定面配平驱动系统超载。(3)每一个位置传感器含有一个旋转可变差动转换器，每一个旋转可变差动转换器通过螺旋作动筒机构的齿轮操纵，每一个传感器给马达控制装置提供直流电信号。 | | | | | |
| 归类决定 | 该商品由电动机带动螺旋作动筒和变速器模块，使丝杆进行直线伸缩运动，使飞机尾翼升降舵轻微偏斜，达到配平目的。该商品是飞机专用零件，根据《税则》第十七类类注二关于“零件”的归类规定确定税号。上述商品是一个电动力装置，将电能转化为机械能，根据《税则注释》对品目85.01项下“电动机”的描述，电动机可装有齿轮、齿轮箱等部件，虽然该商品安装有测量工作状态的传感器，但没有连接外部功能部件，符合《税则》税目85.01的描述，根据归类总规则一，应按其具体参数指标归入税目85.01项下。 | | | | | |

<table>
<tr><td>序号</td><td>1341</td><td>归类决定编号</td><td>Z2007－0071</td><td>公告编号</td><td>2007 年第 71 号</td></tr>
<tr><td>商品税则号列</td><td colspan="3">8502. 2000</td><td>发布日期</td><td>2007 年 12 月 5 日</td></tr>
<tr><td>商品名称</td><td colspan="5">沼气发电机组</td></tr>
<tr><td>英文名称</td><td colspan="5"></td></tr>
<tr><td>其他名称</td><td colspan="5"></td></tr>
<tr><td>商品描述</td><td colspan="5">该机组由沼气发动机、发电机组、全电控系统、发电机组冷却水系统、余热利用系统、排气系统、润滑油系统、电气系统等零部件组成。通过内燃方式燃烧沼气，产生电能和余热。</td></tr>
<tr><td>归类决定</td><td colspan="5">沼气发电机组由沼气发动机、发电机及其他辅助机器组成，利用沼气燃烧使沼气发动机运转，进而带动发电机发电。该商品符合《税则注释》对品目 85. 02“发电机组”的描述，同时发电机组中的沼气发动机为点燃式活塞内燃发动机，根据归类总规则一及六，应归入税则号列 8502. 2000。</td></tr>
</table>

| 序号 | 1342 | 归类决定编号 | Z2009－0058 | 公告编号 | 2009 年第 5 号 |
|---|---|---|---|---|---|
| 商品税则号列 | 8502.3900 | | 发布日期 | 2009 年 1 月 20 日 | |
| 商品名称 | 燃气蒸汽联合循环发电机组 | | | | |
| 英文名称 | | | | | |
| 其他名称 | | | | | |
| 商品描述 | 该燃气蒸汽联合循环发电机组由以下部分组成：燃机（GT）、发电机（Gen）、汽轮机（ST）、煤压机（GC）、增速齿轮箱、电除尘（EP）、煤冷器、焦煤加压机（COG）、混合器、余热锅炉等。工作流程：从包钢外网过来的焦炉煤气通过焦煤加压机加压到 19 千帕，通过混合器将焦炉煤气混合到高炉煤气中增加煤气的热值，然后煤气进入电除尘器除去煤气中的杂质，直接进入煤压机的入口。机组高盘主要通过外网的中压蒸汽推动蒸汽轮机做功带动主轴旋转，利用高压调阀控制，将辅助蒸汽通入汽轮机中，将主轴冲转至 600 转。而在增速齿轮箱的作用下，将煤压机的转速升至 1220 转，这时煤气通过回流阀在煤冷器减温减压后回到电除尘。热值增加到 5250 千焦/立方米后，燃机具备点火条件开始点火。在燃机和汽机的共同作用下，机组转速从 600 转上升到 3000 转，这时发电机具备并网条件，开始并网带负荷。燃机做功后排气到余热锅炉，加热给水产生蒸汽带动汽机。 | | | | |
| 归类决定 | 该商品主要由燃机、汽轮机、发电机及其他辅助设备组成，用于发电，属于“发电机组”，符合《税则》税目 85.02 的商品描述，根据归类总规则一及六，应归入税则号列 8502.3900。 | | | | |

| 序号 | 1343 | 归类决定编号 | Z2010 - 0053 | 公告编号 | 2010 年第 15 号 |
|---|---|---|---|---|---|
| 商品税则号列 | 8503.0020 | | | 发布日期 | 2010 年 2 月 28 日 |
| 商品名称 | 槽楔 | | | | |
| 英文名称 | | | | | |
| 其他名称 | | | | | |
| 商品描述 | 槽楔,又称转子槽楔,是发电机转子的重要组成部件。转子槽楔装配在转子的槽部中,起到压紧和固定转子槽中线圈的作用,同时转子槽楔开有多个圆形通风孔,在发电机运行过程中通过这些圆孔来进行通风冷却转子线圈,将发电机转子在运行中因电磁和机械损耗产生的热量带走,确保发电机转子各部件不会因温度过高而影响机组运行。由于该部件承受的机械应力(发电机转子运转时受到两个力,一个是转子高速运转的离心力,一个是转子线圈高速运转情况下的离心压力)比较大,需要具备较高的机械性能。同时,由于该部件与转子各尾槽装配精度要求很高,对部件的尺寸和公差要求也极为严格。 | | | | |
| 归类决定 | 槽楔的功能是用来固定线圈,防止其移动。该商品是按照所用发电机转子的标准,经专门加工而成,专用性明显,具有零件特征,根据归类总规则一及六,应按发电机零件归入税则号列 8503.0020。 | | | | |

| 序号 | 1344 | 归类决定编号 | Z2006-0723 | 公告编号 | 2006年第69号 |
|---|---|---|---|---|---|
| 商品税则号列 | 8504.2312 | | | 发布日期 | 2006年11月22日 |
| 商品名称 | 电力变压器 | | | | |
| 英文名称 | | | | | |
| 其他名称 | | | | | |
| 商品描述 | 电力变压器进口状态为两台额定容量为250兆伏安的强迫循环油浸风冷式自耦单相变压器。 | | | | |
| 归类决定 | 电力变压器为额定容量250兆伏安的强迫循环油浸风冷式自耦单相变压器。由于《税则》中"变压器"有明确列名,而变压器组并未提及,故应归入税则号列8504.2312。 | | | | |

| 序号 | 1345 | 归类决定编号 | Z2008-0078 | 公告编号 | 2008年第76号 |
|---|---|---|---|---|---|
| 商品税则号列 | 8504.3190 | | 发布日期 | 2008年10月28日 | |
| 商品名称 | 行输出变压器,行推动变压器 | | | | |
| 英文名称 | | | | | |
| 其他名称 | | | | | |
| 商品描述 | 行输出变压器主要由高压线圈、OP和第三线圈、FBT磁芯、HV电阻、HV电容及二极管等构成,用于背投影电视高压输出电路中,装在电源偏向线路板上。该变压器初级线圈上的间歇脉冲,在次级线圈上感应产生相应的间歇脉冲电流,使次级高压感应线圈上的电压升高。该变压器输入500~600伏的行逆程脉冲(频率31千赫),在次级线圈输出约31.7的高压脉冲(频率31千赫)、约12千伏的聚焦电压脉冲和约40伏的脉冲电压。行推动变压器由磁芯、一次线圈、二次线圈等构成,用于背投影电视行输出管的激励电路中,装在电源偏向线路板上,将行驱动信号转换成输出三极管的激励信号。该推动变压器输入的是脉冲电压(约9.75伏,频率31千赫),输出的是脉冲电压(约25伏,频率31千赫)。 | | | | |
| 归类决定 | 该商品利用线圈的电磁感应原理,将低压脉冲转变成高压脉冲,额定容量小于1千伏安,符合《税则》税目85.04及《税则注释》品目85.04"变压器"的商品描述,根据归类总规则一及六,应归入税则号列8504.3190。 | | | | |

| 序号 | 1346 | 归类决定编号 | Z2008－0188 | 公告编号 | 2008 年第 83 号 |
|---|---|---|---|---|---|
| 商品税则号列 | 8504.3190 | | 发布日期 | 2008 年 11 月 24 日 | |
| 商品名称 | 返驰变压器 | | | | |
| 英文名称 | | | | | |
| 其他名称 | | | | | |
| 商品描述 | 该商品由外壳、磁芯、高压线圈、初级线圈及中压线圈、HV 电阻、HV 电容、二极管、引出线、环氧填充剂等组成。企业报告称:该返驰变压器用于 CRT 显示器的高压输出电路中,装在电源偏向电路板上。该变压器初级线圈上的间歇脉冲,在次级线圈上感应产生相应的间隙脉冲电流,使次级高压感应线圈上的电压升高。该变压器输入 500～600 伏的行逆程脉冲(频率 31～100 千赫兹),在次级线圈上输出约 27 千伏的高压脉冲(频率 31～100 千赫兹)、8～12 千伏的聚集电压脉冲和几十至 400 伏的脉冲电压。HV 电阻是一个可调电阻,在 FBT 中起分压作用,它与 FBT 的高压脉冲端相连,调节旋钮可以得到所需要的聚集电压。HV 电容则起到平稳电压的作用,使输出的高压比较稳定,满足电路需求。磁芯、高压线圈、初级线圈及中压线圈作为 FBT 的核心部位,以磁芯作为能量交换的介质,实现 FBT 的变压作用。二极管将 4～5 组高压线圈组合起来,因为使用单个高压线圈得到的电压比较低,用这种结构使 4～5 个电压叠加起来,得到所需要的高压(27 千伏左右)。外壳、引出线、环氧填充剂则将 FBT 包封及保护起来,并将相应的电压引出,起安全保护作用。 | | | | |
| 归类决定 | 该商品由外壳、磁芯、高压线圈、初级线圈及中压线圈、HV 电阻、HV 电容、二极管、引出线、环氧填充剂等组成,利用线圈的电磁感应原理,将低压脉冲转变成高压脉冲,额定容量小于 1 千伏安,符合《税则》税目 85.04 以及《税则注释》品目 85.04 变压器的商品描述,根据归类总规则一及六,应归入税则号列 8504.3190。 | | | | |

| 序号 | 1347 | 归类决定编号 | Z2006－0724 | 公告编号 | 2006 年第 69 号 |
|---|---|---|---|---|---|
| 商品税则号列 | | 8504.401 | | 发布日期 | 2006 年 11 月 22 日 |
| 商品名称 | DC/DC 电源模块 | | | | |
| 英文名称 | Power module | | | | |
| 其他名称 | | | | | |
| 商品描述 | DC/DC 电源模块的结构为贴片式元器件，安装于小尺寸的印刷线路板上，封装方式主要有绝缘外壳封装和高密度贴装的小电路模块两种。根据不同型号，其直流电压在 0～48 伏范围内。该 DC/DC 电源模块主要用于机盘上（光端机设备的主要部件），其功能为输出稳定的直流电压及电流给机盘上的各个功能电路，它具有宽输入电压、输入输出隔离、高可靠性、体积小等优点。其输入的直流电源由通信机房内的 UPS 经机架上的电源接口提供。 | | | | |
| 归类决定 | DC/DC 电源模块是独立安装在各个功能板上，其功能是向电路板上的各个功能电路输出稳定的直流电压及电流，它具有宽输入电压、输入输出隔离、高可靠性、体积小等优点。其输入的直流电源由通信机房内的 UPS 经机架上的电源接口提供。<br>根据以上特征判定，该 DC/DC 电源模块应作为稳压电源，按照其功率及精度情况，归入税则子目 8504.401 项下。 | | | | |

| 序号 | 1348 | 归类决定编号 | Z2008－0079 | 公告编号 | 2008 年第 76 号 |
|---|---|---|---|---|---|
| 商品税则号列 | | 8504.4014 | | 发布日期 | 2008 年 10 月 28 日 |
| 商品名称 | 回路电源 | | | | |
| 英文名称 | | | | | |
| 其他名称 | | | | | |
| 商品描述 | 该回路电源由基板、桥堆、热敏电阻、光耦合器、变压器、插座、二极管、电容、电阻、电感、IC、三极管、扼流圈等构成，对经过滤波后的交流电（220 伏）进行处理，提供给后级“镇流模块”脉动电压（370 伏，占据大部分功耗），并驱动投影机主机板工作。 | | | | |
| 归类决定 | 该回路电源型号为 LC507－4001，用于投影机，输入交流电，输出多组直流电给特定部件使用，通过 PFC 电路稳压结构对电路进行稳压保护。功率小于 1000 瓦，精度均低于万分之一。上述商品电路中具有电路稳压结构，属稳压电源，符合《税则》税目 85.04 及其子目条文的描述。根据归类总规则一及六，应按功率小于 1 千瓦、精度低于万分之一的直流稳压电源归入税则号列 8504.4014。 | | | | |

| 序号 | 1349 | 归类决定编号 | Z2008－0080 | 公告编号 | 2008 年第 76 号 |
|---|---|---|---|---|---|
| 商品税则号列 | 8504.4014 | | 发布日期 | 2008 年 10 月 28 日 | |
| 商品名称 | 打印机电源板 | | | | |
| 英文名称 | | | | | |
| 其他名称 | | | | | |
| 商品描述 | 打印机电源板用于 EPSON 打印机的特定机型，能提供 35 伏/0.6 安和 5 伏/0.3 安两组电压给特定主板使用，能对突发的异常电压、电流进行稳压保护。该电源板主要由电阻、电容、晶体管及其他部件组成。交流 220 伏电压输入到电源板，经过电源板初级整流稳压后经过变压器成 300 伏直流，经过再变压成 35 伏/0.6 安的直流输出到打印机主板上；另一路经过 5 伏稳压回路输出一组 5 伏/0.3 安的直流电到打印机主板；当打印机出现异常电压波动时，主板通过 PSC 信号回路反馈到电源板，经过 OVP、OCP 电路进行稳压、过压保护，使打印机保持正常状态。 | | | | |
| 归类决定 | 该打印机电源板型号为 C294PSE，用于 EPSON 打印机的特定机型，输入 220 伏的交流电，输出 35 伏和 5 伏两组直流电给特定主板使用，通过 RCC 电路稳压结构对电路进行稳压保护。功率 28 瓦，精度为 5%，低于万分之一。上述商品电路中具有电路稳压结构，属稳压电源，符合《税则》税目 85.04 及其子目条文的描述，且专用于税目 84.43 项下的打印机，根据归类总规则一及六，应按功率小于 1 千瓦、精度低于万分之一的直流稳压电源归入税则号列 8504.4014。 | | | | |

| 序号 | 1350 | 归类决定编号 | Z2006－0725 | 公告编号 | 2006年第69号 |
|---|---|---|---|---|---|
| 商品税则号列 | 8504.4015 | | 发布日期 | 2006年11月22日 | |
| 商品名称 | 交直流稳压电源 | | | | |
| 英文名称 | | | | | |
| 其他名称 | | | | | |
| 商品描述 | 型号:MPW8401。功率:200～770瓦。工作原理:将市电输入的220伏交流电,经过整流电路、滤波电路和稳压以及温控部分,输出主机需要的直流电和交流电。输出电压及用途:(1)直流3.35伏±3%、直流5.1伏±3%,作为信号电压,用来指示各元器件开和关。(2)直流24伏+10%,用来驱动各元器件的动力电源,例如各种直流电机及电磁铁和电磁离合器。(3)交流220伏±5%,用来供给机器的定影器的加热灯管工作。(4)通过控制温控系统自动控制加热灯管的通断状态。 | | | | |
| 归类决定 | 该商品为具有交流稳压、直流稳压功能的设备,其两种功能无法区分主次,根据归类总规则三(三)、归类总规则六,应从后归类。该设备的功率小于1千瓦(200瓦～770瓦)、精度低于1‰(直流3.35伏±3%、交流220伏±5%),因此应将其归入税则号列8504.4015。 | | | | |

| 序号 | 1351 | 归类决定编号 | Z2006－0726 | 公告编号 | 2006年第69号 |
|---|---|---|---|---|---|
| 商品税则号列 | 8504.4019 | | | 发布日期 | 2006年11月22日 |
| 商品名称 | 化成电源 | | | | |
| 英文名称 | | | | | |
| 其他名称 | | | | | |
| 商品描述 | 化成电源是用于铝电解电容器用电极箔氧化处理过程的直流稳压、稳流成套电源装置。此次申报的商品型号为HVS－4，主要由整流器、变压器、控制柜、电路板、可控硅元件等部分组成。其功能是将10千伏的交流电变为DC350伏/800安、DC500伏/800安、DC650伏/800安、DC800伏/800安的直流电，分四级分别输出至化成槽体、馈电极板（负极），提供化成专用的稳压稳流直流电源。其工作过程如下：10千伏交流电通过变压器降压后，由可控硅装置整流，通过L－C平波后输出直流电，其整流电路设计原理为三相全控桥式整流电路，控制过程为双闭环电压、电流反馈自动调节。此外，该设备具有过电压和过电流保护。 | | | | |
| 归类决定 | 根据《税则注释》对“静止式变流器”的解释，整流器可以带有变压器、调节控制器等辅助器件，因此，此次申报的商品可一并归入子目8504.4项下。同时，该套装置具有自动调节功能，符合注释中对稳压电源的解释（装有调节器的整流器），因此，可按直流稳压电源归入税则号列8504.4019。 | | | | |

| 序号 | 1352 | 归类决定编号 | Z2008－0081 | 公告编号 | 2008年第76号 |
|---|---|---|---|---|---|
| 商品税则号列 | 8504.4091 | | | 发布日期 | 2008年10月28日 |
| 商品名称 | 可控硅 | | | | |
| 英文名称 | Thyristor | | | | |
| 其他名称 | | | | | |
| 商品描述 | 该商品的内部结构是由两个两极管组成的，具有三个PN结的四层结构，即两个PN结和一个NP结，外部共分三个极，分别为阳极、阴极和控制极。 | | | | |
| 归类决定 | 该商品由两个可控硅元件组成，超出了《税则》税目85.41包括商品的范围，其功能、结构完全符合海关总署2005年30号公告《本国子目注释》关于“半导体变流模块”的描述“模块由两个及两个以上的半导体器件组成”，根据归类总规则一及六，应按具有变流功能的半导体模块归入税则号列8504.4091。 | | | | |

<table>
<tr><td>序号</td><td>1353</td><td>归类决定编号</td><td>Z2006－1377</td><td>公告编号</td><td>2007 年第 70 号</td></tr>
<tr><td>商品税则号列</td><td colspan="3">8504.4099</td><td>发布日期</td><td>2007 年 12 月 5 日</td></tr>
<tr><td>商品名称</td><td colspan="5">交流斩波器</td></tr>
<tr><td>英文名称</td><td colspan="5">AC Chopper</td></tr>
<tr><td>其他名称</td><td colspan="5"></td></tr>
<tr><td>商品描述</td><td colspan="5">该交流斩波器用于空调风扇电机的转速控制，由电阻、电容、功率三极管、光耦、PCB 基板、铝制散热片等组成，无数控模块，无预制的程序来进行信号处理，须由另外的主控基板对其进行控制，实现通过调节电机输入电压从而调节电机的转速。其工作原理是：当输入 5 伏的占空比可调的方波信号时，该斩波器的功率三极管对市电输入的正弦波形（220 伏/50 赫兹）以 20 千赫的频率进行斩波，得到锯齿状波性，然后经过滤波电容滤波后输出平滑的正弦波形。当占空比为 1 时，斩波器输出电压约为市电（220 伏/50 赫兹）；当占空比小于 1 时，交流斩波器输出电压随之降低（因波形幅值降低），输出频率不改变，输出电压为 220×a 伏，“a”是调压系数，恒小于 1。通过调节占空比改变交流斩波器的输出电压，就可以比较连续的控制风扇电机的转速。</td></tr>
<tr><td>归类决定</td><td colspan="5">该商品属交流电变换器，符合《税则》税目 85.04 及其子目条文的描述，根据归类总规则一及六，应将其按静止式变流器归入税则号列 8504.4099。</td></tr>
</table>

| 序号 | 1354 | 归类决定编号 | Z2006 - 1378 | 公告编号 | 2007 年第 70 号 |
|---|---|---|---|---|---|
| 商品税则号列 | 8504.4099 | | | 发布日期 | 2007 年 12 月 5 日 |
| 商品名称 | 充电器 | | | | |
| 英文名称 | AC/DC Adapter | | | | |
| 其他名称 | 电源适配器 | | | | |
| 商品描述 | 该商品的型号:FW7600U/06。输入:100~240 伏 AC/45 毫安/ 50~60 赫兹;输出:6 伏 DC/250 毫安。组成:三脚输入插头、塑胶面壳及底壳、桥堆、电解电容、开关控制芯片、高频变压器、调整管、四脚输出同轴电缆插头等。工作原理:较宽范围的交流电压(100~240 伏 AC/45 毫安)经输入插头输入后,通过桥堆整流,再经过电解电容滤波,开关控制芯片对高频变压器进行脉冲控制输出,输出端通过调整管反馈到控制芯片对高频变压器进行脉冲控制至稳压后,从同轴电缆插头输出稳定的直流电压(6 伏 DC/250 毫安)。功能/用途:把较宽范围的交流电压(100~240 伏 AC/45 毫安)变换为稳定的直流电压(6 伏 DC/250 毫安)输出;室内使用,适用于通讯产品的供电和充电。 | | | | |
| 归类决定 | 该商品具有变流功能,符合《税则》税目 85.04 的产品描述,其具有充电功能,根据归类总规则一及六,应将其归入税则号列 8504.4099。 | | | | |

| 序号 | 1355 | 归类决定编号 | Z2008 - 0189 | 公告编号 | 2008 年第 83 号 |
|---|---|---|---|---|---|
| 商品税则号列 | 8504. 4099 | | | 发布日期 | 2008 年 11 月 24 日 |
| 商品名称 | 变频器模块 | | | | |
| 英文名称 | Powermodule power converter | | | | |
| 其他名称 | | | | | |
| 商品描述 | 该变频器模块型号为 PM1000 3POLE，由外部接口卡、IGBT 模块、门驱动装置、电源模块、控制卡组成，主要用于风力发电领域。其利用 IGBT 的变流能力来实现变频功能，是变频器的核心部件。 | | | | |
| 归类决定 | 该商品功能符合《税则》税目 85. 04 及其子目条文的描述。但其结构超出了海关总署 2005 年 30 号公告《本国子目注释》关于税则号列 8504. 4091 的描述，属于其他静止式变流器，根据归类总规则一及六，应按其他静止式变流器归入税则号列 8504. 4099。 | | | | |

| 序号 | 1356 | 归类决定编号 | Z2006 - 0727 | 公告编号 | 2006 年第 69 号 |
|---|---|---|---|---|---|
| 商品税则号列 | 8504. 5000 | | | 发布日期 | 2006 年 11 月 22 日 |
| 商品名称 | 组合开关电流互感器线圈 | | | | |
| 英文名称 | Current transformer coin | | | | |
| 其他名称 | | | | | |
| 商品描述 | 组合开关电流互感器线圈固定在陶制的套管上，可以置于油、SF6 气体内或空气中。作用是在外部磁场作用下感应电流大小，并将大电流转换成小电流。通过接仪表和继电器，实现测量和保护功能。 | | | | |
| 归类决定 | 该商品为在外部磁场作用下感应电流大小的电感线圈，根据归类总规则一，应将其归入税则号列 8504. 5000。 | | | | |

| 序号 | 1357 | 归类决定编号 | Z2006 - 1379 | 公告编号 | 2007 年第 70 号 |
|---|---|---|---|---|---|
| 商品税则号列 | 8504.90 | | | 发布日期 | 2007 年 12 月 5 日 |
| 商品名称 | 胶芯 | | | | |
| 英文名称 | | | | | |
| 其他名称 | | | | | |
| 商品描述 | 该胶芯的型号为 BNDN - 2812 - 5，是将塑料直接经由塑胶成型机制成。该胶芯出售给客户用于生产整流器，主要用于漆包铜线缠绕。 | | | | |
| 归类决定 | 该胶芯已制成特定形状，具有专用零件特征，根据《税则》第十六类类注二关于“零件”的归类规定，以及归类总规则一和六，该商品应按变压器、静止式变流器的专用零件归入税则子目 8504.90 项下。 | | | | |

| 序号 | 1358 | 归类决定编号 | Z2006 - 0728 | 公告编号 | 2006 年第 69 号 |
|---|---|---|---|---|---|
| 商品税则号列 | 8504.9090 | | | 发布日期 | 2006 年 11 月 22 日 |
| 商品名称 | 电导磁体铁金属 | | | | |
| 英文名称 | | | | | |
| 其他名称 | | | | | |
| 商品描述 | 规格及形状：直径 2.5 ~ 6.3 厘米，高 5.04 厘米的圆柱体状或正方体状。<br>主要成分：铁粉 98%，黏结剂(PTFE)2%。<br>硬度：用刀可划成粉状，对细小块用手劲即可搓成粉状。<br>生产过程及用途：将铁粉和黏结剂经过挤压加工成圆柱状或正方体状，进一步机加工(车铣或刨)成一定形状后，主要用于感应器上，起导磁体的作用(改变导电体周围磁力线分布)。 | | | | |
| 归类决定 | 该商品已具备了制成品的基本形状，故根据归类总规则二(一)和第十六类类注二(二)的规定，应作为感应器零件归入税则号列 8504.9090。 | | | | |

| 序号 | 1359 | 归类决定编号 | Z2006－0729 | 公告编号 | 2006 年第 69 号 |
|---|---|---|---|---|---|
| 商品税则号列 | 8505.1190 | | 发布日期 | 2006 年 11 月 22 日 | |
| 商品名称 | 废磁铁 | | | | |
| 英文名称 | | | | | |
| 其他名称 | | | | | |
| 商品描述 | 废磁铁是一种具有强磁性，断面银灰色，边角有碰损，外观陈旧呈不规则状的磁铁。进口后需经有关处理再加工成机电产品零件，如录音机、音响上的喇叭等。 | | | | |
| 归类决定 | 由于“废磁铁”是一种经简单处理后仍可作原用途使用的钢铁产品，因此不符合《税则注释》品目 72.04 的条文注释，不能归入品目 72.04。根据归类总规则一的规定及参照税目 85.05 的条文注释，“废磁铁”应归入税则号列 8505.1190。 | | | | |

| 序号 | 1360 | 归类决定编号 | Z2006 - 0731 | 公告编号 | 2006 年第 69 号 |
|---|---|---|---|---|---|
| 商品税则号列 | 8505.1900 | | 发布日期 | 2006 年 11 月 22 日 | |
| 商品名称 | 复合磁铁 | | | | |
| 英文名称 | Compound magnet | | | | |
| 其他名称 | | | | | |
| 商品描述 | 复合磁铁系由锶系肥粒铁粉末 $SrO \cdot 6Fe_2O_3$ 和合成橡胶组成。$SrO \cdot 6Fe_2O_3$ 含量 90%，其中 SrO 含量为 8.73%，$Fe_2O_3$ 含量为 81.27%，合成橡胶 NBR 或 CPE 含量 10%。合成橡胶在此生产工艺中主要起黏合剂的作用。产品规格：(长度)600 毫米( +5) ×(宽度)420 毫米 ×(厚度)1 毫米。生产工艺：锶系肥粒铁粉末和合成橡胶放入混练机在一定温度和时间下进行搅拌，形成块状黑色物质，后经过粉碎机将块状物粉碎成颗粒状物质，此后将颗粒状物质放入成型机，用螺杆进行挤压成片状后第一次切断，将第一次切断后的材料经过加热处理后进行长度切断，形成进口材料。进口后用切断机进行第二次切断，将大片切断为顾客所需规格。顾客购买后，将二次切断后的产品加磁磁化后形成永磁体，用于生产各类微小马达，如风扇马达、录音机马达、自动相机马达等。 | | | | |
| 归类决定 | 根据《税则注释》品目 85.05 的规定，该商品符合黏聚材料制成的磁铁产品，故应作为磁化后准备制永磁体的物品，归入品目 85.05，因其成分为非金属物质，故应归入税则号列 8505.1900。 | | | | |

<table>
<tr><td>序号</td><td>1361</td><td>归类决定编号</td><td colspan="2">Z2011 -0001</td><td>公告编号</td><td>2011 年第 26 号</td></tr>
<tr><td colspan="2">商品税则号列</td><td colspan="2">8507.1000</td><td colspan="2">发布日期</td><td>2011 年 4 月 25 日</td></tr>
<tr><td colspan="2">商品名称</td><td colspan="5">多功能车用应急电源</td></tr>
<tr><td colspan="2">英文名称</td><td colspan="5"></td></tr>
<tr><td colspan="2">其他名称</td><td colspan="5"></td></tr>
<tr><td colspan="2">商品描述</td><td colspan="5">该商品品牌为“PowerStation”，型号为“PSX”，由铅酸蓄电池、带三种气嘴的空气泵、直流变流器和多种直流电输出连接装置组成，并配有电压表、气压表和小 LED(3.3V/0.5W)照明灯等附件。铅酸蓄电池的容量为 12V/18Ah，向外输出 12V 的直流电，当功率为 100W(12V/8.3A)的空气泵工作时(充气、驱动气动工具)，需经变流器向内置的空气泵用马达供电；当需要为汽车引擎启动时，需经变流器输出 7.2V/100A 的瞬时直流电，通过自带的电夹向汽车发动机的启动电机供电(充满电情况下只能使用两次)；当需要向外界提供直流电源时则不经变流器通过自带电缆向外输出 12V/15A 的直流电供照明或其他设备使用；LED 灯用于气压表和电压表在工作时的照明。</td></tr>
<tr><td colspan="2">归类决定</td><td colspan="5">该商品为组合机器，不论执行何种功能，都基于蓄电池的供电功能，且主要用于直接供电，应视蓄电池为主要功能，根据十六类类注三关于组合机器的归类原则，其符合《税则》税目 85.07 及其子目条文的描述，根据归类总规则一及六，应将其按用于启动活塞式发动机的铅酸蓄电池归入税则号列 8507.1000。</td></tr>
</table>

| 序号 | 1362 | 归类决定编号 | Z2006－0732 | 公告编号 | 2006 年第 69 号 |
|---|---|---|---|---|---|
| 商品税则号列 | 8507.2000 | | | 发布日期 | 2006 年 11 月 22 日 |
| 商品名称 | 电极单元 | | | | |
| 英文名称 | | | | | |
| 其他名称 | | | | | |
| 商品描述 | 该批进口的电极单元实为单个蓄电池的未完整品。完整的蓄电池包括电极螺栓，回水装置、电极铅板(需经活化处理后方可使用)、隔离片、外壳、电解质。该批进口的电极单元包括电极铅板(未经活化)、隔离片、外壳，并且已组装在一起。所谓活化处理即为对电极铅板进行充电，使生极板变为熟极板。 | | | | |
| 归类决定 | 该批进口的电极单元包括电极铅板、隔离板和外壳，如再配有电极螺栓、回水装置和电解质即可构成完整的蓄电池，因此，电极单元实为单个蓄电池的不完整品，根据《税则注释》品目 85.07 的注释，该品目包括未加电解质的蓄电池，故该电极单元已构成蓄电池的基本特征，应按完整的蓄电池归入税则号列 8507.2000。 | | | | |

| 序号 | 1363 | 归类决定编号 | Z2006－0733 | 公告编号 | 2006 年第 69 号 |
|---|---|---|---|---|---|
| 商品税则号列 | 8507.8020[8507.6000(2014 年版)] | | | 发布日期 | 2006 年 11 月 22 日 |
| 商品名称 | 锂离子充电电池芯 | | | | |
| 英文名称 | | | | | |
| 其他名称 | | | | | |
| 商品描述 | 锂离子充电电池一般由三部分构成：电池芯、充放电保护电路板、五金或塑料外壳。<br>该锂离子电芯是电池的主要部件，呈长方形块状，不锈钢外壳，未配带充放电保护电路，不能进行充电及放电，用于制造手机电池。 | | | | |
| 归类决定 | 该电池芯是电池的主要部件，已构成锂离子充电电池整机基本特征，根据归类总规则二(一)，应按锂离子充电电池归入税则号列 8507.8020[8507.6000(2014 年版)]。 | | | | |

| 序号 | 1364 | 归类决定编号 | Z2006－1380 | 公告编号 | 2007 年第 70 号 |
|---|---|---|---|---|---|
| 商品税则号列 | | 8507.9090 | | 发布日期 | 2007 年 12 月 5 日 |
| 商品名称 | 三星手机电池下盖 | | | | |
| 英文名称 | | | | | |
| 其他名称 | | | | | |
| 商品描述 | 手机电池可分为两类:外装式(B/T PACK)和内装式(INNER PACK)。两者的区别之处在于,外装式的手机电池下盖直接与外界接触,兼具手机后盖的功能,而内装式手机电池不直接与外界接触。无论是外装式还是内装式手机电池,生产工序基本相同。所需的主要零配件为:手机电池芯、手机电池上盖、手机电池下盖、保护电路、镍电极和标签等。生产工序为:第一步,将保护电路和镍电极焊接在一起;第二步,在电池芯后部粘贴自粘胶带;第三步,将保护电路焊接在电池芯上;第四步,将镍电极弯曲并焊接在电池芯底部;第五步,外装式电池芯在组装上下盖后,用超声波压力机将自粘胶带熔着在上下盖凹槽内固定电池芯;第六步,进行功能检测;第七步,贴上标签,包装出厂。 | | | | |
| 归类决定 | 该手机电池下盖为外装式手机电池下盖,它与上盖、电池芯、保护电路等一并进口,且进入电池厂进行组装生产,制成成品电池后该下盖与上盖和电池芯无法分离。<br>电池下盖与电池上盖一同将电池芯、保护电路组装成一个不可分离的整体,构成完整的手机电池芯。虽然外装式手机电池的电池下盖兼具手机后盖的功能,但在需要更换电池时必须将后盖也同时更换,因此该电池下盖应视为电池的零件。根据归类总规则一及六,应将其归入税则号列 8507.9090。 | | | | |

| 序号 | 1365 | 归类决定编号 | Z2008－0083 | 公告编号 | 2008 年第 76 号 |
|---|---|---|---|---|---|
| 商品税则号列 | 8509.8090 | | | 发布日期 | 2008 年 10 月 28 日 |
| 商品名称 | 转轮除湿机 | | | | |
| 英文名称 | | | | | |
| 其他名称 | | | | | |
| 商品描述 | 该商品的品牌为 DST,型号为 DRA－20,为利用吸附原理降低空气湿度的除湿机,每台净重 15 千克。由除湿转轮、风扇、马达、再生加热器、控制器等组成。工作原理:除湿转轮吸收待处理气体中的水分,再生加热器将转轮吸附的水分蒸发,湿气由一个独立的排放口排出,干燥的气体回到工作空间。 | | | | |
| 归类决定 | 该商品是一台除湿机,根据《税则注释》对品目 85.09“家用电动器具”商品范围的限定“本品目的器具可分为两组(参见本章章注三):一、不论其重量多少均归入本品目的物品。这类物品为数有限……二、重量在 20 千克及以下的本品目物品。这类物品不受种类限制……(八)空气增湿机或减湿机”,此类商品判断其家用还是非家用的标准在于重量,该转轮除湿机净重 15 千克,符合《税则》税目 85.09 及其子目条文的描述。根据归类总规则一及六,应按其他家用电动器具归入税则号列 8509.8090。 | | | | |

| 序号 | 1366 | 归类决定编号 | Z2006－0734 | 公告编号 | 2006 年第 69 号 |
|---|---|---|---|---|---|
| 商品税则号列 | 8512.2090 | | | 发布日期 | 2006 年 11 月 22 日 |
| 商品名称 | 发光二极体 | | | | |
| 英文名称 | | | | | |
| 其他名称 | 高位刹车灯部件 | | | | |
| 商品描述 | 该商品由十几个发光二极管焊在一个电路板上,并焊有相应的电阻器和普通二极管。用于汽车刹车时在后窗闪烁一排红色冷光,警示后面来车。 | | | | |
| 归类决定 | 由于该商品由发光二极管、二极管、电阻构成,超出了《税则注释》中品目 85.41 所述商品的范围,同时品目 85.31 排除了可归入品目 85.12 的商品,所以该商品应根据其功能用途——车用信号装置,归入税则号列 8512.2090。 | | | | |

| 序号 | 1367 | 归类决定编号 | Z2006-1381 | 公告编号 | 2007 年第 70 号 |
|---|---|---|---|---|---|
| 商品税则号列 | | 8512.2090 | | 发布日期 | 2007 年 12 月 5 日 |
| 商品名称 | 倒车辅助系统 | | | | |
| 英文名称 | | | | | |
| 其他名称 | | | | | |
| 商品描述 | 该商品的外形尺寸为 165 毫米×135 毫米×26 毫米，由电子控制单元电路板、接口、外壳及固定架组成。功能：在汽车倒车和驻车时，启动此倒车辅助系统。一方面，启动汽车后端的摄像头，将汽车后端的图像通过此倒车辅助系统再加上安全警示框，一起输出到导航仪的液晶触摸屏上；另一方面，同时接收和反馈汽车其他电子控制单元，如发动机控制单元、制动器控制单元、转向控制单元等的信息。其工作电压范围：10～16 伏，稳定工作电流：600 毫安，最大电流：1 安培。 | | | | |
| 归类决定 | 该商品具有倒车时视觉提醒的功能，符合《税则》税目 85.12 及其子目条文的描述，根据归类总规则一和六，应按机动车辆用的视觉信号装置，归入税则号列 8512.2090。 | | | | |

| 序号 | 1368 | 归类决定编号 | Z2006-0735 | 公告编号 | 2006 年第 69 号 |
|---|---|---|---|---|---|
| 商品税则号列 | | 8513.1090 | | 发布日期 | 2006 年 11 月 22 日 |
| 商品名称 | 紫外光验钞笔 | | | | |
| 英文名称 | Fake identify pen | | | | |
| 其他名称 | | | | | |
| 商品描述 | 该商品由紫外光灯管、铁外壳、钥匙环、钮扣电池组成。通过紫外光照射使隐藏的萤光图案显现来鉴别真伪货币、信用卡、护照等。 | | | | |
| 归类决定 | 因其是由人用肉眼来最后判别所查物的真伪，所以不符合《税则》税目 90.31 检验装置的要求。又因为其自身带有灯泡、钮扣电池，且使用时握在手中或随身携带，所以应归入税则号列 8513.1090。 | | | | |

| 序号 | 1369 | 归类决定编号 | Z2006－0736 | 公告编号 | 2006年第69号 |
| --- | --- | --- | --- | --- | --- |
| 商品税则号列 | 8514.1090 | | | 发布日期 | 2006年11月22日 |
| 商品名称 | 电炉 | | | | |
| 英文名称 | | | | | |
| 其他名称 | | | | | |
| 商品描述 | 电炉(玻璃窑)主要由钢结构支架、外层耐火砖、内层高铝砖、电热装置(电热丝、电杆)、控制柜组成。工作原理:利用电阻加热将废玻璃、硅砂熔化为玻璃液。该设备除钢铁支架和外层耐火砖国内采购外,其余部分均从国外进口。电杆、电热丝和控制柜,用于将电能转化为热能,价值约占整机的50%;高铝砖,为方形和弧形耐火砖,已进行开槽、打孔、开眼等工艺处理,进口后粘贴拼凑为炉膛衬里,价值约占整机的40%;国内采购部分,价值约占整机的10%。 | | | | |
| 归类决定 | 该商品是用于熔化玻璃等物质的电炉,其加热方式为电阻加热,结构由钢结构支架、外层耐火砖、内层高铝砖、电热装置(电热丝、电杆)、控制柜组成,进口部分占整机的90%,根据归类总规则二(一)、归类总规则六,应将其归入税则号列8514.1090。 | | | | |

| 序号 | 1370 | 归类决定编号 | Z2006－1382 | 公告编号 | 2007年第70号 |
| --- | --- | --- | --- | --- | --- |
| 商品税则号列 | 8514.1090 | | 发布日期 | 2007年12月5日 | |
| 商品名称 | 回流焊炉 | | | | |
| 英文名称 | Reflow soldering system | | | | |
| 其他名称 | 再流焊炉 | | | | |
| 商品描述 | 该回流焊炉是电子线路板加工厂商SMT表面贴装生产线上一种常见的焊接生产设备。它是一种通过加热环境使电子线路板上的焊锡膏受热、升温和熔化，让表面贴装元件和电子线路板焊盘上熔融的焊料形成金属间化合物并可靠地结合在一起的设备。<br>MR933回流焊炉属于热风式回流焊炉，其工作原理是使用棒状电阻加热器对加热区腔体中对流的空气进行加热，被加热的空气在风扇马达的驱动下吹拂到设备的炉膛中，在设备炉膛中经过电路板和表面贴装元件，和热空气进行热交换，电路板上的焊锡膏受热升温熔化，使表面贴装元件和电路板焊盘上熔融的焊料形成金属间化合物并通过冷却区的快速冷却得到可靠焊点，回流焊炉即可完成全部焊接过程。<br>该设备分为九个独立加热区和三个独立冷却区，每个加热区就是一套上、下配有加热器的高性能加热单元，由棒状电阻加热器、风扇马达和优化设计的腔体组成；每个独立的冷却区由一套上、下配有风扇马达和优化设计的腔体组成。通过设定和控制回流焊炉中不同区域的每个加热区和冷却区的温度，来设定设备的合适工作温度，以保证产品的可靠焊接。 | | | | |
| 归类决定 | MR933回流焊炉利用电阻加热器加热腔内空气，将电子线路板上的焊点熔化，从而使元件和线路板更好的结合。其并没有直接对元件进行焊接，只是提供一个加热环境，对已经焊接好的焊点进行热处理，因此，其不能归入《税则》税目85.15项下。根据归类总规则一和六，其应按电阻加热的炉归入税则号列8514.1090。 | | | | |

| 序号 | 1371 | 归类决定编号 | Z2007－0072 | 公告编号 | 2007年第71号 |
|---|---|---|---|---|---|
| 商品税则号列 | 8514.1090 | | | 发布日期 | 2007年12月5日 |
| 商品名称 | 中温黑体炉 | | | | |
| 英文名称 | | | | | |
| 其他名称 | | | | | |
| 商品描述 | 该炉包含一个黑体腔，用于校验辐射高温计。炉腔温度可以设置成30℃～550℃任意一温度点的正负0.1℃内。炉温由控制器设置，同时一个独立指示器显示实际辐射温度，这个独立指示器的传感器安装在黑体腔内的。 | | | | |
| 归类决定 | 中温黑体炉采用电热丝加热方式，可以根据设定精确加温，提供热辐射，用于校验辐射高温计。由于其本身不具备对高温计的直接检测功能，只是提供一个测试环境，因此不能归入《税则》税目90.31项下。该产品具备将电能转变为热能的功能，通过加热内部空间辐射热量，符合税目85.14的商品描述，根据归类总规则一及六，应按电阻加热的炉归入税则号列8514.1090。 | | | | |

| 序号 | 1372 | 归类决定编号 | Z2006－1383 | 公告编号 | 2007年第70号 |
|---|---|---|---|---|---|
| 商品税则号列 | 8514.2000 | | | 发布日期 | 2007年12月5日 |
| 商品名称 | 微波消减系统 | | | | |
| 英文名称 | Microwave digestion system | | | | |
| 其他名称 | | | | | |
| 商品描述 | 该微波消解仪由装于同一机壳内的MARS微波消解系统主机、双光路温度控制系统、内置全罐压力监控系统以及16位反应罐等组件构成。用途：对样品进行消解或烘干，为原子吸收、等离子发射光谱等元素分析进行样品制备，同时还可用于对样品进行萃取、蛋白水解、浓缩等。工作原理：利用可控微波进行加热，增加氧化还原的速度，比传统的加热板或烘箱速度快100倍。 | | | | |
| 归类决定 | 该商品具有一个封闭的空间，利用微波加热制备样品，符合《税则》税目85.14及其子目条文的描述，根据归类总规则一及六，其可按通过感应或介质损耗工作的炉及烘箱，归入税则号列8514.2000。 | | | | |

| 序号 | 1373 | 归类决定编号 | Z2006-1384 | 公告编号 | 2007年第70号 |
|---|---|---|---|---|---|
| 商品税则号列 | 8514.4000 | | 发布日期 | 2007年12月5日 | |
| 商品名称 | 固态高频焊接机组 | | | | |
| 英文名称 | Induction heating equipment | | | | |
| 其他名称 | 感应加热电源 | | | | |
| 商品描述 | 该商品的规格型号:WELDAC G2 400(可升级到500k)。<br>其组成:<br>1. 控制及整流单元(REC);<br>2. 逆变器,匹配及补偿单元(IMC);<br>3. 8米长支流电缆;<br>4. 带可更换线圈的输出汇流排;<br>5. 外部控制面板;<br>6. 工作台;<br>7. 感应线圈。<br>其工作原理:与直缝焊管机组配套使用,利用高频感应线圈产生热量,瞬间产生1200℃~1350℃的高温,在短时间内达到使金属件熔融的目的。钢管焊接工作由直缝焊管机组挤压焊接装置完成。在整个金属管件的加工过程中,该固态高频焊接机组的主要功能为利用感应原理瞬间加热金属至熔融状态。<br>其主要用途:该设备功能独立,可以和多种机器配套使用,主要用于金属件的熔融。 | | | | |
| 归类决定 | 该商品为感应加热电源,进口后与直缝焊接机组配套使用。该商品可用于钎焊、淬火、固化粘接等多种用途,不可按"金属焊接专用设备"归入《税则》税目85.15项下。根据归类总规则一及六,应将其按"通过感应对材料进行热处理的设备"归入税则号列8514.4000。 | | | | |

| 序号 | 1374 | 归类决定编号 | Z2006－0737 | 公告编号 | 2006年第69号 |
|---|---|---|---|---|---|
| 商品税则号列 | 8514.9090 | | | 发布日期 | 2006年11月22日 |
| 商品名称 | 可控气氛热处理炉用氢气保护管 | | | | |
| 英文名称 | | | | | |
| 其他名称 | | | | | |
| 商品描述 | 可控气氛热处理炉用氢气保护管是可控气氛热处理炉不锈钢丝生产中固熔处理的主要设备，其可控气氛通过氢气保护管来实现。工作原理是将可控气氛热处理炉加热到1200度左右，分解后的高纯度氢气通过专用氢气保护管后，再将线穿过专用氢气保护管，进行固熔处理，这样处理的线材才能光亮并保持银白色。如果没有专用氢气保护管的保护，不锈钢丝中的铬（Cr）就会被氧化成黑色，成为废丝。 | | | | |
| 归类决定 | 该保护管为可控气氛热处理炉不可分割的组成部分，炉和保护管必须配套使用；且该管有特定的尺寸、壁厚、直径、耐温参数，由制造商生产出来后，不需要进行加工即可直接安装在可控气氛热处理炉上使用，故该商品应按可控气氛热处理炉用零件归入税则号列8514.9090。 | | | | |

| 序号 | 1375 | 归类决定编号 | Z2006－0738 | 公告编号 | 2006年第69号 |
|---|---|---|---|---|---|
| 商品税则号列 | 85.15 | | | 发布日期 | 2006年11月22日 |
| 商品名称 | 可移动式焊接设备 | | | | |
| 英文名称 | | | | | |
| 其他名称 | 自动焊工作站 | | | | |
| 商品描述 | 该设备外观为履带式自驱动式焊接设备，有驾驶室、焊棚（焊接时挡风）抓臂及焊接设备，专用于野外大口径管道焊接。 | | | | |
| 归类决定 | 该设备为履带式自驱动式焊接设备，有驾驶室、焊棚（焊接时挡风）抓臂及焊接设备，专用于野外大口径管道电气焊接，可按《税则》具体列名归入税目85.15项下。 | | | | |

| 序号 | 1376 | 归类决定编号 | Z2006－0739 | 公告编号 | 2006年第69号 |
|---|---|---|---|---|---|
| 商品税则号列 | 8515.1900 | | 发布日期 | 2006年11月22日 | |
| 商品名称 | 双波浪带滚带机 | | | | |
| 英文名称 | Heat exchang fin(splitter fin) machinery | | | | |
| 其他名称 | | | | | |
| 商品描述 | 双波浪带滚带机由中心带开卷机、点焊机、夹紧滚筒和料仓、鳞片带开卷机、鳞片机、自动收集机构、控制台等组成。其中,中心带开卷机、点焊机、夹紧滚筒和料仓、鳞片带开卷机安装在同一底座上,与鳞片机经钢性结构连接。工作原理:中心带开卷后被输送到收紧轮和存带仓,经过一个支撑轮从鳞片带开卷机下面通过,被引入加热中心带的烘箱,并由石墨喷嘴从烘箱引导到合成轮上的焊剂点(鳞片带的顶部,通过橡胶轮带上焊膏),中心带和鳞片带高速钎焊连接。 | | | | |
| 归类决定 | 由于上述设备安装在同一底座上或彼此刚性结构连接,符合《税则》十六类类注三关于组合机器的定义,应按主要功能一并归类。上述设备主要完成对铜制品的加工,具有焊接、金属切削加工、起皱成型等功能,主要功能无法确定,根据归类总规则三,从后归入税则号列8515.1900。 | | | | |

| 序号 | 1377 | 归类决定编号 | Z2010－0054 | 公告编号 | 2010 年第 15 号 |
|---|---|---|---|---|---|
| 商品税则号列 | 8515.2110[8515.2191(2014 年版)] | | 发布日期 | 2010 年 2 月 28 日 | |
| 商品名称 | 高频直缝焊管机 | | | | |
| 英文名称 | Seam welded tube mills | | | | |
| 其他名称 | | | | | |
| 商品描述 | 该设备加工的原材料为铝合金卷材,主要用来生产汽车散热器管。工艺流程:将成卷圆盘形铝合金原材料通过上料吸盘装到制管机起始端,进行卷料的展开;通过三组滚轮组一次将平直状的材料滚压成截面为圆型、椭圆形或矩形的长管子,成形的管子在运行中进入焊接区;通过高频电阻加热,瞬间将材料的温度提高到 610℃～650℃的高温,使材料表层融化,同时向材料表面喷覆不同的某些含有硅、铁等元素或铅焊剂的溶液,使它们进行复合反应;管材半成品被迅速冷却降温,同时淬火并清洗表面;焊后的管子在运行中通过刮焊缝装置,将焊缝上表面多余不平整的焊料刮掉后进入探伤区检测;经探伤检测后的管子通过整形和校直工序,加工出符合截面尺寸的管子;切刀将管子按预先设定好的长度切断;工序完成。以上工序由设备中央控制单元按预设程序执行。 | | | | |
| 归类决定 | 该商品为一台具有多种功能的组合式机器,实现了完整的焊接工艺,将展开、滚压成圆形、焊接、刮焊、探伤、校正、截断等成套工艺组合在一起,根据《税则》第十六类类注三,该商品以焊接为主要功能,属直缝焊管机,符合《税则》税目 85.15 及其子目条文的描述,根据归类总规则一及六,应按直缝焊管机归入税则号列 8515.2110[8515.2191(2014 年版)]。 | | | | |

| 序号 | 1378 | 归类决定编号 | Z2006－0740 | 公告编号 | 2006 年第 69 号 |
|---|---|---|---|---|---|
| 商品税则号列 | 8515.3190[8515.3120(2014 年版)] | | | 发布日期 | 2006 年 11 月 22 日 |
| 商品名称 | 多功能机器人 | | | | |
| 英文名称 | Electric ARC welding robot | | | | |
| 其他名称 | | | | | |
| 商品描述 | 该系统申报型号为:YA－1NAR61YPW,包括:机器人本体、外部控制器、适配器;净重 156.1 千克/台。本体配有焊枪,该焊枪专为机器人系统配制,进口后再配置上焊接电源,焊接电源与外部控制器相连,即可组成一个电弧焊机。机器人本体是六轴独立关节型,可以实现点到点的移动,是系统的动作部分,焊枪即安装在本体末端的手腕上。控制器采用 Windows CE 系统,“控制装置”参数说明:(1)存储方式:IC 存储(电池供电系统);(2)编辑保护功能:用户 ID 分别管理,保护时其他人不能写入数据。控制器是系统的控制部分,用以控制本体的运动轨迹,当与焊接电源相连也可控制焊枪的焊接操作;适配器是一个操控面板,与控制器相连,通过对控制器的操控实现整个系统的运动和焊接功能。 | | | | |
| 归类决定 | 该商品是一个工业机器人,具有电弧焊接功能。依照《税则注释》对品目 84.79 项下“通用的工业机器人”的解释:“但本品目不包括具有某种特定功能的工业机器人;这些工业机器人应按其功能归类(例如,归入品目 84.24、84.28 或 85.15)”,由于该机器人具有焊接的特定功能,根据上述规定,该商品应按其特定功能归入税则号列 8515.3190[8515.3120(2014 年版)]。 | | | | |

| 序号 | 1379 | 归类决定编号 | Z2006－0741 | 公告编号 | 2006年第69号 |
|---|---|---|---|---|---|
| 商品税则号列 | 8516.6090 | | | 发布日期 | 2006年11月22日 |
| 商品名称 | 家用炉灶带烤箱 | | | | |
| 英文名称 | Cookers | | | | |
| 其他名称 | | | | | |
| 商品描述 | 该商品系带烤箱之煤气灶，其中煤气灶为商品主体，附带烤箱为气电两用型，底部为燃气喷嘴，起主要烘烤作用，上部为电热丝，起辅助烘烤食物上部作用。其中燃气喷嘴和电热丝各具独立功能，必须单独使用，不能同时使用。 | | | | |
| 归类决定 | 由于该炉灶兼具煤气灶和电烤箱的功能，根据《税则注释》关于品目73.21的解释“本品目不包括同时也可使用电供热的器具”，该商品应按用电供热的器具归入税则号列8516.6090。 | | | | |

| 序号 | 1380 | 归类决定编号 | Z2006－0742 | 公告编号 | 2006年第69号 |
|---|---|---|---|---|---|
| 商品税则号列 | 8516.7990 | | | 发布日期 | 2006年11月22日 |
| 商品名称 | 电脑马桶座 | | | | |
| 英文名称 | | | | | |
| 其他名称 | | | | | |
| 商品描述 | 所报电脑马桶座，除马桶座圈外，还包括操作键盘、用来加热水和暖座的相关电热器件及配套管路，从而使其具有自动冲洗、调节冲洗温度及暖座温度等功能。 | | | | |
| 归类决定 | 根据《税则注释》对品目85.16项下“家用电热器具”的定义，该电脑马桶座应根据其主要功能，作为电热器具归入税则号列8516.7990。 | | | | |

| 序号 | 1381 | 归类决定编号 | Z2006-0743 | 公告编号 | 2006年第69号 |
|---|---|---|---|---|---|
| 商品税则号列 | | 8516.7990 | | 发布日期 | 2006年11月22日 |
| 商品名称 | 蒸汽清洁机 | | | | |
| 英文名称 | | | | | |
| 其他名称 | | | | | |
| 商品描述 | 型号:乐华牌[LAVOR] PRETTY VAP,工作温度:145度,工作压力:4巴,自重:8千克,缸容积:2.4千克,发热线:1500瓦,标准配套:1米蒸汽软管连手柄、2×0.5米硬管、地面清洁扒头、手持扒头、弯体小喷头、圆刷子、窗屏清洁工具、旋转接头、抹洁布、手扒布罩。蒸汽清洁机的原理是透过容器加热、水分转化成蒸汽而产生压力(约3~4个大气压)。利用高热能高压的蒸汽喷射在物体上,进行清洁及杀菌工作。 | | | | |
| 归类决定 | 上述商品属家用电热器具,符合《税则》税目85.16及其子目条文的描述,根据归类总规则一及六,应将其按其他家用电热器具,归入税则号列8516.7990。 | | | | |

| 序号 | 1382 | 归类决定编号 | Z2008-0190 | 公告编号 | 2008年第83号 |
|---|---|---|---|---|---|
| 商品税则号列 | | 8516.7990 | | 发布日期 | 2008年11月24日 |
| 商品名称 | 远红外线保健装置 | | | | |
| 英文名称 | | | | | |
| 其他名称 | | | | | |
| 商品描述 | 该商品为利用远红外功能加热的木制桑拿房,成套,未经装配。主要原理:远红外光波辐射向人体反馈,从而使人体有温热感及增强机体免疫力(抵抗力)和生物细胞的组织再生能力,加速供给养分和酵素,达到保健辅助治疗的作用。 | | | | |
| 归类决定 | 该商品为利用远红外功能加热的木制桑拿房,成套,未经装配。主要原理:通电后,利用红外辐射器产生波长1~1000微米的红外波和热量,可用于家庭等多种场合,兼具有医疗保健功能。该商品属于一种电加热设备,参考世界海关组织相关归类决定,其符合《税则》税目85.16及其子目条文的描述,根据归类总规则一及六,应按其他电加热设备归入税则号列8516.7990。 | | | | |

| 序号 | 1383 | 归类决定编号 | Z2006－0744 | 公告编号 | 2006 年第 69 号 |
|---|---|---|---|---|---|
| 商品税则号列 | 8516.8000 | | | 发布日期 | 2006 年 11 月 22 日 |
| 商品名称 | 加热电阻器 | | | | |
| 英文名称 | | | | | |
| 其他名称 | | | | | |
| 商品描述 | 该商品是成卷的电阻加热线，该线的中间部分是 Ni－Mg 或 Ni－Cr 合金电阻，电阻线的外层包覆 PEX 耐高温树脂，起绝缘作用，树脂的外层是金属网（钢），起屏蔽作用，最外层是 PVC 塑料管，直径大约 5 毫米。加热电阻线的两端已接有导线，长度尺寸已定，不需再剪短或加长，进口后可将导线直接与电源连接即可使用。如有需要，可连接温控器或开关等。<br>该商品主要埋于地下，用于道路溶雪、大棚花房土壤加热、管道防冻等。 | | | | |
| 归类决定 | 加热电阻器为成卷的电阻加热器，两端已连接导线，不需再剪短或加长，可直接连接电源使用或与温控器及开关装配后使用，根据《税则注释》关于品目 85.16 的解释，应归入税则号列 8516.8000。 | | | | |

| 序号 | 1384 | 归类决定编号 | Z2006－0745 | 公告编号 | 2006 年第 69 号 |
|---|---|---|---|---|---|
| 商品税则号列 | 8516.8000 | | | 发布日期 | 2006 年 11 月 22 日 |
| 商品名称 | 电热膜 | | | | |
| 英文名称 | Ilo heating film | | | | |
| 其他名称 | | | | | |
| 商品描述 | 该商品完全可以取代传统取暖方式的高科技专利产品，它以电为能源，以辐射方式散热，使室内得到温暖。该商品尺寸为 600 毫米×400 毫米、600 毫米×600 毫米等，是将金属铝片密封在两层特殊的聚酯膜之间，其厚度仅为 0.2 毫米，最高使用温度为 80 度，规格为 ILO175－600S1 到 600S6，功率从每块 60 瓦到 360 瓦，它工作原理是采用电使金属铝片发热，低温大面积热辐射供暖，适用于民用住宅、别墅、宾馆、商场、影院、公共娱乐场所等等。 | | | | |
| 归类决定 | 由于此次进口的电热膜不包括任何连接元件和温控器等，因此不属于完整的供热装置，而应作为加热电阻元件归入税则号列 8516.8000。 | | | | |

| 序号 | 1385 | 归类决定编号 | Z2009－0172 | 公告编号 | 2009年第57号 |
|---|---|---|---|---|---|
| 商品税则号列 | 8516.8000 | | | 发布日期 | 2009年8月31日 |
| 商品名称 | 加热电缆 | | | | |
| 英文名称 | Pal heating cables | | | | |
| 其他名称 | | | | | |
| 商品描述 | 该商品外观为成卷无接头电缆（芯部为多股带绝缘皮电线，外包绝缘皮），额定电压为220～230伏，用于消防管道防冻、低温地板保温、设备保温等。该商品利用电流通过电阻时能够产生热量的原理工作，使用时必须连接适应的冷线（通用电源电缆），以避免电气控制元件受热而引发灾害。 | | | | |
| 归类决定 | 该商品外层为塑料绝缘护套层，绝缘层内为一层铝箔，铝箔内有玻璃纤维丝束、金属绞线和两根绝缘电线，不同于一般电缆的结构，实际功能及工作原理均明确表明其为电阻加热器，《税则注释》品目85.44明确“本品目不包括品目85.16的用绝缘材料包覆的加热电阻器”，而该商品结构符合《税则注释》品目85.16“加热电阻器”的描述，根据归类总规则一及六，应归入税则号列8516.8000。 | | | | |

| 序号 | 1386 | 归类决定编号 | Z2006－0746 | 公告编号 | 2006年第69号 |
|---|---|---|---|---|---|
| 商品税则号列 | 8516.9090 | | | 发布日期 | 2006年11月22日 |
| 商品名称 | 高温陶瓷板 | | | | |
| 英文名称 | NEOCERAM N－II | | | | |
| 其他名称 | | | | | |
| 商品描述 | 该货物是超耐热结晶化玻璃，用作电磁炉顶部。组成：二氧化硅约67%，三氧化二铝23%，氧化锂4%，二氧化钛2%，二氧化锌3%，磷酸1%。成型方法：熔解→成型→徐冷→结晶化热处理。<br>该商品进口后不再加工、切割及研磨，直接使用于电磁炉生产，将高温陶瓷板沾粘硅胶与塑胶上盖黏合，即完成电磁炉上盖半成品。 | | | | |
| 归类决定 | 该陶瓷板进口后不再加工、切割及研磨，直接使用于电磁炉生产，根据《税则》十六类类注二关于零件的归类原则，应将其作为电磁炉零件归入税则号列8516.9090。 | | | | |

| 序号 | 1387 | 归类决定编号 | Z2008－0191 | 公告编号 | 2008 年第 83 号 |
|---|---|---|---|---|---|
| 商品税则号列 | 8517.1290 | | 发布日期 | 2008 年 11 月 24 日 | |
| 商品名称 | 专业手持式无线终端 | | | | |
| 英文名称 | Two-way radio | | | | |
| 其他名称 | | | | | |
| 商品描述 | 专业手持式无线终端，型号为 OP－1000U，用于专业场所的无线网络通信电话终端，不仅可以用于简单的语音通信，还可采用电脑编程设置频点、信令等基本参数，可设置紧急报警、安全保障等诸多功能，还可以完成个性化铃声、别名等设置。主要工作模式：(1)在无线网络覆盖范围内可接入市话网实现全双工通话；(2)加装拨号盘，输入网关号后通过网关可以直接拨打市话；(3)在网络覆盖范围内可以实现两个话机之间的点对点直接通话。 | | | | |
| 归类决定 | 上述商品属于专业场所的无线网络通信终端，符合《税则注释》品目 85.17 的描述。按照其工作模式为不同于手持式话机和对讲机的一种电话设备，根据归类总规则一及六，应归入税则号列 8517.1290。 | | | | |

| 序号 | 1388 | 归类决定编号 | Z2006－1385 | 公告编号 | 2007 年第 70 号 |
|---|---|---|---|---|---|
| 商品税则号列 | 8517. 6219 | | 发布日期 | 2007 年 12 月 5 日 | |
| 商品名称 | 160/168 信息服务交换机 | | | | |
| 英文名称 | | | | | |
| 其他名称 | 排队机 | | | | |
| 商品描述 | 160/168 信息服务交换机(排队机),又称数字用户交换机,主要有排队功能和交换功能。其排队功能如下:当电话用户拨打 160/168 声讯服务号后,市话交换机会通过公众电话网将这一路电话转接到排队机,排队机会将当前用户的呼叫通过系统程序设置,排入排队机内部的等待队列中,根据用户拨打号码的不同,同时按照先等待先服务的原则,将用户电话转接到话务员(人工)或具有交互语音应答能力的设备上(自动)。其交换功能如下:若打进声讯台的电话用户需要专家服务,则排队机会通过公众电话网,将用户的这一路电话转接到市话交换机,最后转接到专家的电话上(目前可接几十门和专家预先约定好的服务电话)。 | | | | |
| 归类决定 | 该交换机满足一般数字程控交换机的技术规范和信号方式,虽然在用户排队等功能上比一般交换机有所增加和侧重,但仍属于社会集团内部通信的数字程控交换机的范围,根据归类总规则一及六,应将其归入税则号列 8517. 6219。 | | | | |

| 序号 | 1389 | 归类决定编号 | Z2006－1386 | 公告编号 | 2007年第70号 |
|---|---|---|---|---|---|
| 商品税则号列 | 8517.6221 | | | 发布日期 | 2007年12月5日 |
| 商品名称 | HFC网络光节点设备 | | | | |
| 英文名称 | | | | | |
| 其他名称 | | | | | |
| 商品描述 | 该HFC网络光节点设备由机壳、光模块、均衡器、衰减器等组成，是光纤同轴混合接入网的节点设备。此光节点设备在光传输链路中完成自光波至射频和射频至光波的传输过程，并支持各种先进的混合光纤同轴网络结构，该节点可配置三个光接收机，四个高电平射频输出和两个反向通道光发射机，它在带宽分配或备份应用中提供了高度的灵活性，可满足单向和双向宽带网络应用中诸如广播视频、电话以及数据等方面的最新要求。 | | | | |
| 归类决定 | 该HFC网络光节点设备可配置三个光接收机，四个高电平射频输出和两个反向通道光发射机，在光传输链路中完成光波至射频和射频至光波的传输过程，属于光端机，根据归类总规则一及六，应将其归入税则号列8517.6221。 | | | | |

| 序号 | 1390 | 归类决定编号 | Z2006－1387 | 公告编号 | 2007年第70号 |
|---|---|---|---|---|---|
| 商品税则号列 | 8517.6229 | | | 发布日期 | 2007年12月5日 |
| 商品名称 | 光纤交换机 | | | | |
| 英文名称 | | | | | |
| 其他名称 | | | | | |
| 商品描述 | 该设备主要用于磁盘阵列等存储设备和服务器的连接，采用基于存储的SCSI协议的光纤通道(FIBRE CHANNEL)协议。该设备配有LC/LC光纤电缆，可采用以太网络协议，但主要用于存储设备，故采用光纤通道协议，而非FC－IP协议。 | | | | |
| 归类决定 | 上述商品属光纤通讯设备，符合《税则》税目85.17及其子目条文的描述，根据归类总规则一和六，该光纤交换机应按其他光通讯设备归入税则号列8517.6229。 | | | | |

| 序号 | 1391 | 归类决定编号 | Z2006－1388 | 公告编号 | 2007年第70号 |
|---|---|---|---|---|---|
| 商品税则号列 | 8517.6234 | | 发布日期 | 2007年12月5日 | |
| 商品名称 | ADSL调制解调器 | | | | |
| 英文名称 | ADSL Modem | | | | |
| 其他名称 | | | | | |
| 商品描述 | 该ADSL调制解调器,又称非对称数字用户专线调制解调器。ADSL技术是使用一对电话线,在用户线两端各安装一个ADSL调制解调器。该调制解调器采用了频分复用技术,将带宽分为三个频段部分:最低频段部分为0～4千赫,用于普通电话业务;中间频段部分为20～50千赫,用于速率为16～640兆比特/秒的上行数据信息的传递;最高频段部分为150～550千赫或140千赫～1.1兆赫,用于1.5～6.0兆比特/秒的下行数据信息的传送。ADSL技术因使用普通电话线作传输介质又有很高的带宽而得到迅速发展。 | | | | |
| 归类决定 | 该ADSL调制解调器的工作流程是:经ADSL调制解调器编码后的信号通过电话线传到电话局后再通过一个信号识别/分离器,如果是语音信号就传到电话交换机上,如果是数字信号就接入互联网(Internet)。根据归类总规则一及六,应将其归入税则号列8517.6234。 | | | | |

| 序号 | 1392 | 归类决定编号 | Z2006－1389 | 公告编号 | 2007 年第 70 号 |
|---|---|---|---|---|---|
| 商品税则号列 | | 8517.6239 | | 发布日期 | 2007 年 12 月 5 日 |
| 商品名称 | 主干异步传输(ATM)交换机 | | | | |
| 英文名称 | | | | | |
| 其他名称 | | | | | |
| 商品描述 | 该设备的型号为 VIVID CS3000,支持多媒体和其他时间敏感的应用,全面支持 MPOA 标准,模块化设计,能实现 6.4 吉比特/秒无阻塞交换带宽,用于建设国家经济信息系统子系统的计算机数据交换设备。 | | | | |
| 归类决定 | 该主干异步传输(ATM)交换机,型号为:VIVID SC3000,是支持异步传输模式 ATM 的数字网络传输设备,其功能和结构与电话或电报交换机有所不同,可作为有线数字通信用的其他设备归入税则号列 8517.6239。 | | | | |

| 序号 | 1393 | 归类决定编号 | Z2006 - 1390 | 公告编号 | 2007 年第 70 号 |
|---|---|---|---|---|---|
| 商品税则号列 | 8517.6239 | | | 发布日期 | 2007 年 12 月 5 日 |
| 商品名称 | 数字语音信息综合处理机和 WINSET 适配器 | | | | |
| 英文名称 | | | | | |
| 其他名称 | | | | | |
| 商品描述 | 上述商品是客户服务中心数字语音信息支持系统的组成部分。WINSET 适配器是其前台桌面设备,与数字语音信息综合处理机相连。<br>1. 数字语音信息综合处理机可通过计算机语音综合应用技术对语音信息进行数字化处理,并通过广域网对呼叫、路由、中继线等资源综合控制。该处理机具有包括电话和计算机共享、自动呼叫分配、号码识别与转移呼叫、交互式语音应答、呼叫管理、同步录音、远程监听等功能。<br>2. WINSET 适配器是用于将数字语音信息综合处理机或客户工作站连接到广域网的接口设备,同时也可代替软件完成多种呼叫管理、录入语音信息、同步传输等硬件功能。 | | | | |
| 归类决定 | 该数字语音信息综合处理机和 WINSET 适配器均为专用于有线数字通信的设备,根据归类总规则一及六,应将其归入税则号列 8517.6239。 | | | | |

| 序号 | 1394 | 归类决定编号 | Z2006－1391 | 公告编号 | 2007年第70号 |
|---|---|---|---|---|---|
| 商品税则号列 | 8517.6239 | | | 发布日期 | 2007年12月5日 |
| 商品名称 | 3600/3645带宽管理系统 | | | | |
| 英文名称 | Bandwidth manager | | | | |
| 其他名称 | 数字数据网络节点设备 | | | | |
| 商品描述 | 3600带宽管理系统是DDN（数字数据网）的网络节点设备，其主要作用是复用和解复用，交叉连接，提供各种数字通道和用户接口，接入各种业务，保持网络同步。3645带宽管理系统是3600带宽管理系统的扩容，用于控制多台3600带宽管理系统协同工作，不直接与用户端连接，功能与3600带宽管理系统相似。 | | | | |
| 归类决定 | 该带宽管理系统作为DDN（数字数据网）的网络节点设备，其主要作用是复用和解复用，交叉连接，提供各种数字通道和用户接口，接入各种业务，保持网络同步，应作为有线数字通信设备归入税则号列8517.6239。 | | | | |

| 序号 | 1395 | 归类决定编号 | Z2006－1392 | 公告编号 | 2007年第70号 |
|---|---|---|---|---|---|
| 商品税则号列 | 8517.6239 | | 发布日期 | 2007年12月5日 | |
| 商品名称 | HYPERCOM 牌网络控制器 | | | | |
| 英文名称 | | | | | |
| 其他名称 | HYPERCOM 牌存储器(申报品名) | | | | |
| 商品描述 | 该HYPERCOM牌网络控制器有IEN6000、IEN4000两种型号,常用作网络中心节点,配有多个LAN/传统协议/语音/WAN的接口,具有集成单元/数据包/电路交换、集成LAN路由器、集成CSU/DSU、集成备用拨号、集成数据压缩和加密、集成的LEGACY－TO－IP网关等多种功能。 | | | | |
| 归类决定 | 该HYPERCOM牌网络控制器是专为金融交易传输系统设计的智能通信处理器,提供了接口、集线、协议转换、传输等功能,支持拨号线、专线、LAN、DDN、X.25及ISDN等多种通信方式。<br>该HYPERCOM牌网络控制器的基本功能如下:<br>1. 各种协议接口;<br>2. 集线;<br>3. 协议转换;<br>4. 交易发送;<br>5. 备份传输路由;<br>6. 联机网络管理;<br>7. 允许拨号、专线或局域网方式访问;<br>8. 支持NMS网管系统;<br>9. 支持TM终端管理系统;<br>10. 可联接多种POS、ATM和ECR电子收款机。<br>该商品属于有线数字通信设备,应归入税则号列8517.6239。 | | | | |

| 序号 | 1396 | 归类决定编号 | Z2006－1393 | 公告编号 | 2007年第70号 |
|---|---|---|---|---|---|
| 商品税则号列 | 8517.6239 | | | 发布日期 | 2007年12月5日 |
| 商品名称 | 数字电视复用器 | | | | |
| 英文名称 | Digital multiplexer | | | | |
| 其他名称 | | | | | |
| 商品描述 | 该数字电视复用器，品牌：THALES，型号：AMBERTNM－4068－D，主要由各类中央处理器（CPU）、存储芯片和主板等构成。该复用器主要用于将多套有线数字电视信号进行打包，形成数字信号流配合后续的调制设备进入有线电视网络，传向有线电视用户终端。 | | | | |
| 归类决定 | 该设备用于有线数字通讯网络，将数字有线电视信号打包后进入有线数字电视网络传输，属于有线数字通讯设备，根据归类总规则一及六，应将其归入税则号列8517.6239。 | | | | |

| 序号 | 1397 | 归类决定编号 | Z2006－1394 | 公告编号 | 2007年第70号 |
|---|---|---|---|---|---|
| 商品税则号列 | 8517.6239 | | | 发布日期 | 2007年12月5日 |
| 商品名称 | 负载均衡交换机 | | | | |
| 英文名称 | | | | | |
| 其他名称 | | | | | |
| 商品描述 | Cisco11503负载均衡交换机，含有以太网模块，用于小型机、服务器与主交换机的连接，它将从主交换机来的对服务器的访问均匀的转发给多个服务器进行处理，使得担当对外应答的服务器的负担一样重，均衡满足客户机的请求。按照传统的通信理论，数据的交换分为1～7层，传统的以太网交换机对1～2层进行交换，而负载均衡交换机对数据通信的内容进行检查，是对数据包的3～7层进行交换。 | | | | |
| 归类决定 | 该负载均衡交换机又称内容服务交换机，是一种结构紧凑的模块化平台，能够为电子商务应用提供第3～7层流量管理服务，其功能与《本国子目注释》对“以太网络交换机”的描述不相符，故其不能按以太网络交换机归类。其属于一种有线数字通信设备，根据归类总规则一和六，应将其归入税则号列8517.6239。 | | | | |

| 序号 | 1398 | 归类决定编号 | Z2007－0073 | 公告编号 | 2007年第71号 |
|---|---|---|---|---|---|
| 商品税则号列 | 8517.6239 | | | 发布日期 | 2007年12月5日 |
| 商品名称 | 自动数据处理设备部件 | | | | |
| 英文名称 | RTU BOX | | | | |
| 其他名称 | | | | | |
| 商品描述 | 该设备为远程单元RTU BOX，是Sattline-PCS系统的一部分。该系统包含了控制站（主控制器）、远程单元RTU BOX和通信模块三部分，共同完成新工艺系统的控制功能。RTU BOX能够接收变送器和传感器的模拟信号并进行模数转换后传给控制器，然后它又把从控制器接收的数字控制信号进行数模转换后再发给执行器—阀门、电机等设备，确保整套系统的数据处理和交换。 | | | | |
| 归类决定 | 该自动数据处理设备部件实为模数转换通信控制柜，由模数转换（AI）模块、数模转换（AO）模块、开关量数字转换（DI）模块、数字开关量转换（DO）模块及通讯（CAN）模块组成，用于变送期、变频器等设备与PCS控制站之间的信息通信。该商品用于PCS网络中工作设备和控制器之间的信号转换和数字通信，符合《税则》税目85.17的描述，根据归类总规则一及六，应归入税则号列8517.6239。 | | | | |

| 序号 | 1399 | 归类决定编号 | Z2008－0084 | 公告编号 | 2008 年第 76 号 |
|---|---|---|---|---|---|
| 商品税则号列 | 8517.6239 | | | 发布日期 | 2008 年 10 月 28 日 |
| 商品名称 | 机顶盒 | | | | |
| 英文名称 | | | | | |
| 其他名称 | | | | | |
| 商品描述 | S-box3300A 机顶盒为 IPTV 数字机顶盒，具有数字电视、视频点播、网络游戏和收发 E-mail 的功能。主要由机顶盒、遥控器、接入电源适配器、AV 或 S 端子连接线组成。工作原理：宽带 IP 网络机顶盒作为网络终端，前端设备将原始流媒体信号数据进行编码，转化成适合网络传输的数据形式，然后通过互联网传送到宽带 IP 网络机顶盒进行解码。作为信息接收、汇聚和交互的平台，机内解码芯片通过相关的网络协议（如：TCP、UDP、HTTP、RTSP、IGMP 等）与前端系统进行交互通讯，在本地将网络传输的流媒体按照相关的标准（如：MPEG2、MPEG4、H.264，VCI、AVS 等）进行解码，输出到相关的显示设备上。 | | | | |
| 归类决定 | 该商品为数字网络机顶盒，通过和网络相连，接受网络信号（包括视频信号、游戏信号、E-mail 信号等），然后通过外接的显示设备进行显示，符合《税则》税目 85.17“发送或接收声音、图像或其他数据用的设备”的商品描述，根据归类总规则一及六，应归入税则号列 8517.6239。 | | | | |

<table>
<tr><td>序号</td><td>1400</td><td>归类决定编号</td><td>Z2009 - 0135</td><td>公告编号</td><td>2009 年第 32 号</td></tr>
<tr><td>商品税则号列</td><td colspan="3">8517.6239</td><td>发布日期</td><td>2009 年 6 月 12 日</td></tr>
<tr><td>商品名称</td><td colspan="5">卫星路由接收机</td></tr>
<tr><td>英文名称</td><td colspan="5">IP/DVB satellite router receiver</td></tr>
<tr><td>其他名称</td><td colspan="5"></td></tr>
<tr><td>商品描述</td><td colspan="5">IPR - S500 型 IP/DVB 卫星路由接收机，主要功能：通过卫星广播 DVB - S 信道，经过 QPSK 解调器解复用，形成传输流，并将该传输流封装在 IP 包内，通过局域网传输到个人电脑上。利用电脑安装的播放软件即可完成软解压还原成相应的音视频文件或相关数据文件，主要为国际互联网接入、网络学习、商务电视等提供相关解决方案。该接收机具有解调和 FEC 信道解码，以及把所接收的卫星信号（内容可为广播电视信号、多媒体数据等）打包成 IP 包的形式输出的功能，不具有音视频解码功能。背板输入端子为 Tuner/LNB 输入，输出端子为 Ethernet 口（以太网口）、Console 口（用于连接维护控制设备）、Firmware 口（Flash 卡口，用于软件升级时插 Flash 卡）、电源口、MODEM 口。</td></tr>
<tr><td>归类决定</td><td colspan="5">该商品通过 LNB 高频头接收卫星信号，并将信号转换为网络通用的 IP 包，转发至网络，包含了各种内容的数据信号。该商品虽然可以接收卫星电视信号，但并未将其转换成一种适合于显示的信号，不符合《税则注释》对品目 85.28 项下“不带显示装置的电视接收装置”的描述，故不应视为卫星电视接收机。该商品是一个完整的信号接收、转换和发送设备，且无路由功能，符合《税则》税目 85.17 及其子目条文的描述，根据归类总规则一及六，应按其他有线数字通信设备归入税则号列 8517.6239。</td></tr>
</table>

| 序号 | 1401 | 归类决定编号 | Z2009－0060 | 公告编号 | 2009 年第 5 号 |
|---|---|---|---|---|---|
| 商品税则号列 | 8517.6299 | | | 发布日期 | 2009 年 1 月 20 日 |
| 商品名称 | 甚高频共用系统 | | | | |
| 英文名称 | | | | | |
| 其他名称 | | | | | |
| 商品描述 | 该系统是为空管部门提供近程和远程地空通信所用的 VHF 通信设备,用于民用航空地面电台与航空器电台之间交换空中交通管制、飞行动态、航务管理、对空广播通信和其他情报的无线话音通信设备。 | | | | |
| 归类决定 | 该商品为空中交通管制的语音导航设备,它在世界民航空管部门专用的频段(118～137 赫兹)上通过无线电发出信号,指挥和控制飞机飞行。该商品通过地面与空中对话指挥飞机飞行,不属于《税则》税目 85.26 描述的无线电导航设备。其用于语音通讯,符合《税则》税目 85.17 的描述,根据归类总规则一及六,应归入税则号列 8517.6299。 | | | | |

| 序号 | 1402 | 归类决定编号 | Z2006－1395 | 公告编号 | 2007 年第 70 号 |
|---|---|---|---|---|---|
| 商品税则号列 | 8517.6990 | | | 发布日期 | 2007 年 12 月 5 日 |
| 商品名称 | 来电显示器 | | | | |
| 英文名称 | Caller id standalone | | | | |
| 其他名称 | | | | | |
| 商品描述 | 该来电显示器由一块主电路板、一个液晶显示屏及一个塑料外壳组成。该来电显示器一端与电话机相连,另一端与电话线相接,来电话时可将主叫号码显示在液晶屏上。其工作原理是:来电显示器的解码器可以将程控交换机发送的以 FSK 和 DTMF 方式调制的主叫电话号码解码成数字行码,经 CPU 进行信号处理和存储,再通过 LCD 显示器将主叫号码显示出来。 | | | | |
| 归类决定 | 该来电显示器是电话机的辅助设备,使普通电话机能实现来电显示的功能,依照其功能判定,属于有线通信设备,应归入税则号列 8517.6990。 | | | | |

| 序号 | 1403 | 归类决定编号 | Z2006 - 1396 | 公告编号 | 2007 年第 70 号 |
|---|---|---|---|---|---|
| 商品税则号列 | 8517.6990 | | 发布日期 | 2007 年 12 月 5 日 | |
| 商品名称 | 可视门铃系统 | | | | |
| 英文名称 | Audio-video entry system | | | | |
| 其他名称 | | | | | |
| 商品描述 | 该商品为可视门铃系统中的可视门口机,即室外机,其配套室内机未进口。该可视门口机由对讲器、数字显示屏、键盘、功能键和摄像头组成,可供访客呼叫住户和管理员;同时住户也可以在该机器上设置密码开门。 | | | | |
| 归类决定 | 该室外机具有通话、开锁、视频监视等功能,符合《税则注释》品目 85.17"门口电话系统"的描述。根据归类总规则一及六,应将其归入税则号列 8517.6990。 | | | | |

| 序号 | 1404 | 归类决定编号 | Z2006－1397 | 公告编号 | 2007 年第 70 号 |
|---|---|---|---|---|---|
| 商品税则号列 | 8517.6990 | | | 发布日期 | 2007 年 12 月 5 日 |
| 商品名称 | 中央管理电话机、门铃、黑白视频监视器(申报品名) | | | | |
| 英文名称 | | | | | |
| 其他名称 | | | | | |
| 商品描述 | 该商品由中央管理电话机、门铃、黑白视频监视器构成。<br>1.“黑白视频监视器”,型号:QHS－201,系室内机,具有遥控开锁、视频监视及通话的功能,可实现与“门铃”及“中央管理机”的对讲,并可以通过“中央管理机”实现与其他区内用户的对讲。<br>2.“门铃”,型号:QHS－5400,系室外机,安装于住宅小区每一单元的安全门上,具有传输图像、开锁及通话的功能,可将视频信号传给室内机并与其通话,也可以与“中央管理机”通话,用户还可自行设定开锁密码,通过密码开锁。<br>3.“中央管理机”,型号:QHS－5300,安装于小区物业管理办公室,可与“黑白视频监视器”和“门铃”对讲,可转接区内用户间的通话,可呼叫、监视“门铃”,开启安全门上的门锁,可与电脑连接使用,由其将接收的室内机异常报警信息传输给电脑后,通过电脑查询异常报警信息、地址、类型、日期、时间等。 | | | | |
| 归类决定 | 该套商品由中央管理电话机、门铃、黑白视频监视器构成,实现小区或大楼的门口呼叫功能,其功能符合《税则注释》品目 85.17 项下“大楼用可视电话”的描述。根据归类总规则一及六,,应将其归入税则号列 8517.6990。 | | | | |

| 序号 | 1405 | 归类决定编号 | Z2006－1398 | 公告编号 | 2007年第70号 |
|---|---|---|---|---|---|
| 商品税则号列 | 8517.7010 | | | 发布日期 | 2007年12月5日 |
| 商品名称 | 程控交换机部件 | | | | |
| 英文名称 | Equipped cabinet | | | | |
| 其他名称 | 中央处理机柜/中央处理模块 | | | | |
| 商品描述 | 爱立信程控交换机从功能结构上分为APZ和APT两大部分,APZ是以软件为主的数据存储和处理部分,APT是以硬件为主的交换执行部分。<br>中央处理机柜(中央处理模块)的功能属于APZ的一部分,由中央处理单元和区域处理单元两大功能模块组成。其中,中央处理单元包括四个主处理器:系统维护处理器、指令处理器和信令处理器、微指令跟踪处理器,另外还有数据存储主板、能量控制板;区域处理单元包括输入输出控制板、总线接口板、人工干预接口和电源单元。 | | | | |
| 归类决定 | 该程控交换机部件(中央处理机柜)能够完成程控交换机的数据存储及处理功能,但仅能用于程控交换机系统,它不能按用户要求随意编辑程序,不符合《税则》第八十四章章注五(一)对“自动数据处理设备”的定义,故不属于自动数据处理设备,因其没有构成程控交换机的主要特征,应按数字式程控交换机的零件归入税则号列8517.7010。 | | | | |

| 序号 | 1406 | 归类决定编号 | Z2006－0764 | 公告编号 | 2006年第69号 |
|---|---|---|---|---|---|
| 商品税则号列 | 8517.7030 | | 发布日期 | 2006年11月22日 | |
| 商品名称 | VK660手机用前壳总组件;显示模块 | | | | |
| 英文名称 | | | | | |
| 其他名称 | | | | | |
| 商品描述 | 1. VK660手机用前壳总组件包括:显示模块、摄像头、前壳、翻盖上壳、按键(数字按键、开关按键……)、扬声器、FPC软连接器,以上零件组成前壳总组件,均不可分割。用途:VK660手机用前壳总组件通过主板输出电信号,经过FPC软连接器传送到显示模块及扬声器上,让显示模块显示出图像数据,扬声器发出声音,摄像头将光信号转换成电信号,电信号经FPC送到主板上的摄像解码芯片,经解码后的信号再由FPC送到LCD上显示出图像。<br>2. “显示模块”为彩屏手机用,包括LCD模块和摄像头,两者通过连接件连接,不可分割。 | | | | |
| 归类决定 | VK660手机用前壳总组件包括显示模块、摄像头、前壳、翻盖上壳、按键等,结构上不可分割。由于缺少主机主板,不能完成手机收、发等通信功能,不具备整机特征,根据第十六类类注二关于零件的归类原则,应将其按手机零件进行归类。“显示模块”由LCD模块和摄像头构成,两者不可分割,根据第十六类类注二关于零件的归类原则,应将其按手机零件进行归类。<br>上述两项商品属手机专用零件,符合《税则》税目85.17及其子目条文的描述,根据归类总规则一及六,应将其按手机零件归入税则号列8517.7030。 | | | | |

| 序号 | 1407 | 归类决定编号 | Z2006－0761 | 公告编号 | 2006年第69号 |
| --- | --- | --- | --- | --- | --- |
| 商品税则号列 | 8517.7030 | | | 发布日期 | 2006年11月22日 |
| 商品名称 | 射频模块 | | | | |
| 英文名称 | | | | | |
| 其他名称 | RF module | | | | |
| 商品描述 | 射频模块是手机的主要部件，由控制器、低噪声放大器、变频器和双工器等组成。该部件既可将手机内部信号进行放大、变频、调制转换为射频信号，又可进行信号的逆变换。 | | | | |
| 归类决定 | 因其是专用于手机的关键部件，并不是装有接收装置的独立发送设备，所以应作为手机零部件归入税则号列8517.7030。 | | | | |

| 序号 | 1408 | 归类决定编号 | Z2006－0763 | 公告编号 | 2006年第69号 |
| --- | --- | --- | --- | --- | --- |
| 商品税则号列 | 8517.7030 | | | 发布日期 | 2006年11月22日 |
| 商品名称 | 手机按键半成品（面板） | | | | |
| 英文名称 | Web pre-cut dome | | | | |
| 其他名称 | | | | | |
| 商品描述 | 该商品为手机键盘的一层，材料属性为离形纸、塑料构成两层薄膜，并在手机按键的相应位置粘贴有圆形金属片。当安装于手机内部后，按键按下时使金属片与手机上的电路接触，使得电路导通。 | | | | |
| 归类决定 | 该商品由离形纸、塑料构成两层薄膜以及圆形金属片构成，形状特殊、专用性强，根据《税则》第十六类类注二关于零件的归类原则，由于该商品未构成《税则》上列名商品的基本属性，故应根据其用途即手机专用，作为手机零件归入税则号列8517.7030。 | | | | |

| 序号 | 1409 | 归类决定编号 | Z2006－0762 | 公告编号 | 2006年第69号 |
|---|---|---|---|---|---|
| 商品税则号列 | 8517.7030 | | 发布日期 | 2006年11月22日 | |
| 商品名称 | 手机液晶显示屏 | | | | |
| 英文名称 | | | | | |
| 其他名称 | | | | | |
| 商品描述 | 该商品的型号为HLM7564－010200。规格为外屏(正面)32毫米×8毫米,其液晶体的解像度是96×16点;内屏(主显示)32毫米×24毫米,其液晶体的解像度是96×64点;该商品由液晶体,液晶体驱动电路,液晶体支援电路,EL背光片,背光电路以及两个在电路上虽与液晶显示无连接,但与液晶显示驱动器共在一片软性线路板上的手机零件喇叭及真时钟电源组成。该液晶屏用于摩托罗拉V60翻盖式双屏显示手机上。 | | | | |
| 归类决定 | 由于该商品安装有电路(由背光驱动器、电容、电感和EL背光片组成)、电源(用于喇叭)等,超出了《税则注释》对品目90.13描述的范围,根据《税则》第十六类类注二关于零件的归类原则,应将其作为手机零件归入税则号列8517.7030。 | | | | |

<table>
<tr><td>序号</td><td>1410</td><td>归类决定编号</td><td>Z2011－0002</td><td>公告编号</td><td>2011 年第 26 号</td></tr>
<tr><td>商品税则号列</td><td colspan="3">8517.7030</td><td>发布日期</td><td>2011 年 4 月 25 日</td></tr>
<tr><td>商品名称</td><td colspan="5">手机用液晶显示屏</td></tr>
<tr><td>英文名称</td><td colspan="5"></td></tr>
<tr><td>其他名称</td><td colspan="5"></td></tr>
<tr><td>商品描述</td><td colspan="5">该商品由液晶显示玻璃、连接器、FPC、控制与驱动 IC、电容器、胶框、LED 灯、增光膜、铁框构成，可提供一个标准的 LCD 显示驱动接口（有 4 位、8 位、VGA 等不同类型），下游生产商按照接口要求进行操作来控制 LCD 正确显示，作为手机的输出显示单元。该商品属于手机的显示控制部分，并非通常意义上的液晶显示屏，而且是专用于某一品牌的某一型手机的定制品，不具备通用性。各个部分功能：（1）液晶显示玻璃：玻璃板加上液晶，通过外部电路控制液晶方向实现不同偏向光线折射。（2）连接器：一般和手机中的连接器互相对应实现连接功能。（3）FPC：是一种组合刚扰性印制板，在其中印刷一些电路实现和外部电路导通。（4）控制与驱动 IC：手机将信号发给驱动 IC，驱动 IC 进行读取分析，内部经过运算将命令通过连接器 FPC 传导到液晶电路及背光电路中，实现不同的显示功能。（5）背光源：包含 LED 灯通过不同的增光模反射加强 LCD 的显示亮度。</td></tr>
<tr><td>归类决定</td><td colspan="5">该商品为液晶显示屏，由液晶显示玻璃、连接器、FPC、控制与驱动 IC、电容器、胶框、LED 灯、增光膜、铁框构成，为带背光模组的液晶显示板，是专用于特定型号手机的定制品，不具备通用性，属于手机的专用零件，应按照《税则》十六类类注二关于零件的归类原则确定税号。该商品符合《税则》税目 85.17 及其子目条文的描述，根据归类总规则一及六，应将其按手机专用零件归入税则号列 8517.7030。</td></tr>
</table>

| 序号 | 1411 | 归类决定编号 | Z2010－0055 | 公告编号 | 2010 年第 15 号 |
|---|---|---|---|---|---|
| 商品税则号列 | 8517.7090 | | | 发布日期 | 2010 年 2 月 28 日 |
| 商品名称 | 光接收组件 | | | | |
| 英文名称 | | | | | |
| 其他名称 | | | | | |
| 商品描述 | 该商品由光电二极管(PD)和低噪声的跨导前置放大器(TIA)组成，PD 中使用了高性能的 InGaAs/InP 的 APD 芯片，并密封于五脚的 TO46 中。用于千兆以太网的无源光网络(GEPON)。工作原理：组件中的 PD 中配置的高性能的 InGaAs/InP 的 APD 芯片可帮助完成 PD 的信号驱动和相关参数的调整。组件中内置跨导前置放大器(TIA)会提高 PD 正常工作时必须的光功率范围，改善其抗干扰的工作性能。最终将数据信息通过光信号转换成电信号，实现光电转换。该光接收组件是光收发模块的主要组成部分。主要性能参数：传输速率为 1.25Gb/s，灵敏度小于－33dBm，反偏电压小于 55 伏，宽的动态范围适用于 GEPON 的突发模式状态。 | | | | |
| 归类决定 | 该商品为光纤通信设备或系统中的光通信用光接收模块，是光通信设备的专用零件，应根据《税则》第十六类类注二关于设备零件的规定，上述商品由封装在一起的光电二极管和放大器组成，其结构超出了《税则注释》关于品目 85.41 项下“半导体器件”的描述，不应归入品目 85.41 项下。上述商品属光通信设备的专用零件，符合《税则》税目 85.17 及其子目条文的描述，根据归类总规则一及六，应按其他通信设备用零件归入税则号列 8517.7090。 | | | | |

| 序号 | 1412 | 归类决定编号 | Z2006－0747 | 公告编号 | 2006 年第 69 号 |
|---|---|---|---|---|---|
| 商品税则号列 | 8518.1000 | | | 发布日期 | 2006 年 11 月 22 日 |
| 商品名称 | 高智能麦克风(带视频输出) | | | | |
| 英文名称 | Microphone | | | | |
| 其他名称 | | | | | |
| 商品描述 | 该商品为高智能麦克风(带视频输出)。它有以下几种功能:<br>1. 歌曲伴奏功能(卡拉 OK),内存 1500 首中文歌曲;<br>2. 视频输出功能,与电视机连接(或与电视机及音响同时连接)后,演唱时除有伴奏音乐外,还可以视频输出 24 幅固定图片,以及歌曲的歌词;<br>3. 录音及播放功能,可以将在卡拉 OK 伴奏下演唱的歌曲录制下来,并播放;<br>4. 可以通过 USB 电缆,从电脑上下载 MP3 格式歌曲,并播放;<br>5. 可作为无线话筒使用,声音传输通过 FM104MHz 频率输出,可用调频收音机接收,并用扬声器将声音传出。 | | | | |
| 归类决定 | 该麦克风具有声音的录制和重放、视频输出、MP3 格式文件的下载及播放等多种功能,但仍以麦克风为其主要功能,因此,可归入税则号列 8518.1000。 | | | | |

| 序号 | 1413 | 归类决定编号 | Z2008－0085 | 公告编号 | 2008年第76号 |
|---|---|---|---|---|---|
| 商品税则号列 | 8518.1000 | | | 发布日期 | 2008年10月28日 |
| 商品名称 | 无线麦克风系统 | | | | |
| 英文名称 | | | | | |
| 其他名称 | | | | | |
| 商品描述 | ULM2000M是一种可自由选择320种的，频率范围为794～810兆赫兹，功率为10毫瓦，可接受距离为70米的无线麦克风系统。它由ULR2000和ULM2000组成：(1)ULM2000是无线麦克风(发射器)，发射高频信号的最大功率可达到10毫瓦，它发射频率的范围是785.1～805.9兆赫兹，这些点可存贮在用户的PRESET2、PRESET3、PRESET4等厂商预置好的频率，它将人的声音(20～20000赫兹)信号，通过麦克风转化低频的电信号，然后通过电路的限幅、压缩、FM调制，产生10毫瓦、785.1～805.9兆赫兹的载波信号，然后通过内置的天线发射出去，在强大频率或信号干扰时，频率锁定扫描功能也能确保发送和接收信号的稳定。(2)ULR2000是信号接收器，它是将发射器发射来的高频信号进行振荡接收、放大、扩展、解调，对解后的音频进行去加重还原处理，然后输出音频信号。 | | | | |
| 归类决定 | 该商品成套进口，具备《税则》税目85.18项下列名的“传声器”的功能，上述两个部件构成了功能机组，根据《税则》第十六类类注四关于功能机组的归类原则，该商品属无线麦克风，符合《税则》税目85.18及其子目条文的描述，根据归类总规则一及六，应按传声器归入税则号列8518.1000。若上述两个部件单独进口，则ULM2000无线麦克风，符合《税则》税目85.18及其子目条文的描述，根据归类总规则一及六，应按传声器归入税则号列8518.1000。ULR2000信号接收器，单纯的无线电信号接收装置(非广播)，不具备信号发送的功能，符合《税则》税目85.17及其子目条文的描述，根据归类总规则一及六，应按其他无线设备归入税则号列8517.6910。 | | | | |

| 序号 | 1414 | 归类决定编号 | Z2008－0192 | 公告编号 | 2008 年第 83 号 |
|---|---|---|---|---|---|
| 商品税则号列 | 8518.1000 | | | 发布日期 | 2008 年 11 月 24 日 |
| 商品名称 | 手机耳机半成品(音频控制器) | | | | |
| 英文名称 | | | | | |
| 其他名称 | | | | | |
| 商品描述 | 该商品的中文名称为“音频控制器”,型号为 AD－43,企业申报品名为“手机耳机半成品”,用于 NOKIA N95 款手机。其主要组成部件:耳机线、插头、开关部件、麦克风等。其中,开关部件包括接听/挂断电话按钮;音乐播放/暂停按钮;音乐快进按钮;音乐快退按钮;声音控制按钮等。其主要工作原理:麦克风将接收到的声音通过振音膜产生震动,根据电磁感应原理,进行声电转换,转换成音频信息,通过连接线等传送此信息。而开关按钮用于控制手机中存储的音乐等。此商品再配上由扬声器组成的耳塞传输声音,即为完成品。 | | | | |
| 归类决定 | 该商品兼具有麦克风和手机有线遥控的功能,其中以麦克风为其主要功能,根据《税则》第十六类类注三的归类原则,符合《税则》税目 85.18 及其子目条文的描述,根据归类总规则一及六,应按传声器归入税则号列 8518.1000。 | | | | |

<table>
<tr><td>序号</td><td>1415</td><td>归类决定编号</td><td colspan="2">Z2006 - 0748</td><td>公告编号</td><td>2006 年第 69 号</td></tr>
<tr><td colspan="2">商品税则号列</td><td colspan="2">8518.2100</td><td colspan="2">发布日期</td><td>2006 年 11 月 22 日</td></tr>
<tr><td colspan="2">商品名称</td><td colspan="6">扬声器</td></tr>
<tr><td colspan="2">英文名称</td><td colspan="6"></td></tr>
<tr><td colspan="2">其他名称</td><td colspan="6"></td></tr>
<tr><td colspan="2">商品描述</td><td colspan="6">所申报的 TOA 牌扬声器共有三种,即壁挂式箱型扬声器,型号为 BS - 330;宽音域扬声器,型号为 CS - 304;花园扬声器,型号为 GS - 301。该类扬声器均由扬声器单元、变压器、接线端子和 ABS 树脂外壳组成,其中:<br>1. BS - 330 型:树脂外壳为正面正方形、侧截面为前窄后宽的梯形;带有开口及壁挂孔的背板通过螺丝固定在外壳内沿,与前者共同组成封闭箱体。<br>2. CS - 304 型:外壳由两部分构成,一为树脂矩形口喇叭,扬声器单元固定于喇叭小口端;另一为“几”字状树脂罩,将矩形喇叭及扬声器单元从后部封闭在内。树脂罩后部安装了用于悬挂或固定的金属支架,外壳可以支架的两固定端为轴前后旋转。<br>3. GS - 301 型:由圆柱形底座、三足支架以及扬声器外壳组成。底座固定于地面,通过三足支架撑起扬声器外壳。外壳由上下两块圆罩封闭形成,顶部为穹隆形密封防水设计,扬声器单元倒置固定在下块圆罩内底部。</td></tr>
<tr><td colspan="2">归类决定</td><td colspan="6">上述商品共同特征都是由一个扬声器安装于一个箱体内,符合《税则注释》对品目 85.18“扬声器可装在框架、底座上,或装在不同类型的箱体内……”的要求,符合《税则》税目 85.18 及其子目条文的描述“单喇叭音箱(single loudspeakers,mounted in their enclosure)”,根据归类总规则一及六,应将其按单喇叭音箱归入税则号列 8518.2100。</td></tr>
</table>

| 序号 | 1416 | 归类决定编号 | Z2006－1399 | 公告编号 | 2007年第70号 |
|---|---|---|---|---|---|
| 商品税则号列 | 8518.2900 | | 发布日期 | 2007年12月5日 | |
| 商品名称 | 扬声器 | | | | |
| 英文名称 | | | | | |
| 其他名称 | | | | | |
| 商品描述 | 该扬声器的型号:GMO1663;规格:755毫米×70毫米×95毫米。该商品为等离子电视左右两侧的内置式音箱,主要由四个高音两个低音的扬声器(喇叭)、垫片、螺钉、吸音海绵、塑框架和连接线组成。 | | | | |
| 归类决定 | 该扬声器,由多个扬声器、垫片、螺钉、吸音海棉、塑框架、连接线组装而成,装于电视机内。税则号列8518.2200关于商品的英文描述为“Multiple loudspeakers, mounted in the same enclosure”,应当安置在一个箱体内。该扬声器并未安装在一个箱体中,不符合此描述,根据归类总规则一及六,应将其归入税则号列8518.2900。 | | | | |

| 序号 | 1417 | 归类决定编号 | Z2006－0749 | 公告编号 | 2006年第69号 |
|---|---|---|---|---|---|
| 商品税则号列 | 8518.3000 | | 发布日期 | 2006年11月22日 | |
| 商品名称 | 胎教装置 | | | | |
| 英文名称 | | | | | |
| 其他名称 | | | | | |
| 商品描述 | 该商品由主机、副机及一副耳机构成。工作原理为:主机有三个插口,分别与耳机、副机及外部音源相连结。主机内部存有一段自然音乐可供播放或播放外部音源提供的音乐,孕妇通过耳机、胎儿通过主机底部的一个小扬声器收听;将副机贴于孕妇腹部时,孕妇可听到胎儿的声音;将副机靠近孕妇嘴,主机置于孕妇腹部,孕妇就可与胎儿进行语言交流。 | | | | |
| 归类决定 | 根据以上特征判定,所报胎教装置主要由传声器、扩音器和扬声器组成,因此,应作为由传声器及一个或多个扬声器组成的组合机归入税则号列8518.3000。 | | | | |

<table>
<tr><td>序号</td><td>1418</td><td>归类决定编号</td><td>Z2006 - 0750</td><td>公告编号</td><td>2006 年第 69 号</td></tr>
<tr><td colspan="2">商品税则号列</td><td colspan="2">8518. 3000</td><td>发布日期</td><td>2006 年 11 月 22 日</td></tr>
<tr><td colspan="2">商品名称</td><td colspan="4">微机网络语音器</td></tr>
<tr><td colspan="2">英文名称</td><td colspan="4">Video instant messenger</td></tr>
<tr><td colspan="2">其他名称</td><td colspan="4">视频实时聊天工具</td></tr>
<tr><td colspan="2">商品描述</td><td colspan="4">牌子:okBuddy; 型号:TMP200; 含主体、耳机连话筒、延长线、光盘; 用途:与微机通过 USB 口连接,安装软件后,通过 INTERNET 登陆到 okBuddy 服务,实现语音通话,如安装有摄像头,则可实现视频会议。</td></tr>
<tr><td colspan="2">归类决定</td><td colspan="4">该商品除可完成一般的耳机、话筒的功能外,还可以将声音信号转换成数字信号、数字信号还原成声音信号,但其主要特征仍为带传声器的耳机,应归入税则号列 8518. 3000;光盘上的内容为相关的安装软件,应一并归入税则号列 8518. 3000。</td></tr>
</table>

<table>
<tr><td>序号</td><td>1419</td><td>归类决定编号</td><td>Z2006 - 0751</td><td>公告编号</td><td>2006 年第 69 号</td></tr>
<tr><td colspan="2">商品税则号列</td><td colspan="2">8518. 4000</td><td>发布日期</td><td>2006 年 11 月 22 日</td></tr>
<tr><td colspan="2">商品名称</td><td colspan="4">数字音频处理器</td></tr>
<tr><td colspan="2">英文名称</td><td colspan="4">Power Play PRO-XL</td></tr>
<tr><td colspan="2">其他名称</td><td colspan="4">耳机放大分配器</td></tr>
<tr><td colspan="2">商品描述</td><td colspan="4">该数字音频处理器为 BEHRINGER 牌,型号为 HA4700,经珠海市检验检疫局技术中心鉴定,其品名为“耳机放大分配器”。该设备组成:有四个独立的 high-power 放大区段,分别有单声道/立体声/右声道和哑音开关,均衡和音量控制,7 段信号峰值灯,每个区段都有三个耳机输出,可以同时连接 12 副耳机。功能:提供四路放大、12 路分配,可以驱动 8 欧以上阻抗的耳机,改良声音的表现力,可随意跳线组合及混音功能。</td></tr>
<tr><td colspan="2">归类决定</td><td colspan="4">数字音频处理器具备音频放大、分配以及混音等功能,特别是其具备“四个独立的 high-power 放大区段,分别有单声道/立体声/右声道和哑音开关,均衡和音量控制”,因此音频放大是其主要功能,根据《税则》第十六类类注三关于多功能机器的归类原则,应按其主要功能归入税则号列 8518. 4000。</td></tr>
</table>

| 序号 | 1420 | 归类决定编号 | Z2006－1400 | 公告编号 | 2007年第70号 |
|---|---|---|---|---|---|
| 商品税则号列 | 8519.8121 | | 发布日期 | 2007年12月5日 | |
| 商品名称 | CD播放机 | | | | |
| 英文名称 | CD Recorder player | | | | |
| 其他名称 | | | | | |
| 商品描述 | 该专业CD播放机，型号为DENON DN－C680，只具有播放CD的功能，用于广播电台节目的制播。 | | | | |
| 归类决定 | 该商品为专业级CD播放机，型号为DENON DN－C680，只具有播放CD的功能，用于广播电台节目的制播。根据归类总规则一，该商品应归入税则号列8519.8121。 | | | | |

| 序号 | 1421 | 归类决定编号 | Z2006－0752 | 公告编号 | 2006年第69号 |
|---|---|---|---|---|---|
| 商品税则号列 | 8521.9011 | | 发布日期 | 2006年11月22日 | |
| 商品名称 | 便携式VCD播放机 | | | | |
| 英文名称 | Portable VCD ＋ MP3 | | | | |
| 其他名称 | 收录音及VCD组合机 | | | | |
| 商品描述 | 该便携VCD播放机的型号为A－2000 VCD，该机将收音机、录音机（单卡）、VCD播放机（可播放VCD、CD光盘）及二个喇叭集合在一个机体内，成为具有收音，录音，放音，播放VCD、CD光盘的音、视频信号的多功能组合机。该机可在家庭中作为VCD播放机用，也可以在野外作为收录（放）音组合机用。 | | | | |
| 归类决定 | 该商品为多功能组合机器，其主要功能为播放VCD影片，应归入税则号列8521.9011。 | | | | |

<table>
<tr><td>序号</td><td>1422</td><td>归类决定编号</td><td>Z2006 - 1401</td><td>公告编号</td><td>2007 年第 70 号</td></tr>
<tr><td colspan="2">商品税则号列</td><td colspan="2">8521.9019</td><td>发布日期</td><td>2007 年 12 月 5 日</td></tr>
<tr><td colspan="2">商品名称</td><td colspan="4">3D 音乐系统</td></tr>
<tr><td colspan="2">英文名称</td><td colspan="4"></td></tr>
<tr><td colspan="2">其他名称</td><td colspan="4"></td></tr>
<tr><td colspan="2">商品描述</td><td colspan="4">该商品外观呈立方体，主要构成元件包括：<br>1. 工业级触控式 PC 电脑主机；<br>2. HD - DVD player（两台）；<br>3. 特效控制电路。<br>其工作过程：<br>1. 整个控制工作的核心为电脑主机，HD - DVD 为影片放映机，特效电路为控制特效周边之核心；<br>2. 主机开启后，系统会逐一将内部设备按照顺序开启，直至待机状态；<br>3. 于触控银屏按放映键，电脑开始按程序发送指令给 HD - DVD、特效控制电路，影片开始放映，特效指令开始发送；<br>4. 影片放映连接至投影设备，特效指令依照电脑指示发送控制讯号至外部设备。</td></tr>
<tr><td colspan="2">归类决定</td><td colspan="4">该商品是组合机器，其主要功能为视频信号重放，根据《税则》第十六类类注三的归类原则，应按其主要功能进行归类。其为 HD - DVD 播放系统，符合《税则》税目 85.21 及其子目条文的描述，根据归类总规则一及六，应将其按其他激光视盘机归入税则号列 8521.9019。</td></tr>
</table>

| 序号 | 1423 | 归类决定编号 | Z2006－1402 | 公告编号 | 2007年第70号 |
|---|---|---|---|---|---|
| 商品税则号列 | 8521.9090 | | 发布日期 | 2007年12月5日 | |
| 商品名称 | 数字监控机 | | | | |
| 英文名称 | | | | | |
| 其他名称 | | | | | |
| 商品描述 | 该数字监控机(POS－WATCH)可以接入声音、图像、文本和数据信号,经过数字编码、数据压缩后,提供信息的再现输出、输入控制,数据存储、查询和交换功能,以及数据的远程传输和远程控制功能。<br>数字监控机POS－WATCH采用嵌入式RTOS操作系统、开放式MPEG－4视频国际标准,完全脱离PC机结构,不但能记录、回放监控的图像信息,而且具有视频切换、控制对应摄像机的镜头的变焦、云台的上下左右运动,画面分割、报警联动、视频移动侦测、网络远程访问、远程监控等多种功能。该产品广泛应用于交通、金融、智能大厦、酒店、学校、监狱、大型工厂、住宅小区等行业或场所。<br>设备的主要技术指标:型号POS－WATCH(PRO16),16路视频输入信号端口、16路视频信号环通输出端口、4路音频录制输入端口、2路音频输出端口、1路SPOT视频显示切换输出端口、1路S－VIDEO输出端口、1路VGA显示器输出端口、1个以太网连接端口、传感器(报警信号)端口、控制键盘I/O端口、NTSC/PAL制式转换开关等。<br>1. CPU:266M芯片,厂家IBMPOERPC,型号IBM25PPC405GPR3BB266,嵌入实时性操作系统(LINUX);<br>2. DRAM内存:32M芯片,厂家HYNIX,型号HY57WV64322DD－6;<br>3. MAND(类似FLASH):16M芯片,厂家SAMSUNG,型号K4S281632F－TC75;<br>4. DMA处理硬盘存储芯片:厂家SILICONIMAGE,型号SIL504;<br>5. 图像压缩处理芯片:厂家TI,型号TMS320C6414GLZC11－43A00HW(主频600兆赫);<br>6. 声音处理芯片:厂家OKI,型号M9841;<br>7. 网络处理芯片:厂家REALTEX,型号RTL8201L3323101;<br>8. 串口处理芯片:厂家SIPEX,型号SP3243ECT;<br>9. 键盘处理芯片:厂家BB,型号DCP010505BP;<br>10. TI的DSP芯片＋RTOS操作系统。 | | | | | |
| 归类决定 | 该数字监控机采用硬盘数据存储。虽然未装有硬盘,但其进口部分已经构成了完整品的基本特征。该机在闭路电视监控系统中的主要功能是记录和回放监控的图像信息,符合《税则》税目85.21及其子目条文的描述,根据归类总规则二(一),应将其按视频信号录制或重放设备,归入税则号列8521.9090。 | | | | | |

| 序号 | 1424 | 归类决定编号 | Z2006－1403 | 公告编号 | 2007年第70号 |
|---|---|---|---|---|---|
| 商品税则号列 | 8522.9031 | | | 发布日期 | 2007年12月5日 |
| 商品名称 | VCD机用托盘机架连读码器 | | | | |
| 英文名称 | | | | | |
| 其他名称 | | | | | |
| 商品描述 | 该VCD机用托盘机架连读码器主要由托载机构、主轴驱动机构、光电转换电路和前置放大电路组成。 | | | | |
| 归类决定 | VCD/CD/LD/CVD/SVCD的机芯，主要由托架机构、激光头进给机构和主轴驱动机构等机械部分及一些辅助电路部分组成。该VCD机用托盘机架连读码器含有以上所述主要部件，应视为已构成机芯的基本特征，根据归类总规则二（一），应将其归入税则号列8522.9031。 | | | | |

| 序号 | 1425 | 归类决定编号 | Z2006－1404 | 公告编号 | 2007年第70号 |
|---|---|---|---|---|---|
| 商品税则号列 | 8522.9031 | | | 发布日期 | 2007年12月5日 |
| 商品名称 | VCD读码器 | | | | |
| 英文名称 | | | | | |
| 其他名称 | | | | | |
| 商品描述 | 该商品包括两种型号VCD读码器：KSM213和VAM1202，主要由激光头、支架、马达、齿轮等构成。 | | | | |
| 归类决定 | 该VCD读码器已具备机芯的基本特征，根据归类总规则二（一），应归入税则号列8522.9031。 | | | | |

| 序号 | 1426 | 归类决定编号 | Z2009 - 0136 | 公告编号 | 2009 年第 32 号 |
|---|---|---|---|---|---|
| 商品税则号列 | 8522.9031 | | 发布日期 | | 2009 年 6 月 12 日 |
| 商品名称 | 车载多功能播放机机芯 | | | | |
| 英文名称 | | | | | |
| 其他名称 | 车载多功能播放机机芯、光盘播放机机架、车载播放机机架 | | | | |
| 商品描述 | 该商品为车载多功能视频播放机机芯，主要组成料件：基板、铁件、激光头、马达等。构成完整品还需铁件、液晶显示板、铁件、线材、基板模组等部件。车载多功能视频播放机成品具有以下功能：GPS、液晶触摸显示屏、蓝牙免提手机功能、倒车摄影功能、收音机功能、DVD、CD、MP3 播放机功能和外部输入功能等。适用各类型小轿车。 | | | | |
| 归类决定 | 该商品为车载多功能视频播放机机芯，由基板、铁件、激光头、马达等组成，进口后用于多功能 GPS、DVD 一体机，能对导航地图光盘进行解读，属于视频信号重放设备的一部分，是“具备了读取 DVD 激光盘的机芯的基本特征”的散件，已具备 DVD 激光盘的机芯完整品的基本特征，根据归类总规则二（一）及六，应按激光视盘机的机芯归入税则号列 8522.9031。 | | | | |

| 序号 | 1427 | 归类决定编号 | Z2008 - 0193 | 公告编号 | 2008 年第 83 号 |
|---|---|---|---|---|---|
| 商品税则号列 | 8522.9039 | | 发布日期 | | 2008 年 11 月 24 日 |
| 商品名称 | DVD 换碟机，和汽车用 CD 播放机兼有收音功能连用 | | | | |
| 英文名称 | | | | | |
| 其他名称 | | | | | |
| 商品描述 | 该商品的型号为 DV - 600，和汽车用 CD 播放机兼有收音功能连用，不能独立使用，无视频信号读取解码输出功能。 | | | | |
| 归类决定 | 该商品不具备独立的视频播放的功能，应视为 DVD 播放器的专用零件确定归类，符合《税则》税目 85.22 及其子目条文的描述，根据归类总规则一及六，应按其他视频信号重放装置的零件归入税则号列 8522.9039。 | | | | |

| 序号 | 1428 | 归类决定编号 | Z2006－1405 | 公告编号 | 2007年第70号 |
|---|---|---|---|---|---|
| 商品税则号列 | 8523.2910[8523.2911(2014年版)] | | 发布日期 | | 2007年12月5日 |
| 商品名称 | 磁芯碟 | | | | |
| 英文名称 | | | | | |
| 其他名称 | | | | | |
| 商品描述 | 该商品为3.5英寸磁盘内所用的磁芯，是由聚酯薄膜(聚对苯二甲酸乙烯酯，国内也称涤纶膜)经磁浆(主要由磁粉、黏合剂、溶剂和助剂等配制而成)涂布、压光，用冲床及专用模具冲裁成同心圆片，并经热处理而成。到工厂后需要装配塑料外壳等材料才能成为电脑所用的3.5英寸磁盘。 | | | | |
| 归类决定 | 该磁盘片是3.5英寸软盘的未制成品，但已经具备了磁盘的基本特征。根据归类总规则二(一)，应将其归入税则号列8523.2910[8523.2911(2014年版)]。 | | | | |

| 序号 | 1429 | 归类决定编号 | Z2006－1406 | 公告编号 | 2007年第70号 |
|---|---|---|---|---|---|
| 商品税则号列 | 8523.4010[8523.4910(2014年版)] | | 发布日期 | | 2007年12月5日 |
| 商品名称 | 光盘 | | | | |
| 英文名称 | | | | | |
| 其他名称 | | | | | |
| 商品描述 | 该批光盘录制的内容为雅思听力考试的内容，有声音无图像，用CD Diskman(可携式光盘播放器)播放。 | | | | |
| 归类决定 | 该光盘仅用于重放声音，根据归类总规则一和六，应归入税则号列8523.4010[8523.4910(2014年版)]。 | | | | |

| 序号 | 1430 | 归类决定编号 | Z2006－1407 | 公告编号 | 2007 年第 70 号 |
| --- | --- | --- | --- | --- | --- |
| 商品税则号列 | 8523.5110 | | | 发布日期 | 2007 年 12 月 5 日 |
| 商品名称 | 存储功能卡 | | | | |
| 英文名称 | Secure digital | | | | |
| 其他名称 | 快闪存储卡 | | | | |
| 商品描述 | 该存储功能卡为 SANDISK 牌，32MB，属于 SD 类型的闪存卡，尺寸为 32 毫米 ×24 毫米 ×2.1 毫米，9 针引脚，采用 NAND 型闪存芯片，集成了控制器，带物理写保护开关，可用于数码相机、MP3 随身听、数码摄像机、PDA、手机等多种数码产品。本身尚未录制信息。 | | | | |
| 归类决定 | 该商品为半导体存储器件，用于存储信息，符合《税则》税目 85.23 的描述，根据归类总规则一及六，应将其归入税则号列 8523.5110。 | | | | |

| 序号 | 1431 | 归类决定编号 | Z2006－0753 | 公告编号 | 2006 年第 69 号 |
| --- | --- | --- | --- | --- | --- |
| 商品税则号列 | 85.25 | | | 发布日期 | 2006 年 11 月 22 日 |
| 商品名称 | 摄像头 | | | | |
| 英文名称 | | | | | |
| 其他名称 | | | | | |
| 商品描述 | 该摄像头用于闭路电视的监控系统，安装在一个圆形的底座上，可进行 360 度旋转。 | | | | |
| 归类决定 | 所报摄像头用于闭路电视的监控系统，它是通过数字式慢速快门延长曝光时间（长达 1/2 秒）来达到低照度（0.1 勒克斯））下的正常曝光效果的。根据其工作原理和使用环境，仍应按普通摄像机归类。 | | | | |

| 序号 | 1432 | 归类决定编号 | Z2006－0754 | 公告编号 | 2006 年第 69 号 |
|---|---|---|---|---|---|
| 商品税则号列 | 85.25 | | | 发布日期 | 2006 年 11 月 22 日 |
| 商品名称 | 高清演播室摄像机和高清便携摄像机 | | | | |
| 英文名称 | | | | | |
| 其他名称 | | | | | |
| 商品描述 | 此次进口的两种摄像机与普通摄像机技术指标主要区别为：<br>1. 画面宽高比是 16∶9，普通摄像机是 4∶3；<br>2. 清晰度是 1920×1080（210 万像素），普通摄像机是 720×576（41 万像素）；<br>3. 摄像头至控制单元采用数字光纤传输，普通摄像机采用模拟三同轴电缆传输；<br>4. 串行数字接口采用 HD SDI，传输码率达到 1.5Gbps，普通摄像机采用 SDI，传输码率 270Mbps；<br>5. 有 1080/50i、1080/60i、1080/24P 等八种输出信号格式，普通摄像机仅有 576/50i 一种输出格式；<br>6. 垂直扫描速率是每秒 120 场（60 帧），普通摄像机是每秒 50 场（25 帧）；<br>7. 电子取景器和同步方式分别采用彩色液晶和三电平，普通摄像机采用黑色显像管和黑场。该摄像机主要用于演播室。 | | | | |
| 归类决定 | 根据《本国子目注释》对品目 85.25 项下“特种用途”的定义：“是指专用于高空、水下或应用于不可见光、激光、强光及高速拍摄等其他类似条件下使用的设备”，上述两种商品不应作为特种用途设备进行归类。 | | | | |

| 序号 | 1433 | 归类决定编号 | Z2006－1408 | 公告编号 | 2007年第70号 |
| --- | --- | --- | --- | --- | --- |
| 商品税则号列 | 8525.8011 | | | 发布日期 | 2007年12月5日 |
| 商品名称 | 监控摄像头组件 | | | | |
| 英文名称 | | | | | |
| 其他名称 | | | | | |
| 商品描述 | 此次进口商品由一个CCD摄像头与高温镜头组成,已装配在一起(通过螺纹相连),用于卷取炉监控。摄像头为普通摄像头,使用温度范围为－10℃～50℃,镜头前有蓝宝石保护层。带有蓝宝石保护层的镜头虽耐温能力高于摄像机,但也无法直接应用于炉内监控,还需装入水冷护套内使用。 | | | | |
| 归类决定 | 该商品由一个CCD摄像头与高温镜头组成,用于拍摄,应归入《税则》税目85.25。其应用于炼钢等高温场所,根据《本国子目注释》对"特种用途"的解释,高温场所用应属于特种用途。虽然进口后需再加装水冷护套内使用,但其镜头的主要材质为一种耐高温的蓝宝石,在300℃高温下可以正常使用,其功能已具备特种摄像机的基本特征。根据归类总规则二(一)及六,应将其归入税则号列8525.8011。 | | | | |

| 序号 | 1434 | 归类决定编号 | Z2006－1409 | 公告编号 | 2007 年第 70 号 |
| --- | --- | --- | --- | --- | --- |
| 商品税则号列 | 8525.8011 | | 发布日期 | 2007 年 12 月 5 日 | |
| 商品名称 | 医用摄像系统 | | | | |
| 英文名称 | | | | | |
| 其他名称 | | | | | |
| 商品描述 | 该商品的规格型号为 988i 型，由摄像头、图像控制器等组成。在手术中还需连同探头及自带光源和光纤配合使用，摄像头由内置 3 晶片 CCD（光电耦合器）构成，用于获取图像信号；控制器由调压电源及集成电路板构成，用于对摄像头所获取的图像信号进行处理并输出至监视器。其工作原理：在手术中由自带光源所发光线经光纤传输后通过探头在无光线环境中（如患者腹腔内）提供摄像所需的照明，手术部位的图像经光学镜头投射到摄像头上，摄像头内的 CCD（光电耦合器）将光学信号转换成电信号并传输到图像控制器，图像控制器对电信号进行处理并还原成图像信号，再输出到监视器上。 | | | | |
| 归类决定 | 该摄像系统用于医疗微创手术时连接内窥镜，将内窥镜传出的图像进行处理，并输出至监视器。该商品摄像头重量轻，以方便医生操作，在最低照度小于 0.5 勒克斯时仍可以得到清晰图像，并且可以把内窥镜传出的细小图像放大到显示器全屏。该商品符合《税则》税目 85.25 的商品描述，并且和医疗内窥镜配套使用，具备微光、放大拍摄等特殊的功能，符合《本国子目注释》有关“特种用途”在特殊条件下使用的规定，根据归类总规则一及六，应将其归入税则号列 8525.8011。 | | | | |

| 序号 | 1435 | 归类决定编号 | Z2008-0194 | 公告编号 | 2008年第83号 |
|---|---|---|---|---|---|
| 商品税则号列 | 8525.8011 | | 发布日期 | | 2008年11月24日 |
| 商品名称 | 工业视频内窥镜 | | | | |
| 英文名称 | Video-inspection-system | | | | |
| 其他名称 | | | | | |
| 商品描述 | 该商品的品牌为韦沃WIWA，型号为VS200，设备零件包括：主机控制系统、内窥镜硬制检测线、内窥镜旋转彩色大镜头、直视小镜头，以及镜头保护器。工作原理：经过光学镜片和CCD感光芯片的成像，将被检查工况内部的静态图象通过特种信号传输线传输到后端处理器中，然后经过光电转换和信号还原等电路处理，在后端监视器上形成内部检测工况清晰的静态图像。用于检查锅炉压力容器内部腐蚀损伤状况和检查有无异物。主机控制系统带有数字图像硬盘记录功能接口，可用于录制存储检测图像。 | | | | |
| 归类决定 | 该工业视频内窥镜由主机控制系统、检测线、镜头等组成，利用CCD技术观察工况内部图像。该商品利用CCD技术进行拍摄观察，不符合《税则》税目90.13“利用光学反射、折射原理工作的光学仪器及器具”的规定，不能归入税目90.13项下。同时该商品仅具备图像拍摄并显示的功能，不具有比对检测、测量功能，因此不能归入税目90.31项下。该商品采用CCD技术，具有拍摄工况内部图像的功能，符合税目85.25的商品描述，由于其不带有录制存储功能，根据《税则注释》品目85.25有关“电视摄像机、数字照相机及视频摄录一体机”的描述，应作为电视摄像机归入税则子目8525.801项下。同时由于其专用于检查锅炉压力容器等密闭空间（管道），配备不同的镜头可采用激光、微光以及有水压环境下工作，符合《本国子目注释》有关“特种用途”是指“专用于高空、水下或应用不可见光、激光、强光及高速拍摄等其他类似条件下使用的设备”的描述，根据归类总规则六，应作为特种用途的电视摄像机归入税则号列8525.8011。 | | | | |

| 序号 | 1436 | 归类决定编号 | Z2009－0137 | 公告编号 | 2009年第32号 |
|---|---|---|---|---|---|
| 商品税则号列 | 8525.8011 | | 发布日期 | 2009年6月12日 | |
| 商品名称 | 抗强磁场摄像机系统 | | | | |
| 英文名称 | | | | | |
| 其他名称 | | | | | |
| 商品描述 | 美国TRS公司生产的VC－04摄像系统是专门设计用于电磁兼容测试的抗强电磁干扰的摄像系统。该系统由摄像机、控制器、摄像机塔、安装架组成。其主要技术指标电磁抗干扰(EMI shielded)>200V/m,1/4″CCD,高分辨率,NTSC/Pal制752(H)×582(V),信噪比49dB。 | | | | |
| 归类决定 | 该商品型号为VC－04,是一种专门设计用于电磁兼容测试的强电磁干扰环境下工作的摄像机,满足《本国子目注释》对“特种用途”的描述,符合《税则》税目85.25及其子目条文的描述,根据归类总规则一及六,应按特种用途的电视摄像机归入税则号列8525.8011。 | | | | |

| 序号 | 1437 | 归类决定编号 | Z2007－0075 | 公告编号 | 2007年第71号 |
|---|---|---|---|---|---|
| 商品税则号列 | 8525.8013 | | 发布日期 | 2007年12月5日 | |
| 商品名称 | 显微镜取景器 | | | | |
| 英文名称 | Color mega pixel camera | | | | |
| 其他名称 | | | | | |
| 商品描述 | 显微镜取景器PL－A662为显微镜数字摄像头,未与显微镜同时进口。其技术参数为:1/2英寸CMOS,最高分辨率为1280×1024(130万像素),计算机接口为1394火线接口,光学接口为标准光学1/2英寸接口,不具有存储功能(其内置存贮功能仅限于能够储存摄像头的各种设置)。其主要功能是与显微镜连接使用,将显微影像通过该摄像头摄取下来,并传送到计算机(内装有专门分析软件)进行分析。 | | | | |
| 归类决定 | 显微镜取景器包括光学接口、CMOS、1394火线接口等部件,本身不具备存储功能,可摄取显微影像并将信号传送到计算机进行显示。其可作为显微镜的附件进行显微拍摄,根据《税则》第九十章章注二(一)的规定“凡零件、附件本身已构成本章或第八十四章、第八十五章或第九十一章各税目(税目84.87、85.48或90.33除外)所包括的货品,应一律归入其相应的税目”,该商品符合《税则注释》品目85.25有关“电视摄像机”的描述,根据归类总规则一及六,应归入税则号列8525.8013。 | | | | |

| 序号 | 1438 | 归类决定编号 | Z2007－0076 | 公告编号 | 2007 年第 71 号 |
|---|---|---|---|---|---|
| 商品税则号列 | | 8525.8013 | | 发布日期 | 2007 年 12 月 5 日 |
| 商品名称 | 视频展示台 | | | | |
| 英文名称 | Visual presenter | | | | |
| 其他名称 | | | | | |
| 商品描述 | 该商品主要由视频摄像头、照明装置、视频/音频分配装置及控制装置构成，用于将实物、文字资料、图片、透明胶片等通过摄像头制成视频信号，并通过机外连接显示装置或录像装置进行显示或录像。也可将信号输入微机，把模拟信号转换成数字信号后输出。可用于教学、科研报告会等场所的演示。 | | | | |
| 归类决定 | 视频展示台由数码视频摄像头、照明装置、视频/音频分配装置及控制装置构成，可以将实物、文字资料、图片、透明胶片等通过摄像头制成视频信号，并通过机外连接显示装置或录像装置进行显示或录像。也可将信号输入微机，把模拟信号转换成数字信号后输出，图像刷新速率为 20 帧/秒。该商品具有摄像功能，符合《税则》税目 85.25 的商品描述，但不符合《本国子目注释》有关“特种用途”的范围，根据归类总规则一及六，应归入税则号列 8525.8013。 | | | | |

| 序号 | 1439 | 归类决定编号 | Z2006－1410 | 公告编号 | 2007 年第 70 号 |
|---|---|---|---|---|---|
| 商品税则号列 | | 8525.8021 | | 发布日期 | 2007 年 12 月 5 日 |
| 商品名称 | 数字相机 | | | | |
| 英文名称 | Redlak masd megapius camera，ES4.0 | | | | |
| 其他名称 | | | | | |
| 商品描述 | ES4.0 数字 CCD 是一种高速、高清晰的数字成像仪器，用于射流发生器在工作时射流状态的拍摄，拍摄速度为每秒 15 帧，曝光参数为 98 微秒～64.9 毫秒，成像像素为 2048×2048，像素单元尺寸为 7.4 微米×7.4 微米。 | | | | |
| 归类决定 | 该数字相机用于“氧碘激光器”的研制工作，其可见光感光范围为 300～700 纳米，红外感光范围为 700 纳米～900 纳米。由于该数字相机可用于不可见光的拍摄，根据《本国子目注释》对税目 85.25 中“特种用途”的描述：“系指专用于高空、水下及不可见光拍摄或其他类似特殊条件下使用的摄像机”，应将其作为特种用途的数字相机归入税则号列 8525.8021。 | | | | |

| 序号 | 1440 | 归类决定编号 | Z2006 - 1411 | 公告编号 | 2007 年第 70 号 |
|---|---|---|---|---|---|
| 商品税则号列 | 8525. 8021 | | | 发布日期 | 2007 年 12 月 5 日 |
| 商品名称 | 高速摄像系统 | | | | |
| 英文名称 | HIgh speed video system | | | | |
| 其他名称 | | | | | |
| 商品描述 | 该高速摄像系统的型号为 HSV - 500C3，由遥控器、彩色高速照相机、小型摄像记录器组成，用于记录在高速运转的电子生产线上发生的故障。高速照相机拍摄下来的影像存储到记录器中的盒式录像带中，通过记录器和显示屏的连接把拍摄下来的影像在显示屏上播放，并且记录器中的盒式录像带也可以直接在一般的 S - VHS/VHS 录像机上放映。遥控器是用来控制小型摄像记录器的。该商品可以通过 510 × 485 的高解像度拍摄 1250fps，也可以通过 510 × 242 的高解像度拍摄 2500fps。该商品的照相机信号全部用数字传输，采用 S - VHS/VHS 规格为记录方式，具有瞬间信号记录/编辑/检出功能。 | | | | |
| 归类决定 | 该高速摄像系统，型号 HSV - 500C3，主要由高速照相机及记录器构成，此结构符合《本国子目注释》关于"静像视频摄像机"的结构描述；其最高拍摄速度可达到 2500fps，用于对高速运转设备的拍摄，符合《本国子目注释》有关"特种用途"的描述，根据归类总规则一及六，应将其归入税则号列 8525. 8021。 | | | | |

| 序号 | 1441 | 归类决定编号 | Z2009 - 0173 | 公告编号 | 2009 年第 57 号 |
|---|---|---|---|---|---|
| 商品税则号列 | 8525. 8029 | | 发布日期 | | 2009 年 8 月 31 日 |
| 商品名称 | 自拍证件照亭 | | | | |
| 英文名称 | | | | | |
| 其他名称 | | | | | |
| 商品描述 | 该商品(型号:ND50CH)主要由数码相机、主机、显示器、打印机、投币机、电源等组成。工作原理:顾客通过机器上的按键,经电脑语音提示进行拍照类型和价格的选择,并投入相应的纸币或硬币。币值投入后,根据语音及电脑画面提示进行照片拍摄。人像通过镜头生成的光学图像自动投射到图像传感器上,顾客在屏幕上会看到自己头像的投射,摆好姿势后可进行拍照。照片拍好后,电脑通过机器内自带软件,将顾客拍摄的照片进行处理,按标准优化后在相应模块中进行排版,然后发送到热升华打印机进行输出。 | | | | |
| 归类决定 | 该商品主要由数码相机、主机、显示器、打印机、投币机、电源等组成的一台组合式机器,主要功能是拍照。虽然该商品是一台投币式机器,但根据《税则注释》关于品目 84. 76 的排他条款“本品目不包括下列投币式机器……照相机(第九十章)”,因此不应归入《税则》税目 84. 76 项下。其主体设备为数码相机,主要功能符合《税则》对税目 85. 25 商品的描述,根据归类总规则一(第十六类注三)及六,应归入税则号列 8525. 8029。 | | | | |

| 序号 | 1442 | 归类决定编号 | Z2009 - 0174 | 公告编号 | 2009 年第 57 号 |
|---|---|---|---|---|---|
| 商品税则号列 | 8525. 8031 | | | 发布日期 | 2009 年 8 月 31 日 |
| 商品名称 | 工业视频内窥镜 | | | | |
| 英文名称 | | | | | |
| 其他名称 | | | | | |
| 商品描述 | 该商品的品牌型号为 WOEHLER VIS2000,设备组成:具有录制存储功能便携式掌上监控器(可对检测图像进行 CIF 卡录制存储,存储容量 1G/2G);特种内窥镜检测线和放线装置;彩色旋转内窥探头;彩色直视广角探头导向器;其他镜头附件。商品用途:可用于有气体或液体压力的管道、机器设备中,如石化企业、冶炼厂、发电厂、核电站的气体、液体、油、水和物料介质压力管道,压力容器和设备内部,以上场合均为不可见光环境。镜头和特种检测线可以承受 3bar 压力,可以在水下 30 米深处正常工作。工作原理:具有录制存储功能便携式掌上监控器(可对检测图像进行 CIF 卡录制存储),控制探头的水平方位、垂直方位的运动,得到被检测对象的图像资料。系统通过便携式掌上监控器 CIF 卡存储器,将检测图像进行录制存储和画面冻结存储。另外,监控系统通过放线装置上传感器的反馈信号,可获得探头进入管道的长度。 | | | | |
| 归类决定 | 该工业内窥镜由彩色旋转内窥探头、特种内窥镜检测线、监控器等部分构成。其镜头和特种检测线可以承受 3bar 的压力,可在水下 30 米深处正常工作。用于在有气体或液体压力的管道内部拍摄观测和图像录制。该商品功能符合《税则》税目 85. 25 的描述,根据归类总规则一及六,应作为特种用途的视频摄录一体机归入税则号列 8525. 8031。 | | | | |

<table>
<tr><td>序号</td><td>1443</td><td>归类决定编号</td><td>Z2006－0755</td><td>公告编号</td><td>2006 年第 69 号</td></tr>
<tr><td colspan="2">商品税则号列</td><td colspan="2">8526. 1090</td><td>发布日期</td><td>2006 年 11 月 22 日</td></tr>
<tr><td colspan="2">商品名称</td><td colspan="4">场面监视雷达系统</td></tr>
<tr><td colspan="2">英文名称</td><td colspan="4">NOVA 9000 surface movement radar system</td></tr>
<tr><td colspan="2">其他名称</td><td colspan="4"></td></tr>
<tr><td colspan="2">商品描述</td><td colspan="4">NOVA9000 型场面监视雷达设备主要由雷达传感单元、雷达数据处理单元、管制员工作站、本地网络交换机、监视数据服务器、记录与回放子系统和管制员席位组成。各主要部件作用为：<br>1. 雷达传感单元：主要包含有天线、发射机/接收机和内锁单元等，通过天线将信号发送出去，当信号检测到物体时再通过天线接收反馈回接收机，将信号传输至下一单元；<br>2. 雷达数据处理单元：接收雷达传感单元传来的视频信号，进行数模转换，抑制杂波干扰以形成目标航迹，去除不相关信息后通过系统网络分配给管制员席位；<br>3. 本地网络交换机：进行实时的数据交换；<br>4. 专用控制与监视子系统：主要是提供整个系统的配置以及系统运行监视、维护等功能，同时可监视控制场面监视雷达；<br>5. 监视数据服务器：接收各监测子系统信号，进行目标融合，以得出最佳位置以及身份确认，同时可实现跑道冲突监视以及碰撞预警功能，并将融合信号及处理结果通过局域网传输给各席位；<br>6. 管制员席位：作为系统的人机界面，显示适当的机场监视区域地图及飞机、车辆的位置、编号等相关目标信息，此外各管制席位根据任务区别，可选择窗口显示需要的文本、图形信息。管制员通过显示界面了解所关心区域的交通实时状况，实现交通运作管制；<br>7. 记录与回放子系统：实现记录与回放各管制员席位上的所有相关信息。<br>该系统的工作原理：利用雷达数据处理单元接收雷达传感单元的信号，并进行数模转换和去除不必要信息通过网络传给管制员席位；同时控制与监视子系统对系统进行实时监控、维护；监视数据服务器通过网络接收到监测子系统信号，进行目标融合后得到最佳位置信息以及身份确认，实现预警功能，并将融合信号传给各席位，管制员席位显示目标信息，并根据各自的任务了解所关心区域的交通实时状况，实现交通运作管制。所有的信息通过记录与回放子系统实现记录与回放。</td></tr>
<tr><td colspan="2">归类决定</td><td colspan="4">该套系统功能符合《税则注释》对品目 85. 26 中“飞机场用盲降及交通控制设备”的描述，根据第十六类类注四功能机组的归类原则，应将其归入税则号列 8526. 1090。</td></tr>
</table>

| 序号 | 1444 | 归类决定编号 | Z2006－0756 | 公告编号 | 2006年第69号 |
|---|---|---|---|---|---|
| 商品税则号列 | 8526.1090 | | | 发布日期 | 2006年11月22日 |
| 商品名称 | 空管控制系统 | | | | |
| 英文名称 | Aero trac air control system | | | | |
| 其他名称 | | | | | |
| 商品描述 | 空管控制系统由雷达前段引接系统、多雷达信号处理系统、飞行数据处理系统、终端管制席位、网络和监控系统五部分组成。雷达前段引接系统主要功能是引接本地和远端雷达信号，并对数据进行格式化、坐标转换等处理。多雷达信号处理系统主要功能是对接收到的雷达信号进行处理，生成目标航迹和目标报告，同时还具有低高度告警、冲突告警、限制取告警等综合处理功能。飞行数据处理系统，主要功能是接受、处理AFTN（Aviation Flight Telegraph Network）电报，生成不同阶段的飞行计划，通过该系统飞行计划还能与雷达信号相关，减轻控制员工作量。终端管制席位，主要是管制员席位处理机、操作系统及应用软件。网络和监控系统主要功能是将各个部分连接起来，监控整个系统工作状态，记录重要数据。 | | | | |
| 归类决定 | 该套系统功能符合《税则注释》对品目85.26中“飞机场用盲降及交通控制设备”的描述，根据第十六类类注四功能机组的归类原则，应将其归入税则号列8526.1090。 | | | | |

<table>
<tr><td>序号</td><td>1445</td><td>归类决定编号</td><td>Z2008 - 0086</td><td>公告编号</td><td>2008 年第 76 号</td></tr>
<tr><td colspan="2">商品税则号列</td><td colspan="2">8526. 9200</td><td>发布日期</td><td>2008 年 10 月 28 日</td></tr>
<tr><td colspan="2">商品名称</td><td colspan="4">汽车门锁遥控器</td></tr>
<tr><td colspan="2">英文名称</td><td colspan="4"></td></tr>
<tr><td colspan="2">其他名称</td><td colspan="4"></td></tr>
<tr><td colspan="2">商品描述</td><td colspan="4">该汽车门锁遥控器用于遥控雅阁汽车的车门开关,使用时按下遥控器上的“开”或者“关”按钮时,遥控器上的射频发射器发出一个工作频率为 433. 92 兆赫兹的无线电波,位于电动车窗主开关内的接收天线接收到此信号后通过控制单元开启或关闭四个门锁。技术参数如下:工作频率 433. 92 兆赫兹,输出功率 5300UV/M,调制方式 FM。</td></tr>
<tr><td colspan="2">归类决定</td><td colspan="4">该商品采用无线电波对汽车门锁进行遥控操作,符合《税则》税目 85. 26 关于“无线电遥控设备”的描述,根据归类总规则一及六,应归入税则号列 8526. 9200。</td></tr>
</table>

<table>
<tr><td>序号</td><td>1446</td><td>归类决定编号</td><td>Z2006 - 0757</td><td>公告编号</td><td>2006 年第 69 号</td></tr>
<tr><td colspan="2">商品税则号列</td><td colspan="2">85. 27 或 85. 28</td><td>发布日期</td><td>2006 年 11 月 22 日</td></tr>
<tr><td colspan="2">商品名称</td><td colspan="4">厨房视听系统</td></tr>
<tr><td colspan="2">英文名称</td><td colspan="4"></td></tr>
<tr><td colspan="2">其他名称</td><td colspan="4"></td></tr>
<tr><td colspan="2">商品描述</td><td colspan="4">厨房视听系统有数种型号:DM - 1008A ARVISION 由液晶电视、可视电话、电话、内置液晶显示器(LCD)、FM/AM 立体声收音机组成,具有电视、电话、可视电话、收录音机的功能;DM - 1008P ARVISION 比 DM - 1008A 少了可视电话;DM - 100R RADIOPHONE 比 DM - 1008P ARVISION 少了电话。</td></tr>
<tr><td colspan="2">归类决定</td><td colspan="4">根据所提供的资料,DM - 1008A ARVISION 由液晶电视、可视电话、电话、内置液晶显示器(LCD)、FM/AM 立体声收音机组成,具有电视、电话、可视电话、收录音机的功能;DM - 1008P ARVISION 比 DM - 1008A 少了可视电话;DM - 100R RADIOPHONE 比 DM - 1008P ARVISION 少了电话。此类系统都是多功能机器组成,不能确定主要功能。根据归类总规则三(三)的规定,DM - 1008A 与 DM - 100R 可从后归入税目 85. 28 相应子目,DM - 1008P 少了可视电话与电视,应归入税目 85. 27。</td></tr>
</table>

| 序号 | 1447 | 归类决定编号 | Z2006 - 0758 | 公告编号 | 2006 年第 69 号 |
|---|---|---|---|---|---|
| 商品税则号列 | 8527.1300 | | 发布日期 | | 2006 年 11 月 22 日 |
| 商品名称 | YEPP 数码音频播放器 | | | | |
| 英文名称 | YEPP MP3 player | | | | |
| 其他名称 | | | | | |
| 商品描述 | YP"SAMSUNG"牌数码随身听是下一代数字音频播放器。它无须使用磁带或 CD 播放器,不需外接电源,可上下载、存储、播放 MP3 格式文件,亦可借助其内置话筒录制声音信号并以语音文件形式储存及重放,同时还可收听调频广播。 | | | | |
| 归类决定 | 根据《税则注释》品目 85.27 项下的说明,该商品可按与声音重放装置装在同一机壳内的无线电广播接收设备归入税则号列 8527.1300。 | | | | |

| 序号 | 1448 | 归类决定编号 | Z2006 - 1412 | 公告编号 | 2007 年第 70 号 |
|---|---|---|---|---|---|
| 商品税则号列 | 8527.9100 | | 发布日期 | | 2007 年 12 月 5 日 |
| 商品名称 | 收放机 | | | | |
| 英文名称 | Cassette radio | | | | |
| 其他名称 | | | | | |
| 商品描述 | 该收放机用于履带式挖掘机,安装在驾驶室内操作面板上,可收听无线电广播,播放磁带,无录音功能,使用外接电源(由蓄电池提供)。 | | | | |
| 归类决定 | 该收放机安装于履带式挖掘机的驾驶室内操作面板上,使用外接电源(由蓄电池提供),根据其实际用途,应作为其他无线电收放机归入税则号列 8527.9100。 | | | | |

| 序号 | 1449 | 归类决定编号 | Z2006－1413 | 公告编号 | 2007 年第 70 号 |
|---|---|---|---|---|---|
| 商品税则号列 | 8527.9900 | | | 发布日期 | 2007 年 12 月 5 日 |
| 商品名称 | 数字广播接收机 | | | | |
| 英文名称 | Digital data receiver | | | | |
| 其他名称 | 单收站 | | | | |
| 商品描述 | 卫星广播网络主要包括上行链路设备、接收机和网管系统。该商品为接收机，可接收不同地域大量的实时数据，如实时金融信息、企业通讯、远距离教学、寻呼网等。接收器主要将天线接收的信号进行解调，不能进行调制。 | | | | |
| 归类决定 | 该数字广播接收机仅可将卫星天线接收的信号进行解调，符合《税则》税目 85.27 的商品描述，根据归类总规则 及六，应将其按无线电接收设备归入税则号列 8527.9900。 | | | | |

| 序号 | 1450 | 归类决定编号 | Z2006－1414 | 公告编号 | 2007 年第 70 号 |
|---|---|---|---|---|---|
| 商品税则号列 | 8528.5110 | | | 发布日期 | 2007 年 12 月 5 日 |
| 商品名称 | DELL 液晶显示器 | | | | |
| 英文名称 | | | | | |
| 其他名称 | | | | | |
| 商品描述 | 该液晶显示器的规格为 R17BN，17 英寸，由液晶显示屏、脚座和各种连接线组成，含有 VGA 与 DVI 两个端口。 | | | | |
| 归类决定 | 该 DELL 液晶显示器专用于或主要用于计算机，根据归类总规则一（第八十五章章注五（四）及税目 85.28 条文）和六，该商品应按专用于自动数据处理设备的液晶显示器归入税则号列 8528.5110。 | | | | |

| 序号 | 1451 | 归类决定编号 | Z2006－1415 | 公告编号 | 2007 年第 70 号 |
|---|---|---|---|---|---|
| 商品税则号列 | 8528.5910 | | 发布日期 | 2007 年 12 月 5 日 | |
| 商品名称 | 神奇眼镜 | | | | |
| 英文名称 | iTheater | | | | |
| 其他名称 | 随身影院 | | | | |
| 商品描述 | 该神奇眼镜为成套进口物品，由一个眼镜式液晶显示器（iTheater Eyewear）、一个转换器（iTheater Coverter）、一个电源适配器（AC Adapter）、鼻托（Nose rack）和数据线等组成。其中眼镜式液晶显示器是在带有立体声耳机的眼镜架上由含有液晶微显技术的液晶显示板取代原来的眼镜片构成的。所谓液晶微显技术，就是将两块小型液晶显示板上产生的影像由光学放大，利用影像折射在身前两三米远处产生 50 英寸大小电视屏幕的虚像。该产品可以通过数据线和转换器与便携式 DVD/VCD、游戏机、家用录像机、MP4 等影像设备连接。 | | | | |
| 归类决定 | 该商品通过随附数据线和转换器可接收和播放便携式 DVD/VCD、游戏机、家用录像机、MP4 等多种设备提供的彩色视频信息，符合《税则》税目 85.28 的定义，可根据《税则》第十六类类注四“功能机组”的规定一并归类。根据归类总规则一和六，该神奇眼镜应按彩色视频监视器，归入税则号列 8528.5910。 | | | | |

| 序号 | 1452 | 归类决定编号 | Z2009－0175 | 公告编号 | 2009年第57号 |
|---|---|---|---|---|---|
| 商品税则号列 | | 8528.5910 | | 发布日期 | 2009年8月31日 |
| 商品名称 | 液晶显示器 | | | | |
| 英文名称 | | | | | |
| 其他名称 | | | | | |
| 商品描述 | 该商品为19寸液晶显示器，品牌为HANNspree，型号为LM05－19C2－300H，亮度300∶1，对比度700∶1，点距0.2835毫米(H)×0.2835毫米(V)，分辨率(H×V)1440×900(WXGA＋)，响应时间5毫秒。具有D－SUB、DVI－D、HDMI 1.2及音频接口。净重5.7千克。 | | | | |
| 归类决定 | 该商品具有普通显示器常有的D－SUB、DVI－D及音频接口，用以连接计算机，以及HDMI 1.2(High Definition Multimedia，高清晰多媒体)接口，用以连接DVD PLAYER、机顶盒等数字设备，以获得更高的音频和视频传输质量，获得高质量的影音享受。根据归类总规则三(三)及《税则注释》关于品目85.28的相关解释，该商品应按其他彩色视频监视器归入税则号列8528.5910。 | | | | |

| 序号 | 1453 | 归类决定编号 | Z2011－0004 | 公告编号 | 2011年第26号 |
|---|---|---|---|---|---|
| 商品税则号列 | | 8528.5910 | | 发布日期 | 2011年4月25日 |
| 商品名称 | 22"液晶显示器 | | | | |
| 英文名称 | | | | | |
| 其他名称 | | | | | |
| 商品描述 | 该商品为HP牌TFT－LCD液晶显示器，尺寸为22英寸，型号为LP2275W，点距为0.282毫米×0.282毫米，分辨率为1680×1050，接口类型(包括接口电路)有Display Port、DVI，附加USB拓展，用于个人电脑显示端。 | | | | |
| 归类决定 | 该商品带有Display Port高清视频接口，具有视频信号显示功能，不能视为专用或主要用于自动数据处理设备，上述商品属彩色视频监视器，符合《税则》税目85.28及其子目条文的描述，根据归类总规则一及六，应将其按其他彩色监视器归入税则号列8528.5910。 | | | | |

| 序号 | 1454 | 归类决定编号 | Z2011－0003 | 公告编号 | 2011 年第 26 号 |
|---|---|---|---|---|---|
| 商品税则号列 | 8528.5910 | | | 发布日期 | 2011 年 4 月 25 日 |
| 商品名称 | 液晶显示器(含 DP 接口) | | | | |
| 英文名称 | | | | | |
| 其他名称 | | | | | |
| 商品描述 | 该商品为 DELL 牌液晶显示屏,型号为 P2210,尺寸为 22 英寸,亮度为 250 坎德拉每平方米,对比度为 1000:1,点距为 0.282 毫米 x 0.282 毫米,响应时间 5 毫秒,净重 7.1 千克。结构原理:由液晶显示屏、电路板、支撑座和各种连接线组成,含有 VGA, DVI, DisplayPort(数字音视频接口,简称 DP)接口。其中 DP 接口主要针对 PC 应用而设计,它可广泛连接显卡、芯片组和液晶显示器等,是视频电子标准协会(VESA)最新推出的数字高清音视频接口,能够支持显示器显示高于 QXGA(2048x1536)象素以及大于 24 比特色深的画面,画面质量有很大的提高。DP 在传输视频信号的同时加入高清音频信号传输的支持,对比 HDMI 接口它支持更高的分辨率和刷新率,提供更大的数据带宽。该液晶显示器与计算机搭配使用。 | | | | |
| 归类决定 | 该商品为 22 英寸彩色液晶监视器,含有 VGA、DVI、DisplayPort 三种接口,其中的 DisplayPort 接口比 HDMI 接口支持更高的分辨率和刷新率,作为和 HDMI 接口相互竞争的产物、是为了成为下一代多媒体和高清电视信号终端接口标准而设计的,故带有该接口的监视器不应视为专用或主要用于自动数据处理设备的监视器。该商品符合《税则》税目 85.28 及其子目条文的描述,根据归类总规则一及六,应将其按其他彩色监视器归入税则号列 8528.5910。 | | | | |

| 序号 | 1455 | 归类决定编号 | Z2008－0195 | 公告编号 | 2008 年第 83 号 |
|---|---|---|---|---|---|
| 商品税则号列 | 8528.6910 | | | 发布日期 | 2008 年 11 月 24 日 |
| 商品名称 | 投影仪 | | | | |
| 英文名称 | | | | | |
| 其他名称 | | | | | |
| 商品描述 | 该商品为 DELL 牌 2400MP 型彩色投影仪,根据自带的用户手册,其 VGA、USB 接口用来连接计算机,S 视频、复合视频、分量视频接口用来连接 DVD 等视频播放设备,可以接收多种格式的视频信号并进行投影。 | | | | |
| 归类决定 | 该投影仪属于彩色视频投影机,符合《税则》税目 85.28 及其子目条文的描述,但其并非专用或主要用于税目 84.71 的自动数据处理系统,不应归入子目 8528.61 项下。根据归类总规则一及六,应按其他彩色投影机归入税则号列 8528.6910。 | | | | |

| 序号 | 1456 | 归类决定编号 | Z2009－0061 | 公告编号 | 2009 年第 5 号 |
|---|---|---|---|---|---|
| 商品税则号列 | 8528.7180 | | | 发布日期 | 2009 年 1 月 20 日 |
| 商品名称 | DVB－T 模块 | | | | |
| 英文名称 | | | | | |
| 其他名称 | | | | | |
| 商品描述 | 该商品的主要功能是把移动数字电视接收功能集成到手机、便携式多媒体播放器、便携式导航仪等类型产品的主板上。该模块的其他功能:全频段节目搜索、多地域节目预设、多语广播声道可选、多语字幕可选、多国语言版本支持、内建完整用户界面等。 | | | | |
| 归类决定 | 该商品利用外置天线接收移动数字电视信号并转换成适合显示的信号,安装在手机、便携式多媒体播放器、便携式导航仪等小型带屏设备上显示电视图像。该商品符合《税则注释》关于品目 85.28 项下“不带显示装置的电视接收装置”的描述,且不用于卫星电视系统,属于彩色电视接收装置,符合《税则》税目 85.28 及其子目条文的描述,根据归类总规则一及六,应按其他不带屏的彩色电视接收装置归入税则号列 8528.7180。 | | | | |

<table>
<tr><td>序号</td><td>1457</td><td>归类决定编号</td><td>Z2006－1416</td><td>公告编号</td><td>2007年第70号</td></tr>
<tr><td colspan="2">商品税则号列</td><td colspan="2">8528. 7291</td><td>发布日期</td><td>2007年12月5日</td></tr>
<tr><td colspan="2">商品名称</td><td colspan="4">背投影彩电</td></tr>
<tr><td colspan="2">英文名称</td><td colspan="4"></td></tr>
<tr><td colspan="2">其他名称</td><td colspan="4"></td></tr>
<tr><td colspan="2">商品描述</td><td colspan="4">该背投影彩电为非数字电视机，采用三层屏幕，配有大口径投影管、HDTV级6镜片透镜、强力VM速调电路、三线数字梳状滤波器等部件，具有100个频道全自动预调记忆、全频道有线电视接收功能（470兆赫）、3路S端子输入、3路AV视音频输入、1路视音频输出，具有可接驳录像机、视盘机及卫星接收机多种信号源、DVD分量信号输入等多种功能。</td></tr>
<tr><td colspan="2">归类决定</td><td colspan="4">该商品具有接收开放式电视信号的功能，符合《税则》税目85. 28的商品描述。根据归类总规则一及六，应将其归入税则号列8528. 7291。</td></tr>
</table>

<table>
<tr><td>序号</td><td>1458</td><td>归类决定编号</td><td>Z2006－0760</td><td>公告编号</td><td>2006年第69号</td></tr>
<tr><td colspan="2">商品税则号列</td><td colspan="2">8529. 1010</td><td>发布日期</td><td>2006年11月22日</td></tr>
<tr><td colspan="2">商品名称</td><td colspan="4">雷达天线罩</td></tr>
<tr><td colspan="2">英文名称</td><td colspan="4">Rodame</td></tr>
<tr><td colspan="2">其他名称</td><td colspan="4"></td></tr>
<tr><td colspan="2">商品描述</td><td colspan="4">雷达天线罩是由特殊材料（板面为强化玻璃聚脂，板内为钢化聚胺脂泡沫）按一定几何形状排列做成的一个空心球体，并附照明、配电以及避雷装置。它用于罩住雷达天线而且不影响雷达天线工作，既能保护雷达，又能抗击暴风雨雪、雷电、地震、冰雹等外界干扰。</td></tr>
<tr><td colspan="2">归类决定</td><td colspan="4">根据上述情况，该雷达天线罩属于雷达天线的专用部件，应作为雷达天线零件归入税则号列8529. 1010。</td></tr>
</table>

| 序号 | 1459 | 归类决定编号 | Z2006－1417 | 公告编号 | 2007年第70号 |
|---|---|---|---|---|---|
| 商品税则号列 | 8529.9042 | | 发布日期 | 2007年12月5日 | |
| 商品名称 | 手机摄像头 | | | | |
| 英文名称 | | | | | |
| 其他名称 | | | | | |
| 商品描述 | 该商品为PROTCH牌手机摄像头,规格型号:TCM8230MD,组成:镜头、采用了经过CMOS技术处理嵌入在VGA格式区域彩色图像传感器、A/D转换电路、AWB和ALC电路。输出信号格式为YUV或RGB格式,不带有数字信号处理电路(DSP),输出的数字化信号必须通过手机中专门的DSP进行处理后才能够在显示器上显示。该商品的功能:通过光学成像系统进行光电转换,对模拟电信号进行A/D转换,AWB电路具有自动平衡的功能,ALC具有自动亮度控制的功能。 | | | | |
| 归类决定 | 该商品由镜头、CMOS图像传感器及初级信号处理电路组成,不带有数字信号处理电路(DSP)。根据海关总署2005年第30号公告《新增本国子目注释》的规定,该手机摄像头应按非特种用途的取像模块归入税则号列8529.9042。 | | | | |

| 序号 | 1460 | 归类决定编号 | Z2006－0766 | 公告编号 | 2006年第69号 |
|---|---|---|---|---|---|
| 商品税则号列 | 8529.9049 | | 发布日期 | 2006年11月22日 | |
| 商品名称 | 混合集成电路(COMS图像传感器) | | | | |
| 英文名称 | | | | | |
| 其他名称 | | | | | |
| 商品描述 | 该商品由芯片(CMOS传感器)、光过滤器、塑料制外壳框架、印刷电路板组成,进口后与手机摄像机镜头、连接电路组装成手机摄像头。 | | | | |
| 归类决定 | 该商品主要由安装有CMOS图像传感器的印刷电路板和塑料外壳构成,由于其结构构成已经超出了《税则》税目85.42的范围,同时又不符合海关总署2005年第30号公告对归入税则号列8529.9042商品的描述“由光学镜头、CMOS/CCD图像传感器及初级信号处理电路(如A/D转换器)构成”,因此应将其按手机摄像头的其他零件归入税则号列8529.9049。 | | | | |

| 序号 | 1461 | 归类决定编号 | Z2006－0767 | 公告编号 | 2006 年第 69 号 |
|---|---|---|---|---|---|
| 商品税则号列 | 8529. 9049 | | 发布日期 | | 2006 年 11 月 22 日 |
| 商品名称 | CCD 模块 | | | | |
| 英文名称 | | | | | |
| 其他名称 | | | | | |
| 商品描述 | 该 CCD 模块由数位讯号处理器（DSP）、影像感应器（Sensor）、使用显示灯组成。主要用于可摄像显微镜，也可用于实时场景观察和拍摄静态、动态图像，是用于组装成摄像装置的一个部件。CCD 模块必须配有 CCD 镜头（非进口）才能工作。成品摄像装置的结构包括：CCD 模块、滤色片、支架、外壳、连接线、专用可调焦 CCD 镜头、目镜连接套。 | | | | |
| 归类决定 | 该 CCD 模块由数位讯号处理器（DSP）、影像感应器（Sensor）、使用显示灯组成，不符合海关总署 2005 年第 30 号公告对归入税则号列 8529. 9042 的取像模块的描述，因此应按摄像机用其他零件归入税则号列 8529. 9049。 | | | | |

| 序号 | 1462 | 归类决定编号 | Z2006－0769 | 公告编号 | 2006 年第 69 号 |
|---|---|---|---|---|---|
| 商品税则号列 | 8529. 9060 | | 发布日期 | | 2006 年 11 月 22 日 |
| 商品名称 | CD 换片机 | | | | |
| 英文名称 | CD changer | | | | |
| 其他名称 | CD 转换器 | | | | |
| 商品描述 | 该机由日本 JVC 公司出品，品牌为歌乐牌（CLARION），型号为 CDC635，内含 6 片 CD 盒和 CD 机芯，为汽车音响的一部分。该机装于轿车尾箱，通过数字光缆与数字声音处理器（DSP）相连接，通过 C－BUS 外接线与装于车头的主机相连接。 | | | | |
| 归类决定 | 该换片机未装有控制装置、电源、解码电路，不能输出音频信号并独立工作，必须与该组合机联用，故应作为汽车用收录放音组合机的部件归入税则号列 8529. 9060。 | | | | |

| 序号 | 1463 | 归类决定编号 | Z2006-1418 | 公告编号 | 2007年第70号 |
|---|---|---|---|---|---|
| 商品税则号列 | 8529.9060 | | | 发布日期 | 2007年12月5日 |
| 商品名称 | 汽车音响零件(面板、旋钮) | | | | |
| 英文名称 | | | | | |
| 其他名称 | | | | | |
| 商品描述 | 该汽车音响零件包括两种:第一种是前咀面板,为塑料制,作为汽车音响的前面板,属于车载CD机和收音机的前面板,上面装有用于操作的一些按键;第二种是调谐旋钮、音量旋钮、音量旋盖三项商品,皆为塑料制,分别用于调节AM/PM频道或者调谐音响音效。 | | | | |
| 归类决定 | 该商品已具有特定的形状、尺寸,无需经任何加工即可直接安装于汽车音响上,属于汽车音响的专用零件。该汽车音响为CD机和收音机组合体,属于"与声音的录制、重放装置组合在同一机壳内的无线电广播接收设备",该设备应归入《税则》税目85.27项下,根据归类总规则一及六,其专用零件应归入税则号列8529.9060。 | | | | |

| 序号 | 1464 | 归类决定编号 | Z2006-0770 | 公告编号 | 2006年第69号 |
|---|---|---|---|---|---|
| 商品税则号列 | 8529.908 | | | 发布日期 | 2006年11月22日 |
| 商品名称 | 电路板 | | | | |
| 英文名称 | | | | | |
| 其他名称 | | | | | |
| 商品描述 | ASSY PCB包括两个电路板,板上元器件主要由电阻、电容、电感晶体管、集成电路、插头座等组成。其一为信号板,功能为电视信号接收及其视频处理,另一个是会聚板,功能为投影管会聚电路调整。 | | | | |
| 归类决定 | 所报电路板应作为电视机零件归入税则子目8529.908项下。 | | | | |

| 序号 | 1465 | 归类决定编号 | Z2006－0771 | 公告编号 | 2006 年第 69 号 |
|---|---|---|---|---|---|
| 商品税则号列 | 8529.9081 | | 发布日期 | 2006 年 11 月 22 日 | |
| 商品名称 | 彩轮 | | | | |
| 英文名称 | Color wheel(color filter) | | | | |
| 其他名称 | 色轮 | | | | |
| 商品描述 | 彩轮为 DLP 数字光显电视机的光学引擎(光机)结构的一个高速回转滤光器。由红、绿、蓝及 NDF 绿色共 4 色 8 片的玻璃复合平板过滤器和微型气动轴承马达,软性基板线组成。该彩轮是由玻璃基材经抛光、镀膜、切割,再通过热硬化接合与微型马达组合。工作原理:光源经过透镜打在高速回转(10800 转/分)的彩轮后通过的光,透过透镜射到 DMD IC 转换成影像,透过反射镜成像在电视机视屏。 | | | | |
| 归类决定 | 该商品为彩色液晶背投镜头组件,主要用于 LCOS(Liquid Crystal On Silicon)背投影电视机。LCOS 背投影电视机由液晶背投镜头透镜组件、支架、机箱、反射镜和屏幕组成。此次申报的彩色液晶背投镜头透镜组件为 LCOS 背投影电视机的核心部件,由光学透镜、偏振分束器、LCOS 成像器(带驱动电路)、检偏片、分色片、色合成 X－cube 和镜头等组成。其工作原理为:外部信号源通过投影灯白光投射,经过整形、降低热量、偏振转换后,再进行红、绿、蓝三色分光,三色光各自经过起偏、成像、检偏后,在 X－cube 进行三色合光,最后通过广角镜头投射到屏幕成像。<br>由于该商品的组成已经超出了《税则》中税目 90.02 所描述的“已装配的光学元件”的范围,因此不能归入税目 90.02。由于其为 LCOS 背投影电视机专用,因此,可按彩色电视接收机的零件归入税则号列 8529.9081。 | | | | |

| 序号 | 1466 | 归类决定编号 | Z2006－0772 | 公告编号 | 2006 年第 69 号 |
|---|---|---|---|---|---|
| 商品税则号列 | 8529.9082 | | | 发布日期 | 2006 年 11 月 22 日 |
| 商品名称 | 铜网膜(周边有印刷) | | | | |
| 英文名称 | PDP-TV FILM | | | | |
| 其他名称 | | | | | |
| 商品描述 | 铜网膜(周边有印刷),进口状态已切割成每片 42 英寸(983 毫米×584 毫米),它是以 PET 为基片,表面上附有防止电磁波的铜网,铜网(镀层)厚度 10 微米,每片总厚度 193 微米,铜网膜四周有边框印刷。其结构:透光的光学材料 PET 薄膜层(底层)→铜网膜层(中间层)→高透明树脂保护层(表面层)四周黑化处理。制造工艺:PET(聚对苯二甲酸已二脂)造材→基材光学增透滤清处理→高平整度拉制(透光的光学材料的薄膜层)→磁控镀铜→感化网格印刷→激光腐蚀老化处理→树脂覆盖喷涂→背胶加工→双面粘贴保护层→剪切成型。使用原理:电视机开机后产生的有害电磁波被铜网吸收后通过铜网边部接地端与机壳处形成电荷回路而释放掉电磁波,并且不影响正常的光波信号显示。该商品与复合型功能膜、玻璃屏等构成等离子电视屏。 | | | | |
| 归类决定 | 该商品贴在等离子电视显示屏上,利用电磁波在穿过金属小孔时就能完全被金属导体吸收这一特性,起到过滤有害电磁波的作用。该商品属于电学处理元件,而非光学处理元件,故不能归入税目 90.01 项下。由于该商品是等离子电视显示屏的专用零件,根据归类总规则一和六,应将其归入税则号列 8529.9082。 | | | | |

| 序号 | 1467 | 归类决定编号 | Z2006－0773 | 公告编号 | 2006年第69号 |
|---|---|---|---|---|---|
| 商品税则号列 | 8529.9090 | | | 发布日期 | 2006年11月22日 |
| 商品名称 | 液晶片组件(含镜头) | | | | |
| 英文名称 | | | | | |
| 其他名称 | | | | | |
| 商品描述 | 该商品为液晶片组件(含镜头)。该液晶片组件(含镜头)主要由镜头、专用棱镜、液晶显示片、连接电路、热敏电阻等组成,是液晶视频投影机的核心部件。三片液晶片(又称光阀片)位于三个方位,分别控制红、绿、蓝三原光的通过,工作时将主板传输的视频信号同时显示为相同的图像;棱镜利用光线折射原理,将三片液晶片所显示的图像合而为一,通过置于前端的镜头投射到银幕上;热敏电阻则用于感测内部工作温度。该商品不带有解码板、驱动电路等,所附的电路仅仅起连接作用。 | | | | |
| 归类决定 | 《税则注释》对品目90.02的解释:"本品目包括已作固定装配(即已装在底座、框架等托架上的),适于安装在仪器或装置上的品目90.01注释中第二、三及四款所列的物品……"而品目90.01注释中第二、三及四款分别是指片状或板状偏振材料、玻璃制光学元件及未作固定装配的非玻璃制光学元件。由于该商品的构成已经超出了上述规定的范围,故液晶片组件不能归入品目90.02项下。由于该商品已经构成视频投影机的专用零件,根据《税则》第十六类类注二以及归类总规则一和六,该液晶片组件(含镜头)应归入税则号列8529.9090。 | | | | |

| 序号 | 1468 | 归类决定编号 | Z2007－0077 | 公告编号 | 2007年第71号 |
|---|---|---|---|---|---|
| 商品税则号列 | 8529.9090 | | 发布日期 | | 2007年12月5日 |
| 商品名称 | 汽车遥控接收器用电路板 | | | | |
| 英文名称 | Circuits boards for ASSY | | | | |
| 其他名称 | | | | | |
| 商品描述 | 该电路板用于安装在日本本田汽车遥控接收器中，有两大主要功能：1. 解锁发动机控制，可以通过无线通讯的方式两次验证钥匙的合法性，防止发动机被启动，用于防盗；2. 遥控功能，只要按下钥匙上的按钮就可以打开或关上车门。 | | | | |
| 归类决定 | 汽车遥控接收器通过无线电对汽车电路进行遥控，归入《税则》税目85.26。汽车遥控接收器用电路板是汽车遥控接收器的专用零件，符合税目85.29的商品范围，根据归类总规则一及六，应归入税则号列8529.9090。 | | | | |

| 序号 | 1469 | 归类决定编号 | Z2006－0774 | 公告编号 | 2006年第69号 |
|---|---|---|---|---|---|
| 商品税则号列 | 8530.8000 | | 发布日期 | | 2006年11月22日 |
| 商品名称 | 信号机成套散件 | | | | |
| 英文名称 | | | | | |
| 其他名称 | | | | | |
| 商品描述 | 组成：信号机组成包含控制单元（微处理器模块、监视模块、显示及控制面板模块、电源模块）、灯相输出模块、闪烁模块、输出输入连接器（输出及输入接口）、电源配置及机柜（含小门手动装置）等。<br>工作原理及用途：MTC－2000信号机是利用50赫兹交流电作钟控（时间制），用时间变化转换成数字信号来控制红绿黄灯在交通路口的变化以及人行道红绿灯的变化。<br>MRC－2000匝道信号机是用于公路收费站的红绿灯控制的，作用原理与上述产品相同。 | | | | |
| 归类决定 | 根据以上特征判定，信号机成套散件应视为信号机的完整品进行归类，而信号机符合《税则注释》品目85.30对交通灯的描述，应归入税则号列8530.8000。 | | | | |

| 序号 | 1470 | 归类决定编号 | Z2006－0775 | 公告编号 | 2006 年第 69 号 |
|---|---|---|---|---|---|
| 商品税则号列 | 8530.8000 | | | 发布日期 | 2006 年 11 月 22 日 |
| 商品名称 | 水上交通安全管理系统 | | | | |
| 英文名称 | Water transportation safety management system | | | | |
| 其他名称 | | | | | |
| 商品描述 | 水上交通安全管理系统主要由雷达子系统、VHF 通信子系统、雷达数据处理子系统、显示和控制子系统、信息传输子系统、MIS 子系统、记录和重放子系统、系统集成和管理、UAIS、附加工作站和 CCTV 系统组成，通过各种“传感器”收集所辖水域有关船舶动态、航道、水道、锚地和助航设施状况及水文、气象的信息，并由网络进行传输，进行记性数据处理和数据评估等，对覆盖区域内的船舶进行集中统一的监视、跟踪，提供有效的咨询和助航服务。 | | | | |
| 归类决定 | 该套设备整体功能符合《税则》税目 85.30 的条文描述，根据第十六类注释四对功能机组的归类原则，该系统应归入税则号列 8530.8000。 | | | | |

| 序号 | 1471 | 归类决定编号 | Z2009－0062 | 公告编号 | 2009 年第 5 号 |
|---|---|---|---|---|---|
| 商品税则号列 | 8531.1000 | | | 发布日期 | 2009 年 1 月 20 日 |
| 商品名称 | 可燃气体泄漏检测仪 | | | | |
| 英文名称 | | | | | |
| 其他名称 | | | | | |
| 商品描述 | 该可燃气泄漏检测仪用于检测是否有可燃气体，当测到有可燃气体时，检测仪会报警。其工作原理为：当可燃气体发生泄漏，与检测仪内的半导体传感器中的金属氧化物接触，发生氧化还原反应导致传感器晶粒边界的势垒降低，从而传感器阻值减小，反应到电路中的电信号产生变化，而达到检测可燃气体的目的。 | | | | |
| 归类决定 | 该商品由探测装置及音响或视觉报警装置组成，不具有检测气体浓度值的功能，不符合《税则》税目 90.27 商品的描述，但其符合《税则注释》对品目 85.31 商品的描述，根据归类总规则一及六，应归入税则号列 8531.1000。 | | | | |

| 序号 | 1472 | 归类决定编号 | Z2006 - 0777 | 公告编号 | 2006 年第 69 号 |
|---|---|---|---|---|---|
| 商品税则号列 | 8532.2410 或 8532.2110 | | | 发布日期 | 2006 年 11 月 22 日 |
| 商品名称 | 贴片电容，圆柱电容 | | | | |
| 英文名称 | | | | | |
| 其他名称 | | | | | |
| 商品描述 | 用于生产电子协调器（高频头）。 | | | | |
| 归类决定 | 经信息产业部电子第五研究所化验，所报样品“贴片电容 CL10CHOR5B”为片式多层陶瓷介质电容器，应归入税则号列 8532.2410；样品“柱状电容 UCN033CH100D - 2”为片式钽电容器，应归入税则号列 8532.2110。 | | | | |

| 序号 | 1473 | 归类决定编号 | Z2006 - 1419 | 公告编号 | 2007 年第 70 号 |
|---|---|---|---|---|---|
| 商品税则号列 | 8533.4000 | | | 发布日期 | 2007 年 12 月 5 日 |
| 商品名称 | 热敏陶瓷电阻 | | | | |
| 英文名称 | | | | | |
| 其他名称 | | | | | |
| 商品描述 | 热敏陶瓷电阻器件是将两只（也可为一只或多只）NTC 热敏陶瓷电阻头（各自带有 1.3 米的双股导线）通过导线、镀锡铜管及接点端子相互连接，并与插座及塑料件组装在一起，用以方便客户将其作为冰箱感测温度的零件直接插入电路使用。其电阻头上包覆的热缩软管起防水的作用。 | | | | |
| 归类决定 | 该商品是将数个热敏电阻与导线、镀锡铜管及接点端子相互连接，并与插座及塑料件组装在一起，其主体结构为热敏电阻，应将其按变阻器进行归类。上述商品属于可变电阻的一种，符合《税则》税目 85.33 及其子目条文的描述，根据归类总规则一及六，应将其按其他可变电阻器归入税则号列 8533.4000。 | | | | |

| 序号 | 1474 | 归类决定编号 | Z2008 - 0087 | 公告编号 | 2008 年第 76 号 |
| --- | --- | --- | --- | --- | --- |
| 商品税则号列 | 8533.4000 | | 发布日期 | 2008 年 10 月 28 日 | |
| 商品名称 | 瓷片(电阻片) | | | | |
| 英文名称 | | | | | |
| 其他名称 | | | | | |
| 商品描述 | 该商品型号为 SCK/TTC05/TSM 系列,主要由氧化锰、氧化钴、氧化铜、氧化镍等组成,高温烧结制成电阻基料,进口后经表面烧制银浆电极,引线涂装支撑电阻。 | | | | |
| 归类决定 | 该商品由氧化锰、氧化钴等烧结而成,已具备阻值,且阻值会随着温度的变化而变化。该商品进口后只需烧制银浆电极和加装引线即为完整的可变电阻器,是可变电阻器的未制成品,根据归类总规则二(一)及六,应按可变电阻器归入税则号列 8533.4000。 | | | | |

| 序号 | 1475 | 归类决定编号 | Z2006 - 0779 | 公告编号 | 2006 年第 69 号 |
| --- | --- | --- | --- | --- | --- |
| 商品税则号列 | 8534.0090 | | 发布日期 | 2006 年 11 月 22 日 | |
| 商品名称 | 斑马纸 | | | | |
| 英文名称 | | | | | |
| 其他名称 | | | | | |
| 商品描述 | 斑马纸是生产液晶显示屏时所使用的一种柔性连接导体。它是在聚酯薄膜基板上印刷上碳浆(或银浆)电路,并涂有粘接剂。使用时用热压方法将其电路一端与液晶屏上的电路连接在一起,另一端与电路板上的电路连接,从而使液晶显示屏与电路板连通。 | | | | |
| 归类决定 | 根据《税则》第八十五章章注四的规定,该商品应归入税则号列 8534.0090。 | | | | |

| 序号 | 1476 | 归类决定编号 | Z2006－0780 | 公告编号 | 2006年第69号 |
|---|---|---|---|---|---|
| 商品税则号列 | 85.35、85.36 | | 发布日期 | 2006年11月22日 | |
| 商品名称 | 密封接线柱 | | | | |
| 英文名称 | Hermetic terminal | | | | |
| 其他名称 | | | | | |
| 商品描述 | 该密封接线柱是压缩机内部电动机与外部电路连接的接插件，主要功能是接通电动机的供电电源。由于压缩机的整体环境是密封的，电动机在密闭的环境中工作，因此其接线柱也是密封的。 | | | | |
| 归类决定 | 该商品用于压缩机内部，功能为电路连接。根据《税则》第十六类类注二关于零件的归类原则，即使该商品因为使用场合的特殊而具备一定的专用性，但仍应按具体列名，作为电气连接装置归入税目85.36或85.35项下。 | | | | |

| 序号 | 1477 | 归类决定编号 | Z2006－1420 | 公告编号 | 2007 年第 70 号 |
|---|---|---|---|---|---|
| 商品税则号列 | 8535.2900[8535.2910(2014 年版)] | | 发布日期 | 2007 年 12 月 5 日 | |
| 商品名称 | 六氟化硫气体绝缘组合电器 | | | | |
| 英文名称 | SF6 GA Insulated switchgear | | | | |
| 其他名称 | | | | | |
| 商品描述 | 该商品的规格型号:220 千伏,B105。组成:六氟化硫气体绝缘组合电器是一种集断路器、隔离刀闸、接地刀闸、电流互感器、电压互感器于一体的电气设备。功能/用途:断路器是接通与断开电路的正常负荷电流或故障情况下的故障短路电流的电气设备。隔离刀闸是用来隔绝电路的电气设备,当其开关电气设备需检修或转冷设备用的情况下,用隔离刀闸断开来隔离电路。接地刀闸用来当开关,电气设备需检修时,其开关断路器及隔离刀闸断开后,再合上接地刀闸,确保检修的设备的电位与地电位保持一致,保证检修人员的安全。电流互感器的作用是将一次大的电流通过电流互感器后,变为二次的小电流(二次一般为 5 安培),供给保护、自动装置等。电压互感器的作用是将一次高电压通过电压互感器后,变为二次的低电压(二次一般为 100 伏特),供给保护、自动装置等。六氟化硫正常充满在整个六氟化硫气体绝缘组合电器的空间中,正常情况下六氟化硫气体作为绝缘介质,使六氟化硫气体绝缘组合电器的带电部分与外壳保持绝缘状态,当断路器在闭合电路或断开电路时,六氟化硫气体同时还起到灭弧作用。电力是一种特殊的商品,发、供、用三者是瞬时同时完成的,220 千伏六氟化硫气体绝缘组合电器是发电厂电能输入电网的重要连接设备,它的可靠性、安全性关系到发电厂电能可否送出和整个电网的安全稳定。 | | | | |
| 归类决定 | 该六氟化硫气体绝缘组合电器是一种高压、封闭式的组合电器,它将一座变电站中除变压器以外的一次设备,包括断路器、隔离开关、接地开关、电压互感器、电流互感器、避雷器、母线、电缆终端、进出线套管等,经优化设计有机地组合成一个整体,具有智能化、环保型、全绝缘、小型化等特点。该商品符合《税则》税目 85.35 及其子目条文的描述,根据归类总规则一和六,应将其归入税则号列 8535.2900[8535.2910(2014 年版)]。 | | | | |

| 序号 | 1478 | 归类决定编号 | Z2007－0078 | 公告编号 | 2007 年第 71 号 |
|---|---|---|---|---|---|
| 商品税则号列 | 8535.3000[8535.30(2014 年版)] | | 发布日期 | | 2007 年 12 月 5 日 |
| 商品名称 | 顶部单元、A 型双弹簧操作机构、K 型单弹簧操作机构 | | | | |
| 英文名称 | (1) Switch unit 500mm type SFG with (2)/(1) spring device (2) Mechanism for a MEC - for 2 spring (3) Mechanism for k MEC -for 1 spring | | | | |
| 其他名称 | | | | | |
| 商品描述 | 1. 顶部单元(ABB 牌)由 SFG 负荷开关加铁框架构成,用于规格 500 毫米中压开关柜,SFG 是将三工位开关(合闸、分闸和接地三种功能)密封在内充 SF6 气体(消灭开关闭合时产生电弧的一种绝缘介质)环氧树脂浇注壳体组合而成的产品,500 毫米表示支撑顶部单元 SFG 的铁框架规格,它与组成开关柜的下部单元宽度相同,SFG 顶部单元是非具有单一的电路开关或隔离开关功能的产品(一般的电路开关或隔离开关是不允许接地功能存在,否则就会发生严重的电路短路故障事故),SFG 产品关键的功能是消灭开关开闭时产生的弧光,一般的电路开关不具备这个功能,SFG 部件占整个电力分配柜体积的 20%。<br>2. A 型双弹簧操作机构(ABB 牌)和 K 型单弹簧操作机构(ABB 牌),是根据电力分配柜下部单元安装的不同,分别与 SFG 顶部单元组装而成的配电开关柜上部机构,如进线柜下部单元连接电缆,只需要简单分、合和接地则用 K 型单弹簧机构;如用于具有保护下端电气设备功能的出线柜,则必须用 A 型双弹簧机构(一条弹簧简单分、合和接地,另外一弹簧可在下端电器设备发生故障时,通过收集来的信号传输这个弹簧发生作用,使 SFG 顶部单元内的开关分闸,从而保护整个电网设备)。A 型双弹簧操作机构和 K 型单弹簧操作机构的功能是协助开关的开启及闭合,其占整个电力分配柜体积的 5%。 | | | | |
| 归类决定 | 该商品包括 ABB SFG 复合开关顶部单元和其操作机构(A 型双弹簧操作机构和 K 型单弹簧操作机构),两者配套使用,可以一并归类。该商品用于 1000 伏以上电路的通断(带有防电弧功能),不带有电力分配功能,符合《税则注释》品目 85.35 有关“断续开关”的描述,根据归类总规则一及六,应归入税则号列 8535.3000[8535.30(2014 年版)]。 | | | | |

| 序号 | 1479 | 归类决定编号 | Z2006-0781 | 公告编号 | 2006年第69号 |
|---|---|---|---|---|---|
| 商品税则号列 | 85.36 | | | 发布日期 | 2006年11月22日 |
| 商品名称 | 110千伏开关柜继电保护装置 | | | | |
| 英文名称 | | | | | |
| 其他名称 | | | | | |
| 商品描述 | 该继电保护装置通过电脑来控制各种形式的开关柜,用于110千伏电路的保护,是SCS-200变电站自动化系统的一部分。流经继电器保护装置的电流是经过互感器降压后的低压电流,以便于测量。该继电保护装置的质量检测都是在低压实验室中完成。 | | | | |
| 归类决定 | 继电保护装置虽用于保护高压电路,但该设备是变电站自动化系统的一部分,其工作电压是经过互感器降压后的低压,故根据《税则注释》关于品目85.36的注释,应归入税目85.36下的相应子目。 | | | | |

| 序号 | 1480 | 归类决定编号 | Z2006－0782 | 公告编号 | 2006 年第 69 号 |
|---|---|---|---|---|---|
| 商品税则号列 | 8536.3000 | | 发布日期 | | 2006 年 11 月 22 日 |
| 商品名称 | 线路板组件 | | | | |
| 英文名称 | | | | | |
| 其他名称 | | | | | |
| 商品描述 | 线路板组件，由集成电路（IC）、MOS 场效应晶体管、印刷电路板及电阻、电容等组成，用于手机可充电电池的过充电、过放电和过电流保护，与可充电电池装配在一起，封装在塑料外壳内，成为完整的手机电池。<br>其工作原理是：可充电电池通过该线路板组件与手机外部电路连接，线路板组件中的 IC 比较电池两端电压，当对可充电电池充电时，在电压达到预定值时输出信号关断 MOS 场效应晶体管，从而切断充电电路，达到过充电保护的功能；当手机电池电量即将耗尽，在电压达到预定低电压值时输出信号关断 MOS 场效应晶体管，切断放电电路，达到过放电保护的功能；当电路中电流过大时，线路板组件中的 IC 输出信号关断 MOS 场效应晶体管，切断电路以达到过电流保护的功能。 | | | | |
| 归类决定 | 该商品功能符合《税则》税目 85.36“电路保护”的描述，应归入税则号列 8536.3000。 | | | | |

| 序号 | 1481 | 归类决定编号 | Z2006－1421 | 公告编号 | 2007 年第 70 号 |
|---|---|---|---|---|---|
| 商品税则号列 | 8536.3000 | | | 发布日期 | 2007 年 12 月 5 日 |
| 商品名称 | 放电管 | | | | |
| 英文名称 | | | | | |
| 其他名称 | | | | | |
| 商品描述 | 该放电管是一种金属陶瓷结构，用于通讯设备或信号电路中的配套的电子元器件。其内部充有惰性气体，在一定的电压作用下通过气体电离进行放电。工作原理：气体放电管可视为低电容的对称开关，在正常工作时，电阻是兆殴级的绝缘状态，当外部电压达到放电管的击穿电压值时，放电管内气体被电离，放电管的电阻迅速从绝缘的高阻抗状态跌至 1 欧姆以下，将电压分流，浪涌消失后放电管恢复到高阻抗状态。其具有两种保护形式：通过与压敏电阻的结合来防护承受的电压脉冲尖峰主要部分和防护通过电话网络及控制网络的瞬时过电压。 | | | | |
| 归类决定 | 该放电管的标称直流击穿电压均在 1000 伏以下，利用惰性气体的击穿特性，实现对电路的过压保护，属于电路保护装置，符合《税则》税目 85.36 及其子目条文的描述，根据归类总规则一及六，应将其按“用于电压不超过 1000 伏的线路的其他电路保护装置”归入税则号列 8536.3000。 | | | | |

| 序号 | 1482 | 归类决定编号 | Z2008－0196 | 公告编号 | 2008 年第 83 号 |
|---|---|---|---|---|---|
| 商品税则号列 | 8536.3000 | | | 发布日期 | 2008 年 11 月 24 日 |
| 商品名称 | 隔离式安全栅 | | | | |
| 英文名称 | | | | | |
| 其他名称 | | | | | |
| 商品描述 | 该商品用于传递能量和信息，对高压和大电流起阻挡作用。一般来说，工厂的控制室内部是安全的，生产现场可能存在各种易燃易爆的大电流及气体，安全栅对安全区的高能量进行隔离和限制，通过对电流的测量，而对大电流和高能量起阻挡作用。 | | | | |
| 归类决定 | 该商品用于工作电压在 1000 伏以下的电路，利用稳压限流、对高能量进行隔离和限制、信号转换等一系列方式确保安全区和危险区之间的电路安全，属于电路的保护装置，符合《税则》税目 85.36 及其子目条文的描述，根据归类总规则一及六，应按其他电路保护装置归入税则号列 8536.3000。 | | | | |

| 序号 | 1483 | 归类决定编号 | Z2006－0783 | 公告编号 | 2006年第69号 |
|---|---|---|---|---|---|
| 商品税则号列 | 8536.4900 | | | 发布日期 | 2006年11月22日 |
| 商品名称 | 热保护器 | | | | |
| 英文名称 | | | | | |
| 其他名称 | | | | | |
| 商品描述 | 该商品为冰箱压缩机用热保护器，规格型号为4™。<br>冰箱用压缩机及其配套件（热保护器、继电器）工作原理：冰箱用压缩机有两组电路，即主绕组电路和副绕组电路。压缩机首次启动时，副绕组电路接通，给主绕组电路产生影响，从而使主绕组电路接通，压缩机开始工作，继电器断开副绕组电路。当压缩机工作温度上升到一定值时，热保护器中的“瞬时动作复合金属碟片盘”动作，触发置于碟片盘上的弹簧臂，从而断开主绕组电路，使压缩机停止工作（当热保护器断开主绕组电路一定时间后，继电器自动接通主绕组电路）。当压缩机温度降低到一定温度时，热保护器的弹簧臂复位，接通副绕组电路，副绕组电路工作从而使主绕组电路接通，使压缩机又开始工作，此时继电器再次断开副绕组电路，这样不断循环。 | | | | |
| 归类决定 | 热保护器是一种温度保护继电器，应归入税则号列8536.4900。 | | | | |

| 序号 | 1484 | 归类决定编号 | Z2006－1422 | 公告编号 | 2007年第70号 |
| --- | --- | --- | --- | --- | --- |
| 商品税则号列 | 8536.4900 | | 发布日期 | | 2007年12月5日 |
| 商品名称 | 接触器(申报品名) | | | | |
| 英文名称 | Magnetic contactor | | | | |
| 其他名称 | 电磁接触器(包装盒上的名称) | | | | |
| 商品描述 | 该电磁接触器,型号为SC－N5;工作电压为DC200～240伏,AC200～250伏;工作频率为50/60赫兹;标号为SC93BAA－222(即在JIS C 8201标准下,额定电压为AC240伏,额定功率为22千瓦,额定电流为93安培)。 | | | | |
| 归类决定 | 该接触器可用于多种场合,主要作远距离接通和分断电路之用。根据《税则注释》对品目85.36项下“继电器”的解释:“接触器也视作继电器……”,该商品应归入税则号列8536.4900。 | | | | |

| 序号 | 1485 | 归类决定编号 | Z2006－0784 | 公告编号 | 2006年第69号 |
|---|---|---|---|---|---|
| 商品税则号列 | 8536.5000 | | | 发布日期 | 2006年11月22日 |
| 商品名称 | 自动转换开关 | | | | |
| 英文名称 | | | | | |
| 其他名称 | | | | | |
| 商品描述 | 该商品为串接于供电电路上的紧急电力切换装置（规格型号7ATSC3/1600/H5X）。其每一额定容量的自动切换开关均拥有快速切换能力，并配有含薄膜按键、液晶显示荧幕之可程式微处理机控制器及状态显示面板。功能：带有微处理机控制器的转换开关。控制器采集转换开关的动作，当主电源故障或压降过大超过控制器设定值，自动切换到副电源侧。当正常电源侧恢复正常供电后，自动将负载供电线路切回正常侧。进口状态不含外箱，用于380V/50HV的楼宇及工厂供电系统。该自动转换开关由自动切换开关本体及处理控制器、ATS状态位置显示板组成，由处理控制器来控制开关本体运行。开关本体由一个开关构成，含一个电磁线圈，不含其他任何电气元件，其切换是由控制器激活电磁线圈来动作的。 | | | | |
| 归类决定 | 该商品为自动转换开关，主要由开关本体和控制器构成，当供电电路出现非正常状态时进行电路切换，符合《税则注释》对“转换开关”的描述“用于将一条或多条线路与另外一条或多条线路连通”。<br>该商品属于开关的一种，符合《税则》税目85.36及其子目条文的描述，根据归类总规则一及六，应将其按开关归入税则号列8536.5000。 | | | | |

| 序号 | 1486 | 归类决定编号 | Z2006 - 1423 | 公告编号 | 2007 年第 70 号 |
| --- | --- | --- | --- | --- | --- |
| 商品税则号列 | 8536.5000 | | 发布日期 | 2007 年 12 月 5 日 | |
| 商品名称 | 感应开关 | | | | |
| 英文名称 | | | | | |
| 其他名称 | 电路板 | | | | |
| 商品描述 | 该电路板为吸顶灯的主要组成部分。吸顶灯的主要由自动开关装置、灯罩、灯头组成。电路板就是吸顶灯的自动开关装置，由感应器件、电阻、电容、集成电路、三极管和可控硅组成，体积很小。 | | | | |
| 归类决定 | 该电路板可以感应人体的信号（如热、动信号等）接通电路，并可延时关闭电路，是一种自动开关装置，单独进口的该电路板已构成自动开关装置的基本特征，故可归入税则号列 8536.5000。 | | | | |

| 序号 | 1487 | 归类决定编号 | Z2007 - 0079 | 公告编号 | 2007 年第 71 号 |
| --- | --- | --- | --- | --- | --- |
| 商品税则号列 | 8536.5000 | | 发布日期 | 2007 年 12 月 5 日 | |
| 商品名称 | 压力开关 | | | | |
| 英文名称 | Pressure switches | | | | |
| 其他名称 | 压力仪表 | | | | |
| 商品描述 | 该装置为压力仪表，又称压力开关（Pressure switches），其工作原理如下：该装置受到系统中介质压力作用，当系统中介质的压力大于压力弹簧的标定值时，由弹簧顶压的推杆发生移动，触发压力开关内部的一个电路接通或关断。该内部电路有接线装置，可以对外输出控制电信号。如系统中介质的压力不足时，该压力开关处于静止状态，不发生任何变化。该产品不具备自动调节及操控阀门、开关等装置的功能。 | | | | |
| 归类决定 | 压力开关用于电压小于 1000 伏的电路中，可以通过系统介质压力推动接通或关断电路，为一种机械式压力开关，符合《税则》税目 85.36 的商品范围，根据归类总规则一及六，应按其他开关归入税则号列 8536.5000。 | | | | |

| 序号 | 1488 | 归类决定编号 | Z2010－0056 | 公告编号 | 2010 年第 15 号 |
|---|---|---|---|---|---|
| 商品税则号列 | 8536.5000 | | 发布日期 | | 2010 年 2 月 28 日 |
| 商品名称 | 雨刷开关 | | | | |
| 英文名称 | | | | | |
| 其他名称 | | | | | |
| 商品描述 | 雨刷开关安装在汽车前挡风玻璃上，当开关内的传感器探测到挡风玻璃上有雨点时，内部开关导通，使外部继电器通电工作，使雨刷电机工作。主要工作原理如下：(1)该商品通过支架安装在汽车挡风玻璃上；(2)内部电子线路板上的红外发射器发射红外光，并通过光学透镜传送到挡风玻璃上；(3)挡风玻璃将红外线反射到该商品内部的光学透镜内；(4)该商品内的红外接收器接收返回的红外线量；(5)该商品内的控制芯片计算出红外线发射和接受量；(6)当雨点落在挡风玻璃上时，红外线会有部分损失，接收到的红外线量发生变化，通过计算可以判断出挡风玻璃上雨点大小；(7)根据计算出的雨点大小，输出开关信号控制雨刮器马达低速或高速刮去挡风玻璃上的雨水；(8)不间断计算红外线的发射和接收量，进行计算并控制汽车雨刮器马达，从而实现自动雨刮器功能；(9)不用时，可以通过汽车内的雨刮控制组合开关将之关掉。主要部件：塑料顶盖、电子线路板、透镜支撑架、底盖、塑料透镜。 | | | | |
| 归类决定 | 该商品为汽车雨刷器(《税则》税目 85.12 项下商品)的零件，不应归入税目 87.08 项下，应按照第十六类类注二的归类规定确定商品税则号列。该商品虽然可以根据雨量大小调节信号发送频率，进而自动控制雨刷速度，但是其功能并不符合《税则注释》对品目 90.32 项下商品的描述“……这些系统可将某一电量或非电量调到并保持在一设定值上……”。虽然上述商品带传感器实行连续测量，但并无电量或非电量的设定值，故不应归入税目 90.32 项下。上述商品属于光电耦合开关，符合《税则》税目 85.36 及其子目条文的描述，根据归类总规则一及六，应按其他开关归入税则号列 8536.5000。 | | | | |

| 序号 | 1489 | 归类决定编号 | Z2014－0005 | 公告编号 | 2014年第46号 |
|---|---|---|---|---|---|
| 商品税则号列 | 8536.9090 | | | 发布日期 | 2014年6月25日 |
| 商品名称 | IC测试座 | | | | |
| 英文名称 | | | | | |
| 其他名称 | | | | | |
| 商品描述 | 该IC测试座焊接在IC烧录仪器主板上，将IC放在IC测试座内，由IC烧录仪器根据内部程序对IC进行读写控制，通过IC测试座进行不同IC的读写。 | | | | |
| 归类决定 | 该IC测试座只是用来连接IC和主板的插接装置，属于电路连接装置，根据归类总规则一及六，应归入税则号列8536.9090。 | | | | |

| 序号 | 1490 | 归类决定编号 | Z2010－0057 | 公告编号 | 2010年第15号 |
|---|---|---|---|---|---|
| 商品税则号列 | 8537.1019 | | | 发布日期 | 2010年2月28日 |
| 商品名称 | 可编程称量控制系统 | | | | |
| 英文名称 | | | | | |
| 其他名称 | | | | | |
| 商品描述 | 该商品由载荷传感器、数据处理计算机终端、无线数据局域网数据传输，以及数据站设备组成。用于306吨炼钢起重机在炼钢生产线流程中自动控制、生产管理和自动称量。该商品对用户是开放的，用户可以根据不同的生产工艺流程在控制终端进行编程，是一个可编程系统。 | | | | |
| 归类决定 | 该系统由多个独立部件组成，组合后为《税则注释》品目85.37所列的控制功能工作，符合“功能机组”的定义，根据归类总规则一及六，应将整套系统按用于电压不超过1000伏线路的数控装置归入税则号列8537.1019。 | | | | |

| 序号 | 1491 | 归类决定编号 | Z2006－0790 | 公告编号 | 2006年第69号 |
| --- | --- | --- | --- | --- | --- |
| 商品税则号列 | | 8537.1090 | | 发布日期 | 2006年11月22日 |
| 商品名称 | 空调监控盘 | | | | |
| 英文名称 | | | | | |
| 其他名称 | | | | | |
| 商品描述 | 型号:SC－SLA200EC。<br>空调监控盘可以对数百台配套空调实行集中监控。该监控盘有以下功能:监视空调的运行状态、控制和设定空调的运转模式、设定空调运转日程、记录打印有关数据等。 | | | | |
| 归类决定 | 该设备是一种具有监视、记录功能的控制装置,应归入税则号列8537.1090。 | | | | |

| 序号 | 1492 | 归类决定编号 | Z2006－0791 | 公告编号 | 2006年第69号 |
| --- | --- | --- | --- | --- | --- |
| 商品税则号列 | | 8537.1090 | | 发布日期 | 2006年11月22日 |
| 商品名称 | 电梯门保护装置 | | | | |
| 英文名称 | Elevator door safety edges | | | | |
| 其他名称 | | | | | |
| 商品描述 | 该装置与传统的电梯门机械安全触板合并使用,由安装在电梯轿厢门侧的保护条和安装在轿厢顶部的控制盒及连接线组成。当电梯门关闭过程中,保护条探测到有乘客或物体进出电梯,即产生触发,控制器将触发信号输出至电梯门控制系统,使电梯门停止关闭并反转开启。<br>保护条内置红外光束发射器和接受器,以红外光幕探测人或物进出电梯的情况。控制器由电源输入/信号输出接插端子、发射器/接受器接插口、门机控制继电器、系统状态测试开关、延时复位开关、辅助模块等组成。 | | | | |
| 归类决定 | 所报商品已构成《税则》税目85.37所列商品,根据《税则》第十六类类注二(一)的规定,应归入税则号列8537.1090。 | | | | |

| 序号 | 1493 | 归类决定编号 | Z2006－0792 | 公告编号 | 2006年第69号 |
|---|---|---|---|---|---|
| 商品税则号列 | 8537.1090 | | 发布日期 | | 2006年11月22日 |
| 商品名称 | 人机界面 | | | | |
| 英文名称 | Man machine interface | | | | |
| 其他名称 | | | | | |
| 商品描述 | 人机界面(型号:PWS3760DTN、PWS3260STN)由微处理器、快闪可擦写存储器、显示屏及按键组成,是专为可编程控制器(PLC)设计的输入输出界面。其工作原理为:在计算机上编制人机界面的程序并下载到人机界面的快闪可擦写存储器中,人机界面与PLC通过通信线缆连接,操作人员通过人机界面上的按键输入控制信号至PLC,PLC的各种状态、参数、报警信息显示在人机界面的显示屏上。 | | | | |
| 归类决定 | 该商品符合《税则》税目85.37的要求,应归入税则号列8537.1090。 | | | | |

| 序号 | 1494 | 归类决定编号 | Z2006－0793 | 公告编号 | 2006年第69号 |
|---|---|---|---|---|---|
| 商品税则号列 | 8537.1090 | | 发布日期 | | 2006年11月22日 |
| 商品名称 | 控制模块 | | | | |
| 英文名称 | AC control-module | | | | |
| 其他名称 | | | | | |
| 商品描述 | 控制模块(型号CPA－100－220、CPA－101－220)是电子式电动执行机构的控制电路,免维护固化封装,对输入的4～20mAd.c或1～5Vd.c信号和检测反馈的开度信号进行输入、比较、放大、输出,把外部输入的220V电压通过继电器输出220V的切换电压,控制可逆电机调节和控制阀门。 | | | | |
| 归类决定 | 该商品符合《税则》中税目85.37关于控制装置的描述,应归入税则号列8537.1090。 | | | | |

| 序号 | 1495 | 归类决定编号 | Z2006－0794 | 公告编号 | 2006年第69号 |
|---|---|---|---|---|---|
| 商品税则号列 | 8537.1090 | | | 发布日期 | 2006年11月22日 |
| 商品名称 | 驾驶室音响、空调开关 | | | | |
| 英文名称 | | | | | |
| 其他名称 | | | | | |
| 商品描述 | 该商品为驾驶室音响、空调开关。该商品为“天籁”轿车车型使用，采用音响控制开关和空调控制开关合并设计。该控制开关放置在汽车音响装置前，CD盘由该控制开关下孔放入后面的汽车音响CD机中。其上的按钮用来控制音响和空调的有无及大小，内部有少许电路控制元器件，主要为接触、控制、调节电流大小的作用。 | | | | |
| 归类决定 | 该商品的功能符合《税则》税目85.37的描述，因此，根据归类总规则一，该驾驶室音响、空调开关应归入税则号列8537.1090。 | | | | |

| 序号 | 1496 | 归类决定编号 | Z2006－0795 | 公告编号 | 2006年第69号 |
|---|---|---|---|---|---|
| 商品税则号列 | 8537.1090 | | 发布日期 | | 2006年11月22日 |
| 商品名称 | 组合开关 | | | | |
| 英文名称 | Switch-comb1 | | | | |
| 其他名称 | | | | | |
| 商品描述 | 一、型号<br>组合开关有两种规格型号：一种是GE6T－66－120C，用于普利马车型；另一种是GE6L－66－120A，用于福美来车型。两种规格型号的组合开关工作原理和用途是一样的，只是规格型号为GE6L－66－120A的组合开关少了一个后雨刮开关。<br>二、进口状态组成部分<br>1. 组合开关共分三部分：灯开关操纵杆（外壳材料为聚甲醛）、开关本体（外壳材料为聚丙烯）、雨刮开关操纵杆（外壳材料为聚甲醛）。<br>2. 组合开关由灯开关、远近光开关、转向灯开关、前雨刮开关、后雨刮开关组成。<br>三、用途<br>1. 灯开关（共有3个动触点，3个静触点）：(1)控制前大灯开启、关闭。(2)夜间行驶时控制开启和关闭前大灯上前位置灯，后尾灯上后位置灯，组合仪表、空调操纵器、音响、其他开关按钮等的照明灯。<br>2. 远近光开关（共有3个动触点，3个静触点，触点材料为银）：控制前大灯远光灯、近光灯切换。<br>3. 转向灯开关（共有3个静触点，2个动触点）：车辆行驶转向时控制开启和关闭转向灯。<br>4. 前雨刮开关（共有10个静触点，4个动触点，并有1块雨刮控制PCB板，PCB板上有1个继电器、1个电解电容、1个三极管、2个二极管、1个稳压二极管、5个贴片电阻、1个帖片电容）：(1)控制前挡风玻璃雨刮器工作，可以根据需要控制雨刮器以低速度、高速度、间隔、手动的方式刮洗玻璃。(2)控制前挡风玻璃洗涤器给玻璃喷水、洗涤液。<br>5. 后雨刮开关（4个静触点，3个动触点）：(1)控制后背门玻璃雨刮器工作，可以根据需要控制雨刮器以间隔、连续的方式刮洗玻璃。(2)控制后背门玻璃窗洗涤器喷水。<br>6. 开关本体：起安装连接固定作用。<br>四、工作原理<br>1. 灯开关：小三角符号指向OFF档，开关不工作。旋转开关，当小三角符号指向“0”档时，夜行开关触点接触，夜行继电器（外部零件，在主保险盒内）吸合，其触点接通，前大灯上前位置灯（外部零件），后尾灯上后位置灯（外部零件），组合仪表（外部零件）、空调操纵器（外部零件）、音响（外部零件）及其他开关按钮（外部零件）等的照明灯接通电源并点亮。当小三角符号指向其他档，前大灯开关触点接触，前大灯继电器（外部零件，在主保险盒内）吸合，前大灯（外部零件）点亮；同时夜行开关也接触，其触点接触，夜行继电器（外部零件，在主保险盒内）吸合，夜行继电器触点接通，前大灯上前位置灯，后尾灯上后位置灯，组合仪表、空调操纵器、音响、其他开关按钮等的照明灯 | | | | | |

| | |
|---|---|
| 商品描述 | 接通电源并点亮。<br>2. 远近光开关:当灯开关上前大灯开关开启,灯开关操纵杆在中间位置时,近光灯开关动触点与静触点接触,远光灯开关动触点与静触点断开。近光灯(外部零件)接通电源点亮。灯开关操纵杆往下按,带动远光灯开关动触点与静触点接通,近光灯开关动触点与静触点断开,远光灯(外部零件)接通电源点亮。灯开关往上提起时,为超车档,此时带动远光灯开关动触点与静触点接通,近光灯开关动触点与静触点断开,远光灯(外部零件)点亮。这个档位是自复位,松开手时,开关自动回到近光档。<br>3. 转向灯开关:灯开关操纵杆往前拨时,带动触点片(有两个相互导通的触点),分别与连接电源线的静触点和连接右转向灯的静触点接触,右转向灯(外部零件)接通电源点亮。灯开关操纵杆往后拨时,带动触点片(有两个相互导通的触点),分别与连接电源线的静触点和连接左转向灯的静触点接触,左转向灯(外部零件)接通电源并点亮。<br>4. 前雨刮开关:共有手动、关闭、间歇、低速、高速、洗涤6个档位。开关在关状态,往前拨动为手动档,开关接通,雨刮电机(外部零件)以低速转动,带动雨刮片(外部零件)以低速刮洗玻璃。此档位为自复位档,松开手后雨刮操纵杆自动回到关闭档。关闭档往后拨动开关一档为间歇档,开关处于间歇档时,开关内部电路根据硬件电路设定的时间(设定时间的工作原理:使用简单的RC电路,开关接通,电源给电容器充电,电容电压到一定时,三极管导通,继电器吸合,雨刮电机工作,同时电容器放电,电容器放电到电压低于一定时,三极管断开,继电器释放,雨刮电机停止工作),先带动雨刮电机以低速转动,带动雨刮片以低速刮洗玻璃一段时间,然后关闭雨刮电机(外部零件)一段时间,以此为一个循环,带动雨刮电机工作。往后拨动开关切换二档为低速档,开关接通时,雨刮电机(外部零件)低速转动,带动雨刮片(外部零件)以低速刮洗玻璃。开关切换三档为高速档。开关接通时,雨刮电机高速转动,带动雨刮片(外部零件)以高速刮洗玻璃。雨刮操纵杆往上提为洗涤档,开关接通洗涤电机(外部零件),洗涤器(外部零件)喷水,雨刮电机(外部零件)滞后几秒后以低速工作。这个档位为自动复位档。<br>5. 后雨刮开关:开关共有5个档位,分别为关闭档、间歇档、后雨刮档、2个洗涤档。小三角符号指向间歇档,开关触点接通,后雨刮继电器(外部零件)工作,后雨刮继电器(外部零件)根据设定的时间(工作原理同上),先带动后雨刮电机(外部零件)转动,带动雨刮片(外部零件)以低速刮洗玻璃一段时间,然后关闭雨刮电机(外部零件)一段时间,以此为一个循环,带动雨刮电机工作。小三角符号指向后雨刮档,开关接通时,后雨刮电机转动,带动雨刮片刮洗玻璃。后雨刮档往上一档为洗涤一档,小三角符号指向此档位时,开关接通洗涤电机(外部零件),喷嘴喷水,同时接通雨刮电机工作。这个档位为自动复位档。关闭档往下一档为洗涤二档,小三角符号指向此档位时,开关接通洗涤电机,喷嘴喷水,但后雨刮电机不工作。 |
| 归类决定 | 上述商品属装在汽车转向柱上的组合开关。参照《税则注释》关于品目85.12的排除条款的规定:“本品目不包括:(三)装有两种或多种品目85.36所列装置的盘、板及其他基座,例如,装于转向柱上的组合开关(品目85.37)。”因此,根据归类总规则一和六,应将其归入税则号列8537.1090。 |

| 序号 | 1497 | 归类决定编号 | Z2006 - 1424 | 公告编号 | 2007 年第 70 号 |
|---|---|---|---|---|---|
| 商品税则号列 | 8537.1090 | | | 发布日期 | 2007 年 12 月 5 日 |
| 商品名称 | 电梯轿厢操纵盘 | | | | |
| 英文名称 | | | | | |
| 其他名称 | | | | | |
| 商品描述 | 电梯轿厢操纵盘安装于轿厢，用于操作电梯运行至第几层、开门关门等，其指令都要反馈至控制系统中心后，控制中心才开始动作，电梯得以运行。 | | | | |
| 归类决定 | 电梯轿厢操纵盘由多个开关组成，用来输入指令，符合《税则》税目 85.37 的商品描述，根据归类总规则一及六，应将其归入税则号列 8537.1090。 | | | | |

| 序号 | 1498 | 归类决定编号 | Z2006－1425 | 公告编号 | 2007 年第 70 号 |
| --- | --- | --- | --- | --- | --- |
| 商品税则号列 | 8537.1090 | | 发布日期 | 2007 年 12 月 5 日 | |
| 商品名称 | 电源控制卡 | | | | |
| 英文名称 | | | | | |
| 其他名称 | | | | | |
| 商品描述 | 该电源控制卡主要用于服务器。功能:连接在多个扩充主板和多个电脑电源之间,使多个扩充主板共享所有电源输出;自动检测并控制供给各主板的电流;自动检测电源工作状态并将负载均衡加给各电源。工作原理:当控制卡的电感电阻器感测到输给某一个主板的电流电压超过额定值时,会发送信号给控制卡的控制单元,控制单元据此发出指令给比较仪,切断对该主板的电源供应;当多个电源中的一个发生故障后,控制单元会发出指令给其他正常工作的电源,提高其输出功率,将负载均衡加在正常工作的电源上。 | | | | |
| 归类决定 | 电源控制卡在测量到主板或电源故障后采取断开以及平衡负载的操作,不符合《税则》第九十章章注七(二)"……将要被控制的因素调到并保持在已设定值上,……"的描述,不能归入税目 90.32。其与自动数据处理机连接使用,但从事数据处理以外的某项专门功能,根据《税则》第八十四章章注五(五),不能归入税目 84.71。该商品属电力分配板,符合《税则》税目 85.37 及其子目条文(或子目注释)的描述,根据归类总规则一及六,应将其按其他电压不超过 1000 伏线路的电力分配板归入税则号列 8537.1090。 | | | | |

| 序号 | 1499 | 归类决定编号 | Z2006 - 1426 | 公告编号 | 2007 年第 70 号 |
| --- | --- | --- | --- | --- | --- |
| 商品税则号列 | 8537.1090 | | 发布日期 | 2007 年 12 月 5 日 | |
| 商品名称 | 同步控制操纵装置 | | | | |
| 英文名称 | Locotrol system | | | | |
| 其他名称 | | | | | |
| 商品描述 | 该同步控制操纵装置，为 Locotrol 集成机车控制系统。该系统由扩展集成处理模块、继电接口模块、扩展列车线接口模块、列车线继电器模块、电源盒、机车控制显示模块、制动阀、电控控制单元等电气控制设备及连接电缆组成。其主要功能是实现机车制动或牵引的同步控制，机车间通过进行主控和从控的设置，由主控机车发出指令通过机车无线设备传输，从控机车解读信号，完成同步动作。 | | | | |
| 归类决定 | Locotrol 系统是一个独立的集成分布式动力控制系统，该系统可以对分布在一列组合列车中的三个从控机车组进行完全同步的控制。由于控制功能在《税则》税目 85.37 中有具体列名，上述系统符合第十六类类注四“功能机组”的描述，因此，根据归类总规则一和六，该集成机车控制系统可一并归入税则号列 8537.1090。 | | | | |

<table>
<tr><td>序号</td><td>1500</td><td>归类决定编号</td><td>Z2006 - 1427</td><td>公告编号</td><td>2007 年第 70 号</td></tr>
<tr><td colspan="2">商品税则号列</td><td colspan="2">8537.1090</td><td>发布日期</td><td>2007 年 12 月 5 日</td></tr>
<tr><td colspan="2">商品名称</td><td colspan="4">台下机械控制系统(整套进口)</td></tr>
<tr><td colspan="2">英文名称</td><td colspan="4"></td></tr>
<tr><td colspan="2">其他名称</td><td colspan="4"></td></tr>
<tr><td colspan="2">商品描述</td><td colspan="4">该台下机械控制系统,用于舞台台下机械的系统控制。可自行编辑程序也可按既定程序控制舞台台下各机械系统设备的运行,以实现机械设备的精确定位和多台设备的编组同步运行。台下机械控制系统由多个独立部件,通过通信线路组合而成,单个部件不具有本项目所要求的使用功能,全套系统包括:<br>1. 中央处理机:用来保证运行曲线(即精确控制设备的位置、速度和行程)和管理轴控制器;<br>2. 轴控制器:专门开发的用于舞台机械的位置检测、刹车和频率控制;<br>3. 操作控制器:用于接受用户输入和操作,控制屏幕显示,向中央处理机发送运行命令;<br>4. 数据存储器:为本控制系统存储和提供数据;<br>5. 后备处理机:在中央处理机或总线失效时的冗余处理部件;<br>6. 网络设备:如以太网交换设备等。</td></tr>
<tr><td colspan="2">归类决定</td><td colspan="4">该系统用来控制整个舞台的机械装置的运动,不带有任何驱动装置和马达,各个操纵台之间通过一台以太网络交换机(D-Link DES-1008D)进行通信联络。部件之间通过电缆连接,其系统用于电气控制,功能有具体列名,符合《税则》第十六类类注四对功能机组的描述,应一并归类。<br>该商品属机械控制系统,符合《税则》税目 85.37 及其子目条文的描述,根据归类总规则一及六,应将其按其他控制装置归入税则号列 8537.1090。</td></tr>
</table>

| 序号 | 1501 | 归类决定编号 | Z2006－1428 | 公告编号 | 2007年第70号 |
|---|---|---|---|---|---|
| 商品税则号列 | 8537.1090 | | | 发布日期 | 2007年12月5日 |
| 商品名称 | 数字式电机保护单元 | | | | |
| 英文名称 | Digital motor protection&control unit | | | | |
| 其他名称 | | | | | |
| 商品描述 | 其规格型号:D3－PRO。<br>其主要功能:<br>1. 电机保护功能:过流、欠流、缺相、不平衡、短路、逆相、堵转、漏电八大保护功能;<br>2. 继电保护参数自动设置功能:可自动设置电机保护和继电保护;<br>3. 瞬间停电补偿及自动再启动功能;<br>4. 启动控制功能:适用于直接启动、Y－△启动、可逆启动、串电阻降压启动等多种电机启动方式;<br>5. 运转方式选择功能:MCC、LOP、AUTO、Remote四种运行方式;<br>6. 通讯功能:选择了国际通用方式RS－485/422,可与支持MODBUS协议的DLC、DCS等自动化设备进行通讯,并可进行自我诊断及系统监控。 | | | | |
| 归类决定 | 该商品为电机的保护装置,使用电压小于1000伏。其产品结构由多个继电器、接触器、熔断器等组成,符合《税则》税目85.37的商品描述,根据归类总规则一及六,应将其归入税则号列8537.1090。 | | | | |

| 序号 | 1502 | 归类决定编号 | Z2007－0081 | 公告编号 | 2007年第71号 |
|---|---|---|---|---|---|
| 商品税则号列 | 8537.2090 | | | 发布日期 | 2007年12月5日 |
| 商品名称 | 低压控制器 | | | | |
| 英文名称 | | | | | |
| 其他名称 | 低压头 | | | | |
| 商品描述 | 低压控制器是由PBE1008C隔爆型低压侧组合开关与移动低压头组成的低压控制器系统。其中，PBE1008C隔爆型低压侧组合开关（俗称低压头），适用于瓦斯爆炸危险的煤矿井下工作。隔爆壳体内两个腔室，可装8个可抽拉的芯体模块，如接触器模块、绝缘监测和照明模块等。移动低压头是具备漏电保护、绝缘监测、漏电闭锁、中性点绝缘先导回路监测、断相、短路、接地保护等功能的开关系统。 | | | | |
| 归类决定 | 该商品具有电力分配及漏电保护、绝缘检测等电力保护功能，其低压头、接触器模块等组成件的额定电压为3300伏。该商品不符合《税则》第九十章章注七有关税目90.32的商品描述。其由85.35、85.36等多个税目项下商品构成，符合税目85.37的商品描述，根据归类总规则一及六，应归入税则号列8537.2090。 | | | | |

| 序号 | 1503 | 归类决定编号 | Z2009－0063 | 公告编号 | 2009 年第 5 号 |
|---|---|---|---|---|---|
| 商品税则号列 | 8537. 2090 | | | 发布日期 | 2009 年 1 月 20 日 |
| 商品名称 | 电压序列控制系统 | | | | |
| 英文名称 | Thyrobox VSC | | | | |
| 其他名称 | | | | | |
| 商品描述 | 电压序列控制系统由一个控制柜、两个外隔柜和一个内隔柜组成。其中，控制柜主要由 PLC、主控板等组成；负责控制外/内隔柜，外/内隔柜主要由触发电路、切换可控硅元件、接地故障检测元件组成，安装于变压器和多晶硅生产用氢还原反应器之间，用于对氢还原反应器的电力进行分配和控制。氢还原反应器工作时，要求反应器内作为淀基基座的高纯硅芯通过一定电压、电流，使硅芯发热，表面达到一定温度并加以维持，因此上述电压、电流需随着硅棒的生长进行不断调整，要求供电精度很高，且不能产生超标谐波影响到整个供电网络。系统工作过程如下：供电网络电力经外部变压器变压后分五级（电压范围：2000～100 伏，交流，频率 50 赫兹）接入系统外/内隔柜，系统控制柜收到外部生产线 DCS 发来的生产状态信息，对其加以计算处理后得出该生产状态下高纯硅芯所需通过的电压、电流，然后系统控制柜发布指令控制外/内隔柜内切换可控硅元件切换供电线路并调整可控硅元件内双向环路夹角，输出符合要求的电压、电流（电压范围：2000～100 伏，交流，频率 50 赫兹），此过程循环进行，直到生产完成，系统停止对反应器供电，电压变化精度可达 1%，电力谐波完全符合国家相关要求。同时电压序列控制系统还具有在发生诸如倒棒等危害到生产安全事故发生时，接地故障检测元件将现场数据传送给系统控制柜，由其判断发生故障类型并采取停止对反应器内高纯硅芯供电等诸类措施，保证生产安全进行的功能。 | | | | |
| 归类决定 | 该电压序列控制系统由一个控制柜、两个外隔柜和一个内隔柜组成，不含变压器。通过在外部输入的五级不同电压线路之间的组合切换和内部可控硅元件双向环路夹角的精确调整，为多晶硅生产用氢还原反应器提供连续精确变化电力。该商品符合《税则注释》品目 85. 37 的描述，最高电压超过 1 千伏，根据归类总规则一及六，应归入税则号列 8537. 2090。 | | | | |

| 序号 | 1504 | 归类决定编号 | Z2006－0797 | 公告编号 | 2006年第69号 |
|---|---|---|---|---|---|
| 商品税则号列 | 8538.9000 | | | 发布日期 | 2006年11月22日 |
| 商品名称 | 真空泡(灭弧室) | | | | |
| 英文名称 | | | | | |
| 其他名称 | | | | | |
| 商品描述 | 真空泡(灭弧室)的原理是封闭于真空外壳里的两个接触电极。它可被广泛用于断路器和重合器。其触头材料能保护接触器正常开断负载电流数百万次,并同熔断器匹配保护供电线路。 | | | | |
| 归类决定 | 真空泡(灭弧室)主要由封闭的真空外壳及两个接触电极构成,可起到断路灭弧作用。该装置须安装在断路器、马达接触器、负载断路开关等设备上使用,本身不具有独立功能,应作为上述设备的零件归入税则号列8538.9000。 | | | | |

| 序号 | 1505 | 归类决定编号 | Z2006－0798 | 公告编号 | 2006年第69号 |
|---|---|---|---|---|---|
| 商品税则号列 | 8538.9000 | | | 发布日期 | 2006年11月22日 |
| 商品名称 | 印刷平行电路板 | | | | |
| 英文名称 | | | | | |
| 其他名称 | | | | | |
| 商品描述 | 印刷平行电路板包括合同上列名的三种不同功能板:印刷平行电路板、印刷程序板和印刷信号板。是地面缆车电气设备控制系统用的部分备用件,在印刷电路板上接插有集成块、晶体管等元件,每块电路板两端均装有特定尺寸的接插部件,与控制系统上的插槽相对应。 | | | | |
| 归类决定 | 根据《税则》税目85.38条文,印刷平行电路板应按专用于税目85.37所列装置的零件归入税则号列8538.9000。 | | | | |

| 序号 | 1506 | 归类决定编号 | Z2013－0051 | 公告编号 | 2013 年第 26 号 |
|---|---|---|---|---|---|
| 商品税则号列 | 8538.9000 | | | 发布日期 | 2013 年 5 月 17 日 |
| 商品名称 | 薄膜开关(申报商品名) | | | | |
| 英文名称 | Membrane switch keyboard | | | | |
| 其他名称 | | | | | |
| 商品描述 | 该商品是具备多个相互独立的微动开关的组合面板,面板内嵌装有若干 LED 小灯,并装有带接头数据导线。本身无控制组件,不具备控制功能,只有接通、断开和状态显示功能。该商品与其他金属支架装配后,可组成一个完整的输入输出操作面板。其与通讯控制设备连接后,通过按下、松开表面薄膜按键,可实现所对应电路的接通和断开,使得整机设备实现开、关、帮助、查询,以及数字输入功能。面板内嵌装的 LED 小灯与上述微动开关不直接联系,只是此开关面板的辅助功能。工作原理为:设备主板接收到薄膜开关的通断信号后,判断信号的性质后再将信号反馈到相应的导线上,点亮相应的 LED 灯。 | | | | |
| 归类决定 | 上述商品为税目 85.37 项下电气控制装置的零件,包含多个开关(简单地组合在一起)和多个显示所用电气控制装置工作状态的 LED 灯,已超出税目 85.36 列名的电路开关,根据第十六类类注二关于零件的归类原则,其符合《税则》税目 85.38 及其子目条文的描述,根据归类总规则一及六,应将其按税目 85.37 项下商品的零件归入税则号列 8538.9000。 | | | | |

| 序号 | 1507 | 归类决定编号 | Z2006－0799 | 公告编号 | 2006年第69号 |
|---|---|---|---|---|---|
| 商品税则号列 | 8540.1200 | | | 发布日期 | 2006年11月22日 |
| 商品名称 | 阴极射线显像管 | | | | |
| 英文名称 | | | | | |
| 其他名称 | | | | | |
| 商品描述 | 型号:5.5－英寸CRTS。该货物由一个阴极射线管和一组混合镜头组成,单色(或红或绿或蓝),用于大屏幕彩色电视机。在电视机中将红、绿、蓝三个单色CRT配套安装使用。 | | | | |
| 归类决定 | 阴极射线管(CRT)属高清晰度、高亮度、单色显像管,可通过自身的光学镜头系统将CRT的图像放大,投射到屏幕上。三个单色(红、绿、蓝)CRT配套安装,可用作彩色投影电视机的显示系统。<br>上述CRT无论单独进口或三种单色同时进口,均应作为单色电视显像管归入税则号列8540.1200。 | | | | |

| 序号 | 1508 | 归类决定编号 | Z2006－0800 | 公告编号 | 2006年第69号 |
|---|---|---|---|---|---|
| 商品税则号列 | 8540.1200 | | | 发布日期 | 2006年11月22日 |
| 商品名称 | 单色投影管 | | | | |
| 英文名称 | Projection tube | | | | |
| 其他名称 | Monochrome CRT for projection TV set | | | | |
| 商品描述 | 单色投影管是红、绿、蓝三支单色阴极射线管,配套安装并与菲涅尔透镜及双凸透镜共同构成彩色背投影电视的成像系统。<br>该单色阴极射线管虽没有荫罩,没有黑底,荧光粉均匀涂布,不是将电子束会聚成点后再去轰击某一相应位置的荧光点,而使荧光屏上产生与所摄景物完全相同的图像,但其承载着图像信息的电子束通过直接轰击荧光粉,可在荧光面上形成单色、失真的“像”,并经光学系统(菲涅尔透镜及双凸透镜)校正后,在背投电视的投影屏上还原为清晰的图像。 | | | | |
| 归类决定 | 根据以上特征,所报单色投影管仍属阴极射线电视显像管,应归入税则号列8540.1200。 | | | | |

| 序号 | 1509 | 归类决定编号 | Z2006－0801 | 公告编号 | 2006年第69号 |
|---|---|---|---|---|---|
| 商品税则号列 | 8540.1200 | | | 发布日期 | 2006年11月22日 |
| 商品名称 | 背投影彩电用单色投影管 | | | | |
| 英文名称 | Projection ray tube | | | | |
| 其他名称 | | | | | |
| 商品描述 | 背投影彩电由R、G、B三个独立的投影管构成,投影管发出的单色光,经过前置的透镜放大,再经过反射镜的反射,最终透射到屏幕上,形成图像。投影管的工作原理是:由阴极发射出的电子,经过电子枪加速、聚焦,在高压作用下,通过荫罩板射向荧光面,电子束由偏转线圈偏转,在整个荧光面上扫描,激发单色荧光粉发光,经过透镜放大,反射镜反射到屏幕上,R、G、B三色共同透射,形成彩色图像。 | | | | |
| 归类决定 | 单色投影管仍属于阴极射线电视显像管,应归入税则号列8540.1200。<br>又见Z2006－0800号归类决定。 | | | | |

| 序号 | 1510 | 归类决定编号 | Z2006－0802 | 公告编号 | 2006年第69号 |
|---|---|---|---|---|---|
| 商品税则号列 | 8540.6090 | | | 发布日期 | 2006年11月22日 |
| 商品名称 | 示波管 | | | | |
| 英文名称 | Cathode ray tube | | | | |
| 其他名称 | | | | | |
| 商品描述 | 示波器用,型号:D10－390GH/D6。示波管由电子枪、偏转系统和荧光屏三部分组成,电子枪又由灯丝(用于加热阴极)、阴极组成,阴极被加热后发射电子,形成显示图形。 | | | | |
| 归类决定 | 示波管属于随机扫描的显示系统,应将其归入税则号列8540.6090。 | | | | |

| 序号 | 1511 | 归类决定编号 | Z2009－0138 | 公告编号 | 2009 年第 32 号 |
|---|---|---|---|---|---|
| 商品税则号列 | 8540.9110 | | 发布日期 | | 2009 年 6 月 12 日 |
| 商品名称 | 彩色防爆钢带 | | | | |
| 英文名称 | | | | | |
| 其他名称 | | | | | |
| 商品描述 | 该商品由镀铝锌冷轧钢板经过裁切冲压焊接加工制成。用途:把防爆钢带打在裸管外,防止裸管因受外力影响产生爆裂,起到安全保护作用。 | | | | |
| 归类决定 | 该商品已经制作成型,用于安装在电视机阴极射线显像管外,起到保护作用。该商品属于显像管的零件,符合《税则》税目 85.40 及其子目条文的描述,根据归类总规则一及六,应作为电视机阴极射线显像管零件归入税则号列 8540.9110。 | | | | |

| 序号 | 1512 | 归类决定编号 | Z2006－1429 | 公告编号 | 2007 年第 70 号 |
|---|---|---|---|---|---|
| 商品税则号列 | 8541.4000[8541.4020(2014 年版)] | | 发布日期 | | 2007 年 12 月 5 日 |
| 商品名称 | 多晶硅片(申报品名) | | | | |
| 英文名称 | Sharp brand solar module | | | | |
| 其他名称 | 太阳能光伏模块 | | | | |
| 商品描述 | 该商品为由多个 125 平方毫米多晶硅片组成的光伏模块,长方形,规格型号为 NT－R5E3E/1575 毫米×826 毫米×46 毫米,最大功率可达 175 瓦。专为大型电源需要而设计,使用白色的钢化玻璃,EVA 树脂,铝制框架外加一层抗风化薄膜。每个模块有一个旁路二极管,因所产生的电能强度随日光照射的强度不断变化,旁路二极管用于防止太阳能电池过热造成的损害。单个或多个模块组合均可利用太阳能发电。 | | | | |
| 归类决定 | 根据《税则注释》对品目 85.41 中"太阳电池"的解释:"本品目也包括不论是否装在组件内或组装成块的太阳电池。但本品目不包括配有元件,直接为电动机、电解槽等供电的电池板及电池组件,不论所配元件如何简单(例如,用于控制电流方向的二极管)(品目 85.01)",该光伏模块虽带有旁路二极管,但非直接为电动机等供电,故不适用于上述排除条款。因此,根据归类总规则一和六,该光伏模块应按光电池归入税则号列 8541.4000[8541.4020(2014 年版)]。 | | | | |

| 序号 | 1513 | 归类决定编号 | Z2009－0064 | 公告编号 | 2009年第5号 |
|---|---|---|---|---|---|
| 商品税则号列 | 8541.4010 | | 发布日期 | | 2009年1月20日 |
| 商品名称 | 发光二极管 | | | | |
| 英文名称 | | | | | |
| 其他名称 | | | | | |
| 商品描述 | 该发光二极管(LUXEON LXK2－PW14－UOO)能发出冷白色光,由四个金属引脚、散热罩、半导体基板、发光二极管芯片、金线、透镜、外壳构成。该发光二极管的核心发光芯片用硅载体直接焊接在散热片上。为了提高产品的亮度,适应更大的电流,该发光二极管加大了封装基座,采用了方型结构,同时为了增加产品焊接的牢固度,在发光二极管基座上保留了对称的四个焊脚。在封装结构上采用TFFC封装,通过将YAG荧光粉像薄膜一样印刷在晶片上,将晶片发出的光更有效率地散发出去,减少热量的形成,使热阻进一步降低到12℃/瓦,从而提高发光二极管的光效利用,使发光二极管的亮度达到110流明/瓦,同时由于热阻的降低,发光二极管可以使用更高的电流,最大可以使用到1.5安培。该发光二极管可作为LED手电筒“灯泡”,也可以用于区域照明、警示和应急指示等。 | | | | |
| 归类决定 | 该商品是一个经光学封装的单个发光二极管芯片,其结构符合《税则注释》关于品目85.41项下“半导体器件”的描述,属于发光二极管,且符合《税则》税目85.41及其子目条文的描述,根据归类总规则一及六,应按发光二极管归入税则号列8541.4010。 | | | | |

| 序号 | 1514 | 归类决定编号 | Z2006－0803 | 公告编号 | 2006年第69号 |
|---|---|---|---|---|---|
| 商品税则号列 | 8541.6000 | | | 发布日期 | 2006年11月22日 |
| 商品名称 | 声表面滤波器 | | | | |
| 英文名称 | Saw filter | | | | |
| 其他名称 | | | | | |
| 商品描述 | 该商品的主要构成为输入、输出传感器，导线，吸收材料等。制造材料外层为塑料，内部为梳状镀铜石英晶体或氧化锌等。工作原理是：电信号经发送叉指换能器，使后者发生压电反应，产生表面声波，接受叉指换能器再将收到的声波转换成电信号。声表面滤波器是一种通用元件，根据其形状、尺寸的不同，可将其设计成不同频率、带宽的系列滤波器。此次进口的声表面滤波器是为彩电中频放大器专门定做的一种元件。 | | | | |
| 归类决定 | 声表面滤波器，主要由压电材料及电极构成，其中的压电材料已制成两个相对的梳状体，在材料基片上形成叉指换能器，一个作接收，一个作发送，从而实现电信号滤波的功能。根据《税则注释》品目85.41项下对“已装配的压电晶体”的解释，该声表面滤波器应按“已装配的压电晶体”归入税则号列8541.6000。 | | | | |

| 序号 | 1515 | 归类决定编号 | Z2006－0804 | 公告编号 | 2006 年第 69 号 |
|---|---|---|---|---|---|
| 商品税则号列 | 8541.6000 | | | 发布日期 | 2006 年 11 月 22 日 |
| 商品名称 | 表面波滤波器 | | | | |
| 英文名称 | | | | | |
| 其他名称 | | | | | |
| 商品描述 | 表面波滤波器为压电陶瓷滤波器，是通过厚膜工艺将电极制作在绝缘基板上，装入陶瓷壳、金属盖，并通过导线、接点将端子与电极相连，由压电体表面的机电换能作用和叉指换能器的特性完成对电信号的滤波作用。其广泛应用于 AV、通信行业。 | | | | |
| 归类决定 | 压电陶瓷是一类晶体物质，目前研究和应用较多的是钛酸钡、锆酸钛酸铅、铌酸盐三大系列。压电陶瓷在受到机械压力时，就会产生压缩或伸长等形状变化，从而使晶体的两面产生不同的电荷，这样，当声波作用在压电陶瓷上时，电荷就会变成电讯号；反之，在交流电压的作用下，压电陶瓷做相应伸长和缩短变化，而变成振动，产生声音。这种现象在物理学上叫压电效应。<br>根据《税则注释》关于子目 8541.60 对已装配的压电晶体的解释，压电晶体主要由钛酸钡、锆酸钛酸铅或品目 38.24 所列的其他晶体、石英或电气石晶体制成，用于传声器、扬声器、超声波装置、稳频振荡电路等。因此，所报表面波滤波器属于已装配的压电晶体，应归入税则号列 8541.6000。 | | | | |

| 序号 | 1516 | 归类决定编号 | Z2006－0805 | 公告编号 | 2006年第69号 |
|---|---|---|---|---|---|
| 商品税则号列 | 8541.9000 | | 发布日期 | 2006年11月22日 | |
| 商品名称 | 基座簧片 | | | | |
| 英文名称 | ATS_PIN | | | | |
| 其他名称 | 基座支架 | | | | |
| 商品描述 | 该商品进口状态为镍的条带状卷材(厚约0.1毫米,宽约1.4厘米),用于生产石英晶体谐振器。在材料上已冲压出簧片的基本形状,进口后通过加工机器将镍带材中的簧片与其他谐振器的零件进行焊接→切割→封盖后,组成谐振器的基座。 | | | | |
| 归类决定 | 因该商品已冲压出零件的基本形状,已具有专门的特定用途,符合《税则》第十六类类注关于专用零件范围的规定。进口状态为条带卷状,主要是为便于进一步加工,虽其实际使用部分在进口商品中所占比例较小,但非零件部分的价值应已体现在零件中,故可以认为该商品主要是具有零件特征,根据归类总规则二(一),应将该商品归入税则号列8541.9000。 | | | | |

| 序号 | 1517 | 归类决定编号 | Z2006－1430 | 公告编号 | 2007年第70号 |
|---|---|---|---|---|---|
| 商品税则号列 | 8542.3900 | | 发布日期 | 2007年12月5日 | |
| 商品名称 | 集成电路芯片 | | | | |
| 英文名称 | | | | | |
| 其他名称 | | | | | |
| 商品描述 | 该集成电路芯片,品牌为OmniVision,型号为OV7649,是用于生产手机摄像头的厘米OS图像传感器,可将图像转换为数字信号输出。该产品采用CSP封装工艺,线宽为0.25微米。该产品的结构分为三层,上层为玻璃,中间层为芯片部分,底层主要为引脚(BGA球型封装)部分;产品表面玻璃具有透光和保护作用,无聚焦功能;产品的引脚采用与集成电路相同的封装工艺,与普通集成电路封装的主要不同之处在于表面采用了透光的玻璃材料。 | | | | |
| 归类决定 | 该商品的加工工艺符合《税则》第八十五章章注八的规定。由于该芯片的功能是光电转换,其采用玻璃材料进行封装不仅是对内部芯片的保护,更是满足光电转换所必需的透光功能,这并不影响其作为集成电路归类。因此,根据归类总规则一和六,该商品应归入税则号列8542.3900。 | | | | |

| 序号 | 1518 | 归类决定编号 | Z2008－0089 | 公告编号 | 2008年第76号 |
|---|---|---|---|---|---|
| 商品税则号列 | 8543.1000 | | | 发布日期 | 2008年10月28日 |
| 商品名称 | 回旋加速器 | | | | |
| 英文名称 | | | | | |
| 其他名称 | Minitrace 回旋加速器 | | | | |
| 商品描述 | 该回旋加速器是由磁场系统、射频系统、离子源系统等组成，其工作原理是带电粒子在磁场内被加速到一定能量，然后轰击目标靶，使物质发生变化，生成所需的带有放射性的正电子核素。这些正电子核素可以继续被合成为相应的正电子药物，用于PET显像。它不能通过加速管发射出的X射线直接对患者病变部位进行放射性治疗。 | | | | |
| 归类决定 | 该回旋加速器为回旋加速器和化学合成系统一体化设计，它通过将带电粒子在磁场内加速到一定能量后轰击目标靶，生产放射性同位素药物，其本身不产生射线，也不用于医疗，不符合《税则注释》中品目90.18或90.22描述的商品范围。该商品主要用于增加带电粒子能量，符合《税则》税目85.43的商品描述，根据归类总规则一及六，应归入税则号列8543.1000。 | | | | |

| 序号 | 1519 | 归类决定编号 | Z2006－1431 | 公告编号 | 2007年第70号 |
|---|---|---|---|---|---|
| 商品税则号列 | 8543.2090 | | | 发布日期 | 2007年12月5日 |
| 商品名称 | 雷达测速仪检定装置 | | | | |
| 英文名称 | Test bench | | | | |
| 其他名称 | | | | | |
| 商品描述 | 型号为SAPSAN－2的雷达测速仪检定装置用于对一定工作频率范围内的雷达测速器的计量准确性进行鉴定。其组成有：无回波室、反射信号调制器、控制模块和电源适配器。该装置可模拟特定车速、方向和离观察点特定距离上运动的车辆，以便对被检测的雷达测速器的计量特性进行测试和鉴定。 | | | | |
| 归类决定 | SAPSAN－2雷达测速仪检定装置使用时通过发出特定的模拟雷达波给处于开机工作状态的待测雷达测速仪，由雷达测速仪感应后显示速度数值，通过人工比对雷达测速仪所测的数值和检定装置的模拟数值，判断雷达测速仪是否符合规定的精度要求。该商品本身不具备检测判断功能，因此不属于税目90.31的商品范围。该商品根据需要发出10.5～36.0吉赫的已知特征值的雷达波给待测仪器，符合《税则注释》中品目85.43有关"信号发生器"的商品描述，根据归类总规则一及六，应将其按输出信号频率在1500兆赫以上的信号发生器归入税则号列8543.2090。 | | | | |

| 序号 | 1520 | 归类决定编号 | Z2007－0083 | 公告编号 | 2007年第71号 |
| --- | --- | --- | --- | --- | --- |
| 商品税则号列 | 8543.2090 | | 发布日期 | 2007年12月5日 | |
| 商品名称 | 血氧模拟仪 | | | | |
| 英文名称 | | | | | |
| 其他名称 | | | | | |
| 商品描述 | 该仪器由一台主机和少量连接线组成，通过光传感器模拟输出人体血氧信号，供使用者研究人体血氧曲线的特点。 | | | | |
| 归类决定 | 该商品通过输出电信号和光信号，专门为待测仪器提供标准模拟信号，其符合《税则注释》品目85.43有关“信号发生器”的商品描述，根据归类总规则一及六，应归入税则号列8543.2090。 | | | | |

| 序号 | 1521 | 归类决定编号 | Z2008－0090 | 公告编号 | 2008年第76号 |
| --- | --- | --- | --- | --- | --- |
| 商品税则号列 | 8543.2090 | | 发布日期 | 2008年10月28日 | |
| 商品名称 | 射频/微波信号发生器 | | | | |
| 英文名称 | Rf/microwave signal generator | | | | |
| 其他名称 | 微波信号源 | | | | |
| 商品描述 | 该商品为ANRITSU MG3691B型射频/微波信号发生器(RF/Microwave Signal Generator)。该射频/微波信号发生器作为信号源，提供频率为2～10吉赫兹的射频/微波信号，还具有宽带功率扫频功能，提供相位锁定步进扫频、交替扫频、人工扫频、列表扫频等模式，可对单独宽带频率上的任意两个功率水平进行扫描，分辨率0.01dB/步进(对数)或0.001毫伏(线性)。该设备还带有每次步进为10dB的电子步进衰减器，可获得120dB的范围，可以在对接收机的灵敏度等参数进行测试时提供步进频率信号。 | | | | |
| 归类决定 | 该商品为射频/微波信号发生器，是一种被用作黏结信号源的信号发生器，最高输出频率大于1500兆赫兹，根据归类总规则一及六，应按具体列名归入税则号列8543.2090。 | | | | |

| 序号 | 1522 | 归类决定编号 | Z2006－0806 | 公告编号 | 2006年第69号 |
|---|---|---|---|---|---|
| 商品税则号列 | 8543.3000 | | | 发布日期 | 2006年11月22日 |
| 商品名称 | 电解水机 | | | | |
| 英文名称 | Electrolysis soft oxidized system | | | | |
| 其他名称 | 消毒水机 | | | | |
| 商品描述 | 该制水机为OSG牌，其工作原理是：<br>1. 自来水经流量计计量后，少部分经定流阀与添加液混合（增加添加液是为了使之电解产生氯离子，用于杀菌）；<br>2. 混合液体进入电解槽，经电极电解生成含有杀菌因子（$Cl_2$、$Cl^-$、$ClO^-$等）的高浓度杀菌水；<br>3. 高浓度杀菌水进入反应管后，与流经流量计直接进入反应管的自来水充分混合稀释生成消毒水。<br>该消毒水机型号为NCX－65KM－H，所生产的消毒水适用于酒店、办公场所、餐馆、医院等地方的清洁、防菌使用，可用于洗手、清洗器具等。输出水量为180升/小时。 | | | | |
| 归类决定 | 该商品的工作原理为电解，根据具体列名，可归入税则号列8543.3000。 | | | | |

| 序号 | 1523 | 归类决定编号 | Z2006－1432 | 公告编号 | 2007 年第 70 号 |
|---|---|---|---|---|---|
| 商品税则号列 | 8543.7099 | | | 发布日期 | 2007 年 12 月 5 日 |
| 商品名称 | 电脑电视视频转换器 | | | | |
| 英文名称 | Pocket scan converter | | | | |
| 其他名称 | | | | | |
| 商品描述 | PSC－1106 电脑电视视频转换器，可以将来自计算机的 VGA 信号转换为视频信号即转换电脑图像至电视机显示或录像机录制，还可以在电视机的大屏幕上玩电脑游戏。 | | | | |
| 归类决定 | 该电脑电视视频转换器可将计算机的 VGA 信号转换为视频信号，即可将电脑图像在电视上显示或再通过录像机录制。该设备是一种未列名的具有独立功能的设备，故应归入税则号列 8543.7099。 | | | | |

| 序号 | 1524 | 归类决定编号 | Z2006－1433 | 公告编号 | 2007 年第 70 号 |
|---|---|---|---|---|---|
| 商品税则号列 | 8543.7099 | | | 发布日期 | 2007 年 12 月 5 日 |
| 商品名称 | 光子美容仪 | | | | |
| 英文名称 | Eliteplus IPL system | | | | |
| 其他名称 | | | | | |
| 商品描述 | 该光子美容仪是一种强脉冲光设备，而非激光类设备。强脉冲光（IPL）是经过过滤的特定宽广谱的强光，可发射的谱段范围为 530～1000 纳米。其工作原理：广谱的强脉冲光被胶原蛋白中的水分吸收，热效应使胶原蛋白再生，新的胶原蛋白有序排列，数量增多，从而增加肌肤弹性，消除或减轻面部皱纹，缩小毛孔，以达到嫩肤美容的效果。 | | | | |
| 归类决定 | 该光子美容仪利用强脉冲光照射皮肤，通过热效应使胶原蛋白再生，从而增强肌肤弹性，消除或减轻面部皱纹，缩小毛孔，达到嫩肤美容的效果。其功能不符合《税则注释》品目 90.18 的描述，不属于医学治疗设备，根据归类总规则一及六，应将其归入税则号列 8543.7099。 | | | | |

| 序号 | 1525 | 归类决定编号 | Z2006－1434 | 公告编号 | 2007 年第 70 号 |
|---|---|---|---|---|---|
| 商品税则号列 | 8543.7099 | | | 发布日期 | 2007 年 12 月 5 日 |
| 商品名称 | Vista KVL－SUA/OV 切换器 | | | | |
| 英文名称 | | | | | |
| 其他名称 | | | | | |
| 商品描述 | Vista KVL－SUA/OV 切换器具有八个电脑接口、一个键盘接口、一个显示器接口和一个鼠标接口，即用一个键盘、显示器和鼠标来控制八台计算机，从切换器前面板可任意切换到任何一台计算机，主要用于电脑机房的电脑控制管理工作。 | | | | |
| 归类决定 | 该商品的主要功能为切换信号，应将其作为《税则》未列名的其他电气设备归入税则号列 8543.7099。 | | | | |

| 序号 | 1526 | 归类决定编号 | Z2006－1436 | 公告编号 | 2007 年第 70 号 |
|---|---|---|---|---|---|
| 商品税则号列 | 8543.7099 | | 发布日期 | 2007 年 12 月 5 日 | |
| 商品名称 | 数字视频处理器机芯 | | | | |
| 英文名称 | | | | | |
| 其他名称 | | | | | |
| 商品描述 | 数字视频处理器机芯是网络视频处理器的主体，在增加外壳和 DC 电源后即可构成数字视频处理器。它是将普通模拟视频信号转换为数字信号并在网上直接传输的设备。其工作原理是：视频信号经 A/D 转换再经视频压缩后直接打包上网传输，整个视频信号处理过程在内置 CPU 及内存、闪存及内置的操作系统下进行。网络视频处理器在监视现场可直接将摄像机的模拟视频信号处理后上网传输，由于其内置嵌入式操作系统（包括 CPU、内存、闪存、操作系统等）和 WEB 服务器，故现场无需再接入电脑。监视者可在网上电脑的普通浏览器下直接访问网络视频处理器，实现对现场的监视。 | | | | |
| 归类决定 | 该商品的主要功能为视频信号的后续处理，包括模数转换与视频压缩，应将其作为其他未列名的电气装置归入税则号列 8543.7099。 | | | | |

| 序号 | 1527 | 归类决定编号 | Z2006 - 1437 | 公告编号 | 2007 年第 70 号 |
|---|---|---|---|---|---|
| 商品税则号列 | 8543.7099 | | 发布日期 | 2007 年 12 月 5 日 | |
| 商品名称 | 电穿孔仪 | | | | |
| 英文名称 | Gene pulser xcell | | | | |
| 其他名称 | 电转移仪 | | | | |
| 商品描述 | 该电穿孔仪主要由真核细胞电转移模块和细胞融合模块组成。两片金属模块在脉冲电压核细胞本身所带的生物电的作用下,两个细胞在电场内进行定向移动,互相融合,将人类细胞、胚胎干细胞、初生细胞、植物细胞加入所需要的基因片段而达到转基因的目的。细胞融合模块使得仪器可完成高效的电融合,细胞先在交流电场中聚集,然后通过直流脉冲融合。微融合腔中用少量细胞摸索条件,优化好的条件直接用于螺旋融合腔上,提供无菌、无热原体、无内毒素,支原体检测的电融合缓冲液体系。主要应用于产生杂种细胞以生产单克隆抗体、融合免疫细胞和瘤细胞以产生肿瘤疫苗、克隆哺乳动物细胞、融合植物原生质体等项目。 | | | | |
| 归类决定 | 该电穿孔仪是一种有效地将外源分子导入多种细胞的方法。通过一个高强度的电场作用,瞬时提高细胞膜的通透性,周围介质中的外源分子可被吸收。这种技术可以用来向原核和真核细胞内导入核苷酸、DNA、RNA、蛋白质、糖类、染料和病毒颗粒。该电穿孔仪主要由真核细胞电转移模块和细胞融合模块组成,两片金属模块在脉冲电压和细胞本身所带的生物电的作用下,两个细胞在电场内进行定向移动,互相融合,将人类细胞、胚胎干细胞、初生细胞、植物细胞加入所需要的基因片段而达到转基因的目的。<br>根据该电穿孔仪的功能,可将其按其他未列名的电气设备归入税则号列8543.7099。 | | | | |

| 序号 | 1528 | 归类决定编号 | Z2006－1438 | 公告编号 | 2007年第70号 |
|---|---|---|---|---|---|
| 商品税则号列 | 8543.7099 | | | 发布日期 | 2007年12月5日 |
| 商品名称 | 红外线车辆分离扫描系统 | | | | |
| 英文名称 | | | | | |
| 其他名称 | | | | | |
| 商品描述 | 该红外线车辆分离扫描系统由红外线发射器、接收器及控制器组成，用于公路自动收费系统的车辆分离检测。发射器内置线性排列的发光元件，而接收器内置同样数量的光探测元件，接收器和发射器的对应光电元件同步触发，并确认光路是否导通，当汽车通过发射器和接收器之间时，部分光束会被遮挡，因而被测出有车通过，当车走后，光路完全导通，从而把一辆整车分离出来，以便计费。控制器为发射器和接收器提供电源，并驱动接收器根据要求读取发射器信号，处理该数据。 | | | | |
| 归类决定 | 该商品的功能是发射连续的红外线，并在红外线被遮挡后发出信号，也可用于检测车间流水线、邮局邮件等需单独区分的物体，输出的信号经过另外的设备处理后可用于门禁、报警、计数、交通管理等场合。由于该功能在《税则》中未列名，因此，根据归类总规则一及六，应将其按具有独立功能的电气设备归入税则号列8543.7099。 | | | | |

| 序号 | 1529 | 归类决定编号 | Z2006－1439 | 公告编号 | 2007年第70号 |
| --- | --- | --- | --- | --- | --- |
| 商品税则号列 | 8543.7099 | | | 发布日期 | 2007年12月5日 |
| 商品名称 | 电子白板 | | | | |
| 英文名称 | | | | | |
| 其他名称 | 电子复印白板 | | | | |
| 商品描述 | 电子白板的全称为电子复印白板，又称电子扫描板，品牌为松下530CN、630CN等，其主要由旋转板面（白板）、打印输出总成、支架三部分组成，其中打印输出总成是由CCD、光源、反射镜面、热敏头打印机或热转印头打印机组成，用于教学、开会。工作原理：直接用书写笔在白板上书写，如需记录下白板上的内容，按下打印键，马达带动屏幕转动，当文字和图形转到后面的有效区域内时，光源照射到这些文字和图形，再通过反射镜将这些文字和图形反射到CCD中，CCD将光信号转换成电信号，通过自身打印组件在纸上打印出文字和图形。打印原理包括热敏打印和喷墨打印。也可以通过计算机、打印机接口联接到计算机、打印机上，将白板上的内容输入计算机、打印机。 | | | | |
| 归类决定 | 电子白板的“复印”功能是由白板扫描及打印来完成，本身并无“原稿”信息输入过程，脱离计算机能独立使用，按照《税则》第八十四章章注五（五）的规定“装有自动数据处理装置或与自动数据处理机连接使用，但却从事数据处理以外的某项专门功能的机器，应按其功能归入相应的税号，对于无法按功能归类的，应归入未列名税号”，由于电子白板在《税则》中未具体列名，因此，根据归类总规则一，电子白板应作为具有独立功能的未列名的电子商品归入税则号列8543.7099。 | | | | |

| 序号 | 1530 | 归类决定编号 | Z2006－1440 | 公告编号 | 2007年第70号 |
| --- | --- | --- | --- | --- | --- |
| 商品税则号列 | 8543.7099 | | 发布日期 | 2007年12月5日 | |
| 商品名称 | 车载免提通话装置散件 | | | | |
| 英文名称 | Parts for automobile handsfree making | | | | |
| 其他名称 | | | | | |
| 商品描述 | 该车载免提通话装置散件是车载免提通话系统程序控制器散件，该程序控制器内置可编程序控制器，其内部电路主要由带有控制芯片（已输入控制程序）的集成电路组成。其工作原理是：由控制芯片接收端采集手机插口送出的来电信号，并通过控制芯片内部输入的控制程序，自动将其送入汽车音响系统的喇叭放出，同时语音信号由免提通话装置的麦克通过控制芯片的发送端，送回到手机插口，使其完成通话功能。当控制芯片接收端及发送端信号中断一定时间后，控制芯片使汽车音响自动转为收音机工作模式。该控制器具有两种功能，其一为信号转换功能，其二控制汽车音响恢复收音机工作模式，信号转换功能是其主要功能。 | | | | |
| 归类决定 | 该商品可根据手机的来电情况，自动将手机信号与收音机信号分别与汽车扬声器连接，从而实现车载免提通话的功能。由于该功能在《税则》中无具体列名，根据归类总规则一和六，应将其按其他税号未列名的具有独立功能的电气设备，归入税则号列8543.7099。 | | | | |

| 序号 | 1531 | 归类决定编号 | Z2006 - 1441 | 公告编号 | 2007 年第 70 号 |
|---|---|---|---|---|---|
| 商品税则号列 | 8543.7099 | | | 发布日期 | 2007 年 12 月 5 日 |
| 商品名称 | 数模转换器 | | | | |
| 英文名称 | D/A & A/D Converter | | | | |
| 其他名称 | 音频信号转换器 | | | | |
| 商品描述 | 该数模转换器又称音频信号转换器,中文品牌:百灵达,型号:ADA8000,是 8 路 24 比特 AD/DA 转换器,带有 8 个 IMP“隐蔽”话筒前置放大器。数模转换器主要用于模拟/数字和数字/模拟信号转换,具有音频放大功能。该数模转换器的用途:将麦克风输出的模拟音频输入到该数模转换器,数模转换器将模拟音频输入信号转换为数字信号,再输出到调音台或硬盘数码录音系统。 | | | | |
| 归类决定 | 该商品属带有传声器前置放大器的模数转换器,其主要功能仍是模数转换。由于该功能在《税则》中无具体列名,因此,根据归类总规则一和六,应将其按具有独立功能的电气设备,归入税则号列 8543.7099。 | | | | |

| 序号 | 1532 | 归类决定编号 | Z2006 - 1442 | 公告编号 | 2007 年第 70 号 |
|---|---|---|---|---|---|
| 商品税则号列 | | 8543.7099 | | 发布日期 | 2007 年 12 月 5 日 |
| 商品名称 | 光敏半导体器件及半导体放大器 | | | | |
| 英文名称 | Sensor | | | | |
| 其他名称 | | | | | |
| 商品描述 | 1. TELCO 牌光敏半导体器件。包括 SMT 4000 MG J、SMT 6001 MG J、SMT 3000 S302.5、SMR 6106 SG T3、SMR 3106 S302.5、SMR 4306 MG J、SMR 6206 SG T3 等多种型号，由发射元件(包括发光二极管、二极管、输入电路)与接收元件(包括光敏半导体器件、二极管及放大、整形、输出电路)成对组成，其原理为接收元件接收来自发射元件发出的红外线，当被测物体阻断红外线时，接收元件产生检测通断信号，并对信号进行放大、整形后输出。<br>2. TELCO 牌半导体放大器。包括 AMP 21C 500 PA 11、MAPE 21B 500 等型号，由二极管、晶体管、可控硅、电源指示发光二极管、增益调整电位器、11 脚插头等部件组成并封装在一起。该半导体放大器有两种类型的输出方式：一种是继电器状态输出，另一种是 NPN 或 PNP 晶体管状态输出，其原理均是利用可控硅只有导通和关断两种工作状态，实现开关特性的信号输出。<br>据了解，上述两种产品一般配合使用，每个半导体放大器可连接(配置)一至二套光敏半导体器件。其工作原理是：当被测物经过发射元件与接收元件之间并阻断光线时，形成信号并输送到半导体放大器。半导体放大器将不同的信号放大，并经过处理输出不同的开关状态，以配合电气自动化多方面的要求。上述产品广泛用于扶梯、自动人行道等设备。 | | | | |
| 归类决定 | 上述商品为 TELCO 牌光敏半导体器件和半导体放大器。其中，“光敏半导体器件”由发射元件(包括发光二极管、二极管、输入电路)与接收元件(包括光敏半导体器件、二极管及放大、整形、输出电路)成对组成，其原理为接收元件接收来自发射元件发出的红外线，当被测物体阻断红外线时，接收元件检测产生通断信号，并对信号进行放大、整形后输出。“半导体放大器”由二极管、晶体管、可控硅、电源指示发光二极管、增益调整电位器、11 脚插头等部件组成并封装在一起。当被测物体经过发射元件与接收元件之间并阻断光线时，形成信号并输送到半导体放大器，半导体放大器将不同的信号放大，以配合电气自动化多方面的要求。上述产品广泛用于扶梯、自动人行道等设备。<br>光敏半导体器件实际上是一个红外线发射接收装置，具有产生和接收红外线、检测产生通断信号的功能，由于该功能在《税则》中未列名，因此，根据归类总规则一和六，其应按具有独立功能的电气装置归入税则号列 8543.7099；半导体放大器具有将不同电子信号放大的功能，由于该功能在《税则》中未列名，因此，根据归类总规则一和六，其应按具有独立功能的电气装置归入税则号列 8543.7099；当两者同时申报时，由于其组合后并未明显具有《税则》第八十四章或第八十五章某个品目所列某种功能，因此，不符合《税则》第十六类类注四的规定，故两者仍应分别归入相应税号。 | | | | |

<table>
<tr><td>序号</td><td>1533</td><td>归类决定编号</td><td>Z2006 - 1443</td><td>公告编号</td><td>2007 年第 70 号</td></tr>
<tr><td colspan="2">商品税则号列</td><td colspan="2">8543.7099</td><td>发布日期</td><td>2007 年 12 月 5 日</td></tr>
<tr><td colspan="2">商品名称</td><td colspan="4">紫外线干燥机</td></tr>
<tr><td colspan="2">英文名称</td><td colspan="4"></td></tr>
<tr><td colspan="2">其他名称</td><td colspan="4"></td></tr>
<tr><td colspan="2">商品描述</td><td colspan="4">该商品型号为 KUV - 603,品牌:凯联。工作原理:利用紫外线干燥原理。涂装成品经紫外线照射后,可瞬间干燥。用途:木材、合板、家具、钢板、建材、镜片、皮革等使用 UV 涂料涂装后经紫外线照射瞬间干燥,表面硬度提高、色泽亮丽。</td></tr>
<tr><td colspan="2">归类决定</td><td colspan="4">该商品利用辐照效应使涂装后的 UV 涂料快速干燥,不属于“利用温度变化处理材料的机器”,不可归入《税则》税目 84.19 项下。其符合《税则》税目 85.43 及其子目条文的描述,根据归类总规则一及六,应将其归入税则号列 8543.7099。</td></tr>
</table>

| 序号 | 1534 | 归类决定编号 | Z2007－0084 | 公告编号 | 2007年第71号 |
|---|---|---|---|---|---|
| 商品税则号列 | 8543.7099 | | 发布日期 | 2007年12月5日 | |
| 商品名称 | 电子纸(电泳显示器) | | | | |
| 英文名称 | | | | | |
| 其他名称 | | | | | |
| 商品描述 | 该电子纸由PET保护膜、ITO薄膜(导电胶膜,由锡氧化铟材料经过制备工艺沉积到塑料基片上制得)、电子油墨、铝箔、PET保护膜组成。进口后去掉铝箔及其外层PET保护膜,按显示屏大小进行裁剪并加上电路后,制成手机的显示屏。其工作原理为:电子油墨中的带负电黑色粒子和带正电白色粒子在加压后会在被称作微胶囊的球体中移动。微胶囊挟在电极中间,上部的透明电极施加负电压或正电压可使电子纸显示黑白两种颜色。其加工后的产品主要功能/用途为:电源通过ITO薄膜作用于电子油墨后呈现图像,可用来代替相关的液晶显示器。 | | | | |
| 归类决定 | 该电子纸的主要工作层包括导电胶膜和电子油墨。当导电胶膜通电后,电子油墨具有在电场的作用下发生反转,体现出不同的颜色的特性,具有电致显示功能,而该功能在税则中无具体列名,符合《税则》税目85.43的商品描述,根据归类总规则一及六,应归入税则号列8543.7099。 | | | | |

| 序号 | 1535 | 归类决定编号 | Z2007－0085 | 公告编号 | 2007 年第 71 号 |
|---|---|---|---|---|---|
| 商品税则号列 | | 8543.7099 | | 发布日期 | 2007 年 12 月 5 日 |
| 商品名称 | 数码相框 | | | | |
| 英文名称 | | | | | |
| 其他名称 | | | | | |
| 商品描述 | 该数码相框的主要功能:播放数码相片、MP3、可插入存储卡(SD/MMC/XD/CF)和U 盘直接浏览图片,外带 USB 连接线,可以通过和电脑连接,将电脑中的图片复制到数码相框中或者将数码像框的图片复制到电脑中。 | | | | |
| 归类决定 | 该数码相框具有播放相片(静态图片)、MP3 声频的功能,为多功能机器,其主要功能为播放相片。根据《税则》第十六类类注三有关"多功能机器"的描述,应按其主要功能"播放相片"进行归类。该商品播放的相片为静态图像,不同于税目 85.28 的视频图像播放,因此不能归入该税目项下。该商品的主要功能"相片播放"在《税则》其他税目中未具体列名,但符合税目 85.43 的商品描述,根据归类总规则一及六,应归入税则号列 8543.7099。 | | | | |

| 序号 | 1536 | 归类决定编号 | Z2008－0091 | 公告编号 | 2008 年第 76 号 |
|---|---|---|---|---|---|
| 商品税则号列 | | 8543.7099 | | 发布日期 | 2008 年 10 月 28 日 |
| 商品名称 | 搭载调试器(附 PCI 接口卡) | | | | |
| 英文名称 | Onboard set (Interface Card) | | | | |
| 其他名称 | | | | | |
| 商品描述 | PX－ODB103E－J 搭载调试器是与 CPU 相对应的通用模拟器,由本体、调试软件、连接基板及串口线组成,用于搭建公司开发的 DVD 刻录机的硬件环境,检测软件能否正确地运行。搭载调试器支持 PCI 接口卡。 | | | | |
| 归类决定 | 该搭载调试器可通过串口线与计算机相连,模拟 DVD 刻录机硬件环境,检测软件能否正确运行。本身不带有将程序写入半导体芯片的功能。其虽然带有中央处理器的主板,能和计算机相连,但主要用于模拟 DVD 刻录机硬件环境,对计算机输出的信号根据模拟结果反馈信号,并非直接进行编程等数据处理,根据《税则》第八十四章章注五(五),不能归入税目 84.71 项下。该商品功能在《税则》中无明确列名,但符合《税则》税目 85.43 的商品描述,根据归类总规则一及六,应归入税则号列 8543.7099。 | | | | |

| 序号 | 1537 | 归类决定编号 | Z2008 - 0092 | 公告编号 | 2008 年第 76 号 |
|---|---|---|---|---|---|
| 商品税则号列 | 8543.7099 | | | 发布日期 | 2008 年 10 月 28 日 |
| 商品名称 | 离子发生器 | | | | |
| 英文名称 | Bioclimatic gener | | | | |
| 其他名称 | 空气净化系统 | | | | |
| 商品描述 | 该离子发生器主要由底座和离子棒组成，专门设计用于中央空调，或放置于空气处理机或独立安装使用的专业空气净化器内。其工作原理：主要通过底座的升压电路，使离子管上的两层不锈钢网产生电压差，从而使经过该离子管的空气中的氧气电离，产生正氧离子与负氧离子。当正和负氧离子遇到空气中的细菌、杂质和异味物质时，就会与这些物质进行中和性结合，从而将这些物质氧化，增强过滤效果，以达到空气净化的目的。双离子发生器可有效杀死各类细菌达 96%。 | | | | |
| 归类决定 | 该离子发生器主要由底座（具有升压电路）和离子管组成，可在离子管的不锈钢网上产生电压差，从而将空气中的氧气电离，产生正氧离子和负氧离子。其空气净化作用是产生的氧离子在空气中与其他杂质反应的结果，而非直接的过滤净化，不符合《税则注释》品目 84.21 的商品范围。该商品功能在《税则》中没有明确列名，但符合《税则》税目 85.43 的商品描述，根据归类总规则一及六，应归入税则号列 8543.7099。 | | | | |

| 序号 | 1540 | 归类决定编号 | Z2008－0197 | 公告编号 | 2008年第83号 |
| --- | --- | --- | --- | --- | --- |
| 商品税则号列 | 8543.7099 | | | 发布日期 | 2008年11月24日 |
| 商品名称 | 增量轴套型编码器 | | | | |
| 英文名称 | | | | | |
| 其他名称 | | | | | |
| 商品描述 | 商品名称:KUBLER增量轴套编码器;规格型号:8.3620.506E.2500.0019。编码器内部有一径向线栅和空隙的光电码盘,在光源和一个接受器之间旋转,采用光电扫描原理工作,产生一个与接受光成比例的正弦信号,把机械位移量变为电信号,用于测量机床工作轴的转速、转动方向及移动角度和相对距离。 | | | | |
| 归类决定 | 该商品为一种旋转编码器,可将旋转位移信号转变为电信号,用于测量机床工作轴的转速、转动方向及移动角度等。《税则》税目90.31的商品描述为"本章其他税号未列名的测量或检验仪器、器具及机器"。从产品构成来看,该税目项下的测量或检验仪器一般由测量部件、计算部件、结果显示部件等组成,测量值能够直接读数及使用。而旋转编码器产生的相应脉冲信号需要输出至计算机控制系统进行计算后得出转速数据,本身仅是脉冲电信号的发生装置,不具有完整的测量功能,尚不构成税目90.31的测量或检验仪器的特征,根据归类总规则一,不能归入税目90.31项下;该商品通过光电感应将旋转板的位置转化为电脉冲信号,具有电气器具的特征,且不具备第九十章计量、检验仪器仪表的特征,符合《税则》及《税则注释》第八十五章总注释的描述。该产品必须安装在另一台机器或器具上,或安装在一套较复杂的设备中才能执行其功能,但该功能不同于所装机器设备的功能,并在上述机器设备操作中并不起必不可少的和不可分割的作用,符合《税则》及《税则注释》对"独立功能"的描述。而且,旋转编码器完成的功能——将旋转运动转换成编码电信号——在《税则》上没有列名,因此,根据归类总规则一及六,应按其他未列名电气设备归入税则号列8543.7099。 | | | | |

| 序号 | 1541 | 归类决定编号 | Z2010 - 0058 | 公告编号 | 2010 年第 15 号 |
|---|---|---|---|---|---|
| 商品税则号列 | 8543.7099 | | 发布日期 | 2010 年 2 月 28 日 | |
| 商品名称 | 电子眼膜 | | | | |
| 英文名称 | | | | | |
| 其他名称 | | | | | |
| 商品描述 | 该商品由三部分组成:底部是塑料膜;中间黑色部分为电极,主要成分是石墨,起导电作用;上面有一层透明凝胶,通过它,辅助电流与脸部接触。工作原理:电子贴片紧贴眼部肌肤,其中电极遇热后在眼部形成电流循环,从而达到紧致提升眼部肌肤的功效。 | | | | |
| 归类决定 | 该商品主要通过超薄纸张电池及电极作为导体所产生的电流对眼部进行电流循环刺激,不符合《税则注释》关于品目 90.19 项下"按摩器具"的描述,是一种在《税则》第八十五章其他税目未列名的利用电流工作的电气设备,符合《税则》税目 85.43 及其子目条文的描述,根据归类总规则一及六,应按第八十五章其他税目未列名的具有独立功能的电气设备归入税则号列 8543.7099。 | | | | |

| 序号 | 1542 | 归类决定编号 | Z2006 - 1444 | 公告编号 | 2007 年第 70 号 |
|---|---|---|---|---|---|
| 商品税则号列 | 8543.7099 | | 发布日期 | 2007 年 12 月 5 日 | |
| 商品名称 | 学乐先 | | | | |
| 英文名称 | MC2 Study | | | | |
| 其他名称 | | | | | |
| 商品描述 | 该商品由主机、眼镜(内置八个发光二极管)与一副耳机组成。其工作原理为由主机发出 α 波,通过耳机传给人脑,同时控制眼镜上的发光二极管闪烁来刺激人脑,以达到消除疲劳、提高注意力和改善睡眠状况的目的。 | | | | |
| 归类决定 | 该商品的功能在《税则》中未列名,符合税目 85.43 的商品描述,根据归类总规则一及六,应将其归入税则号列 8543.7099。 | | | | |

| 序号 | 1543 | 归类决定编号 | Z2013－0052 | 公告编号 | 2013 年第 26 号 |
|---|---|---|---|---|---|
| 商品税则号列 | 8543.7099 | | | 发布日期 | 2013 年 5 月 17 日 |
| 商品名称 | 液晶快门眼镜 | | | | |
| 英文名称 | | | | | |
| 其他名称 | 3D 眼镜 | | | | |
| 商品描述 | 该商品内部装有红外线接收器、MCU 微控制单元、集成电路、电源升压器等集成元器件。工作原理是:3D 电视内置红外线发射器发射出电视同步控制信号,3D 眼镜通过红外接收器接收到来自电视的同步控制信号,MCU 微控制单元对左右 LCD 镜片进行特定的逻辑控制,保证镜片的切换频率与电视控制逻辑一致,3D 电视放映的画面是特殊的,分左右两个画面放映,在放映左画面时,左眼打开,右眼关闭,观众左眼看到左画面,右眼什么都看不到。同样,在放映右画面时,右眼看右画面,左眼看不到画面,左右眼看到的图片是不完全相同的,就能在大脑里形成一个 3D 的影像。 | | | | |
| 归类决定 | 该商品是一种电气装置,利用自带的 LCD 镜片的开闭,实现 3D 影像观看的功能,该商品功能独立,且在第 85 章其他税目中未列名,符合《税则》税目 85.43 及其子目条文的描述,根据归类总规则一及六,应将其按第 85 章其他税目未列名的具有独立功能的电气设备归入税则号列 8543.7099。 | | | | |

| 序号 | 1544 | 归类决定编号 | Z2009－0065 | 公告编号 | 2009年第5号 |
|---|---|---|---|---|---|
| 商品税则号列 | 8543.9090 | | | 发布日期 | 2009年1月20日 |
| 商品名称 | 铝合金制阳极导杆 | | | | |
| 英文名称 | Anode aluminum rod | | | | |
| 其他名称 | | | | | |
| 商品描述 | 该商品由方形的铝合金棒、钢套和铝钢复合块三部分组成。其中，铝合金棒是主体，用原铝重熔后经专用设备铸造成型。在电解槽中作为连接铝母线与阳极碳块的中间部件之一。 | | | | |
| 归类决定 | 该商品专用于电解铝设备，由铝合金棒、钢套和铝钢复合块三部分组成，铸造成型后经铣面、倒角、钻孔等一系列加工工序后完成，无需进一步机械加工即可使用。上述商品属于电解装置专用零件，根据《税则》第十六类类注二的归类规定确定税号，由于其在《税则》第十六类类注一及第八十五章章注一中没有涉及，也未在第十六类其他税目中列名，但符合《税则》税目85.43及其子目条文的描述，根据归类总规则一及六，应按其他电气装置的零件归入税则号列8543.9090。 | | | | |

| 序号 | 1545 | 归类决定编号 | Z2006－1445 | 公告编号 | 2007年第70号 |
|---|---|---|---|---|---|
| 商品税则号列 | 85.44 | | | 发布日期 | 2007年12月5日 |
| 商品名称 | 带电线的塑料插头 | | | | |
| 英文名称 | Wear indicator | | | | |
| 其他名称 | | | | | |
| 商品描述 | 该商品由与汽车指示器相连的塑料插头、导线、塑料管及与刹车装置相接的小塑料头组成，进口后，作为汽车刹车装置的组装件使用。 | | | | |
| 归类决定 | 该商品是用于汽车刹车装置的电线（带插头）。《税则注释》品目85.36条文规定："装有一段电线或电缆的插头及插座等的商品不归入本品目（品目85.44）。"根据归类总规则一，应将其归入税目85.44项下。 | | | | |

<table>
<tr><td>序号</td><td>1546</td><td>归类决定编号</td><td>Z2006 - 1446</td><td>公告编号</td><td>2007 年第 70 号</td></tr>
<tr><td colspan="2">商品税则号列</td><td colspan="2">8544. 3020</td><td>发布日期</td><td>2007 年 12 月 5 日</td></tr>
<tr><td colspan="2">商品名称</td><td colspan="4">带接头电线(12 伏)</td></tr>
<tr><td colspan="2">英文名称</td><td colspan="4"></td></tr>
<tr><td colspan="2">其他名称</td><td colspan="4"></td></tr>
<tr><td colspan="2">商品描述</td><td colspan="4">该商品的外观为线束状,长度约 17 厘米,以中部为分界,一侧由三根导线组成,具有塑料制接头和金属制接头各一个;另一侧由两根导线组成,仅具有一个塑料接头。该商品用于汽车燃油泵。</td></tr>
<tr><td colspan="2">归类决定</td><td colspan="4">《税则注释》对品目 85. 44 项下“布线组”的解释为:“本品目还包括由上述电线或电缆等制成的成组电线或电缆等(例如,连接机动车火花塞与分电器的成组电缆)。”根据上述解释和该商品的结构,该商品属于由三根电线制成的布线组,符合《税则》税目 85. 44 及其子目条文的描述。由于该商品用于汽车燃油泵,属于《税则》列名的“机动车辆用”,因此,根据归类总规则一和六,应将其按机动车辆用其他布线组,归入税则号列 8544. 3020。</td></tr>
</table>

<table>
<tr><td>序号</td><td>1547</td><td>归类决定编号</td><td>Z2006 - 1447</td><td>公告编号</td><td>2007 年第 70 号</td></tr>
<tr><td colspan="2">商品税则号列</td><td colspan="2">8544. 4919</td><td>发布日期</td><td>2007 年 12 月 5 日</td></tr>
<tr><td colspan="2">商品名称</td><td colspan="4">微波导管</td></tr>
<tr><td colspan="2">英文名称</td><td colspan="4"></td></tr>
<tr><td colspan="2">其他名称</td><td colspan="4">馈线</td></tr>
<tr><td colspan="2">商品描述</td><td colspan="4">日立微波导管,型号:HE65B;用途:将微波天线的收发信号通过馈线媒介传导至微波收发设备中。该微波导管的构造:椭圆形波状铜管,未带接头,外加聚乙烯保护层。外径尺寸 50 毫米,内径尺寸 29 毫米,重量大约为 0. 9 千克/米。传导频率范围:5. 85 ~ 6. 5 吉赫,6. 4 ~ 7. 125 吉赫。</td></tr>
<tr><td colspan="2">归类决定</td><td colspan="4">该微波导管是一种绝缘电导体,应归入《税则》税目 85. 44 项下,因微波波导无额定电压参数,可视为额定电压不超过 80 伏的电导体,应归入税则号列 8544. 4919。</td></tr>
</table>

| 序号 | 1548 | 归类决定编号 | Z2006－1448 | 公告编号 | 2007年第70号 |
|---|---|---|---|---|---|
| 商品税则号列 | 8544.4919 | | | 发布日期 | 2007年12月5日 |
| 商品名称 | 无接头电线 | | | | |
| 英文名称 | | | | | |
| 其他名称 | | | | | |
| 商品描述 | 该商品为成卷无接头电线，截面面积从0.35平方毫米至25平方毫米不等。经切割压装端子组装成各种型号的汽车电线束（仪表板线束、车门线束、车灯线束等）。其工作电压不超过48伏，适用于汽车电子电器设备用48伏标称直流电压的导线。根据绝缘包皮最热部位的温度，导线分为七种类型，该商品为3型（使用温度125℃）和4型（使用温度155℃）。该商品的试验报告显示：对这些电线加压到1000伏，30分钟未击穿，继续以每秒500伏加压，到3000伏以上未击穿，即最高耐压值可达到1000伏以上。 | | | | |
| 归类决定 | 《本国子目注释》规定："额定电压是指电缆在工作时所允许的最高工作电压。在此电压以上长期连续工作是不安全的。"该无接头电线的安全工作电压不超过48伏，其1000伏的最高耐压值只是用于击穿试验，并非安全工作电压，因此，根据归类总规则一和六，该无接头电线应按额定电压不超过80伏的电线，归入税则号列8544.4919。 | | | | |

| 序号 | 1549 | 归类决定编号 | Z2006－1449 | 公告编号 | 2007 年第 70 号 |
|---|---|---|---|---|---|
| 商品税则号列 | 8544.4919 | | | 发布日期 | 2007 年 12 月 5 日 |
| 商品名称 | 打印头连接线 | | | | |
| 英文名称 | | | | | |
| 其他名称 | | | | | |
| 商品描述 | 该连接线用于爱普生 EX3 系列打印机，共有 32 芯，一端接打印头，一端接主板。接主板端共有两片，分别为 16 芯/片（输出电压为 5 伏，6 芯为接地输出，10 芯为信号输出）和 16 芯/片（输出电压为 3.3 伏，5 芯为接地输出，11 芯为信号输出）。接打印头端共有两片，均为 16 芯/片。材质：镀锡平角软铜线。尺寸：（0.05 ±0.01）毫米 ×（0.7 ±0.03）毫米（厚度 × 宽度）。绝缘体：阻燃材料，厚度为 0.025 毫米。补强板：厚度 0.125 毫米。温度：105℃以上。电压≤60 伏。全长：（892 ±5）毫米。 | | | | |
| 归类决定 | 该商品由导电线芯平铺后整条外覆绝缘层而构成，符合《税则注释》对品目 85.44“电线、电缆”的描述。同时，根据《税则注释》的规定“本品目还包括由上述电线或电缆等制成的成组电线或电缆等”，由于该打印头连接线只是单根电线，并未构成“成组电线或电缆”，因此，其不能按布线组归类。根据归类总规则一和六，应将其按其他电导体归入税则号列 8544.4919。 | | | | |

| 序号 | 1550 | 归类决定编号 | Z2006－1450 | 公告编号 | 2007年第70号 |
|---|---|---|---|---|---|
| 商品税则号列 | 8544.6090 | | | 发布日期 | 2007年12月5日 |
| 商品名称 | 气体绝缘金属封闭母线 | | | | |
| 英文名称 | High voltage bus sections | | | | |
| 其他名称 | GIL | | | | |
| 商品描述 | 该气体绝缘金属封闭母线简称GIL，由31个母线直线段和15个母线弯头组成，总长度540米。母线直线段和弯头由铝合金外壳管构成，中间导电部分由一根同心圆桶形状的铝合金导体组成（内部是空心铝导体），导体由绝缘子在外壳内进行支撑，母线内部充有SF6气体以提供在内部导体和外壳之间的电气绝缘。母线直线段在GIL中的主要用途是作直线段的布置，母线弯头是母线直线段的拐弯形体，在GIL中的主要用途是允许母线可以作大于88°小于180°的拐弯。系统参数：500千伏电压，4500安培电流。 | | | | |
| 归类决定 | 该商品是用于高压输电的导体，主要由铝合金导体和铝合金外壳构成，参考《中国大百科全书》对同轴电缆的描述“由各自构成一个回路的若干根同轴管所组成的电缆”，以及《本国子目注释》对电缆的描述“电缆是相互绝缘的导电线芯置于密封护套中构成的绝缘导线，可加有保护覆盖层”，由于该商品用于传输电流的回路只有一个（即铝合金导体），不符合上述同轴电缆的定义，不应按同轴电缆或同轴电导体进行归类。由于该商品内部用于导电的是一根同心圆桶形状的铝合金导体，不符合电缆结构的描述，因此应按其他电导体进行归类。<br>该商品是用于500千伏电压的电导体，符合《税则》税目85.44及其子目条文的描述，根据归类总规则一及六，应将其按超过1000伏的其他电导体归入税则号列8544.6090。 | | | | |

| 序号 | 1551 | 归类决定编号 | Z2006－0808 | 公告编号 | 2006年第69号 |
|---|---|---|---|---|---|
| 商品税则号列 | 8544.7000 | | | 发布日期 | 2006年11月22日 |
| 商品名称 | 光纤复合架空地线光缆 | | | | |
| 英文名称 | | | | | |
| 其他名称 | | | | | |
| 商品描述 | 光纤复合架空地线光缆为不锈钢管层绞式结构，光纤套入不锈钢管中，管内填充防水化合物，组成光单元，将光单元同铝包钢丝绞合成缆芯，缆芯外再绞合一层或二层铝包钢线、铝线或铝合金线。适用于各种新建电力线路和已建电力线路的改造。 | | | | |
| 归类决定 | 由于该缆线同时具备电缆与光缆的功能，且无法区分主要功能与次要功能，根据归类总规则三（三），从后归入税则号列8544.7000。 | | | | |

| 序号 | 1552 | 归类决定编号 | Z2006－0809 | 公告编号 | 2006年第69号 |
|---|---|---|---|---|---|
| 商品税则号列 | 8545.9000 | | | 发布日期 | 2006年11月22日 |
| 商品名称 | 电热膜 | | | | |
| 英文名称 | Heating panel | | | | |
| 其他名称 | | | | | |
| 商品描述 | 商品型号：WF450－20。“电热膜”是在透明塑料基片上印制平行碳黑条纹而成，碳黑条纹由铜片导体连接，在定宽情况下可按需要截取不同长度，通电后形成回路，利用电热原理加热。 | | | | |
| 归类决定 | 《税则注释》关于品目85.33电阻器的解释，将加热电阻器排除至品目85.16和85.45；《税则注释》关于品目85.16加热电阻器的解释又将碳加热电阻器排除至品目85.45，并规定该品目只包括制成的加热电阻元件及已切成一定尺寸的可直接使用的加热电阻条、棒、板片；《税则注释》关于品目85.45碳加热电阻器的解释排除的只是品目85.33的碳电阻器。<br>根据以上《税则注释》，所报电热膜属碳加热电阻制品，应归入税则号列8545.9000。 | | | | |

| 序号 | 1553 | 归类决定编号 | Z2010－0059 | 公告编号 | 2010年第15号 |
|---|---|---|---|---|---|
| 商品税则号列 | 8545.9000 | | | 发布日期 | 2010年2月28日 |
| 商品名称 | 碳棒 | | | | |
| 英文名称 | Gouging carbon rod | | | | |
| 其他名称 | | | | | |
| 商品描述 | 该碳棒的主要规格型号有:1/4″×12″,3/8″×12″,3/16″×12″,5/16″×12″,3/4″×17″,3/8″×17″等(英制,直径×长度)。其成分为碳82%~92%,铜8%~18%。该商品主要用于金属工件的电弧切割、开槽、打孔,用于造船业、钢铁行业、化工机械制造等领域。 | | | | |
| 归类决定 | 该商品为电气用途的碳精制品,用于气刨或熔化焊时传导电流、产生电弧、熔化基材或其他材料。碳和铜在工作工程中由于高温不断损耗,但不能用于焊接,表面包覆的铜用于导电而非作为焊剂。该商品属电气用途的碳精制品,符合《税则》税目85.45及其子目条文的描述,根据归类总规则一及六,应按其他碳精制品归入税则号列8545.9000。 | | | | |

| 序号 | 1554 | 归类决定编号 | Z2009－0139 | 公告编号 | 2009年第32号 |
|---|---|---|---|---|---|
| 商品税则号列 | 8546.2010 | | | 发布日期 | 2009年6月12日 |
| 商品名称 | 输变电线路绝缘瓷套管 | | | | |
| 英文名称 | | | | | |
| 其他名称 | | | | | |
| 商品描述 | 该商品采用电容式全密封结构，由电容芯子、瓷套、油枕和接地法兰等组成，并设有油表，主要用于电力变压器中。套管中导体可以引入或引出变压器的高、中、低压侧电流的载流导体，套管芯体电容层保证管套内部电场均匀，套管的绝缘护套对变压器油箱外壳和法兰起绝缘作用。电容体和瓷套之间的环形空间充入变压器油，起到内部绝缘作用并控制套管内部的油温。油表检测指示油位。法兰接地保证零电位。生产过程中主绝缘电容芯子以优质电缆纸与打孔铝箔绕制成同心圆柱电容器，上部瓷套、下部瓷套和安装法兰，通过中心导管的两端螺母固定，内部端子通过中心导管顶部卡环安装并以引线铜焊连接。 | | | | |
| 归类决定 | 该商品由电容芯子、瓷套、油枕和接地法兰等组成，用于输变电线路，其结构符合《税则注释》对品目85.46的描述和国标（GB/T2900.8－1995）对绝缘瓷套管的定义（绝缘套管属于绝缘子的一种），属于绝缘瓷套管，根据归类总规则一及六，应按输变电线路的绝缘瓷套管归入税则号列8546.2010。 | | | | |

| 序号 | 1555 | 归类决定编号 | Z2006－1451 | 公告编号 | 2007年第70号 |
|---|---|---|---|---|---|
| 商品税则号列 | 8546.2090 | | | 发布日期 | 2007年12月5日 |
| 商品名称 | 输变电线路用长竿状绝缘瓷件 | | | | |
| 英文名称 | Long rod insulator body | | | | |
| 其他名称 | 长棒瓷 | | | | |
| 商品描述 | 该绝缘瓷件是由构成其主要成分的氧化铝和黏土等原料按一定配比经球磨、练泥、制坯等一系列工序后，再进行焙烧而成。用于安装悬挂铁件及放电保护间隙，用于交流110～500千伏及直流500千伏的输变电线路中。 | | | | |
| 归类决定 | 该绝缘瓷件的加工过程为：将氧化铝和黏结等原料按一定配比经球磨、练泥、制坯等工序后，再进行焙烧而成，外形如若干个碗叠在一起的实心棒。用作输变电线路中的绝缘子，用于安装悬挂铁件及放电铁球，起到支撑和绝缘的作用。<br>绝缘套管是用于穿过带电导体的一种绝缘子，陶瓷绝缘套管内部结构为空心的。该绝缘瓷件内部为实心结构，不符合《中国大百科全书》对绝缘套管的定义，故不应按照绝缘瓷套管归类。应将其作为其他陶瓷绝缘子归入税则号列8546.2090。 | | | | |

| 序号 | 1556 | 归类决定编号 | Z2006－0810 | 公告编号 | 2006年第69号 |
|---|---|---|---|---|---|
| 商品税则号列 | 8547.1000 | | | 发布日期 | 2006年11月22日 |
| 商品名称 | 绝缘陶瓷管 | | | | |
| 英文名称 | Insulating geramic cylinder | | | | |
| 其他名称 | | | | | |
| 商品描述 | 三种规格：<br>1. DRAWING NO. DY7－370.10495毫米×80×158毫米；<br>2. DRAWING NO. DY7－370.10580毫米×69×180毫米；<br>3. DRAWING NO. DY7－370.133125毫米×110×158毫米。<br>外观规则白色筒状，材质为陶瓷，每个重约1千克。<br>上下两外缘附着一层薄薄的金属薄膜。 | | | | |
| 归类决定 | 绝缘陶瓷管外观为白色筒状，外壁成规则螺旋状，是真空断路器或真空接触器灭弧室的外壳部分，应作为绝缘零件归入税则号列8547.1000。 | | | | |

| 序号 | 1557 | 归类决定编号 | Z2006 - 0811 | 公告编号 | 2006 年第 69 号 |
|---|---|---|---|---|---|
| 商品税则号列 | 8548. 9000 | | | 发布日期 | 2006 年 11 月 22 日 |
| 商品名称 | 衰减器 | | | | |
| 英文名称 | | | | | |
| 其他名称 | | | | | |
| 商品描述 | 衰减器是一种在传输系统中降低信号电平,而不使信号产生显著畸变的无源网络。根据不同的规格型号,衰减器可用于基站、寻呼信号收发站、收音机、衰减测量设备等不同装置。 | | | | |
| 归类决定 | 衰减器是一种在传输系统中降低信号电平,而不使信号产生显著畸变的无源网络,因不同的规格型号,而适用于不同设备,属于一种通用零件。因此根据《税则注释》对未列名电器零件的说明,该衰减器应归入税则号列 8548. 9000。 | | | | |

| 序号 | 1558 | 归类决定编号 | Z2006 - 1452 | 公告编号 | 2007 年第 70 号 |
|---|---|---|---|---|---|
| 商品税则号列 | 8548. 9000 | | | 发布日期 | 2007 年 12 月 5 日 |
| 商品名称 | 贴片滤波器 | | | | |
| 英文名称 | | | | | |
| 其他名称 | | | | | |
| 商品描述 | 该贴片滤波器由 1 个贴片电感和 2 个贴片电容组成,用于计算机、计算机外围设备、VCR、TV、汽车音响设备、打印机、游戏机等。 | | | | |
| 归类决定 | 该贴片滤波器可用于多种设备上,根据归类总规则一(第十六类类注二)及六,应将其按《税则》第八十五章其他税目未列名的电气零件归入税则号列 8548. 9000。 | | | | |

| 序号 | 1559 | 归类决定编号 | Z2008 - 0095 | 公告编号 | 2008 年第 76 号 |
|---|---|---|---|---|---|
| 商品税则号列 | 8548.9000 | | 发布日期 | | 2008 年 10 月 28 日 |
| 商品名称 | 汽车音响用连接装置 | | | | |
| 英文名称 | Media oriented system transport | | | | |
| 其他名称 | | | | | |
| 商品描述 | 该汽车音响用连接装置由塑料制接插件、塑料光纤(POF)、光电转换装置(FOT)等组成。其中光电转换装置材质为铜合金,表层镀 Ni/Pb/Au,用于实现光电信号的转换,其价格占整个装置的 60% ~75%。该产品以塑料光纤为媒介,在数字式录音装置、CD - ROM、DVD - ROM 的数据高速传输中起到连接作用,主要是实现车用多媒体传控网络的传输接口,工作电压为 12 伏。 | | | | |
| 归类决定 | 该汽车音响用连接装置由塑料制接插件、塑料光纤(POF)、光电转换装置(FOT)等组成。可用于车载的数字式录音装置、CD - ROM、DVD - ROM 等设备,将上述设备输入的电信号转换成光信号输出,连接车用多媒体传控光纤网络,工作电压为 12 伏。该商品实为拖带一段光纤的光电转换器,既非光纤连接器,也不是带光纤连接器的光纤,是通用于车载音频、视频播放设备的零件,根据《税则》第十六类类注二的归类原则,该商品在相关排他条款和第十六类项下税目中未列名,且通用于多个税目项下的商品,符合《税则》税目 85.44 及其子目条文的描述,根据归类总规则一及六,应按其他通用电气零件归入税则号列 8548.9000。 | | | | |

| 序号 | 1560 | 归类决定编号 | Z2007－0086 | 公告编号 | 2007年第71号 |
|---|---|---|---|---|---|
| 商品税则号列 | 8606.9900 | | 发布日期 | 2007年12月5日 | |
| 商品名称 | 台车 | | | | |
| 英文名称 | Ceramic machines | | | | |
| 其他名称 | 磁砖生产线用储存运输机器 | | | | |
| 商品描述 | 该台车是储存、运输磁砖坯体的设备，型号221ABA，尺寸2.2米×2米×2.8米。组成成分：台车本体、支架、转辊、移动滚轮。该车自身无动力，通过车底部滚轮在固定的轨道上，轨道中央的电机带动链条移动，到达各指定位置。台车的工作原理为：(1)储存时通过插销插进转辊两端孔中，顺时针转动带动磁砖向前移动，进坯完成后停止动作。(2)将整个台车移动至下台车位置。(3)逆时针转动将坯体从台车里排出，通过输送线送至窑炉烧成。 | | | | |
| 归类决定 | 该台车通过车底部滚轮在固定的轨道上运行，用于在厂区内运送货物，符合《税则注释》有关品目86.06的商品描述，根据归类总规则一及六，应归入税则号列8606.9900。 | | | | |

| 序号 | 1561 | 归类决定编号 | Z2006－0812 | 公告编号 | 2006年第69号 |
|---|---|---|---|---|---|
| 商品税则号列 | 8608.0090 | | 发布日期 | 2006年11月22日 | |
| 商品名称 | 栏杆、机箱自动栏杆机散件，自动栏杆机控制单元 | | | | |
| 英文名称 | Traffic equipment with accesso | | | | |
| 其他名称 | | | | | |
| 商品描述 | 该自动栏杆机由控制器(安装于机壳内)、驱动机构和栏杆安装而成，用于道路车辆管理。根据选用不同的控制模块，可完成无线控制、电脑控制等多种控制方式。 | | | | |
| 归类决定 | 所报“栏杆、机箱自动栏杆机散件，自动栏杆机控制单元”是一套交通管理设备，是由控制器(安装于机壳内)、驱动机构和栏杆安装而成，根据选用不同的控制模块，可完成无线控制、电脑控制等多种控制方式。该商品是通过机械设备来完成最终的控制的，所以，超出了《税则注释》关于品目85.30描述的范围，故应归入税则号列8608.0090。 | | | | |

| 序号 | 1562 | 归类决定编号 | Z2006－0813 | 公告编号 | 2006年第69号 |
|---|---|---|---|---|---|
| 商品税则号列 | 8608.0090 | | | 发布日期 | 2006年11月22日 |
| 商品名称 | MT(S60)绝缘接头(套装) | | | | |
| 英文名称 | | | | | |
| 其他名称 | | | | | |
| 商品描述 | MT(S60)绝缘接头(套装)每一套由2块尾板(绝缘鱼尾板)、6只套环(绝缘套环)、1块塞片(绝缘塞片)、2罐填充料(石英砂)、2罐树脂、6支螺栓(高强度)组成,是铁路轨道信号系统的专用装置。它安装于轨道线路闭塞分区两端的钢轨接头处,整个铁路轨道网络是一个信号载体,它通过绝缘接头划分成轨道电路区段,分隔相邻的轨道电路。每一个接头连接着一个信号灯,当列车经过绝缘接头时,信号灯就发生变化,实现列车运行的调度。 | | | | |
| 归类决定 | 该套商品的绝缘鱼尾板、套环、绝缘塞片、螺栓包装于一个长方形纸盒内,填充料、树脂单独包装,在包装形式上不符合零售包装的要求,应将上述两部分分别归类。其中,绝缘鱼尾板、套环、绝缘塞片、螺栓所组成的绝缘接头是专用于铁道信号控制系统中的最原始的信号采集端的装置,不属于铺轨用的钢铁材料范围,应作为铁道用交通管理设备零件归入税则号列8608.0090;填充料、树脂应根据其实际材料进行归类。 | | | | |

| 序号 | 1563 | 归类决定编号 | Z2009-0066 | 公告编号 | 2009 年第 5 号 |
|---|---|---|---|---|---|
| 商品税则号列 | 8609.0090 | | | 发布日期 | 2009 年 1 月 20 日 |
| 商品名称 | 装货运输用的托盘箱 | | | | |
| 英文名称 | | | | | |
| 其他名称 | | | | | |
| 商品描述 | 该装货运输用的托盘箱由钢铁焊接，规格 1170 毫米 ×1170 毫米 ×900 毫米，表面经过电镀锌处理，具有很好的抗腐蚀性能。该商品由四个侧壁和一个托盘组成。侧壁可以折叠，连接侧壁的角柱顶部带有角钩。托盘带有叉车槽和角件。角件和角钩相配套可使箱体相互固定连接，在运输过程中可固定于运输工具。货物主要用于合成橡胶等物品的包装、储运和运输，适合各种运输方式和周转使用。 | | | | |
| 归类决定 | 该商品的结构和内部容量（1.09 立方米）均符合《税则注释》关于品目 86.09 项下集装箱的各项描述："（1）经特殊设计、装备适用于一种或多种运输方式；（2）装有各种配件（装托盘、角钩），以便搬运并牢固地装在车辆、飞机或船舶上；（3）适用于无须途中重新包装的'门对门'货物运输方式；（4）集装箱可反复使用；（5）集装箱有各种规格……某些类型的集装箱容量较小，但一般不小于 1 立方米。"其符合《税则》税目 86.09 及其子目条文的描述，根据归类总规则一及六，应按其他集装箱归入税则号列 8609.0090。 | | | | |

| 序号 | 1564 | 归类决定编号 | Z2006－0814 | 公告编号 | 2006年第69号 |
|---|---|---|---|---|---|
| 商品税则号列 | 第87章 | | | 发布日期 | 2006年11月22日 |
| 商品名称 | 机动环境监测车 | | | | |
| 英文名称 | Mobile enviroment protection monitoring van | | | | |
| 其他名称 | | | | | |
| 商品描述 | 机动环境检测车是由旅行车改装而成，车内加装木地板，地板上固定安装一工作台，上面固定安装一台显微镜。此外，还配备有PH计一台、滴定计一台、磁力搅拌机一台、比色架一个、玻璃仪器一批（容量瓶、比色管、量筒等）、试剂一批。该车用于排污现场测定。 | | | | |
| 归类决定 | 根据改装情况判断，该车尚未达到《税则》税目87.05特种车的标准（大部分设备未固定安装），应按载客车归类。 | | | | |

| 序号 | 1565 | 归类决定编号 | Z2006－0816 | 公告编号 | 2006年第69号 |
|---|---|---|---|---|---|
| 商品税则号列 | 第87章 | | | 发布日期 | 2006年11月22日 |
| 商品名称 | 装甲防爆车 | | | | |
| 英文名称 | | | | | |
| 其他名称 | | | | | |
| 商品描述 | 该车外型为福特E－350（2100款）货柜型面包车，内侧加装8毫米厚钢板，车箱上装有对外射击口和防弹玻璃，箱内加装办公电脑桌、天线用车顶棚架等。 | | | | |
| 归类决定 | 根据《税则注释》关于品目87.10机动装甲战斗车的规定，该车属于轻型装甲车，应按其车型归入税目87.02至87.05的有关子目；该车按其改装情况，不符合《税则注释》关于特种车的规定，故应按其原型车归类。 | | | | |

| 序号 | 1566 | 归类决定编号 | Z2006－0817 | 公告编号 | 2006 年第 69 号 |
|---|---|---|---|---|---|
| 商品税则号列 | 第 87 章 | | | 发布日期 | 2006 年 11 月 22 日 |
| 商品名称 | 治安用防暴特种车 | | | | |
| 英文名称 | | | | | |
| 其他名称 | | | | | |
| 商品描述 | 该商品为 2 辆有 11 个座位的治安防暴车，是由福特 E－350 型车改装而成。有装甲、射击孔等。 | | | | |
| 归类决定 | 《税则注释》品目 87.10 中机动装甲车是指英国“蝎”式装甲侦察车、法国 AMX－10RC 装甲侦察车、俄罗斯 BTP－60 装甲输送车等类似特殊构造的战斗装甲车。该治安用防暴特种车是在普通车辆上加装轻型装甲后构成，按照品目 87.10 中排除条款的描述，不能归入《税则》税目 87.10，而应根据其原型车进行归类。 | | | | |

| 序号 | 1567 | 归类决定编号 | Z2006－0818 | 公告编号 | 2006 年第 69 号 |
|---|---|---|---|---|---|
| 商品税则号列 | 第 87 章 | | | 发布日期 | 2006 年 11 月 22 日 |
| 商品名称 | 雪佛兰 5967 毫升机动医疗车 | | | | |
| 英文名称 | | | | | |
| 其他名称 | | | | | |
| 商品描述 | 型号：3500EXPRESS；发动机号：A290021143；车身号：1GCHG39U431135468。该雪佛兰机动医疗车车外观为白色，车身有蓝、红条；车厢内装有除颤王（带心电/除颤/血压/血氧）、呼吸机、夹板、急救包、快速血糖仪等简易医疗设备，另有可移动担架及固定的 3 人座位；车顶装有蜂鸣器。 | | | | |
| 归类决定 | 根据《本国子目注释》中对税则号列 8705.9040“医疗车”的规定，“须装备有手术所需的麻醉设备”，上述车辆配置不符合该规定，故应按救护车归入客运车辆相应子目。 | | | | |

| 序号 | 1568 | 归类决定编号 | Z2006－0819 | 公告编号 | 2006年第69号 |
|---|---|---|---|---|---|
| 商品税则号列 | 第87章 | | | 发布日期 | 2006年11月22日 |
| 商品名称 | 雪佛兰5967毫升机动医疗车 | | | | |
| 英文名称 | | | | | |
| 其他名称 | | | | | |
| 商品描述 | 型号:3500EXPRESS;发动机号:A330022211;车身号:1GCHG39U331153993。该雪佛兰机动医疗车车外观为白色,车身有蓝、红条;车厢内装有抗休克裤、固定器、急救包、快速血糖仪、除颤王(带心电/除颤/起博/AED)等简易医疗设备,另有可移动担架及固定的3人座位;车顶装有蜂鸣器。 | | | | |
| 归类决定 | 根据《本国子目注释》中对税则号列8705.9040“医疗车”的规定,“须装备有手术所需的麻醉设备”,上述车辆配置不符合该规定,故应按救护车归入客运车辆相应子目。 | | | | |

| 序号 | 1569 | 归类决定编号 | Z2006－0820 | 公告编号 | 2006年第69号 |
|---|---|---|---|---|---|
| 商品税则号列 | 第87章 | | | 发布日期 | 2006年11月22日 |
| 商品名称 | 奔驰2295毫升医疗救护车 | | | | |
| 英文名称 | | | | | |
| 其他名称 | | | | | |
| 商品描述 | 该车采用汽油发动机,排量为2295毫升,车上装配有医疗箱、车载平台式担架、呼吸机、长条座椅、手术灯等设备,但没有手术所需的麻醉设备。 | | | | |
| 归类决定 | 根据《本国子目注释》中对税则号列8705.9040“医疗车”的规定,“须装备有手术所需的麻醉设备”,上述车辆配置不符合该规定,故应按救护车归入客运车辆相应子目。 | | | | |

| 序号 | 1570 | 归类决定编号 | Z2006－0821 | 公告编号 | 2006年第69号 |
|---|---|---|---|---|---|
| 商品税则号列 | 第87章 | | | 发布日期 | 2006年11月22日 |
| 商品名称 | 沃尔沃 12100CC 电视转播车 | | | | |
| 英文名称 | | | | | |
| 其他名称 | | | | | |
| 商品描述 | 规格：柴油型 VOLVOF12 6×4;货物为沃尔沃汽车一辆,仅装有空调系统、电路系统,无电视转播设备。 | | | | |
| 归类决定 | 因其无电视转播设备,不符合《税则》税目87.05对特种车辆非用于载人或载货的规定,应按货运车辆归入相应子目。 | | | | |

| 序号 | 1571 | 归类决定编号 | Z2006－0822 | 公告编号 | 2006年第69号 |
|---|---|---|---|---|---|
| 商品税则号列 | 8701.2000 | | | 发布日期 | 2006年11月22日 |
| 商品名称 | 集装箱牵引车 | | | | |
| 英文名称 | Container tractor | | | | |
| 其他名称 | | | | | |
| 商品描述 | 该商品为沃尔沃公司生产的牵引车,此次进口的型号为 FM12 6×4 和 FM12 4×2 两种,主要结构为驾驶室、柴油发动机、驱动桥、轮胎、前后抛物线叶片式弹簧悬挂、第五轮装置等。 | | | | |
| 归类决定 | 该集装箱牵引车因车架较短,无法承运货物,需通过第五轮装置同半挂车相连,达到运输集装箱的目的,符合《税则注释》关于品目87.01项下牵引车的规定,所以应按牵引车归入税则号列8701.2000。 | | | | |

| 序号 | 1572 | 归类决定编号 | Z2006－0823 | 公告编号 | 2006 年第 69 号 |
|---|---|---|---|---|---|
| 商品税则号列 | 8701.2000 | | | 发布日期 | 2006 年 11 月 22 日 |
| 商品名称 | 卡玛斯车 | | | | |
| 英文名称 | KAMA3 | | | | |
| 其他名称 | | | | | |
| 商品描述 | 型号:KAMAZ－65115－013－13。用途:油田建设中的大型设备、物资的运输。 | | | | |
| 归类决定 | 卡玛斯车为半挂车牵引车,可按《税则》具体列名归入税则号列 8701.2000。 | | | | |

| 序号 | 1573 | 归类决定编号 | Z2006－1453 | 公告编号 | 2007年第70号 |
|---|---|---|---|---|---|
| 商品税则号列 | 8701.3000 | | | 发布日期 | 2007年12月5日 |
| 商品名称 | 压雪机 PB100 | | | | |
| 英文名称 | Kaessbohrer pisten bully | | | | |
| 其他名称 | | | | | |
| 商品描述 | PB100压雪机，动力为柴油发动机，行走方式为履带式（履带内有车轮），柴油发动机驱动油泵油马达形成四个独立的液压系统以完成工作，其中两套左右行走液压系统驱动两侧履带的前进和后退（向前最高速度为18千米/小时），一套液压系统负责前铲在雪道上推雪，另外一套液压系统负责后雪犁旋转松雪和压实。前附件包括前铲，后附件包括复合雪犁。前铲和后雪犁是该设备的工作部件，可以根据雪场用户的不同要求更换成其他附件。该设备有驾驶室、半轮方向盘，司机通过电器开关调整电磁阀控制四个液压系统，所有电子控制由中心模块集中控制。该设备没有变速箱等装置。后部平板上未安装车厢。 | | | | |
| 归类决定 | 根据《税则注释》有关“犁雪车及吹雪车”的描述，“配有内装式设备的犁雪车及吹雪车，即经特制专攻扫雪用的车辆……”，PB100压雪机配备外置式可互换犁雪等装置，不符合该品目的商品描述，不能归入品目87.05。<br>压雪机主机用于推动（牵引）扫雪装置的运行，符合品目87.01所称牵引车、拖拉机“是指主要用于牵引或推动车辆、器具或重物的轮式或履带式车辆”的描述，根据归类总规则一及六，应将其归入税则号列8701.3000。其他如前铲、雪犁等辅助装置和附件即使与压雪机主机一同进口，也应分别归入相应税则号列。 | | | | |

| 序号 | 1574 | 归类决定编号 | Z2006－0824 | 公告编号 | 2006 年第 69 号 |
|---|---|---|---|---|---|
| 商品税则号列 | 8701.9090、8716.4000 | | 发布日期 | 2006 年 11 月 22 日 | |
| 商品名称 | 游乐场用小火车 | | | | |
| 英文名称 | Sight-seeing train for parks | | | | |
| 其他名称 | | | | | |
| 商品描述 | 小火车由牵引车和多部的挂车组成，牵引车采用柴油发动机作动力源，必须由专职司机驾驶，每卡挂车上可乘坐游客 28 人，主要在公园及娱乐场所的道路上行驶（不在铁轨上），用于乘载游客进行观光。 | | | | |
| 归类决定 | 牵引车和挂车均为《税则》列名商品，应分别归入税则号列 8701.9090 和 8716.4000。 | | | | |

| 序号 | 1575 | 归类决定编号 | Z2006－0825 | 公告编号 | 2006 年第 69 号 |
|---|---|---|---|---|---|
| 商品税则号列 | 8701.9090 | | | 发布日期 | 2006 年 11 月 22 日 |
| 商品名称 | 港内牵引车 | | | | |
| 英文名称 | Terminal tractor | | | | |
| 其他名称 | | | | | |
| 商品描述 | 港内牵引车规格:最大总质量 63000 千克(带半挂车)。该牵引车用于港口港内装卸作业,可牵引装有 2 个满载 20′集装箱的半挂车,最高时速不超过 35 千米/小时。车辆采用柴油发动机,通过带变矩器的液压换挡变速箱和减速器驱动后桥的 4 个轮胎,前桥的 2 个轮胎由左置方向盘液压动力转向,车身为牢固的钢结构,大梁上安装的鞍座可与半挂车的通用牵引销相配,驾驶室为单边型(无副驾),以保证视野良好,车辆的双回路空气制动系统还可为半挂车提供制动气源,并配备工作所需的电器、灯光、仪表等附件。 | | | | |
| 归类决定 | 牵引车虽用于港口装卸货物,但其载重量较大,牵引能力强,有封闭的驾驶室且转弯半径超过本车长度,其不符合《税则注释》对品目 87.09 的规定,应按半挂车牵挂车归入税则号列 8701.9090。 | | | | |

| 序号 | 1576 | 归类决定编号 | Z2006－0826 | 公告编号 | 2006年第69号 |
|---|---|---|---|---|---|
| 商品税则号列 | 87.02 | | | 发布日期 | 2006年11月22日 |
| 商品名称 | 大宇ISTANA面包车 | | | | |
| 英文名称 | | | | | |
| 其他名称 | | | | | |
| 商品描述 | 该车原车型为12座面包车，为乘坐舒适，进口时拆除了3个座位，实际进口时为9座，其余技术参数、配置与12座车都相同。 | | | | |
| 归类决定 | 大宇ISTANA面包车在将其12座改为9座时，只是简单地将3个座位拆除，保留9个座位，从而使座位的间隔增大，乘坐舒适，并未从设计和结构上改变座位的安装点，所以根据归类总规则二(一)，应作为原车型(12座面包车)的不完整品归入税目87.02。 | | | | |

| 序号 | 1577 | 归类决定编号 | Z2006－0828 | 公告编号 | 2006年第69号 |
|---|---|---|---|---|---|
| 商品税则号列 | 87.02 | | | 发布日期 | 2006年11月22日 |
| 商品名称 | 奔驰现场勘查车 | | | | |
| 英文名称 | | | | | |
| 其他名称 | | | | | |
| 商品描述 | 奔驰现场勘查车是在奔驰面包车内安装铁架，用于放置可随身携带的勘查箱、模型箱、毒检箱、指纹勘查箱、显微镜等。 | | | | |
| 归类决定 | 因该车未作实质性改装，实为将工作人员和上述物品运至现场进行工作，不符合《税则注释》关于特种车辆的定义，所以车辆和车内物品应分别归类。 | | | | |

| 序号 | 1578 | 归类决定编号 | Z2011－0005 | 公告编号 | 2011年第26号 |
|---|---|---|---|---|---|
| 商品税则号列 | 87.02 | | | 发布日期 | 2011年4月25日 |
| 商品名称 | 吉姆西赛威小型客车 | | | | |
| 英文名称 | | | | | |
| 其他名称 | | | | | |
| 商品描述 | 该商品以美国通用GMC部门生产的SAVANA为原型车进行改装。改装项目包括塑钢高顶、大玻璃窗,加装内饰和安装座椅等。所有改装项均符合中国质量认证中心强制性产品CQC认证标准,座位数量布局如下:第一排驾驶座及副驾驶座,第二排三座长条座椅,第三排两个独立座椅,第四排三座长条座椅。 | | | | |
| 归类决定 | 该商品为可乘坐10人的改装车。座位布局为第一排驾驶座及副驾驶座,第二排为三座长条座椅,第三排两个独立座椅,第四排三座长条座椅。其特性符合中国质量认证中心强制性产品认证实施规则的要求,并取得中国国家强制性产品认证证书CQC证书。根据归类总规则一及六,应按10座机动车辆归入税目87.02项下。 | | | | |

| 序号 | 1579 | 归类决定编号 | Z2006－1583 | 公告编号 | 2007年第70号 |
|---|---|---|---|---|---|
| 商品税则号列 | 87.02/87.03 | | | 发布日期 | 2007年12月5日 |
| 商品名称 | 五菱V1观光车 | | | | |
| 英文名称 | | | | | |
| 其他名称 | | | | | |
| 商品描述 | “五菱V1观光车”有四种车型:(1)型号WLQ2080,8座内燃机(汽油)型,排气量为797毫升;(2)型号WLQ2110,11座内燃机(汽油)型,排气量为797毫升;(3)型号WLD1080,8座电动型;(4)型号WLD1110,11座电动型。上述观光车的最高车速为45千米/小时,用于观光旅游、楼盘参观、公园观光、县城公交运输等。 | | | | |
| 归类决定 | 该观光车主要用于载人,它通常在普通路面上行驶,因此不能按高尔夫球车的类似车辆归类。根据《税则》对税目87.02和87.03的规定,型号为WLQ2110和WLD1110的11座内燃(汽油)或电动型观光车,应归入税则号列8702.9030;型号为WLQ2080的8座内燃(汽油)型观光车应归入税则号列8703.2190[8703.2150(2014年版)];型号为WLD1080的8座电动型观光车,应归入税则号列8703.9000。 | | | | |

| 序号 | 1580 | 归类决定编号 | Z2006－0829 | 公告编号 | 2006 年第 69 号 |
|---|---|---|---|---|---|
| 商品税则号列 | 8702. 9010 | | | 发布日期 | 2006 年 11 月 22 日 |
| 商品名称 | 丰田考斯特面包车 | | | | |
| 英文名称 | Coaster VIP bus | | | | |
| 其他名称 | | | | | |
| 商品描述 | 该车型号为 COASTER RZB50L－ZGMSU，汽油型，排气量 2694 毫升。车上装了 11 个座位（豪华旋转式航空座椅），并装有电视机、录像机、LD 机（VCD 兼容）、冰箱各一台，固定式桌子等。 | | | | |
| 归类决定 | 丰田考斯特面包车虽经改装，仍是载客车辆，并应按其改装前的座位数归入税则号列 8702. 9010。 | | | | |

| 序号 | 1581 | 归类决定编号 | Z2006－0830 | 公告编号 | 2006 年第 69 号 |
|---|---|---|---|---|---|
| 商品税则号列 | 8702. 9030 | | | 发布日期 | 2006 年 11 月 22 日 |
| 商品名称 | 汽车零部件 | | | | |
| 英文名称 | | | | | |
| 其他名称 | | | | | |
| 商品描述 | 汽车零部件分别为车身、发动机、驱动桥、变速箱、后视镜及其他零配件，支架、横梁、保险杠、仪表盘、刹车盘、车灯也一并进口，为 TRAFIC T7BH 型厢式运输车配套零件。该车车顶和车后门加高加宽，不装后排座，最多载货量 635 千克。 | | | | |
| 归类决定 | 这些零件是专为 TRAFIC T7BH 型厢式运输车配套使用的，已构成了整车特征，根据归类总规则二（一）的规定，应按整车归类。<br>该车驾驶室与后厢有隔板分开，车顶和侧围均装有内饰，后车厢两侧装有玻璃窗，与同型号的客车相同，后厢只是少装了 10 个座位，属于客货两用车，但载客仍是此车的主要特征，故根据归类总规则三（二）的规定，应按客车归入税则号列 8702. 9030。 | | | | |

| 序号 | 1582 | 归类决定编号 | Z2006－0832 | 公告编号 | 2006年第69号 |
|---|---|---|---|---|---|
| 商品税则号列 | 87.03 | | | 发布日期 | 2006年11月22日 |
| 商品名称 | 伏特牌封闭货车(E－350) | | | | |
| 英文名称 | FORD E－350 SD | | | | |
| 其他名称 | | | | | |
| 商品描述 | 白色伏特牌封闭式车辆,柴油发动机,两个座椅,自动挡,有ABS、空调、气囊、收音机,外有固定天线。 | | | | |
| 归类决定 | 伏特牌封闭货车(E－350)不构成《税则》税目87.04机动货车的特征,所以应按其排气量归入《税则》税目87.03的有关子目。 | | | | |

| 序号 | 1583 | 归类决定编号 | Z2006－0834 | 公告编号 | 2006年第69号 |
|---|---|---|---|---|---|
| 商品税则号列 | 87.03 | | | 发布日期 | 2006年11月22日 |
| 商品名称 | 奔驰机动医疗车 | | | | |
| 英文名称 | | | | | |
| 其他名称 | 梅赛德斯奔驰2295毫升机动医疗车 | | | | |
| 商品描述 | 该奔驰机动医疗车型号“奔驰314”,车厢内装有简易活动担架床、轮椅、简易的手术床、手术灯、氧气瓶、抽痰器、心脏复苏仪、胸肺呼吸机各一个,另有两个简易及固定的药械柜,内有小剪刀、小镊子、针筒等;车顶装有蜂鸣器。 | | | | |
| 归类决定 | 奔驰机动医疗车的车厢内装有简易活动担架床、轮椅、简易的手术床、手术灯、氧气瓶、抽痰器、心脏复苏仪、胸肺呼吸机各一个,另有两个简易及固定的药械柜,内有小剪刀、小镊子、针筒等;车顶装有蜂鸣器。根据《税则注释》的规定,医疗车是指设有手术室、配有麻醉设备及其他外科器具的流动诊疗车。由于该车车厢内没有麻醉设备,不符合税则号列8705.9040的规定,不能按医疗车归类,应按救护车归入税目87.03。 | | | | |

| 序号 | 1584 | 归类决定编号 | Z2006－0835 | 公告编号 | 2006 年第 69 号 |
|---|---|---|---|---|---|
| 商品税则号列 | 87.03 | | | 发布日期 | 2006 年 11 月 22 日 |
| 商品名称 | 水陆两用车 | | | | |
| 英文名称 | ARGO off road vehicles | | | | |
| 其他名称 | | | | | |
| 商品描述 | 型号：ARGO CONQUEST8×8；发动机排量：617 毫升；控制方式：摇杆式控制操作；最大装载质量：317 千克；载人数量：陆上 6 人，水上 4 人；速度：陆上最高时速 30 千米，水上 4 千米。<br>型号：ARGO BIGFOOT6×6；发动机排量：570 毫升；控制方式：摇杆式控制操作；最大装载质量：317 千克；载人数量：陆上 4 人，水上 2 人；速度：陆上最高时速 39 千米，水上 4 千米。<br>车身材质均为高密度聚乙烯，配有超微型小马力发动机。 | | | | |
| 归类决定 | 根据《税则注释》第十七类总注释四（二）“水陆两用的机动车辆应归入第八十七章的相应品目”，该水陆两用车按照机动车辆归入《税则》税目 87.03 项下。 | | | | |

| 序号 | 1585 | 归类决定编号 | Z2006－0836 | 公告编号 | 2006 年第 69 号 |
|---|---|---|---|---|---|
| 商品税则号列 | 87.03 | | | 发布日期 | 2006 年 11 月 22 日 |
| 商品名称 | 旧割顶小轿车 | | | | |
| 英文名称 | | | | | |
| 其他名称 | | | | | |
| 商品描述 | 该商品系经切割、拆解的旧小轿车（汽油型），共 46 辆，除车顶、车门、车座、仪表盘、车轮等被切割或拆解下来外，车的其他部分都基本保持原样，且被切割或拆解的部件与未被拆解的部分同时进口。 | | | | |
| 归类决定 | 按照归类总规则二（一）的规定，该轿车的拆散件应视为整车而非成套散件归入税目 87.03 项下相应子目。 | | | | |

| 序号 | 1586 | 归类决定编号 | Z2006－0837 | 公告编号 | 2006 年第 69 号 |
|---|---|---|---|---|---|
| 商品税则号列 | 87.03 | | | 发布日期 | 2006 年 11 月 22 日 |
| 商品名称 | 日产风度 1998 毫升小轿车(成套散件) | | | | |
| 英文名称 | | | | | |
| 其他名称 | | | | | |
| 商品描述 | 该商品为日产风度小轿车,进口状态是整车,但无变速箱、座椅和发动机,用于生产实验、研发。 | | | | |
| 归类决定 | 该日产风度小轿车,与完整的小轿车相比,其进口时未安装变速箱、座椅、发动机,用于生产实验、研发。根据归类总规则二(一),该车虽为小轿车的不完整品,但其已具有整车的基本特征,故应归入税目 87.03 项下的相应子目。 | | | | |

| 序号 | 1587 | 归类决定编号 | Z2006－0831 | 公告编号 | 2006 年第 69 号 |
|---|---|---|---|---|---|
| 商品税则号列 | 87.03 | | | 发布日期 | 2006 年 11 月 22 日 |
| 商品名称 | 福特 E350 消防无线电通讯指挥车 | | | | |
| 英文名称 | | | | | |
| 其他名称 | | | | | |
| 商品描述 | 该车牌名、型号为福特 E350,排气量为 7500 毫升。<br>根据查验记录,车上配有警灯、警报器、无线电台、无线电对讲机、工作台、微波炉、卫生间及简易吊铺。 | | | | |
| 归类决定 | 福特 E350 型消防无线电通讯指挥车内安装的通讯器材不足以使该车构成通讯车或消防车的基本特征,按其内部安装的灶具、微波炉、卫生间、吊铺等起居设施,符合《税则注释》品目 87.03 对旅宿汽车的描述,所以按其 7500 毫升的排气量,应归入税则号列 8703.2490[8703.2429(2014 年版)](点燃式)或 8703.3390[8703.3369(2014 年版)](压燃式)。 | | | | |

| 序号 | 1588 | 归类决定编号 | Z2006－0839 | 公告编号 | 2006年第69号 |
|---|---|---|---|---|---|
| 商品税则号列 | 8703.1000[8703.1019(2014年版)] | | 发布日期 | 2006年11月22日 | |
| 商品名称 | 非道路低速娱乐车辆 | | | | |
| 英文名称 | Off road vehicle | | | | |
| 其他名称 | | | | | |
| 商品描述 | 规格:V－20905。<br>型号:ARGO 8×8AVERGER(两栖车辆)。<br>结构原理:采用647毫升四冲程汽油发动机输出动力,用链条把动力传到各轮;用制动边轮方式转向。<br>性能指标:发动机最大功率18.4千瓦/小时;道路最高车速35千米/小时;水面最高车速4千米/小时。<br>功能:非道路条件下低速机动。<br>用途:主要用于休闲和娱乐,如雪地中游玩,草地、丛林中游玩或打猎,浅水面区域中游玩或钓鱼。 | | | | |
| 归类决定 | 该商品为水路两用车,规格为V－20905,型号为ARGO 8×8AVENGER。其采用647毫升四冲程汽油发动机输出动力,具有强大的全轮驱动和牵引力,用制动边轮方式转向;在陆地上可乘坐6人,在水上可乘坐4人;该车适合在非道路条件下低速行使,例如雪地、草地、丛林、浅水面等,可用于休闲娱乐和紧急救援等。<br>根据《税则》第十七类类注四(二)的规定,水路两用车应归入第八十七章的相应税则号列。同时该车主要用于载人,根据归类总规则一,其可按高尔夫球车及类似车辆归入税则号列8703.1000[8703.1019(2014年版)]。 | | | | |

| 序号 | 1589 | 归类决定编号 | Z2006－0838 | 公告编号 | 2006年第69号 |
|---|---|---|---|---|---|
| 商品税则号列 | 8703.1000[8703.1019(2014年版)] | | | 发布日期 | 2006年11月22日 |
| 商品名称 | 电动高尔夫球车 | | | | |
| 英文名称 | | | | | |
| 其他名称 | | | | | |
| 商品描述 | 三种“电动高尔夫球车”,车长:91～114英寸;车宽:48～55英寸;车高:60～78英寸;座位数:2～4座;发动机:使用48～72伏特的电动机,配以可充电电池(110伏特家用交流电);驱动方式:前轮驱动,采用液压制动;行驶速度:小于25英里/小时;续驶能力:小于50英里;轮胎:可采用街道用轮胎,也可采用草地用轮胎。 | | | | |
| 归类决定 | 高尔夫球车作为一种代步工具,可以运人也可以运物,可以放置球包及各种用品,有座位,可以休息也可以遮风防雨。虽然其可采用街道用轮胎,也可采用草地用轮胎,但其主要用途还是高尔夫球场使用,应按《税则》具体列名归入税则号列8703.1000[8703.1019(2014年版)]。 | | | | |

| 序号 | 1590 | 归类决定编号 | Z2006－1454 | 公告编号 | 2007年第70号 |
|---|---|---|---|---|---|
| 商品税则号列 | 8703.1011 | | | 发布日期 | 2007年12月5日 |
| 商品名称 | 沙滩车 | | | | |
| 英文名称 | | | | | |
| 其他名称 | | | | | |
| 商品描述 | 该车辆一般为四轮,采用摩托车用往复式活塞内燃汽油发动机,排气量50～200毫升;装有摩托车型转向把手,由车把带动转向轴,控制左右机械球头拉杆来控制转向;油门控制方式为右手大拇指前后嵌压式控制;冷却方式为水冷或风冷;制动系统采用相互独立的涨刹、手动式前制动,碟刹、液压、脚踩式后制动及驻车制动;传动方式采用链传动,由后轴带动后轮传动;装有摩托车型鞍座;行驶速度一般为不大于75千米/小时;主要用于载人在雪地、沙滩、泥沼、家中花园及高尔夫球场行驶。 | | | | |
| 归类决定 | 该商品属全地形车。根据归类总规则一和六,该沙滩车应按《税则》具体列名归入税则号列8703.1011。 | | | | |

| 序号 | 1591 | 归类决定编号 | Z2006－0840 | 公告编号 | 2006年第69号 |
|---|---|---|---|---|---|
| 商品税则号列 | 8703.2230 | | | 发布日期 | 2006年11月22日 |
| 商品名称 | 先锋1497毫升混合动力轿车 | | | | |
| 英文名称 | | | | | |
| 其他名称 | | | | | |
| 商品描述 | 该车为丰田先锋轿车，排气量为1497毫升，规格型号为NHW20L－AHEEBW/HYBRID SYNERGY DRIVE，汽油和镍氢电池混合动力。该车的混合动力转换的特点是：启动时按下动力开关，无需耗油，起步或低速度行驶时开启电动机来进行驱动，在正常行驶和高速行驶时，以最佳的油耗进行行驶，汽车在减速或刹车时，回收制动系统将电动机转换成发电机，从而把车辆的动能转成电能，并储存在电池中。最后在停车时，发动机会自动熄火，无需耗油，从而使车辆不会因怠速运动而造成不必要的油耗及二氧化碳的排放。 | | | | |
| 归类决定 | 车辆虽然为混合动力，但实际上镍氢电池的引用是为了解决停车、低挡、启动等条件下燃油使用效率不高的问题，并且该电池的充电是通过汽油发动机运转完成，该车的所有动力依然直接或间接来自汽油发动机，根据归类总规则一及六，该车应按装有点燃往复式活塞内燃发动机的小轿车归入税则号列8703.2230。 | | | | |

| 序号 | 1592 | 归类决定编号 | Z2006－0841 | 公告编号 | 2006年第69号 |
|---|---|---|---|---|---|
| 商品税则号列 | 8703.2314[8703.2349(2014年版)]/87.16 | | | 发布日期 | 2006年11月22日 |
| 商品名称 | 紧急抢险维修车 | | | | |
| 英文名称 | | | | | |
| 其他名称 | | | | | |
| 商品描述 | 紧急抢险维修车是Mitsubishi Space Stars(三菱太空之星)和一个专门订制的可拆卸箱式拖斗组装而成。其中,Mitsubishi Space Stars四缸、1.8升排量,汽油驱动,可乘四人。车内装有一套Heath公司的便携式天然气泄漏检测仪。拖斗内置多种抢险设备和工具、TDWilamson公司的钻孔机、Adimex公司的混凝土切割锯及配套的柴油发电机。主要用于埋地天然气输配管线泄漏时,能够独立完成管线维修及抢险工作。当该车拖斗行驶时,最高速度不超过50千米/小时,独立行驶时最高速度是140千米/小时。 | | | | |
| 归类决定 | 由于Mitsubishi Space Stars(三菱太空之星)车内未作实质性改装,故根据《税则注释》关于品目87.03的解释,该车应归入税则号列8703.2314[8703.2349(2014年版)];拖斗应按挂车归入《税则》税目87.16下的相应子目;拖斗内设备和便携式天然气泄漏检测仪应按具体情况分别归入相应税目。 | | | | |

| 序号 | 1593 | 归类决定编号 | Z2006－0842 | 公告编号 | 2006年第69号 |
|---|---|---|---|---|---|
| 商品税则号列 | 8703.2316［8703.2343（2014年版）］ | | 发布日期 | 2006年11月22日 | |
| 商品名称 | 美佳1795毫升小客车 | | | | |
| 英文名称 | | | | | |
| 其他名称 | | | | | |
| 商品描述 | 该车由1795毫升汽油发动机驱动，最大载客5人，后排座位可折叠用以放置大件行李，车高1685毫米，且车后部同中部高度无明显差别。 | | | | |
| 归类决定 | 《税则》税目87.03条文所列“旅行小客车”（Station wagon）是指外形类似于小轿车，但车厢后部与中部高度无明显差别，且无分隔开的后部行李箱，车内无需作结构上的变动或仅作简单调整（如将座椅折叠）即可兼载运客货的9座及9座以下的小客车。故该车辆可按9座以下旅行车归入税则号列8703.2316［8703.2343（2014年版）］。 | | | | |

| 序号 | 1594 | 归类决定编号 | Z2009－0140 | 公告编号 | 2009年第32号 |
|---|---|---|---|---|---|
| 商品税则号列 | 8703.2352 | | 发布日期 | 2009年6月12日 | |
| 商品名称 | 帕拉丁多功能乘用车（汽油四驱欧四型2400cc） | | | | |
| 英文名称 | | | | | |
| 其他名称 | | | | | |
| 商品描述 | 帕拉丁多功能乘用车有汽油四驱欧四型2400cc、汽油二驱欧四型2400cc等型号。帕拉丁多功能乘用车（汽油四驱欧四型2400cc）车长4550毫米，宽1840毫米，高1880毫米，车轴距2650毫米，发动机为KA24旋转式活塞内燃汽油发动机，排气量为2400毫米，四轮驱动，限5人乘坐，油箱容量为73.5升，变速器形式为5MT，最高车速为≥155千米/小时，电动式后视镜，中控门锁，ABS防抱死系统，盘式前制动器，鼓式后制动器，双叉杆式前悬，变刚度板簧式后悬，动力转向系统，子午线轮胎。 | | | | |
| 归类决定 | 该商品为汽油型四驱多功能乘用车，5人座，排气量2400毫升，符合《税则》税目87.03及其子目8703.23的商品描述，根据归类总规则一及六，应归入税则号列8703.2352。 | | | | |

| 序号 | 1595 | 归类决定编号 | Z2006－0844 | 公告编号 | 2006 年第 69 号 |
|---|---|---|---|---|---|
| 商品税则号列 | 8703. 3230［8703. 3211（2014 年版）］ | | 发布日期 | | 2006 年 11 月 22 日 |
| 商品名称 | 抢险指挥车 | | | | |
| 英文名称 | | | | | |
| 其他名称 | | | | | |
| 商品描述 | 车型为 Mitsubishi Carimsa（三菱克瑞斯莫），四缸，1. 8 升排量，柴油驱动，可乘 4 人。车内把原标准配置的电瓶改装为大容量电瓶及专用的停车加热器（5000 瓦特）以适应乌鲁木齐冬季寒冷的户外作业，预置警灯，车内装有一套 Heath 公司的便携式天然气泄漏检测仪，能够精确检测天然气泄漏浓度，以保证抢险人员作业时的安全。国内配套安装无线通话指挥系统，是为了完成与公司总调度室的联系。专门用于天然气埋地输配管网泄漏抢险及用户发生险情时的现场指挥。最高速度可达 160 千米/小时，该车辆为城市天然气公司必备的工程抢险指挥车辆。 | | | | |
| 归类决定 | 抢险指挥车的车型是 Mitsubishi Carimsa（三菱克瑞斯莫），四缸，1. 8 升排量，柴油驱动，可乘 4 人。内置有一套 Heath 公司的便携式天然气泄漏检测仪，没有其他实质性改装。根据《税则注释》关于品目 87. 05 的规定及本车特征，该车应按载人车辆归入税则号列 8703. 3230［8703. 3211（2014 年版）］。便携式天然气泄漏检测仪因没有固定安装，应按具体情况归入相应税则号列。 | | | | |

| 序号 | 1596 | 归类决定编号 | Z2009－0141 | 公告编号 | 2009年第32号 |
| --- | --- | --- | --- | --- | --- |
| 商品税则号列 | 8703.3322 | | 发布日期 | 2009年6月12日 | |
| 商品名称 | 东风SUV车(柴油四驱型3200cc) | | | | |
| 英文名称 | | | | | |
| 其他名称 | | | | | |
| 商品描述 | 该东风SUV车有柴油四驱型3200cc、柴油二驱型3200cc、柴油四驱型2500cc、柴油二驱型2500cc等型号。东风SUV车(柴油四驱型3200cc)车长4580毫米,宽1840毫米,高1820毫米,车轴距2650毫米,发动机为QD32T压燃式活塞内燃柴油发动机,排气量为3200毫升,四轮驱动,限5人乘坐,油箱容量为68升,分配式VE燃油泵,变速器形式为5MT,速度表最高显示刻度为200千米/小时,电动式后视镜,中控门锁,ABS防抱死系统,盘式前制动器,鼓式后制动器,双叉臂独立式前悬,五连杆螺旋弹簧非独立式后悬,动力转向系统,四辐条可调式方向盘,子午线轮胎。 | | | | |
| 归类决定 | 该商品为柴油型四驱多功能乘用车,5人座,排气量3200毫升,符合《税则》税目87.03及其子目8703.33的商品描述,根据归类总规则一及六,应归入税则号列8703.3340。 | | | | |

| 序号 | 1597 | 归类决定编号 | Z2006－0845 | 公告编号 | 2006年第69号 |
|---|---|---|---|---|---|
| 商品税则号列 | 87.04 | | | 发布日期 | 2006年11月22日 |
| 商品名称 | 斯太尔卡车 | | | | |
| 英文名称 | Special container trucks | | | | |
| 其他名称 | | | | | |
| 商品描述 | 该斯太尔卡车为“电镀废水处理项目”配套用车，用于装卸和运输箱式水处理系统，底盘高度可通过气簧系统进行调整，从而平稳装卸有特殊装置的集装箱。 | | | | |
| 归类决定 | 该斯太尔卡车实为货车底盘车，应按其总重量归入税目87.04项下有关子目。 | | | | |

| 序号 | 1598 | 归类决定编号 | Z2006－0846 | 公告编号 | 2006年第69号 |
|---|---|---|---|---|---|
| 商品税则号列 | 87.04 | | | 发布日期 | 2006年11月22日 |
| 商品名称 | 现代消防车底盘（带驾驶室） | | | | |
| 英文名称 | | | | | |
| 其他名称 | | | | | |
| 商品描述 | 现代消防车底盘（带驾驶室），型号为HD260。 | | | | |
| 归类决定 | 现代消防车底盘是带驾驶室的机动车辆底盘，按照《税则》第八十七章章注三的规定，应归入《税则》税目87.04项下有关子目。 | | | | |

| 序号 | 1599 | 归类决定编号 | Z2006－0847 | 公告编号 | 2006 年第 69 号 |
|---|---|---|---|---|---|
| 商品税则号列 | | 87.04 | | 发布日期 | 2006 年 11 月 22 日 |
| 商品名称 | | 石油测井车 | | | |
| 英文名称 | | | | | |
| 其他名称 | | | | | |
| 商品描述 | | 该车由 FORD F－350 皮卡改装而成,后两侧分别有 4 排铁架子斜放。车上无任何仪器设备,无绞车,仅有 4 排架子。 | | | |
| 归类决定 | | 根据该商品的特征,其结构、所带设备不符合《本国子目注释》对税则号列 8705.9080 项下的石油测井车的定义,不应归入税则号列 8705.9080;该车虽经过改装,但其结构上不具备特种车应具备的特征,应按照原车型归入税目 87.04 项下相应子目。 | | | |

| 序号 | 1600 | 归类决定编号 | Z2006－0848 | 公告编号 | 2006 年第 69 号 |
|---|---|---|---|---|---|
| 商品税则号列 | | 87.04 | | 发布日期 | 2006 年 11 月 22 日 |
| 商品名称 | | 地震排列车 | | | |
| 英文名称 | | | | | |
| 其他名称 | | | | | |
| 商品描述 | | 该车底盘为门式桥,螺旋弹簧式独立悬挂,轮胎为特种宽幅低压轮胎,只适合在沙漠中行驶,用于特定地区的物探施工作业。<br>地震排列车的改装过程主要是在底盘的基础上加装专用挂线架、防沙车槽、数据采集站厢体及备胎架和座椅,底盘未作改动。 | | | |
| 归类决定 | | 该车辆属于沙漠地区石油勘探仪器专用车辆,但其还未装有专用测量设备,不符合《税则注释》关于品目 87.05 的解释,因此,应按货运车辆归入税目 87.04 项下。 | | | |

| 序号 | 1601 | 归类决定编号 | Z2007－0087 | 公告编号 | 2007年第71号 |
|---|---|---|---|---|---|
| 商品税则号列 | 87.04 | | | 发布日期 | 2007年12月5日 |
| 商品名称 | 农友牌变型拖拉机 | | | | |
| 英文名称 | | | | | |
| 其他名称 | | | | | |
| 商品描述 | 农友牌15ZA单缸变型拖拉机，外形似小型货运汽车，内置单缸柴油发动机，最大时速小于40千米/小时。整机外型尺寸一般为长<5米、宽<1.7米、高<2.2米。 | | | | |
| 归类决定 | 农友牌15ZA单缸变型拖拉机，外形与货运汽车相同，前端为发动机舱（带有盖板）和带有车厢的驾驶室，后端为货斗，货斗部分约占整车长度的二分之二。根据《税则》第八十七章章注二对“牵引车、拖拉机”的定义，《税则》所称拖拉机的主要用途应该是牵引和推动，所询商品明显是以载货为主要目的，根据归类总规则一，应按货车归入税目87.04项下。 | | | | |

| 序号 | 1602 | 归类决定编号 | Z2007－0088 | 公告编号 | 2007年第71号 |
|---|---|---|---|---|---|
| 商品税则号列 | 87.04 | | | 发布日期 | 2007年12月5日 |
| 商品名称 | 农友牌变型拖拉机 | | | | |
| 英文名称 | | | | | |
| 其他名称 | | | | | |
| 商品描述 | 该拖拉机有13HZ、180T两种型号，装有货斗，主要用于拖运粮食、木柴、杂货等。 | | | | |
| 归类决定 | 该商品装有货斗，是以载货为主要目的的农用车。依照《税则》第八十七章章注二的定义，《税则》所称“牵引车，拖拉机”是指以牵引或推动其他车辆、器具或重物为主要用途的车辆，根据归类总规则一，应按货运车辆归入税目87.04项下。 | | | | |

| 序号 | 1603 | 归类决定编号 | Z2006－0849 | 公告编号 | 2006年第69号 |
|---|---|---|---|---|---|
| 商品税则号列 | 8704.1090 | | | 发布日期 | 2006年11月22日 |
| 商品名称 | 输砂车 | | | | |
| 英文名称 | | | | | |
| 其他名称 | | | | | |
| 商品描述 | 1. 该输砂车的主要用途是为压裂车作业运送压裂用砂。<br>2. 该商品在奔驰底盘车上装配有发动机、传动箱、砂罐和液压起升装置等。 | | | | |
| 归类决定 | 该商品是由奔驰底盘车改装而成的，在奔驰底盘车上装配有发动机、传动箱、砂罐和液压起升装置等，该车整车总重量为32吨，主要用于为压裂作业车运送压裂用砂，在压裂施工中，该车将压裂用砂运到施工现场，通过自带的起升装置将砂倒入混砂车的砂斗内，混砂车再将砂与压裂液进行混合搅拌后提供给压裂车。<br>输砂车应属于货运车辆，不能按照特种车辆归类，其功能用途及技术参数符合非公路自卸车的标准，根据归类总规则一及六，应归入税则号列8704.1090。 | | | | |

| 序号 | 1604 | 归类决定编号 | Z2006－0850 | 公告编号 | 2006年第69号 |
|---|---|---|---|---|---|
| 商品税则号列 | 8704.2 | | | 发布日期 | 2006年11月22日 |
| 商品名称 | 乌尼莫克沙漠专用车 | | | | |
| 英文名称 | | | | | |
| 其他名称 | | | | | |
| 商品描述 | 该车经改装用于在沙漠中进行石油勘探作仪器车、生产运输车等。该车有某些特殊性能不同于一般货运机动车，如发动机功率大、牵引力大、特殊设计能适应－40℃～＋40℃的环境温度、可爬越45度的流沙斜坡等，这些特殊技术指标可保证该车在沙漠中能正常运行。 | | | | |
| 归类决定 | 乌尼莫克沙漠专用车实为货运机动车辆。该车虽具有功率大、适应环境温度的范围大、复杂路况的适应性强等性能，但因不具备自卸车的特征，所以不能按非公路自卸车归类，而应归入《税则》子目8704.2项下的有关子目。 | | | | |

| 序号 | 1605 | 归类决定编号 | Z2006 - 0851 | 公告编号 | 2006 年第 69 号 |
|---|---|---|---|---|---|
| 商品税则号列 | 8704.2 | | 发布日期 | 2006 年 11 月 22 日 | |
| 商品名称 | 起重机(旧) | | | | |
| 英文名称 | | | | | |
| 其他名称 | | | | | |
| 商品描述 | 该起重机系在短距离搬运车底盘上加装轻型起重设备改装而成,用于竹制品工厂吊装竹、木废料,并在厂区内作短距离运输。 | | | | |
| 归类决定 | 该起重机由三轮机动车加装轻型起重设备改装而成。工作时轻型起重机首先将货物吊起放置在三轮车平板上,运输后再由起重机将货物卸下。该商品符合《税则注释》关于品目 87.04 项下"自动装货车"的解释,应根据其车辆总重量归入《税则》子目 8704.2 项下的相关子目。 | | | | |

| 序号 | 1606 | 归类决定编号 | Z2006 - 0852 | 公告编号 | 2006 年第 69 号 |
|---|---|---|---|---|---|
| 商品税则号列 | 8704.2230 | | 发布日期 | 2006 年 11 月 22 日 | |
| 商品名称 | "奔驰"牌 7.49 吨厢式货车 | | | | |
| 英文名称 | Mercedes-benz panel van | | | | |
| 其他名称 | | | | | |
| 商品描述 | 该车为柴油型厢式车,载重量为 7.49 吨。车辆为白色驾驶室与车厢隔离,3 人座,有两扇后开门,但在右前门后的车厢侧面还有一扇拉门。 | | | | |
| 归类决定 | 该厢式车驾驶室与车厢隔离,车厢内金属结构外露,无内部装饰,无座位,车厢侧面靠近驾驶室处开有一拉门,其整车基本特征为货运车,故根据其柴油发动机驱动及总重量 11.3 吨(自重 3.81 吨 + 载重 7.49 吨)的特点,将其归入税则号列 8704.2230。 | | | | |

| 序号 | 1607 | 归类决定编号 | Z2006－0853 | 公告编号 | 2006年第69号 |
|---|---|---|---|---|---|
| 商品税则号列 | 8704.2230 | | 发布日期 | 2006年11月22日 | |
| 商品名称 | 地震勘探车 | | | | |
| 英文名称 | | | | | |
| 其他名称 | | | | | |
| 商品描述 | 地震勘探车的改装过程为在底盘上加装灌体，灌体容积为12立方米，改装后车辆总重量为13吨，该车作为沙漠钻机车的配套设备，保证钻机在生产作业过程中水、油的供应。 | | | | |
| 归类决定 | 该车的主要作用是装载水、油，不符合《税则注释》中对品目87.05的特种车辆“经特制或改装，使其具有某些非运输性功能的机动车辆，本品目所列车辆主要不是用于载人或运货”的规定，应按货运车辆归入税则号列8704.2230。 | | | | |

| 序号 | 1608 | 归类决定编号 | Z2006－1455 | 公告编号 | 2007 年第 70 号 |
|---|---|---|---|---|---|
| 商品税则号列 | 8704. 2240 | | | 发布日期 | 2007 年 12 月 5 日 |
| 商品名称 | 大容量油井服务液运输罐车 | | | | |
| 英文名称 | | | | | |
| 其他名称 | | | | | |
| 商品描述 | 该大容量油井服务液运输罐车为双机双泵固井水泥车提供往井内泵注所需的油井服务液(含固井水泥浆、药液、含沙流体、酸液、碱液及其他腐蚀性油田用液)。由于油田作业的特殊性,施工时必须是连续作业,否则会造成井壁垮塌等恶性事故,施工时用液量大(单台双机双泵固井水泥车的排量可达 120 米$^3$/小时),因此,作业过程中必须不间断地提供充足的带一定压力的油井服务液。加之,油井施工路途较远、工况恶劣,所以必须设计制造一种油田专用、大容量、耐腐蚀、越野性能优越的,不同于一般民用的大容量油井服务液运输罐车。 | | | | |
| 归类决定 | 该车以载货运货为其主要功能,车辆总重量 16. 24 吨(装有压燃式活塞内燃发动机),根据归类总规则一,应将其归入税则号列 8704. 2240。 | | | | |

| 序号 | 1609 | 归类决定编号 | Z2006 - 0854 | 公告编号 | 2006 年第 69 号 |
|---|---|---|---|---|---|
| 商品税则号列 | 8704.2300 | | | 发布日期 | 2006 年 11 月 22 日 |
| 商品名称 | 压裂车 | | | | |
| 英文名称 | | | | | |
| 其他名称 | | | | | |
| 商品描述 | $CO_2$压裂机组,包括 2 台泵车、8 台罐车。其中“压裂车”,型号 COC 22T,为$CO_2$液罐车。泡沫压裂采用的介质是液态$CO_2$,液态$CO_2$分装在 8 台罐车中,罐车通过相应的管线与 2 台泵车相连。$CO_2$液态罐车是由液压罐、增压泵/起动泵、管汇及液压泵系统、计量及仪器控制系统组成。在压裂过程中,罐中的液态$CO_2$通过增压/起动泵及管汇供给$CO_2$增压泵车,泵车再增压后打入油井地层。 | | | | |
| 归类决定 | 压裂车型号为 COC 22T,实为$CO_2$液罐车。该货品由液压罐、增压泵/起动泵、管汇及液压泵系统、计量及仪器控制系统组成。在压裂过程中,该货品一般不能单独完成压裂工作,储存在罐中的液态$CO_2$通过增压/起动泵及管汇供给$CO_2$增压压裂泵车,由压裂泵车增压后,打入油井地层。该货品上的计量、控制系统只是便于在运输和工作时对罐内的压力进行监控,增压泵/起动泵、管汇及液压泵系统只是起到连接和保持与压裂泵车的压力平衡的作用,该货品的主要功能是储存、运输液态$CO_2$,不符合《税则注释》对品目 87.05“不是主要用于载人和运货的车辆”的规定,故应按运输车辆归入税则号列 8704.2300。 | | | | |

| 序号 | 1610 | 归类决定编号 | Z2006－0855 | 公告编号 | 2006年第69号 |
|---|---|---|---|---|---|
| 商品税则号列 | 8704.2300 | | | 发布日期 | 2006年11月22日 |
| 商品名称 | 水罐车 | | | | |
| 英文名称 | | | | | |
| 其他名称 | | | | | |
| 商品描述 | 利用德国奔驰MB ACTROS 333/6×4底盘改装的水罐车，由汽车底盘、罐总成、罐座、供液泵、管路和取力传动系统组成，供液泵通过底盘取力器输入动力，可以向罐内泵入液体，也可将罐内液体排出。该车主要用于给2000型压裂车提供压裂液、清水等压裂介质，也可用于油田其他非易燃易爆液体的供液作业。 | | | | |
| 归类决定 | 该商品是以运货为主要目的的液罐车，根据归类总规则一及六，该商品应归入税则号列8704.2300。 | | | | |

| 序号 | 1611 | 归类决定编号 | Z2007－0089 | 公告编号 | 2007年第71号 |
|---|---|---|---|---|---|
| 商品税则号列 | 8704.2300 | | | 发布日期 | 2007年12月5日 |
| 商品名称 | 乘龙LZ3260M型自卸车 | | | | |
| 英文名称 | | | | | |
| 其他名称 | | | | | |
| 商品描述 | 该乘龙LZ3260M型自卸车，全长7560毫米、总宽2470毫米、总高3110毫米，整备质量11430千克，总质量26430千克，最大爬坡度≥25%，最高车速为75千米/小时，发动机为直列、六缸、增压、中冷柴油机，排量7.8升，额定功率为188(255)/2300kW(ps)/rpm。 | | | | |
| 归类决定 | 该商品不符合《本国子目注释》中对“非公路自卸车”的定义，不应归入《税则》子目8704.1项下。根据归类总规则一及六，应归入税则号列8704.2300。 | | | | |

| 序号 | 1612 | 归类决定编号 | Z2006－0856 | 公告编号 | 2006 年第 69 号 |
|---|---|---|---|---|---|
| 商品税则号列 | 8704.3100 | | | 发布日期 | 2006 年 11 月 22 日 |
| 商品名称 | 福特运钞车 | | | | |
| 英文名称 | | | | | |
| 其他名称 | | | | | |
| 商品描述 | 福特运钞车 E－350，车内有监视系统一套、银柜一个，车身具有防弹功能。 | | | | |
| 归类决定 | 该车属于特种货物的运输车辆，不符合《税则注释》关于品目 87.05“特种车”的解释，应按其车辆总重量归入税则号列 8704.3100。 | | | | |

| 序号 | 1613 | 归类决定编号 | Z2006－0857 | 公告编号 | 2006 年第 69 号 |
|---|---|---|---|---|---|
| 商品税则号列 | 8705.1022 | | | 发布日期 | 2006 年 11 月 22 日 |
| 商品名称 | 全路面起重车 TG－500E | | | | |
| 英文名称 | Truck crane | | | | |
| 其他名称 | | | | | |
| 商品描述 | 品牌：TADANO（多野田）；规格：TG－500E；车辆总重量：38800 千克；起重量：50.5 吨；发动机型式：4 冲 8 缸，直喷水冷；柴油驱动型式：后驱，最大马力 340 马力；排气量：16991 毫升；转速：2200 转/分；挡位状况：前 7 后 1。配有手动挡、空调、收录音机、动力转向器。 | | | | |
| 归类决定 | TADANO（多野田 TG－500E）起重车最大起重量（包括吊钩和吊具的重量）50500 千克，应按《税则》具体列名归入税则号列 8705.1022。 | | | | |

| 序号 | 1614 | 归类决定编号 | Z2006－0858 | 公告编号 | 2006年第69号 |
|---|---|---|---|---|---|
| 商品税则号列 | 8705.1023 | | 发布日期 | | 2006年11月22日 |
| 商品名称 | 全路面汽车起重机 | | | | |
| 英文名称 | | | | | |
| 其他名称 | | | | | |
| 商品描述 | 品牌:GROVE(格鲁夫);规格:GMK5200;车辆总重量:38800千克。为5桥200吨伸缩臂起重机,车辆净重60吨。根据货主提供说明:该车具有全桥独轮液气悬挂系统(此装置起动平衡作用),它的爬坡能力强,可根据路面状况自由提升底盘。该车采用三条独立液压回路,两台带功率极限控制的轴向变量柱塞泵,一台轴向齿轮泵用于回转系统。它的上车不可以操作行驶,只能操作起重作业。该车可带配重行走,但不可吊起重物行走。该车计算机安全操作控制系统采用的是ECOS微电子起重机控制系统。 | | | | |
| 归类决定 | 因该货品具有全路面行驶、汽液弹性悬挂、行驶过程自动保持水平、起重作业为电液比例控制的特性,因此属于全路面汽车起重机。根据《税则注释》关于品目87.05的解释,该全路面汽车起重机应归入税则号列8705.1023。 | | | | |

| 序号 | 1615 | 归类决定编号 | Z2006－0859 | 公告编号 | 2006年第69号 |
|---|---|---|---|---|---|
| 商品税则号列 | 8705.1091 | | | 发布日期 | 2006年11月22日 |
| 商品名称 | 奔驰起重车 | | | | |
| 英文名称 | | | | | |
| 其他名称 | | | | | |
| 商品描述 | 商品为“奔驰”牌汽车改装的车辆，柴油发动机，车辆总重为14吨，型号2450L。驾驶室后面有可伸展的臂，无挂钩类装置，四角有可升降的支撑爪，车前部保险杠上安装牵引用绞缆机等装置，用于飞船回收舱的起吊。 | | | | |
| 归类决定 | 该起重车，最大负荷起重重量为25吨，在驾驶室旁安装伸展臂，配有吊索、绞轮及吊钩，根据归类总规则一及六，该车按照起重车归入税则号列8705.1091。 | | | | |

| 序号 | 1616 | 归类决定编号 | Z2006－0860 | 公告编号 | 2006年第69号 |
|---|---|---|---|---|---|
| 商品税则号列 | 8705.1092 | | 发布日期 | 2006年11月22日 | |
| 商品名称 | 汽车起重机 | | | | |
| 英文名称 | | | | | |
| 其他名称 | | | | | |
| 商品描述 | 1. NK－500E－V全液压式汽车起重机，最大额定起重量50.5吨，最大主臂长度40米，最大副臂长度15米，最大起升高度39.38米（仅用主臂）、54.7米（40米主臂＋15米副臂，倾角为5度）。该起重机具有三菱KJ505SL型汽车底盘技术参数和要求，拥有行车及停车制动系统，三菱8DC9－2A型发动机，最大行使速度为80千米/小时，最小转弯半径为11.5米，带有手动回转制动装置。<br>2. NK－800全液压式汽车起重机，最大额定起重量80吨，最大主臂长度44米，最大副臂长度15米，最大起升高度44米（仅用主臂）、59米（44米主臂＋15米副臂，倾角为5度）。该起重机具有三菱4冲程水冷式柴油发动机，最大输出功率200PS/2000rpm，行车及停车制动系统，轴向柱塞液压马达，加藤制作所12680型汽车底盘技术参数和要求，最大行使速度为55千米/小时，最小转弯半径为15.4米。 | | | | |
| 归类决定 | 根据资料，NK－500E－V型全液压式汽车起重机，最大额定起重量50.5吨，NK－800型全液压式汽车起重机最大额定起重量80吨，两种车型皆可按《税则》具体列名归入税则号列8705.1092。 | | | | |

| 序号 | 1617 | 归类决定编号 | Z2006－0861 | 公告编号 | 2006 年第 69 号 |
|---|---|---|---|---|---|
| 商品税则号列 | 8705.2000 | | | 发布日期 | 2006 年 11 月 22 日 |
| 商品名称 | 移动钻井机 | | | | |
| 英文名称 | Autonomy moving drilling rig | | | | |
| 其他名称 | | | | | |
| 商品描述 | 该移动钻井机由控制室、支撑架、发动机、油压传输系统、钻井架、特制底盘、轮胎等部分组成。工作时由前置发动机提供动力，通过控制室操纵设备移动至需要钻井的地方，然后通过油压系统撑起机器，进行稳固，由钻井架完成钻井作业。 | | | | |
| 归类决定 | 根据《税则注释》品目 87.05“凡带有起重或搬运……转向及制动装置”的规定，由于该移动钻井机配备有推动发动机、变速箱及换挡操纵装置、转向及制动装置，已构成完整的机动车底盘特征，可按《税则》具体列名归入税则号列 8705.2000。 | | | | |

| 序号 | 1618 | 归类决定编号 | Z2006－0862 | 公告编号 | 2006年第69号 |
| --- | --- | --- | --- | --- | --- |
| 商品税则号列 | 8705.3010 | | 发布日期 | | 2006年11月22日 |
| 商品名称 | 高空曲臂云梯车 | | | | |
| 英文名称 | Bronto skylift F37HDT(2000) | | | | |
| 其他名称 | | | | | |
| 商品描述 | 该车品牌为博浪涛,型号F37HDT(2000系列),英文全称Bronto skylift　F37HDT(2000) areial ladder platform。此云梯车最高工作高度为37米,最大水流量3800升/分钟。<br>配备简介:<br>(1)工作斗和转台处的水炮控制;(2)遥控水炮带开花/直流接口;(3)工作斗－45度旋转;(4)曲臂动作控制杆;(5)超声波防撞;(6)水幕系统;(7)不锈钢水管道带接口;(8)电池驱动液压泵;(9)超重警告系统;(10)紧急下降系统;(11)自动平衡系统;(12)驾驶室顶部2盏红色警灯;(13)电警笛(100W)带公共通讯;(14)风速记;(15)数据显示屏。 | | | | |
| 归类决定 | 该高空曲臂云梯车装有输水管道、水炮、水炮控制等用于消防的特殊装置,可直接接于消防栓进行救火;当与高压泵车配合时,可用于高层建筑发生火灾时的救火和救险,属于装有云梯的救火车,应归入税则号列8705.3010。 | | | | |

| 序号 | 1619 | 归类决定编号 | Z2006－0863 | 公告编号 | 2006年第69号 |
|---|---|---|---|---|---|
| 商品税则号列 | 8705.3010 | | | 发布日期 | 2006年11月22日 |
| 商品名称 | “西格那”消防车 LF8/6 | | | | |
| 英文名称 | “ZIEGLER”fire-fighting vehicle | | | | |
| 其他名称 | | | | | |
| 商品描述 | 该车主要用于救火、救人、救灾。它采用“奔驰”MB815F底盘，配备移动式水泵，可从水池、湖水抽水灭火，亦可用作中途加压水泵；车上装备可伸高13米的铝梯及可伸高4米的气动照明灯杆；车上还配备破拆类器材、防化学事故用的器材等。 | | | | |
| 归类决定 | 所报车辆的特征符合《税则注释》关于品目87.05的解释，应归入税则号列8705.3010。 | | | | |

| 序号 | 1620 | 归类决定编号 | Z2006－0864 | 公告编号 | 2006年第69号 |
|---|---|---|---|---|---|
| 商品税则号列 | 8705.3090 | | | 发布日期 | 2006年11月22日 |
| 商品名称 | 消防车底盘 | | | | |
| 英文名称 | DAEWOO firetruck cabciiassis | | | | |
| 其他名称 | | | | | |
| 商品描述 | 型号YD58C，总重16吨，柴油型，带驾驶室的消防车底盘。 | | | | |
| 归类决定 | 该消防车底盘是在带驾驶室的底盘上加装了水泵后的底盘车。第八十七章章注三只规定了带驾驶室的底盘应归入税目87.02～87.04，而该底盘车因安装了消防专用的水泵而具备了消防车的基本特征，因此，根据归类总规则二（一）可归入税则号列8705.3090。 | | | | |

| 序号 | 1621 | 归类决定编号 | Z2006－0865 | 公告编号 | 2006年第69号 |
|---|---|---|---|---|---|
| 商品税则号列 | 8705.3090 | | 发布日期 | | 2006年11月22日 |
| 商品名称 | 消防车底盘 | | | | |
| 英文名称 | DAEWOO firetruck chassis | | | | |
| 其他名称 | | | | | |
| 商品描述 | 总重18吨，柴油型带驾驶室的消防车底盘（带有水泵）。 | | | | |
| 归类决定 | 该消防车底盘是在带驾驶室的底盘上加装了水泵后的底盘车。《税则》第八十七章章注三只规定了带驾驶室的底盘应归入税目87.02～87.04，而该底盘车因安装了消防专用的水泵，根据《税则注释》品目87.05的规定（带泵机动车），可归入税则号列8705.3090。 | | | | |

| 序号 | 1622 | 归类决定编号 | Z2006－0866 | 公告编号 | 2006年第69号 |
|---|---|---|---|---|---|
| 商品税则号列 | 8705.3090 | | 发布日期 | | 2006年11月22日 |
| 商品名称 | 山林超高压多功能消防车 | | | | |
| 英文名称 | | | | | |
| 其他名称 | | | | | |
| 商品描述 | 该商品带有轮边减速器、差速锁、门架升高车桥等特殊结构，使其具有高越野通过性；由山林消防轮式车改装而成，加浮泵、超高压（10兆帕）泵，在国内属首例。 | | | | |
| 归类决定 | 该山林超高压多功能消防车已构成消防车的特征，应按消防车归入税则号列8705.3090。 | | | | |

| 序号 | 1623 | 归类决定编号 | Z2006－0867 | 公告编号 | 2006年第69号 |
|---|---|---|---|---|---|
| 商品税则号列 | 8705.4000 | | | 发布日期 | 2006年11月22日 |
| 商品名称 | 混凝土搅拌车 | | | | |
| 英文名称 | Concrete transit-mixing truck | | | | |
| 其他名称 | | | | | |
| 商品描述 | 混凝土输送车，型号为EA54－30A，该型车的用途为从搅拌站到施工现场运输混凝土用，所谓搅拌功能只是防止混凝土在运输途中凝结。 | | | | |
| 归类决定 | 该混凝土搅拌车具有搅拌混凝土所需的上水设备及混凝土搅拌和运输时搅拌桶所需不同转速的调速机构，所以该车属于“兼可用于搅拌及运输混凝土”的车辆，根据《税则注释》品目87.05关于“混凝土搅拌车”的定义，应按特种车归入税则号列8705.4000。 | | | | |

| 序号 | 1624 | 归类决定编号 | Z2006－0868 | 公告编号 | 2006年第69号 |
|---|---|---|---|---|---|
| 商品税则号列 | 8705.4000 | | | 发布日期 | 2006年11月22日 |
| 商品名称 | 三菱11945毫升混凝土搅拌车 | | | | |
| 英文名称 | | | | | |
| 其他名称 | | | | | |
| 商品描述 | 该三菱11945毫升混凝土搅拌车，用于混凝土搅拌，该型车用途主要为运输混凝土用，所谓搅拌功能只是防止混凝土在运输途中凝结。 | | | | |
| 归类决定 | “三菱11945毫升混凝土搅拌车”用于混凝土运输途中的搅拌。该商品装有水箱及进水、排水装置，且装有调速机构，故该商品符合《税则注释》关于品目87.05的解释，是“兼可用于混凝土搅拌及运输的”特种车辆，应归入税则号列8705.4000。 | | | | |

| 序号 | 1625 | 归类决定编号 | Z2006－0869 | 公告编号 | 2006年第69号 |
|---|---|---|---|---|---|
| 商品税则号列 | 8705.9010 | | | 发布日期 | 2006年11月22日 |
| 商品名称 | 特种通信车 | | | | |
| 英文名称 | | | | | |
| 其他名称 | | | | | |
| 商品描述 | 该商品为已经过改装的丰田陆地巡洋舰，车体绿色，排气量为4664毫升。该车在保税区进行改装，车内最后一排车座已拆除，装有一铁制框架，铁架上安装短波电台、无线调制解调器、350兆集群车载台等通讯设备，车顶装有天线。 | | | | |
| 归类决定 | 该车已构成通信车的特征，可按特种车归入税则号列8705.9010。 | | | | |

| 序号 | 1626 | 归类决定编号 | Z2006－0870 | 公告编号 | 2006年第69号 |
|---|---|---|---|---|---|
| 商品税则号列 | 8705.9010 | | | 发布日期 | 2006年11月22日 |
| 商品名称 | 特种通信车 | | | | |
| 英文名称 | | | | | |
| 其他名称 | | | | | |
| 商品描述 | 该车由丰田陆地巡洋舰4700改装而成，车内最后一排车座已拆，安装一机柜，车顶外部装有两部天线，机柜加装设备。 | | | | |
| 归类决定 | 特种通信车是由丰田陆地巡洋舰越野吉普车经下述改装而成：将车内最后一排车座拆除，安装一铁制框架，铁架上安装短波电台、车载台、集群控制器等通讯设备，车顶外部安装两部天线。该改装车已具备无线电通讯车的特征，可归入税则号列8705.9010。 | | | | |

| 序号 | 1627 | 归类决定编号 | Z2006 - 1456 | 公告编号 | 2007 年第 70 号 |
|---|---|---|---|---|---|
| 商品税则号列 | | 8705.9010 | | 发布日期 | 2007 年 12 月 5 日 |
| 商品名称 | 应急车载移动交换通信车 | | | | |
| 英文名称 | | | | | |
| 其他名称 | | | | | |
| 商品描述 | 该应急车载移动交换通信车是用货车底盘装载集装箱，箱内固定安装交换机、配线架、电源等设备改装而成，是紧急事故造成话路中断时应急用的车载可移动通信设备。 | | | | |
| 归类决定 | 该车可按无线电通信车归入税则号列 8705.9010。 | | | | |

| 序号 | 1628 | 归类决定编号 | Z2006 - 1457 | 公告编号 | 2007 年第 70 号 |
|---|---|---|---|---|---|
| 商品税则号列 | | 8705.9010 | | 发布日期 | 2007 年 12 月 5 日 |
| 商品名称 | 应急移动通信车 | | | | |
| 英文名称 | | | | | |
| 其他名称 | | | | | |
| 商品描述 | 该改装的应急移动通信车装有基站、基站控制器、机架式微机、电源系统、空调及防震系统等，车顶装有天线系统，可提供 GSM 应急移动通讯服务，用于抗洪抢险，公安消防，基站补忙、补热等。 | | | | |
| 归类决定 | 该改装的应急移动通信车可按无线电通信车归入税则号列 8705.9010。 | | | | |

| 序号 | 1629 | 归类决定编号 | Z2006－1458 | 公告编号 | 2007 年第 70 号 |
|---|---|---|---|---|---|
| 商品税则号列 | 8705.9010 | | | 发布日期 | 2007 年 12 月 5 日 |
| 商品名称 | 特种通信车 | | | | |
| 英文名称 | | | | | |
| 其他名称 | | | | | |
| 商品描述 | 该商品为丰田陆地巡洋舰霸道越野车改装的通信车，规格型号为 VZJ95L－GKPEKV，排气量 3378 毫升，汽油型发动机，驱动形式 4×4，车上装有卫星导航装置、卫星终端、警报系统、车载台等。 | | | | |
| 归类决定 | 该特种通信车由丰田越野车加装通信设备改装而成，专用于通信，可按特种车辆归入税则号列 8705.9010。 | | | | |

| 序号 | 1630 | 归类决定编号 | Z2006－0871 | 公告编号 | 2006 年第 69 号 |
|---|---|---|---|---|---|
| 商品税则号列 | 8705.9020 | | | 发布日期 | 2006 年 11 月 22 日 |
| 商品名称 | 医疗用 X 光检查车（旧） | | | | |
| 英文名称 | Mobile radiological units (used) | | | | |
| 其他名称 | | | | | |
| 商品描述 | 该车由面包车改装而成，其牌名、型号为日野 HINO PFD172B，排气量为 3500 毫升，座位数为 8 座。<br>车内装有 X 光检查机一套，医疗架一个。<br>该车用途为医疗照相检查用。 | | | | |
| 归类决定 | 随着 X 光检查设备的技术发展，目前一些设备已不需要在暗室进行操作，所以，判定是否为 X 射线检查车，主要看其是否具备 X 射线检查功能，且不能移作他用。该医疗用 X 光检查车上固定安装了 X 射线检查设备，已具备进行 X 射线检查的功能，且不能移作他用，所以可按放射线检查车归入税则号列 8705.9020。 | | | | |

| 序号 | 1631 | 归类决定编号 | Z2006 - 0872 | 公告编号 | 2006 年第 69 号 |
|---|---|---|---|---|---|
| 商品税则号列 | 8705.9020 | | 发布日期 | | 2006 年 11 月 22 日 |
| 商品名称 | 威力牌机动放射线 8100 毫升检查车 | | | | |
| 英文名称 | | | | | |
| 其他名称 | | | | | |
| 商品描述 | 该威力牌机动放射线 8100 毫升检查车(原装)的型号为 WFG38S,汽油型发动机的排气量为 8100 毫升,车身颜色为白色。车内固定安装有体检床下部存放的药柜、轮椅升降装置及控制装置、洗手池、工作台、2 张可调高度的体检床、2 张不可调高度的体检床、监视器等。车内还带有 1 台 X 光机(GE AM4X)、2 台 B 超(GE L5 )和 1 台柯达扫描器,上述设备均未固定在车上。 | | | | |
| 归类决定 | 根据归类总规则二(一),该车辆及固定安装和非固定安装的设备应视为一个整体进行归类。其主要用途是体检治疗,已具备非载人运货的特征,符合《税则》税目 87.05 特殊用途的机动车辆的规定——非载人运货,应归入税则号列 8705.9020。 | | | | |

| 序号 | 1632 | 归类决定编号 | Z2006 - 0873 | 公告编号 | 2006 年第 69 号 |
|---|---|---|---|---|---|
| 商品税则号列 | 8705.9030 | | 发布日期 | | 2006 年 11 月 22 日 |
| 商品名称 | 机动环境监测车 | | | | |
| 英文名称 | Water testing truck | | | | |
| 其他名称 | | | | | |
| 商品描述 | 该车实为福特 ECONOLINE 250 改装而成,车厢内已安装有水质检测设备,另有试剂、滴管滤芯等物品。 | | | | |
| 归类决定 | 机动环境监测车是由福特 ECONOLINE 250 改装而成,车内固定安装有发电机、紫外线消毒器、可调速水泵、多层过滤器(3 个)、软化水装置、活性炭过滤器,并配有其他检测水质仪器装置。该车符合《税则注释》有关特种车的定义,可作为环境监测车归入税则号列 8705.9030。 | | | | |

| 序号 | 1633 | 归类决定编号 | Z2006－0874 | 公告编号 | 2006年第69号 |
|---|---|---|---|---|---|
| 商品税则号列 | 8705.9030 | | 发布日期 | | 2006年11月22日 |
| 商品名称 | 环境检测车 | | | | |
| 英文名称 | | | | | |
| 其他名称 | | | | | |
| 商品描述 | 该车上的煤粉测量组件、扩展烟气分析组件、二氧化硫烟气分析组件、便携式烟气分析组件和烟气分析校验组件用螺栓固定在车体柜架上；煤粉、飞灰分析组件用螺栓固定在工作平台上。车上可外接220伏电源，车厢内已布设了各种仪器的电源线路。 | | | | |
| 归类决定 | 该车已具备特种车的特征，应归入税则号列8705.9030。 | | | | |

| 序号 | 1634 | 归类决定编号 | Z2006－1459 | 公告编号 | 2007年第70号 |
|---|---|---|---|---|---|
| 商品税则号列 | 8705.9030 | | 发布日期 | | 2007年12月5日 |
| 商品名称 | 环境检测车 | | | | |
| 英文名称 | Man nutzfahrzeuge | | | | |
| 其他名称 | | | | | |
| 商品描述 | 该环境检测车上的煤粉测量组件、扩展烟气分析组件、二氧化硫烟气分析组件、便携式烟气分析组件和烟气分析校验组件用螺栓固定在车体柜架上；煤粉、飞灰分析组件用螺栓固定在工作平台上；网格法烟气分析切换阀组用绑带固定在车上。车上可外接220伏电源，车厢内已布设了各种仪器的电源线路。 | | | | |
| 归类决定 | 该环境检测车已在原改装车的基础上又固定安装了煤粉测量组件、扩展烟气分析组件、二氧化硫烟气分析组件、便携式烟气分析组件和烟气分析校验组件等测试设备，具备特种车的特征，应归入税则号列8705.9030。 | | | | |

| 序号 | 1635 | 归类决定编号 | Z2006－0875 | 公告编号 | 2006 年第 69 号 |
|---|---|---|---|---|---|
| 商品税则号列 | 8705.9040 | | 发布日期 | 2006 年 11 月 22 日 | |
| 商品名称 | 雪佛兰医疗车 | | | | |
| 英文名称 | | | | | |
| 其他名称 | | | | | |
| 商品描述 | 该车是由美国通用汽车公司授权医疗车改装厂在境外改装生产的。底盘采用 GM Chevrolet Express G 型车底盘,底盘主要技术指标列举如下:(1)车型为美国通用汽车公司产(Chevrolet)雪佛兰 Express G 型,顶部加高。(2)底盘轴距 3.43 米,多点燃油电喷引擎,无铅汽油动力燃料,6 汽缸,排气量 4.3 升,220 马力,最小转弯半径 12 米。(3)四速自动排挡,方向、刹车助力系统。(4)车身车顶全部隔热绝缘。(5)后厢病况通知灯。改装后该医疗车内装备了急救及手术等医疗设施,其中包括:(1)大排量发动机下的大功率发电机,提供充足的电能,可以满足后厢手术及抢救设备的用电需要。(2)增强的减震系统,采用独立悬挂系统。(3)车上固定安装心电监护/除颤仪、麻醉机、供氧/负压吸引系统、输液架、多功能手术床、组合式无影手术灯、多功能药柜、厢体绝缘保温系统、消毒系统、通风和空气净化系统高级五防地板、强化的车身环绕钢带(可高强度全天作业,抗撞击能力强),车内后病室可实施急救手术(手术空间达 2.5 米×1.3 米)。该改装的医疗车车身外部还装备了急救警灯、警笛、反光彩带及急救标志等。 | | | | |
| 归类决定 | 根据上述特征,该车符合《税则注释》关于品目 87.05 项下"医疗车"的解释,故应归入税则号列 8705.9040。 | | | | |

| 序号 | 1636 | 归类决定编号 | Z2006 - 0876 | 公告编号 | 2006 年第 69 号 |
|---|---|---|---|---|---|
| 商品税则号列 | 8705.9040 | | 发布日期 | 2006 年 11 月 22 日 | |
| 商品名称 | 医疗车 | | | | |
| 英文名称 | Medical mobile | | | | |
| 其他名称 | 戴姆勒—克莱斯勒公司奔驰型医疗车 | | | | |
| 商品描述 | 规格型号为德国戴姆勒—克莱斯勒公司 MB SPRINTER316CDI 型医疗车,在原产地(德国)专业厂改装。车上固定安装医疗设备有:急救仓空调;可清洗消毒地板,医疗柜,药柜;800 瓦暖风系统;换气装置;4 个 36 瓦多功能手术照明灯;旋转灯、报警系统及麦克风;内装式输氧系统,2 个 10 升氧气瓶;内装式输液架;气液式手术床;FERNOX2 滚动上车担架;吸引装置,呼吸机;呼吸袋;铲式担架及固定设备;诊箱;抽真空气囊固定袋;车载麻醉机,后病室可实施急救手术;心电监护起搏除颤仪。 | | | | |
| 归类决定 | 该车已具备医疗车的特征,可按医疗车归入税则号列 8705.9040。 | | | | |

| 序号 | 1637 | 归类决定编号 | Z2006 - 0877 | 公告编号 | 2006 年第 69 号 |
|---|---|---|---|---|---|
| 商品税则号列 | 8705.9040 | | 发布日期 | 2006 年 11 月 22 日 | |
| 商品名称 | 奔驰机动医疗车 | | | | |
| 英文名称 | | | | | |
| 其他名称 | 梅赛德斯奔驰 2295 毫升机动医疗车 | | | | |
| 商品描述 | 型号:奔驰 314。<br>该奔驰机动医疗车的车厢内装有简易活动担架床、轮椅、简易的手术床、手术灯、氧气瓶、抽痰器、心脏复苏仪、胸肺呼吸机各一个和麻醉剂注射器 350 个;另有两个固定的药械柜,内有小剪刀、小镊子、针筒等;车顶装有蜂鸣器。 | | | | |
| 归类决定 | “奔驰机动医疗车”由奔驰车经下述改装而成:底盘采用独立悬挂系统,增强了防震性能;车身顶部加高并环绕车身加装强化钢带,以增强安全性能;车厢车顶和厢体采用绝缘保温材料制造,并加装隔热板和耐磨防滑地板,增设通风和空气净化系统,车身后面医疗室加装独立空调设备、暖风设备,以改善车内环境;车内天花板加装 IV 型血包袋或输包挂钩连轨道,可调校光暗光管、病况通知灯和手术照明设备;车厢内固定安装氧气撑支架,液压式手术床,加装固定内置氧气喉管道及提供氧气插座,安装有胸肺呼吸机、FR2 自动心脏复苏仪连心电图显示器、一套抽痰器及麻醉剂注射器,另有两个固定的药械柜,内有小剪刀、小镊子、针筒等;车顶装有蜂鸣器。该医疗车可进行外科创伤、小型骨科等急救手术。该商品已不具备载人或运货功能,故根据《税则注释》关于品目 87.05 的解释,所报奔驰机动医疗车应按医疗车归入税则号列 8705.9040。 | | | | |

| 序号 | 1638 | 归类决定编号 | Z2006－0878 | 公告编号 | 2006年第69号 |
|---|---|---|---|---|---|
| 商品税则号列 | 8705.9040 | | 发布日期 | | 2006年11月22日 |
| 商品名称 | 雪佛兰5700毫升医疗车 | | | | |
| 英文名称 | | | | | |
| 其他名称 | | | | | |
| 商品描述 | 该车为雪佛兰EXPRESS 2500客车改装的医疗车，排气量5700毫升，原产地为美国，车外有警灯、警笛、急救标志和外接电源接口。车内装备有担架床、除颤仪、麻醉机、供氧机各一套，氧气瓶一个，药品柜一套及呼吸机5部，车顶部装有无影灯。 | | | | |
| 归类决定 | 该雪佛兰5700毫升医疗车是由美国通用汽车公司授权医疗车改装厂在境外改装生产的。该车在雪佛兰Chevrolet Express G型车的基础上作了如下改装：将车身顶部加高，车身环绕强化钢带，车身车顶全部隔热绝缘，安装高级五防地板，采用厢体绝缘保温系统、通风和空气净化系统，采用了独立悬挂系统的增强减振系统，加装后厢病况通知灯等。改装后该车内固定装备了用于急救及手术等的医疗设施，主要包括：(1)大排量发动机驱动的大功率发电机，提供手术及抢救设备用电；(2)心电监护/除颤仪、麻醉机、供氧/负压吸引系统、输液架、多功能手术床(可移动)、组合式无影手术灯、多功能药柜、消毒系统等，车内后病室可实施急救手术(手术空间达2.5米×1.3米)；该改装的医疗车车身外部还装备了急救警灯、警笛、反光彩带及急救标志等。<br>根据上述特征，该车符合《税则注释》关于品目87.05项下“流动诊疗车”的解释，故应归入税则号列8705.9040。 | | | | |

| 序号 | 1639 | 归类决定编号 | Z2006－0879 | 公告编号 | 2006 年第 69 号 |
|---|---|---|---|---|---|
| 商品税则号列 | 8705. 9040 | | 发布日期 | 2006 年 11 月 22 日 | |
| 商品名称 | 危重监护医疗车 | | | | |
| 英文名称 | | | | | |
| 其他名称 | | | | | |
| 商品描述 | 该医疗车制造商：VOLKSWAGEN，型号：FURG－TRANSP－102CV＋3320＋VENT－P－CORR＋AA。该车使用柴油发动机，驾驶室与救护区隔离，在车后救护区装有氧气装置、氧疗设备、急救架、输液装置、麻醉呼吸机、心脏除颤监护仪等医用设备。 | | | | |
| 归类决定 | 该“危重监护医疗车”制造商：VOLKSWAGEN，型号：FURG－TRANSP－102CV＋3320＋VENT－P－CORR＋AA，使用柴油发动机。驾驶室与救护区隔离，车后救护区已做了加宽和加高处理，便于手术。车后救护区装有氧气装置、氧疗设备、急救架、输液装置、麻醉呼吸机、心脏除颤监护仪、固定安装有外科手术器具专用柜等医用设备。该商品符合《税则注释》关于品目 87. 05 的解释，应按特种车归入税则号列 8705. 9040。 | | | | |

| 序号 | 1640 | 归类决定编号 | Z2006－0880 | 公告编号 | 2006 年第 69 号 |
|---|---|---|---|---|---|
| 商品税则号列 | 8705. 9040 | | 发布日期 | 2006 年 11 月 22 日 | |
| 商品名称 | 多功能救护车 | | | | |
| 英文名称 | | | | | |
| 其他名称 | | | | | |
| 商品描述 | 配有监护除颤仪、呼吸机、给氧系统、手术器械、麻醉机及无影灯等设备。 | | | | |
| 归类决定 | 该车符合救护车的配置要求，可按《税则》具体列名归入税则号列 8705. 9040。 | | | | |

| 序号 | 1641 | 归类决定编号 | Z2006－0881 | 公告编号 | 2006年第69号 |
|---|---|---|---|---|---|
| 商品税则号列 | 8705.9040 | | | 发布日期 | 2006年11月22日 |
| 商品名称 | 奔驰2295毫升医疗救护车 | | | | |
| 英文名称 | | | | | |
| 其他名称 | | | | | |
| 商品描述 | 该车装备SPRINTER314汽油型发动机，驾驶室与后部救护室密封隔离，装配有PENSI滑行平台、中央氧气供应系统、可折叠梯椅、担架、右边3～4人长条座椅、紫外光灯、呼吸系统急救箱、循环系统急救箱、呼吸机等设备，其中呼吸系统急救箱中含有麻醉设备。 | | | | |
| 归类决定 | 《本国子目注释》中对子目8705.9040“医疗车”的规定：“指具有流动医院特征的特种车辆。为满足医疗需要，必须增加防震性能、安全性能、绝缘保温性能、整体用电布线等的设计或改装；并需增设通风和空气净化系统、独立的空调设备、暖风设备、装备有手术所需的照明设备、手术床、供血和供氧设备、麻醉设备、手术器械消毒和药械存放设备、心电图监视设备等，车顶装有蜂鸣器。该车可进行外科创伤、小型骨科等急救手术，其主要功能不是载人或载货。”车辆配置基本符合上述规定，据此可按具体列名归入税则号列8705.9040。 | | | | |

| 序号 | 1642 | 归类决定编号 | Z2006 - 0882 | 公告编号 | 2006 年第 69 号 |
|---|---|---|---|---|---|
| 商品税则号列 | 8705.9040 | | | 发布日期 | 2006 年 11 月 22 日 |
| 商品名称 | 改装手术车 | | | | |
| 英文名称 | | | | | |
| 其他名称 | | | | | |
| 商品描述 | 该手术车由奔驰旅行车改装而成。车上配置有手术床、便携式麻醉机、心脏除颤监护仪、心肺供氧系统、手术光源、输液输血设备，同时驾驶室及后部救护室密闭隔离并配有暖风设备。 | | | | |
| 归类决定 | 《本国子目注释》中对税则号列 8705.9040“医疗车”的规定：“指具有流动医院特征的特种车辆。为满足医疗需要，必须增加防震性能、安全性能、绝缘保温性能、整体用电布线等的设计或改装；并需增设通风和空气净化系统、独立的空调设备、暖风设备、装备有手术所需的照明设备、手术床、供血和供氧设备、麻醉设备、手术器械消毒和药械存放设备、心电图监视设备等，车顶装有蜂鸣器。该车可进行外科创伤、小型骨科等急救手术，其主要功能不是载人或载货。”车辆配置基本符合上述规定，据此可按具体列名归入税则号列 8705.9040。 | | | | |

| 序号 | 1643 | 归类决定编号 | Z2006－1460 | 公告编号 | 2007 年第 70 号 |
|---|---|---|---|---|---|
| 商品税则号列 | 8705. 9040 | | | 发布日期 | 2007 年 12 月 5 日 |
| 商品名称 | 雪佛兰机动医疗车 | | | | |
| 英文名称 | | | | | |
| 其他名称 | | | | | |
| 商品描述 | 该雪佛兰机动医疗车外观为白色，车体尺寸为 6. 1 米×2 米×2. 3 米，车厢内经改装，座位数为 2 座（包括驾驶员座位），车厢及驾驶室之间有一门，车厢右边有一带垫的固定矮柜，可坐 3 人或躺 1 人，左边有一固定的柜子。车厢内有抗休克裤、充气夹板、心脏按压泵、头部固定器、电动吸引器、呼吸器、心脏复苏囊、急救包、除颤王 12 型、自动上车担架、多功能急救箱、麻醉喉镜、颈托、血糖仪、全身夹板、楼梯椅、麻醉机等；车顶装有蜂鸣器。 | | | | |
| 归类决定 | 该车符合《本国子目注释》对子目 8705. 9040“医疗车”的规定，可按《税则》具体列名归入税则号列 8705. 9040。 | | | | |

| 序号 | 1644 | 归类决定编号 | Z2006－0883 | 公告编号 | 2006 年第 69 号 |
|---|---|---|---|---|---|
| 商品税则号列 | 8705. 9060 | | | 发布日期 | 2006 年 11 月 22 日 |
| 商品名称 | 飞机空调车 | | | | |
| 英文名称 | | | | | |
| 其他名称 | | | | | |
| 商品描述 | ACE－802－440 型空调车由空调机组、安全保护系统、五十铃柴油底盘、驾驶室等部件构成，其中空调机组的主要组件包括水冷柴油发动机、螺杆式压缩机等，空调机组配备两根空气输出管连飞机接头。该车的制冷容量为 110 冷冻吨，加温容量为 750000BUT/HR，可在任何天气环境下为所有广体式航机提供舒适空调。 | | | | |
| 归类决定 | 该款飞机空调车用于为广体式航机提供空调。主要配置有空调机组和安全保护系统等。从其设计特点和配置来看，明显非用于载客和运货，故按照《税则注释》中品目 87. 05 的注释，应作为特种车辆归入税则号列 8705. 9060。 | | | | |

| 序号 | 1645 | 归类决定编号 | Z2006－0884 | 公告编号 | 2006年第69号 |
|---|---|---|---|---|---|
| 商品税则号列 | 8705.9080 | | 发布日期 | 2006年11月22日 | |
| 商品名称 | 测井绞车 | | | | |
| 英文名称 | Single drum electric line logging truck | | | | |
| 其他名称 | | | | | |
| 商品描述 | 该车为美国产万国牌，车后有工作间，有电缆绞盘、设备架等，无电器设备，通过将测井电缆伸进井内进行数据采集，并将数据传输给分析仪器进行测试分析，应属测井车的范围。 | | | | |
| 归类决定 | 该车电缆绞盘的动力来自车辆本身的发动机，车厢已分割成工作间和测试间，工作间装备了电缆绞盘，测试间装备了仪表盘和设备架，所以，虽然设备架上还未安装仪器设备，但已具备了特种车的基本特征，应按测井车归入税则号列8705.9080。 | | | | |

| 序号 | 1646 | 归类决定编号 | Z2006－0885 | 公告编号 | 2006 年第 69 号 |
|---|---|---|---|---|---|
| 商品税则号列 | 8705.9080 | | 发布日期 | 2006 年 11 月 22 日 | |
| 商品名称 | 压裂车 | | | | |
| 英文名称 | | | | | |
| 其他名称 | | | | | |
| 商品描述 | $CO_2$ 压裂机组，包括 2 台泵车，8 台罐车。此套压裂设备分两套报关单报关，该票报关单申报名称为“压裂车”，型号为 IC－311，经查验为泵车。泡沫压裂采用的介质是液态 $CO_2$，液态 $CO_2$ 分装在 8 台罐车中，罐车通过相应的管线与 2 台泵车相连。液态 $CO_2$ 从罐车中进入泵车的液气分离瓶，分离出液态 $CO_2$ 中的气体，以杜绝干冰的出现，分离瓶内的液态 $CO_2$ 在泵车自带的增压泵吸力的作用下进入增压泵，增压泵对进入的液态 $CO_2$ 进行增压并打入七井地层，从而完成整个压力施工。 | | | | |
| 归类决定 | 该压裂车实为泵车，型号为 IC－311。该商品采用液态 $CO_2$ 为压裂介质，液态 $CO_2$ 分装在 8 台罐车中，罐车通过相应的管线与泵车相连。液态 $CO_2$ 从罐车中进入泵车的液气分离瓶，分离出液态 $CO_2$ 中的气体，以杜绝干冰的出现，分离瓶内的液态 $CO_2$ 在泵车自带的增压泵吸力的作用下进入增压泵，增压泵对进入的液态 $CO_2$ 进行增压并打入七井地层，从而完成整个压力施工。该货品符合《税则注释》关于品目 87.05 的解释，应归入税则号列 8705.9080。 | | | | |

| 序号 | 1647 | 归类决定编号 | Z2006 - 0887 | 公告编号 | 2006 年第 69 号 |
|---|---|---|---|---|---|
| 商品税则号列 | 8705.9080 | | | 发布日期 | 2006 年 11 月 22 日 |
| 商品名称 | 石油压裂车 | | | | |
| 英文名称 | | | | | |
| 其他名称 | | | | | |
| 商品描述 | 石油压裂车主要用于油田采油现场单井产量的稳定和提高起保障作用。<br>该商品由奔驰底盘车改装而成，在底盘车大梁上加装了发动机、传动箱、压裂泵及其他相关附属设备。 | | | | |
| 归类决定 | 该车由奔驰底盘车改装而成，仅具备石油压裂车的设备及功能，用于油田采油现场单井产量的稳定和提高起保障作用，已不具备载人运货的功能，其符合《税则注释》对归入品目 87.05 车辆的要求，因此，根据归类总规则一及六，其应按特种车辆归入税则号列 8705.9080。 | | | | |

| 序号 | 1648 | 归类决定编号 | Z2006 - 0888 | 公告编号 | 2006 年第 69 号 |
|---|---|---|---|---|---|
| 商品税则号列 | 8705.9080 | | | 发布日期 | 2006 年 11 月 22 日 |
| 商品名称 | 石油测井车 | | | | |
| 英文名称 | | | | | |
| 其他名称 | 双滚筒液压测井车 | | | | |
| 商品描述 | 该车在底盘上安装车厢、绞车、液压系统、电气系统、气路系统，包括绞车仓和操作仓，操作仓可安装小型试井仪器或综合测井仪器。该测井车主要用于 7000 米以内的油、水、汽井勘探开发及生产过程的测试作业，与井内测量仪器及地面计算机系统配合使用，对井下参数进行地面直读，并将信号进行转化和处理。 | | | | |
| 归类决定 | 按照《税则注释》对品目 87.05 的规定，该产品属于非用于载货或载人的具有特殊用途的车辆，根据归类总规则一及六，应归入税则号列 8705.9080。 | | | | |

| 序号 | 1649 | 归类决定编号 | Z2006－0889 | 公告编号 | 2006年第69号 |
|---|---|---|---|---|---|
| 商品税则号列 | 8705.9080 | | | 发布日期 | 2006年11月22日 |
| 商品名称 | 石油压裂车 | | | | |
| 英文名称 | | | | | |
| 其他名称 | | | | | |
| 商品描述 | 该产品是由奔驰底盘车改装而成的石油压裂车，在奔驰底盘车上已装配有发动机、传动箱、压裂泵等。该车通过将压裂液在井底生产层造成裂缝或扩展原始裂纹，再用支撑剂充填形成高渗透率区域，主要适用于油气田深井、中深井、浅井的各种压裂作业。 | | | | |
| 归类决定 | 按照《税则注释》对品目87.05的规定，该产品属于非用于载货或载人的具有特殊用途的车辆，根据归类总规则一及六，应归入税则号列8705.9080。 | | | | |

| 序号 | 1650 | 归类决定编号 | Z2006－0890 | 公告编号 | 2006年第69号 |
|---|---|---|---|---|---|
| 商品税则号列 | 8705.9080 | | | 发布日期 | 2006年11月22日 |
| 商品名称 | 石油测井车 | | | | |
| 英文名称 | | | | | |
| 其他名称 | | | | | |
| 商品描述 | 该产品是德国MAN33.414DFAC—6×6底盘车改装而成的石油测井车，车上加装了操作室和绞车室。绞车室主要由滚筒总成、排绳装置等组成；操作室主要有操作台、仪器仪表、配电装置等。该车主要用于石油勘探测井作业。 | | | | |
| 归类决定 | 按照《税则注释》对品目87.05的规定，该产品属于非用于载货或载人的具有特殊用途的车辆，根据归类总规则一及六，应归入税则号列8705.9080。 | | | | |

| 序号 | 1651 | 归类决定编号 | Z2006－0891 | 公告编号 | 2006年第69号 |
|---|---|---|---|---|---|
| 商品税则号列 | 8705.9080 | | | 发布日期 | 2006年11月22日 |
| 商品名称 | 测井车 | | | | |
| 英文名称 | | | | | |
| 其他名称 | | | | | |
| 商品描述 | 该测井车由NB ACTROS 3331/6×4进口货车底盘改装而成，主要用于油田中途测试和试井，它利用下入井内的测量仪器和地面计算机系统对井下参数（如温度、压力、流量等）进行地面直读，并将信号进行转化和处理。 | | | | |
| 归类决定 | 按照《税则注释》对品目87.05的规定，该产品属于非用于载货或载人的具有特殊用途的车辆，根据归类总规则一及六，应归入税则号列8705.9080。 | | | | |

| 序号 | 1652 | 归类决定编号 | Z2006－0892 | 公告编号 | 2006年第69号 |
|---|---|---|---|---|---|
| 商品税则号列 | 8705.9080 | | | 发布日期 | 2006年11月22日 |
| 商品名称 | 石油测井车 | | | | |
| 英文名称 | | | | | |
| 其他名称 | | | | | |
| 商品描述 | 该车在德国奔驰Actors3331/6×4底盘上加装操作室和绞车室。绞车室主要由滚筒总成、排绳装置等组成；操作室主要有操作台、仪器仪表、配电装置等。用于石油勘探测井作业。 | | | | |
| 归类决定 | 该车是德国奔驰Actors3331/6×4底盘车改装而成的石油测井车，车上加装了操作室和绞车室。绞车室主要由滚筒总成、排绳装置等组成；操作室主要有操作台、仪器仪表、配电装置等。车身还加装了柴油发动机和液压发电机。用于石油勘探测井作业。<br>上述商品属于非用于载货或载人的具有特殊用途的车辆，符合《税则》税目87.05及其子目的描述，根据归类总规则一及六，应将其按特种车辆归入税则号列8705.9080。 | | | | |

| 序号 | 1653 | 归类决定编号 | Z2006－0893 | 公告编号 | 2006 年第 69 号 |
|---|---|---|---|---|---|
| 商品税则号列 | 8705. 9080 | | 发布日期 | 2006 年 11 月 22 日 | |
| 商品名称 | 7000 米单滚筒液压测井车 | | | | |
| 英文名称 | | | | | |
| 其他名称 | DQG5211TCJ 型测井车 | | | | |
| 商品描述 | 该车由梅赛德斯—奔驰货车底盘改装而成。该车加装了地面仪器系统、绞车操作台、配电柜、绞车总成、排缆装置、计量装置等仪器设备，用于油田地质开发、生产过程中各种电测或射孔等作业。 | | | | |
| 归类决定 | 上述商品属于非用于载货或载人的具有特殊用途的车辆，符合《税则》税目 87. 05 及其子目的描述，根据归类总规则一及六，应将其按特种车辆归入税则号列 8705. 9080。 | | | | |

| 序号 | 1654 | 归类决定编号 | Z2006－1461 | 公告编号 | 2007 年第 70 号 |
|---|---|---|---|---|---|
| 商品税则号列 | 8705. 9080 | | 发布日期 | 2007 年 12 月 5 日 | |
| 商品名称 | 石油测井车 | | | | |
| 英文名称 | | | | | |
| 其他名称 | | | | | |
| 商品描述 | 该车在德国奔驰 Actors3331/6×4 底盘上加装操作室和绞车室。绞车室主要由滚筒总成、排绳装置等组成；操作室主要有操作台、仪器仪表、配电装置等。该车用于石油勘探测井作业。 | | | | |
| 归类决定 | 该车为非用于载货或载人的具有特殊用途的车辆，符合《税则注释》对品目 87. 05 的规定，根据归类总规则一，应将其归入税则号列 8705. 9080。 | | | | |

| 序号 | 1655 | 归类决定编号 | Z2006 - 0894 | 公告编号 | 2006 年第 69 号 |
|---|---|---|---|---|---|
| 商品税则号列 | 8705.9090[8705.9099(2014 年版)] | | | 发布日期 | 2006 年 11 月 22 日 |
| 商品名称 | 马基路斯智能云梯车 | | | | |
| 英文名称 | MAGIRUS computer turntabladder | | | | |
| 其他名称 | | | | | |
| 商品描述 | 型号:德国马基路斯 DLK52CC 智能云梯车。<br>组成:由依维柯 260E34 汽车底盘(含驾驶室)装载升降机、云梯等组成。<br>用途:用于高层建筑消防及拯救人员用,云梯工作高度可达 53 米。 | | | | |
| 归类决定 | 云梯车并非救火车专用,按照《税则注释》的规定,应按其他特种车归入税则号列 8705.9090[8705.9099(2014 年版)]。 | | | | |

| 序号 | 1656 | 归类决定编号 | Z2006 - 0895 | 公告编号 | 2006 年第 69 号 |
|---|---|---|---|---|---|
| 商品税则号列 | 8705.9090[8705.9010(2014 年版)] | | | 发布日期 | 2006 年 11 月 22 日 |
| 商品名称 | 移动通信车 | | | | |
| 英文名称 | | | | | |
| 其他名称 | | | | | |
| 商品描述 | 该车是在富豪牌货车底盘上装载移动通信基地站、移动通信交换机、收发器、安装材料、空调等。 | | | | |
| 归类决定 | 该车是在货车底盘上固定安装移动通信基地站、交换机等设备,并对车体进行必要改装后的移动通信车,可作为固定移动通信基地站、交换机等出现故障后,及时接替工作的应急用车,可按特种车归入税则号列 8705.9090[8705.9010(2014 年版)];如车体未进行有关改造,上述设备未固定安装,可以拆卸,则不能作为特种车归类,设备和车应分别归类。 | | | | |

| 序号 | 1657 | 归类决定编号 | Z2006－0896 | 公告编号 | 2006年第69号 |
| --- | --- | --- | --- | --- | --- |
| 商品税则号列 | 8705. 9090[8705. 9010(2014年版)] | | 发布日期 | 2006年11月22日 | |
| 商品名称 | 无线通讯车 | | | | |
| 英文名称 | | | | | |
| 其他名称 | | | | | |
| 商品描述 | GSM900兆无线通讯车由V8 3500型雪弗兰面包车改装而成,原车排气量为3500毫升,6座。该车装配有移动通信发射系统、控制系统、检测与监控系统、电源与液压系统、天线系统等。 | | | | |
| 归类决定 | 该车可按特种车归入税则号列8705. 9090[8705. 9010(2014年版)]。 | | | | |

| 序号 | 1658 | 归类决定编号 | Z2006－0897 | 公告编号 | 2006年第69号 |
| --- | --- | --- | --- | --- | --- |
| 商品税则号列 | 8705. 9090[8705. 9099(2014年版)] | | 发布日期 | 2006年11月22日 | |
| 商品名称 | 胚胎移植移动专用车 | | | | |
| 英文名称 | ET movable laborotory | | | | |
| 其他名称 | | | | | |
| 商品描述 | 该车由三菱CANTER型车改装而成,后车厢内固定安装有胚胎冷冻仪、二氧化碳培养箱、灭菌灯、恒温台、车载冷藏库、作业台、洗净台、发电机、照明设备,另附带有加热板、显微镜、内窥镜等。 | | | | |
| 归类决定 | 胚胎移植专用车已对原三菱CANTER型车进行了改装,并固定安装胚胎移植专用设备,用于胚胎采集后的及时处理,可按特种车归入税则号列8705. 9090[8705. 9099(2014年版)]。 | | | | |

| 序号 | 1659 | 归类决定编号 | Z2006－0898 | 公告编号 | 2006年第69号 |
|---|---|---|---|---|---|
| 商品税则号列 | 8705.9090[8705.9099(2014年版)] | | | 发布日期 | 2006年11月22日 |
| 商品名称 | 流动银行运钞车 | | | | |
| 英文名称 | | | | | |
| 其他名称 | | | | | |
| 商品描述 | 该流动银行运钞车，分别由福特车和雪佛兰车改装而成，有三种车型（福特E342、福特350和雪佛兰）各两辆，车上专门设置了对外工作窗口、工作台、工作软椅、工作电脑、保险柜、票据打印机等设备，车身有防弹功能。 | | | | |
| 归类决定 | 该流动银行运钞车分别由福特车和雪佛兰车改装而成，车上专门设置了对外工作窗口、工作台、工作软椅、工作电脑、保险柜、票据打印机等设备，车身有防弹功能。该车已具备流动银行功能，可按流动银行车归入税则号列8705.9090[8705.9099(2014年版)]。 | | | | |

| 序号 | 1660 | 归类决定编号 | Z2006－0899 | 公告编号 | 2006 年第 69 号 |
| --- | --- | --- | --- | --- | --- |
| 商品税则号列 | 8705.9090［8705.9099（2014 年版）］ | | 发布日期 | | 2006 年 11 月 22 日 |
| 商品名称 | 公路救援标志车 | | | | |
| 英文名称 | | | | | |
| 其他名称 | | | | | |
| 商品描述 | 该 SYS－LED－SCOM 系列公路救援标志车，采用超高亮度半导体发光二极管阵及现代电子技术制成的大面积显示牌，装置在高性能吉普车上，并配备机械折叠装置及供电系统。该显示牌可以用于白昼公路障碍状况显示，协助抢修、抢险、排障、公路工程开路等。此外车内还配有抢险工程照明设备、紧急救援设备，如液压剪、液压支撑、液压泵（固定于车上）、高压空气支撑袋、电动气泵（固定于车上）、储气罐（固定于车上）、直流发电机及电池组（显示板电源）（固定于车上）、笔记本电脑、2500 瓦交流发电机组（固定于车上）、工程灯及灯架等。本车主体为标准型吉普车（V6 4.0 升汽油发动机 160 马力），双座；显示牌尺寸：1270 毫米×660 毫米。 | | | | |
| 归类决定 | 该 SYS－LED－SCOM 系列公路救援标志车已对车体作了改装，除在车顶装有大面积显示牌外，还固定安装了抢险工程照明设备、直流发电机及电池组、2500 瓦交流发电机组等，用于白昼公路障碍状况显示，协助抢险、排障、公路工程开路等，已构成特种车的基本特征，因此可归入税则号列 8705.9090［8705.9099（2014 年版）］。 | | | | |

| 序号 | 1661 | 归类决定编号 | Z2006－0900 | 公告编号 | 2006 年第 69 号 |
|---|---|---|---|---|---|
| 商品税则号列 | 8705.9090[8705.9010(2014 年版)] | | | 发布日期 | 2006 年 11 月 22 日 |
| 商品名称 | GSM 移动通信车 | | | | |
| 英文名称 | GSM rapid deployment vehicle | | | | |
| 其他名称 | | | | | |
| 商品描述 | 该通信车车头为日本产“ISUZU”，后附有美国“MOTOROLA”生产的移动通信站，大小与 20 尺货柜相似，内有通信站用设备，自备一台四缸柴油发电机组(31.3 千伏安，50 赫兹，220 伏/380 伏输出)，整个通信站用“U”形扣与车架相连。 | | | | |
| 归类决定 | 该 GSM 移动通信车是美国生产的原装进口车，符合《税则注释》对特种车的规定，应归入税则号列 8705.9090[8705.9010(2014 年版)]。随车进口的系统软件可随通信车一同归类，其他未固定安装的设备应分别归类。 | | | | |

| 序号 | 1662 | 归类决定编号 | Z2006－0901 | 公告编号 | 2006 年第 69 号 |
|---|---|---|---|---|---|
| 商品税则号列 | 8705.9090[8705.9099(2014 年版)] | | | 发布日期 | 2006 年 11 月 22 日 |
| 商品名称 | 公路路面检测车 | | | | |
| 英文名称 | | | | | |
| 其他名称 | | | | | |
| 商品描述 | 该车主体为中巴车，配备有计算机数据采集及处理系统(HP 笔记本电脑)、传感器、颠簸式积分仪，该传感器主体在车内，并与车后桥相连接，是固定式的，用于平整度测量、IRI 测量等。可选配超声波传感器、GPS(全球定位系统)、罗盘仪。以上设备均由汽车电源供电，因此车上固定安装有 12VDC－220VAC800W 的逆变电源。车厢内固定有工作平台。该车用于公路路面各种数据采集及处理，可以进行路面平整度、路面车辙深度、公路几何尺寸、路面横纵测量、国际平整度指数 IRI 测量等。 | | | | |
| 归类决定 | 公路路面检测车已对原型车进行了采集路面有关数据所需的改装，固定安装有测量仪器、电源等，可按特种车归入税则号列 8705.9090[8705.9099(2014 年版)]，但随车进口的笔记本电脑应分别归类。 | | | | |

| 序号 | 1663 | 归类决定编号 | Z2006 - 0905 | 公告编号 | 2006 年第 69 号 |
|---|---|---|---|---|---|
| 商品税则号列 | 8705. 9090[8705. 9099(2014 年版)] | | | 发布日期 | 2006 年 11 月 22 日 |
| 商品名称 | 划线车 | | | | |
| 英文名称 | Thermo plastic truck | | | | |
| 其他名称 | | | | | |
| 商品描述 | 该车为 GMC 牌,型号为 T8500,车后部有 2 个白色水罐,每个水罐后面有一操纵台,水罐容积为每个 3000 磅,装有划线操作台、热熔涂料釜(容量 3000 磅)、玻璃微珠罐、柴油燃烧热源、空气压缩机、输送泵、前方导向系统及自动喷涂装置等,专门用于公路划线。 | | | | |
| 归类决定 | 该划线车符合《税则注释》关于品目 87. 05 特种车的定义,可按特种车归入税则号列 8705. 9090[8705. 9099(2014 年版)]。 | | | | |

| 序号 | 1664 | 归类决定编号 | Z2006 - 0906 | 公告编号 | 2006 年第 69 号 |
|---|---|---|---|---|---|
| 商品税则号列 | 8705. 9090[8705. 9010(2014 年版)] | | | 发布日期 | 2006 年 11 月 22 日 |
| 商品名称 | 奔驰移动通信车 | | | | |
| 英文名称 | | | | | |
| 其他名称 | | | | | |
| 商品描述 | 奔驰 815D 型移动卫星通信车,车内固定安装有发电机、收信天线、接收机(发信部分在国内安装)。 | | | | |
| 归类决定 | 该车已为安装设备及保证绝缘性能对车体进行了相应改装,并固定安装有发电机、收信天线、接收机(发信部分在国内安装)等设备,已具备了特种车的基本特征,应归入税则号列 8705. 9090[8705. 9010(2014 年版)]。 | | | | |

| 序号 | 1665 | 归类决定编号 | Z2006－0907 | 公告编号 | 2006 年第 69 号 |
|---|---|---|---|---|---|
| 商品税则号列 | 8705.9090[8705.9099(2014 年版)] | | 发布日期 | 2006 年 11 月 22 日 | |
| 商品名称 | 森田大型消防照明车 | | | | |
| 英文名称 | | | | | |
| 其他名称 | | | | | |
| 商品描述 | 该车配备柴油发动机,底盘,3 人座。车上安装有固定的探照灯 4 盏、活动照明灯 4 盏、电源转换盘、发电机操作配电盘、插座盘、警报器。 | | | | |
| 归类决定 | 森田大型消防照明车用于消防现场的照明而不是救火车,应按其他特种车归入税则号列 8705.9090[8705.9099(2014 年版)]。 | | | | |

| 序号 | 1666 | 归类决定编号 | Z2006－0908 | 公告编号 | 2006 年第 69 号 |
|---|---|---|---|---|---|
| 商品税则号列 | 8705.9090[8705.9099(2014 年版)] | | 发布日期 | 2006 年 11 月 22 日 | |
| 商品名称 | MEORT－1 型微生物车载处理系统 | | | | |
| 英文名称 | | | | | |
| 其他名称 | | | | | |
| 商品描述 | 该 MEORT－1 型微生物车载处理系统主要用于在油田进行微生物作业和进行多种油田专业化学药剂的现场处理。此车载处理系统由 FORD450 型轻卡车体、控制系统、GR 离心泵、T140 三缸泵、汽油马达和 400 加仑加药箱组成。此处理系统的控制系统部分安装在卡车驾驶室内,离心泵、三缸泵等设备按一定的流程焊接安装在卡车上,处理系统由卡车电池启动,启动装置安装在卡车内,泵的驱动力由马达提供。 | | | | |
| 归类决定 | 该 MEORT－1 型微生物车载处理系统由 FORD450 型轻卡车体、控制系统、GR 离心泵、T140 三缸泵、汽油马达和 400 加仑加药箱组成。车体已根据需要作了实质性改装,将控制系统部分安装在卡车驾驶室内,离心泵、三缸泵等设备按一定的流程焊接安装在卡车上,启动装置安装在卡车内,泵的驱动力由马达提供。因此,该微生物车载处理系统符合特种车的特征,应归入税则号列 8705.9090[8705.9099(2014 年版)]。 | | | | |

| 序号 | 1667 | 归类决定编号 | Z2006 - 0909 | 公告编号 | 2006 年第 69 号 |
|---|---|---|---|---|---|
| 商品税则号列 | 8705.9090[8705.9099(2014 年版)] | | 发布日期 | | 2006 年 11 月 22 日 |
| 商品名称 | 道面修补车 | | | | |
| 英文名称 | | | | | |
| 其他名称 | | | | | |
| 商品描述 | 该车为美国产红色道路修补用特种车,车后带一可折叠的工具用来清理路面,另带两个钢缸,装沥青用,车上有马达,用于喷料。 | | | | |
| 归类决定 | 该车用于修补沥青路面,可按特种车归入税则号列 8705.9090[8705.9099(2014 年版)]。 | | | | |

| 序号 | 1668 | 归类决定编号 | Z2006 - 0911 | 公告编号 | 2006 年第 69 号 |
|---|---|---|---|---|---|
| 商品税则号列 | 8705.9090[8705.9099(2014 年版)] | | 发布日期 | | 2006 年 11 月 22 日 |
| 商品名称 | 摩擦系数测试车 | | | | |
| 英文名称 | | | | | |
| 其他名称 | | | | | |
| 商品描述 | 摩擦系数测试车由福特轿车改装而成,由检测轮、传感器、液压系统、继电器系统、检测电脑等构成的专用检测系统集成安装在车辆底盘上,其中在原后排座位处安装液压系统,在车辆后桥上安装检测轮,工作时用以模拟飞机轮和地面的接触,将检测轮与地面的摩擦力通过传感器输入电脑,对所得数据进行分析处理。 | | | | |
| 归类决定 | 该车已构成特种车辆的特征,应归入税则号列 8705.9090[8705.9099(2014 年版)]。 | | | | |

| 序号 | 1669 | 归类决定编号 | Z2006 - 0912 | 公告编号 | 2006 年第 69 号 |
|---|---|---|---|---|---|
| 商品税则号列 | 8705. 9090[8705. 9099(2014 年版)] | | 发布日期 | | 2006 年 11 月 22 日 |
| 商品名称 | 下水道清污车 | | | | |
| 英文名称 | Sewer cleaner AQUATECH B10 | | | | |
| 其他名称 | | | | | |
| 商品描述 | 下水道清污车,牌名型号为 AQUATECH B10,底盘上固定有下水道清污装置。 | | | | |
| 归类决定 | 下水道清污车的底盘上固定有下水道清污装置,专用于清除下水道污泥,符合《税则注释》关于特种车的定义,故应归入税则号列 8705. 9090[8705. 9099(2014 年版)]。 | | | | |

| 序号 | 1670 | 归类决定编号 | Z2006 - 0913 | 公告编号 | 2006 年第 69 号 |
|---|---|---|---|---|---|
| 商品税则号列 | 8705. 9090[8705. 9099(2014 年版)] | | 发布日期 | | 2006 年 11 月 22 日 |
| 商品名称 | 修井机 | | | | |
| 英文名称 | | | | | |
| 其他名称 | | | | | |
| 商品描述 | 该石油专用特种车(即修井机)由太脱拉底盘车改装而成。此类特种车装配有云梯、滚筒、角传送箱等特殊装置,改装后不具备载人或载货等运输功能,而主要依靠车辆本身的发动机获得动力,并利用可垂直(不使用时平行放置)的塔架及可伸缩杆进行油井设备维修。 | | | | |
| 归类决定 | 改装后的车辆不具备载人或载货等运输功能,因此可按特种车辆归入税则号列 8705. 9090[8705. 9099(2014 年版)]。 | | | | |

| 序号 | 1671 | 归类决定编号 | Z2006－0914 | 公告编号 | 2006年第69号 |
|---|---|---|---|---|---|
| 商品税则号列 | 8705.9090[8705.9099(2014年版)] | | 发布日期 | | 2006年11月22日 |
| 商品名称 | 数据采集控制车 | | | | |
| 英文名称 | | | | | |
| 其他名称 | | | | | |
| 商品描述 | 该车型号为奔驰EC－22ACD,具有发电装置(固定在车架上),车厢(即控制室)内安装有桌子、工作台、壁柜、管灯等,均与车一体,工作台上的电脑(2台)、打印机(2台)等有防滑的特殊固定装置,车内还有30个对讲机放置在固定的架子上,车内的电力来自固定的发电装置,车内壁有多个电源插座。作为石油压裂车组作业的指挥控制中心使用,能对其他车辆进行控制,对现场作业过程实现全自动监控,自动录取作业过程参数等。 | | | | |
| 归类决定 | 根据上述特征,该EC－22ACD型数据采集控制车可按特种车归入税则号列8705.9090[8705.9099(2014年版)],但车内的对讲机不属于该车的必备装置,应予单独归类。 | | | | |

| 序号 | 1672 | 归类决定编号 | Z2006－0915 | 公告编号 | 2006年第69号 |
|---|---|---|---|---|---|
| 商品税则号列 | 8705.9090[8705.9099(2014年版)] | | 发布日期 | | 2006年11月22日 |
| 商品名称 | 电缆故障测试车 | | | | |
| 英文名称 | | | | | |
| 其他名称 | | | | | |
| 商品描述 | 该电缆故障测试车由原装进口的白色奔驰牌面包车改装而成(型号MB 413 CDI 904.662－13,四缸柴油发动机,排气量2148毫升),车后部为工作部位和操作控制部分(与驾驶室隔离),配有控制柜、高压电柜、电缆盘、系统接线端子等物及工作台用椅子1把。该车是通过测试车发动机的附加传动轴驱动供给电缆测试电源的,可用来对城市高压供电电缆出现的故障进行电缆故障预定位和电缆故障精确定点等。 | | | | |
| 归类决定 | 根据上述特征,该电缆故障测试车具有特种车的用途,符合《税则注释》关于"特种车"的规定,故应按特种车归入税则号列8705.9090[8705.9099(2014年版)]。 | | | | |

| 序号 | 1673 | 归类决定编号 | Z2006－0916 | 公告编号 | 2006年第69号 |
|---|---|---|---|---|---|
| 商品税则号列 | 8705.9090[8705.9099(2014年版)] | | 发布日期 | 2006年11月22日 | |
| 商品名称 | 消防照明车 | | | | |
| 英文名称 | “MORITA”fire fighting truck | | | | |
| 其他名称 | | | | | |
| 商品描述 | 该车为森田牌,型号为M54－008－A,有照明系统和强力照明灯及为其提供电能的发电机、集中操作盘等,用于照明救援。发电机由发动机驱动。车顶上还安装有电动式轻铝制照明灯伸缩株及防雨型可定位照明灯。 | | | | |
| 归类决定 | 该车符合《税则注释》关于品目87.05项下特种车的解释,故应归入税则号列8705.9090[8705.9099(2014年版)]。 | | | | |

| 序号 | 1674 | 归类决定编号 | Z2006－0917 | 公告编号 | 2006 年第 69 号 |
|---|---|---|---|---|---|
| 商品税则号列 | 8705.9090[8705.9099(2014 年版)] | | 发布日期 | | 2006 年 11 月 22 日 |
| 商品名称 | 沙漠地震仪器车及泵车 | | | | |
| 英文名称 | | | | | |
| 其他名称 | | | | | |
| 商品描述 | 该两种车由底盘改装成沙漠地震泵车及仪器车。泵车主要由泥浆车、分动泵、液压泵、动力头、液压系统、加压装置及井架构成，上述装置均固定安装在底盘上，由底盘发动机提供动力，用于地面钻孔人工装置地下炸药震源。仪器车装置包括：地震仪主机、磁带机、绘图仪、示波器、UPS、遥控爆炸机，上述仪器均安装在仪器车厢内，车厢（自带空调）与发动机固定安装在底盘上，用于野外人工地震勘探数据采集。 | | | | |
| 归类决定 | 1. 沙漠地震仪器车：用于野外人工地震勘探数据采集，车厢内固定安装有地震仪主机、磁带机、绘图仪、示波器、UPS、遥控爆炸机，车厢（自带空调）与发动机固定安装在底盘上。此改装车符合《税则注释》关于品目 87.05 的解释，应归入税则号列 8705.9090[8705.9099(2014 年版)]。<br>2. 泵车：主要由泥浆泵、分动泵、液压泵、动力头、液压系统、加压装置及井架构成，上述装置均固定安装在底盘上，由底盘发动机提供动力，用于地面钻孔人工装置地下炸药震源。此改装车符合《税则注释》品目 87.05 项下“带泵机动车”的解释，应归入税则号列 8705.9090[8705.9099(2014 年版)]。 | | | | |

| 序号 | 1675 | 归类决定编号 | Z2006 - 0918 | 公告编号 | 2006 年第 69 号 |
|---|---|---|---|---|---|
| 商品税则号列 | 8705.9090[8705.9099(2014 年版)] | | | 发布日期 | 2006 年 11 月 22 日 |
| 商品名称 | 改装沙漠续油车 | | | | |
| 英文名称 | | | | | |
| 其他名称 | | | | | |
| 商品描述 | 车型为 man33.373dfaca6 ×6 - f2000 型专用底盘车,改装后配置废气加热装置、加油装置及备胎支架,可工作环境为 -40℃ ~ +50℃,功率 >350 马力等。 | | | | |
| 归类决定 | 沙漠续油车(沙漠连续油管车)是由沙漠地震底盘车加装储油沉淀罐体、油管、废气加热装置、加油装置等改装而成的,用于对地震勘探用可控震源的连续加油、加气。该改装车符合《税则注释》关于特种车辆的规定,可归入税则号列 8705.9090[8705.9099(2014 年版)]。 | | | | |

| 序号 | 1676 | 归类决定编号 | Z2006 - 0919 | 公告编号 | 2006 年第 69 号 |
|---|---|---|---|---|---|
| 商品税则号列 | 8705.9090[8705.9099(2014 年版)] | | | 发布日期 | 2006 年 11 月 22 日 |
| 商品名称 | 电视转播车 | | | | |
| 英文名称 | | | | | |
| 其他名称 | | | | | |
| 商品描述 | 该电视转播车是由 MAN 26.364FNLC/L 机动车(底盘型号为 WMAT36ZZZ1W041754、发动机号为 3769588214B281)改装而成,车厢内经改装分为电缆设备、技术、音响、导演工作区,装配有演播台、监视器、调音台、录像机、编辑机、功率放大器、配电柜、稳压电源等设备,对厢体进行结构化布线和安装外终端盒及各种接口。该车改装后可以实现流动电视台转播间的功能。 | | | | |
| 归类决定 | 根据《税则注释》对品目 87.05 的解释,该车符合关于特种车的规定,应归入税则号列 8705.9090[8705.9099(2014 年版)]。 | | | | |

<table>
<tr><td>序号</td><td>1677</td><td>归类决定编号</td><td>Z2006－0920</td><td>公告编号</td><td>2006 年第 69 号</td></tr>
<tr><td>商品税则号列</td><td colspan="3">8705. 9090［8705. 9091(2014 年版)］</td><td>发布日期</td><td>2006 年 11 月 22 日</td></tr>
<tr><td>商品名称</td><td colspan="5">施维英混凝土泵车</td></tr>
<tr><td>英文名称</td><td colspan="5">SCKWING truck-mounted concrete pump</td></tr>
<tr><td>其他名称</td><td colspan="5"></td></tr>
<tr><td>商品描述</td><td colspan="5">该混凝土泵车,其中三菱底盘具有 26 吨法定的车辆毛重,有中等长度的驾驶操作室;泵装置可以达到 163 立方米/小时的输出量和最高 133 帕的泵抽吸压力;布料杆有 550 度的回转角度,180 度的折叠角度,垂直伸出长度为 34 米。该车主要用于工程施工领域。</td></tr>
<tr><td>归类决定</td><td colspan="5">该混凝土泵车的主要功能是利用泵的驱动力,通过布料杆输送混凝土。该车符合《税则注释》关于品目 87. 05 的解释,符合特种车的特征,应归入税则号列 8705. 9090［8705. 9091(2014 年版)］。</td></tr>
</table>

<table>
<tr><td>序号</td><td>1678</td><td>归类决定编号</td><td>Z2006－0921</td><td>公告编号</td><td>2006 年第 69 号</td></tr>
<tr><td>商品税则号列</td><td colspan="3">8705. 9090［8705. 9099(2014 年版)］</td><td>发布日期</td><td>2006 年 11 月 22 日</td></tr>
<tr><td>商品名称</td><td colspan="5">道路施工监理工程巡逻标志车</td></tr>
<tr><td>英文名称</td><td colspan="5">Patrolling car for road construction and supervision</td></tr>
<tr><td>其他名称</td><td colspan="5"></td></tr>
<tr><td>商品描述</td><td colspan="5">道路施工监理工程巡逻标志车是在越野车上配备公路检测仪器及设备,并对原车进行相应的改装(如积分仪与车后桥相联结等)而成,用于公路工程现场的检测,可以对沥青及水泥路面、桥梁、路基等进行路面厚度、平整度等的检测。此外,该车还配备高亮度 LED 电子显示牌,作为道路施工的标志。</td></tr>
<tr><td>归类决定</td><td colspan="5">该车已具备特种车的特征,应归入税则号列 8705. 9090［8705. 9099(2014 年版)］。</td></tr>
</table>

| 序号 | 1679 | 归类决定编号 | Z2006－0922 | 公告编号 | 2006年第69号 |
|---|---|---|---|---|---|
| 商品税则号列 | 8705.9090[8705.9099(2014年版)] | | 发布日期 | 2006年11月22日 | |
| 商品名称 | 洗井车 | | | | |
| 英文名称 | | | | | |
| 其他名称 | | | | | |
| 商品描述 | 该洗进车由太脱拉底盘车改装而成。此类特种车装配有一些特殊装置，是油井注水井专用设备，适用于2500米以内井深的注水井洗井车作业。该车改装后不具备载人或货运等运输功能，而主要用于油井设备。 | | | | |
| 归类决定 | 捷克产太脱拉815底盘车改装而成的洗井车已不具备载人或运货等的运输功能，但具备注水洗井功能，故应按特种车辆归入税则号列8705.9090[8705.9099(2014年版)]。 | | | | |

| 序号 | 1680 | 归类决定编号 | Z2006－0923 | 公告编号 | 2006年第69号 |
|---|---|---|---|---|---|
| 商品税则号列 | 8705.9090[8705.9099(2014年版)] | | 发布日期 | 2006年11月22日 | |
| 商品名称 | 飞机气源车 | | | | |
| 英文名称 | | | | | |
| 其他名称 | | | | | |
| 商品描述 | ACE－600－400型气源车主要包括干式无油螺杆压缩机、柴油发动机和ACE的空气流量调节系统等组件，能以每分钟400磅流量、每平方英寸40磅压力提供连续不断的空气，启动各类型喷射航机的发动机。其运作模式有空调送风和发动机启动两种，通过40英尺长、内径3/2英寸输气管向飞机输送压缩气源。该气源机组可安装于五十铃柴油底盘上，在飞机周围灵活行驶。 | | | | |
| 归类决定 | 该款飞机气源车用于为飞机启动喷射发动机提供气源。其主要配置包括干式无油螺杆压缩机、柴油发动机和空气流量调节系统等。从其设计特点和配置来看，明显不用于载客和运货。故根据《税则注释》中关于品目87.05的注释，应将其作为特种车辆归入税则号列8705.9090[8705.9099(2014年版)]。 | | | | |

| 序号 | 1681 | 归类决定编号 | Z2006 - 0924 | 公告编号 | 2006 年第 69 号 |
|---|---|---|---|---|---|
| 商品税则号列 | 8705.9090[8705.9010(2014 年版)] | | | 发布日期 | 2006 年 11 月 22 日 |
| 商品名称 | 警用应急通信车 | | | | |
| 英文名称 | | | | | |
| 其他名称 | | | | | |
| 商品描述 | 该车由 VOLVO 越野车改装而成,拆除了第二排座椅,车顶固定安装了自动跟踪天线,车内固定安装了海事卫星小站、无线电通信车载台、GSM 车台、无线电通信转讯台等设备,各种天线和线路预埋在车上。 | | | | |
| 归类决定 | 该车已构成了特种车的基本特征,可按特种车归入税则号列 8705.9090[8705.9010(2014 年版)]。 | | | | |

| 序号 | 1682 | 归类决定编号 | Z2006 - 0925 | 公告编号 | 2006 年第 69 号 |
|---|---|---|---|---|---|
| 商品税则号列 | 8705.9090[8705.9099(2014 年版)] | | | 发布日期 | 2006 年 11 月 22 日 |
| 商品名称 | 仪表车 | | | | |
| 英文名称 | | | | | |
| 其他名称 | | | | | |
| 商品描述 | 该车型号为 ES - 22ACD,美国制造,仪表装于一个长方形工作间内,用螺丝固定在货车底盘上。其主要设备有控制台、数据处理柜、显示器、键盘、打印机等,该车自带一台 12 千瓦发电机,为上述设备提供电力。该车主要用于控制所有压裂车及混砂车,实施远控操作,并收集数据、记录施工情况。 | | | | |
| 归类决定 | 该车已具备特种车的特征,可归入税则号列 8705.9090[8705.9099(2014 年版)]。 | | | | |

| 序号 | 1683 | 归类决定编号 | Z2006-0926 | 公告编号 | 2006年第69号 |
|---|---|---|---|---|---|
| 商品税则号列 | 8705.9090[8705.9099(2014年版)] | | 发布日期 | | 2006年11月22日 |
| 商品名称 | 压裂管汇车 | | | | |
| 英文名称 | Petroleum blender and manifold unit | | | | |
| 其他名称 | | | | | |
| 商品描述 | 该车型号为H-2000,美国制造,在货车底盘上装有特殊用途的设备。该车主要用于将所有压裂车所供高压液体汇拢后进入井口。 | | | | |
| 归类决定 | 根据《税则》第十六类类注四及第九十章章注三的规定,只有第八十四、第八十五、第九十章的设备构成功能机组时可一并归类。因此,该压裂管汇车虽与压裂车配合使用,也不能按压裂车归类,而应按其他特种车辆归入税则号列8705.9090[8705.9099(2014年版)]。 | | | | |

| 序号 | 1684 | 归类决定编号 | Z2006-0927 | 公告编号 | 2006年第69号 |
|---|---|---|---|---|---|
| 商品税则号列 | 8705.9090[8705.9099(2014年版)] | | 发布日期 | | 2006年11月22日 |
| 商品名称 | 压裂仪表车 | | | | |
| 英文名称 | Petroleum fractring pumping unit and instrument | | | | |
| 其他名称 | | | | | |
| 商品描述 | 该车型号为H-3,美国制造,仪表装于一个长方形工作间内,用螺丝固定在货车底盘上。其主要设备有:控制台、数据处理柜、显示器、键盘、打印机等。该车主要用于控制所有压裂车及混砂车,实施远控操作,并收集数据、记录施工情况。 | | | | |
| 归类决定 | 根据《税则》第十六类类注四及第九十章章注三的规定,只有第八十四、八十五、九十章的设备构成功能机组时可一并归类。因此,该压裂仪表车虽与压裂车及混砂车配合使用,也不能按压裂车或混砂车归类,而应按其他特种车辆归入税则号列8705.9090[8705.9099(2014年版)]。 | | | | |

| 序号 | 1685 | 归类决定编号 | Z2006－0928 | 公告编号 | 2006 年第 69 号 |
|---|---|---|---|---|---|
| 商品税则号列 | 8705. 9090[8705. 9099(2014 年版)] | | | 发布日期 | 2006 年 11 月 22 日 |
| 商品名称 | 清扫车 | | | | |
| 英文名称 | Vacuum cleaner | | | | |
| 其他名称 | | | | | |
| 商品描述 | 该车型号 T－475,美国福特 F650。由汽车底盘和负压吸尘装置组成。负压吸尘装置占总值的 2/3。其工作原理是利用吸力将废气吸入负压吸尘装置,进行过滤分离处理。 | | | | |
| 归类决定 | 清扫车(型号 T－475)实为负压吸尘车,用于工作场所除尘,并对收集物进行过滤分离处理。该车具备《税则》税目 87. 05 所列特种用途机动车的特征,应归入税则号列 8705. 9090[8705. 9099(2014 年版)]。 | | | | |

| 序号 | 1686 | 归类决定编号 | Z2006－0929 | 公告编号 | 2006 年第 69 号 |
|---|---|---|---|---|---|
| 商品税则号列 | 8705. 9090[8705. 9099(2014 年版)] | | | 发布日期 | 2006 年 11 月 22 日 |
| 商品名称 | 交通管理车 | | | | |
| 英文名称 | Odyssey automotive specialty | | | | |
| 其他名称 | 道路安全车、道路巡逻车 | | | | |
| 商品描述 | 该车的规格型号为 TOYOTA SEQUOIA LIMITED ,可以任意选择各种型号的车辆底盘,车内装有计算机,车顶装有高亮度发光二极管所组成的大面积显示板、长条方向显示灯,用于标志公路故障状况,协助公路检修、抢险、排障,还可以用于为超长超宽车辆及工程车辆开道。 | | | | |
| 归类决定 | 该车的主要设计目的不是为了运人或运货,而是用于标志公路故障状况,协助公路检修、抢险、排障等,可按《税则》未列名特种车辆归入税则号列 8705. 9090[8705. 9099(2014 年版)]。 | | | | |

| 序号 | 1687 | 归类决定编号 | Z2006－0930 | 公告编号 | 2006 年第 69 号 |
|---|---|---|---|---|---|
| 商品税则号列 | 8705.9090[8705.9099(2014 年版)] | | 发布日期 | 2006 年 11 月 22 日 | |
| 商品名称 | DIGTEC 2000 型燃气巡检车 | | | | |
| 英文名称 | | | | | |
| 其他名称 | | | | | |
| 商品描述 | 该车原型是大众公司生产的夏郎(SHARAN)7 座面包车,拆除副驾驶和第三排座位,安装了 IONIFLAM2 高灵敏度气体检测仪、电子控制回路气流检测系统、标定气瓶组等装置等,前保险杠下装有气体检测探头,以螺栓固定为主,部分采用焊接连接,由法国专业仪器生产厂商 GAZOMAT 公司改装。通过在铺埋管道的路面上方低速巡检,检测天然气泄露情况。 | | | | |
| 归类决定 | 该车已具备《税则注释》关于特种车的定义,故应归入税则号列 8705.9090[8705.9099(2014 年版)]。 | | | | |

| 序号 | 1688 | 归类决定编号 | Z2006－0931 | 公告编号 | 2006 年第 69 号 |
|---|---|---|---|---|---|
| 商品税则号列 | 8705.9090[8705.9099(2014 年版)] | | 发布日期 | 2006 年 11 月 22 日 | |
| 商品名称 | 文件销密特种车 | | | | |
| 英文名称 | MDS－25 mobile destruction system | | | | |
| 其他名称 | | | | | |
| 商品描述 | 该车行驶部分为万国牌(INTERNATIONAL)4700 4×2 型,美国产。最终由加拿大 SHRED－TECH 公司改装完成,为货箱与车一体式,货箱大小接近于 20 尺普通集装箱,货箱内装有 1 套 SHRED－TECH 牌碎纸系统,加拿大产,生产序列号为 25H－A415－10－01。底盘上装有 1 套与碎纸系统相连接的液压系统,该碎纸系统工作原理为从车右侧由液压系统提供动力将纸等传送到碎纸机内,打碎后打包输出。据货主说明,该碎纸机由车本身发动机的取力器提供动力,而 MDS－25 为碎纸刀型号。 | | | | |
| 归类决定 | 该车已具备了《税则注释》所规定的特种车的特征,应归入税则号列 8705.9090[8705.9099(2014 年版)]。 | | | | |

| 序号 | 1689 | 归类决定编号 | Z2006－0933 | 公告编号 | 2006年第69号 |
|---|---|---|---|---|---|
| 商品税则号列 | 8705.9090[8705.9099(2014年版)] | | 发布日期 | 2006年11月22日 | |
| 商品名称 | 沥青路面养护车 | | | | |
| 英文名称 | | | | | |
| 其他名称 | | | | | |
| 商品描述 | 沥青路面养护车由加热墙、全天候热对流料仓、液压系统、加热墙控制系统、鼓风机发动机、液压气储存罐、气化器、压路机、废料箱、疏松耙、水箱和再生剂储存箱及IVECO汽车底盘等构成。该养护车利用加热墙使路面软化,用液压耙耙松经加热软化的路面,然后从沥青混合料仓中输出热的沥青料,最后使用养护车配有的压路机压实路面。 | | | | |
| 归类决定 | 根据其工作原理,该车可按《税则》未列名的特种车辆归入税则号列8705.9090[8705.9099(2014年版)]。 | | | | |

| 序号 | 1690 | 归类决定编号 | Z2006－0934 | 公告编号 | 2006年第69号 |
|---|---|---|---|---|---|
| 商品税则号列 | 8705.9090[8705.9099(2014年版)] | | 发布日期 | 2006年11月22日 | |
| 商品名称 | 真空吸尘车 | | | | |
| 英文名称 | Vacuum trucks | | | | |
| 其他名称 | | | | | |
| 商品描述 | 该真空吸尘车由运输载体(卡车底盘、发动机等)、真空泵系统、过滤器系统、防爆系统及收集容器组成。工作时吸尘车与锅炉的除尘母管相连,利用负压吸尘原理吸附锅炉内产生的粉尘,从而达到保护环境的目的。 | | | | |
| 归类决定 | 根据其工作原理,可按照《税则》未列名的特种车辆归入税则号列8705.9090[8705.9099(2014年版)]。 | | | | |

| 序号 | 1691 | 归类决定编号 | Z2006 - 0935 | 公告编号 | 2006 年第 69 号 |
|---|---|---|---|---|---|
| 商品税则号列 | 8705. 9090[8705. 9099(2014 年版)] | | 发布日期 | 2006 年 11 月 22 日 | |
| 商品名称 | 洗井清蜡车 | | | | |
| 英文名称 | | | | | |
| 其他名称 | | | | | |
| 商品描述 | 该洗井清蜡车由太脱拉底盘车改装而成。此类特种车装配有一些特殊装置,和修井机配套使用。该车上部分主要为水泵、水柜、锅炉、上水管汇、温度仪和压力表等装置,主要用于修井过程中的洗井和清蜡。 | | | | |
| 归类决定 | 洗井清蜡车是在捷克产太脱拉 815 底盘车的基础上,加装水泵、水柜、锅炉、上水管汇、温度仪和压力表等装置改装而成的,用于修井过程中的洗井和清蜡。该车已不具备载人或货运等运输功能,应按特种车归入税则号列 8705. 9090[8705. 9099(2014 年版)]。 | | | | |

| 序号 | 1692 | 归类决定编号 | Z2006 - 0936 | 公告编号 | 2006 年第 69 号 |
|---|---|---|---|---|---|
| 商品税则号列 | 8705. 9090[8705. 9091(2014 年版)] | | 发布日期 | 2006 年 11 月 22 日 | |
| 商品名称 | 三星混凝土泵车 | | | | |
| 英文名称 | | | | | |
| 其他名称 | | | | | |
| 商品描述 | 该混凝土泵车型号为 JX - M3615,由三星牌底盘、全进牌混凝土泵、布料杆、支腿、输送管道等组成,排气量 16. 991 升,配备柴油发动机。该设备通过混凝土泵经布料杆把混凝土输送到所需的位置。 | | | | |
| 归类决定 | 该泵车可按《税则》特种车辆归入税则号列 8705. 9090[8705. 9091(2014 年版)]。 | | | | |

| 序号 | 1693 | 归类决定编号 | Z2006 - 0937 | 公告编号 | 2006 年第 69 号 |
|---|---|---|---|---|---|
| 商品税则号列 | 8705.9090[8705.9099(2014 年版)] | | | 发布日期 | 2006 年 11 月 22 日 |
| 商品名称 | 高速路面检测车 | | | | |
| 英文名称 | Integrated ground penetrating road detecting vehicle | | | | |
| 其他名称 | | | | | |
| 商品描述 | 高速路面检测车由面包车经下述改装而成:拆除驾驶座及后排靠车门的两个座位以外的座位,加装工作台,用以固定安装数据采集和测试监控系统,该系统必须与车辆的传动和行驶系统组装为一体;改装了部分汽车供电线路,用于检测系统的供电;加装 DMI 装置,用于距离测试和定位;改装车头部分,用于安装检测探头等。改装后的车辆可对高速公路路面和桥面的各层厚度、含水区域、混凝土空洞、破损位置及老化等情况进行测试。 | | | | |
| 归类决定 | 该商品符合《税则注释》关于特种车辆的定义,可按《税则》未列名特种车辆归入税则号列 8705.9090[8705.9099(2014 年版)]。 | | | | |

| 序号 | 1694 | 归类决定编号 | Z2006 - 0938 | 公告编号 | 2006 年第 69 号 |
|---|---|---|---|---|---|
| 商品税则号列 | 8705.9090[8705.9099(2014 年版)] | | | 发布日期 | 2006 年 11 月 22 日 |
| 商品名称 | 路面断面纹理测试车 | | | | |
| 英文名称 | Macrotexture profiling vehicle | | | | |
| 其他名称 | | | | | |
| 商品描述 | 该车配备激光路面纹理检测系统,激光传感器通过车轴之间安装在车身底板上或车前的测试梁上。该车用于测试公路路面的纵断面纹理结构,采集路面情况的实际数据加以分析。 | | | | |
| 归类决定 | 路面纹理测试车由面包车经下述改装而成:配备激光路面纹理检测系统,通过车轴在车身底板上或车前的测试梁上安装激光传感器,用于测试公路路面的纵断路面纹理结构,采集路面情况的实际数据加以分析,符合《税则》关于特种车的定义,可按《税则》未列名的特种车归入税则号列 8705.9090[8705.9099(2014 年版)]。 | | | | |

<table>
<tr><td>序号</td><td>1695</td><td>归类决定编号</td><td>Z2006－0939</td><td>公告编号</td><td>2006年第69号</td></tr>
<tr><td colspan="2">商品税则号列</td><td colspan="2">8705.9090[8705.9099(2014年版)]</td><td>发布日期</td><td>2006年11月22日</td></tr>
<tr><td colspan="2">商品名称</td><td colspan="4">公路抢险标志车</td></tr>
<tr><td colspan="2">英文名称</td><td colspan="4">Signing car for road emergency</td></tr>
<tr><td colspan="2">其他名称</td><td colspan="4"></td></tr>
<tr><td colspan="2">商品描述</td><td colspan="4">该车选用高性能吉普车，配有采用超高亮度半导体发光二极管阵制成的大面积显示牌、机械折叠装置及供电系统。该显示牌可用于白昼公路故障状况显示，协助公路检修、抢险、排障、公路工程开路等作业。另外，该车还配备有抢险工程照明设备、紧急救援设备(液压剪、液压支撑、高压空气支撑袋等)。</td></tr>
<tr><td colspan="2">归类决定</td><td colspan="4">该车已具备了某种非运输性的功能，应按特种车归入税则号列8705.9090[8705.9099(2014年版)]。</td></tr>
</table>

<table>
<tr><td>序号</td><td>1696</td><td>归类决定编号</td><td>Z2006－0940</td><td>公告编号</td><td>2006年第69号</td></tr>
<tr><td colspan="2">商品税则号列</td><td colspan="2">8705.9090[8705.9091(2014年版)]</td><td>发布日期</td><td>2006年11月22日</td></tr>
<tr><td colspan="2">商品名称</td><td colspan="4">砼泵车</td></tr>
<tr><td colspan="2">英文名称</td><td colspan="4"></td></tr>
<tr><td colspan="2">其他名称</td><td colspan="4">混凝土泵车</td></tr>
<tr><td colspan="2">商品描述</td><td colspan="4">该混凝土泵车采用大宇五桥重型卡车底盘。上装部分包括液压系统、电控系统、泵送系统、四个液压支架、四个液压臂杆(附带输送管)。其中泵送系统包括混凝土罐、混凝土活塞、板环、S管、绞刀、收料斗等。</td></tr>
<tr><td colspan="2">归类决定</td><td colspan="4">砼泵车是在大宇五桥重型卡车底盘上装配液压系统、电控系统、泵送系统及四个液压支架、四节液压臂杆(附带输送管)等构成，用于建筑工地浇筑混凝土。该车符合《税则注释》关于特种车的规定，可按特种车归入税则号列8705.9090[8705.9091(2014年版)]。</td></tr>
</table>

| 序号 | 1697 | 归类决定编号 | Z2006－0942 | 公告编号 | 2006年第69号 |
|---|---|---|---|---|---|
| 商品税则号列 | 8705.9090[8705.9091(2014年版)] | | 发布日期 | | 2006年11月22日 |
| 商品名称 | 普兹迈斯特混凝土泵车 | | | | |
| 英文名称 | | | | | |
| 其他名称 | | | | | |
| 商品描述 | 该普兹迈斯特混凝土泵车主要由布料杆、混凝土泵、液压系统、混凝土料斗、支腿、控制系统、汽车底盘(五十铃ISUZU CXZ81Q)、发动机等构成。该车主要用于工程施工领域。 | | | | |
| 归类决定 | 普兹迈斯特混凝土泵车可按《税则注释》列名归入税则号列8705.9090[8705.9091(2014年版)]。 | | | | |

<table>
<tr><td>序号</td><td>1698</td><td>归类决定编号</td><td colspan="2">Z2006－0943</td><td>公告编号</td><td>2006 年第 69 号</td></tr>
<tr><td colspan="2">商品税则号列</td><td colspan="3">8705.9090[8705.9099(2014 年版)]</td><td>发布日期</td><td>2006 年 11 月 22 日</td></tr>
<tr><td colspan="2">商品名称</td><td colspan="5">主支管线巡检车</td></tr>
<tr><td colspan="2">英文名称</td><td colspan="5"></td></tr>
<tr><td colspan="2">其他名称</td><td colspan="5"></td></tr>
<tr><td colspan="2">商品描述</td><td colspan="5">车型为 Mitsubishi Space Stars(三菱太空之星),四缸,1.8 升排量,汽油驱动,可乘四人。车内把原标准配置的电瓶改装为大容量电瓶(75 安培小时)及专用的停车加热器(5000 瓦特),以适应乌鲁木齐冬季寒冷的户外作业要求,预置警灯,装配有 Heath 公司的 OMD 天然气检测系统,车前外挂红外线探测仪器,车内仪表台上安装有线式监视显示器,驾驶员座位右侧安装一台工业数据分析机。该机内装有厂家专用软件,专门记录和分析所检测出的数据,作为管线安全管理的科学依据,车内外所有仪表仪器均用相关的信号电缆连接,仪器及信号电缆均固定安装在车内,该系统检测精度为百万分之一浓度单位。此车在正常巡检工作时,时速不能超过 20 千米/小时,否则该系统无法正常工作,若不装配此系统,最高时速可达 140 千米/小时。国内配套安装无线通话指挥系统。此车专用于 24 小时对城市埋地输气主支管线漏气检测,使用该车能够迅速地发现管线上的漏点,极大地提高了天然气检测精度和效率。</td></tr>
<tr><td colspan="2">归类决定</td><td colspan="5">根据该商品的特征及《税则注释》关于品目 87.05 的解释,其应归入税则号列 8705.9090[8705.9099(2014 年版)]。</td></tr>
</table>

| 序号 | 1699 | 归类决定编号 | Z2006－0944 | 公告编号 | 2006年第69号 |
|---|---|---|---|---|---|
| 商品税则号列 | 8705.9090[8705.9099(2014年版)] | | | 发布日期 | 2006年11月22日 |
| 商品名称 | 庭院巷道管线巡检车 | | | | |
| 英文名称 | | | | | |
| 其他名称 | | | | | |
| 商品描述 | 车型为雅马哈公司生产的CANDA牌微型车,汽油驱动,四冲程160毫升发动机,可乘两人,预置警灯,车上安装有Heath公司的OMD天然气检测系统,车前外挂红外线探测仪器,车内仪表台上安装在线式监视显示器,驾驶员座位右侧安装一台工业数据分析机。该机内装有厂家的专用软件,专门记录和分析所检测出的数据,以作为管线安全管理的科学依据,车内外所有仪表仪器均用相关的信号电缆连接,仪器及信号电缆均固定安装在车内,该系统检测精度为百万分之一浓度单位。此车在正常巡检工作时,时速不能超过20千米/小时,否则该系统无法正常工作,若不装配此系统,最高时速可达45千米/小时。此车专用于24小时对城市埋地输气主支管线漏气检测,能较大提高天然气检测的精度和效率。 | | | | |
| 归类决定 | 根据该商品的特征及《税则注释》关于品目87.05的解释,其应归入税则号列8705.9090[8705.9099(2014年版)]。 | | | | |

| 序号 | 1700 | 归类决定编号 | Z2006－0945 | 公告编号 | 2006 年第 69 号 |
|---|---|---|---|---|---|
| 商品税则号列 | 8705. 9090[8705. 9099(2014 年版)] | | | 发布日期 | 2006 年 11 月 22 日 |
| 商品名称 | 混凝土喷射机 | | | | |
| 英文名称 | | | | | |
| 其他名称 | | | | | |
| 商品描述 | 该混凝土喷射机由喷射机械手、底盘、驾驶室、喷射混凝土泵、空压机、外加剂添加设备、电缆卷盘、遥控装置等组成,用于地下室、隧道、边坡的岩石支护喷射混凝土施工作业。该机器能驾驶行走,工作时依靠外接动力电源驱动,并且通过遥控装置进行控制。 | | | | |
| 归类决定 | 由于该设备的底盘装有柴油发动机、变速箱及换挡操纵装置、转向及制动装置,并且其喷射作业的操作部件未安装在驾驶室内,根据《税则注释》关于品目 87.05 的有关解释,该设备应按特种车归入税则号列 8705. 9090[8705. 9099(2014 年版)]。 | | | | |

| 序号 | 1701 | 归类决定编号 | Z2006－0946 | 公告编号 | 2006年第69号 |
|---|---|---|---|---|---|
| 商品税则号列 | 8705.9090[8705.9099(2014年版)] | | 发布日期 | | 2006年11月22日 |
| 商品名称 | 燃气泄漏巡检车 | | | | |
| 英文名称 | Gas leak detection vehicle | | | | |
| 其他名称 | | | | | |
| 商品描述 | 该车经原装的切诺基改装,车辆品牌“GRAND CHEROKEE”,汽油驱动,排气量4升,功率为140千瓦,四轮驱动。车体本身原最高速度220千米/小时,在正常巡检工作时,时速不超过20千米/小时。内装检测设备,车身为美国产,内部设备为法国产。该车包括:氢火焰离子检测仪、采样系统、检测系统、一台笔记本电脑、DIGITE2000软件、车载喷墨打印机、运载车辆及备件。采样系统的集气管、吸气泵、氧气炉等安装在汽车前保险杠下;氢火焰检测仪、流量计、计算机、打印机安装在汽车副驾驶位置;车箱中的设备柜装有电磁阀、电子控制回路、标准气和氢气瓶等。该车可用于快速评价燃气管道的安全情况,其工作过程是这样的:安装于保险杠前的吸气管在巡检车行进过程中吸入混合气体,再经过降湿、除尘、除废气后进入气体分析器。分析仪的检测精度为1PPM(百万分之一),反应时间小于3秒,整个过程由计算机监控。如有不正常状况出现将给出书面或声音警告,以便于抢修人员及时反应并采取相应措施。 | | | | |
| 归类决定 | 该车符合《税则注释》关于品目87.05的解释,应归入税则号列8705.9090[8705.9099(2014年版)]。 | | | | |

| 序号 | 1702 | 归类决定编号 | Z2006－0947 | 公告编号 | 2006 年第 69 号 |
|---|---|---|---|---|---|
| 商品税则号列 | 8705.9090[8705.9091(2014 年版)] | | | 发布日期 | 2006 年 11 月 22 日 |
| 商品名称 | 大字 11051cc 水泥混凝土泵车 | | | | |
| 英文名称 | | | | | |
| 其他名称 | | | | | |
| 商品描述 | 该商品为一辆大宇混凝土泵车，底盘为大宇 340ps，发动机为大宇 DE12TIS 型六缸直列柴油发动机，带涡轮增压装置，排气量为 11051 毫升，原产国为韩国。上装混凝土泵送装置为 JUNJIN 牌，型号为 JX－M3315。 | | | | |
| 归类决定 | 该车的特征符合《税则注释》关于品目 87.05 的解释，故应按特种车归入税则号列 8705.9090[8705.9091(2014 年版)]。 | | | | |

| 序号 | 1703 | 归类决定编号 | Z2006－0948 | 公告编号 | 2006 年第 69 号 |
|---|---|---|---|---|---|
| 商品税则号列 | 8705.9090[8705.9099(2014 年版)] | | | 发布日期 | 2006 年 11 月 22 日 |
| 商品名称 | 不压井作业机车 | | | | |
| 英文名称 | Snubbing units | | | | |
| 其他名称 | | | | | |
| 商品描述 | 不压井作业机车是在欠压环境下将管柱推入或控制移出井内的特殊装置。动力载车为不压井作业设备不可分割的部分，主要提供动力、电力、承载不压井作业设备，保证作业中的机动性。 | | | | |
| 归类决定 | 不压井作业机车由不压井作业设备和动力载车组成。不压井作业设备是在欠压环境下将管柱推入或控制移出井内的特殊装置，其特点是在保护油层不压井环境下安全地起下管柱，主要是通过反向卡瓦提升系统、高压防喷控制系统、液压储能系统、环路系统、集成控制系统、数据采集系统来实现。动力载车是不压井作业设备不可分割的部分，与井控系统、不压井起下钻系统、油管密封系统相联结，主要为不压井作业设备工作提供动力、电力，同时对设备运行情况进行监测控制，成为整套设备的操作控制平台。另一方面，还用来承载不压井作业设备，保证作业中的机动性。该商品符合《税则注释》关于品目 87.05 的解释，故应归入税则号列 8705.9090[8705.9099(2014 年版)]。 | | | | |

| 序号 | 1704 | 归类决定编号 | Z2006 - 0949 | 公告编号 | 2006 年第 69 号 |
|---|---|---|---|---|---|
| 商品税则号列 | 8705.9090[8705.9099(2014 年版)] | | | 发布日期 | 2006 年 11 月 22 日 |
| 商品名称 | 洗井清蜡车 | | | | |
| 英文名称 | | | | | |
| 其他名称 | | | | | |
| 商品描述 | 该洗井清蜡车由太脱拉底盘车改装而成。此类特种车装配有液马达传动箱、减速箱、高压输液泵、加热锅炉等特殊装置,改装后不具备载人或货运等运输能力,而主要依靠车辆本身的发动机获得动力,并可利用高压输液泵、加热锅炉等进行油井的洗井和清蜡工作。 | | | | |
| 归类决定 | 该洗井清蜡车是由太脱拉底盘车改装而成。改装后,该货品装配有液马达传动箱、减速箱、高压输液泵、加热锅炉等特殊装置,可利用高压输液泵、加热锅炉等进行油井的洗井和清蜡工作。该商品符合《税则注释》关于品目 87.05 的解释,故应归入税则号列 8705.9090[8705.9099(2014 年版)]。 | | | | |

| 序号 | 1705 | 归类决定编号 | Z2006 - 0950 | 公告编号 | 2006 年第 69 号 |
|---|---|---|---|---|---|
| 商品税则号列 | 8705.9090[8705.9099(2014 年版)] | | | 发布日期 | 2006 年 11 月 22 日 |
| 商品名称 | 立放井架车 | | | | |
| 英文名称 | | | | | |
| 其他名称 | | | | | |
| 商品描述 | 该立放井架车由太脱拉底盘车改装而成。此类特种车装配有托架液压控制系统、自动夹紧装置等特殊装置,改装后不具备载人或货运等运输能力,而主要依靠车辆本身的发动机获得动力,并可利用托架及可伸缩油缸进行油井固定井架的安放和拆卸工作。 | | | | |
| 归类决定 | 该商品符合《税则注释》关于品目 87.05 的解释,故应归入税则号列 8705.9090[8705.9099(2014 年版)]。 | | | | |

| 序号 | 1706 | 归类决定编号 | Z2006－0951 | 公告编号 | 2006 年第 69 号 |
|---|---|---|---|---|---|
| 商品税则号列 | 8705.9090[8705.9091(2014 年版)] | | | 发布日期 | 2006 年 11 月 22 日 |
| 商品名称 | 全进水泥混凝土泵车 | | | | |
| 英文名称 | | | | | |
| 其他名称 | | | | | |
| 商品描述 | 裸装水泥泵车，原产于韩国，全车为“JUNJIN”牌，型号为 JX－M3615，布料杆最大举升高度为 36 米。车辆底盘为 DAEWOO 牌，柴油发动机，排气量 11051 毫升。 | | | | |
| 归类决定 | 该车符合《税则》税目 87.05 关于特种车的规定，应归入税则号列 8705.9090[8705.9091(2014 年版)]。 | | | | |

| 序号 | 1707 | 归类决定编号 | Z2006－0953 | 公告编号 | 2006 年第 69 号 |
|---|---|---|---|---|---|
| 商品税则号列 | 8705.9090[8705.9099(2014 年版)] | | | 发布日期 | 2006 年 11 月 22 日 |
| 商品名称 | 沥青路面修补车 | | | | |
| 英文名称 | | | | | |
| 其他名称 | “修路王”养护车 | | | | |
| 商品描述 | 该沥青路面修补车由尼桑、依维柯等进口底盘改装特制而成，加装了加热墙、沥青料混合料仓、料仓恒温器、螺旋输送器、液压疏散耙、压路机及压路机液压提升装置等设备。该车用于道路沥青路面的维修养护。 | | | | |
| 归类决定 | 沥青路面养护车由加热墙、全天候热对流料仓、液压系统、加热墙控制系统、鼓风机发动机、液压气储存罐、气化器、压路机、废料箱、疏松耙、水箱和再生剂储存箱及IVECO汽车底盘等构成。其利用加热墙使路面软化，用液压耙耙松经加热软化的路面，然后从沥青混合料仓中输出热的沥青料，最后使用养护车配有的压路机压实路面。<br>根据其工作原理，该车可按《税则》未列名的特种车辆归入税则号列 8705.9090[8705.9099(2014 年版)]。 | | | | |

<table>
<tr><td>序号</td><td>1708</td><td>归类决定编号</td><td>Z2006－0954</td><td>公告编号</td><td>2006 年第 69 号</td></tr>
<tr><td colspan="2">商品税则号列</td><td colspan="2">8705.9090[8705.9099(2014 年版)]</td><td>发布日期</td><td>2006 年 11 月 22 日</td></tr>
<tr><td colspan="2">商品名称</td><td colspan="4">犯罪现场物证快速检测车</td></tr>
<tr><td colspan="2">英文名称</td><td colspan="4"></td></tr>
<tr><td colspan="2">其他名称</td><td colspan="4"></td></tr>
<tr><td colspan="2">商品描述</td><td colspan="4">该商品为一辆白/蓝色梅赛德斯－奔驰 SPRINTER316CDI 型面包车改装的检测车，规格型号为 MERCEDES SPRINTER316 CDI，原产于德国，排气量 3160 毫升，手动挡，驱动形式 4×2，已有行驶里程 541 千米。该检测车工作部分装备有工作台固定安装 1 套，固定电力仪表盘 1 个，固定安装于车后的发电机组 1 套，固定安装的带有龙头的清水水箱 1 个，工作台边上固定安装可转动的靠背椅 2 把，固定安装的显示器、录像机、摄像机 1 套，均为三洋牌，备用电池 1 个，固定在车后身的小凳子 1 个，其余为指示灯，小柜子等。</td></tr>
<tr><td colspan="2">归类决定</td><td colspan="4">“犯罪现场物证快速检测车”为一辆白/蓝色梅赛德斯－奔驰 SPRINTER316CDI 型面包车改装而成，规格型号为 MERCEDES SPRINTER316 CDI，原产于德国。该货品的车厢内部进行了改装，2/3 的空间是办公操作区，内固定安装有电力仪表控制盘、工作台（安装有显示屏和录像机）、电脑、分析仪器；1/3 的空间是服务区，固定安装有发电机组、用于装干净水的水箱；外部还装有一个铝制监视杆（可伸出超过车顶 2 米），在监视杆上装有摄像机、照明指示灯。该货品主要用于犯罪现场物证的快速提取和检测，符合《税则注释》关于品目 87.05 的解释，应归入税则号列 8705.9090[8705.9099（2014 年版）]。</td></tr>
</table>

| 序号 | 1709 | 归类决定编号 | Z2006 - 0956 | 公告编号 | 2006 年第 69 号 |
|---|---|---|---|---|---|
| 商品税则号列 | 8705. 9090[8705. 9099(2014 年版)] | | 发布日期 | | 2006 年 11 月 22 日 |
| 商品名称 | 沥青路面修补车 | | | | |
| 英文名称 | | | | | |
| 其他名称 | | | | | |
| 商品描述 | 该车为用于沥青路面修补的特种车,型号为 TMV。车上装有红外加热板、熟料仓、电动卷扬机、压路机、废料箱等。 | | | | |
| 归类决定 | 该车可按《税则》未列名的特种车辆归入税则号列 8705. 9090[8705. 9099(2014 年版)]。 | | | | |

| 序号 | 1710 | 归类决定编号 | Z2006 - 0957 | 公告编号 | 2006 年第 69 号 |
|---|---|---|---|---|---|
| 商品税则号列 | 8705. 9090[8705. 9099(2014 年版)] | | 发布日期 | | 2006 年 11 月 22 日 |
| 商品名称 | 乳化沥青喷涂车 | | | | |
| 英文名称 | | | | | |
| 其他名称 | | | | | |
| 商品描述 | 乳化沥青喷涂车的型号为 CENTENNIAL,此车产品容量为 2000 加仑,用不同压力喷速、喷量,以及不同角度,将乳化沥青喷涂到不同建筑物的表面,以喷涂的均匀度等参数来测试乳化沥青产品是否符合设计要求。 | | | | |
| 归类决定 | 乳化沥青喷涂车的用途是将乳化沥青喷涂到不同建筑物的表面,属于《税则》未列名的特种车辆,可归入税则号列 8705. 9090[8705. 9099(2014 年版)]。 | | | | |

| 序号 | 1711 | 归类决定编号 | Z2006－0958 | 公告编号 | 2006年第69号 |
| --- | --- | --- | --- | --- | --- |
| 商品税则号列 | 8705.9090[8705.9099(2014年版)] | | | 发布日期 | 2006年11月22日 |
| 商品名称 | SRF/特种抢险救援车 | | | | |
| 英文名称 | | | | | |
| 其他名称 | | | | | |
| 商品描述 | 该车采用MAN载重底盘，带有救援臂，具有切割、撑顶、破拆、吊装等抢险功能，并随车带有124种手动救援工具，是集消防灭火、社会综合抢险救援于一体的一种车辆。 | | | | |
| 归类决定 | 由于该车辆除消防作用外还适用于多种危险场所的救援工作，因此可按《税则》未列名的特种车辆归入税则号列8705.9090[8705.9099(2014年版)]。 | | | | |

| 序号 | 1712 | 归类决定编号 | Z2006－0959 | 公告编号 | 2006年第69号 |
| --- | --- | --- | --- | --- | --- |
| 商品税则号列 | 8705.9090[8705.9099(2014年版)] | | | 发布日期 | 2006年11月22日 |
| 商品名称 | 升降车 | | | | |
| 英文名称 | 30 foot man lift | | | | |
| 其他名称 | | | | | |
| 商品描述 | 升降车的升降平台安装于汽车底盘上，用于飞机垂直尾翼发动机的日常维护及维修。车辆驾驶室内控制面板可对车辆启停行驶进行操控，升降平台上的控制装置用于控制平台的升、降、前进、后退。 | | | | |
| 归类决定 | 根据《税则注释》中品目87.05的规定，装有升降平台的车辆属于《税则》未列名的特种车辆，应归入税则号列8705.9090[8705.9099(2014年版)]。 | | | | |

| 序号 | 1713 | 归类决定编号 | Z2006 - 0960 | 公告编号 | 2006 年第 69 号 |
|---|---|---|---|---|---|
| 商品税则号列 | | 8705.9090[8705.9099(2014 年版)] | | 发布日期 | 2006 年 11 月 22 日 |
| 商品名称 | 草坪专用车(捡球车) | | | | |
| 英文名称 | | | | | |
| 其他名称 | | | | | |
| 商品描述 | 该高尔夫草坪专用车(捡球车)属汽油型,动力为 11 马力“铃木”双缸风冷汽油发动机,350 毫升,行驶速度为 0 ~ 24 千米/小时,带有可翻的电动货斗,并装配三联捡球车。主要用于捡球。 | | | | |
| 归类决定 | 该高尔夫草坪专用车(捡球车)属汽油型,动力为 11 马力“铃木”双缸风冷汽油发动机,350 毫升,行驶速度为 0 ~ 24 千米/小时,无级变速,带有可翻的电动货斗,并装配三联捡球车。<br>因其主要用途是捡球而非载运客货,可按《税则》未列名特种用途车辆归入税则号列 8705.9090[8705.9099(2014 年版)]。 | | | | |

| 序号 | 1714 | 归类决定编号 | Z2006 - 0961 | 公告编号 | 2006 年第 69 号 |
|---|---|---|---|---|---|
| 商品税则号列 | | 8705.9090[8705.9099(2014 年版)] | | 发布日期 | 2006 年 11 月 22 日 |
| 商品名称 | 照明排烟车 | | | | |
| 英文名称 | | | | | |
| 其他名称 | | | | | |
| 商品描述 | 该车由奔驰 311CDI 底盘改装而成,用于火场照明排烟,分前后两个乘员室,前乘员室为 1 + 2 座位,后乘员室为 3 + 3 座位,后储物箱安装了一套四项照明灯具,照明灯举升高度为 7.1 米,并配套一台车载发电机作为电源动力。该车还拖挂一台宝马 25 型排烟机,每小时排烟 40 万立方米。 | | | | |
| 归类决定 | 因该车用于火场照明排烟,故可按《税则》未列名的特种车辆归入税则号列 8705.9090[8705.9099(2014 年版)]。 | | | | |

| 序号 | 1715 | 归类决定编号 | Z2006－0962 | 公告编号 | 2006年第69号 |
|---|---|---|---|---|---|
| 商品税则号列 | 8705.9090[8705.9099(2014年版)] | | 发布日期 | | 2006年11月22日 |
| 商品名称 | 隧道工程作业台车、砼喷射车 | | | | |
| 英文名称 | | | | | |
| 其他名称 | | | | | |
| 商品描述 | 该商品由起亚货车改装而成,用于开凿隧道施工。<br>隧道工程作业台车:在隧道爆破后进行墙壁与顶棚的支保作业时,能够非常完满的完成作业。它的高度与宽度能够根据需要自由变换,在艰难的作业条件下也能够确保施工顺利进行。作业时将其支架固定在地面上,确保施工的安全进行。<br>砼喷射车:隧道施工时在洞内为了防止最小范围落石、塌方,用于混凝土喷射的机械设备。 | | | | |
| 归类决定 | 上述两车并非用于载货载客,故可按《税则》未列名的特种车辆归入税则号列8705.9090[8705.9099(2014年版)]。 | | | | |

| 序号 | 1716 | 归类决定编号 | Z2006－0963 | 公告编号 | 2006年第69号 |
|---|---|---|---|---|---|
| 商品税则号列 | 8705.9090[8705.9099(2014年版)] | | 发布日期 | | 2006年11月22日 |
| 商品名称 | 气源车 | | | | |
| 英文名称 | | | | | |
| 其他名称 | | | | | |
| 商品描述 | 该气源车为FRR33的ISUZU车头,车上带有一个空气动力装置箱体,箱体上标有TRAC－250,箱内有干式压缩机、流量精确调节系统、压力调节系统及输出端口等。当飞机发动机无法自行启动时(如低温状态),将经流量精确调节系统、压力调节系统处理过的气流接驳入飞机发动机,吹动发动机被动运动,直至发动机可自行点燃,达到启动的目的。 | | | | |
| 归类决定 | 因为该车并非用于载客载货,可按《税则》未列名的特种车辆归入税则号列8705.9090[8705.9099(2014年版)]。 | | | | |

| 序号 | 1717 | 归类决定编号 | Z2006－0964 | 公告编号 | 2006 年第 69 号 |
| --- | --- | --- | --- | --- | --- |
| 商品税则号列 | 8705.9090[8705.9030(2014 年版)] | | 发布日期 | 2006 年 11 月 22 日 | |
| 商品名称 | 环境监测车 | | | | |
| 英文名称 | | | | | |
| 其他名称 | | | | | |
| 商品描述 | 该商品为用福特 E450 型车改装而成的厢式车，车厢内经装修固定有柜子、抽屉、冰箱、水槽等。据货主说明，该车内还安装有上下水管道、水箱、3.6 千瓦汽油发电机、易燃易腐蚀液体储存柜(Flammable liquid storage carbinet)、供实验设备(如气相色谱仪等)使用的不锈钢气路、排风扇等。该车内未安装有实验仪器设备，仅可为实验提供操作空间和水电等条件。 | | | | |
| 归类决定 | 该车经过改装后能够为实验提供操作条件，可视为流动实验室归入税则号列 8705.9090[8705.9030(2014 年版)]。 | | | | |

| 序号 | 1718 | 归类决定编号 | Z2006－0965 | 公告编号 | 2006 年第 69 号 |
| --- | --- | --- | --- | --- | --- |
| 商品税则号列 | 8705.9090[8705.9099(2014 年版)] | | 发布日期 | 2006 年 11 月 22 日 | |
| 商品名称 | 桁架自行式桥梁检查平台 | | | | |
| 英文名称 | | | | | |
| 其他名称 | | | | | |
| 商品描述 | 德国莫格公司生产的型号为 MBI200－1.5/S 的桥梁检查平台由梅赛德斯－奔驰 ACTROS2632L8×4 车辆底盘、支承架、回转台、垂直桁架(悬梯)、水平桁架(工作平台)、液压系统、电气控制系统等组成。工作时，由整机沿桥向移动、工作平台上下升降及工作平台伸缩来实现三维空间位移。其可满足桥梁下部结构自桥面下垂直作业范围 9 米以内、桥下水平作业范围 23 米以内(单幅)的桥梁结构表面的检查需要。 | | | | |
| 归类决定 | 该车的主要用途并非用于载货或载人，可按《税则》未列名的特种车辆归入税则号列 8705.9090[8705.9099(2014 年版)]。 | | | | |

| 序号 | 1719 | 归类决定编号 | Z2006－0966 | 公告编号 | 2006年第69号 |
|---|---|---|---|---|---|
| 商品税则号列 | 8705.9090［8705.9099(2014年版)］ | | 发布日期 | 2006年11月22日 | |
| 商品名称 | 高空作业车 | | | | |
| 英文名称 | | | | | |
| 其他名称 | | | | | |
| 商品描述 | 该高空作业车,是由一辆福特车经改装而成,主要用于高压电线的维护、维修。该车后部装有一套液压升降系统,顶部有一个玻璃钢制工作斗,人站在工作斗内可对高压线路进行维修等操作。斗的旁边装有控制装置,斗内人员可方便地进行操控,实现升降、旋转、进退等动作。 | | | | |
| 归类决定 | 根据《税则注释》关于品目87.05的解释,装有升降平台的供维修架空电缆等用的车辆可按《税则》未列名的特种车辆归入税则号列8705.9090［8705.9099(2014年版)］。 | | | | |

| 序号 | 1720 | 归类决定编号 | Z2006－0968 | 公告编号 | 2006年第69号 |
|---|---|---|---|---|---|
| 商品税则号列 | 8705.9090［8705.9099(2014年版)］ | | 发布日期 | 2006年11月22日 | |
| 商品名称 | 燃气泄露巡检车 | | | | |
| 英文名称 | | | | | |
| 其他名称 | | | | | |
| 商品描述 | 该车在Fiat SCUDO的基础上,加装采样系统、仪器箱、数据处理设备等设备。仪器箱内装有气体检测仪、氧化炉、电子流量计、电子阀等。<br>安装于保险杠前的吸气管在巡检车行进过程中吸入混合气体,经过除尘、除废气后进入气体检测器进行检测,检测精度为1PPM(百万分之一),如有异常情况即发出警报,检测数据同时存入硬盘,整个过程由一台专用计算机控制。 | | | | |
| 归类决定 | 此车属于检测泄露气体的专用车辆,不用于载货或载人,符合《税则注释》关于品目87.05的解释,应按特种用途车归入税则号列8705.9090［8705.9099(2014年版)］。 | | | | |

| 序号 | 1721 | 归类决定编号 | Z2006－0969 | 公告编号 | 2006年第69号 |
|---|---|---|---|---|---|
| 商品税则号列 | 8705.9090[8705.9099(2014年版)] | | | 发布日期 | 2006年11月22日 |
| 商品名称 | 管道测漏仪工作车 | | | | |
| 英文名称 | | | | | |
| 其他名称 | | | | | |
| 商品描述 | 管道测漏仪工作车包括管道检测系统、配套设备、管网维护工具车。<br>1. 管道检测系统固定在工具车上,主要利用摄像镜头在车内通过监视器对管道内的情况进行检查和测漏,并记录测漏结果。管道检测系统包括管道内窥系统、cs/main主线系统、管道成像声纳系统、便携式探测仪及其他辅助装备。其主机是固定在车上的,摄像头等外用设备需要同主机以cs/main主线与主机相连,具体包括:彩色PAL制式摄像头,摄像头光源灯、自身驱动装置及其他浮船和滑撬设备、操作室内14寸彩色显示器、车辆尾部9寸彩色显示器、带有电动控制装置的视讯电缆盘、用于升降摄像系统的伸举、提供所有车载设备动力的汽油发电机、为堵塞气囊充气的电动空压机、可测水下污泥量及管道横截面情况的声纳系统等。<br>2. 配套设备主要是由与管道闭路电视检测系统配合使用的设备组成,除台式电脑外,不固定在车上。其主要包括台式电脑、笔记本电脑、充气式截流密封袋、井盖探测仪、气体检测仪。台式电脑主要用于监视管道情况;笔记本电脑用于污水系统的记录和统计;充气密封袋主要用于堵塞各种管道;井盖探测仪主要利用磁力场的原理,通过电力作用产生磁场,对影响磁场的埋在地下的磁性物体进行探测和定位。气体探测仪是采用电化原理,在仪器内预置5种感应物质,探测井内的甲烷、氧气、硫化氢、一氧化碳、二氧化碳等气体的含量,防止操作时爆炸和中毒。<br>3. 管网维护工具车是为了配合管道测漏仪而配备的车辆,主要功能是装载上述整个管道闭路电视检测系统和配套设备,形成车前驾驶室、车中控制室和车尾操作储藏室。本次配备的是德国奔驰313cdi汽车。 | | | | |
| 归类决定 | 管道测漏仪工作车由奔驰313cdi车改装而成,包括管道检测系统、配套设备、管网维护工具车,主要作用是对管道内的情况进行检查和测漏。车内固定安装管道检测系统及自动数据处理系统,并配有其他如笔记本电脑、充气式截流密封袋、井盖探测仪、气体检测仪等非固定安装的配套设备。<br>该车主体符合《税则注释》所规定的特种车为非用于载人或载货车辆的定义,应按《税则》未列名的特种车辆归入税则号列8705.9090[8705.9099(2014年版)];其未固定在车上的配套设备应按各自功能分别归类。 | | | | |

| 序号 | 1722 | 归类决定编号 | Z2006－0971 | 公告编号 | 2006 年第 69 号 |
|---|---|---|---|---|---|
| 商品税则号列 | 8705.9090[8705.9099(2014 年版)] | | | 发布日期 | 2006 年 11 月 22 日 |
| 商品名称 | MORO 管道清通车 | | | | |
| 英文名称 | Pipe cleaning vehicle | | | | |
| 其他名称 | | | | | |
| 商品描述 | 该车主要用于城市污水管道的清淤和清洗。其主体由特别设计的底盘，清、污水箱和高压泵，真空泵等组成，下水道冲洗设备能将污水和废料从下水道中通过吸管吸入污水箱后通过滤板将污水和污泥分离，再经过安装在真空泵和容器之间的离心式安全滤芯将杂质进一步分离，分离后的杂质回到污水箱，清水则流入清水箱，高压水泵将清水箱中清水抽出并形成高压水流喷出，用于疏通水道中的阻塞物，罐体与底盘之间用特别高强度的抗扭钢板和液压杆连接，具有很好的抗震防撞能力。 | | | | |
| 归类决定 | 按照《税则注释》对品目 87.05 的规定，产品属于非用于载货或载人的具有特殊用途的车辆，根据归类总规则一及六，应归入税则号列 8705.9090[8705.9099(2014 年版)]。 | | | | |

| 序号 | 1723 | 归类决定编号 | Z2006－0972 | 公告编号 | 2006年第69号 |
|---|---|---|---|---|---|
| 商品税则号列 | 8705.9090[8705.9099(2014年版)] | | 发布日期 | 2006年11月22日 | |
| 商品名称 | 阿迪戈2148cc高空作业车 | | | | |
| 英文名称 | | | | | |
| 其他名称 | | | | | |
| 商品描述 | 型号:柴油型ITAL MICHELANGEL021.10/BENZ ATEGO 1215梅赛德斯－奔驰。<br>该车在奔驰车底盘上装有可折叠及伸缩臂式高空作业平台,平台底座可360度旋转,伸缩臂最大工作高度为21米,在工作篮及平台底部装有两组控制器,用于控制工作臂,主要组成为工作臂、工作篮、平台转盘、支撑腿等。该车主要用于维修电缆、公用照明等,广泛应用于路灯、电力、市政、机场、高速公路、造船修船、通信、建筑、园林、港口等行业和领域。 | | | | |
| 归类决定 | 根据《税则注释》对品目84.27的规定,起重或搬运机器如安装在完整的汽车底盘上,整套设备应按照特种机动车辆归入税目87.05,因此,根据归类总规则一及六,该产品应归入税则号列8705.9090[8705.9099(2014年版)]。 | | | | |

| 序号 | 1724 | 归类决定编号 | Z2006 - 0973 | 公告编号 | 2006 年第 69 号 |
|---|---|---|---|---|---|
| 商品税则号列 | 8705.9090[8705.9099(2014 年版)] | | 发布日期 | | 2006 年 11 月 22 日 |
| 商品名称 | 凌特 4250 毫升高空作业车 | | | | |
| 英文名称 | | | | | |
| 其他名称 | | | | | |
| 商品描述 | 型号:柴油型 ITAL GALILED016.10/BENZ SPRINTER 416 CDI 梅赛德斯 - 奔驰。<br>该车在奔驰车底盘上装有可折叠及伸缩臂式高空作业平台,平台底座可 360 度旋转,伸缩臂最大工作高度为 21 米,在工作篮及平台底部装有两组控制器,用于控制工作臂,主要组成为工作臂、工作篮、平台转盘、支撑腿等。该车主要用于维修电缆、公用照明等,广泛应用于路灯、电力、市政、机场、高速公路、造船修船、通信、建筑、园林、港口等行业和领域。 | | | | |
| 归类决定 | 根据《税则注释》对品目 84.27 的规定(参见品目 84.26 注释中关于装在卡车上的升降平台的解释),起重或搬运机器如安装在完整的汽车底盘上,整套设备应按照特种机动车辆归入税目 87.05,因此,根据归类总规则一及六,该产品应归入税则号列 8705.9090[8705.9099(2014 年版)]。 | | | | |

| 序号 | 1725 | 归类决定编号 | Z2006－0974 | 公告编号 | 2006 年第 69 号 |
|---|---|---|---|---|---|
| 商品税则号列 | 8705.9090[8705.9099(2014 年版)] | | | 发布日期 | 2006 年 11 月 22 日 |
| 商品名称 | 现场测光车 | | | | |
| 英文名称 | | | | | |
| 其他名称 | | | | | |
| 商品描述 | 现场测光车由切诺基吉普改装而成,内部安装机场测光计量系统:由灯光传感器阵列、位置传感器(雷达系统)、校准摄像机、导航模块、数据记录及分析计算机系统等组成。该车用于准确测量机场跑道高低强度灯光性能。 | | | | |
| 归类决定 | 根据《税则注释》对品目 87.05 的规定,该现场测光车属于非用于载货或载人的具有特殊用途的车辆,根据归类总规则一及六,应归入税则号列 8705.9090[8705.9099(2014 年版)]。 | | | | |

| 序号 | 1726 | 归类决定编号 | Z2006－0975 | 公告编号 | 2006 年第 69 号 |
|---|---|---|---|---|---|
| 商品税则号列 | 8705.9090[8705.9099(2014 年版)] | | | 发布日期 | 2006 年 11 月 22 日 |
| 商品名称 | 隧道及护拦清洗车 | | | | |
| 英文名称 | | | | | |
| 其他名称 | | | | | |
| 商品描述 | 品牌:阿萨罗尼,型号:MV－5500 柴油型,排气量:7600 毫升。车上配备隧道清洗装置和护拦板清洗装置,主要由工作臂、清洗刷、底盘液压系统和喷射水流自动清洗系统组成。通过安装不同规格的清洗刷,可用于隧道清洗、公路护拦及标志杆清洗。 | | | | |
| 归类决定 | 按照《税则注释》对品目 87.05 的规定,该清洗车属于非用于载货或载人的具有特殊用途的车辆,根据归类总规则一,应归入税则号列 8705.9090[8705.9099(2014 年版)]。 | | | | |

| 序号 | 1727 | 归类决定编号 | Z2006 - 0977 | 公告编号 | 2006 年第 69 号 |
|---|---|---|---|---|---|
| 商品税则号列 | 8705. 9090[8705. 9099(2014 年版)] | | 发布日期 | 2006 年 11 月 22 日 | |
| 商品名称 | 管汇车 | | | | |
| 英文名称 | | | | | |
| 其他名称 | | | | | |
| 商品描述 | 该商品是由奔驰底盘车改装而成的管汇车,在奔驰底盘车上装配有发动机、传动箱、高压和低压管汇等。该车主要用在压裂施工过程中为压裂车和混砂车提供连接管汇,作业时用随车吊车将携带的高压和低压管汇吊到地面,低压管汇与混砂车排出管和压裂车吸入管连接,高压管汇与压裂车的排出管汇和井口管汇连接。 | | | | |
| 归类决定 | 按照《税则注释》对品目 87. 05 的规定,该商品属于非用于载货或载人的具有特殊用途的车辆,根据归类总规则一,应归入税则号列 8705. 9090[8705. 9099(2014 年版)]。 | | | | |

| 序号 | 1728 | 归类决定编号 | Z2006 - 0978 | 公告编号 | 2006 年第 69 号 |
|---|---|---|---|---|---|
| 商品税则号列 | 8705. 9090[8705. 9080(2014 年版)] | | 发布日期 | 2006 年 11 月 22 日 | |
| 商品名称 | 水泥车 | | | | |
| 英文名称 | | | | | |
| 其他名称 | | | | | |
| 商品描述 | 该商品为万国底盘车改装而成的水泥车,车上装配有发动机、传动箱、固井泵、自动混浆单元及其控制系统和液压系统等。该车主要用于油气田油井的固井作业,可完成自制水泥浆、注水泥、替泥浆、碰压等工作,也可用于洗井和一般浅井的压裂施工。 | | | | |
| 归类决定 | 按照《税则注释》对品目 87. 05 的规定,该商品属于非用于载货或载人的具有特殊用途的车辆,根据归类总规则一,应归入税则号列 8705. 9090[8705. 9080(2014 年版)]。 | | | | |

| 序号 | 1729 | 归类决定编号 | Z2006－0979 | 公告编号 | 2006年第69号 |
|---|---|---|---|---|---|
| 商品税则号列 | 8705.9090［8705.9099(2014年版)］ | | | 发布日期 | 2006年11月22日 |
| 商品名称 | 通井车 | | | | |
| 英文名称 | | | | | |
| 其他名称 | | | | | |
| 商品描述 | 该车采用进口MAN33.373DFC/6×4汽车二类底盘作为装载车，驱动形式6×4，单前桥为从动转向桥，后两桥为驱动桥，在主车车架上布置车台动力、角传动箱、绞车、水刹车、机械猫头、操作室、冷却循环系统、液气路自动控制系统等专用装置，车台上动力从底盘取力，阿里逊CLT5961传动箱作为动力传动装置。该通井车属油田通井试油作业中的专用设备，主要用于完成油气井中起下油管、抽油杆和抽油泵等井下工具或进行抽汲、打捞等井下操作，不具备载人或者载货的功能。 | | | | |
| 归类决定 | 按照《税则注释》对品目87.05的规定，该商品属于非用于载货或载人的具有特殊用途的车辆，根据归类总规则一及六，应归入税则号列8705.9090［8705.9099(2014年版)］。 | | | | |

| 序号 | 1730 | 归类决定编号 | Z2006－0980 | 公告编号 | 2006年第69号 |
|---|---|---|---|---|---|
| 商品税则号列 | 8705.9090［8705.9099(2014年版)］ | | | 发布日期 | 2006年11月22日 |
| 商品名称 | 刑事现场勘查指挥车 | | | | |
| 英文名称 | | | | | |
| 其他名称 | | | | | |
| 商品描述 | 该车使用福特E－450车架，并按照承载设备的要求，对车架进行加长和平衡系统的改造，车厢内固定安装有物证处理实验台、监控及电脑操作工作台、各类设备安置架、专用的电气供应系统(包括外置发电机和室外强光照明)、小型指挥室及部分配套的勘查检验装备。 | | | | |
| 归类决定 | 按照《税则注释》对品目87.05的规定，该商品属于非用于载货或载人的具有特殊用途的车辆，根据归类总规则一及六，应归入税则号列8705.9090［8705.9099(2014年版)］。 | | | | |

| 序号 | 1731 | 归类决定编号 | Z2006－0981 | 公告编号 | 2006 年第 69 号 |
|---|---|---|---|---|---|
| 商品税则号列 | 8705.9090[8705.9099(2014 年版)] | | 发布日期 | | 2006 年 11 月 22 日 |
| 商品名称 | 井下加油机 | | | | |
| 英文名称 | Fuel/Lube underground discharger | | | | |
| 其他名称 | | | | | |
| 商品描述 | 该井下加油机由四轮驱动井下标准底盘、FL 车载加油系统和 MPV 独立工作式油车厢、舒适型驾驶室等组成。该设备只能用于井下,可自推进,为各采场工作的铲运机、凿岩机、锚杆台车和铲运卡车加燃油、液压油、润滑油和黄油脂,并回收废液压油和废润滑油。其加油系统运行的动力由发动机提供。 | | | | |
| 归类决定 | "井下加油机",只能用于井下,为各采场工作的铲运机、凿岩机、铲运卡车加燃油、液压油、润滑油,并回收废液压油和废润滑油,其加油系统由发动机提供。该车采用开放式驾驶室,具有方向盘、前后桥、中间差速器,以及具备倒挡功能。<br>该车具备了第八十七章车辆的基本特征"装有汽车驾驶系统或倒挡及差速器",因此,应按车辆进行归类。该车装有车载燃油系统,包括油槽、液压油泵、油过滤器、可计量油枪等设备,具备了"非载人运货"的特征,根据归类总规则一及六,应将其归入税则号列 8705.9090[8705.9099(2014 年版)]。 | | | | |

| 序号 | 1732 | 归类决定编号 | Z2006－0983 | 公告编号 | 2006 年第 69 号 |
|---|---|---|---|---|---|
| 商品税则号列 | 8705.9090[8705.9099(2014 年版)] | | 发布日期 | | 2006 年 11 月 22 日 |
| 商品名称 | 管道清通车 | | | | |
| 英文名称 | Combination sewer cleaner | | | | |
| 其他名称 | | | | | |
| 商品描述 | 管道清通车,排气量 7642 毫升,2100 型,下水道清洁车(联用型),载重 7.6 吨,总重 20 吨,主要由汽车底盘、污泥储存箱、水箱、污泥抽吸系统和高压喷水系统组成。该车用于清洗城市污水管道或雨水管道内的淤泥或其他物质,并将淤泥等杂物由下水道吸出,从而起到疏通污水或雨水管道的作用。 | | | | |
| 归类决定 | 按照《税则注释》对品目 87.05 的规定,产品属于非用于载货或载人的具有特殊用途的车辆,根据归类总规则一,应归入税目 87.05,依照税目条文的规定,应归入税则号列 8705.9090[8705.9099(2014 年版)]。 | | | | |

| 序号 | 1733 | 归类决定编号 | Z2006 - 1462 | 公告编号 | 2007 年第 70 号 |
| --- | --- | --- | --- | --- | --- |
| 商品税则号列 | | 8705.9090[8705.9099(2014 年版)] | | 发布日期 | 2007 年 12 月 5 日 |
| 商品名称 | | 电视转播车 | | | |
| 英文名称 | | Digtal outside broadcast TV truck | | | |
| 其他名称 | | | | | |
| 商品描述 | | 该车车头为日野,后箱体内有桌椅、顶灯、钢制地板、支架及电缆线盒等,已加装全套电视转播的设备。 | | | |
| 归类决定 | | 该辆日野改装车加装全套电视转播设备,可按特种车辆归入税则号列 8705.9090[8705.9099(2014 年版)]。 | | | |

| 序号 | 1734 | 归类决定编号 | Z2006 - 1463 | 公告编号 | 2007 年第 70 号 |
| --- | --- | --- | --- | --- | --- |
| 商品税则号列 | | 8705.9090[8705.9099(2014 年版)] | | 发布日期 | 2007 年 12 月 5 日 |
| 商品名称 | | 福特野外流动录音车 | | | |
| 英文名称 | | FORD econoline wagon van | | | |
| 其他名称 | | | | | |
| 商品描述 | | 野外流动录音车是用美国福特封闭货车按改装合同的要求,加装录音设备、配电设备改装而成,用于电视转播的现场录音。 | | | |
| 归类决定 | | 该录音车可按特种车归入税则号列 8705.9090[8705.9099(2014 年版)]。 | | | |

| 序号 | 1735 | 归类决定编号 | Z2006 - 1464 | 公告编号 | 2007 年第 70 号 |
|---|---|---|---|---|---|
| 商品税则号列 | 8705.9090[8705.9099(2014 年版)] | | 发布日期 | | 2007 年 12 月 5 日 |
| 商品名称 | 划线车 | | | | |
| 英文名称 | Thermo plastic truck | | | | |
| 其他名称 | | | | | |
| 商品描述 | 该 GMC 牌道路划线车的车后装有 2 个压力罐,车下有划线装置及控制装置。 | | | | |
| 归类决定 | 该划线车可按特种车归入税则号列 8705.9090[8705.9099(2014 年版)]。 | | | | |

| 序号 | 1736 | 归类决定编号 | Z2006 - 1465 | 公告编号 | 2007 年第 70 号 |
|---|---|---|---|---|---|
| 商品税则号列 | 8705.9090[8705.9099(2014 年版)] | | 发布日期 | | 2007 年 12 月 5 日 |
| 商品名称 | 电视转播车 | | | | |
| 英文名称 | Digital outside broadcast TV truck | | | | |
| 其他名称 | | | | | |
| 商品描述 | 该车车头为日野,箱体内装有顶灯、钢制地板、支架及电缆线盒等,加装全套音像设备,具备节目制作、现场实况转播的功能。 | | | | |
| 归类决定 | 该电视转播车可按特种车归入税则号列 8705.9090[8705.9099(2014 年版)]。 | | | | |

| 序号 | 1737 | 归类决定编号 | Z2006-1466 | 公告编号 | 2007 年第 70 号 |
|---|---|---|---|---|---|
| 商品税则号列 | 8705.9090[8705.9099(2014 年版)] | | 发布日期 | 2007 年 12 月 5 日 | |
| 商品名称 | 气源车 | | | | |
| 英文名称 | Ace continuous plow jet air starter unit | | | | |
| 其他名称 | | | | | |
| 商品描述 | 该车为五十铃牌气源车,后车厢内安装有发动机、压缩机各 1 台,用于飞机发动机启动送气。 | | | | |
| 归类决定 | 该车用于飞机发动机启动送气,可按特种车归入税则号列 8705.9090[8705.9099(2014 年版)]。 | | | | |

| 序号 | 1738 | 归类决定编号 | Z2006-1467 | 公告编号 | 2007 年第 70 号 |
|---|---|---|---|---|---|
| 商品税则号列 | 8705.9090[8705.9099(2014 年版)] | | 发布日期 | 2007 年 12 月 5 日 | |
| 商品名称 | 自动式划线车 | | | | |
| 英文名称 | | | | | |
| 其他名称 | | | | | |
| 商品描述 | 该自动式划线车主要用于机场跑道、滑行道、停机坪和场区道路路面的划线工作。划线系统有不锈钢漆罐和喷枪,漆罐位于车体后部,车体左侧有指向地面的出液口。该车通过汽油发动机向驱动机构和划线设备输出动力,有 4 挡同步变速器,4 轮装有液压助力器。 | | | | |
| 归类决定 | 该车属于专用于路面划线的特殊用途的机动车辆,应归入税则号列 8705.9090[8705.9099(2014 年版)]。 | | | | |

| 序号 | 1739 | 归类决定编号 | Z2006－1468 | 公告编号 | 2007 年第 70 号 |
|---|---|---|---|---|---|
| 商品税则号列 | 8705. 9090[8705. 9099(2014 年版)] | | 发布日期 | | 2007 年 12 月 5 日 |
| 商品名称 | 立放运井架车 | | | | |
| 英文名称 | | | | | |
| 其他名称 | | | | | |
| 商品描述 | 该立放运井架车为石油专用特种车，由太脱拉底盘车改装而成。此类特种车装配有一些特殊装置，改装后不具备载人或货运等运输功能，而主要用于油井设备。 | | | | |
| 归类决定 | 该车在原底盘车上装配特殊立放运井架装置，不再具备载人或载货的功能，可按特种车归入税则号列 8705. 9090[8705. 9099(2014 年版)]。 | | | | |

| 序号 | 1740 | 归类决定编号 | Z2006－1469 | 公告编号 | 2007 年第 70 号 |
|---|---|---|---|---|---|
| 商品税则号列 | 8705. 9090[8705. 9099(2014 年版)] | | 发布日期 | | 2007 年 12 月 5 日 |
| 商品名称 | 通井机 | | | | |
| 英文名称 | | | | | |
| 其他名称 | | | | | |
| 商品描述 | 该通井机为石油专用特种车，由太脱拉底盘车改装而成。此类特种车装配有一些特殊装置，改装后不具备载人或载货等运输功能，而主要用于油井设备。 | | | | |
| 归类决定 | 该车在原底盘车上装配特殊通井装置，改装后不再具备载人或载货的功能，可按特种车归入税则号列 8705. 9090[8705. 9099(2014 年版)]。 | | | | |

| 序号 | 1741 | 归类决定编号 | Z2006－1470 | 公告编号 | 2007 年第 70 号 |
|---|---|---|---|---|---|
| 商品税则号列 | 8705.9090[8705.9099(2014 年版)] | | | 发布日期 | 2007 年 12 月 5 日 |
| 商品名称 | 电视管道检查车 | | | | |
| 英文名称 | | | | | |
| 其他名称 | | | | | |
| 商品描述 | 该电视管道检查车由奔驰 416CDI 车改装而成，车厢经改装分隔成驾驶室、主控室和摄录监察室三部分，车内固定安装有自动数据处理系统、管道电视监视系统、影像功能仪表板、水冷式指挥仪等设备，用于监测上下水管道，以便发现异常及时维修。 | | | | |
| 归类决定 | 该车符合《税则注释》对特种车的描述，应按特种车归入税则号列 8705.9090[8705.9099(2014 年版)]。 | | | | |

| 序号 | 1742 | 归类决定编号 | Z2006－1471 | 公告编号 | 2007 年第 70 号 |
|---|---|---|---|---|---|
| 商品税则号列 | 8705.9090[8705.9099(2014 年版)] | | | 发布日期 | 2007 年 12 月 5 日 |
| 商品名称 | 抽油杆作业车 | | | | |
| 英文名称 | | | | | |
| 其他名称 | | | | | |
| 商品描述 | 该抽油杆作业车为石油专用特种车，由太脱拉底盘车改装而成。此类特种车装配有一些特殊装置，改装后不具备载人或货运等运输功能，而主要用于油井设备。 | | | | |
| 归类决定 | 该抽油杆作业车主要用于起放柔性抽油杆，已不具备载人或货运等运输功能，符合《税则注释》关于品目 87.05 的解释，可归入税则号列 8705.9090[8705.9099(2014 年版)]。 | | | | |

| 序号 | 1743 | 归类决定编号 | Z2006－1472 | 公告编号 | 2007 年第 70 号 |
|---|---|---|---|---|---|
| 商品税则号列 | 8705.9090[8705.9099(2014 年版)] | | 发布日期 | | 2007 年 12 月 5 日 |
| 商品名称 | 修井机 | | | | |
| 英文名称 | | | | | |
| 其他名称 | | | | | |
| 商品描述 | 该修井机为石油专用特种车,由太脱拉底盘车改装而成。此类特种车装配有云梯、滚筒、角传送箱等特殊装置,改装后不具备载人或货运等运输功能,而主要依靠车辆本身的发动机获得动力,并利用可垂直(不使用时平行放置)的塔架以及可伸缩杆对油井设备进行维护。 | | | | |
| 归类决定 | 修井机是在原进口的捷克产太脱拉 815 底盘车的基础上改装而成,可依靠车辆本身的发动机获得动力,并利用可垂直(不使用时平行放置)的塔架以及可伸缩杆对油井设备进行维护,已不具备载人或货运等运输功能,符合《税则注释》关于品目 87.05 的描述,可归入税则号列 8705.9090[8705.9099(2014 年版)]。 | | | | |

| 序号 | 1744 | 归类决定编号 | Z2006－1473 | 公告编号 | 2007 年第 70 号 |
|---|---|---|---|---|---|
| 商品税则号列 | 8705.9090[8705.9099(2014 年版)] | | 发布日期 | | 2007 年 12 月 5 日 |
| 商品名称 | 通井机 | | | | |
| 英文名称 | | | | | |
| 其他名称 | | | | | |
| 商品描述 | 该通井机为石油专用特种车,由太脱拉底盘车改装而成。此类特种车装配有一些特殊装置,改装后不具备载人或货运等运输功能,而主要用于油井设备。 | | | | |
| 归类决定 | 通井机是在进口的捷克产太脱拉 815 底盘车的基础上加装通井设备后改装而成的,主要用于 1500 米以内油、汽井的通井、投捞、抽汲及起下油管等作业,已不具备载人或货运等运输功能,符合《税则注释》关于品目 87.05 的描述,可归入税则号列 8705.9090[8705.9099(2014 年版)]。 | | | | |

| 序号 | 1745 | 归类决定编号 | Z2006 - 1474 | 公告编号 | 2007 年第 70 号 |
|---|---|---|---|---|---|
| 商品税则号列 | 8705. 9090[8705. 9091(2014 年版)] | | 发布日期 | | 2007 年 12 月 5 日 |
| 商品名称 | 混凝土泵车 | | | | |
| 英文名称 | Schwing truck-mounted concrete pump | | | | |
| 其他名称 | | | | | |
| 商品描述 | 该混凝土泵车由汽车底盘和上装部分构成。其中汽车底盘为奔驰 MB3538Keuro I with RQV(1 +30xles)8 ×4;上装部分由泵送系统、清洗系统、液压动力控制装置、臂架装置、支腿装置等组成。该车主要用于工程施工领域。 | | | | |
| 归类决定 | 该混凝土泵车属于特种用途的车辆,应归入税则号列 8705. 9090[8705. 9091(2014 年版)]。 | | | | |

| 序号 | 1746 | 归类决定编号 | Z2006 - 1476 | 公告编号 | 2007 年第 70 号 |
|---|---|---|---|---|---|
| 商品税则号列 | 8705. 9090[8705. 9099(2014 年版)] | | 发布日期 | | 2007 年 12 月 5 日 |
| 商品名称 | RW3 型地震灾害紧急救援车 | | | | |
| 英文名称 | | | | | |
| 其他名称 | | | | | |
| 商品描述 | RW3 型地震灾害紧急救援车属于“MAN”牌特种改装车,车上装有漏电检测仪、可燃气体探测仪、水泥切孔机等设备,用于地震后的抢险救援工作。 | | | | |
| 归类决定 | RW3 型地震灾害紧急救援车用于地震后的抢险救援工作,符合《税则注释》关于特种车的描述,应归入税则号列 8705. 9090[8705. 9099(2014 年版)]。 | | | | |

| 序号 | 1747 | 归类决定编号 | Z2006－1477 | 公告编号 | 2007 年第 70 号 |
|---|---|---|---|---|---|
| 商品税则号列 | 8705.9090[8705.9080(2014 年版)] | | | 发布日期 | 2007 年 12 月 5 日 |
| 商品名称 | 双机双泵固井水泥车 | | | | |
| 英文名称 | | | | | |
| 其他名称 | | | | | |
| 商品描述 | 双机双泵固井水泥车的主要功能是往油井内泵注入高压油井服务液(该油井服务液含有水泥及其他油田用药液),主要用于固井、压裂,也可用于压井、洗井及防砂。该车工作压力高、排量大,可用于深井、超深井固井,并可用于设备能力范围内的压裂酸化作用。 | | | | |
| 归类决定 | 该车不具备载人和载货功能,仅具备双机双泵固井水泥车设备及功能,可按《税则》列名特种车辆归入税则号列 8705.9090[8705.9080(2014 年版)]。 | | | | |

| 序号 | 1748 | 归类决定编号 | Z2006－1478 | 公告编号 | 2007 年第 70 号 |
|---|---|---|---|---|---|
| 商品税则号列 | 8705.9090[8705.9091(2014 年版)] | | | 发布日期 | 2007 年 12 月 5 日 |
| 商品名称 | 三星混凝土泵车 | | | | |
| 英文名称 | | | | | |
| 其他名称 | | | | | |
| 商品描述 | 该混凝土泵车的型号为 JX－M3615,由三星牌底盘、全进牌混凝土泵、布料杆、支腿、输送管道等组成,排气量 16.991 升,装配柴油发动机。该设备通过混凝土泵经布料杆把混凝土输送到所需的位置,以实现不同施工现场的混凝土浇铸。 | | | | |
| 归类决定 | 该混凝土泵车属于特种用途的车辆,应归入税则号列 8705.9090[8705.9091(2014 年版)]。 | | | | |

| 序号 | 1749 | 归类决定编号 | Z2006－1479 | 公告编号 | 2007 年第 70 号 |
|---|---|---|---|---|---|
| 商品税则号列 | 8705. 9090[8705. 9099(2014 年版)] | | | 发布日期 | 2007 年 12 月 5 日 |
| 商品名称 | 电视转播车 | | | | |
| 英文名称 | | | | | |
| 其他名称 | | | | | |
| 商品描述 | 该电视转播车对原货车车厢进行了如下改装：车厢进行了整体结构化布线，整个车厢被分为若干工作区，装配了各种转播设备。该车改装后可以实现流动电视台转播间的功能。 | | | | |
| 归类决定 | 改装后的车辆可以实现流动电视台转播间的功能，符合《税则注释》对品目 87. 05 特种车的描述，可归入税则号列 8705. 9090[8705. 9099(2014 年版)]。 | | | | |

| 序号 | 1750 | 归类决定编号 | Z2006－1480 | 公告编号 | 2007 年第 70 号 |
|---|---|---|---|---|---|
| 商品税则号列 | 8705. 9090[8705. 9091(2014 年版)] | | | 发布日期 | 2007 年 12 月 5 日 |
| 商品名称 | 混凝土泵车 | | | | |
| 英文名称 | | | | | |
| 其他名称 | | | | | |
| 商品描述 | 该混凝土泵车由汽车底盘部分(五十铃底盘)和混凝土泵送部分构成。其中汽车底盘部分包括发动机、驾驶室及操纵部件、行驶系统和辅助框架；混凝土泵送部分由混凝土泵组件、混凝土泵送阀门控制系统、布料杆臂及各活动关节、混凝土泵送管、抬杆缸和折叠缸组件构成。该车主要用于工程施工领域。 | | | | |
| 归类决定 | 该混凝土泵车属于特种用途的车辆，应归入税则号列 8705. 9090[8705. 9091(2014 年版)]。 | | | | |

| 序号 | 1751 | 归类决定编号 | Z2006－1481 | 公告编号 | 2007年第70号 |
|---|---|---|---|---|---|
| 商品税则号列 | 8705.9090[8705.9091(2014年版)] | | 发布日期 | | 2007年12月5日 |
| 商品名称 | 混凝土泵车 | | | | |
| 英文名称 | | | | | |
| 其他名称 | | | | | |
| 商品描述 | 该混凝土泵车由五十铃汽车底盘、混凝土泵、布料杆、支腿、输送管道等组成。该设备通过混凝土泵经布料杆把混凝土输送到所需的位置。 | | | | |
| 归类决定 | 该混凝土泵车属于特种用途的车辆,应归入税则号列8705.9090[8705.9091(2014年版)]。 | | | | |

| 序号 | 1752 | 归类决定编号 | Z2006－1482 | 公告编号 | 2007年第70号 |
|---|---|---|---|---|---|
| 商品税则号列 | 8705.9090[8705.9099(2014年版)] | | 发布日期 | | 2007年12月5日 |
| 商品名称 | 下水道清污车(含随车配件) | | | | |
| 英文名称 | Combination sewer cleaner | | | | |
| 其他名称 | | | | | |
| 商品描述 | 下水道清污车,配备有液驱动高压水泵、水罐、管路系统、高压冲洗管、离心式风机、吸泥管路系统、泥水分离装置及液压举升自卸装置。通过高压水的冲击,粉碎下水道内的污泥和其他物质,并同时通过真空吸泥管将其吸至该车的污泥罐中,该污泥罐可经液压举升自卸装置自卸。品牌规格:Vactor 2110。 | | | | |
| 归类决定 | 该车可按《税则》未列名的特种车辆归入税则号列8705.9090[8705.9099(2014年版)]。 | | | | |

| 序号 | 1753 | 归类决定编号 | Z2006－1483 | 公告编号 | 2007 年第 70 号 |
|---|---|---|---|---|---|
| 商品税则号列 | 8705. 9090[8705. 9099(2014 年版)] | | 发布日期 | 2007 年 12 月 5 日 | |
| 商品名称 | 数字卫星转播车 | | | | |
| 英文名称 | | | | | |
| 其他名称 | | | | | |
| 商品描述 | 该数字卫星转播车已对车厢进行了如下改装:进行了整体结构化布线,整个车厢被分为若干工作区,装配了各种卫星转播设备。改装后的车辆可以实现流动电视台转播间的功能。 | | | | |
| 归类决定 | 改装后的车辆可以实现数字卫星转播的功能,可按特种车归入税则号列 8705. 9090[8705. 9099(2014 年版)]。 | | | | |

| 序号 | 1754 | 归类决定编号 | Z2006－1484 | 公告编号 | 2007 年第 70 号 |
|---|---|---|---|---|---|
| 商品税则号列 | 8705. 9090[8705. 9091(2014 年版)] | | 发布日期 | 2007 年 12 月 5 日 | |
| 商品名称 | 混凝土泵车 | | | | |
| 英文名称 | | | | | |
| 其他名称 | | | | | |
| 商品描述 | 该混凝土泵车为普茨迈斯特(BRF37. 09)型,由五十铃 CXZ81Q 汽车底盘、混凝土泵、布料杆、支腿、输送管道等组成,以实现施工现场的混凝土浇铸。 | | | | |
| 归类决定 | 该混凝土泵车属于特种用途的车辆,应归入税则号列 8705. 9090[8705. 9091(2014 年版)]。 | | | | |

<table>
<tr><td>序号</td><td>1755</td><td>归类决定编号</td><td>Z2006 - 1485</td><td>公告编号</td><td>2007 年第 70 号</td></tr>
<tr><td colspan="2">商品税则号列</td><td colspan="2">8705. 9090[8705. 9099(2014 年版)]</td><td>发布日期</td><td>2007 年 12 月 5 日</td></tr>
<tr><td colspan="2">商品名称</td><td colspan="4">电视转播车</td></tr>
<tr><td colspan="2">英文名称</td><td colspan="4"></td></tr>
<tr><td colspan="2">其他名称</td><td colspan="4"></td></tr>
<tr><td colspan="2">商品描述</td><td colspan="4">该转播车车厢进行了整体结构化布线,整个车厢被分为若干工作区,装配了各种转播设备。该车改装后可以实现流动电视台转播间的功能。</td></tr>
<tr><td colspan="2">归类决定</td><td colspan="4">该车改装后可以实现流动电视台转播间的功能,符合《税则注释》关于品目 87. 05 的解释,应归入税则号列 8705. 9090[8705. 9099(2014 年版)]。</td></tr>
</table>

<table>
<tr><td>序号</td><td>1756</td><td>归类决定编号</td><td>Z2006 - 1486</td><td>公告编号</td><td>2007 年第 70 号</td></tr>
<tr><td colspan="2">商品税则号列</td><td colspan="2">8705. 9090[8705. 9091(2014 年版)]</td><td>发布日期</td><td>2007 年 12 月 5 日</td></tr>
<tr><td colspan="2">商品名称</td><td colspan="4">大宇 11051cc 水泥混凝土泵车</td></tr>
<tr><td colspan="2">英文名称</td><td colspan="4"></td></tr>
<tr><td colspan="2">其他名称</td><td colspan="4"></td></tr>
<tr><td colspan="2">商品描述</td><td colspan="4">大宇混凝土泵车,底盘为大宇牌,发动机为大宇柴油发动机,排气量为 11051 毫升;混凝土泵送装置为 JUNJIN 牌,型号为 JX - M3615。</td></tr>
<tr><td colspan="2">归类决定</td><td colspan="4">该商品符合《税则注释》关于品目 87. 05 对特种车辆的描述,应按特种车归入税则号列 8705. 9090[8705. 9091(2014 年版)]。</td></tr>
</table>

| 序号 | 1757 | 归类决定编号 | Z2006－1487 | 公告编号 | 2007年第70号 |
|---|---|---|---|---|---|
| 商品税则号列 | 8705.9090[8705.9099(2014年版)] | | 发布日期 | | 2007年12月5日 |
| 商品名称 | 天然气流量检定测试车 | | | | |
| 英文名称 | | | | | |
| 其他名称 | | | | | |
| 商品描述 | 天然气流量检定测试车在底盘上加装设备和厢体，厢体分成两个区域：一个厢体是操作间，内装有观测设备和配电柜；另一个厢体内在汽车底盘上直接加装输气管道和检测设备，输气管道是用于与开采现场的输气管道相连接的。该车改装后可以对刚开采出来的天然气的流量和成分进行精确的现场测定。 | | | | |
| 归类决定 | 该车改装后具备对天然气进行现场精确测定流量和成分的功能，符合《税则注释》关于品目87.05的描述，应按特种车归入税则号列8705.9090[8705.9099(2014年版)]。 | | | | |

| 序号 | 1758 | 归类决定编号 | Z2006－1488 | 公告编号 | 2007年第70号 |
|---|---|---|---|---|---|
| 商品税则号列 | 8705.9090[8705.9099(2014年版)] | | 发布日期 | | 2007年12月5日 |
| 商品名称 | 地震勘探仪器车 | | | | |
| 英文名称 | | | | | |
| 其他名称 | | | | | |
| 商品描述 | 该地震勘探仪器车车厢体内部固定安装了为勘探仪器设计的支架和线槽，以便安装仪器，并配有完整的供电、空调和照明系统，可满足野外勘探仪器工作的特殊要求。 | | | | |
| 归类决定 | 该车属于沙漠地区石油勘探仪器专用车辆，不用于载货或载人，符合《税则注释》关于品目87.05的描述，应按特种用途车归入税则号列8705.9090[8705.9099(2014年版)]。 | | | | |

| 序号 | 1759 | 归类决定编号 | Z2006－1489 | 公告编号 | 2007年第70号 |
|---|---|---|---|---|---|
| 商品税则号列 | 8705.9090[8705.9080(2014年版)] | | | 发布日期 | 2007年12月5日 |
| 商品名称 | 物探测井车 | | | | |
| 英文名称 | | | | | |
| 其他名称 | | | | | |
| 商品描述 | 该物探测井车主要用于地质探测,由福特F350型车改装而成。在车厢内部有多种测量用仪器和测量用装置。探棒通过滑环进入打好的深孔中。探棒在电源模块的激发下发出不同波长的光波,地下矿层对光波有不同的吸收和反射,探棒将收集到的数据回送到数据处理模块和计算机,经处理后可得到测量结果。 | | | | |
| 归类决定 | 根据其配置和功能,该物探测井车可按《税则》特种车辆归入税则号列8705.9090[8705.9080(2014年版)]。 | | | | |

| 序号 | 1760 | 归类决定编号 | Z2006－1490 | 公告编号 | 2007年第70号 |
|---|---|---|---|---|---|
| 商品税则号列 | 8705.9090[8705.9099(2014年版)] | | | 发布日期 | 2007年12月5日 |
| 商品名称 | 下水道清污车 | | | | |
| 英文名称 | | | | | |
| 其他名称 | | | | | |
| 商品描述 | 该下水道清污车的主要工作部件为:离心式鼓风机、副发动机、污泥斗、液压泵、活塞式双向水泵、铝合金水箱和高压冲水盘管等。该车可满足城市管网维护的需要,工作时,副发动机直接驱动离心式鼓风机,通过车头前吸泥管将沉积的污泥吸至污泥斗储存,工作完成后将污泥斗倾翻,倒出污泥,以便集中处理;底盘主发动机驱动液压泵,液压泵驱动活塞式双向水泵产生高压水流,疏通堵塞的污水管道。 | | | | |
| 归类决定 | 该车可按《税则》未列名的特种车辆归入税则号列8705.9090[8705.9099(2014年版)]。 | | | | |

| 序号 | 1761 | 归类决定编号 | Z2006－1491 | 公告编号 | 2007 年第 70 号 |
|---|---|---|---|---|---|
| 商品税则号列 | 8705.9090[8705.9099(2014 年版)] | | 发布日期 | | 2007 年 12 月 5 日 |
| 商品名称 | 照明排烟车 | | | | |
| 英文名称 | | | | | |
| 其他名称 | | | | | |
| 商品描述 | 照明排烟车 KDO－2 型,由 311CDI 底盘改装而成,驱动形式为 4×2,发动机为 115 马力。该车安装了固定照明灯具,照明灯举升高度为 7.1 米,并配有一套固定式液压破拆工具。该车还拖挂一台大型排烟机,每小时排烟为 40 万立方米。该车集火场照明排烟和破拆于一体。 | | | | |
| 归类决定 | 该车用于火场照明排烟,可按《税则》未列名的特种车辆归入税则号列 8705.9090[8705.9099(2014 年版)]。 | | | | |

| 序号 | 1762 | 归类决定编号 | Z2006－1492 | 公告编号 | 2007 年第 70 号 |
|---|---|---|---|---|---|
| 商品税则号列 | 8705.9090[8705.9099(2014 年版)] | | 发布日期 | | 2007 年 12 月 5 日 |
| 商品名称 | 下水道疏通车 | | | | |
| 英文名称 | Municipal service vehicle | | | | |
| 其他名称 | | | | | |
| 商品描述 | 该下水道疏通车,牌名型号为 VAC－CON V290/850,底盘上固定有下水道清污装置。该车的主要部件为:离心式鼓风机、副发动机、污泥箱、水泵、水箱、高压冲水盘管及底盘等。其主要用途是维护、疏通城市地下管网。 | | | | |
| 归类决定 | 该车的主要用途并非载客或载货,可按《税则》未列名的特种车辆归入税则号列 8705.9090[8705.9099(2014 年版)]。 | | | | |

| 序号 | 1763 | 归类决定编号 | Z2006－1493 | 公告编号 | 2007年第70号 |
|---|---|---|---|---|---|
| 商品税则号列 | 8705.9090[8705.9099(2014年版)] | | 发布日期 | 2007年12月5日 | |
| 商品名称 | 地震仪器车 | | | | |
| 英文名称 | | | | | |
| 其他名称 | | | | | |
| 商品描述 | 该地震勘探仪器车在底盘上加厢体,厢体内壁设计隐藏着对仪器进行固定所需的骨架,在内部配备供电、空调和照明系统。该车承担着地震信号的采集、控制功能,人工将地震产生的信号通过采集站、数据电缆传输到中央电子设备上,并储存到相应载体。 | | | | |
| 归类决定 | 该车属于石油勘探仪器专用车辆,不用于载货或载人,符合《税则注释》关于品目87.05的解释,应按特种用途车归入税则号列8705.9090[8705.9099(2014年版)]。 | | | | |

| 序号 | 1764 | 归类决定编号 | Z2006－1494 | 公告编号 | 2007年第70号 |
|---|---|---|---|---|---|
| 商品税则号列 | 8705.9090[8705.9099(2014年版)] | | 发布日期 | 2007年12月5日 | |
| 商品名称 | 地震排列车 | | | | |
| 英文名称 | | | | | |
| 其他名称 | | | | | |
| 商品描述 | 该沙漠地震排列车在BENZUNIMOG U5000型底盘上加装防沙厢体及防雨棚布,车厢内安装专用绕线架和备胎架(其中1辆MAN车加装车吊)及数据采集器和工具箱。改装后的车型底盘为螺旋弹簧式的独立悬挂,轮胎为特种宽幅低压轮胎,只适合在沙漠中行驶,无法用于公路货物运输,主要承担采集地震信号的功能,供地震分析用。 | | | | |
| 归类决定 | 根据该商品的特征,以及《税则注释》中关于品目87.05"非用于载货或载人"的规定,该商品应归入税则号列8705.9090[8705.9099(2014年版)]。 | | | | |

| 序号 | 1765 | 归类决定编号 | Z2006－1495 | 公告编号 | 2007 年第 70 号 |
|---|---|---|---|---|---|
| 商品税则号列 | 8705.9090[8705.9099(2014 年版)] | | | 发布日期 | 2007 年 12 月 5 日 |
| 商品名称 | 地震仪器车 | | | | |
| 英文名称 | | | | | |
| 其他名称 | | | | | |
| 商品描述 | 该地震仪器车底盘后部安装有专用于固定安装地震仪主机控制系统的仪器车厢,厢体内壁设计隐藏着对仪器进行固定所需的骨架,在内部配备供电、空调和照明系统。该车承担着地震信号的采集、控制功能,人工将地震产生的信号通过采集站、数据电缆传输到中央电子设备上,并储存到相应载体。 | | | | |
| 归类决定 | 该商品符合《税则注释》中关于品目 87.05"非用于载货或载人"的规定,应归入税则号列 8705.9090[8705.9099(2014 年版)]。 | | | | |

| 序号 | 1766 | 归类决定编号 | Z2006－1496 | 公告编号 | 2007 年第 70 号 |
|---|---|---|---|---|---|
| 商品税则号列 | 8705.9090[8705.9099(2014 年版)] | | | 发布日期 | 2007 年 12 月 5 日 |
| 商品名称 | 注水洗井车 | | | | |
| 英文名称 | | | | | |
| 其他名称 | | | | | |
| 商品描述 | 该注水洗井车是在进口德国奔驰 MB ACTROS3340 汽车二类底盘基础上改装而成的石油专用车辆,装配有水处理装置、液压泵及动力传动装置等,专用于石油注水井洗井作业。 | | | | |
| 归类决定 | 根据《税则注释》对品目 87.05 的描述,该产品属于非用于载货或载人的具有特殊用途的车辆,根据归类总规则一及六,应归入税则号列 8705.9090[8705.9099(2014 年版)]。 | | | | |

| 序号 | 1767 | 归类决定编号 | Z2006－1497 | 公告编号 | 2007 年第 70 号 |
|---|---|---|---|---|---|
| 商品税则号列 | 8705.9090[8705.9099(2014 年版)] | | 发布日期 | 2007 年 12 月 5 日 | |
| 商品名称 | 电视转播车 | | | | |
| 英文名称 | | | | | |
| 其他名称 | | | | | |
| 商品描述 | 该电视转播车是由 VOLVO FH12 改装而成,其车厢进行了整体结构化布线,整个车厢被分为若干个工作区,装配了各种转播设备。该车改装后可以实现流动电视台转播间的功能。 | | | | |
| 归类决定 | 根据《税则注释》对品目 87.05 的描述,该产品属于非用于载货或载人的具有特殊用途的车辆,根据归类总规则一及六,应归入税则号列 8705.9090[8705.9099(2014 年版)]。 | | | | |

| 序号 | 1768 | 归类决定编号 | Z2006－1498 | 公告编号 | 2007 年第 70 号 |
|---|---|---|---|---|---|
| 商品税则号列 | 8705.9090[8705.9099(2014 年版)] | | 发布日期 | 2007 年 12 月 5 日 | |
| 商品名称 | 仪表车 | | | | |
| 英文名称 | | | | | |
| 其他名称 | | | | | |
| 商品描述 | 该仪表车是由奔驰底盘车改装而成的,车厢内安装了压裂车控制单元、数据采集处理系统和计算机、打印机、工作台、工作椅等,同时安装了空调和照明装置,并带有必需的插头和开关。该仪表车主要用于石油压裂作业的监控。 | | | | |
| 归类决定 | 根据《税则注释》对品目 87.05 的描述,该产品属于非用于载货或载人的具有特殊用途的车辆,根据归类总规则一及六,应归入税则号列 8705.9090[8705.9099(2014 年版)]。 | | | | |

| 序号 | 1769 | 归类决定编号 | Z2006－1499 | 公告编号 | 2007年第70号 |
|---|---|---|---|---|---|
| 商品税则号列 | 8705.9090[8705.9099(2014年版)] | | 发布日期 | 2007年12月5日 | |
| 商品名称 | 沙漠地震排列车 | | | | |
| 英文名称 | | | | | |
| 其他名称 | | | | | |
| 商品描述 | 该沙漠地震排列车，在底盘上加装防沙厢体及防雨棚布，车厢内固定安装有专用绕线架、工具架及备胎架。改装后的车型底盘为螺旋弹簧式的独立悬挂，轮胎为特种宽幅低压轮胎，只适合在沙漠中行驶，无法用于公路货物运输。工作时车辆上装载数字地震电缆、数字采集站、检波器串、爆炸机和小折射仪等专用工具，主要承担地震信号采集功能，人工将地震产生的地震波通过检波器转换为电信号，通过地震电缆传到采集站，采集站将模拟信号转换成数据信号并传到仪器主机上，然后存储到相应载体中，供地震分析用。 | | | | |
| 归类决定 | 按照《税则注释》对品目87.05的商品描述，该沙漠地震排列车属于非用于载货或载人的具有特殊用途的车辆，根据归类总规则一及六，应归入税则号列8705.9090[8705.9099(2014年版)]。 | | | | |

| 序号 | 1770 | 归类决定编号 | Z2006－1500 | 公告编号 | 2007年第70号 |
|---|---|---|---|---|---|
| 商品税则号列 | 8705.9090[8705.9099(2014年版)] | | 发布日期 | 2007年12月5日 | |
| 商品名称 | 路面激光断面测试系统 | | | | |
| 英文名称 | | | | | |
| 其他名称 | | | | | |
| 商品描述 | 该系统实为经改装后可完成测试任务的车辆。车辆为丰田PRADO4000型，系统包括测试横梁(断面激光传感器)陀螺仪、里程计、数据采集系统等，用于连续、非接触、高速检测路面平整度、车辙深度、断面及坡度等指标。 | | | | |
| 归类决定 | 根据《税则注释》对品目87.05的规定，该商品属于非用于载货或载人的具有特殊用途的车辆，根据归类总规则一，应归入税则号列8705.9090[8705.9099(2014年版)]。 | | | | |

| 序号 | 1771 | 归类决定编号 | Z2006 - 1501 | 公告编号 | 2007 年第 70 号 |
|---|---|---|---|---|---|
| 商品税则号列 | 8705. 9090[8705. 9099(2014 年版)] | | 发布日期 | | 2007 年 12 月 5 日 |
| 商品名称 | 高速路面雷达测试车系统 | | | | |
| 英文名称 | | | | | |
| 其他名称 | | | | | |
| 商品描述 | 该系统实为经改装后可完成测试任务的车辆(丰田 PARDO2700)。其工作原理:在行驶状态下,通过雷达波在不同的传递介质里面所产生的不同反射来确定路面各层的分层情况,并且确定路面下的空洞、高含水区、塌落等缺陷,从而实现对路面的非破损、非接触式高速检测。 | | | | |
| 归类决定 | 根据《税则注释》对品目 87. 05 的规定,该商品属于非用于载货或载人的具有特殊用途的车辆,根据归类总规则一及六,应归入税则号列 8705. 9090[8705. 9099(2014 年版)]。 | | | | |

| 序号 | 1772 | 归类决定编号 | Z2006 - 1502 | 公告编号 | 2007 年第 70 号 |
|---|---|---|---|---|---|
| 商品税则号列 | 8705. 9090[8705. 9099(2014 年版)] | | 发布日期 | | 2007 年 12 月 5 日 |
| 商品名称 | 落锤式弯沉仪测试车系统 | | | | |
| 英文名称 | | | | | |
| 其他名称 | | | | | |
| 商品描述 | 该系统实为经改装后可完成测试任务的车辆。系统由一个机电液压路面加载装置和一个相应的电子包组成,其主要用途是检测公路路面和机场道面弯沉,评价路面、道面的强度和承载能力。 | | | | |
| 归类决定 | 根据《税则注释》对品目 87. 05 的规定,该商品属于非用于载货或载人的具有特殊用途的车辆,根据归类总规则一及六,应归入税则号列 8705. 9090[8705. 9099(2014 年版)]。 | | | | |

| 序号 | 1773 | 归类决定编号 | Z2006 - 1503 | 公告编号 | 2007 年第 70 号 |
|---|---|---|---|---|---|
| 商品税则号列 | 8706.0090 | | 发布日期 | | 2007 年 12 月 5 日 |
| 商品名称 | 底盘平台模型 | | | | |
| 英文名称 | | | | | |
| 其他名称 | | | | | |
| 商品描述 | 该底盘平台模型含车身地板及前舱、转向机构、发动机及水箱、底盘悬架系统、车轮等。底盘模型仅在外观上具备整车特征，不具备整车的实际功能，无电控系统等，整个模型无法工作和动作，仅用于新车型开发的外观造型定义。 | | | | |
| 归类决定 | 该商品属轿车底盘平台模型，用于整车设计，并非专供示范（例如，教学或展览）用，故不能将其归入《税则》税目 90.23。该商品除未安装电控系统外，其尺寸、机械结构、使用材料均与普通轿车无异，因此，根据归类总规则一和六，外模型用底盘平台模型应按装有发动机的轿车底盘，归入税则号列 8706.0090。 | | | | |

| 序号 | 1774 | 归类决定编号 | Z2006－0985 | 公告编号 | 2006年第69号 |
|---|---|---|---|---|---|
| 商品税则号列 | 87.08 | | 发布日期 | | 2006年11月22日 |
| 商品名称 | 汽车用石油液化气供气装置 | | | | |
| 英文名称 | | | | | |
| 其他名称 | LGP－燃气装置 | | | | |
| 商品描述 | 本装置由以下几个部分组成:储气罐、组合阀、胶管、虑芯、电磁阀、混合器。这些组件组成一个给发动机提供燃料的系统,相当于燃油汽车的供油系统。 | | | | |
| 归类决定 | 该汽车用石油液化气供气装置,是由储气罐、组合阀、胶管、虑芯、电磁阀、混合器等部分组成的,给发动机提供燃料的系统,其功能相当于燃油汽车的供油系统。根据《税则》第十六类类注四的规定和《税则注释》的说明,该供气装置不能构成功能机组,各组成部件应归入其所属的适当税号。由于各组成部件都属于汽车燃料供给系统的零件,应根据《税则》第十七类类注二和《税则注释》中品目87.08的有关零件及附件的归类说明进行归类。其中储气罐,若是准备固定安装在税目87.01至87.05所列车辆上并供其专用,不能随意更换、用充气方式补充燃气的,应归入税目87.08项下;若是用更换储气罐的方式补充燃气的,则应归入税目73.11项下。此外,结合《税则注释》品目84.81的说明,组合阀、电磁阀等阀门应归入税目84.81项下,胶管、虑芯和混合器可作为阀门的附属装置与阀门一并归类。 | | | | |

| 序号 | 1775 | 归类决定编号 | Z2006 - 0986 | 公告编号 | 2006 年第 69 号 |
|---|---|---|---|---|---|
| 商品税则号列 | 87.08 | | | 发布日期 | 2006 年 11 月 22 日 |
| 商品名称 | 后桥左前弹性连接件 | | | | |
| 英文名称 | | | | | |
| 其他名称 | | | | | |
| 商品描述 | 该后桥左前弹性连接件由三部分组成,上下两部分为金属(具有特殊形状),中间为硫化橡胶,此三部分材料通过硫化工艺黏结在一起。该零件用于两个汽车零件之间的连接,其中硫化橡胶起到减震作用。 | | | | |
| 归类决定 | 该商品有特定的结构,专用于两个汽车零件之间的连接,且有减震作用,故根据《税则》第十七类类注三的规定,应按汽车的零件归入税目 87.08 项下的相应子目。 | | | | |

| 序号 | 1776 | 归类决定编号 | Z2006 - 0987 | 公告编号 | 2006 年第 69 号 |
|---|---|---|---|---|---|
| 商品税则号列 | 8708.2990 | | | 发布日期 | 2006 年 11 月 22 日 |
| 商品名称 | 小轿车车厢装饰板(塑料制) | | | | |
| 英文名称 | | | | | |
| 其他名称 | | | | | |
| 商品描述 | 该装饰板为单独进口本田牌小轿车车门内饰板,前门规格为 100 厘米 ×59 厘米,后门为 91 厘米 ×61 厘米,一边为斜线的五边形平板。 | | | | |
| 归类决定 | 该小轿车车厢装饰板(塑料制)为车门的内饰板,外观是一边为斜线的五边形,已具有为装配车门的其他附件而设计的孔、槽等结构,其无须进一步加工即可直接装配在车门上,是一种专用于小轿车车门上的零件,符合《税则注释》中对品目 87.08 范围进行限定的两个条件,故可归入税则号列 8708.2990。 | | | | |

<table>
<tr><td>序号</td><td>1777</td><td>归类决定编号</td><td>Z2006－0988</td><td>公告编号</td><td>2006年第69号</td></tr>
<tr><td colspan="2">商品税则号列</td><td colspan="2">8708.2990</td><td>发布日期</td><td>2006年11月22日</td></tr>
<tr><td colspan="2">商品名称</td><td colspan="4">塑料内饰顶及附件</td></tr>
<tr><td colspan="2">英文名称</td><td colspan="4"></td></tr>
<tr><td colspan="2">其他名称</td><td colspan="4"></td></tr>
<tr><td colspan="2">商品描述</td><td colspan="4">该商品塑料材质,已模塑成汽车顶棚形状的塑料板。是从德国进口的奥迪C5顶棚半成品,进口后还要作进一步加工,如背面涂胶,撒上玻璃纤维、PE粉,再覆盖一层无纺布等,才可作为成品安装在汽车的顶棚上。</td></tr>
<tr><td colspan="2">归类决定</td><td colspan="4">该塑料内饰板及附件为已模塑成汽车顶棚形状的塑料板,虽进口后还需背面涂胶、覆盖一层无纺布等加工,但其已具备车顶棚内饰板的主要特征,根据归类总规则二,应按其成品归入税则号列8708.2990。</td></tr>
</table>

<table>
<tr><td>序号</td><td>1778</td><td>归类决定编号</td><td>Z2006－0989</td><td>公告编号</td><td>2006年第69号</td></tr>
<tr><td colspan="2">商品税则号列</td><td colspan="2">8708.2990</td><td>发布日期</td><td>2006年11月22日</td></tr>
<tr><td colspan="2">商品名称</td><td colspan="4">仪表板</td></tr>
<tr><td colspan="2">英文名称</td><td colspan="4"></td></tr>
<tr><td colspan="2">其他名称</td><td colspan="4"></td></tr>
<tr><td colspan="2">商品描述</td><td colspan="4">该仪表板用于排气量3500毫升以下小汽车仪表(速度表等)上,作为仪表的透明面盖,主要由透明有机玻璃材料制成的塑料专用车身零件。</td></tr>
<tr><td colspan="2">归类决定</td><td colspan="4">该仪表板由透明有机玻璃材料制成,用于排气量在3500毫升以下的小汽车仪表(速度表等)上,属于专用车身零件,应归入税则号列8708.2990。</td></tr>
</table>

| 序号 | 1779 | 归类决定编号 | Z2006－0990 | 公告编号 | 2006 年第 69 号 |
|---|---|---|---|---|---|
| 商品税则号列 | 8708.2990 | | | 发布日期 | 2006 年 11 月 22 日 |
| 商品名称 | 暖风机 | | | | |
| 英文名称 | Heater | | | | |
| 其他名称 | | | | | |
| 商品描述 | 该商品由铝散热器芯和塑料壳体两部分组成，利用汽车水箱的余热加热并通过铝散热器芯散发，将被加热的空气，通过风道送到各处，是汽车空调的组成部分。 | | | | |
| 归类决定 | 该暖风机是利用汽车发动机水箱的余热加热空气并通过铝散热器芯散发的，符合《税则注释》关于品目 87.08 项下由车辆发动机供热的非电气供暖及除霜设备的解释说明，所以应归入税则号列 8708.2990。 | | | | |

| 序号 | 1780 | 归类决定编号 | Z2006－0991 | 公告编号 | 2006 年第 69 号 |
|---|---|---|---|---|---|
| 商品税则号列 | 8708.2990 | | | 发布日期 | 2006 年 11 月 22 日 |
| 商品名称 | 前框 | | | | |
| 英文名称 | Housing assy | | | | |
| 其他名称 | | | | | |
| 商品描述 | 此次申报的商品为前框，型号为 EII037078/96247556，规格为 81071432 + 81117888。它由透明面盖周围涂上黏合单剂，再与框架黏合而成。其主要用于汽车的仪表盘上，起到透光、防反射、聚光、增加视角的作用，并保护仪表中的其他部件不受到人为的损坏。它的内部再装上速度计、转速计、油量表、水温表等仪表后，就构成了完整的仪表盘。该仪表盘整个安装在仪表板里，再配上空调通风口、音响控件等就构成了车身前方的仪表板。 | | | | |
| 归类决定 | 该商品符合《税则注释》关于品目 87.08 的解释，故应归入税则号列 8708.2990。 | | | | |

| 序号 | 1785 | 归类决定编号 | Z2006－0996 | 公告编号 | 2006 年第 69 号 |
| --- | --- | --- | --- | --- | --- |
| 商品税则号列 | 8708. 2990 | | | 发布日期 | 2006 年 11 月 22 日 |
| 商品名称 | 安全带预紧装置 | | | | |
| 英文名称 | LH anchor plate pre-tensioner | | | | |
| 其他名称 | | | | | |
| 商品描述 | 该安全带预紧装置为宝马五系车在原有安全带的基础上,新增加的具有较高安全系数的装置。它只安装在司机座椅左下侧,其外观、结构与右下侧的安全带锁扣总成基本相同,主要由四部分组成:点火装置、炸药密封钢管、钢丝锁和扣。安全带预紧装置与安全带的连接方式为不可随意开启的固定式连接。<br>其主要工作原理:当车辆发生撞击时,车上传感器给点火装置电信号,炸药爆炸产生拉力,通过钢丝索拉金属扣,使安全带拉紧驾驶员,更有效保障其安全。 | | | | |
| 归类决定 | 该安全带预紧装置与安全带的连接方式为不可随意开启的固定式连接。当车辆发生撞击时,车上传感器给点火装置电信号,炸药爆炸产生拉力,通过钢丝索拉金属扣,使安全带拉紧驾驶员,属于座椅安全带的一部分,符合《税则》税目 87. 08 及其子目条文的描述,根据归类总规则一及六,应将其按座椅安全带的零件归入税则号列 8708. 2990。 | | | | |

| 序号 | 1786 | 归类决定编号 | Z2006－1504 | 公告编号 | 2007 年第 70 号 |
| --- | --- | --- | --- | --- | --- |
| 商品税则号列 | 8708. 3010 | | | 发布日期 | 2007 年 12 月 5 日 |
| 商品名称 | 制动刹车片 | | | | |
| 英文名称 | | | | | |
| 其他名称 | | | | | |
| 商品描述 | 该制动刹车片是摩擦片和铁片的组合体,分别用于前后轮刹车制动。其摩擦片安装在钢铁部件上。 | | | | |
| 归类决定 | 该制动刹车片是摩擦片和铁片的组合体,组合的目的是使摩擦片便于安装在制动蹄上,故应归入税则号列 8708. 3010。 | | | | |

| 序号 | 1787 | 归类决定编号 | Z2006－0997 | 公告编号 | 2006 年第 69 号 |
|---|---|---|---|---|---|
| 商品税则号列 | | 8708.4020 | | 发布日期 | 2006 年 11 月 22 日 |
| 商品名称 | | 变速箱(ZF 8S180) | | | |
| 英文名称 | | | | | |
| 其他名称 | | | | | |
| 商品描述 | | 该型号变速箱是专为大功率发动机配套设计的,可用于大型卡车或客车等重型车辆,其最大扭距为 214.29 千克·米。 | | | |
| 归类决定 | | 该变速箱是专为大功率发动机配套设计的,主要用于大型客车,应作为大型客车用变速箱归入税则号列 8708.4020。 | | | |

| 序号 | 1788 | 归类决定编号 | Z2006－1505 | 公告编号 | 2007 年第 70 号 |
|---|---|---|---|---|---|
| 商品税则号列 | | 8708.4040 | | 发布日期 | 2007 年 12 月 5 日 |
| 商品名称 | | 变速箱 | | | |
| 英文名称 | | | | | |
| 其他名称 | | | | | |
| 商品描述 | | 该变速箱由日本日产公司设计,专用于 0.75 吨轻皮卡车。 | | | |
| 归类决定 | | 该变速箱由日产公司设计,专用于 0.75 吨轻皮卡车。其在变速箱壳体、后防尘罩的尺寸、离合器等方面与帕拉丁所用变速箱并不通用,应按货运车辆专用的变速箱归入税则号列 8708.4040。 | | | |

<table>
<tr><td>序号</td><td>1789</td><td>归类决定编号</td><td>Z2008－0198</td><td>公告编号</td><td>2008 年第 83 号</td></tr>
<tr><td colspan="2">商品税则号列</td><td colspan="2">8708.5075</td><td>发布日期</td><td>2008 年 11 月 24 日</td></tr>
<tr><td colspan="2">商品名称</td><td colspan="4">压裂车底盘驱动桥用差速器和盆角齿</td></tr>
<tr><td colspan="2">英文名称</td><td colspan="4"></td></tr>
<tr><td colspan="2">其他名称</td><td colspan="4"></td></tr>
<tr><td colspan="2">商品描述</td><td colspan="4">该压裂车底盘驱动桥用差速器和盆角齿用于 KENWORTH C500 压裂车底盘驱动桥，属于压裂车底盘驱动桥零件。</td></tr>
<tr><td colspan="2">归类决定</td><td colspan="4">该商品为压裂车底盘驱动桥用差速器和盆角齿，用于 KENWORTH C500 压裂车底盘的驱动桥。KENWORTH C500 型是一种带驾驶室的底盘车型。该压裂车最大额定总重 86 吨。KENWORTH C500 型车辆底盘(带驾驶室)是一种货运车型，符合税则号列 8704.2300 的列名，其底盘驱动桥用的零件应根据《税则》税目 87.04 项下商品的零件确定归类。所询商品属税则号列 8704.2300 项下商品的零件，符合《税则》税目 87.08 及其子目条文的描述，根据归类总规则一及六，应按税则号列 8704.2300 所列车辆用驱动桥零件归入税则号列 8708.5075。</td></tr>
</table>

<table>
<tr><td>序号</td><td>1790</td><td>归类决定编号</td><td>Z2006－0999</td><td>公告编号</td><td>2006 年第 69 号</td></tr>
<tr><td colspan="2">商品税则号列</td><td colspan="2">8708.7090[8708.709(2014 年版)]</td><td>发布日期</td><td>2006 年 11 月 22 日</td></tr>
<tr><td colspan="2">商品名称</td><td colspan="4">轮毂</td></tr>
<tr><td colspan="2">英文名称</td><td colspan="4">Hubs</td></tr>
<tr><td colspan="2">其他名称</td><td colspan="4"></td></tr>
<tr><td colspan="2">商品描述</td><td colspan="4">汽车轮毂是用两个锥形滚柱轴承安装在转向节枢轴上，具有突缘，用于连接车轮的圆盘及制动鼓。此次进口的轮毂安装于别克轿车的前悬挂总成。</td></tr>
<tr><td colspan="2">归类决定</td><td colspan="4">该轮毂具有突缘，用于连接车轮的圆盘及制动鼓，由于轮毂和轮辋是组成车轮的主要部分，故应按车轮零件归入税则号列 8708.7090[8708.709(2014 年版)]。</td></tr>
</table>

<table>
<tr><td>序号</td><td>1791</td><td>归类决定编号</td><td>Z2006－1000</td><td>公告编号</td><td>2006 年第 69 号</td></tr>
<tr><td>商品税则号列</td><td colspan="3">8708.9390</td><td>发布日期</td><td>2006 年 11 月 22 日</td></tr>
<tr><td>商品名称</td><td colspan="5">汽车自动离合器</td></tr>
<tr><td>英文名称</td><td colspan="5">Auto clutch</td></tr>
<tr><td>其他名称</td><td colspan="5"></td></tr>
<tr><td>商品描述</td><td colspan="5">该设备用于将脚动离合器汽车改装成自动离合器汽车。它由电脑盒、电动机、拉线、刹车开关及信号线滚轴支架、连接杆、油门开关、手柄开关、转速传感器、线束等组成。其工作原理是:通过转速传感器、油门开关、刹车开关及信号线在汽车采集三个信号,并传递给电动离合器控制单元——电脑盒,电脑盒整理所采集的数据后,反馈并驱动执行机构——电机,由电机引出的拉线通过衔接装置直接与离合器踏板相连,所以当电脑下达指令后,离合器踏板将直接受到电机控制,以此来完成离合器切合,令汽车起步和换挡。该商品只是使脚踩离合器变成自动控制,但换挡仍要用手完成,不会自动换挡,只是使离合器自动切换而不是换挡自动切换,只用于对手动换挡的多种轿车进行改装。</td></tr>
<tr><td>归类决定</td><td colspan="5">该套设备包括作为测量装置的转速传感器、作为电气控制装置的电脑盒,以及执行机构电动机,属于装有执行机构的自动调节器。根据《税则注释》关于品目 90.32 的规定,整套装置构成离合器附件的基本特征,根据归类总规则一及六,应将其归入子目 8708.9 项下。</td></tr>
</table>

| 序号 | 1792 | 归类决定编号 | Z2006－1506 | 公告编号 | 2007年第70号 |
|---|---|---|---|---|---|
| 商品税则号列 | 8708.94 | | | 发布日期 | 2007年12月5日 |
| 商品名称 | S45C锻件毛坯——转向节毛坯 | | | | |
| 英文名称 | | | | | |
| 其他名称 | | | | | |
| 商品描述 | 该S45C锻件毛坯为转向节的毛坯,须经精密机械3D加工,经50多个工序后成为转向节成品,用于汽车刹车盘、转向拉杆、防震系统及车身的连接上。 | | | | |
| 归类决定 | 该S45C锻件毛坯为转向节的毛坯,已具有车辆转向节的基本特征,根据归类总规则二(一),应归入税则子目8708.94项下。 | | | | |

| 序号 | 1793 | 归类决定编号 | Z2006－1507 | 公告编号 | 2007年第70号 |
|---|---|---|---|---|---|
| 商品税则号列 | 8708.9500 | | | 发布日期 | 2007年12月5日 |
| 商品名称 | 驾驶员气囊模块、乘员气囊模块 | | | | |
| 英文名称 | | | | | |
| 其他名称 | | | | | |
| 商品描述 | 该批商品包括:驾驶员气囊模块、乘员气囊模块和电控元件SDM。其中,驾驶员气囊模块、乘员气囊模块由橡胶盖、气袋、支架及发生器构成,其性能是碰撞后在中央控制器的控制下充气膨胀;电控元件SDM(Servo Debooster Medium,伺服限压元件)由线路板、电子元器件、外壳、接插件构成,其功能是对中央控制器起到调压、延时的作用,使中央控制器有一个正常的工作电压和后备电源。 | | | | |
| 归类决定 | 根据《本国子目注释》关于安全气囊装置的描述,上述商品具有安全气囊装置的特征,可一并归入税则号列8708.9500。 | | | | |

| 序号 | 1794 | 归类决定编号 | Z2006－1508 | 公告编号 | 2007 年第 70 号 |
|---|---|---|---|---|---|
| 商品税则号列 | 8708.9500 | | 发布日期 | 2007 年 12 月 5 日 | |
| 商品名称 | 汽车安全气囊气袋 | | | | |
| 英文名称 | | | | | |
| 其他名称 | | | | | |
| 商品描述 | 该气袋为纺织材料制，配套用于汽车安全气囊。外观为两片圆形纺织材料沿周长缝合而成，直径约 70 厘米。圆心处经过加工：其中一圆片圆心开有直径约 6 厘米的圆孔，圆孔周围用四层相同材料的纺织物缝合加固，加固处打有直径约 0.5 厘米的小圆孔（便于日后安装）。大圆片上另开有两个直径 3 厘米的圆孔（如发生事故，气囊迅速弹出，此两直径 3 厘米的孔为泄气孔）；另一圆片表面无孔；两圆片中间还连有一条相同材料的纺织带。 | | | | |
| 归类决定 | 该汽车安全气囊装置是机动车辆上的辅助安全装置，与座椅安全带配合以起到保护驾驶员和乘员的作用，其主要包括碰撞传感器、触发控制器、气体发生器和气囊等。根据《税则注释》中品目 59.11 的描述，其不包括第十七类商品的某些纺织材料制零件及附件，该商品虽技术性较强，但属于装置的一部分，因此，不能按专门技术用途的纺织品归入品目 59.11。该商品是已制成的气袋，属于安全气囊装置的一部分，由于已具有汽车安全气囊装置零件的特征，根据归类总规则一及六，应归入税则号列 8708.9500。 | | | | |

| 序号 | 1795 | 归类决定编号 | Z2006 - 1509 | 公告编号 | 2007 年第 70 号 |
|---|---|---|---|---|---|
| 商品税则号列 | 8708.99 | | | 发布日期 | 2007 年 12 月 5 日 |
| 商品名称 | 汽车空调压缩机支架 | | | | |
| 英文名称 | Bracket | | | | |
| 其他名称 | | | | | |
| 商品描述 | 该商品为铝合金铸件，尺寸为 150 毫米 ×140 毫米 ×52 毫米，用于支撑汽车空调的压缩机并将其固定在车体上。它是专用零件，用于固定压缩机，完全同压缩机上的冲孔相吻合，并同压缩机紧密相连。 | | | | |
| 归类决定 | 该商品用于支撑汽车空调的压缩机并将其固定在车体上，符合《税则注释》关于品目 87.08 的描述，应归入税则子目 8708.99 项下。 | | | | |

| 序号 | 1796 | 归类决定编号 | Z2006 - 1510 | 公告编号 | 2007 年第 70 号 |
|---|---|---|---|---|---|
| 商品税则号列 | 8708.99 | | | 发布日期 | 2007 年 12 月 5 日 |
| 商品名称 | 电子加速踏板模组 | | | | |
| 英文名称 | Accelerator pedal module | | | | |
| 其他名称 | | | | | |
| 商品描述 | 该加速踏板模组是汽车发动机用电子节门系统的一个重要组成部件。其作用是接收驾驶员对加速踏板的位置信息并提供给电子控制器，由电子控制器参考不同的情况进行信号处理后执行节气门开放的调整，从而达到控制空气进气量的目的。其工作原理：驾驶员“踩油门”的动作由踏板机械部分传给踏板传感器，该传感器为一位置传感器，将踏板机械部分所产生的位置变化转换成电信号，并送往电子节门系统的控制中心。 | | | | |
| 归类决定 | 该电子加速踏板模组是汽车发动机用电子节门系统的一个重要组成部件，主要由踏板机械部分（踏板、踏板支架、弹簧支架、弹簧）、踏板传感器和连接电缆组成，是机械踏板与传感器的组合装置，可将传统加速踏板的机械传动过程变为非机械过程，并未改变踏板的功能，因此，该组合装置的主要功能是踏板，根据归类总规则三（二）及一，应归入税则子目 8708.99 项下。 | | | | |

| 序号 | 1797 | 归类决定编号 | Z2006－1511 | 公告编号 | 2007年第70号 |
|---|---|---|---|---|---|
| 商品税则号列 | 8708.99 | | 发布日期 | 2007年12月5日 | |
| 商品名称 | 压缩机托架 | | | | |
| 英文名称 | | | | | |
| 其他名称 | | | | | |
| 商品描述 | 该商品将车用空调压缩机固定在汽车车架上，主要是起支撑作用。 | | | | |
| 归类决定 | 该商品符合《税则注释》对品目87.08所含商品范围的描述，应作为其他汽车零件归入税则子目8708.99项下。 | | | | |

| 序号 | 1798 | 归类决定编号 | Z2006－1512 | 公告编号 | 2007年第70号 |
|---|---|---|---|---|---|
| 商品税则号列 | 8708.99 | | 发布日期 | 2007年12月5日 | |
| 商品名称 | 汽车加强板（钣金件） | | | | |
| 英文名称 | | | | | |
| 其他名称 | | | | | |
| 商品描述 | 该商品属于汽车底盘的一个组件，对车身底盘起加固作用。 | | | | |
| 归类决定 | 该商品安装在车身底盘前部形成加固作用，加强板上承载的是转向节。其不属于前、后桥的零件，应按车辆其他专用零件归入税则子目8708.99项下。 | | | | |

| 序号 | 1799 | 归类决定编号 | Z2006－1513 | 公告编号 | 2007年第70号 |
|---|---|---|---|---|---|
| 商品税则号列 | 8708.99 | | | 发布日期 | 2007年12月5日 |
| 商品名称 | 波纹管 | | | | |
| 英文名称 | | | | | |
| 其他名称 | | | | | |
| 商品描述 | 该商品主要用于汽车排气系统，长约40厘米，内有波纹状不锈钢内罩，外面包裹一层金属丝防护网。整体呈橄榄状，其一端连接发动机出气管，一端连接三元催化器。当发动机排出的气体进入波纹管时，波纹管发挥绕流作用，将气体进行充分混合，同时减缓气体的流速，使之匀速进入三元催化器，经三元催化器反应后的气体再进入消音器总成，最终完成消音功能。 | | | | |
| 归类决定 | 该商品与发动机及三元催化器相连接，利用内部波纹状结构，起到使气体绕流、混合的作用，不属于三元催化器的功能（气体净化）部件，因此，不应按三元催化器的零件进行归类。<br>该商品属于专用于车辆的零件，符合《税则》税目87.08及其子目条文的描述，根据归类总规则一及六，应将其按车辆用其他零件归入税则子目8708.99项下。 | | | | |

| 序号 | 1800 | 归类决定编号 | Z2006－1514 | 公告编号 | 2007年第70号 |
|---|---|---|---|---|---|
| 商品税则号列 | 8708.9991 | | | 发布日期 | 2007年12月5日 |
| 商品名称 | 前纵梁总成（左、右） | | | | |
| 英文名称 | | | | | |
| 其他名称 | 零件号：B25D－5331XE－H | | | | |
| 商品描述 | 该商品进口状态为成套散件。用于安装在发动机舱内，左右各一件，起固定发动机（该汽车发动机是固定在左、右前纵梁、横梁和托架上的）和强化汽车车体结构、保护驾驶舱的作用。 | | | | |
| 归类决定 | 该商品没有完整独立的车架，采用承载式车身。依照海关总署2005年第30号公告的规定，该商品构成了汽车的半车架，根据归类总规则一及六的规定，应归入税则号列8708.9991。 | | | | |

| 序号 | 1801 | 归类决定编号 | Z2006－1515 | 公告编号 | 2007 年第 70 号 |
|---|---|---|---|---|---|
| 商品税则号列 | 8708.9999 | | 发布日期 | 2007 年 12 月 5 日 | |
| 商品名称 | 排气管托架 | | | | |
| 英文名称 | | | | | |
| 其他名称 | | | | | |
| 商品描述 | 该商品的作用：因汽车底盘凹凸不平，为将排气管固定住，使用该托架。 | | | | |
| 归类决定 | 该商品应作为其他汽车零件归入税则号列 8708.9999。 | | | | |

| 序号 | 1802 | 归类决定编号 | Z2006－1001 | 公告编号 | 2006 年第 69 号 |
|---|---|---|---|---|---|
| 商品税则号列 | 8709.1910 | | 发布日期 | 2006 年 11 月 22 日 | |
| 商品名称 | TERBERG YT200 牵引车 | | | | |
| 英文名称 | | | | | |
| 其他名称 | Terberg YT200 tractors | | | | |
| 商品描述 | 该拖车主要用于港口码头，不适于在马路或其他公用道路上载运货物，其转弯半径约等于车辆本身的长度，满载时最高车速为 41 千米/小时。 | | | | |
| 归类决定 | 该 TERBERG YT200 牵引车主要用于港口码头，不适于在马路或其他公用道路上载运货物，虽车速为 41 千米/小时，但并不违反《税则注释》对品目 87.09 的商品范围的描述，所以应归入税则号列 8709.1910。 | | | | |

| 序号 | 1803 | 归类决定编号 | Z2006－1002 | 公告编号 | 2006 年第 69 号 |
|---|---|---|---|---|---|
| 商品税则号列 | 8709.1990 | | | 发布日期 | 2006 年 11 月 22 日 |
| 商品名称 | 农牧动力搬运车(W－16G 型) | | | | |
| 英文名称 | | | | | |
| 其他名称 | | | | | |
| 商品描述 | 该 W－16G 型农牧动力搬运车为四轮搬运车,其技术参数:引擎为汽油 5～7 马力,传动系统为三段六速、惰轮离合,刹车系统为机械内张式,最大速度 20 千米/小时,最大转弯半径 2.5 公尺,爬坡能力 25 度,最大载重量为平地 500 千克、坡地 300 千克。有驾驶员座位,没有封闭式驾驶室。动力装置设于载货台下部。车体尺寸(长×宽×高):2.75 米×1.1 米×1.2 米;载货台内部尺寸(长×宽×高):1.58 米×0.98 米×0.2 米。 | | | | |
| 归类决定 | 该车动力装置设于载货台下部,不属于牵引车、拖拉机的范畴,故不应归入税目 87.01;同时,该车技术指标符合《税则注释》对归入品目 87.09 中车辆的三个标准,故将其归入税则号列 8709.1990。 | | | | |

| 序号 | 1804 | 归类决定编号 | Z2006－1003 | 公告编号 | 2006 年第 69 号 |
|---|---|---|---|---|---|
| 商品税则号列 | 8711.2000[8711.2030(2014 年版)] | | | 发布日期 | 2006 年 11 月 22 日 |
| 商品名称 | YF150ZK 双燃料摩托车 | | | | |
| 英文名称 | | | | | |
| 其他名称 | | | | | |
| 商品描述 | 该 YF150ZK 双燃料摩托车采用 161MJ 型三轮车专用水冷发动机,排气量为 150 毫升,在此基础上加装了 LPG(液化石油气)装置,采用轴传动,增加了倒挡功能,刹车采用前碟片液压后鼓式液压制动,整车采用三开门玻璃钢全封闭。 | | | | |
| 归类决定 | 该双燃料摩托车使用往复式活塞内燃发动机(LPG 装置仅为加装),可按《税则》具体列名归入税则号列 8711.2000[8711.2030(2014 年版)]。 | | | | |

| 序号 | 1805 | 归类决定编号 | Z2006－1005 | 公告编号 | 2006 年第 69 号 |
|---|---|---|---|---|---|
| 商品税则号列 | 8711. 9000[8711. 9010(2014 年版)] | | | 发布日期 | 2006 年 11 月 22 日 |
| 商品名称 | 电动滑板车 | | | | |
| 英文名称 | | | | | |
| 其他名称 | | | | | |
| 商品描述 | 该电动滑板车由车架、转向部分、动力部分、传动部分、制动部分组成,尺寸为 920 毫米×220 毫米×1100 毫米,车速 20～25 千米/小时,载重 80 千克,充满电行程可达 12～18 千米,用于户外休闲娱乐及运动。电动滑板车无座椅,需站立使用。电源开关打开后按下起动手把,直流电机通电转动带动车轮转动前进。电池耗尽时可当普通无动力滑板车使用。 | | | | |
| 归类决定 | 所报商品属于两轮机动车,并符合《税则注释》关于品目 87. 11 项下的踏板摩托车具有“车轮较小,车辆的前后两部分由一块踏板连接起来”的结构特点的描述,因此该电动滑板车应归入税则号列 8711. 9000[8711. 9010(2014 年版)]。 | | | | |

| 序号 | 1806 | 归类决定编号 | Z2006－1006 | 公告编号 | 2006 年第 69 号 |
|---|---|---|---|---|---|
| 商品税则号列 | 8712. 0090 | | | 发布日期 | 2006 年 11 月 22 日 |
| 商品名称 | 瘦身车 | | | | |
| 英文名称 | Monkey bike | | | | |
| 其他名称 | 猴子车、减肥车 | | | | |
| 商品描述 | 该商品采用 6″硬轮胎,钢架焊接,附手把、坐垫、轮子、链条、刹车,由钢铁、塑料、橡胶等零配件组装而成。该货品适合室内运动、健身、减肥。 | | | | |
| 归类决定 | 该瘦身车采用 6″硬轮胎,钢架焊接,附手把、坐垫、轮子、链条、刹车,由钢铁、塑料、橡胶等零配件组装而成。根据《税则注释》关于品目 87. 12 的解释,该商品属于税目 87. 12 的自行车,应归入税则号列 8712. 0090。 | | | | |

| 序号 | 1807 | 归类决定编号 | Z2006－1007 | 公告编号 | 2006 年第 69 号 |
|---|---|---|---|---|---|
| 商品税则号列 | 87.13 | | 发布日期 | | 2006 年 11 月 22 日 |
| 商品名称 | 残疾人爬楼车 | | | | |
| 英文名称 | Stair climbing devices | | | | |
| 其他名称 | | | | | |
| 商品描述 | 该残疾人爬楼车为日本 SUNWA 公司的 TRE－52 型产品，用于运送轮椅上下楼梯，使用时将轮椅推入该装置即可。该爬楼车为履带式，有专门设计的轮椅收纳装置。有电动、手动两种，外观尺寸（长×宽×高）：1258 毫米×757 毫米×1290 毫米。 | | | | |
| 归类决定 | 该设备是专用于残疾人的车辆，通过电机驱动履带实现爬坡功能，符合《税则注释》对残疾人车辆的描述，根据归类总规则一，应将其按残疾人用车归入税目 87.13 项下。 | | | | |

| 序号 | 1808 | 归类决定编号 | Z2006－1010 | 公告编号 | 2006 年第 69 号 |
|---|---|---|---|---|---|
| 商品税则号列 | 8714. 1900[8714. 1000(2014 年版)] | | 发布日期 | 2006 年 11 月 22 日 | |
| 商品名称 | C100 摩托车离合器 | | | | |
| 英文名称 | | | | | |
| 其他名称 | | | | | |
| 商品描述 | 该 C100 摩托车离合器是一种山浴式双级摩托车离合器,作为发动机的一个部件,其作用是在传递运动和动力时具有结合和分离作用,离合器可以实现相对运动或停止,以及改变运动件的工作状态。此外,摩托车启动或过载时,离合器有控制传递扭距大小的安全保护作用,是摩托车发动机的关键部件。 | | | | |
| 归类决定 | 该商品采用结合和分离的方式传递动力,属于《税则》税目 84. 83 所述传动装置,根据《税则》第十六类类注二关于零件的归类原则,其不能按发动机的零件归类。同时,根据《税则注释》品目 84. 83 排除条款的规定,其不包括“专用于或主要用于车辆或飞机的上述传动设备(变速器、传动轴、离合器、差动齿轮等)(第十七类)”,由于该商品用于摩托车,故其不能归入税目 84. 83。参照《税则注释》品目 87. 14 的规定,其包括“摩托车的齿轮传动装置、变速箱、离合器、其他传动装置及其零件”,根据归类总规则一及六,C100 摩托车离合器应按摩托车的零件归入税则号列 8714. 1900[8714. 1000(2014 年版)]。 | | | | |

| 序号 | 1809 | 归类决定编号 | Z2006－1008 | 公告编号 | 2006年第69号 |
|---|---|---|---|---|---|
| 商品税则号列 | 8714.1900[8714.1000(2014年版)] | | 发布日期 | | 2006年11月22日 |
| 商品名称 | 单向离合器 | | | | |
| 英文名称 | Pinion gear ASSY(V30) | | | | |
| 其他名称 | 起动机齿轮组合 | | | | |
| 商品描述 | 该单向离合器为GCC小齿轮组，型号50422－172，又称起动机齿轮组合，用于发动机启动时的动力传递。工作时，启动电机由蓄电池供电旋转起来，经单向离合器及齿轮带动发动机旋转启动，当发动机点火后，且转速超过起动电机转速时，由于单向离合器的作用，切断发动机与起动电机联接。该型号的离合器用于摩托车电动点火上的传动装置。 | | | | |
| 归类决定 | 该单向离合器为摩托车起动电机齿轮组，其作用是使起动电机与发动机暂时耦合，从而使发动机启动。其不属于发动机的零件，因其专用于摩托车，根据《税则注释》品目84.83的排他条款(二)及品目87.14的条款二(三)，该装置应归入税则号列8714.1900[8714.1000(2014年版)]。 | | | | |

| 序号 | 1810 | 归类决定编号 | Z2006－1009 | 公告编号 | 2006 年第 69 号 |
|---|---|---|---|---|---|
| 商品税则号列 | 8714. 1900［8714. 1000（2014 年版）］ | | 发布日期 | | 2006 年 11 月 22 日 |
| 商品名称 | 摩托车发动机零件 | | | | |
| 英文名称 | | | | | |
| 其他名称 | | | | | |
| 商品描述 | 摩托车发动机零件，包括离合器盘，英文名 Clutch housing comp，型号为 ZA1－41100－0。该离合器盘装在 JY110 摩托车上，主要作用是传递动力和搅入机油。该离合器盘由一个像罩子的钢铁制品并焊接主动齿轮共同组成。该离合器是离心式蹄块自动离合器，其工作原理是通过主离合器蹄块高速转动产生离心力从而与离合器盘产生摩擦将力传递到离合器盘上，再通过离合器盘上的主动齿轮将力传递到一级传动的从动齿轮上，从而完成传力的功能。 | | | | |
| 归类决定 | 该商品是摩托车用离合器的一个零件，根据《税则注释》品目 84. 83 的规定，“本品目不包括：专用于或主要用于车辆或飞机的上述传动设备（变速器、传动轴、离合器、差动齿轮等）（第十七类）”，应将其按摩托车零件进行归类。<br>该商品属于摩托车零件，符合《税则》税目 87. 14 及其子目条文的描述，根据归类总规则一及六，应将其按摩托车零件归入税则号列 8714. 1900［8714. 1000（2014 年版）］。 | | | | |

| 序号 | 1811 | 归类决定编号 | Z2006－1011 | 公告编号 | 2006 年第 69 号 |
|---|---|---|---|---|---|
| 商品税则号列 | 8716. 3990 | | 发布日期 | | 2006 年 11 月 22 日 |
| 商品名称 | 饲料搅拌车 | | | | |
| 英文名称 | | | | | |
| 其他名称 | | | | | |
| 商品描述 | 该商品为饲料搅拌用装置,装有车轮,两侧装有可由液压系统驱动的卸料门,完成喂料。该装置外形为斗状,装有牵引用装置。其工作过程为:装置可自行进料,进入搅拌机箱体,箱体内主铰龙转叶上附有双面刀片,饲料可被切得很碎,经过 15 分钟左右,液压系统驱动打开卸料门,完成喂料过程。该装置无工作动力源,工作时需发动机或拖拉机提供动力。该装置虽装有车轮,但无自行进系统,需外连拖拉机等牵引系统才能行进。 | | | | |
| 归类决定 | 根据《税则注释》有关“运载各种货品(饲料、粪肥等)的自卸挂车”中“这种挂车装有活动的底板,以便卸货……饲料车或……的挂车”的描述,该商品可按挂车归入税则号列 8716. 3990。 | | | | |

| 序号 | 1812 | 归类决定编号 | Z2006－1012 | 公告编号 | 2006年第69号 |
|---|---|---|---|---|---|
| 商品税则号列 | 8716.4000 | | 发布日期 | 2006年11月22日 | |
| 商品名称 | 舞台车 | | | | |
| 英文名称 | | | | | |
| 其他名称 | | | | | |
| 商品描述 | 该舞台车未开状态似一台20尺柜子的挂车，将柜子完全敞开，即成“舞台”，在相应位置上挂上灯光、音箱后，相当于一个表演场地，供户外演唱会使用。<br>该舞台车装有8个轮胎，但不具有驱动能力，运输时动力由临时连接的拖车提供，装有简单刹车装置和刹车灯；装有液压系统，方便将柜子的各面伸展；装有汽油发电机（用92#汽油），作为舞台伸展时所需之电源。<br>此舞台车完全展开时相当于一个舞台，分为梯面、主面、后面、顶面。梯面设计成楼梯形态，和地面相连接，方便人上下；主面由三个活动面组成，相当于一个表演场地；顶面也由四个活动面组成，似场地的天花板，可在此面挂上灯光、音响等舞台设备；后面和主面及顶面相连，起到支柱作用。 | | | | |
| 归类决定 | 该舞台车在结构上已具备税则号列8716.4000“挂车及半挂车”的基本特征，根据《税则注释》关于展览用挂车及图书馆挂车的归类意见，上述舞台车应作为其他挂车及半挂车归入税则号列8716.4000。 | | | | |

| 序号 | 1813 | 归类决定编号 | Z2006－1516 | 公告编号 | 2007 年第 70 号 |
|---|---|---|---|---|---|
| 商品税则号列 | 8716. 8000 | | 发布日期 | | 2007 年 12 月 5 日 |
| 商品名称 | 修理车 | | | | |
| 英文名称 | Garage truck | | | | |
| 其他名称 | | | | | |
| 商品描述 | 该商品由三部分组成：<br>1. 垫子（由 PU 人造革、海绵、复合木板组成）；<br>2. 框架（材料为 A3 钢）；<br>3. 轮子及支架。<br>该商品主要为汽车修理者服务，可以让修理者躺在车上，滑入汽车底部，进行检测和维修。 | | | | |
| 归类决定 | 该商品为非机械驱动车辆，符合《税则》税目 87. 16 及其子目条文的描述。虽然《税则注释》对品目 87. 16 的描述中规定“未装有底盘的商店小型有轮购物容器……应按其构成材料归类”，但是，该排除条款仅指“购物容器”，并不适用于该修理车。因此，根据归类总规则一和六，该商品应归入税则号列 8716. 8000。 | | | | |

| 序号 | 1814 | 归类决定编号 | Z2006－1013 | 公告编号 | 2006年第69号 |
|---|---|---|---|---|---|
| 商品税则号列 | 8716.9000 | | 发布日期 | 2006年11月22日 | |
| 商品名称 | 35吨半挂车用液压升降鹅颈 | | | | |
| 英文名称 | | | | | |
| 其他名称 | | | | | |
| 商品描述 | 该商品为半挂车用主动式液压鹅颈，型号CCA35－BI。<br>其工作原理：在公路运输的过程中，根据货物的体积、重量和运输途中的路况条件，鹅颈利用其液压缸以液压为动力来举升和降低半挂车与牵引车的连接高度，与此同时通过液压管路鹅颈将自身液压缸里液压动力传递给与其连接的挂车，使底部配有液压缸的挂车载货平台与鹅颈相匹配地同步升降，以实现整体的汽车列车（牵引车＋挂车）在运输的过程中不失重心、不过度倾斜、不翻车。 | | | | |
| 归类决定 | 根据《税则注释》对品目84.25中“提升机”的描述，“本品目的滑车及提升机由一套较为复杂的滑轮、缆、链条、绳索等组成。这些机器可利用机械增益原理进行起重……”，该液压升降鹅颈的结构与《税则注释》的描述不符，故不能按提升机归类。该商品虽带有液压升降机构，但仍属于挂车与牵引车的连接装置，根据归类总规则一和六，应将其按挂车的专用零件归入税则号列8716.9000。 | | | | |

| 序号 | 1815 | 归类决定编号 | Z2008－0199 | 公告编号 | 2008年第83号 |
| --- | --- | --- | --- | --- | --- |
| 商品税则号列 | 8803.3000 | | | 发布日期 | 2008年11月24日 |
| 商品名称 | 芯体（专用于波音飞机旁通活门的零件） | | | | |
| 英文名称 | | | | | |
| 其他名称 | | | | | |
| 商品描述 | 飞机的流量分配系统由流量分配活门、压力调节装置、空气混合装置、过滤装置、空气管道等组成。流量分配系统的作用是根据飞机各部分的需求，分配供给相应部分的空气流量的高温或低温空气。其中，流量分配活门是该系统的核心部件，其结构由外壳、芯体和流量分配管道组成。芯体是流量分配活门的关键零件，其内部结构由固定的隔板组成的不同面积的通道组成，这些通道用于流过不同流量、温度、压力的空气。 | | | | |
| 归类决定 | 该商品为芯体，与其他部件装配后，构成流量分配活门，起到单向流量调节的作用，构成飞机专用零件的基本特征，故根据《税则》第十七类类注二关于零件的归类原则，应按其他飞机零件归入税则号列8803.3000。 | | | | |

| 序号 | 1816 | 归类决定编号 | Z2008－0200 | 公告编号 | 2008年第83号 |
| --- | --- | --- | --- | --- | --- |
| 商品税则号列 | 8803.3000 | | | 发布日期 | 2008年11月24日 |
| 商品名称 | 升降舵控制装置用线圈组件 | | | | |
| 英文名称 | | | | | |
| 其他名称 | | | | | |
| 商品描述 | 该线圈组件专用于飞机升降舵控制装置，作用是：在飞行员根据飞行姿态需要调整时，通过座舱操纵机构给出调整信号，通过控制线传递给线圈和磁块，在它们的共同作用下使操作杆左右摆动；控制杆和升降舵控制装置连接在一起，将控制杆左右摆动的信号传递给升降舵控制装置。该线圈按控制器指令把电信号转换成机械信号，同时将该机械角度信号传递到升降舵控制装置，由升降舵控制装置来改变飞机的飞行姿态。 | | | | |
| 归类决定 | 该线圈组件专用于飞机升降舵控制装置，由漆包线和骨架构成，当控制电流进入线圈时磁通量会发生改变，其实际上为一个励磁线圈。参考《税则注释》品目85.03中的励磁线圈作为设备零件进行归类，该商品应当作为所属设备的零件进行归类，而非《税则》第八十五章功能列名商品。因此，根据归类总规则一及六，该商品应作为飞机专用零件归入税则号列8803.3000。 | | | | |

<table>
<tr><td>序号</td><td>1817</td><td>归类决定编号</td><td>Z2011－0006</td><td>公告编号</td><td>2011 年第 26 号</td></tr>
<tr><td colspan="2">商品税则号列</td><td colspan="2">8903.9200</td><td>发布日期</td><td>2011 年 4 月 25 日</td></tr>
<tr><td colspan="2">商品名称</td><td colspan="4">游乐艇</td></tr>
<tr><td colspan="2">英文名称</td><td colspan="4">Motor-yacht</td></tr>
<tr><td colspan="2">其他名称</td><td colspan="4">游艇</td></tr>
<tr><td colspan="2">商品描述</td><td colspan="4">该商品是集航海、娱乐、商务、休闲等功能于一体的游艇。该艇总长 23.98 米，总宽 6.4 米，深 3.2 米，排水量 88.5 吨，内置引擎：主机为两台 Caterpillar Diesel 柴油机，每台 1343 千瓦，正常航行时开动一个发动机，另一个发动机备用或在超常加速时使用。在开动一个发动机的情况下每小时耗油量约为 300 升(最大装油量为 9000 升)，航速可达 33 节以上。允许运载总人数 24 人。船分三层，上层是太阳甲板和室外驾驶台，配置防烫沙发、茶几和浴缸；中层是室内驾驶室、会客大沙龙、厨房及吧台，中层下方是主卧室、客房和儿童房，每个房间都配置卫生间和电视等；下层是船员房和机舱。另外，艇上中层的后舱会客厅配有电视摄像机和家具，驾驶室配置监控仪器、电子导航设备、卫星通讯电话等。</td></tr>
<tr><td colspan="2">归类决定</td><td colspan="4">该商品装配有两台柴油内燃机，航速可达 33 节以上，以航行为主要功能，是装有内置式发动机的汽艇(Motoboats)，符合《税则》税目 89.03 及其子目条文的描述，根据归类总规则一及六，应将其按汽艇归入税则号列 8903.9200。</td></tr>
</table>

| 序号 | 1818 | 归类决定编号 | Z2006－1517 | 公告编号 | 2007 年第 70 号 |
|---|---|---|---|---|---|
| 商品税则号列 | 8905. 9090 | | 发布日期 | 2007 年 12 月 5 日 | |
| 商品名称 | 废钢船 | | | | |
| 英文名称 | Demolition vessel“MINSK” | | | | |
| 其他名称 | | | | | |
| 商品描述 | 该废钢船为一艘苏联用“明思克”号航空母舰，无螺旋桨，没有锚，没有动力。 | | | | |
| 归类决定 | 该船既不具备航空母舰的基本特征，也不具备其他列名船舶的基本特征，且进口后不供拆卸用，应归入税则号列 8905. 9090。 | | | | |

| 序号 | 1819 | 归类决定编号 | Z2006－1518 | 公告编号 | 2007 年第 70 号 |
|---|---|---|---|---|---|
| 商品税则号列 | 8905. 9090 | | 发布日期 | 2007 年 12 月 5 日 | |
| 商品名称 | 55 英尺房船 | | | | |
| 英文名称 | | | | | |
| 其他名称 | | | | | |
| 商品描述 | 该商品船长 16. 76 米，型宽 5. 95 米，型深 3. 3 米，吃水 1. 35 米，主机为 CUMMINS 柴油机，350 马力，最大航速 12 节，航区是平静水域，乘员 10 人。通讯设备为 Raymarine 彩色多功能数字化雷达系统。船分两层，上层是大沙龙和吧台，下层是卧室、客房、洗衣房、干衣房、儿童房、书房，吊桥上装有可拆遮阳篷和休闲桌椅。 | | | | |
| 归类决定 | 该船具备 350 马力，可接驳岸电，最高航速 12 节，具有完备的生活设施，并且不以航行为主要目的，符合《税则》税目 89. 05 及其子目条文（或子目注释）的描述，根据归类总规则一及六，应将其按住宅船归入税则号列 8905. 9090。 | | | | |

| 序号 | 1820 | 归类决定编号 | Z2006 - 1014 | 公告编号 | 2006 年第 69 号 |
|---|---|---|---|---|---|
| 商品税则号列 | 第 90 章 | | | 发布日期 | 2006 年 11 月 22 日 |
| 商品名称 | 生化分析仪所带电脑 | | | | |
| 英文名称 | | | | | |
| 其他名称 | | | | | |
| 商品描述 | 该电脑由惠普主机和康柏显示器构成，专用于全自动生化分析仪，含有分析仪运行所需的固化软件，该软件名称为“日本奥林巴斯 AU400 全自动生化分析仪程序”，其计算机主机带有专用接驳口。 | | | | |
| 归类决定 | 由于该电脑主机带有专用接驳口和固化软件，因此，其与生化分析仪可按功能机组一并归类。 | | | | |

| 序号 | 1821 | 归类决定编号 | Z2006 - 1015 | 公告编号 | 2006 年第 69 号 |
|---|---|---|---|---|---|
| 商品税则号列 | 90.01 | | | 发布日期 | 2006 年 11 月 22 日 |
| 商品名称 | 滤波片 | | | | |
| 英文名称 | | | | | |
| 其他名称 | | | | | |
| 商品描述 | 该商品是滤波器用滤波片，规格 CWDM 1551UM，主要作用是过滤光波。 | | | | |
| 归类决定 | 该滤波器用滤波片，规格 CWDM 1551UM，其主要作用是过滤光波，能使某个波长的光通过而把其他波长的光波过滤掉，通过这种特性，实现特定波长光波在网络中的传输。该商品为利用光学原理工作的光学元件，应归入《税则》税目 90.01 项下相应子目。 | | | | |

| 序号 | 1822 | 归类决定编号 | Z2006－1019 | 公告编号 | 2006年第69号 |
|---|---|---|---|---|---|
| 商品税则号列 | 9001.9000[9001.9090(2014年版)] | | | 发布日期 | 2006年11月22日 |
| 商品名称 | DWDM微光组件零件 | | | | |
| 英文名称 | | | | | |
| 其他名称 | | | | | |
| 商品描述 | 该商品为DWDM微光组件零件,包括自聚焦透镜及介质薄膜滤光片。<br>自聚焦透镜由经过离子交换处理的特殊玻璃材料制成。其作用是将光纤中的光进行高速变换。<br>介质薄膜滤光片是通过对特殊玻璃材料制成的基板进行光学加工并镀制光学介质薄膜而成的。其作用是过滤特定波长的光,是波分复用器组件中最基础的元件。 | | | | |
| 归类决定 | 自聚焦透镜和介质薄膜滤光片的功能符合税目90.01的规定,两者应归入税则号列9001.9000[9001.9090(2014年版)]。<br>又见Z2006－1015、Z2006－1016号决类决定。 | | | | |

| 序号 | 1823 | 归类决定编号 | Z2006－1016 | 公告编号 | 2006年第69号 |
|---|---|---|---|---|---|
| 商品税则号列 | 9001.9000[9001.9090(2014年版)] | | | 发布日期 | 2006年11月22日 |
| 商品名称 | 波分复用器膜片 | | | | |
| 英文名称 | | | | | |
| 其他名称 | | | | | |
| 商品描述 | 该波分复用器膜片主要由三部分构成:法布里—白洛谐振腔(一般110G膜片包含3～6个谐振腔)、波分复用器膜片基体(主要材料是Ohara生产的波分复用器膜片的WMS—02、WMS—13基体)、增透介质。它是经过精密加工(用纳米技术来控制),并经过特殊工艺处理的处理通讯信息上传、下载的波分复用器膜片专用零件。 | | | | |
| 归类决定 | 该商品为滤波器用波分复用器膜片,主要由谐振腔、波分复用器膜片基体、增透介质三部分构成。该商品用来处理通讯信号的下载和上传,即把两个合并的信号通道分开或把两个分开的信号通道合并。该商品为利用光学原理工作的光学元件,应归入税则号列9001.9000[9001.9090(2014年版)]。 | | | | |

| 序号 | 1824 | 归类决定编号 | Z2006－1519 | 公告编号 | 2007 年第 70 号 |
|---|---|---|---|---|---|
| 商品税则号列 | 9001. 9000［9001. 9090（2014 年版）］ | | 发布日期 | 2007 年 12 月 5 日 | |
| 商品名称 | 菲涅尔板、屏幕前板 | | | | |
| 英文名称 | | | | | |
| 其他名称 | | | | | |
| 商品描述 | 菲涅尔板、屏幕前板，均为特定尺寸的长方形有机玻璃制品。屏幕前板正面表面印刷无数细密黑条，起增加对比度的作用，没有经过光学处理；菲涅尔板两面有加工过的沟槽，并经过光学处理，是菲涅尔透镜，起光线聚合校正作用。上述商品进口后，用双面胶黏合后，安装在最外层起保护作用的有机玻璃板后，于背投彩电上起显示作用。 | | | | |
| 归类决定 | 根据《税则注释》品目 90. 01 包括“未作固定装配的非玻璃制光学元件，不论是否经过光学加工”的描述，菲涅尔板和屏幕前板应按具体列名归入税则号列 9001. 9000［9001. 9090（2014 年版）］。 | | | | |

| 序号 | 1825 | 归类决定编号 | Z2006－1520 | 公告编号 | 2007 年第 70 号 |
|---|---|---|---|---|---|
| 商品税则号列 | 9001. 9000［9001. 9090（2014 年版）］ | | 发布日期 | 2007 年 12 月 5 日 | |
| 商品名称 | 光学镜片（ASAHI 牌） | | | | |
| 英文名称 | Advanced mirror ST | | | | |
| 其他名称 | 反射镜 | | | | |
| 商品描述 | 该镜片生产工艺：对玻璃进行特殊处理（用抛光粉抛光研磨）→将玻璃放入平面清洗机清洗→多层自动镀膜机对玻璃进行镀膜（采用喷涂的方式）→镀上一层铝和两层二氧化硅→镀好的镜片放入检验传送台（用荧光灯检查镜片表面亮度；用光谱仪检查镜片反射度）→送镜片过胶带桌贴胶带（镜片通过贴胶带区时放氮气）→打包→出货。光学性能：面精度高、放射率高、低光圈数、附着力强、耐摩擦、耐湿度、耐腐蚀等。材料进口后，企业对其进行粗切→细切（按客户要求的规格尺寸）→磨边→清洗→烘干→检验→包装等一系列加工。 | | | | |
| 归类决定 | 该商品已经经过研磨、抛光等光学加工，镜面具有较高的反射率，根据归类总规则一，其可按未装配的玻璃制反射镜归入税则号列 9001. 9000［9001. 9090（2014 年版）］。 | | | | |

| 序号 | 1826 | 归类决定编号 | Z2006－1521 | 公告编号 | 2007年第70号 |
| --- | --- | --- | --- | --- | --- |
| 商品税则号列 | 9001.9000[9001.9090(2014年版)] | | 发布日期 | | 2007年12月5日 |
| 商品名称 | 光学水晶片 | | | | |
| 英文名称 | | | | | |
| 其他名称 | | | | | |
| 商品描述 | 光学水晶片一般尺寸为长28毫米×宽22毫米×厚0.51毫米,用于制作光学元件。水晶块是由水热法生长的一种功能材料,主要成分为$SiO_2$,其加工过程为:经精密切割后成为片状,把几十个片粘贴成块进行外形分割、整修,再把块状脱胶成片,经过GC#2000金刚砂研磨后包装出货。其产品技术性能指标:(1)方向角45°00′±5′(AT或BT CUT);(2)倾角0°00′±30′;(3)旋转角0°00′±5′、90°00′±5′、45°00′±30′;(4)外形尺寸L±0.05毫米(长边);W±0.05毫米(宽边);(5)厚度T±0.01毫米;(6)粗糙度:#8000(Ra);(7)平行度≤2′;(8)滤波器表面应清洁白净、无附着物、无划痕和裂痕,崩边(角)≤0.50毫米;(9)不镀膜的时候不具备滤光和滤波的功能。该光学水晶片不能直接用于镀膜,结转后需经进一步抛光,才能制成光学滤波片。 | | | | |
| 归类决定 | 该光学水晶片属未作固定装配的水晶光学元件,符合《税则》税目90.01及其子目条文(或子目注释)的描述,根据归类总规则一及六,应将其归入税则号列9001.9000[9001.9090(2014年版)]。 | | | | |

| 序号 | 1827 | 归类决定编号 | Z2006－1018 | 公告编号 | 2006年第69号 |
|---|---|---|---|---|---|
| 商品税则号列 | 9001.9000［9001.9090（2014年版）］ | | 发布日期 | | 2006年11月22日 |
| 商品名称 | 屏幕透镜 | | | | |
| 英文名称 | Contrast screen | | | | |
| 其他名称 | | | | | |
| 商品描述 | 该商品为四周有黑框、中间无色透明的矩形塑料板，规格有48″、43″两种，用于背投电视的屏幕上。该商品可用于商场内的屏幕墙、电子广告牌等。它是屏幕的最外层，在成型前向材料中加入了防静电剂，在成型、切割后，该板被放入盛满防反射液的槽中浸泡，然后取出烘干，使其表面形成一层防反射膜，最后在其背面用丝印的方法印上黑色边框。该商品在加工过程中未经表面抛光及边缘打磨等工序。 | | | | |
| 归类决定 | 该商品为屏幕透镜，用于背投电视的屏幕上，是屏幕的最外层，起到使表面光线均匀、柔和光线、防静电、降低表面光线反射的作用。<br>根据《税则注释》品目90.01包括“未作固定装配的非玻璃制光学元件，不论是否经过光学加工”的描述，该屏幕透镜为塑料制，虽未经表面抛光及边缘打磨等工序，但仍可归入税则号列9001.9000［9001.9090（2014年版）］。 | | | | |

<table>
<tr><td>序号</td><td>1828</td><td>归类决定编号</td><td colspan="2">Z2006 - 1017</td><td>公告编号</td><td>2006 年第 69 号</td></tr>
<tr><td colspan="2">商品税则号列</td><td colspan="3">9001. 9000［9001. 9090（2014 年版）］</td><td>发布日期</td><td>2006 年 11 月 22 日</td></tr>
<tr><td colspan="2">商品名称</td><td colspan="5">三硼酸锂晶体</td></tr>
<tr><td colspan="2">英文名称</td><td colspan="5">2Bo Crystal</td></tr>
<tr><td colspan="2">其他名称</td><td colspan="5"></td></tr>
<tr><td colspan="2">商品描述</td><td colspan="5">该商品规格为 4 毫米 ×4 毫米 ×20 毫米，成分为三硼酸锂（LiB3O5），用于固体激充器中，将固体激充器中的基频光转化为倍频光。</td></tr>
<tr><td colspan="2">归类决定</td><td colspan="5">该商品为三硼酸锂晶体，规格为 4 毫米 ×4 毫米 ×20 毫米，成分为三硼酸锂（LiB3O5），主要用于固体激充器中。激光器由激光工作物质、泵浦源、聚光腔、光学谐振腔、冷却系统及激光电源等几个单独部件组成，但能够工业化应用的激光工作物质的输出波段非常有限，这大大影响了激光器的使用范围。通过使用激光频率变化器件（非线性晶体器件），可以使通过它的激光产生出不同波段的激光，从而扩大激光的应用范围。用三硼酸锂单晶体制造的非线性光学器件的功能，就是将固体激充器中的基频光转化为倍频光，常为 2 倍频、3 倍频。<br>《税则》税目 90. 13 所列为激光器的整机，该晶体只是其中的倍频装置，故不能归入其中。由于该商品的功能符合《税则》税目 90. 01 的解释，因此，可按“未作固定装配的非玻璃制光学元件”归入税则号列 9001. 9000［9001. 9090（2014 年版）］。</td></tr>
</table>

| 序号 | 1829 | 归类决定编号 | Z2007－0090 | 公告编号 | 2007 年第 71 号 |
|---|---|---|---|---|---|
| 商品税则号列 | 9001. 9000［9001. 9090（2014 年版）］ | | | 发布日期 | 2007 年 12 月 5 日 |
| 商品名称 | 超薄玻璃 | | | | |
| 英文名称 | Thin glass | | | | |
| 其他名称 | | | | | |
| 商品描述 | 该超薄玻璃是由熔融纯净原材料制成的硼硅酸盐玻璃，应用下拉生产工艺，表面经火抛光技术处理，长 420 毫米、宽 400 毫米、厚 0. 3 毫米。进口后进行镀膜处理，并切割成小片，用作黏结手机照相机模块的镀膜红外截止滤光片。 | | | | |
| 归类决定 | 该超薄玻璃使用下拉生产工艺，表面经火抛光处理，符合《税则注释》品目 90. 01 有关“玻璃制光学元件”的商品描述，由于其未经固定装配，根据归类总规则一及六，应归入税则号列 9001. 9000［9001. 9090（2014 年版）］。 | | | | |

| 序号 | 1830 | 归类决定编号 | Z2006－1522 | 公告编号 | 2007 年第 70 号 |
|---|---|---|---|---|---|
| 商品税则号列 | 9002. 1190 | | | 发布日期 | 2007 年 12 月 5 日 |
| 商品名称 | 彩色液晶投影机投射镜头 | | | | |
| 英文名称 | | | | | |
| 其他名称 | | | | | |
| 商品描述 | 该投射镜头由四块透镜片及塑料壳组成，进口时已组装好，进口后与其他光学元件、部件散件组装成彩色液晶投影机光学系统。 | | | | |
| 归类决定 | 《税则注释》对品目 90. 02 范围的限定：“已作固定装配（即已装在底座、框架等托架上的），适于安装在仪器或装置上的税号 90. 01 注释中第二、三及四款所列的物品，本税号的物品主要是用于与其他零部件一起装配成某种仪器，或者仪器的部件。”该投射镜头由四块透镜片及塑料壳组成，进口时已组装好，根据归类总规则一及六，应将其归入税则号列 9002. 1190。 | | | | |

| 序号 | 1831 | 归类决定编号 | Z2009－0067 | 公告编号 | 2009年第5号 |
|---|---|---|---|---|---|
| 商品税则号列 | 9002. 1990 | | 发布日期 | 2009年1月20日 | |
| 商品名称 | 透镜组件 | | | | |
| 英文名称 | | | | | |
| 其他名称 | | | | | |
| 商品描述 | 该透镜组件(摄像头零件)由电机、已装配的几组镜片(如透镜、变焦镜片、聚焦镜片)、滤光片、光圈、小基板(已安装传感器、开关)、连接软排线构成。用途:摄像头用光学镜头组件。原理:根据摄制对象的距离,电机供电和控制信号通过引线控制电机的动作,电机的动作通过传动机构带动镜片位置的调整,从而自动调整焦距、光圈等,使摄制图像更加清晰。 | | | | |
| 归类决定 | 该商品由多组镜片及电机、滤光片、光圈等装配在一起组成,为摄像机光学镜头,符合《税则》税目90.02的商品描述,根据归类总规则一及六,应归入税则号列9002. 1990。 | | | | |

| 序号 | 1832 | 归类决定编号 | Z2006－1020 | 公告编号 | 2006年第69号 |
|---|---|---|---|---|---|
| 商品税则号列 | 9002. 9090 | | 发布日期 | 2006年11月22日 | |
| 商品名称 | F－θ扫描镜 | | | | |
| 英文名称 | | | | | |
| 其他名称 | 激光器扫描镜 | | | | |
| 商品描述 | 该商品由一组镀有增透膜的光学镜片组成,装有金属外框,使用时通过外框上螺纹安装在激光打标机上。该商品是打标机的一个重要部件,它的作用是:F－θ扫描镜能使扫描激光束按入射角度线性偏转,并聚集在同一个焦平面上,提高激光束能量密度,使激光束能在特种材料表面(金属、硬塑料等)进行刻蚀。为了避免受高能量激光束的损害,需要根据适用激光束的波长给扫描镜镀上增透膜。F－θ扫描镜主要应用于激光雕刻、标记、表面处理等其他采用激光束在材料表面进行图文处理的设备中。 | | | | |
| 归类决定 | 该扫描镜是由镜片组和壳体组成,具有对激光束进行偏转和聚焦的作用。根据归类总规则一及六,该商品应按已装配的光学元件归入税则号列9002. 9090。 | | | | |

| 序号 | 1833 | 归类决定编号 | Z2007－0091 | 公告编号 | 2007年第71号 |
|---|---|---|---|---|---|
| 商品税则号列 | 9002.9090 | | 发布日期 | 2007年12月5日 | |
| 商品名称 | 振镜 | | | | |
| 英文名称 | | | | | |
| 其他名称 | | | | | |
| 商品描述 | 该振镜为激光雕刻机零件，型号SCANCUBE 10;1064，内部主要包含2个激光调制头、2个驱动板、镜片等，外部由散热外壳封装，带接口。该振镜安装于激光雕刻机上，位于激光腔的前端，振镜口需接装镜头。工作原理为：由激光发生器发出的高能激光束，通过激光腔光导系统传输到振镜内，在振镜内通过X轴及Y轴的摆动将光束分化反射至振镜口，再通过镜头输出作用于物体表面，以达到需要的雕刻效果。 | | | | |
| 归类决定 | 该振镜由马达、驱动电路板和镜片固定安装组成，用于安装在激光雕刻机上。使用时驱动电路板控制马达运行，从而带动安装在马达上的镜片一起转动，使激光能够按照需要的光路射出。该商品符合《税则注释》品目90.02“本品目包括已作固定装配，适于安装在仪器或装置上的品目90.01注释中第二、三及四款所列的物品”的描述，根据归类总规则一及六，应归入税则号列9002.9090。 | | | | |

| 序号 | 1834 | 归类决定编号 | Z2006－1523 | 公告编号 | 2007年第70号 |
|---|---|---|---|---|---|
| 商品税则号列 | 9006.5300 | | 发布日期 | 2007年12月5日 | |
| 商品名称 | 一次性照相机机身 | | | | |
| 英文名称 | | | | | |
| 其他名称 | | | | | |
| 商品描述 | 该商品为日本富士新型800照相机，机身有闪光灯装置，塑料外壳；内部装置与一次性照相机相比，仅没有胶片（使用胶片宽度35毫米）。 | | | | |
| 归类决定 | 该相机机身与一次性照相机的区别只是没有胶片，应作为相机归入税则号列9006.5300。 | | | | |

| 序号 | 1835 | 归类决定编号 | Z2006－1524 | 公告编号 | 2007 年第 70 号 |
|---|---|---|---|---|---|
| 商品税则号列 | | 9006.5990 | | 发布日期 | 2007 年 12 月 5 日 |
| 商品名称 | 环摄全景扫描照相机 | | | | |
| 英文名称 | Round shot super 220VR | | | | |
| 其他名称 | | | | | |
| 商品描述 | 该 SEITZ 环摄全景扫描照相机,英文品名为 Round shot super 220VR。该照相机由机身、暗箱、传动机构控制器、电池、镜头等部分组成。其工作原理如下:在拍摄时,照相机机身可以 360 度转动,或静止不动,或是作直线运动,此时马达带动胶片转动,使垂直狭缝在胶片上通过,从而使大范围的景物在胶片上曝光,它通过控制器预先设定一个时间段、底片长度或是一个机身旋转角度,以控制胶片的曝光长度。此种照相机的特点是采用单镜头反光式(SLR)取景;使用胶片宽度大于 60 毫米;成像后底片很长,一般为 60 毫米 ×480 毫米或者一个胶卷只能拍一张照片。<br>用途:可拍摄 360 度照片(相机转动);可近距离拍摄一列火车;可拍摄一条公路的全景;可拍摄一辆时速 200 千米的汽车;也可进行空中拍摄。 | | | | |
| 归类决定 | 参考《辞海》对“航空摄影测量”的解释,“航空测量”是指“应用飞机上拍摄的地面相片测绘地形图的技术……其成果是划线的地形图或影像地图或数字地图”。该照相机虽能进行空中拍摄,但它的拍摄结果只能用来增加影像地图的三维效果,而不能通过它的拍摄胶片直接测绘地图,因此,它不能作为航空测量照相机。<br>该相机的工作原理与《税则注释》品目 90.06 所列全景照相机的工作原理相同,根据归类总规则一及六,应归入税则号列 9006.5990。 | | | | |

| 序号 | 1836 | 归类决定编号 | Z2009－0176 | 公告编号 | 2009 年第 57 号 |
|---|---|---|---|---|---|
| 商品税则号列 | 9006.6100 | | 发布日期 | 2009 年 8 月 31 日 | |
| 商品名称 | 手机闪光灯(组件) | | | | |
| 英文名称 | | | | | |
| 其他名称 | | | | | |
| 商品描述 | 该手机闪光灯(组件)规格型号为 TABASCO3－IPCR,由闪光灯泡、电容和连接电路组成。功能原理和主要用途为:通过对电容充放电为闪光灯泡发光提供能量,并由连接线和接插件与手机电路板相连接。该组件不含控制电容充放电的电路,工作时需与手机电路板相连接,方完成闪光灯功能。 | | | | |
| 归类决定 | 该商品由闪光灯泡(含反射镜)、电容和连接电路组成,电源与手机共用,电容作为放电元件通过充放电使闪光灯泡发光。根据《税则注释》对品目 90.06 项下“电池闪光灯”的描述,该商品“可视为已具备完整品基本特征的不完整品而归入本品目”。该商品符合《税则》税目 90.06 及其子目条文的描述,根据归类总规则二(一)及六,应按放电式闪光灯装置归入税则号列 9006.6100。 | | | | |

| 序号 | 1837 | 归类决定编号 | Z2010－0060 | 公告编号 | 2010 年第 15 号 |
|---|---|---|---|---|---|
| 商品税则号列 | 9007.2010 | | 发布日期 | 2010 年 2 月 28 日 | |
| 商品名称 | 数字电影放映机 | | | | |
| 英文名称 | | | | | |
| 其他名称 | 数字电影投影机 | | | | |
| 商品描述 | 该 DP100 机型数字电影投影机,属于 BARCO 公司投影系统的产品。该机型用于数字电影院,投放屏幕宽度最大可达 23 米,亮度符合 SMPTE 规定的标准,其芯片基于 TI 的 M25 DLP CINEMA 技术,具备 2048×1080 分辨率。 | | | | |
| 归类决定 | 该商品为数字电影放映机,将影院服务器解读后的数字影音信息投放到大尺寸的电影屏幕上,符合《税则》税目 90.07 及其子目条文的描述,根据归类总规则一及六,应按数字式电影放映机归入税则号列 9007.2010。 | | | | |

| 序号 | 1838 | 归类决定编号 | Z2009－0068 | 公告编号 | 2009 年第 5 号 |
|---|---|---|---|---|---|
| 商品税则号列 | | 9008. 3010［9008. 5031（2014 年版）］ | | 发布日期 | 2009 年 1 月 20 日 |
| 商品名称 | | ETC Source four 系列舞台用成像灯 | | | |
| 英文名称 | | | | | |
| 其他名称 | | | | | |
| 商品描述 | | 该 ETC Source Four 系列舞台用成像灯主要由隔热把手、灯泡、反射镜区域（反射杯）、光闸、成像图片插槽、可调光圈插槽、透镜筒、镜头管、色片夹、色片夹固定装置和安装用轭等构成，根据需要安装于大型演出剧场的天花板或地板位置。工作时，反射杯将灯泡光线汇聚并通过光闸照射到舞台上，通过改变光闸实现在舞台上做出人物造型的刻画和效果渲染。 | | | |
| 归类决定 | | 该舞台用成像灯具有成像图片插槽，可用于投射相关影像到舞台上增加效果，符合《税则》税目 90. 08 有关影像投影仪的商品描述，根据其设备结构，应作为正射投影仪归入税则号列 9008. 3010［9008. 5031（2014 年版）］。 | | | |

| 序号 | 1839 | 归类决定编号 | Z2006－1022 | 公告编号 | 2006 年第 69 号 |
|---|---|---|---|---|---|
| 商品税则号列 | | 9010. 5022 | | 发布日期 | 2006 年 11 月 22 日 |
| 商品名称 | | 柔性板材制版系统 | | | |
| 英文名称 | | Flexographic plate-making sysytem | | | |
| 其他名称 | | | | | |
| 商品描述 | | 该柔性板材制版系统为两个系列：FLEX－LIGHT5280 系列包括制版曝光机、制版洗版机和制版干版机三部分；LETTER FLEX3050 系列包括制版曝光机和制版洗版机两部分。其中，制版曝光机是利用光源照射覆盖在柔性印刷版材（感光树脂板）上的菲林底片，使柔性印刷版材曝光的设备；制版洗版机是利用有机循环再用药水将柔性版材未曝光部分清洗，显现出曝光部分图像的洗印设备；制版干版机是对显影后的柔性版材进行烘干的设备。 | | | |
| 归类决定 | | 根据《税则》第九十章章注三及《税则注释》关于第九十章功能机组的解释，上述两个系列的柔性板材制版系统均具备税目 90. 10 照相、电影片的洗印功能，故可按洗印设备一并归入税则号列 9010. 5022。 | | | |

| 序号 | 1840 | 归类决定编号 | Z2006－1023 | 公告编号 | 2006年第69号 |
|---|---|---|---|---|---|
| 商品税则号列 | 9010.5022 | | 发布日期 | 2006年11月22日 | |
| 商品名称 | 冲版机 | | | | |
| 英文名称 | | | | | |
| 其他名称 | | | | | |
| 商品描述 | 该商品的实际功能与用途为:属于印刷工业中的印前设备,又称PS版显影机,经过晒版机曝光的PS版再经冲版机的“显影”—“定打”—“水洗”,使图文在PS版上显影,以备印刷使用。 | | | | |
| 归类决定 | 根据《税则注释》关于品目90.10的描述,该商品应作为洗印设备归入税则号列9010.5022。 | | | | |

| 序号 | 1841 | 归类决定编号 | Z2006－1024 | 公告编号 | 2006年第69号 |
|---|---|---|---|---|---|
| 商品税则号列 | 9010.5022 | | 发布日期 | 2006年11月22日 | |
| 商品名称 | 晒版机 | | | | |
| 英文名称 | | | | | |
| 其他名称 | | | | | |
| 商品描述 | 该晒版机属于印刷工业中的印前设备,是制作印刷版材的专用设备,将图文软片和PS版紧密贴合,经过晒版机曝光、光化学作用将图文由软片转移到PS版上,形成印刷机使用的上机版。 | | | | |
| 归类决定 | 根据《税则注释》关于品目90.10的描述,该商品应作为洗印设备归入税则号列9010.5022。 | | | | |

| 序号 | 1842 | 归类决定编号 | Z2008 - 0201 | 公告编号 | 2008 年第 83 号 |
|---|---|---|---|---|---|
| 商品税则号列 | 9010. 5022 | | 发布日期 | | 2008 年 11 月 24 日 |
| 商品名称 | 全自动曝光机 | | | | |
| 英文名称 | Full automatic exposure M/C left to right | | | | |
| 其他名称 | | | | | |
| 商品描述 | 该全自动曝光机的品牌为 HAKUTO，型号为 HAP - 5030I 。用途及工作原理：此设备将菲林上的电路图在贴膜的印刷基板上进行曝光，实现电路图从菲林到印刷基板的转移。贴膜后的基板由搬入口搬入曝光机 L 侧，固定在晒架上，通过 CCD 照相机测定的数据微移动菲林与基板位置精确对齐，由光学系统将短弧灯反射出来的紫外光变成平行光后对基板进行曝光。曝光完后，基板被搬送至 R 侧晒架，重复 L 侧步骤，进行 R 侧基板曝光。曝光后，基板由排出口移出。 | | | | |
| 归类决定 | 该商品利用紫外线将菲林上的电路图在涂覆感光膜的 PCB 基板上进行洗印，属特种照相用洗印设备，符合《税则》税目 90. 10 及其子目条文的描述，根据归类总规则一及六，应按特种照相用洗印设备归入税则号列 9010. 5022。 | | | | |

| 序号 | 1843 | 归类决定编号 | Z2006－1025 | 公告编号 | 2006年第69号 |
|---|---|---|---|---|---|
| 商品税则号列 | 9010.5029 | | | 发布日期 | 2006年11月22日 |
| 商品名称 | 曝光反转机 | | | | |
| 英文名称 | Film vacu contact printer system | | | | |
| 其他名称 | | | | | |
| 商品描述 | 该商品工作原理:将玻璃材质模板放在机上,用真空带将已曝光感光硬片(WP)和未曝光感光激光照排片(FILM)压紧,使FILM与WP之间形成真空,然后经高压水银灯发出的紫外光线曝光,将WP上的影像复制到FILM上。其用途:用于反转工程,将WP上的影像曝光到胶卷(FILM)上,胶卷经显影,以检查产品是否合格。步骤:将WP放在机器上,表面覆盖同样尺寸的FILM片,用真空压紧到一定程度后,机器中的曝光灯曝光,曝光结束后,需将FILM片进行显影,显影后反转与WP片对照,以检查产品是否合格。 | | | | |
| 归类决定 | 该商品利用紫外线曝光的方式将已曝光感光硬片上的图像复制曝光于未曝光感光激光照排片上,属于洗印设备的一种,符合《税则》税目90.10及其子目条文的描述,根据归类总规则一及六,应将其按其他洗印设备归入税则号列9010.5029。 | | | | |

| 序号 | 1844 | 归类决定编号 | Z2006－1026 | 公告编号 | 2006年第69号 |
|---|---|---|---|---|---|
| 商品税则号列 | 9011.2000 | | 发布日期 | 2006年11月22日 | |
| 商品名称 | 全自动晶形检测仪 | | | | |
| 英文名称 | Automatic shape AnaInapct. OSM | | | | |
| 其他名称 | | | | | |
| 商品描述 | 该系统由硬件和软件部分构成。其中硬件部分有：<br>1. 专用显微镜，已装有三维数控载物台和驱动装置；<br>2. 背景照明装置和电动控制器，控制载物台作三维运动；<br>3. 装在显微镜上的摄像头；<br>4. 计算机（国内配置）。<br>软件部分为Diainspect. OSM系统。<br>其工作原理如下：由显微镜放大的图像通过装在显微镜上的摄像头传到计算机内，通过软件，将图像数据进行处理，可测出金刚石的尺寸、形状，以及金刚石工具工作面上的出刃值、状态，所配备的软件能控制显微镜特有的数控三维载物台，被测物可作X、Y、Z轴三维受控运动，具有三维测量、自动对焦、场景自动连续转换拍摄、图像自动分层扫描、连续拍摄图像拼接及图像上感兴趣点的信息处理、计算等功能。 | | | | |
| 归类决定 | 该系统用于对微米级粉末到毫米级颗粒超硬磨料（人造金刚石、CBN、刚玉等）的质量控制和研究工作，能够快速得出尺寸和形貌参数。由于该系统此次进口的部分未构成功能机组，因此应分别归类：显微镜、摄像头、背景照明装置和电动控制器可按《税则》具体列名一并归入税则号列9011.2000；软件应按载体归类。 | | | | |

| 序号 | 1845 | 归类决定编号 | Z2006－1027 | 公告编号 | 2006年第69号 |
|---|---|---|---|---|---|
| 商品税则号列 | | 9011.2000 | | 发布日期 | 2006年11月22日 |
| 商品名称 | 生物显微镜系统 | | | | |
| 英文名称 | | | | | |
| 其他名称 | | | | | |
| 商品描述 | 该系统由DMLB2显微镜和MPS60显微照相系统组成。其中，DMLB2显微镜为一般的三目生物显微镜，可单独使用；MPS60显微照相系统是根据需求添加的。DMLB2显微镜分三目，其中两目用于观察试验样品，另外一目为MPS60显微照相系统的专用通道，显微镜上配上第三目接口，再配上MPS60显微照相系统就可完成设计功能。 | | | | |
| 归类决定 | 该生物显微镜系统的功能符合《税则注释》品目90.11项下对“显微照相及显微电影摄影用显微镜”的描述，若显微镜和显微照相系统同时申报，可一并归入税则号列9011.2000。 | | | | |

| 序号 | 1846 | 归类决定编号 | Z2007－0092 | 公告编号 | 2007年第71号 |
|---|---|---|---|---|---|
| 商品税则号列 | | 9011.2000 | | 发布日期 | 2007年12月5日 |
| 商品名称 | 莱卡智能型生物显微镜(型号DM 3000B) | | | | |
| 英文名称 | | | | | |
| 其他名称 | | | | | |
| 商品描述 | 该莱卡智能型生物显微镜的型号为DM3000B，由显微镜主机、光源(12V30W卤光灯)、电动聚光镜、六位可转换物镜、三目镜筒组成。其中，三目镜筒的一目是为摄像预留的接口，用于连接CCD或照相装置，但该设备的照像装置未同时进口。 | | | | |
| 归类决定 | 该莱卡智能型生物显微镜有三个目镜筒，其中一目是为摄像预留的接口，从其设计角度来讲，已经具备用于显微摄像的特征，根据归类总规则一及六，应归入税则号列9011.2000。 | | | | |

| 序号 | 1847 | 归类决定编号 | Z2006－1028 | 公告编号 | 2006年第69号 |
|---|---|---|---|---|---|
| 商品税则号列 | 9011.8000 | | 发布日期 | 2006年11月22日 | |
| 商品名称 | 数字显微镜 | | | | |
| 英文名称 | Digital hd microscope | | | | |
| 其他名称 | | | | | |
| 商品描述 | 该数字显微镜由主控制器、显示器、镜头和镜头架构成。主控制器是一台微型计算机，CPU中有固化的专用软件。镜头由光学放大镜头和CCD摄像头构成，镜头光学放大倍数为1200倍，再通过电子放大可最终放大3000倍。其工作原理是：镜头采集图像并通过CCD转换成电信号传输给主控制器，主控制器可对图像进行处理，并在显示器上显示。 | | | | |
| 归类决定 | 该商品由手持式光学显微镜镜头、摄像头及一台微机（专用）构成。其工作原理为：镜头对样品图像进行光学放大（倍数可达1200倍），摄像头将放大后的图像取出并传输至微机，通过显示器将图像显示出来，最后利用微机对图像进行后续的数据处理。<br>该套商品的主要功能为显微放大，符合功能机组的定义，应一并归入税则号列9011.8000。 | | | | |

| 序号 | 1848 | 归类决定编号 | Z2007－0093 | 公告编号 | 2007年第71号 |
|---|---|---|---|---|---|
| 商品税则号列 | 9011.8000 | | 发布日期 | 2007年12月5日 | |
| 商品名称 | CCD检测系统 | | | | |
| 英文名称 | | | | | |
| 其他名称 | | | | | |
| 商品描述 | 该CCD检测系统的规格型号为DT－1000A。工作原理：利用光学原理，将工作平台上的受测品放大，通过光学镜头及光纤将放大受测品的模拟讯号传至显示设备呈现出来，最终操作人员目测确认产品是否合格。用途：观察产品在感光区上方是否有微尘，以及像素点是否被破坏，来判断产品是否合格。 | | | | |
| 归类决定 | 该CCD检测系统型号为DT－1000A，由显微镜部分、摄像头部分、显示屏等组成，可将被测物放大450倍后通过摄像头传递到显示器上进行观测。该商品符合《税则》税目90.11的商品描述，根据归类总规则一及六，应归入税则号列9011.8000。 | | | | |

| 序号 | 1849 | 归类决定编号 | Z2009－0069 | 公告编号 | 2009 年第 5 号 |
|---|---|---|---|---|---|
| 商品税则号列 | 9012.1000 | | | 发布日期 | 2009 年 1 月 20 日 |
| 商品名称 | 日立牌绳索断层分析用扫描电镜 | | | | |
| 英文名称 | | | | | |
| 其他名称 | | | | | |
| 商品描述 | 该扫描电子显微镜(S－3400N)主要包括扫描电镜、能谱仪、离子溅射仪等部件，主要用于钢绳断层的图像和元素定量分析。其中，离子溅射仪用于扫描电镜样品的前期镀金制作，扫描电镜用作钢绳断层的图像分析，能谱仪安装在扫描电镜上，作为扫描电镜的配件，应用 X 射线原理用于断层元素定量分析。 | | | | |
| 归类决定 | 该商品同时具有图像分析和元素分析的功能，主要功能为扫描电镜，根据归类总规则一及六，应归入税则号列 9012.1000。 | | | | |

| 序号 | 1850 | 归类决定编号 | Z2006－1029 | 公告编号 | 2006 年第 69 号 |
|---|---|---|---|---|---|
| 商品税则号列 | 9013.1000 | | | 发布日期 | 2006 年 11 月 22 日 |
| 商品名称 | 单筒望远镜 | | | | |
| 英文名称 | Monocular for public use | | | | |
| 其他名称 | | | | | |
| 商品描述 | 该批望远镜共有三个规格，倍数为四倍，可上下左右调节准星。 | | | | |
| 归类决定 | 该单筒望远镜具有准星，可上下左右调节，放大倍数达到四倍，虽然不具有安装到枪支上的底座和支架，但具有枪瞄的基本特征，根据归类总规则二(一)，应按武器用望远镜瞄准具归入税则号列 9013.1000。 | | | | |

<table>
<tr><td>序号</td><td>1851</td><td>归类决定编号</td><td>Z2009－0142</td><td>公告编号</td><td>2009 年第 32 号</td></tr>
<tr><td colspan="2">商品税则号列</td><td colspan="2">9013.2000</td><td>发布日期</td><td>2009 年 6 月 12 日</td></tr>
<tr><td colspan="2">商品名称</td><td colspan="4">激光二极管(货主申报名称)</td></tr>
<tr><td colspan="2">英文名称</td><td colspan="4">Diode lasers</td></tr>
<tr><td colspan="2">其他名称</td><td colspan="4"></td></tr>
<tr><td colspan="2">商品描述</td><td colspan="4">激光二极管，915 纳米，光纤耦合，10 瓦，L4 系列，波长为 915 纳米，作为光纤激光器(光纤激光器本身具有产生激光的工作介质，谐振腔，但需要一种带有尾纤的激光二极管作为泵浦光源耦合到光纤激光器的激光光纤中的掺杂介质产生激光)的泵浦源使用。该激光二极管由管脚、电极、发光点(一个 1 微米×100 微米芯片)、光纤、外壳构成。管脚用于连接激光二极管驱动源，通过改变电流控制输出激光的强度。发光点是一个 1 微米×100 微米的芯片。其表面发出激光，并耦合到输出光纤，便于传输和应用。</td></tr>
<tr><td colspan="2">归类决定</td><td colspan="4">该商品将单个激光半导体芯片封装在独立的外壳中，并外接了一条长 1 米的光纤，用于激光的传输。虽然上述商品的核心是一个典型的激光二极管芯片及其封装，但是还连接一条不可拆卸的光纤，其组装结构已经超出了《税则注释》关于品目 85.41 项下半导体器件的范围，故不应归入《税则》税目 85.41 项下。该商品包含了工作物质、泵浦源和光学共振腔三大基本部件及散热装置等辅助部件，符合《税则》税目 90.13 及其子目条文的描述，根据归类总规则一及六，应按激光器归入税则号列 9013.2000。</td></tr>
</table>

| 序号 | 1852 | 归类决定编号 | Z2006－1030 | 公告编号 | 2006 年第 69 号 |
|---|---|---|---|---|---|
| 商品税则号列 | 9013.8030 | | | 发布日期 | 2006 年 11 月 22 日 |
| 商品名称 | 液晶显示板 | | | | |
| 英文名称 | | | | | |
| 其他名称 | | | | | |
| 商品描述 | 该商品由液晶板与 IC 电路或高压电源组成。IC 电路为驱动电路，高压电源为液晶显示器的启动提供电源。 | | | | |
| 归类决定 | 该商品可按《税则》具体列名归入税则号列 9013.8030。 | | | | |

| 序号 | 1853 | 归类决定编号 | Z2006－1031 | 公告编号 | 2006 年第 69 号 |
|---|---|---|---|---|---|
| 商品税则号列 | 9013.8030 | | | 发布日期 | 2006 年 11 月 22 日 |
| 商品名称 | 液晶显示屏 | | | | |
| 英文名称 | TFT LCD pantel | | | | |
| 其他名称 | | | | | |
| 商品描述 | 该液晶显示屏用于生产台式电脑液晶显示器，增加电源适配器、逆变器、主板、信号线、支架等零部件就能配齐整套零部件。 | | | | |
| 归类决定 | 该液晶显示屏主要由液晶分子、背光源、保持液晶分子的纤维玻璃板片、驱动每个液晶分子的数字 MOS 管，以及两个 TTL 全数字接口组成。电源适配器、主板等部件未进口。<br>主板由电源、模/数转换器、CPU 及控制 IC 等部分组成，主板是决定显示器用途的关键部件。该商品进口时未带主板，因此，应归入税则号列 9013.8030。 | | | | |

| 序号 | 1854 | 归类决定编号 | Z2006－1525 | 公告编号 | 2007年第70号 |
|---|---|---|---|---|---|
| 商品税则号列 | 9013.8090 | | | 发布日期 | 2007年12月5日 |
| 商品名称 | 光纤倒像器 | | | | |
| 英文名称 | | | | | |
| 其他名称 | 倒像器 | | | | |
| 商品描述 | 该商品的组成结构是光纤玻璃，其主要成分是氧化镧、氧化铌、碳酸钾、二氧化硅、硼酸等。该商品可以将光纤束扭转180度，能够将射入的像绕其轴线旋转180度射出，其倒像作用类似透镜、棱镜或反射式倒像器。该商品具有分辨率高、图像清楚、体积小、重量轻的特点。 | | | | |
| 归类决定 | 该商品为光纤倒像器，可将图像反转180度射出，属于光学仪器，符合《税则》税目90.13及其子目条文的描述，根据归类总规则一及六，应将其按第九十章其他品目未列名的光学仪器归入税则号列9013.8090。 | | | | |

| 序号 | 1855 | 归类决定编号 | Z2008－0202 | 公告编号 | 2008年第83号 |
|---|---|---|---|---|---|
| 商品税则号列 | 9013.8090 | | | 发布日期 | 2008年11月24日 |
| 商品名称 | 液芯光导管 | | | | |
| 英文名称 | Liquid lightguide | | | | |
| 其他名称 | | | | | |
| 商品描述 | 该液芯光导管的品牌为LUMATEC，其用途与光导纤维管相同，但其内部不是塑料纤维，而是一种专门的液体，定长制作，两端密封，用于“多波段日光防护系数测试系统”，在仪器中起导光作用。 | | | | |
| 归类决定 | 该商品由一段石英纤维外壳和内充的化学液体构成，用于导光，实现的是同光导纤维束相同的功能，优点在于相比普通的光纤，其紫外线传输功率比普通光纤高30%左右。该商品与《税则注释》关于品目90.01项下光导纤维、光导纤维束的描述存在差异，属于为《税则》未列名的光学器具，符合《税则》税目90.13及其子目条文的描述，根据归类总规则一及六，应按其他光学器具归入税则号列9013.8090。 | | | | |

<table>
<tr><td>序号</td><td>1856</td><td>归类决定编号</td><td>Z2006 - 1526</td><td>公告编号</td><td>2007 年第 70 号</td></tr>
<tr><td colspan="2">商品税则号列</td><td colspan="2">9013. 9010</td><td>发布日期</td><td>2007 年 12 月 5 日</td></tr>
<tr><td colspan="2">商品名称</td><td colspan="4">铷泡</td></tr>
<tr><td colspan="2">英文名称</td><td colspan="4"></td></tr>
<tr><td colspan="2">其他名称</td><td colspan="4"></td></tr>
<tr><td colspan="2">商品描述</td><td colspan="4">该两种铷泡(型号 Rb 和型号 87 - Rb)是在真空玻璃泡内充有 Rb(铷)原子的高真空的样品池,内壁涂有石蜡,可避免原子的退相干效应。使用过程中,通过对铷泡加热,将铷升华为铷蒸汽,用激光穿过铷泡,产生原子吸收信号,用于对半导体激光器进行稳频。</td></tr>
<tr><td colspan="2">归类决定</td><td colspan="4">该商品并非采用电发光原理,因此不属于灯泡。它用于激光器的稳频,为激光器的专用零件,符合《税则》税目 90. 13 的商品描述,根据归类总规则一及六,应将其归入税则号列 9013. 9010。</td></tr>
</table>

<table>
<tr><td>序号</td><td>1857</td><td>归类决定编号</td><td>Z2008 - 0203</td><td>公告编号</td><td>2008 年第 83 号</td></tr>
<tr><td colspan="2">商品税则号列</td><td colspan="2">9013. 9090[9013. 9020(2014 年版)]</td><td>发布日期</td><td>2008 年 11 月 24 日</td></tr>
<tr><td colspan="2">商品名称</td><td colspan="4">背光模组</td></tr>
<tr><td colspan="2">英文名称</td><td colspan="4"></td></tr>
<tr><td colspan="2">其他名称</td><td colspan="4">背光板</td></tr>
<tr><td colspan="2">商品描述</td><td colspan="4">该背光模组主要用于给液晶显示器提供光源,组成部分有导光板、塑胶框、灯管罩、扩散片、反射片、背板。</td></tr>
<tr><td colspan="2">归类决定</td><td colspan="4">根据 Z2006 - 1031 号公告的归类决定,带背光模组的液晶显示屏归入税则号列 9013. 8030。上述商品为税则号列 9013. 8030 项下的液晶显示屏的专用零件,根据《税则》第九十章章注二关于设备零件的归类原则,应与其整机归入同一税目项下。上述商品属于税则号列 9013. 8030 项下液晶显示板的专用零件,符合税目 90. 13 及其子目条文的描述,根据归类总规则一及六,应按液晶显示屏的专用零件归入税则号列 9013. 9090[9013. 9020(2014 年版)]。</td></tr>
</table>

| 序号 | 1858 | 归类决定编号 | Z2010－0061 | 公告编号 | 2010年第15号 |
|---|---|---|---|---|---|
| 商品税则号列 | 9013.9090[9013.9020(2014年版)] | | | 发布日期 | 2010年2月28日 |
| 商品名称 | 灯管组 | | | | |
| 英文名称 | Lamp unit | | | | |
| 其他名称 | | | | | |
| 商品描述 | 该灯管组由裸灯管、灯罩、电线、端子、塑胶壳、橡胶承座、O形环、双面胶带、热缩套管等材料组成。灯管组之灯管高低压两端各连一个灯座，灯座再分别与线材组(电线、端子、塑胶壳)的高、低压端相连，橡胶承座保护、固定灯管电极头与电线之焊接接头处，线材组的另一端插件部分接通外部电源，通电后灯管发光，光线由灯罩集中向一个方向反射出去，O形环固定灯管，双面胶带将线材固定在反光罩。此灯管组是用于液晶显示屏之背光模组，是为液晶显示屏提供光源的组件。 | | | | |
| 归类决定 | 该商品由冷阴极荧光灯管、灯罩、电线、端子、塑胶壳、橡胶承座、O形环、双面胶带、热缩套管等材料组成，是《税则》税目90.13项下商品背光模组的零件，根据第九十章章注二的规定，其符合《税则》税目90.13及其子目条文的描述，根据归类总规则一及六，应按背光模组的零件归入税则号列9013.9090[9013.9020(2014年版)]。 | | | | |

| | | | | | |
|---|---|---|---|---|---|
| 序号 | 1859 | 归类决定编号 | Z2006 - 1033 | 公告编号 | 2006 年第 69 号 |
| 商品税则号列 | 9015. 1000 | | 发布日期 | 2006 年 11 月 22 日 | |
| 商品名称 | 激光距离测试仪 | | | | |
| 英文名称 | Laserd distance meter | | | | |
| 其他名称 | | | | | |
| 商品描述 | 该 ELDP100NRS 激光距离测试仪是 MODUL0C 控制系统公司生产的小型脉冲数字化距离传感器。其主要特征是:通过发出每秒 1000 次频率的超短光波脉冲,利用单一的脉冲、反馈时间(Time-of-flight)测量的技术,测量反射体到测量点之间大于 600 米的距离或自然表面大于 155 米的工作范围。测量数据通过电脑、PLC 或模拟式设备计算出测量点与反射体之间的距离。其两个可编程自行定义端口将测量结果经数字式输出端口和 LEDS 显示。该设备配备了一个可选择光电耦合器 RS232、RS422 和可编程的标准类似界面转换器。 | | | | |
| 归类决定 | 该商品可用于产品的位置、原材料的长度、宽度的测量,以及起重机定位、为车辆与建筑物之间的距离预警等场合。<br>该商品的功能为测量距离,此功能在《税则》税目 90. 15 项下已有具体列名。因此,根据归类总规则一,该激光距离测试仪应归入税则号列 9015. 1000。 | | | | |

| 序号 | 1860 | 归类决定编号 | Z2006 - 1034 | 公告编号 | 2006 年第 69 号 |
|---|---|---|---|---|---|
| 商品税则号列 | 9015. 8000 | | | 发布日期 | 2006 年 11 月 22 日 |
| 商品名称 | 勘探用折射仪 | | | | |
| 英文名称 | | | | | |
| 其他名称 | | | | | |
| 商品描述 | 该勘探用折射仪属高分辨率勘探仪器,能进行反射、折射、面波海洋调查、VSP 和层析成像等勘探工作。该仪器用于进行地震波折射勘探,接受道数为 24 道,目的是调查地表低降速层的速度和深度,为石油地球物理勘探和地球物理勘探的地震数据处理提供地表低降速层的有关数据和地震资料处理时进行动、静校正。其配置的采集软件具备以下性能:折射、反射波勘探数据的质量监督。 | | | | |
| 归类决定 | 该勘探用折射仪可通过地震折射或反射波的接收、分析及处理,了解不同地区地质构造的具体情况,广泛用于油气勘探、工程地质测量或水文地质调查等,属地球物理测量仪器,应归入税则号列 9015. 8000。 | | | | |

| 序号 | 1861 | 归类决定编号 | Z2006 - 1035 | 公告编号 | 2006 年第 69 号 |
|---|---|---|---|---|---|
| 商品税则号列 | 9015. 8000 | | | 发布日期 | 2006 年 11 月 22 日 |
| 商品名称 | 全站仪 | | | | |
| 英文名称 | | | | | |
| 其他名称 | | | | | |
| 商品描述 | 该全站仪是一种兼有自动测距、测角、计算和数据自动记录及传输的自动化、数字化的三维坐标测量与定位系统。其主要功能为测量距离、角度、坐标等,广泛用于地形测量、地籍与房产测量、施工放样、工业测量等。该商品具有较强的数据处理及控制功能,以自动获取大量坐标数据。 | | | | |
| 归类决定 | 该全站仪是一种兼有自动测距、测角、计算和数据自动记录及传输的自动化、数字化的三维坐标测量与定位系统,其原理是通过红外脉冲、相位式的方法测量长度、角度、高程等数据,光电补偿器实时全面补偿,CPU 过程控制器对采集的数据和补偿值实时处理获得坐标、高程、面积、偏心值、填挖量、横断面等多种数据。该商品采用了较先进的原理和计算方法,其功能已大大超过了经纬仪及视距仪的范围,因此应归入税则号列 9015. 8000。 | | | | |

| 序号 | 1862 | 归类决定编号 | Z2006－1036 | 公告编号 | 2006年第69号 |
|---|---|---|---|---|---|
| 商品税则号列 | | 9015.8000 | | 发布日期 | 2006年11月22日 |
| 商品名称 | | 声学多普勒流速剖面仪 | | | |
| 英文名称 | | Workhorse Rio Grande ADCP WHRZ1200kHz/600kHz | | | |
| 其他名称 | | | | | |
| 商品描述 | | 该商品用于测量江河流量、流速及断面水深。它由声波传感器、连接线、电脑、电源组成，利用声波传感器测算出水中颗粒运动引起的声学多普勒频移，通过连接线传入到计算机进行对比分析，继而得出河流的流速、流量。 | | | |
| 归类决定 | | 该商品用于测量河流的流速、流量，既符合《税则》税目90.15所述水文测量仪器，又符合税目90.26所述液体流量的测量装置。根据《税则注释》对品目90.26的排除条款，“用于测量河流、运河等水流速度的测流浆轮，应作为水文仪器归入品目90.15”，以及归类总规则一和六，该声学多普勒流速剖面仪应归入税则号列9015.8000。 | | | |

| 序号 | 1863 | 归类决定编号 | Z2006－1527 | 公告编号 | 2007年第70号 |
|---|---|---|---|---|---|
| 商品税则号列 | | 9015.8000 | | 发布日期 | 2007年12月5日 |
| 商品名称 | | 声学多普勒流速剖面仪 | | | |
| 英文名称 | | Workhorse Rio Grande ADCP WHRZ1200kHz/600kHz | | | |
| 其他名称 | | | | | |
| 商品描述 | | 该商品多用于测量江河流量、流速及断面水深。它由声波传感器、连接线、电脑、电源组成，其利用声波传感器测算出水中颗粒运动引起的声学多普勒频移，通过连接线传入到计算机进行对比分析，继而得出河流的流速、流量。 | | | |
| 归类决定 | | 该商品用于测量河流的流速、流量，符合《税则注释》品目90.15所述“水文测量仪器”。根据归类总规则一和六，应将其归入税则号列9015.8000。 | | | |

| 序号 | 1864 | 归类决定编号 | Z2007－0094 | 公告编号 | 2007年第71号 |
|---|---|---|---|---|---|
| 商品税则号列 | 9015.8000 | | | 发布日期 | 2007年12月5日 |
| 商品名称 | 井下矿藏探测器 | | | | |
| 英文名称 | | | | | |
| 其他名称 | | | | | |
| 商品描述 | 该井下矿藏探测器主要用于石油矿藏的勘探,包括地面数据分析系统和井下数据采集设备两部分,通过电缆和管道连接。井下数据采集部分主要由遥测短节、伽玛探测短节、套管接箍短节、流体密度短节及石英晶体压力探测短节、扶正短节等构成。其中,遥测短节一般位居整个油藏探测器井下采集部分的上部,在其下面可根据需要选择使用伽玛探测短节或套管接箍短节等其他探测短节。该井下矿藏探测器的工作原理是:井下数据采集部分一方面由遥测短节接收地面通过电缆送来的各种指令信号,经译码后分别送向各个探测短节;另一方面井下各探测短节按时序逻辑和组合逻辑将各自所探测的信号发送至遥测短节的微处理部分,经数/模转换后传输到地面分析系统,地面数据分析部分则通过实时接收由井下遥测短节所传送的其他探测短节所采集的信息(如地层伽玛射线、磁通量的变化情况)进行分析评估,从而对地层油藏检测和剩余油饱和度等情况作出分析判断。 | | | | |
| 归类决定 | 该井下矿藏探测器包括地面数据分析系统和井下数据采集设备两部分,可以对井下地层中的伽玛射线、磁通量、流体密度、压力等进行测量,主要用于石油矿藏的勘探。该商品符合《税则注释》有关品目90.15的商品描述,根据归类总规则一及六,应归入税则号列9015.8000。 | | | | |

| 序号 | 1865 | 归类决定编号 | Z2006－1037 | 公告编号 | 2006年第69号 |
|---|---|---|---|---|---|
| 商品税则号列 | 9018.12 | | | 发布日期 | 2006年11月22日 |
| 商品名称 | B/M型超声波扫描仪 | | | | |
| 英文名称 | | | | | |
| 其他名称 | | | | | |
| 商品描述 | 该商品有四种型号:SSH－140A型、SSA－220A型、SSA－240A型和SSA－340A型。通过查阅该设备使用说明书,它们除具有B超功能外,还具有M超等其他功能。 | | | | |
| 归类决定 | 超声波扫描(诊断)仪按工作原理可分为:A型,反射式振幅型;B型,切面显像型;M型,心动图形描记心动曲线型;多普勒型。税则号列9018.1210的B型超声波诊断仪仅指上述的B型设备。四种型号的B/M型超声波扫描仪除具有B超功能外,还具有M超等其他功能,是多功能的超声波扫描仪,故应归入税则号列9018.1291或9018.1299。 | | | | |

| 序号 | 1866 | 归类决定编号 | Z2006－1038 | 公告编号 | 2006年第69号 |
|---|---|---|---|---|---|
| 商品税则号列 | 9018.1291 | | | 发布日期 | 2006年11月22日 |
| 商品名称 | 电路板 | | | | |
| 英文名称 | | | | | |
| 其他名称 | | | | | |
| 商品描述 | 该电路板的种类有10种左右,主要包括RF板、CW板、E/P板、DSP板、DSC板、V/M板等,功能各不相同,是彩超机上的专用电路板,进口以后通过简单工艺焊接插槽使之与仪器连接,构成彩超机的数据处理部分。 | | | | |
| 归类决定 | 该电路板是彩色超声波诊断仪的专用电路板,具有多种规格,虽然其名称及功能各不相同,但结构都是在印刷电路板上安装各种集成电路构成的。<br>该商品应按彩色超声波诊断仪的零件归入税则号列9018.1291。 | | | | |

| 序号 | 1867 | 归类决定编号 | Z2007－0095 | 公告编号 | 2007 年第 71 号 |
|---|---|---|---|---|---|
| 商品税则号列 | 9018. 1291 | | | 发布日期 | 2007 年 12 月 5 日 |
| 商品名称 | 电子超声内窥镜 | | | | |
| 英文名称 | Endoscope system | | | | |
| 其他名称 | 环形扫描超声电子内窥镜 | | | | |
| 商品描述 | 该商品用于通过影像监视器提供上消化道(包括但不仅限于食道、胃和十二指肠)的光学和超声图像并进入该部位进行治疗。该商品实现了高水平的电子内窥镜和实时超声图像两种性能的结合,提供无闪烁、高分辨率的超声图像,同时具有直视型光学系统,可兼做彩色多普勒,提供彩色血流量图。主要部件包括:超声波探头 1 个、内窥镜探头 2 个、超声波操作系统、超声波成像系统、超声监视器等。 | | | | |
| 归类决定 | 该电子超声内窥镜包括光学内窥镜部分和超声波成像部分,可以同时利用光学和超声图像对人体进行诊断,其中超声波诊断是其主要功能。该商品符合《税则》税目 90. 18 的商品描述,根据归类总规则一及六,应归入税则号列 9018. 1291。 | | | | |

| 序号 | 1868 | 归类决定编号 | Z2006－1528 | 公告编号 | 2007年第70号 |
| --- | --- | --- | --- | --- | --- |
| 商品税则号列 | 9018.1300[9018.1390(2014年版)] | | 发布日期 | 2007年12月5日 | |
| 商品名称 | 数据处理谱仪 | | | | |
| 英文名称 | DRX Console | | | | |
| 其他名称 | | | | | |
| 商品描述 | 该商品为RESONANCE牌,型号MARAN DRX/2。该商品在机箱内装有一个工业PC机主板,多块高速数据处理、数据合成及输入输出接口板(卡),带有网线接口和VGA显示器接口。该商品采用最新的中频软件无线电技术,用于低场永磁磁共振系统,其功能是全数字化的磁共振信号D/A变换采集及数字式的检波、滤波、差频及数字信号合成处理。该商品运行实时DOS操作系统,进口后由二次用户根据终端客户需求,设置或开发编写相应的序列程序,终端客户使用时只能通过网卡连接的另一台主机(WINDOWS操作系统)选择使用已设定好的序列程序来操作谱仪以完成相应功能,不能随意修改程序。其工作原理是从外部主计算机发送一个序列程序及参数给谱仪,谱仪合成数字波形,经D/A变换后输出到接口,经外部射频放大器后激发氢原子,返回的射频信号经A/D变换为数字信号,经滤波转换后储存在谱仪的内存中,再回传给外部的主计算机。该商品外接主计算机及磁体后构成核磁共振成像系统。核磁共振除用于医学检测外,还可用于波谱分析领域,例如石油探测、声纳分析等。 | | | | |
| 归类决定 | 一套完整的核磁共振系统包括控制终端、数据处理谱仪、射频放大器、发射线圈、接收线圈。该商品属于核磁共振成像装置的一个重要部件,在其中起必不可少的作用。<br>该商品符合《税则》税目90.18及其子目条文的描述,根据归类总规则一及六,应将其按核磁共振成像装置的零部件归入税则号列9018.1300[9018.1390(2014年版)]。 | | | | |

| 序号 | 1869 | 归类决定编号 | Z2006－1039 | 公告编号 | 2006年第69号 |
|---|---|---|---|---|---|
| 商品税则号列 | 9018.1990 | | | 发布日期 | 2006年11月22日 |
| 商品名称 | 运动心电测试系统 | | | | |
| 英文名称 | Exercise testing system | | | | |
| 其他名称 | 活动平板机 | | | | |
| 商品描述 | 该运动心电测试系统由主机、热敏记录仪、交流电源、AM114采集器、活动平板等部分组成,其以GE－MARQUETTE医疗系统的心电分析程序为基础,引入先进的信号处理、微电子和运动ECG算法等技术,可直接连接MUSE CV心血信息管理系统,实现网络化心电数据管理和数据共享,并可进入CIS(临床信息管理系统)。 | | | | |
| 归类决定 | 该运动心电测试系统是检测对象在运动平板上进行跑动实验,通过对人在运动状态下生命体征的变化,如肺功能的变化、血压变化、心肌供血等情况的测量,检测心肌缺血、心律失常、心梗、冠状动脉疾病等。该设备的功能已超出了心电图记录仪的作用范围,根据《税则注释》关于品目90.18的解释,此系统应按电气诊断设备归入税则号列9018.1990。 | | | | |

<table>
<tr><td>序号</td><td>1870</td><td>归类决定编号</td><td>Z2007－0096</td><td>公告编号</td><td>2007 年第 71 号</td></tr>
<tr><td colspan="2">商品税则号列</td><td colspan="2">9018.1990</td><td>发布日期</td><td>2007 年 12 月 5 日</td></tr>
<tr><td colspan="2">商品名称</td><td colspan="4">导事件相关电位系统</td></tr>
<tr><td colspan="2">英文名称</td><td colspan="4"></td></tr>
<tr><td colspan="2">其他名称</td><td colspan="4"></td></tr>
<tr><td colspan="2">商品描述</td><td colspan="4">该商品是利用脑电波提取技术，将心理活动产生的微弱脑电信号通过计算叠加技术，从电脑中提取出来形成事件相关脑电位，通过研究该数据，来实现对神经生理和心理学的研究。系统由两部分组成：一是 BratnCap 电极帽及连接器；二是 BratinAmp 放大器。此次进口的放大器属标准型，输出信号频率为 5000 赫兹。BratinAmp 是一套可精确采集人体神经生物电信号，并可进行放大和记录的系统。导联数从 32、64、128 直到 256 导，可采集脑电图（EEG）、肌电图（EMG）、眼电图（EOG）及诱发电位（包括体感诱发电位 SEP）。</td></tr>
<tr><td colspan="2">归类决定</td><td colspan="4">该导事件相关电位系统使用时直接戴在人体上，通过脑电波提取技术采集人体神经生物电信号，包括脑电图、肌电图、眼电图及诱发电位等，符合《税则》税目 90.18 的商品描述，根据归类总规则一及六，应归入税则号列 9018.1990。</td></tr>
</table>

| 序号 | 1871 | 归类决定编号 | Z2009－0177 | 公告编号 | 2009 年第 57 号 |
|---|---|---|---|---|---|
| 商品税则号列 | 9018.1990 | | | 发布日期 | 2009 年 8 月 31 日 |
| 商品名称 | 脑电系统 | | | | |
| 英文名称 | | | | | |
| 其他名称 | | | | | |
| 商品描述 | 该脑电系统是神经电生理信号采集、分析系统，通过 128 个导联的高密度网状电极，作用于感觉系统或脑的某一部位，研究在给予刺激或撤销刺激时，在脑区所引起的电位变化，并进一步通过数据分析，研究人的心理反映功能。 | | | | |
| 归类决定 | 该商品是对脑神经电信号进行采集分析的系统，根据《税则注释》对品目 90.18 的规定，该品目项下的电器诊断设备包括“脑电流描记器（用于检查脑部）”及“带有或与自动数据处理机连用的诊断设备，用于处理和显示临床检查的数据结果等”。因此，根据归类总规则一及六，该商品应归入税则号列 9018.1990。 | | | | |

| 序号 | 1872 | 归类决定编号 | Z2006－1040 | 公告编号 | 2006 年第 69 号 |
|---|---|---|---|---|---|
| 商品税则号列 | 9018.3 | | | 发布日期 | 2006 年 11 月 22 日 |
| 商品名称 | BD 真空采血系统 | | | | |
| 英文名称 | | | | | |
| 其他名称 | | | | | |
| 商品描述 | 该 BD 真空采血系统由无菌针头、持针器和真空采血管组成。其中，无菌针头用于进入血管内，将血液标本采集至真空采血管内；持针器用于固定采血针头；真空采血管分玻璃管和塑料管两种，其内部都有不同的添加剂，并以不同颜色的头盖来区分管内的不同添加成分。采血时将真空采血管推上针头，刺穿真空采血管的隔板，管内真空造成的负压可主动将血液吸入管内，从而简化了采血过程。 | | | | |
| 归类决定 | 该 BD 真空采血系统是由无菌针头、持针器和真空采血管组成的采血装置。采血时，持针器前端固定采血针头，后面装有真空采血管，只要将真空采血管向前推，真空采血管的隔板将被无菌针头后部刺穿，管内真空造成的负压可主动将血液吸入管内，完成采血过程。该装置是一种医疗器具，应归入税则号列 9018.3900。<br>各部分单独进口时，归类如下：<br>1. 无菌针头，用于刺入血管，将血液标本采集至真空采血管内，应按具体列名归入税则号列 9018.3210；<br>2. 持针器，用于固定采血针头，应作为真空采血装置的专用零件归入税则号列 9018.3900；<br>3. 真空采血管，分玻璃管和塑料管两种，其内部有不同的添加剂，并以不同颜色的头盖来区分管内的不同添加成分，其中玻璃制的真空采血管不同于《税则》第九十章章注一（五）排他条款所列税目 70.17 的实验室、卫生及配药用的玻璃器，故玻璃制或塑料制的真空采血管均应作为真空采血装置的专用零件归入税则号列 9018.3900。 | | | | |

| 序号 | 1873 | 归类决定编号 | Z2006－1042 | 公告编号 | 2006年第69号 |
|---|---|---|---|---|---|
| 商品税则号列 | 9018.3900 | | 发布日期 | 2006年11月22日 | |
| 商品名称 | 输液泵 | | | | |
| 英文名称 | Automed infusion pump | | | | |
| 其他名称 | | | | | |
| 商品描述 | 该输液泵用于医疗输液，由主机与消耗品（输液管、输液袋套装，无菌密封包装）组成（主机与消耗品的数量不配套）。主机外观为装有控制按钮与液晶显示板的长方体塑料容器（190毫米×75毫米×25毫米），通过内置马达的转轴与输液管相接；消耗品由输液管、输液袋套装，输液管缠绕在类似于齿轮的齿面上。当主机上的马达带动消耗品上的齿轮转动时，可将处于两齿之间的输液管中的液柱挤压出去，从而达到控制液体流量及流速的目的。 | | | | |
| 归类决定 | 数量配套的主机和消耗品一同进口时，可视为成套货品一并归入税则号列9018.3900；多余数量的消耗品或消耗品单独进口或多余数量的主机或主机单独进口时，因均已构成注射器类似品的基本特征，故应按注射器的类似品归入税则号列9018.3900。 | | | | |

| 序号 | 1874 | 归类决定编号 | Z2006－1043 | 公告编号 | 2006年第69号 |
| --- | --- | --- | --- | --- | --- |
| 商品税则号列 | 9018.3900 | | | 发布日期 | 2006年11月22日 |
| 商品名称 | 毛血管采血管 | | | | |
| 英文名称 | | | | | |
| 其他名称 | | | | | |
| 商品描述 | 该毛血管采血管以熔融石英为原料,采用毛细管上升法直接采血,内腔涂层起抗凝血的作用,为辅助采血所设。该产品本身无测试功能,它用于血细胞计数仪,以计算血液中血细胞的数量。 | | | | |
| 归类决定 | 该毛血管采血管以熔融石英为原料制成,内腔涂有抗凝血涂层,采用毛细管上升法直接采血。虽然该商品可用作血细胞计数仪的附件,但根据《税则》第九十章章注二(一)的规定,其本身已构成采血器具,应作为医疗器具归入税则号列9018.3900。 | | | | |

| 序号 | 1875 | 归类决定编号 | Z2006－1044 | 公告编号 | 2006年第69号 |
| --- | --- | --- | --- | --- | --- |
| 商品税则号列 | 9018.3900 | | | 发布日期 | 2006年11月22日 |
| 商品名称 | 肝素帽 | | | | |
| 英文名称 | | | | | |
| 其他名称 | | | | | |
| 商品描述 | 该商品为塑料制注射管塞,又称肝素帽。其一端有孔,是用于输液端封闭的抗血凝产品。该产品用在输液过程中,在留置针一次输液完毕后插入其末端防止血液凝固。 | | | | |
| 归类决定 | 肝素帽实为塑料制注射管塞,其表面光滑,一端有孔,是用于输液端封闭的抗血凝产品。其原理为:输液过程中,在留置针一次输液完毕后,将该品插在留置针末端防止血液凝固。<br>该商品是用于税目90.18产品的附件,根据《税则》第九十章章注二(二)的规定,应归入税则号列9018.3900。 | | | | |

| 序号 | 1876 | 归类决定编号 | Z2008－0204 | 公告编号 | 2008 年第 83 号 |
|---|---|---|---|---|---|
| 商品税则号列 | 9018.3900 | | | 发布日期 | 2008 年 11 月 24 日 |
| 商品名称 | 活检针 | | | | |
| 英文名称 | | | | | |
| 其他名称 | | | | | |
| 商品描述 | 该活检针用于从肝、肾、前列腺、乳房、脾、淋巴结等软组织或各种软组织瘤及骨中获得活检组织。活检针主要由针、主体、外壳及胶针保护套管组成。 | | | | |
| 归类决定 | 该商品属于组织提取装置，符合《税则》税目 90.18 及其子目条文的描述，根据归类总规则一及六，应按注射器、针、导管、插管的类似品归入税则号列 9018.3900。 | | | | |

| 序号 | 1877 | 归类决定编号 | Z2009－0070 | 公告编号 | 2009年第5号 |
|---|---|---|---|---|---|
| 商品税则号列 | 9018.5000 | | | 发布日期 | 2009年1月20日 |
| 商品名称 | 立体显微镜 | | | | |
| 英文名称 | | | | | |
| 其他名称 | | | | | |
| 商品描述 | 该立体显微镜是光学显微镜的一种，主要由光学系统、照明系统与支架系统三部分组成。在显微镜下，组织被放大，且具有立体感，可有效辅助医生进行细微血管与神经的缝合及其他需要借助于显微镜进行的精细手术或检查。其光学系统主要指物镜、目镜组合成的光学放大设备，目镜为双目同时观察以产生具有空间位置感的立体视觉，放大倍率一般为6～25倍。照明系统指用于手术视野照明的冷光源与导光光纤，根据不同的临床需求，可分为卤素灯光源与氙灯光源。导光光纤的作用是引导照明光照射于手术视野。支架系统为光学系统与照明系统提供支撑，根据手术室实际空间要求，可有落地式、吊顶式、壁挂式等支架类型，支架可按需要向各方向移动、调节、固定，为手术操作者提供合适的手术空间。 | | | | |
| 归类决定 | 该商品专用于眼科手术，为双目显微镜，且内置裂隙照明装置，符合《税则注释》品目90.18项下眼科仪器的描述"……双目显微镜（由显微镜、带裂隙器的电灯及头托组成，整个仪器安装在可调节的机座上，用于检查眼睛）"，且根据《税则注释》在品目90.11中的排他条款"本品目还不包括……（二）眼科用双目显微镜（品目90.18）"，该商品属于眼科用双目显微镜，符合《税则》税目90.18及其子目条文的描述，根据归类总规则一及六，应按眼科用其他仪器归入税则号列9018.5000。 | | | | |

| 序号 | 1878 | 归类决定编号 | Z2006－1529 | 公告编号 | 2007年第70号 |
|---|---|---|---|---|---|
| 商品税则号列 | 9018.9030 | | 发布日期 | 2007年12月5日 | |
| 商品名称 | 医用胶囊内镜图像诊断系统 | | | | |
| 英文名称 | | | | | |
| 其他名称 | | | | | |
| 商品描述 | 该内镜图像诊断系统型号为M2A，是一种消化道疾病诊断仪器，由发光二极管、CMOS取像器、信号发射装置及外置接收存储装置等组成。使用时，病人将胶囊内镜服下，内镜在胃肠道的蠕动下前进，以2幅/米的速度拍摄胃肠道内壁图像，同时将图像发射给人体外的接收存储装置，接收装置一般放置在人体腰部。医生通过计算机及专用软件观看存储装置内的图像来诊断病情。 | | | | |
| 归类决定 | 该内镜图像诊断系统型号为M2A，是一种消化道疾病诊断仪器，由发光二极管、CMOS取像器、信号发射装置及外置接收存储装置等组成。使用时，病人将胶囊内镜服下，内镜在胃肠道的蠕动下前进，以2幅/米的速度拍摄胃肠道内壁图像，同时将图像发射给人体外的接收存储装置，接收装置一般放置在人体腰部。医生通过计算机及专用软件观看存储装置内的图像来诊断病情。该商品为内窥镜的一种，主要供医务人员专用于疾病的诊断，符合《税则》税目90.18及其注释的描述，根据归类总规则一及六，应将其按具体列名归入税则号列9018.9030。 | | | | |

| 序号 | 1879 | 归类决定编号 | Z2007－0097 | 公告编号 | 2007年第71号 |
|---|---|---|---|---|---|
| 商品税则号列 | 9018.9030 | | 发布日期 | 2007年12月5日 | |
| 商品名称 | 腹腔镜系统 | | | | |
| 英文名称 | | | | | |
| 其他名称 | | | | | |
| 商品描述 | 该系统包含:988i型数字化三晶片医用摄像控制器,988i型高分辨率三晶片摄像头,X7000声控兼容300瓦氙灯冷光源,光导纤维,30度腹腔镜。品牌都为STRYKER。该系统通过外接显示器可让医生在进行内窥镜手术时实时看到腹腔内手术部位的状况。摄像控制器负责控制摄像头的变焦、光圈、白平衡等,不包括录像功能。 | | | | |
| 归类决定 | 该腹腔镜系统由成像系统、光源系统和腹腔镜组合而成,用于人体腹腔内器官的观察,明显具备《税则》税目90.18的商品功能,符合《税则》第九十章章注三(第十六类类注四)有关功能机组的归类规定,根据归类总规则一及六,应一并归入税则号列9018.9030。 | | | | |

| 序号 | 1880 | 归类决定编号 | Z2006－1045 | 公告编号 | 2006年第69号 |
|---|---|---|---|---|---|
| 商品税则号列 | 9018.9080 | | | 发布日期 | 2006年11月22日 |
| 商品名称 | 含铜宫内节育器 | | | | |
| 英文名称 | | | | | |
| 其他名称 | NOVAT380 | | | | |
| 商品描述 | 该含铜宫内节育器由聚乙烯制T型支架、尾丝及内含银芯的铜丝等组成。该产品为独立无菌包装,包装内附带有放置管、推杆等辅助工具。节育器的T型支架水平臂和垂直臂全长均约为3厘米,其中垂直臂上缠绕铜丝且末端的小孔上系有尾丝。放置管和推杆均长约20厘米,放置管上附有厘米标记和定位块。<br>该产品主要用于妇女避孕,使用时要由专业卫生人员放置于子宫宫腔内。其避孕原理为:支架本身具有机械避孕作用(由于子宫内膜对节育器产生的异物反应),以及释放入子宫宫腔内的铜离子具有改变生殖道内环境和配子质量的特殊作用,而银芯可减缓和降低铜丝的腐蚀和消耗。 | | | | |
| 归类决定 | 由于该商品不含化学药物,因此应作为一种医疗器具归入税则号列9018.9080。 | | | | |

| 序号 | 1881 | 归类决定编号 | Z2006－1046 | 公告编号 | 2006年第69号 |
| --- | --- | --- | --- | --- | --- |
| 商品税则号列 | | 9018.9090 | | 发布日期 | 2006年11月22日 |
| 商品名称 | 美肤激光器 | | | | |
| 英文名称 | | | | | |
| 其他名称 | | | | | |
| 商品描述 | 该商品是一种激光设备，其原理是：应用激光频率转换技术，通过释放激光能量，形成局部冲击波，利用各种不同色素最佳吸收波长的不同，将色素组织击碎，用于去除胎记、痣、纹身等，还可去除人体多余毛发。 | | | | |
| 归类决定 | 该美肤激光器应用激光频率转换技术，通过释放激光能量，形成局部冲击波，利用各种不同色素最佳吸收波长的不同，将色素组织击碎，用于去除胎记、痣，可起到防止其病变的作用，也可治疗蜘蛛状毛细血管扩张、血管瘤等血管性病变，虽然也可用于去除纹身、人体多余毛发等美容目的，但根据《税则注释》关于品目90.18医疗设备的说明，该仪器已具备了预防、医治病症的功能，故应按医疗仪器归入税则号列9018.9090。 | | | | |

| 序号 | 1882 | 归类决定编号 | Z2006－1047 | 公告编号 | 2006年第69号 |
| --- | --- | --- | --- | --- | --- |
| 商品税则号列 | | 9018.9090 | | 发布日期 | 2006年11月22日 |
| 商品名称 | 便携式冷冻手术系统 | | | | |
| 英文名称 | | | | | |
| 其他名称 | | | | | |
| 商品描述 | 该便携式冷冻手术系统由装满液化气体的喷雾剂罐及涂敷头组成，罐内液化气体（即气雾剂）由二甲醚、内烷和异丁烷以95∶2∶3比例混合组成。其原理是利用液化气体混合物的挥发来吸收周围的热量，并对接触的皮肤进行冷冻，从而使治疗处的局部细胞坏死以达到治疗的目的。具体方法是：把涂敷头插入喷雾剂罐，把液化气体喷到涂敷头上，当涂敷头达到零下55℃的低温时，再把涂敷头垂直置于患处进行冷冻治疗。 | | | | |
| 归类决定 | 该便携式冷冻手术系统是以涂敷的方式治疗患处，而不是“喷雾给药”的方法，因此不能按喷雾治疗器归类。由于其具有医治功能，因此，可按其他医疗设备归入税则号列9018.9090。 | | | | |

| 序号 | 1883 | 归类决定编号 | Z2006－1530 | 公告编号 | 2007 年第 70 号 |
|---|---|---|---|---|---|
| 商品税则号列 | 9018.9090 | | 发布日期 | | 2007 年 12 月 5 日 |
| 商品名称 | 主动脉内球囊反搏仪 | | | | |
| 英文名称 | | | | | |
| 其他名称 | | | | | |
| 商品描述 | 组成：主机（主动脉内球囊反搏仪及操作显示屏）、标准 5 导 ECG 联线、压力导线、可反复充气氦气瓶、车架等。<br>功能：用于增加冠脉血流和心肌供氧，减轻心脏后负荷，降低心肌耗氧。<br>工作原理：主动脉内球囊反搏仪在理想的反搏时机对植入病人体内的主动脉内反搏球囊进行充气和排气，在充气和排气速度上接近理想的反搏状态，使病人获得最理想的反搏效果。主机通过双头泵马达驱动，采用了正压充气、负压放气原理。通过股动脉在左锁骨下动脉以远 1～2 厘米的降主动脉处放置一个体积约 40 毫升的长球囊。在主动脉瓣关闭后，球囊被触发膨胀，使主动脉舒张期压力增高，使心输出量和舒张期冠脉灌注增加。在收缩期前球囊被抽瘪，使左室的后负荷降低，心脏做功降低，心肌耗氧量降低。<br>用途：反搏治疗用于支持和稳定心脏功能，起到辅助左心室的作用。 | | | | |
| 归类决定 | 该主动脉内球囊反搏仪可改善心肌缺氧，用于治疗多种心血管病，为医疗用仪器，符合《税则》税目 90.18 的商品描述，根据归类总规则一及六，应将其按其他医疗仪器归入税则号列 9018.9090。 | | | | |

| 序号 | 1884 | 归类决定编号 | Z2008－0205 | 公告编号 | 2008 年第 83 号 |
|---|---|---|---|---|---|
| 商品税则号列 | 9018.9090 | | 发布日期 | | 2008 年 11 月 24 日 |
| 商品名称 | 麻醉用温毯机 | | | | |
| 英文名称 | Blood/fluid warming system and temperature management system | | | | |
| 其他名称 | | | | | |
| 商品描述 | 该商品共三种，前两种均为硬塑料外壳，上部安装手柄。其中，商品一标示品名为“Blood/Fluid warming System”，侧面开槽，可放入待加热的塑料袋等；商品二标示品名为“Temperature management system”，侧面为管出口，品牌均为“Bair Hugger”。上述商品供麻醉科室使用，商品一可加热手术时使用的血浆、输液药液等，商品二与保温毯（此次进口无保温毯）配合，向保温毯内输入温暖气体。该类商品均为控制温度用，使病人体温保持在正常范围内，从而提高手术成功率。 | | | | |
| 归类决定 | 该商品主要供医务人员对麻醉病人的体液和人体进行保温，由于其设计中对于温度控制等的特殊要求，具备医疗器具的特征，符合《税则》税目 90.18 及其子目条文的描述。同时，由于其是对麻醉病人体温的加温，而非直接致人麻醉，不属于《税则》税目 90.18 列名的麻醉设备，故应作为其他医疗设备归入税则号列 9018.9090。 | | | | |

<table>
<tr><td>序号</td><td>1885</td><td>归类决定编号</td><td>Z2014 - 0006</td><td>公告编号</td><td>2014 年第 46 号</td></tr>
<tr><td>商品税则号列</td><td colspan="3">9018.9090</td><td>发布日期</td><td>2014 年 6 月 25 日</td></tr>
<tr><td>商品名称</td><td colspan="5">血细胞分离机</td></tr>
<tr><td>英文名称</td><td colspan="5"></td></tr>
<tr><td>其他名称</td><td colspan="5"></td></tr>
<tr><td>商品描述</td><td colspan="5">该商品为医疗用血细胞分离机，采用离心原理，通过采血管将病员或献血者的血液采入主机，血液通过主机内的电极开始旋转，每通过一个电极，速度便提高一倍，最后达到极至，以一个稳定的速度不断旋转。因血液中各种有形成分不同，即可将所需血液成分通过离心分离出来，同时将其余血液成分回输给病员或献血者。该机本身含固化单片程序模块，电脑为国内自购。</td></tr>
<tr><td>归类决定</td><td colspan="5">该商品采用离心原理，可将所需血液成分通过离心分离出来，再将其余血液回输给病员或献血者，其功能超出了税目 84.21 的范围，根据归类总规则一及六，应归入税则号列 9018.9090。</td></tr>
</table>

| 序号 | 1886 | 归类决定编号 | Z2006－1531 | 公告编号 | 2007 年第 70 号 |
|---|---|---|---|---|---|
| 商品税则号列 | 9019.1010 | | 发布日期 | 2007 年 12 月 5 日 | |
| 商品名称 | 按摩浴缸 | | | | |
| 英文名称 | | | | | |
| 其他名称 | | | | | |
| 商品描述 | 该按摩浴缸由水泵、可调喷头、电脑板和浴缸组成，浴缸材质为压克力（聚甲基丙烯酸甲酯）。按摩浴缸通过外部水源提供热水，本身内部没有加热器件和恒温器件。浴缸内部附挂水泵一个、喷头和喷管多个，在水泵的作用下，水从回水口被吸入，混合后向浴缸喷射出去，水流以不同频率冲击人的身体，从而达到按摩的目的。其按摩效果由水和空气循环控制，可手动调节也可用按钮由电脑调节水力强弱及喷嘴方向以达到最佳按摩效果。电机启动按钮采用轻触式控制开关，可直按控制水泵，由水力调节按钮来调节按摩水柱的强弱，能进行推拿式和脉冲式等多种按摩。 | | | | |
| 归类决定 | 该商品带有水泵、喷头和喷管，具有按摩功能，符合《税则》税目 90.19 及其子目条文的描述，根据归类总规则一及六，应将其作为按摩器具归入税则号列 9019.1010。 | | | | |

| 序号 | 1887 | 归类决定编号 | Z2008 - 0206 | 公告编号 | 2008 年第 83 号 |
|---|---|---|---|---|---|
| 商品税则号列 | 9019.1090 | | 发布日期 | | 2008 年 11 月 24 日 |
| 商品名称 | 眼动仪 | | | | |
| 英文名称 | Tobii eye tracker | | | | |
| 其他名称 | | | | | |
| 商品描述 | 该商品规格型号:Tobii T120。组成:T120 眼动仪主机一台,变压器,电源线,TobiiStudio 眼动数据分析软件及驱动光盘一套。原理:Tobii T120 眼动仪整合在一台 17 英寸液晶显示器中,内置红外光源发射器与红外光源接收器,通过用户的角膜对眼动仪所发出的红外光线的接收(由内置红外光线接收器接收)来捕捉用户在观看屏幕的位置信息,同时内置一个用户摄像头,可在捕捉用户眼动信息的同时记录下用户的面部表情,作为眼动实验数据的辅助补充信息。该眼动仪需要与电脑(T120 眼动仪不包含电脑)相连接来记录、分析眼动信息。所有眼动记录及分析功能必须通过附带的软件 Tobii Studio 来实现。用途:通过眼动仪记录被试者的眼睛在屏幕上的位置及移动轨迹,来研究人的注意稳定机制,利用 Tobii 分析工具分析被试者眼动次序、注视点等信息,实现对广告、网页设计的评估及对驾驶疲劳的相关研究。 | | | | |
| 归类决定 | 该商品用于测验人的生理和心理的反应或变化,符合《税则注释》关于品目 90.19 项下“心理功能检测装置”的描述,根据归类总规则一及六,应按心理功能检测装置归入税则号列 9019.1090。 | | | | |

| 序号 | 1888 | 归类决定编号 | Z2006 - 1532 | 公告编号 | 2007 年第 70 号 |
|---|---|---|---|---|---|
| 商品税则号列 | 9019.2000 | | | 发布日期 | 2007 年 12 月 5 日 |
| 商品名称 | 药用喷雾治疗器零件 | | | | |
| 英文名称 | | | | | |
| 其他名称 | | | | | |
| 商品描述 | 该药用喷雾治疗器零件包括铝罐、阀门、阀门开关,构成药用气雾剂的喷雾器。进口后在铝罐内加入压缩气体和悬浮药液,将铝罐与阀门封装在一起,配合阀门开关一起使用。由于其阀门设计了喷雾治疗的专门的定量室及定量开关,保证每次精确地喷出100 微克的治疗剂量。 | | | | |
| 归类决定 | 根据《税则注释》对品目 90.19 中“喷雾治疗器”的解释,该套零件经装药并组装后,可视为一种小型的喷雾治疗器,应归入税则号列 9019.2000。 | | | | |

| 序号 | 1889 | 归类决定编号 | Z2006－1048 | 公告编号 | 2006年第69号 |
|---|---|---|---|---|---|
| 商品税则号列 | 90.22 | | | 发布日期 | 2006年11月22日 |
| 商品名称 | 直线加速器 | | | | |
| 英文名称 | Siemens primus | | | | |
| 其他名称 | | | | | |
| 商品描述 | 该医用直线加速器是用高能放射线对人体的病变部位进行照射，以杀死病变组织及细胞，达到一定治疗目的的一种放射治疗设备。<br>医用直线加速器的主要部件为：电子枪、微波发生器、加速管、限速系统。首先，电子枪发出电子在微波的电场中加速到一定能量（Mev级，可以控制），经限速系统输出，用于浅部治疗，称β射线；其次，变速的电子（接近光速）在输出前打靶，产生大量的变能X射线，再经限速系统输出，用于较深部位的治疗。在实际应用中，可以调节系统，以输出不同能量的β线、X线及不同的输出剂量率，以满足治疗的需要。 | | | | |
| 归类决定 | 电子直线加速器是一种粒子加速装置，可利用微波电场将电子加速，以获得高动能，主要用于原子核研究、医疗等。上述加速器产生的高速电子，如再经过打靶即可产生X射线，进而形成X射线发生器。《税则》中将仅产生电子束的直线加速器归入税目85.43，而将可以产生X射线的直线加速器归入税目90.22。<br>由于该直线加速器可以产生X射线和高速电子束，故应归入税目90.22项下相应子目。 | | | | |

| 序号 | 1890 | 归类决定编号 | Z2006 - 1049 | 公告编号 | 2006 年第 69 号 |
|---|---|---|---|---|---|
| 商品税则号列 | 9022.1400 | | | 发布日期 | 2006 年 11 月 22 日 |
| 商品名称 | X 射线应用设备配件 | | | | |
| 英文名称 | | | | | |
| 其他名称 | | | | | |
| 商品描述 | 该套配件主要包括:高压发生器、控制台、高压切换台、电源变压器、X 射线管、X 射线摄像器、监视器、X 射线影像增强器等,主要用于医院胸透,照射肠、胃等。 | | | | |
| 归类决定 | 该 X 射线应用设备配件主要包括:高压发生器、控制台、高压切换台、电源变压器、X 射线管、X 射线摄像器、监视器和 X 射线影像增强器等,已构成 X 射线设备的基本特征,根据《税则》归类总规则二(一),应按整机归入税则号列 9022.1400。 | | | | |

| 序号 | 1891 | 归类决定编号 | Z2006 - 1050 | 公告编号 | 2006 年第 69 号 |
|---|---|---|---|---|---|
| 商品税则号列 | 9022.1400 | | | 发布日期 | 2006 年 11 月 22 日 |
| 商品名称 | 神经外科手术床 | | | | |
| 英文名称 | | | | | |
| 其他名称 | | | | | |
| 商品描述 | 该神经外科手术床包括手术台、脑部透视装置、脑部 X 光照相配套器具、机械和液压动力装置、神经外科手术台专用头部固定架和麻醉机座。其能够进行 360 度的旋转,左右 20 度倾斜,纵向 30 度移动,可在上述角度内任意位置锁定。 | | | | |
| 归类决定 | 该神经外科手术床实际为神经外科疾病诊断治疗组合装置,包括手术台、脑部透视装置、脑部 X 光照相配套器具、机械和液压动力装置、神经外科手术台专用头部固定架和麻醉机座。该设备通过 X 光透视及照像装置使患者脑部透视照像效果达到最佳,适合在手术中使用,并可对适当的部位进行 X 光治疗。根据《税则注释》关于品目 90.22 和 94.02 的解释,该商品可按进行 X 射线检查或治疗专用的设备归入税则号列 9022.1400。 | | | | |

<table>
<tr><td>序号</td><td>1892</td><td>归类决定编号</td><td>Z2006 - 1051</td><td>公告编号</td><td>2006 年第 69 号</td></tr>
<tr><td>商品税则号列</td><td colspan="3">9022. 1400</td><td>发布日期</td><td>2006 年 11 月 22 日</td></tr>
<tr><td>商品名称</td><td colspan="5">心血管介入治疗诊断仪</td></tr>
<tr><td>英文名称</td><td colspan="5"></td></tr>
<tr><td>其他名称</td><td colspan="5">移动式数字成像系统、移动式 C 型臂机</td></tr>
<tr><td>商品描述</td><td colspan="5">该设备称为“移动式数字成像系统”,又可称为“移动式 C 型臂机”(属中型移动式 C 型臂机)。本次引进的 GE - OEC 9800 系统是低剂量的 X 射线应用设备(“绿色环保机型”),配备的软件是血管组织软件包,专门用于血管外科和神经血管外科介入治疗,故本机又称作“心血管介入治疗诊断仪”。“移动式数字成像系统”只要安装不同的功能软件,就可以进行广泛的临床应用。<br>系统组成:(1)超级 C 臂系统;(2)大功率高频发生器;(3)X 线球管;(4)束线器;(5)9″三视野影像增强器;(6)CCD 摄像机;(7)工作站。其中 1 ~6 项为一整体,组成一套 C 臂系统,即 2 ~6 项配置在 1 项中。第 7 项工作站为独立的工作站,通过电缆线与 C 臂系统连接,接收数据进行图像处理及存储,实施影像的动态分析。</td></tr>
<tr><td>归类决定</td><td colspan="5">该系统只要安装不同的功能软件,便可以进行广泛的临床应用。此次配备的是血管组织软件包,专门用于血管外科和神经外科介入治疗,故本机又称作心血管介入治疗诊断仪。<br>由于 C 臂系统与工作站已经构成了功能机组,因此可一并归类。同时,《税则》子目 9022. 19 是指非医疗、外科或兽医用 X 射线应用设备,但此次申报的设备属于医疗用途,因此不能归入税则号列 9022. 1910。根据其用途和功能,可归入税则号列 9022. 1400。</td></tr>
</table>

| 序号 | 1893 | 归类决定编号 | Z2006－1052 | 公告编号 | 2006年第69号 |
|---|---|---|---|---|---|
| 商品税则号列 | 9022.1400 | | 发布日期 | 2006年11月22日 | |
| 商品名称 | 直接数字成像系统 | | | | |
| 英文名称 | | | | | |
| 其他名称 | | | | | |
| 商品描述 | 该系统由高频发生器、直接数字化成像板、数字系统工作站、软件及相关零配件组成。其工作原理如下：系统通过高频发生器产生X光线穿透人体，随后在直接数字化成像板上留下影像，该成像板将采集、存储的影像传输到工作站上，由专用软件对图像信息进行处理后可显示诊断图像与病理报告。 | | | | |
| 归类决定 | 该直接数字成像系统由多个部件组成，其组成后的功能在《税则》中已有列名，因此，其符合功能机组的定义，可一并归类。根据其功能，可按X射线的应用设备归入税则号列9022.1400。 | | | | |

| 序号 | 1894 | 归类决定编号 | Z2007－0098 | 公告编号 | 2007年第71号 |
|---|---|---|---|---|---|
| 商品税则号列 | 9022.1400 | | 发布日期 | 2007年12月5日 | |
| 商品名称 | 核通模拟定位机 | | | | |
| 英文名称 | | | | | |
| 其他名称 | | | | | |
| 商品描述 | 该核通模拟定位机是通过X线球管、高压发生器产生的低计量X射线获取实时肿瘤状态影像，是CT机、磁共振对肿瘤诊断定位的重要补充手段，获得肿瘤病灶部位的精确数据及影像资料，为肿瘤的诊断提供依据。模拟定位机自身不具备治疗功能，但其通过X线扫描获得的优质图像和相关数据为癌症的诊断、研究及学术交流提供了宝贵的资料。该机具有独特的将已获得的影像资料进行优化、倒转、放大、全屏显示、多幅图像显示，并标示肿瘤病灶的解剖位置、型态、大小、深浅，使临床诊断及教学工作更为方便、直观。 | | | | |
| 归类决定 | 该核通模拟定位机通过X光线获取实时肿瘤状态影像，符合《税则》税目90.22的商品描述。由于其并非计算机断层摄影装置（CT），根据归类总规则一及六，应归入税则号列9022.1400。 | | | | |

| 序号 | 1895 | 归类决定编号 | Z2006 - 1053 | 公告编号 | 2006 年第 69 号 |
|---|---|---|---|---|---|
| 商品税则号列 | 9022.2100 | | 发布日期 | | 2006 年 11 月 22 日 |
| 商品名称 | 血液辅照仪 | | | | |
| 英文名称 | | | | | |
| 其他名称 | | | | | |
| 商品描述 | 型号:GAMMACELL GC - 3000I 型;组成:主要包括 Cs137(铯 137)放射源、射线防护罩、辐照室、控制面板;工作原理:该仪器主要通过控制面板控制 Cs137(铯 137)放射源,在原子衰变过程中发出 r 射线辅照穿透血液,从而灭活血液或血液成分中的有免疫活性的淋巴细胞。<br>射线防护罩由铅板制成,将放射源和辅照室置于罩中以使射线不外溢,从而保证周围环境和工作人员的安全。辅照室为一个可移动的不锈钢杯,辅照室靠控制面板控制电机进行自动旋转,保证杯中样品得到均匀照射,操作面板由微电脑控制。<br>其用途:通过控制射线剂量可选择灭活免疫活性淋巴细胞,从而防止输血相关的移植物抗宿主病的发生,提高供血的安全性。 | | | | |
| 归类决定 | 该商品应用 r 射线对血液进行辅照,属于应用 r 射线的医疗设备,符合《税则》税目 90.22 及其子目条文的描述,根据归类总规则一和六,应将其按医疗用 r 射线应用设备归入税则号列 9022.2100。 | | | | |

| 序号 | 1896 | 归类决定编号 | Z2006－1533 | 公告编号 | 2007年第70号 |
|---|---|---|---|---|---|
| 商品税则号列 | | 9022.9090 | | 发布日期 | 2007年12月5日 |
| 商品名称 | X光机配件 | | | | |
| 英文名称 | | | | | |
| 其他名称 | | | | | |
| 商品描述 | 该套配件主要包括:限束器、X线球管、自动曝光控制器、自动曝光探测器、球管支架、立式胸片架、检查床等。如配备高压发生器、控制台等主要部件,即可构成整套X光机。 | | | | |
| 归类决定 | 由于X光机的主要功能是由X射线发生器实现的,缺少高压发生器就无法实现X光机的功能,因此该套配件不具备整机特征,故应按X射线应用设备的零部件归入税则号列9022.9090。 | | | | |

| 序号 | 1897 | 归类决定编号 | Z2009－0143 | 公告编号 | 2009年第32号 |
|---|---|---|---|---|---|
| 商品税则号列 | | 9022.9090 | | 发布日期 | 2009年6月12日 |
| 商品名称 | 探头 | | | | |
| 英文名称 | | | | | |
| 其他名称 | | | | | |
| 商品描述 | 该探头的品牌为ThermFisher,型号为DensityPRO。测量器利用放射性物质产生的γ射线穿过管道中的液体介质,利用介质散射和吸收的原理,测量管道内各种液体介质连续变化的密度参数。探头用于接受放射源发出的γ射线。该商品通过软件设定可用于流量、液位、液面的测量,此批次进口的探头均用于生产SMART2000型液体流量计。 | | | | |
| 归类决定 | 该商品为γ射线接收传感器,专用于利用γ射线检测的检测仪,用于接收检测仪器其他部件发射的γ射线,应根据《税则》第九十章章注二的归类原则确定归类。该商品未被第九十章章注一的排他条款中排除,属于专用于γ射线的应用设备,符合《税则》税目90.22及其子目条文的描述,根据归类总规则一及六,应按γ射线应用设备的专用零件归入税则号列9022.9090。 | | | | |

| 序号 | 1898 | 归类决定编号 | Z2009－0178 | 公告编号 | 2009年第57号 |
| --- | --- | --- | --- | --- | --- |
| 商品税则号列 | 9022.9090 | | 发布日期 | | 2009年8月31日 |
| 商品名称 | X射线管用石墨基靶盘 | | | | |
| 英文名称 | | | | | |
| 其他名称 | | | | | |
| 商品描述 | 该商品为医用X射线球管旋转阳极靶盘，主要由石墨基体和钼基钨铼复合靶盘两部分组成，金属靶盘和石墨基体之间通过高温钎焊的方式牢固地焊接在一起，在金属靶盘上层复合有0.8～1.6毫米厚的钨铼合金。X射线管在工作时，经加速后的高能电子流轰击到靶盘表面的钨铼合金上，99%的能量转化为热能，通过石墨散热。 | | | | |
| 归类决定 | 该商品专用于X射线设备，主要由石墨基体和钼基钨铼复合靶盘两部分组成，钨铼合金起到受电子流轰击后激发X射线的作用，且本身非耗材；而石墨基体仅起散热作用，非电气用途，其尺寸和结构具备了专用零件的特性。根据《税则》第九十章章注二关于机器、仪器零件的归类原则，该商品符合《税则》税目90.22及其子目条文的描述，根据归类总规则一及六，应按X射线设备零件归入税则号列9022.9090。 | | | | |

| 序号 | 1899 | 归类决定编号 | Z2006－1054 | 公告编号 | 2006年第69号 |
| --- | --- | --- | --- | --- | --- |
| 商品税则号列 | 9023.0000 | | | 发布日期 | 2006年11月22日 |
| 商品名称 | 模拟射击设备 | | | | |
| 英文名称 | Fierarms training systems | | | | |
| 其他名称 | | | | | |
| 商品描述 | 该范思(FATS)CST 100D－P模拟射击设备由主模拟计算机(PSC)、WIN98软件、投影仪、监测镜头、扬声器及高反射屏幕组成。其中除高反射屏幕单独包装外,其他设备装于一个29英寸×22英寸×19英寸的金属包装箱内,箱内用软填充材料隔断,内部设备无单独外包装。在训练过程中,模拟射击场景由计算机提供并由投影仪投射到屏幕上,训练结束后,练习结果和学员的动作可以显示在监视器上。<br>该设备配有激光插入器,可插入武器的枪管,并由武器的撞针撞击发射激光,在屏幕上射出一个激光点。因高反射屏幕的主要材料是延展性较好的橡胶,子弹穿过后弹孔可以自动闭合,因此它既可支持激光模拟射击又可支持实弹射击。 | | | | |
| 归类决定 | 根据以上特征,该模拟射击设备符合《税则》第八十四章章注五(五)和第九十章章注三关于功能机组的规定,应一并归入税则号列9023.0000。 | | | | |

| 序号 | 1900 | 归类决定编号 | Z2006 - 1055 | 公告编号 | 2006 年第 69 号 |
|---|---|---|---|---|---|
| 商品税则号列 | | 9023.0000 | | 发布日期 | 2006 年 11 月 22 日 |
| 商品名称 | 旧恐龙模型 | | | | |
| 英文名称 | | | | | |
| 其他名称 | | | | | |
| 商品描述 | 该批商品有肿头龙、剑龙、翼龙等各种恐龙模型，按照成年恐龙和恐龙幼仔的大小比例做成，身体部分的主要材质是塑胶，有铁的支架和底座，部分恐龙有电动装置，能模仿真恐龙的动作。展览时，整个房间用背景墙板等装饰成恐龙的生存环境，并用灯光营造出不同的效果，参观者在假的草地上行走，恐龙用篱笆围住，展览过程中有关于恐龙的解说。参观结束后，有三维动画演示。 | | | | |
| 归类决定 | 因该批商品是用于巡回展览而非娱乐用途，根据归类总规则一，可按具体列名归入税则号列 9023.0000。 | | | | |

| 序号 | 1901 | 归类决定编号 | Z2006 - 1534 | 公告编号 | 2007 年第 70 号 |
|---|---|---|---|---|---|
| 商品税则号列 | | 9023.0000 | | 发布日期 | 2007 年 12 月 5 日 |
| 商品名称 | 交互式急救模拟系统 | | | | |
| 英文名称 | Emergency care computer interative：adult | | | | |
| 其他名称 | | | | | |
| 商品描述 | 该交互式急救模拟系统为医疗教学用模拟人，主要用于人体心血管系统、呼吸系统、泌尿生殖系统、神经系统的学习。该模拟人与装有专业分析软件的微机配套使用。分析软件及微机为国内采购。模拟人外部 95% 的结构为硅胶材料制成，模拟人类躯干和肢体，5% 结构为压力感测器、信号导线或连接螺钉。内部在口腔、胸部、静脉等处有多个传感器。当学生练习人工呼吸、胸外心脏按压、静脉注射时，传感器感知压力并传输信号，专业分析软件可以分析、判断操作正确与否。 | | | | |
| 归类决定 | 该交互式急救模拟系统用于医疗教学，符合《税则》税目 90.23 的商品描述。该商品进口状态虽然缺少分析软件及微机，但已具备完整品的基本特征，根据归类总规则二，应将其归入税则号列 9023.0000。 | | | | |

| 序号 | 1902 | 归类决定编号 | Z2006－1056 | 公告编号 | 2006年第69号 |
|---|---|---|---|---|---|
| 商品税则号列 | 9024.8000 | | 发布日期 | 2006年11月22日 | |
| 商品名称 | 摆锤冲击仪 | | | | |
| 英文名称 | | | | | |
| 其他名称 | | | | | |
| 商品描述 | 该商品用于测定沥青的黏度。具体测定方法为：将沥青样品放在仪器的超低温冷浴内，通过摆锤冲击测出沥青在零下65℃（固态）的抗冲击强度，这样就可以通过仪器软件内储存的抗冲击强度和黏度的关系曲线得到样品的黏度值。 | | | | |
| 归类决定 | 该商品的功能是通过冲击试验测定沥青的强度，从而获得沥青的黏度值，属于材料机械性能的试验机器，根据归类总规则一及六，应归入税则号列9024.8000。 | | | | |

| 序号 | 1903 | 归类决定编号 | Z2007－0099 | 公告编号 | 2007年第71号 |
|---|---|---|---|---|---|
| 商品税则号列 | 9024.8000 | | 发布日期 | 2007年12月5日 | |
| 商品名称 | 无转子流变仪 | | | | |
| 英文名称 | | | | | |
| 其他名称 | | | | | |
| 商品描述 | 该无转子流变仪品牌为ALPHA，规格型号为MDR2000。工作原理为：在封闭的膜腔（分为上下两个膜腔，无转子）内放入混炼胶，通过对膜腔加热和上下膜腔的转动，输出温度和下膜腔运动的扭矩变化曲线，对橡胶加工特性、硫化特性，也就是机械性能进行测试。 | | | | |
| 归类决定 | 该无转子流变仪未配备电脑，不具有数据处理功能。其检测的数据类型仅包括温度、时间、扭矩三种，其中温度和时间为机器本身工作状态，对于被测物体（橡胶母胶或混炼胶）检测其在高温加热环境下的扭矩，符合《税则》税目90.24的商品描述，根据归类总规则一及六，应归入税则号列9024.8000。 | | | | |

| 序号 | 1904 | 归类决定编号 | Z2007－0100 | 公告编号 | 2007 年第 71 号 |
|---|---|---|---|---|---|
| 商品税则号列 | 9024.8000 | | 发布日期 | 2007 年 12 月 5 日 | |
| 商品名称 | 圆盘振荡流变仪 | | | | |
| 英文名称 | Oscillating disc rheometer | | | | |
| 其他名称 | | | | | |
| 商品描述 | 该 ALPHA 牌 ODR2000 型圆盘振荡流变仪，可用于胶料特性鉴定、质量控制和产品开发。工作流程：将待测胶料放在流变仪的铝制模腔中，随着仪器内加热片温度的不断改变，仪器可测定出转子的扭矩，将扭矩和温度数据传输给计算机（计算机本次未进口），由计算机中的特定软件进行处理，可以在屏幕上显示并打印输出温度与扭矩的曲线，用于检测胶料在硫化前、中、后的弹性变化。工作原理：通过温度不断改变，待测胶料的物理性质也随之发生变化，使得圆盘转子的扭矩也产生改变，仪器自动记录某段时间内的温度和扭矩并以图形的方式输出。 | | | | |
| 归类决定 | 该圆盘振荡流变仪未配备电脑、打印机和专用软件，不具有数据处理功能。其检测的数据类型仅包括温度、时间、扭矩三种，其中温度和时间为机器本身工作状态，对于被测物体（橡胶母胶或混炼胶）检测其在高温加热环境下的扭矩，符合《税则》税目 90.24 的商品描述，根据归类总规则一及六，应归入税则号列 9024.8000。 | | | | |

<table>
<tr><td>序号</td><td>1905</td><td>归类决定编号</td><td>Z2009－0071</td><td>公告编号</td><td>2009 年第 5 号</td></tr>
<tr><td>商品税则号列</td><td colspan="3">9024. 8000</td><td>发布日期</td><td>2009 年 1 月 20 日</td></tr>
<tr><td>商品名称</td><td colspan="5">沥青混合料多功能试验系统</td></tr>
<tr><td>英文名称</td><td colspan="5"></td></tr>
<tr><td>其他名称</td><td colspan="5"></td></tr>
<tr><td>商品描述</td><td colspan="5">该沥青混合料多功能试验系统型号为 UTM－100，包含液压加载架、IMACS 数据采集系统、环境箱、非结合材料回弹模量试验夹具组件及传感器、三轴试验组件、AASHTO TP9/T322 试验组件及 AASHTO TP62 动态模量试验组件。该设备可通过拉伸、压缩和动态加载测定材料的流变特性，适用于多种不同材料，如沥青混合料、混凝土、非结合颗粒材料、纤维和塑料等。主要可完成非结合料回弹模量试验、蠕变柔量试验、动态模量试验、疲劳性能试验等。</td></tr>
<tr><td>归类决定</td><td colspan="5">该商品利用机械式位移传感器和温度传感器以压缩、拉伸等方式测试被测物（沥青混合料等）的非结合料回弹模量、蠕变柔量、动态模量、疲劳性能等一系列机械性能，符合《税则》税目 90. 24 及其子目条文的描述，根据归类总规则一及六，应按测试其他材料的试验机器归入税则号列 9024. 8000。</td></tr>
</table>

| 序号 | 1906 | 归类决定编号 | Z2009－0144 | 公告编号 | 2009 年第 32 号 |
|---|---|---|---|---|---|
| 商品税则号列 | 9025.1910 | | | 发布日期 | 2009 年 6 月 12 日 |
| 商品名称 | 红外线测温仪 | | | | |
| 英文名称 | | | | | |
| 其他名称 | | | | | |
| 商品描述 | 该红外线测温仪品牌为 IMPAC，型号为 IS 140。该商品由光学测量系统和计算机控制系统组成，包括测温仪主机、扫描器、连接电缆、球型安装基座和电源五大部分。其工作过程为：首先，被测量物体表面发出的红外线被红外线测温仪的光学系统扫描器采集到后，及时地传送到测温仪主机计算机控制系统，然后，计算机控制系统通过计算，根据其红外线的波长，再换算成对应的温度值，同时直接在测温仪主机上的 LED 显示板上显示这一温度值，其测量的温度范围为 550℃～1400℃，无图像输出。同时通过主机和外面的电脑相连接的电缆传输数据，从而显示出该显示的数据。根据这一红外线测温仪测到的温度显示值来作出判断，以便随时调节机床参数。 | | | | |
| 归类决定 | 该商品是一种利用红外感热的方式测量温度的工业用仪器，本身不成像，不属于红外热像仪，LED 显示屏可以显示被测物的温度数值，测定温度范围为 550℃～1400℃，符合《税则》税目 90.25 及其子目条文的描述，根据归类总规则一及六，应按其他工业用温度计归入税则号列 9025.1910。 | | | | |

| 序号 | 1907 | 归类决定编号 | Z2006－1535 | 公告编号 | 2007 年第 70 号 |
|---|---|---|---|---|---|
| 商品税则号列 | 9025. 8000 | | 发布日期 | 2007 年 12 月 5 日 | |
| 商品名称 | F 值测定仪 | | | | |
| 英文名称 | | | | | |
| 其他名称 | | | | | |
| 商品描述 | 该设备由温度传感器、读数台构成，与国内采购的电脑配套使用，通过检测温度的变化来分析杀菌效果。该设备由软件 2 份、读数台 1 个、微记录器 2 个、双探针传感器 2 个、数据记录器 2 个、调解小套管各 2 个组成。 | | | | |
| 归类决定 | 该商品由温度传感器和读数台组成，并配合有数据记录器，用于食品和制药工业测量杀菌温度，其功能符合《税则》税目 90. 25 的描述，根据归类总规则一及六，应将其归入税则号列 9025. 8000。 | | | | |

| 序号 | 1908 | 归类决定编号 | Z2006－1536 | 公告编号 | 2007 年第 70 号 |
|---|---|---|---|---|---|
| 商品税则号列 | 9026. 1000 | | 发布日期 | 2007 年 12 月 5 日 | |
| 商品名称 | 流量计 | | | | |
| 英文名称 | | | | | |
| 其他名称 | | | | | |
| 商品描述 | 该商品为椭圆齿轮流量计，为容积式流量测量仪表，主要用于石油、化工、医药等行业的油品测量。该商品中椭圆齿轮的转动通过磁性密封联轴器及传动减速机构传递给计数器直接指出流经流量计的总量；或通过内外磁钢耦合，将齿轮的转动经过电处理转变成电信号而指示出流量计的总量。该流量计为容积式计量结构，测量精度高，可显示累计流量，也可显示瞬时流量。 | | | | |
| 归类决定 | 该流量计为容积式流量测量装置，可显示流速（瞬时流量），也可显示累计流量，符合《税则注释》品目 90. 26 对检测液体流速及流量装置——流量计的描述，“流量计，用于指示流速（单位时间内的体积流量或质量流量）及测量明渠（河流、水道等）及管道（输送管等）中的流量”，属于液体流量的测量装置的一种。根据归类总规则一及六，应将其按液体流量测量装置归入税则号列 9026. 1000。 | | | | |

| 序号 | 1909 | 归类决定编号 | Z2006－1537 | 公告编号 | 2007年第70号 |
|---|---|---|---|---|---|
| 商品税则号列 | 9026.1000 | | | 发布日期 | 2007年12月5日 |
| 商品名称 | 液位计 | | | | |
| 英文名称 | Radar tank gauge REX/PRO | | | | |
| 其他名称 | | | | | |
| 商品描述 | 该液位计为EMERSON RTG3920型雷达液位计，是运用雷达信号反射原理测量备测液体的位置的设备，可用于固料、液体和浆料的位置测量。 | | | | |
| 归类决定 | 该EMERSON RTG3920型雷达液位计既可测量液体位置，又可测量固体位置，并以测量液位为主，根据归类总规则三(二)，应归入税则号列9026.1000。 | | | | |

| 序号 | 1910 | 归类决定编号 | Z2006－1538 | 公告编号 | 2007年第70号 |
|---|---|---|---|---|---|
| 商品税则号列 | 9026.8000[9026.8010(2014年版)] | | | 发布日期 | 2007年12月5日 |
| 商品名称 | 天然气超声波流量计 | | | | |
| 英文名称 | Natural gas ultrasonic meters | | | | |
| 其他名称 | | | | | |
| 商品描述 | 天然气超声波流量计是通过高频声脉冲传播时间得出气体流量的推导式流量计。该商品对管线内沿线方向传播的声脉冲顺流方向和逆流方向的传播时间进行测量，并使用数字技术计算机在工作条件下得出通过流量计的气体平均轴向流速和气体体积流量。其可测量的数据有实际体积流量、实际累计流量、气体流速等。 | | | | |
| 归类决定 | 该商品为超声波流量计，同时具有流量测量和气量测量两种功能。根据《税则注释》对品目90.28生产或供应气体、液体的计量仪表的描述“测量流体流速的流量计不归入本品目”，以及对品目90.26检测液体或气体流速及流量的装置的描述“本品目不包括：……(2)仅用于指示一定时间内输送液量的装置，应作为计量仪表归入品目90.28”，该商品应作为检测气体流速及流量的装置归入税则号列9026.8000[9026.8010(2014年版)]。 | | | | |

| 序号 | 1911 | 归类决定编号 | Z2006－1539 | 公告编号 | 2007年第70号 |
|---|---|---|---|---|---|
| 商品税则号列 | 9026.8000[9026.8090(2014年版)] | | 发布日期 | 2007年12月5日 | |
| 商品名称 | 热能表 | | | | |
| 英文名称 | Compact | | | | |
| 其他名称 | | | | | |
| 商品描述 | 该德国真兰热能表有多种规格型号。热能表由能量计算器、温度传感器和流量计组成,是用于计量一定体积的热能载体经过热交换系统或设备后释放或吸收的能量多少的仪表。其工作原理是:温度传感器采集流经热交换系统的热能载体的流体的体积并输入到能量计算器;一对精确配对的温度传感器测量热交换系统的进水和回水管路的温度同时输入到能量计算器;能量计算器根据采集到的流体体积量和进回水温度计算温差并计算能量。用途:主要计量供热和供冷系统中所消耗的能量,为计量收费提供依据。 | | | | |
| 归类决定 | 《税则》税目90.28的商品仅包括“生产或供应气体、液体及电力用的仪器仪表”,热能表虽然也要计算流经的液体体积,但同时还必须对水温变化进行测量,并综合计算后才能得出热量变化值,因此不属于税目90.28的商品范围。该商品是用于测量释放或吸收的热量多少的仪表,符合税目90.26的商品描述,根据归类总规则一及六,应将其归入税则号列9026.8000[9026.8090(2014年版)]。 | | | | |

| 序号 | 1912 | 归类决定编号 | Z2009－0072 | 公告编号 | 2009 年第 5 号 |
|---|---|---|---|---|---|
| 商品税则号列 | 9026.8000[9026.8010(2014 年版)] | | | 发布日期 | 2009 年 1 月 20 日 |
| 商品名称 | 数据处理仪 | | | | |
| 英文名称 | | | | | |
| 其他名称 | | | | | |
| 商品描述 | 该商品为 XRC(remote controller 远程控制器)6490 数据处理仪,是低能耗的远程数据处理和控制设备,每个设备通过内置太阳能电池供电,以便进行远程无人值守的操作。该商品主要用于管路上采集和计算气体的各项数据,反映管道的安全状况(显示的输入输出数据不间断,表示管道工作正常)。该设备配备了标准的 CPU 处理系统,操作者可通过模拟信号或可选键盘输入数据,也可通过外接串口连接 PC 进行手动录入原始数据,还可使用其他多种机械式测量仪器直接输入数据进行工作。采集到原始数据后,该产品将根据内置的处理系统的相关算法进行数据处理,并按需要输出各种不同的数据,如压力、温度、流速等。这些数据可通过界面的显示屏直接显示或通过外接串口连接笔记本电脑输出、打印,也可向中心控制室或其他上位设备传输数据。 | | | | |
| 归类决定 | 该商品利用各类传感器测试管道内的气体压力、温度、工况流量等原始数据,直接经设备数据处理得到标准状况的流量数据输出。同时,它也能输出测量的气压、温度等参数,用于设备监控,本身不具备自动控制功能,主要功能是检测气体流量,符合《税则》税目 90.26 及其子目条文的描述,根据归类总规则一及六,应按气体流量测试仪归入税则号列 9026.8000[9026.8010(2014 年版)]。 | | | | |

| 序号 | 1913 | 归类决定编号 | Z2006－1058 | 公告编号 | 2006 年第 69 号 |
|---|---|---|---|---|---|
| 商品税则号列 | 9026.9000 | | 发布日期 | 2006 年 11 月 22 日 | |
| 商品名称 | 液晶显示板组件 | | | | |
| 英文名称 | VKE DISP 2 * 16 + 7SEG LCD ASSY | | | | |
| 其他名称 | E-mag 按键式三行显示液晶板组件 | | | | |
| 商品描述 | 型号:VKE。<br>规格:WADX 0083。<br>组成:印刷线路板、电子元器件、液晶显示板(装有液晶驱动器电路装置)。<br>用途:E-mag 电磁流量计的转换器部分,通过副板接收主板收发的信号显示测量值和参数,与主板、副板电器连接,完成测量参数组态。 | | | | |
| 归类决定 | 该液晶显示板组件属电磁流量计的组成部分,由液晶板和相应的驱动电路构成。根据《税则注释》关于品目 90.13 的解释,该商品已不属于带电气连接件的液晶显示屏,因此该液晶显示板组件应作为电磁流量计的零件归入税则号列 9026.9000。 | | | | |

| 序号 | 1914 | 归类决定编号 | Z2006－1540 | 公告编号 | 2007 年第 70 号 |
|---|---|---|---|---|---|
| 商品税则号列 | 9026.9000 | | 发布日期 | 2007 年 12 月 5 日 | |
| 商品名称 | 孔板流量计零件 | | | | |
| 英文名称 | Orifice plate | | | | |
| 其他名称 | | | | | |
| 商品描述 | 该孔板流量计零件由两根带法兰的不锈钢钢管和一个孔板构成。完整的流量计还应包括安装在法兰小孔处的压差变送器及控制和显示装置。其工作原理是:两个法兰上的小孔(孔板夹于两法兰之间)用于引出孔板两侧的压力,通过小孔上的压差变送器,将压差信号转换成电信号,送至程序控制中心,再由控制中心在电脑屏幕上显示出流量。 | | | | |
| 归类决定 | 该孔板流量计零件缺少压差变送器等,但钢管及孔板均是专门设计用于测量流量的,已构成压差流量计的压差产生部分,根据《税则》第十五类类注一(八)及《税则注释》对品目 90.26“差压式流量计”的定义,该钢管和孔板应作为流量计的零件归入税则号列 9026.9000。 | | | | |

| 序号 | 1915 | 归类决定编号 | Z2006－1061 | 公告编号 | 2006年第69号 |
|---|---|---|---|---|---|
| 商品税则号列 | 9027.1000 | | | 发布日期 | 2006年11月22日 |
| 商品名称 | 摩托车排放测试系统 | | | | |
| 英文名称 | | | | | |
| 其他名称 | | | | | |
| 商品描述 | 该摩托车排放测试系统由定容取样、测试仪系统、标定设备、辅助设备和主控计算机等子系统组成，依附于摩托车底盘测功机上，用于对发动机性能的测试。通过该系统对发动机燃烧后排出的废气数据进行不断检测及手工调整发动机化油器的怠速量孔、柱式油针、浮子高度，使点火系统、化油器供油系统、气缸压力系统与发动机达到最佳的匹配状态。气体测试主要包括：CO、$CO_2$ 测试，NOx 测试和 THC 测试。 | | | | |
| 归类决定 | 该摩托车排放测试系统的功能是对发动机燃烧后的气体进行分析，其符合《税则注释》对品目90.27项下“气体或烟雾分析仪”的描述，因此，根据归类总规则一及六，该商品应按具体列名，归入税则号列9027.1000。 | | | | |

| 序号 | 1916 | 归类决定编号 | Z2010－0062 | 公告编号 | 2010 年第 15 号 |
|---|---|---|---|---|---|
| 商品税则号列 | 9027.1000 | | 发布日期 | 2010 年 2 月 28 日 | |
| 商品名称 | RM200A 全自动吸烟机 | | | | |
| 英文名称 | Smoking machine RM200A | | | | |
| 其他名称 | | | | | |
| 商品描述 | 该商品型号为 RM200A，由烟支处理系统、烟气捕集处理系统、吸烟系统、软件（列明抽吸烟气容量、时间、次数）、排风系统、吸烟机外部检测装置（例如：流量计、计时器）和 CO 分析仪（测量烟气一氧化碳含量）组成。用途：模拟人吸烟，将香烟烟气中的颗粒自动收集到捕集器中的滤片，为进一步的化学分析作准备，并得出相应的测量数据（例如：总粒相，即每支烟的毫克数、抽吸口数和每支烟产生的一氧化碳的毫克数）。 | | | | |
| 归类决定 | 该商品型号为 RM200A，可以模拟抽烟的状态并收集烟气中的固体成分，吸附固体成分的滤片可送交其他检测设备检测相关参数，同时，在该商品中的分析仪可对烟气中的一氧化碳成分进行检测。根据《税则》第九十章章注三及其引用的第十六类类注三的规定，该商品属于多功能机器，同时具备一氧化碳含量检测和废弃固体成分收集两种功能，模拟吸烟过程是实现上述两种功能必不可少的环节，不应视为独立的一种功能。该商品自带的设备实现的主要功能为一氧化碳检测，符合《税则注释》关于品目 90.27 项下“气体或烟雾分析仪”的描述，属注释列名商品，符合《税则》税目 90.27 及其子目条文的描述，根据归类总规则一及六，应按气体分析仪归入税则号列 9027.1000。 | | | | |

| 序号 | 1917 | 归类决定编号 | Z2006 - 1062 | 公告编号 | 2006 年第 69 号 |
|---|---|---|---|---|---|
| 商品税则号列 | 9027.2000[9027.2011(2014 年版)] | | 发布日期 | 2006 年 11 月 22 日 | |
| 商品名称 | 变压器油中气体在线色谱分析仪 | | | | |
| 英文名称 | TrueGasTM transformer gas analyzer | | | | |
| 其他名称 | | | | | |
| 商品描述 | 该气体在线色谱仪采用色谱法技术,一般装在变压器旁边,通过油管把变压器绝缘油取到分析仪中进行分析测量,判断其中含有气体的组分和浓度,从而判断绝缘油的质量好坏。其主要用途是分析变压器油中的故障气体的含量。正常情况下变压器油(矿物绝缘油)中是不应该含有或者含有少量的这样的气体,一般是 ppm(百万分之一)数量级。当出现某种气体或者某些气体含量增加较快时,表明某种故障在变压器内部形成,因此这些气体的含量水平可以作为变压器维修的依据。<br>该设备将传统实验室中的离线色谱分析仪加上其他部件,集成一个自动化检测装置,搬运到现场,实现在线监测的目的。<br>系统油路循环将变压器中的油泵到该装置的萃取器,由萃取器分离出油中的气体,该气体是由多种组分组成的混合气体。这些混合气体通过色谱分析仪部件,将混合气体的各组分分离出来,然后按照时间先后顺序,送到气体浓度检测部件,以测量出气体的含量大小。分析仪上面没有显示屏幕,测量值都通过数据线传送到后台计算机中进行显示。仪器前面板上有 5 个带颜色批示灯来显示。 | | | | |
| 归类决定 | 该商品的功能符合《税则注释》关于品目 90.27 项下“色谱仪”的描述,因此,根据归类总规则一及六,该商品应归入税则号列 9027.2000[9027.2011(2014 年版)]。 | | | | |

| 序号 | 1918 | 归类决定编号 | Z2006 - 1063 | 公告编号 | 2006 年第 69 号 |
|---|---|---|---|---|---|
| 商品税则号列 | 9027.5000 | | | 发布日期 | 2006 年 11 月 22 日 |
| 商品名称 | 烟草在线红外水分仪 | | | | |
| 英文名称 | | | | | |
| 其他名称 | | | | | |
| 商品描述 | 品牌:NDC;型号:TM710。该烟草在线红外水分仪包括:传感器探头 5 个、显示操作界面 2 个、探头输出站 3 个、采样遥读表 3 个、空气清洁窗 5 个、网卡 2 个及专用电缆 10 米。其工作原理:利用红外线测量原理,由探头中的石英卤素光源灯发出光源,通过滤光片过滤产生特定波长的近红外线(特定波长指被测量特定成分吸收最强的波长,如对烟草中水分子的特定波长是 1.938 微米),再通过聚焦、折射,发射到物料表层;通过物料反射、收集反射光线,与内部采集的参考光分别聚焦在主探测器和参考探测器上;通过反射光强和参考光强的比较,测算出物料中的被测量特定成分,如水分值;所有上述光、电信号转换、计算等过程均通过探头内的电路完成,并通过操作界面或采样遥读表显示测试值。用途:TM710 可在打叶和制丝各个阶段进行水分、糖分及尼古丁的成分在线测试,并适时将检测结果反馈到工业控制系统,从而实现对检测对象的实时控制。除进行通常的水分检测外,TM710 的多组件功能可同时检测水分、尼古丁和糖分,并通过 TM710 感应器结构轻松实现,通过选配探头中不同的滤光盘即可测定不同的成分,如糖分、水分、尼古丁。本次进口选配的滤光盘(5 波段)仅可测定水分。 | | | | |
| 归类决定 | 该烟草在线红外水分仪的各个组成部分符合功能机组的定义,因此可一并归类。烟草在线红外水分仪应按其工作原理归类,由于其使用红外线测量原理检测水分含量,因此,可归入税则号列 9027.5000。 | | | | |

| 序号 | 1919 | 归类决定编号 | Z2006-1064 | 公告编号 | 2006年第69号 |
|---|---|---|---|---|---|
| 商品税则号列 | 9027.5000/9027.8019 | | | 发布日期 | 2006年11月22日 |
| 商品名称 | 气体检漏仪 | | | | |
| 英文名称 | | | | | |
| 其他名称 | | | | | |
| 商品描述 | 该气体检漏仪品牌为INFICON,有"红外线卤素检漏仪"及"氦质谱检漏仪"两种。<br>1. 红外线卤素检漏仪:型号为HLD5000,由红外线传感器的Smart探头,与电气和电子学组件一起组装在主单元中的汞系统。其工作原理:从红外光源发出的红外线穿过一个通过检漏冷媒的光学单元。光线被过滤,只允许特定波长的光线通过,进入红外光传感器。如工件存在泄漏,泄漏出的冷媒被吸入光学单元,一部分红外光线将会被冷媒吸收,从而使到达红外线传感器的光线强度减弱。光线强度的变化经过电路板放大后,从模拟讯号转换成数字讯号,并经主单位中的微处理器处理后产生显示与音响讯号。该"红外线卤素检漏仪"能定量检测、测量和显示通过探头管线吸入的冷媒,用于检测空调机冷凝器和蒸发器铜管上的漏孔。<br>2. 氦质谱检漏仪:型号为LDS1000及LDS2000,主要由电子元件模块(控制及接收数据)及质谱仪模块组成。其工作原理为:通过离子源对氦气进行电离,离子进入质谱仪后,利用磁场偏转的原理对氦气的浓度变量进行分析和检测。 | | | | |
| 归类决定 | 1. 红外线卤素检漏仪为使用光学射线(紫外线、可见光、红外线)的检测仪器,符合《税则》税目90.27及其子目条文的描述,根据归类总规则一及六,应将其按利用光学射线进行检测的仪器归入税则号列9027.5000。<br>2. 氦质谱检漏仪属于质谱仪的一种,符合《税则》税目90.27及其子目条文的描述,根据归类总规则一及六,应将其按质谱仪归入税则号列9027.8019。 | | | | |

<table>
<tr><td>序号</td><td>1920</td><td>归类决定编号</td><td>Z2006－1541</td><td>公告编号</td><td>2007 年第 70 号</td></tr>
<tr><td colspan="2">商品税则号列</td><td colspan="2">9027.5000</td><td>发布日期</td><td>2007 年 12 月 5 日</td></tr>
<tr><td colspan="2">商品名称</td><td colspan="4">全自动细菌鉴定及药敏分析仪</td></tr>
<tr><td colspan="2">英文名称</td><td colspan="4"></td></tr>
<tr><td colspan="2">其他名称</td><td colspan="4"></td></tr>
<tr><td colspan="2">商品描述</td><td colspan="4">1. 型号：VITEK32；<br>2. 组成：孵育/读数器、加样枪及数据处理器；<br>3. 原理：利用孵育/读数器内的透光度检测系统进行检测，根据试卡孔中细菌在培养之前与培养之后的透光值的改变及浊度的改变，数据库自动将数值进行比较，以判断每个空气中的生化反应是隐性还是阳性，达到鉴定细菌种类及耐药性变迁的目的；<br>4. 透光度检测系统：晶体二极管发出红色光通过小孔后，由下方的接收装置接收后传至数据处理器。</td></tr>
<tr><td colspan="2">归类决定</td><td colspan="4">该商品由多个部件组成，使用光学射线对细菌进行鉴定和分析，该功能在《税则》中有具体列名，因此，根据归类总规则一（第九十章章注三）及六，“全自动细菌鉴定及药敏分析仪”可按使用光学射线的其他仪器及装置一并归入税则号列 9027.5000。</td></tr>
</table>

| 序号 | 1921 | 归类决定编号 | Z2006－1542 | 公告编号 | 2007年第70号 |
|---|---|---|---|---|---|
| 商品税则号列 | 9027.5000 | | 发布日期 | 2007年12月5日 | |
| 商品名称 | Alpha凝胶成像分析系统 | | | | |
| 英文名称 | | | | | |
| 其他名称 | | | | | |
| 商品描述 | 该凝胶成像分析系统的型号为Alphaimager，由封闭式机箱，10－bit、12－bit及16－bitCCD摄像头，自动滤光片转轮，人体工效学触摸面板，双反射Epi－UV，双反射Epi－白色光，EvenScan－Teeh UV透射仪，抽拉托盘，可折叠白色光板等部分组成。功能：层析样品或点立即成像，以及定量分析，用于DNA、RNA样品及扩增称无的定性定量分析及摄影。 | | | | |
| 归类决定 | 该Alpha凝胶成像分析系统采用CCD感光对凝胶等样品进行拍摄，并且自带分析软件，可以对拍摄后的样品进行定量和定性分析，符合《税则》税目90.27的商品描述。由于采用紫外荧光照相方式进行分析，根据归类总规则一及六，应将其归入税则号列9027.5000。 | | | | |

| 序号 | 1922 | 归类决定编号 | Z2007－0101 | 公告编号 | 2007年第71号 |
|---|---|---|---|---|---|
| 商品税则号列 | 9027.5000 | | | 发布日期 | 2007年12月5日 |
| 商品名称 | 全自动生化分析仪 | | | | |
| 英文名称 | | | | | |
| 其他名称 | | | | | |
| 商品描述 | 该商品由试剂吸量机构、吸样结构、样品盘、反应盘、反应槽、搅拌机构、反应杯清洗机构、试剂盘、分光光度系统(光源、吸收池、单色器、检测器、信号显示器组成)、软盘驱动器1、软盘驱动器2、电源线、排水箱、废液箱试剂冷藏库等部分组成。工作原理:利用待测样本血清和特定试剂混合后进行生化反应形成一种能达到测光要求的待测物质,由卤素灯发射连续光谱,入射光在广泛的光谱区域内发射连续的光谱对吸收池的待测物质进行照射,经单色器将复合光分为单色光,分离出所需要的波段光,检测器将检测到的光信号转变为电信号,电信号被显示器进行数据处理完成整个吸光度的测光检测,本设备采用全反映过程测光方式,即在3～10分钟反应时将不断地按一定时间间隔测定反应液的吸光度,从而得到待测样品的浓度。用途:生化常规检查、急诊检查、免疫血清检查、治疗药物检查等。 | | | | |
| 归类决定 | 该商品利用光谱吸收原理对待测物质浓度进行测量,符合《税则》税目90.27的商品描述,根据归类总规则一及六,应归入税则号列9027.5000。 | | | | |

| 序号 | 1923 | 归类决定编号 | Z2009－0073 | 公告编号 | 2009年第5号 |
|---|---|---|---|---|---|
| 商品税则号列 | 9027.5000 | | 发布日期 | 2009年1月20日 | |
| 商品名称 | 天然气硫分析仪 | | | | |
| 英文名称 | | | | | |
| 其他名称 | | | | | |
| 商品描述 | 该9000S型硫分析仪用于快速分析固体、液体或气体中的化合硫分，附件包括高温分解试管、10毫升注射器、工作维护手册、系统运行中需要的气体管道及接头，还包括桌面计算机，符合标准ASTMD5453和D6667。工作原理：含硫或氮的有机样品通过进样器引入燃烧室，在燃烧室中进行高纯度燃烧。同时，仪器荧光室发出脉冲激发光照射燃烧后的样品，使燃烧后样品中的元素在一定条件下被离解成原子，原子吸收相应波长的光从基态跃迁到激发态进入反应室。受到特定波长的紫外线照射，吸收这种射线使一些电子转向高能轨道，当电子退回到它们的原轨道时，过量的能量就以光的形式释放出来，并用光电倍增管按特定波长检测接收，发射的荧光与原样品中硫或氮的含量成正比。再经微电流放大器放大，经数据处理器处理，即可转换为与光强度成正比的电信号，通过测量其强弱即可计算出相应样品的含硫量或含氮量。 | | | | |
| 归类决定 | 该分析仪通过紫外线照射，对被测物的含硫量或含氮量进行分析，可应用于多种被测对象，属于“使用光学射线的其他分析仪器”，根据归类总规则一及六，应归入税则号列9027.5000。 | | | | |

| 序号 | 1924 | 归类决定编号 | Z2006－1066 | 公告编号 | 2006 年第 69 号 |
|---|---|---|---|---|---|
| 商品税则号列 | 9027.8090[9027.8099(2014 年版)] | | 发布日期 | 2006 年 11 月 22 日 | |
| 商品名称 | CRT 彩色分析仪 | | | | |
| 英文名称 | | | | | |
| 其他名称 | | | | | |
| 商品描述 | 其型号:7100;牌名:CHROMA;工作原理:使用三组彩色滤镜模拟 CIE1931 规定的配色函数,测量 CRT 上显示的彩色光能量,所测的值转化成 x,y,Y 方式显示。 | | | | |
| 归类决定 | 该 CRT 彩色分析仪(型号 7100,牌名 CHROMA)使用三组彩色滤镜模拟 CIE1931 配色函数,以测量 CRT 上所显示的彩色光能量,所测的值转化成 x,y,Y 方式显示,可按测量光量的仪器归入税则号列 9027.8090[9027.8099(2014 年版)]。 | | | | |

| 序号 | 1925 | 归类决定编号 | Z2006－1069 | 公告编号 | 2006 年第 69 号 |
|---|---|---|---|---|---|
| 商品税则号列 | 9027.8090[9027.8099(2014 年版)] | | 发布日期 | 2006 年 11 月 22 日 | |
| 商品名称 | 高精度土壤水分测量仪 | | | | |
| 英文名称 | Soil moisture meter | | | | |
| 其他名称 | | | | | |
| 商品描述 | 其原理:发射一定频率的电磁波,电磁波沿探针传输,到达底部后返回,检测探头输出的电压,由于土壤介电常数的变化通常取决于土壤的含水量,由输出电压和水分的关系则可计算出土壤的水分含量。 | | | | |
| 归类决定 | 该商品属土壤的分析仪器,根据《税则注释》对品目 90.15 排除条款的规定,"地球物理仪器:有许多地球物理仪器不属本品目范围之内,例如,气体、泥浆、土壤的分析仪器……(品目 90.27)",因此,根据归类总规则一和六,该商品应按其他理化分析仪器归入税则号列 9027.8090[9027.8099(2014 年版)]。 | | | | |

| 序号 | 1926 | 归类决定编号 | Z2006－1070 | 公告编号 | 2006年第69号 |
|---|---|---|---|---|---|
| 商品税则号列 | 9027.8090[9027.8099(2014年版)] | | 发布日期 | | 2006年11月22日 |
| 商品名称 | 橇装分析系统 | | | | |
| 英文名称 | | | | | |
| 其他名称 | | | | | |
| 商品描述 | 该系统由橇座、密度计、阀、流量计、磁力驱动泵、过滤器、信号转换/显示器、压力表、浪涌保护器、安全栅及各类汇管组成。<br>工作原理:工艺管线的油品经入口管及球阀进入计量系统,先后流经安装于管道上的过滤器、磁力驱动泵、流量计、止回阀、压力表、手动取样装置、安全阀后,经出口管及出口球阀流出系统,完成整个分析系统的循环。当液体流经密度计,密度计测量信号通过电缆传输至信号转换/显示器,得到油品密度值,根据密度值测定油品种类。<br>密度计的工作原理:关键部件是测量振动管,当液体流经测量振动管时,振动管在电子反馈作用下产生谐振,振动频率随管内液体密度的变化而成比例变化,密度计内置一个PT100热电阻,用于测量振动管内介质的温度,使密度计可以进行温度补充和标准密度转换,密度计的振动频率信号和温度信号同时经电缆传输到信号转换显示器,由信号转换显示器转换为密度信号并显示。<br>手动取样装置主要由球阀、减压阀及针阀构成,可手动取样。<br>过滤器:对进入分析系统的油品进行过滤。<br>流量计:通过测量确定流量,通过球阀调节油品的流量,安全阀主要起防止因管道温度压力增加致使管道破裂的作用。<br>安全栅、浪涌保护器:主要起稳定电压、抗雷击导电等作用。<br>磁力驱动泵主要起保证油品在分析系统中循环的动力作用。 | | | | |
| 归类决定 | 该橇装分析系统由橇座、密度计、阀、流量计、磁力驱动泵、过滤器、信号转换/显示器、压力表、浪涌保护器、安全栅及各类汇管等组成。上述元件集中安装在一个整体的橇座上。该橇装分析系统用于连续测量和分析成品油管道中油品的密度,检测0#柴油、10#柴油、90#汽油、93#汽油及相互之间的油品界面。<br>上述分析系统由多个部件组成,组合后具有测量分析油品密度的功能,其符合《税则》第九十章章注三及第十六类类注四的规定,已构成功能机组。由于该橇装分析系统的主要功能为密度分析,因此,根据归类总规则一和六,应将其一并按理化分析装置归入税则号列9027.8090[9027.8099(2014年版)]。 | | | | |

| 序号 | 1927 | 归类决定编号 | Z2006－1068 | 公告编号 | 2006年第69号 |
|---|---|---|---|---|---|
| 商品税则号列 | 9027.8090[9027.8099(2014年版)] | | | 发布日期 | 2006年11月22日 |
| 商品名称 | 全自动酶免分析系统 | | | | |
| 英文名称 | | | | | |
| 其他名称 | | | | | |
| 商品描述 | 该系统的型号为ML－STAR8CH & ML－FAME24/20:1。酶免分析系统包括加样部分和酶标分析部分,主要检测一些重要的血液指标,如艾滋病和肝炎、HCV、HBV病毒。该设备的原理是用酶标记抗体或抗原,使其抗原或抗体结合成复合物来分析抗原或抗体的含量。其主要用途是保证血液的安全使用,以满足临床用血的需要,最终达到国家要求的用血安全标准,阻断有关疾病的传播。 | | | | |
| 归类决定 | 该商品用于对血液进行分析,根据归类总规则一,同时根据《税则注释》品目90.18项下排除条款第(十四)款的规定,该全自动酶免分析系统应归入税则号列9027.8090[9027.8099(2014年版)]。 | | | | |

| 序号 | 1928 | 归类决定编号 | Z2006－1065 | 公告编号 | 2006年第69号 |
|---|---|---|---|---|---|
| 商品税则号列 | 9027.8090[9027.8099(2014年版)] | | | 发布日期 | 2006年11月22日 |
| 商品名称 | 血球计数器 | | | | |
| 英文名称 | SYSMEX | | | | |
| 其他名称 | | | | | |
| 商品描述 | 该仪器系血液分析仪器,主要功能是对血液中各类细胞的数量进行精确计量和分类。其主要原理是以电阻法对血液中细胞的直径差异进行精确计量,利用不同的细胞直径在微电场产生极其微小的电阻变化,进行细胞分类。 | | | | |
| 归类决定 | 该血球计数仪是一种血液分析仪器,主要用于临床医疗,通过对血液中各类细胞进行精确计量和分类,准确地分辨出血液中各种细胞的微量变化,及时调整医疗方案以提高治疗效率。其工作原理是利用血液中不同细胞的直径差异在微电场中产生极其微小的电阻变化来进行细胞分类和计数。根据《税则注释》品目90.18的排除条款(十四)和品目90.27的说明,该设备可作为血液的检验分析仪器归入税则号列9027.8090[9027.8099(2014年版)]。 | | | | |

| 序号 | 1929 | 归类决定编号 | Z2006 - 1067 | 公告编号 | 2006 年第 69 号 |
|---|---|---|---|---|---|
| 商品税则号列 | 9027. 8090[9027. 8099(2014 年版)] | | 发布日期 | 2006 年 11 月 22 日 | |
| 商品名称 | 血糖测试仪 | | | | |
| 英文名称 | | | | | |
| 其他名称 | | | | | |
| 商品描述 | 该商品的主要工作原理为:通过仪器内的电极将血糖试纸产生的结果转换为电信号,而显示糖尿病患者的血糖结果。根据产品说明书所述:(1)本仪器是用来进行体外诊断的仪器;(2)只限用于检查的目的,只可使用新鲜的毛细血管血液样品;(3)本仪器禁止用于糖尿病的诊断,并禁止用于以新生儿为对象的检查。其主要用于各大、中、小医院化验室及消费者个人。 | | | | |
| 归类决定 | 该商品为血糖测试仪,用来进行体外诊断。其工作原理为:先采集血样,将血样注入测定试纸(电极)后,血糖测试仪将试纸产生的结果转换为电信号,并在血糖测试仪上显示出糖尿病患者的血糖测试结果。<br>根据该商品的功能及《税则注释》关于品目 90. 18 排除条款第(十四)款的规定,该血糖测试仪可按血液的检验分析仪器归入税则号列 9027. 8090[9027. 8099(2014 年版)]。 | | | | |

| 序号 | 1930 | 归类决定编号 | Z2006 - 1544 | 公告编号 | 2007 年第 70 号 |
|---|---|---|---|---|---|
| 商品税则号列 | 9027. 8099 | | 发布日期 | 2007 年 12 月 5 日 | |
| 商品名称 | 卡式水分仪 | | | | |
| 英文名称 | | | | | |
| 其他名称 | | | | | |
| 商品描述 | 该仪器是测定样品中微量至常量水分的量用仪器,通常由测量容器、搅拌器、分析杯等部分组成。其工作原理是基于卡尔费休化学反应原理,即通过给被测物质中加入试剂,待其达到分析终点时被测物质会与试剂产生化学反应,通过计算终点反应时加入的试剂量来折算出被测物质的水分浓度。 | | | | |
| 归类决定 | 该商品是对样品中水分进行测量的仪器,符合《税则》税目 90. 27 的商品描述,但并非子目 9027. 10 的气体或烟雾分析仪。根据归类总规则一及六,应将其归入税则号列 9027. 8099。 | | | | |

| 序号 | 1931 | 归类决定编号 | Z2006－1545 | 公告编号 | 2007 年第 70 号 |
|---|---|---|---|---|---|
| 商品税则号列 | 9027.8099 | | 发布日期 | 2007 年 12 月 5 日 | |
| 商品名称 | 嗅觉检测器 | | | | |
| 英文名称 | | | | | |
| 其他名称 | | | | | |
| 商品描述 | 该嗅觉检测器的英文品名为 Olfactory Detector Port，又称嗅觉检测口（闻香器）ODP2。嗅觉检测口（闻香器）ODP2 为气味量度检测理化分析仪器，用于对不同气味的成分进行鉴别及程度测量，由独立软件工作站控制，可进行数据记录和数据处理。它广泛应用于香精、香料、食品、饮料、烟草、化学、环境分析等行业。 | | | | |
| 归类决定 | 该嗅觉检测器为气味量度检测理化分析仪器，其可对经气相色谱柱分离后的样品成分进行鉴别和程度测量。该商品不同用于税则号列 9027.1000 列名的对混合气体含量进行分析的仪器。该商品属理化分析仪器，符合《税则》税目 90.27 的商品范围，根据归类总规则一及六，应将其归入税则号列 9027.8099。 | | | | |

| 序号 | 1932 | 归类决定编号 | Z2006－1546 | 公告编号 | 2007 年第 70 号 |
|---|---|---|---|---|---|
| 商品税则号列 | 9027.8099 | | | 发布日期 | 2007 年 12 月 5 日 |
| 商品名称 | 工厂密度计 | | | | |
| 英文名称 | Factory densimeter D51, complete | | | | |
| 其他名称 | | | | | |
| 商品描述 | 该商品为德国 BORGWALDT－KC 公司原产的用来检测分析工业填充材料密度的物理分析检测仪器。其原理为:在设定时间内将一定重量压在填充物上,当施压时间达到后,被压填充物的柱体高度、重量、横截面等物理数据便输入密度计,经微电脑进行数据测算和物理分析,输出该填充物的密度(也称物理填充性),同时与电脑设置的合理密度作比较,以便客户调整产品的填充密度。该仪器分为测量单元、分析单元和输出单元。测量单元包括电子天平、喂料斗和样品容器;分析单元包括微电脑,可附加不同的控制测量软件;输出单元为可选的打印设备,并可接电脑显示器。 | | | | |
| 归类决定 | 该工厂密度计为一体式设备,使用时将样品填入一底面积固定的容器内,共测量两个数据:样品高度和重量,通过内置电脑计算后直接得出密度值。<br>该商品属测密度仪器,符合《税则》税目 90.27 及其子目条文的描述,根据归类总规则一及六,应将其按其他理化分析仪器归入税则号列 9027.8099。 | | | | |

| 序号 | 1933 | 归类决定编号 | Z2007－0102 | 公告编号 | 2007年第71号 |
| --- | --- | --- | --- | --- | --- |
| 商品税则号列 | 9027.8099 | | | 发布日期 | 2007年12月5日 |
| 商品名称 | TC600ZC 氧氮分析仪 | | | | |
| 英文名称 | | | | | |
| 其他名称 | | | | | |
| 商品描述 | 该商品为香港力可仪器有限公司生产的TC600ZC型氧氮分析仪，该机为测量仪器与计算机一起进口，机上自带电极脉冲炉，可用附件为标准石墨坩埚。工作原理：(1)量取标准重量的被测样品粉末(硬质合金)置入高温标准尺寸、质量石墨坩埚中；(2)将装有样品的石墨坩埚装入氮氧分析仪，该分析仪将在惰性气氛中使用电极脉冲炉熔融样品粉末，并使之在坩埚中燃烧，坩埚中的C置换出样品中的O，释放出气体元素CO、$CO_2$、$H_2$、$N_2$，并最终转化为$CO_2$、$H_2O$、$N_2$；(3)使用自带的红外检测器对$CO_2$含量进行检测，在除去$CO_2$、$H_2O$后又使用测热导率的方法测出$N_2$含量；(4)计算机收到测量的$CO_2$红外透光数据、$N_2$热导数据计算出气体相应含量，再通过积分线性化处理等计算出标转样品重量中氮、氧元素的含量。计算机与分析仪连接，起控制和计算处理作用。 | | | | |
| 归类决定 | 该TC600ZC氧氮分析仪用于对金属样品中氮、氧元素含量进行测量，符合《税则》税目90.27的商品范围。该商品虽然是对样品和石墨坩埚反应后的气体进行分析，但其本身带有电机脉冲炉，从总体来看是用于对金属样品进行分析，根据归类总规则一及六，应归入税则号列9027.8099。 | | | | |

| 序号 | 1934 | 归类决定编号 | Z2007 - 0103 | 公告编号 | 2007 年第 71 号 |
|---|---|---|---|---|---|
| 商品税则号列 | 9027.8099 | | | 发布日期 | 2007 年 12 月 5 日 |
| 商品名称 | 门尼黏度仪 | | | | |
| 英文名称 | | | | | |
| 其他名称 | | | | | |
| 商品描述 | 该门尼黏度仪品牌为 ALPHA，规格型号为 MV2000。工作原理：在封闭的膜腔（分为上下两个膜腔，内有转子）内放入橡胶母胶或者混炼胶，通过对膜腔加热和转子的转动，输出温度和转子运动的扭矩变化曲线，从而对橡胶加工性能，即机械性能进行测试。 | | | | |
| 归类决定 | 该门尼黏度仪未配备电脑，不具有数据处理功能。其检测的数据类型包括温度、时间、门尼黏度三种，其中温度和时间为机器本身工作状态，用于检测被测物体（橡胶母胶或混炼胶）的门尼黏度，符合《税则》税目 90.27 测量粘性仪器的描述，根据归类总规则一及六，应归入税则号列 9027.8099。 | | | | |

| 序号 | 1935 | 归类决定编号 | Z2008 - 0097 | 公告编号 | 2008 年第 76 号 |
|---|---|---|---|---|---|
| 商品税则号列 | 9027.8099 | | | 发布日期 | 2008 年 10 月 28 日 |
| 商品名称 | 煤粉流量监测仪 | | | | |
| 英文名称 | Automatic coal flow monitoe | | | | |
| 其他名称 | | | | | |
| 商品描述 | 该煤粉流量监测仪的品牌为 M&W，型号为 ACFM - 2200，整套装置由 1 个控制单元、4 个测量单元、4 个取样单元构成。用于煤粉取样，并测定煤粉的数量（体积），同时测量混合气体的流速/压差、温度，通过各种函数和方程式计算出煤粉的密度和均匀性。 | | | | |
| 归类决定 | 该煤粉流量检测仪为一种多功能仪器，主要功能为用于对输送风管中输送气体中所携带的煤粉浓度进行测定。根据《税则》第九十章章注三及第十六类类注三的规定，应按照主要功能归入税则号列 9027.8099。 | | | | |

| 序号 | 1936 | 归类决定编号 | Z2008－0207 | 公告编号 | 2008年第83号 |
|---|---|---|---|---|---|
| 商品税则号列 | 9027.8099 | | | 发布日期 | 2008年11月24日 |
| 商品名称 | 氧氮氢测试仪 | | | | |
| 英文名称 | Oxygen/Nitrogen/Hydrogen Determinator | | | | |
| 其他名称 | | | | | |
| 商品描述 | 该ELTRA ONH－2000氧氮氢测试仪由脉冲电极炉、热导检测器、红外检测器和冷却系统等部分组成。该设备是通过脉冲炉对固体样品加热熔融，利用热导检测器和红外检测器分别完成对钢、铜等固体材料中氧、氮、氢三种元素含量的准确测量。 | | | | |
| 归类决定 | 该商品用于对固体材料中氧、氮、氢三种元素含量的准确测量，符合《税则》税目90.27的商品描述。其集合了红外检测器和热导检测器两种检测功能。其中，红外检测器应归入税则子目9025.50，热导检测器应归入税则子目9027.80。两者无法区分主次，根据归类总规则三（三），应从后归入税则号列9027.8099。 | | | | |

| 序号 | 1937 | 归类决定编号 | Z2009－0179 | 公告编号 | 2009年第57号 |
|---|---|---|---|---|---|
| 商品税则号列 | 9027.8099 | | | 发布日期 | 2009年8月31日 |
| 商品名称 | 测氢仪 | | | | |
| 英文名称 | | | | | |
| 其他名称 | | | | | |
| 商品描述 | 该测氢仪由探头、控制元件、辅助烘箱加热器、绘图仪等部件构成，用于快速测量高强度钢在电镀过程中的氢脆倾向。使用时，在探头上涂敷电镀层，并通过检测涂料中氢离子对探头的渗透性来评估涂料是否符合规定要求。 | | | | |
| 归类决定 | 该商品为电镀层透氢能力的检测设备，属于理化性能分析，符合《税则》税目90.27的商品描述，根据归类总规则一及六，应归入税则号列9027.8099。 | | | | |

| 序号 | 1938 | 归类决定编号 | Z2010－0063 | 公告编号 | 2010年第15号 |
|---|---|---|---|---|---|
| 商品税则号列 | 9027.8099 | | 发布日期 | | 2010年2月28日 |
| 商品名称 | 液体密度计 | | | | |
| 英文名称 | 7826 Insertion liquid densitometer | | | | |
| 其他名称 | | | | | |
| 商品描述 | 该7826插入密度计是用于管道、敞开或密闭储罐中连续、实时测量流体密度的传感器。该商品与质量弹簧系统很相似，在弹簧上加载质量后释放，质量弹簧系统以固有频率振动，直到由于粘性阻尼而静止，向质量施加驱动力克服阻尼作用后即可保持谐振。被测产品密度改变后，振动质量随之改变，这可通过谐振频率的变化检测出来。 | | | | |
| 归类决定 | 该商品用于测量液体密度，密度是物体的物理属性，并不属于流量、液位或其他的变化量，故不应归入《税则》税目90.26项下，且该商品为振动式密度计，其工作方式并非浮子式，也不应归入税目90.25项下。该商品属测量液体物理性质的机器，符合《税则》税目90.27及其子目条文的描述，根据归类总规则一及六，应按其他理化分析仪器归入税则号列9027.8099。 | | | | |

| 序号 | 1939 | 归类决定编号 | Z2014－0007 | 公告编号 | 2014 年第 46 号 |
|---|---|---|---|---|---|
| 商品税则号列 | 9027.9000 | | 发布日期 | 2014 年 6 月 25 日 | |
| 商品名称 | 血糖测试电极片 | | | | |
| 英文名称 | | | | | |
| 其他名称 | | | | | |
| 商品描述 | 该血糖测试电极片由 PET 印刷电路板、3M 胶和 PCR 上盖三部分组成。PET 印刷电路板主要在 0.35 毫米厚的杜邦板上印一遍银浆和两遍碳浆，其主要起导通微电流的作用。褐色纸片是 3M 胶，为 3M 公司的 6236 型胶，平整度公差小于 0.02 毫米。蓝色塑料片为电极片上盖，材料为杜邦 PCR 塑料，平整度公差 0.2 毫米。3M 胶和 PCR 塑料贴在 PET 印刷电路板上，起到制造虹吸的作用。进口的电极片未标记葡萄糖氧化酶介体抗体。 | | | | |
| 归类决定 | 该商品由三部分组成，成套进口，通过虹吸现象，与被测液体充分接触，起到电流导通功能，专用于血糖测试仪器，根据归类总规则一及六，应归入税则号列 9027.9000。 | | | | |

<table>
<tr><td>序号</td><td>1940</td><td>归类决定编号</td><td>Z2006－1071</td><td>公告编号</td><td>2006 年第 69 号</td></tr>
<tr><td>商品税则号列</td><td colspan="3">9028. 2090</td><td>发布日期</td><td>2006 年 11 月 22 日</td></tr>
<tr><td>商品名称</td><td colspan="5">橇装计量系统</td></tr>
<tr><td>英文名称</td><td colspan="5"></td></tr>
<tr><td>其他名称</td><td colspan="5"></td></tr>
<tr><td>商品描述</td><td colspan="5">该系统由橇座、标定装置(包括双相球型体积管、电动四通阀、密度计、防爆回路循环泵)、各种阀、压力/差压及温度变送器、流量计算机、质量流量计、温度计、压力表、仪表盘、配电盘、过滤消气器及各类汇管等组成。<br>工作原理:工艺管线的油品经入口管及电动 DBB 球阀进入计量系统,先后流经安装于管道上的过滤消气器、温度变送器、压力/差压变送器、质量流量计、温度表、压力表、电动流量调节阀及止回阀,最终经双密封关断阀及出口管流出计量系统,完成整个计量系统的循环。当液体流经测量元件(包括质量流量计、温度及压力/差压变送器、压力表、温度表)后,质量流量计、温度及压力/差压变送器的信号(流量、温度、压力)通过电缆传输到流量计算机进行自动综合,运算出准确标准的流量数据。<br>质量流量计的工作原理:关键部件是测量振动管,当液体流经测量振动管时,由电磁驱动装置驱动振动管以自然或谐振率振动,流过的液体产生一个与液体成比例的力,检测部件检测力的大小通过信号处理元件处理来确定质量流量值。<br>标定装置的工作原理:主要包括双相球型体积管、电动四通阀、密度计、防爆回路循环泵,与计量系统通过阀门及管道安装在同一橇座上,通过液体流经标准体积管的体积量乘以密度值(密度计测量)换算成质量,与橇装计量系统进行比较,从而标定橇装计量系统的准确度,主要起定期检测并调整计量系统准确性的作用,具体计量时不起作用。<br>过滤消气器:对进入计量系统的油品进行过滤。<br>电动流量调节阀:起稳定或调节计量系统中油品流量的作用,热膨胀安全阀主要起防止因管道温度压力增加致使管道破裂的作用。<br>温度计及压力表适用于现场观测。<br>该计量系统的用途主要是在油品交接过程中准确计量油品交接量。</td></tr>
<tr><td>归类决定</td><td colspan="5">该橇装计量系统由橇座、标定装置(包括双相球型体积管、电动四通阀、密度计、防爆回路循环泵)、各种阀、压力/差压及温度变送器、流量计算机、质量流量计、温度计、压力表、仪表盘、配电盘、过滤消气器及各类汇管等组成。上述测量元件和计量功能块集中安装在一个整体的橇座上。当液体流经测量元件后,质量流量计、温度及压力/差压变送器的信号(流量、温度、压力)通过电缆传输到流量计算机进行自动综合,运算出准确标准的流量数据。该系统作为一种整体的高精度动态计量装置,广泛应用于各种流体,包括原油、成品油和天然气的贸易交接计量中,其能够连续计量成品油的流量,提供详细的计量数据和交接报告等。<br>上述计量系统由多个部件组成,组合后具有计量原油、成品油和天然气累计流量的功能,其符合《税则》第九十章章注三及第十六类类注四的规定,已构成功能机组。该橇装计量系统可同时测量气体和液体的累计流量,由于无法判断其主要功能,根据归类总规则三(三),应从后将其一并按液体的计量装置归入税则号列 9028. 2090。</td></tr>
</table>

| 序号 | 1941 | 归类决定编号 | Z2006－1072 | 公告编号 | 2006 年第 69 号 |
|---|---|---|---|---|---|
| 商品税则号列 | 9029. 1090 | | | 发布日期 | 2006 年 11 月 22 日 |
| 商品名称 | 数纸机 | | | | |
| 英文名称 | Paper counting machine lcd | | | | |
| 其他名称 | | | | | |
| 商品描述 | 该设备(DC－800 和 NK－800 两种型号)用于计量纸张的数量,工作时将待数纸张放入数纸机的工作平台,调整数纸头的距离,按启动键,数纸头将纸一张张吸起的同时,机芯升降系统随拨杆逐张拨纸计数。最大数纸速度为 2000 张/分钟。 | | | | |
| 归类决定 | 该商品属纸张的计数装置,符合《税则》税目 90. 29 及其子目条文的描述,根据归类总规则一和六,应将其按转数计、产量计数计等的类似装置归入税则号列 9029. 1090。 | | | | |

| 序号 | 1942 | 归类决定编号 | Z2006－1547 | 公告编号 | 2007 年第 70 号 |
|---|---|---|---|---|---|
| 商品税则号列 | 9029. 1090 | | | 发布日期 | 2007 年 12 月 5 日 |
| 商品名称 | 对话式自动数据处理器 | | | | |
| 英文名称 | Dialog module | | | | |
| 其他名称 | | | | | |
| 商品描述 | 该对话式自动数据处理器的工作原理是:通过机械水表的指针旋转使该处理器内的干簧管吸合而形成电路回路,从而产生脉冲信号,然后对脉冲信号累计并转换为数字信号输出,用于水表、电表、煤气表等的数据采集。 | | | | |
| 归类决定 | 该商品是一种脉冲计数器,符合《税则》税目 90. 29 的商品描述,根据归类总规则一及六,应将其归入税则号列 9029. 1090。 | | | | |

<table>
<tr><td>序号</td><td>1943</td><td>归类决定编号</td><td>Z2006－1548</td><td>公告编号</td><td>2007 年第 70 号</td></tr>
<tr><td colspan="2">商品税则号列</td><td colspan="2">9029.1090</td><td>发布日期</td><td>2007 年 12 月 5 日</td></tr>
<tr><td colspan="2">商品名称</td><td colspan="4">数粒仪</td></tr>
<tr><td colspan="2">英文名称</td><td colspan="4"></td></tr>
<tr><td colspan="2">其他名称</td><td colspan="4"></td></tr>
<tr><td colspan="2">商品描述</td><td colspan="4">该数粒仪的品牌：PERTEN；型号：NUMIGRAL Ⅱ；测量的数粒直径：0.3 毫米～15 毫米；测量精度不超过千分之一，功率 35 瓦，RS232 接口，内置打印机。<br>主要用途：在喂料口出口处装有近红外电子传感器，记录下落粒粒数。可测量玉米、小麦、油菜籽、花卉籽、草籽粒大小的种子，通过确定 1000 粒谷物的重量，为种子的选择和分级打下基础。<br>其主要特点：<br>1. 可测量玉米、花卉籽等不同籽粒大小的种子；<br>2. 螺旋上升振动喂料器，频率可调；<br>3. 近红外电子传感记录颗粒个数；<br>4. 自动识别系统，小于设定粮食直径一半的小粒自动扣除；<br>5. 可调节并记忆 100 组数粒数度和籽粒大小参数。<br>该仪器适用于粮食系统、育种单位及科研单位。</td></tr>
<tr><td colspan="2">归类决定</td><td colspan="4">该数粒仪是为了解决人工数粒问题而设计的一种数粒状物料的计数装置，其并不用于种子的分选，因此，不能归入《税则》税目 84.37。该商品符合《税则》税目 90.29 及其子目条文的描述，因此，根据归类总规则一和六，该数粒仪应按转数计、产量计数器等的类似仪器归入税则号列 9029.1090。</td></tr>
</table>

| 序号 | 1944 | 归类决定编号 | Z2006－1549 | 公告编号 | 2007年第70号 |
|---|---|---|---|---|---|
| 商品税则号列 | 9030.3390 | | 发布日期 | | 2007年12月5日 |
| 商品名称 | 飞针检测机 | | | | |
| 英文名称 | | | | | |
| 其他名称 | | | | | |
| 商品描述 | 该飞针检测机的规格为Probot 600SD。该机器用来测量电路板上两点之间是否联通。具体方法如下:在电路板上加电压,通过产生电阻的大小来判断是否联通,以及产品两点之间的电阻是否符合要求。其检测方法为测试电压(低范围或高范围)、测试电阻和测试电流,没有记录装置。 | | | | |
| 归类决定 | 该飞针检测机属于检测电压、电流、电阻及功率的其他仪器和装置,符合《税则》税目90.30的商品描述,根据归类总规则一及六,应将其归入税则号列9030.3390。 | | | | |

| 序号 | 1945 | 归类决定编号 | Z2006 - 1550 | 公告编号 | 2007 年第 70 号 |
|---|---|---|---|---|---|
| 商品税则号列 | 9030.3390 | | | 发布日期 | 2007 年 12 月 5 日 |
| 商品名称 | 耐压测试仪 | | | | |
| 英文名称 | | | | | |
| 其他名称 | | | | | |
| 商品描述 | 该耐压测试仪是用于检测电缆完整性的 VLF 超低频交流高压测试设备，其通过测试电缆是否可以在规程规定的测试时间内承受测试电压来判断电缆的状态是否良好。VLF 超低频交流高压测试设备主要由高压器和控制器组成，其工作原理为：首先由市电 220 伏/50 赫兹电源为该设备供电，然后由控制器调频（将 50 赫兹调至 0.1 赫兹）并控制高压器升压产生高电压，最后将高电压加到不带电的电力电缆上，并在规程规定的测试时间内进行测试。如果电缆绝缘状态良好，则电缆在规定测试时间内能够承受测试电压，通过测试；反之，电缆被击穿，测试电压会迅速下降。控制器所带电压表、电流/电容表分别用于指示输出电压和监测输出电流、测试负载电容，以便选择最合适的测试频率。 | | | | |
| 归类决定 | 该商品通过在规程规定的测试时间内对电缆施加高压，并通过观测控制器所带电压表的数值变化来检测电缆的状态是否良好。其符合《税则》税目 90.30 及其子目条文的描述，根据归类总规则一和六，该商品应按检测电压的其他仪器归入税则号列 9030.3390。 | | | | |

| 序号 | 1946 | 归类决定编号 | Z2010－0064 | 公告编号 | 2010年第15号 |
|---|---|---|---|---|---|
| 商品税则号列 | 9030.3390 | | | 发布日期 | 2010年2月28日 |
| 商品名称 | 冷阴极灯管量测系统 | | | | |
| 英文名称 | | | | | |
| 其他名称 | CCFL&BLU量测系统 | | | | |
| 商品描述 | 该冷阴极灯管量测系统主要组成部件:SR－3分光辐射度计、示波器、直流电源、电压表、电流表。工作原理:主要用于量测其中光源及显示器件的光谱功率分布、色品坐标X和Y、光通量,利用SR－3、电流计、电压计等采集所需数据测出不同点的色度、辉度、灯管电压、灯管电流、灯管启动电压、灯管功率、工作频率等技术参数;同时,通过计算机对收集数据进行读取分析,得到各种辉度和色度参数、灯管电压、灯管电流、灯管功率及工作频率等参数。各部件工作原理:SR－3量测系统采用先进的全光谱法,用于量测其中光源及显示器件的光谱功率分布、色品坐标X和Y、相关色温Tc、光通量等参数,产品广泛应用于荧光灯、高强度气体放电灯、CRT、LCD等显示器件。当量测光源的颜色参数、色温等时,SR－3主要用于收集量测点的发射光,由光纤输入的光源光信号(复色光),经过分光后,某一波长的单色光由高灵敏光电探测器接受,转换成电信号。该光电信号由放大电路放大,送到电脑板,经过A/D转换后,数字化信号再经接口发到PC计算机上。同时,计算机发出光谱扫描信号,最终,一系列波长的光谱信号由PC计算机采样获得。再通过分析软件,得到各种广度和颜色参数,如色品坐标、相关色温、波长等。直流电源的工作原理:利用电源变压器,整流电路、滤波电路和稳定电路,在CCFL&BLU量测系统中提供电压稳定的直流电源输入,测量输入电流和输入电压。电流计工作原理:利用通电导体在磁场中受磁场力的作用,在CCFL&BLU量测系统中用于测试冷阴极灯管的管电流、管电压、灯管阻抗。示波器工作原理:输入了交变电流,使电子强发出的电子在经过U管加速后受到变化电压的偏转,因为电子速度很快,交变电流的转变速率相对来说很慢,所以在屏上打出了一条正弦线,也就是波,主要是测量灯管电压、电流频率及其最大值、最小值。电压表(数显万能表)工作原理:是用电流表装配的,主要是测量输出电压。 | | | | |
| 归类决定 | 该冷阴极灯管量测系统由SR－3、直流电源、电压计、电流计、示波器等五个机器装配在一起组成,可测量光谱功率分布、光通量等光量,以及灯管电压、灯管电流、功率等电量,属于多功能仪器,根据《税则》第九十章章注三的规定,可按“测量光量的仪器”归入税目90.27项下,也可按“测量电量的仪器”归入税目90.30项下。根据归类总规则三(三),按照从后归类的原则,应按其他不带记录装置的检测电压、电流、电阻或功率的其他仪器归入税则号列9030.3390。 | | | | |

<table>
<tr><td>序号</td><td>1947</td><td>归类决定编号</td><td>Z2006－1551</td><td>公告编号</td><td>2007 年第 70 号</td></tr>
<tr><td>商品税则号列</td><td colspan="3">9030.3900</td><td>发布日期</td><td>2007 年 12 月 5 日</td></tr>
<tr><td>商品名称</td><td colspan="5">微波功率计和微波功率探头</td></tr>
<tr><td>英文名称</td><td colspan="5"></td></tr>
<tr><td>其他名称</td><td colspan="5"></td></tr>
<tr><td>商品描述</td><td colspan="5">该微波功率计的型号：ML2437A；微波功率探头的型号：MA2472B。微波功率计和微波功率探头应用于无线通讯行业，主要功能是运用在微波传输基站，测试无线传输中微波设备发射的微波功率，带有记录装置。</td></tr>
<tr><td>归类决定</td><td colspan="5">该微波功率计和微波功率探头用于测试无线传输中微波设备发射的微波功率，符合《税则》税目 90.30 的商品范围及其子目 9030.30“检测功率的仪器及装置”的描述，根据归类总规则一及六，应将其归入税则号列 9030.3900。</td></tr>
</table>

| 序号 | 1948 | 归类决定编号 | Z2006 - 1073 | 公告编号 | 2006 年第 69 号 |
|---|---|---|---|---|---|
| 商品税则号列 | 9030.3990[9030.3900(2014 年版)] | | 发布日期 | 2006 年 11 月 22 日 | |
| 商品名称 | Dewe - 3010 频谱分析系统 | | | | |
| 英文名称 | | | | | |
| 其他名称 | | | | | |
| 商品描述 | “Dewe - 3010 频谱分析系统”和“Dewe - 2010 数据采集系统”(另外单独上报归类问答书)为奥地利 DEWETRON 公司生产的同一系列产品,它们的基本结构都由以下部件组成:一个键盘、一个显示器和一个中央处理设备。功能类似计算机,可运行 Windows 系统。根据客户的需求,自行选择不同的模块加装不同的附件设备,并安装不同的专用软件,就形成了功能强大的专用数据、图形自动采集处理设备。<br>“Dewe - 3010 频谱分析系统”由以下部分组成:(1)主机,PIII/700HZ CPU,128MBRAM,10G 硬盘,CD - ROM,3.5 寸软驱,以太网卡,15 寸液晶彩显;(2)软件,系统环境为 WIN2000,应用软件为采集软件和后处理分析软件;(3)信号调理模块(电压模块、电荷模块,已安装在系统上);(4)1 个 8 - BNC 接口扩展盒;(5)2 条电缆;(6)资料,操作维护手册及中文简要操作维护说明、光盘资料、产品合格证及向用户建议的计量规程。该系统不仅能对频谱信号进行分析处理,还能对电荷、电压等信号进行数据采集处理分析。该商品货主申报归类为 8471.3000。 | | | | |
| 归类决定 | 该 Dewe - 3010 频谱分析系统主要由数采主机、显示器、键盘、电源放大器、电压放大器、电荷放大器、相关软件、8 - BNC(同轴电缆接插件)接口扩展盒及电缆组成。该系统不仅能对频谱信号进行分析处理,还能对电荷、电压等信号进行数据采集处理分析。<br>归入税则号列 9030.2090 中的“频谱分析仪”,其一杠子目为“阴极射线示波器”,由于 Dewe - 3010 频谱分析系统不采用此方式来显示频谱,因此该商品不能归入其中。根据该系统的功能,可按“检测电压、电流、电阻或功率的其他仪器及装置”归入税则号列 9030.3990[9030.3900(2014 年版)]。 | | | | |

| 序号 | 1949 | 归类决定编号 | Z2006－1074 | 公告编号 | 2006 年第 69 号 |
|---|---|---|---|---|---|
| 商品税则号列 | 9030.4090 | | 发布日期 | | 2006 年 11 月 22 日 |
| 商品名称 | 网络建设与维护分析仪 | | | | |
| 英文名称 | SONET/SDH/PDH/ATM ANALYZER | | | | |
| 其他名称 | | | | | |
| 商品描述 | 该商品为网络建设与维护分析仪，其英文品名为 SONET/SDH/PDH/ATM ANALYZER，型号为 MP1570A。该分析仪采用模块化设计，一共可以配置 6 个模块，用户根据需要可选择不同的接口插件，来完成不同的测试。此次进口的仪表只配置了 2 个模块，分别是 MP0121A 和 MU150005A，这两个模块可以支持从 64 千赫兹到 155 兆赫兹的电口的测试。它还配有内置式的打印机和 3.5 寸的软盘驱动器，用户可用来打印测试结果和存储数据。MP1570A 是为 SONET、SDH、PDH 及 ATM 网络设备的生产、建设、维护和检查而设计的仪表，配上不同的模块后能测试频率、光功率、误码、抖动、负载能力等指标和性能。 | | | | |
| 归类决定 | 该网络建设与维护分析仪采用模块化设计，一共可以配置 6 个模块，用户根据需要可选择不同的接口插件，来完成不同的测试。此次进口的仪表只配置了 2 个模块，分别是 MP0121A 和 MU150005A，这两个模块可以支持从 64 千赫兹到 155 兆赫兹电口的频率、光功率、误码、负载等指标的测试。它还配有内置式的打印机和 3.5 寸的软盘驱动器，用户可用来打印测试结果和存储数据。该分析仪属于无线通讯专用多功能测试仪器，应归入税则号列 9030.4090。 | | | | |

| 序号 | 1950 | 归类决定编号 | Z2006 - 1552 | 公告编号 | 2007 年第 70 号 |
|---|---|---|---|---|---|
| 商品税则号列 | 9030.4090 | | 发布日期 | | 2007 年 12 月 5 日 |
| 商品名称 | SDH 分析仪 | | | | |
| 英文名称 | SDH ATM Analyzer | | | | |
| 其他名称 | | | | | |
| 商品描述 | 该 SDH 分析仪又称网络建设与维护分析仪。其采用模块化设计，一共可以配置 6 个模块，用户根据需要可选择不同的接口插件，来完成不同的测试。此次进口的仪表有两种：一种是 10G SDH 分析仪，配置了 MP0121A 等模块及 RS - 232C、GPIB 等通讯接口，具有 2 ~ 156 兆比特/秒电口的误码、抖动漂移等设备性能的测试功能及 2.5G/10G 数字信号发送、接收、信号误码性能测试功能，其中 MU150017B 有光功率计功能；另一种是 2.5G SDH 分析仪，配置了 MP0121A 等模块及 RS - 232C 通讯接口，主要有 2 ~ 156 兆比特/秒电口的误码、抖动漂移等设备性能的测试功能，156M/622M 数字信号收发功能，2.5G 数字信号误码性能分析等功能，其中 MP0113A 有光功率计功能。 | | | | |
| 归类决定 | 该分析仪属于通讯专用多功能测试仪器，根据归类总规则一及六，应将其归入税则号列 9030.4090。 | | | | |

| 序号 | 1951 | 归类决定编号 | Z2006 – 1554 | 公告编号 | 2007 年第 70 号 |
|---|---|---|---|---|---|
| 商品税则号列 | 9030. 4090 | | | 发布日期 | 2007 年 12 月 5 日 |
| 商品名称 | 网络分析仪 | | | | |
| 英文名称 | Network analyzers | | | | |
| 其他名称 | | | | | |
| 商品描述 | 该商品为安捷伦公司生产的 ENA – L 系列射频网络分析仪，型号为 E5061A，其测量范围是 300 千赫 ~ 1. 5 吉赫，用于无线通讯、有线电视、汽车和教育等行业，通过测量两信号之间的振幅、相位等关系，可在研发、制造和维修服务中测试射频原件，如滤波器、放大器、天线、电缆、有线电视分接头和分布式放大器等所需的全部关键特性，还可进行损耗、阻抗、结构回波损耗和故障定位测量。该商品有存储记录装置。 | | | | |
| 归类决定 | 该商品一般专用于无线通信领域的射频器件测试，符合《税则》税目 90. 30 的商品描述，根据归类总规则一及六，应将其归入税则号列 9030. 4090。 | | | | |

| 序号 | 1952 | 归类决定编号 | Z2009 – 0074 | 公告编号 | 2009 年第 5 号 |
|---|---|---|---|---|---|
| 商品税则号列 | 9030. 4090 | | | 发布日期 | 2009 年 1 月 20 日 |
| 商品名称 | UMTS 频段的三阶互调测试系统 | | | | |
| 英文名称 | PIM analyzer for UMTS band with modified receive band for IM3 | | | | |
| 其他名称 | | | | | |
| 商品描述 | 该 UMTS 频段的三阶互调测试系统包括以下设备：SI – 0827RF（805 ~ 2700 兆赫的射频模块）、SI – 1823PA（1805 ~ 2200 兆赫功放模块）、SI – 2000EFE （1965 ~ 2170 兆赫射频前端）、SI – 200D 控制系统（带测试分析软件）和附件 SI – 10A。用途：对电缆三阶交调指标进行测试和分析，其目的是为了测试频率间信号在电缆中的互相干扰，防止信号在电缆中失真，而造成信号传输不良现象。 | | | | |
| 归类决定 | 该商品对通讯用无源器件（如通讯电缆）的无源交调特性进行测试和分析，属通讯专用测电量仪器，符合《税则》税目 90. 30 及其子目条文的描述，根据归类总规则一及六，应按其他通讯专用测量仪器归入税则号列 9030. 4090。 | | | | |

| 序号 | 1953 | 归类决定编号 | Z2006－1075 | 公告编号 | 2006年第69号 |
|---|---|---|---|---|---|
| 商品税则号列 | 9030.8200 | | 发布日期 | 2006年11月22日 | |
| 商品名称 | W－350D石英晶体谐振器测试和分选系统 | | | | |
| 英文名称 | W－350D quartz crystal test and sort system | | | | |
| 其他名称 | | | | | |
| 商品描述 | 该系统型号为W－350D，由电脑、打印机、振动给料机、W－350D高精度网络测试系统组成，但企业本次只进口W－350D高精度网络测试系统。<br>工作原理：(1)通过电脑对被测石英晶体谐振器的各种电器参数设置合格的上下极限；(2)振动给料机将被测石英晶体谐振器送到测试系统进行测试；(3)电脑根据测试结果，将石英晶体谐振器分合格与不合格两类，分别放置不同料仓。用途：对加工成的石英晶体谐振器的FL、FR、RR、Q、DLD、SPUR、IR、Co等40多种参数进行测试。 | | | | |
| 归类决定 | 该W－350D石英晶体谐振器测试和分选系统主要由电脑、打印机、振动给料机及W－350D高精度π网络测试系统组成，此次企业只进口两块电脑测试板（PCI插条）及W－350D高精度π网络测试系统。其中，电脑测试板里面有固化的测试软件及测试技术指标，进口后将其插入电脑（此次未进口）中使用；高精度π网络测试系统同时采集测试数据，并与电脑中设置的参数进行比较，作出合格与不合格的判断，并通过执行机构将合格及不合格的石英晶体谐振器分别放入不同料仓。其测试的参数主要有并联谐振频率、串联谐振频率、串联谐振电阻、静电容、动态电容、品质因素、动态电感等。<br>虽然此次电脑未进口，但其进口的商品已经构成了测试装置的基本特征，因此，可一并归入税则号列9030.8200。 | | | | |

| 序号 | 1954 | 归类决定编号 | Z2008 - 0208 | 公告编号 | 2008 年第 83 号 |
|---|---|---|---|---|---|
| 商品税则号列 | 9030.8490 | | | 发布日期 | 2008 年 11 月 24 日 |
| 商品名称 | WT3000 高精度功率分析仪 | | | | |
| 英文名称 | | | | | |
| 其他名称 | | | | | |
| 商品描述 | 该 WT3000 高精度功率分析仪主要用途为电机驱动系统的高精度功率/效率分析和谐波检验,是电机传动系统分析的重要仪器。在获得高测量精度的同时,还可以测量设备的功率转换效率;另一方面使同步的功率评测更方便、更快捷,改善设备评价效率。该设备可以同时测量功率、分析频率成分和谐波含量,从而确保测量值的同时性和实时性,提高测量数据的可信度,使系统评价更为有效。 | | | | |
| 归类决定 | 该 WT3000 高精度功率具有检测电机功率、分析频率成分和谐波含量、测量设备功率转换效率等功能,符合《税则》税目 90.30“用于电量测量或检验的仪器和装置”的商品范围。该商品功能不仅具有示波、功率检测功能,还具有数据分析功能,已经超出了示波器和功率检测仪器的范围。其带有 30 兆字节的存储功能,根据归类总规则一及六,应按其他带有记录装置的电量(功率)分析仪器归入税则号列 9030.8490。 | | | | |

| 序号 | 1955 | 归类决定编号 | Z2006 - 1555 | 公告编号 | 2007 年第 70 号 |
|---|---|---|---|---|---|
| 商品税则号列 | 9030.8990 | | | 发布日期 | 2007 年 12 月 5 日 |
| 商品名称 | 阻抗分析仪 | | | | |
| 英文名称 | | | | | |
| 其他名称 | | | | | |
| 商品描述 | 该商品为安捷伦公司生产的 4294A 型精密阻抗分析仪,用于元件和电路有效阻抗(阻抗包括电阻与电抗)的测量和分析。其测试频率范围 40 赫兹 ~110 兆赫,具有 ±0.08% 的基本阻抗精度。该机器不带记录装置。 | | | | |
| 归类决定 | 该商品为阻抗分析仪,符合《税则》税目 90.30 的商品描述和《税则注释》有关“阻抗测试器”的描述,且不带有记录装置,根据归类总规则一及六,应将其归入税则号列 9030.8990。 | | | | |

| | | | | | |
|---|---|---|---|---|---|
| 序号 | 1956 | 归类决定编号 | Z2006－1076 | 公告编号 | 2006 年第 69 号 |
| 商品税则号列 | 9030.9000 | | 发布日期 | 2006 年 11 月 22 日 | |
| 商品名称 | 测试针床 | | | | |
| 英文名称 | Test fixture | | | | |
| 其他名称 | 针板 | | | | |
| 商品描述 | 该测试针床进口状态为成套进口，由 ICT 和 FCT 两种类型的针板组成，价值无法分别确定。针板的测试原理是：利用测试探针与外接的测试设备相连接，形成一台简易电脑，执行测试程序，达到测试主板的基本功能的目的。测试设备包括测试主机、电脑控制主机、气压单元和其他外部设备，如显示器、键盘、鼠标等。在测试过程中，ICT 和 FCT 的测试针数量不同，随着被测主板的要求而不同，但是选用探针的原则是相同的。主板上的元件的位置和测试针板的位置一一对应，上下面板通过弹簧挤压，使针板探针准确扎在被测主板的焊点上。在测试过程中，ICT 主要通过外部提供的额定电流，完成检测主板逐个焊点间是否连通的工作以及印刷电路是否完好，即检测主板物理性能用针板。FCT 主要是通过模拟完全电脑使用环境，检测主板各项功能是否正常，即检测主板的程序用针板。 | | | | |
| 归类决定 | 根据该测试针板的功能，其均应按电量检测仪器的专用零件归入税则号列 9030.9000。 | | | | |

| 序号 | 1957 | 归类决定编号 | Z2006－1077 | 公告编号 | 2006 年第 69 号 |
|---|---|---|---|---|---|
| 商品税则号列 | 9030. 9000 | | 发布日期 | | 2006 年 11 月 22 日 |
| 商品名称 | 导通检查台 | | | | |
| 英文名称 | | | | | |
| 其他名称 | | | | | |
| 商品描述 | 该商品称为导通检查台，其根据汽车用线束的结构走向，按 1∶1 尺寸绘制成平面图形并平铺于其上，再根据其制品的安装要求，在其上安装若干个用于导通用的导通治具，再加上导通表，构成导通台。然后将线束安装到各个导通治具内，启动导通表，导通表按照预先设定的检测程序，对汽车线束的回路进行检测，判断其电流走向是否正确，并在导通表上显示出来，进而判断线束是否为合格品。 | | | | |
| 归类决定 | 导通检查台为导通表提供测量所需的环境，属于导通表的附件，符合《税则》税目 90. 30 及其子目条文的描述，根据归类总规则一及六，应将其按导通表的附件归入税则号列 9030. 9000。 | | | | |

| 序号 | 1958 | 归类决定编号 | Z2006－1078 | 公告编号 | 2006年第69号 |
|---|---|---|---|---|---|
| 商品税则号列 | 9030.9000 | | 发布日期 | 2006年11月22日 | |
| 商品名称 | 混合集成电路(录波器用) | | | | |
| 英文名称 | | | | | |
| 其他名称 | | | | | |
| 商品描述 | 在线路板上贴装、插装单片集成电路、电阻、电容等混合线路板,各单片集成电路单独使用无作用。<br>线路板同时集成多种连接端口和固定支架,用于录波器。<br>将该线路板与另外一个智能线路板一同插入一标准机箱,成为功能强大的核心应用平台。在此基础上扩展各种应用接口部件和数据存储部件,配备交换机、调制解调器、液晶显示器等,构成庞大的机柜系统。 | | | | |
| 归类决定 | 该混合集成电路实际上是在印刷线路板上贴装、插装单片集成电路、电阻、电容等元器件而成的功能板卡,板卡上同时装有多种连接端口和固定支架,用于录波器。<br>该商品不符合《税则》第八十五章章注五(二)2对"混合集成电路"的定义,同时,《税则注释》中品目85.42规定"本品目不包括把一个或多个分立元件装在一个支座上(例如,装在一个印刷电路上)制成的组件",因此,该板卡不能归入品目85.42项下。该商品属于录波器的专用零件,根据《税则》第九十章章注二的规定,以及归类总规则一及六,其应按录波器的专用零件归入税则号列9030.9000。 | | | | |

| 序号 | 1959 | 归类决定编号 | Z2006－1079 | 公告编号 | 2006年第69号 |
|---|---|---|---|---|---|
| 商品税则号列 | 9030.9000 | | 发布日期 | 2006年11月22日 | |
| 商品名称 | 装有集成电路的智能卡(用于录波器) | | | | |
| 英文名称 | | | | | |
| 其他名称 | | | | | |
| 商品描述 | 该商品是在线路板(23厘米×25厘米)上贴装、插装单片集成电路、电阻、电容等元器件而成的混合线路板,且线路板上集成有CPU及多种连接端口和固定支架,待写入CPU软件后,用于录波器装置。将该线路板插入一标准机箱,成为功能强大的核心应用平台。在此基础上扩展各种应用接口部件和数据存储部件,配备交换机、调制解调器、液晶显示器等,构成庞大的机柜系统。 | | | | |
| 归类决定 | 装有集成电路的智能卡是在印刷线路板上贴装、插装单片集成电路、电阻、电容等元器件而成的功能板卡,板卡上同时装有多种连接端口和固定支架,用于录波器。<br>该商品不符合《税则》第八十五章子目注释二对子目8542.10所称“智能卡”的定义,同时,《税则注释》中品目85.42规定“本品目不包括把一个或多个分立元件装在一个支座上(例如,装在一个印刷电路上)制成的组件”,因此,该板卡不能归入品目85.42项下。该商品属于录波器的专用零件,根据《税则》第九十章章注二的规定,以及归类总规则一及六,其应按录波器的专用零件归入税则号列9030.9000。 | | | | |

| 序号 | 1960 | 归类决定编号 | Z2010－0065 | 公告编号 | 2010年第15号 |
|---|---|---|---|---|---|
| 商品税则号列 | 9031.1000 | | 发布日期 | 2010年2月28日 | |
| 商品名称 | 轮胎动平衡实验机 | | | | |
| 英文名称 | Akrodyne tire dynamic balance machine | | | | |
| 其他名称 | | | | | |
| 商品描述 | 该商品用于测试成品轮胎平衡性能,如轮胎的静不平衡、力偶不平衡和上下面不平衡量等。设备由轮胎输入和定中心工位(轮胎定中心)、动平衡测试工位(测试轮胎平衡性能、打标记)、设备控制系统(配置触摸屏操作界面)、测试系统计算机和电子元件(通过计算机分析确定不平衡量和角度值)组成。 | | | | |
| 归类决定 | 该商品用于测试轮胎的平衡性能(静不平衡、力偶不平衡和上下面不平衡)。轮胎可视为机械零件,故该商品符合《税则》税目90.31及其子目条文的描述,根据归类总规则一及六,应按机械零件平衡试验机归入税则号列9031.1000。 | | | | |

| 序号 | 1961 | 归类决定编号 | Z2010－0066 | 公告编号 | 2010年第15号 |
|---|---|---|---|---|---|
| 商品税则号列 | 9031.2000 | | | 发布日期 | 2010年2月28日 |
| 商品名称 | 飞机发动机测试台 | | | | |
| 英文名称 | Aircraft engine test system | | | | |
| 其他名称 | | | | | |
| 商品描述 | 该飞机发动机测试台型号为GE90－115B。组成:测试台主控台、发动机测试台转接架、发动机测试台整流罩、发动机测试台进气道、发动机测试台进气道支撑架、发动机测试台尾部整流罩、涡轮风扇、发动机起动机及尾锥。工作原理:当一台发动机进厂维修完成后,将安装上涡轮风扇、起动机和尾锥组成模拟的发动机运行环境,而后发动机被送进测试台,安装到带有两侧整流罩、尾部整流罩和进气道的发动机测试台转接架上,然后发动机测试台转接架安放在试车台厂房的推力台上(该推力台与厂房为一体);当发动机上各类传感器安装完毕,试车员根据维修手册的要求,操控控制室的主控台控制调节压缩空气到启动机上启动涡轮发动机,然后涡轮发动机带动涡轮风扇运转,在涡轮风扇上产生一定的压差、温差、推力等数据被传送到主控台,在涡轮发动机运转过程中的各个系统(如滑油系统、燃油系统、排气系统、控制系统等)的实时运转状况数据也被收集到测试台主控台,以供试车员判断参考,试车员按照维修手册来评定该涡轮发动机性能恢复与否。用途:用于控制、测试维修后发动机启动、正常运转、停车及应急处理,收集汇总发动机各项数据指标是否符合要求,以判断发动机在维修后其性能是否恢复,并达到客户送修的目的与要求。 | | | | |
| 归类决定 | 该商品为用于测试飞机发动机的试验台,由测试台主控台、发动机测试台转接架、发动机测试台整流罩、发动机测试台进气道、发动机测试台进气道支撑架、发动机测试台尾部整流罩、涡轮风扇、发动机起动机及尾锥等部件组成。其中的涡轮风扇、发动机启动机及尾锥等部件虽然和发动机正式部件完全相同,但此次进口的上述部件是和测试台配套进口,与每一台被测发动机配装在一起提供真实的模拟环境,且非耗材,故应视为试验台的配件一同归类。该商品属《税则》和《税则注释》均列名的试验台,符合《税则》税目90.31及其子目条文的描述,根据归类总规则一及六,应按试验台归入税则号列9031.2000。 | | | | |

| 序号 | 1962 | 归类决定编号 | Z2006 - 1083 | 公告编号 | 2006 年第 69 号 |
|---|---|---|---|---|---|
| 商品税则号列 | 9031.4900[9031.4990(2014 年版)] | | | 发布日期 | 2006 年 11 月 22 日 |
| 商品名称 | 刀具检测器 | | | | |
| 英文名称 | NCPCB tool setting device | | | | |
| 其他名称 | | | | | |
| 商品描述 | 该商品英文全称为“NCPCB tool setting device”，用在 PCB 数控钻空机上，利用光束对钻刀的刀长、刀径、刀具的偏摆值进行检验并将数据转换成电信号反馈给控制板，与控制板预设定值进行比较，若二者不符，则会发出警报。 | | | | |
| 归类决定 | 该商品的工作原理是基于检测器自身发射的红外光被钻刀遮蔽和通路来测量钻刀的刀长、刀径、刀具的偏摆值，属于光学检测装置，根据归类总规则一及六，应归入税则号列 9031.4900[9031.4990(2014 年版)]。 | | | | |

| 序号 | 1963 | 归类决定编号 | Z2006 - 1080 | 公告编号 | 2006 年第 69 号 |
|---|---|---|---|---|---|
| 商品税则号列 | 9031.4900[9031.4920(2014 年版)] | | | 发布日期 | 2006 年 11 月 22 日 |
| 商品名称 | 光栅尺 | | | | |
| 英文名称 | Ne linear encoder | | | | |
| 其他名称 | | | | | |
| 商品描述 | 该光栅尺由信号放大器(ESE)、电缆线、读数钢尺、保护壳体构成。型号为：Fagor scaie FC124(Lenght:12440 毫米)、Fagor scaie CVC723(Lenght:720 毫米)两种。作用为：安装在数控机床特定位置，测量机床在加工工件过程中移动的距离，以提高机床的精度和产品的质量。 | | | | |
| 归类决定 | 该光栅尺由信号放大器、电缆线、读数钢尺和保护壳体构成，固定在机床的特定位置，当车床刀架移动时，光栅尺内部的光学元件通过莫尔条纹将读数钢尺的刻度转换为电信号。该商品为光学测量器具，应归入税则号列 9031.4900[9031.4920(2014 年版)]。 | | | | |

| 序号 | 1964 | 归类决定编号 | Z2006－1085 | 公告编号 | 2006 年第 69 号 |
|---|---|---|---|---|---|
| 商品税则号列 | 9031.4900[9031.4990(2014 年版)] | | | 发布日期 | 2006 年 11 月 22 日 |
| 商品名称 | 空瓶验瓶机 | | | | |
| 英文名称 | | | | | |
| 其他名称 | | | | | |
| 商品描述 | 该空瓶验瓶机是通过对 CCD 摄像机形成的高分辨率的图像对比处理，对空瓶的瓶底瓶口进行检测，并用红外线检测瓶底残留液，可以将图像和光信号自动转换成数据进行快速检测，自动剔除不良质量的空瓶。 | | | | |
| 归类决定 | 该空瓶验瓶机是通过对 CCD 摄像机形成的高分辨率的图像对比处理，对空瓶的瓶底瓶口进行检测，并用红外线检测瓶底残留液，可以将图像和光信号自动转换成数据进行快速检测，自动剔除不良质量的空瓶。<br>该商品属其他税号未列名的检验仪器，且符合《税则注释》对子目 9031.49 的规定，根据归类总规则一及六，应将其按其他光学检验仪器归入税则号列 9031.4900[9031.4990(2014 年版)]。 | | | | |

| 序号 | 1965 | 归类决定编号 | Z2006－1081 | 公告编号 | 2006 年第 69 号 |
|---|---|---|---|---|---|
| 商品税则号列 | 9031.4900[9031.4990(2014 年版)] | | | 发布日期 | 2006 年 11 月 22 日 |
| 商品名称 | 在线光盘检测系统 | | | | |
| 英文名称 | Optical disc inline inspection system | | | | |
| 其他名称 | | | | | |
| 商品描述 | 该商品型号：CDI－C/7 102。为保障 CD 能够在 CD 播放机中正常工作，必须将 CD 进行多方面的检测。在线光盘检测系统就是用于检测光盘成型过程中形成的瑕疵，例如刮痕、裂纹、杂质、是否平整等，并将有问题的光盘分开。 | | | | |
| 归类决定 | 该在线光盘检测系统用于检测光盘成型过程中形成的瑕疵，例如刮痕、裂纹、杂质、是否平整等，并将有问题的光盘分开。该套系统属于用于光盘生产线的 AID 自动检测机器，应归入税则号列 9031.4900[9031.4990(2014 年版)]。 | | | | |

<table>
<tr><td>序号</td><td>1966</td><td>归类决定编号</td><td colspan="2">Z2006－1084</td><td>公告编号</td><td>2006年第69号</td></tr>
<tr><td>商品税则号列</td><td colspan="3">9031.4900[9031.4990(2014年版)]</td><td colspan="2">发布日期</td><td>2006年11月22日</td></tr>
<tr><td>商品名称</td><td colspan="6">自动光轴机</td></tr>
<tr><td>英文名称</td><td colspan="6">L-auto collimeter</td></tr>
<tr><td>其他名称</td><td colspan="6"></td></tr>
<tr><td>商品描述</td><td colspan="6">该自动光轴机型号为ND9001,用于检测产品中光学部件的粘接倾斜度。其原理和功能:通过光线反射的原理,该机发出红外线光,打在待检测的光学部件(对物镜)上,反射回该机自带的感光元件中(CCD感光传感器),通过光电转换,在与之连接的显示器(显示器未进口)上显示出来。显示器上有预先设置好的规格,光学部件的倾斜度不同,经反射在显示器上就显示出不同位置的光斑,从而判定被检测的光学镜片是否在可允许的倾斜范围内。</td></tr>
<tr><td>归类决定</td><td colspan="6">该商品属光学部件粘接倾斜度的检测仪器。根据《税则注释》对子目9031.49的注释,“本子目不仅包括直接帮助或提高人眼视觉的仪器及器具,还包括须通过使用光学元件或光学技术才能工作的仪器或装置”,由于该自动光轴机采用红外线光和CCD技术,符合上述子目注释的规定,根据归类总规则一及六,应按其他光学仪器归入税则号列9031.4900[9031.4990(2014年版)]。</td></tr>
</table>

| 序号 | 1967 | 归类决定编号 | Z2006－1557 | 公告编号 | 2007 年第 70 号 |
|---|---|---|---|---|---|
| 商品税则号列 | 9031.4990 | | | 发布日期 | 2007 年 12 月 5 日 |
| 商品名称 | 活套扫描仪 | | | | |
| 英文名称 | Infrared loop detector(photo detector type ID6100)  | | | | |
| 其他名称 | | | | | |
| 商品描述 | 该活套扫描仪型号:ID6100。工作原理:该设备通过内置红外发生器向被测发热物体(700℃以上)发出红外光波,部分光波被发热物体反射回活套扫描仪的 CCD 感光传感器,感光元件将接收到的光信号通过检测电路进行光电转换、运算分析,确定出发热物体在活套中的厚度、位置等,通过编程将标准工业信号传送给上一级控制系统。用途:准确测量发热物体在活套工况中所处的位置、截面厚度等,用于热轧生产线两个台面间循环位置的检测控制。该商品被广泛应用于热金属材料处理等对控制系统要求较高的领域中。 | | | | |
| 归类决定 | 该商品属利用红外线进行检测的设备,符合《税则注释》对子目 9031.49 的规定。根据归类总规则一和六,该商品应按其他光学仪器和器具,归入税则号列 9031.4990。 | | | | |

| 序号 | 1968 | 归类决定编号 | Z2006－1558 | 公告编号 | 2007 年第 70 号 |
| --- | --- | --- | --- | --- | --- |
| 商品税则号列 | 9031.4990 | | 发布日期 | 2007 年 12 月 5 日 | |
| 商品名称 | 镜筒解像力检测仪 | | | | |
| 英文名称 | | | | | |
| 其他名称 | | | | | |
| 商品描述 | 该检测仪包括：<br>1. 带有刻度的检测标准板；<br>2. 放置镜筒并可调整距离的支架；<br>3. 连接线及检测仪的开关控制盒；<br>4. 放置检测用具的柜子；<br>5. 计算机主机和显示器；<br>6. 用于连接镜筒的数码相机。<br>工作过程：<br>1. 接通电源并连接相机和镜筒。<br>2. 通过仪器的调节钮使 CHART 板的检测画面准确反映在相机的 LCD 上。<br>3. 按动拍摄按钮，CHART 板反映在相机上的画面迅速由短焦变化为长焦，当不良发生时，检测仪器发出 ZOOM 不良异音并可通过画面观察到相面抖动不稳的异常现象。<br>4. 检查拍摄到的长焦成像画面，此时在数码相机 LCD 显示屏上有拍摄到的被检测镜筒的 CHART 板 TV 本数，画面在设定的基准本数范围内为良品。此时被检测镜筒的分辨率数据全部存储在数码相机的存储卡上。<br>5. 通过电脑和显示器将检测数据进行对比分析，判定产品品质。<br>注：镜筒的解像力即镜筒的分辨率。 | | | | | |
| 归类决定 | 该商品用于检测镜筒的解像力（即分辨率），符合《税则》税目 90.31 的描述。由于其采用对检测标准板进行拍摄的方法进行检测，其符合《税则注释》对子目 9031.49 的规定。根据归类总规则一和六，该镜筒解像力检测仪应按光学检测仪器归入税则号列 9031.4990。 | | | | |

| 序号 | 1969 | 归类决定编号 | Z2006－1559 | 公告编号 | 2007年第70号 |
|---|---|---|---|---|---|
| 商品税则号列 | 9031.4990 | | | 发布日期 | 2007年12月5日 |
| 商品名称 | 带钢测宽仪 | | | | |
| 英文名称 | Accuband strip width gage | | | | |
| 其他名称 | | | | | |
| 商品描述 | 该带钢测宽仪(C965型)是一种非接触式的光电测量装置。用于测量粗轧和精轧过程中金属带材的宽度,并测量带钢宽度与中心线偏差。C965型带钢测宽仪由现场安装部件(两台CCD线阵摄像头和相应的边缘检测电子器件、气室、空气喷嘴、激光头安装板、标定器及标定支架、两段式电缆组件、电缆接线箱等)和电子单元组成。其工作原理为:电子扫描摄像头以固定宽度安装于测量架位于带钢运动的法线位置上,每台摄像头沿着带钢宽度方向进行线扫描,精确检测带钢两个边缘的位置角度,带钢边缘数据经计算处理得到带钢宽度、中心线偏差等数据,输出4~20毫安信号至轧机的控制单元。 | | | | |
| 归类决定 | 该带钢测宽仪型号为C965－A、C965－B,用于测量粗轧和精轧过程中金属带材的宽度,由扫描器、气室、喷嘴、标定器和标定器支架、背光源、扫描器电源及可选的轮式结构组成。工作原理:扫描器位于被测带钢上方,扫描器内的两台CCD线阵摄像头沿带钢宽度方向进行扫描,检测带钢两个边缘的位置角度,输出4~20毫安的信号至轧机的控制单元。其中,C965－A型可直接用于测量温度高于600℃的带钢,C965－B型在辊道下方安装背光源后,把带钢作为暗区,用来测量温度低于600℃的带钢。<br>该产品采用光学方法测量钢带的宽度,符合《税则》税目90.31的商品描述及《税则注释》对子目9031.49的规定。根据归类总规则一及六,应将其归入税则号列9031.4990。 | | | | |

| 序号 | 1970 | 归类决定编号 | Z2006－1560 | 公告编号 | 2007 年第 70 号 |
|---|---|---|---|---|---|
| 商品税则号列 | 9031.4990 | | 发布日期 | | 2007 年 12 月 5 日 |
| 商品名称 | 纸币识别器 | | | | |
| 英文名称 | | | | | |
| 其他名称 | | | | | |
| 商品描述 | 该纸币识别器为 MEI 牌，型号 VN2672，由钞票接收器及相连结的传输系统、传感器和数据模块、钱箱支架及钱箱组成。用于检测假钞及识别钞票的面值，与外币兑换机、自动售票机、自助存款机、自动售货机、验钞机等主机配合使用，广泛应用于自动售卖及银行存款领域。其工作过程为：主机发出信号让纸币识别器工作时，纸币进入，LED 发射光波，由纸币反射，接收器接收到反射光波后给数字处理器发送信号，经与纸币识别器中的数据比较分析后将结果信号（金额或者不识别）发送给主机，主机接收信号后控制接收纸币至钱箱或退回纸币。 | | | | |
| 归类决定 | 该纸币识别器通过接收从纸币上反射的 LED 光波，比对识别器中的数据，并反馈比对结果，符合《税则》税目 90.31 的商品描述。根据归类总规则一及六，应将其作为其他光学监测仪器归入税则号列 9031.4990。 | | | | |

| 序号 | 1971 | 归类决定编号 | Z2006－1561 | 公告编号 | 2007年第70号 |
|---|---|---|---|---|---|
| 商品税则号列 | 9031.4990 | | 发布日期 | | 2007年12月5日 |
| 商品名称 | LVS9500条码质量检测系统 | | | | |
| 英文名称 | LVS9500CG Barcode quality workstation-base system | | | | |
| 其他名称 | | | | | |
| 商品描述 | 该LVS 9500条码质量检测系统内置LED发光二级管光源，光源发射出来的全可见光谱的白光以45°角均匀照射到放置在检测平台上的条码样品上，其垂直方向的漫反射光经670纳米窄波段滤波器过滤后剩下红光，经透镜调整曝光度和焦距后，由CMOS摄像单元接收形成数字式单色图像信号，再经USB接口把信号传送至系统内置计算处理单元，最后由INTEGRA9500条码评价软件基于静态视觉技术进行后续运算。该系统以0.05毫米分辨率扫描条码图像，随着条码反射率的变化，图像的明暗程度被换算为计算机可以识别的光反射率值，每一次横向扫描形成一个扫描反射率曲线，并通过计算曲线图达到评价条码所需的技术参数。该商品主要应用于工业条型码印刷质量检测领域。 | | | | |
| 归类决定 | 该商品属利用红色可见光进行检测的设备，符合《税则》税目90.31及其子目条文的描述，根据归类总规则一及六，应将其按其他光学仪器和器具归入税则号列9031.4990。 | | | | |

| 序号 | 1972 | 归类决定编号 | Z2007－0104 | 公告编号 | 2007 年第 71 号 |
|---|---|---|---|---|---|
| 商品税则号列 | 9031.4990 | | 发布日期 | | 2007 年 12 月 5 日 |
| 商品名称 | TSI 立体粒子图像测速仪 | | | | |
| 英文名称 | Stereo PIV system | | | | |
| 其他名称 | | | | | |
| 商品描述 | 该设备主要是通过拍摄并测量流场中跟随流体运动颗粒的速度来反映流场速度的，其测量结果均通过 CCD 拍摄的图像进行分析得出。该商品是利用特殊 CCD 拍摄激光照亮的流场中的跟随颗粒来进行流动速度测量的系统。其中的 CCD 有两个非常特殊的技术指标，使之完全区别于常规 CCD：一是跨帧技术，即在非常短的时间间隔内完成连续两张图像的拍摄，这是常规 CCD 不可能实现的；二是含有防止强光的特殊保护技术，普通 CCD 在激光照明的环境中拍摄非常容易损坏，这种特殊的 CCD 含有防强光保护系统，使得它可以在非常短的时间内承受强光照射。一套完整的 PIV 系统包括光源系统（激光器、片光源镜头组、导光臂）、图像采集系统（跨帧 CCD/CMOS 相机、图像数据采集板）、控制协调系统（高时间分辨率同步器）、示踪粒子发生系统及专用 PIV 图像数据处理和流场显示系统等。 | | | | |
| 归类决定 | 该 TSI 立体粒子图像测速仪由激光源、CCD 图像采集、控制协调系统等部分组成。通过激光源在流场中形成一个很薄的光平面，利用 CCD 图像采集系统快速拍摄连续两张流场粒子图像，并通过计算机进行比对计算，以得到流场中的速度分布。该商品用于流场速度分布的检测，符合《税则》税目 90.31 的商品描述，其利用 CCD 拍摄原理工作，符合《税则注释》对子目 9031.49 的规定，根据归类总规则一及六，应归入税则号列 9031.4990。 | | | | |

| 序号 | 1973 | 归类决定编号 | Z2008－0098 | 公告编号 | 2008 年第 76 号 |
|---|---|---|---|---|---|
| 商品税则号列 | 9031.4990 | | | 发布日期 | 2008 年 10 月 28 日 |
| 商品名称 | 针位检出器 | | | | |
| 英文名称 | | | | | |
| 其他名称 | | | | | |
| 商品描述 | 该针位检出器由多个部件组成，成套进口，使用时安装于缝纫机上机头右侧轴套上。工作原理：由检测器发出光线，通过速度指令板和上针位遮光板的配合使用，反射光线回到检测器，检测器通过信号光电转换和信号处理，将针的位置、速度、针数信号通过电缆传输到缝纫机的计算机控制箱，由计算机控制箱控制电机驱动缝纫机工作。 | | | | |
| 归类决定 | 该商品是利用光学射线进行检测的设备，在《税则》第九十章其他税号中无具体列名，符合税目 90.31 及其子目条文的描述，根据归类总规则一及六，应按其他光学仪器归入税则号列 9031.4990。 | | | | |

<table>
<tr><td>序号</td><td>1974</td><td>归类决定编号</td><td>Z2008 - 0209</td><td>公告编号</td><td>2008 年第 83 号</td></tr>
<tr><td>商品税则号列</td><td colspan="3">9031. 4990</td><td>发布日期</td><td>2008 年 11 月 24 日</td></tr>
<tr><td>商品名称</td><td colspan="5">淋复质量监控装置</td></tr>
<tr><td>英文名称</td><td colspan="5">Quality instrument for laminate Line</td></tr>
<tr><td>其他名称</td><td colspan="5"></td></tr>
<tr><td>商品描述</td><td colspan="5">该设备型号为 EASY MAX MC2 和 EASY MAX MC2X2 两种。该装置采用高速彩色 CCD 摄像机将被检测目标的图像信号传送给计算机专用的图像处理系统,依像素和亮度、颜色等信息再转变成数字化信号,图像处理系统对信号进行各种运算来抽取目标特征,再依预设的允许度和其他条件判断并输出检查结果。缺陷被检查出来之后,该装置可以进行声光报警,显示、保存缺陷信息及图像,输出多种实时和补正后的信号,并可按批示进行打印。功能:对生产线上高速运行中的淋复包装物进行高速、高精度的外观检查。检测对象:纸铝塑多层淋复包装材料技术参数。其中,摄像单元由高速彩色摄像机为 4000 像素。全检查宽幅:1250 毫米。辨率:横向 0. 158 毫米/画素,纵向 0. 300 毫米/SCAN。镜头:f50 F1. 4。光源单元由高周波荧光灯组成,荧光灯瓦数为 65 瓦,2 个灯管,风扇冷却,自动调光。检测速度:150 米/分。缺陷的最小检出尺寸:横向 0. 6 毫米以上;纵向 0. 316 毫米以上。</td></tr>
<tr><td>归类决定</td><td colspan="5">该商品通过 CCD 摄像机对被检目标进行检测,经计算机比对后判断产品质量,并在必要时进行标示和报警,为一种检测装置,符合《税则》税目 90. 31 的商品描述,由于其采用 CCD 摄像技术工作,符合《税则注释》对子目 9031. 49 的规定,根据归类总规则一及六,应归入税则号列 9031. 4990。</td></tr>
</table>

| 序号 | 1975 | 归类决定编号 | Z2008 - 0210 | 公告编号 | 2008 年第 83 号 |
|---|---|---|---|---|---|
| 商品税则号列 | 9031.4990 | | 发布日期 | 2008 年 11 月 24 日 | |
| 商品名称 | 粒子像分析仪 | | | | |
| 英文名称 | Flow - Type Histogram Analyzer FPIA - 3000S | | | | |
| 其他名称 | 流动粒子大小和形状的图像分析 | | | | |
| 商品描述 | 该粒子像分析仪用于流动粒子大小和形状的图像分析,型号为 FPIA 3000S。工作原理:对纳米级碳化硅微粒进行取样,在专用液体内稀释制成悬浮液,悬浮液通过测量单元,使用频闪观测仪照明和 CCD 镜头捕获纳米粒子图像。该设备包含一个获得专利的高速图像处理器,通过一系列数字成像过程,对纳米粒子进行提取和量化。而后利用不同灰度级别从背景像素中识别纳米粒子像素,运用链码方法进行描画,它为每一像素提供一个反映这一像素与紧邻像素关系的值。整个纳米粒子的所有链码值,为提供计算单个纳米粒子周长、面积、体积、直径等提供参数。粒子像分析仪能自动计算每一个纳米粒子的周长、面积、长度、宽度、最大距离、最小距离、等效周长直径等常规数据,以及计算单个纳米粒子形态学参数,包括凹凸度、凹凸直径、凸壳面积、圆度等。 | | | | |
| 归类决定 | 该商品利用光学仪器测量纳米级碳化硅粒子的外观数据,并不检测粒子的物理特性,符合《税则》税目 90.31 及其子目条文的描述,根据归类总规则一及六,应按其他光学检测仪器归入税则号列 9031.4990。 | | | | |

| 序号 | 1976 | 归类决定编号 | Z2009－0075 | 公告编号 | 2009 年第 5 号 |
|---|---|---|---|---|---|
| 商品税则号列 | 9031.4990 | | 发布日期 | 2009 年 1 月 20 日 | |
| 商品名称 | 地表植被光谱仪 | | | | |
| 英文名称 | | | | | |
| 其他名称 | | | | | |
| 商品描述 | 该商品用于测量冠层、地表等地物的不同波谱段光谱，反映地表反射的真实情况，可用来研究不同地物表面的光谱特征及随着时间变化被测地表光谱的变化特征。由主机系统、数据采集器等构成。 | | | | |
| 归类决定 | 该商品利用光学传感器，比较测量光照辐射射入和射出量的差值，通过内置设定参数的计算，测量地物表面的光谱特性。上述商品不属于大地测量设备或地球物理仪器，亦非理化分析仪器，根据《税则注释》对子目 9031.49 的规定“……还包括必须通过使用光学元件或光学技术才能工作的仪器或装置”，属于光学检测仪器，符合《税则》税目 90.31 及其子目条文的描述，根据归类总规则一及六，应按其他光学检测设备归入税则号列 9031.4990。 | | | | |

| 序号 | 1977 | 归类决定编号 | Z2010－0067 | 公告编号 | 2010 年第 15 号 |
|---|---|---|---|---|---|
| 商品税则号列 | 9031.4990 | | 发布日期 | 2010 年 2 月 28 日 | |
| 商品名称 | 扫描测量水泥窑体温度用红外线扫描仪 | | | | |
| 英文名称 | | | | | |
| 其他名称 | | | | | |
| 商品描述 | 该商品采用非接触红外测温技术测量回转窑筒体表面温度，估算窑衬、窑皮的厚度和计算窑体热变形。主要配置：扫描头、数据接收处理装置和专用分析软件。工作原理：将窑体内的红外光线反射至平面旋转镜片，通过一组光学镜和大角度孔径的非球面透镜聚焦于热点冷却探测器上，可探测极小的热点和温度。扫描仪输出的 16 比特信号通过光缆传至远端的数据处理装置，测得窑体表面温度，并通过专业软件系统分析得出窑衬、窑皮的厚度和计算窑体热变形。 | | | | |
| 归类决定 | 该商品是一套红外检测系统，利用光学镜头接受红外光，测量红外图像和温度，及时发现热故障问题，属于利用光学进行测量的装置，符合《税则》税目 90.31 及其子目条文的描述，根据归类总规则一及六，应按其他光学检测仪器归入税则号列 9031.4990。 | | | | |

| 序号 | 1978 | 归类决定编号 | Z2010－0068 | 公告编号 | 2010年第15号 |
|---|---|---|---|---|---|
| 商品税则号列 | 9031.4990 | | | 发布日期 | 2010年2月28日 |
| 商品名称 | 全自动异物侦检机 | | | | |
| 英文名称 | | | | | |
| 其他名称 | | | | | |
| 商品描述 | 该设备规格型号为ATM18/18，采用数码相机的CCD成像技术照射到被检测的药瓶上，通过不同的角度快速拍摄，将所拍照片传输到中央操作屏，对其进行分析，主要用于检测药液装量不足，表现为液位高度不足，也可发现药液中存在异物，从而保证药品的质量。 | | | | |
| 归类决定 | 该商品利用光学器件对样品进行检测，所测量的包括液位是否正常和样品中是否有异物两类数据，其功能在《税则》第九十章其他税目中未列名。上述商品属其他利用光学设备工作的检测仪器，根据《税则注释》对子目9031.49的规定，其符合《税则》税目90.31及其子目条文的描述，根据归类总规则一及六，应按其他光学仪器归入税则号列9031.4990。 | | | | |

| 序号 | 1979 | 归类决定编号 | Z2013－0053 | 公告编号 | 2013年第26号 |
|---|---|---|---|---|---|
| 商品税则号列 | 9031.4990 | | | 发布日期 | 2013年5月17日 |
| 商品名称 | 对刀仪 | | | | |
| 英文名称 | | | | | |
| 其他名称 | | | | | |
| 商品描述 | 该商品用于数控加工中心刀具调试、测量，应用冷光源原理，利用相机捕捉到刀具轮廓信息，送到软件系统计算出刀具长度、半径等信息。 | | | | |
| 归类决定 | 该商品利用光学设备进行检测，其工作原理不符合《税则注释》对轮廓投影仪的描述，根据归类总规则一及六，应归入税则号列9031.4990。 | | | | |

<table>
<tr><td>序号</td><td>1980</td><td>归类决定编号</td><td>Z2006－1562</td><td>公告编号</td><td>2007 年第 70 号</td></tr>
<tr><td colspan="2">商品税则号列</td><td colspan="2">9031. 8010</td><td>发布日期</td><td>2007 年 12 月 5 日</td></tr>
<tr><td colspan="2">商品名称</td><td colspan="4">Agilent 8614xb 通信光谱仪</td></tr>
<tr><td colspan="2">英文名称</td><td colspan="4"></td></tr>
<tr><td colspan="2">其他名称</td><td colspan="4"></td></tr>
<tr><td colspan="2">商品描述</td><td colspan="4">该 Agilent 8614xb 光谱仪由衍射光栅、光检、放大器、转换器、信号处理器、彩色显示屏组成，用来快速测试并记录光通信中光信号的信道功率、波长及 OSNR，确定波分复用（WDM）系统的特性等。</td></tr>
<tr><td colspan="2">归类决定</td><td colspan="4">该光谱仪是专门用于光纤通讯的测试仪器，根据归类总规则一及六，应将其归入税则号列 9031. 8010。</td></tr>
</table>

<table>
<tr><td>序号</td><td>1981</td><td>归类决定编号</td><td>Z2006－1086</td><td>公告编号</td><td>2006 年第 69 号</td></tr>
<tr><td colspan="2">商品税则号列</td><td colspan="2">9031. 8020</td><td>发布日期</td><td>2006 年 11 月 22 日</td></tr>
<tr><td colspan="2">商品名称</td><td colspan="4">坐标测量仪</td></tr>
<tr><td colspan="2">英文名称</td><td colspan="4"></td></tr>
<tr><td colspan="2">其他名称</td><td colspan="4"></td></tr>
<tr><td colspan="2">商品描述</td><td colspan="4">坐标测量仪型号为 global status 555/575，主要用于执行箱体检测，基本形状公差的测量。该测量仪可通过触发式探测头对硬度较高的工件表面进行点测量，甚至曲面扫描，然后将所测得的数据与工件设计的原始数据进行拟合比较，通过三维偏差彩色图得出形状公差；激光探测头可以对较软的工件进行非接触式扫描，同时两种探测头可以快速进行更换，以完成箱体类型特征的尺寸课题和复杂几何形状及自由曲面的扫描，外形扫描出的图形可以转化成 PRO/E 等形式的图形，再完成对任意截面的数据测量，而保持很高的测量精度。</td></tr>
<tr><td colspan="2">归类决定</td><td colspan="4">该测量仪通过接触式或非接触式两种方式测量被测物的三维坐标尺寸，然后利用所测得的数据与原始数据进行比较或转换成 PRO/E 形式的图形等进行数据处理，其功能属于三维坐标测量仪，符合《税则》税目 90. 31 及其子目条文的描述，根据归类总规则一及六，应将其按坐标测量仪归入税则号列 9031. 8020。</td></tr>
</table>

| 序号 | 1982 | 归类决定编号 | Z2006－1087 | 公告编号 | 2006 年第 69 号 |
|---|---|---|---|---|---|
| 商品税则号列 | 9031.8090 | | | 发布日期 | 2006 年 11 月 22 日 |
| 商品名称 | CT 机、核磁机体模 | | | | |
| 英文名称 | | | | | |
| 其他名称 | | | | | |
| 商品描述 | 该商品主要用于检测 CT 机、核磁机的部分性能指标，并作为 CT 机、核磁机的性能检定方法之一。<br>它由一个主模体及一系列标准插件组成。待测 CT 机对体模及插件进行扫描照相，检测机关通过对所得相片进行分析，来认定待测 CT 机的各项性能指标。 | | | | |
| 归类决定 | 该 CT 机体模是一种应用于检测 CT 机性能指标的装置，也用于检测核磁机，它不属于 CT 机、核磁机的零附件，是一种专用的检测器具，应归入税则号列 9031.8090。 | | | | |

| 序号 | 1983 | 归类决定编号 | Z2006－1088 | 公告编号 | 2006 年第 69 号 |
|---|---|---|---|---|---|
| 商品税则号列 | 9031.8090 | | | 发布日期 | 2006 年 11 月 22 日 |
| 商品名称 | 电脑记忆鞋楦模扫描机 | | | | |
| 英文名称 | Mechanical modular digitizer | | | | |
| 其他名称 | | | | | |
| 商品描述 | 该电脑记忆鞋楦模扫描机（又名鞋楦数码读数处理机），型号 NL－DGT/CNC。用途：把样楦数据扫描输入，数字化后存入软盘，通过与制楦机连用，进行鞋楦制作。 | | | | |
| 归类决定 | 该电脑记忆鞋楦模扫描机可通过其接触探测器测量鞋楦（样楦）形状，并可将测量结果数字化后储存于软盘中。生产鞋楦时，该机通过电缆将鞋楦形状数据输入另外的精刻楦机，即可生产出与样楦形状相同的鞋楦。该机的功能为多维形状测量，应作为测量仪器归入税则号列 9031.8090。 | | | | |

| 序号 | 1984 | 归类决定编号 | Z2006－1090 | 公告编号 | 2006 年第 69 号 |
|---|---|---|---|---|---|
| 商品税则号列 | 9031.8090 | | | 发布日期 | 2006 年 11 月 22 日 |
| 商品名称 | 微波流量计 | | | | |
| 英文名称 | | | | | |
| 其他名称 | 微波流量探测器 | | | | |
| 商品描述 | 该进口的微波流量计型号为 DTR131，外壳为铝制，重量约为 2 千克，传感器为特制的开槽铝法兰。其工作原理：利用多普勒效应的微波反射原理，电子器件发射一个低能量、连续的信号，该信号被运动的介质反射产生一个多普勒率，可探测的多普勒率从 1.6 赫兹～1.6 千赫，该频率同介质的速度成正比，通过检测频率并经过换算得出流量。<br>用途：用于监测管道、溜槽、风力输送机输送的液体、浆体或气体输送物料的流动。<br>应用行业：建材（水泥、石膏、混凝土）、化学（添加剂、油漆）、能源（粉煤灰、飞灰）等。 | | | | |
| 归类决定 | 该商品以微波反射原理测量介质的流量，其测量的介质为液体、浆体和气送物料，根据货主提供的资料，该微波流量计主要用于探测管道、风力输送机输送的气体介质流量。由于《税则》税目 90.26 是指液体或气体的流量检测装置，而气送物料是以气体为介质的固体流（如粉煤灰、飞灰等），因此，该商品不符合税目 90.26 的规定。根据其主要功能及归类总规则一，该微波流量计应按其他检测仪器归入税则号列 9031.8090。 | | | | |

| 序号 | 1985 | 归类决定编号 | Z2006－1563 | 公告编号 | 2007 年第 70 号 |
|---|---|---|---|---|---|
| 商品税则号列 | 9031. 8090 | | | 发布日期 | 2007 年 12 月 5 日 |
| 商品名称 | 网络流量监测器 | | | | |
| 英文名称 | | | | | |
| 其他名称 | 骨干网络安全保护及流量分析系统 | | | | |
| 商品描述 | 该网络流量监测器，又称骨干网络安全保护及流量分析系统，型号为 PKF－SPTR (Peakflow SP Traffic)，是美国 ARBOR 公司的产品。Peakflow SP 产品系列是建立在 Peakflow 平台上的，它是一个网络范围内数据收集、分析和异常现象检测的基础结构。Peakflow 从网络边缘到核心建立正常网络行为的动态模型，然后，Peakflow 以实时的方式针对这些基准参数比较网络流量，查明不规则的网络行为。Peakflow Traffic 产品提供对流量和横跨整个网络路由规则的了解信息，它采用 Peakflow 平台，通过对网络范围内流量和路由的完整分析，可以帮助运营商更容易理解网络中发生的问题，可以实现整体网络范围的监测、实时模型和事件相互关联、网络异常现象的检测，以及生成报表和分析。 | | | | |
| 归类决定 | 该商品不符合《税则》第八十四章章注五对“自动数据处理设备”的描述，因此，不能归入税目 84. 71 项下。由于该商品主要用于直接从路由器或从 Packet Capture 设备收集监测流量数据，识别异常流量并将信息反馈给网管，具有网络流量监测功能，该功能符合《税则》税目 90. 31 及其子目条文的描述，根据归类总规则一和六，该商品应按第九十章其他税号未列名的测量或检验仪器归入税则号列 9031. 8090。 | | | | |

| 序号 | 1986 | 归类决定编号 | Z2006－1564 | 公告编号 | 2007 年第 70 号 |
|---|---|---|---|---|---|
| 商品税则号列 | 9031.8090 | | | 发布日期 | 2007 年 12 月 5 日 |
| 商品名称 | 声发射系统 | | | | |
| 英文名称 | 48CHS Samos acoustics system | | | | |
| 其他名称 | | | | | |
| 商品描述 | 声发射系统，又称声纳压力测试仪，由显卡处理器、主机、插头组成，用于测试和评估容器在内装液体加压过程中，容器的承压状况是否符合容器设计时所能承受的压力等级。 | | | | |
| 归类决定 | 该商品用于测试容器的承压状况，并非是对液体或气体的压力进行测量，其不符合《税则》税目 90.26 的条文描述，故不能归入其中。根据归类总规则一和六，该商品应按第九十章其他税号未列名的测量或检验仪器归入税则号列 9031.8090。 | | | | |

<table>
<tr><td>序号</td><td>1987</td><td>归类决定编号</td><td>Z2006 - 1565</td><td>公告编号</td><td>2007 年第 70 号</td></tr>
<tr><td colspan="2">商品税则号列</td><td colspan="2">9031.8090</td><td>发布日期</td><td>2007 年 12 月 5 日</td></tr>
<tr><td colspan="2">商品名称</td><td colspan="4">完整性测试仪</td></tr>
<tr><td colspan="2">英文名称</td><td colspan="4"></td></tr>
<tr><td colspan="2">其他名称</td><td colspan="4">过滤器完整性测试仪</td></tr>
<tr><td colspan="2">商品描述</td><td colspan="4">该完整性测试仪的品牌：MILLIPORE；规格型号：EXACTA 3.0V。主要构成：气动元件（压力控制器、阀门、内置气罐）、内置电脑、压力传感器等。该完整性测试仪专用于生物制药生产的过滤器的完整性检测，即对过滤器的过滤膜片、过滤芯和超滤器进行现场完整性检测。检测项目包括气泡点、气体扩散和 HydroCorr（用纯水或异丙醇检测疏水滤芯完整性的方法）。完整性测试仪预装了生产商密理博公司的测试软件和过滤器的完整性测试指标（用户可自行添加其他的过滤器规格），当用户输入过滤器编号之后，过滤器的气体扩散、气泡点和 HydroCorr 指标会自动显示出来。工作原理：检测时，将气源、完整性测试仪、过滤器连接；过滤器内过滤膜片、过滤芯和超滤器浸湿在纯水或异丙醇中；通过给过滤器内施加气压，过滤器内的滤膜片、过滤芯和超滤器在气压作用下产生气泡点或气体扩散，从而影响过滤器内的气压，压力传感器可以精确检测出气压的变化；在测试过程中显示屏只显示测试仪内部主储存汽缸内腔压力和滤芯（或滤膜片等）受到压力随时间变化的折线图；测试完成后仪器根据检测的数据自动判断滤芯（或滤膜片等）是否合格，并打印检验报告，报告中主要是上述的折线图。</td></tr>
<tr><td colspan="2">归类决定</td><td colspan="4">该商品通过检测气泡点、气体扩散和 HydroCorr 等项目，对过滤器进行完整性测试。由于其检测的对象并非液体或气体，检测的项目并非液位、压力等变化量，因此，该商品不能归入《税则》税目 90.26 项下。根据其功能以及归类总规则一和六，该过滤器完整性测试仪应按第九十章其他税号未列名的具有独立功能的检测仪器归入税则号列 9031.8090。</td></tr>
</table>

| 序号 | 1988 | 归类决定编号 | Z2006 - 1566 | 公告编号 | 2007 年第 70 号 |
|---|---|---|---|---|---|
| 商品税则号列 | 9031.8090 | | 发布日期 | 2007 年 12 月 5 日 | |
| 商品名称 | 地下管线视频探测仪 | | | | |
| 英文名称 | | | | | |
| 其他名称 | | | | | |
| 商品描述 | 该地下管线视频探测仪牌名为 CUES，用于城市下水道内部检查。该探测仪由“将军”控制总成（含显示器、手持键盘等）、电缆推车、内置坡度计、摄像头及输送器、灯头总成（用于照明）、手提电脑、上检查井滑轮总成、下检查井电缆保护管套、CD/DVD 录影机、数据采集及分析软件组成。其中控制总成、CD/DVD 录影机、电缆等放置在推车上；内置坡度计、摄像头、灯头总成等安装在输送器上，使用时通过输送器从地下管道的井口深入管道内部，通过电缆将摄像头和坡度计采集到的视频信号、坡度/压力及距离数据传送到安装在推车上的显示器及录影机。其工作原理：通过彩色遥控闭路电视摄像，了解下水道的实际状况和破损程度，用光盘存储拍摄的管道图片，用手提电脑中的数据采集系统和下水道中文分析软件对拍摄的管道图片进行分析处理，输出包括管线缺陷的影像及其他相关的视觉信息、泄露位置、损坏报告、管线坡度、位置图表和跟随数据等。 | | | | |
| 归类决定 | 该地下管线视频探测仪由多个不同的部件组成，组成后用于地下管线的测量，符合《税则》第九十章章注三有关功能机组的定义，应一并归类。该商品的测量功能符合税目 90.31 的商品描述，其坡度、压力及距离等数据并非是用光学原理进行探测，根据归类总规则一及六，应按其他未列名的测量仪器归入税则号列 9031.8090。 | | | | |

| 序号 | 1989 | 归类决定编号 | Z2006－1567 | 公告编号 | 2007年第70号 |
|---|---|---|---|---|---|
| 商品税则号列 | 9031.8090 | | | 发布日期 | 2007年12月5日 |
| 商品名称 | 发动机下线检测设备 | | | | |
| 英文名称 | | | | | |
| 其他名称 | | | | | |
| 商品描述 | 该发动机下线检测设备主要包括数控显示器、工控机、控制面板、数控柜、转换器、传输设备、蓝牙无线接收器等。进口该设备的目的是为了满足全顺汽车欧III发动机的排放测试要求。该设备的工作原理是:通过传输设备上的OBDII(KWP2000通讯接头)与汽车发动机ECU单元连接进行通讯,并通过主控制柜上的蓝牙无线接收器将检测到的数据传送到工控机内,进行处理后在屏幕上显示输出。该设备能够测试发动机气缸压力、温度、曲轴位置角度等参数,并判断其是否合格,所有的测试参数可以储存输出,也可打印输出。 | | | | |
| 归类决定 | 该商品通过与汽车发动机ECU单元连接,将收集到的数据进行处理显示,对发动机汽缸压力、温度、曲轴位置角度等参数进行检测,判断是否合格,其功能符合《税则》税目90.31的商品范围。由于其不具备台架结构,因此不能归入税则号列9031.2000。根据归类总规则一及六,应将其归入税则号列9031.8090。 | | | | |

| 序号 | 1990 | 归类决定编号 | Z2006－1568 | 公告编号 | 2007年第70号 |
|---|---|---|---|---|---|
| 商品税则号列 | 9031.8090 | | | 发布日期 | 2007年12月5日 |
| 商品名称 | 电围栏系统 | | | | |
| 英文名称 | | | | | |
| 其他名称 | | | | | |
| 商品描述 | 该系统由脉冲感应器、中央遥控识别器、HT围栏线、绝缘围栏柱等四部分构成（各部分由若干构件组合而成）。工作原理是具有极地系统的脉冲感应器发出的脉冲电流被传送到通过绝缘围栏柱固定的HT围栏线上。主要用于测试草地放牧系统的畜牧率等。 | | | | |
| 归类决定 | 该电围栏系统由多个独立部件组成，用于分析测试草地放牧系统的载畜率，根据归类总规则一（第九十章章注三）及六，应将其归入税则号列9031.8090。 | | | | |

| 序号 | 1991 | 归类决定编号 | Z2008－0211 | 公告编号 | 2008年第83号 |
|---|---|---|---|---|---|
| 商品税则号列 | 9031.8090 | | 发布日期 | | 2008年11月24日 |
| 商品名称 | 身体成分分析仪 | | | | |
| 英文名称 | Body Composition Analyzer | | | | |
| 其他名称 | | | | | |
| 商品描述 | 该身体成分分析仪包含主机1台,上肢电极握把2个,下肢夹式电极2个,软件1套光盘1张,使用说明书1册,电源连接线1条(2米)。工作原理:根据不同组织的阻抗和电阻不同,通过测量全身不同部位的电阻和阻抗,准确得出身体脂肪、含水量、瘦体重比例、各部分的相对重量、基础代谢率等指标。功能和用途:身体成分分析仪是运动生理学、运动测量、体育保健学、体育康复学的必备实验设备。它可以快速方便地分析身体成分,指导运动员控制体重,较常用的BMI(身体成分指数)有更高的准确性和实用性。它可以得出身体中各种能量物质的分布,是运动生理学、运动营养学研究的常用研究设备。 | | | | |
| 归类决定 | 该身体成分分析仪利用电极测量身体各部分的阻抗值,得出身体的脂肪、含水量等指标,用于运动生理学、运动测量、体育保健学、体育康复学等领域,并非《税则》税目90.18所列的电气医疗诊断设备,属于测量检测身体机能状况的装置,符合《税则》税目90.31及其子目条文的描述,根据归类总规则一及六,应按其他检测设备归入税则号列9031.8090。 | | | | |

| 序号 | 1992 | 归类决定编号 | Z2009 - 0076 | 公告编号 | 2009 年第 5 号 |
|---|---|---|---|---|---|
| 商品税则号列 | 9031. 8090 | | | 发布日期 | 2009 年 1 月 20 日 |
| 商品名称 | 接触式测厚仪 | | | | |
| 英文名称 | Thickness gauge | | | | |
| 其他名称 | | | | | |
| 商品描述 | 该接触式测厚仪用于高精度无氧铜带轧机作业线,对检测带材标定厚度尺寸进行预设定,然后对带材进行在线检测。带材进入 C 型测量框架中与金刚石触头接触即可实现在线检测。由于带材轧制过程中受各种变形因素影响,厚度偏差不断变化,会相应导致金刚石触头移动量发生变化,这个变化量通过传感器末端差动变化器的可移动铁芯与在测铜带表面滑动的金刚石触头连接而产生的电感变化信号检测出来。将两个传感器之间的变化电信号发送至 VMF2000 放大器系统进行处理后显示 0 位左右偏差值。该检测值不是检测带材实际厚度。测厚仪组成及功能:(1)测量头系统,测量头与测量铜带表面接触点为冠状天然金刚石触头。测量头上部安装 2 个测厚传感器,同时装在 C 型测量框架上,并悬挂在垂直轨道上,测量头可沿着垂直导轨上下移动,在滑座上进行横向移动。轧制带材通过 C 型测量框与金刚石触头接触实现在线连续检测带厚偏差。(2)电子放大器 VMF2000,将测量头检测的电信号偏差值放大后传输到轧机自动压下控制系统实现对辊线的自动控制。(3)远程标称值设定组件 FS5 - PLC,对带材检测厚度预设定标准值的设定控制系统,在线连续检测过程中,实现自动调零或复零的自动控制功能。(4)电气柜,测厚仪的电气控制柜。(5)远程检测头位置控制系统,用于实现测厚仪从在线检测位置返回到后限位置的自动控制。 | | | | |
| 归类决定 | 该商品用于检测铜带厚度,符合《税则》税目 90. 31 的商品描述,而税则号列 9031. 8030 项下为无损探伤设备,厚度检测不属于该子目范围。根据归类总规则一及六,应将该商品归入税则号列 9031. 8090。 | | | | |

| 序号 | 1993 | 归类决定编号 | Z2009－0077 | 公告编号 | 2009 年第 5 号 |
|---|---|---|---|---|---|
| 商品税则号列 | 9031.8090 | | 发布日期 | 2009 年 1 月 20 日 | |
| 商品名称 | 铝轮毂专用全自动氦气气密试验机 | | | | |
| 英文名称 | Automatic helium leakage testing machine for aluminium wheels | | | | |
| 其他名称 | | | | | |
| 商品描述 | 该铝轮毂专用全自动氦气气密试验机是用于检测铝车轮及钢车轮是否漏气的一个全自动检测设备。该设备主要工作原理为：在进料口轨道上，当检测到有工件时，机械手自动伸出，将工件取来置于抽真空位置的位置上，检测装置自动合拢封闭真空室，将工件压紧后，自动将轮毂的外部及中部抽真空，在铝轮毂外部自动灌入氦气，使轮毂内外部达到设定的差压，如果轮毂有漏点，氦气就会从有缺陷的点漏出，然后泄漏的气体被抽到氦气分析仪中。氦气分析仪模块探头上有气体分子检测传感器，该传感器是由某种特殊的半导体材料制成，用于检测气体分子含量。当空气中不同含量的氦气分子接触到传感器时，传感器就会产生不同的相应的微小电压变化，此电压变化信号经过放大、A/D 转换后，形成相应的数据。通过检测混合气体中氦气微量元素的含量，氦气分压分析仪内置程序（PPL 法渗漏检测法）就根据检测到的气体含量数据进行分析，自动分析得出被检测轮毂内部的泄漏率、泄漏值，然后进行测量值与设定值的比较，从而判定出被检测工件是否合格。主要构成有：氦气分压渗漏监测仪系统，真空泵装置，单/双测试压腔，测试气体回收站，检测室闭合系统，标定装置，传动到测试场所的设备，上、下载工件系统，分类系统，气动系统和电器控制装置及程序控制中心。 | | | | |
| 归类决定 | 该铝轮毂专用全自动氦气气密试验机是用于检测铝车轮及钢车轮是否漏气的一个全自动检测设备。虽然该商品利用了气体检测技术，但实际测量对象为车轮的气密性，因此不属于理化分析设备，不能归入《税则》税目 90.27。其检测功能在《税则》第九十章其他税目中没有具体列明，但符合税目 90.31 的商品描述，根据归类总规则一及六，应归入税则号列 9031.8090。 | | | | |

| 序号 | 1994 | 归类决定编号 | Z2009－0078 | 公告编号 | 2009年第5号 |
|---|---|---|---|---|---|
| 商品税则号列 | 9031.8090 | | | 发布日期 | 2009年1月20日 |
| 商品名称 | 少子寿命测试仪 | | | | |
| 英文名称 | | | | | |
| 其他名称 | | | | | |
| 商品描述 | 该WT－1000B型单点少子寿命测试仪以微波光电导衰减法测试被检材料的电导率变化，判断半导体硅材料的少数载流子寿命。用来快速、无接触、无损伤判断硅棒、硅锭、硅片等半导体材料的等级、缺陷等性质。少子测试仪测试过程：用固定波长的光照射被测材料表面，激发材料内的少数载流子，然后用微波照射被测材料，接收反射波，如材料内有载流子活动，则反射波会有频率变化，根据反射波频率变化又恢复所经历的时间差，得出少子寿命（单位为秒）。因为光激发和微波反射只能在材料较浅的表面层进行，所以该设备只能测出材料表面的性能参数，不能深入材料内部。 | | | | |
| 归类决定 | 该少子寿命测试仪通过微波光电导衰减法测试被检材料的电导率变化，判断半导体硅材料的少数载流子寿命。其检测对象虽为半导体材料内的少数载流子，但检测结果为少子的寿命（单位为秒），而非电量，不符合《税则》税目90.30的商品描述。该商品在《税则》第九十章其他税目中没有列名，但符合税目90.31的商品描述，根据归类总则一及六，应按其他测量或检验仪器归入税则号列9031.8090。 | | | | |

| 序号 | 1995 | 归类决定编号 | Z2009－0079 | 公告编号 | 2009 年第 5 号 |
|---|---|---|---|---|---|
| 商品税则号列 | 9031.8090 | | | 发布日期 | 2009 年 1 月 20 日 |
| 商品名称 | 运动肺功能测试仪 | | | | |
| 英文名称 | | | | | |
| 其他名称 | | | | | |
| 商品描述 | 该运动肺功能测试仪由气体代谢测试主机、数据采集和分析软件、无线发射接收盒、面罩、充电电池、心率表、心率传输带、记录器、闪光卡回放器等部分组成。该设备可以佩戴在运动员身上，在不影响运动员正常训练和比赛的情况下，保证科研人员随时监测运动员在运动中肺功能承受负荷的状况。 | | | | |
| 归类决定 | 该商品用于监测肺功能承受负荷的情况，并非用于疾病的预防和诊断，不符合《税则》税目 90.18 的条文描述，根据归类总规则一及六，应归入税则号列 9031.8090。 | | | | |

| 序号 | 1996 | 归类决定编号 | Z2010－0069 | 公告编号 | 2010 年第 15 号 |
|---|---|---|---|---|---|
| 商品税则号列 | 9031.8090 | | | 发布日期 | 2010 年 2 月 28 日 |
| 商品名称 | 肌肉嫩度分析仪 | | | | |
| 英文名称 | | | | | |
| 其他名称 | | | | | |
| 商品描述 | 该肌肉嫩度分析仪型号为 TMS－BFG，主要用于鲜肉和肉制品，以及豌豆、水果、蔬菜等食品的嫩度、硬度、拉伸强度等物性测试。该仪器由底座、支杆、检测器探头、夹具、显示单元等组成。工作原理：通过检测器探头测量出仪器在剪切、穿刺、挤压等方法检测样品时遇到的阻力，从而得出被检测样品的嫩度、脆度及硬度。 | | | | |
| 归类决定 | 该商品通过测量剪切、穿刺被测物时遇到的阻力，来衡量其嫩度、硬度等指标，此测量过程不属于“理化分析”，不应归入《税则》税目 90.27 项下，根据归类总规则一及六，应按第九十章其他税号未列名的测量仪器归入税则号列 9031.8090。 | | | | |

<table>
<tr><td>序号</td><td>1997</td><td>归类决定编号</td><td colspan="2">Z2010 - 0070</td><td>公告编号</td><td>2010 年第 15 号</td></tr>
<tr><td colspan="2">商品税则号列</td><td colspan="2">9031. 8090</td><td colspan="2">发布日期</td><td>2010 年 2 月 28 日</td></tr>
<tr><td colspan="2">商品名称</td><td colspan="5">人体脂肪测量仪</td></tr>
<tr><td colspan="2">英文名称</td><td colspan="5"></td></tr>
<tr><td colspan="2">其他名称</td><td colspan="5"></td></tr>
<tr><td colspan="2">商品描述</td><td colspan="5">该商品用于测量体重和体内脂肪含有量，是利用生物电阻阻抗法的原理来测量人体的脂肪率。由于体内脂肪几乎不导电，而肌肉和水分等身体成分则容易导电，所以我们可以通过测量人体生物电阻抗来计算体内脂肪、水分及其他组织成分的比率。生物电阻抗（人体生物电阻抗）的变化是影响人体脂肪率的主要要素之一。随着测量时身体状况的变化（发烧、暴饮暴食、大量出汗等）或一天内的活动变化（正常情况下，生物电阻抗有着入睡时上升、活动时下降的特性），其测量值随之发生变化。</td></tr>
<tr><td colspan="2">归类决定</td><td colspan="5">该商品为体重及身体脂肪测量仪器，利用生物体电阻阻抗法的原理来测量人体的脂肪率，让微弱电流通过身体，以测定其间的电阻，就可以推定脂肪及其他组织的比例。该商品符合《税则》税目 90. 31 及其子目条文的描述，根据归类总规则一及六，应按其他未列名的测量装置归入税则号列 9031. 8090。</td></tr>
</table>

<table>
<tr><td>序号</td><td>1998</td><td>归类决定编号</td><td colspan="2">Z2006 - 1091</td><td>公告编号</td><td>2006 年第 69 号</td></tr>
<tr><td colspan="2">商品税则号列</td><td colspan="2">9032. 1000</td><td colspan="2">发布日期</td><td>2006 年 11 月 22 日</td></tr>
<tr><td colspan="2">商品名称</td><td colspan="5">热敏铜螺丝</td></tr>
<tr><td colspan="2">英文名称</td><td colspan="5">Thermostatic element</td></tr>
<tr><td colspan="2">其他名称</td><td colspan="5"></td></tr>
<tr><td colspan="2">商品描述</td><td colspan="5">商品“热敏铜螺丝”，为法国 VERNET 公司生产的，型号 EL0829，其基本构成为活塞棒、导向套、铜外壳、热膨胀材料（感温腊）。其工作原理是：铜壳体内装有热膨胀材料（感温腊），随着水温度的变化感温腊热膨冷缩，使活塞棒上下运动，从而控制进水量，保持出水恒温。该热敏铜螺丝可用于电热水器的恒温控制器和恒温水龙头。</td></tr>
<tr><td colspan="2">归类决定</td><td colspan="5">该商品是应用在各种设备中对温度敏感的一个元件，按照《税则注释》对品目 90. 32 的规定，其结构和功能已经具备了恒温器的基本特征，根据归类总规则一及六，该商品应归入税则号列 9032. 1000。</td></tr>
</table>

| 序号 | 1999 | 归类决定编号 | Z2006 - 1092 | 公告编号 | 2006 年第 69 号 |
|---|---|---|---|---|---|
| 商品税则号列 | 9032. 2000 | | | 发布日期 | 2006 年 11 月 22 日 |
| 商品名称 | 阀门控制器 | | | | |
| 英文名称 | | | | | |
| 其他名称 | | | | | |
| 商品描述 | 该商品由两部分组成。其中,型号 SDAC500SR/300SR/500A 阀门控制器的工作原理为:气体从进气孔进入气缸,推动活塞向两侧运动,活塞带动齿轮旋转,旋转量同时从上下两端输出,上端反馈给阀门控制器 YT - 1000,下端控制旋转型阀门的开闭。型号 YT - 1000 阀门控制器,用途是为 SDAC500SR/300SR/500A 提供稳压气体。工作原理为:可设定阀门开启角度,工作时气体从进气口进入,从出气口输出给 SDAC500SR/300SR/500A,同时根据 SDAC500SR/300SR/500A 的反馈值调节输出气体的压强,使输出气体的压强始终保持在设定值,从而保证阀门开启的角度始终不变。 | | | | |
| 归类决定 | 该阀门控制器由自动控制器与气动装置组合而成,自动控制器通过采集来自被控对象“气动装置”的信息,来调节输出气体的压强,使输出气体的压强始终保持在设定值,符合《税则注释》对品目 90. 32 项下自动调节或控制装置的描述:“液体或气体的流量、液位、压力或其他变化量的自动控制仪器及装置或者温度自动控制仪器及装置,不论其是否依靠要自动控制的因素所发生的电现象来进行工作,这些仪器将自控因素调到并保持在一设定值上……”<br>上述商品属于自动控制装置的一种,符合《税则》税目 90. 32 及其子目条文的描述,根据归类总规则一及六,应将其按自动控制装置归入税则号列 9032. 2000。 | | | | |

| 序号 | 2000 | 归类决定编号 | Z2007－0105 | 公告编号 | 2007年第71号 |
|---|---|---|---|---|---|
| 商品税则号列 | 9032.8100 | | | 发布日期 | 2007年12月5日 |
| 商品名称 | 压力校准仪 | | | | |
| 英文名称 | | | | | |
| 其他名称 | | | | | |
| 商品描述 | 该设备由电路板、连接部件、数字压力计组成。精确地设定和控制气体的压力，测量仪器校准和测试。 | | | | |
| 归类决定 | 该压力校准仪连接气源系统，可以精确地设定和控制输出气体压力，用于压力传感器的校验。该设备符合《税则》第九十章章注七（一）关于“气体压力自动控制装置”的描述，根据归类总规则一及六，应归入税则号列9032.8100。 | | | | |

| 序号 | 2001 | 归类决定编号 | Z2009 - 0080 | 公告编号 | 2009 年第 5 号 |
|---|---|---|---|---|---|
| 商品税则号列 | 9032.8900[9032.8990(2014 年版)] | | | 发布日期 | 2009 年 1 月 20 日 |
| 商品名称 | 变频调速器 | | | | |
| 英文名称 | | | | | |
| 其他名称 | | | | | |
| 商品描述 | 该商品型号包括 FR - D740E、FR - E700、FR - F700、FR - A700 等,除了具备变频调速驱动功能外,还内含多种调节控制部件、工业现场总线接口部件和检测反馈部件。它具备多种自动调节控制功能,可对控制对象在不同工况下的运行过程进行自动控制(如调速、温控、阀控,以及 PID 综合调节),还具备顺序控制功能,实现过程节拍的逻辑控制。该变频调速器通过采集现场反馈信号,由自带运算器进行计算,来确定电输出,最终实现控制执行机构按设定方式进行工作。按工作原理分,该变频调速器可分为 V/F 控制变频调速器和矢量控制变频调速器。具体的控制功能主要有:(1)电机软启动控制功能;(2)配有 RS - 485 接口,可与计算机进行联网,通过内置 PLC 远程控制输出功能,实行远程编程控制,实现全线计算机画面控制;(3)具有掉电停止功能,在掉电或欠电压时,电机可以减速停止而不是自由停车;(4)具有瞬时停电再启动功能;(5)具有再生回避功能;(6)欠电压水平调整功能;(7)PID 功能,可通过外接多种传感器来达到多种功能控制(如空调的温度管理)。 | | | | |
| 归类决定 | 该商品符合《税则》第九十章章注七(三)的描述:“电量自动调节器及自动控制非电量的仪器或装置,依靠要被控制的因素所发生的不同的电现象进行工作的,它们将要被控制的因素调到并保持在一设定值上,通过持续或定期测量实际值来保持稳定,修正任何偏差。”根据归类总规则一及六,应按其他自动控制设备归入税则号列 9032.8900[9032.8990(2014 年版)]。 | | | | |

<table>
<tr><td>序号</td><td>2002</td><td>归类决定编号</td><td colspan="2">Z2006－1095</td><td>公告编号</td><td>2006年第69号</td></tr>
<tr><td colspan="2">商品税则号列</td><td colspan="2">9032.8900[9032.8990(2014年版)]</td><td colspan="2">发布日期</td><td>2006年11月22日</td></tr>
<tr><td colspan="2">商品名称</td><td colspan="5">变速箱控制器</td></tr>
<tr><td colspan="2">英文名称</td><td colspan="5">Control unit</td></tr>
<tr><td colspan="2">其他名称</td><td colspan="5"></td></tr>
<tr><td colspan="2">商品描述</td><td colspan="5">该商品应用在配置无极变速箱的奥迪车上，其主要通过接收变速箱控制需要的输入信号（如变速箱输入转速、变速箱输出转速、发动机转速等信号），发出控制和调节命令，控制执行机构，完成变速箱的自动换挡等功能。</td></tr>
<tr><td colspan="2">归类决定</td><td colspan="5">该控制器通过采集变速箱输入转速、变速箱输出转速等数据，通过运算来控制变速箱的运行状态，使其处于一个最佳状态。其控制过程符合《税则注释》对品目90.32项下自动控制装置的描述。<br>该商品属于自动控制装置，符合《税则》税目90.32及其子目条文的描述，根据归类总规则一及六，应将其按自动控制装置归入税则号列9032.8900[9032.8990(2014年版)]。</td></tr>
</table>

<table>
<tr><td>序号</td><td>2003</td><td>归类决定编号</td><td>Z2006 - 1093</td><td>公告编号</td><td>2006 年第 69 号</td></tr>
<tr><td colspan="2">商品税则号列</td><td colspan="2">9032. 8900[9032. 8990(2014 年版)]</td><td>发布日期</td><td>2006 年 11 月 22 日</td></tr>
<tr><td colspan="2">商品名称</td><td colspan="4">测量机用控制器</td></tr>
<tr><td colspan="2">英文名称</td><td colspan="4">SHARPE 32Z Controller</td></tr>
<tr><td colspan="2">其他名称</td><td colspan="4"></td></tr>
<tr><td colspan="2">商品描述</td><td colspan="4">该测量机用控制器(SHARPE 32Z)系三坐标测量机的控制装置,主要包括:<br>1. 金属外壳;<br>2. 32 位 CPU 主板,含硬盘、电机运动控制板、调速电源、螺旋管变压器、PWM 逻辑板、光栅干涉板、XN 倍增板、RAM 条、ISA 全厂插槽、IDE 控制器板;<br>3. 测量单元,光栅信号接口模块组成;<br>4. 伺服单元;<br>5. 信号入口和出口单元;<br>6. 电源;<br>7. 控制接口等。<br>上述零部件直接相互组合或通过电缆、插槽或接口相联。<br>该控制器是以 32 位数字处理器(DSP)为核心,具有驱动器、电机、测速机组成的电流环、速度环及由控制器和光栅组成的位置环,利用高速伺服测量控制原理,通过数字信号的通讯、传输和反馈,实现对测量机的运动、触发、保护和数据采集等的精密控制。</td></tr>
<tr><td colspan="2">归类决定</td><td colspan="4">该测量机用控制器本身不具有测量功能,但具有自动控制功能,其构成符合《税则注释》中品目 90. 32 关于自动控制装置的描述(主要由测量装置、电气控制装置及启停或操作装置等三部分构成),故应按自动控制装置归入 9032. 8900[9032. 8990(2014 年版)]。</td></tr>
</table>

| 序号 | 2004 | 归类决定编号 | Z2008－0100 | 公告编号 | 2008 年第 76 号 |
| --- | --- | --- | --- | --- | --- |
| 商品税则号列 | 9032.8900[9032.8990(2014 年版)] | | | 发布日期 | 2008 年 10 月 28 日 |
| 商品名称 | 电控单元 | | | | |
| 英文名称 | | | | | |
| 其他名称 | | | | | |
| 商品描述 | 该电控单元由硬件系统和软件系统组成。其中,硬件部分包括电源模块、信号采集和处理模块、驱动电路模块、故障诊断、标定模块等。该电控单元仅固化安装了基本程序。发动机运行程序需要买方开发人员在发动机开发后,才将程序写入发动机控制模块对发动机进行控制。工作原理:接收和处理发动机上各传感器发出的各种信息,并对这些信息进行分析,以了解发动机的运行情况;利用事先制定的控制策略,决定在当前的状态下如何控制;最后将这种决定转换成一条或多条指令输送到执行器。控制器含有一个微处理器,并在内存中贮存着设计者事先编制的程序或控制软件。该电控单元用于功率 240 马力的压燃式发动机。 | | | | |
| 归类决定 | 该电控单元为发动机电控系统的控制器,包括电源模块、信号采集和处理模块、驱动电路模块、故障诊断、标定模块等。其具有信号接收、处置和反馈功能,符合《税则》税目 90.32 的商品描述,根据归类总规则一及六,应归入税则号列 9032.8900[9032.8990(2014 年版)]。 | | | | |

| 序号 | 2005 | 归类决定编号 | Z2006－1575 | 公告编号 | 2007年第70号 |
|---|---|---|---|---|---|
| 商品税则号列 | 9032.8900[9032.8990(2014年版)] | | | 发布日期 | 2007年12月5日 |
| 商品名称 | 电压调节器 | | | | |
| 英文名称 | | | | | |
| 其他名称 | | | | | |
| 商品描述 | 该EA440－T电压调节器属电子模块，由芯片、电子元器件等组成。该设备用于泰豪科技股份有限公司生产的自励恒无刷交流同步发电机。主要用于检测并根据发电机端电压的变化，通过励磁控制系统增加或减少主机转子励磁电流，维持发电机的端电压近似不变。 | | | | |
| 归类决定 | 该商品可以检测发电机的电压，并根据电压的变化来控制励磁控制系统调整励磁电流，从而保持发电机的电压稳定。其符合《税则》第九十章章注七(二)有关税目90.32"电量自动调节器"的描述。虽然未带有传感器和执行机构，根据《税则注释》品目90.32"电量自动调节器"有关电器控制装置的描述，应作为不完整自动控制仪器归入品目90.32。由于其已具备了完整品的特征，根据归类总规则二(一)及六，该商品应归入税则号列9032.8900[9032.8990(2014年版)]。 | | | | |

| 序号 | 2006 | 归类决定编号 | Z2011－0007 | 公告编号 | 2011年第26号 |
|---|---|---|---|---|---|
| 商品税则号列 | 9032.8900[9032.8990(2014年版)] | | | 发布日期 | 2011年4月25日 |
| 商品名称 | 风力发电同步装置 | | | | |
| 英文名称 | | | | | |
| 其他名称 | | | | | |
| 商品描述 | 该商品由编码器适配器、风力发电同步装置控制器、充电回路装置、同步并网开关、进线接触器、现场总线适配器、滤波器、网侧电流互感器、转子侧电流互感器、定子电流互感器、网侧电压测量装置及定子电压测量装置组成。其工作原理为:风力发电同步装置编码器适配器将风力发电机上安装的速度编码器的脉冲信号转化成电信号发送给风力发电同步装置控制器,以检测发电机的转速,当风机达到合适的转速,控制器控制风力发电同步装置充电回路充电,控制同步装置前主接触器吸合;同步装置开始对发电机转子进行励磁,在发电机定子侧感应出相应的电压;同步装置控制器通过电流电压检测板检测发电机定子感应的电压和电网的电压,当电流电压检测板检测到的定子电压和电网电压相位、频率及幅值完全一致时,同步装置控制并网开关合闸,完成风力发电机定子与电网的连接,即并网;风机控制器根据风速和风机的功率曲线发送相应的转矩给定到同步装置控制器,通过风力发电同步装置控制发电机使其产生相应的电磁转矩,将风能转变成电能回馈电网,同时风力发电同步装置也能对发电机的无功功率进行控制,对电网进行无功功率支撑。 | | | | |
| 归类决定 | 该商品专用于风力发电机组,其工作原理为:在风力发电机组工作时,首先由风力驱动叶片,带动电机旋转。根据风力大小的不同,电机旋转速度也不同,发电机定子感应出发电机输出的电流的幅值、频率和相位与电网中上述指标的差别,并将电流的幅值、频率和相位进行调整,使定子输出的电流和电网电流的各项指标完全相同,以便于顺利接入。该商品利用互感器配合测量装置实时检测定子端的电流参数与电网相应数据的设定值(通过另一套互感器和检测装置可以实时检测并修正设定值的误差)进行比较,通过自动调节将发电机定子的输出电流参数保持在设定值上(电网的相应电流参数)。该商品的功能满足《税则》第九十章章注七及《税则注释》关于品目90.32项下商品的描述,属第九十章列名商品,根据归类总规则一及六,应将其按其他自动调节装置归入税则号列9032.8900[9032.8990(2014年版)]。 | | | | |

| 序号 | 2007 | 归类决定编号 | Z2006－1571 | 公告编号 | 2007 年第 70 号 |
|---|---|---|---|---|---|
| 商品税则号列 | 9032.8900[9032.8990(2014 年版)] | | 发布日期 | 2007 年 12 月 5 日 | |
| 商品名称 | 风轮控制器 | | | | |
| 英文名称 | | | | | |
| 其他名称 | | | | | |
| 商品描述 | 该风轮控制器用于风力发电机组,实现偏航对风、解绕操作。发电机组中的风向、风速传感器、偏航制动器状态传感器和电缆缠绕开关,将机组相应的状态信息传至风轮控制器。风轮控制器接收风向、风速信号和电缆缠绕信号,按编制好的数字控制程序,对风速、风向是否达到起动风速进行判断,并发出偏航指令。通过偏航系统对风力发电机组进行风轮对风和电缆解绕的操作,从而使风力发电机组转至正风向。该商品由CPU、ROM 存储单元、输入输出接口单元、显示操作屏等部分构成。只读存储器 ROM 存储控制程序、H8 微处理芯片包含随机存储器 RAM,采用 Windows2000 和 Dos 操作系统,控制程序由供货商提供,用户可以修改参数。 | | | | |
| 归类决定 | 该商品参照风向、风速等参数对风力发电机组的转向进行自动控制,使其始终对准正风向,该功能已经符合《税则》第九十章章注七(一)关于税目 90.32 的商品范围的描述。根据归类总规则一和六,该风轮控制器应按其他自动控制装置,归入税则号列 9032.8900[9032.8990(2014 年版)]。 | | | | |

| 序号 | 2008 | 归类决定编号 | Z2006－1574 | 公告编号 | 2007 年第 70 号 |
|---|---|---|---|---|---|
| 商品税则号列 | 9032.8900[9032.8990(2014 年版)] | | | 发布日期 | 2007 年 12 月 5 日 |
| 商品名称 | 交流发电机调节器 | | | | |
| 英文名称 | | | | | |
| 其他名称 | | | | | |
| 商品描述 | 该交流发电机调节器安装在汽车交流发电机内部,主要功能是控制发电机输出的电压,使其保持在 14.5 伏。当输出电压高于 14.5 伏时,交流发电机调节器通过比较电路,控制转子励磁的开关使其断开从而达到降低输出电压的目的;当输出电压低于 14.5 伏时,交流发电机调节器通过导通转子励磁开关从而增加电压。 | | | | |
| 归类决定 | 该商品通过感知发电机电压,并对励磁开关进行控制,从而将发电机输出的电压稳定在 14.5 伏,符合《税则》税目 90.32 的商品描述,根据归类总规则 及六,应将其归入税则号列 9032.8900[9032.8990(2014 年版)]。 | | | | |

| 序号 | 2009 | 归类决定编号 | Z2009－0145 | 公告编号 | 2009 年第 32 号 |
|---|---|---|---|---|---|
| 商品税则号列 | 9032.8900[9032.8990(2014 年版)] | | | 发布日期 | 2009 年 6 月 12 日 |
| 商品名称 | 控制柜 | | | | |
| 英文名称 | | | | | |
| 其他名称 | | | | | |
| 商品描述 | 该商品是一种将 PLC、变频器、通讯端口及电源分配装置组装在一起的控制设备,用于自动络筒机。根据外来指令编程并通过变频器驱动外接的马达,同时实时接收自动络筒机工作状态的信号,与内置设定值进行比对,不断修正控制指令,达到所需的生产控制要求。 | | | | |
| 归类决定 | 该商品符合《税则》第九十章章注七(二)的描述“电量自动调节器及自动控制非电量的仪器或装置,依靠要被控制的因素所发生的不同的电现象进行工作的,它们将要被控制的因素调到并保持在一设定值上,通过持续或定期测量实际值来保持稳定,修正任何偏差”,属于自动控制装置。根据归类总规则一及六,应将该商品按自动控制装置归入税则号列 9032.8900[9032.8990(2014 年版)]。 | | | | |

<table>
<tr><td>序号</td><td>2010</td><td>归类决定编号</td><td>Z2007－0106</td><td>公告编号</td><td>2007 年第 71 号</td></tr>
<tr><td colspan="2">商品税则号列</td><td colspan="2">9032.8900[9032.8990(2014 年版)]</td><td>发布日期</td><td>2007 年 12 月 5 日</td></tr>
<tr><td colspan="2">商品名称</td><td colspan="4">控制器(渗透机用)</td></tr>
<tr><td colspan="2">英文名称</td><td colspan="4">Control panel system</td></tr>
<tr><td colspan="2">其他名称</td><td colspan="4"></td></tr>
<tr><td colspan="2">商品描述</td><td colspan="4">该控制器包括气体流量控制柜 3 个、电压电流控制柜 4 个、温度及炭势控制柜 4 个、控制柜用空调 8 个、电脑 1 套及其他散件,主要控制炉膛内温度和炉内炭势,起到温度控制和气体控制的作用。工作原理:计算机根据程序中温度的设定值向温度控制柜发出指令,通过电源开关的打开与闭合使炉膛内达到并保持设定的温度值。温度控制原理为 PID 控制。当温度超过设定温度时(通过热电偶检测得出的适时数据),计算机发出指令使电源开关断开;实物中的气体控制是计算机炭势设定值向气体控制柜发出指令,通过电磁开关控制 $N_2$、丙酮、甲醇、空气的流量与供给,控制炉内气氛值。</td></tr>
<tr><td colspan="2">归类决定</td><td colspan="4">该控制器由多种控制柜及电脑等系统组合而成,用于对炉膛内的温度和气体进行控制,符合《税则》税目 90.32 自动调节或控制仪器的功能。根据《税则》第九十章章注三及第十六类类注四有关功能机组的归类规定,由于该整套设备组合后明显具有税目 90.32 所列功能,应一并归入税则号列 9032.8900[9032.8990(2014 年版)]。</td></tr>
</table>

| 序号 | 2011 | 归类决定编号 | Z2006－1096 | 公告编号 | 2006 年第 69 号 |
|---|---|---|---|---|---|
| 商品税则号列 | 9032.8900[9032.8990(2014 年版)] | | | 发布日期 | 2006 年 11 月 22 日 |
| 商品名称 | 励磁设备 | | | | |
| 英文名称 | | | | | |
| 其他名称 | UNITROL－5000 型自并励静止可控硅整流励磁系统 | | | | |
| 商品描述 | 该 UNITROL－5000 型自并励静止可控硅整流励磁系统是由瑞士 ABB 公司生产的,主要由自动电压调节器、可控硅整流器和起励、灭磁等装置组成。其工作原理:利用可控硅整流器将三相交流电压转换为直流电压,由自动电压调节器根据电力系统的要求,控制可控硅整流器的输出,经过磁场断路器(灭磁装置),为发电机提供励磁电流,以确保发电机安全、可靠的向电力系统输送强大的电流。 | | | | |
| 归类决定 | 该商品主要通过可控硅整流器将输入三相交流电整流成直流电输出给发电机,同时,其具备根据受控对象的电现象(发电机的端部电压)来调节电流输出,以使发电机的定子电压保持恒定的功能。其功能结构符合《税则注释》对电量自动调节器的描述。<br>该商品属于电量自动调节器,符合《税则》税目 90.32 及其子目条文的描述,根据归类总规则一及六,应将其按电量自动调节器归入税则号列 9032.8900[9032.8990(2014 年版)]。 | | | | |

| 序号 | 2012 | 归类决定编号 | Z2008－0099 | 公告编号 | 2008年第76号 |
| --- | --- | --- | --- | --- | --- |
| 商品税则号列 | 9032.8900[9032.8990(2014年版)] | | | 发布日期 | 2008年10月28日 |
| 商品名称 | 扭应力保护装置 | | | | |
| 英文名称 | | | | | |
| 其他名称 | | | | | |
| 商品描述 | 该扭应力保护装置(TSR)是数字式的保护装置,用来持续地对汽轮发电机大轴的扭矩振动进行监视,当转轴疲劳程度达到预先设定的等级时,可以提供跳闸输出,并同时提供扭矩事件的数据记录。标准的TSR是一个机柜,适用于发电厂保护室、控制室,或其他合理控制环境的房间内。它的主要部件是一个GE PAC2100数字式传感器和控制集成模块,可以编程,从齿轮传感器输入对轴速进行测量,当轴的扭矩振动超过允许的判据时,发出跳闸命令。TSR同时包含了GE的通用继电器(UR),具备武力跳闸输出接点、1毫秒刷新率的顺序事件报告记录扭矩告警和跳闸、就地状态和告警等功能。整套TSR设备可以监测同步谐振是否导致过强的扭矩振荡,从而起到对汽轮机的保护作用。 | | | | |
| 归类决定 | 该扭应力保护装置由传感器和控制集成模块等组成,可对发电机轴的扭矩振动进行实时监测,并和设定值比较,确定是否发出跳闸指令。该商品具有实施检测自动控制功能,符合《税则注释》品目90.32"本类调节器……也可应用于非电量(例如,每分钟转速、扭矩、牵引力……)的调节"的描述,根据归类总规则一及六,应归入税则号列9032.8900[9032.8990(2014年版)]。 | | | | |

| 序号 | 2013 | 归类决定编号 | Z2006-1094 | 公告编号 | 2006年第69号 |
|---|---|---|---|---|---|
| 商品税则号列 | 9032.8900[9032.8990(2014年版)] | | | 发布日期 | 2006年11月22日 |
| 商品名称 | 汽车上的电子控制单元 | | | | |
| 英文名称 | ECU | | | | |
| 其他名称 | | | | | |
| 商品描述 | 该电子控制单元(ECU)为本田轿车发动机用,由微机和外围电路组成。微机是在一块芯片上集成了微处理器、存储器和输入/输出信号接口的单元。ECU将输入信号转化为数字形式,根据存储的参考数进行对比加工,计算出输出值,输出信号再经功率放大去控制调节伺服元件,从而控制喷油器喷出与进气量相匹配的燃油,使汽车发动机的空燃比最佳。 | | | | |
| 归类决定 | 该电子控制单元通过接收输入信号,并将其与内置的参考数对比,计算出输出值,控制汽车发动机的空燃比达到最佳,其功能符合《税则》第九十章章注七对归入税目90.32的自动控制装置的要求,根据归类总规则一及六,应将其归入税则号列9032.8900[9032.8990(2014年版)]。 | | | | |

| 序号 | 2014 | 归类决定编号 | Z2006-1569 | 公告编号 | 2007年第70号 |
|---|---|---|---|---|---|
| 商品税则号列 | 9032.8900[9032.8990(2014年版)] | | | 发布日期 | 2007年12月5日 |
| 商品名称 | 汽车用动力总成控制模块(PCM) | | | | |
| 英文名称 | Powertrain control modules | | | | |
| 其他名称 | | | | | |
| 商品描述 | 该汽车用动力总成控制模块(PCM),即发动机及自动变速箱控制中心。它可同时处理几十种信号并直接指挥发动机及自动变速箱的所有工作。其运算速率极高的32位主机芯片使汽车的加速、减速、自动换挡都在瞬间完成。它可自动调整发动机的功率输出,使发动机始终保持最佳状态。 | | | | |
| 归类决定 | 该汽车用动力总成控制模块(PCM)通过对汽车传感器传输来的电信号与既定程序进行比对处理,对汽车发动机运转状况实现电气控制。根据《税则注释》对品目90.32的描述,单独进口自动控制设备中的电气控制装置应归入本品目。根据《税则》第十七类类注二的规定,该商品虽专用于汽车动力总成,但也不能作为汽车零件归类,而应归入税则号列9032.8900[9032.8990(2014年版)]。 | | | | |

| 序号 | 2015 | 归类决定编号 | Z2006 - 1570 | 公告编号 | 2007 年第 70 号 |
|---|---|---|---|---|---|
| 商品税则号列 | 9032. 8900[9032. 8990(2014 年版)] | | 发布日期 | 2007 年 12 月 5 日 | |
| 商品名称 | 伺服驱动器 | | | | |
| 英文名称 | Servo amplifier | | | | |
| 其他名称 | 伺服放大器 | | | | |
| 商品描述 | 该商品主要用于驱动伺服马达运转,规格型号:MR - J2S - 40A(三菱)。工作原理:输入 200 ~ 230 伏三相交流电,伺服放大器将其转换为直流电,同时外部数控装置输入控制脉冲(数字信号,也可以是模拟信号),将直流电转换为可控制的三相交流电,驱动伺服马达运转;伺服马达上的编码器检测获得伺服马达的实际运转状态,如速度、位置及扭矩等信息,反馈给伺服放大器,与输入的控制信号进行比较并作相应调整,从而调整马达的运转状态,达到准确、高精度的马达运转速度、位置及扭矩等要求。 | | | | |
| 归类决定 | 该商品通过接收上位控制器(数控装置)传输来的控制信号和接收被控对象反馈来的信号,对输出信号进行比较和修正,最终实行对伺服马达的控制,其控制过程符合《税则注释》对品目 90. 32 的自动控制装置的描述"电量自动调节器以及自动控制非电量的仪器或设备,依靠要控制因素所发生的电现象来进行工作,这些仪器将控制因素调到并保持在一设定值上,通过持续或定期测量实际值来保持稳定,修正任何偏差",属于自动调节控制装置的一种。根据归类总规则一及六,应将其按自动调节控制装置归入税则号列 9032. 8900[9032. 8990(2014 年版)]。 | | | | |

| 序号 | 2016 | 归类决定编号 | Z2009－0180 | 公告编号 | 2009年第57号 |
|---|---|---|---|---|---|
| 商品税则号列 | 9032.8900[9032.8990(2014年版)] | | | 发布日期 | 2009年8月31日 |
| 商品名称 | 伺服驱动器 | | | | |
| 英文名称 | | | | | |
| 其他名称 | | | | | |
| 商品描述 | 该伺服驱动器的品牌为Panasonic，型号为MADDT1207，A4系列，由塑料外壳、控制线路板(含CPU)、电源板、开关元件、散热器、LED显示面板等构成。工作原理：输入200～240伏交流电，伺服放大器将其转换为直流电，同时外部数控装置输入指令信号(数字脉冲信号，也可以是模拟信号，选择不同的控制模式需输入不同指令)，通过驱动器CPU进行位置、速度、扭矩的数字化运算，将直流电转换为可控制的三相交流电，驱动伺服马达运转。伺服马达上的编码器及电流检测器检测获得伺服马达的实际运转状态，如速度、位置、扭矩等信息，反馈给驱动器CPU，与输入的控制信号进行比较运算并对马达电流(扭矩)作相应调整，从而调整马达的运转状态，达到准确、高精度的马达运转速度、位置及扭矩等要求。该伺服驱动器可用于产业机器人、半导体加工设备、数控加工设备及贴片机等。 | | | | |
| 归类决定 | 该商品本身带有CPU，可设定马达的运转速度、位置及扭矩等，并将获得的信号与设定值进行比较、计算，输出调整信号，将马达的实际运转保持在设定值上，其符合《税则》第九十章章注七(二)对税目90.32的描述，即"电量自动调节器及自动控制非电量的仪器或设备，依靠要控制的因素所发生的电现象来工作，这些仪器将控制因素调到并保持在一设定值上，通过持续或定期测量实际值来保持稳定，修正任何偏差"。该商品的控制功能属于闭环自动控制，根据归类总规则一及六，应归入税则号列9032.8900[9032.8990(2014年版)]。 | | | | |

| 序号 | 2017 | 归类决定编号 | Z2006 - 1572 | 公告编号 | 2007 年第 70 号 |
| --- | --- | --- | --- | --- | --- |
| 商品税则号列 | 9032.8900[9032.8990(2014 年版)] | | | 发布日期 | 2007 年 12 月 5 日 |
| 商品名称 | 提升机电控系统 | | | | |
| 英文名称 | | | | | |
| 其他名称 | | | | | |
| 商品描述 | 该提升机电控系统主要由编码器、井筒开关、西门子 S7 - 400 数字化控制装置、人—机监控系统、数字化直流传动装置和恒减速液压控制系统组成,各部分以 PROFIBUS 现场总线网络进行连接,形成一套完整的闭环控制系统。编码器和井筒开关采集提升机运行过程中的各种信号,数字化控制装置对其采集的信号进行计算、比较后,发出指令给数字化直流传动装置和恒减速液压控制系统,二者通过改变电流实现对提升机的行程、速度和力矩的闭环控制,使提升机按规定的速度图运行。人—机监控系统监控整个系统的运行状况并通过组态监控画面显示。 | | | | |
| 归类决定 | 整个系统通过信号采集、运算比较、启停操作实现对提升机的行程、速度和力矩的闭环控制,该功能符合《税则》税目 90.32 及其子目条文的描述。因此,根据《税则》第九十章章注三"功能机组"的规定,以及归类总规则一和六,该系统可按自动控制装置一并归入税则号列 9032.8900[9032.8990(2014 年版)]。 | | | | |

| 序号 | 2018 | 归类决定编号 | Z2006－1097 | 公告编号 | 2006 年第 69 号 |
|---|---|---|---|---|---|
| 商品税则号列 | 9032.8900[9032.8990(2014 年版)] | | 发布日期 | | 2006 年 11 月 22 日 |
| 商品名称 | 涂液供料系统 | | | | |
| 英文名称 | | | | | |
| 其他名称 | | | | | |
| 商品描述 | 涂液供料系统安装在相纸生产线上,用于测量控制相纸乳液涂布的流量,由现场检测控制部分(检测和阀门)、控制中心部分、反馈信号的传输线缆(双绞线)组成。本次进口控制中心部分和传输线缆,不进口现场检测和阀门。工作原理如下:该设备用于严格控制感光乳剂及油乳融化物的流量。控制中心对乳液的流量预先设定一定值,现场测量部分持续测量乳液流量并将其转换成电信号通过双绞线传递到控制中心,控制中心将测量的数据与预先设定的参数比较,计算出数值,并发出电信号,调节现场阀门的开合,来改变乳液的流量。该系统可自动控制也可手动调节。<br>该控制中心部分只包含有数模转换装置,可进行数字信号和模拟信号的转换,并对数据进行预处理;能处理专用程序,但不含有 CPU,不能运行 Windows 等操作系统,也不能运行非预先植入的程序或逻辑运算;无硬盘,不能存储历史数据。<br>该控制中心部分与相纸生产线的中心控制室监视系统相连,数据显示、手动输入数据等操作均在中心控制室监视系统完成。 | | | | |
| 归类决定 | 该商品属自动控制装置,根据《税则》第九十章章注七的规定,其符合税目 90.32 及其子目条文的描述,根据归类总规则一及六,应将其按自动控制装置归入税则号列 9032.8900[9032.8990(2014 年版)]。 | | | | |

| 序号 | 2019 | 归类决定编号 | Z2007－0107 | 公告编号 | 2007年第71号 |
|---|---|---|---|---|---|
| 商品税则号列 | 9032.8900[9032.8990(2014年版)] | | 发布日期 | | 2007年12月5日 |
| 商品名称 | 智能化温室高压雾化装置、温度控制装置、空气循环控制装置 | | | | |
| 英文名称 | | | | | |
| 其他名称 | | | | | |
| 商品描述 | 上述三套装置一批进口,且三套装置共用一台电脑控制主机。(1)高压雾化装置:由电脑控制主机、室内空气感应器、加压泵和高压喷头组成。工作原理:在温室内安装配套的管道和高压喷头,室内空气感应器会随时记录当时温室内的空气湿度、温度的分析数据,并适时通过信号传输给电脑控制主机,电脑控制主机通过对比数据,来计算喷射出的水量及雾化程度。随后通过数据调节泵压力,喷出喷雾,从而使温室降温。(2)温度控制装置:由电脑控制主机、室内外气象感应器、风机水帘装置、天窗开启控制器、侧窗开启控制器、加热控制器组成。工作原理:通过设定一个温室适宜温度区间,感应器收集气象数据传输给电脑主机,当数据超出设定范围,电脑主机发出指令控制风机风帘装置进行降温或加热控制器进行升温,完成温室温度的自动控制。(3)空气循环控制装置:由电脑控制主机、二氧化碳分配系统、二氧化碳室外存储罐、室内空气感应器、空气交换装置、天窗侧窗开启装置组成。工作原理:电脑主机根据设定二氧化碳浓度、空气含量等气候数据,调节天窗侧窗等结构设施,完成温室的气候条件调节。 | | | | |
| 归类决定 | 该三套设备由探头、控制器(电脑)及执行机构组成,共同使用可对温室内空气温度、湿度及气体成分等进行控制,构成《税则》税目90.32的自动控制设备,根据《税则》第九十章章注三及第十六类类注四之规定,应当一并作为温室气候控制设备归入税则号列9032.8900[9032.8990(2014年版)]。 | | | | |

| 序号 | 2020 | 归类决定编号 | Z2006－1573 | 公告编号 | 2007年第70号 |
|---|---|---|---|---|---|
| 商品税则号列 | 9032.8900[9032.8990(2014年版)] | | 发布日期 | 2007年12月5日 | |
| 商品名称 | 自动化控制设备 | | | | |
| 英文名称 | | | | | |
| 其他名称 | 粗轧机立滚电机和热矫直机电机自动化控制设备 | | | | |
| 商品描述 | 该批自动化控制设备由网络柜、控制台、远程IO柜、脉冲发送器、速度变送器＋端子盒、电缆组成。用于对粗轧机立滚电机和热矫直机电机的工作过程和状态进行控制。工作原理:通过速度变送器及脉冲发送器采集的现场信号与程序预设值的比较结果,确定电机下一步的动作并将动作指令回馈电机。工作过程:速度变送器及脉冲发送器将采集的现场信号通过电缆连接送到端子盒及远程IO柜,并通过网络电缆连接到安装于集中操作台上的网络柜及控制台。控制台既可按预定程序自动控制,也可由操作人员进行人工干预。 | | | | |
| 归类决定 | 该商品包括网络柜、远程IO柜、速度变送器＋端子盒、电缆等。工作原理:速度变送器将电机转速信号转换为电信号,通过端子盒及远程IO柜传送到网络柜及控制台,与设定值比较后发出反馈信号,使电机实际转速达到设定速度。<br>该商品组合后用于电机转速的闭环控制,根据《税则》第十八类类注三,应按其功能一并归类。其符合《税则》税目90.32及其子目条文的描述,根据归类总规则一(第九十章章注七)及六,应将其归入税则号列9032.8900[9032.8990(2014年版)]。 | | | | |

| 序号 | 2021 | 归类决定编号 | Z2006－1101 | 公告编号 | 2006 年第 69 号 |
|---|---|---|---|---|---|
| 商品税则号列 | 9105.9 | | | 发布日期 | 2006 年 11 月 22 日 |
| 商品名称 | 原始频率标准仪器 | | | | |
| 英文名称 | | | | | |
| 其他名称 | 铯原子钟 | | | | |
| 商品描述 | 该原始频率标准仪器(铯原子钟)型号为 AGILENT5071A,主要由微处理器、晶体振荡器、频率合成器等构成。它利用内部的电子在两个能级间跳跃时辐射出来的电磁波作为标准,去控制校准晶体振荡器(进而控制钟的走动),并通过频率合成器输出。该设备可为数字同步网、计量、其他时间频率应用场合提供高准确度和高稳定度的基准参考源,可作为数字同步网的一级基准时钟,能够为数字同步网和同步通信设备提供准确的频率标准,亦可广泛应用于天文、导航、测试和测量等领域中。该设备具有时钟显示功能。 | | | | |
| 归类决定 | 该设备利用电子跃迁辐射出来的电磁波作为基准参考源,对外输出一个准确的频率标准,广泛应用于通信、天文、导航、测试和测量等领域中,且该设备具有时钟显示功能,根据归类总规则一及六,该商品符合《税则》税目 91.05 及其子目条文的描述,应将其按其他钟归入税则子目 9105.9 项下。 | | | | |

| 序号 | 2022 | 归类决定编号 | Z2008－0103 | 公告编号 | 2008 年第 76 号 |
|---|---|---|---|---|---|
| 商品税则号列 | 9304.0000 | | | 发布日期 | 2008 年 10 月 28 日 |
| 商品名称 | 仿真枪 | | | | |
| 英文名称 | | | | | |
| 其他名称 | | | | | |
| 商品描述 | 该仿真枪,外形与枪支近似,枪体为塑料制,以压缩弹簧为动力发射塑料弹丸。 | | | | |
| 归类决定 | 该商品符合《税则注释》对品目 93.04 的描述,根据归类总规则一,应归入税则号列 9304.0000。 | | | | |

| 序号 | 2023 | 归类决定编号 | Z2008－0104 | 公告编号 | 2008年第76号 |
| --- | --- | --- | --- | --- | --- |
| 商品税则号列 | 9306.3090 | | | 发布日期 | 2008年10月28日 |
| 商品名称 | 塑料BB弹 | | | | |
| 英文名称 | | | | | |
| 其他名称 | | | | | |
| 商品描述 | 该塑料BB弹，塑料制，是直径为6毫米的实心圆弹丸，是以弹簧为动力的仿真枪的发射弹丸。与仿真枪同时出口。 | | | | |
| 归类决定 | 根据归类总规则一，该商品应归入税则号列9306.3090。 | | | | |

| 序号 | 2024 | 归类决定编号 | Z2006－1102 | 公告编号 | 2006年第69号 |
| --- | --- | --- | --- | --- | --- |
| 商品税则号列 | 9401.9019 | | | 发布日期 | 2006年11月22日 |
| 商品名称 | 座椅移动执行器 | | | | |
| 英文名称 | | | | | |
| 其他名称 | | | | | |
| 商品描述 | 该座椅移动执行器有两种型号：一种是由执行机构壳体、电机和变速及动力转向装置等16种零件构成，用于调节司机座椅的高度；另一种是由电机和变速装置及丝杠等25种零件组成，用于调节座椅的前后位置。 | | | | |
| 归类决定 | 两套零件中，除电机、传动装置外，还有壳体及位移装置等零件，因此两套零件可视为座椅移动执行器的成套散件，具有专用于机动车辆坐具的特点，应作为机动车辆坐具的专用零件归入税则号列9401.9019。 | | | | |

| 序号 | 2025 | 归类决定编号 | Z2006－1576 | 公告编号 | 2007 年第 70 号 |
|---|---|---|---|---|---|
| 商品税则号列 | 9402. 1090 | | 发布日期 | 2007 年 12 月 5 日 | |
| 商品名称 | 牙科椅驱动总成 | | | | |
| 英文名称 | Actuator system for dentistry chair | | | | |
| 其他名称 | | | | | |
| 商品描述 | 该商品牌名：LINAK；型号：ML31－4＋09＋70C；输入电压 220 伏，最大载荷 6000 牛。该牙科椅驱动总成包括三部分：一个控制盒、一个手控器和四个传动器。各部分之间由连接线连接，传动器安装在牙科坐椅需调节的部位。工作原理：操作者按动手控器，手控器将操作者的动作转变为开关信号传送给控制盒，控制盒接收信号后控制传动器，传动器把驱动马达的回转运动经变速齿轮组件转变为往复直线运动，驱动坐椅各部位的动作，实现坐椅角度、高度的自动升降调节。 | | | | |
| 归类决定 | 该商品是将一个控制盒、一个手控器和四个传动器组合在一起的套件，是牙科椅实现位置调整功能的关键部件，不具有《税则》税目 90. 32 的自动控制功能，在《税则》其他税目中无具体列名，故可按牙科椅的专用零件进行归类。<br>该牙科椅驱动总成符合《税则》税目 94. 02 及其子目条文（或子目注释）的描述，根据归类总规则一及六，应将其按牙科椅零件归入税则号列 9402. 1090。 | | | | |

| 序号 | 2026 | 归类决定编号 | Z2006－1103 | 公告编号 | 2006 年第 69 号 |
|---|---|---|---|---|---|
| 商品税则号列 | 9402. 9000 | | 发布日期 | 2006 年 11 月 22 日 | |
| 商品名称 | 手术室机械吊臂 | | | | |
| 英文名称 | | | | | |
| 其他名称 | | | | | |
| 商品描述 | 该手术室机械吊臂型号：DVE8032、DVE8031、MOVITA6032、MOVITA6031、DVE4002、DVE8082。该设备包括：横梁、吊管、装饰罩、吊头、吊柱、内置转动轴承、内置电源和气源管道及气体插座。其用途是为手术设备仪器提供可安置及可移动、升降或旋转的完全独立的操作平台，并将手术设备仪器所需电源和医用气体气源统一由气体管路供给到使用地点。 | | | | |
| 归类决定 | 由于该机械吊臂带有医用气体气源管路供给系统，已构成医疗专用设备，根据《税则注释》对品目 94. 02 的描述，该手术室机械吊臂可归入税则号列 9402. 9000。 | | | | |

<table>
<tr><td>序号</td><td>2027</td><td>归类决定编号</td><td colspan="2">Z2009 - 0181</td><td>公告编号</td><td>2009 年第 57 号</td></tr>
<tr><td colspan="2">商品税则号列</td><td colspan="2">9402. 9000</td><td colspan="2">发布日期</td><td>2009 年 8 月 31 日</td></tr>
<tr><td colspan="2">商品名称</td><td colspan="5">婴儿保暖台</td></tr>
<tr><td colspan="2">英文名称</td><td colspan="5"></td></tr>
<tr><td colspan="2">其他名称</td><td colspan="5"></td></tr>
<tr><td colspan="2">商品描述</td><td colspan="5">该产品的型号为 IWS3300,独有碳钢远红外加热管可以进行热力调节,保证床垫四周温度均匀。构成:集成的渐进报警系统;APGAR 计时器;内置 X 射线盘;后档板上有导管凹槽;选配抽屉,可放置必需物品。</td></tr>
<tr><td colspan="2">归类决定</td><td colspan="5">该 IWS3300 型婴儿保暖台是带加热装置的婴儿手术/急救台,由碳钢远红外加热管、手术台热力调节装置、集成的渐进报警系统、APGAR 计时器、X 射线版用插槽、医疗仪器用导管凹槽、放置手术必需品用抽屉等组成并附带角轮。该商品未装有用于婴儿抢救的医疗仪器(医疗仪器会根据需要加装在手术台上),只为抢救病儿提供抢救平台,符合《税则注释》关于品目 94. 02 的解释,根据归类总规则一,应按医疗用家具归入税则号列 9402. 9000。</td></tr>
</table>

<table>
<tr><td>序号</td><td>2028</td><td>归类决定编号</td><td colspan="2">Z2006 - 1577</td><td>公告编号</td><td>2007 年第 70 号</td></tr>
<tr><td colspan="2">商品税则号列</td><td colspan="2">94. 05</td><td colspan="2">发布日期</td><td>2007 年 12 月 5 日</td></tr>
<tr><td colspan="2">商品名称</td><td colspan="5">节日灯</td></tr>
<tr><td colspan="2">英文名称</td><td colspan="5"></td></tr>
<tr><td colspan="2">其他名称</td><td colspan="5"></td></tr>
<tr><td colspan="2">商品描述</td><td colspan="5">该节日灯由 LED 灯泡镶嵌组成的图案构成。该商品具有照明和装饰的双重作用,以节日使用为主。</td></tr>
<tr><td colspan="2">归类决定</td><td colspan="5">该商品属于装有固定光源的发光标识或其类似品,应归入《税则》税目 94. 05 项下。</td></tr>
</table>

| 序号 | 2029 | 归类决定编号 | Z2006－1104 | 公告编号 | 2006 年第 69 号 |
|---|---|---|---|---|---|
| 商品税则号列 | 9405. 4090 | | 发布日期 | | 2006 年 11 月 22 日 |
| 商品名称 | 紫外线探伤灯 | | | | |
| 英文名称 | | | | | |
| 其他名称 | | | | | |
| 商品描述 | 该 D－10B 和 E－40 型紫外线探伤灯,用于荧光磁粉或荧光渗透探伤,通过磁化技术和毛细管渗透原理,使荧光物质聚合于被检物缺陷的表面,紫外线光源采用投影方式激发荧光物质显示发光,进而可以使用光电器件感应或者用肉眼方式来测量荧光聚合物指示缺陷的位置、长度、形状等。 | | | | |
| 归类决定 | 该紫外线探伤灯只是测伤设备中不可见光源,故应归入税则号列 9405. 4090。 | | | | |

| 序号 | 2030 | 归类决定编号 | Z2006－1105 | 公告编号 | 2006 年第 69 号 |
|---|---|---|---|---|---|
| 商品税则号列 | 9405. 4090 | | 发布日期 | | 2006 年 11 月 22 日 |
| 商品名称 | 移动式照明灯塔 | | | | |
| 英文名称 | Light source | | | | |
| 其他名称 | | | | | |
| 商品描述 | 该移动式照明灯塔由强力照明灯、灯柱、柴油发电机、控制面板、机罩和机架等部件构成,主要用于施工照明。该设备的功能是照明,是一套照明装置。其中柴油发电机是照明装置的电源。 | | | | |
| 归类决定 | 根据归类总规则一,此移动式照明灯塔应按照明设备归入税则号列 9405. 4090。 | | | | |

| 序号 | 2031 | 归类决定编号 | Z2006－1106 | 公告编号 | 2006年第69号 |
| --- | --- | --- | --- | --- | --- |
| 商品税则号列 | | 9405.4090 | | 发布日期 | 2006年11月22日 |
| 商品名称 | 手术无影灯 | | | | |
| 英文名称 | | | | | |
| 其他名称 | | | | | |
| 商品描述 | 该手术无影灯主要由灯头、多功能滤光反射镜面、无线遥控集成数码摄像系统、液晶显示屏、摄像控制器、吊塔系统等部件组成。数码摄像系统和液晶显示屏均固定安装在无影灯及吊臂上。该商品能产生极佳的深部无影照明效果；利用灯头手柄能操纵手术灯大范围活动，以满足各种手术要求；同时，可利用无线遥控数码摄像，并在显示屏上显示全屏图像。 | | | | |
| 归类决定 | 该手术无影灯没有诊断、治疗的功能，所以不应按医疗设备及仪器归入税目90.18项下。该商品虽装有无线遥控集成数码摄像系统及液晶显示屏，但其主要的功能是为手术提供照明。照明是该商品的主要特征，故根据归类总规则三(二)，应按“灯”归入税则号列9405.4090。 | | | | |

| 序号 | 2032 | 归类决定编号 | Z2006－1107 | 公告编号 | 2006年第69号 |
| --- | --- | --- | --- | --- | --- |
| 商品税则号列 | | 9405.4090 | | 发布日期 | 2006年11月22日 |
| 商品名称 | 太阳能灯 | | | | |
| 英文名称 | | | | | |
| 其他名称 | | | | | |
| 商品描述 | 该太阳能灯分为多种型号，主要由太阳能片、可充电电池、发光二极管及光敏控制部件装于同一壳体内组成。部分型号带有手提吊钩；部分型号带有上下柱，通过套在插入地面的下柱来固定该装置；部分型号手提吊钩及上下柱兼有。其工作原理为白天太阳能板将阳光转换成电能并为电池充电，夜间利用白天储存的电能，太阳能灯自动照明。其可作为庭院灯(Garden light)和墙灯(Wall light)，用于花园庭院的夜间照明。 | | | | |
| 归类决定 | 根据《税则注释》对品目85.13的描述，“本品目所称‘手提式电灯’，仅指使用时握在手中或随身携带的电灯”，由于该太阳能灯使用时固定在庭院内，因此不能归入税目85.13，按其功能可归入税则号列9405.4090。 | | | | |

| 序号 | 2033 | 归类决定编号 | Z2008－0105 | 公告编号 | 2008 年第 76 号 |
|---|---|---|---|---|---|
| 商品税则号列 | 9405.4090 | | | 发布日期 | 2008 年 10 月 28 日 |
| 商品名称 | 捕虫灯 | | | | |
| 英文名称 | Fly trap | | | | |
| 其他名称 | | | | | |
| 商品描述 | 该捕虫灯型号为 LTR，由电源线、电源插头、镇流器、灯架、诱杀灯管、特制粘纸、塑料外壳和保护架构成。该商品采用独特的紫色可见光源，对蚊蝇等小飞虫具有很强的吸引力，特制粘纸直接安置在灯管下方，涂有飞虫胶黏剂及引诱剂（少量），来引诱、捕获飞虫。特制粘纸属耗材，需定期更换。 | | | | |
| 归类决定 | 根据归类总规则一，该商品应归入税则号列 9405.4090。 | | | | |

| 序号 | 2034 | 归类决定编号 | Z2008－0106 | 公告编号 | 2008 年第 76 号 |
|---|---|---|---|---|---|
| 商品税则号列 | 9405.4090 | | 发布日期 | 2008 年 10 月 28 日 | |
| 商品名称 | 评级灯箱 | | | | |
| 英文名称 | | | | | |
| 其他名称 | | | | | |
| 商品描述 | 该评级灯箱的组成结构:灯箱、标准光源系统。工作原理:纺织品、皮革等经过日晒或做过纤光牢度等实验后,表面容易发生色变,需利用标准的低光泽度中性灰色涂料,最大限度减少外界环境对箱体内色彩的影响,利用国际上标准的光源控制系统置于灯箱的光源下进行评级,测定其变色程度。用途:用于纺织品、皮革等各种面料产品的颜彩变化测试。CAC150 评级灯箱严格按照 ISO 标准要求设计,可在各种国际标准光源条件下,对颜色进行视觉评价,以达到产品色彩的一致性,是国际标准光源箱,并为众多跨国公司指定使用,其可配备多种国际标准光源。技术特征:D65“人工日光”荧光灯,符合标准光源 D6500,为国际办公通用光源。TL84 为欧洲商业照明用标准光源 。F 白炽灯,常用于美国室内照明条件下的测试 。UV 紫外灯,用于检测荧光染料及增白剂。适用标准:BS950、DIN6173、NEXT11、M&SC1、C2 等。 | | | | | |
| 归类决定 | 该商品仅仅提供了各类标准光源,向各种材质提供照明光源,既不具备对材料进行实验的功能,也不具备对材料本身性质进行检测、品评的功能。该产品不具备检验、检测功能,属于特殊用途灯,符合《税则》税目 94.05 及其子目条文的描述,根据归类总规则一及六,应按其他未列名灯具归入税则号列 9405.4090。 | | | | | |

| 序号 | 2035 | 归类决定编号 | Z2008－0212 | 公告编号 | 2008年第83号 |
| --- | --- | --- | --- | --- | --- |
| 商品税则号列 | | 9405.4090 | | 发布日期 | 2008年11月24日 |
| 商品名称 | 电气彩灯串 | | | | |
| 英文名称 | | | | | |
| 其他名称 | | | | | |
| 商品描述 | 该商品规格型号为LED－PL－100－230V，是以塑料、铜线、多个LED小灯泡为主要材料，固定功率为7.4瓦，带插头的网状或者条状灯串。用于装饰窗户、楼梯、家具、架子、树木、花园栏栅或作其他装饰点缀。 | | | | |
| 归类决定 | 根据归类总规则一及六，该商品应归入税则号列9405.4090。 | | | | |

| 序号 | 2036 | 归类决定编号 | Z2006－1108 | 公告编号 | 2006年第69号 |
| --- | --- | --- | --- | --- | --- |
| 商品税则号列 | | 9405.4090 | | 发布日期 | 2006年11月22日 |
| 商品名称 | LED灯 | | | | |
| 英文名称 | LED cube lights | | | | |
| 其他名称 | | | | | |
| 商品描述 | 该LED灯分LED灯泡（LED BULB）及线状灯泡（LED CUBE LIHGTS，LED方型灯）两种，由多个发光二极管构成，内置平滑多级调节分压器，外置一个ABS防腐蚀外罩。LED方型灯还带有透明聚碳酸酯透镜及偏正片（作用：能够使灯光极性化并可调整光的方向）。由于LED灯不会对现场的感光材料的照相性能产生影响，因此，该商品进口后装配在暗室中作照明用。单个灯泡使用20/16伏直流电压，由现场220伏普通电源通过变压器进行转换（该变压器安装于生产线上）。 | | | | |
| 归类决定 | 该商品装有调节分压器、防腐蚀罩等器件，已经超出了《税则》税目85.41所述“发光二极管”的商品范畴，其属于照明装置。根据归类总规则一及六，应将其按其他照明装置归入税则号列9405.4090。 | | | | |

| 序号 | 2037 | 归类决定编号 | Z2006－1109 | 公告编号 | 2006年第69号 |
|---|---|---|---|---|---|
| 商品税则号列 | 9406.0000 | | 发布日期 | 2006年11月22日 | |
| 商品名称 | 阿波罗电脑蒸汽房 | | | | |
| 英文名称 | APPOLLO shower box | | | | |
| 其他名称 | | | | | |
| 商品描述 | 该阿波罗电脑蒸汽房为密封式房体，配有淋浴喷头、水力按摩喷嘴及用于调节温度的控制板，其中水力按摩的动力由增压泵提供，通过外接冷热水管由喷嘴对人实行水力针刺按摩。 | | | | |
| 归类决定 | 由于该设备具有密封式房体的特征，符合《税则注释》对品目94.06的规定，所以应作为活动房屋归入税则号列9406.0000。对于与电脑蒸汽房一起进口的配套设备，只有作为正常应固定装在房屋里的设备才能与房屋一同归类，否则应分别归入其所属税则号列。 | | | | |

| 序号 | 2038 | 归类决定编号 | Z2006－1110 | 公告编号 | 2006年第69号 |
|---|---|---|---|---|---|
| 商品税则号列 | 9406.0000 | | 发布日期 | 2006年11月22日 | |
| 商品名称 | 超净间工程系统及配套设备 | | | | |
| 英文名称 | | | | | |
| 其他名称 | | | | | |
| 商品描述 | 该超净间工程系统及配套设备的组成如下：整套超净间设备由天棚、提升地板、墙板构成整体环境系统；配套设备包括螺旋杆式冷水机组、空气处理机组、无油空压机等。该超净间及配套设备可为硅单晶抛光片的生产提供恒定的、标准的温度、湿度、压力、风速等条件。所有配套设备均是固定安装，同时在超净间内的用于生产硅单晶抛光片的生产设备也均是固定安装在超净间的墙壁或地板上。 | | | | |
| 归类决定 | 根据《税则》第九十四章章注四的规定及《税则注释》关于品目94.06的解释，超净间工程系统应归入税则号列9406.0000；其他设备应按其各自功能分别归类。 | | | | |

| 序号 | 2039 | 归类决定编号 | Z2006－1112 | 公告编号 | 2006年第69号 |
|---|---|---|---|---|---|
| 商品税则号列 | 9406.0000 | | | 发布日期 | 2006年11月22日 |
| 商品名称 | 建木屋用梁柱、墙体等 | | | | |
| 英文名称 | | | | | |
| 其他名称 | | | | | |
| 商品描述 | 该商品主要包含：<br>1. 圆木墙体、梁柱及防护板等活动房屋的关键部件，且已制成易于拼接的连续形状；<br>2. 螺栓、螺钉、螺母、垫圈、架座等金属五金件；<br>3. 密封条、脚木模架座、铝纸等相关配件。 | | | | |
| 归类决定 | 该商品已具备房体的基本特征，可视作《税则》税目94.06项下活动房屋的不完整品。根据归类总规则二(一)，若数量合理配套(即相关部件数量匹配可拼装一套房屋)，可按活动房屋归入税则号列9406.0000。 | | | | |

<table>
<tr><td>序号</td><td>2040</td><td>归类决定编号</td><td>Z2006－1111</td><td>公告编号</td><td>2006 年第 69 号</td></tr>
<tr><td>商品税则号列</td><td colspan="2">9406.0000　及　9022.1990［9022.1920（2014 年版）］</td><td colspan="2">发布日期</td><td>2006 年 11 月 22 日</td></tr>
<tr><td>商品名称</td><td colspan="5">全钢丝子午线轮胎 X 光检查机设备</td></tr>
<tr><td>英文名称</td><td colspan="5"></td></tr>
<tr><td>其他名称</td><td colspan="5"></td></tr>
<tr><td>商品描述</td><td colspan="5">该全钢丝子午线轮胎 X 光检查机设备，规格型号为 2824，主要用于轮胎的检测。该套设备由约 20 平方米的铝合金活动房屋、固定安装于活动房屋的空调系统、照明、活动百叶窗及控制台、图像观测用的监视器、微机、打印机、观察 X 光室的黑白监视器、控制柜、高压装置、X 光管的冷却水泵组成。</td></tr>
<tr><td>归类决定</td><td colspan="5">根据《税则注释》品目 94.06 关于“活动房屋”的描述“本品目的房屋可以配有其他设备，但只有作为正常应固定装在房屋里的设备才能与房屋一同归类。这些设备包括电气配件（电线、插座、开关、断路器、门铃等）、暖气及空调设备（锅炉、暖气散热器、空调机等）、卫生设备（浴缸、淋浴器、热水器等）、厨房设备（洗涤槽、抽油烟罩、炉灶等）及固定装于或准备装于房屋内的家具（橱柜等）”，上述设备应分两部分归类。空调系统、照明、活动百叶窗固定安装于活动房屋，应作为活动房屋不可分割的一部分一并归入税则号列 9406.0000；其余设备的主要功能是将全钢丝子午线轮胎通过 X 光射线进行检测，符合功能机组的定义，应根据《税则》第十六类类注四将其余设备一并归入税则号列 9022.1990［9022.1920（2014 年版）］。</td></tr>
</table>

| 序号 | 2041 | 归类决定编号 | Z2008 - 0214 | 公告编号 | 2008 年第 83 号 |
|---|---|---|---|---|---|
| 商品税则号列 | 95.03 | | | 发布日期 | 2008 年 11 月 24 日 |
| 商品名称 | 模型飞机 | | | | |
| 英文名称 | Aeromodel Plane | | | | |
| 其他名称 | | | | | |
| 商品描述 | 该商品规格型号为 Cap232,尺寸为 1000 毫米×835 毫米×400 毫米,外观材质为轻木,机翼为固定翼,由机身、马达、减速齿轮、机头罩、机翼、螺旋桨、前后起落架、前后轮、桨罩、垂尾、平尾操纵钢丝等部件组成。该商品外形逼真,配有专用的无线电遥控设备进行操控,可在空中飞行过程中做到横滚、侧滚、倒飞、跟斗、大仰角等特技动作,可用于广大航模爱好者户外休闲等活动。 | | | | |
| 归类决定 | 根据归类总规则一,该商品应归入《税则》税目 95.03 项下,具体应按商品状态归入税则号列 9503.0039、9503.0081 或 9503.0082。 | | | | |

| 序号 | 2042 | 归类决定编号 | Z2008 - 0215 | 公告编号 | 2008 年第 83 号 |
|---|---|---|---|---|---|
| 商品税则号列 | 9503.0021 | | | 发布日期 | 2008 年 11 月 24 日 |
| 商品名称 | 绒毛装饰物 | | | | |
| 英文名称 | | | | | |
| 其他名称 | | | | | |
| 商品描述 | 该商品系人造毛表皮、硬塑料内胎、无填充物的工艺摆件,有梅花鹿、熊、兔子、松鼠、猫、狗、野猪、驯鹿、袋鼠、绵羊、无尾鸟等各种动物造型,是圣诞节、复活节等节日礼品,也是旅游景点热销的纪念品。 | | | | |
| 归类决定 | 该商品符合《税则注释》对品目 95.03 的描述,根据归类总规则一,应归入税则号列 9503.0021。 | | | | |

| 序号 | 2043 | 归类决定编号 | Z2006 - 1578 | 公告编号 | 2007 年第 70 号 |
|---|---|---|---|---|---|
| 商品税则号列 | 9503.0089 | | | 发布日期 | 2007 年 12 月 5 日 |
| 商品名称 | 塑料装饰品——摩托车 | | | | |
| 英文名称 | Plastics motorcycle decorations | | | | |
| 其他名称 | | | | | |
| 商品描述 | 该商品为塑料制摩托车模型,两轮可以转动,无动力装置,一面以透明塑料切合车形制成平板状,车身及后轮轴上各装有一根固定轴棒,用作装饰品。 | | | | |
| 归类决定 | 根据归类总规则一及六,该商品符合《税则注释》对品目 95.03 的解释,应归入税则号列 9503.0089。 | | | | |

| 序号 | 2044 | 归类决定编号 | Z2006－1113 | 公告编号 | 2006 年第 69 号① |
|---|---|---|---|---|---|
| 商品税则号列 | 9504.9090 | | | 发布日期 | 2006 年 11 月 22 日 |
| 商品名称 | 保龄球道计分系统悬挂荧幕 | | | | |
| 英文名称 | | | | | |
| 其他名称 | | | | | |
| 商品描述 | 该商品为 27 英寸彩色保龄球道计分系统悬挂荧幕，其工作原理是记分电脑通过分配放大盒将电脑的信号内容通过电缆同时送到空中悬挂的大显示器及台面小显示器，其传输方式为 VGA 接口。 | | | | |
| 归类决定 | 保龄球道计分系统主要包括显像器（一般包括悬挂式的显像器和固定在设定台的显像器两种）、设定台和专用于保龄球运动计分的中央处理装置（即电脑箱）等三大部件。如果以上部件是以系统形式一起进口、配套给保龄球道专用的，根据《税则》第九十五章章注三和《税则注释》对品目 95.04 的说明，可将整个系统作为保龄球自动球道的专用设备归入税则号列 9504.9090。<br>保龄球道计分系统悬挂荧幕即上述悬挂式的显像器，如果是随保龄球道计分系统一起进口，就可以根据上述归类原则随系统一起归入税则号列 9504.9090；单独进口时，应归入税目 85.28。此外，单独进口的保龄球道计分系统专用的中央处理装置应作为专用于保龄球道计分系统的部件归入税则号列 9504.9090；单独进口的设定台（即使固定装有显像器）也可作为专用于保龄球道计分系统的部件归入税则号列 9504.9090。 | | | | |

① 海关总署公告 2014 年第 46 号（2014 年 6 月 25 日发布）对此商品归类决定作了修订。

| 序号 | 2045 | 归类决定编号 | Z2006 - 1114 | 公告编号 | 2006 年第 69 号 |
|---|---|---|---|---|---|
| 商品税则号列 | 9506. 2900 | | 发布日期 | 2006 年 11 月 22 日 | |
| 商品名称 | 玻璃钢滑水盆、钢结构架 | | | | |
| 英文名称 | Water park equipment | | | | |
| 其他名称 | | | | | |
| 商品描述 | 该商品含两项,包括玻璃钢滑水道(连接滑水盆)和钢铁结构支撑架,安装在一起后,用于水上娱乐场所供人水上嬉戏。游人沿滑道滑入滑水盆后,由于离心作用的影响,沿滑水盆转圈,最后从滑水盆底部的中心孔落入水池。 | | | | |
| 归类决定 | 《税则注释》在品目 95. 06 和 95. 08 中对水上滑槽均有列名,即品目 95. 06 的“滑水梯”(chute)和品目 95. 08 的“滑槽”(water-chute)。根据税目条文及《税则注释》的内容,品目 95. 08 包括游乐场的娱乐设备,该品目项下所指“滑槽”主要指一类大型水上载人游乐设施的滑道,如“激流勇进”的滑道,其与普通游泳池或水上运动用设施不同,一般不与人体接触,需通过载体(如小车、小筏)等达到游乐的目的。而品目 95. 06 所指“滑水梯”一般用于游泳池或其他水上运动类场所,无需载体,是一类水中与人体直接接触以达到滑水目的的水中甬道。<br>上述商品,包括两项组件,配套使用,可合并归类。其用于游泳池或其他水上运动类场所,根据归类总规则一,应归入税则号列 9506. 2900。 | | | | |

| 序号 | 2046 | 归类决定编号 | Z2006－1115 | 公告编号 | 2006年第69号 |
|---|---|---|---|---|---|
| 商品税则号列 | 9506.3900 | | | 发布日期 | 2006年11月22日 |
| 商品名称 | 钛合金高尔夫球头精铸毛坯 | | | | |
| 英文名称 | Titanium alloy golf casting head | | | | |
| 其他名称 | | | | | |
| 商品描述 | 该商品主要由钛、铝、钒三种合金元素组成。各种合金元素的具体含量为：铝5.5%～6.8%，钒3.5%～4.5%，钛——标准允许杂质含量范围以外的余量。<br>该商品由钛合金经熔模精铸而成，已制成高尔夫球杆头的外观形状，出口后经打磨、焊接、修整、烤漆等工序后加工成球杆头成品。 | | | | |
| 归类决定 | 该商品已具备了成品高尔夫球杆头的基本外观特征，同时根据《税则注释》第九十五章总注释的有关描述，即“本章各品目也包括明显为专用于或主要用于本章所列货品的零件、附件”，并根据归类总规则二（一），应将上述商品归入税则号列9506.3900。 | | | | |

| 序号 | 2047 | 归类决定编号 | Z2006－1116 | 公告编号 | 2006年第69号 |
|---|---|---|---|---|---|
| 商品税则号列 | 9506.4090 | | | 发布日期 | 2006年11月22日 |
| 商品名称 | 乒乓发球机 | | | | |
| 英文名称 | Table tennis robot | | | | |
| 其他名称 | | | | | |
| 商品描述 | 该商品为NEWGY乐吉高手乒乓发球机，ROBO－PONG 2000型。乒乓球运动辅配设备，配有变压器、控制器等装置，直接安装使用。其可控制球速、频率及旋转强度，可用于多种运动及娱乐场所。 | | | | |
| 归类决定 | 该商品系由电力控制，主要用于乒乓球运动，虽可用于多种场合，但仍未超出体育活动用设备的范畴。<br>根据归类总规则一及《税则》税目95.06的税目条文，该商品应按其具体列名归入税则号列9506.4090。 | | | | |

| 序号 | 2048 | 归类决定编号 | Z2006 - 1118 | 公告编号 | 2006 年第 69 号 |
| --- | --- | --- | --- | --- | --- |
| 商品税则号列 | | 9506.9900 | | 发布日期 | 2006 年 11 月 22 日 |
| 商品名称 | 运动步枪/手枪报靶系统 | | | | |
| 英文名称 | | | | | |
| 其他名称 | | | | | |
| 商品描述 | 该报靶系统包括靶子、传感器、显示装置、控制器和自动排名系统，当子弹击穿靶纸后，传感器将信号传送至控制器，由控制器将信号转换为数字和图像信号，在运动员显示屏上显示射击成绩。在一组或多组射击之后，所有数字和图像信号又传送给自动排名系统，经过自动数据处理后，按照国际规定的计分和排名方法排列出比赛成绩和名次。 | | | | |
| 归类决定 | 该运动步枪/手枪报靶系统包括靶子、传感器、显示装置、控制器和自动排名系统等，不是单一的信号显示装置，因此该系统可视为一种体育设备归入税则号列 9506.9900。 | | | | |

| 序号 | 2049 | 归类决定编号 | Z2006 - 1119 | 公告编号 | 2006 年第 69 号 |
| --- | --- | --- | --- | --- | --- |
| 商品税则号列 | | 9506.9900 | | 发布日期 | 2006 年 11 月 22 日 |
| 商品名称 | 游乐场游戏组件 | | | | |
| 英文名称 | | | | | |
| 其他名称 | | | | | |
| 商品描述 | 该商品系儿童娱乐用拼装组件，由木料及塑料制成。其主要用于搭建秋千、滑梯等儿童游戏设施。 | | | | |
| 归类决定 | 根据《税则注释》对品目 95.06 的规定，该品目包括各类儿童游戏设施，区别于品目 95.08 所包括的游乐场设备。上述商品用于儿童户外游戏设施的搭建，应归入税则号列 9506.9900。 | | | | |

| 序号 | 2050 | 归类决定编号 | Z2013－0054 | 公告编号 | 2013 年第 26 号 |
|---|---|---|---|---|---|
| 商品税则号列 | | 9603. 9090 | | 发布日期 | 2013 年 5 月 17 日 |
| 商品名称 | 带手柄的可撕式胶黏滚筒 | | | | |
| 英文名称 | | | | | |
| 其他名称 | 可撕式粘尘纸(带手柄) | | | | |
| 商品描述 | 该商品由塑料或者铁制手柄和塑料外罩,以及切成一定尺寸的菱形涂胶纸的胶黏滚筒组成。通过控制其在物体表面的滚动,将灰尘、棉絮等黏附在滚筒表面,以达到清洁效果。胶黏滚筒是由菱形单张胶黏纸一张一张缠绕在纸管上组成,每张之间有 0.5 厘米间隙,纸与纸之间是断开,不连续的,当胶黏滚筒做滚动清洁后,可手工将已吸附了灰尘的胶黏纸撕去。胶黏滚筒的涂胶纸有 10 张到 90 张不等;常规宽度有 8 厘米到 16 厘米不等。<br>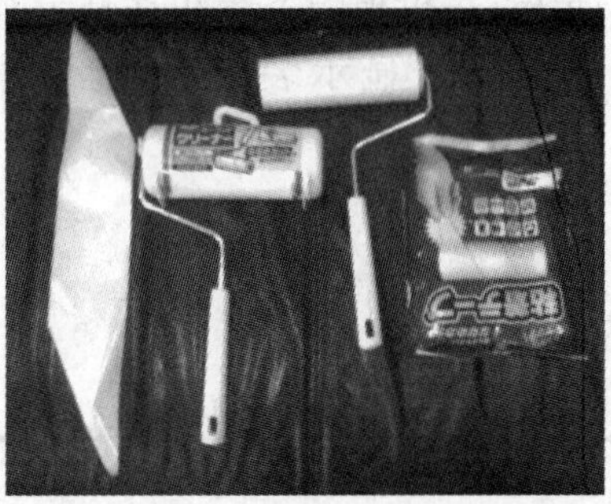 | | | | |
| 归类决定 | 根据归类总规则一及四,该商品应归入税则号列 9603. 9090。 | | | | |

| 序号 | 2051 | 归类决定编号 | Z2006－1120 | 公告编号 | 2006 年第 69 号 |
|---|---|---|---|---|---|
| 商品税则号列 | 9611.0000 | | 发布日期 | 2006 年 11 月 22 日 | |
| 商品名称 | 印壳 | | | | |
| 英文名称 | | | | | |
| 其他名称 | | | | | |
| 商品描述 | 该商品有两种型号。型号为 E－0043 的商品，主要由塑料制成，并带有自供油墨的装置，还配有小罐印油，进口状态为零售包装；型号为 SP－722 的商品，主要由塑料制成，并带有印台的自供油墨装置，进口状态为零售包装。 | | | | |
| 归类决定 | 从外形及用途看，该商品明显确定用于手工印戳，已构成印戳的基本特征，根据归类总规则一和二（一），应归入税则号列 9611.0000。 | | | | |

| 序号 | 2052 | 归类决定编号 | Z2006－1121 | 公告编号 | 2006 年第 69 号 |
|---|---|---|---|---|---|
| 商品税则号列 | 9612.1000 | | 发布日期 | 2006 年 11 月 22 日 | |
| 商品名称 | 热转移色带 | | | | |
| 英文名称 | Thermal transfer ribbon | | | | |
| 其他名称 | | | | | |
| 商品描述 | 该热转移色带尺寸为 678 毫米×20000 米。该商品是在 4.5 微米厚度的聚酯薄膜上涂上由不同的天然、合成蜡（包括棕榈蜡等）、聚合树脂（乙酸乙烯）及有机颜料（黑色碳粉）制成的油墨。其主要用在热转移打印机上，按照不同的要求打印标签、条形码及应用在自动识别、库存跟踪、工艺过程、质量控制和条码领域。该商品切割后绕于纸芯或塑料芯上使用。 | | | | |
| 归类决定 | 该商品符合《税则注释》对品目 96.12 的描述，根据归类总规则一，应归入税则号列 9612.1000。 | | | | |

| 序号 | 2053 | 归类决定编号 | Z2006－1122 | 公告编号 | 2006年第69号 |
| --- | --- | --- | --- | --- | --- |
| 商品税则号列 | 9613.8000 | | | 发布日期 | 2006年11月22日 |
| 商品名称 | 点烟器 | | | | |
| 英文名称 | | | | | |
| 其他名称 | | | | | |
| 商品描述 | 该商品的工作原理是:插在一个可接通电源的插座上,它含有一组电阻丝,轻轻一按便接通电源,电阻丝发热即可点烟。 | | | | |
| 归类决定 | 该汽车点烟器利用电阻加热原理工作。根据《税则注释》对品目96.13的解释及品目85.16的排他条款,该点烟器应作为一种打火器归入税则号列9613.8000。 | | | | |

| 序号 | 2054 | 归类决定编号 | Z2009－0182 | 公告编号 | 2009年第57号 |
| --- | --- | --- | --- | --- | --- |
| 商品税则号列 | 9616.1000 | | | 发布日期 | 2009年8月31日 |
| 商品名称 | 喷头 | | | | |
| 英文名称 | | | | | |
| 其他名称 | | | | | |
| 商品描述 | 该塑料制喷头,可用于花王诗芬亮发营养水的包装瓶上,也可用于洗涤剂包装瓶上。 | | | | |
| 归类决定 | 该商品为液体的散布或喷雾的器具,可用于亮发营养水的包装瓶上,也可用于洗涤剂包装瓶上。根据用途及《税则注释》的相关解释,该商品可归入《税则》税目84.24和税目96.16项下,根据归类总规则三(三),应归入税则号列9616.1000。 | | | | |

| 序号 | 2055 | 归类决定编号 | Z2006－1123 | 公告编号 | 2006年第69号 |
|---|---|---|---|---|---|
| 商品税则号列 | 9703.0000 | | | 发布日期 | 2006年11月22日 |
| 商品名称 | 明代石猴水仙盆 | | | | |
| 英文名称 | Stones carved work | | | | |
| 其他名称 | | | | | |
| 商品描述 | 该商品为明代石刻的双猴献寿水仙盆，造型为双猴手托花盆，58千克，规格为36厘米×62厘米×42厘米。 | | | | |
| 归类决定 | 如果该商品为古代雕刻品原件，根据《税则注释》第九十七章章注四（二）“品目97.06不适用于可以归入本章其他各品目的物品”及总注释的规定，品目97.01至97.05的物品即使超过100年，也仍应归入这些品目内。该商品符合《税则注释》对品目97.03的解释，根据归类总规则一，应归入税则号列9703.0000。 | | | | |

| 序号 | 2056 | 归类决定编号 | Z2006－1124 | 公告编号 | 2006年第69号 |
|---|---|---|---|---|---|
| 商品税则号列 | 9705.0000 | | | 发布日期 | 2006年11月22日 |
| 商品名称 | 石玩 | | | | |
| 英文名称 | | | | | |
| 其他名称 | | | | | |
| 商品描述 | 该商品为赏石界和收藏界人士马鸿斌先生的作品，是由采集来的天然石头（多为鹅卵石）配上底座制成的。石头本身虽未经任何加工，但由于外观奇特、形态各异而使其具有一定的欣赏和收藏价值。 | | | | |
| 归类决定 | 根据《税则注释》对品目97.05的解释，该品目下的物品通常没有什么内在的价值，但由于稀少、类别或外观而具有一定的意义。因此，该商品应属于具有矿物学意义的收集品或珍藏品。根据归类总规则一，“石玩”应按收集品或珍藏品归入税则号列9705.0000。 | | | | |

| 序号 | 2057 | 归类决定编号 | Z2006－0660 | 公告编号 | 2006年第69号 |
| --- | --- | --- | --- | --- | --- |
| 商品税则号列 | 分别归类（73.15/8477.9000/69.09） | | | 发布日期 | 2006年11月22日 |
| 商品名称 | 丁腈橡胶手套生产线用手模座、链条及手模 | | | | |
| 英文名称 | | | | | |
| 其他名称 | | | | | |
| 商品描述 | 本商品用于丁腈手套生产线。完整生产线应包括料槽、链条、手模座、手模、烘干炉、氯处理系统。具体流程如下：手模座安装在链条上（均为钢铁制），手模座上面安装手模（陶瓷制）。料槽中装有液态橡胶原料，手模在链条带动下（由带有齿轮的电动机驱动）经过料槽沾胶后进入烘干炉烘干，经过两次沾胶烘干和卷边后进入水洗槽水洗。然后对手套表面进行氯处理。氯处理系统能产生氯气，利用氯气同水发生反应后对手套进行去味处理。最后经漂洗、烘干后手工脱模。<br>本次进口手模45000只；手模座45000只；链条4800米；氯处理系统2套。用于4条丁腈手套生产线，是整条生产线的核心装置，决定着整条生产线运行的稳定性和手套制造的精确性。因烘干炉较为简单未进口，国内采购的料槽、不锈钢板材、方管和角铁等相当于生产线的支架，起辅助作用。 | | | | |
| 归类决定 | 手模座、链条及手模均属于橡胶手套生产线的零件，参照《税则》第十六类类注二零件的归类原则、第八十四章章注一（二）的排除条款，以及根据第十六类类注一（七）的规定："本品目不包括第十五类注释二规定的贱金属制通用零件……"因此，根据归类总规则一和六，链条应作为贱金属制的通用零件，归入税目73.15项下；手模座应按橡胶产品加工机器的零件，归入税则号列8477.9000；陶瓷制手模应按照其材质，归入税目69.09项下。 | | | | |

| 序号 | 2058 | 归类决定编号 | Z2006－0677 | 公告编号 | 2006年第69号 |
| --- | --- | --- | --- | --- | --- |
| 商品税则号列 | 分别归类(8422.3030/8479.8999) | | 发布日期 | 2006年11月22日 | |
| 商品名称 | 包装检测机 | | | | |
| 英文名称 | One set of pacaging inspection equipment | | | | |
| 其他名称 | | | | | |
| 商品描述 | 该设备由6台检测机(目检机)和2台包装机组成,与不同的液药生产流水线连接工作。其中,3台检测机并联与1台包装机连接组成普液线包装检测装置;2台检测机并联与包装机连接组成氨基酸线包装检测装置;1台检测机与国内购买的包装机连接组成中试线包装检测装置。<br>当装有液体的软袋经过过热水消毒后,工作人员将软袋挂至检测机的挂钩上,然后滚链转动到检测区1+2卤素光下,人工用肉眼进行检测软袋中是否含有杂质等。检测完毕后立即将软袋传输到外包机的传送带上,外包机自动进行外包。 | | | | |
| 归类决定 | 包装机和检测机组合后未构成具有《税则》第十六类所列功能的设备,不符合《税则》第十六类类注四功能机组的规定,应分别归类。上述包装机可对软包装袋进行外包装,应归入税则号列8422.3030;检测机结构以输送装置为主,卤素灯部分为目视检测提供照明,因此,根据《税则注释》关于品目84.79的解释,应归入税则号列8479.8999。 | | | | |

| 序号 | 2059 | 归类决定编号 | Z2006－0796 | 公告编号 | 2006年第69号 |
|---|---|---|---|---|---|
| 商品税则号列 | 分别归类 | | 发布日期 | | 2006年11月22日 |
| 商品名称 | 发电机断路器及附件 | | | | |
| 英文名称 | | | | | |
| 其他名称 | | | | | |
| 商品描述 | 规格型号:21KV,7700A,63KA。<br>结构:发电机断路器由HGC3型断路器及其操作机构、隔离开关及其操作机构、主变侧检修接地开关及其操作机构、三相电压互感器带两个二次绕组、主变侧避雷器、现地控制柜等部件构成,所有部件连接成一体装在同一个外壳内中,具体包括:断路器、串联隔离开关、接地开关、启动开关连接、带开关的固定短路连接、电流互感器、保护电容器、避雷器、数控装置等构件。<br>附件:包括专用工具和备品备件。专用工具价值4400美元,包括断路器手动操作杆,隔离开关和接地刀手动操作杆,安装起吊(吊具)辅助设备和充气设备接头;<br>备品备件:价值9600美元,包括操作机构用电动机,压力表,密度监视仪,辅助开关组,液压油,闸线圈,断路器跳闸线圈和断路器。<br>功能:装设断路器满足机组开停的需要。<br>原理:发电机断路器通过现地控制柜对设备的液压系统进行控制,由液压系统对断路器、发电机隔离开关、接地开关等构件进行操作,通过现地控制柜实现电站设备集中控制和远程操作。 | | | | |
| 归类决定 | 该设备由断路器、多种开关(包括隔离开关等)、避雷器等构成,符合《税则》税目85.37条文"装有两个或多个品目85.35或85.36所列的装置"的描述,根据归类总规则一、归类总规则六,应将其归入税则号列8537.2090。<br>附件、备品应分别归类。 | | | | |

<table>
<tr><td>序号</td><td>2060</td><td>归类决定编号</td><td>Z2006－1004</td><td>公告编号</td><td>2006 年第 69 号</td></tr>
<tr><td colspan="2">商品税则号列</td><td colspan="2">分别归类(8711.9010/8716.4000)</td><td>发布日期</td><td>2006 年 11 月 22 日</td></tr>
<tr><td colspan="2">商品名称</td><td colspan="4">三轮电动游戏车</td></tr>
<tr><td colspan="2">英文名称</td><td colspan="4">Electric three wheel scooter</td></tr>
<tr><td colspan="2">其他名称</td><td colspan="4"></td></tr>
<tr><td colspan="2">商品描述</td><td colspan="4">“E－300L Zip3 三轮电动游戏车”主要由不锈钢材料制成的车体、动力装置(马达、电池、齿轮、开关等)、刹车系统、定时器及黄包拖架构成,每台重 65 千克,具有三种可调速度,最高时速 20～25 千米/小时,最大载重 220 磅。货主称本游戏车进口后用于儿童娱乐场所、公园。<br>该车适宜老年人乘骑、短距离旅行、校园行驶等。经向车管部门了解,此类车不允许上路。</td></tr>
<tr><td colspan="2">归类决定</td><td colspan="4">考虑到该商品主要用于载人,且并不具备税目 87.03 所列机动车的特征,根据《税则注释》关于品目 87.11 的解释,其带有动力装置的车体应归入税则号列 8711.9010;黄包拖架作为脚踏车或摩托车上的“挂车”,虽与车体同时进口,应按《税则》具体列名归入税则号列 8716.4000。</td></tr>
</table>

<table>
<tr><td>序号</td><td>2061</td><td>归类决定编号</td><td>Z2006－1125</td><td>公告编号</td><td>2006 年第 69 号</td></tr>
<tr><td colspan="2">商品税则号列</td><td colspan="2">分别归类</td><td>发布日期</td><td>2006 年 11 月 22 日</td></tr>
<tr><td colspan="2">商品名称</td><td colspan="4">14、15 寸彩色显示管零部件</td></tr>
<tr><td colspan="2">英文名称</td><td colspan="4"></td></tr>
<tr><td colspan="2">其他名称</td><td colspan="4"></td></tr>
<tr><td colspan="2">商品描述</td><td colspan="4">该彩色显示管零部件的规格为 14 寸及 15 寸,包括框架、夹子、面盘、锥管及导电片、内屏幕及固定夹、防爆钢带、基座、针套、磁环、补正及收敛磁片、矽钢片、导线、插座组件、成枪、管颈及胶套、DY 锁紧带,此外还包括面盘墨、荧光粉、甲醇等物料。</td></tr>
<tr><td colspan="2">归类决定</td><td colspan="4">该商品为彩色显示管成套料件,其中进口的零部件虽已达到显示管总价值的 60% 左右(包括偏转线圈),但由于进口时是以不同的零部件类别分批进口的,且组装前部分零部件还需进行进一步的加工(如阴罩成型、荧光粉着幕、锥管涂布等)方能用于组装,故该批显像管零部件仍应按其加工组装前的状态分别归类。<br>此外,原材料部件不应视为零部件,其多数属于加工处理及组装过程所用的消耗性材料,亦应按其属性及列名分别归类。</td></tr>
</table>

| 序号 | 2062 | 归类决定编号 | Z2006－1126 | 公告编号 | 2006 年第 69 号 |
|---|---|---|---|---|---|
| 商品税则号列 | 分别归类 | | 发布日期 | | 2006 年 11 月 22 日 |
| 商品名称 | 工厂化育苗系统 | | | | |
| 英文名称 | | | | | |
| 其他名称 | | | | | |
| 商品描述 | 该套西班牙 ULMA 工厂化育苗系统由温室结构、覆盖材料、遮阳网 ULS16 和自动管理系统四部分组成。 | | | | |
| 归类决定 | 该工厂化育苗系统由温室结构、覆盖材料、遮阳网和自动管理系统组成，其中温室结构已构成活动房屋的特征，应归入税则号列 9406.0000；覆盖材料和遮阳网应按其构成材料归类；自动管理系统中的计算机、打印机应单独归类；其他部分应看其是否符合“作为正常应固定在房屋的设备”，确定是否与房屋一同归类。 | | | | |

| 序号 | 2063 | 归类决定编号 | Z2006－1127 | 公告编号 | 2006 年第 69 号 |
|---|---|---|---|---|---|
| 商品税则号列 | 分别归类 | | 发布日期 | | 2006 年 11 月 22 日 |
| 商品名称 | 地板铣形及包装生产线 | | | | |
| 英文名称 | | | | | |
| 其他名称 | | | | | |
| 商品描述 | 该生产线主要用于对地板进行条块切割和周边拼接部分加工，并进行薄膜包装，其作业流程如下：<br>上线进料→锯割→榫槽加工→转向输送→横向榫槽加工→防水处理→装盒→薄膜封装→薄膜热收缩→成品入库。<br>其中，地板铣形生产线所用的进料台、滚筒输送带、多片锯、双链式纵向加工双端铣、TW 送料转向台、控制台等主要地板铣形部件的价格占生产线价格总值的 86%。 | | | | |
| 归类决定 | 由多台设备构成的生产线的归类，必须根据《税则》第十六类类注三、四关于组合机器和功能机组的定义加以判断，只有构成组合机器或功能机组的，才能一并归类，否则应分别归类。地板铣形及包装生产线用于对地板进行条块切割和周边拼接部分加工，防水处理及薄膜包装，其明显具有税目 84.65、84.79 和 84.22 项下所列的多种功能，所组成的生产线不具备第八十四章某税号所列功能，以上机器也未装配在一起构成组合机器，所以不能一并归类，而应根据各部分功能分别归入上述税目。 | | | | |

| 序号 | 2064 | 归类决定编号 | Z2006－1128 | 公告编号 | 2006 年第 69 号 |
|---|---|---|---|---|---|
| 商品税则号列 | 分别归类 | | 发布日期 | 2006 年 11 月 22 日 | |
| 商品名称 | 铁矿石取制样设备 | | | | |
| 英文名称 | | | | | |
| 其他名称 | | | | | |
| 商品描述 | 该设备属移动皮带式取样机,用于铁矿石的取制样工作,主要由皮带输送机、筛选、切割、研磨、监控等部分组成。铁矿石到港后,由该取样设备对矿石进行取样,然后,经过筛选、称量判断矿石大小的均匀程度;经过铁矿石破碎以进行有关物理检测用取样;对铁矿石进行研磨以进行有关化学检测用取样。完成各部分的取样后,剩余的铁矿石返还码头。所有的取样过程由监控装置进行自动控制。 | | | | |
| 归类决定 | 根据《税则》第十六类类注四,功能机组应符合"组合后明显具有一种第八十四章或第八十五章某个税号所列功能"的要求。由于铁矿石取制样设备组合后的功能并未在第八十四章或第八十五章中列明,因此不符合功能机组的定义,故应将该套设备各部分分别归类。 | | | | |

| 序号 | 2065 | 归类决定编号 | Z2006－1129 | 公告编号 | 2006 年第 69 号 |
|---|---|---|---|---|---|
| 商品税则号列 | 分别归类 | | 发布日期 | 2006 年 11 月 22 日 | |
| 商品名称 | 工程维修车、水质监测车 | | | | |
| 英文名称 | | | | | |
| 其他名称 | | | | | |
| 商品描述 | 该工程维修车上配供电设备及管道疏通，用于工厂及城市管网的排水抢修，管道堵塞时为疏通设备提供紧急电源、照明。<br>该水质监测车上配采水样和快速测定水质化学分析设备，主要用于城市管网和厂区的快速水质分析，监测城市排水的水质，及时发现超标排水，为污水运行提供数据和保证。 | | | | |
| 归类决定 | 该工程维修车、水质监测车未因设备安装和工作需要对车体进行改装，不能确认其是专用于工程维修和水质监测的车辆，故不能按特种车归类，应将车和车内设备分别归入与其相适应的税则号列。 | | | | |

| 序号 | 2066 | 归类决定编号 | Z2006－1130 | 公告编号 | 2006 年第 69 号 |
|---|---|---|---|---|---|
| 商品税则号列 | 分别归类 | | 发布日期 | 2006 年 11 月 22 日 | |
| 商品名称 | 温室设备 | | | | |
| 英文名称 | | | | | |
| 其他名称 | | | | | |
| 商品描述 | 该温室设备包括温室结构、遮光保温系统、加热系统、灌溉系统、水帘降温系统和自动控制系统组成。 | | | | |
| 归类决定 | 温室结构应按活动房屋归入税则号列 9406.0000；其他系统如符合《税则》第十六类类注四的定义，应按其构成的功能机组的功能分别归入《税则》第八十四或八十五章相应税号；其余未构成功能机组的设备，可分别归类。 | | | | |

| 序号 | 2067 | 归类决定编号 | Z2006－1131 | 公告编号 | 2006年第69号 |
| --- | --- | --- | --- | --- | --- |
| 商品税则号列 | 分别归类 | | 发布日期 | 2006年11月22日 | |
| 商品名称 | 总组装台及挂架 | | | | |
| 英文名称 | | | | | |
| 其他名称 | | | | | |
| 商品描述 | 该商品的原理及用途：<br>1. 总组装台用于定位，固定双人、多人椅的下铝横梁，然后把在椅背连续组装台上的成品单人坐椅组装成双人或多人坐椅；<br>2. 挂架是总组装台附属的放置各种标准件及工具的专用架子。 | | | | |
| 归类决定 | 总组装台及挂架的功能相互独立，应分开归类：<br>1. 总组装台用于定位，固定双人、多人椅的下铝横梁，然后把在椅背连续组装台上的成品单人坐椅组装成双人或多人坐椅。根据《税则注释》对品目84.79的解释，该总组装台是一种未列名的具有独立功能的机械，应归入税则号列8479.8990［8479.8999（2014年版）］。<br>2. 挂架是总组装台附属的放置各种标准件及工具的专用架子。根据《税则注释》对品目73.08的解释，该挂架属钢铁结构体，应归入税则号列7308.9000。 | | | | |

| 序号 | 2068 | 归类决定编号 | Z2006－1132 | 公告编号 | 2006 年第 69 号 |
|---|---|---|---|---|---|
| 商品税则号列 | 分别归类 | | 发布日期 | 2006 年 11 月 22 日 | |
| 商品名称 | 加气机设备 | | | | |
| 英文名称 | | | | | |
| 其他名称 | | | | | |
| 商品描述 | 该套设备由加气机、多段离心无密封潜液屏蔽泵、紧急切断阀及浮子液位计构成。各部分的主要功能为:(1)加气机,给车辆加气,同时显示气体流量和应付金额,控制潜液泵的供液;(2)多段离心无密封潜液屏蔽泵,在规定压力、流量内提升液体为加气机供液;(3)浮子液位计,监控罐内液位,确保潜液泵安全工作、供液,当液位低于某一设定值时,可自动停止潜液泵工作;(4)紧急切断阀,与加气机相配套,当加气机工作过程中,一旦发生事故,可自动也可手动使管道终止供气,确保安全。 | | | | |
| 归类决定 | 该设备各部分的功能独立,应分别归类。<br>加气机:给车辆加气,同时显示气体流量和应付金额,控制潜液泵的供液,是一种未列名的具有独立功能的设备,应归入税则号列 8479.8990[8479.8999(2014 年版)]。<br>浮子液位计:安装在液化气储存罐体内,监控罐内液位,保证液位不超过限定值,确保潜液泵安全工作、供液,并可以读出工作时间内所输送的出液量。该商品符合《税则注释》关于品目 90.26 的解释,应归入税则号列 9026.1000。<br>多段离心无密封潜液屏蔽泵:是悬臂式多段离心无密封液化气潜液屏蔽泵,主要由叶片段、壳体段、集合段、转子屏蔽段、轴承监视器等构成主体,悬挂安装在液化气储存罐体内,潜浸于液化气液体中,主要用于提升液体。在多段离心无密封潜液屏蔽泵出口处装有紧急切断阀,在加气机工作过程中,一旦发生事故,可自动也可手动使管道终止供气确保安全,此阀是保证安全的配件,故应按泵的附件与泵一并归入税则号列 8413.7090[8413.7099(2014 年版)]。 | | | | |

| 序号 | 2069 | 归类决定编号 | Z2006－1133 | 公告编号 | 2006年第69号 |
|---|---|---|---|---|---|
| 商品税则号列 | 分别归类 | | | 发布日期 | 2006年11月22日 |
| 商品名称 | 机动环境监测车 | | | | |
| 英文名称 | | | | | |
| 其他名称 | | | | | |
| 商品描述 | 该机动环境监测车由德国MAN货车改装而成，由于所配置的仪器均属高价值、高精度、高密度的电子仪器，对运输保管要求很高，因此，进口商将监测车车体与有关仪器分开包装海运进口，要求在境内进行改装。 | | | | |
| 归类决定 | 该机动环境监测车由MAN牌柴油型货车（车辆重量9.5吨）与煤粉/飞灰测量系统，烟气分析和校验系统，温度、流量、功率测量系统，压力和温度校验系统等分开包装海运进口。由于对货车未进行实质性改装，不符合《税则注释》关于品目87.05“特种车”的规定，故应将车辆和仪器分别归类。 | | | | |

| 序号 | 2070 | 归类决定编号 | Z2006－1134 | 公告编号 | 2006年第69号 |
|---|---|---|---|---|---|
| 商品税则号列 | 分别归类 | | | 发布日期 | 2006年11月22日 |
| 商品名称 | 静脉输液配制过滤净化装置 | | | | |
| 英文名称 | Solution preparation system | | | | |
| 其他名称 | | | | | |
| 商品描述 | 该静脉输液配制过滤净化装置是由真空加料器、输液制备罐、预过滤器、精过滤器和操作控制柜组成。工艺流程为：对经在线清洗、消毒好的输液制备罐加入注射用水，升温至90℃。将需要的葡萄糖液和氯化钠由真空加料器进入输液制备罐中，经搅拌溶解，配制完成后，通过冷却水，冷却药温至55℃后，将配好的药液经预过滤器、精过滤器过滤后，送至罐装工序（未进口）。各组成部分由管道连接，并由操作控制柜控制。 | | | | |
| 归类决定 | 上述设备组合后具备混合药液和过滤药液的功能，因未构成《税则》第八十四章某个税号所列功能，故不符合《税则》第十六类类注四的功能机组的规定，应分别归类：加料器和输液制备罐归入税则号列8479.8200；预过滤器和精过滤器归入税则号列8421.2990；控制柜归入税则号列8537.1090。 | | | | |

| 序号 | 2071 | 归类决定编号 | Z2006－1135 | 公告编号 | 2006年第69号 |
|---|---|---|---|---|---|
| 商品税则号列 | 分别归类 | | 发布日期 | 2006年11月22日 | |
| 商品名称 | 多功能管理机 | | | | |
| 英文名称 | | | | | |
| 其他名称 | | | | | |
| 商品描述 | 该多功能管理机用于农田和草地的耕作及收割管理。主机分为乘坐式和手动式。通过更换不同的机头可进行不同的田间管理。 | | | | |
| 归类决定 | 由于该多功能管理机是由动力部分和多个机头组合而成,且各种机头功能独立,根据《税则》第八十七章章注二,该管理机应分别归类。<br>1. 乘坐式的:根据《税则注释》关于品目87.01的解释,乘坐式主机应归入子目8701.90;<br>2. 手动式的:根据《税则注释》关于品目87.01的解释,手动式主机应归入税则号列8701.1000;<br>3. 各种不同的机头:应根据不同机头的功能,归入税目84.24、84.32、84.33等的相关子目。 | | | | |

| 序号 | 2072 | 归类决定编号 | Z2006－1136 | 公告编号 | 2006年第69号 |
|---|---|---|---|---|---|
| 商品税则号列 | 分别归类 | | 发布日期 | 2006年11月22日 | |
| 商品名称 | 计算机网络设备 | | | | |
| 英文名称 | | | | | |
| 其他名称 | | | | | |
| 商品描述 | 该产品主要用于搭建大学校园网,校园网可方便校园的教学、科研,为实现网络化、智能化提供平台,其主要由以下六个部分组成:(1)Cisco 6509核心交换机;(2)Cisco 3500二级交换机;(3)Cisco路由器;(4)SUN E250主服务器;(5)SUN Ultra10网管工作站(兼DNS服务);(6)网管软件。 | | | | |
| 归类决定 | 该套计算机网络设备是由Cisco和Sun两种品牌的不同功能的独立设备组成,整套设备不符合《税则》第十六类类注四关于功能机组应明显具有一种功能的规定,因此,应按该设备的构成予以分别归类。 | | | | |

<table>
<tr><td>序号</td><td>2073</td><td>归类决定编号</td><td colspan="2">Z2006－1139</td><td>公告编号</td><td>2006 年第 69 号</td></tr>
<tr><td colspan="2">商品税则号列</td><td colspan="2">分别归类</td><td colspan="2">发布日期</td><td>2006 年 11 月 22 日</td></tr>
<tr><td colspan="2">商品名称</td><td colspan="6">大型转播集联制作系统</td></tr>
<tr><td colspan="2">英文名称</td><td colspan="6"></td></tr>
<tr><td colspan="2">其他名称</td><td colspan="6"></td></tr>
<tr><td colspan="2">商品描述</td><td colspan="6">该大型转播集联制作系统由厢式挂车及固定安装在挂车车厢内的电视摄制、制作设备构成。这套大型转播集联制作系统的主要设备和功能有：<br>1. 厢式挂车，相当于可在外场进行制作的电视机房；<br>2. HK－3889P 摄像机，通过特殊电缆与箱体内设备相连，完成电视拍摄工作；<br>3. DD－35 视频切换台，完成各路拍摄来信号的选切和合成工作；<br>4. DVW－500P 录像机，用于录制各路电视信号；<br>5. EVS 硬盘录像机，作为体育节目慢动作的播出；<br>6. DVE 数字特级，用于电视特级画面的制作；<br>7. SONY 监视器，用于各路电视信号的监看；<br>8. LCD 显示器，用于计算机信号的监看；<br>9. 泰克监视仪器，用于电视信号的检测；<br>10. SSL 数字调音台，用于声音信号的制作；<br>11. MC－9000 非线形编辑，用于电视信号的后期编辑等。<br>以上设备(2～11 项)均固定安装在厢式挂车内的设备机架上，通过系统连线将所有设备有机地连接在一起，从而实现电视的摄制和制作功能。该套系统为广播电视前期制作设备，主要用于新闻、文艺、体育、经济及重大事件的现场电视转播制作。</td></tr>
<tr><td colspan="2">归类决定</td><td colspan="6">根据《税则注释》关于品目 87.16 项下“装有机器等的车辆”的解释，电视摄制、制作设备是所报货品的基本特征，故该商品应按挂车、电视的摄制、录制、制作设备等分别归入《税则》相应的税目。</td></tr>
</table>

| 序号 | 2074 | 归类决定编号 | Z2006-1140 | 公告编号 | 2006年第69号 |
|---|---|---|---|---|---|
| 商品税则号列 | 分别归类 | | 发布日期 | 2006年11月22日 | |
| 商品名称 | 车辆及测试设备 | | | | |
| 英文名称 | | | | | |
| 其他名称 | | | | | |
| 商品描述 | 该车辆及测试设备包括完整的汽车车身、MAN集装箱箱体,同时进口的飞灰测量模件、粉煤/飞灰分析模件、扩大气分析模件、SO&#8322、检测仪器、气体分析模件、便携式气体分析模件、气体分析仪校验模块、温度测量模件、水质监视系统及其他备件。上述车辆及配套的分析仪器为同一合同、同一提单,并同时进口,其中的分析测量仪器将在国内进行安装。 | | | | |
| 归类决定 | 因车辆未经安装设备所必须的改装,测试设备也未固定安装在车内,因此未构成特种车辆的基本特征,所以应分别归类。其中车辆应按货运车辆归入《税则》税目87.04项下有关子目,测试设备应按其功能分别归类。 | | | | |

| 序号 | 2075 | 归类决定编号 | Z2006-1141 | 公告编号 | 2006年第69号 |
|---|---|---|---|---|---|
| 商品税则号列 | 分别归类 | | 发布日期 | 2006年11月22日 | |
| 商品名称 | 梅赛德斯-奔驰2686毫升小货车 | | | | |
| 英文名称 | | | | | |
| 其他名称 | | | | | |
| 商品描述 | 该车由梅赛德斯-奔驰SPRINTER 416CDI改装而成,用于电视转播。车内已固定安装有监视器、波形示波器、调音台、发电机、电话机、通话系统等,其他还有录像机、摄像机等设备打着包装放在车内,这些设备进口后在使用时要全部固定安装在车上,组成电视转播车,摄、录像机使用时通过电缆与汽车相连。 | | | | |
| 归类决定 | 该车辆整体进口时没有经过整体化布线和必要设备(如柴油发电系统、UPS不间断电源系统及空调系统等)的安装,已安装设备仅简单固定,通电后不能使用,车厢也未作实质性的改装,故所报商品未构成电视转播车的基本特征,不符合《税则注释》品目87.05关于“特种车”的解释,应按货车和设备分别归类。 | | | | |

| 序号 | 2076 | 归类决定编号 | Z2006－1142 | 公告编号 | 2006 年第 69 号 |
|---|---|---|---|---|---|
| 商品税则号列 | 分别归类 | | 发布日期 | 2006 年 11 月 22 日 | |
| 商品名称 | 全自动金属板材柔性加工生产线 | | | | |
| 英文名称 | CNC punching,notching and bending line for sheet metal | | | | |
| 其他名称 | | | | | |
| 商品描述 | 该生产线主要由立体仓库（CS25－10）、冲剪合一机（SG6）、分类输送带（C1500/4）、分类迭层装置（SGR）、弯板中心（EB5）及 CNC 控制系统组成，是一整套由电脑程序自动控制的金属板材自动柔性加工生产线，金属板材按“自动上料→冲剪→分类输送→分类迭层→折弯→入库”流程加工。 | | | | |
| 归类决定 | 该套流水线不符合《税则》中功能机组的定义，故应将其分别归类。其中，冲剪合一机、弯板中心应归入税目 84.62 项下；分类输送带归入税目 84.28 项下；CNC 归入税目 85.37。 | | | | |

| 序号 | 2077 | 归类决定编号 | Z2006－1143 | 公告编号 | 2006年第69号 |
|---|---|---|---|---|---|
| 商品税则号列 | 分别归类 | | | 发布日期 | 2006年11月22日 |
| 商品名称 | 乳品加工设备 | | | | |
| 英文名称 | | | | | |
| 其他名称 | 超高温无菌灌装牛奶设备 | | | | |
| 商品描述 | 该设备包括:收奶系统、15T/h杀菌机、Tetra Centri610HGD分离机、LactaL750脱气机、DC－500脱气机、Alfast212油脂标准化机、Alex20均质机、Alex25均质机、混料机、Flex10超高温杀菌机、TBA－19灌装机、利乐枕包装机、TSA21型吸管机、70型托盘机、一套完整的CIP清洗系统等设备。<br>CIP清洗系统结构原理简述:由全自动程控系统对不同工序的设备清洗进行控制,主要设备有循环系统、变频输送设备、混料系统、专用热交换器CIP—heater、流量控制装置、控制系统、传感器、酸碱液的回收系统和与其他系统的信息交流系统等。主要用于整条生产线设备的内部清洗。<br>工艺流程:原奶验收过秤→添加辅料→预热进入分离机→油脂标准化→均质→杀菌→均质→进行预热、脱气、二次均质、杀菌→包装、贴管、装箱、入库(CIP清洗系统贯穿于整个生产线)。<br>用途:生产乳制品。 | | | | |
| 归类决定 | 该套系统包括收奶系统、15T/h杀菌机、Tetra Centri610HGD分离机、LactaL750脱气机、DC－500脱气机、Alfast212油脂标准化机、Alex20均质机、Alex25均质机、混料机、Flex10超高温杀菌机、TBA－19灌装机、利乐枕包装机、TSA21型吸管机、70型托盘机、一套完整的CIP清洗系统等设备。<br>根据《税则注释》对品目84.34的排他条款规定,应将分离、杀菌、包装、清洗等设备分别按其具体列名归类。 | | | | |

| 序号 | 2078 | 归类决定编号 | Z2006－1144 | 公告编号 | 2006年第69号 |
|---|---|---|---|---|---|
| 商品税则号列 | 分别归类 | | 发布日期 | 2006年11月22日 | |
| 商品名称 | 双工位六角型胎圈缠绕系统 | | | | |
| 英文名称 | | | | | |
| 其他名称 | | | | | |
| 商品描述 | 此系统用于子午线轮胎六角型胎圈的生产，采用双工位设计，可同时生产两个胎圈。该商品主要由双工位钢丝导开装置、电加热装置、螺杆式挤出熬胶装置、牵引装置、双工位存储装置、胎圈缠绕机、电气控制装置等组成。成卷钢丝经导开装置导开，先经加热装置预热，再由牵引装置牵引在挤出装置上覆胶，最后缠绕装置将覆胶的钢丝缠绕成六角型胎圈。整个生产流程均由电气控制装置进行控制。 | | | | |
| 归类决定 | 该系统主要由覆胶和缠绕两种设备构成，不符合《税则》第十六类类注四关于功能机组的定义，应将其分别归类。 | | | | |

| 序号 | 2079 | 归类决定编号 | Z2006－1145 | 公告编号 | 2006年第69号 |
|---|---|---|---|---|---|
| 商品税则号列 | 分别归类 | | 发布日期 | 2006年11月22日 | |
| 商品名称 | 圆筒钢板仓 | | | | |
| 英文名称 | Commercial grain bin | | | | |
| 其他名称 | | | | | |
| 商品描述 | 该商品为全钢结构，主要由仓顶板、仓壁板、梯、通风系统、温度监测系统等组成，仓体直径12.8米，总高19.01米，容积2089.5立方米，其用途是储存粮食等农作物。同时，通过温度监测系统对仓内温度进行测温，在温度超过设定标准时，启动通风系统将温度控制在安全范围内，达到降温、保粮的作用。另，该圆筒钢板仓内还装有机械提升装置。 | | | | |
| 归类决定 | 该套设备不符合《税则》第十六类类注四的规定，因此应分别归类。其中，结构件应按材料归类；其余升降系统、搬运器系统等已具备升降搬运功能，应归入税则号列8428.9000；温控通风部分归入税目84.14项下。 | | | | |

| 序号 | 2080 | 归类决定编号 | Z2006－1146 | 公告编号 | 2006 年第 69 号 |
|---|---|---|---|---|---|
| 商品税则号列 | 分别归类 | | 发布日期 | | 2006 年 11 月 22 日 |
| 商品名称 | 整车排放试验低温仓系统 | | | | |
| 英文名称 | The low temperature chamber system for light-duty vehicle exhaust emission performance tests | | | | |
| 其他名称 | | | | | |
| 商品描述 | 该整车排放试验低温仓系统是为汽车质量检测中心进行 3. 5 吨以下轻型汽车排放试验提供零下 10℃至零上 40℃大自然模拟环境的一套封闭式设备。此套设备主要由仓体、温度和湿度控制系统、废气排出系统、新鲜空气补偿系统、计算机控制系统、安全和保护系统、风速模拟系统和数据采集系统等组成。本套设备可以精确模拟汽车运行时的大气环境，采用计算机系统精确控制环境温度（零下 10℃至零上 40℃）、湿度（5. 5～12. 2克水/千克干空气）、风速（0～120 千米/小时）和压力（标准大气压 ±50 帕）。通过新风系统的二级致冷干燥精确调整气体温度，采用反馈控制气体压力。车速模拟风机采用变频控制完全实现实验室环境与道路试验环境的统一。 | | | | |
| 归类决定 | 该商品是一套自动控制设备，由于其带有执行机构，且上述商品也不符合《税则》对功能机组及组合机器的定义，应分别予以归类。 | | | | |

| 序号 | 2081 | 归类决定编号 | Z2006－1147 | 公告编号 | 2006年第69号 |
| --- | --- | --- | --- | --- | --- |
| 商品税则号列 | 分别归类 | | | 发布日期 | 2006年11月22日 |
| 商品名称 | 抢险救援车 | | | | |
| 英文名称 | | | | | |
| 其他名称 | | | | | |
| 商品描述 | 该车由奔驰311CDI底盘改装而成，前乘员室为1＋2座位，后乘员室为3＋3座位。后储物箱内携带液压组合破拆工具一套（包括扩张钳、剪断钳、液压顶柱、液压泵、高压管），并能承载部分手动抢险救援设备。该车能配合重型抢险救援车完成大型抢险救援任务。 | | | | |
| 归类决定 | 因该车所带的液压组合破拆工具等抢险救援设备并非固定安装在车上，不符合特种车辆的要求，故抢险救援车辆与所带救援设备应分别归类。 | | | | |

| 序号 | 2082 | 归类决定编号 | Z2006－1148 | 公告编号 | 2006年第69号 |
| --- | --- | --- | --- | --- | --- |
| 商品税则号列 | 分别归类 | | | 发布日期 | 2006年11月22日 |
| 商品名称 | 耳鼻喉检查台 | | | | |
| 英文名称 | | | | | |
| 其他名称 | E. N. T. checking unit | | | | |
| 商品描述 | 该耳鼻喉检查台型号为NET－600，配有控制台、喷枪、吸引、喉镜预热器、紫外线消毒装置、治疗灯、压力泵、污物桶、抽屉柜等标准配置件，另有NET－1400病人坐椅、台车、医生坐椅选配件（不含耳鼻喉内窥镜及内窥镜影像系统）。用于对耳、鼻、喉部位疾病的检查及治疗。 | | | | |
| 归类决定 | 根据《税则注释》对品目90.18牙科仪器及器械中关于“安装在一个台体上的综合牙科治疗台”的解释，该耳鼻喉检查台可按其他医疗仪器，归入税则号列9018.9090；由于抽屉柜并非与检查台紧固在一起，且主要用于医生存放器械和病历，台车用于放置监视器，因此，这两种商品应单独归入《税则》税目94.03项下；医生坐椅由于没有明显医用特征，应归入税目94.01项下；NET－1400病人坐椅与检查台相连，可通过检查台控制升降，也可通过自身的升降装置控制升降，其可按医疗用家具归入税目94.02项下。 | | | | |

| 序号 | 2083 | 归类决定编号 | Z2006－1150 | 公告编号 | 2006年第69号 |
|---|---|---|---|---|---|
| 商品税则号列 | 分别归类 | | | 发布日期 | 2006年11月22日 |
| 商品名称 | 菌场自动化生产设备 | | | | |
| 英文名称 | | | | | |
| 其他名称 | | | | | |
| 商品描述 | 该菌场自动化生产设备为生产食用菇类的机械设备,其生产流程运作分为四个区:原料混合处理区、装瓶区、接菌区、去皮区。该生产流程完成了从原料筛选处理、混合搅拌、装填、接菌、去菌头等阿魏菇和金针菇前期生产过程。<br>1. 原料混合处理区主要机器包括:混合机4台,进回料螺旋输送机4台,不锈钢水桶2台,料车6台。将培养介质先行混合搅拌。<br>2. 装瓶区主要机器包括:特殊规格装瓶机3台,特殊规格装瓶机(打孔机)3台(属半自动装瓶机),输送机3台。将培养介质装瓶封盖,并以油压方式打孔,促进菌种生长。<br>3. 接菌区主要机器包括:接菌机2台,伸缩动力输送机2台,输送机4台。<br>4. 去皮区主要机器包括:去皮机2台,输送机2台,伸缩动力输送机2台。将栽培完的菌种通过去皮机挖头和高压水洗处理菌头,方便后段车库出菇管理。 | | | | |
| 归类决定 | 该套设备为生产食用菇类的机械设备。其生产流程运作分为四个区:原料混合处理区、装瓶区、接菌区、去皮区。该生产流程完成了从原料筛选处理、混合搅拌、装填、接菌、去菌头等阿魏菇和金针菇前期生产过程。<br>该套设备各部分功能独立,组合后也未构成《税则》上某个税目具体列名的功能,不符合第十六类类注四关于功能机组的定义,故应将其分别归类。 | | | | |

<table>
<tr><td>序号</td><td>2084</td><td>归类决定编号</td><td>Z2006－1151</td><td>公告编号</td><td>2006年第69号</td></tr>
<tr><td colspan="2">商品税则号列</td><td colspan="2">分别归类</td><td>发布日期</td><td>2006年11月22日</td></tr>
<tr><td colspan="2">商品名称</td><td colspan="4">2200型面筋数量和质量测定系统</td></tr>
<tr><td colspan="2">英文名称</td><td colspan="4">Glutomaic-gluten ldnex system 2200</td></tr>
<tr><td colspan="2">其他名称</td><td colspan="4"></td></tr>
<tr><td colspan="2">商品描述</td><td colspan="4">该系统由2200型面筋洗涤仪、2015型离心机、2020型烤炉构成。其作用原理：全麦粉或小麦粉通过物理检验分离得到的面筋在标准条件下加以离心和烘干，得到湿面筋和干面筋。通过高速离心，迫使其通过一个特制的筛网，收集留存在特制筛网上部的面筋和通过特制筛网下部的面筋，其全部面筋重量为小麦粉的重量，用镊子取出湿面筋，用天平称量，精确至0.01克，离心后留存在特制筛网上湿面筋的重量占全部湿面筋的百分比为面筋指数。根据面筋数量的高低对小麦进行商品分类，根据面筋指数来判断小麦所含蛋白质和玻璃质的质量，面筋指数高，其面筋粘性大、吸水性好，烤制出面包体积大、质量好。<br>用途：用于检测小麦及小麦粉的湿面筋、干面筋、面筋指数。</td></tr>
<tr><td colspan="2">归类决定</td><td colspan="4">该套设备由2200型面筋洗涤仪、2015型离心机、2020型烤炉构成，其所谓的“测量过程”实际为利用天平对经过一系列处理程序后的面筋进行人工称重的过程。其组合的功能在《税则》中无列名，不符合功能机组的定义，故应将其分别归类。</td></tr>
</table>

| 序号 | 2085 | 归类决定编号 | Z2006-1152 | 公告编号 | 2006年第69号 |
|---|---|---|---|---|---|
| 商品税则号列 | 分别归类 | | | 发布日期 | 2006年11月22日 |
| 商品名称 | 电镀废水处理系统改良设备 | | | | |
| 英文名称 | | | | | |
| 其他名称 | | | | | |
| 商品描述 | 该电镀废水处理系统改良设备,包括控制电盘、淤泥隔膜泵、定量加药泵、PH控制仪、ORP控制仪连探头、砂过滤器、碳砂过滤器、流量计等。其工艺流程:来自电镀车间的废水进入废水反应池,反应池内装有淤泥隔膜泵、定量加药泵、PH控制仪、ORP控制仪连探头。加药泵里的加药箱注入药剂,启动控制电盘,调节PH/ORP控制仪的水流量和流速参数,加入定量药剂。淤泥隔膜泵工作,将中和水流入中和池,加入凝聚剂,使淤泥输送至淤泥池,完成第一道水净化;经砂过滤器、碳砂过滤器两道过滤后,过流量计排出净水。 | | | | |
| 归类决定 | 该套系统用于电镀废水处理,包括控制电盘、淤泥隔膜泵、定量加药泵、PH控制仪、ORP控制仪连探头、砂过滤器、碳砂过滤器、流量计等。其整体组合后未形成《税则》上具体列名的某项功能,不符合第十六类类注四的规定,应将其分别归类。 | | | | |

<table>
<tr><td>序号</td><td>2086</td><td>归类决定编号</td><td colspan="2">Z2006 - 1153</td><td>公告编号</td><td>2006 年第 69 号</td></tr>
<tr><td colspan="2">商品税则号列</td><td colspan="2">分别归类</td><td colspan="2">发布日期</td><td>2006 年 11 月 22 日</td></tr>
<tr><td colspan="2">商品名称</td><td colspan="5">油田多功能采油站</td></tr>
<tr><td colspan="2">英文名称</td><td colspan="5"></td></tr>
<tr><td colspan="2">其他名称</td><td colspan="5"></td></tr>
<tr><td colspan="2">商品描述</td><td colspan="5">该商品由配汽(水)间、管汇间、计量间三个部分组成。<br>1. 配汽(水)间:为建筑撬装轻钢装配式结构房屋,墙面及屋面为轻质复合保温板材,配备有防爆线路、防爆照明灯、通风帽。<br>功能为将进入配汽(水)间内的汽(水)源按室内工艺均匀“T”形分配,分配后通过注汽(水)管线及注采合一管线输送到各个井口,实现单井注汽(水)。<br>2. 管汇间:为建筑撬装轻钢装配式结构房屋,墙面及屋面为轻质复合保温板材,配备有防爆线路、防爆照明灯、电暖气、通风帽。<br>工艺系统分高压工艺和低压工艺,高压阀门用于高、低压两个系统隔断,避免注汽(水)时高压进入低压管道,低压工艺主要由低压阀门和低压工艺管线构成,用于单井来油的集输和给计量间提供单井来油,对单井产量进行计量。<br>单井来液进管汇间后分二路,一路需计量的单井来液进计量间计量进集油管线,另一路不计量来液通过工艺控制直接进集油管线。<br>3. 计量间:为建筑撬装轻钢装配式结构房屋,墙面及屋面为轻质复合保温板材,配备有防爆线路、防爆照明灯、仪表控制器、仪表电缆、电暖气和通风帽。<br>从单井来液后,经管汇间将单井原油输送到计量间,进入分离器进行油气分离,实行自动化计量后,再用曲杆泵将原油输送到集油管线,操作过程可以分自动和手动两种方法实现。<br>采油站主要设备包括:计量分离器、转油泵。<br>计量分离器:分立式和卧式,采用将容积计量转换为质量计量的间断计量方法。<br>转油泵:一种内啮合密闭式容积泵,其工作部分由双头螺旋转子组成,驱动装置通过传动轴及方向接头带动转子旋转并作行星回转,以钉子孔腔与转子螺旋啮合后形成的密闭腔的移动来输送介质。</td></tr>
<tr><td colspan="2">归类决定</td><td colspan="5">该油田多功能采油站主要由配汽(水)间、管汇间、计量间三部分组成,这三部分主要为建筑撬装轻钢装配式结构房屋,墙面及屋面为轻质复合保温板材,配备有防爆线路、防爆照明灯、通风帽等。采油站包含的主要设备有各种型号的管道、计量分离器和转油泵。<br>根据《税则》税目 94.06 的条文、《税则注释》对品目 94.06 活动房屋的解释,以及归类总规则一,配汽(水)间、管汇间、计量间应归入税则号列 9406.0000;各种型号的管道应按其材质归入相应税号;计量分离器和转油泵应根据其功能分别归入相应税号和税目 84.13 项下。</td></tr>
</table>

| 序号 | 2087 | 归类决定编号 | Z2006－1155 | 公告编号 | 2006年第69号 |
|---|---|---|---|---|---|
| 商品税则号列 | 分别归类 | | 发布日期 | 2006年11月22日 | |
| 商品名称 | 接触网 | | | | |
| 英文名称 | | | | | |
| 其他名称 | | | | | |
| 商品描述 | 该接触网是电气化铁路牵引供电系统的组成部分，是电气化铁路上的最主要的供电装置，它直接架设在铁路线路的上方，其功能是通过与电力机车顶部受电弓的滑动接触将电能供给电力机车。由接触悬挂、支持装置、定位装置等几部分组成。<br>1. 接触悬挂：由承力索、吊弦、接触线、中心锚结、补偿装置和连接它们的设备和零件组成。接触悬挂通过支持及定位装置架设在支柱上。<br>2. 接触网支持装置：用以支持接触悬挂，并将其负荷传给支柱或其他建筑物。支持装置包括平腕臂、斜腕臂、承力索座、腕臂支撑、连接零件、棒式绝缘子及其他建筑物的特殊支持设备。<br>3. 定位装置：包括定位管、定位环、定位器、定位线夹、定位管支撑及连接零件。其功用是固定接触线的位置，使接触线在受电弓滑板运行轨迹范围内，保证接触线与受电弓不脱离及始终良好地接触取流，并将接触线的水平负荷传给支柱。定位器有直管定位器、弯管定位器、槽形铝合金定位器和矩形管铝合金定位器等。提速后采用带减振限位装置的多功能轻型铝合金组合定位器，改善了受电弓的取流特性。<br>上述第一部分的主要功能是与受电弓接触，从而向电力机车供电，第二部分是支持接触悬挂，第三部分用以固定接触线，保障接触线的位置精度。 | | | | |
| 归类决定 | 该接触网由接触悬挂、支持装置、定位装置等几部分组成，各个部分包括的具体部件有承力索、吊弦、接触线、平腕臂、斜腕臂、承力索座、腕臂支撑、棒式绝缘子、定位管、定位环、定位器、定位线夹等。这些部件组成接触网后具有给电气化铁路供电的功能，由于该功能在《税则》中无具体列名，不符合第十六类类注四的规定，故上述部件应分别归类，即根据其功能或材质归入相应税号。 | | | | |

| 序号 | 2088 | 归类决定编号 | Z2006－1156 | 公告编号 | 2006 年第 69 号 |
|---|---|---|---|---|---|
| 商品税则号列 | | 分别归类 | | 发布日期 | 2006 年 11 月 22 日 |
| 商品名称 | 天然气加气站系统 | | | | |
| 英文名称 | CNG station equipments | | | | |
| 其他名称 | | | | | |
| 商品描述 | 该系统是汽车用天然气加气站，由母站和子站组成。<br>1. 母站进口设备主要是撬装式压缩机和加气柱。从管道输送来的天然气进入母站后，通过撬装式压缩机加压，排气压力达到 25 兆帕，通过加气柱给子站拖车加气。<br>撬装式压缩机是一个整体包装的设备，即在撬装底盘上安装了压缩机、电机、控制系统等，撬块外部安装了隔音、防火的防罩。<br>加气柱由下列部件组成：<br>(1)压力系统，包括过滤器、电磁阀控制的气动球阀、流量计、三通阀、加气软管、通用减压阀等；<br>(2)安全装置，控制内部压力以防超压；<br>(3)电脑头，可显示加气量、单价等数据，电脑头配备一个具有故障自诊断功能的 CPU。<br>2. 子站设备主要是子站拖车(由车头、半挂车组成，国内采购)、子站拖车用车载储气钢瓶、子站撬装式压缩机(与母站相同)、站内高压、中压储气钢瓶组、售气机(设备组成与母站加气柱相同)。<br>子站拖车将加足气的钢瓶运送到子站后，拖车拖头开走，半挂车上的车载储气钢瓶作为加气站的低压储气瓶组，和撬装式压缩机相连，与子站的站内储气瓶组形成高压、中压、低压三级快速充气装置。当车载钢瓶的压力下降到设定值时，再由车头拉走，从母站拉来新的满负荷的车载钢瓶，为保证子站的连续运转，由多组车载钢瓶轮换更替。<br>当子站拖车的车载钢瓶压力为 200～150bar 时，通过售气机直接向汽车加气；当子站拖车的车载钢瓶压力为 150～30bar 时，通过撬装式压缩机直接向子站高压、中压地面储气瓶组充气加压，再由地面储气瓶依次给加气机的中压和高压管充气，再向天然气汽车加气。<br>子站地面储气瓶组的重要功能是当子站拖车的车载钢瓶的压力低于 150bar 时确保快速充气系统给汽车充气。<br>拖车上的车载钢瓶并不是简单的完成运气、储气的作用，是作为子站快速加气系统的低压瓶组，完成加气功能的重要组成设备。 | | | | | |

| | |
|---|---|
| 归类决定 | 该套设备组合后不构成《税则》上具体列名的功能，因此应将其分别归类。<br>1. 母站设备。压缩机撬结构主要由压缩机、电动机和控制系统构成，且组合成一体，根据《税则》十六类类注三关于组合机器的归类原则，应按其主要功能进行归类。由于其主体特征为压缩机，因此根据归类总规则一及六，将其归入税则号列8414.8090。<br>加气柱由压力系统、安全装置、电脑头构成，用于向子站拖车进行供气。由于其功能在《税则》上没有列名，同时符合《税则注释》对品目84.79“独立功能“的描述，因此应将其按《税则》未列名的具有独立功能的机械装置进行归类，根据归类总规则一及六，将其归入税则号列8479.8990[8479.8999(2014年版)]。<br>2. 子站设备。子站压缩机撬归类同母站压缩机撬。<br>子站售气机结构、功能同母站加气柱，因此其归类也与母站加气柱相同。<br>储气钢瓶应归入税目73.11项下。 |

| 序号 | 2089 | 归类决定编号 | Z2006－1157 | 公告编号 | 2006 年第 69 号 |
|---|---|---|---|---|---|
| 商品税则号列 | 分别归类 | | 发布日期 | | 2006 年 11 月 22 日 |
| 商品名称 | 基因枪 | | | | |
| 英文名称 | | | | | |
| 其他名称 | | | | | |
| 商品描述 | 该商品为基因枪系统，型号为 165－2432helios，具体设备包括：<br>1. 基因枪，一个不可拆卸的手枪枪体；<br>2. 样品制备站，是一个装有小型马达的铁架子，手工将 DNA、RNA 或其他生物材料的金粉颗粒填入塑料管内，通过马达转动使管内物质均匀混合在内表面塑料管内；<br>3. 样品管切割仪，与样品制备站配合使用，将其制备好的塑料管切割成胶囊子弹；<br>4. 一个氦气阀及软管，氦气阀用于调节压缩氦气脉冲（压缩氦气和钢瓶属国内采购）。<br>其工作原理如下：通过氦气阀调节氦气脉冲，产生高压氦气作为推动剂发射位于基因枪内的预包有 DNA、RNA 或其他生物材料的金粉颗粒的塑料胶囊，打入细胞内部。该设备是一种方便的手提式原位基因转移设备，用于基因表达、基因治疗、遗传免疫等的研究。 | | | | |
| 归类决定 | 该套基因枪设备的主要功能是制备 DNA、RNA 等金粉颗粒，将其直接打入细胞内部。由于该功能在《税则》中无具体列名，不符合第十六类类注四的规定，因此，该套设备应分别归类。根据其各部分的功能，基因枪及其配套的氦气阀和软管应归入税则号列 8479.8990［8479.8999（2014 年版）］；样品制备站归入税则号列 8479.8990［8479.8999（2014 年版）］；样品管切割仪归入税则号列 8479.8990［8479.8999（2014 年版）］。 | | | | |

| 序号 | 2090 | 归类决定编号 | Z2006－1158 | 公告编号 | 2006年第69号 |
|---|---|---|---|---|---|
| 商品税则号列 | 分别归类 | | | 发布日期 | 2006年11月22日 |
| 商品名称 | 焊剂、坩锅、砂模组件 | | | | |
| 英文名称 | | | | | |
| 其他名称 | | | | | |
| 商品描述 | 该组件用于焊接轨道缝隙，具体情况为一组焊剂、坩锅、砂模完成一个缝隙的焊接，每组情况为1袋焊剂(14.75千克)、1个砂模、1个坩锅。坩锅及砂模均为一次性使用，主要成分为硅砂和树脂(未经烧制，砂模经250℃干燥除水)，施工时焊剂在坩锅中熔融经砂模固定后完成焊接。该货物主要报验状态为成组到货，砂模及焊剂为1个包装，坩锅单独为1个包装。 | | | | |
| 归类决定 | “焊剂、坩埚、砂模组件”中坩埚及砂模虽为配合焊剂进行轨道焊接时使用，但商品为独立包装，不满足《税则注释》总规则中关于“零售的成套货品”的概念。<br>商品中，独立包装的砂模及焊剂，根据归类总规则三(二)，应归入税则号列3810.9000。另单独包装的坩埚，其为硅砂及树脂材料经过压力成型而后运用化学催化剂使树脂发生化学反应固化，最后得到产品，根据归类总规则一，坩埚应归入税则号列6815.9990[6815.99(2014年版)]。 | | | | |

<table>
<tr><td>序号</td><td>2091</td><td>归类决定编号</td><td>Z2006－1159</td><td>公告编号</td><td>2006年第69号</td></tr>
<tr><td colspan="2">商品税则号列</td><td colspan="2">分别归类</td><td>发布日期</td><td>2006年11月22日</td></tr>
<tr><td colspan="2">商品名称</td><td colspan="4">按摩气囊、气泵、气阀</td></tr>
<tr><td colspan="2">英文名称</td><td colspan="4"></td></tr>
<tr><td colspan="2">其他名称</td><td colspan="4"></td></tr>
<tr><td colspan="2">商品描述</td><td colspan="4">该商品为尼桑汽车按摩组件的一部分。<br>1. 按摩震动部分:按摩气囊;<br>2. 按摩动力部分:气泵、气阀;<br>3. 按摩控制部分:主要有按摩器控制开关、按摩坐椅供电电源、电源控制开关、功率分配控制器、中央控制电脑;<br>4. 安装部分:座骨盆、靠骨盆、扎带等;<br>5. 按摩器保护部分:经电控部分控制,通电后空气泵注入空气,通过气阀送至按摩气囊,按摩气囊鼓起,再由空气泵从按摩气囊中抽出空气,按摩气囊收缩,按摩气囊一缩一涨,从而达到按摩的目的。<br>本次进口部分为按摩气囊、气泵、气阀,三者占整个组件金额比约为12%(整个组件金额已除去中央控制电脑金额)。</td></tr>
<tr><td colspan="2">归类决定</td><td colspan="4">按摩气囊、气泵、气阀三项商品,构成了汽车座椅按摩组件的按摩震动部分和按摩动力部分,但就完整的汽车坐椅按摩组件而言还缺少按摩控制部分、安装部分及按摩器保护部分,由于缺少供电电源等关键性部件,同时参考以上三者占整个组件金额比约为12%的因素,不能认定上述三项商品已具有汽车座椅按摩组件的基本特征,故不可将其按完整品进行归类。<br>三项商品的主要功能是按摩,虽然整个按摩组件工作时必须安装在汽车坐椅上,但与坐椅所具有的“坐具”功能无直接关系,不符合《税则注释》的描述,故不可将其按坐椅专用零件归入品目94.01项下。<br>根据《税则》第九十章章注二关于零件的归类规定,按摩气囊应按按摩器具零件归入税目90.19项下,气泵及气阀应分别归入第八十四章相应税则号列。</td></tr>
</table>

| 序号 | 2092 | 归类决定编号 | Z2006－1160 | 公告编号 | 2006年第69号 |
|---|---|---|---|---|---|
| 商品税则号列 | 分别归类 | | 发布日期 | 2006年11月22日 | |
| 商品名称 | 堆肥存储设施 | | | | |
| 英文名称 | | | | | |
| 其他名称 | | | | | |
| 商品描述 | 该设施用于垃圾的二次堆肥，由充气系统（发电机、鼓风机、机械通风系统、配电设备、自控设备）、物料通道、密封闸门、膜布及安装配件（钢丝绳）等构成。在安装时，先将膜布和钢缆固定在混凝土基础地脚螺栓上，形成一个占地面积7200平方米的袋状密封体，膜布内部采用的是无梁无柱的结构。在运行时，充气装置采用自动控制系统实时监测，用鼓风机向密封体内充气，直到空气达到一定的压力将膜布撑成一个壳体（钢缆在膜布外起加固作用），形成一个密闭的空间（堆肥区）；充气系统使整个设施具有很强的通风能力，以满足垃圾堆肥降解过程对氧的需求，还能把设施内的甲烷排出；膜布具有阻燃性、防腐性、气密性好的特点，作用在于防止事故的发生，抵御垃圾的腐蚀，防止水分的蒸发，有效抑制热量的损失。 | | | | |
| 归类决定 | 上述商品由不同构件组成，如充气系统、物料通道、密封闸门、膜布等构成，其安装结构不符合组合机器的要求，其各部分组合后的功能没有《税则》列名，因此无法适用组合机器或功能机组的归类原则，无法一并归类，应将各部分分别归类。 | | | | |

| 序号 | 2093 | 归类决定编号 | Z2006-1374 | 公告编号 | 2007年第70号 |
| --- | --- | --- | --- | --- | --- |
| 商品税则号列 | 分别归类(39.17/8481.8090) | | 发布日期 | 2007年12月5日 | |
| 商品名称 | 饮水乳头、侧翼鞍座 | | | | |
| 英文名称 | | | | | |
| 其他名称 | | | | | |
| 商品描述 | 饮水乳头由插头、O型环、流量销、SS球、SS座、壳体组成，侧翼鞍座专用于饮水乳头与水管的连接，与饮水乳头共同组成肉鸡饮水装置。该饮水装置的工作原理：管道内的水经侧翼鞍座从乳头插头的内孔和流量销之间进入乳头腔内。由于SS球和SS座的尺寸非常精密，正常情况下，只要鸡不触动触销，在SS球和SS座的密封作用下，下部触销是不会出水的；当鸡去触动触销时（饮水），触销会将密封的SS球顶开，水即从SS座内经触销流入鸡口中。 | | | | |
| 归类决定 | 塑料制侧翼鞍座在水管和饮水乳头之间起连接作用，符合《税则》税目39.17的描述，根据归类总规则一及六，应按管子附件归入税目39.17项下；饮水乳头应按用于管道的龙头、旋塞、阀门的类似装置归入税则号列8481.8090。 | | | | |

| 序号 | 2094 | 归类决定编号 | Z2006-1584 | 公告编号 | 2007 年第 70 号 |
|---|---|---|---|---|---|
| 商品税则号列 | 分别归类 | | 发布日期 | 2007 年 12 月 5 日 | |
| 商品名称 | 奥迪特 462 型中央对讲系统 | | | | |
| 英文名称 | Audiotech model 462 home music/intercom system with CD - R player and remote capability | | | | |
| 其他名称 | | | | | |
| 商品描述 | 该奥迪特 462 型中央对讲系统是集门铃、对讲、监听、无线广播接收和背景音乐播放为一体的多功能系统。该系统由主机、分机及连接它们的控制线组成,并可与 CD 播放机或磁带播放机等选配件相连。该系统可提供 12 站点免提对讲、音乐对讲门铃、广播唤醒、定时开关机等功能。主机与分机、连接线、CD 播放机一同报验。 | | | | |
| 归类决定 | 该系统由主机、分机、门铃喇叭组成。主机具有无线广播接收和背景音乐播放等功能;分机可通过电缆接收来自主机的音乐或广播,以及在各分机之间、分机与门铃之间实现对讲、监听。由于该套系统具有多种功能,不适用"功能机组",应将其分别归类。<br>主机的主要功能为音乐播放、无线电广播接收,应将其从后归入《税则》税目 85.27 项下;分机的功能为接收(通过有线方式)来自主机的声音信号,包括广播、音乐等,以及与其他分机、门铃之间实现对讲。分机与对讲门铃组成的功能符合《税则注释》对品目 85.17 中"门口电话系统"的描述,应归入税则号列 8517.6990。 | | | | |

| 序号 | 2095 | 归类决定编号 | Z2006－1585 | 公告编号 | 2007年第70号 |
|---|---|---|---|---|---|
| 商品税则号列 | 分别归类 | | 发布日期 | 2007年12月5日 | |
| 商品名称 | 照排机(申报品名) | | | | |
| 英文名称 | | | | | |
| 其他名称 | SCREEN KATANA5055 高质图文照排机 | | | | |
| 商品描述 | 该照排机(申报品名)含FT－R图文输出主机和LD－M1060型号连线冲片机,输出主机和冲片机之间设计有专用接口和卡座,使用时对准接口和卡座拧紧螺丝。输出主机借助计算机软件,控制激光在成卷胶片上曝光,将在计算机上排版的图文信息曝光在胶片上,然后将成卷胶片输送到冲片机上冲洗完成,输出主机和冲片机配合使用共同完成印刷印前制版工序。 | | | | |
| 归类决定 | 由于冲片机是照排机的选配件,有各自的独立功能,因此,两者应分别归类。照排机应按具体列名归入税则号列9006.5910,冲片机应归入税则子目9010.10项下。 | | | | |

| 序号 | 2096 | 归类决定编号 | Z2006－1586 | 公告编号 | 2007 年第 70 号 |
|---|---|---|---|---|---|
| 商品税则号列 | 分别归类 | | | 发布日期 | 2007 年 12 月 5 日 |
| 商品名称 | 絮凝剂制备添加系统 | | | | |
| 英文名称 | | | | | |
| 其他名称 | | | | | |
| 商品描述 | 该絮凝剂制备添加系统由絮凝剂制备机器、计量泵组、电动搅拌器三部分组成，其中絮凝剂制备机器与计量泵组通过管道连接。絮凝剂制备机器由变频器、真空卸料泵、压缩空气过滤器、离心水泵、碱液水过滤器及阀和管道等安装在同一基座上构成，用于絮凝剂原料与溶液通过混合搅拌制备成絮凝剂溶液并泵入储槽内；电动搅拌器单独安装在储槽（另配）内，用于防止絮凝剂溶液沉淀；计量泵组由九台计量泵、一个控制柜及阀、管道等安装在同一基座上构成，用于将储槽内的絮凝剂溶液投加到沉降槽内，同时控制柜对整套絮凝剂制备添加系统进行控制。 | | | | |
| 归类决定 | 该系统由三部分组成，完成絮凝剂的制备和添加，其组合方式和具有的功能不符合《税则》第十六类类注四关于“功能机组”的规定，因此，应分别归类。根据归类总规则一和六，絮凝剂制备机器应归入税则号列 8479.8200；计量泵组应归入税目 84.13 项下；电动搅拌器应归入税则号列 8479.8200。 | | | | |

| 序号 | 2097 | 归类决定编号 | Z2006－1587 | 公告编号 | 2007 年第 70 号 |
|---|---|---|---|---|---|
| 商品税则号列 | 分别归类 | | | 发布日期 | 2007 年 12 月 5 日 |
| 商品名称 | 舞鞋 | | | | |
| 英文名称 | | | | | |
| 其他名称 | | | | | |
| 商品描述 | 该舞鞋鞋面用材基有皮革、纺织等，鞋底均为翻毛皮革制，是根据体育舞蹈特殊要求加工制作的。其特点为外底用翻毛皮革，鞋底极薄、厚度为 2～3 毫米；可以随意自由弯曲，户外不适合穿用，是拉丁舞、摩登舞、踢踏舞、街舞指定用鞋。 | | | | |
| 归类决定 | 根据归类总规则一，以皮革作鞋面的舞鞋应归入税则号列 6403.5900，以纺织面料作鞋面的舞鞋应归入税则号列 6404.2000。 | | | | |

| 序号 | 2098 | 归类决定编号 | Z2006－1588 | 公告编号 | 2007 年第 70 号 |
|---|---|---|---|---|---|
| 商品税则号列 | 分别归类 | | | 发布日期 | 2007 年 12 月 5 日 |
| 商品名称 | 伺服卡,I/O 卡 | | | | |
| 英文名称 | | | | | |
| 其他名称 | | | | | |
| 商品描述 | 该伺服卡及 I/O 卡用于企业自行研发的 PCB 数控铣床。三片伺服卡安装在工业控制计算机中,通过 PCI 插槽与计算机主板进行数字信息交流,同时也能把计算机中 CPU 的指令传送给 X、Z1、Z24 各交流伺服驱动器,再经过伺服电机完成指令期望的动作。三片 I/O 卡组装成输入输出组合,安装在机床控制柜中,它们可把采集到的机床实时信息传给伺服卡而后到达 CPU,又可通过其输出端子把 CPU 的命令传给对应的控制器件,以完成命令所期望的动作。 | | | | |
| 归类决定 | 上述伺服卡、I/O 卡,两者均用于数控铣床。伺服卡安装在工业控制计算机中,通过 PCI 插槽与计算机主板进行数据交换。I/O 卡安装在机床上,通过电缆与伺服卡相连,完成机床与工控计算机的信息传输。<br>伺服卡安装在电脑内部,符合《税则》第八十四章章注五(二)有关“计算机部件”的定义,根据归类总规则一及六,应将其按“自动数据处理设备的其他部件”归入税则号列 8471.8000。<br>I/O 卡安装于数控机床内,用于计算机与数控机床的信息传输,属于机床数控装置的零件,根据归类总规则一及六,应将其归入税则号列 8538.9000。 | | | | |

| 序号 | 2099 | 归类决定编号 | Z2006-1589 | 公告编号 | 2007年第70号 |
|---|---|---|---|---|---|
| 商品税则号列 | 分别归类 | | 发布日期 | 2007年12月5日 | |
| 商品名称 | 大排量空气压缩机(旧) | | | | |
| 英文名称 | | | | | |
| 其他名称 | 车载式空压机 | | | | |
| 商品描述 | 该商品的型号为LMF126/15D,排气量126立方米/分钟,压力1.5兆帕。整套设备由柴油机、螺杆式空气压缩机、风力冷冻设备、管道、仪表等组成,并固定安装于特制的集装箱中。集装箱通过锁具与拖车板连接,拖车为十二轮平板结构,无动力及制动等机械装置,无法自行行走。该套设备用于野外管道工程中的管道清管和干燥等。 | | | | |
| 归类决定 | 该套设备包括固定安装于特制集装箱中的空气压缩机和拖车板。拖车板和集装箱采用分离式结构,需要运输时可像普通集装箱一样吊装到拖车板上。税则号列8414.4000“装在拖车底盘上的空气压缩机”是指底盘和压缩机经特制相互构成不可分割的整体装置。该套大排量空气压缩机的压缩机和拖车板为分离式,并非8414.4000所述商品。该商品应按照空气压缩机和拖车板分别归类。 | | | | |

| 序号 | 2100 | 归类决定编号 | Z2007-0109 | 公告编号 | 2007年第71号 |
|---|---|---|---|---|---|
| 商品税则号列 | 分别归类 | | 发布日期 | 2007年12月5日 | |
| 商品名称 | 牙科技师专用台 | | | | |
| 英文名称 | | | | | |
| 其他名称 | | | | | |
| 商品描述 | 该牙科技师专用台的品牌为ERIO。用途:专用于车粗石膏,切割及打磨金属。工作空间约80厘米,高度可调校,90~104厘米。构成:1台1000瓦吸尘器“B”(RAR-83)型,1盏36瓦40千赫兹电光管灯,独立及可调校气压之气仓,两抽屉,指示灯,吸气孔,排气出口,玻璃保护罩(21毫米×18毫米×6毫米),高速钻针装位,电插座装置,速度快慢控制器等。 | | | | |
| 归类决定 | 该牙科技师专用台包括钢结构台体、吸尘器、照明灯等部件组成,由于其组成后并不构成《税则》第八十四章或第八十五章某一列名的功能,不符合第十六类类注四所称的功能机组,应当分别归类。其中,吸尘器归入税目85.08项下;工作台作为《税则》未列名的金属家具归入税则号列9403.2000;其他未固定安装在工作台上的管道、气枪等应分别归入各自相应的税号。 | | | | |

| 序号 | 2101 | 归类决定编号 | Z2007－0110 | 公告编号 | 2007年第71号 |
|---|---|---|---|---|---|
| 商品税则号列 | 分别归类 | | | 发布日期 | 2007年12月5日 |
| 商品名称 | 汽车锁 | | | | |
| 英文名称 | | | | | |
| 其他名称 | | | | | |
| 商品描述 | 该商品为东风日产天籁(JA460)车用点火开关装置及方向盘、车门、杂物箱开锁装置联合体,型号为998109W71A,电压12V,主体为钢铁制。其可控制汽车电子点火器和方向盘锁止装置,其他辅助装置可用配套车钥匙开启。工作原理:其主体点火开关装置安装在汽车方向盘以下的汽车转向轴上。开启点火开关时的工作流程:(1)接通蓄电池至用电设备的电路,使用电设备可以投入工作;(2)断开电子点火器熄火线与接地线的连接,使点火系统可以投入工作;(3)锁头收回,方向盘可以转动。关闭点火开关时的工作流程:(1)断开蓄电池至用电设备的电路,使用电设备退出工作;(2)接通电子点火器熄火线至接地线的连接,使点火系统终止工作;(3)锁头伸出,方向盘锁死。 | | | | |
| 归类决定 | 汽车锁包括车用点火开关及方向盘锁(一体式)、门锁、杂物箱锁头、钥匙组成,锁分装在汽车上的不同部位,用钥匙开启。由于各种锁用于不同的部分,虽然成套进口,但应当分别归类。其中,点火开关及方向盘锁由电气开关和方向盘锁止装置组成,为汽车的专用零件,根据归类总规则一及六,应归入税则号列8708.9999;门锁、杂物箱锁应归入税则号列8301.2090。 | | | | |

| 序号 | 2102 | 归类决定编号 | Z2007－0111 | 公告编号 | 2007年第71号 |
|---|---|---|---|---|---|
| 商品税则号列 | 分别归类 | | 发布日期 | 2007年12月5日 | |
| 商品名称 | 快速红外成像系统 | | | | |
| 英文名称 | Varian excfastlmageir U-image system | | | | |
| 其他名称 | | | | | |
| 商品描述 | 该快速红外成像系统由傅立叶变换红外光谱仪、红外显微镜（含内置焦平面检测器、摄影机）两部分构成。该系统通过红外光谱仪提供光源，利用焦平面检测器进行红外成像，得到样品的红外图像和红外光谱，通过分析光谱达到样品定性分析的目的。 | | | | |
| 归类决定 | 该快速红外成像系统包括傅立叶变换红外光谱仪、红外显微镜（含内置焦平面检测器、摄影机）两部分。红外光谱仪具有独立的分析功能，同时也能为红外显微镜提供红外光源。两者组合后，红外光谱仪可以对样品进行光谱分析，小样品也能通过红外显微镜进行观测。该商品组合后具备两种以上的检测分析功能，不符合《税则》第九十章章注三及第十六类类注四功能机组的描述，应当分别归类。其中，红外光谱仪归入税则号列9027.3000；红外显微镜具备摄影功能归入税则号列9011.2000。 | | | | |

| 序号 | 2103 | 归类决定编号 | Z2007－0112 | 公告编号 | 2007 年第 71 号 |
|---|---|---|---|---|---|
| 商品税则号列 | 分别归类 | | | 发布日期 | 2007 年 12 月 5 日 |
| 商品名称 | 胶印制版生产线 | | | | |
| 英文名称 | | | | | |
| 其他名称 | | | | | |
| 商品描述 | 该套设备由下列机器组成：(1)网屏金装彩色平台式扫描仪(型号：FT－S5500)；(2)网屏刀神大幅面高速输出机(型号：DT－R6120)；(3)德国天马晒版机[型号：MONTAKOP 95 (3535) Rapid]；(4)PROTECK 保迪 P. S. 版一般用量冲洗机(型号：XPE－85)。设备生产流程：用平台式扫描仪对放置平台上的原稿进行扫描，并读取和记忆相关信息，转换成数据，经数据传输(线路连接)到电脑(未进)，经电脑处理后数据传输(线路连接或网路连接)到高速输出机(激光照排机和连线冲片机)，把经过电脑(未进)处理的图文数据在软件上曝光和显影，再输出软片到电脑晒版机将有图文的软片置于 PS 版上进行曝光，输出未显影的 PS 版到 PS 版冲洗机，将 PS 版显影，再输出成品 PS 版。 | | | | |
| 归类决定 | 该生产线由扫描仪、电脑、高速输出机、晒版机、PS 版冲洗机组成。其中，高速输出机是对胶片进行处理，晒版机和冲洗机是对 PS 版进行处理，不符合《税则》第十六类类注四有关功能机组中“明显具有一种第八十四章或第八十五章某个品目所列功能”的描述，应当分别归类。 | | | | |

| 序号 | 2104 | 归类决定编号 | Z2008－0107 | 公告编号 | 2008 年第 76 号 |
| --- | --- | --- | --- | --- | --- |
| 商品税则号列 | 分别归类 | | 发布日期 | 2008 年 10 月 28 日 | |
| 商品名称 | 2.4GHz 无线 AV 发送 & 接收模块 | | | | |
| 英文名称 | | | | | |
| 其他名称 | | | | | |
| 商品描述 | 该模块分两部分:2.4GHz 无线 AV 发射模块,用于无绳电视移动 DVD 的零件无绳电视发射器,该发射模块采用集成 IC 方案(RTC6701)来开发,RTC6701 内部集成了音频调制、视频调制、电压控制振荡器、混频器和高频信号放大器等功能器件,实现把视频和立体声调制成 2.4GHz 信号发射出去的目的。2.4GHz 无线 AV 接收模块,用于无绳电视移动 DVD 的零件无绳电视接收机,由 RTC6711 和 RTC6721 两颗 IC 组成,RTC6711 高度集成了低噪声放大器、混频器、中频放大器、高感度 FM/FSK 解调器和自动增益控制等功能,RTC6721 则包括 PLL 音频解调和音频放大两部分。这两颗 IC 配合,能够实现把空中 2.4GHz 的已调制信号接收下来并调解出视频信号和立体声信号。 | | | | |
| 归类决定 | 2.4GHz 无线 AV 发射模块安装在无绳电视发射器内,专用于该发射器,发射模块把视频或音频信号调制成 2.4GHz 的无线信号发射出去。2.4GHz 无线 AV 接收模块安装于无绳电视移动 DVD 内,专用于该 DVD,当 DVD 的天线接收到无绳电视发射器发送的 2.4GHz 的无线信号后,接收器将该高频信号分解为视频信号和音频信号,供显示屏和扬声器使用。上述商品分别作为其他设备的专用零件,应根据《税则》第十六类类注二的归类原则确定归类。由于上述商品本身不具备独立的电气功能,且在第八十五章其他税目中无列名,应按相关设备的专用零件归类。2.4GHz 无线 AV 发射模块作为电视发射机的部件,在第八十五章其他税目中无列名,符合《税则》税目 85.29 及其子目条文的描述,根据归类总规则一及六,应按电视发送设备的零件归入税则号列 8529.9010。2.4GHz 无线 AV 接收模块作为电视接收机的部件,在第八十五章其他税目中无列名,符合《税则》税目 85.29 及其子目条文的描述,根据归类总规则一及六,应按彩色电视接收机的零件归入税则号列 8529.9081。 | | | | |

| 序号 | 2105 | 归类决定编号 | Z2008－0108 | 公告编号 | 2008 年第 76 号 |
|---|---|---|---|---|---|
| 商品税则号列 | 分别归类 | | 发布日期 | | 2008 年 10 月 28 日 |
| 商品名称 | 气动铆接机等三项商品 | | | | |
| 英文名称 | | | | | |
| 其他名称 | | | | | |
| 商品描述 | 该商品共三项,分别是:(1)气动铆接机;(2)手动铆接机;(3)手动压力装配机。用于生产玩具汽车。其中,气动铆接机,以压缩空气作为动力源,将锌合金零件上预留的铆钉冷压成型,形成铆接,完成组装。手动铆接机,以人力驱动杠杆机构将锌合金零件上预留的铆钉冷压成型,形成铆接,完成组装。手动压力装配机,以人力驱动杠杆机构,将金属材质的零件和塑料材质的零件直接压合在一起,也可以将两个塑料零件压接在一起,其压力头作用在金属零件或塑料零件上,利用金属或塑料的形变接合不同的零件。 | | | | |
| 归类决定 | 参考《税则注释》英文原意,在品目 84.63 项下列名的“铆钉机”应视为将铆钉压接在材料表面的机器,即通常所说的“铆接机”。因此,气动铆接机和手动铆接机,属于《税则注释》列名商品,根据归类总规则一及六,应按金属非切削加工机床归入税则号列 8463.9000。手动压力装配机,既可以对金属,又可以对塑料进行非切削加工,属于多用途机器,且无法确认哪一种用途为主要用途,根据《税则》第八十四章章注七对多用途机器的归类原则,该商品应按其他税号未具体列名的具有独立功能的机器归入税则号列 8479.8990[8479.8999(2014 年版)]。 | | | | |

| 序号 | 2106 | 归类决定编号 | Z2008－0109 | 公告编号 | 2008年第76号 |
|---|---|---|---|---|---|
| 商品税则号列 | 分别归类 | | 发布日期 | | 2008年10月28日 |
| 商品名称 | 粗纤维检测系统 | | | | |
| 英文名称 | | | | | |
| 其他名称 | | | | | |
| 商品描述 | 该粗纤维检测M6系统是福斯分析有限公司(丹麦/瑞典)的产品,应用于植物、固体食品中纤维素含量的检测。该系统包含热浸提装置和冷浸提装置各一套,热浸提装置是整个系统的核心,浸提步骤都在其中完成,它包括冷凝器、浸提柱、坩埚、加热板、加热板调节器、控制阀、玻璃管路组件、水真空泵和压力泵。工作时将样品在自备天平上称重后加入坩埚中,在坩埚中加入多种有机溶剂,并进行电加热,通过物理方法从固体中提取纤维素。如果待测样品脂肪含量较高,则需先用冷浸提装置进行脱脂操作,再使用热浸提装置进行热浸提。经热浸提得到的纤维素需经自备天平称重,将提取后的称重结果与原始样品的称重结果通过公式计算,便可获得纤维素含量。 | | | | |
| 归类决定 | 该商品本身不具备任何测量、检测功能,不应按检测仪器归入《税则》第九十章项下,热浸提设备利用温度变化实现处理材料的功能,而冷浸提实现液体的过滤功能,上述两个部件虽然配合使用,但组合后并不实现单一的某个税目所列的功能,不满足功能机组的定义,应根据各自功能确定归类。热浸提装置属于利用温度变化处理材料的装置,根据《税则注释》关于品目84.38的描述中第五(二)3部分的排他条款,符合《税则》税目84.19及其子目条文的描述,根据归类总规则一及六,应按利用温度变化处理材料的设备归入税则号列8419.8990。冷浸提装置属液体过滤设备,符合《税则》税目84.21及其子目条文的描述,根据归类总规则一及六,应按液体过滤设备归入税则号列8421.2990。 | | | | |

| 序号 | 2107 | 归类决定编号 | Z2008－0110 | 公告编号 | 2008年第76号 |
|---|---|---|---|---|---|
| 商品税则号列 | 分别归类 | | 发布日期 | 2008年10月28日 | |
| 商品名称 | 液化气发动机燃料供给与电控系统 | | | | |
| 英文名称 | LPG OH1.2 | | | | |
| 其他名称 | | | | | |
| 商品描述 | 该液化气发动机燃料供给与电控系统包括：垫片、法兰垫片、混合器、混合器嵌件、蒸发调压器、混合器联接板、电子节气门、怠速燃料控制阀、燃料控制阀、防喘振阀、点火模块、控制单元（发动机控制模块）、废气旁通控制阀。状态为散件。用于液化石油气点燃式发动机，进口后分别安装于发动机的不同部位，属于发动机燃料供给控制系统。整套液化气电控燃气系统包括：发动机控制模块、点火控制模块、点火线圈、火花塞、电子节气门、混合器、主燃料控制阀（FTV阀）、怠速燃料控制阀、蒸发调压器、高压电磁阀、废气旁通控制阀、防喘振阀构成。另外，还包括各种传感器和线束。进口部分占整套系统的价值比例为74.87%。基本工作原理如下：液态的LPG从气瓶出来到高压电磁阀，高压电磁阀的打开受发动机控制模块的控制，液态的LPG经高压电磁阀后到蒸发调压器，在蒸发调压器内经两级减压蒸发气化变为气态LPG，由于LPG蒸发气化需要吸收大量的热量，因此蒸发调压器接有发动机的冷却水进行加热，以防止蒸发调压器结冰堵塞。从蒸发调压器出来有两路气：一路是一级减压经怠速燃料控制阀后到混合器；另一路是二级减压经主燃料控制阀到混合器。一级减压的压力相对稳定，比1个大气压高几十千帕，为发动机怠速提供大部分燃料并由发动机控制模块对怠速燃料控制阀进行闭环控制，保证怠速时混合气的浓度。二级减压压力受增压压力反馈控制，为发动机全工况提供燃料并由发动机控制模块对主燃料控制阀进行闭环控制，以保证发动机各工况点混合气的浓度。点火时间控制是由存储在发动机控制模块中的标定表对各工况点的点火时间进行开环控制。通过废气旁通控制阀控制增压器旁通阀的开度来控制增压压力。 | | | | |
| 归类决定 | 该系统为多种液化气（点燃式）发动机零件，包括发动机控制模块、传感器、电子节气门等部件。这些部件分散安装在发动机的不同部位，包括了发动机的多个功能系统部件，且未构成发动机整体特征，应当分别归类。其中，发动机控制模块及其连接的传感器应一并归入税则号列9032.8900［9032.8990（2014年版）］；其他零部件根据《税则》第十六类类注二归入相应税号。 | | | | |

| 序号 | 2108 | 归类决定编号 | Z2008－0111 | 公告编号 | 2008 年第 76 号 |
|---|---|---|---|---|---|
| 商品税则号列 | 分别归类 | | 发布日期 | 2008 年 10 月 28 日 | |
| 商品名称 | 天然气电控燃气系统 | | | | |
| 英文名称 | Electronic control fueling system | | | | |
| 其他名称 | CNG EPR 系统 | | | | |
| 商品描述 | 该天然气电控燃气系统包括:发动机控制模块、电子节气门、混合器、高压减压器、燃料截止阀、电控调压器、废气旁通控制阀、防喘振阀、环境传感器。状态为散件。用于天然气点燃式发动机,进口后分别安装于发动机的不同部位,属于发动机燃料供给控制系统。整套天然气电控燃气系统包括:发动机控制模块、电子节气门、混合器、高压减压器、燃料截止阀、电控调压器、废气旁通控制阀、防喘振阀、环境传感器、水温传感器、凸轮轴位置传感器、点火线圈、火花塞、氧传感器、电子油门踏板、天然气温度传感器、进气温度压力传感器、CNG 排气门、CNG 进气门、控制线束、接插件构成。进口部分占整套系统的价值比例为 64.1%。基本工作原理如下:高压的压缩天然气从储气钢瓶出来,经过天然气滤清器过滤后,经高压电磁阀进入高压减压器,高压电磁阀的开合由发动机控制模块控制,高压减压器的作用是将高压的压缩天然气(工作压力 200～30bar)经过减压加热将压力调至 7～9bar。高压天然气在减压过程中由于减压膨胀,需要吸收大量的热量,为防止减压器结冰,从发动机将发动机冷却液引出到减压器对燃气进行加热。经减压后的天然气进入电控调压器,电控调压器的作用是根据发动机运行工况精确控制天然气喷射量。天然气与空气在混合器内充分混合,进入发动机气缸内,经火花塞点燃进行燃烧,火花塞的点火时刻由发动机控制模块控制,氧传感器即时监控燃烧后的尾气的氧浓度,推算出空燃比,发动机控制模块根据氧传感器的反馈信号和控制 MAP 及时修正天然气喷射量。 | | | | |
| 归类决定 | 该系统为多种天然气(点燃式)发动机零件,包括发动机控制模块、传感器、电子节气门等部件。这些部件分散安装在发动机的不同部位,包括发动机的多个功能系统部件,且未构成发动机整体特征,应当分别归类。其中,发动机控制模块及其连接的传感器应当一并归入税则号列 9032.8900[9032.8990(2014 年版)];其他零部件根据第十六类类注二归入相应税号。 | | | | |

| 序号 | 2109 | 归类决定编号 | Z2008 - 0112 | 公告编号 | 2008 年第 76 号 |
|---|---|---|---|---|---|
| 商品税则号列 | 分别归类 | | 发布日期 | 2008 年 10 月 28 日 | |
| 商品名称 | 管线数据采集及监控系统 | | | | |
| 英文名称 | Trunkline SCADA system | | | | |
| 其他名称 | OperateIT SCADA vision 系统 | | | | |
| 商品描述 | 该管线数据采集及监控系统(简称 SCADA 系统)型号为 Vifion,是一个由不同系统组件构成的实时且功能完备的系统,不同组件实现特定的功能,尤其适用于石油和天然气市场。该系统提供远程数据采集和监控功能,并在层级体系结构中,与专用管线应用软件和其他 MIS 系统(WEB 服务器)接口。具备数据通讯、数据采集和存储、报表生成和分配及监视、控制等多项功能。系统由 1 个控制中心、12 个站场、6 个阀室构成。12 座站场分别设立本站的站控系统,各个站场间站控系统是相对独立的,站控系统只能控制本站设备的工艺流程操作。通过通信网络,各个站场的数据通过 SCADA 系统上传至秀屿控制中心,控制中心依照调度计划操作整个全线的工艺流程。秀屿控制中心主要由 3 个服务器机柜与 5 个操作站组成。服务器机柜内主要装有服务器和通信设备等,用于采集现场数据、管理所有天然气的输送、完成批次输送功能、监视与控制管道沿线及站控系统运行状况。操作站用于通过控制系统的画面,按照调度指令进行各个站场的工艺设备流程操作。每个站场主要由 2 个 PLC 机柜、1 个 ESD 机柜与 2 个操作站组成。PLC 机柜主要作用是现场设备信号通过电缆接入至机柜端子,SCADA 采集现场数据信号,进行相应的作业及流程控制。ESD 机柜主要作用是保护现场的设备,进行现场紧急关断处理。操作站主要作用是通过控制系统的控制画面,进行本站场的工业控制流程操作。每个阀室内装有 RTU 控制机柜,用于采集现场信号,远程控制现场工艺设备。现场阀门仪表、火气探头等现场设备通过电缆进入 I/O 模块,通过 I/O 模块与控制器的通信实现现场设备的工业控制流程。SCADA 系统包含检测火灾的探测器,主要是用于探测站场工艺区是否有可燃气体泄漏,并将检测到的气体浓度信号和可报警信号传送给 PLC 控制器,是 SCADA 系统的检测组件。SCADA 系统是由多种软件和硬件组成的综合控制系统,除操作站和火气探头外其他各类设备均已在 ABB 工厂被组装在机柜内,共计 45 个机柜。届时这些机柜和操作站等将被安装在各个站场控制室、阀室以及控制中心内,它们之间通过通信网络将其有机连接在一起形成一套 SCADA 系统,对 360 千米管线实施监控。 | | | | |
| 归类决定 | 该系统由 1 个控制中心、12 个站场、6 个阀室构成。其中,控制中心和站场的服务器及操作站构成了分散型工业过程控制设备,用于对设备整体运作进行监控;站场中的 PLC 机柜用于对具体设备运行进行监控;站场中的 ESD 机柜主要由控制器、继电器、浪涌保护器等组成,用于对具体设备运行的紧急状态停机;阀室中的 RTU 机柜包括控制器、I/O 模块、继电器等,用于对现场的阀门、仪表等进行控制。该套设备子系统的功能不同,整合后也没有形成单一的具体列名功能,不符合《税则》第十六类类注四有关功能机组的描述,应当分别归类。其中,分散型工业过程控制设备应当归入税则号列 8471.4991;PLC 应当归入税则号列 8537.1011;ESD 和 RTU 应当作为“带有数控装置的电气控制柜”归入税则号列 8537.1019。 | | | | |

| 序号 | 2110 | 归类决定编号 | Z2008－0113 | 公告编号 | 2008 年第 76 号 |
|---|---|---|---|---|---|
| 商品税则号列 | 分别归类 | | 发布日期 | | 2008 年 10 月 28 日 |
| 商品名称 | 液晶显示器组件 | | | | |
| 英文名称 | | | | | |
| 其他名称 | | | | | |
| 商品描述 | 该液晶显示器组件包括液晶显示板和印刷线路板。其中,液晶显示板含液晶面板、时序控制、直流电压转换回路、水平及垂直驱动线路等。由显示器主板送出信号,经过时序控制、直流电压转换回路等处理,并透过水平及垂直驱动线路控制液晶板工作,以实现显示图像。印刷电路板已按照显示器机种具体要求打制点位并作出明确标示,该线路板只能用于相应机种的显示器。为实现各个功能模块的通信功能,还需使用专业插件机插上二极管、电阻、电容、集成块等方可构成显示主板,用于生产计算机用液晶显示器。 | | | | |
| 归类决定 | 该商品包括液晶显示板和印刷线路板两部分。其中,液晶显示板含液晶面板、时序控制、直流电压转换回路、水平及垂直驱动线路等,以实现图像显示功能;印刷电路板已按照显示器机种具体要求打制点位并作出明确标示,该线路板只能用于相应机种的显示器。进口后还需使用专业插件机插上二极管、电阻、电容、集成块等方可构成显示主板,用于生产计算机用液晶显示器。由于该线路板并未安装有各种电气元件,还需要进一步加工成制成品后才能使用,因此该两项商品不符合归类总规则二所称未组装件的描述,应当分别归类。其中,液晶显示板符合《税则》税目 90.13 的商品描述,根据归类总规则一及六,应当归入税则号列 9013.8030;印刷线路板应当归入税目 85.34 项下。 | | | | |

| 序号 | 2111 | 归类决定编号 | Z2008 - 0114 | 公告编号 | 2008 年第 76 号 |
|---|---|---|---|---|---|
| 商品税则号列 | | 分别归类 | | 发布日期 | 2008 年 10 月 28 日 |
| 商品名称 | | 服务器升级设备 | | | |
| 英文名称 | | IBM P5570 server upgrade system | | | |
| 其他名称 | | | | | |
| 商品描述 | | 该服务器升级设备规格型号为 IBM P5570,用于原进口服务器设备的升级扩容。服务器升级设备具体配置主要为:8 颗 power5 + 中央处理器,以及与其配套的 8 块 4GB 存储传输卡、8 块 1000M 网卡、16GB 内存、8 块 73GB 硬盘及相应软件,并且包括一个处理器扩展柜、HMC(硬件控制台)、键盘、鼠标、机架显示器和相应的电源模块等。该商品与原进口服务器设备的主要区别在于没有 IBM P5570 服务器的基础运行单元(主机)。原进口的服务器的基础运行单元(主机)中包含可以显示服务器运行状态的 OP 操作液晶显示板、监控服务器自身和扩展单元系统状况的系统控制和监控模块、可以独立开启的电源开关。而此次进口的商品不包含上述部件,只包含被动监控单元。 | | | |
| 归类决定 | | 该商品为 IBM 公司 P5570 服务器的升级套件,包括 IBM P5570 服务器运行单元和硬件控制台(HMC)。一台硬件控制台可以管理多台 P5570 服务器运行单元。此次进口的硬件管理控制台和服务器运行单元并非直接匹配安装,应当分别归类。其中,服务器运行单位由 CPU、内存、硬盘、存储传输卡、网卡等组成,安装在一个扩展柜内。和 P5570 服务器相比,该商品缺少电源开关,无法独立开启,但从其结构来看,已经具备了自动数据处理功能,符合《税则》税目 84.71 的商品描述,但由于不具备输入输出部件,根据归类总规则一及六,应归入税则子目 8471.50 项下。硬件控制台内部结构也是一台自动数据处理设备,用于控制服务器分区使用,配有键盘、鼠标、机架显示器等输入输出设备(非组装在硬件控制台机柜内),符合《税则》税目 84.71 的商品描述,根据归类总规则一及六,应归入税则子目 8471.49 项下。 | | | |

| 序号 | 2112 | 归类决定编号 | Z2008－0216 | 公告编号 | 2008 年第 83 号 |
|---|---|---|---|---|---|
| 商品税则号列 | 分别归类 | | 发布日期 | 2008 年 11 月 24 日 | |
| 商品名称 | 500 千伏交直流两用交联聚乙烯绝缘电缆立式生产线 | | | | |
| 英文名称 | | | | | |
| 其他名称 | | | | | |
| 商品描述 | 该生产线主要构成：SE 300 型导体焊接机；VMS 2025/2/80 型立式摆轮储线器；CA 3500 型带式牵引轮；50 千瓦导体预热器；材料处理系统，MOTAN 制造；PXA 200/25D 型挤出机；TQu 75/200/90－80/150 型三层共挤机头；X－Ray 电缆直径与绝缘厚度测量与控制装置；连续交换管组 TK 30/120＋50DN250/DN250；导体后预热单元；在线应力松弛装置；AGP 180/25 型履带牵引机；直径测量装置；生产线控制与电气设备 TILC C－3；交联计算软件；监视和内部通讯系统等。用途：该设备属于立式电缆生产线，用于 500 千伏超高压交联电缆的成型和连续硫化。该设备系由三层共挤交联机挤出，使其包覆在电缆导体上，在氮气保护下，通过 120 米管路并在在线控制系统进行交联。通过计算机软件控制工艺参数和产品质量，具有工艺配方的管理功能和在线测量、监控和控制。 | | | | |
| 归类决定 | 该商品主体由交联挤出机、材料处理系统、硫化管道等组成，用于在圆杆状铜导体上包覆三种不同性能的塑料，符合《税则》税目 84.79 和《税则注释》品目 84.79 有关处理金属用机器的范围，符合第十六类类注四有关功能机组的描述，根据归类总规则一及六，应一并归入税则号列 8479.8190。其他执行主要功能以外的辅助设备（如通讯和监视系统等），应根据其功能分别归类。 | | | | |

| 序号 | 2113 | 归类决定编号 | Z2008－0217 | 公告编号 | 2008年第83号 |
|---|---|---|---|---|---|
| 商品税则号列 | 分别归类 | | | 发布日期 | 2008年11月24日 |
| 商品名称 | 凉亭 | | | | |
| 英文名称 | | | | | |
| 其他名称 | | | | | |
| 商品描述 | 该商品由凉亭、桌子、椅子的未组装件构成，均为杉木制。用途：放置于花园中，休憩乘凉用。该商品出口后由客人根据图纸自行组装，组装后的规格为278厘米×278厘米×260厘米。 | | | | |
| 归类决定 | 该商品由凉亭、桌子、椅子的未组装件构成，应分别归类，根据归类总规则一、二及六，凉亭归入税则号列4421.9090，桌子归入税目94.03项下，椅子归入税目94.01项下。 | | | | |

| 序号 | 2114 | 归类决定编号 | Z2009－0082 | 公告编号 | 2009年第5号 |
|---|---|---|---|---|---|
| 商品税则号列 | 分别归类 | | | 发布日期 | 2009年1月20日 |
| 商品名称 | 单点系泊系统用系泊链 | | | | |
| 英文名称 | | | | | |
| 其他名称 | | | | | |
| 商品描述 | 该商品为单点系泊系统所用的系泊链，由其他合金钢制成，链环包括0字形和8字形两种，长度根据客户需求从200～3000米不等。单点系泊系统通常由浮筒、旋转结构体和系泊链组成，主要用于海洋石油工程装置或海洋浮动结构体在海上的永久定位系泊。单点系泊系统最大的特点是其系泊方式是点，通常由一个漂浮在海面上的浮筒和其下的管道构成，便于货轮在远离陆地的地方装卸货。为避免浮筒随海浪漂移，通常用多根巨大的链条将其与海床连接。 | | | | |
| 归类决定 | 该商品中8字形链环的链为日字环节链，根据归类总规则一，应归入税则号列7315.8100项下；0字形链环的链为焊接链，根据归类总规则一，应归入税则号列7315.8200。 | | | | |

| 序号 | 2115 | 归类决定编号 | Z2009－0083 | 公告编号 | 2009年第5号 |
|---|---|---|---|---|---|
| 商品税则号列 | 分别归类 | | 发布日期 | 2009年1月20日 | |
| 商品名称 | 龙骨 | | | | |
| 英文名称 | | | | | |
| 其他名称 | | | | | |
| 商品描述 | 该商品包括三种产品：(1)主骨，23毫米×20毫米×3000毫米，厚度0.3毫米，截面形状T型，两边有15毫米突出的连接片(插入后向两边分开固定)，主骨间隔150毫米，有4毫米×8毫米的方孔，副骨连接片直接插入(插入后向两边分开固定)，方孔两边有直径0.3毫米的圆孔，可以直接用铁丝吊于屋顶固定，主骨之间可以通过连接片直接连接(插入后向两边分开固定)，不需要铆钉等，材质为宽扁彩雪花铁带与薄钢片组合，宽扁彩雪花铁带为装饰；(2)副骨，20毫米×20毫米×600毫米，截面形状T型，两边有15毫米突出的连接片(插入后向两边分开固定)，直接与主骨连接(插入后向两边分开固定)，不需要铆钉等，材质为宽扁彩雪花铁带与薄钢片组合，宽扁彩雪花铁带为装饰；(3)边角，18毫米×18毫米×3000毫米，截面形状L型，为装饰边扣条，材质为宽扁彩雪花铁带(应为镀锌)直接压制。生产工艺：宽扁彩雪花铁带与薄钢片组合经机器压制而成。成品龙骨框架可以直接由主骨、副骨、边角连接而成，不需要铆钉等。该商品用于在室内吊顶用的矿棉天花板的龙骨框架及边的装饰，为了便于运输，主骨、副骨、边角分别包装成箱。 | | | | |
| 归类决定 | 上述商品中第1、第2项商品的状态不符合《税则》第七十二章章注一(十三)关于"角材、型材及异型材"的定义，根据归类总规则一，应按照钢铁结构体用已加工的型材归入税则号列7308.9000；第3项商品的状态符合《税则》第七十二章章注一(十三)关于"角材、型材及异型材"的定义，根据归类总规则一，应按照经进一步加工的型材归入税则号列7216.9100。 | | | | |

<table>
<tr><td>序号</td><td>2116</td><td>归类决定编号</td><td>Z2009－0084</td><td>公告编号</td><td>2009 年第 5 号</td></tr>
<tr><td>商品税则号列</td><td colspan="3">分别归类</td><td>发布日期</td><td>2009 年 1 月 20 日</td></tr>
<tr><td>商品名称</td><td colspan="5">钢结构件</td></tr>
<tr><td>英文名称</td><td colspan="5"></td></tr>
<tr><td>其他名称</td><td colspan="5"></td></tr>
<tr><td>商品描述</td><td colspan="5">该商品由钢管、铁丝、拱杆接头、弹簧卡组成。钢管直径 1 至 2 英寸不等，壁厚为 2.75 毫米、长度为 5.8 米，两头有外螺纹的有缝钢管，钢管材质为 Q215、非合金钢。铁丝为普通铁丝，盘卷，长约 280 米，无镀层、无涂层。拱杆接头有三种规格，内径分别约为 2.5 厘米、2.8 厘米、3.9 厘米，长度为 25～40 厘米，外观均为钢管从中间略弯曲。弹簧卡为 3 毫米宽钢丝弯曲而成。上述四件货物分开包装，钢管为捆装，弹簧卡、拱杆接头为编织袋包装，铁丝为裸装。上述货物出口到国外后再组装成蔬菜大棚。具体使用说明：1. 二拱杆之间用拱杆接头连接，并用弹簧卡子固定；2. 立柱与横拉杆之间焊接连接，其余为铁丝捆扎；3. 立柱插入地下深度视土壤松紧而定，一般为 0.8～1 米之间。</td></tr>
<tr><td>归类决定</td><td colspan="5">该商品由有螺纹的钢管、铁丝、接头、弹簧卡组成，通过焊接、捆扎等方式组装成大棚支架，其组装方式、报验状态不符合“结构体”的解释。根据归类总规则一，该商品应分别归类。其中，圆形截面有缝钢管归入税则号列 7306.3000[7306.30（2014 年版）]；铁丝归入税则号列 7217.1000；拱杆接头（钢制）归入税则号列 7308.9000；弹簧卡（钢丝制）归入税则号列 7320.9090。</td></tr>
</table>

| 序号 | 2117 | 归类决定编号 | Z2009－0085 | 公告编号 | 2009 年第 5 号 |
|---|---|---|---|---|---|
| 商品税则号列 | 分别归类 | | 发布日期 | | 2009 年 1 月 20 日 |
| 商品名称 | 空心钢结构横梁 | | | | |
| 英文名称 | | | | | |
| 其他名称 | | | | | |
| 商品描述 | 该空心钢结构横梁采用 Q345B 低合金钢热轧卷板作为原料进行生产制作，主要由方形焊接钢管（如宽 200 毫米×高 200 毫米×厚 6.3 毫米×长 11900 毫米）、矩形焊接钢管（如宽 150 毫米×高 100 毫米×厚 8.0 毫米×长 11900 毫米）和圆形焊接钢管（如外径 323 毫米×厚 12.5 毫米×长 11900 毫米）加工而成（一端头已焊接螺栓连接板）。虽该结构横梁在一端焊接了螺栓连接件，但焊接部分强度过低（用锤轻击亦可脱落），部分焊接板在运输过程中已脱落，因此该商品的主体特征仍为钢铁管。 | | | | |
| 归类决定 | 根据《税则注释》第七十三章总注释“管”的定义，该商品应按圆形截面管和非圆形截面管分别归入税则号列 7306.3000[7306.30（2014 年版）]和 7306.6100。 | | | | |

| 序号 | 2118 | 归类决定编号 | Z2009－0086 | 公告编号 | 2009 年第 5 号 |
|---|---|---|---|---|---|
| 商品税则号列 | 分别归类 | | 发布日期 | 2009 年 1 月 20 日 | |
| 商品名称 | 汤玛斯牌马铃薯全粉生产线及备件 | | | | |
| 英文名称 | | | | | |
| 其他名称 | | | | | |
| 商品描述 | 该马铃薯全粉生产线年处理马铃薯 10000 吨，主要包括水力喂料系统 S－HY－F、去石上料提升机 TR－B0600/3500、去石（预清洗）机 KW－320T－1－2.5－15、提升机 TR－B0600/6000、蒸汽脱皮机 ORBIT、倾斜螺杆输送机 TR－S0600/5000、干式刷皮机 ZZ1000TM、后清洗机 TR－S0600/5000W、水力切片系统 S－HY、物料平衡调节系统、拣选设备 TR－B0800/2600i、捣泥机 TR－S0400－3000Ri、添加剂配置设备、输送泵系统 PS－2、气流输送系统 TR－air、质检设备 TR－B0400/4000i、研磨机 PM、筛网细打片机 FL0500/2500z、气流机动传送器、包装机、干燥鼓 TD－DD2000/5700、螺杆式漂烫机 BL－VL2000/7000f、螺杆式冷却机 KO0200/7000、蒸煮机 CO－E、控制单元、备件。 | | | | |
| 归类决定 | 该商品是一套马铃薯成粉生产线，由前道的清洗分拣设备、加热/捣泥/磨粉设备和后道的包装设备三大部分组成。根据《税则注释》关于品目 84.19 的描述，当商品同时具有捣碎和加热功能时，仍归入《税则》税目 84.19 项下，故该生产线的功能符合税目 84.19 的列名，根据《税则》第十六类类注四关于“功能机组”的规定确定税号。其中，去石/清洗机、刷皮机等清洗、分级设备为执行辅助功能的设备组，在税目 84.33 项下具体列名，应视其构成另一套功能机组，根据归类总规则一及六，一并按农产品的清洁、分选机器归入税则号列 8433.6000；包装机为执行辅助功能的设备，符合《税则》税目 84.22 及其子目条文的描述，根据归类总规则一及六，应按其他包装机归入税则号列 8422.3030；其余的漂烫机、蒸煮机、捣泥机、干燥机、打片机等设备构成了一套完整的税目 84.19 的列名功能机组，根据归类总规则一及六，一并按其他利用温度变化处理材料的机器归入税则号列 8419.8990。 | | | | |

| 序号 | 2119 | 归类决定编号 | Z2009 - 0087 | 公告编号 | 2009 年第 5 号 |
|---|---|---|---|---|---|
| 商品税则号列 | 分别归类 | | 发布日期 | 2009 年 1 月 20 日 | |
| 商品名称 | 低温甲醇洗及精馏装置内件 | | | | |
| 英文名称 | | | | | |
| 其他名称 | | | | | |
| 商品描述 | 该低温甲醇洗及精馏装置内件为 9 个塔的内件,塔的壳体由国内采购。(1)低温甲醇洗装置,包含 6 个塔的内件,分别为:①吸收塔(T - 51002);②中压闪蒸塔(T - 51003);③尾气解析塔(T - 51004);④浓缩塔(T - 51005);⑤热再生塔(T - 51006);⑥甲醇水塔(T - 51007)。(2)精馏装置塔内件,具体分为:①预精馏塔(T - 53001);②加压塔(T - 53002);③常压塔(T - 53003)。<br>低温甲醇洗装置各设备简介,本工号分为三部分:(1)粗煤气(变换气)的净化吸收;(2)吸收后富甲醇液的再生;(3)系统中所积累的水分的脱除。自变换来的粗煤气(变换气)送入吸收塔(T - 51002),脱除粗煤气中的 $H_2S$、COS、$CO_2$ 后,此时气体中主要组分为合成甲醇的 $H_2$ 与 CO,气体由吸收塔(T - 51002)排出送至甲醇合成反应器反应生成甲醇。用于吸收塔(T - 51002)的吸收甲醇是分别来自热再生塔(T - 51006)、尾气解析塔(T - 51004)的甲醇。因此吸收了变换气后的甲醇含有大量的 $CO_2$、$H_2S$、COS 及少量的 $H_2$ 与 CO,为了使这部分甲醇液能够循环使用,将吸收塔(T - 51002)塔底的甲醇液体分别送至中压闪蒸塔(T - 51003),在此通过减压的方法将甲醇液里面的的 $H_2$ 与 CO 完全释放出来;再将(T - 51003)塔底的甲醇液送至尾气解析塔(T - 51004),在此通过再降低压力的方法将甲醇液里面大量的 $CO_2$ 完全释放出来,此时 T - 51004 塔底的甲醇液中仅含有少量的 $H_2S$、COS,因此将这部分甲醇液再送到浓缩塔(T - 51005)和甲醇热再生塔(T - 51006),通过加热的方法将甲醇液里的 $H_2S$、COS 完全的释放出来,此时(T - 51006)塔底的甲醇就是非常纯净且可以再利用的新鲜甲醇。然而,随着系统的正常运行,粗煤气中的水分会在系统中不断积累增多,因此必须将系统中的部分甲醇液送到甲醇水塔(T - 51007)进行脱除水分。<br>甲醇精馏装置各设备关联简介:自甲醇合成单元生成的粗甲醇,含有大量的水分、杂醇油、二甲醚、烃类、醇类等,因此,为了得到新鲜纯度高的甲醇,必须脱除这些组分。预精馏塔(T - 53001)中,通过加热的方法除去粗甲醇中残留低沸点物如二甲醚、烃类等。在加压塔(T - 53002)通过提高压力和加热的方法除去甲醇中的高沸点物如水分,醇类等,并从塔顶产出近 45% 总产量的精甲醇。常压塔(T - 53003)通过加热和减压的方法除去甲醇中的杂醇油,并且从塔顶产出精甲醇。 | | | | |

| | |
|---|---|
| 归类决定 | 该商品是两套相对独立的设备工段，分别实现不同的功能。其中，吸收塔（T－51002）、中压闪蒸塔（T－51003）、尾气解析塔（T－51004）、浓缩塔（T－51005）、热再生塔（T－51006）、甲醇水塔（T－51007）构成了低温甲醇洗装置，实现的是利用注入甲醇和温度变化将粗煤气中的杂质去除的功能，净化后的 $H_2$ 和 CO 被送至粗甲醇合成反应器用于合成粗甲醇。吸收塔是整个工艺的主要部件，用于注入甲醇净化粗煤气，而其他部件利用温度变化不断循环来净化甲醇。预精馏塔（T－53001）内件、加压塔（T－53002）内件、常压塔（T－53003）内件构成了精馏装置塔内件，对粗甲醇合成反应器生产的粗甲醇进行精馏提纯，生成精甲醇，实现《税则》税目 84.19 列名的精馏功能。低温甲醇洗装置由吸收塔（T－51002）、中压闪蒸塔（T－51003）、尾气解析塔（T－51004）、浓缩塔（T－51005）、热再生塔（T－51006）、甲醇水塔（T－51007）构成，通过管、缆、线连接，其利用温度变化处理材料的功能在《税则》税目 84.19 中列名，符合《税则》第十六类类注四关于功能机组的规定，根据归类总规则一及六，应按其他利用温度变化处理材料的设备归入税则号列 8419.8990。精馏装置塔内件由预精馏塔（T－53001）内件、加压塔（T－53002）内件、常压塔（T－53003）内件构成，仅缺少钢制外壳，通过管、缆、线连接，实现的是精馏功能，其整机符合《税则》税目 84.19 及其子目条文的描述，已具备精馏装置完整品的基本特征，根据归类总规则二（一）及六，应按精馏塔归入税则号列 8419.4020。 |

| 序号 | 2120 | 归类决定编号 | Z2009－0127 | 公告编号 | 2009 年第 32 号 |
|---|---|---|---|---|---|
| 商品税则号列 | 分别归类 | | | 发布日期 | 2009 年 6 月 12 日 |
| 商品名称 | 卸板机 | | | | |
| 英文名称 | Unloader and assistant equipments | | | | |
| 其他名称 | | | | | |
| 商品描述 | 该商品主要由安全门、液压同步关闭装置、压机卸板机、卸板升降机、移动臂、二次水循环、安全设备、自控设备及备件组成。上述商品中，压机卸板机、卸板升降机、移动臂、安全设备、自控设备构成一套完整的搬运设备，但并不安装在同一底座或框架内，是将抄造完成的绝缘纸板传送至堆放处的设备。安全门和液压同步关闭装置作为热压机的附件，与热压机的出入口同步开闭，起到保护作用。二次水循环设备是将热压机产生的过热水收集并循环利用的节能装置。 | | | | |
| 归类决定 | 上述商品中的压机卸板机、卸板升降机、移动臂、安全设备、自控设备是一套完整的搬运设备，组合后明显具备《税则》税目 84.28 项下列名的运输、搬运功能，符合第十六类类注四关于功能机组的描述，属于其他未列名的搬运设备，符合《税则》税目 84.28 及其子目条文的描述，根据归类总规则一及六，应按其他搬运设备归入税则号列 8428.9090。其余设备应按照功能、结构分别归入其他相关税目项下。 | | | | |

| 序号 | 2121 | 归类决定编号 | Z2009－0129 | 公告编号 | 2009 年第 32 号 |
|---|---|---|---|---|---|
| 商品税则号列 | | 分别归类 | | 发布日期 | 2009 年 6 月 12 日 |
| 商品名称 | 全废铜 FRHC 火法精炼高导电合金铜杆生产线 | | | | |
| 英文名称 | | | | | |
| 其他名称 | | | | | |
| 商品描述 | 该生产线由一台普罗佩兹精炼炉（型号为 FR150）、一套考司美特炉系统（型号为 CS20）、一条产能 20 吨/小时的铜 CCR 连铸连轧生产线组成。其中，CS20 炉组系统主要由 1 台 20 吨/小时的竖炉、2 台 RF50 型精炼炉、1 台 FH25 型的保温炉及相关控制系统组成；FR150 精炼炉由 1 台 150 吨的倾动炉及控制系统组成；CCR 连铸连轧系统由连铸连轧机、收线单元和控制系统等组成。用途：生产线正式投产后，形成年产 12 万吨高导电合金铜杆的生产能力。 | | | | |
| 归类决定 | 该全废铜 FRHC 火法精炼高导电合金铜杆生产线由精炼炉系统、连铸连轧生产线组成，用于将废杂铜直接精炼成导电合金铜杆。该功能在《税则》中无具体列名，不能作为第十六类类注四的功能机组一并归类，而应分别归类。其中，精炼炉（包括 FR150、CS20）使用燃气加热，符合税目 84.17 的商品描述，根据归类总规则一及六，应归入税则号列 8417.1000；连铸连轧系统作为一种新型的热轧技术（铸轧自动一体化），符合税目 84.55 的商品描述，根据归类总规则一及六，应归入税则号列 8455.2190。 | | | | |

| 序号 | 2122 | 归类决定编号 | Z2009－0183 | 公告编号 | 2009 年第 57 号 |
|---|---|---|---|---|---|
| 商品税则号列 | 分别归类 | | 发布日期 | | 2009 年 8 月 31 日 |
| 商品名称 | 非端部接合的白橡木厚板材 | | | | |
| 英文名称 | Staves for 300barrels | | | | |
| 其他名称 | | | | | |
| 商品描述 | 该非端部接合的白橡木厚板材有两种：一种是制造桶壁用橡木板材，板材长 95 厘米，宽 5～13 厘米、厚 2.7 厘米，加工工艺为原木经纵切形成宽窄不同的直板条，再用刮刀将表面风蚀面刮去，此过程中板条侧面略带弧度（板条中部稍宽，两端稍窄，但弧度均极轻微），横截面形成梯型形状（梯型上下面带有极微小弧度）；另一种是桶头用板材，长约 65 厘米、宽约 62 厘米、厚 2.5 厘米，加工工艺为原木经纵切形成宽度 4～8 厘米的直板条，再用刮刀将表面风蚀面刮去（板条厚 2.5 厘米），之后木板侧面用铁钉衔接形成长约 65 厘米、宽约 62 厘米的板材。 | | | | |
| 归类决定 | 上述第一种商品是制造桶壁用橡木板材，符合《税则注释》对品目 44.07 描述，根据归类总规则一及六，应归入税则号列 4407.9100；第二种商品是制造桶头用板材，由于已用铁钉连接，其加工工艺超出了《税则注释》对品目 44.07 的描述，根据归类总规则一及六，应归入税则号列 4421.9090。 | | | | |

| 序号 | 2123 | 归类决定编号 | Z2009－0184 | 公告编号 | 2009 年第 57 号 |
|---|---|---|---|---|---|
| 商品税则号列 | 分别归类 | | 发布日期 | 2009 年 8 月 31 日 | |
| 商品名称 | 铝制门窗框 | | | | |
| 英文名称 | | | | | |
| 其他名称 | | | | | |
| 商品描述 | 该商品为铝合金制围栏的立柱和连接件。立柱为等长的空心铝合金，规格为 8.2 毫米×25 毫米×1900 毫米，只在一端大约 10 毫米处有一直径为 3.5 毫米的小孔，表面无其他加工；连接件为等长约 90 毫米的非空心铝合金，一端用冲床冲出两个 3.6 毫米×8.2 毫米的缺口。 | | | | |
| 归类决定 | 根据《税则》第七十六章税目 76.04 注释规定，立柱应归入税则号列 7604.2100；连接件不符合《税则》第七十六章章注二的规定，应归入税则号列 7610.9000。 | | | | |

| 序号 | 2124 | 归类决定编号 | Z2009－0185 | 公告编号 | 2009年第57号 |
|---|---|---|---|---|---|
| 商品税则号列 | 分别归类 | | 发布日期 | 2009年8月31日 | |
| 商品名称 | CGL清洗设备 | | | | |
| 英文名称 | Cgl cleaning equipment | | | | |
| 其他名称 | | | | | |
| 商品描述 | 该CGL清洗设备包含三大关键部分:电解清洗、刷洗和高效磁过滤。把普通热轧板生产成高级板材,必须清洗板材表面油脂等杂物。基本原理:先通过碱的喷淋,使油脂等杂物对钢板附着能力下降。在通过喷淋式电解的物理与化学作用进一步弱化油脂及除去油脂。电解之后再通过刷洗设备进一步清洁钢板表面。为了提高使用效率,采用了高效能的磁过滤循环系统,使废物排放量减少6倍以上。 | | | | |
| 归类决定 | 该商品为三件设备,即电解设备、刷洗设备和磁过滤设备,同属于热轧生产线的一部分,三台设备并不安装在一起,并不构成组合机器。同时,三台设备组合后也不具备《税则》第八十四章或第八十五章某个税目所列功能,也不构成功能机组,故应分别归类。其中,电解设备利用电解去除钢板表面油脂及其附着的其他杂质,符合《税则》税目85.43及其子目条文的描述,根据归类总规则一及六,应按电解设备归入税则号列8543.3000;刷洗设备利用刷辊进一步去除钢板表面的杂质,而且还可以对钢板表面的毛刺、氧化层进行研磨消除,符合《税则》税目84.79及其子目条文的描述,根据归类总规则一及六,应按其他处理金属的机器归入税则号列8479.8190;磁过滤设备利用磁性过滤水中的杂质,使水能够被循环利用,属于液体的过滤装置,符合《税则》税目84.21及其子目条文的描述,根据归类总规则一及六,应按工业用过滤水的装置归入税则号列8421.2190[8421.2199(2014年版)]。 | | | | |

| 序号 | 2125 | 归类决定编号 | Z2010－0071 | 公告编号 | 2010年第15号 |
|---|---|---|---|---|---|
| 商品税则号列 | 分别归类 | | 发布日期 | 2010年2月28日 | |
| 商品名称 | 思科网真网络电话系统 | | | | |
| 英文名称 | | | | | |
| 其他名称 | | | | | |
| 商品描述 | 该网真1000系统是基于IP网络技术的可视电话会议系统，主要面向小型群组会议和一对一的交流。网真1000系统的画面播放速度为每秒30帧，每个画面最少为2Mb，传输速度为1.5Gb/s，而屏幕解析度达到1080p。具体配置：编码器、摄像头、麦克风、扩音器、不含视频调谐器的65英寸高清等离子显示屏、背景照明工具、IP电话机各一个。编码器、摄像头、麦克风、扩音器安装于同一机箱内，与显示屏、背景照明工具通过专用机架连接。 | | | | |
| 归类决定 | 该网真1000系统由编解码器（1个）、专用摄像头（1个）、不含视频调谐器的65英寸等离子显示器（HDMI）（1台）、麦克风（1个）、扩音器（1个）、背景照明工具（1副）、IP电话机（1台）构成，所有设备均通过缆线连接在一起。实现远程网络IP通信和视频显示的功能，不符合《税则》第十六类类注四关于功能机组的定义，应分别归类。其中，65英寸等离子显示器属视频信号显示装置，符合《税则》税目85.28及其子目条文的描述，根据归类总规则一及六，应按彩色视频监视器归入税则号列8528.5910。其余设备，构成一套完整的IP电话通信终端，符合《税则》税目85.17及其子目条文的描述，根据归类总规则一及六，应按IP电话信号转换设备归入税则号列8517.6233。 | | | | |

| 序号 | 2126 | 归类决定编号 | Z2010－0072 | 公告编号 | 2010 年第 15 号 |
|---|---|---|---|---|---|
| 商品税则号列 | 分别归类 | | 发布日期 | | 2010 年 2 月 28 日 |
| 商品名称 | 自动称料混料系统 | | | | |
| 英文名称 | | | | | |
| 其他名称 | | | | | |
| 商品描述 | 该自动称料混料系统主要用于将海绵钛及各种合金元素根据用量比例,通过精确的自动添加及精确称量后,在混料机中充分混合,生产出成分控制精确的钛合金。工作流程:储藏/卸料→称重→放料→物料传送→混料/复称转料。设备组成:支撑平台、钛组分的储料配料装置(4 个储料仓、4 个振动料槽)、钛卸料斗(2 个)、合金组分的储存和放料装置、二氧化钛的储存和放料装置、原料传输系统、混料器(1 个)、传送皮带(1 套)、复称装置、电器设备(包括 PLC 系统、控制及电源柜、炉前接线盒、称重电子装置 3 个、系统计算机、PC 控制柜及应急电源)。 | | | | |
| 归类决定 | 该自动称料混料系统包括料仓系统、称重系统、传送系统、混料系统、放料系统和控制系统。该系统的主要功能是海绵钛及各种合金元素的称量与混合,不符合《税则》第十六类注释四功能机组的规定,应分别归类。根据归类总规则一和六,料仓系统和称重系统应归入税则号列 8423.3030,混料系统和放料系统应归入税则号列 8479.8200,传送系统应归入税则号列 8428.3300,控制系统应归入税则号列 8537.1090。 | | | | |

| 序号 | 2127 | 归类决定编号 | Z2006 - 1137 | 公告编号 | 2006 年第 69 号 |
|---|---|---|---|---|---|
| 商品税则号列 | 视不同情况归类 | | | 发布日期 | 2006 年 11 月 22 日 |
| 商品名称 | 稀土大磁致伸缩材料 | | | | |
| 英文名称 | Giant mugnetostrictive material | | | | |
| 其他名称 | 大磁致伸缩材料 | | | | |
| 商品描述 | 该大磁致伸缩材料是一种智能材料，主要由稀土金属铽、镝等和过渡族金属铁等组成，在磁场的作用下可以产生形变，即可将电能转化为机械能。在很小的电压下，它所产生的应变是传统磁致伸缩材料的 40～100 倍，同样它也可以作为传感材料将感受到的机械运动转化为电信号。<br>该商品用于飞机机翼控制，可使反映灵敏度、可靠性大幅提高；用于导弹制导系统，实现飞机轨道计算机快速修正，大大提高命中率。在工业方面的运用，涉及机械工业、电子工业、石油业、纺织业、医疗等方面。在高密度控制方面的应用，如超精密机床、机器人、主动减震系统、高速阀门、超声医疗器具、打印机等。民用方面，应用于照相机快门、助听器、超声洗衣机等。<br>该商品的形态有片状、块状、管状等，规格各不相同。 | | | | |
| 归类决定 | 该稀土大磁致伸缩材料是由稀土元素铽、镝和铁铸造而成，加工过程为将毛坯和模具一并放入单晶炉中，经热源加热使毛坯再融化，然后利用低温源从设定方向开始冷却（即定向凝固），所得铸件经无芯磨床或平面磨床加工后即为出口货物。<br>该商品含铽（Tb）16%、镝（Dy）20%、铁（Fe）64%，质地硬而脆，不具实用可锻性，可以表现出很强的磁致伸缩特性（即物质在磁场中尺寸会改变），在很小的电压下，产生的应变是传统磁致伸缩材料的 40～100 倍，可应用于照相机快门、助听器、高保真喇叭等多种领域。<br>该商品应视其出口状态归入不同税则号列。其中，经过机械加工后成为设备专用零件的或已具备设备专用零件基本特征但还需进一步加工的，应根据《税则》第十六类类注二零件的归类原则进行归类；其他的应根据《税则注释》对品目 73.25 的解释（品目 73.25“包括协调制度其他税号未列名的各种钢铁铸造制品”）归入税则号列 7325.9910。 | | | | |

| 序号 | 2128 | 归类决定编号 | Z2006－1149 | 公告编号 | 2006年第69号 |
|---|---|---|---|---|---|
| 商品税则号列 | 视不同情况归类 | | 发布日期 | 2006年11月22日 | |
| 商品名称 | 商用冷冻柜 | | | | |
| 英文名称 | | | | | |
| 其他名称 | FRAMEC冷柜 | | | | |
| 商品描述 | 该商用冷冻柜共有5个型号，均装有制冷系统（包括压缩机、冷凝器、蒸发器），通常置放于超级市场、点心面包店等场所保存或冷藏饮料、速冻食品、冰淇淋、糕点等，以作陈列销售用。具体5个型号的参数如下：<br>1. 型号EXPO J430NV，净储存容量260升，工作温度为－28℃～－10℃，立式带锁门；<br>2. 型号EXPOSER J125 CP/LUX，净储存容量555升，工作温度为0℃～2℃，立式无门；<br>3. 型号VT200，净储存容量661升，工作温度为－23℃～－15℃，柜式有门；<br>4. 型号ASEAN 125，净储存容量450升，工作温度为1℃～4℃，立式无门；<br>5. 型号STARLIGHT PN6，净储存容量320升，工作温度为－25℃～8℃，柜式无门。 | | | | |
| 归类决定 | 《税则》子目8418.30和8418.40的冷冻箱是指制冷温度在0℃以下的卧式或立式冷冻设备。因此，根据这五种型号制冷设备的具体参数，并参照《税则》中各税目的要求，第1项商品可按立式冷冻箱归入税则号列8418.4029；第3项商品可按柜式冷冻箱归入税则号列8418.3021；第5项商品可按柜式冷冻箱归入税则号列8418.3029；其余商品应归入税则号列8418.5000。 | | | | |

| 序号 | 2129 | 归类决定编号 | Z2006－1138 | 公告编号 | 2006 年第 69 号 |
|---|---|---|---|---|---|
| 商品税则号列 | | 视情况归类 | | 发布日期 | 2006 年 11 月 22 日 |
| 商品名称 | DC 300 数码摄像测量仪 | | | | |
| 英文名称 | | | | | |
| 其他名称 | | | | | |
| 商品描述 | 该数码摄像测量仪是由 CCD 摄像头、照相系统、摄像软件、PCI 卡、接线、摄像机接口、图像处理软件(含测量功能)、测量组件、图像处理组件、主词组件、工具英语组件等组成。该仪器的原理与作用是:系统通过与光学照相系统连接,通过数码相机对生物材料进行照相并产生出相关图像信息,接受图像信息后,经过图像处理软件处理,可显出油菜叶片、根、茎细胞结构,染色体图像,并能测量出叶片、根、茎细胞的长度、宽、细胞壁厚度、原生质体体积。此仪器主要是用于油菜细胞学研究和染色体分裂图像研究,从中分析出油菜遗传特点,可提高油菜细胞学研究工作水平。 | | | | |
| 归类决定 | 上述商品与显微镜、计算机系统组成数码摄像测量系统,由于此次进口部分并未构成测量仪基本特征,不符合《税则》第十六类类注四功能机组的定义,上述商品应分别归入相应税号。 | | | | |

| 序号 | 2130 | 归类决定编号 | Z2006－1590 | 公告编号 | 2007 年第 70 号 |
|---|---|---|---|---|---|
| 商品税则号列 | | 相关子目 | | 发布日期 | 2007 年 12 月 5 日 |
| 商品名称 | 汽车支架 | | | | |
| 英文名称 | | | | | |
| 其他名称 | | | | | |
| 商品描述 | 该商品为形状各异的汽车用金属支架,其中部分金属支架上连有带金属附件的橡胶管。其作用为连接后减震器,连接后 U 型架等。具体有:<br>1. 稳定杆固定支架,U 型金属零件,两端有孔,用于固定稳定杆,安装在后桥 U 型梁上;<br>2. 碳罐基座支架,金属零件,有特定形状,安装在前围上;<br>3. ABS 控制单元支架,金属零件有特定形状,安装在左边梁上;<br>4. 后制动管带支架总成,由橡胶软管、金属硬管、金属支架组成,与后制动器连接,固定在后减震器支架。 | | | | |
| 归类决定 | 此类商品的结构、形状已具有专用零件的特征,应按专用零件分别归类,其中 ABS 控制单元支架归入税则子目 8708.30 项下,其余三项归入税则号列 8708.9999。 | | | | |

| 序号 | 2131 | 归类决定编号 | Z2006－1592 | 公告编号 | 2007年第70号 |
|---|---|---|---|---|---|
| 商品税则号列 | | 相关子目 | | 发布日期 | 2007年12月5日 |
| 商品名称 | 自动采样系统 | | | | |
| 英文名称 | Automatic crushing sample collectior | | | | |
| 其他名称 | | | | | |
| 商品描述 | 该系统主要由两套跨皮带采样器、一套破碎系统和一套给料缩分系统组成，包括一段跨皮带采样器、一段皮带给料机、一段破碎机、二级跨皮带采样器、二级皮带给料机和储料仓。采样器按照程序设定的时间自动提取煤样并破碎，同时将已破碎及不能破碎的大块煤样通过皮带给料机送到破碎机，最终煤样进入储料仓。破碎机的功能是对皮带传送来的煤样进行破碎。皮带给料机的功能是传输煤样。 | | | | |
| 归类决定 | 该自动采样系统包括两台主采样器、两台皮带给料机、一台锤式破碎机和一台次采样器，其功能是取煤样。取样功能属《税则》第八十四章未列名功能，不能参照第十六类类注四按主要功能一并归类，应分别归入相关子目。 | | | | |

| 序号 | 2132 | 归类决定编号 | Z2006－1593 | 公告编号 | 2007年第70号 |
|---|---|---|---|---|---|
| 商品税则号列 | | 相关子目 | | 发布日期 | 2007年12月5日 |
| 商品名称 | 汽轮机零部件(300MW) | | | | |
| 英文名称 | 300MW steam turbine unit | | | | |
| 其他名称 | | | | | |
| 商品描述 | 该汽轮机进口零部件包括：高中压、低压外缸和内缸一套，转子一套，喷嘴组件一套，隔板一套，主汽阀一套，调节阀一套，中压联合阀一套。该商品与国内所配零部件装配成电站用300兆瓦汽轮机，型号为D300S。 | | | | |
| 归类决定 | 该商品用于多级汽轮机。一台完整的多级汽轮机包括主机和辅机两大部分，主机由高中压模块、低压模块、连接两大模块的蒸汽管道、轴承箱、各类阀门及机组启动装置、保护装置、自动控制系统等部件组成。此次进口的零部件属于多级汽轮机的一个组成部分，并未构成汽轮机的基本特征，因此，该零部件应根据《税则》第十六类类注二零件的归类原则，以及归类总规则一及六，归入相关子目。 | | | | |

| 序号 | 2133 | 归类决定编号 | Z2006－1594 | 公告编号 | 2007 年第 70 号 |
|---|---|---|---|---|---|
| 商品税则号列 | 相关子目 | | | 发布日期 | 2007 年 12 月 5 日 |
| 商品名称 | 凌特 2295cc 机动医疗车 | | | | |
| 英文名称 | | | | | |
| 其他名称 | | | | | |
| 商品描述 | 该商品外形为中等厢式货车状,顶部安装警示灯,外体有红十字标志,品牌为“MERCEDES－BENZ”,标有“SPRINTER”字样,驾驶室内两座,安装有温度计,车厢内安装有简易台面、壁橱、壁灯、药架及器械架,车厢内顶部安装有负压过滤装置。 | | | | |
| 归类决定 | 该商品车厢内未装有手术专用的手术床、照明装置、供血装置及麻醉装置等,还未构成《本国子目注释》所规定的医疗车,不能归入《税则》税目 87.05,根据归类总规则二(一),该车辆可按其原型车归入税目 87.02 至 87.04 的相应子目。 | | | | |

FULU

# 附 录

附录一

# 归类决定相关公告列表

| 序号 | 公告编号 | 发布日期 | 生效日期 |
|---|---|---|---|
| 1 | 2006 年第 69 号 | 2006 年 11 月 22 日 | 同发布日期 |
| 2 | 2007 年第 70 号 | 2007 年 12 月 5 日 | 同发布日期 |
| 3 | 2007 年第 71 号 | 2007 年 12 月 5 日 | 同发布日期 |
| 4 | 2008 年第 36 号 | 2008 年 5 月 20 日 | 同发布日期 |
| 5 | 2008 年第 76 号 | 2008 年 10 月 28 日 | 同发布日期 |
| 6 | 2008 年第 83 号 | 2008 年 11 月 24 日 | 同发布日期 |
| 7 | 2009 年第 5 号 | 2009 年 1 月 20 日 | 同发布日期 |
| 8 | 2009 年第 32 号 | 2009 年 6 月 12 日 | 同发布日期 |
| 9 | 2009 年第 57 号 | 2009 年 8 月 31 日 | 同发布日期 |
| 10 | 2009 年第 83 号 | 2009 年 12 月 23 日 | 同发布日期 |
| 11 | 2010 年第 2 号 | 2010 年 1 月 6 日 | 同发布日期 |
| 12 | 2010 年第 3 号 | 2010 年 1 月 7 日 | 同发布日期 |
| 13 | 2010 年第 15 号 | 2010 年 2 月 28 日 | 同发布日期 |
| 14 | 2010 年第 87 号 | 2010 年 12 月 28 日 | 同发布日期 |
| 15 | 2011 年第 13 号 | 2011 年 3 月 4 日 | 2011 年 3 月 10 日 |
| 16 | 2011 年第 26 号 | 2011 年 4 月 25 日 | 2011 年 5 月 1 日 |
| 17 | 2011 年第 31 号 | 2011 年 5 月 16 日 | 2011 年 5 月 20 日 |
| 18 | 2011 年第 86 号 | 2011 年 12 月 31 日 | 2012 年 1 月 5 日 |
| 19 | 2012 年第 3 号 | 2012 年 1 月 16 日 | 2012 年 2 月 1 日 |
| 20 | 2012 年第 30 号 | 2012 年 6 月 18 日 | 同发布日期 |
| 21 | 2012 年第 31 号 | 2012 年 6 月 25 日 | 同发布日期 |
| 22 | 2012 年第 32 号 | 2012 年 6 月 25 日 | 同发布日期 |
| 23 | 2012 年第 60 号 | 2012 年 12 月 10 日 | 2013 年 1 月 1 日 |
| 24 | 2013 年第 26 号 | 2013 年 5 月 17 日 | 2013 年 6 月 1 日 |
| 25 | 2014 年第 2 号 | 2014 年 1 月 2 日 | 2014 年 1 月 15 日 |
| 26 | 2014 年第 46 号 | 2014 年 6 月 25 日 | 同发布日期 |

# 附录二

## 商品名称索引

（按汉语拼音排序[①]）


| 商品名称 | 商品税则号列 | 页码 |
|---|---|---|
| Sony A800 MP4 | 85.21 | 86 |
| **A** | | |
| 阿波罗电脑蒸汽房 | 9406.0000 | 1533 |
| 阿迪戈 2148cc 高空作业车 | 8705.9090[8705.9099(2014 年版)] | 1314 |
| ELEMATIC 阿克太克墙板生产设备 | 8474.8090 | 962 |
| 癌胚抗原 | 3002.1000 | 297 |
| 艾克拿斯 | 3507.9090 | 364 |
| 艾丽美 | 2930.9090 | 280 |
| 爱贝芙 | 3304.9900 | 342 |
| “爱尔康”酵素洗净发泡锭 | 3307.9000 | 345 |
| 安全带预紧装置 | 8708.2990 | 1347 |
| 安全阀 | 8481.8010[8481.8040(2014 年版)] | 1031 |
| 安全气囊传感器 | 9031.8090 | 116 |
| 安素 | 3004.5000 | 309 |
| 安婴儿 A+无糖婴儿配方奶粉 | 2106.9090 | 190 |
| 氨基葡萄糖硫酸盐 | 2932.9990 | 284 |
| 按摩气囊、气泵、气阀 | 分别归类 | 1573 |
| 按摩浴缸 | 9019.1010 | 1416 |
| 凹凸棒 | 2508.4000 | 225 |
| 凹印机印刷色组 | 8443.1700 | 901 |
| 奥迪车发送单元用钥匙座 | 8301.7000 | 727 |
| 奥迪特 462 型中央对讲系统 | 分别归类 | 1576 |
| 奥沙利铂注射剂 | 3004.9090 | 315 |
| **B** | | |
| 巴巴苏棕榈果仁沉渣油 | 1522.0000 | 165 |


① “按汉语拼音排序”是指按照商品名称中的首个汉字的拼音排序，如首个汉字读音相同，按第二个汉字拼音排序，依此类推。

| 商品名称 | 商品税则号列 | 页码 |
| --- | --- | --- |
| 巴可显示系统 OV－815 | 8528.5910 | 91 |
| 白板纸 | 4810.9200 | 530 |
| 白肋烟 | 2401.2090 | 222 |
| 白色号簿纸 | 4801.0000 | 521 |
| 百安明饲料添加剂 | 2309.9090 | 222 |
| 百草枯原液(40%) | 第38章 | 373 |
| 摆锤冲击仪 | 9024.8000 | 1428 |
| 斑马纸 | 8534.0090 | 1146 |
| APR 版 | 37.05 | 371 |
| 版纸(VT 系列)860 毫米×9.117 千米 | 4811.5990[4811.5999(2014 年版)] | 534 |
| 版纸(VT 系列)A3,B4 | 4811.5990[4811.5999(2014 年版)] | 535 |
| 版纸(JP 系列) | 4811.5990[4811.5999(2014 年版)] | 533 |
| 半导体模块 | 85.04 | 81 |
| 半导体塑封引线框架 | 8542.9000 | 100 |
| 半导体制冷器 | 8419.8990 | 807 |
| 半固化片 | 7019.9000[7019.902(2014 年版)] | 615 |
| 包边机器人系统设备 | 8479.5010 | 973 |
| 包裹纸的成卷捆扎铁丝 | 72.17 | 53 |
| 包裹纸的成捆定长捆扎铁丝 | 73.26 | 57 |
| 包芯线 | 7202.9900[7302.9999(2014 年版)] | 633 |
| 包装检测机 | 分别归类(8422.3030/8479.8999) | 1547 |
| 薄层板 | 3822.0010 | 390 |
| 保护渣 | 3824.9099 | 425 |
| MODUCARE 保健食品原料 | 2106.9099[2106.9090(2014 年版)] | 190 |
| 保力达蛮牛饮料 | 2202.9000 | 205 |
| 保龄球道计分系统悬挂荧幕 | 9504.9090 | 1538 |
| 曝光反转机 | 9010.5029 | 1384 |
| 背光模块 | 9013.9090[9013.9020(2014 年版)] | 109 |
| 背光模组 | 9013.9090[9013.9020(2014 年版)] | 1392 |
| 背投影彩电 | 8528.7291 | 1136 |
| 背投影彩电用单色投影管 | 8540.1200 | 1175 |
| DLP 背投影显示器 | 85.28 | 89 |
| 奔驰 2295 毫升医疗救护车 | 8705.9040 | 1265 |

| 商品名称 | 商品税则号列 | 页码 |
|---|---|---|
| 奔驰 2295 毫升医疗救护车 | 第 87 章 | 1218 |
| 奔驰机动医疗车 | 8705.9040 | 1262 |
| 奔驰机动医疗车 | 87.03 | 1227 |
| “奔驰”牌 7.49 吨厢式货车 | 8704.2230 | 1241 |
| 奔驰起重车 | 8705.1091 | 1248 |
| 奔驰现场勘查车 | 87.02 | 1224 |
| 奔驰消防指挥车 | 第 84 章或第 87 章相应税号 | 728 |
| 奔驰移动通信车 | 8705.9090[8705.9010(2014 年版)] | 1279 |
| 泵芯 | 8413.9100 | 754 |
| 笔记本电脑包 | 4202.9 | 499 |
| 笔记本电脑机壳组件 | 8471.8000 | 78 |
| 必能宝牌邮资机底座 | 8470.9000 | 936 |
| 避雷针核心部件(非放射原理) | 8543.7099 | 1198 |
| 避水通 | 第 25 章 | 223 |
| 编带机 | 8422.4000 | 831 |
| 苄基甲苯和苯基苯乙烷混合物 | 2707.9990 | 249 |
| 变频调速器 | 9032.8900[9032.8990(2014 年版)] | 1506 |
| 变频器模块 | 8504.4099 | 1063 |
| 变速箱 | 8708.4040 | 1348 |
| 变速箱(ZF 8S180) | 8708.4020 | 1348 |
| 变速箱 | 8483.4090 | 1040 |
| 变速箱控制器 | 9032.8900[9032.8990(2014 年版)] | 1507 |
| 变压器油中气体在线色谱分析仪 | 9027.2000[9027.2011(2014 年版)] | 1439 |
| 便携式 VCD 播放机 | 8521.9011 | 1111 |
| 便携式冷冻手术系统 | 9018.9090 | 1412 |
| 标索吸油剂 | 3802.1000[3802.1090(2014 年版)] | 375 |
| 标准混凝土粒料 | 3824.9099 | 423 |
| 标准门框(杉木) | 4418.2000 | 512 |
| 表面波滤波器 | 8541.6000 | 1179 |
| 冰板式现调机 | 8419.8990 | 795 |
| 冰槽 | 7310.2900[7310.2990(2014 年版)] | 681 |
| 冰柜专用网篮 | 8418.9999 | 784 |
| 冰盒 | 3824.9090[3824.9099(2014 年版)] | 393 |

| 商品名称 | 商品税则号列 | 页码 |
|---|---|---|
| 冰糖燕窝 | 2106.9099[2106.9090(2014年版)] | 192 |
| 冰铜 | 7401.0000 | 700 |
| 冰箱式水质采样仪 | 8413.1900 | 744 |
| 丙夫劳门 | 2933.9900 | 290 |
| L-丙交酯 | 2932.2090 | 282 |
| 丙烯酸共聚树脂 | 3824.9099 | 429 |
| 波分复用器膜片 | 9001.9000[9001.9090(2014年版)] | 1371 |
| 波纹管 | 8708.99 | 1355 |
| 波形裁剪机 | 8462.3190 | 924 |
| 玻璃钢滑水盆、钢结构架 | 9506.2900 | 1539 |
| 玻璃钢制过滤灌 | 8421.9910 | 827 |
| 玻璃钢制过滤灌 | 8421.9910 | 73 |
| 玻璃钢制装活鱼用水箱 | 8479.8990[8479.8999(2014年版)] | 980 |
| 玻璃沙(200目) | 7018.2000 | 611 |
| 玻璃纤维布 | 7019.5200 | 614 |
| 玻璃纤维连续原丝毡 | 7019.3200 | 612 |
| 玻璃纤维散装丝及玻璃纤维零段布 | 7019.1200或7019.5900 | 612 |
| 玻璃纤维纱 | 7019.1900 | 51 |
| 玻璃纤维席 | 7019.3900[7019.39(2014年版)] | 613 |
| 玻璃纤维席 | 7019.3900[7019.39(2014年版)] | 613 |
| 玻璃纤维毡 | 7019.3900[7019.39(2014年版)] | 614 |
| CD播放机 | 8519.8121 | 1111 |
| 铂铑合金漏板 | 8475.9000 | 965 |
| 薄荷毛素油 | 33.02 | 340 |
| 薄膜开关(申报商品名) | 8538.9000 | 1173 |
| 捕虫灯 | 9405.4090 | 1530 |
| 不溶性硫磺 | 3824.9090[3824.9099(2014年版)] | 394 |
| 不锈钢板 | 第72章 | 628 |
| 不锈钢半制成品 | 72.19 | 656 |
| 不锈钢滑轨 | 7222.4000 | 661 |
| 不锈钢环形钢带 | 7326.9010[7326.9019(2014年版)] | 693 |
| 不锈钢碾磨粉 | 7202.4900 | 630 |
| 不锈钢丝 | 7223.0000 | 661 |

| 商品名称 | 商品税则号列 | 页码 |
|---|---|---|
| 不锈钢纤维 | 7326.9090 | 697 |
| 不锈钢圆棒 | 7218.9900 | 655 |
| 不锈钢制型模底板 | 8480.7100[8480.7190(2014 年版)] | 1026 |
| 不压井作业机车 | 8705.9090[8705.9099(2014 年版)] | 1302 |
| 不孕籽 | 5201.0000 | 549 |
| **C** | | |
| 采油机械封隔器 | 8479.8990[8479.8999(2014 年版)] | 981 |
| 彩轮 | 8529.9081 | 1140 |
| 彩膜 | 7020.0011 | 618 |
| 彩色防爆钢带 | 8540.9110 | 1176 |
| CRT 彩色分析仪 | 9027.8090[9027.8099(2014 年版)] | 1446 |
| 彩色液晶投影机投射镜头 | 9002.1190 | 1376 |
| 彩通纺织业标准选色手册 | 4911.9900[4911.99(2014 年版)] | 546 |
| 彩印烫金烟标 | 4819.2000 | 542 |
| 菜椒种子 | 1209.9100 | 4 |
| 残极压脱机 | 8479.8990[8479.8999(2014 年版)] | 982 |
| 残疾人爬楼车 | 87.13 | 1359 |
| 槽钢 | 7216.3100 | 649 |
| 槽楔 | 8503.0020 | 1052 |
| 草坪专用车(捡球车) | 8705.9090[8705.9099(2014 年版)] | 1308 |
| 测井车 | 8705.9080 | 1272 |
| 测井绞车 | 8705.9080 | 1268 |
| 测井仪器用外壳 | 3917.2900 | 461 |
| 测量机用控制器 | 9032.8900[9032.8990(2014 年版)] | 1508 |
| 测氢仪 | 9027.8099 | 1454 |
| 测试针床 | 9030.9000 | 1470 |
| IC 测试座 | 8536.9090 | 1159 |
| 层绕机 | 8479.8190 | 977 |
| CPU 插座、数据线用接口等 | 85.36 | 91 |
| 茶多酚 | 3824.9099 | 431 |
| 柴油地下铲运机 | 8429.3090 | 871 |
| 柴油机气缸注油器 | 8409.9910 | 736 |
| 掺钕钒酸钇 | 2846.9090[2846.9096(2014 年版)] | 267 |

| 商品名称 | 商品税则号列 | 页码 |
|---|---|---|
| 场面监视雷达系统 | 8526.1090 | 1127 |
| 场致发射显示管的封装机 | 8475.1000 | 963 |
| 超薄玻璃 | 9001.9000[9001.9090(2014 年版)] | 1376 |
| 超净工作台 | 8414.8090 | 762 |
| 超净间工程系统及配套设备 | 9406.0000 | 1533 |
| 车辆及测试设备 | 分别归类 | 1558 |
| R73 车轮圆钢 | 7224.9090 | 662 |
| 车用尿素溶液 | 3102.1000 | 12 |
| 车载 GPS 导航仪 | 85.26 | 88 |
| 车载多功能播放机机芯 | 8522.9031 | 1115 |
| 车载空气压缩机 | 8414.8090 | 759 |
| 车载免提通话装置散件 | 8543.7099 | 1190 |
| 衬垫 | 68.12 | 596 |
| CNC PBC 成型机 | 8465.9200 | 928 |
| FFX 成型机 | 84.55 | 912 |
| 乘龙 LZ3260M 型自卸车 | 8704.2300 | 1245 |
| 程控交换机部件 | 8517.7010 | 1099 |
| 程序控温仪 | 8418.5000 | 775 |
| 齿轮毛坯、曲轴锻坯 | 72.07/8483.1090 | 639 |
| 充电器 | 8504.4099 | 1062 |
| 冲版机 | 9010.5022 | 1382 |
| 冲击夯 LT600 | 8467.8900 | 934 |
| 冲压模型 | 8441.9090 | 899 |
| 重组装饰材 | 44.08 | 36 |
| 宠物食用的玉米棒 | 1104.2300 | 151 |
| 宠物玩具(猫架) | 4421.9090 | 516 |
| 抽湿柜 | 8479.8990[8479.8999(2014 年版)] | 983 |
| 抽油杆作业车 | 8705.9090[8705.9099(2014 年版)] | 1324 |
| 抽油机 | 84.30/84.31 | 76 |
| 初级硫酸铜 | 2833.2500 | 260 |
| 除铁机 | 8479.8999 | 80 |
| 除氧器喷嘴 | 8424.8999 | 75 |
| 厨房视听系统 | 85.27 或 85.28 | 1129 |

| 商品名称 | 商品税则号列 | 页码 |
|---|---|---|
| 触变注射成型用镁合金粒 | 8104.3000 | 720 |
| 触摸屏 | 8471.6090 | 941 |
| 传动链 | 7315.1190 | 684 |
| 床用板条 | 44.12 | 510 |
| 吹面风道总成、小进风风门、风门拔杆、风门连杆、循环风门总成、中央风门总成、除霜风门总成 | 8415.9090 | 764 |
| 纯棉针织男式夹克 | 6101.2000 | 569 |
| 100%纯天然生物辅料 | 3824.9090[3824.9099(2014 年版)] | 393 |
| 瓷片(电阻片) | 8533.4000 | 1146 |
| 瓷制陶瓷刀 | 6911.1020 | 603 |
| 磁带布 | 39.20 | 24 |
| EMC 磁盘存储器 | 8471.7010 | 942 |
| 磁盘阵列 | 8471.7090 | 943 |
| 磁体下脚料 | 2620.9990 | 242 |
| 磁芯碟 | 8523.2910[8523.2911(2014 年版)] | 1116 |
| 磁性滚轴 | 8443.9990 | 904 |
| 磁珠 | 8548.9000 | 104 |
| 粗调味粉 | 2106.9099[2106.9090(2014 年版)] | 192 |
| 粗硅油 | 3825.9000 | 438 |
| 粗合成气煤气化生产线 | 8405.1000 | 734 |
| 粗纤维检测系统 | 分别归类 | 1586 |
| 粗氧化锌 | 3824.9099 | 429 |
| 粗制碳酸镍 | 2620.9990 | 240 |
| 催化剂(钢铁脱硫用) | 3824.9090[3824.9099(2014 年版)] | 394 |
| 存储功能卡 | 8523.5110 | 1117 |
| 14、15 寸彩色显示管零部件 | 分别归类 | 1549 |
| **D** | | |
| 搭载调试器(附 PCI 接口卡) | 8543.7099 | 1195 |
| 达必佳 | 3004.3900 | 306 |
| 达英—35 | 3006.6010 | 317 |
| 打印机电源板 | 8504.4014 | 1057 |
| 打印机喷墨壳 | 3926.9090 | 476 |
| 打印头连接线 | 8544.4919 | 1205 |
| 打印样张 | 4911.1010 | 545 |
| 大豆浓缩蛋白(饲料添加剂) | 2106.1000 | 186 |
| 大客车用轮边 | 8708.9929 | 107 |

| 商品名称 | 商品税则号列 | 页码 |
|---|---|---|
| 大理石荒料 | 2515.1200 | 228 |
| 大理石与瓷砖复合板 | 6802.9190 | 583 |
| 大楼伸缩缝填充系统 | 3925.9000 | 473 |
| 大米蛋白粉 | 3504.0090 | 360 |
| 大排量空气压缩机(旧) | 分别归类 | 1580 |
| 大容量油井服务液运输罐车 | 8704.2240 | 1243 |
| 大位移量转轴式桥量伸缩装置 | 8479.8990[8479.8999(2014年版)] | 984 |
| 大型马尾松雕刻柱 | 4418.9000[4418.9090(2014年版)] | 513 |
| 大型转播集联制作系统 | 分别归类 | 1557 |
| 大宇ISTANA面包车 | 87.02 | 1224 |
| 大宇11051cc水泥混凝土泵车 | 8705.9090[8705.9091(2014年版)] | 1331 |
| 大宇11051cc水泥混凝土泵车 | 8705.9090[8705.9091(2014年版)] | 1302 |
| 带电线的塑料插头 | 85.44 | 1202 |
| 带风扇的铝合金窗 | 84.14 | 71 |
| 带钢测宽仪 | 9031.4990 | 1480 |
| 带呼吸装置和热像仪的消防员头盔 | 65.06 | 44 |
| 带接头电线(12伏) | 8544.3020 | 1203 |
| 带锯片用双金属钢带 | 7226.9900[7226.99(2014年版)] | 663 |
| 3600/3645带宽管理系统 | 8517.6239 | 1090 |
| 带帽套头衫 | 61.10 | 574 |
| 带手柄的可撕式胶黏滚筒 | 9603.9090 | 1542 |
| 带条形码阅读器的微型机 | 8471.9000 | 950 |
| 带芯片的墨盒 | 8443.9990 | 903 |
| 带有内置音箱(喇叭)的液晶显示器(LCD) | 8528.5110 | 90 |
| 带振动器的健慰器 | 9019.1010 | 110 |
| 带专用接口卡的微机 | 84.71 | 77 |
| 丹枫琼浆 | 2106.9099[2106.9090(2014年版)] | 193 |
| 单层布料电脑裁床 | 8451.5000 | 910 |
| 单点系泊系统用系泊链 | 分别归类 | 1593 |
| 单轨系统 | 8428.3 | 861 |
| 单面涂布灰底白板纸及白底白板纸 | 4810.9200 | 529 |
| 单色投影管 | 8540.1200 | 1174 |
| 单筒望远镜 | 9013.1000 | 1388 |

| 商品名称 | 商品税则号列 | 页码 |
| --- | --- | --- |
| 单味植物浓缩茶 | 1302.1990 | 155 |
| 单向离合器 | 8714.1900[8714.1000(2014年版)] | 1361 |
| LED单芯片发光器件 | 85.41 | 95 |
| 单轴纵切数控自动车床 | 8458.1100 | 914 |
| 胆固醇酯酶试剂 | 3507.9090 | 366 |
| 刀具检测器 | 9031.4900[9031.4990(2014年版)] | 1475 |
| 导电玻璃 | 7020.0011 | 617 |
| 导电玻璃 | 7020.0011 | 616 |
| 导电胶膜 | 3824.9090[3824.9099(2014年版)] | 395 |
| 导电介质(用于微电路的化合物) | 3824.9090[3824.9099(2014年版)] | 395 |
| 导热胶片 | 3824.9099 | 20 |
| 导事件相关电位系统 | 9018.1990 | 1402 |
| 导通检查台 | 9030.9000 | 1471 |
| 倒车辅助系统 | 8512.2090 | 1071 |
| 道路施工监理工程巡逻标志车 | 8705.9090[8705.9099(2014年版)] | 1287 |
| 道路铣刨机 | 8479.1090 | 969 |
| 道面修补车 | 8705.9090[8705.9099(2014年版)] | 1281 |
| 稻草 | 2308.0000 | 210 |
| 德芙珍藏榛仁夹心巧克力 | 1806.3100 | 171 |
| LED灯 | 9405.4090 | 1532 |
| LED灯 | 94.05 | 125 |
| 灯管组 | 9013.9090[9013.9020(2014年版)] | 1393 |
| 等离子割据支架 | 8466.9300[8466.9390(2014年版)] | 932 |
| 低品位银矿粉 | 2616.1000 | 232 |
| 低熔焊料玻璃粉(低玻粉) | 3207.4000 | 329 |
| C2低温分离装置 | 8419.6090 | 792 |
| 低温甲醇洗及精馏装置内件 | 分别归类 | 1598 |
| 低温培养箱 | 8419.8990 | 806 |
| 低压控制器 | 8537.2090 | 1170 |
| 滴灌管线 | 8424.9090 | 845 |
| 滴灌设备 | 8424.8100 | 834 |
| 滴头(滴灌设备用) | 8424.9090 | 845 |
| 镝铁合金 | 7202.9900[7202.9991(2014年版)] | 631 |

| 商品名称 | 商品税则号列 | 页码 |
|---|---|---|
| 迪拉克燃油添加剂 | 2710.1919 | 253 |
| 涤纶布婚纱 | 6204.4300 | 576 |
| 涤纶长丝(定向聚酯纱线) | 5402.3310 | 552 |
| PVC 涤纶雨衣 | 3926.2000[3926.2090(2014 年版)] | 474 |
| 底盘平台模型 | 8706.0090 | 1340 |
| PVC 地板(CENIT) | 3918.1090 | 462 |
| 地板铣形及包装生产线 | 分别归类 | 1550 |
| 地表植被光谱仪 | 9031.4990 | 1487 |
| 地暖用太阳能热水器 | 84.19 | 72 |
| 地下管线视频探测仪 | 9031.8090 | 1495 |
| 地震勘探车 | 8704.2230 | 1242 |
| 地震勘探仪器车 | 8705.9090[8705.9099(2014 年版)] | 1332 |
| 地震排列车 | 87.04 | 1238 |
| 地震排列车 | 8705.9090[8705.9099(2014 年版)] | 1335 |
| 地震仪器车 | 8705.9090[8705.9099(2014 年版)] | 1336 |
| 地震仪器车 | 8705.9090[8705.9099(2014 年版)] | 1335 |
| 点烟器 | 9613.8000 | 1544 |
| 电池负极片 | 7506.2000;7326.9010 | 707 |
| 电穿孔仪 | 8543.7099 | 1187 |
| 电磁半龙门起重机 | 8426.1930 | 848 |
| 电磁干扰滤波器 | 85.48 | 103 |
| 电导磁体铁金属 | 8504.9090 | 1064 |
| 电动操作机构 | 85.01 | 81 |
| 电动齿轮多重密封(计量)泵 | 8413.1900 | 746 |
| 电动高尔夫球车 | 8703.1000[8703.1019(2014 年版)] | 1231 |
| 电动滑板车 | 8711.9000[8711.9010(2014 年版)] | 1358 |
| 电动睫毛刷 | 8509.8090 | 82 |
| 电动栅栏门用自锁装置(申报品名) | 8479.8990[8479.8999(2014 年版)] | 985 |
| 电动执行器 | 85.01 | 1047 |
| 电镀废水处理系统改良设备 | 分别归类 | 1566 |
| 电镀锌板 | 7210.3000 | 642 |
| 电焊护面罩 | 73.26 | 56 |
| 电机用槽绝缘 | 3920.6200 | 467 |

| 商品名称 | 商品税则号列 | 页码 |
|---|---|---|
| 电极单元 | 8507.2000 | 1068 |
| 电极浆料 | 3824.9090[3824.9099(2014年版)] | 396 |
| 电解水机 | 8543.3000 | 1183 |
| 电解水机 | 8421.2110 | 820 |
| 电控单元 | 9032.8900[9032.8990(2014年版)] | 1509 |
| 电缆穿线器 | 8205.5900 | 723 |
| 电缆故障测试车 | 8705.9090[8705.9099(2014年版)] | 1283 |
| 电力变压器 | 8504.2312 | 1053 |
| 电炉 | 8514.1090 | 1072 |
| 电路板 | 9018.1291 | 1398 |
| 电路板 | 8529.908 | 1139 |
| 电路板刻制机 | 8459.6990 | 920 |
| 电脑电视视频转换器 | 8543.7099 | 1184 |
| 电脑记忆鞋楦模扫描机 | 9031.8090 | 1490 |
| 电脑马桶座 | 8516.7990 | 1080 |
| 电脑主机板 CKD 件 | 8473.3090 | 953 |
| 电气彩灯串 | 9405.4090 | 1532 |
| 电热膜 | 8545.9000 | 1207 |
| 电热膜 | 8516.8000 | 1082 |
| 电视管道检查车 | 8705.9090[8705.9099(2014年版)] | 1324 |
| 电视转播车 | 8705.9090[8705.9099(2014年版)] | 1320 |
| 电视转播车 | 8705.9090[8705.9099(2014年版)] | 1328 |
| 电视转播车 | 8705.9090[8705.9099(2014年版)] | 1337 |
| 电视转播车 | 8705.9090[8705.9099(2014年版)] | 1331 |
| 电视转播车 | 8705.9090[8705.9099(2014年版)] | 1321 |
| 电视转播车 | 8705.9090[8705.9099(2014年版)] | 1286 |
| 电梯关键件 | 8428.1010 | 859 |
| 电梯轿厢操纵盘 | 8537.1090 | 1165 |
| 电梯门保护装置 | 8537.1090 | 1160 |
| 电梯配重块 | 7325.1010 | 690 |
| 电围栏系统 | 9031.8090 | 1497 |
| 电线剥皮机 | 8479.8999 | 1018 |
| 电线束 | 第85章相关税号/8544.2000 | 1046 |

| 商品名称 | 商品税则号列 | 页码 |
| --- | --- | --- |
| 电压调节器 | 9032.8900[9032.8990(2014 年版)] | 1510 |
| 电压序列控制系统 | 8537.2090 | 1171 |
| VIOTH 电液转换器 | 8481.2010 | 1029 |
| 电源控制卡 | 8537.1090 | 1166 |
| DC/DC 电源模块 | 8504.401 | 1056 |
| 电子白板 | 8543.7099 | 1189 |
| 电子标签 | 8523.52 | 87 |
| 电子超声内窥镜 | 9018.1291 | 1399 |
| 电子加速踏板模组 | 8708.99 | 1353 |
| 电子蜡烛灯 | 94.05 | 124 |
| 电子烟雾化器 | 8543.9090 | 102 |
| 电子眼膜 | 8543.7099 | 1200 |
| 电子纸(电泳显示器) | 8543.7099 | 1194 |
| 电阻浆料、有机导电材料 | 38.24 | 17 |
| 吊扇机头 | 85.01 | 1046 |
| 鲽鱼头 | 0303.3200 | 137 |
| 丁腈橡胶手套生产线用手模座、链条及手模 | 分别归类(73.15/8477.9000/69.09) | 1546 |
| 顶部单元、A 型双弹簧操作机构、K 型单弹簧操作机构 | 8535.3000[8535.30(2014 年版)] | 1149 |
| 顶枪 | 8454.9010 | 911 |
| 定量检测试剂盒 | 3002.1000 | 299 |
| 东风 SUV 车(柴油四驱型 3200cc) | 8703.3322 | 1236 |
| 动感装饰画 | 49.11 | 42 |
| 动力站 | 84.13 | 742 |
| 动态斜面式船用收油机 | 8479.8999 | 1020 |
| 动物鉴定标识系统 | 8423.8290 | 832 |
| 冻鸡翅块 | 0207.1421 | 137 |
| 冻鳗鱼骨 | 0506.9090 | 143 |
| 冻鲨鱼鳍 | 0303.7500[0303.8100(2014 年版)] | 138 |
| 冻熟带头虾 | 03.06 | 139 |
| 冻熟黄桃 | 0811.9090 | 146 |
| 冻鱼及冻软体动物 | 第 16 章 | 166 |
| 豆腐乳 | 2106.9090 | 9 |
| VCD 读码器 | 8522.9031 | 1114 |

| 商品名称 | 商品税则号列 | 页码 |
|---|---|---|
| 15~45度钢丝帘布裁断生产线 | 8477.8000 | 968 |
| 镀铝纸 | 4811.5990[4811.5991(2014年版)] | 537 |
| 镀膜玻璃 | 7005.1000 | 608 |
| 镀锡板 | 7212.1000 | 646 |
| 镀锡钢琴丝 | 92.09 | 117 |
| 镀锌钢结构管件 | 7306.3090 | 674 |
| 镀锌管 | 7307.9900 | 678 |
| 镀锌楼承钢板 | 7216.9100 | 652 |
| 端口复制器 | 8471.8090[8471.8000(2014年版)] | 944 |
| 端子插入机 | 8479.8190 | 975 |
| 断路器用电动弹簧操作器 | 8412.8000 | 70 |
| 煅烧铝矾土 | 6914.9000 | 605 |
| S45C锻件毛坯——转向节毛坯 | 8708.94 | 1351 |
| 锻造车削圆钢 | 7228.4000 | 666 |
| 锻造毛坯 | 72.07 | 639 |
| 锻制小球 | 7326.1910 | 691 |
| 堆肥存储设施 | 分别归类 | 1574 |
| 堆码起重机 | 8427.1010 | 851 |
| 对苯二甲酸次级品 | 3825.9000 | 440 |
| 对苯二甲酸等外品水池料 | 3825.6100 | 432 |
| 对刀仪 | 9031.4990 | 1488 |
| 对话式自动数据处理器 | 9029.1090 | 1458 |
| 35吨半挂车用液压升降鹅颈 | 8716.9000 | 1366 |
| 多层定宽热压机 | 8439.2000 | 896 |
| 多道全自动固相多肽合成仪 | 8479.8990[8479.8999(2014年版)] | 986 |
| 多工位高精度网纹加工设备 | 8460.2120 | 921 |
| 多工位托盘系统FH6800 | 8466.9300[8466.9390(2014年版)] | 932 |
| 多功能车用应急电源 | 8507.1000 | 1067 |
| 多功能管理机 | 分别归类 | 1556 |
| 多功能机器人 | 8515.3190[8515.3120(2014年版)] | 1079 |
| 多功能救护车 | 8705.9040 | 1264 |
| 多功能矿用运输机 | 8429.5100 | 872 |
| 多功能液压机器人 | 8479.8990[8479.8999(2014年版)] | 986 |

| 商品名称 | 商品税则号列 | 页码 |
|---|---|---|
| 多晶硅片(申报品名) | 8541.4000[8541.4020(2014年版)] | 1176 |
| 多联体冷暖变频式空调室外机 | 8415.9090 | 768 |
| 多磷酸钠(磷酸盐) | 3824.9090[3824.9099(2014年版)] | 396 |
| LED多芯片发光器件 | 85.41 | 96 |
| 多乙烯多胺E-100 | 3824.9090[3824.9099(2014年版)] | 397 |
| **E** | | |
| 耳鼻喉检查台 | 分别归类 | 1563 |
| 二醋酸纤维丝束 | 5502.0010 | 555 |
| 2,4-二氯-5-氟苯乙酮 | 2914.7000 | 272 |
| N.N-二亚硝基五亚甲基四胺 | 2933.6990 | 287 |
| 二氧化硅 | 2621.9000 | 244 |
| 二氧化碳酒花浸膏 | 3301.2999 | 339 |
| 二氧化碳培养箱 | 8479.8990[8479.8999(2014年版)] | 987 |
| 二异丁烯 | 2710.1199[2710.1299(2014年版)] | 250 |
| 二硬脂基二甲基氯化铵 | 3402.9000 | 352 |
| 二元氮磷肥、二元氮钾肥 | 3105.5900/3105.9000 | 319 |
| **F** | | |
| 发电机断路器及附件 | 分别归类 | 1548 |
| 发电机零件(转子、定子等) | 第85章 | 1044 |
| 发电机组用发动机 | 8408.2010 | 735 |
| 发动机零件 | 8407.3410 | 735 |
| 发动机下线检测设备 | 9031.8090 | 1496 |
| 发光二极管 | 8541.4010 | 1177 |
| 发光二极体 | 8512.2090 | 1070 |
| 发酵虫草菌粉 | 1212.9999 | 5 |
| 阀门控制器 | 9032.2000 | 1504 |
| 阀门执行机构 | 85.01 | 1048 |
| 法式尖头围栏板 | 4421.9090 | 517 |
| 番茄酱生产加工设备(生产线)及零件 | 8438.6000 | 893 |
| 钒酸钇 | 2846.9090[2846.9096(2014年版)] | 266 |
| 反渗水处理系统 | 8421.2190[8421.2199(2014年版)] | 821 |
| 返驰变压器 | 8504.3190 | 1055 |
| 犯罪现场物证快速检测车 | 8705.9090[8705.9099(2014年版)] | 1305 |

| 商品名称 | 商品税则号列 | 页码 |
|---|---|---|
| 防尘罩、球垫 | 3926.9090、4016.9990 | 478 |
| 防灰雾剂(4-甲基-硫代苯磺酸钾盐) | 2930.9090 | 281 |
| 防火板 | 6808.0000 | 592 |
| 防火板 | 68.08 | 45 |
| 防火涂料 | 3210.0000 | 336 |
| 防水涂料 | 3210.0000 | 335 |
| 仿真枪 | 9304.0000 | 1524 |
| 仿重石 | 68.10 | 45 |
| 纺纱皮圈 | 4008.2100 | 489 |
| 纺织工业用上浆剂 | 3809.9100 | 381 |
| 纺织印花糊料 | 3809.9100 | 381 |
| 纺织印花整理剂 | 32.09 | 334 |
| 纺织助剂(抗皱剂) | 3402.9000 | 355 |
| 纺织助剂(DAKOLUB 牌) | 3403.9100 | 357 |
| 放电管 | 8536.3000 | 1152 |
| 飞机发动机测试台 | 9031.2000 | 1474 |
| 飞机空调车 | 8705.9060 | 1267 |
| 飞机气源车 | 8705.9090[8705.9099(2014 年版)] | 1288 |
| 飞机主起落架位置作动筒 | 8412.2 | 737 |
| 飞龙挂饰 | 83.06 | 66 |
| 飞针检测机 | 9030.3390 | 1460 |
| 非道路低速娱乐车辆 | 8703.1000[8703.1019(2014 年版)] | 1230 |
| 非端部接合的白橡木厚板材 | 分别归类 | 1601 |
| 非合金镀铬铁板 | 7212.5000 | 646 |
| 非合金锻造圆钢 | 7214.1000 | 647 |
| 非石棉气缸材料 | 6815.9900[6815.9990(2014 年版)] | 597 |
| 非在线残钞销毁压块系统 | 8479.8990[8479.8999(2014 年版)] | 987 |
| 菲涅尔板、屏幕前板 | 9001.9000[9001.9090(2014 年版)] | 1372 |
| 肥料(经化学处理的鸡粪) | 3101.0090 | 318 |
| 肥料用鱼骨粉 | 2301.2090 | 208 |
| 废变压器芯 | 72.26 | 662 |
| 废磁铁 | 8505.1190 | 1065 |
| 废覆铜板边角料 | 7404.0000 | 701 |

| 商品名称 | 商品税则号列 | 页码 |
|---|---|---|
| 废钢材边料(切头或切尾料) | 72.04 | 634 |
| 废钢船 | 8905.9090 | 1369 |
| 废钢轨 | 7302.1000 | 671 |
| 废旧汽车 | 视进口状态归类 | 134 |
| 废前支架总成 | 7204.4900 | 635 |
| 废热锅炉 | 8402.1900 | 730 |
| 废丝 | 5505.1000 | 557 |
| 废丝 | 5505.1000 | 557 |
| 废纸10号 | 4901.9900 | 542 |
| 废纸3号 | 4707.1000 | 520 |
| 分散控制系统(DCS) | 8471.4991 | 937 |
| 分条机机器零件 | 8441.8090 | 899 |
| SDH分析仪 | 9030.4090 | 1466 |
| 芬拿斯 | 3507.9090 | 364 |
| 粉末状有机硅母粒 | 3910.0000 | 453 |
| 丰年虫卵 | 0511.9190 | 144 |
| 丰田考斯特面包车 | 8702.9010 | 1226 |
| 风力发电同步装置 | 9032.8900[9032.8990(2014年版)] | 1511 |
| 风轮控制器 | 9032.8900[9032.8990(2014年版)] | 1512 |
| 风扇 | 8414.5191 | 756 |
| 封闭式填埋气燃烧站 | 8417.8090 | 771 |
| 呋喃酚 | 2932.9910 | 283 |
| 伏特牌封闭货车(E-350) | 87.03 | 1227 |
| 服务器升级设备 | 分别归类 | 1591 |
| 氟保护剂、牙本质保护剂 | 3306.9000 | 343 |
| 氟硅酸 | 3825.9000 | 435 |
| 福特E350消防无线电通讯指挥车 | 87.03 | 1229 |
| 福特野外流动录音车 | 8705.9090[8705.9099(2014年版)] | 1320 |
| 福特运钞车 | 8704.3100 | 1246 |
| 辅酶Q10 | 2914.6900[2914.6910(2014年版)] | 271 |
| 腐殖酸钾 | 3824.9090[3824.9099(2014年版)] | 397 |
| 负载均衡交换机 | 8517.6239 | 1092 |
| 复合橱柜台面 | 6810.1910 | 594 |

| 商品名称 | 商品税则号列 | 页码 |
|---|---|---|
| 复合磁铁 | 8505.1900 | 1066 |
| 复合肥 | 3105.5900 | 319 |
| 复合 PVC 面料 | 3921.1290 | 470 |
| 复合式纺丝用工艺系统 | 8419.8990 | 797 |
| 复合糖 | 2106.9090 | 187 |
| 复合橡胶 | 4005.1000 | 488 |
| CD-188 复制机 | 8471.9000 | 947 |
| 腹腔镜系统 | 9018.9030 | 1410 |
| 覆膜砂 | 3816.0000 | 386 |
| 覆铜板模压成型机 | 8479.8999 | 1022 |
| **G** | | |
| 改性粗 MDI | 3909.5000 | 450 |
| 改性聚丙烯 | 3902.1000 | 443 |
| 改装沙漠续油车 | 8705.9090[8705.9099(2014 年版)] | 1286 |
| 改装手术车 | 8705.9040 | 1266 |
| 钙颗粒 | 3824.9090[3824.9099(2014 年版)] | 398 |
| 干法均质机 | 8479.8200 | 979 |
| 干海参 | 16.05 | 6 |
| 干膜前处理机 | 8479.8190 | 976 |
| 干式套管电容芯子整卷机 | 8479.8999 | 1021 |
| 干熄焦设备 | 8419.8990 | 802 |
| 干芋 | 2008.9990 | 180 |
| 干燥机系统 | 8419.3990 | 787 |
| 干燥器 | 8419.3990 | 786 |
| 干燥器系统 | 8419.3990 | 785 |
| 干制蛤蚧 | 0510.0090 | 143 |
| 甘薯条 | 2005.9999 | 176 |
| 甘油脂肪酸酯 | 3402.9000 | 353 |
| 肝素帽 | 9018.3900 | 1406 |
| 坩埚 | 73.25 | 689 |
| 柑桔纤维 | 2106.9099[2106.9090(2014 年版)] | 193 |
| 感光显像材料 | 第 37 章 | 368 |
| 感光性油墨 | 3707.1000 | 372 |

| 商品名称 | 商品税则号列 | 页码 |
|---|---|---|
| 感应开关 | 8536.5000 | 1157 |
| 钢管瓦片 | 7326.9010[7326.9019(2014年版)] | 696 |
| 钢结构件 | 7216.9100 | 653 |
| 钢结构件 | 分别归类 | 1595 |
| 钢金属雕花聚氨酯泡沫复合板(B级) | 7308.9000 | 680 |
| 钢铝复合接触轨道及连接附件 | 7610.9000 | 714 |
| 钢面塑料合金板 | 7210.9000 | 644 |
| 钢砂 | 7205.1000 | 635 |
| 钢丝保护层 | 7326.2010 | 691 |
| 钢铁锭 | 7207.1100 | 640 |
| 钢铁结构体 | 7216.9100 | 652 |
| 钢铁制棺材 | 73.26 | 56 |
| 钢铁制管接头 | 7307.9900 | 677 |
| 钢铁制铁路客车用座便器 | 8479.8990[8479.8999(2014年版)] | 988 |
| 钢铁制托盘 | 7326.9090 | 699 |
| 钢压板(刨花板压机用) | 84.80 | 1024 |
| 港内牵引车 | 8701.9090 | 1223 |
| WT3000高精度功率分析仪 | 9030.8490 | 1469 |
| 高精度土壤水分测量仪 | 9027.8090[9027.8099(2014年版)] | 1446 |
| 高空曲臂云梯车 | 8705.3010 | 1251 |
| 高空作业车 | 8705.9090[8705.9099(2014年版)] | 1311 |
| 高频直缝焊管机 | 8515.2110[8515.2191(2014年版)] | 1078 |
| 高强力烧氨火嘴及配件 | 8416.2019/90.27 | 769 |
| 高清演播室摄像机和高清便携摄像机 | 85.25 | 1118 |
| 高柔性曲轴深孔钻床 | 8459.2100 | 917 |
| 高斯薄片 | 3824.9090[3824.9099(2014年版)] | 398 |
| 高速包装机组 | 8422.4000 | 830 |
| 高速冲床线FIX-100 | 8462.4119 | 925 |
| 高速路面检测车 | 8705.9090[8705.9099(2014年版)] | 1295 |
| 高速路面雷达测试车系统 | 8705.9090[8705.9099(2014年版)] | 1339 |
| 高速摄像系统 | 8525.8021 | 1124 |
| 高速数控优选机 | 8465.9100 | 927 |
| 高温陶瓷板 | 8516.9090 | 1083 |

| 商品名称 | 商品税则号列 | 页码 |
|---|---|---|
| 高压电磁阀 | 8481.8010[8481.80(2014年版)] | 1032 |
| 高压清洗机(冷、热水) | 8424.3000 | 834 |
| 高压升降平台 | 8427.1090 | 853 |
| 高智能麦克风(带视频输出) | 8518.1000 | 1105 |
| 羔羊皮残次 | 4302.1990 | 501 |
| 膏状导热胶 | 38.24 | 18 |
| 锆刚玉碎料 | 25.30 | 10 |
| 锆英砂(D019号样品) | 2530.9099 | 229 |
| 隔离式安全栅 | 8536.3000 | 1153 |
| 隔膜网气动泵 | 8413.5010 | 750 |
| 隔热保温复合材料 | 分别归入第39章、第70章及73.08 | 133 |
| 隔热材料 | 6806.1000[6806.1090(2014年版)] | 590 |
| 个人化设备 | 8471.9000 | 948 |
| 个人坠落制动器 | 84.79 | 79 |
| 铬的硫酸盐(铬盐) | 3202.9000 | 322 |
| 铬添加剂 | 3824.9090[3824.9099(2014年版)] | 399 |
| 3-庚烯-2-酮(申报品名) | 3302.9000 | 14 |
| 工厂化育苗系统 | 分别归类 | 1550 |
| 工厂密度计 | 9027.8099 | 1451 |
| 工程维修车、水质监测车 | 分别归类 | 1552 |
| 工业二-(2-氯乙基)缩甲醛 | 3824.9099 | 427 |
| 工业复合片 | 8207.1910 | 724 |
| 工业锅炉水过滤用电离子膜块组 | 8421.2190[8421.2199(2014年版)] | 821 |
| 工业视频内窥镜 | 8525.8031 | 1126 |
| 工业视频内窥镜 | 8525.8011 | 1121 |
| 工业用地毯废丝 | 5505.1000 | 556 |
| 工艺日本刀 | 93.07[9307.0090(2014年版)] | 118 |
| 弓形刀 | 93.07[9307.0090(2014年版)] | 119 |
| 公路救援标志车 | 8705.9090[8705.9099(2014年版)] | 1277 |
| 公路路面检测车 | 8705.9090[8705.9099(2014年版)] | 1278 |
| 公路抢险标志车 | 8705.9090[8705.9099(2014年版)] | 1296 |
| 供重型自卸车使用E4子午线轮胎 | 4011.2000 | 491 |
| 狗食(咀嚼物) | 2309.1090 | 213 |

| 商品名称 | 商品税则号列 | 页码 |
| --- | --- | --- |
| 谷氨酰胺转氨酶 | 3507.9090 | 365 |
| 谷朊粉 | 1109.0000 | 152 |
| 骨炭 | 2621.9000 | 243 |
| 钴富集物 | 2605.0000 | 231 |
| 固态高频焊接机组 | 8514.4000 | 1075 |
| SSD 固态硬盘 | 8471.7010 | 942 |
| 固体燃料粉 | 2713.9000 | 258 |
| 刮条 | 8708.2990 | 1346 |
| 刮削滚光设备 | 8459.4010 | 919 |
| 管道测漏仪工作车 | 8705.9090[8705.9099(2014 年版)] | 1312 |
| 管道清通车 | 8705.9090[8705.9099(2014 年版)] | 1319 |
| MORO 管道清通车 | 8705.9090[8705.9099(2014 年版)] | 1313 |
| 管道式日光照明系统 | 94.05 | 123 |
| 管道污水调节装置 | 8479.8990[8479.8999(2014 年版)] | 988 |
| 管汇车 | 8705.9090[8705.9099(2014 年版)] | 1317 |
| 管线数据采集及监控系统 | 分别归类 | 1589 |
| 罐装盐水红毛丹 | 0812.9000 | 147 |
| X 光机配件 | 9022.9090 | 1424 |
| 光接收组件 | 8517.7090 | 1104 |
| 光敏半导体器件及半导体放大器 | 8543.7099 | 1192 |
| 光盘 | 8523.4010[8523.4910(2014 年版)] | 1116 |
| 光纤倒像器 | 9013.8090 | 1391 |
| 光纤复合架空地线光缆 | 8544.7000 | 1207 |
| 光纤交换机 | 8517.6229 | 1086 |
| 光学镜片(ASAHI 牌) | 9001.9000[9001.9090(2014 年版)] | 1372 |
| 光学水晶片 | 9001.9000[9001.9090(2014 年版)] | 1373 |
| 光学元件 | 7020.0019 | 621 |
| 光学元件玻璃毛坯 | 7001.0000 | 606 |
| 光栅尺 | 9031.4900[9031.4920(2014 年版)] | 1475 |
| 光子美容仪 | 8543.7099 | 1184 |
| 硅靶材 | 3824.9090[3824.9099(2014 年版)] | 399 |
| 硅镁铁 | 7202.2900 | 630 |
| 硅烷 | 2850.0000[2850.0090(2014 年版)] | 267 |

| 商品名称 | 商品税则号列 | 页码 |
| --- | --- | --- |
| 硅油 | 3208.9090 | 332 |
| 硅质热补泥 | 3816.0000 | 386 |
| 柜式组合盥洗面盆 | 6910.1000 | 47 |
| 滚动滑轨 | 84.66 | 930 |
| 滚筒 | 7409.2100 | 703 |
| 滚涂机 | 8420.1000 | 814 |
| 果冻 | 1704.9000 | 171 |
| 果味饮料 | 2202.9000 | 206 |
| **H** | | |
| 海豹鞭 | 3001.9090 | 296 |
| 海绵铁粉 | 7205.2900 | 637 |
| 含铝灰色粉末 | 7602.0000 | 709 |
| 含铜宫内节育器 | 9018.9080 | 1411 |
| 焊剂、坩锅、砂模组件 | 分别归类 | 1572 |
| 焊装夹具 | 8479.8990[8479.8999(2014 年版)] | 989 |
| 翰林牌电子阅读器 | 8543.7099 | 101 |
| 绗缝被 | 94.04 | 121 |
| 5~7 号燃料油 | 2710.1922 | 254 |
| 合成塔内件 | 8419.8990 | 799 |
| 合成纤维制滤网布 | 5911.4000 | 567 |
| 合成橡胶 | 40.02 | 31 |
| 合成脂 | 3403.9100 | 356 |
| 合金钢丝 | 7217.9000 | 655 |
| 河砂 | 2505.9000 | 224 |
| 核酸蛋白制备型纯化系统 | 8421.2990 | 824 |
| 核酸盐 | 3824.9090[3824.9099(2014 年版)] | 400 |
| 核通模拟定位机 | 9022.1400 | 1422 |
| 黑(彩)墨盒(内装墨水) | 32.15 | 338 |
| 黑胶 | 3214.1010 | 337 |
| 黑色油墨 | 3215.1100 | 338 |
| 恒温热台 | 8419.8990 | 804 |
| 恒温试管架 | 8419.8990 | 803 |
| 恒温制冷摇床 | 8479.8990[8479.8999(2014 年版)] | 990 |

| 商品名称 | 商品税则号列 | 页码 |
|---|---|---|
| 桁架自行式桥梁检查平台 | 8705.9090[8705.9099(2014 年版)] | 1310 |
| 烘干炉(不包括外壳) | 8419.3990 | 788 |
| 红茶香料 B-4327-01 | 2101.2000 | 182 |
| 红豆泥 | 2005.5120[2005.5191(2014 年版)] | 175 |
| 红埋嘎地板条、水红花地板条 | 4409.2910 | 507 |
| 红曲米提取物 | 2106.9099[2106.9090(2014 年版)] | 194 |
| 红外激光胶片、氦氖激光胶片 | 3702.4291[3702.4292(2014 年版)] | 369 |
| 红外外延片 | 8541.4010 | 99 |
| 红外线测温仪 | 9025.1910 | 1431 |
| 红外线车辆分离扫描系统 | 8543.7099 | 1188 |
| 后桥左前弹性连接件 | 87.08 | 1342 |
| β-胡萝卜素干粉 | 3204.1990 | 325 |
| β-胡萝卜素(液体) | 3204.1990 | 325 |
| 糊精 | 3912.3100/3505.1000 | 361 |
| 护堤用水泥浆垫 | 54.07 | 555 |
| 花园石头(木化石) | 2506.2000/6815.9990 | 225 |
| 滑石粉 | 3802.9000 | 375 |
| IAI 滑台(动力装置) | 8428.9090 | 869 |
| 化成电源 | 8504.4019 | 1059 |
| 化纤刺绣台布 | 6304.9310 | 579 |
| 化纤地垫 | 4601.2021[4601.2911(2014 年版)] | 518 |
| 划线车 | 8705.9090[8705.9099(2014 年版)] | 1321 |
| 划线车 | 8705.9090[8705.9099(2014 年版)] | 1279 |
| 桦木、榆木、椴木 | 4403.9980 | 505 |
| 还原铁筛落物 | 2619.0000 | 234 |
| 还原型辅酶试剂 | 2934.9990 | 290 |
| 环保工程土 | 3824.9090[3824.9099(2014 年版)] | 401 |
| 环保型铜金粉 | 3206.4900[3206.4990(2014 年版)] | 327 |
| 环境测试箱 | 8479.8990[8479.8999(2014 年版)] | 991 |
| 环境监测车 | 8705.9090[8705.9030(2014 年版)] | 1310 |
| 环境检测车 | 8705.9030 | 1259 |
| 环境检测车 | 8705.9030 | 1259 |
| 环摄全景扫描照相机 | 9006.5990 | 1379 |

| 商品名称 | 商品税则号列 | 页码 |
|---|---|---|
| 环氧树脂 | 3907.3000 和 2917.2090 | 274 |
| 缓冲垫 | 3926.9090 | 476 |
| WEB 缓存器 CISCO CE560 | 8471.5040 | 939 |
| DVD 换碟机,和汽车用 CD 播放机兼有收音功能连用 | 8522.9039 | 1115 |
| CD 换片机 | 8529.9060 | 1138 |
| 黄腐酸 | 3824.9090[3824.9099(2014 年版)] | 402 |
| 黄原胶 | 第 39 章 | 23 |
| 黄樟油 | 3301.2990[3301.2999(2014 年版)] | 339 |
| 辉力 | 3004.9090 | 316 |
| 回流焊炉 | 8514.1090 | 1073 |
| 回路电源 | 8504.4014 | 1056 |
| 回收混合油 | 1518.0000 | 165 |
| 回旋加速器 | 8543.1000 | 1181 |
| 回用双酚 A | 3825.9000 | 439 |
| 回用双酚 A | 2907.2300 | 270 |
| 回转工作台 | 8466.9300[8466.9390(2014 年版)] | 933 |
| 回转减速机 | 8431.4990[8431.4999(2014 年版)] | 887 |
| 回转支撑 | 8483.3000 | 1038 |
| 混合集成电路(录波器用) | 9030.9000 | 1472 |
| 混合集成电路(COMS 图像传感器) | 8529.9049 | 1137 |
| 混合金刚石粉末 | 3824.9090[3824.9099(2014 年版)] | 403 |
| 混合烃类气 | 2711.1400 | 11 |
| 混合脂肪钠 | 3401.2000 | 348 |
| 混合脂肪酸酯 | 3404.9000 | 359 |
| 混甲酚 | 2707.9910 | 247 |
| 混炼胶 | 4002.8000 | 485 |
| 混凝土泵车 | 8705.9090[8705.9091(2014 年版)] | 1330 |
| 混凝土泵车 | 8705.9090[8705.9091(2014 年版)] | 1329 |
| 混凝土泵车 | 8705.9090[8705.9091(2014 年版)] | 1328 |
| 混凝土泵车 | 8705.9090[8705.9091(2014 年版)] | 1326 |
| 混凝土布料杆 | 8479.1090 | 969 |
| 混凝土搅拌车 | 8705.4000 | 1254 |
| 混凝土搅拌器零件 | 8474.3100 | 960 |

| 商品名称 | 商品税则号列 | 页码 |
|---|---|---|
| R250AF 混凝土空心砌块生产线 | 8474.8090 | 961 |
| 混凝土喷射机 | 8705.9090［8705.9099(2014 年版)］ | 1300 |
| 活检针 | 9018.3900 | 1407 |
| 活套扫描仪 | 9031.4990 | 1478 |
| **J** | | |
| 机舱水雾喷淋系统 | 8424.8999 | 838 |
| 机场货运站用的监控系统 | 第 85 章/8537.1011 | 1045 |
| 机场跑道路面维护车、升降平台车 | 8427.2090 | 854 |
| 机场行李输送系统 | 8428.3300 | 862 |
| 机车油管用锻钢连接环首 | 7307.9900 | 679 |
| 机床机身 | 84.57/84.59 | 913 |
| 机顶盒 | 8517.6239 | 1094 |
| 机顶盒 | 85.28 | 90 |
| 机动车辆上供人使用的空调器 | 84.15 | 72 |
| 机动车配件(防滑板) | 7616.9990 | 717 |
| 机动环境监测车 | 8705.9030 | 1258 |
| 机动环境监测车 | 第 87 章 | 1216 |
| 机动环境监测车 | 分别归类 | 1555 |
| CT 机、核磁机体模 | 9031.8090 | 1490 |
| 机械立体停车库设备 | 8428.9000［8428.9020(2014 年版)］ | 865 |
| 机械手 | 8428.9000［8428.9040(2014 年版)］ | 866 |
| 机械执行器 | 85.01 | 1048 |
| VCD 机用托盘机架连读码器 | 8522.9031 | 1114 |
| 机制砂 | 25.05 | 224 |
| 肌氨酸氧化酶试剂 | 3507.9090 | 366 |
| 肌肉嫩度分析仪 | 9031.8090 | 1502 |
| 基尔特克 1002 蒸馏仪 | 8419.4090 | 789 |
| 基因枪 | 分别归类 | 1571 |
| 基座簧片 | 8541.9000 | 1180 |
| 激光二极管(货主申报名称) | 9013.2000 | 1389 |
| 激光距离测试仪 | 9015.1000 | 1394 |
| 激光自动引导无人搬运 AGV 小车 | 8427.1090 | 852 |
| 吉姆西赛威小型客车 | 87.02 | 1225 |

| 商品名称 | 商品税则号列 | 页码 |
|---|---|---|
| 集成电路芯片 | 8542.3900 | 1180 |
| 集散控制系统用数据采集接口设备 | 8471.50 | 938 |
| 集装箱挂衣杆 | 7326.9090 | 699 |
| 集装箱牵引车 | 8701.2000 | 1219 |
| 集装箱正面吊 | 8426.4190 | 850 |
| 己内酰胺封闭的双—异氰酸酯 | 2933.7900 | 288 |
| 己内酰胺回收晶体 | 3825.9000 | 436 |
| 己内酰胺及其低聚物的混合体 | 3825.9000 | 434 |
| 计算机机箱 | 8473.3090 | 953 |
| 计算机网络设备 | 分别归类 | 1556 |
| 计算机用内存卡(条) | 8473.30 | 951 |
| 季胺化三乙醇胺二酯 | 3402.9000 | 355 |
| 加工中心用主机通用床体 | 8457.1020 | 913 |
| 加气机设备 | 分别归类 | 1554 |
| 加氢热塑丁苯橡胶 | 4002.1919 | 484 |
| 加热电缆 | 8516.8000 | 1083 |
| 加热电阻器 | 8516.8000 | 1082 |
| 加湿器 | 8424.8100 | 835 |
| 加硬机 | 84.79 | 79 |
| 加油机用油枪 | 84.81 | 1027 |
| 家禽饲养设备用输送螺旋 | 7320.2090 | 686 |
| 家庭用煤气温水炉 | 8403.1000[8403.1010(2014 年版)] | 732 |
| 家用电热水炉 | 8403.1000[8403.1010(2014 年版)] | 733 |
| 家用炉灶带烤箱 | 8516.6090 | 1080 |
| α-(N-甲基-N-苄基)-氨基-3-羟基苯乙酮盐酸盐 | 2922.5090 | 279 |
| 甲醛萘磺酸钠 | 3911.9000 | 454 |
| 甲鱼受精卵 | 0410.0090 | 142 |
| 驾驶室音响、空调开关 | 8537.1090 | 1162 |
| 驾驶员气囊模块、乘员气囊模块 | 8708.9500 | 1351 |
| 监控摄像头组件 | 8525.8011 | 1119 |
| 监视器资料通讯测试机 | 8471.8000 | 944 |
| CCD 检测系统 | 9011.8000 | 1387 |
| 减速器(旧) | 8483.4090 | 1039 |

| 商品名称 | 商品税则号列 | 页码 |
|---|---|---|
| 减震气囊 | 4016.9500 | 495 |
| 碱炉压力件 | 8402.9000 | 731 |
| 建木屋用梁柱、墙体等 | 9406.0000 | 1534 |
| 建筑物外墙用釉面瓷砖 | 6908.9000 | 601 |
| 建筑用防水膨润土纺织毯 | 6815.9990 | 599 |
| 剑杆织机(含多臂装置) | 8446.3020 | 906 |
| 健美纤体贴 | 3824.9090[3824.9099(2014年版)] | 404 |
| 姜黄素 | 3203.0019 | 323 |
| 姜黄种苗 | 0910.3000 | 148 |
| 交互式急救模拟系统 | 9023.0000 | 1427 |
| 交流发电机调节器 | 9032.8900[9032.8990(2014年版)] | 1513 |
| 交流斩波器 | 8504.4099 | 1061 |
| 交通管理车 | 8705.9090[8705.9099(2014年版)] | 1291 |
| 交直流稳压电源 | 8504.4015 | 1058 |
| 浇铸铝管 | 7608.1000 | 63 |
| 胶基 | 2106.9090 | 189 |
| 胶芯 | 8504.90 | 1064 |
| 胶印制版生产线 | 分别归类 | 1583 |
| 胶原蛋白肽 | 2106.9099[2106.9090(2014年版)] | 194 |
| 角鲨烯软胶囊 | 3004.5000 | 310 |
| 绞龙送料系统 | 8436.2900 | 890 |
| 脚轮 | 87.16 | 108 |
| 脚手架支柱 | 7306.3000[7306.3090(2014年版)] | 672 |
| 教习头 | 9023.0000 | 112 |
| 酵素三号 | 3507.9090 | 363 |
| 接触器(申报品名) | 8536.4900 | 1155 |
| 接触式测厚仪 | 9031.8090 | 1499 |
| 接触网 | 分别归类 | 1568 |
| 接近开关 | 8536.5000 | 93 |
| 接头毛坯 | 7307.9900 | 677 |
| 接头箱 | 7412.2090 | 705 |
| 节日灯 | 94.05 | 1527 |
| 结兰胶 | 3913.9000 | 457 |

| 商品名称 | 商品税则号列 | 页码 |
| --- | --- | --- |
| 金不换熏香油 | 3307.4900 | 344 |
| 金蝠退热宝 | 3824.9090[3824.9099(2014 年版)] | 404 |
| 金刚石绳锯 | 8202.9910 | 722 |
| 金枪鱼延绳钓装置 | 8436.8000 | 891 |
| 金色火球 | 7013.9900 | 610 |
| 金线 | 7108.1300 | 625 |
| 金脂肪 100(饲料添加剂) | 1518.0000 | 163 |
| 金属化聚酯薄膜 | 39.20 | 464 |
| 金属钻子 | 8207.3000 | 725 |
| 紧固扣 | 7326.9010[7326.9019(2014 年版)] | 696 |
| 紧急给水安全保护装置 | 8413.7090[8413.7099(2014 年版)] | 753 |
| 紧急抢险维修车 | 8703.2314[8703.2349(2014 年版)]/87.16 | 1233 |
| 劲浪香口珠—超凉薄荷味 | 1704.1000 | 169 |
| 浸水助剂 | 3402.9000 | 351 |
| 浸渍纸饰面复合木地板 | 4411.1900[4411.1319(2014 年版)] | 508 |
| 精密绝缘成型包层机 | 8477.2090 | 967 |
| 精密位移控制系统 | 8479.8990[8479.8999(2014 年版)] | 991 |
| 精制牛油脂 | 1502.0090[1502.1000(2014 年版) | 159 |
| 精制香菇 | 0712.3910 | 145 |
| 井下加油机 | 8705.9090[8705.9099(2014 年版)] | 1319 |
| 井下矿藏探测器 | 9015.8000 | 1397 |
| 警用应急通信车 | 8705.9090[8705.9010(2014 年版)] | 1289 |
| 静电喷粉机 | 8424.8999 | 837 |
| 静脉输液配制过滤净化装置 | 分别归类 | 1555 |
| 镜面 | 8480.7100[8480.7190(2014 年版)] | 1026 |
| 镜筒解像力检测仪 | 9031.4990 | 1479 |
| 酒花产品 | 21.06 | 8 |
| 酒味冰淇淋 | 22.08 | 9 |
| 旧割顶小轿车 | 87.03 | 1228 |
| 旧恐龙模型 | 9023.0000 | 1427 |
| 旧轮胎式起重机 | 8426.4110 | 849 |
| 旧数控车挤压车床 | 8458.1100 | 915 |
| 旧数控雕刻机 | 8479.8999 | 1019 |

| 商品名称 | 商品税则号列 | 页码 |
|---|---|---|
| 旧铜管 | 7411.21 | 704 |
| 旧橡胶板 | 4004.0000 | 486 |
| 旧自动清洗机 | 8424.8999 | 840 |
| 局部镀金微异型触点 | 7108.1300 | 624 |
| 聚氨酯预聚物 | 3909.5000 | 448 |
| 聚氨酯制管(硬质管) | 3926.9090 | 481 |
| 聚丙烯酰胺 | 3906.9010 | 445 |
| 聚丙烯酰胺 | 3906.9010 | 445 |
| 聚合氯化铝 | 3824.9090[3824.9099(2014 年版)] | 405 |
| 聚甲基丙烯酸甲酯板(PMMA) | 39.20 | 25 |
| 聚甲基丙烯酸甲酯晶坯 | 3926.9090 | 483 |
| 聚氯乙烯粉状混料 | 3904.2100 | 444 |
| 聚葡萄糖 | 3911.9000 | 455 |
| 聚乳酸纤维 | 5503.9000[5503.9090(2014 年版)] | 556 |
| 聚碳酸酯板 | 3920.6100 | 466 |
| 聚碳酸酯透明圆片 | 3926.9090 | 479 |
| 聚烷基苯 | 3817.0000 | 387 |
| 聚溴化苯乙烯 | 3903.9000 | 443 |
| 聚乙烯醇缩丁醛制胶片 | 3920.9100 | 27 |
| 聚乙烯碳黑母 | 3206.4900[3206.4990(2014 年版)] | 328 |
| 聚酯变形纱线 | 5402.3310 | 553 |
| 聚酯短纤无纺布 | 5603.9390 | 563 |
| 聚酯防静电桶状滤料坯料 | 56.03 | 561 |
| 聚酯圆片滤膜(非泡沫,聚乙烯) | 3926.9090 | 482 |
| 卷绕式真空蒸镀机 | 8479.8990[8479.8999(2014 年版)] | 992 |
| MT(S60)绝缘接头(套装) | 8608.0090 | 1214 |
| 绝缘介质(用于微电路板的化合物) | 32.08 | 330 |
| 绝缘陶瓷管 | 8547.1000 | 1210 |
| 绝缘纸 | 48.05 | 526 |
| 掘锚一体机 | 8430.3100[8430.3110(2014 年版)] | 878 |
| 菌场自动化生产设备 | 分别归类 | 1564 |
| **K** | | |
| 卡扣 | 7616.9990 | 716 |

| 商品名称 | 商品税则号列 | 页码 |
|---|---|---|
| 卡玛斯车 | 8701.2000 | 1220 |
| 3D 卡片 | 3919.9090 | 464 |
| 卡式水分仪 | 9027.8099 | 1449 |
| 咖啡 | 0901.2;2101.1200 | 147 |
| 咖啡机 | 8419.8100 | 793 |
| MCU 开发测试工具 | 8471.9000 | 949 |
| 开关熔断器组 | 8536.5000 | 92 |
| 勘探用折射仪 | 9015.8000 | 1395 |
| 莰烯 | 2902.1900[2902.1990(2014 年版)] | 268 |
| 糠醛残渣油 | 2713.9000 | 259 |
| 抗坏血酸 2－葡糖苷 | 2940.0000 | 294 |
| 抗强磁场摄像机系统 | 8525.8011 | 1122 |
| 抗氧剂 BHT | 2907.1990 | 270 |
| 烤漆机 | 8419.8990 | 798 |
| 烤肉架 | 4402.9000 | 503 |
| 柯尼卡美能达医用干式激光胶片大轴 | 3702.4291[3702.4292(2014 年版)] | 370 |
| 可编程称量控制系统 | 8537.1019 | 1159 |
| “Matrix 2360”可编程自动切割机 | 8465.9600 | 929 |
| 可控硅 | 8504.4091 | 1060 |
| 可控气氛热处理炉用氢气保护管 | 8514.9090 | 1076 |
| 可控震源及附件 | 8479.8990[8479.8999(2014 年版)] | 992 |
| 可燃气体泄漏检测仪 | 8531.1000 | 1144 |
| 可视门铃系统 | 8517.6990 | 1097 |
| 可移动式焊接设备 | 85.15 | 1076 |
| 刻痕钢丝 | 7326.2010 | 692 |
| 刻免 | 3004.9090 | 316 |
| 空白海运提单 | 4820.4000 | 41 |
| 空白塑料芯片 | 3822.0010 | 388 |
| 空调监控盘 | 8537.1090 | 1160 |
| 空调室外机 | 8415.9010 | 764 |
| 空调蒸发器及鼓风机总成 | 8415.9090 | 765 |
| 空管控制系统 | 8526.1090 | 1128 |
| 空瓶验瓶机 | 9031.4900[9031.4990(2014 年版)] | 1476 |

| 商品名称 | 商品税则号列 | 页码 |
|---|---|---|
| 空气调节器 | 8415.9090 | 767 |
| 空气分离装置 | 8419.6090 | 791 |
| 空气接头平台 | 8445.9090 | 905 |
| 空气压缩机 | 8414.8090 | 760 |
| 空气增湿器 | 8479.6000 | 974 |
| 空心镀银玻璃导电粉 | 70.18 | 50 |
| 空心钢结构横梁 | 分别归类 | 1596 |
| 空心铝管 | 7608.1000 | 712 |
| 孔板流量计零件 | 9026.9000 | 1436 |
| DCS 控冷控轧机关键件 | 84.24 | 833 |
| 控制程序降温系统 | 8418.5000 | 774 |
| 控制柜 | 9032.8900[9032.8990(2014 年版)] | 1513 |
| 控制模块 | 8537.1090 | 1161 |
| 控制器(渗透机用) | 9032.8900[9032.8990(2014 年版)] | 1514 |
| 口服液稳定剂 | 2106.9099[2106.9090(2014 年版)] | 195 |
| MQ 快淬钕铁硼磁粉 | 7205.2100[7202.9912(2014 年版)] | 636 |
| 快速成型机 | 8479.8990[8479.8999(2014 年版)] | 993 |
| SISMA 快速单双扣织链机 | 8463.3000 | 925 |
| 快速红外成像系统 | 分别归类 | 1582 |
| 矿渣 | 2620.4000 | 238 |
| 葵花籽油 | 1512.1100 | 161 |
| 扩散纸 | 3824.9090[3824.9099(2014 年版)] | 405 |
| **L** | | |
| 拉杆箱 | 4202.1290 | 498 |
| 蜡 | 3824.9090[3824.9099(2014 年版)] | 406 |
| 辣椒红浸膏 | 3203.0019 | 323 |
| 来电显示器 | 8517.6990 | 1096 |
| 莱菲得番茄饮品 | 2202.9000 | 202 |
| 莱卡智能型生物显微镜(型号 DM 3000B) | 9011.2000 | 1386 |
| L-赖氨酸硫酸盐及发酵副产品 | 2309.9010 | 216 |
| 栏杆、机箱自动栏杆机散件,自动栏杆机控制单元 | 8608.0090 | 1213 |
| 蓝宝石衬底晶片(镀膜) | 3825.6900 | 21 |
| 酪蛋白磷酸肽 | 3501.9000 | 359 |

| 商品名称 | 商品税则号列 | 页码 |
|---|---|---|
| 雷达测速仪检定装置 | 8543.2090 | 1181 |
| 雷达天线罩 | 8529.1010 | 1136 |
| 雷米普利中间体 | 2924.1990 | 280 |
| 镭射印箔标签(芙蓉王) | 4908.9000 | 543 |
| 冷拔无缝钢管 | 7306.9000 | 676 |
| 冷藏专用柜及其设备 | 8418.5000 | 774 |
| 冷冻机、加湿机、风机、湿度调节计 | 8418.6190 | 780 |
| 冷冻薯条 | 2004.1000 | 174 |
| 冷风机 | 8418.9910 | 783 |
| 冷拉弹簧钢丝 | 7217.1000 | 654 |
| 冷凝管(制冷设备用零件) | 7306.301 | 673 |
| 冷却粉 | 3824.9090[3824.9099(2014年版)] | 406 |
| 冷却站 | 8428.39 | 863 |
| 冷水机组 | 8418.6110[8418.6920(2014年版)] | 776 |
| 冷阴极灯管量测系统 | 9030.3390 | 1462 |
| 冷轧不锈钢带 | 7220.2010[7220.2020(2014年版)] | 658 |
| 冷轧不锈钢方块板 | 7220.9000 | 659 |
| 冷轧合金钢带 | 7226.9990 | 664 |
| 冷轧镍合金卷板 | 7226.9200 | 663 |
| 离合器分泵 | 8412.2100 | 738 |
| 离心干燥机 | 84.21 | 817 |
| 离型剂(FREKOTE牌) | 3208.9090 | 333 |
| 离型纸 | 4811.5990[4811.5999(2014年版)] | 536 |
| 离子发生器 | 8543.7099 | 1196 |
| 离子水活化剂 | 3824.9090[3824.9099(2014年版)] | 407 |
| 锂离子充电电池芯 | 8507.8020[8507.6000(2014年版)] | 1068 |
| 锂蒙脱石黏土 | 3824.9099 | 425 |
| 立方氮化硼 | 2850.0000[2850.0019(2014年版)] | 268 |
| 立放井架车 | 8705.9090[8705.9099(2014年版)] | 1303 |
| 立放运井架车 | 8705.9090[8705.9099(2014年版)] | 1323 |
| 立式车床用弧形齿盘 | 8466.9300[8466.9390(2014年版)] | 933 |
| TSI立体粒子图像测速仪 | 9031.4990 | 1483 |
| 立体显微镜 | 9018.5000 | 1408 |

| 商品名称 | 商品税则号列 | 页码 |
|---|---|---|
| 立芷雪针剂 | 3004.9090 | 314 |
| 励磁设备 | 9032.8900[9032.8990(2014 年版)] | 1515 |
| 沥青混合料多功能试验系统 | 9024.8000 | 1430 |
| 沥青搅拌料转运机 | 8428.3990 | 864 |
| 沥青路面修补车 | 8705.9090[8705.9099(2014 年版)] | 1306 |
| 沥青路面修补车 | 8705.9090[8705.9099(2014 年版)] | 1304 |
| 沥青路面养护车 | 8705.9090[8705.9099(2014 年版)] | 1293 |
| 粒子像分析仪 | 9031.4990 | 1486 |
| 连杆瓦、曲轴瓦 | 8483.9000 | 1041 |
| 连续采煤机 | 8430.3100[8430.3110(2014 年版)] | 876 |
| 联合压缩机组(含蒸汽透平机一台) | 8414.8090 | 761 |
| 联体垃圾压缩箱 | 8479.8990[8479.8999(2014 年版)] | 994 |
| 链轨 | 7315.1200 | 55 |
| 链轨用硫化橡胶制密封圈 | 4016.9390 | 33 |
| 凉亭 | 分别归类 | 1593 |
| 邻甲苯二胺 | 3825.9000 | 439 |
| 淋复质量监控装置 | 9031.4990 | 1485 |
| 凌特 4250 毫升高空作业车 | 8705.9090[8705.9099(2014 年版)] | 1315 |
| 凌特 2295cc 机动医疗车 | 相关子目 | 1610 |
| 菱镁矿和滑石混合矿物 | 2519.1000 | 228 |
| 零件组合测量支架(柔性夹具) | 7616.9910 | 716 |
| 流变仪 | 9027.8099 | 115 |
| 流道流槽唇砖 | 6815.9900[6815.9990(2014 年版)] | 598 |
| 流动银行运钞车 | 8705.9090[8705.9099(2014 年版)] | 1276 |
| 流量计 | 9026.1000 | 1432 |
| 硫化橡胶药用胶塞 | 4016.9990 | 496 |
| 硫酸钙地板 | 6809.9000 | 593 |
| 硫酸钙骨颗粒 | 3004.9090 | 313 |
| 六氟化硫气体绝缘组合电器 | 8535.2900[8535.2910(2014 年版)] | 1148 |
| 六功能校验炉 | 8419.8990 | 803 |
| 龙骨 | 分别归类 | 1594 |
| 路面断面纹理测试车 | 8705.9090[8705.9099(2014 年版)] | 1295 |
| 路面激光断面测试系统 | 8705.9090[8705.9099(2014 年版)] | 1338 |

| 商品名称 | 商品税则号列 | 页码 |
|---|---|---|
| 路面铣刨机 | 8479.1090 | 971 |
| 路用纤维 | 3824.9090[3824.9099(2014年版)] | 407 |
| 滤波片 | 90.01 | 1370 |
| 滤袋(除尘装置用) | 5911.9000 | 568 |
| 滤光膜 | 3920.6200 | 468 |
| 露宝康(饲料级) | 3808.9400 | 378 |
| 旅客登机桥 | 8479.8990[8479.7100(2014年版)] | 995 |
| 铝电解专用出铝车 | 8427.2090 | 858 |
| 铝矾土粉 | 2606.0000 | 231 |
| 铝工业用锰添加剂 | 3824.9099 | 421 |
| 铝合金门拉手 | 7604.2990 | 711 |
| 铝合金散热管 | 7604.2100 | 710 |
| 铝合金型材 | 7604.2990 | 710 |
| 铝合金制空心异型材 | 7608.2000[7608.2091(2014年版)] | 713 |
| 铝合金制阳极导杆 | 8543.9090 | 1202 |
| 铝轮毂专用全自动氦气气密试验机 | 9031.8090 | 1500 |
| 铝塑复合板 | 76.07 | 62 |
| 铝塑复合材料 | 3921.9090 | 471 |
| 铝土矿浓密机 | 8474.1000 | 956 |
| 铝制带孔圆柱状体 | 7601.1090 | 708 |
| 铝制轮轴放线架 | 8425.4210 | 847 |
| 铝制门窗框 | 分别归类 | 1602 |
| 铝制品 | 7601.2000 | 709 |
| 履带式堆肥翻拌机 | 8436.8000 | 890 |
| 氯化钾压实造粒设备 | 8479.8200 | 978 |
| 氯化镁脱水系统 | 8419.8990 | 808 |
| 轮毂 | 8708.7090[8708.709(2014年版)] | 1349 |
| 轮胎动平衡实验机 | 9031.1000 | 1473 |
| 轮胎式运梁车 | 8427.2090 | 854 |
| 轮胎压路机 | 8429.4019 | 871 |
| “罗盖特”牌谷元粉(食用级) | 1109.0000 | 152 |
| 罗汉果 | 1211.9039 | 5 |
| 罗技鼠标 | 8471.6072 | 940 |

| 商品名称 | 商品税则号列 | 页码 |
|---|---|---|
| 螺杆式冷水机组散件 | 8418.6110[8418.6920(2014年版)] | 777 |
| 螺杆总成 | 8414.9090 | 763 |
| 螺纹制品 | 7318.1500[7318.15(2014年版)] | 685 |
| 螺旋肋预应力钢丝 | 7326.2010 | 692 |
| 裸燕麦粒 | 1104.2200 | 151 |
| 洛索洛芬钠 | 2918.3000 | 275 |
| 落锤式弯沉仪测试车系统 | 8705.9090[8705.9099(2014年版)] | 1339 |
| 落棉 | 5202.9900 | 550 |
| **M** | | |
| 麻棉衫 | 6110.9090 | 575 |
| 麻醉用温毯机 | 9018.9090 | 1414 |
| 马基路斯智能云梯车 | 8705.9090[8705.9099(2014年版)] | 1274 |
| 马尼拉麻 | 5305.0020 | 551 |
| 马赛克 | 6802.9190 | 583 |
| 玛瑙矿 | 7103.1000 | 622 |
| 吗替麦考酚酯 | 2941.9090 | 295 |
| 麦芽糖醇 | 2940.0000 | 294 |
| 蔓越莓 | 2008.9990[2008.9300(2014年版)] | 181 |
| 毛血管采血管 | 9018.3900 | 1406 |
| 锚杆及托盘 | 7308.4000 | 680 |
| 梅赛德斯－奔驰2686毫升小货车 | 分别归类 | 1558 |
| 煤粉流量监测仪 | 9027.8099 | 1453 |
| 煤气储气密封装置 | 5911.9000 | 567 |
| 美肤激光器 | 9018.9090 | 1412 |
| 美佳1795毫升小客车 | 8703.2316[8703.2343(2014年版)] | 1234 |
| 美罗培南双环母核 | 2933.7900 | 289 |
| 镁基脱硫设备 | 8424.8999 | 836 |
| 门尼黏度仪 | 9027.8099 | 1453 |
| 猛犸象牙 | 05.07 | 3 |
| 锰锌粉末 | 3824.9090[3824.9099(2014年版)] | 408 |
| L-孟基乙醛酸酯 | 2918.3000 | 276 |
| 7000米单滚筒液压测井车 | 8705.9080 | 1273 |
| 米格列醇 | 2933.3990 | 286 |

| 商品名称 | 商品税则号列 | 页码 |
|---|---|---|
| 米汁 | 2202.9000 | 202 |
| 密封吊索 | 7312.1000 | 683 |
| 密封接线柱 | 85.35、85.36 | 1147 |
| 棉短绒纸浆 | 4706.1000 | 519 |
| 棉花棒 | 5601.2100 | 558 |
| 棉面料制行李袋 | 4202.9200 | 500 |
| 棉制男童牛仔茄克 | 6203.3200 | 576 |
| 棉制女式长袍 | 6108.9100;6208.9100 | 572 |
| 棉制针织女式上衣 | 6110.2000 | 575 |
| 棉制针织女童上衣 | 6104.3200;6110.2000 | 570 |
| 棉籽壳 | 2308.0000 | 212 |
| 面漆线底漆喷涂机器人 | 8424.8999[8424.8920(2014 年版)] | 844 |
| 灭火器的装配药 | 3813.0010 | 384 |
| 民用航空飞机维修资料 | 4901.9900 | 543 |
| 明代石猴水仙盆 | 9703.0000 | 1545 |
| 铭牌机 | 8462.1090 | 923 |
| CCD 模块 | 8529.9049 | 1138 |
| DVB - T 模块 | 8528.7180 | 1135 |
| 模块化数据中心 | 8473.3010 | 952 |
| 模块化微反应系统 | 8479.8990[8479.8999(2014 年版)] | 996 |
| 模拟射击设备 | 9023.0000 | 1426 |
| 模型飞机 | 95.03 | 1536 |
| 摩擦系数测试车 | 8705.9090[8705.9099(2014 年版)] | 1281 |
| 摩托车的曲轴传动机构 | 84.83 | 1035 |
| 摩托车发动机零件 | 8714.1900[8714.1000(2014 年版)] | 1362 |
| C100 摩托车离合器 | 8714.1900[8714.1000(2014 年版)] | 1360 |
| 摩托车排放测试系统 | 9027.1000 | 1437 |
| 摩托车头盔架 | 7326.9090/9403.8099[9403.8990(2014 年版)] | 698 |
| 磨床动平衡仪 | 8466.3000 | 931 |
| 魔术贴 | 6307.9000 | 580 |
| 魔芋精粉 | 1212.9999 | 153 |
| 魔芋制品 | 2106.9099[2106.9090(2014 年版)] | 195 |
| 模板 | 8485.9000[8487.9000(2014 年版)] | 1043 |

| 商品名称 | 商品税则号列 | 页码 |
|---|---|---|
| 模具 | 8479.9090 | 1023 |
| 模具钢坯 | 72.28;73.26 | 665 |
| CD-R 母盘 | 8480.7100[8480.7190(2014 年版)] | 1025 |
| 木板板材 | 4407.1090 | 506 |
| 木材边角料 | 4401.3000[4401.3900(2014 年版)] | 503 |
| 木地板 | 4418.7990 | 513 |
| 木工用热熔胶粒 | 3506.9190 | 363 |
| 木瓜汁、芒果汁 | 2202.9000 | 203 |
| 木浆 | 4707.1000 | 520 |
| 木浆纸 | 4805.9190 | 528 |
| 木门框板 | 44.18 | 511 |
| 木神牌 | 4421.9090 | 40 |
| 木制盖屋板 | 44.07 | 506 |
| 木制脚踏板 | 4418.7900[4418.7990(2014 年版)] | 512 |
| 木制镜框(含镜) | 70.09 | 49 |
| 木质粉 | 3912.9000 | 456 |
| 木质手杖 | 6602.0000 | 582 |
| 钼精矿 | 2620.9990 | 241 |
| 钼精矿焙烧炉 | 8417.1000 | 770 |
| 钼矿砂 | 2620.9990 | 241 |
| **N** | | |
| 纳米银粉末 | 2843.1000 | 264 |
| 纳米银液体 | 2843.1000 | 263 |
| 奶油粉末 | 2106.9099[2106.9090(2014 年版)] | 196 |
| 耐火球 | 3816.0000 | 385 |
| 耐火纤维板 | 6806.1000[6806.1010(2014 年版)] | 589 |
| 耐火纤维棉 | 6806.1000[6806.1010(2014 年版)] | 587 |
| 耐火纤维毯 | 6806.1000[6806.1010(2014 年版)] | 588 |
| 耐火纤维纸 | 6806.1000[6806.1010(2014 年版)] | 590 |
| 耐火砖及耐火材料 | 8417.8090 | 772 |
| 耐温陶瓷板 | 7006.0000 | 608 |
| 耐压测试仪 | 9030.3390 | 1461 |
| 男式内衣、女式内衣 | 6107.9100;6108.9100 | 572 |

| 商品名称 | 商品税则号列 | 页码 |
|---|---|---|
| 男式尼龙/PVC 雨衣套装 | 6211.2090 | 577 |
| 男针织无领 T 恤 | 6109.1000 | 574 |
| 脑蛋白水解物注射液(针剂) | 3004.9090 | 315 |
| 脑电系统 | 9018.1990 | 1403 |
| 内面胶押出机 | 8420.1000 | 815 |
| 能全素 | 3004.5000 | 307 |
| 尼龙 6,6 | 3908.1011 | 447 |
| 尼龙布(含硅树脂涂层) | 5903.9090 | 566 |
| 泥状填料 | 5911.9000 | 568 |
| 黏土类金标准样 | 3822.0090 | 392 |
| 黏土砖 | 6902.2000 | 600 |
| 捻线机 | 8479.4000 | 972 |
| 酿酒机器 | 8438.8000 | 894 |
| 鸟粪(圆粒肥) | 3105.9000 | 320 |
| 镍废碎料 | 2620.9990 | 239 |
| 镍圆饼 | 75.02 | 60 |
| 镍圆片(Chips™) | 75.08 | 61 |
| 柠檬酸糟 | 2308.0000 | 211 |
| 柠檬萜(苎烯) | 2902.1900[2902.1990(2014 年版)] | 269 |
| Alpha 凝胶成像分析系统 | 9027.5000 | 1443 |
| 凝析油 | 2709.0000 | 249 |
| 牛二层手套革 | 41.07 | 497 |
| 牛奶矿物粉 | 0404.1000 | 142 |
| 牛皮挂面纸 | 4805.2500 | 527 |
| 牛皮纸 | 4804.1900 | 525 |
| 牛皮纸 | 4804.5100 | 526 |
| 牛皮纸 | 48.04 | 523 |
| 牛油脂 | 1517.9000[1517.9010(2014 年版)] | 162 |
| 牛正面手套革 | 41.07 | 497 |
| 扭应力保护装置 | 9032.8900[9032.8990(2014 年版)] | 1516 |
| 农菌 | 3002.9090 | 301 |
| 农牧动力搬运车(W-16G 型) | 8709.1990 | 1357 |
| 农神 HB-101 | 3824.9090[3824.9099(2014 年版)] | 409 |

| 商品名称 | 商品税则号列 | 页码 |
|---|---|---|
| 农药果品套袋 | 38.08 | 376 |
| 农业温室用遮阳材料 | 7607.1900 | 711 |
| 农友牌变型拖拉机 | 87.04 | 1239 |
| 农友牌变型拖拉机 | 87.04 | 1239 |
| 浓缩蛋白质(从小麦中提取) | 2106.1000 | 186 |
| 浓缩乳清蛋白 | 0404.1000 | 140 |
| 女式棉制印花套装 | 6208.2100 | 577 |
| 女式棉制针织背心、T恤 | 6108.9100 | 573 |
| 女式棉制针织粉红套装 | 6104.6200;6109.1000 | 571 |
| 女式棉制针织紫色套装 | 6104.6200;6109.1000 | 571 |
| 钕铁硼磁体 | 7202.9900[7202.9919(2014年版)] | 631 |
| 暖风机 | 8708.2990 | 1344 |
| **O** | | |
| 欧当归香料 | 09.10 | 4 |
| **P** | | |
| 帕拉丁多功能乘用车(汽油四驱欧四型2400cc) | 8703.2352 | 1234 |
| 排气管托架 | 8708.9999 | 1356 |
| HYPERCOM牌网络控制器 | 8517.6239 | 1091 |
| 派立明滴眼液 | 3004.9010 | 310 |
| 抛光机内衬板 | 第72章 | 629 |
| 抛光铜盘 | 7419.9991 | 60 |
| 抛绳器 | 8479.8999 | 1018 |
| 炮体 | 8424.8999 | 841 |
| 泡沫聚氨酯板 | 3921.1390 | 471 |
| 泡沫聚乙烯塑料板 | 3926.9090 | 477 |
| 泡泡粒 | 3926.9090 | 481 |
| 泡铜 | 7402.0000 | 700 |
| 胚胎移植移动专用车 | 8705.9090[8705.9099(2014年版)] | 1275 |
| “培芝”初乳片 | 1901.9000 | 172 |
| 喷金粉 | 7108.1100 | 624 |
| 喷淋管 | 8424.9090 | 846 |
| 喷码机 | 8443.3221 | 901 |
| 喷射机 | 8479.1090 | 971 |

| 商品名称 | 商品税则号列 | 页码 |
|---|---|---|
| 喷头 | 9616.1000 | 1544 |
| 喷雾干燥机 | 8419.3990 | 788 |
| 喷雾干燥猪血浆蛋白粉 | 3002.1000 | 300 |
| 硼酸三甲酯和甲醇的混合物 | 3810.9000 | 384 |
| 膨润土填充防水材料 | 68.15 | 46 |
| 膨润土止水带 | 68.15 | 46 |
| 膨胀罐 | 7310.2900[7310.2990(2014 年版)] | 682 |
| 膨胀石墨 | 3824.9099 | 422 |
| 皮带轮 | 8483.9000 | 1042 |
| 皮革柔软助剂 | 3809.9300 | 382 |
| 皮革柔软助剂 | 3824.9090[3824.9099(2014 年版)] | 410 |
| 皮革填充剂 RR | 3809.9300 | 382 |
| 皮革涂饰助剂 | 3909.5000 | 452 |
| 皮革用涂饰剂 | 3809.9300 | 383 |
| 皮革用植物鞣料 | 3201.9090 | 321 |
| 皮革助剂 | 3906.9090 | 446 |
| 皮革助剂 | 3809.9300 | 383 |
| 啤酒冰晶机 | 8418.6190 | 779 |
| 啤酒花提取液 | 3301.2990 或 21.06 | 185 |
| 片状镍粉(非合金) | 3824.9099 | 428 |
| 漂珠 | 2621.9000 | 243 |
| UMTS 频段的三阶互调测试系统 | 9030.4090 | 1467 |
| Dewe-3010 频谱分析系统 | 9030.3990[9030.3900(2014 年版)] | 1464 |
| 品客薯片 | 1905.9000 | 173 |
| 乒乓发球机 | 9506.4090 | 1540 |
| 平板切割绘图仪等五款商品 | 8441.1000/8479.8990[8479.8999(2014 年版)]/9017.1000 | 898 |
| 平衡轴轴套 | 8483.3000 | 1037 |
| 评级灯箱 | 9405.4090 | 1531 |
| 苹果 Ipod Touch 手持设备 | 8471.3000[8471.3010(2014 年版)] | 937 |
| 苹果套袋 | 3808.9210 | 377 |
| 苹果 IPAD 用护套(塑料制) | 3926.9090 | 30 |
| 屏幕透镜 | 9001.9000[9001.9090(2014 年版)] | 1374 |
| 破碎锤主体 | 8412.2100 | 69 |
| 破损塑料编织袋 | 6310.1000 | 581 |

| 商品名称 | 商品税则号列 | 页码 |
|---|---|---|
| 破籽棉 | 5201.0000 | 550 |
| 铺路用现代花岗岩石制品 | 6801.0000 | 582 |
| 普利康(饲料添加剂) | 2309.9090 | 220 |
| 普鲁兰多糖 | 3913.9000 | 459 |
| 普兹迈斯特混凝土泵车 | 8705.9090[8705.9091(2014年版)] | 1297 |
| **Q** | | |
| 气保焊丝 | 72.29 | 670 |
| 气垫 | 8428.9000[8428.9090(2014年版)] | 866 |
| 气动铆接机等三项商品 | 分别归类 | 1585 |
| 气动内对口器 | 8479.8990[8479.8999(2014年版)] | 996 |
| 气动升降桅杆 | 8428.9090 | 867 |
| 气缸体活塞孔精整加工机床 | 8460.4010 | 922 |
| 气流分级机 | 8474.1000 | 957 |
| 气门芯 | 84.81 | 1028 |
| 气门嘴 | 8481.3000 | 1030 |
| $CO_2$气体保护焊丝(XH-506) | 7229.2000 | 671 |
| 气体检漏仪 | 9027.5000/9027.8019 | 1441 |
| 气体绝缘金属封闭母线 | 8544.6090 | 1206 |
| 气压棒 | 8479.8999 | 1017 |
| 气液分配盘 | 8419.9090 | 812 |
| 气源车 | 8705.9090[8705.9099(2014年版)] | 1322 |
| 气源车 | 8705.9090[8705.9099(2014年版)] | 1309 |
| 汽车安全气囊气袋 | 8708.9500 | 1352 |
| 汽车后视镜零件(左、右罩,固定板基等) | 8708.2990 | 1346 |
| 汽车加强板(钣金件) | 8708.99 | 1354 |
| 汽车烤漆房 | 8419.8990 | 810 |
| 汽车空调脱水进风装置及冷凝器 | 8415.9090 | 766 |
| 汽车空调压缩机支架 | 8708.99 | 1353 |
| 汽车零部件 | 8702.9030 | 1226 |
| 汽车轮胎 | 4011.9400;4011.9300 | 492 |
| 汽车门锁遥控器 | 8526.9200 | 1129 |
| 汽车内装用贴布 | 8708.2990 | 1345 |
| 汽车起重机 | 8705.1092 | 1249 |
| 汽车上的电子控制单元 | 9032.8900[9032.8990(2014年版)] | 1517 |

| 商品名称 | 商品税则号列 | 页码 |
|---|---|---|
| 汽车锁 | 分别归类 | 1581 |
| 汽车天窗用装饰胶条 | 8708.2990 | 1345 |
| 汽车遥控接收器用电路板 | 8529.9090 | 1143 |
| 汽车音响零件(面板、旋钮) | 8529.9060 | 1139 |
| 汽车音响用连接装置 | 8548.9000 | 1212 |
| 汽车用动力总成控制模块(PCM) | 9032.8900[9032.8990(2014 年版)] | 1517 |
| 汽车用石油液化气供气装置 | 87.08 | 1341 |
| 汽车遮阳板 | 7607.1900 | 712 |
| 汽车支架 | 相关子目 | 1608 |
| 汽车自动离合器 | 8708.9390 | 1350 |
| 汽车座椅骨架 | 9401.20 | 120 |
| 汽轮机零部件(300MW) | 相关子目 | 1609 |
| 汽油发动机润滑油 | 3403.9900 | 358 |
| 起重机(旧) | 8704.2 | 1241 |
| 器件钝化系统气柜 | 8479.8990[8479.8999(2014 年版)] | 997 |
| 500 千伏交直流两用交联聚乙烯绝缘电缆立式生产线 | 分别归类 | 1592 |
| 110 千伏开关柜继电保护装置 | 85.36 | 1150 |
| TERBERG YT200 牵引车 | 8709.1910 | 1356 |
| 牵引车捆绑器 | 6307.9000 | 579 |
| 牵引车支撑器 | 8302.3000 | 728 |
| 前挡侧压条(半成品) | 3926.9090 | 480 |
| 前框 | 8708.2990 | 1344 |
| 前纵梁总成(左、右) | 8708.9991 | 1355 |
| 强化木地板 | 4411.1900[4411.1319(2014 年版)] | 509 |
| 强力痔根断 | 3004.9059 | 311 |
| 抢险救援车 | 分别归类 | 1563 |
| 抢险指挥车 | 8703.3230[8703.3211(2014 年版)] | 1235 |
| 橇装分析系统 | 9027.8090[9027.8099(2014 年版)] | 1447 |
| 橇装计量系统 | 9028.2090 | 1457 |
| 桥梁伸缩装置 | 7308.1000 | 679 |
| 切断型钢纤维 | 第 72 或 73 章 | 52 |
| Vista KVL－SUA/OV 切换器 | 8543.7099 | 1185 |
| 亲肤表层 | 3824.9090[3824.9099(2014 年版)] | 410 |

| 商品名称 | 商品税则号列 | 页码 |
|---|---|---|
| 青蒿素 | 2932.2090 | 283 |
| 轻质碳酸钙 | 3824.9090[3824.9099(2014 年版)] | 411 |
| 清扫车 | 8705.9090[8705.9099(2014 年版)] | 1291 |
| 清扫车 | 8479.8990[8479.8999(2014 年版)] | 998 |
| 清扫机(充电型) | 8479.8990[8479.8999(2014 年版)] | 998 |
| CGL 清洗设备 | 分别归类 | 1603 |
| 氰酸盐 | 3909.5000 | 449 |
| 氰铜盐 | 3824.9099 | 422 |
| 球蛋白 | 3002.1000 | 299 |
| 球化石墨 | 2504.1090[2504.1091(2014 年版)] | 223 |
| 球团铁矿 | 2601.1200 | 230 |
| 驱动机构 | 8412.2100 | 739 |
| DVD－ROM 驱动器 | 8471.7030 | 943 |
| 曲轴箱盖 | 84.83 | 1036 |
| 全废铜 FRHC 火法精炼高导电合金铜杆生产线 | 分别归类 | 1600 |
| 全钢丝子午线轮胎 X 光检查机设备 | 9406.0000 及 9022.1990 [9022.1920(2014 年版)] | 1535 |
| 全进水泥混凝土泵车 | 8705.9090[8705.9091(2014 年版)] | 1304 |
| 全路面汽车起重机 | 8705.1023 | 1247 |
| 全路面起重车 TG－500E | 8705.1022 | 1246 |
| 全棉墙饰 | 6304.9290 | 578 |
| 全站仪 | 9015.8000 | 1395 |
| 全自动打端子机 | 8479.8190 | 975 |
| 全自动锭剂摆药机 | 8422.3030 | 829 |
| 全自动金属板材柔性加工生产线 | 分别归类 | 1559 |
| 全自动晶形检测仪 | 9011.2000 | 1385 |
| 全自动酶免分析系统 | 9027.8090[9027.8099(2014 年版)] | 1448 |
| 全自动曝光机 | 9010.5022 | 1383 |
| 全自动清洗消毒柜 | 8419.2000 | 785 |
| 全自动生化分析仪 | 9027.5000 | 1444 |
| 全自动饲料配置机 | 8436.1000 | 889 |
| 全自动条形码制作粘贴采血管分配准备系统 | 8422.3090 | 830 |
| 全自动脱水机 | 8479.8990[8479.8999(2014 年版)] | 999 |
| 全自动五轴连动数控加工生产线 | 8458.9100[8458.9110(2014 年版)] | 916 |
| RM200A 全自动吸烟机 | 9027.1000 | 1438 |
| 全自动细菌鉴定及药敏分析仪 | 9027.5000 | 1442 |
| 全自动细菌培养监测系统 | 8479.8990[8479.8999(2014 年版)] | 1000 |

| 商品名称 | 商品税则号列 | 页码 |
|---|---|---|
| 全自动血液成分分离机 | 8479.8990[8479.8999(2014年版)] | 1001 |
| 全自动异物侦检机 | 9031.4990 | 1488 |
| **R** | | |
| 燃气红外线辐射采暖设备成套散件 | 7322.9000 | 689 |
| 燃气泄漏巡检车 | 8705.9090[8705.9099(2014年版)] | 1301 |
| 燃气泄露巡检车 | 8705.9090[8705.9099(2014年版)] | 1311 |
| 燃气蒸汽联合循环发电机组 | 8502.3900 | 1051 |
| 燃烧法沥青含量测试仪 | 84.23或90.16 | 831 |
| 燃油干燥器(申报品名) | 8419.8990 | 800 |
| 燃油热交换器 | 8419.5000 | 790 |
| DVD－R染料 | 3204.1990 | 324 |
| 热保护器 | 8536.4900 | 1154 |
| 热锻模具钢 | 7228.4000 | 668 |
| 热风枪 | 84.19 | 73 |
| 热交换器用连接支撑管板 | 8419.9090 | 812 |
| 热流道 | 8419.8990 | 806 |
| 热敏打印纸套装 | 39.20 | 26 |
| 热敏陶瓷电阻 | 8533.4000 | 1145 |
| 热敏铜螺丝 | 9032.1000 | 1503 |
| 热敏性胶片 | 39.20 | 26 |
| 热敏直接制版系统 | 8442.3020[8442.3021(2014年版)]/9010.5029 | 900 |
| 热能表 | 9026.8000[9026.8090(2014年版)] | 1434 |
| 热熔胶喷涂主机 | 8424.8999 | 839 |
| 热塑丁苯橡胶SEPTON 4033 | 4002.9911 | 486 |
| 热塑丁苯橡胶SEPTON 8004 | 4002.1919 | 484 |
| 热稳定聚晶金刚石 | 7104.9011 | 623 |
| 热轧方钢 | 7214.9900 | 648 |
| 热轧钢板 | 7211.1900 | 645 |
| 热轧合金弹簧钢棒 | 7228.3000[7228.3090(2014年版)] | 666 |
| 热轧合金钢钢条 | 7228.6000 | 670 |
| 热轧平板 | 72.08 | 641 |
| 热轧球扁钢 | 7216.5090[7216.5020(2014年版)] | 651 |
| 热转移色带 | 9612.1000 | 1543 |
| 人参花蕾花饮 | 2202.9000 | 207 |

| 商品名称 | 商品税则号列 | 页码 |
|---|---|---|
| 人工合成稀土硅化合物合金 | 7202.9900[7202.9991(2014年版)] | 632 |
| 人机界面 | 8537.1090 | 1161 |
| 人体脂肪测量仪 | 9031.8090 | 1503 |
| 人造板材 | 3920.5100 | 465 |
| 人造草坪 | 5703.3000 | 564 |
| PU人造革 | 56.03 | 563 |
| 人造石墨块 | 3801.1000 | 374 |
| 人造石墨为基本成分的产品 | 3801.9000[3801.9090(2014年版)] | 15 |
| 人造石头 | 3824.9090[3824.9099(2014年版)] | 412 |
| 人字形胎面的充气橡胶轮胎 | 4011.2000 | 491 |
| 日产风度1998毫升小轿车(成套散件) | 87.03 | 1229 |
| 日达仙 | 3004.3900 | 305 |
| 日立牌绳索断层分析用扫描电镜 | 9012.1000 | 1388 |
| 日立水冷柜机机身 | 8415.82 | 763 |
| 日晒牢度及气候试验机 | 8479.8990[8479.8999(2014年版)] | 1002 |
| 绒毛装饰物 | 9503.0021 | 1536 |
| 容积式水加热器 | 8419.1900[8419.1990(2014年版)] | 784 |
| 溶液抽取注射器 | 7017.9000 | 610 |
| 熔融陶瓷石英辊 | 7020.0019[7020.0013(2014年版)] | 620 |
| 柔水通 | 3402.9000 | 354 |
| 柔性板材制版系统 | 9010.5022 | 1381 |
| 鞣剂SC-120 | 3202.1000 | 322 |
| 铷泡 | 9013.9010 | 1392 |
| 乳钙 | 0404.1000 | 141 |
| 乳化剂 | 3402.1100 | 349 |
| 乳化沥青喷涂车 | 8705.9090[8705.9099(2014年版)] | 1306 |
| 乳品加工设备 | 分别归类 | 1560 |
| 乳清蛋白 | 0404.1000 | 140 |
| 乳清粉 | 0404.1000 | 141 |
| 乳糖基纳他霉素 | 3808.9290 | 377 |
| 瑞典葛丽素无腥味鱼肝油糖粒、瑞典葛丽素紫玫果提取物糖粒(富含维生素C) | 1704.9000 | 170 |
| 瑞高 | 3004.5000 | 308 |
| 润滑剂 | 3403.9900 | 357 |

| 商品名称 | 商品税则号列 | 页码 |
|---|---|---|
| BP润滑油(工业用液压油、导热油、导轨油) | 2710.1991/2710.1999 | 255 |
| **S** | | |
| 赛鲁迪复合机 | 8420.1000 | 813 |
| 三丁基铝 | 2931.0000[2931.9090(2014年版)] | 281 |
| 3,5,7-三氟金刚烷甲酸($C_{11}H_{13}O_2F_3$) | 2916.2090 | 273 |
| 三合一速溶咖啡 | 2101.1200 | 181 |
| 三尖杉宁碱 | 2939.9990 | 293 |
| 三金属片 | 7220.9000 | 660 |
| HDI三聚体 | 3911.9000 | 456 |
| 三棵针初提物 | 1302.1990 | 154 |
| 三菱11945毫升混凝土搅拌车 | 8705.4000 | 1254 |
| 三轮电动游戏车 | 分别归类(8711.9010/8716.4000) | 1549 |
| 三硼酸锂晶体 | 9001.9000[9001.9090(2014年版)] | 1375 |
| 三七总皂甙 | 2938.9000[2938.9090(2014年版)] | 293 |
| 三(三甲基硅烷)硼酸酯 | 2931.9090 | 282 |
| 三维动画运动捕捉系统(不带计算机的分析测量仪器) | 分别归类 | 130 |
| 三维坐标控制仪 | 8471.6072 | 939 |
| 三星混凝土泵车 | 8705.9090[8705.9091(2014年版)] | 1327 |
| 三星混凝土泵车 | 8705.9090[8705.9091(2014年版)] | 1294 |
| 三星手机电池下盖 | 8507.9090 | 1069 |
| 三乙烯二胺 | 2933.5990 | 287 |
| 三元催化剂 | 38.15 | 15 |
| 三元乙丙橡胶 | 4005.1000 | 32 |
| 散热风扇 | 8414.5990 | 757 |
| 散热片(铜制) | 84.73 | 950 |
| 散热器(微机用) | 8473.3090 | 954 |
| 扫街车线 | 7215.9000 | 649 |
| 扫描测量水泥窑体温度用红外线扫描仪 | 9031.4990 | 1487 |
| F-θ扫描镜 | 9002.9090 | 1377 |
| 扫雪车用铲 | 8430.2000 | 875 |
| 扫雪机 | 8479.8990[8479.8999(2014年版)] | 1002 |
| 森田大型消防照明车 | 8705.9090[8705.9099(2014年版)] | 1280 |
| 沙发套 | 63.04 | 578 |

| 商品名称 | 商品税则号列 | 页码 |
|---|---|---|
| 沙漠地震排列车 | 8705.9090[8705.9099(2014年版)] | 1338 |
| 沙漠地震仪器车及泵车 | 8705.9090[8705.9099(2014年版)] | 1285 |
| 沙滩车 | 8703.1011 | 1231 |
| 鲨鱼软骨粉 | 0305.1000 | 138 |
| 晒版机 | 9010.5022 | 1382 |
| 山林超高压多功能消防车 | 8705.3090 | 1253 |
| 杉木地板 | 4407.1090 | 507 |
| 杉木栏杆 | 44.07 | 505 |
| 杉木梁 | 4418.9000[4418.9090(2014年版)] | 514 |
| 闪存卡 | 8523.51 | 87 |
| 商用冷冻柜 | 视不同情况归类 | 1607 |
| 商用燃气炉 RSB-7PRD | 7321.1100 | 687 |
| 商用燃气炉 RSB-4PRD | 7321.1100 | 686 |
| 上端子、下端子、定弧触头、动触头 | 8536.9000[8536.90(2014年版)] | 94 |
| 烧结矾土 | 6914.9000 | 604 |
| 烧嘴 | 8416.2011 | 769 |
| 少子寿命测试仪 | 9031.8090 | 1501 |
| 蛇毒 | 3001.9090 | 296 |
| 设计图纸 | 4911.9100 | 546 |
| 射频模块 | 8517.7030 | 1101 |
| 射频/微波信号发生器 | 8543.2090 | 1182 |
| X射线管用石墨基靶盘 | 9022.9090 | 1425 |
| X射线应用设备配件 | 9022.1400 | 1420 |
| 摄像头 | 85.25 | 1117 |
| 伸缩臂式加料机 | 8427.2090 | 855 |
| 身体成分分析仪 | 9031.8090 | 1498 |
| 深冲压冷轧焊接非合金钢板 | 7326.9010[7326.9019(2014年版)] | 694 |
| 深海鱼油胶囊 | 15.04 | 160 |
| 深孔加工机 | 8459.2900 | 918 |
| 深盘输送机 | 8428.3920 | 863 |
| 神经外科手术床 | 9022.1400 | 1420 |
| 神奇眼镜 | 8528.5910 | 1132 |
| 神州行充值卡 | 4911.9900[4911.9990(2014年版)] | 547 |

| 商品名称 | 商品税则号列 | 页码 |
|---|---|---|
| 神州行储值卡(未印密码) | 49.11 | 42 |
| 肾脏透析器 | 8421.2990 | 823 |
| 甚高频共用系统 | 8517.6299 | 1096 |
| 渗铝钢板 | 7210.6900 | 642 |
| 升降车 | 8705.9090[8705.9099(2014 年版)] | 1307 |
| 升降舵控制装置用线圈组件 | 8803.3000 | 1367 |
| 生产型黑白高速数字打印设备 | 8443.3229 | 902 |
| 生化分析仪所带电脑 | 第 90 章 | 1370 |
| 生物安全柜 | 8414.6090 | 758 |
| 生物脱硫回收装置 | 8421.3990[8421.3940(2014 年版)] | 826 |
| 生物显微镜系统 | 9011.2000 | 1386 |
| 声表面滤波器 | 8541.6000 | 1178 |
| 声发射系统 | 9031.8090 | 1493 |
| 声学多普勒流速剖面仪 | 9015.8000 | 1396 |
| 声学多普勒流速剖面仪 | 9015.8000 | 1396 |
| 施维英混凝土泵车 | 8705.9090[8705.9091(2014 年版)] | 1287 |
| 湿石粉 | 2833.2990 | 261 |
| 石膏旋流站 | 8421.1990 | 819 |
| 石墨制隔热材料、线、固定钉 | 6815.1000 | 597 |
| 石塑纸 | 第 39 章 | 22 |
| 石玩 | 9705.0000 | 1545 |
| 石英管内管、外管 | 7011.9090 | 609 |
| 石英(D377 号样品) | 71.03 | 622 |
| W-350D 石英晶体谐振器测试和分选系统 | 9030.8200 | 1468 |
| 石英岩粉 | 3824.9090[3824.9099(2014 年版)] | 412 |
| 石油测井车 | 8705.9080 | 1270 |
| 石油测井车 | 8705.9080 | 1272 |
| 石油测井车 | 8705.9080 | 1273 |
| 石油测井车 | 8705.9080 | 1271 |
| 石油测井车 | 87.04 | 1238 |
| 石油压裂车 | 8705.9080 | 1271 |
| 石油压裂车 | 8705.9080 | 1270 |
| 石油钻机顶部驱动设备 | 8431.4310 | 883 |

| 商品名称 | 商品税则号列 | 页码 |
| --- | --- | --- |
| 实木隔音采暖地板 | 4412.3210 | 511 |
| BIOMEK 3000 实验室全自动工作站 | 8479.8990[8479.8999(2014年版)] | 979 |
| 实验用陶瓷高效泡沫节水清洁器 | 8479.8990[8479.8999(2014年版)] | 1003 |
| 示波管 | 8540.6090 | 1175 |
| 视频展示台 | 8525.8013 | 1123 |
| 释放钩 | 73.26 | 690 |
| 收放机 | 8527.9100 | 1130 |
| 手扶振动平板夯散件 | 8430.6100 | 882 |
| 手机按键半成品(面板) | 8517.7030 | 1101 |
| 手机、电脑用平板玻璃 | 按手机、平板电脑的零件归类 | 129 |
| 手机耳机半成品(音频控制器) | 8518.1000 | 1107 |
| 手机闪光灯(组件) | 9006.6100 | 1380 |
| 手机射频模块 | 8517.7030 | 84 |
| 手机摄像头 | 8529.9042 | 1137 |
| 手机天线贴片半制成品 | 3920.6100 | 466 |
| 手机液晶显示屏 | 8517.7030 | 1102 |
| VK660 手机用前壳总组件;显示模块 | 8517.7030 | 1100 |
| 手机用显示屏盖 | 8517.7030 | 85 |
| 手机用液晶显示屏 | 8517.7030 | 1103 |
| 手模 | 6909.1 | 601 |
| 手术室机械吊臂 | 9402.9000 | 1526 |
| 手术无影灯 | 9405.4090 | 1529 |
| 瘦身车 | 8712.0090 | 1358 |
| 输变电线路绝缘瓷套管 | 8546.2010 | 1209 |
| 输变电线路用长竿状绝缘瓷件 | 8546.2090 | 1210 |
| 输砂车 | 8704.1090 | 1240 |
| 输送屏蔽电泵 | 84.13 | 741 |
| 输液泵 | 9018.3900 | 1405 |
| 输液器滤板 | 8421.2990 | 823 |
| 薯条储柜、汉堡储柜、隧道式保温柜 | 8418.9100 | 782 |
| 数据采集控制车 | 8705.9090[8705.9099(2014年版)] | 1283 |
| 数据处理谱仪 | 9018.1300[9018.1390(2014年版)] | 1400 |
| 数据处理仪 | 9026.8000[9026.8010(2014年版)] | 1435 |

| 商品名称 | 商品税则号列 | 页码 |
|---|---|---|
| 数控机床用接头 | 8466.9300[8466.9390(2014年版)] | 934 |
| 数控镗床零件 | 84.59 | 916 |
| 数控乙炔焰切割机 | 8461.9000[8461.9090(2014年版)] | 922 |
| 数粒仪 | 9029.1090 | 1459 |
| DC 300数码摄像测量仪 | 视情况归类 | 1608 |
| 数码相框 | 8543.7099 | 1195 |
| YEPP数码音频播放器 | 8527.1300 | 1130 |
| 数模转换器 | 8543.7099 | 1191 |
| 数纸机 | 9029.1090 | 1458 |
| 数字电视复用器 | 8517.6239 | 1092 |
| 数字电影放映机 | 9007.2010 | 1380 |
| 数字广播接收机 | 8527.9900 | 1131 |
| 数字监控机 | 8521.9090 | 1113 |
| 数字式电机保护单元 | 8537.1090 | 1169 |
| 数字视频处理器机芯 | 8543.7099 | 1186 |
| 数字卫星转播车 | 8705.9090[8705.9099(2014年版)] | 1330 |
| 数字显微镜 | 9011.8000 | 1387 |
| 数字相机 | 8525.8021 | 1123 |
| 数字音频处理器 | 8518.4000 | 1110 |
| 数字语音信息综合处理机和WINSET适配器 | 8517.6239 | 1089 |
| 衰减器 | 8548.9000 | 1211 |
| 双波浪带滚带机 | 8515.1900 | 1077 |
| 双工位六角型胎圈缠绕系统 | 分别归类 | 1561 |
| 双滚筒采煤机 | 8430.3900 | 879 |
| 双环戊二烯 | 3824.9090[3824.9099(2014年版)] | 413 |
| 双机双泵固井水泥车 | 8705.9090[8705.9080(2014年版)] | 1327 |
| 双螺杆 | 84.77 | 966 |
| 双面胶带 | 3919.9090 | 463 |
| 双面涂层聚酯织物 | 3921.1210 | 469 |
| 双面涂塑纸(已感光相纸) | 4811.5190 | 532 |
| 双面研磨抛光系统 | 8464.2090 | 926 |
| YF150ZK双燃料摩托车 | 8711.2000[8711.2030(2014年版)] | 1357 |
| 双烯醇酮醋酸酯 | 2937.2900 | 292 |

| 商品名称 | 商品税则号列 | 页码 |
|---|---|---|
| 双组分纤维 | 5601.3000 | 558 |
| 水表接头 | 7412.2090 | 705 |
| 水罐车 | 8704.2300 | 1245 |
| 水龙头出水口 | 8481.9090 | 1034 |
| 水陆两用车 | 87.03 | 1228 |
| 水泥车 | 8705.9090[8705.9080(2014年版)] | 1317 |
| 水泥混凝土搅拌站 | 8474.3100 | 959 |
| 水泥添加剂 | 3402.9000 | 356 |
| 水平安定面配平作动筒 | 85.01 | 1049 |
| MDS水平拉制仪 | 8475.2919 | 964 |
| 水溶性乙烯醋酸乙烯酯共聚物 | 39.01或39.05 | 441 |
| 水上交通安全管理系统 | 8530.8000 | 1144 |
| 水松原纸 | 4813.9000 | 540 |
| 水松原纸 | 4802.5400 | 521 |
| 水苏糖 | 1702.9000 | 168 |
| 水下机器人系统 | 8479.5090 | 974 |
| 水性不粘涂料 | 3209.9020 | 335 |
| PU水性处理剂 | 3909.5000 | 452 |
| 水性清洁剂 | 3402.9000 | 352 |
| 水质测定袋 | 3822.0090 | 391 |
| 说明书 | 4911.1010 | 545 |
| 说明书 | 4911.1010 | 43 |
| 思科网真网络电话系统 | 分别归类 | 1604 |
| 斯太尔卡车 | 87.04 | 1237 |
| 四氢酒花浸膏 | 21.06 | 184 |
| 伺服卡,I/O卡 | 分别归类 | 1579 |
| 伺服驱动器 | 9032.8900[9032.8990(2014年版)] | 1519 |
| 伺服驱动器 | 9032.8900[9032.8990(2014年版)] | 1518 |
| 饲料级混合油渣 | 1518.0000 | 163 |
| 饲料级重过磷酸钙 | 3103.1010 | 318 |
| 饲料搅拌车 | 8716.3990 | 1363 |
| 饲料生产设备 | 8438.8000 | 895 |
| 饲料添加剂(硫酸抗敌素) | 2309.9010 | 215 |

| 商品名称 | 商品税则号列 | 页码 |
|---|---|---|
| 饲料添加剂(普利康) | 2309.9090 | 219 |
| 饲料添加剂“球净” | 第30章 | 12 |
| 饲料添加剂效美素-100 | 2309.9010 | 214 |
| 饲料添加剂用金霉素 | 2309.9010;2941.3020 | 217 |
| 饲料用活性小麦谷朊粉 | 2309.9090 | 218 |
| 饲料原料 | 2309.9010 | 214 |
| 松子 | 0802.9090 | 146 |
| L-苏氨酸 | 2922.5090 | 279 |
| 速冻土豆块 | 2004.1000 | 175 |
| 速度计导线 | 8483.1090 | 1036 |
| 速冷机 | 8418.6190 | 778 |
| 塑磁材料 | 3824.9099 | 424 |
| EVA塑胶粒 | 3206.4900[3206.4990(2014年版)] | 326 |
| 塑胶印刷皮 | 4911.9900[4911.9990(2014年版)] | 548 |
| 塑料杯 | 3923.9000 | 28 |
| 塑料冲水件 | 3926.9090 | 478 |
| 塑料储运桶 | 3923.9000 | 472 |
| 塑料BB弹 | 9306.3090 | 1525 |
| 塑料内饰顶及附件 | 8708.2990 | 1343 |
| 塑料瓶泵 | 8413.2000 | 747 |
| 塑料制隐形眼镜盒 | 4202.3200 | 498 |
| 塑料轴承用玻璃滚珠 | 7020.0019 | 619 |
| 塑料装饰品——摩托车 | 9503.0089 | 1537 |
| 塑木粒 | 44.05 | 35 |
| 塑木粒 | 44.05 | 35 |
| 碎硅片 | 3825.6900 | 433 |
| 隧道工程作业台车、砼喷射车 | 8705.9090[8705.9099(2014年版)] | 1309 |
| 隧道及护拦清洗车 | 8705.9090[8705.9099(2014年版)] | 1316 |
| 隧道掘进机 | 8429.5900 | 874 |
| 隧道式洗衣机 | 8450.2000[8450.2019(2014年版)] | 907 |
| 隧道自推进封水注浆设备 | 8479.1090 | 970 |
| **T** | | |
| 塔拉粉 | 1404.9010 | 157 |

| 商品名称 | 商品税则号列 | 页码 |
|---|---|---|
| 塔盘(氮洗塔零件) | 8419.9090 | 811 |
| 胎教装置 | 8518.3000 | 1109 |
| 台车 | 8606.9900 | 1213 |
| 台下机械控制系统(整套进口) | 8537.1090 | 1168 |
| 太阳能灯 | 9405.4090 | 1529 |
| 太阳能模块铝合金框条 | 85.41 | 97 |
| 太阳墙板 | 7322.9000 | 688 |
| 钛板坯 | 8108.2090[8108.2029(2014年版)] | 720 |
| 钛合金高尔夫球头精铸毛坯 | 9506.3900 | 1540 |
| 钛钨靶材 | 8101.9400 | 718 |
| 泰国原料糯米 | 1006.3090 | 150 |
| 泰农-40饲料添加剂 | 2309.9010 | 215 |
| 摊铺机零件 | 40.09/8479.9090 | 490 |
| 弹簧栓塞 | 90.18 | 110 |
| 檀香熏香油 | 3307.4900 | 344 |
| 坦皮克纤维 | 1404.9090 | 158 |
| 探头 | 9022.9090 | 1424 |
| 碳棒 | 8545.9000 | 1208 |
| 碳酸丙烯酯 | 2932.9990 | 285 |
| 碳酸钙(营养食品原料) | 2106.9099[2106.9090(2014年版)] | 197 |
| 碳酸稀土 | 2846.9048 | 265 |
| 碳纤维丝 | 6815.9939 | 599 |
| 汤玛斯牌马铃薯全粉生产线及备件 | 分别归类 | 1597 |
| 烫金机 | 8479.8990[8479.8999(2014年版)] | 1004 |
| 陶瓷基片 | 6914.1000 | 603 |
| 陶瓷载体 | 6909.1900 | 602 |
| 陶粒支撑剂(石油填充砂、压裂支撑剂) | 6914.9000 | 48 |
| 特殊形状巧克力 | 1806.90 | 7 |
| 特种集装箱 | 86.09 | 105 |
| SRF/特种抢险救援车 | 8705.9090[8705.9099(2014年版)] | 1307 |
| 特种通信车 | 8705.9010 | 1255 |
| 特种通信车 | 8705.9010 | 1257 |
| 特种通信车 | 8705.9010 | 1255 |

| 商品名称 | 商品税则号列 | 页码 |
|---|---|---|
| 提升机电控系统 | 9032.8900[9032.8990(2014年版)] | 1520 |
| 天然黏土 | 3824.9099 | 426 |
| 天然硼砂 | 2840.1900 | 262 |
| 天然气超声波流量计 | 9026.8000[9026.8010(2014年版)] | 1433 |
| 天然气电控燃气系统 | 分别归类 | 1588 |
| 天然气加气站 | 8479.8990[8479.8999(2014年版)] | 1015 |
| 天然气加气站系统 | 分别归类 | 1569 |
| 天然气流量检定测试车 | 8705.9090[8705.9099(2014年版)] | 1332 |
| 天然气硫分析仪 | 9027.5000 | 1445 |
| 甜菊叶 | 1212.9999[1212.9996(2014年版)] | 153 |
| 甜玉米微波爆米花 | 2008.9990 | 179 |
| LVS9500条码质量检测系统 | 9031.4990 | 1482 |
| 条形码扫描仪 | 8471.9000 | 949 |
| 调节阀 | 8481.8010[8481.8040(2014年版)] | 1032 |
| 调味滑子菇罐头 | 2001.9090 | 174 |
| ADSL调制解调器 | 8517.6234 | 1087 |
| 贴片电容,圆柱电容 | 8532.2410或8532.2110 | 1145 |
| 贴片滤波器 | 8548.9000 | 1211 |
| 贴塑钢板 | 7210.9000 | 643 |
| 铁铬铝纤维(纱线) | 7326.9011 | 58 |
| 铁构件 | 7216.9900 | 654 |
| 铁基粉末EMS253-N | 7205.2100 | 636 |
| 铁矿砂(未烧结) | 2601.2000 | 230 |
| 铁矿石取制样设备 | 分别归类 | 1551 |
| 铁立柱 | 7216.9100 | 653 |
| 铁路站场真空卸污系统 | 8413.6090[8413.60(2014年版)] | 751 |
| 铁镍软磁合金卷板 | 7506.2000 | 708 |
| 铁杉板材 | 4418.9000[4418.9090(2014年版)] | 514 |
| 铁屑 | 2619.0000 | 233 |
| 铁氧体材料 | 3824.9090[3824.9099(2014年版)] | 19 |
| 铁氧体永磁模具 | 8480.6000 | 1024 |
| 帖衣型怀炉 | 3824.9090[3824.9099(2014年版)] | 414 |
| 庭院巷道管线巡检车 | 8705.9090[8705.9099(2014年版)] | 1299 |

| 商品名称 | 商品税则号列 | 页码 |
|---|---|---|
| 通井车 | 8705.9090[8705.9099(2014 年版)] | 1318 |
| 通井机 | 8705.9090[8705.9099(2014 年版)] | 1325 |
| 通井机 | 8705.9090[8705.9099(2014 年版)] | 1323 |
| Agilent 8614xb 通信光谱仪 | 9031.8010 | 1489 |
| 通用牌电冰箱 | 8418.1020 | 773 |
| 同步控制操纵装置 | 8537.1090 | 1167 |
| 桐木板方 | 4403.1000 | 504 |
| 桐木长鼓半成品 | 4421.9090 | 516 |
| 砼泵车 | 8705.9090[8705.9091(2014 年版)] | 1296 |
| 铜的氧化物及氢氧化物 | 2620.3000 | 236 |
| 铜电车线 | 7407.1000[7407.1090(2014 年版)] | 702 |
| 铜镀铁复合粉 | 7205.2900 | 638 |
| 铜杆 | 7408.1100 | 702 |
| 铜米 | 7419.9910[7419.999(2014 年版)] | 706 |
| 铜网膜(周边有印刷) | 8529.9082 | 1141 |
| 铜制蹲式便器 | 7418.2000 | 706 |
| 投影仪 | 8528.6910 | 1135 |
| 透镜组件 | 9002.1990 | 1377 |
| 透明质酸钠 | 3913.9000 | 458 |
| 透平膨胀机 | 8418.69 | 781 |
| 透析器复用处理系统 | 8479.8990[8479.8999(2014 年版)] | 1005 |
| 图形化蓝宝石衬底外延片 | 8541.4010 | 98 |
| 图形加速卡 | 8471.8090[8471.8000(2014 年版)] | 945 |
| 涂布辊、超级压光辊 | 8420.9900 | 816 |
| 涂布牛皮纸 | 48.10 | 528 |
| 涂布台 | 8439.3000 | 897 |
| 涂料用抗菌剂 | 3808.9400 | 379 |
| 涂饰剂 EG | 3402.9000 | 353 |
| 涂塑卡纸 | 4811.5190 | 531 |
| 涂液供料系统 | 9032.8900[9032.8990(2014 年版)] | 1521 |
| 土工复合物 | 5602.1000 | 560 |
| 托盘底板、网格连接杆 | 7326.9010[7326.9019(2014 年版)] | 695 |
| 拖式激光铲运机 | 8430.6920 | 882 |

| 商品名称 | 商品税则号列 | 页码 |
|---|---|---|
| 脱臭培养基 | 3821.0000 | 387 |
| 脱色白土 | 2508.4000 | 226 |
| 脱氧剂 | 3824.9090[3824.9099(2014年版)] | 415 |
| 脱脂豆渣粉 | 2304.0090 | 209 |
| **W** | | |
| 挖掘机履带 | 8431.4990[8431.4999(2014年版)] | 886 |
| 挖掘机模型 | 95.03 | 126 |
| 挖掘机行走装置 | 8431.4990[8431.4999(2014年版)] | 885 |
| 挖掘机用回转机构 | 8431.4990[8431.4999(2014年版)] | 888 |
| 瓦楞原纸 | 4805.1900 | 527 |
| 瓦楞纸 | 4813.2000 | 539 |
| 外出小包装湿纸巾 | 3307.9000 | 345 |
| 完整性测试仪 | 9031.8090 | 1494 |
| 烷烃溶剂 | 2710.1999 | 256 |
| 万向轴装配机床 | 8479.8999 | 1016 |
| 网板印刷机 | 8479.8990[8479.8999(2014年版)] | 1006 |
| 网络分析仪 | 9030.4090 | 1467 |
| HFC网络光节点设备 | 8517.6221 | 1086 |
| 网络建设与维护分析仪 | 9030.4090 | 1465 |
| 网络流量监测器 | 9031.8090 | 1492 |
| 网真3000型视频会议系统 | 分别归类 | 132 |
| 网真1000型视频会议系统 | 分别归类 | 131 |
| 旺味 | 2103.9090 | 183 |
| 危重监护医疗车 | 8705.9040 | 1264 |
| 威而福牌硫化橡筋带 | 4007.0000 | 489 |
| 威力牌机动放射线8100毫升检查车 | 8705.9020 | 1258 |
| 微波导管 | 8544.4919 | 1203 |
| 微波功率计和微波功率探头 | 9030.3900 | 1463 |
| 微波流量计 | 9031.8090 | 1491 |
| 微波消减系统 | 8514.2000 | 1074 |
| DWDM微光组件零件 | 9001.9000[9001.9090(2014年版)] | 1371 |
| 微硅粉 | 2621.9000 | 244 |
| 微机串口卡 | 8471.8090[8471.8000(2014年版)] | 945 |

| 商品名称 | 商品税则号列 | 页码 |
|---|---|---|
| 微机网络语音器 | 8518.3000 | 1110 |
| 微晶纤维素 | 2106.9090 | 189 |
| 微孔板复制器 | 8205.5900 | 723 |
| 微喷带 | 3917.3200 | 462 |
| 微型计算机主板 | 第84章 | 68 |
| 微藻DHA粉剂 | 2106.9099[2106.9090(2014年版)] | 197 |
| 维库溴铵肌松药 | 3004.9090 | 312 |
| 维生素磷酸酯 | 2936.2700 | 291 |
| 维生素预混剂VP10984 | 2936.9000 | 291 |
| 维生素预混剂 | 2106.9099[2106.9090(2014年版)] | 198 |
| 维生素预混料 | 2106.9099[2106.9090(2014年版)] | 199 |
| 卫星路由接收机 | 8517.6239 | 1095 |
| 未裁切复合材料密封垫 | 第72章 | 53 |
| 未硫化复合橡胶 | 4004.0000 | 487 |
| 未硫化绿轮胎 | 4004.0000 | 487 |
| 未漂白牛皮卡纸 | 4804.1100 | 524 |
| 未涂布装饰原纸 | 4811.9000 | 539 |
| 未涂布装饰原纸 | 4811.9000 | 538 |
| 味精 | 第21章或第29章 | 7 |
| 味优 | 2103.9090 | 184 |
| 温室设备 | 分别归类 | 1552 |
| 文件销密特种车 | 8705.9090[8705.9099(2014年版)] | 1292 |
| 涡杆和螺纹磨床 | 84.60 | 921 |
| 沃尔沃12100CC电视转播车 | 第87章 | 1219 |
| 乌尼莫克沙漠专用车 | 8704.2 | 1240 |
| 污水处理剂 | 3002.9090 | 302 |
| 污水浮选系统 | 8421.2190[8421.2199(2014年版)] | 822 |
| 钨废碎料 | 8113.0000[8113.0090(2014年版)] | 721 |
| 钨高比重合金块(平衡块) | 8101.9900[8101.9990(2014年版)] | 719 |
| 钨切头 | 8101.9990 | 719 |
| 无尘纸 | 4803.0000或48.18 | 522 |
| 无衬基双面粘胶带 | 35.06 | 362 |
| 无纺布圆帽 | 6505.9090[6505.0099(2014年版)] | 581 |

| 商品名称 | 商品税则号列 | 页码 |
|---|---|---|
| 无接头电线 | 8544.4919 | 1204 |
| 无酒精有汽葡萄汁饮料(美森红钻、美森世爵) | 2202.9000 | 205 |
| 无水多西他赛 | 2932.9990 | 284 |
| 无水黄牛油 | 1517.9000[1517.9090(2014 年版)] | 162 |
| 无线 PC - TV 伴侣 | 8543.7099 | 1197 |
| 2.4GHz 无线 AV 发送 & 接收模块 | 分别归类 | 1584 |
| 无线麦克风系统 | 8518.1000 | 1106 |
| 无线通讯车 | 8705.9090[8705.9010(2014 年版)] | 1275 |
| 无线指纹锁 | 8301.4000 | 726 |
| 无转子流变仪 | 9024.8000 | 1428 |
| 五菱 V1 观光车 | 87.02/87.03 | 1225 |
| 舞台车 | 8716.4000 | 1364 |
| 舞鞋 | 分别归类 | 1578 |
| 物探测井车 | 8705.9090[8705.9080(2014 年版)] | 1333 |
| 雾化硅油 | 3403.9900 | 358 |
| **X** | | |
| “西格那”消防车 LF8/6 | 8705.3010 | 1252 |
| 矽钢片 | 7210.9000 | 643 |
| 稀土大磁致伸缩材料 | 视不同情况归类 | 1606 |
| 稀土化合物 | 2846.9090[2846.9099(2014 年版)] | 266 |
| 稀土永磁体 | 7202.9900[7202.991(2014 年版)] | 632 |
| 锡管 | 8001.1000 | 718 |
| 洗地龙头 | 8424.8999 | 843 |
| 洗井车 | 8705.9090[8705.9099(2014 年版)] | 1288 |
| 洗井清蜡车 | 8705.9090[8705.9099(2014 年版)] | 1303 |
| 洗井清蜡车 | 8705.9090[8705.9099(2014 年版)] | 1294 |
| 洗衣机刹车带 | 6813.8900 | 596 |
| 洗衣机用加热管 | 8450.90 | 908 |
| ETC Source four 系列舞台用成像灯 | 9008.3010[9008.5031(2014 年版)] | 1381 |
| 细胞培养反应器 | 8479.8990[8479.8999(2014 年版)] | 1007 |
| 下水道清污车(含随车配件) | 8705.9090[8705.9099(2014 年版)] | 1329 |
| 下水道清污车 | 8705.9090[8705.9099(2014 年版)] | 1333 |
| 下水道清污车 | 8705.9090[8705.9099(2014 年版)] | 1282 |

| 商品名称 | 商品税则号列 | 页码 |
| --- | --- | --- |
| 下水道疏通车 | 8705.9090[8705.9099(2014 年版)] | 1334 |
| 仙亮 402F 水果涂层剂 | 3808.92 | 376 |
| 先锋 1497 毫升混合动力轿车 | 8703.2230 | 1232 |
| PVC 纤维长丝 | 5402.4900[5402.49(2014 年版)] | 554 |
| SW10 纤维素 | 3912.9000 | 457 |
| 纤维素化学浆 | 第 48 章 | 40 |
| 纤维增强树脂复合棒 | 3916.9090 | 460 |
| 纤维装饰墙衣 | 3214.9000 | 13 |
| 纤维状纤维素机械浆 | 4706.2000 | 519 |
| 显示管用玻壳 | 7011.2090 | 609 |
| 显微镜取景器 | 8525.8013 | 1122 |
| 显微切割仪 | 9027.8099 | 114 |
| 现场测光车 | 8705.9090[8705.9099(2014 年版)] | 1316 |
| 现代花岗岩石刻品 | 6802.9310[6802.931(2014 年版)] | 584 |
| 现代花岗岩石制品 | 6802.9390 | 586 |
| 现代花岗岩石制品 | 6802.9390 | 585 |
| 现代消防车底盘(带驾驶室) | 87.04 | 1237 |
| 现代油画(非完全手工制) | 49.11 | 544 |
| X 线 | 4016.9990/5606.0000 | 496 |
| 线路板组件 | 8536.3000 | 1151 |
| 线性低密度聚乙烯 | 3901.9020;3901.1000 | 442 |
| 香蕉泥 | 2008.9990 | 180 |
| 橡胶促进剂 | 2922.5000[2922.5090(2014 年版)] | 278 |
| 橡胶地板保护垫 | 4004.0000 | 488 |
| 橡胶软化油 | 2710.1999 | 257 |
| 橡胶塞(铝电解电容器配件) | 4016.9310 | 494 |
| 橡胶下脚料 | 40.01 | 483 |
| 橡木片 | 4401.2200 | 502 |
| 橡籽仁 | 23.08 | 10 |
| 消防车车身 | 8707.9090 | 106 |
| 消防车底盘 | 8705.3090 | 1253 |
| 消防车底盘 | 8705.3090 | 1252 |
| 消防照明车 | 8705.9090[8705.9099(2014 年版)] | 1284 |

| 商品名称 | 商品税则号列 | 页码 |
|---|---|---|
| 消光粉 | 3824.9090[3824.9099(2014年版)] | 415 |
| 消音器 | 6806.9000 | 591 |
| 硝基腐殖酸 | 3824.9090[3824.9099(2014年版)] | 346 |
| 小轿车车厢装饰板(塑料制) | 8708.2990 | 1342 |
| 小球藻(活) | 3002.9090 | 303 |
| 小型高低温温度冲击试验箱 | 8514.1090 | 83 |
| 小园丁——无土栽培系列 | 9503.0081 | 128 |
| 鞋材黏合前处理剂 | 3208.2010 | 332 |
| L-缬氨酸 | 3824.9099 | 430 |
| 卸板机 | 分别归类 | 1599 |
| 卸妆凝露、柔和深层洗颜液 | 3304.9900 | 341 |
| 蟹排 | 1605.1000 | 168 |
| 心血管介入治疗诊断仪 | 9022.1400 | 1421 |
| 芯棒 | 7228.4000 | 667 |
| 芯片测试编带机 | 8422.4000 | 74 |
| 芯体(专用于波音飞机旁通活门的零件) | 8803.3000 | 1367 |
| 欣乐即溶饮品 | 2106.9090 | 187 |
| 锌矿砂(粉) | 26.20 | 235 |
| 锌铝蝎子 | 83.06 | 67 |
| 新癸酸钴盐 | 3824.9099 | 423 |
| 新奇康乳(康壮)舔块 | 2309.9090 | 219 |
| 信号机成套散件 | 8530.8000 | 1143 |
| 160/168 信息服务交换机 | 8517.6219 | 1085 |
| 刑事现场勘查指挥车 | 8705.9090[8705.9099(2014年版)] | 1318 |
| 行式针式打印机 | 8443.3211 | 77 |
| 行输出变压器,行推动变压器 | 8504.3190 | 1054 |
| B/M 型超声波扫描仪 | 9018.12 | 1398 |
| RW3 型地震灾害紧急救援车 | 8705.9090[8705.9099(2014年版)] | 1326 |
| U 型夹 | 7308.9000 | 681 |
| ELITE 510 型 IC 卡/磁卡双功能终端机 | 8470.5090 | 936 |
| 2200 型面筋数量和质量测定系统 | 分别归类 | 1565 |
| MMD500 型强力分级机 | 8474.2010 | 958 |
| DIGTEC 2000 型燃气巡检车 | 8705.9090[8705.9099(2014年版)] | 1292 |

| 商品名称 | 商品税则号列 | 页码 |
|---|---|---|
| U型铁丝 | 7326.2090 | 693 |
| MEORT-1型微生物车载处理系统 | 8705.9090[8705.9099(2014年版)] | 1280 |
| 醒力一号全天然植物酶 | 3507.9090 | 365 |
| 修井机 | 8705.9090[8705.9099(2014年版)] | 1325 |
| 修井机 | 8705.9090[8705.9099(2014年版)] | 1282 |
| 修理车 | 8716.8000 | 1365 |
| 袖珍硬盘 | 84.71 | 78 |
| 绣花机针 | 8452.3000 | 910 |
| 絮凝剂制备添加系统 | 分别归类 | 1578 |
| 蓄冰设备 | 8419.8990 | 796 |
| 蓄能器用带接头皮囊 | 40.16 | 33 |
| 嗅觉检测器 | 9027.8099 | 1450 |
| 玄米绿茶 | 2101.2000 | 183 |
| 旋挖钻机R416 | 8430.5090 | 881 |
| 旋转阀 | 8481.8040 | 1033 |
| 旋转压实仪 | 8474.8090 | 962 |
| 选择性涂敷设备 | 8424.8999 | 837 |
| 学乐先 | 8543.7099 | 1200 |
| 雪佛兰5967毫升机动医疗车 | 第87章 | 1218 |
| 雪佛兰5967毫升机动医疗车 | 第87章 | 1217 |
| 雪佛兰5700毫升医疗车 | 8705.9040 | 1263 |
| 雪佛兰机动医疗车 | 8705.9040 | 1267 |
| 雪佛兰医疗车 | 8705.9040 | 1260 |
| 血球计数器 | 9027.8090[9027.8099(2014年版)] | 1448 |
| 血糖测试电极片 | 9027.9000 | 1456 |
| 血糖测试仪 | 9027.8090[9027.8099(2014年版)] | 1449 |
| 血细胞分离机 | 9018.9090 | 1415 |
| 血氧模拟仪 | 8543.2090 | 1182 |
| 血液辅照仪 | 9022.2100 | 1423 |
| **Y** | | |
| 压力感应器 | 9026.2010 | 113 |
| 压力罐喷头 | 8424.8910或8424.8999 | 836 |
| 压力开关 | 8536.5000 | 1157 |

| 商品名称 | 商品税则号列 | 页码 |
|---|---|---|
| 压力水柜 | 8479.8990[8479.8999(2014年版)] | 1008 |
| 压力校准仪 | 9032.8100 | 1505 |
| 压裂车 | 8705.9080 | 1269 |
| 压裂车 | 8704.2300 | 1244 |
| 压裂车底盘驱动桥用差速器和盆角齿 | 8708.5075 | 1349 |
| 压裂管汇车 | 8705.9090[8705.9099(2014年版)] | 1290 |
| 压裂仪表车 | 8705.9090[8705.9099(2014年版)] | 1290 |
| 压路机等工程机械用自锁式牙嵌差速器 | 8431.4990[8431.4920(2014年版)] | 884 |
| 压缩机托架 | 8708.99 | 1354 |
| 压纹用铁垫板 | 第72章 | 627 |
| 压雪机PB100 | 8701.3000 | 1221 |
| 牙科技师专用台 | 分别归类 | 1580 |
| 牙科椅驱动总成 | 9402.1090 | 1526 |
| 亚克力构件(维生系统配套用) | 3920.5100 | 465 |
| 烟草在线红外水分仪 | 9027.5000 | 1440 |
| 研磨垫 | 3926.9010 | 475 |
| 研磨料 | 6805.3000 | 586 |
| 盐芯 | 6815.9900[6815.9990(2014年版)] | 598 |
| 盐渍海蜇 | 0307.9990[0308.3090(2014年版)] | 139 |
| 眼动仪 | 9019.1090 | 1417 |
| 眼线液原料 | 第33章 | 14 |
| IC厌氧反应器 | 8419.8990 | 805 |
| 厌氧培养装置 | 8479.8990[8479.8999(2014年版)] | 1009 |
| 燕麦粒 | 10.04 | 150 |
| 燕窝 | 2106.9090 | 188 |
| 扬声器 | 8518.2900 | 1109 |
| 扬声器 | 8518.2100 | 1108 |
| 阳极碎 | 3801.1000 | 374 |
| 阳离子型有机表面活性剂 | 3402.9000 | 354 |
| 杨桐、铃木编结品 | 0604.9100[0604.2090(2014年版)] | 144 |
| TC600ZC氧氮分析仪 | 9027.8099 | 1452 |
| 氧氮氢测试仪 | 9027.8099 | 1454 |
| 氧化铝素坯(瓷制) | 6903.2000 | 600 |

| 商品名称 | 商品税则号列 | 页码 |
|---|---|---|
| γ-氧化铝小球 | 3824.9099 | 424 |
| 氧化镁 | 3824.9099[3824.9092(2014年版)] | 430 |
| 氧化铈(副牌) | 3825.9000 | 440 |
| 氧化铜 | 2620.3000 | 237 |
| 氧化锌脱硫剂 | 3815.9000 | 385 |
| 氧气发生器 | 8421.9910 | 828 |
| 腰袋礼品套装 | 95.03 | 127 |
| 腰袋礼品套装 | 95.03 | 127 |
| 药物缓释支架 | 9021.9000[9021.90(2014年版)] | 111 |
| 药用喷雾治疗器零件 | 9019.2000 | 1418 |
| 椰壳纤维 | 5305.0092 | 551 |
| 椰棕垫 | 56.03 | 562 |
| 冶金焦、人造石墨、石油焦 | 2704.0010;3801.1000;2713.12 | 245 |
| 叶蜡石 | 2530.9099 | 229 |
| 液氮罐 | 7611.0000 | 715 |
| 液化气发动机燃料供给与电控系统 | 分别归类 | 1587 |
| 液化石油气置换机组 | 84.81 | 1027 |
| 液化天然气生产线 | 第84章 | 729 |
| 液晶快门眼镜 | 8543.7099 | 1201 |
| 液晶片组件(含镜头) | 8529.9090 | 1142 |
| 液晶显示板 | 9013.8030 | 1390 |
| 液晶显示板组件 | 9026.9000 | 1436 |
| 液晶显示屏 | 9013.8030 | 1390 |
| 液晶显示屏灯管组 | 9013.9090[9013.9020(2014年版)] | 109 |
| 液晶显示器 | 8528.5910 | 1133 |
| 22"液晶显示器 | 8528.5910 | 1133 |
| DELL液晶显示器 | 8528.5110 | 1131 |
| 液晶显示器(含DP接口) | 8528.5910 | 1134 |
| 液晶显示器组件 | 分别归类 | 1590 |
| 液体麦芽糖醇 | 3824.9090[3824.9099(2014年版)] | 416 |
| 液体密度计 | 9027.8099 | 1455 |
| 液位计 | 9026.1000 | 1433 |
| 液相色谱柱后衍生系统 | 8419.8990 | 809 |

| 商品名称 | 商品税则号列 | 页码 |
|---|---|---|
| 液芯光导管 | 9013.8090 | 1391 |
| 液压泵 | 8413.3030 | 748 |
| 液压操作机构 | 8412.2100 | 738 |
| 液压短周期压帖生产线 | 8465.9400 | 928 |
| 液压马达驱动系统 | 8412.2990 | 740 |
| 液压推瘤机 | 8479.8190 | 976 |
| 液压往复式排液泵 | 8413.50 | 749 |
| 液压油泵 | 8413.6090[8413.6060(2014 年版)] | 752 |
| 液压支架 | 8479.8990[8479.8999(2014 年版)] | 1010 |
| 液压抓斗 | 8429.5212 | 873 |
| 液压装置接头 | 7307.9900 | 678 |
| 一次成像胶片 | 37.02 | 369 |
| 一次性使用喂食袋 | 39.26 | 29 |
| 一次性照相机机身 | 9006.5300 | 1378 |
| 一级品挂面 | 1902.1900 | 173 |
| 一级热轧不锈钢卷板 | 7219.1329 | 657 |
| 一体化冷却装置 | 8419.8990 | 804 |
| 一体化污泥抽取机 | 8413.1900 | 745 |
| 医疗车 | 8705.9040 | 1261 |
| 医疗用 X 光检查车(旧) | 8705.9020 | 1257 |
| 医用 X 光片冲洗显影液、定影液 | 3707.9010 | 372 |
| 医用胶囊内镜图像诊断系统 | 9018.9030 | 1409 |
| 医用摄像系统 | 8525.8011 | 1120 |
| 医用塑料胶片 | 第 37 章 | 367 |
| 医用洗板机 | 8479.8990[8479.8999(2014 年版)] | 1011 |
| 医用有粉检查乳胶手套 | 4015.1900 | 494 |
| 依那普利氢化物 | 2922.4999 | 278 |
| 依云天然矿泉水 | 2201.1010 | 201 |
| PCR 仪 | 8419.8990 | 801 |
| 仪表板 | 8708.2990 | 1343 |
| 仪表车 | 8705.9090[8705.9099(2014 年版)] | 1337 |
| 仪表车 | 8705.9090[8705.9099(2014 年版)] | 1289 |
| 移动式高空作业平台(吉尼牌) | 8427.9000 | 859 |

| 商品名称 | 商品税则号列 | 页码 |
|---|---|---|
| 移动式破碎机 | 8430.3100[8430.3120(2014 年版)] | 877 |
| 移动式升降平台车 | 8427.2090 | 856 |
| 移动式照明灯塔 | 9405.4090 | 1528 |
| GSM 移动通信车 | 8705.9090[8705.9010(2014 年版)] | 1278 |
| 移动通信车 | 8705.9090[8705.9010(2014 年版)] | 1274 |
| 移动钻井机 | 8705.2000 | 1250 |
| 移液器 | 8413.1900 | 743 |
| 乙丙非共轭二烯橡胶 | 4016.9990 | 495 |
| 2-乙基己酸 | 2915.9000 | 272 |
| 乙基氯化物 | 2920.9090 | 276 |
| 乙酸酒花油 | 3302.1010 | 340 |
| 乙烯—辛烯共聚物 | 3901.9020 | 442 |
| 已感光相纸 | 48.11 | 41 |
| 椅背焊接工装 | 8468.9000 或 8515.9000 | 935 |
| 椅背连续组装台 | 8479.8990[8479.8999(2014 年版)] | 1011 |
| 亿澳发酵乳饮料 | 2202.9000 | 204 |
| 异丙基苯基对苯二胺 | 2921.5190 | 277 |
| 异丁烯—异戊二烯橡胶 | 4002.3190 | 485 |
| 异氰酸酯 | 3909.5000 | 451 |
| 异氰酸酯 3032 | 3824.9090[3824.9099(2014 年版)] | 416 |
| 异戊烯 | 2710.1199[2710.1299(2014 年版)] | 251 |
| 异型钢材 | 7216.3290 | 650 |
| 易熔塞 | 7419.9991 | 59 |
| 益菲佳 | 3004.5000 | 309 |
| 阴极射线显像管 | 8540.1200 | 1174 |
| 3D 音乐系统 | 8521.9019 | 1112 |
| 银浆 | 3824.9090[3824.9099(2014 年版)] | 417 |
| M-5246 银色铜 | 7406.2010 | 701 |
| 银石色粉体漆 | 3907.3000 | 446 |
| 饮水乳头、侧翼鞍座 | 分别归类(39.17/8481.8090) | 1575 |
| 印壳 | 9611.0000 | 1543 |
| 印楝素原粉 | 1302.1920 | 154 |
| 印刷铝板显影水 | 3707.9090 | 373 |

| 商品名称 | 商品税则号列 | 页码 |
|---|---|---|
| 印刷平行电路板 | 8538.9000 | 1172 |
| 55 英尺房船 | 8905.9090 | 1369 |
| 婴儿保暖台 | 9402.9000 | 1527 |
| 婴儿用湿纸巾 | 3401.1990 | 346 |
| 荧光体 | 2846.9019 | 265 |
| 营养米粒 | 2106.9090 | 188 |
| 应急车载移动交换通信车 | 8705.9010 | 1256 |
| 应急移动通信车 | 8705.9010 | 1256 |
| 硬粒小麦 | 1001.1000[1001.10(2014 年版)] | 149 |
| 硬盘支架、软驱支架 | 8473.3090 | 955 |
| 硬脂酸钠 | 3401.2000 | 347 |
| 硬质合金棒料 | 82.09 | 65 |
| 硬质合金刀具 | 8207.7000[8207.7090(2014 年版)] | 726 |
| 永磁励磁装置 | 85.01 | 1047 |
| 优乐沛凝胶 | 3004.5000 | 306 |
| 油皮处理剂、橡胶处理剂、硬化剂 | 3208.9010/3208.2010 | 331 |
| 油热转印机(TJ-502) | 84.43 | 76 |
| 油田多功能采油站 | 分别归类 | 1567 |
| 油雾发生器 | 8424.8999 | 842 |
| 油性不粘涂料 | 3208.9090 | 333 |
| 油压阀 | 8481.2010 | 1028 |
| 油渣 | 1518.0000 | 164 |
| 柚木锯材 | 4403.4910 | 504 |
| 游乐场用小火车 | 8701.9090、8716.4000 | 1222 |
| 游乐场游戏组件 | 9506.9900 | 1541 |
| 游乐艇 | 8903.9200 | 1368 |
| 游泳池甲板 | 73.08 | 54 |
| 有衬基双面粘胶带 | 35.06 | 362 |
| 有机催化剂(固定化细胞催化剂) | 38.15 | 16 |
| 有机肥 | 3824.9099 | 426 |
| 有机肥原料 | 3105.9000 | 320 |
| 有机磷肥 | 2510.2010 | 227 |
| 鱼油 | 15.04 | 6 |

| 商品名称 | 商品税则号列 | 页码 |
|---|---|---|
| 渔夫之宝柠檬薄荷糖(不含糖分) | 2106.9099[2106.9090(2014年版)] | 200 |
| 渔夫之宝特强味薄荷糖 | 1704.9000 | 169 |
| TMP与TDI加成物 | 3909.5000 | 451 |
| 雨刷开关 | 8536.5000 | 1158 |
| 玉米高蛋白饲料 | 2309.9010 | 218 |
| 玉米联合收割机 | 8433.5100 | 889 |
| 玉米油粉 | 2106.9099[2106.9090(2014年版)] | 200 |
| 预制直埋保温管 | 73.04 | 672 |
| 欲可胖 | 第30章 | 295 |
| 原板玻璃 | 70.03 | 607 |
| 原甲酸三乙酯 | 2915.9000 | 273 |
| 原料喷嘴 | 8424.8999 | 843 |
| 原始频率标准仪器 | 9105.9 | 1524 |
| 原油罐二次密封 | 8484.2000 | 1043 |
| 圆棒弹簧钢 | 7228.5000 | 669 |
| 圆盘振荡流变仪 | 9024.8000 | 1429 |
| 圆筒钢板仓 | 分别归类 | 1561 |
| 圆形楸木木墩 | 4421.9090 | 515 |
| 远程数据单元 | 8471.5040 | 938 |
| 远红外复合陶瓷活水器 | 84.21 | 818 |
| 远红外线保健装置 | 8516.7990 | 1081 |
| 远红外线汽车环保省油加速器 | 8479.8990[8479.8999(2014年版)] | 1012 |
| 月见草油胶囊 | 1515.9090 | 161 |
| 乐器合成器 | 92.07 | 117 |
| 运动步枪/手枪报靶系统 | 9506.9900 | 1541 |
| 运动垫 | 3918.9090 | 463 |
| 运动肺功能测试仪 | 9031.8090 | 1502 |
| 运动心电测试系统 | 9018.1990 | 1401 |
| 熨烫机 | 8451.3000/8477.8000 | 909 |
| **Z** | | |
| 杂酚油 | 2706.0000 | 246 |
| 杂环化合物(紫杉醇含量约0.46%) | 3825.9000 | 437 |

| 商品名称 | 商品税则号列 | 页码 |
| --- | --- | --- |
| 载带 | 3923.9000 | 472 |
| 载货液压电梯 | 8428.1090 | 860 |
| 载体 | 第72章 | 629 |
| 再生异丙醇、再生二氯甲烷 | 3825.4900/3825.4100 | 431 |
| 在线光盘检测系统 | 9031.4900[9031.4990(2014年版)] | 1476 |
| 凿地机 | 8430.5090 | 881 |
| 造纸用竹渣 | 1404.9000[1404.9090(2014年版)] | 156 |
| 泽它 | 30.03或30.04 | 304 |
| 增稠剂 | 1302.3900[1302.3911(2014年版)] | 155 |
| 增光膜 | 3920.6200 | 469 |
| 增量轴套型编码器 | 8543.7099 | 1199 |
| 渣球 | 3824.9090[3824.9099(2014年版)] | 417 |
| 粘接磁性粉粒 | 3824.9090[3824.9099(2014年版)] | 418 |
| 展架 | 94.05 | 122 |
| 掌上电脑用触笔 | 8473.3090 | 955 |
| 樟松指接拼板 | 44.21 | 39 |
| 沼气发电机组 | 8502.2000 | 1050 |
| 沼气锅炉 | 8403.10 | 732 |
| 照明排烟车 | 8705.9090[8705.9099(2014年版)] | 1334 |
| 照明排烟车 | 8705.9090[8705.9099(2014年版)] | 1308 |
| 照排机(申报品名) | 分别归类 | 1577 |
| 遮阳棚 | 7610.9000 | 64 |
| 针刺毯过滤料坯料 | 5602.1000 | 559 |
| 针位检出器 | 9031.4990 | 1484 |
| 针织女式浴袍 | 6108.9200 | 573 |
| 针织手指套 | 6307.9000 | 43 |
| 珍珠粉 | 71.01 | 52 |
| 珍珠末 | 3004.9059 | 311 |
| 真空泵 | 8414.1000 | 755 |
| BD真空采血系统 | 9018.3 | 1404 |
| 真空泡(灭弧室) | 8538.9000 | 1172 |
| 真空手套箱 | 8421.3990 | 825 |
| 真空吸尘车 | 8705.9090[8705.9099(2014年版)] | 1293 |

| 商品名称 | 商品税则号列 | 页码 |
| --- | --- | --- |
| 振镜 | 9002.9090 | 1378 |
| 振料盘 | 8428.3990 | 864 |
| 振子 | 8479.8999 | 1023 |
| 振子 | 8479.8990[8479.8999(2014年版)] | 1012 |
| 蒸汽清洁机 | 8516.7990 | 1081 |
| 整冰车 | 8479.8990[8479.8999(2014年版)] | 1013 |
| 整车排放试验低温仓系统 | 分别归类 | 1562 |
| 正丙醇 | 3823.7000 | 16 |
| 正磷酸氢钙(饲料级) | 2835.2510 | 261 |
| 支架(输送机零件) | 8302.2000 | 727 |
| 脂肪酸钠(混合)皇冠8000 | 3401.2000 | 348 |
| 脂肪酸钠(混合)皇冠8000 | 3401.2000 | 347 |
| 直接数字成像系统 | 9022.1400 | 1422 |
| 直冷式奶缸 | 84.18 | 773 |
| 直立电气焊行走部件 | 8428.9090 | 868 |
| 直线加速器 | 90.22 | 1419 |
| 直型及U型不锈钢管 | 7306.4000 | 675 |
| F值测定仪 | 9025.8000 | 1432 |
| PH值调整剂 | 2106.9099[2106.9090(2014年版)] | 191 |
| 植绒转印纸 | 4811.9000 | 538 |
| 植物工艺花 | 0604.9900[0604.9090(2014年版)] | 145 |
| 植物生长营养液 | 3824.9090[3824.9099(2014年版)] | 419 |
| 植物营养液 | 3105.9000 | 321 |
| 植物脂肪粉 | 1518.0000 | 164 |
| 植脂淡奶 | 1901.9000 | 172 |
| 植脂粉 | 2106.9099[2106.9090(2014年版)] | 201 |
| 纸币识别器 | 9031.4990 | 1481 |
| 纸机传送带用布 | 第39章或5910.0000 | 441 |
| 纸纤不织布 | 4818.9000 | 541 |
| 指纹采集仪 | 8471.6090 | 940 |
| 制程油 | 2707.9990 | 248 |
| 制程油 | 2707.9900[2707.9990(2014年版)] | 246 |
| 制动刹车片 | 8708.3010 | 1347 |

| 商品名称 | 商品税则号列 | 页码 |
|---|---|---|
| 制革助剂 | 3808.9400 | 380 |
| 制作保藏凤尾虾、虾仁、去头虾 | 16.05 | 167 |
| 制作保藏罗非鱼片 | 1604.1920 | 166 |
| 制作保藏虾仁 | 16.05 | 167 |
| 治安用防暴特种车 | 第87章 | 1217 |
| 智能化温室高压雾化装置、温度控制装置、空气循环控制装置 | 9032.8900[9032.8990(2014年版)] | 1522 |
| 智能化血浆速冻系统 | 8418.6990 | 781 |
| 智能马桶 | 6910.1000 | 602 |
| 中草药芯片 | 3822.0010 | 388 |
| 中光或哑光牛二层皮 | 41.07 | 34 |
| 中空纤维膜组件 | 8421.9990 | 829 |
| 中式弧面尖头围栏板 | 4421.9090 | 518 |
| 中式尖头围栏柱 | 4421.9090 | 517 |
| 中温黑体炉 | 8514.1090 | 1074 |
| 中央处理器降温部件 | 8414.5199 | 756 |
| 中央管理电话机、门铃、黑白视频监视器(申报品名) | 8517.6990 | 1098 |
| 仲丁威 | 2922.4999 | 277 |
| 重汽12吨以上拖车底盘用空压机 | 8414.8090 | 762 |
| 重质类矿物油 | 2710.1919 | 252 |
| 重竹地板 | 4418.9000[4418.9010(2014年版)] | 515 |
| 轴承听诊器 | 8205.5900 | 722 |
| 猪屠宰生产线 | 8438.5000 | 892 |
| 猪血色素粉 | 3002.1000 | 298 |
| 竹展平地板 | 4412.1019 | 38 |
| 主动脉内球囊反搏仪 | 9018.9090 | 1413 |
| 主干异步传输(ATM)交换机 | 8517.6239 | 1088 |
| 主机板(无CPU) | 8473.3090 | 954 |
| 主燃料控制阀 | 8481.8010[8481.80(2014年版)] | 1033 |
| 主支管线巡检车 | 8705.9090[8705.9099(2014年版)] | 1298 |
| 煮大豆干 | 2008.1999 | 177 |
| 注水洗井车 | 8705.9090[8705.9099(2014年版)] | 1336 |
| 铸焊机 | 8468.8000 | 935 |
| 铸铁制模具毛坯 | 8207.3000 | 724 |

| 商品名称 | 商品税则号列 | 页码 |
|---|---|---|
| 专业手持式无线终端 | 8517.1290 | 1084 |
| 专业音频处理板 | 8471.8090[8471.8000(2014 年版)] | 946 |
| 转轮除湿机 | 8509.8090 | 1070 |
| 转印薄膜 | 4908.9000 | 544 |
| 装车系统 | 8428.9090[8428.9039(2014 年版)] | 870 |
| 装货运输用的托盘箱 | 8609.0090 | 1215 |
| 装甲防爆车 | 第 87 章 | 1216 |
| 装饰角线 | 44.09 | 37 |
| 装有集成电路的智能卡(用于录波器) | 9030.9000 | 1473 |
| 装载机用轮胎 | 4011.9400 | 493 |
| 壮健极品 | 2309.9090 | 221 |
| 桌球台用台布 | 58.01 或 60.01 | 565 |
| 紫水晶原石 | 7116.2000 | 626 |
| 紫外光固型阻焊油墨 | 32.15 | 13 |
| 紫外光验钞笔 | 8513.1090 | 1071 |
| 紫外线干燥机 | 8543.7099 | 1193 |
| 紫外线探伤灯 | 9405.4090 | 1528 |
| 自动闭门器外壳 | 3926.9090 | 31 |
| 自动采样系统 | 相关子目 | 1609 |
| 自动称料混料系统 | 分别归类 | 1605 |
| 自动给茶机 | 8419.8100 | 794 |
| 自动光轴机 | 9031.4900[9031.4990(2014 年版)] | 1477 |
| 自动化控制设备 | 9032.8900[9032.8990(2014 年版)] | 1523 |
| 自动气瓶打标机 | 8479.8190 | 977 |
| 自动式划线车 | 8705.9090[8705.9099(2014 年版)] | 1322 |
| 自动数据处理设备部件 | 8517.6239 | 1093 |
| 自动旋转门 | 按材质归类 | 128 |
| 自动转换开关 | 8536.5000 | 1156 |
| 自拍证件照亭 | 8525.8029 | 1125 |
| 自热水式柴气炉 | 8405.1000 | 733 |
| 370t 自行式液压平板车 | 8427.2090 | 857 |
| 自粘性塑料挂钩 | 3926.9090 | 482 |
| 自主式室内外移动平台 | 8479.8990[8479.8999(2014 年版)] | 1014 |

| 商品名称 | 商品税则号列 | 页码 |
|---|---|---|
| 自走式变量喷药机 | 8424.8100 | 835 |
| 自走式车载钻机 | 8430.4119 | 880 |
| 总组装台及挂架 | 分别归类 | 1553 |
| 综合蔬果干 | 2008.9200[2008.9700(2014 年版)] | 178 |
| 棕刚玉渣 | 2620.9990 | 11 |
| PVC 棕榄地毯 | 5705.0090 | 564 |
| 棕榈仁油二乙醇酰胺 | 3402.1300 | 350 |
| 棕榈石 | 6810.9990 | 595 |
| 棕榈硬脂 | 1511.9020 | 160 |
| 棕纤维 | 1404.9000[1404.9090(2014 年版)] | 156 |
| 阻抗分析仪 | 9030.8990 | 1469 |
| 阻燃型改性树脂粒 | 3824.9090[3824.9099(2014 年版)] | 420 |
| 组合开关 | 8537.1090 | 1163 |
| 组合开关电流互感器线圈 | 8504.5000 | 1063 |
| 组织细胞分离器 | 8479.8200 | 978 |
| 组织芯片 | 3822.0010 | 389 |
| 最终轴等摩托车配件 | 84.83 | 1035 |
| 坐标测量仪 | 9031.8020 | 1489 |
| 座垫蒙料台 | 8479.8990[8479.8999(2014 年版)] | 1014 |
| 座椅移动执行器 | 9401.9019 | 1525 |

**附录三**

# 归类决定编号索引

## 第一部分


| 归类决定编号 | 商品名称 | 商品税则号列 | 页码 |
|---|---|---|---|
| 2007 年第 70 号公告 | | | |
| J2006－0001 | 猛犸象牙 | 05.07 | 3 |
| J2006－0002 | 菜椒种子 | 1209.9100 | 4 |
| J2006－0003 | 鱼油 | 15.04 | 6 |
| J2006－0004 | 味精 | 第21章或第29章 | 7 |
| J2006－0005 | 酒花产品 | 21.06 | 8 |
| J2006－0006 | 酒味冰淇淋 | 22.08 | 9 |
| J2006－0007 | 橡籽仁 | 23.08 | 10 |
| J2006－0008 | 锆刚玉碎料 | 25.30 | 10 |
| J2006－0009 | 混合烃类气 | 2711.1400 | 11 |
| J2006－0010 | 饲料添加剂“球净” | 第30章 | 12 |
| J2006－0011 | 纤维装饰墙衣 | 3214.9000 | 13 |
| J2006－0012 | 眼线液原料 | 第33章 | 14 |
| J2006－0013 | 3－庚烯－2－酮(申报品名) | 3302.9000 | 14 |
| J2006－0014 | 三元催化剂 | 38.15 | 15 |
| J2006－0015 | 有机催化剂(固定化细胞催化剂) | 38.15 | 16 |
| J2006－0016 | 正丙醇 | 3823.7000 | 16 |
| J2006－0017 | 电阻浆料、有机导电材料 | 38.24 | 17 |
| J2006－0018 | 铁氧体材料 | 3824.9090[3824.9099(2014年版)] | 19 |
| J2006－0020 | 黄原胶 | 第39章 | 23 |
| J2006－0019 | 石塑纸 | 第39章 | 22 |
| J2006－0021 | 热敏打印纸套装 | 39.20 | 26 |
| J2006－0022 | 热敏性胶片 | 39.20 | 26 |
| J2006－0023 | 合成橡胶 | 40.02 | 31 |
| J2006－0024 | 三元乙丙橡胶 | 4005.1000 | 32 |

| 归类决定编号 | 商品名称 | 商品税则号列 | 页码 |
|---|---|---|---|
| J2006－0025 | 塑木粒 | 44.05 | 35 |
| J2006－0026 | 装饰角线 | 44.09 | 37 |
| J2006－0027 | 木神牌 | 4421.9090 | 40 |
| J2006－0028 | 纤维素化学浆 | 第48章 | 40 |
| J2006－0029 | 已感光相纸 | 48.11 | 41 |
| J2006－0030 | 神州行储值卡(未印密码) | 49.11 | 42 |
| J2006－0031 | 动感装饰画 | 49.11 | 42 |
| J2006－0032 | 说明书 | 4911.1010 | 43 |
| J2006－0033 | 防火板 | 68.08 | 45 |
| J2006－0034 | 膨润土止水带 | 68.15 | 46 |
| J2006－0035 | 膨润土填充防水材料 | 68.15 | 46 |
| J2006－0036 | 陶粒支撑剂(石油填充砂、压裂支撑剂) | 6914.9000 | 48 |
| J2006－0037 | 铝塑复合板 | 76.07 | 62 |
| J2006－0038 | 微型计算机主板 | 第84章 | 68 |
| J2006－0039 | 机动车辆上供人使用的空调器 | 84.15 | 72 |
| J2006－0040 | 玻璃钢制过滤灌 | 8421.9910 | 73 |
| J2006－0041 | 油热转印机(TJ－502) | 84.43 | 76 |
| J2006－0042 | 带专用接口卡的微机 | 84.71 | 77 |
| J2006－0043 | 半导体模块 | 85.04 | 81 |
| J2006－0044 | 手机射频模块 | 8517.7030 | 84 |
| J2006－0045 | 闪存卡 | 8523.51 | 87 |
| J2006－0046 | DLP背投影显示器 | 85.28 | 89 |
| J2006－0047 | 机顶盒 | 85.28 | 90 |
| J2006－0048 | CPU插座、数据线用接口等 | 85.36 | 91 |
| J2006－0049 | 半导体塑封引线框架 | 8542.9000 | 100 |
| J2006－0051 | 镀锡钢琴丝 | 92.09 | 117 |
| J2006－0052 | 绗缝被 | 94.04 | 121 |
| J2006－0053 | 腰袋礼品套装 | 95.03 | 127 |
| J2006－0054 | 腰袋礼品套装 | 95.03 | 127 |
| J2006－0055 | 小园丁——无土栽培系列 | 9503.0081 | 128 |
| J2006－0056 | 隔热保温复合材料 | 分别归入第39章、第70章及73.08 | 133 |
| J2006－0057 | 废旧汽车 | 视进口状态归类 | 134 |

| 归类决定编号 | 商品名称 | 商品税则号列 | 页码 |
|---|---|---|---|
| **2008 年第 36 号公告** | | | |
| J2008－0002 | 欧当归香料 | 09.10 | 4 |
| J2008－0003 | 干海参 | 16.05 | 6 |
| J2008－0004 | 紫外光固型阻焊油墨 | 32.15 | 13 |
| J2008－0005 | 人造石墨为基本成分的产品 | 3801.9000［3801.9090(2014 年版)］ | 15 |
| J2008－0006 | 自动闭门器外壳 | 3926.9090 | 31 |
| J2008－0007 | 塑木粒 | 44.05 | 35 |
| J2008－0008 | 珍珠粉 | 71.01 | 52 |
| J2008－0009 | 未裁切复合材料密封垫 | 第 72 章 | 53 |
| J2008－0010 | 地暖用太阳能热水器 | 84.19 | 72 |
| J2008－0011 | 热风枪 | 84.19 | 73 |
| J2008－0012 | 袖珍硬盘 | 84.71 | 78 |
| J2008－0013 | 个人坠落制动器 | 84.79 | 79 |
| J2008－0014 | Sony A800 MP4 | 85.21 | 86 |
| J2008－0015 | 开关熔断器组 | 8536.5000 | 92 |
| J2008－0016 | 电磁干扰滤波器 | 85.48 | 103 |
| J2008－0017 | 特种集装箱 | 86.09 | 105 |
| J2008－0018 | 乐器合成器 | 92.07 | 117 |
| J2008－0019 | 网真 1000 型视频会议系统 | 分别归类 | 131 |
| J2008－0020 | 网真 3000 型视频会议系统 | 分别归类 | 132 |
| **2009 年第 83 号公告** | | | |
| J2009－0001 | 豆腐乳 | 2106.9090 | 9 |
| J2009－0002 | 棕刚玉渣 | 2620.9990 | 11 |
| J2009－0003 | 磁带布 | 39.20 | 24 |
| J2009－0004 | 聚乙烯醇缩丁醛制胶片 | 3920.9100 | 27 |
| J2009－0005 | 一次性使用喂食袋 | 39.26 | 29 |
| J2009－0006 | 重组装饰材 | 44.08 | 36 |
| J2009－0007 | 空白海运提单 | 4820.4000 | 41 |
| J2009－0008 | 针织手指套 | 6307.9000 | 43 |
| J2009－0009 | 柜式组合盥洗面盆 | 6910.1000 | 47 |
| J2009－0010 | 链轨 | 7315.1200 | 55 |
| J2009－0011 | 电焊护面罩 | 73.26 | 56 |
| J2009－0012 | 钢铁制棺材 | 73.26 | 56 |

| 归类决定编号 | 商品名称 | 商品税则号列 | 页码 |
|---|---|---|---|
| J2009－0013 | 浇铸铝管 | 7608.1000 | 63 |
| J2009－0014 | 破碎锤主体 | 8412.2100 | 69 |
| J2009－0015 | 抽油机 | 84.30/84.31 | 76 |
| J2009－0016 | 笔记本电脑机壳组件 | 8471.8000 | 78 |
| J2009－0017 | 加硬机 | 84.79 | 79 |
| J2009－0018 | 手机用显示屏盖 | 8517.7030 | 85 |
| J2009－0019 | 车载GPS导航仪 | 85.26 | 88 |
| J2009－0020 | 带有内置音箱(喇叭)的液晶显示器(LCD) | 8528.5110 | 90 |
| J2009－0021 | 巴可显示系统OV－815 | 8528.5910 | 91 |
| J2009－0022 | 接近开关 | 8536.5000 | 93 |
| J2009－0023 | 上端子、下端子、定弧触头、动触头 | 8536.9000[8536.90(2014年版)] | 94 |
| J2009－0024 | 药物缓释支架 | 9021.9000[9021.90(2014年版)] | 111 |
| J2009－0025 | 展架 | 94.05 | 122 |
| J2009－0026 | 三维动画运动捕捉系统(不带计算机的分析测量仪器) | 分别归类 | 130 |
| **2010年第87号公告** | | | |
| J2010－0001 | 罗汉果 | 1211.9039 | 5 |
| J2010－0002 | 特殊形状巧克力 | 1806.90 | 7 |
| J2010－0003 | 膏状导热胶 | 38.24 | 18 |
| J2010－0004 | 塑料杯 | 3923.9000 | 28 |
| J2010－0005 | 链轨用硫化橡胶制密封圈 | 4016.9390 | 33 |
| J2010－0006 | 樟松指接拼板 | 44.21 | 39 |
| J2010－0007 | 带呼吸装置和热像仪的消防员头盔 | 65.06 | 44 |
| J2010－0008 | 仿重石 | 68.10 | 45 |
| J2010－0009 | 木制镜框(含镜) | 70.09 | 49 |
| J2010－0010 | 空心镀银玻璃导电粉 | 70.18 | 50 |
| J2010－0011 | 包裹纸的成卷捆扎铁丝 | 72.17 | 57 |
| J2010－0012 | 包裹纸的成捆定长捆扎铁丝 | 73.26 | 56 |
| J2010－0013 | 游泳池甲板 | 73.08 | 54 |
| J2010－0014 | 行式针式打印机 | 8443.3211 | 77 |
| J2010－0015 | LED单芯片发光器件 | 85.41 | 95 |
| J2010－0016 | LED多芯片发光器件 | 85.41 | 96 |
| J2010－0017 | 磁珠 | 8548.9000 | 104 |
| J2010－0018 | 液晶显示屏灯管组 | 9013.9090[9013.9020(2014年版)] | 109 |

| 归类决定编号 | 商品名称 | 商品税则号列 | 页码 |
|---|---|---|---|
| J2010－0019 | 背光模块 | 9013.9090[9013.9020(2014年版)] | 109 |
| J2010－0020 | 弹簧栓塞 | 90.18 | 110 |
| J2010－0021 | 显微切割仪 | 9027.8099 | 114 |
| J2010－0022 | 汽车座椅骨架 | 9401.20 | 120 |
| J2010－0023 | 自动旋转门 | 按材质归类 | 128 |
| **2011年第13号公告** | | | |
| J2011－0001 | 导热胶片 | 3824.9099 | 20 |
| J2011－0002 | 蓄能器用带接头皮囊 | 40.16 | 33 |
| J2011－0003 | 断路器用电动弹簧操作器 | 8412.8000 | 70 |
| J2011－0004 | 带风扇的铝合金窗 | 84.14 | 71 |
| J2011－0005 | 芯片测试编带机 | 8422.4000 | 74 |
| J2011－0006 | 电动操作机构 | 85.01 | 81 |
| J2011－0007 | 电动睫毛刷 | 8509.8090 | 82 |
| J2011－0008 | 电子标签 | 8523.52 | 87 |
| J2011－0009 | 太阳能模块铝合金框条 | 85.41 | 97 |
| J2011－0010 | 翰林牌电子阅读器 | 8543.7099 | 101 |
| J2011－0011 | 脚轮 | 87.16 | 108 |
| J2011－0012 | 带振动器的健慰器 | 9019.1010 | 110 |
| J2011－0013 | 管道式日光照明系统 | 94.05 | 123 |
| J2011－0014 | 电子蜡烛灯 | 94.05 | 124 |
| J2011－0015 | 挖掘机模型 | 95.03 | 126 |
| **2012年第3号公告** | | | |
| J2011－0016 | 聚甲基丙烯酸甲酯板(PMMA) | 39.20 | 25 |
| J2011－0017 | 苹果IPAD用护套(塑料制) | 3926.9090 | 30 |
| J2011－0018 | 玻璃纤维纱 | 7019.1900 | 51 |
| J2011－0019 | 切断型钢纤维 | 第72或73章 | 52 |
| J2011－0020 | 镍圆饼 | 75.02 | 60 |
| J2011－0021 | 镍圆片(Chips™) | 75.08 | 61 |
| J2011－0022 | 飞龙挂饰 | 83.06 | 66 |
| J2011－0023 | 锌铝蝎子 | 83.06 | 67 |
| J2011－0024 | 除氧器喷嘴 | 8424.8999 | 75 |
| J2011－0025 | 小型高低温温度冲击试验箱 | 8514.1090 | 83 |
| J2011－0026 | 大客车用轮边 | 8708.9929 | 107 |

| 归类决定编号 | 商品名称 | 商品税则号列 | 页码 |
|---|---|---|---|
| J2011－0027 | 压力感应器 | 9026.2010 | 113 |
| J2011－0028 | 安全气囊传感器 | 9031.8090 | 116 |
| J2011－0029 | 工艺日本刀 | 93.07[9307.0090(2014年版)] | 118 |
| J2011－0030 | 弓形刀 | 93.07[9307.0090(2014年版)] | 119 |
| J2011－0031 | LED灯 | 94.05 | 125 |
| **2012年第60号公告** | | | |
| J2012－0001 | 流变仪 | 9027.8099 | 115 |
| J2012－0002 | 蓝宝石衬底晶片(镀膜) | 3825.6900 | 21 |
| J2012－0003 | 硬质合金棒料 | 82.09 | 65 |
| J2012－0004 | 易熔塞 | 7419.9991 | 59 |
| J2012－0005 | 除铁机 | 8479.8999 | 80 |
| **2014年第2号公告** | | | |
| J2013－0001 | 中光或哑光牛二层皮 | 41.07 | 34 |
| J2013－0002 | 图形化蓝宝石衬底外延片 | 8541.4010 | 98 |
| J2013－0003 | 红外外延片 | 8541.4010 | 99 |
| J2013－0004 | 发酵虫草菌粉 | 1212.9999 | 5 |
| J2013－0005 | 遮阳棚 | 7610.9000 | 64 |
| J2013－0006 | 手机、电脑用平板玻璃 | 按手机、平板电脑的零件归类 | 129 |
| J2013－0007 | 铁铬铝纤维(纱线) | 7326.9011 | 58 |
| J2013－0008 | 消防车车身 | 8707.9090 | 106 |
| J2013－0009 | 竹展平地板 | 4412.1019 | 38 |
| J2013－0010 | 车用尿素溶液 | 3102.1000 | 12 |
| J2013－0011 | 电子烟雾化器 | 8543.9090 | 102 |
| J2013－0012 | 抛光铜盘 | 7419.9991 | 60 |
| J2013－0013 | 教习头 | 9023.0000 | 112 |

# 第二部分


| 归类决定编号 | 商品名称 | 商品税则号列 | 页码 |
|---|---|---|---|
| **2006 年第 69 号公告** | | | |
| Z2006－0001 | 冻鸡翅块 | 0207.1421 | 137 |
| Z2006－0002 | 鲽鱼头 | 0303.3200 | 137 |
| Z2006－0003 | 冻鲨鱼鳍 | 0303.7500[0303.8100(2014 年版)] | 138 |
| Z2006－0004 | 盐渍海蜇 | 0307.9990[0308.3090(2014 年版)] | 139 |
| Z2006－0005 | 浓缩乳清蛋白 | 0404.1000 | 140 |
| Z2006－0006 | 乳清蛋白 | 0404.1000 | 140 |
| Z2006－0007 | 乳清粉 | 0404.1000 | 141 |
| Z2006－0008 | 乳钙 | 0404.1000 | 141 |
| Z2006－0009 | 牛奶矿物粉 | 0404.1000 | 142 |
| Z2006－0010 | 冻鳗鱼骨 | 0506.9090 | 143 |
| Z2006－0011 | 干制蛤蚧 | 0510.0090 | 143 |
| Z2006－0012 | 植物工艺花 | 0604.9900[0604.9090(2014 年版)] | 145 |
| Z2006－0013 | 松子 | 0802.9090 | 146 |
| Z2006－0014 | 冻熟黄桃 | 0811.9090 | 146 |
| Z2006－0015 | 罐装盐水红毛丹 | 0812.9000 | 147 |
| Z2006－0016 | 咖啡 | 0901.2;2101.1200 | 147 |
| Z2006－0017 | 硬粒小麦 | 1001.1000[1001.10(2014 年版)] | 149 |
| Z2006－0018 | 燕麦粒 | 10.04 | 150 |
| Z2006－0019 | 谷朊粉 | 1109.0000 | 152 |
| Z2006－0020 | “罗盖特”牌谷元粉(食用级) | 1109.0000 | 152 |
| Z2006－0021 | 印楝素原粉 | 1302.1920 | 154 |
| Z2006－0022 | 增稠剂 | 1302.3900[1302.3911(2014 年版)] | 155 |
| Z2006－0023 | 坦皮克纤维 | 1404.9090 | 158 |
| Z2006－0024 | 造纸用竹渣 | 1404.9000[1404.9090(2014 年版)] | 156 |
| Z2006－0025 | 棕纤维 | 1404.9000[1404.9090(2014 年版)] | 156 |
| Z2006－0026 | 精制牛油脂 | 1502.0090[1502.1000(2014 年版) | 159 |
| Z2006－0027 | 棕榈硬脂 | 1511.9020 | 160 |
| Z2006－0028 | 无水黄牛油 | 1517.9000[1517.9090(2014 年版)] | 162 |
| Z2006－0029 | 牛油脂 | 1517.9000[1517.9010(2014 年版)] | 162 |
| Z2006－0030 | 饲料级混合油渣 | 1518.0000 | 163 |

| 归类决定编号 | 商品名称 | 商品税则号列 | 页码 |
|---|---|---|---|
| Z2006－0031 | 金脂肪100(饲料添加剂) | 1518.0000 | 163 |
| Z2006－0032 | 植物脂肪粉 | 1518.0000 | 164 |
| Z2006－0033 | 制作保藏凤尾虾、虾仁、去头虾 | 16.05 | 167 |
| Z2006－0034 | 劲浪香口珠—超凉薄荷味 | 1704.1000 | 169 |
| Z2006－0035 | 渔夫之宝特强味薄荷糖 | 1704.9000 | 169 |
| Z2006－0036 | 瑞典葛丽素无腥味鱼肝油糖粒、瑞典葛丽素紫玫果提取物糖粒(富含维生素C) | 1704.9000 | 170 |
| Z2006－0037 | "培芝"初乳片 | 1901.9000 | 172 |
| Z2006－0038 | 植脂淡奶 | 1901.9000 | 172 |
| Z2006－0039 | 品客薯片 | 1905.9000 | 173 |
| Z2006－0040 | 冷冻薯条 | 2004.1000 | 174 |
| Z2006－0041 | 速冻土豆块 | 2004.1000 | 175 |
| Z2006－0042 | 煮大豆干 | 2008.1999 | 177 |
| Z2006－0043 | 甜玉米微波爆米花 | 2008.9990 | 179 |
| Z2006－0044 | 蔓越莓 | 2008.9990[2008.9300(2014年版)] | 181 |
| Z2006－0045 | 干芋 | 2008.9990 | 180 |
| Z2006－0046 | 红茶香料B－4327－01 | 2101.2000 | 182 |
| Z2006－0047 | 四氢酒花浸膏 | 21.06 | 184 |
| Z2006－0048 | 大豆浓缩蛋白(饲料添加剂) | 2106.1000 | 186 |
| Z2006－0049 | 浓缩蛋白质(从小麦中提取) | 2106.1000 | 186 |
| Z2006－0051 | 魔芋制品 | 2106.9099[2106.9090(2014年版)] | 195 |
| Z2006－0052 | MODUCARE保健食品原料 | 2106.9099[2106.9090(2014年版)] | 190 |
| Z2006－0053 | 渔夫之宝柠檬薄荷糖(不含糖分) | 2106.9099[2106.9090(2014年版)] | 200 |
| Z2006－0054 | 丹枫琼浆 | 2106.9099[2106.9090(2014年版)] | 193 |
| Z2006－0055 | 植脂粉 | 2106.9099[2106.9090(2014年版)] | 201 |
| Z2006－0056 | PH值调整剂 | 2106.9099[2106.9090(2014年版)] | 191 |
| Z2006－0057 | 碳酸钙(营养食品原料) | 2106.9099[2106.9090(2014年版)] | 197 |
| Z2006－0058 | 维生素预混料 | 2106.9099[2106.9090(2014年版)] | 199 |
| Z2006－0059 | 奶油粉末 | 2106.9099[2106.9090(2014年版)] | 196 |
| Z2006－0060 | 柑桔纤维 | 2106.9099[2106.9090(2014年版)] | 193 |
| Z2006－0061 | 米汁 | 2202.9000 | 202 |
| Z2006－0062 | 木瓜汁、芒果汁 | 2202.9000 | 203 |
| Z2006－0063 | 亿澳发酵乳饮料 | 2202.9000 | 204 |
| Z2006－0064 | 脱脂豆渣粉 | 2304.0090 | 209 |
| Z2006－0065 | 稻草 | 2308.0000 | 210 |
| Z2006－0066 | 饲料原料 | 2309.9010 | 214 |
| Z2006－0067 | 饲料添加剂效美素－100 | 2309.9010 | 214 |
| Z2006－0068 | 泰农－40饲料添加剂 | 2309.9010 | 215 |

| 归类决定编号 | 商品名称 | 商品税则号列 | 页码 |
|---|---|---|---|
| Z2006－0069 | 饲料添加剂(硫酸抗敌素) | 2309.9010 | 215 |
| Z2006－0070 | L-赖氨酸硫酸盐及发酵副产品 | 2309.9010 | 216 |
| Z2006－0071 | 饲料用活性小麦谷朊粉 | 2309.9090 | 218 |
| Z2006－0072 | 饲料添加剂(普利康) | 2309.9090 | 219 |
| Z2006－0073 | 新奇康乳(康壮)舔块 | 2309.9090 | 219 |
| Z2006－0074 | 普利康(饲料添加剂) | 2309.9090 | 220 |
| Z2006－0075 | 避水通 | 第25章 | 223 |
| Z2006－0076 | 河砂 | 2505.9000 | 224 |
| Z2006－0077 | 凹凸棒 | 2508.4000 | 225 |
| Z2006－0078 | 有机磷肥 | 2510.2010 | 227 |
| Z2006－0079 | 锆英砂(D019号样品) | 2530.9099 | 229 |
| Z2006－0080 | 叶蜡石 | 2530.9099 | 229 |
| Z2006－0081 | 球团铁矿 | 2601.1200 | 230 |
| Z2006－0082 | 铁矿砂(未烧结) | 2601.2000 | 230 |
| Z2006－0083 | 钴富集物 | 2605.0000 | 231 |
| Z2006－0084 | 铝矾土粉 | 2606.0000 | 231 |
| Z2006－0085 | 铁屑 | 2619.0000 | 233 |
| Z2006－0086 | 还原铁筛落物 | 2619.0000 | 234 |
| Z2006－0087 | 铜的氧化物及氢氧化物 | 2620.3000 | 236 |
| Z2006－0088 | 氧化铜 | 2620.3000 | 237 |
| Z2006－0089 | 矿渣 | 2620.4000 | 238 |
| Z2006－0090 | 镍废碎料 | 2620.9990 | 239 |
| Z2006－0091 | 粗制碳酸镍 | 2620.9990 | 240 |
| Z2006－0092 | 钼矿砂 | 2620.9990 | 241 |
| Z2006－0093 | 钼精矿 | 2620.9990 | 241 |
| Z2006－0094 | 骨炭 | 2621.9000 | 243 |
| Z2006－0095 | 冶金焦、人造石墨、石油焦 | 2704.0010;3801.1000;2713.12 | 245 |
| Z2006－0096 | 制程油 | 2707.9900[2707.9990(2014年版)] | 246 |
| Z2006－0097 | 凝析油 | 2709.0000 | 249 |
| Z2006－0099 | 异戊烯 | 2710.1199[2710.1299(2014年版)] | 251 |
| Z2006－0100 | 二异丁烯 | 2710.1199[2710.1299(2014年版)] | 250 |
| Z2006－0101 | 重质类矿物油 | 2710.1919 | 252 |
| Z2006－0102 | 迪拉克燃油添加剂 | 2710.1919 | 253 |
| Z2006－0103 | BP润滑油(工业用液压油、导热油、导轨油) | 2710.1991/2710.1999 | 255 |
| Z2006－0104 | 烷烃溶剂 | 2710.1999 | 256 |
| Z2006－0105 | 固体燃料粉 | 2713.9000 | 258 |
| Z2006－0106 | 糠醛残渣油 | 2713.9000 | 259 |
| Z2006－0107 | 初级硫酸铜 | 2833.2500 | 260 |
| Z2006－0108 | 湿石粉 | 2833.2990 | 261 |

| 归类决定编号 | 商品名称 | 商品税则号列 | 页码 |
|---|---|---|---|
| Z2006－0109 | 天然硼砂 | 2840.1900 | 262 |
| Z2006－0110 | 纳米银液体 | 2843.1000 | 263 |
| Z2006－0111 | 纳米银粉末 | 2843.1000 | 264 |
| Z2006－0112 | 碳酸稀土 | 2846.9048 | 265 |
| Z2006－0113 | 钒酸钇 | 2846.9090[2846.9096(2014年版)] | 266 |
| Z2006－0114 | 硅烷 | 2850.0000[2850.0090(2014年版)] | 267 |
| Z2006－0115 | 柠檬萜(苎烯) | 2902.1900[2902.1990(2014年版)] | 269 |
| Z2006－0116 | 莰烯 | 2902.1900[2902.1990(2014年版)] | 268 |
| Z2006－0117 | 抗氧剂BHT | 2907.1990 | 270 |
| Z2006－0118 | 2-乙基己酸 | 2915.9000 | 272 |
| Z2006－0119 | 洛索洛芬钠 | 2918.3000 | 275 |
| Z2006－0120 | 仲丁威 | 2922.4999 | 277 |
| Z2006－0121 | 艾丽美 | 2930.9090 | 280 |
| Z2006－0122 | 三丁基铝 | 2931.0000[2931.9090(2014年版)] | 281 |
| Z2006－0123 | 呋喃酚 | 2932.9910 | 283 |
| Z2006－0124 | 氨基葡萄糖硫酸盐 | 2932.9990 | 284 |
| Z2006－0125 | N.N-二亚硝基五亚甲基四胺 | 2933.6990 | 287 |
| Z2006－0126 | 丙夫劳门 | 2933.9900 | 290 |
| Z2006－0127 | 维生素磷酸酯 | 2936.2700 | 291 |
| Z2006－0128 | 双烯醇酮醋酸酯 | 2937.2900 | 292 |
| Z2006－0129 | 三尖杉宁碱 | 2939.9990 | 293 |
| Z2006－0130 | 麦芽糖醇 | 2940.0000 | 294 |
| Z2006－0131 | 饲料添加剂用金霉素 | 2309.9010;2941.3020 | 217 |
| Z2006－0133 | 欲可胖 | 第30章 | 295 |
| Z2006－0134 | 癌胚抗原 | 3002.1000 | 297 |
| Z2006－0135 | 猪血色素粉 | 3002.1000 | 298 |
| Z2006－0136 | 农菌 | 3002.9090 | 301 |
| Z2006－0137 | 小球藻(活) | 3002.9090 | 303 |
| Z2006－0138 | 污水处理剂 | 3002.9090 | 302 |
| Z2006－0139 | 泽它 | 30.03或30.04 | 304 |
| Z2006－0140 | 日达仙 | 3004.3900 | 305 |
| Z2006－0141 | 优乐沛凝胶 | 3004.5000 | 306 |
| Z2006－0142 | 能全素 | 3004.5000 | 307 |
| Z2006－0143 | 瑞高 | 3004.5000 | 308 |
| Z2006－0144 | 益菲佳 | 3004.5000 | 309 |
| Z2006－0145 | 安素 | 3004.5000 | 309 |
| Z2006－0146 | 维库溴铵肌松药 | 3004.9090 | 312 |
| Z2006－0147 | 硫酸钙骨颗粒 | 3004.9090 | 313 |
| Z2006－0148 | 立芷雪针剂 | 3004.9090 | 314 |

| 归类决定编号 | 商品名称 | 商品税则号列 | 页码 |
|---|---|---|---|
| Z2006－0149 | 达英—35 | 3006.6010 | 317 |
| Z2006－0150 | 肥料(经化学处理的鸡粪) | 3101.0090 | 318 |
| Z2006－0151 | 二元氮磷肥、二元氮钾肥 | 3105.5900/3105.9000 | 319 |
| Z2006－0152 | 皮革用植物鞣料 | 3201.9090 | 321 |
| Z2006－0153 | 鞣剂 SC－120 | 3202.1000 | 322 |
| Z2006－0154 | 铬的硫酸盐(铬盐) | 3202.9000 | 322 |
| Z2006－0155 | 辣椒红浸膏 | 3203.0019 | 323 |
| Z2006－0156 | DVD－R 染料 | 3204.1990 | 324 |
| Z2006－0157 | EVA 塑胶粒 | 3206.4900[3206.4990(2014 年版)] | 326 |
| Z2006－0158 | 环保型铜金粉 | 3206.4900[3206.4990(2014 年版)] | 327 |
| Z2006－0159 | 低熔焊料玻璃粉(低玻粉) | 3207.4000 | 329 |
| Z2006－0160 | 绝缘介质(用于微电路板的化合物) | 32.08 | 330 |
| Z2006－0161 | 油皮处理剂、橡胶处理剂、硬化剂 | 3208.9010/3208.2010 | 331 |
| Z2006－0162 | 硅油 | 3208.9090 | 332 |
| Z2006－0163 | 离型剂(FREKOTE 牌) | 3208.9090 | 333 |
| Z2006－0164 | 纺织印花整理剂 | 32.09 | 334 |
| Z2006－0165 | 防水涂料 | 3210.0000 | 335 |
| Z2006－0166 | 防火涂料 | 3210.0000 | 336 |
| Z2006－0168 | 黑(彩)墨盒(内装墨水) | 32.15 | 338 |
| Z2006－0169 | 黑色油墨 | 3215.1100 | 338 |
| Z2006－0170 | 黄樟油 | 3301.2990[3301.2999(2014 年版)] | 339 |
| Z2006－0171 | 啤酒花提取液 | 3301.2990 或 21.06 | 185 |
| Z2006－0172 | 薄荷毛素油 | 33.02 | 340 |
| Z2006－0173 | 乙酸酒花油 | 3302.1010 | 340 |
| Z2006－0174 | 卸妆凝露、柔和深层洗颜液 | 3304.9900 | 341 |
| Z2006－0175 | 氟保护剂、牙本质保护剂 | 3306.9000 | 343 |
| Z2006－0176 | "爱尔康"酵素洗净发泡锭 | 3307.9000 | 345 |
| Z2006－0177 | 硬脂酸钠 | 3401.2000 | 347 |
| Z2006－0178 | 脂肪酸钠(混合)皇冠 8000 | 3401.2000 | 347 |
| Z2006－0179 | 乳化剂 | 3402.1100 | 349 |
| Z2006－0180 | 浸水助剂 | 3402.9000 | 351 |
| Z2006－0181 | 水性清洁剂 | 3402.9000 | 352 |
| Z2006－0182 | 二硬脂基二甲基氯化铵 | 3402.9000 | 352 |
| Z2006－0183 | 甘油脂肪酸酯 | 3402.9000 | 353 |
| Z2006－0184 | 涂饰剂 EG | 3402.9000 | 353 |
| Z2006－0185 | 柔水通 | 3402.9000 | 354 |
| Z2006－0186 | 阳离子型有机表面活性剂 | 3402.9000 | 354 |
| Z2006－0187 | 合成脂 | 3403.9100 | 356 |
| Z2006－0188 | 纺织助剂(DAKOLUB 牌) | 3403.9100 | 357 |

| 归类决定编号 | 商品名称 | 商品税则号列 | 页码 |
|---|---|---|---|
| Z2006－0189 | 混合脂肪酸酯 | 3404.9000 | 359 |
| Z2006－0190 | 酪蛋白磷酸肽 | 3501.9000 | 359 |
| Z2006－0191 | 酵素三号 | 3507.9090 | 363 |
| Z2006－0192 | 芬拿斯 | 3507.9090 | 364 |
| Z2006－0193 | 艾克拿斯 | 3507.9090 | 364 |
| Z2006－0194 | 醒力一号全天然植物酶 | 3507.9090 | 365 |
| Z2006－0195 | 医用塑料胶片 | 第37章 | 367 |
| Z2006－0196 | 一次成像胶片 | 37.02 | 369 |
| Z2006－0197 | 红外激光胶片、氦氖激光胶片 | 3702.4291[3702.4292(2014年版)] | 369 |
| Z2006－0198 | APR版 | 37.05 | 371 |
| Z2006－0199 | 医用X光片冲洗显影液、定影液 | 3707.9010 | 372 |
| Z2006－0200 | 印刷铝板显影水 | 3707.9090 | 373 |
| Z2006－0201 | 百草枯原液(40%) | 第38章 | 373 |
| Z2006－0202 | 标索吸油剂 | 3802.1000[3802.1090(2014年版)] | 375 |
| Z2006－0203 | 农药果品套袋 | 38.08 | 376 |
| Z2006－0204 | 纺织印花糊料 | 3809.9100 | 381 |
| Z2006－0205 | 纺织工业用上浆剂 | 3809.9100 | 381 |
| Z2006－0206 | 皮革填充剂RR | 3809.9300 | 382 |
| Z2006－0207 | 耐火球 | 3816.0000 | 385 |
| Z2006－0208 | 硅质热补泥 | 3816.0000 | 386 |
| Z2006－0209 | 聚烷基苯 | 3817.0000 | 387 |
| Z2006－0210 | 中草药芯片 | 3822.0010 | 388 |
| Z2006－0211 | 空白塑料芯片 | 3822.0010 | 388 |
| Z2006－0212 | 组织芯片 | 3822.0010 | 389 |
| Z2006－0213 | 薄层板 | 3822.0010 | 390 |
| Z2006－0214 | 水质测定袋 | 3822.0090 | 391 |
| Z2006－0215 | 多乙烯多胺E-100 | 3824.9090[3824.9099(2014年版)] | 397 |
| Z2006－0216 | 帖衣型怀炉 | 3824.9090[3824.9099(2014年版)] | 414 |
| Z2006－0217 | 石英岩粉 | 3824.9090[3824.9099(2014年版)] | 412 |
| Z2006－0218 | 金蝠退热宝 | 3824.9090[3824.9099(2014年版)] | 404 |
| Z2006－0219 | 人造石头 | 3824.9090[3824.9099(2014年版)] | 412 |
| Z2006－0220 | 渣球 | 3824.9090[3824.9099(2014年版)] | 417 |
| Z2006－0221 | 核酸盐 | 3824.9090[3824.9099(2014年版)] | 400 |
| Z2006－0222 | 路用纤维 | 3824.9090[3824.9099(2014年版)] | 407 |
| Z2006－0223 | 钙颗粒 | 3824.9090[3824.9099(2014年版)] | 398 |
| Z2006－0224 | 多磷酸钠(磷酸盐) | 3824.9090[3824.9099(2014年版)] | 396 |
| Z2006－0225 | 轻质碳酸钙 | 3824.9090[3824.9099(2014年版)] | 411 |
| Z2006－0226 | 电极浆料 | 3824.9090[3824.9099(2014年版)] | 396 |
| Z2006－0227 | 皮革柔软助剂 | 3824.9090[3824.9099(2014年版)] | 410 |

| 归类决定编号 | 商品名称 | 商品税则号列 | 页码 |
|---|---|---|---|
| Z2006－0228 | 植物生长营养液 | 3824.9090[3824.9099(2014年版)] | 419 |
| Z2006－0229 | 农神 HB－101 | 3824.9090[3824.9099(2014年版)] | 409 |
| Z2006－0230 | 100%纯天然生物辅料 | 3824.9090[3824.9099(2014年版)] | 393 |
| Z2006－0231 | 阻燃型改性树脂粒 | 3824.9090[3824.9099(2014年版)] | 420 |
| Z2006－0232 | 异氰酸酯3032 | 3824.9090[3824.9099(2014年版)] | 416 |
| Z2006－0233 | 健美纤体贴 | 3824.9090[3824.9099(2014年版)] | 404 |
| Z2006－0234 | 不溶性硫磺 | 3824.9090[3824.9099(2014年版)] | 394 |
| Z2006－0235 | 亲肤表层 | 3824.9090[3824.9099(2014年版)] | 410 |
| Z2006－0236 | 冷却粉 | 3824.9090[3824.9099(2014年版)] | 406 |
| Z2006－0237 | 蜡 | 3824.9090[3824.9099(2014年版)] | 406 |
| Z2006－0238 | 环保工程土 | 3824.9090[3824.9099(2014年版)] | 401 |
| Z2006－0239 | 粘接磁性粉粒 | 3824.9090[3824.9099(2014年版)] | 418 |
| Z2006－0240 | 再生异丙醇、再生二氯甲烷 | 3825.4900/3825.4100 | 431 |
| Z2006－0241 | 己内酰胺及其低聚物的混合体 | 3825.9000 | 434 |
| Z2006－0242 | 氟硅酸 | 3825.9000 | 435 |
| Z2006－0243 | 己内酰胺回收晶体 | 3825.9000 | 436 |
| Z2006－0244 | 杂环化合物(紫杉醇含量约0.46%) | 3825.9000 | 437 |
| Z2006－0245 | 粗硅油 | 3825.9000 | 438 |
| Z2006－0246 | 回用双酚A | 3825.9000 | 439 |
| Z2006－0247 | 纸机传送带用布 | 第39章或5910.0000 | 441 |
| Z2006－0248 | 水溶性乙烯醋酸乙烯酯共聚物 | 39.01或39.05 | 441 |
| Z2006－0249 | 线性低密度聚乙烯 | 3901.9020;3901.1000 | 442 |
| Z2006－0250 | 乙烯—辛烯共聚物 | 3901.9020 | 442 |
| Z2006－0251 | 聚溴化苯乙烯 | 3903.9000 | 443 |
| Z2006－0252 | 聚氯乙烯粉状混料 | 3904.2100 | 444 |
| Z2006－0253 | 聚丙烯酰胺 | 3906.9010 | 445 |
| Z2006－0254 | 聚丙烯酰胺 | 3906.9010 | 445 |
| Z2006－0255 | 尼龙6,6 | 3908.1011 | 447 |
| Z2006－0256 | 聚氨酯预聚物 | 3909.5000 | 448 |
| Z2006－0257 | 氰酸盐 | 3909.5000 | 449 |
| Z2006－0258 | 改性粗MDI | 3909.5000 | 450 |
| Z2006－0259 | 异氰酸酯 | 3909.5000 | 451 |
| Z2006－0260 | 粉末状有机硅母粒 | 3910.0000 | 453 |
| Z2006－0261 | 甲醛萘磺酸钠 | 3911.9000 | 454 |
| Z2006－0262 | 聚葡萄糖 | 3911.9000 | 455 |
| Z2006－0263 | 木质粉 | 3912.9000 | 456 |
| Z2006－0264 | SW10纤维素 | 3912.9000 | 457 |
| Z2006－0265 | 结兰胶 | 3913.9000 | 457 |
| Z2006－0266 | 微喷带 | 3917.3200 | 462 |

| 归类决定编号 | 商品名称 | 商品税则号列 | 页码 |
|---|---|---|---|
| Z2006－0267 | 金属化聚酯薄膜 | 39. 20 | 464 |
| Z2006－0268 | 亚克力构件(维生系统配套用) | 3920. 5100 | 465 |
| Z2006－0269 | 聚碳酸酯板 | 3920. 6100 | 466 |
| Z2006－0270 | 电机用槽绝缘 | 3920. 6200 | 467 |
| Z2006－0271 | 双面涂层聚酯织物 | 3921. 1210 | 469 |
| Z2006－0272 | 复合 PVC 面料 | 3921. 1290 | 470 |
| Z2006－0273 | 铝塑复合材料 | 3921. 9090 | 471 |
| Z2006－0274 | 载带 | 3923. 9000 | 472 |
| Z2006－0275 | 大楼伸缩缝填充系统 | 3925. 9000 | 473 |
| Z2006－0276 | PVC 涤纶雨衣 | 3926. 2000[3926. 2090(2014 年版)] | 474 |
| Z2006－0277 | 研磨垫 | 3926. 9010 | 475 |
| Z2006－0278 | 打印机喷墨壳 | 3926. 9090 | 476 |
| Z2006－0279 | 缓冲垫 | 3926. 9090 | 476 |
| Z2006－0280 | 泡沫聚乙烯塑料板 | 3926. 9090 | 477 |
| Z2006－0281 | 塑料冲水件 | 3926. 9090 | 478 |
| Z2006－0282 | 防尘罩、球垫 | 3926. 9090、4016. 9990 | 478 |
| Z2006－0283 | 聚碳酸酯透明圆片 | 3926. 9090 | 479 |
| Z2006－0284 | 前挡侧压条(半成品) | 3926. 9090 | 480 |
| Z2006－0285 | 泡泡粒 | 3926. 9090 | 481 |
| Z2006－0286 | 异丁烯—异戊二烯橡胶 | 4002. 3190 | 485 |
| Z2006－0287 | 混炼胶 | 4002. 8000 | 485 |
| Z2006－0288 | 旧橡胶板 | 4004. 0000 | 486 |
| Z2006－0289 | 复合橡胶 | 4005. 1000 | 488 |
| Z2006－0290 | 威而福牌硫化橡筋带 | 4007. 0000 | 489 |
| Z2006－0291 | 供重型自卸车使用 E4 子午线轮胎 | 4011. 2000 | 491 |
| Z2006－0292 | 人字形胎面的充气橡胶轮胎 | 4011. 2000 | 491 |
| Z2006－0293 | 汽车轮胎 | 4011. 9400;4011. 9300 | 492 |
| Z2006－0295 | 乙丙非共轭二烯橡胶 | 4016. 9990 | 495 |
| Z2006－0296 | 牛正面手套革 | 41. 07 | 497 |
| Z2006－0297 | 牛二层手套革 | 41. 07 | 497 |
| Z2006－0298 | 羔羊皮残次 | 4302. 1990 | 501 |
| Z2006－0299 | 桐木板方 | 4403. 1000 | 504 |
| Z2006－0300 | 桦木、榆木、椴木 | 4403. 9980 | 505 |
| Z2006－0301 | 杉木栏杆 | 44. 07 | 505 |
| Z2006－0302 | 木制盖屋板 | 44. 07 | 506 |
| Z2006－0304 | 木板板材 | 4407. 1090 | 506 |
| Z2006－0308 | 强化木地板 | 4411. 1900[4411. 1319(2014 年版)] | 509 |
| Z2006－0309 | 浸渍纸饰面复合木地板 | 4411. 1900[4411. 1319(2014 年版)] | 508 |
| Z2006－0310 | 大型马尾松雕刻柱 | 4418. 9000[4418. 9090(2014 年版)] | 513 |

| 归类决定编号 | 商品名称 | 商品税则号列 | 页码 |
|---|---|---|---|
| Z2006－0311 | 圆形楸木木墩 | 4421.9090 | 515 |
| Z2006－0312 | 宠物玩具(猫架) | 4421.9090 | 516 |
| Z2006－0313 | 桐木长鼓半成品 | 4421.9090 | 516 |
| Z2006－0314 | 化纤地垫 | 4601.2021[4601.2911(2014 年版)] | 518 |
| Z2006－0316 | 纤维状纤维素机械浆 | 4706.2000 | 519 |
| Z2006－0317 | 木浆 | 4707.1000 | 520 |
| Z2006－0318 | 水松原纸 | 4802.5400 | 521 |
| Z2006－0319 | 无尘纸 | 4803.0000 或 48.18 | 522 |
| Z2006－0320 | 牛皮纸 | 48.04 | 523 |
| Z2006－0321 | 未漂白牛皮卡纸 | 4804.1100 | 524 |
| Z2006－0322 | 牛皮纸 | 4804.1900 | 525 |
| Z2006－0323 | 牛皮纸 | 4804.5100 | 526 |
| Z2006－0324 | 绝缘纸 | 48.05 | 526 |
| Z2006－0325 | 牛皮挂面纸 | 4805.2500 | 527 |
| Z2006－0326 | 木浆纸 | 4805.9190 | 528 |
| Z2006－0327 | 涂布牛皮纸 | 48.10 | 528 |
| Z2006－0328 | 单面涂布灰底白板纸及白底白板纸 | 4810.9200 | 529 |
| Z2006－0329 | 白板纸 | 4810.9200 | 530 |
| Z2006－0330 | 涂塑卡纸 | 4811.5190 | 531 |
| Z2006－0331 | 双面涂塑纸(已感光相纸) | 4811.5190 | 532 |
| Z2006－0333 | 离型纸 | 4811.5990[4811.5999(2014 年版)] | 536 |
| Z2006－0334 | 版纸(JP 系列) | 4811.5990[4811.5999(2014 年版)] | 533 |
| Z2006－0335 | 版纸(VT 系列)A3,B4 | 4811.5990[4811.5999(2014 年版)] | 535 |
| Z2006－0336 | 版纸(VT 系列)860 毫米×9.117 千米 | 4811.5990[4811.5999(2014 年版)] | 534 |
| Z2006－0337 | 植绒转印纸 | 4811.9000 | 538 |
| Z2006－0338 | 未涂布装饰原纸 | 4811.9000 | 538 |
| Z2006－0339 | 未涂布装饰原纸 | 4811.9000 | 539 |
| Z2006－0340 | 瓦楞纸 | 4813.2000 | 539 |
| Z2006－0341 | 水松原纸 | 4813.9000 | 540 |
| Z2006－0344 | 纸纤不织布 | 4818.9000 | 541 |
| Z2006－0345 | 镭射印箔标签(芙蓉王) | 4908.9000 | 543 |
| Z2006－0346 | 打印样张 | 4911.1010 | 545 |
| Z2006－0347 | 设计图纸 | 4911.9100 | 546 |
| Z2006－0348 | 神州行充值卡 | 4911.9900[4911.9990(2014 年版)] | 547 |
| Z2006－0349 | 塑胶印刷皮 | 4911.9900[4911.9990(2014 年版)] | 548 |
| Z2006－0350 | 不孕籽 | 5201.0000 | 549 |
| Z2006－0351 | 涤纶长丝(定向聚酯纱线) | 5402.3310 | 552 |
| Z2006－0352 | 聚酯变形纱线 | 5402.3310 | 553 |
| Z2006－0353 | PVC 纤维长丝 | 5402.4900[5402.49(2014 年版)] | 554 |

| 归类决定编号 | 商品名称 | 商品税则号列 | 页码 |
|---|---|---|---|
| Z2006－0354 | 护堤用水泥浆垫 | 54.07 | 555 |
| Z2006－0355 | 二醋酸纤维丝束 | 5502.0010 | 555 |
| Z2006－0356 | 聚乳酸纤维 | 5503.9000[5503.9090(2014年版)] | 556 |
| Z2006－0357 | 工业用地毯废丝 | 5505.1000 | 556 |
| Z2006－0358 | 废丝 | 5505.1000 | 557 |
| Z2006－0359 | 废丝 | 5505.1000 | 557 |
| Z2006－0360 | 双组分纤维 | 5601.3000 | 558 |
| Z2006－0361 | 针刺毯过滤料坯料 | 5602.1000 | 559 |
| Z2006－0362 | 土工复合物 | 5602.1000 | 560 |
| Z2006－0363 | 聚酯防静电桶状滤料坯料 | 56.03 | 561 |
| Z2006－0364 | 椰棕垫 | 56.03 | 562 |
| Z2006－0365 | 聚酯短纤无纺布 | 5603.9390 | 563 |
| Z2006－0366 | X线 | 4016.9990/5606.0000 | 496 |
| Z2006－0367 | 人造草坪 | 5703.3000 | 564 |
| Z2006－0368 | PVC棕榄地毯 | 5705.0090 | 564 |
| Z2006－0369 | 桌球台用台布 | 58.01或60.01 | 565 |
| Z2006－0370 | 尼龙布(含硅树脂涂层) | 5903.9090 | 566 |
| Z2006－0371 | 煤气储气密封装置 | 5911.9000 | 567 |
| Z2006－0372 | 纯棉针织男式夹克 | 6101.2000 | 569 |
| Z2006－0373 | 男式内衣、女式内衣 | 6107.9100;6108.9100 | 572 |
| Z2006－0374 | 棉制女式长袍 | 6108.9100;6208.9100 | 572 |
| Z2006－0375 | 针织女式浴袍 | 6108.9200 | 573 |
| Z2006－0376 | 男针织无领T恤 | 6109.1000 | 574 |
| Z2006－0377 | 女式棉制针织粉红套装 | 6104.6200;6109.1000 | 571 |
| Z2006－0378 | 女式棉制针织紫色套装 | 6104.6200;6109.1000 | 571 |
| Z2006－0379 | 带帽套头衫 | 61.10 | 574 |
| Z2006－0380 | 棉制针织女童上衣 | 6104.3200;6110.2000 | 570 |
| Z2006－0381 | 麻棉衫 | 6110.9090 | 575 |
| Z2006－0382 | 涤纶布婚纱 | 6204.4300 | 576 |
| Z2006－0383 | 女式棉制印花套装 | 6208.2100 | 577 |
| Z2006－0384 | 沙发套 | 63.04 | 578 |
| Z2006－0385 | 全棉墙饰 | 6304.9290 | 578 |
| Z2006－0386 | 牵引车捆绑器 | 6307.9000 | 579 |
| Z2006－0387 | 破损塑料编织袋 | 6310.1000 | 581 |
| Z2006－0388 | 消音器 | 6806.9000 | 591 |
| Z2006－0389 | 防火板 | 6808.0000 | 592 |
| Z2006－0390 | 棕榈石 | 6810.9990 | 595 |
| Z2006－0391 | 流道流槽唇砖 | 6815.9900[6815.9990(2014年版)] | 598 |
| Z2006－0392 | 盐芯 | 6815.9900[6815.9990(2014年版)] | 598 |

| 归类决定编号 | 商品名称 | 商品税则号列 | 页码 |
|---|---|---|---|
| Z2006－0474 | 摩托车头盔架 | 7326.9090/9403.8099 [9403.8990(2014 年版)] | 698 |
| Z2006－0475 | 废覆铜板边角料 | 7404.0000 | 701 |
| Z2006－0476 | 铜杆 | 7408.1100 | 702 |
| Z2006－0477 | 滚筒 | 7409.2100 | 703 |
| Z2006－0478 | 旧铜管 | 7411.21 | 704 |
| Z2006－0479 | 接头箱 | 7412.2090 | 705 |
| Z2006－0480 | 铜制蹲式便器 | 7418.2000 | 706 |
| Z2006－0481 | 铜米 | 7419.9910[7419.999(2014 年版)] | 706 |
| Z2006－0482 | 电池负极片 | 7506.2000;7326.9010 | 707 |
| Z2006－0483 | 铁镍软磁合金卷板 | 7506.2000 | 708 |
| Z2006－0484 | 含铝灰色粉末 | 7602.0000 | 709 |
| Z2006－0486 | 农业温室用遮阳材料 | 7607.1900 | 711 |
| Z2006－0487 | 汽车遮阳板 | 7607.1900 | 712 |
| Z2006－0488 | 钢铝复合接触轨道及连接附件 | 7610.9000 | 714 |
| Z2006－0490 | 零件组合测量支架(柔性夹具) | 7616.9910 | 716 |
| Z2006－0491 | 卡扣 | 7616.9990 | 716 |
| Z2006－0492 | 锡管 | 8001.1000 | 718 |
| Z2006－0493 | 钛钨靶材 | 8101.9400 | 718 |
| Z2006－0494 | 钨高比重合金块(平衡块) | 8101.9900[8101.9990(2014 年版)] | 719 |
| Z2006－0495 | 钛板坯 | 8108.2090[8108.2029(2014 年版)] | 720 |
| Z2006－0496 | 钨废碎料 | 8113.0000[8113.0090(2014 年版)] | 721 |
| Z2006－0497 | 无线指纹锁 | 8301.4000 | 726 |
| Z2006－0498 | 牵引车支撑器 | 8302.3000 | 728 |
| Z2006－0499 | 碱炉压力件 | 8402.9000 | 731 |
| Z2006－0500 | 家庭用煤气温水炉 | 8403.1000[8403.1010(2014 年版)] | 732 |
| Z2006－0501 | 家用电热水炉 | 8403.1000[8403.1010(2014 年版)] | 733 |
| Z2006－0502 | 发动机零件 | 8407.3410 | 735 |
| Z2006－0503 | 发电机组用发动机 | 8408.2010 | 735 |
| Z2006－0505 | 飞机主起落架位置作动筒 | 8412.2 | 737 |
| Z2006－0506 | 液压操作机构 | 8412.2100 | 738 |
| Z2006－0508 | 液压马达驱动系统 | 8412.2990 | 740 |
| Z2006－0509 | 输送屏蔽电泵 | 84.13 | 741 |
| Z2006－0510 | 动力站 | 84.13 | 742 |
| Z2006－0511 | 移液器 | 8413.1900 | 743 |
| Z2006－0512 | 塑料瓶泵 | 8413.2000 | 747 |
| Z2006－0513 | 液压往复式排液泵 | 8413.50 | 749 |
| Z2006－0514 | 隔膜网气动泵 | 8413.5010 | 750 |
| Z2006－0515 | 紧急给水安全保护装置 | 8413.7090[8413.7099(2014 年版)] | 753 |

| 归类决定编号 | 商品名称 | 商品税则号列 | 页码 |
|---|---|---|---|
| Z2006－0516 | 泵芯 | 8413.9100 | 754 |
| Z2006－0517 | 中央处理器降温部件 | 8414.5199 | 756 |
| Z2006－0518 | 车载空气压缩机 | 8414.8090 | 759 |
| Z2006－0519 | 螺杆总成 | 8414.9090 | 763 |
| Z2006－0520 | 日立水冷柜机机身 | 8415.82 | 763 |
| Z2006－0522 | 空调室外机 | 8415.9010 | 764 |
| Z2006－0523 | 吹面风道总成、小进风风门、风门拨杆、风门连杆、循环风门总成、中央风门总成、除霜风门总成 | 8415.9090 | 764 |
| Z2006－0524 | 高强力烧氨火嘴及配件 | 8416.2019/90.27 | 769 |
| Z2006－0525 | 封闭式填埋气燃烧站 | 8417.8090 | 771 |
| Z2006－0526 | 耐火砖及耐火材料 | 8417.8090 | 772 |
| Z2006－0527 | 直冷式奶缸 | 84.18 | 773 |
| Z2006－0528 | 冷藏专用柜及其设备 | 8418.5000 | 774 |
| Z2006－0529 | 控制程序降温系统 | 8418.5000 | 774 |
| Z2006－0530 | 程序控温仪 | 8418.5000 | 775 |
| Z2006－0531 | 螺杆式冷水机组散件 | 8418.6110[8418.6920(2014年版)] | 777 |
| Z2006－0532 | 冷水机组 | 8418.6110[8418.6920(2014年版)] | 776 |
| Z2006－0533 | 速冷机 | 8418.6190 | 778 |
| Z2006－0534 | 啤酒冰晶机 | 8418.6190 | 779 |
| Z2006－0535 | 冷冻机、加湿机、风机、湿度调节计 | 8418.6190 | 780 |
| Z2006－0536 | 透平膨胀机 | 8418.69 | 781 |
| Z2006－0537 | 薯条储柜、汉堡储柜、隧道式保温柜 | 8418.9100 | 782 |
| Z2006－0538 | 干燥器系统 | 8419.3990 | 785 |
| Z2006－0539 | 干燥器 | 8419.3990 | 786 |
| Z2006－0540 | 基尔特克1002蒸馏仪 | 8419.4090 | 789 |
| Z2006－0541 | 燃油热交换器 | 8419.5000 | 790 |
| Z2006－0542 | 咖啡机 | 8419.8100 | 793 |
| Z2006－0543 | 冰板式现调机 | 8419.8990 | 795 |
| Z2006－0544 | 蓄冰设备 | 8419.8990 | 796 |
| Z2006－0545 | 复合式纺丝用工艺系统 | 8419.8990 | 797 |
| Z2006－0546 | 烤漆机 | 8419.8990 | 798 |
| Z2006－0547 | 塔盘(氮洗塔零件) | 8419.9090 | 811 |
| Z2006－0548 | 离心干燥机 | 84.21 | 817 |
| Z2006－0549 | 远红外复合陶瓷活水器 | 84.21 | 818 |
| Z2006－0551 | 石膏旋流站 | 8421.1990 | 819 |
| Z2006－0552 | 电解水机 | 8421.2110 | 820 |
| Z2006－0553 | 反渗水处理系统 | 8421.2190[8421.2199(2014年版)] | 821 |
| Z2006－0554 | 污水浮选系统 | 8421.2190[8421.2199(2014年版)] | 822 |
| Z2006－0555 | 工业锅炉水过滤用电离子膜块组 | 8421.2190[8421.2199(2014年版)] | 821 |

| 归类决定编号 | 商品名称 | 商品税则号列 | 页码 |
|---|---|---|---|
| Z2006－0556 | 肾脏透析器 | 8421.2990 | 823 |
| Z2006－0557 | 输液器滤板 | 8421.2990 | 823 |
| Z2006－0558 | 真空手套箱 | 8421.3990 | 825 |
| Z2006－0559 | 玻璃钢制过滤灌 | 8421.9910 | 827 |
| Z2006－0560 | 氧气发生器 | 8421.9910 | 828 |
| Z2006－0561 | 全自动条形码制作粘贴采血管分配准备系统 | 8422.3090 | 830 |
| Z2006－0562 | 高速包装机组 | 8422.4000 | 830 |
| Z2006－0563 | 编带机 | 8422.4000 | 831 |
| Z2006－0564 | 燃烧法沥青含量测试仪 | 84.23 或 90.16 | 831 |
| Z2006－0565 | DCS 控冷控轧机关键件 | 84.24 | 833 |
| Z2006－0566 | 滴灌设备 | 8424.8100 | 834 |
| Z2006－0567 | 加湿器 | 8424.8100 | 835 |
| Z2006－0568 | 自走式变量喷药机 | 8424.8100 | 835 |
| Z2006－0569 | 镁基脱硫设备 | 8424.8999 | 836 |
| Z2006－0570 | 静电喷粉机 | 8424.8999 | 837 |
| Z2006－0571 | 选择性涂敷设备 | 8424.8999 | 837 |
| Z2006－0572 | 机舱水雾喷淋系统 | 8424.8999 | 838 |
| Z2006－0574 | 滴灌管线 | 8424.9090 | 845 |
| Z2006－0575 | 滴头(滴灌设备用) | 8424.9090 | 845 |
| Z2006－0576 | 旧轮胎式起重机 | 8426.4110 | 849 |
| Z2006－0577 | 集装箱正面吊 | 8426.4190 | 850 |
| Z2006－0578 | 堆码起重机 | 8427.1010 | 851 |
| Z2006－0579 | 激光自动引导无人搬运 AGV 小车 | 8427.1090 | 852 |
| Z2006－0580 | 轮胎式运梁车 | 8427.2090 | 854 |
| Z2006－0581 | 机场跑道路面维护车、升降平台车 | 8427.2090 | 854 |
| Z2006－0582 | 伸缩臂式加料机 | 8427.2090 | 855 |
| Z2006－0583 | 移动式升降平台车 | 8427.2090 | 856 |
| Z2006－0584 | 移动式高空作业平台(吉尼牌) | 8427.9000 | 859 |
| Z2006－0585 | 电梯关键件 | 8428.1010 | 859 |
| Z2006－0586 | 载货液压电梯 | 8428.1090 | 860 |
| Z2006－0587 | 单轨系统 | 8428.3 | 861 |
| Z2006－0588 | 机场行李输送系统 | 8428.3300 | 862 |
| Z2006－0589 | 冷却站 | 8428.39 | 863 |
| Z2006－0590 | 深盘输送机 | 8428.3920 | 863 |
| Z2006－0591 | 机械立体停车库设备 | 8428.9000[8428.9020(2014 年版)] | 865 |
| Z2006－0592 | 机械手 | 8428.9000[8428.9040(2014 年版)] | 866 |
| Z2006－0593 | 气垫 | 8428.9000[8428.9090(2014 年版)] | 866 |
| Z2006－0594 | 轮胎压路机 | 8429.4019 | 871 |
| Z2006－0595 | 液压抓斗 | 8429.5212 | 873 |

| 归类决定编号 | 商品名称 | 商品税则号列 | 页码 |
|---|---|---|---|
| Z2006－0596 | 隧道掘进机 | 8429.5900 | 874 |
| Z2006－0597 | 连续采煤机 | 8430.3100[8430.3110(2014 年版)] | 876 |
| Z2006－0598 | 凿地机 | 8430.5090 | 881 |
| Z2006－0599 | 旋挖钻机 R416 | 8430.5090 | 881 |
| Z2006－0600 | 手扶振动平板夯散件 | 8430.6100 | 882 |
| Z2006－0601 | 石油钻机顶部驱动设备 | 8431.4310 | 883 |
| Z2006－0602 | 压路机等工程机械用自锁式牙嵌差速器 | 8431.4990[8431.4920(2014 年版)] | 884 |
| Z2006－0603 | 玉米联合收割机 | 8433.5100 | 889 |
| Z2006－0604 | 全自动饲料配置机 | 8436.1000 | 889 |
| Z2006－0605 | 履带式堆肥翻拌机 | 8436.8000 | 890 |
| Z2006－0606 | 番茄酱生产加工设备(生产线)及零件 | 8438.6000 | 893 |
| Z2006－0607 | 涂布台 | 8439.3000 | 897 |
| Z2006－0608 | 平板切割绘图仪等五款商品 | 8441.1000/8479.8990 [8479.8999(2014 年版)]/9017.1000 | 898 |
| Z2006－0609 | 热敏直接制版系统 | 8442.3020[8442.3021 (2014 年版)]/9010.5029 | 900 |
| Z2006－0610 | 剑杆织机(含多臂装置) | 8446.3020 | 906 |
| Z2006－0611 | 单层布料电脑裁床 | 8451.5000 | 910 |
| Z2006－0612 | 绣花机针 | 8452.3000 | 910 |
| Z2006－0614 | 机床机身 | 84.57/84.59 | 913 |
| Z2006－0615 | 单轴纵切数控自动车床 | 8458.1100 | 914 |
| Z2006－0616 | 数控镗床零件 | 84.59 | 916 |
| Z2006－0617 | 深孔加工机 | 8459.2900 | 918 |
| Z2006－0618 | 电路板刻制机 | 8459.6990 | 920 |
| Z2006－0619 | 涡杆和螺纹磨床 | 84.60 | 921 |
| Z2006－0620 | 气缸体活塞孔精整加工机床 | 8460.4010 | 922 |
| Z2006－0621 | 数控乙炔焰切割机 | 8461.9000[8461.9090(2014 年版)] | 922 |
| Z2006－0622 | 铭牌机 | 8462.1090 | 923 |
| Z2006－0623 | SISMA 快速单双扣织链机 | 8463.3000 | 925 |
| Z2006－0624 | 高速数控优选机 | 8465.9100 | 927 |
| Z2006－0625 | 液压短周期压帖生产线 | 8465.9400 | 928 |
| Z2006－0626 | “Matrix 2360”可编程自动切割机 | 8465.9600 | 929 |
| Z2006－0627 | 数控机床用接头 | 8466.9300[8466.9390(2014 年版)] | 934 |
| Z2006－0628 | 椅背焊接工装 | 8468.9000 或 8515.9000 | 935 |
| Z2006－0629 | ELITE 510 型 IC 卡/磁卡双功能终端机 | 8470.5090 | 936 |
| Z2006－0630 | 必能宝牌邮资机底座 | 8470.9000 | 936 |
| Z2006－0632 | 分散控制系统(DCS) | 8471.4991 | 937 |
| Z2006－0633 | 集散控制系统用数据采集接口设备 | 8471.50 | 938 |
| Z2006－0634 | 远程数据单元 | 8471.5040 | 938 |

| 归类决定编号 | 商品名称 | 商品税则号列 | 页码 |
|---|---|---|---|
| Z2006 - 0635 …… | WEB 缓存器 CISCO CE560 …… | 8471.5040 …… | 939 |
| Z2006 - 0636 …… | 三维坐标控制仪 …… | 8471.6072 …… | 939 |
| Z2006 - 0637 …… | 罗技鼠标 …… | 8471.6072 …… | 940 |
| Z2006 - 0639 …… | 指纹采集仪 …… | 8471.6090 …… | 940 |
| Z2006 - 0640 …… | DVD - ROM 驱动器 …… | 8471.7030 …… | 943 |
| Z2006 - 0641 …… | 磁盘阵列 …… | 8471.7090 …… | 943 |
| Z2006 - 0642 …… | 微机串口卡 …… | 8471.8090[8471.8000(2014 年版)] …… | 945 |
| Z2006 - 0643 …… | 图形加速卡 …… | 8471.8090[8471.8000(2014 年版)] …… | 945 |
| Z2006 - 0644 …… | 端口复制器 …… | 8471.8090[8471.8000(2014 年版)] …… | 944 |
| Z2006 - 0645 …… | 专业音频处理板 …… | 8471.8090[8471.8000(2014 年版)] …… | 946 |
| Z2006 - 0646 …… | CD - 188 复制机 …… | 8471.9000 …… | 947 |
| Z2006 - 0647 …… | 个人化设备 …… | 8471.9000 …… | 948 |
| Z2006 - 0648 …… | 计算机用内存卡(条) …… | 8473.30 …… | 951 |
| Z2006 - 0649 …… | 计算机机箱 …… | 8473.3090 …… | 953 |
| Z2006 - 0650 …… | 电脑主机板 CKD 件 …… | 8473.3090 …… | 953 |
| Z2006 - 0651 …… | 主机板(无 CPU) …… | 8473.3090 …… | 954 |
| Z2006 - 0652 …… | 铝土矿浓密机 …… | 8474.1000 …… | 956 |
| Z2006 - 0653 …… | 水泥混凝土搅拌站 …… | 8474.3100 …… | 959 |
| Z2006 - 0654 …… | 混凝土搅拌器零件 …… | 8474.3100 …… | 960 |
| Z2006 - 0655 …… | R250AF 混凝土空心砌块生产线 …… | 8474.8090 …… | 961 |
| Z2006 - 0656 …… | 场致发射显示管的封装机 …… | 8475.1000 …… | 963 |
| Z2006 - 0657 …… | 双螺杆 …… | 84.77 …… | 966 |
| Z2006 - 0658 …… | 熨烫机 …… | 8451.3000/8477.8000 …… | 909 |
| Z2006 - 0659 …… | 15 ~45 度钢丝帘布裁断生产线 …… | 8477.8000 …… | 968 |
| Z2006 - 0660 …… | 丁腈橡胶手套生产线用手模座、链条及手模 …… | 分别归类(73.15/8477.9000/69.09) …… | 1546 |
| Z2006 - 0661 …… | 道路铣刨机 …… | 8479.1090 …… | 969 |
| Z2006 - 0662 …… | 混凝土布料杆 …… | 8479.1090 …… | 969 |
| Z2006 - 0663 …… | 隧道自推进封水注浆设备 …… | 8479.1090 …… | 970 |
| Z2006 - 0664 …… | 路面铣刨机 …… | 8479.1090 …… | 971 |
| Z2006 - 0665 …… | 喷射机 …… | 8479.1090 …… | 971 |
| Z2006 - 0666 …… | 空气增湿器 …… | 8479.6000 …… | 974 |
| Z2006 - 0667 …… | 组织细胞分离器 …… | 8479.8200 …… | 978 |
| Z2006 - 0668 …… | 可控震源及附件 …… | 8479.8990[8479.8999(2014 年版)] …… | 992 |
| Z2006 - 0669 …… | 清扫机(充电型) …… | 8479.8990[8479.8999(2014 年版)] …… | 998 |
| Z2006 - 0670 …… | 天然气加气站 …… | 8479.8990[8479.8999(2014 年版)] …… | 1015 |
| Z2006 - 0671 …… | 扫雪机 …… | 8479.8990[8479.8999(2014 年版)] …… | 1002 |
| Z2006 - 0672 …… | 椅背连续组装台 …… | 8479.8990[8479.8999(2014 年版)] …… | 1011 |
| Z2006 - 0673 …… | 座垫蒙料台 …… | 8479.8990[8479.8999(2014 年版)] …… | 1014 |
| Z2006 - 0674 …… | 清扫车 …… | 8479.8990[8479.8999(2014 年版)] …… | 998 |

| 归类决定编号 | 商品名称 | 商品税则号列 | 页码 |
|---|---|---|---|
| Z2006－0675 | 实验用陶瓷高效泡沫节水清洁器 | 8479.8990[8479.8999(2014年版)] | 1003 |
| Z2006－0676 | 管道污水调节装置 | 8479.8990[8479.8999(2014年版)] | 988 |
| Z2006－0677 | 包装检测机 | 分别归类(8422.3030/8479.8999) | 1547 |
| Z2006－0678 | 远红外线汽车环保省油加速器 | 8479.8990[8479.8999(2014年版)] | 1012 |
| Z2006－0679 | 自主式室内外移动平台 | 8479.8990[8479.8999(2014年版)] | 1014 |
| Z2006－0681 | 医用洗板机 | 8479.8990[8479.8999(2014年版)] | 1011 |
| Z2006－0682 | 日晒牢度及气候试验机 | 8479.8990[8479.8999(2014年版)] | 1002 |
| Z2006－0683 | 二氧化碳培养箱 | 8479.8990[8479.8999(2014年版)] | 987 |
| Z2006－0684 | 模具 | 8479.9090 | 1023 |
| Z2006－0685 | 器件钝化系统气柜 | 8479.8990[8479.8999(2014年版)] | 997 |
| Z2006－0686 | 气动内对口器 | 8479.8990[8479.8999(2014年版)] | 996 |
| Z2006－0687 | 振子 | 8479.8990[8479.8999(2014年版)] | 1012 |
| Z2006－0688 | 多道全自动固相多肽合成仪 | 8479.8990[8479.8999(2014年版)] | 986 |
| Z2006－0689 | 网板印刷机 | 8479.8990[8479.8999(2014年版)] | 1006 |
| Z2006－0690 | 非在线残钞销毁压块系统 | 8479.8990[8479.8999(2014年版)] | 987 |
| Z2006－0691 | 整冰车 | 8479.8990[8479.8999(2014年版)] | 1013 |
| Z2006－0693 | 钢铁制铁路客车用座便器 | 8479.8990[8479.8999(2014年版)] | 988 |
| Z2006－0694 | 多功能液压机器人 | 8479.8990[8479.8999(2014年版)] | 986 |
| Z2006－0695 | 焊装夹具 | 8479.8990[8479.8999(2014年版)] | 989 |
| Z2006－0696 | 恒温制冷摇床 | 8479.8990[8479.8999(2014年版)] | 990 |
| Z2006－0697 | 液压支架 | 8479.8990[8479.8999(2014年版)] | 1010 |
| Z2006－0698 | 快速成型机 | 8479.8990[8479.8999(2014年版)] | 993 |
| Z2006－0699 | 摊铺机零件 | 40.09/8479.9090 | 490 |
| Z2006－0700 | 钢压板(刨花板压机用) | 84.80 | 1024 |
| Z2006－0701 | 不锈钢制型模底板 | 8480.7100[8480.7190(2014年版)] | 1026 |
| Z2006－0702 | CD－R母盘 | 8480.7100[8480.7190(2014年版)] | 1025 |
| Z2006－0703 | 液化石油气置换机组 | 84.81 | 1027 |
| Z2006－0704 | 加油机用油枪 | 84.81 | 1027 |
| Z2006－0705 | 气门芯 | 84.81 | 1028 |
| Z2006－0706 | 油压阀 | 8481.2010 | 1028 |
| Z2006－0707 | 调节阀 | 8481.8010[8481.8040(2014年版)] | 1032 |
| Z2006－0708 | 安全阀 | 8481.8010[8481.8040(2014年版)] | 1031 |
| Z2006－0709 | 摩托车的曲轴传动机构 | 84.83 | 1035 |
| Z2006－0710 | 最终轴等摩托车配件 | 84.83 | 1035 |
| Z2006－0711 | 曲轴箱盖 | 84.83 | 1036 |
| Z2006－0712 | 速度计导线 | 8483.1090 | 1036 |
| Z2006－0713 | 减速器(旧) | 8483.4090 | 1039 |
| Z2006－0714 | 变速箱 | 8483.4090 | 1040 |
| Z2006－0715 | 连杆瓦、曲轴瓦 | 8483.9000 | 1041 |

| 归类决定编号 | 商品名称 | 商品税则号列 | 页码 |
|---|---|---|---|
| Z2006－0716 | 模板 | 8485.9000[8487.9000(2014 年版)] | 1043 |
| Z2006－0718 | 发电机零件(转子、定子等) | 第 85 章 | 1044 |
| Z2006－0719 | 吊扇机头 | 85.01 | 1046 |
| Z2006－0720 | 电动执行器 | 85.01 | 1047 |
| Z2006－0721 | 永磁励磁装置 | 85.01 | 1047 |
| Z2006－0722 | 阀门执行机构 | 85.01 | 1048 |
| Z2006－0723 | 电力变压器 | 8504.2312 | 1053 |
| Z2006－0724 | DC/DC 电源模块 | 8504.401 | 1056 |
| Z2006－0725 | 交直流稳压电源 | 8504.4015 | 1058 |
| Z2006－0726 | 化成电源 | 8504.4019 | 1059 |
| Z2006－0727 | 组合开关电流互感器线圈 | 8504.5000 | 1063 |
| Z2006－0728 | 电导磁体铁金属 | 8504.9090 | 1064 |
| Z2006－0729 | 废磁铁 | 8505.1190 | 1065 |
| Z2006－0731 | 复合磁铁 | 8505.1900 | 1066 |
| Z2006－0732 | 电极单元 | 8507.2000 | 1068 |
| Z2006－0733 | 锂离子充电电池芯 | 8507.8020[8507.6000(2014 年版)] | 1068 |
| Z2006－0734 | 发光二极体 | 8512.2090 | 1070 |
| Z2006－0735 | 紫外光验钞笔 | 8513.1090 | 1071 |
| Z2006－0736 | 电炉 | 8514.1090 | 1072 |
| Z2006－0737 | 可控气氛热处理炉用氢气保护管 | 8514.9090 | 1076 |
| Z2006－0738 | 可移动式焊接设备 | 85.15 | 1076 |
| Z2006－0739 | 双波浪带滚带机 | 8515.1900 | 1077 |
| Z2006－0740 | 多功能机器人 | 8515.3190[8515.3120(2014 年版)] | 1079 |
| Z2006－0741 | 家用炉灶带烤箱 | 8516.6090 | 1080 |
| Z2006－0742 | 电脑马桶座 | 8516.7990 | 1080 |
| Z2006－0743 | 蒸汽清洁机 | 8516.7990 | 1081 |
| Z2006－0744 | 加热电阻器 | 8516.8000 | 1082 |
| Z2006－0745 | 电热膜 | 8516.8000 | 1082 |
| Z2006－0746 | 高温陶瓷板 | 8516.9090 | 1083 |
| Z2006－0747 | 高智能麦克风(带视频输出) | 8518.1000 | 1105 |
| Z2006－0748 | 扬声器 | 8518.2100 | 1108 |
| Z2006－0749 | 胎教装置 | 8518.3000 | 1109 |
| Z2006－0750 | 微机网络语音器 | 8518.3000 | 1110 |
| Z2006－0751 | 数字音频处理器 | 8518.4000 | 1110 |
| Z2006－0752 | 便携式 VCD 播放机 | 8521.9011 | 1111 |
| Z2006－0753 | 摄像头 | 85.25 | 1117 |
| Z2006－0754 | 高清演播室摄像机和高清便携摄像机 | 85.25 | 1118 |
| Z2006－0755 | 场面监视雷达系统 | 8526.1090 | 1127 |
| Z2006－0756 | 空管控制系统 | 8526.1090 | 1128 |

| 归类决定编号 | 商品名称 | 商品税则号列 | 页码 |
|---|---|---|---|
| Z2006－0757 …… | 厨房视听系统 …… | 85.27 或 85.28 …… | 1129 |
| Z2006－0758 …… | YEPP 数码音频播放器 …… | 8527.1300 …… | 1130 |
| Z2006－0760 …… | 雷达天线罩 …… | 8529.1010 …… | 1136 |
| Z2006－0761 …… | 射频模块 …… | 8517.7030 …… | 1101 |
| Z2006－0762 …… | 手机液晶显示屏 …… | 8517.7030 …… | 1102 |
| Z2006－0763 …… | 手机按键半成品(面板) …… | 8517.7030 …… | 1101 |
| Z2006－0764 …… | VK660 手机用前壳总组件;显示模块 …… | 8517.7030 …… | 1100 |
| Z2006－0766 …… | 混合集成电路(COMS 图像传感器) …… | 8529.9049 …… | 1137 |
| Z2006－0767 …… | CCD 模块 …… | 8529.9049 …… | 1138 |
| Z2006－0769 …… | CD 换片机 …… | 8529.9060 …… | 1138 |
| Z2006－0770 …… | 电路板 …… | 8529.908 …… | 1139 |
| Z2006－0771 …… | 彩轮 …… | 8529.9081 …… | 1140 |
| Z2006－0772 …… | 铜网膜(周边有印刷) …… | 8529.9082 …… | 1141 |
| Z2006－0773 …… | 液晶片组件(含镜头) …… | 8529.9090 …… | 1142 |
| Z2006－0774 …… | 信号机成套散件 …… | 8530.8000 …… | 1143 |
| Z2006－0775 …… | 水上交通安全管理系统 …… | 8530.8000 …… | 1144 |
| Z2006－0777 …… | 贴片电容,圆柱电容 …… | 8532.2410 或 8532.2110 …… | 1145 |
| Z2006－0779 …… | 斑马纸 …… | 8534.0090 …… | 1146 |
| Z2006－0780 …… | 密封接线柱 …… | 85.35、85.36 …… | 1147 |
| Z2006－0781 …… | 110 千伏开关柜继电保护装置 …… | 85.36 …… | 1150 |
| Z2006－0782 …… | 线路板组件 …… | 8536.3000 …… | 1151 |
| Z2006－0783 …… | 热保护器 …… | 8536.4900 …… | 1154 |
| Z2006－0784 …… | 自动转换开关 …… | 8536.5000 …… | 1156 |
| Z2006－0789 …… | 机场货运站用的监控系统 …… | 第 85 章/8537.1011 …… | 1045 |
| Z2006－0790 …… | 空调监控盘 …… | 8537.1090 …… | 1160 |
| Z2006－0791 …… | 电梯门保护装置 …… | 8537.1090 …… | 1160 |
| Z2006－0792 …… | 人机界面 …… | 8537.1090 …… | 1161 |
| Z2006－0793 …… | 控制模块 …… | 8537.1090 …… | 1161 |
| Z2006－0794 …… | 驾驶室音响、空调开关 …… | 8537.1090 …… | 1162 |
| Z2006－0795 …… | 组合开关 …… | 8537.1090 …… | 1163 |
| Z2006－0796 …… | 发电机断路器及附件 …… | 分别归类 | 1548 |
| Z2006－0797 …… | 真空泡(灭弧室) …… | 8538.9000 …… | 1172 |
| Z2006－0798 …… | 印刷平行电路板 …… | 8538.9000 …… | 1172 |
| Z2006－0799 …… | 阴极射线显像管 …… | 8540.1200 …… | 1174 |
| Z2006－0800 …… | 单色投影管 …… | 8540.1200 …… | 1174 |
| Z2006－0801 …… | 背投影彩电用单色投影管 …… | 8540.1200 …… | 1175 |
| Z2006－0802 …… | 示波管 …… | 8540.6090 …… | 1175 |
| Z2006－0803 …… | 声表面滤波器 …… | 8541.6000 …… | 1178 |
| Z2006－0804 …… | 表面波滤波器 …… | 8541.6000 …… | 1179 |

| 归类决定编号 | 商品名称 | 商品税则号列 | 页码 |
|---|---|---|---|
| Z2006－0805 …… | 基座簧片 …… | 8541.9000 …… | 1180 |
| Z2006－0806 …… | 电解水机 …… | 8543.3000 …… | 1183 |
| Z2006－0807 …… | 电线束 …… | 第85章相关税号/8544.2000 …… | 1046 |
| Z2006－0808 …… | 光纤复合架空地线光缆 …… | 8544.7000 …… | 1207 |
| Z2006－0809 …… | 电热膜 …… | 8545.9000 …… | 1207 |
| Z2006－0810 …… | 绝缘陶瓷管 …… | 8547.1000 …… | 1210 |
| Z2006－0811 …… | 衰减器 …… | 8548.9000 …… | 1211 |
| Z2006－0812 …… | 栏杆、机箱自动栏杆机散件，自动栏杆机控制单元 …… | 8608.0090 …… | 1213 |
| Z2006－0813 …… | MT(S60)绝缘接头(套装) …… | 8608.0090 …… | 1214 |
| Z2006－0814 …… | 机动环境监测车 …… | 第87章 …… | 1216 |
| Z2006－0815 …… | 奔驰消防指挥车 …… | 第84章或第87章相应税号…… | 728 |
| Z2006－0816 …… | 装甲防爆车 …… | 第87章 …… | 1216 |
| Z2006－0817 …… | 治安用防暴特种车 …… | 第87章 …… | 1217 |
| Z2006－0818 …… | 雪佛兰5967毫升机动医疗车 …… | 第87章 …… | 1217 |
| Z2006－0819 …… | 雪佛兰5967毫升机动医疗车 …… | 第87章 …… | 1218 |
| Z2006－0820 …… | 奔驰2295毫升医疗救护车 …… | 第87章 …… | 1218 |
| Z2006－0821 …… | 沃尔沃12100cc电视转播车 …… | 第87章 …… | 1219 |
| Z2006－0822 …… | 集装箱牵引车 …… | 8701.2000 …… | 1219 |
| Z2006－0823 …… | 卡玛斯车 …… | 8701.2000 …… | 1220 |
| Z2006－0824 …… | 游乐场用小火车 …… | 8701.9090、8716.4000 …… | 1222 |
| Z2006－0825 …… | 港内牵引车 …… | 8701.9090 …… | 1223 |
| Z2006－0826 …… | 大宇ISTANA面包车 …… | 87.02 …… | 1224 |
| Z2006－0828 …… | 奔驰现场勘查车 …… | 87.02 …… | 1224 |
| Z2006－0829 …… | 丰田考斯特面包车 …… | 8702.9010 …… | 1226 |
| Z2006－0830 …… | 汽车零部件 …… | 8702.9030 …… | 1226 |
| Z2006－0831 …… | 福特E350消防无线电通讯指挥车 …… | 87.03 …… | 1229 |
| Z2006－0832 …… | 伏特牌封闭货车(E－350) …… | 87.03 …… | 1227 |
| Z2006－0834 …… | 奔驰机动医疗车 …… | 87.03 …… | 1227 |
| Z2006－0835 …… | 水陆两用车 …… | 87.03 …… | 1228 |
| Z2006－0836 …… | 旧割顶小轿车 …… | 87.03 …… | 1228 |
| Z2006－0837 …… | 日产风度1998毫升小轿车(成套散件) …… | 87.03 …… | 1229 |
| Z2006－0838 …… | 电动高尔夫球车 …… | 8703.1000[8703.1019(2014年版)] …… | 1231 |
| Z2006－0839 …… | 非道路低速娱乐车辆 …… | 8703.1000[8703.1019(2014年版)] …… | 1230 |
| Z2006－0840 …… | 先锋1497毫升混合动力轿车 …… | 8703.2230 …… | 1232 |
| Z2006－0841 …… | 紧急抢险维修车 …… | 8703.2314[8703.2349(2014年版)]/87.16 …… | 1233 |
| Z2006－0842 …… | 美佳1795毫升小客车 …… | 8703.2316[8703.2343(2014年版)] …… | 1234 |
| Z2006－0844 …… | 抢险指挥车 …… | 8703.3230[8703.3211(2014年版)] …… | 1235 |
| Z2006－0845 …… | 斯太尔卡车 …… | 87.04 …… | 1237 |

| 归类决定编号 | 商品名称 | 商品税则号列 | 页码 |
|---|---|---|---|
| Z2006－0846 | 现代消防车底盘(带驾驶室) | 87.04 | 1237 |
| Z2006－0847 | 石油测井车 | 87.04 | 1238 |
| Z2006－0848 | 地震排列车 | 87.04 | 1238 |
| Z2006－0849 | 输砂车 | 8704.1090 | 1240 |
| Z2006－0850 | 乌尼莫克沙漠专用车 | 8704.2 | 1240 |
| Z2006－0851 | 起重机(旧) | 8704.2 | 1241 |
| Z2006－0852 | “奔驰”牌7.49吨厢式货车 | 8704.2230 | 1241 |
| Z2006－0853 | 地震勘探车 | 8704.2230 | 1242 |
| Z2006－0854 | 压裂车 | 8704.2300 | 1244 |
| Z2006－0855 | 水罐车 | 8704.2300 | 1245 |
| Z2006－0856 | 福特运钞车 | 8704.3100 | 1246 |
| Z2006－0857 | 全路面起重车TG－500E | 8705.1022 | 1246 |
| Z2006－0858 | 全路面汽车起重机 | 8705.1023 | 1247 |
| Z2006－0859 | 奔驰起重车 | 8705.1091 | 1248 |
| Z2006－0860 | 汽车起重机 | 8705.1092 | 1249 |
| Z2006－0861 | 移动钻井机 | 8705.2000 | 1250 |
| Z2006－0862 | 高空曲臂云梯车 | 8705.3010 | 1251 |
| Z2006－0863 | “西格那”消防车LF8/6 | 8705.3010 | 1252 |
| Z2006－0864 | 消防车底盘 | 8705.3090 | 1252 |
| Z2006－0865 | 消防车底盘 | 8705.3090 | 1253 |
| Z2006－0866 | 山林超高压多功能消防车 | 8705.3090 | 1253 |
| Z2006－0867 | 混凝土搅拌车 | 8705.4000 | 1254 |
| Z2006－0868 | 三菱11945毫升混凝土搅拌车 | 8705.4000 | 1254 |
| Z2006－0869 | 特种通信车 | 8705.9010 | 1255 |
| Z2006－0870 | 特种通信车 | 8705.9010 | 1255 |
| Z2006－0871 | 医疗用X光检查车(旧) | 8705.9020 | 1257 |
| Z2006－0872 | 威力牌机动放射线8100毫升检查车 | 8705.9020 | 1258 |
| Z2006－0873 | 机动环境监测车 | 8705.9030 | 1258 |
| Z2006－0874 | 环境检测车 | 8705.9030 | 1259 |
| Z2006－0875 | 雪佛兰医疗车 | 8705.9040 | 1260 |
| Z2006－0876 | 医疗车 | 8705.9040 | 1261 |
| Z2006－0877 | 奔驰机动医疗车 | 8705.9040 | 1262 |
| Z2006－0878 | 雪佛兰5700毫升医疗车 | 8705.9040 | 1263 |
| Z2006－0879 | 危重监护医疗车 | 8705.9040 | 1264 |
| Z2006－0880 | 多功能救护车 | 8705.9040 | 1264 |
| Z2006－0881 | 奔驰2295毫升医疗救护车 | 8705.9040 | 1265 |
| Z2006－0882 | 改装手术车 | 8705.9040 | 1266 |
| Z2006－0883 | 飞机空调车 | 8705.9060 | 1267 |
| Z2006－0884 | 测井绞车 | 8705.9080 | 1268 |

| 归类决定编号 | 商品名称 | 商品税则号列 | 页码 |
|---|---|---|---|
| Z2006－0885 …… | 压裂车 …… | 8705.9080 …… | 1269 |
| Z2006－0887 …… | 石油压裂车 …… | 8705.9080 …… | 1270 |
| Z2006－0888 …… | 石油测井车 …… | 8705.9080 …… | 1270 |
| Z2006－0889 …… | 石油压裂车 …… | 8705.9080 …… | 1271 |
| Z2006－0890 …… | 石油测井车 …… | 8705.9080 …… | 1271 |
| Z2006－0891 …… | 测井车 …… | 8705.9080 …… | 1272 |
| Z2006－0892 …… | 石油测井车 …… | 8705.9080 …… | 1272 |
| Z2006－0893 …… | 7000米单滚筒液压测井车 …… | 8705.9080 …… | 1273 |
| Z2006－0894 …… | 马基路斯智能云梯车 …… | 8705.9090[8705.9099(2014年版)] … | 1274 |
| Z2006－0895 …… | 移动通信车 …… | 8705.9090[8705.9010(2014年版)] … | 1274 |
| Z2006－0896 …… | 无线通讯车 …… | 8705.9090[8705.9010(2014年版)] … | 1275 |
| Z2006－0897 …… | 胚胎移植移动专用车 …… | 8705.9090[8705.9099(2014年版)] … | 1275 |
| Z2006－0898 …… | 流动银行运钞车 …… | 8705.9090[8705.9099(2014年版)] … | 1276 |
| Z2006－0899 …… | 公路救援标志车 …… | 8705.9090[8705.9099(2014年版)] … | 1277 |
| Z2006－0900 …… | GSM移动通信车 …… | 8705.9090[8705.9010(2014年版)] … | 1278 |
| Z2006－0901 …… | 公路路面检测车 …… | 8705.9090[8705.9099(2014年版)] … | 1278 |
| Z2006－0905 …… | 划线车 …… | 8705.9090[8705.9099(2014年版)] … | 1279 |
| Z2006－0906 …… | 奔驰移动通信车 …… | 8705.9090[8705.9010(2014年版)] … | 1279 |
| Z2006－0907 …… | 森田大型消防照明车 …… | 8705.9090[8705.9099(2014年版)] … | 1280 |
| Z2006－0908 …… | MEORT－1型微生物车载处理系统 …… | 8705.9090[8705.9099(2014年版)] … | 1280 |
| Z2006－0909 …… | 道面修补车 …… | 8705.9090[8705.9099(2014年版)] … | 1281 |
| Z2006－0911 …… | 摩擦系数测试车 …… | 8705.9090[8705.9099(2014年版)] … | 1281 |
| Z2006－0912 …… | 下水道清污车 …… | 8705.9090[8705.9099(2014年版)] … | 1282 |
| Z2006－0913 …… | 修井机 …… | 8705.9090[8705.9099(2014年版)] … | 1282 |
| Z2006－0914 …… | 数据采集控制车 …… | 8705.9090[8705.9099(2014年版)] … | 1283 |
| Z2006－0915 …… | 电缆故障测试车 …… | 8705.9090[8705.9099(2014年版)] … | 1283 |
| Z2006－0916 …… | 消防照明车 …… | 8705.9090[8705.9099(2014年版)] … | 1284 |
| Z2006－0917 …… | 沙漠地震仪器车及泵车 …… | 8705.9090[8705.9099(2014年版)] … | 1285 |
| Z2006－0918 …… | 改装沙漠续油车 …… | 8705.9090[8705.9099(2014年版)] … | 1286 |
| Z2006－0919 …… | 电视转播车 …… | 8705.9090[8705.9099(2014年版)] … | 1286 |
| Z2006－0920 …… | 施维英混凝土泵车 …… | 8705.9090[8705.9091(2014年版)] … | 1287 |
| Z2006－0921 …… | 道路施工监理工程巡逻标志车 …… | 8705.9090[8705.9099(2014年版)] … | 1287 |
| Z2006－0922 …… | 洗井车 …… | 8705.9090[8705.9099(2014年版)] … | 1288 |
| Z2006－0923 …… | 飞机气源车 …… | 8705.9090[8705.9099(2014年版)] … | 1288 |
| Z2006－0924 …… | 警用应急通信车 …… | 8705.9090[8705.9010(2014年版)] … | 1289 |
| Z2006－0925 …… | 仪表车 …… | 8705.9090[8705.9099(2014年版)] … | 1289 |
| Z2006－0926 …… | 压裂管汇车 …… | 8705.9090[8705.9099(2014年版)] … | 1290 |
| Z2006－0927 …… | 压裂仪表车 …… | 8705.9090[8705.9099(2014年版)] … | 1290 |
| Z2006－0928 …… | 清扫车 …… | 8705.9090[8705.9099(2014年版)] … | 1291 |

| 归类决定编号 | 商品名称 | 商品税则号列 | 页码 |
|---|---|---|---|
| Z2006－0929 | 交通管理车 | 8705.9090［8705.9099(2014 年版)］ | 1291 |
| Z2006－0930 | DIGTEC 2000 型燃气巡检车 | 8705.9090［8705.9099(2014 年版)］ | 1292 |
| Z2006－0931 | 文件销密特种车 | 8705.9090［8705.9099(2014 年版)］ | 1292 |
| Z2006－0933 | 沥青路面养护车 | 8705.9090［8705.9099(2014 年版)］ | 1293 |
| Z2006－0934 | 真空吸尘车 | 8705.9090［8705.9099(2014 年版)］ | 1293 |
| Z2006－0935 | 洗井清蜡车 | 8705.9090［8705.9099(2014 年版)］ | 1294 |
| Z2006－0936 | 三星混凝土泵车 | 8705.9090［8705.9091(2014 年版)］ | 1294 |
| Z2006－0937 | 高速路面检测车 | 8705.9090［8705.9099(2014 年版)］ | 1295 |
| Z2006－0938 | 路面断面纹理测试车 | 8705.9090［8705.9099(2014 年版)］ | 1295 |
| Z2006－0939 | 公路抢险标志车 | 8705.9090［8705.9099(2014 年版)］ | 1296 |
| Z2006－0940 | 砼泵车 | 8705.9090［8705.9091(2014 年版)］ | 1296 |
| Z2006－0942 | 普兹迈斯特混凝土泵车 | 8705.9090［8705.9091(2014 年版)］ | 1297 |
| Z2006－0943 | 主支管线巡检车 | 8705.9090［8705.9099(2014 年版)］ | 1298 |
| Z2006－0944 | 庭院巷道管线巡检车 | 8705.9090［8705.9099(2014 年版)］ | 1299 |
| Z2006－0945 | 混凝土喷射机 | 8705.9090［8705.9099(2014 年版)］ | 1300 |
| Z2006－0946 | 燃气泄漏巡检车 | 8705.9090［8705.9099(2014 年版)］ | 1301 |
| Z2006－0947 | 大宇 11051cc 水泥混凝土泵车 | 8705.9090［8705.9091(2014 年版)］ | 1302 |
| Z2006－0948 | 不压井作业机车 | 8705.9090［8705.9099(2014 年版)］ | 1302 |
| Z2006－0949 | 洗井清蜡车 | 8705.9090［8705.9099(2014 年版)］ | 1303 |
| Z2006－0950 | 立放井架车 | 8705.9090［8705.9099(2014 年版)］ | 1303 |
| Z2006－0951 | 全进水泥混凝土泵车 | 8705.9090［8705.9091(2014 年版)］ | 1304 |
| Z2006－0953 | 沥青路面修补车 | 8705.9090［8705.9099(2014 年版)］ | 1304 |
| Z2006－0954 | 犯罪现场物证快速检测车 | 8705.9090［8705.9099(2014 年版)］ | 1305 |
| Z2006－0956 | 沥青路面修补车 | 8705.9090［8705.9099(2014 年版)］ | 1306 |
| Z2006－0957 | 乳化沥青喷涂车 | 8705.9090［8705.9099(2014 年版)］ | 1306 |
| Z2006－0958 | SRF/特种抢险救援车 | 8705.9090［8705.9099(2014 年版)］ | 1307 |
| Z2006－0959 | 升降车 | 8705.9090［8705.9099(2014 年版)］ | 1307 |
| Z2006－0960 | 草坪专用车(捡球车) | 8705.9090［8705.9099(2014 年版)］ | 1308 |
| Z2006－0961 | 照明排烟车 | 8705.9090［8705.9099(2014 年版)］ | 1308 |
| Z2006－0962 | 隧道工程作业台车、砼喷射车 | 8705.9090［8705.9099(2014 年版)］ | 1309 |
| Z2006－0963 | 气源车 | 8705.9090［8705.9099(2014 年版)］ | 1309 |
| Z2006－0964 | 环境监测车 | 8705.9090［8705.9030(2014 年版)］ | 1310 |
| Z2006－0965 | 桁架自行式桥梁检查平台 | 8705.9090［8705.9099(2014 年版)］ | 1310 |
| Z2006－0966 | 高空作业车 | 8705.9090［8705.9099(2014 年版)］ | 1311 |
| Z2006－0968 | 燃气泄露巡检车 | 8705.9090［8705.9099(2014 年版)］ | 1311 |
| Z2006－0969 | 管道测漏仪工作车 | 8705.9090［8705.9099(2014 年版)］ | 1312 |
| Z2006－0971 | MORO 管道清通车 | 8705.9090［8705.9099(2014 年版)］ | 1313 |
| Z2006－0972 | 阿迪戈 2148cc 高空作业车 | 8705.9090［8705.9099(2014 年版)］ | 1314 |
| Z2006－0973 | 凌特 4250 毫升高空作业车 | 8705.9090［8705.9099(2014 年版)］ | 1315 |

| 归类决定编号 | 商品名称 | 商品税则号列 | 页码 |
|---|---|---|---|
| Z2006－0974 | 现场测光车 | 8705.9090[8705.9099(2014年版)] | 1316 |
| Z2006－0975 | 隧道及护拦清洗车 | 8705.9090[8705.9099(2014年版)] | 1316 |
| Z2006－0977 | 管汇车 | 8705.9090[8705.9099(2014年版)] | 1317 |
| Z2006－0978 | 水泥车 | 8705.9090[8705.9080(2014年版)] | 1317 |
| Z2006－0979 | 通井车 | 8705.9090[8705.9099(2014年版)] | 1318 |
| Z2006－0980 | 刑事现场勘查指挥车 | 8705.9090[8705.9099(2014年版)] | 1318 |
| Z2006－0981 | 井下加油机 | 8705.9090[8705.9099(2014年版)] | 1319 |
| Z2006－0983 | 管道清通车 | 8705.9090[8705.9099(2014年版)] | 1319 |
| Z2006－0985 | 汽车用石油液化气供气装置 | 87.08 | 1341 |
| Z2006－0986 | 后桥左前弹性连接件 | 87.08 | 1342 |
| Z2006－0987 | 小轿车车厢装饰板(塑料制) | 8708.2990 | 1342 |
| Z2006－0988 | 塑料内饰顶及附件 | 8708.2990 | 1343 |
| Z2006－0989 | 仪表板 | 8708.2990 | 1343 |
| Z2006－0990 | 暖风机 | 8708.2990 | 1344 |
| Z2006－0991 | 前框 | 8708.2990 | 1344 |
| Z2006－0992 | 汽车天窗用装饰胶条 | 8708.2990 | 1345 |
| Z2006－0993 | 汽车内装用贴布 | 8708.2990 | 1345 |
| Z2006－0994 | 汽车后视镜零件(左、右罩,固定板基等) | 8708.2990 | 1346 |
| Z2006－0995 | 刮条 | 8708.2990 | 1346 |
| Z2006－0996 | 安全带预紧装置 | 8708.2990 | 1347 |
| Z2006－0997 | 变速箱(ZF 8S180) | 8708.4020 | 1348 |
| Z2006－0999 | 轮毂 | 8708.7090[8708.709(2014年版)] | 1349 |
| Z2006－1000 | 汽车自动离合器 | 8708.9390 | 1350 |
| Z2006－1001 | TERBERG YT200牵引车 | 8709.1910 | 1356 |
| Z2006－1002 | 农牧动力搬运车(W－16G型) | 8709.1990 | 1357 |
| Z2006－1003 | YF150ZK双燃料摩托车 | 8711.2000[8711.2030(2014年版)] | 1357 |
| Z2006－1004 | 三轮电动游戏车 | 分别归类(8711.9010/8716.4000) | 1549 |
| Z2006－1005 | 电动滑板车 | 8711.9000[8711.9010(2014年版)] | 1358 |
| Z2006－1006 | 瘦身车 | 8712.0090 | 1358 |
| Z2006－1007 | 残疾人爬楼车 | 87.13 | 1359 |
| Z2006－1008 | 单向离合器 | 8714.1900[8714.1000(2014年版)] | 1361 |
| Z2006－1009 | 摩托车发动机零件 | 8714.1900[8714.1000(2014年版)] | 1362 |
| Z2006－1010 | C100摩托车离合器 | 8714.1900[8714.1000(2014年版)] | 1360 |
| Z2006－1011 | 饲料搅拌车 | 8716.3990 | 1363 |
| Z2006－1012 | 舞台车 | 8716.4000 | 1364 |
| Z2006－1013 | 35吨半挂车用液压升降鹅颈 | 8716.9000 | 1366 |
| Z2006－1014 | 生化分析仪所带电脑 | 第90章 | 1370 |
| Z2006－1015 | 滤波片 | 90.01 | 1370 |
| Z2006－1016 | 波分复用器膜片 | 9001.9000[9001.9090(2014年版)] | 1371 |

| 归类决定编号 | 商品名称 | 商品税则号列 | 页码 |
| --- | --- | --- | --- |
| Z2006－1017 | 三硼酸锂晶体 | 9001.9000[9001.9090(2014年版)] | 1375 |
| Z2006－1018 | 屏幕透镜 | 9001.9000[9001.9090(2014年版)] | 1374 |
| Z2006－1019 | DWDM微光组件零件 | 9001.9000[9001.9090(2014年版)] | 1371 |
| Z2006－1020 | F－θ扫描镜 | 9002.9090 | 1377 |
| Z2006－1022 | 柔性板材制版系统 | 9010.5022 | 1381 |
| Z2006－1023 | 冲版机 | 9010.5022 | 1382 |
| Z2006－1024 | 晒版机 | 9010.5022 | 1382 |
| Z2006－1025 | 曝光反转机 | 9010.5029 | 1384 |
| Z2006－1026 | 全自动晶形检测仪 | 9011.2000 | 1385 |
| Z2006－1027 | 生物显微镜系统 | 9011.2000 | 1386 |
| Z2006－1028 | 数字显微镜 | 9011.8000 | 1387 |
| Z2006－1029 | 单筒望远镜 | 9013.1000 | 1388 |
| Z2006－1030 | 液晶显示板 | 9013.8030 | 1390 |
| Z2006－1031 | 液晶显示屏 | 9013.8030 | 1390 |
| Z2006－1033 | 激光距离测试仪 | 9015.1000 | 1394 |
| Z2006－1034 | 勘探用折射仪 | 9015.8000 | 1395 |
| Z2006－1035 | 全站仪 | 9015.8000 | 1395 |
| Z2006－1036 | 声学多普勒流速剖面仪 | 9015.8000 | 1396 |
| Z2006－1037 | B/M型超声波扫描仪 | 9018.12 | 1398 |
| Z2006－1038 | 电路板 | 9018.1291 | 1398 |
| Z2006－1039 | 运动心电测试系统 | 9018.1990 | 1401 |
| Z2006－1040 | BD真空采血系统 | 9018.3 | 1404 |
| Z2006－1042 | 输液泵 | 9018.3900 | 1405 |
| Z2006－1043 | 毛血管采血管 | 9018.3900 | 1406 |
| Z2006－1044 | 肝素帽 | 9018.3900 | 1406 |
| Z2006－1045 | 含铜官内节育器 | 9018.9080 | 1411 |
| Z2006－1046 | 美肤激光器 | 9018.9090 | 1412 |
| Z2006－1047 | 便携式冷冻手术系统 | 9018.9090 | 1412 |
| Z2006－1048 | 直线加速器 | 90.22 | 1419 |
| Z2006－1049 | X射线应用设备配件 | 9022.1400 | 1420 |
| Z2006－1050 | 神经外科手术床 | 9022.1400 | 1420 |
| Z2006－1051 | 心血管介入治疗诊断仪 | 9022.1400 | 1421 |
| Z2006－1052 | 直接数字成像系统 | 9022.1400 | 1422 |
| Z2006－1053 | 血液辅照仪 | 9022.2100 | 1423 |
| Z2006－1054 | 模拟射击设备 | 9023.0000 | 1426 |
| Z2006－1055 | 旧恐龙模型 | 9023.0000 | 1427 |
| Z2006－1056 | 摆锤冲击仪 | 9024.8000 | 1428 |
| Z2006－1058 | 液晶显示板组件 | 9026.9000 | 1436 |
| Z2006－1061 | 摩托车排放测试系统 | 9027.1000 | 1437 |

| 归类决定编号 | 商品名称 | 商品税则号列 | 页码 |
|---|---|---|---|
| Z2006－1062 | 变压器油中气体在线色谱分析仪 | 9027.2000[9027.2011(2014年版)] | 1439 |
| Z2006－1063 | 烟草在线红外水分仪 | 9027.5000 | 1440 |
| Z2006－1064 | 气体检漏仪 | 9027.5000/9027.8019 | 1441 |
| Z2006－1065 | 血球计数器 | 9027.8090[9027.8099(2014年版)] | 1448 |
| Z2006－1066 | CRT彩色分析仪 | 9027.8090[9027.8099(2014年版)] | 1446 |
| Z2006－1067 | 血糖测试仪 | 9027.8090[9027.8099(2014年版)] | 1449 |
| Z2006－1068 | 全自动酶免分析系统 | 9027.8090[9027.8099(2014年版)] | 1448 |
| Z2006－1069 | 高精度土壤水分测量仪 | 9027.8090[9027.8099(2014年版)] | 1446 |
| Z2006－1070 | 橇装分析系统 | 9027.8090[9027.8099(2014年版)] | 1447 |
| Z2006－1071 | 橇装计量系统 | 9028.2090 | 1457 |
| Z2006－1072 | 数纸机 | 9029.1090 | 1458 |
| Z2006－1073 | Dewe－3010频谱分析系统 | 9030.3990[9030.3900(2014年版)] | 1464 |
| Z2006－1074 | 网络建设与维护分析仪 | 9030.4090 | 1465 |
| Z2006－1075 | W－350D石英晶体谐振器测试和分选系统 | 9030.8200 | 1468 |
| Z2006－1076 | 测试针床 | 9030.9000 | 1470 |
| Z2006－1077 | 导通检查台 | 9030.9000 | 1471 |
| Z2006－1078 | 混合集成电路(录波器用) | 9030.9000 | 1472 |
| Z2006－1079 | 装有集成电路的智能卡(用于录波器) | 9030.9000 | 1473 |
| Z2006－1080 | 光栅尺 | 9031.4900[9031.4920(2014年版)] | 1475 |
| Z2006－1081 | 在线光盘检测系统 | 9031.4900[9031.4990(2014年版)] | 1476 |
| Z2006－1083 | 刀具检测器 | 9031.4900[9031.4990(2014年版)] | 1475 |
| Z2006－1084 | 自动光轴机 | 9031.4900[9031.4990(2014年版)] | 1477 |
| Z2006－1085 | 空瓶验瓶机 | 9031.4900[9031.4990(2014年版)] | 1476 |
| Z2006－1086 | 坐标测量仪 | 9031.8020 | 1489 |
| Z2006－1087 | CT机、核磁机体模 | 9031.8090 | 1490 |
| Z2006－1088 | 电脑记忆鞋楦模扫描机 | 9031.8090 | 1490 |
| Z2006－1090 | 微波流量计 | 9031.8090 | 1491 |
| Z2006－1091 | 热敏铜螺丝 | 9032.1000 | 1503 |
| Z2006－1092 | 阀门控制器 | 9032.2000 | 1504 |
| Z2006－1093 | 测量机用控制器 | 9032.8900[9032.8990(2014年版)] | 1508 |
| Z2006－1094 | 汽车上的电子控制单元 | 9032.8900[9032.8990(2014年版)] | 1517 |
| Z2006－1095 | 变速箱控制器 | 9032.8900[9032.8990(2014年版)] | 1507 |
| Z2006－1096 | 励磁设备 | 9032.8900[9032.8990(2014年版)] | 1515 |
| Z2006－1097 | 涂液供料系统 | 9032.8900[9032.8990(2014年版)] | 1521 |
| Z2006－1101 | 原始频率标准仪器 | 9105.9 | 1524 |
| Z2006－1102 | 座椅移动执行器 | 9401.9019 | 1525 |
| Z2006－1103 | 手术室机械吊臂 | 9402.9000 | 1526 |
| Z2006－1104 | 紫外线探伤灯 | 9405.4090 | 1528 |
| Z2006－1105 | 移动式照明灯塔 | 9405.4090 | 1528 |

| 归类决定编号 | 商品名称 | 商品税则号列 | 页码 |
|---|---|---|---|
| Z2006－1106 | 手术无影灯 | 9405.4090 | 1529 |
| Z2006－1107 | 太阳能灯 | 9405.4090 | 1529 |
| Z2006－1108 | LED 灯 | 9405.4090 | 1532 |
| Z2006－1109 | 阿波罗电脑蒸汽房 | 9406.0000 | 1533 |
| Z2006－1110 | 超净间工程系统及配套设备 | 9406.0000 | 1533 |
| Z2006－1111 | 全钢丝子午线轮胎 X 光检查机设备 | 9406.0000 及 9022.1990 [9022.1920(2014 年版)] | 1535 |
| Z2006－1112 | 建木屋用梁柱、墙体等 | 9406.0000 | 1534 |
| Z2006－1113 | 保龄球道计分系统悬挂荧幕 | 9504.9090 | 1538 |
| Z2006－1114 | 玻璃钢滑水盆、钢结构架 | 9506.2900 | 1539 |
| Z2006－1115 | 钛合金高尔夫球头精铸毛坯 | 9506.3900 | 1540 |
| Z2006－1116 | 乒乓发球机 | 9506.4090 | 1540 |
| Z2006－1118 | 运动步枪/手枪报靶系统 | 9506.9900 | 1541 |
| Z2006－1119 | 游乐场游戏组件 | 9506.9900 | 1541 |
| Z2006－1120 | 印壳 | 9611.0000 | 1543 |
| Z2006－1121 | 热转移色带 | 9612.1000 | 1543 |
| Z2006－1122 | 点烟器 | 9613.8000 | 1544 |
| Z2006－1123 | 明代石猴水仙盆 | 9703.0000 | 1545 |
| Z2006－1124 | 石玩 | 9705.0000 | 1545 |
| Z2006－1125 | 14、15 寸彩色显示管零部件 | 分别归类 | 1549 |
| Z2006－1126 | 工厂化育苗系统 | 分别归类 | 1550 |
| Z2006－1127 | 地板铣形及包装生产线 | 分别归类 | 1550 |
| Z2006－1128 | 铁矿石取制样设备 | 分别归类 | 1551 |
| Z2006－1129 | 工程维修车、水质监测车 | 分别归类 | 1552 |
| Z2006－1130 | 温室设备 | 分别归类 | 1552 |
| Z2006－1131 | 总组装台及挂架 | 分别归类 | 1553 |
| Z2006－1132 | 加气机设备 | 分别归类 | 1554 |
| Z2006－1133 | 机动环境监测车 | 分别归类 | 1555 |
| Z2006－1134 | 静脉输液配制过滤净化装置 | 分别归类 | 1555 |
| Z2006－1135 | 多功能管理机 | 分别归类 | 1556 |
| Z2006－1136 | 计算机网络设备 | 分别归类 | 1556 |
| Z2006－1137 | 稀土大磁致伸缩材料 | 视不同情况归类 | 1606 |
| Z2006－1138 | DC 300 数码摄像测量仪 | 视情况归类 | 1608 |
| Z2006－1139 | 大型转播集联制作系统 | 分别归类 | 1557 |
| Z2006－1140 | 车辆及测试设备 | 分别归类 | 1558 |
| Z2006－1141 | 梅赛德斯－奔驰 2686 毫升小货车 | 分别归类 | 1558 |
| Z2006－1142 | 全自动金属板材柔性加工生产线 | 分别归类 | 1559 |
| Z2006－1143 | 乳品加工设备 | 分别归类 | 1560 |
| Z2006－1144 | 双工位六角型胎圈缠绕系统 | 分别归类 | 1561 |

| 归类决定编号 | 商品名称 | 商品税则号列 | 页码 |
| --- | --- | --- | --- |
| Z2006－1145 …… | 圆筒钢板仓 …… | 分别归类 …… | 1561 |
| Z2006－1146 …… | 整车排放试验低温仓系统 …… | 分别归类 …… | 1562 |
| Z2006－1147 …… | 抢险救援车 …… | 分别归类 …… | 1563 |
| Z2006－1148 …… | 耳鼻喉检查台 …… | 分别归类 …… | 1563 |
| Z2006－1149 …… | 商用冷冻柜 …… | 视不同情况归类 …… | 1607 |
| Z2006－1150 …… | 菌场自动化生产设备 …… | 分别归类 …… | 1564 |
| Z2006－1151 …… | 2200 型面筋数量和质量测定系统 …… | 分别归类 …… | 1565 |
| Z2006－1152 …… | 电镀废水处理系统改良设备 …… | 分别归类 …… | 1566 |
| Z2006－1153 …… | 油田多功能采油站 …… | 分别归类 …… | 1567 |
| Z2006－1155 …… | 接触网 …… | 分别归类 …… | 1568 |
| Z2006－1156 …… | 天然气加气站系统 …… | 分别归类 …… | 1569 |
| Z2006－1157 …… | 基因枪 …… | 分别归类 …… | 1571 |
| Z2006－1158 …… | 焊剂、坩锅、砂模组件 …… | 分别归类 …… | 1572 |
| Z2006－1159 …… | 按摩气囊、气泵、气阀 …… | 分别归类 …… | 1573 |
| Z2006－1160 …… | 堆肥存储设施 …… | 分别归类 …… | 1574 |
| 2007 年第 70 号公告 | | | |
| Z2006－1161 …… | 甲鱼受精卵 …… | 0410.0090 …… | 142 |
| Z2006－1162 …… | 杨桐、铃木编结品 …… | 0604.9100［0604.2090（2014 年版）］ … | 144 |
| Z2006－1163 …… | 裸燕麦粒 …… | 1104.2200 …… | 151 |
| Z2006－1164 …… | 魔芋精粉 …… | 1212.9999 …… | 153 |
| Z2006－1165 …… | 三棵针初提物 …… | 1302.1990 …… | 154 |
| Z2006－1166 …… | 单味植物浓缩茶 …… | 1302.1990 …… | 155 |
| Z2006－1167 …… | 油渣 …… | 1518.0000 …… | 164 |
| Z2006－1168 …… | 回收混合油 …… | 1518.0000 …… | 165 |
| Z2006－1169 …… | 制作保藏罗非鱼片 …… | 1604.1920 …… | 166 |
| Z2006－1170 …… | 制作保藏虾仁 …… | 16.05 …… | 167 |
| Z2006－1171 …… | 蟹排 …… | 1605.1000 …… | 168 |
| Z2006－1172 …… | 果冻 …… | 1704.9000 …… | 171 |
| Z2006－1173 …… | 德芙珍藏榛仁夹心巧克力 …… | 1806.3100 …… | 171 |
| Z2006－1174 …… | 红豆泥 …… | 2005.5120［2005.5191（2014 年版）］ … | 175 |
| Z2006－1175 …… | 香蕉泥 …… | 2008.9990 …… | 180 |
| Z2006－1176 …… | 玄米绿茶 …… | 2101.2000 …… | 183 |
| Z2006－1177 …… | 旺味 …… | 2103.9090 …… | 183 |
| Z2006－1178 …… | 味优 …… | 2103.9090 …… | 184 |
| Z2006－1179 …… | 维生素预混剂 …… | 2106.9099［2106.9090（2014 年版）］ … | 198 |

| 归类决定编号 | 商品名称 | 商品税则号列 | 页码 |
|---|---|---|---|
| Z2006－1180 | 玉米油粉 | 2106.9099[2106.9090(2014年版)] | 200 |
| Z2006－1181 | 口服液稳定剂 | 2106.9099[2106.9090(2014年版)] | 195 |
| Z2006－1182 | 冰糖燕窝 | 2106.9099[2106.9090(2014年版)] | 192 |
| Z2006－1183 | 微藻DHA粉剂 | 2106.9099[2106.9090(2014年版)] | 197 |
| Z2006－1184 | 粗调味粉 | 2106.9099[2106.9090(2014年版)] | 192 |
| Z2006－1185 | 无酒精有汽葡萄汁饮料(美森红钻、美森世爵) | 2202.9000 | 205 |
| Z2006－1186 | 保力达蛮牛饮料 | 2202.9000 | 205 |
| Z2006－1187 | 果味饮料 | 2202.9000 | 206 |
| Z2006－1188 | 肥料用鱼骨粉 | 2301.2090 | 208 |
| Z2006－1189 | 壮健极品 | 2309.9090 | 221 |
| Z2006－1190 | 白肋烟 | 2401.2090 | 222 |
| Z2006－1191 | 菱镁矿和滑石混合矿物 | 2519.1000 | 228 |
| Z2006－1193 | 磁体下脚料 | 2620.9990 | 242 |
| Z2006－1194 | 漂珠 | 2621.9000 | 243 |
| Z2006－1195 | 混甲酚 | 2707.9910 | 247 |
| Z2006－1196 | 回用双酚A | 2907.2300 | 270 |
| Z2006－1197 | 己内酰胺封闭的双—异氰酸酯 | 2933.7900 | 288 |
| Z2006－1198 | 维生素预混剂VP10984 | 2936.9000 | 291 |
| Z2006－1199 | 海豹鞭 | 3001.9090 | 296 |
| Z2006－1200 | 球蛋白 | 3002.1000 | 299 |
| Z2006－1201 | 强力痔根断 | 3004.9059 | 311 |
| Z2006－1202 | 珍珠末 | 3004.9059 | 311 |
| Z2006－1203 | 有机肥原料 | 3105.9000 | 320 |
| Z2006－1205 | 鞋材黏合前处理剂 | 3208.2010 | 332 |
| Z2006－1206 | 油性不粘涂料 | 3208.9090 | 333 |
| Z2006－1207 | 水性不粘涂料 | 3209.9020 | 335 |
| Z2006－1208 | 二氧化碳酒花浸膏 | 3301.2999 | 339 |
| Z2006－1209 | 金不换熏香油 | 3307.4900 | 344 |
| Z2006－1210 | 檀香熏香油 | 3307.4900 | 344 |
| Z2006－1212 | 混合脂肪钠 | 3401.2000 | 348 |
| Z2006－1213 | 脂肪酸钠(混合)皇冠8000 | 3401.2000 | 348 |
| Z2006－1214 | 季胺化三乙醇胺二酯 | 3402.9000 | 355 |
| Z2006－1215 | 纺织助剂(抗皱剂) | 3402.9000 | 355 |

| 归类决定编号 | 商品名称 | 商品税则号列 | 页码 |
|---|---|---|---|
| Z2006－1216 | 润滑剂 | 3403.9900 | 357 |
| Z2006－1217 | 有衬基双面粘胶带 | 35.06 | 362 |
| Z2006－1218 | 无衬基双面粘胶带 | 35.06 | 362 |
| Z2006－1219 | 谷氨酰胺转氨酶 | 3507.9090 | 365 |
| Z2006－1220 | 感光显像材料 | 第37章 | 368 |
| Z2006－1221 | 柯尼卡美能达医用干式激光胶片大轴 | 3702.4291[3702.4292(2014年版)] | 370 |
| Z2006－1222 | 感光性油墨 | 3707.1000 | 372 |
| Z2006－1223 | 阳极碎 | 3801.1000 | 374 |
| Z2006－1224 | 滑石粉 | 3802.9000 | 375 |
| Z2006－1225 | 制革助剂 | 3808.9400 | 380 |
| Z2006－1226 | 仙亮402F水果涂层剂 | 3808.92 | 376 |
| Z2006－1227 | 苹果套袋 | 3808.9210 | 377 |
| Z2006－1228 | 露宝康(饲料级) | 3808.9400 | 378 |
| Z2006－1229 | 涂料用抗菌剂 | 3808.9400 | 379 |
| Z2006－1230 | 皮革柔软助剂 | 3809.9300 | 382 |
| Z2006－1231 | 皮革助剂 | 3809.9300 | 383 |
| Z2006－1232 | 灭火器的装配药 | 3813.0010 | 384 |
| Z2006－1233 | 氧化锌脱硫剂 | 3815.9000 | 385 |
| Z2006－1234 | 覆膜砂 | 3816.0000 | 386 |
| Z2006－1235 | 脱臭培养基 | 3821.0000 | 387 |
| Z2006－1236 | 黏土类金标准样 | 3822.0090 | 392 |
| Z2006－1237 | 脱氧剂 | 3824.9090[3824.9099(2014年版)] | 415 |
| Z2006－1238 | 冰盒 | 3824.9090[3824.9099(2014年版)] | 393 |
| Z2006－1239 | 离子水活化剂 | 3824.9090[3824.9099(2014年版)] | 407 |
| Z2006－1240 | 导电介质(用于微电路的化合物) | 3824.9090[3824.9099(2014年版)] | 395 |
| Z2006－1241 | 银浆 | 3824.9090[3824.9099(2014年版)] | 417 |
| Z2006－1242 | 消光粉 | 3824.9090[3824.9099(2014年版)] | 415 |
| Z2006－1243 | 液体麦芽糖醇 | 3824.9090[3824.9099(2014年版)] | 416 |
| Z2006－1244 | 导电胶膜 | 3824.9090[3824.9099(2014年版)] | 395 |
| Z2006－1245 | 硅靶材 | 3824.9090[3824.9099(2014年版)] | 399 |
| Z2006－1246 | 聚合氯化铝 | 3824.9090[3824.9099(2014年版)] | 405 |
| Z2006－1247 | 锰锌粉末 | 3824.9090[3824.9099(2014年版)] | 408 |
| Z2006－1248 | 高斯薄片 | 3824.9090[3824.9099(2014年版)] | 398 |

| 归类决定编号 | 商品名称 | 商品税则号列 | 页码 |
|---|---|---|---|
| Z2006－1249 | 扩散纸 | 3824.9090[3824.9099(2014年版)] | 405 |
| Z2006－1250 | 黄腐酸 | 3824.9090[3824.9099(2014年版)] | 402 |
| Z2006－1251 | 婴儿用湿纸巾 | 3401.1990 | 346 |
| Z2006－1251 | 硝基腐殖酸 | 3824.9090[3824.9099(2014年版)] | 346 |
| Z2006－1252 | 腐殖酸钾 | 3824.9090[3824.9099(2014年版)] | 397 |
| Z2006－1253 | TMP与TDI加成物 | 3909.5000 | 451 |
| Z2006－1254 | HDI三聚体 | 3911.9000 | 456 |
| Z2006－1255 | PVC地板(CENIT) | 3918.1090 | 462 |
| Z2006－1256 | 人造板材 | 3920.5100 | 465 |
| Z2006－1257 | 塑料储运桶 | 3923.9000 | 472 |
| Z2006－1258 | 橡胶下脚料 | 40.01 | 483 |
| Z2006－1259 | 加氢热塑丁苯橡胶 | 4002.1919 | 484 |
| Z2006－1260 | 装载机用轮胎 | 4011.9400 | 493 |
| Z2006－1261 | 硫化橡胶药用胶塞 | 4016.9990 | 496 |
| Z2006－1262 | 塑料制隐形眼镜盒 | 4202.3200 | 498 |
| Z2006－1263 | 杉木地板 | 4407.1090 | 507 |
| Z2006－1264 | 木门框板 | 44.18 | 511 |
| Z2006－1265 | 标准门框(杉木) | 4418.2000 | 512 |
| Z2006－1267 | 镀铝纸 | 4811.5990[4811.5991(2014年版)] | 537 |
| Z2006－1268 | 破籽棉 | 5201.0000 | 550 |
| Z2006－1269 | 落棉 | 5202.9900 | 550 |
| Z2006－1270 | 马尼拉麻 | 5305.0020 | 551 |
| Z2006－1271 | 椰壳纤维 | 5305.0092 | 551 |
| Z2006－1272 | 合成纤维制滤网布 | 5911.4000 | 567 |
| Z2006－1273 | 滤袋(除尘装置用) | 5911.9000 | 568 |
| Z2006－1274 | 棉制针织女式上衣 | 6110.2000 | 575 |
| Z2006－1275 | 棉制男童牛仔茄克 | 6203.3200 | 576 |
| Z2006－1276 | 男式尼龙/PVC雨衣套装 | 6211.2090 | 577 |
| Z2006－1277 | 化纤刺绣台布 | 6304.9310 | 579 |
| Z2006－1278 | 无纺布圆帽 | 6505.9090[6505.0099(2014年版)] | 581 |
| Z2006－1279 | 大理石与瓷砖复合板 | 6802.9190 | 583 |
| Z2006－1280 | 现代花岗岩石制品 | 6802.9390 | 585 |
| Z2006－1281 | 研磨料 | 6805.3000 | 586 |

| 归类决定编号 | 商品名称 | 商品税则号列 | 页码 |
|---|---|---|---|
| Z2006－1282 | 耐火纤维棉 | 6806.1000[6806.1010(2014年版)] | 587 |
| Z2006－1283 | 耐火纤维毯 | 6806.1000[6806.1010(2014年版)] | 588 |
| Z2006－1284 | 耐火纤维板 | 6806.1000[6806.1010(2014年版)] | 589 |
| Z2006－1285 | 耐火纤维纸 | 6806.1000[6806.1010(2014年版)] | 590 |
| Z2006－1286 | 衬垫 | 68.12 | 596 |
| Z2006－1287 | 石墨制隔热材料、线、固定钉 | 6815.1000 | 597 |
| Z2006－1288 | 非石棉气缸材料 | 6815.9900[6815.9990(2014年版)] | 597 |
| Z2006－1289 | 海绵铁粉 | 7205.2900 | 637 |
| Z2006－1290 | 渗铝钢板 | 7210.6900 | 642 |
| Z2006－1291 | 三金属片 | 7220.9000 | 660 |
| Z2006－1292 | 机车油管用锻钢连接环首 | 7307.9900 | 679 |
| Z2006－1293 | 钢金属雕花聚氨酯泡沫复合板(B级) | 7308.9000 | 680 |
| Z2006－1294 | 膨胀罐 | 7310.2900[7310.2990(2014年版)] | 682 |
| Z2006－1295 | 家禽饲养设备用输送螺旋 | 7320.2090 | 686 |
| Z2006－1296 | 燃气红外线辐射采暖设备成套散件 | 7322.9000 | 689 |
| Z2006－1297 | 坩埚 | 73.25 | 689 |
| Z2006－1298 | 深冲压冷轧焊接非合金钢板 | 7326.9010[7326.9019(2014年版)] | 694 |
| Z2006－1299 | 托盘底板、网格连接杆 | 7326.9010[7326.9019(2014年版)] | 695 |
| Z2006－1301 | M－5246银色铜 | 7406.2010 | 701 |
| Z2006－1302 | 铜电车线 | 7407.1000[7407.1090(2014年版)] | 702 |
| Z2006－1304 | 铝合金制空心异型材 | 7608.2000[7608.2091(2014年版)] | 713 |
| Z2006－1305 | 液氮罐 | 7611.0000 | 715 |
| Z2006－1306 | 触变注射成型用镁合金粒 | 8104.3000 | 720 |
| Z2006－1307 | 金刚石绳锯 | 8202.9910 | 722 |
| Z2006－1308 | 铸铁制模具毛坯 | 8207.3000 | 724 |
| Z2006－1309 | 金属钻子 | 8207.3000 | 725 |
| Z2006－1310 | 废热锅炉 | 8402.1900 | 730 |
| Z2006－1311 | 沼气锅炉 | 8403.10 | 732 |
| Z2006－1312 | 冰箱式水质采样仪 | 8413.1900 | 744 |
| Z2006－1313 | 液压泵 | 8413.3030 | 748 |
| Z2006－1315 | 液压油泵 | 8413.6090[8413.6060(2014年版)] | 752 |
| Z2006－1316 | 风扇 | 8414.5191 | 756 |
| Z2006－1317 | 散热风扇 | 8414.5990 | 757 |

| 归类决定编号 | 商品名称 | 商品税则号列 | 页码 |
|---|---|---|---|
| Z2006－1318 | 生物安全柜 | 8414.6090 | 758 |
| Z2006－1319 | 空气压缩机 | 8414.8090 | 760 |
| Z2006－1320 | 联合压缩机组(含蒸汽透平机一台) | 8414.8090 | 761 |
| Z2006－1321 | 空调蒸发器及鼓风机总成 | 8415.9090 | 765 |
| Z2006－1322 | 汽车空调脱水进风装置及冷凝器 | 8415.9090 | 766 |
| Z2006－1323 | 容积式水加热器 | 8419.1900[8419.1990(2014 年版)] | 784 |
| Z2006－1324 | 干燥机系统 | 8419.3990 | 787 |
| Z2006－1325 | 自动给茶机 | 8419.8100 | 794 |
| Z2006－1326 | 合成塔内件 | 8419.8990 | 799 |
| Z2006－1327 | 燃油干燥器(申报品名) | 8419.8990 | 800 |
| Z2006－1328 | PCR 仪 | 8419.8990 | 801 |
| Z2006－1329 | 干熄焦设备 | 8419.8990 | 802 |
| Z2006－1331 | 涂布辊、超级压光辊 | 8420.9900 | 816 |
| Z2006－1332 | 核酸蛋白制备型纯化系统 | 8421.2990 | 824 |
| Z2006－1333 | 中空纤维膜组件 | 8421.9990 | 829 |
| Z2006－1334 | 动物鉴定标识系统 | 8423.8290 | 832 |
| Z2006－1335 | 高压清洗机(冷、热水) | 8424.3000 | 834 |
| Z2006－1336 | 压力罐喷头 | 8424.8910 或 8424.8999 | 836 |
| Z2006－1337 | 热熔胶喷涂主机 | 8424.8999 | 839 |
| Z2006－1338 | 喷淋管 | 8424.9090 | 846 |
| Z2006－1339 | 气动升降桅杆 | 8428.9090 | 867 |
| Z2006－1340 | 直立电气焊行走部件 | 8428.9090 | 868 |
| Z2006－1342 | 移动式破碎机 | 8430.3100[8430.3120(2014 年版)] | 877 |
| Z2006－1343 | 双滚筒采煤机 | 8430.3900 | 879 |
| Z2006－1344 | 拖式激光铲运机 | 8430.6920 | 882 |
| Z2006－1346 | 挖掘机行走装置 | 8431.4990[8431.4999(2014 年版)] | 885 |
| Z2006－1347 | 绞龙送料系统 | 8436.2900 | 890 |
| Z2006－1348 | 酿酒机器 | 8438.8000 | 894 |
| Z2006－1349 | 带芯片的墨盒 | 8443.9990 | 903 |
| Z2006－1350 | 隧道式洗衣机 | 8450.2000[8450.2019(2014 年版)] | 907 |
| Z2006－1351 | 顶枪 | 8454.9010 | 911 |
| Z2006－1352 | 加工中心用主机通用床体 | 8457.1020 | 913 |
| Z2006－1353 | 多工位托盘系统 FH6800 | 8466.9300[8466.9390(2014 年版)] | 932 |

| 归类决定编号 | 商品名称 | 商品税则号列 | 页码 |
|---|---|---|---|
| Z2006－1354 | 冲击夯 LT600 | 8467.8900 | 934 |
| Z2006－1355 | EMC 磁盘存储器 | 8471.7010 | 942 |
| Z2006－1356 | 条形码扫描仪 | 8471.9000 | 949 |
| Z2006－1357 | MCU 开发测试工具 | 8471.9000 | 949 |
| Z2006－1358 | 散热片(铜制) | 84.73 | 950 |
| Z2006－1359 | 散热器(微机用) | 8473.3090 | 954 |
| Z2006－1360 | 铂铑合金漏板 | 8475.9000 | 965 |
| Z2006－1362 | 大位移量转轴式桥量伸缩装置 | 8479.8990[8479.8999(2014 年版)] | 984 |
| Z2006－1363 | 电动栅栏门用自锁装置(申报品名) | 8479.8990[8479.8999(2014 年版)] | 985 |
| Z2006－1364 | 残极压脱机 | 8479.8990[8479.8999(2014 年版)] | 982 |
| Z2006－1365 | 透析器复用处理系统 | 8479.8990[8479.8999(2014 年版)] | 1005 |
| Z2006－1366 | 全自动细菌培养监测系统 | 8479.8990[8479.8999(2014 年版)] | 1000 |
| Z2006－1367 | 全自动血液成分分离机 | 8479.8990[8479.8999(2014 年版)] | 1001 |
| Z2006－1368 | 模块化微反应系统 | 8479.8990[8479.8999(2014 年版)] | 996 |
| Z2006－1369 | 抽湿柜 | 8479.8990[8479.8999(2014 年版)] | 983 |
| Z2006－1370 | 细胞培养反应器 | 8479.8990[8479.8999(2014 年版)] | 1007 |
| Z2006－1371 | 厌氧培养装置 | 8479.8990[8479.8999(2014 年版)] | 1009 |
| Z2006－1372 | 联体垃圾压缩箱 | 8479.8990[8479.8999(2014 年版)] | 994 |
| Z2006－1373 | 气门嘴 | 8481.3000 | 1030 |
| Z2006－1374 | 饮水乳头、侧翼鞍座 | 分别归类(39.17/8481.8090) | 1575 |
| Z2006－1375 | 机械执行器 | 85.01 | 1048 |
| Z2006－1377 | 交流斩波器 | 8504.4099 | 1061 |
| Z2006－1378 | 充电器 | 8504.4099 | 1062 |
| Z2006－1379 | 胶芯 | 8504.90 | 1064 |
| Z2006－1380 | 三星手机电池下盖 | 8507.9090 | 1069 |
| Z2006－1381 | 倒车辅助系统 | 8512.2090 | 1071 |
| Z2006－1382 | 回流焊炉 | 8514.1090 | 1073 |
| Z2006－1383 | 微波消减系统 | 8514.2000 | 1074 |
| Z2006－1384 | 固态高频焊接机组 | 8514.4000 | 1075 |
| Z2006－1385 | 160/168 信息服务交换机 | 8517.6219 | 1085 |
| Z2006－1386 | HFC 网络光节点设备 | 8517.6221 | 1086 |
| Z2006－1387 | 光纤交换机 | 8517.6229 | 1086 |
| Z2006－1388 | ADSL 调制解调器 | 8517.6234 | 1087 |

| 归类决定编号 | 商品名称 | 商品税则号列 | 页码 |
|---|---|---|---|
| Z2006－1389 | 主干异步传输(ATM)交换机 | 8517.6239 | 1088 |
| Z2006－1390 | 数字语音信息综合处理机和 WINSET 适配器 | 8517.6239 | 1089 |
| Z2006－1391 | 3600/3645 带宽管理系统 | 8517.6239 | 1090 |
| Z2006－1392 | HYPERCOM 牌网络控制器 | 8517.6239 | 1091 |
| Z2006－1393 | 数字电视复用器 | 8517.6239 | 1092 |
| Z2006－1394 | 负载均衡交换机 | 8517.6239 | 1092 |
| Z2006－1395 | 来电显示器 | 8517.6990 | 1096 |
| Z2006－1396 | 可视门铃系统 | 8517.6990 | 1097 |
| Z2006－1397 | 中央管理电话机、门铃、黑白视频监视器(申报品名) | 8517.6990 | 1098 |
| Z2006－1398 | 程控交换机部件 | 8517.7010 | 1099 |
| Z2006－1399 | 扬声器 | 8518.2900 | 1109 |
| Z2006－1400 | CD 播放机 | 8519.8121 | 1111 |
| Z2006－1401 | 3D 音乐系统 | 8521.9019 | 1112 |
| Z2006－1402 | 数字监控机 | 8521.9090 | 1113 |
| Z2006－1403 | VCD 机用托盘机架连读码器 | 8522.9031 | 1114 |
| Z2006－1404 | VCD 读码器 | 8522.9031 | 1114 |
| Z2006－1405 | 磁芯碟 | 8523.2910[8523.2911(2014 年版)] | 1116 |
| Z2006－1406 | 光盘 | 8523.4010[8523.4910(2014 年版)] | 1116 |
| Z2006－1407 | 存储功能卡 | 8523.5110 | 1117 |
| Z2006－1408 | 监控摄像头组件 | 8525.8011 | 1119 |
| Z2006－1409 | 医用摄像系统 | 8525.8011 | 1120 |
| Z2006－1410 | 数字相机 | 8525.8021 | 1123 |
| Z2006－1411 | 高速摄像系统 | 8525.8021 | 1124 |
| Z2006－1412 | 收放机 | 8527.9100 | 1130 |
| Z2006－1413 | 数字广播接收机 | 8527.9900 | 1131 |
| Z2006－1414 | DELL 液晶显示器 | 8528.5110 | 1131 |
| Z2006－1415 | 神奇眼镜 | 8528.5910 | 1132 |
| Z2006－1416 | 背投影彩电 | 8528.7291 | 1136 |
| Z2006－1417 | 手机摄像头 | 8529.9042 | 1137 |
| Z2006－1418 | 汽车音响零件(面板、旋钮) | 8529.9060 | 1139 |
| Z2006－1419 | 热敏陶瓷电阻 | 8533.4000 | 1145 |
| Z2006－1420 | 六氟化硫气体绝缘组合电器 | 8535.2900[8535.2910(2014 年版)] | 1148 |
| Z2006－1421 | 放电管 | 8536.3000 | 1152 |

| 归类决定编号 | 商品名称 | 商品税则号列 | 页码 |
|---|---|---|---|
| Z2006－1422 …… | 接触器（申报品名） | 8536.4900 | 1155 |
| Z2006－1423 …… | 感应开关 | 8536.5000 | 1157 |
| Z2006－1424 …… | 电梯轿厢操纵盘 | 8537.1090 | 1165 |
| Z2006－1425 …… | 电源控制卡 | 8537.1090 | 1166 |
| Z2006－1426 …… | 同步控制操纵装置 | 8537.1090 | 1167 |
| Z2006－1427 …… | 台下机械控制系统（整套进口） | 8537.1090 | 1168 |
| Z2006－1428 …… | 数字式电机保护单元 | 8537.1090 | 1169 |
| Z2006－1429 …… | 多晶硅片（申报品名） | 8541.4000［8541.4020（2014 年版）］ | 1176 |
| Z2006－1430 …… | 集成电路芯片 | 8542.3900 | 1180 |
| Z2006－1431 …… | 雷达测速仪检定装置 | 8543.2090 | 1181 |
| Z2006－1432 …… | 电脑电视视频转换器 | 8543.7099 | 1184 |
| Z2006－1433 …… | 光子美容仪 | 8543.7099 | 1184 |
| Z2006－1434 …… | Vista KVL－SUA/OV 切换器 | 8543.7099 | 1185 |
| Z2006－1436 …… | 数字视频处理器机芯 | 8543.7099 | 1186 |
| Z2006－1437 …… | 电穿孔仪 | 8543.7099 | 1187 |
| Z2006－1438 …… | 红外线车辆分离扫描系统 | 8543.7099 | 1188 |
| Z2006－1439 …… | 电子白板 | 8543.7099 | 1189 |
| Z2006－1440 …… | 车载免提通话装置散件 | 8543.7099 | 1190 |
| Z2006－1441 …… | 数模转换器 | 8543.7099 | 1191 |
| Z2006－1442 …… | 光敏半导体器件及半导体放大器 | 8543.7099 | 1192 |
| Z2006－1443 …… | 紫外线干燥机 | 8543.7099 | 1193 |
| Z2006－1444 …… | 学乐先 | 8543.7099 | 1200 |
| Z2006－1445 …… | 带电线的塑料插头 | 85.44 | 1202 |
| Z2006－1446 …… | 带接头电线（12 伏） | 8544.3020 | 1203 |
| Z2006－1447 …… | 微波导管 | 8544.4919 | 1203 |
| Z2006－1448 …… | 无接头电线 | 8544.4919 | 1204 |
| Z2006－1449 …… | 打印头连接线 | 8544.4919 | 1205 |
| Z2006－1450 …… | 气体绝缘金属封闭母线 | 8544.6090 | 1206 |
| Z2006－1451 …… | 输变电线路用长竿状绝缘瓷件 | 8546.2090 | 1210 |
| Z2006－1452 …… | 贴片滤波器 | 8548.9000 | 1211 |
| Z2006－1453 …… | 压雪机 PB100 | 8701.3000 | 1221 |
| Z2006－1454 …… | 沙滩车 | 8703.1011 | 1231 |
| Z2006－1455 …… | 大容量油井服务液运输罐车 | 8704.2240 | 1243 |

| 归类决定编号 | 商品名称 | 商品税则号列 | 页码 |
| --- | --- | --- | --- |
| Z2006－1456 | 应急车载移动交换通信车 | 8705.9010 | 1256 |
| Z2006－1457 | 应急移动通信车 | 8705.9010 | 1256 |
| Z2006－1458 | 特种通信车 | 8705.9010 | 1257 |
| Z2006－1459 | 环境检测车 | 8705.9030 | 1259 |
| Z2006－1460 | 雪佛兰机动医疗车 | 8705.9040 | 1267 |
| Z2006－1461 | 石油测井车 | 8705.9080 | 1273 |
| Z2006－1462 | 电视转播车 | 8705.9090[8705.9099(2014年版)] | 1320 |
| Z2006－1463 | 福特野外流动录音车 | 8705.9090[8705.9099(2014年版)] | 1320 |
| Z2006－1464 | 划线车 | 8705.9090[8705.9099(2014年版)] | 1321 |
| Z2006－1465 | 电视转播车 | 8705.9090[8705.9099(2014年版)] | 1321 |
| Z2006－1466 | 气源车 | 8705.9090[8705.9099(2014年版)] | 1322 |
| Z2006－1467 | 自动式划线车 | 8705.9090[8705.9099(2014年版)] | 1322 |
| Z2006－1468 | 立放运井架车 | 8705.9090[8705.9099(2014年版)] | 1323 |
| Z2006－1469 | 通井机 | 8705.9090[8705.9099(2014年版)] | 1323 |
| Z2006－1470 | 电视管道检查车 | 8705.9090[8705.9099(2014年版)] | 1324 |
| Z2006－1471 | 抽油杆作业车 | 8705.9090[8705.9099(2014年版)] | 1324 |
| Z2006－1472 | 修井机 | 8705.9090[8705.9099(2014年版)] | 1325 |
| Z2006－1473 | 通井机 | 8705.9090[8705.9099(2014年版)] | 1325 |
| Z2006－1474 | 混凝土泵车 | 8705.9090[8705.9091(2014年版)] | 1326 |
| Z2006－1476 | RW3型地震灾害紧急救援车 | 8705.9090[8705.9099(2014年版)] | 1326 |
| Z2006－1477 | 双机双泵固井水泥车 | 8705.9090[8705.9080(2014年版)] | 1327 |
| Z2006－1478 | 三星混凝土泵车 | 8705.9090[8705.9091(2014年版)] | 1327 |
| Z2006－1479 | 电视转播车 | 8705.9090[8705.9099(2014年版)] | 1328 |
| Z2006－1480 | 混凝土泵车 | 8705.9090[8705.9091(2014年版)] | 1328 |
| Z2006－1481 | 混凝土泵车 | 8705.9090[8705.9091(2014年版)] | 1329 |
| Z2006－1482 | 下水道清污车(含随车配件) | 8705.9090[8705.9099(2014年版)] | 1329 |
| Z2006－1483 | 数字卫星转播车 | 8705.9090[8705.9099(2014年版)] | 1330 |
| Z2006－1484 | 混凝土泵车 | 8705.9090[8705.9091(2014年版)] | 1330 |
| Z2006－1485 | 电视转播车 | 8705.9090[8705.9099(2014年版)] | 1331 |
| Z2006－1486 | 大宇11051cc水泥混凝土泵车 | 8705.9090[8705.9091(2014年版)] | 1331 |
| Z2006－1487 | 天然气流量检定测试车 | 8705.9090[8705.9099(2014年版)] | 1332 |
| Z2006－1488 | 地震勘探仪器车 | 8705.9090[8705.9099(2014年版)] | 1332 |
| Z2006－1489 | 物探测井车 | 8705.9090[8705.9080(2014年版)] | 1333 |

| 归类决定编号 | 商品名称 | 商品税则号列 | 页码 |
|---|---|---|---|
| Z2006－1490 …… | 下水道清污车 …… | 8705.9090[8705.9099(2014年版)] … | 1333 |
| Z2006－1491 …… | 照明排烟车 …… | 8705.9090[8705.9099(2014年版)] … | 1334 |
| Z2006－1492 …… | 下水道疏通车 …… | 8705.9090[8705.9099(2014年版)] … | 1334 |
| Z2006－1493 …… | 地震仪器车 …… | 8705.9090[8705.9099(2014年版)] … | 1335 |
| Z2006－1494 …… | 地震排列车 …… | 8705.9090[8705.9099(2014年版)] … | 1335 |
| Z2006－1495 …… | 地震仪器车 …… | 8705.9090[8705.9099(2014年版)] … | 1336 |
| Z2006－1496 …… | 注水洗井车 …… | 8705.9090[8705.9099(2014年版)] … | 1336 |
| Z2006－1497 …… | 电视转播车 …… | 8705.9090[8705.9099(2014年版)] … | 1337 |
| Z2006－1498 …… | 仪表车 …… | 8705.9090[8705.9099(2014年版)] … | 1337 |
| Z2006－1499 …… | 沙漠地震排列车 …… | 8705.9090[8705.9099(2014年版)] … | 1338 |
| Z2006－1500 …… | 路面激光断面测试系统 …… | 8705.9090[8705.9099(2014年版)] … | 1338 |
| Z2006－1501 …… | 高速路面雷达测试车系统 …… | 8705.9090[8705.9099(2014年版)] … | 1339 |
| Z2006－1502 …… | 落锤式弯沉仪测试车系统 …… | 8705.9090[8705.9099(2014年版)] … | 1339 |
| Z2006－1503 …… | 底盘平台模型 …… | 8706.0090 …… | 1340 |
| Z2006－1504 …… | 制动刹车片 …… | 8708.3010 …… | 1347 |
| Z2006－1505 …… | 变速箱 …… | 8708.4040 …… | 1348 |
| Z2006－1506 …… | S45C锻件毛坯——转向节毛坯 …… | 8708.94 …… | 1351 |
| Z2006－1507 …… | 驾驶员气囊模块、乘员气囊模块 …… | 8708.9500 …… | 1351 |
| Z2006－1508 …… | 汽车安全气囊气袋 …… | 8708.9500 …… | 1352 |
| Z2006－1509 …… | 汽车空调压缩机支架 …… | 8708.99 …… | 1353 |
| Z2006－1510 …… | 电子加速踏板模组 …… | 8708.99 …… | 1353 |
| Z2006－1511 …… | 压缩机托架 …… | 8708.99 …… | 1354 |
| Z2006－1512 …… | 汽车加强板(钣金件) …… | 8708.99 …… | 1354 |
| Z2006－1513 …… | 波纹管 …… | 8708.99 …… | 1355 |
| Z2006－1514 …… | 前纵梁总成(左、右) …… | 8708.9991 …… | 1355 |
| Z2006－1515 …… | 排气管托架 …… | 8708.9999 …… | 1356 |
| Z2006－1516 …… | 修理车 …… | 8716.8000 …… | 1365 |
| Z2006－1517 …… | 废钢船 …… | 8905.9090 …… | 1369 |
| Z2006－1518 …… | 55英尺房船 …… | 8905.9090 …… | 1369 |
| Z2006－1519 …… | 菲涅尔板、屏幕前板 …… | 9001.9000[9001.9090(2014年版)] … | 1372 |
| Z2006－1520 …… | 光学镜片(ASAHI牌) …… | 9001.9000[9001.9090(2014年版)] … | 1372 |
| Z2006－1521 …… | 光学水晶片 …… | 9001.9000[9001.9090(2014年版)] … | 1373 |
| Z2006－1522 …… | 彩色液晶投影机投射镜头 …… | 9002.1190 …… | 1376 |

| 归类决定编号 | 商品名称 | 商品税则号列 | 页码 |
|---|---|---|---|
| Z2006－1523 …… | 一次性照相机机身 | 9006.5300 | 1378 |
| Z2006－1524 …… | 环摄全景扫描照相机 | 9006.5990 | 1379 |
| Z2006－1525 …… | 光纤倒像器 | 9013.8090 | 1391 |
| Z2006－1526 …… | 铷泡 | 9013.9010 | 1392 |
| Z2006－1527 …… | 声学多普勒流速剖面仪 | 9015.8000 | 1396 |
| Z2006－1528 …… | 数据处理谱仪 | 9018.1300[9018.1390(2014年版)] | 1400 |
| Z2006－1529 …… | 医用胶囊内镜图像诊断系统 | 9018.9030 | 1409 |
| Z2006－1530 …… | 主动脉内球囊反搏仪 | 9018.9090 | 1413 |
| Z2006－1531 …… | 按摩浴缸 | 9019.1010 | 1416 |
| Z2006－1532 …… | 药用喷雾治疗器零件 | 9019.2000 | 1418 |
| Z2006－1533 …… | X光机配件 | 9022.9090 | 1424 |
| Z2006－1534 …… | 交互式急救模拟系统 | 9023.0000 | 1427 |
| Z2006－1535 …… | F值测定仪 | 9025.8000 | 1432 |
| Z2006－1536 …… | 流量计 | 9026.1000 | 1432 |
| Z2006－1537 …… | 液位计 | 9026.1000 | 1433 |
| Z2006－1538 …… | 天然气超声波流量计 | 9026.8000[9026.8010(2014年版)] | 1433 |
| Z2006－1539 …… | 热能表 | 9026.8000[9026.8090(2014年版)] | 1434 |
| Z2006－1540 …… | 孔板流量计零件 | 9026.9000 | 1436 |
| Z2006－1541 …… | 全自动细菌鉴定及药敏分析仪 | 9027.5000 | 1442 |
| Z2006－1542 …… | Alpha凝胶成像分析系统 | 9027.5000 | 1443 |
| Z2006－1544 …… | 卡式水分仪 | 9027.8099 | 1449 |
| Z2006－1545 …… | 嗅觉检测器 | 9027.8099 | 1450 |
| Z2006－1546 …… | 工厂密度计 | 9027.8099 | 1451 |
| Z2006－1547 …… | 对话式自动数据处理器 | 9029.1090 | 1458 |
| Z2006－1548 …… | 数粒仪 | 9029.1090 | 1459 |
| Z2006－1549 …… | 飞针检测机 | 9030.3390 | 1460 |
| Z2006－1550 …… | 耐压测试仪 | 9030.3390 | 1461 |
| Z2006－1551 …… | 微波功率计和微波功率探头 | 9030.3900 | 1463 |
| Z2006－1552 …… | SDH分析仪 | 9030.4090 | 1466 |
| Z2006－1554 …… | 网络分析仪 | 9030.4090 | 1467 |
| Z2006－1555 …… | 阻抗分析仪 | 9030.8990 | 1469 |
| Z2006－1557 …… | 活套扫描仪 | 9031.4990 | 1478 |
| Z2006－1558 …… | 镜筒解像力检测仪 | 9031.4990 | 1479 |

| 归类决定编号 | 商品名称 | 商品税则号列 | 页码 |
|---|---|---|---|
| Z2006－1559 | 带钢测宽仪 | 9031.4990 | 1480 |
| Z2006－1560 | 纸币识别器 | 9031.4990 | 1481 |
| Z2006－1561 | LVS9500 条码质量检测系统 | 9031.4990 | 1482 |
| Z2006－1562 | Agilent 8614xb 通信光谱仪 | 9031.8010 | 1489 |
| Z2006－1563 | 网络流量监测器 | 9031.8090 | 1492 |
| Z2006－1564 | 声发射系统 | 9031.8090 | 1493 |
| Z2006－1565 | 完整性测试仪 | 9031.8090 | 1494 |
| Z2006－1566 | 地下管线视频探测仪 | 9031.8090 | 1495 |
| Z2006－1567 | 发动机下线检测设备 | 9031.8090 | 1496 |
| Z2006－1568 | 电围栏系统 | 9031.8090 | 1497 |
| Z2006－1569 | 汽车用动力总成控制模块(PCM) | 9032.8900[9032.8990(2014 年版)] | 1517 |
| Z2006－1570 | 伺服驱动器 | 9032.8900[9032.8990(2014 年版)] | 1518 |
| Z2006－1571 | 风轮控制器 | 9032.8900[9032.8990(2014 年版)] | 1512 |
| Z2006－1572 | 提升机电控系统 | 9032.8900[9032.8990(2014 年版)] | 1520 |
| Z2006－1573 | 自动化控制设备 | 9032.8900[9032.8990(2014 年版)] | 1523 |
| Z2006－1574 | 交流发电机调节器 | 9032.8900[9032.8990(2014 年版)] | 1513 |
| Z2006－1575 | 电压调节器 | 9032.8900[9032.8990(2014 年版)] | 1510 |
| Z2006－1576 | 牙科椅驱动总成 | 9402.1090 | 1526 |
| Z2006－1577 | 节日灯 | 94.05 | 1527 |
| Z2006－1578 | 塑料装饰品——摩托车 | 9503.0089 | 1537 |
| Z2006－1579 | 花园石头(木化石) | 2506.2000/6815.9990 | 225 |
| Z2006－1580 | 环氧树脂 | 3907.3000 和 2917.2090 | 274 |
| Z2006－1581 | 糊精 | 3912.3100/3505.1000 | 361 |
| Z2006－1582 | 模具钢坯 | 72.28;73.26 | 665 |
| Z2006－1583 | 五菱 V1 观光车 | 87.02/87.03 | 1225 |
| Z2006－1584 | 奥迪特 462 型中央对讲系统 | 分别归类 | 1576 |
| Z2006－1585 | 照排机(申报品名) | 分别归类 | 1577 |
| Z2006－1586 | 絮凝剂制备添加系统 | 分别归类 | 1578 |
| Z2006－1587 | 舞鞋 | 分别归类 | 1578 |
| Z2006－1588 | 伺服卡,I/O 卡 | 分别归类 | 1579 |
| Z2006－1589 | 大排量空气压缩机(旧) | 分别归类 | 1580 |
| Z2006－1590 | 汽车支架 | 相关子目 | 1608 |
| Z2006－1592 | 自动采样系统 | 相关子目 | 1609 |

| 归类决定编号 | 商品名称 | 商品税则号列 | 页码 |
|---|---|---|---|
| Z2006－1593 | 汽轮机零部件(300MW) | 相关子目 | 1609 |
| Z2006－1594 | 凌特2295cc机动医疗车 | 相关子目 | 1610 |
| **2007年第71号公告** | | | |
| Z2007－0001 | 鲨鱼软骨粉 | 0305.1000 | 138 |
| Z2007－0002 | 丰年虫卵 | 0511.9190 | 144 |
| Z2007－0003 | 姜黄种苗 | 0910.3000 | 148 |
| Z2007－0004 | 葵花籽油 | 1512.1100 | 161 |
| Z2007－0005 | 冻鱼及冻软体动物 | 第16章 | 166 |
| Z2007－0006 | 胶原蛋白肽 | 2106.9099[2106.9090(2014年版)] | 194 |
| Z2007－0007 | 红曲米提取物 | 2106.9099[2106.9090(2014年版)] | 194 |
| Z2007－0008 | 脱色白土 | 2508.4000 | 226 |
| Z2007－0009 | 大理石荒料 | 2515.1200 | 228 |
| Z2007－0010 | 锌矿砂(粉) | 26.20 | 235 |
| Z2007－0011 | 乙基氯化物 | 2920.9090 | 276 |
| Z2007－0012 | 三七总皂甙 | 2938.9000[2938.9090(2014年版)] | 293 |
| Z2007－0013 | 吗替麦考酚酯 | 2941.9090 | 295 |
| Z2007－0014 | 木工用热熔胶粒 | 3506.9190 | 363 |
| Z2007－0015 | 铬添加剂 | 3824.9090[3824.9099(2014年版)] | 399 |
| Z2007－0016 | 混合金刚石粉末 | 3824.9090[3824.9099(2014年版)] | 403 |
| Z2007－0017 | 催化剂(钢铁脱硫用) | 3824.9090[3824.9099(2014年版)] | 394 |
| Z2007－0018 | 双环戊二烯 | 3824.9090[3824.9099(2014年版)] | 413 |
| Z2007－0019 | 对苯二甲酸等外品水池料 | 3825.6100 | 432 |
| Z2007－0020 | 邻甲苯二胺 | 3825.9000 | 439 |
| Z2007－0021 | 皮革助剂 | 3906.9090 | 446 |
| Z2007－0022 | 手机天线贴片半制成品 | 3920.6100 | 466 |
| Z2007－0023 | 未硫化复合橡胶 | 4004.0000 | 487 |
| Z2007－0024 | 未硫化绿轮胎 | 4004.0000 | 487 |
| Z2007－0025 | 木材边角料 | 4401.3000[4401.3900(2014年版)] | 503 |
| Z2007－0026 | 红埋嘎地板条、水红花地板条 | 4409.2910 | 507 |
| Z2007－0027 | 木制脚踏板 | 4418.7900[4418.7990(2014年版)] | 512 |
| Z2007－0028 | 废纸3号 | 4707.1000 | 520 |
| Z2007－0029 | 白色号簿纸 | 4801.0000 | 521 |
| Z2007－0030 | 瓦楞原纸 | 4805.1900 | 527 |

| 归类决定编号 | 商品名称 | 商品税则号列 | 页码 |
|---|---|---|---|
| Z2007－0031 | 说明书 | 4911.1010 | 545 |
| Z2007－0032 | 彩通纺织业标准选色手册 | 4911.9900［4911.99（2014 年版）］ | 546 |
| Z2007－0033 | 镀膜玻璃 | 7005.1000 | 608 |
| Z2007－0034 | 镝铁合金 | 7202.9900［7202.9991（2014 年版）］ | 631 |
| Z2007－0035 | 热轧方钢 | 7214.9900 | 648 |
| Z2007－0036 | 冷轧合金钢带 | 7226.9990 | 664 |
| Z2007－0037 | 冰铜 | 7401.0000 | 700 |
| Z2007－0038 | 泡铜 | 7402.0000 | 700 |
| Z2007－0039 | 钨切头 | 8101.9990 | 719 |
| Z2007－0040 | 轴承听诊器 | 8205.5900 | 722 |
| Z2007－0041 | 奥迪车发送单元用钥匙座 | 8301.7000 | 727 |
| Z2007－0042 | 液化天然气生产线 | 第 84 章 | 729 |
| Z2007－0043 | 重汽 12 吨以上拖车底盘用空压机 | 8414.8090 | 762 |
| Z2007－0044 | 超净工作台 | 8414.8090 | 762 |
| Z2007－0045 | 空气调节器 | 8415.9090 | 767 |
| Z2007－0046 | 通用牌电冰箱 | 8418.1020 | 773 |
| Z2007－0047 | 恒温试管架 | 8419.8990 | 803 |
| Z2007－0048 | 六功能校验炉 | 8419.8990 | 803 |
| Z2007－0049 | 恒温热台 | 8419.8990 | 804 |
| Z2007－0050 | 全自动锭剂摆药机 | 8422.3030 | 829 |
| Z2007－0051 | 猪屠宰生产线 | 8438.5000 | 892 |
| Z2007－0052 | 饲料生产设备 | 8438.8000 | 895 |
| Z2007－0053 | 分条机机器零件 | 8441.8090 | 899 |
| Z2007－0054 | 冲压模型 | 8441.9090 | 899 |
| Z2007－0055 | 生产型黑白高速数字打印设备 | 8443.3229 | 902 |
| Z2007－0056 | 磁性滚轴 | 8443.9990 | 904 |
| Z2007－0057 | CNC PBC 成型机 | 8465.9200 | 928 |
| Z2007－0058 | 滚动滑轨 | 84.66 | 930 |
| Z2007－0061 | 监视器资料通讯测试机 | 8471.8000 | 944 |
| Z2007－0062 | MMD500 型强力分级机 | 8474.2010 | 958 |
| Z2007－0063 | 端子插入机 | 8479.8190 | 975 |
| Z2007－0064 | 全自动脱水机 | 8479.8990［8479.8999（2014 年版）］ | 999 |
| Z2007－0065 | 旅客登机桥 | 8479.8990［8479.7100（2014 年版）］ | 995 |

| 归类决定编号 | 商品名称 | 商品税则号列 | 页码 |
| --- | --- | --- | --- |
| Z2007－0066 | 卷绕式真空蒸镀机 | 8479.8990[8479.8999(2014年版)] | 992 |
| Z2007－0067 | BIOMEK 3000实验室全自动工作站 | 8479.8990[8479.8999(2014年版)] | 979 |
| Z2007－0068 | 采油机械封隔器 | 8479.8990[8479.8999(2014年版)] | 981 |
| Z2007－0069 | 铁氧体永磁模具 | 8480.6000 | 1024 |
| Z2007－0070 | 镜面 | 8480.7100[8480.7190(2014年版)] | 1026 |
| Z2007－0071 | 沼气发电机组 | 8502.2000 | 1050 |
| Z2007－0072 | 中温黑体炉 | 8514.1090 | 1074 |
| Z2007－0073 | 自动数据处理设备部件 | 8517.6239 | 1093 |
| Z2007－0075 | 显微镜取景器 | 8525.8013 | 1122 |
| Z2007－0076 | 视频展示台 | 8525.8013 | 1123 |
| Z2007－0077 | 汽车遥控接收器用电路板 | 8529.9090 | 1143 |
| Z2007－0078 | 顶部单元、A型双弹簧操作机构、K型单弹簧操作机构 | 8535.3000[8535.30(2014年版)] | 1149 |
| Z2007－0079 | 压力开关 | 8536.5000 | 1157 |
| Z2007－0081 | 低压控制器 | 8537.2090 | 1170 |
| Z2007－0083 | 血氧模拟仪 | 8543.2090 | 1182 |
| Z2007－0084 | 电子纸(电泳显示器) | 8543.7099 | 1194 |
| Z2007－0085 | 数码相框 | 8543.7099 | 1195 |
| Z2007－0086 | 台车 | 8606.9900 | 1213 |
| Z2007－0087 | 农友牌变型拖拉机 | 87.04 | 1239 |
| Z2007－0088 | 农友牌变型拖拉机 | 87.04 | 1239 |
| Z2007－0089 | 乘龙LZ3260M型自卸车 | 8704.2300 | 1245 |
| Z2007－0090 | 超薄玻璃 | 9001.9000[9001.9090(2014年版)] | 1376 |
| Z2007－0091 | 振镜 | 9002.9090 | 1378 |
| Z2007－0092 | 莱卡智能型生物显微镜(型号DM 3000B) | 9011.2000 | 1386 |
| Z2007－0093 | CCD检测系统 | 9011.8000 | 1387 |
| Z2007－0094 | 井下矿藏探测器 | 9015.8000 | 1397 |
| Z2007－0095 | 电子超声内窥镜 | 9018.1291 | 1399 |
| Z2007－0096 | 导事件相关电位系统 | 9018.1990 | 1402 |
| Z2007－0097 | 腹腔镜系统 | 9018.9030 | 1410 |
| Z2007－0098 | 核通模拟定位机 | 9022.1400 | 1422 |
| Z2007－0099 | 无转子流变仪 | 9024.8000 | 1428 |
| Z2007－0100 | 圆盘振荡流变仪 | 9024.8000 | 1429 |
| Z2007－0101 | 全自动生化分析仪 | 9027.5000 | 1444 |

| 归类决定编号 | 商品名称 | 商品税则号列 | 页码 |
|---|---|---|---|
| Z2007－0102 …… | TC600ZC 氧氮分析仪 …… | 9027.8099 …… | 1452 |
| Z2007－0103 …… | 门尼黏度仪 …… | 9027.8099 …… | 1453 |
| Z2007－0104 …… | TSI 立体粒子图像测速仪 …… | 9031.4990 …… | 1483 |
| Z2007－0105 …… | 压力校准仪 …… | 9032.8100 …… | 1505 |
| Z2007－0106 …… | 控制器(渗透机用) …… | 9032.8900[9032.8990(2014 年版)] …… | 1514 |
| Z2007－0107 …… | 智能化温室高压雾化装置、温度控制装置、空气循环控制装置 …… | 9032.8900[9032.8990(2014 年版)] …… | 1522 |
| Z2007－0109 …… | 牙科技师专用台 …… | 分别归类 …… | 1580 |
| Z2007－0110 …… | 汽车锁 …… | 分别归类 …… | 1581 |
| Z2007－0111 …… | 快速红外成像系统 …… | 分别归类 …… | 1582 |
| Z2007－0112 …… | 胶印制版生产线 …… | 分别归类 …… | 1583 |
| **2008 年第 76 号公告** | | | |
| Z2008－0001 …… | 冻熟带头虾 …… | 03.06 …… | 139 |
| Z2008－0002 …… | 甘薯条 …… | 2005.9999 …… | 176 |
| Z2008－0003 …… | 综合蔬果干 …… | 2008.9200[2008.9700(2014 年版)] …… | 178 |
| Z2008－0004 …… | 三合一速溶咖啡 …… | 2101.1200 …… | 181 |
| Z2008－0005 …… | 复合糖 …… | 2106.9090 …… | 187 |
| Z2008－0006 …… | 欣乐即溶饮品 …… | 2106.9090 …… | 187 |
| Z2008－0007 …… | 燕窝 …… | 2106.9090 …… | 188 |
| Z2008－0009 …… | 玉米高蛋白饲料 …… | 2309.9010 …… | 218 |
| Z2008－0010 …… | 球化石墨 …… | 2504.1090[2504.1091(2014 年版)] …… | 223 |
| Z2008－0011 …… | 机制砂 …… | 25.05 …… | 224 |
| Z2008－0012 …… | 低品位银矿粉 …… | 2616.1000 …… | 232 |
| Z2008－0013 …… | 无水多西他赛 …… | 2932.9990 …… | 284 |
| Z2008－0014 …… | 抗坏血酸 2－葡糖苷 …… | 2940.0000 …… | 294 |
| Z2008－0015 …… | 定量检测试剂盒 …… | 3002.1000 …… | 299 |
| Z2008－0016 …… | 棕榈仁油二乙醇酰胺 …… | 3402.1300 …… | 350 |
| Z2008－0017 …… | 汽油发动机润滑油 …… | 3403.9900 …… | 358 |
| Z2008－0018 …… | 铝工业用锰添加剂 …… | 3824.9099 …… | 421 |
| Z2008－0019 …… | 膨胀石墨 …… | 3824.9099 …… | 422 |
| Z2008－0021 …… | 氰铜盐 …… | 3824.9099 …… | 422 |
| Z2008－0022 …… | 透明质酸钠 …… | 3913.9000 …… | 458 |
| Z2008－0023 …… | 普鲁兰多糖 …… | 3913.9000 …… | 459 |
| Z2008－0024 …… | 聚氨酯制管(硬质管) …… | 3926.9090 …… | 481 |

| 归类决定编号 | 商品名称 | 商品税则号列 | 页码 |
| --- | --- | --- | --- |
| Z2008 - 0025 …… | 自粘性塑料挂钩 | 3926.9090 | 482 |
| Z2008 - 0026 …… | 热塑丁苯橡胶 SEPTON 8004 | 4002.1919 | 484 |
| Z2008 - 0027 …… | 热塑丁苯橡胶 SEPTON 4033 | 4002.9911 | 486 |
| Z2008 - 0028 …… | 柚木锯材 | 4403.4910 | 504 |
| Z2008 - 0029 …… | 床用板条 | 44.12 | 510 |
| Z2008 - 0030 …… | 杉木梁 | 4418.9000[4418.9090(2014 年版)] | 514 |
| Z2008 - 0032 …… | 废纸 10 号 | 4901.9900 | 542 |
| Z2008 - 0033 …… | 女式棉制针织背心、T 恤 | 6108.9100 | 573 |
| Z2008 - 0034 …… | 洗衣机刹车带 | 6813.8900 | 596 |
| Z2008 - 0035 …… | 煅烧铝矾土 | 6914.9000 | 605 |
| Z2008 - 0036 …… | 原板玻璃 | 70.03 | 607 |
| Z2008 - 0037 …… | 玻璃纤维连续原丝毡 | 7019.3200 | 612 |
| Z2008 - 0038 …… | 稀土永磁体 | 7202.9900[7202.991(2014 年版)] | 632 |
| Z2008 - 0039 …… | 冷拉弹簧钢丝 | 7217.1000 | 654 |
| Z2008 - 0040 …… | 一级热轧不锈钢卷板 | 7219.1329 | 657 |
| Z2008 - 0041 …… | 锻造车削圆钢 | 7228.4000 | 666 |
| Z2008 - 0042 …… | 芯棒 | 7228.4000 | 667 |
| Z2008 - 0043 …… | 接头毛坯 | 7307.9900 | 677 |
| Z2008 - 0044 …… | 传动链 | 7315.1190 | 684 |
| Z2008 - 0045 …… | 商用燃气炉 RSB-4PRD | 7321.1100 | 686 |
| Z2008 - 0046 …… | 商用燃气炉 RSB-7PRD | 7321.1100 | 687 |
| Z2008 - 0047 …… | 紧固扣 | 7326.9010[7326.9019(2014 年版)] | 696 |
| Z2008 - 0048 …… | 微孔板复制器 | 8205.5900 | 723 |
| Z2008 - 0049 …… | 工业复合片 | 8207.1910 | 724 |
| Z2008 - 0050 …… | 自热水式柴气炉 | 8405.1000 | 733 |
| Z2008 - 0051 …… | 铁路站场真空卸污系统 | 8413.6090[8413.60(2014 年版)] | 751 |
| Z2008 - 0052 …… | 真空泵 | 8414.1000 | 755 |
| Z2008 - 0053 …… | 智能化血浆速冻系统 | 8418.6990 | 781 |
| Z2008 - 0054 …… | 冰柜专用网篮 | 8418.9999 | 784 |
| Z2008 - 0055 …… | 一体化冷却装置 | 8419.8990 | 804 |
| Z2008 - 0056 …… | IC 厌氧反应器 | 8419.8990 | 805 |
| Z2008 - 0057 …… | 赛鲁迪复合机 | 8420.1000 | 813 |
| Z2008 - 0058 …… | 柴油地下铲运机 | 8429.3090 | 871 |

| 归类决定编号 | 商品名称 | 商品税则号列 | 页码 |
|---|---|---|---|
| Z2008－0059 …… | 多功能矿用运输机 …… | 8429.5100 …… | 872 |
| Z2008－0060 …… | 掘锚一体机 …… | 8430.3100[8430.3110(2014年版)] … | 878 |
| Z2008－0061 …… | 挖掘机履带 …… | 8431.4990[8431.4999(2014年版)] … | 886 |
| Z2008－0062 …… | 凹印机印刷色组 …… | 8443.1700 …… | 901 |
| Z2008－0063 …… | 洗衣机用加热管 …… | 8450.90 …… | 908 |
| Z2008－0065 …… | 刮削滚光设备 …… | 8459.4010 …… | 919 |
| Z2008－0066 …… | 波形裁剪机 …… | 8462.3190 …… | 924 |
| Z2008－0067 …… | 高速冲床线 FIX－100 …… | 8462.4119 …… | 925 |
| Z2008－0068 …… | 等离子割据支架 …… | 8466.9300[8466.9390(2014年版)] … | 932 |
| Z2008－0069 …… | 触摸屏 …… | 8471.6090 …… | 941 |
| Z2008－0070 …… | 硬盘支架、软驱支架 …… | 8473.3090 …… | 955 |
| Z2008－0071 …… | 捻线机 …… | 8479.4000 …… | 972 |
| Z2008－0072 …… | 全自动打端子机 …… | 8479.8190 …… | 975 |
| Z2008－0073 …… | 环境测试箱 …… | 8479.8990[8479.8999(2014年版)] … | 991 |
| Z2008－0074 …… | 精密位移控制系统 …… | 8479.8990[8479.8999(2014年版)] … | 991 |
| Z2008－0075 …… | 烫金机 …… | 8479.8990[8479.8999(2014年版)] … | 1004 |
| Z2008－0076 …… | 主燃料控制阀 …… | 8481.8010[8481.80(2014年版)] …… | 1033 |
| Z2008－0077 …… | 高压电磁阀 …… | 8481.8010[8481.80(2014年版)] …… | 1032 |
| Z2008－0078 …… | 行输出变压器,行推动变压器 …… | 8504.3190 …… | 1054 |
| Z2008－0079 …… | 回路电源 …… | 8504.4014 …… | 1056 |
| Z2008－0080 …… | 打印机电源板 …… | 8504.4014 …… | 1057 |
| Z2008－0081 …… | 可控硅 …… | 8504.4091 …… | 1060 |
| Z2008－0083 …… | 转轮除湿机 …… | 8509.8090 …… | 1070 |
| Z2008－0084 …… | 机顶盒 …… | 8517.6239 …… | 1094 |
| Z2008－0085 …… | 无线麦克风系统 …… | 8518.1000 …… | 1106 |
| Z2008－0086 …… | 汽车门锁遥控器 …… | 8526.9200 …… | 1129 |
| Z2008－0087 …… | 瓷片(电阻片) …… | 8533.4000 …… | 1146 |
| Z2008－0089 …… | 回旋加速器 …… | 8543.1000 …… | 1181 |
| Z2008－0090 …… | 射频/微波信号发生器 …… | 8543.2090 …… | 1182 |
| Z2008－0091 …… | 搭载调试器(附 PCI 接口卡) …… | 8543.7099 …… | 1195 |
| Z2008－0092 …… | 离子发生器 …… | 8543.7099 …… | 1196 |
| Z2008－0093 …… | 无线 PC－TV 伴侣 …… | 8543.7099 …… | 1197 |
| Z2008－0094 …… | 避雷针核心部件(非放射原理) …… | 8543.7099 …… | 1198 |

| 归类决定编号 | 商品名称 | 商品税则号列 | 页码 |
| --- | --- | --- | --- |
| Z2008－0095 | 汽车音响用连接装置 | 8548.9000 | 1212 |
| Z2008－0097 | 煤粉流量监测仪 | 9027.8099 | 1453 |
| Z2008－0098 | 针位检出器 | 9031.4990 | 1484 |
| Z2008－0099 | 扭应力保护装置 | 9032.8900［9032.8990(2014 年版)］ | 1516 |
| Z2008－0100 | 电控单元 | 9032.8900［9032.8990(2014 年版)］ | 1509 |
| Z2008－0103 | 仿真枪 | 9304.0000 | 1524 |
| Z2008－0104 | 塑料 BB 弹 | 9306.3090 | 1525 |
| Z2008－0105 | 捕虫灯 | 9405.4090 | 1530 |
| Z2008－0106 | 评级灯箱 | 9405.4090 | 1531 |
| Z2008－0107 | 2.4GHz 无线 AV 发送 & 接收模块 | 分别归类 | 1584 |
| Z2008－0108 | 气动铆接机等三项商品 | 分别归类 | 1585 |
| Z2008－0109 | 粗纤维检测系统 | 分别归类 | 1586 |
| Z2008－0110 | 液化气发动机燃料供给与电控系统 | 分别归类 | 1587 |
| Z2008－0111 | 天然气电控燃气系统 | 分别归类 | 1588 |
| Z2008－0112 | 管线数据采集及监控系统 | 分别归类 | 1589 |
| Z2008－0113 | 液晶显示器组件 | 分别归类 | 1590 |
| Z2008－0114 | 服务器升级设备 | 分别归类 | 1591 |
| **2008 年第 83 号公告** | | | |
| Z2008－0116 | 调味滑子菇罐头 | 2001.9090 | 174 |
| Z2008－0118 | 狗食(咀嚼物) | 2309.1090 | 213 |
| Z2008－0119 | 百安明饲料添加剂 | 2309.9090 | 222 |
| Z2008－0120 | 5～7 号燃料油 | 2710.1922 | 254 |
| Z2008－0121 | 稀土化合物 | 2846.9090［2846.9099(2014 年版)］ | 266 |
| Z2008－0122 | 橡胶促进剂 | 2922.5000［2922.5090(2014 年版)］ | 278 |
| Z2008－0123 | 蛇毒 | 3001.9090 | 296 |
| Z2008－0124 | 派立明滴眼液 | 3004.9010 | 310 |
| Z2008－0125 | 脑蛋白水解物注射液(针剂) | 3004.9090 | 315 |
| Z2008－0126 | 水泥添加剂 | 3402.9000 | 356 |
| Z2008－0127 | 新癸酸钴盐 | 3824.9099 | 423 |
| Z2008－0128 | 氧化镁 | 3824.9099［3824.9092(2014 年版)］ | 430 |
| Z2008－0129 | 标准混凝土粒料 | 3824.9099 | 423 |
| Z2008－0130 | γ－氧化铝小球 | 3824.9099 | 424 |
| Z2008－0132 | 塑磁材料 | 3824.9099 | 424 |

| 归类决定编号 | 商品名称 | 商品税则号列 | 页码 |
|---|---|---|---|
| Z2008－0133 | 对苯二甲酸次级品 | 3825.9000 | 440 |
| Z2008－0134 | PU 水性处理剂 | 3909.5000 | 452 |
| Z2008－0135 | 测井仪器用外壳 | 3917.2900 | 461 |
| Z2008－0136 | 双面胶带 | 3919.9090 | 463 |
| Z2008－0137 | 医用有粉检查乳胶手套 | 4015.1900 | 494 |
| Z2008－0138 | 笔记本电脑包 | 4202.9 | 499 |
| Z2008－0139 | 烤肉架 | 4402.9000 | 503 |
| Z2008－0140 | 重竹地板 | 4418.9000[4418.9010(2014 年版)] | 515 |
| Z2008－0141 | 民用航空飞机维修资料 | 4901.9900 | 543 |
| Z2008－0142 | 泥状填料 | 5911.9000 | 568 |
| Z2008－0143 | 玻璃纤维毡 | 7019.3900[7019.39(2014 年版)] | 614 |
| Z2008－0144 | 钕铁硼磁体 | 7202.9900[7202.9919(2014 年版)] | 631 |
| Z2008－0145 | 非合金锻造圆钢 | 7214.1000 | 647 |
| Z2008－0146 | 钢铁结构体 | 7216.9100 | 652 |
| Z2008－0147 | 铁构件 | 7216.9900 | 654 |
| Z2008－0148 | 热轧合金弹簧钢棒 | 7228.3000[7228.3090(2014 年版)] | 666 |
| Z2008－0149 | 热锻模具钢 | 7228.4000 | 668 |
| Z2008－0150 | 脚手架支柱 | 7306.3000[7306.3090(2014 年版)] | 672 |
| Z2008－0151 | 镀锌管 | 7307.9900 | 678 |
| Z2008－0152 | 铝制带孔圆柱状体 | 7601.1090 | 708 |
| Z2008－0153 | 机动车配件(防滑板) | 7616.9990 | 717 |
| Z2008－0154 | 柴油机气缸注油器 | 8409.9910 | 736 |
| Z2008－0155 | 离合器分泵 | 8412.2100 | 738 |
| Z2008－0156 | 多联体冷暖变频式空调室外机 | 8415.9090 | 768 |
| Z2008－0157 | 冷风机 | 8418.9910 | 783 |
| Z2008－0158 | 喷雾干燥机 | 8419.3990 | 788 |
| Z2008－0159 | 空气分离装置 | 8419.6090 | 791 |
| Z2008－0160 | 热流道 | 8419.8990 | 806 |
| Z2008－0161 | 低温培养箱 | 8419.8990 | 806 |
| Z2008－0162 | 半导体制冷器 | 8419.8990 | 807 |
| Z2008－0163 | 热交换器用连接支撑管板 | 8419.9090 | 812 |
| Z2008－0164 | 滚涂机 | 8420.1000 | 814 |
| Z2008－0165 | 旧自动清洗机 | 8424.8999 | 840 |

| 归类决定编号 | 商品名称 | 商品税则号列 | 页码 |
|---|---|---|---|
| Z2008－0166 | 炮体 | 8424.8999 | 841 |
| Z2008－0167 | 铝制轮轴放线架 | 8425.4210 | 847 |
| Z2008－0168 | 高压升降平台 | 8427.1090 | 853 |
| Z2008－0169 | 370t 自行式液压平板车 | 8427.2090 | 857 |
| Z2008－0170 | 沥青搅拌料转运机 | 8428.3990 | 864 |
| Z2008－0171 | IAI 滑台(动力装置) | 8428.9090 | 869 |
| Z2008－0172 | 自走式车载钻机 | 8430.4119 | 880 |
| Z2008－0173 | 旧数控车挤压车床 | 8458.1100 | 915 |
| Z2008－0174 | 全自动五轴连动数控加工生产线 | 8458.9100[8458.9110(2014 年版)] | 916 |
| Z2008－0175 | 多工位高精度网纹加工设备 | 8460.2120 | 921 |
| Z2008－0177 | 双面研磨抛光系统 | 8464.2090 | 926 |
| Z2008－0178 | 磨床动平衡仪 | 8466.3000 | 931 |
| Z2008－0179 | 回转工作台 | 8466.9300[8466.9390(2014 年版)] | 933 |
| Z2008－0180 | 立式车床用弧形齿盘 | 8466.9300[8466.9390(2014 年版)] | 933 |
| Z2008－0181 | 液压推瘤机 | 8479.8190 | 976 |
| Z2008－0182 | 干膜前处理机 | 8479.8190 | 976 |
| Z2008－0183 | 玻璃钢制装活鱼用水箱 | 8479.8990[8479.8999(2014 年版)] | 980 |
| Z2008－0184 | 压力水柜 | 8479.8990[8479.8999(2014 年版)] | 1008 |
| Z2008－0185 | 平衡轴轴套 | 8483.3000 | 1037 |
| Z2008－0186 | 回转支撑 | 8483.3000 | 1038 |
| Z2008－0187 | 原油罐二次密封 | 8484.2000 | 1043 |
| Z2008－0188 | 返驰变压器 | 8504.3190 | 1055 |
| Z2008－0189 | 变频器模块 | 8504.4099 | 1063 |
| Z2008－0190 | 远红外线保健装置 | 8516.7990 | 1081 |
| Z2008－0191 | 专业手持式无线终端 | 8517.1290 | 1084 |
| Z2008－0192 | 手机耳机半成品(音频控制器) | 8518.1000 | 1107 |
| Z2008－0193 | DVD 换碟机,和汽车用 CD 播放机兼有收音功能连用 | 8522.9039 | 1115 |
| Z2008－0194 | 工业视频内窥镜 | 8525.8011 | 1121 |
| Z2008－0195 | 投影仪 | 8528.6910 | 1135 |
| Z2008－0196 | 隔离式安全栅 | 8536.3000 | 1153 |
| Z2008－0197 | 增量轴套型编码器 | 8543.7099 | 1199 |
| Z2008－0198 | 压裂车底盘驱动桥用差速器和盆角齿 | 8708.5075 | 1349 |
| Z2008－0199 | 芯体(专用于波音飞机旁通活门的零件) | 8803.3000 | 1367 |

| 归类决定编号 | 商品名称 | 商品税则号列 | 页码 |
|---|---|---|---|
| Z2008-0200 | 升降舵控制装置用线圈组件 | 8803.3000 | 1367 |
| Z2008-0201 | 全自动曝光机 | 9010.5022 | 1383 |
| Z2008-0202 | 液芯光导管 | 9013.8090 | 1391 |
| Z2008-0203 | 背光模组 | 9013.9090[9013.9020(2014年版)] | 1392 |
| Z2008-0204 | 活检针 | 9018.3900 | 1407 |
| Z2008-0205 | 麻醉用温毯机 | 9018.9090 | 1414 |
| Z2008-0206 | 眼动仪 | 9019.1090 | 1417 |
| Z2008-0207 | 氧氮氢测试仪 | 9027.8099 | 1454 |
| Z2008-0208 | WT3000高精度功率分析仪 | 9030.8490 | 1469 |
| Z2008-0209 | 淋复质量监控装置 | 9031.4990 | 1485 |
| Z2008-0210 | 粒子像分析仪 | 9031.4990 | 1486 |
| Z2008-0211 | 身体成分分析仪 | 9031.8090 | 1498 |
| Z2008-0212 | 电气彩灯串 | 9405.4090 | 1532 |
| Z2008-0214 | 模型飞机 | 95.03 | 1536 |
| Z2008-0215 | 绒毛装饰物 | 9503.0021 | 1536 |
| Z2008-0216 | 500千伏交直流两用交联聚乙烯绝缘电缆立式生产线 | 分别归类 | 1592 |
| Z2008-0217 | 凉亭 | 分别归类 | 1593 |
| **2009年第5号公告** | | | |
| Z2009-0001 | 一级品挂面 | 1902.1900 | 173 |
| Z2009-0002 | 二氧化硅 | 2621.9000 | 244 |
| Z2009-0003 | 杂酚油 | 2706.0000 | 246 |
| Z2009-0004 | 制程油 | 2707.9990 | 248 |
| Z2009-0005 | 橡胶软化油 | 2710.1999 | 257 |
| Z2009-0006 | L-孟基乙醛酸酯 | 2918.3000 | 276 |
| Z2009-0007 | 喷雾干燥猪血浆蛋白粉 | 3002.1000 | 300 |
| Z2009-0008 | 饲料级重过磷酸钙 | 3103.1010 | 318 |
| Z2009-0009 | 大米蛋白粉 | 3504.0090 | 360 |
| Z2009-0011 | 保护渣 | 3824.9099 | 425 |
| Z2009-0012 | 锂蒙脱石黏土 | 3824.9099 | 425 |
| Z2009-0013 | 有机肥 | 3824.9099 | 426 |
| Z2009-0014 | 天然黏土 | 3824.9099 | 426 |
| Z2009-0015 | 工业二-(2-氯乙基)缩甲醛 | 3824.9099 | 427 |
| Z2009-0016 | 片状镍粉(非合金) | 3824.9099 | 428 |

| 归类决定编号 | 商品名称 | 商品税则号列 | 页码 |
|---|---|---|---|
| Z2009－0017 | 碎硅片 | 3825.6900 | 433 |
| Z2009－0018 | 皮革涂饰助剂 | 3909.5000 | 452 |
| Z2009－0019 | 滤光膜 | 3920.6200 | 468 |
| Z2009－0020 | 聚酯圆片滤膜(非泡沫,聚乙烯) | 3926.9090 | 482 |
| Z2009－0021 | 纺纱皮圈 | 4008.2100 | 489 |
| Z2009－0022 | 橡胶塞(铝电解电容器配件) | 4016.9310 | 494 |
| Z2009－0024 | 木地板 | 4418.7990 | 513 |
| Z2009－0025 | 法式尖头围栏板 | 4421.9090 | 517 |
| Z2009－0026 | 中式尖头围栏柱 | 4421.9090 | 517 |
| Z2009－0027 | 中式弧面尖头围栏板 | 4421.9090 | 518 |
| Z2009－0028 | 棉花棒 | 5601.2100 | 558 |
| Z2009－0029 | 马赛克 | 6802.9190 | 583 |
| Z2009－0030 | 现代花岗岩石刻品 | 6802.9310[6802.931(2014年版)] | 584 |
| Z2009－0031 | 硫酸钙地板 | 6809.9000 | 593 |
| Z2009－0032 | 智能马桶 | 6910.1000 | 602 |
| Z2009－0033 | 硅镁铁 | 7202.2900 | 630 |
| Z2009－0034 | 废前支架总成 | 7204.4900 | 635 |
| Z2009－0035 | 铜镀铁复合粉 | 7205.2900 | 638 |
| Z2009－0036 | 镀锌楼承钢板 | 7216.9100 | 652 |
| Z2009－0037 | 钢结构件 | 7216.9100 | 653 |
| Z2009－0038 | 不锈钢丝 | 7223.0000 | 661 |
| Z2009－0039 | 冷凝管(制冷设备用零件) | 7306.301 | 673 |
| Z2009－0040 | 镀锌钢结构管件 | 7306.3090 | 674 |
| Z2009－0041 | 直型及U型不锈钢管 | 7306.4000 | 675 |
| Z2009－0042 | U型夹 | 7308.9000 | 681 |
| Z2009－0043 | 空心铝管 | 7608.1000 | 712 |
| Z2009－0044 | 刻痕钢丝 | 7326.2010 | 692 |
| Z2009－0045 | 螺旋肋预应力钢丝 | 7326.2010 | 692 |
| Z2009－0046 | 电缆穿线器 | 8205.5900 | 723 |
| Z2009－0047 | 粗合成气煤气化生产线 | 8405.1000 | 734 |
| Z2009－0048 | 烧嘴 | 8416.2011 | 769 |
| Z2009－0049 | 生物脱硫回收装置 | 8421.3990[8421.3940(2014年版)] | 826 |
| Z2009－0050 | 油雾发生器 | 8424.8999 | 842 |

| 归类决定编号 | 商品名称 | 商品税则号列 | 页码 |
|---|---|---|---|
| Z2009－0051 …… | 洗地龙头 …… | 8424.8999 …… | 843 |
| Z2009－0052 …… | 带条形码阅读器的微型机 …… | 8471.9000 …… | 950 |
| Z2009－0053 …… | 模块化数据中心 …… | 8473.3010 …… | 952 |
| Z2009－0054 …… | 气流分级机 …… | 8474.1000 …… | 957 |
| Z2009－0055 …… | 旋转压实仪 …… | 8474.8090 …… | 962 |
| Z2009－0056 …… | 万向轴装配机床 …… | 8479.8999 …… | 1016 |
| Z2009－0057 …… | 水平安定面配平作动筒 …… | 85.01 …… | 1049 |
| Z2009－0058 …… | 燃气蒸汽联合循环发电机组 …… | 8502.3900 …… | 1051 |
| Z2009－0060 …… | 甚高频共用系统 …… | 8517.6299 …… | 1096 |
| Z2009－0061 …… | DVB－T 模块 …… | 8528.7180 …… | 1135 |
| Z2009－0062 …… | 可燃气体泄漏检测仪 …… | 8531.1000 …… | 1144 |
| Z2009－0063 …… | 电压序列控制系统 …… | 8537.2090 …… | 1171 |
| Z2009－0064 …… | 发光二极管 …… | 8541.4010 …… | 1177 |
| Z2009－0065 …… | 铝合金制阳极导杆 …… | 8543.9090 …… | 1202 |
| Z2009－0066 …… | 装货运输用的托盘箱 …… | 8609.0090 …… | 1215 |
| Z2009－0067 …… | 透镜组件 …… | 9002.1990 …… | 1377 |
| Z2009－0068 …… | ETC Source four 系列舞台用成像灯 …… | 9008.3010[9008.5031(2014 年版)] …… | 1381 |
| Z2009－0069 …… | 日立牌绳索断层分析用扫描电镜 …… | 9012.1000 …… | 1388 |
| Z2009－0070 …… | 立体显微镜 …… | 9018.5000 …… | 1408 |
| Z2009－0071 …… | 沥青混合料多功能试验系统 …… | 9024.8000 …… | 1430 |
| Z2009－0072 …… | 数据处理仪 …… | 9026.8000[9026.8010(2014 年版)] …… | 1435 |
| Z2009－0073 …… | 天然气硫分析仪 …… | 9027.5000 …… | 1445 |
| Z2009－0074 …… | UMTS 频段的三阶互调测试系统 …… | 9030.4090 …… | 1467 |
| Z2009－0075 …… | 地表植被光谱仪 …… | 9031.4990 …… | 1487 |
| Z2009－0076 …… | 接触式测厚仪 …… | 9031.8090 …… | 1499 |
| Z2009－0077 …… | 铝轮毂专用全自动氦气气密试验机 …… | 9031.8090 …… | 1500 |
| Z2009－0078 …… | 少子寿命测试仪 …… | 9031.8090 …… | 1501 |
| Z2009－0079 …… | 运动肺功能测试仪 …… | 9031.8090 …… | 1502 |
| Z2009－0080 …… | 变频调速器 …… | 9032.8900[9032.8990(2014 年版)] …… | 1506 |
| Z2009－0082 …… | 单点系泊系统用系泊链 …… | 分别归类 …… | 1593 |
| Z2009－0083 …… | 龙骨 …… | 分别归类 …… | 1594 |
| Z2009－0084 …… | 钢结构件 …… | 分别归类 …… | 1595 |
| Z2009－0085 …… | 空心钢结构横梁 …… | 分别归类 …… | 1596 |

| 归类决定编号 | 商品名称 | 商品税则号列 | 页码 |
|---|---|---|---|
| Z2009 - 0086 | 汤玛斯牌马铃薯全粉生产线及备件 | 分别归类 | 1597 |
| Z2009 - 0087 | 低温甲醇洗及精馏装置内件 | 分别归类 | 1598 |
| **2009 年第 32 号公告** | | | |
| Z2009 - 0088 | 宠物食用的玉米棒 | 1104.2300 | 151 |
| Z2009 - 0089 | 巴巴苏棕榈果仁沉渣油 | 1522.0000 | 165 |
| Z2009 - 0090 | 营养米粒 | 2106.9090 | 188 |
| Z2009 - 0091 | 柠檬酸糟 | 2308.0000 | 211 |
| Z2009 - 0092 | 正磷酸氢钙(饲料级) | 2835.2510 | 261 |
| Z2009 - 0093 | 立方氮化硼 | 2850.0000[2850.0019(2014 年版)] | 268 |
| Z2009 - 0094 | 奥沙利铂注射剂 | 3004.9090 | 315 |
| Z2009 - 0095 | 辉力 | 3004.9090 | 316 |
| Z2009 - 0096 | 鸟粪(圆粒肥) | 3105.9000 | 320 |
| Z2009 - 0097 | 聚乙烯碳黑母 | 3206.4900[3206.4990(2014 年版)] | 328 |
| Z2009 - 0098 | 雾化硅油 | 3403.9900 | 358 |
| Z2009 - 0099 | 丙烯酸共聚树脂 | 3824.9099 | 429 |
| Z2009 - 0100 | 粗氧化锌 | 3824.9099 | 429 |
| Z2009 - 0101 | 氧化铈(副牌) | 3825.9000 | 440 |
| Z2009 - 0102 | 3D 卡片 | 3919.9090 | 464 |
| Z2009 - 0103 | 增光膜 | 3920.6200 | 469 |
| Z2009 - 0104 | 橡胶地板保护垫 | 4004.0000 | 488 |
| Z2009 - 0105 | 铁杉板材 | 4418.9000[4418.9090(2014 年版)] | 514 |
| Z2009 - 0106 | 棉短绒纸浆 | 4706.1000 | 519 |
| Z2009 - 0107 | 转印薄膜 | 4908.9000 | 544 |
| Z2009 - 0108 | 木质手杖 | 6602.0000 | 582 |
| Z2009 - 0109 | 光学元件玻璃毛坯 | 7001.0000 | 606 |
| Z2009 - 0110 | 热轧球扁钢 | 7216.5090[7216.5020(2014 年版)] | 651 |
| Z2009 - 0111 | 铁立柱 | 7216.9100 | 653 |
| Z2009 - 0112 | 不锈钢圆棒 | 7218.9900 | 655 |
| Z2009 - 0113 | 气保焊丝 | 72.29 | 670 |
| Z2009 - 0114 | 冷拔无缝钢管 | 7306.9000 | 676 |
| Z2009 - 0115 | 电梯配重块 | 7325.1010 | 690 |
| Z2009 - 0116 | 集装箱挂衣杆 | 7326.9090 | 699 |
| Z2009 - 0117 | 铝制品 | 7601.2000 | 709 |

| 归类决定编号 | 商品名称 | 商品税则号列 | 页码 |
|---|---|---|---|
| Z2009－0118 | 铝合金散热管 | 7604.2100 | 710 |
| Z2009－0119 | 铝合金型材 | 7604.2990 | 710 |
| Z2009－0120 | 支架(输送机零件) | 8302.2000 | 727 |
| Z2009－0121 | 一体化污泥抽取机 | 8413.1900 | 745 |
| Z2009－0122 | 钼精矿焙烧炉 | 8417.1000 | 770 |
| Z2009－0123 | 烘干炉(不包括外壳) | 8419.3990 | 788 |
| Z2009－0124 | C2 低温分离装置 | 8419.6090 | 792 |
| Z2009－0125 | 气液分配盘 | 8419.9090 | 812 |
| Z2009－0126 | 电磁半龙门起重机 | 8426.1930 | 848 |
| Z2009－0127 | 卸板机 | 分别归类 | 1599 |
| Z2009－0128 | 多层定宽热压机 | 8439.2000 | 896 |
| Z2009－0129 | 全废铜 FRHC 火法精炼高导电合金铜杆生产线 | 分别归类 | 1600 |
| Z2009－0130 | 包边机器人系统设备 | 8479.5010 | 973 |
| Z2009－0131 | 气压棒 | 8479.8999 | 1017 |
| Z2009－0132 | 水龙头出水口 | 8481.9090 | 1034 |
| Z2009－0135 | 卫星路由接收机 | 8517.6239 | 1095 |
| Z2009－0136 | 车载多功能播放机机芯 | 8522.9031 | 1115 |
| Z2009－0137 | 抗强磁场摄像机系统 | 8525.8011 | 1122 |
| Z2009－0138 | 彩色防爆钢带 | 8540.9110 | 1176 |
| Z2009－0139 | 输变电线路绝缘瓷套管 | 8546.2010 | 1209 |
| Z2009－0140 | 帕拉丁多功能乘用车(汽油四驱欧四型 2400cc) | 8703.2352 | 1234 |
| Z2009－0141 | 东风 SUV 车(柴油四驱型 3200cc) | 8703.3322 | 1236 |
| Z2009－0142 | 激光二极管(货主申报名称) | 9013.2000 | 1389 |
| Z2009－0143 | 探头 | 9022.9090 | 1424 |
| Z2009－0144 | 红外线测温仪 | 9025.1910 | 1431 |
| Z2009－0145 | 控制柜 | 9032.8900[9032.8990(2014 年版)] | 1513 |
| **2009 年第 57 号公告** | | | |
| Z2009－0146 | 水苏糖 | 1702.9000 | 168 |
| Z2009－0147 | 胶基 | 2106.9090 | 189 |
| Z2009－0148 | 微硅粉 | 2621.9000 | 244 |
| Z2009－0149 | 三乙烯二胺 | 2933.5990 | 287 |
| Z2009－0150 | L-缬氨酸 | 3824.9099 | 430 |
| Z2009－0151 | PU 人造革 | 56.03 | 563 |

| 归类决定编号 | 商品名称 | 商品税则号列 | 页码 |
| --- | --- | --- | --- |
| Z2009－0152 | 隔热材料 | 6806.1000[6806.1090(2014年版)] | 590 |
| Z2009－0153 | 玛瑙矿 | 7103.1000 | 622 |
| Z2009－0154 | 扫街车线 | 7215.9000 | 649 |
| Z2009－0155 | 槽钢 | 7216.3100 | 649 |
| Z2009－0156 | 异型钢材 | 7216.3290 | 650 |
| Z2009－0157 | R73车轮圆钢 | 7224.9090 | 662 |
| Z2009－0158 | 液压装置接头 | 7307.9900 | 678 |
| Z2009－0159 | 钢管瓦片 | 7326.9010[7326.9019(2014年版)] | 696 |
| Z2009－0160 | 钢铁制托盘 | 7326.9090 | 699 |
| Z2009－0161 | 铝合金门拉手 | 7604.2990 | 711 |
| Z2009－0162 | 硬质合金刀具 | 8207.7000[8207.7090(2014年版)] | 726 |
| Z2009－0163 | 原料喷嘴 | 8424.8999 | 843 |
| Z2009－0164 | 装车系统 | 8428.9090[8428.9039(2014年版)] | 870 |
| Z2009－0165 | 空气接头平台 | 8445.9090 | 905 |
| Z2009－0166 | ELEMATIC阿克太克墙板生产设备 | 8474.8090 | 962 |
| Z2009－0167 | 精密绝缘成型包层机 | 8477.2090 | 967 |
| Z2009－0168 | 氯化钾压实造粒设备 | 8479.8200 | 978 |
| Z2009－0169 | 抛绳器 | 8479.8999 | 1018 |
| Z2009－0171 | 电线剥皮机 | 8479.8999 | 1018 |
| Z2009－0172 | 加热电缆 | 8516.8000 | 1083 |
| Z2009－0173 | 自拍证件照亭 | 8525.8029 | 1125 |
| Z2009－0174 | 工业视频内窥镜 | 8525.8031 | 1126 |
| Z2009－0175 | 液晶显示器 | 8528.5910 | 1133 |
| Z2009－0176 | 手机闪光灯(组件) | 9006.6100 | 1380 |
| Z2009－0177 | 脑电系统 | 9018.1990 | 1403 |
| Z2009－0178 | X射线管用石墨基靶盘 | 9022.9090 | 1425 |
| Z2009－0179 | 测氢仪 | 9027.8099 | 1454 |
| Z2009－0180 | 伺服驱动器 | 9032.8900[9032.8990(2014年版)] | 1519 |
| Z2009－0181 | 婴儿保暖台 | 9402.9000 | 1527 |
| Z2009－0182 | 喷头 | 9616.1000 | 1544 |
| Z2009－0183 | 非端部接合的白橡木厚板材 | 分别归类 | 1601 |
| Z2009－0184 | 铝制门窗框 | 分别归类 | 1602 |
| Z2009－0185 | CGL清洗设备 | 分别归类 | 1603 |

| 归类决定编号 | 商品名称 | 商品税则号列 | 页码 |
| --- | --- | --- | --- |
| **2010年第15号公告** | | | |
| Z2010－0001 | 精制香菇 | 0712.3910 | 145 |
| Z2010－0002 | 塔拉粉 | 1404.9010 | 157 |
| Z2010－0003 | 深海鱼油胶囊 | 15.04 | 160 |
| Z2010－0004 | 月见草油胶囊 | 1515.9090 | 161 |
| Z2010－0005 | 微晶纤维素 | 2106.9090 | 189 |
| Z2010－0006 | 苄基甲苯和苯基苯乙烷混合物 | 2707.9990 | 249 |
| Z2010－0007 | 荧光体 | 2846.9019 | 265 |
| Z2010－0008 | 原甲酸三乙酯 | 2915.9000 | 273 |
| Z2010－0009 | 碳酸丙烯酯 | 2932.9990 | 285 |
| Z2010－0010 | 达必佳 | 3004.3900 | 306 |
| Z2010－0011 | 刻免 | 3004.9090 | 316 |
| Z2010－0012 | 黑胶 | 3214.1010 | 337 |
| Z2010－0013 | 人造石墨块 | 3801.1000 | 374 |
| Z2010－0014 | 皮革用涂饰剂 | 3809.9300 | 383 |
| Z2010－0015 | 纤维增强树脂复合棒 | 3916.9090 | 460 |
| Z2010－0016 | 运动垫 | 3918.9090 | 463 |
| Z2010－0017 | 聚甲基丙烯酸甲酯晶坯 | 3926.9090 | 483 |
| Z2010－0018 | 橡木片 | 4401.2200 | 502 |
| Z2010－0019 | 实木隔音采暖地板 | 4412.3210 | 511 |
| Z2010－0020 | 彩印烫金烟标 | 4819.2000 | 542 |
| Z2010－0021 | 碳纤维丝 | 6815.9939 | 599 |
| Z2010－0022 | 热轧合金钢钢条 | 7228.6000 | 670 |
| Z2010－0023 | 水表接头 | 7412.2090 | 705 |
| Z2010－0024 | 驱动机构 | 8412.2100 | 739 |
| Z2010－0025 | 电动齿轮多重密封(计量)泵 | 8413.1900 | 746 |
| Z2010－0026 | 全自动清洗消毒柜 | 8419.2000 | 785 |
| Z2010－0027 | 氯化镁脱水系统 | 8419.8990 | 808 |
| Z2010－0028 | 液相色谱柱后衍生系统 | 8419.8990 | 809 |
| Z2010－0029 | 汽车烤漆房 | 8419.8990 | 810 |
| Z2010－0030 | 面漆线底漆喷涂机器人 | 8424.8999[8424.8920(2014年版)] | 844 |
| Z2010－0031 | 铝电解专用出铝车 | 8427.2090 | 858 |
| Z2010－0032 | 振料盘 | 8428.3990 | 864 |

| 归类决定编号 | 商品名称 | 商品税则号列 | 页码 |
|---|---|---|---|
| Z2010－0033 …… | 扫雪车用铲 …… | 8430.2000 …… | 875 |
| Z2010－0034 …… | 回转减速机 …… | 8431.4990[8431.4999(2014 年版)] … | 887 |
| Z2010－0035 …… | 挖掘机用回转机构 …… | 8431.4990[8431.4999(2014 年版)] … | 888 |
| Z2010－0036 …… | 金枪鱼延绳钓装置 …… | 8436.8000 …… | 891 |
| Z2010－0037 …… | 喷码机 …… | 8443.3221 …… | 901 |
| Z2010－0038 …… | FFX 成型机 …… | 84.55 …… | 912 |
| Z2010－0039 …… | 高柔性曲轴深孔钻床 …… | 8459.2100 …… | 917 |
| Z2010－0040 …… | 苹果 Ipod Touch 手持设备 …… | 8471.3000[8471.3010(2014 年版)] … | 937 |
| Z2010－0041 …… | 掌上电脑用触笔 …… | 8473.3090 …… | 955 |
| Z2010－0042 …… | MDS 水平拉制仪 …… | 8475.2919 …… | 964 |
| Z2010－0043 …… | 水下机器人系统 …… | 8479.5090 …… | 974 |
| Z2010－0044 …… | 层绕机 …… | 8479.8190 …… | 977 |
| Z2010－0045 …… | 自动气瓶打标机 …… | 8479.8190 …… | 977 |
| Z2010－0046 …… | 干法均质机 …… | 8479.8200 …… | 979 |
| Z2010－0047 …… | 旧数控雕刻机 …… | 8479.8999 …… | 1019 |
| Z2010－0048 …… | 动态斜面式船用收油机 …… | 8479.8999 …… | 1020 |
| Z2010－0049 …… | 干式套管电容芯子整卷机 …… | 8479.8999 …… | 1021 |
| Z2010－0051 …… | 旋转阀 …… | 8481.8040 …… | 1033 |
| Z2010－0052 …… | 皮带轮 …… | 8483.9000 …… | 1042 |
| Z2010－0053 …… | 槽楔 …… | 8503.0020 …… | 1052 |
| Z2010－0054 …… | 高频直缝焊管机 …… | 8515.2110[8515.2191(2014 年版)] …… | 1078 |
| Z2010－0055 …… | 光接收组件 …… | 8517.7090 …… | 1104 |
| Z2010－0056 …… | 雨刷开关 …… | 8536.5000 …… | 1158 |
| Z2010－0057 …… | 可编程称量控制系统 …… | 8537.1019 …… | 1159 |
| Z2010－0058 …… | 电子眼膜 …… | 8543.7099 …… | 1200 |
| Z2010－0059 …… | 碳棒 …… | 8545.9000 …… | 1208 |
| Z2010－0060 …… | 数字电影放映机 …… | 9007.2010 …… | 1380 |
| Z2010－0061 …… | 灯管组 …… | 9013.9090[9013.9020(2014 年版)] … | 1393 |
| Z2010－0062 …… | RM200A 全自动吸烟机 …… | 9027.1000 …… | 1438 |
| Z2010－0063 …… | 液体密度计 …… | 9027.8099 …… | 1455 |
| Z2010－0064 …… | 冷阴极灯管量测系统 …… | 9030.3390 …… | 1462 |
| Z2010－0065 …… | 轮胎动平衡实验机 …… | 9031.1000 …… | 1473 |
| Z2010－0066 …… | 飞机发动机测试台 …… | 9031.2000 …… | 1474 |